Kommentar
Datenschutz-Grundverordnung

Kommentar Datenschutz-Grundverordnung

Herausgegeben von

Prof. Dr. Sibylle Gierschmann, LL.M. (Duke University), Fachanwältin für Urheber- und Medienrecht

Katharina Schlender, Bundesministerium des Innern

Dr. Rainer Stentzel, Bundesministerium des Innern

Dr. Winfried Veil, Bundesministerium des Innern

Bundesanzeiger
Verlag

Bibliografische Information der Deutschen Nationalbibliothek
Die Deutsche Nationalbibliothek verzeichnet diese Publikation in der Deutschen Nationalbibliografie; detaillierte bibliografische Daten sind im Internet über http://dnb.d-nb.de abrufbar.

Bundesanzeiger Verlag GmbH
Amsterdamer Straße 192
50735 Köln
Internet: www.bundesanzeiger-verlag.de

Weitere Informationen finden Sie auch in unserem Themenportal unter
www.betrifft-unternehmen.de

ISBN (Print): 978-3-8462-0638-6

ISBN (E-Book): 978-3-8462-0639-3

Herstellung: Günter Fabritius
Produktmanagement: Esther Jansen
Satz: Cicero Computer GmbH, Bonn
Druck und buchbinderische Verarbeitung: Medienhaus Plump GmbH, Rheinbreitbach

Printed in Germany

Vorwort

Die Bedeutung der DS-GVO ist kaum zu überschätzen. Wer personenbezogene Daten in der EU verarbeitet, ist ihren Regelungen unterworfen. Dies betrifft alle Unternehmen (ungeachtet ihrer Größe oder ihres Sitzes innerhalb oder außerhalb der EU), fast alle Behörden und auch Privatpersonen (selbst bei nicht-kommerziellen Tätigkeiten). Damit unterliegt fast das gesamte digitale Leben aufsichtsbehördlicher Kontrolle.

Dieser umfassende Geltungsanspruch hat seinen Grund in der in Europa herrschenden Auffassung, dass jedes personenbezogene Datum zu Risiken für den Betroffenen führen kann. Daraus folgen die Prinzipien von Verbot und Vorsorge. Verbot: die Verarbeitung personenbezogener Daten ist grundsätzlich verboten, es sei denn, es gibt einen Erlaubnistatbestand. Vorsorge: jeder Verantwortliche muss zahlreiche Transparenz-, Organisations- und Schutzpflichten erfüllen (je nach Zählweise enthält die DS-GVO ca. 45 Verarbeiterpflichten).

Ob das Verbotsprinzip und die Hypertrophie der Vorsorge[1] (Hans-Peter Bull) überhaupt den richtigen Weg weisen, wurde bei den Auseinandersetzungen um die Datenschutzreform und bei den Verhandlungen zur DS-GVO selten in Frage gestellt. Dem europäischen Ansatz, den präventiven Schutz vor Datenverarbeitung als grundrechtlich determiniert anzusehen („rights-based approach"), steht der amerikanische Ansatz, durch Marktmechanismen, Selbstregulierung und repressive Maßnahmen vor allem Schäden für die Betroffenen abzuwenden („harm-based approach"), teilweise diametral entgegen. Die unterschiedlichen Paradigmen des Privatsphäreschutzes lassen sich mit „dignity" (EU) versus „liberty" (US) gut beschreiben[2] (James Q. Whitmen). Die EU versucht mit dem in der DS-GVO verankerten Marktortprinzip ihren Ansatz weltweit zu etablieren. Der Ausgang dieses transatlantischen Konflikts ist offen.

Die Frage nach dem Schutzgut des Datenschutzrechts ist unbeantwortet. Spannend wird sein zu sehen, ob sich das deutsche Recht auf informationelle Selbstbestimmung, das in der EU und den anderen Mitgliedstaaten kaum Anerkennung gefunden hatte, noch wird halten können. Unklar ist weiterhin, in welchem Verhältnis das Recht auf Achtung des Privatlebens (Art. 7 Grundrechtecharta) zum Recht auf Datenschutz (Art. 8 Grundrechtecharta) steht. Für die Frage, nach welchen Kriterien das Datenschutzrecht gegen konfligierende Grundrechte wie zum Beispiel die Meinungsfreiheit, aber auch die unternehmerische Freiheit, abzuwägen ist (vgl. EG 4 DS-GVO), bietet die DS-GVO kaum Anhaltspunkte.

Einen bislang kaum beachteten Paradigmenwechsel enthält die DS-GVO zumindest gegenüber dem bisherigen deutschen Datenschutzrecht. Während das BDSG den Einzelnen „nur" davor schützen soll, dass er in seinem Persönlichkeitsrecht beeinträchtigt wird (§ 1 Abs. 1 BDSG), soll die DS-GVO alle (!) Grundrechte und Grundfreiheiten (!) natürlicher Personen schützen (Art. 1 Abs. 2 DS-GVO). So soll die DS-GVO zum Beispiel vor physischen Schäden und Diskriminierung schützen. Es stellt sich die Frage, ob hier die Erwartungen an das Datenschutzrecht nicht überspannt werden.

Auch in anderer Hinsicht stellt die DS-GVO einen Paradigmenwechsel dar, insbesondere im Hinblick auf erhöhte Compliance-Anforderungen. Zukünftig wird es erforderlich sein, den Datenschutz bereits in die Geschäftsprozesse zu integrieren. Der in der Vergangenheit oft gelebte rein reaktive Ansatz wird nicht mehr ausreichen. Gleichzeitig führt die Verordnung neue Konzepte ein, für welche konkrete Handlungsanweisungen noch fehlen (z.B. Datenportabilität, Datenschutz durch Technik und datenschutzfreundliche Voreinstellungen und risikobasierter Ansatz).

Die DS-GVO stellt die Rechtsanwender vor enorme Herausforderungen. Sie folgt dem „One size fits all" Ansatz. Das heißt, es gelten grundsätzlich dieselben Regeln für alle Datenverarbeitun-

---

1 *Hans-Peter Bull*, Vom Sinn und Unsinn des Datenschutzes, 2015, S. 13.
2 *James Q. Whitmen*, The Two Western Cultures of Privacy: Dignity versus Liberty, *Faculty Scholarship Series*, Paper 649, 2004 (abrufbar: http://digitalcommons.law.yale.edu/fss_papers/649).

gen – unabhängig von der Art der verarbeiteten Daten, unabhängig von Branche und Unternehmensgröße und grundsätzlich auch unabhängig von Verarbeitungszweck, -methode und -risiko. Daher enthält die DS-GVO viele unbestimmte Rechtsbegriffe, die unzählige Auslegungsfragen aufwerfen. Auch ist die DS-GVO vielfach weniger präzise als das noch geltende Recht. Im öffentlichen Bereich stehen viele gesetzliche Regelungen auf dem Prüfstand und müssen aufgehoben oder modifiziert werden. Auf die bisherige Rechtsprechung kann nicht ohne weiteres zurückgegriffen werden. Die jeweiligen mitgliedstaatlichen Rechtstraditionen sind in Frage gestellt. Dies alles führt zu erheblicher Rechtsunsicherheit. Eine EU-weit einheitliche Auslegung wird erst langfristig durch den EuGH erreicht werden – und das auch nur in Einzelfragen.

Bis dahin beanspruchen viele die Deutungshoheit über die DS-GVO. Dies sind mitgliedstaatliche Gesetzgeber, Datenschutzaufsichtsbehörden, Datenschutzbeauftragte, Wissenschaft, Zivilgesellschaft, Verbände, Unternehmensberater, Rechtsanwälte, die Europäische Kommission und viele mehr. Schon bevor die DS-GVO ab dem 25. Mai 2018 gelten wird, sind im deutschsprachigen Raum fast ein Dutzend Kommentare erschienen.

Von diesem vielstimmigen Chor hebt sich der vorliegende Kommentar dadurch ab, dass er Auslegungsfragen, Wertungswidersprüche und Anwendungsprobleme der DS-GVO offen diskutiert. Dies erklärt auch den Umfang des Kommentars. Er macht praktikable Umsetzungsvorschläge und enthält Argumentationshilfen für die kommenden rechtlichen Auseinandersetzungen. Er bietet wertvolle Hinweise zu der für die Auslegung wichtigen Entstehungsgeschichte. Dies gewährleisten die Autoren, welche den Entstehungsprozess der Verordnung eng begleitet haben und zum Teil direkt an den Verhandlungen zwischen Europäischer Kommission, Europäischem Parlament und Rat der Europäischen Union beteiligt waren. Besonderes Augenmerk legt der Kommentar auf das komplexe Verhältnis zwischen der DS-GVO und dem verbleibenden bzw. ergänzenden mitgliedstaatlichen Recht (Stichwort: Öffnungsklauseln). Ferner berücksichtigt er bereits die ebenfalls am 25. Mai 2018 in Kraft tretenden neuen BDSG-Vorschriften. Diese werden im Kontext der jeweils relevanten Vorschriften der DS-GVO erläutert. Schließlich verschweigt der Kommentar auch nicht Fragen nach der rechtspolitischen Sinnhaftigkeit.

Der Herausgeber- und Autorenkreis vereint langjährige Erfahrung im Bereich des Datenschutzrechts. Er rekrutiert sich aus Vertretern fast aller im Datenschutz relevanten Sphären, die auch eine durchaus gewünschte Meinungsvielfalt zur Folge hat:

Die Wissenschaft ist durch Dr. Gabriele Buchholtz, Dr. Kerstin Kreul, Prof. Ludwig Gramlich, Prof. Wolfgang Schulz und Maximilian von Grafenstein vertreten. Die rechtsanwaltliche Beratungspraxis wird durch Prof. Sibylle Gierschmann, Dr. Jana Moser, Dr. Simon Assion, Thorsten Feldmann, Dr. Stefan Heilmann und Dr. Nicolai Wiegand repräsentiert. Die Unternehmensjuristen und betrieblichen Datenschutzbeauftragten Dr. Barbara Kirchberg-Lennartz, Dr. Falk Böhm, Rudi Kramer, Dr. Tobias Korge und Ingo Mayer vervollständigen den rechtspraktischen Erfahrungshintergrund. Die Rechtsprechung ist durch Dr. Ansgar Koreng und Dr. Jakob Nolte vertreten. Schließlich bringen Katharina Schlender, Dr. Rainer Stentzel, Dr. Paul Gaitzsch, Johann Jergl und Dr. Winfried Veil ihre aus Sicht von Exekutive und Legislative (nicht zuletzt durch die Beteiligung an den Ratsverhandlungen zur DS-GVO) gewonnenen Erkenntnisse ein.

Wegen seiner Breite und Tiefe richtet sich der Kommentar an alle Akteure, die im Bereich des Datenschutzes tätig sind, sei es im Unternehmen, in der Verwaltungsbehörde, in der Aufsichtsbehörde, als Gesetzgeber, in der Wissenschaft, in der Politik und in der Zivilgesellschaft. Wir freuen uns sehr über jegliche Anregungen, Hinweise auf Fehler und Diskussionsbeiträge.

Die Herausgeber

Sibylle Gierschmann

Katharina Schlender

Rainer Stentzel

Winfried Veil

Inhaltsverzeichnis

Kapitel III Rechte der betroffenen Person

Kapitel IV Verantwortlicher und Auftragsverarbeiter

Kapitel V Übermittlungen personenbezogener Daten an Drittländer oder an internationale Organisationen

Bearbeiterverzeichnis

Dr. Simon **Assion**, Rechtsanwalt, Bird&Bird LLP, Frankfurt a.M.
Art. 6, 30

Dr. Falk **Böhm**, Rechtsanwalt, Krefeld
Art. 95

Dr. Gabriele **Buchholtz**, Bucerius Law School, Hamburg
Art. 1, Art. 4 Nr. 1-2, Art. 5, 23, 94

Thorsten **Feldmann**, LL.M. (UCLA), Rechtsanwalt, Fachanwalt für Urheber- und Medienrecht, JBB Rechtsanwälte, Berlin
Art. 81-84

Dr. Paul **Gaitzsch**, Bundesministerium des Innern, Berlin
Art. 92-93, 96

Prof. Dr. Sibylle **Gierschmann**, LL.M. (Duke University), Rechtsanwältin, Fachanwältin für Urheber- und Medienrecht, Taylor Wessing Partnerschaftsgesellschaft mbB, München
Art. 4 Nr. 11-12, Art. 7-8, 10, 33-34, 90

Prof. Dr. Ludwig **Gramlich**, Fakultät für Wirtschaftswissenschaften, TU Chemnitz
Art. 4 Nr. 16-17, Nr. 22-24, Art. 60-76, 97-99

Maximilian **von Grafenstein**, LL.M., Rechtsanwalt und Forschungsleiter, Berlin
Art. 2

Dr. Stefan **Heilmann**, Rechtsanwalt, Neuland legal Rechtsanwälte PartG mbB, Frankfurt a. M.
Art. 40-43, 85-86

Johann **Jergl**, Bundesministerium des Innern, Berlin
Art. 4 Nr. 5, Art. 32

Dr. Barbara **Kirchberg-Lennartz**, Waldems
Art. 39

Dr. Ansgar **Koreng**, Richter, Leipzig
Art. 77-80

Dr. Tobias **Korge**, LL. M. (University of Cape Town), Rechtsanwalt und Syndikusrechtsanwalt Novartis, München
Art. 4 Nr. 13-15, Art. 9

Rudi **Kramer**, Nürnberg
Art. 4 Nr. 7-8, Art. 28-29, 31, 35-36

Dr. Kerstin **Kreul**, Chemnitz
Art. 4 Nr. 21, Art. 51-59

Ingo **Mayer**, Rechtsanwalt, Mainz
Art. 37-38

Dr. Jana **Moser**, Rechtsanwältin, Dresden
Art. 25

Dr. Jakob **Nolte**, Richter, Berlin
Art. 6, 30, 88-89

Katharina **Schlender**, Bundesministerium des Innern, Berlin
Art. 3, Art. 4 Nr. 17-20, Nr. 26, Art. 27, 44-50

Prof. Dr. Wolfgang **Schulz**, Hamburg
Art. 40-43, 85-86

Dr. Rainer **Stentzel**, Bundesministerium des Innern, Berlin
Art. 1, Art. 4 Nr. 1-2, Nr. 6, Art. 5, 23, 94

Dr. Winfried **Veil**, Bundesministerium des Innern, Berlin
Art. 4 Nr. 3-4, Nr. 9-10, Nr. 25, Art. 6, 11-22, 24, 26

Dr. Nicolai **Wiegand**, LL.M. (NYU), Rechtsanwalt, Taylor Wessing Partnerschaftsgesellschaft mbB, München
Art. 87, 91

Abkürzungsverzeichnis

a.A.	anderer Ansicht
a.a.O.	am angegebenen Ort
ABl.	Amtsblatt
Abs.	Absatz
Abschn.	Abschnitt
ADV	Auftragsdatenverarbeitung
AdVermiG	Gesetz über die Vermittlung der Annahme als Kind und über das Verbot der Vermittlung von Ersatzmüttern
a.E.	am Ende
AEUV	Vertrag über die Arbeitsweise der Europäischen Union
a.F.	alte Fassung
AFG	Arbeitsförderungsgesetz
AfP	Zeitschrift für Medien- und Kommunikationsrecht
AG	Amtsgericht, Aktiengesellschaft
AGB	Allgemeine Geschäftsbedingungen
AGG	Allgemeines Gleichbehandlungsgesetz
AktG	Aktiengesetz
Alt.	Alternative
Anm.	Anmerkung
AnwBl	Anwaltsblatt
AO	Abgabenordnung
ArbGG	Arbeitsgerichtsgesetz
ArbRB	Arbeits-Rechts-Berater (Zeitschrift)
Art.	Artikel
Aufl.	Auflage
Az.	Aktenzeichen
BaFin	Bundesanstalt für Finanzdienstleistungsaufsicht
BAG	Bundesarbeitsgericht
BayDSG	Bayerisches Datenschutzgesetz
BayLDA	Bayerisches Landesamt für Datenschutzaufsicht
BayVwVfG	Bayerisches Verwaltungsverfahrensgesetz
BB	Betriebs-Berater (Zeitschrift)
BBankG	Gesetz über die Deutsche Bundesbank
BBG	Bundesbeamtengesetz
bDSB	betrieblicher Datenschutzbeauftragter
BeckOK	Beck'scher Onlinekommentar
BeckRS	Beck-Rechtsprechung
Beil.	Beilage
Beschl.	Beschluss
betr.	betrifft, betreffend

BetrVG	Betriebsverfassungsgesetz
BewachVO	Verordnung über das Bewachungsgewerbe
BfDI	Bundesbeauftragte/r für den Datenschutz und die Informationsfreiheit
BGB	Bürgerliches Gesetzbuch
BGBl.	Bundesgesetzblatt
BGH	Bundesgerichtshof
BGHZ	Entscheidungen des Bundesgerichtshofs in Zivilsachen
BKAG	Gesetz über das Bundeskriminalamt und die Zusammenarbeit des Bundes und der Länder in kriminalpolizeilichen Angelegenheiten
BlnDSG	Berliner Datenschutzgesetzt
BKR	Zeitschrift für Bank- und Kapitalmarktrecht
BNDG	Gesetz über den Bundesnachrichtendienst
BPersVG	Bundespersonalvertretungsgesetz
BPolG	Gesetz über die Bundespolizei
BR	Bundesrat
BRAO	Bundesrechtsanwaltsordnung
BR-Drs.	Bundesrat-Drucksache
BSG	Bundessozialgericht
BSI	Bundesamt für Sicherheit in der Informationstechnik
Bsp.	Beispiel
bspw.	Beispielsweise
BStatG	Bundesstatistikgesetz
BT	Bundestag
BT-Drs.	Bundestag-Drucksache
BVerfG	Bundesverfassungsgericht
BVerfGE	Entscheidungen des Bundesverfassungsgericht
BVerfSchG	Gesetz über die Zusammenarbeit des Bundes und der Länder in Angelegenheiten des Verfassungsschutzes und über das Bundesamt für Verfassungsschutz
BVerwG	Bundesverwaltungsgericht
bzgl.	bezüglich
bzw.	beziehungsweise
ca.	circa
CR	Computer und Recht (Zeitschrift)
CuA	Computer und Arbeit (Zeitschrift)
DANA	Datenschutz Nachrichten (Zeitschrift)
DAV	Deutscher Anwaltverein
DB	Der Betrieb (Zeitschrift)
ders.	derselbe
dgl.	dergleichen
d.h.	das heißt
DM	Deutsche Mark

DÖV	Die öffentliche Verwaltung (Zeitschrift)
Dr.	Doktor
DSB	Datenschutz-Berater (Zeitschrift), Datenschutzbeauftragter
DSFA	Datenschutz-Folgenabschätzung
DSG-EKD	Datenschutzgesetz der Evangelischen Kirche in Deutschland
DSG NRW	Datenschutzgesetz Nordrhein-Westfalen
DSG S-H	Datenschutzgesetz Schleswig-Holstein
DS-GVO	Datenschutz-Grundverordnung
DS-RL	Datenschutz-Richtlinie 95/46
dt.	deutsch
DuD	Datenschutz und Datensicherheit (Zeitschrift)
DVBl.	Deutsches Verwaltungsblatt (Zeitschrift)
EASA	Europäische Allianz der Werbeselbstkontrolle
EG	Europäische Gemeinschaft
Einf.	Einführung
EMRK	Europäische Konvention zum Schutz der Menschenrechte und Grundfreiheiten
endg.	endgültig
EP	Europäisches Parlament
EG	Erwägungsgründe
etc.	et cetera
EU	Europäische Union
EuGH	Gerichtshof der Europäischen Union
EUR	Euro
EuZW	Europäische Zeitschrift für Wirtschaftsrecht
e.V.	eingetragener Verein
evtl.	eventuell
EWG	Europäische Wirtschaftsgemeinschaft
EWR	Europäischer Wirtschaftsraum
f., ff.	folgende
Fn.	Fußnote
FS	Festschrift
GBO	Grundbuchordnung
GbR	Gesellschaft bürgerlichen Rechts
gem.	gemäß
GewO	Gewerbeordnung
GG	Grundgesetz
ggf.	gegebenenfalls
GmbH	Gesellschaft mit beschränkter Haftung
GmbHG	Gesetz betreffend die Gesellschaften mit beschränkter Haftung
GRC	Europäische Grundrechtecharta
grds.	grundsätzlich

GRUR	Gewerblicher Rechtsschutz und Urheberrecht (Zeitschrift)
GRUR-RR	GRUR Rechtsprechungs-Report
GVG	Gerichtsverfassungsgesetz
h.A.	herrschende Ansicht
Hess GVBl.	Gesetz- und Verordnungsblatt für das Land Hessen
HGB	Handelsgesetzbuch
h.M.	herrschende Meinung
Hrsg.	Herausgeber
Hs.	Halbsatz
IAB	Verband der Online-Werbeunternehmen
i.d.F.	in der Fassung
i.d.R.	in der Regel
i.d.S.	in diesem Sinne
i.E.	im Ergebnis
inkl.	inklusive
insb.	insbesondere
InsO	Insolvenzordnung
i.R.d.	im Rahmen der, des
i.R.e.	im Rahmen eines
i.R.v.	im Rahmen von
i.S.d.	im Sinne des/der
i.S.v.	im Sinne von
ITRB	IT-Rechts-Berater (Zeitschrift)
i.V.m.	in Verbindung mit
JA	Juristische Arbeitsblätter (Zeitschrift)
JZ	Juristenzeitung
KDO	Kirchliche Datenschutzordnung
KG	Kammergericht; Kommanditgesellschaft
KOM	Kommission
KUG	Gesetz betreffend das Urheberrecht an Werken der bildenden Künste und der Photographie
KuR	Kommunikation und Recht (Zeitschrift)
KWG	Gesetz über das Kreditwesen
LAG	Landesarbeitsgericht
LDA	Landesamt für Datenschutzaufsicht
LG	Landgericht
lit.	littera (=Buchstabe)
Lkw	Lastkraftwagen
LPresseG	Landespressegesetz
LSG	Landessozialgericht
LT-Drs.	Landtag-Drucksache
MADG	Gesetz über den militärischen Abschirmdienst

MD	Magazindienst Verein sozialer Wettbewerb
MDR	Monatsschrift für Deutsches Recht (Zeitschrift)
MMR	MultiMedia und Recht (Zeitschrift)
Mrd.	Milliarde
m.w.N.	mit weiteren Nachweisen
MüKo	Münchner Kommentar zum Bürgerlichen Gesetzbuch
n.F.	neue Fassung
NJ	Neue Justiz (Zeitschrift)
NJOZ	Neue Juristische Onlinezeitschrift
NJW	Neue Juristische Wochenschrift
NJWE-WettbR	NJW-Entscheidungsdienst Wettbewerbsrecht
NJW-RR	NJW-Rechtsprechungs-Report
N.N.	nomen nescio
Nr.	Nummer
NRW	Nordrhein-Westfalen
NStZ	Neue Zeitschrift für Strafrecht
NVwZ	Neue Zeitschrift für Verwaltungsrecht
NVwZ-RR	NVwZ-Rechtsprechungs-Report
NZA	Neue Zeitschrift für Arbeitsrecht
NZA-RR	NZA-Rechtsprechungsreport
NZM	Neue Zeitschrift für Miet- und Wohnungsrecht
NZS	Neue Zeitschrift für Sozialrecht
o.ä.	oder ähnliches
o.g.	oben genannt
OHG	offene Handelsgesellschaft
OLG	Oberlandesgericht
OVG	Oberverwaltungsgericht
OWiG	Gesetz über Ordnungswidrigkeiten
PAuswG	Gesetz über Personalausweise und den elektronischen Identitätsnachweis
PersR	Der Personalrat (Zeitschrift)
PostG	Postgesetz
RdA	Recht der Arbeit (Zeitschrift)
RDV	Recht der Datenverarbeitung (Zeitschrift)
RL	Richtlinie
Rn.	Randnummer
Rs.	Rechtssache
Rspr.	Rechtsprechung
RStV	Rundfunkstaatsvertrag
S.	Satz, Seite
s.	siehe
s.a.	siehe auch
s.o.	siehe oben

s.u.	siehe unten
SächsGemO	Gemeindeordnung für den Freistaat Sachsen
SächsKomZG	Sächsisches Gesetz über kommunale Zusammenarbeit
SächsVBl	Sächsische Verwaltungsblätter
SGB	Sozialgesetzbuch
Slg.	Sammlung
SMG	Suchtmittelgesetz (Österreich)
s.o.	siehe oben
sog.	sogenannt
SprAuG	Gesetz über Sprecherausschüsse der leitenden Angestellten
StGB	Strafgesetzbuch
StPO	Strafprozessordnung
str.	streitig
st. Rspr.	ständige Rechtsprechung
StUG	Gesetz über die Unterlagen des Staatssicherheitsdienstes der ehemaligen Deutschen Demokratischen Republik
StV	Der Strafverteidiger (Zeitschrift)
SÜG	Gesetz über die Voraussetzungen und das Verfahren von Sicherheitsüberprüfungen des Bundes
Tel.	Telefon
TKG	Telekommunikationsgesetz
TMG	Telemediengesetz
u.	und
u.a.	und andere/unter anderem
UAbs.	Unterabsatz
u.a.m.	und anderes mehr
Überbl.	Überblick
UKlaG	Gesetz über Unterlassungsklagen bei Verbraucherrechts- und anderen Verstößen
ULD	Unabhängiges Landeszentrum für Datenschutz
Urt.	Urteil
usw.	und so weiter
u.U.	unter Umständen
UWG	Gesetz gegen den unlauteren Wettbewerb
v.	vom, vor
v.a.	vor allem
VersG	Versammlungsgesetz
VersR	Versicherungsrecht (Zeitschrift)
VG	Verwaltungsgericht
VGH	Verwaltungsgerichtshof
vgl.	vergleiche
VO	Verordnung

VR	Verwaltungsrundschau (Zeitschrift)
vs.	versus
VuR	Verbraucher und Recht (Zeitschrift)
VwGO	Verwaltungsgerichtsordnung
WM	Zeitschrift für Wirtschafts- und Bankrecht
WP	Wirtschaftsprüfer (Zeitschrift)
WRP	Wettbewerb in Recht und Praxis (Zeitschrift)
z.B.	zum Beispiel
ZD	Zeitschrift für Datenschutz
ZfA	Zeitschrift für Arbeitsrecht
ZfdG	Gesetz über das Zollkriminalamt und die Zollfahndungsämter
ZGR	Zeitschrift für Unternehmens- und Gesellschaftsrecht
Ziff.	Ziffer
ZMR	Zeitschrift für Miet- und Raumrecht
ZPO	Zivilprozessordnung
ZRP	Zeitschrift für Rechtspolitik
ZStW	Zeitschrift für die gesamte Strafrechtswissenschaft
z.T.	zum Teil
ZUM	Zeitschrift für Urheber- und Medienrecht
ZUM-RD	ZUM-Rechtsprechungsdienst
ZVI	Zeitschrift für Verbraucher- und Privat-Insolvenzrecht

Allgemeines Literaturverzeichnis

Albrecht/Jotzo, Das neue Datenschutzrecht der EU, 1. Auflage 2017, Nomos Baden-Baden

Däubler/Klebe/Wedde/Weichert, Bundesdatenschutzgesetz, 5. Auflage 2016, Bund-Verlag Frankfurt a.M.

Ehmann/Selmayr (Hrsg.), Datenschutz-Grundverordnung, 1. Auflage 2017, C.H. Beck München

Eßer/Kramer/von Lewinski (Hrsg.) Auernhammer, BDSG, 4. Auflage 2014, Carl Heymanns Verlag Köln

Feiler/Forgó, EU-DSGVO,1. Auflage 2016, Verlag Österreich Wien

Gierschmann/Saeugling (Hrsg.), Systematischer Praxiskommentar Datenschutzrecht, 1. Auflage 2014, Bundesanzeiger Verlag Köln

Gola (Hrsg.), Datenschutz-Grundverordnung, 1. Auflage 2017, C.H. Beck München

Gola/Schomerus, BDSG, 12. Auflage 2015, C.H. Beck München

Härting, Datenschutz-Grundverordnung, 1. Auflage 2016, Verlag Dr. Otto Schmidt Köln

Kranig/Sachs/Gierschmann, Datenschutz-Compliance nach der DS-GVO, 1. Auflage 2017, Bundesanzeiger Verlag Köln

Kühling/Buchner (Hrsg.), Datenschutzgrundverordnung, 1. Auflage 2017, C.H. Beck München

Kühling/Martini et. al, Die Datenschutz-Grundverordnung und das nationale Recht: Erste Überlegungen zum innerstaatlichen Regelungsbedarf, 1. Auflage 2016, MV-Wissenschaft Münster

Laue/Nink/Kremer, Das neue Datenschutzrecht in der betrieblichen Praxis, 1. Auflage 2016, Nomos Baden-Baden

Paal/Pauly, Datenschutz-Grundverordnung, 1. Auflage 2016, C.H. Beck München

Plath (Hrsg.), BDSG/DSGVO, 2. Auflage 2016, Otto Schmidt Köln

Roßnagel (Hrsg.), Europäische Datenschutz-Grundverordnung, 1. Auflage 2017, Nomos Baden-Baden

Simitis (Hrsg.), Bundesdatenschutzgesetz, 8. Auflage 2014, Nomos Baden-Baden

Sydow (Hrsg.), Europäische Datenschutzgrundverordnung, 1. Auflage 2017, Nomos Baden-Baden

Wolff/Brink (Hrsg.), Beck'scher Online-Kommentar Datenschutzrecht, C.H. Beck München

Wybitul, EU-Datenschutz-Grundverordnung im Unternehmen, 1. Auflage 2016, Deutscher Fachverlag GmbH, Frankfurt a.M.

Wybitul (Hrsg), Einführung in die EU-Datenschutz-Grundverordnung, 1. Auflage 2017, Deutscher Fachverlag GmbH, Frankfurt a.M.

Kapitel I Allgemeine Bestimmungen

Chapter I General provisions

Article 1

Subject-matter and objectives

(1) This Regulation lays down rules relating to the protection of individuals with regard to the processing of personal data and rules relating to the free movement of personal data.

(2) This Regulation protects the fundamental rights and freedoms of natural persons, and in particular their right to the protection of personal data.

(3) The free movement of personal data within the Union shall be neither restricted nor prohibited for reasons connected with the protection of natural persons with regard to the processing of personal data.

Artikel 1

Gegenstand und Ziele

(1) Diese Verordnung enthält Vorschriften zum Schutz natürlicher Personen bei der Verarbeitung personenbezogener Daten und zum freien Verkehr solcher Daten.

(2) Diese Verordnung schützt die Grundrechte und Grundfreiheiten natürlicher Personen und insbes. deren Recht auf Schutz personenbezogener Daten.

(3) Der freie Verkehr personenbezogener Daten in der Union darf aus Gründen des Schutzes natürlicher Personen bei der Verarbeitung personenbezogener Daten weder eingeschränkt noch verboten werden.

Recitals

(1) The protection of natural persons in relation to the processing of personal data is a fundamental right. Article 8(1) of the Charter of Fundamental Rights of the European Union (the 'Charter') and Article 16(1) of the Treaty on the Functioning of the European Union (TFEU) provide that everyone has the right to the protection of personal data concerning him or her.

(2) The principles of, and rules on the protection of natural persons with regard to the processing of their personal data should, whatever their nationality or residence, respect their fundamental rights and freedoms, in particular their right to the protection of personal data. This Regulation is intended to contribute to the accomplishment of an area of freedom, security and justice and of an economic union, to economic and social progress, to the strengthening and the convergence of the economies within the internal market, and to the well-being of natural persons.

(3) Directive 95/46/EC of the European Parliament and of the Council seeks to harmonise

Erwägungsgründe

(1) Der Schutz natürlicher Personen bei der Verarbeitung personenbezogener Daten ist ein Grundrecht. Gem. Artikel 8 Abs. 1 der Charta der Grundrechte der Europäischen Union (im Folgenden „Charta") sowie Artikel 16 Abs. 1 des Vertrags über die Arbeitsweise der Europäischen Union (AEUV) hat jede Person das Recht auf Schutz der sie betreffenden personenbezogenen Daten.

(2) Die Grundsätze und Vorschriften zum Schutz natürlicher Personen bei der Verarbeitung ihrer personenbezogenen Daten sollten gewährleisten, dass ihre Grundrechte und Grundfreiheiten und insbes. ihr Recht auf Schutz personenbezogener Daten ungeachtet ihrer Staatsangehörigkeit oder ihres Aufenthaltsorts gewahrt bleiben. Diese Verordnung soll zur Vollendung eines Raums der Freiheit, der Sicherheit und des Rechts und einer Wirtschaftsunion, zum wirtschaftlichen und sozialen Fortschritt, zur Stärkung und zum Zusammenwachsen der Volkswirtschaften innerhalb des Binnenmarkts sowie zum Wohlergehen natürlicher Personen beitragen.

(3) Zweck der Richtlinie 95/46/EG des Europäischen Parlaments und des Rates ist die Harmo-

the protection of fundamental rights and freedoms of natural persons in respect of processing activities and to ensure the free flow of personal data between Member States.

nisierung der Vorschriften zum Schutz der Grundrechte und Grundfreiheiten natürlicher Personen bei der Datenverarbeitung sowie die Gewährleistung des freien Verkehrs personenbezogener Daten zwischen den Mitgliedstaaten.

(4) The processing of personal data should be designed to serve mankind. The right to the protection of personal data is not an absolute right; it must be considered in relation to its function in society and be balanced against other fundamental rights, in accordance with the principle of proportionality. This Regulation respects all fundamental rights and observes the freedoms and principles recognised in the Charter as enshrined in the Treaties, in particular the respect for private and family life, home and communications, the protection of personal data, freedom of thought, conscience and religion, freedom of expression and information, freedom to conduct a business, the right to an effective remedy and to a fair trial, and cultural, religious and linguistic diversity.

(4) Die Verarbeitung personenbezogener Daten sollte im Dienste der Menschheit stehen. Das Recht auf Schutz der personenbezogenen Daten ist kein uneingeschränktes Recht; es muss im Hinblick auf seine gesellschaftliche Funktion gesehen und unter Wahrung des Verhältnismäßigkeitsprinzips gegen andere Grundrechte abgewogen werden. Diese Verordnung steht im Einklang mit allen Grundrechten und achtet alle Freiheiten und Grundsätze, die mit der Charta anerkannt wurden und in den Europäischen Verträgen verankert sind, insbes. Achtung des Privat- und Familienlebens, der Wohnung und der Kommunikation, Schutz personenbezogener Daten, Gedanken-, Gewissens- und Religionsfreiheit, Freiheit der Meinungsäußerung und Informationsfreiheit, unternehmerische Freiheit, Recht auf einen wirksamen Rechtsbehelf und ein faires Verfahren und Vielfalt der Kulturen, Religionen und Sprachen.

(7) Those developments require a strong and more coherent data protection framework in the Union, backed by strong enforcement, given the importance of creating the trust that will allow the digital economy to develop across the internal market. Natural persons should have control of their own personal data. Legal and practical certainty for natural persons, economic operators and public authorities should be enhanced.

(7) Diese Entwicklungen erfordern einen soliden, kohärenteren und klar durchsetzbaren Rechtsrahmen im Bereich des Datenschutzes in der Union, da es von großer Wichtigkeit ist, eine Vertrauensbasis zu schaffen, die die digitale Wirtschaft dringend benötigt, um im Binnenmarkt weiter wachsen zu können. Natürliche Personen sollten die Kontrolle über ihre eigenen Daten besitzen. Natürliche Personen, Wirtschaft und Staat sollten in rechtlicher und praktischer Hinsicht über mehr Sicherheit verfügen.

(8) Where this Regulation provides for specifications or restrictions of its rules by Member State law, Member States may, as far as necessary for coherence and for making the national provisions comprehensible to the persons to whom they apply, incorporate elements of this Regulation into their national law.

(8) Wenn in dieser Verordnung Präzisierungen oder Einschränkungen ihrer Vorschriften durch das Recht der Mitgliedstaaten vorgesehen sind, können die Mitgliedstaaten Teile dieser Verordnung in ihr nationales Recht aufnehmen, soweit dies erforderlich ist, um die Kohärenz zu wahren und die nationalen Rechtsvorschriften für die Personen, für die sie gelten, verständlicher zu machen.

(10) In order to ensure a consistent and high level of protection of natural persons and to remove the obstacles to flows of personal data

(10) Um ein gleichmäßiges und hohes Datenschutzniveau für natürliche Personen zu gewährleisten und die Hemmnisse für den Ver-

within the Union, the level of protection of the rights and freedoms of natural persons with regard to the processing of such data should be equivalent in all Member States. Consistent and homogenous application of the rules for the protection of the fundamental rights and freedoms of natural persons with regard to the processing of personal data should be ensured throughout the Union. Regarding the processing of personal data for compliance with a legal obligation, for the performance of a task carried out in the public interest or in the exercise of official authority vested in the controller, Member States should be allowed to maintain or introduce national provisions to further specify the application of the rules of this Regulation. In conjunction with the general and horizontal law on data protection implementing Directive 95/46/EC, Member States have several sector-specific laws in areas that need more specific provisions. This Regulation also provides a margin of manoeuvre for Member States to specify its rules, including for the processing of special categories of personal data ('sensitive data'). To that extent, this Regulation does not exclude Member State law that sets out the circumstances for specific processing situations, including determining more precisely the conditions under which the processing of personal data is lawful.

kehr personenbezogener Daten in der Union zu beseitigen, sollte das Schutzniveau für die Rechte und Freiheiten von natürlichen Personen bei der Verarbeitung dieser Daten in allen Mitgliedstaaten gleichwertig sein. Die Vorschriften zum Schutz der Grundrechte und Grundfreiheiten von natürlichen Personen bei der Verarbeitung personenbezogener Daten sollten unionsweit gleichmäßig und einheitlich angewandt werden. Hinsichtlich der Verarbeitung personenbezogener Daten zur Erfüllung einer rechtlichen Verpflichtung oder zur Wahrnehmung einer Aufgabe, die im öffentlichen Interesse liegt oder in Ausübung öffentlicher Gewalt erfolgt, die dem Verantwortlichen übertragen wurde, sollten die Mitgliedstaaten die Möglichkeit haben, nationale Bestimmungen, mit denen die Anwendung der Vorschriften dieser Verordnung genauer festgelegt wird, beizubehalten oder einzuführen. In Verbindung mit den allgemeinen und horizontalen Rechtsvorschriften über den Datenschutz zur Umsetzung der Richtlinie 95/46/EG gibt es in den Mitgliedstaaten mehrere sektorspezifische Rechtsvorschriften in Bereichen, die spezifischere Bestimmungen erfordern. Diese Verordnung bietet den Mitgliedstaaten zudem einen Spielraum für die Spezifizierung ihrer Vorschriften, auch für die Verarbeitung besonderer Kategorien von personenbezogenen Daten (im Folgenden „sensible Daten"). Diesbezüglich schließt diese Verordnung nicht Rechtsvorschriften der Mitgliedstaaten aus, in denen die Umstände besonderer Verarbeitungssituationen festgelegt werden, einschließlich einer genaueren Bestimmung der Voraussetzungen, unter denen die Verarbeitung personenbezogener Daten rechtmäßig ist.

Literatur

von der Groeben/Schwarze/Hatje, Europäisches Unionsrecht, 7. Auflage 2015, Nomos Baden-Baden; *Bäcker*, Das Grundgesetz als Implementationsgarant der Unionsrechte, in: EuR 2015, 389; *Meyer*, Charta der Grundrechte der Europäischen Union, 3. Auflage 2011, *Buchholtz*, Das „Recht auf Vergessen" im Internet – Vorschläge für ein neues Schutzkonzept, in: ZD 2015, 570; *Franzius*, Strategien der Grundrechtsoptimierung in Europa, in: EuGRZ 2015, 139; *Grimm*, Der Datenschutz vor einer Neuorientierung, in: JZ 2013, 585; *Hornung*, Eine Datenschutz-Grundverordnung für Europa? – Licht und Schatten im Kommissionsentwurf vom 25.1.2012, in: ZD 2012, 99; Calliess/Ruffert, EUV/AEUV, Kommentar, 4. Auflage 2011; *Kirchhof*, Zwischen Big Data und Grundgesetz, in: AiB extra März 2015, 6; *Masing*, Herausforderungen des Datenschutzes, in: NJW 2012, 2305; *Masing*, Ein Abschied von den Grundrechten, Süddeutsche Zeitung v. 9.1.2012; *Schmidt/Weichert*, Datenschutz. Grundlagen, Entwicklungen und Kontroversen, 2012, 66; *Schneider/Härting*, Wird der Datenschutz nun endlich internettauglich? in: ZD 2012,

199; *Simitis (Hrsg.)*, Bundesdatenschutzgesetz, 8. Aufl. 2014; Nomos Baden-Baden; *Stentzel*, Der datenschutzrechtliche Präventionsstaat, in: PinG 02.2016, 45; *Stentzel*, Das Grundrecht auf...?, in: PinG 05.2015, 185; *Thym*, Vereinigt die Grundrechte! in: JZ 2015, 53.

Bedeutung der Norm

Die Norm spielt eine zentrale Rolle für die DS-GVO. Sie hebt die Bedeutung aller Grundrechte hervor, die bei der Auslegung der DS-GVO zu beachten sind. Abs. 3 enthält das Prinzip des freien Informationsflusses, das neben den Bestimmungen zum Datenschutz die zweite Grenze bildet, innerhalb derer sich Normadressaten, Aufsichtsbehörden, die KOM und die nationalen Gesetzgeber bei der Umsetzung und näheren Ausgestaltung der DS-GVO bewegen müssen. Im öffentlichen Bereich lässt die DS-GVO Sonderregelungen zu, die den Gesamtcharakter der DS-GVO deutlich mitprägen. Folge ist eine hinkende Harmonisierung im öffentlichen Bereich, deren Auswirkungen im Detail noch unklar sind.

Hinweise für den Anwender

Für die Auslegung der Norm relevante Erwägungsgründe:
- EG 1, 2, 3, 4, 7, 8, 10.

Vorgängernorm der RL 95/46:
- Art. 1.

Querbezüge zu anderen Normen:
- Querbezüge bestehen zu Art. 7, 8, 11 GRC; Art. 8 EMRK; Art. 16 AEUV.

Schlagworte

Schutzgüter; freier Informationsfluss und Marktortprinzip; Grundrechte; Unterscheidung öffentlicher und nicht-öffentlicher Bereich; Rechtscharakter der DS-GVO; hinkende Harmonisierung; Bestandsschutz von nationalem Datenschutzrecht; Spezifizierungen durch die Mitgliedstaaten.

A. Allgemeines

I. Regelungszweck

In Art. 1 sind die Schutzgüter der DS-GVO benannt. Die Norm dient als Auslegungshilfe der höchst unbestimmten Rechtsbegriffe, die an vielen Stellen den materiellen Kern des Datenschutzrechts darstellen. Hierzu zählen vor allem die „berechtigten" oder „schutzwürdigen" Interessen, die regelmäßig gegeneinander abzuwägen sind.[1] Art. 1 stellt klar, dass Gegenstand dieser Abwägung Grundrechte sein müssen. Stehen sich – wie gerade im nicht-öffentlichen Bereich – unterschiedliche Grundrechte bei der Abwägung gegenüber, so kommt es im Einzelfall auf die Bedeutung der widerstreitenden Grundrechte und auf die jeweilige Eingriffstiefe an. Abgesehen von dieser Grundaussage lassen sich Inhalt und Gegenstand der Abwägung oder etwaige Anforderungen an ein konkretisierendes Gesetz kaum näher identifizieren. Art. 1 trägt damit auf den ersten Blick wenig zur Rechtssicherheit bei. Bei näherer Betrachtung liefert die Norm jedoch den Schlüssel, um die Reichweite und auch die Grenzen des Datenschutzes zu bestimmen. Indem Art. 1 Abs. 2 und der dazugehörige EG 4 auf alle, d.h. auch auf konkurrierende Grundrechte verweisen, wird klar, dass der Datenschutz kein übergeordnetes „Supergrundrecht" ist. Der Verarbeiter tut daher gut daran, sich über den grundrechtlichen Nutzen und Schutz seiner Datenverarbeitung Gewissheit zu verschaffen. Öffentliche Stellen können sich freilich in der Regel nicht auf eigene Grundrechte berufen. 1

Zwar unterscheidet Art. 1 bei Inhalt und Gegenstand der DS-GVO nicht ausdrücklich zwischen öffentlichem und nicht-öffentlichem Bereich. Gleichwohl ist diese Unterscheidung für das Verständnis der DS-GVO fundamental. Dem Datenschutz wird in beiden Bereichen unterschiedlich Geltung verschafft. Während es im nicht-öffentlichen Bereich regelmäßig um Abwägungen auf der Grundlage von Generalklauseln und Einwilligungen geht, die in der DS-GVO grundsätzlich abschließend geregelt sind, darf sich der Staat als Datenverarbeiter auf diese Erlaubnistatbestände in aller Regel nicht berufen. Im staatlichen Bereich besteht die Ratio des Datenschutzes vielmehr darin, dass für das Handeln staatlicher Stellen mit unterschiedlichen Aufgaben und Befugnissen spezifische gesetzliche Grundlagen geschaffen werden (vgl. Art. 6 Abs. 1 lit. c und e; Abs. 2). Diese werden gem. Art. 6 Abs. 3 entweder durch Unionsrecht (lit. a) oder das Recht des Mitgliedstaates, dem der Verantwortliche unterliegt (lit. b), festgelegt. 2

Bedeutung hat dies vor allem für den Grundsatz des freien Informationsflusses in Art. 1 Abs. 3. Während hieraus – grob gesprochen – ein Verbot für den nationalen Gesetzgeber folgt, weitreichendere Datenschutzbestimmungen im nationalen Recht zu erlassen, ergibt sich aus der Regelung im öffentlichen Bereich lediglich ein Diskriminierungsverbot im nationalen Recht. 3

II. Normadressaten

1. Mitgliedstaaten

Grundsätzlich gilt eine Verordnung unmittelbar und bedarf keiner Umsetzung in nationales Recht. Allerdings folgt – trotz der im Primärrecht nicht vorgesehenen Bezeichnung als „Grund"-VO – aus der Systematik des Datenschutzes im öffentlichen Bereich (s. Rn. 2; s. Rn. 13), dass der nationale Gesetzgeber sogar verpflichtet ist, Rechtsgrundlagen der Datenverarbeitung zu schaffen, die die DS-GVO selbst nicht enthält (vgl. Art. 6 Abs. 3). Die Bestimmung dessen, was die Mitgliedstaaten einerseits zu unterlassen haben und andererseits zu regeln verpflichtet sind, ist äußerst schwierig. Als Faustregel gilt, dass die Regelungsgrenze zwischen dem nicht-öffentlichen und dem öffentlichen Bereich verläuft. 4

---

1 Vgl. Art. 6 Abs. 1 lit. f; 13 Abs. 1 lit. d; 14 Abs. 2 lit. b, Abs. 5 lit. b und c; 17 Abs. 1 lit. c; 18 Abs. 1 lit. d; 21 Abs. 1; 22 Abs. 2 lit. b, Abs. 3 und 4 u.a.

2. Datenverarbeiter

5 Als Grundsatzregelung hat Art. 1 für öffentliche Stellen und nicht-öffentliche Stellen gleichermaßen Bedeutung. Selbiges gilt für Verantwortliche in Drittstaaten, auf die insbes. Art. 1 Abs. 3 anwendbar ist, sofern sie dem Marktortprinzip unterfallen (s. Rn. 39 ff.).

3. Betroffene

6 Für die Betroffenen folgt aus dem Grundsatz des freien Informationsflusses in Art. 1 Abs. 3, dass sie die Verarbeitung ihrer Daten zu dulden haben, solange sich der Datenverarbeiter auf eine Rechtsgrundlage für die Verarbeitung stützen kann. Freilich gilt auch unter der DS-GVO weiterhin das im Datenschutz vorherrschende Prinzip des Verbots mit Erlaubnisvorbehalt. An diesem Grundsatz ändert auch Art. 1 Abs. 3 nichts. Aus Art. 1 Abs. 2 und EG 4 folgt, dass kollidierenden Grundrechten ebenfalls Geltung zu verschaffen ist.

4. Aufsichtsbehörden

7 Aufsichtsbehörden sind gehalten, bei der Auslegung und dem Vollzug der VO nicht nur auf die Grundrechte auf Achtung des Privatlebens (Art. 7 GRC) und Datenschutz (Art. 8 GRC) abzustellen. Vielmehr sind auch kollidierende Grundrechte und der Grundsatz des freien Informationsflusses zu beachten.

III. Systematik

1. Konservierung der Grundstrukturen der RL 95/46/EG

8 Zwar ist die Wahl der VO formal neu, allerdings konserviert die Grundsystematik der DS-GVO weitgehend die Datenschutz-RL 95/46/EG. Beibehalten wird vor allem das datenschutzrechtliche Verbotsprinzip mit Erlaubnisvorbehalt, wonach jede Datenverarbeitung grundsätzlich untersagt ist, wenn die betroffene Person nicht eingewilligt hat oder die Datenverarbeitung zur Vertragserfüllung erforderlich ist oder alternativ eine andere Rechtsgrundlage eingreift (Art. 6).

9 Ungeachtet der Frage, inwieweit sich die Grundsätze und Inhalte der RL 95/46/EG bewährt haben, liegt in der neuen Systematik ein zentraler Webfehler. Denn die DS-GVO entspricht nach wie vor einer RL. Laut KOM sollte die Grund-VO das national fragmentierte Datenschutzrecht (erstmalig) harmonisieren und – angesichts des technologischen Wandels, der Ausbreitung des Internets und der automatisierten Datenverarbeitung – modernisieren. Diese Ziele werden aber weitgehend verfehlt.[2] Da man sich im Wesentlichen an die Struktur der RL 95/46/EG gehalten hat und nur wenige konkrete Regelungen hinzugekommen sind, beschränkt sich die zusätzliche Harmonisierung im Wesentlichen auf eine Deregulierung, nämlich den Wegfall des mitgliedstaatlichen Datenschutzrechts. Zugleich wird eine umfassende Berücksichtigung der europäischen Grundrechte ermöglicht, was aber wegen der damit einhergehenden Zurückdrängung des nationalen Grundrechtsschutzes bedenklich ist.

10 Der Charakter einer verkappten RL in Gestalt einer „Grund"-VO dürfte demnach vor allem Auswirkungen auf die Rechtsprechungen von EuGH und nationalen Gerichten – einschließlich der Verfassungsgerichte – haben. Es ist davon auszugehen, dass der EuGH die neue Rechtsform dazu nutzen wird, um sich als europäischer „Supreme Court" zu gerieren, der für die verbindliche und letztinstanzliche Auslegung der Grundrechte in Europa verantwortlich zeichnet. Zugleich folgt aus der Wahl einer VO, dass die nationalen Grundrechte (wie etwa die Meinungsfreiheit) indirekt entweder ebenfalls harmonisiert oder – was schwerer wiegt – marginalisiert werden. An deren Stelle treten die Gewährleistungen der GRC in ihrer Auslegung und Anwendung durch den EuGH. Dies ist bedenklich. Zum einen werden kollidierende Grundrechte wie die Meinungsfreiheit (Art. 11 GRC) vom EuGH im Bereich des Datenschutzes regelmäßig nicht in die Interessenab-

---

2 Zur mangelnden Internettauglichkeit s. *Buchholtz*, in: ZD 2015, 570, 573; *Schneider/Härting*, in: ZD 2012, 199; *Stentzel*, in: PinG 05.2015, 185, 186.

wägungen einbezogen. Auch Art. 8 GRC bietet etwa im Vergleich zum Recht auf informationelle Selbstbestimmung aus Art. 2 Abs. 1 i.V.m. Art. 1 Abs. 1 GG kein vergleichbares Schutzniveau, weil es dort nur um das Recht auf Schutz der Daten geht. Zum anderen würde die Grundrechtsjudikatur des BVerfG, die sich als ausgefeiltes System widerstreitender Informations- und Persönlichkeitsinteressen darstellt, verdrängt. Einen angemessenen Ersatz kann die weniger ausdifferenzierte Grundrechtsjudikatur des EuGH trotz fortschreitender Bemühungen im Grundrechtsschutz derzeit nicht bieten. Dies ist auch darauf zurückzuführen, dass es auf EU-Ebene an einem instanzgerichtlichen Unterbau fehlt.[3] Im Übrigen existiert auf EU-Ebene kein der Verfassungsbeschwerde vergleichbarer Rechtsbehelf für den einzelnen Grundrechtsträger.[4] Ohne die Rechtsprechung des BVerfG – vom Volkszählungsurteil[5] bis hin zu den Entscheidungen über die Verwendung von Telekommunikationsdaten[6] und zur Antiterrordatei[7] – hätte der deutsche Datenschutz seinen hohen Standard wohl nicht erreicht.[8]

2. Harmonisierungsmatrix der DS-GVO

Die „Grund"-VO als Instrument der Vollharmonisierung zu bezeichnen, wäre verkürzt. Die DS-GVO enthält eine komplexe Harmonisierungsmatrix, deren Wesensmerkmal die hinkende Harmonisierung zwischen öffentlichem und nicht-öffentlichem Bereich ist. Während es sich im öffentlichen Bereich weiterhin um eine vollzugsabhängige Harmonisierung handelt, geht es im nicht-öffentlichen Bereich um eine selbstvollziehende Harmonisierung; diese ist vor allem darauf gerichtet, zusätzliche – unterschiedliche und möglicherweise widersprüchliche – Vollzugsgesetze in den Mitgliedstaaten zu ersetzen, um Hemmnisse für den Verkehr personenbezogener Daten in der Union zu beseitigen (EG 10). **11**

Zentral für den Datenschutz im öffentlichen Bereich ist der Vorbehalt des Gesetzes. Datenverarbeitungen von Behörden und anderen staatlichen Stellen, die mit hoheitlichen Eingriffsbefugnissen gegenüber dem Bürger ausgestattet sind, bedürfen einer gesetzlichen Ermächtigungsgrundlage. Die Erhebung und Verarbeitung von Daten bedarf einer ausdrücklichen gesetzlichen Regelung, und zwar – nach dem Verständnis des BVerfG[9] – in Bezug auf die Daten, die Art der Erhebung, den Zweck der Verarbeitung sowie weitere Maßgaben, die den Verhältnismäßigkeitsgrundsatz näher konkretisieren und die Kontrolle der gesetzlichen Vorgaben sicherstellen, etwa durch Protokollierungsvorschriften. Den Anspruch, den die DS-GVO im öffentlichen Bereich an den Gesetzgeber stellt, kann sie selbst nicht erfüllen. Die DS-GVO begnügt sich vielmehr mit der Festlegung des Vorbehalts des Gesetzes als Grundlage der Datenverarbeitung im öffentlichen Bereich, ohne dass diese Festlegung näher konkretisiert wird. Die zentralen Vorschriften des Art. 6 Abs. 1 lit. c und e, Abs. 2 sind unterkomplex ausgestaltet und treffen insbes. keine näheren Aussagen über die Art der Datenerhebung, Formen der Datenübermittlung, Grenzen der Zweckbindung oder allgemein über die Regelungstiefe der erforderlichen nationalen Datenverarbeitungsvorschriften. **12**

Der europäische Gesetzgeber hat im öffentlichen Bereich nur das „Ob" einer gesetzlichen Rechtsgrundlage für die Datenverarbeitung geregelt, nicht aber das „Wie". Dementsprechend groß sind die Spielräume, die den nationalen Gesetzgebern im öffentlichen Bereich eingeräumt sind (vgl. Art. 6 Abs. 2 und 3 lit. b etc.), wobei sich die Frage stellt, ob diese ihrerseits durch verfassungsrechtliche Vorgaben ihres nationalen Rechts gebunden sein können. Ausgangspunkt der Frage ist, ob der nationale Gesetzgeber auch dann, wenn er die ihm eingeräumten Spielräume der DS-GVO nutzt, gem. Art. 51 Abs. 1 S. 1 GRC Unionsrecht „durchführt" und damit – ausschließlich oder zusätzlich – den Unionsgrundrechten unterworfen ist. Für eine Bindung an Uni- **13**

3 *Masing*, Ein Abschied von den Grundrechten, Süddeutsche Zeitung v. 9.1.2012.
4 *Hornung*, in: ZD 2012, 99, 100.
5 BVerfGE 65, S. 1.
6 BVerfGE 130, 151.
7 BVerfGE 133, 277.
8 *Simitis*, Einl., Rn. 254.
9 Bspw. BVerfGE 65, 1; 130, 151; 133, 277.

onsgrundrechte könnte zwar die Entscheidung des EuGH in der Rs. Åkerberg Fransson sprechen.[10] Hier stellte der Gerichtshof klar, dass die durch die GRC garantierten Unionsgrundrechte anwendbar sind, wenn der Geltungsbereich des Unionsrechts – auch nur am Rande – berührt ist. Es seien keine Fallgestaltungen denkbar, die vom Unionsrecht erfasst würden, ohne dass zugleich die Unionsgrundrechte anwendbar wären.[11] An dieser Auffassung hat der EuGH zuletzt in der Rs. Hernández festgehalten.[12] Der EuGH setzt also die mitgliedstaatliche „Durchführung" des Unionsrechts mit dessen „Anwendungsbereich" gleich. Zur näheren Konkretisierung hat der Gerichtshof allerdings in der Rs. Siragusa „einen hinreichenden Zusammenhang" zum Unionsrecht gefordert.[13] Folge der EuGH-Judikatur ist, dass es in den dargestellten „Spielraumkonstellationen"[14] zu einer Doppelgeltung von nationalen Grundrechten und der GRC kommt. Getreu der Linie des EuGH ließe sich nun argumentieren, dass die Unionsgrundrechte – neben den nationalen Grundrechten – auch dann Anwendung finden, wenn die Mitgliedstaaten die von der DS-GVO eingeräumten Spielräume ausgestalten. In Kollisionsfällen würden dann allerdings die nationalen Grundrechte weitgehend verdrängt. Bedenken an dieser Rechtsfolge bestehen aber im Hinblick auf die besondere Systematik der DS-GVO für den öffentlichen Bereich. Denn hier sind die Mitgliedstaaten ja gerade verpflichtet, eigenständige Rechtsgrundlagen der Datenverarbeitung zu schaffen. Insoweit wäre es sinnvoll, wenn auch nationale Grundrechte zur Anwendung kämen. Das BVerfG hält jedenfalls an einer strikten „Trennung" der Grundrechtssphären fest. In der Entscheidung zum Antiterrordateigesetz hat das BVerfG betont, dass nicht „jeder sachliche Bezug einer Regelung zum bloß abstrakten Anwendungsbereich des Unionsrechts oder rein tatsächliche Auswirkungen auf dieses" genüge, um eine nationale Regelung der GRC zu unterwerfen.[15] Vielmehr wertet das BVerfG die Aussagen der Åkerberg-Fransson-Entscheidung als Besonderheiten des Umsatzsteuerrechts und will ihnen keine allgemeine Aussage entnehmen. Wie sich die Rechtsprechung des EuGH entwickelt, bleibt abzuwarten. Sollte der EuGH weiterhin eine Doppelgeltung der beiden Grundrechtsordnungen favorisieren, ist zu klären, inwieweit sich nationale Grundrechte im Einzelfall durchsetzen und welche Auswirkungen dies auf den Rechtsschutz hätte. Angesichts der Breitenwirkung des Unionsrechts lässt sich weder die vom EuGH favorisierte „Doppelgeltung" noch die vom BVerfG befürwortete „Trennung" der Grundrechtssphären auf Dauer konsequent durchhalten. Um den Grundrechtsschutz ebenenübergreifend zu stärken, müssen neue Abstimmungsmodi zwischen den beiden Höchstgerichten erarbeitet werden.[16]

14 Im nicht-öffentlichen Bereich wird der Datenschutz grundlegend anders als im öffentlichen Bereich verwirklicht: Hier erfolgt der Schutz mit Hilfe der allgemeinen Rechtsgrundlagen des Vertrages (Art. 6 Abs. 1 lit. b), der Einwilligung (Art. 6 Abs. 1 lit. a und Art. 7), der allgemeinen Abwägungsklausel (Art. 6 Abs. 1 lit. f) und des Widerspruchsrechts (Art. 21). Es handelt sich durchweg um Regelungen, die keiner näheren Ausgestaltung durch den nationalen Gesetzgeber bedürfen. Regelungen, die einzelne Mitgliedstaaten hier gleichwohl erlassen haben, sind zu beseitigen, um den freien Informationsfluss nach Art. 1 Abs. 3 nicht zu beeinträchtigen.

3. Harmonisierungsauftrag durch Tertiärrecht

15 Der Entwurf der KOM für die DS-GVO enthielt zahlreiche Ermächtigungen zum Erlass von delegierten Rechtsakten und Durchführungsrechtsakten. Auch wenn der Rat und das Europäische Parlament die meisten dieser Ermächtigungen wieder gestrichen haben, bleibt der weitere Harmonisierungsauftrag an vielen Stellen erhalten (s. Art. 12 Abs. 8; Art. 43 Abs. 8; Art. 92). Nicht selten basierten die Streichungen von Ermächtigungen auf der Erkenntnis, dass der jeweilige Re-

10 EuGH, Urt. v. 26.2.2013, Rs. C-617/10 (Åkerberg Fransson).
11 EuGH, Urt. v. 26.2.2013, Rs. C-617/10 (Åkerberg Fransson), Rn. 21.
12 EuGH, Urt. v. 10.7.2014, Rs. C-198/13 (Hernández), Rn. 33.
13 EuGH, Urt. v. 6.3.2014, Rs. C-206/13 (Siragusa), insbes. Rn. 25.
14 Begriff nach *Franzius*, in: ZaöRV (73) 2015, 383.
15 BVerfG, Urt. v. 24.4.2013, 1 BvR 1215/07, NJW 2013, 1499, 1501.
16 Vorschläge dazu bei: Bäcker, in: EuR 2015, 389; *Franzius*, in: EuGRZ 2015, 139; *Thym*, in: JZ 2015, 53.

gelungsgegenstand wesentliche Fragen berührt, die der Gesetzgeber selbst näher auszugestalten hat (vgl. Art. 290, Art. 291 Abs. 2 AEUV; z.B. Art. 6 Abs. 3). Allerdings haben Rat und Parlament den Konkretisierungsauftrag selbst meist nicht wahrgenommen. Das Ergebnis sind lückenhafte oder allgemeine Regelungen, die erst durch die Verwaltung oder Judikative näher ausgestaltet werden müssen, was im Hinblick auf den Wesentlichkeits- und Bestimmtheitsgrundsatz bedenklich ist.

Insbes. die nähere Ausgestaltung und Harmonisierung durch die Datenschutzaufsichtsbehörden ist rechtsstaatlich in vielen Bereichen, in denen ursprünglich Ermächtigungen für den Erlass von Tertiärrecht vorgesehen waren, höchst bedenklich.[17] Die Gründe, die gegen eine nähere Ausgestaltung durch die KOM in Form delegierter Rechtsakte oder Durchführungsrechtsakte sprechen, gelten hier erst recht. Es ist bereits fraglich, ob es gelingen wird, eine einheitliche Auslegungspraxis der Aufsichtsbehörden über den sogenannten „One-Stop-Shop"-Mechanismus (Zuständigkeit einer Aufsichtsbehörde für eine Unternehmensgruppe und deren Töchter oder Niederlassungen am Sitz der „Hauptniederlassung"; vgl. Art. 4 Abs. 16; EG 36 als Auslegungshilfe zur Ermittlung der „Hauptniederlassung"; vgl. auch Art. 51) zu erreichen. Jedenfalls fehlt es an einer Vorhersehbarkeit der Entscheidungen, einem klaren Sanktionsrahmen und einer organisatorisch-institutionellen Ausgestaltung der Datenschutzaufsicht, was mit demokratischen und rechtsstaatlichen Grundsätzen kaum noch vereinbar ist. Bei den Aufsichtsbehörden handelt es sich um Ordnungsbehörden, die mit einer weitreichenden Sanktionsmacht ausgestattet sind, ohne dass eine demokratische Verantwortlichkeit oder eine Rechts- und Fachaufsicht besteht. Im Hinblick darauf, dass der EU-Gesetzgeber auf weitere Konkretisierungen (auch durch die KOM) verzichtet hat, stellt sich sogar die Frage, ob die DS-GVO mit dem Primärrecht vereinbar ist. Zieht man die Maßstäbe zur gesetzgeberischen Ausgestaltungspflicht heran, die der EuGH bei der Vorratsdatenspeicherung aufgestellt hat,[18] ist fraglich, ob die DS-GVO einer kritischen Prüfung standhalten kann. 16

4. Judikative Harmonisierung

Im Umgang mit unbestimmten Rechtsbegriffen kann die Rechtsprechung häufig die nötige Konkretisierung bewirken. Anders ist dies bislang im Datenschutz, weil es hier vergleichsweise wenig Rechtsprechung gibt. Dies ist vor allem dem Umstand geschuldet, dass Datenschutzaufsichtsbehörden vielfach keine verbindlichen formellen Entscheidungen getroffen haben, die mit einem Rechtsbehelf angegriffen werden können. Zudem haben sich Unternehmen aus unternehmenspolitischen Gründen nicht selten gescheut, Rechtsschutz in Anspruch zu nehmen. Der daraus resultierende Mangel an Rechtsprechung ist gerade im besonders unterbestimmten nicht-öffentlichen Bereich misslich. Es ist zu hoffen, dass sich dies mit Inkrafttreten der DS-GVO und der jüngeren EuGH-Judikatur zum Datenschutzrecht ändern wird. Bereits mit seinem Urteil zur Nichtigkeit der Vorratsdatenspeicherungs-RL hat der EuGH ein klares Signal für einen gestärkten Datenschutz gegeben.[19] Diese Entwicklung hat der Gerichtshof mit den Entscheidungen Google Spain[20] und jüngst in der Rs. Schrems[21] fortgeführt. 17

5. Äußere Systematik

Eine Besonderheit der DS-GVO ist die Möglichkeit der Textwiederholung. Die DS-GVO weist die Eigenart auf, dass sie einerseits – im öffentlichen Bereich – auf Konkretisierungen des nationalen Gesetzgebers angewiesen ist, andererseits aber den Anspruch erhebt, eine abschließende VO zu sein. Aus diesem Grund hat der Rat den EG 8 (ehemals EG 6a) vorgeschlagen, der letztlich übernommen wurde. Er gestattet es den Mitgliedstaaten, unter bestimmten Voraussetzungen Regelungen der DS-GVO im nationalen Recht zu wiederholen. Zugleich besteht die Möglichkeit, 18

17 Vgl. im Einzelnen *Stentzel*, in: PinG 02.2016, 45, 48 ff.
18 EuGH, Urt. v. 8.4.2014, Rs. C-293/12, C-594/12 (Digital Rights), Rn. 38 ff.
19 EuGH, Urt. v. 8.4.2014, Rs. C-293/12, C-594/12 (Digital Rights).
20 EuGH, Urt. v. 13.5.2014, Rs. C-131/12 (Google).
21 EuGH, Urt. v. 6.10.2015, Rs. C-362/14 (Schrems).

neben den zu wiederholenden Regelungen der DS-GVO weiterhin nationale Datenschutzgesetze zu erlassen, wenn die DS-GVO entsprechende Regelungen zulässt.[22] Harmonisiertes nationales Datenschutzrecht kann auf diese Weise fortbestehen, was vor allem im Interesse des Rechtsanwenders liegen dürfte. Wenn die DS-GVO aufgrund der zahlreichen Ausnahmen und Öffnungsklauseln zugunsten der nationalen Gesetzgeber schon eine Reihe von Harmonisierungslücken aufweist, die am Ende doch wieder zu einer EU-weiten Fragmentierung des Datenschutzrechts führen werden, so ist es für die Rechtsanwender immer noch günstiger, wenn im nationalen Recht der jeweilige Regelungskomplex (soweit eine Regelungszuständigkeit der Mitgliedstaaten besteht) abgebildet wird. Allerdings schreibt die DS-GVO eine Textwiederholung nicht vor und es wäre ebenso zulässig, wenn ein nationaler Gesetzgeber hierauf verzichtet und lediglich die von der DS-GVO eröffneten Lücken ausfüllt.

19 Schwierig gestaltet sich auch das Verhältnis der DS-GVO zum sonstigen EU-Recht. Zahlreiche EU-Rechtsakte enthalten spezifischere Regelungen. Ob diese weiterhin gelten oder durch die neue DS-GVO verdrängt werden, lässt sich oft nicht hinreichend klar feststellen. Sonderregelungen gibt es nur für den Bereich der Verhütung, Untersuchung, Aufdeckung oder Verfolgung von Straftaten oder der Strafvollstreckung (Art. 2 Abs. 2 lit. d), für die VO (EG) Nr. 45/2001 betreffend die Verarbeitung personenbezogener Daten durch die Organe, Einrichtungen, Ämter und Agenturen der Union (Art. 2 Abs. 3, EG 17), für die E-Privacy-RL 2002/58/EG (EG 173; vgl. Art. 95) und für die E-Commerce-RL 2000/31/EG (Art. 2 Abs. 4, EG 21).

6. Innere Systematik

20 Auch die innere Systematik der DS-GVO ist nicht stimmig. Grobe Unterscheidungen zwischen öffentlichem und nicht-öffentlichem Bereich mit den unterschiedlichen grundrechtlichen Ausgangsbedingungen sind in der DS-GVO nicht systematisch abgebildet, sondern werden erst bei einer Gesamtbetrachtung der vielen Einzelbestimmungen sichtbar. Unterscheidungen wie beim sogenannten risikobasierten Ansatz (Verweis Art. 24 Rn. 78 ff.) sind systematisch lückenhaft. Teilweise fehlen bisher bekannte Unterscheidungen wie etwa in Bezug auf öffentlich zugängliche Daten, obwohl es gerade bei der Gesamtabwägung auf diese Unterscheidung ankommt.

7. Systembrüche

21 Die DS-GVO enthält etliche systematische Brüche. Sie ist eine VO, die die Systematik einer RL übernimmt. Sie will die Harmonisierung vorantreiben, setzt aber eine Ausfüllung durch mitgliedstaatliches Recht, Exekutive und Judikative voraus. Sie enthält zahlreiche Ausnahmen oder Sonderregelungen für den öffentlichen Bereich, ohne systematisch zwischen öffentlichem und nicht-öffentlichem Bereich zu unterscheiden. Sie schafft z.B. bei den Individualrechten abschließende Regelungen mit Ausnahmen für die Informationspflichten, überlässt die Ausnahmen beim Auskunftsrecht aber den Mitgliedstaaten. Die Beispiele ließen sich beliebig fortsetzen. Wegen der zahlreichen Systembrüche darf der Systematik bei der Auslegung keine allzu große Bedeutung beigemessen werden.

IV. Entstehungsgeschichte

1. Bisherige europäische Vorgaben

22 Der Inhalt von Art. 1 orientiert sich teilweise am Wortlaut des Art. 1 RL 95/46/EG. Gleichwohl gibt es bedeutende Unterschiede. Zum einen benennen Art. 1 Abs. 1 und 2 andere Schutzgüter als die Vorgängerregelung. Die neue Regelung reagiert damit auf die Entwicklung und Verankerung

---

22 Dies gilt insb. für die Ausnahmen nach Art. 23 Abs. 1, wonach bestimmte Rechte und Pflichten im Wege von Gesetzgebungsmaßnahmen beschränkt werden können, sofern eine solche Beschränkung den Wesensgehalt der Grundrechte und Grundfreiheiten achtet und in einer demokratischen Gesellschaft eine notwendige und verhältnismäßige Maßnahme darstellt und zugleich einem unter lit. a bis j genannten legitimen Zweck dient.

von Grundrechten in der EU, insbes. der Schaffung von Art. 8 GRC sowie Art. 16 AEUV. Während die RL 95/46/EG noch den „Schutz der Privatsphäre" bzw. das „Right to Privacy" als vorrangiges Schutzgut in Art. 1 Abs. 1 verankerte, hebt Art. 1 Abs. 2 das „Recht auf Schutz personenbezogener Daten" hervor. Zum anderen hat sich die Zielrichtung der Regelung verändert. Während Art. 1 RL 95/46/EG die Mitgliedstaaten gleich mehrfach als Adressaten der Regelung benennt und diesen den Auftrag der Harmonisierung erteilt, verzichtet Art. 1 auf die Nennung von Normadressaten, objektiviert stattdessen die Regelungsinhalte und setzt damit scheinbar die Harmonisierung voraus. Der Grund für den veränderten Wortlaut liegt freilich im Wechsel der Rechtsform. Fraglich ist jedoch, ob hiermit auch inhaltliche Änderungen verbunden sind. Dies gilt insbes. im Hinblick auf Art. 1 Abs. 3 (s. Rn. 37 ff.). Auch die EG sind wenig ergiebig; so erläutert etwa EG 3 nicht den Inhalt des neuen Art. 1, sondern beschreibt den allgemeinen Zweck und Grundgedanken der Harmonisierung der RL 95/46/EG.

2. Bisherige nationale Vorgaben

a) Recht auf informationelle Selbstbestimmung

Im Volkszählungsurteil hat das BVerfG[23] klargestellt, dass der Datenschutz grundrechtlich im Recht auf informationelle Selbstbestimmung verankert ist, das aus Art. 2 Abs. 1 i.V.m. Art. 1 GG hergeleitet wird. Weder Art. 8 GRC noch die DS-GVO haben diesen Begriff übernommen.[24] Ungeachtet der Frage, worin genau das Schutzgut des Rechts auf informationelle Selbstbestimmung besteht und welche Unterschiede zu Art. 8 EMRK sowie Art. 7 und 8 GRC bestehen, stellt sich die Frage, welcher eigenständige Gehalt dem Recht auf informationelle Selbstbestimmung innerhalb der DS-GVO zukommen kann. Noch stärker als es unter Geltung der RL 95/46/EG der Fall war, zielt die DS-GVO auf eine EU-weite Harmonisierung ab. Da diese Harmonisierung erstens nicht nur Auftrag an die Mitgliedstaaten ist, sondern durch die DS-GVO selbst erreicht werden soll, und zweitens der Grundrechtsschutz wesentlicher Inhalt der DS-GVO ist, bleibt jedenfalls für solche mitgliedstaatlichen Grundrechte kein Raum, die nicht vollständig inhaltsgleich mit den EU-Grundrechten sind. Gerade beim Recht auf informationelle Selbstbestimmung mit seiner spezifischen Kasuistik droht daher eine umfassende Verdrängung durch die Unionsgrundrechte.[25] Praktisch wirkt sich diese Frage vor allem im öffentlichen Bereich aus, auf den sich die Rechtsprechung des BVerfG zum Recht auf informationelle Selbstbestimmung weitgehend bezieht.[26] Im Ergebnis hat das Recht auf informationelle Selbstbestimmung hier zu einer spezifischen Ausprägung des Vorbehalts des Gesetzes geführt. Um Eingriffe in das Recht auf informationelle Selbstbestimmung durch staatliche Stellen zu rechtfertigen, stellt das BVerfG strenge Anforderungen an das eingreifende Gesetz. So müssen in dem Gesetz die Erhebungs- und Verarbeitungsbefugnisse möglichst normenklar und ausführlich geregelt sein und nach Möglichkeit die Art der Daten, der Anlass der Erhebung und der Zweck der Nutzung, die Dauer der Speicherung und die nutzenden staatlichen Stellen konkret festgelegt werden.[27] Derart strenge Anforderungen an die gesetzliche Eingriffsermächtigung stellt die DS-GVO nicht. Vielmehr reicht es grundsätzlich aus, dass eine allgemeine Rechtsgrundlage für die Datenverarbeitung im öffentlichen Bereich besteht, in der entweder der Zweck festgelegt wird oder allgemein klargestellt wird, dass der konkrete Verarbeitungszweck für die Erfüllung einer Aufgabe erforderlich ist, die im öffentlichen Interesse liegt (Art. 6 Abs. 1 lit. c und e; Abs. 3 S. 2). Zwar „kann" der nationale Gesetzgeber spezifischere Regelungen erlassen (Art. 6 Abs. 3 S. 3). Dies stellt Art. 6 Abs. 2 ausdrück- 23

23 BVerfGE 65, 1.

24 Auch EG 7, der von der „Kontrolle über eigene Daten" spricht, nimmt nicht auf das Recht auf informationelle Selbstbestimmung Bezug. Vielmehr dürfte der Begriff „eigene Daten" in Abweichung zu dem sonst verwendeten Terminus der „sie betreffenden personenbezogenen Daten" und die Nennung der „privaten Nutzer" in EG 7 einen spezifischen Bezug zum Internet und dem Recht auf Datenübertragbarkeit (Art. 20) haben.

25 Vgl. im Einzelnen *Stentzel*, in: PinG 05.2015, 185, 186.

26 Vgl. *Masing*, Ein Abschied von den Grundrechten, Süddeutsche Zeitung v. 9.1.2012.

27 Vgl. im Einzelnen nur BVerfG, Urt. v. 24.4.2013, 1 BvR 1215/07, Rn. 230, BVerfGE 133, 277.

lich klar. Deshalb mögen die vom BVerfG entwickelten Vorgaben für den öffentlichen Bereich im Wesentlichen erhalten bleiben, sofern der EuGH dies mit dem Ziel der Harmonisierung für vereinbar erklärt. Doch letztlich bleibt offen, ob ein nationaler Gesetzgeber aufgrund nationaler Grundrechte hierzu weiterhin verpflichtet werden kann. Würde man weiterhin gesetzgeberische Pflichten aus dem nationalen Grundrecht auf informationelle Selbstbestimmung ableiten, liefe dies dem angestrebten Harmonisierungsziel und dem Prinzip des allgemeinen Informationsflusses nach Art. 1 Abs. 3 zuwider.

b) Persönlichkeitsrecht als Schutzgut des § 1 Abs. 1 BDSG

24 Das Bundesdatenschutzgesetz nennt als Schutzgut in § 1 Abs. 1 das Persönlichkeitsrecht. Das allgemeine Persönlichkeitsrecht findet in der GRC keine Entsprechung. Vielmehr wird hier in erster Linie auf das Recht auf Privatleben nach Art. 7 GRC abzustellen sein, das wiederum Art. 8 EMRK entspricht. Der nationale Gesetzgeber wird § 1 BDSG und all jene Vorschriften, in denen dieses Schutzgut genannt wird (so auch § 38 Abs. 5 S. 2 BDSG), anpassen müssen.

c) Freier Informationsfluss als Diskriminierungsverbot für die nationalen Gesetzgeber

25 Nach Art. 1 Abs. 2 RL 95/46/EG dürfen die Mitgliedstaaten den „freien Verkehr personenbezogener Daten zwischen Mitgliedstaaten" aus Gründen des Datenschutzes nicht verbieten oder untersagen. Die Regelung ist damit eindeutig als Diskriminierungsverbot zu verstehen. Neu ist nicht nur der Adressat der Regelung, sondern auch, dass sich der Verantwortliche unmittelbar auf den freien Informationsfluss berufen kann, was freilich dem Umstand geschuldet ist, dass es sich um eine Verordnung handelt. Gleichzeitig wird dem Betroffenen eine Duldungspflicht auferlegt, soweit der Grundsatz des freien Verkehrs personenbezogener Daten das objektive Schutzbedürfnis überwiegt.

B. Inhalt der Regelung

I. Schutz natürlicher Personen bei der Verarbeitung personenbezogener Daten und freier Datenverkehr (Abs. 1)

26 Der neu gefasste Abs. 1 verweist knapp auf die zwei fundamentalen Inhalte der DS-GVO: den Schutz natürlicher Personen bei der Verarbeitung personenbezogener Daten einerseits und den freien Verkehr solcher Daten andererseits. Beide Inhalte bilden Grenzen für den nationalen Gesetzgeber. Zum einen ist der Inhalt der DS-GVO insofern abschließend, als sie jedwede weniger strenge Datenschutzbestimmung in den Mitgliedstaaten verdrängt. Zum anderen verbietet der freie Verkehr der Daten als zweiter Kerninhalt der DS-GVO den Mitgliedstaaten – anders als bei der Datenschutz-RL für den Bereich der Verhütung, Untersuchung, Aufdeckung oder Verfolgung von Straftaten oder der Strafvollstreckung –, strengere Datenschutzbestimmungen zu erlassen. Allerdings trägt die DS-GVO diesen beiden Grundanliegen auf unterschiedliche Weise Rechnung. Dies zeigt sich allein daran, dass die meisten Regelungen der DS-GVO den Schutz personenbezogener Daten betreffen. Der freie Verkehr solcher Daten ist explizit nur noch in Art. 1 Abs. 3 genannt. Gleichwohl muss dieser Inhalt bei der Reichweite vieler Regelungen mitbedacht werden (s. Rn. 37 ff.).

27 Aus Art. 1 Abs. 1 geht nicht hervor, dass die DS-GVO in Bezug auf den Datenschutz einerseits und den freien Verkehr der Daten andererseits nur teilweise abschließenden Charakter hat. Die DS-GVO enthält allerdings mehr als 70 Öffnungsklauseln, die den Mitgliedstaaten Spielraum für nationale Regelungen belassen. Diese Öffnungsklauseln sind abschließend. Aus der konkreten Benennung der Öffnungsklauseln sowie dem Charakter als VO folgt, dass es keine darüberhinausgehenden „impliziten Öffnungsklauseln" geben kann. Dies gilt jedenfalls für die Vorschriften zum Schutz personenbezogener Daten. Denn jede Regelung, die hier über die DS-GVO und die den Mitgliedstaaten ausdrücklich eröffneten Spielräume hinausgeht, führt zu einem Verstoß gegen den freien Verkehr der Daten. Art. 1 Abs. 3 stellt dies ausdrücklich klar.

II. Schutz von Grundrechten und Grundfreiheiten (Abs. 2)

1. Erfasste Grundrechte und Grundfreiheiten

a) Prinzip des eindimensionalen Grundrechtsschutzes?

Bereits EG 1 der DS-GVO rückt Art. 8 GRC und Art. 16 AEUV sowie das darin enthaltene Grundrecht auf Schutz personenbezogener Daten in den Mittelpunkt. Es wäre jedoch falsch, hieraus den Schluss zu ziehen, dass es in der DS-GVO nur um den Schutz dieses Grundrechts geht. Vielmehr stellen Art. 1 Abs. 2 und der dazugehörige EG 2 klar, dass die DS-GVO dem Schutz und der Geltung aller Grundrechte und Grundfreiheiten dienen soll. EG 4 führt dies in aller Deutlichkeit aus. Das Recht auf Schutz personenbezogener Daten ist danach kein uneingeschränktes Recht. Es muss im Hinblick auf seine gesellschaftliche Funktion gesehen und unter Wahrung der Verhältnismäßigkeit gegen andere Grundrechte abgewogen werden. Damit greift die DS-GVO einen Gedanken auf, den bereits das BVerfG im Rahmen seines Volkszählungsurteils als Gemeinschaftsbezogenheit des Rechts auf informationelle Selbstbestimmung ausformuliert hat,[28] der jedoch in der Rezeption des Urteils häufig unterschlagen wurde.[29] Gerade weil sich die DS-GVO – anders als das Volkszählungsurteil und nahezu die gesamte Rechtsprechung des BVerfG[30] – nicht nur auf den öffentlichen, sondern auch auf den nicht-öffentlichen Bereich der Datenverarbeitung bezieht, nennen Art. 1 Abs. 2 und EG 4 ausdrücklich auch die kollidierenden Grundrechte. Die DS-GVO weist damit im nicht-öffentlichen Bereich einen mehrdimensionalen Grundrechtsschutz auf, der je nach Einzelfall auch dazu führen kann, dass die Grundrechte des Datenverarbeiters überwiegen. Konkrete Ausgestaltungen des mehrdimensionalen Grundrechtsschutzes sind die Abwägungsklauseln (s. Rn. 14). 28

b) Kollidierende Grundrechte

Welche Grundrechte mit dem Recht auf Schutz personenbezogener Daten (Art. 8 GRC) und dem korrespondierenden Recht auf Privat- und Familienleben (Art. 7 GRC) im nicht-öffentlichen Bereich kollidieren, muss im Einzelfall ermittelt werden. Um grundrechtliche Schutzlücken zu vermeiden, hat das BVerfG auf der Basis von Art. 2 Abs. 1 GG praktisch jede Handlung eines Grundrechtsträgers unter Schutz gestellt.[31] Dementsprechend wird auch jede Datenverarbeitung einer privaten Stelle, die sich auf Grundrechte berufen kann, zumindest vom Schutzbereich der allgemeinen Handlungsfreiheit erfasst.[32] In der GRC fehlt zwar ein der allgemeinen Handlungsfreiheit nach Art. 2 Abs. 1 GG korrespondierendes Grundrecht. Doch wird man auch hier im Interesse eines lückenlosen Grundrechtsschutzes – jedenfalls aus der Perspektive des deutschen Verfassungsrechts – annehmen müssen, dass jede Handlung, einschließlich der Verarbeitung von (auch personenbezogenen) Daten gemessen an den europäischen Grundrechten die Wahrnehmung einer grundrechtlichen Freiheit ist. Ein völliger Verzicht auf eine grundrechtlich geschützte allgemeine Handlungs- und Informationsverarbeitungsfreiheit wäre insbes. im sensiblen Bereich der Kommunikation nicht mit der Rechtsprechung des BVerfG (Solange II[33]; Lissabon[34]; Identitätskontrolle – Europäischer Haftbefehl[35]) vereinbar. Als EU-Auffanggrundrecht kommt hier insbes. das in EG 4 besonders erwähnte Grundrecht der Informationsfreiheit nach Art. 11 Abs. 1 GRC in Betracht. Auch Art. 85 Abs. 1 verdeutlicht, dass die Verarbeitung von Daten als Ausdruck der Informationsfreiheit angesehen werden muss. Art. 85 Abs. 1 fordert die Mitgliedstaaten auf, die Meinungs- und Informationsfreiheit mit der DS-GVO in Einklang zu bringen. D.h. die Mitglied- 29

---

28 BVerfGE 65, 1, 43 f.
29 Vgl. *Stentzel*, in: PinG 05.2015, 185, 186.
30 Vgl. *Grimm*, in: JZ 2013, 585, 587 f.; *Masing*, in: NJW 2012, 2305, 2306; *Kirchhof*, in: AiB extra März 2015, 6, 11.
31 BVerfGE 80, 137 – Reiten im Walde.
32 *Masing*, in: NJW 2012, 2305, 2307.
33 BVerfGE 73, 339.
34 BVerfGE 123, 267.
35 BVerfG, Beschl. v. 15.12.2015, 2 BvR 2735/14, EuGRZ 2016, 33.

staaten sollen der Meinungs- und Informationsfreiheit nach Art. 11 GRC gegenüber der DS-GVO Geltung verschaffen. Man könnte meinen, hierin läge ein Widerspruch zum Schutz personenbezogener Daten nach Art. 1 Abs. 2. Dem ist aber nicht so. Der Grund für diesen scheinbaren Widerspruch liegt in der Kompetenzverteilung zwischen der EU und ihren Mitgliedstaaten. Da das Presse- und Äußerungsrecht nicht vergemeinschaftet ist, appelliert die DS-GVO in Art. 85 Abs. 1 an den nationalen Gesetzgeber, das Recht auf den Schutz personenbezogener Daten mit dem Recht auf freie Meinungsäußerung und Informationsfreiheit, einschließlich der Verarbeitung zu journalistischen Zwecken und zu wissenschaftlichen, künstlerischen oder literarischen Zwecken, in Einklang zu bringen. Dabei müssen allerdings sowohl das Ziel der Harmonisierung als auch der Inhalt von Art. 1 Abs. 2 im Auge behalten werden. Zudem darf das Recht auf Meinungs- und Informationsfreiheit nicht unverhältnismäßig eingeschränkt werden. Folglich muss der Auftrag in Art. 85 Abs. 1 einschränkend dahingehend verstanden werden, dass die Mitgliedstaaten die Meinungs- und Informationsfreiheit bei der Anwendung und Interpretation der DS-GVO – unter Wahrung der Verhältnismäßigkeit – mitberücksichtigen müssen. Konkret bedeutet dies, dass die dem Datenschutz und den Grundrechten aus Art. 7 und 8 GRC dienenden materiellen Rechtspositionen bereits auf der Ebene ihres Schutzbereichs die Geltung der kollidierenden Rechte reduziert sind. Dieser Gedanke findet auch in Art. 6 Abs. 1 lit. f Niederschlag. Die Verarbeitung ist danach grundsätzlich zur Wahrung berechtigter Interessen des Verantwortlichen oder eines Dritten als rechtmäßig anzusehen, wenn nicht Grundrechte zum Schutz personenbezogener Daten überwiegen. Vor dem Hintergrund der mehrdimensionalen grundrechtlichen Ausprägung der DS-GVO sind die „berechtigten Interessen des Verantwortlichen oder eines Dritten" grundsätzlich alle Interessen, die der Grundrechtsausübung des Verantwortlichen oder des Dritten dienen.

30 Bei den kollidierenden Grundrechten kommt es nicht nur darauf an, ob das jeweilige Grundrecht unmittelbar demjenigen dient, der die Daten verarbeitet. Wer bspw. eine Suchmaschine, ein soziales Netzwerk, ein Beurteilungsportal oder eine Plattform für soziale Medien als Dienst anbietet, mag sich zwar selbst nicht unmittelbar auf das Grundrecht auf Informationsfreiheit berufen können (vgl. Google-Entscheidung EuGH[36]). Wohl aber stellt er als privater Anbieter eine Infrastruktur zur Grundrechtsausübung seiner Nutzer zur Verfügung. Welche Bedeutung diese digitalen Infrastrukturen für die Grundrechtsausübung haben, lässt sich insbes. dort beobachten, wo die Grundrechte staatlicherseits gerade nicht gewährleistet sind. Ein Verbot oder eine Einschränkung eines solchen Dienstes bzw. einer solchen Datenverarbeitung muss also auch im Hinblick auf den damit einhergehenden Eingriff in die Meinungs- und Informationsfreiheit gerechtfertigt sein.[37]

31 Als weitere kollidierende Grundrechte nennt EG 4 neben der Freiheit der Meinungsäußerung und der Informationsfreiheit insbes. das Recht auf Kommunikation, die Gedanken-, Gewissens- und Religionsfreiheit und die unternehmerische Freiheit. Hinzuzufügen wäre noch die Freiheit der Kunst und Wissenschaft nach Art. 13 GRC. Letztere dürfte gerade bei der Entwicklung neuer Formen der Datenverarbeitung einschlägig sein (z.B. Erforschung und Entwicklung neuer Big-Data-Analysen oder künstlicher Intelligenz).

2. Recht auf Schutz personenbezogener Daten, Art. 8 GRC

32 Art. 1 Abs. 2 sowie EG 1, 2 und 4 nehmen ausdrücklich auf das Recht auf Schutz natürlicher Personen bei der Verarbeitung personenbezogener Daten in Art. 8 GRC und Art. 16 AEUV Bezug. Das Schutzgut dieses Grundrechts ist jedoch weitgehend ungeklärt. Falsch wäre es, dieses Grundrecht mit dem vom BVerfG entwickelten Recht auf informationelle Selbstbestimmung gleichzusetzen.[38] Zutreffend spricht *Hustinx* von einer Art Bestandsschutzgarantie für den sekun-

---

36 EuGH, Urt. v. 13.5.2014, Rs. C-131/12 (Google), Rn. 81, wo vom „wirtschaftlichen Interesse des Suchmaschinenbetreibers" einerseits und dem „berechtigte(n) Interesse von potenziell am Zugang zu der Information interessierten Internetnutzern" andererseits die Rede ist; vgl. auch Rn. 99.

37 Gedanke Fraport-Entscheidung BVerfG, Urt. v. 22.2.2011, 1 BvR 699/06, BVerfGE 128, 226.

38 Vgl. im Einzelnen *Stentzel*, in: PinG 05.2015, 185, 188.

därrechtlichen Datenschutz auf EU-Ebene.[39] Für diese Auslegung spricht, dass es äußerst schwierig wäre, aus dem Recht auf Datenschutz ein eigenständiges materielles Schutzziel abzuleiten. Auch das in EG 7 erklärte Ziel, dass „jede Person (...) Kontrolle über ihre eigenen Daten besitzen (sollte)", kann nicht dazu führen, aus Art. 8 GRC eine Art Verfügungsrecht über Daten abzuleiten. Dann würde nämlich die Verantwortung vom Datenverarbeiter auf den Betroffenen verlagert, der Betroffene wäre für den Erhalt seines Schutzgutes verantwortlich und weitgehend schutzlos gestellt.[40] Genauso wenig lässt sich ein eigentumsähnliches Recht an Daten aus Art. 8 GRC ableiten. Gegen eine solche Annahme[41] sprechen nicht nur unüberwindliche Zurechnungsprobleme von Daten zu Personen.[42] Mindestens ebenso gewichtig ist der Einwand, dass die damit zwangsläufig verbundene Kommerzialisierung von Daten dem Schutzgut des Persönlichkeitsrechts bzw. der Privatsphäre zuwiderläuft.[43]

3. Recht auf Privatleben, Art. 7 GRC

Der EuGH hat in seinen jüngeren Entscheidungen zur Vorratsdatenspeicherung[44] und zum Recht auf Vergessenwerden[45] das Recht auf Achtung des Privat- und Familienlebens, der Wohnung sowie der Kommunikation nach Art. 7 GRC zum eigentlichen Schutzgut des Datenschutzrechts erhoben.[46] Diesem Schutzgut kommt bei der Auslegung der DS-GVO eine zentrale Bedeutung zu. So stellt der EuGH in seiner Google-Entscheidung vor allem darauf ab, dass eine Suchmaschine Informationen zu einer Person verknüpft, die „potenziell zahlreiche Aspekte von deren Privatleben betreffen".[47] Gegenstand der Abwägung mit dem entgegenstehenden Interesse der Öffentlichkeit am Zugang zu der Information ist die „Sensibilität für das Privatleben der betroffenen Person".[48] Auch in der Entscheidung Digital Rights zieht der EuGH bei der materiellen Abwägung maßgeblich Art. 7 GRC heran.[49] **33**

Das Recht auf Privatleben in Art. 7 GRC ist dem Art. 8 EMRK nachgebildet. Für sein Verständnis kann deshalb auch die Rechtsprechung des EGMR herangezogen werden. Dieser hat im Hinblick auf Art. 8 EMRK die Abgrenzung zur Öffentlichkeit als wichtiges Kriterium zur Bestimmung des Schutzbereichs benannt. Tätigkeiten mit einem ausgeprägten Öffentlichkeitsbezug sollen danach nicht in den Schutzbereich des Rechts auf Privatleben fallen.[50] In der Literatur wird Art. 7 GRC in Abgrenzung zur allgemeinen Handlungsfreiheit zum Teil dahingehend ausgelegt, dass nur Entfaltungsweisen des Einzelnen erfasst sind, die einen qualifizierten Persönlichkeitsbezug aufweisen.[51] In der Google-Entscheidung des EuGH ist ebenfalls angeklungen, dass der Schutzbereich des Art. 7 GRC im Hinblick auf den Datenschutz aufzufächern ist. Demnach sei die Verarbeitung personenbezogener Daten zulässig, wenn sie zur Verwirklichung eines berechtigten Interesses des Datenverarbeiters erforderlich sei und nicht das Interesse oder die Grundrechte und Grundfreiheiten der betroffenen Person, insbes. ihr Recht auf Schutz der Privatsphäre bei der Verarbeitung personenbezogener Daten, überwögen. Erforderlich sei eine Abwägung der widerstreitenden Interessen, wobei die Bedeutung der Rechte der betroffenen Person, die sich aus den Art. 7 und 8 GRC ergäben, zu berücksichtigen sei.[52] Ferner stellt der EuGH heraus, dass die Veröf- **34**

---

39 *Hustinx*, EU Data Protection Law: The Review of the Directive 95/46/EC and the Proposed General Data Protection Regulation, S. 18.
40 Im Einzelnen *Stentzel*, in: PinG 05.2015, 185, 188.
41 Für ein eigentumsähnliches Verfügungsrecht *Kirchhof,* in: AiB extra März 2015, 6, 12; dagegen Schmidt/Weichert, *Papier,* S. 66, 69.
42 Hierzu *Stentzel*, in: PinG 05.2015, 185, 187.
43 *Stentzel*, in: PinG 05.2015, 185, 187.
44 EuGH, Urt. v. 8.4.2014, Rs. C-293/12 und C-594/12 (Digital Rights).
45 EuGH, Urt. v. 13.5.2014, Rs. C-131/12 (Google).
46 Zuvor bereits in EuGH, Urt. v. 9.11.2010, Rs. C-92/09 und C-93/09 (Schecke), Rn. 47, 52, 58 ff.
47 EuGH, Urt. v. 13.5.2014, Rs. C-131/12, Rn. 80.
48 EuGH, Urt. v. 13.5.2014, Rs. C-131/12, Rn. 80.
49 Vgl. EuGH, Urt. v. 8.4.2014, Rs. C-293/12 und C-594/12, Rn. 27, 33 bis 35 und 37.
50 Groeben/Schwarze/Hatje, *Augsberg,* Art. 7 GRCn Rn. 5; Meyer, *Bernsdorf*, Art. 7, Rn. 19 m.w.N.
51 Calliess/Ruffert, *Kingreen*, Art. 7 GRC, Rn. 3.
52 EuGH, Urt. v. 13.5.2014, Rs. C-131/12 (Google), Rn. 76.

fentlichung personenbezogener Daten auf einer Webseite nicht unbedingt denselben Schutz genießt wie die Tätigkeit eines Suchmaschinenbetreibers. Demnach könne die Interessenabwägung unterschiedlich ausfallen, je nachdem, ob es sich um die Datenverarbeitung eines Suchmaschinenbetreibers oder Webseiten-Herausgebers handele. Entsprechend könnten auch die Auswirkungen auf das Privatleben der betroffenen Personen variieren.[53] Entgegen der Annahme des BVerfG, wonach es kein „belangloses Datum" gibt,[54] erfasst der Schutzbereich des Art. 7 bzw. 8 GRC also nicht per se jedes einzelne Datum, sondern verlangt nach einer materiell-rechtlichen Schutzposition. Erst wenn durch die Datenverarbeitung eine solche Schutzposition betroffen ist, greift der (Daten-)Schutz. Zugleich gilt: Je stärker Persönlichkeitsinteressen betroffen sind, umso bedeutender müssen die sie rechtfertigenden Gründe sein. Der EuGH hat noch keine Gelegenheit erhalten, sein Schutzkonzept zu konkretisieren. Gleichwohl deutet sich hier bereits eine Konzeption an, die den Datenschutz – anders als das Recht auf informationelle Selbstbestimmung – nicht am Datum selbst, sondern an einer materiellen Rechtsposition anknüpft. Eine solche Konzeption ist angesichts der zunehmenden Vernetzung und Datenflut im Internet interessengerecht und trägt auch dem Informationsinteresse der Öffentlichkeit Rechnung. Zugleich wird hierdurch berücksichtigt, dass auch jede Datenverarbeitung eines Privaten vom Schutz der allgemeinen Handlungsfreiheit erfasst ist und Eingriffe insoweit einer Rechtfertigung bedürfen.[55] Die konzeptionellen Ansätze des EuGH lassen sich sinnvoll durch ein abgestuftes Schutzkonzept im Sinne der sogenannten Sphärentheorie des BGH ergänzen.[56] Nach diesem Konzept sind die Rechtfertigungsanforderungen umso größer, je nachdem, ob die Intim-, Privat- oder Sozialsphäre betroffen ist. Beeinträchtigungen der unantastbaren Intimsphäre sind wegen ihrer verfassungsrechtlichen Rückbindung an die Menschenwürde von vornherein unzulässig, während Beeinträchtigungen der Privatsphäre unter engen Voraussetzungen hinzunehmen sind. Schließlich sind Beeinträchtigungen der Sozialsphäre wegen ihres starken Öffentlichkeitsbezugs in der Regel zulässig, weil ein grundsätzliches Interesse der Allgemeinheit an Informationen besteht.

35 Um zu ermitteln, welche Eingriffsintensität eine Datenverarbeitung für Persönlichkeitsinteressen hat und welche Rechtfertigungsanforderungen im Einzelnen zu stellen sind, müssen neben dem Inhalt eines bestimmten Datums und dessen individueller Bedeutung für den Betroffenen auch der Kontext der Erhebung, die Funktion der Öffentlichkeit sowie die Nachteile der entsprechenden Datenverarbeitung für den Betroffenen berücksichtigt werden. Bei bestimmten Daten und dem räumlich-funktionalen Kontext (Stichworte: Tagebücher, Selbstgespräche, geschützte Cloud) dürfte jedenfalls eine Vermutung dafür sprechen, dass die Privat- oder sogar die Intimsphäre betroffen ist. Jedenfalls taugt dieser Ansatz als grobe Richtschnur.[57]

36 Für die Anwendung der DS-GVO und der Abwägungsregelungen im nicht-öffentlichen Bereich, insbes. Art. 6 Abs. 1 lit. f, Art. 21 Abs. 1, kommt es demnach entscheidend darauf an, einerseits den eigenständigen grundrechtlichen Schutzbedarf für den Verantwortlichen zu bestimmen (z.B. Recht auf unternehmerische Freiheit, Freiheit der Meinungsäußerung und Informationsfreiheit, Freiheit der Kunst und Wissenschaft) und andererseits zu ermitteln, in welchem Maße die Datenverarbeitung in das Recht auf Privatleben und die Privatsphäre des Betroffenen eingreift. Zu der Frage, welchem Schutzgut die DS-GVO dient, ausführlich auch Art. 24 Rn. 114 ff.

III. Grundsatz des freien Datenverkehrs (Abs. 3)

1. Freier Verkehr von Daten

37 Der freie Verkehr von Daten ist bereits im Wortlaut von Art. 16 AEUV enthalten. Das Verhältnis dieses Grundsatzes zum Recht auf Schutz personenbezogener Daten ist nicht eindeutig. Aus dem

53 EuGH, Urt. v. 13.5.2014, Rs. C-131/12 (Google), Rn. 86.
54 BVerfG, Urt. v. 15.12.1983, 1 BvR 209/83, Rn. 176.
55 BVerfGE 73, 339.
56 BGH, Urt. v. 2.4.1957, VI ZR 9/56, NJW 1957, S. 1146; BGH, Urt. v. 20.5.1958, VI ZR 104/57, NJW 1958, S. 1344.
57 Zum Ganzen *Buchholtz*, in: ZD 2015, 570, 575.

Wortlaut folgt einerseits, dass das als Grundrecht ausgestaltete Recht auf Schutz personenbezogener Daten durch die Vorschriften über den freien Verkehr personenbezogener Daten nicht untergraben oder ausgehöhlt werden soll. Andererseits lässt sich aus Art. 16 AEUV ableiten, dass die sekundärrechtlichen Bedingungen und Schutzkonzepte für die Ausübung dieses Grundrechts den freien Datenverkehr nicht behindern sollten. Dem Grundsatz des freien Verkehrs von Daten in Art. 1 Abs. 3 kommt im Wesentlichen eine begrenzende Funktion bei der Auslegung der DS-GVO zu. Er bildet neben den datenschützenden Regelungen die zweite Leitplanke der DS-GVO, innerhalb derer sich die Mitgliedstaaten, die KOM und die Aufsichtsbehörden bewegen müssen, wenn sie die DS-GVO weiter ausgestalten oder umsetzen. Der Grundsatz des freien Verkehrs personenbezogener Daten bildet auch eine allgemeine Schranke für das Recht auf Schutz personenbezogener Daten. Sie dient im privaten Bereich gleichzeitig dem Schutz kollidierender Grundrechte. Der Grundsatz des freien Verkehrs personenbezogener Daten ist schließlich im öffentlichen Bereich ein wesentlicher Zweck, an dem sich Regelungen zur Datenverarbeitung und zum Datenaustausch ebenfalls zu orientieren haben (vgl. EG 4).

Hier zeigt sich, dass auch die Grundfreiheiten beim angestrebten Ausgleich zwischen Datenschutz und freiem Datenverkehr jedenfalls eine mittelbare Rolle spielen (s.a. Art. 39 EUV). Der Datenschutz hat eine freiheitliche Dimension. Ein weitgehend ungehinderter Datenverkehr soll gerade um der Grundfreiheiten willen geschützt werden. Somit ist der freie Datenverkehr wesentliche Voraussetzung einer effektiven Ausübung der Grundfreiheiten. Zugleich muss der freie Datenverkehr als Gegenprinzip zum Datenschutz begriffen werden. Dieses Verständnis kommt in einzelnen Vorschriften zum Ausdruck, die eine Abwägung zwischen den Interessen des Verantwortlichen an einem ungehinderten Datenverkehr gegenüber den berechtigten Schutzinteressen der Betroffenen ermöglichen (vgl. Art. 6 Abs. 1 lit. f; Art. 18 Abs. 1 lit. d; Art. 21 Abs. 1 S. 2 etc.) **38**

2. Tatbestandsmerkmal „in der Union"

Die DS-GVO enthält Neuerungen zum räumlichen Anwendungsbereich. Sie gilt nicht nur für alle Verantwortlichen innerhalb der EU, sondern unterwirft mit dem Marktortprinzip auch Datenverarbeiter in Drittstaaten dem EU-Datenschutzrecht (vgl. Art. 3 Rn. 20 ff.). Es ist davon auszugehen, dass sich das Marktortprinzip auch auf die Auslegung des Tatbestandsmerkmals „in der Union" in Art. 1 Abs. 3 auswirkt (a.A. Schlender bei Art. 3 Rn. 4 ff.). Demnach ist ein drittstaatliches Unternehmen infolge des Marktortprinzips dem EU-Datenschutz verpflichtet, kommt aber auch in den Genuss des freien Datenverkehrs nach Art. 1 Abs. 3. **39**

Eine Hinwendung zum Marktortprinzip klingt bereits in der Google-Entscheidung des EuGH an. Hier hat der EuGH die Position bestätigt, dass europäische Datenschutzregeln auch dann anwendbar sind, wenn die eigentliche Datenverarbeitung in den USA stattfindet und eine europäische Niederlassung des Unternehmens lediglich untergeordnete Werbetätigkeiten ausführt.[58] Nach dieser Entscheidung kommt es also nicht auf die formalistische Zuordnung eines Verantwortlichen, sondern auf eine rechtliche Wertung an. Davon abweichend hat der EuGH allerdings in der Rs. Schrems die Anwendung des europäischen Datenschutzrechts – in Anlehnung an die sogenannte Sitztheorie – ausschließlich an die Niederlassung von Facebook Ireland angeknüpft.[59] Diese Entscheidung ist jedoch nicht als Abkehr vom marktortorientierten Ansatz zu verstehen, sondern wohl eher der pragmatischen Erwägung geschuldet, dass eine Anknüpfung an die irländische Niederlassung naheliegender war. In der Praxis mag diese Unterscheidung zur Folge haben, dass es für Unternehmen aus Drittstaaten sinnvoller ist, ihre Dienste unmittelbar aus dem Drittstaat in der EU anzubieten und auf Niederlassungen weitgehend zu verzichten. So können sie vermeiden, dass Übermittlungen zwischen ihren EU-Niederlassungen und dem Hauptunternehmen im Drittstaat als Drittstaatenübermittlung angesehen werden. Ob der Datenschutz durch das Marktortprinzip in der Praxis wirklich verbessert wird, bleibt fraglich. **40**

58 EuGH, Urt. v. 13.5.2014, Rs. C-131/12 (Google), Rn. 42 ff.
59 EuGH, Urt. v. 6.10.2015, Rs. C-362/14 (Schrems), Rn. 44 ff.

41 Deutlich wird jedenfalls, dass über das Marktortprinzip in Zusammenschau mit Art. 1 Abs. 3 der Binnenmarkt ausgedehnt wird (a.A. Schlender bei Art. 3 Rn. 4 ff.). Dies hat zur Folge, dass das Kapitel 5 mit den eigenständigen Voraussetzungen zur Drittstaatenübermittlung nach Art. 44 ff. keine Anwendung findet. Eine parallele Anwendung des Marktortprinzips und der Regelungen zur Drittstaatenübermittlung würde nämlich zu widersprüchlichen Ergebnissen führen. So sieht etwa Art. 42 Abs. 1 im Falle einer Drittstaatenübermittlung vor, dass bestimmte Garantien eingehalten werden müssen, wie etwa Standardvertragsklauseln. Diese sind jedoch häufig sehr weit gefasst und lassen den Betroffenen letztlich schutzloser stehen als er bei unmittelbarer Anwendbarkeit der DS-GVO nach dem Marktortprinzip stünde. Bleibt es dagegen beim Marktortprinzip und dem freien Informationsfluss, sind eine Reihe von spezifischen Vorschriften der Drittstaatenübermittlung nicht mehr anwendbar. Damit wird das europäische Datenschutzniveau im Ergebnis gesenkt. Diese Entwicklung ist bedenklich, aber zwingende Folge, wenn man Art. 1 Abs. 3 im Lichte des Marktortprinzips auslegt.

C. Weitere Auswirkungen der Verordnung in der Praxis

42 Zwar schreibt die DS-GVO im Kern die bisherigen datenschutzrechtlichen Grundprinzipien fort und bringt insoweit keine Neuerungen. Im Verhältnis zum nationalen Recht wirft die DS-GVO allerdings neue Fragen auf – insbes. weil sie den Kern des Datenschutzes im öffentlichen Bereich, nämlich den Vorbehalt des Gesetzes, nicht selbst regelt, sondern den Mitgliedstaaten entsprechende Regelungen überträgt. Wie diese Regelungen auszugestalten sind, lässt die DS-GVO weitgehend offen. Die DS-GVO bleibt damit hinter dem Ziel einer vollständigen Harmonisierung zurück. Bislang ungeklärt ist dabei vor allem, inwieweit nationale Grundrechte parallel zur GRC anwendbar sind bzw. eine wechselseitige Verdrängung stattfindet. Problematisch ist auch die Frage, ob die DS-GVO mit ihrem „One-size-fits-all"-Ansatz für den öffentlichen und nicht-öffentlichen Bereich gleichermaßen eine verfassungskonforme Lösung bieten kann, zumal der Datenschutz ursprünglich als Abwehrrecht des Bürgers gegen den Staat konzipiert war und nicht ohne verfassungsrechtliche Bedenken auf das Verhältnis Privater untereinander übertragen werden kann.

43 Neu ist auch das Marktortprinzip und die über Art. 1 Abs. 3 bewirkte Ausdehnung des Binnenmarktverständnisses. Jedenfalls sind aufgrund des Marktortprinzips auch Unternehmen in Drittländern gehalten, bis zum Inkrafttreten der DS-GVO im Jahr 2018, entsprechende Anpassungen ihrer Datenschutzbestimmungen vorzunehmen.

Article 2

Material scope

1. This Regulation applies to the processing of personal data wholly or partly by automated means and to the processing other than by automated means of personal data which form part of a filing system or are intended to form part of a filing system.

2 This Regulation does not apply to the processing of personal data:

   (a) in the course of an activity which falls outside the scope of Union law;

   (b) by the Member States when carrying out activities which fall within the scope of Chapter 2 of Title V of the TEU;

   (c) by a natural person in the course of a purely personal or household activity;

   (d) by competent authorities for the purposes of the prevention, investigation, detection or prosecution of criminal offences or the execution of criminal penalties, including the safeguarding against and the prevention of threats to public security.

3. For the processing of personal data by the Union institutions, bodies, offices and agencies, Regulation (EC) No 45/2001 applies. Regulation (EC) No 45/2001 and other Union legal acts applicable to such processing of personal data shall be adapted to the principles and rules of this Regulation in accordance with Article 98.

4. This Regulation shall be without prejudice to the application of Directive 2000/31/EC, in particular of the liability rules of intermediary service providers in Articles 12 to 15 of that Directive.

Artikel 2

Sachlicher Anwendungsbereich

1. Diese Verordnung gilt für die ganz oder teilweise automatisierte Verarbeitung personenbezogener Daten sowie für die nichtautomatisierte Verarbeitung personenbezogener Daten, die in einem Dateisystem gespeichert sind oder gespeichert werden sollen.

2. Diese Verordnung findet keine Anwendung auf die Verarbeitung personenbezogener Daten

   (a) im Rahmen einer Tätigkeit, die nicht in den Anwendungsbereich des Unionsrechts fällt,

   (b) durch die Mitgliedstaaten im Rahmen von Tätigkeiten, die in den Anwendungsbereich von Titel V Kapitel 2 EUV fallen,

   (c) durch natürliche Personen zur Ausübung ausschließlich persönlicher oder familiärer Tätigkeiten,

   (d) durch die zuständigen Behörden zum Zwecke der Verhütung, Ermittlung, Aufdeckung oder Verfolgung von Straftaten oder der Strafvollstreckung, einschließlich des Schutzes vor und der Abwehr von Gefahren für die öffentliche Sicherheit.

3. Für die Verarbeitung personenbezogener Daten durch die Organe, Einrichtungen, Ämter und Agenturen der Union gilt die Verordnung (EG) Nr. 45/2001. Die Verordnung (EG) Nr. 45/2001 und sonstige Rechtsakte der Union, die diese Verarbeitung personenbezogener Daten regeln, werden im Einklang mit Artikel 98 an die Grundsätze und Vorschriften der vorliegenden Verordnung angepasst.

4. Die vorliegende Verordnung lässt die Anwendung der Richtlinie 2000/31/EG und speziell die Vorschriften der Artikel 12 bis 15 dieser Richtlinie zur Verantwortlichkeit der Vermittler unberührt.

Recitals	Erwägungsgründe
(15) In order to prevent creating a serious risk of circumvention, the protection of natural persons should be technologically neutral and should not depend on the techniques used. The protection of natural persons should apply to the processing of personal data by automated means, as well as to manual processing, if the personal data are contained or are intended to be contained in a filing system. Files or sets of files, as well as their cover pages, which are not structured according to specific criteria should not fall within the scope of this Regulation.	(15) Um ein ernsthaftes Risiko einer Umgehung der Vorschriften zu vermeiden, sollte der Schutz natürlicher Personen technologieneutral sein und nicht von den verwendeten Techniken abhängen. Der Schutz natürlicher Personen sollte für die automatisierte Verarbeitung personenbezogener Daten ebenso gelten wie für die manuelle Verarbeitung von personenbezogenen Daten, wenn die personenbezogenen Daten in einem Dateisystem gespeichert sind oder gespeichert werden sollen. Akten oder Aktensammlungen sowie ihre Deckblätter, die nicht nach bestimmten Kriterien geordnet sind, sollten nicht in den Anwendungsbereich dieser Verordnung fallen.
(16) This Regulation does not apply to issues of protection of fundamental rights and freedoms or the free flow of personal data related to activities which fall outside the scope of Union law, such as activities concerning national security. This Regulation does not apply to the processing of personal data by the Member States when carrying out activities in relation to the common foreign and security policy of the Union.	(16) Diese Verordnung gilt nicht für Fragen des Schutzes von Grundrechten und Grundfreiheiten und des freien Verkehrs personenbezogener Daten im Zusammenhang mit Tätigkeiten, die nicht in den Anwendungsbereich des Unionsrechts fallen, wie etwa die nationale Sicherheit betreffende Tätigkeiten. Diese Verordnung gilt nicht für die von den Mitgliedstaaten im Rahmen der Gemeinsamen Außen- und Sicherheitspolitik der Union durchgeführte Verarbeitung personenbezogener Daten.
(17) Regulation (EC) No 45/2001 of the European Parliament and of the Council applies to the processing of personal data by the Union institutions, bodies, offices and agencies. Regulation (EC) No 45/2001 and other Union legal acts applicable to such processing of personal data should be adapted to the principles and rules established in this Regulation and applied in the light of this Regulation. In order to provide a strong and coherent data protection framework in the Union, the necessary adaptations of Regulation (EC) No 45/2001 should follow after the adoption of this Regulation, in order to allow application at the same time as this Regulation.	(17) Die Verordnung (EG) Nr. 45/2001 des Europäischen Parlaments und des Rates gilt für die Verarbeitung personenbezogener Daten durch die Organe, Einrichtungen, Ämter und Agenturen der Union. Die Verordnung (EG) Nr. 45/2001 und sonstige Rechtsakte der Union, die diese Verarbeitung personenbezogener Daten regeln, sollten an die Grundsätze und Vorschriften der vorliegenden Verordnung angepasst und im Lichte der vorliegenden Verordnung angewandt werden. Um einen soliden und kohärenten Rechtsrahmen im Bereich des Datenschutzes in der Union zu gewährleisten, sollten die erforderlichen Anpassungen der Verordnung (EG) Nr. 45/2001 im Anschluss an den Erlass der vorliegenden Verordnung vorgenommen werden, damit sie gleichzeitig mit der vorliegenden Verordnung angewandt werden können.

(18) This Regulation does not apply to the processing of personal data by a natural person in the course of a purely personal or household activity and thus with no connection to a professional or commercial activity. Personal or household activities could include correspondence and the holding of addresses, or social networking and online activity undertaken within the context of such activities. However, this Regulation applies to controllers or processors which provide the means for processing personal data for such personal or household activities.

(18) Diese Verordnung gilt nicht für die Verarbeitung von personenbezogenen Daten, die von einer natürlichen Person zur Ausübung ausschließlich persönlicher oder familiärer Tätigkeiten und somit ohne Bezug zu einer beruflichen oder wirtschaftlichen Tätigkeit vorgenommen wird. Als persönliche oder familiäre Tätigkeiten könnte auch das Führen eines Schriftverkehrs oder von Anschriftenverzeichnissen oder die Nutzung sozialer Netze und Online- Tätigkeiten im Rahmen solcher Tätigkeiten gelten. Diese Verordnung gilt jedoch für die Verantwortlichen oder Auftragsverarbeiter, die die Instrumente für die Verarbeitung personenbezogener Daten für solche persönlichen oder familiären Tätigkeiten bereitstellen.

(19) The protection of natural persons with regard to the processing of personal data by competent authorities for the purposes of the prevention, investigation, detection or prosecution of criminal offences or the execution of criminal penalties, including the safeguarding against and the prevention of threats to public security and the free movement of such data, is the subject of a specific Union legal act. This Regulation should not, therefore, apply to processing activities for those purposes. However, personal data processed by public authorities under this Regulation should, when used for those purposes, be governed by a more specific Union legal act, namely Directive (EU) 2016/680 of the European Parliament and of the Council. Member States may entrust competent authorities within the meaning of Directive (EU) 2016/680 with tasks which are not necessarily carried out for the purposes of the prevention, investigation, detection or prosecution of criminal offences or the execution of criminal penalties, including the safeguarding against and prevention of threats to public security, so that the processing of personal data for those other purposes, in so far as it is within the scope of Union law, falls within the scope of this Regulation.

With regard to the processing of personal data by those competent authorities for purposes falling within scope of this Regulation, Member States should be able to maintain or introduce more specific provisions to adapt the application of the rules of this Regulation.

(19) Der Schutz natürlicher Personen bei der Verarbeitung personenbezogener Daten durch die zuständigen Behörden zum Zwecke der Verhütung, Ermittlung, Aufdeckung oder Verfolgung von Straftaten oder der Strafvollstreckung, einschließlich des Schutzes vor und der Abwehr von Gefahren für die öffentliche Sicherheit, sowie der freie Verkehr dieser Daten sind in einem eigenen Unionsrechtsakt geregelt. Deshalb sollte diese Verordnung auf Verarbeitungstätigkeiten dieser Art keine Anwendung finden. Personenbezogene Daten, die von Behörden nach dieser Verordnung verarbeitet werden, sollten jedoch, wenn sie zu den vorstehenden Zwecken verwendet werden, einem spezifischeren Unionsrechtsakt, nämlich der Richtlinie (EU) 2016/680 des Europäischen Parlaments und des Rates unterliegen. Die Mitgliedstaaten können die zuständigen Behörden im Sinne der Richtlinie (EU) 2016/680 mit Aufgaben betrauen, die nicht zwangsläufig für die Zwecke der Verhütung, Ermittlung, Aufdeckung oder Verfolgung von Straftaten oder der Strafvollstreckung, einschließlich des Schutzes vor und der Abwehr von Gefahren für die öffentliche Sicherheit, ausgeführt werden, so dass die Verarbeitung von personenbezogenen Daten für diese anderen Zwecke insoweit in den Anwendungsbereich dieser Verordnung fällt, als sie in den Anwendungsbereich des Unionsrechts fällt.

In Bezug auf die Verarbeitung personenbezogener Daten durch diese Behörden für Zwecke, die in den Anwendungsbereich die-

Such provisions may determine more precisely specific requirements for the processing of personal data by those competent authorities for those other purposes, taking into account the constitutional, organisational and administrative structure of the respective Member State. When the processing of personal data by private bodies falls within the scope of this Regulation, this Regulation should provide for the possibility for Member States under specific conditions to restrict by law certain obligations and rights when such a restriction constitutes a necessary and proportionate measure in a democratic society to safeguard specific important interests including public security and the prevention, investigation, detection or prosecution of criminal offences or the execution of criminal penalties, including the safeguarding against and the prevention of threats to public security. This is relevant for instance in the framework of anti-money laundering or the activities of forensic laboratories.

ser Verordnung fallen, sollten die Mitgliedstaaten spezifischere Bestimmungen beibehalten oder einführen können, um die Anwendung der Vorschriften dieser Verordnung anzupassen. In den betreffenden Bestimmungen können die Auflagen für die Verarbeitung personenbezogener Daten durch diese zuständigen Behörden für jene anderen Zwecke präziser festgelegt werden, wobei der verfassungsmäßigen, organisatorischen und administrativen Struktur des betreffenden Mitgliedstaats Rechnung zu tragen ist. Soweit diese Verordnung für die Verarbeitung personenbezogener Daten durch private Stellen gilt, sollte sie vorsehen, dass die Mitgliedstaaten einige Pflichten und Rechte unter bestimmten Voraussetzungen mittels Rechtsvorschriften beschränken können, wenn diese Beschränkung in einer demokratischen Gesellschaft eine notwendige und verhältnismäßige Maßnahme zum Schutz bestimmter wichtiger Interessen darstellt, wozu auch die öffentliche Sicherheit und die Verhütung, Ermittlung, Aufdeckung und Verfolgung von Straftaten oder die Strafvollstreckung zählen, einschließlich des Schutzes vor und der Abwehr von Gefahren für die öffentliche Sicherheit. Dies ist beispielsweise im Rahmen der Bekämpfung der Geldwäsche oder der Arbeit kriminaltechnischer Labors von Bedeutung.

(20) While this Regulation applies, inter alia, to the activities of courts and other judicial authorities, Union or Member State law could specify the processing operations and processing procedures in relation to the processing of personal data by courts and other judicial authorities. The competence of the supervisory authorities should not cover the processing of personal data when courts are acting in their judicial capacity, in order to safeguard the independence of the judiciary in the performance of its judicial tasks, including decision- making. It should be possible to entrust supervision of such data processing operations to specific bodies within the judicial system of the Member State, which should, in particular ensure compliance with the rules of this Regulation, enhance awareness among members of the judiciary of their obligations under this Regulation and handle

(20) Diese Verordnung gilt zwar unter anderem für die Tätigkeiten der Gerichte und anderer Justizbehörden, doch könnte im Unionsrecht oder im Recht der Mitgliedstaaten festgelegt werden, wie die Verarbeitungsvorgänge und Verarbeitungsverfahren bei der Verarbeitung personenbezogener Daten durch Gerichte und andere Justizbehörden im Einzelnen auszusehen haben. Damit die Unabhängigkeit der Justiz bei der Ausübung ihrer gerichtlichen Aufgaben einschließlich ihrer Beschlussfassung unangetastet bleibt, sollten die Aufsichtsbehörden nicht für die Verarbeitung personenbezogener Daten durch Gerichte im Rahmen ihrer justiziellen Tätigkeit zuständig sein. Mit der Aufsicht über diese Datenverarbeitungsvorgänge sollten besondere Stellen im Justizsystem des Mitgliedstaats betraut werden können, die insbesondere die Einhaltung der Vorschriften dieser

complaints in relation to such data processing operations.

Verordnung sicherstellen, Richter und Staatsanwälte besser für ihre Pflichten aus dieser Verordnung sensibilisieren und Beschwerden in Bezug auf derartige Datenverarbeitungsvorgänge bearbeiten sollten.

(21) This Regulation is without prejudice to the application of Directive 2000/31/EC of the European Parliament and of the Council, in particular of the liability rules of intermediary service providers in Articles 12 to 15 of that Directive. That Directive seeks to contribute to the proper functioning of the internal market by ensuring the free movement of information society services between Member States.

(21) Die vorliegende Verordnung berührt nicht die Anwendung der Richtlinie 2000/31/EG des Europäischen Parlaments und des Rates und insbesondere die der Vorschriften der Artikel 12 bis 15 jener Richtlinie zur Verantwortlichkeit von Anbietern reiner Vermittlungsdienste. Die genannte Richtlinie soll dazu beitragen, dass der Binnenmarkt einwandfrei funktioniert, indem sie den freien Verkehr von Diensten der Informationsgesellschaft zwischen den Mitgliedstaaten sicherstellt.

Literatur

Hoffmann-Riem/Schmidt-Aßmann/Voßkuhle (Hrsg.), Neue Verwaltungsrechtswissenschaft, 2. Auflage 2012, C.H. Beck München; *Albrecht*, Das neue EU-Datenschutzrecht – von der Richtlinie zur Verordnung, in: CR 2016, 88; *Roßnagel* (Hrsg.), Europäische Datenschutz-Grundverordnung: Vorrang des Unionsrechts – Anwendbarkeit des nationalen Rechts, 1. Auflage 2017, Nomos Baden-Baden; *Britz*, Informationelle Selbstbestimmung zwischen rechtswissenschaftlicher Grundsatzkritik und Beharren des Bundesverfassungsgerichts, in: Offene Rechtswissenschaft 2010, 561; *De Hert/Sajfert*, The role of the data protection authorities in supervising police and criminal justice authorities processing personal data, in: Brière/Weyembergh, The needed balances in EU Criminal Law: past present and future (noch nicht veröffentlicht, 1. Auflage 2018, Hart Publishing, Oxford); *Paal/Pauly*, Datenschutz-Grundverordnung, 1. Auflage 2016, C.H. Beck München; Taeger, Tagungsband Herbstakademie 2016: Smart Data – Smart Law, S. 233; *IJPLP*, Vol. 5, Nr. 3, 249; *Hörauf*, Ordnungswidrigkeiten und der europäische Straftatenbegriff – Subkategorie- oder aliud-Verhältnis?, in: ZIS 2013, 276; *Jaeckel*, Risiko-Signaturen im Recht – Zur Unterscheidbarkeit von Gefahr und Risiko, in: JZ 2011, 116; *Jaeckel*, Schutzpflichten im deutschen und europäischen Recht – Eine Untersuchung der deutschen Grundrechte, der Menschenrechte und Grundfreiheiten der EMRK sowie der Grundrechte und Grundfreiheiten der Europäischen Gemeinschaft, 2001, Nomos Baden-Baden; *Kühling/Buchner (Hrsg.)*, Datenschutz-Grundverordnung, 1. Auflage 2017, C.H. Beck München; *Kühling/Martini et al.*, Die Datenschutz-Grundverordnung und das nationale Recht – Erste Überlegungen zum innerstaatlichen Regelungsbedarf, 1. Auflage 2016, MV-Wissenschaft Münster; *Hofmann/Pernice/Schildhauer/Schulz (Hrsg.)*, Internet und Gesellschaft, 1. Auflage 2014, Mohr Siebeck Tübingen; *Plath (Hrsg.)*, BDSG/DSGVO, 2. Auflage 2016, Otto Schmidt, Köln; *Schantz*, Die Datenschutz-Grundverordnung – Beginn einer neuen Zeitrechnung im Datenschutzrecht, in: NJW 2016, 1841; Ehmann/Selmayr (Hrsg.), Datenschutz-Grundverordnung ,1. Auflage 2017, C.H. Beck München.

▶ Bedeutung der Norm

Art. 2 regelt den sachlichen Anwendungsbereich der DS-GVO, indem er die technischen Umstände der Verarbeitung personenbezogener Daten beschreibt und das Verhältnis zu konkurrierenden Vorschriften klärt. Gemeinsam mit Art. 3, der den räumlichen Anwendungsbereich regelt, entscheidet er über die grundsätzliche Anwendbarkeit des Rechten- und Pflichtenkatalogs der DS-GVO. Die konkrete Ausgestaltung der Rechte und Pflichten gem. den Umständen des Einzelfalls richtet sich insb. nach den spezifischen Risiken für die

Grundrechte und Grundfreiheiten des Betroffenen (sog. risikobasierter Ansatz, s. etwa im Rahmen des Verantwortlichkeitsprinzips, Art. 24 DS-GVO Rn. 78 ff., mit Blick auf Art. 1 Abs. 2).

▶ Hinweise für den Anwender

Für die Norm relevante Definitionen:

- Die technische Umschreibung des sachlichen Anwendungsbereichs erfolgt in Art. 2 Abs. 1. Der dabei verwendete Begriff der „personenbezogenen Daten" wird in Art. 4 Nr. 1, der Begriff der „Verarbeitung" personenbezogener Daten in Art. 4 Nr. 2 und der des „Dateisystems" in Art. 4 Nr. 6 definiert.

Für die Auslegung der Norm relevante Erwägungsgründe:

- Die folgenden Erwägungsgründe lassen sich unterschiedlichen Normbereichen von Art. 2 zuordnen: EG 15 zu Art. 2 Abs. 1; EG 16 zu Art. 2 Abs. 2 lit. a und b; EG 17 zu Art. 2 Abs. 3; EG 18 zu Art. 2 Abs. 2 lit. c; EG 19 und 20 zu Art. 2 Abs. 2 lit. d; und EG 21 zu Art. 2 Abs. 4.

Systematische Einordnung der Norm innerhalb der DS-GVO:

- Art. 2 definiert den sachlichen Anwendungsbereich der DS-GVO bereichsübergreifend. Demgegenüber stellen die Art. 85 ff. bereichsspezifische Öffnungsklauseln dar. Es handelt sich bei ihnen also nicht um weitere Ausnahmeregelungen, die zu den in Art. 2 Abs. 2 und 3 genannten Ausnahmen hinzutreten. Vielmehr kommen die Öffnungsklauseln nur dann zur Anwendung, wenn der sachliche Anwendungsbereich der DS-GVO eröffnet ist.[1] Mit diesem Regelungsansatz wurden zugunsten des bereichsübergreifenden Regelungsansatzes Änderungsvorschläge zurückgewiesen, die auf entsprechende bereichsspezifische Ausnahmen von der Anwendbarkeit der DS-GVO drangen.[2]

Vorgängernorm im BDSG:

- Der sachliche Anwendungsbereich wird im BDSG in § 1 Abs. 2 bis 5 geregelt.

Vorgängernorm der RL 95/46:

- Eine entsprechende Regelung in der RL 95/46 befindet sich in Art. 3.

Querbezüge zu anderen Normen:

- Die Ausnahme vom Anwendungsbereich in Art. 2 Abs. 2 lit. a verweist auf die Zuständigkeiten der EU, insb. Art. 3, 4 und 6 AEUV.
- Die Ausnahme vom Anwendungsbereich in Art. 2 Abs. 2 lit. b bezieht sich auf die Gemeinsame Außen- und Sicherheitspolitik der Mitgliedstaaten unter Titel V Kapitel 2 EUV.
- Die Ausnahme vom Anwendungsbereich in Art. 2 Abs. 2 lit. d verweist auf die RL 2016/680 (Datenschutz-Richtlinie für Polizei und Strafjustiz).
- Gem. Art. 2 Abs. 3 geht die Verordnung zur Verarbeitung personenbezogener Daten durch die Organe, Einrichtungen, Ämter und Agenturen der Union (VO (EG) Nr. 45/2001) der DS-GVO vor.
- Art. 2 Abs. 4 erklärt die RL 2000/31/EG (eCommerce-Richtlinie) für vorrangig, insb. deren Art. 12 bis 15.
- Art. 95 stellt zudem klar, dass die DS-GVO dem Verantwortlichen keine zusätzlichen Pflichten auferlegt, soweit dieser besonderen Pflichten aus der RL 2002/58/EG (ePrivacy-Richtlinie) unterliegt, die dasselbe Ziel verfolgen.

---

1 Roßnagel, *Barlag*, § 3 Rn. 14.

2 Vgl. die Befürchtungen des Europäischen Datenschutzbeauftragten, Additional EDPS Comments on the Data Protection Reform Package, Rn. 9.

Leitentscheidungen:

- EuGH, Rs. C-101/01 (Lindqvist), insb. zur Ausnahme in Art. 3 Abs. 2 erster Spiegelstrich 2 RL 95/46 (sog. Haushaltsausnahme)
- EuGH, Rs. C-212/13 (Ryneš), insb. zur Ausnahme in Art. 3 Abs. 2 zweiter Spiegelstrich RL 95/46 (sog. Haushaltsausnahme)

Stellungnahmen der Aufsichtsbehörden und der Art. 29-Datenschutzgruppe:

- Art. 29 Data Protection Working Party, Statement on current discussions regarding the data protection reform package, Annex 2 – Proposals for Amendments regarding exemption for personal or household activities (adopted on 27 February 2013)

Schlagworte

Sachlicher Anwendungsbereich, automatisierte Verarbeitung, nicht automatisierte Verarbeitung, Dateisystem, personenbezogene Daten, Ausnahmen zum Anwendungsbereich, vorrangige Gesetze zur DS-GVO, Anwendungsbereich des Unionsrechts, gemeinsame Außen- und Sicherheitspolitik, persönliche Tätigkeiten, familiäre Tätigkeiten, Haushaltsausnahme, RL 2016/680, Datenschutz-Richtlinie für Polizei und Strafjustiz, EG Nr. 45/2001, RL 2000/31/EG, eCommerce-Richtlinie, RL 2002/58/EG, ePrivacy-Richtlinie.

A. Allgemeines

I. Regelungszweck

1 Art. 2 regelt den sachlichen Anwendungsbereich der DS-GVO sowie das Verhältnis zu anderen Vorschriften. In Ansehung der weitreichenden Rechte und Pflichten, die sich mit Anwendbarkeit der DS-GVO für die Normadressaten ergeben, spielt die Festlegung des Anwendungsbereichs insb. bei der sog. Haushaltsausnahme (Abs. 2 lit. c) eine wichtige Rolle bei der allgemeinen Frage nach dem Ausgleich der widerstreitenden Grundrechte in Bezug auf die Verarbeitung personenbezogener Daten.

2 Die Frage bleibt bereits durch die technologische Entwicklung relevant, da diese zu einer stets fortschreitenden faktischen Ausweitung des sachlichen Anwendungsbereichs führt: Da immer mehr soziale Interaktionen auf der digitalen Verarbeitung personenbezogener Daten beruhen, fallen auch immer mehr Bereiche des gesellschaftlichen Lebens in den Anwendungsbereich des Datenschutzrechts. Dies wurde bei den Verhandlungen zur DS-GVO, insb. in Bezug auf die Haushaltsausnahme, durchaus kritisch diskutiert. So machte im Laufe des Gesetzgebungsprozesses die Art. 29-Datenschutzgruppe darauf aufmerksam, dass mit zunehmender Digitalisierung die Kommunikation – wie zwischenmenschliche Interaktion im Allgemeinen – in einem immer umfassenderen Maße auf der Verarbeitung personenbezogener Daten beruht.[3] Die gesetzgeberische Erwartung an natürliche Personen, sämtliche datenschutzrechtlichen Pflichten zu erfüllen, nur weil sie aufgrund der im Alltag mehr und mehr zum Einsatz kommenden Internet- und Kommunikationstechnologien personenbezogene Daten verarbeiten, könnte daher schnell zu einem Ungleichgewicht in der Grundrechtsabwägung insb. zulasten der Informations- und Meinungsfreiheit führen.[4]

3 Je umfassender man den Anwendungsbereich der DS-GVO ausgestaltet, desto eher wird man daher die damit verbundenen Rechte und Pflichten in einem späteren Schritt wieder einschränken müssen.[5] In diesem Zusammenhang wies die Art. 29-Datenschutzgruppe zudem darauf hin, dass viele Gefahren und Verletzungen ggf. durch andere Schutzgesetze als die DS-GVO adressiert werden (können), wie dies bspw. im Bereich der Beleidigungs- oder Nötigungsdelikte oder auch durch Anti-Diskriminierungsvorschriften geschieht.[6]

4 Das Problem einer möglichen Überregulierung zulasten widerstreitender Grundrechte ist freilich kein spezifisches Problem der DS-GVO, sondern stellt sich grundsätzlich bei Ansätzen der Risikoregulierung, insb. wenn diese auf dem sog. Vorsorgeprinzip bzw. Vorfeldschutz aufbauen, d.h., bevor spezifische Rechtsgüter betroffen sind.[7] Soll Datenschutzrecht – wie es z.B. das Bundesverfassungsgericht in Hinsicht auf das informationelle Selbstbestimmungsrecht konstruiert – vor Gefahren schützen, „die sich für den Einzelnen, insb. unter den Bedingungen moderner Datenverarbeitung, aus informationsbezogenen Maßnahmen ergeben", indem es den Grundrechtsschutz von Verhaltensfreiheit und Privatheit flankiert und erweitert, kann sich in der Tat eine „Gefährdungslage (...) bereits im Vorfeld konkreter Bedrohungen von Rechtsgütern" ergeben.[8] Konstruiert man danach einen Anwendungsbereich, der (vorsorglich) vor Gefahren schützen soll, die erst später (und v.a. nur vielleicht) für konkrete Rechtsgüter entstehen, stellt sich die Frage, wie man die Weite eines solchen Anwendungsbereichs in einem nachfolgenden Schritt wieder einschränken kann, sodass der damit beim Regelungsadressaten verbundene Grundrechtseingriff verhältnismäßig ist.[9]

5 Im Rahmen der DS-GVO hat sich der Normgeber für einen weiten Anwendungsbereich entschieden – der auch über die Haushaltsausnahme nur geringfügig beschränkt ist – und das daraus resultierende Bedürfnis nach einer nachträglichen Einschränkung grundsätzlich hingenommen. Zum einen hat sich das Bedürfnis im Rahmen des Gesetzgebungsprozesses dann aber doch u.a. in den zahlreichen Öffnungsklauseln der DS-GVO Bahn gebrochen, in denen die Mitgliedstaaten

3 Art. 29 Data Protection Working Party, Statement on current discussions regarding the data protection reform package, Annex 2 – Proposals for Amendments regarding exemption for personal or household activities (adopted on 27 February 2013), S. 2 bis 3; Rats-Dok. 9897/1/12 v. 24.5.2012, Stellungnahme von Schweden zu Art. 2 lit. d, S. 179.

4 S. demgegenüber Ehmann/Selmayr, *Zerdick*, Art. 2 Rn. 10 m.w.N.

5 Art. 29 Data Protection Working Party, Statement on current discussions regarding the data protection reform package, Annex 2 – Proposals for Amendments regarding exemption for personal or household activities (adopted on 27 February 2013), S. 4 bis 6.

6 Art. 29 Data Protection Working Party, ibid., S. 6 und 7.

7 *Jaeckel*, in: JZ 2011, 116, 123; *Jaeckel*, 263 ff. m.V.a. S. 85 ff. sowie S. 65 und 166; zum Vorfeldschutz im Datenschutzrecht s. etwa, Hofmann/Pernice/Schildhauer/Schulz, *v. Lewinski*, Die Matrix des Datenschutzes.

8 BVerfG, Urt. v. 11.3.2008 – 1 BvR 2074/05 und 1 BvR 1254/07 (Kennzeichenerfassung), Rn. 63.

9 *Britz*, in: Offene Rechtswissenschaft 2010, 561, 576 ff.

z.T. sehr weitreichende Befugnisse zur Festlegung von spezifischeren Bestimmungen (Art. 6 Abs. 2 und 3), von Beschränkungen (Art. 23 Abs. 1), von Abweichungen (Art. 85) und Ausnahmen (Art. 85, Art. 89 Abs. 2 und 3) erhalten haben.[10] Die darüber hinaus bei der Normanwendung häufig vorzunehmenden Interessenabwägungen (vgl. nur Art. 6 Abs. 1 lit. f und Abs. 4, Art. 17 Abs. 3, Art. 21 Abs. 1) werden Verantwortliche und Aufsichtsbehörden vor eine anspruchsvolle Aufgabe stellen.

Zum anderen wird angesichts des sehr weiten Anwendungsbereichs die risikoadäquate Abstufung der vom Verantwortlichen vorzunehmenden technischen und organisatorischen Maßnahmen (s. v.a. Art. 24 Abs. 1 Rn. 78 ff.) große Bedeutung erlangen. Der risikobasierte Regelungsansatz kann dabei einen sowohl effektiven und effizienten Grundrechtsschutz für den Betroffenen als auch einen verhältnismäßigen Ausgleich mit den entgegenstehenden Grundrechten des Datenverarbeiters gewährleisten. Erforderlich hierfür ist allerdings ein differenzierter sowie objektiver Maßstab, anhand dessen die Risiken für den Betroffenen und – damit gleichlaufend – der Spielraum des Datenverarbeiters verlässlich bestimmt werden können. Dafür ist auf diejenigen Risiken abzustellen, die sich für die Grundrechte des Betroffenen aus der Datenverarbeitung ergeben, d.h. nicht nur für sein Grundrecht auf Privatleben aus Art. 7 GRC, sondern auch für seine Freiheits- und Gleichheitsrechte. Eine solche Ausrichtung des risikobasierten Ansatzes entspricht Art. 1 Abs. 2 DS-GVO und EG 4, der die Gesamtheit der Grundrechte insb. des Betroffenen zum Schutzgegenstand der Rechte und Pflichten aus der DS-GVO macht.[11] 6

II. Normadressaten

1. Verantwortliche

Anders als das BDSG nimmt die DS-GVO keine grundsätzliche Unterscheidung zwischen öffentlichen und nicht öffentlichen Stellen vor. Natürliche Personen können ebenfalls Normadressaten sein. Beides ergibt sich aus dem Umkehrschluss zu Abs. 2 bis 4, die öffentliche wie nicht öffentliche Stellen sowie natürliche Personen nur unter bestimmten Umständen aus dem Regelungsbereich ausnehmen. Wie weit die DS-GVO Stellen bzw. Personen adressiert, die nicht in der Union niedergelassen sind (sog. Drittstaatsdatenverarbeiter), bestimmt sich nach dem räumlichen Anwendungsbereich in Art. 3 DS-GVO. 7

2. Mitgliedstaaten

Die DS-GVO gilt ab dem 25.5.2018 unmittelbar in allen Mitgliedstaaten der Union. Den Mitgliedstaaten verbleibt dann hinsichtlich des sachlichen Anwendungsbereichs gem. Art. 2 kein Umsetzungsspielraum mehr. Sie sind allerdings im Rahmen zahlreicher Öffnungsklauseln befugt, für bestimmte Bereiche Rechtsvorschriften zu erlassen, wenn diese z.B. erforderlich sind, um die widerstreitenden Grundrechte in Einklang zu bringen. 8

3. Datenschutzaufsichtsbehörden

Die Zuständigkeiten und Aufgaben der Aufsichtsbehörden sowie deren Zusammenarbeit bestimmen sich nach den Art. 55 bis 62. Im Rahmen des Gesetzgebungsprozesses hatte die Art. 29-Datenschutzgruppe die Klarstellung angeregt, dass die Datenschutzbehörden befugt sein sollen, jede Verarbeitung personenbezogener Daten daraufhin untersuchen zu dürfen, ob die Datenverarbeitung unter die Haushaltsausnahme gem. Art. 2 Abs. 2 lit. c fällt.[12] Eine solche Klarstellung findet sich in der endgültigen Fassung der DS-GVO nicht wieder. 9

---

10 Die Klammerzusätze sind nicht abschließend; ausführlich hierzu *Kühling/Martini* et.al.
11 Taeger, *v. Grafenstein*, 233, 237 ff.
12 Art. 29 Data Protection Working Party, Statement on current discussions regarding the data protection reform package, Annex 2 – Proposals for Amendments regarding exemption for personal or household activities (adopted on 27 February 2013), S. 4.

III. Systematik

10 Nach dem Aufbau von Art. 2 müssen die folgenden drei Voraussetzungen kumulativ vorliegen:

1. Verarbeitung personenbezogener Daten (gem. Abs. 1)
2. kein Ausschlussgrund (gem. Abs. 2)
3. kein Vorrang anderweitiger Regelungen (insb. nach Abs. 3 und 4)

11 Die Öffnungsklauseln gem. Art. 85 ff. stellen keine weiteren Ausnahmeregelungen dar, die zu den in Art. 2 Abs. 2 und 3 genannten Ausnahmen hinzutreten. Vielmehr kommen die Öffnungsklauseln nur dann zur Anwendung, wenn der sachliche Anwendungsbereich der DS-GVO eröffnet ist.

IV. Entstehungsgeschichte

12 Art. 2 entspricht weitgehend seinen Vorgängerregelungen aus dem europäischen sowie nationalen Recht:

- Die RL 95/46 regelt ihren sachlichen Anwendungsbereich in Art. 3.
- Dessen Umsetzung erfolgt in Deutschland durch § 1 Abs. 2 bis 5 BDSG.

13 Die in Art. 2 Abs. 1 DS-GVO vorgesehene Beschreibung der technischen Umstände rechtlich relevanter Datenverarbeitungsvorgänge ist nahezu wortgleich zu Art. 3 Abs. 1 RL 95/46. Die Ausnahmen zur Verfolgung öffentlicher Interessen in Art. 2 Abs. 2 lit. a, b und d DS-GVO entsprechen Art. 3 Abs. 2 erster Spiegelstrich RL 95/46. Auch die Haushaltsausnahme in Art. 2 Abs. 2 lit. c DS-GVO war bereits in Art. 3 Abs. 2 zweiter Spiegelstrich RL 95/46 vorgesehen.

14 Zweifels- und Streitfragen im Laufe des Gesetzgebungsprozesses zur DS-GVO bezogen sich v.a. auf die Haushaltsausnahme und die Abgrenzung der Anwendungsbereiche von der DS-GVO einerseits und der RL EU 2016/680 andererseits. Die zweite Abgrenzungsfrage wurde allerdings im Laufe des Gesetzgebungsprozesses in die Beratungen zur RL 2016/680 und die Bestimmung von deren Anwendungsbereich, der sodann in Art. 2 Abs. 2 lit. d gespiegelt wurde, verlagert (zur Entstehungsgeschichte der RL EU 2016/680 daher unten (Rn. 55).

15 Der Vorschlag der Europäischen Kommission vom 25.1.2012 sah entgegen der letztlich verabschiedeten Fassung zwei Beschränkungen der Haushaltsausnahme vor. Der ursprünglich vorgeschlagene Wortlaut lautete in Art. 2 Abs. 2 lit. d KOM-Entwurf: „This Regulation does not apply to the processing of personal data by a natural person *without any gainful interest* in the course of *its own* exclusively personal or household activity" (Hervorhebung durch den Autor). EG 15 KOM-E stellte zudem klar, dass der Terminus „without any gainful interest" bedeute, dass die Datenverarbeitung „without any connection with a professional or commercial activity" erfolgen muss, um unter die Ausnahme zu fallen. Damit sollte die Ausnahme zum einen nur gelten, wenn die natürliche Person die Daten *ohne Gewinnerzielungsabsicht*, also ohne jegliche Verbindung zu einer beruflichen oder wirtschaftlichen Tätigkeit, und nur zur Ausübung ihrer *eigenen* ausschließlich persönlichen oder familiären Tätigkeiten verarbeitet.

16 Die Art. 29-Datenschutzgruppe äußerte hierzu Bedenken.[13] Sie erkannte zwar die dahinterliegende Intention an, dass damit wirtschaftliche Tätigkeiten nicht von der Ausnahme erfasst sein sollten. Dass damit aber bspw. auch der Verkauf persönlicher Habseligkeiten (genauer: die damit in Verbindung stehende Verarbeitung personenbezogener Daten) den vollständigen Rechte- und Pflichtenkatalog der DS-GVO nach sich ziehen sollte, hielt sie für nicht gerechtfertigt. Deshalb schlug sie vor, den Terminus „gainful interest" in Art. 2 Abs. 2 lit. d KOM-Entwurf zu streichen und in EG 15 klarzustellen, dass die persönliche oder familiäre Datenverarbeitung so lange nicht

---

13 Art. 29 Data Protection Working Party, Statement on current discussions regarding the data protection reform package, Annex 2 – Proposals for Amendments regarding exemption for personal or household activities (adopted on 27 February 2013).

unter die DS-GVO fällt, wie sie kein berufliches oder wirtschaftliches Interesse *zum Ziel* hat („that is outside the pursuit of a commercial or professional objective").[14]

17 Auch der LIBE-Ausschuss strich in seinem Entwurf vom 16.1.2013 die Beschränkung der Ausnahme im Falle eines Erwerbsinteresses („gainful interest") und zog in EG 15 die folgende positiv formulierte Formulierung vor: „The exemption should not apply where the processing of personal data is done *in pursuit of a professional or commercial objective*" (Hervorhebung durch den Autor).[15] Neben der klarstellenden Ausweitung auf den Gebrauch der Daten in Onlinemedien nahm der Entwurf in EG 15 zudem auf die Natur der Daten und den Personenkreis Bezug, dem die Daten zugänglich gemacht werden.[16]

18 In dem finalen Standpunkt des Europäischen Parlaments verzichtete man schließlich zwar weiterhin auf das Kriterium der „gainful interests", keine Aufnahme fand hingegen das genannte Abwägungskriterium der Natur der Daten. In Einschränkung des Lindqvist-Urteils (s. hierzu näher unter Rn. 43 ff.) sah der EP-Entwurf in Art. 2 Abs. 2 lit. d immerhin noch vor, dass die Haushaltsausnahme auch für die Veröffentlichung personenbezogener Daten gilt, sofern dies nur gegenüber einem beschränkten Personenkreis geschieht.[17]

19 In der endgültigen Fassung der DS-GVO findet sich keines der vorgeschlagenen Abwägungskriterien wieder. In Art. 2 Abs. 2 lit. c wird zwar darauf verzichtet, dass es sich um eine „eigene" Tätigkeit des Verarbeiters handeln muss, diese muss aber „*ausschließlich* familiär oder persönlich" sein. Ähnlich nimmt EG 15 einerseits keinen Bezug auf die „Erwerbsinteressen" („gainful interests"). Andererseits heißt es statt der Formulierung „in pursuit of a commercial or professional objective" nun aber wieder „with no connection to a professional or commercial activity". Damit lässt sich aus der Gesetzgebungsgeschichte nicht ohne Weiteres erkennen, ob eine Datenverarbeitung, die z.B. im Zusammenhang mit dem Verkauf von persönlichen Habseligkeiten erfolgt, nun unter die Ausnahme fallen soll oder nicht. Insofern wird das gesetzgeberische Ziel, die Rechtsunsicherheit zu reduzieren, kaum erreicht.

B. Inhalt der Regelung

I. Verarbeitung personenbezogener Daten (Abs. 1)

20 Abs. 1 definiert den Anwendungsbereich der DS-GVO, indem er die technischen Umstände der rechtlich relevanten Datenverarbeitung beschreibt.

1. Definition: „Verarbeitung" von „personenbezogenen Daten"

21 Abs. 1 nimmt Bezug auf den Begriff der „personenbezogenen Daten", der in Art. 4 Nr. 1 definiert wird. Danach sind „‚personenbezogene Daten' alle Informationen, die sich auf eine identifizierte oder identifizierbare Person beziehen" (s. näher die Kommentierung zu Art. 4 Nr. 1).

22 Die „Verarbeitung" personenbezogener Daten wird in Art. 4 Nr. 2 definiert als jeder „mit oder ohne Hilfe automatisierter Verfahren ausgeführte Vorgang oder jede solche Vorgangsreihe im Zusammenhang mit personenbezogenen Daten wie das Erheben, das Erfassen, die Organisation, das Ordnen, die Speicherung, die Anpassung oder Veränderung, das Auslesen, das Abfragen, die Verwendung, die Offenlegung durch Übermittlung, Verbreitung oder eine andere Form der

---

14 Art. 29 Data Protection Working Party, Statement on current discussions regarding the data protection reform package, Annex 2 – Proposals for Amendments regarding exemption for personal or household activities (adopted on 27 February 2013), S. 8 bis 10.

15 S. ***I Draft Report des Europäischen Parlaments, Ausschuss für bürgerliche Freiheiten, Justiz und Inneres vom 16.1.2013, 2012/0011(COD), Amendment 8 zu EG 15 und Amendment 79 zu Art. 2 Abs. 2 lit. d.

16 S. ***I Draft Report des Europäischen Parlaments, Ausschuss für bürgerliche Freiheiten, Justiz und Inneres vom 16.1.2013, 2012/0011(COD), Amendment 8 zu EG 15.

17 S. ***I Standpunkt des Europäischen Parlaments festgelegt in erster Lesung am 12.3.2014, P7_TC1-COD(2012)0011), Abänderung 2 zu EG 15 sowie Abänderung 96 zu Art. 2 Abs. 2 d.

Bereitstellung, den Abgleich oder die Verknüpfung, die Einschränkung, das Löschen oder die Vernichtung" (s. näher die Kommentierung zu Art. 4 Nr. 2).

23 Zu begrüßen ist angesichts der Nicht-Linearität heutiger Datenverarbeitungsprozesse, dass die „Verarbeitung" als ein Zentralbegriff des sachlichen Anwendungsbereichs dient, im Gegensatz zu einem schematischen Phasenmodell, wie es etwa das BDSG mit seiner Unterscheidung zwischen der Erhebung, Speicherung, Veränderung, Nutzung und Löschung der Daten vorsieht.[18] Der Anwendungsbereich der DS-GVO ist allerdings nicht nur wegen der Breite des Begriffs der „Verarbeitung", sondern v.a. auch des Begriffs der „personenbezogenen Daten" extrem weit und lässt dabei den Rechte- und Pflichtenkatalog grundsätzlich schon mit der Erhebung der Daten zur Anwendung kommen. Um angesichts der Nicht-Linearität von Datenverarbeitungsprozessen den Datenverarbeitern einen angemessenen Spielraum und – mehr noch – den Betroffenen einen entsprechend effektiven und effizienten Schutz vor den daraus resultierenden Risiken zur Verfügung zu stellen, wäre eine stärkere spezifische Berücksichtigung der Verwendung der Daten durch die Regelungen der DS-GVO wünschenswert gewesen. Die stärkere Berücksichtigung der späteren Verwendung der personenbezogenen Daten und der daraus folgenden Risiken wird daher nun im Wege der Auslegung und insb. den risikobasierten Ansatz vorzunehmen sein.

2. Ausweitung des Anwendungsbereichs auf Dateisysteme

24 Der Gesetzgeber wollte den Anwendungsbereich bewusst „technologieneutral" definieren, um das Risiko einer Umgehung zu vermeiden.[19] Deshalb fällt gem. Abs. 1 nicht nur die ganz oder teilweise automatisierte Verarbeitung in den Anwendungsbereich, sondern auch die nicht automatisierte Verarbeitung personenbezogener Daten, die in einem Dateisystem gespeichert sind oder gespeichert werden sollen. Art. 4 Nr. 6 definiert den Begriff des „Dateisystems" als „jede strukturierte Sammlung personenbezogener Daten, die nach bestimmten Kriterien zugänglich sind, unabhängig davon, ob diese zentral, dezentral oder nach funktionalen oder geografischen Gesichtspunkten geordnet geführt wird" (s. näher die Kommentierung zu Art. 4 Nr. 6). Damit werden auch analoge Akten, Aktensammlungen und ihre Deckblätter erfasst; lediglich wenn diese „nicht nach bestimmten Kriterien geordnet sind", sollen sie nicht dem Anwendungsbereich der DS-GVO unterliegen.[20] Damit wird z.B. bereits die Suche von Informationen über einen Bewerber durch einen potenziellen Arbeitgeber im Internet als vom Anwendungsbereich der DS-GVO erfasst angesehen, wenn die Informationen – etwa im Vergleich mit weiteren Kandidaten – in systematisierter Weise auf einem Papier festgehalten werden.[21]

3. Der Anwendungsbereich im Rahmen des Risikoschutzes: weitere Ausweitung auf nicht strukturierte „Zettelsammlungen"?

25 Man mag bezweifeln, ob die Erweiterung des Anwendungsbereichs auf nicht automatisierte Verfahren bzw. Dateisysteme notwendig ist, um den spezifischen Risiken zu begegnen, die sich gerade aus den technischen Möglichkeiten moderner Datenverarbeitung ergeben. Letztlich hängt die Frage nach der Geeignetheit des Risikoschutzes von der Konstruktion des Schutzguts und -konzepts ab. Diese ist zumindest auf Ebene des europäischen Primär- und Sekundärrechts bei Weitem noch nicht abschließend geklärt (zur Frage des Schutzguts der DS-GVO eingehend Art. 24 Rn. 114 ff.).[22]

---

18 Vgl. Kühling/Buchner, *Kühling/Raab,* Art. 2 Rn. 13; Hoffmann-Riem/Schmidt-Aßmann/Voßkuhle, *Albers*, Rn. 121 und 122.

19 EG 15 S. 1; s. a. ***I Standpunkt des Europäischen Parlaments festgelegt in erster Lesung am 12.3.2014, P7_TC1-COD(2012)0011), Abänderung 96 zu Art. 2 Abs. 1, der diese Klarstellung noch in Art. 2 Abs. 1 DS-GVO selbst vorgesehen hatte.

20 EG 15 S. 3.

21 Vgl. Paal/Pauly, *Ernst*, Art. 2 Rn. 10.

22 IJPLP, *v. Grafenstein/Schulz*, 249, 253/254 m.w.N.

Sieht man z.B. wie das BVerfG die zu kontrollierende, besondere Gefährdungslage darin, dass „bei Entscheidungsprozessen nicht mehr wie früher auf manuell zusammengetragene Karteien und Akten zurückgegriffen werden muss", sondern die Daten „technisch gesehen unbegrenzt speicherbar und jederzeit ohne Rücksicht auf Entfernungen in Sekundenschnelle abrufbar sind", dabei „mit anderen Datensammlungen zu einem teilweise oder weitgehend vollständigen Persönlichkeitsbild zusammengefügt werden" und „vielfältige Nutzungs- und Verknüpfungsmöglichkeiten entstehen" können, muss der Schutzbereich nicht unbedingt auf nicht automatisierte Dateisysteme erstreckt werden.[23] Denn ein nicht automatisiertes Dateisystem begründet eine solche besondere Gefährdungslage gerade nicht, weil die Daten nicht an jedem Ort in Sekundenschnelle zu Persönlichkeitsbildern zusammengefügt werden können. 26

Sieht man hingegen wie der Europäische Gerichtshof für Menschenrechte die Gefahr schon darin, dass Informationen über eine Person „systematisch und andauernd gespeichert" werden, insb. wenn die Informationen falsch sind und die Reputation des Betroffenen verletzen können, dann ist die Erweiterung des Anwendungsbereichs auf nicht automatisierte Dateisysteme sinnvoll.[24] Beide Beispiele machen deutlich, dass es – wie eingangs erwähnt – von der jeweiligen Konstruktion des Schutzguts und -konzepts abhängt, wie weit der einfache Gesetzgeber seine Schutzpflicht ausgestaltet, wenn er den sachlichen Anwendungsbereich der DS-GVO auf nicht automatisierte Dateisysteme erweitert. 27

Ungeachtet der Diskussion um das Schutzgut und -konzept gibt es Stimmen, denen auch der jetzige Anwendungsbereich nicht umfassend genug ist. So wird etwa bemängelt, dass anders als im BDSG-alt die Weitergabe von Informationen im Beschäftigtenkontext (z.B. über einen Arbeitnehmer durch den Arbeitgeber an einen Dritten) dann nicht in den Anwendungsbereich der Verordnung fällt, wenn dies in Form loser Zettelsammlungen oder Post-it-Notizen geschieht (statt etwa in Form eines chronologisch sortierten Aktenordners).[25] Manche Autoren sprechen hier sogar von einer „Schutzlücke", deren Schließung auf nationaler Ebene die europäischen Vorschriften nicht entgegenstehen.[26] Und in der Tat wurde diese nun mit § 26 Abs. 7 BDSG-neu geschlossen. 28

Allerdings bleibt festzuhalten, dass eine solche Erstreckung des datenschutzrechtlichen Schutzbereichs auf nicht strukturierte Zettelsammlungen selbst den Ansatz des EGMR noch einmal erweitert. Denn ein solcher Schutzbereich stellt allein auf die „andauernde" Speicherung der Daten ab, erfordert aber eben nicht (mehr) ihre „Systematisierung". Auch wenn es in solchen Fällen durchaus ein Schutzbedürfnis für den betroffenen Arbeitnehmer gibt, wäre es möglich, solche Fälle durch andere Gesetze zu adressieren, anstatt auch noch in den datenschutzrechtlichen Schutzbereich einzubeziehen. Denn auch wenn die konkrete Anwendung etwa der nun anwendbaren Datenverarbeitungsprinzipien aus Art. 5 DS-GVO über den risikobasierten Ansatz an das jeweils spezifische Verarbeitungsrisiko angepasst werden kann, sollte dieser Regelungsmechanismus nicht überstrapaziert werden. Um ein einigermaßen *risikospezifisches* Datenschutzregime als Ganzes zu gewährleisten, sollten solche Fälle daher tendenziell im Rahmen anderer Gesetze abgebildet werden. 29

II. Ausnahmen (Abs. 2)

Auch wenn die Voraussetzungen aus Abs. 1 gegeben sind, wird eine Verarbeitung personenbezogener Daten gem. Abs. 2 nicht von der DS-GVO erfasst, wenn sie im Rahmen bestimmter Tätigkeiten oder für bestimmte Zwecke erfolgt. 30

---

23 BVerfG, Urt. v. 15.12.1983 – 1BvR 209, 269, 362, 420, 440, 484/83 (Volkzählungsurteil), Rn. 153, und BVerfG, Urt. v. 4.4.2006 – 1BvR 518/02 (Rasterfahndung), Rn. 65.

24 EGMR, P.G. and J.H. vs The United Kingdom vom 25.9.2001 (application no. 44787/98), Rn. 57 m.V.a. EGMR, Amann vs Switzerland [GC], no. 27798/95, §§ 65 bis 67, ECHR 2000-II, sowie Rotaru vs Romania [GC], no. 28341/95, §§ 43 bis 44, ECHR 2000-V.

25 Plath, *Plath*, Art. 2 DSGVO Rn. 7.

26 Kühling/Buchner, *Kühling/Raab*, Art. 2 Rn. 19.

1. Verarbeitung außerhalb des Unionsrechts (lit. a)

31 Gem. Abs. 2 lit. a wird die Verarbeitung personenbezogener Daten nicht von der DS-GVO erfasst, wenn sie im Rahmen einer Tätigkeit erfolgt, die nicht in den Anwendungsbereich des Unionsrechts fällt. Die Vorschrift hat v.a. klarstellende Funktion, da dem EU-Gesetzgeber außerhalb des Unionsrechts die Gesetzgebungskompetenz fehlt.[27] Da sich dessen Gesetzgebungskompetenz aber relativ weitreichend u.a. auf die Bereiche Binnenmarkt, Sozialpolitik und Verbraucherschutz erstreckt (Art. 4 Abs. 2 lit. a, b und f AEUV), auf den wirtschaftlichen, sozialen und territorialen Zusammenhalt (Art. 4 Abs. 2 lit. c AEUV) sowie auf Gesundheit, Industrie, Kultur und Bildung (Art. 6 AEUV), ergeben sich daraus für die Datenverarbeitung im privatwirtschaftlichen Bereich keine nennenswerten Konsequenzen. Thema im Rahmen des Gesetzgebungsprozesses war denn auch mehr die nationale Sicherheit, deren Schutz gem. Art. 4 Abs. 2 S. 3 EUV den Mitgliedstaaten überlassen bleibt.[28] Damit ist die Verarbeitung personenbezogener Daten insb. durch das Bundesamt für Verfassungsschutz, den Bundesnachrichtendienst und den Militärischen Abschirmdienst vom Anwendungsbereich der DS-GVO ausgenommen. Auch die Datenverarbeitung im Anwendungsbereich des Sicherheitsüberprüfungsgesetzes fällt nicht unter die DS-GVO.[29]

2. Verarbeitung durch die Mitgliedstaaten im Bereich der gemeinsamen Außen- und Sicherheitspolitik (lit. b)

32 Abs. 2 lit. b schließt zudem die Verarbeitung personenbezogener Daten aus dem Anwendungsbereich der Verordnung aus, wenn diese im Rahmen der gemeinsamen Außen- und Sicherheitspolitik der Union erfolgt. Den Datenschutz betreffende Streitfragen können in diesen Fällen direkt an Art. 8 GRC sowie weiteren Grundrechten, wie insb. Art. 7 GRC, gemessen werden, sofern es keine anderen einfachgesetzlichen Spezialvorschriften gibt.[30]

3. Verarbeitung durch natürliche Personen zu persönlichen oder familiären Zwecken (lit. c)

33 Die DS-GVO kommt gem. Abs. 2 lit. c ferner nicht zur Anwendung, wenn die Verarbeitung der personenbezogenen Daten zur Ausübung ausschließlich persönlicher oder familiärer Tätigkeiten stattfindet. Hierbei ergeben sich einerseits Abgrenzungsfragen, die sich aus der Gesetzesgenese ergeben (s.o. unter (Rn. 15 ff.), und andererseits Wertungsfragen mit Blick auf die beiden noch zu geltendem Recht ergangenen EuGH-Entscheidungen C-101/01 (Lindqvist gg. Schweden) sowie C-212/13 (Ryneš gg. Úřad).

a) Natürliche Person

34 Die Ausnahme setzt zunächst die Tätigkeit einer **natürlichen Person** voraus. Damit können sich juristische Personen *per definitionem* nicht auf die Ausnahme berufen. Das gilt auch für eingetragene Vereine oder Stiftungen, die gemeinnützige Zwecke verfolgen. Unschädlich ist es demgegenüber, wenn mehrere natürliche Personen dieselben personenbezogenen Daten jeweils ausschließlich für persönliche oder familiäre Zwecke nutzen. Dies wird auch private Kooperationsformen umfassen, soweit dies *ausschließlich* für die genannten Zwecke erfolgt.[31]

---

27 *Albrecht*, in: CR 2016, 88, 90.

28 S. Europäischer Datenschutzbeauftragter, Opinion of the European Data Protection Supervisor on the data protection reform package, Rn. 324, der auf die unklare Bedeutung des Begriffs „national security" hinwies sowie auf die Tatsache, dass dieser von jedem Mitgliedstaat anders interpretiert werde.

29 Vgl. Art. 2 bis 6 Entwurf eines Gesetzes zur Anpassung des Datenschutzrechts an die Verordnung (EU) 2016/679 und zur Umsetzung der Richtlinie (EU) 2016/680 (Datenschutz-Anpassungs- und -Umsetzungsgesetz EU – DSAnpUG-EU).

30 Paal/Pauly, *Ernst*, Art. 2 Rn. 12; Kühling/Buchner, *Kühling/Raab*, Art. 2 Rn. 22.

31 Das von der Art. 29-Datenschutzgruppe im Rahmen des Gesetzgebungsverfahrens vorgeschlagene Kriterium, das tendenziell für eine Anwendbarkeit der DS-GVO sprach, wenn die Datenverarbeitung auf einer organisierten Zusammenarbeit mehrerer Personen beruht, wurde nicht in der endgültige Fassung der DS-GVO aufgenommen, s. noch bei Art. 29 Data Protection Working Party, ibid., S. 10.

b) Familiäre Zwecke

In der Literatur einig ist man sich, dass der Wortlaut „familiäre" Zwecke nicht im formal familienrechtlichen Sinne zu verstehen ist. Aus dem englischen Wortlaut „household" ergibt sich vielmehr, dass auch andere, Nicht-Familienmitglieder erfasst sind, sofern sie in einer persönlichen Beziehung zum Verarbeiter stehen.[32] **35**

c) Abgrenzung zwischen „persönlichen" bzw. „familiären" und „beruflichen" bzw. „wirtschaftlichen" Tätigkeiten

Abgrenzungsschwierigkeiten ergeben sich bei der Frage, wann es sich um *ausschließlich* persönliche/familiäre Tätigkeiten handelt (mit der Folge, dass die Ausnahme einschlägig ist) und wann berufliche/wirtschaftliche Aktivitäten involviert sind (mit der Folge, dass der Anwendungsbereich der DS-GVO eröffnet ist). **36**

Die endgültige Fassung des EG 18 S. 1 stellt nun klar, dass eine persönliche/familiäre Tätigkeit nur vorliegt, wenn diese „ohne Bezug zu einer beruflichen oder wirtschaftlichen Tätigkeit vorgenommen wird". Welche Tätigkeit persönlich/familiär und welche beruflich/wirtschaftlich ist, richtet sich dabei nach der Verkehrsanschauung.[33] Nachdem man sich im Rahmen des Gesetzgebungsprozesses auf den Begriff „ausschließlich" geeinigt hat, fällt eine persönliche oder familiäre Tätigkeit, die *auch* beruflich oder wirtschaftlich ist, nicht unter die Ausnahme.[34] Für die Beantwortung der Frage, ob eine Tätigkeit „auch beruflich oder wirtschaftlich" ist, muss ggf. auf den Umfang und die Häufigkeit der Datenverarbeitung zurückgegriffen werden.[35] **37**

Abgesehen davon sind zahlreiche Fragen noch ungeklärt: **38**

Plath nimmt z.B. an, dass durch den jetzigen Wortlaut „with no connection to a professional or economic activity" (EG 18 S. 1) die Ausnahme weiter gefasst ist, als wenn die Vorschrift – wie im KOM-Entwurf noch vorgesehen – zusätzlich gefordert hätte, dass die Tätigkeit „without any gainful interest" erfolgen müsse.[36] Was das in konkreten Fällen heißen mag, ist jedoch unklar. **39**

Fraglich ist insb., ob der jetzige Wortlaut auch im Vergleich zu einer weiteren im Gesetzgebungsprozess vorgeschlagenen Formulierung einen größeren oder kleineren Anwendungsbereich nach sich zieht. Wie oben (Rn. 16 und 17) dargestellt, hatte der LIBE-Ausschuss in seinem Entwurf vom 16.1.2013 ähnlich wie die Art. 29-Datenschutzgruppe den folgenden Wortlaut vorgeschlagen: „The exemption should not apply where the processing of personal data is done *in pursuit of a* professional or commercial *objective*."[37] Die Art. 29-Datenschutzgruppe nahm an, dass diese Formulierung, die auf das berufliche bzw. wirtschaftliche *Ziel* abstellt, der Ausnahme einen weiteren Anwendungsbereich belassen hätte als die jetzt gültige Formulierung, die auf den *Bezug* abstellt. Danach wäre der Ausnahmetatbestand z.B. noch erfüllt gewesen, wenn eine natürliche Person auf ihrem privaten Blog über Begebenheiten aus ihrem Berufsalltag berichtet. Weil diese Angaben lediglich einen Bezug zu ihrem Berufsalltag aufweisen, sie mit ihnen aber kein berufliches oder kommerzielles Ziel verfolgt, wäre die DS-GVO nicht anwendbar gewesen.[38] Weil die jetzige Formulierung hingegen auf den *Bezug* abstellt, seien solche Fälle grundsätzlich vom An- **40**

---

32 Paal/Pauly, *Ernst*, Art. 2 Rn. 18; Plath, *Plath*, Art. 2 Rn. 31 m.w.N.; Kühling/Buchner, *Kühling/Raab*, Art. 2 Rn. 23 f. mit Hinweis auf weitere entsprechende Sprachfassungen.

33 Paal/Pauly, *Ernst*, Art. 2 Rn. 18; Plath, *Plath*, Art. 2 Rn. 13 und 14 m.V.a. ibid., § 1 BDSG Rn. 30 ff. m.w.N.

34 Plath, *Plath*, Art. 2 Rn. 14.

35 Im Rahmen des Gesetzgebungsverfahrens wurde das entsprechende von der Art. 29-Datenschutzgruppe vorgeschlagene Kriterium allerdings nicht aufgegriffen, s. noch bei Art. 29 Data Protection Working Party, ibid., S. 10.

36 Plath, *Plath*, Art. 2 Rn. 12.

37 S. ***I Draft Report des Europäischen Parlaments, Ausschuss für bürgerliche Freiheiten, Justiz und Inneres vom 16.1.2013, 2012/0011(COD), Amendment 8 zu EG 15 und Amendment 79 zu Art. 2 Abs. 2 lit.d.

38 Art. 29 Data Protection Working Party, Statement on current discussions regarding the data protection reform package, Annex 2 – Proposals for Amendments regarding exemption for personal or household activities (adopted on 27 February 2013), S. 8.

wendungsbereich der DS-GVO erfasst. Insofern hätte es nach Ansicht der Art. 29-Datenschutzgruppe die Ausnahme erweitert, wenn es auf die Verfolgung eines beruflichen/kommerziellen Zieles angekommen wäre und nicht, wie jetzt, ein „Bezug" ausreichen würde.

41 Allerdings kann es umgekehrt auch Fälle geben, bei denen gerade die jetzige Regelung, die auf die Tätigkeit und nicht das Ziel abstellt, zu einem weiteren Anwendungsbereich der Ausnahme und damit zum Ausschluss der DS-GVO führt. *Ernst* und *Kühling/Raab* sind etwa der Auffassung, dass nach dem jetzigen Wortlaut auch vorbereitende berufliche oder wirtschaftliche Tätigkeiten von der DS-GVO erfasst sind.[39] Gegen diese Auffassung spricht aber, dass sich vorbereitende Tätigkeiten zwangsläufig nach einem Ziel ausrichten, und auf ein solches Ziel soll es nach der Gesetzesgenese gerade nicht ankommen. Stattdessen kann man den jetzigen Wortlaut, wonach es weder auf das „gainful *interest*" noch auf das „professional or commercial *objective*" ankommen soll, auch in dem Sinne lesen, dass nur der *konkrete* Bezug ausschlaggebend sein soll. Vorbereitende berufliche oder wirtschaftliche Tätigkeiten fallen demnach nur dann in den Anwendungsbereich der DS-GVO, wenn diese bereits für sich einen Bezug zu einer beruflichen oder wirtschaftlichen Tätigkeit aufweisen. Danach löst z.B. eine natürliche Person, die Angaben über andere Personen sammelt, solange nicht den Rechte- und Pflichtenkatalog der DS-GVO aus, wie sie diese Angaben noch nicht (auch) *konkret* beruflich oder wirtschaftlich nutzt.[40] Erst wenn die Angaben *konkret* beruflich oder wirtschaftlich verwendet werden, greift die DS-GVO mit ihrem Rechte- und Pflichtenkanon ein. Diese Lesart würde zumindest die oben (Rn. 39) genannte Ansicht stützen, dass die Formulierung „with no connection to a professional or economic activity" der Ausnahme einen weiteren Anwendungsbereich belässt als eine Formulierung, die auf die Gewinnerzielungsabsicht abstellt.

42 Ein weiterer noch unklarer Aspekt bezieht sich auf die genaue Bedeutung des Begriffes der „wirtschaftlichen Tätigkeit". Der englische Terminus „commercial activity" kann zwar im Deutschen mit „wirtschaftlich" übersetzt werden. Tendenziell hat er aber die Bedeutung i.S.v. „gewerblich" oder „kommerziell". Demgegenüber findet das Wort „wirtschaftlich" seine englische Entsprechung in dem Wort „economic". Diese begriffliche Unterscheidung ist bedeutsam, wenn man anerkennt, dass eine Tätigkeit zwar wirtschaftliche Effekte nach sich ziehen kann, deshalb aber nicht gleich gewerblich oder kommerziell sein muss. Zum Beispiel ist es eine wirtschaftliche Tätigkeit, wenn eine natürliche Person Spendengelder für karitative Zwecke einwirbt. Dies muss aber nicht unbedingt in einem gewerblichen oder kommerziellen Umfang geschehen.[41] Auch wenn natürliche Personen Unterstützung für ein politisches Anliegen anwerben, ist das nicht automatisch eine gewerbliche oder kommerzielle Tätigkeit.[42] Solche Tätigkeiten können vielmehr so lange unter die Haushaltsausnahme fallen, wie sie in keinem gewerblichen oder kommerziellen Umfang stattfinden bzw. keine Ausmaße annehmen, nach denen sie nicht mehr als ausschließlich persönlich oder familiär angesehen werden können. Auch diese Lesart zeigt, dass die endgültige Gesetzesfassung der Ausnahme in der Tat einen weiteren Anwendungsbereich einräumt, als dies im Laufe des Gesetzgebungsverfahrens mitunter vorgesehen war.

d) Insbesondere Veröffentlichung der Daten

43 Fraglich ist, wie weit die Veröffentlichung personenbezogener Daten (im Internet) unter die Haushaltsausnahme fallen kann. Zu unterscheiden ist hierbei zwischen dem Nutzer einer Onlineplattform oder eines sozialen Netzwerks und dem Internetdiensteanbieter einer solchen Plattform oder eines solchen sozialen Netzwerks.

---

39 Paal/Pauly, *Ernst*, Art. 2 Rn. 19; Kühling/Buchner, *Kühling/Raab*, Art. 2 Rn. 26.

40 Vgl. demgegenüber Paal/Pauly, *Ernst*, Art. 2 Rn. 19, dessen Beispiele für vorbereitende Tätigkeiten (Marketing und Marktforschung) allerdings bereits für sich einen Bezug zu einer beruflichen bzw. wirtschaftlichen Tätigkeit aufweisen.

41 Vgl. aber Paal/Pauly, *Ernst*, Art. 2 Rn. 19, der solche Tätigkeiten als nicht von der Haushaltsausnahme erfasst ansieht.

42 Vgl. wieder Paal/Pauly, *Ernst*, Art. 2 Rn. 19, der auch solche Tätigkeiten nicht unter die Haushaltsausnahme subsumiert.

In Hinsicht auf die Nutzer hatte der EuGH bereits in seinem Lindqvist-Urteil zu entscheiden. In dem Fall hatte Frau Lindqvist im Rahmen ihrer beruflichen Tätigkeit für die Gemeinde eine Internetseite eingerichtet, auf der sie Informationen über sich und ihre Arbeitskollegen veröffentlichte. Der EuGH entschied – zu noch geltendem Recht –, dass die Datenverarbeitung nicht zu ausschließlich persönlichen oder familiären Zwecken erfolgt, wenn die Nutzer die Daten im Internet einem unbeschränkten Personenkreis zugänglich machen.[43] Ob diese Einschätzung unter der DS-GVO noch in vollem Umfang gilt, ist allerdings zweifelhaft. **44**

Anlass zu diesem Zweifel gibt zunächst die Begründung des EuGH, die er in Hinsicht auf die Folgefrage gab, ob die Veröffentlichung damit auch eine Übermittlung der Daten in Drittstaaten darstellt. Dafür hätte eigentlich gesprochen, dass die Veröffentlichung der Daten auf einer Internetseite technisch zur Folge hat, dass diese Daten „jeder Person, die eine Verbindung zum Internet herstellt, einschließlich Personen in Drittländern", zugänglich gemacht wird.[44] Der EuGH verneinte jedoch eine Drittstaatenübermittlung mit der Begründung, dass „(A)angesichts des Entwicklungsstands des Internets zur Zeit der Ausarbeitung der Richtlinie 95/46 und des Fehlens von Kriterien für die Internetbenutzung in Kapitel IV dieser Richtlinie (…) nicht angenommen werden (kann), dass der Gemeinschaftsgesetzgeber unter den Begriff ‚Übermittlung von Daten in ein Drittland' im Vorgriff auch den Vorgang fassen wollte, dass eine Person in der Lage von Frau Lindqvist Daten in eine Internetseite aufnimmt, auch wenn diese Daten dadurch Personen aus Drittländern zugänglich gemacht werden, die über die technischen Mittel für diesen Zugang verfügen"[45]. **45**

Angesichts dieser Begründung stellt sich in Hinsicht auf die Haushaltsausnahme der DS-GVO die Frage, ob eine Veröffentlichung personenbezogener Daten im Internet die Ausnahme kategorisch ausschließt oder ob eine differenzierte Betrachtung angezeigt ist. Für eine differenzierte Betrachtung spricht, dass der Gesetzgeber die DS-GVO in voller Kenntnis des mittlerweile fortgeschrittenen Entwicklungsstandes des Internets ausgestaltet hat, insb. in Kenntnis der Tatsache, dass heute ein wesentlicher Anteil sozialer Kommunikation über soziale Netzwerke stattfindet. In der Tat hat der Verordnungsgeber in EG 18 S. 2 entsprechend klargestellt, dass auch die Nutzung sozialer Netzwerke persönliche oder familiäre Tätigkeiten umfassen kann. Dementsprechend kann es also z.B. auf die vom Nutzer eines sozialen Netzwerks vorgenommene Privacy-Einstellung ankommen (d.h., ob die Posts ausschließlich Freunden, auch deren Freunden oder der Allgemeinheit zur Verfügung stehen) oder darauf, ob ein offenes oder ein geschlossenes Forum vorliegt.[46] **46**

Manche Autoren sind jedoch der Ansicht, dass der Gesetzgeber an der durch den EuGH vorgenommenen Einordnung von Veröffentlichungen im Internet nichts ändern wollte.[47] *Kühling/Raab* sind etwa der Auffassung, dass auch eine auf einzelne Benutzergruppen beschränkte „Veröffentlichung" nicht genügt, um als rein persönliche Kommunikation der Haushaltsausnahme zu unterfallen. Danach wäre die Ausnahme nur einschlägig, wenn die „Veröffentlichung" im Rahmen von Einzel- oder Gruppennachrichten erfolgt. Ihre strenge Auffassung begründen die Autoren auch mit den technischen Funktionen der sozialen Plattformen, nach denen alle Informationsempfänger stets in der Lage wären, die Inhalte zu „teilen", denn dies könne den Zugriff potenzieren.[48] Gegen diese Ansicht spricht aber, dass manche Plattformen das „Teilen" gerade nicht zulassen, wenn die Informationen nur einem eingeschränkten Nutzerkreis zugänglich gemacht wurden. Und selbst wenn die „Teilen"-Funktion vorhanden ist, kann die bloße Möglichkeit, dass eine Person ihr übermittelte Informationen weitergibt, nicht kategorisch und im Vorhinein zum **47**

---

43 EuGH, Urt. v. 6.11.2003, Rs. C-101/01 (Lindqvist gg. Schweden), zuletzt eingesehen am 3.7.2017 unter http://curia.europa.eu/juris/liste.jsf?language=de&num=C-101/01, Rn. 47.
44 EuGH, Urt. v. 6.11.2003, Rs. C-101/01 (Lindqvist gg. Schweden), zuletzt eingesehen am 3.7.2017 unter http://curia.europa.eu/juris/liste.jsf?language=de&num=C-101/01, Rn. 71.
45 EuGH, Urt. v. 6.11.2003, Rs. C-101/01 (Lindqvist gg. Schweden), zuletzt eingesehen am 3.7.2017 unter http://curia.europa.eu/juris/liste.jsf?language=de&num=C-101/01, Rn. 68.
46 So auch Plath, *Plath*, Art. 2 Rn. 15.
47 So im Ergebnis Kühling/Buchner, *Kühling/Raab*, Art. 2 Rn. 25 m.V.a. *Schantz*, in: NJW 2016, 1841, 1843.
48 Kühling/Buchner, *Kühling/Raab*, Art. 2 Rn. 25.

Ausschluss der Haushaltsausnahme führen. Vielmehr kommt es jeweils auf den konkreten Umstand an, ob die Weitergabe der Information weiterhin – in der Gesamtbetrachtung – zwischen Personen mit hinreichend persönlicher Beziehung oder jenseits dieser Grenze, sprich im öffentlichen Raum stattfindet.

48 *Ernst* verneint schließlich die Anwendbarkeit der Ausnahme bereits dann, wenn sich der Betreiber des sozialen Netzwerks Rechte zur Nutzung dieser Daten einräumen lässt (egal ob die Nutzungsbedingungen rechtlich wirksam sind oder nicht). Technischer Hintergrund ist, dass bereits in diesem Fall jemand (nämlich die soziale Plattform) Zugriff auf die Daten bekommt, der in keiner persönlichen Beziehung zum Betroffenen steht.[49] Dieser Auffassung ist jedoch ebenfalls nicht zu folgen. Sie würde letztlich dazu führen, dass die Anwendbarkeit der Ausnahme bei sämtlichen Tätigkeiten auf sozialen Plattformen (und sonstigen Onlinediensten) generell ausgeschlossen wäre. Denn zumindest für die technische Erbringung des Dienstes muss das Netzwerk die Daten in jedem Fall verarbeiten. Zumindest die Einräumung solcher Nutzungsrechte kann deshalb nicht zur Unanwendbarkeit der Ausnahme führen.

49 In jedem Fall bleibt für den Internetdiensteanbieter die DS-GVO hingegen anwendbar. Insofern stellt EG 18 S. 3 klar, dass die DS-GVO jedenfalls für „die Verantwortlichen oder Auftragsverarbeiter, die die Instrumente für die Verarbeitung personenbezogener Daten für solche persönlichen oder familiären Tätigkeiten bereitstellen", gilt.

e) Insbesondere „Sphäre" der Datenerhebung

50 Zweifelhaft ist die Anwendbarkeit der Ausnahme schließlich in Fällen, in denen personenbezogene Daten nicht ausschließlich in der persönlichen oder familiären Sphäre des Verarbeiters erhoben werden. In der (ebenfalls noch zum geltenden Recht (RL 95/46) ergangenen) Entscheidung EuGH C-212/13 (Ryneš gg. Úřad) hatte eine natürliche Person an ihrem Haus eine Überwachungsvideokamera installiert, die neben dem Hauseingang auch Teile des öffentlichen Straßenraums erfasste. Der EuGH untersuchte in seiner Entscheidung, ob eine solche Videoaufzeichnung der Haushaltsausnahme unterfällt, indem er u.a. pauschal auf das Recht auf Privatleben unter Art. 7 GRC Bezug nahm. Unter Hinweis darauf, dass sich nach diesem Recht „die Ausnahmen und Einschränkungen in Bezug auf den Schutz der personenbezogenen Daten auf das absolut Notwendige beschränken müssen", folgerte der EuGH, dass auch die Haushaltsausnahme eng ausgelegt werden müsse.[50] Eine enge Auslegung ergäbe sich zudem aus dem Wortlaut der Vorschrift, wonach die Tätigkeit „ausschließlich" zu persönlichen oder familiären Zwecken erfolgen müsse, um aus dem Anwendungsbereich der RL 95/46 zu fallen.[51] Der EuGH zog daraus den Schluss, dass die Verarbeitung personenbezogener Daten nur dann unter die Ausnahme fällt, „wenn sie in der ausschließlich persönlichen oder familiären Sphäre" des Datenverarbeiters erfolgt.[52] Wenn sich eine Videoüberwachung hingegen „auch nur teilweise auf den öffentlichen Raum erstreckt und dadurch auf einen Bereich außerhalb der privaten Sphäre" des Datenverarbeiters, „kann sie nicht als eine ausschließlich ‚persönliche oder familiäre' Tätigkeit" angesehen werden.[53]

51 Trotz der scheinbar trennscharfen Unterscheidung zwischen „privater" und „öffentlicher" Sphäre wirft die Entscheidung einige (Wertungs-)Fragen auf. So verweist der EuGH zwar auf den Erlaubnistatbestand der „legitimen Interessen" (Art. 7 lit. f RL 95/46), auf die der Datenverarbeiter seine Videoüberwachung stützen kann. Offen bleibt jedoch, wie weit bzw. wie der Datenver-

---

49 Paal/Pauly, *Ernst*, Art. 2 Rn. 21.
50 EuGH, Urt. v. 11.12.2014, Rs. C-212/13 (Ryneš gg. Úřad), zuletzt eingesehen am 3.7.2017 unter http://curia.europa.eu/juris/liste.jsf?language=de&jur=C,T,F&num=C-212/13, Rn. 28 und 29.
51 EuGH, Urt. v. 11.12.2014, Rs. C-212/13 (Ryneš gg. Úřad), zuletzt eingesehen am 3.7.2017 unter http://curia.europa.eu/juris/liste.jsf?language=de&jur=C,T,F&num=C-212/13, Rn. 30.
52 EuGH, Urt. v. 11.12.2014, Rs. C-212/13 (Ryneš gg. Úřad), zuletzt eingesehen am 3.7.2017 unter http://curia.europa.eu/juris/liste.jsf?language=de&jur=C,T,F&num=C-212/13, Rn. 31.
53 EuGH, Urt. v. 11.12.2014, Rs. C-212/13 (Ryneš gg. Úřad), zuletzt eingesehen am 3.7.2017 unter http://curia.europa.eu/juris/liste.jsf?language=de&jur=C,T,F&num=C-212/13, Rn. 33.

arbeiter dem mit der Anwendbarkeit der DS-GVO einhergehenden umfangreichen Rechte- und Pflichtenkatalog entsprechen soll. So erhält der Betroffene gem. Art. 14 RL 95/46 ein Widerspruchsrecht gegen die Verarbeitung, sprich die Aufnahme und Speicherung der Daten. Auch muss der Datenverarbeiter gem. Art. 10 bzw. 11 RL 95/46 die Betroffenen über die Datenverarbeitung informieren. Dabei stellt sich stets die Frage, wie der Datenverarbeiter die Informationspflicht und das Widerspruchsrecht umsetzen muss bzw. kann.

Eine weitere Frage stellt sich dahin, ob nur die Sphäre des Datenverarbeiters oder nicht auch die des Betroffenen eine Rolle spielen soll. In dem Urteil scheint der EuGH nur die Sphäre des Datenverarbeiters als relevant heranzuziehen. In Hinsicht auf den Betroffenen zumindest verweist der EuGH lediglich pauschal auf das Recht auf Privatleben gem. Art. 7 GRC und arbeitet nicht heraus, welcher spezifische Gewährleistungsgehalt aus Art. 7 GRC konkret betroffen ist. Dabei können sich je nach betroffenem Gewährleistungsgehalt Unterschiede für den Schutz ergeben, d.h. je nachdem, ob sich der Betroffene in der Öffentlichkeit oder zu Hause befindet oder Kommunikationsmedien nutzt (jeweils erfasst als seine „privacy in public", von seinem Grundrecht auf Unverletzlichkeit der Wohnung oder seinem Kommunikationsgrundrecht). So sind sicherlich an die Datenerhebung in der Öffentlichkeit weniger strenge oder zumindest andere Anforderungen zu stellen, als wenn die Datenverarbeitung ein Eindringen in die Wohnung des Betroffenen zur Folge hat. Wenn solche Wertungsunterschiede keine Rolle bei der Frage nach der grundsätzlichen Anwendbarkeit der DS-GVO spielen, müssen sie – auch hier wieder – mittels des risikobasierten Ansatzes zumindest bei der Frage nach Umfang und Ausgestaltung der einzelnen Rechte und Pflichten in Betracht gezogen werden. Dies ist unerlässlich, nicht nur um einen angemessenen Ausgleich mit den Grundrechten des Verarbeiters, sondern auch um einen effektiven und effizienten Schutz für den Betroffenen herzustellen. 52

4. Verarbeitung zur Verhütung, Ermittlung, Aufdeckung oder Verfolgung von Straftaten (lit. d)

Abs. 2 lit. d schließt die Anwendung der DS-GVO für die Verarbeitung personenbezogener Daten aus, soweit diese durch die zuständigen Behörden zum Zwecke der Verhütung, Ermittlung, Aufdeckung oder Verfolgung von Straftaten oder Strafvollstreckung, einschließlich des Schutzes vor und der Abwehr von Angriffen für die öffentliche Sicherheit vorgenommen wird. 53

a) Zusammenspiel mit RL 2016/680/EU

Für die Verarbeitung personenbezogener Daten zu diesen Zwecken besteht eine eigene Regelung, die „Richtlinie (EU) 2016/680 zum Schutz natürlicher Personen bei der Verarbeitung personenbezogener Daten durch die zuständigen Behörden zum Zwecke der Verhütung, Ermittlung, Aufdeckung oder Verfolgung von Straftaten sowie zum freien Datenverkehr und zur Aufhebung des Rahmenbeschlusses 2008/977/JI". Der Anwendungsbereich der RL ist also nur eröffnet, wenn Daten durch eine „zuständige Behörde" (vgl. Art. 3 Nr. 7 lit. a) für mindestens einen der genannten Zwecke verarbeitet werden. 54

Die Auslegung dieses Anwendungsbereichs hat direkte Auswirkungen auf den Umfang der in Art. 2 Abs. 2 lit. d niedergelegten Ausnahme. Über die Formulierung des Anwendungsbereichs der RL EU 2016/680 bestand bis zum Ende der informellen Trilog-Verhandlungen zwischen Rat und EP unter Beteiligung der KOM Streit. Im Kern ging es hier um die Frage, inwieweit die Datenverarbeitung der „zuständigen Behörden", insb. Polizeibehörden, noch unter die Richtlinie und ihre mitgliedstaatliche Umsetzung zu fassen ist, wenn die Datenverarbeitung im Zusammenhang mit der Abwehr von Gefahren für die öffentliche Sicherheit steht. Einer ganzen Reihe von Mitgliedstaaten, darunter auch Deutschland, war es stets ein Anliegen, die gesamte polizeiliche Datenverarbeitung, also auch die im Bereich dieser Gefahrenabwehr, einheitlich unter das Regime der RL zu fassen, um ein Auseinanderfallen der Regelungen für die Datenverarbeitung bei sich oftmals überschneidenden oder ineinander übergehenden Vorgängen nicht auseinanderfallen 55 zu lassen. Der KOM-Vorschlag und der Standpunkt des EP in 1. Lesung[54] ließen den Bereich der Abwehr von Gefahren für die öffentliche Sicherheit bei der Formulierung des Anwendungsbereichs noch unbeleuchtet.[55] Die Allgemeine Ausrichtung des Rates, der für diesen die Grundlage für die informellen Trilog-Verhandlungen bildete, adressierte diesen Bereich im Anwendungsbereich erstmals,[56] indem die Datenverarbeitung „zum Schutz vor und zur Abwehr von Bedrohungen der öffentlichen Sicherheit" ausdrücklich in den Anwendungsbereich aufgenommen wurde. Die letztlich gegen Ende des Trilogs als Teil eines politischen Kompromisses gefundene Formulierung knüpft die Datenverarbeitung zu Gefahrenabwehrzwecken durch das Wort „einschließlich" an die straftatenbezogene Datenverarbeitung. Es bleibt letztlich jedoch unklar, wie genau mit dieser semantischen Kompromisslösung in der mitgliedstaatlichen Umsetzung umgegangen werden soll. Offen bleibt insb., inwieweit die auf Druck des EP eingefügte Formulierung zu einer den Anwendungsbereich der Richtlinie einschränkenden Auslegung beitragen soll. Es bleibt damit zunächst die Aufgabe des RL-umsetzenden Gesetzgebers, die Abgrenzungsleistung auf abstrakter Ebene zu erbringen.[57] Die im Bereich polizeilicher Datenverarbeitung auftretenden Fallspektren, in denen es um evident nicht – auch nicht potenziell, vgl. EG 12 S. 1 RL EU 2016/680 – straftatenbezogene Gefahrenabwehr geht und die dann nach der DS-GVO zu beurteilen wären, dürften allerdings überschaubar sein. Als Beispiele sind der Schutz privater Rechte im Sinne der Polizeigesetze, eindeutige Suizidfälle oder Störer- und Gefahrenlagen ohne jeglichen Straftatenbezug denkbar.

56 Eine weitere Abgrenzungsfrage stellt sich im Hinblick auf die Datenverarbeitung, die im Zusammenhang mit Ordnungswidrigkeiten erfolgt. Eine explizite Klärung im RL-Text konnte hinsichtlich dieser in einigen wenigen Mitgliedstaaten bekannten Rechtsfigur nicht erreicht werden. EG 13 RL EU 2016/680 stellt lediglich klar, dass eine Straftat i.S.d. RL ein eigenständiger Begriff des Unionsrechts sein soll und damit der Auslegung durch den EuGH bedarf. Offen bleibt jedoch, ob auch Ordnungswidrigkeiten als Straftat i.S.d. RL zu verstehen sind und damit unter den Anwendungsbereich der RL und nicht der DS-GVO fallen.[58] Für eine Anwendung der RL spricht zumindest, dass die Anwendbarkeitsfrage anderenfalls von der Ausgestaltung durch den nationalen Gesetzgeber abhinge, also davon, ob er ein Verhalten als Straftat oder Ordnungswidrigkeit einstuft. Auch die Einheitlichkeit des Ordnungswidrigkeitsverfahrens spricht für die Anwendbarkeit der RL auf Ordnungswidrigkeiten. Denn zumindest in Deutschland geht das Verfahren im Falle der Einlegung von Rechtsbehelfen ohnehin in das amtsgerichtliche Verfahren über, sodass Vorschriften der Strafprozessordnung sinngemäß zur Anwendung kommen, § 62 Abs. 2 OWiG. Spätestens dann wäre also die RL und nicht mehr die DS-GVO anwendbar.[59]

57 Abgesehen davon stellt EG 19 S. 4 klar, dass „zuständige Behörden" i.S.d. RL 2016/680/EU auch Aufgaben haben können, die nicht zur Erfüllung der Zwecke aus der RL 2016/680/EU ausgeführt werden. Sofern diese Aufgaben für Zwecke aus der DS-GVO ausgeführt werden, fallen sie wieder in den Anwendungsbereich der DS-GVO. In diesem Fall „sollten die Mitgliedstaaten spezifischere Bestimmungen beibehalten oder einführen können, um die Anwendung der Vorschriften dieser Verordnung anzupassen"[60]. Das soll es den Mitgliedstaaten ermöglichen, die weiteren Bedingungen für die Datenverarbeitung für diese Zwecke präziser festzulegen und dabei an ihre eigenen verfassungsmäßigen, organisatorischen und administrativen Strukturen anzupassen.[61]

---

54 P7_TA(2014)0219 v. 12.3.2014.

55 KOM(2012)0010 v. 25.1.2012: „zum Zwecke der Verhütung, Aufdeckung, Untersuchung oder Verfolgung von Straftaten oder der Strafvollstreckung".

56 Ratsdokument 12555/15 vom 2.10.2015: „zum Zwecke der Verhütung, Untersuchung, Aufdeckung oder Verfolgung von Straftaten oder der Strafvollstreckung oder zum Schutz vor und zur Abwehr von Bedrohungen der öffentlichen Sicherheit".

57 Zur für das neue BDSG gefundenen Lösung s. den Regierungsentwurf zu einem Datenschutz-Anpassungs- und Umsetzungsgesetz EU vom 27.1.2017, BT-Drs. 18/11325, dort Art. 1 (BDSG), § 45.

58 Ablehnend Ehmann/Selmayr, *Zerdick*, Art. 2 Rn. 12.

59 Vgl. *Hörauf*, in: ZIS 2013, 276, 277/278.

60 EG 19 S. 6.

61 EG 19 S. 7.

Im Rahmen des Gesetzgebungsprozesses wurde in diesem Zusammenhang diskutiert, wie die Tätigkeit privater Stellen für Zwecke der öffentlichen Sicherheit behandelt werden sollten. Der LIBE-Ausschuss des EP wollte die Ausnahme aus Art. 2 Abs. 2 lit. d DS-GVO auf die Tätigkeit öffentlicher Behörden begrenzen.[62] Weil aber auch private Stellen wesentliche Funktionen bei der Verfolgung von Straftaten übernehmen können, sollten die Mitgliedstaaten für diese speziellere Regeln schaffen können.[63] Dies wurde in der endgültigen Fassung der DS-GVO in Art. 23 anerkannt und in EG 19 a.E. mit beispielhaftem Verweis auf den Bereich der Geldwäsche sowie kriminaltechnische Labore ausdrücklich klargestellt. Im Einzelnen dürften aber auch hier noch einige Fragen offenbleiben. Art. 3 Nr. 7 lit. b RL 2016/680/EU stellt zumindest klar, dass die Datenverarbeitung durch Private dann unter die Ausnahme des Art. 2 Abs. 2 lit. d DS-GVO, sprich unter die RL 2016/680/EU fällt, wenn diese als Beliehene tätig werden. Auch die Datenverarbeitung im Rahmen eines Auftragsdatenverarbeitungsverhältnisses mit einer nach der RL 2016/680/EU zuständigen Behörde für die vorgesehenen Zwecke wird unstreitig unter den Anwendungsbereich der RL fallen. Andererseits dürften solche Datenverarbeitungen weiterhin unter den Anwendungsbereich der DS-GVO fallen, wenn dies lediglich den darin genannten Zwecken „dient", private Stellen personenbezogene Daten also aufgrund eigenen Ermessens an Strafverfolgungsbehörden weitergeben.[64] **58**

b) Verarbeitung durch Gerichte und andere Justizbehörden

Ein weiterer Diskussionspunkt im Rahmen des Gesetzgebungsprozesses betraf die Frage, wie weit sich die Befugnisse der Datenschutzaufsichtsbehörden aus der DS-GVO auch auf die Tätigkeiten von Gerichten sowie anderer Justizbehörden erstrecken sollte. Während sich der Europäische Datenschutzbeauftragte für eine Erstreckung der Aufsichtsbefugnisse aussprach, lehnte der Rat eine solche mit dem Hinweis ab, dass die Aufsicht der Datenschutzbehörden nicht die Unabhängigkeit der Justiz infrage stellen dürfe.[65] EG 20 S. 2 stellt nun in seiner endgültigen Fassung klar, dass „die Aufsichtsbehörden nicht für die Verarbeitung personenbezogener Daten durch Gerichte im Rahmen ihrer justiziellen Tätigkeit zuständig sein" sollen.[66] Stattdessen sollen damit „besondere Stellen im Justizsystem des Mitgliedstaats betraut werden können, die insb. die Einhaltung der Vorschriften dieser Verordnung sicherstellen, Richter und Staatsanwälte besser für ihre Pflichten aus dieser Verordnung sensibilisieren und Beschwerden in Bezug auf derartige Datenverarbeitungsvorgänge bearbeiten sollten"[67]. Letztlich wird sich dieser Kompetenzkonflikt entlang der Streitlinien entwickeln, *welche* Behörde als „andere Justizbehörde" anzusehen ist, ob ein Gericht bzw. eine andere Justizbehörde personenbezogene Daten im Rahmen ihrer *justiziellen Zuständigkeit* verarbeitet und ob die Aufsicht dieser Gerichte bzw. Behörden wirklich *unabhängig* ist.[68] **59**

62 S. ***I Draft Report des Europäischen Parlaments, Ausschuss für bürgerliche Freiheiten, Justiz und Inneres vom 16.1.2013, 2012/0011(COD), Amendment 80 zu Art. 2 Abs. 2 lit. e; s. dann auch ***I Bericht des Europäischen Parlaments, Ausschuss für bürgerliche Freiheiten, Justiz und Inneres vom 21.11.2013, A7-0402/2013, über den Vorschlag für eine Verordnung des Europäischen Parlaments und des Rates zum Schutz natürlicher Personen bei der Verarbeitung personenbezogener Daten und zum freien Datenverkehr (allgemeine Datenschutzverordnung) (COM(2012)0011 – C7-0025/2012 – 2012/0011(COD)), Änderungsantrag 96 zu Art. 2 Abs. 2 lit. e.

63 S. Council of the European Union, Interinstitutional File 2012/2011 (COD), Doc. No. 10227/13, Proposal for a regulation of the European Parliament and of the Council on the protection of individuals with regard to the processing of personal data and on the free movement of such data (General Data Protection Regulation) – Key issues of Chapters I-IV v. 31.5.2013, Rn. 12.

64 Vgl. Plath, *Plath*, Art. 2 DSGVO Rn. 16, der außerdem darauf aufmerksam macht, dass in solchen Fällen vielmehr sogar die strengeren Anforderungen aus Art. 10 DS-GVO (bzgl. Daten über Straftaten) zur Anwendung kommen können.

65 S. Europäischer Datenschutzbeauftragter, Additional EDPS Comments on the Data Protection Reform Package, Rn. 13.

66 Im Rahmen des Anwendungsbereichs der RL 2016/680 ergibt sich dies primär aus Art. 45 Abs. 2 RL 2016/680.

67 EG 20 S. 3 DS-GVO.

68 Brière/Weyembergh, *De Hert/Sajfert*, The role of the data protection authorities in supervising police and criminal justice authorities processing personal data, noch nicht veröffentlicht.

III. Vorrangregelungen

1. Verarbeitung durch die Organe, Einrichtungen, Ämter und Agenturen der Union (Abs. 3)

60 Für die Verarbeitung personenbezogener Daten durch Organe, Einrichtungen, Ämter und Agenturen der Union geht gem. Art. 2 Abs. 3 S. 1 DS-GVO die Verordnung (EG) Nr. 45/2001 der Anwendung der DS-GVO vor. Die praktischen Auswirkungen der Vorschrift sind gering, da die Verordnung (EG) Nr. 45/2001 gem. Art. 2 Abs. 3 S. 2 DS-GVO an die Grundsätze und Vorschriften der DS-GVO angepasst werden soll. EG 17 DS-GVO stellt zudem klar, dass die Anpassung zugunsten eines kohärenten Rechtsrahmens so rechtzeitig erfolgen soll, dass die angepasste Verordnung zeitgleich mit der DS-GVO angewandt werden kann.[69] Der Gesetzgeber entschied sich damit gegen den alternativen Regelungsvorschlag, die Ausnahme zu streichen und damit die Verarbeitung personenbezogener Daten durch Organe, Einrichtungen, Ämter und Agenturen der Union im Rahmen der DS-GVO selbst zu regeln. Die Entscheidung für die jetzige Regelung speiste sich aus der Befürchtung, dass die Änderungen der bis dato im KOM-Entwurf vorgesehenen Vorschriften, die mit dem alternativen Regelungsvorschlag notwendig geworden wären, den Gesetzgebungsprozess für die DS-GVO erheblich verzögert hätten.[70] Die Europäische Kommission hat am 10.1.2017 einen Vorschlag für einen die VO EU 45/2001 ersetzenden Rechtsakt gemacht, der v.a. zum Ziel hat, das für die EU-Stellen geltende Datenschutzrecht an die DS-GVO anzupassen.[71] Der Rat hat seine allgemeine Ausrichtung bereits am 8.6.2017 angenommen.

2. Unberührtheit der Richtlinie über den elektronischen Geschäftsverkehr (Abs. 4)

61 Art. 2 Abs. 4 DS-GVO regelt den Vorrang der RL 200/31/EG (sog. eCommerce-Richtlinie), insb. ihrer Art. 12 bis 15. Diese Vorschriften sehen Haftungsbeschränkungen für Internet-Access- und Hosting-Provider vor, die im deutschen Recht in §§ 8 ff. TMG umgesetzt sind. Art. 2 Abs. 4 DS-GVO möchte damit den freien Verkehr von Diensten der Informationsgesellschaft innerhalb des Europäischen Binnenmarkts sicherstellen.[72]

3. Vorrang der ePrivacy-Richtlinie (über Art. 95 DS-GVO)

62 Nicht genannt wird in Art. 2 DS-GVO die RL 2002/58/EG (sog. ePrivacy-Richtlinie). Nach Art. 95 DS-GVO erlegt die DS-GVO dem Verantwortlichen aber keine zusätzlichen Pflichten auf, soweit dieser besonderen Pflichten aus der ePrivacy-Richtlinie unterliegt, die dasselbe Ziel verfolgen. Soweit die Voraussetzungen des Art. 95 DS-GVO gegeben sind, ist die ePrivacy-Richtlinie also *lex specialis* zur DS-GVO.[73] Am 10.1.2017 hat die EU-Kommission einen Vorschlag zur Überarbeitung der Vorschriften der ePrivacy-Richtlinie im Wege einer Verordnung veröffentlicht.[74]

---

69 Vgl. auch ***I Draft Report des Europäischen Parlaments, Ausschuss für bürgerliche Freiheiten, Justiz und Inneres vom 16.1.2013, 2012/0011(COD), Amendment 7; Council of the European Union, Interinstitutional File 2012/2011 (COD), Doc. No. 10227/13, Proposal for a regulation of the European Parliament and of the Council on the protection of individuals with regard to the processing of personal data and on the free movement of such data (General Data Protection Regulation) – Key issues of Chapters I–IV v. 31.5.2013, Rn. 7.

70 S. Europäischer Datenschutzbeauftragter, Additional EDPS Comments on the Data Protection Reform Package, Rn. 10 bis 11; Council of the European Union, Interinstitutional File 2012/2011 (COD), Doc. No. 10227/13, Proposal for a regulation of the European Parliament and of the Council on the protection of individuals with regard to the processing of personal data and on the free movement of such data (General Data Protection Regulation) – Key issues of Chapters I–IV v. 31.5.2013, Rn. 7.

71 S. Vorschlag der Europäischen Kommission für eine Verordnung des Europäischen Parlaments und des Rates zum Schutz natürlicher Personen bei der Verarbeitung personenbezogener Daten durch die Organe, Einrichtungen und sonstigen Stellen der Union, zum freien Datenverkehr und zur Aufhebung der Verordnung (EG) Nr. 45/2001 und des Beschlusses Nr. 1247/2002/EG, COM(2017) 8 final 2017/0002 (COD) v. 10.1.2017.

72 EG 21 S. 2 DS-GVO.

73 *Albrecht*, in: CR 2016, 88, 90.

74 S. unter https://ec.europa.eu/digital-single-market/en/news/proposal-regulation-privacy-and-electronic-communications, 2.3.2017.

C. Weitere Auswirkungen der Verordnung in der Praxis

Das BDSG-neu enthält in seinem § 1 einige Ergänzungen zu Art. 2 DS-GVO. § 1 Abs. 1 BDSG-neu bezieht sich auf Art. 2 Abs. 1 DS-GVO und differenziert – indem es die grundsätzliche Unterscheidung zwischen dem öffentlichen und dem privaten Sektor aus BDSG-alt aufgreift – zwischen der Anwendbarkeit des BDSG-neu auf die Verarbeitung personenbezogener Daten durch öffentliche und nicht-öffentliche Stellen. **63**

§ 1 Abs. 2 BDSG-neu regelt – ebenfalls in Entsprechung zum BDSG-alt – den grundsätzlichen Vorrang anderer den Datenschutz betreffender Bundesgesetze. Eine Ausnahme hierzu statuiert § 1 Abs. 3 BDSG-neu, nach dem Vorschriften des BDSG-neu solchen des Verwaltungsverfahrensgesetzes vorgehen, wenn bei der Ermittlung des Sachverhalts personenbezogene Daten verarbeitet werden. **64**

Die Absätze 5 bis 8 des § 1 BDSG-neu beziehen sich auf die Anwendungsbereiche der VO 2016/679/EU und RL 2016/680/EU. Insb. regeln § 1 Abs. 6 und 7 BDSG-neu das Verhältnis der Anwendungsbereiche in Bezug auf die Vertragsstaaten des Abkommens über den Europäischen Wirtschaftsraum und die Schweiz bzw. die bei der Umsetzung, Anwendung und Entwicklung des Schengen-Besitzstands assoziierten Staaten. **65**

Article 3

Territorial Scope

1. This Regulation applies to the processing of personal data in the context of the activities of an establishment of a controller or a processor in the Union, regardless of whether the processing takes place in the Union or not.

2. This Regulation applies to the processing of personal data of data subjects who are in the Union by a controller or processor not established in the Union, where the processing activities are related to:

   (a) the offering of goods or services, irrespective of whether a payment of the data subject is required, to such data subjects in the Union; or

   (b) the monitoring of their behaviour as far as their behaviour takes place within the Union.

3. This Regulation applies to the processing of personal data by a controller not established in the Union, but in a place where Member State law applies by virtue of public international law.

Artikel 3

Räumlicher Anwendungsbereich

(1) Diese Verordnung findet Anwendung auf die Verarbeitung personenbezogener Daten, soweit diese im Rahmen der Tätigkeiten einer Niederlassung eines Verantwortlichen oder eines Auftragsverarbeiters in der Union erfolgt, unabhängig davon, ob die Verarbeitung in der Union stattfindet.

(2) Diese Verordnung findet Anwendung auf die Verarbeitung personenbezogener Daten von betroffenen Personen, die sich in der Union befinden, durch einen nicht in der Union niedergelassenen Verantwortlichen oder Auftragsverarbeiter, wenn die Datenverarbeitung im Zusammenhang damit steht

a) betroffenen Personen in der Union Waren oder Dienstleistungen anzubieten, unabhängig davon, ob von diesen betroffenen Personen eine Zahlung zu leisten ist;

b) das Verhalten betroffener Personen zu beobachten, soweit ihr Verhalten in der Union erfolgt.

(3) Diese Verordnung findet Anwendung auf die Verarbeitung personenbezogener Daten durch einen nicht in der Union niedergelassenen Verantwortlichen an einem Ort, der aufgrund Völkerrechts dem Recht eines Mitgliedstaats unterliegt.

Recitals

(22) Any processing of personal data in the context of the activities of an establishment of a controller or a processor in the Union should be carried out in accordance with this Regulation, regardless of whether the processing itself takes place within the Union. Establishment implies the effective and real exercise of activity through stable arrangements. The legal form of such arrangements, whether through a branch or a subsidiary with a legal personality, is not the determining factor in that respect.

(23) In order to ensure that natural persons are not deprived of the protection to which they are entitled under this Regulation, the processing of personal data of data subjects who are

Erwägungsgründe

(22) Jede Verarbeitung personenbezogener Daten im Rahmen der Tätigkeiten einer Niederlassung eines Verantwortlichen oder eines Auftragsverarbeiters in der Union sollte gemäß dieser Verordnung erfolgen, gleich, ob die Verarbeitung in oder außerhalb der Union stattfindet. Eine Niederlassung setzt die effektive und tatsächliche Ausübung einer Tätigkeit durch eine feste Einrichtung voraus. Die Rechtsform einer solchen Einrichtung, gleich, ob es sich um eine Zweigstelle oder eine Tochtergesellschaft mit eigener Rechtspersönlichkeit handelt, ist dabei nicht ausschlaggebend.

(23) Damit einer natürlichen Person der gemäß dieser Verordnung gewährleistete Schutz nicht vorenthalten wird, sollte die Verarbeitung personenbezogener Daten von betroffenen Perso-

in the Union by a controller or a processor not established in the Union should be subject to this Regulation where the processing activities are related to offering goods or services to such data subjects irrespective of whether connected to a payment. In order to determine whether such a controller or processor is offering goods or services to data subjects who are in the Union, it should be ascertained whether it is apparent that the controller or processor envisages offering services to data subjects in one or more Member States in the Union. Whereas the mere accessibility of the controller's, processor's or an intermediary's website in the Union, of an email address or of other contact details, or the use of a language generally used in the third country where the controller is established, is insufficient to ascertain such intention, factors such as the use of a language or a currency generally used in one or more Member States with the possibility of ordering goods and services in that other language, or the mentioning of customers or users who are in the Union, may make it apparent that the controller envisages offering goods or services to data subjects in the Union.

nen, die sich in der Union befinden, durch einen nicht in der Union niedergelassenen Verantwortlichen oder Auftragsverarbeiter dieser Verordnung unterliegen, wenn die Verarbeitung dazu dient, diesen betroffenen Personen gegen Entgelt oder unentgeltlich Waren oder Dienstleistungen anzubieten. Um festzustellen, ob dieser Verantwortliche oder Auftragsverarbeiter betroffenen Personen, die sich in der Union befinden, Waren oder Dienstleistungen anbietet, sollte festgestellt werden, ob der Verantwortliche oder Auftragsverarbeiter offensichtlich beabsichtigt, betroffenen Personen in einem oder mehreren Mitgliedstaaten der Union Dienstleistungen anzubieten. Während die bloße Zugänglichkeit der Website des Verantwortlichen, des Auftragsverarbeiters oder eines Vermittlers in der Union, einer E-Mail-Adresse oder anderer Kontaktdaten oder die Verwendung einer Sprache, die in dem Drittland, in dem der Verantwortliche niedergelassen ist, allgemein gebräuchlich ist, hierfür kein ausreichender Anhaltspunkt ist, können andere Faktoren wie die Verwendung einer Sprache oder Währung, die in einem oder mehreren Mitgliedstaaten gebräuchlich ist, in Verbindung mit der Möglichkeit, Waren und Dienstleistungen in dieser anderen Sprache zu bestellen, oder die Erwähnung von Kunden oder Nutzern, die sich in der Union befinden, darauf hindeuten, dass der Verantwortliche beabsichtigt, den Personen in der Union Waren oder Dienstleistungen anzubieten.

(24) The processing of personal data of data subjects who are in the Union by a controller or processor not established in the Union should also be subject to this Regulation when it is related to the monitoring of the behaviour of such data subjects in so far as their behaviour takes place within the Union. In order to determine whether a processing activity can be considered to monitor the behaviour of data subjects, it should be ascertained whether natural persons are tracked on the internet including potential subsequent use of personal data processing techniques which consist of profiling a natural person, particularly in order to take decisions concerning her or him or for analysing or predicting her or his personal preferences, behaviours and attitudes.

(24) Die Verarbeitung personenbezogener Daten von betroffenen Personen, die sich in der Union befinden, durch einen nicht in der Union niedergelassenen Verantwortlichen oder Auftragsverarbeiter sollte auch dann dieser Verordnung unterliegen, wenn sie dazu dient, das Verhalten dieser betroffenen Personen zu beobachten, soweit ihr Verhalten in der Union erfolgt. Ob eine Verarbeitungstätigkeit der Beobachtung des Verhaltens von betroffenen Personen gilt, sollte daran festgemacht werden, ob ihre Internetaktivitäten nachvollzogen werden, einschließlich der möglichen nachfolgenden Verwendung von Techniken zur Verarbeitung personenbezogener Daten, durch die von einer natürlichen Person ein Profil erstellt wird, das insbesondere die Grundlage für sie betreffende Entscheidungen bildet oder anhand des-

sen ihre persönlichen Vorlieben, Verhaltensweisen oder Gepflogenheiten analysiert oder vorausgesagt werden sollen.

(25) Where Member State law applies by virtue of public international law, this Regulation should also apply to a controller not established in the Union, such as in a Member State's diplomatic mission or consular post.

(25) Ist nach Völkerrecht das Recht eines Mitgliedstaats anwendbar, z. B. in einer diplomatischen oder konsularischen Vertretung eines Mitgliedstaats, so sollte die Verordnung auch auf einen nicht in der Union niedergelassenen Verantwortlichen Anwendung finden.

§ 1 BDSG-neu

Anwendungsbereich des Gesetzes

[...]

(4) Dieses Gesetz findet Anwendung auf öffentliche Stellen. Auf nichtöffentliche Stellen findet es Anwendung, sofern

1. der Verantwortliche oder Auftragsverarbeiter personenbezogene Daten im Inland verarbeitet,
2. die Verarbeitung personenbezogener Daten im Rahmen der Tätigkeiten einer inländischen Niederlassung des Verantwortlichen oder Auftragsverarbeiters erfolgt oder
3. der Verantwortliche oder Auftragsverarbeiter zwar keine Niederlassung in einem Mitgliedstaat der Europäischen Union oder in einem anderen Vertragsstaat des Abkommens über den Europäischen Wirtschaftsraum hat, er aber in den Anwendungsbereich der Verordnung (EU) 2016/679 des Europäischen Parlaments und des Rates vom 27. April 2016 zum Schutz natürlicher Personen bei der Verarbeitung personenbezogener Daten, zum freien Datenverkehr und zur Aufhebung der Richtlinie 95/46/EG (Datenschutz-Grundverordnung) (ABl. L 119 vom 4.5.2016, S. 1; L 314 vom 22.11.2016, S. 72) fällt.

Sofern dieses Gesetz nicht gemäß Satz 2 Anwendung findet, gelten für den Verantwortlichen oder Auftragsverarbeiter nur die §§ 8 bis 21, 39 bis 44.

[...]

Literatur

Albrecht/Jotzo, Das neue Datenschutzrecht der EU, 1. Auflage 2017, Nomos Baden-Baden; *Gola/Schomerus*, BDSG, 12. Auflage 2015, C.H. Beck München; *Jotzo*, Gilt deutsches Datenschutzrecht auch für Google, Facebook & Co. bei grenzüberschreitendem Datenverkehr?, in: MMR 2009, 232; *Simitis (Hrsg.)*, Bundesdatenschutzgesetz, 8. Auflage 2014, Nomos Baden-Baden.

Bedeutung der Norm

Art. 3 bestimmt den räumlichen Anwendungsbereich der DS-GVO. Er führt in Abs. 2 insb. das sog. Marktortprinzip ein, wonach die Regelungen der DS-GVO auch für Datenverarbeiter gelten, die keine Niederlassung in der EU haben, jedoch im Rahmen bestimmter Datenverarbeitungen (Angebot von Waren und Dienstleistungen und Beobachten des Verhaltens) den europäischen Markt bedienen.

Hinweise für den Anwender

Für die Norm relevante Definitionen:

- Art. 4 Nr. 1, 2, 4, 7, 8, 16, 17, 21.

Für die Auslegung der Norm relevante Erwägungsgründe:
- EG 22-25.

Systematische Einordnung der Norm innerhalb der DS-GVO:
- Art. 3 definiert den räumlichen Anwendungsbereich der DS-GVO und ist daher richtigerweise im vor die Klammer gezogenen Teil der allgemeinen Regelungen in Kapitel I verortet.

Vorgängernormen im BDSG:
- § 1 Abs. 5.

Vorgängernormen der RL 95/46:
- Art. 4.

Querbezüge zu anderen Normen:
- Art. 27, Kapitel V.

Leitentscheidungen:
- Europäischer Gerichtshof, Urteil vom 13. Mai 2014, Rs. C-131/12 (Google Spain SL, Google Inc. ./. AEPD, Mario Costeja González)
- Europäischer Gerichtshof, Urteil vom 6.11.2003, Rs. C-101/01 (Bodil Lindqvist)

Schlagworte

Räumlicher Anwendungsbereich; Datenverarbeitung im Rahmen der Tätigkeiten einer Niederlassung; (nicht) in der Union niedergelassener Datenverarbeiter; Marktortprinzip; Angebot von Waren und Dienstleistungen an betroffene Personen in der Union; Beobachtung des Verhaltens betroffener Personen in der Union.

A. Allgemeines

I. Regelungszweck

Art. 3 beschreibt den räumlichen Anwendungsbereich der DS-GVO. Er führt in Abs. 2 insb. das sog. Marktortprinzip ein, wonach die Regelungen der DS-GVO auch für Datenverarbeiter gelten, die keine Niederlassung in der Union haben, jedoch im Rahmen bestimmter Datenverarbeitungen (Angebot von Waren und Dienstleistungen und Beobachten des Verhaltens) den europäischen Markt bedienen. Vor allem die großen weltweit agierenden Unternehmen – insb. Suchmaschinen und soziale Netzwerke – sollen sich nicht darauf berufen können, dass ihre Geschäfte zwar konkret auf den europäischen Markt zielen, sie hier jedoch keine Niederlassung haben. 1

II. Normadressaten

2 Die Festlegung des räumlichen Anwendungsbereichs betrifft alle Akteure. Jeder Datenverarbeiter, sowohl der Verantwortliche als auch ein Auftragsverarbeiter, mit Sitz in der Union fällt in den räumlichen Anwendungsbereich der DS-GVO und unterliegt ihren Regelungen, unabhängig davon, ob aus dem öffentlichen oder nicht-öffentlichen Bereich. Durch das Marktortprinzip werden darüber hinaus Drittstaatsdatenverarbeiter[1] in den Anwendungsbereich mit einbezogen, die zwar keine Niederlassung in der EU haben, jedoch im Rahmen bestimmter Datenverarbeitungen den europäischen Markt bedienen.

III. Systematik

1. Allgemein

3 Art. 3 definiert den räumlichen Anwendungsbereich der DS-GVO und steht daher richtigerweise im vor die Klammer gezogenen Teil der allgemeinen Regelungen im Kapitel I. Durch das Marktortprinzip gilt die gesamte DS-GVO unter bestimmten Voraussetzungen auch für Datenverarbeiter in Drittstaaten. Diese können sich (positiv) auf alle Regelungen berufen und müssen sich (negativ) an alle Regeln halten. Dadurch soll der Schutz der Betroffenen erhöht werden und ein „level playing field" für europäische Unternehmen entstehen. Fraglich ist, ob das Marktortprinzip in der Praxis wird halten können, was es in der Theorie verspricht (vgl. im Einzelnen unten unter C., Rn. 28).

2. Verhältnis zu Kapitel V

4 Da die Festlegung des räumlichen Anwendungsbereichs durch die Einführung des Marktortprinzips auch Unternehmen ohne Niederlassung innerhalb der Union tangiert, ist das Verhältnis von Art. 3 Abs. 2 zu den Regelungen für den Drittstaatstransfer des Kapitels V klärungsbedürftig:

5 Durch das Marktortprinzip gilt die DS-GVO unter bestimmten Voraussetzungen auch für Datenverarbeiter ohne Niederlassung innerhalb der Union. Das bedeutet, sämtliche Pflichten, aber auch Rechte, die die DS-GVO vorsieht, finden Anwendung. Ein Drittstaatsdatenverarbeiter im Rahmen des Marktortprinzips wird sich daher ebenfalls auf Art. 6 berufen und seine Legitimation für die Verarbeitung aus den dort niedergelegten Rechtmäßigkeitstatbeständen ziehen.

6 Durch die Eingrenzung der Zwecke für die Anwendbarkeit des Marktortprinzips wird häufig eine Geschäftsbeziehung zwischen dem Drittstaatsdatenverarbeiter und dem Betroffenen selbst bestehen. Die Rechtsgrundlage für die Datenerhebung und – verarbeitung wird dabei regelmäßig die Einwilligung oder der Vertrag sein. Insb. soweit es um die Beobachtung des Verhaltens geht, wird neben der Einwilligung oftmals ein berechtigtes Interesse als Rechtsgrundlage herangezogen werden. Da Art. 6 durch das Marktortprinzip insgesamt auch für den Drittstaatsdatenverarbeiter gilt, kann dieser sich unter den entsprechenden Voraussetzungen auch auf ein berechtigtes Interesse an der Datenverarbeitung i. S. des Art. 6 Abs. 1 lit. f) berufen (vgl. zu den Voraussetzungen Rn. 119 ff. bei Art. 6).

7 In den Fällen, in denen der Betroffene selbst Daten zu seiner Person an den Drittstaatsdatenverarbeiter übermittelt, liegt keine Übermittlung von Daten in einen Drittstaat im Sinne des Kapitels V vor: Art. 44 ff. setzen die Übermittlung personenbezogener Daten in einen Drittstaat durch einen Verantwortlichen oder einen Auftragsverarbeiter voraus. Der Betroffene kann aber weder als Verantwortlicher noch als Auftragsverarbeiter angesehen werden, soweit er selbst Daten zu seiner Person übermittelt. Der Sinn und Zweck der Regelungen der DS-GVO ist der Schutz personenbezogener Daten des jeweils Betroffenen. Dieser soll aber nicht vor sich selbst geschützt werden,

---

1 Der Begriff wird hier vereinfachend für Verantwortliche und Auftragsverarbeiter verwendet, die in einem Drittland niedergelassen sind bzw. einer internationalen Organisation außerhalb des Hoheitsgebietes der EU angehören.

sondern davor, dass Dritte Daten zu seiner Person unrechtmäßig verarbeiten[2]. Gibt der Betroffene beispielsweise eine Bestellung bei einem Drittstaatsdatenverarbeiter über den Kauf von Waren ab und übermittelt hierbei ausschließlich Daten über sich selbst, findet Kapitel V keine Anwendung.

Übermittelt der Betroffene gleichzeitig Daten über einen Dritten, muss er zwar insoweit als Verantwortlicher angesehen werden. Allerdings findet die DS-GVO, und damit das Kapitel V, auch in diesen Fällen solange keine Anwendung, wie er sich auf die sogenannte Haushaltsausnahme gemäß Art. 2 Abs. 2 lit. c) berufen kann. Danach findet die DS-GVO keine Anwendung auf die Verarbeitung personenbezogener Daten durch natürliche Personen zur Ausübung ausschließlich persönlicher oder familiärer Tätigkeiten. Dabei ist jedoch zu bedenken, dass nach der Rechtsprechung des EuGH die Haushaltsausnahme eng auszulegen ist. Im sog. „Lindqvist"-Urteil hat der EuGH entschieden, dass die Ausnahme nach Art. 3 Abs. 2 2. Gedankenstrich RL 95/46 dahin auszulegen ist, *„dass mit ihr nur Tätigkeiten gemeint sind, die zum Privat- oder Familienleben von Einzelpersonen gehören"*[3] (vgl. zur Haushaltsausnahme Rn. 33 ff. bei Art. 2). 8

Besteht die Geschäftsbeziehung dagegen ausschließlich zu einem Dritten innerhalb der Union (und greift die Haushaltsausnahme nicht ein), übermittelt dieser die Daten des Betroffenen als Verantwortlicher oder als Auftragsverarbeiter an den Drittstaatsdatenverarbeiter. Zwar unterliegt der Drittstaatsdatenverarbeiter (unter den Voraussetzungen des Art. 3 Abs. 2) dem Marktortprinzip. Gleichzeitig liegt jedoch für den übermittelnden Dritten als europäischer Verantwortlicher oder Auftragsverarbeiter eine Datenübermittlung in einen Drittstaat vor. Es stellt sich daher die Frage, ob in diesen Fällen die zusätzlichen Voraussetzungen für den Drittstaatstransfer nach Kapitel V erfüllt werden müssen (zu den Voraussetzungen vgl. i.E. dort). Man könnte argumentieren, dass der Drittstaatsdatenverarbeiter durch das Marktortprinzip den europäischen Datenverarbeitern gleichgestellt und dadurch gleichsam als solcher anzusehen sei. Immerhin treffen ihn auch alle Verpflichtungen, die die DS-GVO für Datenverarbeiter aufstellt. Dagegen spricht jedoch der Wortlaut des Art. 44 S. 1 1. HS, wo es heißt: *„Jedwede Übermittlung personenbezogener Daten, die bereits verarbeitet werden oder nach ihrer Übermittlung an ein Drittland oder eine internationale Organisation verarbeitet werden sollen, ist nur zulässig, wenn der Verantwortliche und der Auftragsverarbeiter die in diesem Kapitel niedergelegten Bedingungen einhalten und auch die sonstigen Bestimmungen dieser Verordnung eingehalten werden"*. Besonders aus EG 101 und Art. 44 ergibt sich, dass der europäische Gesetzgeber bei internationalen Datenströmen besondere *„Herausforderungen und besondere Anforderungen in Bezug auf den Schutz personenbezogener Daten"* (EG 101) sieht. Schließlich erfolgt die Übermittlung durch einen Verantwortlichen oder Auftragsverarbeiter in der Union. Für diesen kommt es jedoch nicht darauf an, ob der Drittstaatsdatenverarbeiter dem Marktortprinzip unterfällt oder nicht. Unter Zugrundelegung dieser Erwägungen ist davon auszugehen, dass die zusätzlichen Anforderungen des Kapitels V bei Drittstaatsübermittlungen im Zweifel Anwendung finden sollten (a.A. Stentzel/Buchholtz, Rn. 39 bei Art. 1). 9

Nach Art. 44 S. 1 2. HS i.V.m. dem erläuternden EG 101 findet Kapitel V auch Anwendung auf Datenweiterübermittlungen („onward transfers") in demselben oder in ein anderes Drittland. Das bedeutet für den Drittstaatsdatenverarbeiter, dass er bei einer Weiterübermittlung der Daten innerhalb seines Drittlandes oder in ein anderes Drittland die zusätzlichen Voraussetzungen des Kapitels V zu beachten hat. Das erscheint auch unter Geltung des Marktortprinzips folgerichtig. Auch ein europäischer Datenverarbeiter müsste bei einer Übermittlung in einen Drittstaat Kapitel V anwenden. 10

2 Vgl. zum BDSG Simitis, *Damann*, § 3 Rn. 226; i.E. Gola/Schomerus, *Gola/Klug/Körffer*, § 3 Rn. 48 („Jede „Stelle", die personenbezogene Daten über Dritte „verwendet")

3 EuGH, Urteil vom 6.11.2003, Rs. C-101/01 (Bodil Lindqvist), Rn. 47.

IV. Entstehungsgeschichte

1. Bisherige europäische Vorgaben

11 Nach Art. 4 Abs. 1 der RL 95/46 gilt diese für die Verarbeitung personenbezogener Daten, die im Rahmen der Tätigkeiten einer Niederlassung des Datenverarbeiters im Hoheitsgebiet eines Mitgliedstaats ausgeführt werden (a), wenn der Datenverarbeiter zwar außerhalb des Gebiets der Europäischen Gemeinschaft seinen Sitz hat, jedoch auf Territorium, auf dem MS-Recht Anwendung findet (b) oder die von einem Datenverarbeiter ohne Niederlassung in der EU ausgeführt werden, dieser aber auf automatisierte oder nicht automatisierte Mittel zurückgreift, die im Hoheitsgebiet eines MS belegen sind, es sei denn, dass diese Mittel nur zum Zweck der Durchfuhr durch das Gebiet der Europäischen Gemeinschaft verwendet werden (c).

12 Spätestens seit der Entscheidung des EuGH in Google ./. Spanien[4] ist klar, dass der räumliche Anwendungsbereich der RL 95/46 weit auszulegen ist: „Außerdem kann diese Wendung" (Art. 4 Abs. 1 lit. (a)) *„im Hinblick auf das Ziel der Richtlinie 95/46, nämlich bei der Verarbeitung personenbezogener Daten einen wirksamen und umfassenden Schutz der Grundfreiheiten und Grundrechte natürlicher Personen, insb. des Rechts auf Privatleben, zu gewährleisten, nicht eng ausgelegt werden. Insoweit ergibt sich insb. aus den Erwägungsgründen 18 bis 20 und Art. 4 der Richtlinie 95/46, dass der gemäß der Richtlinie gewährleistete Schutz einer Person vorenthalten und umgangen wird, und deshalb einen besonders weiten räumlichen Anwendungsbereich vorgesehen hat."*[5] Der EuGH kommt dann in seiner Entscheidung auch zu dem Ergebnis, dass *„Art. 4 Abs. 1 lit. (a) dahin auszulegen ist, dass im Sinne dieser Bestimmung eine Verarbeitung personenbezogener Daten im Rahmen der Tätigkeiten einer Niederlassung, die der für die Verarbeitung Verantwortliche im Hoheitsgebiet eines Mitgliedstaats besitzt, ausgeführt wird, wenn der Suchmaschinenbetreiber in einem Mitgliedstaat für die Förderung des Verkaufs der Werbeflächen der Suchmaschine und diesen Verkauf selbst eine Zweigniederlassung oder Tochtergesellschaft gründet, deren Tätigkeit auf die Einwohner dieses Staates ausgerichtet ist."*[6]

13 Die RL 95/46 enthält in Art. 4 Abs. 1 lit. (c) bereits eine Art Marktortprinzip, indem die europäischen Datenschutzregelungen grundsätzlich auf Datenverarbeitungen Anwendung finden sollen, die von einem Datenverarbeiter ohne Niederlassung in der EU ausgeführt werden, wenn dieser auf automatisierte oder nicht automatisierte Mittel zurückgreift, die im Hoheitsgebiet eines Mitgliedstaates belegen sind. Die DS-GVO geht einen Schritt weiter, indem sie nicht mehr den Rückgriff auf Mittel im Hoheitsgebiet eines Mitgliedstaates verlangt, sondern in Art. 3 Abs. 2 klarstellt, dass sie auf jede Datenverarbeitung Anwendung findet, die mit den dort genannten Zwecken *„im Zusammenhang steht"*.

2. Bisherige nationale Vorgaben

14 Das bislang geltende BDSG bestimmt den räumlichen Anwendungsbereich zunächst negativ, indem es in § 1 Abs. 5 S. 1 feststellt, dass es keine Anwendung findet, sofern ein Datenverarbeiter personenbezogene Daten verarbeitet, der in einem anderen Mitgliedstaat der Union oder Vertragsstaat des EWR belegen ist, es sei denn, dies erfolgt durch eine Niederlassung im Inland. In Umsetzung von Art. 4 Abs. 1 lit. (c) der RL 95/46 enthält auch das BDSG darüber hinaus bereits eine Art Marktortprinzip. Nach § 1 Abs. 5 S. 2 findet das BDSG nämlich Anwendung, sofern eine verantwortliche Stelle, die nicht in einem Mitgliedstaat der Union oder Vertragsstaat des EWR belegen ist, personenbezogene Daten im Inland erhebt, verarbeitet oder nutzt. Man könnte angesichts des unterschiedlichen Wortlauts des BDSG im Vergleich zur RL 95/46 auf die Idee kom-

---

4 EuGH, Urteil vom 13. Mai 2014, Rs. C-131/12 (Google Spain SL, Google Inc. ./. AEPD, Mario Costeja González).

5 EuGH, Urteil vom 13. Mai 2014, Rs. C-131/12 (Google Spain SL, Google Inc. ./. AEPD, Mario Costeja González), Rn. 53, 54.

6 EuGH, Urteil vom 13. Mai 2014, Rs. C-131/12 (Google Spain SL, Google Inc. ./. AEPD, Mario Costeja González), Rn. 60.

men, dass das BDSG den Anwendungsbereich weiter verstehen will als in der RL, die für die Anwendbarkeit verlangt, dass auf automatisierte oder nicht automatisierte Mittel zurückgegriffen wird, die im Hoheitsgebiet eines Mitgliedstaats belegen sind. Im Ergebnis läuft es jedoch auf dasselbe hinaus: Eine Erhebung im Inland wird angenommen, wenn der Datenverarbeiter *„normativ betrachtet hierzu auf im Inland belegene Computer der Nutzer"* zurückgreift; dies sei der *„Fall, wenn sich das Angebot äußerlich erkennbar (auch) an deutsche Nutzer richtet*[7]. *Der Datenverarbeiter muss dabei „über die Mittel und Zwecke der Verarbeitung entscheiden können oder zumindest steuernden Einfluss auf diese haben."*[8] Eine Kommunikation mit Rechnern ohne bestimmenden Einfluss auf deren Administration solle nicht genügen; vom Benutzer aus dem Netz heruntergeladene und ausgefüllt zurückgesandte Formulare sollen nicht ausreichen[9].

3. Verhandlungen zur Datenschutz-Grundverordnung

Der ursprünglich von der KOM vorgelegte Vorschlag für Art. 3 in Verbindung mit den einschlägigen Erwägungsgründen ist im Laufe der Verhandlungen im Wesentlichen erhalten geblieben. Ergänzungen im verfügenden Teil korrespondieren z.T. mit Inhalten, die bereits im KOM-Vorschlag in den Erwägungsgründen enthalten waren. Substantielle Änderungen im Vergleich zum KOM-Entwurf stellen u.a. die Streichung von „residing" im Chapeau von Abs. 2 sowie die Ergänzung in Abs. 2 a) dar, nach der der Anwendungsbereich des Marktortprinzips eröffnet ist, auch wenn von dem Betroffenen keine finanzielle Gegenleistung gefordert wird. **15**

Die Streichung von „residing" dient der Klarstellung, dass sämtliche Betroffene, die sich in der EU aufhalten, vom Marktortprinzip geschützt werden sollen. Die Formulierung „residing data subjects" birgt die Gefahr der Einengung des Anwendungsbereichs auf in der EU wohnhafte Betroffene bzw. EU-Bürger. Dies könnte als Diskriminierung gesehen werden und damit als Verstoß gegen die Grundrechtecharta (GrC). Art. 8 der GrC soll jeden Betroffenen in der Union schützen, unabhängig, ob er einen (dauerhaften) Aufenthalt hat oder nicht. **16**

Die Ergänzung, nach der der Anwendungsbereich des Marktortprinzips eröffnet ist, auch wenn von dem Betroffenen keine finanzielle Gegenleistung gefordert wird, hatten sowohl EP als auch der Rat in ihren Standpunkten vorgesehen. **17**

B. Inhalt der Regelung

I. Niederlassung in der Europäischen Union (Abs. 1)

1. Niederlassung in der EU

Der Datenverarbeiter hat eine Niederlassung innerhalb der Union. Wann eine Niederlassung vorliegt, definiert EG 19 (vgl. im Einzelnen dort sowie bei Art. 4 Nr. 16). Es kommt insb. nicht auf die Rechtsform an. **18**

2. Ortsunabhängige Verarbeitung von Daten

Bei der Datenverarbeitung kommt es nicht darauf an, ob die Datenverarbeitung innerhalb der EU-Niederlassung stattfindet. Der Datenverarbeiter kann der Anwendung der Regelungen der DS-GVO also nicht dadurch entgehen, dass er die Daten in eine andere in einem Drittstaat belegene Niederlassung transferiert und dort verarbeitet. Entscheidend ist, ob die Verarbeitung im Rahmen der Tätigkeit der Niederlassung stattfindet. Bei der Beurteilung, ob eine Verarbeitung im Rahmen einer Niederlassung stattfindet und damit dieser zuzurechnen ist, kommt es auf den konkreten Einzelfall an. In Google ./. Spanien hat der EuGH die Verarbeitung im Rahmen der Tätigkeiten einer EU-Niederlassung für den Fall angenommen, dass *„der Suchmaschinenbetreiber* **19**

7 *Jotzo*, in: MMR 2009, 232, 237.
8 Simitis, *Damann*, § 1 Rn. 220.
9 Simitis, *Damann*, § 1 Rn. 220.

in einem Mitgliedstaat für die Förderung des Verkaufs der Werbeflächen der Suchmaschinen und diesen Verkauf selbst eine Zweigniederlassung oder Tochtergesellschaft gründet, deren Tätigkeit auf die Einwohner dieses Staates ausgerichtet ist", da *„unter solchen Umständen [...] die Tätigkeiten des Suchmaschinenbetreibers und die seiner Niederlassung in dem betreffenden Mitgliedstaat untrennbar miteinander verbunden"* sind[10] (zu Google ./. Spanien vgl. auch Rn. 12).

II. Verarbeitung europäischer Daten ohne Niederlassung in der EU – Marktortprinzip (Abs. 2)

1. Keine Niederlassung in der EU

20 Im Zuge der Globalisierung und der fortschreitenden Digitalisierung haben sich neue Geschäftsfelder etabliert und die Art und Weise, wie Verträge zustande kommen, hat sich verändert. Insb. durch das Internet sind Angebote online verfügbar, Verträge werden elektronisch geschlossen, es gibt weniger direkten und persönlichen Kontakt mit dem Kunden. Dieser bekommt seinen „Geschäftspartner" oft nicht mehr zu Gesicht. Oftmals ist es für den Kunden noch schwerer ersichtlich, wo der Datenverarbeiter die Daten verarbeitet oder wo er überhaupt seine Niederlassung hat.

21 Datenverarbeiter sollen der Anwendbarkeit der DS-GVO nicht dadurch entgehen können, dass sie keine Niederlassung in der Union beziehen, obwohl sie, oftmals sogar hauptsächlich, den europäischen Markt bedienen.

2. Verarbeitung zu Zwecken des Angebots von Waren oder Dienstleistungen (a) oder Profiling (b)

22 Das sogenannte Marktortprinzip soll allerdings nicht grenzenlos gelten. Die DS-GVO findet nur dann Anwendung, wenn die Datenverarbeitung zu bestimmten Zwecken erfolgt:

a) Angebot von Waren oder Dienstleistungen

23 Ein Drittstaatsdatenverarbeiter, der Waren oder Dienstleistungen auf dem europäischen Markt anbietet, unterliegt den Regelungen der DS-GVO. Dabei kommt es nicht darauf an, ob eine Bezahlung als Gegenleistung gefordert wird. Um den Anwendungsbereich aber nicht uferlos werden zu lassen und jeden in den Anwendungsbereich mit einzuschließen, der über das Internet Geschäfte betreibt und dadurch theoretisch auch Kunden in Europa akquirieren könnte, obwohl er dies gar nicht beabsichtigt, sondern seine Geschäftspartner beispielsweise im eigenen Land sucht, muss es darauf ankommen, dass der Drittstaatsdatenverarbeiter gezielt (auch) europäische Kunden anspricht. Zur Feststellung, ob dies der Fall ist, ist eine Gesamtbetrachtung aller Umstände im Einzelfall vorzunehmen[11]. Dabei sind insb. folgende Hinweise zu berücksichtigen: in welcher Sprache oder Sprachen das Angebot verfügbar ist, die Währung, mit der bezahlt werden kann oder ob beispielsweise unmittelbar eine Umrechnung auf der Seite angeboten wird, ob es besondere Bedingungen für die Übersendung der Ware nach Europa gibt, zum Beispiel die Angabe erhöhter Versandkosten oder voraussichtliche längere Lieferzeit (vgl. EG 23).

b) Beobachten des Verhaltens (Profiling)

24 Eine besondere Form der Datenverarbeitung, auf die das Marktortprinzip Anwendung findet, stellt das Beobachten des Verhaltens des Betroffenen dar, oder auch Neudeutsch „Profiling". Dabei ist zu beachten, dass beim Marktortprinzip nicht zwischen öffentlichen und nicht-öffentlichen Stellen unterschieden wird, d.h. auch Behörden in einem Drittstaat können unter den Voraussetzungen des Art. 3 Abs. 2 der Geltung der DS-GVO unterfallen. Die DS-GVO enthält

10 EuGH, Urteil vom 13. Mai 2014, Rs. C-131/12 (Google Spain SL, Google Inc. ./. AEPD, Mario Costeja González), Rn. 50ff. (56, 60).
11 *Albrecht/Jotzo*, Art. 3, Rn. 32.

spezielle Regelungen für das „Profiling" in Art. 22. Insofern wird auf die Ausführungen dort verwiesen.

III. Anwendbarkeit mitgliedstaatlichen Rechts außerhalb der EU

Die DS-GVO findet auch Anwendung, wenn der Datenverarbeiter zwar außerhalb der Union seinen Sitz hat, jedoch auf Territorium, auf dem mitgliedstaatliches Recht Anwendung findet, wie insb. in Botschaften, Konsulaten etc. **25**

C. Weitere Auswirkungen der Verordnung in der Praxis

Durch das Marktortprinzip gilt die DS-GVO auch für Datenverarbeiter ohne Niederlassung innerhalb der Union. Das bedeutet, sämtliche Pflichten, aber auch Rechte, die die DS-GVO vorsieht, finden Anwendung. Durch den eingeschränkten Anwendungsbereich des Marktortprinzips (Angebot von Waren und Dienstleistungen, Beobachten des Verhaltens) wird die Übermittlung der Daten oftmals durch den Betroffenen selbst vorgenommen werden, so dass in diesen Fällen keine Übermittlung von Daten in einen Drittstaat im Sinne des Kapitels V vorliegt (s.o. Rn. 4 ff.). Doch wird es auch innerhalb des eingeschränkten Anwendungsbereichs Fälle geben, in denen die Daten des Betroffenen durch einen Dritten (Verantwortlicher oder Auftragsverarbeiter) übermittelt werden. In diesen Fällen müssen zusätzlich die Regelungen des Kapitels V gelten (s.o. Rn. 9). Ebenso verhält es sich, wenn der Drittstaatsdatenverarbeiter die aus der Union empfangenen Daten innerhalb des Drittstaats oder in einen anderen Drittstaat weiterübermittelt (s.o. Rn. 10). **26**

Durch das Marktortprinzip findet die Verordnung insgesamt Anwendung auf die Verarbeitung der entsprechenden Daten durch Datenverarbeiter in Drittstaaten, d.h. diese können sich (positiv) auf alle Regelungen berufen und müssen sich (negativ) an alle Regeln halten, z.B. Berücksichtigung der Rechte der Betroffenen in Kapitel III. Dadurch soll der Schutz der Betroffenen erhöht werden und ein sogenanntes „level playing field" (Wettbewerbsgleichheit) für europäische Unternehmen entstehen. Entsprechend wird das Marktortprinzip oft als eine der wesentlichen Errungenschaften der DS-GVO zitiert, beispielsweise durch KOM, z.B. anlässlich der Vorstellung des Reformpakets: *„Jedwede außerhalb der EU erfolgende Bearbeitung von personenbezogenen Daten durch auf dem EU-Markt aktive Unternehmen, die ihre Dienste den EU-Bürgern anbieten, soll künftig den EU Vorschriften unterliegen."*[12] **27**

Es wird sich in der Praxis zeigen, ob diese Theorie letztlich haltbar ist. Denn es gibt einen gewichtigen Unterschied zwischen europäischen Datenverarbeitern und Drittstaatsdatenverarbeitern: Durch die Anwendung der gesamten Verordnung unterliegen alle theoretisch der Aufsicht durch die europäischen Datenschutzaufsichtsbehörden. Ihre Befugnisse beinhalten die Erteilung von Anweisungen, Ermahnungen, Verwarnungen oder Verbote an den Datenverarbeiter (Art. 58 Abs. 2) bis hin zur Verhängung von Sanktionen (Art. 83 ff.). Nicht alle Verstöße seitens des Datenverarbeiters sind offensichtlich oder lassen sich durch schriftliche Anfragen entdecken und beheben. In der Praxis ist es oft erforderlich, vor Ort Kontrollen bei den Datenverarbeitern durchzuführen, sei es auf Grund einer Beschwerde oder von Amts wegen bei einem Verdacht oder auch verdachtsunabhängig. Die Aufsichtsbehörden sind daher grundsätzlich auch befugt, Zugriff auf Informationen sowie Zugang zu den Geschäftsräumen der Unternehmen (Art. 58 Abs. 1) zu erhalten. Die Aufsichtsbehörden sind bei der Ausübung ihrer Befugnisse jedoch auf ihr jeweiliges Hoheitsgebiet beschränkt. Eine Vor-Ort-Kontrolle bei einem Drittstaatsdatenverarbeiter ist weder rechtlich möglich noch praktikabel, und auch nicht von der DS-GVO vorgesehen. Um dies zu kompensieren, müssen Drittstaatsdatenverarbeiter unter bestimmten Voraussetzungen gemäß Art. 27 einen Vertreter innerhalb der Union bestellen. Dieser Vertreter kann angeschrieben wer- **28**

12 Pressemitteilung „Kommission schlägt umfassende Reform des Datenschutzrechts vor, um Nutzern mehr Kontrolle über ihre Daten zu geben und die Kosten für Unternehmen zu verringern" vom 25. Januar 2012.

den und ihm soll auch rechtskräftig zugestellt werden können (vgl. im Einzelnen Rn. 20, 21 zu Art. 27). Bei offensichtlichen oder zugegebenen Verstößen seitens des Drittstaatsdatenverarbeiters kann die europäische Aufsichtsbehörde über den Vertreter Bescheide zustellen mit der Auflage zur Unterlassung der rechtswidrigen Datenverarbeitung beispielsweise oder mit einer Geldauflage, d.h. Sanktion. Leistet der Drittstaatsdatenverarbeiter dem nicht Folge, wobei die Aufsichtsbehörde die Unterlassung der rechtswidrigen Datenverarbeitung wiederum nicht kontrollieren kann, kann die Aufsichtsbehörde bei dem Drittstaatsdatenverarbeiter nach internationalen Regeln vollstrecken. Als ultima ratio könnte sie ihm möglicherweise die Betätigung seines Geschäfts innerhalb Europas untersagen, wobei sich die Frage stellt, wie dies im Online-Handel praktisch umsetzbar sein sollte.

29 In der Praxis bringt das Marktortprinzip daher ein Vollstreckungsdefizit mit sich. Während die Drittstaatsdatenverarbeiter sich auf alle Rechte der DS-GVO berufen können, müssen sie zwar alle Pflichten ebenfalls einhalten, es gibt aber – im Gegensatz zu den Unternehmen mit Niederlassung innerhalb der Union – keine wirksame Kontrolle. Und dabei darf nicht außer Acht gelassen werden, dass Art. 3 bei Drittstaaten nicht unterscheidet. Gerade in den letzten Jahren wird die Diskussion zu Datentransfers in Drittstaaten in der Regel anhand der USA geführt. Das Marktortprinzip gilt aber für Unternehmen weltweit. In der Praxis werden es oftmals US-amerikanische Unternehmen sein, aber auch Anbieter aus anderen Ländern werden unter das Marktortprinzip fallen und die DS-GVO wird für sie insgesamt anwendbar sein.

30 In der Theorie bietet die Einführung der Regelungen sicherlich einen höheren Schutz für die Betroffenen, wenn sich Drittstaatsdatenverarbeiter auch an alle Pflichten der DS-GVO halten müssen. Bei allem Lob darf dabei aber das Vollstreckungsdefizit nicht außer Acht gelassen werden.

31 Der deutsche Gesetzgeber definiert im BDSG-neu dessen räumlichen Anwendungsbereich in § 1 Abs. 4.

32 Nach Abs. 4 S. 1 findet das BDSG-neu Anwendung auf öffentliche Stellen, ohne weiter zu differenzieren. Abs. 4 S. 1 ist aber im Zusammenhang mit Abs. 1 zu lesen, der die öffentlichen Stellen bestimmt, für die das Gesetz gilt.

33 Im Hinblick auf den räumlichen Anwendungsbereich im nicht-öffentlichen Bereich differenziert das BDSG-neu. Danach fallen nicht-öffentliche Datenverarbeiter in den Anwendungsbereich, wenn sie

- personenbezogene Daten im Inland verarbeiten (Abs. 4 S. 2 Nr. 1),
- die Verarbeitung im Rahmen der Tätigkeiten einer inländischen Niederlassung des Datenverarbeiters erfolgt (Abs. 4 S. 2 Nr. 2) oder
- der Datenverarbeiter keine Niederlassung in der Union hat, aber in den Anwendungsbereich der DS-GVO fällt (Abs. 4 S. 2 Nr. 3).

34 Die Öffnung des Anwendungsbereichs für Verarbeitungen im Rahmen der Tätigkeiten einer inländischen Niederlassung des Datenverarbeiters (Abs. 4 S. 2 Nr. 2) entspricht im Wesentlichen Art. 3 Abs. 1 DS-GVO, mit dem Unterschied, dass die DS-GVO den Ausführungen des EuGH entsprechend in seinem Urteil in Google./. Spanien[13] klarstellt, dass es für die Anwendbarkeit nicht darauf ankommt, ob die Verarbeitung in der Union stattfindet (s.o. Rn. 19). Dennoch scheint kein Grund ersichtlich, dass der deutsche Gesetzgeber den räumlichen Anwendungsbereich insoweit anders regeln wollte. Hier wie da kommt es auf die Verarbeitung „im Rahmen der Tätigkeiten" der Niederlassung an. Ob diese Voraussetzung gegeben ist, ist eine Frage des Einzelfalls unter Würdigung der Gesamtumstände.

---

13 EuGH, Urteil vom 13. Mai 2014, Rs. C-131/12 (Google Spain SL, Google Inc. ./. AEPD, Mario Costeja González).

Die Öffnung des Anwendungsbereichs für Datenverarbeiter ohne Niederlassung in der Union, die aber in den Anwendungsbereich der DS-GVO fallen (Abs. 4 S. 2 Nr. 3), bezieht sich auf Art. 3 Abs. 2, das Marktortprinzip (s.o., Rn. 20 ff.). **35**

Die Öffnung des Anwendungsbereichs für Datenverarbeitungen im Inland (Abs. 4 S. 2 Nr. 1) hat dagegen keine Entsprechung in der DS-GVO. Insofern regelt der deutsche Gesetzgeber den räumlichen Anwendungsbereich des nationalen Datenschutzrechts weitergehender als die DS-GVO, indem er entsprechend dem Territorialitätsprinzip jede Datenverarbeitung auf deutschem Hoheitsgebiet (unabhängig vom Vorhandensein einer Niederlassung) dem Anwendungsbereich des BDSG-neu unterwirft. **36**

Schließlich bestimmt Abs. 4 S. 3, dass auch für Datenverarbeiter, die nicht nach S. 2 in den Anwendungsbereich des BDSG-neu fallen, trotzdem die §§ 8-21 sowie §§ 39-44 gelten, d.h. die Vorschriften zu den Aufsichtsbehörden. Damit soll vermutlich sichergestellt werden, dass jede Verarbeitung personenbezogener Daten zumindest der Kontrolle durch die Aufsichtsbehörden unterliegt, selbst wenn der Datenverarbeiter eigentlich nicht in den Anwendungsbereich des BDSG-neu fällt. **37**

Article 4 Nr. 1

'personal data'

(1) 'personal data' means any information relating to an identified or identifiable natural person ('data subject'); an identifiable natural person is one who can be identified, directly or indirectly, in particular by reference to an identifier such as a name, an identification number, location data, an online identifier or to one or more factors specific to the physical, physiological, genetic, mental, economic, cultural or social identity of that natural person;

Artikel 4 Nr. 1

„personenbezogene Daten"

(1) „personenbezogene Daten" alle Informationen, die sich auf eine identifizierte oder identifizierbare natürliche Person (im Folgenden „betroffene Person") beziehen; als identifizierbar wird eine natürliche Person angesehen, die direkt oder indirekt, insbesondere mittels Zuordnung zu einer Kennung wie einem Namen, zu einer Kennnummer, zu Standortdaten, zu einer Online-Kennung oder zu einem oder mehreren besonderen Merkmalen, die Ausdruck der physischen, physiologischen, genetischen, psychischen, wirtschaftlichen, kulturellen oder sozialen Identität dieser natürlichen Person sind, identifiziert werden kann;

Recital

(26) The principles of data protection should apply to any information concerning an identified or identifiable natural person. Personal data which have undergone pseudonymisation, which could be attributed to a natural person by the use of additional information should be considered to be information on an identifiable natural person. To determine whether a natural person is identifiable, account should be taken of all the means reasonably likely to be used, such as singling out, either by the controller or by another person to identify the natural person directly or indirectly. To ascertain whether means are reasonably likely to be used to identify the natural person, account should be taken of all objective factors, such as the costs of and the amount of time required for identification, taking into consideration the available technology at the time of the processing and technological developments. The principles of data protection should therefore not apply to anonymous information, namely information which does not relate to an identified or identifiable natural person or to personal data rendered anonymous in such a manner that the data subject is not or no longer identifiable. This Regulation does not therefore concern the processing of such anonymous information, including for statistical or research purposes.

Erwägungsgrund

(26) Die Grundsätze des Datenschutzes sollten für alle Informationen gelten, die sich auf eine identifizierte oder identifizierbare natürliche Person beziehen. Einer Pseudonymisierung unterzogene personenbezogene Daten, die durch Heranziehung zusätzlicher Informationen einer natürlichen Person zugeordnet werden könnten, sollten als Informationen über eine identifizierbare natürliche Person betrachtet werden. Um festzustellen, ob eine natürliche Person identifizierbar ist, sollten alle Mittel berücksichtigt werden, die von dem Verantwortlichen oder einer anderen Person nach allgemeinem Ermessen wahrscheinlich genutzt werden, um die natürliche Person direkt oder indirekt zu identifizieren, wie beispielsweise das Aussondern. Bei der Feststellung, ob Mittel nach allgemeinem Ermessen wahrscheinlich zur Identifizierung der natürlichen Person genutzt werden, sollten alle objektiven Faktoren, wie die Kosten der Identifizierung und der dafür erforderliche Zeitaufwand, herangezogen werden, wobei die zum Zeitpunkt der Verarbeitung verfügbare Technologie und technologische Entwicklungen zu berücksichtigen sind. Die Grundsätze des Datenschutzes sollten daher nicht für anonyme Informationen gelten, d.h. für Informationen, die sich nicht auf eine identifizierte oder identifizierbare natürliche Person beziehen, oder personenbezogene Daten, die in einer Weise anonymisiert worden sind, dass die betroffene Person nicht oder nicht mehr

identifiziert werden kann. Diese Verordnung betrifft somit nicht die Verarbeitung solcher anonymer Daten, auch für statistische oder für Forschungszwecke.

Literatur

Brink/Eckhardt, Wann ist ein Datum ein personenbezogenes Datum? – Anwendungsbereich des Datenschutzrechts, in: ZD 2015, 205 ff.; *Gola/Schomerus*, BDSG, 12. Auflage 2015, C.H. Beck München; *Kartheuser/Gilsdorf*, Dynamische IP-Adressen können personenbezogene Daten sein, in: MMR-Aktuell 2016, 382533; *Masing*, Herausforderungen des Datenschutzes, in: NJW 2012, 2305 ff.; *Simitis (Hrsg.)*, Bundesdatenschutzgesetz, 8. Auflage 2014; Nomos Baden-Baden; *Schantz*, Die Datenschutz-Grundverordnung – Beginn einer neuen Zeitrechnung im Datenschutzrecht, in: NJW 2016, 1841 ff.; *Voigt*, Datenschutz bei Google, in: MMR 2009, 377 ff.

Bedeutung der Norm

Die Norm enthält eine Definition des „personenbezogenen Datums". Diese Definition ist zentral für den Datenschutz, weil das „personenbezogene Datum" das Schutzgut und den sachlichen Anwendungsbereich der DS-GVO festlegt. Der Vorschrift ist nicht ausdrücklich zu entnehmen, ob dem „personenbezogenen Datum" ein absolutes oder relatives Verständnis beizumessen ist. Der EuGH vertritt einen relativen Ansatz, was im Hinblick auf die gegenläufigen Interessen der datenverarbeitenden Unternehmen im Ansatz zu begrüßen ist.

Hinweise für den Anwender

Für die Auslegung der Norm relevante Erwägungsgründe:
- EG 26.

Vorgängernorm im BDSG:
- § 3 Abs. 1 BDSG.

Vorgängernorm der RL 95/46:
- Art. 2 lit. a.

Stellungnahmen der Aufsichtsbehörden und der Art. 29-Datenschutzgruppe:
- Stellungnahme 4/2007.

Schlagworte

Anonymisierung, Pseudonymisierung, IP-Adresse

A. Allgemeines

1 Die Norm definiert das „personenbezogene Datum". Diese Definition ist zentral für den gesamten europäischen Datenschutz, weil das „personenbezogene Datum" den sachlichen Anwendungsbereich der DS-GVO festlegt. Die Vorschrift stellt auf den Personenbezug ab und verlangt dafür die „Identifizierung" bzw. „Identifizierbarkeit" einer natürlichen Person. Allerdings klärt die Vorschrift nicht eindeutig, ob es für die Identifizierbarkeit lediglich auf die Kenntnisnahmemöglichkeiten des jeweiligen Datenverarbeiters (relativer Ansatz) ankommt oder auch auf die Kenntnisnahmemöglichkeiten Dritter (absoluter Ansatz). Dass ein ausufernder Schutz abzuleh-

nen ist, folgt bereits aus Art. 1 Abs. 2 und dem dazugehörigen Erwägungsgrund 4. Demnach dient die DS-GVO nicht nur dem Recht auf Schutz personenbezogener Daten, sondern auch dem Schutz konkurrierender Grundrechte und Grundfreiheiten. Folglich darf der Datenschutz nicht zu einem umfassenden „Supergrundrecht" mit uferlosem Schutzbereich stilisiert werden (s. bereits Art. 1 Rn. 1). Auch der EuGH lehnt ein absolutes Verständnis vom „personenbezogenen Datum" ab, was bereits der Entscheidung in der Rechtssache „Scarlet Extended"[1] zu entnehmen war. Mit der Entscheidung in der Rechtssache „Breyer" vom 19.10.2016 hat der EuGH dieses Verständnis weitgehend bestätigt und zugleich wichtige Klarstellungen vorgenommen.[2] Demnach stellt eine dynamische IP-Adresse für einen Webseitenbetreiber dann ein „personenbezogenes Datum" dar, wenn er über „rechtliche Mittel" verfügt, um den betreffenden Nutzer mithilfe eines Dritten (hier: des Internetzugangsanbieters) bestimmen zu lassen.[3] Damit ist der EuGH weitgehend den Schlussanträgen des Generalanwalts Manuel Campos Sánchez-Bordona gefolgt.[4] Dem EuGH kommt es also darauf an, ob aus Sicht des Verantwortlichen das Zusatzwissen des Dritten erreichbar ist. Diese Klarstellung ist zu begrüßen, denn ein uferloser Schutz wäre im Zeitalter von Big Data unangemessen und würde zulasten der datenverarbeitenden Unternehmen weit über das eigentliche Ziel des Datenschutzes hinausschießen (s. eingehend Rn. 9 ff.).

I. Regelungszweck

2 Art. 4 definiert den sachlichen Anwendungsbereich der DS-GVO. Art. 4 Nr. 1 wählt als Anknüpfungspunkt für den Datenschutz das „personenbezogene Datum". Damit folgt die DS-GVO der bisherigen Datenschutz-Tradition. Allerdings ist unklar, ob der Datenschutz ausschließlich am „personenbezogenen Datum" anknüpft oder daneben andere materielle Schutzpositionen wie etwa das Persönlichkeitsrecht bzw. Privacy (vgl. Art. 1 und Art. 8 GRC) maßgeblich sein sollen. Derartige materielle Schutzpositionen benennt die DS-GVO jedenfalls nicht. Wird der Datenschutz jedoch ausschließlich am einzelnen Datum festgemacht, droht eine Entpersonalisierung des Datenschutzes. Dies ist im Hinblick auf den Schutz kollidierender Grundrechte und Grundfreiheiten (vgl. Art. 1 Abs. 2) nicht interessengerecht (s. Art. 1 Rn. 29 ff.). Vielmehr ist ein Schutzkonzept vorzuziehen, das ein materielles Schutzgut zum Anknüpfungspunkt für den Datenschutz wählt (s. Art. 1 Rn. 34). Auch definitorisch überzeugt Art. 4 Nr. 1 nicht, weil die Vorschrift keine konkrete Aussage darüber trifft, ob das „personenbezogene Datum" absolut oder relativ zu verstehen ist. Ein weites Verständnis überzeugt, wie bereits dargestellt, nicht.

II. Normadressaten

III. Systematik

3 Die Definition des „personenbezogenen Datums" ist sachliche Voraussetzung für die Anwendung der einzelnen Betroffenenrechte der DS-GVO. Damit trifft die Norm eine grundlegende Aussage für den Schutzbereich des europäischen Datenschutzes, ohne jedoch die Frage nach dem (materiellen) Schutzgut zu beantworten (hierzu ausführlich Art. 24 Rn. 114 ff.).

IV. Entstehungsgeschichte

1. Bisherige europäische Vorgaben

4 Art. 2 lit. a RL 95/46/EG definiert das „personenbezogene Datum" als „alle Informationen über eine bestimmte oder bestimmbare natürliche Person (‚betroffene Person'). Als bestimmbar wird eine Person angesehen, die direkt oder indirekt identifiziert werden kann, insb. durch Zuordnung zu einer Kennnummer oder zu einem oder mehreren spezifischen Elementen, die Ausdruck ihrer

---

1 EuGH, Urt. v. 24.11.2011, Rs. C-70/10 (Scarlet Extended), GRUR 2012, 265.
2 EuGH, Urt. v. 19.10.2016, Rs. C-582/14 (Patrick Breyer).
3 EuGH, Urt. v. 19.10.2016, Rs. C-582/14 (Patrick Breyer), Rn. 47, 49.
4 EuGH, Schlussanträge v. 12.5.2016, Rs. C-582/14 (Patrick Breyer).

physischen, physiologischen, psychischen, wirtschaftlichen, kulturellen oder sozialen Identität sind". In Erwägungsgrund 26 zu Art. 2 lit. a RL 95/46/EG heißt es klarstellend, dass zur „Bestimmbarkeit" alle Mittel berücksichtigt werden sollen, „die vernünftigerweise entweder von dem Verantwortlichen für die Verarbeitung oder von einem Dritten eingesetzt werden könnten, um die betreffende Person zu bestimmen". Auf Daten, die derart anonymisiert sind, dass die betroffene Person nicht mehr identifizierbar ist, finden die Schutzprinzipien allerdings keine Anwendung.

Art. 4 Nr. 1 bringt gegenüber der Vorgängerregelung keine wesentlichen Neuerungen. Zwar spricht die neue Vorschrift von „identifiziert" oder „identifizierbar" (statt „bestimmt" und „bestimmbar"), was in der Sache allerdings keinen Unterschied machen dürfte. Anders als in den Erwägungen zu Art. 2 lit. a RL 95/46/EG heißt es im neuen Erwägungsgrund 26, dass zur Identifizierbarkeit alle Mittel berücksichtigt werden, die von dem Verantwortlichen oder einer anderen Person „nach allgemeinem Ermessen wahrscheinlich" (statt: „vernünftigerweise") genutzt werden. Beide Formulierungen implizieren eine Wahrscheinlichkeitsprognose, ob und inwieweit es zu einer Identifizierung einer natürlichen Person kommen wird. Inhaltlich weichen die Vorschriften aber kaum voneinander ab (zur Auslegung der Vorschrift s. Rn. 7 ff.). Neu ist im Übrigen, dass eine künftige technologische Entwicklung zu berücksichtigen ist, die einen Bezug zu einer Person ermöglichen könnte. Soweit die Entwicklung absehbar ist, kann sie datenschutzrechtlich bereits eine „Vorwirkung" erzeugen. Dann werden auch schon solche Daten in den Schutz der DS-GVO einbezogen, die zwar noch nicht zum Verarbeitungszeitpunkt, aber in naher Zukunft einer Person zugeordnet werden können.[5] 5

2. Bisherige nationale Vorgaben

Das BDSG bestimmt seinen Anwendungsbereich ebenfalls durch das „personenbezogene Datum" (vgl. § 1 Abs. 1 und Abs. 2 BDSG). Personenbezogene Daten sind „Einzelangaben über persönliche oder sachliche Verhältnisse einer bestimmten oder bestimmbaren natürlichen Person" (§ 3 Abs. 1 BDSG). Diese Definition entspricht der Definition in Art. 2 lit. a RL 95/46/EG. Voraussetzung eines „personenbezogenen Datums" ist, dass eine natürliche Person „bestimmt" oder „bestimmbar" ist. Während die Bedeutung einer „bestimmten" Person keine Schwierigkeiten bereitet, bedarf die „Bestimmbarkeit" einer näheren Auslegung. Umstritten war, ob insoweit ein relativer oder ein absoluter Maßstab gelten soll, d.h., ob allein die Kenntnisnahmemöglichkeiten des jeweiligen Datenverarbeiters maßgeblich sein sollen oder auch die (potenziellen) Kenntnisse Dritter. Ebendiese Auslegungsfrage stellt sich – trotz geringfügiger Unterschiede im Wortlaut – auch im Anwendungsbereich des Art. 4 Nr. 1 (dazu eingehend unter Rn. 9 ff.). 6

B. Inhalt der Regelung

Die Definition des „personenbezogenen Datums" in Art. 4 Nr. 1 spielt eine zentrale Rolle für die Bestimmung des Schutzbereichs des europäischen Datenschutzes. Klärungsbedürftig ist aber insb. die Frage, wann eine „Identifizierbarkeit" der Person anzunehmen ist. Im Zeitalter von Big Data ist diese Frage schon rein *tatsächlich* schwierig zu beantworten. Ein prägnantes Beispiel ist ein hochauflösendes Satellitenbild, das nach heutigem Stand der Technik ohne weiteres das Heranzoomen einzelner Personen ermöglicht. Weil hier eine Vielzahl von Personen erkennbar ist, wäre sogar von einem besonders schwerwiegenden Eingriff auszugehen, auch wenn bei der Aufnahme keinerlei Identifizierung beabsichtigt ist. Noch schwieriger ist die *rechtliche* Beurteilung der „Identifizierbarkeit". Eine ausdrückliche und abschließende Definition des sachlichen Anwendungsbereichs liefert Art. 4 Nr. 1 nicht. Eine erste grobe begriffliche Eingrenzung des „personenbezogenen Datums" ermöglicht Erwägungsgrund 26. Demnach gelten auch pseudonymisierte personenbezogene Daten (vgl. Art. 4 Nr. 5), die mithilfe zusätzlicher Informationen einer natürlichen Person zugeordnet werden könnten, als Informationen über eine identifizierbare na- 7

5 *Schantz*, in: NJW 2016, 1841, 1843.

türliche Person. Überdies fallen anonyme oder anonymisierte Daten ausdrücklich nicht in den Schutzbereich der DS-GVO. Mit dieser groben Eingrenzung ist allerdings nicht viel gewonnen. Denn gerade in Randbereichen (insb. bei IP-Adressen) bereitet die Feststellung Schwierigkeiten, ob eine Person noch als anonym oder bereits als identifizierbar gilt. Zentral ist die Frage, welcher Maßstab für die „Identifizierbarkeit" einer Person anzulegen ist, insb. auf wessen Kenntnisse bei der „Identifizierbarkeit" einer Person abgestellt werden soll. Die Antwort auf diese Frage ist ebenso wichtig wie umstritten, da die Definition des „personenbezogenen Datums" Ausgangspunkt für den gesamten europäischen Datenschutz ist.

8 Zu dieser Frage existieren traditionell zwei Extrempositionen, der sogenannte relative Ansatz und der absolute Ansatz, die freilich in Reinform so nicht vertreten werden.[6] Nach dem relativen Ansatz ist für die „Identifizierbarkeit" darauf abzustellen, ob die verantwortliche Stelle mit den ihr zur Verfügung stehenden Mitteln „nach allgemeinem Ermessen wahrscheinlich" den Bezug zu einer natürlichen Person herstellen kann. Es kommt also auf die Kenntnis des Verantwortlichen an bzw. auf dessen technische, finanzielle oder organisatorische Kenntnisnahmemöglichkeiten. Nach diesem Ansatz ist die Definition des „personenbezogenen Datums" immer relativ, d.h. abhängig vom Kenntnisstand des Verantwortlichen.[7] Demgegenüber reichen nach dem absoluten Ansatz auch die nur potenziellen Kenntnisnahmemöglichkeiten Dritter aus. Dazu zählt auch die Möglichkeit eines rechtswidrigen Zugriffs auf fremde Datenbestände.[8]

9 Ob der Definition in Art. 4 Nr. 1 ein relatives oder ein absolutes Verständnis zugrunde liegt, ist im Wege der Auslegung zu ermitteln. Unter semantischen Gesichtspunkten ließe sich zunächst argumentieren, dass der EU-Gesetzgeber eine klarere Formulierung (wie etwa „durch die verantwortliche Stelle identifizierbare Person") hätte wählen können, wenn er einen restriktiven Ansatz verfolgen würde. Zwingend ist diese Interpretation aber nicht. Auch die Zuhilfenahme der Erwägungsgründe liefert keinen eindeutigen Befund zugunsten der einen oder anderen Position. Nach Erwägungsgrund 26 ist maßgeblich, welche Mittel der Verantwortliche „nach allgemeinem Ermessen wahrscheinlich" einsetzen wird, um eine Person zu identifizieren. Hierbei soll eine objektivierte Betrachtung erfolgen. Zwar dürfte diese Formulierung eher für einen relativen Personenbezug sprechen, weil hier vom Ermessen des Verantwortlichen die Rede ist. Dagegen spricht aber, dass zugleich auf eine nicht näher definierte „andere Person" abgestellt wird. Die Nennung eines „Dritten" deutet auf ein weiteres Verständnis hin. Einschränkend heißt es dagegen in Erwägungsgrund 30, dass Online-Kennungen wie IP-Adressen eine Identifizierung mit entsprechendem Zusatzwissen erlauben können, also nicht für jeden per se personenbezogen sind.[9]

10 Die Art. 29-Datenschutzgruppe – welche jedenfalls eine maßgebliche Funktion bei der Auslegung der RL 95/46/EG hat – vertrat bisher den Standpunkt, dass die rein hypothetische Möglichkeit der Herstellung eines Personenbezugs noch nicht ausreiche, sondern auch tatsächlich bestehen müsse. Bei dieser Bewertung seien alle relevanten Kontextfaktoren zu berücksichtigen.[10] Ebenso heißt es einschränkend in Erwägungsgrund 26, dass bei der Feststellung, ob Mittel „nach allgemeinem Ermessen wahrscheinlich" zur Identifizierung der natürlichen Person genutzt werden, auch die Kosten der Identifizierung und der dafür erforderliche Zeitaufwand in die Bewertung einbezogen werden sollen. Dabei sind die zum Zeitpunkt der Verarbeitung verfügbare Technologie und die technologische Entwicklung zu berücksichtigen. Der Wortlaut spricht also eher für einen relativen Ansatz.

11 Auch unter teleologischen Gesichtspunkten ist der relative Ansatz vorzuziehen, zumal der absolute Ansatz zu wirtschaftlich „absurden" Belastungen für die datenverarbeitenden Unternehmen führen würde. Rein vorsorglich müssten nämlich alle Daten als (potenziell) personenbezogen be-

---

6 Umfassende Darstellung bei Simitis, *Dammann*, § 3 Rn. 23 ff.
7 Umfassend *Voigt*, in: MMR 2009, 377.
8 *Brink/Eckhardt*, in: ZD 2015, 205 f.; *Schantz*, in: NJW 2016, 1841, 1842 f.
9 *Schantz*, in: NJW 2016, 1841, 1843.
10 Art. 29-Datenschutzgruppe, Stellungnahme 4/2007, S. 17, abrufbar unter http://ec.europa.eu/justice/policies/privacy/docs/wpdocs/2007/wp136_de.pdf (14.9.2016).

handelt werden, wenn es für die Identifizierbarkeit auch auf das (potenzielle) Wissen Dritter ankommen sollte. Der Anwendungsbereich der DS-GVO wäre fast immer eröffnet, sodass die „Identifizierbarkeit" nicht mehr als rechtssicheres Abgrenzungsmerkmal taugen würde. Zugleich würde das Merkmal der Anonymisierung ausgehöhlt, weil faktisch kein Anwendungsbereich verbliebe. Ferner würde der absolute Ansatz im Ergebnis das materielle Schutzniveau des Datenschutzes senken. Es würde dem Datenverarbeiter nämlich jeglicher Anreiz genommen, die Datenverarbeitung so zu gestalten, dass eine Identifizierung erschwert wird. Die DS-GVO möchte den Datenverarbeiter aber gerade dazu veranlassen, die Sicherheit der Verarbeitung zu gewährleisten, etwa durch Pseudonymisierung und Verschlüsselung der personenbezogenen Daten (vgl. Art. 32). Eine unbillige Folge hätte der absolute Ansatz auch deshalb, weil man dem Verantwortlichen *rechtswidrig* erlangte Kenntnisse eines Dritten zurechnen würde. Ein derart weites Verständnis wäre auch der Rechtssicherheit abträglich. Im Übrigen ist ein ausufernder Schutz auch im Interesse der (potenziell) betroffenen Personen nicht geboten; denn bei einer nur theoretischen „Identifizierbarkeit" der Person sind schutzwürdige Belange gerade nicht berührt. Ferner wäre ein ausufernder Datenschutz auch im Hinblick auf gegenläufige Interessen der Datenverarbeiter nicht interessengerecht (vgl. Art. 1 Abs. 2). Der Datenschutz darf nicht zu einem umfassenden Supergrundrecht stilisiert werden (s. bereits Art. 1 Rn. 1). Diesem restriktiven Verständnis scheint auch das BVerfG[11] zuzuneigen, da es das informationelle Selbstbestimmungsrecht stets im Wege praktischer Konkordanz mit konkurrierenden Verfassungsgütern zum Ausgleich bringt. Auch die Datenverarbeitung ist u.U. nach Art. 4, Art. 5 oder Art. 12 GG, jedenfalls aber durch die allgemeine Handlungsfreiheit geschützt.[12] Damit kommt dem Recht auf informationelle Selbstbestimmung nach dem Grundgesetz kein Absolutheitsanspruch zu.[13]

Es lässt sich festhalten, dass nur ein vermittelnder Ansatz interessengerecht sein kann. Die „Iden- **12**
tifizierbarkeit" der Person hängt also von den individuellen Kenntnissen, Mitteln und Möglichkeiten des Verantwortlichen ab. Dieser muss die „Identifikation" mit den ihm normalerweise zur Verfügung stehenden Mitteln und unter verhältnismäßigem Aufwand erreichen können.[14] Es kommt also darauf an, ob eine Identifizierung des Betroffenen dem Verantwortlichen objektiv möglich ist und ob sie auch subjektiv beabsichtigt ist. Letztlich läuft es bei der Frage nach der „Identifizierbarkeit" auf eine Verhältnismäßigkeitsprüfung hinaus, wobei auch gegenläufige Interessen der datenverarbeitenden Unternehmen berücksichtigt werden müssen. An einer Verhältnismäßigkeit dürfte es jedenfalls fehlen, wenn eine Identifizierung nicht erfolgt und nicht beabsichtigt ist, wenn sie offensichtlich unwirtschaftlich wäre oder wenn die Kenntniserlangung (eines Dritten) offensichtlich rechtswidrig erfolgt.[15]

Auch der EuGH neigt einem relativen Verständnis zu. Dies hat sich bereits in der Rechtssache **13**
„Scarlet Extended" von 2011 angedeutet.[16] In der Rechtssache „Breyer" hat der EuGH dieses Verständnis mit Urteil vom 19.10.2016 bekräftigt und wichtige Klarstellungen vorgenommen.[17] Ausgangspunkt der Rechtssache war eine Vorlage des BGH.[18] Streitgegenstand war die Speicherung von dynamischen IP-Adressen durch einen Webseitenbetreiber beim Besuch einer Internetseite. Der Kläger hatte auf Unterlassung geklagt. Der BGH wollte klären lassen, ob Art. 2 lit. a RL 95/46/EG dahingehend auszulegen ist, dass eine dynamische IP-Adresse ein „personenbezogenes Datum" darstellt, wenn der Internetzugangsanbieter über Zusatzwissen verfügt, welches eine Identifizierung des Nutzers zulässt. Der BGH vertrat die Ansicht, dass ein absolutes Verständnis der „Bestimmbarkeit" in Art. 2 lit. a RL 95/46/EG nicht zwingend sei. Auch Erwägungsgrund

11 Grundlegend das Volkszählungsurteil BVerfG, Urt. v. 15.12.1983, 1 BvR 209/83, NJW 1984, 419.
12 *Masing*, in: NJW 2012, 2305, 2307.
13 *Brink/Eckhardt*, in: ZD 2015, 205, 210.
14 Simitis, *Dammann*, § 3 Rn. 33; *Gola/Schomerus*, BDSG, 12. Aufl. 2015, § 3 Rn. 10
15 *Brink/Eckhardt*, in: ZD 2015, 205, 211.
16 So bereits angedeutet in: EuGH, Urt. v. 24.11.2011, Rs. C-70/10 (Scarlet Extended), GRUR 2012, 265.
17 EuGH, Urt. v. 19.10.2016, Rs. C-582/14 (Patrick Breyer).
18 BGH, Beschl. v. 28.10.2014, VI ZR 135/13, ZD 2015, 80.

26 der RL 95/46/EG begrenze die Zurechnung, weil es bei der „Bestimmbarkeit" darauf ankomme, welche Mittel der verantwortlichen Stelle „vernünftigerweise" zur Verfügung stehen.

14 Schon der Generalanwalt Manuel Campos Sánchez-Bordona hatte in seinen Schlussanträgen deutlich gemacht, dass eine dynamische IP-Adresse für den Anbieter des Telemediums ein „personenbezogenes Datum" darstelle, wenn der Internetzugangsanbieter über zusätzliches Wissen verfüge, um den Nutzer zu identifizieren.[19] Allerdings hat der Generalanwalt den Erwägungsgrund 26 eng ausgelegt. Demnach sind „Mittel" zur Identifizierung der Person nur solche, die vernünftigerweise „von bestimmten Dritten eingesetzt werden könnten". Aus der Systematik lasse sich ableiten, dass nur „Dritte" gemeint seien, an die sich der Webseitenbetreiber „vernünftigerweise" wenden könne, um deren Zusatzwissen zur Identifizierung zu nutzen. Gerade der Internetzugangsanbieter sei typischerweise ein solcher „Dritter" (Rn. 67 ff. der Schlussanträge).

15 Der EuGH ist im Wesentlichen den Einschätzungen des Generalanwalts gefolgt. Nach Ansicht des EuGH stelle eine dynamische IP-Adresse für einen Webseitenbetreiber dann ein „personenbezogenes Datum" dar, wenn er über „rechtliche Möglichkeiten" verfüge, um den betreffenden Nutzer mithilfe eines Dritten (hier: des Internetzugangsanbieters) zu ermitteln.[20] Für die „Identifizierbarkeit" der betroffenen Person stellt der Gerichtshof auf die Perspektive des Verantwortlichen ab und macht deutlich, dass das Zusatzwissen des Dritten für den Verantwortlichen nicht nur theoretisch, sondern auch praktisch erreichbar sein muss.[21] Diese Klarstellung ist zu begrüßen, denn ein uferloser Schutz im Sinne des absoluten Ansatzes wäre im Zeitalter von Big Data unangemessen und würde zulasten der datenverarbeitenden Unternehmen weit über das eigentliche Ziel des Datenschutzes hinausschießen (s. eingehend Rn. 11).

16 Allerdings hat der EuGH nicht alle Fragen im Zusammenhang mit der Auslegung des „personenbezogenen Datums" abschließend geklärt. Offen bleibt, wann eine „rechtliche Möglichkeit" des Verantwortlichen besteht, sich das Zusatzwissen eines Dritten zu beschaffen. So kann etwa aus besonderen Amts- oder Berufspflichten ein Verbot folgen, Zusatzinformationen, die mit verhältnismäßigem Aufwand erreichbar wären, zu beschaffen. Bspw. ist es wissenschaftlichen Forschungseinrichtungen verboten, Betroffene anhand von Datenbeständen zu bestimmen, die der jeweiligen Einrichtung nur zur statistischen Auswertung überlassen worden sind. Ebenso ist es Anbietern von Post- oder Telekommunikationsdiensten untersagt, Daten zu verwenden, die ihnen nur zum Transport überlassen sind.[22] Ob insofern eine Identifizierbarkeit zu bejahen oder zu verneinen ist, hat der EuGH in der Rechtssache „Breyer" nicht geklärt. Richtig ist wohl eine kontextbezogene Beurteilung, d.h., es ist auf die einzelnen Verarbeitungsschritte abzustellen und jeweils zu prüfen, ob eine „rechtliche Möglichkeit" besteht, das Zusatzwissen eines Dritten zu erlangen. Demnach kann ein Datum für die datenerhebende Stelle anonym sein, aber für den Datenempfänger personenbezogen. Ebenso ist es denkbar, dass ein Datum für die übermittelnde Stelle personenbezogenen ist (z.B. einen Arzt), aber aufgrund von Pseudonymisierungspflichten nicht für den Datenempfänger (z.B. ein Pharma-Unternehmen). Auch die Art. 29-Datenschutzgruppe nimmt in ihrer Stellungnahme 4/2007 eine solche kontextbezogene Auslegung vor.[23]

17 Ferner müssen solche Daten als „personenbezogen" gelten, die zwar nicht aktuell, aber doch „potentiell personenbezogen" sind. Gemeint sind Daten, die zwecks Geheimhaltung verschlüsselt sind, aber nachträglich entschlüsselt werden: Fällt der Code bspw. Unbefugten in die Hände oder wird er dechiffriert, so ist ein unverhältnismäßiger Aufwand zu verneinen, und aus den bisher anonymen Daten werden personenbezogene Daten. Hier kommt es darauf an, ob der Verantwortliche das Risiko der Deidentifizierbarkeit trägt.[24]

---

19 EuGH, Schlussanträge v. 12.5.2016, Rs. C-582/14 (Patrick Breyer).
20 EuGH, Urt. v. 19.10.2016, Rs. C-582/14 (Patrick Breyer), Rn. 47, 49.
21 So bereits Simitis, *Dammann*, § 3 Rn. 33.
22 Simitis, *Dammann*, § 3 Rn. 33.
23 Vgl. bspw. klinische Prüfung, Stellungnahme 4/2007, S. 23.
24 Simitis, *Dammann*, § 3 Rn. 36 f.

C. Weitere Auswirkungen der Verordnung in der Praxis

Die Entscheidung in der Rechtssache „Breyer" hat keine abschließende Klärung herbeigeführt, wann ein Datum personenbezogen ist. Deutlich ist allerdings geworden, dass das Zusatzwissen Dritter für den Verantwortlichen nicht nur theoretisch, sondern praktisch erreichbar sein muss (s. bereits Rn. 15). **18**

Hierzulande hat die EuGH-Entscheidung zur Folge, dass dynamische IP-Adressen von Webseitenbetreibern regelmäßig auch nach Ende des Nutzungsvorgangs gespeichert werden dürfen. Denn nach Ansicht des EuGH ist ein Personenbezug erst dann zu bejahen, wenn der Webseitenbetreiber über rechtliche Mittel verfügt, um den Betroffenen zu ermitteln. Da der Zugangsanbieter die bei ihm befindlichen Informationen nicht ohne weiteres an einen Webseitenbetreiber herausgeben darf, müsste der Webseitenbetreiber entweder Auskunft vom Zugangsanbieter verlangen (z.B. aus § 101 Abs. 2 Satz 1 Nr. 3, Abs. 9 UrhG) oder die zuständigen Behörden müssten die Informationen vom Zugangsanbieter herausverlangen (bspw. nach § 113 TKG) und dem Webseitenbetreiber offenlegen dürfen (etwa nach § 406e StPO). Dafür müssen zahlreiche Voraussetzungen erfüllt sein. Andernfalls besteht kein Personenbezug für den Webseitenbetreiber.[25] **19**

25 *Kartheuser/Gilsdorf,* in: MMR-Aktuell 2016, 382533.

Article 4 Nr. 2

'processing'

(2) 'processing' means any operation or set of operations which is performed on personal data or on sets of personal data, whether or not by automated means, such as collection, recording, organisation, structuring, storage, adaptation or alteration, retrieval, consultation, use, disclosure by transmission, dissemination or otherwise making available, alignment or combination, restriction, erasure or destruction;

Artikel 4 Nr. 2

„Verarbeitung"

(2) „Verarbeitung" jeden mit oder ohne Hilfe automatisierter Verfahren ausgeführten Vorgang oder jede solche Vorgangsreihe im Zusammenhang mit personenbezogenen Daten wie das Erheben, das Erfassen, die Organisation, das Ordnen, die Speicherung, die Anpassung oder Veränderung, das Auslesen, das Abfragen, die Verwendung, die Offenlegung durch Übermittlung, Verbreitung oder eine andere Form der Bereitstellung, den Abgleich oder die Verknüpfung, die Einschränkung, das Löschen oder die Vernichtung;

Literatur

Gola/Schomerus, BDSG, 12. Aufl. 2015, C.H. Beck München; *Hoffmann-Riem,* in: AöR 1998, 516; *Sokol,* in: MMR 1998, 8; *Laue/Nink/Kremer,* Das neue Datenschutzrecht in der betrieblichen Praxis, 1. Auflage 2016, Nomos Baden-Baden.

Bedeutung der Norm

Die Norm definiert die „Verarbeitung" – anders als das BDSG – denkbar weit als jedweden Vorgang oder jedwede Vorgangsreihe im Zusammenhang mit personenbezogenen Daten wie das Erheben, das Erfassen, die Organisation, das Ordnen, die Speicherung, die Anpassung oder Veränderung, das Auslesen, das Abfragen, die Verwendung, die Offenlegung durch Übermittlung, Verbreitung oder eine andere Form der Bereitstellung, den Abgleich oder die Verknüpfung, die Einschränkung, das Löschen oder die Vernichtung.

Hinweise für den Anwender

Für die Norme relevante Definitionen:
- Die Definition der „Verarbeitung" war bisher in § 3 Abs. 4 BDSG geregelt.
- Die Definition der DS-GVO entspricht im Wesentlichen der in Art. 2 lit. b RL 95/46/EG.

Für die Auslegung der Norm relevante Erwägungsgründe:
- Dieser Begriffsbestimmung lassen sich keine spezifischen EG zuordnen.

Schlagworte

Auftragsverarbeiter, Schutzbereich, Schutzgut

A. Allgemeines

1 Die Norm definiert die „Verarbeitung" denkbar weit als Vorgang oder Vorgangsreihe im Zusammenhang mit personenbezogenen Daten wie das Erheben, das Erfassen, die Organisation, das Ordnen, die Speicherung, die Anpassung oder Veränderung, das Auslesen, das Abfragen, die

Verwendung, die Offenlegung durch Übermittlung, Verbreitung oder eine andere Form der Bereitstellung, den Abgleich oder die Verknüpfung, die Einschränkung, das Löschen oder die Vernichtung.

Der umfassende Verarbeitungsbegriff in Art. 4 Nr. 2 entspricht nicht der deutschen Datenschutztradition nach dem BDSG. Man hat in Deutschland – anders als in den übrigen Mitgliedstaaten – stets versucht, jeden einzelnen Verarbeitungsschritt (Erheben, Verarbeiten und Nutzen) zu definieren und zu regeln. Dies ist nun wegen des einheitlichen Verarbeitungsbegriffs nach der DS-GVO nicht mehr möglich. Damit entfällt auch die bisherige Privilegierung der Auftragsverarbeitung (§ 3 Abs. 4, Abs. 8 S. 3 BDSG). **2**

I. Regelungszweck

Art. 4 Nr. 2 geht – ebenso wie schon Art. 2 lit. b RL 95/46/EG – von einem umfassenden Verarbeitungsbegriff aus. Die im deutschen Recht angelegte Privilegierung der Auftragsdatenverarbeitung (vgl. § 3 Abs. 4 Nr. 3, Abs. 8 S. 3 BDSG) übernimmt die DS-GVO nicht. Ohne Bedeutung ist also, ob der Datenaustausch mit dem Auftragsverarbeiter eine bloße „Weitergabe" oder „Übermittlung" i.S.v. § 3 Abs. 4 Nr. 3 BDSG darstellt. Nach der DS-GVO handelt es sich stets um eine „Verarbeitung" der Daten. Folge ist, dass auch bei Auftragsverarbeitern stets eine Übermittlung vorliegt, die einer gesetzlichen Erlaubnis bedarf. **3**

II. Normadressaten

Art. 4 Nr. 2 ist ebenso wie alle anderen Begriffsbestimmungen grundlegend für die Anwendung, Umsetzung und Einhaltung der DS-GVO. Die Definition richtet sich an alle Rechtsanwender: „betroffene Personen" (Nr. 1), „Verantwortliche" (Nr. 7) bzw. „Auftragsverarbeiter" (Nr. 8), „Empfänger" von Daten (Nr. 9), „Aufsichtsbehörden" (Nr. 21), indirekt auch an weitere Personen („Dritte", Nr. 10), die durch die entsprechende terminologische Abgrenzung aus dem persönlichen Anwendungsbereich der DS-GVO herausfallen. **4**

III. Systematik

Die Definition der „Verarbeitung" ist ebenso wie die des „personenbezogenen Datums" (Art. 4 Nr. 1) sachliche Voraussetzung für die Anwendung der einzelnen Betroffenenrechte der DS-GVO. Damit trifft die Norm eine grundlegende Aussage für den Schutzbereich des europäischen Datenschutzes, ohne jedoch die Frage nach dem (materiellen) Schutzgut zu beantworten (s. dazu Art. 4 Nr. 1 Rn. 2 und eingehend Art. 24 Rn. 114 ff.). **5**

IV. Entstehungsgeschichte

1. Bisherige europäische Vorgaben

Eine fast identische Definition der „Verarbeitung" enthält bereits Art. 2 lit. b RL 95/46/EG. Demnach erfasst die „Verarbeitung personenbezogener Daten" („Verarbeitung") jeden mit oder ohne Hilfe automatisierter Verfahren ausgeführten Vorgang oder jede Vorgangsreihe im Zusammenhang mit personenbezogenen Daten wie das Erheben, das Speichern, die Organisation, die Aufbewahrung, die Anpassung oder Veränderung, das Auslesen, das Abfragen, die Benutzung, die Weitergabe durch Übermittlung, Verbreitung oder jede andere Form der Bereitstellung, die Kombination oder die Verknüpfung sowie das Sperren, Löschen oder Vernichten. **6**

2. Bisherige nationale Vorgaben

Wie bereits dargestellt, unterscheidet das BDSG traditionell nach den einzelnen Verarbeitungsschritten. So ist in § 3 Abs. 4 BDSG die „Verarbeitung" als das Speichern, Verändern, Übermitteln, Sperren und Löschen personenbezogener Daten definiert. Daraus folgt, dass die Phase der Datenerhebung und der Nutzung keine „Verarbeitung" ist (vgl. auch § 3 Abs. 4 S. 1 BDSG). Dafür bemüht § 3 Abs. 5 BDSG den Begriff des „Verwendens" von Daten, der die Verarbeitung und **7**

Nutzung zusammenfasst. Auch § 3 Abs. 2 S. 1 BDSG definiert die automatisierte Verarbeitung umfassend als „Verwendung" personenbezogener Daten, die neben dem restriktiven Verarbeitungsbegriff des § 3 Abs. 4 BDSG auch die automatisierte Erhebung und Nutzung personenbezogener Daten enthält. Der Oberbegriff des BDSG ist der „Umgang" gem. § 1 S. 1 BDSG.[1]

8 Wegen der vielen verschiedenen Begrifflichkeiten sieht sich das geltende Datenschutzrecht dem Vorwurf ausgesetzt, überkompliziert und unverständlich zu sein.[2] Das ist der Rechtssicherheit abträglich. So hat das BVerfG bereits im Volkszählungsurteil verlangt, dass sich aus einer gesetzlichen Grundlage „die Voraussetzungen und der Umfang der Beschränkungen klar und für den Bürger erkennbar ergeben und die damit dem rechtsstaatlichen Gebot der Normenklarheit entspricht"[3]. Das BDSG schafft jedoch eine unnötige Rechtsunsicherheit, indem es unterschiedliche Verarbeitungsbegriffe wählt. Zu bemängeln ist auch, dass trotz des hohen Differenzierungsgrads in den bereichsspezifischen Normen häufig Generalklauseln, Abwägungsregeln oder Auffangnormen verwendet werden. Die Vielzahl der bereichsspezifischen Regelungen führt zu einer Zersplitterung des Datenschutzrechts. Die einzelnen Regelungen sind oft durch komplizierte Formulierungen gekennzeichnet, nutzen mehrfache Verweise und enthalten zahlreiche Ausnahmen und Sonderregelungen. Folge ist, dass das Datenschutzrecht an vielen Stellen widersprüchlich ist und dem permanenten Änderungsdruck nicht standhalten kann.[4] Insofern schafft der weite Verarbeitungsbegriff in Art. 4 Nr. 2 Abhilfe und ist zu begrüßen.

B. Inhalt der Regelung

9 Der Begriff der „Verarbeitung" in Art. 4 Nr. 2 meint „jeden mit oder ohne Hilfe automatisierter Verfahren ausgeführten Vorgang oder jede solche Vorgangsreihe im Zusammenhang mit personenbezogenen Daten wie das Erheben, das Erfassen, die Organisation, das Ordnen, die Speicherung, die Anpassung oder Veränderung, das Auslesen, das Abfragen, die Verwendung, die Weitergabe durch Übermittlung, Verbreitung oder eine andere Form der Bereitstellung, den Abgleich oder die Verknüpfung, die Einschränkung, das Löschen oder die Vernichtung". Die Definition ist denkbar weit. Erfasst sind – anders als nach dem BDSG – nicht nur klassische Datenverwendungen wie die Speicherung, Übermittlung oder Veränderung von Daten, sondern alle Arten des Umgangs mit personenbezogenen Daten von der Erhebung bis zur Vernichtung. Die DS-GVO differenziert auch nicht nach der Intensität, Dauer oder der eingesetzten Verarbeitungstechnik („technikneutral", s. Erwägungsgrund 15). Auch eine nur kurzzeitige Verwendung „unbedeutender" Daten fällt regelmäßig in den Anwendungsbereich der DS-GVO. Beispiele sind die Zwischenspeicherung personenbezogener Daten im Cache eines Browsers, die Anzeige einer Datei auf einem Bildschirm oder die Weitergabe eines mobilen Speichermediums.[5] Die uferlose Weite des Anwendungsbereichs, der jedem „beliebigen" Datum Schutz angedeihen lässt, ist bedenklich, weil er nicht durch eine materielle Schutzposition getragen ist. Damit wird weder den Interessen der datenverarbeitenden Unternehmen noch den individuellen Schutzinteressen entsprochen (vgl. Art. 1 Rn. 29 ff.).

C. Weitere Auswirkungen der Verordnung in der Praxis

10 Um das nationale Datenschutzrecht den Vorgaben des Art. 4 Nr. 2 anzupassen, sind die unterschiedlichen Bezeichnungen des Datenumgangs zu streichen. Dies gilt jedenfalls dann, wenn keine Öffnungsklausel den Mitgliedstaaten eine Abweichungsmöglichkeit belässt.

1 *Gola/Schomerus*, § 3 Rn. 25.
2 Vgl. *Hoffmann-Riem*, in: AöR 1998, 516; *Sokol*, in: MMR 1998, 8.
3 BVerfG, Urt. v. 15.12.1983, 1 BvR 209/83 u.a., NJW 1984, 419, 422.
4 *Roßnagel/Pfitzmann/Garstka*, Modernisierung des Datenschutzrechts, Gutachten im Auftrag des Bundesministeriums des Innern, S. 31 f.
5 *Laue/Nink/Kremer*, § 1 Rn. 9 ff.

Der Unternehmenspraxis ist wegen der weiten Definition des Verarbeitungsbegriffs zu raten, bei jedwedem Umgang mit personenbezogenen Daten eine „Verarbeitung" im Sinne des Art. 4 Nr. 2 anzunehmen.[6] Andernfalls ist mit erheblichen Geldbußen zu rechnen (Art. 82). Zu beachten ist auch, dass Auftragsverarbeitungen nicht mehr privilegiert behandelt werden (§ 3 Abs. 4, Abs. 8 S. 3 BDSG) und somit auf den Prüfstand zu stellen sind. Nach neuer Rechtslage ist jede Auftragsverarbeitung stets eine „Verarbeitung" der Daten, die einer gesetzlichen Erlaubnis bedarf (Rn. 3). **11**

6 *Laue/Nink/Kremer*, § 1 Rn. 11.

Article 4 Nr. 3

'restriction of processing'

'restriction of processing' means the marking of stored personal data with the aim of limiting their processing in the future;

Artikel 4 Nr. 3

„Einschränkung der Verarbeitung"

„Einschränkung der Verarbeitung" die Markierung gespeicherter personenbezogener Daten mit dem Ziel, ihre künftige Verarbeitung einzuschränken;

Recital

(67) [1]Methods by which to restrict the processing of personal data could include, inter alia, temporarily moving the selected data to another processing system, making the selected personal data unavailable to users, or temporarily removing published data from a website. [2]In automated filing systems, the restriction of processing should in principle be ensured by technical means in such a manner that the personal data are not subject to further processing operations and cannot be changed. [3]The fact that the processing of personal data is restricted should be clearly indicated in the system.

Erwägungsgrund

(67) [1]Methoden zur Beschränkung der Verarbeitung personenbezogener Daten könnten unter anderem darin bestehen, dass ausgewählte personenbezogenen Daten vorübergehend auf ein anderes Verarbeitungssystem übertragen werden, dass sie für Nutzer gesperrt werden oder dass veröffentliche Daten vorübergehend von einer Website entfernt werden. [2]In automatisierten Dateisystemen sollte die Einschränkung der Verarbeitung grundsätzlich durch technische Mittel so erfolgen, dass die personenbezogenen Daten in keiner Weise weiterverarbeitet werden und nicht verändert werden können. [3]Auf die Tatsache, dass die Verarbeitung der personenbezogenen Daten beschränkt wurde, sollte in dem System unmissverständlich hingewiesen werden.

Literatur

Gierschmann/Saeugling (Hrsg.), Systematischer Praxiskommentar Datenschutzrecht, 1. Auflage 2014, Bundesanzeiger Verlag Köln; *Kühling/Buchner (Hrsg.),* Datenschutzgrundverordnung, 1. Auflage 2017, C.H. Beck München; *Wolff/Brink (Hrsg.),* Beck'scher Online-Kommentar Datenschutzrecht, C.H. Beck München, 20. Edition Stand: 1.5.2017

Bedeutung der Norm

Die Norm definiert den Begriff der Verarbeitungseinschränkung.

Hinweise für den Anwender

Für die Norm relevante Definitionen und andere Querbezüge:

- Nach Art. 4 Nr. 2 ist die Einschränkung der Verarbeitung auch eine Verarbeitung im Sinne der DS-GVO.
- Art. 18 enthält ein Recht des Betroffenen gegen den Verantwortlichen auf Verarbeitungseinschränkung.
- Der Verantwortliche muss den Betroffenen bei Datenerhebung oder -verwendung auf sein Recht auf Verarbeitungseinschränkung hinweisen (Art. 13 Abs. 2 lit. b oder 14 Abs. 2 lit. c). Auch im Rahmen des Auskunftsanspruchs ist der Betroffene auf sein Recht auf Verarbeitungseinschränkung hinzuweisen (Art. 15 Abs. 1 lit. e).
- Der Verantwortliche muss den Betroffenen über die Vornahme oder Nichtvornahme (Art. 12 Abs. 3) sowie die Aufhebung (Art. 18 Abs. 3) einer Verarbeitungseinschränkung benachrichtigen. Er muss alle etwaigen Empfänger über eine Verarbeitungseinschrän-

kung (Art. 19 S. 1) sowie den Betroffenen auf Verlangen über die Empfänger (Art. 19 S. 2) benachrichtigen.
- Zwischen Verarbeitungseinschränkung und Löschung (Art. 17) und zwischen Verarbeitungseinschränkung und Widerspruch (Art. 21) besteht in mehreren Konstellationen ein Abhängigkeits- und Stufenverhältnis.
- Jede Aufsichtsbehörde verfügt unter anderem über die Befugnis, die Einschränkung der Verarbeitung und die Unterrichtung der Empfänger darüber anzuordnen (Art. 58 Abs. 2 lit. g).

Für die Auslegung der Norm relevante Erwägungsgründe:
- EG 67 und EG 156 S. 5 und 6.

Vorgängernormen im BDSG:
- § 3 Abs. 4 Nr. 4 BDSG enthält eine Definition des Begriffs „Sperren". § 20 Abs. 3, 4, 6, 7 und 8 BDSG enthält einen Anspruch auf Sperrung gegen öffentliche Stellen, § 35 Abs. 3, 4, 4a, 6, 7 und 8 BDSG einen Anspruch auf Sperrung gegen nicht-öffentliche Stellen.

Vorgängernormen in der RL 95/46:
- Keine Definition des Begriffs „Sperren". Art. 12 lit. b) RL 95/46 enthält einen Anspruch auf Sperrung; Art. 12 lit. c) RL 95/46 enthält eine Pflicht zur Benachrichtigung Dritter über die vorgenommene Sperrung.

▶ **Schlagworte**

Einschränkung der Verarbeitung, Verarbeitungseinschränkung, Sperren, Sperrung, Markierung, Kennzeichnung, De-listing, Löschung, Widerspruch, Aufbewahrung, Aufbewahrungspflicht, Zugriffsrecht, Archivierung, Speicherung.

A. Allgemeines

I. Regelungszweck

Die Norm definiert zirkelschlussartig, was eine Verarbeitungseinschränkung ist: die Markierung personenbezogener Daten mit dem Ziel, ihre künftige Verarbeitung einzuschränken. Die Verarbeitungseinschränkung ist ein „Minus" zum Löschen, wenn die personenbezogenen Daten für bestimmte Zwecke nach wie vor rechtmäßig verarbeitet werden dürfen. 1

II. Normadressaten

Art. 4 Nr. 3 ist ebenso wie alle anderen Begriffsbestimmungen für alle Rechtsanwender verbindlich: für „betroffene Personen" (Nr. 1), für „Verantwortliche" (Nr. 7) und „Auftragsverarbeiter" (Nr. 8), für „Empfänger" von Daten (Nr. 9), für „Aufsichtsbehörden" (Nr. 21), indirekt auch für weitere Personen („Dritte", Nr. 10), die durch die entsprechende terminologische Abgrenzung aus dem persönlichen Anwendungsbereich der DS-GVO herausfallen, und für die Mitgliedstaaten, die EU-Datenschutzrecht anzuwenden bzw. ihr nationales Recht an die Vorgaben der DS-GVO anzupassen haben. 2

III. Systematik

3 Die Einschränkung der Verarbeitung ist eine der in Art. 4 Nr. 2 ausdrücklich aufgezählten Verarbeitungsformen. Für die Einschränkung der Verarbeitung personenbezogener Daten bedarf es wie für alle anderen Verarbeitungsformen einer Rechtsgrundlage.

4 Art. 18 regelt den Anspruch des Betroffenen auf Verarbeitungseinschränkung. Art. 18 Abs. 1 enthält mehrere anspruchsbegründende Tatbestände. Zwischen Verarbeitungseinschränkung, Löschung und Widerspruch bestehen Stufen- und Abhängigkeitsverhältnisse. Die Verarbeitungseinschränkung kommt als Rechtsfolge eines Widerspruchs gem. Art. 21 in Betracht, auch wenn dies dort nicht ausdrücklich geregelt ist. Sie kommt auch als milderes Mittel einer Löschung in Betracht. Dies kommt ebenfalls nicht explizit zum Ausdruck, weil Art. 17 die Verarbeitungseinschränkung nicht erwähnt. Ausführlich zum Ganzen siehe die Kommentierungen der Art. 17, 18 und 21. Die Verordnung regelt nicht eine Verarbeitungsbeschränkung im Interesse des Verantwortlichen (z.B. zur Einhaltung von gesetzlichen Aufbewahrungspflichten).

IV. Entstehungsgeschichte

1. Bisherige europäische Vorgaben

5 Der Begriff der Verarbeitungseinschränkung entspricht dem Begriff des Sperrens in der DS-RL (im Englischen: „blocking"). Das Sperren wird in der DS-RL zwar nicht definiert. In Art. 2 Abs. lit. b DS-RL wird das Sperren aber als eine Form der Verarbeitung personenbezogener Daten eigens aufgeführt.

6 Nach Art. 12 lit. b DS-RL müssen die Mitgliedstaaten jedem Betroffenen das Recht garantieren, die Sperrung von Daten zu erhalten, deren Verarbeitung nicht den Bestimmungen der DS-RL entspricht, insb., wenn diese Daten unvollständig oder unrichtig sind. Die Voraussetzungen für diesen Anspruch auf Sperrung sind andere als die Voraussetzungen für den Anspruch auf Verarbeitungseinschränkung gem. Art. 18 DS-GVO.

2. Bisherige nationale Vorgaben

7 § 3 Abs. 4 Nr. 4 BDSG definiert das Sperren als das Kennzeichnen gespeicherter personenbezogener Daten, um ihre weitere Verarbeitung oder Nutzung einzuschränken. Diese Definition ist sehr nah an der Definition des Art. 4 Nr. 3 DS-GVO. § 20 Abs. 3, 4, 6, 7 und 8 BDSG enthält Ansprüche auf Sperrung gegen öffentliche Stellen. § 35 Abs. 3, 4, 4a, 6, 7 und 8 BDSG enthält Ansprüche auf Sperrung gegen nicht-öffentliche Stellen.

8 § 35 Abs. 3 BDSG regelt darüber hinaus den Fall der Sperrung als „Minus" zur Löschung, wenn gesetzliche, satzungsmäßige oder vertragliche Aufbewahrungsfristen entgegenstehen (Nr. 1), Grund zu der Annahme besteht, dass durch eine Löschung schutzwürdige Interessen des Betroffenen beeinträchtigt würden (Nr. 2), oder eine Löschung wegen der besonderen Art der Speicherung nicht oder nur mit unverhältnismäßig hohem Aufwand möglich ist. Siehe dazu jetzt § 35 BDSG-neu.

B. Inhalt der Regelung

9 Die zirkelschlussartige Definition in Art. 4 Nr. 3 ist wenig erhellend. Verarbeitungseinschränkung wird als Markierung von Daten mit dem Ziel der Verarbeitungseinschränkung definiert. Letztlich geht es dabei um die Beschränkung von Zugriffsrechten durch den Verantwortlichen.

I. Umsetzung der Verarbeitungseinschränkung

10 Der Definition lässt sich entnehmen, dass jedes einzelne Datum, das der Verarbeitungseinschränkung unterworfen werden soll, zu markieren, also zu kennzeichnen ist. Die Markierung kann

textlich oder technisch erfolgen.[1] In automatisierten Dateisystemen soll die Verarbeitungseinschränkung durch technische Mittel erfolgen (EG 67 S. 2).

Die Markierung soll verhindern, dass die Daten durch den Verantwortlichen für nicht von der Beschränkung abgedeckte Zwecke weiterhin verarbeitet werden. Diese Rechtsfolge ergibt sich aus Art. 18 Abs. 2. Damit bleibt die Speicherung naturgemäß zulässig. Anderenfalls müssten die Daten ja gelöscht werden. EG 67 S. 2 stellt ebenfalls klar, dass die Daten nicht weiterverarbeitet werden und nicht verändert werden dürfen. **11**

Die Verarbeitungseinschränkung kann auf einzelne Verarbeitungszwecke beschränkt werden. So kann ein Widerspruch gegen die werbliche Verwendung von Adressdaten dazu führen, dass die Daten zwar weiterhin gespeichert werden und auch für Vertragserfüllungszwecke genutzt, nicht aber mehr für Zwecke der Werbung verwendet werden dürfen. Denkbar ist sogar eine noch stärkere Ausdifferenzierung der Verarbeitungseinschränkung. So kann eine Email-Adresse für das Zusenden eines Newsletters gesperrt, für die Zusendung von Sonderangeboten aber freigegeben sein. Personenbezogene Daten, deren Verarbeitung aufgrund von § 257 HGB oder § 147 AO eingeschränkt ist, dürfen nur noch für Steuerprüfungen durch die Finanzämter verarbeitet werden. Das heißt, sie sind auch dem internen Zugriff des Verantwortlichen zu entziehen.[2] **12**

EG 67 S. 1 zählt beispielhaft Methoden der Verarbeitungseinschränkung auf: **13**

- Vorübergehende Übertragung auf ein anderes Verarbeitungssystem.
- Sperrung für Nutzer.
- Vorübergehende Entfernung veröffentlicher Daten von einer Webseite.

In dem System ist darauf hinzuweisen, dass die Daten einer Verarbeitungseinschränkung unterliegen (EG 67 S. 3). **14**

II. Rechtsgrundlage der Verarbeitungseinschränkung

Die Norm selbst äußert sich nicht zur Rechtsgrundlage für eine rechtmäßige Einschränkung der Verarbeitung. Sie dürfte aber regelmäßig von der ursprünglichen Rechtsgrundlage der Datenerhebung (z.B. Vertragserfüllung, Einwilligung) gedeckt sein oder als kompatible Weiterverarbeitung im Sinne von Art. 6 Abs. 4 angesehen werden können. Der Verantwortliche ist allerdings rechenschaftspflichtig dafür, dass die Voraussetzungen einer Einschränkung statt einer Löschung vorlagen. In Bezug auf das Recht des Betroffenen, die Einschränkung vom Verantwortlichen verlangen zu können, ergibt sich die Rechtsgrundlage aus Art. 18. **15**

Der deutsche Gesetzgeber hat in § 35 Abs. 1 und 2 BDSG-neu die bisherige Berechtigung des Verantwortlichen, anstelle einer Löschung eine Sperrung (jetzt: Verarbeitungseinschränkung) vornehmen zu dürfen, aufrechterhalten. Weitere ergänzende Regelungen zur Verarbeitungseinschränkung finden sich in §§ 27 Abs. 2 und 28 Abs. 4 BDSG-neu. Genauer zu den ergänzenden Regelungen des BDSG-neu Art. 18 Rn. 104 ff. **16**

III. Beispiele für Verarbeitungseinschränkungen

Eine Verarbeitungseinschränkung im Sinne von Art. 4 Nr. 3 dürfte das De-listing von Suchergebnissen aus der Ergebnisliste einer Suchmaschine sein. Die URL einer Webseite, die nicht mehr in der Ergebnisliste angezeigt werden soll, wird so gekennzeichnet, dass bei Eingabe einer bestimmten Suchanfrage die Anzeige dieser URL unterbunden wird. Merkwürdig ist allerdings, dass Art. 18 keinen Tatbestand enthält, der dem Anspruch des Betroffenen gegen den Suchmaschinenbetreiber auf De-listing an sich rechtmäßiger Inhalte gerecht werden würde. **17**

---

1 Gierschmann/Saeugling, *Schmitz*, § 3 Rn. 87.
2 Gierschmann/Saeugling, *Saeugling*, § 35 Rn. 74.

18 Eine besondere Form der Verarbeitungseinschränkung ist die Archivierung. Der Zweck der Archivierung geht allerdings meist über die bloße Speicherung hinaus (z.B. dürfte in Regel neben der bloßen Speicherung als Verarbeitungszweck auch die Einsichtnahme durch Dritte vorgesehen sein). Auch sind Archivierungszwecke nicht unter den in Art. 18 genannten zulässigen Gründen für eine Verarbeitungseinschränkung. Die Archivierung bedarf daher in der Regel anderer Rechtsgrundlagen. Für den Erlass solcher Rechtsgrundlagen durch die nationalen Gesetzgeber kommen für im öffentlichen Interesse liegende Archivzwecke die Öffnungsklauseln des Art. 6 Abs. 2 und 3 i.V.m Art. 89 in Betracht. Das Bundesarchivgesetz und die Archivgesetze der Länder könnten aufgrund dieser Öffnungsklausel beibehalten werden. Im nicht-öffentlichen Bereich kann eine langfristige Archivierung wohl in erster Linie auf das berechtigte Interesse gem. Art. 6 Abs. 1 lit. f gestützt werden.[3]

3 Vgl. Wolff/Brink, *Schild*, Art. 4 Rn. 63.

Article 4 Nr. 4

'profiling'

'profiling' means any form of automated processing of personal data consisting of the use of personal data to evaluate certain personal aspects relating to a natural person, in particular to analyse or predict aspects concerning that natural person's performance at work, economic situation, health, personal preferences, interests, reliability, behaviour, location or movements;

Artikel 4 Nr. 4

„Profiling"

„Profiling" jede Art der automatisierten Verarbeitung personenbezogener Daten, die darin besteht, dass diese personenbezogenen Daten verwendet werden, um bestimmte persönliche Aspekte, die sich auf eine natürliche Person beziehen, zu bewerten, insbesondere um Aspekte bezüglich Arbeitsleistung, wirtschaftliche Lage, Gesundheit, persönliche Vorlieben, Interessen, Zuverlässigkeit, Verhalten, Aufenthaltsort oder Ortswechsel dieser natürlichen Person zu analysieren oder vorherzusagen;

Recitals

(60) [...] [3]Furthermore, the data subject should be informed of the existence of profiling and the consequences of such profiling. [...]

(63) [...] [4]Every data subject should therefore have the right to know and obtain communication in particular with regard to the purposes for which the personal data are processed, where possible the period for which the personal data are processed, the recipients of the personal data, the logic involved in any automatic personal data processing and, at least when based on profiling, the consequences of such processing. [...]

(70) [1]Where personal data are processed for the purposes of direct marketing, the data subject should have the right to object to such processing, including profiling to the extent that it is related to such direct marketing, whether with regard to initial or further processing, at any time and free of charge. [...]

(71) [1]The data subject should have the right not to be subject to a decision, which may include a measure, evaluating personal aspects relating to him or her which is based solely on automated processing and which produces legal effects concerning him or her or similarly significantly affects him or her, such as automatic refusal of an online credit application or e-recruiting practices without any human intervention. [2]Such processing includes 'profiling' that consists of any form of automated pro-

Erwägungsgründe

(60) [...] [3]Darüber hinaus sollte er die betroffene Person darauf hinweisen, dass Profiling stattfindet und welche Folgen dies hat. [...]

(63) [...] [3]Jede betroffene Person sollte daher ein Anrecht darauf haben zu wissen und zu erfahren, insbesondere zu welchen Zwecken die personenbezogenen Daten verarbeitet werden und, wenn möglich, wie lange sie gespeichert werden, wer die Empfänger der personenbezogenen Daten sind, nach welcher Logik die automatische Verarbeitung personenbezogener Daten erfolgt und welche Folgen eine solche Verarbeitung haben kann, zumindest in Fällen, in denen die Verarbeitung auf Profiling beruht. [...]

(70) [1]Werden personenbezogene Daten verarbeitet, um Direktwerbung zu betreiben, so sollte die betroffene Person jederzeit unentgeltlich insoweit Widerspruch gegen eine solche – ursprüngliche oder spätere – Verarbeitung einschließlich des Profilings einlegen können, als sie mit dieser Direktwerbung zusammenhängt. [...]

(71) [1]Die betroffene Person sollte das Recht haben, keiner Entscheidung – was eine Maßnahme einschließen kann – zur Bewertung von sie betreffenden persönlichen Aspekten unterworfen zu werden, die ausschließlich auf einer automatisierten Verarbeitung beruht und die rechtliche Wirkung für die betroffene Person entfaltet oder sie in ähnlicher Weise erheblich beeinträchtigt, wie die automatische Ablehnung eines Online-Kreditantrags oder Online-Einstellungsverfahren ohne jegliches menschli-

cessing of personal data evaluating the personal aspects relating to a natural person, in particular to analyse or predict aspects concerning the data subject's performance at work, economic situation, health, personal preferences or interests, reliability or behaviour, location or movements, where it produces legal effects concerning him or her or similarly significantly affects him or her. [3]However, decision-making based on such processing, including profiling, should be allowed where expressly authorised by Union or Member State law to which the controller is subject, including for fraud and tax-evasion monitoring and prevention purposes conducted in accordance with the regulations, standards and recommendations of Union institutions or national oversight bodies and to ensure the security and reliability of a service provided by the controller, or necessary for the entering or performance of a contract between the data subject and a controller, or when the data subject has given his or her explicit consent. [4]In any case, such processing should be subject to suitable safeguards, which should include specific information to the data subject and the right to obtain human intervention, to express his or her point of view, to obtain an explanation of the decision reached after such assessment and to challenge the decision. [5]Such measure should not concern a child.

[6]In order to ensure fair and transparent processing in respect of the data subject, taking into account the specific circumstances and context in which the personal data are processed, the controller should use appropriate mathematical or statistical procedures for the profiling, implement technical and organisational measures appropriate to ensure, in particular, that factors which result in inaccuracies in personal data are corrected and the risk of errors is minimised, secure personal data in a manner that takes account of the potential risks involved for the interests and rights of the data subject and that prevents, inter alia, discriminatory effects on natural persons on the basis of racial or ethnic origin, political opinion, religion or beliefs, trade union membership, genetic or health status or sexual orientation, or that result in measures having such an effect. [7]Automated decision-making and profiling based on special categories of personal

che Eingreifen. [2]Zu einer derartigen Verarbeitung zählt auch das „Profiling", das in jeglicher Form automatisierter Verarbeitung personenbezogener Daten unter Bewertung der persönlichen Aspekte in Bezug auf eine natürliche Person besteht, insbesondere zur Analyse oder Prognose von Aspekten bezüglich Arbeitsleistung, wirtschaftliche Lage, Gesundheit, persönliche Vorlieben oder Interessen, Zuverlässigkeit oder Verhalten, Aufenthaltsort oder Ortswechsel der betroffenen Person, soweit dies rechtliche Wirkung für die betroffene Person entfaltet oder sie in ähnlicher Weise erheblich beeinträchtigt. [3]Eine auf einer derartigen Verarbeitung, einschließlich des Profilings, beruhende Entscheidungsfindung sollte allerdings erlaubt sein, wenn dies nach dem Unionsrecht oder dem Recht der Mitgliedstaaten, dem der für die Verarbeitung Verantwortliche unterliegt, ausdrücklich zulässig ist, auch um im Einklang mit den Vorschriften, Standards und Empfehlungen der Institutionen der Union oder der nationalen Aufsichtsgremien Betrug und Steuerhinterziehung zu überwachen und zu verhindern und die Sicherheit und Zuverlässigkeit eines von dem Verantwortlichen bereitgestellten Dienstes zu gewährleisten, oder wenn dies für den Abschluss oder die Erfüllung eines Vertrags zwischen der betroffenen Person und einem Verantwortlichen erforderlich ist oder wenn die betroffene Person ihre ausdrückliche Einwilligung hierzu erteilt hat. [4]In jedem Fall sollte eine solche Verarbeitung mit angemessenen Garantien verbunden sein, einschließlich der spezifischen Unterrichtung der betroffenen Person und des Anspruchs auf direktes Eingreifen einer Person, auf Darlegung des eigenen Standpunkts, auf Erläuterung der nach einer entsprechenden Bewertung getroffenen Entscheidung sowie des Rechts auf Anfechtung der Entscheidung. [5]Diese Maßnahme sollte kein Kind betreffen.

[6]Um unter Berücksichtigung der besonderen Umstände und Rahmenbedingungen, unter denen die personenbezogenen Daten verarbeitet werden, der betroffenen Person gegenüber eine faire und transparente Verarbeitung zu gewährleisten, sollte der für die Verarbeitung Verantwortliche geeignete mathematische oder statistische Verfahren für das Profiling verwenden, technische und organisatorische Maßnahmen treffen, mit denen in geeigneter

data should be allowed only under specific conditions.

Weise insbesondere sichergestellt wird, dass Faktoren, die zu unrichtigen personenbezogenen Daten führen, korrigiert werden und das Risiko von Fehlern minimiert wird, und personenbezogene Daten in einer Weise sichern, dass den potenziellen Bedrohungen für die Interessen und Rechte der betroffenen Person Rechnung getragen wird und mit denen verhindert wird, dass es gegenüber natürlichen Personen aufgrund von Rasse, ethnischer Herkunft, politischer Meinung, Religion oder Weltanschauung, Gewerkschaftszugehörigkeit, genetischer Anlagen oder Gesundheitszustand sowie sexueller Orientierung zu diskriminierenden Wirkungen oder zu Maßnahmen kommt, die eine solche Wirkung haben. [7]Automatisierte Entscheidungsfindung und Profiling auf der Grundlage besonderer Kategorien von personenbezogenen Daten sollten nur unter bestimmten Bedingungen erlaubt sein.

(72) [1]Profiling is subject to the rules of this Regulation governing the processing of personal data, such as the legal grounds for processing or data protection principles. [2]The European Data Protection Board established by this Regulation (the 'Board') should be able to issue guidance in that context.

(72) [1]Das Profiling unterliegt den Vorschriften dieser Verordnung für die Verarbeitung personenbezogener Daten, wie etwa die Rechtsgrundlage für die Verarbeitung oder die Datenschutzgrundsätze. [2]Der durch diese Verordnung eingerichtete Europäische Datenschutzausschuss (im Folgenden „Ausschuss") sollte, diesbezüglich Leitlinien herausgeben können.

(91) […] [2]A data protection impact assessment should also be made where personal data are processed for taking decisions regarding specific natural persons following any systematic and extensive evaluation of personal aspects relating to natural persons based on profiling those data or following the processing of special categories of personal data, biometric data, or data on criminal convictions and offences or related security measures. […]

(91) […] [2]Eine Datenschutz-Folgenabschätzung sollte auch durchgeführt werden, wenn die personenbezogenen Daten für das Treffen von Entscheidungen in Bezug auf bestimmte natürliche Personen im Anschluss an eine systematische und eingehende Bewertung persönlicher Aspekte natürlicher Personen auf der Grundlage eines Profilings dieser Daten oder im Anschluss an die Verarbeitung besonderer Kategorien von personenbezogenen Daten, biometrischen Daten oder von Daten über strafrechtliche Verurteilungen und Straftaten sowie damit zusammenhängende Sicherungsmaßregeln verarbeitet werden. […]

Literatur

Ehmann/Selmayr (Hrsg.), Datenschutz-Grundverordnung, 1. Auflage 2017, C.H. Beck München; *Eßer/Kramer/von Lewinski (Hrsg.) Auernhammer,* BDSG, 4. Auflage 2014, Carl Heymanns Verlag Köln; *Eschholz,* Big Data unter dem Einfluss der Datenschutz-Grundverordnung, in: DuD 2017, 180; *Gola (Hrsg.),* Datenschutz-Grundverordnung, 1. Auflage 2017, C.H. Beck München; *Härting,* Profiling: Vorschläge für eine intelligente Regulierung, in: CR 8/2014, 528; *Kühling/Buchner (Hrsg.),* Datenschutzgrundverordnung, 1. Auflage 2017, C.H. Beck München; *Paal/*

Pauly, Datenschutz-Grundverordnung, 1. Auflage 2016, C.H. Beck München; *Sydow (Hrsg.),* Europäische Datenschutzgrundverordnung, 1. Auflage 2017, Nomos Baden Baden.

Bedeutung der Norm

Die Norm definiert den Begriff des Profilings. Der Begriff wird in verschiedenen Artikeln der DS-GVO verwendet, insb. im Zusammenhang mit dem Widerspruchsrecht (Art. 21 Abs. 1) und automatisierten Einzelentscheidungen (Art. 22). Rechtsfolgen werden an das Vorliegen eines Profilings in der DS-GVO allerdings nicht geknüpft.

Hinweise für den Anwender

Für die Norm relevante Definitionen und andere Querbezüge:

- Gem. Art. 13 Abs. 2 lit. f und Art. 14 Abs. 2 lit. g muss der Verantwortliche den Betroffenen über das Bestehen einer automatisierten Entscheidungsfindung einschließlich Profiling informieren. Gem. Art. 15 Abs. 1 lit. h besteht eine entsprechende Auskunftspflicht.
- Art. 21 Abs. 1 und 2 hebt besonders hervor, dass das Widerspruchsrecht auch gegen ein Profiling besteht.
- Art. 22 regelt die automatisierte Einzelentscheidung einschließlich Profiling.
- Nach Art. 35 Abs. 3 lit. a ist eine Datenschutz-Folgenabschätzung bei automatisierten Einzelentscheidungen, die auf Profiling gründen, erforderlich.
- Auch Art. 47 Abs. 2 lit. e (Verbindliche interne Datenschutzvorschriften) und Art. 70 Abs. 1 lit. f (Leitlinien, Empfehlungen und bewährte Verfahren zur näheren Bestimmung der Kriterien und Bedingungen der auf Profiling beruhenden automatisierten Entscheidungen) erwähnen das Profiling.

Für die Auslegung der Norm relevante Erwägungsgründe:

- EG 60 S. 3, 63 S. 3, 70 S. 1, 71, 72, 91 S. 2.

Vorgängernormen im BDSG:

- Eine Definition des Profilings gibt es im BDSG nicht. § 6a Abs. 1 S. 1 BDSG regelt allerdings die automatisierte Einzelentscheidung und enthält deshalb Tatbestandsmerkmale, die der Definition des Profilings in der DS-GVO teilweise entsprechen. Nach § 4d Abs. 5 Nr. 2 BDSG ist bei Leistungs- und Verhaltensbewertungen eine Vorabkontrolle durch den Datenschutzbeauftragten durchzuführen. Ferner macht § 28b BDSG Vorgaben für Wahrscheinlichkeitsanalysen (Scoring), bei denen es um die Berechnung der Wahrscheinlichkeit eines bestimmten zukünftigen Verhaltens des Betroffenen geht.

Vorgängernormen in der RL 95/46:

- Eine Definition des Profilings gibt es in der DS-RL nicht. Art. 15 Abs. 1 DS-RL regelt allerdings die automatisierte Einzelentscheidung und enthält deshalb Tatbestandsmerkmale, die der Definition des Profilings in der DS-GVO teilweise entsprechen.

Schlagworte

Profiling, Profil, Profilbildung, automatisierte Verarbeitung, Einzelentscheidung, automatisierte Entscheidungsverfahren, Evaluation, Analyse, Vorhersage, Scoring, Wahrscheinlichkeitsprognose, mathematisch-statistische Verfahren, Widerspruchsrecht, persönliche Aspekte.

A. Allgemeines

I. Regelungszweck

Das in Art. 4 Nr. 4 definierte Profiling hat in der DS-GVO keine eigenständige Bedeutung. Die DS-GVO enthält keine besonderen Zulässigkeitsvoraussetzungen für das Profiling. Profiling ist eine Verarbeitung personenbezogener Daten, für die einer der Erlaubnistatbestände der Art. 6 oder 9 vorliegen muss (so auch EG 72 S. 1). Die DS-GVO knüpft auch keine besonderen Rechtsfolgen allein an das Vorhandensein eines Profilings. Rechtlich relevant ist Profiling nur, wenn aufgrund des Profilings eine automatisierte Einzelentscheidung getroffen wird. Dass das Profiling gleichwohl definiert wird, hat daher lediglich politische Bedeutung und soll signalisieren, dass der Normgeber die mit verschiedenen Formen des Profilings verbundenen Herausforderungen zumindest erkannt hat. **1**

II. Normadressaten

Die Norm ist von Relevanz in erster Linie für alle Verantwortlichen, die automatisierte Einzelentscheidungen vornehmen und dabei Profilinganalysen oder -vorhersagen verwenden. **2**

III. Systematik

Mit einer Ausnahme wird der Begriff des Profilings im verfügenden Teil der DS-GVO nur im Zusammenhang mit der automatisierten Entscheidungsfindung verwendet: **3**

- Der Verantwortliche muss den Betroffenen zwar über ein Profiling informieren, aber nur, wenn es zu einer automatisierten Entscheidungsfindung führt (Art. 13 Abs. 2 lit. f und Art. 14 Abs. 2 lit. g).
- Auf Antrag muss der Verantwortliche dem Betroffenen Auskunft über ein Profiling geben, aber ebenfalls nur bei einer damit in Zusammenhang stehenden automatisierten Entscheidungsfindung (Art. 15 Abs. 1 lit. h).
- Art. 22 regelt die automatisierte Einzelentscheidung. In der Regel wird diese auf einem Profiling beruhen. Zwingend ist dies aber nicht.
- Nach Art. 35 Abs. 3 lit. a ist eine Datenschutz-Folgenabschätzung bei automatisierten Einzelentscheidungen, die auf Profiling gründen, erforderlich.
- Auch in Art. 47 Abs. 2 lit. e und Art. 70 Abs. 1 lit. f wird das Profiling nur im Zusammenhang mit automatisierten Einzelentscheidungen erwähnt.

Eigenständige Erwähnung findet das Profiling ferner in Art. 21 Abs. 1 und 2. Dort wird besonders hervorgehoben, dass das Widerspruchsrecht auch gegen ein Profiling besteht, was aber eine Selbstverständlichkeit ist, da Profiling oftmals eine Verarbeitung personenbezogener Daten basierend auf „berechtigtem Interesse" (Art. 6 Abs. 1 lit. f) ist, gegen die generell ein Widerspruchsrecht besteht. **4**

IV. Entstehungsgeschichte

1. Bisherige europäische Vorgaben

5 Von verschiedener Seite wurden in der Vergangenheit Versuche unternommen, den Begriff des Profilings zu definieren:

	Richtlinie 95/46/EG	**Europarat-Empfehlung CM/Rec (2010)13 vom 23.11.2010**	**KOM-Vorschlag 2012/0011 vom 25.1.2012**	**Art. 29 Gruppe (Advice Paper vom 13.5.2013)**	**EP-Entwurf vom 12.3.2014**	**Ratsentwurf vom 15. Juni 2015**	**DS-GVO**
profile		a set of data characterising a category of individuals that is *intended* to be applied to an individual					
profiling	automated processing of data *intended* to evaluate certain personal aspects relating to him, such as his performance at work, creditworthiness, reliability, conduct, etc.	an automatic data processing technique that consists of applying a "profile" to an individual, particularly in order to take decisions concerning her or him or for analysing or predicting her or his personal preferences, behaviours and attitudes.	automated processing *intended* to evaluate certain personal aspects relating to this natural person or to analyse or predict in particular the natural person's performance at work, economic situation, location, health, personal preferences, reliability or behaviour.	any form of automated processing of personal data, *intended* to analyse or predict the personality or certain personal aspects relating to a natural person, in particular the analysis and prediction of the person's health, economic situation, performance at work, personal preferences or interests, reliability or behaviour, location or movements.	any form of automated processing of personal data *intended* to evaluate certain personal aspects relating to a natural person or to analyse or predict in particular that natural person's performance at work, economic situation, location, health, personal preferences, reliability or behaviour;	any form of automated processing of personal data consisting of *using* those data to evaluate personal aspects relating to a natural person, in particular to analyse and predict aspects concerning performance at work, economic situation, health, personal preferences, or interests, reliability or behaviour, location or movements	any form of automated processing of personal data consisting of the use of personal data to evaluate certain personal aspects relating to a natural person, in particular to analyse and predict aspects concerning that natural person's performance at work, economic situation, health, personal preferences, interests, reliability, behaviour, location or movements

6 Wie die Übersicht zeigt, wird teilweise zwischen Profil und Profiling unterschieden. Teilweise wird Profiling nur als Analyse- und Vorhersagemethode („evaluate", „analyse", „predict") angesehen, teilweise werden aber auch die Anwendung („applying a profile") bzw. die geplante Anwendung („in order to take decisions") in die Definition des Profilings einbezogen.

2. Bisherige nationale Vorgaben

7 Gem. § 6a Abs. 1 S. 1 BDSG dürfen Entscheidungen, die für den Betroffenen eine rechtliche Folge nach sich ziehen oder ihn erheblich beeinträchtigen, nicht ausschließlich auf eine automatisierte Verarbeitung personenbezogener Daten gestützt werden, die der Bewertung einzelner Persönlichkeitsmerkmale dienen. Ferner schreibt § 4d Abs. 5 Nr. 2 BDSG eine Vorabkontrolle durch den Datenschutzbeauftragten insb. dann vor, wenn die Verarbeitung personenbezogener Daten dazu bestimmt ist, die „Persönlichkeit des Betroffenen zu bewerten einschließlich seiner Fähigkeiten, seiner Leistung oder seines Verhaltens". Auch das BDSG kennt somit bereits das Profiling und bewertet es als eine mit gewissen Risiken für den Betroffenen verbundene Maßnahme,

ohne allerdings den Begriff „Profiling“ zu verwenden. Ohnehin entspricht der Begriff nicht dem bisherigen deutschen Sprachgebrauch, der in diesem Zusammenhang eher von „Profilbildung“ ausgeht.

Schließlich hat der deutsche Gesetzgeber für Fälle des sog. Scorings, also bei Wahrscheinlichkeitsprognosen, in § 28b BDSG Vorgaben für ein verhältnismäßiges Scoring gemacht, sofern dies zum Zwecke der Begründung, Durchführung oder Beendigung eines Vertragsverhältnisses mit dem Betroffenen geschieht. Unter anderem ist Voraussetzung, dass nur wissenschaftlich anerkannte mathematisch-statistische Verfahren angewendet werden. Ferner sollen für die Berechnung von Wahrscheinlichkeitswerten z.B. nicht allein Anschriftendaten der Betroffenen verwendet werden. 8

3. Verhandlungen zur DS-GVO

Der KOM-Entwurf enthielt keine Definition des Profilings. Diese kam erst auf Betreiben des EP und des Rates in den Text der DS-GVO. Art. 20 KOM-Entwurf sah allerdings ein grundsätzliches Verbot von „auf Profiling basierenden Maßnahmen“ vor. Dieser Regelungsvorschlag enthielt auch eine Art Definition. 9

Der EP-Entwurf enthielt neben dem grundsätzlichen Verbot automatisierter Einzelentscheidungen (Art. 20 Abs. 2 EP-Entwurf) ein sehr weitreichendes Widerspruchsrecht gegen das Profiling (Art. 20 Abs. 1 EP-Entwurf). Danach hätte ohne Begründung und ohne Interessenabwägung jeder Widerspruch gegen ein Profiling zur Einstellung der Datenverarbeitung geführt. Dieser radikale Vorschlag konnte sich im Trilog nicht durchsetzen. Des Weiteren enthielt Art. 20 Abs. 3 EP-Entwurf ein Diskriminierungsverbot, das sich nunmehr in abgeschwächter Form (nur noch im Zusammenhang mit der Pflicht zur Verwendung geeigneter mathematischer oder statistischer Verfahren) in EG 71 S. 6 findet. 10

In Bezug auf die Regelung zu automatisierten Einzelentscheidungen hat sich weitgehend der Ratsentwurf durchgesetzt. Bevor der Rat seinen Standpunkt verabschiedete, waren in den Ratsverhandlungen verschiedene Regelungsmodelle diskutiert worden, unter denen auch Versuche waren, das Profiling selbst besonderen Anforderungen zu unterwerfen. Hauptsächlich wegen der Weite der Definition des Profilings und der unabsehbaren Folgen eines noch strengeren Regelungsregimes wurden diese Ideen letztlich aber wieder verworfen. 11

B. Inhalt der Regelung

I. Automatisierte Verarbeitung

Die Definition erfasst nur die automatisierte Verarbeitung und insoweit nur einen Teilausschnitt des sachlichen Anwendungsbereichs der DS-GVO (vgl. Art. 2 Abs. 1, wonach die „ganz oder teilweise automatisierte Verarbeitung“ und die „nichtautomatisierte Verarbeitung personenbezogener Daten, die in einem Dateisystem gespeichert sind oder gespeichert werden sollen“, erfasst sind). 12

Profiling ist dabei nur die Datenanalyse, ohne dass dies bereits irgendwelche Folgen für den Betroffenen haben muss. Zu unterscheiden sind beim Profiling als erste Stufe die Datensammlung (bestehend aus Datenerhebung und -vorhaltung) und als zweite Stufe die Datenauswertung.[1] 13

II. Verwendung personenbezogener Daten

Profiling umfasst nur die Bewertung persönlicher Aspekte einer natürlichen Person unter Verwendung personenbezogener Daten. Es kommt dabei nicht darauf an, ob diese Daten aus einer Quelle oder aus verschiedenen Quellen stammen.[2] Nicht erfasst ist von der Definition die Bewer- 14

1 Zur Zweistufigkeit des Profilings eingehend *Härting*, in: CR 8/2014, 528, 529.
2 Unzutreffend insofern Ehmann/Selmayr, *Klabunde*, Art. 4 Rn. 21.

tung persönlicher Aspekte, die auf der Verwendung nicht-personenbezogener Daten beruht (also z.B. die Klassifikation natürlicher Personen aufgrund ihrer Zugehörigkeit zu einer Personengruppe).

III. Bewertung einer natürlichen Person

15 Profiling ist eine besondere Form der automatisierten Datenauswertung, mit der persönliche Aspekte einer natürlichen Person bewertet werden. Es kommt dabei nicht darauf an, ob der Verantwortliche dabei einen Zweck oder mehrere Zwecke verfolgt.[3] Es kommt für die Erfüllung der Tatbestandsvoraussetzungen der Definition auch nicht darauf an, ob die Bewertung der natürlichen Person der Vorbereitung einer automatisierten Einzelentscheidung dient.[4]

1. Analyse

16 Die Definition umfasst die Bewertung in Bezug auf persönliche Aspekte einer natürlichen Person. Diese Bewertung kann sich auf die Gegenwart und die Vergangenheit beziehen.

2. Vorhersage

17 Die Definition umfasst die Bewertung der zukünftigen Aspekte einer natürlichen Person.

3. Bestimmte persönliche Aspekte

18 Die Definition nennt verschiedene Aspekte, die sich auf eine natürliche Person beziehen, bei deren Analyse oder Vorhersage, ein Profiling vorliegt:

- Arbeitsleistung (Beispiel: Ermittlung einer Punktzahl bei Bewerbungsverfahren; Persönlichkeitstests bei Bewerberauswahl und Personalentwicklung)
- Wirtschaftliche Lage (Beispiel: Ermittlung eines Kreditscorewertes)
- Gesundheit (Beispiele: Ermittlung eines Aktivitätsindexes durch einen Fitnesstracker; Verfahren zur Auswahl von Organempfängern)
- Vorlieben (Beispiel: Analyse der Voreinkäufe eines registrierten Kunden durch ein Unternehmen, um sich ein Bild von dessen Konsumgewohnheiten zu machen und Kaufempfehlungen aussprechen zu können)
- Interessen (Beispiel: Webseitenoptimierung aufgrund der Analyse des Surfverhaltens eines Internetnutzers)
- Verhalten (Beispiel: Logistikunternehmen setzt Verfahren ein, die in Echtzeit Fahrverhalten und physiologische Parameter seiner Mitarbeiter erfassen und zur Bestimmung der Fahrfähigkeit bzw. Müdigkeit auswerten)
- Aufenthaltsort (Beispiel: Geolokalisaton einer IP-Adresse zur Betrugsverhinderung bei Onlinezahlungen)
- Ortswechsel (Beispiel: Ein Hotelbuchungsportal macht aufgrund getätigter Buchungen Vorschläge für die nächsten Reiseziele)

19 Die Aufzählung persönlicher Aspekte, die Gegenstand eines Profilings sein können, ist nicht abschließend, aber schon so weitgehend, dass wohl die meisten persönlichen Aspekte des menschlichen Lebens erfasst sein dürften.

3 Unzutreffend insofern Ehmann/Selmayr, *Klabunde*, Art. 4 Rn. 22.
4 Unzutreffend insofern Ehmann/Selmayr, *Klabunde*, Art. 4 Rn. 22.

IV. Leitlinien, Empfehlungen und bewährte Verfahren

Der Europäische Datenschutzausschuss kann gem. Art. 70 Abs. 1 lit. f Leitlinien, Empfehlungen und bewährte Verfahren zur näheren Bestimmung der Kriterien und Bedingungen für die auf Profiling beruhenden Entscheidungen gem. Art. 22 Abs. 2 bereitstellen. Dazu könnten auch Vorgaben für eine verhältnismäßige Profilbildung gehören. **20**

V. Auswirkungen auf das nationale Recht

Der deutsche Gesetzgeber hat mit § 31 BDSG-neu die bisherigen Vorgaben zur Durchführung eines Scorings in § 28b und § 28a Abs. 1 BDSG übernommen, um den materiellen Schutzstandard zum Schutz des Wirtschaftsverkehrs aufrechtzuerhalten.[5] **21**

5 BT-Drucks. 18/11325, S. 101.

Article 4 Nr. 5

'pseudonymisation'

'pseudonymisation' means the processing of personal data in such a manner that the personal data can no longer be attributed to a specific data subject without the use of additional information, provided that such additional information is kept separately and is subject to technical and organisational measures to ensure that the personal data are not attributed to an identified or identifiable natural person

Artikel 4 Nr. 5

„Pseudonymisierung"

„Pseudonymisierung" die Verarbeitung personenbezogener Daten in einer Weise, dass die personenbezogenen Daten ohne Hinzuziehung zusätzlicher Informationen nicht mehr einer spezifischen betroffenen Person zugeordnet werden können, sofern diese zusätzlichen Informationen gesondert aufbewahrt werden und technischen und organisatorischen Maßnahmen unterliegen, die gewährleisten, dass die personenbezogenen Daten nicht einer identifizierten oder identifizierbaren natürlichen Person zugewiesen werden;

Recitals

(26) The principles of data protection should apply to any information concerning an identified or identifiable natural person. Personal data which have undergone pseudonymisation, which could be attributed to a natural person by the use of additional information should be considered to be information on an identifiable natural person. To determine whether a natural person is identifiable, account should be taken of all the means reasonably likely to be used, such as singling out, either by the controller or by another person to identify the natural person directly or indirectly. To ascertain whether means are reasonably likely to be used to identify the natural person, account should be taken of all objective factors, such as the costs of and the amount of time required for identification, taking into consideration the avail-able technology at the time of the processing and technological developments. The principles of data protection should therefore not apply to anonymous information, namely information which does not relate to an identified or identifiable natural person or to personal data rendered anonymous in such a manner that the data subject is not or no longer identifiable. This Regulation does not therefore concern the processing of such anonymous information, including for statistical or research purposes.

Erwägungsgründe

(26) Die Grundsätze des Datenschutzes sollten für alle Informationen gelten, die sich auf eine identifizierte oder identifizierbare natürliche Person beziehen. Einer Pseudonymisierung unterzogene personenbezogene Daten, die durch Heranziehung zusätzlicher Informationen einer natürlichen Person zugeordnet werden könnten, sollten als Informationen über eine identifizierbare natürliche Person betrachtet werden. Um festzustellen, ob eine natürliche Person identifizierbar ist, sollten alle Mittel berücksichtigt werden, die von dem Verantwortlichen oder einer anderen Person nach allgemeinem Ermessen wahrscheinlich genutzt werden, um die natürliche Person direkt oder indirekt zu identifizieren, wie beispielsweise das Aussondern. Bei der Feststellung, ob Mittel nach allgemeinem Ermessen wahrscheinlich zur Identifizierung der natürlichen Person genutzt werden, sollten alle objektiven Faktoren, wie die Kosten der Identifizierung und der dafür erforderliche Zeitaufwand, herangezogen werden, wobei die zum Zeitpunkt der Verarbeitung verfügbare Technologie und technologische Entwicklungen zu berücksichtigen sind. Die Grundsätze des Datenschutzes sollten daher nicht für anonyme Informationen gelten, d.h. für Informationen, die sich nicht auf eine identifizierte oder identifizierbare natürliche Person beziehen, oder personenbezogene Daten, die in einer Weise anonymisiert worden sind, dass die betroffene Person nicht oder nicht mehr identifiziert werden kann. Diese Verordnung betrifft somit nicht die Verarbeitung solcher

anonymer Daten, auch für statistische oder für Forschungszwecke.

(28) The application of pseudonymisation to personal data can reduce the risks to the data subjects concerned and help controllers and processors to meet their data-protection obligations. The explicit introduction of 'pseudonymisation' in this Regulation is not intended to preclude any other measures of data protection.

(28) Die Anwendung der Pseudonymisierung auf personenbezogene Daten kann die Risiken für die betroffenen Personen senken und die Verantwortlichen und die Auftragsverarbeiter bei der Einhaltung ihrer Datenschutzpflichten unterstützen. Durch die ausdrückliche Einführung der „Pseudonymisierung" in dieser Verordnung ist nicht beabsichtigt, andere Datenschutzmaßnahmen auszuschließen.

(29) In order to create incentives to apply pseudonymisation when processing personal data, measures of pseudonymisation should, whilst allowing general analysis, be possible within the same controller when that controller has taken technical and organisational measures necessary to ensure, for the processing concerned, that this Regulation is implemented, and that additional information for attributing the personal data to a specific data subject is kept separately. The controller processing the personal data should indicate the authorised persons within the same controller.

(29) Um Anreize für die Anwendung der Pseudonymisierung bei der Verarbeitung personenbezogener Daten zu schaffen, sollten Pseudonymisierungsmaßnahmen, die jedoch eine allgemeine Analyse zulassen, bei demselben Verantwortlichen möglich sein, wenn dieser die erforderlichen technischen und organisatorischen Maßnahmen getroffen hat, um – für die jeweilige Verarbeitung – die Umsetzung dieser Verordnung zu gewährleisten, wobei sicherzustellen ist, dass zusätzliche Informationen, mit denen die personenbezogenen Daten einer speziellen betroffenen Person zugeordnet werden können, gesondert aufbewahrt werden. Der für die Verarbeitung der personenbezogenen Daten Verantwortliche, sollte die befugten Personen bei diesem Verantwortlichen angeben.

Bedeutung der Norm

Die Norm enthält eine Definition der „Pseudonymisierung". Die Pseudonymisierung wird an einigen Stellen in der Verordnung als Maßnahme erwähnt, um ein angemessenes Schutzniveau für personenbezogene Daten zu schaffen.

Hinweise für den Anwender

Für die Auslegung der Norm relevante Erwägungsgründe:

- EG 26, 28, 29.

Vorgängernorm im BDSG:

- § 3 Abs. 6a BDSG.

Stellungnahmen der Aufsichtsbehörden und der Art.29-Datenschutzgruppe:

- Stellungnahme 4/2007 zum Begriff „personenbezogene Daten", WP 136.
- Stellungnahme 5/2014 zu Anonymisierungstechniken, WP 216

Schlagworte

Anonymisierung, Pseudonymisierung; personenbezogene Daten; Identifizierbarkeit; Verschlüsselung

A. Allgemeines

1 Auf die Definition der „Pseudonymisierung" nimmt die DS-GVO an verschiedenen Stellen Bezug (Art. 6 Abs. 4 lit. e, 25, 32, 40, 89 Abs. 1). Sie beschreibt ein technisches Verfahren der Risikominimierung. Die Einzelheiten sowohl der technischen Umsetzung als auch der Rechtsfolgen und des Verhältnisses zum Begriff der personenbezogenen Daten (siehe oben Art. 4 Nr. 1 Rn. 7 ff.) sind weitgehend unklar. Während sowohl der Wortlaut von Art. 4 Nr. 5 als auch EG 26 klarstellen, dass pseudonymisierte Daten weiterhin personenbeziehbare Daten sind und damit (grundsätzlich mit allen Konsequenzen) dem Anwendungsbereich der DS-GVO unterfallen, soll mit dem Konzept nach EG 29 gleichwohl ein Anreiz für den Verantwortlichen bestehen, Daten pseudonymisiert zu verarbeiten.

I. Regelungszweck

2 Die Pseudonymisierung muss als *ein* Mittel der Risikominimierung gesehen werden. Zu Recht macht EG 28 deutlich, dass es sich bei diesem Verfahren nicht um die einzige Möglichkeit der grundrechtsschonenden Datenverarbeitung handelt.

II. Normadressaten

Normadressaten sind Verantwortliche und Auftragsverarbeiter sowohl im nicht-öffentlichen als auch im öffentlichen Bereich.

III. Systematik

3 Auf die Definition der „Pseudonymisierung" nimmt die DS-GVO an verschiedenen Stellen Bezug. Sie beschreibt ein technisches Verfahren der Risikominimierung, das letztlich an der Identifizierbarkeit der betroffenen Person ansetzt. Insoweit wird sie im Rahmen der Verordnung als mögliches technisches Mittel zur Einhaltung der Datenschutzgrundsätze wie etwa Datenminimierung und als notwendige Garantien für die Sicherheit der Verarbeitung erwähnt (Art. 25 Abs. 1, Art. 32 Abs. 1). Ferner kann die Pseudonymisierung eine geeignete Garantie im Falle der Weiterverarbeitung zu einem anderen Zweck (Art. 6 Abs. 4 lit. e) oder in Bezug auf Verarbeitungen zu im öffentlichen Interesse liegenden Archivzwecken, zu wissenschaftlichen und historischen Forschungszwecke und zu statistischen Zwecken (Art. 89 Abs. 1) dienen. Ist die Identifizierung des Betroffenen unmöglich oder nur mit einem unverhältnismäßigen Aufwand möglich, handelt es sich um anonymisierte Daten, die nicht mehr in den Anwendungsbereich der DS-GVO fallen. Geht man davon aus, dass der Begriff des personenbezogenen Datums relativ zu verstehen ist, d.h. dass der *jeweilige* Verantwortliche die Identifizierbarkeit nicht oder nur mit einem unverhältnismäßigen Aufwand herstellen kann (vgl. oben Art. 4 Nr. 1 Rn. 10), kann ein Datum nach Durchführung der Pseudonymisierungsmaßnahme für den einen Verantwortlichen weiterhin ein pseudonymisiertes personenbezogenes Datum sein und für den anderen Verantwortlichen ein anonymisiertes Datum, das nicht mehr in den Anwendungsbereich der DS-GVO fällt. Die Pseudonymisierung beschreibt ein Verfahren der lediglich erschwerten Identifizierbarkeit („Identitätsverschleierung") bei demjenigen Verantwortlichen, der nach wie vor über den „Schlüssel" zur Identifizierung verfügt. Die Identifizierbarkeit muss jedoch gerade für den jeweiligen konkreten Zweck der Verarbeitung und in Bezug auf die konkreten Nutzer der Daten, d.h. diejenigen Mitarbeiter, die ihn für den Verantwortlichen verarbeiten, deutlich erschwert werden. Die Erschwernis muss im Vergleich zu dem noch nicht pseudonymiserten personenbezogenen

oder personenbeziehbaren Datum liegen. Dies bedeutet, dass Daten, die bei entsprechender Auslegung (hierzu Art. 4 Nr. 1 Rn. 9) nicht als personenbeziehbare Daten gelten, auch durch die Pseudonymisierung nicht zu solchen werden. Eine umgekehrte Auslegung mag dem Wortlaut des Art. 4 Nr. 5 entnommen werden können, liefe jedoch dem Sinn und Zweck der Norm diametral zuwider.

IV. Entstehungsgeschichte

1. Bisherige europäische Vorgaben

Die RL 95/46/EG enthielt keine Definition der Pseudonymisierung. Dennoch war die Pseudonymisierung ein zur Identitätsverschleierung anerkanntes Mittel, wobei die Rechtsfolgen unklar blieben. 4

2. Bisherige nationale Vorgaben

In § 3 Abs. 6 und 6a BDSG-alt finden sich Definitionen der Anonymisierung einerseits und der Pseudonymisierung andererseits, die nicht deckungsgleich mit dem neuen Begriffsverständnis der DS-GVO sind. Vorm Wortlaut her ist die in § 3 Abs. 6a BDSG-alt enthaltene Definition der Pseudonymisierung (technisch) enger, indem sie (allein) auf die Ersetzung von personenbezogenen Angaben durch Kennziffern abstellt. Zugleich entspricht der Wortlaut von § 3 Abs. 6 BDSG-alt zur Anonymisierung weitgehend der neuen Definition der Pseudonymisierung in Art. 4 Nr. 5 DS-GVO. Kommentierungen zu den alten BDSG Vorschrift können daher zur Auslegung von Art. 4 Nr. 5 DS-GVO nur sehr bedingt herangezogen werden. 5

3. Verhandlungen zur DS-GVO

Die Regelungen zur Pseudonymisierung spielten in den Verhandlungen der DS-GVO durchaus eine prominente Rolle. Eine von Deutschland im Rat eingebrachte Note zur Pseudonymisierung und Ausgestaltung des risikobasierten Ansatzes fand teilweise Eingang in den Text der DS-GVO. Die Verhandlungen waren zu diesem Zeitpunkt schon so weit fortgeschritten, dass eine ausgiebige Beratung nicht mehr möglich war. Gleichwohl wurde die Pseudonymisierung ebenso wie von Deutschland vorgeschlagen als wichtiges Element des von ihm vorangetriebenen risikobasierten Ansatzes gesehen, der sich letztlich auch durchgesetzt hat. Dies spiegelt sich z.B. darin wieder, dass der Begriff in Art. 25 und 32 verwendet wird.

B. Inhalt der Regelung

Die Definition der Pseudonymisierung stellt darauf ab, dass die „identifizierenden Elemente" eines Datums vom restlichen Teil des Datums bzw. Datensatzes getrennt und gesondert „aufbewahrt" werden. Die „Aufbewahrung" des „getrennten Datensatzes" bzw. des Schlüssels muss nicht bei einem anderen Verantwortlichen erfolgen. Diese weitergehende Variante war im Gesetzgebungsverfahren erwogen worden, wurde jedoch zu Recht verworfen, weil sie das Verfahren der Pseudonymisierung zu stark eingeschränkt und damit für die Praxis bedeutungslos gemacht hätte. Die Möglichkeit der Pseudonymisierung innerhalb eines Verantwortlichen bringt es zwangsläufig mit sich, dass jeweils auf die konkrete Nutzung der Daten abzustellen ist. Verfügt etwa eine Versicherung über alle vollständigen Daten der Versicherten und will zum Zwecke der Tarifierung sämtliche Daten der Versicherten verarbeiten, um statistische Auffälligkeiten zu erkennen, so ist sie für diesen Verarbeitungsvorgang nicht auf die Namen und andere identifizierende Elemente der Versichertendatensätze angewiesen und kann (bzw. sollte) die Daten zum diesem Zwecke pseudonymisiert verarbeiten. Für den konkreten Versicherten besteht die Riskominierung darin, dass er durch diejenigen Mitarbeiter der Versicherung, die sich bei der Errechnung von Tarifen zwangsläufig mit *allen* Versicherten befassen, nicht identifiziert werden kann. 6

Ein „gesondertes Aufbewahren" wäre z. B. der Fall, wenn ein Fluggastdatensatz ohne den Namen des Passagiers weiterverarbeitet wird, der Name oder der vollständige Datensatz jedoch an anderer Stelle noch vorhanden ist. Diese auf den ersten Blick bestechend klare Abgrenzung erweist sich in der Praxis und unter technischen Gesichtspunkten als äußerst schwierig. Völlig unterschiedliche Verfahren sind dabei denkbar (vgl. auch Art. 25 Rn. 23 ff.). Nach der die Stellungnahme 4/2007 zum Begriff „personenbezogene Daten", WP 136, S. 21, kann die Pseudonymisierung auf rücknehmbare Weise anhand von Referenzlisten für Identitäten und ihren Pseudonymen oder anhand von Zweiwege- Verschlüsselungsalgorithmen für die Pseudonymisierung erfolgen. In Betracht kommt somit etwa eine Art Zuordnungstabelle, die im einfachsten Fall das Pseudonym mit dem personenbezogenen Datum in Klartext nebeneinanderstellen würde. Auch die Verschlüsselung der Daten kann den Kriterien der Pseudonymisierung gerecht werden, sie verlangt aber eine – verglichen mit der einfachen Tabellenform – komplexe informatische Rechenoperation, die die Nichtlesbarkeit des Klartexts kryptografisch sicherstellt. Die Verschlüsselung von Daten bedeutet nämlich die Transformation eines Klartextes in einen Schlüsseltext, wobei dreierlei Optionen zu unterscheiden sind:

1. symmetrische kryptografische Verfahren nutzen den gleichen Schlüssel, um aus dem Klartext den Schlüsseltext und aus dem Schlüsseltext wieder den Klartext zu erzielen;
2. asymmetrische kryptografische Verfahren nutzen einen Schlüssel (den sogenannten öffentlichen Schlüssel), um aus dem Klartext den Schlüsseltext zu erzeugen, einen (zwar korrespondierenden, jedoch nicht aus dem öffentlichen Schlüssel ableitbaren) privaten Schlüssel, mit dem der Schlüsseltext in den Klartext zurück überführt werden kann;
3. kryptografische Hashfunktionen, die ein schlüsselloses Verfahren dafür bilden, Eingabedaten im Klartext in einen Schlüsseltext zu transformieren, und die dabei irreversibel (unumkehrbar) sind.

7 Die Wirksamkeit der Pseudonymisierung hängt letztlich von verschiedenen Einflussfaktoren ab (vom Zeitpunkt der Pseudonymisierung, von der Rücknahmefestigkeit der Pseudonymisierungsprozedur, von der Größe der Population, in der sich der Betroffene verbirgt, von der Verkettungsmöglichkeit von einzelnen Transaktionen oder Datensätzen desselben Betroffenen, von der Zufälligkeit und Vorhersagbarkeit sowie der Menge der möglichen Pseudonyme).[1] Betrachtet man die oben genannten drei Arten von Verschlüsselungsverfahren als Maßnahmen zur Gewährleistung der Informationssicherheit im Sinne des vorliegenden Artikels, sind insb. die zweite und dritte Option als relevant zu beurteilen. Denn während eine symmetrische Verschlüsselung die personenbezogenen Daten zunächst schützt, wird die Herausforderung der sicheren Verarbeitung unmittelbar auf den Schlüssel übertragen, der einerseits benötigt wird, um die personenbezogenen Daten zu verschlüsseln, der aber andererseits auch denjenigen, der über Daten und Schlüssel verfügt, in die Lage versetzt, aus den verschlüsselten Daten den Klartext wiederherzustellen. Ein tatsächlicher Sicherheitsgewinn für die Verarbeitung der personenbezogenen Daten wird sich aus der Anwendung eines solchen Verfahrens regelmäßig nicht ergeben.

C. Weitere Auswirkungen der Verordnung in der Praxis

8 Die Umsetzung in der Praxis ist nach dem oben Gesagten auf unterschiedliche Weise möglich. Der Maßstab, der bei der Frage anzulegen ist, ob es sich schon oder noch um ein Verfahren der Pseudonymisierung handelt, bestimmt sich neben dem formalen (aber vielseitig auslegbaren) Kriterium der gesonderten Aufbewahrung danach, ob das konkrete Verfahren letztlich geeignet ist, die Risiken für die Betroffenen zu minimieren. Dabei kann als Faustregel herangezogenen werden: Je schwerer die Identifizierbarkeit nach Abschluss der Pseudonymisierung bei der konkreten Nutzung der Daten ist, desto geringer sind die Risiken für die Betroffenen. Es ist davon auszuge-

1 Stellungnahme 4/2007 zum Begriff „personenbezogene Daten", WP 136, S. 21.

hen, dass in naher Zukunft Standardlösungen angeboten werden, um Daten pseudonymisiert nach der DS-GVO zu verarbeiten. Ob diese einerseits in jedem Einzelfall erforderlich und unter wirtschaftlichen Gesichtspunkten angemessen sind und andererseits sich in anderen als ausreichend erweisen, lässt sich pauschal nicht beantworten.

Article 4 Nr. 6

'filing system'

(6) 'filing system' means any structured set of personal data which are accessible according to specific criteria, whether centralised, decentralised or dispersed on a functional or geographical basis;

Artikel 4 Nr. 6

„Dateisystem"

(6) „Dateisystem" jede strukturierte Sammlung personenbezogener Daten, die nach bestimmten Kriterien zugänglich sind, unabhängig davon, ob diese Sammlung zentral, dezentral oder nach funktionalen oder geografischen Gesichtspunkten geordnet geführt wird;

Recital

(15) In order to prevent creating a serious risk of circumvention, the protection of natural persons should be technologically neutral and should not depend on the techniques used. The protection of natural persons should apply to the processing of personal data by automated means, as well as to manual processing, if the personal data are contained or are intended to be contained in a filing system. Files or sets of files, as well as their cover pages, which are not structured according to specific criteria should not fall within the scope of this Regulation.

Erwägungsgrund

(15) Um ein ernsthaftes Risiko einer Umgehung der Vorschriften zu vermeiden, sollte der Schutz natürlicher Personen technologieneutral sein und nicht von den verwendeten Techniken abhängen. Der Schutz natürlicher Personen sollte für die automatisierte Verarbeitung personenbezogener Daten ebenso gelten wie für die manuelle Verarbeitung von personenbezogenen Daten, wenn die personenbezogenen Daten in einem Dateisystem gespeichert sind oder gespeichert werden sollen. Akten oder Aktensammlungen sowie ihre Deckblätter, die nicht nach bestimmten Kriterien geordnet sind, sollten nicht in den Anwendungsbereich dieser Verordnung fallen.

§ 26 BDSG-neu

Datenverarbeitung für Zwecke des Beschäftigungsverhältnisses

[…]

(7) Die Absätze 1 bis 6 sind auch anzuwenden, wenn personenbezogene Daten, einschließlich besonderer Kategorien personenbezogener Daten, von Beschäftigten verarbeitet werden, ohne dass sie in einem Dateisystem gespeichert sind oder gespeichert werden.

[…]

▶ Bedeutung der Norm

Die Norm definiert den Begriff des Dateisystems und legt daher die Voraussetzungen fest, wann bei einer nicht-automatisierten Verarbeitung die DS-GVO nach Art. 2 Abs. 1 Anwendung findet Dem Begriff des Dateisystems kommt daher ein erheblicher Stellenwert bei dem sachlichen Anwendungsbereich der DS-GVO zu.

Hinweise für den Anwender

Für die Norm relevante Definitionen:
- Gem. Art. 2 Abs. 1 gilt die DS-GVO (nur) für die ganz oder teilweise automatisierte Verarbeitung personenbezogener Daten sowie für die nicht-automatisierte Verarbeitung personenbezogener Daten, die in einem Dateisystem gespeichert sind oder gespeichert werden sollen.

Für die Auslegung der Norm relevante Erwägungsgründe:
- EG 15, 31.

Vorgängernorm im BDSG:
- § 3 Abs. 2 BDSG.

Vorgängernorm in der RL 95/46:
- Art. 2 lit. c RL 95/46.

Schlagworte

Dateisystem, Anwendungsbereich, Akten, digitale Akten, Technikneutralität

A. Allgemeines

I. Regelungszweck

1 Da Art. 2 Abs. 1 1. Alt. den Anwendungsbereich der DS-GVO bereits auf jede automatisierte Verarbeitung erstreckt, dient der Begriff des Dateisystems eigentlich nur dazu, den Anwendungsbereich auch auf nicht-automatisierte Verarbeitungen zu erstrecken; nicht jedoch auf (ungeordnete) Akten. Dass hierfür im Deutschen ausgerechnet ein Begriff gewählt wird, der nach allgemeinem Verständnis auf eine automatisierte Verarbeitung hindeutet, ist auf den ersten Blick unglücklich.

II. Normadressaten

2 Die Norm ist für den Anwendungsbereich und somit für alle Verantwortlichen und Auftragsverarbeiter von Relevanz.

III. Systematik

3 Die DS-GVO bestimmt ihren sachlichen Anwendungsbereich grundsätzlich danach, ob die Daten automatisiert verarbeitet werden. Ausdrücklich ausgenommen sind nach EG 15 jedoch Akten oder Aktensammlungen sowie ihre Deckblätter, die nicht nach bestimmten Kriterien geordnet sind. Diese Ausnahme für Akten hat eine enorme praktische Bedeutung. Sie hatte in der RL 95/46 EG auch den Sinn, Regelungen zur Archivierung und Aufbewahrung von Akten, die der Rechtmäßigkeitskontrolle des Verwaltungshandelns dienen, vom Anwendungsbereich des Datenschutzrechts auszunehmen. Die DS-GVO hat diese Systematik insofern durchkreuzt, als auch Verarbeitungen zu Archivzwecken unter die DS-GVO fallen und hierfür eine Reihe von Sonderregelungen geschaffen wurden. Da Akten mittlerweile zunehmend digitalisiert sind, ist die Ausnahme umso problematischer.

IV. Entstehungsgeschichte

1. Bisherige europäische Vorgaben

4 Art. 2 lit. c RL 95/46 enthielt dieselbe Definition; allerdings nicht zu dem Begriff „Dateisystem", sondern zum Begriff „Datei mit personenbezogenen Daten". Der englische Text von Art. 2 lit c. RL 95/46 und von Art. 4 Nr. 6 DS-GVO definiert gleichermaßen den Begriff „filing system". .

2. Bisherige nationale Vorgaben

5 § 3 Abs. 2 BDSG enthielt eine Definition der automatisierten Verarbeitung im Sinne der „Erhebung, Verarbeitung oder Nutzung personenbezogener Daten unter Einsatz von Datenverarbeitungsanlagen". Zudem wurde „eine nicht automatisierte Datei" definiert als jede nicht automatisierte Sammlung personenbezogener Daten, die gleichartig aufgebaut ist und nach bestimmten Merkmalen zugänglich ist und ausgewertet werden kann.

3. Verhandlungen zur DS-GVO

6 Art. 4 Abs. 4 des KOM-Entwurfs definierte noch den Begriff der Datei. Die Ersetzung durch den Begriff „Dateisystem" erfolgte erst im Trilog in der deutschen Sprachfassung. In der englischen Sprachfassung blieb es stets bei dem Begriff „filing system".

B. Inhalt der Regelung

1. Begriff des Dateisystems an sich

7 Der Begriff des Dateisystems findet sich ausschließlich in Art. 2 Abs. 1. Er ist insofern konsequent, als er die technologische Entwicklung der letzten Jahrzehnte aufgreift. Datenhaltung und -ordnung erfolgten früher vornehmlich in Dateien. Sie gaben durch ihre Ordnungsmerkmale praktisch die Struktur der Datenverarbeitung wieder. In der heutigen Informationstechnologie spielen die herkömmlichen Dateien hingegen kaum noch eine Rolle. Daten sind heute über Suchmaschinen und Algorithmen auch dann erschließbar und nutzbar, wenn sie zuvor nicht in Dateien oder vergleichbaren Strukturen abgelegt wurden. Dies gilt jedenfalls für die automatisierte Verarbeitung.

2. Abgrenzungsfunktion

8 Der Begriff des Dateisystems wird hingegen in der DS-GVO nicht verwendet, um Entwicklungen der automatisierten Verarbeitung abzubilden. Der Begriff dient hier vielmehr dem Gegenteil, weshalb er eher Verwirrung stiftet als Klarheit schafft. Mit dem Dateisystem sind nicht-automatisierte Verarbeitungsvorgänge gemeint. Der Begriff rekurriert dabei wie im bisherigen Recht auf eine „strukturierte Sammlung" von Daten, die nach bestimmten Kriterien „zugänglich" sind. Nach dem klassischen Verständnis ist damit ein Zettelkasten in einer Bibliothek gemeint. Derartige nicht-automatisierte Sammlungen gibt es heute aber in kaum noch nennenswerter Weise.

3. Digitale Akten

9 Praktisch von überragender Bedeutung und äußerst problematisch ist die Frage, ob die digitale Akte, insb. die nachträglich digitalisierte Papierakte, unter den Begriff des Dateisystems oder unter die automatisierte Verarbeitung fällt. Nach dem Wortlaut handelt es sich um eine automatisierte Verarbeitung; von der Funktion her sind auch digitale Akten in erster Linie Akten, auf die die Grundprinzipien des Datenschutzes nur sehr eingeschränkt Anwendung finden können. Bei den Akten gilt nicht der Grundsatz der Datensparsamkeit, sondern – zur Kontrolle des Verwaltungshandelns und der Rechenschaft – der Grundsatz der Vollständigkeit. EG 15 sagt deshalb eindeutig, dass Akten oder Aktensammlungen, die nicht nach bestimmten Kriterien geordnet sind, vom Anwendungsbereich des Datenschutzrechts ausgenommen sind. Entscheidend ist deshalb, ob durch die Digitalisierung bestimmte Ordnungskriterien hinzugefügt oder die Akten ent-

sprechend strukturiert werden. Bei einem simplen Einscannen ist dies nicht der Fall, selbst wenn das erzeugte digitale Dokument suchfähig ist, da sich die Suchfunktion in der Regel nicht an vorher definierten Kriterien orientiert.

4. Umsetzung in nationales Recht

Die Definition findet sich wortgleich in § 46 Nr. 6 BDSG-neu. Die Regelung bezieht sich hier aller- **10**
dings auf den Anwendungsbereich der Richtlinie 2016/680.

Eine Ausnahme zu Anwendbarkeit des BDSG-neu für nicht öffentliche Stellen nach § 1 Abs. 2 Nr. 3 BDSG wird sich künftig in § 26 Abs. 7 BDSG-neu finden, wonach § 26 Abs. 1 bis 6 BDSG-neu anwendbar sind, wenn Daten von Beschäftigten verarbeitet werden, auch wenn sie nicht in Dateisystemen gespeichert sind oder werden sollen. Er geht dabei von der Beschreibung des Anwendungsbereichs in Art. 2 Abs. 1 der Verordnung (EU) 2016/679 aus und führt § 32 Abs. 2 BDSG a. F. fort.

Article 4 Nr. 7

'Controller'

'controller' means the natural or legal person, public authority, agency or other body which, alone or jointly with others, determines the purposes and means of the processing of personal data; where the purposes and means of such processing are determined by Union or Member State law, the controller or the specific criteria for its nomination may be provided for by Union or Member State law;

Artikel 4 Nr. 7

„Verantwortlicher"

„Verantwortlicher" die natürliche oder juristische Person, Behörde, Einrichtung oder andere Stelle, die allein oder gemeinsam mit anderen über die Zwecke und Mittel der Verarbeitung von personenbezogenen Daten entscheidet; sind die Zwecke und Mittel dieser Verarbeitung durch das Unionsrecht oder das Recht der Mitgliedstaaten vorgegeben, so kann der Verantwortliche beziehungsweise können die bestimmten Kriterien seiner Benennung nach dem Unionsrecht oder dem Recht der Mitgliedstaaten vorgesehen werden;

Literatur

Wolff/Brink, Datenschutzrecht in Bund und Ländern, 1. Auflage 2013, C.H.Beck München, *Eßer/Kramer/von Lewinski (Hrsg.)*, BDSG, 4. Auflage 2014, Carl Heymanns Verlag Köln; Beck'scher Online-Kommentar Datenschutzrecht, 16. Edition, C.H. Beck München, Stand 1.5.2016.; Gola/Schomerus, BDSG, 12. Auflage 2015, C.H. Beck München; *Kühling/Buchner (Hrsg.)*, Datenschutzgrundverordnung, 1. Auflage 2017, C.H. Beck München.

▶ Bedeutung der Norm

Die Norm definiert den Begriff des Verantwortlichen und somit den Hauptnormadressaten der DS-GVO. Sie ist heranzuziehen, wenn bestimmt werden muss, an wen sich die meisten Vorgaben der DS-GVO für die Verarbeitung personenbezogener Daten richten.

▶ Hinweise für den Anwender

Für die Norm relevante Definition:

- Die Definition der verantwortlichen Stelle ist in § 3 Abs. 7 BDSG geregelt.

Für die Norm relevante Erwägungsgründe:

- Dieser Begriffsbestimmung lassen sich keine spezifischen EG zuordnen.

Vorgängernormen der RL 95/46

- Die Definition in Art. 2 lit. d RL 95/46 entspricht im Wesentlichen der Definition in der DS-GVO.

Stellungnahmen der Aufsichtsbehörden und der Art. 29-Datenschutzgruppe

- Die Stellungnahme 1/2010 der Art. 29-Datenschutzgruppe zu den Begriffen „für die Verarbeitung Verantwortlicher" und „Auftragsverarbeiter" vom 16.2.2010 (Working Paper 169, nachfolgend nur noch WP 169) kann für die Auslegung herangezogen werden, da sich die Formulierung der Definition in der RL 95/46 in den wesentlichen Passagen nicht unterscheidet.

▶ Schlagworte

Verantwortlicher, juristische Person, gemeinsam Verantwortlicher

A. Allgemeines

Mit dieser Definition wird der Normadressat bestimmt, der die Zwecke und Mittel der Verarbei- 1
tung (Art. 4 Nr. 2 DS-GVO) bestimmt.

I. Regelungszweck

Durch die Begriffsbestimmung wird klargestellt, dass Verantwortlicher nur derjenige ist, der über 2
die Zwecke und Mittel der Verarbeitung entscheidet. Dies hat die Konsequenz, dass alle Bestimmungen zur Festlegung von Bedingungen für die rechtmäßige Verarbeitung im Wesentlichen an Verantwortliche gerichtet sind, selbst wenn dies in der jeweiligen Norm nicht immer klar ausgedrückt ist.[1] Damit ergibt sich, dass ein Verantwortlicher auch dann noch für die Einhaltung der Anforderungen der DS-GVO verantwortlich bleibt, wenn er personenbezogene Daten durch einen Auftragsverarbeiter verarbeiten lässt.[2] Über die Fragen „Warum wird diese Verarbeitung durchgeführt?" und „Wer hat sie veranlasst?" lässt sich die erforderliche Weichenstellung für die Zuweisung der Verantwortlichkeit einer konkreten Verarbeitung ableiten.[3]

II. Systematik

Die Normadressaten der DS-GVO werden in Art. 4 – beginnend mit der Definition des Verant- 3
wortlichen – nacheinander aufgeführt. Nachfolgend werden Auftragsverarbeiter (Nr. 8), Empfänger (Nr. 9) und Dritter (Nr. 10) definiert. Die weiteren von der Norm umfassten Rollen bei der Begriffsbestimmung wie Vertreter (Nr. 17), Aufsichtsbehörde (Nr. 21) und betroffene Aufsichtsbehörde (Nr. 22) werden eher unsystematisch aufgelistet. Aus der Systematik in der Auflistung der Begriffsbestimmungen ergeben sich daher keine besonderen Hinweise für die Auslegung. Die „betroffene Person" wird nur inzident in Nr. 1 definiert. Andere wichtige Unterscheidungen (wie z.B. die zwischen öffentlichen und nicht öffentlichen Verantwortlichen) und Definitionen (wie z.B. die des Drittstaatsverarbeiters) fehlen in Art. 4. Zum Teil folgen sie aus den materiell-rechtlichen Regelungen der DS-GVO (wie z.B. die des „gemeinsam Verantwortlichen" in Art. 26).

1 Vgl. WP 169, S. 5.
2 Vgl. WP 169, S. 31.
3 Vgl. WP 169, S. 11.

III. Entstehungsgeschichte

1. Bisherige europäische Vorgaben

4 Die Begriffsbestimmung des Verantwortlichen war bereits in der RL 95/46 EG festgelegt. Der dortige Wortlaut unterscheidet sich nur unwesentlich von der Begriffsbestimmung in der DS-GVO.

RL 95/46 – Englisch	DS-GVO – Englisch	RL 95/46 – Deutsch	DS-GVO – Deutsch
Art. 2 lit d 'controller' shall mean the natural or legal person, public authority, agency or any other body which alone or jointly with others determines the purposes and means of the processing of personal data; where the purposes and means of processing are determined by national or Community laws or regulations, the controller or the specific criteria for his nomination may be designated by national or Community law;	Art. 4 Nr. 7 'controller' means the natural or legal person, public authority, agency or other body which, alone or jointly with others, determines the purposes and means of the processing of personal data; where the purposes and means of such processing are determined by Union or Member State law, the controller or the specific criteria for its nomination may be provided for by Union or Member-State law;	Art. 2 lit. d „für die Verarbeitung Verantwortlicher" die natürliche oder juristische Person, Behörde, Einrichtung oder jede andere Stelle, die allein oder gemeinsam mit anderen über die Zwecke und Mittel der Verarbeitung von personenbezogenen Daten entscheidet. Sind die Zwecke und Mittel der Verarbeitung von personenbezogenen Daten in einzelstaatlichen oder gemeinschaftlichen Rechts- und Verwaltungsvorschriften festgelegt, so können der für die Verarbeitung Verantwortliche bzw. die spezifischen Kriterien für seine Benennung durch einzelstaatliche oder gemeinschaftliche Rechtsvorschriften bestimmt werden;	Art. 4 Nr. 7 „Verantwortlicher" die natürliche oder juristische Person, Behörde, Einrichtung oder andere Stelle, die allein oder gemeinsam mit anderen über die Zwecke und Mittel der Verarbeitung von personenbezogenen Daten entscheidet; sind die Zwecke und Mittel dieser Verarbeitung durch das Unionsrecht oder das Recht der Mitgliedstaaten vorgegeben, so kann der Verantwortliche beziehungsweise können die bestimmten Kriterien seiner Benennung nach dem Unionsrecht oder dem Recht der Mitgliedstaaten vorgesehen werden;

5 Bis auf den Hinweis, dass im mitgliedstaatlichen Recht Mittel und Zwecke für Verarbeitungen festgelegt werden können, sind die Begriffsbestimmungen fast wortgleich. Dies eröffnet die weitere Anwendung der Festlegungen der europäischen Aufsichtsbehörden zur Auslegung des Begriffs des Verantwortlichen, insb. im WP 169.

2. Bisherige nationale Vorgaben

6 Das BDSG hat in § 3 Abs. 7 („Verantwortliche Stelle ist jede Person oder Stelle, die personenbezogene Daten für sich selbst erhebt, verarbeitet oder nutzt oder dies durch andere im Auftrag vornehmen lässt") die Vorgaben der RL 95/46 nicht vollständig umgesetzt. Die Merkmale der Entscheidung über Zwecke und Mittel der Verarbeitung wurden nicht übernommen. Ebenso wenig hat der deutsche Gesetzgeber die Möglichkeit der gemeinsamen Festlegung der Zwecke und Mittel aus der RL 95/46 aufgegriffen. Umso spannender wird die Frage der Zuordnung der unterschiedlichen Fallgestaltungen unter Art. 26 DS-GVO zu verfolgen sein.[4]

B. Inhalt der Norm

I. Natürliche Personen

7 Auch natürliche Personen können Normadressat und Verantwortlicher nach Art. 4 Nr. 7 sein. Der sachliche Anwendungsbereich der DS-GVO findet keine Anwendung auf die Verarbeitung personenbezogener Daten durch natürliche Personen zur Ausübung ausschließlich persönlicher oder familiärer Tätigkeiten gem. Art. 2 Abs. 2 lit. c DS-GVO. Aus dem Umkehrschluss zu EG 18 ergibt

4 Vgl. Art. 26 Rn. 32 ff.

sich, dass eine Verarbeitung personenbezogener Daten durch eine natürliche Person, die mit Bezug zu einer beruflichen oder wirtschaftlichen Tätigkeit vorgenommen wird, dann doch zu den Normadressaten zu rechnen ist. Leitet sich dieser Bezug aus einem angestellten Beschäftigtenverhältnis ab, so bleibt jedoch der Arbeitgeber der natürlichen Person der datenschutzrechtlich Verantwortliche, insb. bei Gestaltungen, die betriebliche Daten auf privaten Geräten erlauben („Bring your own device"). Bedeutung erlangt die natürliche Person als Normadressat jedenfalls dann, wenn die Verarbeitung im Kontext einer beruflichen oder wirtschaftlichen Tätigkeit erfolgt, aber bspw. die Eintragung im Handelsregister als eingetragener Kaufmann nicht erfolgt.

Eine natürliche Person wird auch dann nicht Verantwortlicher, wenn ihr im Rahmen eines betrieblichen Kontextes (wie z.B. als Mitarbeiter oder Leiter eines Unternehmensbereiches) die organisatorische Entscheidung und Umsetzung über die Verarbeitung personenbezogener Daten zugewiesen ist. Hier geht die Art. 29-Datenschutzgruppe in ihrem WP 169 davon aus, dass das Unternehmen oder die öffentliche Stelle letztendlich die Verantwortung für die Datenverarbeitung und die datenschutzrechtlichen Verpflichtungen trägt, sofern keine klaren Anzeichen dafür bestehen, dass eine natürliche Person verantwortlich ist. Generell sei dabei anzunehmen, dass ein Unternehmen als solches bzw. eine öffentliche Einrichtung als solche für die Verarbeitungstätigkeiten in ihrem Tätigkeits- und Haftungsbereich verantwortlich ist.[5] Dieser Auslegung ist zuzustimmen: Letztendlich ergibt sich aus der Sicht des Betroffenen die Verantwortlichkeit aus dem Auftreten eines Unternehmens oder einer öffentlichen Einrichtung und nicht aus der intern zugewiesenen Zuständigkeit. 8

Gelegentlich benennen Unternehmen und öffentliche Einrichtungen eine bestimmte Person, die für die Durchführung der Verarbeitungen verantwortlich ist. Aber selbst in einem solchen Fall, in dem eine bestimmte natürliche Person dazu bestimmt wird, die Einhaltung der Datenschutzgrundsätze sicherzustellen oder personenbezogene Daten zu verarbeiten, ist diese natürliche Person nicht der Verantwortliche, sondern handelt im Auftrag der juristischen Person (Unternehmen oder öffentliche Einrichtung), die in ihrer Eigenschaft als Verantwortlicher trotzdem die Haftung im Fall von Verstößen gegen die Datenschutzgrundsätze trägt. 9

Insbesondere für große und komplex strukturierte Organisationen ist es ein wesentlicher Aspekt der „Datenschutzstrategie", sowohl eine klare Verantwortung der natürlichen Person, die das Unternehmen repräsentiert, als auch die konkreten funktionellen Verantwortlichkeiten innerhalb der Organisationsstruktur sicherzustellen, z.B. indem andere Personen als Vertreter der Organisation oder als Ansprechpartner für die Betroffenen beauftragt werden. 10

In Fällen, in denen eine natürliche Person, die für eine juristische Person handelt, Daten für ihre eigenen Zwecke außerhalb des Tätigkeitsbereichs und der möglichen Kontrolle der juristischen Person nutzt, ist eine besondere Analyse erforderlich. In diesem Fall gilt die natürliche Person als Verantwortliche in Bezug auf die Verarbeitung, über die sie selbst entschieden hat, und trägt die Verantwortung für diese Nutzung der personenbezogenen Daten. Der ursprünglich Verantwortliche kann jedoch ebenfalls eine gewisse Verantwortung tragen, wenn die neue Verarbeitung aufgrund eines Mangels angemessener Sicherheitsmaßnahmen erfolgt.[6] 11

Noch nicht endgültig geklärt ist die Verantwortlichenstellung bei den Facebook-Fanpages.[7] Nach dem WP 169 ist derjenige, der weder einen rechtlichen noch einen tatsächlichen Einfluss auf die Entscheidung hat, wie personenbezogene Daten verarbeitet werden, nicht als Verantwortlicher anzusehen. 12

Zumindest für die Einbindung des „Gefällt-mir"-Buttons von Facebook mittels Plugin ist in einem wettbewerbsrechtlichen Verfahren entschieden worden, dass der Webseitenbetreiber als Verantwortlicher gilt.[8] Das bloße Einbinden des Plugins ermögliche die Datenerhebung und spätere Ver- 13

5 Vgl. WP 169, S. 19.
6 Vgl. WP 169, S. 20.
7 Eßer/Kramer/von Lewinski, *Eßer*, § 3 Rn. 77.
8 LG Düsseldorf, Urt. v. 9.9.2016 – 12 O 151/15, Rn. 48.

wendung der Daten durch Facebook. Der Webseitenbetreiber könne durch ein Entfernen des Buttons den Zugriff von vornherein verhindern bzw. durch eine vorgeschaltete Abfrage bei den Nutzern, ob die Funktionalität aktiviert werden soll, den Zugriff auf die Daten und hierdurch deren Verwendung einschränken. Durch die Einbindung des Plugins wirke der Webseitenbetreiber unmittelbar an der Datenerhebung durch Facebook mit. Seine Entscheidung und die technische Implementierung sorgten dafür, dass die Erhebung und die Verarbeitung stattfinde. Die Erhebung der Daten zu deren Verwendung findet damit im eigenen Tätigkeits- und Haftungsbereich des Webseitenbetreibers statt. Unerheblich ist für das LG Düsseldorf auch, dass die Beklagte keinen direkten Einfluss auf die Funktionsweise des Buttons und die Verarbeitung der Daten habe und dass sich ihre aktive Tätigkeit in der Einbindung des Plugins erschöpfe.[9] Diese Entscheidung des LG Düsseldorf ist aber nicht rechtskräftig. Das OLG Düsseldorf[10] hat das Verfahren ausgesetzt und dem EuGH[11] u.a. zur Vorabentscheidung vorgelegt, ob in einem Fall, bei dem jemand einen Programmcode in seine Webseite einbindet, der den Browser des Benutzers veranlasst, Inhalte von einem Dritten anzufordern und hierzu personenbezogene Daten an den Dritten zu übermitteln, der Einbindende „für die Verarbeitung Verantwortlicher" im Sinne von Art. 2 Buchstabe d) der Richtlinie 95/46/EG zum Schutz natürlicher Personen bei der Verarbeitung personenbezogener Daten und zum freien Datenverkehr vom 24. Oktober 1995 ist, wenn er selber diesen Datenverarbeitungsvorgang nicht beeinflussen kann?

II. Juristische Personen

14 Im nicht öffentlichen Bereich kann jede rechtlich selbstständige Einheit Verantwortlicher sein, wenn sie personenbezogene Daten für eigene Zwecke verarbeitet. Eine rechtlich unselbstständige Niederlassung oder eine organisatorische Abteilung sind nicht Verantwortliche i.S.v. Nr. 7. Verantwortliche sind vielmehr die juristische Person bzw. das Unternehmen als solches.[12] Auch der Betriebsrat oder Personalrat ist nicht selbst Verantwortlicher, sondern stellt nur einen Teil des Verantwortlichen, dessen Beschäftigte er vertritt, dar. Wäre der Betriebs- oder Personalrat verantwortlich im Sinne des Datenschutzrechts, müsste für jede Datenweitergabe innerhalb des Unternehmens eine rechtliche Grundlage nachgewiesen werden.[13] Dies ändert sich auch nicht dadurch, dass den Betriebs- oder Personalräten mit dieser Aufgabe eine gesetzliche Unabhängigkeit sowie eigene Datenverarbeitungsrechte und -pflichten eingeräumt werden.[14] Gleiches gilt für weitere Mitarbeiter eines Unternehmens, die eine besondere Aufgabe wahrnehmen, wie Gleichstellungsbeauftragte, Fachkräfte für Arbeitssicherheit, Betriebsärzte, behördliche oder betriebliche Datenschutzbeauftragte, Compliance-Beauftragte oder die Schwerbehinderten-Vertretung.[15]

15 Bei Unternehmensverbänden (vgl. Art. 4 Nr. 19) erfüllt jedes rechtlich selbstständige Unternehmen, das personenbezogene Daten für eigene Zwecke verarbeitet, die Anforderungen, um als Verantwortlicher angesehen zu werden. Ein Konzernprivileg ist in der DS-GVO nicht vorgesehen, eine Weitergabe von personenbezogenen Daten zwischen verbundenen Unternehmen ist unter den Anforderungen der Wahrung berechtigter Interessen zu prüfen (s. Art. 6 Rn. 119 und EG 48), oder unter den Voraussetzungen der Art. 26 (gemeinsam für die Verarbeitung Verantwortlichkeit) oder Art. 28 (Auftragsverarbeitung).

9 LG Düsseldorf, Urt. v. 9.9.2016 – 12 O 151/15, Rn. 49 bis 50.
10 OLG Düsseldorf, Beschluss vom 19.01.2017, Az.: I-20 U 40/16, Fundstelle: https://www.justiz.nrw.de/nrwe/olgs/duesseldorf/j2017/I_20_U_40_16_Beschluss_20170119.html.
11 EuGH - C-40/17, Fundstelle: http://curia.europa.eu/juris/document/document.jsf?text=&docid=189748&pageIndex=0&doclang=DE&mode=req&dir=&occ=first&part=1
12 Eßer/Kramer/von Lewinski, *Eßer*, § 3 Rn. 72.
13 Gola/Schomerus, *Gola/Klug/Körffer*, § 3 Rn. 49.
14 Gola/Schomerus, *Gola/Klug/Körffer*, § 3 Rn. 49.
15 Wolff/Brink, *Wolff/Brink/Schild*, § 3 Rn. 128.

III. Behörde

Der Begriff Behörde wird in der DS-GVO selbst nicht weiter definiert. Da der Behördenbegriff staatliches bzw. hoheitliches Handeln beinhaltet und sich die diesbezüglichen Vorgaben an der jeweiligen Rechtsgestaltung in den Mitgliedstaaten orientieren, wird hier auf § 1 Abs. 4 VwVfG zurückgegriffen werden können. Danach ist Behörde im Sinne des Verwaltungsverfahrensgesetzes jede Stelle, die Aufgaben der öffentlichen Verwaltung wahrnimmt. Dies umfasst dann auch die „beliehenen Unternehmen", die hoheitliche Aufgaben wahrnehmen, wenn man die Regelung in § 2 Abs. 4 Satz 2 des Bundesdatenschutzgesetzes berücksichtigt, die durch das Gesetz zur Anpassung des Datenschutzrechts an die Verordnung (EU) 2016/679 und zur Umsetzung der Richtlinie (EU) 2016/680 (Datenschutz-Anpassungs- und -Umsetzungsgesetz EU – DSAnpUG-EU)[16] für den Zeitraum ab 25. Mai 2018 gelten wird. Nehmen öffentliche Stellen des Bundes der der Länder am Wettbewerb teil, so gelten sie insoweit als nicht-öffentliche Stellen im Sinne des BDSG-neu, vgl. § 2 Abs. 5 BDSG-neu. 16

Hinsichtlich der Fragestellung, ob ein funktionaler, d.h. aufgabenbezogener, oder organisatorischer (institutioneller) Behördenbegriff zugrunde gelegt werden sollte, ist dem organisatorischen der Vorzug zu geben. Es entsteht in einer Kommunalverwaltung nicht für jede dem kommunalen Aufgabengebiet zugewiesene Tätigkeit allein dadurch eine eigene Verantwortlichkeit, weil sie eine Aufgabe der öffentlichen Verwaltung darstellt, sondern weil sie einer jeweiligen rechtlich selbstständigen Einrichtung zugewiesen ist.[17] 17

IV. Einrichtung oder jede andere Stelle

Hierunter sind alle Einrichtungen zu verstehen, die nicht bereits als natürliche Personen im wirtschaftlichen Kontext, als juristische Personen oder als Behörden über die Zwecke und Mittel der Verarbeitung personenbezogener Daten entscheiden. Hierunter fallen bspw. auch BGB-Gesellschaften oder nicht rechtsfähige Vereine. 18

V. Alleinige oder gemeinsame Entscheidung

Die Entscheidung über die Zwecke und Mittel der Verarbeitung kann „allein oder gemeinsam mit anderen" getroffen werden. Diese Formulierung gleicht der Formulierung in der RL 96/46: Auch dort war schon die alleinige oder gemeinsame Entscheidung über Zweck und Mittel angelegt. Das BDSG setzt diese Möglichkeit der gemeinsamen Verantwortung nicht um. Insoweit bringt Art. 26 neue Gestaltungsmöglichkeiten mit sich. 19

Die DS-GVO geht davon aus, dass es auch Konstellationen gibt, in denen mehrere Akteure bei der Verarbeitung personenbezogener Daten in der Art und Weise beteiligt sind, dass verschiedene Akteure als Verantwortliche handeln. 20

Die Art. 29-Datenschutzgruppe legt in ihrem WP 169 den Begriff „gemeinsam" aber nicht nur hinsichtlich einer gleichberechtigten Entscheidungsgrundlage aus, sondern lässt auch eine Auslegung im Sinne von „zusammen mit" oder „nicht alleine" zu, um den unterschiedlichen Konstellationen gerecht zu werden. Dabei legt sie bei der Bewertung der gemeinsamen Kontrolle den Schwerpunkt auf die Frage, ob mehr als eine Partei über die Zwecke und Mittel entscheidet.[18] 21

Gerade bei der zunehmenden Arbeitsteilung von produktiven Geschäftsprozessen und Verarbeitungen ist es erforderlich, dass die Rollen und Verantwortlichkeiten klar zugeordnet sind und so sichergestellt werden kann, dass es durch eine arbeitsteilige Organisationsstruktur bei mehreren beteiligten Unternehmen nicht zu einer Verteilung der Verantwortung führt, durch die die Wirksamkeit des Datenschutzrechts beeinträchtigt wird. Maßgeblich ist auch hier die Frage, wer über die Zwecke und Mittel der Datenverarbeitung entscheidet. 22

---

16 BGBl. I 2017, 2097.
17 Eßer/Kramer/von Lewinski, *Eßer*, § 2 Rn 6.
18 Vgl. WP 169, S. 11.

23 Die Beispiele, die sich im WP 169 finden lassen,[19] erfordern jeweils eine Einzelfallbetrachtung (hierzu Rn. 42 der Kommentierung zu Art. 26). Für den Bereich der öffentlichen Verwaltung können als Beispiel einer gemeinsamen Verantwortlichkeit eines Gemeinsamen Verfahrens auf europäischer Ebene im weitesten Sinn das Schengener Informationssystem (SIS) und das Visa-Informationssystem (VIS) herangezogen werden.[20]

VI. Entscheidung über Zwecke und Mittel

24 Die Definition des Verantwortlichen im BDSG enthält das Tatbestandsmerkmal der „Entscheidung über Zwecke und Mittel" nicht, sodass für die Auslegung auch hier auf das WP 169 zurückgegriffen werden kann.[21] Demnach geht es um die Frage, worüber eine Partei zu entscheiden hat, um als Verantwortlicher zu gelten.

25 Das WP 169 bezieht sich bei der Definition von „Zweck" und „Mittel" auf das „Übereinkommen zum Schutz des Menschen bei der automatischen Verarbeitung personenbezogener Daten (Konvention Nr. 108)" aus dem Jahr 1981.[22] Dort wurde der Verantwortliche in Art. 2 lit. d als derjenige definiert, der zuständig ist, darüber zu entscheiden, welchen Zweck die automatisierte Datei/Datensammlung haben soll, welche Arten personenbezogener Daten gespeichert und welche Verarbeitungsverfahren auf sie angewendet werden sollen.

26 Im WP 169 verständigte sich die Art. 29-Datenschutzgruppe auf eine Definition des „Zwecks": „Ein erwartetes Ergebnis, das beabsichtigt ist oder die geplanten Aktionen leitet". Unter „Mittel" versteht sie die „Art und Weise, wie ein Ergebnis oder Ziel erreicht wird"[23].

27 Die Entscheidung über die Zwecke und Mittel stellt damit die Entscheidung über das „Warum" und das „Wie" bestimmter Verarbeitungstätigkeiten dar. Bei diesen beiden Faktoren für die Bestimmung des Verantwortlichen müssen aber nicht immer beide gleich stark ausgeprägt sein. Auch spielt diese Zuordnung eine Rolle bei der Frage, welcher Handlungsspielraum einem Auftragsverarbeiter eingeräumt wird und ab wann ein weiterer Akteur als gemeinsam Verantwortlicher gilt.

28 Eine erste Weichenstellung bei der Zuweisung der Rollen stellt die Beantwortung der Frage dar, warum die Verarbeitung erfolgt und welche Rolle die beteiligten Akteure spielen. In diesen Fällen schlägt die Art. 29-Datenschutzgruppe vor, zu fragen, warum die Verarbeitung erfolgt und welche Rolle mögliche weitere beteiligte Akteure spielen (hätte z.B. das Outsourcing-Unternehmen diese Daten verarbeitet, wenn es nicht von dem Verantwortlichen dazu aufgefordert worden wäre?). Zudem kann ein Auftragsverarbeiter aufgrund allgemeiner Weisungen tätig sein, die in erster Linie die Zwecke betreffen und in Bezug auf die Mittel nicht zu sehr ins Detail gehen. Dieser Aspekt ist besonders dann hervorzuheben, wenn es um die zunehmend arbeitsteiligen Prozesse in der digitalen Datenverarbeitung geht, bei denen das beauftragende Unternehmen naturgemäß über weniger Spezialwissen in Bezug auf die konkreten Mittel der Auftragsumsetzung verfügt als der spezialisierte Dienstleister. So ist eine Entscheidung über die Mittel eher an einen Auftragsverarbeiter übertragbar als die Entscheidung darüber, welche Daten wie lange zu verarbeiten sind und wer zu ihnen Zugang erhält. Die Entscheidungshoheit über den Zweck ist daher ein starkes Merkmal für den Verantwortlichen, während die Entscheidung über die Mittel nicht zwingend auf den Verantwortlichen weist, sondern auch durch einen Auftragsverarbeiter erfolgen kann.

29 Fehlt es an konkreten Vorgaben zu den technischen und organisatorischen Mitteln durch den Verantwortlichen, kann der Auftragsverarbeiter die Mittel so festlegen, dass sie eine angemessene Methode zur Erreichung des Zwecks darstellen. Hat der Auftragsverarbeiter aber Einfluss

19 Vgl. WP 169, S. 25.
20 Wolff/Brink, *Wolff/Brink/Schild*, § 3 Rn. 112 f. mit weiteren Beispielen.
21 Vgl. WP 169 S. 15.
22 http://www.coe.int/de/web/conventions/full-list/-/conventions/treaty/108.
23 WP 169, S. 16.

auf den Zweck und führt er die Verarbeitung personenbezogener Daten auch zu seinem eigenen Nutzen durch, so wird er dafür selbst zu einem Verantwortlichen. Inwieweit dies dann im Einzelfall zusammen mit seinem Auftraggeber zu einer gemeinsamen Verantwortlichkeit führt, s.o. unter Rn. 19 ff.

VII. Vorgabe durch Mitgliedstaaten

Durch Unionsrecht oder durch das Recht der Mitgliedstaaten können Zwecke und Mittel der Verarbeitung personenbezogener Daten vorgegeben werden. In diesem Fall können der Verantwortliche bzw. die bestimmten Kriterien seiner Benennung nach dem Unionsrecht oder dem Recht der Mitgliedstaaten vorgesehen werden. **30**

Article 4 Nr. 8

'processor'

8. 'processor' means a natural or legal person, public authority, agency or other body which processes personal data on behalf of the controller;

Artikel 4 Nr. 8

„Auftragsverarbeiter"

8. „Auftragsverarbeiter" eine natürliche oder juristische Person, Behörde, Einrichtung oder andere Stelle, die personenbezogene Daten im Auftrag des Verantwortlichen verarbeitet;

Literatur

Albrecht/Jotzo, Das neue Datenschutzrecht der EU, 1. Auflage 2017, Nomos Baden-Baden; *Art. 29-Datenschutzgruppe*, Working Paper 169, Stellungnahme 1/2010 zu den Begriffen „für die Verarbeitung Verantwortlicher" und „Auftragsverarbeiter", angenommen am 16. Februar 2010; abrufbar unter http://ec.europa.eu/justice/policies/privacy/docs/wpdocs/2010/wp169_de.pdf; *Art. 29-Gruppe*, Working Paper 196, Stellungnahme 05/2012 zum Cloud-Computing, 01.07.2012, abrufbar unter http://ec.europa.eu/justice/data-protection/article-29/documentation/opinion-recommendation/files/2012/wp196_de.pdf; *BITKOM*, Mustervertragsanlage – Auftragsverarbeitung i.S.d. Art. 28 Abs. 3 Datenschutz-Grundverordnung (DS-GVO), Stand: 15.5.2017, https://www.bitkom.org/NP-Themen/NP-Vertrauen-Sicherheit/Datenschutz/EU-DSG/170515-Auftragsverarbeitung-Anlage-Mustervertrag-online.pdf (abgerufen am 7.6.2017); *BITKOM*, Begleitende Hinweise zu der Anlage Auftragsverarbeitung – Leitfaden, Stand: 15.5.2017, https://www.bitkom.org/Bitkom/Publikationen/Begleitende-Hinweise-zu-der-Anlage-Auftragsverarbeitung.html (abgerufen am 7.6.2017); *Bergmann/Möhrle/Herb*, Datenschutzrecht, Loseblattwerk in 52. Aktualisierung März 2017, Boorberg München; *Cropper/Pickering*, The changing landscape for data processors under the GDPR, in: Privacy Laws & Business International Report, April 2016, 29; *Eckhardt*, DS-GVO: Anforderungen an die Auftragsverarbeitung als Instrument zur Einbindung Externer, in: CCZ 2017, 111; *Eckhardt/Kramer*, EU-DSGVO Diskussionspunkte aus der Praxis, in: DuD 2013, 287; *Ehmann/Selmayr (Hrsg.)*, Datenschutz-Grundverordnung, 1. Auflage 2017, C.H. Beck München; *Eßer/Kramer/von Lewinski (Hrsg.) Auernhammer*, BDSG, 4. Auflage 2014, Carl Heymanns Verlag Köln; *Gola*, Neues Recht – neue Fragen: Einige aktuelle Interpretationsfragen zur DS-GVO – Zur Relevanz von in der Rechtsnorm sich nicht wiederfindenden Erwägungsgründen, in: K&R 3/2017, 145; *Gola (Hrsg.)*, Datenschutz-Grundverordnung, 1. Auflage 2017, C.H. Beck München; *Gola/Schomerus*, BDSG, 12. Auflage 2015, C.H. Beck München; *Härting*, Auftragsverarbeitung nach der DSGVO, in: ITRB2016, 140;*Lachenmann*, Datenübermittlung im Konzern, 1. Auflage 2016, Oldenburger Verlag für Wirtschaft, Informatik und Recht, Edewecht; *Koós/Englisch*, Eine „neue" Auftragsdatenverarbeitung – Gegenüberstellung der aktuellen Rechtslage und der DS-GVO in der Fassung des LIBE-Entwurfs, in: ZD 2014, 276; *Koslowski*, Steuerberatungsgesetz, 7. Auflage 2015, C.H. Beck München; *Kramer*, Funktionsübertragung bei Steuerberater, in: DuD 2013, 658; *Müthlein, Thomas*, ADV 5.0 – Neugestaltung der Auftragsdatenverarbeitung in Deutschland, in: RDV 2016, S. 74; *Paal/Pauly*, Datenschutz-Grundverordnung, 1. Auflage 2016, C.H. Beck München; *Petri*, Auftragsdatenverarbeitung – heute und morgen Reformüberlegungen zur Neuordnung des Europäischen Datenschutzrechts, in: ZD 2015, 305; *Piltz*, Datenschutz-Grundverordnung – Kaum beachtet: Deutsche Privilegierung der Auftragsdatenverarbeitung entfällt, Post vom 10.05.2016, https://www.delegedata.de/2016/05/datenschutz-grundverordnung-kaum-beachtet-deutsche-privilegierung-der-auftragsdatenverarbeitung-entfaellt/ , abgerufen am 20.7.2017; *Schmidt/Freund*, Perspektiven der Auftragsverarbeitung – Wegfall der Privilegierung mit der DS-GVO?, in: ZD 2017, 14; *Schmitz/von Dall 'Armi*, Auftragsdatenverarbeitung in der DS-GVO – das Ende der Privilegierung? Wie Daten künftig von Dienstleistern verarbeitet werden müssen, in: ZD 2016, 427; *Schneider*, Handbuch EDV-Recht, 5. Auflage 2017, Dr. Otto Schmidt Köln; *Wolff/Brink*, Beck'scher Online-Kommentar Datenschutzrecht, 16. Edition, C.H. Beck, München,

Stand: 01.05.2016; *Wolff/Brink (Hrsg.),* Beck'scher Online-Kommentar Datenschutzrecht, C.H. Beck München, 20. Edition, Stand: 01.05.2017; *Zikesch/Kramer,* Die DS-GVO und das Berufsrecht der Rechtsanwälte, Steuerberater und Wirtschaftsprüfer Datenschutz bei freien Berufen, in: ZD 2015, 565.

Bedeutung der Norm

Die Norm definiert den Begriff des Auftragsverarbeiters und somit einen der Normadressaten der DS-GVO. Sie ist heranzuziehen, wenn bestimmt werden muss, an wen sich die Vorgaben der DS-GVO richten.

Hinweise für den Anwender

Für die Auslegung der Norm relevante Erwägungsgründe:

- Zu dieser Begriffsbestimmung lassen sich keine spezifischen EG zuordnen.

Für die Norm relevante Definitionen:

- Im BDSG gab es in § 3 keine direkte Begriffsbestimmung zum Auftragsdatenverarbeiter. Allerdings erwähnt die Definition des „Dritten" in § 3 Abs. 8 Satz 3 BDSG die Stelle, welche personenbezogene Daten „im Auftrag" erhebt, verarbeitet oder nutzt. § 11 BDSG bestimmt dann die Pflichten desjenigen, welcher personenbezogene Daten im Auftrag erhebt, verarbeitet oder nutzt.
- Die Definition in Art. 2 lit. e RL 95/46 entspricht der Definition in der DS-GVO.

Stellungnahmen der Aufsichtsbehörden:

- Die Stellungnahme 1/2010 zu den Begriffen „für die Verarbeitung Verantwortlicher" und „Auftragsverarbeiter" der Art. 29 Data Protection Working Party vom 16.02.2010 (Working Paper 169, nachfolgend nur noch WP 169) kann für die Auslegung herangezogen werden, da sich die Formulierung der Definition in der RL 95/46 nicht unterscheidet.
- Bayerisches Landesamt für Datenschutzaufsicht, Das BayLDA auf dem Weg zur Umsetzung der Verordnung – Teil X: Auftragsverarbeitung nach der DS-GVO, Stand: 26.10.2016, https://www.lda.bayern.de/media/baylda_ds-gvo_10_processor.pdf (abgerufen am 7.6.2017).

Schlagworte

Auftragnehmer, Auftragsverarbeiter, Berufsgeheimnisträger, Betriebsärzte, Dienstleister, Funktionsübertragung, Hosting, Housing, Inkasso-Unternehmen, Outsourcing, Privilegierung, Rechenzentrum, Rechtsanwälte, Steuerberater, Subunternehmer, , Verschlüsselung, Wirtschaftsprüfer

A. Allgemeines

Mit dieser Definition wird der Normadressat bestimmt, der personenbezogene Daten im Auftrag des Verantwortlichen verarbeitet. Er ist damit also gerade nicht Verantwortlicher im Sinne der DS-GVO. Gleichzeitig wird der Auftragsverarbeiter aber im Vergleich zur RL 95/46 EG und zum 1

BDSG stärker in die Verantwortung genommen. Er haftet bei materiellen oder immateriellen Schäden gegenüber dem Betroffenen (Art. 82), hat eigenständige Pflichten in Bezug auf die Sicherheit der Verarbeitung (Art. 32) und kann Adressat von Anordnungen der Aufsichtsbehörden gem. Art. 58 sowie von Bußgeldern sein (vgl. z.B. Art. 83 Abs. 3, 4 lit. a).

I. Regelungszweck

2 Die Definition grenzt den Auftragsverarbeiter vom in Art. 4 Nr. 7 definierten „Verantwortlichen" ab. Ihr Zweck ist es den Akteuren unterschiedliche Rollen im Rahmen der Verarbeitung zuzuweisen.

II. Normadressaten

3 Die Norm hat keinen direkten Normadressaten. Als Definition ist sie vielmehr für jeden Rechtsanwender von Bedeutung. Sie ist in der Gesamtschau mit den an den Auftragsverarbeitern gerichteten Normen zu lesen und bestimmt insoweit deren Anwendungsbereich.

III. Systematik

4 Der Auftragsverarbeiter gehört zu den in Art. 4 definierten Normadressaten der DS-GVO. In der unmittelbaren Umgebung zur Definition des Auftragsverarbeiters finden sich in Art. 4 der Verantwortliche (Nr. 7), der Empfänger (Nr. 9) und der Dritte (Nr. 10). Die weiteren von der Norm umfassten Rollen bei der Begriffsbestimmung wie Vertreter (Nr. 17), Aufsichtsbehörde (Nr. 21) oder betroffene Aufsichtsbehörde (Nr. 22) werden eher unsystematisch aufgelistet. Aus der Systematik in der Auflistung der Begriffsbestimmungen ergeben sich daher keine besonderen Hinweise für die Auslegung.

IV. Entstehungsgeschichte

1. Bisherige europäische Vorgaben

5 Die Begriffsbestimmung des Auftragsverarbeiters ist bereits in der RL 95/46 EG festgelegt. Der dortige Wortlaut unterscheidet sich nicht von der Begriffsbestimmung in der DS-GVO.

DS-RL 95/46 – Englisch	*DS-GVO – Englisch*	*DS-RL 95/46 – Deutsch*	*DS-GVO – Deutsch*
Art. 2 lit e 'processor' shall mean a natural or legal person, public authority, agency or any other body which processes personal data on behalf of the controller;	*Art. 4 Nr. 8 'processor' means a natural or legal person, public authority, agency or other body which processes personal data on behalf of the controller;*	*Art. 2 lit e „Auftragsverarbeiter" die natürliche oder juristische Person, Behörde, Einrichtung oder jede andere Stelle, die personenbezogene Daten im Auftrag des für die Verarbeitung Verantwortlichen verarbeitet;*	*Art. 4 Nr. 8 „Auftragsverarbeiter" eine natürliche oder juristische Person, Behörde, Einrichtung oder andere Stelle, die personenbezogene Daten im Auftrag des Verantwortlichen verarbeitet;*

6 Daher können weiterhin die bisherigen Auslegungen des Begriffs des Auftragsverarbeiters durch die europäischen Aufsichtsbehörden, insb. durch die Art. 29-Datenschutzgruppe im Working Paper 169, herangezogen werden.[1]

1 *Art. 29-Datenschutzgruppe*, WP 169, Stellungnahme 1/2010 zu den Begriffen „für die Verarbeitung Verantwortlicher" und „Auftragsverarbeiter", angenommen am 16. Februar 2010; abrufbar unter http://ec.europa.eu/justice/policies/privacy/docs/wpdocs/2010/wp169_de.pdf .

2. Bisherige nationale Vorgaben

Das BDSG enthält keine eigenständige Definition des Begriffs des Auftragsverarbeiters. Allerdings setzt § 11 BDSG den Auftragsverarbeiter voraus. Nach § 11 Abs. 1 BDSG bleibt der Auftraggeber für die Einhaltung des Datenschutzes verantwortlich, wenn die personenbezogenen Daten durch andere Stellen „im Auftrag" erhoben, verarbeitet oder genutzt werden. § 11 Abs. 2 BDSG schreibt dann vor, dass ein solcher Auftrag schriftlich zu erteilen ist. 7

Ferner gibt § 3 Abs. 8 Satz 3 BDSG vor, dass Stellen, welche personenbezogene Daten im Auftrag erheben, verarbeiten oder nutzen, dann nicht „Dritter" sind, wenn dies innerhalb der Europäischen Union oder des Europäischen Wirtschaftsraumes geschieht. Da im deutschen Recht der Begriff der „Übermittlung" als das Bekanntgeben von personenbezogenen Daten an einen „Dritten" definiert wird (vgl. § 3 Abs. 4 Nr. 3 BDSG), geht man bisher davon aus, dass bei Auftragsverarbeitern innerhalb der EU/des EWR keine „Übermittlung" vorliegt und somit keine weitere Rechtsgrundlage für diesen Verarbeitungsvorgang erforderlich ist. 8

B. Inhalt der Regelung

1. „Privilegierungswirkung" auch unter der DS-GVO?

Bei der Anwendung des bisherigen BDSG wurde überwiegend davon ausgegangen, dass der Auftraggeber für die Weitergabe der personenbezogenen Daten an den Auftragnehmer einer Auftragsverarbeitung keines eigenen Erlaubnistatbestandes bedarf.[2] 9

Begründet wurde diese Ansicht mit einem Umkehrschluss zu der Definition des „Dritten" in § 3 Abs. 8 S. 3 BDSG: *„Dritte sind nicht der Betroffene sowie Personen und Stellen, die im Inland, in einem anderen Mitgliedstaat der Europäischen Union oder in einem anderen Vertragsstaat des Abkommens über den Europäischen Wirtschaftsraum personenbezogene Daten im Auftrag erheben, verarbeiten oder nutzen."* Des Weiteren konnte diese Meinung durch die Definition des „Übermittelns" in § 3 Abs. 4 Nr. 3 BDSG gestützt werden. Nach § 3 Abs. 4 Nr. 3 BDSG ist Übermitteln das Bekanntgeben gespeicherter oder durch Datenverarbeitung gewonnener personenbezogener Daten an einen Dritten in der Weise, dass a) die Daten an den Dritten weitergegeben werden oder b) der Dritte zur Einsicht oder zum Abruf bereitgehaltene Daten einsieht oder abruft. Aus dem Zusammenspiel dieser beiden Definitionen kann abgeleitet werden, dass die Beauftragung eines Auftragsdatenverarbeiters keine Übermittlung an einen Dritten sei und somit keines weiteren Erlaubnistatbestandes bedürfe.[3] In der Literatur wird insoweit teilweise von der „Privilegierung der Auftragsdatenverarbeitung" gesprochen.[4] 10

Nach Art. 4 Nr. 10 ist der Auftragsverarbeiter ebenfalls nicht „Dritter". Dagegen ist der Begriff des „Übermittelns" nicht mehr gesondert definiert, sondern findet sich als ein Beispiel der „Verarbeitung" in Art. 4 Nr. 2 wieder. Aus diesem Grund ist teilweise problematisiert worden, ob die Übermittlung von personenbezogenen Daten nunmehr (auch innerhalb der EU/des EWR) einer gesonderten Rechtsgrundlage bedarf.[5] Es handelt sich offenbar um eine sehr vom deutschen Recht geprägte Diskussion, andere Mitgliedstaaten kennen die Problematik nicht. Auch die Artikel-29-Datenschutzgruppe geht davon aus, dass die Rechtmäßigkeit der Auftragsverarbeitung *„durch den von dem für die Verarbeitung Verantwortlichen Auftrag bestimmt"* wird.[6] Ferner wird in der Stellungnahme festgehalten, dass der *„für die Verarbeitung Verantwortliche und der Auftragsverarbeiter also als ‚innerer Kreis der Datenverarbeitung' angesehen werden und nicht unter* 11

2 *Gola/Schomerus*, § 11 Rn. 55 ff, Wolff/Brink, *Spoerr*, § 11 Rn 4 und Rn 6.5.
3 *Gola/Schomerus*, § 3 Rn. 34, Wolff/Brink, *Schild*, § 3 Rn 134; Auernhammer, *Thomale* § 33 Rn. 25.
4 *Eckhardt/Kramer*, in: DuD 2013, 287, 291; kritisch: *Petri*, in: ZD 2015, 305, 306.
5 *Piltz, Post vom* 10.05.2016; *Koós/Englisch*, in: ZD 2014, 276, 284.
6 *Art. 29-Datenschutzgruppe*, WP 169, Stellungnahme 1/2010 zu den Begriffen „für die Verarbeitung Verantwortlicher" und „Auftragsverarbeiter", angenommen am 16. Februar 2010; S. 31.

die speziellen Bestimmungen über Dritte (fallen)".[7] Dies kann man damit begründen, dass die Einbindung des Dienstleisters kein eigenständiger Akt der Datenverarbeitung ist, sondern Teil der Verarbeitungshandlungen des Auftraggebers (des Verantwortlichen) gem. Art. 4 Nr. 2.[8] Ist die Verarbeitung der Daten durch den Verantwortlichen nach § 6 Abs. 1 rechtmäßig, erstreckt sich diese Rechtmäßigkeit auch auf den Auftragsverarbeiter nach Maßgabe der Artt. 28, 29.[9] Der Auftragsverarbeiter steht im Lager des Verantwortlichen, ist mithin seine „verlängerte Werkbank". Dafür spricht auch, dass der Auftragsverarbeiter keine Entscheidungshoheit über Mittel und Zwecke der Verarbeitung hat und nur strikt Weisungsgebunden verarbeiten kann (vgl. Art. 29).[10] Allerdings bleibt der Auftragsverarbeiter nach Ansicht der Art. 29-Gruppe auch dann Auftragsverarbeiter, wenn er Einfluss auf die Gestaltungsspielräume in der Umsetzung hat, sofern der Auftraggeber einen rechtlichen und/oder tatsächlichen Einfluss auf die Entscheidung hat, wie personenbezogene Daten verarbeitet werden.[11]

12 Es besteht deshalb kein besonderer Schutzbedarf der betroffenen Personen.[12] Auch der Erlaubnisvorbehalt nach Art. 6 Abs. 1 meint nur die Weitergabe an Dritte.[13]

13 Würde man dagegen eine eigenständige Rechtsgrundlage für die Übermittlung an den Auftragsverarbeiter fordern, wäre eine Verarbeitung besonderer Kategorien personenbezogener Daten nach Art. 9 im Regelfall nicht möglich bzw. sie würde die ausdrückliche Einwilligung der betroffenen Person gem. Art 9 Abs. 2 lit. a erfordern. Für diese Fälle wäre ein Rückgriff auf Art. 6 Abs. 1 lit. f nicht möglich. Sofern teilweise vertreten wird, dass die Verarbeitung besonderer Kategorien personenbezogener Daten durch Arbeitgeber im Rahmen des Beschäftigtendatenschutzes über Art. 9 Abs. 2 lit. b zulässig wäre und die Interessensabwägung durch die Erfüllung der Anforderungen nach Art. 28 zugunsten des Auftraggebers ausfällt[14], ist dies verkürzt. Auch hier gerät der Verantwortliche schnell an Grenzen, sobald nämlich die Verarbeitung nicht zur Erfüllung von Pflichten gegenüber dem Arbeitnehmer, sondern arbeitsorganisatorisch erforderlich ist. Ein Beispiel hierfür wäre die Einschaltung eines Dienstleisters zum Vernichten von Personalakten.

2. „im Auftrag"

14 Ein wesentliches Tatbestandsmerkmal für die Einstufung als Auftragsverarbeiter ist die Verarbeitung „im Auftrag". Sie ist also abhängig von einer nachvollziehbaren Beauftragung durch einen Verantwortlichen (= Auftraggeber). Der Inhalt der Beauftragung ergibt sich aus Art. 28. Insb. muss sich aus der Beauftragung Art und Zweck der Verarbeitung ergeben. Zentrales Element der Auftragsverarbeitung ist die Weisungsabhängigkeit des Auftragsverarbeiters (vgl. Art. 28 Abs. 3 lit. a und Abs. 10, Art. 29). Die Initiative zur Verarbeitung geht vom Auftraggeber aus, der auch die Vorgaben für die Beendigung vorgibt (Art. 28 Abs. 3 lit. g).

15 Die Abgrenzung zu anderen Dienstleistungen, die durch einen Auftragsnehmer erbracht werde, jedoch keine Auftragsverarbeitung sind, ist in der Literatur umstritten. Besonders hat sich diese Diskussion zu Dienstleistungen einiger freier Berufe herausgeprägt.

---

7 *Art. 29-Datenschutzgruppe*, WP 169, Stellungnahme 1/2010 zu den Begriffen „für die Verarbeitung Verantwortlicher" und „Auftragsverarbeiter", angenommen am 16. Februar 2010; S.8, abrufbar unter http://ec.europa.eu/justice/policies/privacy/docs/wpdocs/2010/wp169_de.pdf.
8 *Härting*, ITRB 2016, 137, 139.
9 *Härting*, ITRB 2016, 137, 139.
10 *Gola*, Art. 4 Rn. 57.
11 *Art. 29-Datenschutzgruppe*, WP 169, Stellungnahme 1/2010 zu den Begriffen „für die Verarbeitung Verantwortlicher" und „Auftragsverarbeiter", angenommen am 16. Februar 2010; S. 16, abrufbar unter http://ec.europa.eu/justice/policies/privacy/docs/wpdocs/2010/wp169_de.pdf.
12 *Schmitz/von Dall 'Armi*, in: ZD 2016, 427, 429; *Gola*, Art. 4 Rn. 58; im Ergebnis auch Paal/Pauly, *Martini*, Art. 28 Rn 10; *Härting*, ITRB 2016, 137, 139.
13 *Albrecht/Jotzo*, S. 97; *Eckhardt*, in: CCZ, 2017, 111, 113; *Gola*, in: K&R, 2017, 145, 148f.
14 *Koós/Englisch*, in: ZD 2014, 276, 284.

a) „Funktionsübertragung" – bisher nach BDSG

In Deutschland wird bisher als Gegenbegriff zur weisungsgebundenen Auftragsverarbeitung der Begriff der „Funktionsübertragung" verwendet. Der Begriff der Funktionsübertragung findet sich weder in der DS-GVO, noch in der RL 95/46 oder im BDSG, sondern entstammt einer Gesetzesbegründung zu einer Änderung des BDSG aus dem Jahr 1989: *„[...]Wie bisher handelt es sich nicht um Auftragsdatenverarbeitung im Sinne dieser Vorschrift, wenn neben der Datenverarbeitung auch die zugrundeliegende Aufgabe übertragen wird (Funktionsübertragung). In diesem Falle hat derjenige, dem die Funktion übertragen wird, alle datenschutzrechtlichen Pflichten, insbesondere die Ansprüche des Betroffenen, zu erfüllen."*[15] 16

Maßgeblich ist danach, ob der Verarbeiter Aufgaben in eigener Verantwortung wahrnimmt.[16] 17
Erfasst werden Sachverhalte, bei denen der Auftragnehmer auch eigene Ziele verfolgt. In Bezug auf freiberufliche Tätigkeiten, wie die eines Steuerberaters oder Wirtschaftsprüfer, wird von den Aufsichtsbehörden üblicherweise die Ansicht vertreten, dass eine Auftragsdatenverarbeitung regelmäßig nicht in Betracht kommt.[17] Diese werden selbständig, unabhängig und eigenverantwortlich durchgeführt, was einer Weisungsgebundenheit widerspricht. Auch die Art. 29-Gruppe führt zum Rechtsanwalt aus, dass solche Berufsstände *„als unabhängige ‚für die Verarbeitung Verantwortliche' anzusehen sind, wenn sie im Rahmen der rechtlichen Vertretung ihrer Klienten Daten verarbeiten."*[18]

In Bezug auf Rechnungsprüfers und Steuerberaters stellt die Art. 29-Gruppe darauf ab, ob die 18
jeweilige Tätigkeit auf der Grundlage sehr allgemeiner Weisungen, ähnlich wie bei Rechtsanwälten und Notaren, durchgeführt wird.[19] Dann seien diese auch Verantwortliche Stelle. Anders könne dies sein, wenn z.B. der Rechnungsprüfer eine Buchprüfung nach ausführlichen Weisungen des Unternehmens tätige. Teilweise wird deshalb in der Literatur vertreten, dass ein Steuerberater, der die Lohn-und Gehaltsabrechnung vornehme, als Auftragsverarbeiter zu behandeln sei.[20] Diese Ansicht verkennt, dass die Lohn- und Gehaltsabrechnung gem. § 1 StBerG über den Umkehrschluss aus § 6 Nr. 4 StBerG zur klassischen berufsrechtlichen Aufgabenstellung des Steuerberaters gehört. Andernfalls könnte auch bei einem Rechtsanwalt dann von einer Auftragsverarbeitung ausgegangen werden, wenn dieser ein Online-Mahnverfahren für seinen Mandanten betreibt. Dieses Beispiel zeigt, dass eine Einordnung als Verantwortlicher allein davon abhängig ist, dass die Verarbeitung durch den Träger eines freien Berufes wie Rechtsanwalt, Wirtschaftsprüfer oder Steuerberater, innerhalb der ihm gesetzlich zugewiesenen Aufgaben weisungsfrei ausgeübt wird.[21] Für Steuerberater kommt hinzu, dass § 11 StBerG eine eigene Befugnisnorm zur Datenverarbeitung für die Erfüllung der Aufgaben nach dem Steuerberatungsgesetz enthält.[22] Diese Befugnisnorm hat auch nach Inkrafttreten der DS-GVO Bestand, denn nach Art. 6 Abs. 1 lit. e kann der nationale Gesetzgeber Verarbeitungen gestatten, deren Wahrnehmung im öffentlichen Interesse liegt.

Einzelfallbezogener wird die Einordnung dann ausfallen müssen, wenn bereichsspezifische Rege- 19
lungen fehlen. Dementsprechend kann z. B. die Auslagerung des Einzugs rückständiger Forderungen an ein Inkassounternehmen, bei Vorgeben detaillierter Regelungen auch als Auftragsverarbeitung zu qualifizieren sein. Im Regelfall handelt es sich aber um eine Funktionsübertragung.[23]

---

15 BT-Drs. 11 /4306 vom 6.4.1989 zu § 10 a.F, S. 43.
16 5. Tätigkeitsbericht BayLDA, Ziffer 5.1; 6. Tätigkeitsbericht BayLDA, Ziffer 5.6; *Zikesch/Kramer*, in: ZD 2015, 565, 569.
17 *Kramer*, in: DuD 2013, 658,659.
18 *Art. 29-Datenschutzgruppe*, WP 169, Stellungnahme 1/2010 zu den Begriffen „für die Verarbeitung Verantwortlicher" und „Auftragsverarbeiter", angenommen am 16. Februar 2010; S.35, Beispiel 21 , abrufbar unter http://ec.europa.eu/justice/policies/privacy/docs/wpdocs/2010/wp169_de.pdf
19 a.a.O, Beispiel 23.
20 Kühling/Buchner, *Hartung*, Art. 28 Rn. 50.
21 *Zikesch/Kramer*, in: ZD 2015, 565, 568.
22 Koslowski, § 11 Rn. 5.
23 Vgl. Bayerisches Landesamt für Datenschutzaufsicht, Auftragsverarbeitung nach § 11 BDSG, S. 3 und 19.

b) „Funktionsübertragung" unter der DS-GVO

20 Es spricht viel dafür, dass das Konstrukt der Funktionsübertragung auch unter der DS-GVO zu sachgerechten Abgrenzungen führt. So ist davon auszugehen, dass die Beauftragung von Steuerberatern mit Aufgaben aus dem StBerG[24], von Psychologen zur Erstellung einer Persönlichkeitsanalyse im Auswahlverfahren[25] oder anderen Dienstleistern wie Rechtsanwälten oder Betriebsärzten, die eine eigenverantwortliche, weisungsfreie Aufgabe übernommen haben, selbst (neue) „Verantwortliche" sind und nicht „Auftragsverarbeiter". In diesen Fällen wird die Rechtmäßigkeitsgrundlage weiterhin in den allgemeinen Vorgaben wie Art. 6 Abs. 1 lit. f oder auch Art. 6 Abs. 1 lit. a zu suchen sein. Dementsprechend muss der Datenempfänger in solchen Dienstverhältnisse auch selbst für die Einhaltung der Pflichten, die in dieser Rolle bestehen, sorgen. Dies gilt für die Betroffenenrechte sowie Löschpflichten, aber auch die Einbindung von weiteren Dienstleistern.

c) Gemeinsame für die Verarbeitung Verantwortliche

21 Im Rahmen der Neuordnung des europäischen Datenschutzrechts wird vereinzelt für die dargestellte Einbindung von freiberuflichen Dienstleistern als „Funktionsübertragung" kein Raum gesehen, sondern auf die Möglichkeit der Gemeinsamen Verantwortlichkeit nach Art. 26 verwiesen.[26] Dabei werden allerdings die oben beschriebenen Aspekte einzelner berufsrechtlicher Vorgaben nicht berücksichtigt, die aufgrund einer unabhängigen Leistungserbringung eine gemeinsame Verantwortlichkeit zumindest stark einschränken, wenn nicht gar im Mandatsverhältnis komplett ausschließen.[27] Es bleibt abzuwarten, wie sich hier die Aufsichtsbehörden oder auch der Europäische Gerichtshof zukünftig positionieren werden.

3. Verarbeiten

22 Die vertraglich geschuldete Leistung zwischen Auftraggeber (Verantwortlicher) und Auftragnehmer (Auftragsverarbeiter) muss eine Verarbeitung (vgl. Art. 4 Nr. 2) personenbezogener Daten beinhalten. Der Begriff ist denkbar weit, so dass jeder Verarbeitungsschritt erfasst ist. Ausreichend ist bereits eine Auslagerung der Datenerhebung auf den Auftragsverarbeiter (z.B. im Rahmen von Call-Centern). Denkbar ist aber, dass die Anforderungen an eine Auftragsverarbeitung dann entfallen, wenn gar keine personenbezogenen Daten verarbeitet werden. Nach EG 26 gelten die Grundsätze des Datenschutzes nicht für anonyme Information. Bspw. geht das Bayerische Landesamt für Datenschutzaufsicht davon aus, dass es für den Fall einer externen Archivierung sicher verschlüsselter Datenbestände keine Auftragsverarbeitungsvertrages bedarf, weil es für den Dienstleister nicht möglich ist, die personenbezogenen Daten zur Kenntnis zu nehmen.[28] Mit Verweis auf die Stellungnahme 4/2007[29] zum Begriff „personenbezogene Daten" vom 20.06.2007 der Art. 29-Datenschutzgruppe sei die rein hypothetische Möglichkeit zur Bestimmung der Person nicht ausreichend, um die Person als „bestimmbar" anzusehen.[30]

4. Drittstaaten

23 Eine Auftragsverarbeitung ist auch mit Dienstleistern möglich, welche ihren Sitz außerhalb der EU bzw. des EWR haben. EG 101 S. 3 stellt klar, dass *„das durch diese Verordnung unionsweit gewährleistete Schutzniveau für natürliche Personen jedoch bei der Übermittlung personenbezogener Daten aus der Union an Verantwortliche, Auftragsverarbeiter oder andere Empfänger in*

---

24 *Zikesch/Kramer*, in: ZD 2015, 565, 568.
25 *Eckhardt/Kramer*, in: DuD 2016, 144, 145.
26 *Müthlein*, in: RDV 2016, 74, 84.
27 *Zikesch/Kramer*, in: ZD 2015, 565, 568 f.
28 BayLDA, 6. Tätigkeitsbericht, Ziffer 5.2.
29 Art. 29-Datenschutzgruppe WP 136, Stellungnahme 4/2007 zum Begriff „personenbezogene Daten" angenommen am 20.06.2007, abrufbar unter http://ec.europa.eu/justice/data-protection/article-29/documentation/opinion-recommendation/files/2007/wp136_de.pdf; abgerufen am 03.07.2017.
30 Art. 29-Datenschutzgruppe, WP 134, S. 17.

Drittländern oder an internationale Organisationen nicht untergraben werden sollte, und zwar auch dann nicht, wenn aus einem Drittland oder von einer internationalen Organisation personenbezogene Daten an Verantwortliche oder Auftragsverarbeiter in demselben oder einem anderen Drittland oder an dieselbe oder eine andere internationale Organisation weiterübermittelt werden."

Nach der hier vertretenen Auffassung bedeutet dies, dass – entgegen der bisher strengen deutschen Auffassung – auch besonderen Kategorien personenbezogener Daten in Drittländern verarbeitet werden können, sofern die Vorgaben für eine solche Auslandsübermittlung gem. Art. 44 ff. eingehalten sind. Hat der Auftraggeber bspw. mit dem im Drittland verarbeitenden Auftragnehmer die von der EU-Kommission vorgegebenen Standardvertragsklauseln 2010/87/EU[31] abgeschlossen, ist die Übermittlung grundsätzlich zulässig. **24**

31 Beschluss der Kommission v. 5. Februar 2010 über Standardvertragsklauseln für die Übermittlung personenbezogener Daten an Auftragsverarbeiter in Drittländern nach der Richtlinie 95/46/EG des Europäischen Parlaments und des Rates, ABl. EU 2010 L 39/5.

Article 4 Nr. 9

‚recipient'

‚recipient' means a natural or legal person, public authority, agency or another body, to which the personal data are disclosed, whether a third party or not. However, public authorities which may receive personal data in the framework of a particular inquiry in accordance with Union or Member State law shall not be regarded as recipients; the processing of those data by those public authorities shall be in compliance with the applicable data protection rules according to the purposes of the processing;

Artikel 4 Nr. 9

„Empfänger"

„Empfänger" eine natürliche oder juristische Person, Behörde, Einrichtung oder andere Stelle, der personenbezogene Daten offengelegt werden, unabhängig davon, ob es sich bei ihr um einen Dritten handelt oder nicht. Behörden, die im Rahmen eines bestimmten Untersuchungsauftrags nach dem Unionsrecht oder dem Recht der Mitgliedstaaten möglicherweise personenbezogene Daten erhalten, gelten jedoch nicht als Empfänger; die Verarbeitung dieser Daten durch die genannten Behörden erfolgt im Einklang mit den geltenden Datenschutzvorschriften gemäß den Zwecken der Verarbeitung;

Recitals

(31) [1]Public authorities to which personal data are disclosed in accordance with a legal obligation for the exercise of their official mission, such as tax and customs authorities, financial investigation units, independent administrative authorities, or financial market authorities responsible for the regulation and supervision of securities markets should not be regarded as recipients if they receive personal data which are necessary to carry out a particular inquiry in the general interest, in accordance with Union or Member State law. [2]The requests for disclosure sent by the public authorities should always be in writing, reasoned and occasional and should not concern the entirety of a filing system or lead to the interconnection of filing systems. [3]The processing of personal data by those public authorities should comply with the applicable data-protection rules according to the purposes of the processing

(61) [...] [2]Where personal data can be legitimately disclosed to another recipient, the data subject should be informed when the personal data are first disclosed to the recipient. [...]

(63) [...] [3]Every data subject should therefore have the right to know and obtain communica-

Erwägungsgründe

(31) [1]Behörden, gegenüber denen personenbezogene Daten aufgrund einer rechtlichen Verpflichtung für die Ausübung ihres offiziellen Auftrags offengelegt werden, wie Steuer- und Zollbehörden, Finanzermittlungsstellen, unabhängige Verwaltungsbehörden oder Finanzmarktbehörden, die für die Regulierung und Aufsicht von Wertpapiermärkten zuständig sind, sollten nicht als Empfänger gelten, wenn sie personenbezogene Daten erhalten, die für die Durchführung – gemäß dem Unionsrecht oder dem Recht der Mitgliedstaaten – eines einzelnen Untersuchungsauftrags im Interesse der Allgemeinheit erforderlich sind. [2]Anträge auf Offenlegung, die von Behörden ausgehen, sollten immer schriftlich erfolgen, mit Gründen versehen sein und gelegentlichen Charakter haben, und sie sollten nicht vollständige Dateisysteme betreffen oder zur Verknüpfung von Dateisystemen führen. [3]Die Verarbeitung personenbezogener Daten durch die genannten Behörden sollte den für die Zwecke der Verarbeitung geltenden Datenschutzvorschriften entsprechen.

(61) [...] [2]Wenn die personenbezogenen Daten rechtmäßig einem anderen Empfänger offengelegt werden dürfen, sollte die betroffene Person bei der erstmaligen Offenlegung der personenbezogenen Daten für diesen Empfänger darüber aufgeklärt werden. [...]

(63) [...] [3]Jede betroffene Person sollte daher ein Anrecht darauf haben zu wissen und zu er-

tion in particular with regard to the purposes for which the personal data are processed, where possible the period for which the personal data are processed, the recipients of the personal data, the logic involved in any automatic personal data processing and, at least when based on profiling, the consequences of such processing. […]

fahren, insbesondere zu welchen Zwecken die personenbezogenen Daten verarbeitet werden und, wenn möglich, wie lange sie gespeichert werden, wer die Empfänger der personenbezogenen Daten sind, nach welcher Logik die automatische Verarbeitung personenbezogener Daten erfolgt und welche Folgen eine solche Verarbeitung haben kann, zumindest in Fällen, in denen die Verarbeitung auf Profiling beruht. […]

(101) […] [3]However, when personal data are transferred from the Union to controllers, processors or other recipients in third countries or to international organisations, the level of protection of natural persons ensured in the Union by this Regulation should not be undermined, including in cases of onward transfers of personal data from the third country or international organisation to controllers, processors in the same or another third country or international organisation. […]

(101) […] [3]Das durch diese Verordnung unionsweit gewährleistete Schutzniveau für natürliche Personen sollte jedoch bei der Übermittlung personenbezogener Daten aus der Union an Verantwortliche, Auftragsverarbeiter oder andere Empfänger in Drittländern oder an internationale Organisationen nicht untergraben werden, und zwar auch dann nicht, wenn aus einem Drittland oder von einer internationalen Organisation personenbezogene Daten an Verantwortliche oder Auftragsverarbeiter in demselben oder einem anderen Drittland oder an dieselbe oder eine andere internationale Organisation weiterübermittelt werden. […]

Literatur

Eßer/Kramer/von Lewinski (Hrsg.) Auernhammer, DSGVO – BDSG, 5. Auflage 2017 (im Erscheinen), Carl Heymanns Verlag Köln; *Ehmann/Selmayr (Hrsg.)*, Datenschutz-Grundverordnung, 1. Auflage 2017, C.H. Beck München; *Gierschmann/Saeugling (Hrsg.)*, Systematischer Praxiskommentar Datenschutzrecht, 1. Auflage 2014, Bundesanzeiger Verlag Köln; *Gola (Hrsg.)*, Datenschutz-Grundverordnung, 1. Auflage 2017, C.H. Beck München; *Kühling/Buchner (Hrsg.)*, Datenschutzgrundverordnung, 1. Auflage 2017, C.H. Beck München; *Kühling/Martini et. al*, Die Datenschutz-Grundverordnung und das nationale Recht: Erste Überlegungen zum innerstaatlichen Regelungsbedarf, 1. Auflage 2016, MV-Wissenschaft Münster; *Paal/Pauly*, Datenschutz-Grundverordnung, 1. Auflage 2016, C.H. Beck München; *Wolff/Brink (Hrsg.)*, Beck'scher Online-Kommentar Datenschutzrecht, C.H. Beck München, 20. Edition Stand: 1.5.2017; *Sydow (Hrsg.)*, Europäische Datenschutzgrundverordnung, 1. Auflage 2017, Nomos Baden Baden.

▶ Bedeutung der Norm

Die Norm definiert den Begriff des Empfängers.

▶ Hinweise für den Anwender

Für die Norm relevante Definitionen und andere Querbezüge:

- Der Verantwortliche muss den Betroffenen bei Datenerhebung oder -verwendung über Empfänger oder Kategorien von Empfängern (Art. 13 Abs. 1 lit. e, Art. 14 Abs. 1 lit. e) und über die Absicht, die personenbezogenen Daten an einen Empfänger in einem Drittland oder einer internationalen Organisation zu übermitteln (Art. 13 Abs. 1 lit. f, Art. 14 Abs. 1 lit. f), informieren. Auch im Rahmen des Auskunftsanspruchs sind dem Betroffenen diese Informationen zu erteilen (Art. 15 Abs. 1 lit. c).

- Der Verantwortliche muss allen Empfängern grundsätzlich jede Berichtigung, Löschung und Verarbeitungseinschränkung mitteilen (Art. 19 S. 1). Auf Verlangen des Betroffenen muss der Verantwortliche den Betroffenen über diese Empfänger informieren (Art. 19 S. 2).
- Kategorien von Empfängern sind in das Verzeichnis von Verarbeitungstätigkeiten aufzunehmen (Art. 30 Abs. 1 lit. d).
- Garantien für die Datenübermittlung in Drittstaaten können auch in Vertragsklauseln bestehen, die zwischen dem Verantwortlichen oder dem Auftragsverarbeiter und dem Verantwortlichen, dem Auftragsverarbeiter oder dem Empfänger der personenbezogenen Daten im Drittland oder der internationalen Organisation vereinbart wurden (Art. 46 Abs. 3 lit. a).
- Jede Aufsichtsbehörde verfügt unter anderem über die Befugnis, die Aussetzung der Übermittlung von Daten an einen Empfänger in einem Drittland oder an eine internationale Organisation anzuordnen (Art. 58 Abs. 2 lit. j).

Für die Auslegung der Norm relevante Erwägungsgründe:

- EG 31, 61, 63 und 101.

Vorgängernormen im BDSG:

- § 3 Abs. 8 S. 1 BDSG.

Vorgängernormen in der RL 95/46:

- Art. 2 lit. g DS-RL.

▶ Schlagworte

Empfänger, Dritter, Behörde, Einrichtung, Stelle, Offenlegung, Veröffentlichung, Untersuchungsauftrag, Ersuchen, Auftragsverarbeitung, Auftragsdatenverarbeitung, Verbreitung, Übermittlung, Bereitstellung, unbefugte Offenlegung.

A. Allgemeines

I. Regelungszweck

1 „Empfänger" ist der Oberbegriff für alle Stellen, die personenbezogene Daten durch den Verantwortlichen erhalten. Die Empfängereigenschaft wird dadurch begründet, dass der Verantwortliche einer anderen Stelle personenbezogene Daten offenlegt. Die Feststellung der Empfängereigenschaft dient dazu, denjenigen zu identifizieren, in dessen Obhut die Daten nach der Offenlegung sind. Sie dient somit in erster Linie der Transparenz der Datenverarbeitung.

2 Unmittelbare Rechtsfolgen knüpft die DS-GVO nur an wenigen Stellen an die Empfängereigenschaft. In erster Linie führt der Umstand, dass es bei einer Datenverarbeitung Empfänger gibt, dazu, dass Informationspflichten ausgelöst werden. Zum einen muss der Betroffene über die Empfänger, zum anderen müssen die Empfänger über bestimmte Umstände informiert werden.

3 Die mittelbaren Rechtsfolgen einer Einstufung als Empfänger können hingegen weitreichend sein. Der Empfänger kann Verantwortlicher, Auftragsverarbeiter, Dritter oder eine andere Organisationseinheit innerhalb derselben Stelle sein. Insofern ist die Feststellung der Empfängereigenschaft nur die Vorstufe für die Ermittlung der weiteren Rechtmäßigkeitsanforderungen, die sich

für den Empfänger aus der Tatsache, dass er nunmehr personenbezogene Daten in seiner Obhut hat, ergeben.

II. Normadressaten

Die Definition ist in erster Linie für den Verantwortlichen relevant, denn er hat, wenn er die Daten einem Empfänger offengelegt hat, unter Umständen Informations- und Auskunftspflichten gegenüber dem Betroffenen, Mitteilungspflichten gegenüber dem Empfänger und Dokumentationspflichten. **4**

In zweiter Linie ist die Definition für den Empfänger von Bedeutung, denn er muss prüfen, ob und ggf. welche Pflichten ihn nach der DS-GVO dadurch treffen, dass er als Empfänger anzusehen ist. **5**

Die EU bzw. die Mitgliedstaaten sind insofern Adressaten der Definition, als sie durch Unionsrecht bzw. mitgliedstaatliches Recht festlegen können, ob eine Behörde, die eine andere Behörde um Datenübermittlung ersucht, als Empfänger anzusehen ist. **6**

III. Systematik

Der Empfänger gehört mit dem Verantwortlichen (Art. 4 Nr. 7), dem Auftragsverarbeiter (Art. 4 Nr. 8), dem Dritten (Art. 4 Nr. 10), dem Betroffenen (Art. 4 Nr. 1) und dem Vertreter (Art. 4 Nr. 17) zu den Personen, denen durch die DS-GVO bei der Verarbeitung personenbezogener Daten eine mit Rechten und Pflichten versehene Rolle zugedacht ist. **7**

Die Einstufung als Empfänger spielt für die Erfüllung einer Reihe von Transparenzpflichten eine Rolle. Der Verantwortliche muss den Betroffenen bei Datenerhebung oder -verwendung über Empfänger oder Kategorien von Empfängern (Art. 13 Abs. 1 lit. e, Art. 14 Abs. 1 lit. e) und über die Absicht, die personenbezogenen Daten an einen Empfänger in einem Drittland oder einer internationalen Organisation zu übermitteln (Art. 13 Abs. 1 lit. f, Art. 14 Abs. 1 lit. f), informieren. Auch im Rahmen des Auskunftsanspruchs sind dem Betroffenen diese Informationen zu erteilen (Art. 15 Abs. 1 lit. c). Der Verantwortliche muss allen Empfängern grundsätzlich jede Berichtigung, Löschung und Verarbeitungseinschränkung mitteilen (Art. 19 S. 1). Auf Verlangen des Betroffenen muss der Verantwortliche den Betroffenen über diese Empfänger informieren (Art. 19 S. 2). **8**

Kategorien von Empfängern sind in das Verzeichnis von Verarbeitungstätigkeiten aufzunehmen (Art. 30 Abs. 1 lit. d). **9**

Garantien für die Datenübermittlung in Drittstaaten können auch in Vertragsklauseln bestehen, die zwischen dem Verantwortlichen oder dem Auftragsverarbeiter und dem Verantwortlichen, dem Auftragsverarbeiter oder dem Empfänger der personenbezogenen Daten im Drittland oder der internationalen Organisation vereinbart wurden (Art. 46 Abs. 3 lit. a). **10**

Jede Aufsichtsbehörde verfügt unter anderem über die Befugnis, die Aussetzung der Übermittlung von Daten an einen Empfänger in einem Drittland oder an eine internationale Organisation anzuordnen (Art. 58 Abs. 2 lit. j). **11**

IV. Entstehungsgeschichte

1. Bisherige europäische Vorgaben

Nach Art. 2 lit. g DS-RL ist Empfänger die natürliche oder juristische Person, Behörde, Einrichtung oder jede andere Stelle, die Daten erhält, gleichgültig, ob es sich bei ihr um einen Dritten handelt oder nicht. Behörden, die im Rahmen eines einzelnen Untersuchungsauftrags möglicherweise Daten erhalten, gelten jedoch nicht als Empfänger. **12**

2. Bisherige nationale Vorgaben

13 Nach § 3 Abs. 8 S. 1 BDSG ist Empfänger jede Person oder Stelle, die Daten erhält. Wichtig ist dabei, dass nach derzeitiger Rechtslage Dritter jede Person oder Stelle außerhalb der verantwortlichen Stelle ist (§ 3 Abs. 8 S. 2 BDSG) und dass Auftragsdatenverarbeiter grundsätzlich nicht als Dritte und damit auch nicht als Empfänger angesehen werden (arg. e § 3 Abs. 8 S. 3 BDSG). Deshalb stellt die Übermittlung personenbezogener Daten an Auftragsdatenverarbeiter in Deutschland keine Weitergabe an einen „Dritten" dar, ist damit keine „Übermittlung" im Sinne des § 3 Abs. 4 Nr. 3 BDSG und erfordert keine eigene Rechtsgrundlage.[1] Derzeit werden darüber hinaus auch bei dem Verantwortlichen beschäftigte Personen (wenn sie in ihrer dienstlichen Funktion Daten empfangen), Organe oder Gesellschafter des Verantwortlichen, unselbständige Zweigstellen, Betriebe und Filialen eines im Inland gelegenen Unternehmens sowie interne und externe Datenschutzbeauftragte als Nicht-Dritte angesehen, die nicht als Empfänger personenbezogener Daten in Betracht kommen.[2] Dies ändert sich durch die DS-GVO. Nunmehr kommen auch interne Beschäftigte als Empfänger in Betracht.

B. Inhalt der Regelung

I. Empfangende Stelle (S. 1)

14 Als Empfänger kommt jede natürliche oder juristische Person, jede Behörde, jede Einrichtung und jede andere Stelle in Betracht, die personenbezogene Daten aufgrund einer Offenlegung erhält, also „Datenadressat"[3] ist. Dem Adressaten müssen die Daten zur Kenntnis gebracht werden oder es muss ihm zumindest die Möglichkeit der Kenntnisnahme eingeräumt werden.[4] Empfänger ist ein neutraler Oberbegriff für einen Datenadressaten. In einem zweiten Schritt ist festzustellen, welche rechtlichen Folgen sich für den Datenadressaten aus der Offenlegung von Daten ergeben. Der Empfänger kann z.B. als Auftragsverarbeiter oder als weiterer Verantwortlicher zu qualifizieren sein.[5]

15 Auch ein Dritter im Sinne von Art. 4 Nr. 10 kann Empfänger sein. Damit sind insb. auch die Personen, die im unmittelbaren Verantwortungsbereich des Verantwortlichen oder des Auftragsverarbeiters befugt sind, personenbezogene Daten zur verarbeiten, Empfänger. Dies gilt wohl auch für natürliche Personen innerhalb des Verantwortlichen.[6] Im Schrifttum wird teilweise noch die Ansicht vertreten, interne Funktions- oder Organisationseinheiten des Verantwortlichen seien keine Empfänger[7] und die Empfängereigenschaft setze eine gewisse Eigenständigkeit voraus[8]. Diese Auffassung scheint jedoch noch von der bisherigen Rechtslage geprägt zu sein. Nach dieser Rechtslage sind ein Datenfluss innerhalb der verantwortlichen Stelle und die Datenübergabe an einen Auftragsdatenverarbeiter als ein „Nutzen" anzusehen. „Nutzen" ist jede Verwendung personenbezogener Daten, soweit es sich nicht um Verarbeitung handelt (§ 3 Abs. 5 BDSG a.F.). Da die unselbständige Einheit innerhalb des Unternehmens und der Auftragsdatenverarbeiter aber keine Dritten im Sinne von § 3 Abs. 8 BDSG a.F. sind, ist die Datenübergabe an diese Personen auch nicht als Übermitteln im Sinne von § 3 Abs. 4 Nr. 3 BDSG a.F., sondern als Nutzen im Sinne von § 3 Abs. 5 BDSG a.F. anzusehen. Die DS-GVO kennt den Begriff des Nutzens und die Unterscheidung zwischen Verarbeitung und Nutzen aber nicht. Wenn einer Person Daten offengelegt werden, dann ist diese Person Empfänger, „unabhängig davon, ob es sich bei ihr um einen Dritten handelt oder nicht".

1 Gierschmann/Saeugling, *Rammos/Böhm*, § 11 Rn. 2.
2 Gierschmann/Saeugling, *Schmitz*, § 3 Rn. 136.
3 Gola, *Gola*, Art. 4 Rn. 61.
4 Kühling/Buchner, *Hartung*, Art. 4 Nr. 9 Rn. 6.
5 Kühling/Buchner, *Hartung*, Art. 4 Nr. 9 Rn. 5
6 Wie hier Wolff/Brink, *Schild*, Art. 4 Rn. 101 f.
7 Auernhammer, *Eßer*, Art. 4 Rn. 44.
8 in: Paal/Pauly, *Ernst*, Art. 4 Rn. 57. In diese Richtung wohl auch *Gola*, in: ders., Art. 4 Rn. 63.

II. Offenlegung (S. 1)

Die Empfängereigenschaft setzt (1) die Offenlegung personenbezogener Daten durch den Verantwortlichen und (2) den Erhalt personenbezogener Daten durch den Empfänger voraus. **16**

Fraglich ist, ob als Empfänger auch anzusehen ist, wer Daten „erhält", die vom Verantwortlichen veröffentlicht wurden. Das wäre der Fall, wenn der Begriff der „Offenlegung" auch eine Veröffentlichung personenbezogener Daten umfassen würde. Unter Veröffentlichung soll hier das Allgemein-Zugänglichmachen personenbezogener Daten verstanden werden – also ein Zugänglichmachen, das zur Folge hat, dass potentiell jedermann oder zumindest ein unbestimmter Personenkreis Kenntnis nehmen kann. Ob derjenige, der Kenntnis von veröffentlichten personenbezogenen Daten nimmt, als Empfänger anzusehen ist, hängt von der Auslegung des Begriffes der „Offenlegung" ab. **17**

Die Definition des Begriffs der „Offenlegung" in Art. 4 Nr. 2 ist nicht eindeutig. Danach ist „Offenlegung" die „Übermittlung, Verbreitung oder eine andere Form der Bereitstellung". **18**

Der Wortlaut dieser Definition scheint eher eine weite Auslegung nahezulegen. Zumindest unter einer „Verbreitung" könnte eine breitestmögliche Offenlegung zu verstehen sein. Allerdings ist festzustellen, dass der Begriff der „Verbreitung" an keiner weiteren Stelle der DS-GVO Erwähnung findet, so dass es für eine Auslegung dieses Begriffs keine Anhaltspunkte in der DS-GVO gibt. **19**

Stattdessen verwendet die DS-GVO an vielen Stellen gerade nicht die Begriffe „Offenlegung", „Verbreitung" oder „Bereitstellung", wenn sie „Veröffentlichung" meint. Die DS-GVO versteht unter „Veröffentlichung" vielmehr, dass Daten **20**

- „öffentlich gemacht" werden (Art. 9 Abs. 2 lit. e; Art. 17 Abs. 2; EG 66 S. 1),
- „öffentlich zugänglich" sind (Art. 14 Abs. 2 lit. f; Art. 70 Abs. 1 lit. d),
- „einer unbestimmten Zahl von natürlichen Personen zugänglich gemacht werden" (Art. 25 Abs. 2 S. 3),
- „öffentlich weltweit zugänglich gemacht werden" (EG 6 S. 4),
- „für die Öffentlichkeit bereitgestellt werden" (Art. 14 Abs. 5 lit. b) oder
- es sich schlicht um „veröffentlichte Daten" handelt (EG 67 S. 1).

Die systematische Auslegung ergibt somit, dass die DS-GVO für die Veröffentlichung verschiedene andere Tatbestandsmerkmale verwendet. Dies wiederum legt nahe, dass unter einer „Offenlegung" gerade keine Veröffentlichung zu verstehen ist. **21**

Zwar ist zu berücksichtigen, dass die Terminologie der DS-GVO nicht immer stringent ist und man daher bei der systematischen Auslegung Vorsicht walten lassen muss. Würden „Offenlegung" und „Verbreitung" im Sinne von Art. 4 Nr. 2 jedoch die Veröffentlichung personenbezogener Daten meinen, müssten diese Begriffe in der DS-GVO auch Verwendung finden. Stattdessen werden für die Veröffentlichung personenbezogener Daten so konsequent andere Begriffe als „Offenlegung" und „Verbreitung" verwendet, dass der Begriff der „Offenlegung" Veröffentlichungen nicht umfassen dürfte. Bestätigt wird diese Auslegung durch **22**

- Art. 9 Abs. 2 lit. d, der von Fällen spricht, in denen personenbezogene Daten „nach außen offengelegt werden",
- EG 159 S. 5, der von einer „Veröffentlichung oder sonstigen Offenlegung" personenbezogener Daten im Kontext wissenschaftlicher Zwecke spricht, und
- EG 154 S. 3, wonach Unionsrecht oder mitgliedstaatliches Recht vorsehen kann, dass personenbezogene Daten in Dokumenten, die sich im Besitz einer Behörde oder einer öffentlichen Stelle befinden, von dieser Behörde oder Stelle „öffentlich offengelegt" werden können.

23 Insb. aus diesen Formulierungen wird ersichtlich, dass die „Offenlegung" allein noch keine Veröffentlichung ist, sondern dass es qualifizierender Tatbestandsmerkmale bedarf (Offenlegung „nach außen", „öffentliche" Offenlegung"), um eine Veröffentlichung annehmen zu können.

24 Die Offenlegung setzt somit voraus, dass der Verantwortliche einer bestimmten oder zumindest bestimmbaren Person oder einem Kreis bestimmter oder bestimmbarer Personen die personenbezogenen Daten zielgerichtet übermittelt. Demnach wäre eine Veröffentlichung keine Offenlegung im Sinne der DS-GVO, da sich die Veröffentlichung an einen unbestimmten Personenkreis richtet.[9]

25 Diese Interpretation dürfte allerdings in Widerspruch zu der sich abzeichnenden h.M. stehen.[10] Danach soll auch dann eine Offenlegung (oder zumindest Verbreitung) vorliegen, wenn „Daten auf einer Webseite oder in einem Internet-Forum anderen zur Kenntnis gegeben werden"[11], wenn „die Übermittlung an eine unbestimmte Zahl von Dritten durch Bekanntmachung, z.B. am schwarzen Brett, in einer Zeitung oder gar im Internet erfolgt"[12] oder wenn „die Weitergabe an eine unbestimmte Vielzahl von Empfängern"[13] erfolgt.

26 Dort, wo in der DS-GVO der Begriff der „Offenlegung" verwendet wird, kann er ohne weiteres als zielgerichtete Übermittlung an eine bestimmte oder bestimmbare Person bzw. an einen bestimmten oder bestimmbaren Personenkreis interpretiert werden. Dies trifft insb. auf die folgenden Regelungen zu:

- Nach Art. 4 Nr. 12 ist die „Verletzung des Schutzes personenbezogener Daten" eine Verletzung der Sicherheit, die z.B. zur unbefugten Offenlegung personenbezogener Daten führen kann. Nach Art. 32 Abs. 2 und EG 83 S. 2 gehört die unbefugte Offenlegung zu einer der bei der Bewertung der Datensicherheitsrisiken zu berücksichtigenden Risiken.
- Nach Art. 6 Abs. 3 S. 3 kann in einer unionsrechtlichen oder mitgliedstaatlichen Rechtsgrundlage festgelegt werden, für welche Zwecke personenbezogene Daten offengelegt werden dürfen.
- Art. 14 Abs. 3 lit. c ist im Zeitpunkt der „Offenlegung an einen anderen Empfänger" eine Information des Betroffenen erforderlich.
- Nach Art. 15 Abs. 1 lit. c muss gegenüber dem Betroffenen Auskunft über Empfänger erteilt werden, gegenüber denen die personenbezogenen Daten offengelegt worden sind oder noch offengelegt werden. Diese Informationen sind auch in das Verzeichnis von Verarbeitungstätigkeiten aufzunehmen (Art. 30 Abs. 1 lit. d).
- Nach Art. 19 S. 1 muss der Verantwortliche allen Empfängern, denen personenbezogenen Daten offengelegt wurden, bestimmte Änderungen der Datenverarbeitung mitteilen. Art. 58 Abs. 2 lit. g nimmt darauf Bezug.
- Art. 48 betrifft gerichtliche oder verwaltungsbehördliche Entscheidungen eines Drittlands, mit denen die Offenlegung personenbezogener Daten verlangt wird; vor allem auch diese Vorschrift spricht dagegen, unter „Offenlegung" eine „Veröffentlichung" zu verstehen.
- EG 45 S. 5 erklärt, dass in einem mitgliedstaatlichen Gesetz festgelegt werden könne, welchen Einrichtungen die personenbezogenen Daten offengelegt dürfen.
- EG 47 S. 1 erklärt, dass die Rechtmäßigkeit der Verarbeitung auch durch die berechtigten Interessen eines Verantwortlichen, dem die personenbezogenen Daten offengelegt werden dürfen, begründet sein kann.

---

9 Wie hier Ehmann/Selmayr, *Kamann/Braun*, Art. 17 Rn. 40 und Art. 19 Rn. 10.
10 Wie hier, soweit ersichtlich, lediglich Ehmann/Selmayr, *Kamann*/Braun, Art. 17 Rn. 40 und Art. 19 Rn. 10) und Auernhammer, *Thomale* Art. 28 Rn. 7.
11 Paal/Pauly, *Ernst*, Art. 4 Rn. 30.
12 Wolff/Brink, *Schild*, Art. 4 DS-GVO Rn. 50.
13 Kühling/Buchner, *Herbst*, Art. 4 Nr. 2 Rn. 32.

III. Untersuchungsauftrag (S. 2)

Behörden, die im Rahmen eines bestimmten Untersuchungsauftrags nach dem Unionsrecht oder dem Recht der Mitgliedstaaten möglicherweise personenbezogene Daten erhalten, gelten nicht als Empfänger. Das bedeutet, dass Union oder Mitgliedstaaten durch bereichsspezifische Regelungen bestimmte Fälle festlegen können, in denen der Verantwortliche von einem Teil der Pflichten, die ihn bei Offenlegung der Daten gegenüber einer anderen Behörde an sich träfen, dispensiert ist. Es handelt sich bei dieser Regelung um eine unechte Öffnungsklausel[14], durch die Mitgliedstaaten mittelbar die Möglichkeit haben, die Reichweite der Verpflichtungen der DS-GVO zu beeinflussen. **27**

Der etwas sperrige Begriff des „Untersuchungsauftrags" dürfte nach der deutschen Gesetzesterminologie am ehesten mit „Ersuchen" übersetzt werden können. EG 31 S. 1 nennt Behörden, die typischerweise im Rahmen eines behördlichen Ersuchens personenbezogene Daten von anderen Behörden abfragen: Steuer- und Zollbehörden, Finanzermittlungsstellen, unabhängige Verwaltungsbehörden, Finanzmarktbehörden, die für die Regulierung und Aufsicht von Wertpapiermärkten zuständig sind. Die Aufzählung ist nur exemplarisch. **28**

Über diese Empfänger muss der Verantwortliche nicht gem. Art. 13 Abs. 1 lit. e und Art. 14 Abs. 1 lit. e informieren. Sie sind nicht Teil des Auskunftsanspruchs gem. Art. 15 Abs. 1 lit. c. Der Verantwortliche muss diesen Behörden auch nicht jede Berichtigung, Löschung und Verarbeitungseinschränkung mitteilen (Art. 19 S. 1). Und er muss auch nicht auf Verlangen des Betroffenen den Betroffenen über diese Behörden informieren (Art. 19 S. 2). Die Behörden sind schließlich nicht in das Verzeichnis von Verarbeitungstätigkeiten aufzunehmen (Art. 30 Abs. 1 lit. d). **29**

Grund für die Privilegierung dieses Sachverhalts ist, dass die Verarbeitung durch die genannten Behörden ja ohnehin im Einklang mit den Datenschutzvorschriften der DS-GVO und des bereichsspezifischen Rechts zu erfolgen hat. **30**

---

14 Vgl. *Kühling/Martini* et al., S. 11 f.

Article 4 Nr. 10

'third party'

'third party' means a natural or legal person, public authority, agency or body other than the data subject, controller, processor and persons who, under the direct authority of the controller or processor, are authorised to process personal data;

Artikel 4 Nr. 10

„Dritter"

„Dritter" eine natürliche oder juristische Person, Behörde, Einrichtung oder andere Stelle, außer der betroffenen Person, dem Verantwortlichen, dem Auftragsverarbeiter und den Personen, die unter der unmittelbaren Verantwortung des Verantwortlichen oder des Auftragsverarbeiters befugt sind, die personenbezogenen Daten zu verarbeiten;

Recitals

(47) [1]The legitimate interests of a controller, including those of a controller to which the personal data may be disclosed, or of a third party, may provide a legal basis for processing, provided that the interests or the fundamental rights and freedoms of the data subject are not overriding, taking into consideration the reasonable expectations of data subjects based on their relationship with the controller. [...]

(54) [...] [4]Such processing of data concerning health for reasons of public interest should not result in personal data being processed for other purposes by third parties such as employers or insurance and banking companies.

(69) [1]Where personal data might lawfully be processed because processing is necessary for the performance of a task carried out in the public interest or in the exercise of official authority vested in the controller, or on grounds of the legitimate interests of a controller or a third party, a data subject should, nevertheless, be entitled to object to the processing of any personal data relating to his or her particular situation. [...]

Erwägungsgründe

(47) [1]Die Rechtmäßigkeit der Verarbeitung kann durch die berechtigten Interessen eines Verantwortlichen, auch eines Verantwortlichen, dem die personenbezogenen Daten offengelegt werden dürfen, oder eines Dritten begründet sein, sofern die Interessen oder die Grundrechte und Grundfreiheiten der betroffenen Person nicht überwiegen; dabei sind die vernünftigen Erwartungen der betroffenen Person, die auf ihrer Beziehung zu dem Verantwortlichen beruhen, zu berücksichtigen. [...]

(54) [...] [4]Eine solche Verarbeitung von Gesundheitsdaten aus Gründen des öffentlichen Interesses darf nicht dazu führen, dass Dritte, unter anderem Arbeitgeber oder Versicherungs- und Finanzunternehmen, solche personenbezogene Daten zu anderen Zwecken verarbeiten.

(69) [1]Dürfen die personenbezogenen Daten möglicherweise rechtmäßig verarbeitet werden, weil die Verarbeitung für die Wahrnehmung einer Aufgabe, die im öffentlichen Interesse liegt oder in Ausübung öffentlicher Gewalt – die dem Verantwortlichen übertragen wurde, – oder aufgrund des berechtigten Interesses des Verantwortlichen oder eines Dritten erforderlich ist, sollte jede betroffene Person trotzdem das Recht haben, Widerspruch gegen die Verarbeitung der sich aus ihrer besonderen Situation ergebenden personenbezogenen Daten einzulegen. [...]

Literatur

Gola (Hrsg.), Datenschutz-Grundverordnung, 1. Auflage 2017, C.H. Beck München; *Kühling/Buchner (Hrsg.),* Datenschutzgrundverordnung, 1. Auflage 2017, C.H. Beck München; *Paal/Pauly,* Datenschutz-Grundverordnung, 1. Auflage 2016, C.H. Beck München.

Bedeutung der Norm

Die Norm definiert den Begriff des „Dritten". Damit sind Personen oder Stellen gemeint, die außerhalb der Verarbeitung personenbezogener Daten durch den Verantwortlichen stehen. Der Begriff taucht in der DS-GVO nur an drei weiteren Stellen auf, so dass unklar ist, ob ihm überhaupt nennenswerte Bedeutung zukommt.

Hinweise für den Anwender

Für die Norm relevante Definitionen oder andere Querbezüge:
- Gem. Art. 6 Abs. 1 lit. f kann die Verarbeitung personenbezogener Daten nicht nur zur Wahrung der berechtigten Interessen des Verantwortlichen, sondern auch zur Wahrung der berechtigten Interessen eines Dritten zulässig sein. Der „Dritte" kann somit eine Person oder Stelle sein, in deren Interesse der Verantwortliche personenbezogene Daten verarbeitet, ohne dass der „Dritte" mit diesen Daten in Berührung kommt. In diesem Fall muss der Verantwortliche den Betroffenen über die berechtigten Interessen des Dritten aufklären (vgl. Art. 13 Abs. 1 lit. d und Art. 14 Abs. 2 lit. b).
- Wie sich aus Art. 4 Nr. 9 ergibt, kann der „Dritte" aber auch eine Person/Stelle sein, der Daten offengelegt werden. In diesem Fall wird der „Dritte" zum Empfänger.

Für die Auslegung der Norm relevante Erwägungsgründe:
- EG 47 S. 1, 54 S. 4, 69 S. 1.

Vorgängernormen im BDSG:
- § 3 Abs. 4 Nr. 3 und Abs. 8 S. 2 BDSG.

Vorgängernormen in der RL 95/46:
- Art. 2 lit. f DS-RL.

Stellungnahmen der Aufsichtsbehörden oder der Art. 29-Datenschutzgruppe:
- Artikel-29-Datenschutzgruppe, Stellungnahme 1/2010 zu den Begriffen „für die Verarbeitung Verantwortlicher" und „Auftragsverarbeiter" (angenommen am 16.2.2010), WP 169.
- Düsseldorfer Kreis, Datenübermittlung in Drittstaaten erfordert Prüfung in zwei Stufen, Beschluss der Aufsichtsbehörden für den Datenschutz im nicht-öffentlichen Bereich vom 11./12.9.2013.
- Bayerisches Landesamt für Datenschutzaufsicht, EU-Datenschutz-Grundverordnung – Das BayLDA auf dem Weg zur Umsetzung der Verordnung, Teil X (Stand: 26.10.2016).

Schlagworte

Dritter, betroffene Person, Betroffener, Verantwortlicher, Auftragsverarbeiter, Empfänger, Funktionsexzess.

A. Allgemeines

I. Regelungszweck

Die Definition des „Dritten" stellt klar, welche Personen oder Stellen außerhalb der Verarbeitung 1
personenbezogener Daten durch den Verantwortlichen stehen. Im Übrigen ist unklar, ob der

„Dritte" in der DS-GVO noch dieselbe Bedeutung hat, die ihm nach dem BDSG zukam. Neben der Definition in Art. 4 Nr. 10 taucht der Begriff des „Dritten" ansonsten im verfügenden Teil der DS-GVO nur noch bei der Definition des „Empfängers" und im Zusammenhang mit dem Erlaubnistatbestand des Art. 6 Abs. 1 lit. f auf. Dort ist geregelt, dass der Verantwortliche die Verarbeitung personenbezogener Daten nicht nur auf sein eigenes berechtigtes Interesse stützen kann, sondern auch auf das berechtigte Interesse eines Dritten (Verarbeitung im Drittinteresse). Der Dritte hat entweder mit der Verarbeitung der personenbezogenen Daten durch den Erstverantwortlichen gar nichts zu tun oder ihm werden die Daten durch den Erstverantwortlichen offengelegt. In diesem Fall wird der Dritte zum „Empfänger" und damit selbst zum Zweitverantwortlichen.

II. Normadressaten

2 Da der Begriff des „Dritten" in der DS-GVO bei Art. 6 Abs. 1 lit. f und bei den damit zusammenhängenden Informationspflichten Verwendung findet, ist die Definition für den Verantwortlichen relevant, der sich für seine Datenverarbeitung auf die berechtigten Interessen eines Dritten stützen will, und für den Betroffenen, dessen Interessen gegen die berechtigten Interessen des Dritten abgewogen werden müssen. Der Verantwortliche muss den Betroffenen über die berechtigten Interessen des Dritten informieren (vgl. Art. 13 Abs. 1 lit. d und Art. 14 Abs. 2 lit. b).

III. Systematik

3 Der Dritte gehört mit dem Verantwortlichen (Art. 4 Nr. 7), dem Auftragsverarbeiter (Art. 4 Nr. 8), dem Betroffenen (Art. 4 Nr. 1), dem Vertreter (Art. 4 Nr. 17) zu den Personen, denen durch die DS-GVO bei der Verarbeitung personenbezogener Daten eine Rolle zugedacht ist.

4 Die Rolle des Dritten beschränkt sich dabei allerdings darauf, dass der Verantwortliche seine Verarbeitung mit den berechtigten Interessen des Dritten begründen kann (Art. 6 Abs. 1 lit. f). Dem Dritten werden insofern durch die DS-GVO keine Rechte oder Pflichten auferlegt.

5 Im Übrigen findet im verfügenden Teil der DS-GVO der „Dritte" nur noch bei der Definition des „Empfängers" (Art. 4 Nr. 9) Erwähnung. Aus dieser Definition folgt, dass der „Dritte" auch eine Person/Stelle sein kann, der Daten offengelegt werden. In diesem Fall wird der „Dritte" zum Empfänger.

IV. Entstehungsgeschichte

1. Bisherige europäische Vorgaben

6 In Art. 2 lit. f DS-RL wird der „Dritte" wie folgt definiert: *„die natürliche oder juristische Person, Behörde, Einrichtung oder jede andere Stelle, außer der betroffenen Person, dem für die Verarbeitung Verantwortlichen, dem Auftragsverarbeiter und den Personen, die unter der unmittelbaren Verantwortung des für die Verarbeitung Verantwortlichen oder des Auftragsverarbeiters befugt sind, die Daten zu verarbeiten."* Die Definition hat sich durch die DS-GVO somit nicht geändert. Die Art. 29-Datenschutzgruppe geht davon aus, dass der Begriff des „Dritten" Personen erfasst, die in einem anderen Unternehmen arbeiten, auch wenn diese demselben Konzern angehören.[1]

2. Bisherige nationale Vorgaben

7 § 3 Abs. 8 S. 2 und 3 BDSG definiert den „Dritten" folgendermaßen: *„Dritter ist jede Person oder Stelle außerhalb der verantwortlichen Stelle. Dritte sind nicht der Betroffene sowie Personen und Stellen, die im Inland, in einem anderen Mitgliedstaat der Europäischen Union oder in einem an-*

1 *Artikel-29-Datenschutzgruppe*, Stellungnahme 2/2010 zu den Begriffen „für die Verarbeitung Verantwortlicher" und „Auftragsverarbeiter" vom 16.2.2010,WP 169, S. 37.

deren Vertragsstaat des Abkommens über den Europäischen Wirtschaftsraum personenbezogene Daten im Auftrag erheben, verarbeiten oder nutzen." § 3 Abs. 8 S. 3 BDSG nimmt somit – in Abweichung vom Wortlaut der DS-RL – solche Auftragsdatenverarbeiter von der Definition aus, die personenbezogene Daten innerhalb der Europäischen Union oder des Europäischen Wirtschaftsraums erheben, verarbeiten oder nutzen. Dabei ist in § 3 Abs. 4 Nr. 3 BDSG der Begriff der Übermittlung als gesonderter Verarbeitungsschritt definiert – und zwar als das Bekanntgeben von personenbezogenen Daten an einen „Dritten".

Das bedeutet für die Auftragsdatenverarbeitung nach bislang in Deutschland h.M.: Als Rechtsgrundlage für die Übermittlung an einen Auftragsdatenverarbeiter innerhalb der EU bzw. des EWR werden §§ 28 Abs. 1 S. 1 Nr. 2 i.V.m. § 11 Abs. 2 BDSG angesehen. Dagegen ist für eine Übermittlung von personenbezogenen Daten an einen Auftragsdatenverarbeiter im Drittland eine zweistufige Prüfung erforderlich[2]: Auf der ersten Stufe ist erforderlich, dass die Datenübermittlung selbst durch eine Einwilligung des Betroffenen oder eine Rechtsvorschrift gerechtfertigt ist (z.B. durch einen Vertrag zur Auftragsdatenverarbeitung gem. §§ 28 Abs. 1 Satz 1 Nr. 2 i.V.m. § 11 Abs. 2 BDSG). Auf der zweiten Stufe ist zu prüfen, ob im Ausland ein angemessenes Datenschutzniveau besteht oder die Ausnahmen nach § 4c BDSG vorliegen. **8**

Diese durch die Definition des „Dritten" im BDSG bewirkte Differenzierung zwischen Auftragsdatenverarbeitern innerhalb der EU bzw. des EWR und Auftragsdatenverarbeitern in Drittstaaten dürfte durch die DS-GVO hinfällig sein, da sowohl die eine als auch die andere Gruppe von Auftragsverarbeitern Empfänger im Sinne der DS-GVO sind. **9**

3. Verhandlungen zur DS-GVO

Die Definition des „Dritten" war im Kommissionsentwurf noch nicht vorgesehen und wurde erst auf Vorschlag des Parlaments aufgenommen. **10**

B. Inhalt der Regelung

I. Natürliche oder juristische Person, Behörde, Einrichtung oder andere Stelle

Der Dritte kann eine natürliche oder juristische Person, eine Behörde, eine Einrichtung oder eine andere Stelle sein. Entsprechend der einzigen Funktion, die der Dritte in der DS-GVO hat, muss es sich beim Dritten um eine Person oder Stelle handeln, deren Drittinteresse vom berechtigten Interesse des Verantwortlichen abweicht (Art. 6 Abs. 1 lit. f). Werden dem Dritten personenbezogene Daten offengelegt, wird er zum Empfänger und damit um Verantwortlichen. **11**

II. Kein unmittelbarer Kontakt mit personenbezogenen Daten

Art. 4 Nr. 10 definiert den Begriff des „Dritten" negativ. D.h. die Definition besagt, was der „Dritte" nicht ist, nämlich: **12**

- kein Betroffener (Art. 4 Nr. 1),
- kein Verantwortlicher (Art. 4 Nr. 7),
- kein Auftragsverarbeiter (Art. 4 Nr. 8) und
- keine Person, die unter der unmittelbaren Verantwortung des Verantwortlichen oder des Auftragsverarbeiters befugt ist, personenbezogene Daten zu verarbeiten (Art. 29).

Daraus folgt, dass es sich bei dem Dritten nur um eine Person oder Stelle handeln kann, die außerhalb der Stelle des Verantwortlichen steht. Die systematische Auslegung bestätigt, dass der **13**

2 Vgl. *Düsseldorfer Kreis*, Beschluss der Aufsichtsbehörden für den Datenschutz im nicht-öffentlichen Bereich vom 11./12.9.2013.

Dritte in der DS-GVO an keiner Stelle eine Rolle inne hat, in der er selbst Verantwortlicher ist. Die DS-GVO verwendet den Begriff lediglich in Art. 6 Abs. 1 lit. f und in Regelungen, die in Zusammenhang mit dieser Norm stehen (Art. 13 Abs. 1 lit. d und 14 Abs. 2 lit. b sowie EG 47 S. 1, 54 S. 4, 69 S. 1). Die Auslegung des Begriffs des Dritten sollte sich auf die Verwendung des Begriffs in der DS-GVO beschränken.

14 In der Literatur besteht – wohl noch aufgrund der Bedeutung des „Dritten" im BDSG – einige Verwirrung über die Auslegung des Begriffs des „Dritten". Nach *Hartung* ist der Dritte „letzten Endes selbst ein (anderer) Verantwortlicher".[3] Dies ist jedoch schon nach der Definition des Art. 4 Nr. 10 eine schwierige Auslegung, denn danach ist der „Dritte" eine andere Stelle „außer dem Verantwortlichen". In dem Moment, in dem eine Person oder Stelle verantwortlich wird, ist sie eben nicht mehr Dritter. Nach *Gola* ist ein Beschäftigter, der Daten außerhalb seiner dienstlichen Obliegenheiten nutzt, Dritter.[4] Auch dies dürfte nicht richtig sein. Derjenige Akteur, der faktisch die wesentlichen Entscheidungen über die Zwecke und Mittel der Datenverarbeitung trifft, wird selbst zum Verantwortlichen (unabhängig davon, ob dies in rechtmäßiger oder auf rechtswidrige Weise geschieht).[5] Art. 28 Abs. 10 stellt dies für den „Funktionsexzess"[6] des Auftragsverarbeiters klar. Für ein entsprechendes Tätigwerden der „Person unterhalb des Verantwortlichen/Auftragsverarbeiters" gilt nichts anderes.

15 Aufgrund von Art. 4 Nr. 9 kann man lediglich zu dem Ergebnis kommen, dass der „Dritte" auch eine Person/Stelle sein *kann*, der Daten offengelegt werden. In diesem Fall würde der „Dritte" zum Empfänger und damit zum – wie *Hartung* schreibt – „anderen" Verantwortlichen. Dagegen spricht aber schon wieder EG 47 S. 1, wonach die Rechtmäßigkeit der Verarbeitung durch die berechtigten Interessen „auch eines Verantwortlichen, dem die personenbezogenen Daten offengelegt werden dürfen, *oder eines Dritten* begründet sein" kann. EG 47 S. 1 scheint somit davon auszugehen, dass sich die Rolle des Empfängers und die Rolle des Dritten ausschließen. Die Auslegungsfrage hat aber insofern keine Bedeutung, als nach der DS-GVO der Auftragsverarbeiter eindeutig als Empfänger anzusehen ist.

---

3 Kühling/Buchner, *Hartung*, Art. 4 Nr. 10 Rn. 1.
4 Gola, *Gola*, Art. 4 Nr. 65.
5 Kühling/Buchner, *Hartung*, Art. 28 Rn. 103 (unter Verweis auf *Art. 29-Datenschutzgruppe*, Stellungnahme 1/2010, WP 169, S. 11 f.).
6 Paal/Pauly, *Martini*, Art. 28 Rn. 77.

Article 4 Nr. 11

'consent'

(11) 'consent' of the data subject means any freely given, specific, informed and unambiguous indication of the data subject's wishes by which he or she, by a statement or by a clear affirmative action, signifies agreement to the processing of personal data relating to him or her;

Artikel 4 Nr. 11

„Einwilligung"

11. „Einwilligung" der betroffenen Person jede freiwillig für den bestimmten Fall, in informierter Weise und unmissverständlich abgegebene Willensbekundung in Form einer Erklärung oder einer sonstigen eindeutigen bestätigenden Handlung, mit der die betroffene Person zu verstehen gibt, dass sie mit der Verarbeitung der sie betreffenden personenbezogenen Daten einverstanden ist;

§ 26 BDSG-neu

Datenverarbeitung für Zwecke des Beschäftigungsverhältnisses

(1) [...]

(2) Erfolgt die Verarbeitung personenbezogener Daten von Beschäftigten auf der Grundlage einer Einwilligung, so sind für die Beurteilung der Freiwilligkeit der Einwilligung insbesondere die im Beschäftigungsverhältnis bestehende Abhängigkeit der beschäftigten Person sowie die Umstände, unter denen die Einwilligung erteilt worden ist, zu berücksichtigen.[1] Freiwilligkeit kann insbesondere vorliegen, wenn für die beschäftigte Person ein rechtlicher oder wirtschaftlicher Vorteil erreicht wird oder Arbeitgeber und beschäftigte Person gleichgelagerte Interessen verfolgen.[2] Die Einwilligung bedarf der Schriftform, soweit nicht wegen besonderer Umstände eine andere Form angemessen ist.[3] [...]

[...]

Literatur

Artikel-29-Datenschutzgruppe, Stellungnahme 15/2011 zur Definition von Einwilligung, WP 187 vom 13. Juli 2011; Kurzpapier Nr. 3 der unabhängigen Datenschutzbehörden des Bundes und der Länder zu Verarbeitung personenbezogener Daten für Werbung.

▶ Bedeutung der Norm

Art. 4 Nr. 11 definiert den Begriff der „Einwilligung". Die Einwilligung ist eine der zentralen Rechtsgrundlagen für eine rechtmäßige Verarbeitung von personenbezogenen Daten im Sinne von Art. 6 Abs. 1 lit. a und Art. 9 Abs. 2 lit. a („ausdrückliche" Einwilligung bei besonderen Kategorien personenbezogener Daten).

▶ Hinweise für den Anwender

Systematische Einordnung der Norm innerhalb der DS-GVO:

- Als Definition ist der Begriff in den Allgemeinen Bestimmungen (Kapitel I) „vor die Klammer gezogen". Er ist relevant für die Anwendung der Vorschriften in Kapitel II (Rechtmäßigkeit der Verarbeitung), Kapitel III (Rechte der betroffenen Person) und für die Einwilligung in Datenübermittlungen in Drittländer (Kapitel V).
- Wesentlich ist die Einwilligung vor allem als Rechtsgrundlage für eine rechtmäßige Verarbeitung gem. Art. 6 Abs. 1 lit. a und Art. 9 Abs. 2 lit. a („ausdrückliche" Einwilligung bei besonderen Kategorien personenbezogener Daten).

- Allerdings ist die Definition an dieser Stelle unvollständig wiedergegeben. Wesentliche Merkmale (z.B. Freiwilligkeit, Bestimmtheit) sind nur im Zusammenhang mit den Bedingungen für eine wirksame Einwilligung gem. Art. 7 und 8 und den dazugehörigen Erwägungsgründen (insbesondere EG 32, 33, 42, 43) verständlich.
- Teilweise ist in der Verordnung eine „ausdrückliche" Einwilligung erforderlich: Bei besonderen Kategorien personenbezogener Daten (Art. 9 Abs. 2 lit. a), automatisierten Entscheidungen (Art. 22 Abs. 2 lit. c) und als Rechtsgrundlage für Datenübermittlungen in ein Drittland (Art. 49 Abs. 1 lit. a). Dies ist dann als zusätzliches Tatbestandsmerkmal zu berücksichtigen.

Für die Auslegung der Norm relevante Erwägungsgründe:
- 32, 33, 42, 43, 171.

Vorgängernormen im nationalen Recht:
- § 4a BDSG, wobei diese Norm weniger eine Definition des Begriffs „Einwilligung" enthält, als vielmehr Vorgaben für eine wirksame Einwilligung (ähnlich wie jetzt Art. 7).
- Die meisten Spezialgesetze definieren den Begriff der Einwilligung nicht gesondert.
- Für die Bedingungen einer elektronische Einwilligung gibt es Sondervorschriften in § 13 Abs. 2 TMG und § 94 TKG.
- Die Landesdatenschutzgesetze haben teilweise die Vorgaben der RL 95/46/EG, dass die Einwilligung ohne Zwang erfolgen muss, übernommen (§ 6 Abs. 5 BlnDSG; § 3 Abs. 3 BremDSG; § 5 Abs. 2 HmbDSG; § 4 Abs. 3 NDSG; § 4 Abs. 1 DSG NRW; § 5 Abs. 2 LDSG Rheinl.-Pfalz). Die übrigen Landesdatenschutzgesetze enthalten die allgemeinen Regelungen zum Inhalt und zur Form der Einwilligung (Art. 15 BayDSG; § 4 Abs. 2–4 LDSG BW; § 6 Abs. 4–6 BlnDSG; § 4 Abs. 2 und 3 BbgDSG; § 5 Abs. 2 HmbDSG; § 7 Abs. 2 HDSG; § 8 DSG M-V; § 4 Abs. 2 NDSG; § 4 Abs. 1 SDSG; § 4 Abs. 3–5 SächsDSG; § 4 Abs. 2 DSG-LSA; § 12 LDSG SH; § 4 Abs. 2 ThürDSG).

Vorgängernorm in europäischen Richtlinien:
- Definition in Art. 2 lit. h RL 1995/46/EG
- RL 2002/58/EG i.F.d. RL 2009/136/EG verweist auf diese Definition (Art. 2 lit. f, EG 17)

Querbezüge zu anderen Normen:
- Art. 8 Abs. 2 Charta der Grundrechte der Europäischen Union
- Für die Einwilligung in Direktmarketing bleibt es bei § 7 UWG, welcher auf Art. 13 RL 2002/58/EG beruht.

▶ Schlagworte

Einwilligung; freiwillig; informiert; Zweckbestimmung; eindeutige bestätigende Handlung („clear affirmative action"); ausdrückliche Einwilligung; werbliche Einwilligung; Direktmarketing; Kopplungsverbot

---

A. Allgemeines

I. Regelungszweck

Art. 4 Nr. 11 definiert den Begriff der datenschutzrechtlichen „Einwilligung". Die Einwilligung ist eine der zentralen Rechtsgrundlagen für eine rechtmäßige Datenverarbeitung (Art. 6 Abs. 1 lit. a). Der Begriff wird auch in anderen Rechtsgebieten benutzt, insb. im Zivilrecht. Hier kann es zu Überschneidungen kommen, vor allem wenn es um die Frage der Wirksamkeit einer abgegebenen Einwilligungserklärung geht. Eine gesonderte datenschutzrechtliche Definition ist erforderlich, da im Datenschutzrecht erhöhte Transparenz- und Bestimmtheitserfordernisse bestehen. Zusätzlich zu den Anforderungen des Zivilrechts an die Gültigkeit einer Willenserklärung sind daher auch die datenschutzrechtlichen Anforderungen zu beachten. 1

Die Definition in Art. 4 Nr. 11 ist die Nachfolgeregelung der bereits in der Richtlinie 95/46/EG in Art. 2 lit. h enthaltenen Definition. Sie ist nunmehr aber durch weitere Wirksamkeitsvoraussetzungen flankiert, welche sich insb. in Art. 7 (Bedingungen für die Einwilligung) und Art. 8 (Bedingungen für die Einwilligung eines Kindes in Bezug auf Dienste der Informationsgesellschaft) finden. 2

II. Normadressaten

Die Definition richtet sich in erster Linie an den Verantwortlichen, denn dieser ist gem. Art. 5 Abs. 2 rechenschaftspflichtig dafür, dass seine Verarbeitung rechtmäßig ist. Dazu gehört der Nachweis, dass die Verarbeitung aufgrund einer Rechtsgrundlage gem. Art. 6 Abs. 1 erfolgt, z.B. aufgrund einer Einwilligung des Betroffenen gem. Art. 6 Abs. 1 lit. a. Ausdrücklich verlangt Art. 7 Abs. 1 vom Verantwortlichen, dass dieser die Einwilligung nachweisen kann. 3

III. Systematik

Art. 4 Nr. 11 ist innerhalb der DS-GVO, wie alle Definitionen in Art. 4, „vor die Klammer gezogen". Maßgeblich ist die Definition zunächst für die Einhaltung der in Kapitel II niedergelegten Grundsätze der Verarbeitung; insb. ist die Einwilligung eine Möglichkeit, um die Verarbeitung gem. Art. 6 rechtmäßig auszugestalten. Sie hat aber auch Bedeutung im Hinblick auf die in Kapitel III festgelegten Betroffenenrechte. Basiert nämlich die Verarbeitung auf einer Einwilligung, so ist im Rahmen der Informationspflichten nach Art. 13 und 14 auf das Recht zum Widerruf hinzuweisen. Zudem beziehen sich bestimmte Betroffenenrechte insb. auf Verarbeitungssituationen, in denen sich der Verantwortliche auf eine Einwilligung als Legitimation beruft. Dazu gehören das Recht auf Löschung (Art. 17 Abs. 1 lit. b), das Recht der Verarbeitung bei eingeschränkter Verarbeitung (Art. 18 Abs. 2) und das Recht auf Datenübertragbarkeit (Art. 20 Abs. 1 lit. a). 4

Allerdings ist die Definition letztlich unvollständig. Sie ist immer im Zusammenhang mit den Wirksamkeitsvoraussetzungen der Art. 7 und 8 zu lesen. Die Auslegung wird dabei dadurch erschwert, dass bestimmte Begriffe erst in den Erwägungsgründen 32, 33, 42 und 43 eine nähere Ausgestaltung erfahren. Beispielsweise wird der Begriff der „Freiwilligkeit" in Art. 7 Abs. 4 und EG 43 weiter ausgefüllt. 5

Als weiteres Tatbestandsmerkmal kommt für besondere Verarbeitungssituationen ferner der Begriff *„ausdrücklich"* hinzu. Dies gilt für eine Einwilligung in die Verarbeitung besonderer Kategorien personenbezogener Daten, z.B. Gesundheitsdaten (vgl. Art. 9 Abs. 2 lit. a), in automatisierten Entscheidungen (Art. 22 Abs. 2 lit. c) und in Datenübermittlungen in Drittländer (Art. 49 Abs. 1 lit. a). 6

IV. Entstehungsgeschichte

1. Bisherige europäische Vorgaben

7 Art. 2 lit. h RL 95/46/EG definiert die „Einwilligung der betroffenen Person" als *„jede Willensbekundung, die ohne Zwang, für den konkreten Fall und in Kenntnis der Sachlage erfolgt und mit der die betroffene Person akzeptiert, dass personenbezogene Daten, die sie betreffen, verarbeitet werden."* Art. 4 Nr. 11 baut auf dieser Definition auf. Maßgeblicher Bestandteil ist auch hier die Freiwilligkeit (*„freiwillig"* entspricht dem *„ohne Zwang"* der RL 95/46/EG), die Bestimmtheit (*„für den bestimmten Fall"* entspricht dem *„für den konkreten Fall"*) und die Informiertheit (*„in informierter Weise"* entspricht dem *„in Kenntnis der Sachlage"*) der Erklärung. Darüber hinaus gibt es nunmehr das zusätzliche Erfordernis, dass die Einwilligung *„unmissverständlich"* abgegeben sein muss und in *„Form einer Erklärung oder einer sonstigen eindeutigen bestätigenden Handlung"*. Neu ist ferner, dass die Definition um Bedingungen einer wirksamen Einwilligung in Art. 7 und 8 ergänzt wird. Letztlich sind diese Bedingungen eine Fortschreibung von Aspekten, die teilweise bisher schon in die Definition mit hineingelesen wurden.[1]

8 Die Bedeutung der Einwilligung spiegelt sich auch in Art. 8 Abs. 2 der Charta der Grundrechte der Europäischen Union wider, wonach personenbezogene Daten *„mit Einwilligung der betroffenen Person oder auf einer sonstigen gesetzlich geregelten legitimen Grundlage"* verarbeitet werden können.

2. Bisherige nationale Vorgaben

9 § 4a BDSG hat Art. 2 lit. h der RL 95/46/EG in nationales Recht umgesetzt. Die verwendeten Begrifflichkeiten sind abweichend, meinen aber in der Sache das Gleiche. Danach muss die Einwilligung auf *„der freien Entscheidung des Betroffenen"* beruhen (Freiwilligkeit). Der Betroffene ist dabei auf den vorgesehenen Zweck der Erhebung, Verarbeitung und Nutzung hinzuweisen (Bestimmtheit, Informiertheit). Darüber hinaus macht § 4a Abs. 1 BDSG noch weitergehende Vorgaben für den Inhalt der Einwilligungserklärung und die Form, welche so nicht in das europäische Recht, insb. auch nicht in die Verordnung übernommen wurden. Dazu gehört die Pflicht in der Einwilligungserklärung *„soweit nach den Umständen des Einzelfalles erforderlich oder auf Verlangen, auf die Folgen der Verweigerung der Einwilligung hinzuweisen"* sowie das grundsätzliche Erfordernis der Schriftform, es sei denn *„wegen besonderer Umstände"* ist eine andere Form angemessen. Derartige *„Bedingungen"* für die Einwilligungserklärung wären allerdings ohnehin nicht in die allgemeine Definition in Art. 4 Nr. 11 eingeflossen. Sie sind als Bedingungen bei Art. 7 teilweise diskutiert worden, haben aber dort letztlich keinen Niederschlag gefunden. Was sich allerdings in Art. 7 Abs. 2 wiederfindet, ist das Gebot, das gem. § 4a Abs. 1 S. 4 BDSG die Einwilligungserklärung dann *„besonders hervorzuheben"* ist, wenn sie gemeinsam mit anderen Erklärungen abgegeben wird. Ähnlich formuliert Art. 7 Abs. 2, dass die Erklärung von anderen Sachverhalten *„klar zu unterscheiden"* sein muss (s. Art. 7 Rn. 102 f.). Dies ist aber keine Frage der Definition des Begriffs der Einwilligung, sondern eine Bedingung für deren Abgabe.

3. Verhandlungen zur DS-GVO

10 Die ursprüngliche Definition von „Einwilligung" in Art. 4 Nr. 8-KOM-E verlangte auf Englisch eine *„explicit indication of his or her wishes"*. Im deutschen Text des Kommissionsentwurfs wurde *„explicit"* zunächst mit *„explizit"* übersetzt, die legislative Entschließung des Parlaments schlug stattdessen für den deutschen Text den Begriff *„ausdrücklich"* als Übersetzung vor. In jedem Fall sollte mit dem Begriff erreicht werden, dass das bisher nach der RL 95/46/EG nur bei der Verarbeitung besonderer Kategorien bestehende Erfordernis einer ausdrücklichen Einwilligung generell für die datenschutzrechtliche Einwilligung gilt. Dementsprechend enthielt Art. 9 Abs. 1 lit. a KOM-E be-

1 Vgl. Stellungnahme der Artikel-29-Datenschutzgruppe vom 13.07.2011 zur Definition von Einwilligung (WP 187), S. 44 zur Forderung nach einer solchen Klarstellung im Datenschutzrecht.

treffend die Einwilligung in die Verarbeitung besonderer Kategorien personenbezogener Daten nur das Wort „Einwilligung", da der Zusatz „ausdrücklich" damit entbehrlich war.

Der jetzige Text der Definition beruht dagegen auf dem Kompromissvorschlag des Rats. Nunmehr ist der Begriff *„explicit"* (bzw. *„ausdrücklich"*) in der Definition durch das Wort *„unambiguous"* (*„unmissverständlich"*) ersetzt. Gleichzeitig wurde in Art. 9 Abs. 1 lit. a der Begriff *„explicit"* wieder als Erfordernis aufgenommen. Dies ist zu begrüßen, da nicht jede Verarbeitung die Warnfunktion einer ausdrücklichen Einwilligung erfordert. **11**

Der Text im Übrigen hat sich in der englischen Sprachfassung im Laufe der Trilog-Verhandlungen nicht geändert und lautete stets: *„any freely given, specific, informed … indication of his or her wishes by which the data subject, either by a statement or by a clear affirmative action, signifies agreement to personal data relating to them being processed"*. **12**

Die deutsche Sprachfassung der Verordnung weicht dagegen leicht von der ursprünglichen Formulierung ab, was aber offensichtlich sachlich keinen Unterschied machen, sondern allein einer wortgetreueren Übersetzung aus dem Englischen dienen sollte. So wurden die Anführungszeichen nur noch bei „Einwilligung" statt bei *„Einwilligung der betroffenen Person"* gesetzt. Ferner wurde aus *„ohne Zwang"* das Wort *„freiwillig"* (im englischen: *„freely given"*) und aus *„für den konkreten Fall"* die Begrifflichkeit *„für den bestimmten Fall"* (im englischen: *„specific"*). Ferner wurde der englische Begriff *„informed"* in der deutschen Sprachfassung zunächst – wie auch schon in der RL 95/46/EG – mit *„in Kenntnis der Sachlage"* übersetzt, dann aber wortgetreuer korrigiert auf *„in informierter Weise"*. **13**

Besonders umstritten war im Rahmen der Trilog-Verhandlungen ferner die Auslegung des Begriffs „Freiwilligkeit". Nach Art. 7 Abs. 4 KOM-E sollte eine Einwilligung dann keine Rechtsgrundlage für eine Verarbeitung sein können, wenn *„zwischen der Position der betroffenen Person und des für die Verarbeitung Verantwortlichen ein klares Ungleichgewicht besteht"*. Der EG 34 KOM-E erläuterte dies dahingehend, dass dies vor allem im Arbeitgeber-/Arbeitnehmerverhältnis der Fall sei oder wenn eine Behörde aufgrund ihrer obrigkeitlichen Befugnisse Verpflichtungen auferlegen könne. EG 43 erwähnt nunmehr nur noch den Fall der Behörde. Zu groß waren die Bedenken, die freie Wirtschaft könnte in Teilbereichen auf eine Verarbeitung basierend auf einer Einwilligung der Beschäftigten angewiesen sein. **14**

Im Zuge der Verhandlungen sind allerdings auch Verschärfungen des Freiwilligkeitsbegriffs hinzugekommen. Insbesondere soll die Freiwilligkeit in Frage stehen, wenn der Vertragsabschluss oder die Vertragserfüllung davon abhängig ist (sog. Kopplungsverbot). Nach Art. 7 Abs. 4 soll bei der Beurteilung der Freiwilligkeit dem Umstand *„in größtmöglichem Umfang"* Rechnung getragen werden, ob die Erfüllung eines Vertrags von einer Einwilligung in hierfür nicht erforderliche Verarbeitungen gemacht wird. Schärfer formuliert EG 43, dass eine Einwilligung als nicht freiwillig erteilt „gilt", wenn die Erfüllung eines Vertrags von der Einwilligung abhängig gemacht wird, obwohl diese Einwilligung für die Erfüllung nicht erforderlich ist. Ferner „gilt" nach EG 43 eine Willenserklärung dann als nicht freiwillig erteilt, wenn zu verschiedenen Verarbeitungsvorgängen nicht gesondert eine Einwilligung erteilt werden kann, obwohl dies im Einzelfall nicht angebracht ist. Diese Änderungen sind einschneidend, wie auch bei Art. 7 näher erläutert wird (s. Art. 7 Rn. 61 ff.). **15**

B. Inhalt der Regelung

Der Begriff der „Einwilligung" (der betroffenen Person) ist in Art. 4 Nr. 11 definiert als *„jede freiwillig für den bestimmten Fall, in informierter Weise und unmissverständlich abgegebene Willensbekundung in Form einer Erklärung oder einer sonstigen eindeutigen bestätigenden Handlung, mit der die betroffene Person zu verstehen gibt, dass sie mit der Verarbeitung der sie betref-* **16** *fenden personenbezogenen Daten einverstanden ist."* Damit ergeben sich die folgenden Anforderungen an eine Einwilligung

- Freiwilligkeit
- Bestimmtheit
- Informiert
- Unmissverständlich abgegebene Willensbekundung

17 Zu den Tatbestandsmerkmalen im Einzelnen vgl. die Kommentierung zu Art. 7 (s. Art. 7 Rn. 34 ff.).

C. Weitere Auswirkungen der Verordnung in der Praxis

I. Auswirkungen auf das nationale Recht

18 § 4a BDSG wird zukünftig durch die Vorgaben von Art. 4 Nr. 11 und Art. 7 und 8 ersetzt. Für eine nationale Regelung bleibt kein Raum mehr.

19 Etwas anderes gilt für Einwilligungen im Beschäftigtenkontext, da hier Art. 88 spezifischere nationale Regelungen gestattet. Nach § 26 Abs. 2 S. 3 BDSG-neu bleibt es für Einwilligungen im Beschäftigungsverhältnis dabei, dass diese der Schriftform bedürfen, es sei denn *„wegen besonderer Umstände"* wäre eine andere Form *„angemessen"*. Im Übrigen präzisieren § 26 Abs. 2 S. 1 und S. 2 BDSG-neu den Begriff der „Freiwilligkeit" im Beschäftigungsverhältnis (s. Art. 7 Rn. 108 ff.).

II. Anwendung durch die Datenverarbeiter

20 Für den Verantwortlichen wird die DS-GVO insoweit eine Erleichterung bringen, als nunmehr die Vorgaben für eine wirksame Einwilligung europaweit einheitlich geregelt sind. Ob dies bereits kurz- und mittelfristig zu einer einheitlichen Rechtsprechung und Verwaltungspraxis führt, bleibt abzuwarten. Es ist denkbar, dass die nationalen Gerichte der Mitgliedstaaten die Frage, ob eine Einwilligung *„in dem jeweiligen Kontext eindeutig"* ist, unterschiedlich beantworten. Insb. in Deutschland werden dabei auch AGB-rechtliche Gesichtspunkte eine Rolle spielen, z.B. ob die Einwilligung für bestimmte Zwecke für den Betroffenen „überraschend" ist. Hier ist eine Klärung der Auslegung durch den Europäischen Gerichtshof sicherlich wünschenswert. Die deutschen Aufsichtsbehörden rechnen bereits jetzt damit, dass es zukünftig Leitlinien des Europäischen Datenschutzausschusses insbesondere zum Thema einer werblichen Einwilligung geben wird.[2] Zu den weiteren Auswirkungen siehe die Kommentierung zu Art. 7 (s. Art. 7 Rn. 139 ff.).

2 Kurzpapier Nr. 3 der unabhängigen Datenschutzbehörden des Bundes und der Länder zur Verarbeitung personenbezogener Daten für Werbung.

Article 4 Nr. 12

'personal data breach'

(12) 'personal data breach' means a breach of security leading to the accidental or unlawful destruction, loss, alteration, unauthorised disclosure of, or access to, personal data transmitted, stored or otherwise processed;

Artikel 4 Nr. 12

„Verletzung des Schutzes personenbezogener Daten"

(12) „Verletzung des Schutzes personenbezogener Daten" eine Verletzung der Sicherheit, die, ob unbeabsichtigt oder unrechtmäßig, zur Vernichtung, zum Verlust, zur Veränderung, oder zur unbefugten Offenlegung von beziehungsweise zum unbefugten Zugang zu personenbezogenen Daten führt, die übermittelt, gespeichert oder auf sonstige Weise verarbeitet wurden;

Literatur

Gierschmann, Was „bringt" deutschen Unternehmen die DS-GVO, in: ZD 2016, 51; *Jaspers*, Die EU-Datenschutz-Grundverordnung – Auswirkungen der EU Datenschutz-Grundverordnung auf die Datenschutzorganisation des Unternehmens, in: DuD 2012, 571; *Marschall*, Datenpannen – „neue" Meldepflicht nach der europäischen DS-GVO?, in: DuD 2015, 183.

Bedeutung der Norm

Art. 4 Nr. 12 definiert den Begriff „Verletzung des Schutzes personenbezogener Daten". Derartige Datenschutzverletzungen können zu einer Meldepflicht gegenüber den Aufsichtsbehörden (Art. 33) und einer Pflicht zur Benachrichtigung Betroffener (Art. 34) führen.

Hinweise für den Anwender

Systematische Einordnung der Norm innerhalb der DS-GVO:

- Ist allein relevant für die Anwendung von Art. 33 und 34 (Melde- und Benachrichtigungspflicht des Verantwortlichen).

Vorgängernorm im BDSG:

- Die Meldepflicht gem. § 42a BDSG kennt den Begriff „Verletzung des Schutzes personenbezogener Daten" nicht. Maßgeblich ist danach vielmehr die unberechtigte „Übermittlung" an oder Kenntniserlangung durch einen Dritten.
- Art. 109a Abs. 1 TKG spricht dagegen ebenfalls von einer Meldepflicht bei „Verletzung des Schutzes personenbezogener Daten" (Umsetzung der RL 2002/58/EG).

Vorgängernorm in europäischen Richtlinien:

- Die identische Begrifflichkeit findet sich in Art. 2 lit. h RL 2002/58/EG i.F.d. RL 2009/136/EG, der eine Meldepflicht für Betreiber öffentlich zugänglicher Kommunikationsdienste vorschreibt (RL 2002/58/EG ist nach wie vor in Kraft und die DS-GVO erlegt keine zusätzlichen Pflichten auf, vgl. Art. 95).
- RL 95/46/EG enthielt keine solche Definition und auch keine Meldepflicht.

Querbezüge zu anderen Normen:

- Für „Anbieter kritischer Infrastrukturen" im Sinne des IT-Sicherheitsgesetzes bzw. „Betreiber wesentlicher Dienste" i.S.d. NIS-RL 2016/1146 gelten daneben Meldepflichten bei Sicherheitsverstößen.
- Nach Art. 70 Abs. 1 lit. g soll der Europäische Datenschutzausschuss Leitlinien, Empfehlungen und bewährte Verfahren für die Feststellung der Verletzung des Schutzes personenbezogener Daten bereitstellen.

Schlagworte

Datenschutzverletzung; Datenpanne; Sicherheit der Verarbeitung; Verlust; Veränderung; Vernichtung; unbefugte Offenlegung; unbefugter Zugang; Verletzung der Sicherheit; technische und organisatorische Maßnahmen.

A. Allgemeines

I. Regelungszweck

1 Art. 4 Nr. 12 definiert den Begriff „Verletzung des Schutzes personenbezogener Daten". Die Anwendung dieser Definition ist maßgeblich zur Feststellung, ob eine Meldepflicht gegenüber den Aufsichtsbehörden gem. Art. 33 und eine Benachrichtigungspflicht gegenüber den Betroffenen gem. Art. 34 besteht.

II. Normadressaten

2 Die Definition richtet sich an jeden Rechtsanwender der Art. 33 und 34. In erster Linie ist sie damit für den Verantwortlichen relevant, da dieser den Melde- und Benachrichtigungspflichten unterliegt. Der Auftragsverarbeiter muss die Definition insoweit kennen, als ihn bei Eintreten einer Datenschutzverletzung gem. Art. 33 Abs. 2 und 28 Abs. 3 lit. f im Verhältnis zum Verantwortlichen als Auftraggeber Melde- und Mithilfepflichten treffen. Für die Aufsichtsbehörden und Betroffenen ist die Definition insoweit maßgeblich, als es für sie darum gehen kann, zu prüfen, ob eine Melde- oder Benachrichtigungspflicht verletzt wurde, also z.B. nicht oder nicht rechtzeitig gemeldet bzw. benachrichtigt wurde.

III. Systematik

3 Art. 4 Nr. 12 ist innerhalb der DS-GVO wie alle Definition in Art. 4 „vor die Klammer gezogen". Er ist aber allein für die Art. 33 und 34 relevant.

IV. Entstehungsgeschichte

1. Bisherige europäische Vorgaben

4 Der Begriff „Verletzung des Schutzes personenbezogener Daten" wurde erstmals mit der E-Privacy-RL 2009/136/EG vom 18.12.2009[1] in Art. 2 lit. h RL 2002/58/EG eingeführt. Damit ging eine ebenfalls neu eingeführte Meldepflicht gem. Art. 4 Abs. 3 RL 2002/58/EG i.F.d. RL 2009/136/EG einher für „Betreiber öffentlich zugänglicher elektronischer Kommunikationsdienste" gegenüber den zuständigen Aufsichtsbehörden im Falle einer Verletzung.

5 Art. 2 lit. h RL 2002/58/EG i.F.d. RL 2009/136/EG definiert die „Verletzung des Schutzes personenbezogener Daten" als *„eine Verletzung der Sicherheit, die auf unbeabsichtigte oder unrechtmäßige Weise zur Vernichtung, zum Verlust, zur Veränderung und zur unbefugten Weitergabe*

1 ABl. EU 2009 Nr. L 337/11, S. 29.

von bzw. zum unbefugten Zugang zu personenbezogenen Daten führt, die übertragen, gespeichert oder auf andere Weise im Zusammenhang mit der Bereitstellung öffentlich zugänglicher elektronischer Kommunikationsdienste in der Gemeinschaft verarbeitet werden". Diese Formulierung ist fast wörtlich identisch und wohl auch wesensgleich mit der nunmehr in Art. 4 Nr. 12 aufgenommenen Definition.

2. Bisherige nationale Vorgaben

Die Meldepflicht für Datenschutz-Verletzungen nach Art. 4 Abs. 3 RL 2002/58/EG i.F.d. RL 2009/136/EG ist in § 109a Abs. 1 TKG in deutsches Recht überführt, der aber nur Anbieter von öffentlich zugänglichen Telekommunikationsdiensten betrifft. Zu benachrichtigen sind die Bundesnetzagentur und der Bundesbeauftragte für den Datenschutz und die Informationsfreiheit. 6

Für die übrigen Verantwortlichen besteht gem. § 42a BDSG eine begrenzte Pflicht zur Meldung von Datenschutzverstößen bei einer zuständigen Aufsichtsbehörde für den Datenschutz. Sie betrifft nur besondere Datenkategorien und steht zudem unter dem Vorbehalt, dass schwerwiegende Beeinträchtigungen für die Rechte oder schutzwürdigen Interessen des Betroffenen drohen. § 42a BDSG stellt in Bezug auf die Verletzung darauf ab, dass personenbezogene Daten *„unrechtmäßig übermittelt oder auf sonstige Weise Dritten unrechtmäßig zur Kenntnis gelangt sind"*. Da „Dritter" nach der Definition in § 3 Abs. 8 S. 2 BDSG nur jede Person oder Stelle *„außerhalb der verantwortlichen Stelle"* meint, ist die bloß interne unrechtmäßige Kenntniserlangung bisher keine zu meldende Verletzung. 7

B. Inhalt der Regelung

Der Begriff der „Verletzung des Schutzes personenbezogener Daten" ist in Art. 4 Nr. 12 definiert als *„eine Verletzung der Sicherheit, die zur Vernichtung, zum Verlust oder zur Veränderung, ob unbeabsichtigt oder unrechtmäßig, oder zur unbefugten Offenlegung von beziehungsweise zum unbefugten Zugang zu personenbezogenen Daten führt, die übermittelt, gespeichert oder auf sonstige Weise verarbeitet wurden"*. 8

Wie bereits dargelegt, entspricht diese Definition Art. 2 lit. h RL 2002/58/EG i.F.d. RL 2009/136/EG, sodass für die Auslegung der Meldepflicht auch ein Blick in die Durchführungsverordnung (EU) Nr. 611/2013 lohnt. Die Kommission betont in EG 19 der VO (EU) Nr. 611/2013, dass die Verordnung „in vollem Einklang" mit ihrem Vorschlag zur DS-GVO stehe. Dementsprechend ist grds. von einem Gleichklang auszugehen. 9

Maßgeblich für eine „Verletzung des Schutzes personenbezogener Daten" ist nach der Definition in Art. 4 Nr. 12: 10

a) eine Verletzung der Sicherheit,

b) die, ob unbeabsichtigt oder unrechtmäßig,

c) zur Vernichtung, zum Verlust oder zur Veränderung oder zur unbefugten Offenlegung von bzw. unbefugten Zugang

d) zu personenbezogenen Daten führt,

e) die übermittelt, gespeichert oder sonst verarbeitet wurden.

a) Verletzung der Sicherheit

Der Begriff der „Sicherheit" ist in der Verordnung nicht definiert. Allerdings regelt Art. 32 die „Sicherheit der Verarbeitung". Aus diesem systematischen Zusammenhang lässt sich entnehmen, dass eine Datenschutzverletzung die Verletzung „technischer oder organisatorischer Maßnahmen" des Verantwortlichen oder Auftragsverarbeiters meint. Werden die personenbezogenen Daten dagegen (bewusst) unrechtmäßig vom Verantwortlichen an einen Dritten übermittelt, ist dies keine Verletzung der Sicherheit. Der Verantwortliche macht sich dann ggf. einer unrecht- 11 mäßigen Datenverarbeitung schuldig. Eine Meldepflicht löst dies aber wohl nicht aus, denn die Norm zielt auf Angriffe Dritter ab.

b) Unbeabsichtigt oder unrechtmäßig

12 Nach dem Wortlaut kommt es nicht darauf an, ob die Verletzung *„unbeabsichtigt oder unrechtmäßig"* geschieht. Ein Verschulden ist also nicht maßgeblich, sodass auch der zufällige oder durch höhere Gewalt ausgelöste Verlust von personenbezogenen Daten zu melden ist. Dies entspricht auch dem Schutzzweck der Definition, die im Zusammenhang mit den Melde- und Benachrichtigungspflichten nach Art. 33 und 34 zu einer Vermeidung von Risiken für die Betroffenen führen soll.

c) Vernichtung, Verlust, Veränderung oder unbefugte Offenlegung, unbefugter Zugang

13 Nach der Definition muss die Sicherheitsverletzung ferner zu einer Kompromittierung der personenbezogenen Daten geführt haben. Und zwar entweder *„zur Vernichtung, zum Verlust, zur Veränderung"* oder *„zur unbefugten Offenlegung von beziehungsweise unbefugten Zugang zu"* personenbezogenen Daten.

14 Die personenbezogenen Daten sind „vernichtet", wenn sie unwiederbringlich gelöscht sind.[2]

15 Von einem „Verlust" wird man zumindest sprechen müssen, wenn die Daten dauerhaft verloren gegangen sind, insb. nicht mehr (allein) im Herrschaftsbereich des Verantwortlichen sind.[3] Fraglich ist, ob auch der temporäre Verlust ausreicht.[4] Beispielsweise wenn ein Mitarbeiter nur vorübergehend ein Speichermedium mit personenbezogenen Daten verlegt hat. Dagegen spricht der Wortlaut *„zum Verlust … führt"*. Auch der alternative Tatbestand des „unbefugten Zugangs" wird wohl nur dann einschlägig sein, wenn es tatsächlich zu einem solchen Zugang gekommen ist. In der Praxis kann diese Unterscheidung theoretisch werden, denn angesichts der kurzen Meldefrist wird man bei vermutetem nur temporärem Verlust angesichts des bestehenden Bußgeldrisikos evtl. eine vorsorgliche Meldung in Betracht ziehen müssen.

16 Eine „Veränderung" von Daten wird man i.S.v. § 3 Abs. 4 Nr. 2 BDSG als das inhaltliche Umgestalten von personenbezogenen Daten verstehen können. Offen ist, ob eine Verletzung auch dann anzunehmen ist, wenn die Veränderung leicht wieder rückgängig gemacht werden kann. Beispielsweise wenn ein Mitarbeiter aus Versehen die Adresse des Kunden mit einer veralteten Adresse überschrieben hat und dies nun wieder korrigiert. Oder im Falle des „Verlustes" sämtlicher Informationen einer Opt-out-Datenbank zu Marketing-Einwilligungen durch ein Software-Update, welche der für die Verarbeitung Verantwortliche aber ggf. anderweitig wiederherstellen kann. Letztlich kann dies aber auch dahinstehen, da in einem solchen Fall jedenfalls die Meldepflicht entfällt, wenn keine „Risiken für die Rechte und Freiheiten des Betroffenen" bestehen (s. Art. 33 Rn. 30 ff.).

17 Die Offenlegung der personenbezogenen Daten gegenüber einem Dritten oder der Zugang eines Dritten zu den personenbezogenen Daten löst nur dann eine Meldepflicht aus, wenn dies „unbefugt" geschieht. Maßgeblich ist also zunächst, dass die Offenlegung oder der Zugriff nicht durch einen Erlaubnistatbestand von Art. 6 gedeckt ist.

18 Unklar ist, ob „unbefugt" auch Zugriffe innerhalb des für die Verarbeitung verantwortlichen Unternehmens erfasst. Beispielsweise ist der Fall denkbar, dass Mitarbeiterdaten aus Versehen einem erweiterten Mitarbeiterkreis außerhalb der Personalabteilung zugänglich gemacht werden. Für eine grundsätzliche Meldepflicht spricht, dass Art. 32 Abs. 4 die Verarbeiter ausdrücklich anweist, sicherzustellen, dass Zugangsberechtigte personenbezogene Daten nur streng nach Anweisung verarbeiten („Need-to-know"-Prinzip).[5] Ferner geht die Definition in Art. 4 Nr. 9 von

2 *Marschall*, in: DuD 2015, 183, 184.
3 *Marschall*, in: DuD 2015, 183, 184.
4 So z.B. *Marschall*, in: DuD 2015, 183, 184.
5 So auch *Marschall*, in: DuD 2015, 183, 184; *Jaspers*, in: DuD 2012, 571, 574.

„Empfänger" davon aus, dass eine Offenlegung unabhängig davon ist, ob der Empfänger ein „Dritter" ist, also außerhalb des Verantwortlichen sitzt. Anders als nach dem BDSG, welches in § 3 Abs. 8 S. 2 den internen Sachbearbeiter von der Definition des „Dritten" ausgenommen hat, können daher wohl auch interne Schutzverletzungen zu einer Meldepflicht führen.

Ausreichend ist der bloße Lesezugriff des Unberechtigten, dafür spricht der Begriff „Zugang". **19**
Auch nach § 3 Abs. 4 Nr. 3 BDSG ist bereits die bloße Einsichtnahme am Bildschirm eine „Übermittlung".

d) zu personenbezogenen Daten „führt"

Selbstverständlich ist eine Datenschutzverletzung nur relevant, wenn diese „personenbezogene **20**
Daten" (s. Art. 4 Nr. 1 Rn. 1 ff.) betrifft. Der bloße Zugriff auf technische Daten, welche in keiner Weise auf eine natürliche Person zurückgeführt werden können, wäre dementsprechend keine Verletzung.

Ferner schränkt der Begriff „führt" den Verletzungstatbestand insoweit ein, als es zur Vernich- **21**
tung, zum Verlust, zur Veränderung oder zur unbefugten Offenlegung oder dem unbefugten Zugang gekommen sein muss. Beim Begriff des „Zugangs" sollte daher eine Meldepflicht entfallen, wenn der Verantwortliche nachweisen kann, dass es nicht zu einem solchen Zugriff gekommen ist.

Die DS-GVO ist insoweit nicht ganz eindeutig:

Nach Art. 34 Abs. 3 lit. a entfällt eine Pflicht zur Benachrichtigung des Betroffenen, wenn ein un- **22**
befugter Zugang Dritter aufgrund von technischen oder organisatorischen Sicherheitsvorkehrungen, wie z.B. der Verschlüsselung, ausgeschlossen ist. Fraglich ist, ob dies im Umkehrschluss bedeutet, dass bereits der Verlust eines z.B. verschlüsselten Laptops eine Verletzung i.S.v. Art. 4 Nr. 12 darstellt und daher nur die Benachrichtigungspflicht gegenüber dem Betroffenen, nicht aber die Meldepflicht gegenüber der Aufsichtsbehörde, entfällt. Dagegen spricht, dass nach Art. 33 Abs. 1 die Meldepflicht auch gegenüber den Aufsichtsbehörden entfällt, wenn die Verletzung *„voraussichtlich nicht zu einem Risiko für die Rechte und Freiheiten natürlicher Personen führt"*. Mit „voraussichtlich" wird auf eine Risikoeinschätzung Bezug genommen, da es so etwas wie „kein" Risiko nicht gibt. Sofern also die Verschlüsselung dazu führt, dass das Risiko einer unbefugte Kenntnisnahme der gespeicherten Daten vernachlässigbar „gering" ist, entfällt die Meldepflicht. Dies sollte vom Verantwortlichen dokumentiert sein, denn EG 85 verlangt insoweit, dass der Verantwortliche „im Einklang mit dem Grundsatz der Rechenschaftspflicht nachweisen" kann, dass die Verletzung voraussichtlich nicht zu einem Risiko für die Betroffenen führt (s. Art. 33 Rn. 30 ff.).

Im Ergebnis bedeutet dies, dass bei Verlust von (verschlüsselten) Speichermedien entweder vor- **23**
sorglich an die Aufsichtsbehörde gemeldet werden oder vom Verantwortliche dokumentiert werden sollte, warum er zu dem Ergebnis kommt, dass der Verlust aufgrund der Verschlüsselung „voraussichtlich nicht zu einem Risiko" für den Betroffenen führt.

e) die übermittelt, gespeichert oder sonst verarbeitet wurden

Der Begriff der „Verarbeitung" ist in Art. 4 Nr. 2 (s. Art. 4 Nr. 2 Rn. 9) denkbar weit gefasst und **24**
umfasst anders als die Definition in § 3 Abs. 4 BDSG auch das Erheben und Nutzen. Ferner fallen auch nicht automatisierte Verarbeitungen unter den Begriff, soweit diese in den sachlichen Anwendungsbereich der DS-GVO fallen (s. Art. 2 Rn. 24). Dementsprechend kommt dem Merkmal „übermittelt, gespeichert oder sonst verarbeitet" kaum einschränkende Wirkung zu. Beispielsweise dürfte unter den Verletzungstatbestand auch der Fall fallen, dass eine Mitarbeiterin einen Brief falsch adressiert und so dessen Inhalt „unbefugt" einem Dritten zugänglich macht.

Article 4 Nr. 13

"genetic data"

(13) 'genetic data' means personal data relating to the inherited or acquired genetic characteristics of a natural person which give unique information about the physiology or the health of that natural person and which result, in particular, from an analysis of a biological sample from the natural person in question;

Artikel 4 Nr. 13

„genetische Daten"

(13) „genetische Daten" personenbezogene Daten zu den ererbten oder erworbenen genetischen Eigenschaften einer natürlichen Person, die eindeutige Informationen über die Physiologie oder die Gesundheit dieser natürlichen Person liefern und insbesondere aus der Analyse einer biologischen Probe der betreffenden natürlichen Person gewonnen wurden;

Recital

(34) Genetic data should be defined as personal data relating to the inherited or acquired genetic characteristics of a natural person which result from the analysis of a biological sample from the natural person in question, in particular chromosomal, deoxyribonucleic acid (DNA) or ribonucleic acid (RNA) analysis, or from the analysis of another element enabling equivalent information to be obtained.

Erwägungsgrund

(34) Genetische Daten sollten als personenbezogene Daten über die ererbten oder erworbenen genetischen Eigenschaften einer natürlichen Person definiert werden, die aus der Analyse einer biologischen Probe der betreffenden natürlichen Person, insbesondere durch eine Chromosomen, Desoxyribonukleinsäure (DNS)- oder Ribonukleinsäure (RNS)-Analyse oder der Analyse eines anderen Elements, durch die gleichwertige Informationen erlangt werden können, gewonnen werden.

Inhalt der Regelung

Hinsichtlich des Inhalts der Definition wird auf die Kommentierung zu Art. 9 B. I 2 e verwiesen.

Article 4 Nr. 14

"biometric data"

(14) 'biometric data' means personal data resulting from specific technical processing relating to the physical, physiological or behavioural characteristics of a natural person, which allow or confirm the unique identification of that natural person, such as facial images or dactyloscopic data;

Artikel 4 Nr. 14

„biometrische Daten"

(14) „biometrische Daten" mit speziellen technischen Verfahren gewonnene personenbezogene Daten zu den physischen, physiologischen oder verhaltenstypischen Merkmalen einer natürlichen Person, die die eindeutige Identifizierung dieser natürlichen Person ermöglichen oder bestätigen, wie Gesichtsbilder oder daktyloskopische Daten;

Inhalt der Regelung

Hinsichtlich des Inhalts der Definition wird auf die Kommentierung zu Art. 9 B. I 2 e verwiesen.

Article 4 Nr. 15

"data concerning health"

(15) 'data concerning health' means personal data related to the physical or mental health of a natural person, including the provision of health care services, which reveal information about his or her health status;

Artikel 4 Nr. 15

„Gesundheitsdaten"

(15) „Gesundheitsdaten" personenbezogene Daten, die sich auf die körperliche oder geistige Gesundheit einer natürlichen Person, einschließlich der Erbringung von Gesundheitsdienstleistungen, beziehen und aus denen Informationen über deren Gesundheitszustand hervorgehen;

Recital

(35) Personal data concerning health should include all data pertaining to the health status of a data subject which reveal information relating to the past, current or future physical or mental health status of the data subject. This includes information about the natural person collected in the course of the registration for, or the provision of, health care services as referred to in Directive 2011/24/EU of the European Parliament and of the Council (1) to that natural person; a number, symbol or particular assigned to a natural person to uniquely identify the natural person for health purposes; information derived from the testing or examination of a body part or bodily substance, including from genetic data and biological samples; and any information on, for example, a disease, disability, disease risk, medical history, clinical treatment or the physiological or biomedical state of the data subject independent of its source, for example from a physician or other health professional, a hospital, a medical device or an in vitro diagnostic test.

Erwägungsgrund

(35) Zu den personenbezogenen Gesundheitsdaten sollten alle Daten zählen, die sich auf den Gesundheitszustand einer betroffenen Person beziehen und aus denen Informationen über den früheren, gegenwärtigen und künftigen körperlichen oder geistigen Gesundheitszustand der betroffenen Person hervorgehen. Dazu gehören auch Informationen über die natürliche Person, die im Zuge der Anmeldung für sowie der Erbringung von Gesundheitsdienstleistungen im Sinne der Richtlinie 2011/24/EU des Europäischen Parlaments und des Rates (1) für die natürliche Person erhoben werden, Nummern, Symbole oder Kennzeichen, die einer natürlichen Person zugeteilt wurden, um diese natürliche Person für gesundheitliche Zwecke eindeutig zu identifizieren, Informationen, die von der Prüfung oder Untersuchung eines Körperteils oder einer körpereigenen Substanz, auch aus genetischen Daten und biologischen Proben, abgeleitet wurden, und Informationen etwa über Krankheiten, Behinderungen, Krankheitsrisiken, Vorerkrankungen, klinische Behandlungen oder den physiologischen oder biomedizinischen Zustand der betroffenen Person unabhängig von der Herkunft der Daten, ob sie nun von einem Arzt oder sonstigem Angehörigen eines Gesundheitsberufes, einem Krankenhaus, einem Medizinprodukt oder einem In-Vitro-Diagnostikum stammen.

Inhalt der Regelung

Hinsichtlich des Inhalts der Definition wird auf die Kommentierung zu Art. 9 B. I 2 e verwiesen.

Article 4 Nr. 16

'main establishment' means:

(16) 'main establishment' means:

(a) as regards a controller with establishments in more than one Member State, the place of its central administration in the Union, unless the decisions on the purposes and means of the processing of personal data are taken in another establishment of the controller in the Union and the latter establishment has the power to have such decisions implemented, in which case the establishment having taken such decisions is to be considered to be the main establishment;

(b) as regards a processor with establishments in more than one Member State, the place of its central administration in the Union, or, if the processor has no central administration in the Union, the establishment of the processor in the Union where the main processing activities in the context of the activities of an establishment of the processor take place to the extent that the processor is subject to specific obligations under this Regulation;

Artikel 4 Nr. 16

„Hauptniederlassung"

16. „Hauptniederlassung"

a) im Falle eines Verantwortlichen mit Niederlassungen in mehr als einem Mitgliedstaat den Ort seiner Hauptverwaltung in der Union, es sei denn, die Entscheidungen hinsichtlich der Zwecke und Mittel der Verarbeitung personenbezogener Daten werden in einer anderen Niederlassung des Verantwortlichen in der Union getroffen und diese Niederlassung ist befugt, diese Entscheidungen umsetzen zu lassen; in diesem Fall gilt die Niederlassung, die derartige Entscheidungen trifft, als Hauptniederlassung;

b) im Falle eines Auftragsverarbeiters mit Niederlassungen in mehr als einem Mitgliedstaat den Ort seiner Hauptverwaltung in der Union oder, sofern der Auftragsverarbeiter keine Hauptverwaltung in der Union hat, die Niederlassung des Auftragsverarbeiters in der Union, in der die Verarbeitungstätigkeiten im Rahmen der Tätigkeiten einer Niederlassung eines Auftragsverarbeiters hauptsächlich stattfinden, soweit der Auftragsverarbeiter spezifischen Pflichten aus dieser Verordnung unterliegt;

Recitals

(22) Any processing of personal data in the context of the activities of an establishment of a controller or a processor in the Union should be carried out in accordance with this Regulation, regardless of whether the processing itself takes place within the Union. Establishment implies the effective and real exercise of activity through stable arrangements. The legal form of such arrangements, whether through a branch or a subsidiary with a legal personality, is not the determining factor in that respect.

(36) The main establishment of a controller in the Union should be the place of its central administration in the Union, unless the decisions on the purposes and means of the processing of personal data are taken in another establishment of the controller in the Union, in which case that other establishment should be considered to be the main establishment. The main establishment of a controller in the Union should be determined according to objective

Erwägungsgründe

(22) Jede Verarbeitung personenbezogener Daten im Rahmen der Tätigkeiten einer Niederlassung eines Verantwortlichen oder eines Auftragsverarbeiters in der Union sollte gemäß dieser Verordnung erfolgen, gleich, ob die Verarbeitung in oder außerhalb der Union stattfindet. Eine Niederlassung setzt die effektive und tatsächliche Ausübung einer Tätigkeit durch eine feste Einrichtung voraus. Die Rechtsform einer solchen Einrichtung, gleich, ob es sich um eine Zweigstelle oder eine Tochtergesellschaft mit eigener Rechtspersönlichkeit handelt, ist dabei nicht ausschlaggebend.

(36) Die Hauptniederlassung des Verantwortlichen in der Union sollte der Ort seiner Hauptverwaltung in der Union sein, es sei denn, dass Entscheidungen über die Zwecke und Mittel der Verarbeitung personenbezogener Daten in einer anderen Niederlassung des Verantwortlichen in der Union getroffen werden; in diesem Fall sollte die letztgenannte als Hauptniederlas-

criteria and should imply the effective and real exercise of management activities determining the main decisions as to the purposes and means of processing through stable arrangements. That criterion should not depend on whether the processing of personal data is carried out at that location. The presence and use of technical means and technologies for processing personal data or processing activities do not, in themselves, constitute a main establishment and are therefore not determining criteria for a main establishment. The main establishment of the processor should be the place of its central administration in the Union or, if it has no central administration in the Union, the place where the main processing activities take place in the Union. In cases involving both the controller and the processor, the competent lead supervisory authority should remain the supervisory authority of the Member State where the controller has its main establishment, but the supervisory authority of the processor should be considered to be a supervisory authority concerned and that supervisory authority should participate in the cooperation procedure provided for by this Regulation. In any case, the supervisory authorities of the Member State or Member States where the processor has one or more establishments should not be considered to be supervisory authorities concerned where the draft decision concerns only the controller. Where the processing is carried out by a group of undertakings, the main establishment of the controlling undertaking should be considered to be the main establishment of the group of undertakings, except where the purposes and means of processing are determined by another undertaking.

sung gelten. Zur Bestimmung der Hauptniederlassung eines Verantwortlichen in der Union sollten objektive Kriterien herangezogen werden; ein Kriterium sollte dabei die effektive und tatsächliche Ausübung von Managementtätigkeiten durch eine feste Einrichtung sein, in deren Rahmen die Grundsatzentscheidungen zur Festlegung der Zwecke und Mittel der Verarbeitung getroffen werden. Dabei sollte nicht ausschlaggebend sein, ob die Verarbeitung der personenbezogenen Daten tatsächlich an diesem Ort ausgeführt wird. Das Vorhandensein und die Verwendung technischer Mittel und Verfahren zur Verarbeitung personenbezogener Daten oder Verarbeitungstätigkeiten begründen an sich noch keine Hauptniederlassung und sind daher kein ausschlaggebender Faktor für das Bestehen einer Hauptniederlassung. Die Hauptniederlassung des Auftragsverarbeiters sollte der Ort sein, an dem der Auftragsverarbeiter seine Hauptverwaltung in der Union hat, oder – wenn er keine Hauptverwaltung in der Union hat – der Ort, an dem die wesentlichen Verarbeitungstätigkeiten in der Union stattfinden. Sind sowohl der Verantwortliche als auch der Auftragsverarbeiter betroffen, so sollte die Aufsichtsbehörde des Mitgliedstaats, in dem der Verantwortliche seine Hauptniederlassung hat, die zuständige federführende Aufsichtsbehörde bleiben, doch sollte die Aufsichtsbehörde des Auftragsverarbeiters als betroffene Aufsichtsbehörde betrachtet werden und diese Aufsichtsbehörde sollte sich an dem in dieser Verordnung vorgesehenen Verfahren der Zusammenarbeit beteiligen. Auf jeden Fall sollten die Aufsichtsbehörden des Mitgliedstaats oder der Mitgliedstaaten, in dem bzw. denen der Auftragsverarbeiter eine oder mehrere Niederlassungen hat, nicht als betroffene Aufsichtsbehörden betrachtet werden, wenn sich der Beschlussentwurf nur auf den Verantwortlichen bezieht. Wird die Verarbeitung durch eine Unternehmensgruppe vorgenommen, so sollte die Hauptniederlassung des herrschenden Unternehmens als Hauptniederlassung der Unternehmensgruppe gelten, es sei denn, die Zwecke und Mittel der Verarbeitung werden von einem anderen Unternehmen festgelegt.

Literatur

Gierschmann, Was „bringt" deutschen Unternehmen die DS-GVO?, in: ZD 2016, 51; *Kühling/Martini* et al., Die DSGVO und das nationale Recht, 2016; *Spindler*, Die neue EU-Datenschutz-Grundverordnung, in: DB 2016, 937; *Von der Groeben/Schwarze (Hrsg.)*, Europäisches Unionsrecht, 7. Auflage 2015, Nomos Baden-Baden; *Wieczorek*, Der räumliche Anwendungsbereich der EU-Datenschutz-Grundverordnung, in: DuD 2013, 644

Bedeutung der Norm

Die Hauptniederlassung eines „Verantwortlichen" oder „Auftragsverarbeiters" ist maßgeblich für die Zuordnung grenzüberschreitender Verarbeitungstätigkeiten für aufsichtliche Zwecke.

Hinweise für den Anwender

Für die Norm relevante Definitionen:
- personenbezogene Daten (Art. 4 Nr. 1), Verarbeitung (Art. 4 Nr. 2), Verantwortlicher (Art. 4 Nr. 7), Auftragsverarbeiter (Art. 4 Nr. 8), grenzüberschreitende Verarbeitung (Art. 4 Nr. 23)

Für die Norm relevante Erwägungsgründe:
- EG 22, 36

Systematische Einordnung der Norm innerhalb der DS-GVO:
- Art. 4 Nr. 16 enthält ähnlich wie einige nachfolgende Nummern, insbesondere Nr. 23, Anknüpfungspunkte für die internationale/örtliche Zuständigkeit von Aufsichtsbehörden.

Schlagworte

Entscheidung von Auftragsverarbeitern/von Verantwortlichen, Hauptniederlassung in der EU, Hauptverwaltung in der EU, Mitgliedstaat der EU, Niederlassung in der EU, spezifische Pflichten von Auftragsverarbeitern, Verarbeitungstätigkeiten, Zwecke und Mittel der Verarbeitung

---

A. Allgemeines

I. Regelungszweck

1 Die Begriffsbestimmungen in Kapitel I („Allgemeine Bestimmungen") sind für die gesamte Grundverordnung, aber auch nur für diesen Rechtsakt maßgeblich (s. Satzanfang von Art. 4). Einige weitere Definitionen, wie etwa „Niederlassung", ergeben sich aus den Erwägungsgründen.

II. Normadressaten

Die Begriffsbestimmungen sind grundlegend für Anwendung, Umsetzung und Einhaltung der 2
Verordnung, weil sie den Inhalt der Regelungen präzisieren. Sie richten sich daher an alle Rechtsanwender: „betroffene Personen" (s. Nr. 1), „Verantwortliche" (Nr. 7) bzw. „Auftragsverarbeiter" (Nr. 8), „Empfänger" von Daten (Nr. 9), „Aufsichtsbehörden" (Nr. 21), indirekt auch an weitere Personen („Dritte", Nr. 10), die eben durch die entsprechende terminologische Abgrenzung aus dem persönlichen Anwendungsbereich der Grundverordnung herausfallen.

III. Systematik

Nr. 16 unterscheidet zwischen „Hauptniederlassungen" von „Verantwortlichen" (lit. a]) und von 3
„Auftragsverarbeitern" (lit. b), wenn diese verarbeitenden Stellen Niederlassungen in mehr als einem EU-Mitgliedstaat haben. Nur bei „Auftragsverarbeitern" werden auch Konstellationen einbezogen, in denen deren Hauptverwaltung außerhalb der Union belegen ist, und dabei wird (teils ähnlich wie beim „Vertreter" nach Nr. 17, wo allerdings eher auf die Folge abgestellt wird) an „spezifische Pflichten" dieser Stelle aus der Grundverordnung angeknüpft. Lediglich bei „Verantwortlichen" kann statt der Hauptverwaltung der Ort (innerhalb der EU) maßgeblich sein, an dem zentrale Entscheidungen getroffen werden; eine ähnliche Differenzierung wird bei „Auftragsverarbeitern" nicht vorgesehen.

IV. Entstehungsgeschichte

Die Richtlinie 95/46/EG enthält eine Vorgängerregelung nur zur „Niederlassung"; wie heute 4
(Rn. 6) findet sich die Definition dazu allein in den Begründungserwägungen. Nach EG 19 Satz 1 ist Voraussetzung „die effektive und tatsächliche Ausübung einer Tätigkeit mittels einer festen Einrichtung"; Satz 2 stellt klar, die Rechtsform einer solchen Niederlassung, „die eine Agentur oder eine Zweigstelle sein kann", sei „in dieser Hinsicht nicht maßgeblich"[1].

Art. 4 Nr. 13 KOM-E[2] unterschied nur bei „Verantwortlichen" zwischen Orten in und außerhalb 5
der Union: Für erstere sollte maßgeblich sein, wo „Grundsatzentscheidungen" (im Hinblick auf „Zwecke, Bedingungen und Mittel" der Verarbeitung personenbezogener Daten) getroffen werden, für diese, wo Verarbeitungstätigkeiten hauptsächlich stattfinden. Bei Auftragsverarbeitern wurde allein auf den Ort der „Hauptverwaltung" in der EU abgestellt. Das Parlament beließ den dazu gehörigen Erwägungsgrund (EG 27) fast unverändert, trat aber für eine weitreichende Modifizierung der Definition ein: Zwischen beiden Gruppen von verarbeitenden Stellen sollte nicht getrennt, vielmehr allein auf Grundsatzentscheidungen hinsichtlich der „Zwecke und Mittel" Bezug genommen werden. Die bislang nur in der Begründungserwägung enthaltenen Beispiele hierfür sollten teilweise in den Normtext einbezogen werden, nämlich der Standort 1) des für die Verarbeitung Verantwortlichen oder der Hauptverwaltung des Auftragsverarbeiters oder 2) derjenigen Einheit in einer Unternehmensgruppe (Nr. 16 i.V.m. Nr. 15 des Entwurfs), die im Hinblick auf Leitungsfunktionen und administrative Zuständigkeiten am besten in der Lage ist, die Vorschriften der Grundverordnung anzuwenden und durchzusetzen, oder 3) der Standort, an dem effektive und tatsächliche Managementtätigkeiten ausgeübt werden und die Datenverarbeitung im Rahmen fester Einrichtungen festgelegt wird (Abänderung 91)[3]. Im Laufe der Beratungen in der Ratsarbeitsgruppe DAPIX wurde im einschlägigen Erwägungsgrund (dort EG 20)[4] erstmals zwischen „Hauptverwaltung" und (ausnahmsweise) Entscheidungsort unterschieden (Satz 1). In seiner allgemeinen Ausrichtung hat der Rat schließlich EG 27 (des Entwurfs) noch ausführlicher formuliert; in Nr. 13 des Normtextes wurde jedoch erstmals (nur bei Auftragsverarbeitern) zwischen solchen in und außerhalb der Union getrennt, und bei letzteren auf den Ort der hauptsäch-

1 Vgl. Wieczorek, in: DuD 2013, 646 f.
2 KOM(2012)11 endgültig v. 25.1.2012.
3 Standpunkt festgelegt in erster Lesung am 12.3.2014, P7_TC1-COD(2012)0011.
4 Rats-Dok. Nr. 15395/14 v. 19.12.2014.

lichen Verarbeitungstätigkeiten im EU-Raum abgestellt[5]. Die politische Einigung beließ es dabei, insbesondere wurde die Präzisierung des Normtextes (verdeutlicht durch Einfügung der beiden lit.) einerseits, die Verschiebung von diversen Erläuterungen in die Erwägungsgründe andererseits beibehalten[6].

B. Inhalt der Regelung

I. Hauptniederlassung bei Verantwortlichen

1. In der EU (lit. a)

a) Ort der Hauptverwaltung

6 Der Begriff der „Hauptverwaltung" wird auch in den Erwägungsgründen nicht genauer bestimmt. Hier kann jedoch an die Auslegung des Terminus in Art. 54 Abs. 1 AEUV angeknüpft werden, d.h. an den Ort, an dem die Willensbildung und – für Dritte objektiv erkennbar – die eigentliche unternehmerische Leitung einer Gesellschaft erfolgt, also meist der Sitz von deren Organen (Vorstand etc.)[7]. Freilich wird im Primärrecht sowohl gegenüber dem (in den Statuten des jeweiligen Unternehmens ausgewiesenen) „satzungsmäßigen" Sitz als auch gegenüber der Hauptniederlassung unterschieden und letztere mit dem „tatsächlichen Geschäftsschwerpunkt" gleich gesetzt. Indem bei Nr. 16 aber an eine „Niederlassung" (i.S.v. EG 22 Sätze 2, 3) angeknüpft wird, kann die Bestimmung einer „Hauptverwaltung" nicht allein normativ erfolgen, sondern müssen zudem reale Umstände berücksichtigt werden, gerade dann, wenn satzungsgemäße und tatsächliche Unternehmenszentrale auseinander fallen[8]. Für eine solche Kombination von Kriterien spricht nicht zuletzt der Ausnahmefall (Rn. 7), wenn und weil dort ebenfalls tatsächliche Umstände ausschlaggebend sind, um zwischen genereller und spezieller (vermuteter) Hauptverwaltung zu trennen.

b) Ort der für Datenverarbeitung maßgeblichen Entscheidungen

7 Als „Hauptverwaltung" gilt auch, abweichend von der Regel (Rn. 6), der Ort einer anderen Niederlassung in der Union, wenn kumulativ zwei Voraussetzungen gegeben sind: Zum einen dürfen bestimmte wesentliche Entscheidungen hinsichtlich der Datenverarbeitung (d.h. nicht notwendig auch der jeweiligen Geschäftstätigkeit insgesamt) nicht am Ort der normalen Hauptverwaltung getroffen werden, sondern anderswo erfolgen. Dabei werden derartige Entscheidungen seitens der Leitung eines Verantwortlichen nur noch gekennzeichnet durch die „Zwecke" und „Mittel" der Verarbeitung, nicht (wie ursprünglich vorgesehen, Rn. 5) auch der „Bedingungen"; letztlich geht es dabei (wie früher explizit formuliert) um relevante „Grundsatzentscheidungen". Zum zweiten wird gefordert, dass die betr. andere Niederlassung auch (innerhalb der Unternehmensgruppe, Nr. 19) befugt ist, die Umsetzung der getroffenen Entscheidungen herbeizuführen, d.h. sie muss dazu in der Lage sein, für deren Einhaltung im gesamten Geschäftsbereich des Verantwortlichen zu sorgen. Fehlt auch nur eine der beiden Voraussetzungen, bleibt es bei der Anknüpfung am Ort der Hauptverwaltung. Dabei zeigt der Satzbau, dass der Verantwortliche im Zweifelsfall darlegen und nachweisen muss, warum bei ihm eine Abweichung vorliegt.

---

5 Rats-Dok. Nr. 9565/15 v. 11.6.2015.
6 Rats-Dok. Nr. 5455/16 v. 28.1.2016.
7 Vgl. Von der Groeben/Schwarze, *Tiedje*, Art. 54 AEUV Rn. 28.
8 Vgl. *Spindler*, in: DB 2016, 946; *Gierschmann*, in: ZD 2016, 51 f.; so auch EuGH, Urt. v. 13.5.2014, Rs. C-131/12 (Google Spain), ECLI:EU:C:2014:317, Rn. 49 ff.

2. Außerhalb der EU

Lit. a) bezieht sich sowohl im Normal- (Rn. 6) als auch im Ausnahmefall (Rn. 7) einzig auf Niederlassungen in Mitgliedstaaten bzw. in der EU. Befindet sich hingegen die Hauptverwaltung eines Verantwortlichen (deren Ort) nicht im EU-Gebiet, wird dessen Datenverarbeitung zwar im Rahmen von Art. 3 Abs. 2 in bestimmten Fällen vom Anwendungsbereich der Grundverordnung umfasst. Dafür ist aber keine irgendwie geartete Ansässigkeit im Unionsgebiet Voraussetzung und daher stellt sich die Frage nach dessen Haupt- oder anderer Niederlassung nicht – vielmehr die nach einem „Vertreter" (i.S.v. Nr. 17). 8

II. Hauptniederlassung bei Auftragsverarbeitern (lit. b)

1. Bei Hauptverwaltung in der EU

Der Ort der Hauptverwaltung in der EU (Rn. 6) ist bei Auftragsverarbeitern stets und allein auch ausschlaggebend für die Lokalisierung der Hauptniederlassung. Zur Bestimmung des Orts der Hauptverwaltung, wenn diese verarbeitende Stelle mehr als eine „Niederlassung" in der EU unterhält, sind ebenfalls die oben (Rn. 6) beschriebenen Voraussetzungen maßgeblich. 9

2. Bei Hauptverwaltung außerhalb der EU

Nur bei lit. b) wird auch der weitere Fall ausdrücklich normiert, dass ein Auftragsverarbeiter keine Hauptverwaltung im EU-Raum hat, jedoch (nach Art. 3 Abs. 1) trotzdem in den Anwendungsbereich des Unionsrechts fällt, weil die Verarbeitung „im Rahmen der Tätigkeiten" mindestens einer Niederlassung in der Union erfolgt (unabhängig davon, ob die Verarbeitung in der Union stattfindet[9]). Hier können sich daher spezifische Pflichten aus der Grundverordnung ergeben (z.B. nach Art. 31). Eine exakte Zuordnung ist aber dann bedeutsam, wenn mehr als eine Niederlassung vorhanden ist. Anders als bei lit. a) wird dann nicht an den Ort der wesentlichen Entscheidungen angeknüpft, sondern an den der hauptsächlichen Verarbeitungstätigkeiten, der sich von jenem durchaus unterscheiden kann. Dies wird vor allem dann der Fall sein, wenn solche Aktivitäten in einem Unternehmen räumlich ausgelagert und an einem besonderen Standort gebündelt sind. 10

9 Diese Differenzierung orientiert sich an EuGH, Urt. v. 13.5.2014, Rs. C-131/12, Rn. 52 f.

Article 4 Nr. 17

'representative'

(17) ...means a natural or legal person established in the Union who, designated by the controller or processor in writing pursuant to Article 27, represents the controller or processor with regard to their respective obligations under this Regulation;

Artikel 4 Nr. 17

„Vertreter"

(17)... eine in der Union niedergelassene natürliche oder juristische Person, die von dem Verantwortlichen oder Auftragsverarbeiter schriftlich gemäß Artikel 27 bestellt wurde und den Verantwortlichen oder Auftragsverarbeiter in Bezug auf die ihnen jeweils nach dieser Verordnung obliegenden Pflichten vertritt;

Recital

(80 zu Art. 27) Where a controller or a processor not established in the Union is processing personal data of data subjects who are in the Union whose processing activities are related to the offering of goods or services, irrespective of whether a payment of the data subject is required, to such data subjects in the Union, or to the monitoring of their behaviour as far as their behaviour takes place within the Union, the controller or the processor should designate a representative, unless the processing is occasional, does not include processing, on a large scale, of special categories of personal data or the processing of personal data relating to criminal convictions and offences, and is unlikely to result in a risk to the rights and freedoms of natural persons, taking into account the nature, context, scope and purposes of the processing or if the controller is a public authority or body. The representative should act on behalf of the controller or the processor and may be addressed by any supervisory authority. The representative should be explicitly designated by a written mandate of the controller or of the processor to act on its behalf with regard to its obligations under this Regulation. The designation of such a representative does not affect the responsibility or liability of the controller or of the processor under this Regulation. Such a representative should perform its tasks according to the mandate received from the controller or processor, including cooperating with the competent supervisory authorities with regard to any action taken to ensure compliance with this Regulation. The designated representative should be subject to enforcement proceedings in the event of non-compliance by the controller or processor.

Erwägungsgrund

(80 zu Art. 27) Jeder Verantwortliche oder Auftragsverarbeiter ohne Niederlassung in der Union, dessen Verarbeitungstätigkeiten sich auf betroffene Personen beziehen, die sich in der Union aufhalten, und dazu dienen, diesen Personen in der Union Waren oder Dienstleistungen anzubieten – unabhängig davon, ob von der betroffenen Person eine Zahlung verlangt wird – oder deren Verhalten, soweit dieses innerhalb der Union erfolgt, zu beobachten, sollte einen Vertreter benennen müssen, es sei denn, die Verarbeitung erfolgt gelegentlich, schließt nicht die umfangreiche Verarbeitung besonderer Kategorien personenbezogener Daten oder die Verarbeitung von personenbezogenen Daten über strafrechtliche Verurteilungen und Straftaten ein und bringt unter Berücksichtigung ihrer Art, ihrer Umstände, ihres Umfangs und ihrer Zwecke wahrscheinlich kein Risiko für die Rechte und Freiheiten natürlicher Personen mit sich oder bei dem Verantwortlichen handelt es sich um eine Behörde oder öffentliche Stelle. Der Vertreter sollte im Namen des Verantwortlichen oder des Auftragsverarbeiters tätig werden und den Aufsichtsbehörden als Anlaufstelle dienen. Der Verantwortliche oder der Auftragsverarbeiter sollte den Vertreter ausdrücklich bestellen und schriftlich beauftragen, in Bezug auf die ihm nach dieser Verordnung obliegenden Verpflichtungen an seiner Stelle zu handeln. Die Benennung eines solchen Vertreters berührt nicht die Verantwortung oder Haftung des Verantwortlichen oder des Auftragsverarbeiters nach Maßgabe dieser Verordnung. Ein solcher Vertreter sollte seine Aufgaben entsprechend dem Mandat des Verantwortlichen oder Auftragsverarbeiters ausführen und insbesondere mit den zuständigen Aufsichtsbehörden in Bezug auf

Maßnahmen, die die Einhaltung dieser Verordnung sicherstellen sollen, zusammenarbeiten. Bei Verstößen des Verantwortlichen oder Auftragsverarbeiters sollte der bestellte Vertreter Durchsetzungsverfahren unterworfen werden.

Bedeutung der Norm

Die Vorschrift bezieht sich nur auf einen bestimmten Fall von Vertretern, nämlich in Bezug auf Verantwortliche und Auftragsverarbeiter außerhalb der Union, für die in bestimmten Fällen nach dem Marktortprinzip die DS-GVO dennoch Anwendung findet. Die Definition des Vertreters hängt eng zusammen mit der insofern verfügenden Regelung des Art. 27, der die Kriterien vorgibt, bei deren Vorliegen ein Vertreter zu bestellen ist.

Hinweise für den Anwender

Für die Auslegung der Norm relevante Erwägungsgründe:

- EG 23, 24, 80.

Systematische Einordnung der Norm innerhalb der DS-GVO:

- Als Definition befindet sich die Norm vor die Klammer gezogen im Allgemeinen Teil der DS-GVO. Sie hängt eng zusammen mit der insofern verfügenden Regelung des Art. 27.

Querbezüge zu anderen Normen:

- Art. 3 Abs. 2, Art. 27.

Schlagworte

Vertreter, Marktortprinzip, nicht in der Union niedergelassener Datenverarbeiter, Niederlassung

A. Allgemeines

I. Regelungszweck

Unter bestimmten Voraussetzungen hat ein nicht in der Union niedergelassener Datenverarbeiter[1], für den die DS-GVO aufgrund des Marktortprinzips nach Art. 3 Abs. 2 Anwendung findet, einen Vertreter innerhalb der Union zu bestellen. Die Definition des Vertreters hängt eng zusammen mit der insofern verfügenden Regelung des Art. 27; dort werden die Kriterien genannt, bei deren Vorliegen ein Vertreter zu bestellen ist. 1

1 Der Begriff wird hier vereinfachend für Verantwortliche und Auftragsverarbeiter verwendet.

II. Normadressaten

2 Normadressaten sind ausschließlich Drittstaatsunternehmen, sowohl Verantwortliche als auch Auftragsverarbeiter, die gem. Art. 3 Abs. 2 unter das Marktortprinzip fallen. Während Art. 3 Abs. 2 nicht zwischen nicht-öffentlichen und öffentlichen Stellen unterscheidet und demnach für beide das Marktortprinzip anwendbar ist, sind Behörden oder öffentliche Stellen von der Verpflichtung zur Bestellung eines Vertreters innerhalb der Union ausgenommen (Art. 27 Abs. 2 lit. b).

III. Systematik

3 Der Begriff „Vertreter" wird in der DS-GVO in unterschiedlichen Zusammenhängen und mit verschiedener Bedeutung verwendet (s. bspw. bei Aufsichtsbehörden: Art. 51 Abs. 3; beim Europäischen Datenschutzausschuss: Art. 68 Abs. 2 bis 5; bei Beschwerden/Rechtsbehelfen „betroffener Personen": Art. 80). Art. 4 Nr. 17 befasst sich nur mit dem spezifischen Fall, bei dem nach Art. 3 Abs. 2 der (räumliche) Anwendungsbereich der DS-GVO eröffnet ist und nicht im EU-Gebiet niedergelassene „Verantwortliche" oder „Auftragsverarbeiter" (Art. 4 Nr. 2) nach Art. 27 einen „Vertreter" in der Union benennen müssen. Die Kriterien, bei deren Vorliegen ein Vertreter zu bestellen ist, ergeben sich aus Art. 27.

IV. Entstehungsgeschichte

1. Bisherige europäische Vorgaben

4 Die RL 95/46 kennt zwar das Instrument des „Vertreters" (Art. 4 Abs. 1 lit. c) i.V.m Abs. 2), enthält aber keine Definition.

2. Bisherige nationale Vorgaben

5 Auch das BDSG kennt das Instrument des „Vertreters" (§ 1 Abs. 5 S. 3), definiert den „Vertreter" aber ebenfalls nicht.

3. Verhandlungen zur Datenschutz-Grundverordnung

6 Art. 4 Nr. 14 KOM-E[2] entsprach bereits weitgehend der finalen Fassung; der „Vertreter" wurde zudem explizit als „Ansprechpartner" gegenüber den „Aufsichtsbehörden und sonstigen Stellen in der Union" bezeichnet. Dieser Zusatz wurde vom Parlament gestrichen, jedoch hier ebenfalls nur der Verantwortliche, nicht auch der Auftragsverarbeiter genannt[3]. Das Erfordernis schriftlicher Bestellung (nach Art. 25 KOM-E) stammt aus der Fassung des Rates[4]. Die zweite Gruppe verarbeitender Stellen, nämlich Auftragsverarbeiter, wurde erst im Rahmen des Trilogs einbezogen[5]. Diskutiert wurde im Trilog vor allem die mit der Definition unmittelbar zusammenhängende verfügende Regelung des Art. 27 (vgl. im Einzelnen dort).

B. Inhalt der Regelung

7 Die Definition des Vertreters hängt eng zusammen mit der insofern verfügenden Regelung des Art. 27. Daher wird hinsichtlich der Einzelheiten sowie sonstigen Voraussetzungen und Bedingungen auf die Ausführungen dort verwiesen.

---

2 KOM(2012)11 endgültig v. 25.1.2012.
3 Standpunkt festgelegt in erster Lesung am 12.3.2014, P7_TC1-COD(2012)0011.
4 Rats-Dok. Nr. 9565/15 v. 11.6.2015.
5 Rats-Dok. Nr. 5455/16 v. 28.1.2016.

I. In der Union niedergelassene natürliche oder juristische Person

Der Vertreter kann sowohl eine natürliche als auch eine juristische Person sein. 8

1. Natürliche Person

Die beiden in EG 22 Sätze 2, 3 für eine „Niederlassung" genannten wesentlichen Merkmale (vgl. bei Art. 4 Nr. 16) passen in erster Linie auf Organisationen bzw. juristische Personen. Hieraus ergibt sich jedoch auch, dass für natürliche Personen (Menschen) weder die Staatsangehörigkeit noch der allgemeine Aufenthalt („Wohnsitz") maßgeblich sein sollten, sondern ebenfalls auf die „effektive" und „tatsächliche" Ausübung einer Tätigkeit durch eine „feste Einrichtung" abzustellen ist, also auf den Ort der Betriebsstätte bzw. Geschäftsleitung (für die „Vertreter"-Aufgaben). 9

2. Juristische Person

Zunächst gibt es juristische Personen des Unionsrechts, im privaten/wirtschaftlichen Bereich etwa die Europäische Aktiengesellschaft (SE). Eine zweite Gruppe bilden sodann nach nationalem (mitgliedstaatlichen) Recht ordnungsgemäß errichtete wirtschaftliche und nicht-wirtschaftliche Einheiten mit eigener Rechtspersönlichkeit. Hier ist aber die Gründung (und/mit Eintragung in ein amtliches Register) nach dem nationalen Recht eines Mitgliedstaats zwar regelmäßig notwendig, jedoch allein nicht ausreichend, um eine „Niederlassung" auch i.S.v. Nr. 17 zu bejahen. Vielmehr muss es auch hier in erster Linie auf eine effektive oder tatsächliche Tätigkeit ankommen, um eine „Unionszugehörigkeit" anzunehmen. Diese Aktivität muss nicht ausschließlich im Gründungsstaat erfolgen, jedenfalls aber im Unionsgebiet; striktere Anforderungen nationalen Rechts müssten den Anforderungen der Niederlassungsfreiheit (Art. 49, 54 i.V.m. Art. 52 AEUV) genügen.[6] 10

3. In der Union

Eine Niederlassung „in" der Union liegt vor, wenn der notwendige Bezug irgendwo innerhalb des gesamten Unionsgebiets (Art. 355 AEUV) vorhanden ist. Grund für diese Anknüpfung ist die Reichweite der Grundfreiheiten im Binnenmarkt, die maßgeblich für den räumlichen Anwendungsbereich der DS-GVO sind (Art. 3) und auf der auch die Divergenz von Datenschutzniveaus innerhalb und außerhalb der EU (s. Kapitel V) beruht. 11

Da es um die Vertretung nach außen geht, insb. gegenüber Betroffenen und Aufsichtsbehörden, wird der Vertreter in der Praxis oftmals ein Rechtsanwalt (bzw. eine Kanzlei) sein. Möglich ist jedoch auch die Bestellung jeder anderen natürlichen Person oder beispielsweise eines anderen Unternehmens, solange diese in der Union niedergelassen sind. 12

II. Schriftliche Bestellung seitens des Datenverarbeiters gem. Art. 27

Der Datenverarbeiter im Sinne des Art. 27 (i.V.m. Art. 3 Abs. 2) hat den Vertreter schriftlich zu bestellen. 13

III. Vertretung des Datenverarbeiters in Bezug auf die ihm jeweils nach dieser Verordnung obliegenden Pflichten.

Der Vertreter soll im Namen des Datenverarbeiters tätig werden und im Wesentlichen als Anlaufstelle der Betroffenen und der Aufsichtsbehörden innerhalb der Union dienen. Als solche soll er insb. mit den Aufsichtsbehörden in Bezug auf Maßnahmen, die die Einhaltung der Verordnung sicherstellen sollen, zusammenarbeiten. 14

---

6 Vgl. nur EuGH, 11.9.2014, Rs. C-47/12, Rn. 45 ff., ECLI:EU:C:2014:2200.

Article 4 Nr. 18

'enterprise'

(18)...means a natural or legal person engaged in an economic activity, irrespective of its legal form, including partnerships or associations regularly engaged in an economic activity;

Artikel 4 Nr. 18

„Unternehmen"

(18)... eine natürliche und juristische Person, die eine wirtschaftliche Tätigkeit ausübt, unabhängig von ihrer Rechtsform, einschließlich Personengesellschaften oder Vereinigungen, die regelmäßig einer wirtschaftlichen Tätigkeit nachgehen;

Bedeutung der Norm

Die Definition des Unternehmens hat, ausgehend davon, dass Datenverarbeiter im nicht-öffentlichen Bereich regelmäßig Unternehmen sein dürften, grundsätzliche Bedeutung im Rahmen der DS-GVO.

Hinweise für den Anwender

Für die Norm relevante Definitionen:
- Art. 4 Nr. 7, 8, 16, 19.

Für die Auslegung relevante Erwägungsgründe:
- EG 13, 36, 37, 132, 150, 167.

Systematische Einordnung der Norm innerhalb der DS-GVO:
- Als Definition befindet sich die Norm vor die Klammer gezogen im Allgemeinen Teil der DS-GVO.

Querbezüge zu anderen Normen:
- Art. 40, 42, 47, 83.

Schlagworte

Wirtschaftliche Tätigkeit, juristische Person, Personengesellschaft, Vereinigung, Kleinstunternehmen, kleine Unternehmen, mittlere Unternehmen, KMU

A. Allgemeines

I. Regelungszweck

1 Die Definition des Unternehmens hat, ausgehend davon, dass Datenverarbeiter[1] im nicht-öffentlichen Bereich regelmäßig Unternehmen sein dürften, grundsätzliche Bedeutung im Rahmen der DS-GVO. Besondere Bedeutung hat die Definition jedoch vor allem im Zusammenhang mit Verhaltensregeln, Zertifizierung und Drittstaatenübermittlungen.

---

1 Der Begriff wird hier vereinfachend für Verantwortliche und Auftragsverarbeiter verwendet.

II. Normadressaten

Die Definition richtet sich an nicht-öffentliche Datenverarbeiter, unabhängig davon, ob Verantwortlicher oder Auftragsverarbeiter. **2**

III. Systematik

Als Definition befindet sich die Norm vor die Klammer gezogen im Allgemeinen Teil der DS-GVO. **3**

IV. Entstehungsgeschichte

1. Bisherige europäische Vorgaben

Die RL 95/46 enthält keine Definition des „Unternehmens". **4**

2. Bisherige nationale Vorgaben

Auch das BDSG definiert das „Unternehmen" nicht. **5**

B. Inhalt der Regelung

I. Natürliche oder juristische Person, die eine wirtschaftliche Tätigkeit ausübt, unabhängig von ihrer Rechtsform

Unternehmen im Sinne der DS-GVO ist nicht nur die juristische Person, sondern kann auch eine natürliche Person sein. Voraussetzung ist, dass sie eine wirtschaftliche Tätigkeit ausübt. Insofern entspricht die Herangehensweise der DS-GVO der auch ansonsten üblichen Praxis. Nach § 14 Bürgerliches Gesetzbuch bspw. ist ein Unternehmer eine natürliche oder juristische Person oder eine rechtsfähige Personengesellschaft, die bei Abschluss eines Rechtsgeschäfts in Ausübung ihrer gewerblichen oder selbständigen beruflichen Tätigkeit handelt. Werden Unternehmen Geldbußen auferlegt, soll zu diesem Zweck der Begriff „Unternehmen" im Sinne der Artikel 101 und 102 AEUV verstanden werden (EG 150). **6**

II. Einschließlich Personengesellschaften oder Vereinigungen, die regelmäßig einer wirtschaftlichen Tätigkeit nachgehen

Unter den Unternehmensbegriff fallen nicht nur Kapitalgesellschaften, sondern auch Personengesellschaften und sonstige Vereinigungen, die regelmäßig einer wirtschaftlichen Tätigkeit nachgehen. Dabei könnte es sich bspw. um Genossenschaften handeln oder Vereine, sofern sie sich wirtschaftlich betätigen. **7**

III. Sonderregeln für KMUs

Die DS-GVO gilt grundsätzlich auch für Kleinstunternehmen sowie kleine und mittlere Unternehmen (KMUs). Für die Definition des Begriffs „Kleinstunternehmen sowie kleine und mittlere Unternehmen" soll Art. 2 des Anhangs zur Empfehlung 2003/361/EG der Kommission[2] maßgebend sein (EG 13 a.E.). **8**

Um den besonderen Bedürfnissen der KMUs Rechnung zu tragen, enthält die DS-GVO zunächst eine abweichende Regelung in Art. 30 Abs. 5 (Verzeichnis von Verarbeitungstätigkeiten). **9**

Bei der Ausarbeitung von Verhaltensregeln (Art. 40 Abs. 1) und Zertifizierungsverfahren (Art. 42 Abs. 1) sollen die speziellen Bedürfnissen der KMUs besonders berücksichtigt werden. **10**

---

2 Empfehlung der Kommission vom 6.5.2003 betreffend die Definition der Kleinstunternehmen sowie der kleinen und mittleren Unternehmen (C(2003) 1422) (ABl. L 124 vom 20.5.2003, S. 36).

11 Auf die Öffentlichkeit ausgerichtete Sensibilisierungsmaßnahmen der Aufsichtsbehörden sollen spezifische Maßnahmen einschließen, die sich an die Verantwortlichen und die Auftragsverarbeiter, einschließlich Kleinstunternehmen sowie kleiner und mittlerer Unternehmen richten (EG 132).

12 Im Rahmen ihr in der DS-GVO übertragener Durchführungsbefugnisse soll die Kommission besondere Maßnahmen für Kleinstunternehmen sowie kleine und mittlere Unternehmen erwägen (EG 167).

Article 4 Nr. 19

'group of undertakings'

(19)… means a controlling undertaking and its controlled undertakings;

Artikel 4 Nr. 19

„Unternehmensgruppe"

(19)… eine Gruppe, die aus einem herrschenden Unternehmen und den von diesem abhängigen Unternehmen besteht;

Recitals

(36 letzter Satz) […] Where the processing is carried out by a group of undertakings, the main establishment of the controlling undertaking should be considered to be the main establishment of the group of undertakings, except where the purposes and means of processing are determined by another undertaking.

(37) A group of undertakings should cover a controlling undertaking and its controlled undertakings, whereby the controlling undertaking should be the undertaking which can exert a dominant influence over the other undertakings by virtue, for example, of ownership, financial participation or the rules which govern it or the power to have personal data protection rules implemented. An undertaking which controls the processing of personal data in undertakings affiliated to it should be regarded, together with those undertakings, as a group of undertakings.

(48 to Art. 6) Controllers that are part of a group of undertakings or institutions affiliated to a central body may have a legitimate interest in transmitting personal data within the group of undertakings for internal administrative purposes, including the processing of clients' or employees' personal data. The general principles for the transfer of personal data, within a group of undertakings, to an undertaking located in a third country remain unaffected.

(110 zu Art. 47) A group of undertakings, or a group of enterprises engaged in a joint economic activity, should be able to make use of approved binding corporate rules for its international transfers from the Union to organisations within the same group of undertakings,

Erwägungsgründe

(36 letzter Satz) […] Wird die Verarbeitung durch eine Unternehmensgruppe vorgenommen, so sollte die Hauptniederlassung des herrschenden Unternehmens als Hauptniederlassung der Unternehmensgruppe gelten, es sei denn, die Zwecke und Mittel der Verarbeitung werden von einem anderen Unternehmen festgelegt.

(37) Eine Unternehmensgruppe sollte aus einem herrschenden Unternehmen und den von diesem abhängigen Unternehmen bestehen, wobei das herrschende Unternehmen dasjenige sein sollte, das zum Beispiel aufgrund der Eigentumsverhältnisse, der finanziellen Beteiligung oder der für das Unternehmen geltenden Vorschriften oder der Befugnis, Datenschutzvorschriften umsetzen zu lassen, einen beherrschenden Einfluss auf die übrigen Unternehmen ausüben kann. Ein Unternehmen, das die Verarbeitung personenbezogener Daten in ihm angeschlossenen Unternehmen kontrolliert, sollte zusammen mit diesen als eine „Unternehmensgruppe" betrachtet werden.

(48 zu Art. 6) Verantwortliche, die Teil einer Unternehmensgruppe oder einer Gruppe von Einrichtungen sind, die einer zentralen Stelle zugeordnet sind können ein berechtigtes Interesse haben, personenbezogene Daten innerhalb der Unternehmensgruppe für interne Verwaltungszwecke, einschließlich der Verarbeitung personenbezogener Daten von Kunden und Beschäftigten, zu übermitteln. Die Grundprinzipien für die Übermittlung personenbezogener Daten innerhalb von Unternehmensgruppen an ein Unternehmen in einem Drittland bleiben unberührt.

(110 zu Art. 47) Jede Unternehmensgruppe oder jede Gruppe von Unternehmen, die eine gemeinsame Wirtschaftstätigkeit ausüben, sollte für ihre internationalen Datenübermittlungen aus der Union an Organisationen derselben Unternehmensgruppe oder derselben

or group of enterprises engaged in a joint economic activity, provided that such corporate rules include all essential principles and enforceable rights to ensure appropriate safeguards for transfers or categories of transfers of personal data.

Gruppe von Unternehmen, die eine gemeinsame Wirtschaftstätigkeit ausüben, genehmigte verbindliche interne Datenschutzvorschriften anwenden dürfen, sofern diese sämtliche Grundprinzipien und durchsetzbaren Rechte enthalten, die geeignete Garantien für die Übermittlungen beziehungsweise Kategorien von Übermittlungen personenbezogener Daten bieten.

▶ **Bedeutung der Norm**

Besondere Bedeutung hat die Definition der Unternehmensgruppe im Zusammenhang mit der Möglichkeit, auf Grundlage von verbindlichen internen Datenschutzvorschriften (binding corporate rules – BCR) personenbezogene Daten in Drittländer zu übermitteln.

▶ **Hinweise für den Anwender**

Für die Norm relevante Definitionen:
- Art. 4 Nr. 7, 8, 16, 18.

Für die Auslegung der Norm relevante Erwägungsgründe:
- 36, 37, 48, 110.

Systematische Einordnung der Norm innerhalb der DS-GVO:
- Als Definition befindet sich die Norm vor die Klammer gezogen im Allgemeinen Teil der DS-GVO.

Querbezüge zu anderen Normen:
- Art. 6, Art. 36 Abs. 3 lit. a), 37 Abs. 2, 47, 88 Abs. 2.

▶ **Schlagworte**

herrschendes Unternehmen, abhängiges Unternehmen, Über- Unterordnungsverhältnis, Konzern

---

A. Allgemeines

I. Regelungszweck

1 Die Definition der Unternehmensgruppe hat besondere Bedeutung im Zusammenhang mit der Möglichkeit, auf Grundlage von verbindlichen internen Datenschutzvorschriften (binding corporate rules – BCR) personenbezogene Daten in Drittländer zu übermitteln.

II. Normadressaten

2 Die Definition richtet sich an nicht-öffentliche Datenverarbeiter, unabhängig davon, ob Verantwortlicher oder Auftragsverarbeiter.

III. Systematik

Als Definition befindet sich die Norm vor die Klammer gezogen im Allgemeinen Teil der DS-GVO. 3

IV. Entstehungsgeschichte

1. Bisherige europäische Vorgaben

Die RL 95/46 enthält keine Definition der „Unternehmensgruppe". 4

2. Bisherige nationale Vorgaben

Auch das BDSG definiert die „Unternehmensgruppe" nicht. 5

B. Inhalt der Regelung

I. Über-Unterordnungsverhältnis

Die Unternehmensgruppe wird definiert als Gruppe, die aus einem herrschenden Unternehmen und den von diesem abhängigen Unternehmen besteht. 6

In einer Unternehmensgruppe im Sinne der DS-GVO besteht danach ein Über-Unterordnungsverhältnis zwischen einem Unternehmen, das als das herrschende Unternehmen anzusehen ist und den anderen von diesem abhängigen Unternehmen. Das herrschende Unternehmen sollte dasjenige sein, das z.B. aufgrund der Eigentumsverhältnisse, der finanziellen Beteiligung oder der für das Unternehmen geltenden Vorschriften oder der Befugnis, Datenschutzvorschriften umsetzen zu lassen, einen herrschenden Einfluss auf die übrigen Unternehmen ausüben kann (EG 37). Bei Datenverarbeitungen durch die Unternehmensgruppe ist die Hauptniederlassung des herrschenden Unternehmens als Hauptniederlassung der Unternehmensgruppe anzusehen, es sei denn, die Zwecke und Mittel der Verarbeitung werden von einem anderen Unternehmen festgelegt (EG 36 a.E.). 7

Als ein Beispiel für eine Unternehmensgruppe kann insb. der Konzern angesehen werden. § 18 Abs. 1 AktG bspw. definiert einen Konzern als „ein herrschendes und ein oder mehrere abhängige Unternehmen", die „unter der einheitlichen Leitung des herrschenden Unternehmens zusammengefasst sind". 8

II. Bedeutung in der DS-GVO

1. BCRs

Die Unternehmensgruppe hat Bedeutung in der DS-GVO insb. im Zusammenhang mit der Möglichkeit, auf Grundlage von verbindlichen internen Datenschutzvorschriften (binding corporate rules – BCRs) personenbezogene Daten in Drittländer zu übermitteln (Art. 47 i.V.m. Art. 4 Nr. 20). 9

2. Sonstige relevante Vorschriften

Darüber hinaus enthält die DS-GVO „Erleichterungen" für Unternehmensgruppen bei der Anwendung der DS-GVO: 10

- Nach Art. 37 Abs. 2 darf eine Unternehmensgruppe einen gemeinsamen Datenschutzbeauftragten ernennen, sofern von jeder Niederlassung aus der Datenschutzbeauftragte leicht erreicht werden kann.
- EG 48 erläutert, dass die Übermittlung personenbezogener Daten innerhalb der Unternehmensgruppe für interne Verwaltungszwecke als berechtigtes Interesse im Sinne des Art. 6 Abs. 1 lit. f angesehen werden kann.

11 Besondere Berücksichtigung findet die Unternehmensgruppe schließlich im Zusammenhang

– mit der Vorabkonsultation in Art. 36 Abs. 3 lit. a:

12 Der Verantwortliche stellt der Aufsichtsbehörde bei einer Konsultation gemäß Abs. 1 folgende Informationen zur Verfügung: ggf. Angaben zu den jeweiligen Zuständigkeiten des Verantwortlichen, der gemeinsam Verantwortlichen und der an der Verarbeitung beteiligten Auftragsverarbeiter, insb. bei einer Verarbeitung innerhalb einer Gruppe von Unternehmen[1]) sowie

– mit der Datenverarbeitung im Beschäftigtenkontext nach Art. 88 Abs. 2:

13 Diese Vorschriften umfassen angemessene und besondere Maßnahmen zur Wahrung der menschlichen Würde, der berechtigten Interessen und der Grundrechte der betroffenen Person, insb. im Hinblick auf die Transparenz der Verarbeitung, die Übermittlung personenbezogener Daten innerhalb einer Unternehmensgruppe oder einer Gruppe von Unternehmen, die eine gemeinsame Wirtschaftstätigkeit ausüben, und die Überwachungssysteme am Arbeitsplatz.

---

1 Auf Grund des Fehlens der weitergehenden Voraussetzung „(…), die eine gemeinsame Wirtschaftstätigkeit ausüben“, ist davon auszugehen, dass auch hier die „Unternehmensgruppe“ im Sinne des Art. 4 Nr. 19 gemeint ist. Zur Unterscheidung vgl. Rn. 11 bei Art. 4 Nr. 20.

Article 4 Nr. 20

'binding corporate rules'

(20) … means personal data protection policies which are adhered to by a controller or processor established on the territory of a Member State for transfers or a set of transfers of personal data to a controller or processor in one or more third countries within a group of undertakings, or group of enterprises engaged in a joint economic activity;

Artikel 4 Nr. 20

„Verbindliche interne Datenschutzvorschriften"

(20) … Maßnahmen zum Schutz personenbezogener Daten, zu deren Einhaltung sich ein im Hoheitsgebiet eines Mitgliedstaats niedergelassener Verantwortlicher oder Auftragsverarbeiter verpflichtet im Hinblick auf Datenübermittlungen oder eine Kategorie von Datenübermittlungen personenbezogener Daten an einen Verantwortlichen oder Auftragsverarbeiter derselben Unternehmensgruppe oder derselben Gruppe von Unternehmen, die eine gemeinsame Wirtschaftstätigkeit ausüben, in einem oder mehreren Drittländern;

Recital

(110 zu Art. 47) A group of undertakings, or a group of enterprises engaged in a joint economic activity, should be able to make use of approved binding corporate rules for its international transfers from the Union to organisations within the same group of undertakings, or group of enterprises engaged in a joint economic activity, provided that such corporate rules include all essential principles and enforceable rights to ensure appropriate safeguards for transfers or categories of transfers of personal data.

Erwägungsgrund

(110 zu Art. 47) Jede Unternehmensgruppe oder jede Gruppe von Unternehmen, die eine gemeinsame Wirtschaftstätigkeit ausüben, sollte für ihre internationalen Datenübermittlungen aus der Union an Organisationen derselben Unternehmensgruppe oder derselben Gruppe von Unternehmen, die eine gemeinsame Wirtschaftstätigkeit ausüben, genehmigte verbindliche interne Datenschutzvorschriften anwenden dürfen, sofern diese sämtliche Grundprinzipien und durchsetzbaren Rechte enthalten, die geeignete Garantien für die Übermittlungen beziehungsweise Kategorien von Übermittlungen personenbezogener Daten bieten.

▶ Bedeutung der Norm

Die Definition der „verbindlichen internen Datenschutzvorschriften" („binding corporate rules" – BCRs) hängt eng zusammen mit der insoweit verfügenden Regelung in Art. 47, der die weiteren Voraussetzungen für die Übermittlung personenbezogener Daten in Drittländer auf der Grundlage von BCRs vorgibt. BCRs sollen die weltweite Datenübermittlung innerhalb größerer Unternehmensgruppen erleichtern.

▶ Hinweise für den Anwender

Für die Norm relevante Definitionen:

- Art. 4 Nr. 7, 8, 16, 18, 19.

Für die Auslegung der Norm relevante Erwägungsgründe:

- EG 36, 37, 110.

Systematische Einordnung der Norm innerhalb der DS-GVO:

- Als Definition befindet sich die Norm vor die Klammer gezogen im Allgemeinen Teil der DS-GVO.

Querbezüge zu anderen Normen:

- Art. 46 Abs. 2 lit. b, Art. 47.

Stellungnahmen der Aufsichtsbehörden und der Art. 29-Datenschutzgruppe:

- WP 74 – „Working Document: Transfers of personal data to third countries: Applying Article 26 (2) of the EU Data Protection Directive to Binding Corporate Rules for International Data Transfers" v. 3.6.2003;
- WP 108 – „Working document establishing a model checklist application for approval of Binding Corporate Rules" v. 14.4.2005;
- WP 212 – „Opinion 02/2014 on a referential for requirements for Binding Corporate Rules submitted to national Data Protection Authorities in the EU and Cross Border Privacy Rules submitted to APEC CBPR Accountability Agents" v. 27.2.2014.

Schlagworte

BCRs, Unternehmensgruppe, Gruppe von Unternehmen mit gemeinsamer Wirtschaftstätigkeit, Datenübermittlung in Drittländer

A. Allgemeines

I. Regelungszweck

1 Die Definition der „verbindlichen internen Datenschutzvorschriften" („binding corporate rules" – BCRs) hängt eng zusammen mit der insoweit verfügenden Regelung in Art. 47, der die weiteren Voraussetzungen vorgibt, die BCRs erfüllen müssen, um als geeignete Garantien für die Datenübermittlung in einen Drittstaat anerkannt werden zu können. BCRs sollen die weltweite Datenübermittlung innerhalb größerer Unternehmensgruppen erleichtern.

II. Normadressaten

2 Die Definition richtet sich an nicht-öffentliche Datenverarbeiter, unabhängig davon, ob Verantwortlicher oder Auftragsverarbeiter.

III. Systematik

3 Als Definition befindet sich die Norm vor die Klammer gezogen im Allgemeinen Teil der DS-GVO. Die Voraussetzungen für BCRs finden sich dann in Art. 47, der wiederum in Verbindung mit Art. 46 zu lesen ist. Art. 46 Abs. 2 zählt in lit. b die BCRs als mögliche geeignete Garantien auf, bei deren Vorliegen eine Drittstaatsübermittlung zulässig vorgenommen werden kann.

IV. Entstehungsgeschichte

1. Bisherige europäische Vorgaben

4 Die RL 95/46 enthält keine Definition der „verbindlichen internen Datenschutzvorschriften".

2. Bisherige nationale Vorgaben

Auch das BDSG definiert die „verbindlichen internen Datenschutzvorschriften" nicht. 5

B. Inhalt der Regelung

Die Definition der verbindlichen internen Datenschutzvorschriften hängt eng zusammen mit der insofern verfügenden Regelung des Art. 47. Daher wird hinsichtlich der Einzelheiten und sonstigen Voraussetzungen und Bedingungen auf die Ausführungen dort verwiesen. 6

I. Maßnahmen zum Schutz personenbezogener Daten

Verbindliche interne Datenschutzvorschriften oder auch Binding Corporate Rules (BCRs) sind Maßnahmen zum Schutz personenbezogener Daten. Genehmigte BCRs werden in Art. 46 Abs. 2 lit. b als geeignete Garantien anerkannt, auf deren Grundlage der Datenverarbeiter personenbezogene Daten zulässigerweise in einen Drittstaat oder an eine internationale Organisation übermitteln kann. Die Voraussetzungen von BCRs sowie die Mindestanforderungen an den Inhalt richten sich nach Art. 47. 7

II. Verpflichtung eines im Hoheitsgebiet eines Mitgliedstaats niedergelassenen Verantwortlichen oder Auftragsverarbeiters zur Einhaltung der Maßnahmen

Die BCRs müssen rechtlich bindend sein und dem Datenverarbeiter gegenüber durchsetzbar. 8

III. Datenübermittlungen oder eine Kategorie von Datenübermittlungen personenbezogener Daten

BCRs können für einzelne Übermittlungen oder auch für Kategorien von Datenübermittlungen als Rechtsgrundlage genutzt werden. 9

IV. Verantwortlicher oder Auftragsverarbeiter derselben Unternehmensgruppe oder derselben Gruppe von Unternehmen, die eine gemeinsame Wirtschaftstätigkeit ausüben, in einem oder mehreren Drittländern

BCRs gelten ausschließlich für Datenübermittlungen innerhalb derselben Unternehmensgruppe oder Gruppe von Unternehmen, die eine gemeinsame Wirtschaftstätigkeit ausüben. Empfänger der Daten, die auf der Grundlage der BCRs übermittelt werden, muss daher ein nicht in der Union ansässiges Mitglied derselben Unternehmensgruppe sein oder derselben Gruppe von Unternehmen, die eine gemeinsame Wirtschaftstätigkeit ausüben. 10

Was unter einer Unternehmensgruppe zu verstehen ist, definiert Art. 4 Abs. 19. Eine Gruppe von Unternehmen, die eine gemeinsame Wirtschaftstätigkeit ausüben, wird in der DS-GVO nicht weiter erläutert. Es wird explizit neben der „Unternehmensgruppe" genannt, so dass es sich um etwas anderes handeln muss. Da eine „Unternehmensgruppe" aus einem herrschenden Unternehmen und von diesem abhängigen Unternehmen besteht, ist davon auszugehen, dass sich eine Gruppe von Unternehmen, die eine gemeinsame Wirtschaftstätigkeit ausüben, im Gegensatz dazu aus Unternehmen zusammensetzt, zwischen denen grundsätzlich ein Gleichordnungsverhältnis besteht. Ein Beispiel für einen solchen Zusammenschluss könnte die „Star Alliance" sein, ein Zusammenschluss mehrerer Luftfahrtunternehmen. 11

Article 4 Nr. 21

'supervisory authority'

(21) 'supervisory authority' means an independent public authority which is established by a Member State pursuant to Article 51;

Artikel 4 Nr. 21

„Aufsichtsbehörde"

(21) „Aufsichtsbehörde" eine von einem Mitgliedstaat gemäß Artikel 51 eingerichtete unabhängige staatliche Stelle;

Bedeutung der Norm

Die Norm beinhaltet Legaldefinitionen, die für die Anwendung der DS-GVO von Bedeutung sind. Im Vergleich zur RL 95/46/EG werden viele neue Begriffe eingeführt.

Hinweise für den Anwender

Für die Norm relevante Definitionen:
- Betroffene Aufsichtsbehörde (Art. 4 Nr. 22), unabhängige Aufsichtsbehörden (Kapitel VI, Art. 51 ff.), Zusammenarbeit und Kohärenz (Kapitel VII, Art. 60 ff.), Rechtsbehelfe, Haftung und Sanktionen (Kapitel VIII, Art. 77 ff.).

Vorgängernorm im BDSG:
- § 38 BDSG.

Vorgängernormen der RL 95/46:
- Art. 28 RL 95/46/EG.

Schlagworte

Aufsichtsbehörde, Einrichtung durch Mitgliedstaat, unabhängige staatliche Stelle

A. Allgemeines

I. Regelungszweck

1 Art. 4 Nr. 21 bringt mit der „Aufsichtsbehörde" eine neue Definition. Die RL 95/46/EG verwendete noch den Begriff der „Kontrollstelle" (insb. Art. 28), den sie aber nicht selbst definierte.

II. Normadressaten

2 Normadressaten von Begriffsbestimmungen sind alle Anwender der Vorschriften, in denen die definierten Begriffe verwendet werden, egal, ob sie hierdurch verpflichtet, gebunden oder berechtigt werden.

III. Systematik

3 Die Definition der Aufsichtsbehörde ist insb. im Zusammenhang mit den Kapiteln VI-VIII zu sehen: Kapitel VI (Art. 51 ff.) behandelt die unabhängigen Aufsichtsbehörden, Kapitel VII (Art. 60 ff.) deren Zusammenarbeit und Kohärenz sowie Kapitel VIII (Art. 77 ff.) Rechtsbehelfe bei diesen Aufsichtsbehörden, Haftung und Sanktionen. Neben Art. 4 Nr. 21 bringt Art. 4 Nr. 22 mit der „betroffenen Aufsichtsbehörde" eine weitere Definition, deren Voraussetzungen (Tätigkeit von

Niederlassungen, erhebliche Auswirkungen auf betroffene Personen oder Beschwerden) Einfluss auf den (Umfang der) Zuständigkeit der Aufsichtsbehörde haben.

IV. Entstehungsgeschichte

1. Bisherige europäische Vorgaben

Die RL 95/46/EG verwendete noch den Begriff der „Kontrollstelle", den sie aber nicht selbst definierte. Art. 28 regelte deren Errichtung, Unabhängigkeit, Aufgaben und Befugnisse. **4**

2. Bisherige nationale Vorgaben

§ 38 BDSG verwendete bereits den Begriff der „Aufsichtsbehörde", definierte diesen aber ebenfalls nicht, sondern beschrieb die Aufgaben und Befugnisse dieser in und von den Bundesländern einzurichtenden Behörden zur Kontrolle der Ausführung der Vorschriften über den Datenschutz im nicht öffentlichen Bereich. **5**

Die Datenschutzkontrolle im öffentlichen Bereich regelten §§ 21 ff. BDSG durch den BfDI für öffentliche Stellen des Bundes bzw. die Landesdatenschutzgesetze für öffentliche Stellen des Bundeslandes durch den jeweiligen Landesdatenschutzbeauftragten.

B. Inhalt der Regelung

I. Legaldefinition

„Aufsichtsbehörde" bezeichnet eine von einem Mitgliedstaat gem. Art. 51 eingerichtete unabhängige staatliche Stelle. **6**

Die Vorentwürfe waren nur geringfügig anders formuliert. Art. 4 Nr. 19 E-Rat fügte die Betonung der „Unabhängigkeit" ein.

II. Aufsichtsbehörde (Nr. 21)

Dadurch, dass die Vorschrift nur auf Art. 51 verweist, enthält Art. 4 Nr. 21 keine eigentliche Definition. Alle Vorgaben für die Errichtung, Unabhängigkeit und sonstige Bedingungen für Aufsichtsbehörden enthält Kapitel VI DS-GVO, Art. 4 Nr. 21 kommt darüber hinaus kein eigener Regelungsgehalt zu. Im Gegenteil findet sich in Art. 51 Abs. 1 die wirkliche Legaldefinition der „Aufsichtsbehörde", gekennzeichnet durch den Klammerzusatz („im Folgenden"). **7**

In Zusammenschau mit Art. 51 Abs. 1 ist eine „Aufsichtsbehörde" im Sinne der DS-GVO danach eine

- von einem Mitgliedstaat vorgesehene (errichtete)
- unabhängige Behörde (oder auch mehrere),
- die zuständig ist (sind) für die Überwachung der Anwendung dieser Verordnung
- zum Schutz der Grundrechte und Grundfreiheiten natürlicher Personen bei der Verarbeitung (Art. 4 Nr. 2) und
- zur Erleichterung des freien Verkehrs personenbezogener Daten (Art.4 Nr. 1) in der Union.

Art. 52 ff. enthalten detailliertere Vorgaben für die Unabhängigkeit, die Mitglieder der Behörden, die Zuständigkeit etc.

C. Weitere Auswirkungen der Verordnung in der Praxis

Die Struktur der Datenschutzaufsicht in Europa ist bereits vorhanden. Neu ist die Detailtiefe der Regelungen, wozu auch die Aufnahme in die Begriffsbestimmungen gezählt werden kann. Die Inhalte ergeben sich jedoch aus Kapitel VI, worauf Art. 4 Nr. 21 verweist. **8**

Article 4 Nr. 22

'supervisory authority concerned'

(22) 'supervisory authority concerned' means a supervisory authority which is concerned by the processing of personal data because:

(a) the controller or processor is established on the territory of the Member State of that supervisory authority;

(b) data subjects residing in the Member State of that supervisory authority are substantially affected or likely to be substantially affected by the processing; or

(c) a complaint has been lodged with that supervisory authority;

Artikel 4 Nr. 22

„betroffene Aufsichtsbehörde"

(22) „betroffene Aufsichtsbehörde" eine Aufsichtsbehörde, die von der Verarbeitung personenbezogener Daten betroffen ist, weil

a) der Verantwortliche oder der Auftragsverarbeiter im Hoheitsgebiet des Mitgliedstaats dieser Aufsichtsbehörde niedergelassen ist,

b) diese Verarbeitung erhebliche Auswirkungen auf betroffene Personen mit Wohnsitz im Mitgliedstaat dieser Aufsichtsbehörde hat oder haben kann oder

c) eine Beschwerde bei dieser Aufsichtsbehörde eingereicht wurde;

Recital

(122) Each supervisory authority should be competent on the territory of its own Member State to exercise the powers and to perform the tasks conferred on it in accordance with this Regulation. This should cover in particular the processing in the context of the activities of an establishment of the controller or processor on the territory of its own Member State, the processing of personal data carried out by public authorities or private bodies acting in the public interest, processing affecting data subjects on its territory or processing carried out by a controller or processor not established in the Union when targeting data subjects residing on its territory. This should include handling complaints lodged by a data subject, conducting investigations on the application of this Regulation and promoting public awareness of the risks, rules, safeguards and rights in relation to the processing of personal data.

Erwägungsgrund

(122) Jede Aufsichtsbehörde sollte dafür zuständig sein, im Hoheitsgebiet ihres Mitgliedstaats die Befugnisse auszuüben und die Aufgaben zu erfüllen, die ihr mit dieser Verordnung übertragen wurden. Dies sollte insbesondere für Folgendes gelten: die Verarbeitung im Rahmen der Tätigkeiten einer Niederlassung des Verantwortlichen oder Auftragsverarbeiters im Hoheitsgebiet ihres Mitgliedstaats, die Verarbeitung personenbezogener Daten durch Behörden oder private Stellen, die im öffentlichen Interesse handeln, Verarbeitungstätigkeiten, die Auswirkungen auf betroffene Personen in ihrem Hoheitsgebiet haben, oder Verarbeitungstätigkeiten eines Verantwortlichen oder Auftragsverarbeiters ohne Niederlassung in der Union, sofern sie auf betroffene Personen mit Wohnsitz in ihrem Hoheitsgebiet ausgerichtet sind. Dies sollte auch die Bearbeitung von Beschwerden einer betroffenen Person, die Durchführung von Untersuchungen über die Anwendung dieser Verordnung sowie die Förderung der Information der Öffentlichkeit über Risiken, Vorschriften, Garantien und Rechte im Zusammenhang mit der Verarbeitung personenbezogener Daten einschließen.

Bedeutung der Norm

Die Vorschrift kennzeichnet bestimmte Aufsichtsbehörden näher, für Zwecke der Abgrenzung der beteiligten Stellen im Rahmen der Zusammenarbeit bzw. Kohärenz.

Hinweise für den Anwender

Für die Norm relevante Definitionen:
- Aufsichtsbehörde (Art. 4 Nr. 21), Auftragsverarbeiter (Art. 4 Nr. 8), personenbezogene Daten (Art. 4 Nr. 1), Verantwortlicher (Art. 4 Nr. 7), Verarbeitung (Art. 4 Nr. 2).

Für die Auslegung der Norm relevante Erwägungsgründe:
- EG 122.

Schlagworte

Aufsichtsbehörde, Beschwerde, Hoheitsgebiet eines Mitgliedstaats, personenbezogene Daten, Verarbeitung, Wohnsitz im Mitgliedstaat der Aufsichtsbehörde

A. Allgemeines

I. Regelungszweck

1 Die Begriffsbestimmungen in Kapitel I („Allgemeine Bestimmungen") sind für die gesamte Grundverordnung, aber auch nur für diese maßgeblich (s. Satzanfang von Art. 4). Einige weitere Definitionen ergeben sich aus den Erwägungsgründen.

II. Normadressaten

2 Die Begriffsbestimmungen sind grundlegend für Anwendung, Umsetzung und Einhaltung der Verordnung, weil sie den Inhalt der Regelungen präzisieren. Sie richten sich daher an alle Rechtsanwender: „betroffene Personen" (s. Nr. 1), „Verantwortliche" (Nr. 7) bzw. „Auftragsverarbeiter" (Nr. 8), „Empfänger" von Daten (Nr. 9), „Aufsichtsbehörden" (Nr. 21), indirekt auch an weitere Personen („Dritte", Nr. 10), die eben durch die entsprechende terminologische Abgrenzung aus dem persönlichen Anwendungsbereich der Grundverordnung herausfallen.

III. Systematik

3 Nr. 22 ist nach Stellung und Inhalt sowohl auf die vorhergehende Definition („Aufsichtsbehörde", Nr. 21) als auch auf die nachfolgende („grenzüberschreitende Verarbeitung", Nr. 23) bezogen. Maßgeblich ist diese Begriffsbestimmung vor allem für Kapitel VI und VII der Grundverordnung. Eine Aufsichtsbehörde kann in drei Fällen von der „Verarbeitung personenbezogener Daten" (Nr. 2 i.V.m. Nr. 1) betroffen sein, nämlich 1) aufgrund der Niederlassung eines „Verantwortlichen" (Nr. 7) oder „Auftragsverarbeiters" (Nr. 8) – lit. a), 2) aufgrund von (erheblichen) Auswirkungen einer Verarbeitung auf „betroffene Personen" (s. Nr. 1) mit Wohnsitz im Gebiet des betroffenen Mitgliedstaats – lit. b) –, oder 3) weil eine Beschwerde (Art. 77) bei eben dieser Be-

hörde eingereicht wurde – lit. c). Eine Aufsichtsbehörde kann daher aus mehreren Gründen „betroffen" sein, und umgekehrt kann dieses Kriterium auch bei mehr als nur einer Behörde gegeben sein. Eine Rang- oder Reihenfolge zwischen den drei Fällen ist insoweit in Nr. 22 aber nicht festgelegt.

IV. Entstehungsgeschichte

4 Die Richtlinie 95/46/EG beinhaltet keine Vorgängerregelung (betroffene „Kontrollstellen"). In Art. 4 Nr. 19 KOM-E[1] fand sich nur eine knappe Definition der „Aufsichtsbehörde"; auch die Parlamentsabänderung beließ es hierbei[2]. Erst die Ratsarbeitsgruppe[3] fügte dann Nr. 19a ein, der (bezogen auf eine präzisierte Definition von Aufsichtsbehörde) die beiden heute in lit. a) und b) genannten Fälle von „Betroffenheit" aufführt; lit. c) wurde vom Rat auf-[4] und diese Ausdehnung bei der politischen Einigung übernommen[5].

B. Inhalt der Regelung

I. Bezug auf anderweitig in Art. 4 verwendete Begriffe

1. Aufsichtsbehörde

5 In Nr. 22 werden mitgliedstaatliche „Aufsichtsbehörden" i.S.v. Nr. 21 (und Art. 51) adressiert.

2. Verarbeitung personenbezogener Daten (betroffener Personen)

6 Auch die Termini „Verarbeitung" (Nr. 2) und „personenbezogene Daten" (Nr. 1) sind bereits zuvor in Art. 4 definiert, dabei zugleich auch „betroffene Person" (s. lit. b) in Nr. 1 als „identifizierte oder identifizierbare natürliche Person".

3. Verantwortlicher, Auftragsverarbeiter

7 Das Gleiche gilt für die beiden Gruppen von verarbeitenden Stellen (s. lit. a), nämlich „Verantwortliche" (Nr. 7) und „Auftragsverarbeiter" (Nr. 8).

II. „Betroffenheit" einer Aufsichtsbehörde

1. Allgemein

8 Nr. 22 unterscheidet drei Konstellationen, bei deren Vorliegen eine Aufsichtsbehörde von Datenverarbeitung (Rn. 6) „betroffen" ist. Diese stehen (ohne Reihung) nebeneinander (Rn. 3), und es reicht aus, dass eine derselben eingreift.

2. Konstellationen von „Betroffenheit"

a) Niederlassung der verarbeitenden Stelle im betroffenen Mitgliedstaat (lit. a)

9 Das letztlich auch der Begriffsbestimmung von Nr. 16 zugrundeliegende Verständnis von „Niederlassung" ist nicht im Normtext der Grundverordnung vorgezeichnet, sondern allein in EG 22. lit. a) stellt insoweit auf eine räumliche Beziehung der jeweiligen verarbeitenden Stelle zu dem Staats-/Hoheitsgebiet (Territorium) einer Aufsichtsbehörde ab, die „effektiv" und „tatsächlich" vorhanden sein muss (Art. 4 Nr. 16 Rn. 6). Ansatzpunkt dabei ist die prinzipiell umfassende Kontrolle jeglicher (wirtschaftlicher) Tätigkeit innerhalb eines Staatsgebiets als Aspekt territorialer Souveränität.

---

1 KOM(2012)11 endgültig v. 25.1.2012.
2 Standpunkt festgelegt in erster Lesung am 12.3.2014, P7_TC1-COD(2012)0011.
3 Rats-Dok. Nr. 15395/14 v. 19.12.2014.
4 Rats-Dok. Nr. 9565/15 v. 11.6.2015.
5 Rats-Dok. Nr. 5455/16 v. 28.1.2016.

b) Erhebliche aktuelle oder potenzielle Auswirkungen der Verarbeitung auf betroffene Personen im jeweiligen Mitgliedstaat (lit. b)

Lit. b) erfasst nur natürliche Personen mit „Wohnsitz" in einem Staatsgebiet, für den eine bestimmte Aufsichtsbehörde (international und örtlich) zuständig ist. Die relevante Verarbeitung muss gerade nicht ebenfalls in diesem Territorium stattfinden. Maßgeblich sind lediglich nicht nur unerhebliche Auswirkungen der Tätigkeit auf die betroffenen Menschen, d.h. deren Rechte, Freiheiten oder Interessen (s. Art. 1)[6]. Es reicht aus, dass solche Effekte eintreten können. Hier wird nicht auf die Tätigkeit, sondern auf die dadurch potenziell beeinträchtigten Menschen (unabhängig von ihrer Nationalität) abgestellt, d.h. deren Schutz im je eigenen Gebiet bezweckt, so dass die Kompetenz hier ebenfalls auf die territoriale Souveränität des Mitgliedstaats der Aufsichtsbehörde gestützt werden kann. Soweit eine Person sich in mehreren Mitgliedstaaten aufhält und mehr als einen „Wohnsitz" in einem einzigen Land hat, können dann auch mehrere Behörden „betroffen" sein. 10

c) „Eingangs"-Behörde von Beschwerden (lit. c)

Schließlich wird bei einer „Beschwerde", d.h. einem die Rüge einer rechtswidrigen Datenverarbeitung beinhaltenden Rechtsbehelf einer „betroffenen Person" gegenüber Aufsichtsbehörden (Art. 77 Abs. 1), allein darauf abgestellt, bei welcher Behörde dieses Abhilfeverlangen eingereicht worden ist (lit. c). „Diese" Behörde muss nicht die allein zuständige Stelle sein, da insoweit Art. 77 Abs. 1 mehrere Möglichkeiten eröffnet. „Betroffen" ist die „Eingangs"-Behörde bereits wegen der Entscheidung des Beschwerdeführers, sich gerade an sie zu wenden. 11

---

6 Darauf abstellend auch EuGH, Urt. v. 13.5.2014, Rs. C-131/12 (Google Spain), ECLI:EU:C:2014:317, Rn. 58.

Article 4 Nr. 23

'cross-border processing'

(23) 'cross-border processing' means either:

(a) processing of personal data which takes place in the context of the activities of establishments in more than one Member State of a controller or processor in the Union where the controller or processor is established in more than one Member State; or

(b) processing of personal data which takes place in the context of the activities of a single establishment of a controller or processor in the Union but which substantially affects or is likely to substantially affect data subjects in more than one Member State.

Artikel 4 Nr. 23

„grenzüberschreitende Verarbeitung"

(23) „grenzüberschreitende Verarbeitung" entweder

a) eine Verarbeitung personenbezogener Daten, die im Rahmen der Tätigkeiten von Niederlassungen eines Verantwortlichen oder eines Auftragsverarbeiters in der Union in mehr als einem Mitgliedstaat erfolgt, wenn der Verantwortliche oder Auftragsverarbeiter in mehr als einem Mitgliedstaat niedergelassen ist, oder

b) eine Verarbeitung personenbezogener Daten, die im Rahmen der Tätigkeiten einer einzelnen Niederlassung eines Verantwortlichen oder eines Auftragsverarbeiters in der Union erfolgt, die jedoch erhebliche Auswirkungen auf betroffene Personen in mehr als einem Mitgliedstaat hat oder haben kann;

Recitals

(22) Any processing of personal data in the context of the activities of an establishment of a controller or a processor in the Union should be carried out in accordance with this Regulation, regardless of whether the processing itself takes place within the Union. …

(101) Flows of personal data to and from countries outside the Union and international organisations are necessary for the expansion of international trade and international cooperation. The increase in such flows has raised new challenges and concerns with regard to the protection of personal data. …

Erwägungsgründe

(22) Jede Verarbeitung personenbezogener Daten im Rahmen der Tätigkeiten einer Niederlassung eines Verantwortlichen oder eines Auftragsverarbeiters in der Union sollte gemäß dieser Verordnung erfolgen, gleich, ob die Verarbeitung in oder außerhalb der Union stattfindet. …

(101) Der Fluss personenbezogener Daten aus Drittländern und internationalen Organisationen und in Drittländer und internationale Organisationen ist für die Ausweitung des internationalen Handels und der internationalen Zusammenarbeit notwendig. Durch die Zunahme dieser Datenströme sind neue Herausforderungen und Anforderungen in Bezug auf den Schutz personenbezogener Daten entstanden. …

▶ Bedeutung der Norm

Die Definition bezieht sich auf einen speziellen Fall der Verarbeitung personenbezogener Daten über Staatsgrenzen hinweg, erfasst jedoch grenzüberschreitende Vorgänge nur innerhalb der Europäischen Union.

▶ Hinweise für den Anwender

Für die Norm relevante Definitionen:

- Auftragsverarbeiter (Art. 4 Nr. 8), personenbezogene Daten (Art. 4 Nr. 1), Verantwortlicher (Art. 4 Nr. 7), Verarbeitung (Art. 4 Nr. 2).

Für die Auslegung der Norm relevante Erwägungsgründe:
- EG 22 S. 1, 101.

Schlagworte

Erhebliche Auswirkungen auf betroffene Personen, Niederlassungen von Auftragsverarbeitern/von Verantwortlichen in der Union, Tätigkeiten von Niederlassungen, Verarbeitung personenbezogener Daten in mehr als einem Mitgliedstaat

A. Allgemeines

I. Regelungszweck

Die Begriffsbestimmungen in Kapitel I („Allgemeine Bestimmungen") sind für die gesamte Grundverordnung, aber auch nur für diese maßgeblich (s. Satzanfang von Art. 4). Einige weitere Definitionen ergeben sich aus den Erwägungsgründen. Nr. 23 hat hinsichtlich der räumlichen Anknüpfungspunkte einen engen Bezug zu Nr. 16; andererseits fungiert sie als Abgrenzungsmerkmal gegenüber dem Anwendungsbereich von Kapitel V. **1**

II. Normadressaten

Die Begriffsbestimmungen sind grundlegend für Anwendung, Umsetzung und Einhaltung der Verordnung, weil sie den Inhalt der Regelungen präzisieren. Sie richten sich daher an alle Rechtsanwender: „betroffene Personen" (s. Nr. 1), „Verantwortliche" (Nr. 7) bzw. „Auftragsverarbeiter" (Nr. 8), „Empfänger" von Daten (Nr. 9), „Aufsichtsbehörden" (Nr. 21), indirekt auch an weitere Personen („Dritte", Nr. 10), die eben durch die entsprechende terminologische Abgrenzung aus dem persönlichen Anwendungsbereich der Grundverordnung herausfallen. **2**

III. Systematik

Die Vorschrift greift einen wichtigen Teilbereich der „Verarbeitung personenbezogener Daten" (Nr. 2 i.V.m. Nr. 1) auf, erfasst allerdings nur die Konstellation „grenzüberschreitender" Verarbeitung innerhalb der Union, nicht auch darüber hinaus, also nicht im Verhältnis zu Drittstaaten oder „internationalen Organisationen" (Nr. 26) oder außerhalb des EU-Hoheitsgebiets. Insoweit sind Regelungen zur „Übermittlung" (als Form der Verarbeitung) allein in Kapitel V enthalten. Nr. 23 unterscheidet zwischen Tätigkeiten im Rahmen von mehreren Niederlassungen (von „Verantwortlichen" bzw. „Auftragsverarbeitern" in zwei oder mehreren EU-Mitgliedstaaten (lit. a) und solchen bei einer einzelnen Niederlassung, die erhebliche Auswirkungen auf „betroffene Personen" (s. Nr. 1) in mehr als einem Mitgliedstaat hat oder haben kann (lit. b). Dabei wird zum einen an den räumlichen Anwendungsbereich der Grundverordnung nach Art. 3 Abs. 1 angeknüpft; zum anderen werden die gleichen Merkmale verwendet wie bei Nr. 22 lit. a) und b). **3**

IV. Entstehungsgeschichte

4 Auch insoweit gibt es keine Definition in der Richtlinie 95/46/EG, wohl aber schon dort die spezifische Regelung der Übermittlung personenbezogener Daten in Drittländer (Kapitel IV). Im KOM-E[1] war die Begriffsbestimmung ebenso wenig enthalten wie in der Abänderung durch das Europäische Parlament.[2] Erst der Rat fügte diese Vorschrift (als Nr. 19b) ein,[3] und hierbei blieb es im Trilog.[4]

B. Inhalt der Regelung

I. Bezug zu anderen Definitionen in Art. 4

1. Verarbeitung personenbezogener Daten (betroffener Personen)

5 Wie auch bei anderen Begriffsbestimmungen in Art. 4 werden in Nr. 23 bereits zuvor definierte Grundbegriffe (mit demselben Inhalt wie dort) verwendet, nämlich „personenbezogene Daten" bzw. „betroffene Personen" nach Nr. 1 sowie „Verarbeitung" gem. Nr. 2.

2. Verantwortlicher, Auftragsverarbeiter

6 In gleicher Weise werden die Definitionen für die beiden Gruppen von verarbeitenden Stellen herangezogen, also „Verantwortliche" (Nr. 7) bzw. „Auftragsverarbeiter" (Nr. 8).

3. (Haupt-)Niederlassung

7 Der genauere Inhalt des für „Hauptniederlassung" (Nr. 16) maßgeblichen Terminus „Niederlassung" ergibt sich lediglich aus der Begründung der Grundverordnung (EG 22); nichtsdestoweniger ist auch dieser hier ebenfalls in der dort präzisierten Bedeutung relevant (Art. 4 Nr. 16 Rn. 6).

II. Fälle grenzüberschreitender Verarbeitung

1. Niederlassungen der verarbeitenden Stelle in mindestens zwei EU-Mitgliedstaaten (lit. a)

8 Sowohl in Bezug auf Verantwortliche als auch auf Auftragsverarbeiter liegt nach lit. a) ein Fall grenzüberschreitender Verarbeitung vor, wenn 1) die betroffene Stelle in mehr als einem EU-Mitgliedstaat Niederlassungen unterhält (unabhängig von der Rechtsform, EG 22 Satz 3). Im Anschluss an Art. 4 Abs. 1 lit. a) der Richtlinie 95/46/EG zählen hierzu feste Einrichtungen auch ohne eigene Rechtspersönlichkeit (wie Agenturen oder Zweigstellen), aber auch rechtlich selbstständige „Tochter"-Gesellschaften[5]. Eine dieser Stellen kann auch „Hauptniederlassung" sein. Stets muss es sich 2) bei diesen um Einrichtungen handeln, die effektiv und tatsächlich Tätigkeiten entfalten, welche eine Daten-„Verarbeitung" i.S.v. Nr. 2 darstellen. Jedoch genügt es, dass solche Aktivitäten im Rahmen einer anderen (primären) Tätigkeit der Stelle (als Industrie- oder Dienstleistungsunternehmen etc.) erfolgen.

2. Auswirkungen der Verarbeitungstätigkeit auf betroffene Personen in mindestens zwei Mitgliedstaaten (lit. b)

9 Auch bei lit. b) muss Datenverarbeitung weder die alleinige noch die hauptsächliche Tätigkeit der „Niederlassung" eines Verantwortlichen oder Auftragsverarbeiters bilden (Rn. 8). Jedoch reicht hier eine einzige Niederlassung in einem EU-Mitgliedstaat aus, wenn zugleich als weitere Voraus-

---

1 KOM(2012)11 endgültig v. 25.1.2012.
2 Standpunkt festgelegt in erster Lesung am 12.3.2014, P7_TC1-COD(2012)0011.
3 Rats-Dok. Nr. 9565/15 v. 11.6.2015.
4 Rats-Dok. Nr. 5455/16 v. 28.1.2016.
5 Vgl. EuGH, Urt. v. 13.5.2014, Rs. C-131/12 (Google Spain), Rn. 48 f., ECLI:EU:C:2014:317.

setzung eine grenzüberschreitende Wirkung der „Verarbeitung" gegeben ist. Ähnlich wie bei Nr. 22 lit. b) steht dabei der Schutz „betroffener Personen" vor missbräuchlichem Umgang mit ihren „personenbezogenen Daten" im Vordergrund. Im Hinblick auf die Parallelen zwischen den beiden Nummern, die sich des Weiteren bei der Schwelle nicht nur unerheblicher Effekte und der Einbeziehung lediglich potenzieller Auswirkungen zeigen, liegt es nahe, auch insoweit auf die Regelung der Nr. 22 Bezug zu nehmen, wie es um die nähere Zuordnung der Beziehung natürlicher Personen zu einem bestimmten EU-Mitgliedsland geht. Daher sollte hier wie dort nicht deren Staatsangehörigkeit, sondern der „Wohnsitz" (Ansässigkeit)[6] maßgeblich sein. „Grenzüberschreitende" Verarbeitung ist schließlich nur dann gegeben, wenn in mindestens einem anderen EU-Staat als dem, in dem ein Verantwortlicher oder Auftragsverarbeiter tätig ist, ansässige Menschen aktuell oder potenziell von solchen Aktivitäten betroffen sind.

6 Vgl. etwa EuGH, Urt. 8.5.2013, verb. Rs. C-197/11 u. C-203/11 (Libert et al.), Rn. 43 f., ECLI:EU:C:2013:288.

Article 4 Nr. 24

'relevant and reasoned objection'

(24) 'relevant and reasoned objection' means an objection to a draft decision as to whether there is an infringement of this Regulation, or whether envisaged action in relation to the controller or processor complies with this Regulation, which clearly demonstrates the significance of the risks posed by the draft decision as regards the fundamental rights and freedoms of data subjects and, where applicable, the free flow of personal data within the Union;

Artikel 4 Nr. 24

„maßgeblicher und begründeter Einspruch"

(24) „maßgeblicher und begründeter Einspruch" einen Einspruch gegen einen Beschlussentwurf im Hinblick darauf, ob ein Verstoß gegen diese Verordnung vorliegt oder ob beabsichtigte Maßnahmen gegen den Verantwortlichen oder den Auftragsverarbeiter im Einklang mit dieser Verordnung steht, wobei aus diesem Einspruch die Tragweite der Risiken klar hervorgeht, die von dem Beschlussentwurf in Bezug auf die Grundrechte und Grundfreiheiten der betroffenen Personen und gegebenenfalls den freien Verkehr personenbezogener Daten in der Union ausgehen;

Recital

(124) … Within its tasks to issue guidelines on any question covering the application of this Regulation, the Board should be able to issue guidelines in particular on the criteria to be taken into account in order to ascertain whether the processing in question substantially affects data subjects in more than one Member State and on what constitutes a relevant and reasoned objection. …

Erwägungsgrund

(124) … Der Ausschuss sollte – im Rahmen seiner Aufgaben in Bezug auf die Herausgabe von Leitlinien zu allen Fragen im Zusammenhang mit der Anwendung dieser Verordnung – insbesondere Leitlinien zu den Kriterien ausgeben können, die bei der Feststellung zu berücksichtigen sind, ob die fragliche Verarbeitung erhebliche Auswirkungen auf betroffene Personen in mehr als einem Mitgliedstaat hat und was einen maßgeblichen und begründeten Einspruch darstellt. …

▶ Bedeutung der Norm

Die Definition ist allein für Kapitel VII relevant. Sie wird dort in Art. 60 Abs. 4 (und Art. 65 Abs. 1 lit. a) als ausschlaggebend für die Durchführung eines Kohärenzverfahrens (Art. 63 ff.) normiert.

▶ Hinweise für den Anwender

Für die Norm relevante Definitionen:

- Auftragsverarbeiter (Art. 4 Nr. 8), personenbezogene Daten (Art. 4 Nr. 1), Verantwortlicher (Art. 4 Nr. 7).

Für die Auslegung der Norm relevante Erwägungsgründe:

- EG 124 Satz 4.

Systematische Einordnung innerhalb der DS-GVO:

- Die Definition ist (nur) bedeutsam im Rahmen der Kooperation der Aufsichtsbehörden untereinander sowie mit dem (und im) Europäischen Datenschutzausschuss.

▶ Schlagworte

beabsichtigte Maßnahmen gegen Auftragsverarbeiter/Verantwortliche, Einspruch gegen Beschlussentwurf, freier Datenverkehr in der Union, Grundfreiheiten und Grundrechte betroffener Personen

A. Allgemeines

I. Regelungszweck

1 Die Begriffsbestimmungen in Kapitel I („Allgemeine Bestimmungen") sind für die gesamte Grundverordnung, aber auch nur für diese maßgeblich (s. Satzanfang von Art. 4). Einige weitere Definitionen ergeben sich aus den Erwägungsgründen.

II. Normadressaten

2 Die Begriffsbestimmungen sind grundlegend für Anwendung, Umsetzung und Einhaltung der Verordnung, weil sie den Inhalt der Regelungen präzisieren. Sie richten sich daher an alle Rechtsanwender: „betroffene Personen" (s. Nr. 1), „Verantwortliche" (Nr. 7) bzw. „Auftragsverarbeiter" (Nr. 8), „Empfänger" von Daten (Nr. 9), „Aufsichtsbehörden" (Nr. 21), indirekt auch an weitere Personen („Dritte", Nr. 10), die eben durch die entsprechende terminologische Abgrenzung aus dem persönlichen Anwendungsbereich der Grundverordnung herausfallen. Die Definition in Nr. 24 ist nur für wenige Vorschriften wichtig.

III. Systematik

3 Die Vorschriften der Grundverordnung zum „Einspruch" sind wenig konsistent, weil der Begriff auch im Kontext von Auftragsverarbeiter und Verantwortlichen (in Art. 28 Abs. 2) verwendet wird. Bei Nr. 24 hingegen geht es um eine wesentliche Klarstellung in Bezug auf Kap. VII über „Zusammenarbeit und Kohärenz". Mittels Einspruch kann eine „betroffene" Aufsichtsbehörde die Überprüfung eines Beschlussentwurfs der federführende Behörde (Art. 60 Abs. 4 – 6) und letztlich die Streitbeilegung durch den Datenschutzausschuss (Art. 68 ff.) herbeiführen (Art. 65 Abs. 1). Nur aus dem Kontext zu den vorhergehenden Nummern (21 – 23) in Bezug auf „Aufsichtsbehörden" ergibt sich allerdings, wer als Einspruchsführer in Betracht kommt – nämlich solche Stellen –, und auch der genaue Gegenstand eines Einspruchs („Beschlussentwurf") erschließt sich erst aus Bestimmungen des Kapitels VII. Einer „Beschwerde" („complaint") nach Art. 77 Abs. 1 ähnelt ein „Einspruch" („objection") darin, dass beide Male ein (hier allerdings erst noch bevorstehender) Verstoß gegen die Grundverordnung geltend gemacht wird. Nr. 23 verdeutlicht zudem, was unter „maßgeblich" und „begründet" zu verstehen ist: Der (interne) Widerspruch muss „klar" aufzeigen, welche Risiken (nach Art und Ausmaß) zu gewärtigen sind, und diese müssen sich auf Art. 1, d.h. die „Ziele" der Grundverordnung, nämlich (primär) auf die Grundrechte und Grundfreiheiten der „betroffenen Personen" sowie „gegebenenfalls" auf den freien Datenverkehr in der Union, beziehen (s.a. EG 4, 6, 7, 10).

IV. Entstehungsgeschichte

4 Eine Vorgängerregelung zu Nr. 24 war weder in der RL 95/46/EG noch im KOM-E[1] oder in der Abänderung seitens des Europäischen Parlaments[2] enthalten. Als Nr. 19c wurde die Definition erst durch den Rat eingefügt[3] und bei der politischen Einigung übernommen.[4]

B. Inhalt der Regelung

I. Einspruch

1. Begriff

5 Der eher missverständliche Terminus („Einwendung" würde Ziel und Funktion besser verdeutlichen) bezeichnet die im Rahmen von Zusammenarbeit und Kohärenz seitens anderer Aufsichtsbehörden geäußerten „Standpunkte" (s. Art. 60 Abs. 3, 64 Abs. 4), die noch vor einer endgültigen Beschlussfassung erfolgen und möglichst in diese eingehen sollen. Auch insoweit, hinsichtlich des Zeitpunktes, unterscheiden sich „Einsprüche" (als Mittel der Kooperation zwischen Aufsichtsbehörden) von (erst nachträglich eingelegten) Rechtsbehelfen wie „Beschwerden" oder förmlichen Rechtsschutzbegehren anderer Maßnahmeadressaten (s. Art. 77 ff.). Mittels solch formalisierter Verfahrensbeteiligung anderer Behörden wird eine präventive Rechtmäßigkeitskontrolle angestrebt, im Hinblick auf Angelegenheiten von grenzüberschreitender Relevanz.

2. Gegenstand und Zielsetzung

a) Beschlussentwurf einer Aufsichtsbehörde

6 Einsprüche können sich lediglich auf „Beschlussentwürfe" beziehen, die von einer federführenden Aufsichtsbehörde (Art. 56 Abs. 1) allen anderen „betroffenen" Behörden (Art. 4 Nr. 22) im Rahmen einer Konsultation nach Art. 60 Abs. 3 (Satz 2) zur Stellungnahme vorgelegt worden sind. Nur darauf – auf einen Fall nach Art. 60 Abs. 4 – nimmt dann auch Art. 65 Abs. 1 lit. a Bezug, als Voraussetzung eines Streitbeilegungsbeschlusses durch den Ausschuss (Art. 68).

b) Vermeiden einer Rechtsverletzung

7 (Qualifizierte, Rn. 9) Einsprüche nach Nr. 24 müssen stets eine Rechtsverletzung rügen, wobei diese jedoch in zwei unterschiedlichen Situationen gegeben sein kann: Zum einen ist ein Verstoß gegen die Grundverordnung denkbar, der sowohl Zuständigkeit und Verfahren der handelnden Stelle als auch inhaltliche Aspekte von deren Beschlussentwurf betreffen kann. Zum anderen könnten die im Entwurf vorgesehenen („beabsichtigten"), nach Abschluss der ersten Phase (Zusammenarbeit/Kohärenz) erfolgenden Maßnahmen gegen konkrete Verantwortliche oder Auftragsverarbeiter nicht den Vorgaben der Grundverordnung entsprechen. Zumindest teilweise dürfte sich diese zweite mit der ersten Variante überschneiden. Führt ein Einspruch nicht schon zur Überarbeitung des ersten Entwurfs (s. Art. 60 Abs. 5, 64 Abs. 7) und damit zur Korrektur der drohenden Rechtsverletzung, so würde jedenfalls ein den Einwendungen stattgebender Streitbeilegungsbeschluss die zuständige Aufsichtsbehörde hindern, ihren ursprünglichen Plan zu verwirklichen (s. Art. 65 Abs. 6), sodass dann auf diese Weise ein Rechtsverstoß vermieden würde.

---

1 KOM(2012)11 endgültig v. 25.1.2012.
2 Standpunkt festgelegt in erster Lesung am 12.3.2014, P7_TC1-COD(2012)0011.
3 Rats-Dok. Nr. 9565/15 v. 11.6.2015.
4 Rats-Dok. Nr. 5455/16 v. 28.1.2016.

3. Einspruchsführer

Tauglicher Einspruchsführer kann, wie sich aus der komplementären Regelung des Art. 60 ergibt, immer nur eine andere „betroffene Aufsichtsbehörde" (Art. 4 Nr. 22) sein. **8**

II. „Qualifizierter" Einspruch

1. Bedeutung der „Qualifizierung"

Im Hinblick auf effektive und effiziente Zusammenarbeit ist zwar ein umfassender Informationsaustausch zwischen Aufsichtsbehörden vorgesehen (Art. 60 Abs. 1), andererseits soll nicht jede kleinere Unstimmigkeit ein zügiges Handeln der zuständigen Stellen verhindern. Daher führen nicht jegliche Äußerungen im Rahmen von Zusammenarbeit oder Kohärenz prozedurale Folgen herbei, sondern nur wesentliche Kritikpunkte sollen eine eingehendere Behandlung auslösen. Andererseits resultiert aus dem Fehlen der für eine „Qualifizierung" relevanten Kriterien aber kein Verbot, auch andere Einwendungen aufzugreifen und sie zu berücksichtigen. **9**

2. Kriterien

a) Notwendige „Begründung"

Da jede Äußerung einer anderen Behörde zum vorgelegten Beschlussentwurf (außer einer uneingeschränkten Zustimmung) sich mit diesem in der Sache auseinandersetzt, muss die hier explizit geforderte Begründung eines Einspruchs über solche allgemeinen Erörterungen zu Form oder Inhalt hinausgehen. Die Anforderung bezweckt vielmehr, eine angemessen vertiefende Diskussion der Einwendung mangelnder Rechtmäßigkeit zu ermöglichen, und muss daher näher erläutern, warum der Entwurf fehlerhaft sei. Dabei kann sich die Kritik sowohl auf eine unrichtige bzw. unvollständige Ermittlung des relevanten Sachverhalts als auch auf eine falsche Rechtsauslegung beziehen. Die vorgetragene Begründung muss jedoch weder zutreffend noch auch nur „vertretbar" sein, denn sie soll allein ein erneutes Überdenken des Beschlussentwurfs bewirken können. Erscheint sie aus Sicht der federführenden Behörde als abwegig, so könnte solcher Obstruktion nur, aber doch unter dem Gesichtspunkt der (fehlenden) „Maßgeblichkeit" (Rn. 12) begegnet werden. **10**

Ausdrücklich gefordert wird in Nr. 24 jedoch, dass in der Einspruchsbegründung auch eine Risikoeinschätzung gegeben wird; fehlt diese völlig, so liegt auch keine hinreichende Begründung vor, und der Einspruch muss nicht weiter erörtert werden (ohne dass dies untersagt wäre, da hierdurch gleichwohl ein Diskussionsbeitrag gegeben wird). Die Einschätzung muss sich auf Art und Ausmaß („Tragweite") der drohenden Risiken beziehen. Freilich wird verlangt, dass die behördliche Bewertung sowohl (und insoweit nur) die „Grundrechte" (nach der EuGRCh[5]) und „Grundfreiheiten" (des AEUV) – in Bezug auf die „betroffenen Personen" – als auch (zumindest „gegebenenfalls") das (nach Art. 1 der Grundverordnung) nicht minder wichtige Ziel eines freien Datenverkehrs in der EU berücksichtigt, d.h. für den konkreten Fall abgewogen wird, welche und wessen Belange wichtiger erscheinen. **11**

b) „Maßgeblichkeit"

„Maßgeblich" kann ein Einspruch nur sein, wenn er sich auf den Beschlussentwurf auswirken kann, also seine Berücksichtigung zu dessen nicht nur formaler Änderung führen würde. Die Einwendung muss also auf alle, aber auch nur die für den Beschluss relevanten, eben „maßgeblichen" Aspekte abzielen, d.h. für die ratio decidendi bedeutsam sein. Andere, nicht entscheidungserhebliche Mängel des bis dahin abgelaufenen Verfahrens bzw. des Entwurfsinhalts können zwar ebenfalls Gegenstand einer kritischen Stellungnahme sein (und zu einer Korrektur der **12**

5 Hier vor allem Art. 7, 8 EuGRCh; s. aber auch Erwägungsgrund 4 der Verordnung.

Vorlage führen), jedoch ist dafür gerade nicht ein spezifisches Verfahren nötig, sondern dies fällt in die Zuständigkeit der federführenden Behörde.

III. Relevanz der „Qualifizierung" und Konsequenzen

13 „Qualifizierte" Einsprüche (Rn. 9) bringen daher einen Mehrwert im Vergleich zu einer normalen Konsultation anderer öffentlicher Stellen, indem sie die Willensbildung vor der endgültigen Entscheidung verbreitern und vertiefen („optimieren"). Der Verpflichtung der federführenden muss folglich ein Recht betroffener Behörden (Einspruchsführer) auf Einspruch und dessen angemessene Behandlung durch jene entsprechen. Andererseits vermindern Konsultation und damit einhergehende Stellungnahmen/Einsprüche in keiner Weise die umfassende Rechtsbindung der zuständigen (federführenden) Behörde.

14 Die Bedeutung maßgeblicher und begründeter Einsprüche für gute Ergebnisse der Datenschutzaufsicht spiegelt sich zudem in der (in EG 124 Satz 4 genannten) Aufgabe des Ausschusses wider, auch und gerade insoweit durch Bereitstellung von „Leitlinien" (nach Art. 70 Abs. 1 Satz 2 lit. e) Kriterien für „Begründetheit" und „Maßgeblichkeit" zu präzisieren.

Article 4 Nr. 25

'information society service'

'information society service' means a service as defined in point (b) of Article 1(1) of Directive (EU) 2015/1535 of the European Parliament and of the Council;

Recital

(32) [1]Consent should be given by a clear affirmative act establishing a freely given, specific, informed and unambiguous indication of the data subject's agreement to the processing of personal data relating to him or her, such as by a written statement, including by electronic means, or an oral statement. [2]This could include ticking a box when visiting an internet website, choosing technical settings for information society services or another statement or conduct which clearly indicates in this context the data subject's acceptance of the proposed processing of his or her personal data. [3]Silence, pre-ticked boxes or inactivity should not therefore constitute consent. [4]Consent should cover all processing activities carried out for the same purpose or purposes. [5]When the processing has multiple purposes, consent should be given for all of them. [6]If the data subject's consent is to be given following a request by electronic means, the request must be clear, concise and not unnecessarily disruptive to the use of the service for which it is provided.

Artikel 4 Nr. 25

„Dienst der Informationsgesellschaft"

eine Dienstleistung im Sinne des Artikels 1 Nummer 1 Buchstabe b der Richtlinie (EU) 2015/1535 des Europäischen Parlaments und des Rates;

Erwägungsgrund

(32) [1]Die Einwilligung sollte durch eine eindeutige bestätigende Handlung erfolgen, mit der freiwillig, für den konkreten Fall, in informierter Weise und unmissverständlich bekundet wird, dass die betroffene Person mit der Verarbeitung der sie betreffenden personenbezogenen Daten einverstanden ist, etwa in Form einer schriftlichen Erklärung, die auch elektronisch erfolgen kann, oder einer mündlichen Erklärung. [2]Dies könnte etwa durch Anklicken eines Kästchens beim Besuch einer Internetseite, durch die Auswahl technischer Einstellungen für Dienste der Informationsgesellschaft oder durch eine andere Erklärung oder Verhaltensweise geschehen, mit der die betroffene Person in dem jeweiligen Kontext eindeutig ihr Einverständnis mit der beabsichtigten Verarbeitung ihrer personenbezogenen Daten signalisiert. [3]Stillschweigen, bereits angekreuzte Kästchen oder Untätigkeit der betroffenen Person sollten daher keine Einwilligung darstellen. [4]Die Einwilligung sollte sich auf alle zu demselben Zweck oder denselben Zwecken vorgenommenen Verarbeitungsvorgänge beziehen. [5]Wenn die Verarbeitung mehreren Zwecken dient, sollte für alle diese Verarbeitungszwecke eine Einwilligung gegeben werden. [6]Wird die betroffene Person auf elektronischem Weg zur Einwilligung aufgefordert, so muss die Aufforderung in klarer und knapper Form und ohne unnötige Unterbrechung des Dienstes, für den die Einwilligung gegeben wird, erfolgen.

Bedeutung der Norm

Die Norm definiert den Begriff „Dienst der Informationsgesellschaft".

Hinweise für den Anwender

Für die Norm relevante Definitionen oder andere Querbezüge:
- Art. 8, Art. 17 Abs. 1 lit. f, Art. 21 Abs. 5.

Für die Auslegung der Norm relevante Erwägungsgründe:
- EG 32.

Leitentscheidungen:
- Rs. C-434/15 (Vorabentscheidungsverfahren Asociación Profesional Elite Taxi gegen Uber Systems Spain SL zu der Frage, ob der Fahrgastdienst Uber ein Dienst der Verkehrsdienstleistung oder ein Dienst der Informationsgesellschaft ist), zum Zeitpunkt der Schlussredaktion (25. Mai 2017) noch nicht entschieden.

Schlagworte

Dienst der Informationsgesellschaft

A. Allgemeines

I. Regelungszweck

1 Die Norm definiert durch Bezugnahme auf die Definition in der Richtlinie 2015/1535 den Begriff des „Dienstes der Informationsgesellschaft".

II. Normadressaten

2 Die Norm ist relevant für alle Verantwortlichen, die als Dienst der Informationsgesellschaft einzustufen sind.

III. Systematik

3 Dienste der Informationsgesellschaft sind, sofern sie über die Zwecke und Mittel der Verarbeitung personenbezogener Daten entscheiden, Verantwortliche i.S.d. DS-GVO. Für sie gelten daher grundsätzlich dieselben Regeln wie für andere Verantwortliche auch.

4 Die DS-GVO enthält nur an wenigen Stellen besondere Regelungen für Dienste der Informationsgesellschaft:

- Art. 8 regelt die Bedingungen für die Einwilligung eines Kindes, dem durch einen Dienst der Informationsgesellschaft Angebote gemacht werden, und Art. 17 Abs. 1 lit. f regelt die Löschpflichten des Dienstes der Informationsgesellschaft in diesem Fall.
- Art. 21 Abs. 5 stellt klar, dass der Betroffene bei der Nutzung von Diensten der Informationsgesellschaft sein Widerspruchsrecht mittels automatisierter Verfahren ausüben kann.
- EG 32 S. 2 erwähnt die Dienste der Informationsgesellschaft und stellt klar, dass die Einwilligung gem. Art. 7 auch durch Anklicken eines Kästchens beim Besuch einer Internetseite oder durch die Auswahl technischer Einstellungen für Dienste der Informationsgesellschaft erteilt werden kann.

B. Inhalt der Regelung

Die Definition nimmt Art. 1 Nr. 1 lit. b der „Richtlinie (EU) 2015/1535 des Europäischen Parlaments und des Rates vom 9. September 2015 über ein Informationsverfahren auf dem Gebiet der technischen Vorschriften und der Vorschriften für die Dienste der Informationsgesellschaft"[1] in Bezug. Die dortige Definition hat folgenden Wortlaut: **5**

„‚Dienst' eine Dienstleistung der Informationsgesellschaft, d. h. jede in der Regel gegen Entgelt elektronisch im Fernabsatz und auf individuellen Abruf eines Empfängers erbrachte Dienstleistung. **6**

Im Sinne dieser Definition bezeichnet der Ausdruck **7**

i) ‚im Fernabsatz erbrachte Dienstleistung' eine Dienstleistung, die ohne gleichzeitige physische Anwesenheit der Vertragsparteien erbracht wird;

ii) ‚elektronisch erbrachte Dienstleistung' eine Dienstleistung, die mittels Geräten für die elektronische Verarbeitung (einschließlich digitaler Kompression) und Speicherung von Daten am Ausgangspunkt gesendet und am Endpunkt empfangen wird und die vollständig über Draht, über Funk, auf optischem oder anderem elektromagnetischem Wege gesendet, weitergeleitet und empfangen wird;

iii) ‚auf individuellen Abruf eines Empfängers erbrachte Dienstleistung' eine Dienstleistung die durch die Übertragung von Daten auf individuelle Anforderung erbracht wird.

Eine Beispielliste der nicht unter diese Definition fallenden Dienste findet sich in Anhang I;" **8**

Die Beispielliste der nicht unter Art. 1 Abs. 1 lit. b fallenden Dienste hat folgenden Wortlaut: **9**

„1. Nicht ‚im Fernabsatz' erbrachte Dienste **10**

Dienste, bei deren Erbringung der Erbringer und der Empfänger gleichzeitig physisch anwesend sind, selbst wenn dabei elektronische Geräte benutzt werden: **11**

a) Untersuchung oder Behandlung in der Praxis eines Arztes mithilfe elektronischer Geräte, aber in Anwesenheit des Patienten;

b) Konsultation eines elektronischen Katalogs in einem Geschäft in Anwesenheit des Kunden;

c) Buchung eines Flugtickets über ein Computernetz, wenn sie in einem Reisebüro in Anwesenheit des Kunden vorgenommen wird;

d) Bereitstellung elektronischer Spiele in einer Spielhalle in Anwesenheit des Benutzers.

2. Nicht ‚elektronisch' erbrachte Dienste **12**

– Dienste, die zwar mit elektronischen Geräten, aber in materieller Form erbracht werden:

a) Geldausgabe- oder Fahrkartenautomaten;

b) Zugang zu gebührenpflichtigen Straßennetzen, Parkplätzen usw., auch wenn elektronische Geräte bei der Ein- und/oder Ausfahrt den Zugang kontrollieren und/oder die korrekte Gebührenentrichtung gewährleisten;

– Offline-Dienste: Vertrieb von CD-ROMs oder Software auf Disketten;

– Dienste, die nicht über elektronische Verarbeitungs- und Speicherungssysteme erbracht werden:

a) Sprachtelefondienste;

b) Telefax-/Telexdienste;

c) über Sprachtelefon oder Telefax erbrachte Dienste;

---

1 ABl. L 241 vom 17.9.2015, S. 1.

d) medizinische Beratung per Telefon/Telefax;

e) anwaltliche Beratung per Telefon/Telefax;

f) Direktmarketing per Telefon/Telefax.

13 3. Nicht ‚auf individuellen Abruf eines Empfängers' erbrachte Dienste

14 Dienste, die im Wege einer Übertragung von Daten ohne individuellen Abruf gleichzeitig für eine unbegrenzte Zahl von einzelnen Empfängern erbracht werden (Punkt-zu-Mehrpunkt-Übertragung):

a) Fernsehdienste (einschließlich zeitversetzter Video-Abruf) nach Artikel 1 Absatz 1 Buchstabe e der Richtlinie 2010/13/EU;

b) Hörfunkdienste;

c) Teletext (über Fernsehsignal)."

Article 4 Nr. 26

„international organization"

(26)... means an organisation and its subordinate bodies governed by public international law, or any other body which is set up by, or on the basis of, an agreement between two or more countries.

Artikel 4 Nr. 26

„Internationale Organisation"

(26)... eine völkerrechtliche Organisation und ihre nachgeordneten Stellen oder jede sonstige Einrichtung, die durch eine zwischen zwei oder mehr Ländern geschlossene Übereinkunft oder auf der Grundlage einer solchen Übereinkunft geschaffen wurde.

Bedeutung der Norm

Art. 4 Nr. 26 definiert die internationale Organisation, die im Kapitel V dem Drittland gleichgestellt ist, so dass eine Datenübermittlung dorthin nur unter den zusätzlichen Voraussetzungen der Art. 44 ff. zulässig ist.

Hinweise für den Anwender

Für die Auslegung der Norm relevante Erwägungsgründe:
- EG 101 ff.

Systematische Einordnung der Norm innerhalb der DS-GVO:
- Als Definition befindet sich die Norm vor die Klammer gezogen im Allgemeinen Teil der DS-GVO. Sie steht in unmittelbarem Zusammenhang zu den Regelungen des Kapitels V.

Querbezüge zu anderen Normen:
- Art. 44-46, 48-50.

Schlagworte

Völkerrecht, Völkerrechtssubjektivität, völkerrechtliche Organisation, Übereinkunft

---

A. Allgemeines

I. Regelungszweck

Art. 4 Nr. 26 definiert die internationale Organisation, die im Kapitel V dem Drittland gleichgestellt ist, so dass eine Datenübermittlung dorthin nur unter den zusätzlichen Voraussetzungen der Art. 44 ff. zulässig ist. **1**

II. Normadressaten

Die Norm richtet sich an internationale Organisationen sowie an sämtliche Datenverarbeiter in der Union, die Daten an eine internationale Organisation übermitteln wollen und an die Aufsichtsbehörden. **2**

III. Systematik

3 Die Definition der internationalen Organisation ist im Zusammenhang mit Kapitel V und den Regelungen über „Datenübermittlungen an Drittländer oder an internationale Organisationen" zu sehen.

IV. Entstehungsgeschichte

1. Bisherige europäische Vorgaben

4 Die RL 95/46 enthält keine Definition der „internationalen Organisation".

2. Bisherige nationale Vorgaben

5 Auch das BDSG definiert die „internationale Organisation" nicht.

B. Inhalt der Regelung

6 Die Definition der internationalen Organisation ist im Zusammenhang mit Kapitel V und den Regelungen über „Datenübermittlungen an Drittländer oder an internationale Organisationen" zu sehen. Die internationale Organisation wird den Drittländern insoweit gleichgestellt, d.h. Übermittlungen an internationale Organisationen dürfen nur erfolgen, wenn die zusätzlichen Voraussetzungen des Kapitels V eingehalten werden (vgl. i.E. dort).

I. völkerrechtliche Organisation und ihre nachgeordneten Stellen

7 Ob eine internationale Organisation im Sinne der DS-GVO vorliegt, richtet sich in erster Linie nach völkerrechtlichen Gesichtspunkten. Völkerrechtlich anerkannte internationale Organisationen genießen selbst Völkerrechtssubjektivität. Als Beispiele kommen insb. die UN (Vereinte Nationen), die NATO (Organisation des Nordatlantikvertrags) oder die OSZE (Organisation für Sicherheit und Zusammenarbeit in Europa) in Betracht.

II. Sonstige Einrichtungen

8 Neben völkerrechtlichen Organisationen und ihren nachgeordneten Stellen kommen als internationale Organisationen auch sonstige Einrichtungen in Frage, die durch eine zwischen zwei oder mehr Ländern geschlossene Übereinkunft oder auf der Grundlage einer solchen Übereinkunft geschlossen wurden.

Kapitel II Grundsätze

Chapter II Principles

Article 5

Principles relating to processing of personal data

(1) Personal data shall be:

a) processed lawfully, fairly and in a transparent manner in relation to the data subject ("lawfulness, fairness and transparency");

b) collected for specified, explicit and legitimate purposes and not further processed in a manner that is incompatible with those purposes; further processing for archiving purposes in the public interest, scientific or historical research purposes or statistical purposes shall, in accordance with Article 89(1), not be considered to be incompatible with the initial purposes ("purpose limitation");

c) adequate, relevant and limited to what is necessary in relation to the purposes for which they are processed ("data minimisation");

d) accurate and, where necessary, kept up to date; every reasonable step must be taken to ensure that personal data that are inaccurate, having regard to the purposes for which they are processed, are erased or rectified without delay ("accuracy");

e) kept in a form which permits identification of data subjects for no longer than is necessary for the purposes for which the personal data are processed; personal data may be stored for longer periods insofar as the personal data will be processed solely for archiving purposes in the public interest, scientific or historical research purposes or statistical purposes in accordance with Article 89(1) subject to implementation of the appropriate technical and organisational measures required by this Regulation in order to safeguard the rights and freedoms of the data subject ("storage limitation");

f) processed in a manner that ensures appropriate security of the personal data, including protection against unauthorised or unlawful processing and against accidental loss, destruction or damage, using appro-

Artikel 5

Grundsätze für die Verarbeitung personenbezogener Daten

(1) Personenbezogene Daten müssen

a) auf rechtmäßige Weise, nach Treu und Glauben und in einer für die betroffene Person nachvollziehbaren Weise verarbeitet werden („Rechtmäßigkeit, Verarbeitung nach Treu und Glauben, Transparenz");

b) für festgelegte, eindeutige und legitime Zwecke erhoben werden und dürfen nicht in einer mit diesen Zwecken nicht zu vereinbarenden Weise weiterverarbeitet werden; eine Weiterverarbeitung für im öffentlichen Interesse liegende Archivzwecke, für wissenschaftliche oder historische Forschungszwecke oder für statistische Zwecke gilt gemäß Artikel 89 Absatz 1 nicht als unvereinbar mit den ursprünglichen Zwecken („Zweckbindung");

c) dem Zweck angemessen und erheblich sowie auf das für die Zwecke der Verarbeitung notwendige Maß beschränkt sein („Datenminimierung");

d) sachlich richtig und erforderlichenfalls auf dem neuesten Stand sein; es sind alle angemessenen Maßnahmen zu treffen, damit personenbezogene Daten, die im Hinblick auf die Zwecke ihrer Verarbeitung unrichtig sind, unverzüglich gelöscht oder berichtigt werden („Richtigkeit");

e) in einer Form gespeichert werden, die die Identifizierung der betroffenen Personen nur so lange ermöglicht, wie es für die Zwecke, für die sie verarbeitet werden, erforderlich ist; personenbezogene Daten dürfen länger gespeichert werden, soweit die personenbezogenen Daten vorbehaltlich der Durchführung geeigneter technischer und organisatorischer Maßnahmen, die von dieser Verordnung zum Schutz der Rechte und Freiheiten der betroffenen Person gefordert werden, ausschließlich für im öffentlichen Interesse liegende Archivzwecke oder für wissenschaftliche und historische Forschungszwecke oder für statis-

priate technical or organisational measures ("integrity and confidentiality").

tische Zwecke gemäß Artikel 89 Absatz 1 verarbeitet werden („Speicherbegrenzung");

f) in einer Weise verarbeitet werden, die eine angemessene Sicherheit der personenbezogenen Daten gewährleistet, einschließlich Schutz vor unbefugter oder unrechtmäßiger Verarbeitung und vor unbeabsichtigtem Verlust, unbeabsichtigter Zerstörung oder unbeabsichtigter Schädigung durch geeignete technische und organisatorische Maßnahmen („Integrität und Vertraulichkeit");

(2) The controller shall be responsible for, and be able to demonstrate compliance with, paragraph 1 ("accountability").

(2) Der Verantwortliche ist für die Einhaltung des Absatzes 1 verantwortlich und muss dessen Einhaltung nachweisen können („Rechenschaftspflicht").

Recitals

(39) Any processing of personal data should be lawful and fair. It should be transparent to natural persons that personal data concerning them are collected, used, consulted or otherwise processed and to what extent the personal data are or will be processed. The principle of transparency requires that any information and communication relating to the processing of those personal data be easily accessible and easy to understand, and that clear and plain language be used. That principle concerns, in particular, information to the data subjects on the identity of the controller and the purposes of the processing and further information to ensure fair and transparent processing in respect of the natural persons concerned and their right to obtain confirmation and communication of personal data concerning them which are being processed. Natural persons should be made aware of risks, rules, safeguards and rights in relation to the processing of personal data and how to exercise their rights in relation to such processing. In particular, the specific purposes for which personal data are processed should be explicit and legitimate and determined at the time of the collection of the personal data. The personal data should be adequate, relevant and limited to what is necessary for the purposes for which they are processed. This requires, in particular, ensuring that the period for which the personal data are stored is limited to a strict minimum. Personal data should only be processed only if

Erwägungsgründe

(39) Jede Verarbeitung personenbezogener Daten sollte rechtmäßig und nach Treu und Glauben erfolgen. Für natürliche Personen sollte Transparenz dahingehend bestehen, dass sie betreffende personenbezogene Daten erhoben, verwendet, eingesehen oder anderweitig verarbeitet werden und in welchem Umfang die personenbezogenen Daten verarbeitet werden und künftig noch verarbeitet werden. Der Grundsatz der Transparenz setzt voraus, dass alle Informationen und Mitteilungen zur Verarbeitung dieser personenbezogenen Daten leicht zugänglich und verständlich und in klarer und einfacher Sprache abgefasst sind. Dieser Grundsatz betrifft insbesondere die Informationen über die Identität des Verantwortlichen und die Zwecke der Verarbeitung und sonstige Informationen, die eine faire und transparente Verarbeitung im Hinblick auf die betroffenen natürlichen Personen gewährleisten, sowie deren Recht, eine Bestätigung und Auskunft darüber zu erhalten, welche sie betreffende personenbezogene Daten verarbeitet werden. Natürliche Personen sollten über die Risiken, Vorschriften, Garantien und Rechte im Zusammenhang mit der Verarbeitung personenbezogener Daten informiert und darüber aufgeklärt werden, wie sie ihre diesbezüglichen Rechte geltend machen können. Insbesondere sollten die bestimmten Zwecke, zu denen die personenbezogenen Daten verarbeitet werden, eindeutig und rechtmäßig sein und zum Zeitpunkt der Erhebung der personenbe-

the purpose of the processing could not reasonably be fulfilled by other means. In order to ensure that the personal data are not kept longer than necessary, time limits should be established by the controller for erasure or for a periodic review. Every reasonable step should be taken to ensure that personal data which are inaccurate are rectified or deleted. Personal data should be processed in a manner that ensures appropriate security and confidentiality of the personal data, including for preventing unauthorised access to, or the use of, the personal data and the equipment used for the processing.

zogenen Daten feststehen. Die personenbezogenen Daten sollten für die Zwecke, zu denen sie verarbeitet werden, angemessen und erheblich sowie auf das für die Zwecke ihrer Verarbeitung notwendige Maß beschränkt sein. Dies erfordert insbesondere, dass die Speicherfrist für personenbezogene Daten auf das unbedingt erforderliche Mindestmaß beschränkt bleibt. Personenbezogene Daten sollten nur verarbeitet werden dürfen, wenn der Zweck der Verarbeitung nicht in zumutbarer Weise durch andere Mittel erreicht werden kann. Um sicherzustellen, dass die personenbezogenen Daten nicht länger als nötig gespeichert werden, sollte der Verantwortliche Fristen für ihre Löschung oder regelmäßige Überprüfung vorsehen. Es sollten alle vertretbaren Schritte unternommen werden, damit unrichtige personenbezogene Daten gelöscht oder berichtigt werden. Personenbezogene Daten sollten so verarbeitet werden, dass ihre Sicherheit und Vertraulichkeit hinreichend gewährleistet ist, wozu auch gehört, dass Unbefugte keinen Zugang zu den Daten haben und weder die Daten noch die Geräte, mit denen diese verarbeitet werden, benutzen können.

(50) The processing of personal data for purposes other than those for which the personal data were initially collected should be allowed only where the processing is compatible with the purposes for which the personal data were initially collected. In such a case, no legal basis separate from that which allowed the collection of the personal data is required. If the processing is necessary for the performance of a task carried out in the public interest or in the exercise of official authority vested in the controller, Union or Member State law may determine and specify the tasks and purposes for which the further processing should be regarded as compatible and lawful. Further processing for archiving purposes in the public interest, scientific or historical research purposes or statistical purposes should be considered to be compatible lawful processing operations. The legal basis provided by Union or Member State law for the processing of personal data may also provide a legal basis for further processing. In order to ascertain whether a purpose of further processing is compatible with the purpose for which the personal data are initially collected, the controller, after having met

(50) Die Verarbeitung personenbezogener Daten für andere Zwecke als die, für die die personenbezogenen Daten ursprünglich erhoben wurden, sollte nur zulässig sein, wenn die Verarbeitung mit den Zwecken, für die die personenbezogenen Daten ursprünglich erhoben wurden, vereinbar ist. In diesem Fall ist keine andere gesonderte Rechtsgrundlage erforderlich als diejenige für die Erhebung der personenbezogenen Daten. Ist die Verarbeitung für die Wahrnehmung einer Aufgabe erforderlich, die im öffentlichen Interesse liegt oder in Ausübung öffentlicher Gewalt erfolgt, die dem Verantwortlichen übertragen wurde, so können im Unionsrecht oder im Recht der Mitgliedstaaten die Aufgaben und Zwecke bestimmt und konkretisiert werden, für die eine Weiterverarbeitung als vereinbar und rechtmäßig erachtet wird. Die Weiterverarbeitung für im öffentlichen Interesse liegende Archivzwecke, für wissenschaftliche oder historische Forschungszwecke oder für statistische Zwecke sollte als vereinbarer und rechtmäßiger Verarbeitungsvorgang gelten. Die im Unionsrecht oder im Recht der Mitgliedstaaten vorgesehene Rechtsgrundlage für die Verarbeitung perso-

all the requirements for the lawfulness of the original processing, should take into account, inter alia: any link between those purposes and the purposes of the intended further processing; the context in which the personal data have been collected, in particular the reasonable expectations of data subjects based on their relationship with the controller as to their further use; the nature of the personal data; the consequences of the intended further processing for data subjects; and the existence of appropriate safeguards in both the original and intended further processing operations. Where the data subject has given consent or the processing is based on Union or Member State law which constitutes a necessary and proportionate measure in a democratic society to safeguard, in particular, important objectives of general public interest, the controller should be allowed to further process the personal data irrespective of the compatibility of the purposes. In any case, the application of the principles set out in this Regulation and in particular the information of the data subject on those other purposes and on his or her rights including the right to object, should be ensured. Indicating possible criminal acts or threats to public security by the controller and transmitting the relevant personal data in individual cases or in several cases relating to the same criminal act or threats to public security to a competent authority should be regarded as being in the legitimate interest pursued by the controller. However, such transmission in the legitimate interest of the controller or further processing of personal data should be prohibited if the processing is not compatible with a legal, professional or other binding obligation of secrecy.

nenbezogener Daten kann auch als Rechtsgrundlage für eine Weiterverarbeitung dienen. Um festzustellen, ob ein Zweck der Weiterverarbeitung mit dem Zweck, für den die personenbezogenen Daten ursprünglich erhoben wurden, vereinbar ist, sollte der Verantwortliche nach Einhaltung aller Anforderungen für die Rechtmäßigkeit der ursprünglichen Verarbeitung unter anderem prüfen, ob ein Zusammenhang zwischen den Zwecken, für die die personenbezogenen Daten erhoben wurden, und den Zwecken der beabsichtigten Weiterverarbeitung besteht, in welchem Kontext die Daten erhoben wurden, insbesondere die vernünftigen Erwartungen der betroffenen Person, die auf ihrer Beziehung zu dem Verantwortlichen beruhen, in Bezug auf die weitere Verwendung dieser Daten, um welche Art von personenbezogenen Daten es sich handelt, welche Folgen die beabsichtigte Weiterverarbeitung für die betroffenen Personen hat und ob sowohl beim ursprünglichen als auch beim beabsichtigten Weiterverarbeitungsvorgang geeignete Garantien bestehen. Hat die betroffene Person ihre Einwilligung erteilt oder beruht die Verarbeitung auf Unionsrecht oder dem Recht der Mitgliedstaaten, was in einer demokratischen Gesellschaft eine notwendige und verhältnismäßige Maßnahme zum Schutz insbesondere wichtiger Ziele des allgemeinen öffentlichen Interesses darstellt, so sollte der Verantwortliche die personenbezogenen Daten ungeachtet der Vereinbarkeit der Zwecke weiterverarbeiten dürfen. In jedem Fall sollte gewährleistet sein, dass die in dieser Verordnung niedergelegten Grundsätze angewandt werden und insbesondere die betroffene Person über diese anderen Zwecke und über ihre Rechte einschließlich des Widerspruchsrechts unterrichtet wird. Der Hinweis des Verantwortlichen auf mögliche Straftaten oder Bedrohungen der öffentlichen Sicherheit und die Übermittlung der maßgeblichen personenbezogenen Daten in Einzelfällen oder in mehreren Fällen, die im Zusammenhang mit derselben Straftat oder derselben Bedrohung der öffentlichen Sicherheit stehen, an eine zuständige Behörde sollten als berechtigtes Interesse des Verantwortlichen gelten. Eine derartige Übermittlung personenbezogener Daten im berechtigten Interesse des Verantwortlichen oder deren Weiterverarbeitung sollte jedoch unzulässig sein, wenn die Verarbeitung mit einer rechtlichen, beruflichen oder sonstigen verbindlichen Pflicht zur Geheimhaltung unvereinbar ist.

Literatur

Gola/Schomerus, BDSG, 12. Auflage 2015, C.H. Beck München; *Härting*, Zweckbindung und Zweckänderung im Datenschutzrecht, in: NJW 2015, 3284; *Hoffmann-Riem*, Freiheitsschutz in den globalen Kommunikationsinfrastrukturen, in: JZ 2014, 53; *Paal/Pauly*, Datenschutz-Grundverordnung, 1. Auflage 2016, C.H. Beck München; *Rogall-Grothe,* Ein neues Datenschutzrecht für Europa, in: ZRP 2012, 193; *Roßnagel/Nebel/Richter,* Was bleibt vom Europäischen Datenschutzrecht? Überlegungen zum Ratsentwurf der DS-GVO, in: ZD 2015, 455; *Spindler,* Die neue EU-Datenschutz-Grundverordnung, in: DB 2016, 937; *Simitis (Hrsg.),* Bundesdatenschutzgesetz, 8. Auflage 2014; Nomos Baden-Baden; *Stentzel,* Das Grundrecht auf ...? Auf der Suche nach dem Schutzgut des Datenschutzes in der Europäischen Union, in: PinG 2015, 185; *Stentzel*, Der datenschutzrechtliche Präventionsstaat, in: PinG 02.2016, 45; *Wolff/Brink* (Hrsg.), Beck'scher Online-Kommentar Datenschutzrecht, 15. Edition, Stand: 01.02.2016; *Ziegenhorn*, Die materielle Rechtmäßigkeit von Datenverarbeitung nach der EU-Datenschutz-Grundverordnung, in: Zfm 2016, 3.

Bedeutung der Norm

Art. 5 ist eine der wenigen Bestimmungen mit umfassendem materiellem Gehalt und hat daher zentrale Bedeutung innerhalb der DS-GVO. Die Norm ist recht unbestimmt, gleichwohl aber unmittelbar sanktionsbewehrt (Art. 79). Sie schreibt in Abs. 1 die allgemeinen Prinzipien des Datenschutzes fest, zunächst die Rechtmäßigkeit, d.h. das Erfordernis einer gesetzlichen Ermächtigungsgrundlage oder einer Einwilligung, sowie die Verarbeitung nach „Treu und Glauben" (Abs. 1 lit. a). Der allgemeine Billigkeitsgrundsatz von „Treu und Glauben" war bereits in Art. 6 Abs. 1 lit. a RL 95/46/EG enthalten, fand aber keine Entsprechung im BDSG. Gänzlich neu sind der Grundsatz der Transparenz und der Nachvollziehbarkeit (ebenfalls lit. a). Ferner ist der fundamentale Grundsatz der Zweckbindung in Abs. 1 lit. b niedergelegt, der in engem Zusammenhang mit der Zweckänderungsmöglichkeit in Art. 6 Abs. 4 (vgl. EG 50) steht. Ferner enthält die Vorschrift den Grundsatz der Datenminimierung (lit. c), der Datenrichtigkeit (lit. d), der Speicherbegrenzung (lit. e) sowie der Integrität und Vertraulichkeit (lit. f). Alle Prinzipien unterliegen der in Abs. 2 aufgestellten Rechenschaftspflicht des Verarbeiters.

Hinweise für den Anwender

Für die Norm relevante Definitionen:
- Querbezüge bestehen zu: Art. 4 Nr. 7, Art. 6 Abs. 3 lit. a und Abs. 4, Art. 12 ff. und Art. 23.

Für die Auslegung der Norm relevante Erwägungsgründe:
- 39, 50.

Vorgängernormen im BDSG:
- § 3a, § 4, § 13 und § 35.

Vorgängernormen der RL 95/46/EG:
- Art. 4 Nr. 7, Art. 6, Art. 10 ff.

Querbezüge zu Normen anderer Rechtstexte:
- Art. 8 Abs. 2 GRC.

Schlagworte

Zweckbindung; Datensparsamkeit; Datenrichtigkeit; Speicherungsfrist; IT-Sicherheit; Transparenz; Treu und Glauben, Integrität, Vertraulichkeit

A. Allgemeines

I. Regelungszweck

1 Art. 5 beschreibt fundamentale Grundsätze des Datenschutzes – namentlich die Rechtmäßigkeit, die Verarbeitung nach Treu und Glauben und die Transparenz (Abs. 1 lit. a), den Grundsatz der Zweckbindung mit Ausnahmen für Forschungszwecke (Abs. 1 lit. b), die Datenminimierung (Abs. 1 lit. c), die Datenrichtigkeit (Abs. 1 lit. d), die Speicherbegrenzung (Abs. 1 lit. e), die Integrität und Vertraulichkeit (Abs. 1 lit. f) sowie daran anknüpfende Rechenschaftspflichten (Abs. 2). Art. 5 ist eine der wenigen Vorschriften mit umfassendem materiellen Gehalt. Der Inhalt deckt sich nicht vollständig mit der Vorgängerregelung in Art. 6 RL 95/46/EG. Unterschiedlich ist bereits die Überschrift. In Art. 5 ist von „Grundsätzen" der Datenverarbeitung die Rede, während Art. 6 der RL 95/46/EG mit „Qualität der Daten" überschrieben ist. Geändert hat sich durch den Übergang zur VO auch der Normadressat. So richtet sich Art. 5 nunmehr unmittelbar an den „Verantwortlichen", während die Vorgängerregelung an die Mitgliedstaaten adressiert ist. Neu ist auch die umfassende Haftung gem. Art. 79, die den Verantwortlichen bei Verstößen gegen die allgemeinen Grundsätze trifft.

2 Abs. 1 lit. a ist um das bisher nur ungeschriebene Transparenzprinzip erweitert worden. Dieser Grundsatz durchzieht die gesamte DS-GVO und findet insbes. in den Art. 12 ff. bei den Informationspflichten und Auskunftsrechten des Betroffenen eine besonders praxisrelevante Ausprägung. Den übrigen – generalklauselartig formulierten – Grundsätzen in lit. a kommt im Rahmen der Interessenabwägung eine besondere Bedeutung zu. Hier ist insbes. der Lauterkeitsgrundsatz von „Treu und Glauben" zu beachten, dessen praktische Relevanz sich gerade dort entfaltet, wo die DS-GVO nur sehr allgemeine Festlegungen oder gar keine näheren Regelungen enthält (z.B. Videoüberwachung, Scoring). In diesen Fällen können Rechtsanwender auf den Grundsatz von „Treu und Glauben" zurückgreifen.

3 Die übrigen Grundsätze orientieren sich weitgehend an der Vorgängerregelung in Art. 6 RL 95/46/EG. Die „Rechtmäßigkeit" in Abs. 1 lit. a umschreibt das Erfordernis einer gesetzlichen Ermächtigungsgrundlage, eines Vertrages oder einer Einwilligung für jeden Datenverarbeitungsvorgang (vgl. Art. 6 Abs. 1). Die Zweckbindung in Abs. 1 lit. b soll – wie auch bereits Art. 6 Abs. 1

lit. b RL 95/46/EG – sicherstellen, dass die Speicherung, Veränderung oder Nutzung von Daten nur zu den Zwecken erfolgt, zu denen die Daten erhoben worden sind. Da sich die Zweckbindung insbes. in multipolaren Verhältnissen nicht immer aufrechterhalten lässt (s. u. Rn. 6), sind gem. Art. 6 Abs. 4 weitere Ausnahmen möglich, wenn der neue Zweck mit dem ursprünglichen „vereinbar" ist (Kompatibilitätstest, s. Art. 6 Rn. 230 ff.). Auch das auf dem Verhältnismäßigkeitsgrundsatz fußende Prinzip der Datenminimierung in Abs. 1 lit. c ist ein wesentlicher Grundsatz des Datenschutzes; er bildet den Ausgangspunkt des Verbots mit Erlaubnisvorbehalt. Der Datenerhebungs- und Verarbeitungsvorgang sowie das eingesetzte Datenverarbeitungssystem sind an dem Ziel auszurichten, möglichst wenig personenbezogene Daten zu erheben, zu verarbeiten oder zu nutzen. Bei der Bestimmung des Maßes spielen freilich die Zwecke sowie (im privaten Bereich) die konkurrierenden Grundrechte der Datenverarbeiter (s. Art. 1 Rn. 29 ff.) eine entscheidende Rolle. Die Grundsätze der Datenrichtigkeit in Abs. 1 lit. d und der Speicherbegrenzung in Abs. 1 lit. e gewinnen vor allem bei Berichtigungs- und Löschungsansprüchen an praktischer Bedeutung. Der in Abs. 1 lit. f niedergelegte Grundsatz der Integrität und Vertraulichkeit schreibt vor, dass personenbezogene Daten angemessen zu schützen sind.

Neu ist die in Abs. 2 normierte Pflicht, dass über die Einhaltung der datenschutzrechtlichen Grundsätze Rechenschaft abzulegen ist. Demnach hat der Verantwortliche dafür zu sorgen, dass die datenschutzrechtlichen Grundsätze eingehalten werden. Wichtig ist hier, dass diese Pflicht ausdrücklich nur den „Verantwortlichen" (Art. 4 Nr. 7) und nicht den „Auftragsverarbeiter" (Art. 4 Nr. 8) trifft. **4**

Insgesamt enthält Art. 5 weitgehend unbestimmte Rechtsbegriffe, die nach einer Präzisierung verlangen. EG 39 liefert insoweit wenig Aufschluss. Eine Auslegungshilfe bieten aber u.a. zentrale Regelungen der Zweckänderung (v.a. Art. 6 Abs. 4, Art. 23 Abs. 1; EG 50) oder die Informationspflichten und Auskunftsrechte nach Art. 12 ff. sowie die Grundsatznorm des Art. 1. **5**

II. Normadressaten

Im Gegensatz zur Vorgängerregelung in Art. 6 RL 95/46/EG benennt Art. 5 als Normadressaten nicht die Mitgliedstaaten, sondern direkt die „Verantwortlichen". Dies ist dem Verordnungscharakter und dem Umstand geschuldet, dass die DS-GVO grundsätzlich unmittelbar vollziehbar ist, also keiner weiteren Umsetzung durch die Mitgliedstaaten bedarf. Dementsprechend bestehen die Verpflichtungen des „Verantwortlichen" (Art. 4 Nr. 7) unmittelbar (nicht hingegen des „Auftragsverarbeiters" gem. Art. 4 Nr. 8, der aber an anderer Stelle des Gesetzes entsprechend in die Pflicht genommen wird, z.B. im Rahmen der Dokumentationspflichten nach Art. 30 Abs. 2). Die unmittelbare Adressierung des Verantwortlichen wirft insbes. in multipolaren Rechtsbeziehungen erhebliche Probleme auf. Es wird nämlich vorausgesetzt, dass der Verantwortliche in einem abgrenzbaren Verantwortungsbereich agiert und dabei insbes. die Zwecke der Verarbeitung kontrollieren und festlegen kann. Dies ist jedoch etwa bei Suchmaschinen oder sozialen Netzwerken nicht der Fall. Entsprechende Datenverarbeitungen sind dadurch gekennzeichnet, dass mehrere Verantwortliche jeweils unterschiedliche Zwecke verfolgen. Ein Suchmaschinenbetreiber verarbeitet Daten, um Gewinne zu erzielen, während der Suchende mit seiner Suchanfrage Daten zu einem anderen (Such-)Zweck eingibt und erhebt. Von den jeweiligen Zwecken hat der Suchmaschinenbetreiber in der Regel keine Kenntnis und kann jedenfalls nur begrenzt Verantwortung übernehmen, was durch die E-Commerce-Richtlinie RL 2000/31/EG für Dienste der Informationsgesellschaft ausdrücklich klargestellt wird. Welche weiteren Probleme die Inpflichtnahme des „Verantwortlichen" aufwirft, zeigt sich auch am Beispiel der Cloud. Hier dürfte regelmäßig sowohl der Anbieter der Cloud als auch das die Cloud nutzende Unternehmen als „Verantwortlicher" gelten. So wird kleinen und mittleren Betrieben, die häufig auf die Nutzung von Clouds angewiesen sind, eine Verantwortung aufgebürdet, der sie – schon aus technischen Gründen – kaum gerecht werden können. Daran zeigt sich, wie unangemessen es sein kann, Verantwortli- **6** che mit unterschiedlichen Einflussmöglichkeiten ein- und denselben Regelungen zu unterwerfen.[1]

7 Als Grundsatznorm erfasst Art. 5 sowohl die Verantwortlichen im öffentlichen als auch im nichtöffentlichen Bereich. Selbiges gilt für die Verantwortlichen in Drittstaaten, sofern sie dem Marktortprinzip unterfallen (s. Art. 1 Rn. 39 ff. und Art. 3 Rn. 20 ff.). Der Betroffene kann also unmittelbar aus Art. 5 eigene Rechte gegenüber den Verantwortlichen ableiten und ggf. Schadensersatzansprüche über Art. 82 geltend machen.

III. Systematik

8 Über Art. 5 werden die allgemeinen Grundsätze der DS-GVO quasi vor die Klammer gezogen und damit zur Grundlage der nachfolgenden Bestimmungen gemacht, die ihrerseits eine konkrete Ausprägung der allgemeinen Grundsätze darstellen. So erfährt etwa der Transparenzgrundsatz eine Konkretisierung durch die Informationspflichten und Auskunftsrechte des Betroffenen gem. Art. 12 ff. Ein systematisch bedeutsamer Zusammenhang besteht auch zu Art. 6 Abs. 4, der Möglichkeiten der Zweckänderung regelt (s. Art. 6 Rn. 198 ff.). Andererseits ergeben sich aus den spezielleren Regelungen (z.B. zur Verarbeitung zu historischen, wissenschaftlichen oder statistischen Zwecken) Hinweise, die als Auslegungshilfe für Art. 5 dienen können. Dies gilt vor allem für die praktisch wichtige Frage, wie weit ein Zweck bestimmt sein darf (s.u. Rn. 15 ff.). Die Grundsätze der Datenminimierung in Abs. 1 lit. c und der Speicherbegrenzung in lit. e finden ihrerseits eine konkrete Entsprechung durch die Pseudonymisierung (Definition s. Art. 4 Abs. 5 und EG 26). Die Pseudonymisierung ist eine risikominimierende Maßnahme des Verantwortlichen zum Schutz des Betroffenen (vgl. Art. 11; Art. 25 Abs. 1; Art. 32 Abs. 1 lit. a und EG 28). Auch der Grundsatz von Integrität und Vertraulichkeit wird in Abschnitt 2 der DS-GVO (Art. 32 ff.) unter dem Titel „Sicherheit personenbezogener Daten" konkretisiert. Schließlich finden sich für die Nachweispflicht gem. Art. 5 Abs. 2 konkrete Vorgaben in Art. 30 („Verzeichnis von Verarbeitungstätigkeiten").

IV. Entstehungsgeschichte

1. Bisherige europäische Vorgaben

9 Art. 5 übernimmt weitgehend die Inhalte des Art. 6 RL 95/46/EG. Grundlegende Änderungen gegenüber der bisherigen Rechtslage hat die Vorschrift nicht erfahren. Die geringfügigen Neuerungen dürften bei der Auslegung – die Norm besteht ja überwiegend aus unbestimmten Rechtsbegriffen – keinen gravierenden Einfluss haben. Spürbare Auswirkungen wird allerdings die in Abs. 2 eingeführte Rechenschaftspflicht haben, da sie einen erheblichen Nachweisaufwand für Unternehmen begründet.

10 In Art. 6 Abs. 2 RL 95/46/EG heißt es, dass der für die Verarbeitung Verantwortliche „für die Einhaltung des Absatzes 1 zu sorgen" hat. Eine Rechenschafts- oder Nachweispflicht enthält Art. 6 der RL – anders als nun Art. 5 Abs. 2 – nicht. Auch die früheren Textfassungen des neuen Art. 5 enthielten einen Abs. 2 zunächst nicht. Erst auf Vorschlag des Rates vom 11. Juni 2015 wurde der zweite Abs. eingefügt, wobei zunächst nur eine Verantwortlichkeit zur Einhaltung der unter Abs. 1 genannten Prinzipien – ähnlich wie nach der Vorgängerregelung – begründet wurde.[2] Die umfassende Nachweis- bzw. Rechenschaftspflicht wurde erst mit dem Vorschlag der KOM vom 28. Januar 2016 eingefügt.[3]

---

1 Vgl. *Rogall-Grothe*, in: ZRP 2012, 193, 196.
2 Rat der EU, interinstitutionelles Dossier 2012/0011 (COD), Brüssel, den 11. Juni 2015 (OR. en), 9565/15, S. 83.
3 Rat der EU, interinstitutionelles Dossier 2012/0011 (COD), Brüssel, den 28. Januar 2016 (OR. en), 5455/16, S. 86.

2. Bisherige nationale Vorgaben

Auf nationaler Ebene sind die in Art. 6 RL 95/46/EG normierten Grundsätze überwiegend verfassungsrechtlich verankert und im Übrigen mehr oder weniger explizit im BDSG umgesetzt. Allerdings weist das BDSG gegenüber der RL und der DS-GVO den systematischen Unterschied auf, dass formal zwischen öffentlichen und nicht-öffentlichen Stellen unterschieden wird (vgl. zweiter und dritter Abschnitt des BDSG). Im Einzelnen finden die Grundsätze der RL 95/46/EG folgende Entsprechung im nationalen Recht: 11

a) Verarbeitung nach Treu und Glauben

Was den Grundsatz von „Treu und Glauben" anbelangt, der bereits in Art. 6 Abs. 1 lit. a der RL 95/46/EG und nun in Art. 5 Abs. 1 lit. a enthalten ist, hat der deutsche Gesetzgeber auf eine ausdrückliche Normierung im BDSG verzichtet. Allerdings schwingt dieses Prinzip bei der Auslegung zahlreicher Vorschriften als allgemeiner Billigkeitsgrundsatz mit – namentlich bei der Einwilligung nach § 4a BDSG[4], bei den Ausnahmetatbeständen des § 4c BDSG[5] oder im Rahmen der geschäftsmäßigen Datenerhebung und -speicherung zum Zweck der Übermittlung gem. § 29 BDSG[6]. 12

b) Transparenz, Informationspflichten und Auskunftsansprüche

Zunächst begründet § 4 Abs. 3 BDSG – in Umsetzung der Transparenzvorschriften nach Art. 10 ff. RL 95/46/EG – eine allgemeine Informationspflicht für die Direkterhebung. Demnach obliegt es der verantwortlichen Stelle – erfasst sind öffentliche und nicht-öffentliche Stellen gleichermaßen –, die betroffene Person über bestimmte tatsächliche und rechtliche Umstände der Direkterhebung zu informieren. Mithilfe dieser Informationen soll der Betroffene in die Lage versetzt werden, eine selbstbestimmte Entscheidung hinsichtlich seiner Daten zu fällen und nötigenfalls Datenschutzrechte geltend zu machen. § 4 Abs. 3 BDSG kommt allerdings nur zur Anwendung, soweit keine spezielleren Vorschriften abschließende Regelungen treffen.[7] 13

Speziellere Auskunftsansprüche begründen die § 19 f. BDSG (für öffentliche Stellen) und § 33 f. BDSG (für nicht-öffentliche Stellen). Mithilfe des Auskunftsanspruchs kann der Betroffene überprüfen, ob die verantwortliche Stelle seine personenbezogenen Daten rechtmäßig verarbeitet. Der Betroffene erhält auf diese Weise die Möglichkeit, seine Kontroll-, Abwehr- und Gestaltungsrechte, z. B. auf Berichtigung, Sperrung oder Löschung geltend zu machen. Dies betrifft auch die Geltendmachung von Schadensersatzansprüchen nach § 7 BDSG. Damit ist das Auskunftsrecht bei funktionaler Betrachtung eine verfahrensrechtliche Flankierung des Rechts auf informationelle Selbstbestimmung.[8] Das Auskunftsrecht trägt auch dem Gebot des effektiven Rechtsschutzes nach Art. 19 Abs. 4 GG Rechnung. Bliebe der Bürger in Unkenntnis darüber, wer über seine personenbezogenen Daten wie und zu welchen Zwecken verfügt, wäre dem Gebot des effektiven Rechtsschutzes nicht ausreichend Genüge getan. Das Auskunftsrecht ermöglicht insofern einen vorverlagerten Rechtsschutz, weil der Betroffene die staatlichen Informationen jederzeit – ohne vorherige Durchführung eines förmlichen Verwaltungsverfahrens – einsehen und notfalls das zuständige Gericht anrufen kann.[9] Zugleich ist der Auskunftsanspruch im öffentlichen Bereich auch aus demokratischen und rechtsstaatlichen Gründen geboten.[10] 14

4 Wolff/Brink, *Kühling*, § 4a BDSG Rn. 9.
5 Wolff/Brink, *Schantz*, § 4c BDSG Rn. 5.
6 Simitis, *Ehmann*, § 29 Rn. 93.
7 Simitis, *Scholz/Sokol*, § 4 Rn. 39.
8 Simitis, *Mallmann*, § 19 Rn. 1.
9 Simitis, *Mallmann*, § 19 Rn. 2.
10 Simitis, *Mallmann*, § 19 Rn. 3.

c) Zweckbindung und Zweckänderung

15 Der nunmehr durch Art. 5 Abs. 1 lit. b vorgegebene Zweckbindungsgrundsatz findet eine Entsprechung im deutschen Recht. Er ist aber anders ausgestaltet. Um die Bedeutung der Zweckbindung zu klären, bedarf es einer Differenzierung zwischen den strikten verfassungsrechtlichen Anforderungen, die vor allem für den Gesetzgeber gelten und einfachgesetzlichen Vorgaben, die für den Verantwortlichen verbindlich sind.[11]

16 Für Eingriffe in das Grundrecht auf informationelle Selbstbestimmung hat das BVerfG im öffentlichen Bereich präzise Anforderungen an die gesetzliche Ermächtigungsgrundlage formuliert. Jede Form der Erhebung, Verarbeitung und Nutzung personenbezogener Daten durch eine staatliche Stelle unterliegt dem Gesetzesvorbehalt.[12] Die Eingriffsnorm im öffentlichen Bereich muss die Zwecke festlegen, denen die Erhebung, Verarbeitung und Nutzung personenbezogener Daten dient. Die Zweckbindung ist damit eine Ausprägung des Gesetzesvorbehalts und des Verhältnismäßigkeitsprinzips. Personenbezogene Daten dürfen – gemessen am legitimen Gesetzeszweck – nur erhoben, verarbeitet und genutzt werden, wenn sie geeignet, erforderlich und angemessen sind. Dabei ist die Verfassungsmäßigkeit – nach bisheriger Rechtsprechung des BVerfG – für jeden Schritt der Datenverarbeitung gesondert zu prüfen. Jede Zweckänderung oder Weitergabe von personenbezogenen Daten bedarf einer gesetzlichen Grundlage, die hinreichend bestimmt und verhältnismäßig sein muss. Eine spätere Zweckänderung ist durch das ursprüngliche Eingriffsgesetz nicht gedeckt, kann aber durch eine andere Eingriffsnorm legitimiert werden. Die Zweckbindung nach deutschem Recht gilt also nicht generell, sondern für jeden einzelnen Verarbeitungsschritt.[13] Demnach stellt das BVerfG – anders als Art. 6 Abs. 1 RL 95/46/EG und Art. 5 Abs. 1 – nicht per se auf die „Weiterverarbeitung" ab, sondern prüft die Rechtmäßigkeit jedes einzelnen Verarbeitungsschritts gesondert.[14] Mittlerweile spricht das BVerfG allerdings – in Anlehnung an die Begrifflichkeiten der RL 95/46/EG und der DS-GVO – von einer „weiteren Nutzung", wenn Daten über das für die Datenerhebung maßgebende Verfahren hinaus im Rahmen der ursprünglichen Zwecke genutzt werden. Dabei stellt das BVerfG neuerdings maßgeblich auf den Grundsatz der „hypothetischen Datenneuerhebung" und das Verhältnis der Eingriffsintensität bei der Datenerhebung auch im Vergleich zur späteren Nutzung ab.[15]

17 Auch einfachgesetzlich gilt der Zweckbindungsgrundsatz für den Datenverarbeiter sowohl bei der Zweckfestlegung als auch bei der Verarbeitung, d.h. der Zweckerfüllung. Ein striktes Zweckbindungsgebot existiert hier ebenfalls nicht, weil das Gesetz zahlreiche Zweckänderungsmöglichkeiten enthält. Bewusst verzichtet das BDSG daher auf eine eigenständige Normierung und eine abschließende Definition des Zweckbindungsgrundsatzes.[16] Erstmals wird die Zweckbindung im Rahmen des § 4 Abs. 3 BDSG bei den Unterrichtungspflichten erwähnt, auch hier ohne eine nähere Definition.

18 Gewissen eigenständigen Gehalt gewinnt die Zweckbindung gleichwohl für öffentliche Stellen in §§ 14 bis 16 BDSG (für private Stellen gelten die §§ 28 bis 31 BDSG mit abweichenden Vorgaben). In §§ 14 ff. BDSG knüpft das BDSG am verfassungsrechtlichen Zweckbindungsgrundsatz an.[17] Zulässig ist eine Speicherung, Veränderung oder Nutzung nur zu dem Zweck, der auch bei der Datenerhebung verfolgt wurde. Der Zweck bestimmt zugleich die Dauer der Speicherung. Sind die Daten für den Zweck nicht mehr erforderlich, sind sie – und hier greift das BDSG die Vorgaben des Art. 6 Abs. 1 lit. c RL 95/46/EG auf – nach § 20 Abs. 2 BDSG zu löschen.[18] Im privaten Bereich hingegen lässt sich die Pflicht zur Zweckbindung den gesetzlichen Erlaubnissen zur

11 *Härting*, in: NJW 2015, 3284.
12 Vgl. BVerfGE 65, 1 (45) (46); 100, 313 (360 f.).
13 *Härting*, in: NJW 2015, 3284.
14 Vgl. *Härting*, in: NJW 2015, 3284, 3288.
15 BVerfG, Urt. v. 20.04.2016 – 1 BvR 966/09, 1 BvR 1140/09, insbes. 276 ff.
16 *Härting*, in: NJW 2015, 3284, 3288.
17 *Härting*, in: NJW 2015, 3284, 3288.
18 Gola/Schomerus, *Gola/Klug/Körffer*, § 14 Rn. 10.

Datenverarbeitung entnehmen. Dies folgt etwa aus den Erlaubnistatbeständen in § 28 Abs. 1 S. 1 Nr. 1 bis 3 BDSG.[19]

Um sich vom ursprünglichen Verarbeitungszweck wieder lösen zu können, insbes. wenn sich die Entscheidungsgrundlage nachträglich ändert, sieht auch das BDSG Zweckänderungsmöglichkeiten vor (vgl. allgemein § 14 Abs. 2 BDSG). Diese Änderungsmöglichkeiten sind nicht als Ausnahme vom „Grundsatz der Zweckbindung", sondern vielmehr als deren Ergänzung zu begreifen. Eine absolute Zweckbindung gibt es auch hier nicht. Allerdings sind die Ausnahmen von der Zweckbindung – zumindest vordergründig – anders gestaltet als nach der RL 95/46/EG oder der DS-GVO. Es kommt nicht auf die „Vereinbarkeit" mit dem ursprünglichen Zweck an, sondern auf eine Abwägung der widerstreitenden Interessen. So sieht etwa § 28 Abs. 2 Nr. 2 lit. a BDSG vor, dass die Übermittlung oder Nutzung für einen anderen Zweck zulässig ist, „soweit es erforderlich ist, zur Wahrung berechtigter Interessen eines Dritten (...) und kein Grund zu der Annahme besteht, dass der Betroffene ein schutzwürdiges Interesse an dem Ausschluss der Übermittlung oder Nutzung hat." Die Festlegung des Zwecks bleibt nach § 28 Abs. 1 S. 2 und § 29 Abs. 1 S. 2 BDSG dem Datenverarbeiter überlassen, was gleichzeitig zu einer Selbstbindung nach „Treu und Glauben" führt. Auch den Umfang der Zweckfestlegung kann der Datenverarbeiter selbst bestimmen. Eine konkrete, aber weite Zweckbestimmung ist zulässig. Weder Art. 6 Abs. 1 lit. b S. 1 RL 95/46/EG noch § 4a Abs. 1 S. 2, § 28 Abs. 1 S. 2 oder § 29 Abs. 1 S. 2 BDSG begrenzen den Umfang der Zweckfestlegung. Allerdings liefert die Zweckbestimmung hier noch keine abschließende Aussage zur Rechtmäßigkeit der Datenverarbeitung. Ob ein bestimmter Zweck die Datenverarbeitung legitimieren kann, richtet sich danach, ob eine Einwilligung vorliegt oder eine gesetzliche Norm die Datenverarbeitung zu dem konkret verfolgten Zweck erlaubt (Verbot mit Erlaubnisvorbehalt).[20] 19

Einzelne Vorschriften geben allerdings strengere Zweckbindungen vor. So verlangt § 14 Abs. 4 BDSG – für den öffentlichen – und § 31 BDSG – für den nicht-öffentlichen Bereich – eine enge Zweckbindung bei personenbezogenen Daten, die ausschließlich zu Zwecken der Datenschutzkontrolle, der Datensicherung oder zur Sicherung eines ordnungsgemäßen Betriebs einer Datenverarbeitungsanlage gespeichert werden. Solche Daten dürfen auch nur für die dort genannten Zwecke verwendet werden. Regelungstechnisch ist § 31 BDSG eine Ausnahme von den Verarbeitungs- und Nutzungsbefugnissen in §§ 28 bis 30 BDSG. Diese Befugnisse stehen unter dem Vorbehalt der Zweckbindung nach § 31 BDSG. Die Regelung selbst verleiht keine Befugnisse, sondern hat lediglich einschränkende Funktion, was auch aus der Formulierung „nur für diese Zwecke" folgt.[21] 20

d) Datenminimierung

Der nunmehr als Datenminimierung firmierenden „Datenvermeidung und Datensparsamkeit" trägt bislang § 3a BDSG Rechnung. Demnach sind die Erhebung, Verarbeitung und Nutzung personenbezogener Daten und die Auswahl und Gestaltung von Datenverarbeitungssystemen an dem Ziel auszurichten, möglichst wenig personenbezogene Daten zu erheben, zu verarbeiten oder zu nutzen. Insbes. sind personenbezogene Daten gem. S. 2 zu anonymisieren oder zu pseudonymisieren, soweit dies nach dem Verwendungszweck möglich ist und keinen unverhältnismäßigen Aufwand erfordert. Die Vorschrift zielt nicht auf eine Reduzierung der genutzten Datenmenge ab, sondern auf die Reduzierung des Personenbezuges der genutzten Daten, wobei dieses Ziel durch die technische Entwicklung, die den Aufwand zur Herstellung eines Personenbezugs dramatisch reduziert, und durch den Übergang vom relativen zum absoluten Personenbezug (hierzu Art. 4 Nr. 1 Rn. 8 ff.) zunehmend obsolet wird. Grundsätzlich kann das Prinzip der Datensparsamkeit derzeit auf zwei Wegen verwirklicht werden, nämlich sowohl durch eine Verringerung der Datenmenge als auch der Eingriffstiefe, z.B. durch ein umfassendes Verarbeitungs- 21

19 *Ziegenhorn*, in: Zfm 2016, 3, 5.
20 *Härting*, in: NJW 2015, 3284, 3287.
21 Simitis, *Dammann*, § 31 Rn. 1 ff.

verbot bei sensiblen Daten bzw. durch eine Reduzierung der Verarbeitungsschritte. Zwar wird in Art. 5 Abs. 1 lit. c nicht ausdrücklich zwischen der Datenvermeidung und der nachgelagerten Datensparsamkeit unterschieden. Gleichwohl entspricht die „Datenminimierung" als Oberbegriff weitgehend den Grundsätzen der „Datenvermeidung und Datensparsamkeit" in § 3a BDSG.[22]

e) Datenrichtigkeit

22 Dem Grundsatz der Datenrichtigkeit trägt das BDSG vor allem durch Berichtigungs- und Löschungsansprüche Rechnung, insbes. in § 35 BDSG. Demnach sind personenbezogene Daten zu berichtigen, wenn sie unrichtig sind. Der Grundsatz beruht auf der Einsicht, dass jeder Umgang mit personenbezogenen Daten risikobehaftet ist. Daher sind Daten, die auf Schätzungen beruhen, als solche kenntlich zu machen (§ 35 Abs. 1 S. 2 BDSG). Dies gilt etwa für Scorewerte (vgl. § 28b BDSG), die auf Wahrscheinlichkeitswerten beruhen und häufig ungenau sind. Ohne die notwendige Kennzeichnung sind die Daten unrichtig und zu löschen oder zu sperren. Werden die Daten trotzdem ohne die erforderliche Kennzeichnung übermittelt, ist die Übermittlung ordnungswidrig nach § 43 Abs. 2 Nr. 1 BDSG.[23]

f) Vertraulichkeit und Sicherheit

23 Die nunmehr in Art. 5 Abs. 1 lit. f. festgeschriebenen Grundsätze der „Vertraulichkeit und Integrität" lösen die „Vertraulichkeit und Sicherheit" ab, die bisher in Abschnitt 8 (Art. 16 ff.) der RL 95/46/EG normiert sind. Die Datensicherheit ist auch im nationalen Recht verankert. Sie findet ihre verfassungsrechtliche Grundlage im Grundrecht auf Vertraulichkeit und Integrität informationstechnischer Systeme. Mit Urteil vom 27. Februar 2008[24] hat das BVerfG dieses Grundrecht aus Art. 2 Abs. 1 i.V.m. Art. 1 Abs. 1 GG hergeleitet. Es schützt Persönlichkeitsrechte vor den Gefahren der allgegenwärtigen elektronischen Informationstechnik und digitalen Verarbeitung personenbezogener Daten.[25] Den Gesetzgeber trifft hier eine Schutzpflicht.[26] Schutzziel ist die Wahrung einer vertraulichen Kommunikation und die Sicherstellung der Integrität der Daten, die über vernetzte Systeme erhoben, verarbeitet oder genutzt werden oder während eines solchen Vorgangs anfallen.[27] Nach Ansicht des BVerfG ist der Gesetzgeber verfassungsrechtlich verpflichtet, für Datensicherheit zu sorgen. Dabei müssen sich die gesetzlichen Regelungen am Stand der Wissenschaft und Technik orientiert. Es ist verfassungswidrig, wenn die wesentliche Entscheidung über Maß und Umfang der Datensicherheit nicht vom Gesetzgeber getroffen wird, sondern der verantwortlichen Stelle überlassen bleibt.[28] Damit besitzt dieses Grundrecht neben seiner subjektiven Abwehrfunktion auch einen objektiven Gehalt. Objektiv-rechtlich begründet das Grundrecht die Gewährleistungsverantwortung des Staates, Maßnahmen zu ergreifen, um die Integrität und Vertraulichkeit der Datenverarbeitung und des Datenaustauschs zu gewährleisten. Da der Staat den Schutz auch in privaten Rechtsverhältnissen sicherstellen muss, bindet das Grundrecht auf Datensicherheit mittelbar auch nichtstaatliche Akteure.[29]

B. Inhalt der Regelung

I. Rechtmäßigkeit, Treu und Glauben (Abs. 1 lit. a)

24 Abs. 1 lit. a enthält mehrere Prinzipien der Datenverarbeitung. Während die „Rechtmäßigkeit" das grundsätzliche Verbot mit Erlaubnisvorbehalt meint (vgl. insbes. Art. 6 Abs. 1 Rn. 41 ff.), be-

22 *Roßnagel/Nebel/Richter*, in: ZD 2015, 455, 459.
23 Wolff/Bring, *Brink*, § 35 BDSG Rn. 18 f.
24 BVerfGE 120, 274.
25 BVerfGE 120, 274, Rn. 171 ff.
26 *Hoffmann-Riem*, in: JZ 2014, 53, 55.
27 BVerfGE 120, 274, insbes. Rn. 181.
28 BVerfG, Urt. v. 02.03.2010, 1 BvR 256/08 u.a., NJW 2010, 833, 840.
29 *Hoffmann-Riem*, in: JZ 2014, 53, 57.

dürfen die Verarbeitung nach „Treu und Glauben" und der Transparenzgrundsatz einer näheren Erörterung.

Die Formel „Treu und Glauben" ist ein allgemeiner Billigkeitsgrundsatz, der sich auch in Art. 8 Abs. 2 GRC wiederfindet und aus dem deutschen Zivilrecht bekannt ist, vgl. § 242 BGB. Erfasst sind zahlreiche Fallgruppen (z.B. Rechtsmissbrauch, widersprüchliches Verhalten). Dieser unbestimmte Billigkeitsgrundsatz hat gerade dort große praktische Relevanz, wo die DS-GVO nur sehr allgemeine Vorgaben enthält. Praktische Anwendungsfälle sind etwa das Scoring oder die Videoüberwachung. Hier können Behörden und Gerichte künftig auf den Grundsatz von Treu und Glauben zurückgreifen. Dadurch wird der Spielraum des nationalen Rechtsanwenders erweitert, was allerdings zu Lasten der Rechtsklarheit und einer einheitlichen Rechtsanwendung geht. Bei der Auslegung ist überdies ein autonomes europarechtliches Verständnis zugrunde zu legen. Insoweit kann die bisherige Rechtsprechung des EuGH als Auslegungshilfe dienen. Vor allem die einschlägigen Entscheidungen zu Art. 8 Abs. 2 GRC oder entsprechenden Vorschriften der RL 95/46/EG sind heranzuziehen.[30] **25**

Gänzlich neu sind die Nennung der Transparenz und der Nachvollziehbarkeit. Ob die Nachvollziehbarkeit subjektiv oder objektiv zu interpretieren ist, beantwortet EG 39 nicht abschließend. Hier heißt es nur, dass alle Informationen und Mitteilungen zur Verarbeitung personenbezogener Daten leicht zugänglich und verständlich sowie in klarer und einfacher Sprache abzufassen sind, ohne dass der Empfängerhorizont näher konkretisiert wird. Der vielfach angeführte Gedanke der „Kontrolle der eigenen Daten" (hierzu auch EG 7) und die „Selbstbestimmung" legen zwar eine subjektive Nachvollziehbarkeit für den Betroffenen nahe. Gegen eine solche Lesart sprechen aber sowohl Wortlaut als auch Systematik der Vorschrift. Es geht nämlich bei der Nachvollziehbarkeit um die „Eigenschaft der Daten", d.h., die Nachvollziehbarkeit impliziert bereits eine gewisse Objektivierung. Im Übrigen hat der Verarbeiter selten die Chance, zu erkennen, ob der Betroffene nach seinem subjektiven Kenntnisstand und seinen Fähigkeiten die Verarbeitung tatsächlich nachvollziehen kann. Ein objektives Verständnis ist auch deshalb geboten, weil die Verarbeitung häufig höchst komplex ist und die detaillierte Darstellung der technischen Vorgänge einen unverhältnismäßigen Aufwand bedeuten würden (Bsp.: Betätigung des Facebook Like Buttons). Im öffentlichen Bereich lässt schon das Erfordernis einer gesetzlichen Grundlage darauf schließen, dass eine objektive Betrachtungsweise maßgeblich ist. In diesem Bereich ist für ein subjektives Verständnis aus Gründen der Rechtssicherheit und Rechtsklarheit kein Raum. Es muss deshalb von einem objektiven Maßstab ausgegangen werden, der einer vollständigen gerichtlichen Kontrolle unterliegt. Der objektive Maßstab schließt allerdings nicht aus, dass auch subjektive Aspekte Berücksichtigung finden. So gilt etwa ein „Überraschungsverbot". Demnach ist eine Verarbeitung verboten, die außerhalb der allgemeinen Lebenswirklichkeit liegt (und einen nicht nur unerheblichen Nachteil für den Betroffenen bedeutet). Zur allgemeinen Lebenswirklichkeit gehört auch, dass Datenverarbeitungsvorgänge der Verwaltung auf der Grundlage und im Rahmen bestehender Gesetze erfolgen und die gängige Praxis, wonach Unternehmen die erhobenen Daten auch (und gerade) zu kommerziellen Zwecken verarbeiten. **26**

Eine besonders praxisrelevante Ausprägung erhält das Transparenzgebot durch die Informationspflichten und Auskunftsrechte des Betroffenen in Art. 12 ff. Die Vorschriften gehen auf das Bestreben der KOM zurück, die Transparenz der Datenverarbeitung erheblich auszuweiten. Zwar verlangt bereits die RL 95/46/EG eine Information der betroffenen Person sowohl im Fall einer Direkterhebung (Art. 10) als auch bei Dritten (Art. 11). Das Gebot der Transparenz soll dazu dienen, dass der Betroffene selbst entscheiden kann, ob er in eine Datenverarbeitung einwilligt oder ihr widerspricht. Letztlich soll dem Transparenzgebot auf diese Weise auch eine Steuerungswirkung zukommen, indem sich Betroffene für besonders datenschutzfreundliche Dienste oder sparsame Datenverarbeitungen entscheiden. Dieser theoretische Anspruch wird freilich in der **27**

30 Zur Bedeutung von „Treu und Glauben" beim Recht auf Auskunft der betroffenen Person auf Grundlage der RL 95/46/EG, vgl. EuGH, Urt. v. 07.05.2009, Rs. C-553/07 (Rijkeboer), Slg. 2009, I-3889, Rn. 69.

Praxis selten erfüllt. Die Erfahrungen etwa im Verbraucherschutzrecht lehren ganz im Gegenteil, dass zu viele Informationen eher zur Verwirrung und letztlich zur Intransparenz beitragen können.

28 In den neu geschaffenen Art. 13 und 14 werden die bisherigen Informationsrechte zusammengefasst und zugleich erweitert. Nach den neuen Vorschriften sind Informationen zu erteilen über den Namen und die Kontaktdaten des Verantwortlichen sowie ggf. seines Vertreters; ggf. die Kontaktdaten des Datenschutzbeauftragten; die Zwecke, für die die personenbezogenen Daten verarbeitet werden sollen, sowie die Rechtsgrundlage für die Verarbeitung; wenn die Verarbeitung auf Art. 6 Abs. 1 lit. f beruht, die berechtigten Interessen, die von dem Verantwortlichen oder einem Dritten verfolgt werden; ggf. die Empfänger oder Kategorien von Empfängern der personenbezogenen Daten und ggf. die Absicht des Verantwortlichen, die personenbezogenen Daten an ein Drittland oder eine internationale Organisation zu übermitteln, sowie das Vorhandensein oder das Fehlen eines Angemessenheitsbeschlusses der KOM oder im Falle von Übermittlungen gem. Art. 46 oder Art. 47 oder Art. 49 Abs. 1 UAbs. 2 einen Verweis auf die geeigneten oder angemessenen Garantien und die Möglichkeit zu wissen, wie eine Kopie von ihnen zu erhalten ist, oder wo sie verfügbar sind (Art. 13 und 14 jeweils Abs. 1 lit. a bis f). Zudem hat der Verantwortliche der betroffenen Person bei Erhebung dieser Daten weitere Informationen zur Verfügung zu stellen, die notwendig sind, um eine faire und transparente Verarbeitung zu gewährleisten – namentlich die Speicherdauer oder die Kriterien für die Festlegung dieser Dauer; das Bestehen eines Rechts auf Auskunft seitens des Verantwortlichen über die betreffenden personenbezogenen Daten sowie auf Berichtigung oder Löschung oder auf Einschränkung der Verarbeitung oder eines Widerspruchsrechts gegen die Verarbeitung sowie des Rechts auf Datenübertragbarkeit; wenn die Verarbeitung auf Art. 6 Abs. 1 lit. a oder Art. 9 Abs. 2 lit. a beruht, das Bestehen eines Rechts, die Einwilligung jederzeit zu widerrufen; das Bestehen eines Beschwerderechts bei einer Aufsichtsbehörde; ob die Bereitstellung der personenbezogenen Daten gesetzlich oder vertraglich vorgeschrieben oder für einen Vertragsabschluss erforderlich ist, ob die betroffene Person verpflichtet ist, die personenbezogenen Daten bereitzustellen, und welche möglichen Folgen die Nichtbereitstellung hätte und das Bestehen einer automatisierten Entscheidungsfindung einschließlich Profiling gem. Art. 22 Abs. 1 und 4 und – zumindest in diesen Fällen – aussagekräftige Informationen über die involvierte Logik sowie die Tragweite und die angestrebten Auswirkungen einer derartigen Verarbeitung für die betroffene Person (Art. 13 Abs. 2 lit. a bis f). Nach Art. 12 Abs. 7 ist es allerdings möglich, die erforderlichen Informationen in Kombination mit standardisierten Bildsymbolen bereitzustellen, um in leicht wahrnehmbarer, verständlicher und klar nachvollziehbarer Form einen aussagekräftigen Überblick über die beabsichtigte Verarbeitung zu vermitteln. Werden die Bildsymbole in elektronischer Form dargestellt, müssen sie maschinenlesbar sein (vgl. EG 60). Hier ist Anlehnung genommen worden an die Standardlizenzen der Creative Commons, die Urhebern Hilfestellung bei der Freigabe rechtlich geschützter Inhalte anbietet.[31]

29 Art. 15 regelt das Auskunftsrecht des Betroffenen und entspricht weitgehend Art. 12 der RL 95/46/EG. Allerdings erstreckt sich das Auskunftsrecht nun auch auf die Dauer der Datenspeicherung (Abs. 1 lit. b), das Bestehen eines Beschwerderechts (Abs. 1 lit. f), die Kontaktdaten der Aufsichtsbehörde und schließlich auf die „Tragweite der Verarbeitung" insbes. bei Maßnahmen, die auf Profiling beruhen. Betroffene sollen Auskunft auch in elektronischer Form verlangen können (s. Art. 15 Rn. 55). Als wesentliche Neuerung und Ergänzung des Auskunftsrechts enthält die DS-GVO in Art. 20 Abs. 1 ein Recht auf Datenübertragbarkeit (Portabilität). Danach hat die betroffene Person das Recht, ihre personenbezogenen Daten, die sie einem Verantwortlichen bereitgestellt hat, in einem strukturierten, gängigen und maschinenlesbaren Format zu erhalten, und sie hat das Recht, diese Daten einem anderen Verantwortlichen ohne Behinderung durch den Verantwortlichen, dem die personenbezogenen Daten bereitgestellt wurden, zu übermitteln, sofern die Verarbeitung auf einer Einwilligung gem. Art. 6 Abs. 1 lit. a oder Art. 9 Abs. 2 lit. a

31 *Spindler*, in: DB 2016, 937, 941.

oder auf einem Vertrag gem. Art. 6 Abs. 1 lit. b beruht (lit. a) und die Verarbeitung mithilfe automatisierter Verfahren erfolgt (lit. b). Soweit der Betroffene die Daten selbst zur Verfügung gestellt hat, z.B. in einem sozialen Netzwerk, soll er sie ohne weiteres in ein anderes System überführen können. Hierdurch wird vermieden, dass der Betroffene, dessen Daten online oder offline in Datenbanken gespeichert sind, dauerhaft an einen Verantwortlichen gebunden ist, weil die manuelle Übertragung dieser Daten praktisch nicht möglich ist („Lock-In-Effekt"). Diese Regelung steht im engen Zusammenhang mit dem Löschungsrecht („Recht auf Vergessenwerden") in Art. 17, weil sonst nur durch die Löschung sicherstellen würde, dass der bisherige Verarbeiter die Daten verliert.

Die weitreichenden Ausprägungen des Transparenzgebots in der DS-GVO sind zunächst zu be- **30**
grüßen. Problematisch sind jedoch die Fixierung auf die Eigenverantwortlichkeit des Datensubjekts und die Bürokratiekosten: Mit dem Verweis auf eine effektive Wahrnehmung eigener Rechte wird die Verantwortung letztlich auf den Betroffenen verlagert. Dies ist bedenklich, weil die Fülle an Informationen und die große Komplexität der technischen Abläufe den Betroffenen regelmäßig überfordern dürfte, soweit er überhaupt ein Interesse an den Informationen über die Datenverarbeitung hat. Da Informationen über die Datenverarbeitung häufig auch mit anderen Rechten oder berechtigten Interessen kollidieren können, sind – ebenso wie nach Art. 13 RL 95/46/EG – gem. Art. 23 zahlreiche Ausnahmen von den Betroffenenrechten nach Art. 12 ff. möglich (s. Art. 23 Rn. 15 ff.). Der LIBE-Ausschuss des EP hatte zwar vorgeschlagen, die Ausnahmen in Art. 23 (Art. 21 des KOM-Entwurfs) durch Schutzvorschriften zu flankieren und auf Maßnahmen zu begrenzen, die in einer demokratischen Gesellschaft notwendig und verhältnismäßig sind. Mit dieser Forderung ist er aber nicht durchgedrungen. Die jetzigen Ausnahmetatbestände gehen über §§ 33 f. BDSG hinaus, da Benachrichtigungen in zahlreichen Fällen verzichtbar sind – namentlich zum Schutz der nationalen Sicherheit (lit. a), der Landesverteidigung (lit. b), der öffentlichen Sicherheit (lit. c), der Verhütung, Ermittlung, Aufdeckung oder Verfolgung von Straftaten oder der Strafvollstreckung, einschließlich des Schutzes vor und der Abwehr von Gefahren für die öffentliche Sicherheit (lit. d), zum Schutz sonstiger wichtiger Ziele des allgemeinen öffentlichen Interesses der Union oder eines Mitgliedstaats, insbes. eines wichtigen wirtschaftlichen oder finanziellen Interesses der Union oder eines Mitgliedstaats, etwa im Währungs-, Haushalts- und Steuerbereich sowie im Bereich der öffentlichen Gesundheit und der sozialen Sicherheit (lit. e), zum Schutz der Unabhängigkeit der Justiz und dem Schutz von Gerichtsverfahren (lit. f), zur Verhütung, Aufdeckung, Ermittlung und Verfolgung von Verstößen gegen die berufsständischen Regeln reglementierter Berufe (lit. g), bei Kontroll-, Überwachungs- und Ordnungsfunktionen, die dauernd oder zeitweise mit der Ausübung öffentlicher Gewalt für die unter den Buchstaben a, b, c, d, e und g genannten Zwecke verbunden sind (lit. h) und zum Schutz der betroffenen Person oder der Rechte und Freiheiten anderer Personen (lit. i) sowie der Durchsetzung zivilrechtlicher Ansprüche (lit. j).

II. Zweckbindung (Abs. 1 lit. b)

Die Zweckbindung ist seit jeher eines der zentralen Prinzipien des Datenschutzrechts und auch **31**
in Art. 8 Abs. 2 GRC verankert. Dieser Grundsatz soll zugleich der Transparenz und Vorhersehbarkeit der Datenverarbeitung (vgl. EG 39) dienen. Über den Inhalt besteht indessen eine erstaunliche Unklarheit. Die Regelungen zur Zweckbindung waren im Gesetzgebungsprozess so heftig umstritten, weil ihre praktische Relevanz und Umsetzung höchst unterschiedlich eingeschätzt wurden. Bspw. ging eine Vielzahl von Mitgliedstaaten in den Beratungen des Rates davon aus, dass erstens – anders als nach der deutschen Rechtstradition mit ihrer strengen Unterscheidung zwischen Erheben, Speichern, Nutzen etc. – der Begriff der Verarbeitung umfassend und weit zu verstehen sei (s. Art. 4 Nr. 1 Rn. 18 ff.), und zweitens ein weites Verständnis von kompatiblen Zwecken zugrunde zu legen sei. Andere hingegen, insbes. Teile des EP, gingen davon aus, dass Zwecke und konkrete Verarbeitungen möglichst eng auszulegen seien. Die praktischen Auswirkungen werden sich letztlich erst durch die künftige Praxis der Datenschutzaufsichtsbehörden und Gerichte zeigen.

32 Die DS-GVO hält ebenso wie die RL 95/46/EG am Verbot inkompatibler weiterer Verarbeitung oder Nutzung fest, regelt allerdings in Art. 6 Abs. 4 erstmals, welche Aspekte bei der Beurteilung der Kompatibilität zu berücksichtigen sind. Als Grundsatz nach Art. 5 Abs. 1 lit. b gilt, dass personenbezogene Daten nur für genau festgelegte, eindeutige und rechtmäßige Zwecke erhoben und nicht in einer mit diesen Zwecken nicht zu vereinbarenden Weise weiterverarbeitet werden dürfen. Wann ein Zweck als „genau festgelegt" und „eindeutig" gilt, ist letztlich am Kontrapunkt der Inkompatibilität zu messen, die – nach dem Wortlaut des Art. 6 Abs. 4, dem Grundsatz des freien Datenverkehrs in Art. 1 Abs. 3 und den konkurrierenden Grundrechten – als Ausnahme zu verstehen ist. Mit anderen Worten gilt somit im nicht-öffentlichen Bereich der Grundsatz: Kompatibel ist, was nicht ausnahmsweise inkompatibel ist.

33 Im öffentlichen Bereich richtet sich der Grundsatz ebenso wie nach der Vorgängerregelung in RL 95/46/EG an die Mitgliedstaaten. Allerdings ist der Grundsatz hier insoweit gelockert worden, als der nationale Gesetzgeber sich nunmehr ausdrücklich über den Kompatibilitätsgrundsatz hinwegsetzen kann. Aus EG 50 und Art. 6 Abs. 4 folgt nämlich eine Art Stufenverhältnis: Ist die weitere Verarbeitung durch eine Rechtsgrundlage im nationalen Recht oder Unionsrecht gedeckt, so spielt die Frage der Vereinbarkeit keine Rolle mehr. Der nationale Gesetzgeber ist demnach grundsätzlich frei, die Weiterverarbeitung zu anderen Zwecken zu gestatten. Umgekehrt können sich auch Verantwortliche aus dem öffentlichen Bereich auf den Grundsatz der Zweckbindung und der kompatiblen Zweckänderung unmittelbar berufen, sofern nicht der nationale Gesetzgeber spezielle Regelungen erlassen hat.

34 Im privaten Bereich verpflichtet die Zweckbindung Unternehmen dazu, den aktuell verfolgten Datenverarbeitungszweck unter den ursprünglichen Zweck zu subsumieren bzw. ihn mit diesem zu vergleichen. Ist diese Subsumtion möglich, ist die weitere Verarbeitung zulässig.[32] Andere Zwecke dürfen auf derselben Rechtsgrundlage hingegen nur verfolgt werden, wenn sie mit den ursprünglichen Zwecken „vereinbar" sind. Gelingt der sog. Kompatibilitätstest anhand der Kriterien in Art. 6 Abs. 4, ist die Zweckänderung gestattet. Fraglich ist, ob Art. 6 Abs. 1 lit. f ebenfalls als „neue" Rechtsgrundlage gelten kann, wenn die Kompatibilität verneint wird. Ein ausdrückliches Verbot enthält die DS-GVO insoweit jedenfalls nicht. Im Ergebnis wird die Frage wohl regelmäßig dahinstehen können, weil die Kompatibilitätsprüfung erst nach einer der Interessensabwägung entsprechenden Prüfung erfolgt. D.h., die Interessensabwägung der Weiterverarbeitung und die Kompatibilitätsprüfung werden in den meisten Fällen zum gleichen Ergebnis gelangen, da sie im Kern auf den Ausschluss ungerechtfertigt diskriminierender, überraschender und benachteiligender sowie nicht unerheblich in das Recht auf Privatleben eingreifender Datenverarbeitungen hinauslaufen. Betrachtet man die Kompatibilitätsprüfung dagegen als einen weiteren Erlaubnistatbestand, so bedarf die Zweckänderung grundsätzlich einer neuen datenschutzrechtlichen Erlaubnis. Bei der Weiterverarbeitung für im öffentlichen Interesse liegende Archivzwecke, für wissenschaftliche oder historische Forschungszwecke oder für statistische Zwecke greift allerdings gem. Art. 5 Abs. 1 lit. b Hs. 2 eine Privilegierung. Hier gilt eine Weiterverarbeitung von vornherein als ein rechtmäßiger Verarbeitungsvorgang gem. Art. 89 Abs. 1. Diese Privilegierung ist ein Kompromiss, um eine Reihe anerkannter Datenverarbeitungen weiterhin zu ermöglichen und berechtigte gegenläufige, teilweise grundrechtlich geschützte (Forschung) und rechtsstaatlich bedingte (Archivierung als Ausfluss der Kontrolle des Verwaltungshandelns) Datenverarbeitungen zu ermöglichen. Zur Verwendung des Begriffs des „öffentlichen Interesses" in der DS-GVO siehe Art. 18 Rn. 98 ff.

35 Fraglich ist indes, was unter „wissenschaftlichen, statistischen oder historischen Zwecke" verstanden wird, zumal die Begriffe denkbar weit gefasst sind. Wie stark die Zweckbindung ist, hängt entscheidend von der Auslegung dieser Begriffe ab. Wenn damit lediglich das Ziel der Datenverarbeitung gemeint ist, bleibt die Zweckbindung noch eingrenzbar. Wenn hingegen jede wissenschaftliche, statistische oder historische Methode mit beliebigen Zielen ausreichen soll,

32 Vgl. *Ziegenhorn*, in: Zfm 2016, 3, 5.

läuft die Zweckbindung quasi leer. Bei einer derart weiten Auslegung müssen auch alle Profiling- und Scoring-Verfahren für Werbezwecke oder eine Kreditvergabe – also alles, was vom Schlagwort „Big Data" erfasst ist – als „Statistik" gelten. Weil eine solche Konsequenz den Grundsatz der Zweckbindung gerade bei risikobehafteten Datenverarbeitungen aushebeln könnte, will eine Ansicht statistische Verfahren, auch Big Data-Analysen, vom Privilegierungstatbestand des Art. 5 Abs. 1 lit. b ausnehmen.[33] Eine weite Auslegung ist dennoch geboten. Dafür spricht nicht nur der Wortlaut, sondern auch der Umstand, dass kollidierende Grundrechte bei der Datenverarbeitung zu schützen sind (vgl. Art. 1 Rn. 29 ff.). Es wäre mit dem Grundrecht der Forschungs- und Wissenschaftsfreiheit sowie der Berufsfreiheit kaum vereinbar, wenn gerade die Zwecke, die diesen Freiheiten besonders dienen, kategorisch eingeschränkt würden.

Auch Art. 6 Abs. 3 ist Teil des Kompromisses im Gesetzgebungsverfahren. Die Norm öffnet die DS-GVO für mitgliedstaatliche Regelungen. Demnach können im Unionsrecht oder im Recht der Mitgliedstaaten Aufgaben und Zwecke der Datenverarbeitung eigens bestimmt werden, wenn die Verarbeitung zur Wahrnehmung einer öffentlichen Aufgabe oder in Ausübung öffentlicher Gewalt erfolgt. Diese Rechtsgrundlagen können zugleich als Rechtsgrundlage für eine Weiterverarbeitung dienen (vgl. EG 50). Die Mitgliedstaaten sollen die Möglichkeit haben, selbst zu entscheiden, welche Ziele des öffentlichen Interesses aus ihrer Sicht besonders wichtig sind. Gleichzeitig dient die Öffnungsklausel den Mitgliedstaaten als Bestandsschutz für die vorhandenen und – wie in Deutschland – teilweise sehr ausdifferenzierten Regelungen zur Zweckbindung. Einem möglichst einheitlichen Datenschutz ist dies abträglich. Aufgrund der Fülle an Regelungen im öffentlichen Bereich handelt es sich jedoch um die einzig praktikable Lösung. Mit Blick auf den Grundsatz des freien Verkehrs von Daten nach Art. 1 Abs. 3 sind die mitgliedstaatlichen Regelungen perspektivisch gleichwohl anzupassen. Bei dieser Anpassung wird es nicht zuletzt darauf ankommen, ob die Kompatibilität national festgelegt werden kann, wie es EG 50 und Art. 6 Abs. 4 nahelegen, oder dieses Tatbestandsmerkmal letztlich doch europäisch einheitlich durch den EuGH ausgelegt wird. Beachtlich ist insoweit, dass Art. 23 anders als die Vorgängerregelung der RL 95/46/EG keine (nationalen) Ausnahmen von den Grundsätzen der Datenverarbeitung nach Art. 5 zulässt. 36

Offen bleibt damit zunächst die Frage, wie sich die neuen Regelungen auf strengere mitgliedstaatliche Vorschriften auswirken (bspw. im Hinblick auf Sozialdaten in § 67c Abs. 2 SGB X). Ungeklärt ist auch, inwieweit bei der Ausgestaltung der durch die DS-GVO eingeräumten Spielräume die nationalen Grundrechte – insbes. die vom BVerfG zum Recht auf informationelle Selbstbestimmung aufgestellten Grundsätze – Anwendung finden oder im Geltungsbereich des Unionsrechts durch die Unionsgrundrechte verdrängt werden (s. Art. 1 Rn. 13). 37

III. Datenminimierung (Abs. 1 lit. c)

Die nunmehr als Datenminimierung bezeichnete „Datenvermeidung und Datensparsamkeit" stößt auf praktische Schwierigkeiten. Bei strenger Anwendung des Grundsatzes der Datenminimierung wäre die Entwicklung von Smart Phones, sozialen Netzwerken und des Internets der Dinge bereits als unzulässig anzusehen. Da die DS-GVO diese technische Entwicklung jedoch grundsätzlich anerkennt, im Sinne des Binnenmarktes sogar ausdrücklich begrüßt (vgl. EG 6), und die Wahrnehmung kollidierender Grundrechte die Verarbeitung von Daten vielfach bedingt (vgl. Art. 1 Rn. 29 ff.), wird der Grundsatz bereits a priori stark relativiert. Art. 5 Abs. 1 lit. c erlaubt zwar das Erheben von Daten nur, wenn dies dem Zweck angemessen und erheblich sowie auf das für die Zwecke der Verarbeitung notwendige Maß beschränkt ist. Was jedoch notwendig ist, bestimmt sich nach gegenläufigen Prinzipien wie dem freien Informationsfluss (Art. 1 Abs. 3), den Grundrechten des Verantwortlichen sowie den Gemeinwohlinteressen an der Datenverarbeitung. Erst bei einer über diese legitimen Interessen hinausgehende Datenverarbeitung entfaltet der Grundsatz seine Wirksamkeit. Die Rechtmäßigkeit der Datenverarbeitung kann demnach 38

33 *Roßnagel/Nebel/Richter*, in: ZD 2015, 455, 458.

noch nicht abschließend bejaht werden, wenn eine einschlägige Ermächtigungsgrundlage vorliegt. Zusätzlich müssen die Grundsätze der Datenminimierung berücksichtigt werden, d.h. es sind möglichst wenig Daten zu verarbeiten. Im Übrigen sollen Daten nach Möglichkeit pseudonymisiert und anonymisiert werden. Auch § 3a BDSG stellt keine strengeren Anforderungen. Im Gegenteil: Ein Verstoß gegen die nationalen Vorgaben hat weder die Rechtswidrigkeit der Datenverarbeitung zur Folge noch ist ein Verstoß nach den §§ 43, 44 BDSG bußgeld- oder strafbewehrt. Dagegen soll die neue Regelung sogar einen verstärkten Schutz bieten, weil Verstöße jedenfalls nach Art. 79 sanktionsbewehrt sind (s.u. Rn. 54). Da sich die konkreten Grenzen der Datenminimierung aber schwer bestimmen lassen, stellt sich die Frage, welche Schritte die Aufsichtsbehörden vorab zu ergreifen haben, um Sanktionen festlegen zu können. Aus rechtsstaatlicher Sicht wird man hier zwingend fordern müssen, dass die Aufsichtsbehörden zunächst per Verwaltungsakt festlegen, welche konkreten Vorgaben im Einzelfall aus dem Grundsatz der Datensparsamkeit folgen.

IV. Datenrichtigkeit (Abs. 1 lit. d)

39 Der Grundsatz der Datenrichtigkeit wird im bisherigen Datenschutzrecht vor allem über Berichtigungs- und Löschungsansprüche umgesetzt (§ 35 BDSG). Nach Art. 5 Abs. 1 lit. d sind die Daten außerdem auf dem „neuesten Stand" zu halten. Der Grundsatz war bereits in Art. 6 Abs. 1 lit. d RL 95/46/EG enthalten. Mit diesem Anspruch geht das Recht auf Datenrichtigkeit sogar weiter als das BDSG. Zugleich könnte diese Verpflichtung die Rechte der Unternehmen erweitern, weil sie u.U. gezwungen sind, geänderte Daten nachzufordern. Dieses „Nachforderungsrecht" ist allerdings eng zu verstehen, weil es sonst mit dem Erfordernis einer eigenständigen Ermächtigungsgrundlage zur Datenerhebung (Verbot mit Erlaubnisvorbehalt) nicht zu vereinbaren wäre.

V. Speicherbegrenzung (Abs. 1 lit. e)

40 Eng mit dem Grundsatz der Datenrichtigkeit geht der in Abs. 1 lit. e normierte Grundsatz der Speicherbegrenzung einher. Eine Speicherung soll demnach nur so lange wie nötig erfolgen. Um sicherzustellen, dass die personenbezogenen Daten nicht länger als nötig gespeichert werden, sollte der Verantwortliche Fristen für ihre Löschung oder eine regelmäßige Überprüfung vorsehen. Es sollten alle zumutbaren Schritte unternommen werden, damit unrichtige personenbezogene Daten gelöscht oder berichtigt werden (EG 50).

VI. Integrität und Vertraulichkeit (Abs. 1 lit. f)

41 Die „Vertraulichkeit und Integrität" umschreiben den im nationalen Recht als Datensicherheit bekannten Grundsatz. Die Vorschrift deckt sich weitgehend mit der Vorgängerregelung in Art. 6 Abs. 1 lit. f RL 95/46/EG. Konkrete Handlungspflichten dieses Grundsatzes sind in Abschnitt 2 (Art. 32 ff.) unter dem Titel „Sicherheit personenbezogener Daten" festgeschrieben – unter anderem die Pseudonymisierung.

VII. Rechenschaftspflicht (Abs. 2)

42 Die im Verhältnis zur RL 95/46/EG begrifflich neu eingeführte Rechenschaftsplicht in Abs. 2 wird vielfach als eine der wichtigsten Regelungen der DS-GVO angesehen.[34] Aus ihr folge – so eine verbreitete Auffassung – eine umfassende Organisationspflicht des Verantwortlichen, die bereits vor der eigentlichen Datenverarbeitung Wirkung entfalte und daher auch mit Beginn der ersten Verarbeitung sanktioniert werden könne. Grundsätzlich beziehe sich die Organisationspflicht auf sämtliche Vorgaben der Verordnung, und zwar unabhängig davon, wie weit die einzelnen Vorgaben bzw. Pflichten durch die Verordnung weiter konkretisiert werden.[35] Ausgehend von dieser extensiven Auslegung haben sich Geschäftsmodelle entwickelt, die den Verantwortlichen umfas-

---

34 Paal/Pauly, *Frenzel*, Art. 5 Rn. 50; Wolff/Brink, *Schantz*, Art. 5 Rn. 37.
35 Vgl. die zahlreichen Nachweise bei Art. 24 Rn. 45 ff.

sende Handlungsempfehlungen und Organisationshinweise einschließlich Maßgaben zur Umsetzung und zum Controlling anbieten (sog. Compliance-Programme).

Eine derart weitreichende Auslegung der Vorschrift ist indessen aus mehreren Gründen bedenklich: Sie entspricht nicht dem Willen des Gesetzgebers (1.), lässt sich mit der Systematik der DS-GVO nicht in Einklang bringen (2.), überdehnt den Wortlaut durch eine einseitige, einem anglo-amerikanischen Begriffsverständnis folgende, Interpretation (3.), die mit rechtsstaatlichen Grundsätzen kaum vereinbar ist (4.); sie führt insoweit zu unverhältnismäßigen Grundrechtseingriffen im Bereich der Datenverarbeitung durch private Stellen (a.), verstößt gegen den Grundsatz, dass staatliche Zwangsmaßnahmen nicht grundlos ins Vorfeld jeglicher Gefahr verlagert werden dürfen (b.), und ist zu unbestimmt (c.). **43**

1. Wille des Gesetzgebers

Art. 5 lit. f des KOM-Entwurfs enthielt bereits eine Rechenschaftspflicht, die jedoch nicht so weitreichend war wie die jetzige Regelung. Auch der Ratsentwurf enthielt in Art. 5 Abs. 2 eine Rechenschaftspflicht, die sich darauf beschränkte, dass der Verantwortliche für die Einhaltung der Grundsätze nach Abs. 1 sorgen soll. Ihre jetzige Fassung erhielt die Rechenschaftspflicht erst im Trilog. Im Übrigen spielte die Vorschrift in den Beratungen keine nennenswerte Rolle. Es ist davon auszugehen, dass jedenfalls im Rat eine so weitreichende – oben beschriebene (Rn. 42 f.) – Auslegung der Vorschrift nicht in Betracht gezogen wurde. Allein dieser Umstand spricht gegen eine derart extensive Auslegung. **44**

2. Systematik

Zahlreiche Pflichten, die bei einem weiten Verständnis des Art. 5 Abs. 2 bereits vor der eigentlichen Datenverarbeitung nachweislich erfüllt sein müssen, sind in der DS-GVO speziell und mit eigenen Dokumentations- oder Nachweispflichten geregelt. Dies gilt etwa für Art. 24 und Art. 30. Aus systematischen und auch rechtsstaatlichen Gründen kann jedoch eine allgemeine, vor die Klammer gezogene Regelung, die konkreten nachfolgenden Regelungen nicht derart überwölben, dass einzelne Pflichten entgegen den spezialgesetzlichen Regelungen zum Teil deutlich ausgeweitet werden. Dies wäre auch mit dem Willen des Gesetzgebers, der im Gesetzgebungsverfahren lange um die spezialgesetzlichen Regelungen gerungen hat, nicht vereinbar. **45**

3. Wortlaut

Nach dem Wortlaut des Abs. 2 ist der Verantwortliche für die Einhaltung des Art. 5 Abs. 1 verantwortlich – was eine Selbstverständlichkeit ist – und muss die Einhaltung auch nachweisen können. Auch die Nachweispflicht bezieht sich dem Wortlaut nach nur auf Abs. 1 und dementsprechend auf höchst unbestimmte Grundsätze. So liefe etwa der ins Vorfeld verlagerte Nachweis darüber, ob Daten (später) auf rechtmäßige Weise, nach Treu und Glauben und in einer für die betroffene Person nachvollziehbaren Weise verarbeitet werden, auf eine Art Gesinnungsnachweis und -kontrolle hinaus. Wesensmerkmal treuwidrigen Verhaltens ist die damit verfolgte Absicht, die im Rechtsverkehr nach rechtsstaatlichen Grundsätzen erst nachträglich rechtlich bewertet und sanktioniert werden kann. Dieser Gedanke liegt auch dem ursprünglichen anglo-amerikanischen Rechtskonzept der Accountability zugrunde, auf das sich die Gegenansicht der extensiven (Wortlaut-) Interpretation des Art. 5 Abs. 2 gerne beruft.[36] Denn nach dem dortigen Verständnis muss der Verantwortliche seine Absicht, die Daten nach bestimmten Regeln zu verarbeiten, dokumentieren und dann nach außen im Sinne eines Garantieversprechens kommunizieren.[37] Zwar findet sich der Begriff der Accountability bereits seit 1980 in den OECD-Guidelines **46**

---

36 Vgl. nur Stellungnahme WP 173, Rn. 21 ff. der Art. 29-Gruppe

37 vgl. *Haug*, JurPC Web-Dok. 160/2011, Abs. 4-8.vgl. *Härting*, EU-Datenschutz und der risikobasierte Ansatz, online im Internet: http://www.cr-online.de/blog/2013/03/25/eu-datenschutz-accountability-und-der-risikoorientierte-ansatz.

wieder;[38] die nähere Bedeutung des Begriffs und die anglo-amerikanischen Wurzeln wurden jedoch selten hinterfragt.

4. Rechtsstaatlichkeit

a) Unverhältnismäßige Grundrechtseingriffe bei Datenverarbeitung durch private Stellen

47 Die Grundsätze des Art. 5 Abs. 1 gelten für alle Datenverarbeitungen, die der DS-GVO unterfallen, also auch für alltägliche Vorgänge wie E-Mail-Korrespondenz, die Nutzung von Apps oder Rechnungsprogramme im Bereich des Handwerks oder Einzelhandels. Würde man allen Nutzern, die selbst Verantwortliche im Sinne des weiten datenschutzrechtlichen Verantwortlichkeitsbegriffs sind, umfassende Nachweispflichten für Vorgänge auferlegen, deren Funktionsweise sie naturgemäß nicht kennen, bestünden bereits Zweifel an der Geeignetheit. Es ist jedenfalls fraglich, ob es sinnvoll ist, jenen Verantwortlichen eine Nachweispflicht aufzubürden, die für die Datenverarbeitung gekaufte Soft- oder Hardware verwenden. Häufig werden sie nicht imstande sein, die Betroffenen über die Funktionsweise der Verarbeitung und die damit verbundenen Gefahren aufzuklären. Die geforderten Nachweise sollten in den genannten Beispielen durch diejenigen erbracht werden, die ein Produkt der Datenverarbeitung auf den Markt bringen, nicht durch ihre Nutzer, deren (zusätzliche) Inanspruchnahme insbes. keinen weiteren Informationsgewinn für die Betroffenen oder die Aufsichtsbehörden erwarten lässt. Es fehlt also bereits an der Erforderlichkeit der Nachweispflicht. Auch bei der Verhältnismäßigkeit im engeren Sinne, fällt es schwer, eine allgemeine Nachweispflicht unter den Voraussetzungen des von der DS-GVO gewählten One-Size-Fits-All-Ansatzes zu bejahen.

48 Man kann die Vorschrift des Art. 5 Abs. 2 nur durch eine rechtsstaatskonforme Auslegung „retten". Geboten ist dann ein restriktives Verständnis, wonach sich die Nachweispflicht 1. auf die jeweiligen Verantwortungsbereiche der Verantwortlichen erstrecken muss, 2. nur auf risikobehaftete Datenverarbeitungen beziehen darf und 3. auf das erforderliche Mindestmaß reduziert werden muss.

b) Vorfeld-Verbot

49 Eine weite Auslegung der Nachweispflicht nach Abs. 2 setzt gefahrenabwehrrechtlich weit im Vorfeld der Gefahr an, nämlich noch bevor die Datenverarbeitung überhaupt zu einer konkreten Gefährdung für den Betroffenen geführt hat, da der Nachweis im Moment der Datenverarbeitung bereits vorgehalten werden muss. Allerdings stellt nicht die Datenverarbeitung die Gefahr dar, sondern erst die konkrete Gefährdung des Schutzguts, nämlich richtigerweise des Persönlichkeitsrechts bzw. des Rechts auf Privatleben nach Art. 7 GRC.[39] Die Verarbeitungsregelungen des Datenschutzes sind daher – soweit sie sich auf private Stellen beziehen und somit Regelungen des klassischen Ordnungsrechts bzw. Gefahrenabwehrrechts darstellen – bedenkliche Vorfeldregelungen. Zu der Frage, welchem Schutzgut die DS-GVO überhaupt dient, vgl. eingehend Art. 24 Rn. 114 ff.

50 Der Nachweis über die Rechtmäßigkeit der Verarbeitung setzt noch vor der eigentlichen Verarbeitung und somit im Vorfeld des Vorfeldes an. Einen solchen Ansatz von vornherein auszuschließen, war stets das Ziel des Datenschutzrechts, soweit es um die Datenverarbeitung staatlicher Stellen, insbes. der Ordnungsbehörden selbst geht.[40] Im privaten Bereich, wo die Datenschutzaufsichtsbehörden als staatliche Ordnungsbehörden gegenüber den datenverarbeitenden Bürgern (auch Unternehmen zählen als Grundrechtsträger) auftreten, verkehrt sich der Ansatz ins Gegenteil. Er schützt den Rechtsstaat nicht, sondern gefährdet ihn.

---

38 Recommendation of the Council concerning Guidelines governing the Protection of Privacy and Transborder Flows of Personal Data (1980, revised in 2013).

39 Vgl. *Stentzel*, in: PinG 2015, 185, 189.

40 Vgl. *Stentzel*, in: PinG 02.2016, 45, 48 ff.

c) Unbestimmtheit

Schließlich leidet die Bestimmung insbes. bei einer weiten Auslegung an ihrer Unbestimmtheit. Bereits die Grundsätze nach Abs. 1 sind weitgehend unbestimmt und werden erst durch ihre Konkretisierung in den nachfolgenden Spezialvorschriften sowie durch die Entscheidungen der Datenschutzaufsichtsbehörden und Gerichte näher präzisiert. Mit der Nachweispflicht in Abs. 2 wird die Unbestimmtheit potenziert. Unter rechtsstaatlichen Gesichtspunkten kann sich die Nachweispflicht daher nur auf vorherige gesetzliche, behördliche oder gerichtliche Konkretisierungen der Grundsätze nach Abs. 1 beziehen. **51**

5. Adressat der Nachweispflicht nach Abs. 2

Adressat der Regelung ist ausdrücklich nur der Verantwortliche (Art. 4 Nr. 7), nicht hingegen der Auftragsverarbeiter (Art. 4 Nr. 8). Ganz ohne Pflichten bleibt der Auftragsverarbeiter indes nicht. Vielmehr werden die Pflichten an anderen Stellen der DS-GVO gegenüber der jetzigen Rechtslage umfassend erweitert und den Pflichten des Verantwortlichen angepasst (z.B. Dokumentationspflichten nach Art. 30 Abs. 2 oder Schadensersatz des Betroffenen nach Art. 82). Unklar ist, wen die Dokumentationspflicht trifft, wenn mehrere Verantwortliche zusammenwirken, wie beispielsweise die dateneingebenden Nutzer und die Betreiber von sozialen Netzwerken. Hier wird man auf den jeweiligen objektiven Verantwortungsbereich und auf die technischen Möglichkeiten abstellen müssen. Die Dokumentation ist den Aufsichtsbehörden bereitzuhalten. Die Dokumentation soll die wesentlichen Informationen zusammenfassen, bspw. den Zweck der Verarbeitung, Löschfristen und den Empfänger. **52**

C. Weitere Auswirkungen der Verordnung in der Praxis

Künftig wird es darum gehen, die unbestimmten Rechtsbegriffe und die allgemeinen Regelungen der DS-GVO inhaltlich auszufüllen. Innerhalb der Zweijahresfrist bis zur Anwendung der DS-GVO sind Ausführungsvorschriften und innerstaatliche Rechtsvorschriften zu erarbeiten. Die nationalen Gesetzgeber, der Europäische Datenschutzausschuss und die KOM sind hier gefragt. Den Unternehmen ist zu empfehlen, ihre Datenverarbeitungssysteme rechtzeitig anzupassen, um Sanktionen zu vermeiden. **53**

D. Sanktionen

Verstöße gegen Art. 5 sind gem. Art. 79 sanktionsbewehrt. Zudem kann ein Betroffener für etwaige Schäden nach Art. 82 Schadenersatz verlangen. Schwerwiegende Verstöße gegen Datenschutzregeln können mit einem Bußgeld von bis zu 4% des weltweiten Jahresumsatzes belegt werden.[41] Wegen der Unbestimmtheit der Norm ist die Sanktionsbewehrtheit ohne nähere verfahrensmäßige Ausgestaltungen rechtsstaatlich bedenklich. Um Willkür zu vermeiden und den Verantwortlichen vollen gerichtlichen Rechtsschutz zu ermöglichen, ist es zwingend erforderlich, dass die Grundsätze – sofern aus ihnen Sanktionen abgeleitet werden sollen – vorab durch eine Verwaltungsentscheidung der Aufsichtsbehörden konkretisiert werden. **54**

41 *Spindler*, in: DB 2016, 937.

Article 6

Lawfulness of processing

1. [1]Processing shall be lawful only if and to the extent that at least one of the following applies:

   (a) the data subject has given consent to the processing of his or her personal data for one or more specific purposes;

   (b) processing is necessary for the performance of a contract to which the data subject is party or in order to take steps at the request of the data subject prior to entering into a contract;

   (c) processing is necessary for compliance with a legal obligation to which the controller is subject;

   (d) processing is necessary in order to protect the vital interests of the data subject or of another natural person;

   (e) processing is necessary for the performance of a task carried out in the public interest or in the exercise of official authority vested in the controller;

   (f) processing is necessary for the purposes of the legitimate interests pursued by the controller or by a third party, except where such interests are overridden by the interests or fundamental rights and freedoms of the data subject which require protection of personal data, in particular where the data subject is a child.

   [2]Point (f) of the first subparagraph shall not apply to processing carried out by public authorities in the performance of their tasks.

2. Member States may maintain or introduce more specific provisions to adapt the application of the rules of this Regulation with regard to processing for compliance with points (c) and (e) of paragraph 1 by determining more precisely specific requirements for the processing and other measures to ensure lawful and fair processing including

Artikel 6

Rechtmäßigkeit der Verarbeitung

(1) [1]Die Verarbeitung ist nur rechtmäßig, wenn mindestens eine der nachstehenden Bedingungen erfüllt ist:

a) Die betroffene Person hat ihre Einwilligung zu der Verarbeitung der sie betreffenden personenbezogenen Daten für einen oder mehrere bestimmte Zwecke gegeben;

b) die Verarbeitung ist für die Erfüllung eines Vertrags, dessen Vertragspartei die betroffene Person ist, oder zur Durchführung vorvertraglicher Maßnahmen erforderlich, die auf Anfrage der betroffenen Person erfolgen;

c) die Verarbeitung ist zur Erfüllung einer rechtlichen Verpflichtung erforderlich, der der Verantwortliche unterliegt;

d) die Verarbeitung ist erforderlich, um lebenswichtige Interessen der betroffenen Person oder einer anderen natürlichen Person zu schützen;

e) die Verarbeitung ist für die Wahrnehmung einer Aufgabe erforderlich, die im öffentlichen Interesse liegt oder in Ausübung öffentlicher Gewalt erfolgt, die dem Verantwortlichen übertragen wurde;

f) die Verarbeitung ist zur Wahrung der berechtigten Interessen des Verantwortlichen oder eines Dritten erforderlich, sofern nicht die Interessen oder Grundrechte und Grundfreiheiten der betroffenen Person, die den Schutz personenbezogener Daten erfordern, überwiegen, insbesondere dann, wenn es sich bei der betroffenen Person um ein Kind handelt.

[2]Unterabsatz 1 Buchstabe f gilt nicht für die von Behörden in Erfüllung ihrer Aufgaben vorgenommene Verarbeitung.

(2) Die Mitgliedstaaten können spezifischere Bestimmungen zur Anpassung der Anwendung der Vorschriften dieser Verordnung in Bezug auf die Verarbeitung zur Erfüllung von Absatz 1 Buchstaben c und e beibehalten oder einführen, indem sie spezifische Anforderungen für die Verarbeitung sowie sonstige Maßnahmen präziser bestimmen, um eine recht-

for other specific processing situations as provided for in Chapter IX.

3. [1]The basis for the processing referred to in point (c) and (e) of paragraph 1 shall be laid down by:

   (a) Union law; or

   (b) Member State law to which the controller is subject.

   [2]The purpose of the processing shall be determined in that legal basis or, as regards the processing referred to in point (e) of paragraph 1, shall be necessary for the performance of a task carried out in the public interest or in the exercise of official authority vested in the controller. [3]That legal basis may contain specific provisions to adapt the application of rules of this Regulation, inter alia: the general conditions governing the lawfulness of processing by the controller; the types of data which are subject to the processing; the data subjects concerned; the entities to, and the purposes for which, the personal data may be disclosed; the purpose limitation; storage periods; and processing operations and processing procedures, including measures to ensure lawful and fair processing such as those for other specific processing situations as provided for in Chapter IX. [4]The Union or the Member State law shall meet an objective of public interest and be proportionate to the legitimate aim pursued.

4. Where the processing for a purpose other than that for which the personal data have been collected is not based on the data subject's consent or on a Union or Member-State law which constitutes a necessary and proportionate measure in a democratic society to safeguard the objectives referred to in Article 23(1), the controller shall, in order to ascertain whether processing for another purpose is compatible with the purpose for

mäßig und nach Treu und Glauben erfolgende Verarbeitung zu gewährleisten, einschließlich für andere besondere Verarbeitungssituationen gemäß Kapitel IX.

(3) [1]Die Rechtsgrundlage für die Verarbeitungen gemäß Absatz 1 Buchstaben c und e wird festgelegt durch

a) Unionsrecht oder

b) das Recht der Mitgliedstaaten, dem der Verantwortliche unterliegt.

[2]Der Zweck der Verarbeitung muss in dieser Rechtsgrundlage festgelegt oder hinsichtlich der Verarbeitung gemäß Absatz 1 Buchstabe e für die Erfüllung einer Aufgabe erforderlich sein, die im öffentlichen Interesse liegt oder in Ausübung öffentlicher Gewalt erfolgt, die dem Verantwortlichen übertragen wurde. [3]Diese Rechtsgrundlage kann spezifische Bestimmungen zur Anpassung der Anwendung der Vorschriften dieser Verordnung enthalten, unter anderem Bestimmungen darüber, welche allgemeinen Bedingungen für die Regelung der Rechtmäßigkeit der Verarbeitung durch den Verantwortlichen gelten, welche Arten von Daten verarbeitet werden, welche Personen betroffen sind, an welche Einrichtungen und für welche Zwecke die personenbezogenen Daten offengelegt werden dürfen, welcher Zweckbindung sie unterliegen, wie lange sie gespeichert werden dürfen und welche Verarbeitungsvorgänge und -verfahren angewandt werden dürfen, einschließlich Maßnahmen zur Gewährleistung einer rechtmäßig und nach Treu und Glauben erfolgenden Verarbeitung, wie solche für sonstige besondere Verarbeitungssituationen gemäß Kapitel IX. [4]Das Unionsrecht oder das Recht der Mitgliedstaaten müssen ein im öffentlichen Interesse liegendes Ziel verfolgen und in einem angemessenen Verhältnis zu dem verfolgten legitimen Zweck stehen.

(4) Beruht die Verarbeitung zu einem anderen Zweck als zu demjenigen, zu dem die personenbezogenen Daten erhoben wurden, nicht auf der Einwilligung der betroffenen Person oder auf einer Rechtsvorschrift der Union oder der Mitgliedstaaten, die in einer demokratischen Gesellschaft eine notwendige und verhältnismäßige Maßnahme zum Schutz der in Artikel 23 Absatz 1 genannten Ziele darstellt, so berücksichtigt der Verantwortliche – um

which the personal data are initially collected, take into account, inter alia:

(a) any link between the purposes for which the personal data have been collected and the purposes of the intended further processing;

(b) the context in which the personal data have been collected, in particular regarding the relationship between data subjects and the controller;

(c) the nature of the personal data, in particular whether special categories of personal data are processed, pursuant to Article 9, or whether personal data related to criminal convictions and offences are processed, pursuant to Article 10;

(d) the possible consequences of the intended further processing for data subjects;

(e) the existence of appropriate safeguards, which may include encryption or pseudonymisation.

festzustellen, ob die Verarbeitung zu einem anderen Zweck mit demjenigen, zu dem die personenbezogenen Daten ursprünglich erhoben wurden, vereinbar ist – unter anderem

a) jede Verbindung zwischen den Zwecken, für die die personenbezogenen Daten erhoben wurden, und den Zwecken der beabsichtigten Weiterverarbeitung,

b) den Zusammenhang, in dem die personenbezogenen Daten erhoben wurden, insbesondere hinsichtlich des Verhältnisses zwischen den betroffenen Personen und dem Verantwortlichen,

c) die Art der personenbezogenen Daten, insbesondere ob besondere Kategorien personenbezogener Daten gemäß Artikel 9 verarbeitet werden oder ob personenbezogene Daten über strafrechtliche Verurteilungen und Straftaten gemäß Artikel 10 verarbeitet werden,

d) die möglichen Folgen der beabsichtigten Weiterverarbeitung für die betroffenen Personen,

e) das Vorhandensein geeigneter Garantien, wozu Verschlüsselung oder Pseudonymisierung gehören kann.

Recitals

(10) In order to ensure a consistent and high level of protection of natural persons and to remove the obstacles to flows of personal data within the Union, the level of protection of the rights and freedoms of natural persons with regard to the processing of such data should be equivalent in all Member States. Consistent and homogenous application of the rules for the protection of the fundamental rights and freedoms of natural persons with regard to the processing of personal data should be ensured throughout the Union. Regarding the processing of personal data for compliance with a legal obligation, for the performance of a task carried out in the public interest or in the exercise of official authority vested in the controller, Member States should be allowed to maintain or introduce national provisions to further specify the application of the rules of this Regulation. In conjunction with the general and horizontal law on data protection implementing Directive 95/46/EC, Member States have sev-

Erwägungsgründe

(10) [1]Um ein gleichmäßiges und hohes Datenschutzniveau für natürliche Personen zu gewährleisten und die Hemmnisse für den Verkehr personenbezogener Daten in der Union zu beseitigen, sollte das Schutzniveau für die Rechte und Freiheiten von natürlichen Personen bei der Verarbeitung dieser Daten in allen Mitgliedstaaten gleichwertig sein. [2]Die Vorschriften zum Schutz der Grundrechte und Grundfreiheiten von natürlichen Personen bei der Verarbeitung personenbezogener Daten sollten unionsweit gleichmäßig und einheitlich angewandt werden. [3]Hinsichtlich der Verarbeitung personenbezogener Daten zur Erfüllung einer rechtlichen Verpflichtung oder zur Wahrnehmung einer Aufgabe, die im öffentlichen Interesse liegt oder in Ausübung öffentlicher Gewalt erfolgt, die dem Verantwortlichen übertragen wurde, sollten die Mitgliedstaaten die Möglichkeit haben, nationale Bestimmungen, mit denen die Anwendung der Vorschriften dieser Verordnung genauer festgelegt

eral sector-specific laws in areas that need more specific provisions. This Regulation also provides a margin of manoeuvre for Member States to specify its rules, including for the processing of special categories of personal data ('sensitive data'). To that extent, this Regulation does not exclude Member State law that sets out the circumstances for specific processing situations, including determining more precisely the conditions under which the processing of personal data is lawful.

wird, beizubehalten oder einzuführen. [4]In Verbindung mit den allgemeinen und horizontalen Rechtsvorschriften über den Datenschutz zur Umsetzung der Richtlinie 95/46/EG gibt es in den Mitgliedstaaten mehrere sektorspezifische Rechtsvorschriften in Bereichen, die spezifischere Bestimmungen erfordern. [5]Diese Verordnung bietet den Mitgliedstaaten zudem einen Spielraum für die Spezifizierung ihrer Vorschriften, auch für die Verarbeitung besonderer Kategorien von personenbezogenen Daten (im Folgenden „sensible Daten"). [6]Diesbezüglich schließt diese Verordnung nicht Rechtsvorschriften der Mitgliedstaaten aus, in denen die Umstände besonderer Verarbeitungssituationen festgelegt werden, einschließlich einer genaueren Bestimmung der Voraussetzungen, unter denen die Verarbeitung personenbezogener Daten rechtmäßig ist.

(32) [1]Consent should be given by a clear affirmative act establishing a freely given, specific, informed and unambiguous indication of the data subject's agreement to the processing of personal data relating to him or her, such as by a written statement, including by electronic means, or an oral statement. [2]This could include ticking a box when visiting an internet website, choosing technical settings for information society services or another statement or conduct which clearly indicates in this context the data subject's acceptance of the proposed processing of his or her personal data. [3]Silence, pre-ticked boxes or inactivity should not therefore constitute consent. [4]Consent should cover all processing activities carried out for the same purpose or purposes. [5]When the processing has multiple purposes, consent should be given for all of them. [6]If the data subject's consent is to be given following a request by electronic means, the request must be clear, concise and not unnecessarily disruptive to the use of the service for which it is provided.

(32) [1]Die Einwilligung sollte durch eine eindeutige bestätigende Handlung erfolgen, mit der freiwillig, für den konkreten Fall, in informierter Weise und unmissverständlich bekundet wird, dass die betroffene Person mit der Verarbeitung der sie betreffenden personenbezogenen Daten einverstanden ist, etwa in Form einer schriftlichen Erklärung, die auch elektronisch erfolgen kann, oder einer mündlichen Erklärung. [2]Dies könnte etwa durch Anklicken eines Kästchens beim Besuch einer Internetseite, durch die Auswahl technischer Einstellungen für Dienste der Informationsgesellschaft oder durch eine andere Erklärung oder Verhaltensweise geschehen, mit der die betroffene Person in dem jeweiligen Kontext eindeutig ihr Einverständnis mit der beabsichtigten Verarbeitung ihrer personenbezogenen Daten signalisiert. [3]Stillschweigen, bereits angekreuzte Kästchen oder Untätigkeit der betroffenen Person sollten daher keine Einwilligung darstellen. [4]Die Einwilligung sollte sich auf alle zu demselben Zweck oder denselben Zwecken vorgenommenen Verarbeitungsvorgänge beziehen. [5]Wenn die Verarbeitung mehreren Zwecken dient, sollte für alle diese Verarbeitungszwecke eine Einwilligung gegeben werden. [6]Wird die betroffene Person auf elektronischem Weg zur Einwilligung aufgefordert, so muss die Aufforderung in klarer und knapper Form und ohne unnötige Unterbrechung des Dienstes, für den die Einwilligung gegeben wird, erfolgen.

(40) In order for processing to be lawful, personal data should be processed on the basis of the consent of the data subject concerned or some other legitimate basis, laid down by law, either in this Regulation or in other Union or Member State law as referred to in this Regulation, including the necessity for compliance with the legal obligation to which the controller is subject or the necessity for the performance of a contract to which the data subject is party or in order to take steps at the request of the data subject prior to entering into a contract.

(40) Damit die Verarbeitung rechtmäßig ist, müssen personenbezogene Daten mit Einwilligung der betroffenen Person oder auf einer sonstigen zulässigen Rechtsgrundlage verarbeitet werden, die sich aus dieser Verordnung oder – wann immer in dieser Verordnung darauf Bezug genommen wird – aus dem sonstigen Unionsrecht oder dem Recht der Mitgliedstaaten ergibt, so unter anderem auf der Grundlage, dass sie zur Erfüllung der rechtlichen Verpflichtung, der der Verantwortliche unterliegt, oder zur Erfüllung eines Vertrags, dessen Vertragspartei die betroffene Person ist, oder für die Durchführung vorvertraglicher Maßnahmen, die auf Anfrage der betroffenen Person erfolgen, erforderlich ist.

(41) [1]Where this Regulation refers to a legal basis or a legislative measure, this does not necessarily require a legislative act adopted by a parliament, without prejudice to requirements pursuant to the constitutional order of the Member State concerned. [2]However, such a legal basis or legislative measure should be clear and precise and its application should be foreseeable to persons subject to it, in accordance with the case-law of the Court of Justice of the European Union (the 'Court of Justice') and the European Court of Human Rights.

(41) [1]Wenn in dieser Verordnung auf eine Rechtsgrundlage oder eine Gesetzgebungsmaßnahme Bezug genommen wird, erfordert dies nicht notwendigerweise einen von einem Parlament angenommenen Gesetzgebungsakt; davon unberührt bleiben Anforderungen gemäß der Verfassungsordnung des betreffenden Mitgliedstaats. [2]Die entsprechende Rechtsgrundlage oder Gesetzgebungsmaßnahme sollte jedoch klar und präzise sein und ihre Anwendung sollte für die Rechtsunterworfenen gemäß der Rechtsprechung des Gerichtshofs der Europäischen Union (im Folgenden „Gerichtshof") und des Europäischen Gerichtshofs für Menschenrechte vorhersehbar sein.

(42) [1]Where processing is based on the data subject's consent, the controller should be able to demonstrate that the data subject has given consent to the processing operation. [2]In particular in the context of a written declaration on another matter, safeguards should ensure that the data subject is aware of the fact that and the extent to which consent is given. [3]In accordance with Council Directive 93/13/EEC a declaration of consent pre-formulated by the controller should be provided in an intelligible and easily accessible form, using clear and plain language and it should not contain unfair terms. [4]For consent to be informed, the data subject should be aware at least of the identity of the controller and the purposes of the processing for which the personal data are intended. [5]Consent should not be regarded as freely given if the data subject has no genuine or free

(42) [1]Erfolgt die Verarbeitung mit Einwilligung der betroffenen Person, sollte der Verantwortliche nachweisen können, dass die betroffene Person ihre Einwilligung zu dem Verarbeitungsvorgang gegeben hat. [2]Insbesondere bei Abgabe einer schriftlichen Erklärung in anderer Sache sollten Garantien sicherstellen, dass die betroffene Person weiß, dass und in welchem Umfang sie ihre Einwilligung erteilt. [3]Gemäß der Richtlinie 93/13/EWG des Rates sollte eine vom Verantwortlichen vorformulierte Einwilligungserklärung in verständlicher und leicht zugänglicher Form in einer klaren und einfachen Sprache zur Verfügung gestellt werden, und sie sollte keine missbräuchlichen Klauseln beinhalten. [4]Damit sie in Kenntnis der Sachlage ihre Einwilligung geben kann, sollte die betroffene Person mindestens wissen, wer der Verantwortliche ist und für welche Zwecke ihre perso-

choice or is unable to refuse or withdraw consent without detriment.

nenbezogenen Daten verarbeitet werden sollen. [5]Es sollte nur dann davon ausgegangen werden, dass sie ihre Einwilligung freiwillig gegeben hat, wenn sie eine echte oder freie Wahl hat und somit in der Lage ist, die Einwilligung zu verweigern oder zurückzuziehen, ohne Nachteile zu erleiden.

(43) [1]In order to ensure that consent is freely given, consent should not provide a valid legal ground for the processing of personal data in a specific case where there is a clear imbalance between the data subject and the controller, in particular where the controller is a public authority and it is therefore unlikely that consent was freely given in all the circumstances of that specific situation. [2]Consent is presumed not to be freely given if it does not allow separate consent to be given to different personal data processing operations despite it being appropriate in the individual case, or if the performance of a contract, including the provision of a service, is dependent on the consent despite such consent not being necessary for such performance.

(43) [1]Um sicherzustellen, dass die Einwilligung freiwillig erfolgt ist, sollte diese in besonderen Fällen, wenn zwischen der betroffenen Person und dem Verantwortlichen ein klares Ungleichgewicht besteht, insbesondere wenn es sich bei dem Verantwortlichen um eine Behörde handelt, und es deshalb in Anbetracht aller Umstände in dem speziellen Fall unwahrscheinlich ist, dass die Einwilligung freiwillig gegeben wurde, keine gültige Rechtsgrundlage liefern. [2]Die Einwilligung gilt nicht als freiwillig erteilt, wenn zu verschiedenen Verarbeitungsvorgängen von personenbezogenen Daten nicht gesondert eine Einwilligung erteilt werden kann, obwohl dies im Einzelfall angebracht ist, oder wenn die Erfüllung eines Vertrags, einschließlich der Erbringung einer Dienstleistung, von der Einwilligung abhängig ist, obwohl diese Einwilligung für die Erfüllung nicht erforderlich ist.

(44) Processing should be lawful where it is necessary in the context of a contract or the intention to enter into a contract.

(44) Die Verarbeitung von Daten sollte als rechtmäßig gelten, wenn sie für die Erfüllung oder den geplanten Abschluss eines Vertrags erforderlich ist.

(45) [1]Where processing is carried out in accordance with a legal obligation to which the controller is subject or where processing is necessary for the performance of a task carried out in the public interest or in the exercise of official authority, the processing should have a basis in Union or Member State law. [2]This Regulation does not require a specific law for each individual processing. [3]A law as a basis for several processing operations based on a legal obligation to which the controller is subject or where processing is necessary for the performance of a task carried out in the public interest or in the exercise of an official authority may be sufficient. [4]It should also be for Union or Member State law to determine the purpose of processing. [5]Furthermore, that law could specify the general conditions of this Regulation governing the lawfulness of personal data processing, establish specifications for determining the

(45) [1]Erfolgt die Verarbeitung durch den Verantwortlichen aufgrund einer ihm obliegenden rechtlichen Verpflichtung oder ist die Verarbeitung zur Wahrnehmung einer Aufgabe im öffentlichen Interesse oder in Ausübung öffentlicher Gewalt erforderlich, muss hierfür eine Grundlage im Unionsrecht oder im Recht eines Mitgliedstaats bestehen. [2]Mit dieser Verordnung wird nicht für jede einzelne Verarbeitung ein spezifisches Gesetz verlangt. [3]Ein Gesetz als Grundlage für mehrere Verarbeitungsvorgänge kann ausreichend sein, wenn die Verarbeitung aufgrund einer dem Verantwortlichen obliegenden rechtlichen Verpflichtung erfolgt oder wenn die Verarbeitung zur Wahrnehmung einer Aufgabe im öffentlichen Interesse oder in Ausübung öffentlicher Gewalt erforderlich ist. [4]Desgleichen sollte im Unionsrecht oder im Recht der Mitgliedstaaten geregelt werden, für welche Zwecke die Daten verarbeitet werden

controller, the type of personal data which are subject to the processing, the data subjects concerned, the entities to which the personal data may be disclosed, the purpose limitations, the storage period and other measures to ensure lawful and fair processing. [6]It should also be for Union or Member State law to determine whether the controller performing a task carried out in the public interest or in the exercise of official authority should be a public authority or another natural or legal person governed by public law, or, where it is in the public interest to do so, including for health purposes such as public health and social protection and the management of health care services, by private law, such as a professional association.

dürfen. [5]Ferner könnten in diesem Recht die allgemeinen Bedingungen dieser Verordnung zur Regelung der Rechtmäßigkeit der Verarbeitung personenbezogener Daten präzisiert und es könnte darin festgelegt werden, wie der Verantwortliche zu bestimmen ist, welche Art von personenbezogenen Daten verarbeitet werden, welche Personen betroffen sind, welchen Einrichtungen die personenbezogenen Daten offengelegt, für welche Zwecke und wie lange sie gespeichert werden dürfen und welche anderen Maßnahmen ergriffen werden, um zu gewährleisten, dass die Verarbeitung rechtmäßig und nach Treu und Glauben erfolgt. [6]Desgleichen sollte im Unionsrecht oder im Recht der Mitgliedstaaten geregelt werden, ob es sich bei dem Verantwortlichen, der eine Aufgabe wahrnimmt, die im öffentlichen Interesse liegt oder in Ausübung öffentlicher Gewalt erfolgt, um eine Behörde oder um eine andere unter das öffentliche Recht fallende natürliche oder juristische Person oder, sofern dies durch das öffentliche Interesse einschließlich gesundheitlicher Zwecke, wie die öffentliche Gesundheit oder die soziale Sicherheit oder die Verwaltung von Leistungen der Gesundheitsfürsorge, gerechtfertigt ist, eine natürliche oder juristische Person des Privatrechts, wie beispielsweise eine Berufsvereinigung, handeln sollte.

(46) The processing of personal data should also be regarded to be lawful where it is necessary to protect an interest which is essential for the life of the data subject or that of another natural person. Processing of personal data based on the vital interest of another natural person should in principle take place only where the processing cannot be manifestly based on another legal basis. Some types of processing may serve both important grounds of public interest and the vital interests of the data subject as for instance when processing is necessary for humanitarian purposes, including for monitoring epidemics and their spread or in situations of humanitarian emergencies, in particular in situations of natural and man-made disasters.

(46) Die Verarbeitung personenbezogener Daten sollte ebenfalls als rechtmäßig angesehen werden, wenn sie erforderlich ist, um ein lebenswichtiges Interesse der betroffenen Person oder einer anderen natürlichen Person zu schützen. Personenbezogene Daten sollten grundsätzlich nur dann aufgrund eines lebenswichtigen Interesses einer anderen natürlichen Person verarbeitet werden, wenn die Verarbeitung offensichtlich nicht auf eine andere Rechtsgrundlage gestützt werden kann. Einige Arten der Verarbeitung können sowohl wichtigen Gründen des öffentlichen Interesses als auch lebenswichtigen Interessen der betroffenen Person dienen; so kann beispielsweise die Verarbeitung für humanitäre Zwecke einschließlich der Überwachung von Epidemien und deren Ausbreitung oder in humanitären Notfällen insbesondere bei Naturkatastrophen oder vom Menschen verursachten Katastrophen erforderlich sein.

(47) The legitimate interests of a controller, including those of a controller to which the personal data may be disclosed, or of a third party, may provide a legal basis for processing, provided that the interests or the fundamental rights and freedoms of the data subject are not overriding, taking into consideration the reasonable expectations of data subjects based on their relationship with the controller. Such legitimate interest could exist for example where there is a relevant and appropriate relationship between the data subject and the controller in situations such as where the data subject is a client or in the service of the controller. At any rate the existence of a legitimate interest would need careful assessment including whether a data subject can reasonably expect at the time and in the context of the collection of the personal data that processing for that purpose may take place. The interests and fundamental rights of the data subject could in particular override the interest of the data controller where personal data are processed in circumstances where data subjects do not reasonably expect further processing. Given that it is for the legislator to provide by law for the legal basis for public authorities to process personal data, that legal basis should not apply to the processing by public authorities in the performance of their tasks. The processing of personal data strictly necessary for the purposes of preventing fraud also constitutes a legitimate interest of the data controller concerned. The processing of personal data for direct marketing purposes may be regarded as carried out for a legitimate interest.

(47) [1]Die Rechtmäßigkeit der Verarbeitung kann durch die berechtigten Interessen eines Verantwortlichen, auch eines Verantwortlichen, dem die personenbezogenen Daten offengelegt werden dürfen, oder eines Dritten begründet sein, sofern die Interessen oder die Grundrechte und Grundfreiheiten der betroffenen Person nicht überwiegen; dabei sind die vernünftigen Erwartungen der betroffenen Person, die auf ihrer Beziehung zu dem Verantwortlichen beruhen, zu berücksichtigen. [2]Ein berechtigtes Interesse könnte beispielsweise vorliegen, wenn eine maßgebliche und angemessene Beziehung zwischen der betroffenen Person und dem Verantwortlichen besteht, z. B. wenn die betroffene Person ein Kunde des Verantwortlichen ist oder in seinen Diensten steht. [3]Auf jeden Fall wäre das Bestehen eines berechtigten Interesses besonders sorgfältig abzuwägen, wobei auch zu prüfen ist, ob eine betroffene Person zum Zeitpunkt der Erhebung der personenbezogenen Daten und angesichts der Umstände, unter denen sie erfolgt, vernünftigerweise absehen kann, dass möglicherweise eine Verarbeitung für diesen Zweck erfolgen wird. [4]Insbesondere dann, wenn personenbezogene Daten in Situationen verarbeitet werden, in denen eine betroffene Person vernünftigerweise nicht mit einer weiteren Verarbeitung rechnen muss, könnten die Interessen und Grundrechte der betroffenen Person das Interesse des Verantwortlichen überwiegen. [5]Da es dem Gesetzgeber obliegt, per Rechtsvorschrift die Rechtsgrundlage für die Verarbeitung personenbezogener Daten durch die Behörden zu schaffen, sollte diese Rechtsgrundlage nicht für Verarbeitungen durch Behörden gelten, die diese in Erfüllung ihrer Aufgaben vornehmen. [6]Die Verarbeitung personenbezogener Daten im für die Verhinderung von Betrug unbedingt erforderlichen Umfang stellt ebenfalls ein berechtigtes Interesse des jeweiligen Verantwortlichen dar. [7]Die Verarbeitung personenbezogener Daten zum Zwecke der Direktwerbung kann als eine einem berechtigten Interesse dienende Verarbeitung betrachtet werden.

(48) Controllers that are part of a group of undertakings or institutions affiliated to a central body may have a legitimate interest in transmitting personal data within the group of undertakings for internal administrative purposes,

(48) Verantwortliche, die Teil einer Unternehmensgruppe oder einer Gruppe von Einrichtungen sind, die einer zentralen Stelle zugeordnet sind können ein berechtigtes Interesse haben, personenbezogene Daten innerhalb der

including the processing of clients' or employees' personal data. The general principles for the transfer of personal data, within a group of undertakings, to an undertaking located in a third country remain unaffected.

Unternehmensgruppe für interne Verwaltungszwecke, einschließlich der Verarbeitung personenbezogener Daten von Kunden und Beschäftigten, zu übermitteln. Die Grundprinzipien für die Übermittlung personenbezogener Daten innerhalb von Unternehmensgruppen an ein Unternehmen in einem Drittland bleiben unberührt.

(49) The processing of personal data to the extent strictly necessary and proportionate for the purposes of ensuring network and information security, i.e. the ability of a network or an information system to resist, at a given level of confidence, accidental events or unlawful or malicious actions that compromise the availability, authenticity, integrity and confidentiality of stored or transmitted personal data, and the security of the related services offered by, or accessible via, those networks and systems, by public authorities, by computer emergency response teams (CERTs), computer security incident response teams (CSIRTs), by providers of electronic communications networks and services and by providers of security technologies and services, constitutes a legitimate interest of the data controller concerned. This could, for example, include preventing unauthorised access to electronic communications networks and malicious code distribution and stopping 'denial of service' attacks and damage to computer and electronic communication systems.

(49) Die Verarbeitung von personenbezogenen Daten durch Behörden, Computer-Notdienste (Computer Emergency Response Teams – CERT, beziehungsweise Computer Security Incident Response Teams – CSIRT), Betreiber von elektronischen Kommunikationsnetzen und -diensten sowie durch Anbieter von Sicherheitstechnologien und -diensten stellt in dem Maße ein berechtigtes Interesse des jeweiligen Verantwortlichen dar, wie dies für die Gewährleistung der Netz- und Informationssicherheit unbedingt notwendig und verhältnismäßig ist, d.h. soweit dadurch die Fähigkeit eines Netzes oder Informationssystems gewährleistet wird, mit einem vorgegebenen Grad der Zuverlässigkeit Störungen oder widerrechtliche oder mutwillige Eingriffe abzuwehren, die die Verfügbarkeit, Authentizität, Vollständigkeit und Vertraulichkeit von gespeicherten oder übermittelten personenbezogenen Daten sowie die Sicherheit damit zusammenhängender Dienste, die über diese Netze oder Informationssysteme angeboten werden bzw. zugänglich sind, beeinträchtigen. Ein solches berechtigtes Interesse könnte beispielsweise darin bestehen, den Zugang Unbefugter zu elektronischen Kommunikationsnetzen und die Verbreitung schädlicher Programmcodes zu verhindern sowie Angriffe in Form der gezielten Überlastung von Servern („Denial of service"-Angriffe) und Schädigungen von Computer- und elektronischen Kommunikationssystemen abzuwehren.

(50) [1]The processing of personal data for purposes other than those for which the personal data were initially collected should be allowed only where the processing is compatible with the purposes for which the personal data were initially collected. [2]In such a case, no legal basis separate from that which allowed the collection of the personal data is required. [3]If the processing is necessary for the performance of a task carried out in the public interest or in the exercise of official authority vested in the con-

(50) [1]Die Verarbeitung personenbezogener Daten für andere Zwecke als die, für die die personenbezogenen Daten ursprünglich erhoben wurden, sollte nur zulässig sein, wenn die Verarbeitung mit den Zwecken, für die die personenbezogenen Daten ursprünglich erhoben wurden, vereinbar ist. [2]In diesem Fall ist keine andere gesonderte Rechtsgrundlage erforderlich als diejenige für die Erhebung der personenbezogenen Daten. [3]Ist die Verarbeitung für die Wahrnehmung einer Aufgabe erforderlich,

troller, Union or Member State law may determine and specify the tasks and purposes for which the further processing should be regarded as compatible and lawful. [4]Further processing for archiving purposes in the public interest, scientific or historical research purposes or statistical purposes should be considered to be compatible lawful processing operations. [5]The legal basis provided by Union or Member State law for the processing of personal data may also provide a legal basis for further processing. [6]In order to ascertain whether a purpose of further processing is compatible with the purpose for which the personal data are initially collected, the controller, after having met all the requirements for the lawfulness of the original processing, should take into account, inter alia: any link between those purposes and the purposes of the intended further processing; the context in which the personal data have been collected, in particular the reasonable expectations of data subjects based on their relationship with the controller as to their further use; the nature of the personal data; the consequences of the intended further processing for data subjects; and the existence of appropriate safeguards in both the original and intended further processing operations.

die im öffentlichen Interesse liegt oder in Ausübung öffentlicher Gewalt erfolgt, die dem Verantwortlichen übertragen wurde, so können im Unionsrecht oder im Recht der Mitgliedstaaten die Aufgaben und Zwecke bestimmt und konkretisiert werden, für die eine Weiterverarbeitung als vereinbar und rechtmäßig erachtet wird. [4]Die Weiterverarbeitung für im öffentlichen Interesse liegende Archivzwecke, für wissenschaftliche oder historische Forschungszwecke oder für statistische Zwecke sollte als vereinbarer und rechtmäßiger Verarbeitungsvorgang gelten. [5]Die im Unionsrecht oder im Recht der Mitgliedstaaten vorgesehene Rechtsgrundlage für die Verarbeitung personenbezogener Daten kann auch als Rechtsgrundlage für eine Weiterverarbeitung dienen. [6]Um festzustellen, ob ein Zweck der Weiterverarbeitung mit dem Zweck, für den die personenbezogenen Daten ursprünglich erhoben wurden, vereinbar ist, sollte der Verantwortliche nach Einhaltung aller Anforderungen für die Rechtmäßigkeit der ursprünglichen Verarbeitung unter anderem prüfen, ob ein Zusammenhang zwischen den Zwecken, für die die personenbezogenen Daten erhoben wurden, und den Zwecken der beabsichtigten Weiterverarbeitung besteht, in welchem Kontext die Daten erhoben wurden, insbesondere die vernünftigen Erwartungen der betroffenen Person, die auf ihrer Beziehung zu dem Verantwortlichen beruhen, in Bezug auf die weitere Verwendung dieser Daten, um welche Art von personenbezogenen Daten es sich handelt, welche Folgen die beabsichtigte Weiterverarbeitung für die betroffenen Personen hat und ob sowohl beim ursprünglichen als auch beim beabsichtigten Weiterverarbeitungsvorgang geeignete Garantien bestehen.

§ 3 BDSG-neu

Verarbeitung personenbezogener Daten durch öffentliche Stellen

Die Verarbeitung personenbezogener Daten durch eine öffentliche Stelle ist zulässig, wenn sie zur Erfüllung der in der Zuständigkeit des Verantwortlichen liegenden Aufgabe oder in Ausübung öffentlicher Gewalt, die dem Verantwortlichen übertragen wurde, erforderlich ist.

§ 4 BDSG-neu

Videoüberwachung öffentlich zugänglicher Räume

[...]

(3) Die Speicherung oder Verwendung von nach Absatz 1 erhobenen Daten ist zulässig, wenn sie zum Erreichen des verfolgten Zwecks erforderlich ist und keine Anhaltspunkte bestehen, dass schutzwürdige Interessen der Betroffenen überwiegen. Absatz 1 Satz 2 gilt entsprechend. Für einen anderen Zweck dürfen sie nur weiterverarbeitet werden, soweit dies zur Abwehr von Gefahren für die staatliche und öffentliche Sicherheit sowie zur Verfolgung von Straftaten erforderlich ist.

[...]

§ 23 BDSG-neu

Verarbeitung zu anderen Zwecken durch öffentliche Stellen

(1) Die Verarbeitung personenbezogener Daten zu einem anderen Zweck als zu demjenigen, zu dem die Daten erhoben wurden, durch öffentliche Stellen im Rahmen ihrer Aufgabenerfüllung ist zulässig, wenn

1. offensichtlich ist, dass sie im Interesse der betroffenen Person liegt und kein Grund zu der Annahme besteht, dass sie in Kenntnis des anderen Zwecks ihre Einwilligung verweigern würde,
2. Angaben der betroffenen Person überprüft werden müssen, weil tatsächliche Anhaltspunkte für deren Unrichtigkeit bestehen,
3. sie zur Abwehr erheblicher Nachteile für das Gemeinwohl oder einer Gefahr für die öffentliche Sicherheit, die Verteidigung oder die nationale Sicherheit, zur Wahrung erheblicher Belange des Gemeinwohls oder zur Sicherung des Steuer- und Zollaufkommens erforderlich ist,
4. sie zur Verfolgung von Straftaten oder Ordnungswidrigkeiten, zur Vollstreckung oder zum Vollzug von Strafen oder Maßnahmen im Sinne des § 11 Absatz 1 Nummer 8 des Strafgesetzbuchs oder von Erziehungsmaßregeln oder Zuchtmitteln im Sinne des Jugendgerichtsgesetzes oder zur Vollstreckung von Geldbußen erforderlich ist,
5. sie zur Abwehr einer schwerwiegenden Beeinträchtigung der Rechte einer anderen Person erforderlich ist oder
6. sie der Wahrnehmung von Aufsichts- und Kontrollbefugnissen, der Rechnungsprüfung oder der Durchführung von Organisationsuntersuchungen des Verantwortlichen dient; dies gilt auch für die Verarbeitung zu Ausbildungs- und Prüfungszwecken durch den Verantwortlichen, soweit schutzwürdige Interessen der betroffenen Person dem nicht entgegenstehen.

(2) Die Verarbeitung besonderer Kategorien personenbezogener Daten im Sinne des Artikels 9 Absatz 1 der Verordnung (EU) 2016/679 zu einem anderen Zweck als zu demjenigen, zu dem die Daten erhoben wurden, ist zulässig, wenn die Voraussetzungen des Absatzes 1 und ein Ausnahmetatbestand nach Artikel 9 Absatz 2 der Verordnung (EU) 2016/679 oder nach § 22 vorliegen.

§ 24 BDSG-neu

Verarbeitung zu anderen Zwecken durch nichtöffentliche Stellen

(1) Die Verarbeitung personenbezogener Daten zu einem anderen Zweck als zu demjenigen, zu dem die Daten erhoben wurden, durch nichtöffentliche Stellen ist zulässig, wenn

1. sie zur Abwehr von Gefahren für die staatliche oder öffentliche Sicherheit oder zur Verfolgung von Straftaten erforderlich ist oder
2. sie zur Geltendmachung, Ausübung oder Verteidigung zivilrechtlicher Ansprüche erforderlich ist,

sofern nicht die Interessen der betroffenen Person an dem Ausschluss der Verarbeitung überwiegen.

(2) Die Verarbeitung besonderer Kategorien personenbezogener Daten im Sinne des Artikels 9 Absatz 1 der Verordnung (EU) 2016/679 zu einem anderen Zweck als zu demjenigen, zu dem die Daten erhoben wurden, ist zulässig, wenn die Voraussetzungen des Absatzes 1 und ein Ausnahmetatbestand nach Artikel 9 Absatz 2 der Verordnung (EU) 2016/679 oder nach § 22 vorliegen.

§ 25 BDSG-neu

Datenübermittlungen durch öffentliche Stellen

(1) Die Übermittlung personenbezogener Daten durch öffentliche Stellen an öffentliche Stellen ist zulässig, wenn sie zur Erfüllung der in der Zuständigkeit der übermittelnden Stelle oder des Dritten, an den die Daten übermittelt werden, liegenden Aufgaben erforderlich ist und die Voraussetzungen vorliegen, die eine Verarbeitung nach § 23 zulassen würden. Der Dritte, an den die Daten übermittelt werden, darf diese nur für den Zweck verarbeiten, zu dessen Erfüllung sie ihm übermittelt werden. Eine Verarbeitung für andere Zwecke ist unter den Voraussetzungen des § 23 zulässig.

(2) Die Übermittlung personenbezogener Daten durch öffentliche Stellen an nichtöffentliche Stellen ist zulässig, wenn

1. sie zur Erfüllung der in der Zuständigkeit der übermittelnden Stelle liegenden Aufgaben erforderlich ist und die Voraussetzungen vorliegen, die eine Verarbeitung nach § 23 zulassen würden,
2. der Dritte, an den die Daten übermittelt werden, ein berechtigtes Interesse an der Kenntnis der zu übermittelnden Daten glaubhaft darlegt und die betroffene Person kein schutzwürdiges Interesse an dem Ausschluss der Übermittlung hat oder
3. es zur Geltendmachung, Ausübung oder Verteidigung rechtlicher Ansprüche erforderlich ist

und der Dritte sich gegenüber der übermittelnden öffentlichen Stelle verpflichtet hat, die Daten nur für den Zweck zu verarbeiten, zu dessen Erfüllung sie ihm übermittelt werden. Eine Verarbeitung für andere Zwecke ist zulässig, wenn eine Übermittlung nach Satz 1 zulässig wäre und die übermittelnde Stelle zugestimmt hat.

(3) Die Übermittlung besonderer Kategorien personenbezogener Daten im Sinne des Artikels 9 Absatz 1 der Verordnung (EU) 2016/679 ist zulässig, wenn die Voraussetzungen des Absatzes 1 oder 2 und ein Ausnahmetatbestand nach Artikel 9 Absatz 2 der Verordnung (EU) 2016/679 oder nach § 22 vorliegen.

§ 27 BDSG-neu

Datenverarbeitung zu wissenschaftlichen oder historischen Forschungszwecken und zu statistischen Zwecken

[...]

(4) Der Verantwortliche darf personenbezogene Daten nur veröffentlichen, wenn die betroffene Person eingewilligt hat oder dies für die Darstellung von Forschungsergebnissen über Ereignisse der Zeitgeschichte unerlässlich ist.

§ 31 BDSG-neu

Schutz des Wirtschaftsverkehrs bei Scoring und Bonitätsauskünften

(1) Die Verwendung eines Wahrscheinlichkeitswerts über ein bestimmtes zukünftiges Verhalten einer natürlichen Person zum Zweck der Entscheidung über die Begründung, Durchführung oder Beendigung eines Vertragsverhältnisses mit dieser Person (Scoring) ist nur zulässig, wenn

1. die Vorschriften des Datenschutzrechts eingehalten wurden,
2. die zur Berechnung des Wahrscheinlichkeitswerts genutzten Daten unter Zugrundelegung eines wissenschaftlich anerkannten mathematisch-statistischen Verfahrens nachweisbar für die Berechnung der Wahrscheinlichkeit des bestimmten Verhaltens erheblich sind,
3. für die Berechnung des Wahrscheinlichkeitswerts nicht ausschließlich Anschriftendaten genutzt wurden und
4. im Fall der Nutzung von Anschriftendaten die betroffene Person vor Berechnung des Wahrscheinlichkeitswerts über die vorgesehene Nutzung dieser Daten unterrichtet worden ist; die Unterrichtung ist zu dokumentieren.

(2) Die Verwendung eines von Auskunfteien ermittelten Wahrscheinlichkeitswerts über die Zahlungsfähig- und Zahlungswilligkeit einer natürlichen Person ist im Fall der Einbeziehung von Informationen über Forderungen nur zulässig, soweit die Voraussetzungen nach Absatz 1 vorliegen und nur solche Forderungen über eine geschuldete Leistung, die trotz Fälligkeit nicht erbracht worden ist, berücksichtigt werden,

1. die durch ein rechtskräftiges oder für vorläufig vollstreckbar erklärtes Urteil festgestellt worden sind oder für die ein Schuldtitel nach § 794 der Zivilprozessordnung vorliegt,
2. die nach § 178 der Insolvenzordnung festgestellt und nicht vom Schuldner im Prüfungstermin bestritten worden sind,
3. die der Schuldner ausdrücklich anerkannt hat,
4. bei denen
   a) der Schuldner nach Eintritt der Fälligkeit der Forderung mindestens zweimal schriftlich gemahnt worden ist,
   b) die erste Mahnung mindestens vier Wochen zurückliegt,
   c) der Schuldner zuvor, jedoch frühestens bei der ersten Mahnung, über eine mögliche Berücksichtigung durch eine Auskunftei unterrichtet worden ist und
   d) der Schuldner die Forderung nicht bestritten hat oder
5. deren zugrunde liegendes Vertragsverhältnis aufgrund von Zahlungsrückständen fristlos gekündigt werden kann und bei denen der Schuldner zuvor über eine mögliche Berücksichtigung durch eine Auskunftei unterrichtet worden ist.

Die Zulässigkeit der Verarbeitung, einschließlich der Ermittlung von Wahrscheinlichkeitswerten, von anderen bonitätsrelevanten Daten nach allgemeinem Datenschutzrecht bleibt unberührt.

Literatur

Abel/Djagani, Weitergabe von Kreditnehmerdaten bei Forderungskauf und Inkasso – Die Rechtslage nach BDSG und DS-GVO, in: ZD 2017, 114-120; *Albrecht,* Das neue EU-Datenschutzrecht – von der Richtlinie zur Verordnung, in: CR 2016, 88-98; *Albrecht/Jotzo*, Das neue Datenschutzrecht der EU, 1. Auflage 2017, Nomos Baden-Baden; *Ashkar/Zieger*, Datenschutzrechtliche Aspekte bei Forderungsveräußerungen – Inwieweit sind damit einhergehende Übermittlungen von personenbezogenen Daten zulässig?, in: ZD 2016, 58-65; *Benecke/Wagner,* Öffnungsklauseln in der Datenschutz-Grundverordnung und das deutsche BDSG- Grenzen und Gestaltungsspielräume für ein nationales Datenschutzrecht, in: DVBl. 2016, 600-608; *Buchner,* Grundsätze und Rechtmäßigkeit der Datenverarbeitung unter der DS-GVO, in: DuD 2016, 155-161; *Bull,* Sinn und Unsinn des Datenschutzes, 1. Auflage 2015, Mohr Siebeck Tübingen; *Cebulla,* Umgang mit Kollateraldaten – Datenschutzrechtliche Grauzone für verantwortliche Stellen, in: ZD 2015, 507-512; *Centre for Information Policy Leadership*, Recommendations for Implementing Transparency, Consent and Legitimate Interest under the GDPR (Stand: 19.5.2017); *Gierschmann,* Was „bringt" deutschen Unternehmen die DS-GVO? Mehr Pflichten, aber die Rechtsunsicherheit bleibt, in: ZD 2016, 51-55; *Gola (Hrsg.),* Datenschutz-Grundverordnung, 1. Auflage 2017, C.H. Beck München; *Härting*, Datenschutz-Grundverordnung, 1. Auflage 2016, Dr. Otto Schmidt, Köln; *Härting,* Datenschutz-Grundverordnung – Anwendungsbereich, Verbotsprinzip, Einwilligung, in: ITRB 2016, 36-40; *Härting,* Auftragsverarbeitung nach der DSGVO, in: ITRB 2016, 137-140; *Herresthal,* Grundrechtecharta und Privatrecht, in: ZEuP 2014, 238, 258; *Hornung/ Hoffmann,* Die Auswirkungen der europäischen Datenschutzreform auf die Markt- und Meinungsforschung, in: ZD 2017 (Beilage zu Heft 4), 1-16; *Jacobs/Lange-Hausstein*, Datenschutzrechtliche Vorgaben des EuGH für Big Data und Direktmarketing – Auswirkungen von EuGH, Urt. v. 19.10.2016 – Rs. C-582/14 – Breyer ./. BRD, in: ITRB 2017, 39-42; *Krönke,* Datenpaternalismus. Staatliche Interventionen im Online-Datenverkehr zwischen Privaten, dargestellt am Beispiel der Datenschutz-Grundverordnung, Der Staat 2016, 319-351; *Krohm,* Abschied vom Schriftformgebot der Einwilligung Lösungsvorschläge und künftige Anforderungen, in: ZD 2016, 368-373; *Kühling/ Martini,* Die Datenschutz-Grundverordnung: Revolution oder Evolution im europäischen und deutschen Datenschutzrecht?, in: EuZW 2016, 448-454; *Kühling/Martini et. al,* Die Datenschutz-Grundverordnung und das nationale Recht: Erste Überlegungen zum innerstaatlichen Regelungsbedarf, 1. Auflage 2016, MV-Wissenschaft Münster; *Langhanke,* Datenschutz in der Schweiz, Reichweite der europarechtlichen Vorgaben, in: ZD 2014, 621-625; *Laue/Nink/Kremer,* Das neue Datenschutzrecht in der betrieblichen Praxis, 1. Auflage 2016, Nomos Baden-Baden; *Leucker,* Die zehn Märchen der Datenschutzreform, in: PinG 2015, 195-202; *von Lewinski/Herrmann,* Cloud vs. Cloud – Datenschutz im Binnenmarkt, Verantwortlichkeit und Zuständigkeit bei grenzüberschreitender Datenverarbeitung, in: ZD 2016, 467 ff.; *Lindhorst,* Wachgeküsst – Datenschutz im Franchising nach der EU- Datenschutzgrundverordnung, in: ZVertriebsR 2017, 84-88; *Meyer (Hrsg.),* Charta der Grundrechte der EU, 4. Auflage 2014, Nomos Baden-Baden; *Monreal,* Weiterverarbeitung nach einer Zweckänderung in der DS-GVO, in: ZD 2016, 507-512; *Paal/Pauly,* Datenschutz-Grundverordnung, 1. Auflage 2016, C.H. Beck München; *Piltz,* Die Datenschutz-Grundverordnung, in: K&R 2016, 557-567; *Plath (Hrsg.),* BDSG/DSGVO, 2. Auflage 2016, Otto Schmidt, Köln; *Richter,* Datenschutz zwecklos? – Das Prinzip der Zweckbindung im Ratsentwurf der DSGVO, in: DuD 2015, 735-740; *Roßnagel/ Nebel /Richter,* Was bleibt vom Europäischen Datenschutzrecht? Überlegungen zum Ratsentwurf der DS-GVO, in: ZD 2015, 455-460; *Schantz,* Die Datenschutz-Grundverordnung – Beginn einer neuen Zeitrechnung im Datenschutzrecht, in: NJW 2016, 1841-1847; *Schmitz/von Dall'Armi*, Auftragsdatenverarbeitung in der DS-GVO – das Ende der Privilegierung? – Wie Daten künftig von Dienstleistern verarbeitet werden müssen, in: ZD 2016, 427, 429; *Schulz,* Und er sah, dass es gut war: zur Übermittlung von Positivdaten gewerblicher Marktteilnehmer an Auskunfteien, in: PinG 2014, 81-86; *Spindler,* Die neue EU-Datenschutz-Grundverordnung, in: DB 2016, 937-947; *Stentzel,* Der datenschutzrechtliche Präventionsstaat – Rechtsstaatliche Risiken der ordnungsrechtlichen Dogmatik des Datenschutzrechts im privaten Bereich, in: PinG 2016, 45-49;

Taeger (Hrsg.), DSRI -Tagungsband Herbstakademie 2016; *Tavanti,* Datenverarbeitung zu Werbezwecken nach der Datenschutz-Grundverordnung (Teil 1), in: RDV 2016, 231-240; *Tavanti,* Datenverarbeitung zu Werbezwecken nach der Datenschutz-Grundverordnung (Teil 2), in: RDV 2016, 295-306; *Thode,* Die neuen Compliance-Pflichten nach der Datenschutz-Grundverordnung, in: CR 2016, 714-721; *Veil,* DS-GVO: Risikobasierter Ansatz statt rigides Verbotsprinzip, Eine erste Bestandsaufnahme, in: ZD 2015, 347 ff.; *Von der Groeben/Schwarze/ Hatje (Hrsg.),* Europäisches Unionsrecht, 7. Auflage 2015, Nomos Baden-Baden; *Wolff/Brink (Hrsg.),* Beck'scher Online-Kommentar Datenschutzrecht, C.H. Beck München, 19. Edition, Stand: 01.11.2016; *Wybitul,* EU-Datenschutz-Grundverordnung im Unternehmen, 1. Auflage 2016; Deutscher Fachverlag GmbH, Frankfurt a.M.; *Wybitul/Pötters,* Der neue Datenschutz am Arbeitsplatz, in: RDV 2016, 10 ff.; *Wybitul,* EU-Datenschutz-Grundverordnung in der Praxis – Was ändert sich durch das neue Datenschutzrecht?, in: BB 2016, 1077 ff.; *Ziegenhorn,* Die materielle Rechtmäßigkeit von Datenverarbeitung nach der EU-Datenschutz-Grundverordnung, in: zfm (Zeitschrift für das Forderungsmanagement) 2016, 3 ff.; *Ziegenhorn/ von Heckel,* Datenverarbeitung durch Private nach der europäischen Datenschutzreform – Auswirkungen der Datenschutz-Grundverordnung auf die materielle Rechtmäßigkeit der Verarbeitung personenbezogener Daten, in: NVwZ 2016, 1585-1591.

Bedeutung der Norm

Die Norm legt fest, unter welchen Voraussetzungen die Verarbeitung personenbezogener Daten zulässig ist. Sie ist damit die Zentralnorm der DS-GVO. Aus den Erlaubnistatbeständen folgt das grundlegende Prinzip des Verbots mit Erlaubnisvorbehalt: wenn kein Erlaubnistatbestand vorliegt, ist die Verarbeitung personenbezogener Daten verboten. Abs. 1 enthält Erlaubnistatbestände für die Erstverarbeitung, Abs. 4 für die zweckändernde Weiterverarbeitung. Abs. 2 und 3 enthalten Öffnungsklauseln für Unionsgesetzgeber bzw. mitgliedstaatliche Gesetzgeber. Die Öffnungsklauseln ermöglichen die Festlegung zusätzlicher Rechtsgrundlagen der Datenverarbeitung sowie bereichsspezifischen Datenschutzrechts.

Hinweise für den Anwender

Für die Norm relevante Definitionen und andere Querbezüge:

- Abs. 1 ist der zentrale Verbots- und Erlaubnistatbestand der DS-GVO.
- Zur **Einwilligung** (Abs. 1 lit. a) enthalten die folgenden Normen zusätzliche Regelungen: Art. 4 Nr. 11 (Definition); Art. 7 (allgemeine Voraussetzungen); Art. 8 (Minderjährigenschutz); Art. 9 Abs. 2 lit. a (sensible Daten); Art. 13 Abs. 2 lit. c (Informationspflicht); Art. 17 Abs. 1 lit. b (Löschung nach Widerruf der Einwilligung); Art. 18 Abs. 2 (Verarbeitung nach Verarbeitungseinschränkung); Art. 20 Abs. 1 lit. a (Datenportabilität); Art. 22 Abs. 2 lit. c (automatisierte Einzelentscheidung); Art. 49 Abs. 1 lit. a (Drittstaatenübermittlung). Darüber hinaus enthalten EG 32, 33, 38, 42, 43, 50, 65, 161 und 171 weitere Konkretisierungen.
- Zur Datenverarbeitung aufgrund **Vertrages** (Abs. 1 lit. b) enthalten die folgenden Normen zusätzliche Regelungen: Art. 7 Abs. 4 (Verhältnis zur Einwilligung); Art. 8 Abs. 3 (Minderjährigenschutz); Art. 9 Abs. 2 lit. h (sensible Daten); Art. 13 Abs. 2 lit. e (Informationspflicht); Art. 20 Abs. 1 lit. a (Datenportabilität); Art. 22 Abs. 2 lit. a (automatisierte Einzelentscheidung); Art. 49 Abs. 1 lit. b und c (Drittstaatenübermittlungen); Art. 88 Abs. 1 (Beschäftigtendatenschutz). Darüber hinaus sehen EG 43 S. 3, 68 S. 3 und 9, 93 S. 3 bis 5, 111 S. 1 und 155 Konkretisierungen vor.
- Bei Verarbeitung auf der Grundlage von Abs. 1 lit. c und e können die Mitgliedstaaten spezifischere Regelungen vorsehen (Abs. 2 und 3).
- Bei der im **öffentlichen Interesse** liegenden Datenverarbeitung (Abs. 1 lit. e) enthalten Art. 9 Abs. 2 lit. g und i für die Verarbeitung sensibler Daten ähnliche Öffnungsklauseln.
- Bei der Datenverarbeitung aufgrund **berechtigten Interesses** (Abs. 1 lit. f) enthalten die folgenden Normen zusätzliche Regelungen: Art. 13 Abs. 1 lit. d und Art. 14 Abs. 2

lit. b (Informationspflicht); Art. 17 Abs. 1 lit. c i.V.m. Art. 21 Abs. 1 (Löschung bei Widerspruch); Art. 18 Abs. 1 lit. d (Verarbeitungseinschränkung bei Widerspruch); Art. 21 Abs. 1 und 6 (Widerspruch); Art. 35 Abs. 7 lit. a (Datenschutz-Folgenabschätzung); Art. 40 Abs. 2 lit. b (Verhaltensregeln); Art. 49 Abs. 1 S. 1 lit. g, Art. 49 Abs. 1 S. 2 und Art. 49 Abs. 2 S. 2 (Drittstaatenübermittlungen). Die EG 47 bis 50, 69, 111 enthalten Konkretisierungen.
- Für die **Weiterverarbeitung** (Abs. 4) enthält Art. 5 Abs. 1 lit. b eine Privilegierung für bestimmte Verarbeitungszwecke. Es besteht bei Weiterverarbeitung eine gesonderte Informationspflicht (Art. 13 Abs. 3 und Art. 14 Abs. 4). EG 50 S. 2 und 5 enthalten Konkretisierungen. Die Mitgliedstaaten können (gestützt auf die in Art. 23 Abs. 1 genannten Zwecke) im nationalen Recht Weiterverarbeitungstatbestände vorsehen. Die Auslegung der Zweckänderungsklausel in Abs. 4 ist bereits jetzt in zentralen Punkten umstritten.
- Für **besondere Datenkategorien** gelten zusätzlich zu Art. 6 die Erlaubnistatbestände des Art. 9.
- Für **besondere Datenverarbeitungssituationen** gibt es Sonderregelungen in Kap. IX.
- Zugehörige **Bußgeldvorschrift**: Art. 83 Abs. 5 lit. a.
- Art. 6 Abs. 1 entspricht in weiten Teilen dem bisherigen Art. 7 der **Datenschutzrichtlinie 95/46/EG**.
- Art. 6 erfüllt den Regelungszweck der bisherigen §§ 4, 12 f., 28 **BDSG**. Die §§ 4, 27 ff. BDSG werden durch Art. 6 weitgehend ersetzt werden.

Stellungnahmen der Aufsichtsbehörden oder der Art. 29-Gruppe:
- *Article 29 Data Protection Working Party*, Opinion 03/2013 on purpose limitation, WP 203 (adopted on 2 April 2013), http://ec.europa.eu/justice/data-protection/article-29/documentation/opinion-recommendation/files/2013/wp203_en.pdf (zuletzt abgerufen am 12.7.2017).
- *Bayerisches Landesamt für Datenschutzaufsicht*, Das BayLDA auf dem Weg zur Umsetzung der Verordnung: Teil III – Videoüberwachung nach der DS-GVO (Stand: 5.7.2016)
- Bayerisches *Landesamt für Datenschutzaufsicht*, Das BayLDA auf dem Weg zur Umsetzung der Verordnung: Teil XII – Verarbeitung personenbezogener Daten für Werbung (Stand: 4.5.2017).
- *Datenschutzbehörden des Bundes und der Länder (Datenschutzkonferenz – DSK)*, Kurzpapier Nr. 3 – Verarbeitung personenbezogener Daten für Werbung (Stand: 29.6.2017).
- *European Data Protection Supervisor*, Stellungnahme 3/2015, Eine große Chance für Europa – Empfehlungen des EDSB zu den Optionen der EU für die Datenschutzreform (28.7.2015).
- European Data Protection Supervisor, Stellungnahme 8/2016, Stellungnahme des EDSB zur kohärenten Durchsetzung von Grundrechten im Zeitalter von Big Data (23.9.2016).

Schlagworte

Rechtmäßigkeit der Datenverarbeitung, Verbot mit Erlaubnisvorbehalt, Erlaubnistatbestände, Einwilligung, Vertrag, Interessenabwägung, berechtigte Interessen, lebenswichtige Interessen, Rechtsgrundlagen für Datenverarbeitung, Öffnungsklauseln für bereichsspezifisches Datenschutzrecht, Zweckänderung, Kompatibilität.

A. Allgemeines

I. Regelungszweck

Art. 6 ist die zentrale Verbots- und Erlaubnisnorm der DS-GVO. Zweck der Regelung ist die Gewährleistung eines lückenlosen Schutzes des Betroffenen, indem für die Verarbeitung personenbezogener Daten immer ein Erlaubnistatbestand verlangt wird (Verbotsprinzip). Dieses sehr weitgehende grundsätzliche Verarbeitungsverbot ist nur zu rechtfertigen, wenn die Erlaubnistatbestände so auslegungsoffen sind, dass entgegenstehenden Rechten und Interessen ausreichend Raum gegeben wird. Durch die möglichst abschließende Regelung der Erlaubnistatbestände in der DS-GVO wird die weitgehende Harmonisierung des Datenschutzrechts zur Gewährleistung des freien Verkehrs personenbezogener Daten zwischen den Mitgliedstaaten angestrebt (EG 1 bis 7). 1

Art. 6 regelt die Rechtmäßigkeit der Datenverarbeitung. In Abs. 1 S. 1 ist das grundlegende Prinzip des Verbots mit Erlaubnisvorbehalt verankert. Danach ist jede Verarbeitung personenbezogener Daten nur dann rechtmäßig, wenn einer der Erlaubnistatbestände erfüllt ist. Nach diesem Regelungskonzept ist grundsätzlich jede Verarbeitung personenbezogener Daten rechtfertigungsbedürftig, sofern sie in den sachlichen (Art. 2) und räumlichen (Art. 3) Anwendungsbereich der DS-GVO fällt.[1] 2

Das Grundprinzip des Verbots mit Erlaubnisvorbehalt ist Ausfluss eines weit ins Vorfeld verlagerten Schutzkonzepts (Vorsorgeprinzip). Es greift unabhängig davon, ob im konkreten Fall eine konkrete Gefährdung oder gar ein Schaden für das eigentliche Schutzgut, insb. das Recht auf Privatleben (vgl. Art. 1 Rn. 28 ff.), droht oder eingetreten ist.[2] Die Kehrseite dieses breiten Schutzansatzes ist freilich ein ebenso breiter Kanon an sehr allgemeinen Erlaubnistatbeständen. Zu der Frage, welchem Schutzgut die DS-GVO überhaupt dient, vgl. Art. 24 Rn. 114 ff. 3

Art. 6 ist nicht nur die zentrale Verbots-, sondern auch die zentrale Erlaubnisnorm für die Datenverarbeitung. Als Erlaubnisnorm ist sie allerdings nicht abschließend. Die Einwilligung, deren „Ankerpunkt" in Abs. 1 lit. a gesetzt wird, wird in Art. 4 Nr. 4, Art. 7, Art. 8 Abs. 1 und 2 und in verschiedenen weiteren Tatbeständen und Erwägungsgründen der DS-GVO weiter ausgestaltet. Die Erlaubnistatbestände des Abs. 1 werden außerdem in bestimmten Bereichen der DS-GVO um spezifische Erlaubnisregelungen ergänzt oder sogar verdrängt, wie z.B. in Art. 9 Abs. 2. 4

Art. 6 verfolgt das Ziel einer weitgehenden, wenn auch nicht abschließenden Vollharmonisierung.[3] Das gilt grundsätzlich für die Erlaubnistatbestände, die vor allem im privaten Bereich relevant sind, d.h. die Einwilligung (Abs. 1 lit. a i.V.m. Art. 4 Nr. 11, Art. 7, Art. 8 Abs. 1 und 2), die Verarbeitung zur Vertragserfüllung (Abs. 1 lit. b), die Verarbeitung zum Schutz lebenswichtiger Interessen (Abs. 1 lit. d) und die Verarbeitung aufgrund der allgemeinen Abwägungsklausel (Abs. 1 lit. f). Diese Erlaubnistatbestände sind in der DS-GVO vollständig geregelt. Dadurch wird der Datenschutz in diesen Bereichen – vorbehaltlich bereichsspezifischer Öffnungsklauseln – unmittelbar vollständig harmonisiert. 5

Die Erlaubnistatbestände hinsichtlich der Datenverarbeitung, die zur Erfüllung einer rechtlichen Verpflichtung (Abs. 1 lit. c) oder zur Wahrnehmung einer Aufgabe im öffentlichen Interesse oder in Ausübung öffentlicher Gewalt erfolgt (Abs. 1 lit. e), verweisen auf anderweitige Rechtsgrundlagen im Unionsrecht oder im Recht der Mitgliedstaaten (vgl. Abs. 2 und 3). Die Verordnung verfolgt hier das Ziel einer Rahmenharmonisierung.[4] Die harmonisierende Wirkung der DS-GVO wird dadurch erreicht, dass die Mitgliedstaaten (und die Union) entsprechende Rechtsgrundlagen für die Datenverarbeitung erlassen können. Diese müssen den materiellen Anforderungen 6

---

1 Speziell für Anbieter öffentlich zugänglicher elektronischer Kommunikationsdienste enthält Art. 95 DS-GVO eine weitere Bereichsausnahme.
2 Kritisch *Krönke*, 319, 324 ff.; *Stentzel*, in: Ping 2016, 45, 47.
3 *Kühling/Martini et. al*, S. 13 ff.
4 *Kühling/Martini et. al,* S. 13 ff.

der DS-GVO entsprechen, die sich insb. aus Abs. 3 ergeben. Die Ausfüllung dieses „Gesetzesvorbehalts“[5] und damit des Wesens des Datenschutzes im Verhältnis Staat-Bürger bleibt dabei weiteren Rechtsakten der EU und der Mitgliedstaaten überlassen. Den Mitgliedstaaten und dem Unionsgesetzgeber bleibt so ein erheblicher Spielraum bei der Gestaltung des Rechtsregimes der Datenverarbeitung und des Datenschutzes erhalten.[6]

II. Normadressaten

7 Art. 6 enthält teilweise unmittelbar anwendbares Vollrecht und teilweise Öffnungsklauseln für anderweitige Rechtsakte. Je nach Fall sind die Mitgliedstaaten, der Unionsgesetzgeber, die Verantwortlichen, Dritte, die Betroffenen und/oder die Aufsichtsbehörden Normadressaten der Regelung.

1. Datenverarbeiter

a) Verantwortliche

8 Soweit Art. 6 selbständige Regelungen enthält, richtet er sich in erster Linie an die Verantwortlichen (Definition in Art. 4 Nr. 7). Gem. Abs. 1 S. 1 ist im Anwendungsbereich der DS-GVO allen potentiellen Datenverarbeitern das Verarbeiten personenbezogener Daten unmittelbar verboten, soweit keiner der Erlaubnistatbestände erfüllt ist. Dieses grundsätzliche Verbot mit Erlaubnisvorbehalt richtet sich unterschiedslos an alle öffentlichen und nicht-öffentlichen Verantwortlichen.

b) Auftragsverarbeiter

9 Im Wortlaut des Abs. 1 S. 1 fehlt leider die Klarstellung, dass dieser sich ausschließlich an Verantwortliche und somit nicht an Auftragsverarbeiter i.S.d. Art. 28 richtet. Aus zahlreichen anderen Bestimmungen ergibt sich aber, dass Auftragsverarbeiter für die Rechtmäßigkeit der Verarbeitung i.S.d. Art. 6 nur eine sehr eingeschränkte Verantwortlichkeit haben. Dass Abs. 1 sich primär an Verantwortliche richtet, ergibt sich zum einen bereits aus dem Terminus „Verantwortlicher“ und dessen Legaldefinition in Art. 4 Nr. 7. Zum anderen erwähnt Art. 6 den „Verantwortlichen“ an vielen Stellen (Abs. 1 lit. c, e und f, Abs. 3, Abs. 4) als Normadressaten, den Auftragsverarbeiter jedoch an keiner Stelle. Und auch das in Art. 28 geregelte Pflichtenprogramm des Auftragsverarbeiters umfasst keine originären Pflichten, die Rechtmäßigkeit der Verarbeitung sicherzustellen.[7] Für den Fall, dass ein Auftragsverarbeiter den Verantwortlichen unverzüglich auf ihm bekannt gewordene Verstöße gegen Art. 6 hinweist (Art. 28 Abs. 3 S. 3) und sich im Übrigen an die ihm erteilten Anweisungen hält (Art. 28 Abs. 10), ist er für die Beachtung der Vorgaben des Art. 6 nicht verantwortlich. Die Privilegierung des Art. 82 Abs. 2 S. 2 ist insofern verallgemeinerungsfähig (siehe im Übrigen die Kommentierung zu Art. 28, Rn. 98 ff.).

c) Öffentliche Stellen

10 Öffentliche Stellen können sich zur Datenverarbeitung grundsätzlich auf alle Erlaubnistatbestände des Abs. 1 berufen – außer auf die allgemeine Interessenabwägungsklausel des Abs. 1 lit. f, wie sich aus Abs. 1 S. 2 ergibt. Eine Datenverarbeitung öffentlicher Stellen mit Einwilligung des Betroffenen (lit. a) oder zur Vertragserfüllung (lit. b) wird allerdings auch unter der DS-GVO in der Praxis eine Ausnahme darstellen. Denn eine wirksame Einwilligung muss gem. Art. 4 Nr. 11 DS-GVO „freiwillig“ abgegeben worden sein, was mit der typischerweise hoheitlich-imperativen Vorgehensweise von Behörden nur selten vereinbar ist. Gleiches gilt nach deutschem Recht für öffentlich-rechtliche Verträge (§§ 54 ff. VwVfG).

---

5 Unter den in der DS-GVO verwendeten Begriff der „Rechtsgrundlage“ fallen zumindest alle Gesetze im materiellen Sinne, also auch Rechtsverordnungen und Satzungen.
6 *Kühling/Martini* et. al, S. 13 ff.; a.A. *Albrecht/Jotzo*, 73.
7 Paal/Pauly, *Martini*, Art. 28 Rn. 10.

Am meisten auf den öffentlichen Bereich zugeschnitten ist der Erlaubnistatbestand des Abs. 1 lit. e. Dieser ist allerdings keine selbständige Rechtsgrundlage für die Datenverarbeitung, sondern setzt vielmehr eine anderweitige Rechtsgrundlage im Unionsrecht oder im Recht eines Mitgliedstaates voraus (vgl. Abs. 3). Öffentliche Stellen können sich also nicht unmittelbar auf Art. 6 Abs. 1 lit. e berufen. Vielmehr verweist Abs. 1 lit. e auf entsprechende Rechtsgrundlagen im Recht der EU oder der Mitgliedstaaten. Die Datenverarbeiter stützen sich dann auf diese anderweitig bestehenden oder zu schaffenden Rechtsgrundlagen. **11**

d) Unternehmen und sonstige private Stellen

Private Unternehmen und sonstige private Stellen können sich zur Datenverarbeitung grundsätzlich auf alle in Abs. 1 aufgezählten Erlaubnistatbestände stützen, soweit deren Voraussetzungen erfüllt sind. Im Zentrum stehen dabei die Datenverarbeitung mit Einwilligung (lit. a), zur Vertragserfüllung (lit. b) und aufgrund der Interessenabwägungsklausel (lit. f). **12**

Eine besondere Stellung nehmen die Erlaubnistatbestände in lit. c und e ein. Diese sind grundsätzlich auch für private Datenverarbeiter anwendbar. Private verarbeiten die Daten dann allerdings nicht im eigenen Interesse, sondern primär zur Verwirklichung eines öffentlichen Interesses und/oder zur Erfüllung einer gesetzlichen Verpflichtung. Dieses Interesse bzw. diese Verpflichtung muss in anderweitigen Rechtsnormen verankert sein, die sodann i.V.m. Abs. 1 lit. c oder lit. e als Rechtsgrundlage für die Datenverarbeitung heranzuziehen sind. **13**

2. Betroffene

Betroffene sind nicht im engeren Sinne Adressaten der Regelungen in Art. 6, der keine unmittelbaren Rechte und Pflichten für die Betroffenen enthält. Dennoch sind sie unmittelbar durch den Regelungsgehalt des Art. 6 betroffen. **14**

Zunächst werden alle potentiell Betroffenen durch das unmittelbar anwendbare, grundsätzliche Verbot der Verarbeitung personenbezogener Daten geschützt. Soweit Abs. 1 den Verantwortlichen unmittelbar das Recht einräumt, personenbezogene Daten zu verarbeiten, wird jedoch gleichzeitig ein Eingriff in das Recht auf Schutz personenbezogener Daten des Betroffenen gestattet. Im Fall der Einwilligung und der Verarbeitung zur Vertragserfüllung wird festgelegt, inwiefern das Verhalten des Betroffenen Grund für die Erlaubnis zur Datenverarbeitung sein kann. Dem Betroffenen wird zwar einerseits implizit ein gewisses „Bestimmungsrecht" über „seine" personenbezogenen Daten eingeräumt. Andererseits wird dieses durch die weiten Erlaubnistatbestände, deren Maßstäbe regelmäßig objektiv und nicht subjektiv ausgestaltet sind, sogleich relativiert. **15**

Die dem Betroffenen durch Abs. 1 verliehene Autonomie (Selbstbestimmungsrecht) kann dieser nicht vollkommen eigenständig in seinem Interesse (wirtschaftlich) nutzen: **16**

Sie kann zum einen mit dem Allgemeininteresse kollidieren. Der Betroffene muss Einschränkungen seines Datenschutzrechts im überwiegenden Allgemeininteresse hinnehmen, denn „Information, auch soweit sie personenbezogen ist, stellt ein Abbild sozialer Realität dar, das nicht ausschließlich dem Betroffenen allein zugeordnet werden kann".[8] Der EuGH bestätigt diese Sichtweise, indem er erklärt, dass das Recht auf Schutz der personenbezogenen Daten keine uneingeschränkte Geltung beanspruchen kann, sondern im Hinblick auf seine gesellschaftliche Funktion gesehen werden muss.[9] Diese Formulierung findet sich auch in EG 4 S. 2 wieder. **17**

Zum anderen beruht Datenverarbeitung im nicht-öffentlichen Bereich von vornherein auch auf den (Grund-)Rechten der Datenverarbeiter, deren Interessen im Rahmen der Abwägungen der Erlaubnistatbestände zu berücksichtigen sind und die Autonomie der Betroffenen *a priori* begrenzen. Häufig dient Datenverarbeitung auch den (Grund-)Rechten Dritter.[10] Die DS-GVO **18**

---

8 So bereits BVerfG, Urt. v. 15.12.1983, 1 BvR 209/83 u.a., BVerfGE 65, 1.
9 EuGH, Urt. v. 9.11.2010, C-92/09 und C-93/09, Rn. 48.
10 *Stentzel*, in: Ping 2016, 45, 47.

schützt alle Grundrechte und Grundfreiheiten natürlicher Personen (vgl. Art. 1 Abs. 2 Rn. 29 ff.). Gleiches muss, schon wegen der höherrangigen EU-Grundrechtecharta, auch für Grundrechte juristischer Personen gelten.

19 Liegt ein Erlaubnistatbestand vor, wird den Betroffenen konkludent eine Duldungspflicht bezüglich der Verarbeitung ihrer Daten auferlegt. Insb. aus dem Erlaubnistatbestand Abs. 1 lit. f wird deutlich, dass dies nicht eine einseitige Rechtsbeschneidung, sondern vielmehr einen Ausgleich zwischen kollidierenden Rechtspositionen darstellt. Das Recht auf Schutz personenbezogener Daten muss unter Wahrung des Verhältnismäßigkeitsprinzips gegen die Grundrechte anderer abgewogen werden (vgl. EG 4 S. 2).[11] Hierfür kommen grundsätzlich alle anderen Grundrechte, von denen EG 4 S. 3 exemplarisch einige aufzählt, in Betracht. Insb. die Kommunikationsfreiheiten (Art. 11 GRC), die Kunst- und Wissenschaftsfreiheit (Art. 13 GRC) und die unternehmerische Freiheit (Art. 16 GRC) laufen Gefahr, mit dem Recht auf Privatleben (Art. 7 GRC) und dem Recht auf Schutz personenbezogener Daten (Art. 8 GRC) in Konflikt zu geraten, der in jedem Fall durch Interessenabwägung zu lösen ist.

3. Unionsgesetzgeber und Mitgliedstaaten

20 Grundsätzlich gilt eine Verordnung unmittelbar und bedarf keiner Umsetzung in nationales Recht (Art. 288 AEUV). Für die Mitgliedstaaten beschränkt sich der Normbefehl daher grundsätzlich darauf, im Anwendungsbereich der Verordnung keine Gesetze oder anderweitigen Regelungen zu erlassen, die der Verordnung widersprechen. Ungeachtet der – im Primärrecht nicht vorgesehenen – Bezeichnung als „Grundverordnung" folgt aus der durch Art. 6 vorgegebenen Systematik indessen, dass der nationale Gesetzgeber mitunter geradezu verpflichtet ist, Rechtsgrundlagen der Datenverarbeitung zu schaffen, die die DS-GVO selbst nicht enthält. Es braucht für die Rechtmäßigkeit der Datenverarbeitung aufgrund der Erlaubnistatbestände in Abs. 1 lit. c und lit. e Rechtsgrundlagen im Unionsrecht oder im Recht der Mitgliedstaaten (vgl. Abs. 3 S. 1). In diesem Bereich können die Mitgliedstaaten gem. Abs. 2 außerdem spezifischere Bestimmungen zur Anpassung der Anwendung der Vorschriften der DS-GVO erlassen. Auch die Zweckänderung nach Abs. 4 kann durch nationale Rechtsvorschriften ergänzt werden (unten Rn. 227 ff.). Demgegenüber können die Mitgliedstaaten im Regelungsbereich der übrigen Erlaubnistatbestände des Art. 6 – vorbehaltlich besonderer Öffnungsklauseln – keine weiteren Regelungen treffen.

4. Aufsichtsbehörden

21 Art. 6 enthält keine Befugnisse, Rechte oder Pflichten der Aufsichtsbehörden. Allerdings sind diese gehalten, die Anwendung der DS-GVO zu überwachen und durchzusetzen (vgl. Art. 51 Abs. 1, Art. 57 Abs. 1 lit. a). Als zentrale Regelung für die Rechtmäßigkeit der Datenverarbeitung liefert Art. 6 den materiellen Maßstab für die Tätigkeit der Aufsichtsbehörden.

III. Systematik

22 Art. 6 ist die zentrale Verbots- und Erlaubnisnorm der DS-GVO. Art. 6 hat die Funktion einer Generalklausel, die in vielen Szenarien die Rechtmäßigkeit der Datenverarbeitung abschließend regelt. Gleichzeitig sind die Abs. 2 und 3 eine zentrale Scharniernorm zwischen DS-GVO und dem Datenschutzrecht der Mitgliedstaaten im öffentlichen Bereich.

23 Abs. 1 regelt die einzelnen Erlaubnistatbestände. Die Absätze 2 und 3 enthalten Öffnungsklauseln zur Ausgestaltung der Erlaubnistatbestände von Abs. 1 lit. c und e. Abs. 4 enthält Regelungen zu Zweckänderungen, wobei das Verhältnis des Abs. 4 zu den übrigen Absätzen umstritten ist (unten Rn. 200 ff.).

---

11 EuGH, 9.11.2010, Rs. C-92/09 und C-93/09, Rn. 48 – *Schecke und Eifert*; *Stentzel*, in: Ping 2016, 45, 47; siehe auch Art. 1 Rn. 28 ff.

1. Verhältnis von Art. 6 zu anderen Normen

Art. 6 ist vor allem im Zusammenhang mit Art. 5 auszulegen, der die Grundsätze der Datenverarbeitung regelt. Art. 6 gestaltet das in Art. 5 Abs. 1 lit. a geregelte Rechtmäßigkeitsprinzip aus. Zugleich konkretisieren die Erlaubnistatbestände des Art. 6 das Fairnessprinzip gem. Art. 5 Abs. 1 lit. a. Auch die weiteren in Art. 5 genannten Prinzipien spielen bei der Auslegung des Art. 6 eine Rolle, vor allem dort, wo Art. 6 als Voraussetzung der Rechtmäßigkeit der Datenverarbeitung eine Abwägung vorsieht (Abs. 1 lit. f, Abs. 4). Gleiches gilt, wo unbestimmte Rechtsbegriffe mit Leben zu füllen sind (insb. Abs. 3 S. 3). Abs. 4 konkretisiert den Zweckbindungsgrundsatz gem. Art. 5 Abs. 1 lit. b. **24**

Art. 6 ist als Erlaubnistatbestand nicht abschließend. Insb. für die Verarbeitung sensibler Daten enthält Art. 9 DS-GVO einen eigenständigen Katalog von Erlaubnistatbeständen, der Vorrang gegenüber den Erlaubnistatbeständen des Art. 6 hat.[12] Erlaubnistatbestände jenseits des Art. 6 ergeben sich außerdem, wo die DS-GVO Öffnungsklauseln vorsieht, die dem EU-Gesetzgeber oder den Mitgliedstaaten den Erlass weiterer Erlaubnistatbestände erlauben. Dies gilt bspw. für die Datenverarbeitung im Medien- und Kunstbereich (Art. 85 Abs. 2). Auch für den Beschäftigtendatenschutz wird vertreten, dass Art. 88 eine Befugnis der Mitgliedstaaten zur Festlegung weiterer Erlaubnistatbestände vorsieht.[13] **25**

Die Voraussetzungen der Einwilligung (Art. 6 Abs. 1 lit a) finden sich nicht nur in Art. 6, sondern verstreut über die Art. 4 Nr. 11, Art. 7, Art. 8, Art. 9 Abs. 2 lit. a sowie weitere Tatbestände und Erwägungsgründe der DS-GVO. **26**

2. Abgrenzung zwischen „öffentlichem" und „nicht-öffentlichem" Bereich?

Die Auffassung, Art. 6 differenziere zwischen dem nicht-öffentlichen und dem öffentlichen Bereich, ist etwas ungenau. Denn mit Ausnahme von Abs. 1 lit. f finden alle Erlaubnistatbestände des Abs. 1 sowohl auf öffentliche als auch auf nicht-öffentliche Stellen Anwendung. Gleichwohl gibt es Schwerpunktbereiche: Abs. 1 lit. c und e sowie die Absätze 2 und 3 sind eher dem öffentlichen Bereich zuzuordnen, die übrigen Erlaubnistatbestände eher dem privaten Bereich. Diese Unterscheidung war auch für die Verhandlungen während des Gesetzgebungsverfahrens prägend und ist in gewisser Weise in die Systematik der verschiedenen Erlaubnistatbestände des Art. 6 eingeflossen. **27**

Anknüpfungspunkt für die Abgrenzung zwischen den Regelungsbereichen ist allerdings nicht die rechtliche Einordnung der handelnden Stelle, sondern sind die Aufgaben bzw. Interessen, die mit der Datenverarbeitung erfüllt bzw. verfolgt werden. Bei der Datenverarbeitung im öffentlichen Interesse (die allerdings auch durch Private erfolgen kann) sind die Mitgliedstaaten, wie bisher unter der Geltung der Datenschutzrichtlinie 95/46/EG, nach Abs. 1 lit. c und e, Abs. 2 und Abs. 3 zur Schaffung von Rechtsgrundlagen für die Datenverarbeitung berufen. Demgegenüber dürfen sie in Bezug auf Datenverarbeitungen im rein privaten bzw. wirtschaftlichen Interesse nur noch dort gesetzgeberisch tätig werden, wo dies durch anderweitige bereichsspezifische Öffnungsklauseln der DS-GVO vorgesehen ist.[14] Zum Begriff des „öffentlichen Interesses" eingehend Art. 18 Rn. 98 ff. **28**

Die Abgrenzung des „öffentlichen" Bereichs in Art. 6 orientiert sich daran, ob eine *Aufgabe* oder eine *Rechtspflicht* erfüllt wird, die die EU oder die Mitgliedstaaten in ihrem Recht vorgesehen haben (Abs. 1 lit. c und e). Eine solche Aufgabe oder Rechtspflicht kann nach der Systematik der DS-GVO gleichermaßen von Behörden, Beliehenen oder auch Privatunternehmen erfüllt werden. Auf die Organisationsform des Datenverarbeiters kommt es ebenso wenig an wie auf die Frage, ob der Datenverarbeiter Hoheitsrechte ausübt oder unter staatlicher Kontrolle steht. **29**

---

12 *Albrecht/Jotzo*, S. 78.
13 *Wybitul*, Rn. 309; zutreffend differenzierend aber *Wybitul/Pötters*, in: RDV 2016, 10, 13.
14 *Kühling/Martini* et. al, S. 13.

30 Für das Handeln staatlicher Stellen oder für die Verpflichtung Privater zur Datenverarbeitung im öffentlichen Interesse müssen spezifische gesetzliche Grundlagen geschaffen werden. Die Erlaubnistatbestände Abs. 1 lit. c und e erfordern somit für die Rechtmäßigkeit der Datenverarbeitung einen weiteren Rechtsakt im Unionsrecht oder im Recht der Mitgliedstaaten (vgl. Abs. 2 und 3). In diesen Bereichen gibt es also keine selbstvollziehende Vollharmonisierung. Die DS-GVO begnügt sich im Wesentlichen mit der Normierung des Vorbehalts einer rechtlichen Grundlage. Sie trifft selbst keine näheren Aussagen darüber, welche Daten zu welchen Zwecken auf welche Art verarbeitet und übermittelt werden dürfen. Vielmehr wird dies den spezifischen nationalen Regelungen überlassen. Abs. 2 und 3 lassen dabei ausdifferenzierte, bereichsspezifische nationale Datenschutzregelungen ausdrücklich zu. Die bereichsspezifischen Datenschutzregelungen, wie sie in Deutschland zahlreich bestehen, können somit erhalten bleiben.

31 Im rein privatwirtschaftlichen Bereich geht es in erster Linie um die Ausübung von Privatautonomie und um Abwägungen zwischen widerstreitenden Privatinteressen an der Datenverarbeitung. Die Erlaubnistatbestände, die diesen Bereich in erster Linie regulieren (lit. a: Einwilligung; lit. b: Vertragserfüllung; lit. f: Interessenabwägung) sind in der DS-GVO umfassend und (vorbehaltlich bereichsspezifischer Öffnungsklauseln) auch abschließend geregelt. In diesen Bereichen findet durch die unmittelbar anwendbare DS-GVO eine weitgehende selbstvollziehende Vollharmonisierung statt (zur Harmonisierungsmatrix der DS-GVO vgl. Art. 1 Rn. 11 ff.). Nationale Regelungen können hier nur erlassen werden, soweit die DS-GVO dies ausdrücklich erlaubt, etwa für die Altersgrenze nach Art. 8 oder für besondere Datenverarbeitungssituationen nach Kapitel IX.

32 Die Erlaubnistatbestände in Abs. 1 lit. a, b und d sind allerdings nicht gänzlich für die Anwendung im öffentlichen Bereich gesperrt (anders nur Abs. 1 lit. f: vgl. Abs. 1 letzter Satz). Deshalb kann auch die Datenverarbeitung einer Behörde prinzipiell auf die Einwilligung des Betroffenen gestützt werden (vgl. EG 43) oder zur Erfüllung eines Vertrages, den eine Behörde zuvor mit dem Betroffenen geschlossen hat, erforderlich sein. Umgekehrt finden die Bestimmungen des Art. 6 Abs. 1 lit. c und e auch auf Private Anwendung. Dies betrifft Fälle der Indienstnahme Privater für öffentliche Zwecke, die sich grob unter dem Stichwort „compliancebezogene Datenverarbeitung" zusammenfassen lassen. Derartige Pflichten gelten bspw. für Kaufleute und Steuerzahler bei der Buchführung und Archivhaltung, sowie für Arbeitgeber im Zusammenhang mit arbeitsrechtlichen oder sozialrechtlichen Pflichten. Typisch sind Vorschriften zur Datenverarbeitung im öffentlichen Interesse im Bereich der regulierten Industrien, z.B. in der Finanzindustrie („know your customer") oder der Pharmaindustrie. Aber auch in verschiedenartigsten anderen Konstellationen werden Privaten im öffentlichen Interesse besondere datenschutzrechtliche Anforderungen auferlegt (etwa Energieversorgungsunternehmen beim Einsatz von Smart-Meter-Gateways (vgl. §§ 19 ff. und 49 ff. des Gesetzes zur Digitalisierung der Energiewende) oder Anbieter von De-Mail-Diensten (vgl. §§ 9 ff. De-Mail-Gesetz). Auch die DS-GVO selbst enthält zahlreiche Pflichten zur Erhebung und Verarbeitung personenbezogener Daten.

3. Verhältnis zwischen Abs. 2 und 3

33 Abs. 2 und 3 enthalten jeweils Regelungen zu den Rechtsgrundlagen, die die Erlaubnistatbestände in Abs. 1 lit. c und lit. e ausfüllen können. Abs. 2 räumt den Mitgliedstaaten hierbei einen Spielraum zur Anpassung der Vorschriften der DS-GVO ein, wenn diese Rechtsgrundlagen zur Ausfüllung der Erlaubnistatbestände in Abs. 1 lit. c und e schaffen oder beibehalten. Abs. 3 gestaltet den für die Erlaubnistatbestände nach Abs. 1 lit. c und e vorausgesetzten Vorbehalt näher aus.

34 In welchem Verhältnis die Regelungen in Abs. 2 und Abs. 3 stehen, ist nicht ganz klar. Eine unvoreingenommene Lektüre legt nahe, dass Abs. 2 die Spezifizierung von Vorschriften der DS-GVO erlaubt, während Abs. 3 die Anforderungen an den Vorbehalt einer Rechtsgrundlage für die Erlaubnistatbestände in Abs. 1 lit. c und e regelt. Allerdings bezieht sich auch Abs. 2 nur auf Regelungen im Bereich dieser Rechtsgrundlagen. Und auch Abs. 3 S. 3 sagt – gegenüber Abs. 2 redun-

dant – dass diese Rechtsgrundlagen spezifischere Bestimmungen zur Anpassung und Anwendung der Vorschriften der Verordnung enthalten können.

Die etwas verwirrende Systematik erklärt sich aus der Entstehungsgeschichte: Abs. 2 wurde erst während der Trilogverhandlungen auf Betreiben des Rates zusätzlich eingefügt, um das bestehende bereichsspezifische Datenschutzrecht der Mitgliedstaaten im öffentlichen Bereich abzusichern.[15] Das Wort „beibehalten" in Abs. 2 ist daher als eine Art Bestandsgarantie zu verstehen. EG 10 erläutert dies dahingehend, dass den Mitgliedstaaten durch die Rechtsform der Verordnung zwar nunmehr auch im öffentlichen Bereich das Ziel einer weitergehenden Harmonisierung vorgegeben wird, dieses Ziel andererseits jedoch unter einen gewissen Ermessensspielraum des nationalen Gesetzgebers steht. Somit wiederholt und bestärkt Abs. 2 den Ausgestaltungsspielraum, den die Mitgliedstaaten bei Schaffung von Rechtsgrundlagen zur Datenerhebung nach Abs. 3 haben. **35**

Bei genauerer Betrachtung lassen sich Art. 2 und 3 in zwei verschiedene Regelungsgruppen einteilen. Die systematische Grenze verläuft hierbei aber nicht zwischen Abs. 2 und Abs. 3. Einerseits regelt Art. 3 Abs. 1 in den Sätzen 1, 2 und 4 die Mindestanforderungen („muss") an Rechtsgrundlagen der Datenverarbeitung. Andererseits regeln Abs. 2 und Abs. 3 S. 3 zusätzliche, noch darüber hinausgehende Spielräume („kann") für die Gesetzgeber bei der Festlegung bereichsspezifischen Datenschutzrechts (zur Struktur eingehend unten Rn. 146 ff.). **36**

IV. Entstehungsgeschichte

Art. 6 Abs. 1 DS-GVO entspricht weitgehend Art. 7 der Datenschutzrichtlinie 95/46/EG.[16] Bei den Erlaubnistatbeständen in Art. 6 Abs. 1 DS-GVO sind nur bei der Einwilligung in größerem Umfang Änderungen erfolgt. Art. 6 Abs. 1 lit. a DS-GVO enthält nunmehr eine ausdrückliche Klarstellung, dass die Einwilligung immer auf einen oder mehrere bestimmte Zwecke bezogen sein muss. Die Anforderungen an eine wirksame Einwilligung nach der DS-GVO gehen teils über den Wortlaut von Art. 7 lit. a DS-RL hinaus, teils bleiben sie dahinter zurück. Diese Anforderungen sind jedoch nicht (nur) in Art. 6 DS-GVO geregelt, sondern vor allem in Art. 4 Nr. 11, Art. 7, für Kinder in Art. 8 Abs. 1 und 2 und für sensible Daten in Art. 9 Abs. 2 lit. a DS-GVO. Die Formulierung des Art. 7 lit. a DS-RL, laut der eine Einwilligung „ohne jeden Zweifel" abgegeben worden sein muss, ist dabei durch die Formulierung in Art. 4 Nr. 11 DS-GVO ersetzt worden, wonach die Einwilligung „unmissverständlich" bzw. „eindeutig bestätigend" erfolgen muss. **37**

Umstritten war während des Trilogs Art. 6 Abs. 1 lit. f DS-GVO. Letztlich einigten sich die Trilogparteien darauf, dass auch berechtigte Interessen Dritter (Drittinteressen) eine Datenverarbeitung rechtfertigen können. **38**

Art. 6 Abs. 2 und 3 DS-GVO haben in der DS-RL keinen direkten Vorläufer. Die Regelungen beschäftigen sich speziell mit der Festlegung von Rechtsgrundlagen der Datenverarbeitung und sind erst durch den Wechsel des Regelungsinstruments (von der Richtlinie zur Verordnung) notwendig geworden. Abs. 3 fand sich bereits im Ausgangsentwurf der EU-Kommission und wurde im weiteren Verlauf nur noch wenig angepasst. Abs. 2 trat demgegenüber erst im Rahmen der Trilogverhandlungen hinzu (oben Rn. 33 ff.). **39**

Die Regelung zur Zweckänderung in Art. 6 Abs. 4 DS-GVO war im Grundsatz bereits im Kommissionsentwurf enthalten, wurde jedoch während des weiteren Verfahrens immer wieder überarbeitet.[17] Die letzte Fassung stellt insofern einen politischen Kompromiss dar. Bei den Rats- und Trilogverhandlungen prallten vor allem das deutsche (durch das BDSG geprägte) Verständnis, dass grundsätzlich jede Weiterverarbeitung auf der Grundlage einer Interessenabwägung zulässig sein muss, mit dem wohl in den meisten anderen Mitgliedstaaten praktizierten Verständnis, **40**

---

15 *Albrecht*, in: CR 2016, 88, 92.
16 Ausführlich zur Entstehungsgeschichte Paal/Pauly, *Frenzel*, Art. 6 Rn. 3 ff.
17 Zu den Änderungen *Roßnagel/Nebel/Richter*, in: ZD 2015, 455, 457 f.; *Albrecht/Jotzo*, S. 76; *Richter*, in: DuD 2015, 735, 735.

dass es für die Zulässigkeit der Weiterverarbeitung auf eine Kompatibilitätsprüfung ankommt, aufeinander. Deutschland versuchte eine Interessenabwägungsklausel auch für die Weiterverarbeitung personenbezogener Daten durchzusetzen, um die durch das BDSG gewährleistete Zulässigkeit der zweckändernden Weiterverarbeitung zu erhalten. Einige Zeit fand sich im Ratsentwurf tatsächlich auch eine Klausel, die die zweckändernde Weiterverarbeitung auf der Grundlage von Abs. 1 lit. f für zulässig erklärte.[18] Auf Vorschlag von Deutschland wurde zwischenzeitlich ein Kompromiss in den Ratsentwurf aufgenommen, nach dem eine Weiterverarbeitung aufgrund berechtigten Interesses zwar grundsätzlich zulässig sein sollte, hierfür aber bei der Interessenabwägung ein sog. „Abwägungsvorsprung" des Betroffenen vorgesehen war.[19] Aufgrund des Widerstands des EP und anderer Mitgliedstaaten fand aber schließlich die jetzt in Abs. 4 verankerte Lösung die Mehrheit, die bei jeder Weiterverarbeitung eine Kompatibilitätsprüfung verlangt.

B. Inhalt der Regelung

I. Verbot mit Erlaubnisvorbehalt (Abs. 1 S. 1)

41 In Abs. 1 S. 1 ist das grundlegende Prinzip des Verbots mit Erlaubnisvorbehalt verankert. Danach ist jede Verarbeitung personenbezogener Daten dann nicht rechtmäßig und somit verboten, wenn nicht einer der in Abs. 1 genannten Erlaubnistatbestände erfüllt ist. Damit wird der Schutz vor unrechtmäßiger Verarbeitung personenbezogener Daten ins Zentrum der Regelung gestellt.

42 Nach Abs. 1 S. 1 ist jede Verarbeitung (Definition in Art. 4 Nr. 2) personenbezogener Daten (Definition in Art. 4 Nr. 1) rechtfertigungsbedürftig – und sei sie aus Sicht des Betroffenen noch so banal. Eine Beschränkung des Verbots auf bestimmte Verarbeitungsformen sieht die DS-GVO ebenso wenig vor wie die Beschränkung auf bestimmte personenbezogene Daten. Mit diesem Regelungskonzept trägt die DS-GVO dem Schutzauftrag aus Art. 8 Abs. 1 GrCh und Art. 16 Abs. 1 AEUV Rechnung.[20] Das Schutzkonzept geht dabei indessen weit in das Vorfeld jeglicher Gefahren durch Datenverarbeitungen für die Betroffenen hinein, was zu einer „Hypertrophie der Vorsorge"[21] führt. Jede Datenverarbeitung wird für regelungsbedürftig und damit implizit per se für gefährlich gehalten. Dieses Schutzkonzept ist im nicht-öffentlichen Bereich rechtspolitisch, aber auch rechtsstaatlich bedenklich[22] und muss daher in seiner Anwendung grundrechtsfreundlich im Sinne der kollidierenden Grundrechte interpretiert werden.

43 Die Reichweite des Verbots mit Erlaubnisvorbehalt nach Abs. 1 S. 1 entspricht der Reichweite des Anwendungsbereichs der DS-GVO selbst. Die räumliche Reichweite des Verarbeitungsverbots ergibt sich somit aus Art. 3, die sachliche Reichweite aus Art. 2 i.V.m. Art. 4 Nr. 1 und Nr. 2. Art. 2 Abs. 2 sieht verschiedene Ausnahmen vom Anwendungsbereich der DS-GVO vor, z.B. im Bereich der nationalen Sicherheit (Art. 2 lit. a DS-GVO i.V.m. Art. 4 Abs. 2 S. 3 EUV) oder im rein privaten Bereich Haushaltsausnahme, (Art. 2 Abs. 2 lit. c). Diese Ausnahmen gelten auch für das Verbot mit Erlaubnisvorbehalt, d.h. das Verbotsprinzip nach Abs. 1 S. 1 gilt für diese Bereiche nicht. Allerdings können sich gleichgelagerte Datenverarbeitungsverbote mit Erlaubnisvorbehalt aus an-

18 Vgl. Art. 6 Abs. 4 in Rats-Dok. 17072/14 v. 23.12.2014, S. 24 (Fn. 31).

19 Die Klausel lautete: „Further processing for incompatible purposes on grounds of legitimate interests of the controller or a third party shall be lawful if these interests override the interests of the data subject." (Rats-Dok. 17072/1/14 REV1 v. 3.2.2015, S. 26 f.). Der Abwägungsvorsprung bestand darin, dass die Abwägungsklausel des Art. 6 Abs. 1 lit. f lautete: „[...] except where such interests are overridden by the interests or fundamental rights and freedoms of the data subject [...]."

20 Zum Schutzauftrag von der Groeben/Schwarze/Hatje, *Augsberg*, Art. 8 Rn. 8.

21 *Bull*, S. 13.

22 Vgl. ausführlich *Stentzel*, in: PinG 2016, 45 ff.

deren Rechtsakten ergeben, z.B. aus dem Recht der Mitgliedstaaten oder aus anderweitigem EU-Recht.[23]

Der Begriff der Datenverarbeitung ist in Art. 4 Nr. 2 legaldefiniert. Die DS-GVO unterscheidet anders als vielerorts noch das BDSG nicht zwischen verschiedenen Verarbeitungstypen (Erheben, Speichern, Nutzen, usw.), sondern fasst alle Arten der Datenverarbeitung unter dem einheitlichen Begriff der „Verarbeitung" zusammen. Die Legaldefinition in Art. 4 Nr. 2 ist erkennbar weit gewählt, um letztlich jeglichen Umgang mit personenbezogenen Daten zu erfassen. Eine Besonderheit ist die Übermittlung an einen Auftragsverarbeiter, der in Art. 4 Nr. 10 nicht als „Dritter" genannt wird. Hieraus abgeleitet lässt sich vertreten, dass der Datenaustausch des Verantwortlichen mit dem Auftragsverarbeiter nicht dem in Abs. 1 S. 1 festgelegten Verbot mit Erlaubnisvorbehalt unterfällt.[24] Allerdings definiert Art. 4 Nr. 9 den „Empfänger" wieder „unabhängig davon, ob es sich [...] um einen Dritten handelt oder nicht". Die Definition der Verarbeitung in Art. 4 Nr. 2 selbst verweist erst gar nicht auf „Dritte" oder „Empfänger", sondern spricht neutral von einer „Offenlegung durch Übermittlung, Verbreitung oder eine andere Form der Bereitstellung". Es ist somit fraglich, ob der Datenaustausch mit Auftragsverarbeitern nach der DS-GVO grundsätzlich rechtfertigungsbedürftig ist (s. Art. 4 Nr. 9 Rn. 15 und Art. 4 Nr. 10 Rn. 7 ff.).[25] 44

Ein Verstoß gegen das Verbot mit Erlaubnisvorbehalt kann Sanktionen der Datenschutzbehörden nach sich ziehen (vgl. inbes. Art. 83 Abs. 5 lit. a). Gegen ungerechtfertigte Datenverarbeitungen können Betroffene außerdem unmittelbar vor Zivilgerichten einen „wirksamen Rechtsbehelf" erheben (Art. 79) und auch Schadensersatz verlangen (Art. 82). Dies bezieht insb. auch ein Recht auf „immateriellen Schaden" mit ein (Art. 82 Abs. 1). Viele Betroffenenrechte sind unabhängig von der Rechtmäßigkeit der Datenverarbeitung. Ansprüche auf Berichtigung, Löschung und Verarbeitungseinschränkung sowie das Widerspruchsrecht können aber auch und vor allem entstehen, wenn die Datenverarbeitung unrechtmäßig ist. 45

II. Verarbeitung mit Einwilligung (Abs. 1 lit. a)

Die Einwilligung wird in Abs. 1 lit. a in allgemeiner Form als Ausnahme vom Verbot mit Erlaubnisvorbehalt statuiert. Sie kommt jedoch auch noch an weiteren Stellen der DS-GVO als Erlaubnistatbestand zum Einsatz, insb. beim Minderjährigenschutz (Art. 8 Abs. 1), bei sensiblen Daten (Art. 9 Abs. 2 lit. a), bei der Verarbeitungseinschränkung (Art. 18 Abs. 2), bei der automatisierten Einzelentscheidung (Art. 22 Abs. 2 lit. c) und bei der Drittstaatenübermittlung (Art. 49 Abs. 1 lit. a). 46

1. Sinn und Zweck des Einwilligungsvorbehalts

Abs. 1 lit. a dient der Verwirklichung des Rechtes auf informationelle Selbstbestimmung der Betroffenen. Dieses Recht ist zwar auf EU-Ebene nicht so verfestigt wie im deutschen Datenschutzrecht, findet nach der hier vertretenen Ansicht aber auch im EU-Primärrecht eine Grundlage im allgemeinen Selbstbestimmungsrecht der Grundrechtsträger gem. Art. 1 und Art. 6 GRC. Auch Art. 8 Abs. 2 S. 1 GRC nennt die Einwilligung ausdrücklich als Erlaubnismöglichkeit der Datenverarbeitung und manifestiert so das Selbstbestimmungsrecht des Betroffenen.[26] 47

---

23 Zu nennen sind hier insb. Verordnung (EG) 45/2001 für EU-Behörden und Richtlinie 2016/680 für Polizei- und Justizbehörden. Auch die ePrivacy-Richtlinie 2002/58/EG enthält weiterhin bereichsspezifisches Datenschutzrecht, sie verweist beim Grundtatbestand des Verbotes mit Erlaubnisvorbehalt jedoch auf die alte DS-RL und somit gem. Art. 94 Abs. 2 DS-GVO auf Art. 6 Abs. 1 DS-GVO.

24 So Paal/Pauly, *Martini*, Art. 28 Rn. 8.

25 Für eine Rechtfertigungsnotwendigkeit *Härting*, in: ITRB 2016, 137, 138 f.; *Thode*, in: CR 2016, 714, 721; Wolff/Brink, *Spoerr*, Art. 28 DSGVO Rn. 29 ff.; gegen eine Rechtsfertigungsnotwendigkeit Paal/Pauly, *Martini*, Art. 28 Rn. 8 ff.; *Schmitz/von Dall'Armi*, in: ZD 2016, 427, 429; offen gelassen von Taeger, *Lissner*, 401, 406.

26 Meyer, *Bernsdorff*, Art. 8 Rn. 19 und 20. Beachte aber: Art. 8 GRC ist nur gegenüber staatlichen Eingriffen in das Datenschutzgrundrecht unmittelbar einschlägig (Art. 51 GRC).

48 Aus diesem primärrechtlich fundierten Recht ergibt sich, dass dem Betroffenen die Möglichkeit, Datenverarbeitungen nach eigenem Ermessen zu legitimieren, nicht durch zu hohe Hürden verwehrt werden darf. Denn einerseits ist die Einwilligung eine Ausprägung des Rechts auf Selbstbestimmung und ggf. auch auf Privatautonomie.[27] Andererseits verfolgen Betroffene bei der Erteilung ihrer Einwilligung legitime eigene Interessen, die ebenfalls schutzwürdig sind und teils unmittelbar Grundrechtsrelevanz haben. Wenn die Einwilligung bspw. dem Informationsbezug, der Verbreitung der eigenen Meinung oder der Inanspruchnahme von Gesundheitsdiensten dient, dann fällt das Recht, eine wirksame Einwilligung geben zu können, in den Schutzbereich der Meinungs- und Informationsfreiheit (Art. 11 GRC) oder des Rechts auf körperliche Unversehrtheit (Art. 3 GRC). Übertrieben strenge Anforderungen an die Wirksamkeit einer Einwilligung sind vor diesem Hintergrund unverhältnismäßige Eingriffe in das Selbstbestimmungsrecht der Betroffenen.

49 Das häufig vorgebrachte Gegenargument, dass Verbraucher zu leichtfertig in eine Verwendung ihrer personenbezogenen Daten einwilligen würden, rechtfertigt keine andere Betrachtung. Zwar ist es richtig, dass das Datenschutzrecht auch dazu dient, Macht- und Informationsungleichgewichte beim Umgang mit personenbezogenen Daten auszugleichen. Dies rechtfertigt aber nur Vorschriften zum Schutz der informationellen Selbstbestimmungsfreiheit der Verbraucher, keine paternalistische Einschränkung ihrer Rechte.[28] Das Datenschutzrecht verfehlt sein in Art. 8 Abs. 2 S. 1 GRC verankertes Ziel, wenn es dem Betroffenen das grundsätzliche Recht auf Disposition über seine persönlichen Rechtsgüter versagt. In einer freiheitlichen Privatrechtsordnung, wie sie auch im EU-Primärrecht festgelegt ist (Art. 3 Abs. 3 S. 1 EUV)[29], steht Privatrechtsträgern grundsätzlich das Recht zu, für sich selbst zu entscheiden, welche Rechtsgeschäfte sie als vernünftig und sinnvoll erachten.[30] Die DS-GVO kann und soll Betroffene schützen, aber nur vor von außen kommenden Gefahren, nicht vor sich selbst.

50 Aus dem Vorgesagten ergibt sich, dass maßgebliches Kriterium der Wirksamkeit einer Einwilligung sein muss, ob ein Betroffener einwilligen will. Liegt eine solche Willensäußerung vor, sind weitere Anforderungen an die Wirksamkeit von Einwilligungserklärungen restriktiv zu interpretieren. Das gilt insb. für Anforderungen an die Wirksamkeit von Einwilligungen, die der Einwilligende gar nicht beeinflussen kann.

2. Anforderungen an eine wirksame Einwilligung

51 Die Anforderungen an eine wirksame Einwilligung ergeben sich aus einer Zusammenschau von Art. 4 Nr. 11, Art. 7 und Art. 8 Abs. 1 und 2. Für sensible personenbezogene Daten sieht Art. 9 Abs. 2 lit. a Zusatzanforderungen vor. Zusammengefasst ergeben sich an die Erteilung wirksamer Einwilligungen die folgenden Anforderungen:

a) Bezug auf einen bestimmten Fall (Art. 4 Nr. 11)

52 Die Einwilligung ist gem. Art. 4 Nr. 11 jede für „den bestimmten Fall" abgegebene Willensbekundung (in der englischen Fassung der DS-GVO: „specific indication of the data subject's wishes"). Sie muss sich somit auf einen konkreten Fall beziehen, nicht auf eine eher abstrakt beschriebene Vielzahl von Fällen. Eine gänzlich abstrakt formulierte „Pauschaleinwilligung" wäre unwirksam. Zulässig ist aber eine Einwilligung, die sich auf eine Mehrzahl von Fällen bzw. Szenarien bezieht, wenn diese von der Einwilligung konkret erfasst sind.[31]

---

27 Zur Gewichtung der Privatautonomie in der GRC und in der Rechtsprechung des EuGH Herresthal, in: ZEuP 2014, 238, 265 f.
28 *Krönke*, S. 319, 325 ff.
29 *Herresthal*, in: ZEuP 2014, 238, 258.
30 *Härting*, Rn. 350.
31 *Piltz*, in: K&R 2016, 557, 563.

b) Bezug auf bestimmte Zwecke (Art. 6 Abs. 1 lit. a)

Die Einwilligung muss sich auf einen bestimmten Verarbeitungszweck beziehen. Auch mehrere (bestimmte) Verarbeitungszwecke dürfen von derselben Einwilligungserklärung abgedeckt sein. Wenn die Verarbeitung mehreren Zwecken dient, muss sich die Einwilligung allerdings auf alle diese Verarbeitungszwecke erstrecken (EG 32 S. 5). Im Bereich wissenschaftlicher Forschung kann der Verarbeitungszweck oftmals zum Zeitpunkt der Erhebung der personenbezogenen Daten nicht vollständig angegeben werden. Daher darf in solchen Fällen die Einwilligung für bestimmte Bereiche wissenschaftlicher Forschung erteilt werden (sog. „broad consent"; hierzu Art. 7 Rn. 32, 75 und 106). Die Einwilligungserklärung muss den Zweck nicht zwingend selbst im Wortlaut benennen. Es reicht aus, wenn der Verarbeitungszweck sich aus dem Kontext der Einwilligung ergibt. **53**

c) Freiwilligkeit (Art. 4 Nr. 11 und 7 Abs. 4; EG 42 S. 5 und 43 S. 1/2)

Die Einwilligung muss nach Art. 4 Nr. 11 „freiwillig" sein. Dies ist nach EG 42 S. 5 nur dann der Fall, wenn der Einwilligende die „echte oder freie Wahl hat und somit in der Lage ist, die Einwilligung zu verweigern oder zurückzuziehen, ohne Nachteile zu erleiden". Nähme man den Wortlaut des EG 42 S. 5 ernst, könnte ein Betroffener keine wirksame Einwilligung geben, wenn diese Einwilligung dazu dient, für ihn Nachteile zu vermeiden. Betroffene wären also gezwungen, Nachteile zu erleiden, die sie (bei wirksamer Einwilligung) eigentlich vermeiden könnten. Dieses Ergebnis wäre absurd und ist mit grundlegenden primärrechtlichen Rechtspositionen der Betroffenen nicht zu vereinbaren (oben Rn. 47 ff.). **54**

Insofern ist die Feststellung wichtig, dass die Formulierung aus EG 42 S. 5 sich so im Normtext der DS-GVO nicht wiederfindet. Art. 7 Abs. 4 formuliert vielmehr deutlich offener, dass eine „Beurteilung, ob die Einwilligung freiwillig erteilt wurde", durchzuführen ist. Es ist somit eine Prüfung unter Berücksichtigung der Umstände des Einzelfalls vorzunehmen. **55**

Bei dieser Prüfung muss nach Art. 7 Abs. 4 dem Umstand in größtmöglichem Umfang Rechnung getragen werden, ob unter anderem die Erfüllung eines Vertrages, einschließlich der Erbringung einer Dienstleistung, von der Einwilligung zu einer Verarbeitung von personenbezogenen Daten abhängig ist, die für die Erfüllung des Vertrags nicht erforderlich sind. Damit wird die „Freiwilligkeit" der Einwilligung in Zweifel gezogen, wenn diese im Rahmen eines (Gegen-)Leistungsverhältnisses abgegeben wird, ohne für die Erfüllung dieses Leistungsverhältnisses notwendig zu sein (vgl. auch EG 43 S. 2). Es handelt sich aber nicht um ein absolutes Koppelungsverbot, da dem Umstand, ob die Vertragserfüllung von der Einwilligung abhängig ist, nur „in größtmöglichem Umfang" Rechnung zu tragen ist. Die Formulierung lässt somit Raum für Bewertungen.[32] **56**

Dieses eingeschränkte, vertikale Koppelungsverbot[33] zieht Geschäftsmodelle in Zweifel, bei denen das „Bezahlen mit Daten" eine Rolle spielt. Auch hier gerät die DS-GVO in bedenklichen Konflikt zum Selbstbestimmungsrecht der Grundrechtsträger, denn diesen wird die Möglichkeit genommen, über die Verwendung auf sie bezogener Daten zu disponieren und dieses Recht zum eigenen Vorteil einzusetzen.[34] Zu den Einzelheiten wird auf die Kommentierung in Art. 7 verwiesen (dort Rn. 49 ff.). **57**

EG 43 S. 2 enthält (über den Wortlaut von Art. 7 Abs. 4 hinausgehend) die Aussage, eine Freiwilligkeit sei nicht gegeben, wenn der Betroffene nicht die Wahl habe, zu verschiedenen Verarbeitungsvorgängen gesondert eine Einwilligung erteilen zu können, „obwohl dies im Einzelfall angebracht ist". Ob es sich um ein echtes horizontales Koppelungsverbot[35] handelt, das „Globaleinwilligungen" im Ergebnis erschwert oder verbietet, bleibt abzuwarten.[36] Nach der hier **58**

---

32 *Laue/Nink/Kremer*, S. 88; *Piltz*, in: K&R 2016, 557, 562.
33 *Krohm*, in: ZD 2016, 368, 373.
34 So auch *Schantz*, in: NJW 2016, 1841, 1845.
35 *Krohm*, in: ZD 2016, 368, 373.
36 So *Schantz*, in: NJW 2016, 1841, 1845; *Buchner*, in: DuD 2016, 155, 158; kritisch *Piltz*, in: K&R 2016, 557, 562.

vertretenen Ansicht darf der Begriff der „Freiwilligkeit" trotz EG 43 S. 2 nicht in Richtung einer allgemeinen Inhaltskontrolle von Einwilligungserklärungen überdehnt werden. Wenn ein Datenverarbeiter in einer Einwilligungserklärung verschiedene Verarbeitungszwecke zusammenfasst, ist dies legitim, insb. wenn es um standardisiert erbrachte Dienstleistungen geht, die eine ebenso standardisierte Einwilligungserklärung voraussetzen.[37] Und wenn ein Betroffener die freie Wahl hat, diese Dienstleistungen zu nutzen (oder eben nicht zu nutzen), ist an der Freiwilligkeit der Erklärung nicht zu zweifeln.[38]

59 Die DS-GVO zieht die Freiwilligkeit einer Einwilligung dort in Zweifel, wo zwischen dem Betroffenen und dem Verarbeiter ein „klares Ungleichgewicht" besteht (EG 43 S. 1). Als Beispiel hierfür nennt die DS-GVO die Einholung der Einwilligung durch eine Behörde (EG 43 S. 1). Bei einem Arbeitsverhältnis zwischen dem Betroffenen und dem Verantwortlichen wird von der DS-GVO demgegenüber nicht per se ein solches klares Ungleichgewicht angenommen.[39] Dies ergibt sich aus der Gesetzgebungsgeschichte[40] sowie aus EG 155, wonach das Recht der Mitgliedstaaten oder Kollektivvereinbarungen die Wirkungen von Einwilligungen im Arbeitsverhältnis weiter konkretisieren können.[41] Dies setzt implizit voraus, dass es Einwilligungen im Arbeitsverhältnis geben kann. Gerade in einem Arbeitsverhältnis wird es aber in besonderem Maße darauf ankommen zu prüfen, ob die Entscheidungsfreiheit der Arbeitnehmer in der konkreten Situation gewährleistet ist.[42] Dies ist eine Frage des konkreten Einzelfalls und ggf. auch von organisatorischen („freiheitsgewährleistenden") Maßnahmen des Arbeitgebers.

60 Es verbleiben somit Bereiche, in denen eine freiwillig erteilte Einwilligung sowohl für den Einwilligenden als auch für den Verantwortlichen eine sinnvolle und angemessene Lösung darstellt. Es wird insofern eine Frage der Praxis sein, den Begriff der „Freiwilligkeit" so anzuwenden, dass er für Betroffene ein Mehr an Freiheit ermöglicht, statt ihnen Auswahlmöglichkeiten vorzuenthalten.

d) Informiertheit (Art. 4 Nr. 11)

61 Die Einwilligung muss gem. Art. 4 Nr. 11 in informierter Weise erfolgen.

62 EG 42 S. 2 erläutert dies dahingehend, dass sichergestellt sein sollte, „dass die betroffene Person weiß, dass und in welchem Umfang sie ihre Einwilligung erteilt". Damit der Betroffene in Kenntnis der Sachlage seine Einwilligung geben kann, sollte er darüber hinaus mindestens wissen, wer der Verantwortliche ist und für welche Zwecke seine personenbezogenen Daten verarbeitet werden sollen (EG 42 S. 4). Dies deckt sich mit der Notwendigkeit, die Einwilligung auf den konkreten Fall und auf den konkreten Bearbeitungszweck zu beziehen (Rn. 52 und 53).

63 Weitere konkrete Informationspflichten stellt die DS-GVO nicht auf[43] – abgesehen von der in Art. 7 Abs. 3 vorgesehenen Hinweispflicht auf die Widerrufsmöglichkeiten (hierzu Rn. 67 f.). Letztlich drückt das Tatbestandsmerkmal „in informierter Weise" nur eine Selbstverständlichkeit aus. Denn, um einwilligen zu können, muss der Einwilligende wissen, worin er einwilligt.[44] Dies setzt voraus, dass die Einwilligung in Kenntnis der Tatsache abgegeben wird, wer aus der Einwilligung letztlich Befugnisse ableitet und welche Befugnisse dies sind.[45]

64 Fraglich ist, auf welche Details die „Informiertheit" des Betroffenen sich letztlich beziehen muss, ob der Einwilligende bspw. die konkrete Rechtspersönlichkeit des Verarbeiters oder konkret be-

37 A.A. *Buchner*, in: DuD 2016, 155, 158.
38 A.A. *Buchner*, in: DuD 2016, 155, 158.
39 Zu einer Einwilligung unter dem KunstUrhG so auch BAG, 11.12.2014 – 8 AZR 1010/13.
40 Eine entsprechende Äußerung in EG 34 des Kommissionsentwurfs wurde nicht übernommen; vgl. *Wybitul/Pötters*, in: RDV 2016, 10,12; *Kühling/Martini*, in: EuZW 2016, 448, 451.
41 *Schantz*, in: NJW 2016, 1841, 1845.
42 *Wybitul/Pötters*, in: RDV 2016, 10,13 unter Bezugnahme auf Stellungnahme 8/2001 der Art. 29-Gruppe (WP 48), S. 27 ff.
43 Offenbar a.A. *Krohm*, in: ZD 2016, 368, 371.
44 Ähnlich *Krohm*, in: ZD 2016, 368, 371.
45 *Piltz*, in: K&R 2016, 557, 563.

schriebene Verarbeitungszwecke kennen muss. Vorformulierte schriftliche Einwilligungserklärungen lassen sich entsprechend detailreich ausgestalten, indem die konkreten Verarbeitungszwecke, die konkret betroffenen Daten und die verantwortliche(n) Stelle(n) mit voller Firma im Einwilligungstext genannt werden. Dies gilt jedoch nicht für Einwilligungserklärungen in mündlicher oder konkludenter Form (unten Rn. 65 f.). Solche Erklärungen werden häufig als „Alltagserklärungen" abgegeben, ohne dass der Einwilligende die genaue Bedeutung des Datenverarbeitungsprozesses erfasst hat. Die DS-GVO lässt auch formlose Einwilligungen grundsätzlich zu. Daraus folgt, dass bezüglich der „Informiertheit" nicht allzu hohe Anforderungen gestellt werden dürfen. Unklarheiten bei der Reichweite einer Einwilligung sind durch Auslegung anhand der bekannten Auslegungsmethoden zu klären.

e) Transparenz bei vorformulierten Einwilligungserklärungen (Art. 7 Abs. 2)

Ausschließlich für eine „schriftliche Erklärung, die noch andere Sachverhalte betrifft", regelt **65**
Art. 7 Abs. 2 die Zusatzanforderung, dass die Einwilligung in verständlicher und leicht zugänglicher Form sowie in einer klaren und einfachen Sprache erfolgen muss. Gemeint sind damit Erklärungen in Textform, d.h. auch in elektronischer Form (vgl. EG 32).[46] Ein „anderer Sachverhalt" ist jeder Sachverhalt, der dazu führen könnte, dass Betroffene die Einwilligung im Kontext übersehen. In solchen Konstellationen muss die schriftliche Einwilligung „von den anderen Sachverhalten klar zu unterscheiden" sein. Sie darf also nicht z.B. in AGB-Texten oder allgemeinen Datenschutzhinweisen versteckt werden.[47]

Die in Art. 12 bis 14 vorgesehenen Informationspflichten sind demgegenüber keine Voraussetzungen der Einwilligung, sondern unabhängig von einer etwaigen Einwilligung zu erfüllende Transparenzvorgaben.[48] **66**

f) Hinweis auf Widerrufsmöglichkeit (Art. 7 Abs. 3 S. 3)

Nach Art. 7 Abs. 3 S. 3 ist Bedingung für eine wirksame Einwilligung, dass der Einwilligende vor **67**
Abgabe der Einwilligungserklärung darüber in Kenntnis gesetzt wird, dass er die Einwilligung mit Wirkung (nur) für die Zukunft auch widerrufen kann.

Diese Hinweispflicht ist bei vorformulierten Einwilligungserklärungen recht einfach umsetzbar, je- **68**
doch eine Herausforderung bei Einwilligungserklärungen, die in Alltagssituationen auf andere Weise (z.B. mündlich) erfolgen. In einem solchen Fall darf die Anforderung der Inkenntnissetzung nicht übertrieben hoch gewichtet werden, damit das Selbstbestimmungsrecht des Betroffenen und die grundsätzliche Formfreiheit der Einwilligung (unten Rn. 73 f.) nicht unterlaufen werden.

g) Unmissverständlichkeit (Art. 4 Nr. 11)

Gem. Art. 4 Nr. 11 muss eine Einwilligung immer „unmissverständlich" („unambiguous") abge- **69**
geben werden. Der Begriff „unmissverständlich" tritt dabei an die Stelle der Formulierung in Art. 7 lit. a DS-RL, laut der eine Einwilligung „ohne jeden Zweifel" abgegeben worden sein musste.[49] Ein Unterschied zwischen DS-RL und DS-GVO besteht allerdings nur in der deutschen Fassung; in der englischen Fassung enthielt bereits Art. 7 lit. a DS-RL das Tatbestandsmerkmal „unambiguously".

Art. 4 Nr. 11 konkretisiert den Begriff der Unmissverständlichkeit dahingehend, dass eine Einwilli- **70**
gung entweder „in Form einer Erklärung oder einer sonstigen eindeutigen bestätigenden Handlung" („by a statement or by a clear affirmative action") erfolgen kann. Die Formulierung „ein-

46 *Laue/Nink/Kremer*, S. 82.
47 Zur aktuellen Rechtslage s. auch *Düsseldorfer Kreis*, Orientierungshilfe zur datenschutzrechtlichen Einwilligungserklärung in Formularen, Stand März 2016, Ziffern 5 und 6.
48 So auch *Düsseldorfer Kreis*, Beschluss vom 13./14. September 2016, Fortgeltung bisher erteilter Einwilligungen unter der Datenschutzgrundverordnung.
49 Paal/Pauly, *Frenzel*, Art. 6 Rn. 11.

deutig bestätigend" ist vom Gesetzgeber als Konkretisierung des Kriteriums der Unmissverständlichkeit gemeint.[50]

71 EG 32 S. 2 erläutert, eine Einwilligung könne „etwa durch Anklicken eines Kästchens beim Besuch einer Internetseite, durch die Auswahl technischer Einstellungen für Dienste der Informationsgesellschaft oder durch eine andere Erklärung oder Verhaltensweise geschehen, mit der die betroffene Person in dem jeweiligen Kontext eindeutig ihr Einverständnis mit der beabsichtigten Verarbeitung ihrer personenbezogenen Daten signalisiert". Demgegenüber sollen nach EG 32 S. 3 Stillschweigen, bereits angekreuzte Kästchen oder die reine Untätigkeit der betroffenen Person keine Einwilligung darstellen.

72 Auch die DS-GVO setzt damit das „Opt-in"-Prinzip fort, das sich im deutschen Recht bereits etabliert hat.[51] Auch weiterhin reicht es nicht aus, wenn eine Checkbox vorausgewählt ist[52] oder wenn bestimmte Textbestandteile händisch gestrichen werden müssen, um eine Einwilligung zu vermeiden.[53] Auch die Einholung von Einwilligungen, die vollständig in AGB eingebettet sind, ist vor diesem Hintergrund nicht zu empfehlen.[54]

h) Kein Formvorbehalt

73 Die Einwilligung ist nicht an eine bestimmte Form gekoppelt. Auch ein Regel-Ausnahme-Verhältnis der Schriftform zu anderen Formen, wie es derzeit noch in § 4a BDSG statuiert wird, besteht nicht.[55] Die verschiedenen Formen der Einwilligung (schriftlich, elektronisch, mündlich, konkludent) sind nach der DS-GVO grundsätzlich gleichberechtigt (EG 32 S. 1 und 2).

74 Beachtenswert ist, dass EG 32 S. 2 ausdrücklich auch die „Auswahl technischer Einstellungen für Dienste der Informationsgesellschaft"[56] und „Verhaltensweisen" als Einwilligungsmöglichkeiten erwähnt. Unter der „Auswahl technischer Einstellungen" ist die Konfiguration von „Datenschutzeinstellungen" zu verstehen, wie sie z.B. für Nutzer von Google oder Facebook angeboten werden. Diese können ebenfalls die Funktion von Einwilligungen übernehmen.

i) Hinreichendes Alter des Einwilligenden (Art. 8)

75 Art. 8 Abs. 1 enthält für Dienste der Informationsgesellschaft, bei denen „direkt" an Kinder Angebote gemacht werden (hierzu Art. 8 Rn. 32 ff.), Sonderregelungen zum Alter der Einwilligenden. Grundsätzlich erfordert die Einwilligung von Personen, die noch nicht das sechzehnte Lebensjahr vollendet haben, die Zustimmung des Trägers der elterlichen Verantwortung. Die Mitgliedstaaten können durch nationales Gesetz oder eine vergleichbare Anordnung eine niedrigere Altersgrenze vorsehen, die jedoch nicht unter dem vollendeten dreizehnten Lebensjahr liegen

---

50 *Piltz*, in: K&R 2016, 557, 563.

51 Differenzierend noch zur alten Rechtslage *Piltz*, in: K&R 2016, 557, 563 und *Krohm*, in: ZD 2016, 368, 372 unter Bezugnahme auf BGH MMR 2010, 138 – *HappyDigits*. Für die sog. Cookie-Banner besteht eine Sondersituation, da diese auf der TK-Datenschutzrichtlinie beruhen, die über Art. 95 DS-GVO weiterhin wirksam bleibt; vgl. *Laue/Nink/Kremer*, S. 84 f.

52 *Spindler*, in: DB 2016, 937, 940; a.A. *Krohm*, in: ZD 2016, 368, 372, der erwägt vorausgewählte Kästchen, wenn diese direkt vor dem Bestellbutton stehen und hervorgehoben sind, als „abgeschwächte Form des Opt-in" zu betrachten.

53 So auch *Buchner*, in: DuD 2016, 155, 158; *Albrecht*, in: CR 2016, 88, 92; offen gelassen bei *Piltz*, in: K&R 2016, 557, 563.

54 A.A. *Härting*, Rn. 375 f.; wie hier noch zur alten Rechtslage *Düsseldorfer Kreis,* Orientierungshilfe zur datenschutzrechtlichen Einwilligungserklärung in Formularen, Stand März 2016, Ziffer 5.

55 *Laue/Nink/Kremer*, S. 81; *Krohm*, in: ZD 2016, 368, 370 ff.

56 Art. 4 Nr. 25 DS-GVO verweist auf die Definition dieses Begriffs auf Art. 1 Abs. 1 lit. b der novellierten Informationsverfahrensrichtlinie (RL 2015/1535). Hierunter sind in der Regel gegen Entgelt elektronisch im Fernabsatz und auf individuellen Abruf eines Empfängers erbrachte Dienstleistungen zu verstehen, also insb. Webseiten. Browser für sich gesehen sind kein Dienst der Informationsgesellschaft, können sich aber auf die Datenerhebungen durch solche Dienste auswirken (*Härting*, Rn. 364). Browsereinstellungen sind außerdem auch für die automatisierte Widerspruchsmöglichkeit nach Art. 21 Abs. 5 DS-GVO relevant.

darf. Bislang ist dies, soweit ersichtlich, in keinem EU-Staat erfolgt. Auch das BDSG-neu sieht keine abweichende Altersgrenze vor.

j) Einhaltung von AGB-Recht

Keine Anforderung, die unmittelbar aus der DS-GVO folgt (sich aber vielfach mit ihr überschneidet), ist die Beachtung anderer Rechtsvorschriften, die sich aus dem allgemeinen Privatrecht oder dem Verbraucherschutzrecht ergeben und ebenfalls zur Nichtigkeit von Erklärungen führen können. Die DS-GVO lässt für solche zusätzlichen Anforderungen Raum, indem sie in EG 42 S. 3 auf die Richtlinie 93/13/EWG (Richtlinie über missbräuchliche Klauseln in Verbraucherverträgen) verweist. Diese Richtlinie, aber auch andere vergleichbare Anforderungen, bleiben demnach unberührt, gelten also kumulativ zu den Anforderungen der DS-GVO. **76**

k) Besondere Anforderung bei sensiblen Daten (Art. 9)

Für die in Art. 9 Abs. 1 genannten besonders sensiblen Daten enthält Art. 9 Abs. 2 lit. a eine Sonderregelung. Grundsätzlich ist die Einwilligung in die Verarbeitung sensibler Daten demnach nur dann wirksam, wenn sie „ausdrücklich" erfolgt. Was unter einer „ausdrücklichen" Einwilligung zu verstehen ist, lässt die DS-GVO offen. Es spricht viel dafür, dass sich die Einwilligung nur wirksam ist, wenn sie sich direkt auf die sensiblen Daten bezieht (siehe auch EG 51 S. 6). Da Art. 9 Abs. 2 nur Art. 6 Abs. 1 verdrängt, jedoch nicht die weiteren Anforderungen an die Einwilligung nach Art. 4 Nr. 11, Art. 7 und Art. 8, bleiben diese Anforderungen auch im Rahmen des Art. 9 anwendbar (hierzu Art. 9 Rn. 20 ff.). **77**

Einen speziellen Einwilligungsvorbehalt für sensible Daten enthält auch Art. 9 Abs. 2 lit. d. Tendenzbetriebe dürfen im Rahmen dieser Tendenz auch sensible Daten verarbeiten. Sie dürfen diese Daten aber ohne Einwilligung des Betroffenen nicht nach außen offenlegen. **78**

l) Nachweisbarkeit

Das Vorliegen einer Einwilligung muss gem. Art. 7 Abs. 1 nachweisbar sein. Diese Nachweispflicht konkretisiert die allgemeine Rechenschaftspflicht nach Art. 5 Abs. 2. Die Folge hieraus ist, dass Einwilligungen, die nicht hinreichend dokumentiert sind, grundsätzlich als unwirksam bzw. als nicht vorliegend zu betrachten sind (vgl. auch EG 42 S. 1). Das reine Behaupten einer Einwilligung reicht im Zweifelsfall (z.B. in einem Gerichtsverfahren oder bei Audits einer Behörde) also nicht aus. Die Beweispflicht für das Vorliegen einer Einwilligung liegt beim Verantwortlichen. Die Nachweisbarkeit richtet sich nach den Umständen des Einzelfalls und darf die grundsätzliche Formfreiheit der Einwilligung nicht unterlaufen (oben Rn. 73 f.). Gerade bei mündlich erklärten Einwilligungen reichen deshalb auch interne Dokumentationen, bei elektronisch erklärten Einwilligungen entsprechende Protokolldaten.[57] Zu den rechtsstaatlichen Bedenken gegen eine umfassende präventiv zu erfüllenden Nachweispflicht siehe Art. 5 Rn. 47 ff. und Art. 24 Rn. 191 ff. **79**

3. Wirksamkeit von „alten" Einwilligungen

Einwilligungen, die vor Inkrafttreten der DS-GVO erteilt wurden, bleiben grundsätzlich wirksam. Allerdings stellt EG 171 S. 3 fest, dass die Einwilligungen nur dann eine Rechtfertigungsgrundlage bilden, wenn sie „den Bedingungen dieser Verordnung entsprochen haben". **80**

Da die Anforderungskataloge der DS-RL bzw. des BDSG, TMG und TKG nicht vollständig mit denen der DS-GVO deckungsgleich sind, sind Fälle denkbar, in denen Einwilligungen zwar vorher wirksam waren, mit Inkrafttreten der DS-GVO jedoch ihre Wirksamkeit verlieren. Dies ist insb. unter drei Gesichtspunkten möglich: erstens bei Nichteinhaltung der Altersgrenze des Art. 8 Abs. 1, zweitens bei fehlender Belehrung über die Widerspruchsmöglichkeiten nach Art. 7 Abs. 3,[58] und drittens bei Einholung der Einwilligung entgegen dem neuen Koppelungsverbot **81**

---

57 Zum notwendigen Inhalt *Laue/Nink/Kremer*, S. 81 f.

58 Dies übersieht der *Düsseldorfer Kreis* in seinem Beschluss vom 13./14. September 2016, Fortgeltung bisher erteilter Einwilligungen unter der Datenschutzgrundverordnung.

nach Art. 7 Abs. 4. Einwilligungen, die diese Kriterien nicht beachtet haben, verlieren mit Inkrafttreten der DS-GVO ihre Wirkung.

82 Die Tatsache, dass wirksam erteilte Einwilligungen ihre Wirkung nachträglich verlieren können, stellt einen erheblichen Eingriff in den Besitzstand von Unternehmen dar, die in die Generierung eines auf Einwilligungen basierenden Datenbestandes teils über Jahre hinweg, erhebliche Ressourcen investiert haben. Gleiches gilt für Betroffene, deren eigentlich bereits wirksam erteilte Einwilligung durch die DS-GVO nun nachträglich für „unwirksam erklärt" wird. In vielen Fällen kann der Einwilligungsprozess nicht einfach wiederholt werden.

83 Die Problematik verstärkt sich noch dadurch, dass gem. Art. 7 Abs. 1 die Wirksamkeitsvoraussetzungen von Einwilligungen in allen Aspekten beweisfest *dokumentiert* sein müssen. Diese Dokumentationspflicht bezieht sich nun – quasi rückwirkend – auch auf Aspekte, die zum Zeitpunkt der Einholung der Einwilligung noch gar nicht relevant waren. Es sind deshalb Fälle denkbar, bei denen Einwilligungen zwar ursprünglich den Kriterien der DS-GVO bereits entsprochen hatten, es nun aber an den entsprechenden Nachweisen fehlt.

84 Die Kriterien der DS-GVO sind vor diesem Hintergrund auf „Alt-Einwilligungen" so anzuwenden, dass dabei keine unverhältnismäßigen Folgen entstehen. Erste dahingehende Äußerungen aus dem Kreis der Datenschutzbehörden in diese Richtung liegen bereits vor.[59] Die tatsächliche Praxis bleibt abzuwarten.

III. Verarbeitung zur Vertragserfüllung (Abs. 1 lit. b)

85 Gem. Abs. 1 lit. b ist die Datenverarbeitung zulässig, wenn sie entweder für die Erfüllung eines Vertrags, dessen Vertragspartei der Betroffene ist, oder zur Durchführung vorvertraglicher Maßnahmen, die auf Anfrage des Betroffenen erfolgen, erforderlich ist. Die Vorschrift enthält somit zwei Varianten: zum einen die Erfüllung eines Vertrags mit dem Betroffenen (Var. 1), zum anderen die Durchführung vorvertraglicher Maßnahmen auf Anfrage des Betroffenen (Var. 2). Der Begriff „Vertrag" in der DS-GVO ist nicht rechtstechnisch im Sinn des deutschen Bürgerlichen Rechts zu verstehen. Jedes Schuldverhältnis reicht aus, solange es von beiden Seiten durch eine eindeutige Willensäußerung bestätigt wurde.[60]

86 Beide Varianten des Abs. 1 lit. b betreffen Verarbeitungssituationen, in denen der Betroffene die Verarbeitung durch eigenes Verhalten legitimiert: entweder durch den Vertragsschluss oder durch eine Anfrage, die vorvertragliche Maßnahmen auslöst. Fehlt ein solches Vorverhalten des Betroffenen, greift auch der Rechtfertigungsgrund des Abs. 1 lit. b nicht.[61] Verträge mit Dritten oder Anfragen Dritter können eine Datenverarbeitung nach Abs. 1 lit. b nicht rechtfertigen;[62] insofern ist auf andere Rechtfertigungstatbestände zu verweisen, vor allem auf die Interessenabwägung nach Abs. 1 lit. f (ab Rn. 109 ff.). Die Einbeziehung Dritter in die Vertragserfüllung oder in vorvertragliche Maßnahmen lässt sich regelmäßig über überwiegende Interessen rechtfertigen, jedenfalls wenn sie für den Anfragenden absehbar war (vgl. EG 47).

87 Beide Varianten des Abs. 1 lit. b haben insofern eine Gemeinsamkeit mit der datenschutzrechtlichen Einwilligung. Denn auch in Abs. 1 lit. b geht es um Fälle, in denen der Betroffene durch sein Verhalten sein Einverstandensein signalisiert. Im Unterschied zur Einwilligung sind aber die formalen Anforderungen an eine wirksame Rechtfertigung wesentlich niedriger. Insb. an die „Freiwilligkeit" des Vertragsschlusses stellt die DS-GVO keine besonderen Anforderungen. Die Beurteilung der Wirksamkeit eines Vertragsschlusses bleibt dem Recht der Mitgliedstaaten überlassen. In Deutschland gilt somit das Prinzip der Privatautonomie mit den gesetzlichen Einschrän-

---

59 *BayLDA*, Kurz-Papier IX zur DS-GVO, Einwilligung nach der DS-GVO, abrufbar unter https://www.lda.bayern.de/media/baylda_ds-gvo_9_consent.pdf (zuletzt abgerufen im Juni 2017).

60 Plath, *Plath*, Art. 6 Rn. 6.

61 Paal/Pauly, *Frenzel*, Art. 6 Rn. 15. Wohl a.A. Plath, *Plath*, Art. 6 DSGVO Rn. 11, der auch Verträge als Rechtfertigung ausreichen lässt, bei der der Betroffene nicht Partei ist.

62 A.A. *Wybitul*, Rn. 250 und *Laue/Nink/Kremer*, S. 90.

kungen (insb. bei der Frage der Geschäftsfähigkeit und der Inhaltskontrolle von Verträgen nach den §§ 138, 242 BGB und dem allgemeinen Verbraucherschutzrecht). Und auch bei Abs. 1 lit. b Var. 2, der Anfrage des Betroffenen, kommt es nicht darauf an, ob diese Anfrage „freiwillig" erfolgte, oder ob der Anfragende vor der Anfrage in einer bestimmten Art und Weise informiert worden ist. Es bestehen zwar Informationspflichten nach Art. 13 und 14 (vor allem hinsichtlich der Erforderlichkeit der Datenerhebung für den Vertragsschluss, Art. 13 Abs. 2 lit. e). Deren Erfüllung ist jedoch keine Wirksamkeitsvoraussetzung für den Erlaubnistatbestand des Abs. 1 lit. b.

Die Datenverarbeitung ist im Rahmen des Abs. 1 lit. b immer nur soweit legitimiert, als diese für die Vertragserfüllung bzw. die Durchführung vorvertraglicher Maßnahmen erforderlich ist. Der Begriff der Erforderlichkeit steht dafür, dass die betreffende Datenverarbeitung für die Erfüllung bzw. Durchführung notwendig sein muss. Es geht also um die Zweckbindung, d.h. um die Bindung der Datenverarbeitung an die Erfüllung des Vertrages (vgl. Art. 5 Abs. 1 lit. b; EG 39 S. 8), aber nicht um eine Angemessenheitsprüfung.[63] Es findet somit eine Erforderlichkeitsprüfung statt, jedoch keine allgemeine Güterabwägung. Dies ergibt sich einerseits aus dem klaren Wortlaut, auch der englischen und französischen Sprachfassung („necessary"/„nécessaire"). Zum anderen folgt dies auch aus einem Umkehrschluss zu Abs. 1 lit. f und Abs. 3 S. 4. Diese Vorschriften ordnen jeweils echte Angemessenheits- bzw. Verhältnismäßigkeitsprüfungen an, wählen dabei jedoch andere Formulierungen. **88**

Abs. 1 lit. b erlaubt somit einerseits jede Datenverarbeitung, die für die Erfüllung eines bereits abgeschlossenen Vertrages erforderlich ist (Var. 1). Andererseits umfasst er die Datenverarbeitung, die zur Vertragsanbahnung bzw. zum Vertragsabschluss notwendig ist (Var. 2). Zur zweiten Variante zählt der gesamte Prozess des „Customer Onboarding". Hierzu zählt der vorvertragliche Informationsaustausch (z.B. bei Kontakten zur Information über die angebotenen oder nachgefragten Leistungen), die Überprüfung des Vertragspartners im Vorfeld des Vertragsschlusses (z.B. auf Kreditwürdigkeit oder Betrugsverdacht)[64] und letztlich die Versendung und der Empfang der zum Vertragsschluss notwendigen Daten. **89**

Den Parteien bleibt – in den Grenzen der gesetzlichen Inhaltskontrolle von Verträgen – ein Spielraum, welche Datenverarbeitungen sie zum Vertragszweck erklären. Es steht ihnen somit frei, bestimmte Datenverarbeitungen dadurch zu legitimieren, dass sie diese ausdrücklich in den Vertrag einbeziehen. Zwingend notwendig ist dies freilich nicht. Nach Abs. 1 lit. b Var. 1 rechtfertigt ein Vertrag auch implizit, d.h. ohne gesonderte Erwähnung der Datenverarbeitung, alle zur Vertragserfüllung notwendigen Datenverarbeitungen. **90**

Abs. 1 lit. b erfasst auch Datenverarbeitungsvorgänge, die mit dem Vertragsschluss oder der Vertragserfüllung notwendigerweise verbunden sind, ohne aber unmittelbar zur Erfüllung der Hauptleistungspflichten zu dienen. Dies betrifft bspw. die Datenverarbeitung zur Erfüllung einer schuldrechtlichen Nebenpflicht (§ 241 Abs. 2 BGB) oder die Datenverarbeitung in Erfüllung einer gesetzlichen Verpflichtung, die sich auf den Vertragsschluss bezieht. Solche „Annexpflichten" zum Vertrag, die eine Verarbeitung von personenbezogenen Daten notwendig machen können, sind z.B. gesetzliche Pflichten, Kunden optimal zu beraten oder sie vor bestimmten Risiken zu warnen (z.B. bei Betrugsverdacht zu Lasten der Kunden oder bei IT-Sicherheitslecks). Auch gesetzlich mit der Vertragserfüllung unmittelbar verbundene Datenverarbeitungspflichten, z.B. zur Buchführung, zur Archivierung oder zur Überprüfung von Kundendaten, unterfallen Abs. 1 lit. b. In diesen Bereichen ist lit. b häufig kumulativ neben lit. c und e anwendbar. **91**

IV. Verarbeitung zur Erfüllung einer rechtlichen Verpflichtung (Abs. 1 lit. c)

Abs. 1 lit. c erlaubt die Datenverarbeitung, wenn dies zur Erfüllung einer anderweitig geregelten rechtlichen Verpflichtung erforderlich ist. Wie die Vorgängerregelung in Art. 7 lit. c DS-RL zielt **92**

63 Paal/Pauly, *Frenzel*, Art. 6 Rn. 14; a.A. *Wybitul/Pötters*, in: RDV 2016, 10,11.
64 So auch Plath, *Plath*, Art. 6 Rn. 10.

diese Bestimmung in erster Linie auf die Verarbeitung durch Private, die gleichwohl im öffentlichen Interesse erfolgt, während Datenverarbeitung durch hoheitlich handelnde Behörden tendenziell eher Gegenstand von Abs. 1 lit. e ist. Der Hauptanwendungsfall des Abs. 1 lit. c ist demnach, dass der Gesetzgeber Privaten Pflichten auferlegt, bestimmte Daten anderer zu verarbeiten. Beispiele dafür sind mannigfach: Ärzte und Krankenhäuser sind gesetzlich verpflichtet, Daten über die Behandlung von Patienten mehrere Jahre lang aufzubewahren (statt vieler § 10 MBO-Ä 1997; § 28 RöV); Arbeitgeber müssen Daten über ihre Beschäftigten verarbeiten, u.a. für die Sozialversicherung (z.B. §§ 165 Abs. 4, 166 SGB VII; § 25 Abs. 2 DEÜV), das Finanzamt (z.B. § 147 AO) oder zur Überwachung der Arbeitsbedingungen (z.B. § 16 ArbZG; § 3 ArbMedVV).[65] Unternehmen müssen im Hinblick auf die Besteuerung Daten über ihre Kunden verarbeiten und aufbewahren (z.B. § 93c AO); Telekommunikationsunternehmen müssen die Bestandsdaten ihrer Kunden verarbeiten und speichern (z.B. § 111 TKG); Fluggesellschaften müssen die Passagierdaten speichern und ggf. an Grenzkontrollbehörden weitergeben (z.B. § 31a BPolG). Dies sind nur Beispiele. Die Bedeutung und der Umfang dieser sehr umfangreichen Speicher- und Verarbeitungspflichten wird in der Datenschutzpraxis häufig unterschätzt.

93 In den Fällen des Abs. 1 lit. c verarbeitet ein Privater personenbezogene Daten nicht im eigenen (wirtschaftlichen) Interesse, sondern er wird zur Erfüllung eines im öffentlichen Interesse liegenden Zwecks in die Pflicht genommen. Es geht also nicht um den Ausgleich widerstreitender Privatinteressen, sondern um hoheitlich veranlasste Eingriffe in das Datenschutzrecht der Bürger zur Erfüllung öffentlicher Interessen. Die privaten Datenverarbeiter handeln hier also in Verfolgung eines öffentlichen Interesses, häufig in Kooperation mit öffentlichen Stellen.

94 Abs. 1 lit. c gilt auch für die Datenverarbeitung durch Behörden. Dies betrifft einerseits Fälle, in denen Behörden dieselben gesetzlichen Pflichten erfüllen wie Private, etwa als öffentliche Arbeitgeber im Hinblick auf ihre Angestellten, z.B. bei der Erfüllung sozialrechtlicher Speicherpflichten (s.o.). Der Rechtfertigungsgrund greift außerdem, wo Behörden hoheitlich handeln und hierdurch gleichzeitig gesetzliche Pflichten erfüllen,[66] bspw. bei der Führung hoheitlich angeordneter Dateien.

95 Für den rein hoheitlichen Bereich scheint der Erlaubnistatbestand des Abs. 1 lit. c zunächst eine nachgeordnete Rolle zu spielen, da auch Abs. 1 lit. e die hoheitliche Datenverarbeitung umfasst, dabei aber keine konkrete, explizit auf die Datenverarbeitung gerichtete Gesetzespflicht erfordert. In der Praxis wird eine Differenzierung zwischen öffentlichen Datenverarbeitungen, die sich (nur) auf lit. e stützen können und solchen, die (auch) in Erfüllung einer gesetzlichen Pflicht nach lit. c bestehen, allerdings zur korrekten Implementierung des Widerspruchsrechts nach Art. 21 notwendig sein. Denn nach Art. 21 Abs. 1 hat der Betroffene die Möglichkeit, Datenverarbeitungen auf der Grundlage von Abs. 1 lit. e (Erfüllung einer öffentlichen Aufgabe) oder lit. f (Interessenabwägung) zu widersprechen. Ein solches Widerspruchsrecht besteht bei Datenverarbeitungen auf der Grundlage von Abs. 1 lit c zu Recht nicht. Denn es wäre ein Wertungswiderspruch, wenn die Rechtsordnung einerseits eine Verpflichtung zur Datenverarbeitung normiert, die Wahrnehmung dieser Pflicht andererseits jedoch zur Disposition eines Dritten stellt, der gerade zur Duldung verpflichtet sein soll.

96 Abs. 1 lit. c reicht für sich genommen zur Legitimierung der Datenverarbeitung nicht aus. Die Rechtmäßigkeit der Datenverarbeitung hängt von einer zusätzlichen rechtlichen Regelung ab, in der die Verpflichtung zur Verarbeitung statuiert ist und die als Rechtsgrundlage für die Datenverarbeitung im Einzelnen dient. Welchen Inhalt diese Rechtsgrundlage haben muss, wird in den Absätzen 2 und 3 konkretisiert (dazu unten Rn. 146 ff.). Abs. 1 lit. c sorgt lediglich dafür, dass eine entsprechende Verarbeitung aufgrund einer gesetzlichen Verpflichtung nicht am grundsätzlichen Verarbeitungsverbot des Abs. 1 S. 1 scheitert.

---

65 Vgl. EuGH, 30.05.2013, Rs. C-342/12.
66 Paal/Pauly, *Frenzel*, Art. 6 Rn. 18.

Nach dem Wortlaut des Abs. 1 lit. c muss die Datenverarbeitung zur Erfüllung der rechtlichen Verpflichtung erforderlich sein. Der EuGH hat bereits zum entsprechenden Art. 7 lit. c der RL 95/46/EG entschieden, dass in der Erforderlichkeit eine europarechtlich determinierte Anforderung an das Verhältnis zwischen dem Mittel der Datenverarbeitung und dem damit verfolgten Zweck zu sehen ist.[67] Die konkrete Datenverarbeitung muss zur Erfüllung der auferlegten Verpflichtung notwendig sein (vgl. EG 39 S. 9). Die Datenverarbeitung darf dabei nicht über das gesetzlich geforderte Maß hinausgehen (vgl. EG 39 S. 7). Dies gilt vorbehaltlich der Zulässigkeit von Zweckänderungen (unten Rn. 222 ff.). **97**

Das Erforderlichkeitskriterium gilt ausschließlich für den Verantwortlichen. Es verpflichtet nicht den Gesetzgeber der Rechtsgrundlagen. Es liegt im Ermessen des Gesetzgebers, selbst zu beurteilen, welche Datenverarbeitungspflichten er als angemessen ansieht. Die Grenzen dieser Gestaltungsfreiheit definieren lediglich die Abs. 2 und 3 (dazu unten Rn. 146 ff.). In den dort definierten Grenzen nimmt die DS-GVO gesetzliche Verpflichtungen zur Datenverarbeitung als gegeben hin und „erlaubt" den Verantwortlichen deren Erfüllung. **98**

V. Verarbeitung zur Sicherung lebenswichtiger Interessen (Abs. 1 lit. d)

Abs. 1 lit. d erlaubt die Verarbeitung zur Sicherung lebenswichtiger Interessen des Betroffenen oder einer anderen natürlichen Person. Die Norm hat die Funktion einer Auffangklausel, die insb. dann eingreift, wenn kein anderer Rechtfertigungsgrund vorliegt.[68] EG 46 nennt als Beispiele „die Verarbeitung für humanitäre Zwecke einschließlich der Überwachung von Epidemien und deren Ausbreitung oder in humanitären Notfällen insb. bei Naturkatastrophen oder vom Menschen verursachten Katastrophen". Rechtssystematisch steht die Rechtfertigungsgrundlage in einer Reihe mit Notstandsregelungen, wie sie bspw. in § 34 StGB oder §§ 228, 904 BGB zu finden sind. **99**

Die Rechtfertigungsgrundlage des Abs. 1 lit. d setzt nicht voraus, dass der Betroffene der Datenverarbeitung selbst in seinen lebenswichtigen Interessen bedroht ist. Es reicht auch die Bedrohung einer anderen natürlichen Person aus. **100**

Interessen i.S.d. Abs. 1 lit. d müssen „lebenswichtig" sein (englisch „vital"). Lebenswichtige Interessen sind in jedem Fall solche, die den Schutz menschlichen Lebens selbst betreffen, z.B. bei Bedrohung durch Gefahr oder Krankheit. Dazu gehören aber auch gleich- oder höherwertige Rechtsgüter, also zumindest die Menschenwürde. EG 112 S. 2 nennt (wenn auch in anderem Kontext) als lebenswichtiges Interesse die körperliche Unversehrtheit. Unabhängig hiervon konnen im Fall von existenziellen Bedrohungen auch andere Rechtsgüter „lebenswichtig" sein, z.B. bei massiven Eingriffen in die persönliche Freiheit. **101**

Die praktische Bedeutung der Verarbeitung auf Basis von Abs. 1 lit. d wird voraussichtlich gering sein. Private Datenverarbeiter dürften sich in Fällen des Abs. 1 lit. d immer auch auf Abs. 1 lit. f stützen können, der ebenfalls die Datenverarbeitung auf Basis einer Interessenabwägung erlaubt, ohne dass eine der in die Abwägung einzustellenden Interessen „lebenswichtig" sein müssten. Und für Behörden in Erfüllung ihrer Aufgaben gilt Abs. 1 lit. f zwar nicht (Abs. 1 S. 2), jedoch gehört der Schutz lebenswichtiger Interessen regelmäßig entweder zur Aufgabe der Behörden i.S.d. Art. 6 Abs. 1 lit. e oder er ist gleich vollständig aus dem Anwendungsbereich der DS-GVO ausgeklammert (Art. 2 Abs. 2). Als Anwendungsfall von Abs. 1 lit. d verbleibt somit nur die Gefahrenabwehr durch Behörden, die nicht mit der Gefahrenabwehr beauftragt sind.[69] **102**

---

67 EuGH, 30.05.2013, Rs. C-342/12; EuGH, 16.12.2008, Rs. C-524/06.
68 In diesem Fall greift häufig auch ein Erstrechtschluss aus Art. 9 Abs 2 lit. c, vgl. Paal/Pauly, *Frenzel*, Art. 6 Rn. 21.
69 Paal/Pauly, *Frenzel*, Art. 6 Rn. 22.

VI. Verarbeitung im öffentlichen Interesse oder in Ausübung öffentlicher Gewalt (Abs. 1 lit. e)

103 Abs. 1 lit. e erlaubt die Datenverarbeitung, wenn dies „für die Wahrnehmung einer Aufgabe erforderlich [ist], die im öffentlichen Interesse liegt oder in Ausübung öffentlicher Gewalt erfolgt". Die offene Formulierung trägt den vielen möglichen Organisationsformen der Wahrnehmung öffentlicher Interessen und des staatlichen Handelns Rechnung.

1. Öffentliche Aufgabe

104 Abs. 1 lit. e setzt voraus, dass die Datenverarbeitung für die Wahrnehmung einer Aufgabe erforderlich ist. Da die Wahrnehmung entweder im öffentlichen Interesse liegen oder in Ausübung öffentlicher Gewalt erfolgen muss, ist klar, dass es sich um eine öffentliche Aufgabe handeln muss.

105 Weder für Abs. 1 lit. e Var. 1 noch für Abs. 1 lit. e Var. 2 kommt es darauf an, ob die öffentliche Aufgabe durch eine öffentliche oder durch eine nicht-öffentliche Stelle wahrgenommen werden soll. Die Norm folgt somit einem funktionalen Ansatz.[70] Sämtliche Bereiche der Ordnungs-, Leistungs- und Lenkungsverwaltung fallen unter die von Abs. 1 lit. e erschlossenen öffentlichen Aufgaben.

2. Aufgabenübertragung

106 Die öffentliche Aufgabe wird durch Abs. 1 lit. e jedoch nicht festgelegt. Sie muss dem Verantwortlichen vielmehr durch andere Normen übertragen werden. Es muss eine (zusätzliche) Grundlage im Unionsrecht oder im mitgliedstaatlichen Recht bestehen (EG 45 S. 1). Ein Verantwortlicher kann seine Datenverarbeitung daher niemals allein auf Abs. 1 lit. e stützen. Die Norm ist kein eigenständiger Erlaubnistatbestand. Sie reicht für sich genommen zur Legitimierung der Datenverarbeitung nicht aus. Die Rechtmäßigkeit der Datenverarbeitung hängt vielmehr von der zusätzlichen gesetzlichen Regelung ab, die dann auch als Rechtsgrundlage für die Datenverarbeitung im Einzelnen dient.

107 Abs. 1 lit. e hat deshalb den Charakter einer weitreichenden Öffnung für mitgliedstaatliches Recht.[71] In Verbindung mit den Abs. 2 und 3 ist die Norm eine allgemeine Öffnungsklausel, die es den Mitgliedstaaten gestattet, Datenverarbeitungen im öffentlichen Interesse oder in Ausübung öffentlicher Gewalt näher zu konturieren.[72] Durch sie sind die Mitgliedstaaten befugt, bestehende Regelungen zu erhalten und neue, spezifische Regelungen zu erlassen. Sie ist deshalb die „Einstiegsnorm" insb. für Datenverarbeitungen der öffentlichen Hand.[73]

108 Abs. 1 lit. e ist (in Verbindung mit Abs. 2 und 3) jedoch nicht nur eine fakultative Öffnungsklausel. Faktisch verpflichtet die Norm den mitgliedstaatlichen Gesetzgeber auch zum Handeln. Das Verbot mit Erlaubnisvorbehalt verlangt bei jeder hoheitlichen Datenverarbeitung eine gesetzliche Aufgabenübertragung, die bestimmten Anforderungen genügen muss. Die DS-GVO enthält diese Aufgabenübertragungen nicht. Ohne Ausfüllung durch den Unionsgesetzgeber oder durch den mitgliedstaatlichen Gesetzgeber wäre kaum eine öffentliche Stelle mehr zur Datenverarbeitung berechtigt. Die übrigen Erlaubnistatbestände des Abs. 1 können nur in seltenen Fällen eine ausreichende Rechtsgrundlage für im öffentlichen Interesse liegende Datenverarbeitungen sein. Die Datenverarbeitungen der nationalen Ausländerbehörden, Meldestellen, Steuerbehörden, usw. benötigen daher weiterhin Aufgabenübertragungen im nationalen Ausländerrecht, Melderecht, Steuerrecht, usw.

109 Da im öffentlichen Interesse liegende Datenverarbeitungen einen nicht unerheblichen Teil der von der DS-GVO insgesamt erfassten Datenverarbeitungen darstellen, schlägt der „Richtlinien-

70 Gola, *Schulz,* Art. 6 Rn. 49.
71 Gola, *Schulz,* Art. 6 Rn. 47.
72 Kühling/Martini et. al, S. 27 ff.
73 Gola, *Schulz,* Art. 6 Rn. 46.

charakter" der DS-GVO im öffentlichen Bereich auf den Gesamtcharakter der DS-GVO durch. Auch angesichts der zahlreichen weiteren Öffnungsklauseln, aber insb. wegen der Notwendigkeit, die Zulässigkeit der Datenverarbeitung im öffentlichen Bereich weiterhin mitgliedstaatlich zu regeln, wird die DS-GVO häufig nicht als „normale" Verordnung angesehen, sondern als „Hybrid"[74] oder Zwitter zwischen Verordnung und Richtlinie. Formal gesehen handelt es sich freilich eindeutig um eine Verordnung i.S.d. Art. 288 AEUV. Die DS-GVO bedarf deshalb zu ihrer unmittelbaren Wirkung weder einer „Umsetzung" durch deutsches Recht, noch belässt sie dem deutschen Gesetzgeber einen Interpretationsspielraum bei der Umsetzung.

Welchen Anforderungen die spezialgesetzlichen Rechtsgrundlagen unterliegen, wird in den **110** Abs. 2 und 3 konkretisiert (dazu unten Rn. 146 ff.).

Abs. 1 lit. e verlangt keine Ermächtigung, die sich spezifisch auf die Datenerhebung bezieht. Der **111** zusätzliche Rechtsakt muss sich nicht bereichsspezifisch auf den Datenschutz beziehen, sondern dem Datenverarbeiter lediglich die öffentliche *Aufgabe* und/oder *öffentliche Gewalt* übertragen. Hierfür reicht nach dem Wortlaut von Abs. 1 lit. e i.V.m. Abs. 3 S. 1 grundsätzlich jede Aufgaben- oder Befugnisnorm aus, ohne dass sich diese konkret auf personenbezogene Daten beziehen muss.[75] Nicht für jede einzelne Verarbeitung wird ein spezifisches Gesetz verlangt (EG 45 S. 2). Ein Gesetz als Grundlage für mehrere Verarbeitungsvorgänge kann ausreichend sein (EG 45 S. 3). Abs. 1 lit. e sorgt dafür, dass eine Datenverarbeitung aufgrund dieser Aufgaben- bzw. Befugnisübertragung nicht am grundsätzlichen Verarbeitungsverbot des Abs. 1 S. 1 scheitert.

3. Erforderlichkeit

Nach dem Wortlaut des Abs. 1 lit. e muss die Datenverarbeitung für die Wahrnehmung der öf- **112** fentlichen Aufgabe bzw. die Ausübung öffentlicher Gewalt erforderlich sein. Das Erforderlichkeitskriterium bezieht sich auf beide Varianten des Abs. 1 lit e. Der EuGH hat bereits zum entsprechenden Art. 7 lit. e DS-RL entschieden, dass in der Erforderlichkeit eine europarechtlich determinierte Anforderung an das Verhältnis zwischen dem Mittel der Datenverarbeitung und dem damit verfolgten Zweck zu sehen ist.[76] Notwendig ist lediglich eine Erforderlichkeits- und nicht eine Verhältnismäßigkeitsprüfung (siehe auch oben Rn. 88). Zu beachten ist allerdings, dass auch unabhängig von Abs. 1 lit. e jeder staatliche Eingriff in das Datenschutzgrundrecht immer an den Verhältnismäßigkeitsgrundsatz gebunden ist.[77]

4. Wahrnehmung einer im öffentlichen Interesse liegenden Aufgabe (Abs. 1 lit. e Var. 1)

a) Normadressat

Der Erlaubnistatbestand des Abs. 1 lit. e gilt in seiner Var. 1 für alle Stellen, die eine Aufgabe **113** wahrnehmen, die im öffentlichen Interesse liegt, also für alle Stellen, die zur Erledigung einer Aufgabe im öffentlichen Interesse berufen sind. Var. 1 ist im Anwendungsbereich weiter als Var. 2 und erfasst auch nicht-öffentliche Stellen (insb. also auch Wirtschaftsunternehmen), wenn und soweit diese eine Aufgabe erfüllen, die im öffentlichen Interesse liegt.[78]

---

74 *Kühling/Martini* et. al, S. 1.

75 Zu den weiter reichenden, an den Gesetzgeber gerichteten Bestimmtheitsanforderungen des GG siehe aber unten, Rn. 171 ff.

76 EuGH, 16.12.2008, Rs. C-524/06.

77 Statt vieler für die GRC EuGH, 8.4.2014, Rs. C-293/12 und C-594/12, Rn. 38 ff. – *Digital Rights Ireland;* für das GG BVerfG, 20.4.2016, Az. 1 BvR 966/09, Rn. 93 ff. – *BKA-Gesetz.* Paal/Pauly, *Frenzel*, Art. 6 Rn. 23, liest den Begriff der „Erforderlichkeit" hier anders als in den anderen Tatbeständen des Abs. 1, als direkte Ausprägung des Verhältnismäßigkeitsprinzip.

78 So auch Plath, *Plath*, Art. 6 Rn. 29. A.A. offenbar Paal/Pauly, *Frenzel*, Art. 6 Rn. 24, der offenbar einen Beleihungsakt als Voraussetzung ansieht.

b) Öffentliches Interesse

114 Ein öffentliches Interesse ist ein Interesse, das nicht (nur) Einzelpersonen dient, sondern einem übergeordneten gesellschaftlichen Ziel. Das öffentliche Interesse muss außerdem im Recht der Mitgliedstaaten oder der EU verankert sein. Daraus ergibt sich, dass der Begriff des „öffentlichen Interesses" den Mitgliedstaaten einen Wertungsspielraum eröffnet.[79] Denn grundsätzlich kann jeder Gesetzgeber – national, supranational oder sogar auf rein lokaler Ebene – ein solches öffentliches Interesse festlegen. Aus dem Demokratieprinzip ergibt sich, dass es letztlich jeder demokratisch legitimierten Person oder Körperschaft selbstständig zusteht, ihre eigenen öffentlichen Interessen selbstständig zu definieren und zu verfolgen.

115 Aufgabenerfüllungen im öffentlichen Interesse kommen vor, wo Privatunternehmen in öffentliche Aufgabenerfüllungen eingebunden sind, z.B. Finanzinstitute bei der Geldwäschebekämpfung (zur Überschneidung mit lit. c oben Rn. 95). Hauptanwendungsfall sind aber staatliche Stellen, insb. Behörden. Entscheidend ist, dass die Stellen mit einer Gesamtaufgabe betraut sind, deren Erledigung im öffentlichen Interesse liegt und die mitunter auch die Verarbeitung von personenbezogenen Daten erfordert.

116 Die DS-GVO erkennt in unterschiedlichen Regelungszusammenhängen explizit oder implizit zahlreiche Interessen als öffentliche Interessen an. Eine Liste der von der DS-GVO explizit anerkannten öffentlichen Interessen findet sich in Art. 18 Rn. 99. Auf eine „Anerkennung" bestimmter öffentlicher Interessen durch die DS-GVO kommt es freilich nicht an; auch solche Interessen die in der DS-GVO nicht explizit genannt sind, können trotzdem „öffentlich" sein wenn sie von einer demokratisch legitimierten Person oder Körperschaft ausgehen.

117 Das öffentliche Interesse reicht für sich gesehen noch nicht aus, damit sich ein Verantwortlicher für seine Datenverarbeitung darauf berufen kann. Erforderlich ist vielmehr, dass dem Verantwortlichen eine Aufgabe übertragen wurde (oben Rn. 106 ff.), die im öffentlichen Interesse liegt. Dies setzt keine Verleihung von Hoheitsgewalt durch einen Beleihungsakt oder dergleichen voraus, sondern kann sich z.B. auch unmittelbar aus dem Gesetzesrecht ergeben.

5. Ausübung öffentlicher Gewalt (Abs. 1 lit. e Var. 2)

118 Der Erlaubnistatbestand des Abs. 1 lit. e gilt in seiner Var. 2 für alle Stellen, die öffentliche Gewalt ausüben. Diese Variante betrifft somit die Stellen, denen Hoheitsrechte originär zukommen oder denen Hoheitsrechte übertragen sind. In Deutschland sind dies Behörden und Beliehene. Auch in Abs. 1 lit. e Var. 2 kommen somit nicht-öffentliche Stellen als Normadressaten in Betracht – hier allerdings nur auf Basis eines Beleihungsaktes, der auch die Ausübung öffentlicher Gewalt erlaubt.

VII. Verarbeitung aufgrund Interessenabwägung (Abs. 1 lit. f)

1. Funktion der Interessenabwägung

119 Abs. 1 lit. f ist der insgesamt flexibelste Erlaubnistatbestand der DS-GVO. Bereits unter dem geltenden Datenschutzrecht kommt den entsprechenden Bestimmungen in den §§ 28 ff. BDSG herausragende Bedeutung zu. Dies wird sich nach Inkrafttreten der DS-GVO für Abs. 1 lit. f fortsetzen.

120 Die Interessenabwägung nach Abs. 1 lit. f hat gegenüber den anderen, restriktiver gefassten Tatbeständen des Abs. 1 Auffangfunktion. Die Rechtfertigungsmöglichkeit aufgrund einer Interessenabwägung steht mehr als alle anderen Erlaubnistatbestände dafür, dass Datenschutz im privaten Bereich mit den legitimen Interessen von anderen Grundrechtsträgern, bestimmte personenbezogene Daten zu erheben, zu verwenden und weiterzugeben, kollidieren kann (vgl. EG 4). Auch das kollektive Interesse an gesellschaftlicher Öffentlichkeit, das auch die Verbreitung und

---

79 *Kühling/Martini* et. al, S. 31.

Verfügbarkeit personenbezogener Daten einbezieht, kann mit dem Recht auf Datenschutz kollidieren.[80]

Abs. 1 lit. f tritt an die Stelle der im Vergleich sehr umfangreichen und teilweise sehr spezifischen §§ 28 ff. BDSG. Eine vergleichbare Differenzierung nach Erhebungs- und Verwendungszwecken sieht die DS-GVO an dieser Stelle nicht vor. Dies führt zu einer begrüßenswerten Flexibilisierung der Interessenabwägung.[81] Erfahrungswerte der bisherigen Praxis lassen sich deshalb nur begrenzt auf die Regulierung unter der DS-GVO übertragen. Die Abwägung unter Abs. 1 lit. f erfolgt vor einem anderen Maßstab, da teils auf andere Leitprinzipien zurückgegriffen wird (unten Rn. 139 ff.). Außerdem wird die Auslegung der DS-GVO aufgrund der verschiedenen Konsultations-, Streitbeilegungs- und Kohärenzmechanismen (Artt. 60 ff.) letztlich EU/EWR-weit einheitlich sein. Deutsche Sonderwege und Eigenheiten, die sich in den §§ 28 ff. BDSG spiegeln, werden sich unter der Geltung von Abs. 1 lit. f nicht immer fortsetzen lassen. 121

2. Anwendungsbereich

Abs. 1 lit. f gilt für alle auf überwiegende Interessen gestützte Verarbeitungen personenbezogener Daten. Die Vorschrift ist neben den anderen Erlaubnistatbeständen anwendbar, denn dieselbe Datenverarbeitung kann gleichzeitig auf mehrere Erlaubnistatbestände gestützt werden. Abs. 1 lit. f gilt allerdings nicht für die Verarbeitung sensitiver Daten, denn in diesem Bereich ist Art. 9 Abs. 2 als *lex specialis* abschließend.[82] Eine vergleichbar breit aufgestellte Klausel zur Interessenabwägung enthält Art. 9 Abs. 2 nicht. 122

Auf Abs. 1 lit. f können grundsätzlich alle Verantwortlichen ihre Datenverarbeitung stützen, mit Ausnahme von „Behörden in Erfüllung ihrer Aufgaben". Letztere sind gem. Abs. 1 S. 2 aus dem Anwendungsbereich von Abs. 1 lit. f ausgeklammert. Ausweislich EG 47 S. 5 soll es für Datenverarbeitungen durch Behörden dem Gesetzgeber vorbehalten bleiben, die Rechtsgrundlagen hierfür festzulegen. Dies korrespondiert mit der Systematik der DS-GVO, die für den öffentlichen Bereich eine gesonderte Systematik aufweist (oben Rn. 27 ff.). 123

Die Konturierung der Bereichsausnahme betrifft erstens nur „Behörden" und zweitens diese nur insofern, als sie in Erfüllung ihrer Aufgaben handeln. Der Begriff der „Behörden" wird in Art. 6 sonst nicht verwendet und ist auch in der DS-GVO nicht definiert. Die DS-GVO kennt allerdings zahlreiche Unterfälle des Behördenbegriffs, z.B. Gerichte und andere Justizbehörden (EG 20 S. 1), Steuerbehörden, Zollbehörden, Finanzermittlungsstellen, Finanzmarktbehörden und unabhängige Verwaltungsbehörden (EG 31 S. 1, EG 112 S. 1), Gesundheitsbehörden (EG 53 S. 1), Strafverfolgungsbehörden (EG 86 S. 3, EG 88 S. 2), Regulierungsbehörden (EG 111 S. 1), Wettbewerbsbehörden und Finanzaufsichtsbehörden (EG 112 S. 1), für die soziale Sicherheit und die öffentliche Gesundheit zuständige Dienste (EG 112 S. 1), Statistikbehörden (EG 163 S. 1) und natürlich die „Aufsichtsbehörden", d.h. die Datenschutzaufsichtsbehörden der Mitgliedstaaten (Art. 4 Nr. 21 i.V.m. Art. 51). Der Behördenbegriff der DS-GVO wird somit offensichtlich von der Vorstellung geprägt, dass eine Behörde als Teil der Exekutive eines Staates Hoheitsrechte ausübt. Der Behördenbegriff ist damit eher restriktiv auszulegen und entspricht etwa dem des deutschen Verwaltungsverfahrensrechts. 124

In Abgrenzung zum Begriff der „Behörde" verwendet die DS-GVO vielfach den ebenfalls nicht definierten Begriff der „öffentlichen Stelle" (englische Fassung: „body"). Behörden und öffentliche Stellen werden hierbei meist nebeneinander genannt und rechtlich gleichgestellt.[83] Abs. 1 S. 2 wählt aber einen anderen Weg, denn er stellt nur auf Behörden ab, und somit gerade nicht auf sonstige öffentliche Stellen. Es bleibt abzuwarten, ob die Rechtspraxis unter der DS-GVO den Begriff der „öffentlichen Stelle" ähnlich anwenden wird wie derzeit noch § 2 BDSG, der den Be- 125

80 EuGH, 9.11.2010, Rs. C-92/09 und C-93/09, Rn. 48 – *Schecke und Eifert*; EGMR, 27.06.2017, application no. 931/13; *Stentzel*, in: Ping 2016, 45, 47
81 *Albrecht/Jotzo*, S. 74.
82 *Albrecht/Jotzo*, S. 78.
83 Bspw. Art. 27 Abs. 2 lit. b, Art. 37 Abs. 3, Art. 46 Abs. 2 lit. a, Art. 83 Abs. 7, EG 80 S. 1, EG 92.

griff als Oberkategorie definiert und Behörden gemeinsam als eine von mehreren Unterkategorien behandelt.

126 In jedem Fall bleibt festzuhalten, dass öffentliche Stellen, die keine Behörden sind, sich im Unterschied zu Behörden auf die Interessensabwägungsklausel des Abs. 1 lit. f stützen können. Solche öffentliche Stellen sind nach der hier vertretenen Auffassung alle dem Staat zurechenbaren Bereiche, in denen nicht unmittelbar Hoheitsgewalt ausgeübt wird, also z.B. die öffentlich-rechtlichen Rundfunkanstalten und die öffentlich-rechtlich organisierten Religionsgemeinschaften (jeweils nur bei nicht-hoheitlichen Aktivitäten), öffentlich getragene Krankenhäuser, Universitäten oder öffentliche Betriebe im Bereich der kommunalen Daseinsvorsorge.

127 Auch Behörden ist der Zugriff auf die Interessensabwägungsklausel nicht vollständig verwehrt. Der Ausschluss greift nur insoweit, als eine Behörde in Erfüllung ihrer Aufgaben handelt. Wenn dies nicht der Fall ist, bspw. wenn eine Behörde als Arbeitgeberin Personen beschäftigt oder bei fiskalischem Handeln, darf sie auch personenbezogene Daten auf Basis von Abs. 1 lit. f verarbeiten.

3. Systematik der Interessenabwägung

128 Abs. 1 lit. f sieht im Grundsatz eine Interessenabwägung vor. Die Prüfung ist dreistufig strukturiert:

a) Erstens müssen berechtigte Interessen des Verantwortlichen oder eines Dritten vorliegen (Rn. 133 ff.).

b) Zweitens muss es sich um eine Verarbeitung handeln, die zur Wahrung dieser berechtigten Interessen erforderlich ist (Rn. 139).

c) Und drittens dürfen diese Interessen bei der konkreten Datenverarbeitung nicht durch Interessen oder Grundrechte und Grundfreiheiten des Betroffenen, die den Schutz personenbezogener Daten erfordern, überwogen werden (Rn. 140 ff.). Dies gilt „insb. dann, wenn es sich bei der betroffenen Person um ein Kind handelt".

129 Auf der ersten Stufe der Prüfung gibt es somit zwei Teilprüfungsschritte: Zunächst ist zu fragen, ob bzw. welche Interessen des Verantwortlichen oder eines Dritten vorliegen. Als Dritte sind hier sonstige Dritte gemeint (z.B. Empfänger von Daten bei der Datenübermittlung), jedoch nicht der Betroffene.[84] Sodann ist zu fragen, ob diese Interessen „berechtigt" sind, was voraussetzt, dass der Zweck der Datenverarbeitung nicht von vornherein mit dem geltenden Recht unvereinbar ist.[85] Dabei ist ein grundsätzlich weiter Maßstab anzulegen, um der eigentlichen Interessenabwägung nicht vorzugreifen.[86]

130 Auf der zweiten Stufe ist zu prüfen, ob die Datenverarbeitung „erforderlich" ist, d.h. ob der Verarbeitungszweck nicht über ein gleich effektives Mittel erreicht werden könnte. Es handelt sich lediglich um eine Ausprägung des Zweckbindungsgrundsatzes (vgl. den Wortlaut von EG 39 S. 9), nicht jedoch um eine Prüfung i.S.d. Angemessenheit oder Verhältnismäßigkeit.[87] Eine Abwägung erfolgt erst auf der dritten Prüfungsstufe.

131 Sind die ersten beiden Stufen genommen, so sind auf der dritten Stufe die Interessen des Verantwortlichen mit gegenläufigen Interessen der Betroffenen abzuwägen. Als gegenläufige Interessen nennt der zweite Halbsatz „Interessen, Grundrechte und Grundfreiheiten der betroffenen Person, die den Schutz personenbezogener Daten erfordern". Diese Formulierung ist gleich aus

84 Plath, *Plath*, Art. 6 Rn. 18.
85 Ähnlich Plath, *Plath*, Art. 6 Rn. 621: „jedes von der Rechtsordnung anerkannte Interesse".
86 EG 47 S. 3 könnte auch dahingehend ausgelegt werden, dass schon das Bestehen eines berechtigten Interesses von den Erwartungen des Betroffenen abhängig gemacht werden muss. Hiesigen Erachtens sind die Erwartungen des Betroffenen jedoch erst auf der dritten Prüfungsstufe (also bei der eigentlichen Interessenabwägung) zu berücksichtigen.
87 Paal/Pauly, *Frenzel*, Art. 6 Rn. 29; Plath, *Plath*, Art. 6 DSGVO Rn. 23.

mehreren Gründen seltsam. Zum einen hätte es bereits ausgereicht, die „Interessen" des Betroffenen zu benennen, denn diese umfassen (wie auch die „berechtigten Interessen" des Verantwortlichen) bereits sämtliche Rechtsgüter. Zum zweiten ist eine horizontale Direktwirkung der Grundrechte und Grundfreiheiten im privaten Bereich höchst diskutabel.[88] Die Erwähnung von Abwehrrechten gegen den Staat im Zusammenang mit der zwischen Privaten vorzunehmenden Interessenabwägung ist fragwürdig. Und zuletzt verwundert insb. die Nennung von „Grundfreiheiten, die den Schutz personenbezogener Daten erfordern". Denn solche Grundfreiheiten gibt es schlichtweg nicht.[89] Letztlich läuft der Wortlaut trotz aller Unklarheiten darauf hinaus, dass eine schlichte Abwägung der widerstreitenden Interessen durchzuführen ist.

Die Prüfung muss nicht in jedem einzelnen Schritt dokumentiert werden. Es reicht aus, wenn die Datenverarbeitung im Ergebnis rechtfertigbar ist. Aus den Transparenzpflichten nach Art. 13 und 14 ergibt sich allerdings die Notwendigkeit, zumindest die Rechtsgrundlage der Datenverarbeitung und die eigenen Verarbeitungsinteressen zu dokumentieren und dem Betroffenen mitzuteilen (Art. 13 Abs. 1 lit. c und lit. d; Art. 14 Abs. 2 lit. b).[90] **132**

4. Berechtigte Interessen

Zunächst ist festzustellen, ob überhaupt berechtigte Interessen des Verantwortlichen oder eines Dritten vorliegen. Welche Interessen als „berechtigt" anzusehen sind, wird durch die DS-GVO nicht vorgeprägt. **133**

Die EG 47 bis 50 nennen allerdings eine Reihe von Bereichen, in denen grundsätzlich von einem legitimen Interesse auszugehen ist: **134**

- Es besteht „eine maßgebliche und angemessene Beziehung zwischen der betroffenen Person und dem Verantwortlichen"; dies kann z.B. bei Vorliegen einer Kundenbeziehung oder eines Dienstleistungsverhältnisses der Fall sein (EG 47 S. 2).
- Die Verarbeitung ist für die Verhinderung von Betrug unbedingt erforderlich (EG 47 S. 6).
- Die Verarbeitung erfolgt zum Zwecke der Direktwerbung" (EG 47 S. 7).[91]
- Die Verarbeitung besteht in der Übermittlung von Daten innerhalb einer Unternehmensgruppe für interne Verwaltungszwecke, einschließlich der Verarbeitung personenbezogener Daten von Kunden und Beschäftigten (EG 48 S. 1). Die Voraussetzungen für konzerninterne Übermittlungen entsprechen im Wesentlichen der bisherigen Rechtslage.
- Die Verarbeitung ist für die Gewährleistung der Netz- und Informationssicherheit erforderlich, bspw., um „den Zugang Unbefugter zu elektronischen Kommunikationsnetzen und die Verbreitung schädlicher Programmcodes zu verhindern sowie Angriffe in Form der gezielten Überlastung von Servern („Denial of Service"-Angriffe) und Schädigungen von Computer- und elektronischen Kommunikationssystemen abzuwehren" (EG 49). Die Abwägung im Bereich der IKT-Sicherheit wird durch EG 49 in gewisser Weise präjudiziert. Gerade in diesem Bereich ist Abs. 1 lit. f allerdings ohnehin häufig nicht der allein relevante Rechtfertigungsgrund, denn die Gewährleistung von IKT-Sicherheit ist mittlerweile fast durchweg als Rechts-

---

88 Zusammenfassend zur Problematik *Jarrass* ZEuP 2017, 310; *Müller-Graff* EuR 2014, 3; Jarrass, *Jarrass*, Charta der Grundrechte der EU, 3. Auflage 2016, Rn. 36 f.; vgl. aber auch EuGH, 15.01.2014, Rs. C-176/12 – *AMS*.

89 Grundfreiheiten in der Diktion des EU-Rechts sind Binnenmarktfreiheiten für Wirtschaftsgüter (Warenverkehrsfreiheit, Dienstleistungsfreiheit, etc.). Keine dieser Grundfreiheiten erfordert den Schutz personenbezogener Daten.

90 Im Verzeichnis der Verarbeitungstätigkeiten nach Art. 30 sind demgegenüber lediglich die Zwecke der Verarbeitung zu dokumentieren (Art. 30 Abs. 1 lit. b), aber weder die Rechtsgrundlage noch die zugrundeliegenden Interessen.

91 Speziell für die Direktwerbung ist außerdem relevant, dass die EU-DSGVO in Art. 21 Abs. 2 für diesen Fall ein spezielles Widerspruchsrecht vorsieht. Daraus lässt sich im Umkehrschluss ableiten, dass Direktwerbung grundsätzlich weiterhin zulässig sein soll; vgl. Plath, *Plath*, Art. 6 Rn.21; vgl. auch EG 70.

pflicht formuliert und kann somit bereits über Abs. 1 lit. c und/oder lit. e gerechtfertigt werden.[92]

- Der Verantwortliche weist eine zuständige Behörde auf mögliche Straftaten oder Bedrohungen der öffentlichen Sicherheit hin, sofern dieser nicht einer Geheimhaltungspflicht unterliegt (EG 50 S. 9 und 10).

135 Die Aufzählung in den Erwägungsgründen 47 bis 50 ist nicht abschließend. Selbstverständlich können auch weitere Interessen als legitim bewertet werden. Die Nennung dieser Beispiele belegt aber, dass der Gesetzgeber in diesen Bereichen Verarbeitungsinteressen antizipiert hat und sie als grundsätzlich legitim bewertet.[93] Auf der anderen Seite sind diese Beispiele größtenteils offen formuliert („könnte", „kann", etc.), sie nehmen also die Abwägung nicht vorweg.[94]

136 Auch Art. 9 Abs. 2 führt in einigen Tatbeständen berechtigte Interessen auf, die als Erlaubnistatbestand für die Verarbeitung sensibler Daten in Betracht kommen. Wenn diese Interessen die Verarbeitung sensibler Daten rechtfertigen können, dann müssen sie die Verarbeitung einfacher personenbezogener Daten *erst recht* rechtfertigen können. Zu nennen sind hierbei:

- Die Verarbeitung erfolgt durch eine politisch, weltanschaulich, religiös oder gewerkschaftlich ausgerichtete Stiftung, Vereinigung oder sonstige Organisation ohne Gewinnerzielungsabsicht im Rahmen ihrer rechtmäßigen Tätigkeiten (Art. 9 Abs. 2 lit. d).
- Die Verarbeitung bezieht sich auf personenbezogene Daten, die die betroffene Person offensichtlich öffentlich gemacht hat (Art. 9 Abs. 2 lit. e). Die Anerkennung der Verarbeitung offensichtlich öffentlich gemachter Daten als berechtigtes Interesse ist für die Meinungs- und Informationsfreiheit insb. bei Internetsachverhalten von enormer Bedeutung. Ohne eine solche Privilegierung könnten schon ganz alltägliche Kommunikationshandlungen zu einem datenschutzrechtlichen Problem führen, z.B. das Retweeten eines Tweets bei Twitter.
- Die Verarbeitung ist zur Geltendmachung, Ausübung oder Verteidigung von Rechtsansprüchen oder bei Handlungen der Gerichte im Rahmen ihrer justiziellen Tätigkeit erforderlich (Art. 9 Abs. 2 lit. f).

137 Für die Datenverarbeitung im Rahmen des Arbeitsverhältnisses sieht Art. 88 eine Öffnungsklausel für „spezifischere Vorschriften" vor. Dies impliziert, dass auch die Interessenabwägung speziell für das Arbeitnehmerdatenschutzrecht konkretisiert werden kann. Dies kann auch durch Betriebsvereinbarungen oder andere „Kollektivvereinbarungen" erfolgen (vgl. EG 155).

5. Erforderlichkeit

138 Die Verarbeitung muss zur Wahrung dieser berechtigten Interessen des Verantwortlichen oder eines Dritten erforderlich sein. Wie oben dargestellt, geht auf dieser Stufe der Prüfung nur darum, ob nicht ein gleich gut geeignetes, aber weniger stark eingreifendes Mittel zur Verfügung steht. Die eigentliche Abwägung findet erst auf der nächsten Stufe statt.

6. Materielle Maßstäbe der Interessenabwägung

139 Wie jede Generalklausel lebt auch die Regelung in Abs. 1 lit. f von ihrer tatbestandlichen Offenheit. Dies drückt sich durch die Güterabwägung aus, die auf der letzten Prüfungsstufe stattfindet. Deren Funktion entspricht der Stufe der Angemessenheit im Rahmen einer Verhältnismäßigkeitsprüfung.

---

92 Vgl. nur § 13 Abs. 7 TMG, § 8a BSIG, § 109, § 109a TKG, Art. 32 DS-GVO. Unabhängig hiervon hat der EuGH bereits bestätigt, dass die Aufrechterhaltung der Funktionsfähigkeit von IT-Diensten ein berechtigtes Interesse ist und die Speicherung der dafür notwendigen Daten rechtfertigen kann; vgl. EuGH, 19.10.2016, Rs. C-582/14, Rn. 60 – *Breyer.*

93 Plath, *Plath*, Art. 6 Rn. 21; *Albrecht/Jotzo*, S. 75.

94 Albrecht, in: CR 2016, 88, 92.

a) Maßstabsnormen

Nach Ermittlung der betroffenen Rechtsgüter (Interessen des Verantwortlichen und Dritter einerseits, Interessen des Betroffenen andererseits) sind die unterschiedlichen Rechtspositionen vor dem Maßstab des umrahmenden und höherrangigen Rechts gegeneinander abzuwägen. Der materielle Maßstab der Abwägung ergibt sich aus dem Wortlaut des Abs. 1 lit. f sowie aus den Grundsätzen und Leitprinzipien der DS-GVO, die in Art. 1 und Art. 5 verankert sind. Zu berücksichtigen sind auch die Wertmaßstäbe der Grundrechtecharta und des übrigen Primärrechts (u.a. Art. 2 und 3 EUV, Art. 16 AEUV). Eine zentrale Rolle spielt dabei der Ausgleich zwischen Privatheitsinteressen des Betroffenen einerseits und den Verwendungsinteressen der Verantwortlichen und Dritter andererseits. Zwischen diesen Interessen ist auch nach der DS-GVO ein gerechter Ausgleich zu finden (oben Rn. 16 ff.; vgl. auch EG 4). **140**

b) Vernünftige Erwartungen des Betroffenen

EG 47 S. 1 nennt als wichtigen Gesichtspunkt der Interessenabwägung „die vernünftigen Erwartungen der betroffenen Person". Dies zeigt, dass auch im Rahmen der Interessenabwägung die Transparenz der Datenverarbeitung (Art. 5 Abs. 1 lit. a) für den Betroffenen eine Rolle spielt.[95] Es wäre gleichwohl nicht korrekt, die Interessenabwägung ausschließlich anhand der in EG 47 erwähnten subjektiven Erwartungen des Betroffenen vorzunehmen. Zunächst ist für die Bewertung der vernünftigen Erwartungen des Betroffenen kein rein subjektiver, sondern ein verobjektivierter Maßstab anzulegen. Es ist zu fragen, welche Erwartungen ein vernünftiger Dritter in der Position des Betroffenen hätte. Darüber hinaus ist Abs. 1 lit. f keine „Einwilligung light", die eine Kenntnis und Zustimmung des individuell Betroffenen voraussetzt, sondern ein eigenständiger Rechtfertigungstatbestand. Im Unterschied zu Abs. 1 lit. a und zu Abs. 1 lit. b ist hier gerade kein spezifisches Näheverhältnis im Sinne einer Einwilligung oder eines von beiden Seiten gewünschten Vertrages notwendig. Der Tatbestand des Abs. 1 lit. f erfasst vielmehr gerade auch Fälle, in denen ein solches Näheverhältnis nicht besteht und in denen der Betroffene mit der Datenverarbeitung nicht einverstanden ist. Dies ergibt sich auch aus Art. 21 Abs. 1, der das Widerspruchsrecht des Betroffenen auf Ausnahmefälle beschränkt, in denen dieser Gründe vorbringen kann, die sich aus seiner besonderen Situation ergeben (s. Art. 21 Rn. 67 ff.). **141**

c) Sphärentheorie

Neben der Erwartungshaltung des Betroffenen sind auch weitere Interessen in die Abwägung mit einzubeziehen. Welche dies sind, ist naturgemäß einzelfallabhängig. Bei der Abwägung lässt sich als Ausgangspunkt die sog. Sphärentheorie heranziehen, die durch BVerfG und EGMR im Bereich des Presserechts angewendet wird.[96] Nach dieser Theorie wiegen Privatsphäreinteressen des Betroffenen weniger schwer, wenn der zugrundeliegende Sachverhalt sich in der Öffentlichkeit abgespielt hat.[97] Sachverhalte aus der Sozialsphäre (z.B. dem Berufsumfeld) und dem rein privaten Umfeld sind jeweils graduell stärker geschützt. Besonders hoher Schutz kommt der Intimsphäre zu, wenn es bspw. um Themen der Sexualität oder der inneren Glaubensausübung geht. Die Sphärentheorie als solche ist in der DS-GVO nicht verankert, findet ihre Grundlage aber bereits in der Abwägung der konfligierenden (Grund-)Rechtspositionen (vgl. auch EG 4). Für Daten, die der Betroffene offensichtlich öffentlich gemacht hat, sieht Art. 9 Abs. 2 lit. e im Bereich der sensiblen Daten sogar ausdrücklich einen Erlaubnistatbestand vor. Dies gilt dann im Erstrechtschluss auch für weniger sensible Daten. **142**

95 *Albrecht/Jotzo*, S. 75.
96 Statt vieler BVerfGE 120, 180 (218) – *Caroline von Monaco III*
97 BVerfGE 101, 361 (385) – *Caroline von Monaco II*

d) Risikobasierter Ansatz

143 Im Rahmen der Interessenabwägung kommt es nicht nur auf die unmittelbar streitenden Interessen an, sondern auch darauf, ob die Belastung des Privatsphäreninteresses des Betroffenen durch Entlastungsmaßnahmen wieder eingegrenzt wird (risikobasierter Ansatz).[98] Aus diesem Grund ist im Rahmen der Interessenabwägung zu berücksichtigen, in welchem Ausmaß Risiken durch die konkrete Art der Datenverarbeitung entstehen, aber auch, wie sie bspw. durch technisch-organisatorische Maßnahmen, Transparenzmaßnahmen oder die Möglichkeit zur Geltendmachung von Betroffenenrechten wieder begrenzt werden (vgl. dazu insb. die Kommentierung zu Art. 24 Rn. 78 ff.). Aus Sicht eines Verantwortlichen können zusätzliche risikobegrenzende Maßnahmen also ein Weg sein, eine Interessenabwägung zu „gewinnen". Zur Datenübermittlung an Auftragsverarbeiter s.o. Rn. 44.

e) Kinderschutz

144 Einen besonders hohen Schutz genießen, auch im Rahmen der Interessenabwägung, Kinder.[99] Der letzte Satzteil von Abs. 1 lit. f betont dies zusätzlich. Der Begriff „Kinder" ist in der DS-GVO nicht definiert, was offenbar den unterschiedlichen Systemen zur Regelung von Geschäftsfähigkeit und elterlicher Sorge in den Mitgliedstaaten Rechnung tragen soll. Für die Interessenabwägungsklausel wäre es ohnehin nicht sachgerecht, auf eine starre Altersgrenze abzustellen. Vielmehr gilt das generelle Prinzip: je jünger, desto schutzbedürftiger. Die Erlaubnisklausel der Interessenabwägung ist jedoch für die Anwendung auf Kinder nicht generell gesperrt. Die gesonderte Erwähnung von Kindern bedeutet lediglich, dass die Interessen von Kindern im Vergleich zu denselben Interessen von Erwachsenen ein höheres Gewicht haben. Diese Interessen können jedoch auch darin bestehen, ein bestimmtes Angebot nutzen zu können oder Informationen über Dritte preiszugeben. Es geht also nicht nur um Datenschutzinteressen.

7. Widerspruchsrecht des Betroffenen

145 Die Rechtfertigung auf Basis von Abs. 1 lit. f kann durch einen Widerspruch des Betroffenen wieder aufgehoben werden (Art. 21). Dieses Widerspruchsrecht setzt sich allerdings nicht durchweg durch, sondern nur, wenn erstens Gründe vorliegen, die sich aus der besonderen Situation des Betroffenen ergeben (Art. 21 Abs. 1 S. 1), und wenn zweitens sich im Einzelfall aus dem erklärten Widerspruch ergibt, dass die Interessen des Betroffenen die des Verantwortlichen überwiegen (Art. 21 Abs. 1 S. 2). Verantwortliche dürfen trotz des Widerspruchs die Datenverarbeitung fortsetzen, wenn ihre zwingenden berechtigten Interessen trotz des erklärten Widerspruchs Vorrang vor den Interessen des Betroffenen haben. Ein mit absoluter Bindungswirkung versehenes Widerspruchrecht sieht die DS-GVO lediglich bei der Verarbeitung zum Zweck der Direktwerbung und damit verbundenem Profiling vor (Art. 21 Abs. 2; EG 70).

VIII. Anforderungen an die Rechtsgrundlagen der Datenverarbeitung (Abs. 2 und Abs. 3)

1. Struktur

146 Die Erlaubnistatbestände in Abs. 1 lit. c und lit. e reichen für sich genommen zur Legitimierung der Datenverarbeitung nicht aus. Beiden ist eigen, dass die Rechtmäßigkeit der Datenverarbeitung von zusätzlichen rechtlichen Regelungen abhängt, die als Rechtsgrundlage für die Datenverarbeitung im Einzelnen dienen. Abs. 2 und 3 regeln die Anforderungen an diese anderweitigen Rechtsgrundlagen. Der dadurch vorgegebene Harmonisierungsrahmen richtet sich sowohl an die Rechtsetzung der Mitgliedstaaten als auch an die Rechtssetzung der EU.

---

98 *Veil*, in: ZD 2015, 347, 349.
99 *Albrecht/Jotzo*, S. 80.

Die Abs. 2 und 3 sind nur schwer handhabbar, da sie nicht systematisch zwischen Anforderungen an die eigentlichen Rechtsgrundlagen (also die Aufgaben- bzw. Befugnisnormen) und an die begleitenden datenschutzrechtlichen Anforderungen differenzieren.[100] Die Abs. 2 und 3 vermischen außerdem „muss"- und „kann"-Anforderungen. 147

Eine Systematisierung führt zu folgendem Ergebnis: 148

Abs. 3 S. 1, 2 und 4 regeln die **„Muss"-Anforderungen**[101] an die Aufgaben- und Befugnisübertragung. Wenn und soweit der Gesetzgeber dem Verantwortlichen eine Rechtspflicht auferlegt (Abs. 1 lit. c), eine Aufgabe im öffentlichen Interesse überträgt (Abs. 1 lit. e Var. 1) oder Hoheitsgewalt überträgt (Abs. 1 lit. e Var. 2), muss die Rechtsgrundlage den folgenden Anforderungen entsprechen: 149

- *Rechtsaktvorbehalt*: Abs. 3 S. 1 verlangt, dass eine „Rechtsgrundlage" existiert, die entweder die Verarbeitungspflicht statuiert oder die öffentliche Aufgabe oder Hoheitsgewalt überträgt (nachfolgend Rn. 151 ff.).
- *Erkennbarkeit des Verarbeitungszwecks:* Abs. 3 S. 2 verlangt, dass der Verarbeitungszweck entweder in der Rechtsgrundlage festgelegt ist oder (nur bei Abs. 1 lit. e) für die Erfüllung der Aufgabe erforderlich ist (nachfolgend Rn. 161 ff.).
- *Im öffentlichen Interesse liegendes Ziel*: Abs. 3 S. 4 verlangt, dass die Aufgaben- oder Befugnisnorm ein Ziel des öffentlichen Interesses verfolgt (nachfolgend Rn. 164 ff.).
- *Angemessenheit*: Abs. 3 S. 4 verlangt, dass die Verpflichtungs-, Aufgaben- oder Befugnisnorm in einem angemessenen Verhältnis zu dem verfolgten legitimen Zweck steht (nachfolgend Rn. 167 ff.).

Abs. 2 und Abs. 3 S. 3 sehen demgegenüber **„Kann"-Regelungsmöglichkeiten** vor. Diese stellen keine Anforderungen an die Aufgaben- bzw. Befugnisübertragung, sondern erlauben den Gesetzgebern, zusätzlich bereichsspezifisches Datenschutzrecht festzusetzen (nachfolgend Rn. 176 ff.).[102] 150

2. Rechtsaktvorbehalt (Abs. 3 S. 1)

Sowohl die Verarbeitung zur Erfüllung einer rechtlichen Verpflichtung (Abs. 1 lit. c) als auch die Verarbeitung im öffentlichen Interesse oder in Ausübung öffentlicher Gewalt (Abs. 1 lit. e) setzen eine anderweitige Rechtsgrundlage voraus (vgl. auch EG 45 S. 1). Das Erfordernis einer Rechtsgrundlage ergibt sich auch bereits aus Art. 8 Abs. 2 GRC bzw. Art. 2 GG i.V.m. Art. 1 GG.[103] Diese Rechtsgrundlage muss die in Abs. 3 S. 1, 2 und 4 näher bestimmten Anforderungen erfüllen. 151

a) Rechtsnatur der Rechtsgrundlage

Abs. 3 S. 1 verlangt lediglich eine „Rechtsgrundlage", jedoch nicht, dass die Rechtsgrundlage für die Datenverarbeitung in einem Parlamentsgesetz geregelt ist (EG 41). Gemessen an der DS-GVO könnten also auch Rechtsverordnungen im Sinne des Art. 80 Abs. 1 GG oder Satzungen als Rechtsgrundlage ausreichen.[104] Der EuGH lässt es in seiner Rechtsprechung zur DS-RL sogar ausreichen, dass übermittlungsfähige Informationen (personenbezogene Daten) sowie die Modalitäten ihrer Übermittlung nicht durch Rechtsvorschriften festgelegt werden, sondern durch ein zwischen den Behörden geschlossenes Protokoll, das nicht Gegenstand einer amtlichen Veröffentlichung ist.[105] Die Neuregelung in Abs. 3 S. 1 bietet keinen Anlass, am Fortbestand dieser Rechtsprechung zu zweifeln, da die DS-GVO insofern kein anderes Regelungskonzept verfolgt 152

100 *Benecke/Wagner*, in: DVBl. 2016, 600, 601.
101 Nicht gleichzusetzen mit den sog. „obligatorischen Öffnungsklauseln", vgl. *Kühling/Martini et. al*, S. 9 ff.
102 Ähnlich *Benecke/Wagner*, in: DVBl. 2016, 600, 601.
103 *Kühling/Martini et. al*, S. 34.
104 *Kühling/Martini et. al*, S. 8 f.; Paal/Pauly, *Frenzel*, Art. 6 Rn. 35.
105 EuGH, 1.10.2015, Rs. C 201/14 (Rn. 40).

als die DS-RL und da EG 41 zum Ausdruck bringt, dass bezüglich der Form der Rechtsgrundlage maßgeblich auf das nationale Recht Rücksicht genommen werden soll.

153 Aus dem deutschen Verfassungsrecht folgt allerdings – über Abs. 3 S. 1 hinausgehend – ein Vorbehalt eines formellen Parlamentsgesetzes (unten Rn. 173).

154 Die Rechtsgrundlagen für die Datenverarbeitung müssen nicht neu geschaffen werden. Vielmehr können auch vor Erlass der DS-GVO bereits bestehende Rechtsgrundlagen beibehalten werden, soweit sie den Anforderungen der DS-GVO entsprechen.

b) Recht der Union oder der Mitgliedstaaten

155 Gem. Abs. 3 S. 1 kann die Rechtsgrundlage für die Verarbeitung durch Unionsrecht (Abs. 3 S. 1 lit. a) oder das Recht der Mitgliedstaaten (Abs. 3 S. 1 lit. b) geschaffen werden. Die Regelung adressiert also einerseits die Union selbst und andererseits die „Mitgliedstaaten".

156 Auf welche grenzüberschreitenden Sachverhalte die Mitgliedstaaten ihr Recht überhaupt anwenden dürfen, regelt die DS-GVO nicht. Ein Art. 1 Abs. 2 und Art. 4 DS-RL vergleichbares Niederlassungsprinzip wurde in die DS-GVO nicht aufgenommen.[106] Die Mitgliedstaaten dürfen ihr Gesetzesrecht allerdings nicht unbegrenzt auf ausländische Sachverhalte ausweiten. Die DS-GVO selbst beschränkt die Kompetenz der Mitgliedstaaten, Datenverarbeitungsgrundlagen und ergänzendes bereichsspezifisches Datenschutzrecht auch für Unternehmen mit Niederlassung in anderen Mitgliedstaaten festzulegen, zwar nicht.[107] Die Mitgliedstaaten bleiben aber an die allgemein anwendbaren Grenzen für die Regelung grenzüberschreitender Sachverhalte gebunden, je nach Fallkonstellation also an die EU-Grundfreiheiten[108] und anderweitiges Sekundärrecht. § 1 Abs. 4 BDSG-neu hat insofern eine Regelung zum räumlichen Anwendungsbereich, der auch eine begrenzte extraterritoriale Wirkung des BDSG vorsieht, bspw. wenn eine ausländische Datenverarbeitung im Rahmen der Tätigkeit einer deutschen Niederlassung erfolgt (§ 1 Abs. 4 Nr. 2 BDSG-neu). Somit findet das neue BDSG in einigen Fällen auch auf Datenverarbeitungen Anwendung, die in anderen EU-Staaten stattfinden.

157 Nicht ganz einfach zu beantworten ist die Frage, inwieweit Abs. 3 S. 1 auch Nicht-EU-Mitgliedstaaten das Recht zugesteht, eigene Rechtsgrundlagen zu schaffen. Die Frage hat große praktische Relevanz, da die DS-GVO wegen Art. 3 Abs. 2[109] auch auf Vorgänge Anwendung findet, die gleichzeitig dem Recht von Nicht-EU-Staaten unterfallen. In solchen Fällen können Unternehmen gleichzeitig an Datenverarbeitungspflichten ihrer Herkunftsländer und an Datenschutzpflichten der DS-GVO gebunden sein. Die in Abs. 1 lit. c und lit. e sowie Abs. 3 S. 1 für derartige Fälle vorgesehene datenschutzrechtliche Rechtfertigung ist dem Wortlaut nach aber nur auf „Mitgliedstaaten" anwendbar.

158 Das Problem ist differenziert zu lösen. Jedenfalls für Mitgliedstaaten des EWR (derzeit Norwegen, Liechtenstein, Island) muss gelten, dass diese den EU-Staaten rechtlich gleichgestellt werden, sobald die DS-GVO auch für sie Anwendung findet. Denn diese Staaten werden die DS-GVO aller Voraussicht nach in den *acquis* des EWR übernehmen.[110] Die Rechtssubjekte der EWR-Staaten werden hierdurch denen der EU-Mitgliedstaaten im Anwendungsbereich der DS-GVO gleichgestellt.[111] Dass dies vom EU-Gesetzgeber von vornherein beabsichtigt war, ergibt sich aus dem Zusatz „Text von Bedeutung für den EWR" unter der amtlichen Überschrift der DS-GVO. Hieraus

106 *Laue/Nink/Kremer*, S. 62.
107 A.A. *Laue/Nink/Kremer*, S. 63 unter Berufung auf den Wortlaut „dem der Verantwortliche unterliegt".
108 Allgemein hierzu *v. Lewinski/Herrmann*, in: ZD 2016, 467, 472.
109 Eine internationale Ausstrahlungswirkung entwickelte auch schon die Datenschutzrichtlinie zunehmend aufgrund der extensiven Auslegung des „Niederlassungs"-Begriffs durch den EuGH, vgl. EuGH, 13.5.2014, Rs. C-131/12 – *Google Spain;* EuGH, 1.10.2015, Rs. C-230/14 – *Weltimmo*; EuGH, 28.7.2016, Rs. C-191/15 – *Verein für Konsumenteninformationen*.
110 Die erfolgt durch Ergänzung des EWR-Abkommens; der aktuelle Stand des Übernahmeverfahrens ist abrufbar unter http://www.efta.int/eea-lex/32016R0679.
111 Vgl. auch Paal/Pauly, *Pauly*, Vor. Art. 44-50, Rn. 3.

folgt, dass der Gesetzgeber der DS-GVO von vornherein mit dem Begriff „Mitgliedstaaten" auch die Staaten des EWR meinte. Auf Staaten, die weder Mitglied der EU noch des EWR sind (speziell die Schweiz[112] und nach einem „Brexit" potenziell das Vereinigte Königreich), lässt sich dies nicht unmittelbar übertragen. Es gibt keine Bestimmung in der DS-GVO, aus der sich ergibt, dass Rechtsgrundlagen von Staaten außerhalb der EU und des EWR unter den Tatbestand des Abs. 3 S. 1 fallen sollen. Ganz im Gegenteil gibt es in Art. 48 eine Bestimmung, die für den Spezialfall von Informations- bzw. Auskunftsanfragen ausländischer Behörden und Gerichte in die entgegengesetzte Richtung deutet. Die Rechtsgrundlagen von Datenverarbeitungen in Nicht-EU/EWR-Staaten können deshalb nicht unmittelbar unter die Tatbestände des Abs. 1 lit. c und lit. e i.V.m. Abs. 3 S. 1 subsumiert werden.

Allerdings ist in solchen Fällen subsidiär auf die Interessenabwägung nach Abs. 1 lit. f zurückzugreifen. **159** Dies muss jedenfalls ausnahmslos für Staaten gelten, bei denen am hinreichenden Datenschutzniveau kein Zweifel besteht. Dies ist insb. dort der Fall, wo das Datenschutzrecht durch Angemessenheitsbeschluss der Europäischen Kommission gem. Art. 45 als ausreichend beurteilt worden ist. Gem. Art. 45 dürfen personenbezogene Daten ohne zusätzliche Absicherung in die betreffenden Staaten übermittelt werden, da das EU-Recht auf die Äquivalenz des dortigen Datenschutzrechts vertraut. Diese Wertung muss dann auch für Regelungen dieser Staaten gelten, in denen diese eine Datenverarbeitung in (ihrem) öffentlichen Interesse erlauben oder anordnen.

Und auch bei Drittstaaten, für die kein Angemessenheitsbeschluss ergangen ist, wäre es erkennbar unverhältnismäßig, **160** die dort geltenden Rechtsgrundlagen der Datenerhebung nicht anzuerkennen. Es wäre offensichtlich unverhältnismäßig, wenn die DS-GVO es Unternehmen aus Nicht-EU-Ländern verbieten würde, die Rechtsbestimmungen ihrer Sitzstaaten einzuhalten. Auch Rechtsgrundlagen aus Nicht-EU/EWR-Staaten haben somit grundsätzlich Rechtfertigungswirkung. Eine Ausnahme hiervon wäre nach der hier vertretenen Ansicht nur anzunehmen, wenn die Interessenabwägung als Rechtfertigungsgrundlage ausscheidet, da die ausländische Regelung mit wesentlichen Grundsätzen des deutschen oder europäischen Rechts offensichtlich unvereinbar ist („ordre public-Vorbehalt").

3. Erkennbarkeit des Verarbeitungszwecks (Abs. 3 S. 2)

Nach Abs. 3 S. 2 muss in der Rechtsgrundlage entweder der Verarbeitungszweck festgelegt werden **161** oder dieser Zweck muss *„hinsichtlich der Verarbeitung gem. Absatz 1 Buchstabe e für die Erfüllung einer Aufgabe erforderlich sein, die im öffentlichen Interesse liegt oder in Ausübung öffentlicher Gewalt erfolgt, die dem Verantwortlichen übertragen wurde"*. Abs. 3 S. 2 kennt also zwei Varianten: einerseits die Festlegung der Zwecke in der Rechtsgrundlage selbst, andererseits den Fall, bei dem der Zweck hinreichend durch die Nennung der zu erfüllenden öffentlichen Aufgabe bestimmt wird. Die beiden Varianten unterscheiden sich darin, wie ausdrücklich der Zweck der Datenverarbeitung unmittelbar in der Rechtsgrundlage genannt sein muss.

In der ersten Variante muss der Zweck der Verarbeitung ausdrücklich als eigenständiger Zweck **162** aus der rechtlichen Verpflichtung deutlich werden. Dies gilt zwingend für die Rechtsgrundlage nach Abs. 1 lit. c, also bei der Festlegung von Rechtspflichten zur Datenverarbeitung. In der zweiten Variante, der nur dem Rechtfertigungsgrund nach Abs. 1 lit. e zugänglich ist, müssen die zulässigen Verarbeitungszwecke nicht in der Rechtsgrundlage festgelegt werden.[113] Es genügt vielmehr grundsätzlich eine eher generalklauselartig formulierte Rechtsgrundlage für eine Vielzahl

112 Die Schweiz ist nicht Teil des EWR, sondern hat mit der EU eine Reihe von eigenen Freihandelsabkommen ausgehandelt, wobei deren Einfluss auf das schweizerische Datenschutzrecht strittig ist (*Langhanke*, in: ZD 2014, 621). Der Kommissionsentwurf der DS-GVO enthielt noch einen EG 137, laut der die DS-GVO zum „Schengen-Besitzstand" zu zählen sei, was wohl bedeuten sollte, dass die Teilnahme der Schweiz am Schengen-Abkommen zwingend an die Umsetzung der DS-GVO gekoppelt sein sollte. Dieser EG ist freilich bereits im Entwurf des EU-Parlaments nicht übernommen worden und tauchte dann nicht wieder auf.

113 So auch Paal/Pauly, *Frenzel*, Art. 6 Rn. 41.

von unterschiedlichen Verarbeitungsvorgängen (EG 45 S. 3). Die Zwecke müssen also nach Var. 2 nicht konkret genannt werden, auch wenn dies nach EG 45 S. 4 erfolgen „sollte".

163 Abs. 3 S. 2 stellt eine Ausprägung des in Art. 5 Abs. 1 lit. b verankerten Zweckbindungsgrundsatzes dar. Die Regelung richtet sich aber, im Unterschied zu den anderen Ausprägungen des Zweckbindungsgrundsatzes in der DS-GVO (bspw. in Art. 6 Abs. 4 oder Art. 17 Abs. 1 lit. a), an den Gesetzgeber. Art. 6 Abs. 3 S. 2 erfordert deshalb nicht, dass der Gesetzgeber die Zweckbindung der Datenverarbeitung in den Fällen von lit. c und e immer *durch das Gesetz selbst* bis in die Details konkretisiert. Vielmehr ist es nach der Systematik der DS-GVO erst der Verantwortliche, der die konkrete Zweckfestlegung für den Einzelfall trifft. Der Gesetzgeber muss diese Zweckfestlegung lediglich hinreichend bestimmt vorkonturieren.

4. Im öffentlichen Interesse liegendes Ziel (Abs. 3 S. 4)

164 Nach Abs. 3 S. 4 muss eine Rechtsgrundlage der Datenverarbeitung ein im öffentlichen Interesse liegendes Ziel verfolgen. Dies gilt sowohl für Rechtspflichten i.S.d. Abs. 1 lit. c als auch für die Übertragung von Aufgaben oder Hoheitsgewalt i.S.v. Abs. 1 lit. e.

165 Was ein im öffentlichen Interesse liegendes bzw. legitimes Ziel ist, ist in der DS-GVO nicht geregelt.[114] Dieser Aspekt wäre auch kein zulässiger Regelungsgegenstand der DS-GVO, denn es liegt grundsätzlich im Ermessen der nationalen Gesetzgeber festzulegen, welche Interessen sie als öffentlich bzw. legitim betrachten.[115] Dies entspricht dem in Art. 4 und Art. 5 EUV festgelegten Subsidiaritätsprinzip. Deshalb wäre es durchaus zulässig, wenn ein nationaler Gesetzgeber bspw. die Durchführung von Scoring zum öffentlichen Interesse erklärt und Privaten entsprechende Datenverarbeitungspflichten auferlegt.[116]

166 Gleichwohl sieht die DS-GVO explizit oder implizit zahlreiche öffentliche Interessen als legitime Interessen an. Jedenfalls diese öffentlichen Interessen können von den Mitgliedstaaten als vom Unionsrecht anerkannt angesehen werden. Eine Übersicht enthält Art. 18 Rn. 99.

5. Verhältnismäßigkeit (Abs. 3 S. 4)

167 Nach Abs. 3 S. 4 muss die Rechtsgrundlage in einem angemessenen Verhältnis zum verfolgten legitimen Zweck stehen. Auch wenn das sprachlich schief formuliert ist (nicht das Recht muss in einem angemessenen Verhältnis zum Zweck stehen, sondern die in der Rechtsgrundlage vorgesehenen Mittel der Datenverarbeitung), wird damit eine Verhältnismäßigkeitsprüfung angeordnet, wie sie der EuGH unter Geltung der bisherigen DS-RL als Erforderlichkeitsprüfung im Rahmen der Abs. 1 lit. c und e entsprechenden Erlaubnistatbestände vorgenommen hat (s.o. Rn. 112).[117]

168 Danach muss die Rechtsgrundlage nach europarechtlichen Maßstäben einen legitimen Zweck verfolgen. Die Legitimität ist insb. an den EU-Grundrechten und dem europarechtlichen Diskriminierungsverbot zu messen.[118]

169 Die Datenverarbeitung muss überdies zur Erreichung des durch die Rechtsgrundlage verfolgten Zwecks erforderlich sein. Die Rechtsgrundlage darf also keine Datenverarbeitung verlangen, die nicht zur Erreichung des mit ihr verfolgten Zwecks notwendig ist.

---

114 A.A. *Albrecht/Jotzo*, S. 73.

115 *Kühling/Martini et. al*, S. 31 f.

116 A.A. *Albrecht/Jotzo*, S. 73. Zur Klarstellung: Die Regelung in § 31 BDSG-neu ist nach der hier vertretenen Ansicht von vornherein keine datenschutzrechtliche Regelung, die in den Anwendungsbereich der DS-GVO fällt und sich in eine von deren Öffnungsklauseln einfügen müsste. Die Vorschrift hat verbraucherschutzrechtliche Schwerpunkte, außerhalb der DSGVO. Vgl. dazu bereits *Taeger*, in: ZRP 2016, 72, 74. Gemeint sind hier Vorschriften wie z.B. § 10 Abs. 2 KWG.

117 Grundlegend EuGH, 16.12.2008, Rs. C-524/06.

118 EuGH, 20.05.2003, Rs. C-465/00; EuGH, 16.12.2008, Rs. C-524/06; vgl. auch BVerwG, 22.2.2010, Az. 1 B 21/09.

Zuletzt dürfen die mit der Datenverarbeitung verbundenen Rechtseingriffe nicht außer Verhältnis zum verfolgten Zweck stehen.[119] 170

6. Bestimmtheitsanforderungen nach nationalem Verfassungsrecht

Die „Muss"-Anforderungen an die Bestimmtheit von Rechtsgrundlagen in Abs. 3 sind aus deutscher Sicht betrachtet eher niedrig. Die materiellen Bestimmungen der DS-GVO schweigen sich über das Thema aus. Lediglich EG 41 besagt, dass die Rechtsgrundlage klar und präzise formuliert und ihre Anwendung vorhersehbar sein sollte. Aus ihr sollte außerdem hervorgehen, ob öffentliche Aufgaben zur Gesamterledigung an eine Behörde oder an eine natürliche oder juristische Person übertragen werden (vgl. EG 45). Insofern stellt sich die Frage, ob das nationale (Verfassungs-)Recht höhere Anforderungen an die Qualität der Rechtsgrundlage zur Datenverarbeitung stellt. 171

Abs. 2 und Abs. 3 S. 3 überlassen es den Mitgliedstaaten, konkretisierende Bestimmungen zu erlassen (unten Rn. 176 ff.). Es gibt also keine europarechtliche Verpflichtung, es bei unbestimmten Rechtsgrundlagen zu belassen. EG 41 stellt ganz im Gegenteil ausdrücklich klar, dass Anforderungen der Verfassungsordnungen der Mitgliedstaaten unberührt bleiben sollen. 172

Innerhalb der Spielräume, die das EU-Recht den Mitgliedstaaten gewährt, bleiben die Grundrechte des GG anwendbar.[120] Die Frage, ob der deutsche Gesetzgeber Konkretisierungen der Befugnisse nach lit. c und e vorsieht, mithin bereichsspezifisches Datenschutzrecht festsetzt, ist ihm deshalb nicht frei überlassen. Vielmehr muss er innerhalb des Spielraums, den ihm die DS-GVO gewährt, den Bestimmtheitsgrundsatz beachten, der sich aus der sog. Wesentlichkeitstheorie des BVerfG ergibt. Der Gesetzgeber muss demnach die wesentlichen Fragen bei Grundrechtseingriffen durch ein formelles Gesetz selbst entscheiden; die Bestimmtheitsanforderungen steigen, umso intensiver der Grundrechtseingriff ist.[121] 173

Speziell für das Recht auf informationelle Selbstbestimmung entscheidet das BVerfG in ständiger Rechtsprechung, dass Eingriffe von besonderen Vorkehrungen für Durchführung und Organisation der Datenerhebung und Datenverarbeitung zu begleiten sind.[122] Diese Datenschutzregelungen müssen bereichsspezifisch abgefasst sein.[123] Sie müssen außerdem hinreichend bestimmt formuliert sein[124] und dem Grundsatz der Normenklarheit entsprechen.[125] Der Anlass, der Zweck und die Grenzen des Eingriffs müssen in der Ermächtigung grundsätzlich bereichsspezifisch, präzise und normenklar festgelegt werden.[126] 174

Diesen Bindungen unterliegt der deutsche Gesetzgeber weiterhin, zumindest soweit ihm die DS-GVO Spielräume durch Öffnungsklauseln belässt. Die Bestimmtheitsanforderungen des Abs. 2 und Abs. 3 S. 2 (dazu sogleich Rn. 176 ff.) sind also nur aus Sicht der DS-GVO fakultativ, aus Sicht des GG sind sie – jedenfalls teilweise – obligatorisch. 175

7. Gestaltungsspielraum für bereichsspezifisches Datenschutzrecht (Abs. 2 und Abs. 3 S. 3)

Gem. Abs. 3 S. 3 „kann" die Rechtsgrundlage „spezifische Bestimmungen zur Anpassung der Anwendung der Vorschriften dieser Verordnung enthalten". Dasselbe ergibt sich aus Abs. 2, wonach die Mitgliedstaaten „spezifischere Bestimmungen zur Anpassung der Anwendung der Vor- 176

119 EuGH,16.12.2008, Rs. C-524/06.
120 St. Rspr. des BVerfG, siehe nur BVerfGE 125, 260 (309 f.) – *Vorratsdatenspeicherung*; BVerfG, NJW 2016, 1149, 1150 – *Schuldgrundsatz*; *Kühling/Martini et. al*, S. 3 ff.
121 St. Rspr., vgl. nur BVerfGE 33, 125; BVerfGE 33, 303; 47, 46.
122 Seit BVerfGE 65, 1, (49 ff.; 58 ff.) – *Volkszählungsurteil*.
123 BVerfGE 65, 1 (46) – *Volkszählungsurteil*.
124 St. Rspr. seit BVerfGE 65, 1 (46) – *Volkszählungsurteil*.
125 St. Rspr. seit BVerfGE 65, 1 (44) – *Volkszählungsurteil*.
126 Dies gilt, soweit ersichtlich, aber nur für staatliche Eingriffe in Grundrechte, nicht für den privaten Bereich. BVerfGE 118, 167 (187) – *Kontostammdaten.*; BVerfG, NJW 2009, 3293, 3294 – *Videoüberwachung*; BVerfGE 133, 277 (336) – *Antiterrordateigesetz*, BVerfG, 20.4.2016, Az. 1 BvR 966/09, Rn. 341 – *BKA-Gesetz*.

schriften dieser Verordnung in Bezug auf die Verarbeitung zur Erfüllung von Absatz 1 Buchstaben c und e beibehalten oder einführen" können. Es handelt sich um fakultative Öffnungsklauseln, die den Gesetzgebern der Union und der Mitgliedstaaten die Möglichkeit einräumen, das eigene Datenschutzrecht bei der Anwendung der Erlaubnistatbestände von Abs. 1 lit. c und lit. e beizubehalten und auszubauen.[127]

177 Der Umfang des dabei gewährten Spielraums ist in zweierlei Hinsicht klärungsbedürftig. Zum einen ist fraglich, *welche Regelungen* der DS-GVO sachlich spezifiziert werden dürfen. Zum zweiten ist fraglich, wie groß der Gestaltungspielraum dabei inhaltlich ist, ob also der Spielraum nach unten (Ausschluss oder Einschränkung von Rechten) und oben (Auferlegung zusätzlicher Pflichten) beschränkt ist.

a) Reichweite des Gestaltungsspielraums

178 Klar ist, dass sich der Gestaltungsspielraum des mitgliedstaatlichen Gesetzgebers auf Regelungen zur Rechtmäßigkeit der Datenverarbeitung bezieht. Das folgt schon aus der Einbettung der Regelungen in Art. 6 und dem Wortlaut von Abs. 3 S. 3, wonach die „spezifischeren Bestimmungen" in Bezug auf die Verarbeitung zur Erfüllung von Abs. 1 lit. c und e stehen müssen.

179 Die Abs. 2 und 3 sind aber so weit formuliert, dass sich auch vertreten lässt, dass nicht nur die Rechtmäßigkeitstatbestände des Art. 6, sondern auch andere Normen des Kapitels I der DS-GVO spezifiziert werden dürfen. Dafür spricht jedenfalls der Katalog exemplarisch aufgeführter möglicher Regelungsgegenstände der Abs. 2 und 3:

- So sind spezifische Regelungen zu der Frage zulässig, welche Personen *betroffen* sind (Abs. 3 S. 3).
- Es sind spezifische Regelungen zu der Frage zulässig, an welche Einrichtungen Daten *offengelegt* werden dürfen (Abs. 3 S. 3).
- Auch spezifische Regelungen zu der Frage, welche *Arten* von Daten verarbeitet werden dürfen (Abs. 3 S. 3), sind zulässig.
- Zulässig sind auch Festlegungen der *Zweckbindung*, z.B. zum Zweck der Verarbeitung (Abs. 3 S. 2), zu der Frage, für welche Zwecke Daten offengelegt werden dürfen (Abs. 3 S. 3) und zu der Frage, welcher Zweckbindung sie unterliegen (Abs. 3 S. 3).
- Schließlich sind spezifische Regelungen zu der Frage zulässig, wie lange Daten *gespeichert* werden dürfen (Abs. 3 S. 3).

180 Fraglich ist, ob sich nationale Spezifizierungen auch auf Regelungen anderer Kapitel der DS-GVO beziehen dürfen – etwa auf die Betroffenenrechte des Kapitels III oder die Verarbeiterpflichten des Kapitels IV. Klargestellt wird dies lediglich für einen Teilbereich der DS-GVO im letzten Satzteil von Abs. 2, wonach sich die Spezifizierungen auch auf „besondere Verarbeitungssituationen" nach Kapitel IX beziehen dürfen, also auf die Art. 85 bis 91. Für andere Abschnitte der DS-GVO fehlt eine solche Klarstellung.

181 Gegen eine Ausweitung der Spezifizierungsgesetze auch auf andere Bestimmungen der DS-GVO sprechen der systematische Zusammenhang und – auf den ersten Blick – die Umschreibungen in den Abs. 2 und 3. Außerdem haben die Regelungen der DS-GVO in den Kapiteln III bis VIII grundsätzlich den Anspruch auf Vollständigkeit und sind abschließend, soweit nicht anderweitige Öffnungsklauseln vorhanden sind, wie etwa in Art. 6 Abs. 4, Art. 17 Abs. 3 oder Art. 23.

182 Andererseits sind die umschreibenden Aufzählungen in Abs. 2 und 3 nicht ausdrücklich abschließend formuliert. Vielmehr beinhaltet EG 45 S. 5 die ambivalente Formulierung, dass auch Festlegungen über „die allgemeinen Bedingungen dieser Verordnung zur Regelung der Rechtmäßig-

127 Zur Klassifizierung von Öffnungsklauseln *Kühling/Martini*, in: EuZW 2016, 448, 449.

keit der Verarbeitung personenbezogener Daten" erlaubt seien. Die Konkretisierungsbefugnis umfasst jedenfalls ausdrücklich auch

- nach Abs. 2 die Anforderungen für die Verarbeitung (gemeint sind wohl die tatbestandlichen Voraussetzungen für die Zulässigkeit der Verarbeitung),
- nach Abs. 3 S. 3 die Frage, welche Verarbeitungsvorgänge und -verfahren angewandt werden dürfen, und
- nach Abs. 2 und Abs. 3 S. 3 Maßnahmen, um eine rechtmäßig und nach Treu und Glauben erfolgende Verarbeitung zu gewährleisten.

Diese Formulierungen sind derart weit gefasst, dass auch spezifizierende Regelungen außerhalb des Kapitels I der DS-GVO in Betracht kommen. „Anforderungen für die Verarbeitung" i.S.v. Abs. 2 enthält nicht nur das Kapitel I, sondern enthalten insb. auch die Kapitel IV und V. Mit „Maßnahmen" i.S.v. Abs. 2 und Abs. 3 S. 3 dürften auch technisch-organisatorische Maßnahmen gem. Art. 24 Abs. 1 gemeint sein, die risikoadäquat für die Umsetzung *aller* Pflichten der DS-GVO festgelegt werden müssen. **183**

Dafür, dass sich die auf Abs. 2 und 3 gestützten Spezifizierungen auch auf andere Regelungsbereiche der DS-GVO beziehen können, sprechen insb. auch die Entstehungsgeschichte der Normen und die Tatsache, dass im öffentlichen Bereich ein Gestaltungsspielraum der nationalen Normgeber erhalten bleiben sollte. Lange war bei den Verhandlungen zur DS-GVO zwischen den Mitgliedstaaten umstritten, wie der öffentliche Bereich insgesamt behandelt werden sollte. Der Aspekt wurde auf der informellen Tagung des JI-Rates im Juli 2012 und auf den Tagungen des JI-Rates im Oktober und Dezember 2012 erörtert. Diskutiert wurde dabei sogar über eine Aufspaltung der DS-GVO in eine Verordnung für den privaten Bereich und eine Richtlinie für den öffentlichen Bereich. Erst auf der informellen Tagung des JI-Rates im Juli 2014 wurde von der Mehrheit der Mitgliedstaaten eine Verordnung als Rechtsinstrument befürwortet. Jedoch wurde ebenfalls betont, dass die Mitgliedstaaten ausreichend Ermessenspielraum bei der Festlegung der für den öffentlichen Sektor geltenden Datenschutzbestimmungen benötigten.[128] Um diese Flexibilität für den öffentlichen Sektor zu erreichen, standen zuletzt noch zwei Lösungsmöglichkeiten zur Debatte. Von einigen Mitgliedstaaten wurde eine Mindestharmonisierungsklausel präferiert, die es den Mitgliedstaaten im öffentlichen Bereich erlaubt hätte, strengere nationale Vorschriften beizubehalten oder einzuführen.[129] Der Rat entschied sich jedoch schließlich für die Lösung, spezifischere Bestimmungen im nationalen Recht zuzulassen[130] – eine Lösung, die auch in den Trilog verhandlungen zwischen Kommission, Europäischem Parlament und Rat unangetastet blieb. **184**

Insb. für Deutschland war es bei den Verhandlungen ein zentrales Anliegen, die stark ausdifferenzierten Regelungen des bereichsspezifischen Datenschutzrechts erhalten zu können. Die Zustimmung Deutschlands zur DS-GVO erfolgte nur, weil man die Regelungen der Abs. 2 und 3 als geeignet für den Erhalt des bereichsspezifischen Datenschutzrechts ansah (vgl. EG 10 S. 4). Bereichsspezifisches Datenschutzrecht findet sich in Hunderten, wenn nicht Tausenden Rechtsvorschriften, die die Datenverarbeitung der Verwaltung von Bund, Ländern und Kommunen regeln (vgl. nur das Ausländerzentralregistergesetz, von dessen 44 Paragraphen ca. 3/4 datenschutzrechtlicher Natur sind). Das gesamte nationale bereichsspezifische Datenschutzrecht muss nunmehr auf seine Vereinbarkeit mit den Vorgaben der DS-GVO überprüft werden. Eine Beschränkung der Spezifizierungsmöglichkeit des nationalen Gesetzgebers auf Regelungen, die in Kapitel I der DS-GVO enthalten sind, würde dem Ziel der Abs. 2 und 3, das Datenschutzrecht des öffentlichen Bereichs weitgehend erhalten zu können, nicht gerecht. **185**

Die Öffnungsklauseln der Abs. 2 und 3 ermöglichen es, die im deutschen Verwaltungsrecht üblichen differenzierten, mit der jeweiligen Ermächtigungsgrundlage abgestimmten, Regelungen zu **186**

128 Vgl. zur Entstehungsgeschichte Rats-Dok. 15389/14 v. 13.11.2014

129 Zur Zulässigkeit einer solchen Mindestharmonisierungsklausel s. das Gutachten des Juristischen Dienstes des Rates Rats-Dok. 15712/1/14 REV1 v. 17.12.2014.

130 Rats-Dok. 16140/14 v. 1.12.2014.

erhalten. Ob dies sinnvoll ist, ist eine andere Frage. Denn solchen bereichsspezifischen Rechtsakten käme lediglich der Charakter von Konkretisierungen zu. Die rechtliche Grundlage des Datenschutzrechtes, bspw. bei der Festlegung von Betroffenenrechten, legt die DS-GVO. Jegliche Spezifizierung läuft Gefahr, als unzulässige Einschränkung der von der DS-GVO gewährten subjektiven Rechte interpretiert zu werden, was zur Rechtswidrigkeit dieser Spezifikationsgesetze führen würde.[131]

b) Inhaltliche Grenzen des Gestaltungsspielraums

187 Teilweise unklar bleibt nach dem Wortlaut der Abs. 2 und 3 der inhaltliche Umfang des Spielraums, den die nationalen Normgeber bei der Spezifizierung haben. Die DS-GVO selbst und die Erwägungsgründe sind vage:

188 Neben der Formulierung „spezifischere Bestimmungen zur Anpassung" der DS-GVO (spricht Abs. 2 davon, dass „spezifischere Anforderungen" sowie Maßnahmen „präziser") bestimmt werden können. In den Erwägungsgründen heißt es, dass Mitgliedstaaten die Möglichkeit haben, in nationalen Bestimmungen die Anwendung der Vorschriften der Verordnung „genauer festzulegen" (EG 10 S. 3) oder zu „präzisieren" (EG 45 S. 5).

189 Spezifizierung bedeutet Konkretisierung und Präzisierung oder – so ausdrücklich Abs. 2 und Abs. 3 S. 3 – auch Anpassung, nicht jedoch Abweichung oder Veränderung.[132] Spezifizierende Vorschriften dürfen die Umstände bestimmter Verarbeitungssituationen festlegen und die Voraussetzung, unter denen die Datenverarbeitung rechtmäßig ist, genauer bestimmen (EG 10 S. 6). Die Präzisierung muss dennoch mit der DS-GVO in Einklang stehen. Die Grenze zwischen Anpassung und Abweichung ist fließend.

190 Da der „Spielraum für die Spezifizierung" (EG 10 S. 5) im öffentlichen Bereich dem bisherigen Umsetzungsspielraum bei der Richtlinie 95/46/EG weitgehend entspricht, erscheint denkbar, die bisherige Rechtsprechung des EuGH zum Umsetzungsspielraum heranzuziehen.[133] Allerdings war Grundlage dieser Rechtsprechung eine Richtlinie, nicht eine Verordnung. Außerdem ist diese Rechtsprechung fast ausnahmslos zu Fällen ergangen, die den privaten Bereich betreffen, der nach Auffassung des EuGH schon unter der Richtlinie weitgehend harmonisiert war[134] und unter der DS-GVO nun unzweifelhaft unmittelbar vollharmonisiert ist. Im öffentlichen Bereich war demgegenüber bisher insgesamt eine offenere und flexiblere mitgliedstaatliche Umsetzung möglich. Da die Harmonisierung im öffentlichen Bereich auch unter der DS-GVO weiter von mitgliedstaatlichen Rechtsgrundlagen abhängig ist, liegt es nahe, dass hier die von der DS-RL gewährte Flexibilität erhalten bleiben soll.[135] Es wird bei dieser Frage vor allem vom Verständnis des EuGH abhängen, wie groß der Spielraum für die Mitgliedstaaten zukünftig tatsächlich sein wird.

191 Fest steht jedenfalls, dass die Schutzstandards der DS-GVO durch eine Spezifizierung nicht abgesenkt werden dürfen.[136] In EG 10 S. 1 heißt es, dass ein „gleichmäßiges" und „gleichwertiges" hohes Schutzniveau erreicht werden soll. Aus Sicht des Datenschutzes gibt es also eine Grenze bei der Spezifizierung. Unveränderlich sind – vorbehaltlich der anderen Öffnungsklauseln der DS-GVO – in jedem Fall die in Art. 5 normierten Grundsätze der Verarbeitung nach Treu und Glauben, der Transparenz, der Zweckbindung, der Verhältnismäßigkeit (insb. der Datenminimierung und der Speicherbegrenzung in zeitlicher Hinsicht), der sachlichen Richtigkeit der Daten, der Datensicherheit sowie der Integrität und Vertraulichkeit der Daten.[137] Zum Teil überschneiden

131 Einen vergleichbaren Fall betraf zuletzt die Entscheidung des EuGH, 19.10.2016, Rs. C-582/14 – *Breyer.*
132 Vgl. EuGH, 24.11.2011, Rs. C-468/10 und C-469/10.
133 EuGH, 24.11.2011, Rs. C-468/10 und C-469/10 – *ASNEF und FECEMD* sowie EuGH, 19.10.2016, Rs. C-582/14 – *Breyer.*
134 EuGH, 24.11.2011, Rs. C-468/10 und C-469/10 – *ASNEF und FECEMD* sowie EuGH, 19.10.2016, Rs. C-582/14 – *Breyer.*
135 *Benecke/Wagner*, in: DVBl. 2016, 600, 601.
136 *Piltz*, in: K&R 2016, 557, 565.
137 EuGH, 20.5.2003, Rs. C-465/00; EuGH, 07.5.2009, Rs. C-553/07; EuGH, 24.11.2011, Rs. C-468/10 und C-469/10.

sich diese Anforderungen aus Art. 5 mit den direkt in Art. 6 Abs. 3 geregelten Voraussetzungen, wie die Zweckbindung und die Verhältnismäßigkeit (s.o. Rn. 167 ff.).

Auf der anderen Seite ist nach der bisherigen Rechtsprechung des EuGH zur Richtlinie 95/46/EG auch der Spielraum für striktere Regelungen („nach oben") nicht unbegrenzt. Bereits die bisherige Datenschutzrichtlinie strebte nicht nur eine Mindestharmonisierung im Hinblick auf das Schutzniveau an.[138] Durch unterschiedliche Datenschutzstandards können die Gewährleistung des freien Datenverkehrs innerhalb der Mitgliedstaaten und damit das reibungslose Funktionieren des Binnenmarktes beeinträchtigt sein. Auch dies ist in Art. 1 Abs. 3 ausdrücklich als Ziel der DS-GVO verankert und bildet deshalb eine zweite Leitplanke, innerhalb derer sich die Mitgliedstaaten bewegen müssen, wenn sie die DS-GVO weiter ausgestalten oder umsetzen.[139] **192**

Im Bereich der Verfolgung öffentlicher Interessen dürfte das allerdings eine ungleich geringere Rolle spielen als im rein privaten Bereich. Erstens ist der öffentliche Bereich durch die Regelungen in Abs. 2 und 3 sowieso von einer Vollharmonisierung ausgenommen, indem den Mitgliedstaaten die nähere Ausgestaltung der gesetzlichen Grundlagen überlassen bleibt. Dabei ist es müßig, danach zu fragen, ob nähere Ausgestaltungen dieser gesetzlichen Grundlagen zu einem höheren Schutzniveau führen und damit „strenger" sind als in anderen Mitgliedstaaten. Denn jedenfalls können derartige unterschiedliche Schutzniveaus nicht als unzulässig im Sinne der DS-GVO angesehen werden, da diese in Abs. 2 und Abs. 3 Satz 3 bewusst den Mitgliedstaaten die Möglichkeit einräumt, konkretisierende Regelungen zu erlassen und somit den Spielraum der Datenverarbeiter weiter einzuschränken. Außerdem ist bei der Datenverarbeitung im öffentlichen Bereich das Bedürfnis nach Harmonisierung des Datenschutzrechts mangels grenzüberschreitenden Datenaustauschs der Behörden auch in Regel geringer als bei der Datenverarbeitung durch nicht-öffentliche Stellen. Daher dürften abweichende Schutzniveaus für die Verarbeitung von Daten durch nationale öffentliche Stellen weniger geeignet sein, den Binnenmarkt zu beeinträchtigen.[140] Insofern dürfte diese obere Leitplanke Spezifizierungen aufgrund Abs. 2 und 3 im öffentlichen Bereich nur wenige Grenzen setzen. **193**

Wo Anpassungen und Präzisierungen durch die Mitgliedstaaten erlaubt sind, sind auch Textwiederholungen erlaubt, soweit dies für das Verständnis der Regelung erforderlich ist (EG 8).[141] So kann es mitunter zu Wiederholungen auf unterschiedlichen Normebenen kommen. **194**

Die inhaltlichen Grenzen des Gestaltungsspielraums der Mitgliedstaaten sind dort noch weiter, wo die DS-GVO nicht nur Spezifizierungen, Präzisierungen und Anpassungen erlaubt, sondern wo sie echte Öffnungsklauseln vorsieht. Die Terminologie ist auch bei diesen Öffnungsklauseln nicht einheitlich. Verwendet werden z.B. die Begriffe „zusätzliche Bedingungen, einschließlich Beschränkungen" (Art. 9 Abs. 4), „Beschränkungen" (Art. 23 Abs. 1), „In-Einklang-Bringen" (Art. 85 Abs. 1), „Abweichungen" (Art. 85 Abs. 2) und „Ausnahmen" (Art. 85 Abs. 2, Art. 89 Abs. 2 und 3). Teilweise wird schlicht auf das nationale Recht verwiesen (z.B. Art. 17 Abs. 3 lit. b, Art. 18 Abs. 2, Art. 22 Abs. 2 lit. a, Art. 86). Im Rahmen dieser Öffnungsklauseln dürfen die Mitgliedstaaten, wie schon die verwendete Terminologie zeigt, das Schutzniveau der DS-GVO über- oder unterschreiten. **195**

8. Gestaltungsspielraum bei Zweckänderungen (Abs. 4)

Für Zweckänderungen sieht Abs. 4 eine gesonderte Öffnungsklausel vor. Diese erlaubt den Gesetzgebern der EU und der Mitgliedstaaten den Erlass zusätzlicher Rechtsvorschriften, die eine Zweckänderung erlauben und somit für deren jeweiligen Regelungsbereich zur Nichtanwendbarkeit der in Abs. 4 grundsätzlich vorgesehenen Kompatibilitätsprüfung führen (unten **196**

---

138 EuGH, 24.11.2011, Rs. C-468/10 und C-469/10; EuGH, 6.11.2013, Rs. C-101/01; EuGH, 19.10.2016, Rs. C-582/14 – *Breyer*

139 Vgl. Art. 1 Rn. 25 ff.

140 *Kühling/Martini et. al*, S. 13 f.

141 *Kühling/Martini et. al*, S. 7 f.; *Benecke/Wagner*, in: DVBl. 2016, 600, 605 ff.

Rn. 198 ff.).[142] Die Anforderungen an solche Rechtsgrundlagen für die Zweckänderung sind in Abs. 4 anders formuliert als in Abs. 3. Nur die in Art. 23 Abs. 1 genannten Ziele können eine Rechtsgrundlage für eine Zweckänderung rechtfertigen. Darüber hinaus muss die Rechtsgrundlage notwendig und verhältnismäßig sein.

197 Dies hindert den Gesetzgeber freilich nicht, bereits im Rahmen von Konkretisierungsrecht nach Abs. 2 und 3 festzulegen, welcher Zweckbindung die Daten unterliegen (so wörtlich Abs. 3 S. 3). Der Gesetzgeber ist hierbei dann nicht an Anforderungen nach Abs. 4 gebunden.

IX. Zweckänderung (Abs. 4)

198 Abs. 4 behandelt die „Verarbeitung zu einem anderen Zweck als zu demjenigen, zu dem die personenbezogenen Daten erhoben wurden". Es geht mit anderen Worten um Fälle der Zweckänderung, die in der DS-GVO auch als „Weiterverarbeitung" bezeichnet werden.[143] An anderer Stelle spricht die DS-GVO auch von „Weiterverwendung" (EG 154 S. 4 und 7, EG 162 S. 4), womit ebenfalls die zweckändernde Weiterverarbeitung gemeint sein dürfte.

199 Abs. 4 ist eine normative Durchbrechung des in Art. 5 Abs. 1 lit. b verankerten Grundsatzes der Zweckbindung.[144] Für die Auslegung der Norm ist außerdem die Entstehungsgeschichte von Bedeutung (hierzu oben Rn. 40).

1. Systematische Vorfragen

200 Die Zweckänderung war bei den Verhandlungen zur DS-GVO höchst umstritten. Schon Intention und Reichweite der Regelung waren unklar. Der Inhalt der Regelung wurde mehrfach angepasst. Dem schließlich verabschiedeten Abs. 4 fehlt nunmehr das systematische Konzept.[145] Insb. das Verhältnis der für die Weiterverarbeitung anzuwendenden Erlaubnistatbestände zu denen der Erstverarbeitung war umstritten. In der verabschiedeten Fassung ist der Sinn und Zweck der Vorschrift mehrdeutig.[146] Zentrale Vorfragen werden daher nicht eindeutig beantwortet.

a) Ausschluss der hypothetischen Neuerhebung?

201 Zunächst stellt sich die Frage, ob statt einer zweckändernden Weiterverarbeitung bereits erhobener Daten auch eine hypothetische oder tatsächliche Neuerhebung derselben Daten in Betracht kommt oder ob Abs. 4 eine solche Neuerhebung ausschließt. Für den Verantwortlichen, der einen neuen Verarbeitungszweck verfolgt, stellt sich die Frage, wieso er die Anforderungen des Abs. 4 überhaupt erfüllen soll. Anstelle einer „Umwidmung" der bereits erhobenen Daten könnte der Verantwortliche in vielen Fällen dieselben Daten für den neuen Verarbeitungszweck noch einmal neu erheben. Eine solche Erhebung ist auch als „hypothetische" Neuerhebung denkbar[147], d.h. die Daten liegen bereits vor, werden aber aus der vorliegenden internen Quelle für einen neuen Zweck erneut „erhoben".

202 Die Art. 29-Gruppe hält (nach dem Maßstab der Richtlinie 96/46/EG) eine solche Neuerhebung für eine unzulässige Umgehung des Verbots inkompatibler Weiterverarbeitung: *„In other words, the data controller cannot simply consider the further processing as a new processing activity*

---

142 *Piltz*, in: delegelata.de vom 24.11.2016, https://www.delegedata.de/wp-content/uploads/2016/11/Kurzanalyse-Weiterverarbeitung-BDSG-neu.pdf.

143 So in Art. 5 Abs. 1 lit. b, 6 Abs. 4 lit. a und lit. d, 13 Abs. 3, 14 Abs. 4, 89 Abs. 1 S. 4; EG 50, 61 S. 3, 67 S. 2, 73 S. 1, 156 S. 3, 158 S. 3.

144 Gola, *Schulz*, Art. 6 Rn. 177; *Kühling/Martini et. al*, S. 38.

145 Vgl. nur *Albrecht*, in: CR 2016, 88, 92; *Kühling/Martini et. al*, S. 38 f.; zum Ratsentwurf noch *Richter*, in.: DuD 2015, 735.

146 *Kühling/Martini*, in: EuZW 2016, 448, 451.

147 Mit dieser Überlegung zu Recht BVerfG, 20.4.2016, Az. 1 BvR 966/09, Az. 1 BvR 1140/09, Rn. 287 – *BKA-Gesetz*.

disconnected from the previous one and circumvent this prohibition by using one of the legal grounds in Article 7 to legitimise the processing."[148]

Die DS-GVO enthält jedoch keine Bestimmung, die eine solche Neuerhebung derselben Daten für einen geänderten Verarbeitungszweck untersagen würde. Ganz im Gegenteil besagt EG 50 S. 5, dass eine im Unionsrecht oder im Recht der Mitgliedsstaaten vorgesehene Rechtsgrundlage der Datenverarbeitung auch als Rechtsgrundlage für eine Weiterverarbeitung dienen kann. Zumindest für diesen Fall soll die Anwendbarkeit des Abs. 1 für geänderte Verarbeitungszwecke also nicht gesperrt sein. **203**

Es wäre systematisch betrachtet auch unsinnig, eine solche Neu- oder Zweiterhebung derselben Daten zu untersagen. Denn dann wäre die Erhebung der Daten nur deshalb unzulässig, weil sie bereits vorliegen. Im Vergleich würde also derjenige, der die Daten bereits im Bestand hat, gegenüber demjenigen benachteiligt, der die Daten noch nicht erhoben hat. **204**

Im Ergebnis führt dies zu dem Befund, dass dem Verantwortlichen die Möglichkeit zur Neuerhebung von Daten für einen neuen Verarbeitungszweck nicht versperrt ist. Der Verantwortliche muss für eine solche Neuerhebung zwar die Voraussetzungen der Erhebung der Daten (bezogen auf den neuen Zweck) erfüllen. Die Vorschrift der Zweckänderung nach Abs. 4 ist damit aber umgangen. **205**

Es ist freilich unklar, wie die vorstehende Überlegung mit dem Schutzgedanken des Abs. 4 zusammenpasst. Denn dieser soll Zweckänderungen ja an besondere Voraussetzungen knüpfen. Durch die (hypothetische) Neuerhebung desselben Datums kann diese Vorschrift aber leicht umgangen werden. Im Ergebnis zeigt sich, dass die DS-GVO in diesem Punkt über ihr Ziel hinausschießt. Denn es wäre eben auch nicht nachvollziehbar, wenn die Zweckänderung von Bestandsdaten an engere Voraussetzungen geknüpft wäre als die Neuerhebung für einen geänderten Verarbeitungszweck. **206**

b) Rechtfertigung des neuen Zwecks nach Abs. 1?

Eine zweite systematische Frage, die ebenfalls ungeklärt ist, betrifft das Verhältnis von Abs. 4 zum Verbot mit Erlaubnisvorbehalt nach Abs. 1. Dies betrifft insb. die grundlegende Weichenstellung, ob Abs. 4 als *Einschränkung* oder als *Ausweitung* der Erlaubnisgründe des Abs. 1 zu lesen ist. Hierzu werden zwei unterschiedliche Ansichten vertreten: **207**

Erste Ansicht: Einschränkung der Verarbeitungsbefugnisse

Nach einer restriktiven Auffassung hat Abs. 4 gegenüber Abs. 1 die Funktion eines zusätzlichen Verbotstatbestandes („Einschränkungstheorie"). Nach dieser Auffassung verlangt Abs. 4, dass der neue Verarbeitungszweck („Sekundarzweck")[149] in zweifacher Hinsicht gerechtfertigt werden muss: zunächst als neuer Verarbeitungszweck gem. Abs. 1[150] und sodann *zusätzlich* als Zweckänderung nach dem Maßstab des Abs. 4. Nach dieser Ansicht ist eine Zweckänderung also nur zulässig, wenn kumulativ die zweckändernde Datenverarbeitung nach Abs. 1 gerechtfertigt ist (erste Stufe) *und* die Anforderungen an die Zweckänderung des Abs. 4 erfüllt sind (zweite Stufe). **208**

Gegen diese Ansicht spricht vor allem der Wortlaut von EG 50 S. 2, laut dem bei kompatiblen Zweckänderungen i.S.d. Abs. 4 keine andere gesonderte Rechtsgrundlage erforderlich sein soll; die Rechtsgrundlage der ursprünglichen Erhebung soll ausreichen. **209**

Die restriktive Interpretation liefe außerdem darauf hinaus, dass die zweckändernde Weiterverarbeitung von Daten schwieriger wäre als eine erneute Ersterhebung dieser Daten für einen neuen **210**

---

148 *Article 29 Data Protection Working Party*, Opinion 03/2013 on Purpose Limitation, WP 2013 (adopted on 2 April 2013), S. 36.
149 Paal/Pauly, *Frenzel*, Art. 6 Rn. 46 ff.
150 So *Albrecht/Jotzo*, S. 76.; *Schantz*, in: NJW 2016 1841, 1843 f.; wohl auch *Gierschmann*, in: ZD 2016, 51, 54.

Zweck. Dies wäre widersprüchlich. Denn die Folge wäre, dass Verantwortliche Daten, die bei ihnen bereits vorliegen, besser noch einmal neu erheben, anstatt die bereits vorhandenen Daten „umzuwidmen" (s.o. Rn. 201 ff.). Die restriktive Ansicht geht somit auch über das vom BVerfG festgelegte Kriterium der hypothetischen Datenneuerhebung hinaus.[151]

211 Die Einschränkungstheorie entspricht allerdings der zur DS-RL vertretenen Auffassung der Art. 29-Gruppe.[152] Es ist zu erwarten, dass die Art. 29-Gruppe auch zur DS-GVO eine ähnliche Auffassung vertreten wird.

Zweite Ansicht: Ausweitung der Verarbeitungsbefugnisse

212 Nach der Gegenauffassung ist Abs. 4 im Verhältnis zu Abs. 1 als Erlaubnistatbestand zu verstehen („Ausweitungstheorie"). Danach ist Abs. 4 als zusätzlicher Erlaubnisgrund anzusehen, der zusätzlich zu den Erlaubnistatbeständen des Abs. 1 zur Anwendung kommt.[153] Abs. 4 ist nach dieser Ansicht also keine „zweite Stufe" der Prüfung der Zulässigkeit der Datenverarbeitung, sondern eine zusätzliche Erlaubnisklausel für (geänderte) Zwecke, die zu den Erlaubnisregeln des Abs. 1 hinzutritt. Die Aussage von Abs. 4 ist nach dieser Ansicht, dass bei Erfüllung der Voraussetzungen von Abs. 4 keine zusätzliche Prüfung nach Abs. 1 erfolgen muss.[154]

213 Für diese Ansicht spricht ganz entscheidend, dass sie die Zweckänderung nicht an engere Voraussetzungen knüpft als eine hypothetische Neuerhebung. Denn letztere wäre nach Abs. 1 möglich, ohne auf Abs. 4 zurückgreifen zu müssen. Abs. 4 ist nach dieser Lesart eine zusätzliche Erlaubnisklausel, sperrt aber nicht die Rechtfertigung über die Neuerhebung nach Abs. 1.

214 Diese Auslegung ist mit dem Wortlaut von EG 50 S. 2 kompatibel. Außerdem spricht für diese Ansicht, dass sie die zweckändernde Weiterverarbeitung nicht gegenüber einer (hypothetischen) Neuerhebung derselben Daten zusätzlich erschwert.

215 Diese rechtliche Konstruktion ist eine Abkehr vom deutschen Modell, nach dem jeder Verarbeitungsschritt einer eigenen Rechtsgrundlage bedarf. Auch wenn dieser Abschied von der deutschen Rechtstradition schwerfallen mag, so kann EG 50 S. 2 doch nicht einfach als Redaktionsversehen abgetan werden.[155] Dagegen spricht schon, dass die Frage unter lettischem Ratsvorsitz in mehreren Sitzungen der zuständigen Ratsarbeitsgruppen ausdrücklich behandelt wurde,[156] dass verschiedene Lösungen diskutiert und mehrere Vorschläge Deutschlands abgelehnt wurden, dass EG 50 S. 2 zwischenzeitlich gestrichen, dann aber wieder aufgenommen wurde[157] und dass schließlich in der partiellen allgemeinen Ausrichtung des JI-Rates am 13.03.2015 die ursprüngliche Formulierung beibehalten wurde[158], die sich dann auch in den Trilogverhandlungen durchsetzte.[159] Letztlich entspricht die Auffassung, dass es die ursprüngliche Rechtsgrundlage ist, die auch die kompatible Weiterverarbeitung abdeckt, der Mehrheitsmeinung der Mitgliedstaaten, gegen die auch das Europäische Parlament im Trilog keine Einwände vorgebracht hat.

216 Letztlich sprechen die besseren Gründe für die zweitgenannte Ansicht (Ausweitungstheorie). Systematische und historische Betrachtungen, die die erstgenannte Einschränkungstheorie stützen können, sind unergiebig. Denn solche Betrachtungen laufen letztlich auf die Erkenntnis hinaus,

---

151 Zuletzt BVerfG, 20.4.2016, Az. 1 BvR 966/09, Az. 1 BvR 1140/09, Rn. 287 – *BKA-Gesetz*.
152 *Article 29 Data Protection Working Party*, Opinion 03/2013 on Purpose Limitation, WP 2013 (adopted on 2 April 2013), siehe vor allem S. 36.
153 *Kühling/Martini et. al*, S. 38 ff.; *Kühling/Martini*, in: EuZW 2016, 448, 451; *Ziegenhorn*, in: zfm 2016, 3, 6; *Monreal*, in: ZD 2016, 507.
154 *Ziegenhorn*, in: zfm 2016, 3, 6.
155 So aber *Schantz*, in: NJW 2016, 1841, 1844.
156 Sitzung der RAG DAPIX v. 5./6.2.2015 und der JI-Referenten v. 23.2.2015, 2.3.2015 und 5.3.2015
157 Vgl. Rats-Dok. 17072/14 v. 23.12.2014, Rats-Dok. 17072/1/14 REV 1 v. 3.2.2015, Rats-Dok. 17072/2/14 REV 2 v. 18.2.2015, Rats-Dok. 17072/3/14 REV 3 v. 26.2.2015, Rats-Dok. 17072/4/14 REV 4 v. 4.3.2015 und Rats-Dok. 6834/15 v. 9.3.2015.
158 Vgl. Rats-Dok. 7466/15 v. 26.3.2015.
159 Vgl. Rats-Dok. 11245/15 v. 31.08.2015, Rats-Dok. 13914/15 v. 16.11.2015 und Rats-Dok. 14076/15 v. 16.11.2015.

dass das gewünschte politische Ziel während des Gesetzgebungsverfahrens streitig war, und dass die Trilogverhandlungen gerade *nicht* zu einem Konsens der Beteiligten geführt haben, sondern zu systematischen Widersprüchlichkeiten und Unklarheiten.[160] Somit verbleiben als Auslegungskriterien der Wortlaut und die teleologische Auslegung. Beim Wortlaut spricht für die Ausweitungstheorie vor allem EG 50 S. 2.[161] Und aus teleologischer Sicht tritt hinzu, dass nur die Ausweitungstheorie das widersprüchliche Ergebnis der Einschränkungstheorie vermeidet, dass eine Zweiterhebung derselben Daten rechtlich leichter wäre als die zweckändernde Weiterverarbeitung.

2. Änderung des Verarbeitungszwecks

Abs. 4 erfordert zunächst, dass überhaupt eine Änderung des Verarbeitungszwecks vorliegt. Die neue Verarbeitung darf also nicht vom ursprünglichen Zweck umfasst sein. **217**

Von entscheidender Bedeutung für die Frage, ob eine Weiterverarbeitung dem Rechtsregime des Abs. 4 unterfällt, ist daher, wie eng oder wie weit der isoliert zu betrachtende Zweck der Erstverarbeitung definiert sein darf. Betrachtet man z.B. die „Vertragsabwicklung" als Zweck der Erstverarbeitung kann ein Verkauf der Forderung gegen den Schuldner an ein Inkassounternehmen noch von diesem Zweck gedeckt sein. Betrachtet man hingegen als Zweck der Erstverarbeitung „Verkauf und Lieferung eines Produktes x durch den Verantwortlichen an den Kunden", liegt es nahe, die Übermittlung der Kundendaten an ein Inkassounternehmen als Zweckänderung anzusehen. Die DS-GVO nimmt zu der Frage, wie eng oder weit der Zweck bei der Zweckbestimmung durch den Verantwortlichen gefasst sein darf oder muss, keine Stellung. Letztlich wird man dem Grundgedanken des Selbstbestimmungsrechts der Parteien folgend (oben Rn. 47 ff.) darauf abstellen können, welchen Zweck die Parteien selbst gewollt und beabsichtigt haben. **218**

Dort, wo die Verarbeitungsgrundlage auf konsensualem Verhalten beruht, ergibt sich der Zweck aus den vernünftigen Erwartungen der Parteien, die in den verschiedenen auf die Datenverarbeitung bezogenen Kommunikationshandlungen auch dokumentiert sind. Die Zweckbindung folgt somit bspw. aus dem Inhalt der gegebenen Einwilligung oder des geschlossenen Vertrags. **219**

In den Fällen, in denen die Rechtfertigung ohne Mitwirkung des Betroffenen zustande kommt, ergibt sich die Zweckbestimmung aus dem Zweck, der zur Erfüllung der jeweiligen Rechtfertigungsgrundlage im konkreten Fall geführt hat. Also bspw. aus der zugrundeliegenden Rechtsbestimmung, die durch die Datenverarbeitung erfüllt wird, oder aus den Dokumenten, in denen der Verarbeitungszweck dokumentiert werden muss (z.B. Art. 13 Abs. 1 lit. c, Art. 14 Abs. 1 lit. c, Art. 30 Abs. 1 lit. b). **220**

Eine Zweckänderung liegt vor, wenn ein Bestandsdatum für einen neuen Verarbeitungszweck verarbeitet wird, der nicht mit dem Zweck übereinstimmt, der dem Erlaubnistatbestand der Erstverarbeitung zugrunde liegt. Eine Zweckänderung liegt somit vor, wenn der ursprüngliche Verarbeitungszweck den hinzutretenden Verarbeitungszweck nicht mehr abdeckt. **221**

3. Zulässigkeit der zweckändernden Weiterverarbeitung

Die Weiterverarbeitung ist zulässig, wenn **222**

a) sie einen der in Art. 5 Abs. 1 lit. b Hs. 2 privilegierten Zwecke verfolgt (nachfolgend Rn. 223 ff.),

b) der Betroffene in die Weiterverarbeitung eingewilligt hat (nachfolgend Rn. 226),

c) sie auf einer Rechtsvorschrift der Union oder Mitgliedstaaten beruht (nachfolgend Rn. 227 ff.) oder

---

160 Ausführlich *Monreal*, in: ZD 2016, 507.

161 *Schantz*, in: NJW 2016 1841, 1844 sieht den Satz indes als „Redaktionsversehen" bzw. als „Überrest des Ansatzes des Rates" an. Der Ansatz des Rates ist indes kein Redaktionsversehen, sondern war ja gerade einer der Gründe, aus denen Abs. 4 so formuliert wurde wie es nun der Fall ist.

d) eine Kompatibilitätsprüfung ergibt, dass die Weiterverarbeitung mit dem ursprünglichen Verarbeitungszweck vereinbar ist (nachfolgend Rn. 230 ff.).

a) Weiterverarbeitung zu privilegierten Zwecken

223 Einen Spezialfall der zweckändernden Weiterverarbeitung stellt die Weiterverarbeitung zu im öffentlichen Interesse liegenden Archivzwecken, zu wissenschaftlichen oder historischen Forschungszwecken oder zu statistischen Zwecken dar. Diese Verarbeitungszwecke werden generell durch die DS-GVO privilegiert. Eine sehr weitreichende Privilegierung enthält Art. 5 Abs. 1 lit. b. Hs. 2 (ebenso EG 50 S. 4). Die Weiterverarbeitung zu den genannten Zwecken „gilt [...] nicht als unvereinbar mit den ursprünglichen Zwecken". Es besteht somit eine Fiktion[162] bzw. eine gesetzliche Vermutung[163] für die Vereinbarkeit mit dem ursprünglichen Verarbeitungszweck.

224 Man könnte auch sagen, dass der Grundsatz der Zweckbindung insoweit aufgehoben wird, als der Verantwortliche einen der privilegierten Zwecke verfolgt. Man könnte sogar noch weitergehend – und etwas ketzerisch – formulieren, dass das Verbot mit Erlaubnisvorbehalt für die Weiterverarbeitung personenbezogener Daten zu den privilegierten Zwecken nicht mehr gilt. Wenn jede Weiterverarbeitung zu den privilegierten Zwecken als vereinbar mit dem ursprünglichen Zweck angesehen wird, dann bedarf es zwar immer noch eines ursprünglichen Erlaubnistatbestandes (das Verbot mit Erlaubnisvorbehalt ist insoweit also nicht ganz aufgehoben), das grundsätzliche Verbot der Verarbeitung personenbezogener Daten gilt aber für die Weiterverarbeitung faktisch nicht mehr.

225 Der Normgeber wollte diese weitgehende Privilegierung der genannten Verarbeitungszwecke, um insb. den Grundrechten der Wissenschafts- und Forschungsfreiheit sowie der Informationsfreiheit ein stärkeres Gewicht gegenüber den Rechten des Betroffenen zu geben. Er ging dabei davon aus, dass bei Datenverarbeitungen zu wissenschaftlichen oder historischen Forschungszwecken, zu statistischen Zwecken und zu Archivzwecken ein dem Gemeinwohl dienlicher Wissenszuwachs zu erwarten ist und dass daher legitime gesellschaftliche Erwartungen in Bezug auf diese Datenverarbeitungen bestehen, wie sich u.a. aus den folgenden Erwägungsgründen ergibt:

- EG 113 S. 4 und EG 157 zum möglichen gesellschaftlichen Nutzen von Registern;
- EG 158 zum allgemeinen öffentlichen Interesse an Aufzeichnungen von bleibendem Wert;
- EG 159 zum Wert der wissenschaftlichen Forschung mit der Aussage, dass der Begriff der „wissenschaftlichen Forschung" weit ausgelegt werden sollte, und mit Hinweis auf das in Art. 179 Abs. 1 AEUV festgeschriebene Ziel, einen europäischen Raum der Forschung zu schaffen;
- EG 160 bis 163 zu Forschungszwecken, klinischen Prüfungen, statistischen Zwecken und Europäischen Statistiken.

b) Weiterverarbeitung aufgrund von Einwilligung

226 Eine zweckändernde Weiterverarbeitung ist gem. Abs. 4 auch dann ohne Kompatibilitätsprüfung zulässig, wenn für den geänderten Verarbeitungszweck eine Einwilligung vorliegt. Die Einwilligung kann bereits zum Zeitpunkt der Erhebung (sozusagen „auf Vorrat") erteilt werden, oder aber auch später bei bereits laufender Datenverarbeitung unmittelbar vor der geplanten Zweckänderung. Die Einwilligung kann für beliebig viele Weiterverarbeitungen eingeholt werden. Allerdings sind dabei die strengen Einwilligungsvoraussetzungen – insb. in Bezug auf Bestimmtheit (Rn. 52 f.), Freiwilligkeit (Rn. 54 ff.), Informiertheit (Rn. 61 ff.), Transparenz (Rn. 65 ff.) und Unmissverständlichkeit (Rn. 69 ff.) – zu beachten.

---

162 *Buchner*, in: DuD 2016, 155, 157; *Piltz*, in: K&R 2016, 557, 566.
163 *Monreal*, in: ZD 2016, 507, 509.

c) Weiterverarbeitung aufgrund von Rechtsvorschrift

Eine zweckändernde Weiterverarbeitung ist gem. Abs. 4 auch dann ohne Kompatibilitätsprüfung zulässig, wenn eine Rechtvorschrift der EU oder der Mitgliedstaaten die zweckabweichende Datenverarbeitung erlaubt.[164] **227**

Abs. 4 ist somit auch eine Öffnungsklausel.[165] Eine gesetzliche Erlaubnisvorschrift führt allerdings nur dann zu einer Ausnahme vom Anwendungsbereich des Abs. 4, wenn diese Rechtsvorschrift den Anforderungen entspricht, die Abs. 4 an sie stellt. Die gesetzliche „Zweckänderungserlaubnis" muss insb. den Zielen des Art. 23 Abs. 1 dienen (Landesverteidigung, Strafverfolgung, etc.) und außerdem „in einer demokratischen Gesellschaft" notwendig und verhältnismäßig sein. Derartige Rechtsgrundlagen finden sich häufig in deutschen Sicherheitsgesetzen (z.B. in § 29 Abs. 1 S. 4 BPolG). Zur Anwendung der DS-GVO auf Sicherheitsgesetze siehe aber die Kommentierung zu Art. 2, Rn. 53 ff. **228**

Der Wortlaut des Abs. 4 lässt offen, ob die Erlaubnisvorschrift sich speziell auf die Zweckänderung als solche oder lediglich auf den geänderten Verarbeitungszweck beziehen muss. **229**

d) Kompatibilitätsprüfung

Für den Fall, dass keiner der vorrangigen Erlaubnistatbestände (privilegierter Zweck, Einwilligung, Rechtsvorschrift) vorliegt, verlangt Abs. 4 eine Prüfung des Verantwortlichen, die feststellen soll, „ob die Verarbeitung zu einem anderen Zweck mit demjenigen, zu dem die personenbezogenen Daten ursprünglich erhoben wurden, vereinbar ist" (sog. Kompatibilitätsprüfung). Die Formulierung in Abs. 4 entspricht dem Wortlaut des Zweckbindungsgrundsatzes in Art. 5 Abs. 1 lit. b. **230**

In die Prüfung sind eine Reihe von „Gewichtungsparametern"[166] einzustellen, unter anderem die Verbindung und Nähe der Verarbeitungszwecke (lit. a), der Kontext der Datenerhebung (lit. b), die Art der personenbezogenen Daten, insb. falls sensitive Daten i.S.d. Art. 9 oder 10 verarbeitet werden (lit. c), die Folgen für den Betroffenen (lit. d) und mögliche Maßnahmen zur Minderung der Beeinträchtigung (lit. e). Die in Abs. 4 genannten Gewichtungsparameter stimmen weitgehend mit den von der Art. 29-Gruppe vorgeschlagenen „key factors to be considered during the compatibility assessment" überein.[167] **231**

Verbindung zwischen den Verarbeitungszwecken (Abs. 4 lit. a)

Jede Verbindung zwischen den Zwecken, für die die personenbezogenen Daten erhoben wurden, und den Zwecken der beabsichtigten Weiterverarbeitung ist in die Kompatibilitätsprüfung einzubeziehen. Hierfür kommt es also darauf an, wie nah die Verarbeitungszwecke beieinander liegen. **232**

Betont werden muss, dass es für die Kompatibilität darauf ankommt, dass „die Verarbeitung" mit dem ursprünglichen Verarbeitungszweck vereinbar ist. Es kommt also nicht allein darauf an, ob der neue und der ursprüngliche Zweck miteinander vereinbar sind. Es kommt vielmehr für die Beurteilung der Vereinbarkeit auf die Beurteilung des *gesamten Prozesses* der Weiterverarbeitung an. Dies wird oft verkannt[168], weil es sich nur um eine sprachliche Feinheit in der Formulierung handelt, deren Nichtbeachtung aber weitreichende Konsequenzen haben kann. Die Verbindung zwischen den Zwecken (lit. a) ist also nur einer von mehreren Gewichtungsparametern. Liegen die Zwecke nicht nahe beieinander, kann dies gegen die Zulässigkeit der Weiterverarbeitung sprechen. Aus den anderen Gewichtungsparametern kann sich jedoch auch bei weit voneinander entfernt liegenden Zwecken die Zulässigkeit der Weiterverarbeitung ergeben. **233**

---

164 Vgl. *Ziegenhorn*, in: zfm 2016, 3, 6.
165 Eingehend *Kühling/Martini et. al,* S. 38 ff.
166 *Kühling/Martini*, in: EuZW 2016, 448, 451.
167 *Article 29 Data Protection Working Party*, Opinion 03/2013 on purpose limitation, WP 203, S. 23 ff.
168 So z.B. Gola, *Schulz*, Art. 6 Rn. 178.

234 Beispiel: Ein Unternehmen verfügt aus einer laufenden Kundenbeziehung über die Adressdaten des Betroffenen. Der Betroffene hat in die Verwendung seiner Email-Adresse für die regelmäßige Zusendung eines Newsletters eingewilligt. Nun wird die Email-Adresse vom Verantwortlichen auch für die Zusendung einer Veranstaltungseinladung verwendet. Diese Weiterverarbeitung der Adressdaten ist dem ursprünglichen Verarbeitungszweck sicherlich näher als eine telefonische Kontaktaufnahme durch den Verantwortlichen.

Kontext der Datenerhebung (Abs. 4 lit. b)

235 Ein Gewichtungsparameter ist der Zusammenhang, in dem die personenbezogenen Daten erhoben wurden, insb. hinsichtlich des Verhältnisses zwischen dem Betroffenen und dem Verantwortlichen. Insofern kommt es also auf den Verarbeitungskontext an.

236 Für den Kontext können zahlreiche Gesichtspunkte eine Rolle spielen. Erforderlich ist eine Gesamtbetrachtung des Verhältnisses zwischen dem Betroffenen und dem Verantwortlichen.[169] Einzubeziehen sind rechtliche und faktische sowie objektive und subjektive Gesichtspunkte. Es kommt zwar auf den konkreten Einzelfall an, aber für viele Fallgestaltungen dürfte auf eine typisierende Betrachtungsweise zurückzugreifen sein.

237 Wie beim berechtigten Interesse im Sinne von Abs. 1 lit. f (EG 47 S. 1) sind auch beim Verarbeitungskontext im Sinne von Abs. 4 lit. b die vernünftigen Erwartungen des Betroffenen, die auf seiner Beziehung zum Verantwortlichen beruhen, zu berücksichtigen (EG 50 S. 6). Hierfür kommt es nicht auf die rein subjektive Sichtweise des Betroffenen an. Vielmehr sind die Erwartungen des Betroffenen nur dann „vernünftig", wenn sie (analog § 157 BGB) nach dem objektiven Empfängerhorizont beurteilt werden.[170] Die Erwartungen des Betroffenen sind also danach zu beurteilen, wie sie (1) ein objektiver Dritter in der Person des Betroffenen (2) bei vernünftiger Würdigung aller äußerlich erkennbaren Umstände (3) unter Berücksichtigung von Treu und Glauben und (4) der Verkehrssitte hätte.

238 Beispiele: Beruhte die Erstverarbeitung z.B. auf einer rechtlichen Verpflichtung, dürfte eine Weiterverarbeitung ohne gesetzliche Grundlage eher nicht erwartbar sein.[171] Wurden die Daten hingegen im Rahmen eines Vertrages erhoben, dürfte im Falle des Zahlungsausfalls die Übermittlung der Daten des Schuldners an eine Auskunftei, an ein Inkassounternehmen oder an einen Rechtsanwalt erwartbar sein.

Art der Daten (Abs. 4 lit. c)

239 Ein Gewichtungsparameter ist, welcher Art die personenbezogenen Daten sind. Für dieses Kriterium kommt es zunächst auf die – allerdings sehr holzschnittartige – Unterscheidung zwischen „normalen" personenbezogenen Daten und besonders sensiblen Daten an. Die besonders sensiblen Daten sind in Art. 9 Abs. 1 und Art. 10 aufgeführt. Gesondert definiert werden genetische Daten (Art. 4 Nr. 13), biometrische Daten (Art. 4 Nr. 14), Gesundheitsdaten (Art. 4 Nr. 15) und Daten über Straftaten (Art. 10). Tendenziell besteht für die Weiterverarbeitung sensibler Daten ein strengerer Maßstab. Allerdings hat die Einstufung als besonders sensibles Datum allein oft keine Aussagekraft für das Risiko der konkreten Weiterverarbeitung. Der Parameter des Abs. 4 lit. c kann daher in der Regel nicht ohne Berücksichtigung der anderen Gewichtungsparameter in die Abwägung einfließen.

240 Beispiel: So ist die Berücksichtigung der Kurzsichtigkeit eines Betroffenen (gesundheitsbezogenes Datum) bei der Zusendung von Werbung durch einen Optiker weitaus weniger riskant als bei der Einstellung von Piloten durch eine Fluggesellschaft.

169 Gola, *Schulz*, Art. 6 Rn. 181.
170 Im Ergebnis ebenso Gola, *Schulz*, Art. 6 Rn. 181.
171 Gola, *Schulz*, Art. 6 Rn. 181.

Folgen der Weiterverarbeitung (Abs. 4 lit. d)

Die möglichen Folgen der beabsichtigten Weiterverarbeitung sind ein weiterer Gewichtungsparameter bei der Kompatibilitätsprüfung. 241

Aufgrund dieses Kriteriums ist der in Kapitel IV verankerte risikobasierte Ansatz auch bei der Frage, ob die Weiterverarbeitung zulässig ist, zu berücksichtigen. Eine für die Rechte und Freiheiten des Betroffenen weniger riskante Weiterverarbeitung wird daher eher zulässig sein als eine risikoreichere Weiterverarbeitung. Für die Bemessung des Risikos sind die Kriterien des Art. 24 Abs. 1 anzuwenden. Zu berücksichtigen sind demnach einerseits Art, Umfang, Umstände und Zwecke der Weiterverarbeitung und andererseits Eintrittswahrscheinlichkeit und Schwere der Risiken der Weiterverarbeitung für die Rechte und Freiheiten des Betroffenen. Näher zum risikobasierten Ansatz Art. 24 Rn. 78 ff. 242

Beispiele: Führt die Weiterverarbeitung der Daten dazu, dass der Betroffene Werbung zugesandt bekommt, ist dies für ihn allenfalls eine Belästigung. Diese Folge einer Weiterverarbeitung ist für ihn jedenfalls weniger schwerwiegend, als wenn ihm ein Kredit versagt wird. Im Rahmen von Abs. 4 lit. d können nicht nur nachteilige Folgen für den Betroffenen Berücksichtigung finden. Hier kann auch ein besonderer Nutzen der Weiterverarbeitung eine Rolle spielen. Könnte die Weiterverarbeitung dazu führen, dass z.B. eine Krankheit des Betroffenen erkannt wird oder dass er vor einem Cyberangriff auf seinen Computer gewarnt wird, spricht dies für die Zulässigkeit der Weiterverarbeitung. 243

Vorhandensein geeigneter Garantien (Abs. 4 lit. e)

Aus dem Umstand, dass das Vorhandensein geeigneter Garantien eine Rolle bei der Kompatibilitätsprüfung spielt, folgt, dass der Verantwortliche selbst Einfluss auf die Zulässigkeit der Weiterverarbeitung nehmen kann. Abs. 4 lit. e knüpft an die technischen und organisatorischen Maßnahmen an, die gem. Art. 24 Abs. 1 sicherstellen sollen, dass die Verarbeitung gem. der DS-GVO erfolgt (hierzu Art. 24 Rn. 68 ff.). Ergreift der Verantwortliche besondere technische oder organisatorische Maßnahmen (Abs. 4 lit. e erwähnt die Verschlüsselung und die Pseudonymisierung) kann er damit eine ansonsten unzulässige Weiterverarbeitung „zulässig machen". Auch besonders riskante Weiterverarbeitungen können durch die Ergreifung besonders strenger Garantien legitimiert werden. 244

Interessenabwägung?

Die Kompatibilitätsprüfung unterscheidet sich von der Interessenabwägung des Abs. 1 lit. f dadurch, dass Gewichtungsparameter zu berücksichtigen sind, die bei der reinen Gegenüberstellung der Interessen (und damit auch der dahinter stehenden Grundrechte) des Betroffenen, des Verantwortlichen und Dritter keine Rolle spielen. Andererseits erwähnt Abs. 4 die Interessen und Grundrechte/Grundfreiheiten als Gewichtungsparameter nicht. Eine reine Interessenabwägung[172] ist daher in Abs. 4 nicht vorgesehen. Die Aufzählung der Gewichtungsparameter ist allerdings nicht abschließend („unter anderem"), so dass selbstverständlich auch das Gewicht der Interessen der Beteiligten bei der Kompatibilitätsprüfung eine erhebliche Rolle zu spielen hat. Eine Außerachtlassung der Interessen (und damit auch der hinter den Interessen stehenden Grundrechte) bei der Kompatibilitätsprüfung verstieße gegen das Erfordernis, alle betroffenen Grundrechte miteinander in Einklang zu bringen (vgl. Art. 1 Abs. 2, EG 4). 245

Kein Erfordernis einer gesonderten Rechtsgrundlage

Fraglich ist, welches die Rechtsgrundlage für die zweckändernde Weiterverarbeitung ist. Liegen eine Einwilligung (oben Rn. 226) oder ein gesetzlicher Weiterverarbeitungstatbestand (oben Rn. 227 ff.) vor, ist klar, dass diese Einwilligung bzw. dieses Gesetz die Rechtsgrundlage für die 246

172 *Ziegenhorn*, in: zfm 2016, 3, 7; *Piltz*, in: K&R 2016, 557, 566.

Weiterverarbeitung darstellen. Sofern die Weiterverarbeitung aber zulässig ist, weil sie mit dem ursprünglichen Verarbeitungszweck kompatibel ist, legt EG 50 S. 2 fest, dass in diesem Fall keine andere gesonderte Rechtsgrundlage erforderlich ist als diejenige für die Erhebung der personenbezogenen Daten. Die ursprüngliche Rechtsgrundlage stellt somit nach der hier vertretenen Ansicht (zum Streit s.o. Rn. 207 ff.) in Verbindung mit Art. 5 Abs. 1 lit. b bzw. mit Art. 6 Abs. 4 auch die Rechtsgrundlage für die Weiterverarbeitung dar.

Anwendung auf Behörden

247 Bemerkenswert ist, dass die in Abs. 4 vorgesehene Kompatibilitätsprüfung (anders als die Interessenabwägung des Abs. 1 lit. f) auch für Behörden in Erfüllung ihrer Aufgaben gilt.[173] Daraus folgt, dass Datenverarbeitungen durch öffentliche Stellen und Datenverarbeitungen im öffentlichen Interesse mit dem ursprünglichen Verarbeitungszweck nicht vereinbare Datenverarbeitungen auf eine spezialgesetzliche Grundlage stützen können, sofern diese in Übereinstimmung mit den Voraussetzungen des Abs. 4 erlassen wurde. Mit dem ursprünglichen Verarbeitungszweck vereinbare Datenverarbeitungen bedürfen einer solchen Rechtsgrundlage nicht, sondern können unmittelbar auf Abs. 4 gestützt werden, soweit die Kompatibilitätsprüfung positiv ausfällt.

4. Praktische Bedeutung

248 Die praktische Bedeutung des Abs. 4 ist nicht zu unterschätzen. Die folgenden Beispiele mögen dies veranschaulichen. In manchen der genannten Beispiele ist es allerdings sehr gut vertretbar, die Weiterverarbeitung bereits zu Beginn der Datenverarbeitung zu antizipieren und dementsprechend als Primärzweck festzulegen. Je nach dem, welche Zweckfestlegung erfolgt ist bzw. von den Aufsichtsbehörden und Gerichten noch als zulässig akzeptiert wird, ist man aber schnell im Anwendungsbereich des Abs. 4. Wie eng oder weit der Primärzweck unter der Geltung der DS-GVO gefasst sein darf, hängt von der noch nicht absehbaren zukünftigen Rechtsprechung ab. Unter diesem Gesichtspunkt ist die nachfolgende Beispielsliste zu lesen.

- Auskunfteien: Übermittlung von Negativdaten über einen Schuldner (z.B. Zahlungsausfall) durch ein Unternehmen an eine Auskunftei; vor- und außervertragliche Bonitätsprüfung durch Abfrage der Kreditwürdigkeit potentieller Kunden (z.B. durch ein Versandhandelsunternehmen) bei einer Auskunftei.
- Betrugsbekämpfung: Unternehmen zeichnet Kundentransaktionen zum Zweck der Betrugsbekämpfung so auf, dass es feststellen kann, ob eine bestimmte Transaktion für einen bestimmten Kunden ungewöhnlich ist; Webseite stellt durch Geolokalisation der IP-Adresse die Zulässigkeit einer Online-Zahlung fest (Beispiel: PayPal schließt zur Betrugsbekämpfung Transaktionen aus bestimmten Ländern aus).
- Big Data: Zahlreiche Big Data-Anwendungen setzen die Weiterverarbeitung von Daten zu anderen Zwecken voraus. Für Big Data ist die ständige De- und Rekontextualisierung von Daten geradezu typisch. Oft sind die Zwecke der algorithmischen Datenverarbeitung zu Beginn der Datenverarbeitung unbekannt.
- Due Diligence: Bei der vor einer Betriebsübergabe oder vor einem Unternehmensverkauf durchzuführenden Due Diligence werden personenbezogene Daten durch das potentiell zu erwerbende Unternehmen dem potentiellen Käufer offengelegt.
- E-Commerce: Die Webseite eines E-Commerce-Unternehmens merkt sich Voreinkäufe, um Kaufempfehlungen auszusprechen.
- Forschung: Langfristige Kohortenstudien, sowohl im Bereich der Sozial- und Bildungswissenschaften als auch der Gesundheitsforschung (Epidemiologie) sind auf die Nutzung von Sozialdaten angewiesen, die nicht primär zum Zweck dieser Forschung erhoben wurden (z.B. Versicherungsdaten).

---

173 A.A. Paal/Pauly, *Frenzel,* Art. 6 Rn. 51.

- Forschung: Auswertung von Daten der Gesundheitsberichterstattung, des Gesundheitsmonitorings und der epidemiologischen Krebsregistrierung, um die Wahrscheinlichkeit von Krebserkrankungen zu ermitteln und den Betroffenen sodann zu informieren.
- Inkassounternehmen: Beitreibung einer Forderung durch ein Inkassounternehmen gegen einen säumigen Schuldner.
- Konzerndatenschutz: Übermittlung von Lieferantendaten im Konzern, um Einkaufskapazitäten zu bündeln, oder von Konzerntöchtern an eine Konzernmutter für ein konzernweites Controlling oder für die HR-Entwicklung des Konzerns.
- Produktoptimierung: Weiterverarbeitung von Kunden- oder Nutzerdaten zur Weiterentwicklung und Optimierung von Produkten und Dienstleistungen (z.B. Optimierung der Gestaltung einer Webseite anhand des Klickverhaltens der Nutzer, Customer Relation Management).
- Rechtsanwalt: Übermittlung von Daten durch einen Mandanten an seinen Rechtsanwalt für die gerichtliche Auseinandersetzung, aber auch für die beratende und gestaltende Tätigkeit (z.B. Daten über den Prozessgegner, über Mitarbeiter und Geschäftspartner des Prozessgegners, über Mitarbeiter und Geschäftspartner des Mandanten, über Personen, die als Zeugen in Betracht kommen).
- Verbrechensbekämpfung: Datenübermittlung durch eine Privatperson oder durch ein Unternehmen an die Polizei oder die Staatsanwaltschaft zur Abwehr von Gefahren für die öffentliche Sicherheit oder zur Strafverfolgung (z.B. Übermittlung von Zahlungsdaten durch ein Kreditkartenunternehmen an die Staatsanwaltschaft, wenn der Verdacht auf Kinderpornographie besteht; Übermittlung von Kundendaten durch eine Autowerkstatt an die Polizei, wenn der Verdacht einer Fahrerflucht besteht).
- Versicherungswirtschaft: Weiterverarbeitung der Daten aus Versicherungsfällen durch ein Versicherungsunternehmen zur Tarifierung und zum Risikomanagement; Datenübermittlung durch ein Versicherungsunternehmen an einen Rückversicherer, der die Risiken der Erstversicherer abdeckt; das Hinweis- und Informationssystem (HIS) erfasst Meldungen der Versicherungsunternehmen (atypische Schadenhäufigkeiten, Auffälligkeiten beim Schadensfall, erhöhte Risiken (z.B. gefahrenträchtige Berufe, Vorerkrankungen)) getrennt nach Versicherungssparten und meldet einen Betroffenen bei Erreichen einer bestimmten Punktzahl an das Versicherungsunternehmen.
- Verwandtenbeziehungen: Eine Fluggesellschaft übermittelt die Reisedaten eines Flugpassagiers an die Angehörigen des Passagiers, die erfahren wollen, ob sich ein Angehöriger in einem bestimmten Flugzeug befindet.
- Vermisstensuche: Weiterverarbeitung personenbezogener Daten durch das Deutsche Rote Kreuz für die Vermisstensuche (z.B. durch Übermittlung an Schwestergesellschaften in Drittstaaten).
- Werbung: Versand einer Veranstaltungseinladung an die in einer Kundendatei gespeicherten Kunden eines Unternehmens; Abgleich von allgemein zugänglichen Adressverzeichnissen mit eigener Kundendatei, um individualisierte Werbung zu versenden; Unternehmen trifft anhand des Klickverhaltens statistische Aussagen (unter/über 40 Jahre, männlich/weiblich), um online gezielter Werbung auszusteuern.
- Zivilrecht: Bei der stillen Zession, die häufig bei Sicherungsabtretungen (z.B. an Banken) erfolgt, muss der Zedent personenbezogene Daten des Schuldners an den Zessionar übermitteln. Die Forderungsabtretung wird dem Schuldner nicht angezeigt.

Bei manchen der genannten Beispiele lassen sich die Weiterverarbeitungen u.U. durch Einholung **249**
einer Einwilligung rechtfertigen. Jedoch wird dies nicht immer möglich sein. So wird der Betroffene die Einwilligung kaum erteilen, wenn die Weiterverarbeitung ihm zum Nachteil gereicht (etwa bei der Übermittlung von Negativdaten an eine Auskunftei oder bei der Abtretung einer Forderung an ein Inkassounternehmen).

C. Weitere Auswirkungen der Verordnung in der Praxis

I. Auswirkungen auf das nationale Recht

250 Art. 6 wird enorme Auswirkungen auf das nationale Recht haben. Ab dem 25.5.2018 gilt die Norm in allen Mitgliedstaaten unmittelbar. Alle Tatbestände des nationalen Datenschutzrechts, die die Zulässigkeit der Datenverarbeitung betreffen, müssen bis zu diesem Zeitpunkt auf ihre Vereinbarkeit mit Art. 6 überprüft und entweder aufgehoben oder an die Vorgaben des Art. 6 angepasst worden sein.

1. Reichweite der „Sperrwirkung" des Art. 6

251 Soweit Art. 6 (ggf. zusammen mit anderen Artikeln der DS-GVO) abschließende Regelungen enthält, ist das nationale Recht grundsätzlich aufzuheben. Der deutsche Gesetzgeber hat dies auch bereits umgesetzt, indem er das alte BDSG mitsamt dessen § 4 und der §§ 28 ff. mit Wirkung zum 25.5.2018 aufgehoben hat.

252 Des Weiteren wird – vorbehaltlich der Inanspruchnahme einer Öffnungsklausel – das nationale Recht aufzuheben sein, soweit es

- Datenverarbeitungen verbietet, die von Art. 6 erlaubt werden,
- Datenverarbeitungen erlaubt, die von Art. 6 verboten werden, oder
- sonstige Regelungen zu Erlaubnistatbeständen enthält, die in der DS-GVO nunmehr abschließend geregelt sind.

253 Das betrifft insb. die Erlaubnistatbestände der Einwilligung (Abs. 1 lit. a), Vertragserfüllung (Abs. 1 lit. b) und lebenswichtigen Interessen (Abs. 1 lit. d) sowie die allgemeine Abwägungsklausel (Abs. 1 lit. f). Es betrifft aber auch die Regelungen, die die Zweckänderung aufgrund einer Interessenabwägung zulassen (beispielsweise § 28 Abs. 2 BDSG-alt).

2. Regelungen im BDSG-neu

254 Der deutsche Gesetzgeber hat mit der Aufhebung und kompletten Neufassung des BDSG bereits umfangreiche neue Regelungen erlassen. Durch einige davon können auch Öffnungsklauseln des Art. 6 in Anspruch genommen worden sein. Aufgrund der allgemeinen Ausrichtung des BDSG-neu (auf private Stellen und öffentliche Stellen des Bundes) handelt es sich dabei allerdings nicht um bereichsspezifisches Datenschutzrecht.

255 Eigenständige Rechtspflichten zur Datenverarbeitung i.S.d. Abs. 1 lit. c enthält das BDSG-neu, soweit ersichtlich, nicht. Auch enthält es keine Übertragung öffentlicher Aufgaben oder von Hoheitsrechten i.S.d. Abs. 1 lit. e. Lediglich generalklauselartig besagt § 3 BDSG-neu, dass öffentliche Stellen Aufgaben erfüllen dürfen, wenn ihnen eine entsprechende Aufgabe oder die Ausübung öffentlicher Gewalt übertragen ist.

256 Unter Umständen ist § 4 BDSG-neu (Videoüberwachung öffentlicher Räume) als bereichsspezifisches Datenschutzrecht i.S.d. Abs. 2 und 3 einzuordnen. Dies würde jedoch voraussetzen, dass die im Rahmen der Videoüberwachung erfolgende Datenverarbeitung in Erfüllung einer Rechtspflicht erfolgt oder dass eine Behörde handelt (oben Rn. 92 ff. und 103 ff.). Dies wird bei § 4 BDSG-neu nicht in allen Fällen gegeben sein. § 4 Abs. 3 BDSG-neu wird man als Zweckänderungsregelung i.S.v. Abs. 4 ansehen müssen.

257 Daneben enthält das BDSG-neu weitere umfangreiche Regelungen im Bereich der zweckändernden Weiterverarbeitung. Diesbezüglich sollen die neuen § 23 BDSG-neu (Zweckänderung bei öffentlichen Stellen), § 24 BDSG-neu (Zweckänderung bei nicht-öffentlichen Stellen) und § 25 BDSG-neu (Datenübermittlung durch öffentliche Stellen) Zweckänderungen ermöglichen. Ziel des deutschen Gesetzgebers ist es offenbar, die Spielräume zur Zweckänderung zu erhöhen. Freilich sind diese Vorschriften nur insoweit zulässig und anwendbar, wie sie sich im Rahmen der Öffnungsklausel des Art. 6 Abs. 4 bewegen. Insb. müssen diese Vorschriften eine verhältnismäßige

Regelung zum Schutz eines der in Art. 23 genannten Ziele darstellen (oben Rn. 227 ff.). Angesichts der sehr allgemeinen Formulierung der §§ 23 bis 25 BDSG-neu bestehen hieran Zweifel. Telos der Öffnungsklausel in Abs. 4 ist es, bereichsspezifische Vorschriften zur Zweckänderung zu ermöglichen (vgl. EG 50 S. 3).

3. Auswirkungen auf bereichsspezifisches Datenschutzrecht

Für das bereichsspezifische Datenschutzrecht dürften sich die Auswirkungen, die unmittelbar von Art. 6 veranlasst sind, in Grenzen halten. Die Erlaubnistatbestände für die Datenerhebung im gesetzlichen Auftrag oder im öffentlichen Interesse (Abs. 1 lit. c und e) setzen das nationale Recht in diesem Bereich weiterhin voraus. Die nationalen Regelungen können dabei spezifischere Bestimmungen zur Anpassung der Anwendung der DS-GVO enthalten. Gibt es solche spezifischeren Bestimmungen, können diese auch Teile der DS-GVO im nationalen Recht wiederholen, sofern dies der Klarheit der nationalen Bestimmung dient, ohne die Direktwirkung der DS-GVO zu behindern.[174] Insofern kann an der Vielzahl besonderer Regeln zur Zulässigkeit der Datenverarbeitung in besonderen Verwaltungsgesetzen festgehalten werden, soweit diese den Anforderungen der DS-GVO entsprechen. 258

Angesichts des Standards des bereichsspezifischen Datenschutzrechts in Deutschland und der Rechtsprechung des BVerfG zum Recht auf informationelle Selbstbestimmung dürfte es eher selten vorkommen, dass eine nationale Regelung nicht den neu gefassten Voraussetzungen des Abs. 3 entspricht. Gleichwohl wird dies im Einzelnen zu prüfen sein. Gleiches gilt für die materiellen Anforderungen an die Datenverarbeitung, die sich etwa aus Art. 5 oder Art. 9 oder anderen Normen der DS-GVO ergeben. 259

Sollten bestehende nationale Regelungen den Anforderungen der DS-GVO nicht entsprechen, weil sie etwa den Zweck der Datenverarbeitung nicht hinreichend klar zum Ausdruck bringen (was die Ausnahme sein dürfte), ist es notwendig, diese Defizite in den vorhandenen Rechtsgrundlagen zu beheben. Dafür bietet die DS-GVO Raum. Im Zweifel muss eine nationale Regelung hinter einer konkurrierenden Regelung der DS-GVO zurückstehen, und zwar auch dann wenn die DS-GVO offen formuliert ist (Anwendungsvorrang des EU-Rechts). 260

Für den öffentlichen Bereich geht der Anpassungsbedarf darüber hinaus in erster Linie von anderen Regelungen der DS-GVO aus (insb. von den Betroffenenrechten, den Pflichten des Verantwortlichen, den technisch-organisatorischen Maßnahmen, den prozeduralen und organisatorischen Normen des Datenschutzmanagements und den Regelungen zur Aufsicht). 261

Das heißt freilich nicht, dass es durch die DS-GVO nicht vor dem Hintergrund des allgemeinen Harmonisierungsgedankens auch zu weiteren Anpassungen im öffentlichen Recht kommen sollte. Dies könnte auch die Grundarchitektur der Informationstechnik und -verarbeitung in der öffentlichen Verwaltung betreffen. Andere Mitgliedstaaten orientieren sich bspw. längst am sogenannten „Once Only"-Prinzip, wonach Daten im öffentlichen Bereich nach Möglichkeit nur einmal erhoben und mehrfach genutzt werden. Das Prinzip dient damit in besonderer Weise der Datensparsamkeit und sichert – bei entsprechender Ausgestaltung – zudem eine höhere Datenqualität sowie bessere Kontrollmöglichkeiten durch ein modernes Zugriffsmanagement und umfassende analysefähige Protokollierungen. Die in Deutschland noch bestehende Grundarchitektur aus unterschiedlichsten spezifischen Datensystemen für gesonderte Zwecke mit anschließenden systemübergreifenden Übermittlungen stößt demgegenüber nicht nur an allgemeine Grenzen der Informationstechnik (fehlende oder problematische Schnittstellen, mangelnde Standards). Sie gerät angesichts des in der DS-GVO normierten Ziels des freien Verkehrs personenbezogener Daten auch im Bereich der Verwaltung (Art. 1 Abs. 3, EG 5) zunehmend unter Rechtfertigungsdruck. Es wäre wünschenswert, wenn der deutsche Gesetzgeber die Anpassung des deutschen Rechts an die Vorgaben der DS-GVO zum Anlass nähme, hier die entsprechenden 262

174 *Kühling/Martini et. al,* S. 7 f.; *Benecke/Wagner,* in: DVBl. 2016, 600, 605 ff.

allgemeinen Weichenstellungen in Richtung einer modernen IT-Grundarchitektur auf der Grundlage des „Once Only"-Prinzips vorzunehmen.

II. Bestandsschutz bisheriger Datenverarbeitungen

263 Vom 25.5.2018 an sind alle Verantwortlichen an die neuen Pflichten des Art. 6 gebunden. Ein Bestandsschutz bisheriger Datenverarbeitungen ist in Bezug auf den Regelungsgehalt der Norm nicht vorgesehen. Auch bei Datenverarbeitungen, die zu diesem Zeitpunkt bereits begonnen haben, muss der Verantwortliche die neuen Voraussetzungen beachten. Datenverarbeitungen, die zum gegenwärtigen Zeitpunkt zulässig sind, können vom 25.5.2018 an unzulässig sein. Datenverarbeitungen, die gegenwärtig noch unzulässig wären, können von diesem Zeitpunkt an, zulässig werden. Lediglich für Datenverarbeitungen, die auf einer Einwilligung basieren (Abs. 1 lit. a), gibt es einen teilweisen Bestandsschutz (s. Art. 7 Rn. 134 ff.).

III. Sanktionen

264 Der Verstoß gegen Art. 6 ist gem. Art. 83 Abs. 5 lit. a mit einer Bußgeldpflicht bis zur Höhe von 20 Mio. EUR oder 4 % des weltweiten Jahresumsatzes bedroht, je nachdem was höher ist. Das gleiche gilt, wenn die zuständige Aufsichtsbehörde gem. Art. 58 Abs. 2 die Abstellung eines Rechtsverstoßes fordert und der Verantwortliche der Anordnung zuwiderhandelt (Art. 83 Abs. 6).

265 Wegen einer Datenverarbeitung, die mit Art. 6 nicht im Einklang steht, können Betroffene außerdem Unterlassungs- und ggf. Beseitigungsansprüche nach Art. 79 (i.V.m. § 823 Abs. 2 BGB, § 1004 BGB analog) sowie Schadensersatzverlangen nach Art. 82 geltend machen.

IV. Rechtsschutz

266 Das Verbot mit Erlaubnisvorbehalt ergibt sich unmittelbar aus Abs. 1. Gleiches gilt für die Einschränkungen der Zweckänderung in Abs. 4. Gegen diese Verarbeitungsverbote haben die Verantwortlichen keine Rechtsschutzmöglichkeit.

267 Falls eine Aufsichtsbehörde einen Verstoß gegen Art. 6 bemängelt, wird sie dessen Abstellung (falls notwendig) im Wege eines Verwaltungsaktes anordnen. Als Rechtsgrundlage hierfür kommen vor allem Art. 58 Abs. 2 lit. d und lit. f in Betracht. Gegen einen solchen Verwaltungsakt haben der Adressat sowie eventuelle Drittbetroffene die Möglichkeit eines Rechtsbehelfs nach Art. 78. Im Fall einer deutschen Datenschutzbehörde ist dies der Widerspruch, soweit dieser nach einschlägigem Verwaltungsverfahrensrecht zugelassen ist, und nachfolgend die Anfechtungsklage nach § 42 VwGO.

268 Betroffene können Rechtsbehelfe im Fall eines Verstoßes sowohl gegen den Verantwortlichen und den Auftragsverarbeiter (Art. 79) als auch gegen die zuständige Aufsichtsbehörde (Art. 78) richten; letzteres im verwaltungsprozessualen Gewand der Untätigkeitsklage (§ 75 VwGO).

Article 7

Conditions for consent

1. Where processing is based on consent, the controller shall be able to demonstrate that the data subject has consented to processing of his or her personal data.

2. If the data subject's consent is given in the context of a written declaration which also concerns other matters, the request for consent shall be presented in a manner which is clearly distinguishable from the other matters, in an intelligible and easily accessible form, using clear and plain language. Any part of such a declaration which constitutes an infringement of this Regulation shall not be binding.

3. The data subject shall have the right to withdraw his or her consent at any time. The withdrawal of consent shall not affect the lawfulness of processing based on consent before its withdrawal. Prior to giving consent, the data subject shall be informed thereof. It shall be as easy to withdraw as to give consent.

4. When assessing whether consent is freely given, utmost account shall be taken of whether, inter alia, the performance of a contract, including the provision of a service, is conditional on consent to the processing of personal data that is not necessary for the performance of that contract.

Artikel 7

Bedingungen für die Einwilligung

(1) Beruht die Verarbeitung auf einer Einwilligung, muss der Verantwortliche nachweisen können, dass die betroffene Person in die Verarbeitung ihrer personenbezogenen Daten eingewilligt hat.

(2) Erfolgt die Einwilligung der betroffenen Person durch eine schriftliche Erklärung, die noch andere Sachverhalte betrifft, so muss das Ersuchen um Einwilligung in verständlicher und leicht zugänglicher Form in einer klaren und einfachen Sprache so erfolgen, dass es von den anderen Sachverhalten klar zu unterscheiden ist. Teile der Erklärung sind dann nicht verbindlich, wenn sie einen Verstoß gegen diese Verordnung darstellen.

(3) Die betroffene Person hat das Recht, ihre Einwilligung jederzeit zu widerrufen. Durch den Widerruf der Einwilligung wird die Rechtmäßigkeit der aufgrund der Einwilligung bis zum Widerruf erfolgten Verarbeitung nicht berührt. Die betroffene Person wird vor Abgabe der Einwilligung hiervon in Kenntnis gesetzt. Der Widerruf der Einwilligung muss so einfach wie die Erteilung der Einwilligung sein.

(4) Bei der Beurteilung, ob die Einwilligung freiwillig erteilt wurde, muss dem Umstand in größtmöglichem Umfang Rechnung getragen werden, ob unter anderem die Erfüllung eines Vertrags, einschließlich der Erbringung einer Dienstleistung, von der Einwilligung zu einer Verarbeitung von personenbezogenen Daten abhängig ist, die für die Erfüllung des Vertrags nicht erforderlich sind.

Recitals

(32) Consent should be given by a clear affirmative act establishing a freely given, specific, informed and unambiguous indication of the data subject's agreement to the processing of personal data relating to him or her, such as by a written statement, including by electronic means, or an oral statement. This could include ticking a box when visiting an internet website, choosing technical settings for information society services or another statement or conduct which clearly indicates in this context the data subject's acceptance of the proposed process-

Erwägungsgründe

(32) Die Einwilligung sollte durch eine eindeutige bestätigende Handlung erfolgen, mit der freiwillig, für den konkreten Fall, in informierter Weise und unmissverständlich bekundet wird, dass die betroffene Person mit der Verarbeitung der sie betreffenden personenbezogenen Daten einverstanden ist, etwa in Form einer schriftlichen Erklärung, die auch elektronisch erfolgen kann, oder einer mündlichen Erklärung. Dies könnte etwa durch Anklicken eines Kästchens beim Besuch einer Internetseite, durch die Auswahl technischer Einstellungen

ing of his or her personal data. Silence, pre-ticked boxes or inactivity should not therefore constitute consent. Consent should cover all processing activities carried out for the same purpose or purposes. When the processing has multiple purposes, consent should be given for all of them. If the data subject's consent is to be given following a request by electronic means, the request must be clear, concise and not unnecessarily disruptive to the use of the service for which it is provided.

für Dienste der Informationsgesellschaft oder durch eine andere Erklärung oder Verhaltensweise geschehen, mit der die betroffene Person in dem jeweiligen Kontext eindeutig ihr Einverständnis mit der beabsichtigten Verarbeitung ihrer personenbezogenen Daten signalisiert. Stillschweigen, bereits angekreuzte Kästchen oder Untätigkeit der betroffenen Person sollten daher keine Einwilligung darstellen. Die Einwilligung sollte sich auf alle zu demselben Zweck oder denselben Zwecken vorgenommenen Verarbeitungsvorgänge beziehen. Wenn die Verarbeitung mehreren Zwecken dient, sollte für alle diese Verarbeitungszwecke eine Einwilligung gegeben werden. Wird die betroffene Person auf elektronischem Weg zur Einwilligung aufgefordert, so muss die Aufforderung in klarer und knapper Form und ohne unnötige Unterbrechung des Dienstes, für den die Einwilligung gegeben wird, erfolgen.

(33) It is often not possible to fully identify the purpose of personal data processing for scientific research purposes at the time of data collection. Therefore, data subjects should be allowed to give their consent to certain areas of scientific research when in keeping with recognised ethical standards for scientific research. Data subjects should have the opportunity to give their consent only to certain areas of research or parts of research projects to the extent allowed by the intended purpose.

(33) Oftmals kann der Zweck der Verarbeitung personenbezogener Daten für Zwecke der wissenschaftlichen Forschung zum Zeitpunkt der Erhebung der personenbezogenen Daten nicht vollständig angegeben werden. Daher sollte es betroffenen Personen erlaubt sein, ihre Einwilligung für bestimmte Bereiche wissenschaftlicher Forschung zu geben, wenn dies unter Einhaltung der anerkannten ethischen Standards der wissenschaftlichen Forschung geschieht. Die betroffenen Personen sollten Gelegenheit erhalten, ihre Einwilligung nur für bestimme Forschungsbereiche oder Teile von Forschungsprojekten in dem vom verfolgten Zweck zugelassenen Maße zu erteilen.

(42) Where processing is based on the data subject's consent, the controller should be able to demonstrate that the data subject has given consent to the processing operation. In particular in the context of a written declaration on another matter, safeguards should ensure that the data subject is aware of the fact that and the extent to which consent is given. In accordance with Council Directive 93/13/EEC (10) a declaration of consent pre-formulated by the controller should be provided in an intelligible and easily accessible form, using clear and plain language and it should not contain unfair terms. For consent to be informed, the data subject should be aware at least of the identity of the controller and the purposes of the processing for which the personal data are in-

(42) Erfolgt die Verarbeitung mit Einwilligung der betroffenen Person, sollte der Verantwortliche nachweisen können, dass die betroffene Person ihre Einwilligung zu dem Verarbeitungsvorgang gegeben hat. Insbesondere bei Abgabe einer schriftlichen Erklärung in anderer Sache sollten Garantien sicherstellen, dass die betroffene Person weiß, dass und in welchem Umfang sie ihre Einwilligung erteilt. Gemäß der Richtlinie 93/13/EWG des Rates (10) sollte eine vom Verantwortlichen vorformulierte Einwilligungserklärung in verständlicher und leicht zugänglicher Form in einer klaren und einfachen Sprache zur Verfügung gestellt werden, und sie sollte keine missbräuchlichen Klauseln beinhalten. Damit sie in Kenntnis der Sachlage ihre Einwilligung geben kann, sollte die betroffene

tended. Consent should not be regarded as freely given if the data subject has no genuine or free choice or is unable to refuse or withdraw consent without detriment.

Person mindestens wissen, wer der Verantwortliche ist und für welche Zwecke ihre personenbezogenen Daten verarbeitet werden sollen. Es sollte nur dann davon ausgegangen werden, dass sie ihre Einwilligung freiwillig gegeben hat, wenn sie eine echte oder freie Wahl hat und somit in der Lage ist, die Einwilligung zu verweigern oder zurückzuziehen, ohne Nachteile zu erleiden.

(43) In order to ensure that consent is freely given, consent should not provide a valid legal ground for the processing of personal data in a specific case where there is a clear imbalance between the data subject and the controller, in particular where the controller is a public authority and it is therefore unlikely that consent was freely given in all the circumstances of that specific situation. Consent is presumed not to be freely given if it does not allow separate consent to be given to different personal data processing operations despite it being appropriate in the individual case, or if the performance of a contract, including the provision of a service, is dependent on the consent despite such consent not being necessary for such performance.

(43) Um sicherzustellen, dass die Einwilligung freiwillig erfolgt ist, sollte diese in besonderen Fällen, wenn zwischen der betroffenen Person und dem Verantwortlichen ein klares Ungleichgewicht besteht, insbesondere wenn es sich bei dem Verantwortlichen um eine Behörde handelt, und es deshalb in Anbetracht aller Umstände in dem speziellen Fall unwahrscheinlich ist, dass die Einwilligung freiwillig gegeben wurde, keine gültige Rechtsgrundlage liefern. Die Einwilligung gilt nicht als freiwillig erteilt, wenn zu verschiedenen Verarbeitungsvorgängen von personenbezogenen Daten nicht gesondert eine Einwilligung erteilt werden kann, obwohl dies im Einzelfall angebracht ist, oder wenn die Erfüllung eines Vertrags, einschließlich der Erbringung einer Dienstleistung, von der Einwilligung abhängig ist, obwohl diese Einwilligung für die Erfüllung nicht erforderlich ist.

(155) Member State law or collective agreements, including 'works agreements', may provide for specific rules on the processing of employees' personal data in the employment context, in particular for the conditions under which personal data in the employment context may be processed on the basis of the consent of the employee, the purposes of the recruitment, the performance of the contract of employment, including discharge of obligations laid down by law or by collective agreements, management, planning and organisation of work, equality and diversity in the workplace, health and safety at work, and for the purposes of the exercise and enjoyment, on an individual or collective basis, of rights and benefits related to employment, and for the purpose of the termination of the employment relationship.

(155) Im Recht der Mitgliedstaaten oder in Kollektivvereinbarungen (einschließlich ‚Betriebsvereinbarungen') können spezifische Vorschriften für die Verarbeitung personenbezogener Beschäftigtendaten im Beschäftigungskontext vorgesehen werden, und zwar insbesondere Vorschriften über die Bedingungen, unter denen personenbezogene Daten im Beschäftigungskontext auf der Grundlage der Einwilligung des Beschäftigten verarbeitet werden dürfen, über die Verarbeitung dieser Daten für Zwecke der Einstellung, der Erfüllung des Arbeitsvertrags einschließlich der Erfüllung von durch Rechtsvorschriften oder durch Kollektivvereinbarungen festgelegten Pflichten, des Managements, der Planung und der Organisation der Arbeit, der Gleichheit und Diversität am Arbeitsplatz, der Gesundheit und Sicherheit am Arbeitsplatz sowie für Zwecke der Inanspruchnahme der mit der Beschäftigung zusammenhängenden individuellen oder kollekti-

ven Rechte und Leistungen und für Zwecke der Beendigung des Beschäftigungsverhältnisses.

(171) Directive 95/46/EC should be repealed by this Regulation. Processing already under way on the date of application of this Regulation should be brought into conformity with this Regulation within the period of two years after which this Regulation enters into force. Where processing is based on consent pursuant to Directive 95/46/EC, it is not necessary for the data subject to give his or her consent again if the manner in which the consent has been given is in line with the conditions of this Regulation, so as to allow the controller to continue such processing after the date of application of this Regulation. Commission decisions adopted and authorisations by supervisory authorities based on Directive 95/46/EC remain in force until amended, replaced or repealed.

(171) Die Richtlinie 95/46/EG sollte durch diese Verordnung aufgehoben werden. Verarbeitungen, die zum Zeitpunkt der Anwendung dieser Verordnung bereits begonnen haben, sollten innerhalb von zwei Jahren nach dem Inkrafttreten dieser Verordnung mit ihr in Einklang gebracht werden. Beruhen die Verarbeitungen auf einer Einwilligung gemäß der Richtlinie 95/46/EG, so ist es nicht erforderlich, dass die betroffene Person erneut ihre Einwilligung dazu erteilt, wenn die Art der bereits erteilten Einwilligung den Bedingungen dieser Verordnung entspricht, so dass der Verantwortliche die Verarbeitung nach dem Zeitpunkt der Anwendung der vorliegenden Verordnung fortsetzen kann. Auf der Richtlinie 95/46/EG beruhende Entscheidungen bzw. Beschlüsse der Kommission und Genehmigungen der Aufsichtsbehörden bleiben in Kraft, bis sie geändert, ersetzt oder aufgehoben werden.

§ 26 BDSG-neu

Datenverarbeitung für Zwecke des Beschäftigungsverhältnisses

(1) [...]

(2) Erfolgt die Verarbeitung personenbezogener Daten von Beschäftigten auf der Grundlage einer Einwilligung, so sind für die Beurteilung der Freiwilligkeit der Einwilligung insbesondere die im Beschäftigungsverhältnis bestehende Abhängigkeit der beschäftigten Person sowie die Umstände, unter denen die Einwilligung erteilt worden ist, zu berücksichtigen. Freiwilligkeit kann insbesondere vorliegen, wenn für die beschäftigte Person ein rechtlicher oder wirtschaftlicher Vorteil erreicht wird oder Arbeitgeber und beschäftigte Person gleichgelagerte Interessen verfolgen. Die Einwilligung bedarf der Schriftform, soweit nicht wegen besonderer Umstände eine andere Form angemessen ist. Der Arbeitgeber hat die beschäftigte Person über den Zweck der Datenverarbeitung und über ihr Widerrufsrecht nach Artikel 7 Absatz 3 der Verordnung (EU) 2016/679 in Textform aufzuklären.

(3) Abweichend von Artikel 9 Absatz 1 der Verordnung (EU) 2016/679 ist die Verarbeitung besonderer Kategorien personenbezogener Daten im Sinne des Artikels 9 Absatz 1 der Verordnung (EU) 2016/679 für Zwecke des Beschäftigungsverhältnisses zulässig, wenn sie zur Ausübung von Rechten oder zur Erfüllung rechtlicher Pflichten aus dem Arbeitsrecht, dem Recht der sozialen Sicherheit und des Sozialschutzes erforderlich ist und kein Grund zu der Annahme besteht, dass das schutzwürdige Interesse der betroffenen Person an dem Ausschluss der Verarbeitung überwiegt. Absatz 2 gilt auch für die Einwilligung in die Verarbeitung besonderer Kategorien personenbezogener Daten; die Einwilligung muss sich dabei ausdrücklich auf diese Daten beziehen. § 22 Absatz 2 gilt entsprechend.

(4) Die Verarbeitung personenbezogener Daten, einschließlich besonderer Kategorien personenbezogener Daten von Beschäftigten für Zwecke des Beschäftigungsverhältnisses, ist auf der Grundlage von Kollektivvereinbarungen zulässig. Dabei haben die Verhandlungspartner Artikel 88 Absatz 2 der Verordnung (EU) 2016/679 zu beachten.

(5) Der Verantwortliche muss geeignete Maßnahmen ergreifen, um sicherzustellen, dass insbesondere die in Artikel 5 der Verordnung (EU) 2016/679 dargelegten Grundsätze für die Verarbeitung personenbezogener Daten eingehalten werden.

(6) Die Beteiligungsrechte der Interessenvertretungen der Beschäftigten bleiben unberührt.

(7) Die Absätze 1 bis 6 sind auch anzuwenden, wenn personenbezogene Daten, einschließlich besonderer Kategorien personenbezogener Daten, von Beschäftigten verarbeitet werden, ohne dass sie in einem Dateisystem gespeichert sind oder gespeichert werden sollen.

(8) Beschäftigte im Sinne dieses Gesetzes sind:

1. Arbeitnehmerinnen und Arbeitnehmer, einschließlich der Leiharbeitnehmerinnen und Leiharbeitnehmer im Verhältnis zum Entleiher,
2. zu ihrer Berufsbildung Beschäftigte,
3. Teilnehmerinnen und Teilnehmer an Leistungen zur Teilhabe am Arbeitsleben sowie an Abklärungen der beruflichen Eignung oder Arbeitserprobung (Rehabilitandinnen und Rehabilitanden),
4. in anerkannten Werkstätten für behinderte Menschen Beschäftigte,
5. Freiwillige, die einen Dienst nach dem Jugendfreiwilligendienstegesetz oder dem Bundesfreiwilligendienstgesetz leisten,
6. Personen, die wegen ihrer wirtschaftlichen Unselbständigkeit als arbeitnehmerähnliche Personen anzusehen sind; zu diesen gehören auch die in Heimarbeit Beschäftigten und die ihnen Gleichgestellten,
7. Beamtinnen und Beamte des Bundes, Richterinnen und Richter des Bundes, Soldatinnen und Soldaten sowie Zivildienstleistende.

Bewerberinnen und Bewerber für ein Beschäftigungsverhältnis sowie Personen, deren Beschäftigungsverhältnis beendet ist, gelten als Beschäftigte.

Literatur

Albrecht, Das neue EU Datenschutzrecht – von der Richtlinie zur Verordnung, in: CR 2016, 88 ff.; *Artikel-29-Datenschutzgruppe*, Stellungnahme 15/2011 zur Definition von Einwilligung vom 13. Juni 2011, WP187; *Auernhammer*, BDSG Kommentar, 4. Auflage 2014 Carl Heymanns Verlag Köln; *Bayerisches Landesamt für Datenschutzaufsicht*, Hinweis IX zur Einwilligung nach der DS-GVO vom 26.10.2016; *Buchner*, Grundsätze und Rechtmäßigkeit der Datenverarbeitung unter der DS-GVO, in: DuD 2016, 155 ff.; *Dammann*, Erfolge und Defizite der EU-Datenschutzgrundverordnung, in: ZD 2016, 307 ff.; *Däubler/Klebe/Wedde/Weichert*, Bundesdatenschutzgesetz, 5. Auflage 2016, Bund-Verlag Frankfurt a.M.; *Ehmann/Selmayr (Hrsg.)*, Datenschutz-Grundverordnung, 1. Auflage 2017, C.H. Beck München; *Gierschmann*, Was „bringt" deutschen Unternehmen die DS-GVO, in: ZD 2016, 51 ff.; Datenschutzkonferenz der unabhängigen Datenschutzbehörden des Bundes und der Länder (DSK), Kurzpapier Nr. 3, Verarbeitung personenbezogener Daten für Werbung (Stand: 29.06.2017); *Gierschmann/Saeugling (Hrsg.)*, Systematischer Praxiskommentar Datenschutzrecht, 1. Auflage 2014, Bundesanzeiger Verlag Köln; Gola (Hrsg.), Datenschutz-Grundverordnung, 1. Auflage 2017, C.H. Beck München; *Gola/Schomerus*, BDSG, 12. Auflage 2015, C.H. Beck München; *Herbst*, Rechtliche und ethische Probleme des Umgangs mit Proben und Daten bei großen Biobanken in: DuD 2016, 371 ff.; *Köhler/Bornkamm*, Gesetz gegen den unlauteren Wettbewerb, 35. Auflage 2017, C.H. Beck München; *Kort*, Arbeitnehmerdatenschutz gemäß der EU-Datenschutz-Grundverordnung, in: DB 2016, 711 ff.; *Krohm*, Abschied vom Schriftformgebot der Einwilligung, Lösungsvorschläge und künftige Anforderungen, in: ZD 2016, 368 ff.; *Kühling/Buchner (Hrsg.)*, Datenschutz-Grundverordnung, 1. Auflage 2017, C.H. Beck München; *Laue/Nink/Kremer*, Das neue Datenschutzrecht in der betrieblichen Praxis, 1. Auflage 2016, Nomos Baden-Baden; *Paal/Pauly*, Datenschutz-

Grundverordnung, 1. Auflage 2016, C.H. Beck München; *Palandt*, Bürgerliches Gesetzbuch, 76. Auflage 2017, C.H. Beck München; *Plath (Hrsg.)*, BDSG/DSGVO, 2. Auflage 2016, Otto Schmidt, Köln; *Rauer/Ettig*, Aktuelle Entwicklungen zum rechtskonformen Einsatz von Cookies, in: ZD 2016, 423 ff.; *Roßnagel (Hrsg.)*, Europäische Datenschutz-Grundverordnung, 1. Auflage 2017, Nomos Baden-Baden; *Roßnagel,* Handbuch Datenschutzrecht, 1. Auflage 2003, C.H. Beck München; *Schantz,* Die Datenschutz-Grundverordnung – Beginn einer neuen Zeitrechnung im Datenschutzrecht, in: NJW 2016, 1841 ff.; *Simitis (Hrsg.)*, Bundesdatenschutzgesetz, 8. Auflage 2014, Nomos Baden-Baden; *Spelge*, Der Beschäftigtendatenschutz nach Wirksamwerden der Datenschutz-Grundverordnung (DS-GVO), in: DuD 2016, 775 ff.; *Spindler*, Die neue EU-Datenschutz-Grundverordnung, in: DB 2016, 937 ff.; *Spindler/Schuster (Hrsg.)*, Recht der elektronischen Medien, 3. Auflage 2015 C.H. Beck München; *Taeger/Gabel*, BDSG und Datenschutzvorschriften des TKG und TMG, 2. Auflage 2013, Deutscher Fachverlag GmbH, Frankfurt a.M; *Taeger/Rose*, Zum Stand des deutschen und europäischen Beschäftigtendatenschutzes, in: BB 2016, 819 ff.; *Wendehorst/von Westphalen*, Das Verhältnis zwischen Datenschutz-Grundverordnung und AGB-Recht, in NJW 2016, 3745 ff.; *Wolff/Brink (Hrsg.)*, Beck'scher Online-Kommentar Datenschutzrecht, 18. Edition, Stand 01.08.2016, C.H. Beck München; *Wybitul*, Was ändert sich mit dem neuen EU-Datenschutzrecht für Arbeitgeber und Betriebsräte?, in: ZD 2016, 203 ff.; *Wybitul/Pötters*, der neue Datenschutz am Arbeitsplatz, in: RDV 2016, 10 ff.

Bedeutung der Norm

Die Einwilligung des Betroffenen ist eine der zentralen Rechtsgrundlagen, um eine Verarbeitung gem. Art. 6 Abs. 1 lit. a bzw. gem. Art. 9 Abs. 2 lit. b (bei besonderen Kategorien personenbezogener Daten) zu legitimieren. Was eine „Einwilligung" ist, definiert Art. 4 Nr. 11. Unter welchen Bedingungen diese einzuholen ist, beschreibt dann Art. 7, wobei Dienste der Informationsgesellschaft in Bezug auf Kinder zusätzlich die Vorgaben des Art. 8 zu beachten haben.

Hinweise für den Anwender

Für die Norm relevante Definitionen:

- Definition des Begriffs „Einwilligung" in Art. 4 Nr. 11.

Für die Auslegung der Norm relevante Erwägungsgründe:

- 32, 33, 42, 43, 155, 171.

Systematische Einordnung der Norm:

- Art. 7 ist in Kapitel II (Grundsätze) eingeordnet. Systematisch folgt er dem Art. 6, der in Abs. 1 lit. a die Einwilligung des Betroffenen als eine Legitimationsgrundlage der rechtmäßigen Verarbeitung ausweist.
- Nachgelagert regelt dann Art. 8 weitere Bedingungen für die Einwilligung eines Kindes in Bezug auf Dienste der Informationsgesellschaft.
- Art. 7 ist ferner relevant für die nachgelagert geregelten Sondersituationen der Verarbeitung besonderer Kategorien personenbezogener Daten, welche zusätzlich erfordern, dass die Einwilligung „ausdrücklich" erteilt wurde. Hierzu gehört die Verarbeitung besonderer Kategorien personenbezogener Daten (Art. 9 Abs. 2 lit. a), die Einwilligung in automatisierte Entscheidungen (Art. 22 Abs. 2 lit. c) und in Datenübermittlungen in Drittländer (Art. 49 Abs. 1 lit. a).

Vorgängernormen im deutschen Datenschutzrecht:
- § 4a BDSG
- § 13 Abs. 2 TMG (elektronische Einwilligung bei Anbietern von Telemedien)
- § 94 TKG (elektronische Einwilligung bei Telekommunikationsdiensten), § 95 Abs. 5 TKG (Kopplungsverbot)
- § 7 UWG (Einwilligung Direktmarketing), welcher auf Art. 13 RL 2002/58/EG beruht und daher zunächst unverändert bleibt.
- § 28 Abs. 3a und 3b BDSG (Formerfordernisse und Kopplungsverbot bei werblicher Einwilligung)
- Landesdatenschutzgesetze, insb. zu Inhalt und zur Form der Einwilligung (Art. 15 BayDSG; § 4 Abs. 2–4 LDSG BW; § 6 Abs. 4–6 BlnDSG; § 4 Abs. 2 und 3 BbgDSG; § 5 Abs. 2 HmbDSG; § 7 Abs. 2 HDSG; § 8 DSG M-V; § 4 Abs. 2 NDSG; § 4 Abs. 1 SDSG; § 4 Abs. 3–5 SächsDSG; § 4 Abs. 2 DSG-LSA; § 12 LDSG SH; § 4 Abs. 2 ThürDSG).
- §§ 22, 23 KUG (Einwilligung bei Recht am eigenen Bild)

Vorgängernorm in europäischen Richtlinien:
- Definition in Art. 2 lit. h RL 95/46/EG (siehe dazu Definition in Art. 4 Nr. 11)
- RL 2002/58/EG i.F.d. RL 2009/136/EG verweist auf diese Definition (Art. 2 lit. f, EG 17).

Querbezüge zu anderen Normen (national):
- Teilweise gibt es Geheimnisschutznormen, bei denen eine Einwilligung des Betroffenen Voraussetzung für die Straffreiheit ist, z.B. Verletzung des Post- und Fernmeldegeheimnisses, § 206 StGB; Verletzung des persönlichen Lebens- und Geheimbereichs, §§ 201, 201a, 202, 202a-d, 203, 204 StGB, § 88 TKG
- Einwilligungsnormen bezüglich Sozialdaten in § 36 SGB I, §§ 67a, 67b SGB X
- Schriftliche Einwilligung des Patienten bei klinischen Studien, § 40 Abs. 1 AMG
- Im Arbeitnehmer-/Arbeitgeberverhältnis sind evtl. Mitbestimmungsrechte zu beachten, §§ 87, 94 BetrVG
- Nach deutschem Recht können vorformulierte Einwilligungserklärungen der AGB-Kontrolle nach §§ 305-309 BGB sein

Querbezüge zu anderen Normen (europäisch):
- Nach Art. 40 Abs. 2 lit. g können Verbände und andere Vereinigungen, die Kategorien von Datenverarbeitern vertreten, Verhaltensregeln ausarbeiten, welche bei Verarbeitung von personenbezogenen Daten von Kindern die „Art und Weise" der Einholung der Einwilligung der Erziehungsberechtigten präzisieren
- EG 155 im Beschäftigungskontext
- Art. 5 und Art. 13 RL 2002/58/EG i.F.d. RL 2009/136/EG (bald evtl. abgelöst durch eine ePrivacy-Verordnung)
- Einwilligung in klinische Studien gem. VO 536/2014 (vgl. EG 161)

▶ Schlagworte

Einwilligung; ausdrücklich; konkludent; Schweigen; elektronisch; schriftlich; mündlich; freiwillig; spezifisch; Allgemeine Geschäftsbedingungen; Kopplungsverbot; Verbot mit Erlaubnisvorbehalt; Opt-in; Opt-out; pauschale Einwilligung („broad consent"); Recht am eigenen Bild; Direktmarketing; werbliche Einwilligung; Cookies; Dauer der Einwilligung („Zeitablauf"); höchstpersönliche Erklärung; Vertretung; klares Ungleichgewicht; Zweckbindungsgebot; Verbot der Zweckänderung; Big Data; Rechenschaftspflicht; Nachweispflicht; Dokumentationspflicht; Bestimmtheitsgrundsatz; Sprache; Form; Teilunwirksamkeit; „blue-pencil-test"

A. Allgemeines

I. Regelungszweck

1 Die Einwilligung ist eine der Rechtsgrundlagen für eine rechtmäßige Datenverarbeitung gem. Art. 6 Abs. 1 lit. a. Ihr kommt als Rechtsgrundlage zentrale Bedeutung zu, da für viele Lebenssachverhalte andere Rechtsgrundlagen (z.B. eine rechtliche Verpflichtung) nicht in Betracht kommen. Während Art. 4 Nr. 11 den Begriff der Einwilligung definiert, kommt der Verordnungsgeber mit Art. 7 der Forderung nach, Rahmenbedingungen der Einwilligung im Interesse der Rechtssicherheit und europaeinheitlichen Auslegung näher festzulegen, insb. im Hinblick auf die auslegungsbedürftigen Begriffe der „freiwilligen" und „informierten" Erklärung.[1] Art. 7 ist damit kein eigenständiger Erlaubnistatbestand, sondern konkretisiert inhaltliche und formale Anforderungen der Einwilligungserklärung.

2 Die Norm selbst hat keine nachvollziehbare Struktur und wird nur in einer Gesamtschau mit der Definition des Begriffs „Einwilligung" in Art. 4 Nr. 11 und den weiteren Erläuterungen in den EG 32, 33, 42 und 43 verständlich. Insgesamt regelt Art. 7 fünf Themenbereiche: den Nachweis der Einwilligung (Abs. 1), die Einwilligung in AGB (Abs. 2), die Teilunwirksamkeit der Erklärung als

1 Vgl. Stellungnahme der Artikel-29-Datenschutzgruppe vom 13.07.2011 zur Definition von Einwilligung (WP 187), S. 44, in welcher eine solche Klarstellung im zukünftigen Datenschutzrecht gefordert wird.

Rechtsfolge bei Verstoß gegen die Bedingungen (Abs. 2), den Widerruf der Einwilligung (Abs. 3) und Kriterien für die Beurteilung der Freiwilligkeit (Abs. 4).

II. Normadressaten

Normadressat ist in erster Linie der „Verantwortliche" im Sinne von Art. 4 Nr. 7 (s. Art. 4 Nr. 7 Rn. 1 ff.), da dieser die Einhaltung der Vorgaben der Verordnung gem. Art. 5 Abs. 2 nachweisen können muss („Rechenschaftspflicht"). Dazu gehört, dass er dafür Sorge tragen muss, dass die Verarbeitung auf „rechtmäßige Weise" (vgl. Art. 5 Abs. 1 lit. a) durchgeführt wird. Er ist es deshalb auch, der das Vorliegen einer Einwilligung des Betroffenen gem. Art. 7 Abs. 1 nachweisen muss, wenn dies die Rechtsgrundlage für die Verarbeitung sein soll. **3**

Die Verordnung unterscheidet dabei nicht zwischen dem öffentlichen und dem nicht-öffentlichen Bereich. Grundsätzlich steht damit auch einem öffentlich-rechtlich organisierten Verantwortlichen die Einwilligung als Erlaubnistatbestand offen. Allerdings ist es Ausfluss des Rechtsstaatsprinzips (Art. 20 Abs. 3 GG), dass sich Ermächtigungsgrundlagen für die staatliche Verarbeitung personenbezogener Daten in erster Linie aus einem Gesetz ergeben müssen. Die Grenzen einer zulässigen staatlichen Verarbeitung können daher im Regelfall nicht durch eine individuelle Einwilligung verschoben werden. Dementsprechend geht auch EG 43 davon aus, dass insb. bei Behörden ein „klares Ungleichgewicht" zu vermuten ist, was eine „freiwillige" Einwilligung ohnehin nur in Einzelfällen denkbar erscheinen lässt (s. Art. 7 Rn. 53). **4**

III. Systematik

Art. 7 ist in Kapitel II eingeordnet, welches generell „vor die Klammer gezogen" die Grundsätze der Datenverarbeitung aufstellt. Die allgemeinen Grundsätze erläutert Art. 5 Abs. 1, wozu unter anderem die „Rechtmäßigkeit" der Verarbeitung und das „Zweckbindungsgebot" gehören. Art. 6 Abs. 1 beschreibt dann die grundsätzlichen Bedingungen einer rechtmäßigen Datenverarbeitung. Dazu gehört, dass eine Verarbeitung nur dann rechtmäßig ist, wenn dafür eine Rechtsgrundlage besteht („Verbot mit Erlaubnisvorbehalt"). Die möglichen Rechtsgrundlagen zählt Art. 6 Abs. 1 auf. Dazu kann gem. Art. 6 Abs. 1 lit. a eine „Einwilligung" des Betroffenen „für einen oder mehrere bestimmte Zwecke" („Zweckbindungsgebot") dienen. Daran schließt sich systematisch Art. 7 an, der die allgemeinen Bedingungen für eine wirksame Einwilligung aufstellt. **5**

Besondere Aspekte bei der Einwilligung ergeben sich für Kinder, weshalb der systematisch auf Art. 7 folgende Art. 8 zusätzliche Bedingungen für die Einwilligung eines Kindes in Bezug auf Dienste in der Informationsgesellschaft vorgibt. **6**

Für bestimmte Verarbeitungssituationen, welche aus Sicht des Verordnungsgebers besondere Risiken für den Betroffenen beinhalten können, ist eine „ausdrückliche" Einwilligung erforderlich. Diese Regelungen sind dem Art. 7 nachgelagert, d.h. die Bedingungen für die Einwilligung ergeben sich insoweit zunächst aus Art. 7 und werden ergänzt um das zusätzliche Tatbestandsmerkmal „ausdrücklich". Konkret betrifft dies die Verarbeitung besonderer Kategorien personenbezogener Daten (Art. 9 Abs. 2 lit. a), die Einwilligung in automatisierte Entscheidungen (Art. 22 Abs. 2 lit. c) und in Datenübermittlungen in Drittländer (Art. 49 Abs. 1 lit. a). **7**

IV. Entstehungsgeschichte

1. Bisherige europäische Vorgaben

Eine Vorgängernorm für Art. 7 gibt es im europäischen Datenschutzrecht nicht. Art. 7 konkretisiert vielmehr Rahmenbedingungen, welche man bisher ggf. in die Definition von „Einwilligung" hätte hineinlesen können.[2] Demgegenüber entspricht die Definition von „Einwilligung" in Art. 4 **8**

2 Dazu auch Stellungnahme der Artikel-29-Datenschutzgruppe vom 13.07.2011 zur Definition von Einwilligung (WP 187).

Nr. 11 (s. Art. 4 Nr. 11 Rn. 7) im Wesentlichen der Definition in Art. 2 lit. h der RL 95/46/EG, wonach die *„Einwilligung der betroffenen Person jede Willensbekundung, die ohne Zwang, für den konkreten Fall und in Kenntnis der Sachlage erfolgt und mit der die betroffene Person akzeptiert, dass personenbezogene Daten, die sie betreffen, verarbeitet werden"*. Art. 7 lit. a RL 95/46/EG hat dem noch hinzugefügt, dass die Einwilligung *„ohne Zweifel"* abgegeben sein muss. Andere Regelungen, z.B. die RL 2002/58/EG für elektronische Kommunikation, haben für eine Definition stets auf die RL 95/46/EG Bezug genommen. Diese Definition ist nun in Art. 4 Nr. 11 aufgenommen und um die Merkmale *„unmissverständlich abgegeben"* und *„in Form einer Erklärung oder einer sonstigen eindeutigen bestätigenden Handlung"* ergänzt worden. Art. 7 stellt aber darüber hinausgehende Bedingungen für die Einwilligungserklärung (z.B. Widerrufsrecht, Trennungsgebot) und Beurteilungskriterien für das Merkmal „Freiwilligkeit" (Art. 7 Abs. 4) auf.

9 Die Einwilligung war auch schon nach der RL 95/46/EG eine Möglichkeit die Verarbeitung personenbezogener Daten zu legitimieren. Art. 6 Abs. 1 lit. a folgt insoweit der Regelung in Art. 7 lit. a der RL 95/46/EG, während die Einwilligung in die Verarbeitung besonderer Kategorien personenbezogener Daten nach Art. 8 Abs. 2 lit. a RL 95/46/EG ebenfalls bereits eine „ausdrückliche" Einwilligung erforderte.

2. Bisheriges nationales Recht

10 Im deutschen Recht ist die Vorgängernorm des Art. 7 in Teilen der § 4a BDSG, welcher ebenfalls bereits zentral die Bedingungen einer Einwilligung vorgibt. Art. 7 umschreibt allerdings „nur" weitere Rahmenbedingungen für eine Einwilligung und ist deshalb immer im Zusammenhang mit der Definition in Art. 4 Nr. 11 zu lesen. § 4a BDSG regelt dagegen zentral die Voraussetzungen für eine „wirksame" Einwilligungserklärung.

a) Einwilligung gem. § 4a BDSG

11 Nach § 4a BDSG hat eine Einwilligung die folgenden Voraussetzungen:

a) Freiwilligkeit, § 4a Abs. 1 Satz 1 BDSG („auf der freien Entscheidung des Betroffenen beruht");

b) In Kenntnis der Sachlage, § 4a Abs. 1 Satz 2 BDSG (Hinweis auf die Zwecke der Verarbeitung und Folgen der Verweigerung der Einwilligung „soweit nach den Umständen des Einzelfalls erforderlich oder auf Verlangen");

c) Schriftform, § 4a Abs. 1 Satz 3 BDSG („soweit nicht wegen der besonderen Umstände eine andere Form angemessen ist");

d) Besondere Hervorhebung der Erklärung, wenn diese zusammen mit anderen Erklärung schriftlich erteilt wird, § 4a Abs. 1 Satz 4 BDSG;

e) „Ausdrückliche" Einwilligung bei Verarbeitung besonderer Arten personenbezogener Daten, § 4a Abs. 3 BDSG.

12 Die Vorgaben zu a) und b) sind in der Verordnung im Wesentlichen in der „Definition" des Einwilligungsbegriffs in Art. 4 Nr. 11 aufgenommen (s. Art. 4 Nr. 11 Rn. 9), wie dies auch schon bei der RL 95/46/EG der Fall war. Das Erfordernis der „ausdrücklichen" Einwilligung in e) bei besonderen Kategorien von personenbezogenen Daten findet sich in der Verordnung in Art. 9 Abs. 2 lit. a, der die Verarbeitung solcher Daten regelt.

13 Die oben unter c) und d) genannten formalen Anforderungen an die Einwilligung, sind nunmehr in der Verordnung in Art. 7 geregelt. Zusätzlich ist der oben unter b) genannte Hinweis auf das Widerrufsrecht nach Art. 7 Abs. 3 Satz 3 zwingend (und nicht nur optional bezogen auf den Einzelfall). Insgesamt sind die Hinweispflichten nach der Verordnung umfassender, gleichzeitig gibt es aber eine Erleichterung beim Formerfordernis:

14 Anders als § 4a Abs. 1 Satz 1 BDSG gibt Art. 7 die Schriftform nicht mehr als Regelfall vor. Vielmehr kann die Einwilligung, wie der EG 32 verdeutlicht, auch elektronisch oder mündlich erteilt werden. Wird die Einwilligung aber in Form einer schriftlichen Erklärung eingeholt und betrifft diese noch andere Sachverhalte, muss die Einwilligung gem. Art. 7 Abs. 2 so erfolgen, dass das Ersuchen *„von anderen Sachverhalten klar zu unterscheiden ist"*. Dies entspricht im Grunde dem Erfordernis des § 4a Abs. 1 Satz 4 BDSG, der eine deutliche Hervorhebung verlangt.

b) Elektronische Einwilligung, § 13 Abs. 2 TMG, § 94 TKG

Im Fall einer elektronischen Einwilligung sind im deutschen Recht die Vorgaben von § 13 Abs. 2 TMG bzw. bei Anbietern von Telekommunikationsdiensten von § 94 TKG zu beachten. § 28 Abs. 3a Satz 1 BDSG formuliert medienunabhängig aber zweckbezogen die gleichen Voraussetzungen im Hinblick auf eine elektronische Einwilligung in die werbliche Verwendung von personenbezogenen Daten.[3] Voraussetzungen für eine elektronische Einwilligung sind danach: **15**

a) Der Teilnehmer oder Nutzer hat die Einwilligung bewusst und eindeutig erteilt;

b) Die Einwilligung ist protokolliert;

c) Der Teilnehmer oder Nutzer kann den Inhalt der Einwilligung jederzeit abrufen;

d) Der Teilnehmer oder Nutzer kann die Einwilligung jederzeit mit Wirkung für die Zukunft widerrufen.

Diese Anforderungen haben kein Pendant in den RL 95/46/EG, der RL 2002/58/EG oder der Verordnung. Letztlich betreffen diese Vorgaben die Frage des Nachweises einer Einwilligung, wie ihn Art. 7 Abs. 1 verlangt (s. Art. 7 Rn. 126 ff.). Die Artikel-29-Datenschutzgruppe erwähnt insoweit, dass ein Verfahren wie in Art. 13 Abs. 2 TMG sinnvoll sein kann, um dieser Nachweispflicht nachzukommen.[4] Wahrscheinlich entfällt § 13 Abs. 2 TMG zukünftig als verpflichtende Vorgabe, da die DS-GVO insoweit abschließend ist und kein Raum für nationale Sonderregelungen bleibt. Bereits im Zusammenhang mit der RL 95/46/EG hat der EuGH festgestellt, dass nationales Recht keine zusätzlichen Bedingungen für die Rechtmäßigkeit einer Verarbeitung aufstellen darf.[5] Ferner ist davon auszugehen, dass auch die für Telemediendienste teilweise relevante ePrivacy-Verordnung, welche die RL 2002/58/EG ablösen soll, keine eigene Definition enthalten wird. Der bereits vorliegende Kommissions-Entwurf einer solchen Verordnung verweist insoweit – wie schon bisher die RL 2002/58/EG – auf die Definition der DS-GVO.[6] **16**

c) Kopplungsverbot, § 28 Abs. 3b BDSG, § 95 Abs. 5 TKG

Sowohl § 95 Abs. 5 TKG als auch § 28 Abs. 3b BDSG kennen bereits ein Kopplungsverbot, wonach die Erbringung der Telekommunikationsdienste bzw. der Abschluss des Vertrags nicht von einer Einwilligung abhängig gemacht werden darf, wenn *„dem Betroffenen ein anderer Zugang zu gleichwertigen vertraglichen Leistungen ohne die Einwilligung nicht oder nicht in zumutbarer Weise möglich ist"*. Dabei bezieht sich § 28 Abs. 3b BDSG nur auf Einwilligungen in die Verarbeitung für Zwecke der Werbung oder des Adresshandels. Beide Normen ordnen als Rechtsfolge an, dass eine unter solchen Umständen erteilte Einwilligung unwirksam ist. Allerdings ist das Verbot grundsätzlich auf Monopol- bzw. Oligopolsituationen begrenzt.[7] Zukünftig wird sich die Frage einer zulässigen Kopplung allein nach Art. 7 Abs. 4 DS-GVO richten.[8] **17**

---

3 Die Begrenzung von § 28 Abs. 3a BDSG auf werbliche Zwecke ergibt sich aus der Systematik sowie der Gesetzgebungshistorie, vgl. dazu BT-Drucks. 16/12011, S. 33, wo auch erläutert wird, dass Abs. 3a die gleichen Voraussetzungen hat wie §§ 13 Abs. 2 TMG, § 94 TKG.

4 Stellungnahme der Artikel-29-Datenschutzgruppe vom 13.07.2011 zur Definition von Einwilligung (WP 187), S. 31.

5 EuGH, Urteil vom 24.11.2011, Rs C-468/10 und C-469/10 – ASNEF/FECEMD, Rz. 33-36.

6 Vgl. Art. 4 Abs. 1 lit. a Commission Proposal for a Regulation on Privacy and Electronic Communication, 10.01.2017, COM(2017) 10 final.

7 Vgl. dazu die Gesetzesbegründung zu § 28 Abs. 3b BDSG, BT-Drucks. 16/12011, S. 33.

8 So z.B. auch Roßnagel, *Geminn/Richter,* § 4 Rn. 237 zu § 95 Abs. 5 TKG.

d) Werbliche Einwilligung, §§ 28 Abs. 3, 3a, 3b BDSG, § 7 UWG

18 Die deutschen Sonderregelungen für eine Einwilligung in die Verwendung personenbezogener Daten für Zwecke des Adresshandels oder der Werbung werden ersatzlos entfallen.[9] Hierzu zählen insb. die § 28 Abs. 3 (Einwilligung in die werbliche Verwendung und Listenprivileg), § 28 Abs. 3a (Formvorgaben) und 3b (Kopplungsverbot)[10] sowie § 28 Abs. 4 (Widerspruchsrecht und Hinweis auf das Widerspruchsrecht bei Werbung, Markt- oder Meinungsforschung). Auch werbliche Einwilligungen sind zukünftig ausschließlich am Maßstab der DS-GVO zu messen. Die Frage einer unzulässigen Kopplung von Vertragserfüllung und Einwilligung in die anderweitige Verarbeitung ist nunmehr durch die Verordnung in Art. 7 Abs. 4 geregelt.

19 Von der DS-GVO unberührt bleibt das (zusätzliche) wettbewerbsrechtliche Erfordernis einer Einwilligung in Bezug auf den Kontaktweg für eine werbliche Ansprache gem. § 7 UWG (s. Art. 7 Rn. 116 ff.). Diese Norm dient der Umsetzung der Vorgaben von Art. 13 der RL 2002/58/EG, welche durch die DS-GVO nicht abgeändert wird. Art. 95 der Verordnung stellt klar, dass durch die DS-GVO zu den durch die ePrivacy-RL 2002/58/EG aufgestellten Anforderungen keine zusätzlichen Pflichten auferlegt werden. Allerdings wird die RL 2002/58/EG zeitnah durch eine Datenschutzverordnung für elektronische Kommunikation (ePrivacy-VO) abgelöst werden müssen (vgl. Art. 95 Rn. 23 ff.), so dass sich hier noch Änderungen ergeben können. Der bisher vorliegende Kommissionentwurf einer solchen Verordnung regelt in Art. 16, dass für Direktmarketing per elektronischer Kommunikation – wie bisher – eine Einwilligung des Endnutzers erforderlich ist und eine Ausnahme nur für E-Mail-Adressen aus einer Kundenbeziehung gilt.[11] Bei Direktmarketing über persönliche Anrufe bleibt es nach dem ePrivacy-VO-E den Mitgliedstaaten überlassen lediglich ein Widerspruchsrecht (opt-out) vorzusehen.

e) Recht am eigenen Bild, §§ 22, 23 KUG

20 Ungeklärt sind die Auswirkungen der DS-GVO auf die Regelungen zum Recht am eigenen Bild in §§ 22, 23 KUG. EG 51 erwähnt, dass Lichtbilder nicht grundsätzlich als Verarbeitung besonderer Kategorien von personenbezogenen Daten angesehen werden sollen, womit klar ist, dass auch Angaben in einem Lichtbild dem Datenschutzrecht unterfallen. Hier kommt es zu einer Gemengelage, denn sowohl das Recht am eigenen Bild, als auch das informationelle Selbstbestimmungsrecht sind Ausfluss des sog. Allgemeinen Persönlichkeitsrechts. Fraglich ist, ob der Regelungszweck des Rechts am eigenen Bild im Datenschutzrecht bereits ausreichend Berücksichtigung findet. Einerseits enthält ein Bild Informationen über die dort erkennbar abgebildeten Personen. Andererseits erkennt § 23 KUG an, dass es im Interesse der Allgemeinheit Ausnahmen vom Einwilligungserfordernis geben kann. Diese Ausnahmen betreffen:

(1) Bildnisse aus dem Bereich der Zeitgeschichte;

(2) Bilder, auf denen die Personen nur als Beiwerk neben einer Landschaft oder sonstigen Örtlichkeit erscheinen;

(3) Bilder von Versammlungen, Aufzügen und ähnlichen Vorgängen, an denen die dargestellten Personen teilgenommen haben;

(4) Bildnisse, die nicht auf Bestellung angefertigt sind, sofern die Verbreitung oder Schaustellung einem höheren Interesse der Kunst dient.

---

9 So auch das Bayerische Landesamt für Datenschutzaufsicht in seinem Hinweis XII „Verarbeitung personenbezogener Daten für Werbung" vom 21.11.2016.

10 Die Begrenzung der §§ 28 Abs. 3a, 3b BDSG auf werbliche Zwecke ergibt sich aus der Systematik sowie der Gesetzgebungshistorie, vgl. dazu BT-Drucks. 16/12011, S. 33. So auch Düsseldorfer Kreis, Anwendungshinweise der Datenschutzaufsichtsbehörden zur Erhebung, Verarbeitung und Nutzung von personenbezogenen Daten für werbliche Zwecke vom September 2014, S. 11.

11 Vorschlag der EU Kommission für eine Verordnung über Privatsphäre und elektronische Kommunikation, 10.01.2017, COM(2017) 10 final.

Gleichzeitig beschränkt § 23 Abs. 2 KUG diese Ausnahmen in Fällen, in denen ein „berechtigtes Interesse" des Abgebildeten oder, falls dieser verstorben ist, seiner Angehörigen verletzt ist. Der Begriff des „berechtigten Interesses" findet sich so auch in Art. 6 Abs. lit. f wieder, wonach eine Verarbeitung zur „Wahrung berechtigter Interessen des Verantwortlichen oder eines Dritten" zulässig ist, sofern nicht „die Interessen oder Grundrechte und Grundfreiheiten der betroffenen Person" überwiegen. Gleichzeitig gestattet Art. 85 Abs. 2 den Mitgliedstaaten eine Abweichung von den Grundsätzen der Verordnung (und damit auch Art. 7), wenn dies zu journalistischen, wissenschaftlichen, künstlerischen oder literarischen Zwecken erfolgt und erforderlich ist, um das Recht auf Schutz der personenbezogenen Daten mit der Freiheit der Meinungsäußerung und der Informationsfreiheit in Einklang zu bringen. 21

Im Ergebnis wäre empfehlenswert, dass der nationale Gesetzgeber von der Öffnungsklausel des Art. 85 Abs. 2 Gebrauch macht und die §§ 22, 23 KUG zumindest für die dort genannten Zwecke aufrechterhält. Damit bliebe es auch bei der Anwendbarkeit der umfangreichen Rechtsprechung zu Fragen der Bildberichterstattung. Im Hinblick auf die Rechte Verstorbener bzw. deren Angehörigen, kann es ohnehin bei einer nationalen Regelung bleiben, denn die Verordnung findet keine Anwendung auf Verstorbene (EG 27). Dementsprechend bleibt es auch bei einer Anwendung der deutschen Rechtsprechung zum postmortalen Persönlichkeitsrecht.[12] Das Datenschutz-Anpassungs- und Umsetzungsgesetz EU, welches die Vorschriften des BDSG an die DS-GVO anpasst, greift dieses Thema leider nicht auf.[13] 22

3. Verhandlungen zur DS-GVO

Wie nachfolgend erläutert wird, hat der Text von Art. 7 im Laufe der Verhandlungen einige wesentliche Änderungen erfahren. So ist man von dem generellen Erfordernis einer „ausdrücklichen" Einwilligung ebenso abgerückt, wie von dem Vorschlag im Arbeitgeber-/Arbeitnehmerverhältnis stets von einem „klaren Ungleichgewicht" der Vertragsparteien auszugehen. Ferner wurde das sog. Kopplungsverbot im Rahmen der Verhandlungen wieder abgeschwächt. Schließlich ist die Folge eines Verstoßes gegen die Bedingungen des Art. 7 nur die Unverbindlichkeit der betreffenden Teile und nicht der Einwilligungserklärung insgesamt. Im Einzelnen: 23

a) Keine „ausdrückliche" Einwilligung

Der Kommissionsentwurf der Definition des Einwilligungsbegriffs (Art. 4 Nr. 8 KOM-E) verlangte vom Wortlaut her eine „explizite" Willensbekundung, der Vorschlag des Europäischen Parlaments eine „ausdrückliche". Der Begriff „ausdrücklich" war dagegen nach der RL 95/46/EG bisher nur im Hinblick auf eine Einwilligung in die Verarbeitung besonderer Kategorien personenbezogener Daten, also solcher Daten mit erhöhtem Schutzbedarf, aufgenommen. Der Vorschlag des Europäischen Parlaments hätte bedeutet, dass die somit erhöhten Anforderungen generell für eine datenschutzrechtliche Einwilligung gelten. Diesem Ansatz ist man nicht gefolgt. Auf Betreiben des Rats wurde das Wort „ausdrücklich" in der Definition durch das Wort „unmissverständlich" ersetzt. Eine „ausdrückliche" Einwilligung verlangt die Verordnung nunmehr nur – wie bisher auch – lediglich bei Sondersituationen, wie z.B. der Verarbeitung besonderer Kategorien personenbezogener Daten (Art. 9 Abs. 2 lit. a). 24

b) Opt-out; Cookies

Einigkeit bestand darüber, dass Stillschweigen oder die Untätigkeit des Betroffenen keine Einwilligung darstellen soll (EG 25 KOM-E; jetzt EG 32). Im Bereich der elektronischen Einwilligung schlug jedoch der Rat in EG 25 Rat-E darüber hinaus vor, dass eine Einwilligung auch durch die 25

---

12 BVerfG, Beschluss vom 24.02.1971, Az. 1 BvR 435/68, GRUR 1971, 461, 465 – Mephisto; Beschluss vom 25.08.2000, Az. 1 BvR 2707/95, NJW 2001, 594 – Willy Brandt; BVerfG, Beschluss vom 05.04.2001, Az. 1 BvR 932/94, NJW 2001, 2957, 2958 – Wilhelm Kaisen; Beschluss vom 22.8.2006, Az. 1 BvR 1168/04, GRUR 2006, 1049, 1050 – Der blaue Engel.

13 BGBl. 2017 I 2097.

Nutzung von angemessenen Einstellungen im Browser erteilt werden kann, wenn der Betroffene bei Beginn der Nutzung der Services über diese Einstellungen informiert wird (sog. Opt-out-Lösung). Diese wäre vor allem für Fälle der Cookie-Nutzung im Internet eine starke Erleichterung für die Wirtschaft, da hier nach wie vor unklar ist, ab wann von einer Einwilligung in die Nutzung ausgegangen werden kann. Die Auslegung des Begriffs „Einwilligung" ist insoweit nämlich in den einzelnen Mitgliedstaaten sehr unterschiedlich.

26 Da die Einwilligung bei Cookies aber letztlich in Art. 5 Abs. 3 der RL 2002/58/EG i.F.d. RL 2009/136/EG geregelt ist und Art. 95 bestimmt, dass die Verordnung keine zusätzlichen Pflichten auferlegen will, ist es sinnvoll, hier die Änderungen der RL 2002/58/EG abzuwarten. Der Kommissionsentwurf einer Datenschutzverordnung für elektronische Kommunikation (e-Privacy-VO-E) sieht sehr granulare Regelungen für das Setzen von Cookies vor.[14] Nach Art. 8 Abs. 1 lit. b ePrivacy-VO-E bleibt es beim Einwilligungserfordernis, welches gem. Art. 9 Abs. 2-ePrivacy-VO-E durch technische Einstellungen ausgedrückt werden kann. Allerdings stellen die Erwägungsgründe des Entwurfs klar, dass hierzu erforderlich ist, dass dies aktive Einstellungen des Nutzers, z.B. bei seinem Browser, erfordert.[15]

c) Freiwilligkeit

aa) „Klares Ungleichgewicht"

27 Nach dem Kommissionsentwurf sollte eine Einwilligung dann keine Rechtsgrundlage sein, wenn ein „klares Ungleichgewicht" zwischen Betroffenem und Verantwortlichen existiert (Art. 7 Abs. 4 KOM-E). EG 34 KOM-E (jetzt: EG 43) erläuterte dazu, dass *ein „klares Ungleichgewicht"* unter anderem dann gegeben sei, wenn sich die betroffene Person „in einem Abhängigkeitsverhältnis" von dem für die Verarbeitung Verantwortlichen befände. Als Beispiel wurde dann die Verarbeitung von personenbezogenen Daten von Arbeiternehmern durch den Arbeitgeber im Rahmen von Beschäftigungsverhältnissen aufgeführt sowie die Verarbeitungen einer Behörde, bei Verarbeitungsvorgängen, bei denen die Behörde aufgrund ihrer jeweiligen obrigkeitlichen Befugnisse eine Verpflichtung auferlegen kann.

28 Besonders problematisch war in diesem Zusammenhang die allgemein gehaltene Aussage, dass im Arbeitgeber-/Arbeitnehmerverhältnis stets ein Ungleichgewicht bestehe. Damit wären viele sinnvolle Verarbeitungen im Arbeitgeber-/Arbeitnehmerverhältnis ohne Rechtsgrundlage gewesen, obwohl bei diesen bisher von Freiwilligkeit ausgegangen wird. Dies betrifft insb. Verarbeitungen, welche durchaus auch im Interesse des Betroffenen sein können und bei denen die Verweigerung der Einwilligung nicht zu Nachteilen für den Betroffenen führt. Beispiele hierfür sind die Einwilligung in die Aufnahme eines Fotos in ein internes oder externes Mitarbeiterverzeichnis oder Datenübermittlung im Rahmen von Stock Option-Plänen (sofern hier nicht ohnehin ein direktes Vertragsverhältnis zwischen Betroffenem und ausgebenden Unternehmen besteht).

29 Im Ergebnis ist der Begriff des *„klaren Ungleichgewichts"* erhalten geblieben, er ist allerdings vom Artikel 7 in den EG 43 gerutscht. Ferner ist als Beispielsfall nur noch die Behörde aufgeführt, wenn es *„in Anbetracht aller Umstände in dem speziellen Fall unwahrscheinlich ist"*, dass die Einwilligung freiwillig erteilt wurde. Es bleibt demnach bei einer Einzelfallbetrachtung und Einwilligungen im Arbeitgeber-/Arbeitnehmerverhältnis sind nach wie vor möglich. In Deutschland sind insoweit die Vorgaben von § 26 Abs. 2 und 3 BDSG-neu zu beachten (s. Art. 7 Rn. 108 ff.).

---

14 Vorschlag der EU Kommission für eine Verordnung über Privatsphäre und elektronische Kommunikation, 10.01.2017, COM(2017) 10 final.

15 Vgl. EG 22, 23 des Vorschlags der EU Kommission für eine Verordnung über Privatsphäre und elektronische Kommunikation, 10.01.2017, COM(2017) 10 final.

bb) Kopplungsverbot

Das Europäische Parlament hatte in Art. 7 Abs. 4 EP-E ein generelles Verbot der Kopplung der Leistungserbringung mit der Einwilligung wie folgt vorgesehen: *„Die Erfüllung eines Vertrages oder die Erbringung einer Dienstleistung darf nicht von der Einwilligung in eine Verarbeitung abhängig gemacht werden, die für die Erfüllung des Vertrages oder die Erbringung der Dienstleistung nicht im Sinne von Artikel 6 Absatz 1 Buchstabe b erforderlich ist"*.[16] Danach wäre es unmöglich gewesen einen Vertragsabschluss an eine Einwilligung in Datenverarbeitungen zu koppeln, welche nicht für die Vertragserfüllung an sich erforderlich sind. Die deutsche Rats-Delegation hatte demgegenüber zunächst einen Wortlaut vorgeschlagen, wonach eine mangelnde Freiwilligkeit bei Kopplung von Leistung und Einwilligung nur vermutet werden soll (*„Consent is presumed not to be freely given…"*) und auch nur für den Fall, dass der Betroffene nicht auf angemessene Alternativen ausweichen kann (*„…and the data subject cannot reasonably obtain equivalent services from another source without consent"*).[17] In einem späteren Vorschlag der deutschen Delegation fand sich dieser Wortlaut nicht mehr in Art. 7, aber in EG 34-E (jetzt: EG 43) wieder.[18] Im endgültigen Verordnungstext ist man diesem Vorschlag im Wesentlichen gefolgt, wenn auch die Regelung höchst widersprüchlich aufgenommen wurde: Nach Art. 7 Abs. 4 soll dem Umstand einer Abhängigkeit der Erfüllung des Vertrags von der Einwilligung in nicht für die Erfüllung erforderliche Datenverarbeitungen *„in größtmöglichem Umfang"* Rechnung getragen werden. Nach EG 43 *„gilt"* die Einwilligung als nicht freiwillig erteilt, wenn die Erfüllung eines Vertrags, einschließlich der Erbringung einer Dienstleistung, von der Einwilligung abhängig ist, obwohl diese Einwilligung für die Erfüllung nicht erforderlich ist. Ein Blick auf die englische Sprachfassung des EG 43 zeigt aber, dass damit die von der deutschen Delegation vorgeschlagene Lösung übernommen wurde, denn der englische Textausschnitt von EG 43 lautet *„Consent is presumed to be not freely given…"*. Damit wurde einem absoluten Kopplungsverbot eine Absage erteilt. Maßgeblich ist vielmehr, dass eine Vermutung für die mangelnde Freiwilligkeit bestehen kann, wenn der Vertragsabschluss die Einwilligung in nicht erforderliche Verarbeitungen zwingend voraussetzt. Weitere Einzelheiten dazu (s. Art. 7 Rn. 61 ff.). **30**

d) Rechtsfolgen bei Verstoß gegen die Voraussetzungen einer Einwilligung

Das Europäische Parlament wollte ferner in Art. 7 Abs. 2 eine Regelung aufnehmen, wonach auch bei bloß teilweisem Verstoß gegen die Vorgaben der Verordnung die Einwilligung insgesamt unwirksam sein sollte. Dies war insofern problematisch als bei dem Entwerfen von Einwilligungstexten eine große Rechtsunsicherheit darüber besteht, was z.B. bestimmt genug ist. Die Rechtsprechung hierzu ist sehr im Fluss, d.h. Unternehmen hätten sich ggf. über Jahre hinaus auf eine Einwilligung gestützt, die dann plötzlich insgesamt unzulässig ist. Insofern ist es begrüßenswert, dass nunmehr Art. 7 Abs. 2 Satz 2 klarstellt, dass nur die Teile der Erklärung nicht verbindlich sind, die einen Verstoß gegen die Einwilligung darstellen. **31**

e) Pauschale Einwilligungserklärungen zu Forschungszwecken („broad consent")

Es wurde ferner diskutiert, ob es im Bereich wissenschaftlicher Forschung möglich sein muss, dass der Betroffene in die Verarbeitung seiner personenbezogenen Daten auch für zukünftige – bei Abgabe der Einwilligung noch nicht bekannte – Forschungsprojekte einwilligen kann. Die Möglichkeit einer pauschalen, z.B. nur „auf Forschungszwecke" begrenzte, Einwilligung ist schon lange umstritten. In diesem Zusammenhang ist problematisch, dass sich oftmals erst im Laufe Forschung ergibt, für welche weiteren Forschungszwecke oder andere Studien einer Verarbeitung der einmal erhobenen Daten sinnvoll sein kann. Ferner ist der Aufbau von Biobanken (mit z.B. Blut- und Gewebeproben) erschwert, wenn das Biomaterial des Spenders nur für vorab ein- **32**

---

16 Legislative Entschließung des Europäischen Parlaments vom 12. März 2014 (COM(2012)0011 – C7-0025/2012 – 2012/2001(COD); dort: Art. 7 Abs. 4 Satz 2 DS-GVO-EP-E.

17 Note from German delegation from 3 November 2014 (Document 14707/1/14/ REV 1) and from 4 February 2015 (Document 14707/2/14 REV 2).

18 Note from German delegation from 17 November 2015 (Document 14707/3/14/ REV 3).

deutig festgelegte Zwecke genutzt werden kann.[19] Auf Vorschlag der deutschen Delegation[20] wurde deshalb in EG 33 der Zusatz aufgenommen, wonach den Betroffenen erlaubt ist *„ihre Einwilligung für bestimmte Bereiche wissenschaftlicher Forschung zu geben, wenn dies unter Einhaltung der anerkannten ethischen Standards für die wissenschaftliche Forschung geschieht"*.

f) „Beweislast"

33 Schließlich ist die ursprünglich von der EU Kommission in Art. 7 Abs. 1 ausdrücklich vorgesehene Beweislast des Verantwortlichen („*Der ... Verantwortliche trägt die Beweislast dafür...*") nunmehr zu einer Nachweispflicht umformuliert worden. Entsprechend den sonstigen Nachweispflichten in der Verordnung ist durch diese textliche Anpassung ein Gleichklang mit den sonstigen Nachweispflichten in der Verordnung erzielt worden. Da diese Nachweispflicht in erster Linie gegenüber den Aufsichtsbehörden besteht, ist es nur folgerichtig nicht den zivilprozessualen Begriff der „Beweislast" zu verwenden.

B. Inhalt der Regelung

I. Bedingungen für die Einwilligung, Art. 4 Nr. 11 i.Vm. Art. 7 Abs. 2 und 4

34 Die Bedingungen für eine wirksame Einwilligung sind im Verordnungstext sehr gesplittert geregelt. Es bedarf deshalb einer Gesamtschau der Definition von „Einwilligung" in Art. 4 Nr. 11, der weiteren Bedingungen in Art. 7 Abs. 2 und 4 sowie der erläuternden Erwägungsgründe. Ferner sind Sondersituationen zu berücksichtigen, bei welchen weitere Bedingungen für die Einwilligung zu beachten sind, insb. bei Kindern in Bezug auf Dienste der Informationsgesellschaft (Art. 8), die Einwilligung in die Verarbeitung besonderer Kategorien von personenbezogenen Daten (Art. 9 Abs. 2 lit. a) oder die Einwilligung im Beschäftigungskontext (Art. 88, EG 155).

35 Nach Art. 4 Nr. 11 ergeben sich zunächst die folgenden allgemeinen Tatbestandsvoraussetzungen für das Vorliegen einer „Einwilligung". Diese muss

(1.)„von der betroffenen Person"

(2.)*„freiwillig"*

(3.)*„für den bestimmten Fall"*

(4.)*„in informierter Weise"* und

(5.)*„unmissverständlich"* abgegeben sein, entweder *„in Form einer Erklärung oder einer sonstigen eindeutigen bestätigenden Handlung"*.

36 Das Merkmal der „Freiwilligkeit" ist in Art. 7 Abs. 4 näher spezifiziert sowie in EG 42 und 43 nochmals erläutert. Darüber hinaus stellt Art. 7 Abs. 4 zusätzlich noch weitere

(6.)besondere Transparenzanforderungen (Form, Gestaltung und Sprache) auf.

37 Weitere Spezifikationen zur Bestimmtheit und Transparenz finden sich dabei in den EG 32, 33 und 42.

1. Einwilligung als höchstpersönliche Erklärung

38 Grundsätzlich geht die Definition in Art. 4 Nr. 11 davon aus, dass es sich bei der Einwilligung um eine Erklärung *„von der betroffenen Person"* handelt, *„mit der die betroffene Person zu verstehen gibt, dass sie mit der Verarbeitung einverstanden ist"*. Darin spiegelt sich wider, dass es sich bei der datenschutzrechtlichen Einwilligung um eine höchstpersönliche Erklärung handelt, denn

---

19 Vgl. z.B. Stellungnahme des Nationalen Ethikrats, Biobanken für die Forschung (2004), S. 59 ff.

20 Note from German delegation from 4 February 2015 (Document 14707/2/14 REV 2) zu EG 25-Rat-E (jetzt: EG 33).

der Einzelne soll selbst entscheiden, ob und unter welchen Bedingungen auf seine personenbezogenen Daten zugegriffen werden darf.

Allerdings regelt Art. 8 Abs. 1 im Zusammenhang mit Diensten der Informationsgesellschaft, dass bei Kindern, welche das sechzehnte Lebensjahr noch nicht vollendet haben, die Einwilligung durch den Träger der elterlichen Verantwortung für das Kind oder mit dessen Zustimmung erteilt werden muss (zu den Einzelheiten s. Art. 8 Rn. 20 ff.). Diese Altersstufe kann durch nationales Recht auf das dreizehnte Lebensjahr herabgesetzt werden. Im deutschen Datenschutzrecht kommt es für die Wirksamkeit der Einwilligung eines Minderjährigen bisher auf die Einsichtsfähigkeit an. Dabei hat man stets abstrakte Aussagen dazu, ab wann eine Einsichtsfähigkeit gegeben ist, vermieden. Vielmehr hängt dies auch vom individuellen Verwendungszusammenhang ab.[21] Beispielsweise hat der *Bundesgerichtshof* im Zusammenhang mit einer Datenerhebung für werbliche Zwecke bei Durchführung eines Gewinnspiels festgestellt, dass 15- bis 17-jährige noch nicht die nötige Reife besitzen, die Tragweite einer Einwilligungserklärung zur Datenspeicherung und Datenverwendung zu Werbezwecken abzusehen.[22] Die Aufsichtsbehörden gehen regelmäßig von einer Einsichtsfähigkeit ab 14 Jahren aus.[23] Die DS-GVO legt als Standard fest, dass – unabhängig von der Einsichtsfähigkeit – bei Kindern im Zusammenhang mit Diensten der Informationsgesellschaft bis 16 Jahre eine Einwilligung der Eltern erforderlich ist. Der deutsche Gesetzgeber hat von der Möglichkeit die Altersgrenze herabzusetzen bisher keinen Gebrauch gemacht.[24] 39

Gleichzeitig setzt die DS-GVO für die Vertretung der Eltern eine Grenze insoweit, als diese – zumindest im Zusammenhang mit Diensten der Informationsgesellschaft – nur für bis zu 16-jährige (bzw. evtl. nach nationalem Recht bis zu 13-jährige) vorgeschrieben ist. Trotzdem kann es auch bei 17- bis 18-jährigen noch auf die Einsichtsfähigkeit ankommen, diese ist dann im Rahmen der Informiertheit (s. Art. 8 Rn. 8 ff.) zu prüfen. 40

Außerhalb des Anwendungsbereichs von Art. 8 (Dienste der Informationsgesellschaft, welche sich direkt an Kinder richten) bleibt es aber bei der bisherigen Beurteilung der Einsichtsfähigkeit für die Abgabe von Einwilligungserklärungen durch Minderjährige, auch wenn Art. 8 Abs.1 sicherlich indizieller Charakter ebenso für diese Bereiche zukommt. Ferner können sich Indizien für eine Regelvermutung der Einsichtsfähigkeit aus nationalem Recht ergeben. Beispielsweise geht § 113 BGB davon aus, dass der Minderjährige mit Ermächtigung des gesetzlichen Vertreters in ein Dienst- oder Arbeitsverhältnis treten kann und daher insoweit unbeschränkt geschäftsfähig ist. Er sollte dann grundsätzlich auch die erforderliche Reife besitzen, um allein über damit im Zusammenhang stehende Datenverarbeitungen zu entscheiden.[25] Bei Sozialdaten sind Minderjährige gem. § 36 SGB I ab dem fünfzehnten Lebensjahr berechtigt Anträge zu stellen und sollten insoweit ebenfalls berechtigt sein eigenständig über die Verarbeitung ihrer Daten zu entscheiden.[26] 41

Umgekehrt kann zusätzlich zur Einwilligung des Trägers der elterlichen Verantwortlich die Einwilligung des Minderjährigen erforderlich sein, um sicherzustellen, dass ein entgegenstehender Wille – bei vorhandener Einsichtsfähigkeit insoweit – nicht übergangen wird.[27] Dafür lässt Art. 8 Abs. 1 nach wie vor Raum, der neben der Einwilligung des Trägers der elterlichen Verantwortung auch dessen Zustimmung zur Einwilligung des Minderjährigen als Regelfall für eine rechtmäßige Verarbeitung basierend auf einer Einwilligung vorsieht. Beispielsweise geht der *Bundesgerichtshof* bei der Veröffentlichung von Nacktaufnahmen davon aus, dass es neben der Zu- 42

21 Simitis, *Simitis*, § 4a BDSG Rn. 21.
22 BGH, Urteil vom 22.1.2014, Az. I ZR 218/12, Rn. 26 – Nordjob-Messe; abgedruckt in: GRUR 2014, 682, 684f.
23 Hinweis Nr. 36 zum BDSG des Innenministeriums Baden-Württemberg für die private Wirtschaft, Ziffer 1.2; 40. Tätigkeitsbericht des Hessischen Datenschutzbeauftragten, Ziffer 3.6.4.
24 Vgl. Datenschutz-Anpassungs- und Umsetzungsgesetz vom 30. Juni 2017, BGBl. 2017 I 2097.
25 So auch Simitis, *Simitis*, § 4a BDSG Rn. 21f.
26 So auch Simitis, *Simitis*, § 4a BDSG Rn. 24.
27 Dazu auch Simitis, *Simitis*, § 4a BDSG Rn. 21 und 30.

stimmung des gesetzlichen Vertreters auch der Einwilligung des Minderjährigen bedarf.[28] Ebenso wird es im Gesundheitsbereich angezeigt sein, dass der Minderjährige ebenfalls in die Datenverarbeitung einwilligt, sofern er in der Lage ist die Notwendigkeit und Tragweite zu beurteilen.[29]

43 In Bezug auf sonstige Betreuungssituationen ist ebenfalls von einer Vertretungsmöglichkeit durch gesetzliche Vertreter im o.g. Sinne auszugehen.

44 Im Übrigen ist in Deutschland seit jeher umstritten, ob eine Einwilligung vertretungsweise erklärt werden kann (z.B. durch den Haushaltsvorstand). Hintergrund ist die Frage nach der Rechtsnatur der datenschutzrechtlichen Einwilligung. Einige sehen diese als rechtsgeschäftliche Erklärung im Sinne des BGB an[30], andere meinen es handele sich um eine geschäftsähnliche Handlung[31] und wiederum andere gehen von der Einwilligung als Realakt aus[32]. Die deutschen Gerichte entscheiden fallbezogen. Beispielsweise geht der *Bundesgerichtshof* bei der Einwilligung von Minderjährigen in die Veröffentlichung von Nacktaufnahmen von einem Realakt aus.[33] Bei der Einwilligung in die werbliche Ansprache wendet er dagegen in ständiger Rechtsprechung AGB-Recht an, d.h. er ordnet die Einwilligung in diesem Fall als rechtsgeschäftliche Erklärung ein.[34]

45 Die Verordnung löst dieses Dilemma nicht. Vielmehr werden Überschneidungen des Datenschutzrechts mit dem Zivilrecht ausdrücklich hingenommen. Dies ergibt sich aus Art. 8 Abs. 3, wonach die Regelungen für die Bedingung der Einwilligung eines Kindes in Bezug auf Dienste der Informationsgesellschaft das allgemeine Vertragsrecht der Mitgliedstaaten unberührt lassen. Es ist deshalb von einem Nebeneinander der Zivilrechtsvorschriften und der Datenschutzvorschriften auszugehen.

46 Im Zusammenhang mit dem Streit zur Rechtsnatur der datenschutzrechtlichen Einwilligung ist dabei die Auffassung vorzugswürdig, wonach es sich bei der datenschutzrechtlichen Einwilligung um eine geschäftsähnliche Handlung handelt, also eine auf einen tatsächlichen Erfolg gerichtete Erklärung, deren Rechtsfolgen kraft Gesetzes eintreten.[35] Auf diese sind die Vorschriften über die Willenserklärung grundsätzlich entsprechend anwendbar, ohne dass dies schematisch geschieht.[36] Damit kann dem eigentlichen Charakter der datenschutzrechtlichen Einwilligungserklärung als höchstpersönliche Erklärung am besten Rechnung getragen werden. Dieser ergibt sich daraus, dass es sich um eine Grundrechtsposition handelt, derer sich nur der Einzelne selbst begeben kann.

47 Damit ist die Abgabe der Einwilligung durch einen Bevollmächtigten nicht grundsätzlich ausgeschlossen, sofern sich die Vollmacht hinreichend bestimmt auf die Erteilung der Einwilligung erstreckt.[37] Viel wird hier vom Einzelfall, insb. der Tragweite und der Absehbarkeit etwaiger Risiken abhängen. Zu weit geht es allerdings, wenn *Plath* meint, dass Ehegatten sich in Anlehnung an § 1357 Abs. 1 BGB datenschutzrechtlich bei Geschäften für den Lebensbedarf gegenseitig berechtigen und verpflichten können, z.B. im Bereich Lebensmittel, Reparaturaufträge, Einrichtungsgegenstände, Heizung, Strom oder Telefon.[38] Die datenschutzrechtliche Einwilligung soll Datenverarbeitungen rechtfertigen, welche nicht bereits zur Erbringung derartiger Dienste erforderlich sind, andernfalls würde bereits Art. 6 Abs. 1 lit. b (*„für die Erfüllung eines Vertrages… erforderlich"*) die Verarbeitung legitimieren. Insoweit muss es angesichts der Höchstpersönlichkeit

---

28 BGH, Urteil vom 02.07.1974, Az. VI ZR 121/73, NJW 1974, 1950.
29 Simitis, *Simitis*, § 4a BDSG Rn. 23.
30 Simitis, *Simitis*, § 4a BDSG Rn. 20.
31 Wolff/Brink, *Kühling*, § 4a BDSG Rn. 32; *Roßnagel*, Handbuch Datenschutzrecht, Kap. 4.8 Rn. 21.
32 *Gola/Schomerus*, § 4a BDSG Rn. 2; *Schaftland/Wiltfang*, § 4a BDSG Rn. 21.
33 BGH, Urteil vom 02.07.1974, Az. VI ZR 121/73, NJW 1974, 1950.
34 Vgl. z.B. BGH, Urteil vom 16.07.2008, Az. VIII ZR 348/06, GRUR 2008, 1010, 1012 – Payback.
35 *Palandt*, Überbl v § 104 BGB Rn. 6.
36 *Palandt*, a.a.O., Rn. 7.
37 *Gola/Schomerus*, § 4a BDSG Rn. 25; Wolff/Brink, *Kühling*, § 4a BDSG Rn. 47; Plath, *Plath*, § 4a BDSG Rn. 9; *Schaftland/Wiltfang*, § 4a BDSG Rn. 24; a.A. Simitis, *Simitis*, § 4a BDSG Rn. 31, der nur den Boten zulassen will; Däubler/Klebe/Wedde/Weichert, *Däubler*, § 4a BDSG Rn. 6.
38 Plath, *Plath*, § 4a BDSG Rn. 9.

der Erklärung dabei bleiben, dass nur der Betroffene selbst einer weitergehenden Verarbeitung zustimmen kann. Dementsprechend kann auch nicht der Haushaltsvorstand oder Hauptmieter in Verarbeitungen von personenbezogenen Daten anderer Haushaltsangehöriger einwilligen. Probleme bereitet dies vor allem bei Verträgen, die naturgemäß nur mit dem Haushaltsvorstand abgeschlossen werden (z.B. Strom, Telefon, Versicherung, Smart Home-Applikationen). Sofern hier keine gesetzlichen Erlaubnistatbestände zur Verfügung stehen, kann der Anbieter allenfalls mit Zusicherungen des Vertragspartners arbeiten, wonach keine weiteren Angehörigen im Haushalt leben oder diese die Services nicht nutzen. Denkbar wäre auch eine vertragliche Verpflichtung des Vertragspartners andere Nutzer nur dann die Services nutzen zu lassen, wenn diese mit der entsprechenden Datenerhebung einverstanden sind.

Eine Anfechtung der erteilten Einwilligungserklärung wegen Erklärungsirrtum oder Täuschung (§§ 119 ff. BGB) durch den Betroffenen mit Wirkung ex tunc wird teilweise als denkbar angesehen.[39] In der Praxis dürfte es aber an einer Regelungslücke fehlen, denn entweder ist die Einwilligung bereits mangels Freiwilligkeit oder Bestimmtheit unwirksam oder der Betroffene kann sie mit Wirkung für die Zukunft (ex nunc) gem. Art. 7 Abs. 3 widerrufen. 48

2. Freiwilligkeit, Art. 4 Nr. 11 i.V.m. Art. 7 Abs. 4

a) „ohne Zwang"

Art. 4 Nr. 11 stellt das Erfordernis der Freiwilligkeit auf, definiert diesen Begriff aber selbst nicht weiter. Zunächst meint „freiwillig", dass die Erklärung „ohne Zwang" abgegeben wurde. Ein solches Begriffsverständnis ergibt sich auch aus den deutschen Sprachfassungen der Entwürfe der Verordnung, welche den Begriff „freely given", wie schon bei der Art. 2 lit. h RL 95/46/EG, anstatt mit „freiwillig" noch mit „ohne Zwang" übersetzt hatten. Der jetzt im Rahmen der Übersetzung des endgültigen Verordnungstextes verwendete Begriff „freiwillig" stellt angesichts des in englischer Sprache gleichgeblieben Textes keine Abweichung dar. Der Betroffene muss die Einwilligung aus freien Stücken und in Vollbesitz seiner geistigen Kräfte ohne jeglichen sozialen, finanziellen, psychologischen oder sonstigen Druck von außen abgegeben haben.[40] 49

b) Kriterium der Wahlfreiheit

EG 42 beschreibt im letzten Satz, dass nur dann von einer „freiwilligen" Einwilligung ausgegangen werden sollte, wenn der Betroffene *„eine echte oder freie Wahl hat und somit in der Lage ist, die Einwilligung zu verweigern oder zurückzuziehen ohne Nachteile zu erleiden."* Eine wichtige Testfrage für die Freiwilligkeit ist daher, welche Folgen ein Widerruf der Einwilligung hat und ob ein solcher auch (z.B. technisch) umgesetzt werden kann. Dabei meint „Nachteil" nicht notgedrungen den Verlust eines Vorteils, denn es geht nicht darum für den Betroffenen einen rechtlichen Anspruch auf eine Leistung durchzusetzen, sondern lediglich Zwangssituationen zu vermeiden. Dies setzt eine gewisse Erheblichkeit des „Nachteils" voraus, z.B. weil die Verweigerung der Einwilligung zur Folge hat, dass eine medizinische Behandlung nicht durchgeführt wird oder wesentliche Teile des Gehalts nicht ausbezahlt werden. Die bloße Verweigerung eines Vorteils, z.B. eines Preisnachlasses, führt dagegen nicht zu einem relevanten „Nachteil".[41] 50

c) Kriterium des „klares Ungleichgewichts"

EG 43 Satz 1 erläutert, dass eine Einwilligungserklärung dann keine gültige Rechtsgrundlage sein sollte, *„wenn zwischen der betroffenen Person und dem Verantwortlichen eine klares Ungleichgewicht besteht, insbesondere wenn es sich bei dem Verantwortlichen um eine Behörde handelt, und es deshalb in Anbetracht aller Umstände in dem speziellen Fall unwahrscheinlich ist, dass die Einwilligung freiwillig gegeben wurde."* 51

---

39 So z.B. Simitis, *Simitis,* § 4a BDSG Rn. 25.
40 So auch Stellungnahme der Artikel-29-Datenschutzgruppe vom 13.07.2011 zur Definition von Einwilligung (WP 187), S. 15.
41 So auch Gola, *Schulz,* Art. 7 DS-GVO Rn. 26.

52 Wie eingangs dargelegt (s. Art. 7 Rn. 27 ff.), hatte der ursprüngliche Verordnungsvorschlag der Kommission in EG 34- KOM-E sehr viel pauschaler darauf abgestellt, dass die Einwilligung generell *„keine rechtliche Handhabe"* für die Verarbeitung liefere, wenn sich die betroffene Person in einem Abhängigkeitsverhältnis befände, *„zum Beispiel dann, wenn personenbezogene Daten von Arbeitnehmern durch den Arbeitgeber im Rahmen von Beschäftigungsverhältnissen verarbeitet werden"*. Aus der Entstehungsgeschichte ergibt sich somit, dass im Beschäftigungsverhältnis nicht pauschal von einem klaren Ungleichgewicht auszugehen ist. Ferner ist der Text dahingehend abgeschwächt worden, dass es – selbst im Behördenverhältnis – auf eine Einzelfallbetrachtung ankommt.

53 Im Behördenfall ist – wie bisher auch – davon auszugehen, dass eine (wirksame) Einwilligung die Ausnahme sein dürfte. Als Teil der öffentlichen Gewalt ist sie an Gesetz und Recht gebunden, weshalb sich eine Erlaubnis zur staatlichen Datenverarbeitung ohnehin in erster Linie aus dem Gesetz ergeben muss. Der Betroffene befindet sich zudem zwangsläufig in einem Über-/Unterordnungsverhältnis, welches ihm wenig Entscheidungsspielraum gibt, da er im Regelfall auf die staatliche Entscheidung angewiesen ist. Denkbar ist eine Einwilligung daher meist nur in wenigen Ausnahmefällen, in welchem dem Betroffenen ein Vorteil (z.B. schnellere Bearbeitung möglich) verschafft werden soll oder welche nicht eine Zwangssituation betreffen (z.B. Evaluierung von Lehrpersonal der Universität). Dabei sehen die Landesdatenschutzgesetze vor, dass der Betroffene unter der Darlegung der Folgen, darauf hinzuweisen ist, dass er die Einwilligung verweigern kann.[42]

54 Das Beschäftigungsverhältnis ist nun in EG 43 nicht mehr explizit erwähnt. Hierfür gibt es zwei Gründe: Zum einen war im Rahmen der Verhandlungen deutlich geworden, dass es im Beschäftigungsverhältnis Sondersituationen geben kann, in welchen allein eine Einwilligung eine sinnvolle Rechtsgrundlage bietet. Zum anderen wurde klar, dass es im Beschäftigungskontext angesichts der unterschiedlichen nationalen arbeitsrechtlichen Regelungen zu keiner Vollharmonisierung kommen wird. Dementsprechend sieht Art. 88 vor, dass nationales Recht oder Kollektivvereinbarungen *„spezifischere Vorschriften"* hinsichtlich der Verarbeitung von Beschäftigtendaten vorsehen können (s. dazu Art. 88 Rn. 1 ff.). Nach EG 155 gilt dies insb. für Vorschriften über die Bedingungen unter denen personenbezogene Daten im Beschäftigtenkontext auf der Grundlage der Einwilligung des Beschäftigten verarbeitet werden dürfen. Dennoch sind die Vorgaben von Art. 7 auch für Einwilligungen im Beschäftigungsverhältnis maßgeblich, da nationales Recht nur „spezifizieren" kann. Im Hinblick auf ein „klares Ungleichgewicht" bedeutet dies, dass bei der Beurteilung der Freiwilligkeit der Einwilligung des Arbeitnehmers das nicht von der Hand zu weisende Machtgefälle im Arbeitgeber-/Arbeitnehmerverhältnis zu berücksichtigen ist.

55 Der deutsche Gesetzgeber hat die Öffnungsklausel des Art. 88 insoweit genutzt, als nunmehr § 26 Abs. 2 BDSG-neu den Begriff der „Freiwilligkeit" im Beschäftigtenverhältnis näher spezifiziert. Nach Satz 1 ist bei der Beurteilung der Freiwilligkeit im Beschäftigungsverhältnis *„insbesondere die im Beschäftigungsverhältnis bestehende Abhängigkeit der beschäftigten Person sowie die Umstände, unter denen die Einwilligung erteilt worden ist, zu berücksichtigen"*. Nach Satz 2 kann Freiwilligkeit insb. vorliegen, wenn *„für die beschäftigte Person ein rechtlicher oder wirtschaftlicher Vorteil erreicht wird oder der Arbeitgeber und beschäftigte Person gleichgelagerte Interessen verfolgen"*. Die Gesetzesbegründung erläutert dazu, dass neben der Art des verarbeiteten Datums und der Eingriffstiefe zum Beispiel der Zeitpunkt der Einwilligungserteilung maßgebend sein könne.[43] So sei der Beschäftigte vor Abschluss des Arbeitsvertrages regelmäßig einer größeren Drucksituation ausgesetzt. Als Beispiel eines rechtlichen oder wirtschaftlichen Vorteils wird der Fall der Einwilligung in die Einführung eines betrieblichen Gesundheitsmanagements zur Gesundheitsförderung oder die Erlaubnis zur Privatnutzung von IT-Systemen genannt. *„Gleichgerichtete Interessen"* könnten z.B. bei der Aufnahme von Name und Geburtsdatum in eine Geburtstagsliste oder der Nutzung von Fotos im Intranet vorliegen.

---

42 Vgl. z.B. Art. 15 Abs. 2 BayDSG; § 4 Abs. 2 S. 4 LDSG BW.
43 BT-Drucks. 18/11325, S. 97.

Weitere Beispiele aus der Privatwirtschaft wären die Einwilligung in Verarbeitungen im Rahmen der Nutzung einer optionalen Corporate Credit Card für die Reisekostenabrechnung oder Stock Option-Pläne (sofern nicht ein wesentlicher Gehaltsbestandteil). Eine Einwilligung des Beschäftigten kommt dagegen dann nicht als Rechtsgrundlage in Betracht, wenn die Nichterteilung der Einwilligung erhebliche Nachteile für den Betroffenen mit sich bringt (z.B. starke Gehaltseinbußen) oder die im Unternehmen aufgesetzte Verarbeitung eine Nichterteilung oder den Widerruf einer Einwilligung faktisch gar nicht berücksichtigen kann. **56**

Schon das *Bundesverfassungsgericht* hat anerkannt, dass sich der Arbeitnehmer beim Abschluss von Arbeitsverträgen grundsätzlich in einer Situation der strukturellen Unterlegenheit befinde.[44] Nach Auffassung der Artikel-29-Datenschutzgruppe sei eine Einwilligung, deren Verweigerung mit tatsächlichen oder potentiellen Nachteilen für den Arbeitnehmer verbunden sei, nicht freiwillig erfolgt.[45] So sei eine Einwilligung, welche Voraussetzung für eine Einstellung sei, nicht freiwillig.[46] Der Arbeitnehmer hätte zwar theoretisch das Recht die Einwilligung zu verweigern, aber er müsse in jedem Fall damit rechnen, dass er die Stelle verliere. Andererseits hat das *Bundesarbeitsgericht* festgestellt, dass sich Arbeitnehmer auch im Arbeitsverhältnis grundsätzlich frei entscheiden können.[47] Es bestehe keine Nebenpflicht des Arbeitnehmers der Erhebung, Verarbeitung oder Veröffentlichung seiner Daten zuzustimmen. In dem vom BAG entschiedenen Fall ging es um die Einwilligung eines Arbeitnehmers in eine Fotoveröffentlichung im Rahmen eines Werbefilms des Arbeitgebers. Ebenso wird man die Darstellung eines Fotos des Beschäftigten im internen Telefonverzeichnis auf eine Einwilligung stützen können, wenn sichergestellt ist, dass der Beschäftigte nicht zustimmen muss bzw. das Foto bei Widerruf der Einwilligung wieder entfernt wird. **57**

Insgesamt spielt die Einwilligung im Arbeitgeber-/Arbeitnehmerverhältnis eine eher untergeordnete Rolle, schon weil sich die objektiv erforderlichen Verarbeitungen in erster Linie aus dem Arbeitsvertrag ergeben sollten. Da der Arbeitgeber bereits gem. § 75 BetrVG zur Wahrung des Allgemeinen Persönlichkeitsrechts seiner Arbeitnehmer verpflichtet ist, bleibt nicht viel Raum für „nicht erforderliche" Verarbeitungen. Zwar ist der Arbeitgeber frei darin die Ablauforganisation in seinem Betrieb zu gestalten (z.B. zu entscheiden, welche Software zum Einsatz kommt), die Persönlichkeitsrechte der Betroffenen strahlen jedoch dergestalt aus, dass die Ablauforganisation datenschutzrechtliche Grundsätze zu beachten hat (z.B. Grundsatz der Datenminimierung). Dementsprechend besteht eine erhöhte Rechtfertigungspflicht, wenn eine Einwilligung als Rechtsgrundlage zum Einsatz kommt. Insb. kann die Einwilligung nicht eine ansonsten nach Arbeitsrecht unzulässige Erhebung legitimieren. Dies gilt beispielsweise für die durch das Arbeitsrecht gezogenen Grenzen des Fragerechts des Arbeitgebers, z.B. im Hinblick auf Angaben zur Gesundheit, Vorstrafen oder die Vermögensverhältnisse des Betroffenen.[48] **58**

Im Hinblick auf sonstige privatautonom geschlossene Rechtsgeschäfte ist grundsätzlich von einer Freiwilligkeit einer Einwilligung auszugehen, aber auch hier kann es Situationen des *„klaren Ungleichgewichts"* geben. Der *Bundesgerichtshof* hat in einem *obiter dictum* im Zusammenhang mit einer Einwilligung nach § 4a BDSG erwähnt, dass es an der Möglichkeit zur freien Entscheidung fehlen kann, wenn die Einwilligung in einer Situation der wirtschaftlichen oder sozialen Schwäche der Unterordnung erteilt wird.[49] Das *Bundesverfassungsgericht* hat eine freie Entschei- **59**

---

44 BVerfG, Beschluss vom 23.11.2006, Az. 1 BvR 1909/06; abgedruckt in: NJW 2007, 286.

45 Stellungnahme 15/11 zur Definition von Einwilligung, WP 182, S. 15.

46 Stellungnahme 8/2001 zur Verarbeitung personenbezogener Daten von Beschäftigten, WP 48, S. 27. Dazu auch *Wybitul/Pötters*, in: RDV 2016, 10, 13; *Spelge*, in. DuD 2016, 775; *Taeger/Rose*, in: BB 2016, 819, 823.

47 BAG, Urteil vom 11.12.2014, Az. 8 AZR 1010/13; abgedruckt in: NZA 2015, 604, 607.

48 Simitis, *Seifert*, § 32 BDSG Rn. 20 ff.; dazu auch: *Gola/Schulz*, Art. 7 DS-GVO Rn. 47 f.; *Taeger/Rose*, in: BB 2016, 819, 822.

49 BGH, Urteil vom 16.7.2006, Az. VIII ZR 348/06 – Payback; abgedruckt in: GRUR 2008, 1010, 1011, Rn. 21, ders. Urteil vom 11.11.2009, Az. VIII 12/08 – Happy Digits; abgedruckt in: MMR 2010, 138, 139, Rn. 21.

dung bei einer Einwilligung in eine weit gefasste Schweigepflichtentbindung im Zusammenhang mit dem Abschluss einer Risikolebensversicherung abgelehnt.[50] In den Entscheidungsgründen führt das Verfassungsgericht aus, dass der Vertrag das maßgebliche Instrument zur Verwirklichung des freien und eigenverantwortlichen Handelns sei. Der in ihm zum Ausdruck gebrachte Wille der Vertragsparteien lasse regelmäßig auf einen sachgerechten Interessenausgleich schließen, den der Staat zu respektieren habe. Eine freiwillige Preisgabe von Informationen sei aber dann nicht mehr gewährleistet, wenn die angebotene Leistung für den Vertragspartner von so erheblicher Bedeutung sei, dass die Alternative, zur Vermeidung der Preisgabe persönlicher Informationen von einem Vertragsabschluss ganz abzusehen, für ihn unzumutbar sei.

60 Das Urteil des *Bundesverfassungsgerichts* macht deutlich, dass nicht jedes wirtschaftliche oder soziale Ungleichgewicht die Freiwilligkeit einer Einwilligung in Frage stellen kann, sondern es sich um Sondersituationen handeln muss. Maßgeblich ist, ob die Situation im Einzelfall zu einem Zwang führt, d.h. die Einwilligung für den Betroffenen objektiv alternativlos ist. Die Formulierung des EG 43, wonach ein „klares" Ungleichgewicht bestehen muss, macht deutlich, dass es im privatautonomen Bereich daher vor allem um Monopolsituationen gehen dürfte. Dies zeigt auch der Vergleich mit der beispielhaft angeführten Behördensituation. Ferner bedarf es selbst dann einer Ansehung *„aller Umstände in dem speziellen Fall"*, weshalb ein Abstellen auf abstrakte Größen- oder Machtverhältnisse nicht ausreichend ist.[51] Vielmehr muss hinzukommen, dass aufgrund der Monopolsituation ein Zwang zur Abgabe der Einwilligung bestand, weil der Betroffene auf die Leistung angewiesen ist. Die kann z.B. bei Verträgen zur medizinischen Versorgung oder im Versicherungswesen der Fall sein.

d) Kopplung der Einwilligung mit Vertragserfüllung

61 Art. 7 Abs. 4 gibt ein weiteres Kriterium für die Beurteilung der Freiwilligkeit an die Hand. Danach soll *„dem Umstand in größtmöglichen Umfang Rechnung getragen werden, ob unter anderem die Erfüllung eines Vertrags, einschließlich der Erbringung einer Dienstleistung, von der Einwilligung in die Verarbeitung von personenbezogenen Daten abhängig ist, die für die Erfüllung des Vertrags nicht erforderlich ist."*

62 Der Wortlaut, wonach dem Umstand einer Kopplung von Leistung mit einer Einwilligung in nicht erforderliche Verarbeitungen *„in größtmöglichem Umfang Rechnung getragen werden soll"* macht deutlich, dass eine solche Kopplung nicht generell verboten ist.[52] Daran ändert sich auch nichts, wenn man zusätzlich den Wortlaut des EG 43 Satz 2, 2. Halbsatz berücksichtigt, wonach die Einwilligung als nicht freiwillig erteilt *„gilt"*, wenn *„die Erfüllung eines Vertrags, einschließlich der Erbringung einer Dienstleistung, von der Einwilligung in die Verarbeitung von personenbezogenen Daten abhängig ist, obwohl diese Einwilligung für die Erfüllung des Vertrags nicht erforderlich ist."* Der Begriff *„gilt"* klingt zwar nach einem strikten Kopplungsverbot, bewirkt aber ein solches nicht.[53] Dies ergibt sich zunächst daraus, dass der verfügende Teil der Verordnung allein der Artikel selbst ist. Der EG kann zur Auslegung des Verordnungstextes herangezogen werden, er kann aber nichts Gegenläufiges anordnen. Ferner zeigt ein Blick in die englische Sprachfassung von EG 43 Satz 2, dass „gilt" nicht im Sinne einer Rechtsfolgenanordnung zu verstehen ist. Dort heißt es: *„Consent is presumed not to be freely given..."*, was besser zu übersetzen gewesen wäre mit: *„Die Einwilligung ist mutmaßlich nicht freiwillig erteilt..."* Legt man diesen Wortlaut zugrunde, dann geht es allein um eine widerlegbare Vermutung dafür, dass eine Einwilligung im Fall einer Kopplung nicht freiwillig erteilt wurde. Für diese Auslegung spricht auch der systematische Zusammenhang des hier relevanten Satzes 2 innerhalb des EG 43. Er folgt nämlich auf Satz 1, welcher den Fall behandelt, dass eine Einwilligung ungültig sein kann, wenn ein *„klares*

---

50 BVerfG, Urteil vom 23.10.2006, Az. 1 BvR 2027/02; abgedruckt in: MMR 2007, 93.
51 So auch Kühling/Buchner, *Buchner/Kühling*, Art. 7 DS-GVO Rn. 44.
52 So auch Ehmann/Selmayr, *Heckmann/Paschke*, Art. 7 DS-GVO Rn. 53.
53 So auch Gola, *Schulz*, Art. 7 DS-GVO Rn. 23; Kühling/Buchner, *Büchner/Kühling*, Art. 7 DS-GVO Rn. 46; Ehmann/Selmayr, *Heckmann/Paschke*, Art. 7 DS-GVO Rn. 56; a.A. Dammann, in: ZD 2016, 307, 311, der deshalb von einem „verkappten Kopplungsverbot" ausgeht.

Ungleichgewicht" zwischen dem Verantwortlichen und dem Betroffenen besteht und *„es deshalb in Anbetracht aller Umstände in dem speziellen Fall unwahrscheinlich ist, dass die Einwilligung freiwillig gegeben wurde"*. Hier wie dort geht es also immer um eine Einzelfallbetrachtung. Ein weiterer Beleg dafür, dass Art. 7 Abs. 4 kein absolutes Kopplungsverbot bewirken will, ergibt sich daraus, dass man den Vorschlag des Parlaments, der ein solches generelles Verbot vorsah, gerade nicht gefolgt ist (s. Art. 7 Rn. 30).[54]

Fraglich ist, ob das Kopplungsverbot auf Monopolsituationen begrenzt ist. Der Rat hatte auf Betreiben der deutschen Delegation[55] in EG 34 Satz 2 Rat-E (jetzt: EG 43 Satz 2) noch angefügt *„und der betroffenen Person ein anderer Zugang zu gleichwertigen vertraglichen Leistungen ohne Einwilligung nicht in zumutbarer Weise möglich ist"*. Dieser letzte Halbsatz entsprach dem Wortlaut des deutschen Kopplungsverbots in § 95 Abs. 5 TKG bzw. § 28 Abs. 3b BDSG. Ausweislich der damaligen Gesetzesbegründung zu § 28 Abs. 3b BDSG sollte damit Monopolsituationen bzw. solche Konstellationen, bei denen marktbeteiligte Unternehmen vielleicht für sich genommen keine marktbeherrschende Stellung besitzen, aber ein Zugang marktweit, z.B. durch Absprachen unter den marktbeteiligten Unternehmen, nur besteht, wenn eine Einwilligung erteilt wird, erfasst werden.[56] Diese Begrenzung auf Monopolsituationen hielt der deutsche Gesetzgeber für erforderlich, da ein Kopplungsverbot eine klare Einschränkung der Vertragsgestaltungsfreiheit sei. Es ist unklar, warum im Zuge der DS-GVO der letzte Halbsatz des EG 34 Satz 2 Rat-E letztlich keinen Eingang in den Text mehr gefunden hat. Wahrscheinlich ist man davon ausgegangen, dass Monopolsituationen bereits vom der Fallkonstellation des „klaren Ungleichgewichts" erfasst sind. Insoweit ist Art. 7 Abs. 4 zunächst weiter gefasst als das bisherige deutsche Recht, da er nicht auf von vornherein auf Monopolsituationen begrenzt ist.[57] **63**

Trotzdem bleibt es dabei, dass die mangelnde Freiwilligkeit nur dann vorliegen kann, wenn ein „Zwangselement" vorliegt. Dies zeigt eine Gesamtschau im Hinblick auf das Kriterium des „klaren Ungleichgewichts" sowie die in EG 42 Satz 2 angesprochene Wahlfreiheit. Bei der Situation des Vertragsabschlusses ist insoweit die grundsätzliche Vertragsgestaltungsfreiheit zu berücksichtigen. Es mag für den Verantwortlichen nämlich sinnvolle, nachvollziehbare und verhältnismäßige Gründe für eine Kopplung geben, z.B. weil sich nur dann das Geschäftsmodell rechnet oder er die Angaben benötigt, um zu entscheiden, ob es zu einem Vertragsschluss kommt.[58] Insoweit sind bei der Auslegung des Art. 7 Abs. 4 auch die Grundrechte und Grundfreiheiten des Verantwortlichen (z.B. das Recht am eingerichteten und ausgeübten Gewerbebetrieb) in ein ausgewogenes Verhältnis zu den Grundrechten und Grundfreiheiten des Betroffenen zu bringen. Dementsprechend ist es richtig, dass es kein generelles Kopplungsverbot gibt, weil dieses unausgewogen in die Grundfreiheiten und Grundrechte des Verantwortlichen eingreifen würde.[59] **64**

Ausgangspunkt für eine Prüfung nach Art. 7 Abs. 4 ist zunächst, welche Verarbeitungen für die Vertragserfüllung „erforderlich" sind. Teilweise wird der Verantwortliche nämlich eine Verarbeitung nur vorsorglich auf eine Einwilligung stützen wollen, obwohl diese vielleicht schon als zur Vertragserfüllung erforderlich angesehen werden könnte. Ein Beispiel hierfür wäre die Einwilligung in eine Bonitätsprüfung oder das Abfragen von Risikofaktoren bei Abschluss eines Versicherungsvertrags. Eine solche vorsorgliche Einwilligung beseitigt für die Unternehmen Rechtsunsicherheit und trägt zur Transparenz für den Betroffenen bei, sie sollte daher nicht von vornherein mit der Unwirksamkeit belastet sein. Ferner sind Sachverhaltskonstellationen denkbar, bei welchen die personenbezogenen Daten im Grunde das „Entgelt" für die zu erbringende Leistung **65**

---

54 Art. 7 Abs. 4 Satz 2 EP-E lautete: „Die Erfüllung eines Vertrages oder die Erbringung einer Dienstleistung darf nicht von der Einwilligung in eine Verarbeitung abhängig gemacht werden, die für die Erfüllung des Vertrages oder die Erbringung der Dienstleistung nicht im Sinne von Artikel 6 Absatz 1 Buchstabe b erforderlich ist."

55 Note from 17 February 2015 (Document 14707/3/14 REV 3, S. 3, Recital 34-E, letzter Satz.

56 BT-Drucks. 16/12011, S. 33.

57 *Laue/Nink/Kremer*, § 2 Rn. 19 f.

58 Dazu auch Kühling/Buchner, *Buchner/Kühling*, Art. 7 DS-GVO Rn. 47.

59 So auch Gola, *Schulz*, Art. 7 DS-GVO Rn. 24.

sind. Stehen insoweit die vertraglichen Pflichten im Synallagma, geht es gar nicht um eine unzulässige Kopplung, sondern um Leistung und Gegenleistung. Die deutschen Aufsichtsbehörden vertreten deshalb zutreffend die Auffassung, dass „kostenlose" Dienstleistungsangebote, bei welchen die Nutzer mit der Zustimmung für eine werbliche Nutzung ihrer Daten „bezahlen" (z.B. kostenloser E-Mail-Account gegen Zustimmung für Newsletter-Zusendung als „Gegenfinanzierung") nach wie vor zulässig sind.[60] Dabei muss die vertraglich ausbedungene Gegenleistung bei Vertragsschluss klar und verständlich dargestellt werden. Auch im Übrigen gehen die deutschen Aufsichtsbehörden für den nicht-öffentlichen Bereich bisher in ihrer *„Orientierungshilfe zur datenschutzrechtlichen Einwilligungserklärung in Formularen"* davon aus, dass eine für den Vertragsabschluss erforderliche (AGB-rechtlich zulässige) Einwilligung, letztlich keine Einwilligung nach § 4a BDSG sei, sondern sich die Erlaubnis für den Datenumgang aus § 28 Abs. 1 Satz 1 Nr. 1 BDSG ergäbe[61], zukünftig also Art. 6 Abs. 1 lit. b. Generell wird es bei „kostenlosen" Leistungen im Austausch gegen Daten darauf ankommen, dass der Betroffene den Umfang der Datenverarbeitung erkennt.

66 Aber auch wenn man zu dem Ergebnis kommt, dass eine Datenverarbeitung nicht zur Vertragserfüllung „erforderlich" ist, ist die Einwilligung nicht automatisch unwirksam. Der Verordnungsgeber wollte mit Art. 7 Abs. 4 einer Praxis entgegenwirken, bei welcher Kunden eine Einwilligung aufgezwungen wird. Wäre es generell verboten, eine Einwilligung bei Vertragsabschluss in nicht erforderliche Verarbeitungen einzuholen, dann wäre die Einwilligung als Rechtsgrundlage ausgehöhlt, denn diese wird naturgemäß nur benötigt, wenn die Verarbeitung nicht bereits zur Vertragserfüllung erforderlich ist. Ausfluss der Privatautonomie ist es aber auch, das der Verantwortliche entscheiden kann, zu welchen Bedingungen er seine Leistungen anbietet.

67 Insoweit bleibt es zulässig, dass die (kostenlose) Teilnahme an einem Gewinnspiel davon abhängig gemacht wird, dass der Betroffene mit der werblichen Verwendung seiner Adressdaten einverstanden ist. Hier geht es weniger um eine „Bezahlung" des Gewinnspiels mit den personenbezogenen Daten als Entgelt, sondern die Generierung einer Einwilligung ist das erkennbare Motiv des Gewinnspiels. In einem solchen Fall ist kein Grund ersichtlich, warum eine erteilte Einwilligung in Werbung nicht freiwillig sein soll, zumal diese jederzeit widerrufen werden kann. Der Betroffene kann ohne Nachteile fürchten zu müssen entscheiden, dass er an diesem Gewinnspiel nicht teilnimmt. In die Wertung könnte auch mit einbezogenen werden, dass der *Europäische Gerichtshof* in seiner Entscheidung „Plus Warenhandelsgesellschaft" einem nationalen Verbot, die Teilnahme von Verbrauchern an einem Preisausschreiben oder Gewinnspiel vom Erwerb einer Ware abhängig zu machen, eine Absage erteilt hat.[62] Er hielt dies für lauterkeitsrechtlich grundsätzlich unbedenklich. Auch der Gesetzesentwurf zu § 28 Abs. 3b BDSG sprach damals davon, dass nunmehr mit der Einführung eines Einwilligungserfordernisses bei werblicher Verwendung die verantwortliche Stelle *„in Zukunft an den Betroffenen herantreten und ihn, z.B. durch die Gewährung von Vorteilen, für eine Einwilligung gewinnen"* muss.[63] Weiter heißt es dort: *„Diese in einigen Wirtschaftsbereichen schon übliche Praxis, z.B. im Rahmen von Kundenbindungsprogrammen durch Gewährung von Vorteilen (ggf. gewisser zusätzlicher Punktwerte) eine Gegenleistung des Kunden in Form einer Einwilligung zu erhalten, wird zu auf Einwilligung gegründeten kommerziellen Datenbeständen führen."*[64] Auch wenn die Gesetzesbegründung ein nationales Gesetz betraf, so wird daraus doch deutlich, dass aus der Sicht dieses Gesetzgebers

---

60 Datenschutzkonferenz der unabhängigen Datenschutzbehörden des Bundes und der Länder (DSK), Kurzpapier Nr. 3, Verarbeitung personenbezogener Daten für Werbung Bayerisches Landesamt für Datenschutzaufsicht, EU-Datenschutz-Grundverordnung, Hinweis XII Verarbeitung personenbezogener Daten für Werbung, Stand: 21.11.2016. So auch Gola, *Schulz*, Art. 7 DS-GVO Rn. 28; Kühlung/Buchner, *Buchner/Kühling*, Art. 7 DS-GVO Rn. 48.

61 Düsseldorfer Kreis, Orientierungshilfe zur datenschutzrechtlichen Einwilligungserklärung in Formularen, März 2016, S. 2.

62 EuGH, Urteil vom 14.1.2010, Rs. C-304/08; abgedruckt in: GRUR 2010, 244.

63 BT-Drucks. 16/12011, S. 31.

64 BT-Drucks. 16/12011, S. 31.

die Kopplung der Einwilligung mit der Leistungserbringung in diesem Fall nicht die Wahlfreiheit des Betroffenen berührt.

Außerhalb der Einwilligung in die werbliche Verwendung von personenbezogenen Daten kann **68**
die Kopplung einer Leistung mit einer Einwilligung in für die Vertragserfüllung nicht erforderlichen Verarbeitungszwecken vor allem dann problematisch sein, wenn diese sachfremd und für den Betroffenen überraschend sind. Dies ist aber in erster Linie ein Problem der Transparenz und kein Problem des Zwangs.[65] Sofern es hier an Transparenz mangelt, wird es sich bei vorformulierten Einwilligungserklärungen oftmals bereits um eine unwirksame Vertragsklausel handeln, worauf EG 42 hinweist, der im Zusammenhang mit der Transparenz auf die RL 93/23/EWG über missbräuchliche Klauseln in Verbraucherverträgen Bezug nimmt[66].

Immer wird zu berücksichtigen sein, dass eine Kopplung von mehreren Zwecken durchaus im **69**
berechtigten Interesse des Verantwortlichen sein kann, ohne dass maßgeblich in die Rechte und Freiheiten des Betroffenen eingegriffen würde. Art. 5 Abs. 1 lit. b gestattet explizit die Festlegung mehrerer Zwecke im Zeitpunkt der Erhebung. Ausfluss des Grundsatzes der Privatautonomie ist es auch, dass der Verantwortliche frei entscheiden können muss, dass die Einwilligung des Betroffenen für ihn nur dann hilfreich ist, wenn diese gleich mehrere Zwecke betrifft. Dass der Betroffene dann nur ein „ganz oder gar nicht" zur Auswahl hat, muss ihn nicht notgedrungen benachteiligen. Beispielsweise muss es zulässig sein, dass die Nutzung eines Produkts davon abhängig gemacht wird, dass dabei angefallene Nutzungsdaten zur Produktverbesserung genutzt werden können. Oder dass z.B. die Teilnahme an einem Webinar davon abhängig gemacht wird, dass Aufzeichnungen dieses Webinars zum Abruf im Internet bereitgehalten werden.

Da es bei der „Freiwilligkeit" in erster Linie um die Wahlfreiheit geht, bleibt vor allem relevant, **70**
ob der Betroffene die Leistung am Markt auch ohne die vom Verantwortlichen vorgesehene Kopplung erhalten kann und inwieweit er auf die Leistung angewiesen ist.[67] Ausfluss der Privatautonomie ist es nämlich auch, dass der Verantwortliche entscheiden kann, zu welchen Bedingungen er seine Leistungen anbietet. Die „rote Linie" ist dann überschritten, wenn die angebotene Leistung für den Betroffenen von so erheblicher Bedeutung ist, dass ein „so und nicht anders"-Angebot nicht zumutbar ist, weil er nicht auf eine andere adäquate Leistung ausweichen kann.

e) Gebot der differenzierten Einwilligung

Nach EG 43 Satz 2, 1. Halbsatz kann es an der Freiwilligkeit einer Einwilligung ferner fehlen, **71**
wenn *„zu verschiedenen Verarbeitungsvorgängen von personenbezogenen Daten nicht gesondert eine Einwilligung erteilt werden kann, obwohl dies im Einzelfall angebracht ist."* Dabei geht es um Verarbeitungssituationen, bei welche der Betroffene mehrere, abtrennbare Leistungen bezieht oder bei denen der Anbieter Zusatzfunktionalitäten anbietet. Hier kann es angezeigt sein, dass zukünftige „differenzierte" Einwilligungen in dem Sinne angeboten werden, dass der Betroffene in verschiedene Datenverarbeitungsvorgänge getrennt einwilligt.[68] Allerdings ist bei der Auslegung immer auch das berechtigte Interesse des Verantwortlichen zu berücksichtigen, wonach es betriebswirtschaftlich sinnvoll sein kann, bestimmte Leistungen nur im Bündel anzubieten bzw. wonach erforderlich ist, dass ein Unternehmen die Funktionalitäten seines Services selbst festlegt und das Produkt so am Markt anbietet (z.B. Funktionalitäten einer Social Media-Plattform). Maßgeblich dürfte vor allem sein, was im Rahmen des vereinbarten Vertragszwecks sinnvoll ist. Dabei sind die Betroffenen zusätzlich dadurch geschützt, dass der Verantwortliche nach Art. 25 Abs. 2 sicherstellen muss, dass grundsätzlich nur personenbezogene Daten für den jeweiligen Verarbeitungszweck verarbeitet werden.

---

65 Vgl. Kritisch zur Transparenz *Buchner,* in: DuD 2016, 155, 158.
66 Richtlinie 93/13/EWG des Rates vom 5. April 1993 über missbräuchliche Klauseln in Verbraucherverträgen, ABl. EG L 95 vom 21.4.1993, S. 29.
67 Für ein weite Auslegung auch Plath, *Plath,* Art. 7 DSGVO Rn. 14.
68 So z.B. *Schantz,* in: NJW 2016, 1841, 1845.

72 Insgesamt sind bei einer Auslegung von Art. 7 Abs. 4 die Interessen des Betroffenen und des Verantwortlichen vor dem Hintergrund des Vertragszwecks, der Art der Daten und Risiken für den Betroffenen unter Berücksichtigung der Vertragsgestaltungsfreiheit in einen angemessenen Ausgleich zu bringen.

3. Bestimmtheit, Art. 4 Nr. 11

73 Die Einwilligung muss *„für den bestimmten Fall"* abgegeben sein. In den deutschen Sprachversionen der Entwurfsfassungen der Verordnung lautete die Übersetzung noch *„für den konkreten Fall"*, denn der englische Text verwendete stets das gleiche Wort „specific" (= spezifisch). Einen Unterschied machen diese sprachlichen Abweichungen nicht, zumal der EG 32 immer noch von *„für den konkreten Fall"* spricht. Gemeint ist in allen Fällen, dass die Zwecke für die Verarbeitung im Zeitpunkt der Abgabe der Einwilligung dem Betroffenen bekannt gemacht werden müssen. Hintergrund ist Art. 5 Abs. 1 lit. b), welcher vorgibt, dass personenbezogene Daten nur für *„festgelegte, eindeutige und legitime Zwecke"* erhoben werden dürfen. Dieser sog. Bestimmtheitsgrundsatz setzt sich zwangsläufig in den Rechtsgrundlagen der Verarbeitung fort. D.h. mit dem Einwilligungstext legt der Verantwortliche die Zwecke der Verwendung der personenbezogenen Daten fest, welche basierend auf der Einwilligung verarbeitet werden sollen. Eine spätere Verarbeitung für andere Zwecke kann sich nicht auf diese ursprüngliche Einwilligung stützten (Verbot der Zweckänderung). Erforderlich ist dann die erneute Einholung einer Einwilligung, es sei denn es ergibt sich eine anderweitige Legitimation zur Verarbeitung insb. aus Art. 6 (s. dazu Art. 6 Rn. 46 ff.).

74 Zulässig ist es, in der Einwilligung mehrere Zwecke anzugeben. Bereits in Art. 6 Abs. 1 lit. a) heißt es, dass die Einwilligung Rechtsgrundlage *„für einen oder mehrere bestimmte Zwecke"* sein kann. Auch Art. 5 Abs. 1 lit. b spricht von „Zwecken" in der Mehrzahl und EG 32 lautet: *„Die Einwilligung sollte sich auf alle zu demselben Zweck oder denselben Zwecken vorgenommene Verarbeitungstätigkeiten beziehen. Wenn die Verarbeitung mehreren Zwecken dient, sollte für alle diese Verarbeitungen eine Einwilligung gegeben werden"*. Fraglich ist allerdings, ob das Erfordernis der Freiwilligkeit dazu führen kann, dass nicht miteinander im Zusammenhang stehende Zwecke in der Erklärung getrennt abgefragt werden müssen. Wie schon oben erläutert, bedarf es einer Einzelfallbetrachtung (s. dazu Art. 7 Rn. 71 f.).

75 Problematisch ist der Fall, wenn im Zeitpunkt der Erhebung der personenbezogenen Daten die Zwecke noch nicht hinreichend bekannt sind. Dies betrifft vor allem Forschungsprojekte oder sog. Big Data-Analysen, bei welchen sich teilweise erst im Verlauf der Forschung/Analyse ergibt, für welche Zwecke die Ergebnisse sinnvoller Weise genutzt werden könnten. Es stellt sich hier die Frage, inwieweit der Betroffene im Rahmen seiner grundsätzlichen Dispositionsbefugnis auch im Hinblick auf etwas abstraktere oder sogar bewusst offen gelassene Zwecke einwilligen kann (pauschale Einwilligung oder „broad consent"). Der Verordnungsgeber erwähnt in EG 33 explizit den Bereich der wissenschaftlichen Forschung. Danach soll es den Betroffenen *„erlaubt sein, ihre Einwilligung für bestimmte Bereiche wissenschaftlicher Forschung zu geben, wenn dies unter Einhaltung der anerkannten ethischen Standards der wissenschaftlichen Forschung geschieht"*. Dabei soll der betroffenen Person die Gelegenheit gegeben werden ihre Einwilligung nur für bestimmte Forschungsbereiche oder Teile von Forschungsprojekten zu erteilen. Wie die Bezugnahme auf die Einhaltung anerkannter ethischer Standards der wissenschaftlichen Forschung zeigt, hält es der Verordnungsgeber bei abstrakter erteilten Einwilligung für erforderlich, dass Maßnahmen getroffenen werden, welche die Rechte und Freiheiten des Betroffenen in Anbetracht der Unsicherheit der Pauschalität der Einwilligung angemessen auffangen. Dementsprechend wäre es denkbar, dass auch in anderen Bereichen eine pauschalere Einwilligung zulässig ist, sofern der Betroffenen transparent über das von ihm eingegangene Risiko aufgeklärt wird und diese durch zusätzliche Maßnahmen, wie z.B. Information des Betroffenen, frühestmögliche Anonymisierung etc., verträglich aufgefangen werden. Maßgeblich muss sein, ob der Betroffene im Zeitpunkt der Abgabe der Einwilligungserklärung die Auswirkungen auf seine Rechte und Freiheiten abschätzen kann. Hierzu bedarf es einer Einzelfallbeurteilung, die von einer Reihe von

Faktoren, z.B. von der Art der Daten, dem Stand der Technik und der Dauer der Aufbewahrung der personenbezogenen Daten, abhängt. Denkbar wäre zudem eine Absicherung der Betroffenenrechte aufgrund der Einhaltung von Verhaltensregeln gem. Art. 40. Bei Big Data Analysen wird die Einwilligung allerdings in der Regel als taugliche Rechtsgrundlage bereits entfallen, weil die Betroffenen meist gar nicht bekannt sind. Aber auch hier könnten evtl. Verhaltensregeln im Rahmen einer Interessenabwägung nach Art. 6 Abs. 1 lit. f Berücksichtigung finden.

Insgesamt ist der Bestimmtheitsgrundsatz auch im Zusammenhang mit Art. 6 Abs. 4 zu würdigen. Danach ist eine Weiterverarbeitung für „andere Zwecke" als die ursprünglich „bestimmten" nur zulässig, wenn diese mit dem ursprünglichen Zwecken „vereinbar" ist. Problematisch ist insb., dass selbst bei „kompatiblen" Zwecken eine Information der Betroffenen gem. Art. 13 Abs. 3 bzw. Art. 14 Abs. 4 erforderlich ist. Dies widerspricht einer möglichst anonymen Verarbeitung. Zwar kann der Verantwortliche nach Art. 11 Abs. 2 eventuell nachweisen, dass er nicht in der Lage ist den Betroffenen zu identifizieren. Allerdings entfallen dann lediglich die Betroffenen-Rechte nach Art. 15 bis 20 und somit nicht die Informationspflicht. Im Ergebnis wird der Verantwortliche daher ein Interesse daran haben, möglicherweise zukünftig noch entstehende Zwecke bereits vorsorglich in die Einwilligungserklärung aufzunehmen. **76**

4. Informiert, Art. 4 Nr. 11 i.V.m. Art. 7 Abs. 3

Die Einwilligung muss *„in informierter Weise"* abgegeben sein. Diese Formulierung meint das Gleiche wie die zuvor in Art. 2 lit. h der RL 95/46/EG verwendete Wortwahl *„in Kenntnis der Sachlage"*, welche sich so auch in EG 42 wiederfindet. Weiter heißt es in EG 42, dass die betroffene Person dazu mindestens wissen muss, wer der Verantwortliche ist und für welche Zwecke die personenbezogenen Daten verarbeitet werden. Darüber hinaus sollte die Einwilligungserklärung grundsätzlich die gem. Art. 13 Abs. 1 und 2 geforderten Informationen abdecken, sofern diese Informationen nicht bereits anderweitig dem Betroffenen bekannt sind (s. dazu Art. 13 Rn. 49 ff.).[69] Allerdings führen Verstöße gegen die weitergehenden Informationspflichten nicht zwangsläufig zur Unwirksamkeit einer Einwilligungserklärung. Maßgeblich für die Wirksamkeit der Einwilligungserklärung sind allein die Vorgaben von Art. 7 und 8. Dies kann man EG 171 entnehmen, welcher die weitere Fortgeltung von sog. Alteinwilligungen, also solchen, welche vor Inkrafttreten der Verordnung eingeholt wurden, lediglich davon abhängig macht, dass die „Art" der erteilten Einwilligung den Bedingungen der Verordnung entspricht.[70] **77**

In der Einwilligungserklärung ist der Betroffene gem. Art. 7 Abs. 3 Satz 3 dagegen zwingend auf sein Recht zum Widerruf sowie darauf hinzuweisen, dass durch den Widerruf die Rechtmäßigkeit der aufgrund der Einwilligung bis zum Widerruf erfolgten Verarbeitungen unberührt bleibt (s. dazu Art. 7 Rn. 121 ff.). Dabei muss der Widerruf so einfach wie die Erteilung der Einwilligung sein. Dementsprechend ist es sinnvoll bereits bei Einholung der Einwilligung dem Betroffenen mitzuteilen, wo und wie er seine Einwilligung widerrufen kann. Um bereits die erforderlichen Informationspflichten abzudecken, sollte sinnvoller Weise auch die Speicherdauer und – sofern relevant – das Bestehen einer automatisierten Entscheidungsfindung in der Einwilligungserklärung enthalten sein. Ein Hinweis auf die Erforderlichkeit der Bereitstellung von Daten dürfte in den meisten Fällen entbehrlich sein, denn die Einwilligung betrifft nur die freiwillige Bereitstellung von personenbezogenen Daten. Die Aufklärung über sonstige Rechte des Betroffenen ist wahrscheinlich besser in einer die Einwilligungserklärung begleitenden Datenschutzerklärung aufgehoben, um die Einwilligungserklärung nicht zu überfrachten. **78**

Zu beachten ist, dass „informiert" bedeutet, dass der Betroffene die Fakten und Auswirkungen seiner Einwilligung im Zeitpunkt der Abgabe der Einwilligung erfassen kann. Dies betrifft nicht nur die Qualität der Information, sondern auch ihre Zugänglichkeit. Ein bloßer Verweis auf eine **79**

---

69 So auch schon die Artikel-29-Datenschutzgruppe, Stellungnahme 15/2011 zur Definition von Einwilligung, WP187, S. 11.

70 So auch Beschluss des Düsseldorfer Kreises vom 13./14. September 2016 zur Fortgeltung bisher erteilter Einwilligungen unter der Datenschutz-Grundverordnung, s.a. Gola, *Schulz,* Art. 7 DS-GVO Rn. 33.

Website dürfte insoweit nicht ausreichen. Je komplexer die Datenverarbeitung, umso mehr Informationen werden erforderlich sein.

80 Insgesamt ist bei der Abfassung einer Einwilligungserklärung auf eine klare und verständliche Form und Sprache abzustellen. Ähnlich wie bei der Einhaltung der Informationspflichten (dort Art. 12 Abs. 3 s. dazu Art. 12 Rn. 30 ff.) sollte die Einwilligungserklärung klar strukturiert sein und kann ggf. mit Bildsymbolen arbeiten. Maßgeblich dürfte auch insoweit das europäische Verbraucherleitbild sein, d.h. es kommt darauf an, ob „ein Durchschnittsverbraucher, der angemessen gut unterrichtet und angemessen aufmerksam und kritisch ist"[71], den Einwilligungstext versteht.[72]

5. Unmissverständlich abgegebene Willensbekundung, Art. 4 Nr. 11

81 Die datenschutzrechtliche Einwilligung erfordert nach Art. 4 Nr. 11 definitionsgemäß ferner eine *„unmissverständlich abgegebene Willensbekundung in Form einer Erklärung oder einer sonstigen eindeutigen bestätigenden Handlung, mit der die betroffene Person zu verstehen gibt, dass sie mit der Verarbeitung der sie betreffenden personenbezogenen Daten einverstanden ist."*

a) Unmissverständlich

82 Der Begriff *„unmissverständlich"* meint das Gleiche wie die zuvor in Art. 7 lit. a RL 95/46/EG verwandte Formulierung, wonach die Erklärung *„ohne jeden Zweifel"* abgegeben sein muss. Dies ergibt sich aus einem Vergleich mit der englischen Sprachfassung, welche sowohl in der Verordnung, als auch in der RL 95/46/EG den Begriff *„unambiguous"* („unzweideutig") verwendet. Erneut wurde hier also ein Begriff anders übersetzt als noch in der RL 95/46/EG, ohne dass damit eine andere Auslegung geboten wäre. Maßgeblich ist, dass beim Betroffenen keine Zweifel darüber bestehen sollen, dass es sich bei der Willensbekundung um eine datenschutzrechtliche Einwilligung handelt.

83 Der englische Begriff *„unambiguous"* macht noch deutlicher, dass zweideutige Erklärungen vermieden werden müssen. Dies kann sowohl den Wortlaut der Erklärung betreffen, als auch die Erklärungssituation selbst. Beispielsweise kann ein Text, der lediglich mit „Wie wir mit Ihren Daten umgehen" überschrieben ist, nicht notgedrungen als Einwilligungserklärung verstanden werden. Weitere Negativ-Beispiele sind Überschriften wie „Datenschutz-Erklärung", „Datenschutz", „Datenschutzklausel", „Hinweis zum Datenschutz", „Erklärung zum Datenschutz", „Erklärung zur Datenverarbeitung".[73] Eine transparente „sprechende" Überschrift wäre dagegen z.B. „Einwilligungserklärung Datenschutz".

84 Auch in der Erklärung selbst sollte eindeutige Sprache verwendet werden. Eine „Einwilligungserklärung" mit den Worten „Mir ist bekannt, dass..." macht nicht deutlich, dass vom Betroffenen eine Einwilligung in eine weitergehende Nutzung seiner Daten verlangt wird. Besser ist es, wenn der Text der Einwilligungserklärung beginnt mit „Ich willige ein, dass...", „Ich bin einverstanden, dass...", oder lautet „Mit der Unterschrift geben Sie Ihre Einwilligung, dass...", „Durch Ihre Unterschrift wird die vorstehende Einwilligungserklärung Bestandteil des Antrags".[74]

85 Grundsätzlich kann eine Einwilligungserklärung auch in AGB eingeholt werden, wie sich aus Art. 7 Abs. 2 Satz 1 ergibt, der für diesen Fall ein Hervorhebungsgebot ausspricht (s. dazu Art. 7 Rn. 102 f.). Eine Erklärungssituation, in welcher eine Einwilligungserklärung in AGB im Online-Bereich lediglich mit den Worten „Ich akzeptiere die Allgemeinen Geschäftsbedingungen" vom Betroffenen akzeptiert wird, schafft aber keine eindeutige Erklärungssituation. Der Betroffene

---

71 Vgl. z.B. EG 18, der Richtlinie 2005/29 über unlautere Geschäftspraktiken, ABl. EU L 149/22.

72 So auch der BGH z.B. in „Payback", Urteil vom 16.7.2006, Az. VIII ZR 348/06; abgedruckt in: GRUR 2008, 1010, 1011, Rn. 24.

73 Vgl. Düsseldorfer Kreis, Orientierungshilfe zur datenschutzrechtlichen Einwilligungserklärung in Formularen, März 2016, S. 2.

74 Beispiele aus: Düsseldorfer Kreis, Orientierungshilfe zur datenschutzrechtlichen Einwilligungserklärung in Formularen, März 2016, S. 3.

wird wahrscheinlich davon ausgehen, dass er mit der Akzeptanz der AGB die Vertragsbedingungen für die Erfüllung eines Vertrags annimmt. Er wird aber nicht damit rechnen, dass er eine darüber hinausgehende Einwilligung in Verarbeitungen von personenbezogenen Daten abgibt, welche mit dem Zweck der Vertragserfüllung gerade nicht im Zusammenhang stehen. Ohnehin wäre dies wohl auch ein Verstoß gegen das Hervorhebungsgebot (s. dazu Art. 7 Rn. 102 f.).

Für eine unmissverständlich abgegebene Einwilligungserklärung kann es ferner relevant sein, wo diese platziert wird (z.B. oberhalb eines Bestell-Buttons). Zudem sollte sinnvoller Weise zwischen einwilligungsbedürftigen Verarbeitungen und solchen, die bereits gesetzlich erlaubt sind (z.B. Verarbeitung zur Vertragserfüllung erforderlich, Art. 6 Abs. 1 lit. b), unterschieden werden, um die Einwilligungserklärung nicht unnötig aufzublähen und den Erklärungsgehalt klar zu fassen.[75] Nur dann ist auch für den Betroffenen ersichtlich, welche Wirkung der Widerruf der Einwilligung haben kann. **86**

Im Falle der schriftlichen Erklärung gelten ohnehin die Transparenzvorgaben des Art. 7 Abs. 2 Satz 1 (s. dazu Art. 7 Rn. 94 ff.). Allerdings ergeben diese sich im Wesentlichen bereits aus dem Erfordernis einer „unmissverständlichen" Erklärung. **87**

b) Erklärung oder sonstige eindeutige bestätigende Handlung

Die Willensbekundung soll nach der Definition in Art. 4 Nr. 11 *„in Form einer Erklärung oder einer sonstigen eindeutigen bestätigenden Handlung"* abgegeben sein, *„mit der die betroffene Person zu verstehen gibt, dass sie mit der Verarbeitung der sie betreffenden personenbezogenen Daten einverstanden ist"*. Der EG 32 Satz 2 erläutert dazu, dass die Einwilligung durch Anklicken eines Kästchens bei Besuch einer Website, die Auswahl technischer Einstellungen für Dienste der Informationsgesellschaft „oder durch eine andere Erklärung oder Verhaltensweise" abgegeben werden kann, „mit der die betroffene Person in dem jeweiligen Kontext eindeutig ihr Einverständnis signalisiert". Weiter heißt es dann in EG 32 Satz 3, dass „Stillschweigen, bereits angekreuzte Kästchen oder Untätigkeit der betroffenen Person keine Einwilligung darstellen (sollten)". **88**

Weder EG 32 noch der Begriff der *„eindeutig bestätigenden Handlung"* schließen aber ein sog. „beredtes Schweigen" im Sinne einer konkludenten Einwilligung aus.[76] Dies ergibt sich daraus, dass gerade nicht eine „explizite" oder „ausdrückliche" Erklärung erforderlich ist. Dieser Vorschlag der Kommission bzw. des Europäischen Parlaments wurde gestrichen. Damit bleibt es dabei, dass eine „ausdrückliche" Einwilligung wie auch schon nach der RL 95/46/EG nur für Sonderfälle erforderlich ist, beispielsweise wenn es um die Verarbeitung besonderer Kategorien personenbezogener Daten geht. Dies erklärt sich mit dem erhöhten Warnbedarf in sensiblen Bereichen. Nach herrschender Meinung bedeutet „ausdrücklich" gerade, dass konkludente Einwilligungen nicht möglich sind.[77] Ferner sind höhere Anforderungen an die Bestimmtheit der Erklärung (z.B. ausdrückliche Bezugnahme auf die besonderen Kategorien von Daten) und ggf. die Form der Erklärung zu stellen (s. dazu Art. 9 Rn. 20 ff.). **89**

Bei sonstigen Einwilligungen ist es dagegen möglich, dass sich der Erklärungsgehalt implizit aus der Erklärungssituation ergibt, was ein Wissens- und Wollens-Element voraussetzt.[78] Zum einen müssen dem Betroffenen die für eine informierte Einwilligung erforderlichen Informationen vorliegen (s. dazu Art. 7 Rn. 77 ff.). Zum anderen muss der Betroffene bewusst eine bestätigende Handlung ausführen. Die Artikel-29-Datenschutzgruppe erwähnt (noch in Bezug zur RL 95/46/EG) als Beispiel einer impliziten Einwilligung den Hotelgast, der beim Einchecken darüber **90**

---

75 Vgl. Düsseldorfer Kreis, Orientierungshilfe zur datenschutzrechtlichen Einwilligungserklärung in Formularen, März 2016, S. 4.

76 So auch *Krohm*, in: ZD 2016, 368, 371; *Paal/Pauly*, a.a.O., Art. 6 DS-GVO Rn. 11; Ehmann/Selmayr, *Heckmann/Paschke*, Art. 7 DS-GVO Rn. 24; a.A. *Albrecht*, in: CR 2016, 88, 91, der meint eine „eindeutig bestätigende Handlung" sei das gleiche wie eine „explizite" oder „ausdrückliche" Einwilligung.

77 *Gola/Schomerus*, § 4a BDSG Rn. 34; Simitis, *Simitis*, § 4a BDSG Rn. 88; Taeger/Gabel, *Taeger*, § 4a BDSG Rn. 41; Gierschmann/Saeugling, *Gierschmann*, § 4a BDSG Rn. 92; Plath, *Plath*, § 9 DS-GVO Rn. 13.

78 Bejahend auch *Spelge*, in: DuD 2016, 775, 780 im Beschäftigungskontext; Kritisch dagegen *Spindler*, in: DB 2016, 937, 940.

informiert wurde, dass zu einer bestimmten Zeit Werbefotos in der Hotel-Caféteria gemacht werden.[79] Kommt dieser dann zum angegebenen Zeitpunkt in die Cafèteria und lässt sich fotografieren, kann von seinem Einverständnis ausgegangen werden. Weitere Beispiele einer konkludenten Einwilligung können Gesten, wie Kopfnicken oder Handzeichen sein.[80] Ebenso aber auch die Fortsetzung eines Telefonats nachdem darüber aufgeklärt wurde, dass das Gespräch zu Qualitätssicherungszwecken aufgezeichnet wird, es sei denn der Anrufer widerspricht.[81]

91 Nach der bisherigen deutschen Rechtsprechung kann ferner eine deutlich gestaltete Abwahlmöglichkeit in einem Formular einen bewussten und autonomen Willensakt darstellen. So hat es der *Bundesgerichtshof* für eine Einwilligung nach § 4a BDSG ausreichen lassen, dass der Betroffene eine deutlich gestaltet Opt-Out-Möglichkeit erhalten und nicht wahrgenommen hat.[82] Für den *Bundesgerichtshof* ergab aus § 4a Abs. 1 Satz 4 BDSG, wonach die Erklärung auch zusammen mit anderen Erklärungen schriftlich erteilt werden kann, dass eine Einwilligung nicht nur dann wirksam ist, wenn sie in der Weise „aktiv" erklärt wird, dass der Verbraucher eine gesonderte Einwilligungserklärung unterzeichnen oder ein für die Erteilung der Einwilligung vorzusehendes Kästchen ankreuzen muss („Opt-in"-Erklärung).[83] Entscheidend war, dass die Einwilligungserklärung mit Opt-out-Möglichkeit aufgrund ihrer Platzierung unmittelbar über der Unterschriftenzeile und der drucktechnischen Hervorhebung so gestaltet war, dass dem Betroffenen Umfang und Inhalt der Einwilligungserklärung nicht verborgen bleiben konnten. Die mit der Unterschriftleistung abzugebende Willenserklärung sei dann auch ein bewusster und autonomer Willensakt. Abhängig von der Eindeutigkeit der Erklärungssituation kann daher eine Einwilligung im Ausnahmefall auch über einen Opt-out-Mechanismus eingeholt werden.[84] Die aus dem Bereich der elektronischen Einwilligung stammenden Begriffe „opt-out" und „opt-in" sind insoweit missverständlich und passen nicht immer auf Offline-Erklärungssituationen. Nach EG 32 sollten *„bereits angekreuzte Kästchen"* oder die *„Untätigkeit der betroffenen Person"* keine Einwilligung darstellen. Andererseits geht Art. 7 Abs. 2 davon aus, dass es bei schriftlichen Erklärungen ausreichen kann, dass der Text der Einwilligungserklärung klar von den anderen Vertragsregelungen zu unterscheiden ist. In diesen Fällen ist der Betroffene nicht untätig, sondern erklärt mit seiner Unterschrift sein Einverständnis auch in die Einwilligung. Textzusätze in der Einwilligungserklärung wie „nicht Gewünschtes streichen" sind dann nicht als unzulässiger „Opt-out" zu werten, sondern unterstreichen die Freiwilligkeit der Einwilligung. Wie immer wird es aber auch hier auf eine transparente Gestaltung der Erklärungssituation ankommen.

c) Sondersituation: Einwilligung bei Cookies

92 Im Zusammenhang mit Cookies hat es das *Oberlandesgericht Frankfurt* ausreichen lassen, dass die Einwilligung in die Verwendung von Cookies als „opt-out" ausgestaltet war, nämlich mit einem bereits gesetzten Häkchen im Rahmen der Anmeldung für ein Gewinnspiel.[85] Würde der Gesetzgeber stets ein „opt-in" verlangen, hätte er dies nach Auffassung des Gerichts explizit geregelt, wie z.B. in der Verordnung Nr. 1008/2008[86]. Dabei war die Erklärung dem Ankreuzfeld vorangestellt und das Gericht befand, dass der durchschnittliche Internetnutzer heutzutage weiß, dass er das Häkchen durch Anklicken entfernen und damit seine Einwilligung verweigern kann. Fraglich ist, ob dieses Urteil auch vor dem Hintergrund des EG 32 Satz 3 Bestand haben

79 Artikel-29-Datenschutzgruppe, Stellungnahme 15/2011 zur Definition von Einwilligung, WP187, S. 27.
80 Gierschmann/Saeugling, *Gierschmann*, § 4a BDSG Rn. 81; Wolff/Brink, *Kühling*, § 4a BDSG Rn. 50.
81 *Krohm*, in: ZD 2016, 368, 371.
82 BGH Urteil vom 16. 7. 2008, Az. VIII ZR 348/06 – Payback; abgedruckt in: GRUR 2008, 1010, 1011, Rn. 23.
83 So ausdrücklich: BGH Urteil vom 16. 7. 2008, Az. VIII ZR 348/06 – Payback; abgedruckt in: GRUR 2008, 1010, 1011, Rn. 24.
84 Ablehnend: Ehmann/Selmayr, *Heckmann/Paschke*, Art. 7 DS-GVO Rn. 20.
85 OLG Frankfurt a.M., Urteil vom 17.12.2015, Az. 6 U 30/15; abgedruckt in: MMR 2016, 245, 246.
86 Nach Art. 23 Abs. 1, letzter Halbsatz der Verordnung Nr. 1008/2008 über gemeinsame Vorschriften für die Durchführung von Luftverkehrsdiensten, ABl. EU 2008 L 293/3, 15, erfolgt die „Annahme der fakultativen Zusatzkosten durch den Kunden auf ‚Opt-in'-Basis".

kann, wonach bereits angekreuzte Kästchen keine Einwilligung darstellen *„sollten"*. Dafür spricht, dass es möglich ist Erklärungssituationen zu schaffen, in denen das Akzeptieren eines angeklickten Feldes als eindeutig bestätigende Handlung angesehen werden kann, z.B. wenn der Text mit dem angekreuzten Feld direkt oberhalb eines Bestellbuttons oder der Unterschriftenzeile angebracht ist.[87] Ohnehin wird es hier erforderlich sein, dass sich eine europaweit einheitliche Auslegung entwickelt. Beispielsweise hat es die britische Aufsichtsbehörde für den Datenschutz (UK Information Commissioner; kurz: UK ICO) bisher für teilweise ausreichend erachtet, dass im Bereich der Einwilligung zu Cookies die Bewegung von einer Website zur nächsten bei deutlich platzierten Cookie-Hinweis als *„clear affirmative action"* ausreichen könne.[88] Die Problematik sei dann nachzuweisen, dass der Nutzer die Aktion in Kenntnis der Konsequenz ausgeführt habe. Dies setze eine deutliche und zwangsläufige Information voraus.[89] Es bleibt abzuwarten, ob diese Auslegung von der neuen UK ICO unter der DS-GVO aufrechterhalten wird. In ihrer Konsultation zu „GDPR consent guidance" heißt es einschränkender, dass es für die Einwilligung einer *„positive action"* bedürfe.[90] Die Artikel-29-Datenschutzgruppe erwähnt in ihrer Stellungnahme zur Best-Practice-Empfehlung von EASA und IAB zu verhaltensorientierter Online-Werbung die britische Lösung, wobei diese offenbar davon ausgeht, dass das Banner um eine Einwilligung „ersucht", also wohl irgendwie vom Nutzer angeklickt werden muss.[91] Ebenso ausreichend sei ein Splash-Screen oder eine Voreinstellung, welche ein Tracking erst nach Anklicken einer Einwilligung ermöglicht (z.B. Heise-Lösung in Bezug auf den „Gefällt mir"-Button von Facebook) oder „Do not collect"-Standardeinstellungen des Browsers, welche der Nutzer dann spezifisch angepasst hat. Der Kommissions-Entwurf der ePrivacy-Verordnung spricht die Frage der Einwilligung per Browser-Einstellungen explizit in den Erwägungsgründen an.[92] Erforderlich sei eine *„eindeutige bestätigende Handlung"*, welche darin bestehen könne, dass der Nutzer aktiv „third party cookies akzeptieren" wählen müsse und die entsprechenden Informationen für diese Auswahl erhalte.

In Deutschland ist diese Frage bisher anders gelöst worden, da § 15 Abs. 3 TMG[93] die Erstellung **93**
pseudonymisierter Nutzerprofile für Zwecke der Werbung, der Marktforschung oder der bedarfsgerechten Gestaltung der Telemedien gestattet. Da nach Auffassung der deutschen Aufsichtsbehörden ein Cookie-Identifier ein Pseudonym sein könne (wenn gleichzeitig sichergestellt sei, dass die IP-Adresse vor jeder Auswertung gekürzt werde, um eine Personenbeziehbarkeit auszugeschließen)[94] begnügt man sich in Deutschland im Regelfall mit einer entsprechenden Erklärung der Cookies sowie der Möglichkeit für den Nutzer bestimmte Cookies durch Opt-out nicht zu akzeptieren. Vor dem Hintergrund der DS-GVO wird es diese Sonderlösung nicht mehr geben. Insgesamt bleibt hier die Entwicklung der ePrivacy-VO abzuwarten.

---

87 So z.B. *Krohm*, in: ZD 2016, 368, 372; dagegen: *Buchner*, in: DuD 2016, 155, 158; Kühling/Buchner, *Buchner/Kühling*, Art. 7 DS-GVO Rn. 58.

88 UK Information Commissioners Guidance on the rules on use of cookies and similar technologies, Mai 2012, Seite 8.

89 UK Information Commissioners Guidance on the rules on use of cookies and similar technologies, Mai 2012, Seite 9.

90 Consultation: GDPR Consent Guidance (End date 31 March 2017); abrufbar unter https://ico.org.uk/about-the-ico/consultations/gdpr-consent-guidance/.

91 Stellungnahme 16/2011 zur Best-Practice-Empfehlung von EASA und IAB zu verhaltensorientierter Online-Werbung vom 08.12.2011, WP188, S. 11. Vgl. Auch das auf der Website von www.ico.org.uk verwendete Banner, welches vorsieht, dass ein Button mit „I'm fine with this" geklickt wird.

92 EG-E 24 Commission Proposal for a Regulation on Privacy and Electronic Communication, 10.01.2017, COM(2017) 10 final

93 Es ist umstritten, ob § 15 Abs. 3 TMG eine europarechtskonforme Umsetzung von Art. 5 Abs. 3 RL 2002/58/EG i.d.F. RL 2009/136/EG darstellt (vgl. dazu Gierschmann/Saeugling, *Gierschmann*, § 4a BDSG Rn. 117 f.; *Rauer/Ettig*, in: ZD 2016, 423 ff.). Die Bundesregierung sah keine Veranlassung zu einer anderen Regelung (vgl. Questionnaire on the implementation of Article 5(3) of the ePrivacy Directive, COCOM11-20). Das OLG Frankfurt hat erst kürzlich entschieden, dass ein opt-out bei Cookie-Nutzung ausreichend sein kann, Urteil vom 17.12.2015, Az. 6 U 30/15, veröffentlicht in: GRUR-RR 2016, 252 ff.

94 Beschluss des Düsseldorfer Kreises vom 26./27. November 2009 zu „Datenschutzkonforme Ausgestaltung von Analyseverfahren zur Reichweitenmessung bei Internet-Angeboten".

6. Transparenzgebot, Art. 7 Abs. 2

94 Erfolgt die Einwilligung des Betroffenen durch eine schriftliche Erklärung, die noch andere Sachverhalte betrifft (z.B. in Allgemeinen Geschäftsbedingungen) verlangt Art. 7 Abs. 2, dass das Ersuchen

(a) *„in verständlicher und leicht zugänglicher Form"*;

(b) *„in einer klaren und einfachen Sprache"*, so erfolgt, dass diese

(c) *„von anderen Sachverhalten klar zu unterscheiden ist"*.

95 Letztlich sind diese Vorgaben Ausfluss des allgemeinen Transparenzerfordernisses gem. Art. 5 Abs. 1 lit. a, wonach personenbezogene Daten *„in einer für die betroffene Person nachvollziehbaren Weise verarbeitet werden"* müssen. Sie sind dementsprechend entgegen dem Wortlaut von Art. 7 Abs. 2 auch nicht auf schriftliche Erklärungen, die noch andere Sachverhalte betreffen, begrenzt. Vielmehr greift Art. 7 Abs. 2 diese AGB-Situation heraus, weil sich gerade dort die Frage der Transparenz stellt. Letztlich aber gilt das Transparenzerfordernis entsprechend für eine mündliche oder elektronische Erklärungssituation, da Erklärungen „unmissverständlich" abgegeben sein müssen (s. dazu Art. 7 Rn. 81 ff.). Dies ergibt sich aus einer Gesamtschau mit Art. 12, der verlangt, dass alle Informationen gem. Art. 13 und 14 sowie alle Mitteilungen gem. Art. 15 bis 22 und Art. 34 in *„präziser, transparenter, verständlicher und leicht zugänglicher Form in einer klaren und einfachen Sprache"* zu übermitteln sind.

a) Transparente Form

96 Die DS-GVO schreibt grundsätzlich keine besondere Form für die Abgabe der Einwilligungserklärung vor. Auch die Definition in Art. 4 Nr. 11 fordert lediglich eine *„Erklärung oder eindeutig bestätigende Handlung"*, ohne eine Form festzuschreiben. Vielmehr erläutert EG 32, dass die Einwilligung schriftlich, elektronisch oder auch mündlich abgegeben werden kann, ohne dass einer Form ein besonderer Vorrang eingeräumt würde.

97 Damit entfällt grundsätzlich das Schriftformerfordernis des § 4a Abs. 1 Satz 3 BDSG bzw. § 28 Abs. 3a Satz 2 BDSG. Ferner entfällt das Erfordernis nach § 28 Abs. 3a Satz 1 BDSG, wonach die Abgabe einer mündlich erklärten Einwilligung schriftlich zu bestätigen ist. Der Verantwortliche wird sich bei der Wahl der Form des Einwilligungsverlangens zunächst vom Gesamtkontext der Erklärungssituation (z.B. mündliche Einwilligung auf einer Messe), aber auch davon leiten lassen, dass er letztlich die Einwilligung gem. Art. 7 Abs. 1 nachweisen können muss (s. dazu Art. 7 Rn. 126 ff.). Eine Sonderregelung gilt im Beschäftigungsverhältnis. Hier hat der deutsche Gesetzgeber von der Öffnungsklausel in Art. 88 Gebrauch gemacht und erhält mit § 26 Abs. 2 Satz 3 BDSG-neu das Gebot der Schriftform *„soweit nicht wegen der besonderen Umstände eine andere Form angemessen ist"* des alten § 4a BDSG aufrecht. Ferner bestimmt § 26 Abs. 2 Satz 4 BDSG-neu, dass über die Zwecke und das Widerrufsrecht in *„Textform"* aufzuklären ist (s. dazu Art. 7 Rn. 111).

98 Art. 7 Abs. 2 verlangt bei schriftlichen Erklärungen eine *„verständliche und leicht zugängliche Form"*. Damit ist nicht ein eigentliches Formerfordernis angesprochen, sondern es geht um eine transparente Gestaltung der Einwilligungserklärung. Gerade wenn die Erklärung noch andere Sachverhalte betrifft, ist auch über die Art der Erklärung insoweit sicherzustellen, dass dem Betroffenen deutlich ist, dass er eine Einwilligung erteilt und in welchem Umfang er diese erteilt. Dies betrifft zum einen die textliche Gestaltung der Erklärung selbst, z.B. durch klare Überschriften oder – bei längeren Erklärungen – durch besonders hervorgehobene Kurzfassungen der wesentlichen Inhalte oder Verwendung von Bildsymbolen.[95] Zum anderen betrifft dies die Platzierung der Einwilligungserklärung, welche sicherstellen sollte, dass der Betroffene auf diese aufmerksam wird. Platzierungen unmittelbar vor einer Unterschriftenzeile oder beim Bestell-Button

95 Siehe auch die Vorschläge des Düsseldorfer Kreis, Orientierungshilfe zur datenschutzrechtlichen Einwilligungserklärung in Formularen, März 2016, S. 4.

können hier sinnvoll sein. Die eigentliche Form (Papier, elektronisch, mündlich) kann insoweit im Rahmen des Transparenzerfordernisses eine Rolle spielen, als komplexere Einwilligungserklärungen auf Papier regelmäßig leichter zu erfassen sind und dieser Form einen höhere Warnfunktion zukommt. Problematisch sind ferner Medienbrüche, z.B. wenn der in Papierform vorliegende Vertrag in Bezug auf den Inhalt der Einwilligungserklärung auf die Website verweist.

Bei der elektronischen Einholung einer Einwilligung verlangt EG 32, dass dies *„in klarer und knapper Form und ohne unnötige Unterbrechung der Dienste"* zu erfolgen hat. Auch insoweit kommt es also darauf an, dass die Gestaltung der Einwilligungserklärung den Erfassungsmöglichkeiten angepasst ist (z.B. klare Untergliederung, Verwenden von Symbolen). Ferner soll darauf Rücksicht genommen werden, dass nicht ein Belästigungseffekt dazu führt, dass die Aufmerksamkeit des Betroffenen herabgesetzt ist oder dieser letztlich zur Abgabe der Erklärung genötigt wird. **99**

b) Transparente Sprache

In Bezug auf die Sprache schreibt Art. 7 Abs. 2 für den Fall der schriftlichen Erklärung vor, dass diese *„in einer klaren und verständlichen Sprache"* gehalten sein muss. Auch insoweit begrenzt sich das Transparenzgebot nicht auf die schriftliche Einwilligung, sondern ist generell einzuhalten. Art. 12 Abs. 1 verlangt nämlich unabhängig von der Form ebenfalls eine *„klare und einfache Sprache"* in Bezug auf die Informationen für den Betroffenen. EG 58 erläutert im Zusammenhang mit den Informationspflichten, dass die Erläuterung ggf. auch durch zusätzliche visuelle Elemente geschehen kann und bei Kindern die Sprache dergestalt gewählt sein muss, dass Kinder diese verstehen. Beispiele hierfür wurden bereits oben im Rahmen der *„unmissverständlich"* abgegebenen Erklärung erläutert (s. dazu Art. 7 Rn. 83 f.). **100**

Die Verordnung äußert sich nicht dazu, in welcher Landessprache eine Einwilligungserklärung gehalten sein muss. In Bezug auf Allgemeine Geschäftsbedingungen gilt nach hM, dass die Möglichkeit der zumutbaren Kenntnisnahme erfordert, dass der AGB-Text in der Verhandlungssprache abgefasst ist.[96] Dies gilt auch im Rahmen eines Arbeitsverhältnisses. Ist der Vertrag auf Deutsch geschlossen, kann sich der Arbeitnehmer im Hinblick auf eine datenschutzrechtliche Einwilligung nicht darauf berufen, dass er diese nicht verstanden hat. Er trägt insoweit dann das Sprachrisiko.[97] Für das Internet kann grundsätzlich nichts anderes gelten. Schließt der Nutzer dort einen Vertrag auf Englisch, so muss es auch zulässig sein, dass die Einwilligungserklärung in Englisch gehalten ist.[98] **101**

c) Hervorhebungsgebot; Einwilligung in AGB

Schließlich gibt Art. 7 Abs. 2 vor, dass die schriftliche Erklärung *„klar"* von anderen Sachverhalten zu unterscheiden sein muss, wenn die Erklärung noch andere Sachverhalte betrifft. Dies entspricht teilweise dem § 4a Abs. 1 Satz 4 BDSG, wonach die Einwilligung „besonders hervorzuheben" ist, wenn sie zusammen mit anderen Erklärungen schriftlich erteilt wird. Damit ist die AGB-Situation angesprochen, in welcher der Betroffene mit den Vertragsbedingungen, gleichzeitig seine Einwilligung in bestimmte Datenverarbeitungen erklärt. **102**

Durch dieses Erfordernis sollte verhindert werden, dass die Einwilligung bei Formularverträgen im so genannten Kleingedruckten versteckt wird und der Betroffene sie durch seine Unterschrift erteilt, ohne sich ihrer und ihres Bezugsgegenstands bewusst zu sein, weil er sie übersieht.[99] Der *Bundesgerichtshof* hat es in der Entscheidung in Sachen „Payback" für ausreichend gehalten, **103**

---

96 Vgl. z.B. BGH, Urteil vom 10.03.1983, Az. VII ZR 302/82; abgedruckt in: NJW 1983, 1489; ders. Urteil vom 27.10.1994, Az. IX 168/93, abgedruckt in: NJW 1995, 190.
97 BAG, Urteil vom 11.11.2014, Az. 8 AZR 1010/13, abgedruckt in: NZA 2015, 604, 607.
98 A.A. KG Berlin, Urteil vom 8.4.2016, Az. 5 U 156/14; abgedruckt in: MMR 2016, 601 zur Unwirksamkeit von englischsprachiger AGBs bei Webauftritt mit Bestellmöglichkeit nach Deutschland.
99 BGH Urteil vom 16. 7. 2008, Az. VIII ZR 348/06 – Payback; abgedruckt in: GRUR 2008, 1010, 1011, Rn. 23.

dass die Einwilligungserklärung unmittelbar über der Unterschriftszeile in drucktechnischer Hervorhebung (schwarz umrandet mit Fettdruck und Unterstreichungen) platziert war.[100]

III. Sondersituation: Besondere Kategorien personenbezogener Daten

104 Sofern es um die Verarbeitung von besonderen Kategorien personengezogener Daten gem. Art. 9 Abs. 1 geht, verlangt Art. 9 Abs. 2 zusätzlich, dass die Einwilligung *„ausdrücklich"* abgegeben wird. Von *Albrecht* wird vertreten, dass damit nichts anderes gemeint sei als eine „ohne jeden Zweifel" abgegebene Einwilligungserklärung.[101] Dagegen spricht aber, dass das Erfordernis einer „ausdrücklichen" Einwilligung entgegen dem Vorschlag des Europäischen Parlaments aus der Definition in Art. 4 Nr. 11 gestrichen wurde und sich nunmehr – wie bisher auch – nur noch bei den besonderen Kategorien personenbezogener Daten befindet. Wie in der Vergangenheit auch meint „ausdrücklich" daher etwas anderes als das generelle Erfordernis einer Einwilligung, dass diese „ohne jeden Zweifel" abgegeben ist.

105 Hintergrund der erhöhten Anforderungen an eine Einwilligung in die Verarbeitung besonderer Kategorien personenbezogener Daten ist das erhöhte Schutzbedürfnis des Betroffenen. Der Einwilligung kommt in diesem Zusammenhang eine besondere Warnfunktion zu, was sich sowohl auf die Form als auch auf den Detailgrad der Erklärung auswirkt. Aus diesem Grund dürfte bei der Einwilligung in besondere Kategorien personenbezogener Daten die Schriftform der Regelfall sein, auch wenn die DS-GVO keinerlei Formvorgaben macht und deshalb eine elektronische oder mündliche Erklärung möglich bleibt.[102] Die Wahl der Form wird insoweit auch von der Erklärungssituation (z.B. Online-Bestellung), Komplexität der Erklärung und den damit verbundenen Risiken abhängen. Ferner muss der Text der Einwilligung die mit der Verarbeitung für den Betroffenen einhergehenden Risiken erläutern. Hierzu gehörte auch schon in der Vergangenheit, dass die betreffenden Datenkategorien ausdrücklich benannt werden (vgl. § 4a Abs. 3 BDSG). Ferner sind z.B. Erläuterungen zu Pseudonymisierung, Anonymisierung und Löschung sinnvoll. Bereits der Wortlaut „ausdrücklich" macht deutlich, dass es keine konkludente Einwilligung in diesem Bereich geben kann.

106 In Bezug auf Verarbeitungen für Zwecke der wissenschaftlichen Forschung kann es nach EG 33 für die Bestimmtheit der Einwilligungserklärung ausreichen, dass der Betroffene die Einwilligung für bestimmte Forschungsbereiche erteilt („broad consent"; s. dazu Art. 7 Rn. 32). Dabei soll der Betroffene Gelegenheit erhalten, die Einwilligung nur für bestimmte Forschungsbereiche oder Teile von Forschungsprojekten zu geben. Maßgeblich ist dabei die Einhaltung der anerkannten ethischen Standards der wissenschaftlichen Forschung. Wie oben dargelegt (s. dazu Art. 7 Rn. 32), sollte in diesen Fällen besonderes Augenmerk auf die Aufklärung gelegt werden, damit der Betroffene absehen kann, welche Risiken er eingeht.[103]

107 Ferner sind bei der Verarbeitung besonderer Kategorien personenbezogener Daten nach EG 52 Ausnahmen nach europäischem oder nationalem Recht beachtlich, z.B. für die Bereiche der öffentliche Sicherheit, des Arbeitsrechts, des Sozialrechts, der öffentliche Gesundheit, der Krankenversicherungen oder bei Verarbeitungen für im öffentlichen Interesse liegenden Archivzwecken, wissenschaftliche oder historische Forschungszwecke oder statistische Zwecke. Beispielsweise enthält § 26 Abs. 3 BDSG-neu eine gesonderte Erlaubnisnorm zur Verarbeitung besonderer Kategorien personenbezogener Daten im Beschäftigtenkontext und erwähnt die Kollektivvereinbarung als Rechtsgrundlage zur Verarbeitung solcher Daten (s. dazu Art. 7 Rn. 108 ff.).

---

100 BGH Urteil vom 16. 7. 2008, Az. VIII ZR 348/06 – Payback; abgedruckt in: GRUR 2008, 1010, 1011, Rn. 23.

101 *Albrecht*, in: CR 2016, 88, 91.

102 So auch schon die Artikel-29-Datenschutzgruppe zur alten Rechtslage; vgl. Stellungnahme 15/2011 zur Definition von Einwilligung, WP 187, S. 30.

103 Vgl. z.B. *Herbst*, in: DuD 2016, 371, 373 zur Aufklärung bei Biobanken.

IV. Sondersituation: Einwilligung im Beschäftigungskontext

108 Nach Art. 88 Abs. 1 können die Mitgliedstaaten durch nationales Recht oder durch Kollektivvereinbarungen *„spezifischere Vorschriften"* zur Gewährleistung des Schutzes der Rechte und der Freiheiten hinsichtlich der Verarbeitungen von Beschäftigtendaten im Beschäftigtenkontext vorsehen (s. dazu Art. 88 Rn. 7 ff.). Insb. erwähnt EG 155 auch Vorschriften über die Bedingungen, unter denen personenbezogene Daten im Beschäftigtenverhältnis auf der Grundlage der Einwilligung des Beschäftigten verarbeitet werden dürfen.

109 Der deutsche Gesetzgeber hat davon in § 26 BDSG-neu Gebrauch gemacht. Diese Norm macht spezifische Vorgaben für die Beurteilung der Freiwilligkeit der Abgabe einer Einwilligung im Beschäftigtenkontext und stellt Formerfordernisse auf. Dabei wird der Anwendungsbereich der datenschutzrechtlichen Vorschrift über den Anwendungsbereich der DS-GVO hinaus gem. § 26 Abs. 7 BDSG-neu auch auf personenbezogene Daten erstreckt, die nicht in einem Dateisystem gespeichert sind oder gespeichert werden. Damit soll § 32 BDSG fortgeführt werden.[104]

110 Konkret gibt § 26 Abs. 2 Satz 1 BDSG-neu vor, dass bei der Beurteilung der Freiwilligkeit insb. die im Beschäftigungsverhältnis bestehende Abhängigkeit zu berücksichtigen ist, sowie die Umstände unter denen die Einwilligung erteilt worden ist. Satz 2 bestimmt positiv, dass eine Freiwilligkeit insb. vorliegen kann, wenn für die beschäftigte Person ein rechtlicher oder wirtschaftlicher Vorteil erreicht wird oder der Arbeitgeber und beschäftigte Person gleichgelagerte Interessen haben (s. dazu Art. 7 Rn. 54 f.).

111 In Bezug auf Formerfordernisse bleibt es im Beschäftigungsverhältnis weiterhin bei dem Gebot der Schriftform von Einwilligungen, es sei denn *„wegen besonderer Umstände"* ist eine andere Form *„angemessen"*. Diese Formulierung entspricht der bisherigen Rechtslage nach § 4 a BDSG (s. dazu Art. 7 Rn. 11). Darüber hinaus besteht ein Formgebot insoweit als die Aufklärung über die Zwecke der Verarbeitung und das Widerrufsrecht *„in Textform"* zu erfolgen hat, vgl. § 26 Abs. 2 Satz 3 und 4 BDSG-neu. Der Begriff der *„Textform"* ist in §126b BGB definiert und meine eine *„lesbare Erklärung, in der die Person des Erklärenden genannt ist, auf einem dauerhaften Datenträger"*. Der Begriff *„dauerhafter Datenträger"* stammt aus der EU-Verbraucherrechterichtlinie 2011/83/EU („VRRL")[105]. Er ist in Art. 2 lit. Nr. 10 VRRL definiert als *„jedes Medium, das es dem Verbraucher oder dem Unternehmer gestattet, an ihn persönlich gerichtete Informationen derart zu speichern, dass er sie in der Folge für eine für die Zwecke der Informationen angemessene Dauer einsehen kann, und das die unveränderte Wiedergabe der gespeicherten Informationen ermöglicht"*. Problematisch ist insoweit, dass nach der Rechtsprechung des EuGH[106] und des BGH[107] eine flüchtige Website kein *„dauerhafter Datenträger"* ist, es sei denn es kann nachgewiesen werden, dass es tatsächlich zu einem Download oder Ausdruck gekommen ist.[108] Es wird sich daher empfehlen, derartige Informationen entweder als Ausdruck oder zumindest per E-Mail zu übermitteln.

112 Bei einer Einwilligung in die Verarbeitung besonderer Kategorien personenbezogener Daten gilt gem. § 26 Abs. 3 Satz 2 BDSG-neu der Abs. 2 entsprechend. Zusätzlich muss sich die Erklärung *„ausdrücklich"* auf diese Daten beziehen.

---

104 BT-Drucks. 18/11325, S. 99.
105 Richtlinie 2011/83/EU des Europäischen Parlaments und des Rates v. 25.10.2011 über die Rechte der Verbraucher zur Abänderung der Richtlinie 93/13/EWG des Rates und der Richtlinie 1999/44/EG des Europäischen Parlaments und des Rates sowie zur Aufhebung der Richtlinie 85/577/EWG des Rates und der Richtlinie 97/7/EG des Europäischen Parlaments und des Rates, ABl. EU 2011 L 304/64.
106 EuGH, Urteil v. 5.7.2012, Rs. C-49/11 Rn. 51 – Content Services Ltd/Bundesarbeitskammer; abgedruckt in: EuZW 2012, 638, 639.
107 BGH, Urteil v. 29.4.2010, Az. I ZR 66/08 Rn 19; abgedruckt in: NJW 2010, 3566, 3568.
108 S.a. Palandt, *Ellenberger,* § 126b BGB Rn. 3.

V. Sondersituation: Einwilligung von Kindern/Minderjährigen

113 Bei der Einwilligung von Kindern bzw. von Minderjährigen unter sechzehn Jahren sind die zusätzlichen Bedingungen des Art. 8 zu beachten (s. dazu Art. 8 Rn. 20 ff.). Dieser stellt Bedingungen für die Einwilligung im Zusammenhang mit dem Angebot von Diensten der Informationsgesellschaft (s. dazu Art. 8 Rn. 29 ff.), welche direkt einem Kind gemacht werden, auf. Insb. bedarf es dann (ggf. zusätzlich) der Einwilligung des Trägers der elterlichen Verantwortung.

114 Bei sonstigen Einwilligungssituationen bei Kindern bzw. Minderjährige bleibt es bei der bisherigen nationalen Rechtspraxis zur Einsichtsfähigkeit von Minderjährigen. Danach ist die Einholung der Einwilligung des Trägers der elterlichen Verantwortung bei unter 14-jährigen der Regelfall. Abhängig von der Verarbeitungssituation kann aber eine solche Einwilligung auch bei bis zu 18-jährigen (zusätzlich) erforderlich sein. (s. dazu Art. 7 Rn. 42)

VI. Sondersituation: Werbliche Einwilligung

115 Für eine Einwilligung in die Verwendung personenbezogener Daten für Zwecke der Werbung gelten die gleichen, eben dargestellten, Voraussetzungen. Insb. entfallen die Vorgaben der § 28 Abs. 3, Abs. 3a, Abs. 3b und Abs. 4 BDSG. D.h. auch die Frage, ob überhaupt eine Einwilligung benötigt wird, richtet sich zukünftig allein nach der DS-GVO. Hier wird es also zu einer Harmonisierung innerhalb der Verwaltungs- und Rechtsprechungspraxis der europäischen Mitgliedstaaten kommen, zumal in Fragen der Auslegung der DS-GVO letztlich der Europäischen Gerichtshof entscheidet. Interessant ist in diesem Zusammenhang EG 47 letzter Satz, wonach die Verarbeitung personenbezogener Daten zum Zwecke der Direktwerbung als eine einem berechtigten Interesse dienende Verarbeitung betrachtet werden kann. Dementsprechend werden sich Verarbeitungen zum Zwecke der Werbung zukünftig teilweise auch bereits auf Art. 6 Abs. 1 lit. f stützen können, ohne dass es einer Einwilligung bedarf.[109]

116 Hiervon unberührt ist die Frage, ob die direkte werbliche Ansprache über Fernkommunikationsmittel (Telefax, E-Mail, Telefon) der Einwilligung gem. § 7 UWG bedarf. Dieses Erfordernis ergibt sich nämlich aus Art. 5 Abs. 3 der RL 2002/58/EG i.d.F. RL 2009/136/EG, welche durch die DS-GVO nicht aufgehoben wird. Nach Art. 95 erlegt die Verordnung natürlichen oder juristischen Personen in Bezug auf die Verarbeitung in Verbindung mit elektronischen Kommunikationsdiensten keine zusätzlichen Pflichten auf. Die RL 2002/58/EG ist derzeit in Überarbeitung, der Entwurf einer die Richtlinie ablösenden ePrivacy-Verordnung liegt vor.[110] Danach wird es wohl im Wesentlichen bei der bisherigen Formulierung des Art. 5 Abs. 3 bleiben. D.h. eine Nutzung von elektronischen Kommunikationsdiensten für Zwecke des Direktmarketings bedarf einer Einwilligung des Betroffenen (vgl. Art. 16 Abs. 1 ePrivacy-VO-E: *„end users who are natural persons have given consent"*). Ferner ändert sich nichts daran, dass die E-Mail-Adresse, welche im Zusammenhang mit dem Verkauf einer Ware oder der Erbringung einer Dienstleistung erhoben wurde, für Zwecke der Bewerbung eigener ähnlicher Waren oder Dienstleistungen genutzt werden kann, es sei denn der Kunde hat widersprochen. Weiterhin wird es wohl auch dabei bleiben, dass in Bezug auf das Telefonmarketing in den Mitgliedstaaten unterschiedliche Regelungen gelten. Art. 16 Abs. 4 ePrivacy-VO-E sieht vor, dass die Mitgliedstaaten ein Opt-out-Regime gesetzlich vorsehen können. Damit ist davon auszugehen, dass es in Deutschland beim Einwilligungserfordernis in Direktmarketing per Telefon bleibt.

117 Sollte die Überarbeitung der ePrivacy-RL 2002/58/EG nunmehr tatsächlich in eine Verordnung münden, wäre § 7 UWG obsolet. Damit wäre auch endlich klar gestellt, dass eine Einwilligung in Direktmarketing per Telefax und E-Mail nicht „ausdrücklich" erklärt werden muss. Dieser textliche Einschub in § 7 Abs. 2 Nr. 3 UWG ist auch jetzt schon europarechtswidrig, denn Art. 5 Abs. 3

---

109 Vgl. Datenschutzkonferenz der unabhängigen Datenschutzbehörden des Bundes und der Länder (DSK), Kurzpapier Nr. 3, Verarbeitung personenbezogener Daten für Werbung (Stand: 29.06.2017), S. 1.

110 Commission Proposal for a Regulation on Privacy and Electronic Communication, 10.01.2017, COM(2017) 10 final.

der RL 2002/58/EG i.d.F. RL 2009/136/EG verlangt lediglich, dass der Teilnehmer oder Nutzer eine *„vorherige Einwilligung"* erteilt hat. Die Gegenansicht[111], welche das Erfordernis einer ausdrücklichen Einwilligung für europarechtskonform hält, bezieht sich auf die Rechtsprechung des *Bundesgerichtshofs*[112], wonach EG 17 Satz 2 der RL 2002/58/EG eine „spezifische" und deshalb eine „ausdrückliche" Einwilligung verlangt. Konkret hat der Bundesgerichtshof in „Payback" festgestellt, dass eine Einwilligung in das Direktmarketing per SMS oder E-Mail stets einer gesondert zu erteilenden Opt-in-Erklärung bedürfe, während bei einer Einwilligung im Sinne von § 4a BDSG die Opt-out-Möglichkeit ausreiche.[113] Der Gerichtshof begründet dieses Erfordernis mit dem Ziel der RL 2002/58/EG die Privatsphäre des Betroffenen vor neuen Risiken durch die öffentliche Kommunikation zu schützen. Insb. ergäbe sich aus dem EG 17 der RL 2002/58/EG, dass eine Einwilligung einer *„spezifischen Angabe"* bedürfe, was deutlich mache, dass nur eine gesonderte, nur auf die Einwilligung in die Zusendung von Werbung mittels elektronischer Post bezogene Zustimmungserklärung des Betroffenen erforderlich sei.[114]

Diese Auslegung ist jetzt wie damals falsch. Der *Bundesgerichtshof* übersieht, dass der Begriff *„spezifisch"* in EG 17 Satz 2 der RL 2002/58/EG nicht anders verwendet wird als in der RL 95/46/EG und dort lediglich in der deutschen Sprachfassung mit *„für den konkreten Fall"* übersetzt worden ist. EG 17 Satz 1 der RL 2002/58/EG stellt einleitend fest, dass der Begriff Einwilligung der ePrivacy-RL dieselbe Bedeutung habe wie der in der RL 95/46/EG definierte. Konkret lautet der englische Wortlaut der Definition von „Einwilligung" in Art. 2 lit. h RL 95/46/EG: *„any freely given specific and informed indication of his wishes by which the data subject signifies his agreement to personal data relating to him being processed."* In der deutschen Sprachfassung wurde dies übersetzt mit: *„jede Willensbekundung, die ohne Zwang, für den konkreten Fall und in Kenntnis der Sachlage erfolgt und mit der die betroffene Person akzeptiert, dass personenbezogene Daten, die sie betreffen, verarbeitet werden."* Der Begriff *„specific"* meint also *„für den konkreten Fall"*, womit allein der Bestimmtheitsgrundsatz angesprochen ist.[115] Während der englische Wortlaut des EG 17 Satz 2 der RL 2002/58/EG lediglich den Wortlaut von Art. 2 lit. h wiederholt (*„a freely given specific and informed indication of the user's wishes"*), wurde in der deutschen Übersetzung der RL 2002/58/EG das Wort „specific" mit „spezifisch" übersetzt, ohne dass deshalb etwas anderes gemeint wäre als „für den konkreten Fall". **118**

VII. Widerruflichkeit der Einwilligung, Art. 7 Abs. 3 (Hinweispflicht)

Die Einwilligung ist vom Betroffenen nach Art. 7 Abs. 3 Satz 1 jederzeit widerruflich. Es ist letztlich Ausfluss des Rechts auf informationelle Selbstbestimmung, dass der Betroffene seine Meinung über eine freiwillig erteilte Einwilligung ändern kann. Auf eine Begründung des Widerrufs kommt es dementsprechend nicht an. **119**

Durch den Widerruf wird die Rechtmäßigkeit der aufgrund der Einwilligung bis zum Widerruf erfolgten Verarbeitungen nicht berührt, Art. 7 Abs. 3 Satz 2. Der Widerruf wirkt also nur in die Zukunft (ex nunc). Auf einer solchen Verarbeitung beruhende Arbeitsergebnisse können weiterhin genutzt werden, sofern sichergestellt ist, dass diese zukünftig nicht mehr auf den Betroffenen zurückgeführt werden können. **120**

Der Betroffene ist nach Satz 3 *„vor Abgabe der Einwilligungserklärung hiervon in Kenntnis"* zu setzen. Dabei ist davon auszugehen, dass sich das *„hiervon"* auf Satz 1 und 2 bezieht. Der Betroffene ist deshalb nicht nur über das Bestehen des Rechts auf Widerruf aufzuklären, sondern auch **121**

111 Köhler/Bornkamm, *Köhler,* § 7 UWG Rn. 145a.
112 BGH Urteil vom 16.7.2008, Az. VIII ZR 348/06 – Payback, abgedruckt in: NJW 2008, 3055, 3065, Rn. 27.
113 BGH Urteil vom 16.7.2008, Az. VIII ZR 348/06 – Payback, abgedruckt in: NJW 2008, 3055, 3065, Rn. 27.
114 BGH Urteil vom 16.7.2008, Az. VIII ZR 348/06 – Payback, abgedruckt in: NJW 2008, 3055, 3065, Rn. 28.
115 So auch Artikel-29-Datenschutzgruppe, Stellungnahme 15/2011 zur Definition von Einwilligung, WP187, S. 20.

darüber, dass der Widerruf die Rechtmäßigkeit der aufgrund der Einwilligung bis zum Widerruf erfolgten Verarbeitungen nicht berührt. Ebenso erfordern auch die Informationspflichten nach Art. 13 Abs. 2 lit. c, dass der Betroffene, sofern dies für eine faire und transparente Verarbeitung erforderlich ist, *„zum Zeitpunkt der Erhebung"* auf *„das Bestehen eines Rechts, die Einwilligung jederzeit zu widerrufen, ohne dass die Rechtmäßigkeit der aufgrund der Einwilligung bis zum Widerruf erfolgten Verarbeitung berührt wird"* hingewiesen wird. Art. 14 Abs. 2 lit. d sieht die gleiche Informationspflicht für den Fall vor, dass die personenbezogenen Daten nicht bei der betroffenen Person erhoben wurden. Ausreichend ist eine einmalige Information, die sich entweder bereits in der Einwilligungserklärung selbst befinden kann oder sonst in einer die Einwilligung begleitenden Information. Dies ergibt sich daraus, dass die Pflicht zum Hinweis auf das Widerrufsrecht nach Art. 13 Abs. 2 und Art. 14 Abs. 2 nur besteht, wenn dies für eine „faire und transparente Verarbeitung" notwendig bzw. erforderlich ist. Wie alle Informationspflichten, ist der Hinweis gem. Art. 12 Abs. 1 in *„präziser, transparenter, verständlicher und leicht zugänglicher Form in einer klaren und einfachen Sprache zu übermitteln."*

122 Für den Hinweis gibt es grundsätzlich kein Formerfordernis. Allerdings gilt in Deutschland im Beschäftigungsverhältnis § 26 Abs. 2 Satz 4 BDSG-neu, wonach der Hinweis in Textform zu erteilen ist (s. dazu Art. 7 Rn. 11).

123 Nach Art. 7 Abs. 3 Satz 4 muss der Widerruf der Einwilligung *„so einfach wie"* die Erteilung der Einwilligung sein. Damit soll eine Art „Waffengleichheit" hergestellt und der Aufbau künstlicher Hürden für die Ausübung des Widerrufs vermieden werden. Unzulässig wäre es also, wenn der Verantwortliche die Einwilligung mündlich oder elektronisch einholt, dann aber vom Betroffenen einen schriftlichen Widerruf verlangt. Insgesamt sind Medienbrüche zu vermeiden. Wurde die Einwilligung schriftlich eingeholt, so muss es für den Betroffenen (zumindest auch) möglich sein, den Widerruf schriftlich zu erklären. Wurde die Einwilligung bei einem bestimmten Dienst elektronisch abgegeben, so muss es möglich sein auch dort wieder den Widerruf elektronisch zu erklären. Gleichzeitig hat der Verantwortliche ein berechtigtes Interesse daran, die widerrufende Partei eindeutig zu identifizieren. Insofern kann es zulässig sein, dass der Verantwortliche vom Betroffenen zusätzliche identifizierende Angaben verlangt. Maßgeblich wird insoweit sein, ob diese Angaben objektiv für eine Identifizierung erforderlich sind oder ein bloßes Erschwernis darstellen.

124 Fraglich ist, ob der Widerruf in Sondersituationen ausgeschlossen oder eingeschränkt sein kann. Das *Bundesarbeitsgericht* hatte beispielsweise den nachträglichen Widerruf einer Einwilligung eines ehemaligen Beschäftigten in die Aufnahmen für einen Werbefilm im Rahmen einer Gesamtabwägung für unzulässig erachtet, da Person und Name des Arbeitnehmers nicht hervorgehoben waren und nicht zwingend der Eindruck entstand, dass es sich um die aktuelle Belegschaft handelte.[116] *Spindler* verweist darauf, dass bei der Preisgabe von Daten als Entgelt für eine Leistung die Einwilligung zwar „dinglich" widerrufen werden könne, dann aber schuldrechtlich wieder erteilt werden müsse.[117] Eine Sondersituation besteht ferner, wenn die Verarbeitung unverzichtbare Voraussetzung für ein weiterhin bestehendes Vertragsverhältnis ist. Die Frage ist, ob der Betroffene insoweit die Interessen des Verantwortlichen bedenken muss, welcher im Vertrauen auf die zunächst erteilte Einwilligung zumindest eine Reihe von Maßnahmen getroffen haben wird, beispielsweise diesem genügend Zeit einräumen, um auf die veränderte Lage reagieren zu können.[118] Die Verordnung berücksichtigt berechtigte Interessen des Verantwortlichen ausdrücklich bei dem etwas anders gelagerten Widerspruchsrecht; also dem Recht des Betroffenen einer auf das berechtigte Interesse gem. Art. 6 Abs. 1 lit. f des Verantwortlichen gestützten Verarbeitung zu widersprechen. Gem. Art. 21 Abs. 1 Satz 2 kann der Widerspruch ausgeschlossen sein, wenn der Verantwortliche *„zwingende schutzwürdige Gründe für die Verarbeitung nachweisen"* kann.

116 BAG, Urteil vom 11.12.2014, Az. 8 AZR 1010/13; abgedruckt in: NZA 2015, 604, 608; kritisch dazu im Hinblick auf die DS-GVO: *Kort*, in: DB 2016, 711, 715.
117 *Spindler*, in: DB 2016, 937, 940.
118 So Simitis zur alten Rechtslage, Simitis, *Simitis*, § 4a BDSG Rn. 101.

Es ist grundsätzlich nicht ausgeschlossen, dass es auch im Rahmen des Widerrufsrechts zu einer Interessenabwägung kommen kann, da kein Grundrecht schrankenlos gewährleistet ist. Oftmals wird aber eine Lösung auch darin bestehen, dass die bis zum Widerruf durchgeführten Verarbeitungen rechtmäßig bleiben (z.B. verarbeitete Daten sind in eine Studie eingeflossen) bzw. eine anderweitige Rechtsgrundlage einem etwaigen Löschverlangen gem. Art. 17 Abs. 1 lit. b entgegensteht.

Bei Kindern wird das Recht auf Widerruf in EG 65 als besonders wichtig hervorgehoben, da diese die mit der Verarbeitung verbundenen Gefahren nicht in vollem Umfang absehen konnten. Dementsprechend sind Einschränkungen des Rechts auf Widerruf kaum denkbar.[119] **125**

VIII. Nachweispflicht, Art. 7 Abs. 1

Nach Art. 7 Abs. 1 muss der Verantwortliche *„nachweisen können"*, dass die betroffene Person in die Verarbeitung ihrer personenbezogenen Daten eingewilligt hat. Der Begriff des *„nachweisen können"* (*„shall be able to demonstrate"*) findet sich in der Verordnung an diversen Stellen wieder (z.B. in den Art. 11, 12, 21, 24, 25). Er ist im Zusammenhang mit dem Grundsatz der Rechenschaftspflicht in Art. 5 Abs. 2 zu lesen. Danach muss der Verantwortliche die Einhaltung der in Art. 5 Abs. 1 aufgelisteten Grundsätze *„nachweisen können"*. Zu diesen Grundsätzen gehört auch gem. Art. 5 Abs. 1 lit. a der Nachweis der Rechtmäßigkeit der Verarbeitung. Da die Einwilligung nach Art. 6 Abs. 1 lit. a eine Rechtsgrundlage darstellt, um die Verarbeitung rechtmäßig zu gestalten, ist es eigentlich nur naheliegend, dass der Verantwortliche die Einwilligung, also die Rechtsgrundlage, nachweisen muss. Einer gesonderten Erwähnung hätte es deswegen wohl nicht bedurft. **126**

Fraglich ist, ob der „Nachweis" etwas anderes bedeutet als der „Beweis" im zivilprozessualen Sinne. Der Entwurfstext der Kommission hatte in Art. 7 Abs. 1 noch ausdrücklich eine „Beweislast" des Verantwortlichen festgeschrieben. Mit der neuen Formulierung des (bloßen?) Nachweiserbringens könnte daher etwas anderes gemeint sein. Der Nachweis der Einhaltung der Verordnung im Sinne der Rechenschaftspflicht gem. Art. 5 Abs. 2 verlangt in erster Linie, dass ein Unternehmen darlegen kann, dass seine Unternehmensprozesse entsprechend ausgestaltet sind. Denkbar wäre also, dass es zur Vermeidung eines Bußgeldes ausreichen kann, dass ein Unternehmen gegenüber den Aufsichtsbehörden darlegen kann, dass es einen datenschutzkonformen Einwilligungsprozess eingerichtet hat. Dagegen spricht allerdings, dass Art. 7 Abs. 1 den Nachweis verlangt, dass „die" betroffene Person in den die Verarbeitung „ihrer" personenbezogenen Daten eingewilligt hat. **127**

Insoweit bleibt wohl die bisherige Rechtsprechung des *Bundesgerichtshofs* anwendbar, wonach es nicht ausreicht, wenn lediglich abstrakt dargelegt wird, dass ein bestimmter Einwilligungsprozess besteht.[120] Der *Bundesgerichtshof* führt dazu in seiner „Double Opt-in"-Entscheidung aus: **128**

> *„Für den Nachweis des Einverständnisses ist es erforderlich, dass der Werbende die konkrete Einverständniserklärung jedes einzelnen Verbrauchers vollständig dokumentiert. Im Fall einer elektronisch übermittelten Einverständniserklärung setzt das deren Speicherung und die jederzeitige Möglichkeit voraus, sie auszudrucken. Die Speicherung ist dem Werbenden ohne weiteres möglich und zumutbar. Verfahren, bei denen unklar ist, ob eine Einverständniserklärung tatsächlich von dem angerufenen Verbraucher stammt, sind für den erforderlichen Nachweis ungeeignet."*[121]

Nicht ausreichend sei die bloße Vorlage von Musterschreiben aus einem Einwilligungsprozess oder eine IP-Adresse, ohne dass diese einem Betroffenen zugeordnet werden könne (z.B. weil diese beim Provider schon längst gelöscht ist). Bei einer elektronischen Einwilligung könne aller- **129**

---

119 Kühling/Buchner, *Buchner/Kühling*, Art. 7 DS-GVO Rn. 40 hält dies für ausgeschlossen.
120 BGH Urteil vom 10.2.2011, Az. I ZR 164/09, abgedruckt in: GRUR 2011, 936.
121 BGH Urteil vom 10.2.2011, Az. I ZR 164/09, abgedruckt in: GRUR 2011, 936, 939, Rn. 31.

dings eine Bestätigung der Einwilligung über die vom Erklärenden angegebene E-Mail-Adresse (sog. Double Opt-in) zu einer Umkehr der Darlegungslast führen. Denn nach Eingang der erbetenen Bestätigung könne angenommen werden, dass die Erklärung tatsächlich vom Inhaber der angegebenen E-Mail-Adresse stamme. Es sei dann an dem Betroffenen darzulegen, dass die unter dieser Adresse abgegebene Einwilligungserklärung nicht von ihm stamme, z.B. weil er darlegt, dass es sich nicht um seine E-Mail-Adresse handelt und er zu dieser auch keinen Zugang hat.[122]

130 In Bezug auf eine elektronisch erteilte Einwilligung sieht bisher Art. 13 Abs. 2 Nr. 2 TMG für Telemediendienste, bzw. § 28 Abs. 3a Satz 1 BDSG für die werbliche Einwilligung, vor, dass die „Einwilligung protokolliert" wird. Allerdings erläutern beide Vorschriften nicht, wie eine solche Protokollierung auszusehen hat. Beide Vorschriften haben für die DS-GVO keine Relevanz und werden zukünftig entfallen. Allerdings hat bereits die Artikel-29-Datenschutzgruppe zu Recht erläutert, dass irgendeine Art von aufgezeichnetem Einwilligungsmechanismus sinnvoll zum Nachweis der Einwilligung ist.[123] Eine Möglichkeit wäre die Speicherung des Einwilligungstextes zusammen mit dem jeweiligen Namen oder einem sonstigen Identifikationsmerkmal des Erklärenden zusammen mit dem dazugehörigen Eingabezeitpunkt („timestamp").[124] Dies ist vor allem für solche Anbieter umsetzbar, die ein Vertragsverhältnis mit dem Betroffenen eingehen und daher über zusätzlich identifizierende Angaben verfügen. Schwieriger ist der Nachweis der Einwilligung, wenn der Anbieter über keine direkt identifizierbaren Angaben verfügt, insb. wenn bereits die Erhebung von Angaben über den Rechner des Betroffenen einer Einwilligung bedarf.[125] Sinnvoll wäre es, wenn insb. eine zukünftige Datenschutzverordnung für elektronische Kommunikation die Erhebung von Gerätedaten oder anderen möglichen Identifizierungsmerkmalen zum Nachweis einer Einwilligung zuließe.

131 Problematisch ist ferner die mündlich erteilte Einwilligung. Der Zeugenbeweis ist hier nur eine unzureichende Beweisgrundlage, da sich die Gesprächsteilnehmer oftmals nicht mehr an das konkrete Gespräch erinnern werden.[126] Es kann aber ebenfalls zu einer Dokumentation kommen, z.B. aufgrund von Gesprächsaufzeichnungen. Im Beschäftigungsverhältnis ist in Deutschland ohnehin im Regelfall eine schriftliche Einwilligungserklärung als Nachweis vorzulegen. § 26 Abs. 2 Satz 3 BDSG-neu konkretisiert insoweit die Nachweispflicht des Arbeitgebers.[127]

IX. Rechtsfolgen bei Verstoß, Art. 7 Abs. 2 Satz 2

132 Nach Art. 7 Abs. 2 Satz 2 sind *„Teile der Erklärung"* dann nicht verbindlich, wenn sie einen Verstoß gegen die Verordnung darstellen. Allerdings bezieht sich diese Rechtsfolgenanordnung nach dem systematischen Zusammenhang mit Satz 1 nur auf *„schriftliche Erklärungen, die noch andere Sachverhalte"* betreffen. *Plath* geht deshalb davon aus, dass die Teilunwirksamkeit lediglich meint, dass im AGB-Kontext die übrigen Vertragsbedingungen unberührt bleiben, die Einwilligungserklärung aber insgesamt unwirksam ist.[128] Dagegen spricht aber der Wortlaut, der insgesamt auf die Teilunwirksamkeit der Erklärung Bezug nimmt, ohne danach zu differenzieren, ob es sich um den Teil der Erklärung handelt, der noch andere Sachverhalte betrifft oder den Teil, welcher die datenschutzrechtliche Einwilligungserklärung abbildet. Ferner kann gegen eine solche Auslegung angeführt werden, dass mit dem endgültigen Verordnungstext der Forderung des

---

122 Vgl. dazu BGH Urteil vom 10.2.2011, Az. I ZR 164/09, abgedruckt in: GRUR 2011, 936, 939, Rn. 39 – allerdings nur bezogen auf Einwilligung in die Direktwerbung per E-Mail.

123 Stellungnahme der Artikel-29-Datenschutzgruppe vom 13.07.2011 zur Definition von Einwilligung (WP 187), S. 31.

124 So z.B. Spindler/Schuster, *Spindler/Nink*, zu § 13 TMG Rn. 15; vgl. auch Hinweise des Bayerischen Landesamtes für Datenschutzaufsicht, Einwilligung nach der DS-GVO vom 26.10.2016.

125 So Art. 8 Abs. 1 lit. (b)-E des Kommissionsentwurfs für eine Datenschutzverordnung für die elektronische Kommunikation, COM(2017) 10 final.

126 Vgl. z.B. BGH, Hinweis-Beschluss vom 06.11.2013, Az. I ZR 3/13, abgedruckt in: GRUR-RR 2014, 117.

127 BT-Drucks. 18/11325, S. 97.

128 Plath, *Plath*, Art. 7 DSGVO Rn. 9.

Parlaments nicht nachgekommen wurde, wonach *„Bestimmungen über die Einwilligung der betroffenen Person, die diese Verordnung teilweise verletzen, … in vollem Umfang nichtig (sind)"*. Dementsprechend ist die Rechtsfolge bei einem Verstoß gegen die Bedingungen der Verordnung, dass nur der verstoßende Teil der Einwilligungserklärung unwirksam ist (Teilunwirksamkeit).[129] Wenn dies für eine schriftliche Erklärung gilt, die noch andere Sachverhalte betrifft (Art. 7 Abs. 2 Satz 1), so muss dies „erst Recht" auch für anderweitig eingeholte Einwilligungen gelten.

Im Hinblick auf eine Teilunwirksamkeit kann wahrscheinlich ähnlich wie bei unwirksamen Allgemeinen Geschäftsbedingungen vorgegangen werden, denn auch § 306 Abs. 1 BGB bestimmt, dass bei unwirksamen AGB der Vertrag im Übrigen wirksam bleibt. Nach ständiger Rechtsprechung sind inhaltlich voneinander trennbare, einzeln aus sich heraus verständliche Regelungen in Allgemeinen Geschäftsbedingungen auch dann Gegenstand einer gesonderten Wirksamkeitsprüfung, wenn sie in einem äußeren sprachlichen Zusammenhang mit anderen – unwirksamen – Regelungen stehen. Nur wenn der als wirksam anzusehende Teil im Gesamtgefüge des Vertrags nicht mehr sinnvoll, insb. der als unwirksam beanstandete Klauselteil von so einschneidender Bedeutung ist, dass von einer gänzlich neuen, von der bisherigen völlig abweichenden Vertragsgestaltung gesprochen werden muss, ergreift die Unwirksamkeit der Teilklausel die Gesamtklausel.[130] Die inhaltliche Trennbarkeit einer Klausel und damit ihre Zerlegung in einen inhaltlich zulässigen und einen inhaltlich unzulässigen Teil ist nach der Rechtsprechung des *Bundesgerichtshofs* immer dann gegeben, wenn der unwirksame Teil der Klausel gestrichen werden kann, ohne dass der Sinn des anderen Teils darunter leidet (sog. blue-pencil-test); ob beide Bestimmungen den gleichen Regelungsgegenstand betreffen, ist dabei unerheblich.[131] **133**

X. Fortgeltung bereits erteilter Einwilligungen, EG 171

Einwilligungen gelten grundsätzlich unbefristet, so lange bis diese widerrufen werden. Davon geht auch die Verordnung aus, welche in EG 171 bestimmt, dass das erneute Einholen einer Einwilligung nicht erforderlich ist, wenn *„die Art der bereits erteilten Einwilligung den Bedingungen dieser Verordnung entspricht"*. **134**

Nach einem Beschluss des Düsseldorfer Kreises vom 13./14. September 2016[132] gelten demnach bereits erteilte (Alt-)Einwilligungen fort, denn es sei davon auszugehen, dass bisher rechtswirksam erteilte Einwilligungen grundsätzlich diese Bedingungen erfüllten. Insb. stelle die Nichteinhaltung der Informationspflichten nach Art. 13 nach Meinung der Aufsichtsbehörden kein Wirksamkeitshindernis dar. Es handele sich nicht um Bedingungen im Sinne des Erwägungsgrundes. Besondere Beachtung verdienten allerdings die neuen Anforderungen an die Freiwilligkeit („Kopplungsverbot") und an die Altersgrenze bei Kindern nach Art. 8 Abs. 1 der Verordnung. **135**

Das *Bayerische Landesamt für Datenschutzaufsicht* betont in seinen Hinweisen zur DS-GVO, dass der Verordnungsgeber mit EG 171 gerade darauf abgezielt habe, eine „Einwilligungsbürokratie" für den Betroffenen und den Verantwortlichen zu vermeiden.[133] Alt-Einwilligungserklärungen sollten aber zumindest dem Mindestgehalt des EG 42 entsprechen. D.h. eine vorformulierte Einwilligung sei dagegen zu prüfen, ob sie in *„verständlicher und leicht zugänglicher Form in einer klaren und einfachen Sprache"* zur Verfügung gestellt wurde, keine missverständlichen Klausen enthielt und den Betroffenen mindestens darüber informiert habe, wer der Verantwortliche ist und zu welchen Zwecken seine personenbezogenen Daten verarbeitet werden. **136**

---

129 So im Ergebnis auch Gola, *Schulz*, Art. 7 DS-GVO Rn. 53.
130 St. Rspr. vgl. z.B. BGH, Urteil vom 10.10.2013, Az. III ZR 325/12, abgedruckt in: NJW 2014, 141 mwN.
131 St. Rspr. vgl. z.B. BGH, Urteil vom 10.10.2013, Az. III ZR 325/12, abgedruckt in: NJW 2014, 141 mwN.
132 Beschluss der Aufsichtsbehörden für den Datenschutz im nicht-öffentlichen Bereich, Düsseldorfer Kreis am 13./14. September 2016, Fortgeltung bisher erteilter Einwilligungen unter der Datenschutz-Grundverordnung.
133 Hinweis Nr. IX Einwilligung nach der DS-GVO.

137 Hilfreich ist bei diesen Stellungnahmen insb. der Hinweis, dass es nicht auf die Einhaltung der Informationspflichten gem. Art. 13 und 14 der Verordnung ankommt. Andernfalls wären die meisten Einwilligungen wahrscheinlich unwirksam, denn nur wenige werden bereits die zusätzlichen Informationsanforderungen wie z.B. Angabe der Löschfristen, Verweis auf die geeigneten Garantien bei Drittlandübermittlung und Herkunft der Daten, erfüllen.

138 Eine andere Frage ist, ob eine einmal erteilte Einwilligung durch Zeitablauf erlöschen kann. Dies wird teilweise bei einer Einwilligung in Direktmarketing gem. § 7 UWG angenommen; die Einwilligung würde dann an „Aktualität" verlieren[134] bzw. beträfe dann nicht mehr „den konkreten Fall"[135]. Maßgeblich seien die Umstände des Einzelfalls, insb. ob von der Einwilligung erst nach längerer Zeit erstmals Gebrauch gemacht wird und der Werbende noch davon ausgehen dürfe, dass der Verbraucher noch Kenntnis von einer Einwilligung und Interesse an dem Anruf hat.[136] Richtigerweise ist aber im Grundsatz davon auszugehen, dass jede Einwilligungserklärung unbefristet gilt[137], dies gilt auch für eine Einwilligung in die Kontaktaufnahme Direktmarketing[138]. Möchte der Betroffene die Gültigkeitsdauer befristen, so kann er dies bereits in der Einwilligungserklärung vermerken oder die Einwilligungserklärung entsprechend zu einem späteren Zeitpunkt widerrufen. Eine andere Auslegung würde dazu führen, dass der Verantwortliche mit extremer Rechtsunsicherheit belastet ist, ob und wann ein Verbraucherinteresse in Folge Zeitablaufs weggefallen ist. Gerade angesichts des jederzeitigen Widerrufsrechts des Betroffenen ist der zeitliche „Verfall" einer Einwilligungserklärung nicht begründbar.[139]

C. Weitere Auswirkungen der Verordnung auf die Praxis

1. Auswirkungen auf nationales Recht

139 Art. 7 führt zu einem hohen Anpassungsbedarf im nationalen Recht, da die meisten datenschutzrechtlichen Spezialvorschriften bisher in Bezug auf die Definition von „Einwilligung" auf § 4a BDSG verweisen. Zukünftig ist sowohl im öffentlichen wie auch im nicht-öffentlichen Bereich allein die Definition in Art. 4 Nr. 11 i.V.m. Art. 7 maßgeblich. Lediglich im Anwendungsbereich der Polizei-RL (EU) 2016/680 enthält das deutsche Recht in §§ 46 Nr. 17, 51 BDSG-neu eigenständige Regelungen, die aber den Regelungen der DS-GVO im Wesentlichen entsprechen.

140 Im Beschäftigtenkontext sind zusätzlich die Vorgaben des § 26 Abs. 2 und 3 BDSG-neu zu beachten (s. dazu Art. 7 Rn. 111 f.). Dies gilt insb. im Hinblick auf die Beurteilung der Freiwilligkeit der erteilten Einwilligung sowie in Bezug auf Formerfordernisse für die Einwilligungserklärung (Schriftform) und der Aufklärung über die Verarbeitungszwecke und Widerrufsmöglichkeit (Textform).

141 Sonstige Vorschriften, welche bisher weitere Bedingungen einer datenschutzrechtlichen Einwilligung aufstellten, werden entfallen müssen. Ohnehin sind die § 4a BDSG, §§ 28 Abs. 3, Abs. 3a, Abs. 3b, Abs. 4 BDSG bereits mit dem BDSG-neu aufgehoben. Das gleiche Schicksal dürfte §§ 13-15 TMG, 95 TKG treffen.

---

134 LG München I, Urteil vom 08.04.2010, Az. 17 HKO 138/10; abgedruckt in: MD 2011, 562 ff. (17 Monate).

135 LG Berlin vom 09.12.2011, Az. 15 O 343/11; abgedruckt in: WRP 2012, 610, 611 (1,5 Jahre).

136 Köhler/Bornkamm, *Köhler*, § 7 UWG Rn. 148.

137 So z.B. auch ausdrücklich für eine vom Arbeitnehmer erteilte Einwilligung BAG, Urteil vom 11.12.2014, Az. 8 AZR 1010/13; abgedruckt in: NZA 2015, 604, 607.

138 OLG Hamburg, Urteil vom 04.03.2009, Az. 5 U 260/08; abgedruckt in: WRP 2009, 1282, 1284; OLG Köln, Urteil 07.12.2012, Az. 6 U 69/12; abgedruckt in: GRUR-RR 2013, 219, 221.

139 So auch Spindler/Schuster, *Micklitz/Schirmbacher*, § 7 UWG Rn. 132 ff.

2. Umsetzung in die Unternehmenspraxis

Schon jetzt sollte daran gearbeitet werden, dass zukünftig zu verwendende Einwilligungserklärungen den Anforderungen insb. auch den Art. 13 und 14 DS-GVO entsprechen. Dazu ist zu ermitteln, an welchen Stellen im Unternehmen Einwilligungserklärungen relevant sind und wie diese zukünftig im Interesse der Nachweispflicht dokumentiert werden können. Eine erneute Einholung von Alt-Einwilligungen wird oftmals nicht angezeigt sein. Entweder, weil diese zumindest den Anforderungen der RL 95/46/EG entsprechen und deshalb nach EG 171 ihre Wirksamkeit behalten. Oder, weil eine Aktualisierung ohnehin im Rahmen des Tagesgeschäfts automatisiert erfolgt, z.B. weil reaktionslos gebliebene Adressbestände für Werbeeinwilligungen als veraltet aussortiert werden. **142**

Im Beschäftigtenkontext ist auf das Schriftformerfordernis des § 26 Abs. 2 BDSG-neu zu achten. **143**
Sofern es wegen besonderer Umstände „angemessen" ist, kann zwar auch eine mündliche oder elektronische Einwilligung genügen, allerdings gilt nunmehr das Erschwernis, dass die Aufklärung über die Verarbeitungszwecke und das Widerrufsrecht in Textform vorzunehmen ist. Dies kann in der Praxis zu Problemen führen. Beispielsweise würde es für die Textform nicht ausreichen, wenn eine online erteilte Einwilligung lediglich von einem online angezeigten Hinweistext begleitet wird (s. dazu Art. 7 Rn. 111). Hier ist sicherzustellen, dass die Aufklärung dem Beschäftigten in Textform zugeht (z.B. als Ausdruck oder per E-Mail).

3. Sanktionen; Maßnahmen der Aufsichtsbehörde

Ein Verstoß gegen die Bedingungen der Einwilligung ist gem. Art. 83 Abs. 5 lit. a mit einem Buß- **144**
geld von bis zu 20.000.000 € oder im Fall eines Unternehmens von bis zu 4 % des weltweit erzielten Jahresumsatzes bewehrt. Daneben hat die Aufsichtsbehörde die allgemeinen Befugnisse nach Art. 58, was dazu führen kann, dass sie z.B. den Verantwortlichen auf einen Verstoß gegen die Bedingungen der Einwilligung hinweist, ihn verwarnt oder anweist die Einwilligungserklärung in Einklang mit der Verordnung zu bringen.

Article 8

Conditions applicable to child's consent in relation to information society services

1. Where point (a) of Article 6(1) applies, in relation to the offer of information society services directly to a child, the processing of the personal data of a child shall be lawful where the child is at least 16 years old. Where the child is below the age of 16 years, such processing shall be lawful only if and to the extent that consent is given or authorised by the holder of parental responsibility over the child.
   Member States may provide by law for a lower age for those purposes provided that such lower age is not below 13 years.
2. The controller shall make reasonable efforts to verify in such cases that consent is given or authorised by the holder of parental responsibility over the child, taking into consideration available technology.
3. Paragraph 1 shall not affect the general contract law of Member States such as the rules on the validity, formation or effect of a contract in relation to a child.

Artikel 8

Bedingungen für die Einwilligung eines Kindes in Bezug auf Dienste der Informationsgesellschaft

(1) Gilt Artikel 6 Absatz 1 Buchstabe a bei einem Angebot von Diensten der Informationsgesellschaft, das einem Kind direkt gemacht wird, so ist die Verarbeitung der personenbezogenen Daten des Kindes rechtmäßig, wenn das Kind das sechzehnte Lebensjahr vollendet hat. Hat das Kind noch nicht das sechzehnte Lebensjahr vollendet, so ist diese Verarbeitung nur rechtmäßig, sofern und soweit diese Einwilligung durch den Träger der elterlichen Verantwortung für das Kind oder mit dessen Zustimmung erteilt wird.
Die Mitgliedstaaten können durch Rechtsvorschriften zu diesen Zwecken eine niedrigere Altersgrenze vorsehen, die jedoch nicht unter dem vollendeten dreizehnten Lebensjahr liegen darf.

(2) Der Verantwortliche unternimmt unter Berücksichtigung der verfügbaren Technik angemessene Anstrengungen, um sich in solchen Fällen zu vergewissern, dass die Einwilligung durch den Träger der elterlichen Verantwortung für das Kind oder mit dessen Zustimmung erteilt wurde.

(3) Absatz 1 lässt das allgemeine Vertragsrecht der Mitgliedstaaten, wie etwa die Vorschriften zur Gültigkeit, zum Zustandekommen oder zu den Rechtsfolgen eines Vertrags in Bezug auf ein Kind, unberührt.

Recital

(38) Children merit specific protection with regard to their personal data, as they may be less aware of the risks, consequences and safeguards concerned and their rights in relation to the processing of personal data. Such specific protection should, in particular, apply to the use of personal data of children for the purposes of marketing or creating personality or user profiles and the collection of personal data with regard to children when using services offered directly to a child. The consent of the holder of parental responsibility should not be necessary in the context of preventive or counselling services offered directly to a child.

Erwägungsgrund

(38) Kinder verdienen bei ihren personenbezogenen Daten besonderen Schutz, da Kinder sich der betreffenden Risiken, Folgen und Garantien und ihrer Rechte bei der Verarbeitung personenbezogener Daten möglicherweise weniger bewusst sind. Ein solcher besonderer Schutz sollte insbesondere die Verwendung personenbezogener Daten von Kindern für Werbezwecke oder für die Erstellung von Persönlichkeits- oder Nutzerprofilen und die Erhebung von personenbezogenen Daten von Kindern bei der Nutzung von Diensten, die Kindern direkt angeboten werden, betreffen. Die Einwilligung des Trägers der elterlichen Verantwortung sollte im Zusammenhang mit Präven-

tions- oder Beratungsdiensten, die unmittelbar einem Kind angeboten werden, nicht erforderlich sein.

Literatur

Bayerisches Landesamt für Datenschutzaufsicht, Hinweis XV zu Bedingungen für die Einwilligung eines Kindes; *Bräutigam*, Das Nutzungsverhältnis bei sozialen Netzwerken, in: MMR 2012, 635; *Ehmann/Selmayr (Hrsg.)*, Datenschutz-Grundverordnung, 1. Auflage 2017, C.H. Beck München; *Erbs/Kohlhaas (Hrsg.)*, Strafrechtliche Nebengesetze, 212. EL Januar 2017, C.H. Beck München; *Gierschmann/Saeugling*, Systematischer Praxiskommentar zum Datenschutzrecht, 1. Auflage 2014, Bundesanzeiger Verlag Köln; *Gola*, Datenschutz-Grundverordnung, 1. Auflage 2017, C.H. Beck München; *Gola/Schulz*, DS-GVO – Neue Vorgaben für den Datenschutz bei Kindern?, in: ZD 2013, 475 ff.; *Hoeren/Sieber/Holznagel (Hrsg.)*, Handbuch Multimedia-Recht, 44. EL Januar 2017, C.H. Beck München; *Kühling/Buchner (Hrsg.)*, Datenschutz-Grundverordnung, 1. Auflage 2017, C.H. Beck München; *Meyer*, Gratisspiele im Internet und ihre minderjährigen Nutzer; in: NJW 2015, 3686 ff.; *Möhrke-Sobolewski/Klas*, Zur Gestaltung des Minderjährigendatenschutzes in digitalen Informationsdiensten, in: K&R 2016, 373 ff.; *Nebel/Richter*, Datenschutz bei Internetdiensten nach der DS-GVO, in: ZD 2012, 407 ff.; *Paal/Pauly*, Datenschutz-Grundverordnung, 1. Auflage 2016, C.H. Beck München; *Ricker/Weberling (Hrsg.)*, Handbuch des Presserechts, 6. Auflage 2012, C.H. Beck München; *Simitis (Hrsg.)*, Bundesdatenschutzgesetz, 8. Auflage 2014, Nomos Baden-Baden; *Spindler*, Die neue EU-Datenschutz-Grundverordnung, in: DB 2016, 937 ff.; *UK Information Comissioner's Office*, Consultation: GDPR consent guidance, 31.03.2017; *Wolff/Brink (Hrsg.)*, Beck'scher Online-Kommentar, Datenschutzrecht, 19. Edition Stand: 01.02.2017, C.H. Beck München.

▶ Bedeutung der Norm

Art. 8 regelt die Sondersituation der Einwilligung Minderjähriger in Datenverarbeitungen von sog. Diensten der Informationsgesellschaft. Anders als bisher im deutschen Recht gibt die DS-GVO nunmehr feste Altersgrenzen für die Wirksamkeit der Einwilligung Minderjähriger für über das Internet erbrachte Angebote vor. Danach kann eine Verarbeitung personenbezogener Daten bei Diensten der Informationsgesellschaft datenschutzrechtlich grundsätzlich ab Vollendung des 16. Lebensjahrs auf die Einwilligung des Minderjährigen gestützt werden. Die Mitgliedstaaten können diese Altersgrenze auf das vollendete 13. Lebensjahr herabsetzen. Unterhalb dieser Altersgrenze wird die mangelnde Einsichtsfähigkeit vermutet, es bedarf der Einwilligung des/der Sorgeberechtigten. Regelungen des allgemeinen Vertragsrechts zur Wirksamkeit einer Vereinbarung bleiben von Art. 8 unberührt. Ferner gelten die Bedingungen des Art. 7 kumulativ, sodass bei den 17- bis 18-Jährigen dennoch die Einsichtsfähigkeit im Rahmen der Wirksamkeitsprüfung eine Rolle spielen kann. Für Einwilligungen Minderjähriger in Bezug auf Verarbeitungen im anderem Kontext als dem Internet hat die Norm allenfalls Indizcharakter.

▶ Hinweise für den Anwender

Für die Norm relevante Definitionen:

- Definition von „Einwilligung" in Art. 4 Nr. 11.
- Definition von „Dienst der Informationsgesellschaft" in Art. 4 Nr. 25.
- Art. 1 UN-Menschenrechtskonvention (Definition „Kind").

Für die Auslegung der Norm relevante Erwägungsgründe:

- 38, 58, 65, 71, 75.

Systematische Einordnung der Norm innerhalb der DS-GVO:

- Kapitel II Grundsätze.
- Art. 8 folgt auf Art. 7, welcher generell die Bedingungen einer Einwilligung enthält.

Vorgängernormen im deutschen Datenschutzrecht:
- Im deutschen Datenschutzrecht gibt es bisher keine Sonderregelung für Minderjährige. Für die Wirksamkeit der Einwilligung wird auf die Einsichtsfähigkeit und den Verarbeitungskontext abgestellt.

Querbezüge zu anderen Normen (national):
- Definition „Kind" in § 3 JMStV bzw. § 1 JuSchG.
- Regelungen zur Geschäftsfähigkeit Minderjähriger, §§ 104 ff. BGB.
- Indikatoren für Einsichtsfähigkeit bisher: § 19 StGB (Schuldfähigkeit); § 36 SGB I (Sozialleistungen), § 175 Abs. 1 Satz 3 SGB V (Abschluss von Krankenversicherungen), § 5 KErzG (Religionsmündigkeit), § 1746 BGB (Einwilligung des Kindes in Adoption).
- § 4 Abs. 2 Satz 2 JMStV („geschlossene Benutzergruppe"); § 5 JMStV („technische oder sonstige Mittel").

Querbezüge zu anderen Normen (europäisch):
- Art. 7 regelt generell die Anforderungen an eine Einwilligung.
- Art. 9 enthält zusätzliche Vorgaben bei der Einwilligung in die Verarbeitung besonderer Kategorien von personenbezogenen Daten.
- Art. 6 Abs. 1 lit. f – Besondere Berücksichtigung der Interessen des Kindes bei Interessenabwägung.
- Art. 12 Abs. 1 – klare und einfache Sprache bei an Kinder gerichtete Informationen.
- Art. 40 Abs. 2 lit. g – Verhaltensregeln zur Art und Weise der Einholung der Einwilligung der Eltern möglich.
- Art. 57 Abs. 1 lit. b – Sensibilisierung und Aufklärung durch Aufsichtsbehörden.

▶ Schlagworte

Einwilligung; Kind; Minderjähriger; Zustimmung; Träger der elterlichen Verantwortung; Eltern; gesetzlicher Vertreter; Sorgeberechtigte; Altersgrenze; „angemessene Anstrengungen"; Altersverifikation; Wirksamkeit; Dienste der Informationsgesellschaft; Telemediendienst; Einsichtsfähigkeit; Geschäftsfähigkeit; beschränkte Geschäftsfähigkeit; Schuldfähigkeit; geschäftliche Unerfahrenheit Minderjähriger; Recht am eigenen Bild; Pfleger; Vormund; e-Privacy-Verordnung; E-Commerce-RL; Telemediendienste; UN-Kinderrechtskonvention; US Children Online Privacy Protection Act (COPPA); Dual-Use-Angebote; Medienkompetenz; Präventions- und Beratungsdienste; Höchstpersönlichkeit der Einwilligung; Prüfpflicht; Nachweispflicht; Verhaltensregeln; Alterskontrolle; Identitätskontrolle; Altersplausibilitätsprüfung; Identitätskontrolle „face-to-face"; Perso-Check-Verfahren; Postident-Verfahren; elektronischer Personalausweis; Ausweiskopien; Verbot der Beweislastumkehr; Double-Opt-in; Allgemeine Geschäftsbedingungen; Taschengeldparagraph; Recht auf Löschung; Leitlinien, Empfehlungen oder bewährte Verfahren; Profilbildung; Risikobewertung.

A. Allgemeines

I. Regelungszweck

1 Wie sich aus EG 38 ergibt, hält der Verordnungsgeber Kinder für besonders schutzbedürftig, da sich diese der betreffenden Risiken und Folgen von Datenverarbeitungen häufig weniger bewusst sind als Erwachsene. Die Unerfahrenheit und Beeinflussbarkeit kann bei dieser Gruppe leichter dazu führen, dass sie die Verarbeitungen und ihre Konsequenzen nicht überblicken, Vorsichtsmaßnahmen nicht treffen und Rechte (z.B. auf Löschung oder Auskunft) nicht ausüben. Das erhöhte Risiko sah der Verordnungsgeber insb. bei Diensten der Informationsgesellschaft, welche sich direkt an Kinder richten. Hintergrund ist wohl die hohe Affinität dieser Gruppe für Internetangebote und die weit verbreitete Teilnahme an sozialen Netzwerken. Dabei ist die elterliche Überwachung der Teilnahme dadurch erschwert, dass der Zugang zu solchen Diensten jederzeit mit den Kindern leicht zugänglichen Mitteln möglich ist. Der besondere Schutz soll nach EG 38 insb. für die Verwendung personenbezogener Daten von Kindern für Werbezwecke oder für die Erstellung von Persönlichkeits- und Nutzerprofilen gelten. Art. 8 Abs. 1 stellt nunmehr die Regelvermutung auf, dass eine für die Einwilligung erforderliche Einsichtsfähigkeit bei über das Internet erbrachten Angeboten erst ab dem vollendeten 16. Lebensjahr besteht.

II. Normadressaten

2 Normadressat ist in erster Linie der „Verantwortliche" im Sinne von Art. 4 Nr. 7 (s. Art. 4 Nr. 7 Rn. 1 ff.). Sofern sich sein Dienst *„direkt"* an Kinder richtet, muss er eine Einwilligung oder Zustimmung der Sorgeberechtigten in die Verarbeitungen sicherstellen.

3 Normadressaten sind aber auch die Mitgliedstaaten, welche nach Art. 8 Abs. 1, letzter Satz den Regelwert der Altersgrenze im nationalen Recht von 16 Jahren auf 13 Jahre absenken können.

III. Systematik

4 Art. 8 ist in Kapitel II eingeordnet, welches generell „vor die Klammer gezogen" die Grundsätze der Datenverarbeitung aufstellt. Art. 8 stellt besondere Bedingungen für die Einwilligung von Kindern bei Diensten der Informationsgesellschaft auf. Die Einwilligung ist eine der in Art. 6 Abs. 1 aufgezählten Möglichkeiten, um eine Datenverarbeitung rechtmäßig im Sinne von Art. 5 Abs. 1 lit. a auszugestalten. Andere Rechtsgrundlagen für die Rechtmäßigkeit der Verarbeitung, z.B. die Zulässigkeit von für die Vertragserfüllung erforderlichen Datenverarbeitungen gem. Art. 6 Abs. 1 lit. b, bleiben hiervon unberührt.

5 Art. 8 folgt auf Art. 7, welcher die allgemeinen Bedingungen einer Einwilligung beschreibt und kumulativ gilt.

IV. Entstehungsgeschichte

1. Bisherige europäische Vorgaben

6 Die RL 95/46/EG enthielt keine Vorgaben für die Einwilligung von Kindern.

2. Bisheriges nationales Recht

7 Weder das Bundesdatenschutzgesetz noch das Telemediengesetz als Spezialgesetz für Dienste der Informationsgesellschaft haben bisher explizite Bedingungen für die Einwilligung von Kindern aufgestellt. Es gab allerdings Ansätze des Bundesrates, das Telemediengesetz im Hinblick

auf Dienste mit nutzergenerierten Inhalten anzupassen, um Kinder und Jugendliche vor der Gefahr der Preisgabe von personenbezogenen Daten (z.B. Pädophile in Schülernetzwerken) zu schützen.[1] Danach sollten Diensteanbieter mit nutzergenerierten Inhalten verpflichtet werden, die höchste Sicherheitsstufe gem. dem Stand der Technik voreinzustellen, und Einstellungsmöglichkeiten bieten, wonach ein Auffinden mittels Suchmaschinen unterbunden werden kann. Dieser Vorstoß wurde aber nach Ablauf der Wahlperiode nicht weiterverfolgt.

8 Ob eine Einwilligung durch einen Minderjährigen wirksam abgegeben ist oder es der Einwilligung bzw. Zustimmung des Sorgeberechtigten bedurfte, wird bisher überwiegend von der Einsichtsfähigkeit des Minderjährigen abhängig gemacht.[2] Zwar ist die Rechtsnatur der Einwilligungserklärung umstritten (s. Art. 7 Rn. 44 ff.), im Ergebnis gehen aber auch die Vertreter einer Einordnung der Einwilligung als rechtsgeschäftliche Handlung davon aus, dass es keine festen (rechtsgeschäftlichen) Altersgrenzen für die datenschutzrechtliche Einwilligung gibt, sondern es für die Wirksamkeit der Einwilligung allein darauf ankommt, ob der Betroffene in der Lage ist, die Konsequenzen der Verwendung seiner Daten zu übersehen.[3]

9 Insgesamt sind abstrakte Aussagen zur Einsichtsfähigkeit Minderjähriger bei Einwilligungen schwierig, zumal der Verarbeitungskontext und damit verbundene Risiken einzelfallbezogen sind. Ein Blick in andere Rechtsvorschriften kann daher allenfalls einen bestimmten Grad an Einsichtsfähigkeit einer bestimmten Altersgruppe in einem bestimmten Verarbeitungskontext indizieren. Im Einzelnen:

- §§ 104 ff. BGB: Bei Rechtsgeschäften besteht unter 7 Jahren keine Geschäftsfähigkeit; aber auch von 7 bis 18 Jahren besteht nur eine beschränkte Geschäftsfähigkeit, d.h. Genehmigung des gesetzlichen Vertreters ist erforderlich. Ausnahmen: Lediglich rechtlich vorteilhafte Rechtsgeschäfte (§ 107 BGB), mit Taschengeld bewirkte Geschäfte (§ 110 BGB), selbstständiger Betrieb eines Erwerbsgeschäfts (§ 112 BGB), Dienst- oder Arbeitsverhältnis (§ 113 BGB).
- § 19 StGB: Eine strafrechtliche Schuldfähigkeit besteht erst ab 14 Jahren.
- § 36 SGB I: Anträge auf Sozialleistungen können ab 15 Jahren vom Minderjährigen alleine gestellt werden.
- § 175 Abs. 1 S. 3 SGB V: Das Wahlrecht der Krankenkasse besteht ab 15 Jahren.
- § 1746 BGB: Eine Einwilligung in eine Adoption kann ab 14 Jahren gegeben werden.
- §§ 3, 4, 5 Jugendmedienstaatsvertrag (JMStV): Diese Normen gehen von der Möglichkeit einer Entwicklungsbeeinträchtigung von Internet-Angeboten für Minderjährige unter 18 Jahren aus, stellen aber im Hinblick auf die Zugangshürden zu den Inhalten auf den jeweiligen Inhalt (z.B. Alterseinstufung durch die FSK) und die jeweils betroffene Altersstufe ab (6 Jahre, 12 Jahre, 16 Jahre, ab 18 Jahren).

10 Als Daumenregel kann gelten, dass ein Minderjähriger erst ab dem 14. Lebensjahr einsichtsfähig genug ist, um etwaige Konsequenzen der Datennutzung und -weitergabe durch Dritte zu überblicken, dies sehen bisher auch die Aufsichtsbehörden so.[4] Ab 14 Jahren kommt es darauf an, wie einsichtsfähig der Jugendliche ist und um welche Art von Daten und Zwecke der Verarbeitung es geht. Problematisch ist insb. die Einwilligung in die werbliche Verwendung von Daten Minderjähriger. Steht die Abgabe einer datenschutzrechtlichen Einwilligung im unmittelbaren Zusammenhang mit einer Kaufentscheidung, kann diese ohnehin schon gem. § 3 Abs. 2 und 5 UWG wegen Ausnutzung der geschäftlichen Unerfahrenheit Minderjähriger unlauter und damit unwirksam sein. Der *Bundesgerichtshof* hat eine im Rahmen eines Gewinnspiels abgegebene

1 Gesetzesentwurf des Bundesrates v. 3.8.2011, BT-Drs. 17/6765.
2 Vgl. z.B. *Gola/Schomerus*, § 4a BDSG Rn. 2a.
3 So. z.B. Simitis, *Simitis*, § 4a BDSG Rn. 20.
4 So. z.B. die Aufsichtsbehörde in Baden-Württemberg, Hinweis Nummer 36 zum Bundesdatenschutzgesetz für die private Wirtschaft v. 13.1.98, Ziffer 1.2; ausführlich Gierschmann/Saeugling, *Gierschmann*, § 4a BDSG Rn. 23 ff.

Einwilligungserklärung von über 15-jährigen Minderjährigen in die werbliche Direktansprache als unwirksam angesehen.[5] Zur Begründung führt der Gerichtshof aus, dass Minderjährige im Alter zwischen 15 und 17 Jahren den Reizen eines Gewinnspiels eher erliegen als ein Erwachsener und dabei die Folgen einer Einwilligung in die Datenerhebung mit der Möglichkeit, ständig über mehrere Kommunikationswege erreichbar zu sein, eher vernachlässigen. Für Jugendliche dieser Altersgruppe seien die mit der Preisgabe der persönlichen Daten verbundenen Nachteile nur schwer erkennbar, das Gleiche gelte für die wirtschaftlichen Vorteile, welche sich das werbende Unternehmen verspricht.

In Bezug auf die Verwendung von Fotos sind bisher die §§ 22, 23 KUG einschlägig (s. Art. 7 Rn. 20 ff.), wonach es grundsätzlich der Einwilligung des Abgebildeten bedarf. Nach ständiger Rechtsprechung ist bei Minderjährigen zusätzlich die Einwilligung der gesetzlichen Vertreter erforderlich.[6] 11

Bei der Verarbeitung von Gesundheitsdaten ist die Einwilligung des gesetzlichen Vertreters der Regelfall. Beispielsweise ist für die Teilnahme an einer klinischen Prüfung gem. Art. 40 Abs. 4 Nr. 3 Satz 1 AMG die Einwilligung des gesetzlichen Vertreters erforderlich. Ist der Minderjährige in der Lage, Wesen, Bedeutung und Tragweite der klinischen Prüfung zu erkennen, ist nach § 40 Abs. 4 Nr. 3 Satz 4 AMG auch seine Einwilligung erforderlich. 12

3. Verhandlungen zur DS-GVO

Die Altersgrenze, bis zu der eine Einwilligung des gesetzlichen Vertreters erforderlich sein soll, war im Rahmen der Verhandlungen zur DS-GVO umstritten. Zu verschieden sind hier offenbar die Vorstellungen in den einzelnen Mitgliedstaaten im Hinblick auf den Reifegrad der Minderjährigen. Der Kommissionsentwurf hatte zunächst in Art. 8 Abs. 1 KOM-E eine Einwilligung des gesetzlichen Vertreters lediglich für Kinder bis zum vollendeten dreizehnten Lebensjahr vorgesehen. Der Kompromiss ist nun eine Altersgrenze von sechzehn Jahren, wobei diese gem. Art. 8 Abs. 1, letzter Satz von den Mitgliedstaaten auf dreizehn Jahre abgesenkt werden kann. 13

Die DS-GVO enthält keine Definition des Begriffs „Kind". Der Vorschlag der Kommission, in EG 29-E (jetzt: EG 38) auf die Definition der UN-Konvention über die Rechte von Kinder zu verweisen, wonach gem. Artikel 1 als „Kind" gilt, wer das achtzehnte Lebensjahr noch nicht vollendet hat, wurde nicht übernommen. 14

Art. 8 KOM-E forderte generell eine Einwilligung des gesetzlichen Vertreters für die Verarbeitung personenbezogener Daten eines Kindes durch einen Dienst der Informationsgesellschaft, welcher direkt einem Kind angeboten wird. Der Verordnungstext folgt nun dem Vorschlag des Rats, wonach sich die Vorgaben des Art. 8 auf Situationen beschränken, bei welchen die Verarbeitung auf eine Einwilligung gem. Art. 6 Abs. 1 lit. a gestützt werden soll. Damit bleibt es dabei, dass eine Verarbeitung durch die anderen in Art. 6 Abs. 1 aufgezählten Rechtsgrundlagen bereits legitimiert sein kann, z.B. wenn die Verarbeitung für Zwecke der Vertragserfüllung erforderlich ist. In diesem Fall kommt es dann allein darauf an, ob der Minderjährige den Vertrag wirksam ohne Zustimmung der Sorgeberechtigten schließen kann (z.B. bei lediglich rechtlich vorteilhaften Rechtsgeschäften oder im Ausbildungsverhältnis). Allerdings werden sich dann die Datenverarbeitungen auf das beschränken müssen, was zur Vertragserfüllung tatsächlich erforderlich ist. 15

Ferner sah der ursprüngliche Kommissionsentwurf in Art. 8 Abs. 3 KOM-E noch vor, dass die Kommission über delegierte Rechtsakte Modalitäten und Anforderungen auf die Art der Erlangung einer nachprüfbaren Einwilligung der Sorgeberechtigten näher regeln kann. Dabei sollte die Kommission spezifische Maßnahmen für Kleinst- und Kleinunternehmen sowie mittlere Unternehmen in Betracht ziehen. Nach Abs. 4 KOM-E war zudem vorgesehen, dass die Kommission 16

5 Urt. v. 22.1.2014 – I ZR 218/12; abgedruckt in: GRUR 2014, 682, 685.

6 Z.B. BGH, Urt. v. 28.9.2004 – VI ZR 305/03; abgedruckt in: GRUR 2005, 74, 75; OLG Düsseldorf, Urt. v. 9.2.2010 – 20 U 151/09; abgedruckt in: BeckRS 201, 03794; *Ricker/Weberling*, Handbuch des Presserechts, Kap. 43, Rn. 6.

Standardvorlagen für *„spezielle Arten der Erlangung einer nachprüfbaren Einwilligung"* festlegen können sollte. Dieser Vorschlag wurde insgesamt nicht übernommen. Stattdessen enthält nunmehr Art. 40 Abs. 2 lit. g die Möglichkeit, dass Verbände und andere Vereinigungen in Verhaltensregeln die *„Art und Weise, in der die Einwilligung des Trägers der elterlichen Verantwortung für das Kind einzuholen ist"*, präzisieren können.

17 Die Änderungsvorschläge des Parlaments wurden im Wesentlichen nicht übernommen. Nach Art. 8 Abs. 1 EP-E sollte es auf ein direktes Angebot von *„Waren und Dienstleistungen"* ankommen, geblieben ist das Angebot von *„Diensten der Informationsgesellschaft"*. Dies trägt zur Rechtsklarheit bei, denn der Begriff *„Dienste der Informationsgesellschaft"* ist bereits in einigen europäischen Richtlinien eingeführt. Zudem hätte der Vorschlag des Parlaments dazu geführt, dass jeder Ladeninhaber Art. 8 unterliegt. Auch für die Angebote von Online-Diensten ist der Anwendungsbereich des Art. 8 nunmehr auf Sachverhalte begrenzt, bei denen es um Verarbeitungen geht, welche auf eine Einwilligung gestützt werden sollen. Ferner geht es nur um Angebote, welche direkt über das Medium Internet erbracht werden.

18 Das Parlament hatte in seinem Vorschlag noch eingefügt, dass eine Überprüfung der Einwilligung *„ohne eine sonst unnötige Verarbeitung personenbezogener Daten"* vorzunehmen sei. Dies ergibt sich aber ohnehin schon aus dem Gebot der Datenminimierung gem. Art. 5 Abs. 1 lit. c. Der weitere Vorschlag des Erfordernisses einer *„eindeutigen und den Adressaten angemessenen Sprache"* für Informationen zur Einwilligung ist letztlich in Art. 12 Abs. 1 aufgegangen, was systematisch richtig ist. Schließlich sollte nach Art. 8 Abs. 3 EP-E der Europäische Datenschutzausschuss beauftragt sein, Leitlinien, Empfehlungen und bewährte Praktiken in Bezug auf die Überprüfung der Einwilligung zu eröffnen. Auch dieser Vorschlag wurde nicht übernommen. Allerdings gestattet Art. 70 Abs. 1 lit. e generell die Bereitstellung von Leitlinien, Empfehlungen und bewährter Verfahren *„zwecks Sicherstellung einer einheitlichen Anwendung dieser Verordnung"*. Dazu kann auch gehören, dass Leitlinien, Empfehlungen oder bewährte Verfahren für eine Authentifizierung des gesetzlichen Vertreters veröffentlich werden.

B. Inhalt der Regelung

I. Einleitung

19 Art. 8 Abs. 1 regelt die Bedingungen einer Einwilligung bei Kindern. Sofern dafür eine Einwilligung des *„Trägers der elterlichen Verantwortung"* erforderlich ist, verpflichtet Art. 8 Abs. 2 den Verantwortlichen, sich zu vergewissern, dass dieser auch tatsächlich selbst die Zustimmung erteilt hat (s. Art. 8 Rn. 43 ff.). Schließlich bleiben nach Art. 8 Abs. 3 die Regelungen des allgemeinen Vertragsrechts unberührt. Insb. für die Frage der Gültigkeit, des Zustandekommens oder der Rechtsfolgen eines Vertrags in Bezug auf ein Kind bleibt es insoweit bei den nationalen Vorgaben.

II. Bedingungen für die Einwilligung des Kindes, Art. 8 Abs. 1

20 Nach Art. 8 Abs. 1 ist bei einer Verarbeitung, welche

(1.) auf eine Einwilligung im Sinne von Art. 6 Abs. 1 lit. a gestützt wird,

(2.) bei einem Angebot von *„Diensten der Informationsgesellschaft"*, das

(3.) einem Kind *„direkt"* gemacht wird,

(4.) die Einwilligung oder Zustimmung des Trägers der elterlichen Verantwortung erforderlich, sofern das Kind das sechzehnte Lebensjahr (oder eine entsprechend niedrigere Schwelle nach nationalem Recht, jedoch nicht unter 13 Jahren) noch nicht vollendet hat.

1. Einwilligung i.S.v. Art. 6 Abs. 1 lit. a

Die Relevanz der Vorschrift ist dadurch begrenzt, dass sie nur Fälle betrifft, in denen die Verarbeitung auf eine Einwilligung als Rechtsgrundlage gestützt wird.[7] Dies ergibt sich aus dem ausdrücklichen Wortlaut der Norm, wonach Art. 8 solche Fälle betrifft, bei denen Art. 6 Abs. 1 lit. a „gilt". Zunächst ist deshalb zu prüfen, ob die Verarbeitung nicht unter eine der übrigen Fallgruppen des Art. 6 Abs. 1 fallen könnte und bereits deshalb rechtmäßig ist. Die häufigsten Fälle dürften hier eine Verarbeitung für Zwecke der Vertragserfüllung (Art. 6 Abs. 1 lit. b), zur Erfüllung einer rechtlichen Verpflichtung (Art. 6 Abs. 1 lit. c) oder zur Wahrung berechtigter Interessen des Verantwortlichen oder eines Dritten (Art. 6 Abs. 1 lit. f) sein. Zusätzlich sind bei Verträgen die zivilrechtlichen Wirksamkeitserfordernisse bei Rechtsgeschäften mit Minderjährigen zu berücksichtigen (s. Art. 8 Rn. 52 ff.). 21

Art. 6 Abs. 1 lit. f greift nur, wenn nicht die Interessen oder Grundrechte und Grundfreiheiten der betroffenen Person überwiegen, *„insbesondere dann, wenn es sich bei der betroffenen Person um ein Kind handelt."* Der letzte Halbsatz in Art. 6 Abs. 1 lit. f macht deutlich, dass Kinder einen besonderen Schutz erfahren sollen. Wenn also EG 47, letzter Satz, erwähnt, dass eine Verarbeitung personenbezogener Daten zum Zwecke der Direktwerbung als eine dem berechtigten Interesse dienende Verarbeitung betrachtet werden kann, kann die Wertung gerade bei Kindern anders ausfallen. Insoweit ist EG 38 zu berücksichtigen, der einen Schutz der Kinder insb. bei der Verwendung personenbezogener Daten *„für Werbezwecke oder für die Erstellung von Persönlichkeits- und Nutzerprofilen und die Erhebung von personenbezogenen Daten von Kindern bei der Nutzung von Diensten, die Kindern direkt angeboten werden"* fordert. 22

Der häufigste Anwendungsfall für Art. 8 dürfte also derjenige sein, dass personenbezogene Daten des Nutzers des Dienstes der Informationsgesellschaft für andere Zwecke als der Vertragserfüllung, insb. für Werbezwecke, Datenverkauf oder Datenanalysen, verwendet werden, sofern eine solche Weiterverarbeitung nicht bereits durch Art. 6 Abs. 4 gerechtfertigt ist. Ein weiterer Anwendungsfall ist die Verarbeitung besonderer Kategorien personenbezogener Daten, da hier die ausdrückliche Einwilligung gem. Art. 9 Abs. 2 lit. a der Regelfall ist. 23

Ungeklärt ist das Verhältnis von Art. 8 zu den Cookie-Regelungen der Richtlinie 2002/58/EG für elektronische Kommunikation. Der Kommissionsentwurf einer e-Privacy-Verordnung als Nachfolgeregelung zur Richtlinie 2002/58/EG geht davon aus, dass die ePrivacy-VO *lex specialis* zur DS-GVO ist (entsprechend auch Art. 95 der DS-GVO). Soweit Art. 8 ePrivacy-VO-E für die Nutzung der Verarbeitungs- und Speicherfunktionen von Endeinrichtungen des Endnutzers und je der Erhebung von Informationen aus Endeinrichtungen der Endnutzer eine Einwilligung verlangt, nimmt Art. 9 ePrivacy-VO-E lediglich auf Art. 4 Nr. 11 und Art. 7 der DS-GVO Bezug. Ob dies bedeutet, dass Art. 8 für die Einwilligung in Cookies keine Rolle spielt, ist unklar. 24

2. Angebot von „Diensten der Informationsgesellschaft", Art. 4 Nr. 25

Eine weitere Eingrenzung erfährt der Anwendungsbereich von Art. 8 dadurch, dass er sich nur auf *„Dienste der Informationsgesellschaft"* bezieht, verkürzt gesagt auf Dienste, welche direkt online (über das Internet) erbracht werden. *„Dienste der Informationsgesellschaft"* sind gem. Art.4 Nr. 25 i.V.m. Art. 1 Abs. 1 Nr. 1 lit. b der RL 2015/1535[8] *„jede in der Regel gegen Entgelt* 25

7 So auch Hinweis XV des Bayerischen Landesamtes für Datenschutzaufsicht zu „Bedingungen für die Einwilligung eines Kindes, Art. 8 DS-GVO". Der UK Information Commissioner empfiehlt sogar, das „berechtigte Interesse" stets als mögliche Erlaubnisgrundlage zu prüfen; vgl. Consultation: GDPR Consent Guidance, dated 31 March 2017; Gola, *Schulz*, Art. 8 DS-GVO Rn. 3; a.A. offenbar Ehmann/Selmayr, *Heckmann/Paschke*, Art. 8 Rn. 36.

8 ABl. EU 2015 L 241/1.

elektronisch im Fernabsatz und auf individuellen Abruf eines Empfängers erbrachte Dienstleistung". Dabei enthält die Richtlinie in Anhang I eine Beispielliste der nicht unter die Definition entfallenden Dienste. Nicht darunter fallen z.B.:

- Dienstleistungen, bei welchen der Dienst zwar mit elektronischen Geräten, aber gleichzeitiger physischer Anwesenheit erbracht werden (z.B. Bereitstellung elektronischer Spiele in Spielhalle);
- Nicht „elektronisch" erbrachte Dienste (z.B. Offline-Dienste wie Vertrieb von CD-ROMs, Direktmarketing per Telefon/Telefax, Beratung per Telefon/Telefax);
- Nicht auf „individuellen Abruf" erbrachte Dienste (z.B. Point-to-Multipoint-Übertragungen wie Fernsehdienste einschließlich zeitversetzter Videoabruf, Hörfunkdienste, Teletext).

26 Für eine beispielhafte Auflistung von Diensten, welche unter die Definition fallen, lohnt ferner ein Blick in die E-Commerce-RL 2000/31/EG.[9] Nach EG 18 der RL 2000/31/EG fallen unter den Begriff der Online-Verkauf von Waren, aber nicht die Auslieferung von Waren als solche oder sonstige Erbringung von Offline-Diensten. Erfasst werden ebenfalls Online-Informationsdienste oder Dienste, die Instrumente zur Datensuche, zum Zugang zu Daten oder zur Datenabfrage bereitstellen. Ferner Dienste, welche Informationen über ein Kommunikationsnetz übermitteln, Zugang zu einem Kommunikationsnetz anbieten oder Informationen, die von einem Nutzer des Dienstes stammen, speichern. Schließlich Dienste, die von Punkt zu Punkt (point-to-point) erbracht werden, wie Video auf Abruf oder die Verbreitung kommerzieller Kommunikation mit elektronischer Post. Vereinfacht gesagt, muss die Dienstleistung direkt mit den Mitteln des Internets erbracht werden, wie z.B. Download-Möglichkeiten, Streaming-Dienste oder soziale Netzwerke.

27 Die Vorgaben des Art. 8 sind insgesamt für sämtliche Anbieter von sog. Telemediendiensten maßgeblich.[10] Dass diese Vorgaben evtl. strenger sind als die bisherigen Vorgaben der RL 2002/58/EG, ist nicht maßgeblich. Nach Art. 95 erlegt die Verordnung im Anwendungsbereich der RL 2002/58/EG nur für die Verarbeitung *„in Verbindung mit der Bereitstellung öffentlich zugänglicher elektronischer Kommunikationsdienste in öffentlichen Kommunikationsnetzen"* keine zusätzlichen Pflichten auf. Eine strengere Regelung bei Anbietern von Telemediendiensten steht dazu nicht im Widerspruch.

3. einem „Kind direkt gemachtes Angebot"

28 Die Verpflichtung zur Einholung einer Einwilligung des gesetzlichen Vertreters soll für Angebote von Diensten der Informationsgesellschaft gelten, welche *„direkt"* einem *„Kind"* gemacht werden. Der Begriff „Kind" ist nicht weiter definiert. Der Vorschlag der Kommission insoweit auf die Definition in der UN-Kinderrechtskonvention zu verweisen, wonach als „Kind" gilt, wer das achtzehnte Lebensjahr nicht vollendet hat, wurde nicht übernommen. Er fand offenbar keinen Konsens. Aus Art. 8 Abs. 1 Satz 1 ergibt sich aber, dass die Vorgaben des Art. 8 nur für Minderjährige gelten, welche das sechzehnte Lebensjahr noch nicht vollendet haben. Für Sechzehn- bis Achtzehnjährige ist daher Art. 8 nicht relevant. Die Mitgliedstaaten können die Altersschwelle gem. Art. 8 Abs. 1, letzter Satz, im nationalen Recht auf dreizehn Jahre absenken. Der deutsche Gesetzgeber hat von dieser Möglichkeit aber bei der Anpassung des BDSG an die DS-GVO keinen Gebrauch gemacht.[11] Es hätte hier nahegelegen, entsprechend den Jugendschutzgesetzen das Alter eines „Kindes" auf Personen unter 14 Jahren festzulegen (vgl. z.B. die Definition in § 3 Abs. 1 JMStV). In den USA enthalten die vergleichbaren Regelungen für den Schutz von Kindern im Online-Bereich, der sog. US Children Online Privacy Protection Act (COPPA), eine Altersgrenze bezogen auf Kinder unter dreizehn Jahren.[12]

---

9 ABl. EG 2000 L 178/1.
10 So auch *Gola/Schulz*, in: ZD 2013, 475, 477.
11 Vgl. Gesetzesentwurf v. 2. 2.2017, BT-Drs. 18/11325.
12 Vgl. § 312.2 Federal Trade Commission Rule („Definitions").

Direkt an Kinder richten sich im Regelfall Angebote, welche sich in Aufmachung (z.B. Comic-Figuren), Sprache („Du") und vom Inhalt (z.B. Pippi Langstrumpf) direkt an das Kind wenden und dieses direkt zur Interaktion mit dem Dienst („lade Dein bestes Video hoch") bzw. anderen Kindern auffordern. Darunter fallen Kinderportale, -netzwerke, Kindersuchmaschinen, Grundschulsoftware (z.B. Antolin zur Leseförderung in Schulen), an Kinder gerichtete Nachrichten- und Wissensportale (z.B. fragFinn.de), Kinder-Online-Spiele oder Apps (z.B. Conni Lernspaß) oder Websites von Kinder-Fernsehkanälen (z.B. Kika). Relevant kann auch sein, dass die Werbung für den Dienst Kinder als Zielgruppe direkt identifiziert und anspricht (z.B. Abbildung spielender Minderjähriger im Werbespot oder der Werbeanzeige).[13] **29**

Dagegen ist nicht ausreichend, dass der Dienst Waren oder Dienstleistungen für oder in Bezug auf Minderjährige im Internet (z.B. Spielzeug) anbietet.[14] Maßgeblich ist vielmehr, welchem Kundenkreis die Waren und Dienstleistungen erkennbar angeboten werden. Bspw. richten sich Ferienangebote für Familien oder Kaufmöglichkeiten für Spielzeug in erster Linie an die Eltern. Insoweit kann auch eine Rolle spielen, dass aufgrund der Allgemeinen Geschäftsbedingungen eine Teilnahme oder Nutzung für Personen unter 16 Jahren ausgeschlossen ist. Gerade bei kostenpflichtigen Angeboten wird daher oftmals Art. 8 keine Anwendung finden. **30**

Etwas anderes kann bei kostenlosen Angeboten gelten, die erkennbar vom Minderjährigen ohne Hilfestellung und Kenntnisnahme der Eltern genutzt werden können. Da die 10- bis 18-jährigen zu der am besten vernetzten Altersgruppe zählen, ist es besonders bei kostenlosen Angeboten wahrscheinlich, dass diese auch von Minderjährigen genutzt werden.[15] Aber auch hier wird es darauf ankommen, ob der Anbieter sein Angebot erkennbar auf Minderjährige ausrichtet. Nach *Spindler* sollen nur solche Dienste von Art. 8 erfasst sein, welche in ihrer Werbung Kinder deutlich ansprechen.[16] Zu weit geht es jedenfalls, wenn allein die Nutzungsmöglichkeit durch den Minderjährigen bereits zur Anwendbarkeit von Art. 8 führen würde. Insoweit ist die Diskussion um Dual-Use-Angebote etwas unglücklich, wenn es dabei ausreichen soll, dass dem Kind die Nutzung des Dienstes „offensteht".[17] Dies widerspricht dem eindeutigen Wortlaut der Norm, der ein „direktes" Angebot an Kinder voraussetzt. Um ein einfaches Beispiel zu nennen: Der Online-Auftritt der Zeitschrift „Der Spiegel" steht grundsätzlich auch der Lektüre durch Kinder offen, er richtet sich aber nicht an diese. Andernfalls müssten sämtliche Diensteanbieter nach dem Vorsichtigkeitsprinzip ihrem Angebot eine Altersabfrage vorschalten, was einen unverhältnismäßigen Eingriff in den eingerichteten und ausgeübten Gewerbebetrieb des Betreibers sowie das Recht auf Informationsfreiheit von Erwachsenen darstellen kann. Vergleichbar geht z.B. der US amerikanische Children Online Privacy Protection Act (COPPPA) davon aus, dass das Online-Angebot zielgerichtet an Kinder gemacht wird. Konkret werden dort *„websites or online services directed to children"* definiert als *„(i) commercial website or online service that is targeted to children; or (ii) that portion of a commercial website or online services that is targeted to children"*[18]. Der Begriff 'targeted' macht deutlich, dass es um Online-Angebote geht, welche sich 'gezielt' (also vom Betreiber bewusst und gewollt) an Kinder richten. Der Regelfall ist ein Angebot, welches sich ausschließlich an Kinder richtet, sei es auch als Teil eines Online-Auftritts, der sich im Übrigen an Erwachsene richtet (z.B. das Angebot „Logo" auf der Website des Fernsehsenders ZDF). Bspw. geht der Arbeitskreis der Datenschutzbeauftragten von ARD, ZDF und Deutschlandradio bisher beim Minderjährigendatenschutz auch so vor, dass vorab geklärt wird, welche Altersgruppe mit dem Angebot angesprochen werden soll.[19] **31**

---

13 *Spindler*, in: DB 2016, 937, 940.
14 So auch *Gola/Schulz*, in: ZD 2013, 475, 478.
15 BT-Drs. 17/8999, S. 30 unter Verweis auf eine Studie des Verbandes BITKOM.
16 *Spindler*, in: DB 2016, 937, 940.
17 So Paal/Pauly, *Frenzel*, Art. 8 DS-GVO Rn. 7.
18 15 U.S.C. § 6501 (10) (A).
19 Leitlinien zum Datenschutz in den Telemedien- und Social-Media-Angeboten der Rundfunkanstalten, S. 42.

32 Ferner muss es grundsätzlich möglich sein, dass Diensteanbieter in ihren Nutzungsbedingungen eine Nutzung auf über 16-Jährige begrenzen und damit eine Anwendung des Art. 8 ausschließen können. Zumindest lässt sich sagen, dass eine solche Altersbegrenzung ein starkes Indiz dafür ist, dass sich das Angebot nicht an Kinder richtet. Bei entgeltlichen Angeboten kann zusätzlich angeführt werden, dass unter 16-Jährige in der Regel noch über keine eigene Bankverbindung oder Kreditkarte verfügen. Etwas anderes mag für die Einordnung solcher Angebote gelten, bei denen die Altersangabe erkennbar bloßen Alibi-Charakter hat, weil der Betreiber in Wirklichkeit Kinder gezielt anspricht oder deren Nutzung durch Kinder erkennbar duldet. Im COPPA wird dies dadurch erfasst, dass auch solche Betreiber unter die Vorschrift fallen, welche *„actual knowledge"* (positive Kenntnis) davon haben, dass sie personenbezogene Daten von Kindern erheben.[20] Eine solche Klarstellung hat der europäische Verordnungsgeber allerdings nicht vorgenommen, weshalb es allein darauf ankommt, ob im Einzelfall eine gezielte Ansprache von Kindern feststellbar ist.

4. Einwilligung des Trägers der elterlichen Verantwortung

33 Nach Art. 8 Abs. 1 Satz 2 ist bei unter 16-Jährigen (oder eine entsprechend niedrigere Schwelle nach nationalem Recht, jedoch nicht unter 13 Jahren) die Verarbeitung personenbezogener Daten nur rechtmäßig, sofern und soweit der *„Träger der elterlichen Verantwortung"* eingewilligt oder die Einwilligung mit dessen Zustimmung erteilt wurde. Der Verordnungsgeber vermutet insoweit die mangelnde Einsichtsfähigkeit und eine nur vom Minderjährigen erteilte Einwilligung ist unwirksam. Es gibt demnach zwei Fallkonstellationen: Entweder der Träger der elterlichen Verantwortung hat die Einwilligung erteilt oder aber der Minderjährige hat die Einwilligung erteilt, aber mit Zustimmung des Trägers der elterlichen Verantwortung. Beide Fallkonstellationen setzen voraus, dass eine solche Einwilligung oder Zustimmung zur Einwilligung vor der Verarbeitung der personenbezogenen Daten des Kindes eingeholt wurde.

34 Für die Praxis ist dies nicht unproblematisch. Gerade im Online-Bereich wird es sich kaum vermeiden lassen, dass, z.B. im Rahmen einer Online-Anmeldung, bereits personenbezogene Daten Minderjähriger erhoben werden, ohne dass schon die Zustimmung der Eltern nachgewiesen ist. Der Regelfall bei Online-Angeboten dürfte insoweit nämlich sein, dass sich der Minderjährige anmeldet und dann die Zustimmung seiner Eltern beibringen muss, bevor er den Dienst in Anspruch nehmen kann. Denkbar wäre, den Begriff der „Zustimmung" im Sinne von § 184 Abs. 1 BGB auch als „nachträgliche Zustimmung (Genehmigung)" auszulegen, sodass die Einwilligung des Minderjährigen zunächst schwebend unwirksam wäre. Allerdings sind die Begriffe der DS-GVO autonom auszulegen, sodass deutsches Recht für die Auslegung nicht maßgeblich sein kann.[21] Ferner würde die schwebende Unwirksamkeit nichts daran ändern, dass nach dem Wortlaut von Art. 8 Abs. 1 eine Rechtmäßigkeit der Verarbeitung davon abhängig ist, dass die Zustimmung erteilt wurde. Diensteanbieter werden daher gehalten sein, bei Einwilligungserfordernissen möglichst frühzeitig das Alter des Nutzers abzufragen. Dabei muss es aber zulässig sein, dass Anmeldedaten für einen gewissen Zeitraum gespeichert werden, bis die Zustimmung der Eltern nachgewiesen ist, und der Diensteanbieter zunächst davon ausgehen kann, dass eine (vorherige) Zustimmung vorliegt. Die Anmeldedaten dürfen dann aber nur für diesen Zweck und nur für den Zeitraum der Verifizierung (zwischen-)gespeichert werden und sind bei Nichtbeibringung des Nachweises der Zustimmung unverzüglich zu löschen.

35 Ein weiterer Kritikpunkt ist, dass die starre Regelung der Einsichtsfähigkeit Minderjährige auch unangemessen in ihrem Recht auf informationelle Selbstbestimmung beschränken kann.[22] So wird es Fälle geben, in welchen der Minderjährige ausreichend Medienkompetenz besitzt, um eine Einwilligung in voller Einsicht zu erteilen. Gleichwohl bedarf er dann der Einwilligung der

20 15. U.S.C. § 6502 (b)(1)(A).
21 So im Ergebnis auch Gola, *Schulz*, Art. 8 DS-GVO Rn. 17; *Gola/Schulz*, in: ZD 2013, 475, 478; Ehmann/Selmayr, *Heckmann/Paschke*, Art. 8 DS-GVO Rn. 27.
22 Kritisch auch Gola, *Schulz*, Art. 8 DS-GVO Rn. 9.

Eltern, welche damit im Online-Bereich weit mehr Kontrolle über dessen Lebensbereich ausüben als im Offline-Bereich. Eine wichtige Ausnahme vom Einwilligungserfordernis erwähnt EG 38, wonach im Zusammenhang mit Präventions- und Beratungsdiensten, die unmittelbar einem Kind angeboten werden, keine Einwilligung des Trägers der elterlichen Verantwortung erforderlich sein soll. Problematisch ist insoweit, dass den Erwägungsgründen nicht wirklich rechtssetzender Charakter zukommt. Fraglich ist auch, ob diese „Ausnahme" auf die abschließend aufgezählten *„Präventions- und Beratungsdienste"* begrenzt ist und nur nicht-kommerzielle Dienste meint.[23] Grundsätzlich ist es sinnvoll, wenn in Fällen, in denen der Minderjährige ein berechtigtes Interesse am Ausschluss der Erziehungsberechtigten hat, keine Einwilligung derselben gefordert wird (z.B. Schwangeren- oder Suchtberatung, Fälle häuslicher Gewalt). Wünschenswert wäre daher eine klarstellende Regelung durch den nationalen Gesetzgeber. Dessen Gesetzgebungskompetenz sind allerdings enge Grenzen gesetzt, da sich die Öffnungsklausel in Art. 23 im Wesentlichen auf Ausgestaltungen der Rechte der betroffenen Person (Art. 12 bis 22) beschränkt. Letztlich könnte dieser aber zumindest für Minderjährige über 13 Jahren eine Regelung treffen, indem er von der Möglichkeit der Herabsetzung der Altersstufe in Art. 8 Abs. 1 Satz 2 Gebrauch macht. In der Zwischenzeit wird man wohl pragmatisch und im besten Kindeswohl dazu kommen, dass eine Einwilligung dann von derartigen Präventions- oder Beratungsdiensten nicht eingeholt werden muss. Eventuell handelt es sich aber auch um ein Scheinproblem, da solche Beratungsangebote in der Regel ohnehin meist offline oder am Telefon erbracht werden.

Eine andere Frage ist, ob die Sorgeberechtigten ihre Einwilligung auch gegen den Willen des Min- **36**
derjährigen erklären können. Nach wohl bisher überwiegender Auffassung erfordert die Höchstpersönlichkeit der datenschutzrechtlichen Einwilligungserklärung, dass abhängig von der Verarbeitungssituation und Einsichtsfähigkeit des Minderjährigen zusätzlich die Einwilligung des Minderjährigen erforderlich ist.[24] Dies gilt insb. bei besonders sensitiven Verarbeitungen (z.B. im Gesundheitsbereich), welche stark in das Persönlichkeitsrecht des Minderjährigen eingreifen. Dementsprechend hat der Bundesgerichtshof die Einwilligung einer sorgeberechtigten Mutter in die Veröffentlichung von Nacktfotos der 16-jährigen Tochter nicht ausreichen lassen.[25] Daran dürfte sich auch nach der DS-GVO nichts ändern. Art. 8 Abs. 1 Satz 1 stellt lediglich ein zusätzliches Wirksamkeitserfordernis auf, stellt aber nicht die Höchstpersönlichkeit der Einwilligungserklärung in Frage, welche sich so auch aus Art. 8 der Grundrechte-Charta ergibt.[26] In der Praxis wird sich die (zusätzliche) Einwilligung des Minderjährigen oftmals bereits aus der Erklärungssituation heraus ergeben, z.B. weil der Minderjährige die Anmeldung durchführt oder Inhalte hochlädt. Zu weit dürfte es gehen, wenn man insoweit auch noch ein Double-Opt-In des Kindes verlangt.[27]

Wer *„Träger der elterlichen Verantwortung"* ist, richtet sich nach nationalem Recht. In Deutsch- **37**
land vertreten die Eltern das Kind gem. § 1629 BGB im Regelfall gemeinschaftlich, sofern nicht ein Elternteil das alleinige Sorgerecht ausübt. Es bedarf also einer Einwilligung beider Elternteile, was in der Praxis oftmals problematisch ist.[28] Die elterliche Sorge ist im Fall der Pflegschaft gem. § 1630 BGB verdrängt. Eine Entscheidungsbefugnis des Pflegers kann sich aus § 1688 BGB ergeben. Bei Kompetenzkonflikten entscheidet das Familiengericht. Im Fall der Vormundschaft tritt der Vormund an die Stelle der Eltern gem. §§ 1773 ff. BGB. Die Vertretungsmacht des Vormunds ist bei höchstpersönlichen Rechtsakten ausgeschlossen bzw. beschränkt.[29] Geht man aber davon

23 So BeckOK Datenschutzrecht, *Stemmer*, Art. 7 DS-GVO Rn. 35.
24 Gierschmann/Saeugling, *Gierschmann*, § 4a BDSG Rn. 30; Simitis, *Simitis*, § 4a BDSG Rn. 20; Erbs/Kohlhaas, *Ambs*, § 4a BDSG Rn. 4.
25 BGH, Urt. v. 2.7.1974 – VI ZR 121/73; abgedruckt in: NJW 1974, 1947, 1949 f.
26 So auch Ehmann/Selmayr, *Heckmann/Paschke*, Art. 8 DS-GVO Rn. 10; Kühling/Buchner, *Buchner/Kühling*, Art. 8 DS-GVO Rn. 21; *Möhre-Sobolewski/Klas*, in: K&R 2016, 373, 375.
27 Vorschlag von Ehmann/Selmayr, *Heckmann/Paschke*, Art. 8 Rn. 26.
28 Kritisch Ehmann/Selmayr, *Heckmann/Paschke*, Art. 8 Rn. 24.
29 Palandt, *Götz*, § 1793 BGB Rn. 6.

aus, dass es sich bei der datenschutzrechtlichen Einwilligung um eine geschäftsähnliche Handlung handelt (s. Art. 7 Rn. 46), ist auch insoweit eine Vertretung möglich.

5. Rechtsfolge bei Nichtvorliegen der Einwilligung des Trägers der elterlichen Verantwortung

38 Hat das Kind die Altersgrenze nicht erreicht und liegt keine Einwilligung des Trägers der elterlichen Verantwortung vor, ist die auf die Einwilligung gestützte Verarbeitung unrechtmäßig. Eine bloße Einwilligung des Kindes wäre unwirksam, denn sie bedürfte der Zustimmung durch die Eltern. Den Nachweis für das Vorliegen der elterlichen Einwilligung bzw. Zustimmung muss der Diensteanbieter erbringen, wie sich aus Art. 8 Abs. 2 ergibt. Gelingt dies nicht, muss er die unrechtmäßig erhobenen Daten löschen. Ferner droht ein Bußgeld gem. Art. 83 Abs. 4 lit. a (s. Art. 8 Rn. 63).

III. Prüf- und Nachweispflicht des Verantwortlichen, Art. 8 Abs. 2

39 Nach Art. 8 Abs. 2 muss der Verantwortliche *„unter Berücksichtigung der verfügbaren Technik angemessene Anstrengungen"* unternehmen, um sich zu vergewissern, dass die Einwilligung durch den Träger der elterlichen Verantwortung oder mit dessen Zustimmung erteilt wurde. Diese Prüfpflicht ist kein Wirksamkeitserfordernis für eine Einwilligung, diese richtet sich allein nach Abs. 1.[30] Die Prüfpflicht in Abs. 2 dient dagegen der ohnehin bestehenden Nachweispflicht einer Einwilligung durch den Dienstebetreiber gem. Art. 7 Abs. 1.

40 Mit *„angemessene Anstrengungen"* hat der Verordnungsgeber bewusst eine offene Formulierung gewählt, die allerdings die Beteiligten vor die Frage stellt, wie ein Verfahren zur Feststellung aussehen könnte.[31] Nach dem ursprünglichen Vorschlag der Kommission hätte hier eine Konkretisierung durch delegierte Rechtsakte erfolgen sollen. Insb. sollte die Kommission ermächtigt sein, Kriterien und Anforderungen an die Verifizierung, auch unter Berücksichtigung der Unternehmensgröße, sowie Standardvorlagen für die Erlangung einer nachprüfbaren Einwilligung zu erlassen. Stattdessen gibt der Verordnungsgeber den Verantwortlichen nunmehr die Möglichkeit an die Hand, Verhaltensregeln gem. Art. 40 Abs. 2 lit. g über die Art und Weise, in der die Einwilligung des Trägers der elterlichen Verantwortung einzuholen ist, zu entwickeln. Diese Verhaltensregeln können den Aufsichtsbehörden zur Genehmigung vorgelegt werden und die Kommission kann dann im Wege des Durchführungsrechtsakts gem. Art. 40 Abs. 9 beschließen, dass die Verhaltensregeln allgemeine Gültigkeit in der Union besitzen.

41 Bis derartige Verhaltensregeln verfügbar sind, bleibt es dem Verantwortlichen überlassen, selbst angemessene Methoden zur Nachprüfung der Einwilligung zu entwickeln. Dabei stehen diese Methoden unter dem Vorbehalt der Angemessenheit, weshalb es neben den technischen Möglichkeiten auch auf die Verarbeitungssituation ankommt. Verkürzt gesagt: Je sensitiver die Datenverarbeitung ist (z.B. aufgrund der Art der Daten oder der mit der Bekanntgabe der Daten einhergehenden Risiken für die betroffene Person), desto höher werden die Anforderungen an die Nachprüfung sein. Gleichzeitig ist ein gewisses Risiko der Umgehung von Methoden der Nachprüfung durch den Minderjährigen hinzunehmen, da eine beweissichere Vollidentifikation in der Regel so aufwändig ist, dass sie viele legitime Geschäftsmodelle unmöglich machen würde und damit nicht mehr „angemessen" wäre. Zu weit würde es daher gehen, wenn die Diensteanbieter nunmehr ihre Online-Services nur noch über geschlossene Benutzergruppen anbieten könnten.[32] Dies zeigt ein Vergleich mit dem sonstigen Jugendschutzrecht. Nach § 4 Abs. 2 Jugendmedien-

---

30 So auch Ehmann/Selmayr, *Heckmann/Paschke*, Art. 8 Rn. 32; *Nebel/Richter*, in: ZD 2012, 407, 410 bezeichnen dies als „unklar".

31 Das Bayerische Landesamt für Datenschutzaufsicht, XV. Hinweis, Bedingungen für die Einwilligung eines Kindes, spricht zu Recht von einer „großen Herausforderung" für die Dienstanbieter.

32 Zu weitgehend daher die Forderung des Düsseldorfer Kreises nach einen „Altersverifikationssystem" für soziale Netzwerke, vgl. Beschluss der obersten Aufsichtsbehörden für den Datenschutz im nicht-öffentlichen Bereich (Düsseldorfer Kreis) vom 24./25. November 2010, Minderjährige in sozialen Netzwerken wirksamer schützen.

schutz-Staatsvertrag (JMStV) ist eine geschlossene Benutzergruppe nur bei schwer jugendgefährdenden Angeboten, z.B. Pornografie oder indizierten Medien, gefordert. Bei sonstigen Medienangeboten muss der Anbieter lediglich durch *„technische oder sonstige Mittel"* dafür Sorge tragen, dass Kinder und Jugendliche für ihre Altersstufe nicht geeignete Inhalte *„üblicherweise nicht wahrnehmen"* (§ 5 Abs. 1 und 3 JMStV). Hierfür genügt eine Altersplausibilitätsprüfung.[33] Der Begriff der „geschlossenen Benutzergruppe" meint dagegen ein besonders sicheres Verfahren zur Altersverifikation, bei welchem auf der ersten Stufe eine Identitätskontrolle „face-to-face" durchzuführen ist (z.B. durch Post-Ident oder SCHUFA-Identitätscheck Q-Bit) und dann bei jedem Zugang zu Inhalten, z.B. durch einen Hardware-Schlüssel (etwa USB-Stick, DVD oder Chip-Karte) in Verbindung mit einer PIN, eine Authentifizierung erfolgt.[34]

Art. 8 Abs. 2 bezieht sich auf die Nachprüfung der Einwilligung durch den Träger der elterlichen Verantwortung. Dem denklogisch vorgelagert ist die Frage, ob es sich bei dem Nutzer um eine Person unter 16 Jahren handelt. Für Letzteres muss eine Altersplausibilitätsprüfung ausreichen. Fraglich ist, ob es hierfür ausreicht, dass der Nutzer nach seinem Alter gefragt wird.[35] Dieses Verfahren wird bspw. auf Websites verwendet, welche alkoholische Getränke bewerben, da sich diese Werbung gem. § 6 Abs. 5 JMStV nicht an Kinder oder Jugendliche richten darf.[36] Eine solche Abfrage verstößt auch nicht zwangsläufig gegen das für Allgemeine Geschäftsbedingungen geltende Verbot der Umkehr der Beweislast gem. § 309 Nr. 12 BGB,[37] denn die Beweislast für die Volljährigkeit im zivilrechtlichen Sinne trägt grundsätzlich ohnehin der Nutzer.[38] Im Jugendschutzrecht wird jedenfalls ein Plausibilitätscheck über das sog. Perso-Check-Verfahren für grundsätzlich ausreichend erachtet.[39] Hierbei wird automatisiert eine Schlüssigkeitsprüfung anhand der vom Nutzer eingegebenen Personalausweisnummer durchgeführt. Zwar kann das Verfahren von einem Minderjährigen umgangen werden (z.B. durch Eingabe der Ausweisnummer eines Erwachsenen oder Verwendung einschlägiger Tools zur Generierung einer Personalausweisnummer), aber es schafft zumindest eine größere Hürde als die bloße Altersabfrage. Sicherere Varianten sind denkbar, z.B. die Nutzung des elektronischen Personalausweises (noch nicht weit verbreitet), eine Prüfung des Personalausweises im Videocheck oder eine Zahlungsabbuchung, da Kinder in der Regel nicht über Kreditkarten oder Girokonten verfügen. Letztlich ist es das Risiko des Betreibers festzustellen, ob er einer Einwilligung durch einen Sorgeberechtigten bedarf. Abzuraten ist jedenfalls von einem Erfordernis, Ausweiskopien zu übersenden, dies verbietet § 20 Abs. 2, 3 Personalausweisgesetz[40]; ein Verstoß ist mit einem Bußgeld bewehrt.[41] Eine spezialgesetzliche Erlaubnis zum Erstellen einer Fotokopie für Zwecke der Alters- und Identitätsfeststellung, wie sie z.B. für Anbieter von Telekommmunikationsdiensten in § 95 Abs. 4 TKG existiert, fehlt. 42

Die eigentliche Nachprüfungspflicht in Art. 8 Abs. 2 betrifft die Vergewisserung, ob die Einwilligung oder Zustimmung durch den Träger der elterlichen Verantwortung erteilt wurde. Insoweit wäre auch denkbar, dass der Betreiber gar keine Altersabfrage beim Nutzer tätigt, sondern unmittelbar die Einwilligung des Sorgeberechtigten verlangt (es sei denn der Minderjährige weist nach, dass er über 16 Jahre alt ist). Für den Nachweis der Einwilligung bzw. Zustimmung des Trägers der elterlichen Verantwortung wird es jedenfalls nicht ausreichen, dass der Nutzer selbst die 43

33 Vgl. Kriterien der KJM für technische Mittel als Jugendschutzmaßnahme für entwicklungsbeeinträchtigende Inhalte im Bereich des World Wide Web vom 9.10.2009 (Kurzfassung vom 29.6.2012), S. 4.
34 Dazu BGH, Urt. v. 18.10.2007 – I ZR 102/05 – ueber18.de.
35 Bejahend Gola, *Schulz*, Art. 8 DS-GVO Rn. 20; *Gola/Schulz*, in: ZD 2013, 475, 479; a.A. Ehmann/Selmayer, *Heckmann/Paschke*, Art. 8 DS-GVO Rn. 33.
36 Hoeren/Sieber/Holznagel, *Boemke*, Teil 11, Rn. 116 ff
37 So aber Gola, *Schulz*, Art. 8 DS-GVO Rn. 19.
38 *Meyer*, in: NJW 2015, 3686, 3688 unter Verweis auf OLG Brandenburg, MMR 2006, 405, 406.
39 Vgl. Kriterien der KJM für technische Mittel als Jugendschutzmaßnahme für entwicklungsbeeinträchtigende Inhalte im Bereich des World Wide Web vom 9.10.2009.
40 Die Gesetzesbegründung erwähnt ausdrücklich das Scannen und Fotografieren, BR-Drs. 550/18, S. 75.
41 § 32 Abs. 1 No. 7 und 8 PAuswG.

Existenz einer solchen bestätigt.[42] Eine solche Abfrage könnte ohnehin schon unter AGB-rechtlichen Gesichtspunkten als Verstoß gegen das Verbot der Beweislastumkehr (§ 309 Nr. 12 lit. b BGB) angesehen werden.[43] Unter *„angemessenen Anstrengungen"* wird man jedenfalls etwas mehr verstehen als das Klicken einer Box durch den (minderjährigen) Nutzer. Überwiegend wird vorgeschlagen, dass die elterliche Einwilligung per E-Mail im Wege eines sog. Double-Opt-in eingeholt wird.[44] D.h. die elterliche Zustimmung wird an eine vom Nutzer angegebene E-Mail-Adresse des Sorgeberechtigten bestätigt und ist dann nochmals vom Sorgeberechtigten als Account-Inhaber zu bestätigen. Zwar sind Umgehungsmöglichkeiten denkbar, z.B., indem das Kind selbst den zweiten Account anlegt, diese sind aber im Regelfall hinzunehmen, es sei denn ein Missbrauch ist für den Dienstebetreiber offensichtlich.[45] Zu weit geht es dagegen, wenn teilweise ein Double-Opt-in auch des Kindes gefordert wird.[46] Hier muss es ausreichen, dass das Kind eine andere E-Mail-Adresse für die Anmeldung nutzt, um die Gefahr von Umgehungen zu reduzieren. Eine gesonderte Bestätigung der Einwilligung nochmals durch das Kind, welches sich gerade um die Zustimmung des Trägers der elterlichen Sorge bemüht hat, wäre dann eine unnötige Förmelei.

44 Die amerikanische Federal Trade Commission hat im Wege der Rechtsverordnung (*„Children's Online Privacy Protection Rule"*) zur Umsetzung des COPPA weitere Methoden zur Einholung einer nachprüfbaren Einwilligung der Sorgeberechtigten festgelegt, welche auch für die Auslegung von Art. 8 interessant sind. Als solche kommen in Betracht:

- Schriftliche Einwilligung mit Unterschrift übersendet per Post, Fax oder E-Mail[47];
- Durchführung einer Zahlung per Kredit- oder Debitkarte oder einem anderen Online-Zahlungssystem, über welche der Kontoinhaber jeweils informiert wird[48];
- Anruf des Sorgeberechtigten bei einer kostenlosen Hotline mit geschultem Personal[49];
- Videokonferenz des Erwachsenen mit entsprechend geschultem Personal[50];
- Abgleich eines amtlichen Ausweises mit einer entsprechenden Datenbank, wenn die zur Verfügung gestellten Identifikationsinformationen gelöscht werden[51]; diese Alternative bedürfte in Deutschland allerdings einer gesetzlichen Regelung wegen § 20 Personalausweisgesetz.
- Verifizierte E-Mail-Einwilligung des Elternteils, d.h. dessen Einwilligung wird vom Diensteanbieter per E-Mail, Telefon oder Brief bestätigt[52].

45 Strengere Anforderungen können vor allem angezeigt sein, wenn es um besonders sensitive Verarbeitungen von personenbezogenen Daten geht, z.B. um die Verarbeitung von Gesundheitsdaten. Allerdings wird man auch hier auf den Verarbeitungskontext und die damit verbundenen Risiken abstellen müssen, bevor man z.B. auf zwar sicherere, aber auch mit einem Medienbruch verbundene Methoden wie Post-Ident-Verfahren abstellt.[53] Denkbar ist insoweit eine Nutzung von insb. für Jugendschutzrecht entwickelten Konzepten zum Alters- und Identitätsnachweis, z.B. der SCHUFA-Identitätscheck mit Q-Bit. Auch eine Identifizierung und Altersprüfung mit Einwilligung des Anschlussinhabers durch Telekommunikationsanbieter wäre möglich, da diese bei

---

42 So auch Paal/Pauly, *Frenzel*, Art. 8 DS-GVO Rn. 13; Kühling/Buchner, *Buchner/Kühling*, Art. 8 DS-GVO Rn. 23; a.A. Plath, *Plath*, Art. 8 DS-GVO Rn. 12.
43 *Meyer*, in: NJW 2015, 3686, 3688.
44 Paal/Pauly, *Frenzel*, Art. 8 DS-GVO Rn. 13; Kühling/Buchner, *Buchner/Kühling*, Art. 8 DS-GVO Rn. 24; Gola, *Schultz*, Art. 8 DS-GVO Rn. 32; Ehmann/Selmayr, *Heckmann/Paschke*, Art. 8 DS-GVO Rn. 33.
45 So auch Kühling/Buchner, *Buchner/Kühling*, Art. 8 DS-GVO Rn. 24.
46 So Ehmann/Selmayr, *Heckmann/Paschke*, Art. 8 DS-GVO Rn. 33.
47 312.5(b)(i) Children's Online Privacy Protection Rule.
48 312.5(b)(ii) Children's Online Privacy Protection Rule.
49 312.5(b)(iii) Children's Online Privacy Protection Rule.
50 312.5(b)(iv) Children's Online Privacy Protection Rule.
51 312.5(b)(v) Children's Online Privacy Protection Rule.
52 312.5(b)(vi) Children's Online Privacy Protection Rule.
53 So z.B. der Vorschlag von Ehmann/Selmayr, *Heckmann/Paschke*, Art. 8 DS-GVO Rn. 26.

Vertragsabschluss die Ausweisdokumente geprüft haben. Das Gleiche gilt für z.B. Online-Versandhändler oder Pay-TV-Anbieter, welche bereits einen Alters- und Identitätscheck des Erwachsenen durchgeführt haben. Es ist absehbar, dass sich hier neue Serviceangebote am Markt etablieren werden, bspw. Portallösungen, welche zukünftig einmalig einen Identitäts- und Alterscheck durchführen und danach eine Verifizierung bei Dritten über z.B. einen Adult-PIN gestatten.

Problematisch bleibt, dass der Diensteanbieter zu einer materiellen Prüfung der Sorgeberechtigung des die Einwilligung abgebenden Erwachsenen kaum in der Lage ist. Hier wird man wohl dazu kommen, dass es evtl. an einer wirksamen Einwilligung fehlt und die Daten damit zu löschen sind, aber jedenfalls – mangels Verschulden – kein Bußgeld verwirkt ist. **46**

IV. Fortgeltung des allgemeinen Vertragsrechts, Art. 8 Abs. 3

Die Pflicht zur Einholung einer Einwilligung des Trägers der elterlichen Verantwortung lässt das allgemeine Vertragsrecht der Mitgliedstaaten unberührt. Dementsprechend richten sich die Fragen nach der Gültigkeit, zum Zustandekommen oder zu Rechtsfolgen eines Vertrags allein nach nationalem Zivilrecht. So bedarf es keiner Einwilligung, wenn ein nach nationalem Recht wirksam mit einem Minderjährigen geschlossener Vertrag die Rechtsgrundlage für zur Vertragserfüllung erforderliche Datenverarbeitungen ist.[54] Die Gegenansicht verkennt, dass sich Art. 8 Abs. 1 nur auf Verarbeitungssituationen bezieht, welche mit einer Einwilligung legitimiert werden sollen (also z.B. über eine zur Vertragserfüllung erforderliche Verarbeitung hinausgehen).[55] Ferner wäre bei einer anderen Auslegung der Zusatz des Verordnungsgebers in Art. 6 Abs. 1 lit. f obsolet, wonach Grundrechte und Grundfreiheiten im Rahmen der Interessenabwägung insb. bei Kindern überwiegen können. Dementsprechend enthalten auch erste Verlautbarungen von Aufsichtsbehörden den Hinweis, dass Art. 8 bei anderen Rechtsgrundlagen als der Einwilligung nicht beachtlich ist.[56] **47**

In Deutschland richtet sich die Wirksamkeit von Verträgen mit Minderjährigen nach §§ 104 ff. BGB. Ist der Minderjährige noch keine sieben Jahre alt, ist er gem. § 104 BGB geschäftsunfähig und es bedarf stets der Willenserklärung der gesetzlichen Vertreter zum Abschluss eines Vertrags. Im Übrigen sind Minderjährige, also Personen im Alter zwischen dem vollendeten 7. bis zum 18. Lebensjahr, beschränkt geschäftsfähig. Eine Einwilligung des gesetzlichen Vertreters ist in diesen Fällen nur dann entbehrlich, wenn es sich bei dem Rechtsgeschäft um einen „lediglich rechtlichen Vorteil" (§ 107 BGB) handelt oder der Vertrag vom Minderjährigen mit Mitteln bewirkt ist, welche ihm der gesetzliche Vertreter zu diesem Zweck oder zum Zweck der freien Verfügung überlassen hat (§ 110 BGB; sog. Taschengeldparagraph). Allerdings wird selbst bei kostenlosen Angeboten davon ausgegangen, dass diese nicht „lediglich einen rechtlichen Vorteil" bieten, da in der Regel AGB vereinbart werden, welche zum Nachteil des Nutzers vom gesetzlichen Schutzstandard abweichen.[57] **48**

Sondersituationen bestehen, wenn der Minderjährige ein Erwerbsgeschäft selbst betreibt (§ 112) oder im Dienst- und Arbeitsverhältnis steht (§ 113 BGB). Insoweit ist man auch bisher schon davon ausgegangen, dass damit in Zusammenhang stehende erforderliche Datenverarbeitungen keiner gesonderten Einwilligung durch den gesetzlichen Vertreter bedürfen.[58] **49**

---

54 So auch Gola, *Schulz*, Art. 8 DS-GVO Rn. 22.

55 So wohl Ehmann/Selmayr, *Heckmann/Paschke*, Art. 8 Rn. 36, die davon auszugehen scheinen, dass ein Vertrag die Einwilligung nicht entbehrlich machen kann.

56 Hinweis XV des Bayerischen Landesamtes für Datenschutzaufsicht zu „Bedingungen für die Einwilligung eines Kindes, Art. 8 DS-GVO. Der UK Information Commissioner empfiehlt sogar das „berechtigte Interesse" stets als mögliche Erlaubnisgrundlage zu prüfen; vgl. Consultation: GDPR Consent Guidance, dated 31 March 2017;

57 Vgl. z.B. *Bräutigam*, in: MMR 2012, 635, 638.

58 Vgl. Simitis, *Simitis*, § 4a BDSG Rn. 22.

50 Im Übrigen sind von einem beschränkt Geschäftsfähigen abgeschlossene Verträge zivilrechtlich schwebend unwirksam (§ 108 BGB) und bedürfen der Genehmigung durch den gesetzlichen Vertreter.

V. Sonstige Bedingungen bei der Einwilligung von Kindern; weitere Sonderbestimmungen für Kinder

51 Art. 8 gilt kumulativ zu Art. 7, sodass es für die Wirksamkeit der Einwilligung zudem auf die Einhaltung der Bedingungen von Art. 7 ankommt (s. Art. 7 Rn. 34 ff.). Es gelten deshalb zusätzlich die allgemeinen in Art. 7 aufgestellten Einwilligungsbedingungen (s. Art. 7 Rn. 34 ff.). In Deutschland ist dann für die Frage der Abgabe der Einwilligung bzw. Vertretung in erster Linie die Einsichtsfähigkeit des Kindes maßgeblich, dies ist einzelfallbezogen festzustellen. Wie sich aus EG 58 ergibt, muss bei einer Einwilligung durch ein Kind sichergestellt sein, dass die für die Einwilligung erforderlichen Informationen in einer klaren und einfachen Sprache erfolgen, dass ein Kind sie verstehen kann. Dies bedeutet gleichzeitig, dass Minderjährige im Alter zwischen 16 und 18 Jahren nicht schutzlos dastehen, auch wenn für sie Art. 8 nicht greift. Es bleibt dabei, dass deren Einsichtsfähigkeit bei der Frage der Freiwilligkeit und Informiertheit eine Rolle spielt. Das Gleiche gilt für alle Altersgruppen unter 18 Jahren, wenn es nicht um Dienste der Informationsgesellschaft geht.

52 Die Sonderrolle von Kindern wird beim Recht auf Löschung besonders betont. EG 65 erläutert, dass ein Recht auf Widerruf einer Einwilligung besonders wichtig für die Fälle sei, in denen die Einwilligung noch im Kindesalter abgegeben wurde. Dies gelte insb. für die Löschung von im Internet gespeicherter Daten.

53 Ferner spielt es im Rahmen der nach Art. 24, 25, 32 bis 36 stets erforderlichen Risikobewertung eine Rolle, ob es sich um personenbezogene Daten von Kindern handelt. In EG 74, der allgemeine Ausführungen zur Risikobewertung enthält, werden die „personenbezogenen Daten schutzbedürftiger natürlicher Personen, insb. Daten von Kindern, als Beispiel für Daten angeführt, welche Risiken für die Rechte und Freiheiten der betroffenen Personen beinhalten können. Abhängig von der Verarbeitung und den verfolgten Verarbeitungszwecken kann die Schutzbedürftigkeit der Kinder zu der Einschätzung führen, dass es sich um eine besonders sensitive Verarbeitung handelt.

VI. Verhaltensregeln; Leitlinien der Aufsichtsbehörden

54 Nach Art. 40 Abs. 2 lit. g können Verbände und andere Vereinigungen Verhaltensregeln ausarbeiten, welche die Unterrichtung und den Schutz von Kindern sowie die Art und Weise, in der die Einwilligung des Trägers der elterlichen Verantwortung einzuholen ist, präzisiert werden. Solche Verhaltensregeln könnten dazu beitragen, dass die Altersverifikation europaweit vereinheitlicht wird. Hier sind die Industrie und Jugendschutzverbände gefragt, um mit entsprechenden Vorschlägen aufzuwarten.

55 Grundsätzlich ist auch denkbar, dass die europäischen Aufsichtsbehörden Leitlinien, Empfehlungen oder bewährte Verfahren zu dieser Frage erlassen. Nach Art. 70 Abs. 1 lit. e besteht diese Kompetenz zwecks Sicherstellung einer einheitlichen Anwendung dieser Verordnung, sodass sie grundsätzlich auch in der Anwendung des Art. 8 zum Tragen kommen kann.

C. Weitere Auswirkungen der Verordnung in der Praxis

I. Voraussichtliche Auswirkungen auf nationales Recht

56 Die deutschen Aufsichtsbehörden weisen im Hinblick auf die Fortgeltung bereits erteilter Einwilligungen darauf hin, dass die Altersgrenze von 16 Jahren besonders zu beachten ist.[59] Allerdings

---

59 Beschluss der Aufsichtsbehörden für den Datenschutz im nicht-öffentlichen Bereich (Düsseldorfer Kreis) vom 13./14. September 2016.

war auch schon bisher bei der Einwilligung von Minderjährigen im Regelfall die Einwilligung der Sorgeberechtigten erforderlich, sodass bereits von den Sorgeberechtigten erteilte Einwilligungen fortbestehen können.

Der deutsche Gesetzgeber hat bisher nicht von der Möglichkeit Gebrauch gemacht, die Altersgrenze für das Erfordernis der Einholung der Einwilligung des Trägers elterlichen Gewalt herabzusetzen.[60] Dementsprechend müssen Betreiber von Diensten der Informationsgesellschaft die Altersgrenze von sechzehn Jahren beachten. Auf die Einsichtsfähigkeit und Medienkompetenz des Einzelnen bzw. auf die Eingriffsintensität des Angebots, kommt es dann nicht an. **57**

II. Umsetzung in die Unternehmenspraxis

Diensteanbieter sollten zunächst ermitteln, ob sich deren Angebote (auch) an Minderjährige richten. Dabei ist auf die aufgrund der Inhalte und der Werbung angesprochene Zielgruppe abzustellen. Zusätzlich kann es sich empfehlen, bei an Personen über 16 Jahre gerichteten Angeboten einen klarstellenden Hinweis in die Teilnahme- oder Nutzungsbedingungen aufzunehmen. Soweit es sich um ein an Kinder unter 16 Jahren gerichtetes Angebot handelt, sollte zunächst geprüft werden, ob eine andere Rechtsgrundlage als die Einwilligung in Betracht kommt (z.B. Vertragserfüllung). Auch heute ist es schon so, dass bei personenbezogenen Daten von Minderjährigen eine Verarbeitung von nicht für die Vertragserfüllung erforderlichen Daten problematisch ist. Dies gilt vor allem für Fälle der Profilbildung. Sofern keine sonstige Rechtsgrundlage in Betracht kommt, sollte der Diensteanbieter Methoden entwickeln, welche die Einholung der Einwilligung des Trägers der elterlichen Verantwortung sicherstellen, bevor mit der Datenverarbeitung begonnen wird, bspw. durch Einholung einer Einwilligung per E-Mail im Wege des Double-Opt-in-Verfahrens. Diese Einwilligung ist vom Diensteanbieter zu dokumentieren, um seiner Nachweispflicht gem. Art. 7 Abs. 1 nachzukommen. **58**

III. Sanktionen; Maßnahmen der Aufsichtsbehörde

Ein Verstoß gegen Art. 8 ist gem. Art. 83 Abs. 4 lit. a mit einem Bußgeld von bis zu 10 Millionen Euro oder 2 % des gesamten weltweiten Jahresumsatzes bewehrt. Angesichts der unklaren Vorgaben zur Nachprüfungspflicht, insb. zur Frage, was *„angemessene Anstrengungen"* sind, bestehen derzeit allerdings Bedenken im Hinblick auf die Bestimmtheit des Bußgeldtatbestands.[61] **59**

---

60 Vgl. Datenschutz-Anpassungs- und Umsetzungsgesetz EU – DSAnpUG-EU; abgedruckt: BGBl. 2017 I 2097.

61 Gola, *Schulz*, Art. 8 DS-GVO Rn. 19; *Nebel/Richter*, in: ZD 2012, 407, 410.

Article 9

Processing of special categories of personal data

1. Processing of personal data revealing racial or ethnic origin, political opinions, religious or philosophical beliefs, or trade union membership, and the processing of genetic data, biometric data for the purpose of uniquely identifying a natural person, data concerning health or data concerning a natural person's sex life or sexual orientation shall be prohibited.

2. Paragraph 1 shall not apply if one of the following applies:

   (a) the data subject has given explicit consent to the processing of those personal data for one or more specified purposes, except where Union or Member State law provide that the prohibition referred to in paragraph 1 may not be lifted by the data subject;

   (b) processing is necessary for the purposes of carrying out the obligations and exercising specific rights of the controller or of the data subject in the field of employment and social security and social protection law in so far as it is authorised by Union or Member State law or a collective agreement pursuant to Member State law providing for appropriate safeguards for the fundamental rights and the interests of the data subject;

   (c) processing is necessary to protect the vital interests of the data subject or of another natural person where the data subject is physically or legally incapable of giving consent;

   (d) processing is carried out in the course of its legitimate activities with appropriate safeguards by a foundation, association or any other not-for-profit body with a political, philosophical, religious or trade union aim and on condition that

Artikel 9

Verarbeitung besonderer Kategorien personenbezogener Daten

(1) Die Verarbeitung personenbezogener Daten, aus denen die rassische und ethnische Herkunft, politische Meinungen, religiöse oder weltanschauliche Überzeugungen oder die Gewerkschaftszugehörigkeit hervorgehen, sowie die Verarbeitung von genetischen Daten, biometrischen Daten zur eindeutigen Identifizierung einer natürlichen Person, Gesundheitsdaten oder Daten zum Sexualleben oder der sexuellen Orientierung einer natürlichen Person ist untersagt.

(2) Absatz 1 gilt nicht in folgenden Fällen:

a) Die betroffene Person hat in die Verarbeitung der genannten personenbezogenen Daten für einen oder mehrere festgelegte Zwecke ausdrücklich eingewilligt, es sei denn, nach Unionsrecht oder dem Recht der Mitgliedstaaten kann das Verbot nach Absatz 1 durch die Einwilligung der betroffenen Person nicht aufgehoben werden,

b) die Verarbeitung ist erforderlich, damit der Verantwortliche oder die betroffene Person die ihm bzw. ihr aus dem Arbeitsrecht und dem Recht der sozialen Sicherheit und des Sozialschutzes erwachsenden Rechte ausüben und seinen bzw. ihren diesbezüglichen Pflichten nachkommen kann, soweit dies nach Unionsrecht oder dem Recht der Mitgliedstaaten oder einer Kollektivvereinbarung nach dem Recht der Mitgliedstaaten, das geeignete Garantien für die Grundrechte und die Interessen der betroffenen Person vorsieht, zulässig ist,

c) die Verarbeitung ist zum Schutz lebenswichtiger Interessen der betroffenen Person oder einer anderen natürlichen Person erforderlich und die betroffene Person ist aus körperlichen oder rechtlichen Gründen außerstande, ihre Einwilligung zu geben,

d) die Verarbeitung erfolgt auf der Grundlage geeigneter Garantien durch eine politisch, weltanschaulich, religiös oder gewerkschaftlich ausgerichtete Stiftung, Vereinigung oder sonstige Organisation ohne Gewinnerzielungsabsicht im Rahmen ihrer

the processing relates solely to the members or to former members of the body or to persons who have regular contact with it in connection with its purposes and that the personal data are not disclosed outside that body without the consent of the data subjects;

rechtmäßigen Tätigkeiten und unter der Voraussetzung, dass sich die Verarbeitung ausschließlich auf die Mitglieder oder ehemalige Mitglieder der Organisation oder auf Personen, die im Zusammenhang mit deren Tätigkeitszweck regelmäßige Kontakte mit ihr unterhalten, bezieht und die personenbezogenen Daten nicht ohne Einwilligung der betroffenen Personen nach außen offengelegt werden,

(e) processing relates to personal data which are manifestly made public by the data subject;

e) die Verarbeitung bezieht sich auf personenbezogene Daten, die die betroffene Person offensichtlich öffentlich gemacht hat,

(f) processing is necessary for the establishment, exercise or defence of legal claims or whenever courts are acting in their judicial capacity;

f) die Verarbeitung ist zur Geltendmachung, Ausübung oder Verteidigung von Rechtsansprüchen oder bei Handlungen der Gerichte im Rahmen ihrer justiziellen Tätigkeit erforderlich,

(g) processing is necessary for reasons of substantial public interest, on the basis of Union or Member State law which shall be proportionate to the aim pursued, respect the essence of the right to data protection and provide for suitable and specific measures to safeguard the fundamental rights and the interests of the data subject;

g) die Verarbeitung ist auf der Grundlage des Unionsrechts oder des Rechts eines Mitgliedstaats, das in angemessenem Verhältnis zu dem verfolgten Ziel steht, den Wesensgehalt des Rechts auf Datenschutz wahrt und angemessene und spezifische Maßnahmen zur Wahrung der Grundrechte und Interessen der betroffenen Person vorsieht, aus Gründen eines erheblichen öffentlichen Interesses erforderlich,

(h) processing is necessary for the purposes of preventive or occupational medicine, for the assessment of the working capacity of the employee, medical diagnosis, the provision of health or social care or treatment or the management of health or social care systems and services on the basis of Union or Member State law or pursuant to contract with a health professional and subject to the conditions and safeguards referred to in paragraph 3;

h) die Verarbeitung ist für Zwecke der Gesundheitsvorsorge oder der Arbeitsmedizin, für die Beurteilung der Arbeitsfähigkeit des Beschäftigten, für die medizinische Diagnostik, die Versorgung oder Behandlung im Gesundheits- oder Sozialbereich oder für die Verwaltung von Systemen und Diensten im Gesundheits- oder Sozialbereich auf der Grundlage des Unionsrechts oder des Rechts eines Mitgliedstaats oder aufgrund eines Vertrags mit einem Angehörigen eines Gesundheitsberufs und vorbehaltlich der in Absatz 3 genannten Bedingungen und Garantien erforderlich,

(i) processing is necessary for reasons of public interest in the area of public health, such as protecting against serious cross-border threats to health or ensuring high standards of quality and safety of health care and of medicinal products or medical devices, on the basis of Union or Member State law which

i) die Verarbeitung ist aus Gründen des öffentlichen Interesses im Bereich der öffentlichen Gesundheit, wie dem Schutz vor schwerwiegenden grenzüberschreitenden Gesundheitsgefahren oder zur Gewährleistung hoher Qualitäts- und Sicherheitsstandards bei der Gesundheitsversorgung und bei Arzneimitteln und Medizinprodukten,

provides for suitable and specific measures to safeguard the rights and freedoms of the data subject, in particular professional secrecy; 4.5.2016 L 119/38 Official Journal of the European Union EN

auf der Grundlage des Unionsrechts oder des Rechts eines Mitgliedstaats, das angemessene und spezifische Maßnahmen zur Wahrung der Rechte und Freiheiten der betroffenen Person, insbesondere des Berufsgeheimnisses, vorsieht, erforderlich, oder 4.5.2016 L 119/38 Amtsblatt der Europäischen Union DE

(j) processing is necessary for archiving purposes in the public interest, scientific or historical research purposes or statistical purposes in accordance with Article 89(1) based on Union or Member State law which shall be proportionate to the aim pursued, respect the essence of the right to data protection and provide for suitable and specific measures to safeguard the fundamental rights and the interests of the data subject.

j) die Verarbeitung ist auf der Grundlage des Unionsrechts oder des Rechts eines Mitgliedstaats, das in angemessenem Verhältnis zu dem verfolgten Ziel steht, den Wesensgehalt des Rechts auf Datenschutz wahrt und angemessene und spezifische Maßnahmen zur Wahrung der Grundrechte und Interessen der betroffenen Person vorsieht, für im öffentlichen Interesse liegende Archivzwecke, für wissenschaftliche oder historische Forschungszwecke oder für statistische Zwecke gemäß Artikel 89 Absatz 1 erforderlich.

3. Personal data referred to in paragraph 1 may be processed for the purposes referred to in point (h) of paragraph 2 when those data are processed by or under the responsibility of a professional subject to the obligation of professional secrecy under Union or Member State law or rules established by national competent bodies or by another person also subject to an obligation of secrecy under Union or Member State law or rules established by national competent bodies.

(3) Die in Absatz 1 genannten personenbezogenen Daten dürfen zu den in Absatz 2 Buchstabe h genannten Zwecken verarbeitet werden, wenn diese Daten von Fachpersonal oder unter dessen Verantwortung verarbeitet werden und dieses Fachpersonal nach dem Unionsrecht oder dem Recht eines Mitgliedstaats oder den Vorschriften nationaler zuständiger Stellen dem Berufsgeheimnis unterliegt, oder wenn die Verarbeitung durch eine andere Person erfolgt, die ebenfalls nach dem Unionsrecht oder dem Recht eines Mitgliedstaats oder den Vorschriften nationaler zuständiger Stellen einer Geheimhaltungspflicht unterliegt.

4. Member States may maintain or introduce further conditions, including limitations, with regard to the processing of genetic data, biometric data or data concerning health.

(4) Die Mitgliedstaaten können zusätzliche Bedingungen, einschließlich Beschränkungen, einführen oder aufrechterhalten, soweit die Verarbeitung von genetischen, biometrischen oder Gesundheitsdaten betroffen ist.

Recitals

(51) Personal data which are, by their nature, particularly sensitive in relation to fundamental rights and freedoms merit specific protection as the context of their processing could create significant risks to the fundamental rights and freedoms. Those personal data should include personal data revealing racial or ethnic origin, whereby the use of the term 'racial origin' in this Regulation does not imply an acceptance

Erwägungsgründe

(51) Personenbezogene Daten, die ihrem Wesen nach hinsichtlich der Grundrechte und Grundfreiheiten besonders sensibel sind, verdienen einen besonderen Schutz, da im Zusammenhang mit ihrer Verarbeitung erhebliche Risiken für die Grundrechte und Grundfreiheiten auftreten können. Diese personenbezogenen Daten sollten personenbezogene Daten umfassen, aus denen die rassische oder ethnische

by the Union of theories which attempt to determine the existence of separate human races. The processing of photographs should not systematically be considered to be processing of special categories of personal data as they are covered by the definition of biometric data only when processed through a specific technical means allowing the unique identification or authentication of a natural person. Such personal data should not be processed, unless processing is allowed in specific cases set out in this Regulation, taking into account that Member States law may lay down specific provisions on data protection in order to adapt the application of the rules of this Regulation for compliance with a legal obligation or for the performance of a task carried out in the public interest or in the exercise of official authority vested in the controller. In addition to the specific requirements for such processing, the general principles and other rules of this Regulation should apply, in particular as regards the conditions for lawful processing. Derogations from the general prohibition for processing such special categories of personal data should be explicitly provided, inter alia, where the data subject gives his or her explicit consent or in respect of specific needs in particular where the processing is carried out in the course of legitimate activities by certain associations or foundations the purpose of which is to permit the exercise of fundamental freedoms.

Herkunft hervorgeht, wobei die Verwendung des Begriffs „rassische Herkunft" in dieser Verordnung nicht bedeutet, dass die Union Theorien, mit denen versucht wird, die Existenz verschiedener menschlicher Rassen zu belegen, gutheißt. Die Verarbeitung von Lichtbildern sollte nicht grundsätzlich als Verarbeitung besonderer Kategorien von personenbezogenen Daten angesehen werden, da Lichtbilder nur dann von der Definition des Begriffs „biometrische Daten" erfasst werden, wenn sie mit speziellen technischen Mitteln verarbeitet werden, die die eindeutige Identifizierung oder Authentifizierung einer natürlichen Person ermöglichen. Derartige personenbezogene Daten sollten nicht verarbeitet werden, es sei denn, die Verarbeitung ist in den in dieser Verordnung dargelegten besonderen Fällen zulässig, wobei zu berücksichtigen ist, dass im Recht der Mitgliedstaaten besondere Datenschutzbestimmungen festgelegt sein können, um die Anwendung der Bestimmungen dieser Verordnung anzupassen, damit die Einhaltung einer rechtlichen Verpflichtung oder die Wahrnehmung einer Aufgabe im öffentlichen Interesse oder die Ausübung öffentlicher Gewalt, die dem Verantwortlichen übertragen wurde, möglich ist. Zusätzlich zu den speziellen Anforderungen an eine derartige Verarbeitung sollten die allgemeinen Grundsätze und andere Bestimmungen dieser Verordnung, insbesondere hinsichtlich der Bedingungen für eine rechtmäßige Verarbeitung, gelten. Ausnahmen von dem allgemeinen Verbot der Verarbeitung dieser besonderen Kategorien personenbezogener Daten sollten ausdrücklich vorgesehen werden, unter anderem bei ausdrücklicher Einwilligung der betroffenen Person oder bei bestimmten Notwendigkeiten, insbesondere wenn die Verarbeitung im Rahmen rechtmäßiger Tätigkeiten bestimmter Vereinigungen oder Stiftungen vorgenommen wird, die sich für die Ausübung von Grundfreiheiten einsetzen.

(52) Derogating from the prohibition on processing special categories of personal data should also be allowed when provided for in Union or Member State law and subject to suitable safeguards, so as to protect personal data and other fundamental rights, where it is in the public interest to do so, in particular processing personal data in the field of employment law,

(52) Ausnahmen vom Verbot der Verarbeitung besonderer Kategorien von personenbezogenen Daten sollten auch erlaubt sein, wenn sie im Unionsrecht oder dem Recht der Mitgliedstaaten vorgesehen sind, und – vorbehaltlich angemessener Garantien zum Schutz der personenbezogenen Daten und anderer Grundrechte – wenn dies durch das öffentliche Inte-

social protection law including pensions and for health security, monitoring and alert purposes, the prevention or control of communicable diseases and other serious threats to health. Such a derogation may be made for health purposes, including public health and the management of health-care services, especially in order to ensure the quality and cost-effectiveness of the procedures used for settling claims for benefits and services in the health insurance system, or for archiving purposes in the public interest, scientific or historical research purposes or statistical purposes. A derogation should also allow the processing of such personal data where necessary for the establishment, exercise or defence of legal claims, whether in court proceedings or in an administrative or out-of-court procedure.

resse gerechtfertigt ist, insbesondere für die Verarbeitung von personenbezogenen Daten auf dem Gebiet des Arbeitsrechts und des Rechts der sozialen Sicherheit einschließlich Renten und zwecks Sicherstellung und Überwachung der Gesundheit und Gesundheitswarnungen, Prävention oder Kontrolle ansteckender Krankheiten und anderer schwerwiegender Gesundheitsgefahren. Eine solche Ausnahme kann zu gesundheitlichen Zwecken gemacht werden, wie der Gewährleistung der öffentlichen Gesundheit und der Verwaltung von Leistungen der Gesundheitsversorgung, insbesondere wenn dadurch die Qualität und Wirtschaftlichkeit der Verfahren zur Abrechnung von Leistungen in den sozialen Krankenversicherungssystemen sichergestellt werden soll, oder wenn die Verarbeitung im öffentlichen Interesse liegenden Archivzwecken, wissenschaftlichen oder historischen Forschungszwecken oder statistischen Zwecken dient. Die Verarbeitung solcher personenbezogener Daten sollte zudem ausnahmsweise erlaubt sein, wenn sie erforderlich ist, um rechtliche Ansprüche, sei es in einem Gerichtsverfahren oder in einem Verwaltungsverfahren oder einem außergerichtlichen Verfahren, geltend zu machen, auszuüben oder zu verteidigen.

(53) Special categories of personal data which merit higher protection should be processed for health-related purposes only where necessary to achieve those purposes for the benefit of natural persons and society as a whole, in particular in the context of the management of health or social care services and systems, including processing by the management and central national health authorities of such data for the purpose of quality control, management information and the general national and local supervision of the health or social care system, and ensuring continuity of health or social care and cross-border healthcare or health security, monitoring and alert purposes, or for archiving purposes in the public interest, scientific or historical research purposes or statistical purposes, based on Union or Member State law which has to meet an objective of public interest, as well as for studies conducted in the public interest in the area of public health. Therefore, this Regulation should provide for harmonised conditions for the processing of special categories of personal data concerning

(53) Besondere Kategorien personenbezogener Daten, die eines höheren Schutzes verdienen, sollten nur dann für gesundheitsbezogene Zwecke verarbeitet werden, wenn dies für das Erreichen dieser Zwecke im Interesse einzelner natürlicher Personen und der Gesellschaft insgesamt erforderlich ist, insbesondere im Zusammenhang mit der Verwaltung der Dienste und Systeme des Gesundheits- oder Sozialbereichs, einschließlich der Verarbeitung dieser Daten durch die Verwaltung und die zentralen nationalen Gesundheitsbehörden zwecks Qualitätskontrolle, Verwaltungsinformationen und der allgemeinen nationalen und lokalen Überwachung des Gesundheitssystems oder des Sozialsystems und zwecks Gewährleistung der Kontinuität der Gesundheits- und Sozialfürsorge und der grenzüberschreitenden Gesundheitsversorgung oder Sicherstellung und Überwachung der Gesundheit und Gesundheitswarnungen oder für im öffentlichen Interesse liegende Archivzwecke, zu wissenschaftlichen oder historischen Forschungszwecken oder statistischen Zwecken, die auf

health, in respect of specific needs, in particular where the processing of such data is carried out for certain health-related purposes 4.5.2016 L 119/10 Official Journal of the European Union EN by persons subject to a legal obligation of professional secrecy. Union or Member State law should provide for specific and suitable measures so as to protect the fundamental rights and the personal data of natural persons. Member States should be allowed to maintain or introduce further conditions, including limitations, with regard to the processing of genetic data, biometric data or data concerning health. However, this should not hamper the free flow of personal data within the Union when those conditions apply to cross-border processing of such data.

Rechtsvorschriften 4.5.2016 L 119/10 Amtsblatt der Europäischen Union DE
der Union oder der Mitgliedstaaten beruhen, die einem im öffentlichen Interesse liegenden Ziel dienen müssen, sowie für Studien, die im öffentlichen Interesse im Bereich der öffentlichen Gesundheit durchgeführt werden. Diese Verordnung sollte daher harmonisierte Bedingungen für die Verarbeitung besonderer Kategorien personenbezogener Gesundheitsdaten im Hinblick auf bestimmte Erfordernisse harmonisieren, insbesondere wenn die Verarbeitung dieser Daten für gesundheitsbezogene Zwecke von Personen durchgeführt wird, die gemäß einer rechtlichen Verpflichtung dem Berufsgeheimnis unterliegen. Im Recht der Union oder der Mitgliedstaaten sollten besondere und angemessene Maßnahmen zum Schutz der Grundrechte und der personenbezogenen Daten natürlicher Personen vorgesehen werden. Den Mitgliedstaaten sollte gestattet werden, weitere Bedingungen – einschließlich Beschränkungen – in Bezug auf die Verarbeitung von genetischen Daten, biometrischen Daten oder Gesundheitsdaten beizubehalten oder einzuführen. Dies sollte jedoch den freien Verkehr personenbezogener Daten innerhalb der Union nicht beeinträchtigen, falls die betreffenden Bedingungen für die grenzüberschreitende Verarbeitung solcher Daten gelten.

(54) The processing of special categories of personal data may be necessary for reasons of public interest in the areas of public health without consent of the data subject. Such processing should be subject to suitable and specific measures so as to protect the rights and freedoms of natural persons. In that context, 'public health' should be interpreted as defined in Regulation (EC) No 1338/2008 of the European Parliament and of the Council (1), namely all elements related to health, namely health status, including morbidity and disability, the determinants having an effect on that health status, health care needs, resources allocated to health care, the provision of, and universal access to, health care as well as health care expenditure and financing, and the causes of mortality. Such processing of data concerning health for reasons of public interest should not result in personal data being processed for

(54) Aus Gründen des öffentlichen Interesses in Bereichen der öffentlichen Gesundheit kann es notwendig sein, besondere Kategorien personenbezogener Daten auch ohne Einwilligung der betroffenen Person zu verarbeiten. Diese Verarbeitung sollte angemessenen und besonderen Maßnahmen zum Schutz der Rechte und Freiheiten natürlicher Personen unterliegen. In diesem Zusammenhang sollte der Begriff „öffentliche Gesundheit" im Sinne der Verordnung (EG) Nr. 1338/2008 des Europäischen Parlaments und des Rates (1) ausgelegt werden und alle Elemente im Zusammenhang mit der Gesundheit wie den Gesundheitszustand einschließlich Morbidität und Behinderung, die sich auf diesen Gesundheitszustand auswirkenden Determinanten, den Bedarf an Gesundheitsversorgung, die der Gesundheitsversorgung zugewiesenen Mittel, die Bereitstellung von Gesundheitsversorgungsleistun-

other purposes by third parties such as employers or insurance and banking companies.

gen und den allgemeinen Zugang zu diesen Leistungen sowie die entsprechenden Ausgaben und die Finanzierung und schließlich die Ursachen der Mortalität einschließen. Eine solche Verarbeitung von Gesundheitsdaten aus Gründen des öffentlichen Interesses darf nicht dazu führen, dass Dritte, unter anderem Arbeitgeber oder Versicherungs- und Finanzunternehmen, solche personenbezogene Daten zu anderen Zwecken verarbeiten.

(55) Moreover, the processing of personal data by official authorities for the purpose of achieving the aims, laid down by constitutional law or by international public law, of officially recognised religious associations, is carried out on grounds of public interest.

(55) Auch die Verarbeitung personenbezogener Daten durch staatliche Stellen zu verfassungsrechtlich oder völkerrechtlich verankerten Zielen von staatlich anerkannten Religionsgemeinschaften erfolgt aus Gründen des öffentlichen Interesses.

(56) Where in the course of electoral activities, the operation of the democratic system in a Member State requires that political parties compile personal data on people's political opinions, the processing of such data may be permitted for reasons of public interest, provided that appropriate safeguards are established.

(56) Wenn es in einem Mitgliedstaat das Funktionieren des demokratischen Systems erfordert, dass die politischen Parteien im Zusammenhang mit Wahlen personenbezogene Daten über die politische Einstellung von Personen sammeln, kann die Verarbeitung derartiger Daten aus Gründen des öffentlichen Interesses zugelassen werden, sofern geeignete Garantien vorgesehen werden.

§ 22 BDSG-neu

Verarbeitung besonderer Kategorien personenbezogener Daten

(1) Abweichend von Artikel 9 Absatz 1 der Verordnung (EU) 2016/679 ist die Verarbeitung besonderer Kategorien personenbezogener Daten im Sinne des Artikels 9 Absatz 1 der Verordnung (EU) 2016/679 zulässig

1. durch öffentliche und nichtöffentliche Stellen, wenn sie
   a) erforderlich ist, um die aus dem Recht der sozialen Sicherheit und des Sozialschutzes erwachsenden Rechte auszuüben und den diesbezüglichen Pflichten nachzukommen,
   b) zum Zweck der Gesundheitsvorsorge, für die Beurteilung der Arbeitsfähigkeit des Beschäftigten, für die medizinische Diagnostik, die Versorgung oder Behandlung im Gesundheits- oder Sozialbereich oder für die Verwaltung von Systemen und Diensten im Gesundheits- und Sozialbereich oder aufgrund eines Vertrags der betroffenen Person mit einem Angehörigen eines Gesundheitsberufs erforderlich ist und diese Daten von ärztlichem Personal oder durch sonstige Personen, die einer entsprechenden Geheimhaltungspflicht unterliegen, oder unter deren Verantwortung verarbeitet werden, oder
   c) aus Gründen des öffentlichen Interesses im Bereich der öffentlichen Gesundheit, wie des Schutzes vor schwerwiegenden grenzüberschreitenden Gesundheitsgefahren oder zur Gewährleistung hoher Qualitäts- und Sicherheitsstandards bei der Gesundheitsversorgung und bei Arzneimitteln und Medizinprodukten erforderlich ist; ergänzend zu den in Absatz 2 genannten Maßnahmen sind insbesondere die berufsrechtlichen und strafrechtlichen Vorgaben zur Wahrung des Berufsgeheimnisses einzuhalten,

2. durch öffentliche Stellen, wenn sie
   a) aus Gründen eines erheblichen öffentlichen Interesses zwingend erforderlich ist,
   b) zur Abwehr einer erheblichen Gefahr für die öffentliche Sicherheit erforderlich ist,
   c) zur Abwehr erheblicher Nachteile für das Gemeinwohl oder zur Wahrung erheblicher Belange des Gemeinwohls zwingend erforderlich ist oder
   d) aus zwingenden Gründen der Verteidigung oder der Erfüllung über- oder zwischenstaatlicher Verpflichtungen einer öffentlichen Stelle des Bundes auf dem Gebiet der Krisenbewältigung oder Konfliktverhinderung oder für humanitäre Maßnahmen erforderlich ist

   und soweit die Interessen des Verantwortlichen an der Datenverarbeitung in den Fällen der Nummer 2 die Interessen der betroffenen Person überwiegen.

(2) In den Fällen des Absatzes 1 sind angemessene und spezifische Maßnahmen zur Wahrung der Interessen der betroffenen Person vorzusehen. Unter Berücksichtigung des Stands der Technik, der Implementierungskosten und der Art, des Umfangs, der Umstände und der Zwecke der Verarbeitung sowie der unterschiedlichen Eintrittswahrscheinlichkeit und Schwere der mit der Verarbeitung verbundenen Risiken für die Rechte und Freiheiten natürlicher Personen können dazu insbesondere gehören:

1. technisch organisatorische Maßnahmen, um sicherzustellen, dass die Verarbeitung gemäß der Verordnung (EU) 2016/679 erfolgt,
2. Maßnahmen, die gewährleisten, dass nachträglich überprüft und festgestellt werden kann, ob und von wem personenbezogene Daten eingegeben, verändert oder entfernt worden sind,
3. Sensibilisierung der an Verarbeitungsvorgängen Beteiligten,
4. Benennung einer oder eines Datenschutzbeauftragten,
5. Beschränkung des Zugangs zu den personenbezogenen Daten innerhalb der verantwortlichen Stelle und von Auftragsverarbeitern,
6. Pseudonymisierung personenbezogener Daten,
7. Verschlüsselung personenbezogener Daten,
8. Sicherstellung der Fähigkeit, Vertraulichkeit, Integrität, Verfügbarkeit und Belastbarkeit der Systeme und Dienste im Zusammenhang mit der Verarbeitung personenbezogener Daten, einschließlich der Fähigkeit, die Verfügbarkeit und den Zugang bei einem physischen oder technischen Zwischenfall rasch wiederherzustellen,
9. zur Gewährleistung der Sicherheit der Verarbeitung die Einrichtung eines Verfahrens zur regelmäßigen Überprüfung, Bewertung und Evaluierung der Wirksamkeit der technischen und organisatorischen Maßnahmen oder
10. spezifische Verfahrensregelungen, die im Fall einer Übermittlung oder Verarbeitung für andere Zwecke die Einhaltung der Vorgaben dieses Gesetzes sowie der Verordnung (EU) 2016/679 sicherstellen.

§ 27 BDSG-neu

Datenverarbeitung zu wissenschaftlichen oder historischen Forschungszwecken und zu statistischen Zwecken

(1) Abweichend von Artikel 9 Absatz 1 der Verordnung (EU) 2016/679 ist die Verarbeitung besonderer Kategorien personenbezogener Daten im Sinne des Artikels 9 Absatz 1 der Verordnung (EU) 2016/679 auch ohne Einwilligung für wissenschaftliche oder historische Forschungszwecke oder für statistische Zwecke zulässig, wenn die Verarbeitung zu diesen Zwecken erforderlich ist

und die Interessen des Verantwortlichen an der Verarbeitung die Interessen der betroffenen Person an einem Ausschluss der Verarbeitung erheblich überwiegen. Der Verantwortliche sieht angemessene und spezifische Maßnahmen zur Wahrung der Interessen der betroffenen Person gemäß § 22 Absatz 2 Satz 2 vor.

[...]

(3) Ergänzend zu den in § 22 Absatz 2 genannten Maßnahmen sind zu wissenschaftlichen oder historischen Forschungszwecken oder zu statistischen Zwecken verarbeitete besondere Kategorien personenbezogener Daten im Sinne des Artikels 9 Absatz 1 der Verordnung (EU) 2016/679 zu anonymisieren, sobald dies nach dem Forschungs- oder Statistikzweck möglich ist, es sei denn, berechtigte Interessen der betroffenen Person stehen dem entgegen. Bis dahin sind die Merkmale gesondert zu speichern, mit denen Einzelangaben über persönliche oder sachliche Verhältnisse einer bestimmten oder bestimmbaren Person zugeordnet werden können. Sie dürfen mit den Einzelangaben nur zusammengeführt werden, soweit der Forschungs- oder Statistikzweck dies erfordert.

[...]

§ 28 BDSG-neu

Datenverarbeitung zu im öffentlichen Interesse liegenden Archivzwecken

(1) Abweichend von Artikel 9 Absatz 1 der Verordnung (EU) 2016/679 ist die Verarbeitung besonderer Kategorien personenbezogener Daten im Sinne des Artikels 9 Absatz 1 der Verordnung (EU) 2016/679 zulässig, wenn sie für im öffentlichen Interesse liegende Archivzwecke erforderlich ist. Der Verantwortliche sieht angemessene und spezifische Maßnahmen zur Wahrung der Interessen der betroffenen Person gemäß § 22 Absatz 2 Satz 2 vor.

[...]

Literatur

Bergmann/Möhrle/Herb, Datenschutzrecht, Loseblattwerk in 51. Aktualisierung 2016, Boorberg München; *Buchner/Schwichtenberg,* Gesundheitsdatenschutz unter der Datenschutz-Grundverordnung, in: GuP 2016, 218; *Düwell/Brink,* Die EU-Datenschutz-Grundverordnung und der Beschäftigtendatenschutz, in: NZA 2016, 665; *Ehmann*, „BDSG neu": Was passiert, wenn nichts passiert? in: Datenschutz Praxis 12/2016, 1; *Ehmann/Selmayr*, Datenschutz-Grundverordnung, 1. Auflage 2017, C. H. Beck München; *Gierschmann*, Was „bringt" deutschen Unternehmen die DS-GVO? in: ZD 2016, 51; *Gola/Schomerus*, BDSG, 12. Auflage 2015, C.H. Beck München; *Kort,* Die Zukunft des deutschen Beschäftigtendatenschutzes, in: ZD 2016, 555; *Kühling/Martini et. al*, Die Datenschutz-Grundverordnung und das nationale Recht: Erste Überlegungen zum innerstaatlichen Regelungsbedarf, 1. Auflage 2016, MV-Wissenschaft Münster; *Philip Laue*, Öffnungsklauseln in der DS-GVO – Öffnung wohin? in: ZD 2016, 463; *Plath*, BDSG/DSGVO Kommentar, 2. Auflage 2016, ottoschmidt Köln; *Molnár-Gábor/Korbel,* Verarbeitung von Patientendaten in der Cloud – Die Freiheit translationaler Forschung und der Datenschutz in Europa, in: ZD 2016, 274; *Schaar,* DS-GVO: Geänderte Vorgaben für die Wissenschaft – Was sind die neuen Rahmenbedingungen und welche Fragen bleiben offen? in: ZD 2016, 224; *Simitis (Hrsg.),* Bundesdatenschutzgesetz, 8. Auflage 2014; Nomos Baden-Baden; *Spindler,* Big Data und Forschung mit Gesundheitsdaten in der gesetzlichen Krankenversicherung, in: MedR 2016, 691.

Bedeutung der Norm

Gesetzliches Verbot mit Erlaubnisvorbehalt für die Verarbeitung besonderer Kategorien von personenbezogenen Daten.

Hinweise für den Anwender

Für die Norm relevante Definitionen:

- Definition von genetischen, biometrischen und Gesundheitsdaten in Art. 4 Nr. 13, 14 und 15 DS-GVO.
- Definition der öffentlichen Gesundheit in Art. 3 lit. c der Verordnung (EG) Nr. 1338/2008.

Für die Auslegung der Norm relevante Erwägungsgründe:

- EG 51, 52, 53, 54, 55 und 56.

Systematische Einordnung der Norm innerhalb der DS-GVO:

- Kapitel II Grundsätze der DS-GVO. Art. 9 gilt somit für jede Verarbeitung besonderer Kategorien von personenbezogenen Daten.

Vorgängernormen im BDSG:

- §§ 3 Abs. 9; 13 Abs. 2; 28 Abs. 6 bis 9 BDSG.

Vorgängernormen der RL 95/46:

- Art. 8 DS-RL.

Querbezüge zu anderen Normen:

- vgl. z.B. § 40 Abs. 2a AMG.
- Das Bayrische Landesamt für Datenschutzaufsicht hat eine erste Stellungnahme zu Art. 9 DS-GVO veröffentlich, abrufbar über die Homepage www.lda.bayern.de.

Schlagworte

Verbot mit Erlaubnisvorbehalt, Art. 8 DS-RL, sensible und sensitive Daten, kein absolutes Verbot, abschließender Katalog, restriktive Anwendung der Ausnahmetatbestände, Verhältnismäßigkeitsprüfung, ausdrückliche Einwilligung, erhebliches öffentliches Interesse, Gesetzgebungskompetenz der Mitgliedstaaten, Öffnungsklauseln für nationale Sonderregeln, Datenschutz-Anpassungs- und -Umsetzungsgesetz EU, neues Bundesdatenschutzgesetz (BDSG-neu)

A. Allgemeines

I. Regelungszweck

1 Art. 9 statuiert ein grundsätzliches Verbot für die Verarbeitung bestimmter Datenkategorien. Hintergrund ist der Wille des Verordnungsgebers, Verarbeitungen von personenbezogenen Daten zu untersagen, bei denen i.d.R. von einer besonders hohen Schutzbedürftigkeit[1] für die Rechte des Betroffenen auszugehen ist.[2] Gleichzeitig hat er v.a. in Art. 9 Abs. 2 weitreichende Ausnahmen definiert, um unter bestimmten Voraussetzungen notwendige Verarbeitungen besonderer Arten von personenbezogenen Daten dennoch zu legitimieren.

II. Normadressaten

2 Die Vorschrift richtet sich sowohl an den für die Verarbeitung Verantwortlichen, legal definiert in Art. 4 Nr. 7, als auch an den von der Verarbeitung Betroffenen, vgl. Art. 1.[3] Darüber hinaus verweist Art. 9 Abs. 4 auf die Regelungsbefugnis der Mitgliedstaaten, zusätzliche Bedingungen, einschließlich Beschränkungen, für die Verarbeitung von genetischen, biometrischen oder Gesundheitsdaten einzuführen oder aufrechtzuerhalten. Erwähnung finden die Mitgliedstaaten und die Union außerdem hinsichtlich ihrer grundsätzlichen Rechtssetzungskompetenz in Art. 9 Abs. 2 lit. b, g, h i.V.m. Abs. 3 lit. i und j.

III. Systematik

3 Art. 9 ist Teil des Kapitels II der DS-GVO und hat damit grundsätzliche Bedeutung für alle folgenden Kapitel der DS-GVO. Darüber hinaus wird auf die Regelungen des Art. 9 in den Art. 6 Abs. 4 lit. c; 13 Abs. 2 lit. c; 17 Abs. 1 lit. b, Abs. 3 lit. c; 20 Abs. 1 lit. a; 22 Abs. 4; 27 Abs. 2 lit. a; 30 Abs. 5; 35 Abs. 3 lit. b; 37 Abs. 1 lit. c; 83 Abs. 5 lit. a ausdrücklich Bezug genommen. Systematisch folgt die Norm im Grundsatz dem aus dem deutschen Verwaltungsrecht[4] bekannten Aufbau eines gesetzlichen **Verbots mit Erlaubnisvorbehalt**, sofern die dazu notwendigen Voraussetzungen erfüllt sind.[5] Unklar ist, ob Art. 9 eine eigene Rechtsgrundlage darstellt oder ob Art. 9 nur Art. 6 ergänzt und daher immer im Zusammenhang mit diesem zu lesen ist.[6] Die Bedeutung dieser Unterscheidung liegt v.a. in der Anwendung der Weiterverarbeitungsvorschrift von Art. 6 Abs. 4.[7] Welche Ansicht letztlich die vorzugswürdige ist, lässt sich noch nicht mit Sicherheit sagen, m. E. spricht jedoch viel dafür, dass Art. 9 eine eigene Rechtsgrundlage darstellt,[8] da weder der Wortlaut von Art. 9 noch die Erwägungsgründe auf Art. 6 referenzieren[9] und das hohe Schutzniveau sensitiver Daten gegen eine Weiterverarbeitung spricht, sofern diese nicht durch Art. 9 explizit erlaubt ist. Ansonsten hätte es auch nicht der Verweisung von Art. 9 Abs. 2 lit. j auf Art. 89 bedurft.

---

1 Vgl. die teilweise deckungsgleichen Tatbestandsmerkmale in Art. 14 EMRK.
2 EG 51 S. 1 DS-GVO.
3 EG 1 DS-GVO.
4 Zu denken ist hierbei bspw. an § 2 Abs. 2 Waffengesetz, § 2 Abs. 1 StVG oder § 4 Abs. 1 BDSG.
5 Plath in Plath Art. 9 DS-GVO Rn. 3; Schiff in Ehmann/Selmayr Art. 9 Rn. 6.
6 Vgl. hierzu die Beratungen im Europäischen Rat 17072/1/14 REV 1 Fn. 48.
7 *Kühling/Martini et al.*, S. 54.
8 So auch Österreich, Frankreich und Italien in den Beratungen im Europäischen Rat, vgl. 17072/4/14 REV 4 Fn. 60. Unklar insoweit der Referentenentwurf zum Entwurf eines Gesetzes zur Anpassung des Datenschutzrechts an die Verordnung (EU) 2016/679 und zur Umsetzung der Richtlinie (EU) 2016/680 dort erster Absatz zu § 22.
9 *Kühling/Martini et al.*, a.a.O.

IV. Entstehungsgeschichte

1. Bisherige europäische Vorgaben

Art. 9 DS-GVO ist nicht gänzlich neu, sondern findet seinen Vorgänger in **Art. 8** der DS-RL. Danach war die Verarbeitung besonderer Kategorien von personenbezogenen Daten bereits grundsätzlich verboten. Allerdings erfasste das Verbot aus der DS-RL noch nicht ausdrücklich genetische und biometrische Daten oder Daten über die sexuelle Orientierung einer Person. Auch wurde damals noch der Begriff der philosophischen Überzeugungen verwendet, wohingegen in der deutschen Übersetzung der DS-GVO nun von „weltanschaulichen Überzeugungen" die Rede ist. Davon abgesehen finden die übrigen Absätze des Art. 9 DS-GVO in mehr oder weniger starker Ausprägung ihren jeweiligen Vorgänger in Art. 8 der DS-RL. 4

2. Bisherige nationale Vorgaben

Die Regelungen der RL 95/46/EG wurden vom Bundesgesetzgeber durch das Bundesdatenschutzgesetz vom 20.12.1990, neu gefasst durch Bekanntmachung vom 14.1.2003 I 66 und zuletzt geändert durch Art. 1 Gesetz vom 25.2.2015 I 162, in nationales Recht inkorporiert. Zu erwähnen sind hier insb. §§ 3 Abs. 9; 4a Abs. 3; 13 Abs. 2; 28 Abs. 6 bis 9 BDSG und § 32 BDSG. 5

B. Inhalt der Regelung

I. Besondere Kategorien personenbezogener Daten

Die DS-GVO unterscheidet ebenso wie bereits die DS-RL zwischen (normalen) personenbezogenen Daten und besonderen Kategorien personenbezogener Daten, die häufig der Einfachheit halber **„sensible Daten"**[10] oder **„sensitive Daten"**[11] genannt werden. Der Verordnungsgeber begründet diese Differenzierung mit der besonderen Schutzbedürftigkeit dieser Kategorien, da im Zusammenhang mit ihrer Verarbeitung erhebliche Risiken für die Grundrechte und Grundfreiheiten der Betroffenen auftreten können.[12] Die Sinnhaftigkeit dieser Unterscheidung wurde jedoch bereits unter der DS-RL stark bezweifelt.[13] Die Kritik ist einleuchtend, v.a. vor dem Hintergrund der Entscheidung des Bundesverfassungsgerichts im sog. Volkszählungsurteil von 1983, wonach es kein belangloses Datum geben kann, da die Belanglosigkeit stets von den Interessen und Absichten des Verarbeitenden abhängt und somit stark kontextbezogen ist.[14] 6

Aus Sicht des Rechtsanwenders muss die Entscheidung des Verordnungsgebers dennoch beachtet werden, da viele Absätze der DS-GVO Bezüge zu Art. 9 herstellen und in diesen Zusammenhängen strengere Anforderungen an die Verarbeitung und den Umgang mit diesen besonderen Kategorien personenbezogener Daten gestellt werden, vgl. z. B. Art. 6 Abs. 4 lit. c; 13 Abs. 2 lit. c; 17 Abs. 1 lit. b, Abs. 3 lit. c; 20 Abs. 1 lit. a; 22 Abs. 4; 27 Abs. 2 lit. a; 30 Abs. 5; 35 Abs. 3 lit. b; 37 Abs. 1 lit. c. 7

1. Verbot der Verarbeitung sensibler Daten (Art. 9 Abs. 1)

Die DS-GVO verbietet die Verarbeitung besonderer Kategorien personenbezogener Daten. Was unter „Verarbeitung" zu verstehen ist, ergibt sich unmittelbar aus Art. 4 Nr. 2. Dieses Verbot ist selbstverständlich **kein absolutes Verbot**. Ein solches würde ansonsten dazu führen, dass viele Verarbeitungsvorgänge wie z. B. die Erbringung von Dienstleistungen im Gesundheitsbereich, die Erfüllung von gesetzlichen Anforderungen oder Forschungsvorhaben nicht mehr möglich wä- 8

10 Jetzt auch legal definiert in EG 10 DS-GVO.
11 *Simitis,* § 28, Rn. 293.
12 Vgl. EG 51 a.a.O. DS-GVO.
13 *Simitis,* § 3, Rn. 250 ff.
14 BVerfG, Urt. v. 15.12.1983 – 1 BvR 209, 269, 362, 420, 440, 484/83.

ren. Daher hat der Verordnungsgeber in den Abs. 2 bis 4 Ausnahmen von diesem Verbot eingeführt.[15]

2. Die besonderen Kategorien personenbezogener Daten im Einzelnen

9 Die Aufzählung der besonderen Kategorien personenbezogener Daten ist **abschließend**[16] und entspricht weitgehend dem bekannten Katalog aus Art. 8 Abs. 1 DS-RL und deren Umsetzung in § 3 Abs. 9 BDSG. Unterschiede ergeben sich lediglich hinsichtlich der Umbenennung der Kategorie philosophischer in weltanschauliche Überzeugungen und bezüglich der neu eingeführten Kategorien der genetischen und biometrischen Daten sowie der sexuellen Orientierung.

a) Rassische und ethnische Herkunft

10 Die erste besondere Kategorie bilden personenbezogene Daten, aus denen die rassische und ethnische Herkunft hervorgeht. Darunter sind alle Angaben zu verstehen, die den Betroffenen als Angehörigen einer bestimmten Rasse, Hautfarbe, Volksgruppe oder Minderheit qualifizieren.[17]

b) Politische Meinungen

11 Die zweite besondere Kategorie bilden personenbezogene Daten, aus denen die politische Meinung des Betroffenen hervorgeht. Dazu zählen nicht nur die offensichtlichen Fakten wie z. B. Parteizugehörigkeit, politische Aussagen oder Veröffentlichungen, sondern es können auch bestimmte Verhaltensweisen oder Tätigkeiten wie z. B. die Teilnahme an Demonstrationen hiervon erfasst sein.[18]

c) Religiöse oder weltanschauliche Überzeugungen

12 Die dritte besondere Kategorie bilden personenbezogene Daten über religiöse oder weltanschauliche Überzeugungen. Wie bereits oben erwähnt, verwendete die deutsche Fassung der DS-RL noch den Begriff der philosophischen Überzeugungen, wohingegen die deutsche Übersetzung der DS-GVO nunmehr von weltanschaulichen Überzeugungen spricht. Ein echter Unterschied zwischen beiden Begriffen besteht allerdings nicht, zumal die englische Fassung der DS-GVO wie auch schon die DS-RL weiterhin den Begriff „philosophical beliefs" gebraucht.

13 Von dieser Kategorie werden alle personenbezogenen Daten erfasst, die Aufschluss über die religiösen oder weltanschaulichen Überzeugungen eines Betroffenen geben können. Hierzu zählen bspw. die Religionszugehörigkeit oder die Mitgliedschaft in einer Organisation für Tier- oder Umweltschutz, aber auch Verhaltensweisen, wenn sie Ausdruck religiöser oder weltanschaulicher Überzeugungen sind, wie z. B. Kreuz- oder Kopftuchträger, die Verweigerung bestimmter Nahrungsmittel (Veganer, Vegetarier oder religiöse Gründe) oder die Teilnahme an bestimmten Veranstaltungen.

d) Gewerkschaftszugehörigkeit

14 Die vierte besondere Kategorie bilden personenbezogene Daten über die Gewerkschaftszugehörigkeit. Hierunter fallen alle Angaben, die einen Rückschluss auf die Gewerkschaftszugehörigkeit zulassen. Das kann einerseits die Gewerkschaftszugehörigkeit selbst sein oder aber Umstände, aus denen sich mittelbar auf eine Gewerkschaftszugehörigkeit schließen lässt, wie bspw. die ausschließliche Vergabe von Wohnungen an Gewerkschaftsangehörige oder der Bezug einer Mitgliederzeitschrift.[19]

15 Dazu mehr unter B. II.
16 So auch Plath in Plath Art. 9 Rn. 4.
17 *Bergmann/Möhrle/Herb*, § 3, Rn. 168.
18 *Bergmann/Möhrle/Herb*, § 3, Rn. 169.
19 *Bergmann/Möhrle/Herb*, § 3, Rn. 170.

e) Genetische, biometrische oder Gesundheitsdaten

Die fünfte besondere Kategorie bildet die Verarbeitung von genetischen, biometrischen oder Gesundheitsdaten. Im Unterschied zu den anderen besonderen Kategorien hält die DS-GVO für diese personenbezogenen Daten eine Legaldefinition in Art. 4 bereit. Genetische Daten sollen nach Art. 4 Nr. 13 alle personenbezogenen Daten zu den genetischen Eigenschaften sein, die eindeutige Informationen über die Physiologie oder die Gesundheit einer natürlichen Person liefern. Dazu zählen bspw. genetische Daten aus Analysen biologischer Proben durch Chromosomen, Desoxyribonukleinsäure, Ribonukleinsäure oder einem anderen Element, durch das gleichwertige Informationen gewonnen werden.[20] Offensichtlich wollte der Verordnungsgeber erst das Ergebnis der Analyse bzw. Auswertung der genetischen Eigenschaften als schützenswert ansehen. Dafür angefertigte Proben vor ihrer Auswertung fallen hingegen nicht unter den Wortlaut der Definition, obwohl die genetischen Daten in der Probe bereits enthalten sind. Diese Unterscheidung kann insb. für Blutbanken und sog. Biobanken[21], in denen Proben eines Patienten oder Probanden aufbewahrt werden, wichtig sein. Darüber hinaus sind bei der Verarbeitung genetischer Daten ggf. auch weitere Spezialgesetze wie bspw. das Arzneimittelgesetz, das Gendiagnostikgesetz oder die Verordnung (EU) Nr. 536/2014[22] zu beachten. **15**

Biometrische Daten sind in Art. 4 Nr. 14 geregelt. Hierzu zählen die „mit speziellen technischen Verfahren gewonnenen personenbezogenen Daten zu den physischen, physiologischen oder verhaltensbedingten Merkmalen einer natürlichen Person, die die eindeutige Identifizierung dieser natürlichen Person ermöglichen oder bestätigen, wie Gesichtsbilder oder daktyloskopische Daten". Streng genommen wäre danach jedes Gesichtsfoto für sich genommen als besonderes personenbezogenes Datum zu qualifizieren und damit grundsätzlich verboten. Soweit wollte der Verordnungsgeber aber dann doch nicht gehen und hat in den Erwägungsgründen klargestellt, dass normale Lichtbilder nur dann biometrische Daten sein sollen, wenn sie mit speziellen technischen Mitteln verarbeitet werden, die die eindeutige Identifizierung oder Authentifizierung des Betroffenen ermöglichen.[23] Diese Art von Technologie wird heute häufig von Gesichtserkennungssoftware verwendet und findet z. B. innerhalb sozialer Netzwerke Anwendung. Biometrische Daten sind aber nicht auf Gesichtsfotos beschränkt, sondern können bspw. auch Fingerabdrücke, Handgeometrie und Handlinien, Iris- und Retinastruktur, Stimme, Bewegungsmuster und viele weitere biometrische Identifikatoren betreffen.[24] **16**

Schließlich ist jetzt auch das Merkmal der Gesundheitsdaten in Art. 4 Nr. 15 legal definiert. Danach sind Gesundheitsdaten personenbezogene Daten, die sich auf die körperliche oder geistige Gesundheit einer natürlichen Person, einschließlich der Erbringung von Gesundheitsdienstleistungen, beziehen und aus denen Informationen über deren Gesundheitszustand hervorgehen. Bei dieser Definition handelt es sich aus deutscher Sicht lediglich um eine Klarstellung. Es war bereits unter dem BDSG einhellige Meinung, dass unter Gesundheitsdaten alle Daten zu verstehen sind, die sich auf den körperlichen oder geistigen Gesundheitszustand einer natürlichen Person beziehen.[25] Dabei ist unerheblich, ob es sich um frühere, gegenwartige oder künftige Gesundheitszustände handelt.[26] Hierzu zählen neben Informationen, die von der Untersuchung eines Körperteils oder einer körpereigenen Substanz auch aus genetischen oder biologischen Proben abgeleitet wurden, Informationen über Krankheiten, Behinderungen, Krankheitsrisiken, **17**

20 EG 34 DS-GVO.
21 Zur Definition vgl. Stellungnahme des nationalen Ethikrates zu Biobanken in der Forschung, 2004.
22 Verordnung (EU) Nr. 536/2014 des Europäischen Parlaments und des Rates vom 16. April 2014 über klinische Prüfungen mit Humanarzneimitteln und zur Aufhebung der Richtlinie 2001/20/EG (ABl. L 158 v. 27.5.2014, S. 1).
23 EG 51 S. 3 DS-GVO.
24 Zu den dadurch entstehenden Problemen vgl. Orientierungshilfe „Biometrische Authentisierung – Möglichkeiten und Grenzen", herausgegeben vom Arbeitskreis „Technische und organisatorische Datenschutzfragen" der Konferenz der Datenschutzbeauftragten des Bundes und der Länder 2009.
25 *Bergmann/Möhrle/Herb*, § 3, Rn. 171.
26 EG 35 S. 1 DS-GVO.

Vorerkrankungen, klinische Behandlungen, den physiologischen oder den biomedizinischen Zustand einer natürlichen Person.[27] Darüber hinaus zählen zu den Gesundheitsdaten auch Daten, die sich auf die Erbringung von Gesundheitsdienstleistungen beziehen (z. B. Anmeldevorgang beim Arzt),[28] und Nummern, Symbole oder Kennzeichen, die zur Identifizierung des Betroffenen diesem für gesundheitliche Zwecke zugeteilt wurden. Dabei ist die Herkunft der Daten unerheblich. Sie können bspw. von einem Arzt oder sonstigen Angehörigen eines Gesundheitsberufes, einem Krankenhaus, einem Medizinprodukt oder einem In-vitro-Diagnostikum stammen.

f) Sexualleben oder sexuelle Orientierung

18 Die sechste und letzte besondere Kategorie bilden personenbezogene Daten zum Sexualleben oder der sexuellen Orientierung. Unklar ist, warum der Verordnungsgeber die sexuelle Orientierung extra erwähnt hat, da sich die sexuelle Orientierung i.d.R. im Sexualleben widerspiegelt und daher von dieser bereits erfasst wird. Eindeutig ist hingegen, dass Informationen über sexuelle Vorlieben oder Praktiken von dieser Kategorie geschützt werden und eine Verarbeitung solcher personenbezogenen Daten damit grundsätzlich untersagt ist. Gleiches gilt für Angaben zum Familienstand[29] oder zur Familienplanung, sofern sich daraus Rückschlüsse auf das Sexualleben oder die sexuelle Orientierung ziehen lassen.

II. Erlaubnisvorbehalt (Art. 9 Abs. 2)

19 Bei Art. 9 handelt es sich von der Systematik her um ein Verbot mit Erlaubnisvorbehalt.[30] Dieser Erlaubnisvorbehalt wird in Abs. 2 näher konkretisiert. Die dort statuierten Ausnahmen sind auf den ersten Blick recht weitreichend. Das darf aber nicht darüber hinwegtäuschen, dass nach der Grundentscheidung des Verordnungsgebers die Verarbeitung solcher Daten eigentlich verboten ist. Dementsprechend **restriktiv** sind diese Tatbestände auszulegen. Falls eine Ausnahme erfüllt ist, darf abweichend von Art. 9 Abs. 1 DS-GVO eine Verarbeitung dieser besonderen Kategorien personenbezogener Daten erfolgen. Die Verarbeitung muss sich dann aber an die sonstigen Vorgaben der DS-GVO, insb. hinsichtlich der Bedingungen für eine rechtmäßige Verarbeitung, halten.[31] Dies schließt auch eine **Verhältnismäßigkeitsprüfung** im jeweiligen Einzelfall mit ein, sofern die Ausnahmetatbestände dies explizit vorsehen. Dies gilt insb. für Art. 9 Abs. 2 lit. b, c, d, f, h, i und j.

1. Einwilligung (Abs. 2 lit. a)

20 Eine Möglichkeit, um durch das Verbot aus Art. 9 Abs. 1 nicht an der Verarbeitung gehindert zu werden, ist die Einwilligung des Betroffenen.[32] Dieser Fall ist der vorzugswürdigste, da die Einwilligung Ausfluss des allgemeinen Persönlichkeitsrechts und der allgemeinen Handlungsfreiheit ist und somit der Betroffene selbst über die Verarbeitung seiner personenbezogenen Daten entscheiden kann. Dadurch wird den Grundrechten des Betroffenen am besten Rechnung getragen. Wie auch schon heute setzt das allerdings voraus, dass dem Betroffenen die Tragweite seiner Entscheidung bewusst ist und dass er die Einwilligung freiwillig abgegeben hat.[33] Im Unterschied zu der Einwilligung bei „normalen" personenbezogenen Daten nach Art. 6 Abs. 1 lit. a und Art. 7 verlangt Art. 9 Abs. 2 lit. a eine **ausdrückliche Einwilligung** des Betroffenen. Ausdrücklich bedeutet, dass der Betroffene durch eine eindeutig bestätigende Handlung einwilligt.[34] Konkludente Einwilligungen sind daher bei besonderen Kategorien personenbezogener Daten nicht

---

27 EG 35 S. 2 DS-GVO.
28 Richtlinie 2011/24/EU des Europäischen Parlaments und des Rates vom 9.3.2011 über die Ausübung der Patientenrechte in der grenzüberschreitenden Gesundheitsversorgung (ABl. Nr. L 88 v. 4.4.2011, S. 45).
29 *Bergman/Möhrle/Herb*, § 3, Rn. 173.
30 S.o. A. III.
31 EG 51 S. 5 DS-GVO.
32 Vgl. Kommentierung zu Art. 7 DS-GVO.
33 *Simitis*, § 4a, Rn. 62 ff.
34 EG 32 S. 1 DS-GVO.

möglich. Nicht erforderlich ist nach Art. 9 Abs. 2 lit. a hingegen eine schriftliche oder sonst dokumentierte Einwilligung. Gleichwohl wird sich in vielen Fällen eine Dokumentation aus Beweissicherungsgründen für den für die Verarbeitung der sensiblen Daten Verantwortlichen anbieten, da die Beweislast bei dem Verantwortlichen liegt und im Streitfall empfindliche Rechtsfolgen drohen können. Darüber hinaus sind Spezialvorschriften zu beachten, nach denen eine bestimmte Form für Einwilligungen zwingend erforderlich sein kann, z. B. Schriftform bei Teilnahme an klinischen Studien.[35]

Einwilligungen werden zukünftig die einzige Möglichkeit sein, um sensible personenbezogene Daten für Zwecke der Werbung verarbeiten zu können, da die DS-GVO anders als das BDSG keine Sonderregelungen für diese Sachverhalte enthält.[36] Demnach greift hier das Verbot aus Art. 9 Abs. 1. Dieses Verbot kann mangels eines spezielleren Erlaubnistatbestands in Art. 9 Abs. 2 nur durch die Einwilligung außer Kraft gesetzt werden. Dies betrifft vor allem Unternehmen und Berufe des Gesundheitswesens wie bspw. Apotheken, Sanitätshäuser, Optiker und Orthopäden.[37] **21**

Sofern die Einwilligung zu Zwecken der wissenschaftlichen Forschung abgegeben wird, muss die Zweckbestimmung nun nicht mehr jeden spezifischen Anwendungsfall konkret angeben, sondern es genügt, wenn die Einwilligung bestimmte Bereiche der wissenschaftlichen Forschung nennt.[38] Hintergrund für diese weite Zweckbestimmung ist, dass oftmals der Zweck für die Verarbeitung personenbezogener Daten zum Zeitpunkt der Erhebung der Daten noch nicht vollständig angegeben werden kann. Der Verordnungsgeber hat diesen Umstand berücksichtigt und weite Zweckbestimmungen für Forschungszwecke gebilligt, sofern dies unter Einhaltung anerkannter ethischer Standards der wissenschaftlichen Forschung geschieht.[39] Hierbei ist noch offen, wie weit diese weite Zweckbestimmung reichen darf. Ob z.B. Einwilligungen in ganze Forschungsbereiche wie etwa der Gesundheitsforschung möglich sind oder ob hier auf bestimmte Kategorien oder Krankheiten Bezug genommen werden muss, ist noch ungeklärt. Es bleibt jedoch zu hoffen, dass zugunsten der wissenschaftlichen Forschung diese Möglichkeit weit ausgelegt wird. Zumal den gegenläufigen Interessen der betroffenen Personen durch die Möglichkeit der Beschränkung auf bestimmte Forschungsbereiche oder Teile von Forschungsprojekten in dem vom verfolgten Zweck zugelassenen Maße Rechnung getragen werden kann.[40] **22**

Zu beachten sind ferner etwaige Rechtsetzungsakte auf Unions- oder Mitgliedstaatsebene, durch die das Verarbeitungsverbot durch Einwilligung des Betroffenen nicht aufgehoben werden kann. Solche Verbote existieren auch heute schon z. B. im Rahmen des § 20 Abs. 2 PAuswG. Danach ist das Scannen und Speichern von Personalausweisen verboten, ohne dass dem Ausweisinhaber die Möglichkeit eingeräumt wird, das Verbot durch sein Einverständnis zu suspendieren.[41] **23**

2. Arbeitsrecht und Sozialrecht (Abs. 2 lit. b)

Art. 9 Abs. 2 lit. b statuiert eine wichtige Ausnahme von dem Verarbeitungsverbot für den Bereich des Arbeitsrechts und des Sozialrechts. Hier müssen zwei Voraussetzungen kumulativ vorliegen. Zunächst muss die Verarbeitung der besonderen Kategorien personenbezogener Daten durch den Verantwortlichen oder den Betroffenen nach Unionsrecht oder dem Recht eines Mitgliedstaates zulässig sein. Dies schließt auch Kollektivvereinbarungen wie Tarifverträge und Be- **24**

35 § 3 Abs. 2b der Verordnung über die Anwendung der Guten Klinischen Praxis bei der Durchführung von klinischen Prüfungen mit Arzneimitteln zur Anwendung am Menschen (GCP-Verordnung), Art. 29 der Verordnung Nr. 536/2014 vom 16. April 2014.

36 Vgl. Kurzpapier Nr. 3 der Datenschutzkonferenz „Verarbeitung personenbezogener Daten für Werbung", S. 1.

37 Vgl. Kurzpapier Nr. 3 der Datenschutzkonferenz „Verarbeitung personenbezogener Daten für Werbung", S. 2.

38 EG 33 S. 2 DS-GVO.

39 EG 33 S. 1 DS-GVO.

40 EG 33 S. 3 DS-GVO.

41 VG Hannover, Urt. v. 28.11.2013 – 10 A 5342/11.

triebsvereinbarungen[42] mit ein. In einem zweiten Schritt ist dann zu prüfen, ob die Verarbeitung erforderlich ist, damit der Verantwortliche oder der Betroffene seine aus dem Arbeitsrecht oder dem Recht der sozialen Sicherheit bzw. des Sozialschutzes erwachsenen Rechte ausüben oder seinen Pflichten nachkommen kann. Hierunter dürften letztlich sämtliche Rechte und Pflichten aus einem Arbeitsverhältnis fallen.[43]

25 Entscheidend ist nach dem Verordnungswortlaut, dass geeignete Garantien für die Grundrechte und die Interessen der betroffenen Personen vorgesehen werden. Wie diese Garantien konkret aussehen sollen, lässt die DS-GVO offen. Sofern nicht im Einzelfall spezifische Maßnahmen zu treffen sind, dürften hier die allgemeinen Grundsätze gelten. Das bedeutet, es müssen technische und organisatorische Maßnahmen vorgesehen sein oder implementiert werden, die Risiken für die Betroffenen minimieren, d. h., sie müssen z. B. eine Anonymisierung oder Pseudonymisierung ermöglichen, Zugriffsbeschränkungen nach dem Need-to-know-Prinzip sicherstellen, angemessene IT-Sicherheitsmaßnahmen vorsehen, wozu insb. auch eine dem aktuellen Stand der Technik entsprechende Verschlüsselung zu zählen ist,[44] oder die rechtzeitige Bearbeitung von Auskunfts-, Berichtigungs- und Löschersuchen garantieren.[45]

3. Schutz lebenswichtiger Interessen (Abs. 2 lit. c)

26 Art. 9 Abs. 2 lit. c dient ebenso wie die Vorgängernorm des Art. 8 Abs. 2 lit. c DS-RL dem Schutz lebenswichtiger Interessen des Betroffenen oder einer anderen natürlichen Person und erlaubt in diesen Fällen die Verarbeitung von besonderen Kategorien personenbezogener Daten, wenn der Betroffene aus körperlichen oder rechtlichen Gründen nicht einwilligen kann. Körperliche oder rechtliche Gründe sind in diesem Fall weit zu verstehen, da die Schutzgüter des Rechts auf Leben und der körperlichen Unversehrtheit höher zu bewerten sind als das Recht auf Schutz personenbezogener Daten aus Art. 1 Abs. 2. Somit fallen neben dem klassischen Anwendungsfall bewusstloser Personen auch psychische, die Geschäftsfähigkeit ausschließende Erkrankungen[46] sowie sonstige tatsächliche Umstände unter diese Norm, sofern es um den Schutz lebenswichtiger Interessen von natürlichen Personen geht. Entscheidend ist, dass der Betroffene – wäre er dazu in der Lage – seine Einwilligung geben könnte und würde. Der Verarbeitende muss insoweit von einer mutmaßlichen Einwilligung des Betroffenen ausgehen können.[47] Eine solche liegt jedenfalls dann nicht vor, wenn der Betroffene dem bereits wirksam widersprochen hat, z.B. im Falle eines Patiententestaments, das weitere Behandlungen ausschließt. Nicht geregelt wird von dieser Norm der Fall, in dem der Betroffene zwar erreichbar ist, aber trotzdem seine Einwilligung verweigert.

4. Privilegierung bestimmter Non-Profit-Organisationen (Abs. 2 lit. d)

27 Art. 9 Abs. 2 lit. d privilegiert politisch, weltanschaulich, religiös oder gewerkschaftlich ausgerichtete Stiftungen, Vereinigungen oder sonstige Organisationen, solange diese keine Gewinnerzielungsabsicht verfolgen. Die Ausnahme orientiert sich weitgehend an der Vorgängernorm des Art. 8 Abs. 2 lit. d DS-RL und wurde durch § 28 Abs. 9 BDSG in deutsches Recht übernommen. Hintergrund für diese Privilegierung ist, dass sich solche Organisationen i.d.R. für die Ausübung von Grundfreiheiten einsetzen.[48] Diesen Einsatz möchte der Verordnungsgeber fördern, solange sich die Verarbeitung im Rahmen der rechtmäßigen Tätigkeit der Non-Profit-Organisation hält. Verarbeitungszwecke, die außerhalb der rechtmäßigen Tätigkeit einer solchen Organisation liegen, sind somit nicht von der Ausnahme des Art. 9 Abs. 2 lit. d erfasst und bedürfen daher eines der anderen Ausnahmetatbestände des Abs. 2, wenn sensible Daten verarbeitet werden sollen.

42 Art. 88 DS-GVO und insb. EG 155 DS-GVO.
43 *Bergmann/Möhrle/Herb*, § 32, Rn. 92 ff.
44 Art. 6 Abs. 4 lit. e DS-GVO.
45 Vgl. dazu *Gierschmann*, in: ZD 2016, 51.
46 Hier kommt es dann ggf. auf die Einwilligung des gesetzlichen Vertreters an, *Simitis,* § 28, Rn. 301.
47 *Simitis*, § 28, Rn. 301.
48 EG 52 S. 3 DS-GVO.

Um die Privilegierung für bestimmte Non-Profit-Organisationen nicht ausufern zu lassen und einen angemessenen Ausgleich zum Recht auf Schutz personenbezogener Daten nach Art. 1 Abs. 2 herzustellen, hat der Verordnungsgeber weitere Voraussetzungen festgelegt, um die Durchbrechung des Verbots der Verarbeitung besonderer Kategorien von personenbezogenen Daten zu begrenzen. Dieser Ausgleich ist jedoch nur teilweise gelungen. Zunächst hat der Verordnungsgeber in persönlicher Hinsicht den Anwendungsbereich der Privilegierung auf Mitglieder, ehemalige Mitglieder und Personen beschränkt, die regelmäßig Kontakte mit der Stiftung, Vereinigung oder sonstigen Organisation (im Zusammenhang mit deren Tätigkeitszweck) unterhalten. Zu letzterer Gruppe zählen bspw. Besucher oder Teilnehmer von Kursen und Veranstaltungen, die nicht oder nicht selbst Mitglied sind. Während die Beschränkung auf diese Personen und Mitglieder nachvollziehbar ist, ist die Einbeziehung ehemaliger Mitglieder unverständlich. In der Regel ist mit einem aktiven (z. B. durch Kündigung) wie passiven Austritt (z.B. durch Ablauf der Mitgliedschaft) der Wille des Betroffenen verbunden, nicht mehr Mitglied bei der Stiftung, Vereinigung oder sonstigen Organisation sein zu wollen. Insofern steht die Erlaubnis des Verordnungsgebers an die betreffende Organisation, weiterhin besondere Kategorien personenbezogener Daten ihrer ehemaligen Mitglieder verarbeiten zu dürfen, im Widerspruch zu dem Recht des Betroffenen auf Schutz seiner personenbezogenen Daten. Zumindest, wenn das ehemalige Mitglied einer weiteren Verarbeitung seiner personenbezogenen Daten aktiv widersprochen hat, darf eine solche keinesfalls mehr erfolgen. 28

Ferner dürfen die personenbezogenen Daten nicht ohne Einwilligung der betroffenen Person nach außen offengelegt werden. Dabei muss es sich um eine ausdrückliche Einwilligung handeln, auch wenn Abs. 2 lit. d dies vom Wortlaut her nicht verlangt. Es ist jedoch kein Grund ersichtlich, warum der Verordnungsgeber bei Art. 9 Abs. 2 lit. a eine ausdrückliche Einwilligung verlangen und bei Art. 9 Abs. 2 lit. d auch eine konkludente Einwilligung genügen lassen sollte. 29

5. Offensichtlich öffentlich gemachte Daten (Abs. 2 lit. e)

Nach Abs. 2 lit. e dürfen besondere Kategorien von personenbezogenen Daten verarbeitet werden, wenn sie der Betroffene offensichtlich öffentlich gemacht hat. Dabei ist unerheblich, ob der Betroffene diese Daten selbst öffentlich gemacht oder jemand anderen, z.B. einen Agenten oder Pressesprecher, dazu veranlasst hat, diese in seinem Namen zu veröffentlichen. Hintergrund dieser Regelung ist, wie auch schon bei Art. 8 Abs. 2 lit. e Alt. 1 DS-RL, dass der Betroffene in Fällen, in denen er seine Daten öffentlich macht, nicht mehr im Rahmen der DS-GVO schutzbedürftig ist.[49] 30

Die Änderung von „offenkundig" nach der DS-RL zu „offensichtlich" gem. der deutschen Übersetzung der DS-GVO ist lediglich sprachlicher Natur. In den englischen Versionen wird weiterhin einheitlich das Wort „manifestly" verwendet. Hier ist stets zu prüfen, ob die Mitteilung, Verlautbarung oder Stellungnahme tatsächlich vom Betroffenen herrührt.[50] Dies gilt insb. auch, wenn die personenbezogenen Daten über die sozialen Medien verbreitet werden. Aufgrund der restriktiven Handhabung der Ausnahmetatbestände ist hier stets Vorsicht geboten, um nicht Gefahr zu laufen, eine Sanktion nach Art. 83 Abs. 5 lit. a auszulösen. 31

6. Rechtsansprüche und justizielle Tätigkeiten (Abs. 2 lit. f)

Gem. Art. 9 Abs. 2 lit. f ist eine Ausnahme von dem Verarbeitungsverbot möglich, wenn die Verarbeitung zur Geltendmachung von Ansprüchen im gerichtlichen, verwaltungsgerichtlichen oder außergerichtlichen Verfahren erforderlich ist.[51] Diese Regelung ist keineswegs neu, sondern entspricht weitgehend der Regelung von Art. 8 Abs. 1 lit. e DS-RL und wurde in § 28 Abs. 6 Nr. 3 32

---

49 Wohl aber ggf. nach anderen Gesetzen wie bspw. dem Urheberrechtsgesetz oder dem Kunsturheberrechtsgesetz.

50 Dies gilt insb. für Pressemitteilungen, *Simitis*, § 28, Rn. 304; *Gola*, § 28, Rn. 77; *Bergmann/Möhrle/Herb*, § 28, Rn. 514.

51 EG 52 S. 3 DS-GVO.

BDSG in deutsches Recht umgesetzt. Ergänzt wurde der Artikel um „Handlungen der Gerichte im Rahmen ihrer justiziellen Tätigkeit". Die Aufnahme dieser Regelung war erforderlich, da die DS-GVO grundsätzlich auch für die Verarbeitung besonderer Kategorien personenbezogener Daten im Rahmen der Tätigkeiten der Gerichte und anderer Justizbehörden gilt.[52] Konsequenterweise wäre somit zunächst nach Abs. 1 die Verarbeitung solcher Daten verboten, wodurch allerdings die Rechtsfindung und Rechtsdurchsetzung empfindlich behindert würde. Daran ändert auch nichts, dass die Verarbeitung nach dem Unionsrecht oder dem Recht eines Mitgliedstaats im Einzelnen separat geregelt werden kann, da ansonsten eine Verarbeitung von personenbezogenen Daten bis zu diesem Zeitpunkt nicht möglich wäre.[53]

7. Erhebliches öffentliches Interesse (Abs. 2 lit. g)

33 Das Verbot nach Art. 9 Abs. 1 wird ferner durchbrochen, wenn dies aus Gründen eines **erheblichen öffentlichen Interesses** erforderlich ist. Dieser Absatz findet seinen Vorgänger in Art. 8 Abs. 4 DS-RL und wurde in § 13 Abs. 2 Nr. 5 bis 9 in das BDSG inkorporiert. Art. 9 Abs. 2 lit. g ist als Auffangtatbestand innerhalb des Art. 9 Abs. 2 konzipiert und erfasst somit insb. die Fallgruppen der meisten anderen Ausnahmetatbestände des Art. 9 Abs. 2, sofern diese im öffentlichen Interesse liegen.[54]

34 Entscheidendes Tatbestandsmerkmal ist somit das Vorliegen eines erheblichen öffentlichen Interesses. Fraglich ist jedoch, wann ein solches vorliegt. Zumindest in Katastrophen- und Krisenfällen sowie bei der Abwehr erheblicher Nachteile für oder der Wahrung erheblicher Belange des Gemeinwohls ist diese Schwelle eindeutig überschritten. Gleiches gilt für staatliche Stellen, wenn die Verarbeitung personenbezogener Daten zu verfassungsrechtlich oder völkerrechtlich verankerten Zielen von staatlich anerkannten Religionsgemeinschaften erfolgt.[55] Andererseits ist ebenso evident, dass Bagatellfälle mangels Erheblichkeit keine Ausnahme i.S.d. Art. 9 Abs. 2 lit. g begründen können. Zwischen diesen beiden Polen liegt ein weites Feld an Szenarien, die je nach Interessenlage aus subjektiver Sicht des Verarbeitenden im öffentlichen Interesse liegen können. Im Zweifelsfall werden hier die Gerichte entscheiden müssen. Zum Begriff des „öffentlichen Interesses" siehe auch Art. 6 Rn. 114 ff. und Rn. 164 ff. sowie Art. 18 Rn. 98 ff.

8. Gesundheitsversorgung (Abs. 2 lit. h)

35 Art. 9 Abs. 2 lit. h findet seinen Vorgänger in Art. 8 Abs. 3 DS-RL, der in §§ 13 Abs. 2 Nr. 7; 28 Abs. 7 BDSG in nationales Recht umgesetzt wurde. Diese Ausnahme ist elementar für die Erbringung von Dienstleistungen im Gesundheitsbereich. Von dieser Ausnahme wird nicht nur die Behandlung von Krankheiten erfasst, sondern die gesamte Palette der Vorsorge, Versorgung und Behandlung im Gesundheits- und Sozialbereich einschließlich der diesbezüglichen Verwaltung von Systemen und Diensten.

36 Diese Ausnahme greift indes nur, wenn die Verarbeitung auf Grundlage des Unionsrechts, des Rechts eines Mitgliedstaates oder aufgrund eines Vertrages mit einem Angehörigen eines Gesundheitsberufes erforderlich ist und die in Abs. 3 genannten Bedingungen und Garantien erfüllt sind, vgl. dazu Rn. 41 f. Angehörige eines Gesundheitsberufes sind z. B. Ärzte, Zahnärzte, psychologische Psychotherapeuten, Kinder- und Jugendlichen-Psychotherapeuten, Apotheker und Hebammen sowie deren Berufshelfer, vgl. § 203 StGB und §§ 53, 53a StPO.

9. Öffentliches Interesse im Bereich der öffentlichen Gesundheit (Abs. 2 lit. i)

37 Art. 9 Abs. 2 lit. i hat keinen direkten Vorgänger in der DS-RL. Diese Regelung soll die Verarbeitung sensibler Daten aus Gründen des öffentlichen Interesses im Bereich der öffentlichen Gesundheit ermöglichen. Der Begriff der „öffentlichen Gesundheit" soll sich nach dem Willen des

---

52 Zum sachlichen Anwendungsbereich vgl. Art. 2 DS-GVO.
53 EG 20 S. 1 DS-GVO.
54 EG 52 S. 1.
55 EG 55 DS-GVO.

Verordnungsgebers an der Verordnung (EG) Nr. 1338/2008 orientieren.[56] Nach Art. 3 lit. c dieser Verordnung werden unter öffentlicher Gesundheit „alle Elemente im Zusammenhang mit der Gesundheit, nämlich den Gesundheitszustand einschließlich Morbidität und Behinderung, die sich auf diesen Gesundheitszustand auswirkenden Determinanten, den Bedarf an Gesundheitsversorgung, die der Gesundheitsversorgung zugewiesenen Mittel, die Bereitstellung von und den allgemeinen Zugang zu Gesundheitsversorgungsleistungen sowie die entsprechenden Ausgaben und die Finanzierung und schließlich die Ursachen der Mortalität" verstanden.

Der Begriff des „öffentlichen Interesses" wird leider erneut nicht näher definiert.[57] Der Verordnungsgeber hat lediglich die Maßgabe erlassen, dass solche Daten nicht von Dritten wie z. B. dem Arbeitgeber oder Versicherungs- und Finanzunternehmen zweckentfremdet werden dürfen.[58] Ferner hat er als Regelbeispiele für Art. 9 Abs. 2 lit. i den Schutz vor schwerwiegenden grenzüberschreitenden Gesundheitsgefahren und die Gewährleistung hoher Qualitäts- und Sicherheitsstandards bei der Gesundheitsversorgung und bei Arzneimitteln und Medizinprodukten angegeben. Dieser Katalog ist nicht abschließend und lässt viel Raum für Interpretationen. Zum Begriff des „öffentlichen Interesses" siehe auch Art. 6 Rn. 114 ff. und Rn. 164 ff. sowie Art. 18 Rn. 98 ff. 38

Art. 9 Abs. 2 lit. i ist nur dann einschlägig, wenn die Verarbeitung erforderlich ist und auf Grundlage des Unionsrechts oder des Rechts eines Mitgliedstaats erfolgt, das angemessene und spezifische Maßnahmen zur Wahrung der Rechte und Freiheiten der Betroffenen vorsieht. Als Beispiel wird hierfür das Berufsgeheimnis genannt. 39

10. Archivierungs-, Forschungs- und statistische Zwecke (Abs. 2 lit. j)

Der Regelungsgegenstand des Art. 9 Abs. 2 lit. j ist ebenfalls bereits in der DS-RL enthalten[59] und wurde durch §§ 13 Abs. 2 Nr. 8; 28 Abs. 6 Nr. 4 in das BDSG übernommen. Danach ist die Verarbeitung besonderer Kategorien von personenbezogenen Daten erlaubt, wenn dies im öffentlichen Interesse für Zwecke der Archivierung, wissenschaftlicher oder historischer Forschung oder der Statistik erforderlich ist. Wissenschaftliche Forschung ist nach den Erwägungsgründen weit zu verstehen und erfasst neben Verarbeitungen für die technologische Entwicklung und die Demonstration auch die Grundlagenforschung, die angewandte Forschung und die privat finanzierte Forschung.[60] Was unter dem Begriff des öffentlichen Interesses genau zu verstehen ist, wird wiederum nicht näher erläutert.[61] Zum dem Begriff siehe auch die Art. 6 Rn. 114 ff. und Rn. 164 ff. sowie Art. 18 Rn. 98 ff. Im Übrigen verweist Art. 9 Abs. 2 lit. j auf Art. 89. Hier werden die weiteren Tatbestandsmerkmale im Detail erläutert, sodass auf die Kommentierung zu Art. 89 verwiesen werden kann. 40

III. Verarbeitung durch Träger von Berufsgeheimnissen (Art. 9 Abs. 3)

Art. 9 Abs. 3 findet seinen Vorgänger in Art. 8 Abs. 3 DS-RL und ergänzt Art. 9 Abs. 2 lit. h. Danach ist die Verarbeitung von besonderen Kategorien personenbezogener Daten für die dort genannten Zwecke nur gestattet, wenn die Verarbeitung durch Fachpersonal oder unter deren Aufsicht erfolgt und das Fachpersonal dabei einem Berufsgeheimnis unterliegt.[62] Hierzu zählen alle Personen, die unter § 203 Abs. 1 StGB fallen, also bspw. Ärzte, Krankenschwestern, Hebammen 41

---

56 Verordnung (EG) Nr. 1338/2008 vom 16. Dezember 2008 zu Gemeinschaftsstatistiken über öffentliche Gesundheit und über Gesundheitsschutz und Sicherheit am Arbeitsplatz (ABl. L 354 v. 31.12.2008, S. 70).

57 Vgl. schon oben unter 7.

58 EG 54 S. 4 DS-GVO.

59 EG 34 DS-RL.

60 EG 159 DS-GVO.

61 Vgl. schon oben unter 7.

62 Dies kann insbesondere auch für die Übermittlung sensitiver Daten in Drittstaaten relevant sein, vgl. Kurzpapier Nr. 4 der Datenschutzkonferenz „Datenübermittlung in Drittländer", S. 1.

und Laborangestellte.[63] Darüber hinaus erweitert § 203 Abs. 3 S. 2 StGB das Berufsgeheimnis auf alle berufsmäßig tätigen Gehilfen und die Personen, die bei den in § 203 Abs. 1 StGB genannten Personen zur Vorbereitung auf den Beruf tätig sind. Dazu zählen v.a. Arzthelferinnen und Arztsekretärinnen, aber auch Angestellte der Krankenhausverwaltung, wenn sie eine im unmittelbaren ärztlichen Zusammenhang mit der ärztlichen Behandlung stehende Tätigkeit ausüben, wie bspw. die Erfassung von Patientendaten zu Abrechnungszwecken.[64]

42 Soweit es den Geheimnisschutz im Gesundheitsbereich betrifft, ist § 203 StGB sehr umfassend. Dennoch kann es aufgrund des arbeitsteiligen Vorgehens notwendig sein, dass solche Daten zur Erreichung der in Art. 9 Abs. 2 lit. h genannten Zwecke auch durch Personen, die nicht einem Berufsgeheimnis unterliegen, erfolgt. Um die Rechte der Betroffenen dabei ausreichend zu wahren, genügt nach der DS-GVO, dass diese Personen einer Geheimhaltungspflicht nach dem Unionsrecht, dem Recht eines Mitgliedstaats oder den Vorschriften national zuständiger Stellen unterliegen.

IV. Zusätzliche Bedingungen und Beschränkungen (Art. 9 Abs. 4)

43 Durch Art. 9 Abs. 4 erhalten die **Mitgliedstaaten eine Gesetzgebungskompetenz**, die sie ermächtigt, zusätzliche Bedingungen und Beschränkungen für die Verarbeitung von genetischen, biometrischen und Gesundheitsdaten zu erlassen oder beizubehalten. Sofern diese Bedingungen auch für die grenzüberschreitende Verarbeitung solcher Daten gelten sollen, müssen die Mitgliedstaaten sicherstellen, dass dadurch nicht der freie Verkehr personenbezogener Daten in der Union beeinträchtigt wird.[65] Darüber hinaus ist zu beachten, dass die Bedingungen und Beschränkungen sich im Rahmen der sonstigen Regelungen des europäischen Primärrechts halten müssen, da ansonsten ein Verstoß gegen die Pflicht zur loyalen Zusammenarbeit nach Art. 4 Abs. 3 EUV vorliegt, der die Einleitung eines Vertragsverletzungsverfahrens nach Art. 258 AEUV zur Folge haben kann.[66]

C. Weitere Auswirkungen der Verordnung in der Praxis

I. Voraussichtliche Auswirkungen auf das nationale Recht

44 Art. 9 ist im Wesentlichen der Nachfolger von Art. 8 DS-RL. Aufgrund seiner Struktur als Verbot mit Erlaubnisvorbehalt wäre es wünschenswert gewesen, wenn die übrigen Kategorien personenbezogener Daten über die genetischen, biometrischen und Gesundheitsdaten gem. Art. 4 Nr. 13 bis 15 hinaus, legal definiert worden wären. Das hätte zumindest zu mehr Sicherheit bei der Rechtsanwendung beigetragen, v.a. angesichts des hohen Sanktionsrahmens nach Art. 83 Abs. 5 lit. a. Gleiches gilt für die z. T. doch recht schwammig formulierten Ausnahmetatbestände. Hier werden letztendlich die Gerichte für Rechtssicherheit sorgen müssen. Weitere Unsicherheitsfaktoren sind die zahlreichen **Öffnungsklauseln**[67] **für nationale Sonderregeln**, die das Ziel einer europaweit einheitlichen Verarbeitung besonderer Kategorien personenbezogener Daten erschwert, wenn nicht sogar unmöglich macht.

II. Datenschutzanpassungsgesetz

45 Der Bundestag hat am 27. April 2017 den Entwurf eines Gesetzes zur Anpassung des Datenschutzrechts an die Verordnung (EU) 2016/679 und zur Umsetzung der Richtlinie (EU) 2016/680[68] (**Datenschutz-Anpassungs- und -Umsetzungsgesetz EU** – DSAnpUG-EU) verab-

---

63 Für eine ausführliche Aufzählung s. Münchener Kommentar, § 203 Rn. 31.
64 Münchener Kommentar, § 203 Rn. 126.
65 EG 53 S. 5 DS-GVO.
66 *Kühling/Martini et al.*, S. 3.
67 *Laue*, in: ZD 2016, 463.
68 BT-Drs. 18/11325.

schiedet. Diesem Gesetz hat der Bundesrat mit Beschluss vom 12.5.2017 zugestimmt[69], so dass es zusammen mit der DS-GVO am 25.5.2018 in Kraft tritt. Damit hat der deutsche Gesetzgeber einen ersten wichtigen Schritt Richtung Implementierung der DS-GVO in deutsches Recht vollzogen. Zwar ist eine solche Implementierung nicht zwingend erforderlich, da im Zweifel aufgrund des Anwendungsvorrangs[70] die Verordnung unmittelbar gilt und ihr entgegenstehende Regelungen folglich ab dem 25.5.2018 nicht mehr angewendet werden dürfen. Allerdings wollte der Gesetzgeber auch verschiedene Gestaltungsspielräume nutzen, die die DS-GVO den Mitgliedsstaaten eröffnet. Hierfür hat er in Artikel 1 DSAnpUG-EU ein **neues Bundesdatenschutzgesetz (BDSG-neu)** erlassen, das das alte BDSG mit Inkrafttreten des DSAnpUG-EU ablöst. Das BDSG-neu nutzt die Gestaltungsspielräume von Art. 9 vor allem in den §§ 22, 27 und 28 enthält darüber hinaus aber auch Bezüge zu Art. 9 in den §§ 23 Abs. 2, 24 Abs. 2, 25 Abs. 3 und 26 Abs. 3.

1. § 22 BDSG-neu

§ 22 BDSG-neu regelt die Verarbeitung besonderer Kategorien von personenbezogenen Daten. 46
Dieser Paragraph macht von den Öffnungsklauseln in Art. 9 Abs. 2 lit. b (in Bezug auf § 22 Abs. 1 Nr. 1 lit. a), Art. 9 Abs. 2 lit g (in Bezug auf § 22 Abs. 1 Nr. 2 lit a bis d), Art. 9 Abs. 2 Buchstabe h i. V. m. Abs. 3 (in Bezug auf § 22 Abs. 1 Nr. 1 lit. b) und Art. 9 Abs. 2 lit i (in Bezug auf § 22 Abs. 1 Nr. 1 lit. c) Gebrauch.[71]

§ 22 Abs. 1 Nr. 1 lit. b BDSG-neu entspricht im Wesentlichen § 13 Abs. 2 Nr. 7 und § 28 Abs. 7 47
BDSG und setzt Art. 9 Abs. 2 lit. h um. Dabei wurde auf eine explizite Nennung der Arbeitsmedizin verzichtet, da der Begriff der Gesundheitsvorsorge auch die arbeitsmedizinische Vorsorge beinhaltet. Die Verarbeitung erfolgt jeweils entsprechend den inhaltlichen Zwecken, die sich aus lit. b oder dem bereichsspezifischen Recht ergeben.

§ 22 Abs. 2 BDSG-neu setzt ferner das Erfordernis aus Art. 9 Abs. 2 lit. b, g und i um, „geeignete 48
Garantien für die Grundrechte und die Interessen der betroffenen Person" bzw. „angemessene und spezifische Maßnahmen zur Wahrung der Grundrechte und Interessen der betroffenen Person" vorzusehen.[72]

2. § 27 BDSG-neu

§ 27 BDSG-neu regelt die Datenverarbeitung zu wissenschaftlichen oder historischen For- 49
schungszwecken und zu statistischen Zwecken und schafft hierfür eine zusätzliche Regelung im nationalen Recht. Diese Vorschrift macht von der Ermächtigung in Art. 9 Abs. 2 lit. j Gebrauch und gilt für die öffentliche und private Forschung.[73]

Die Verarbeitung nach § 27 Abs. 1 BDSG-neu setzt insoweit das Vorliegen einer Rechtsgrundlage 50
nach Art. 6 Abs. 1 voraus und gilt ausschließlich für die Verarbeitung von sensiblen personenbezogenen Daten. Nach Art. 5 Abs. 1 lit. b können personenbezogene Daten zu wissenschaftlichen oder historischen Forschungszwecken und statistischen Zwecken weiterverarbeitet werden und sich hierfür erneut auf die Rechtsgrundlage stützen, die bereits für die Erstverarbeitung galt, da die Weiterverarbeitung nach der gesetzlichen Wertung stets mit dem Zweck der Erstverarbeitung kompatibel ist. §§ 23, 24 und 25 BDSG-neu finden insoweit keine Anwendung.[74]

§ 27 Abs. 2 Satz 1 BDSG-neu enthält weitere Regelungen, die die Durchführung von Forschungs- 51
vorhaben begünstigen und damit den Forschungsstandort Deutschland stärken. So werden

69 BR-Drs. 332/17.
70 *Ehmann*, in: Datenschutz Praxis 12/2016, 1.
71 Vgl. Referentenentwurf zum Entwurf eines Gesetzes zur Anpassung des Datenschutzrechts an die Verordnung (EU) 2016/679 und zur Umsetzung der Richtlinie (EU) 2016/680, BT-Drs. 18/11325, S. 94.
72 Vgl. Referentenentwurf zum Entwurf eines Gesetzes zur Anpassung des Datenschutzrechts an die Verordnung (EU) 2016/679 und zur Umsetzung der Richtlinie (EU) 2016/680, BT-Drs. 18/11325, S. 95.
73 Vgl. Referentenentwurf zum Entwurf eines Gesetzes zur Anpassung des Datenschutzrechts an die Verordnung (EU) 2016/679 und zur Umsetzung der Richtlinie (EU) 2016/680, BT-Drs. 18/11325, S. 99.
74 a.a.O.

bspw. die Rechte nach Art. 15, 16, 18 und 21 unter Ausnutzung der Öffnungsklausel in Art. 89 Abs. 2 eingeschränkt. Darüber hinaus schränkt § 27 Abs. 2 Satz 2 BDSG-neu in Anlehnung an § 33 Absatz 2 Satz 1 Nr. 5 i. V. m. § 34 Abs. 7 sowie § 19a Abs. 2 Nr. 2 BDSG das Auskunftsrecht für die Fälle unverhältnismäßigen Aufwands unter Ausnutzung der Öffnungsklausel des Art. 23 Abs. 1 lit. i ein. Ausweislich der Gesetzesbegründung kann dies beispielsweise der Fall sein, wenn Forschungsvorhaben mit besonders großen Datenmengen arbeiten.[75]

52 Nach § 1 Abs. 2 BDSG-neu gehen spezialgesetzliche Regelungen zur Datenverarbeitung aus dem bereichsspezifischen Recht § 27 BDSG-neu vor. Solche spezialgesetzlichen Regelungen finden sich derzeit z. B. in den Sozialgesetzbüchern oder in medizinrechtlichen Gesetzen (z. B. Arzneimittelgesetz, Gendiagnostikgesetz, Transplantationsgesetz).[76]

3. § 28 BDSG-neu

53 § 28 BDSG-neu regelt die Datenverarbeitung zu im öffentlichen Interesse liegenden Archivzwecken. Dieser Paragraph macht von der Ermächtigung in Art. 9 Abs. 2 lit. j Gebrauch. Die Vorschrift erfasst sowohl öffentliches als auch privates Archivgut und richtet sich somit an öffentliche und nichtöffentliche Stellen.[77]

54 § 28 Abs. 1 BDSG-neu gilt nur für die Verarbeitung von Daten i.S.v. Art. 9 Abs. 1.

55 Wichtig ist in diesem Zusammenhang, dass angemessene und spezifische Maßnahmen zur Wahrung der Interessen der Betroffenen Person ergriffen werden. Diese können, müssen sich aber nicht an dem Beispielskatalog in § 22 Abs. 2 Satz 2 BDSG-neu orientieren. Die Absätze 2 bis 4 beruhen auf der Öffnungsklausel des Art. 89 Abs. 3, gelten aber auch für Verarbeitung von besonderen Kategorien personenbezogener Daten. Danach können die Rechte aus den Art. 15, 16, 18, 20 und 21 eingeschränkt werden.

---

75 a.a.O.

76 a.a.O.

77 Vgl. Referentenentwurf zum Entwurf eines Gesetzes zur Anpassung des Datenschutzrechts an die Verordnung (EU) 2016/679 und zur Umsetzung der Richtlinie (EU) 2016/680, BT-Drs. 18/11325 S. 100.

Article 10

Processing of personal data relating to criminal convictions and offences

Processing of personal data relating to criminal convictions and offences or related security measures based on Article 6(1) shall be carried out only under the control of official authority or when the processing is authorised by Union or Member State law providing for appropriate safeguards for the rights and freedoms of data subjects. Any comprehensive register of criminal convictions shall be kept only under the control of official authority.

Artikel 10

Verarbeitung von personenbezogenen Daten über strafrechtliche Verurteilungen und Straftaten

Die Verarbeitung personenbezogener Daten über strafrechtliche Verurteilungen und Straftaten oder damit zusammenhängende Sicherungsmaßregeln aufgrund von Artikel 6 Absatz 1 darf nur unter behördlicher Aufsicht vorgenommen werden oder wenn dies nach dem Unionsrecht oder dem Recht der Mitgliedstaaten, das geeignete Garantien für die Rechte und Freiheiten der betroffenen Personen vorsieht, zulässig ist. Ein umfassendes Register der strafrechtlichen Verurteilungen darf nur unter behördlicher Aufsicht geführt werden.

Recital

(19) The protection of natural persons with regard to the processing of personal data by competent authorities for the purposes of the prevention, investigation, detection or prosecution of criminal offences or the execution of criminal penalties, including the safeguarding against and the prevention of threats to public security and the free movement of such data, is the subject of a specific Union legal act. This Regulation should not, therefore, apply to processing activities for those purposes. However, personal data processed by public authorities under this Regulation should, when used for those purposes, be governed by a more specific Union legal act, namely Directive (EU) 2016/680 of the European Parliament and of the Council[1]. Member States may entrust competent authorities within the meaning of Directive (EU) 2016/680 with tasks which are not necessarily carried out for the purposes of the prevention, investigation, detection or prosecution of criminal offences or the execution of criminal penalties, including the safeguarding

Erwägungsgrund

(19) Der Schutz natürlicher Personen bei der Verarbeitung personenbezogener Daten durch die zuständigen Behörden zum Zwecke der Verhütung, Ermittlung, Aufdeckung oder Verfolgung von Straftaten oder der Strafvollstreckung, einschließlich des Schutzes vor und der Abwehr von Gefahren für die öffentliche Sicherheit, sowie der freie Verkehr dieser Daten sind in einem eigenen Unionsrechtsakt geregelt. Deshalb sollte diese Verordnung auf Verarbeitungstätigkeiten dieser Art keine Anwendung finden. Personenbezogene Daten, die von Behörden nach dieser Verordnung verarbeitet werden, sollten jedoch, wenn sie zu den vorstehenden Zwecken verwendet werden, einem spezifischeren Unionsrechtsakt, nämlich der Richtlinie (EU) 2016/680 des Europäischen Parlaments und des Rates[2] unterliegen. Die Mitgliedstaaten können die zuständigen Behörden im Sinne der Richtlinie (EU) 2016/680 mit Aufgaben betrauen, die nicht zwangsläufig für die Zwecke der Verhütung, Ermittlung, Aufdeckung oder Verfolgung von Straftaten oder

1 Directive (EU) 2016/680 of the European Parliament and of the Council of 27 April 2016 on the protection of natural persons with regard to the processing of personal data by competent authorities for the purposes of prevention, investigation, detection or prosecution of criminal offences or the execution of criminal penalties, and the free movement of such data and repealing Council Framework Decision 2008/977/JHA (see page 89 of this Official Journal).

2 Richtlinie (EU) 2016/680 des Europäischen Parlaments und des Rates vom 27. April 2016 zum Schutz natürlicher Personen bei der Verarbeitung personenbezogener Daten durch die zuständigen Behörden zum Zwecke der Verhütung, Aufdeckung, Untersuchung oder Verfolgung von Straftaten oder der Strafvollstreckung sowie zum freien Datenverkehr und zur Aufhebung des Rahmenbeschlusses 2000/383/JI des Rates (siehe Seite 89 dieses Amtsblatts).

against and prevention of threats to public security, so that the processing of personal data for those other purposes, in so far as it is within the scope of Union law, falls within the scope of this Regulation. With regard to the processing of personal data by those competent authorities for purposes falling within scope of this Regulation, Member States should be able to maintain or introduce more specific provisions to adapt the application of the rules of this Regulation. Such provisions may determine more precisely specific requirements for the processing of personal data by those competent authorities for those other purposes, taking into account the constitutional, organisational and administrative structure of the respective Member State. When the processing of personal data by private bodies falls within the scope of this Regulation, this Regulation should provide for the possibility for Member States under specific conditions to restrict by law certain obligations and rights when such a restriction constitutes a necessary and proportionate measure in a democratic society to safeguard specific important interests including public security and the prevention, investigation, detection or prosecution of criminal offences or the execution of criminal penalties, including the safeguarding against and the prevention of threats to public security. This is relevant for instance in the framework of anti-money laundering or the activities of forensic laboratories.

der Strafvollstreckung, einschließlich des Schutzes vor und der Abwehr von Gefahren für die öffentliche Sicherheit, ausgeführt werden, so dass die Verarbeitung von personenbezogenen Daten für diese anderen Zwecke insoweit in den Anwendungsbereich dieser Verordnung fällt, als sie in den Anwendungsbereich des Unionsrechts fällt. In Bezug auf die Verarbeitung personenbezogener Daten durch diese Behörden für Zwecke, die in den Anwendungsbereich dieser Verordnung fallen, sollten die Mitgliedstaaten spezifischere Bestimmungen beibehalten oder einführen können, um die Anwendung der Vorschriften dieser Verordnung anzupassen. In den betreffenden Bestimmungen können die Auflagen für die Verarbeitung personenbezogener Daten durch diese zuständigen Behörden für jene anderen Zwecke präziser festgelegt werden, wobei der verfassungsmäßigen, organisatorischen und administrativen Struktur des betreffenden Mitgliedstaats Rechnung zu tragen ist. Soweit diese Verordnung für die Verarbeitung personenbezogener Daten durch private Stellen gilt, sollte sie vorsehen, dass die Mitgliedstaaten einige Pflichten und Rechte unter bestimmten Voraussetzungen mittels Rechtsvorschriften beschränken können, wenn diese Beschränkung in einer demokratischen Gesellschaft eine notwendige und verhältnismäßige Maßnahme zum Schutz bestimmter wichtiger Interessen darstellt, wozu auch die öffentliche Sicherheit und die Verhütung, Ermittlung, Aufdeckung und Verfolgung von Straftaten oder die Strafvollstreckung zählen, einschließlich des Schutzes vor und der Abwehr von Gefahren für die öffentliche Sicherheit. Dies ist beispielsweise im Rahmen der Bekämpfung der Geldwäsche oder der Arbeit kriminaltechnischer Labors von Bedeutung.

§ 26 BDSG-neu

Datenverarbeitung für Zwecke des Beschäftigungsverhältnisses

(1) Personenbezogene Daten von Beschäftigten dürfen für Zwecke des Beschäftigungsverhältnisses verarbeitet werden, wenn dies für die Entscheidung über die Begründung eines Beschäftigungsverhältnisses oder nach Begründung des Beschäftigungsverhältnisses für dessen Durchführung oder Beendigung oder zur Ausübung oder Erfüllung der sich aus einem Gesetz oder einem Tarifvertrag, einer Betriebs- oder Dienstvereinbarung (Kollektivvereinbarung) ergebenden Rechte und Pflichten der Interessenvertretung der Beschäftigten erforderlich ist. Zur Aufdeckung von Straftaten dürfen personenbezogene Daten von Beschäftigten nur dann verarbeitet werden, wenn zu dokumentierende tatsächliche Anhaltspunkte den Verdacht begründen, dass die betrof-

fene Person im Beschäftigungsverhältnis eine Straftat begangen hat, die Verarbeitung zur Aufdeckung erforderlich ist und das schutzwürdige Interesse der oder des Beschäftigten an dem Ausschluss der Verarbeitung nicht überwiegt, insbesondere Art und Ausmaß im Hinblick auf den Anlass nicht unverhältnismäßig sind.

(2) …

(5) Der Verantwortliche muss geeignete Maßnahmen ergreifen um sicherzustellen, dass insbesondere die in Artikel 5 der Verordnung (EU) 2016/679 dargelegten Grundsätze für die Verarbeitung personenbezogener Daten eingehalten werden.

Literatur

Bergmann/Möhrle/Herb, Datenschutzrecht, Loseblattwerk in 51. Aktualisierung 2016, Boorberg München; *Dammann/Simitis*, EG-Datenschutzrichtlinie Kommentar, 1. Auflage 1997, Nomos Baden-Baden; *Däubler/Klebe/Wedde/Weichert*, Bundesdatenschutzgesetz, 5. Auflage 2016, Bund-Verlag Frankfurt a.M.; *Ehmann/Selmayr (Hrsg.)*, Datenschutz-Grundverordnung, 1. Auflage 2017, C.H. Beck München; *Gola (Hrsg.)*, Datenschutz-Grundverordnung, 1. Auflage 2017, C.H. Beck München; *Gola*, Der „neue" Beschäftigtendatenschutz nach § 26 BDSG n.F., in: BB 2017, 1462 ff.; *Kühling/Buchner (Hrsg.)*, Datenschutzgrundverordnung, 1. Auflage 2017, C.H. Beck München; *Laue/Nink/Kremer*, Das neue Datenschutzrecht in der betrieblichen Praxis, 1. Auflage 2016, Nomos Baden-Baden; *Licht*, Das Verarbeitungsverzeichnis nach der DSGVO – Handlungsbedarf im Unternehmen, in: ITRB 2017, 71 ff.; *Paal/Pauly*, Datenschutz-Grundverordnung, 1. Auflage 2016, C.H. Beck München; *Plath (Hrsg.)*, BDSG/DSGVO, 2. Auflage 2016, Otto Schmidt, Köln; *Roßnagel (Hrsg.)*, Europäische Datenschutz-Grundverordnung, 1. Auflage 2017, Nomos Baden-Baden; *Simitis (Hrsg.)*, Bundesdatenschutzgesetz, 8. Auflage 2014, Nomos Baden-Baden; *Taeger/Gabel (Hrsg.)*, BDSG und Datenschutzvorschriften des TKG und TMG, 2. Auflage 2013, Deutscher Fachverlag GmbH, Frankfurt a.M.; *Wolff/Brink (Hrsg.)*, Beck'scher Online-Kommentar Datenschutzrecht, 19. Edition, Stand 01.02.2017, C.H. Beck München; *Wybitul*, Die DS-GVO – ein Compliance Thema?, in: ZD 2016, 105 ff.; *Wybitul*, EU: Datenschutzgrundverordnung verabschiedet – die wichtigsten Folgen für die Praxis auf einen Blick, in: ZD-Aktuell 2016, 04185.

▶ Bedeutung der Norm

Art. 10 stellt die Verarbeitung der besonders sensiblen Angaben über strafrechtliche Verurteilungen, Straftaten und damit zusammenhängende Sicherungsmaßregeln grundsätzlich unter einen Behördenvorbehalt. Ausnahmen können sich aus Unionsrecht oder nationalem Recht ergeben. Im Übrigen richtet sich die Rechtmäßigkeit der Verarbeitung nach Art. 6 Abs. 1.

▶ Hinweise für den Anwender

Für die Norm relevante Definitionen:
- Begriff der Straftat in Art. 49 EU Grundrechte-Charta und Art. 7 EMRK.

Für die Auslegung der Norm relevante Erwägungsgründe:
- 19 (Anwendungsbereich), 50 (berechtigtes Interesse), 75 (Risikobegriff), 80 (Benennung eines Vertreters), 91 (Datenschutz-Folgeabschätzung), 97 (Datenschutzbeauftragter).

Systematische Einordnung der Norm:
- Kapitel II Grundsätze.
- Ergänzt Art. 6 (Rechtmäßigkeit der Verarbeitung).
- Abzugrenzen von „besondere Kategorien personenbezogener Daten" in Art. 9.

Vorgängernormen im deutschen Datenschutzrecht:
- Eine direkte Vorgängernorm fehlt. Bisher ist die Verarbeitung von Strafdaten lediglich in § 32 BDSG (Beschäftigtendaten) explizit geregelt.
- § 28 Abs. 2 Nr. 2 lit. b BDSG gestattet die Zweckänderung zur Abwehr von Gefahren für die öffentliche Sicherheit oder zur Verfolgung von Straftaten.

Vorgängernorm in europäischen Richtlinien:
- Art. 8 Abs. 5 RL 95/46/EG (fast wortgleich).

Querbezüge zu anderen Normen (national):
- §§ 28, 32 BDSG bzw. § 26 BDSG-neu.
- Bundeszentralregistergesetz (BZRG).
- Nationale Korruptionsregister (z.B. BlnKRG).

Querbezüge zu anderen Normen (europäisch):
- Art. 6, 9 Konvention Nr. 108 des Europarats.
- Polizei-Richtlinie (EU) 2016/680 bezüglich Verarbeitungen von Strafermittlungsbehörden.
- In der DS-GVO:
  - Zulässigkeit einer zweckverändernden Weiterverarbeitung nach Art. 6 Abs. 4 lit. c
  - Benennungspflicht eines Vertreters in der EU bei der Verarbeitung von Strafdaten im größeren Umfang durch einen nicht in der Union niedergelassenen Verantwortlichen oder Auftragsverarbeiter nach Art. 27 Abs. 2
  - Pflicht des Verantwortlichen oder des Auftragsverarbeiters zur Führung eines Verarbeitungsverzeichnis bei der Verarbeitung von Strafdaten nach Art. 30 Abs. 5
  - Pflicht zu einer Datenschutz-Folgenabschätzung nach Art. 35 Abs. 3 lit. b
  - Pflicht zu Benennung eines Datenschutzbeauftragten nach Art. 37 Abs. 1 lit. c
  - Öffnungsklauseln für den nationalen Gesetzgeber in Art. 85 Abs. 2 (Meinungs- und Informationsfreiheit); Art. 88 (Beschäftigtendaten).

▶ Schlagworte

Behördenvorbehalt; sensible Daten; Straftaten; strafrechtliche Verurteilungen; Sicherungsmaßregeln; Register; Bundeszentralregister; Strafdaten, Beschäftigtenverhältnis; Unwerturteil; besondere Kategorien von personenbezogenen Daten; Ordnungswidrigkeiten; Warndateien; Auskunfteien; besondere Arten personenbezogener Daten; Vorstrafen; Fragerecht; Korruptionsregister; Polizei-Richtlinie (EU) 2016/680; Gerichte; Justizbehörden; Täter; Opfer; Zeuge; Tatverdächtiger; Compliance-Untersuchungen; Führungszeugnis; Abweichungsbefugnis; Verurteilungsregister; private Register; Medienprivileg; journalistische Zwecke

A. Allgemeines

I. Regelungszweck

Art. 10 bezweckt den Schutz der Betroffenen in einem besonders sensiblen Bereich, nämlich bei der Verarbeitung personenbezogenen Daten über strafrechtliche Verurteilungen, Straftaten oder damit zusammenhängende Sicherungsmaßregeln (nachfolgend auch insgesamt „Strafdaten" genannt). Die Verarbeitung dieser Daten ist für den Betroffenen mit speziellen Risiken verbunden, da damit in der Regel ein Unwerturteil über den Betroffenen einher geht, welches z.B. diskriminierende oder rufschädigende Auswirkungen haben kann. Der Verordnungsgeber will mit Art. 10 erreichen, dass Strafdaten in erster Linie unter behördlicher Aufsicht verarbeitet werden (sog. „Behördenvorbehalt"). 1

II. Normadressaten

Normadressaten sind sowohl öffentlich-rechtliche wie auch private Verarbeiter. Für große Teile öffentlicher Verantwortlicher kommt er allerdings nicht zur Anwendung, da solche Behörden gem. Art. 2 Abs. 2 lit. d in der Regel vom Anwendungsbereich der Verordnung ausgenommen sind, da sie personenbezogene Daten zum Zwecke der Verhütung, Ermittlung, Aufdeckung oder Verfolgung von Straftaten oder der Strafvollstreckung, einschließlich des Schutzes vor und der Abwehr von Gefahren für die öffentliche Sicherheit verarbeiten. Für damit im Zusammenhang stehende Datenverarbeitungen gilt stattdessen die sog. Polizei-Richtlinie (EU) 2016/680.[3] EG 19 Satz 4 stellt klar, dass es aber Behörden geben kann, welche nicht zwangsläufig mit Polizeiaufgaben betraut sind und die dann Art. 10 unterfallen. 2

Ferner sind sowohl der nationale wie auch der europäische Gesetzgeber Adressaten der Norm, denn Art. 10 Satz 1 gestattet nationale oder unionsrechtliche Abweichungen vom Behördenvorbehalt. 3

III. Systematik

Art. 10 ist kein Verarbeitungsverbot und auch keine Rechtsgrundlage zur Verarbeitung von Strafdaten. Die Rechtmäßigkeit der Verarbeitung richtet sich grundsätzlich nach Art. 6, wie sich aus dem Verweis auf Art. 6 Abs. 1 ergibt sowie der Erwähnung von Strafdaten in Art. 6 Abs. 4 lit. c) als möglicher Ausschlussgrund für eine Weiterverarbeitung für andere Zwecke. Allerdings unterstellt Art. 10 die Verarbeitung von Strafdaten einem grundsätzlichen Behördenvorbehalt. Damit erhalten Strafdaten eine Sonderbehandlung, insb. auch im Vergleich zu den sonstigen sensitiven Daten, für deren Verarbeitung Art. 9 besondere Regeln aufstellt. 4

Die Norm wird von einer Reihe weiterer Schutzvorkehrungen in der Verordnung flankiert, insb. durch verschärfte Anforderungen zur Benennung eines Datenschutzbeauftragten (Art. 37 Abs. 1 lit. c) bzw. Vertreters (Art. 27 Abs. 2), der Pflicht zur Führung eines Verarbeitungsverzeichnisses (Art. 30 Abs. 5) sowie der Pflicht eine Datenschutz-Folgenabschätzung durchzuführen (Art. 35 Abs. 3 lit. b). 5

3 Richtlinie (EU) 2016/680 des Europäischen Parlaments und des Rates vom 27. April 2016 zum Schutz natürlicher Personen bei der Verarbeitung personenbezogener Daten durch die zuständigen Behörden zum Zwecke der Verhütung, Aufdeckung, Untersuchung oder Verfolgung von Straftaten oder der Strafvollstreckung sowie zum freien Datenverkehr und zur Aufhebung des Rahmenbeschlusses 2008/977/JI des Rates; abgedruckt: ABl. EU 2016 L 119/89.

IV. Entstehungsgeschichte

1. Bisherige europäische Vorgaben

6 Bereits Art. 6 Satz 1 der Konvention Nr. 108 des Europarats[4] erlaubt die automatische Verarbeitung von besonderen Arten von personenbezogenen Daten nur, wenn das innerstaatliche Recht geeigneten Schutz gewährleistet. Art. 6 Satz 2 erstreckt diese Voraussetzungen auf Daten über Strafurteile.

7 Vergleichbar war in der RL 95/46/EG die Verarbeitung von Strafdaten in Art. 8 Abs. 5 RL 95/46/EG als Unterfall der Verarbeitung besonderer Kategorien personenbezogener Daten geregelt. Diese Regelung wurde nun allerdings von Art. 9, der die besonderen Kategorien personenbezogener Daten regelt, ausgekoppelt und in Art. 10 fast wortgleich zu Art. 8 Abs. 5 RL 95/46/EG mit folgenden Abweichungen übernommen:

- Satz 3 von Art. 8 Abs. 5 RL 95/46/EG wurde nicht übernommen, wonach Mitgliedstaaten vorsehen konnten, *„dass Daten, die administrative Strafen oder zivilrechtliche Urteile betreffen, ebenfalls unter behördlicher Aufsicht verarbeitet werden müssen."*
- Anders als Art. 8 Abs. 5 Satz 1 RL 95/46/EG können nach Art. 10 auch Regelungen des Unionsrechts abweichende Regelungen vorsehen. Ferner ist der Wortlaut insoweit divergierend, als der Gesetzgeber nach der Verordnung *„geeignete"* Garantien für die Rechte und Freiheiten betroffener Personen vorsehen muss, während die RL 95/46/EG *„angemessene"* Garantien verlangte. Auch im Englischen unterscheidet sich der Wortlaut zwischen RL 95/46/EG (*„suitable specific safeguards"*) und Verordnungstext (*„appropriate safeguards"*). Es ist fraglich, ob insoweit der nunmehr in Art. 10 verwendete Begriff der *„geeigneten"* Garantien eine Abweichung darstellt, denn dass diese *„angemessen"*, also verhältnismäßig sein müssen, bedarf eigentlich keiner weiteren Erwähnung.
- Eine weitere Wortlautabweichung findet sich in Art. 10 Satz 2 wonach ein *„umfassendes"* Register nur unter behördlicher Aufsicht geführt werden darf, während die RL 95/46/EG den gleichen Vorbehalt in Bezug auf ein *„vollständiges"* Register machte. Auch der englische Verordnungstext (*„comprehensive register"*) weicht insoweit ab (Art. 8 Abs. 5 Satz 2 RL 95/46/EG: *„complete register"*). Der Begriff *„umfassendes"* stellt vom Wortlaut her ein Minus zu einem *„vollständigen"* Register dar.

2. Bisheriges nationales Recht

8 In § 3 Abs. 9 BDSG, welcher die besonderen Arten personenbezogener Daten im Einklang mit Art. 8 Abs. 1 RL 95/46/EG definiert, sind Strafdaten nicht erwähnt. Dementsprechend gilt für diese nicht die restriktiven Vorschriften für die Verarbeitung von besonderen Arten personenbezogener Daten[5], sondern die Erlaubnis zur Verarbeitung richtet sich nach den allgemeinen Regeln in §§ 12-16 (öffentliche Stellen) bzw. der Erlaubnisnorm im Landesgesetz und § 28 Abs. 1 und 2 BDSG (nicht-öffentliche Stellen und öffentlich-rechtliche Wettbewerbsunternehmen). Im Beschäftigungsverhältnis gilt § 32 BDSG.

9 Im öffentlich-rechtlichen Bereich ist für die Verarbeitung von Strafdaten grundsätzlich eine gesetzliche Erlaubnisnorm erforderlich. Das Bundeszentralregistergesetz (BZRG)[6] regelt die Führung des Zentralregisters und Erziehungsregisters durch das Bundesamt für Justiz. Dabei sind vielfältige Garantien für die betroffenen Personen vorgesehen, z.B. hat die Tilgung einer Eintragung gem. § 51 BZRG ein Verwertungsverbot zur Folge. Auch die teilweise auf Länderebene geführten

4 Übereinkommen zum Schutz des Menschen bei der automatischen Verarbeitung personenbezogener Daten.

5 Für öffentliche Stellen: §§ 13 Abs. 2, 14 Abs. 5 und 6, § 16 Abs. 1 Nr. 2 BDSG; im privatwirtschaftlichen Bereich: § 28 Abs. 6 bis 9 BDSG.

6 BZRG v. 1.9.1984, BGBl. I S. 1229, ber. 1985 I S. 195, zuletzt geändert durch Gesetz v. 4.11.2016, BGBl. I S. 2460.

Korruptionsregister werden hoheitlich und unter staatlicher Aufsicht geführt und sehen z.B. Unterrichtungspflichten vor.[7]

Die zulässige Verarbeitung von Strafdaten im privatwirtschaftlichen Bereich ist die Ausnahme. Sie stützt sich bisher in der Regel auf § 28 Abs. 1 Satz 1 Nr. 2 BDSG, wobei im Beschäftigtenverhältnis § 32 BDSG zu berücksichtigen ist. In diesem Zusammenhang werden sog. Warndateien der Wirtschaft für grundsätzlich zulässig erachtet, sofern in der Ausgestaltung die Rechte und Freiheiten des Betroffenen angemessen berücksichtigt sind.[8] Bspw. kann ein berechtigtes Interesse zur Einrichtung von unternehmens- oder konzerninternen Warndateien zur Vorbeugung von Geldwäsche und Betrug bestehen oder von Branchenwarndiensten zur Verhinderung von Versicherungsbetrug, Scheckbetrug oder für Spielbanken hinsichtlich unseriöser Spieler.[9] **10**

In der Risikobetrachtung ist dabei zu berücksichtigen, dass sich die Angaben in der Regel auf nachgewiesene Straftaten beschränken müssen und strenge Löschfristen einzuhalten sind.[10] Im BZRG gelöschte Angaben unterliegen schon wegen § 51 BZRG einem Verwertungsverbot. **11**

Im Beschäftigungsverhältnis gilt grundsätzlich, dass der Arbeitgeber den Bewerber bei der Einstellung nach Vorstrafen fragen kann, wenn und soweit die Art des zu besetzenden Arbeitsplatzes dies erfordert.[11] Eine Ausdehnung des Fragerechts auf nicht relevante Bagatelldelikte ist arbeitsrechtlich unzulässig, so dass die Aufsichtsbehörden grundsätzlich auch eine Einholung weitergehender Auskünfte basierend auf einer Einwilligung ablehnen.[12] Ein polizeiliches Führungszeugnis, aus dem evtl. auch nicht mitzuteilende Straftaten erkennbar sind, kann nur bei besonderen Vertrauenspositionen (z.B. Geschäftsführung) verlangt werden, bei denen die Rechtstreue erkennbar von Bedeutung ist.[13] Daneben gibt es gesetzlich geregelte Fälle, welche eine Erhebung von Vorstrafen verlangen, z.B. § 72 a SGB VIII bei kinder- und jugendnaher Tätigkeit. **12**

Im Medienbereich hat sich eine umfangreiche Rechtsprechung zur Zulässigkeit der (Verdachts-)Berichterstattung von Straftaten[14], zu Pressearchiven mit Altmeldungen[15] oder zur Verfilmung von Straftaten[16] entwickelt, welche stets das Persönlichkeitsrecht des Beschuldigten bzw. Straftäters mit dem Recht auf Meinungs- und Medienfreiheit im Einzelfall abwägt. **13**

3. Verhandlungen zur DS-GVO

Die Regelung in Art. 10 war im Kommissionsentwurf noch in Art. 9 Abs. 2 lit. j KOM-E eingebunden. Wie auch schon in der RL 95/46/EG sollten also Strafdaten im Rahmen der besonderen Kategorien von personenbezogenen Daten behandelt werden, obwohl es sich um keine Angaben handelt, welche unter die besonderen Kategorien fallen. Letztlich wichen Schutzrichtung und Schutzinhalt zu sehr von den anderen Kategorien der in Art. 9 besonders geschützten Daten ab, weshalb der Rat eine eigenständige Sonderregelung vorschlug (Art. 9 lit. a Rat-E), welche sich nun in Art. 10 wiederfindet.[17] **14**

---

7 Vgl. z.B. § 9 Gesetz zur Einrichtung und Führung eines Registers über korruptionsauffällige Unternehmen in Berlin (BlnKRG) v. 19.4.2006, GVBl. Berlin 2006 S. 358, zuletzt geändert durch Gesetz v. 1.12.2010, GVBl. Berlin 2010 S. 535)

8 Simits, *Simitis*, § 28 BDSG Rn. 135; *Bergmann/Möhrle/Herb*, § 28 BDSG Rn. 247; Plath, *Plath*, § 28 BDSG Rn. 58; Taeger/Gabel, *Taeger*, § 28 BDSG Rn. 60; a.A. Däubler/Klebe/Wedde/Weichert, *Wedde*, § 28 BDSG Rn. 50.

9 Gola/Schomerus, *Gola*, § 28 BDSG Rn. 17; Simitis, *Simitis*, § 28 BDSG Rn. 119; Plath, *Plath*, § 28 BDSG Rn. 58.

10 Simitis, *Simitis*, § 28 BDSG Rn. 136.

11 St. Rspr. BAG, Urteil v. 6.9.2012, Az. 2 AZR 270/11; abgedruckt: NJW 2013, 1115, 1116; Urteil v. 20.5.1999, Az. 2 AZR 320-98; abgedruckt: NJW 1999, 3653, 3654 (mwN).

12 Entschließung der 75. Konferenz der Datenschutzbeauftragten des Bundes und der Länder vom 3./4. April 2008; abgedruckt: RDV 2008, 131.

13 *Gola/Schomerus*, § 32 BDSG Rn. 13.

14 Z.B. BGH, Urteil v. 7.12.1999, Az. VI ZR 51/99 – Presseberichterstattung und Glosse über strafrechtliches Ermittlungsverfahren gegen Behördenbedienstete.

15 Z.B. BGH, Urteil v. 16.2.2016, Az. VI ZR 367/15, NJW-RR 2017, 31, 32.

16 Z.B. BGH, Urteil v. 26.5.2009, Az. VI ZR 191/08, NJW 2009, 3576 – Kannibale von Rotenburg.

17 Kühling/Buchner, *Weichert*, Art. 10 DS-GVO Rn. 4.

15 Abweichend von den ursprünglichen Vorschlägen der Trilog-Parteien wurde dann in der endgültigen Fassung der Begriff *„vollständiges"* Strafregister durch den Begriff *„umfassendes"* Strafregister ersetzt. Daraus kann man schließen, dass eine Vollständigkeit nicht gefordert wird, sondern als Minus ein umfassendes Register ausreicht.

16 Nicht übernommen wurde der Vorschlag des Parlaments von der Norm nicht nur Strafurteile zu erfassen, sondern umfassender *„verwaltungsrechtliche Sanktionen, Urteile, Straftaten, Verurteilungen oder damit zusammenhängende Sicherungsmaßregeln"*. Damit wären auch jegliche Ordnungswidrigkeitenverfahren und wahrscheinlich zivilrechtliche Urteile von der Vorschrift erfasst gewesen. Damit sollte offenbar Art. 8 Abs. 5 Satz 3 der RL 95/46/EG aufgegriffen werden. Dieser sah vor, dass die Mitgliedstaaten vorsehen können, dass Daten, die *„administrative Strafen oder zivilrechtliche Urteile"* betreffen, ebenfalls unter behördlicher Aufsicht verarbeitet werden müssen. Offensichtlich konnte man sich darauf aber nicht einigen.

17 Der Einschub *„aufgrund von Artikel 6 Absatz 1"* stammt aus dem Ratsvorschlag. Er ist systematisch folgerichtig, da damit klar gestellt wird, dass die Verarbeitung von Strafdaten gerade nicht den zusätzlichen Vorgaben des Art. 9 unterliegt, sondern sich allein nach Art. 6 richtet.

B. Inhalt der Regelung

I. Anwendungsbereich des Art. 10

18 Nach Art. 2 Abs. 2 lit. d findet die DS-GVO keine Anwendung auf die Verarbeitung personenbezogener Daten *„durch die zuständigen Behörden zum Zwecke der Verhütung, Ermittlung, Aufdeckung oder Verfolgung von Straftaten oder der Strafvollstreckung, einschließlich des Schutzes vor und der Abwehr von Gefahren für die öffentliche Sicherheit"*. Hier richten sich die zu beachtenden datenschutzrechtlichen Regelungen nach nationalem Recht, welches die Polizei-Richtlinie (EU) 2016/680[18] umsetzt. Sofern die Behörden allerdings mit Aufgaben betraut sind, welche nicht zwangsläufig unter die o.g. Zwecke fallen, gilt für diese anderen Zwecke die Verordnung (vgl. EG 19 Satz 4).

19 Unter Art. 10 fällt grundsätzlich auch die Tätigkeit der Gerichte und Justizbehörden (EG 20), sofern diese nicht die o.g. Zwecke verfolgen. Bspw. fällt das Führen des Bundeszentralregisters durch das Bundesamt der Justiz unter die Verordnung, da es nicht der Strafverfolgung, Strafvollstreckung oder Gefahrenabwehr dient, sondern der Auskunftserteilung über staatliche Sanktionen.

20 Die Begriffe *„strafrechtliche Verurteilung"*, *„Straftat"* und *„damit zusammenhängende Sicherungsmaßregeln"* sind grundsätzlich autonom unionsrechtlich auszulegen. Darauf verweist auch z.B. EG 13 der Polizei-Richtlinie (EU) 2016/680, wonach *„Straftat"* ein eigenständiger Begriff des Unionsrechts in der Auslegung des Gerichtshofs der Europäischen Union sein soll. Nach der Rechtsprechung des EuGH[19] sind hierfür drei Kriterien relevant: Erstens die rechtliche Einordnung der Zuwiderhandlung im innerstaatlichen Recht. Zweitens die Art der Zuwiderhandlung und drittens die Art und der Schweregrad der angedrohten Sanktion. Bspw. wurde der Ausschluss von der Gewährung von Beihilfe für drei Kalenderjahre nicht als strafrechtliche Sanktion gewertet, weil das anwendbare Recht (1.) den Entzug nicht als strafrechtliche Sanktion ansah, (2.) die Maßnahme keine repressive Zielsetzung verfolgte, sondern die Verwaltung von Unionsmitteln schüt-

---

18 Richtlinie (EU) 2016/680 des Europäischen Parlaments und des Rates vom 27. April 2016 zum Schutz natürlicher Personen bei der Verarbeitung personenbezogener Daten durch die zuständigen Behörden zum Zwecke der Verhütung, Aufdeckung, Untersuchung oder Verfolgung von Straftaten oder der Strafvollstreckung sowie zum freien Datenverkehr und zur Aufhebung des Rahmenbeschlusses 2008/977/JI des Rates; abgedruckt: ABl. EU 2016 L 119/89.

19 Ausführlich EuGH, Urteil v. 5.6.2012, Rs. C-489/10 Rn. 37 ff.; abgedruckt in: EuZW 2012, 543 – Bonda (mwN).

zen sollte; und (3.) die Sanktion nur zur Folge hatte, dass dem Betriebsinhaber die Aussicht auf eine Beihilfe genommen wird.

Fraglich ist, ob Ordnungswidrigkeiten des deutschen Rechts unter Art. 10 fallen.[20] Dies wird grundsätzlich davon abhängen, ob diese nach den oben genannten Kriterien als „Straftat" zu qualifizieren wären. Dagegen spricht, dass das Ordnungswidrigkeitenrecht in Deutschland systematisch zum Verwaltungsrecht gehört. Geahndet wird ein vorwerfbares Verhalten, welches gerade nicht mit einer Strafe, sondern mit einer Geldbuße belegt wird. Ferner spricht gegen eine Einbeziehung von Ordnungswidrigkeiten in Art. 10, dass der Verordnungsgeber den Vorschlag des Parlaments auch *„verwaltungsrechtliche Sanktionen"* in den Text aufzunehmen, gerade nicht gefolgt ist. Ebenfalls nicht übernommen wurde der alte Wortlaut der RL 95/46/EG, wonach Art. 8 Abs. 5 Satz 3 dem nationalen Gesetzgeber eine Ausdehnung des Behördenvorbehalts auf *„administrative Strafen"* gestattete. Der Verordnungsgeber hätte hinreichend Anlass gehabt verwaltungsrechtliche Sanktionen in den Anwendungsbereich aufzunehmen, wenn er dies gewollt hätte. 21

Mit personenbezogenen Daten „über" strafrechtliche Verurteilungen, Straftaten oder damit zusammenhängenden Sicherungsmaßnahmen sind Angaben über den Täter gemeint, nicht Daten von Opfern, Zeugen oder sonstigen im Strafverfahren Beteiligten.[21] Dies ergibt sich auch daraus, dass die in Art. 10 Satz 2 erwähnten Register nach dem Sinn und Zweck vor allem Angaben zu Tätern enthalten. 22

Umstritten ist, ob die Täterschaft rechtsverbindlich festgestellt sein muss oder es ausreicht, wenn die Person der Tat verdächtig ist. Teilweise wird hier mit dem Zweck der Norm argumentiert, da mit einer Verarbeitung von personenbezogenen Daten bloß Tatverdächtiger ähnlich schwere Risiken verbunden sein können.[22] Der Wortlaut der Norm ist nicht eindeutig. Die Erwähnung von „strafrechtlichen Verurteilungen" und „Straftaten" könnte darauf hindeuten, dass zumindest auch Ermittlungsverfahren erfasst sind.[23] Dagegen spricht, dass der Verordnungsgeber den Begriff „Ermittlungen" – wie an anderer Stelle in der Verordnung – auch hätte ausdrücklich erwähnen können. Gerade im behördlichen Bereich sind aber Ermittlungen grundsätzlich von der Polizei-Richtlinie (EU) 2016/680 erfasst. Auch zeigt der Kontext der Norm, insb. die ausdrückliche Regelung von „Registern" in Satz 2, dass es um gerichtlich festgestellte Straftaten geht.[24] Es kommt hinzu, dass schwere Risiken für Tatverdächtige auch unabhängig von Art. 10 im Rahmen der nach der Verordnung stets erforderlichen Risikobetrachtung und dem Richtigkeitsgebot Berücksichtigung finden. Eine extensive Auslegung des Art. 10 ist deshalb nicht geboten. Nach der hier vertretenen Auffassung sind daher Angaben zu Straftatverdächtigen nicht von Art. 10 erfasst.[25] Ferner sind von Art. 10 Angaben über Maßnahmen der Gefahrenabwehr gegen bestimmte Personen nicht erfasst.[26] Auch dies hätte sonst ausdrücklich erwähnt werden müssen. 23

Darüber hinaus fallen private Überwachungsmaßnahmen nicht unter die Norm, z.B. die Observation durch einen Privatdetektiv. Der besondere Schutzbedarf des Art. 10 ergibt sich vielmehr erst aus der hoheitlichen Feststellung, dass eine Straftat begangen wurde.[27] Dementsprechend richtet sich auch die Rechtmäßigkeit von Compliance-Untersuchungen allein nach Art. 6.[28] Bspw. er- 24

---

20 Bejahend: BeckOK Datenschutzrecht, *Bäcker*, Art. 10 DS-GVO Rn. 1.

21 Paal/Pauly, *Frenzel*, Art. 10 DS-GVO Rn. 4 Vergleich des Satzes 1 mit Satz 2; Kühling/Buchner, *Weichert*, Art. 10 DS-GVO Rn. 6; so auch *Dammann/Simitis*, Art. 8 DSRL Rn. 23.

22 *Dammann/Simitis*, Art. 8 DSRL Rn. 23; Ehmann/Selmayr, *Schiff*, Art. 10 DS-GVO Rn. 3.; BeckOK Datenschutzrecht, *Bäcker*, Art. 10 DS-GVO Rn. 3.

23 So z.B. Gola, *Gola*, Art. 10 DS-GVO Rn. 3.

24 So auch *Wybitul*, in: ZD-Aktuell 2016, 04185.

25 So auch Kühling/Buchner, *Weichert*, Art. 10 DS-GVO Rn. 6 und 8; Plath, *Plath*, Art. 10 DS-GVO Rn. 3; *Wybitul*, in: ZD-Aktuell 2016, 04185.

26 Paal/Pauly, *Frenzel*, Art. 10 DS-GVO Rn. 5.

27 BeckOK Datenschutzrecht, *Bäcker*, Art. 10 DS-GVO Rn. 5, der aber Ermittlungsverfahren als vom Tatbestand erfasst ansieht.

28 So auch *Wybitul*, in: ZD-Aktuell 2016, 04185; Plath, *Plath*, Art. 10 DS-GVO Rn. 3; letztlich auch Gola, *Gola*, Art. 10 DS-GVO Rn. 3.

wähnt EG 47, vorletzter Satz, die Verhinderung von Betrug als mögliches „berechtigtes Interesse" des jeweiligen Verantwortlichen. Die Datenverarbeitung hat in diesen Fällen die Aufklärung oder Vermeidung von Straftaten zum Ziel, nicht die Speicherung von Strafurteilen.

25 Unter die Norm fallen dagegen private Verarbeitungen von personenbezogenen Daten über strafrechtliche Verurteilungen, Straftaten oder damit zusammenhängende Sicherungsmaßnahmen. Dies kann Situationen betreffen, in welchen der Verantwortliche Angaben aus einem Führungszeugnis oder aus ihm bekannt gewordenen Urteilen verarbeitet, z.B. als Arbeitgeber, Auskunftei oder Betreiber eines Warndienstes.[29] Hier kommt es darauf an, ob der Mitgliedstaat von der Möglichkeit einer nationalen Regelung gem. Art. 10 Satz 1 HS.2 Gebrauch gemacht hat (s. Art. 10 Rn. 28 ff.).

II. Behördliche Aufsicht (Art. 10 Satz 1 HS. 1)

26 Die Verarbeitung von Strafdaten darf grundsätzlich nur *„unter behördlicher Aufsicht"* stattfinden. Der Begriff der „behördlichen Aufsicht" ist nicht definiert, wurde so aber auch schon in der RL 95/46/EG verwendet. Es ist zunächst davon auszugehen, dass damit eine hoheitlich legitimierte Aufsicht gemeint ist, wie auch der englische Begriff der *„official authority"* nahelegt. Dies ergibt sich auch aus dem Zweck der Regelung, da nur Träger hoheitlicher Befugnisse die Rechtsstaatlichkeit einer solchen Verarbeitung sicherstellen können. In Deutschland bestimmt Art. 33 Abs. 4 GG, das die Ausübung hoheitlicher Befugnisse in der Regel Angehörigen des öffentlichen Dienstes zu übertragen ist, die in einem öffentlich-rechtlichen Dienst- und Treueverhältnis stehen.

27 Die Verarbeitung steht dann unter behördlicher „Aufsicht", wenn ein Träger öffentlicher Gewalt ganz oder zu wesentlichen Teilen für die Verarbeitung verantwortlich ist.[30] Die englische Formulierung *„under the control of official authority"* macht dies etwas deutlicher. Damit besteht ein Behördenvorbehalt für die Verarbeitung von Strafdaten, der nur durch eine nationale oder unionsrechtliche Regelung aufgehoben werden kann. Denkbar ist aber eine Verarbeitung durch private Stellen als Auftragsverarbeiter iSv Art. 4 Nr. 8.[31] Eine Kontrolle bedeutet aber auch, dass die Behörde tatsächlich die Bedingungen der Verarbeitung bestimmen kann. Dementsprechend wird eine bloße Gewerbeaufsicht über datenverarbeitende Unternehmen als nicht für die „Aufsicht" im Sinne von Art. 10 ausreichend angesehen.[32]

III. Abweichungsbefugnis (Art. 10 Satz 1 HS. 2)

28 Die Union und die Mitgliedstaaten haben die Befugnis, abweichend vom grundsätzlichen Behördenvorbehalt eine Verarbeitung von Strafdaten zu gestatten. Voraussetzung dafür ist, dass die Regelung *„geeignete Garantien"* für die Rechte und Freiheiten der betroffenen Personen vorsieht.

29 In diesem Zusammenhang wird teilweise die Auffassung vertreten, dass aufgrund der geringfügigen Änderungen zur Vorgängerregelung in Art. 8 Abs. 5 RL 95/46/EG der wesentliche Teil der Regelungsaufgabe in Deutschland bereits erledigt sei.[33] Problematisch sind allerdings Verarbeitungen, welche sich bisher auf die Generalklausel des „berechtigten Interesses" stützen (z.B. Warndateien). Fraglich ist, ob es hier reichen kann, wenn der Verantwortliche selbst „geeignete Garantien" für die Rechte und Freiheiten der betroffenen Person trifft. Dagegen spricht der Wortlaut von Art. 10 Satz 1 HS. 2, wonach bereits das Gesetz geeignete Garantien vorsehen muss.

---

29 Gola, *Gola*, Art. 10 DS-GVO Rn. 9 f.

30 *Dammann/Simitis*, Art. 8 DSRL Rn. 25; Ehmann/Selmayr, *Schiff*, Art. 10 DS-GVO Rn. 4; BeckOK Datenschutzrecht, *Bäcker*, Art. 10 DS-GVO Rn. 7.

31 BeckOK Datenschutzrecht, *Bäcker*, Art. 10 DS-GVO Rn. 7; *Dammann/Simitis*, Art. 8 DSRL Rn. 25;.

32 *Dammann/Simitis*, Art. 8 DSRL Rn. 25; Ehmann/Selmayr, *Schiff*, Art. 10 DS-GVO Rn. 4.

33 Paal/Pauly, *Frenzel*, Art. 10 DS-GVO Rn. 11; Kühling/Buchner, *Weichert*, Art. 10 Rn. 18 ff.

Der Begriff „*geeignet*" gibt dabei nur vermeintlich einen geringeren Maßstab als der in der Richtlinie verwendete Begriff „*angemessen*" vor, denn letztlich muss jede gesetzliche Regelung auch verhältnismäßig im engeren Sinne und damit angemessen sein.[34] Garantien können dabei in materieller Hinsicht bestehen, insb. durch Festlegung konkreter Zwecke der Verarbeitung bereits im Gesetz, Aufbewahrungsfristen, Informationspflichten gegenüber dem Betroffenen und Sicherstellung von Betroffenenrechten, z.B. auf Berichtigung.[35] Geeignete Garantien können ferner technische oder organisatorische Maßnahmen umfassen, welche z.B. den Zugriff Unberechtigter ausschließen und die Verarbeitung auf das notwendige Maß beschränken. Dabei muss es grundsätzlich zulässig sein, dass die Norm letztlich auf eine Interessenabwägung durch den Verantwortlichen sowie von diesem zu treffende „geeignete" technische und organisatorische Maßnahmen abstellt, um so die Belange des Einzelfalls hinreichend berücksichtigen zu können (z.B. Schwere der Tat, Qualität des Interesses des Verantwortlichen oder Dritten an der Information, Resozialisierungsinteresse). Wahrscheinlich aber wird die Norm zumindest auf die Verarbeitung von Strafdaten abstellen müssen, um als eine Norm im Sinne von Art. 10 Satz 1 HS. 2 gelten zu können. Dass eine bloße Generalklausel wie § 28 Abs. 1 Satz 1 Nr. 2 BDSG zukünftig nicht für die Verarbeitung von Strafdaten ausreichen kann, ergibt sich bereits daraus, dass diese aufgrund der abschließenden Regelung in Art. 6 Abs. 1 lit. f nicht mehr bestehen bleiben kann. 30

Umstritten ist, ob § 32 BDSG eine ausreichende Rechtsgrundlage zur Verarbeitung von Strafdaten darstellt.[36] § 32 Satz 2 BDSG ist insoweit nicht relevant, da er lediglich Ermittlungsmaßnahmen betrifft und nicht die Verarbeitung von Strafurteilen. § 32 Satz 1 BDSG erwähnt dagegen Strafdaten nicht. Für den deutschen Rechtsanwender ist nunmehr aber zumindest insoweit Klarheit geschaffen, als der deutsche Gesetzgeber jedenfalls davon ausgeht, dass zukünftig § 26 Abs. 1 Satz 1 BDSG-neu, der im Wortlaut § 32 Satz 1 BDSG entspricht, in Verbindung mit § 26 Abs. 5 BDSG-neu als Erlaubnisnorm im Sinne von Art. 10 zu verstehen ist.[37] Danach bleibt es zunächst bei der Anwendung der bisherigen Rechtsprechung des BAG zur Verarbeitung von Strafdaten (s. Art. 10 Rn. 12). 31

IV. Verurteilungsregister und Verbot privater Register (Art. 10 Satz 2)

Die Abweichungsbefugnis des Art. 10 Satz 1 HS. 2 gilt nicht für ein „umfassendes" Register über strafrechtliche Verurteilungen, welches gem. Art. 10 Abs. 2 „*nur*" unter behördlicher Aufsicht geführt werden darf. Der Hintergrund ist das Risikopotential, welches von vollständigen Strafregistern ausgeht, die außerhalb des Hoheitsträgers oder auch nur ohne eine besondere Kontrolle geführt werden.[38] 32

Der Begriff „*umfassend*" macht deutlich, dass die lediglich punktuelle Verarbeitung von Strafdaten nicht unter das Verbot privater Register fällt und dementsprechend aufgrund einer nationalen Regelung nach Art. 10 Satz 1 HS. 2 möglich wäre. Ausschlaggebend ist vielmehr, dass es sich um ein Register handelt, welches flächendeckend Strafdaten erfasst, etwa vergleichbar mit dem Bundeszentralregister.[39] Nicht umfassend ist dagegen ein Datenbestand, in welchem lediglich nebenbei und vereinzelt auch Informationen über strafbare Handlungen, z.B. im Interesse einer Risikoprognose, hinzugespeichert sind.[40] 33

34 So letztlich auch Paal/Pauly, *Frenzel*, Art. 10 DS-GVO Rn. 8.
35 Ehmann/Selmayr, *Schiff*, Art. 10 DS-GVO Rn. 4.
36 Bejahend: Ehmann/Selmayr, *Schiff*, Art. 10 DS-GVO Rn. 5 (Fußnote 8); ablehnend dagegen: Gola, *Gola*, Art. 8 DS-GVO Rn. 10; BeckOK Datenschutzrecht, *Bäcker*, Art. 10 DS-GVO Rn. 12.1
37 BT-Drucks. 18/11325, S. 97; zustimmend jetzt wohl auch *Gola*, in: BB 2017, 1462, 1464.
38 Paal/Pauly, *Frenzel*, Art. 10 DS-GVO Rn. 10; BeckOK Datenschutzrecht, *Bäcker*, Art. 10 DS-GVO Rn. 13, Kühling/Buchner, *Weichert*, Art. 10 DS-GVO Rn. 15.
39 BeckOK Datenschutzrecht, *Bäcker*, Art. 10 DS-GVO Rn. 13; Kühling/Buchner, *Weichert*, Art. 10 DS-GVO Rn. 17.
40 BeckOK Datenschutzrecht, *Bäcker*, Art. 10 DS-GVO Rn. 13.2; Kühling/Buchner, *Weichert*, Art. 10 DS-GVO Rn. 17.

C. Weitere Auswirkungen der Verordnung auf die Praxis

1. Voraussichtliche Auswirkungen auf nationales Recht

34 Der deutsche Gesetzgeber hat mit dem BDSG-neu für das Beschäftigungsverhältnis eine Sonderregelung in Bezug auf die Verarbeitung von Strafdaten vorgenommen. § 26 Abs. 1 Satz 1 i.V.m. Abs. 5 BDSG-neu soll die Verarbeitung von Strafdaten gestatten, sofern dies für Zwecke der Entscheidung für die Begründung eines Beschäftigungsverhältnisses, für die Durchführung oder Beendigung eines oder zur Ausübung oder Erfüllung der sich aus einem Gesetz oder Tarifvertrag oder einer Kollektivvereinbarung erforderlich ist.[41] Damit bleibt es grundsätzlich bei dem bisher insb. durch die BAG-Rechtsprechung ausgestalteten Regelungsrahmen.

35 Weitere Erlaubnisnormen für die Verarbeitung von Strafdaten sieht das BDSG-neu nicht vor. Insb. wäre es hilfreich gewesen, wenn Auskunfteien und Warndienste eine ausdrückliche Regelung erhalten hätten.[42] Ferner muss im Interesse der Rechtsklarheit dringend von der Möglichkeit des Art. 85 Abs. 2 Gebrauch gemacht werden, wonach Ausnahmen für die Verarbeitung zu journalistischen Zwecken oder zu wissenschaftlichen, künstlerischen oder literarischen Zwecken geregelt werden können. Das Medienprivileg des § 41 BDSG wird mit Inkrafttreten der neuen Regelungen am 25. Mai 2018 entfallen. Überarbeitungsbedürftig ist dabei auch § 57 RStV, welcher die Datenverarbeitung für journalistisch-redaktionelle Zwecke im Bereich Rundfunk und Telemedien regelt. Dabei handelt es sich (noch) nicht um eine Norm, welche speziell auf Strafdaten Bezug nimmt.

2. Umsetzung in die Unternehmenspraxis

36 Im Beschäftigtenkontext verbleibt es grundsätzlich bei der alten Rechtslage. § 26 Abs. 5 BDSG-neu regelt zwar zusätzlich, dass der Verantwortliche „geeignete Maßnahmen" ergreifen muss, um die Einhaltung insb. der Grundsätze in Art. 5 sicherzustellen. Letztlich hätte sich dies aber ohnehin schon direkt aus der Verordnung ergeben und ist wohl in erster Linie dem Umstand geschuldet, dass bereits das Gesetz „geeignete Garantien" vorsehen soll. Auch heute ist es schon so, dass gerade bei Strafdaten insb. den Grundsätzen der Zweckbindung, Richtigkeit, Speicherbegrenzung und Integrität und Vertraulichkeit besondere Bedeutung zukommt.

37 Problematisch ist die Situation für interne oder branchenspezifische Warndateien sowie für Auskunfteien. Hier wäre eine baldige Klärung durch den Gesetzgeber sinnvoll.

3. Sanktionen; Maßnahmen der Aufsichtsbehörde

38 Ein Verstoß gegen Art. 10 ist nicht direkt mit einem Bußgeld bewehrt. Allerdings wird ein Verstoß gegen die Vorgaben des Art. 10 zugleich ein Verstoß gegen Art. 5 und 6 darstellen, welcher gem. Art. 83 Abs. 5 lit. a mit einer Geldbuße von bis zu 20 000 000 EUR oder im Fall eines Unternehmens von bis zu 4 % seines gesamten weltweit erzielten Jahresumsatzes des vorangegangenen Geschäftsjahrs belegt werden kann.

39 Darüber hinaus kann ein Verstoß einen Schadensersatzanspruch gem. Art. 82 Abs. 1 darstellen, der auch immaterielle Schäden erfasst.

---

41 So die Gesetzesbegründung, abgedruckt: BT-Drucks. 18/11325, S. 97 f.

42 Gola, *Gola*, Art. 10 DS-GVO Rn. 9 geht von einem Verarbeitungsverbot aus.

Article 11

Processing which does not require identification

1. If the purposes for which a controller processes personal data do not or do no longer require the identification of a data subject by the controller, the controller shall not be obliged to maintain, acquire or process additional information in order to identify the data subject for the sole purpose of complying with this Regulation.

2. [1]Where, in cases referred to in paragraph 1 of this Article, the controller is able to demonstrate that it is not in a position to identify the data subject, the controller shall inform the data subject accordingly, if possible. [2]In such cases, Articles 15 to 20 shall not apply except where the data subject, for the purpose of exercising his or her rights under those articles, provides additional information enabling his or her identification.

Artikel 11

Verarbeitung, für die eine Identifizierung der betroffenen Person nicht erforderlich ist

(1) Ist für die Zwecke, für die ein Verantwortlicher personenbezogene Daten verarbeitet, die Identifizierung der betroffenen Person durch den Verantwortlichen nicht oder nicht mehr erforderlich, so ist dieser nicht verpflichtet, zur bloßen Einhaltung dieser Verordnung zusätzliche Informationen aufzubewahren, einzuholen oder zu verarbeiten, um die betroffene Person zu identifizieren.

(2) [1]Kann der Verantwortliche in Fällen gemäß Absatz 1 des vorliegenden Artikels nachweisen, dass er nicht in der Lage ist, die betroffene Person zu identifizieren, so unterrichtet er die betroffene Person hierüber, sofern möglich. [2]In diesen Fällen finden die Artikel 15 bis 20 keine Anwendung, es sei denn, die betroffene Person stellt zur Ausübung ihrer in diesen Artikeln niedergelegten Rechte zusätzliche Informationen bereit, die ihre Identifizierung ermöglichen.

Article 4

No. 1 'personal data'

'personal data' means any information relating to an identified or identifiable natural person ('data subject'); an identifiable natural person is one who can be identified, directly or indirectly, in particular by reference to an identifier such as a name, an identification number, location data, an online identifier or to one or more factors specific to the physical, physiological, genetic, mental, economic, cultural or social identity of that natural person;

No. 5 'pseudonymisation'

'pseudonymisation' means the processing of personal data in such a manner that the personal data can no longer be attributed to a specific data subject without the use of additional

Artikel 4

Nr. 1 „personenbezogene Daten"

„personenbezogene Daten" alle Informationen, die sich auf eine identifizierte oder identifizierbare natürliche Person (im Folgenden „betroffene Person") beziehen; als identifizierbar wird eine natürliche Person angesehen, die direkt oder indirekt, insbesondere mittels Zuordnung zu einer Kennung wie einem Namen, zu einer Kennnummer, zu Standortdaten, zu einer Online-Kennung oder zu einem oder mehreren besonderen Merkmalen, die Ausdruck der physischen, physiologischen, genetischen, psychischen, wirtschaftlichen, kulturellen oder sozialen Identität dieser natürlichen Person sind, identifiziert werden kann;

Nr. 5 „Pseudonymisierung"

„Pseudonymisierung" die Verarbeitung personenbezogener Daten in einer Weise, dass die personenbezogenen Daten ohne Hinzuziehung zusätzlicher Informationen nicht mehr ei-

information, provided that such additional information is kept separately and is subject to technical and organisational measures to ensure that the personal data are not attributed to an identified or identifiable natural person;

ner spezifischen betroffenen Person zugeordnet werden können, sofern diese zusätzlichen Informationen gesondert aufbewahrt werden und technischen und organisatorischen Maßnahmen unterliegen, die gewährleisten, dass die personenbezogenen Daten nicht einer identifizierten oder identifizierbaren natürlichen Person zugewiesen werden;

Recitals

(26) [1]The principles of data protection should apply to any information concerning an identified or identifiable natural person. [2]Personal data which have undergone pseudonymisation, which could be attributed to a natural person by the use of additional information should be considered to be information on an identifiable natural person. [3]To determine whether a natural person is identifiable, account should be taken of all the means reasonably likely to be used, such as singling out, either by the controller or by another person to identify the natural person directly or indirectly. [4]To ascertain whether means are reasonably likely to be used to identify the natural person, account should be taken of all objective factors, such as the costs of and the amount of time required for identification, taking into consideration the available technology at the time of the processing and technological developments. [5]The principles of data protection should therefore not apply to anonymous information, namely information which does not relate to an identified or identifiable natural person or to personal data rendered anonymous in such a manner that the data subject is not or no longer identifiable. [6]This Regulation does not therefore concern the processing of such anonymous information, including for statistical or research purposes

(57) [1]If the personal data processed by a controller do not permit the controller to identify a natural person, the data controller should not be obliged to acquire additional information in order to identify the data subject for the sole purpose of complying with any provision of this

Erwägungsgründe

(26) [1]Die Grundsätze des Datenschutzes sollten für alle Informationen gelten, die sich auf eine identifizierte oder identifizierbare natürliche Person beziehen. [2]Einer Pseudonymisierung unterzogene personenbezogene Daten, die durch Heranziehung zusätzlicher Informationen einer natürlichen Person zugeordnet werden könnten, sollten als Informationen über eine identifizierbare natürliche Person betrachtet werden. [3]Um festzustellen, ob eine natürliche Person identifizierbar ist, sollten alle Mittel berücksichtigt werden, die von dem Verantwortlichen oder einer anderen Person nach allgemeinem Ermessen wahrscheinlich genutzt werden, um die natürliche Person direkt oder indirekt zu identifizieren, wie beispielsweise das Aussondern. [4]Bei der Feststellung, ob Mittel nach allgemeinem Ermessen wahrscheinlich zur Identifizierung der natürlichen Person genutzt werden, sollten alle objektiven Faktoren, wie die Kosten der Identifizierung und der dafür erforderliche Zeitaufwand, herangezogen werden, wobei die zum Zeitpunkt der Verarbeitung verfügbare Technologie und technologische Entwicklungen zu berücksichtigen sind. [5]Die Grundsätze des Datenschutzes sollten daher nicht für anonyme Informationen gelten, d.h. für Informationen, die sich nicht auf eine identifizierte oder identifizierbare natürliche Person beziehen, oder personenbezogene Daten, die in einer Weise anonymisiert worden sind, dass die betroffene Person nicht oder nicht mehr identifiziert werden kann. [6]Diese Verordnung betrifft somit nicht die Verarbeitung solcher anonymer Daten, auch für statistische oder für Forschungszwecke.

(57) [1]Kann der Verantwortliche anhand der von ihm verarbeiteten personenbezogenen Daten eine natürliche Person nicht identifizieren, so sollte er nicht verpflichtet sein, zur bloßen Einhaltung einer Vorschrift dieser Verordnung zusätzliche Daten einzuholen, um die betrof-

Regulation. [2]However, the controller should not refuse to take additional information provided by the data subject in order to support the exercise of his or her rights. [3]Identification should include the digital identification of a data subject, for example through authentication mechanism such as the same credentials, used by the data subject to log-in to the on-line service offered by the data controller.

fene Person zu identifizieren. [2]Allerdings sollte er sich nicht weigern, zusätzliche Informationen entgegenzunehmen, die von der betroffenen Person beigebracht werden, um ihre Rechte geltend zu machen. [3]Die Identifizierung sollte die digitale Identifizierung einer betroffenen Person – beispielsweise durch Authentifizierungsverfahren etwa mit denselben Berechtigungsnachweisen, wie sie die betroffene Person verwendet, um sich bei dem von dem Verantwortlichen bereitgestellten Online-Dienst anzumelden – einschließen.

Literatur

Bausewein/Steinhaus, in: *Wybitul (Hrsg.)*, EU-Datenschutz-Grundverordnung, 2017; *Eßer*, in: *ders./Kramer/von Lewinski (Hrsg.) Auernhammer*, DSGVO BDSG, 5. Auflage 2017; *Fokusgruppe Datenschutz (der Plattform Sicherheit, Schutz und Vertrauen für Gesellschaft und Wirtschaft im Rahmen des Digital-Gipfels 2017)*, Whitepaper zur Pseudonymisierung – Leitlinien für die rechtssichere Nutzung von Pseudonymisierungslösungen unter Berücksichtigung der Datenschutz-Grundverordnung, https://www.gdd.de/downloads/whitepaper-zur-pseudonymisierung/view (abgerufen am 24.6.2017); *Frenzel*, in: *Paal/Pauly (Hrsg.)*, Datenschutz-Grundverordnung, 1. Auflage 2017, C.H. Beck München; *Gola*, in: *ders. (Hrsg.)*, Datenschutz-Grundverordnung, 1. Auflage 2017; *Hintze*, Viewing the GDPR through a De-Identification Lens: A Tool for Compliance, Clarification, and Consistency (April 17, 2017), https://ssrn.com/abstract=2909121 oder http://dx.doi.org/10.2139/ssrn.2909121 (abgerufen am 24.6.2017); *Kampert*, in: *Sydow (Hrsg.)*, Europäische Datenschutzgrundverordnung, 1. Auflage 2017; *Klabunde*, in: *Ehmann/Selmayr (Hrsg.)*, Datenschutz-Grundverordnung, 1. Auflage 2017; *Weichert*, in: *Kühling/Buchner (Hrsg.)*, Datenschutz-Grundverordnung, 1. Auflage 2017; *Wolff*, in: *ders./Brink (Hrsg.)*, Beck'scher Online-Kommentar, 20. Edition (Stand: 1.11.2016).

▶ Bedeutung der Norm

Die Norm betrifft Fälle, in denen der Verantwortliche die von ihm gespeicherten Daten nicht (mehr) einem konkreten Betroffenen zuordnen kann (Wegfall des Personenbezugs). Bestimmte Pflichten des Verantwortlichen, die nur bei Vorhandensein des Personenbezugs erfüllt werden können, entfallen. In Anlehnung an die Grundsätze der Zweckbindung, Datenminimierung und Speicherbegrenzung verfolgt die Norm das übergeordnete Ziel, Datenverarbeitungen, die nur der Einhaltung von Pflichten der DS-GVO dienen, zu vermeiden. Indem die Norm für den Verantwortlichen Anreize zur Beseitigung des Personenbezugs schafft, dient sie mittelbar auch dem Betroffenen. Hauptanwendungsfall der Norm sind Datenverarbeitungen, bei denen eine Pseudonymisierung vorgenommen wurde.

▶ Hinweise für den Anwender

Für die Norm relevante Definitionen und andere Querbezüge:

- Zum Begriff der „Identifizierung" des Betroffenen vergleiche die Definition „personenbezogener Daten" in Art. 4 Nr. 1.
- Zum Begriff der „Identifizierbarkeit" im Zusammenhang mit Pseudonymisierung und Anonymisierung siehe Art. 4 Nr. 5 und EG 26.

Für die Auslegung der Norm relevante Erwägungsgründe:

- EG 57.

Systematische Einordnung der Norm innerhalb der DS-GVO:

- Die Norm konkretisiert und ergänzt den Grundsatz der Zweckbindung (Art. 5 Abs. 1 lit. b), den Grundsatz der Datenminimierung (Art. 5 Abs. 1 lit. c) und die Grundsätze der Erforderlichkeit und Speicherbegrenzung (Art. 5 Abs. 1 lit. e) in allgemeiner Hinsicht (Abs. 1) und im Zusammenhang mit bestimmten Betroffenenrechten (Abs. 2).
- Art. 12 Abs. 2 nimmt Bezug auf Art. 11, indem er dem Verantwortlichen das Recht gibt, die Erfüllung von Ansprüchen des Betroffenen zu verweigern, wenn er glaubhaft macht, den Betroffenen nicht mehr identifizieren zu können.

▶ Schlagworte

Identifizierung, Identifikation, Reidentifizierung, Identifizierbarkeit, Personenbezug, Personenbeziehbarkeit, Pseudonymisierung, Grundsatz der Erforderlichkeit, Grundsatz der Speicherbegrenzung, Grundsatz der Zweckbindung, Grundsatz der Datenminimierung, Unterrichtungspflicht, Informationspflicht, Nachweispflicht, Mitwirkungsobliegenheit des Betroffenen,

A. Allgemeines

I. Regelungszweck

1 Die Norm reduziert bestimmte Pflichten des Verantwortlichen in Fällen, in denen dieser Daten so gespeichert hat, dass er sie dem Betroffenen nicht mehr zuordnen kann. Dieser Wegfall des Personenbezugs (nicht aber der Personenbeziehbarkeit) ist typisch für die Pseudonymisierung, die den Hauptanwendungsfall von Art. 11 darstellt. Die Norm verfolgt das übergeordnete Ziel, eine zusätzliche Verarbeitung personenbezogener Daten, die nur der Einhaltung der DS-GVO dient, zu vermeiden. Damit verfolgt die Norm ähnliche Anliegen wie die Grundsätze der Zweckbindung, Datenminimierung und Speicherbegrenzung. Indem sie für den Verantwortlichen Anreize schafft, den Personenbezug zu beseitigen, dient sie mittelbar dem Betroffenen, dessen Identifizierung erschwert wird.

II. Normadressaten

1. Verantwortliche

Die Norm richtet sich in erster Linie an Verantwortliche. Dabei macht sie keine Unterschiede zwischen verschiedenen Typen von Verantwortlichkeiten. Das bedeutet insb., dass auch öffentliche Stellen und private Webseitenbetreiber der Regelung unterliegen. Die Norm gilt nur für Stellen, die als Verantwortliche anzusehen sind, und daher nicht für Auftragsverarbeiter. 2

2. Drittstaatsdatenverarbeiter

Auch Drittstaatsdatenverarbeiter unterliegen den Verpflichtungen des Art. 11, wenn die von ihnen betriebene Datenverarbeitung die Voraussetzungen des Art. 3 Abs. 2 erfüllt. 3

3. Mitgliedstaaten

Eine Öffnungsklausel für den mitgliedstaatlichen Gesetzgeber enthält Art. 11 nicht. Allerdings können die Mitgliedstaaten gem. Art. 6 Abs. 2 und 3 spezifischere Bestimmungen zur Anwendung der DS-GVO festlegen, sofern 4

- es um Datenverarbeitungen geht, durch die der Verantwortliche eine rechtliche Verpflichtung erfüllt (Art. 6 Abs. 1 lit. c),
- die Datenverarbeitung für die Wahrnehmung einer Aufgabe erforderlich ist, die im öffentlichen Interesse liegt (Art. 6 Abs. 1 lit. e Var. 1), oder
- die Datenverarbeitung in Ausübung öffentlicher Gewalt erfolgt (Art. 6 Abs. 1 lit. e Var. 2).

4. Betroffene

Einige Betroffenenrechte (Art. 15 bis 20) sind unter den Voraussetzungen von Art. 11 nicht anwendbar (Abs. 2 S. 2). Der Betroffene erhält aber das Recht, vom Verantwortlichen darüber unterrichtet zu werden, wenn er einen Antrag gem. Art. 15 bis 20 stellt, der Verantwortliche aber nicht in der Lage ist, das Recht des Betroffenen zu erfüllen, weil er den Personenbezug nicht herstellen kann (Abs. 2 S. 1). Der Wegfall des Personenbezugs muss dem Betroffenen darüber hinaus nachgewiesen werden (Abs. 2 S. 1). Nur dann sind die genannten Betroffenenrechte nicht anwendbar. Wird der Betroffene im Rahmen der Mitwirkungsobliegenheit des Abs. 2 S. 2 tätig und ermöglicht dem Verantwortlichen die Reidentifizierung durch Bereitstellung zusätzlicher Informationen, bleiben die Betroffenenrechte der Art. 15 bis 20 ausnahmsweise bestehen. 5

Die Norm dient mittelbar dem Betroffenen, indem sie einen Anreiz für den Verantwortlichen schafft, den Personenbezug der von ihm verarbeiteten Daten zu beseitigen. 6

5. Datenschutzaufsichtsbehörden

Eine besondere Rolle schreibt Art. 11 den Datenschutzaufsichtsbehörden nicht zu. Diese sind allerdings im Rahmen ihrer allgemeinen Untersuchungs-, Abhilfe-, Genehmigungs- und Beratungsbefugnisse (Art. 58) berechtigt, die Einhaltung der Anforderungen des Art. 11 zu kontrollieren und durchzusetzen. 7

III. Systematik

Art. 11 Abs. 2 hat Bedeutung vor allem für die antragsabhängigen Betroffenenrechte der Art. 15 bis 20, die unter bestimmten Voraussetzungen für nicht anwendbar erklärt werden. Art. 12 Abs. 2 nimmt Bezug auf Art. 11, indem er dem Verantwortlichen das Recht gibt, die Erfüllung von Ansprüchen des Betroffenen zu verweigern, wenn er glaubhaft macht, den Betroffenen nicht mehr identifizieren zu können. Das Verhältnis zwischen Art. 11 Abs. 2 und Art. 12 Abs. 2 ist unübersichtlich (genauer Rn. 54 ff.). 8

Gleichwohl befindet sich Art. 11 nicht in Kapitel III der DS-GVO, das die Betroffenenrechte enthält, sondern in Kapitel II, in dem die Grundsätze der Datenverarbeitung geregelt werden. Dies 9 erklärt sich daraus, dass die Norm in Abs. 1 eine Regelung vorsieht, die auf sehr abstrakte Weise potentiell Einfluss auf jede Norm der DS-GVO hat und im Zusammenhang mit den Grundsätzen der Zweckbindung (Art. 5 Abs. 1 lit. b), der Datenminimierung (Art. 5 Abs. 1 lit. c) und der Erforderlichkeit und Speicherbegrenzung (Art. 5 Abs 1 lit. e) steht (genauer Rn. 33 ff.).

10 Hauptanwendungsfall der Norm dürfte die Pseudonymisierung (Art. 4 Nr. 5) sein.[1]

11 Verstöße gegen Art. 11 sind gem. Art. 83 Abs. 4 lit. a bußgeldbewehrt.

IV. Entstehungsgeschichte

1. Bisherige europäische Vorgaben

12 Keine.

2. Bisherige nationale Vorgaben

13 Keine.

3. Verhandlungen zur DS-GVO

14 Der ursprüngliche KOM-Entwurf (Art. 10) enthielt eine viel weitergehende Regelung, als diejenige, die letztlich verabschiedet wurde. Sie lautete: *„Kann der für die Verarbeitung Verantwortliche anhand der von ihm verarbeiteten Daten eine natürliche Person nicht bestimmen, ist er nicht verpflichtet, zur bloßen Einhaltung einer Vorschrift dieser Verordnung zusätzliche Daten einzuholen, um die betroffene Person zu bestimmen."* Die Norm hätte somit unmittelbar für die gesamte Verordnung gegolten. Ihr Geltungsbereich wäre insb. nicht für einzelne Betroffenenrechte eingeschränkt gewesen.

15 Der EP-Entwurf (Art. 10) erstreckte den Anwendungsbereich der Regelung auf Auftragsverarbeiter. Nach den Vorstellungen des EP wären nicht nur Fälle erfasst gewesen, in denen der Verantwortliche den Betroffenen direkt nicht bestimmen kann, sondern auch Fälle, in denen er ihn indirekt nicht bestimmen kann. Pseudonymisierte Daten erwähnte der EP-Entwurf ausdrücklich. Nach dem EP-Entwurf wäre der Verantwortliche bei Vorliegen der entsprechenden Voraussetzungen (Nichtbestimmbarkeit des Betroffenen oder Verarbeitung pseudonymisierter Daten) nicht nur nicht verpflichtet gewesen, zusätzliche Daten zu verarbeiten. Es wäre ihm sogar verboten gewesen, zusätzliche Daten zu verarbeiten. Darüber hinaus stellte der EP-Entwurf den Verantwortlichen bei Vorliegen der entsprechenden Voraussetzungen von der Erfüllung jeglicher Verpflichtung der DS-GVO (und nicht nur bestimmter Betroffenenrechte) frei. In diesem Fall hätte lediglich eine Pflicht zur Information des Betroffenen bestanden, wenn der Verantwortliche infolgedessen einem Verlangen des Betroffenen nicht hätte nachkommen können.

16 Der Ratsentwurf (Art. 10) sah den schließlich in Kraft getretenen Regelungsinhalt vor.

B. Inhalt der Regelung

I. Kein Gebot zur Reidentifizierung des Betroffenen (Abs. 1)

17 Der Verantwortliche ist unter den Voraussetzungen des Abs. 1 nicht verpflichtet, den Betroffenen „zur bloßen Einhaltung dieser Verordnung" zu (re-)identifizieren. Das bedeutet, dass der Verantwortliche in diesen Fällen auch im Übrigen nicht zur Einhaltung der Verordnung verpflichtet ist, soweit für die jeweils in Rede stehende Pflicht die Zuordnung des personenbezogenen Datum zu einer identifizierten Person vorhanden sein muss.

---

1 Vgl. *Fokusgruppe Datenschutz,* Whitepaper zur Pseudonymisierung, https://www.gdd.de/downloads/whitepaper-zur-pseudonymisierung/view.

1. Anwendungsbereich

Die Norm gilt für alle Fälle, in denen die DS-GVO an sich eine Identifizierung des Betroffenen verlangt. **18**

Dies sind zunächst grundsätzlich alle Konstellationen, in denen der Verantwortliche mit dem Betroffenen in Kontakt treten muss (Kommunikation mit dem Betroffenen; nachfolgend Rn. 21 ff.). **19**

Darüber hinaus betrifft dies alle Konstellationen, in denen eine materiell-rechtliche Pflicht nur erfüllt werden kann, wenn die verarbeiteten Daten einer spezifischen betroffenen Person zugeordnet werden können (nachfolgend Rn. 25). **20**

a) Kommunikation mit dem Betroffenen

Eine Identifizierung des Betroffenen ist bei jeglicher Kommunikation des Verantwortlichen mit dem Betroffenen erforderlich: **21**

Dies gilt zum einen für antragsabhängige Rechte Betroffener. Denn in diesem Fall muss der Verantwortliche dem Betroffenen Informationen über die auf den Antrag hin ergriffenen Maßnahmen zur Verfügung stellen (Art. 12 Abs. 3 S. 1) – ob er etwa dem begehrten Antrag entsprochen hat oder ob er sich weigert, dem Begehren des Betroffenen Folge zu leisten. Der Verantwortliche kann diese Information aber nur zur Verfügung stellen, wenn er genau weiß, um wen es sich bei dem Antragsteller handelt. **22**

Dies gilt zum anderen für die aktiv vom Verantwortlichen ausgehende Kommunikation mit dem Betroffenen. So kann bspw. der Verantwortliche den Betroffenen gem. Art. 13 oder 14 nur dann über die Umstände der Datenverarbeitung informieren oder gem. Art. 34 über eine Datenschutzverletzung informieren, wenn er weiß, an wen er die Information richten muss. **23**

Darüber hinaus gilt dies für Konstellationen, in denen eine Mitwirkung des Betroffenen erforderlich ist. So kann bspw. die Einwilligung gem. Art. 7 Abs. 1 nur von einem identifizierten Betroffenen eingeholt werden. Und die Einwilligung der Träger der elterlichen Verantwortung gem. Art. 8 Abs. 1 kann nur eingeholt werden, wenn das betroffene Kind und die Träger der elterlichen Verantwortung identifiziert sind. **24**

b) Notwendigkeit der Zuordnung von Daten zum Betroffenen

Zahlreiche Pflichten der DS-GVO setzen voraus, dass das einzelne verarbeitete Datum einer konkreten Person *zuzuordnen* ist (und nicht nur *zugeordnet werden kann*). So kann der Verantwortliche dem Betroffenen nur dann Auskunft über die diesen betreffenden personenbezogenen Daten geben (Art. 15), wenn er diese Daten dem konkreten Betroffenen auch zuordnen kann. Dasselbe gilt für die Datenübertragung (Art. 20). Ein anderes Beispiel ist die Datenverarbeitung auf vertraglicher Grundlage (z.B. Art. 6 Abs. 1 lit. b oder Art. 49 Abs. 1 lit. b), die ohne Kenntnis der Identität des Betroffenen nicht erfolgen kann. **25**

2. Nicht-Erforderlichkeit der Identifizierung

Abs. 1 setzt voraus, dass die Identifizierung des Betroffenen für die Zwecke, für die ein Verantwortlicher personenbezogene Daten verarbeitet, nicht oder nicht mehr erforderlich ist. **26**

Abzugrenzen ist dies von den Fällen, in denen nicht nur die Identifizierung des Betroffenen, sondern auch die Identifizierbarkeit nicht oder nicht mehr erforderlich ist. Ist nur die **Identifizierung** nicht oder nicht mehr erforderlich (vgl. den Grundsatz der Speicherbegrenzung, Art. 5 Abs. 1 lit. e), ist zwar noch ein Rest-Rechtsgrund vorhanden, aufgrund dessen der Verantwortliche die personenbezogenen Daten in einer Form weiterverarbeiten darf, die zwar eine Zuordnung der Daten zu einem bestimmten Betroffenen nicht mehr erlaubt, die aber faktisch die Möglichkeit der Zuordnung nicht gänzlich ausschließt. Wenn die **Identifizierbarkeit** nicht mehr erforderlich ist, dann darf der Verantwortliche unter keinem denkbaren Gesichtspunkt noch berechtigt sein, die Zuordnung der Daten zu der betroffenen Person (wieder-)herzustellen. Er ist dann entweder zur Löschung (Art. 17 Abs. 1 lit. a) oder zur Vornahme einer Anonymisierung verpflichtet. **27**

28 Art. 11 ist somit zum Einen in dem mehr oder weniger schmalen Korridor anwendbar, in dem der Verantwortliche zwar nicht mehr wissen darf, um wen es sich bei dem Betroffenen handelt, in dem er aber noch ein berechtigtes Interesse hat, die Daten weiterzuverarbeiten, auch wenn die Möglichkeit nicht ganz ausgeschlossen ist, dass er diese Kenntnis wiedererlangt. Zum anderen ist er anwendbar, wenn der Verantwortliche die Identifizierung des Betroffenen freiwillig beseitigt, ohne hierzu verpflichtet zu sein.

29 Maßgeblich für die Beantwortung der Frage, ob die Identifizierung nicht oder nicht mehr erforderlich ist, sind die Zwecke der Datenverarbeitung. Verarbeitet ein Verantwortlicher bspw. personenbezogene Daten zur Erfüllung einer vertraglichen Verpflichtung, ist die Identifizierung mindestens so lange erforderlich, wie noch Ansprüche der Vertragspartner gegeneinander zu gewärtigen sind.

30 Eine Fallgruppe innerhalb des Anwendungsbereichs des Abs. 1 ist die Pseudonymisierung. Dies sind die Fälle, in denen nach der Definition des Art. 4 Nr. 5 die personenbezogenen Daten ohne Hinzuziehung zusätzlicher Informationen nicht mehr einer spezifischen betroffenen Person zugeordnet werden können.

3. Rechtsfolge

31 Rechtsfolge des Vorliegens der Tatbestandsvoraussetzungen des Abs. 1 ist, dass der Verantwortliche nicht verpflichtet ist, den Betroffenen „zur bloßen Einhaltung dieser Verordnung" zu (re-)identifizieren.

32 Fraglich ist, woraus eine solche Pflicht zur (Re-)Identifizierung überhaupt abgeleitet werden kann. Die Antwort ist: aus Art. 24 Abs. 1. Nach dieser Norm muss der Verantwortliche geeignete technische und organisatorische Maßnahmen ergreifen, um sicherzustellen, dass die Verarbeitung gem. der DS-GVO erfolgt. Gäbe es Art. 11 Abs. 1 nicht, gehörte es zu den vom Verantwortlichen zu ergreifenden Maßnahmen, die jederzeitige Identifizierung des Betroffenen zu ermöglichen. Denn nur so könnte er tatsächlich sicherstellen, dass ihm die Identifizierung, die für die Erfüllung zahlreicher Pflichten der DS-GVO nötig ist, erforderlichenfalls auch gelingt.

33 Rechtlich steht die Beschränkung der Pflicht, den Betroffenen zu (re-)identifizieren, im Zusammenhang mit den Grundsätzen der Zweckbindung, der Datenminimierung und der Speicherbegrenzung. Es wäre aber falsch zu behaupten, Abs. 1 konkretisiere alle diese Grundsätze.[2] Teilweise konkretisiert er die Grundsätze, teilweise schafft er aber auch einen Ausgleich zwischen diesen Grundsätzen und der Pflicht des Art. 24 Abs. 1 sicherzustellen, dass die Verarbeitung gem. der DS-GVO erfolgt.

34 Nach dem Grundsatz der **Zweckbindung** dürfen personenbezogene Daten nur für festgelegte, eindeutige und legitime Zwecke erhoben und nicht in einer mit diesen Zwecken nicht zu vereinbarenden Weise weiterverarbeitet werden (Art. 5 Abs. 1 lit. b). Personenbezogene Daten werden somit für konkrete Verarbeitungszwecke erhoben. Dies können zum Beispiel Geschäftszwecke, wissenschaftliche Forschungszwecke oder Gemeinwohlzwecke sein. Personenbezogene Daten werden jedoch nicht zur Einhaltung der DS-GVO erhoben. Insofern ist es tatsächlich konsequent, wenn Abs. 1 feststellt, dass eine „Einholung" von Daten (womit wohl eine Neuerhebung gemeint ist), die nur der Einhaltung der DS-GVO dient, nicht geboten ist. Man könnte noch auf den Gedanken kommen, die Aufbewahrung und (Weiter-)Verarbeitung zum Zwecke der Einhaltung der DS-GVO sei eine kompatible Weiterverarbeitung im Sinne von Art. 5 Abs. 1 lit. b. Dies ist auch unter Berücksichtigung von Abs. 1 noch vertretbar. Nur eine Pflicht zu einer solchen Weiterverarbeitung besteht eben nicht. Der Grundsatz der Zweckbindung spricht – vorbehaltlich einer Einzelfallprüfung – eher gegen die Zulässigkeit eines solchen Weiterverarbeitung.

---

2 In diese Richtung wohl Paal/Pauly, *Frenzel* Art. 11 Rn. 1, der meint, Art. 11 sei eine Konsequenz der Speicherbegrenzung, der Zweckbindung und des Auskunftsrechts.

Nach dem Grundsatz der **Datenminimierung** müssen personenbezogene Daten dem Zweck angemessen und erheblich sowie auf das für die Zwecke der Verarbeitung notwendige Maß beschränkt sein (Art. 5 Abs. 1 lit. c). Abs. 1 sagt nichts darüber, ob die „Aufbewahrung, Einholung oder Verarbeitung" zu Identifizierungszwecken ein Verstoß gegen den Grundsatz der Datenminimierung sein kann. Abs. 1 besagt lediglich, dass es kein Gebot zur (Re-)Identifizierung des Betroffenen gibt. Es entspricht aber dem Grundgedanken des Grundsatzes der Datenminimierung, so wenig personenbezogene Daten aufzubewahren, einzuholen oder zu verarbeiten, wie zur Erreichung des jeweiligen Zwecks unbedingt erforderlich sind. Jede Erschwerung der Möglichkeit, Informationen einer betroffenen Person zuordnen zu können, entspricht dem Grundsatz der Datenminimierung und damit letztlich dem Schutz des Betroffenen. Die Reidentifizierung (und erfolgte sie auch zur Einhaltung der DS-GVO) läuft tendenziell dem Grundsatz der Datenminimierung zuwider. 35

Nach dem Grundsatz der **Speicherbegrenzung** müssen personenbezogene Daten in einer Form gespeichert werden, die die Identifizierung des Betroffenen nur so lange ermöglicht, wie es für die Zwecke, für die sie verarbeitet werden, erforderlich ist (Art. 5 Abs. 1 lit. e). Der Grundsatz verlangt somit, dass bei der Speicherung personenbezogener Daten die Möglichkeit zur Identifizierung eines Betroffenen frühestmöglich beseitigt wird. Wenn der Grundsatz der Speicherbegrenzung aber verlangt, dass personenbezogene Daten nicht mehr in einer Form gespeichert werden, die die Identifizierung „ermöglicht", dann bedeutet dies, dass nicht nur die Identifizierung erschwert, sondern die Identifizierbarkeit beseitigt werden muss. Dann ist aber für eine Anwendung des Art. 11 kein Raum mehr, denn dieser setzt voraus, dass eine Identifizierung noch möglich ist. Art. 11 ist damit keine „Konsequenz der Speicherbegrenzung"[3], sondern greift noch so lange ein, wie der Grundsatz der Speicherbegrenzung keine endgültige Beseitigung er Identifizierbarkeit verlangt. 36

Zusammenfassend lässt sich sagen: 37

- Die Pflicht des Art. 24 Abs. 1 zur Sicherstellung, dass die Verarbeitung gem. der DS-GVO erfolgt, geht im Einklang mit dem Grundsatz der Zweckbindung nicht so weit, dass die Einhaltung jeder Pflicht der DS-GVO inhärenter Bestandteil der vom Verantwortlichen verfolgten Verarbeitungszwecke wäre.
- Die Pflicht zur Sicherstellung, dass die Verarbeitung gem. der DS-GVO erfolgt, darf den Grundsatz der Datenminimierung nicht konterkarieren. Es widerspräche dem Grundsatz der Datenminimierung, wenn der Verantwortliche zur erneuten oder zur weiteren Verarbeitung personenbezogener Daten verpflichtet wäre, nur um bestimmte Pflichten der DS-GVO erfüllen zu können.
- Zwischen dem Grundsatz der Speicherbegrenzung und Art. 11 besteht keine Schnittmenge. Personenbezogene Daten dürfen entweder nach dem Grundsatz der Speicherbegrenzung gar nicht mehr verarbeitet werden (dann kommt Art. 11 gar nicht zur Anwendung) oder sie dürfen zumindest noch in beschränkter Weise verarbeitet werden, weil die Reidentifizierung des Betroffenen erforderlich werden könnte (dann greift der Grundsatz der Speicherbegrenzung noch nicht ein).

II. Einschränkung des fehlenden Gebots zur Identifizierung des Betroffenen (Abs. 2)

Abs. 2 ist äußerst unglücklich formuliert und daher offen für verschiedene Auslegungen. Darüber hinaus ist die Norm mit Art. 12 Abs. 2 S. 2 in Einklang zu bringen, wodurch weitere Auslegungsschwierigkeiten entstehen (dazu Rn. 54 ff.). 38

Hiesigen Erachtens ist Abs. 2 dahingehend auszulegen, dass er den auf die gesamte DS-GVO bezogenen Anwendungsbereich des Abs. 1 für bestimmte Betroffenenrechte (Art. 15 bis 20) ein- 39

---

3 So aber Paal/Pauly, *Frenzel*, Art. 11 Rn. 1.

schränkt (nachfolgend Rn. 40 ff.). Das bedeutet, dass zur Erfüllung der Betroffenenrechte der Art. 15 bis 20 unter bestimmten Voraussetzungen (und entgegen Abs. 1) eine Identifizierung des Betroffenen doch erforderlich werden kann. Zwar besteht auch im Anwendungsbereich dieser Betroffenenrechte grundsätzlich kein Gebot zur Reidentifizierung des Betroffenen (mit der Folge, dass die Betroffenenrechte grundsätzlich nicht zur Anwendung kommen). Der Verantwortliche trägt aber die Darlegungs- und Beweislast dafür, dass die Zuordnung der verarbeiteten Daten zum Betroffenen tatsächlich aufgehoben ist (Abs. 2 S. 1). Er hat darüber hinaus eine Pflicht zur Unterrichtung des Betroffenen über diese Tatsache (Abs. 2 S. 1). Der Betroffene kann durch Bereitstellung zusätzlicher Informationen erzwingen, dass der Verantwortliche die Zuordnung wieder herstellt, um dadurch die Rechte des Betroffenen gem. Art. 15 bis 20 erfüllen zu können (Abs. 2 S. 2).

1. Anwendungsbereich von Absatz 2

40 Nach Absatz 2 Satz 1 treffen den Verantwortlichen Nachweis- und Unterrichtungspflichten. Hiesigen Erachtens bestehen diese Nachweis- und Unterrichtungspflichten nur, wenn der Betroffene Anträge gem. Art. 15 bis 20 stellt.

41 Diese Auslegung ist zwar nicht zwingend, aber die einzig plausible Auslegungsvariante. Der Wortlaut der Norm scheint etwas anderes nahezulegen, denn der erste Halbsatz von Absatz 2 Satz 2 („in diesen Fällen finden die Art. 15 bis 20 keine Anwendung") bezieht sich auf die Nachweis- und Unterrichtungspflichten. Wäre Absatz 2 präzise formuliert, müsste sich Satz 1 auf Satz 2 beziehen (und nicht umgekehrt). Jedoch wiederholt Absatz 2 Satz 2 nur die Rechtsfolge des Absatzes 1 (kein Gebot zur Sicherstellung von Pflichten der DS-GVO) mit anderen Worten („finden keine Anwendung"), bevor er eine Einschränkung der Nichtanwendung der DS-GVO für bestimmte Betroffenenrechte vornimmt. Würde Absatz 2 Satz 1 auch außerhalb der Art. 15 bis 20 gelten, müsste der Verantwortliche den Betroffenen anlasslos immer unterrichten, wenn er die Zuordnung der Daten zum Betroffenen aufhebt, und einen entsprechenden Nachweis führen. Eine solche Unterrichtung hätte aber außerhalb der antragsabhängigen Betroffenenrechte gar keinen Sinn. Sinn und Zweck der Unterrichtung ist es nämlich, den Betroffenen auf die Notwendigkeit seiner Mitwirkung zur Identifizierung (Mitwirkungsobliegenheit) hinzuweisen.

42 Folgt man dieser Auslegung, gilt Absatz 2 nur in den Fällen, in denen der Betroffene einen Antrag auf

- Auskunft (Art. 15 Abs. 1 und 2),
- Erhalt einer Kopie (Art. 15 Abs. 3 und 4),
- Berichtigung (Art. 16 S. 1),
- Vervollständigung (Art. 16 S. 2),
- Löschung (Art. 17 Abs. 1),
- Verarbeitungseinschränkung (Art. 18 Abs. 1),
- Unterrichtung über Empfänger (Art. 19 S. 2) und
- Datenübertragung (Art. 20 Abs. 1 und 2)

43 stellt.

2. Unterrichtung des Betroffenen (Abs. 2 S. 1)

44 Stellt der Betroffene einen Antrag nach den Art. 15 bis 20 und ist der Verantwortliche nicht ohne weiteres in der Lage, den Betroffenen zu identifizieren, so muss der Verantwortliche den Betroffenen darüber unterrichten, dass er nicht in der Lage ist, ihn zu identifizieren. Die Unterrichtung dient dem Zweck, den Betroffenen zu informieren und ihm eine Entscheidung darüber zu ermög-

lichen, ob er durch Zulieferung zusätzlicher Informationen die erneute Identifizierung doch wieder ermöglichen will.[4]

Das Tatbestandsmerkmal „nicht in der Lage ist" bedeutet dabei nicht etwa, dass der Verantwortliche gar keine Möglichkeit mehr haben darf, die Daten dem Betroffenen zuzuordnen.[5] Ist nicht nur die Identifizerung, sondern auch die **Identifizierbarkeit** ausgeschlossen, lägen bereits anonyme Daten vor und die Anwendbarkeit des Datenschutzrechts wäre bereits ausgeschlossen. Es geht daher um die Fälle, in denen die Zuordnung der Daten zum Betroffnenen faktisch aufgehoben ist, ohne dass deshalb die Möglichkeit der Wiederzuordnung ausgeschlossen wäre. Die englische Sprachfassung macht deutlicher, was gemeint ist. Danach gilt Abs. 2, wenn der Verantwortliche „is not in a position to identify the data subject". Wenn der Verantwortlich nicht in der Position ist, die Identifizierung vorzunehmen, dann heißt dies, dass die Identifizierung „nicht ohne weiteres" möglich ist, nicht aber, dass sie ausgeschlossen ist. **45**

Gemeint ist damit auch nur, dass der Verantwortliche die von ihm gespeicherten Daten nicht ohne weiteres dem konkret Betroffenen zuordnen kann, und nicht etwa, dass die Identität des Betroffenen gänzlich unbekannt wäre. Dieser hat sich durch seinen Antrag ja zu erkennen gegeben. **46**

Für die **Art und Weise**, die **Form** und die **Sprache** der Unterrichtung des Betroffenen dürfte Art. 12 Abs. 1 entsprechende Anwendung finden können. Für die **Frist** der Unterrichtung dürfte Art. 12 Abs. 3 entsprechend zur Anwendung kommen können. Die Unterrichtung ist grundsätzlich **unentgeltlich** (entsprechende Anwendung von Art. 12 Abs. 5 S. 1 und S. 2 lit. a). **47**

Die Unterrichtung des Betroffenen steht unter dem Vorbehalt, dass diese **möglich** ist. Damit kann nur gemeint sein, dass die Unterrichtung unter dem Vorbehalt steht, dass diese **rechtlich** möglich ist. Hat der Betroffene seine Identität nicht hinreichend offengelegt und nachgewiesen, ist eine Unterrichtung nicht zulässig, also rechtlich nicht möglich. Dies können zum Beispiel Fälle sein, in denen der Antragsteller sein Begehren unter einer nicht überprüfbaren Emailadresse geäußert hat. Hat der Verantwortliche begründete Zweifel an der Identität der natürlichen Person, die den Antrag stellt, darf er weder auf das Begehren hin tätig werden noch die Unterrichtung des Abs. 2 S. 1 vornehmen. Er muss vielmehr in entsprechender Anwendung des Art. 12 Abs. 6 zusätzliche Informationen anfordern, die zur Bestätigung der Identität des Antragstellers erforderlich sind. **48**

3. Nachweis der Nichtidentfizierung (Abs. 2 S. 1)

Die bloße Unterrichtung des Betroffenen über die Tatsache, dass der Verantwortliche die Zuordnung der personenbezogenen Daten zum Betroffenen nicht mehr ohne weiteres vornehmen kann, reicht nicht aus. Der Verantwortliche muss diese Tatsache vielmehr auch nachweisen. **49**

Ein Widerspruch besteht insofern zu Art. 12 Abs. 2 S. 2, nach dem die Unmöglichkeit der Identifizierung nicht nachgeweisen, sondern nur glaubhaft gemacht werden muss (hierzu Rn. 54 ff.). **50**

Die Nachweispflicht hat einerseits den Zweck zu verhindern, dass der Verantwortliche sich seiner Pflichten durch pauschalen Hinweis auf die nicht vorhandene Zuordnung der Daten entziehen kann. Andererseits hat sie den Zweck, dem Betroffenen deutlich zu machen, welche zusätzlichen Informationen er gem. Abs. 2 S. 2 bereitstellen muss, um die Identifizierung zu ermöglichen. **51**

Der Nachweis gegenüber dem Betroffenen kann zum Beispiel durch Auskünfte jeder Art, Aussagen von Mitarbeitern des Verantwortlichen, Urkunden und Akten oder Inaugenscheinnahme geführt werden. **52**

---

4 Paal/Pauly, *Frenzel,* Art. 11 Rn. 10.
5 Missverständlich insofern Paal/Pauly, *Frenzel,* Art. 11 Rn. 10.

4. Bereitstellung zusätzlicher Informationen (Abs. 2 S. 2)

53 Die Rechtsfolge des Abs. 2 S. 2 (Nichtanwendbarkeit der Art. 15 bis 20) entfällt ausnahmsweise, wenn der Betroffene zur Ausübung seiner Rechte zusätzliche Informationen bereitstellt, die die Identifizierung ermöglichen. Welche Informationen dies im Einzelfall sind, hängt von dem vom Betroffenen geltend gemachten Recht ab. Begehrt der Betroffene zum Beispiel Auskunft gem. Art. 15 Abs. 1 und 2, dann könnte zum Beispiel die Mitteilung des Zeitpunkts der Datenerhebung eine zusätzliche Information sein, die dem Verantwortlichen die Wiederherstellung des Personenbezugs ermöglicht.

5. Verhältnis zu Art. 12 Abs. 2 S. 2

54 Art. 12 Abs. 2 S. 2 scheint einen ähnlichen Regelungsgehalt zu haben wie Art. 11 Abs. 2, weicht aber unter verschiedenen Gesichtspunkten von Art. 11 Abs. 2 ab. Nach Art. 12 Abs. 2 S. 2 darf sich der Verantwortliche weigern, aufgrund eines Antrags des Betroffenen auf Wahrnehmung seiner Rechte gem. Art. 15 bis 22 tätig zu werden, wenn er glaubhaft macht, dass er nicht in der Lage ist, die betroffene Person zu identifizieren.

55 Das Verhältnis der beiden Normen ist „einigermaßen konfus".[6] Art. 12 Abs. 2 S. 2 verweist auf Art. 11 Abs. 2, weshalb der Anwendungsbereich der beiden Normen deckungsgleich zu sein scheint. Inkonsistent ist aber, dass Art. 11 Abs. 2 S. 2 die Betroffenenrechte der Art. 15 bis 20 für **nicht anwendbar** erklärt, während Art. 12 Abs. 2 S. 2 dem Verantwortlichen für dieselben Fälle ein **Verweigerungsrecht** gibt. Inkonsistent ist des weiteren, dass Art. 11 Abs. 2 S. 2 die **Art. 15 bis 20** für nichtanwendbar erklärt, während Art. 12 Abs. 2 S. 2 dem Verantwortlichen ein Verweigerungsrecht für die Fälle des **Art. 15 bis 22** gibt. Inkonsistent ist schließlich, dass Art. 11 Abs. 2 S. 1 vom Verantwortlichen einen **Nachweis** verlangt, während Art. 12 Abs. 2 S. 2 **Glaubhaftmachung** für ausreichend erklärt.

56 Zu einem widerspruchsfreien Nebeneinander dieser beiden Normen kommt man nur, wenn man im Hinblick auf die Darlegungs- und Beweislast des Verantwortlichen von einem Stufenverhältnis ausgeht. Ist dem Verantwortlichen die Zuordnung der personenbezogenen Daten zum Betroffenen faktisch nicht möglich, hat er zwei Möglichkeiten:

- Art. 12 Abs. 2 S. 2: Er macht dies gegenüber dem Betroffenen glaubhaft; in diesem Fall darf er sich weigern, ein antragsabhängiges Recht des Betroffenen zu erfüllen.[7]
- Art. 11 Abs. 2: Er weist dies gegenüber dem Betroffenen nach; in diesem Fall kommt das jeweilige Betroffenenrecht nicht zur Anwendung, woraus selbstverständlich auch ein Verweigerungsrecht folgt.

57 Das Ergebnis ist also in beiden Fällen dasselbe: der Verantwortliche hat ein Verweigerungsrecht. In Art. 12 ist das Verweigerungsrecht ausdrücklich normiert, in Art. 11 folgt es aus der Nichtanwendbarkeit der Art. 15 bis 20.

58 Das Verweigerungsrecht erlischt aber, wenn der Betroffene zusätzliche Informationen bereitstellt, die die Identifizierung des Betroffenen ermöglichen. Dies folgt für Art. 11 unmittelbar aus der Norm (Art. 11 Abs. 2 S. 2), muss aber auch für Art. 12 Abs. 2 gelten. Dort ist von einem Erlöschen des Verweigerungsrechts zwar nicht die Rede. Der Verwantwortliche muss dem Betroffenen aber die Ausübung seiner Rechte erleichtern (Art. 12 Abs. 2 S. 1). Er darf sich daher auch der Entgegennahme von Informationen, die die Identifizierung des Betroffenen ermöglichen, nicht entziehen. Wenn der Betroffene die Identifizierung der auf ihn bezogenen Daten aber durch zusätzliche Informationen ermöglicht, kann der Verantwortliche nicht mehr glaubhaft machen, dass er nicht in der Lage ist, den Betroffenen zu identifizieren. Das heißt: das Verweigerungsrecht auch

---

6 Paal/Pauly, *Paal*, Art. 12 Rn. 48.
7 Paal/Pauly, *Paal*, Art. 12 Rn. 49, meint unter Verweis auf die englische und die französische Sprachfassung, dass auch gem. Art. 12 Abs. 2 S. 2 statt einer Glaubhaftmachung ein Nachweis durch den Verantwortlichen erforderlich ist.

des Art. 12 Abs. 2 S. 2 entfällt bei Vorlage entsprechender Informationen durch den Betroffenen. Insofern lässt sich ein Gleichlauf zwischen Art. 11 Abs. 2 S. 2 und Art. 12 Abs. 2 S. 2 herstellen.

Schwer auflösbar ist allerdings der Widerspruch, dass in Art. 11 Abs. 2 auf Art. 15 bis **20** verwiesen wird, während in Art. 12 Abs. 2 auf Art. 15 bis **22** verwiesen wird. Hier handelt es sich offenbar um ein Redaktionsversehen. Erforderlich wäre ein Gleichlauf der Verweise auf die Betroffenenrechte. Die Nichterwähnung der Art. 21 und 22 in Art. 11 Abs. 2 bedeutet nicht etwa, dass bei diesen beiden Normen die Nichtidentifizierung des Betroffenen keine Auswirkung auf die Verpflichtungen des Verantwortlichen hätte. Art. 11 Abs. 1 gilt auch in diesen Fällen – mit der Folge, dass der Verantwortliche nicht verpflichtet ist, zusätzliche Informationen aufzubewahren, einzuholen oder zu verarbeiten). Auch Art. 12 Abs. 2 gilt ebenfalls – mit der Folge, dass der Verantwortliche bei Anträgen nach Art. 21 oder 22 ein Verweigerungsrecht hat, wenn er glaubhaft macht (ohne dies nachweisen zu müssen), dass die Identifizierung nicht möglich ist. Doch stellt sich in diesen Fällen die Frage, ob und inwieweit der Betroffene die Möglichkeit haben soll, die Identifizierung zu unterstützen, zu ermöglichen oder zu erzwingen. Es besteht insofern eine Normenkonkurrenz zwischen Art. 11 Abs. 1 und Art. 12 Abs. 2 S. 1. Nach Art. 11 Abs. 1 ist der Verantwortliche zwar nicht verpflichtet, selbst aktiv zu werden, um die Identifizierung (wieder) vornehmen zu können. Das heißt, der Verantwortliche ist nicht verpflichtet, zusätzliche Informationen beim Betroffenen anzufordern. Nach Art. 12 Abs. 2 S. 1 ist er andererseits aber auch verpflichtet, dem Betroffenen die Ausübung seiner Rechte „zu erleichtern". Die Konkurrenz ist dahingehend aufzulösen, dass dem Verantwortlichen zwar nicht die Pflicht obliegt, aktiv zusätzliche Informationen vom Betroffenen anzufordern, um die Identifizierung zu ermöglichen. Stellt der Betroffene aber von sich aus solche Informationen zur Verfügung, darf der Verantworliche die Entgegennahme nicht verweigern. Gelingt dem Betroffenen die Zurverfügungstellung solcher Informationen, entfällt das Verweigerungsrecht des Verantwortlichen auch bei den Art. 21 und 22, auch wenn diese beiden Artikel in Art. 11 Abs. 2 nicht erwähnt werden. **59**

III. Zusammenhang mit der Pseudonymisierung

Es deutet einiges darauf hin, dass der Hauptanwendungsfall von Art. 11 Datenverarbeitungen sind, bei denen eine Pseudonymisierung stattgefunden hat. Das Ergebnis einer Pseudonymisierung ist, dass die personenbezogenen Daten (ohne Hinzuziehung zusätzlicher Informationen) nicht mehr einer spezifischen betroffenen Person zugeordnet werden können (vgl. Art. 4 Nr. 5). Genau diese fehlende Möglichkeit, den Betroffenen (ohne weiteres) zu identifizieren, charakterisiert auch die von Art. 11 geregelte Konstellation. Damit wird die Pseudonymisierung zu einem Instrument des Verantwortlichen, sich bestimmten Pflichten der DS-GVO zu entziehen. Dies ist vom Normgeber so gewollt, denn es dient letztlich dem Betroffenen, da so ein zusätzlicher Anreiz zur frühzeitigen Vornahme der Pseudonymisierung, zu der der Verantwortliche aber ja ohnehin verpflichtet ist (vgl. Art. 25 Abs. 1), geschaffen wird. **60**

C. Weitere Auswirkungen der Verordnung in der Praxis

I. Voraussichtliche Auswirkungen auf das nationale Recht

Ab dem 25. Mai 2018 gilt Art. 11 in allen Mitgliedstaaten unmittelbar. Soweit ersichtlich, enthält das geltende deutsche Datenschutzrecht keine dem Art. 11 vergleichbaren Regelungen. Das BDSG, die Landesdatenschutzgesetze und das übrige bereichsspezifische Datenschutzrecht bedürfen daher keiner besonderen Anpassung. Art. 11 enthält auch keine Öffnungsklausel, so dass ein gesetzgeberisches Tätigwerden der Mitgliedstaaten oder der Union im Anwendungsbereich des Art. 11 weder erforderlich noch zulässig ist. Gem. Art. 6 Abs. 2 und 3 könnte der mitgliedstaatliche Gesetzgeber allerdings spezifischere Bestimmungen im nationalen Recht festlegen. Von dieser Möglichkeit hat er, soweit ersichtlich (Stand: 25.6.2017), noch keinen Gebrauch gemacht. **61**

II. Bestandsschutz bisheriger Datenverarbeitungen

62 Die DS-GVO gilt ab dem 25. Mai 2018 in allen Mitgliedstaaten unmittelbar. Von diesem Zeitpunkt an sind alle Verantwortlichen an die neuen Pflichten des Art. 11 gebunden. Ein Bestandsschutz bisheriger Datenverarbeitungen ist in Bezug auf den Regelungsgehalt der Norm nicht vorgesehen. Dies kann sich zugunsten und zuungunsten des Verantwortlichen auswirken. Auch bei am 25. Mai 2018 bereits laufenden Datenverarbeitungen muss der Verantwortliche ggf. die Unterrichtungs- und Nachweispflicht des Abs. 2 S. 1 erfüllen. Andererseits kann er sich bei laufenden Datenverarbeitungen auch auf das fehlende Gebot zur Identifizierung des Betroffenen (Abs. 1) und auf die Nichtanwendbarkeit der Art. 15 bis 20 (Abs. 2 S. 2) berufen.

III. Sanktionen

63 Verstöße gegen die Verpflichtungen aus Art. 11 stellen Ordnungswidrigkeiten dar. Diese können mit einer Geldbuße belegt werden. Die Datenschutzaufsichtsbehörden können Geldbußen von bis zu 10 Mio. € oder im Falle eines Unternehmens bis zu 2 % des gesamten weltweit erzielten Jahresumsatzes des vorangegangenen Geschäftsjahrs verhängen (Art. 83 Abs. 4 lit. a). Bußgeldbewehrte Verletzungen des Art. 11 können insb. sein:

- Unrechtmäßige Berufung auf Abs. 1 (z.B. Nichteinhaltung der DS-GVO unter Berufung auf fehlenden Personenbezug, obwohl die Identifizierung weiterhin vorhanden ist);
- Verletzung der Pflicht zur Unterrichtung des Betroffenen (Abs. 2 S. 1);
- Verletzung der Pflicht zum Nachweis des fehlenden Personenbezugs (Abs. 2 S. 1);
- Nichtanwendung der Art. 15 bis 20, obwohl der Betroffene die erforderlichen zusätzlichen Informationen zur Identifizierung zur Verfügung gestellt hat (Abs. 2 S. 2).

IV. Rechtsschutz

1. Rechtsschutz des Betroffenen

a) Beschwerde bei einer Aufsichtsbehörde

64 Jeder Betroffene hat das Recht auf Beschwerde bei einer Aufsichtsbehörde, wenn er der Auffassung ist, dass die Verarbeitung ihn betreffender Daten gegen die DS-GVO verstößt – also auch, wenn er der Auffassung ist, ein Verantwortlicher erfülle seine Pflichten aus Art. 11 nicht. Da die Rechte des Betroffenen auf Unterrichtung (Abs. 2 S. 1), auf Zulieferung zusätzlicher Informationen (Abs. 2 S. 2) und auf die daraus unter Umständen folgende ausnahmsweise Anwendbarkeit der Art. 15 bis 20 unmittelbare Auswirkungen auf Betroffenenrechte des Kapitels III haben, hat der Betroffene ein subjektives Recht auf Einhaltung der Pflichten des Art. 11.

b) Rechtsbehelf gegen eine Aufsichtsbehörde

65 Jeder Betroffene hat das Recht auf einen wirksamen gerichtlichen Rechtsbehelf gegen einen ihn betreffenden rechtsverbindlichen Beschluss einer Aufsichtsbehörde (Art. 78 Abs. 1). Jeder Betroffene hat außerdem das Recht auf einen wirksamen gerichtlichen Rechtsbehelf, wenn sich die zuständige Aufsichtsbehörde mit einer Beschwerde nicht befasst oder sie den Betroffenen nicht innerhalb von drei Monaten über den Stand oder das Ergebnis der Beschwerde in Kenntnis setzt (Art. 78 Abs. 2). Bei Streitigkeiten mit der Aufsichtsbehörde sind die Verwaltungsgerichte zuständig.

c) Rechtsschutz gegen Verantwortliche

66 Jeder Betroffene hat das Recht auf einen wirksamen gerichtlichen Rechtsbehelf gegen einen Verantwortlichen, wenn er der Ansicht ist, dass die ihm aufgrund der DS-GVO zustehenden Rechte infolge einer nicht im Einklang mit dieser Verordnung stehenden Verarbeitung seiner personenbezogenen Daten verletzt wurden (Art. 79 Abs. 1).

c) Vertretung durch einen Verband

Jeder Betroffene hat das Recht, eine Einrichtung, Organisation oder Vereinigung, die im Bereich des Datenschutzes tätig ist, mit der Vertretung seiner Interessen im Zusammenhang mit den Rechten der Art. 77, 78 und 79 sowie der Geltendmachung von Schadensersatz gem. Art. 82 zu beauftragen (Art. 80 Abs. 1). **67**

2. Rechtsschutz anderer Personen

Jede natürliche oder juristische Person (also insb. ein Verantwortlicher) hat das Recht auf einen wirksamen gerichtlichen Rechtsbehelf gegen einen sie betreffenden rechtsverbindlichen Beschluss einer Aufsichtsbehörde (Art. 78 Abs. 1). **68**

3. Rechtsschutz durch Verbände

Jede Einrichtung, Organisation oder Vereinigung ohne Gewinnerzielungsabsicht, die ordnungsgemäß nach dem Recht eines Mitgliedstaates gegründet ist, deren satzungsmäßige Ziele im öffentlichen Interesse liegen und die im Bereich des Schutzes der Rechte und Freiheiten Betroffener in Bezug auf den Schutz ihrer personenbezogenen Daten tätig ist, kann auch ohne Beauftragung durch einen Betroffenen die Rechte der Art. 77, 78 und 79 geltend machen (u.a. durch eine altruistische Verbandsklage), sofern dies das Recht eines Mitgliedstaates vorsieht (Art. 80 Abs. 2). Jeder Betroffene hat das Recht, einen solchen Verband mit der Vertretung seiner Interessen im Zusammenhang mit den Rechten der Art. 77, 78 und 79 sowie der Geltendmachung von Schadensersatz gem. Art. 82 zu beauftragen (Art. 80 Abs. 1). **69**

Kapitel III Rechte der betroffenen Person

Chapter III Rights of the data subject

Article 12

Transparent information, communication and modalities for the exercise of the rights of the data subject

1. The controller shall take appropriate measures to provide any information referred to in Articles 13 and 14 and any communication under Articles 15 to 22 and 34 relating to processing to the data subject in a concise, transparent, intelligible and easily accessible form, using clear and plain language, in particular for any information addressed specifically to a child. The information shall be provided in writing, or by other means, including, where appropriate, by electronic means. When requested by the data subject, the information may be provided orally, provided that the identity of the data subject is proven by other means.

2. The controller shall facilitate the exercise of data subject rights under Articles 15 to 22. In the cases referred to in Article 11(2), the controller shall not refuse to act on the request of the data subject for exercising his or her rights under Articles 15 to 22, unless the controller demonstrates that it is not in a position to identify the data subject.

3. The controller shall provide information on action taken on a request under Articles 15 to 22 to the data subject without undue delay and in any event within one month of receipt of the request. That period may be extended by two further months where necessary, taking into account the complexity and number of the requests. The controller shall inform the data subject of any such extension within one month of receipt of the request, together with the reasons for the delay. Where the data subject makes the request by electronic form means, the information shall be provided by electronic

Artikel 12

Transparente Information, Kommunikation und Modalitäten für die Ausübung der Rechte der betroffenen Person

(1) Der Verantwortliche trifft geeignete Maßnahmen, um der betroffenen Person alle Informationen gemäß den Artikeln 13 und 14 und alle Mitteilungen gemäß den Artikeln 15 bis 22 und Artikel 34, die sich auf die Verarbeitung beziehen, in präziser, transparenter, verständlicher und leicht zugänglicher Form in einer klaren und einfachen Sprache zu übermitteln; dies gilt insbesondere für Informationen, die sich speziell an Kinder richten. Die Übermittlung der Informationen erfolgt schriftlich oder in anderer Form, gegebenenfalls auch elektronisch. Falls von der betroffenen Person verlangt, kann die Information mündlich erteilt werden, sofern die Identität der betroffenen Person in anderer Form nachgewiesen wurde.

(2) Der Verantwortliche erleichtert der betroffenen Person die Ausübung ihrer Rechte gemäß den Artikeln 15 bis 22. In den in Artikel 11 Absatz 2 genannten Fällen darf sich der Verantwortliche nur dann weigern, aufgrund des Antrags der betroffenen Person auf Wahrnehmung ihrer Rechte gemäß den Artikeln 15 bis 22 tätig zu werden, wenn er glaubhaft macht, dass er nicht in der Lage ist, die betroffene Person zu identifizieren.

(3) Der Verantwortliche stellt der betroffenen Person Informationen über die auf Antrag gemäß den Artikeln 15 bis 22 ergriffenen Maßnahmen unverzüglich, in jedem Fall aber innerhalb eines Monats nach Eingang des Antrags zur Verfügung. Diese Frist kann um weitere zwei Monate verlängert werden, wenn dies unter Berücksichtigung der Komplexität und der Anzahl von Anträgen erforderlich ist. Der Verantwortliche unterrichtet die betroffene Person innerhalb eines Monats nach Eingang des Antrags über eine Fristverlängerung, zusammen mit den Gründen für die Verzögerung. Stellt die betroffene Person den Antrag elektronisch,

means where possible, unless otherwise requested by the data subject.

so ist sie nach Möglichkeit auf elektronischem Weg zu unterrichten, sofern sie nichts anderes angibt.

4. If the controller does not take action on the request of the data subject, the controller shall inform the data subject without delay and at the latest within one month of receipt of the request of the reasons for not taking action and on the possibility of lodging a complaint with a supervisory authority and seeking a judicial remedy.

(4) Wird der Verantwortliche auf den Antrag der betroffenen Person hin nicht tätig, so unterrichtet er die betroffene Person ohne Verzögerung, spätestens aber innerhalb eines Monats nach Eingang des Antrags über die Gründe hierfür und über die Möglichkeit, bei einer Aufsichtsbehörde Beschwerde einzulegen oder einen gerichtlichen Rechtsbehelf einzulegen.

5. Information provided under Articles 13 and 14 and any communication and any actions taken under Articles 15 to 22 and 34 shall be provided free of charge. Where requests from a data subject are manifestly unfounded or excessive, in particular because of their repetitive character, the controller may either:
   (a) charge a reasonable fee taking into account the administrative costs of providing the information or communication or taking the action requested; or
   (b) refuse to act on the request.

   The controller shall bear the burden of demonstrating the manifestly unfounded or excessive character of the request.

(5) Informationen gemäß den Artikeln 13 und 14 sowie alle Mitteilungen und Maßnahmen gemäß den Artikeln 15 bis 22 und Artikel 34 werden unentgeltlich zur Verfügung gestellt. Bei offenkundig unbegründeten oder – insbesondere im Fall von häufiger Wiederholung – exzessiven Anträgen einer betroffenen Person kann der Verantwortliche entweder
a) ein angemessenes Entgelt verlangen, bei dem die Verwaltungskosten für die Unterrichtung oder die Mitteilung oder die Durchführung der beantragten Maßnahme berücksichtigt werden, oder
b) sich weigern, aufgrund des Antrags tätig zu werden.

Der Verantwortliche hat den Nachweis für den offenkundig unbegründeten oder exzessiven Charakter des Antrags zu erbringen.

6. Without prejudice to Article 11, where the controller has reasonable doubts concerning the identity of the natural person making the request referred to in Articles 15 to 21, the controller may request the provision of additional information necessary to confirm the identity of the data subject.

(6) Hat der Verantwortliche begründete Zweifel an der Identität der natürlichen Person, die den Antrag gemäß den Artikeln 15 bis 21 stellt, so kann er unbeschadet des Artikels 11 zusätzliche Informationen anfordern, die zur Bestätigung der Identität der betroffenen Person erforderlich sind.

7. The information to be provided to data subjects pursuant to Articles 13 and 14 may be provided in combination with standardised icons in order to give in an easily visible, intelligible and clearly legible manner a meaningful overview of the intended processing. Where the icons are presented electronically they shall be machine-readable.

(7) Die Informationen, die den betroffenen Personen gemäß den Artikeln 13 und 14 bereitzustellen sind, können in Kombination mit standardisierten Bildsymbolen bereitgestellt werden, um in leicht wahrnehmbarer, verständlicher und klar nachvollziehbarer Form einen aussagekräftigen Überblick über die beabsichtigte Verarbeitung zu vermitteln. Werden die Bildsymbole in elektronischer Form dargestellt, müssen sie maschinenlesbar sein.

8. The Commission shall be empowered to adopt delegated acts in accordance with Article 92 for the purpose of determining

(8) Der Kommission wird die Befugnis übertragen, gemäß Artikel 92 delegierte Rechtsakte zur Bestimmung der Informationen, die durch

the information to be presented by the icons and the procedures for providing standardised icons.

Bildsymbole darzustellen sind, und der Verfahren für die Bereitstellung standardisierter Bildsymbole zu erlassen.

Recitals

(39) [1]Any processing of personal data should be lawful and fair. [2]It should be transparent to natural persons that personal data concerning them are collected, used, consulted or otherwise processed and to what extent the personal data are or will be processed. [3]The principle of transparency requires that any information and communication relating to the processing of those personal data be easily accessible and easy to understand, and that clear and plain language be used. [4]That principle concerns, in particular, information to the data subjects on the identity of the controller and the purposes of the processing and further information to ensure fair and transparent processing in respect of the natural persons concerned and their right to obtain confirmation and communication of personal data concerning them which are being processed. [5]Natural persons should be made aware of risks, rules, safeguards and rights in relation to the processing of personal data and how to exercise their rights in relation to such processing. […]

(58) [1]The principle of transparency requires that any information addressed to the public or to the data subject be concise, easily accessible and easy to understand, and that clear and plain language and, additionally, where appropriate, visualisation be used. [2]Such information could be provided in electronic form, for example, when addressed to the public, through a website. [3]This is of particular relevance in situations where the proliferation of actors and the technological complexity of practice make it difficult for the data subject to know and understand whether, by whom and for what purpose personal data relating to him or her are being collected, such as in the case of online advertising. [4]Given that children merit specific protection, any information and communica-

Erwägungsgründe

(39) [1]Jede Verarbeitung personenbezogener Daten sollte rechtmäßig und nach Treu und Glauben erfolgen. [2]Für natürliche Personen sollte Transparenz dahingehend bestehen, dass sie betreffende personenbezogene Daten erhoben, verwendet, eingesehen oder anderweitig verarbeitet werden und in welchem Umfang die personenbezogenen Daten verarbeitet werden und künftig noch verarbeitet werden. [3]Der Grundsatz der Transparenz setzt voraus, dass alle Informationen und Mitteilungen zur Verarbeitung dieser personenbezogenen Daten leicht zugänglich und verständlich und in klarer und einfacher Sprache abgefasst sind. [4]Dieser Grundsatz betrifft insbesondere die Informationen über die Identität des Verantwortlichen und die Zwecke der Verarbeitung und sonstige Informationen, die eine faire und transparente Verarbeitung im Hinblick auf die betroffenen natürlichen Personen gewährleisten, sowie deren Recht, eine Bestätigung und Auskunft darüber zu erhalten, welche sie betreffende personenbezogene Daten verarbeitet werden. [5]Natürliche Personen sollten über die Risiken, Vorschriften, Garantien und Rechte im Zusammenhang mit der Verarbeitung personenbezogener Daten informiert und darüber aufgeklärt werden, wie sie ihre diesbezüglichen Rechte geltend machen können. […]

(58) [1]Der Grundsatz der Transparenz setzt voraus, dass eine für die Öffentlichkeit oder die betroffene Person bestimmte Information präzise, leicht zugänglich und verständlich sowie in klarer und einfacher Sprache abgefasst ist und gegebenenfalls zusätzlich visuelle Elemente verwendet werden. [2]Diese Information könnte in elektronischer Form bereitgestellt werden, beispielsweise auf einer Website, wenn sie für die Öffentlichkeit bestimmt ist. [3]Dies gilt insbesondere für Situationen, wo die große Zahl der Beteiligten und die Komplexität der dazu benötigten Technik es der betroffenen Person schwer machen, zu erkennen und nachzuvollziehen, ob, von wem und zu welchem Zweck sie betreffende personenbezogene Daten erfasst werden, wie etwa bei der

tion, where processing is addressed to a child, should be in such a clear and plain language that the child can easily understand.

Werbung im Internet. [4]Wenn sich die Verarbeitung an Kinder richtet, sollten aufgrund der besonderen Schutzwürdigkeit von Kindern Informationen und Hinweise in einer dergestalt klaren und einfachen Sprache erfolgen, dass ein Kind sie verstehen kann.

(59) [1]Modalities should be provided for facilitating the exercise of the data subject's rights under this Regulation, including mechanisms to request and, if applicable, obtain, free of charge, in particular, access to and rectification or erasure of personal data and the exercise of the right to object. [2]The controller should also provide means for requests to be made electronically, especially where personal data are processed by electronic means. [3]The controller should be obliged to respond to requests from the data subject without undue delay and at the latest within one month and to give reasons where the controller does not intend to comply with any such requests.

(59) [1]Es sollten Modalitäten festgelegt werden, die einer betroffenen Person die Ausübung der Rechte, die ihr nach dieser Verordnung zustehen, erleichtern, darunter auch Mechanismen, die dafür sorgen, dass sie unentgeltlich insbesondere Zugang zu personenbezogenen Daten und deren Berichtigung oder Löschung beantragen und gegebenenfalls erhalten oder von ihrem Widerspruchsrecht Gebrauch machen kann. [2]So sollte der Verantwortliche auch dafür sorgen, dass Anträge elektronisch gestellt werden können, insbesondere wenn die personenbezogenen Daten elektronisch verarbeitet werden. [3]Der Verantwortliche sollte verpflichtet werden, den Antrag der betroffenen Person unverzüglich, spätestens aber innerhalb eines Monats zu beantworten und gegebenenfalls zu begründen, warum er den Antrag ablehnt.

Literatur

Albrecht, Das neue EU-Datenschutzrecht – von der Richtlinie zur Verordnung – Überblick und Hintergründe zum finalen Text für die Datenschutzgrundverordnung der EU nach der Einigung im Trilog, in: CR 2016, 88; *Bräutigam/Schmidt-Wudy*, Das geplante Auskunfts- und Herausgaberecht des Betroffenen nach Art. 15 der EU-Datenschutzgrundverordnung, in: CR 2015, 56; *Centre for Information Policy Leadership*, Recommendations for Implementing Transparency, Consent and Legitimate Interest under the GDPR (19. Mai 2017), http://www.informationpolicycentre.com/uploads/5/7/1/0/57104281/cipl_recommendations_on_transparency_consent_and_legitimate_interest_under_the_gdpr_-19_may_2017-c.pdf (abgerufen am 5.6.2017); *Centre for Information Policy Leadership / Telefonica*, Reframing Data Transparency (30.6.2016), https://www.telefonica.com/documents/341171/2445513/CIPL+and+Telefonica+-+Reframing+Data+Transparency.pdf/9c007899-451c-4a5b-854d-784082e37bf7 (abgerufen am 5.6.2017); *Dammann*, Erfolge und Defizite der EU-Datenschutzgrundverordnung – Erwarteter Fortschritt, Schwächen und überraschende Innovationen, in: ZD 2016, 307; *Deutscher Dialogmarketing Verband e.V.*, Best Practice Guide Europäische Datenschutz-Grundverordnung – Auswirkungen auf das Dialogmarketing (Juni 2016), https://www.ddv.de/fileadmin/user_upload/pdf/Verband/Publikationen/Best_Practice_Guide/DDV_BPG_DSGVO_Juni2016.pdf (abgerufen am 5.6.2017); *Ehmann/Selmayr (Hrsg.)*, Datenschutz-Grundverordnung, 1. Auflage 2017, C.H. Beck München; *Gaitzsch*, Tertiärnormsetzung in der Europäischen Union, 2015, Verlag Dr. Kovac; *Goodman / Flaxman*, European Union regulations on algorithmic decision-making and a "right to explanation", http://arxiv.org/abs/1606.08813 (abgerufen am 28.5.2017); *Leucker*, Die zehn Märchen der Datenschutzreform, in: PinG 2015, 195 ff.; *Piltz*, Die Datenschutz-Grundverordnung – Teil 2: Rechte der Betroffenen und korrespondierende Pflichten der Verantwortlichen, in: K&R 10/2016, 629; *Robrecht*, EU-Datenschutzgrundverordnung: Transparenzgewinn oder Information-Overkill, Beiträge zum Informationsrecht, 2015; *Schantz*, Die Datenschutz-Grundverordnung – Beginn einer neuen Zeitrechnung im Datenschutzrecht, in: NJW 2016, 1841; *Sörup*, Gestaltungsvorschläge zur Umsetzung der Informationspflichten der DS-GVO im Beschäftigungskontext, in: ArbRAktuell 2016, 207; *Spindler*, Die neue EU-Datenschutz-Grundverordnung, in: DB 2016, S. 937-947; *Sydow*, Vorwirkungen von Ansprüchen auf datenschutzrechtliche Auskunft und Informationszugang, in: NVwZ 2013, 467; *Tavanti*, Datenverarbeitung zu Werbezwecken nach der Datenschutz-Grundverordnung (Teil 2), in: RDV 2016, 295; Taeger (Hrsg.), Smart World – Smart Law? – Weltweite Netze mit regionaler Regulierung, 2016, 367; *Wilhelm*, Auskunftsansprüche in der Informationsgesellschaft – Zur Pfadabhängigkeit der individuellen Rechtsdurchsetzung, in: DÖV 2016, 899.

Bedeutung der Norm

Die Norm regelt die Modalitäten für die Ausübung der Rechte des Betroffenen. Zu den Modalitäten gehören Verfahrens- und Formvorschriften, wie etwa Bestimmungen über die Art und Weise der Kommunikation zwischen dem Verantwortlichen und dem Betroffenen, Bearbeitungs- und Benachrichtigungsfristen und Kostenregelungen. Dazu gehören aber auch materiell-rechtliche Regelungen, etwa Mitwirkungspflichten des Verantwortlichen, Mitwirkungsobliegenheiten des Betroffenen und Ablehnungsgründe.

Hinweise für den Anwender

Für die Auslegung der Norm relevante Erwägungsgründe:

- EG 39 S. 1 bis 5 allgemein zum Grundsatz der Transparenz. EG 58 und 59 zum Art. 12.

Systematische Einordnung der Norm innerhalb der DS-GVO:

- Art. 12 gilt „vor die Klammer gezogen" für alle in Kapitel III der DS-GVO geregelten Betroffenenrechte, sofern die Art. 13 bis 22 keine spezielleren, von Art. 12 abweichenden Regelungen vorsehen.

Vorgängernorm im BDSG:

- Eine allgemeine, für alle Betroffenenrechte gleichermaßen geltende Regelung zu den Modalitäten der Ausübung der Betroffenenrechte gibt es im BDSG nicht. Einzelne Vorgaben für die Ausübung (z.B. über die Entgeltlichkeit) macht das BDSG bei einzelnen Betroffenenrechten.

Vorgängernormen der RL 95/46:

- Eine allgemeine, für alle Betroffenenrechte gleichermaßen geltende Regelung zu den Modalitäten der Ausübung der Betroffenenrechte gibt es in der DS-RL nicht. Einzelne Vorgaben für die Ausübung (z.B. „ohne unzumutbare Verzögerung" oder „ohne unzumutbare Kosten") macht die DS-RL bei verschiedenen Betroffenenrechten aber auch.

Schlagworte

Information, Transparenz, Kommunikation, Betroffenenrecht, Modalität, Mitteilung, Benachrichtigung, Unterrichtung, Maßnahme, Schriftform, Sprache, Formvorschrift, elektronische Form, mündliche Form, Identitätsüberprüfung, Identitätsnachweis, Mitwirkungspflicht, Mitwirkungsobliegenheit, Ablehnungsgrund, Darlegungslast, Beweislast, Frist, Bearbeitungsfrist, Benachrichtigungsfrist, Fristverlängerung, Antrag, Verzögerung, Entgelt, Kosten, unentgeltlich, offenkundige Unbegründetheit, exzessive Anträge, Verwaltungskosten, standardisiertes Bildsymbol, Piktogramm, Icon, delegierter Rechtsakt.

A. Allgemeines

I. Regelungszweck

1 Die Norm soll einen allgemeinen Rahmen für die Ausübung der Betroffenenrechte setzen. Daher gilt sie als „vor die Klammer" gezogene Regelung für alle Rechte der Art. 13 bis 22 sowie für Art. 34, sofern der Regelungsgehalt der einzelnen Vorschrift für das jeweilige Betroffenenrecht relevant ist und sofern das Betroffenenrecht nicht eine speziellere, vom Inhalt des Art. 12 abweichende Regelung vorsieht.

2 Die Norm enthält Verfahrens- und Formvorschriften, wie etwa Bestimmungen über die Art und Weise der Kommunikation zwischen dem Verantwortlichen und dem Betroffenen, Bearbeitungs- und Benachrichtigungsfristen und Kostenregelungen. Sie enthält aber auch materiell-rechtliche Regelungen, wie etwa Mitwirkungspflichten des Verantwortlichen, Mitwirkungsobliegenheiten des Betroffenen und Ablehnungsgründe.

II. Normadressaten

1. Öffentliche und nicht-öffentliche Stellen

3 Die Norm gilt für alle Verantwortlichen, die Pflichten aus den Art. 13 bis 22 und 34 zu erfüllen haben. Sie unterscheidet dabei nicht zwischen öffentlichen und nicht-öffentlichen Verantwortlichen. Beide haben gleichermaßen die Vorgaben des Art. 12 zu beachten, es sei denn, es liegt eine Beschränkung im Unionsrecht oder im mitgliedstaatlichen Recht aufgrund von Art. 23 vor.

2. Drittstaatsverantwortliche

4 Auch Drittstaatsverantwortliche sind zur Beachtung des Art. 12 verpflichtet, wenn die von ihnen betriebene Datenverarbeitung die Voraussetzungen des Art. 3 Abs. 2 erfüllt.

3. Mitgliedstaaten

5 Der nationale Gesetzgeber muss das gesamte nationale Recht daraufhin überprüfen, ob es datenschutzrechtliche Vorschriften enthält, die vergleichbare Regelungen wie die des Art. 12 enthält. Diese sind ggf. auf ihre Vereinbarkeit mit Art. 12 zu überprüfen und entweder zu streichen oder an die Vorgaben des Art. 12 anzupassen.

6 Ergänzende oder abweichende Regelungen können jedoch ausnahmsweise aufgrund einer Öffnungsklausel der DS-GVO im nationalen Recht getroffen werden. In Betracht kommt insb. die

Öffnungsklausel des Art. 23, auf dessen Grundlage die Mitgliedstaaten Beschränkungen der Regelungen des Art. 12 vorsehen können. Voraussetzung hierfür ist, dass die Beschränkung den Wesensgehalt der Grundrechte und Grundfreiheiten achtet, in einer demokratischen Gesellschaft eine notwendige und verhältnismäßige Maßnahme darstellt und eines der in Art. 23 Abs. 1 genannten Schutzziele verfolgt. Zulässig sind Beschränkungen zum Schutz verschiedener öffentlicher Interessen (Art. 23 Abs. 1 lit. a bis h und j), zum Schutz des Betroffenen (Art. 23 Abs. 1 lit. i), zum Schutz des Verantwortlichen (Art. 23 Abs. 1 lit. i) und zum Schutz Dritter (Art. 23 Abs. 1 lit. i). Dabei sind insb. die Voraussetzungen des Art. 23 Abs. 2 zu beachten. Weitere Öffnungsklauseln, die für den Erlass mitgliedstaatlichen Rechts im Anwendungsbereich des Art. 12 in Betracht kommen, enthalten u.a. die Art. 85 ff. Spezifischere Bestimmungen können auf der Grundlage von Art. 6 Abs. 2 und 3 erlassen werden.

Wiederholungen des Wortlauts der DS-GVO im nationalen Recht sind ausnahmsweise zulässig, **7**
wenn sie erforderlich sind, um die Kohärenz zu wahren und die nationalen Rechtsvorschriften für die Personen, für die sie gelten, verständlicher zu machen (EG 8).

4. Betroffene

Art. 12 enthält zum größten Teil Regelungen, die den Betroffenen bei der Geltendmachung sei- **8**
ner Rechte aus Kapitel III der DS-GVO schützen und unterstützen sollen. Auf die Verfahrens- und Formvorschriften, aber auch auf die materiell-rechtlichen Regelungen des Art. 12 kann sich der Betroffene unmittelbar gegenüber dem Verantwortlichen berufen.

5. Europäische Kommission

Die Informationen, die den Betroffenen gem. Art. 13 oder 14 bereitzustellen sind, können auch **9**
in Kombination mit standardisierten Bildsymbolen bereitgestellt werden (Abs. 7). Die Europäische Kommission hat die Befugnis, gem. Art. 92 delegierte Rechtsakte zur Bestimmung dieser Informationen, die durch Bildsymbole darzustellen sind, und der Verfahren für die Bereitstellung standardisierter Bildsymbole zu erlassen (Abs. 8).

6. Datenschutzaufsichtsbehörden

In Art. 58 sind die Untersuchungs-, Abhilfe- und Genehmigungsbefugnisse der Datenschutzauf- **10**
sichtsbehörden geregelt, die es ihnen gestatten, auch die Einhaltung der Regelungen des Art. 12 zu überwachen. Der Europäische Datenschutzausschuss stellt die einheitliche Anwendung der DS-GVO sicher. Gem. Art. 70 kann er hierzu z.B. auch Stellungnahmen, Leitlinien, Empfehlungen oder bewährte Verfahren für die Anwendung des Art. 12 veröffentlichen. Gem. Art. 70 Abs. 1 lit. r gibt der Ausschuss eine Stellungnahme für die Europäische Kommission zu den standardisierten Bildsymbolen ab, zu denen die Kommission delegierte Rechtsakte erlassen kann (Abs. 8). Bei Verstößen gegen Art. 12 können die Datenschutzaufsichtsbehörden Geldbußen gem. Art. 83 Abs. 5 lit. b verhängen.

III. Systematik

Art. 12 befindet sich in Kapitel III der DS-GVO, in dem die Rechte des Betroffenen geregelt sind. **11**
Der Artikel stellt die einzige Norm des Abschnitts 1 dieses Kapitels dar, in dem die Voraussetzungen für „Transparenz und Modalitäten" der Betroffenenrechte aufgestellt werden. Dementsprechend gelten die Bedingungen des Art. 12 grundsätzlich für die folgenden Betroffenenrechte:

- Informationspflicht bei Erhebung von personenbezogenen Daten bei der betroffenen Person (Art. 13);
- Informationspflicht, wenn die personenbezogenen Daten nicht bei der betroffenen Person erhoben werden (Art. 14);
- Auskunftsrecht der betroffenen Person (Art. 15 Abs. 1 und 2);
- Recht auf Erhalt einer Kopie (Art. 15 Abs. 3 und 4);

- Recht auf Berichtigung (Art. 16 S. 1);
- Recht auf Vervollständigung (Art. 16 S. 2);
- Recht auf Löschung (Art. 17);
- Recht auf Verarbeitungseinschränkung (Art. 18);
- Recht auf Datenübertragbarkeit (Art. 20);
- Widerspruchsrecht (Art. 21);
- Automatisierte Einzelfallentscheidungen einschließlich Profiling (Art. 22).

12 Außerhalb von Kapitel III gilt Art. 12 zusätzlich noch für das folgende Betroffenenrecht:

- Recht auf Benachrichtigung über eine Datenschutzverletzung (Art. 34).

13 Art. 12 ist eine der unübersichtlichsten und unstrukturiertesten Vorschriften der DS-GVO. Sie enthält sowohl formell- als auch materiell-rechtliche Voraussetzungen für die Ausübung der Rechte des Betroffenen. An sich zusammengehörige Regelungen sind auf verschiedene Absätze verteilt. Nicht alle Bestimmungen des Art. 12 passen für jedes Betroffenenrecht.

14 Art. 12 enthält die folgenden formell-rechtlichen Voraussetzungen für die Ausübung der Rechte des Betroffenen:

- Form der Informationen/Mitteilungen des Verantwortlichen an den Betroffenen (Abs. 1 S. 1 bis 3, Abs. 3 S. 4, Abs. 7; nachfolgend Rn. 20 ff.); speziellere Regelungen gelten beim Recht auf Erhalt einer Kopie gem. Art. 15 Abs. 3 S. 3 und beim Recht auf Datenübertragbarkeit gem. Art. 20 Abs. 1.
- Sprache der Informationen/Mitteilungen des Verantwortlichen an den Betroffenen (Abs. 1 S. 1, Abs. 7; nachfolgend Rn. 27 ff.); besondere Regelungen enthält Art. 34 Abs. 2 für Benachrichtigungen über Datenschutzverletzungen.
- Bearbeitungs- und Benachrichtigungsfristen (Abs. 3 S. 1 bis 3, Abs. 4; nachfolgend Rn. 30 ff.); speziellere Regelungen für den Zeitpunkt der Information gelten nach Art. 13 Abs. 1 und Art. 14 Abs. 3 sowie für den Zeitpunkt der Vornahme einer Berichtigung nach Art. 16 S. 1, einer Löschung nach Art. 17 Abs. 1 und einer Benachrichtigung über eine Datenschutzverletzung gem. Art. 34 Abs. 1.
- Entgeltregelungen (Abs. 5 S. 1 und S. 2 lit. a; nachfolgend Rn. 35 ff.); speziellere Regelungen gelten beim Recht auf Erhalt einer Kopie gem. Art. 15 Abs. 3 S. 2.

15 Art. 12 enthält die folgenden materiell-rechtlichen Voraussetzungen für die Ausübung der Rechte des Betroffenen:

- Mitwirkungspflichten des Verantwortlichen (Abs. 1 S. 1, Abs. 2 S. 1, Abs. 6; nachfolgend Rn. 40 ff.); besondere Mitwirkungspflichten bestehen beim Recht auf Datenübertragbarkeit gem. Art. 20 Abs. 1, beim Widerspruchsrecht gem. Art. 21 Abs. 5 und bei automatisierten Einzelfallentscheidungen gem. Art. 22 Abs. 3.
- Mitwirkungsobliegenheiten des Betroffenen (Abs. 6; nachfolgend Rn. 43 ff.); besondere Mitwirkungsobliegenheiten bestehen beim Recht auf Datenübertragbarkeit gem. Art. 20 Abs. 2.
- Benachrichtigungspflichten (Abs. 3 S. 1, Abs. 4; nachfolgend Rn. 46 ff.); besondere Benachrichtigungspflichten im Zusammenhang mit der Vornahme von Maßnahmen enthalten die Art. 17 Abs. 2, Art. 18 Abs. 3, Art. 19 S. 1 und Art. 19 S. 2.
- Inhalt von Benachrichtigungen (Abs. 2 S. 2, Abs. 3 S. 1 und 3, Abs. 4, Abs. 5 S. 3, Abs. 6; nachfolgend Rn. 51).
- Ablehnungsgründe (Abs. 2 S. 2, Abs. 5 S. 2 lit. b; nachfolgend Rn. 52 ff.); weitere Ausnahmen und Ablehnungsgründe bestehen bei den Informationspflichten gem. Art. 13 Abs. 4 und Art. 14 Abs. 5, beim Recht auf Erhalt einer Kopie gem. Art. 15 Abs. 4, beim Recht auf Lö-

schung gem. Art. 17 Abs. 3, beim Recht auf Verarbeitungseinschränkung gem. Art. 18 Abs. 2, beim Recht auf Datenübertragbarkeit gem. Art. 20 Abs. 4, beim Widerspruchsrecht gem. Art. 21 Abs. 1 S. 2 und Abs. 6, bei automatisierten Einzelentscheidungen gem. Art. 22 Abs. 2 und 4 sowie bei Benachrichtigungen über Datenschutzverletzungen gem. Art. 34 Abs. 3. Abweichende Regelungen können darüber hinaus aufgrund der Öffnungsklausel des Art. 23 im mitgliedstaatlichen Recht festgelegt werden.

– Darlegungs- und Beweislastregeln (Abs. 2 S. 2, Abs. 5 S. 3; nachfolgend Rn. 57 ff.).

IV. Entstehungsgeschichte

1. Bisherige europäische Vorgaben

Eine allgemeine, für alle Betroffenenrechte gleichermaßen geltende Regelung zu den Modalitäten der Ausübung der Betroffenenrechte gibt es in der DS-RL nicht. Einzelne Vorgaben für die Ausübung (z.B. „ohne unzumutbare Verzögerung" oder „ohne unzumutbare Kosten") macht die DS-RL bei verschiedenen Betroffenenrechten aber auch. 16

2. Bisherige nationale Vorgaben

Das BDSG kennt keine allgemeine, für alle Betroffenenrechte gleichermaßen geltende Regelung zu den Modalitäten der Ausübung der Betroffenenrechte. Einzelne Vorgaben für die Ausübung (z.B. über die Entgeltlichkeit) macht das BDSG bei den einzelnen Betroffenenrechten. 17

3. Verhandlungen zur DS-GVO

KOM und EP hatten in ihren jeweiligen Entwürfen zwischen „Transparenter Information und Kommunikation" (Art. 11 KOM-E, Art. 11 EP-E) und „Verfahren und Vorkehrungen, damit die betroffene Person ihre Rechte ausüben kann" (Art. 12 KOM-E, Art. 12 EP-E) unterschieden. Im Ratsentwurf wurden die beiden Artikel zu einem zusammengefasst. 18

Das EP forderte in seinem Standpunkt die verpflichtende Einführung von standardisierten Informationsmaßnahmen (die späteren standardisierten Bildsymbole). Der Verantwortliche sollte zusätzlich zu den Informationen in Textform verpflichtet sein, den Betroffenen durch Icons zu informieren (Art. 13a EP-E). Das EP machte in einem Anhang 1 zu Art. 13a EP-E sogar konkrete Vorschläge für die Bildsymbole.[1] Von diesem ambitionierten Vorschlag sind lediglich die fakultative Möglichkeit des Verantwortlichen, die Informationen der Art. 13 und 14 in Kombination mit standardisierten Bildsymbolen bereitzustellen (Abs. 7), und die Befugnis der Kommission, delegierte Rechtsakte zu den standardisierten Bildsymbolen zu erlassen (Abs. 8), übrig geblieben. 19

B. Inhalt der Regelung

I. Formell-rechtliche Regelungen

1. Form der Informationen/Mitteilungen (Abs. 1 S. 2 und 3; Abs. 3 S. 4; Abs. 7)

Die Erfüllung der Betroffenenrechte setzt in vielerlei Hinsicht eine Kommunikation zwischen dem Verantwortlichen und dem Betroffenen voraus. Informationen und Mitteilungen an den Betroffenen müssen in „präziser, transparenter, verständlicher und leicht zugänglicher Form" übermittelt werden (Abs. 1 S. 1). Diese Voraussetzungen gelten für alle Übermittlungsarten der DS-GVO. 20

1 http://www.europarl.europa.eu/sides/getDoc.do?pubRef=-//EP//TEXT+TA+P7-TA-2014-0212+0+DOC+XML+V0//DE (zuletzt abgerufen am 5.6.2017).

Nach Art. 12 und einigen Sonderregelungen in den Betroffenenrechten selbst kennt die DS-GVO die folgenden Arten der vom Verantwortlichen ausgehenden Kommunikation:

a) Schriftform (Abs. 1 S. 2; nachfolgend Rn. 21);

b) Elektronische Form (nachfolgend Rn. 22 f.): ggf. („where appropriate", Abs. 1 S. 2) bzw. nach Möglichkeit, wenn der Betroffene den Antrag elektronisch stellt und wenn er nichts anderes angibt (Abs. 3 S. 4);

c) Mündliche Form (nachfolgend Rn. 24): wenn diese von dem Betroffenen verlangt und die Identität des Betroffenen in anderer Form nachgewiesen wurde (Abs. 1 S. 3);

d) Andere Form (Abs. 1 S. 2);

e) Standardisierte Bildsymbole (nachfolgend Rn. 25): bei den Informationspflichten des Art. 13 und 14 (Abs. 7);

f) Kopie bzw. gängiges elektronisches Format: beim Recht auf Erhalt einer Kopie (Art. 15 Abs. 3);

g) Strukturiertes, gängiges und maschinenlesbares Format: beim Recht auf Datenübertragbarkeit (Art. 20 Abs. 1).

21 Das bedeutet, dass die von der DS-GVO präferierte Grundform der Information die Schriftform ist.

22 In zwei Fällen kommt die elektronische Form der Übermittlung von Informationen in Betracht. Zum einen kann „gegebenenfalls" elektronisch informiert werden (Abs. 1 S. 2). Die deutsche Übersetzung von „where appropriate" mit „gegebenenfalls" ist etwas unglücklich. Gemeint ist, dass in geeigneten Fällen die Information auch in elektronischer Form erfolgen kann. Wann eine Situation für elektronische Kommunikation geeignet ist, ist eine Frage des Einzelfalls, hängt aber insb. vom Verarbeitungskontext ab. Wird ein Geschäft offline abgewickelt, ist eine elektronische Information eher ungeeignet. Im Bereich des Onlinehandels wäre dies jedoch eine durchaus angemessene Maßnahme. Zum anderen ist der Betroffene auf einen elektronisch gestellten Antrag hin „nach Möglichkeit auf elektronischem Weg zu unterrichten" (Abs. 3 S. 4). Dies gilt nur dann nicht, wenn der den Antrag stellende Betroffene ausdrücklich einen anderen Informationsweg wünscht.

23 Aus EG 58 S. 2 folgt, dass eine „Information in elektronischer Form" nicht zwingend eine individuelle E-Mail- oder SMS-Benachrichtigung sein muss. Vielmehr kann die Information auch auf einer Webseite erfolgen, sofern diese Webseite für die Öffentlichkeit bestimmt, also allgemein zugänglich ist. EG 58 S. 2 bestätigt damit, was sich in der Praxis etabliert hat: die Zugänglichmachung von Datenschutzerklärungen auf einer Webseite des Verantwortlichen.[2] EG 58 S. 3 nennt beispielhaft Situationen, in denen dies möglich sein soll: wenn „die große Zahl der Beteiligten und die Komplexität der dazu benötigten Technik es der betroffenen Person schwer machen, zu erkennen und nachzuvollziehen, ob, von wem und zu welchem Zweck sie betreffende personenbezogene Daten erfasst werden, wie etwa bei der Werbung im Internet". Denkbar ist somit auch eine Information in zwei Schichten: Erstinformation in einem direkt an den Betroffenen gerichteten Schreiben, in dem auf weitere Informationen auf der Webseite verwiesen wird.[3]

24 Der Betroffene kann Information auch in mündlicher Form verlangen, wenn er zuvor seine Identität auf andere Weise als mündlich nachgewiesen hat (Abs. 1 S. 3). Nimmt man diese Verpflichtung ernst, müsste an sich jedes Unternehmen mit einem umfangreicheren Datenverkehr ein Callcenter einrichten. Dies dürfte jedoch eine derart unverhältnismäßige Verpflichtung sein, dass kaum vorstellbar ist, dass die Datenschutzaufsichtsbehörden eine solche Verpflichtung vollziehen

---

2 Ehmann/Selmayr, *Heckmann/Paschke*, Art. 12 Rn. 22.

3 Vgl. *Deutscher Dialogmarketing Verband e.V.*, Best Practice Guide „Europäische Datenschutz-Grundverordnung – Auswirkungen auf das Dialogmarketing", S. 20.

würden. Darüber hinaus ist die Regelung als „Kann"-Regelung ausgestaltet, was ebenfalls gegen eine Verpflichtung der Verantwortlichen spricht.

Bei den standardisierten Bildsymbolen ist unklar, ob sie an die Stelle von Textinformationen treten können oder zusätzlich bereitgestellt werden müssen. Gem. Abs. 7 können die Informationen der Art. 13 und 14 „in Kombination mit standardisierten Bildsymbolen" bereitgestellt werden. Das bedeutet, dass zumindest einige der gem. Art. 13 oder 14 zu erteilenden Informationen in Textform erfolgen müssen, was z.B. bei den Kontaktdaten des Verantwortlichen ja auch selbstverständlich ist. Der Wortlaut des Abs. 7 schließt jedoch nicht aus, dass einige der Informationen durch Bildsymbole ersetzt werden. Dies wäre z.B. bei den Zwecken, für die die personenbezogenen Daten verarbeitet werden, denkbar. **25**

Für eine Übersicht über alle durch den Verantwortlichen gegenüber dem Betroffenen vorzunehmenden Informationen/Mitteilungen, für die die vorgenannten Formerfordernisse gelten, s. Rn. 47, 49 und 50. **26**

2. Sprache der Informationen/Mitteilungen (Abs. 1 S. 1)

Informationen/Mitteilungen des Verantwortlichen an den Betroffenen müssen in einer „klaren und einfachen Sprache" übermittelt werden (Abs. 1 S. 1 Hs. 1; EG 39 S. 3 und EG 58 S. 1). Dasselbe gilt für das Ersuchen um eine Einwilligung (Art. 7 Abs. 2). Bei Datenverarbeitungen, die sich auf Kinder beziehen, und bei Informationen, die sich speziell an Kinder richten, gilt ein noch strengerer Maßstab. Informationen müssen hier „in einer dergestalt klaren und einfachen Sprache erfolgen, dass ein Kind sie verstehen kann" (Abs. 1 S. 1 Hs. 2; EG 58 S. 4). **27**

Gem. EG 58 S. 1 können „gegebenenfalls" zusätzlich visuelle Elemente verwendet werden. Diese Möglichkeit dürfte für alle in Rn. 47, 49 und 50 genannten Informationen und Mitteilungen gelten. Speziell für die Informationen nach Art. 13 und 14 ist die Information durch standardisierte Bildsymbole erlaubt, die „in leicht wahrnehmbarer, verständlicher und klar nachvollziehbarer Form einen aussagekräftigen Überblick über die beabsichtigte Verarbeitung" vermitteln sollen. **28**

Art. 34 Abs. 2 enthält für Benachrichtigungen über Datenschutzverletzungen die besondere Vorgabe, dass diese die Art der Datenschutzverletzung in klarer und einfacher Sprache beschreiben müssen. **29**

3. Bearbeitungs- und Benachrichtigungsfristen (Abs. 3 und 4)

Gem. Abs. 3 S. 1 stellt der Verantwortliche dem Betroffenen Informationen über die auf Antrag nach Art. 15 bis 22 ergriffenen Maßnahmen unverzüglich, in jedem Fall aber innerhalb eines Monats nach Eingang des Antrags zur Verfügung. **30**

Unmittelbar regelt diese Norm zwar nur die Benachrichtigungsfrist von einem Monat. Eine Benachrichtigung über eine ergriffene Maßnahme kann aber nur erfolgen, wenn auch tatsächlich eine Maßnahme ergriffen wurde. Abs. 3 S. 1 enthält demnach mittelbar nicht nur eine Benachrichtigungspflicht, sondern auch eine Bearbeitungsfrist. Die Bearbeitung eines Antrags gem. Art. 15 bis 22 darf grundsätzlich nicht länger als einen Monat in Anspruch nehmen. **31**

Diese Bearbeitungsfrist kann um zwei weitere Monate verlängert werden, wenn dies wegen der Komplexität des zu bearbeitenden Antrags oder wegen der Anzahl von Anträgen erforderlich ist (Abs. 3 S. 2). In diesen Fällen ist allerdings innerhalb der ursprünglichen Benachrichtigungsfrist von einem Monat eine Zwischennachricht zu erteilen, in der der Betroffene über die Fristverlängerung und die Gründe für die Verzögerung zu informieren ist (Abs. 3 S. 3). **32**

Will der Verantwortliche gar nicht tätig werden, weil er sich auf einen Grund zur Ablehnung des Antrags oder auf einen Grund zur Weigerung der Vornahme der begehrten Maßnahme beruft, gilt ebenfalls die genannte Monatsfrist (Abs. 4). Innerhalb eines Monats nach Eingang des Antrags muss der Betroffene über die Gründe für die Ablehnung/Weigerung informiert werden. Zu- **33** sätzlich muss er über die Möglichkeit, bei einer Aufsichtsbehörde Beschwerde einzulegen oder einen gerichtlichen Rechtsbehelf einzulegen, informiert werden.

34 Speziellere Regelungen für den Zeitpunkt der Information gelten nach Art. 13 Abs. 1 und Art. 14 Abs. 3. Die Berichtigung nach Art. 16 S. 1, die Löschung nach Art. 17 Abs. 1 und die Benachrichtigung über eine Datenschutzverletzung nach Art. 34 Abs. 1 müssen „unverzüglich" vorgenommen werden. Die Einschränkung „in jedem Fall aber innerhalb eines Monats" des Abs. 3 S. 1 gilt für diese Betroffenenrechte demnach nicht. „Unverzüglich" ist kürzer als innerhalb eines Monats.

4. Entgeltregelungen (Abs. 5)

35 Abs. 5 S. 1 sieht vor, dass alle Informationen, Mitteilungen und Maßnahmen unentgeltlich zur Verfügung gestellt werden. Hiervon gibt es drei Ausnahmen:

- offenkundig unbegründete Anträge eines Betroffenen (Abs. 5 S. 2 Var. 1 lit. a);
- exzessive Anträge eines Betroffenen (Abs. 5 S. 2 Var. 2 lit. a);
- beim Recht auf Erhalt einer Kopie alle weiteren Kopien nach der ersten (Art. 15 Abs. 3 S. 2).

36 In den beiden zuerst genannten Fällen ist ein angemessenes Entgelt zulässig, das die Verwaltungskosten für die Unterrichtung, die Mitteilung oder die Durchführung der beantragten Maßnahme berücksichtigt. Man kann dieses Entgelt auch als „Missbrauchsentgelt"[4] bezeichnen. Im dritten Fall kann ein angemessenes Entgelt auf der Grundlage der Verwaltungskosten verlangt werden. Die Regelungen dienen dem Ausgleich zwischen den grundrechtlich geschützten Interessen des Verantwortlichen und denen des Betroffenen.[5]

37 Die Entgeltregelung zu offenkundig unbegründeten Anträgen ist verunglückt. Bei offenkundig unbegründeten Anträgen muss der Verantwortliche keine Maßnahme ergreifen, d.h., er muss keine Auskunft erteilen, die Daten nicht berichtigen oder löschen, einem Widerspruch nicht Folge leisten usw. Sofern er keine Maßnahme ergreifen muss, kann er auch kein Entgelt für die Vornahme einer Maßnahme verlangen. Wenn die Vorschrift einen Sinn haben soll, kann sie allenfalls dahin gehend ausgelegt werden, dass der Verantwortliche für die Prüfung des Antrags des Betroffenen und für die Mitteilung an den Betroffenen, dass er aufgrund offenkundiger Unbegründetheit nicht tätig wird, ein Entgelt verlangen kann. Die Prüfung dürfte allerdings, da die Unbegründetheit ja offenkundig sein muss, nicht allzu umfangreich sein, sodass auch das Entgelt nicht allzu hoch ausfallen dürfte.

38 Bei exzessiven Anträgen hat der Verantwortliche ein Wahlrecht. Entweder weigert er sich, dem Antrag Folge zu leisten, oder er entscheidet sich dafür, dies trotz der Exzessivität der Anträge zu tun. In diesem Fall darf er dann ein angemessenes Entgelt für die Vornahme jeder einzelnen der beantragten Maßnahmen verlangen. Weigert er sich, dem Antrag aufgrund Exzessivität der Anträge Folge zu leisten, muss der Verantwortliche den Betroffenen hierüber unterrichten (Abs. 4). In diesem Fall kann der Verantwortliche ein angemessenes Entgelt für diese Mitteilung verlangen. In jedem Fall aber hat er den Nachweis zu erbringen, dass tatsächlich exzessive Anträge vorlagen (Abs. 5 S. 3).

39 Fraglich ist, ob dem Verpflichteten nicht auch außerhalb von Fällen des Rechtsmissbrauchs in gewissen Situationen eine Kostenerstattung zugebilligt werden sollte. Ein derartiges Interesse wurde durch den EuGH anerkannt, der entschieden hat, dass Art. 12 lit. a DS-RL die Erhebung von Kosten für eine Auskunft nicht verbietet, solange die verlangten Kosten die durch die Auskunft verursachten Kosten (im Sinne eines Bereicherungsverbots) nicht übersteigen.[6] Für eine solche weitere Möglichkeit der Kostenerstattung dürfte angesichts des eindeutigen Wortlauts von Abs. 5 allerdings kaum Raum sein.

---

4 *Bräutigam/Schmidt-Wudy*, in: CR 2015, 56, 58.
5 Ehmann/Selmayr, *Heckmann/Paschke*, Art. 12 Rn. 44.
6 *EuGH*, Urt. v. 12.12.2013 – C-486/12 –, Rn. 23 und 31.

II. Materiell-rechtliche Regelungen

1. Mitwirkungspflichten des Verantwortlichen (Abs. 1 S. 1; Abs. 2 S. 1; Abs. 6)

Der Verantwortliche ist verpflichtet, 40

- „geeignete Maßnahmen" zu treffen, um dem Betroffenen die erforderlichen Informationen/ Mitteilungen zu übermitteln (Abs. 1 S. 1),
- dem Betroffenen die Ausübung seiner Rechte zu erleichtern (Abs. 2 S. 1), insb. durch Festlegung von Modalitäten und Mechanismen (EG 59 S. 1),
- zusätzliche Informationen beim betroffenen Antragsteller anzufordern, wenn er begründete Zweifel an dessen Identität hat (Abs. 6),
- geeignete technische und organisatorische Maßnahmen umzusetzen, um sicherzustellen und den Nachweis dafür erbringen zu können, dass die Verarbeitung gem. der DS-GVO erfolgt (Art. 24 Abs. 1 S. 1, EG 74).

Aus diesen Verpflichtungen und unter dem Gesichtspunkt des „Grundrechtsschutzes durch Organisation und Verfahren" lässt sich eine allgemeine Pflicht des Verantwortlichen ableiten, seine Betriebs- oder Behördenstruktur so zu organisieren, dass der spätere Aufwand zur Bearbeitung von Anträgen des Betroffenen gering gehalten wird und die aufgrund der Anträge zu treffenden Maßnahmen innerhalb der knapp bemessenen Bearbeitungsfrist auch tatsächlich vorgenommen werden können.[7] Nach einer Entscheidung des *BVerfG* hat schon heute der Einwand übermäßigen Arbeitsaufwandes (Aufwandsvorbehalt) wenig Gewicht, wenn es in der Hand des Verantwortlichen liegt, die Aktenführung so zu gestalten, dass der Aufwand möglichst gering gehalten wird.[8] Nach einem Urteil des *BSG* ist der zur Auskunftserteilung erforderliche Aufwand „unter Berücksichtigung effizienter, kostensparender Verfahren zu bemessen".[9] Aufgrund der Betonung der internen Verfahrens- und Organisationspflichten in der DS-GVO (Art. 24 Abs. 1 S. 1, EG 74) sind die Mitwirkungspflichten der DS-GVO tendenziell noch strenger auszulegen als nach bestehender Rechtslage. 41

Besondere Mitwirkungspflichten bestehen 42

- bei elektronischer Verarbeitung personenbezogener Daten gem. EG 59 S. 2 (der Verantwortliche sollte dafur sorgen, dass Anträge elektronisch gestellt werden können),
- beim Recht auf Datenübertragbarkeit gem. Art. 20 Abs. 1 (Pflicht zur Datenübertragung an einen anderen Verantwortlichen „ohne Behinderung" durch den Erstverantwortlichen),
- beim Widerspruchsrecht gem. Art. 21 Abs. 5 (Pflicht, dem Betroffenen die Widerspruchseinlegung mittels automatisierter Verfahren zu ermöglichen) und
- bei automatisierten Einzelfallentscheidungen gem. Art. 22 Abs. 3 (Pflicht, dem Betroffenen das Recht auf Erwirkung des Eingreifens einer Person seitens des Verantwortlichen, das Recht auf Darlegung des eigenen Standpunkts und das Recht auf Anfechtung der Entscheidung einzuräumen).

2. Mitwirkungsobliegenheiten des Betroffenen (Abs. 6; EG 63 S. 7)

Den Betroffenen treffen Mitwirkungsobliegenheiten, ohne deren Erfüllung er seine Betroffenenrechte u.U. nicht durchsetzen kann. So muss er dem Verantwortlichen zusätzliche Informationen zur Bestätigung seiner Identität zur Verfügung stellen, wenn dieser begründete Zweifel an seiner Identität hat (Abs. 6). 43

---

7 Vgl. *Sydow*, in: NVwZ 2013, 467.
8 *BVerfG*, Beschl. v. 9.1.2006 – 2 BvR 443/02 –, NJW 2006, 1116, 1121.
9 *BSG*, Urt. v. 13.11.2012 – B 1 KR 13/12 R –, NVwZ 2013, 526.

44 Unter Umständen ist der Betroffene auch dazu verpflichtet, im Rahmen seines Antrages sein Begehren zu konkretisieren. So gilt z.B. nach EG 63 S. 7, dass der Betroffene sein Auskunftsersuchen präzisieren und klarstellen soll, auf welche Information oder welche Verarbeitungsvorgänge sein Ersuchen sich bezieht, sofern der Verantwortliche eine große Menge von Informationen über den Betroffenen verarbeitet (EG 63 S. 7). Unter diesen Voraussetzungen sollten Anträge „ins Blaue hinein" auch bei den anderen antragsabhängigen Rechten nicht zulässig sein (vgl. für den Auskunftsanspruch auch § 34 Abs. 1 S. 2 BDSG und § 253 Abs. 2 Nr. 2 ZPO).

45 Eine besondere Mitwirkungsobliegenheit besteht beim Recht auf Datenübertragbarkeit gem. Art. 20 Abs. 2. Danach muss der Betroffene in seinem Begehren deutlich machen, ob der Erstverantwortliche die Daten an ihn oder unmittelbar an den Zweitverantwortlichen übermitteln soll.

3. Unterrichtungspflichten des Verantwortlichen (Abs. 3 S. 1; Abs. 4)

46 Abs. 3 S. 1 und Abs. 4 sehen Benachrichtigungspflichten vor, die für alle Betroffenenrechte gleichermaßen gelten. So stellt der Verantwortliche dem Betroffenen Informationen über die auf Antrag gem. Art. 15 bis 22 ergriffenen Maßnahmen zur Verfügung (Abs. 3 S. 1). Wird der Verantwortliche auf den Antrag des Betroffenen hin nicht tätig, so ist dieser hierüber ebenfalls zu unterrichten (Abs. 4). Diese Unterrichtungspflicht dient der Transparenz. Insb. soll sie aber auch den Verantwortlichen disziplinieren, damit Betroffenenrechte nur noch in begründeten Ausnahmefällen verwehrt werden.[10]

47 In den nachfolgend aufgeführten Fällen hat der Verantwortliche die folgenden Unterrichtungspflichten:

- Auskunftserteilung oder Weigerung, die Auskunft zu erteilen (Art. 15 Abs. 1 und 2);
- Erteilung einer Kopie oder Weigerung, die Kopie zu erteilen (Art. 15 Abs. 3 und 4);
- Mitteilung über Vornahme oder Nichtvornahme einer Berichtigung (Art. 16 S. 1);
- Mitteilung über Vornahme oder Nichtvornahme einer Vervollständigung (Art. 16 S. 2);
- Mitteilung über Vornahme oder Nichtvornahme einer Löschung (Art. 17 Abs. 1 und 3);
- Mitteilung über Vornahme oder Nichtvornahme einer Verarbeitungseinschränkung (Art. 18 Abs. 1 und 2);
- Unterrichtung über die Aufhebung einer Verarbeitungseinschränkung (Art. 18 Abs. 3);
- (auf Verlangen des Betroffenen:) Unterrichtung über alle Empfänger, denen Daten offengelegt wurden, im Falle einer Berichtigung, Löschung oder Verarbeitungseinschränkung (Art. 19 S. 2);
- Vornahme der Datenübertragung oder Weigerung, diese vorzunehmen (Art. 20);
- Einstellung der Datenverarbeitung aufgrund Widerspruchs oder Weigerung, dem Widerspruch Folge zu leisten (Art. 21);
- Hinweis auf die Rechte des Betroffenen bei automatisierten Einzelentscheidungen (Art. 22 Abs. 3);
- sofern eine Beschränkung gem. Art. 23 Abs. 1 im mitgliedstaatlichen Recht festgelegt wurde: evtl. Unterrichtung über diese Beschränkung (Art. 23 Abs. 2 lit. h).

48 Diese Unterrichtungen des Betroffenen müssen unverzüglich, „in jedem Fall aber" (Abs. 3 S. 1) bzw. „spätestens aber" (Abs. 4) innerhalb eines Monats nach Eingang des Antrags erfolgen.

49 Weitere Informationen sind ungeachtet des Art. 12 zu einem anderen Zeitpunkt bzw. auf eine andere Weise zu erteilen:

- Information bei Datenerhebung zum Zeitpunkt der Datenerhebung (Art. 13 und 21 Abs. 4);

---

10 Ehmann/Selmayr, *Heckmann/Paschke*, Art. 12 Rn. 36.

- Information, wenn die Daten nicht beim Betroffenen erhoben wurden, nach ihrer Erlangung oder spätestens zum Zeitpunkt der Datenverwendung (Art. 14 und 21 Abs. 4);
- Zurverfügungstellung des Wesentlichen einer Vereinbarung zwischen gemeinsam Verantwortlichen (Art. 26 Abs. 2 S. 2).

Für die nachfolgenden Informationspflichten gelten die Voraussetzungen des Art. 12 nicht, da Art. 12 nur für Informationen/Mitteilungen an den Betroffenen gilt: **50**

- Information anderer Verantwortlicher, die Daten, die vom Verantwortlichen öffentlich gemacht wurden, weiterverarbeiten, über die Tatsache des Löschverlangens (Art. 17 Abs. 2);
- Information aller Empfänger, denen Daten offengelegt wurden, über die Tatsache einer Berichtigung, Löschung oder Verarbeitungseinschränkung (Art. 19 S. 1).

4. Inhalt von Benachrichtigungen (Abs. 2 S. 2; Abs. 3 S. 1 und 3; Abs. 4; Abs. 5 S. 3; Abs. 6)

Neben den materiell-rechtlichen Normen der Art. 13 bis 22 und 34 macht auch Art. 12 konkrete Vorgaben für den Inhalt von Benachrichtigungen. So müssen Benachrichtigungen, sofern dies in der konkreten Situation relevant ist, nach Art. 12 u.a. den folgenden Inhalt haben: **51**

- Wenn der Verantwortliche einen Antrag des Betroffenen mit der Begründung ablehnt, er sei nicht in der Lage, den Betroffenen zu identifizieren, dann muss er in der Ablehnungsbegründung glaubhaft machen, dass er zu dieser Identifikation nicht in der Lage ist (Abs. 2 S. 2).
- Der Verantwortliche muss den Betroffenen über jede von ihm auf Antrag des Betroffenen hin ergriffene Maßnahme informieren (Abs. 3 S. 1).
- Wenn der Verantwortliche nicht in der Lage ist, einen Antrag des Betroffenen binnen eines Monats zu bearbeiten, und wenn er deshalb eine Fristverlängerung geltend macht, dann muss er den Betroffenen über die Gründe für die Verzögerung (etwa Komplexität des Antrags oder Vielzahl von Anträgen) informieren (Abs. 3 S. 3).
- Wenn der Verantwortliche auf den Antrag des Betroffenen hin nicht tätig werden will, dann muss er den Betroffenen über die Gründe hierfür, über die Möglichkeit, bei einer Aufsichtsbehörde Beschwerde einzulegen, und über die Möglichkeit, einen gerichtlichen Rechtsbehelf einzulegen, aufklären (Abs. 4).
- Wenn der Verantwortliche wegen offenkundiger Unbegründetheit eines Antrags oder wegen exzessiver Anträge ein angemessenes Entgelt verlangt (Abs. 5 S. 2 lit. a), dann muss er gegenüber dem Betroffenen für die Entgeltforderung den Nachweis für den offenkundig unbegründeten oder exzessiven Charakter des Antrags erbringen (Abs. 5 S. 3).
- Wenn der Verantwortliche sich wegen offenkundiger Unbegründetheit eines Antrags oder wegen exzessiver Anträge weigert, aufgrund des Antrags tätig zu werden (Abs. 5 S. 2 lit. b), dann muss er gegenüber dem Betroffenen bei der Mitteilung der Weigerung den Nachweis für den offenkundig unbegründeten oder exzessiven Charakter des Antrags erbringen (Abs. 5 S. 3).
- Wenn der Verantwortliche begründete Zweifel an der Identität eines Antragstellers nach Art. 15 bis 21 hat, dann kann/muss er beim Betroffenen zusätzliche Informationen anfordern, die zur Bestätigung der Identität der betroffenen Person erforderlich sind (Abs. 6).

5. Ablehnungsgründe (Abs. 2 S. 2; Abs. 5 S. 2)

Art. 12 enthält mehrere eher formelle Gründe, die den Verantwortlichen dazu berechtigen, einen Antrag des Betroffenen abzulehnen. Diese Ablehnungsgründe gelten für alle Betroffenenrechte gleichermaßen. Daneben gibt es materiell-rechtliche Ausnahmen von den Betroffenenrechten, die bei den Anspruchsnormen selbst geregelt sind. **52**

53 Die Ablehnungsgründe des Art. 12 sind:

- **Identifizierung des Betroffenen:** Der Verantwortliche darf/muss sich weigern, aufgrund eines Antrags nach Art. 15 bis 22 tätig zu werden, wenn er nicht in der Lage ist, die antragstellende betroffene Person zu identifizieren, und er auch glaubhaft macht, dass er dazu trotz Anforderung zusätzlicher Informationen (Abs. 6) nicht in der Lage ist (Art. 11 Abs. 2, 12 Abs. 2 S. 2).
- **offenkundige Unbegründetheit:** Der Verantwortliche darf sich weigern, aufgrund eines offenkundig unbegründeten Antrags tätig zu werden (Abs. 5 S. 2 lit. b). Diese Regelung ist verunglückt, denn selbstverständlich darf der Verantwortliche einen Antrag auch dann ablehnen, wenn er unbegründet ist, ohne dass dies offenkundig wäre. In einigen Fällen muss der Betroffene unbegründete Anträge sogar ablehnen, z.B. wenn dies gesetzlich vorgeschrieben ist (vgl. etwa Art. 17 Abs. 3 lit. b). Darüber hinaus *kann* der Verantwortliche bei offenkundig unbegründeten Anträgen eines Unberechtigten nicht nur ablehnen, sondern er *muss* sich in diesen Fällen sogar weigern, tätig zu werden. Anderenfalls griffe er in das Datenschutzrecht des Betroffenen ein.[11]
- **exzessive Anträge:** Der Verantwortliche darf sich weigern, aufgrund exzessiver Anträge (insb. im Fall von häufiger Wiederholung) tätig zu werden (Abs. 5 S. 2 lit. b).

54 Nach Art. 13 bis 22 und 34 bestehen die folgenden materiell-rechtlichen Ausnahmen von den Betroffenenrechten, die einen Verantwortlichen dazu berechtigen, die Erfüllung eines Betroffenenrechts abzulehnen:

- **Information:** Die Informationspflichten des Art. 13 gelten nicht, wenn und soweit der Betroffene bereits über die Information verfügt (Art. 13 Abs. 4). Die Informationspflichten des Art. 14 entfallen ebenfalls, wenn und soweit der Betroffene bereits über die Information verfügt (Art. 14 Abs. 5 lit. a). Darüber hinaus entfallen die Informationspflichten des Art. 14, wenn und soweit die Erteilung der Informationen unmöglich ist bzw. unverhältnismäßig oder zweckvereitelnd wäre (Art. 14 Abs. 5 lit. b), die Erlangung oder Offenlegung der Informationen gesetzlich geregelt ist (Art. 14 Abs. 5 lit. c) oder die Informationen einer Geheimhaltungspflicht unterliegen (Art. 14 Abs. 5 lit. d).
- **Erhalt einer Kopie:** Das Recht auf Erhalt einer Kopie gilt nicht, wenn es die Rechte und Freiheiten anderer Personen beeinträchtigen würde (Art. 15 Abs. 4).
- **Löschung:** Die Löschrechte und -pflichten gelten nicht, soweit die Verarbeitung aufgrund der Meinungs- oder Informationsfreiheit (Art. 17 Abs. 3 lit. a), aufgrund einer rechtlichen Verpflichtung (Art. 17 Abs. 3 lit. b), aus Gründen des öffentlichen Interesses im Bereich der öffentlichen Gesundheit (Art. 17 Abs. 3 lit. c), für privilegierte Verarbeitungszwecke (Art. 17 Abs. 3 lit. d) oder im Rahmen von Rechtsansprüchen (Art. 17 Abs. 3 lit. e) erforderlich ist.
- **Verarbeitungseinschränkung:** Das Recht auf Verarbeitungseinschränkung gilt nicht, soweit die Daten im Rahmen der Rechtsverfolgung, zum Schutz der Rechte einer anderen Person oder aus wichtigen öffentlichen Gründen verarbeitet werden (Art. 18 Abs. 2).
- **Mitteilung:** Eine Mitteilungspflicht gem. Art. 19 S. 1 gilt nicht, wenn die Mitteilung unmöglich ist oder sie mit einem unverhältnismäßigen Aufwand verbunden ist.
- **Datenübertragbarkeit:** Das Recht auf Datenübertragbarkeit gilt nicht, soweit es die Rechte und Freiheiten anderer Personen beeinträchtigt (Art. 20 Abs. 4).
- **Widerspruch:** Das Widerspruchsrecht des Art. 21 Abs. 1 gilt nicht, wenn der Verantwortliche zwingende schutzwürdige Gründe für die Verarbeitung nachweisen kann, die die Interessen, Rechte und Freiheiten des Betroffenen überwiegen, oder wenn die Verarbeitung im Rahmen der Rechtsverfolgung stattfindet. Das Widerspruchsrecht des Art. 21 Abs. 6 gilt nicht, wenn

11 Ehmann/Selmayr, *Heckmann/Paschke*, Art. 12 Rn. 46.

die Verarbeitung zur Erfüllung einer im öffentlichen Interesse liegenden Aufgabe erforderlich ist.

- **automatisierte Einzelentscheidung:** Das Verbot automatisierter Einzelentscheidungen gilt nicht, wenn die Entscheidung für den Abschluss oder die Erfüllung eines Vertrages zwischen dem Betroffenen und dem Verantwortlichen erforderlich ist (Art. 22 Abs. 2 lit. a), aufgrund von Rechtsvorschriften zulässig ist (Art. 22 Abs. 2 lit. b) oder der Betroffene seine ausdrückliche Einwilligung erteilt hat (Art. 22 Abs. 2 lit. c).
- **Datenschutzverletzung:** Eine Benachrichtigung über Datenschutzverletzungen ist nicht erforderlich, wenn der Verantwortliche geeignete Sicherheitsvorkehrungen getroffen (Art. 34 Abs. 3 lit. a) oder nachfolgende Maßnahmen ergriffen (Art. 34 Abs. 3 lit. b) hat oder dies unverhältnismäßig wäre (Art. 34 Abs. 3 lit. c).

Insgesamt ist ein System hinter den Ausnahmen von den Betroffenenrechten nicht zu erkennen. **55** Teilweise sieht die DS-GVO gar keine Ausnahmen vor (z.B. beim Auskunftsrecht, beim Berichtigungsanspruch, beim Vervollständigungsanspruch). Teilweise wird sehr allgemein auf entgegenstehende Rechte Dritter verwiesen (z.B. beim Recht auf Erhalt einer Kopie, bei der Verarbeitungseinschränkung, bei der Datenübertragbarkeit). Teilweise wird unmittelbar auf entgegenstehende öffentliche Interessen verwiesen (z.B. bei den Löschrechten und -pflichten gem. Art. 17 Abs. 3 lit. b und d, beim Recht auf Verarbeitungsbeschränkung gem. Art. 18 Abs. 2, beim Widerspruchsrecht gem. Art. 21 Abs. 6). Teilweise wird ausdrücklich auf bestehendes oder noch zu erlassendes mitgliedstaatliches Recht verwiesen (z.B. bei den Informationspflichten gem. Art. 14 Abs. 5 lit. c und d, bei den Löschrechten und -pflichten gem. Art. 17 Abs. 3 lit. b und c, bei den automatisierten Einzelentscheidungen gem. Art. 22 Abs. 2 lit. b und 4). Neben diesen ausdrücklichen Verweisen auf das nationale Recht kann der mitgliedstaatliche Gesetzgeber aufgrund der Öffnungsklausel des Art. 23 unter bestimmten Voraussetzungen jede Regelung der Art. 12 bis 22 und 34 beschränken. Insbesondere bei den Betroffenenrechten, bei denen die DS-GVO gar keine Ausnahmen vorsieht, also etwa entgegenstehende Rechte Dritter nicht berücksichtigt, stellt sich die Frage, ob diese Regelungen nicht gegen höherrangiges Primärrecht verstoßen. In Betracht kommt insbesondere eine Verletzung des Grundsatzes der Verhältnismäßigkeit (Art. 52 Abs. 1 S. 2 GRC).

Warum einzelne Ausnahmen gerade bei diesem oder jenem Betroffenenrecht geregelt sind, bei **56** einem anderen aber fehlen, erschließt sich nicht. Hierfür nur drei Beispiele:

- Der Schutz von Betriebsgeheimnissen ist bei der Informationspflicht des Art. 14 ausdrücklich normiert (Art. 14 Abs. 5 lit. d), nicht aber bei der Informationspflicht des Art. 13 und auch nicht beim Auskunftsanspruch des Art. 15 Abs. 1 und 2. Ohne weitere Regelung im mitgliedstaatlichen Recht ist der Schutz von Betriebsgeheimnissen somit bei der aktiven Informationspflicht des Verantwortlichen lückenhaft, weil eine entsprechende Ausnahme nur besteht, wenn die Daten nicht beim Betroffenen erhoben wurden. Und durch den Auskunftsanspruch kann der Schutz von Betriebsgeheimnissen ganz umgangen werden.
- Dass Rechte und Freiheiten anderer Personen in allen Fallkonstellationen eine Einschränkung des Rechts auf Datenschutz grundsätzlich rechtfertigen können sollten, ist an sich ein selbstverständliches Gebot eines verhältnismäßigen Interessenausgleichs. Anderenfalls würde das Recht auf Datenschutz entgegen EG 4 S. 2 zu einem uneingeschränkten Recht. Gleichwohl berücksichtigen die folgenden Betroffenenrechte weder etwa entgegenstehende Rechte des Verantwortlichen noch etwa entgegenstehende Rechte Dritter: Informationspflichten des Art. 13, Auskunftsrecht des Art. 15, Berichtigungsanspruch des Art. 16 S. 1, Vervollständigungsanspruch des Art. 16 S. 2, Mitteilungspflicht des Art. 19 S. 2, Widerspruchsrecht des Art. 21 Abs. 2 und 6. Und die folgenden Betroffenenrechte berücksichtigen zwar teilweise die Rechte des Verantwortlichen, die Rechte Dritter aber überhaupt nicht: Mitteilungspflicht des Art. 19 S. 1, Widerspruchsrecht des Art. 21 Abs. 1, automatisierte Einzelentscheidungen gem. Art. 22. Aus alldem folgt, dass die DS-GVO bei den Betroffenenrechten zahlreiche Rege-

lungen vorsieht, die die Rechte und Freiheiten anderer Personen noch nicht einmal ansatzweise berücksichtigen. Wenn die mitgliedstaatlichen Gesetzgeber hier nicht auf der Grundlage von Art. 23 massiv nachbessern, besteht die Gefahr, dass sich das Recht auf Datenschutz mehr und mehr zu einem absoluten Recht entwickelt. Andererseits droht durch jede mitgliedstaatliche Ausnahmeregelung das Ziel der Harmonisierung des EU-Datenschutzrechts immer mehr verfehlt zu werden.

– Öffentliche Interessen (wie z.B. die nationale oder öffentliche Sicherheit) können jedem Betroffenenrecht entgegenstehen – insb. bei der Datenverarbeitung durch öffentliche Stellen. Gleichwohl wird nur bei den Löschrechten und -pflichten gem. Art. 17 Abs. 3 lit. b und d, beim Recht auf Verarbeitungsbeschränkung gem. Art. 18 Abs. 2 und beim Widerspruchsrecht gem. Art. 21 Abs. 6 unmittelbar auf entgegenstehende öffentliche Interessen verwiesen. Eine Liste der von der DS-GVO unmittelbar anerkannten öffentlichen Interessen enthält Art. 18 Rn. 99. Im Übrigen bleibt es dem mitgliedstaatlichen Gesetzgeber überlassen, die erforderlichen Ausnahmetatbestände zu schaffen. Es ist kein Grund ersichtlich, warum nur bei den drei genannten Betroffenenrechten verordnungsunmittelbare Ausnahmen zugunsten öffentlicher Interessen bestehen, bei den anderen aber nicht.

6. Darlegungs- und Beweislastregeln (Abs. 2 S. 2; Abs. 5 S. 3)

57 Art. 12 stellt zwei Darlegungs- und Beweislastregeln auf.

58 Nach Abs. 2 S. 2 darf sich der Verantwortliche weigern, aufgrund des Antrags eines Betroffenen tätig zu werden, wenn er nicht in der Lage ist, den Betroffenen zu identifizieren. Um sich auf diesen Ablehnungsgrund berufen zu können, muss der Verantwortliche aber glaubhaft machen, dass er zur Identifizierung nicht in der Lage ist.

59 Nach Abs. 5 S. 2 darf der Verantwortliche ein angemessenes Entgelt für die Bearbeitung eines Antrags verlangen oder sich weigern, aufgrund des Antrags tätig zu werden, wenn der Antrag offenkundig unbegründet ist oder wenn der Betroffene in exzessiver Weise Anträge stellt. Um sich darauf berufen zu können, muss der Verantwortliche aber den Nachweis für die offenkundige Unbegründetheit bzw. den exzessiven Charakter des Antrags erbringen (Abs. 5 S. 3).

III. Delegierte Rechtsakte (Abs. 8)

60 In Abs. 8 wird der Europäischen Kommission die Befugnis übertragen, gem. Art. 92 delegierte Rechtsakte zur Bestimmung der Informationen, die durch standardisierte Bildsymbole darzustellen sind, und der Verfahren für die Bereitstellung der Bildsymbole zu erlassen. Das Verfahren zum Erlass delegierter Rechtsakte wird in der Kommentierung zu Art. 92 näher beschrieben.

61 Beim Erlass delegierter Rechtsakte ist die Kommission in der Wahl der Handlungsform grundsätzlich nicht beschränkt. Voraussetzung für einen delegierten Rechtsakt ist lediglich, dass er „allgemeine Geltung" hat. Die KOM kann selbst entscheiden, ob sie in Ausübung ihrer Befugnis eine delegierte Verordnung, eine delegierte Richtlinie oder etwa einen delegierten – adressatenunabhängigen – Beschluss erlässt. Dass delegierte Rechtsakte Rechtsakte „ohne Gesetzescharakter" sein müssen, weist lediglich auf ihr Zustandekommen außerhalb eines Gesetzgebungsverfahrens hin.

62 Die Kommission wird in Abs. 8 zu zweierlei ermächtigt: Zunächst kann sie im Wege delegierter Rechtsetzung die Informationen (die gem. Art. 13 oder 14 den Betroffenen bereitgestellt werden müssen) bestimmen, die – nach Abs. 7 „in Kombination" – mit Bildsymbolen dargestellt werden können. Weiterhin kann sie das „Verfahren für die Bereitstellung" dieser Symbole bestimmen.

63 Nach Art. 290 Abs. 1 UAbs. 2 AEUV sind in der Ermächtigungsnorm „Ziele, Inhalt und Geltungsbereich" der Befugnisübertragung „ausdrücklich" festzulegen. Die Festlegung des Ziels soll hierbei am ehesten die Frage beantworten, „wozu" geregelt werden soll; der Inhaltsbegriff bezieht sich darauf, „was" geregelt werden soll; der Geltungsbereich wiederum grenzt ein, „wie weit" geregelt werden soll. Aufgrund der dennoch oftmals auftretenden Überschneidung der Begriffstrias „Ziele, Inhalt und Geltungsbereich" lässt sich die Frage, ob die Befugnisnorm die hierdurch geforderte inhaltliche Befugniseingrenzung und Steuerungsfunktion leistet, nur durch eine Gesamtschau beantworten. Die Delegationsnorm soll der Kommission eine Richtung weisen und eine grenzenlose Delegation vermeiden. Letztlich müssen die Elemente des noch zu erlassenden delegierten Rechtsakts schon im Wesentlichen in der Ermächtigungsnorm vorgezeichnet sein; die Verantwortung des Gesetzgebers soll durch Vorgaben an die Kommission zur inhaltlichen Ausgestaltung des delegierten Rechtsakts fortwirken. Der Gesetzgeber muss sich von dem Ziel leiten lassen, für die Normbetroffenen den Inhalt der zukünftigen Regelung vorhersehbar zu machen, und Inhalt und Tragweite der gewollten Regelung im Prinzip festlegen und umgrenzen. Letztlich ist eine einheitliche Betrachtungsweise der Begriffstrias „Ziele, Inhalt und Geltungsbereich" angezeigt, die Binnenkompensationsmöglichkeiten einschließt. Es wäre nicht sinnvoll, die Kommission durch allzu detaillierte Ermächtigungen einzuschnüren und so auch das Institut der Delegation als solches sowohl für den Gesetzgeber als auch für die Kommission unattraktiv zu machen. Je wesentlicher aber die tertiärrechtlich zu regelnde Materie ist, desto höhere Anforderungen sind gleichwohl an die Bestimmtheit der Delegation zu stellen.

Die Übertragung der Befugnis, die Informationen zu bestimmen, die – wenn man Abs. 7 und 8 in ihrem Zusammenspiel richtig begreift – „in Kombination" mit Bildsymbolen dargestellt werden können, ist im o.g. Sinn hinreichend bestimmt. Es ergibt sich aus dem Regelungszusammenhang hinreichend klar, dass die Kommission eine Auswahl aus den in Art. 13 und 14 genannten Informationen treffen muss, die in Kombination mit Bildsymbolen zur Verfügung gestellt werden können. **64**

Was die Befugnis angeht, das „Verfahren für die Bereitstellung standardisierter Bildsymbole" zu bestimmen, so bleibt unklar und wird auch in EG 166 nicht spezifiziert, was genau von dieser Befugnis umfasst ist. Zunächst ist anzunehmen, dass etwas anderes als die schlichte Bestimmung, Festlegung oder Standardisierung der Bildsymbole als solche gemeint ist. Das hätte der Gesetzgeber deutlicher zum Ausdruck bringen können als durch die Wendung „Verfahren für die Bereitstellung standardisierter Bildsymbole". Andererseits wird nicht ersichtlich, was sonst der Kommission aufgegeben sein sollte, wenn es nicht die Standardisierung der Bildsymbole selbst ist, durch die die zuvor ebenfalls im Wege delegierter Rechtsetzung aus Art. 13 und 14 ausgewählten Informationen verbildlicht werden. Der KOM mag auch aufgegeben sein, lediglich ein Verfahren für die Bereitstellung bereits anderweitig festgelegter Bildsymbole festzulegen. Der Begriff „Verfahren für die Bereitstellung" ließe aber weiterhin daran denken, dass neben der Kommission noch weitere Beteiligte an der Standardisierung der Bildsymbole mitwirken und die Kommission eben nur das Verfahren hierfür oder isoliert für die „Bereitstellung" festlegt. Aus Art. 70 Abs. 1 lit. r folgt lediglich, dass der Europäische Datenschutzausschuss von sich aus oder auf Ersuchen der Kommission eine Stellungnahme für die Kommission zu den Bildsymbolen gem. Art. 12 Abs. 7 abgibt. Anhand welcher Kriterien etwaige weitere Beteiligte auszuwählen sind und ob diese es sind, welche die „Bereitstellung" leisten, bleibt im Dunklen. Auch zumindest ungefähre Vorgaben für das Verfahren fehlen. **65**

Im Ergebnis ist es mindestens zweifelhaft, ob die Ermächtigung, das „Verfahren für die Bereitstellung standardisierter Bildsymbole" zu bestimmen, hinreichend bestimmt und damit vereinbar mit Primärrecht ist, um deren „Ziel, Inhalt und Geltungsbereich" einzugrenzen. **66**

Neben der hinreichenden Eingrenzung der Ermächtigung durch die Bestimmung von deren Ziel, Inhalt und Geltungsbereich verpflichtet Art. 290 AEUV den Gesetzgeber weiterhin dazu, die Ermächtigung auf die Ergänzung und Änderung „nicht wesentlicher" Bestimmungen des Gesetzgebungsakts zu beschränken (vgl. Abs. 1 UAbs. 1 a.E.). Spiegelbildlich sind nach Art. 290 Abs. 1 UAbs. 2 S. 2 AEUV „die wesentlichen Aspekte eines Bereichs dem Gesetzgebungsakt vorbehalten und eine Befugnisübertragung ist für sie deshalb ausgeschlossen". Diese Wesentlichkeitssperre wurde durch den Vertrag von Lissabon und die Formulierung in Art. 290 AEUV erstmals ausdrücklich in das Primärrecht aufgenommen. Gleichwohl kannte das Primärrecht auch unter Geltung des EGV das Institut der Befugnisübertragung, die nach der Rechtsprechung des Ge- **67** richtshofs ebenfalls durch einen – freilich ungeschriebenen – Wesentlichkeitsvorbehalt beschränkt war.[12] Der Europäische Gerichtshof hat diesen Wesentlichkeitsvorbehalt allerdings im Hinblick seine Grundrechtsrelevanz nicht weiter konturiert. Vielmehr war in ständiger Rechtsprechung entscheidend, ob die betreffende Vorschrift für den jeweiligen Bereich von grundsätzlicher Natur ist oder nicht und ob durch diese Bestimmungen die „grundsätzliche Ausrichtung der Gemeinschaftspolitik" umgesetzt wird. Zur Bestimmung der Wesentlichkeit diente letztlich die Relevanz der Maßnahme für den Binnenmarkt. Es gibt allerdings starke Anzeichen dafür, dass der Gerichtshof – nicht nur vor dem Hintergrund der „Verschriftlichung" der Wesentlichkeit in Art. 290 AEUV – seine eher grundrechtsneutrale Sichtweise auf die Wesentlichkeitsschwelle aufgibt und die Grundrechtsrelevanz zu ihrer Bestimmung stärker in den Blick nimmt. Das ist zu begrüßen. Aus dieser Sichtweise folgt, dass zumindest Fragen der Abwägung grundrechtsrelevanter Positionen und etwa tragende Elemente eines Rechtsakts, durch die Pflichten, Verhaltensweisen, Einschränkungen festgelegt werden und durch die in bestimmte Rechtspositionen von Betroffenen eingegriffen wird, als wesentlich und somit für eine Befugnisübertragung gesperrt anzusehen wären.

68 Selbst wenn man aber diesen angepassten und zugleich strengeren Prüfungsmaßstab anlegen wollte, hielte sich die vorliegende Befugnisübertragung zur Bestimmung der Informationen, die in Kombination mit Bildsymbolen zur Verfügung gestellt werden können, bzw. die Bestimmung des Verfahrens für deren Bereitstellung unterhalb der Wesentlichkeitsschwelle. In der Gesamtschau der Vorschriften zur Betroffeneninformation wird klar, dass die insb. grundrechtswesentliche Entscheidung zum „Ob" der Betroffeneninformation im Gesetzgebungsakt – hier der Verordnung – selbst getroffen wird. Hinsichtlich der Art und Weise der – ergänzenden – bebilderten Information ist damit eine Delegation im Hinblick auf die Wesentlichkeitsschwelle unschädlich.

69 Zuletzt bleibt zweifelhaft, ob der Gesetzgeber das hinter der Befugnisübertragung zur Bestimmung des „Verfahrens der Bereitstellung standardisierter Bildsymbole" offenbar liegende Ziel der Einheitlichkeit der Bildsprache der die Betroffeneninformation begleitenden Symbole bzw. der Art der Bereitstellung anderweitig festgelegter Symbole nicht durch die Übertragung einer entsprechenden Durchführungsbefugnis nach Art. 291 Abs. 2 bis 4 AEUV hätte verfolgen müssen. Der Gesetzgeber hat sich hier im Ergebnis nicht richtig zwischen den ihm zur Verfügung stehenden Möglichkeiten der Delegation von Rechtsetzungsbefugnissen auf der einen und der Übertragung von Durchführungsbefugnissen auf der anderen Seite entschieden. Mit der Regelung in Abs. 7 (Verantwortliche können Bildsymbole verwenden) und der in Abs. 8 angelegten und durch delegierte Rechtsakte der Kommission ergänzten Festlegung der Informationen nach Art. 13 und 14, die in Kombination mit der Bildsymbolik zur Verfügung gestellt werden können, liegt nämlich eine an sich vollzugsfähige Gesamtnorm vor. Die Normsetzungsleistung kann als abgeschlossen bewertet werden. Dies wiederum kann als Leitlinie für die Entscheidung darüber, ob die Kommission zum Erlass delegierter Rechtsakte oder zum Erlass von Durchführungsrechtsakten ermächtigt wird, gelten: Soll die Vollzugsfähigkeit eines – insofern lückenhaften – Gesetzgebungsakts durch Regelung „in die Breite" hergestellt werden (dann delegierter Rechtsakt) oder soll die Sicherung des einheitlichen mitgliedstaatlichen Vollzugs einer als vollständig wahrgenommenen Regelung „in die Tiefe" im Mittelpunkt stehen (dann Durchführungsrechtsakt)?[13]

70 Das Ziel der Einheitlichkeit der Durchführung des „Normprogramms" der Abs. 7 und 8 – namentlich mutmaßlich die Einheitlichkeit der verwendeten Symbole – wäre durch die Übertragung einer entsprechenden Durchführungsbefugnis nach Art. 291 Abs. 2 bis 4 AEUV zu verfolgen gewesen. Aufgrund der Unterschiedlichkeit der Verfahren und Beteiligungsregelungen im Rechtsetzungsverfahren stand es dem Gesetzgeber nicht frei, nach Opportunitätserwägungen zu entscheiden,

---

12 Näher zur Beschränkung des Zugriffs der KOM auf nicht wesentliche Vorschriften und zur Entwicklung der Rechtsprechung des Gerichtshofs *Gaitzsch*, Tertiärnormsetzung in der Europäischen Union, S. 56 ff.

13 Näher zu Leitlinien für die Abgrenzung *Gaitzsch*, Tertiärnormsetzung in der Europäischen Union, S. 290 ff.

ob die Kommission zum Erlass delegierter Rechtsakte ermächtigt oder ihr eine Durchführungsbefugnis übertragen wird.

C. Weitere Auswirkungen der Verordnung in der Praxis

I. Voraussichtliche Auswirkungen auf das nationale Recht

Die Regelungen des Art. 12 gelten ab dem 25.5.2018 unmittelbar in allen Mitgliedstaaten. Alle **71**
Regelungen des deutschen Rechts sind bis dahin daraufhin zu untersuchen, ob sie mit den Vorgaben des Art. 12 vereinbar sind. Entgegenstehendes Recht muss grundsätzlich gestrichen werden, es sei denn, es kann auf der Grundlage einer Öffnungsklausel aufrechterhalten bleiben. Auch gleichlautende Regelungen müssen grundsätzlich gestrichen werden, es sei denn, sie können aus Gründen der Kohärenz und Verständlichkeit der Regelungen aufrechterhalten bleiben (vgl. EG 8). Im Anwendungsbereich des Art. 12 kommen insb. die Öffnungsklauseln der Art. 6 Abs. 2 und 3, Art. 23 und Art. 85 als Rechtsgrundlage für spezifischere oder abweichende Regelungen im nationalen Recht in Betracht.

Gem. Art. 6 Abs. 2 kann der nationale Gesetzgeber spezifischere Regelungen zu den Modalitäten **72**
der Ausübung der Betroffenenrechte vorsehen, soweit es um die Datenverarbeitung zur Erfüllung einer rechtlichen Verpflichtung, zur Wahrnehmung einer im öffentlichen Interesse liegenden Aufgabe oder zur Ausübung öffentlicher Gewalt geht.

Beschränkungen der Regelungen des Art. 12 können gem. Art. 23 im nationalen Recht festge- **73**
legt werden, sofern eine solche Beschränkung den Wesensgehalt der Grundrechte und Grundfreiheiten achtet und in einer demokratischen Gesellschaft eine notwendige und verhältnismäßige Maßnahme darstellt, die eines der in Art. 23 Abs. 1 genannten Ziele sicherstellt.

Gem. Art. 85 Abs. 1 bringen die Mitgliedstaaten das Recht auf den Schutz personenbezogener **74**
Daten mit dem Recht auf freie Meinungsäußerung und Informationsfreiheit, einschließlich der Verarbeitung zu journalistischen Zwecken und zu wissenschaftlichen, künstlerischen oder literarischen Zwecken, in Einklang. Sofern es für die Ausübung der Meinungs- und Informationsfreiheit erforderlich ist, sind vom nationalen Gesetzgeber auch Beschränkungen der sehr strengen Regelungen des Art. 12 in Betracht zu ziehen. Dies gilt erst recht für die Verarbeitung zu journalistischen Zwecken oder zu wissenschaftlichen, künstlerischen oder literarischen Zwecken (vereinfacht Presseprivileg). Hier sind von den Mitgliedstaaten Ausnahmen auch von Art. 12 vorzusehen.

II. Bestandsschutz bisheriger Datenverarbeitungen

Die DS-GVO gilt ab dem 25.5.2018 in allen Mitgliedstaaten. Ein Bestandsschutz bisheriger Da- **75**
tenverarbeitungen ist in Bezug auf die Modalitäten für die Ausübung der Rechte des Betroffenen nicht vorgesehen. Von dem Zeitpunkt an, in dem die DS-GVO in den Mitgliedstaaten unmittelbare Geltung beansprucht, sind alle Verantwortlichen an die neuen Vorgaben des Art. 12 gebunden. Spätestens ab dem 25.5.2018 müssen Verantwortliche auch bei laufenden Datenverarbeitungen die Anforderungen des Art. 12 beachten.

III. Sanktionen

Verstöße gegen die Verpflichtungen aus Art. 12 stellen Ordnungswidrigkeiten dar. Diese können **76**
mit einer Geldbuße belegt werden. Die Datenschutzaufsichtsbehörden können Geldbußen von bis zu 20 Mio. € oder im Falle eines Unternehmens bis zu 4 % des gesamten weltweit erzielten Jahresumsatzes des vorangegangenen Geschäftsjahrs verhängen (Art. 83 Abs. 5 lit. b).

IV. Rechtsschutz

1. Rechtsschutz des Betroffenen

a) Rechtsschutz gegen Aufsichtsbehörde

77 Jeder Betroffene hat das Recht auf Beschwerde bei einer Aufsichtsbehörde, wenn er der Auffassung ist, der Verantwortliche erfülle seine Verpflichtungen aus Art. 12 nicht. Zuständig kann die Aufsichtsbehörde in dem Mitgliedstaat des Aufenthaltsortes, des Arbeitsplatzes oder des Ortes des mutmaßlichen Verstoßes sein (Art. 77 Abs. 1).

78 Darüber hinaus hat jeder Betroffene das Recht auf einen wirksamen gerichtlichen Rechtsbehelf gegen einen ihn betreffenden rechtsverbindlichen Beschluss einer Aufsichtsbehörde (Art. 78 Abs. 1). Jeder Betroffene hat außerdem das Recht auf einen wirksamen gerichtlichen Rechtsbehelf, wenn sich die zuständige Aufsichtsbehörde mit einer Beschwerde nicht befasst oder sie den Betroffenen nicht innerhalb von drei Monaten über den Stand oder das Ergebnis der Beschwerde in Kenntnis setzt (Art. 78 Abs. 2). Bei Streitigkeiten mit der Aufsichtsbehörde sind die Verwaltungsgerichte zuständig.

b) Rechtsschutz gegen Verantwortliche

79 Jeder Betroffene hat das Recht auf einen wirksamen gerichtlichen Rechtsbehelf gegen einen Verantwortlichen, wenn er der Ansicht ist, dass die ihm aufgrund von Art. 12 zustehenden Rechte verletzt wurden (Art. 79). Jeder Betroffene, dem wegen eines Verstoßes gegen die DS-GVO ein materieller oder immaterieller Schaden entstanden ist, hat Anspruch auf Schadensersatz gegen den Verantwortlichen (Art. 82 Abs. 1).

c) Vertretung durch einen Verband

80 Jeder Betroffene hat das Recht, eine Einrichtung, Organisation oder Vereinigung, die im Bereich des Datenschutzes tätig ist, mit der Vertretung seiner Interessen im Zusammenhang mit den Rechten der Art. 77, 78 und 79 sowie der Geltendmachung von Schadensersatz gem. Art. 82 zu beauftragen (Art. 80 Abs. 1).

2. Rechtsschutz anderer Personen

81 Jede natürliche oder juristische Person (also insb. ein Verantwortlicher oder ein Auftragsverarbeiter) hat das Recht auf einen wirksamen gerichtlichen Rechtsbehelf gegen einen sie betreffenden rechtsverbindlichen Beschluss einer Aufsichtsbehörde (Art. 78 Abs. 1).

3. Rechtsschutz durch Verbände

82 Jede Einrichtung, Organisation oder Vereinigung ohne Gewinnerzielungsabsicht, die ordnungsgemäß nach dem Recht eines Mitgliedstaates gegründet ist, deren satzungsmäßige Ziele im öffentlichen Interesse liegen und die im Bereich des Schutzes der Rechte und Freiheiten von betroffenen Personen in Bezug auf den Schutz ihrer personenbezogenen Daten tätig ist, kann auch ohne Beauftragung durch einen Betroffenen die Rechte der Art. 77, 78 und 79 geltend machen (u.a. durch eine altruistische Verbandsklage), sofern dies das Recht eines Mitgliedstaates vorsieht (Art. 80 Abs. 2). Jeder Betroffene hat das Recht, einen solchen Verband mit der Vertretung ihrer Interessen im Zusammenhang mit den Rechten der Art. 77, 78 und 79 sowie der Geltendmachung von Schadensersatz gem. Art. 82 zu beauftragen (Art. 80 Abs. 1).

Artikel 13 und 14

Article 13 **Information to be provided where personal data are collected from the data subject**	Article 14 **Information to be provided where personal data have not been obtained from the data subject**	Artikel 13 **Informationspflicht bei Erhebung von personenbezogenen Daten bei der betroffenen Person**	Artikel 14 **Informationspflicht, wenn die personenbezogenen Daten nicht bei der betroffenen Person erhoben wurden**
1. Where personal data relating to a data subject are collected from the data subject, the controller shall, at the time when personal data are obtained, provide the data subject with all of the following information:	1. Where personal data have not been obtained from the data subject, the controller shall provide the data subject with the following information:	(1) Werden personenbezogene Daten bei der betroffenen Person erhoben, so teilt der Verantwortliche der betroffenen Person zum Zeitpunkt der Erhebung dieser Daten Folgendes mit:	(1) Werden personenbezogene Daten nicht bei der betroffenen Person erhoben, so teilt der Verantwortliche der betroffenen Person Folgendes mit:
(a) the identity and the contact details of the controller and, where applicable, of the controller's representative;	(a) the identity and the contact details of the controller and, where applicable, of the controller's representative;	a) den Namen und die Kontaktdaten des Verantwortlichen sowie gegebenenfalls seines Vertreters;	a) den Namen und die Kontaktdaten des Verantwortlichen sowie gegebenenfalls seines Vertreters;
(b) the contact details of the data protection officer, where applicable;	(b) the contact details of the data protection officer, where applicable;	b) gegebenenfalls die Kontaktdaten des Datenschutzbeauftragten;	b) zusätzlich die Kontaktdaten des Datenschutzbeauftragten;
(c) the purposes of the processing for which the personal data are intended as well as the legal basis for the processing;	(c) the purposes of the processing for which the personal data are intended as well as the legal basis for the processing;	c) die Zwecke, für die die personenbezogenen Daten verarbeitet werden sollen, sowie die Rechtsgrundlage für die Verarbeitung;	c) die Zwecke, für die die personenbezogenen Daten verarbeitet werden sollen, sowie die Rechtsgrundlage für die Verarbeitung;
(d) where the processing is based on point (f) of Article 6(1), the legitimate interests pursued by the controller or by a third party;	(d) the categories of personal data concerned;	d) wenn die Verarbeitung auf Artikel 6 Absatz 1 Buchstabe f beruht, die berechtigten Interessen, die von dem Verantwortlichen oder einem Dritten verfolgt werden;	d) die Kategorien personenbezogener Daten, die verarbeitet werden;
(e) the recipients or categories of recipients of the personal data, if any;	(e) the recipients or categories of recipients of the personal data, if any;	e) gegebenenfalls die Empfänger oder Kategorien von Empfängern der personenbezogenen Daten und	e) gegebenenfalls die Empfänger oder Kategorien von Empfängern der personenbezogenen Daten;
(f) where applicable, the fact that the controller intends to transfer personal data to a third country or international organisation and the existence or absence of an adequacy decision by the Commission, or in the case of transfers referred to in Article 46 or 47, or the second subparagraph of Article 49(1), reference to the appropriate or suitable safeguards and the	(f) where applicable, that the controller intends to transfer personal data to a recipient in a third country or international organisation and the existence or absence of an adequacy decision by the Commission, or in the case of transfers referred to in Article 46 or 47, or the second subparagraph of Article 49(1), reference to the appropriate or suitable safeguards and the means to	f) gegebenenfalls die Absicht des Verantwortlichen, die personenbezogenen Daten an ein Drittland oder eine internationale Organisation zu übermitteln, sowie das Vorhandensein oder das Fehlen eines Angemessenheitsbeschlusses der Kommission oder im Falle von Übermittlungen gemäß Artikel 46 oder Artikel 47 oder Artikel 49 Absatz 1 Unterabsatz 2 einen Verweis auf die geeigneten oder angemessenen Garantien und die Möglichkeit, wie eine Kopie von ihnen zu	f) gegebenenfalls die Absicht des Verantwortlichen, die personenbezogenen Daten an einen Empfänger in einem Drittland oder einer internationalen Organisation zu übermitteln, sowie das Vorhandensein oder das Fehlen eines Angemessenheitsbeschlusses der Kommission oder im Falle von Übermittlungen gemäß Artikel 46 oder Artikel 47 oder Artikel 49 Absatz 1 Unterabsatz 2 einen Verweis auf die geeigneten oder angemessenen Garantien und die Möglich-

means by which to obtain a copy of them or where they have been made available.	obtain a copy of them or where they have been made available.	erhalten ist, oder wo sie verfügbar sind.	keit, eine Kopie von ihnen zu erhalten, oder wo sie verfügbar sind.
2. In addition to the information referred to in paragraph 1, the controller shall, at the time when personal data are obtained, provide the data subject with the following further information necessary to ensure fair and transparent processing:	2. In addition to the information referred to in paragraph 1, the controller shall provide the data subject with the following information necessary to ensure fair and transparent processing in respect of the data subject:	(2) Zusätzlich zu den Informationen gemäß Absatz 1 stellt der Verantwortliche der betroffenen Person zum Zeitpunkt der Erhebung dieser Daten folgende weitere Informationen zur Verfügung, die notwendig sind, um eine faire und transparente Verarbeitung zu gewährleisten:	(2) Zusätzlich zu den Informationen gemäß Absatz 1 stellt der Verantwortliche der betroffenen Person die folgenden Informationen zur Verfügung, die erforderlich sind, um der betroffenen Person gegenüber eine faire und transparente Verarbeitung zu gewährleisten:
(a) the period for which the personal data will be stored, or if that is not possible, the criteria used to determine that period;	(a) the period for which the personal data will be stored, or if that is not possible, the criteria used to determine that period;	a) die Dauer, für die die personenbezogenen Daten gespeichert werden oder, falls dies nicht möglich ist, die Kriterien für die Festlegung dieser Dauer;	a) die Dauer, für die die personenbezogenen Daten gespeichert werden oder, falls dies nicht möglich ist, die Kriterien für die Festlegung dieser Dauer;
	(b) where the processing is based on point (f) of Article 6(1), the legitimate interests pursued by the controller or by a third party;		b) wenn die Verarbeitung auf Artikel 6 Absatz 1 Buchstabe f beruht, die berechtigten Interessen, die von dem Verantwortlichen oder einem Dritten verfolgt werden;
(b) the existence of the right to request from the controller access to and rectification or erasure of personal data or restriction of processing concerning the data subject or to object to processing as well as the right to data portability;	(c) the existence of the right to request from the controller access to and rectification or erasure of personal data or restriction of processing concerning the data subject and to object to processing as well as the right to data portability;	b) das Bestehen eines Rechts auf Auskunft seitens des Verantwortlichen über die betreffenden personenbezogenen Daten sowie auf Berichtigung oder Löschung oder auf Einschränkung der Verarbeitung oder eines Widerspruchsrechts gegen die Verarbeitung sowie des Rechts auf Datenübertragbarkeit;	c) das Bestehen eines Rechts auf Auskunft seitens des Verantwortlichen über die betreffenden personenbezogenen Daten sowie auf Berichtigung oder Löschung oder auf Einschränkung der Verarbeitung und eines Widerspruchsrechts gegen die Verarbeitung sowie des Rechts auf Datenübertragbarkeit;
(c) where the processing is based on point (a) of Article 6(1) or point (a) of Article 9(2), the existence of the right to withdraw consent at any time, without affecting the lawfulness of processing based on consent before its withdrawal;	(d) where processing is based on point (a) of Article 6(1) or point (a) of Article 9(2), the existence of the right to withdraw consent at any time, without affecting the lawfulness of processing based on consent before its withdrawal;	c) wenn die Verarbeitung auf Artikel 6 Absatz 1 Buchstabe a oder Artikel 9 Absatz 2 Buchstabe a beruht, das Bestehen eines Rechts, die Einwilligung jederzeit zu widerrufen, ohne dass die Rechtmäßigkeit der aufgrund der Einwilligung bis zum Widerruf erfolgten Verarbeitung berührt wird;	d) wenn die Verarbeitung auf Artikel 6 Absatz 1 Buchstabe a oder Artikel 9 Absatz 2 Buchstabe a beruht, das Bestehen eines Rechts, die Einwilligung jederzeit zu widerrufen, ohne dass die Rechtmäßigkeit der aufgrund der Einwilligung bis zum Widerruf erfolgten Verarbeitung berührt wird;
(d) the right to lodge a complaint with a supervisory authority;	(e) the right to lodge a complaint with a supervisory authority;	d) das Bestehen eines Beschwerderechts bei einer Aufsichtsbehörde;	e) das Bestehen eines Beschwerderechts bei einer Aufsichtsbehörde;
	(f) from which source the personal data originate, and if applicable, whether it came from publicly accessible sources;		f) aus welcher Quelle die personenbezogenen Daten stammen und gegebenenfalls ob sie aus öffentlich zugänglichen Quellen stammen;
(e) whether the provision of personal data is a statutory or		e) ob die Bereitstellung der personenbezogenen Daten gesetzlich oder	

contractual requirement, or a requirement necessary to enter into a contract, as well as whether the data subject is obliged to provide the personal data and of the possible consequences of failure to provide such data;		vertraglich vorgeschrieben oder für einen Vertragsabschluss erforderlich ist, ob die betroffene Person verpflichtet ist, die personenbezogenen Daten bereitzustellen, und welche mögliche Folgen die Nichtbereitstellung hätte und	
(f) the existence of automated decision-making, including profiling, referred to in Article 22(1) and (4) and, at least in those cases, meaningful information about the logic involved, as well as the significance and the envisaged consequences of such processing for the data subject.	(g) the existence of automated decision-making, including profiling, referred to in Article 22(1) and (4) and, at least in those cases, meaningful information about the logic involved, as well as the significance and the envisaged consequences of such processing for the data subject.	f) das Bestehen einer automatisierten Entscheidungsfindung einschließlich Profiling gemäß Artikel 22 Absätze 1 und 4 und – zumindest in diesen Fällen – aussagekräftige Informationen über die involvierte Logik sowie die Tragweite und die angestrebten Auswirkungen einer derartigen Verarbeitung für die betroffene Person.	g) das Bestehen einer automatisierten Entscheidungsfindung einschließlich Profiling gemäß Artikel 22 Absätze 1 und 4 und – zumindest in diesen Fällen – aussagekräftige Informationen über die involvierte Logik sowie die Tragweite und die angestrebten Auswirkungen einer derartigen Verarbeitung für die betroffene Person.
	3. The controller shall provide the information referred to in paragraphs 1 and 2:		(3) Der Verantwortliche erteilt die Informationen gemäß den Absätzen 1 und 2
	(a) within a reasonable period after obtaining the personal data, but at the latest within one month, having regard to the specific circumstances in which the personal data are processed;		a) unter Berücksichtigung der spezifischen Umstände der Verarbeitung der personenbezogenen Daten innerhalb einer angemessenen Frist nach Erlangung der personenbezogenen Daten, längstens jedoch innerhalb eines Monats,
	(b) if the personal data are to be used for communication with the data subject, at the latest at the time of the first communication to that data subject; or		b) falls die personenbezogenen Daten zur Kommunikation mit der betroffenen Person verwendet werden sollen, spätestens zum Zeitpunkt der ersten Mitteilung an sie, oder,
	(c) if a disclosure to another recipient is envisaged, at the latest when the personal data are first disclosed.		c) falls die Offenlegung an einen anderen Empfänger beabsichtigt ist, spätestens zum Zeitpunkt der ersten Offenlegung.
3. Where the controller intends to further process the personal data for a purpose other than that for which the personal data were collected, the controller shall provide the data subject prior to that further processing with information on that other purpose and with any relevant further in-	4. Where the controller intends to further process the personal data for a purpose other than that for which the personal data were obtained, the controller shall provide the data subject prior to that further processing with information on that other purpose and with any relevant further in-	(3) Beabsichtigt der Verantwortliche, die personenbezogenen Daten für einen anderen Zweck weiterzuverarbeiten als den, für den die personenbezogenen Daten erhoben wurden, so stellt er der betroffenen Person vor dieser Weiterverarbeitung Informationen über diesen anderen Zweck und alle anderen maßgeblichen Informati-	(4) Beabsichtigt der Verantwortliche, die personenbezogenen Daten für einen anderen Zweck weiterzuverarbeiten als den, für den die personenbezogenen Daten erlangt wurden, so stellt er der betroffenen Person vor dieser Weiterverarbeitung Informationen über diesen anderen Zweck und alle anderen maßgeblichen Informati-

formation as referred to in paragraph 2.	formation as referred to in paragraph 2.	onen gemäß Absatz 2 zur Verfügung.	onen gemäß Absatz 2 zur Verfügung.
4. Paragraphs 1, 2 and 3 shall not apply	5. Paragraphs 1 to 4 shall not apply where and insofar as:	(4) Die Absätze 1, 2 und 3 finden keine Anwendung,	(5) Die Absätze 1 bis 4 finden keine Anwendung, wenn und soweit
where and insofar as the data subject already has the information.	(a) the data subject already has the information;	wenn und soweit die betroffene Person bereits über die Informationen verfügt.	a) die betroffene Person bereits über die Informationen verfügt,
	(b) the provision of such information proves impossible or would involve a disproportionate effort, in particular for processing for archiving purposes in the public interest, scientific or historical research purposes or statistical purposes, subject to the conditions and safeguards referred to in Article 89(1) or in so far as the obligation referred to in paragraph 1 of this Article is likely to render impossible or seriously impair the achievement of the objectives of that processing. In such cases the controller shall take appropriate measures to protect the data subject's rights and freedoms and legitimate interests, including making the information publicly available;		b) die Erteilung dieser Informationen sich als unmöglich erweist oder einen unverhältnismäßigen Aufwand erfordern würde; dies gilt insbesondere für die Verarbeitung für im öffentlichen Interesse liegende Archivzwecke, für wissenschaftliche oder historische Forschungszwecke oder für statistische Zwecke vorbehaltlich der in Artikel 89 Absatz 1 genannten Bedingungen und Garantien oder soweit die in Absatz 1 des vorliegenden Artikels genannte Pflicht voraussichtlich die Verwirklichung der Ziele dieser Verarbeitung unmöglich macht oder ernsthaft beeinträchtigt In diesen Fällen ergreift der Verantwortliche geeignete Maßnahmen zum Schutz der Rechte und Freiheiten sowie der berechtigten Interessen der betroffenen Person, einschließlich der Bereitstellung dieser Informationen für die Öffentlichkeit,
	(c) obtaining or disclosure is expressly laid down by Union or Member State law to which the controller is subject and which provides appropriate measures to protect the data subject's legitimate interests; or		c) die Erlangung oder Offenlegung durch Rechtsvorschriften der Union oder der Mitgliedstaaten, denen der Verantwortliche unterliegt und die geeignete Maßnahmen zum Schutz der berechtigten Interessen der betroffenen Person vorsehen, ausdrücklich geregelt ist oder
	(d) where the personal data must remain confidential subject to an obligation of professional secrecy regulated by Union or Member State law, including a statutory obligation of secrecy.		d) die personenbezogenen Daten gemäß dem Unionsrecht oder dem Recht der Mitgliedstaaten dem Berufsgeheimnis, einschließlich einer satzungsmäßigen Geheimhaltungspflicht, unterliegen und daher vertraulich behandelt werden müssen.

§ 4 BDSG-neu

Videoüberwachung öffentlich zugänglicher Räume

[...]

(2) Der Umstand der Beobachtung und der Name und die Kontaktdaten des Verantwortlichen sind durch geeignete Maßnahmen zum frühestmöglichen Zeitpunkt erkennbar zu machen.

[...]

(4) Werden durch Videoüberwachung erhobene Daten einer bestimmten Person zugeordnet, so besteht die Pflicht zur Information der betroffenen Person über die Verarbeitung gemäß den Artikeln 13 und 14 der Verordnung (EU) 2016/679. § 32 gilt entsprechend.

§ 29 BDSG-neu

Rechte der betroffenen Person und aufsichtsbehördliche Befugnisse im Fall von Geheimhaltungspflichten

[...]

(2) Werden Daten Dritter im Zuge der Aufnahme oder im Rahmen eines Mandatsverhältnisses an einen Berufsgeheimnisträger übermittelt, so besteht die Pflicht der übermittelnden Stelle zur Information der betroffenen Person gemäß Artikel 13 Absatz 3 der Verordnung (EU) 2016/679 nicht, sofern nicht das Interesse der betroffenen Person an der Informationserteilung überwiegt.

[...]

§ 29 BDSG-neu

Rechte der betroffenen Person und aufsichtsbehördliche Befugnisse im Fall von Geheimhaltungspflichten

(1) [1]Die Pflicht zur Information der betroffenen Person gemäß Artikel 14 Absatz 1 bis 4 der Verordnung (EU) 2016/679 besteht ergänzend zu den in Artikel 14 Absatz 5 der Verordnung (EU) 2016/679 genannten Ausnahmen nicht, soweit durch ihre Erfüllung Informationen offenbart würden, die ihrem Wesen nach, insbesondere wegen der überwiegenden berechtigten Interessen eines Dritten, geheim gehalten werden müssen. [...]

§ 30 BDSG-neu

Verbraucherkredite

[...]

(2) Wer den Abschluss eines Verbraucherdarlehensvertrags oder eines Vertrags über eine entgeltliche Finanzierungshilfe mit einem Verbraucher infolge einer Auskunft einer Stelle im Sinne des Absatzes 1 ablehnt, hat den Verbraucher unverzüglich hierüber sowie über die erhaltene Auskunft zu unterrichten. Die Unterrichtung unterbleibt, soweit hierdurch die öffentliche Sicherheit oder Ordnung gefährdet würde. § 37 bleibt unberührt.

§ 32 BDSG-neu

Informationspflicht bei Erhebung von personenbezogenen Daten bei der betroffenen Person

(1) Die Pflicht zur Information der betroffenen Person gemäß Artikel 13 Absatz 3 der Verordnung (EU) 2016/679 besteht ergänzend zu der in Artikel 13 Absatz 4 der Verordnung (EU) 2016/679 genannten Ausnahme dann nicht, wenn die Erteilung der Information über die beabsichtigte Weiterverarbeitung

1. eine Weiterverarbeitung analog gespeicherter Daten betrifft, bei der sich der Verantwortliche durch die Weiterverarbeitung unmittelbar an die betroffene Person wendet, der Zweck mit dem ursprünglichen Erhebungszweck gemäß der Verordnung (EU) 2016/679 vereinbar ist, die Kommunikation mit der betroffenen Person nicht in digitaler Form erfolgt und das Interesse der betroffenen Person an der Informationserteilung nach den Umständen des Einzelfalls, insbesondere mit Blick auf den Zusammenhang, in dem die Daten erhoben wurden, als gering anzusehen ist,
2. im Fall einer öffentlichen Stelle die ordnungsgemäße Erfüllung der in der Zuständigkeit des Verantwortlichen liegenden Aufgaben im Sinne des Artikels 23 Absatz 1 Buchstabe a bis e der Verordnung (EU) 2016/679 gefährden würde und die Interessen des Verantwortlichen an der Nichterteilung der Information die Interessen der betroffenen Person überwiegen,
3. die öffentliche Sicherheit oder Ordnung gefährden oder sonst dem Wohl des Bundes oder eines Landes Nachteile bereiten würde und die Interessen des Verantwortlichen an der Nichterteilung der Information die Interessen der betroffenen Person überwiegen,
4. die Geltendmachung, Ausübung oder Verteidigung rechtlicher Ansprüche beeinträchtigen würde und die Interessen des Verantwortlichen an der Nichterteilung der Information die Interessen der betroffenen Person überwiegen oder
5. eine vertrauliche Übermittlung von Daten an öffentliche Stellen gefährden würde.

(2) Unterbleibt eine Information der betroffenen Person nach Maßgabe des Absatzes 1, ergreift der Verantwortliche geeignete Maßnah-

§ 32 BDSG-neu

Informationspflicht bei Erhebung von personenbezogenen Daten bei der betroffenen Person

(1) Die Pflicht zur Information der betroffenen Person gemäß Artikel 14 Absatz 1, 2 und 4 der Verordnung (EU) 2016/679 besteht ergänzend zu den in Artikel 14 Absatz 5 der Verordnung (EU) 2016/679 und der in § 29 Absatz 1 Satz 1 genannten Ausnahme nicht, wenn die Erteilung der Information

1. im Fall einer öffentlichen Stelle
   a) die ordnungsgemäße Erfüllung der in der Zuständigkeit des Verantwortlichen liegenden Aufgaben im Sinne des Artikels 23 Absatz 1 Buchstabe a bis e der Verordnung (EU) 2016/679 gefährden würde oder
   b) die öffentliche Sicherheit oder Ordnung gefährden oder sonst dem Wohl des Bundes oder eines Landes Nachteile bereiten würde

   und deswegen das Interesse der betroffenen Person an der Informationserteilung zurücktreten muss,
2. im Fall einer nichtöffentlichen Stelle
   a) die Geltendmachung, Ausübung oder Verteidigung zivilrechtlicher Ansprüche beeinträchtigen würde oder die Verarbeitung Daten aus zivilrechtlichen Verträgen beinhaltet und der Verhütung von Schäden durch Straftaten dient, sofern nicht das berechtigte Interesse der betroffenen Person an der Informationserteilung überwiegt, oder
   b) die zuständige öffentliche Stelle gegenüber dem Verantwortlichen festgestellt hat, dass das Bekanntwerden der Daten die öffentliche Sicherheit oder Ordnung gefährden oder sonst dem Wohl des Bundes oder eines Landes Nachteile bereiten würde; im Fall der Datenverarbeitung für Zwecke der Strafverfolgung bedarf es keiner Feststellung nach dem ersten Halbsatz.

(2) Unterbleibt eine Information der betroffenen Person nach Maßgabe des Absatzes 1, ergreift der Verantwortliche geeignete Maßnahmen zum Schutz der berechtigten Interessen der betroffenen Person, einschließlich der Bereitstellung der in Artikel 14 Absatz 1 und 2 der

men zum Schutz der berechtigten Interessen der betroffenen Person, einschließlich der Bereitstellung der in Artikel 13 Absatz 1 und 2 der Verordnung (EU) 2016/679 genannten Informationen für die Öffentlichkeit in präziser, transparenter, verständlicher und leicht zugänglicher Form in einer klaren und einfachen Sprache. Der Verantwortliche hält schriftlich fest, aus welchen Gründen er von einer Information abgesehen hat. Die Sätze 1 und 2 finden in den Fällen des Absatzes 1 Nummer 4 und 5 keine Anwendung.

(3) Unterbleibt die Benachrichtigung in den Fällen des Absatzes 1 wegen eines vorübergehenden Hinderungsgrundes, kommt der Verantwortliche der Informationspflicht unter Berücksichtigung der spezifischen Umstände der Verarbeitung innerhalb einer angemessenen Frist nach Fortfall des Hinderungsgrundes, spätestens jedoch innerhalb von zwei Wochen, nach.

Verordnung (EU) 2016/679 genannten Informationen für die Öffentlichkeit in präziser, transparenter, verständlicher und leicht zugänglicher Form in einer klaren und einfachen Sprache. Der Verantwortliche hält schriftlich fest, aus welchen Gründen er von einer Information abgesehen hat.

(3) Bezieht sich die Informationserteilung auf die Übermittlung personenbezogener Daten durch öffentliche Stellen an Verfassungsschutzbehörden, den Bundesnachrichtendienst, den Militärischen Abschirmdienst und, soweit die Sicherheit des Bundes berührt wird, andere Behörden des Bundesministeriums der Verteidigung, ist sie nur mit Zustimmung dieser Stellen zulässig.

Recitals

(60) [1]The principles of fair and transparent processing require that the data subject be informed of the existence of the processing operation and its purposes. [2]The controller should provide the data subject with any further information necessary to ensure fair and transparent processing taking into account the specific circumstances and context in which the personal data are processed. [3]Furthermore, the data subject should be informed of the existence of profiling and the consequences of such profiling. [4]Where the personal data are collected from the data subject, the data subject should also be informed whether he or she is obliged to provide the personal data and of the consequences, where he or she does not provide such data. [5]That information may be provided in combination with standardised icons in order to give in an easily visible, intelligible and clearly legible manner, a meaningful overview of the intended processing. [6]Where the icons are presented electronically, they should be machine-readable.

Erwägungsgründe

(60) [1]Die Grundsätze einer fairen und transparenten Verarbeitung machen es erforderlich, dass die betroffene Person über die Existenz des Verarbeitungsvorgangs und seine Zwecke unterrichtet wird. [2]Der Verantwortliche sollte der betroffenen Person alle weiteren Informationen zur Verfügung stellen, die unter Berücksichtigung der besonderen Umstände und Rahmenbedingungen, unter denen die personenbezogenen Daten verarbeitet werden, notwendig sind, um eine faire und transparente Verarbeitung zu gewährleisten. [3]Darüber hinaus sollte er die betroffene Person darauf hinweisen, dass Profiling stattfindet und welche Folgen dies hat. [4]Werden die personenbezogenen Daten bei der betroffenen Person erhoben, so sollte dieser darüber hinaus mitgeteilt werden, ob sie verpflichtet ist, die personenbezogenen Daten bereitzustellen, und welche Folgen eine Zurückhaltung der Daten nach sich ziehen würde. [5]Die betreffenden Informationen können in Kombination mit standardisierten Bildsymbolen bereitgestellt werden, um in leicht wahrnehmbarer, verständlicher und klar nachvollziehbarer Form einen aussagekräftigen Überblick über die beabsichtigte Verarbeitung zu vermitteln. [6]Werden die Bildsymbole in elektronischer Form dargestellt, so sollten sie maschinenlesbar sein.

(61) The information in relation to the processing of personal data relating to the data subject should be given to him or her at the time of collection from the data subject, or, where the personal data are obtained from another source, within a reasonable period, depending on the circumstances of the case. Where personal data can be legitimately disclosed to another recipient, the data subject should be informed when the personal data are first disclosed to the recipient. Where the controller intends to process the personal data for a purpose other than that for which they were collected, the controller should provide the data subject prior to that further processing with information on that other purpose and other necessary information. Where the origin of the personal data cannot be provided to the data subject because various sources have been used, general information should be provided.

(61) Dass sie betreffende personenbezogene Daten verarbeitet werden, sollte der betroffenen Person zum Zeitpunkt der Erhebung mitgeteilt werden oder, falls die Daten nicht von ihr, sondern aus einer anderen Quelle erlangt werden, innerhalb einer angemessenen Frist, die sich nach dem konkreten Einzelfall richtet. Wenn die personenbezogenen Daten rechtmäßig einem anderen Empfänger offengelegt werden dürfen, sollte die betroffene Person bei der erstmaligen Offenlegung der personenbezogenen Daten für diesen Empfänger darüber aufgeklärt werden. Beabsichtigt der Verantwortliche, die personenbezogenen Daten für einen anderen Zweck zu verarbeiten als den, für den die Daten erhoben wurden, so sollte er der betroffenen Person vor dieser Weiterverarbeitung Informationen über diesen anderen Zweck und andere erforderliche Informationen zur Verfügung stellen. Konnte der betroffenen Person nicht mitgeteilt werden, woher die personenbezogenen Daten stammen, weil verschiedene Quellen benutzt wurden, so sollte die Unterrichtung allgemein gehalten werden.

(62) However, it is not necessary to impose the obligation to provide information where the data subject already possesses the information, where the recording or disclosure of the personal data is expressly laid down by law or where the provision of information to the data subject proves to be impossible or would involve a disproportionate effort. The latter could in particular be the case where processing is carried out for archiving purposes in the public interest, scientific or historical research purposes or statistical purposes. In that regard, the number of data subjects, the age of the data and any appropriate safeguards adopted should be taken into consideration.

(62) Die Pflicht, Informationen zur Verfügung zu stellen, erübrigt sich jedoch, wenn die betroffene Person die Information bereits hat, wenn die Speicherung oder Offenlegung der personenbezogenen Daten ausdrücklich durch Rechtsvorschriften geregelt ist oder wenn sich die Unterrichtung der betroffenen Person als unmöglich erweist oder mit unverhältnismäßig hohem Aufwand verbunden ist. Letzteres könnte insbesondere bei Verarbeitungen für im öffentlichen Interesse liegende Archivzwecke, zu wissenschaftlichen oder historischen Forschungszwecken oder zu statistischen Zwecken der Fall sein. Als Anhaltspunkte sollten dabei die Zahl der betroffenen Personen, das Alter der Daten oder etwaige geeignete Garantien in Betracht gezogen werden.

Literatur

Albrecht, Das neue EU-Datenschutzrecht – von der Richtlinie zur Verordnung – Überblick und Hintergründe zum finalen Text für die Datenschutzgrundverordnung der EU nach der Einigung im Trilog, in: CR 2016, 88; *Auer-Reinsdorff*, Transparente Datenschutzhinweise – den inhärenten Widerspruch auflösen!, in: ZD 2017, S. 149-150; *Bräutigam/Schmidt-Wudy*, Das geplante Auskunfts- und Herausgaberecht des Betroffenen nach Art. 15 der EU-Datenschutzgrundverordnung, in: CR 2015, 56; *Centre for Information Policy Leadership*, Recommendations for Implementing Transparency, Consent and Legitimate Interest under the GDPR (19. Mai 2017), http://www.informationpolicycentre.com/uploads/5/7/1/0/57104281/cipl_recommendations_on_ transparency_consent_and_legitimate_interest_under_the_gdpr_-19_may_2017-c.pdf (abgerufen am 5.6.2017); *Centre for Information Policy Leadership / Telefonica*, Reframing Data Transparency (30.6.2016), https://www.telefonica.com/documents/341171/2445513/CIPL+and+Telefonica+-+Reframing+Data+Transparency.pdf/9c007899-451c-4a5b-854d-784082e37bf7 (abgerufen am 5.6.2017); *Dammann*, Erfolge und Defizite der EU-Datenschutzgrundverordnung – Erwarteter Fortschritt, Schwächen und überraschende Innovationen, in: ZD 2016, 307; *Deutscher Dialogmarketing Verband e.V.*, Best Practice Guide Europäische Datenschutz-Grundverordnung – Auswirkungen auf das Dialogmarketing (Juni 2016), https://www.ddv.de/fileadmin/user_upload/pdf/Verband/Publikationen/Best_Practice_Guide/DDV_BPG_DSGVO_Juni2016.pdf (abgerufen am 5.6.2017); *Gierschmann/Saeugling (Hrsg.)*, Systematischer Praxiskommentar Datenschutzrecht, 1. Auflage 2014, Bundesanzeiger Verlag Köln; *Gola*, Neues Recht – neue Fragen: Einige aktuelle Interpretationsfragen zur DSGVO – Zur Relevanz von in der Rechtsnorm sich nicht wiederfindenden Erwägungsgründen, in: K&R 3/2017, 145; *Härting*, Datenschutzreform in Europa: Einigung im EU-Parlament – Kritische Anmerkungen, in: CR 2013, 715; *Härting*, Internetrecht, 5. Auflage 2014, Dr. Otto Schmid Köln; *Jaspers*, Die EU-Datenschutz-Grundverordnung, in: DuD 2012, 571; *Kühling/Martini et. al*, Die Datenschutz-Grundverordnung und das nationale Recht: Erste Überlegungen zum innerstaatlichen Regelungsbedarf, 1. Auflage 2016, MV-Wissenschaft Münster; *Leucker*, Die zehn Märchen der Datenschutzreform, in: PinG 2015, 195; *Paal/Pauly*, Datenschutz-Grundverordnung, 1. Auflage 2016, C.H. Beck München; *Piltz*, Die Datenschutz-Grundverordnung – Teil 2: Rechte der Betroffenen und korrespondierende Pflichten der Verantwortlichen, in: K&R 10/2016, 629; *Robrecht*, EU-Datenschutzgrundverordnung: Transparenzgewinn oder Information-Overkill, Beiträge zum Informationsrecht, 2015, Oldenburger Verlag für Wirtschaft, Informatik und Recht Edewecht; *Rodway*, Just how fair will processing notices need to be under the GDPR, in: Privacy & Data Protection Journals, Volume 16, Issue 3, January/February 2016, 16; *Schantz*, Die Datenschutz-Grundverordnung – Beginn einer neuen Zeitrechnung im Datenschutzrecht, in: NJW 2016, 1841; *Simitis (Hrsg.)*, Bundesdatenschutzgesetz, 8. Auflage 2014, Nomos Baden-Baden; *Sörup*, Gestaltungsvorschläge zur Umsetzung der Informationspflichten der DS-GVO im Beschäftigungskontext, in: ArbRAktuell 2016, 207; *Spindler*, Die neue EU-Datenschutz-Grundverordnung, in: DB 2016, 937; *Taeger (Hrsg.)*, Smart World – Smart Law? 1. Auflage 2016, Oldenburger Verlag für Wirtschaft, Informatik und Recht Edewecht; *Taeger/Gabel (Hrsg.)*, BDSG und Datenschutzvorschriften des TKG und TMG, 2. Auflage 2013, Deutscher Fachverlag GmbH, Frankfurt a.M.; *Tavanti*, Datenverarbeitung zu Werbezwecken nach der Datenschutz-Grundverordnung (Teil 2), in: RDV 2016, 295; *Wachter/ Mittelstadt/ Floridi*, Why a right to explanation of automated decision-making does not exist in the General Data Protection Regulation, (December 28, 2016), International Data Privacy Law, Forthcoming, https://papers.ssrn.com/sol3/papers.cfm?abstract_id=2903469 (abgerufen am 28.5.2017); *Wagner*, Die Datenschutz-Grundverordnung: die Betroffenenrechte (Teil IV), in: Dako 2015/59, 112; *Wolff/Brink (Hrsg.)*, Beck'scher Online-Kommentar Datenschutzrecht, C.H. Beck München, 19. Edition Stand: 1.11.2016, *Zikesch/Kramer*, Die DS-GVO und das Berufsrecht der Rechtsanwälte, Steuerberater und Wirtschaftsprüfer – Datenschutz bei freien Berufen, in: ZD 2015, 565;

Bedeutung der Normen

Der Verantwortliche muss den Betroffenen von sich aus über die Tatsache einer von ihm durchgeführten Datenverarbeitung informieren und zahlreiche weitere die Datenverarbeitung betreffende Informationen erteilen.

Hinweise für den Anwender

Für die Auslegung der Norm relevante Erwägungsgründe:

- EG 58 bis 60 allgemein zu den Betroffenenrechten; EG 60 bis 62 unmittelbar zur Informationspflicht.

Systematische Einordnung der Norm innerhalb der DS-GVO:

- Die Informationspflicht ist Teil der in Kapitel III geregelten Betroffenenrechte und gehört zu den zugunsten des Betroffenen erheblich erweiterten Transparenzerfordernissen. Sie ist auf ähnliche Informationen gerichtet wie die Auskunftspflicht des Art. 15. Auskunft ist jedoch nur auf Antrag des Betroffenen zu erteilen („Holschuld" des Betroffenen), während der Verantwortliche gem. Art. 13 und 14 aktiv und ohne Aufforderung durch den Betroffenen informieren muss („Bringschuld" des Verantwortlichen).
- Für Form, Sprache und Unentgeltlichkeit der Informationen sieht Art. 12 allgemeine Regelungen vor. Art. 12 Abs. 7 verweist darauf, dass die Informationen in Kombination mit standardisierten Bildsymbolen bereitgestellt werden können.
- Gemeinsam Verantwortliche legen in einer Vereinbarung u.a. fest, wer welchen Informationspflichten gem. Art. 13 und 14 nachkommt (Art. 26 Abs. 1).
- Die Mitgliedstaaten können gem. Art. 23 und 85 Beschränkungen der und Ausnahmen von der Informationspflicht im nationalen Recht festlegen.
- Geldbuße bei Verstoß gegen die Informationspflicht gem. Art. 83 Abs. 5 lit. b: maximal 20 Mio. € oder im Falle eines Unternehmens bis zu 4 % des gesamten weltweit erzielten Jahresumsatzes des vorangegangenen Geschäftsjahrs.

Vorgängernormen im BDSG, im TMG und im TKG:

- § 4 Abs. 3 BDSG. §§ 19 Abs. 2 bis 4, 19a BDSG für öffentliche Stellen. § 33 BDSG für nicht öffentliche Stellen. § 13 Abs. 1 TMG für Telemediendiensteanbieter. § 93 TKG für Telekommunikationsdiensteanbieter.

Vorgängernormen der RL 95/46:

- Art. 10 und 11 RL 95/46.

Stellungnahmen der Aufsichtsbehörden oder der Art. 29-Datenschutzgruppe:

- *Art. 29 Data Protection Working Group,* Opinion 10/2004 on More Harmonised Information Provisions (adopted on 25th November 2004), WP 100.

▶ Schlagworte

Information, Transparenz, Betroffenenrecht, „information overflow", Bürokratiekosten, informationelle Selbstbestimmung, Basisinformationen, Zusatzinformationen.

A. Allgemeines

Die Informationspflichten der Art. 13 und 14 gelten für alle Verantwortlichen (öffentliche und nicht-öffentliche Stellen) und für alle Verarbeitungssituationen gleichermaßen. Sie sind zum großen Teil unabhängig vom Risiko der Datenverarbeitung. Art. 13 und 14 weisen mit Ausnahme der Ausnahmetatbestände kaum Unterschiede auf. Daher stellt sich die Frage, ob es einer Zweiteilung der Informationspflichten (Art. 13: Erhebung beim Betroffenen; Art. 14: Erhebung nicht beim Betroffenen) überhaupt bedurft hätte. Die Informationspflicht des Art. 13 kennt keine Ausnahmen. Es gibt insb. keine Ausnahme für die Datenverarbeitung zu privilegierten Zwecken, keine Ausnahme für die Datenverarbeitung durch Privatpersonen zu Kommunikationszwecken, keine Ausnahme für Unternehmen, deren Datenverarbeitung nicht Zweck der Geschäftstätigkeit ist, keine Ausnahme zugunsten öffentlicher Interessen, keine Ausnahme zugunsten der Geheimhaltungsinteressen des Verantwortlichen und keine Ausnahme bei Unverhältnismäßigkeit. Die Regelung ist daher insgesamt nicht ausgewogen. Sie geht eindeutig zulasten der Rechte des Verantwortlichen und der Rechte Dritter. Die Regelung ist darüber hinaus außerordentlich präskriptiv und wird zu einem erheblichen einmaligen und regelmäßigen bürokratischen Mehraufwand bei öffentlichen und nicht-öffentlichen Stellen führen. Es ist für viele Fälle (z.B. im E-Commerce) höchst fraglich, ob die Informationspflichten überhaupt praxisgerecht erfüllt werden können. Darüber hinaus ist es auch rechtspolitisch fragwürdig, ob dem Betroffenen mit einem Übermaß an Benachrichtigungen gedient ist („information overkill"[1]) oder ob dies der Transparenz der Datenverarbeitung aus Sicht des Betroffenen nicht eher schadet („Weniger-ist-mehr-Paradoxon"). 1

1 *Robrecht*, EU-Datenschutzgrundverordnung: Transparenzgewinn oder Information-Overkill.

I. Regelungszweck

2 Art. 13 und 14 gehören zu den Transparenznormen der DS-GVO. Die Informationspflicht hilft dem Betroffenen, überhaupt von der Existenz einer ihn betreffenden Datenverarbeitung zu erfahren. Darüber hinaus soll sie ihm einen Überblick über zahlreiche weitere verarbeitungsbezogene Informationen geben. Insofern gehen die Vorschriften vom Ideal des umfassend informierten Betroffenen aus. Durch die Herstellung von Transparenz soll die Ungewissheit über die Verarbeitung persönlicher Informationen beseitigt und so einem diffusen Bedrohungsgefühl entgegengewirkt werden. Mittelbar ist diese Transparenz eine Funktionsbedingung der Demokratie, denn sie verhindert sog. „chilling effects" – also die Änderung von Verhaltensweisen aufgrund des Gefühls, beobachtet zu werden. Schließlich hat die Informationspflicht auch dienende Funktion. Sie ist Voraussetzung für den Selbstdatenschutz,[2] indem sie den Betroffenen in die Lage versetzt, mehr über die ihn betreffende Datenverarbeitung zu erfahren (Auskunftsanspruch) und diese Datenverarbeitung durch Geltendmachung von Steuerungsrechten (Ansprüche auf Berichtigung, Vervollständigung, Löschung und Verarbeitungseinschränkung sowie Widerspruchsrecht) zu beeinflussen.

II. Normadressaten

1. Öffentliche und nicht-öffentliche Stellen

3 Art. 13 und 14 unterscheiden nicht zwischen öffentlichen und nicht-öffentlichen Verantwortlichen. Beide sind gleichermaßen zur Information verpflichtet. Bei den nicht-öffentlichen Stellen ist bemerkenswert, dass auch Privatpersonen zur Information verpflichtet sind, deren Datenverarbeitung nicht ausschließlich privaten oder familiären Zwecken dient. Damit ist auch jeder Webseitenbetreiber, der personenbezogene Daten auf seiner Webseite im Internet veröffentlicht, informationspflichtig.

2. Drittstaatsdatenverarbeiter

4 Auch nicht in der Europäischen Union niedergelassene Verantwortliche sind zur Information verpflichtet, wenn die von ihnen betriebene Datenverarbeitung die Voraussetzungen des Art. 3 Abs. 2 erfüllt.

3. Mitgliedstaaten

5 Zahlreiche Informationspflichten des deutschen Rechts sind auf ihre Vereinbarkeit mit Art. 13 und 14 zu überprüfen und ggf. zu streichen oder an Art. 13 und 14 anzupassen. Neben den Informationspflichten des BDSG (§§ 4 Abs. 3, 19a und 33) sind dies u.a. § 93 Abs. 1 TKG und § 13 Abs. 1 TMG.

6 Art. 13 enthält keine echte Ausnahme von der Informationspflicht. Lediglich, wenn der Betroffene bereits Kenntnis der fraglichen Information hat, schließt dies die Pflicht zur Information aus (Art. 13 Abs. 4). Art. 14 enthält zwar Ausnahmen, diese sind aber nicht so weitreichend wie die des BDSG (s. Kapitel „Fehlende Ausnahmen", Rn. 149 ff.).

7 Gem. Art. 23 können die Mitgliedstaaten jedoch Ausnahmen von Art. 13 und 14 vorsehen. Im Rahmen der Anpassung des nationalen Rechts an die Vorgaben der DS-GVO ist der deutsche Gesetzgeber daher dazu aufgerufen, die durch die DS-GVO eröffneten Lücken zum Schutze öffentlicher Interessen, zum Schutz der Rechte des Datenverarbeiters und zum Schutz der Rechte Dritter zu schließen. Dabei sind die Voraussetzungen des Art. 23 Abs. 2 zu beachten. Zu den erforderlichen Ausnahmen im Einzelnen s. Rn. 149 ff. Zu den Ausnahmen bei den anderen Betroffenenrechten und zur fehlenden Systematik hierbei s. Art. 12 Rn. 52 ff.

---

2 Vgl. Simitis, *Dix*, § 33 Rn. 2.

4. Betroffene

8 Betroffene sind von dem Verantwortlichen aktiv zu informieren, ohne dass es hierfür eines Antrages bedürfte. Der Betroffene muss somit nicht tätig werden.

5. Datenschutzaufsichtsbehörden

9 Die Datenschutzaufsichtsbehörden sind für die Überwachung und Durchsetzung der Informationspflicht zuständig (Art. 57). Bei Verstößen gegen die Informationspflicht können sie gem. Art. 83 Abs. 5 lit. a Bußgelder verhängen. Der Europäische Datenschutzausschuss kann von sich aus zu jeder Frage Stellung nehmen, die die einheitliche Anwendung der DS-GVO betrifft. Im Zusammenhang mit der Informationspflicht wird die Abgabe einer Stellungnahme des Europäischen Datenschutzausschusses gegenüber der Europäischen Kommission zu den Bildsymbolen gem. Art. 12 Abs. 7 explizit erwähnt (Art. 70 Abs. 1 lit. r).

6. Europäische Kommission

10 Der Europäischen Kommission ist gem. Art. 12 Abs. 8 die Befugnis übertragen, delegierte Rechtsakte zur Bestimmung der Informationen, die durch standardisierte Bildsymbole darzustellen sind, und der Verfahren für die Bereitstellung dieser Bildsymbole zu erlassen.

III. Systematik

1. Transparenznormen der DS-GVO

11 Die Informationspflichten der Art. 13 und 14 gehören zu den Betroffenenrechten des Kapitels III und hier zu den Transparenznormen der DS-GVO. Weitere Transparenznormen sind

- das Einwilligungsersuchen des Art. 7 Abs. 2,
- die allgemeinen Voraussetzungen für die transparente Information, die Kommunikation und die Modalitäten für die Ausübung der Rechte des Betroffenen gem. Art. 12,
- das Auskunftsrecht des Art. 15 Abs. 1 und 2,
- das Recht auf Erhalt einer Kopie gem. Art. 15 Abs. 3 und 4,
- die Pflicht zur Unterrichtung über die Aufhebung einer Verarbeitungseinschränkung gem. Art. 18 Abs. 3,
- die Mitteilungspflichten des Art. 19,
- die Hinweispflicht des Art. 21 Abs. 4 beim Widerspruchsrecht und
- die Meldepflicht des Art. 34 bei Datenschutzverletzungen.

12 Die beiden zentralen Transparenzrechte der DS-GVO sind die aktive Information des Betroffenen durch den Verantwortlichen gem. Art. 13 und 14 und die Auskunft durch den Verantwortlichen auf Antrag des Betroffenen gem. Art. 15. Während die Information nach Art. 13 und 14 eine „Bringschuld" des Verantwortlichen ist („aktive Transparenz"), ist die Auskunft nach Art. 15 eine „Holschuld" des Betroffenen („passive Transparenz").[3]

13 Ursprünglich war das Zusammenspiel von Information und Auskunft wohl so gedacht, dass der Betroffene durch eine kurze Erstinformation über die Existenz einer Datenverarbeitung in die Lage versetzt wird, weiter gehende Auskünfte über die Datenverarbeitung einzuholen, wenn er dies denn wollte (sog. „multi-layered approach").[4] Diese Konzeption setzt voraus, dass die Erstinformation nicht die weiter gehende Auskunft bereits vorwegnimmt. Da nach den Art. 13 und 14 einerseits und Art. 15 andererseits aber weitgehend über dieselben Gesichtspunkte zu informie-

3 Simitis, *Dix*, Bundesdatenschutzgesetz, § 33 Rn. 3.
4 Gierschmann/Saeugling, *Heinemann*, Systematischer Praxiskommentar Datenschutzrecht, § 33 Rn. 3.

ren ist, muss man davon ausgehen, dass es nicht die Regelungsidee der DS-GVO ist, den Betroffenen je nach seinen Bedürfnissen in abgestufter Weise zu informieren.

14 Regelungsidee der DS-GVO ist es vielmehr, dass der Betroffene zu verschiedenen Zeitpunkten weitgehend dieselben Informationen über die Datenverarbeitung erhält:

- **vor Beginn der Datenverarbeitung:** Zunächst sollte er bereits vor Beginn der Datenverarbeitung mit standardisierten Bildsymbolen (sog. Piktogrammen) vorgewarnt werden müssen. Dies war jedenfalls die Forderung des Europäischen Parlaments.[5] Letztlich durchgesetzt hat sich die Idee nur als fakultative Möglichkeit des Verantwortlichen, der die Informationen der Art. 13 und 14 in Kombination mit standardisierten Bildsymbolen bereitstellen kann (Art. 12 Abs. 7).
- **mit Beginn der Datenverarbeitung:** Bei Datenerhebung und damit mit Beginn der Datenverarbeitung muss der Betroffene informiert werden, wenn die Daten bei ihm erhoben werden (Art. 13 Abs. 1 und 2).
- **innerhalb einer angemessenen Frist nach Beginn der Verarbeitung:** Innerhalb einer angemessenen Frist nach Erhebung der Daten muss der Betroffene informiert werden, wenn die Daten nicht bei ihm erhoben werden (Art. 14 Abs. 3 lit. a).
- **spätestens zum Zeitpunkt ihrer Verwendung:** Spätestens zum Zeitpunkt der Kommunikation mit dem Betroffenen (Art. 14 Abs. 3 lit. b) bzw. zum Zeitpunkt ihrer ersten Offenlegung an einen anderen Empfänger (Art. 14 Abs. lit. c) muss der Betroffene informiert werden, wenn die Daten nicht bei ihm erhoben werden und gegenüber ihm oder einem Empfänger verwendet werden.
- **vor jeder Weiterverarbeitung:** Vor jeder beabsichtigten Weiterverarbeitung muss der Betroffene nochmals informiert werden – und zwar über den neuen Verarbeitungszweck und über andere maßgebliche Gesichtspunkte der Weiterverarbeitung (Art. 13 Abs. 3, 14 Abs. 4 DS-GVO).
- **jederzeit während der Verarbeitung:** Jederzeit während der Verarbeitung kann der Betroffene schließlich gem. Art. 15 seinen Auskunftsanspruch geltend machen.

2. Unterschiede zwischen Art. 13 und 14

15 Zu unterscheiden ist die Informationspflicht bei Erhebung der Daten bei der betroffenen Person (Art. 13) von der Informationspflicht, wenn die Daten nicht bei der betroffenen Person erhoben wurden (Art. 14). Diese Unterscheidung ist wenig sinnvoll. Sie wäre sinnvoll, wenn sich unterschiedliche Rechtsfolgen an die beiden Tatbestände knüpften. Dies ist aber kaum der Fall. Die Gesichtspunkte, über die jeweils informiert werden muss, unterscheiden sich in den beiden Artikeln kaum. Einzige Unterschiede zwischen Art. 13 und 14 bei den Informationselementen:

- Nach Art. 13 gehört die Aufklärung über das berechtigte Interesse des Verantwortlichen zu den Basisinformationen (Abs. 1 lit. d), nach Art. 14 nur zu den Zusatzinformationen (Abs. 2 lit. b).
- Nur nach Art. 13 ist der Betroffene zusätzlich darüber aufzuklären, ob er zur Bereitstellung der personenbezogenen Daten verpflichtet ist (Abs. 2 lit. e).
- Nur nach Art. 14 ist der Betroffene zusätzlich über die Kategorien personenbezogener Daten, die verarbeitet werden (Abs. 1 lit. d), und über die Quelle der Daten (Abs. 2 lit. f) aufzuklären.

16 Die Unterschiede zwischen Art. 13 und 14 bestehen somit v.a. im Zeitpunkt der Informationspflicht (Art. 13 Abs. 1 und 2: Zeitpunkt der Erhebung; Art. 14 Abs. 3: innerhalb eines angemesse-

5 Vgl. Art. 13a des Standpunkts des Europäischen Parlaments v. 12.3.2014, http://www.europarl.europa.eu/sides/getDoc.do?type=TC&reference=P7-TC1-COD-2012-0011&language=EN, (abgerufen am 29.1.2017).

nen Zeitraums nach Erhebung bzw. spätestens im Zeitpunkt der Verwendung gegenüber dem Betroffenen oder einem Dritten) und in den Ausnahmetatbeständen (Art. 13: keine Ausnahmen außer Kenntnis der Informationen; Art. 14 Abs. 5: mehrere Ausnahmetatbestände).

Diese Unterschiede sind unter Transparenzgesichtspunkten nicht einleuchtend. An sich müsste die Informationspflicht im Falle der Datenerhebung bei Dritten oder aus allgemein zugänglichen Quellen strenger sein, weil der Betroffene in diesen Fällen regelmäßig keine Kenntnis von der Datenverarbeitung hat und damit schutzwürdiger ist. Zu der Frage, in welchen Fällen sich die Informationspflicht nach Art. 13 und wann nach Art. 14 richtet, im Einzelnen Rn. 37 ff. **17**

3. Sonstiges

Für die Information des Betroffenen gelten zusätzlich zu den Anforderungen der Art. 13 und 14 die allgemeinen Anspruchsvoraussetzungen des Art. 12. **18**

Verbindliche interne Datenschutzvorschriften enthalten mindestens auch Angaben über die Art und Weise, wie die Betroffenen über die Bestimmungen der Art. 13 und 14 hinaus über die verbindlichen internen Datenschutzvorschriften und insb. über die Anwendung der allgemeinen Datenschutzgrundsätze, die Betroffenenrechte und die Haftung für etwaige Verstöße informiert werden (Art. 47 Abs. 2 lit. g). **19**

IV. Entstehungsgeschichte

1. Bisherige europäische Vorgaben

Auch die DS-RL 95/46 enthält die Informationspflicht des Verantwortlichen. Auch dort wird bereits zwischen der „Information bei der Erhebung personenbezogener Daten bei der betroffenen Person" (Art. 10 DS-RL) und „Informationen für den Fall, dass die Daten nicht bei der betroffenen Person erhoben wurden" (Art. 11 DS-RL) unterschieden. Art. 10 DS-RL ist somit die Vorgängernorm von Art. 13, während Art. 11 DS-RL die Vorgängernorm von Art. 14 ist. Der Informationskatalog ist in der DS-RL deutlich kürzer. In jedem Fall informiert werden muss nach der DS-RL nur über die Identität des Verantwortlichen und über die Zweckbestimmungen der Verarbeitung (Art. 10 lit. a und b, 11 Abs. 1 lit. a und b DS-RL). Weitere mögliche Informationselemente werden beispielhaft aufgeführt: Empfänger, Freiwilligkeit der Datenerhebung, Rechte des Betroffenen, Datenkategorien. Die Pflicht zur Information hierüber steht aber unter dem Vorbehalt, dass sie erforderlich ist, um gegenüber dem Betroffenen eine Verarbeitung nach Treu und Glauben zu gewährleisten (Art. 10 lit. c, 11 Abs. 1 lit. c DS-RL). Auch diese Einschränkung und damit die Unterscheidung zwischen Basis- und Zusatzinformationen, die von Art. 13 Abs. 2 und 14 Abs. 2 wieder aufgegriffen wird, findet sich somit bereits in der DS-RL. **20**

2. Bisherige nationale Vorgaben

Gem. § 4 Abs. 3 BDSG ist der Betroffene zu informieren, wenn personenbezogene Daten beim Betroffenen erhoben werden. Diese Informationspflicht umfasst nur die Identität des Verantwortlichen, die Zweckbestimmungen der Verarbeitung und die Kategorien von Empfängern, soweit der Betroffene nach den Umständen des Einzelfalles nicht mit der Übermittlung an diese rechnen muss. § 4 Abs. 3 BDSG entspricht – mit allerdings erheblichen Unterschieden – der Informationspflicht des Art. 13. **21**

Werden personenbezogene Daten ohne Kenntnis (hierzu genauer Rn. 38) des Betroffenen erhoben, richtet sich die Informationspflicht öffentlicher Stellen nach § 19a BDSG und die Informationspflicht nicht-öffentlicher Stellen nach § 33 BDSG. Auch in diesen Fällen ist grundsätzlich nur über die Identität des Verantwortlichen, die Zweckbestimmungen der Verarbeitung und u.U. die Kategorien von Empfängern zu informieren. Der Informationskatalog der DS-GVO ist dagegen deutlich umfangreicher. Die §§ 19a, 33 BDSG entsprechen – mit allerdings erheblichen Unterschieden – der Informationspflicht des Art. 14. **22**

23 Die Informationspflichten des nationalen Rechts unterliegen weitaus zahlreicheren Ausnahmen (§ 19a Abs. 2, Abs. 3 i.V.m. §§ 19 Abs. 2 bis 4, 33 Abs. 2 BDSG) als die Informationspflichten der DS-GVO.

3. Verhandlungen zur DS-GVO

24 Der ursprüngliche KOM-Entwurf sah nur einen Artikel für die Informationspflicht vor (Art. 14 KOM-E). Innerhalb dieses Artikels gab es aber auch – wie schon in der DS-RL 95/46 – eine Unterscheidung zwischen der Erhebung der Daten beim Betroffenen und der Erhebung von Daten, die nicht beim Betroffenen stattfindet. Im KOM-Entwurf gab es keine abschließende Aufzählung der zu erteilenden Informationen. Vielmehr sollte es „zumindest" zu erteilende Basisinformationen und nach Treu und Glauben notwendige „sonstige Informationen" geben. Insofern ist der KOM-Entwurf am Ende entschärft worden. Ursprünglich hatte sich die Kommission den Erlass von delegierten Rechtsakten[6] und von Durchführungsrechtsakten[7] vorbehalten. Diese Ermächtigungsbefugnisse wurden sowohl vom Rat als auch vom Europäischen Parlament gestrichen. In diesen Befugnissen sollten die Belange von Kleinst- und Kleinunternehmen sowie von mittleren Unternehmen und die Bedürfnisse der verschiedenen Sektoren und Verarbeitungssituationen berücksichtigt werden. Hierdurch hätte eine gewisse Flexibilität bei der Anwendung der Regelung erreicht werden können, die durch den Wegfall der Ermächtigungsbefugnisse jedenfalls auf EU-Ebene nicht mehr möglich ist. Insofern bleibt abzuwarten, inwieweit Union oder Mitgliedstaaten von den Beschränkungs-, Abweichungs- und Ausnahmemöglichkeiten insb. der Art. 23 Abs. 1, 85 und 89 Abs. 2 und 3 Gebrauch machen.

25 In den Ratsverhandlungen war lange umstritten, welche Informationselemente zu den Basis- und welche zu den Zusatzinformationen gehören sollten. So sollte nach einem zwischenzeitlichen Ratsentwurf in jedem Fall verbindlich nur über die Identität des Verantwortlichen und die Zwecke der Datenverarbeitung informiert werden.[8] In späteren Entwürfen „rutschten" dann mehr und mehr Informationselemente vom jeweiligen Abs. 2 in den Abs. 1. Zwischenzeitlich enthielt der Ratsentwurf auch eine Ausnahme von der Informationspflicht bei der Verarbeitung allgemein zugänglicher Daten.[9] Diese Ausnahme fand sich dann im endgültigen Standpunkt des Rates nicht mehr. In den Ratsentwurf aufgenommen wurden „auf den letzten Metern" der Ratsverhandlungen die Regelungen über die Pflicht zur erneuten Information bei Weiterverarbeitung personenbezogener Daten für andere Zwecke.[10]

26 Der EP-Entwurf enthielt eine noch längere Liste mit in jedem Fall verbindlich zu erteilenden Informationen als im KOM-Entwurf und als in der letztlich verabschiedeten DS-GVO.[11] Der EP-Entwurf enthielt allerdings auch Sonderregelungen für allgemein zugängliche Daten und für Daten von Kleinst- und Kleinunternehmen. Bei allgemein zugänglichen Daten sollte statt einer Information über die Herkunft der spezifischen Daten eine allgemeine Angabe genügen.[12] Für Daten von Kleinst- und Kleinunternehmen gab es eine Ausnahme von der Informationspflicht für alle Fälle, in denen die Unternehmen die Daten nur als Nebentätigkeit verarbeiteten.[13] Auch gab es eine Ausnahme von der Informationspflicht, sofern die Daten einem Berufsgeheimnis oder einer gesetzlichen Geheimhaltungspflicht unterlägen.[14] Alle diese Sonderregelungen haben es letztlich nicht in die DS-GVO „geschafft". Der EP-Entwurf enthielt keine Regelungen über die Pflicht zur erneuten Information bei Weiterverarbeitung personenbezogener Daten für andere Zwecke.

---

6 Art. 14 Abs. 7 KOM-Entwurf.
7 Art. 14 Abs. 8 KOM-Entwurf.
8 Art. 14 Abs. 1, 14a Abs. 1 Ratsentwurf v. 30.6.2014, Rats-Dok. Nr. 11028/14.
9 Art. 14a Abs. 4 lit. d Ratsentwurf v. 30.6.2014, Rats-Dok. Nr. 11028/14.
10 Art. 14 Abs. 1b, 14a Abs. 3a Ratsentwurf v. 30.6.2014, Rats-Dok. Nr. 11028/14.
11 Art. 14 Abs. 1 EP-Entwurf.
12 Art. 14 Abs. 3 EP-Entwurf.
13 Art. 14 Abs. 4 lit. ba EP-Entwurf.
14 Art. 14 Abs. 5 lit. da EP-Entwurf.

Diese wurden über den Rat in die Trilogverhandlungen eingebracht und setzten sich letztlich auch in Art. 13 Abs. 3 und Art. 14 Abs. 4 durch.

B. Inhalt der Regelung

I. Anwendungsvoraussetzungen

1. Informationsberechtigung

Die Informationsansprüche der Art. 13 und 14 hat der Betroffene. Sie sind höchstpersönliche Rechte und können daher nicht auf Dritte übertragen oder vererbt werden. Allerdings können rechtsgeschäftliche Vertreter (z.B. Rechtsanwalt) oder gesetzliche Vertreter (z.B. Erziehungsberechtigte) informationsberechtigt sein.[15] **27**

2. Informationsverpflichtung

Zur Information verpflichtet ist der Verantwortliche (Definition in Art. 4 Abs. 7). Dies können sowohl öffentliche als auch nicht-öffentliche Stellen sein. Auch Drittstaatsdatenverarbeiter sind informationspflichtig, wenn die von ihnen betriebene Datenverarbeitung die Voraussetzungen des Art. 3 Abs. 2 erfüllt. **28**

3. Form (Art. 12 Abs. 1 und 7)

Eingehend zu den Formen der Information/Mitteilung in der DS-GVO allgemein s. Art. 12 Rn. 20 ff. Die Übermittlung der Informationen des Art. 13 oder 14 erfolgt schriftlich oder in anderer Form, ggf. auch elektronisch (Art. 12 Abs. 1 S. 2). Falls vom Betroffenen verlangt, kann die Information mündlich erteilt werden, sofern die Identität des Betroffenen in anderer Form nachgewiesen wurde (Art. 12 Abs. 1 S. 3). Fraglich ist, ob der Verantwortliche aufgrund dieser Regelung zur Einrichtung von Callcentern verpflichtet ist. Dagegen spricht, dass die Norm es dem Verantwortlichen im Rahmen einer „Kann"-Regelung lediglich ermöglicht, die Information auch mündlich zu erteilen. Daraus lässt sich folgern, dass die Regelung eine Erleichterung für den Verantwortlichen darstellen soll, er aber nicht in jedem Fall verpflichtet ist, auf Verlangen mündlich zu informieren. **29**

Der Verantwortliche trifft geeignete Maßnahmen, um der betroffenen Person alle Informationen in präziser, transparenter, verständlicher und leicht zugänglicher Form in einer klaren und einfachen Sprache zu übermitteln (Art. 12 Abs. 1 S. 1 Hs. 1). Besondere Sorgfalt ist bei der Information auf die an Kinder gerichtete Information zu verwenden (Art. 12 Abs. 1 S. 1 Hs. 2). **30**

Die Informationen können in Kombination mit standardisierten Bildsymbolen bereitgestellt werden, um in leicht wahrnehmbarer, verständlicher und klar nachvollziehbarer Form einen aussagekräftigen Überblick über die beabsichtigte Verarbeitung zu vermitteln (Art. 12 Abs. 7 S. 1). Werden die Bildsymbole in elektronischer Form dargestellt, müssen sie maschinenlesbar sein (Art. 12 Abs. 7 S. 2). **31**

4. Kosten (Art. 12 Abs. 5)

Nach Art. 12 Abs. 5 S. 1 werden alle Informationen nach Art. 13 und 14 unentgeltlich zur Verfügung gestellt. **32**

5. Mitwirkungsobliegenheiten des Betroffenen

Anders als bei den Betroffenenrechten, die ausschließlich oder zumindest auch antragsabhängig sind (Auskunft: Art. 15; Berichtigung und Vervollständigung: Art. 16; Löschung: Art. 17; Verarbeitungseinschränkung: Art. 18; Datenübertragung: Art. 20; Widerspruch: Art. 21), bedarf es für **33**

15 Vgl. Gierschmann/Saeugling, *Heinemann*, § 34 Rn. 8.

die Pflicht zur Erfüllung der Informationspflicht der Art. 13 und 14 keiner Mitwirkung des Betroffenen. Es handelt sich vielmehr um eine objektiv-rechtlich bestehende Pflicht zu aktivem Handeln. Der Verantwortliche muss von sich aus tätig werden.

6. Identitätsfeststellung

34 Die von Art. 11 geregelte Fallkonstellation, in der die Identifizierung des Betroffenen durch den Verantwortlichen nicht (mehr) ohne Weiteres möglich ist, dürfte in den Fällen des Art. 13 Abs. 1 und 2 (also bei der Erstverarbeitung im Zuge der Datenerhebung) kaum vorkommen, da der Verantwortliche die personenbezogenen Daten ja „beim Betroffenen" erhebt. Es besteht somit ein unmittelbarer Kontakt, in dessen Rahmen eine Information des Betroffenen möglich ist. Konsequenterweise erklärt Art. 11 Abs. 2 S. 2 auch nur die Art. 15 bis 20 für unanwendbar. Auch Art. 12 Abs. 6, der Fälle begründeten Zweifels an der Identität des Betroffenen regelt, verweist nicht auf Art. 13, da davon auszugehen ist, dass der Verantwortliche die Identität des Betroffenen, von dem er die Daten erhebt, kennt und daher die Anforderung zusätzlicher Informationen zur Bestätigung der Identität nicht erforderlich ist.

35 Diese Erwägungen treffen aber auf Fälle der Weiterverarbeitung für andere Zwecke (Art. 13 Abs. 3) nicht ohne Weiteres zu. Hier kann bei der Weiterverarbeitung personenbezogener Daten, die der Verantwortliche früher einmal erhoben hat, die Feststellung der Identität des Betroffenen für den Verantwortlichen durchaus schwierig oder gar unmöglich sein. Hat er z.B. unmittelbar nach der Erhebung der Daten eine Pseudonymisierung vorgenommen und will die Daten danach für einen weiteren Zweck weiterverarbeiten, ist eine Information des Betroffenen mangels Kenntnis seiner Identität nicht ohne Rückgängigmachung der Pseudonymisierung möglich. Hier könnte an sich der Grundgedanke von Art. 11 weiterhelfen. Art. 11 Abs. 2 S. 2 verweist aber, wie gesagt, nicht auf Art. 13. Es liegt hiesigen Erachtens eine planwidrige Regelungslücke vor, die mit dem Zustandekommen von Abs. 3 in den Ratsverhandlungen zu erklären ist. Ursprünglich handelte es sich bei Art. 13 um eine nur einmalig zum Zeitpunkt der Datenerhebung zu erfüllende Pflicht. Abs. 3 ist erst spät in den Ratsverhandlungen in die Regelung der Informationspflicht aufgenommen worden – und zwar als Ausgleich für eine von einigen Mitgliedstaaten als zu weit empfundene Möglichkeit der Weiterverarbeitung personenbezogener Daten zu inkompatiblen Zwecken, die in dem später anders gestalteten Art. 6 Abs. 4 enthalten war.[16] Nunmehr enthält Art. 13 Abs. 3 eine Informationspflicht, die bei jeder Weiterverarbeitung zu erfüllen ist. Art. 11 Abs. 2 und Art. 12 Abs. 6 sind offensichtlich nicht mehr an den neuen Abs. 3 angepasst worden. Der Grundgedanke des Art. 11 (keine zusätzliche Verarbeitung personenbezogener Daten, nur um Verpflichtungen der DS-GVO einhalten zu können) greift aber auch in diesem Fall ein. Es spricht somit vieles dafür, dass der Verantwortliche von der Information des Betroffenen absehen kann, wenn er ihn nicht (mehr) ohne Weiteres identifizieren kann. Eine entsprechende Klarstellung durch den nationalen Gesetzgeber wäre wünschenswert. Sie könnte rechtssicher auf Art. 23 Abs. 1 lit. i gestützt werden. Eine solche Klarstellung diente nämlich sowohl dem Schutz des Betroffenen als auch dem Schutz der Rechte und Freiheiten des Verantwortlichen.

36 Werden die Daten in den Fällen des Art. 14 nicht bei der betroffenen Person erhoben, kann die Identitätsfeststellung ebenfalls schwierig sein. Verarbeitet der Verantwortliche bspw. allgemein zugängliche Daten (also etwa den Tweet eines Twitternutzers), ist dem Verantwortlichen die Identität des Betroffenen nicht in selbstverständlicher Weise bekannt. Der Twitternutzer könnte unter einem Pseudonym aktiv sein. Selbst wenn er seinen richtigen Namen verwendete, wird sich – wenn überhaupt – die wahre Identität des Betroffenen (mitsamt seiner für die Informationserteilung erforderlichen Adresse) nur durch zusätzliche Recherchen ermitteln lassen. In diesen Fällen dürfte der Ausnahmetatbestand des Art. 14 Abs. 5 lit. b eingreifen. Für die Fälle der Weiterverarbeitung zu anderen Zwecken (Art. 14 Abs. 4) gilt das zu Art. 13 Abs. 3 Gesagte (s. Rn. 35).

---

16 Eine vergleichbare Regelung tauchte (als Art. 14 Abs. 1b) erstmals im Rats-Dok. Nr. 7084/15 des litauischen Ratsvorsitzes v. 16.3.2015 auf.

II. Abgrenzung zwischen Art. 13 und 14

Die Informationspflicht des Art. 13 greift nur ein, wenn die personenbezogenen Daten „bei der betroffenen Person" erhoben werden. Hingegen ist nach Art. 14 zu informieren, wenn die Daten „nicht bei der betroffenen Person" erhoben werden. Fraglich ist, wie die Abgrenzung zwischen den beiden Tatbeständen vorzunehmen ist. **37**

§ 4 Abs. 3 BDSG, der ähnlich wie Art. 13 formuliert (Erhebung „beim" Betroffenen), wird dahin gehend ausgelegt, dass es darauf ankomme, ob der Betroffene Kenntnis von der Datenerhebung hat (dann Informationspflicht gem. § 4 Abs. 3 BDSG) oder nicht (dann Informationspflicht gem. §§ 19a, 33 BDSG).[17] Diese Auslegung beruht v.a. darauf, dass § 4 Abs. 3 BDSG vom Direkterhebungsgrundsatz des § 4 Abs. 2 BDSG ausgeht und die §§ 19a Abs. 1 S. 1, 33 Abs. 1 S. 1 und 2 BDSG ausdrücklich von einer Erhebung/Speicherung der Daten „ohne Kenntnis" des Betroffenen sprechen. **38**

Eine ähnliche Auslegung kann im Rahmen der DS-GVO nicht vorgenommen werden. Die subjektive Kenntnis des Betroffenen von der Datenerhebung zum Zeitpunkt der Datenerhebung spielt für die Abgrenzung zwischen Art. 13 und 14 keine Rolle.[18] Zwar entfällt nach Art. 13 Abs. 4 die Informationspflicht bei Kenntnis des Betroffenen. Die Kenntnis sämtlicher nach Art. 13 Abs. 1 und 2 zu erteilender Informationen ist aber etwas anderes als die Kenntnis der Tatsache der Erhebung/Speicherung personenbezogener Daten, von der §§ 19a Abs. 1 S. 1, 33 Abs. 1 S. 1 und 2 BDSG ausgehen. Außerdem enthält Art. 14 Abs. 5 lit. a dieselbe Ausnahme für Fälle, in denen die Daten nicht beim Betroffenen erhoben werden, sodass die Kenntnis des Betroffenen von der Erhebung der Daten als Abgrenzungskriterium zwischen Art. 13 und 14 ausscheidet. **39**

Somit muss, was ohnehin näher am Wortlaut der Norm ist, darauf abgestellt werden, auf welchem Wege der Verantwortliche die personenbezogenen Daten erlangt hat. Das bedeutet im Einzelnen: **40**

- Werden die Daten auf der Grundlage einer Einwilligung des Betroffenen verarbeitet, werden sie ohne Zweifel „beim" Betroffenen erhoben. In Fällen der Einwilligung findet somit Art. 13 Anwendung.
- Erhält der Verantwortliche die Daten von einer anderen Person als dem Betroffenen[19] (also z.B. in Fällen des Adresshandels, bei der Einmeldung bei Auskunfteien, beim Abruf durch eine Behörde bei einer anderen Behörde, bei Übermittlung durch ein Register), werden sie ohne Zweifel nicht „beim" Betroffenen erhoben, sodass in diesen Fällen Art. 14 zur Anwendung kommt.
- Erhebt der Verantwortliche die Daten „heimlich" beim Betroffenen, findet Art. 13 Anwendung. Dies ist nicht ganz selbstverständlich, weil der Direkterhebungsgrundsatz des geltenden deutschen Rechts vorsah, dass die Datenerhebung beim Betroffenen unter seiner Mitwirkung (vgl. § 4 Abs. 2 S. 2 BDSG) und demnach auch mit seiner Kenntnis zu erfolgen hatte.[20] Ein Verweis auf eine etwaige Mitwirkung oder Kenntnis des Betroffenen fehlt aber in der DS-GVO. Für die Entscheidung der Frage, ob die Daten „beim" Betroffenen erhoben werden, kann es damit nur auf den „Ort der Datenerhebung"[21] ankommen – also darauf, aus welcher Quelle die Daten stammen. Damit liegt auch beim heimlichen Fotografieren des Betroffenen, bei Videoaufzeichnungen vom Betroffenen oder beim Abhören des gesprochenen Wortes

---

17 *Krätschmer*, in: Gierschmann/Saeugling, Systematischer Praxiskommentar Datenschutzrecht, 2014, § 4 Rn. 34.
18 Wie hier *Schmidt-Wudy*, in: Wolff/Brink, Beck'scher Online-Kommentar Datenschutzrecht, 19. Edition (Stand: 1.11.2016), Art. 14 DS-GVO Rn. 30. A.A. *Franck*, der weiterhin auf das Kriterium der Kenntnis des Betroffenen abstellen will (in: Gola, DS-GVO, 2017, Art. 13 Rn. 4).
19 *Sörup* spricht von „Dritterhebung" (Gestaltungsvorschläge zur Umsetzung der Informationspflichten der DS-GVO im Beschäftigungskontext, in: ArbRAktuell 2016, S. 207, 210).
20 Simitis, *Scholz/Sokol*, § 4 Rn. 20.
21 Wolff/Brink, *Schmidt-Wudy*, Art. 14 DS-GVO Rn. 30 f.

eine Erhebung beim Betroffenen vor, da die Daten unmittelbar vom Betroffenen stammen und nicht über den Umweg eines Dritten zum Verantwortlichen gelangt sind. Dasselbe gibt beim automatischen Erfassen von Verbrauchsständen („smart metering") und beim unbemerkten Auslesen personenbezogener Daten von einem RFID-Chip.

- Schwierig zu entscheiden ist die Abgrenzungsfrage, wenn die Daten allgemein zugänglich sind. Dies ist insb. bei Internetdaten relevant. Hat der Betroffene die Daten selbst öffentlich bekannt gemacht, also etwa auf seiner Webseite, dürfte ebenfalls Art. 13 einschlägig sein. Hat er sie auf einer von einem Dritten betriebenen Internetplattform veröffentlicht, kann er nicht mehr allein über die Mittel der Veröffentlichung entscheiden, sodass in diesem Fall eher Art. 14 einschlägig sein dürfte. Stammt die Information aus einer Suchmaschine, kommt sie ebenfalls nicht vom Betroffenen, selbst wenn die Suchmaschine die Daten von der persönlichen Webseite des Betroffenen referenziert hat.

41 Insgesamt ist die Unterscheidung zwischen Datenerhebung beim Betroffenen und Datenerhebung, die nicht beim Betroffenen erfolgt, in ihrer konkreten Ausgestaltung durch die DS-GVO wertungswidersprüchlich.[22] Der einzig denkbare Grund dafür, dass die Datenverarbeitung, die nicht auf der Datenerhebung beim Betroffenen beruht, durch die Ausnahmetatbestände des Art. 14 Abs. 5 stärker privilegiert ist als die Datenverarbeitung, die auf der Datenerhebung beim Betroffenen beruht, könnte darin gesehen werden, dass es bei der Datenerhebung i.d.R. einen unmittelbaren Kontakt zwischen Verantwortlichem und Betroffenem gibt, der die Information des Betroffenen faktisch erleichtert. Solche Praktikabilitätserwägungen sind der DS-GVO vor dem Hintergrund des im Übrigen als umfassend anzusehenden Schutzanspruchs des Betroffenen aber an sich fremd. Schutzbedürftiger im Hinblick auf die Transparenz der Datenverarbeitung dürfte jedenfalls der Betroffene sein, bei dem die Daten nicht unmittelbar erhoben werden. Dieser erfährt, wenn einer der Ausnahmetatbestände des Art. 14 Abs. 5 eingreift, gar nichts von der Datenverarbeitung. Der Wortlaut der Art. 13 und 14 ist aber insoweit eindeutig, sodass man um die oben aufgezeigte Abgrenzung zwischen den beiden Tatbeständen nicht umhinkommt.

42 Ein Abstellen auf die Kenntnis des Betroffenen von der Datenerhebung (wie im geltenden deutschen Recht) findet im Wortlaut der DS-GVO keine Grundlage. Dies würde auch zu seltsamen Ergebnissen führen. Wird der Betroffene bspw. unbemerkt fotografiert, richtete sich die Informationserteilung nach Art. 14. Bekommt er mit, dass er fotografiert wird, und schreitet nicht ein, wäre Art. 13 einschlägig. Das hätte die paradoxe Folge, dass ein Fotograf wegen der weiteren Ausnahmetatbestände des Art. 14 immer versuchen würde, beim Fotografieren unbemerkt zu bleiben. Daher und aus Gründen der Rechtsklarheit sollte hiesigen Erachtens immer darauf abgestellt werden, ob die Daten unmittelbar (d.h. ohne Zwischenschaltung eines Dritten oder einer anderen Instanz) vom Betroffenen kommen (dann Art. 13) oder ob der Verantwortliche sie nicht unmittelbar vom Betroffenen erhalten hat (dann Art. 14).

III. Zeitpunkt der Information

43 Der Zeitpunkt, zu dem die Information erteilt werden muss, ist einer der wesentlichen Unterschiede zwischen Art. 13 und 14. Jedenfalls für die Erstverarbeitung der Daten gelten unterschiedliche Informationszeitpunkte, je nachdem, ob die Daten beim Betroffenen erhoben wurden oder nicht. Nur für die Weiterverarbeitung gelten bei Art. 13 und 14 dieselben Voraussetzungen.

---

22 Die meisten Autoren gehen derzeit über dieses Problem hinweg. Nach *Schmidt-Wudy* findet eine Datenerhebung „nicht bei der betroffenen Person" statt, wenn diese für den Verantwortlichen erkennbar weder körperlich noch mental an der Datenerhebung (aktiv oder passiv) beteiligt ist (in: Wolff/Brink, Art. 14 DS-GVO Rn. 30 f.). Nach *Kühling/Martini* erfasst Art. 13 nur die nicht-geheime Erhebung von Daten unmittelbar beim Betroffenen (*Kühling/Martini et. al,* S. 406 f.).

1. Erstverarbeitung beim Betroffenen erhobener Daten (Art. 13 Abs. 1 und 2)

Bei Erstverarbeitung der beim Betroffenen erhobenen personenbezogenen Daten sind die Informationen „zum Zeitpunkt der Erhebung dieser Daten" zu erteilen (Art. 13 Abs. 1 chapeau und Abs. 2 chapeau). **44**

Fraglich ist, ob eine Informationserteilung nur einmalig bei der Ersterhebung der Daten erfolgen muss oder ob bei jeder Änderung der Tatsachen, die den Informationen zugrunde liegen (also z.B. bei Änderung der Kontaktdaten des Datenschutzbeauftragten), erneut eine Informationserteilung erfolgen muss. Letzteres ist abzulehnen. Dagegen spricht schon der eindeutige Wortlaut von Art. 13 Abs. 1 und 2, wonach eine Information lediglich „zum Zeitpunkt der Erhebung" verlangt wird. Dagegen spricht aber auch die systematische Erwägung, dass es eines antragsabhängigen Auskunftsanspruchs nicht mehr bedürfte, wenn der Betroffene ohnehin ständig über jedes Detail der Datenverarbeitung informiert würde. **45**

Einer erneuten Information bedarf es aber, wenn im Rahmen derselben Datenverarbeitung weitere personenbezogene Daten erstmals erhoben werden. Bei solchen weiteren Erhebungen dürfte der Betroffene in den meisten Fällen allerdings über die unveränderten Informationen bereits verfügen, sodass die Informationspflicht dann gem. Art. 13 Abs. 4 entfällt. **46**

2. Erstverarbeitung nicht beim Betroffenen erhobener Daten (Art. 14 Abs. 3)

Werden die Daten nicht beim Betroffenen erhoben, gelten weniger strenge Vorgaben für den Zeitpunkt der Information. Zu unterscheiden sind gem. Art. 14 Abs. 3 drei verschiedene Fälle: **47**

- Abs. 3 lit. a: Verwendet der Verantwortliche die Daten anders als zur Kommunikation mit dem Betroffenen und anders als zur Übermittlung an einen anderen Empfänger, muss er den Betroffenen innerhalb einer angemessenen Frist, längstens jedoch innerhalb eines Monats informieren. Anders als bei der Datenerhebung beim Betroffenen darf der Verantwortliche somit gem. Art. 14 Abs. 3 lit. a bereits mit der Datenverarbeitung beginnen, bevor er den Betroffenen informiert hat.
- Abs. 3 lit. b: Verwendet der Verantwortliche die personenbezogenen Daten zur Kommunikation mit dem Betroffenen (also etwa bei der werblichen Ansprache), muss er den Betroffenen spätestens zum Zeitpunkt der ersten Mitteilung an den Betroffenen informieren.
- Abs. 3 lit. c: Verwendet der Verantwortliche die personenbezogen Daten zur Offenlegung gegenüber einem anderen Empfänger, muss er den Betroffenen spätestens zum Zeitpunkt der ersten Offenlegung informieren.

3. Weiterverarbeitung (Art. 13 Abs. 3, Art. 14 Abs. 4)

Bei beabsichtigter Weiterverarbeitung der personenbezogenen Daten für einen anderen Zweck als den, für den die Daten erhoben wurden, sind die Informationen zu dem anderen Zweck und alle anderen maßgeblichen Informationen bereits „vor dieser Weiterverarbeitung" zu erteilen. Dies gilt unabhängig davon, ob die Daten beim Betroffenen erhoben wurden oder nicht. Zu den zahlreichen Problemen, die diese Vorschrift aufwirft, s. Rn. 130 ff. **48**

IV. Basisinformationen (jeweils Abs. 1)

Die gem. dem jeweiligen Abs. 1 der Art. 13 und 14 zu erteilenden Basisinformationen gehen weit über das hinaus, worüber der Verantwortliche den Betroffenen nach geltendem Recht informieren muss. Damit haben die Basisinformationen auch nicht mehr nur den Zweck, es dem Betroffenen zu ermöglichen, sich eine Vorstellung von der bevorstehenden Datenverarbeitung zu machen und sich zu entscheiden, ob er die ihn betreffenden Daten offenlegen möchte.[23] Vielmehr **49**

23 So zum geltenden Recht *Robrecht*, S. 16.

soll schon zu Beginn der Datenverarbeitung eine umfassende Information des Betroffenen stattfinden.

1. Tatsache der Verarbeitung personenbezogener Daten

50 Anders als Art. 15 enthalten Art. 13 und 14 nicht die ausdrückliche Verpflichtung zur Information des Betroffenen darüber, dass überhaupt personenbezogene Daten verarbeitet werden. Offenbar geht der Verordnungsgeber davon aus, dass sich dieser Umstand aus der Tatsache der Information als solcher und den anderen Informationen der Kataloge der Abs. 1 und 2 ergibt.

2. Daten zur Person

51 Anders als nach Art. 15 muss der Verantwortliche nach Art. 13 und 14 dem Betroffenen nicht die personenbezogenen Daten, die von ihm erhoben werden, selbst mitteilen. Das ist seltsam, geht es bei den Transparenzrechten doch gerade darum, den Betroffenen in die Lage zu versetzen, sich ein Bild über den Umfang der Datenverarbeitung zu machen und sich u.U. sehr präzise gegen die Verarbeitung einzelner Daten zur Wehr zu setzen. Dem Wortlaut nach enthalten Art. 13 und 14 aber eine Verpflichtung zur Information über die konkret verarbeiteten Daten gerade nicht. Allerdings wird in Art. 14 Abs. 1 lit. d der Verantwortliche zur Information über die Kategorien personenbezogener Daten, die verarbeitet werden, verpflichtet. Doch auch dies umfasst keine Mitteilung der konkret verarbeiteten Daten.

52 Insofern geht der Verordnungsgeber bei Art. 13 wohl davon aus, dass der Betroffene schon weiß, welche konkreten Daten der Verantwortliche gerade bei ihm erhebt. Das ist in Fällen, in denen die Datenverarbeitung auf Grundlage der Einwilligung erfolgt, wohl auch so. Aber erhebt der Verantwortliche z.B. aufgrund berechtigten Interesses Daten beim Betroffenen, so ist keineswegs selbstverständlich, welche konkreten Daten der Verantwortliche erhebt. Erfolgt die Datenerhebung nicht beim Betroffenen (Art. 14), ist erst recht unklar, welche konkreten Daten vom Verantwortlichen für die Verarbeitung vorgesehen sind.

3. Namen und Kontaktdaten (jeweils Abs. 1 lit. a)

53 Der Betroffene ist gem. dem jeweiligen Abs. 1 lit. a der Art. 13 und 14 vom Verantwortlichen über den Namen und die Kontaktdaten des Verantwortlichen sowie ggf. seines Vertreters zu informieren. Mit Vertreter ist der Repräsentant gemeint, den nicht in der Union niedergelassene Verantwortliche gem. Art. 27 benennen müssen.

54 Diese Informationspflicht entspricht in etwa der Pflicht zur Information über die Identität der verantwortlichen Stelle gem. Art. 10 lit. a RL 95/46/EG und gem. §§ 4 Abs. 3 S. 1 Nr. 1, 19a Abs. 1 S. 1, 33 Abs. 1 S. 1 BDSG.

55 Der Betroffene soll wissen, wer der Verantwortliche ist und bei wem er ggf. seine Rechte geltend machen kann. Maßstab für den Umfang und den Genauigkeitsgrad der Informationen ist die Leichtigkeit der Kontaktaufnahmemöglichkeit.[24]

56 Der Name des Verantwortlichen umfasst bei natürlichen Personen den Vor- und Nachnamen und bei juristischen Personen die Firma und den Rechtsformzusatz.[25] Zu den Kontaktdaten des Verantwortlichen dürften mindestens eine ladungsfähige Anschrift, eine Telefonnummer und eine E-Mail-Adresse gehören.

57 Bei verbundenen Unternehmen müssen für jede juristische Person, die über die Zwecke und Mittel der Datenverarbeitung entscheidet, Namen und Kontaktdaten angegeben werden.[26] Bei gemeinsam für die Verarbeitung Verantwortlichen („joint controllers") hängt es von der Vereinbarung zwischen den zwei oder mehr Verantwortlichen ab, wessen Namen und Kontaktdaten dem Betroffenen mitgeteilt werden (vgl. Art. 26 Abs. 1 S. 2).

---

24 Vgl. Simitis, *Scholz/Sokol*, § 4 Rn. 41.
25 Paal/Pauly, *Paal*, Art. 13 Rn. 14.
26 Vgl. Gierschmann/Saeugling, *Heinemann*, § 33 Rn. 9.

4. Kontaktdaten des Datenschutzbeauftragten (jeweils Abs. 1 lit. b)

Der Betroffene ist gem. dem jeweiligen Abs. 1 lit. b der Art. 13 und 14 über die Kontaktdaten des Datenschutzbeauftragten zu informieren. Diese Informationspflicht gilt selbstverständlich nur, wenn es auch einen Datenschutzbeauftragten, dessen Benennung sich nach Art. 37 richtet, gibt. Zu den Kontaktdaten des Datenschutzbeauftragten dürften mindestens eine ladungsfähige Anschrift, eine Telefonnummer und eine E-Mail-Adresse gehören. **58**

5. Verarbeitungszweck und Rechtsgrundlage (jeweils Abs. 1 lit. c)

Der Betroffene ist gem. dem jeweiligen Abs. 1 lit. c der Art. 13 und 14 vom Verantwortlichen über die Zwecke, für die die personenbezogenen Daten verarbeitet werden sollen, und über die Rechtsgrundlage für diese Verarbeitung zu informieren. **59**

Die Pflicht zur Information über die Verarbeitungszwecke entspricht in etwa der Pflicht zur Information gem. Art. 10 lit. b RL 95/46/EG und gem. §§ 4 Abs. 3 S. 1 Nr. 2, 19a Abs. 1 S. 1, 33 Abs. 1 S. 1 BDSG. Die Pflicht zur Information des Betroffenen über die Rechtsgrundlage der Verarbeitung ist im geltenden Recht noch nicht enthalten. **60**

Die Information über die Zwecke der Datenverarbeitung mitsamt der Rechtsgrundlage soll es dem Betroffenen ermöglichen, die Rechtmäßigkeit der Datenverarbeitung überprüfen zu können.[27] Darüber hinaus dient die Pflicht zur Information über die Zwecke der Sicherung der Zweckbindung, indem sie den Verantwortlichen dazu zwingt, die Zwecke auch tatsächlich festzulegen, und ihn an die Zweckbindung erinnert. Der ursprünglich genannte Zweck wird zum Ausgangspunkt für die Kompatibilitätsprüfung des Art. 6 Abs. 4 bei der zweckändernden Weiterverarbeitung. Insofern ist auf die Bezeichnung des Zweckes oder der Zwecke besondere Sorgfalt zu verwenden. Die Zwecke der Verarbeitung sind auch in das Verzeichnis von Verarbeitungstätigkeiten gem. Art. 30 Abs. 1 lit. b aufzunehmen. **61**

Zu informieren ist über alle Zwecke der Datenverarbeitung, die zum Zeitpunkt der Erhebung bekannt sind. Der Verantwortliche sollte sich daher schon zum Zeitpunkt der Datenerhebung über alle geplanten (wenn auch nur entfernt in Betracht gezogenen) Verarbeitungszwecke Gedanken machen und den Betroffenen hierüber ggf. auch informieren. Informiert der Verantwortliche den Betroffenen bereits zum Zeitpunkt der Datenerhebung über die Zwecke geplanter Weiterverarbeitungen und deren Rechtsgrundlage, entfällt die spätere erneute Information gem. Art. 13 Abs. 3 und Art. 14 Abs. 4. Im Falle einer späteren Weiterverarbeitung zu einem Zweck, der dem Betroffenen zum Zeitpunkt der Erhebung der Daten noch nicht genannt worden war, ist der genannte Zweck der Maßstab für die dann durchzuführende Kompatibilitätsprüfung des Art. 6 Abs. 4. Zur Zulässigkeit der zweckändernden Weiterverarbeitung allgemein Art. 6 Rn. 222 ff. **62**

Da jedem einzelnen Verarbeitungsschritt eine Zweckbestimmung zugrunde liegen muss und eine zweckfreie Datenverarbeitung unzulässig ist, ist eine Information, wonach die Zwecke zum Zeitpunkt der Informationserteilung noch nicht bekannt sind, ausgeschlossen. **63**

Fraglich ist, wie detailliert die Verarbeitungszwecke beschrieben werden müssen. In Anlehnung an die im BDSG an verschiedenen Stellen ausdrücklich genannten Verarbeitungszwecke werden im geltenden Recht von manchen Autoren pauschale Zweckbeschreibungen („für eigene Geschäftszwecke", „für Werbezwecke", „zum Zweck der Tätigkeit als Auskunftei", „für Zwecke des Adresshandels", „zur Durchführung des Beschäftigungsverhältnisses") für zulässig erachtet.[28] Dagegen spricht nach neuer Rechtslage, dass die DS-GVO zumindest im verfügenden Teil die berechtigten Interessen des Datenverarbeiters nicht weiter spezifiziert und dass in der Angabe, die Datenverarbeitung erfolge zu dem Zweck, eigene berechtigte Interessen zu verfolgen, kaum ein Mehrwert über die Mitteilung der Tatsache, dass überhaupt personenbezogene Daten verarbeitet werden, hinaus besteht. Erforderlich dürfte daher bei nicht-öffentlichen Stellen zu- **64**

27 Vgl. Gierschmann/Saeugling, *Krätschmer*, § 4 Rn. 38.
28 So z.B. Gierschmann/Saeugling, *Heinemann*, § 34 Rn. 62.

mindest die Angabe sein, zu welchem konkreten Geschäftszweck die Daten verarbeitet werden. Bei den privilegierten Zwecken des Art. 5 Abs. 1 lit. b dürfte ebenfalls die Angabe, dass die Daten zu wissenschaftlichen, archivarischen oder statistischen Zwecken verarbeitet werden, allein auch nicht ausreichen.

65 Die meisten Rechtsgrundlagen der Datenverarbeitung folgen aus Art. 6 oder 9 (ggf. ergänzt um eine spezifische Rechtsgrundlage aus dem sonstigen Unionsrecht oder aus dem mitgliedstaatlichen Recht). Bei der Angabe der Rechtsgrundlage dürfte ein pauschaler Hinweis auf Art. 6 oder 9 aber nicht genügen. Vielmehr sind Absatz und Buchstabe der jeweils einschlägigen Norm genau zu benennen, um eine Überprüfung der in Anspruch genommenen Rechtsgrundlage zu ermöglichen.[29]

Im Einzelnen können sich die Rechtsgrundlagen aus folgenden Normen ergeben (nicht abschließende Aufzählung):

- Einwilligung: Art. 6 Abs. 1 lit. a (Erstverarbeitung), Art. 6 Abs. 4 (Weiterverarbeitung), Art. 8 Abs. 1 (Verarbeitung der Daten eines Kindes), Art. 9 Abs. 2 lit. a (Verarbeitung sensibler Daten), Art. 18 Abs. 2 (Verarbeitung nach Verarbeitungseinschränkung), Art. 22 Abs. 2 lit. c (automatisierte Einzelentscheidung), Art. 49 Abs. 1 lit. a (Drittstaatenübermittlung);
- Vertrag: Art. 6 Abs. 1 lit. b (Erstverarbeitung), Art. 9 Abs. 2 lit. h (Gesundheitsvorsorge, Arbeitsmedizin), Art. 22 Abs. 2 lit. a (automatisierte Einzelentscheidung), Art. 49 Abs. 1 lit. b und c (Drittstaatenübermittlung);
- Rechtliche Verpflichtung: Art. 6 Abs. 1 lit. c i.V.m. Rechtsgrundlage des Unionsrechts oder des mitgliedstaatlichen Rechts;
- Lebenswichtige Interessen des Betroffenen: Art. 6 Abs. 1 lit. d, Art. 49 Abs. 1 lit. f (Drittstaatenübermittlung);
- Öffentliches Interesse: Art. 6 Abs. 1 lit. e Var. 1 i.V.m. Rechtsgrundlage des Unionsrechts oder des mitgliedstaatlichen Rechts, Art. 49 Abs. 1 lit. d (Drittstaatenübermittlung);
- Ausübung hoheitlicher Gewalt: Art. 6 Abs. 1 lit. e Var. 2 i.V.m. Rechtsgrundlage des Unionsrechts oder des mitgliedstaatlichen Rechts;
- Berechtigtes Interesse: Art. 6 Abs. 1 lit. f Var. 1 (eines Verantwortlichen), Art. 6 Abs. 1 lit. f Var. 2 (eines Dritten), Art. 6 Abs. 1 lit. f i.V.m. EG 47 S. 1 (eines Verantwortlichen, dem die Daten offengelegt werden dürfen), Art. 49 Abs. 1 lit. g (Registerübermittlung);
- Zweckändernde Weiterverarbeitung: Art. 6 Abs. 4;
- Sensible Daten: Art. 9 Abs. 2 (diverse Erlaubnistatbestände);
- Rechtsverfolgung: Art. 49 Abs. 1 lit. e (Drittstaatenübermittlung);
- Drittstaatenübermittlung: Art. 45 ff. (diverse Erlaubnistatbestände).

6. Berechtigtes Interesse (Art. 13 Abs. 1 lit. d, Art. 14 Abs. 2 lit. b)

66 Wenn die Verarbeitung auf Art. 6 Abs. 1 lit. f beruht, ist der Betroffene vom Verantwortlichen über die von diesem (oder einem Dritten) mit der Verarbeitung verfolgten berechtigten Interessen (zum Begriff eingehend Art. 6 Rn. 133 ff.) zu informieren. Dies ist jedoch nur dann eine immer zu erteilende Basisinformation, wenn der Verantwortliche die Daten beim Betroffenen erhebt (Art. 13 Abs. 1 lit. d). Erhebt der Verantwortliche die Daten nicht beim Betroffenen, muss er nur dann über das berechtigte Interesse informieren, wenn dies notwendig ist, um eine faire und transparente Verarbeitung zu gewährleisten. Diese Information gehört somit bei Art. 14 nur zu den Zusatzinformationen (Art. 14 Abs. 2 lit. b). Ein Grund für diese unterschiedliche Behandlung ist nicht ersichtlich. An sich wäre, sofern der Verantwortliche personenbezogene Daten aufgrund

29 Paal/Pauly, *Paal*, Art. 13 Rn. 16.

berechtigten Interesses verarbeitet, die Pflicht zur Aufklärung des Betroffenen über das berechtigte Interesse eher zu erwarten gewesen, wenn die Daten nicht beim Betroffenen erhoben wurden.

Weiß der Verantwortliche zum Zeitpunkt der Datenerhebung bereits, dass er mehrere berechtigte Interessen verfolgt, sind diese allesamt zu benennen. Bei Geschäftsbeziehungen könnten hier z.B. aufzuführen sein: die Überprüfung der Bonität, das Forderungsmanagement, die Datenübermittlung an Warenkreditversicherungen, die Datenübermittlung im Rahmen von Betrugsbekämpfungssystemen, die Bildung von Vertriebskooperationen, das Betreiben von Hinweisgebersystemen im Rahmen von Compliance-Programmen.[30] Um eine erneute Information des Betroffenen bei jeder Weiterverarbeitung gem. Art. 13 Abs. 3 oder Art. 14 Abs. 4 zu vermeiden, sollten die berechtigten Interessen bei der Erstinformation möglichst umfassend aufgeführt werden. Kann der Verantwortliche sogar die Einwilligung für jeden mit einem berechtigten Interesse unterlegten Verarbeitungsschritt erlangen, vermeidet er darüber hinaus eine mögliche Unzulässigkeit von Weiterverarbeitungen aufgrund von Inkompatibilität gem. Art. 6 Abs. 4. **67**

Nicht mitzuteilen sind die „Interessen oder Grundrechte und Grundfreiheiten" des *Betroffenen*, die der Verantwortliche in die Interessenabwägung gem. Art. 6 Abs. 1 lit. f eingestellt hat.[31] **68**

7. Kategorien personenbezogener Daten (Art. 14 Abs. 1 lit. d)

Gem. Art. 14 Abs. 1 lit. d sind die Kategorien personenbezogener Daten, die verarbeitet werden, mitzuteilen. Diese Informationspflicht gilt jedoch nur, wenn die Daten nicht beim Betroffenen erhoben werden. Grund hierfür dürfte sein, dass der Betroffene ja i.d.R. weiß, welche Kategorien von Daten verarbeitet werden, wenn sie bei ihm erhoben wurden. **69**

Fraglich ist, was unter Kategorien personenbezogener Daten zu verstehen ist. Jedenfalls die in Art. 9 genannten besonderen Datenkategorien dürften darunter fallen. Allerdings dürfte der Begriff der „Kategorien" eher untechnisch zu verstehen sein. Es dürfte v.a. auf die vom Verantwortlichen in seiner Sphäre vorgenommene Kategorisierung ankommen. Maßstab wäre also die subjektive Sichtweise des Verantwortlichen, denn daraus kann der Betroffene Rückschlüsse darüber ziehen, wie gefährlich die Datenverarbeitung für ihn ist oder werden könnte. So dürften die Bezeichnung und das Umfeld der über den Betroffenen gespeicherten Daten (z.B. Speicherung im Ordner „Schuldner", „Kunde", „Werbepartner" usw.) als Kategorien i.S.v. Art. 14 Abs. 1 lit. d anzusehen sein. **70**

8. Empfänger oder Kategorien von Empfängern (jeweils Abs. 1 lit. e)

Gem. dem jeweiligen Abs. 1 lit. e der Art. 13 und 14 ist der Betroffene über die Empfänger oder Kategorien von Empfängern der personenbezogenen Daten zu informieren. **71**

a) Vergleich mit geltendem Recht

Das geltende Recht enthält eine vergleichbare Informationspflicht, allerdings mit weitreichenden Einschränkungen: **72**

Gem. Art. 10 lit. c Spiegelstrich 1 DS-RL besteht eine Pflicht zur Information über die Empfänger oder die Kategorien der Empfänger der Daten. Diese steht jedoch unter dem Vorbehalt, dass sie unter Berücksichtigung der spezifischen Umstände, unter denen die Daten erhoben werden, notwendig ist, um gegenüber der betroffenen Person eine Verarbeitung nach Treu und Glauben zu gewährleisten. In § 4 Abs. 3 S. 1 Nr. 3 BDSG wird dieser Vorbehalt dahin gehend konkretisiert, dass über konkrete Empfänger gar nicht und über Kategorien von Empfängern nur zu informieren ist, soweit der Betroffene nach den Umständen des Einzelfalles nicht mit der Übermittlung an diese rechnen muss. Dieselbe Einschränkung gilt für die Pflicht zur Information über Empfän- **73**

30 *Robrecht*, S. 48.
31 Paal/Pauly, *Paal*, Datenschutz-Grundverordnung, Art. 13 Rn. 17.

ger oder Kategorien von Empfängern nach § 19a Abs. 1 S. 2 BDSG und für die Pflicht zur Information über Kategorien von Empfängern nach § 33 Abs. 1 S. 3 BDSG.

74 Von einem solchen „Rechnenmüssen" hängt die Informationspflicht nach der DS-GVO nicht mehr ab. Auch eine Einschränkung der Informationspflicht unter dem Gesichtspunkt von Treu und Glauben scheidet aus, da die Informationspflicht über die Empfänger zu den gem. Abs. 1 zu erteilenden Basisinformationen gehört.

b) Empfänger

75 Nach Art. 4 Nr. 9 S. 1 ist „Empfänger" eine natürliche oder juristische Person, Behörde, Einrichtung oder andere Stelle, denen personenbezogene Daten offengelegt werden, unabhängig davon, ob es sich bei ihr um einen Dritten handelt oder nicht.

76 Die Formulierung, die mit „unabhängig davon" beginnt, beantwortet die Frage, ob als Empfänger auch solche Stellen anzusehen sind, die noch der Sphäre des Verantwortlichen zuzurechnen sind. Als Empfänger gelten damit auch die Personen, die unter der unmittelbaren Verantwortung des Verantwortlichen oder des Auftragsverarbeiters befugt sind, die personenbezogenen Daten zu verarbeiten (vgl. die Definition des „Dritten" in Art. 4 Nr. 10). Das ist eine Änderung zum bestehenden Recht. Gem. § 3 Abs. 8 BDSG ist Empfänger jede Person oder Stelle, die Daten erhält, aber nicht ein Dritter und nicht der Betroffene.[32]

77 Behörden, die im Rahmen eines einzelnen Untersuchungsauftrags (gemeint ist nach richtiger deutscher Terminologie wohl ein „Ersuchen") möglicherweise Daten erhalten, gelten jedoch nicht als Empfänger (Art. 4 Abs. 9 S. 2).

78 Nach neuem Recht gelten somit jeder verantwortliche Dritte, jeder Auftragsverarbeiter, ja selbst eine andere Stelle innerhalb einer Konzerngesellschaft als Empfänger. Auch über die Speicherung der Daten bei einem Cloudanbieter, über das Outsourcing von Kundendaten bei einem externen IT-Dienstleister oder über die Verarbeitung durch ein anderes Konzernunternehmen ist somit zu informieren.

c) Kategorien von Empfängern

79 Unter einer Kategorie von Empfängern ist eine Gruppe von Empfängern zu verstehen, die eines oder mehrere gemeinsame Merkmale aufweisen, also z.B. „unsere Werbepartner", „unsere Kunden", „Banken", „Auskunfteien", „Rückversicherer", „alle Abteilungsleiter eines Unternehmens" und auch „alle Auftragsdatenverarbeiter".[33]

d) Empfänger oder Kategorien von Empfängern

80 Unklar ist, wie die Konjunktion „oder" zwischen „Empfänger" und „Kategorien von Empfängern" auszulegen ist. Denkbar sind die folgenden Auslegungsvarianten:

- Der Verantwortliche hat ein echtes Wahlrecht. Das heißt, er kann frei darüber entscheiden, ob er dem Betroffenen „nur" Kategorien von Empfängern oder die konkreten Empfänger mitteilt.
- Der Verantwortliche muss dem Betroffenen immer die konkreten Empfänger benennen und darf sich nur dann darauf zurückziehen, Kategorien von Empfängern zu benennen, wenn konkrete Empfänger noch nicht bekannt sind.

81 Für die zuerst genannte Auslegungsvariante sprechen Praktikabilitätserwägungen. Die konkrete Benennung aller Empfänger kann einen zu großen Rechercheaufwand erfordern, wenn die Zahl der Empfänger zu groß ist. Auch Geheimhaltungsinteressen des Verantwortlichen können gegen eine Offenlegung der konkreten Empfänger sprechen. Für die zweite Variante spricht der offen-

32 Wolff/Brink, *Schild*, § 3 Rn. 115.
33 Wolff/Brink, *Schild*, § 3 Rn. 117.

bar von der DS-GVO verfolgte Anspruch, dass dem Betroffenen ein möglichst umfassendes Bild sämtlicher Datenbewegungen zur Verfügung gestellt wird.

Sofern es sich bei den Empfängern um Mitarbeiter des Verantwortlichen handelt, kann unter Verhältnismäßigkeitsgesichtspunkten kaum die konkrete Benennung jedes einzelnen Mitarbeiters, der Zugang zu den Daten hat, verlangt werden.[34] In diesem Fall dürfte die Mitteilung, dass „den Mitarbeitern des Verantwortlichen" oder „einer bestimmten Gruppe von Mitarbeitern des Verantwortlichen" die personenbezogenen Daten übermittelt werden, ausreichen. Die Benennung konkreter Mitarbeiter würde darüber hinaus neue datenschutzrechtliche Fragen nach dem Schutz der personenbezogenen Daten der Mitarbeiter aufwerfen. **82**

Bei einer Veröffentlichung personenbezogener Daten im Internet ist der Kreis der Empfänger nicht zu bestimmen. In diesem Fall muss die Mitteilung ausreichen, dass nach Veröffentlichung im Internet potenziell jedermann „Empfänger" der Daten sein kann.[35] **83**

e) Fallkonstellationen

Die folgenden Fallkonstellationen sind zu unterscheiden: **84**

- Der Verantwortliche erhebt die Daten nur zu dem Zweck, sie an einen oder mehrere Empfänger zu übermitteln. Dies ist der wohl vom jeweiligen Abs. 1 lit. e ohne Weiteres erfasste Normalfall.
- Der Verantwortliche erhebt die Daten für einen bestimmten Verarbeitungszweck und beabsichtigt schon zum Zeitpunkt der Erhebung, die Daten zur Erfüllung des Erhebungszwecks an einen oder mehrere Empfänger zu übermitteln. Auch dieser Fall dürfte von Abs. 1 lit. e erfasst sein.
- Der Verantwortliche erhebt die Daten für einen bestimmten Verarbeitungszweck und entscheidet sich später dazu, die Daten im Zuge der Verarbeitung zu diesem Zweck an einen oder mehrere Empfänger zu übermitteln. In diesem Fall besteht keine Informationspflicht über die Empfänger, da Abs. 1 eine Informationspflicht nur für den Zeitpunkt der Erhebung statuiert. Über zu diesem Zeitpunkt noch nicht bekannte und auch noch nicht beabsichtigte Übermittlungen kann der Verantwortliche naturgemäß auch nicht informieren. Eine Informationspflicht gem. Abs. 3 scheidet aus, wenn die Übermittlung noch dem ursprünglichen Erhebungszweck dient.
- Der Verantwortliche erhebt die Daten für einen bestimmten Verarbeitungszweck und entscheidet sich später dazu, die Daten für einen anderen Zweck weiterzuverarbeiten. In diesem Fall ist er nicht gem. Abs. 1 lit. e zur Information über den/die Empfänger verpflichtet, denn Abs. 1 gilt nur für den Zeitpunkt der Erhebung. Aber auch eine Information gem. Abs. 3 wird seltsamerweise zumindest vom Wortlaut dieser Vorschrift nicht gefordert. Zwar ist der Betroffene über den Zweck der Übermittlung zu informieren. Im Übrigen verpflichtet Abs. 3 aber nur zur Information über „alle anderen maßgeblichen Informationen gem. Absatz 2". Im Fall der zweckändernden Weiterverarbeitung sind somit nicht die Basisinformationen gem. Abs. 1 zur Verfügung zu stellen, wohl aber die Zusatzinformationen gem. Abs. 2. Es liegt nahe, hierin einen Regelungsfehler zu sehen, der mit dem Zustandekommen der Vorschrift erklärt werden kann (s. Rn. 130 ff., insb. 133). Allerdings ist der Wortlaut eindeutig, sodass man über die Wortlautauslegung nicht hinwegkommt. Bei einer Übermittlung an Empfänger, die eine zweckändernde Weiterverarbeitung darstellt, ist somit eine Information des Betroffenen über diese Empfänger nicht erforderlich.

---

34 Rats-Dok. 7084/15 v. 16.3.2015, S. 18 (Fn. 24).
35 Vgl. Paal/Pauly, *Paal*, Art. 13 Rn. 18.

9. Drittstaatenübermittlung (jeweils Abs. 1 lit. f)

85 Gem. dem jeweiligen Abs. 1 lit. f der Art. 13 und 14 ist der Betroffene über die Absicht des Verantwortlichen zu informieren, die personenbezogenen Daten an ein Drittland oder eine internationale Organisation zu übermitteln. Über die dortigen Empfänger oder Empfängerkategorien ist er bereits gem. dem jeweiligen Abs. 1 lit. e zu informieren. Der Betroffene ist darüber hinaus über das Vorhandensein oder das Fehlen eines Angemessenheitsbeschlusses der Kommission zu informieren. Fehlt es an einem Angemessenheitsbeschluss, muss der Verantwortliche über die geeigneten Garantien gem. Art. 46, über die verbindlichen internen Datenschutzvorschriften gem. Art. 47 oder über die angemessenen Garantien gem. Art. 49 Abs. 1 UAbs. 2 informieren. Er muss in diesem Fall über die Möglichkeit informieren, wie eine Kopie von den Garantien zu erhalten ist oder wo diese verfügbar sind.

V. Zusatzinformationen (jeweils Abs. 2)

86 Gem. dem jeweiligen Abs. 2 der Art. 13 und 14 muss der Verantwortliche dem Betroffenen zusätzlich zu den Basisinformationen des jeweiligen Abs. 1 u.U. weitere Informationen zur Verfügung stellen. Dies gilt jedoch nur für solche Zusatzinformationen, die notwendig (Art. 13 Abs. 2) bzw. erforderlich (Art. 14 Abs. 2) sind, um eine faire und transparente Verarbeitung zu gewährleisten.

1. Notwendigkeit/Erforderlichkeit der Information

87 Diskutiert wird, ob dem Tatbestandsmerkmal der Notwendigkeit/Erforderlichkeit überhaupt ein eigenständiger Gehalt zukommt. Wäre dies nicht der Fall, müssten die in Art. 13 Abs. 2 lit. a bis f und die in Art. 14 Abs. 2 lit. a bis g genannten Informationen im Sinne einer unwiderleglichen gesetzlichen Vermutung stets erteilt werden. Dagegen spricht, dass die Aufteilung der Informationspflichten in einen Absatz 1 und einen Absatz 2 ansonsten überflüssig wäre. Dagegen spricht auch EG 60 S. 2, der erläutert, dass alle weiteren Informationen „unter Berücksichtigung der besonderen Umstände und Rahmenbedingungen, unter denen die personenbezogenen Daten verarbeitet werden", zu erteilen sind.[36]

88 Demnach muss für jeden einzelnen der in Abs. 2 genannten Gesichtspunkte unter Berücksichtigung der besonderen Umstände und Rahmenbedingungen der Datenverarbeitung gesondert untersucht werden, ob eine Informationserteilung notwendig/erforderlich ist.

89 Zweifelhaft ist, welcher Maßstab für die Frage, ob eine einzelne Information für Fairness und Transparenz der Datenverarbeitung erforderlich ist, anzulegen ist. Es bestehen berechtigte Zweifel, ob die Regelung überhaupt den Grundsätzen des Bestimmtheitsgebots entspricht.[37]

90 Bemerkenswert ist, dass nach Art. 13 Abs. 2 eine Information zu erteilen ist, wenn sie für eine faire und transparente Verarbeitung „notwendig" ist, während dies nach Art. 14 Abs. 2 der Fall ist, wenn sie für eine faire und transparente Verarbeitung „erforderlich" ist. Ein Vergleich mit der englischen Sprachfassung zeigt jedoch, dass aus der Verwendung der verschiedenen Begriffe „notwendig" und „erforderlich" kein inhaltlicher Unterschied abgeleitet werden kann, denn im Englischen heißt es beide Male „necessary".

91 Bei der Auslegung des Tatbestandsmerkmals der Notwendigkeit/Erforderlichkeit ist zunächst auf die Art der Informationen, die gem. Abs. 2 zu erteilen sind, abzustellen. Bei vier der sechs Informationen des Art. 13 Abs. 2 und bei drei der sieben Informationen des Art. 14 Abs. 2 geht es um die Aufklärung des Betroffenen über seine Rechte oder seine rechtliche Situation. Es geht also nicht unmittelbar um das Recht der betroffenen Person, zu wissen, „wer was wann und bei welcher Gelegenheit über (sie) weiß".[38] Es geht vielmehr um die verfahrensrechtlichen Absicherun-

36 Paal/Pauly, *Paal*, Art. 13 Rn. 22.
37 *Robrecht*, S. 53.
38 BVerfGE 65, 1, 43.

gen dieses Rechts. Den Betroffenen über seine Rechte zu belehren, kann aber neben der eigentlichen Mitteilung der Informationen, die der Verantwortliche über den Betroffenen hat, allenfalls in zweiter Linie zu den Pflichten des Verantwortlichen gehören. Es spricht einiges dafür, dass dem Betroffenen diese Informationen umso dringender gegeben werden müssen, je weniger er mit der Datenverarbeitung rechnen musste und je schutzbedürftiger er im konkreten Fall ist.

Die anderen nach Abs. 2 zu erteilenden Informationen (Speicherdauer und automatisierte Einzelentscheidung bei Art. 13; Speicherdauer, berechtigtes Interesse, Quelle und automatisierte Einzelentscheidung bei Art. 14) sind Rahmenbedingungen der eigentlichen Information über die Datenverarbeitung. Auch daraus folgt, dass die gem. Abs. 2 zu erteilenden Informationen nicht zum Kernbestand der Idee einer Aufklärung des Betroffenen über die gerade stattfindende Datenverarbeitung gehören können. **92**

Insofern lässt sich der Gedanke des risikobasierten Ansatzes fruchtbar machen, der gem. Art. 24 verlangt, dass der Verantwortliche risikoadäquate technische und organisatorische Maßnahmen umsetzt, um den Anforderungen der DS-GVO zu genügen (eingehend Art. 24 Rn. 78 ff.). Bei einer durchschnittlich riskanten Datenverarbeitung erscheinen Belehrungen des Betroffenen über seine Rechte und eine Aufklärung über die Rahmenbedingungen der Datenverarbeitung nicht notwendig/erforderlich. Zu berücksichtigen ist dabei auch, dass ein Zuviel an Informationen „unpräzise" oder „intransparent" i.S.v. Art. 12[39] und damit einer fairen und transparenten Verarbeitung gerade abträglich sein kann. Nur wenn Eintrittswahrscheinlichkeit und Schwere des Risikos für die Rechte und Freiheiten des Betroffenen es erfordern, erscheint es angebracht, den Verantwortlichen auch zur Erteilung der Zusatzinformationen zu verpflichten. **93**

2. Speicherdauer (jeweils Abs. 2 lit. a)

Gem. dem jeweiligen Abs. 2 lit. a der Art. 13 und 14 muss der Verantwortliche den Betroffenen über die Dauer, für die die personenbezogenen Daten gespeichert werden, informieren. Falls dies nicht möglich ist, muss er ihn über die Kriterien für die Festlegung der Speicherdauer informieren. **94**

Die Speicherdauer ist ein konkreter Zeitraum, der nach Stunden, Tagen, Wochen, Monaten oder Jahren zu bemessen ist. Auch der genaue Beginn des Speicherzeitraums ist mitzuteilen. **95**

Bei der Frage, wann die Information über die Speicherdauer „nicht möglich" ist, bleibt unklar, ob es auf eine objektive oder subjektive (d.h. nur beim Verpflichteten vorliegende) Unmöglichkeit ankommt. Vorzugswürdig dürfte das Abstellen auf die subjektive Unmöglichkeit sein, da es sich ja um eine auf den konkret Verpflichteten bezogene Informationspflicht handelt. Der zur Information Verpflichtete wird daher zunächst gezwungen, eine fixe Speicherdauer zu ermitteln. Erst wenn dies für ihn nicht möglich ist (z.B. bei Dauerschuldverhältnissen), wird ihm erlaubt, dem Betroffenen Kriterien zur Ermittlung der Speicherdauer mitzuteilen. Bei einem auf unbestimmte Dauer geschlossenen Abonnementvertrag wäre dies z.B. die Mitteilung, dass die Daten des Abonnenten für die Dauer des Abonnementverhältnisses gespeichert werden. Allerdings dürfte die Beurteilung in vielen Fällen nicht so einfach sein wie in diesem Beispiel. Dann bewegt sich der Verantwortliche in der Abgrenzungsfrage, ob die Feststellung einer konkreten Speicherdauer möglich ist oder nicht, auf unsicherem Terrain.[40] **96**

Gem. den handels- und steuerrechtlichen Aufbewahrungsvorschriften sind verschiedene Unterlagen mindestens sechs (§ 257 HGB) oder zehn (§ 147 AO) Jahre aufzubewahren. Insoweit wird oftmals ein Hinweis auf diese allgemeinen Speicherfristen genügen. **97**

39 Paal/Pauly, *Paal*, Art. 13 Rn. 23.
40 *Bräutigam/Schmidt-Wudy*, in: CR 2015, 56, 61.

3. Berechtigtes Interesse (Art. 13 Abs. 1 lit. d, Art. 14 Abs. 2 lit. b)

98 Wenn die Verarbeitung auf Art. 6 Abs. 1 lit. f beruht (eingehend Art. 6 Rn. 119 ff.), ist der Betroffene vom Verantwortlichen über die von diesem (oder einem Dritten) mit der Verarbeitung verfolgten berechtigten Interessen zu informieren. Dies ist jedoch nur dann eine Zusatzinformation, wenn der Verantwortliche die Daten nicht beim Betroffenen erhebt (Art. 14 Abs. 2 lit. b). Erhebt der Verantwortliche die Daten beim Betroffenen, muss er immer über das berechtigte Interesse informieren (Art. 13 Abs. 1 lit. d). Im Einzelnen s. bereits Rn. 66 ff.

4. Betroffenenrechte (Art. 13 Abs. 2 lit. b, Art. 14 Abs. 2 lit. c)

99 Der Verantwortliche muss den Betroffenen gem. Art. 13 Abs. 2 lit. b oder Art. 14 Abs. 2 lit. c über seine Rechte informieren, namentlich über das Bestehen der Rechte auf

- Auskunft (Art. 15 Abs. 1 und 2),
- Berichtigung (Art. 16 S. 1),
- Löschung (Art. 17),
- Verarbeitungseinschränkung (Art. 18),
- Datenübertragung (Art. 20) und
- Widerspruch (Art. 21).

100 Zu den Rechten, über die der Betroffene des Weiteren zu informieren ist, gehören

- sein Recht, eine Einwilligung jederzeit zu widerrufen (Art. 6 Abs. 1 lit. a oder Art. 9 Abs. 2 lit. a); im Einzelnen s. Rn. 103;
- sein Recht, sich bei einer Aufsichtsbeschwerde zu beschweren (Art. 77); im Einzelnen s. Rn. 104 f.;
- die Feststellung, ob der Betroffene verpflichtet ist, die Daten bereitzustellen; im Einzelnen s. Rn. 111 ff.

101 Dem Wortlaut der Vorschrift nach ist nicht über das Recht auf Erhalt einer Kopie (Art. 15 Abs. 3 und 4) und nicht über das Recht auf Vervollständigung (Art. 16 S. 2) zu informieren. Sicherheitshalber sollten diese beiden Betroffenenrechte gleichwohl in die ohnehin zu erteilende Rechtsbehelfsbelehrung aufgenommen werden.

102 Mit dem Hinweis auf die Betroffenenrechte verlangt die DS-GVO eine Art Rechtsbehelfsbelehrung, wie sie im privaten Bereich eher ungewöhnlich ist. Als vergleichbar können evtl. die Informationspflichten bei bestimmten Vertragsformen angesehen werden (vgl. Art. 246a ff. EGBGB für außerhalb von Geschäftsräumen geschlossene Verträge (vormals: Haustürgeschäfte), Fernabsatzverträge, Verträge im elektronischen Geschäftsverkehr, Verbraucherdarlehensverträge).

5. Widerruflichkeit der Einwilligung (Art. 13 Abs. 2 lit. c, Art. 14 Abs. 2 lit. d)

103 Der Verantwortliche muss den Betroffenen im Rahmen der Zusatzinformationen darüber informieren, dass dieser das Recht hat, seine Einwilligung jederzeit zu widerrufen, ohne dass die Rechtmäßigkeit der aufgrund der Einwilligung bis zum Widerruf erfolgten Verarbeitung berührt wird. Selbstverständlich gilt diese Informationspflicht nur, wenn die Datenverarbeitung auf der Grundlage einer Einwilligung (z.B. gem. Art. 6 Abs. 1 lit. a oder Art. 9 Abs. 2 lit. a) erfolgt.

6. Recht zur Beschwerde bei Aufsichtsbehörde (Art. 13 Abs. 2 lit. d, Art. 14 Abs. 2 lit. e)

104 Der Verantwortliche muss den Betroffenen im Rahmen der Zusatzinformationen über das Bestehen eines Beschwerderechts bei einer Aufsichtsbehörde informieren.

105 Legt man diese Vorschrift weit aus, müsste der Verpflichtete dem Betroffenen eine vollumfängliche Liste mit allen für ihn denkbar zuständigen Aufsichtsbehörden übermitteln. Dies kann gem. Art. 77 Abs. 1 die Aufsichtsbehörde des Aufenthaltsortes, des Arbeitsplatzes oder des Ortes des mutmaßlichen Verstoßes sein. Die Pflege einer solchen Liste wäre gerade für kleine und mittlere Unternehmen zu aufwendig. Man wird daher die Regelung nur so auslegen können, dass der Verantwortliche nur über die für ihn zuständige Aufsichtsbehörde informieren muss.[41]

7. Quelle (Art. 14 Abs. 2 lit. f)

Personenbezogene Daten, die der Verantwortliche verarbeitet, können vom Betroffenen, von Dritten, von öffentlichen oder nicht-öffentlichen Stellen sowie aus Registern, Publikationen oder anderen öffentlich zugänglichen Quellen stammen. Gem. Art. 13 und 14 muss der Verantwortliche den Betroffenen nur dann über die Quelle der Daten informieren, wenn er die Daten nicht vom Betroffenen erhoben hat, denn nur Art. 14 Abs. 2 lit. f enthält eine entsprechende Informationspflicht, während Art. 13 dazu schweigt. **106**

Sinnvoll ist das Fehlen dieser Informationspflicht in Art. 13 jedoch nur, wenn der Verantwortliche die Daten in Kenntnis des Betroffenen bei diesem erhoben hat. Wurden die Daten „heimlich" beim Betroffenen erhoben, wäre diese Tatsache für den Betroffenen durchaus von Interesse. Dem Wortlaut nach ist der Betroffene in diesem Fall jedoch nicht über die Quelle zu informieren. Dies ist eine unter Transparenzgesichtspunkten erstaunliche Lücke der DS-GVO, die nur damit zu erklären ist, dass die Abgrenzung zwischen Art. 13 und 14 nicht durchdacht ist (im Einzelnen s. Rn. 37 ff.). Die Informationslücke besteht auch beim Auskunftsanspruch, da gem. Art. 15 Abs. 1 lit. g Auskunft über die Herkunft der Daten ebenfalls nur gegeben werden muss, wenn die Daten nicht beim Betroffenen erhoben wurden. **107**

Stammen die Daten aus öffentlich zugänglichen Quellen, muss der Verantwortliche den Betroffenen über die Tatsache dieser Erhebung informieren. Der Norm lässt sich nicht eindeutig entnehmen, ob in einem solchen Fall die öffentlich zugängliche Quelle konkret zu bezeichnen ist. Dafür spricht der Wortlaut von Art. 14 Abs. 2 lit. f, wonach über die konkrete Quelle „und" ggf. die Tatsache der Erhebung aus öffentlich zugänglichen Quellen informiert werden muss. Möglich ist jedoch auch eine andere Auslegung, wonach es zwei Kategorien möglicher Quellen gibt: zum einen nicht öffentlich zugängliche Quellen, die konkret zu bezeichnen sind, zum anderen öffentlich zugängliche Quellen, die nicht konkret zu bezeichnen ist. Gegen eine Pflicht zur Information des Betroffenen über die konkrete Quelle sprechen bei öffentlich zugänglichen Daten nicht nur Praktikabilitätserwägungen, sondern auch die Informationsfreiheit (Art. 11 Abs. 1 S. 2 Grundrechtecharta; Art. 5 Abs. 1 S. 1 GG). Schon das „Lesen" einer allgemein zugänglichen personenbezogenen Information im Internet ist eine Verarbeitung personenbezogener Daten, wenn es in irgendeiner Weise automatisiert erfolgt (vgl. Art. 4 Nr. 2, der z.B. bereits das „Erfassen" („recording") und das „Auslesen" („retrieval") personenbezogener Daten als datenschutzrechtlich relevante Verarbeitungsvorgänge ansieht). Müsste der Betroffene über jedes Erfassen allgemein zugänglicher Daten informiert werden, würde die Informationsfreiheit faktisch ausgehöhlt. **108**

Sich auf die Herkunft beziehende Informationen können ihrerseits einen Personenbezug haben, wenn die Daten von Dritten stammen.[42] Die Informationserteilung kann somit in Rechte des Dritten, von dem die Daten stammen, eingreifen. Diesen möglichen Konflikt zwischen dem Informationsanspruch des Betroffenen und dem Datenschutzrecht Dritter löst Art. 14 nicht auf. Lediglich bei ausdrücklich im Unionsrecht oder im Recht der Mitgliedstaaten geregelten Geheimhaltungspflichten scheidet eine Pflicht des Verantwortlichen zur Information des Betroffenen über die Herkunft der Daten gem. Art. 14 Abs. 5 lit. d aus. Dieser Ausnahmetatbestand gilt aber nur für Berufsgeheimnisträger. Würde eine Auskunft über die Quelle der Daten das Datenschutzrecht der Quelle verletzen, ließe sich eine Verweigerung dieser Auskunft evtl. noch auf Art. 14 Abs. 5 lit. b stützen. Danach ist eine Informationserteilung ausgeschlossen, wenn und soweit sie sich als unmöglich erweist. Werden von diesem Tatbestand auch Fälle der rechtlichen Unmöglichkeit er- **109**

41 Vgl. *Bräutigam/Schmidt-Wudy*, in: CR 2015, 56, 61.
42 Vgl. Simitis, *Dix*, § 34 Rn. 22.

fasst, könnte der Verantwortliche sich für die Weigerung, Informationen über die Quelle der Daten preiszugeben, auf Art. 14 Abs. 5 lit. b stützen.

110 Wie der Verantwortliche die Daten erlangt hat, muss dem Betroffenen nicht mitgeteilt werden.[43]

8. (Un-)Freiwilligkeit der Datenbereitstellung (Art. 13 Abs. 2 lit. e)

111 Gem. Art. 13 Abs. 2 lit. e muss der Verantwortliche den Betroffenen darüber informieren,

- ob dieser verpflichtet ist, die personenbezogenen Daten bereitzustellen, und woraus sich diese Pflicht ggf. ergibt (Gesetz oder Vertrag),
- ob die Bereitstellung für einen Vertragsabschluss erforderlich ist,
- welche Folgen die Nichtbereitstellung jeweils hätte.

112 Die Informationspflicht gilt nur, wenn der Verantwortliche die Daten beim Betroffenen erhebt (also in den Fällen des Art. 13).

113 Die Frage, ob eine Information notwendig/erforderlich ist, um eine faire und transparente Datenverarbeitung zu gewährleisten, dürfte bei diesem Tatbestandsmerkmal besonders häufig zu verneinen sein. Insb. bei gesetzlicher Verpflichtung zur Datenbereitstellung spricht eine Vermutung dafür, dass die Datenbereitstellung kein Risiko für die Rechte und Freiheiten des Betroffenen darstellt.

9. Automatisierte Entscheidungsfindung (Art. 13 Abs. 2 lit. f, Art. 14 Abs. 2 lit. g)

114 Gem. Art. 13 Abs. 2 lit. f und Art. 14 Abs. 2 lit. g muss der Verantwortliche den Betroffenen informieren über

- das Bestehen einer automatisierten Entscheidungsfindung gem. Art. 22 Abs. 1 und 4,
- die involvierte Logik der automatisierten Entscheidungsfindung,
- die Tragweite der automatisierten Entscheidungsfindung für den Betroffenen,
- die angestrebten Auswirkungen der automatisierten Entscheidungsfindung für den Betroffenen.

115 Dieses Informationsrecht wird auch unter dem Oberbegriff „right to explanation" diskutiert.[44]

116 Bei der Pflicht zur Information über die genannten Gesichtspunkte ist besonders sorgfältig zu prüfen, ob die Information notwendig/erforderlich ist, um eine faire und transparente Datenverarbeitung zu gewährleisten. Es spricht einiges dafür, dass bei Vorliegen einer automatisierten Einzelentscheidung die Information in der Regel notwendig/erforderlich ist. Allerdings ist dem Normgeber beim Verweis auf Art. 22 ein Redaktionsfehler unterlaufen, den sich der Verantwortliche u.U. zunutze machen kann, wenn er auf die Information über das Bestehen einer automatisierten Einzelentscheidung verzichten will (s. Rn. 118).

a) Bestehen einer automatisierten Entscheidungsfindung

117 Der Verantwortliche muss den Betroffenen über das Bestehen einer automatisierten Entscheidungsfindung informieren. Wie in Art. 22 Abs. 1 ist dem Tatbestandsmerkmal „automatisierte Entscheidungsfindung" auch hier ein „einschließlich Profiling" angehängt. Diese Hinzufügung ist jedoch überflüssig. Sie bedeutet nichts weiter, als dass sich die jeweilige Regelung auch auf automatisierte Entscheidungsfindungen bezieht, die auf einem Profiling beruhen. Dies ist aber eine Selbstverständlichkeit, da fast jede automatisierte Entscheidungsfindung i.S.v. Art. 22 auf ei-

43 So auch AG Hamburg-Altona (in: DuD 2005, 170) zu § 34 Abs. 1 S. 1 Nr. 1 BDSG.
44 Wachter/Mittelstadt/Floridi, Why a right to explanation of automated decision-making does not exist in the General Data Protection Regulation, https://papers.ssrn.com/sol3/papers.cfm?abstract_id=2903469, 4.3.2017.

ner Verarbeitung personenbezogener Daten beruhen und fast jedes Profiling eine Verarbeitung personenbezogener Daten sein dürfte.

Der Verweis auf Art. 22 Abs. 1 und 4 ist verunglückt. Nach Art. 22 Abs. 1 sind automatisierte Einzelentscheidungen ja gerade verboten. Eine Information hierüber erübrigt sich somit, denn es darf die Einzelentscheidung gar nicht geben und es ist schwer vorstellbar, dass der Verantwortliche den Betroffenen auf eine automatisierte Einzelentscheidung hinweisen soll, die er gerade nicht durchführen darf. Art. 22 Abs. 4 lässt automatisierte Einzelentscheidungen bei sensiblen Daten unter bestimmten Voraussetzungen zu. Es ist aber nicht anzunehmen, dass nach Art. 13 oder 14 tatsächlich nur über diese Ausnahmefälle einer zugelassenen automatisierten Einzelentscheidung informiert werden soll. Gemeint sein dürfte, dass der Verantwortliche darüber informieren muss, dass er zulässigerweise automatisierte Einzelentscheidungen vornimmt. Dann müssten Art. 13 Abs. 2 lit. f und Art. 14 Abs. 2 lit. g aber jeweils auf Art. 22 Abs. 2 und 4 verweisen. Mangels eines Verweises auf Art. 22 Abs. 2 muss nach dem Wortlaut der Norm jedoch über zulässige automatisierte Einzelentscheidungen nicht informiert werden, es sei denn, es handelt sich um solche automatisierten Einzelentscheidungen, die ausschließlich auf sensiblen Daten beruhen und die ausnahmsweise gem. Art. 9 Abs. 2 lit. a oder g zulässig sind. **118**

b) Logik der automatisierten Entscheidungsfindung

Bei der Auslegung des Tatbestandsmerkmals „involvierte Logik einer derartigen Verarbeitung" stellt sich die Frage nach dem Umfang der Informationspflicht des Verantwortlichen. **119**

Zunächst ist festzustellen, dass es sich um eine *ex ante* zu erteilende Information handelt. Die Information geht einer konkreten Einzelentscheidung zeitlich voraus. Das heißt, dass nicht die konkrete Einzelentscheidung zu erläutern ist, sondern die Systemfunktionalität, die die Einzelentscheidung hervorbringt.[45] **120**

Der Umfang der Informationspflicht wird u.U. durch die Rechte des Verantwortlichen begrenzt. Dies gilt, auch wenn die Rechte des Verantwortlichen bei den Ausnahmetatbeständen keine Erwähnung finden. Ein unbedingter Informationsanspruch des Betroffenen würde der erforderlichen Grundrechtsabwägung mit den Rechten des Verantwortlichen widersprechen.[46] Sollte der nationale Gesetzgeber keine Ausnahmetatbestände zugunsten der Rechte des Verantwortlichen schaffen, ist eine teleologische Reduktion des Tatbestandes vorzunehmen, soweit die Rechte des Verantwortlichen betroffen sind. Bei den der Informationspflicht entgegenstehenden Rechten kann es sich z.B. um Geschäfts- oder Betriebsgeheimnisse oder um das Recht am geistigen Eigentum (Urheberrecht) handeln. **121**

Schon lange umstritten ist, inwieweit die Scoreformel (also der einer Scorewertberechnung zugrunde liegende Algorithmus) von Auskunfteien offengelegt werden muss. Im Rahmen der DS-GVO stellt sich die Frage neu, denn möglicherweise erfasst die Logik der Verarbeitung i.S.v. Art. 13 Abs. 2 lit. f und Art. 14 Abs. 2 lit. g auch die Scoreformel. **122**

Nach der Rechtsprechung des Bundesgerichtshofs stellt die Scoreformel, mit der eine Auskunftei ihre Scorewerte berechnet, ein Geschäftsgeheimnis dar.[47] Die Informationspflicht kann sich – so der BGH – in diesem Falle nicht auf die Berechnungsgrundlagen für den Scorewert erstrecken. Der Grat zwischen Informationspflicht einerseits und Geschäftsgeheimnis andererseits ist somit nach aktueller Rechtslage bei Auskunfteien besonders schmal. So müssen Auskunfteien einerseits gem. § 34 Abs. 2 und 4 BDSG die Wahrscheinlichkeitswerte für ein bestimmtes zukünftiges Verhalten offenlegen und darüber hinaus aufklären über **123**

- die zur Berechnung der Wahrscheinlichkeitswerte genutzten Datenarten,

---

45 *Wachter/Mittelstadt/Floridi*, Why a right to explanation of automated decision-making does not exist in the General Data Protection Regulation, https://papers.ssrn.com/sol3/papers.cfm?abstract_id=2903469, 4.3.2017, S. 12.
46 So in Bezug auf den Auskunftsanspruch Spindler, in: DB 2016, 937, 944.
47 BGH, Urt. v. 28.1.2014 – VI ZR 156/13– juris, Rn. 27; vgl. auch Taeger/Gabel, *Mackenthun*, § 6a Rn. 23.

- das Zustandekommen der Wahrscheinlichkeitswerte und
- die Bedeutung der Wahrscheinlichkeitswerte.

124 Das Zustandekommen und die Bedeutung sind nicht nur nachvollziehbar in allgemein verständlicher Form, sondern sogar einzelfallbezogen mitzuteilen (§ 34 Abs. 2 Nr. 3 BDSG).

125 Andererseits gehören zu den Berechnungsgrundlagen des Scorewertes, die nach der genannten BGH-Entscheidung nicht offengelegt werden müssen, die in die Scoreformel eingeflossenen allgemeinen Rechengrößen, wie etwa

- die herangezogenen statistischen Werte,
- die Gewichtung einzelner Berechnungselemente bei der Ermittlung des Wahrscheinlichkeitswerts und
- die Bildung etwaiger Vergleichsgruppen als Grundlage der Scorekarten.[48]

126 Der Ausschluss einer Auskunftspflicht sei – so der BGH – angesichts der aufwendigen Entwicklung des Scores, die spezielles Fachwissen voraussetze, auch gerechtfertigt. Zudem hingen von dem jeweiligen Verfahren die Aussagekraft der Prognose und damit die Wettbewerbsfähigkeit sowie der Marktwert des Produkts und der Auskunftei selbst ab.[49] Sollte durch Art. 13 Abs. 2 lit. f und Art. 14 Abs. 2 lit. g eine Offenlegung der Scoreformel verlangt werden, stünde diese Forderung somit im Widerspruch zur Rechtsprechung des BGH.

127 Die Pflicht zur Information über die Logik der Verarbeitung kann ohnehin aber schon deshalb nicht ohne Weiteres auf Auskunfteien angewendet werden, weil Auskunfteien nicht selbst automatisierte Entscheidungen treffen. Die von ihnen ermittelten Scorewerte und auch die Berechnungsgrundlagen der Scorewerte gehören nicht zur Logik der von Art. 13 Abs. 2 lit. f und Art. 14 Abs. 2 lit. g erfassten Datenverarbeitung, da gem. diesen beiden Normen über die Logik „einer derartigen" Verarbeitung, also die Logik der automatisierten Entscheidungsfindung, zu informieren ist.

128 Allerdings lassen sich das aus § 34 Abs. 2 und 4 BDSG bekannte Konzept, das den Auskunftsanspruch gegen Auskunfteien betrifft, und die hierzu ergangene Rechtsprechung womöglich für bestimmte andere Verarbeitungssituationen auf die Auslegung des Tatbestandsmerkmals „Logik einer derartigen Verarbeitung" übertragen. Das bedeutet, dass jedenfalls über das Zustandekommen der automatisierten Entscheidung einzelfallbezogen und nachvollziehbar in allgemein verständlicher Form zu informieren ist. Die Logik der Entscheidungsfindung ist in einer für Laien verständlichen Form darzulegen.[50] Die Information muss für den Betroffenen erkennen lassen, welche Elemente die automatisierte Entscheidungsfindung beeinflussen, also auch die zugrunde liegende Datenbasis.[51] Die Entscheidung muss allerdings nur „nachvollziehbar" und nicht „nachrechenbar" sein[52], denn ansonsten würden Art. 13 Abs. 2 lit. f und Art. 14 Abs. 2 lit. g nicht nur „aussagekräftige Informationen" über die Logik der Entscheidungsfindung genügen lassen, sondern eine konkrete Nachprüfbarkeit verlangen. Die Information muss nur Auskunft geben über den Zusammenhang zwischen den Datenarten und den Wahrscheinlichkeitswerten, nicht jedoch über die Bedeutung jedes einzelnen herangezogenen Datums.[53] Über den Algorithmus des Verfahrens muss demnach nicht informiert werden.[54]

---

48 BGH, Urt. v. 28.1.2014 – VI ZR 156/13 – juris, Rn. 27.
49 BGH, Urt. v. 28.1.2014 – VI ZR 156/13 – juris, Rn. 27.
50 So BT-Drs. 16/10529, S. 17.
51 Vgl. LG Berlin, ZD 2014, 89.
52 Vgl. OLG Nürnberg, ZD 2013, 26, 27.
53 LG Gießen, BeckRS 2013, 20542.
54 *Roßnagel/Nebel/Richter*, in: CR 2015, 56, 61.

c) Tragweite und Auswirkungen der Entscheidungsfindung

Die Tatbestandsmerkmale „Tragweite" und „angestrebte Auswirkungen" haben keine klare gesetzliche Kontur und lassen damit erhebliche Auslegungsspielräume zu.[55] Notwendig dürfte in jedem Fall sein, dass der Verantwortliche, der Verfahren der automatisierten Entscheidungsfindung anwendet, dem Betroffenen erklärt, welche Entscheidungsalternativen zur Verfügung standen, welche Entscheidung zu seinen Gunsten oder Ungunsten getroffen wurde und welche Entscheidung(en) nicht getroffen wurde(n). So muss bspw. ein Internetversandhändler künftig einen Kunden darüber informieren, dass er personenbezogene Daten im Rahmen einer automatisierten Entscheidungsfindung verwendet und dies dazu führen kann, dass der Betroffene den Artikel bei schlechter Bonität nicht mehr auf Rechnung (Kauf auf Rechnung), sondern nur noch durch Vorauskasse erhalten kann.[56] **129**

VI. Weiterverarbeitung (Art. 13 Abs. 3, Art. 14 Abs. 4)

Beabsichtigt der Verantwortliche, die personenbezogenen Daten für einen anderen Zweck weiterzuverarbeiten als den, für den die personenbezogenen Daten erhoben wurden, so stellt er dem Betroffenen vor dieser Weiterverarbeitung Informationen über diesen anderen Zweck und alle anderen maßgeblichen Informationen gem. dem jeweiligen Abs. 2 zur Verfügung. Diese Informationspflicht gilt sowohl für den Fall, dass die Daten beim Betroffenen erhoben wurden (Art. 13 Abs. 3), als auch für den Fall, dass sie nicht beim Betroffenen erhoben wurden (Art. 14 Abs. 4). **130**

Die Regelung ist in mehrfacher Hinsicht verunglückt. Sie ist zunächst insofern verunglückt, als vor der Weiterverarbeitung nur die Zusatzinformationen des jeweils zweiten Absatzes zu erteilen sind. Die nach der gesetzlichen Wertung wichtigeren Basisinformationen des jeweils ersten Absatzes sind jedoch nicht zu erneuern. Besteht die Weiterverarbeitung z.B. in einer Übermittlung an Empfänger, muss über diese Empfänger nicht informiert werden, weil diese Informationspflicht in Abs. 1 (dort jeweils lit. e) geregelt ist. Es ist allerdings unwahrscheinlich, dass der Normgeber eine strenge Informationspflicht für alle Fälle der Weiterverarbeitung treffen wollte, ausgerechnet die Basisinformationen des jeweils ersten Absatzes von Art. 13 und 14 hiervon aber aussparen wollte. Gleichwohl ist der Wortlaut eindeutig, sodass der Betroffene vor Weiterverarbeitungen tatsächlich nur über die Informationselemente des jeweiligen Abs. 2 aufgeklärt werden muss. **131**

Die Regelung ist darüber hinaus aber zu weitreichend, weil sie zu einem „information overflow" beim Betroffenen führen und die Weiterverarbeitung einer großen Zahl von Daten (Big Data) entweder faktisch unmöglich oder zumindest unrentabel machen kann. Sie muss daher einschränkend ausgelegt werden. **132**

Die verfehlte Konstruktion der Pflicht zur Information über jede Weiterverarbeitung lässt sich insb. aus der Entstehungsgeschichte der Norm erklären. Die Regelung ist letztlich auf Betreiben des Rates in die DS-GVO gelangt. Im Rat war sie Bestandteil eines Gesamtkompromisses in Bezug auf die jahrelang diskutierte Streitfrage, unter welchen Voraussetzungen die zweckändernde Weiterverarbeitung von Daten zulässig sein soll. Nach dem ursprünglichen KOM-Entwurf sollten auch mit dem ursprünglichen Verarbeitungszweck nicht kompatible Weiterverarbeitungen zulässig sein, wenn hierfür einer der Rechtfertigungsgründe des Art. 6 Abs. 1 lit. a bis e vorgelegen hätte.[57] Eine inkompatible Weiterverarbeitung aufgrund berechtigten Interesses des Verantwortlichen (Art. 6 Abs. 1 lit. f) wäre damit ausgeschlossen gewesen. In den Ratsverhandlungen war jedoch zwischenzeitlich die Zulässigkeit der Weiterverarbeitung aufgrund berechtigten Interesses vorgesehen.[58] Dies war auch die deutsche Verhandlungsposition und hätte weitgehend der deut- **133**

55 *Bräutigam/Schmidt-Wudy*, in: CR 2015, 56, 62.
56 *Bräutigam/Schmidt-Wudy*, in: CR 2015, 56, 62.
57 Art. 6 Abs. 4 KOM-Entwurf.
58 Art. 6 Abs. 4 Ratsentwurf v. 23.12.2014, Rats-Dok. 17072/14.

schen Rechtslage entsprochen, nach der eine Weiterverarbeitung grundsätzlich immer (aber selbstverständlich nur vorbehaltlich einer Interessenabwägung) zulässig ist.[59] Einem Teil der Mitgliedstaaten erschien eine solche Lösung aber zu weitgehend. Sie erreichten, dass unter lettischem Ratsvorsitz Kompensationen für die als zu weitreichend angesehene Möglichkeit von „inkompatiblen" Weiterverarbeitungen in den Ratsentwurf aufgenommen wurden. Eine dieser Kompensationen war ein weitreichendes Widerspruchsrecht des Betroffenen gegen inkompatible Weiterverarbeitungen.[60] Eine andere Kompensation war die Informationspflicht des Verantwortlichen über jegliche Weiterverarbeitungen (also auch über kompatible Weiterverarbeitungen).[61] In den Trilogverhandlungen einigte man sich aber darauf, den Tatbestand über die Zulässigkeit von inkompatiblen Weiterverarbeitungen ganz zu streichen. Inkompatible Weiterverarbeitungen sind nach der endgültigen Fassung der DS-GVO nur noch auf der Grundlage der Einwilligung oder einer Rechtsvorschrift zulässig (Art. 6 Abs. 4). Man „vergaß" aber im Zuge dieser Streichung, die eigentlich als Kompensation für die Zulässigkeit von inkompatiblen Weiterverarbeitungen gedachte Informationspflicht ebenfalls zu streichen. Daher sollten Art. 13 Abs. 3 und Art. 14 Abs. 4 restriktiv ausgelegt werden. In Betracht kommt eine teleologische Reduktion der Informationspflicht auf Fälle, in denen die Weiterverarbeitung besondere Risiken für die Rechte und Freiheiten des Betroffenen birgt (Grundgedanke von Art. 24 Abs. 1).

134 Die Regelung ist schließlich verunglückt, weil sie sämtliche Fälle der Weiterverarbeitung erfasst. Dem Wortlaut nach müsste somit auch über kompatible Weiterverarbeitungen informiert werden, selbst wenn diese gem. Art. 5 Abs. 1 lit. b Hs. 2 privilegiert sind – und ungeachtet der Tatsache, dass es gem. EG 50 S. 2 für kompatible Weiterverarbeitungen noch nicht einmal einer neuen Rechtsgrundlage bedarf. Die Erleichterung kompatibler Weiterverarbeitungen im Allgemeinen und die Privilegierung von Weiterverarbeitungen zu bestimmten Zwecken würden durch die voraussetzungslose Informationspflicht zumindest z.T. wieder rückgängig gemacht. Wie in Rn. 133 gezeigt, war dies jedoch nicht der Wille des Normgebers. Die Informationspflicht sollte vielmehr eine Kompensation für die als zu weit empfundene Zulässigkeit inkompatibler Weiterverarbeitungen sein. Kompatible Weiterverarbeitungen sollten davon nicht erfasst sein. Daher ist eine teleologische Reduktion des Tatbestandes geboten. Eine Informationspflicht besteht bei kompatiblen Weiterverarbeitungen nicht. Inkompatible Weiterverarbeitungen sind nur noch aufgrund von Einwilligung oder aufgrund einer Rechtsvorschrift zulässig. Auch in diesen beiden Fällen erscheint eine gesonderte Informationspflicht unverhältnismäßig, da der Betroffene im Falle der Einwilligung Kenntnis von der (möglichen) Weiterverarbeitung hat und im Falle des Vorliegens einer Rechtsvorschrift in einer demokratisch legitimierten Entscheidung das Überwiegen eines öffentlichen Interesses an der Weiterverarbeitung festgestellt wurde. Zur Klarstellung sollte der nationale Gesetzgeber entsprechende Ausnahmetatbestände auf der Grundlage der Öffnungsklausel des Art. 23 schaffen.

VII. Ausnahmen (Art. 13 Abs. 4, Art. 14 Abs. 5)

135 Art. 13 enthält in Abs. 4 einen Ausnahmetatbestand. Art. 14 enthält in Abs. 5 vier Ausnahmetatbestände. Die Frage, in welchen Fällen Art. 13 und in welchen Fällen Art. 14 zur Anwendung kommt (s. Rn. 37 ff.), ist daher v.a. vor dem Hintergrund der umfangreicheren Ausnahmen bei Art. 14 relevant. Nach EG 62 besteht allerdings in verschiedenen Fällen, die über die Ausnahme des Art. 13 Abs. 4 hinausgehen, keine Pflicht, Informationen zur Verfügung zu stellen. Es ist nicht ersichtlich, dass sich EG 62 nur auf Art. 14 bezieht, weshalb eine Berücksichtigung des EG 62 „(auch) für Art. 13 zumindest diskutabel sein dürfte".[62] Zur systematischen Einordnung der Ausnahmetatbestände im Vergleich zu den anderen Betroffenenrechten s. Art. 12 Rn. 54 ff.

59 § 28 Abs. 2 BDSG.
60 Art. 19 Abs. 1 UAbs. 1 Ratsentwurf v. 11.6.2015, Rats-Dok. 9788/15.
61 Art. 14 Abs. 1b und Art. 14a Abs. 3a Ratsentwurf v. 11.6.2015, Rats-Dok. 9788/15.
62 Paal/Pauly, *Paal*, Art. 13 Rn. 35.

1. Kenntnis der Information (Art. 13 Abs. 4, Art. 14 Abs. 5 lit. a)

Eine Informationspflicht besteht nicht, wenn der Betroffene bereits über die entsprechende Information verfügt. Diese Einschränkung der Informationspflicht gilt sowohl für den Fall, dass der Verantwortliche die Daten beim Betroffenen erhoben hat (Art. 13 Abs. 4), als auch für den Fall, dass er die Daten nicht beim Betroffenen erhoben hat (Art. 14 Abs. 5 lit. a). **136**

Um eine echte Ausnahme von der Informationspflicht handelt es sich hierbei jedoch nicht. Die Kenntnis des Betroffenen schließt die Informationspflicht vielmehr schon tatbestandlich aus, denn über eine Information, die der Betroffene bereits hat, braucht er nicht nochmals informiert zu werden. **137**

Dass die Informationspflicht aufgrund Kenntnis des Betroffenen komplett entfällt, dürfte jedoch kaum vorkommen, da der Umfang der Informationspflicht so groß ist, dass die positive Kenntnis des Betroffenen in kaum einem Fall alle in den jeweiligen Abs. 1 und 2 genannten Gesichtspunkte umfassen wird. Zwar wird der Betroffene in vielen Fällen aus den Umständen erkennen können, dass eine Datenverarbeitung stattfindet und zu welchen Zwecken diese erfolgt (jeweils Abs. 1 lit. c). Doch schon die Kontaktdaten des Verantwortlichen (jeweils Abs. 1 lit. a), die Rechtsgrundlage der Datenverarbeitung (jeweils Abs. 1 lit. c) oder etwaige Empfänger der Daten (jeweils Abs. 1 lit. e) dürften dem Betroffenen im Normalfall nicht bekannt sein – geschweige denn aussagekräftige Informationen über die Logik der Datenverarbeitung (Art. 13 Abs. 2 lit. f; Art. 14 Abs. 2 lit. g). **138**

Der Verantwortliche kann die Information durch Dritte vornehmen lassen. Auch wenn der Betroffene die relevanten Informationen von einem Dritten mitgeteilt bekommt, erhält er ja die erforderliche Kenntnis. Eine solche Übertragung der Benachrichtigung dürfte insb. in den Fällen der Auftragsverarbeitung in Betracht kommen.[63] **139**

Sofern die Datenverarbeitung nur für den Zweck erfolgt, zu dem der Verantwortliche und der Betroffene in Kontakt getreten sind (z.B. der Abschluss eines Vertrages), dürfte die Information über den Zweck der Verarbeitung beim Betroffenen bekannt sein. Gleichwohl kommt eine Information in Betracht, um dem Einwand mangelnder Kenntnis vorzubeugen und Vertrauen beim Betroffenen zu schaffen.[64] **140**

Wird die Datenverarbeitung auf eine Einwilligung gestützt, können diese Informationen zum Bestandteil der Einwilligungserklärung gemacht werden. **141**

2. Unmöglichkeit oder Unverhältnismäßigkeit (Art. 14 Abs. 5 lit. b)

Die Informationspflicht entfällt, wenn die Erteilung der Information **142**

- sich als unmöglich erweist oder
- einen unverhältnismäßigen Aufwand

erfordern würde. Dieser Ausnahmetatbestand gilt allerdings nur für die Fälle, in denen der Verantwortliche die Daten nicht beim Betroffenen erhoben hat (Art. 14 Abs. 5 lit. b). Wurden die Daten beim Betroffenen erhoben, gilt der Ausnahmetatbestand nicht, es sei denn, man lässt EG 62 S. 1 auch für die Informationspflichten des Art. 13 gelten. **143**

Als Fälle, in denen Unmöglichkeit oder Unverhältnismäßigkeit „insbesondere" vorliegen können, nennt die Norm die Verarbeitung zu den in Art. 5 Abs. 1 lit. b privilegierten Zwecken (Archive, wissenschaftliche oder historische Forschung, Statistik). Als Anhaltspunkte für die Unmöglichkeit oder Unverhältnismäßigkeit der Information nennt EG 62 S. 3 die Anzahl der Betroffenen, das Alter der Daten oder etwaige geeignete Garantien. **144**

---

63 Vgl. Gierschmann/Saeugling, *Heinemann*, § 33 Rn. 8.
64 Vgl. Gierschmann/Saeugling, *Krätschmer*, § 4 Rn. 38.

145 Ein Beispiel für die Unmöglichkeit der Information ist, wenn die Identifikation des zu informierenden Betroffenen tatsächlich unmöglich ist. Ein Beispiel für die Unverhältnismäßigkeit der Information ist, wenn sich die Identifikation des Betroffenen als zu aufwendig erweist.

3. Rechtsvorschrift (Art. 14 Abs. 5 lit. c)

146 Die Informationspflicht entfällt, wenn die Erlangung oder Offenlegung der personenbezogenen Daten durch Rechtsvorschrift der Union oder der Mitgliedstaaten ausdrücklich geregelt ist. Dieser Ausnahmetatbestand gilt allerdings nur für die Fälle, in denen der Verantwortliche die Daten nicht beim Betroffenen erhoben hat (Art. 14 Abs. 5 lit. c). Wurden die Daten beim Betroffenen erhoben, gilt der Ausnahmetatbestand nicht, es sei denn, man lässt EG 62 S. 1 auch für die Informationspflichten des Art. 13 gelten.

147 Die Informationspflicht gem. dieser Vorschrift entfällt z.B., wenn der Steuerpflichtige dem Finanzamt Belege offenlegen muss.

4. Berufsgeheimnis (Art. 14 Abs. 5 lit. d)

148 Die Informationspflicht entfällt, wenn die personenbezogenen Daten gem. dem Unionsrecht oder dem Recht der Mitgliedstaaten dem Berufsgeheimnis unterliegen und daher vertraulich behandelt werden müssen. Dieser Ausnahmetatbestand regelt an sich eine Selbstverständlichkeit. Gleichwohl gilt sie nur für die Fälle, in denen der Verantwortliche die Daten nicht beim Betroffenen erhoben hat (Art. 14 Abs. 5 lit. d). Wurden die Daten beim Betroffenen erhoben, gilt der Ausnahmetatbestand nicht, es sei denn, man lässt EG 62 S. 1 auch für die Informationspflichten des Art. 13 gelten.

5. Fehlende Ausnahmen

149 Jedenfalls für die Fälle, in denen der Verantwortliche die Daten beim Betroffenen erhoben hat, scheidet die Möglichkeit, diese Daten ohne Information des Betroffenen verarbeiten zu können, faktisch aus, da Art. 13 Abs. 4 keine weiteren Ausnahmetatbestände enthält.

150 Durch das Fehlen jeglicher Ausnahmen von der Informationspflicht in Art. 13 und durch das Fehlen wichtiger Ausnahmen von der Informationspflicht in Art. 13 und 14 schießt die DS-GVO weit über das Ziel der Herstellung von Transparenz hinaus. Würde die Informationspflicht tatsächlich dem Wortlaut der Norm entsprechend erfüllt, führte dies zum „information overflow" beim Betroffenen. So erhielte der Betroffene allein bei einer einzelnen Bestellung im Internet mehrere Benachrichtigungen. In der Vielzahl der Informationen werden tatsächlich wichtige Informationen untergehen und nicht die erforderliche Beachtung finden. Der komplette Informationskatalog der Abs. 1 und 2 sollte dem Auskunftsrecht vorbehalten bleiben. Dann würden nur die wenigen Betroffenen, die tatsächlich an einer umfassenden Aufklärung über alle Umstände der Datenverarbeitung interessiert sind und die ihren Auskunftsanspruch geltend machen, umfassend informiert. Das wäre sowohl im Interesse des Verantwortlichen, dem ein weitaus geringerer bürokratischer Aufwand entstünde, als auch im Interesse der Betroffenen, die nicht in einer unüberschaubaren Informationsflut ertränken.

151 Daher ist es nun Aufgabe des Gesetzgebers, geeignete Ausnahmetatbestände zu schaffen, die für einen angemessenen Ausgleich zwischen den einander gegenüberstehenden Interessen und Rechten sorgen. Hierfür bietet die Öffnungsklausel des Art. 23 die Rechtsgrundlage. Zur fehlenden Systematik bei den Ausnahmetatbeständen der Betroffenenrechte s. Art. 12 Rn. 54 ff.

a) Berufsgeheimnisträger

152 Dringend erforderlich sind Ausnahmen zugunsten von Berufsgeheimnisträgern, die unter eine berufsrechtlich geregelte Geheimhaltungspflicht fallen. § 19a Abs. 3 i.V.m. §§ 19 Abs. 4 Nr. 3 und 33 Abs. 2 Nr. 3 BDSG sieht solche Ausnahmen zugunsten von Daten, die nach einer Rechtsvorschrift oder ihrem Wesen nach geheim gehalten werden müssen, vor. Berufsgeheimnisträger sind neben Rechtsanwälten z.B. auch Wirtschaftsprüfer, Steuerberater, Ärzte und Angehörige von Heilberufen.[65] Rechtsvorschriften, die eine entsprechende Geheimhaltungspflicht enthalten, sind z.B. § 43a Abs. 2 BRAO oder § 203 StGB. Verpflichtete man etwa Rechtsanwälte zur Information Betroffener (also z.B. zur Information von Klagegegnern und Zeugen), würde die berufsrechtliche Verschwiegenheitspflicht ausgehöhlt, das Vertrauensverhältnis zum Mandanten untergraben und letztlich das Vertrauen der Allgemeinheit in die Verschwiegenheit der Angehörigen bestimmter Berufe erschüttert.[66]

Entsprechende Ausnahmen im nationalen Recht lassen sich auf Art. 23 Abs. 1 lit. i stützen, da der **153** Schutz der Rechte und Freiheiten anderer Personen den Schutz der Rechte und Freiheiten sowohl Dritter als auch des Verantwortlichen umfasst. Solche Ausnahmen lassen sich aber auch auf Art. 23 Abs. 1 lit. e (Schutz wichtiger Ziele des allgemeinen öffentlichen Interesses) stützen.

b) Unverhältnismäßiger Aufwand

Art. 14 Abs. 5 lit. b sieht einen Ausnahmetatbestand vor, nach dem die Information des Betroffe- **154** nen nicht erforderlich ist, wenn sie einen unverhältnismäßigen Aufwand erfordern würde. Auch die §§ 19a Abs. 2 Nr. 2 und 33 Abs. 2 Nr. 2, 5, 7a, 8, 9 BDSG tragen dem Gesichtspunkt unverhältnismäßigen Aufwands Rechnung. Es spricht nichts dagegen, im nationalen Recht den Ausnahmetatbestand des Art. 14 Abs. 5 lit. b auch auf Fälle der Datenverarbeitung nach Art. 13 auszudehnen.

Eine entsprechende Regelung lässt sich auf Art. 23 Abs. 1 lit. i stützen, da der Schutz der Rechte **155** und Freiheiten anderer Personen auch den Schutz der Rechte und Freiheiten des Verantwortlichen umfasst.

c) Zweckvereitelung

Art. 14 Abs. 5 lit. b sieht bei Datenverarbeitungen für Archivzwecke, Forschungszwecke und sta- **156** tistische Zwecke einen Ausnahmetatbestand vor, nach dem die Information des Betroffenen nicht erforderlich ist, wenn sie voraussichtlich die Ziele der Verarbeitung unmöglich machen oder ernsthaft beeinträchtigen würde. Es spricht nichts dagegen, diesen Ausnahmetatbestand im nationalen Recht auch auf Fälle der Datenverarbeitung nach Art. 13 auszudehnen. Auch eine Ausdehnung dieses Ausnahmetatbestandes auf Datenverarbeitungen, die zu anderen als den genannten privilegierten Zwecken erfolgen, ist geboten. Wenn eine Datenverarbeitung rechtmäßig ist, sollte sie grundsätzlich nicht allein aufgrund der Informationspflicht unmöglich werden können. Wenn etwa der Verantwortliche einen legitimen Zweck verfolgt und er sich auf sein berechtigtes Interesse berufen kann, die Informationspflicht die Erreichung des legitimen Zwecks aber unmöglich machen oder ernsthaft beeinträchtigen würde, dürfte eine unangemessene gesetzliche Interessenabwägung vorliegen, wenn es in Fällen dieser Art gar keine gesetzlich vorgesehene Ausnahmemöglichkeit gäbe.

Entsprechende Ausnahmeregelungen im nationalen Recht lassen sich auf Art. 23 Abs. 1 lit. i **157** (Schutz der Rechte und Freiheiten anderer Personen) stützen.

d) Rechtsvorschrift

Art. 14 Abs. 5 lit. c sieht eine Ausnahme von der Informationspflicht vor, wenn und soweit die **158** Erlangung oder Offenlegung durch Rechtsvorschriften der Union oder der Mitgliedstaaten, denen der Verantwortliche unterliegt und die geeignete Maßnahmen zum Schutz der berechtigten Interessen der betroffenen Person vorsehen, ausdrücklich geregelt ist. Dieser Ausnahmetatbestand dürfte in der Mehrzahl der Fälle für gesetzlich geregelte Datenverarbeitungen durch öffentliche Stellen gelten. Da öffentliche Stellen personenbezogene Daten aber häufig unmittelbar beim Betroffenen erheben, sollte diese Ausnahmevorschrift auch und gerade für Datenverarbeitungen i.S.v. Art. 13 gelten. Würde man jede öffentliche Stelle bei jeder beim Betroffenen vorge-

---

65 *Zikesch/Kramer*, in: ZD 2015, 461.
66 *Zikesch/Kramer*, in: ZD 2015, 565, 566.

nommenen Datenerhebung dazu verpflichten, die umfangreichen Informationskataloge des Art. 13 Abs. 1, 2 und 3 abzuarbeiten, würde dies zu einem erheblichen bürokratischen Mehraufwand führen.

159 Ein entsprechender Ausnahmetatbestand im nationalen Recht lässt sich auf Art. 23 Abs. 1 lit. e (Schutz des öffentlichen Interesses an der Aufrechterhaltung der Arbeitsfähigkeit der öffentlichen Verwaltung und an der Minimierung von Bürokratiekosten) und auf Art. 23 Abs. 1 lit. h (Kontroll-, Überwachungs- und Ordnungsfunktionen) stützen.

160 Auch zugunsten nicht-öffentlicher Stellen sollte der Ausnahmetatbestand des Art. 14 Abs. 5 lit. c auf Datenverarbeitungen i.S.v. Art. 13 ausgedehnt werden. Zugunsten nicht-öffentlicher Verantwortlicher ließe sich ein entsprechender Ausnahmetatbestand auf Art. 23 Abs. 1 lit. i (Schutz der Rechte und Freiheiten anderer Personen) stützen.

161 Ausnahmetatbestände bezüglich der durch Rechtsvorschrift vorgeschriebenen Datenverarbeitungen entsprächen auch dem geltenden Recht. Für öffentliche Stellen sieht § 19a Abs. 2 Nr. 3 BDSG eine Ausnahme von der Informationspflicht vor, wenn eine Speicherung oder Übermittlung personenbezogener Daten durch Gesetz ausdrücklich vorgesehen ist. Und § 19a Abs. 3 i.V.m. § 19 Abs. 2 BDSG sieht eine Ausnahme von der Informationspflicht vor, wenn eine Speicherung nur aufgrund gesetzlicher, satzungsmäßiger oder vertraglicher Aufbewahrungsvorschriften erfolgt. Für nicht-öffentliche Stellen sieht § 33 Abs. 2 Nr. 2 und 4 BDSG wortgleiche Ausnahmen vor. Gerechtfertigt sind entsprechende Ausnahmen dadurch, dass der demokratisch legitimierte Gesetzgeber durch Verabschiedung der Ausnahmen auf abstrakt-generelle Weise feststellt, dass das Interesse der Allgemeinheit am Ausschluss der Information gegenüber dem Informationsinteresse des Betroffenen überwiegt.

e) Datensicherung und Datenschutzkontrolle

162 Gem. § 19a Abs. 3 i.V.m. § 19 Abs. 2 BDSG (öffentliche Stellen) und § 33 Abs. 2 Nr. 2 BDSG (nicht-öffentliche Stellen) besteht eine Ausnahme von der Informationspflicht auch, wenn eine Datenspeicherung ausschließlich Zwecken der Datensicherung oder der Datenschutzkontrolle dient und die Informationserteilung einen unverhältnismäßigen Aufwand erfordern würde. Die Übernahme dieses Ausnahmetatbestandes in das neue nationale Datenschutzrecht erscheint sehr sinnvoll, da eine Datenspeicherung zu diesen beiden Zwecken (jedenfalls z.T.) dem Betroffenen dient, das Risiko für den Betroffenen in den meisten Fällen relativ gering sein dürfte und eine erstmalige Information über die Datenverarbeitung i.d.R. schon stattgefunden haben sollte, da Datensicherung und Datenschutzkontrolle kein Selbstzweck sind, sondern voraussetzen, dass es einen Hauptzweck der Datenverarbeitung gibt. Darüber hinaus besteht die Gefahr, dass der Verantwortliche gar auf Datensicherung und Datenschutzkontrolle verzichtet, um den bürokratischen Mehraufwand der Information des Betroffenen zu vermeiden. Auch dies wäre nicht im Interesse des Betroffenen.

163 Entsprechende Ausnahmetatbestände im nationalen Recht lassen sich auf Art. 23 Abs. 1 lit. h (Kontroll-, Überwachungs- und Ordnungsfunktionen) und auf Art. 23 Abs. 1 lit. i (sowohl Schutz der betroffenen Person als auch Schutz der Rechte und Freiheiten anderer Personen), evtl. auch auf Art. 23 Abs. 1 lit. e (Schutz sonstiger wichtiger Ziele des allgemeinen öffentlichen Interesses) und auf Art. 23 Abs. 1 lit. j (Durchsetzung zivilrechtlicher Ansprüche) stützen.

f) Ordnungsgemäße Erfüllung von Verwaltungsaufgaben

164 In Ermangelung einer generalklauselartig formulierten Ausnahme zugunsten der hoheitlichen Datenverarbeitung erscheint die Aufnahme eines § 19a Abs. 3 i.V.m. § 19 Abs. 4 Nr. 1 BDSG nachgebildeten Ausnahmetatbestandes in das nationale Recht geboten. Nach dieser Norm besteht keine Informationspflicht für öffentliche Stellen, wenn die Informationserteilung die ordnungsgemäße Erfüllung der in der Zuständigkeit des Verantwortlichen liegenden Aufgabe gefährden würde.

Ein entsprechender Ausnahmetatbestand lässt sich auf Art. 23 Abs. 1 lit. e (Schutz sonstiger wichtiger Ziele des allgemeinen öffentlichen Interesses) stützen, wobei insb. bei einer so allgemein gehaltenen Ausnahme die Voraussetzungen des Art. 23 Abs. 2 zu beachten sind. **165**

g) Nationale Sicherheit und Landesverteidigung

Art. 23 Abs. 1 lit. a und b ermöglichen es dem nationalen Gesetzgeber, Ausnahmen von den Art. 13 und 14 zugunsten der nationalen Sicherheit und der Landesverteidigung zu treffen. Da Art. 13 und 14 keine entsprechenden Ausnahmetatbestände enthalten, ist eine Aufnahme von Ausnahmen von der Informationspflicht zugunsten der genannten Ziele in das nationale Recht dringend geboten. **166**

Dies entspräche auch den im geltenden Recht enthaltenen Ausnahmetatbeständen. Nach § 19a Abs. 3 i.V.m. § 19 Abs. 4 Nr. 2 BDSG scheidet nämlich eine Informationserteilung durch eine öffentliche Stelle aus, soweit sie dem Wohl des Bundes oder eines Landes Nachteile bereiten würde. Und nach § 33 Abs. 2 Nr. 6 BDSG entfällt die Informationspflicht einer nicht-öffentlichen Stelle, soweit eine zuständige öffentliche Stelle ihr gegenüber festgestellt hat, dass das Bekanntwerden der Daten dem Wohle des Bundes oder eines Landes Nachteile bereiten würde. **167**

h) Öffentliche Sicherheit

Art. 23 Abs. 1 lit. c ermöglicht es dem nationalen Gesetzgeber, Ausnahmen von Art. 13 und 14 zugunsten der öffentlichen Sicherheit zu treffen. Art. 23 Abs. 1 lit. d lässt Ausnahmen zu, die im Rahmen der Verhütung, Ermittlung, Aufdeckung oder Verfolgung von Straftaten oder im Rahmen der Strafvollstreckung dem Schutz vor und der Abwehr von Gefahren für die öffentliche Sicherheit dienen. Da Art. 13 und 14 keine entsprechenden Ausnahmetatbestände enthalten, ist eine Aufnahme von Ausnahmen von der Informationspflicht zugunsten der genannten Ziele in das nationale Recht dringend geboten. **168**

Dies entspräche auch den im geltenden Recht enthaltenen Ausnahmetatbeständen. Nach § 19a Abs. 3 i.V.m. § 19 Abs. 4 Nr. 2 BDSG scheidet nämlich eine Informationserteilung durch eine öffentliche Stelle aus, soweit sie die öffentliche Sicherheit oder Ordnung gefährden würde. Und nach § 33 Abs. 2 Nr. 6 BDSG entfällt die Informationspflicht einer nicht-öffentlichen Stelle, soweit eine zuständige öffentliche Stelle ihr gegenüber festgestellt hat, dass das Bekanntwerden der Daten die öffentliche Sicherheit oder die öffentliche Ordnung gefährden würde. **169**

i) Nachteile für das Wohl des Bundes oder eines Landes

Durch Art. 23 Abs. 1 lit. e gedeckt wäre wohl auch eine Übernahme der generalklauselartigen Ausnahmen des § 19a Abs. 3 i.V.m. § 19 Abs. 4 Nr. 2 BDSG (öffentliche Stellen) und § 33 Abs. 2 Nr. 6 BDSG (nicht-öffentliche Stellen), wonach eine Informationserteilung ausscheidet, soweit sie dem Wohl des Bundes oder eines Landes Nachteile bereiten würde. Der nationale Gesetzgeber müsste in einem solchen Falle aber besonderes Augenmerk auf die Erfüllung der Voraussetzungen des Art. 23 Abs. 2 legen. **170**

j) Allgemein zugängliche Daten

In Betracht zu ziehen ist vom nationalen Gesetzgeber eine Ausnahme von den Informationspflichten zugunsten der Verarbeitung allgemein zugänglicher Daten. Angesichts der Weite des sachlichen Anwendungsbereichs der DS-GVO (vgl. Art. 2 Abs. 1), angesichts der Weite des Begriffs der personenbezogenen Daten (vgl. Art. 4 Nr. 1) und angesichts der Enge der Haushaltsausnahme (vgl. Art. 2 Abs. 2 lit. c) bewirkt das Datenschutzrecht eine weitgehende Kommunikationsregulierung.[67] Insb. jedes im Internet frei zugängliche personenbezogene Datum unterfällt dem Regime des Datenschutzrechts. Bei jeder Verarbeitung solcher Daten wäre daher eine Infor- **171**

67 *Masing*, Vorläufige Einschätzung der Google-Entscheidung des EuGH, https://irights.info/artikel/ribverfg-masing-vorlaeufige-einschaetzung-der-google-entscheidung-des-eugh/23838#more-23838, 31.1.2017.

mation des Betroffenen erforderlich, unabhängig davon, ob er selbst diese auf seiner eigenen Webseite öffentlich gemacht hat, ob es sich um einen Tweet oder Retweet handelt oder um einen Beitrag in einer Forumsdiskussion.

172 Zu rechtfertigen wäre eine Ausnahme von der Informationspflicht bei der Verarbeitung allgemein zugänglicher personenbezogener Daten durch Art. 23 Abs. 1 lit. e (Schutz des allgemeinen öffentlichen Interesses an einer Gewährleistung der Kommunikationsfreiheiten) und durch Art. 23 Abs. 1 lit. i (Schutz der Rechte und Freiheiten anderer Personen, insb. der Informationsfreiheit).

173 Für eine weitreichende Ausnahme von den Informationspflichten der Art. 13 und 14 spricht auch Art. 9 Abs. 2 lit. e. Wenn nach dieser Vorschrift sogar das Verbot der Verarbeitung sensibler Daten, die der Betroffene offensichtlich öffentlich gemacht hat, nicht gilt, dann muss erst recht die Verarbeitung „normaler" personenbezogener Daten, die der Betroffene selbst öffentlich gemacht hat, privilegiert werden und dann sollte die Verarbeitung solcher Daten nicht durch die Informationspflichten der Art. 13 und 14 unmöglich gemacht oder erschwert werden. Entsprechende Ausnahmen von der Informationspflicht entsprächen auch der geltenden Rechtslage. Jedenfalls nicht-öffentliche Stellen sind nach § 33 Abs. 2 Nr. 7a, 8a und 9 BDSG nicht zur Information verpflichtet, wenn sie Daten aus allgemein zugänglichen Quellen für eigene Zwecke verarbeiten und eine Benachrichtigung wegen der Vielzahl der betroffenen Fälle unverhältnismäßig wäre.

174 Darüber hinaus ist der Spielraum des nationalen Gesetzgebers für eine solche Ausnahme größer als bei anderen Ausnahmen. Neben Art. 23 Abs. 1 lit. i rechtfertigt nämlich auch Art. 85 Abs. 1 Ausnahmen von der Informationspflicht zugunsten der Ausübung der Meinungs- oder Informationsfreiheit, einschließlich der Verarbeitung zu journalistischen oder zu wissenschaftlichen, künstlerischen oder literarischen Zwecken. Art. 85 Abs. 1 berechtigt die Mitgliedstaaten nicht nur zu solchen Ausnahmen, sondern verpflichtet sie sogar dazu, wenn nur so das Datenschutzrecht mit dem Recht auf freie Meinungsäußerung und Informationsfreiheit in Einklang gebracht werden kann. Es spricht viel dafür, anzunehmen, dass die Informationsfreiheit durch eine Pflicht zur Information des Betroffenen über die Verarbeitung allgemein zugänglicher Daten generell unverhältnismäßig beeinträchtigt würde – jedenfalls, sofern durch die Datenverarbeitung nicht ausnahmsweise ein hohes Risiko für die Rechte und Freiheiten des Betroffenen entsteht.

k) KMU

175 Der ursprüngliche Entwurf des Europäischen Parlaments sah eine Ausnahme von der Informationspflicht zugunsten von Kleinst- und Kleinunternehmen, die die personenbezogenen Daten nur als Nebentätigkeit verarbeiten, vor.[68] Eine solche Ausnahme könnte durch den nationalen Gesetzgeber geschaffen werden. Sie ließe sich auf Art. 23 Abs. 1 lit. i (Schutz des eingerichteten und ausgeübten Gewerbebetriebes vor übermäßigen Bürokratiekosten bzw. nicht zu erfüllenden Anforderungen; Schutz der unternehmerischen Freiheit) stützen.

l) Pseudonymisierung

176 Eine Ausnahme von der Informationspflicht sollte vom nationalen Gesetzgeber auch für die Verarbeitung pseudonymisierter Daten in Erwägung gezogen werden. Jedenfalls in den Fällen, in denen der Verantwortliche die Pseudonymisierung unmittelbar nach der Erhebung der Daten vornimmt, hat der Verantwortliche gar keine Kenntnis von der Identität des Betroffenen. Nach dem Rechtsgedanken von Art. 11 sollte er nicht verpflichtet sein, zur bloßen Einhaltung der DS-GVO zusätzliche Informationen einholen zu müssen. Dasselbe gilt für Weiterverarbeitungen, die nach der Vornahme von Pseudonymisierungsmaßnahmen erfolgen. Auch für solche Weiterverarbeitungen sollte der Verantwortliche von der Informationspflicht freigestellt sein. Rechtfertigen ließe sich eine solche Ausnahme durch Art. 23 Abs. 1 lit. i (Schutz der Rechte und Freiheiten anderer Personen).

---

68 Vgl. Art. 14 Abs. 4 lit. ba des Beschlusses des Europäischen Parlaments v. 12.3.2014.

m) Berechtigte Erwartungen

Nach §§ 4 Abs. 3 S. 1 Nr. 3, 19a Abs. 1 S. 2 und 33 Abs. 1 S. 3 BDSG ist der Betroffene nur über die Empfänger oder Kategorien von Empfängern von Daten zu informieren, soweit er (nach den Umständen des Einzelfalles) nicht mit der Übermittlung an diese rechnen muss. Auch der DS-GVO ist ein Abstellen auf die berechtigten Erwartungen des Betroffenen nicht fremd. Insb. bei der Frage, ob die Verarbeitung durch die berechtigten Interessen des Verantwortlichen gerechtfertigt werden kann, spielen die „vernünftigen Erwartungen der betroffenen Person, die auf ihrer Beziehung zu dem Verantwortlichen beruhen", eine maßgebliche Rolle (vgl. EG 47 S. 1 Hs. 2). Schüfe der nationale Gesetzgeber einen Ausnahmetatbestand, die es dem Verantwortlichen erlaubt, von einer Information des Betroffenen in den Fällen abzusehen, in denen dieser mit einer Datenverarbeitung rechnen muss, wäre dies ein angemessenerer Ausgleich zwischen den Interessen des Verantwortlichen und denen des Betroffenen, als es die Art. 13 und 14 in ihrer jetzigen Form darstellen. **177**

C. Weitere Auswirkungen der Verordnung in der Praxis

I. Voraussichtliche Auswirkungen auf das nationale Recht

Wenn die nationalen Gesetzgeber nicht noch zahlreiche Ausnahmen zugunsten der Rechte und Freiheiten des Verantwortlichen, zugunsten der Rechte und Freiheiten Dritter und zugunsten öffentlicher Interessen schafft, stellt die Regelung einen sehr unausgewogenen Ausgleich zwischen dem Informationsinteresse des Betroffenen und den berechtigten Interessen des Verantwortlichen, Dritter und der Allgemeinheit dar. Im Einzelnen s. hierzu Rn. 149 ff. Durch die Nichtberücksichtigung entgegenstehender Grundrechte läuft jedenfalls die Informationspflicht des Art. 13 Gefahr, gegen EU-Primärrecht zu verstoßen (vgl. Art. 52 Abs. 1 GRC). **178**

Der deutsche Gesetzgeber ist daher aufgerufen, ergänzende Regelungen zu schaffen, die für einen angemessenen Interessenausgleich sorgen. Tatsächlich hat er bereits (Stand: 23.7.2017) einige ergänzende Ausnahmetatbestände auf der Grundlage verschiedener Tatbestände der Öffnungsklausel des Art. 23 Abs. 1 geschaffen: **179**

§ 4 BDSG-neu trifft Sonderregelungen für die Information des Betroffenen bei Videoüberwachung öffentlich zugänglicher Räume. Die Norm lässt zu recht offen, ob sie sich auf Art. 13 oder auf Art. 14 bezieht, da unklar ist, welcher der beiden Tatbestände die Videoüberwachung erfasst (vgl. Rn. 37 ff.). Nach § 4 Abs. 2 BDSG-neu sind bei Videoüberwachung lediglich der Umstand der Beobachtung und der Name und die Kontaktdaten des Verantwortlichen zum frühestmöglichen Zeitpunkt erkennbar zu machen. Durch diese Regelung wird somit der Informationskatalog des Art. 13 Abs. 1 und 2 bzw. des Art. 14 Abs. 1 und 2 erheblich eingeschränkt. Es reicht, wenn in der Nähe einer Videoüberwachungsanlage ein Hinweisschild aufgehängt ist, auf dem auf die Tatsache der Überwachung hingewiesen wird und auf dem Name und Kontaktdaten des Verantwortlichen aufgeführt sind. Nach § 4 Abs. 4 BDSG-neu besteht die Informationspflicht, wenn durch Videoüberwachung erhobene Daten einer bestimmten Person zugeordnet werden. Diese Vorschrift stellt klar, dass die Videoaufzeichnung ein von der Auswertung der Aufzeichnung zu unterscheidender Verarbeitungsschritt ist. Der teilweise Ausschluss der Informationspflicht bei der Videoaufzeichnung gilt nicht für die Auswertung. Allerdings entsteht die Informationspflicht bei der Auswertung erst, wenn ein Betroffener identifiziert wurde. In diesem Fall entsteht allerdings nur die Informationspflicht des Art. 13 Abs. 3 bzw. des Art. 14 Abs. 4, da es sich bei der Auswertung der Videoaufzeichnung und der Zuordnung der Daten zu einer bestimmten Person um eine Weiterverarbeitung der durch die Videoüberwachung erhobenen Daten handelt. Eingeschränkt wird die Informationspflicht des § 4 Abs. 4 BDSG-neu durch § 32 BDSG-neu. § 4 Abs. 2 und 4 BDSG-neu kann als spezifischere Bestimmung i.S.v. Art. 6 Abs. 2 und 3 (im öffentlichen Interesse liegende Aufgabe) angesehen werden. In jedem Fall ist die Einschränkung der Art. 13 und 14 aber durch Art. 23 Abs. 1 lit. d (Verhütung, Ermittlung, Aufdeckung oder Verfolgung von Straftaten, Schutzes vor und Abwehr von Gefahren für die öffentliche Sicherheit) gerechtfertigt. **180**

181 § 29 Abs. 1 und 2 BDSG-neu schränkt die Informationspflicht des Art. 13 Abs. 3 und des Art. 14 Abs. 1 bis 4 im Fall von Geheimhaltungspflichten eines Berufsgeheimnisträgers ein. Die Regelung ist aufgrund von Art. 23 Abs. 1 lit. i (Schutz der Rechte und Freiheiten anderer Personen) gerechtfertigt. Mit „anderen Personen" i.S.d. Vorschrift sind sowohl Dritte gemeint, deren vertrauliche Informationen durch Geheimhaltungspflichten geschützt werden, als auch Verantwortliche, die die Geheimhaltungspflichten einzuhalten haben und die ohne die Norm des § 29 Abs. 1 und 2 BDSG-neu einer Pflichtenkollision unterlägen (einerseits Informationspflicht gem. Art. 13 oder 14, andererseits Geheimhaltungspflicht).

182 § 32 Abs. 1 BDSG-neu beschränkt die Informationspflicht des Art. 13 Abs. 3 – vorbehaltlich einer Interessenabwägung im Einzelfall – in einer Reihe von Ausnahmetatbeständen. Bemerkenswert ist, dass diese zusätzlichen Ausnahmen nur die Folgeinformationspflicht bei beabsichtigter Zweckänderung bzw. Weiterverarbeitung betreffen. Insofern greifen die Ausnahmetatbestände zu kurz, da die im Zuge der Erstverarbeitung bei Datenerhebung bestehenden Informationspflichten ebenfalls zu weitgehend sind, nunmehr allerdings keinerlei Einschränkungen unterliegen (eingehend Rn. 149 ff., insb. Rn. 154 f., 156 f. und 158 ff.). Es ist fraglich, ob die gänzliche Nichtberücksichtigung von Rechten und Freiheiten des Verantwortlichen und Dritter im Rahmen von Art. 13 Abs. 1 und 2 noch europarechtskonform ist. Auch der Bürokratieaufwand ist enorm: So muss nun auch bei gesetzlich vorgeschriebener Datenverarbeitung bei jeder Datenerhebung durch öffentliche Stellen der gesamte Informationskatalog des Art. 13 Abs. 1 und 2 abgearbeitet werden. Insofern wäre eine Ausdehnung des Art. 14 Abs. 5 lit. c auf alle Fälle des Art. 13 angebracht gewesen.

183 In der Sache schränkt § 32 Abs. 1 BDSG-neu die Informationspflicht des Art. 13 Abs. 3 vor allem zugunsten öffentlicher Interessen ein:

- § 32 Abs. 1 Nr. 2 BDSG-neu dient der ordnungsgemäßen Aufgabenerfüllung öffentlicher Stellen und ist durch Art. 23 Abs. 1 lit. a, b, c, d und e gerechtfertigt.
- § 32 Abs. 1 Nr. 3 BDSG-neu beschränkt die Informationspflicht im Interesse der öffentlichen Sicherheit und Ordnung. Die Norm ist durch Art. 23 Abs. 1 lit. c und e gerechtfertigt.
- § 32 Abs. 1 Nr. 5 BDSG-neu schützt die vertrauliche Übermittlung personenbezogener Daten an öffentliche Stellen und ist zumindest durch Art. 23 Abs. 1 lit. e (Schutz wichtiger Ziele des allgemeinen öffentlichen Interesses) gerechtfertigt.

184 § 32 Abs. 1 Nr. 4 BDSG-neu beschränkt die Informationspflicht des Art. 13 Abs. 3, wenn sie die Geltendmachung, Ausübung oder Verteidigung rechtlicher Ansprüche gefährden würde und ist durch Art. 23 Abs. 1 lit. i (Schutz der Rechte und Freiheiten anderer Personen) und Art. 23 Abs. 1 lit. j (Durchsetzung zivilrechtlicher Ansprüche) gerechtfertigt. Die Norm dient aber auch insgesamt einem angemessenen Interessenausgleich zwischen dem Betroffenen, dem Verantwortlichen und Dritten, so dass sie auch durch Art. 23 Abs. 1 lit. e (Schutz wichtiger Ziele des allgemeinen öffentlichen Interesses) gedeckt ist.

185 § 33 Abs. 1 BDSG-neu beschränkt ergänzend zu den Ausnahmen des Art. 14 Abs. 5 und vorbehaltlich einer Interessenabwägung im Einzelfall die Informationspflichten, wenn die Daten nicht beim Betroffenen erhoben wurden. Die Norm unterscheidet zwischen öffentlichen Stellen und nicht-öffentlichen Stellen. Ist eine öffentliche Stelle grundsätzlich zur Informationserteilung gem. Art. 14 verpflichtet, entfällt diese Pflicht, wenn durch die Informationserteilung die ordnungsgemäße Aufgabenerfüllung oder die öffentliche Sicherheit und Ordnung gefährdet wäre (§ 33 Abs. 1 Nr. 1 BDSG-neu). Dieser Ausnahmetatbestand ist durch Art. 23 Abs. 1 lit. a, b, c, d, e, f, g und h gerechtfertigt. Ist eine nicht-öffentliche Stelle grundsätzlich informationspflichtig, entfällt die Informationspflicht ausnahmsweise,

- wenn die Informationserteilung die Geltendmachung, Ausübung oder Verteidigung zivilrechtlicher Ansprüche beeinträchtigen würde (§ 33 Abs. 1 Nr. 2 lit. a Alt. 1 BDSG-neu),

- wenn die Verarbeitung Daten aus zivilrechtlichen Verträgen beinhaltet und der Verhütung von Schäden durch Straftaten dient (§ 33 Abs. 1 Nr. 2 lit. a Alt. 2 BDSG-neu),
- wenn die öffentliche Sicherheit oder Ordnung, das Wohl des Bundes oder eines Landes oder die Strafverfolgung gefährdet ist (§ 33 Abs. 1 Nr. 2 lit. b BDSG-neu).

Die Ausnahmetatbestände sind durch Art. 23 Abs. 1 lit. c (öffentliche Sicherheit), Art. 23 Abs. 1 lit. d (Strafverfolgung), Art. 23 Abs. 1 lit. e (wichtige Ziele des allgemeinen öffentlichen Interesses) und Art. 23 Abs. 1 lit. j (Durchsetzung zivilrechtlicher Ansprüche) gerechtfertigt. **186**

II. Bestandsschutz bisheriger Datenverarbeitungen

Der jeweils maßgebliche Zeitpunkt der Informationserteilung ist in Art. 13 und 14 geregelt. Eine besondere Bestandsschutzregelung enthält die DS-GVO nicht. **187**

Das bedeutet für die Erstverarbeitung personenbezogener Daten: **188**

- Werden die Daten beim Betroffenen erhoben, ist eindeutig der Zeitpunkt der Datenerhebung für die Annahme einer Informationspflicht maßgeblich, da dieser Zeitpunkt und der Zeitpunkt, zu dem die Information erteilt werden muss, nicht auseinanderfallen (vgl. Art. 13 Abs. 1 chapeau und Abs. 2 chaupeau). Werden die Daten somit vor dem 25.5.2018 erhoben, gelten die Informationspflichten des Art. 13 noch nicht. Bis zu diesem Zeitpunkt gelten weiterhin die bestehenden Regelungen des jeweils geltenden nationalen Rechts, es sei denn, das Anpassungsgesetz eines nationalen Gesetzgebers verschafft den Regelungen der DS-GVO schon früher Geltung. Für am oder nach dem 25.5.2018 beim Betroffenen erhobene Daten gelten selbstverständlich die Regelungen des Art. 13.
- Werden die Daten nicht beim Betroffenen erhoben, kann der Zeitpunkt der Datenerhebung nicht eindeutig als maßgebliches Kriterium für die Annahme einer Informationspflicht festgelegt werden, denn gem. Art. 14 Abs. 3 kann die Information auch erst innerhalb einer angemessenen Frist nach Datenerlangung (lit. a) bzw. sogar erst bei Datenverwendung gegenüber dem Betroffenen (lit. b) oder einem Empfänger (lit. c) erteilt werden. Fraglich ist daher, ob der Zeitpunkt der Datenerlangung oder der Zeitpunkt der Informationserteilung für die Geltung der Vorgaben des Art. 14 maßgeblich ist. Es spricht vieles dafür, bei lit. b und lit. c den Zeitpunkt der Informationserteilung maßgeblich sein zu lassen, denn Anknüpfungspunkt für die Informationserteilung ist hier eine konkrete Datenverarbeitung (Verwendung der Daten gegenüber dem Betroffenen oder einem Empfänger). Gilt zum Zeitpunkt der Datenverwendung die DS-GVO bereits, sollten auch die zu erteilenden Informationen den Vorgaben der DS-GVO entsprechen. Bei lit. a sollte aus Gründen der Rechtsklarheit auf den Zeitpunkt der Datenerlangung abgestellt werden. Liegt dieser vor dem 25.5.2018, gelten auch die Regelungen der DS-GVO noch nicht.

Sollen die Daten für einen anderen Zweck weiterverarbeitet werden als den, für den sie erlangt wurden, ist der geplante Zeitpunkt der Weiterverarbeitung maßgeblich. Sollen die Daten somit noch vor dem 25.5.2018 weiterverarbeitet werden, gelten die Informationspflichten der Art. 13 und 14 noch nicht. Sollen sie zu einem späteren Zeitpunkt weiterverarbeitet werden, richtet sich die Informationspflicht nach Art. 13 Abs. 3 oder 14 Abs. 4. **189**

III. Anwendung durch die Datenverarbeiter

Beruht die Datenverarbeitung auf einer Einwilligung, können die relevanten Informationen in die Einwilligungserklärung aufgenommen werden. Eine mündliche Informationserteilung ist nur zulässig, wenn sie vom Betroffenen verlangt wird. Angesichts der Vielzahl der zu erteilenden Informationen und angesichts der Beweisrisiken für den Verantwortlichen dürfte eine mündliche Information in den meisten Fällen auch nicht ratsam sein. **190**

191 Die Informationen können z.B. in Bestellscheine, allgemeine Geschäftsbedingungen oder separate Dokumente aufgenommen werden.[69] Sollten sie in umfangreicheren Dokumenten „versteckt" werden, müssen sie wohl optisch hervorgehoben werden, um den Erfordernissen der Transparenz, Verständlichkeit und leichten Zugänglichkeit (Art. 12 Abs. 1 S. 1) noch gerecht werden zu können.

192 Bei Datenerhebungen mittels Postkarten, Werbeflyern oder Zeitungsanzeigen dürfte dem Verantwortlichen i.d.R. der Platz für die von Art. 13 geforderten Informationen fehlen. Eine mögliche Lösung wäre die Angabe eines Links mit Hinweis darauf, dass die erforderlichen Informationen auf einer Webseite abrufbar sind.[70] Ob dies von Aufsichtsbehörden und Gerichten jedoch als ausreichend angesehen werden wird, ist unklar.

193 Bei telefonischer Datenerhebung (z.B. bei Bestellungen oder Reklamationsbearbeitungen im Versandhandel, aber auch bei Reservierungen von Hotelzimmern oder Restauranttischen, bei der Verabredung von Terminen beim Arzt oder Friseur oder mit einem Handwerker[71]) müsste an sich immer der gesamte Informationskatalog des Art. 13 abgearbeitet werden. Hier zeigt sich, dass der „One-size-fits-all"-Ansatz der DS-GVO verfehlt ist und dass die Anwendung von Art. 13 auf alle Datenverarbeitungssituationen zu völlig unpraktikablen Ergebnissen führen würde. In Ermangelung von Ausnahmetatbeständen hilft hier allenfalls eine weite Auslegung des Tatbestandsmerkmals der Kenntnis des Betroffenen. Es ist aber zweifelhaft, ob man bei telefonischer Kontaktaufnahme durch den Betroffenen tatsächlich unterstellen kann, dass der Betroffene sich vor seinem Anruf bereits positive Kenntnis in Bezug auf alle Informationen gem. Abs. 1 und 2 verschafft hat. Alternativ kommen eine Bandansage oder ein Hinweis auf die Webseite des Verantwortlichen als Mittel der Information des Betroffenen in Betracht.[72]

194 Bei einer Videoüberwachung und beim Fotografieren ist schon unklar, ob Art. 13 oder 14 einschlägig ist. Hiesigen Erachtens werden bei der Videoüberwachung und beim Fotografieren die Daten (unabhängig von seiner Kenntnis) „beim Betroffenen" erhoben, sodass sich die Informationspflicht nach Art. 13 richtet. Es kann für die Frage, ob Art. 13 oder 14 anwendbar ist, keinen Unterschied machen, ob der Betroffene zufällig Kenntnis von der Videoüberwachung oder vom Fotografieren hat oder nicht. An sich müsste nun an jeder Überwachungskamera ein Schild angebracht werden, das die Informationen des Art. 13 Abs. 1 und 2 enthält (in Deutschland durch § 4 Abs. 2 BDSG-neu z.T. abbedungen). Ein solches Hinweisschild müsste an sich auch in jedem Verkaufsgeschäft oder Ladenlokal, das Kreditkartenzahlung anbietet, angebracht sein. An sich müsste jeder Fotograf der fotografierten Person ein Flugblatt mit den Informationen des Art. 13 übergeben, sofern er die Daten nicht nur für ausschließlich private Zwecke nutzen will. Das wäre allerdings das Ende der Streetphotography. Die Beispiele zeigen, zu welch absurden Ergebnissen eine wortlautgetreue Anwendung der Informationspflicht führte.

IV. Sanktionen

195 Bei Verstößen gegen die Informationspflicht können die Datenschutzaufsichtsbehörden Geldbußen von bis zu 20 Mio. € oder im Falle eines Unternehmens bis zu 4 % des gesamten weltweit erzielten Jahresumsatzes des vorangegangenen Geschäftsjahrs verhängen (Art. 83 Abs. 5 lit. b).

---

69 Vgl. Gierschmann/Saeugling, *Krätschmer*, § 4 Rn. 36.
70 *Robrecht*, S. 51.
71 *Robrecht*, S. 51.
72 *Robrecht*, S. 52.

V. Rechtsschutz

1. Rechtsschutz des Betroffenen

Jeder Betroffene hat **196**

- das Recht auf Beschwerde bei einer Aufsichtsbehörde, wenn er der Auffassung ist, dass die Verarbeitung ihn betreffender Daten gegen die DS-GVO verstößt; zuständig kann die Aufsichtsbehörde in dem Mitgliedstaat des Aufenthaltsortes, des Arbeitsplatzes oder des Ortes des mutmaßlichen Verstoßes sein (Art. 77 Abs. 1);
- das Recht auf einen wirksamen gerichtlichen Rechtsbehelf gegen einen ihn betreffenden rechtsverbindlichen Beschluss einer Aufsichtsbehörde (Art. 78 Abs. 1);
- das Recht auf einen wirksamen gerichtlichen Rechtsbehelf, wenn sich die zuständige Aufsichtsbehörde nicht mit einer Beschwerde befasst oder sie den Betroffenen nicht innerhalb von drei Monaten über den Stand oder das Ergebnis der Beschwerde in Kenntnis setzt (Art. 78 Abs. 2);
- das Recht auf einen wirksamen gerichtlichen Rechtsbehelf gegen einen Verantwortlichen oder gegen einen Auftragsverarbeiter (Art. 79);
- Anspruch auf Schadensersatz gegen den Verantwortlichen oder gegen den Auftragsverarbeiter, wenn ihm wegen eines Verstoßes gegen die DS-GVO ein materieller oder immaterieller Schaden entstanden ist (Art. 82);
- das Recht, eine Einrichtung, Organisation oder Vereinigung, die im Bereich des Datenschutzes tätig ist, mit der Vertretung seiner Interessen im Zusammenhang mit den Rechten der Art. 77, 78 und 79 sowie der Geltendmachung von Schadensersatz gem. Art. 82 zu beauftragen (Art. 80 Abs. 1).

2. Rechtsschutz anderer natürlicher oder juristischer Personen

Jede natürliche oder juristische Person (also insb. Verantwortliche oder Auftragsverarbeiter) hat **197** das Recht auf einen wirksamen gerichtlichen Rechtsbehelf gegen einen sie betreffenden rechtsverbindlichen Beschluss einer Aufsichtsbehörde (Art. 78 Abs. 1).

3. Rechtsschutz durch Verbände

Jede Einrichtung, Organisation oder Vereinigung ohne Gewinnerzielungsabsicht, die ordnungs- **198** gemäß nach dem Recht eines Mitgliedstaates gegründet ist, deren satzungsmäßige Ziele im öffentlichen Interesse liegen und die im Bereich des Schutzes der Rechte und Freiheiten von betroffenen Personen in Bezug auf den Schutz ihrer personenbezogenen Daten tätig ist, kann auch ohne Beauftragung durch einen Betroffenen die Rechte der Art. 77, 78 und 79 geltend machen (altruistische Verbandsklage), sofern dies das Recht eines Mitgliedstaates vorsieht (Art. 80 Abs. 2). Jeder Betroffene hat das Recht, einen solchen Verband mit der Vertretung seiner Interessen im Zusammenhang mit den Rechten der Art. 77, 78 und 79 sowie der Geltendmachung von Schadensersatz gem. Art. 82 zu beauftragen (Art. 80 Abs. 1).

Article 15

Right of access by the data subject

1. The data subject shall have the right to obtain from the controller confirmation as to whether or not personal data concerning him or her are being processed, and, where that is the case, access to the personal data and the following information:

(a) the purposes of the processing;

(b) the categories of personal data concerned;

(c) the recipients or categories of recipient to whom the personal data have been or will be disclosed, in particular recipients in third countries or international organisations;

(d) where possible, the envisaged period for which the personal data will be stored, or, if not possible, the criteria used to determine that period;

(e) the existence of the right to request from the controller rectification or erasure of personal data or restriction of processing of personal data concerning the data subject or to object to such processing;

(f) the right to lodge a complaint with a supervisory authority;

(g) where the personal data are not collected from the data subject, any available information as to their source;

(h) the existence of automated decision-making, including profiling, referred to in Article 22(1) and (4) and, at least in those cases, meaningful information about the logic involved, as well as the significance and the envisaged consequences of such processing for the data subject.

(2) Where personal data are transferred to a third country or to an international organisation, the data subject shall have the right to be

Artikel 15

Auskunftsrecht der betroffenen Person

(1) Die betroffene Person hat das Recht, von dem Verantwortlichen eine Bestätigung darüber zu verlangen, ob sie betreffende personenbezogene Daten verarbeitet werden; ist dies der Fall, so hat sie ein Recht auf Auskunft über diese personenbezogenen Daten und auf folgende Informationen:

a) die Verarbeitungszwecke;

b) die Kategorien personenbezogener Daten, die verarbeitet werden;

c) die Empfänger oder Kategorien von Empfängern, gegenüber denen die personenbezogenen Daten offengelegt worden sind oder noch offengelegt werden, insbesondere bei Empfängern in Drittländern oder bei internationalen Organisationen;

d) falls möglich die geplante Dauer, für die die personenbezogenen Daten gespeichert werden, oder, falls dies nicht möglich ist, die Kriterien für die Festlegung dieser Dauer;

e) das Bestehen eines Rechts auf Berichtigung oder Löschung der sie betreffenden personenbezogenen Daten oder auf Einschränkung der Verarbeitung durch den Verantwortlichen oder eines Widerspruchsrechts gegen diese Verarbeitung;

f) das Bestehen eines Beschwerderechts bei einer Aufsichtsbehörde;

g) wenn die personenbezogenen Daten nicht bei der betroffenen Person erhoben werden, alle verfügbaren Informationen über die Herkunft der Daten;

h) das Bestehen einer automatisierten Entscheidungsfindung einschließlich Profiling gemäß Artikel 22 Absätze 1 und 4 und – zumindest in diesen Fällen – aussagekräftige Informationen über die involvierte Logik sowie die Tragweite und die angestrebten Auswirkungen einer derartigen Verarbeitung für die betroffene Person.

(2) Werden personenbezogene Daten an ein Drittland oder an eine internationale Organisation übermittelt, so hat die betroffene Person

informed of the appropriate safeguards pursuant to Article 46 relating to the transfer.

(3) The controller shall provide a copy of the personal data undergoing processing. For any further copies requested by the data subject, the controller may charge a reasonable fee based on administrative costs. Where the data subject makes the request by electronic means, and unless otherwise requested by the data subject, the information shall be provided in a commonly used electronic form.

(4) The right to obtain a copy referred to in paragraph 3 shall not adversely affect the rights and freedoms of others.

das Recht, über die geeigneten Garantien gemäß Artikel 46 im Zusammenhang mit der Übermittlung unterrichtet zu werden.

(3) Der Verantwortliche stellt eine Kopie der personenbezogenen Daten, die Gegenstand der Verarbeitung sind, zur Verfügung. Für alle weiteren Kopien, die die betroffene Person beantragt, kann der Verantwortliche ein angemessenes Entgelt auf der Grundlage der Verwaltungskosten verlangen. Stellt die betroffene Person den Antrag elektronisch, so sind die Informationen in einem gängigen elektronischen Format zur Verfügung zu stellen, sofern sie nichts anderes angibt.

(4) Das Recht auf Erhalt einer Kopie gemäß Absatz 1b darf die Rechte und Freiheiten anderer Personen nicht beeinträchtigen.

§ 27 BDSG-neu

Datenverarbeitung zu wissenschaftlichen oder historischen Forschungszwecken und zu statistischen Zwecken

[…]

(2) Die in den Artikeln 15, 16, 18 und 21 der Verordnung (EU) 2016/679 vorgesehenen Rechte der betroffenen Person sind insoweit beschränkt, als diese Rechte voraussichtlich die Verwirklichung der Forschungs- oder Statistikzwecke unmöglich machen oder ernsthaft beinträchtigen und die Beschränkung für die Erfüllung der Forschungs- oder Statistikzwecke notwendig ist. Das Recht auf Auskunft gemäß Artikel 15 der Verordnung (EU) 2016/679 besteht darüber hinaus nicht, wenn die Daten für Zwecke der wissenschaftlichen Forschung erforderlich sind und die Auskunftserteilung einen unverhältnismäßigen Aufwand erfordern würde.

[…]

§ 28 BDSG-neu

Datenverarbeitung zu im öffentlichen Interesse liegenden Archivzwecken

[…]

(2) Das Recht auf Auskunft der betroffenen Person gemäß Artikel 15 der Verordnung (EU) 2016/679 besteht nicht, wenn das Archivgut nicht durch den Namen der Person erschlossen ist oder keine Angaben gemacht werden, die das Auffinden des betreffenden Archivguts mit vertretbarem Verwaltungsaufwand ermöglichen.

[…]

§ 29 BDSG-neu

Rechte der betroffenen Person und aufsichtsbehördliche Befugnisse im Fall von Geheimhaltungspflichten

(1) […] [2]Das Recht auf Auskunft der betroffenen Person gemäß Artikel 15 der Verordnung (EU) 2016/679 besteht nicht, soweit durch die Auskunft Informationen offenbart würden, die nach einer Rechtsvorschrift oder ihrem Wesen nach, insbesondere wegen der überwiegenden berechtigten Interessen eines Dritten, geheim gehalten werden müssen.

[…]

§ 34 BDSG-neu

Auskunftsrecht der betroffenen Person

(1) Das Recht auf Auskunft der betroffenen Person gemäß Artikel 15 der Verordnung (EU) 2016/679 besteht ergänzend zu den in § 27 Absatz 2, § 28 Absatz 2 und § 29 Absatz 1 Satz 2 genannten Ausnahmen nicht, wenn

1. die betroffene Person nach § 33 Absatz 1 Nummer 1, 2 Buchstabe b oder Absatz 3 nicht zu informieren ist, oder
2. die Daten
   a) nur deshalb gespeichert sind, weil sie aufgrund gesetzlicher oder satzungsmäßiger Aufbewahrungsvorschriften nicht gelöscht werden dürfen, oder
   b) ausschließlich Zwecken der Datensicherung oder der Datenschutzkontrolle dienen

   und die Auskunftserteilung einen unverhältnismäßigen Aufwand erfordern würde sowie eine Verarbeitung zu anderen Zwecken durch geeignete technische und organisatorische Maßnahmen ausgeschlossen ist.

(2) Die Gründe der Auskunftsverweigerung sind zu dokumentieren. Die Ablehnung der Auskunftserteilung ist gegenüber der betroffenen Person zu begründen, soweit nicht durch die Mitteilung der tatsächlichen und rechtlichen Gründe, auf die die Entscheidung gestützt wird, der mit der Auskunftsverweigerung verfolgte Zweck gefährdet würde. Die zum Zweck der Auskunftserteilung an die betroffene Person und zu deren Vorbereitung gespeicherten Daten dürfen nur für diesen Zweck sowie für Zwecke der Datenschutzkontrolle verarbeitet werden; für andere Zwecke ist die Verarbeitung nach Maßgabe des Artikels 18 der Verordnung (EU) 2016/679 einzuschränken.

(3) Wird der betroffenen Person durch eine öffentliche Stelle des Bundes keine Auskunft erteilt, so ist sie auf ihr Verlangen der oder dem Bundesbeauftragten zu erteilen, soweit nicht die jeweils zuständige oberste Bundesbehörde im Einzelfall feststellt, dass dadurch die Sicherheit des Bundes oder eines Landes gefährdet würde. Die Mitteilung der oder des Bundesbeauftragten an die betroffene Person über das Ergebnis der datenschutzrechtlichen Prüfung darf keine Rückschlüsse auf den Erkenntnisstand des Verantwortlichen zulassen, sofern dieser nicht einer weitergehenden Auskunft zustimmt.

(4) Das Recht der betroffenen Person auf Auskunft über personenbezogene Daten, die durch eine öffentliche Stelle weder automatisiert verarbeitet noch nicht automatisiert verarbeitet und in einem Dateisystem gespeichert werden, besteht nur, soweit die betroffene Person Angaben macht, die das Auffinden der Daten ermöglichen, und der für die Erteilung der Auskunft erforderliche Aufwand nicht außer Verhältnis zu dem von der betroffenen Person geltend gemachten Informationsinteresse steht.

Recitals

(63) [1]A data subject should have the right of access to personal data which have been collected concerning him or her, and to exercise that right easily and at reasonable intervals, in order to be aware of, and verify, the lawfulness of the processing. [2]This includes the right for data subjects to have access to data concerning their health, for example the data in their medical records containing information such as diagnoses, examination results, assessments by treating physicians and any treatment or inter-

Erwägungsgründe

(63) [1]Eine betroffene Person sollte ein Auskunftsrecht hinsichtlich der sie betreffenden personenbezogenen Daten, die erhoben worden sind, besitzen und dieses Recht problemlos und in angemessenen Abständen wahrnehmen können, um sich der Verarbeitung bewusst zu sein und deren Rechtmäßigkeit überprüfen zu können. [2]Dies schließt das Recht betroffener Personen auf Auskunft über ihre eigenen gesundheitsbezogenen Daten ein, etwa Daten in ihren Patientenakten, die Infor-

ventions provided. [3]Every data subject should therefore have the right to know and obtain communication in particular with regard to the purposes for which the personal data are processed, where possible the period for which the personal data are processed, the recipients of the personal data, the logic involved in any automatic personal data processing and, at least when based on profiling, the consequences of such processing. [4]Where possible, the controller should be able to provide remote access to a secure system which would provide the data subject with direct access to his or her personal data. [5]That right should not adversely affect the rights or freedoms of others, including trade secrets or intellectual property and in particular the copyright protecting the software. [6]However, the result of those considerations should not be a refusal to provide all information to the data subject. [7]Where the controller processes a large quantity of information concerning the data subject, the controller should be able to request that, before the information is delivered, the data subject specify the information or processing activities to which the request relates.

mationen wie beispielsweise Diagnosen, Untersuchungsergebnisse, Befunde der behandelnden Ärzte und Angaben zu Behandlungen oder Eingriffen enthalten. [3]Jede betroffene Person sollte daher ein Anrecht darauf haben zu wissen und zu erfahren, insbesondere zu welchen Zwecken die personenbezogenen Daten verarbeitet werden und, wenn möglich, wie lange sie gespeichert werden, wer die Empfänger der personenbezogenen Daten sind, nach welcher Logik die automatische Verarbeitung personenbezogener Daten erfolgt und welche Folgen eine solche Verarbeitung haben kann, zumindest in Fällen, in denen die Verarbeitung auf Profiling beruht. [4]Nach Möglichkeit sollte der Verantwortliche den Fernzugang zu einem sicheren System bereitstellen können, der der betroffenen Person direkten Zugang zu ihren personenbezogenen Daten ermöglichen würde. [5]Dieses Recht sollte die Rechte und Freiheiten anderer Personen, etwa Geschäftsgeheimnisse oder Rechte des geistigen Eigentums und insbesondere das Urheberrecht an Software, nicht beeinträchtigen. [6]Dies darf jedoch nicht dazu führen, dass der betroffenen Person jegliche Auskunft verweigert wird. [7]Verarbeitet der Verantwortliche eine große Menge von Informationen über die betroffene Person, so sollte er verlangen können, dass die betroffene Person präzisiert, auf welche Information oder welche Verarbeitungsvorgänge sich ihr Auskunftsersuchen bezieht, bevor er ihr Auskunft erteilt.

(64) [1]The controller should use all reasonable measures to verify the identity of a data subject who requests access, in particular in the context of online services and online identifiers. [2]A controller should not retain personal data for the sole purpose of being able to react to potential requests.

(64) [1]Der Verantwortliche sollte alle vertretbaren Mittel nutzen, um die Identität einer Auskunft suchenden betroffenen Person zu überprüfen, insbesondere im Rahmen von Online-Diensten und im Fall von Online-Kennungen. [2]Ein Verantwortlicher sollte personenbezogene Daten nicht allein zu dem Zweck speichern, auf mögliche Auskunftsersuchen reagieren zu können.

Literatur

Albrecht/Jotzo, Das neue Datenschutzrecht der EU, 1. Auflage 2017, Nomos Baden-Baden; *Bräutigam/Schmidt-Wudy*, Das geplante Auskunfts- und Herausgaberecht des Betroffenen nach Art. 15 der EU-Datenschutzgrundverordnung, in: CR 2015, 56; *Dammann*, Erfolge und Defizite der EU-Datenschutzgrundverordnung – Erwarteter Fortschritt, Schwächen und überraschende Innovationen, in: ZD 2016, 307; *Deuster*, Automatisierte Entscheidungen nach der Datenschutz-Grundverordnung, in: PinG 2016, 75; *Deutscher Dialogmarketing Verband e.V.*, Best Practice Guide Europäische Datenschutz-Grundverordnung – Auswirkungen auf das Dialogmarketing (Juni 2016), https://www.ddv.de/fileadmin/user_upload/pdf/Verband/Publikationen/Best_Practice_Guide/DDV_BPG_DSGVO_Juni2016.pdf (abgerufen am 5.6.2017); *Ehmann/Selmayr (Hrsg.),* Datenschutz-Grundverordnung, 1. Auflage 2017, C.H. Beck München; *Ehrig/Glatzner*, Kreditscoring nach der Datenschutz-Grundverordnung: Sollen – und können – die bisherigen Regelungen des BDSG erhalten bleiben?, in: PinG 2016, 211; *Gierschmann/Saeugling (Hrsg.),* Systematischer Praxiskommentar Datenschutzrecht, 1. Auflage 2014, Bundesanzeiger Verlag Köln; *Gola (Hrsg.),* Datenschutz-Grundverordnung, 1. Auflage 2017, C.H. Beck München; *Gola/Schomerus*, BDSG, 12. Auflage 2015, C.H. Beck München; *Härting*, Datenschutz-Grundverordnung, 1. Auflage 2016, Dr. Otto Schmidt, Köln; *Heinemann/ Wäßle*, Datenschutzrechtlicher Auskunftsanspruch bei Kreditscoring – Inhalt und Grenzen des Auskunftsanspruchs nach § 34 BDSG, in: MMR 2010, 600; *Leucker*, Die zehn Märchen der Datenschutzreform, in: PinG 2015, 195; *Liedke*, BIG DATA – small information: muss der datenschutzrechtliche Auskunftsanspruch reformiert werden?, in: K&R 2014, 709; *Paal/Pauly*, Datenschutz-Grundverordnung, 1. Auflage 2016, C.H. Beck München; *Piltz*, Die Datenschutz-Grundverordnung – Teil 2: Rechte der Betroffenen und korrespondierende Pflichten des Verantwortlichen, in: K&R 2016, 629; *Roßnage l (Hrsg.),* Europäische Datenschutz-Grundverordnung, 1. Auflage 2017, Nomos Baden-Baden; *Simitis (Hrsg.)*, Bundesdatenschutzgesetz, 8. Auflage 2014, Nomos Baden-Baden; *Schätzle*, Ein Recht auf die Fahrzeugdaten – Das Recht auf Datenportabilität aus der DS-GVO, in: PinG 2016, 71; *Spindler*, Die neue EU-Datenschutz-Grundverordnung, in: DB 2016, 937; *Sydow*, Vorwirkungen von Ansprüchen auf datenschutzrechtliche Auskunft und Informationszugang, NVwZ 2013, 467; *Taeger (Hrsg.),* Smart World – Smart Law? 1. Auflage 2016, Oldenburger Verlag für Wirtschaft, Informatik und Recht Edewecht; *Taeger/Gabel (Hrsg.),* BDSG und Datenschutzvorschriften des TKG und TMG, 2. Auflage 2013, Deutscher Fachverlag GmbH, Frankfurt a.M.; *Wagner*, Die Datenschutz-Grundverordnung: die Betroffenenrechte (Teil IV), in: Dako 2015/59, 112; *Wilhelm*, Auskunftsansprüche in der Informationsgesellschaft – Zur Pfadabhängigkeit der individuellen Rechtsdurchsetzung, in: DÖV 2016, 899; *Wolff/Brink (Hrsg.),* Beck'scher Online-Kommentar Datenschutzrecht, C.H. Beck München, 13. Edition Stand: 1.8.2015; *Wybitul*, EU-Datenschutz-Grundverordnung im Unternehmen, 1. Auflage 2016; Deutscher Fachverlag GmbH, Frankfurt a.M.; *Zikesch/Kramer*, Die DS-GVO und das Berufsrecht der Rechtsanwälte, Steuerberater und Wirtschaftsprüfer – Datenschutz bei freien Berufen, in: ZD 2015, 565.

▶ Bedeutung der Norm

Art. 15 gehört zu den Normen der DS-GVO, durch die Transparenz der Datenverarbeitung hergestellt werden soll. Abs. 1 und 2 regeln den Anspruch des Betroffenen auf Auskunft. Hierfür ist ein Auskunftsverlangen des Betroffenen bei dem Verantwortlichen erforderlich. Auskunft erteilt werden muss über die Frage, ob überhaupt personenbezogene Daten verarbeitet werden. Darüber hinaus sind dem Betroffenen eine Reihe weiterer Informationen in Bezug auf die Datenverarbeitung zu geben. Abs. 3 und 4 geben dem Betroffenen zusätzlich zum Auskunftsanspruch ein Recht auf Erhalt einer Kopie der Daten, die Gegenstand der Verarbeitung sind.

▶ Hinweise für den Anwender

Für die Norm relevante Definitionen und andere Querbezüge:

- Geldbuße bei Verstoß gegen die Auskunftspflicht gem. Art. 83 Abs. 5 lit. b: bis zu 20 Mio. € oder im Falle eines Unternehmens bis zu 4 % seines gesamten weltweit erzielten Jahresumsatzes des vorangegangenen Geschäftsjahrs.

Für die Auslegung der Norm relevante Erwägungsgründe:

- EG 58 bis 60 allgemein zu den Betroffenenrechten; EG 63 und 64 unmittelbar zum Auskunftsanspruch.

Systematische Einordnung der Norm innerhalb der DS-GVO:

- Der Auskunftsanspruch ist Teil der in Kapitel III geregelten Betroffenenrechte und gehört zu den zugunsten des Betroffenen erheblich erweiterten Transparenzerfordernissen. Er ist auf ähnliche Informationen gerichtet wie die Informationspflichten der Art. 13 und

14. Diese sind vom Verantwortlichen jedoch aktiv und ohne Aufforderung zu erteilen („Bringschuld" des Verantwortlichen), während Auskunft nur auf Antrag des Betroffenen zu erteilen ist („Holschuld" des Betroffenen). Damit gehört der Auskunftsanspruch zu den Initiativrechten des Betroffenen.

- Auskunftsanspruch und Recht auf Erhalt einer Kopie sind wie das Recht auf Verarbeitungseinschränkung (Art. 18), die Mitteilungspflicht des Art. 19 S. 1, das Recht auf Datenübertragbarkeit (Art. 20) und das Widerspruchsrecht (Art. 21) als rein antragsabhängige subjektive Rechte ausgestaltet.
- Art. 11 und 12 sind die für alle Betroffenenrechte geltenden, vor die Klammer gezogenen Normen, die Verfahren und Form der Geltendmachung auch des Auskunftsanspruchs regeln.
- Auf das Auskunftsrecht ist vom Verantwortlichen bei Datenerhebung bzw. bei Datenverwendung hinzuweisen (Art. 13 Abs. 2 lit. b, 14 Abs. 2 lit. c).
- Die Mitgliedstaaten können gem. Art. 6 Abs. 2 und 3 spezifischere Bestimmungen erlassen sowie gem. Art. 23, 85 und 89 Abs. 2 und 3 im nationalen Recht Beschränkungen des Auskunftsrechts und Abweichungen und Ausnahmen vom Auskunftsrecht festlegen.

Vorgängernormen im BDSG:

- § 19 BDSG für Auskunftsansprüche gegen öffentliche Stellen; § 34 BDSG für Auskunftsansprüche gegen nicht-öffentliche Stellen.

Vorgängernorm in der RL 95/46:

- Art. 12 lit. a RL 95/46.

Querbezüge zu Normen anderer Rechtstexte:

- Art. 8 Abs. 2 S. 2 EU-Grundrechtecharta lautet: „Jede Person hat das Recht, Auskunft über die sie betreffenden erhobenen Daten zu erhalten und die Berichtigung der Daten zu erwirken."

Stellungnahmen der Aufsichtsbehörden oder der Art. 29-Gruppe:

- *Article 29 Data Protection Working Party*, Opinion 10/2004 on More Harmonised Information Provisions, WP 100 (adopted on 25th November 2004).
- Bayerisches Landesamt für Datenschutzaufsicht, Das BayLDA auf dem Weg zur Umsetzung der Verordnung (Teil XVI), Das Auskunftsrecht der betroffenen Person – Art. 15 DS-GVO, Stand: 21.02.2017, https://www.lda.bayern.de/media/baylda_ds-gvo_16_right_of_access.pdf (abgerufen am 6.6.2017).

▶ Schlagworte

Auskunft, Mitteilung, Information, Transparenz, Betroffenenrecht, informationelle Selbstbestimmung, Auskunftei, Scorewert, Scoreformel, Geschäftsgeheimnis, Betriebsgeheimnis, Aufbewahrungsfrist, Speicherfrist, Kopie, Auskunftsrecht, Auskunftsanspruch, Recht auf Erhalt einer Kopie.

A. Allgemeines

1 Der Auskunftsanspruch gilt für alle Verantwortlichen (öffentliche und nicht-öffentliche Stellen) und für alle Datenverarbeitungen gleichermaßen. Der Anspruch gilt unabhängig vom Risiko der Datenverarbeitung für die Rechte und Freiheiten des Betroffenen. Es gibt keine Ausnahmen vom Auskunftsanspruch. Es fehlen zahlreiche im derzeit geltenden Recht enthaltene wichtige Ausnahmetatbestände. Die Regelung ist daher insgesamt nicht ausgewogen. Sie geht zulasten der Rechte des Verantwortlichen, zulasten der Rechte Dritter und zulasten öffentlicher Interessen.

Die nationalen Gesetzgeber sind dazu aufgerufen, die Öffnungsklauseln dazu zu nutzen, konfligierenden Grundrechten und öffentlichen Interessen Geltung zu verschaffen. Darüber hinaus ist auch die praktische Handhabbarkeit der Regelung nur unzureichend bedacht.[1]

I. Regelungszweck

Die Regelung ist die zentrale Transparenznorm der DS-GVO. Der Auskunftsanspruch wird deshalb auch als „Magna Charta des Datenschutzrechts" bezeichnet.[2] Durch die Zuerkennung eines subjektiven Rechts auf Auskunftserteilung werden folgende Ziele verfolgt: 2

- Durch die **Herstellung von Transparenz** soll sich der Betroffene der Datenverarbeitung bewusst werden (vgl. EG 63 S. 1). Eine etwaige Ungewissheit über die Verarbeitung persönlicher Informationen soll beseitigt werden. Es soll dem Gefühl, beobachtet und überwacht zu werden, das in ein diffuses Bedrohungsgefühl münden könne, entgegengewirkt werden. Insofern soll der Auskunftsanspruch den vom BVerfG mit der Erfindung des Rechts auf informationelle Selbstbestimmung erhobenen Anspruch des Einzelnen einlösen, zu wissen, „wer was wann und bei welcher Gelegenheit über ihn weiß".[3]
- Mittelbar gewährleiste der Anspruch nach der Rechtsprechung des BVerfG eine **Funktionsbedingung der Demokratie**. Wer unsicher sei, welche Informationen der eigenen sozialen Umwelt bekannt sind, und daher das Wissen möglicher Kommunikationspartner nicht abzuschätzen vermöge, könne – so das BVerfG – in seiner Freiheit wesentlich gehemmt werden, aus eigener Selbstbestimmung zu planen und zu entscheiden.[4] Damit wird auf die sogenannten „chilling effects" (in der Terminologie des BVerfG: „Einschüchterungseffekte"[5]) verwiesen. Wer unsicher sei, „ob abweichende Verhaltensweisen jederzeit notiert und als Information dauerhaft gespeichert, verwendet oder weitergegeben werden, wird versuchen, nicht durch solche Verhaltensweisen aufzufallen".[6] Die Absicherung der individuellen Selbstbestimmung sei eine elementare Funktionsbedingung unserer Gesellschafts- und Rechtsordnung und des freiheitlichen demokratischen Gemeinwesens.[7]
- Zum anderen hat das Auskunftsrecht dienende Funktion. Insofern ist es eine **verfahrensrechtliche Absicherung** für den Schutz der Privatsphäre und für den Selbstdatenschutz.[8] Es soll den Betroffenen in die Lage versetzen zu überprüfen, ob der Verantwortliche die ihn betreffenden personenbezogenen Daten in rechtmäßiger Weise verarbeitet (vgl. EG 63 S. 1). Es ist darüber hinaus oft Voraussetzung für die Geltendmachung der dem Betroffenen zustehenden Interventionsrechte (Ansprüche auf Berichtigung, Vervollständigung, Löschung und Verarbeitungseinschränkung sowie Widerspruchsrecht)[9] oder dafür, dass der Betroffene Schadensersatz vom Verantwortlichen verlangen kann. Insoweit ist der Anspruch auf die Kenntniserlangung ein Erfordernis effektiven Grundrechtsschutzes.[10]

1 Vgl. auch *Bräutigam/Schmidt-Wudy*, in: CR 2015, 56, 57.
2 Zitat nach Simitis, *Dix*, § 34 Rn. 2.
3 BVerfG, Urt. v. 15.12.1983, BvR 209/83, 1 BvR 269/83, 1 BvR 362/83, 1 BvR 420/83, 1 BvR 440/83, 1 BvR 484/83, juris (Rn. 148).
4 BVerfG, Beschl. v. 10.3.2008, 1 BvR 2388/03.
5 BVerfG, Beschl. v. 12.4.2005, 2 BvR 1027/02.
6 BVerfG, Urt. v. 15.12.1983, BvR 209/83, 1 BvR 269/83, 1 BvR 362/83, 1 BvR 420/83, 1 BvR 440/83, 1 BvR 484/83, juris (Rn. 148).
7 BVerfG, Urt. v. 15.12.1983, BvR 209/83, 1 BvR 269/83, 1 BvR 362/83, 1 BvR 420/83, 1 BvR 440/83, 1 BvR 484/83, juris (Rn. 148); BVerfG, Beschl. v. 12.4.2005, 2 BvR 1027/02.
8 Zu Letzterem Simitis, *Dix*, § 34 Rn. 1 unter Verweis auf Roßnagel, *Roßnagel*, Kapitel 3.4 Rn. 74f.
9 EuGH, Urt. v. 7.5.2009, Rs. C-553/07 (Rijkeboer), Rn. 51; EuGH, Urt. v. 17.7.2014, Rs. C-141/12 und C-372/12 (Y.S. u. M. u. S./Minister voor Immigratie), Rn. 44.
10 BVerfG, Beschl. v. 10.3.2008, 1 BvR 2388/03, NJW 2008, 2099, 2100 (Rn. 62).

II. Normadressaten

1. Öffentliche und nicht-öffentliche Stellen

3 Die Norm unterscheidet nicht zwischen öffentlichen und nicht-öffentlichen Verantwortlichen. Beide kommen gleichermaßen als Anspruchsgegner in Betracht. Bei den nicht-öffentlichen Stellen ist bemerkenswert, dass die Norm auch für Privatpersonen gilt, deren Datenverarbeitung nicht ausschließlich privaten oder familiären Zwecken dient. Damit ist auch jeder Webseitenbetreiber, der personenbezogene Daten auf seiner Webseite im Internet veröffentlicht, auskunftspflichtig.

2. Verantwortliche aus Drittstaaten

4 Auch nicht in der Europäischen Union niedergelassene Verantwortliche sind auskunftspflichtig, wenn die von ihnen betriebene Datenverarbeitung die Voraussetzungen des Art. 3 Abs. 2 erfüllt.

3. Mitgliedstaaten

5 Der nationale Gesetzgeber muss das gesamte nationale Recht daraufhin überprüfen, ob es Ansprüche auf Auskunft und auf Erhalt einer Kopie enthält. Solche Ansprüche sind zu streichen oder unter Inanspruchnahme einer Öffnungsklausel der DS-GVO an die Vorgaben der DS-GVO anzupassen.

6 Unter anderem folgende bundesrechtlich geregelten Auskunftsansprüche sind auf ihre Vereinbarkeit mit Art. 15 zu überprüfen und zu streichen oder an die Vorgaben der Öffnungsklauseln der DS-GVO anzupassen (ohne Anspruch auf Vollständigkeit):

> § 131 Abs. 1 AktG; § 3 Abs. 2 ASiG; § 34 AZRG, § 110 BBG; §§ 38, 241 Abs. 2, 259, 260, 402, 444, 630g, 666, 681, 687 Abs. 2, 713, 1379, 1580, 1605, 1634 Abs. 3, 1799, 1839, 2027, 2057, 2127 oder 2314 BGB; § 83 BetrVG; §§ 12 ff., 133 GBO; §§ 10, 11 BMG; § 58 BRAO; § 17 BWG; §§ 15, 16 De-Mail-Gesetz; §§ 13, § 51a GmbHG; § 5 IFG; §§ 118, 166 HGB; § 19 NWRG; § 61 PStG; §§ 47 Abs. 2, 57 RStV; § 83 SGB X; § 92c SGB XI; § 26 Abs. 2 SprAuG; §§ 147, 491 StPO; §§ 12 ff StUG; § 185 StVollzG; § 23 SÜG; § 13 Abs. 8 TMG; § 9 UIG; § 178m VVG; § 100 VwGO; § 299 ZPO.[11]

7 Folgende Auskunftsansprüche der Landesdatenschutzgesetze[12] sind ebenfalls auf ihre Vereinbarkeit mit Art. 15 zu überprüfen und zu streichen oder an die Vorgaben der Öffnungsklauseln der DS-GVO anzupassen:

> Art. 10 BayDSG; § 18 BbgDSG; § 16 BlnDSG; § 21 BremDSG; § 21 BWDSG; § 18 HDSG; § 18 HmbDSG; § 15 DSG LSA; § 24 DSG M-V; § 27 DSG SchH; § 16 NDSG; § 18 NRWDSG; § 18 RhPfDSG; § 20 SDSG; § 18 SächsDSG; § 13 ThürLDSG.

8 Weitere landesrechtliche Auskunftsansprüche (z.B. in den Schulgesetzen (vgl. § 120 Abs. 7 SchulG NRW) oder in den Beamtengesetzen (vgl. § 107c Hessisches Beamtengesetz)) sind auf ihre Vereinbarkeit mit Art. 15 zu überprüfen und ggf. zu streichen oder anzupassen.

9 Die Mitgliedstaaten können im nationalen Recht gem. Art. 6 Abs. 2 und 3 spezifische Anforderungen an die Auskunftspflichten festlegen.

10 Gem. Art. 23 Abs. 1 können die Mitgliedstaaten im öffentlichen Interesse, zum Schutz des Betroffenen oder zum Schutz der Rechte und Freiheiten anderer Personen Beschränkungen des

---

11 Vgl. zum Auskunftsrecht im Sicherheitsbereich *Scheffczyk/Wolff*, Das Recht auf Auskunftserteilung gegenüber den Nachrichtendiensten, in: NVwZ 2008, 1316; *Mayer-Metzner*, Auskunft aus Dateien der Sicherheits- und Strafverfolgungsorgane; *Bäumler*, Geheimhaltung und Transparenz bei der Datenverarbeitung der Geheimdienste, in: DuD 1996, 537; *Riegel*, Datenschutz bei den Sicherheitsbehörden, S. 192 ff.; *Hirsch*, Die Kontrolle der Nachrichtendienste, S. 107 ff.; *Geiger*, Datenschutz bei den Verfassungsschutzbehörden, in: DVBl. 1990, 748.

12 Zur erforderlichen Überarbeitung des Landesdatenschutzrechts *Wagner*, Plädoyer für einen Datenschutz-Staatsvertrag, in: RDV 2017, 75.

Art. 15 vorsehen. Je nach Zweck der Ausnahme sollte der nationale Gesetzgeber in diesem Fall festlegen, ob die Auskunftserteilung im pflichtgemäßen Ermessen des Verantwortlichen steht, nur mit Zustimmung anderer zuständiger Stellen erteilt werden kann oder ganz verboten ist.

Gem. Art. 85 muss der mitgliedstaatliche Gesetzgeber bei Verarbeitungen, die zu journalistischen Zwecken oder zu wissenschaftlichen, künstlerischen oder literarischen Zwecken erfolgen, Abweichungen oder Ausnahmen von Art. 15 festlegen. **11**

Gem. Art. 89 Abs. 2 und 3 können die Mitgliedstaaten Ausnahmen von Art. 15 vorsehen, wenn personenbezogene Daten für Zwecke der wissenschaftlichen oder historischen Forschung, für statistische Zwecke oder für im öffentlichen Interesse liegende Archivzwecke verarbeitet werden. In diesem Fall muss das mitgliedstaatliche Recht angemessene Garantien vorsehen. Ausnahmen im mitgliedstaatlichen Recht sind insoweit zulässig, als der Auskunftsanspruch die Erreichung des jeweiligen Verarbeitungszweckes wahrscheinlich unmöglich machen oder ernsthaft beeinträchtigen würde. Die Ausnahmen müssen notwendig für die Erreichung des Verarbeitungszweckes sein. **12**

Entscheidet sich der nationale Gesetzgeber für die Aufnahme von Ausnahmen von der Auskunftspflicht in das nationale Recht auf der Grundlage von Art. 23 Abs. 1, sind die Voraussetzungen des Art. 23 Abs. 2 zu beachten. Denkbar ist z.B. eine Aufrechterhaltung von Regelungen ähnlich denen des § 19 Abs. 5 BDSG (Begründung der Ablehnung) und des § 19 Abs. 6 BDSG (Auskunft an den Bundesbeauftragten für den Datenschutz und die Informationsfreiheit). Eine Pflicht zur Begründung der Ablehnung trifft den Verantwortlichen allerdings auch bereits unmittelbar aus Art. 12 Abs. 3. **13**

Da Einschränkungen der Auskunftspflicht den Schutz vor unbegrenzter staatlicher Datenverarbeitung vereiteln oder zumindest erheblich erschweren können, sind sie nur zulässig, wenn sie gegenläufigen Interessen von größerem Gewicht dienen. Gesetzliche Ausschlusstatbestände müssen sicherstellen, dass die betroffenen Interessen einander umfassend und auch mit Blick auf den Einzelfall zugeordnet werden.[13] Gegen § 19 BDSG bestanden bislang keine verfassungsrechtlichen Bedenken.[14] **14**

Fraglich ist, ob die Auskunftspflicht einem Aufwandsvorbehalt unterstellt werden kann. Rechtstechnisch könnte ein solcher Vorbehalt ganz fehlen, unter differenzierte tatbestandliche Voraussetzungen gestellt werden oder das Auskunftsrecht in den Rechtsfolgen ausschließen, einschränken oder durch Verweis auf eine andere Art und Weise der Informationsverschaffung modifizieren. Der Vorbehalt könnte auch als relativer Vorbehalt ausgestaltet werden, nach dem der Behördenaufwand mit dem Informationsinteresse des Betroffenen abzuwägen ist.[15] **15**

Entscheidet sich der nationale Gesetzgeber dafür, die Ansprüche des Art. 15 einzuschränken, sollte er den Wortlaut des einzuschränkenden Tatbestandes im nationalen Recht wiederholen. Wiederholungen des Wortlauts der DS-GVO im nationalen Recht sind ausnahmsweise zulässig, wenn sie erforderlich sind, um die Kohärenz zu wahren und die nationalen Rechtsvorschriften für die Personen, für die sie gelten, verständlicher zu machen (EG 8). Ergibt sich der Umfang des Auskunftsrechts materiell-rechtlich erst aus einer Zusammenschau aus DS-GVO und nationalem Recht, sollte der Rechtsanwender die zusammengehörenden Tatbestände nicht mühsam in zwei Rechtsakten suchen müssen. **16**

---

13 BVerfG, Beschl. v. 10.3.2008, 1 BvR 2388/03, NJW 2008, 2099, 2101 (Rn. 77).; vgl. auch BVerfG, Beschl. v. 10.10.2000, 1 BvR 586/90 und 1 BvR 673/90, NVwZ 2001, 185, 186.
14 BVerfG, Beschl. v. 10.3.2008, 1 BvR 2388/03, NJW 2008, 2099, 2101 (Rn. 78 ff.).
15 *Sydow*, in: NVwZ 2013, 467.

4. Betroffene

17 Betroffene müssen einen Antrag an den Verantwortlichen richten, um ihr Auskunftsrecht bzw. ihr Recht auf Erhalt einer Kopie in Anspruch nehmen zu können.

III. Systematik

1. Transparenznormen der DS-GVO

18 Der Auskunftsanspruch und das Recht auf Erhalt einer Kopie gehören zu den Betroffenenrechten des Kapitels III und zu den Transparenznormen der DS-GVO. Weitere die Transparenz der Datenverarbeitung betreffende Normen der DS-GVO sind unter anderem

- das Einwilligungsersuchen des Art. 7 Abs. 2,
- die allgemeinen Voraussetzungen für die transparente Information, die Kommunikation und die Modalitäten für die Ausübung der Rechte des Betroffenen gem. Art. 12,
- die Informationspflichten der Art. 13 und 14,
- die Pflicht zur Unterrichtung über die Aufhebung einer Verarbeitungseinschränkung gem. Art. 18 Abs. 3,
- die Mitteilungspflichten des Art. 19,
- die Hinweispflicht des Art. 21 Abs. 4 und
- die Meldepflicht des Art. 34.

Für eine Übersicht über alle Unterrichtungs- und Informationspflichten der DS-GVO siehe Art. 12 Rn. 46 ff.

19 Die beiden zentralen Transparenzrechte der DS-GVO sind die aktive Information des Betroffenen durch den Verantwortlichen gem. Art. 13 und 14 und die Auskunft durch den Verantwortlichen auf Antrag des Betroffenen gem. Art. 15. Während die Information nach Art. 13 und 14 eine „Bringschuld" des Verantwortlichen ist („aktive Transparenz"), ist die Auskunft nach Art. 15 eine „Holschuld" des Betroffenen („passive Transparenz").[16]

20 In einem mehrstufigen Ansatz wird der Betroffene zunächst aktiv vom Datenverarbeiter über die Tatsache und zahlreiche weitere Umstände der Datenverarbeitung informiert (Art. 13 und 14). Sodann kann er sein Informationsinteresse durch die Anforderung detaillierter Informationen weiter befriedigen (Art. 15). Leider umfasst die Benachrichtigungspflicht der Art. 13 und 14 weitgehend dieselben Informationen wie die Auskunftspflicht des Art. 15 Abs. 1 und 2. Sinnvoller wäre es gewesen, wenn der Datenverarbeiter von sich aus nur über die Tatsache der Datenverarbeitung hätte informieren müssen und darüber hinausgehende Informationen dem stärker interessierten Betroffenen vorbehalten geblieben wären. So hätte man die durch die Benachrichtigungspflicht entstehenden enormen administrativen Belastungen der Datenverarbeiter reduzieren und einen „information overflow" beim Betroffenen vermeiden können.

2. Rahmenbedingungen des Auskunftsanspruchs

21 Art. 12 enthält allgemeine Voraussetzungen für alle Betroffenenrechte. Demnach gelten für die Auskunftserteilung und für die Erteilung einer Kopie zusätzlich zu den Anforderungen des Art. 15 noch die Voraussetzungen des Art. 12 für die Mitwirkungspflichten des Verantwortlichen, für die Mitwirkungsobliegenheiten des Betroffenen, für Form und Frist der Beantwortung eines Auskunftsantrags, für die Identitätsfeststellung durch den Verantwortlichen, für eine etwaige Entgeltlichkeit der Auskunft oder der Kopie und für die Sprache der Auskunftserteilung.

---

16 Simitis, *Dix*, § 33 Rn. 3.

3. Initiativrechte des Betroffenen

Der Auskunftsanspruch und das Recht auf Erhalt einer Kopie gehören zu den Initiativrechten, die einen Antrag des Betroffenen voraussetzen. Weitere Initiativrechte sind das Recht auf Berichtigung (Art. 16 S. 1), das Recht auf Vervollständigung (Art. 16 S. 2), das Recht auf Löschung (Art. 17), das Recht auf Verarbeitungseinschränkung (Art. 18), das Recht auf Unterrichtung über Empfänger (Art. 19 S. 2), das Recht auf Datenportabilität (Art. 20) und das Widerspruchsrecht (Art. 21). **22**

4. Speicherpflicht aufgrund Auskunftsanspruchs?

Fraglich ist, ob und inwieweit eine Auskunftspflicht auch in Bezug auf nicht gespeicherte Informationen besteht. **23**

Nach einer zum derzeit geltenden Recht vertretenen Auffassung erstreckt sich der Auskunftsanspruch auch auf nicht gespeicherte Empfänger bzw. die nicht dokumentierte Übermittlung von Daten.[17] Dies wird zum einen mit dem Gebot effektiven Rechtsschutzes begründet. Dieses verlange grundsätzlich, die Übermittlung personenbezogener Daten zu protokollieren, sodass der Betroffene von der Weitergabe seiner Daten Kenntnis erlangen und dagegen den Rechtsweg beschreiten könne.[18] Beim Auskunftsanspruch des § 19 BDSG wird die Speicherpflicht auch damit begründet, dass dessen Abs. 1 Nr. 1 eine Auskunftspflicht in Bezug auf die zum Betroffenen „gespeicherten" Daten vorsieht, während bei den ebenfalls zu beauskunftenden Empfängern das Attribut „gespeichert" fehlt.[19] Zusätzlich wird auf § 18 Abs. 2 S. 2 i.V.m. § 4e S. 1 Nr. 6 BDSG (schriftliche Festlegung der Empfänger durch öffentliche Stellen) verwiesen.[20] **24**

Hiesigen Erachtens kann sich im Geltungsbereich der DS-GVO eine solche Speicherpflicht nur aus einer ausdrücklichen Regelung der DS-GVO ergeben. In Betracht kommt hierfür nur die Pflicht zur Führung eines Verarbeitungsverzeichnisses, das „wenn möglich" Angaben über „die vorgesehenen Fristen für die Löschung der verschiedenen Datenkategorien" enthalten muss (Art. 30 Abs. 1 lit. f). Im Übrigen enthält die DS-GVO keine Festlegung konkreter Speicherfristen. EG 39 S. 8 besagt lediglich, dass es der Grundsatz der Zweckbindung erfordere, dass die Speicherfrist für personenbezogene Daten auf das unbedingt erforderliche Mindestmaß beschränkt bleibt. Es liegt somit in der Verantwortung des Verantwortlichen, für jede Datenverarbeitung Speicherfristen festzulegen. **25**

In diesem Rahmen sollte der Verantwortliche aber – abgesehen von der Dokumentationspflicht des Art. 30 – nicht verpflichtet sein, Daten nur speichern zu müssen, weil der Betroffene später etwaige Auskunftsansprüche geltend machen könnte. Dies ergibt sich zum einen aus EG 64 S. 2. Danach sollte ein Verantwortlicher personenbezogene Daten nicht allein zu dem Zweck speichern, auf mögliche Auskunftsersuchen reagieren zu können. Zum anderen lässt sich dies aus dem Grundgedanken des Art. 11 ableiten. Art. 11 ist seinem Wortlaut nach zwar nur auf Fälle anwendbar, in denen die Identifizierung des Betroffenen für die Datenverarbeitung nicht erforderlich ist. Der Grundgedanke dieser Norm lässt sicher aber verallgemeinern. Dieser Grundgedanke besteht darin, neue datenschutzrechtliche Gefahren nicht durch Pflichten der DS-GVO überhaupt erst entstehen zu lassen. Hintergrund ist eines der datenschutzrechtlichen Paradoxa: Je mehr Dokumentations- und Speicherpflichten der Verantwortliche zu erfüllen hat, desto mehr Daten hat er auch über den Betroffenen, was wiederum neue datenschutzrechtliche Gefahren begründet. Daher ist der Verantwortliche gem. Art. 11 Abs. 1 auch nicht verpflichtet, „zur bloßen Einhaltung dieser Verordnung zusätzliche Informationen aufzubewahren, einzuholen oder zu verarbeiten". Dies sollte auch für die Erfüllung des Auskunftsanspruchs gelten. Der Verantwortliche sollte wegen einer möglichen Auskunftspflicht nicht verpflichtet sein, mehr Daten zu spei- **26**

17 *BSG*, Urt. v. 13.11.2013, B 1 KR 13/12 R (LSG Rheinland-Pfalz), NVwZ 2013, 526, 528; Taeger/Gabel, *Mester*, § 19 Rn. 14; Simitis, *Mallmann*, § 19 Rn. 26.
18 *BSG*, Urt. v. 13.11.2013, B 1 KR 13/12 R (LSG Rheinland-Pfalz), NVwZ 2013, 526, 528.
19 Gola/Schomerus, *Gola/Klug/Körffer*, § 19 Rn. 6; Simitis, Mallmann, § 19 Rn. 26.
20 Gola/Schomerus, *Gola/Klug/Körffer*, § 19 Rn. 6.

chern, als es die DS-GVO im Übrigen von ihm verlangt. Wie gesagt, bestätigt EG 64 S. 2 diese Auslegung ausdrücklich.

IV. Entstehungsgeschichte

1. Bisherige europäische Vorgaben

27 Der Auskunftsanspruch ist sogar primärrechtlich vorgesehen. Art. 8 Abs. 2 EU-Grundrechtecharta lautet: „Jede Person hat das Recht, Auskunft über die sie betreffenden erhobenen Daten zu erhalten […]."

28 Nach Art. 12 lit. a DS-RL haben die Mitgliedstaaten zu garantieren, dass jeder Betroffene eine Bestätigung der Tatsache der Datenverarbeitung und Informationen über die Zweckbestimmungen dieser Verarbeitungen, die Datenkategorien und die Empfänger oder Empfängerkategorien erhält. Außerdem besteht ein Anspruch auf Mitteilung über die Daten und die Herkunft der Daten sowie auf Auskunft über den logischen Aufbau einer automatisierten Verarbeitung (zumindest im Fall automatisierter Entscheidungen). Ergänzend sieht EG 41 DS-RL vor, dass der Auskunftsanspruch weder das Geschäftsgeheimnis noch das Recht an geistigem Eigentum, insb. das Urheberrecht zum Schutz von Software, berühren dürfe. Dies dürfe allerdings nicht dazu führen, dass dem Betroffenen jegliche Auskunft verweigert wird.

29 Gegenüber der DS-RL dehnt die DS-GVO den Auskunftsanspruch auf weitere Informationen aus. Neu sind gegenüber der DS-RL die Pflicht zur Auskunft über

- die Speicherdauer (Abs. 1 lit. d),
- das Bestehen bestimmter Betroffenenrechte (Abs. 1 lit. e),
- das Bestehen eines Beschwerderechts bei einer Aufsichtsbehörde (Abs. 1 lit. f) und
- die Tragweite und angestrebten Auswirkungen einer automatisierten Entscheidungsfindung (Abs. 1 lit. h).

30 In Bezug auf die Regelmäßigkeit und die Kosten der Auskunftserteilung stellt die Neuregelung ebenfalls eine Verschärfung zulasten des Verantwortlichen dar. Bislang besteht nur die Pflicht, „in angemessenen Abständen" Auskunft zu erteilen (Art. 12 lit. a DS-RL). Unter der DS-GVO besteht eine solche Einschränkung nicht mehr. Lediglich bei offenkundig unbegründeten oder exzessiven Anträgen eines Betroffenen kann der Verantwortliche sich weigern, aufgrund des Antrags tätig zu werden (Art. 12 Abs. 5 S. 1 lit. b). Bislang besteht nur die Pflicht, eine Auskunft „ohne übermäßige Kosten" zu erteilen (Art. 12 lit. a DS-RL). Demnach kann regelmäßig eine Kostenerstattung für Auskünfte verlangt werden. Unter der DS-GVO kann nur noch bei offenkundig unbegründeten oder exzessiven Anträgen ein angemessenes Entgelt verlangt werden (Art. 12 Abs. 5 S. 1 lit. a).

31 Nach Art. 13 DS-RL kann der Auskunftsanspruch durch die Mitgliedstaaten im öffentlichen Interesse, zum Schutz des Betroffenen und zum Schutz der Rechte und Freiheiten anderer Personen beschränkt werden. Dies ist zwar gem. der Öffnungsklausel des Art. 23 Abs. 1 weiterhin möglich. Aber wegen Art. 23 Abs. 2 ist die Möglichkeit, im nationalen Recht Ausnahmen vom Auskunftsanspruch vorzusehen, nach neuem Recht stärker beschränkt als bisher.

2. Bisherige nationale Vorgaben

32 Der Auskunftsanspruch gegen öffentliche Stellen ist in § 19 BDSG, der Auskunftsanspruch gegen nicht-öffentliche Stellen in § 34 BDSG geregelt, wobei Abs. 1a Sonderregelungen für die Auskunftspflicht bei der Übermittlung von „Listendaten" und Abs. 2 bis 4 Sonderregelungen für die Auskunftspflicht von Auskunfteien vorsehen. § 6a Abs. 3 BDSG erstreckt das Auskunftsrecht auf den logischen Aufbau der Verarbeitung personenbezogener Daten im Rahmen der automatisierten Einzelentscheidung. Die nicht ordnungsgemäße Auskunftserteilung ist auch heute schon bußgeldbewehrt (§ 43 Abs. 1 Nr. 8a BDSG).

Neu ist gegenüber den Regelungen des BDSG vor allem der voraussichtliche Wegfall der spezifischen Regelungen für Listendaten und für Auskunfteien. In diesen Bereichen droht – sollte sich der nationale Gesetzgeber nicht dafür entscheiden, diese Regelungen aufrechtzuerhalten – ein Verlust an Rechtssicherheit. Neu ist auch, dass die Speicherdauer, das Bestehen der Betroffenenrechte, das Bestehen eines Beschwerderechts bei einer Aufsichtsbehörde und die Tragweite und angestrebten Auswirkungen einer automatisierten Entscheidungsfindung beauskunftet werden müssen. Neu ist schließlich auch und vor allem, dass es keine Ausnahme vom Auskunftsanspruch gibt, jedenfalls soweit die nationalen Gesetzgeber hier nicht noch tätig werden. Zu den Regelungen des BDSG-neu siehe Rn. 217 ff. **33**

V. Europarechtswidrigkeit der Norm

Art. 15 Abs. 1 und 2 enthalten keine Ausnahmen vom Auskunftsanspruch. Es ist daher zweifelhaft, ob die Regelung nicht gegen höherrangiges EU-Primärrecht verstößt. Namentlich finden weder der Grundsatz der Verhältnismäßigkeit (Art. 5 Abs. 4 EUV) noch andere EU-Grundrechte (Art. 6 AEUV i.V.m. der EU-Grundrechtecharta) Beachtung. Das Grundrecht des Betroffenen auf Datenschutz, das auch im Auskunftsanspruch des Betroffenen seinen Ausdruck findet, muss aber gegen andere Grundrechte abgewogen werden. Die Möglichkeit einer solchen Abwägung sieht der Normgeber der DS-GVO beim Auskunftsanspruch nicht vor. Sollten die nationalen Gesetzgeber keine Regelungen schaffen, die die rechtsstaatlich erforderliche Abwägung zwischen den grundrechtlich geschützten Interessen aller Beteiligten ermöglichen, wären der Verantwortliche und Dritte, deren Rechte vom Auskunftsanspruch des Betroffenen beeinträchtigt sein können, schutzlos gestellt. Für einen Überblick über die Ausnahmetatbestände der anderen Betroffenenrechte und die hierbei insgesamt fehlende Systematik s. Art. 12 Rn. 54 ff. **34**

B. Anspruch auf Auskunft (Abs. 1 und 2)

I. Anwendungsvoraussetzungen

1. Auskunftsberechtigung

Den Auskunftsanspruch hat der Betroffene. Der Auskunftsanspruch ist ein höchstpersönliches Recht. Er kann nicht auf Dritte übertragen oder vererbt werden. Allerdings kann die Geltendmachung des Anspruchs durch einen rechtsgeschäftlichen (z.B. Rechtsanwalt) oder gesetzlichen (z.B. Erziehungsberechtigter) Vertreter erfolgen.[21] **35**

Das Recht auf Auskunft könnte auch gegen die Interessen des Betroffenen zum Einsatz gebracht werden (etwa wenn der Vermieter die Einholung einer Selbstauskunft zur Voraussetzung für einen Vertragsabschluss macht). Der Vorschlag, einen Auskunftsanspruch nur „zur Wahrnehmung der Rechte des Betroffenen nach dieser Verordnung" vorzusehen, hat jedoch keinen Niederschlag in der DS-GVO gefunden. Art. 15 enthält auch keine Vorkehrungen dafür, dass der Auskunftsanspruch nur zu datenschutzspezifischen Zwecken geltend gemacht werden kann – und nicht etwa zur Ausforschung in einem Zivilprozess oder zu Beweiszwecken in Strafprozessen. **36**

2. Auskunftsverpflichtung

Zur Auskunft verpflichtet ist der Verantwortliche (Definition in Art. 4 Nr. 7). Dies können sowohl öffentliche als auch nicht-öffentliche Stellen sein. Bei Auftragsverarbeitung ist der Auftraggeber der Verantwortliche.[22] Auch Drittstaatsdatenverarbeiter sind auskunftspflichtig, wenn die von ihnen betriebene Datenverarbeitung die Voraussetzungen des Art. 3 Abs. 2 erfüllt. **37**

Auch Telemediendiensteanbieter (wie z.B. Plattformbetreiber, soziale Netzwerke, usw.) sind auskunftspflichtig, sofern sie als Verantwortliche im Sinne der DS-GVO anzusehen sind. Derzeit ist **38**

21 Vgl. Gierschmann/Saeugling, *Heinemann*, § 34 Rn. 8.
22 Gola/Schomerus, *Gola/Klug/Körffer*,, § 3 Rn. 50.

dieser Auskunftsanspruch in § 13 Abs. 8 TMG, der auf § 34 BDSG verweist, geregelt. Fraglich ist, ob und inwieweit einzelne Nutzer von Telemediendiensten auskunftspflichtig sind. Die Frage lässt sich nur im Rahmen der Auslegung des Begriffs des Verantwortlichen beantworten. Es kommt darauf an, ob der Nutzer allein oder gemeinsam mit dem Telemediendiensteanbieter über die Zwecke und Mittel der Datenverarbeitung entscheidet (Art. 4 Nr. 7). In Betracht kommt auch eine gemeinsame Verantwortlichkeit („joint controllers") zwischen Nutzer und Telemediendiensteanbieter. In diesem Fall müssen die gemeinsam Verantwortlichen, festlegen, wer die Erfüllung des Auskunftsanspruchs übernimmt (vgl. Art. 26 Rn. 50 ff.). Zusätzlich ist zu beachten, dass der Nutzer dann nicht auskunftspflichtig ist, wenn die Datenverarbeitung ausschließlich zu persönlichen oder familiären Zwecken erfolgt (Haushaltsausnahme gem. Art. 2 Abs. 2 lit. c).

3. Auskunftsersuchen (Antrag)

39 Anders als bei der Information des Betroffenen durch den Verantwortlichen gem. Art. 13 und 14 ist eine Auskunft nach Art. 15 nur auf Verlangen zu erteilen. Es bedarf daher eines Auskunftsersuchens des Betroffenen.

40 Da das Auskunftsrecht zweistufig ausgestaltet ist, muss der Betroffene in seinem Ersuchen zum Ausdruck bringen, ob er nur eine Bestätigung der Tatsache der Verarbeitung personenbezogener Daten erteilt bekommen (erste Stufe; Abs. 1 Hs. 1) oder ob er auch Auskunft über die Daten selbst (Abs. 1 Hs. 2) und die weiteren Informationen des Abs. 1 lit. a bis h haben möchte (zweite Stufe). Ein Auskunftsersuchen, das sich formal nicht auf das „Ob" der Datenverarbeitung bezieht, wird allerdings die Frage, ob überhaupt Daten verarbeitet werden regelmäßig beinhalten.[23]

41 Der Verantwortliche soll dafür sorgen, dass Anträge elektronisch gestellt werden können, insbesondere, wenn die personenbezogenen Daten elektronisch verarbeitet werden (EG 59 S. 2). Stellt der Betroffene den Antrag elektronisch, so ist er nach Möglichkeit auch auf elektronischem Wege zu unterrichten, sofern er nichts anderes angibt (Art. 12 Abs. 3 S. 4).

4. Statthaftigkeit (Art. 12 Abs. 5)

a) „In angemessenen Abständen"

42 In welchen Zeitabständen der Betroffene Auskunftsansprüche geltend machen kann, wird weder in Art. 15 noch in Art. 12 ausdrücklich geregelt. Die DS-RL sieht vor, dass der Betroffene „in angemessenen Abständen" („at reasonable intervals") Auskunft erhalten könne. Der ursprüngliche KOM-Entwurf und der EP-Entwurf der DS-GVO sahen hingegen vor, dass ein Auskunftsersuchen „jederzeit" („at any time") gestellt werden könne. Nach dem Willen des Rates sollte „in angemessenen Abständen" erhalten bleiben. Augenscheinlich konnte man sich im Trilog nicht einigen, sodass sich weder die eine noch die andere Tatbestandsvoraussetzung im verfügenden Teil der endgültigen Fassung der DS-GVO findet. Allerdings sieht nunmehr EG 63 S. 1 vor, dass der Betroffene sein Auskunftsrecht „in angemessenen Abständen" wahrnehmen können soll, sodass sich der Rat insofern weitgehend durchgesetzt hat.

43 Welche Abstände noch als angemessen angesehen werden können, ist Auslegungssache. Einen Hinweis darauf, was als nicht mehr angemessen angesehen werden muss, gibt Art. 12 Abs. 5 S. 2 lit. b. Danach kann der Verantwortliche sich nämlich bei exzessiven Anträgen eines Betroffenen weigern, aufgrund des Antrags tätig zu werden. Exzessive Anträge sollen insbesondere im Fall von häufiger Wiederholung angenommen werden. Es spricht daher einiges dafür, nur das als nicht angemessen anzusehen, was exzessiv ist. Dies wäre ein recht strenger Maßstab. Zudem hat der Verantwortliche den Nachweis für den exzessiven Charakter von Auskunftsersuchen zu erbringen (Art. 12 Abs. 5 S. 3).

44 Ein pauschaler Zeitmaßstab (etwa: alle vier Wochen ist exzessiv, alle zwei Monate ist nicht exzessiv) dürfte ungeachtet dessen wohl nicht angenommen werden können. Was als exzessiv anzuse-

23 Vgl.Paal/Pauly, *Paal*, Art. 15 Rn. 21.

hen ist, wird u.a. von der Häufigkeit der Anfrage und dem damit verbundenen Schikanecharakter, von der jeweiligen konkreten Verarbeitungssituation, vom Risiko für die Transparenz der Datenverarbeitung und – sofern es sich beim Verantwortlichen um ein Unternehmen handelt – von Typ und Größe desselben abhängen. Bei Unternehmen und Behörden wird auch das berechtigte Interesse des Verantwortlichen an einer Minimierung des bürokratischen Aufwands in die Auslegung des Tatbestandsmerkmals „in angemessenen Abständen" einzubeziehen sein.

b) „offenkundig unbegründet"

Gem. Art. 12 Abs. 5 S. 2 lit. b sind auch „offenkundig unbegründete" Auskunftsverlangen nicht statthaft. Auch insofern hat der Verantwortliche den Nachweis für die offenkundige Unbegründetheit zu erbringen (Art. 12 Abs. 5 S. 3). **45**

Fälle offenkundiger Unbegründetheit sind z.B., wenn **46**

- eine andere Person als der Betroffene den Auskunftsanspruch geltend macht,
- sich die Identität des Antragstellers (auch auf Nachfrage des Verantwortlichen) nicht ermitteln lässt (vgl. Rn. 67 ff.),
- ein anderer Verantwortlicher als derjenige, gegen den sich das Auskunftsverlangen richtet, die personenbezogenen Daten verarbeitet,
- ein Auskunftsanspruch „ins Blaue hinein" gemacht wird, ohne dass es einen Anhaltspunkt für eine Datenverarbeitung durch den Verantwortlichen gibt (vgl. Rn. 64),

5. Kosten (Art. 12 Abs. 5)

Gem. Art. 12 Abs. 5 S. 1 ist die Auskunftserteilung unentgeltlich. **47**

Dies ist für den Verantwortlichen gegenüber der geltenden Rechtslage eine Verschärfung, denn nach Art. 12 lit. a DS-RL gibt es nur ein Recht, „ohne übermäßige Kosten" Auskunft zu verlangen. **48**

Sachauskunftserteilungen sind insbesondere bei Auskunfteien mit erheblichen Kosten verbunden. Bislang müssen Auskunfteien gem. § 34 Abs. 8 S. 2 BDSG nur einmal je Kalenderjahr eine unentgeltliche Auskunft in Textform erteilen. Daher ist für Auskunfteien die grundsätzliche Kostenfreiheit des Auskunftsanspruchs im Vergleich zur geltenden Rechtslage in Deutschland ebenfalls eine Verschärfung. **49**

Lediglich bei offenkundig unbegründeten Auskunftsverlangen oder bei – insbesondere im Fall ihrer Häufung – exzessiven Auskunftsverlangen darf der Verantwortliche ein angemessenes „Missbrauchsentgelt"[24] verlangen, bei dem die Verwaltungskosten für die Auskunftserteilungen berücksichtigt werden (Art. 12 Abs. 5 S. 2). Diese Regelung ist zumindest zum Teil verunglückt, denn auf ein unbegründetes Auskunftsverlangen kann oder darf der Verantwortliche gar keine Auskunft erteilen. Wenn dies so ist, dann kann er aber auch kein angemessenes Entgelt für eine nicht zu erteilende Auskunft verlangen. Richtigerweise wird der Auskunftsantrag bei Unbegründetheit nur zurückgewiesen werden können. **50**

Bei exzessiven Auskunftsersuchen hat der Verantwortliche ein Wahlrecht. Entweder weigert er sich, Auskunft zu erteilen, oder er entscheidet sich dafür, trotz der Exzessivität der Anträge, den Betroffenen zu beauskunften. In diesem Fall darf er dann ein angemessenes Entgelt verlangen. Er hat aber den Nachweis zu erbringen, dass tatsächlich exzessive Anträge vorlagen (Art. 12 Abs. 5 S. 3). **51**

Fraglich ist, ob dem Verpflichteten nicht auch außerhalb von Rechtsmissbrauch in gewissen Fällen eine Kostenerstattung zugebilligt werden sollte. Ein derartiges Interesse wurde durch den EuGH anerkannt, der entschieden hat, dass Art. 12 lit. a DS-RL die Erhebung von Kosten für eine Aus- **52**

24 *Bräutigam/Schmidt-Wudy*, in: CR 2015, 56, 58.

kunft nicht verbietet, solange die verlangten Kosten die durch die Auskunft verursachten Kosten (im Sinne eines Bereicherungsverbots) nicht übersteigen.[25] Für eine solche weitere Möglichkeit der Kostenerstattung dürfte angesichts des eindeutigen Wortlauts von Art. 12 Abs. 5 allerdings kaum Raum sein.

6. Mitwirkungspflichten des Verantwortlichen

a) Erleichterung der Ausübung des Auskunftsrechts

53 Der Verantwortliche erleichtert dem Betroffenen die Ausübung seines Auskunftsrechts (Art. 12 Abs. 2; EG 59 S. 1):

54 Hierzu gehört, dass der Verantwortliche den Betroffenen zum Zeitpunkt der Erhebung der Daten auf sein Recht auf Auskunft hinweist. Eine entsprechende Hinweispflicht enthalten Art. 13 Abs. 2 lit. b und Art. 14 Abs. 2 lit. c. Allerdings steht diese Verpflichtung unter dem Vorbehalt, dass eine solche Information notwendig ist, um eine faire und transparente Verarbeitung zu gewährleisten, wie sich aus dem jeweils einleitenden Satz des Art. 13 Abs. 2 und Art. 14 Abs. 2 ergibt.

55 Bei elektronischer Verarbeitung personenbezogener Daten sollte der Verantwortliche dafür sorgen, dass Anträge elektronisch gestellt werden können (EG 59 S. 2)

56 Eine Erleichterung der Ausübung des Auskunftsanspruchs ist auch die in EG 63 S. 4 dem Verantwortlichen anempfohlene Möglichkeit, einen Fernzugang zu einem sicheren System bereitzustellen, der dem Betroffenen direkten Zugang zu seinen personenbezogenen Daten ermöglicht.

b) Übermittlung der Auskünfte

57 Des Weiteren muss der Verantwortliche geeignete Maßnahmen treffen, um dem Betroffenen alle Auskünfte in präziser, transparenter, verständlicher und leicht zugänglicher Form in einer klaren und einfachen Sprache zu übermitteln (Art. 12 Abs. 1 S. 1 Hs. 1). Dies gilt insbesondere für Auskünfte, die sich speziell an Kinder richten (Art. 12 Abs. 1 S. 1 Hs. 2).

58 Die Übermittlung der Informationen erfolgt schriftlich oder in anderer Form, ggf. auch elektronisch (Art. 12 Abs. 1 S. 2). Stellt der Betroffene den Antrag elektronisch, so ist er nach Möglichkeit auf elektronischem Weg zu unterrichten, sofern er nichts anderes angibt (Art. 12 Abs. 3 S. 4). Falls vom Betroffenen verlangt, kann die Information mündlich erteilt werden, sofern die Identität des Betroffenen in anderer Form nachgewiesen wurde (Art. 12 Abs. 1 S. 3).

c) Präventive Sicherstellungspflichten

59 Fraglich ist, ob der Verantwortliche durch die Pflicht, jedem Betroffenen Auskunft erteilen können zu müssen, auch betriebsinterne Organisations- und Verfahrenpflichten hat. Unter dem Gesichtspunkt des „Grundrechtsschutzes durch Organisation und Verfahren" spricht viel dafür, dass ein Verantwortlicher seine Betriebs- oder Behördenstruktur so organisieren muss, dass der spätere Aufwand zur Auskunftserteilung gering gehalten wird und insbesondere innerhalb der knapp bemessenen Bearbeitungsfrist auch tatsächlich überhaupt Auskunft erteilt werden kann.[26]

60 Dies wird von der Rechtsprechung für öffentliche Stellen schon nach geltender Rechtslage gefordert. Nach einer Entscheidung des *BVerfG* hat der Einwand übermäßigen Arbeitsaufwandes wenig Gewicht, wenn es in der Hand des Verantwortlichen liegt, die Aktenführung so zu gestalten, dass der Aufwand möglichst gering gehalten wird.[27] Nach einem Urteil des *BSG* ist der zur Auskunftserteilung erforderliche Aufwand „unter Berücksichtigung effizienter, kostensparender Verfahren zu bemessen".[28] Das *BSG* auferlegt den Behörden die Obliegenheit, ihre internen Ab-

25 EuGH, Urt. v. 12.12.2013, Rs. C-486/12 (Gerechtshof 's-Hertogenbosch), Rn. 23 und 31.
26 *Sydow*, in: NVwZ 2013, 467.
27 BVerfG, Beschl. v. 9.1.2006, 2 BvR 443/02, NJW 2006, 1116, 1121.
28 Vgl. *Sydow*, in: NVwZ 2013, 467, 470.

läufe, Strukturen, Aktenpläne, Registraturen usw. zu optimieren, und zwar gerade unter dem Aspekt einer Vereinfachung und Erleichterung von Auskunftsbegehren. Hinzu träten Speicherpflichten, um im Falle eines Auskunftsbegehrens überhaupt zur Auskunftserteilung in der Lage zu sein. Soweit gesetzliche Bestimmungen einen unverhältnismäßigen Arbeitsaufwand als anspruchsbegrenzenden Einwand zuließen, seien diese Normen restriktiv auszulegen. Sie bezögen sich nicht auf den tatsächlichen, sondern nur auf einen fiktiven *unvermeidbaren* Aufwand.[29]

Die DS-GVO verankert eine solche Sicherstellungspflicht nunmehr für alle Verantwortlichen. **61**
Art. 24 Abs. 1 verpflichtet den Verantwortlichen zu geeigneten technischen und organisatorischen Maßnahmen, um sicherzustellen, dass die Verarbeitung gem. der DS-GVO erfolgt. Präventive Maßnahmen sind vom Verantwortlichen somit auch zu ergreifen, um eine sach- und fristgemäße Beantwortung von Auskunftsersuchen sicherzustellen.

Gäbe es eine entsprechende gesetzlich geregelte Ausnahme, träfe eine zur Auskunft verpflich- **62**
tete Behörde die Darlegungslast, wenn sie einen (hohen) eigenen Arbeitsaufwand als anspruchsausschließenden Einwand geltend machen will. Der Behörde ist es dabei verwehrt, auf einen möglicherweise in der Tat hohen *tatsächlichen* Arbeitsaufwand zu verweisen, wenn sich dieser Aufwand durch organisatorische Vorkehrungen verringern lässt oder hätte verringern lassen.

7. Mitwirkungsobliegenheiten des Betroffenen

Der Betroffene hat verschiedene Mitwirkungsobliegenheiten. **63**

Sofern der Verantwortliche eine große Menge von Informationen über den Betroffenen verarbei- **64**
tet, kann er verlangen, dass der Betroffene sein Auskunftsersuchen präzisiert und klarstellt, auf welche Information oder welche Verarbeitungsvorgänge sein Ersuchen sich bezieht (EG 63 S. 7). Auf der Grundlage von EG 63 S. 7 spricht viel dafür anzunehmen, dass der Betroffene generell dabei mitwirken muss, die Auskunft überhaupt zu ermöglichen, z.B. durch Angaben zu einer Vertragsbeziehung oder zu einem Kontakt mit der öffentlichen Stelle. Eine solche Obliegenheit entspräche der Sollvorschrift des § 34 Abs. 1 S. 2 BDSG, nach der der Betroffene die Art der personenbezogenen Daten, über die Auskunft erteilt werden soll, näher bezeichnen soll. Auskunftsansprüche „ins Blaue hinein" sind demnach unstatthaft, es sei denn, es liegen Anhaltspunkte für eine heimliche Datenerhebung oder -verarbeitung vor. In Anlehnung an § 253 Abs. 2 Nr. 2 ZPO bedarf es der bestimmten Angabe des Gegenstandes und eines bestimmten Auskunftsersuchens. Es muss hinreichend erkennbar sein, dass personenbezogene Daten des Betroffenen beim Verantwortlichen verarbeitet werden könnten. Dies ist im Streitfall vom Antragsteller darzulegen.[30]

Eine Mitwirkungsobliegenheit hat der Betroffene darüber hinaus im Hinblick darauf, dass er ge- **65**
genüber dem Verantwortlichen bei begründeten Zweifeln an seiner Identität zusätzliche Informationen zur Verfügung stellen muss, die zur Bestätigung der Identität des Betroffenen erforderlich sind und die dem Verantwortlichen die Identitätsfeststellung ermöglichen (Art. 11 Abs. 2 S. 2, Art. 12 Abs. 6).

Das Auskunftsinteresse des Betroffenen ist jedoch nicht begründungspflichtig. Soweit im Einzel- **66**
fall (z.B. bei exzessiven Auskunftsanträgen) eine Abwägung mit dem dem Verantwortlichen entstehenden Aufwand erforderlich ist, muss die Bedeutung des individuellen Auskunftsinteresses gewichtet werden. Auch hierfür ist freilich der Einzelne nicht von sich aus darlegungspflichtig. Vielmehr muss der Verantwortliche ggf. nachfragen, wenn sich ihm das Auskunftsinteresse nicht unmittelbar erschließt und er geneigt ist, das Auskunftsverlangen zurückzuweisen.[31]

---

29 *Sydow*, in: NVwZ 2013, 467, 470.
30 Vgl. *LAG Hessen*, Urt. v. 29.1.2013, 13 Sa 263/12, BeckRS 2013, 67364; Gierschmann/Saeugling, *Heinemann*, § 34 Rn. 8.
31 *Sydow*, in: NVwZ 2013, 467, 470.

8. Identitätsfeststellung

67 Nach EG 64 S. 1 soll der Verantwortliche alle vertretbaren Mittel nutzen, um die Identität eines Auskunft begehrenden Betroffenen zu überprüfen, insbesondere bei Onlinediensten oder Onlinekennungen. Hat der Verantwortliche begründete Zweifel an der Identität der natürlichen Person, die das Auskunftsverlangen äußert, so kann er zusätzliche Informationen anfordern, die zur Bestätigung der Identität des Betroffenen erforderlich sind (Art. 12 Abs. 6).

68 Diese Regelung gibt dem Verantwortlichen die Befugnis, vom Betroffenen einen Identifikationsnachweis zu verlangen. Das können z.B. die Angabe von Name, Wohnort und Geburtsdatum, die Vorlage eines Ausweisdokuments, ein Login mit Benutzername und Passwort, die Verwendung bestimmter Verschlüsselungstechniken oder ein Rückruf beim Anfragenden sein. Welche Identifikationsnachweise im Einzelfall verlangt werden können, sollte vom Risiko abhängen, das eine Auskunft an eine andere Person als den Betroffenen für den Betroffenen darstellt.

69 Hiesigen Erachtens darf Art. 12 Abs. 6 nicht nur eine „Kann"-Bestimmung sein. Bestehen Zweifel an der Identität des Antragstellers, ist der Verantwortliche nicht nur berechtigt, sondern auch verpflichtet, die Identität des Antragstellers zu überprüfen. Anderenfalls besteht die Gefahr, dass der Verantwortliche auf Ersuchen einer anderen Person (z.B. eines geschäftsmäßigen Auskunftsvermittlers) tätig wird und durch eine Auskunft auf Veranlassung der anderen Person Rechte und Freiheiten des tatsächlich Betroffenen verletzt.

70 Nach geltendem Recht (§ 43 Abs. 2 Nr. 4 BDSG) handelt ordnungswidrig, wer die Übermittlung personenbezogener Daten durch unrichtige Angaben erschleicht. Obwohl der Wortlaut von § 34 BDSG entsprechende Vorgaben nicht macht, ist nach herrschender Meinung der Verantwortliche verpflichtet, die Identität des Antragstellers zu prüfen.[32] Die fahrlässige Übermittlung personenbezogener Daten an den „falschen" Adressaten ist demnach ebenfalls eine Ordnungswidrigkeit.[33] Ob die Aufrechterhaltung oder Einführung die Identitätssicherung betreffender Regelungen unter der DS-GVO noch zulässig sind, ist fraglich. Allerdings dürfte die fahrlässige Falschübermittlung eine Datenschutzverletzung sein, die nach Art. 33 und 34 melde- bzw. benachrichtigungspflichtig sein kann.

9. Möglichkeit der Zuordnung von Informationen

71 Von der Feststellung der Identität des Antragstellers zu unterscheiden ist die Frage, ob die beim Verantwortlichen vorhandenen Informationen dem Antragsteller überhaupt zugeordnet werden können. Art. 11 regelt den Umfang der Betroffenenrechte (also u.a. auch den Umfang des Auskunftsanspruchs) für Fälle dieser Art. Die Regelung ist verunglückt oder jedenfalls schwer verständlich.

72 Hiesigen Erachtens ist Art. 11 wie folgt auszulegen: Art. 11 Abs. 1 betrifft Fälle, in denen der Verantwortliche Informationen verarbeitet, die sich zwar auf eine bestimmbare natürliche Person beziehen (und die deshalb als personenbezogene Daten anzusehen sind), bei denen eine Bestimmung des Betroffenen aber zusätzliche Mittel erfordern würde. In der Regel dürfte es um pseudonymisierte Daten (Definition in Art. 4 Nr. 5) gehen. In diesen Fällen soll der Verantwortliche nicht verpflichtet sein, diese zusätzlichen Mittel nur einsetzen zu müssen, um Verpflichtungen der DS-GVO erfüllen zu können. Dies gilt gem. Art. 11 Abs. 2 auch für die Betroffenenrechte der Art. 15 bis 20. Der Auskunftsanspruch wird hiervon somit erfasst.

73 Im Hinblick auf den Auskunftsanspruch bedeutet dies: Liegen die vom Verantwortlichen verarbeiteten Daten nur in pseudonymisierter Form vor, muss dieser auf ein Auskunftsersuchen des Betroffenen hin keine zusätzlichen Anstrengungen für eine Reidentifizierung unternehmen, um sodann die „richtigen", auf den betroffenen Antragsteller bezogenen Daten beauskunften zu können. Über pseudonymisierte Daten muss daher nicht Auskunft erteilt werden, es sei denn, der

32 *Bräutigam/Schmidt-Wudy*, in: CR 2015, 56, 59 m.w.N.
33 Gierschmann/Saeugling, *Heinemann*, § 34 Rn. 37.

Betroffene stellt zusätzliche Informationen bereit, um eine Reidentifizierung zu ermöglichen (Art. 11 Abs. 2 S. 2). Der Betroffene kann sich jedoch eventuell an den Verantwortlichen halten, der den Schlüssel zur Reidentifizierung besitzt.

10. Form der Auskunftserteilung

In der DS-RL werden bislang keine Regelungen zur Form der Auskunftserteilung getroffen. In § 34 Abs. 6 BDSG wird lediglich verlangt, dass eine Auskunftserteilung in Textform zu erfolgen hat, soweit nicht wegen der besonderen Umstände eine andere Form der Auskunftserteilung angemessen ist. **74**

Nach der DS-GVO muss die Auskunftserteilung nunmehr in präziser, transparenter, verständlicher und leicht zugänglicher Form in einer klaren und einfachen Sprache erfolgen (Art. 12 Abs. 1 S. 1). Sie erfolgt schriftlich oder in anderer Form, ggf. auch elektronisch (Art. 12 Abs. 1 S. 2). Es besteht somit kein zwingendes Schriftformerfordernis. **75**

Stellt der Betroffene den Antrag elektronisch, so ist er nach Möglichkeit auf elektronischem Weg zu unterrichten, sofern er nichts anderes angibt (Art. 12 Abs. 3 S. 4). Gem. EG 63 S. 4 sollte der Verantwortliche den Fernzugang zu einem sicheren System bereitstellen, der dem Betroffenen direkten Zugang zu den auf ihn bezogenen Daten ermöglichen würde. Fraglich ist, was das Tatbestandsmerkmal „nach Möglichkeit" in EG 63 S. 4 und Art. 12 Abs. 3 S. 4 bedeutet. Gemeint sein könnte die technische Möglichkeit. Hiesigen Erachtens sollte dieses Tatbestandsmerkmal aber vor dem Hintergrund des risikobasierten Ansatzes (Art. 24 Rn. 78 ff.) dahin gehend ausgelegt werden, dass dort, wo eine besondere Gefährdungslage für den Betroffenen vorliegt, auch weiterhin nur die postalische Zustellung angeboten werden darf, da eine zweifelsfreie Onlineidentifizierung des Betroffenen und seiner E-Mail-Adresse nicht flächendeckend möglich ist. Im Bereich der Onlinedienste, wo eine elektronische Identifizierung über Logindaten erfolgt, dürfte eine elektronische Auskunftserteilung unproblematisch sein. Bei Wirtschaftsauskunfteien hingegen hat der Verantwortliche in der Regel keinen unmittelbaren Kontakt zum Betroffenen, sondern nur zu den Vertragspartnern, die die Daten einmelden. (Selbst-)Beauskunftungen sollten daher weiterhin ausschließlich an postalisch geprüfte Adressen versandt werden dürfen. **76**

Falls vom Betroffenen verlangt, kann die Information auch mündlich erteilt werden, sofern die Identität des Betroffenen in anderer Form nachgewiesen wurde (Art. 12 Abs. 1 S. 3). Fraglich ist, ob dies die Verantwortlichen zur Einrichtung von Call-Centern verpflichtet. Wegen der Mitwirkungspflichten des Verantwortlichen (Rn. 53 ff.) könnte dies zumindest bei großen Unternehmen zu bejahen sein. In diesem Fall wäre die Regelung eines von vielen Beispielen in der DS-GVO für eine gut gemeinte Vorkehrung, deren weitreichende Folgen (in diesem Fall für den vom Verantwortlichen verlangten bürokratischen Aufwand) vom Verordnungsgeber nicht bedacht wurden. Da der Verordnungsgeber aber eine „kann"-Formulierung gewählt hat, spricht wohl doch mehr dafür, eine Pflicht zur Einrichtung von Call-Centern abzulehnen. **77**

11. Sprache der Auskunftserteilung

Die Auskunftserteilung muss in einer klaren und einfachen Sprache erfolgen (Art. 12 Abs. 1 S. 1). Eine vergleichbare Vorschrift findet sich im deutschen Recht gegenwärtig lediglich in Bezug auf das Scoring (§ 34 Abs. 2 S. 1 Nr. 3 und Abs. 4 S. 1 Nr. 4 BDSG). **78**

12. Frist für die Auskunftserteilung

Im Rahmen von § 34 BDSG wird in der Literatur eine Frist von in der Regel zwei Wochen, teilweise auch bis zu vier Wochen ab dem Zugang des Auskunftsbegehrens für ausreichend erachtet.[34] **79**

Die DS-GVO trifft nunmehr eine für alle Auskünfte geltende Regelung. Die Auskunftserteilung muss unverzüglich, in jedem Fall aber innerhalb eines Monats nach Eingang des Antrags zur Ver- **80**

34 *Bräutigam/Schmidt-Wudy*, in: CR 2015, 56, 59 m.w.N.

fügung gestellt werden (Art. 12 Abs. 3 S. 1). Diese Monatsfrist kann um zwei Monate verlängert werden, wenn dies aufgrund der Komplexität und (gemeint ist: „und/oder") der Anzahl von Anträgen erforderlich ist (Art. 12 Abs. 3 S. 2). Innerhalb des ersten Verlängerungsmonats ist der Betroffene über die Gründe der Verzögerung zu informieren (Art. 12 Abs. 3 S. 3).

13. Ablehnung der Auskunftserteilung

81 In den folgenden Fällen kann/muss der Verantwortliche die Auskunftserteilung ablehnen:

a) Das Auskunftsverlangen ist „offenkundig unbegründet" (Art. 12 Abs. 5 S. 2 lit. b). Zur Auslegung des Tatbestandsmerkmals „offenkundig unbegründet" Rn. 45 f.

b) Die Auskunftsverlangen sind – insbesondere im Fall von häufiger Wiederholung – exzessiv (Art. 12 Abs. 5 S. 2 lit. b). Zur Auslegung des Tatbestandsmerkmals „exzessiv" Rn. 43 f.

c) Die Identifikation des Antragstellers ist nicht möglich (Art. 11 Abs. 2 und Art. 12 Abs. 6). Hierzu Rn. 67 ff.

d) Es liegen Rechte des Verantwortlichen oder eines Dritten vor, die einer Auskunftserteilung entgegenstehen (in der DS-GVO nicht geregelt; Ausnahmetatbestände im nationalen Recht bleiben abzuwarten). Genauer Rn. 84 ff., 162 ff. und 217 ff.

82 Bei Ablehnung der Auskunftserteilung ist der Betroffene über die Gründe und über die Möglichkeit, Beschwerde bei einer Aufsichtsbehörde einzulegen oder den Rechtsweg zu beschreiten, zu unterrichten (Art. 12 Abs. 4). Die Begründung muss so detailliert sein, dass der Betroffene die Berechtigung der Zurückweisung selbst überprüfen oder durch eine Aufsichtsbehörde überprüfen lassen kann.[35] Die Mitteilung über die Ablehnung hat spätestens innerhalb eines Monats nach Eingang des Antrags zu erfolgen (Art. 12 Abs. 4).

83 Lehnt der Verantwortliche eine Auskunft aufgrund entgegenstehender Rechte und Freiheiten anderer Personen ab, darf dies jedoch nicht dazu führen, dass dem Betroffenen jegliche Auskunft verweigert wird (EG 63 S. 6). In der Regel dürfte in solchen Fällen eine Teilauskunft (inklusive Entfernungen und Schwärzungen) zu erteilen sein.

14. Ausnahmen

84 Nach derzeitigem Stand kennt das Auskunftsrecht keine Ausnahmen. Allerdings sind die Mitgliedstaaten aufgrund der Öffnungsklausel des Art. 23 befugt, Ausnahmen im mitgliedstaatlichen Recht festzulegen.

85 Selbst wenn der nationale Gesetzgeber keine Ausnahmen festlegen würde (s. aber zum BDSG-neu Rn. 217 ff.), kämen eine tatbestandsmäßige Einschränkung des Auskunftsanspruchs in Betracht oder eine analoge Anwendung anderer Ausnahmetatbestände der DS-GVO zur möglichen Europarechtswidrigkeit der Norm bei Fehlen jeglicher Ausnahmetatbestände Rn. 34; zu den für eine analoge Anwendung in Betracht kommenden Ausnahmetatbeständen Rn. 162 ff.

86 Dagegen sprechen zwar der Wortlaut des Art. 15 und die Befugnis des nationalen Gesetzgebers, gem. Art. 23 unter besonderen Voraussetzungen Ausnahmen im nationalen Recht schaffen zu können. Auch auf der Grundlage des derzeit geltenden Rechts wird für ein behördliches Ermessen bei der Entscheidung über die Auskunftserteilung verfassungsrechtlich kein Raum gesehen. Soweit gegenläufige Geheimhaltungsinteressen des Staates oder Dritter der Information entgegenstehen können, sei es Aufgabe des Gesetzgebers, geeignete Ausschlusstatbestände zu schaffen, die den einander gegenüberstehenden Interessen Rechnung trügen.[36]

87 Dafür spricht allerdings EG 63 S. 5, wonach der Auskunftsanspruch die Rechte und Freiheiten anderer Personen (genannt werden ausdrücklich Geschäftsgeheimnisse und Rechte des geistigen

---

35 Vgl. Gola/Schomerus, *Gola/Klug/Körffer*, § 34 Rn. 19.

36 *Globig*, in: Festschrift für Rudolf, 2001, 441, 455 ff.; *BVerfG*, Beschl. v. 10.3.2008, 1 BvR 2388/03, NJW 2008, 2099, 2101 (Rn. 76).

Eigentums wie das Urheberrecht) nicht beeinträchtigt werden dürfen. Dafür sprechen auch die Aussagen in Art. 1 Abs. 2, wonach die DS-GVO „die" Grundrechte und Grundfreiheiten (Plural!) natürlicher Personen schützt, und in EG 4 S. 2, wonach das Recht auf Schutz der personenbezogenen Daten kein uneingeschränktes Recht ist, sondern es vielmehr im Hinblick auf seine gesellschaftliche Funktion gesehen und unter Wahrung des Verhältnismäßigkeitsprinzips gegen andere Grundrechte abgewogen werden muss.

Dringend erforderlich ist z.B. eine Ausnahme zugunsten von Berufsgeheimnisträgern, die unter eine berufsrechtlich geregelte Geheimhaltungspflicht fallen.[37] Dies sind neben Rechtsanwälten auch Wirtschaftsprüfer und Steuerberater.[38] Verpflichtete man z.B. Rechtsanwälte, die datenschutzrechtlichen Interessen von Dritten (wie Klagegegnern und Zeugen) zu berücksichtigen, würde die berufsrechtliche Verschwiegenheitspflicht ausgehöhlt, das Vertrauensverhältnis zum Mandanten untergraben und letztlich das Vertrauen der Allgemeinheit in die Verschwiegenheit der Angehörigen bestimmter Berufe erschüttert.[39] Ohne entsprechende Ausnahmeregelungen würden durch den Auskunftsanspruch Ausforschungen („fishing expeditions") des Klagegegners möglich. **88**

Zu weiteren rechtlich erforderlichen oder politisch sinnvollen Ausnahmetatbeständen im Einzelnen Rn. 162 ff. **89**

II. Inhalt der Auskunft

1. Bestätigung der Verarbeitung (Abs. 1 Hs. 1)

Das Auskunftsrecht ist zweistufig ausgestaltet. Zunächst besteht ein Anspruch auf Bestätigung der Tatsache, ob überhaupt personenbezogene Daten verarbeitet werden. Werden personenbezogene Daten verarbeitet, besteht auf der zweiten Stufe ein Anspruch auf Auskunft über die personenbezogenen Daten (Rn. 93 ff.) und über weitere zusätzliche Informationen (Rn. 104 ff.). **90**

Werden keine personenbezogenen Daten des Antragstellers verarbeitet, besteht ein Anspruch auf eine „Negativauskunft". Eine solche kommt nicht nur in Betracht, wenn keine personenbezogenen Daten des Betroffenen verarbeitet werden, sondern auch, wenn der Verantwortliche die vormals von ihm verarbeiteten personenbezogenen Daten des Antragstellers mittlerweile anonymisiert oder pseudonymisiert (hierzu Art. 11 Rn. 44) hat. **91**

Fraglich ist, wie groß der Aufwand sein muss, den der Verantwortliche betreiben muss, um herauszufinden, ob er überhaupt personenbezogene Daten des Betroffenen verarbeitet. Insofern dürfte jedenfalls eine Mitwirkungsobliegenheit des Betroffenen bestehen (Rn. 72 f.). **92**

2. Daten zur Person (Abs. 1 Hs. 2)

a) Personenbezogene Daten

Der Verantwortliche hat dem Betroffenen alle personenbezogenen Daten, die über diesen gespeichert sind und die von ihm verarbeitet werden, mitzuteilen (Abs. 1 Hs. 2). Zum Begriff der personenbezogenen Daten s. Art. 4 Nr. 1. **93**

b) Fachliche Analysen personenbezogener Daten

Der Anspruch des Art. 15 beschränkt sich auf den Zugang zu den personenbezogenen Daten selbst und zu den übrigen in Abs. 1 aufgeführten Informationen, die im Zusammenhang mit der Verarbeitung dieser Daten stehen. Hiervon zu unterscheiden ist der Zugang zu ganzen Dokumenten, die zwar personenbezogene Daten enthalten, aber auch einen weit darüber hinausgehenden Inhalt haben. Nach einem Urteil des EuGH ist der Entwurf einer Entscheidung über einen **94**

37 Vgl. die Ausnahmen in §§ 33 Abs. 2 Nr. 3 und 34 Abs. 7 BDSG.
38 *Zikesch/Kramer*, in: ZD 2015, 565, 461.
39 *Zikesch/Kramer*, in: ZD 2015, 565, 566.

Antrag auf Erteilung einer Aufenthaltserlaubnis mitsamt rechtlicher Analyse kein personenbezogenes Datum und kann daher nicht Gegenstand eines Auskunftsanspruchs sein. Zwar handele es sich bei den in der Entwurfsschrift wiedergegebenen Daten über denjenigen, der einen Aufenthaltstitel beantragt habe, und den Daten, die ggf. in der in der Entwurfsschrift enthaltenen rechtlichen Analyse wiedergegeben seien, um „personenbezogene Daten". Diese Einstufung gelte allerdings nicht für die rechtliche Analyse als solche.[40] Daher bestehe auch kein Anspruch auf die Herausgabe einer Kopie des gesamten Dokuments. Vielmehr könne der Auskunftsanspruch erfüllt werden, wenn der Antragsteller eine vollständige Übersicht der ihn betreffenden Daten in verständlicher Form erhalte.[41]

95 Hier dürften schwierige Abgrenzungsfragen zum Recht auf Herausgabe einer Kopie der Daten entstehen. Darüber hinaus wird die trennscharfe Unterscheidung zwischen personenbezogenen Daten einerseits und dem Dokument, in dem diese verarbeitet sind, dadurch verwässert, dass gem. Abs. 1 lit. h auch ein Anspruch auf Auskunft über die Logik, die Tragweite und die Auswirkungen automatisierter Entscheidungsfindungen besteht.[42] Aus Praktikabilitätsgründen dürfte sich der Datenverarbeiter in solchen Fällen oft eher für die Herausgabe des gesamten Dokuments entscheiden.

96 EG 63 S. 2 hebt besonders das Recht auf Auskunft über die eigenen gesundheitsbezogenen Daten hervor und erwähnt beispielhaft Daten in den Patientenakten, die Informationen wie Diagnosen, Untersuchungsergebnisse, Befunde der behandelnden Ärzte und Angaben zu Behandlungen oder Eingriffen enthalten. Auch dieses Recht auf Auskunft über Diagnosen und Befunde von Ärzten ist angesichts der Rechtsprechung des EuGH nicht ganz so eindeutig vom Auskunftsanspruch umfasst, wie dies von EG 63 S. 2 suggeriert wird.

c) Wahrscheinlichkeits- und Scorewerte

97 Fraglich ist, ob Wahrscheinlichkeitswerte oder Scorewerte als personenbezogene Daten anzusehen sind und insoweit der Auskunftspflicht unterliegen.

98 Nach geltendem Recht stellt sich diese Frage nicht. Wahrscheinlichkeitswerte sind nach der Vorgabe des BDSG nicht als Betriebs- und Geschäftsgeheimnisse zu klassifizieren.[43] Vielmehr ist nach BDSG ausdrücklich über Wahrscheinlichkeitswerte für ein bestimmtes zukünftiges Verhalten Auskunft zu erteilen. Das BDSG unterscheidet insofern sehr genau zwischen Informationen über

- die Wahrscheinlichkeitswerte für ein bestimmtes zukünftiges Verhalten (§ 34 Abs. 2 S. 1 Nr. 1, Abs. 4 S. 1 Nr. 1 und 2 BDSG),
- die zur Berechnung der Wahrscheinlichkeitswerte genutzten Datenarten (§ 34 Abs. 2 S. 1 Nr. 2, Abs. 4 S. 1 Nr. 3 BDSG),
- das Zustandekommen der Wahrscheinlichkeitswerte (§ 34 Abs. 2 S. 1 Nr. 3, Abs. 4 S. 1 Nr. 4 BDSG) und
- die Bedeutung der Wahrscheinlichkeitswerte (§ 34 Abs. 2 S. 1 Nr. 3, Abs. 4 S. 1 Nr. 4 BDSG).

99 Eine solche Differenzierung fehlt jedoch in Art. 15. Auch die Pflicht zur Auskunftserteilung über Profiling kann hierfür nicht fruchtbar gemacht werden, da diese auf automatisierte Entscheidungsfindungen, die auf Profiling beruhen, beschränkt ist. Es liegt insofern eine Regelungslücke vor.

---

40 EuGH, Urt. v. 29.6.2010, Rs. C-28/08 P (Bavarian Lager), Rn. 49; EuGH, Urt. v. 17.7.2014, Rs. C-141/12 und C-372/12 (Y.S. u. M. u. S./Minister voor Immigratie), Rn. 45 ff.

41 EuGH, Urt. v. 17.7.2014, Rs. C-141/12 und C-372/12 (Y.S. u. M. u. S./Minister voor Immigratie), Rn. 57 ff.

42 Schon nach bisheriger Rechtsprechung musste sich die Auskunft auf den logischen Kontext und den Aufbau der Datenspeicherung beziehen; vgl. *HessVGH*, Beschl. v. 17.12.1990, 7 UE 1182/84, RDV 1991, 187; Gierschmann/Saeugling, *Heinemann*, § 34 Rn. 52 m.w.N.

43 Simitis, *Dix*, § 34 Rn. 33.

Diese kann auch nicht durch Auslegung geschlossen werden. Denn gegen eine entsprechende Auskunftspflicht spricht die Rechtsprechung des BGH, wonach die durch eine Zahl repräsentierte Bonitätsbeurteilung eine auf Tatsachen beruhende Bewertung darstellt. Es liegt daher eine Meinungsäußerung vor. Die Tatsachen werden nach vorgegebenen Bewertungskriterien gewichtet und fließen in das letztendlich abgegebene Werturteil ein, das aber dadurch nicht selbst zu einer Tatsachenbehauptung wird. Dies ist nur dann der Fall, wenn bei der Äußerung aus Sicht des Empfängers die Elemente der Stellungnahme, des Dafürhaltens oder Meinens gegenüber den zugrunde liegenden Tatsachen in den Hintergrund treten.[44] Da die Bildung eines Wahrscheinlichkeitswertes somit der Meinungsfreiheit unterfällt, besteht insofern kein Auskunftsanspruch. **100**

Selbst wenn man einen Anspruch auf Auskunft über den Inhalt der Meinung des Datenverarbeiters grundsätzlich bejahte, entfiele gleichwohl der Anspruch, wenn der Wahrscheinlichkeitswert erst und nur aus Anlass einer konkreten Anfrage berechnet wird. Im geltenden Recht besteht dieses Problem spätestens seit der BDSG-Novelle von 2010 nicht mehr. Davor konnten sich Auskunfteien der Auskunftspflicht entziehen, wenn sie die zur Berechnung der Wahrscheinlichkeitswerte genutzten Daten ohne Personenbezug speicherten und den Personenbezug nur bei der Berechnung herstellten (und dann wieder löschten) oder wenn die Auskunftei bei einer anderen Stelle gespeicherte Daten nutzte. Der Auskunftsanspruch lief dann ins Leere, weil die Scorewerte und die zu ihrer Berechnung erforderlichen personenbezogenen Daten getrennt gespeichert waren, der Personenbezug nur aufgrund einer konkreten Anfrage hergestellt wurde und zum Zeitpunkt eines Auskunftsbegehrens nicht mehr oder noch nicht bestand.[45] Diese Regelungslücke wurde durch § 34 Abs. 2 S. 2 BDSG geschlossen. Sie tut sich nunmehr erneut auf. Dem Wortlaut nach besteht in diesen Fällen nach der DS-GVO kein Anspruch auf Auskunft über den Scorewert. **101**

Unterstellt man entgegen der hier vertretenen Auffassung, dass grundsätzlich über Scorewerte Auskunft erteilt werden muss, stellt sich schließlich die Frage, ob und inwieweit auch historische Scorewerte mitgeteilt werden müssen. Nach derzeit geltendem Recht müssen in der Vergangenheit erhobene oder übermittelte Scorewerte sechs Monate (wenn ein für ein Vertragsverhältnis Verantwortlicher die Scorewertberechnung selbst vorgenommen hat, § 34 Abs. 2 S. 1 Nr. 1 BDSG) oder zwölf Monate (wenn eine Auskunftei die Scorewertberechnung vorgenommen hat, § 34 Abs. 4 S. 1 Nr. 1 BDSG) gespeichert werden, um sie im Falle eines Auskunftsverlangens mitteilen zu können. Eine solche Vergangenheitsauskunft kann der Verantwortliche nur erteilen, wenn er die entsprechenden Daten auch tatsächlich speichert. Eine entsprechende Speicherpflicht enthält die DS-GVO aber nicht. Aufgrund der Erwägungen in Rn. 155 ff. kann eine solche Speicherpflicht auch nicht ohne ausdrückliche Festlegung in der DS-GVO (etwa bei den Dokumentationspflichten in Art. 30) angenommen werden. **102**

Rechtspolitisch wäre ein gesondertes Auskunftsrecht in Bezug auf „Scorewerte" zur Zahlungsbereitschaft und -fähigkeit wünschenswert. Allerdings dürfte ein nationaler Regelungsspielraum, aufgrund dessen die Mitgliedstaaten ein solches Auskunftsrecht festschreiben könnten, nur schwer zu begründen sein. Art. 23 lässt lediglich Beschränkungen und nicht Erweiterungen des Auskunftsanspruchs zu. Gem. Art. 1 Abs. 3 darf der freie Verkehr personenbezogener Daten in der Union aus Gründen des Schutzes natürlicher Personen nicht eingeschränkt werden. Diese Regelung soll die Harmonisierung des EU-Datenschutzrechts sicherstellen. Sie ist dahin gehend auszulegen, dass strengere Regelungen zum Schutz personenbezogener Daten als diejenigen der DS-GVO grundsätzlich unzulässig sind. Entsprechend heißt es in EG 10 S. 1 und 2, dass das Schutzniveau in allen Mitgliedstaaten gleichwertig sein sollte und die Vorschriften der DS-GVO unionsweit gleichmäßig und einheitlich angewandt werden sollten. Dies wäre aber nicht mehr der Fall, wenn in einzelnen Mitgliedstaaten ein Anspruch auf Auskunft über Scorewerte bestünde, in anderen aber nicht. **103**

44 *BGH*, Urt. v. 22.2.2011, VI ZR 120/10, Rn. 11.
45 *Heinemann/Wäßle*, in: MMR 2010, 600, 601.

3. Verarbeitungszwecke (Abs. 1 lit. a)

104 Nach Abs. 1 lit. a ist Auskunft über die Verarbeitungszwecke zu erteilen. Diese Regelung geht über § 19 Abs. 1 Nr. 3 und § 34 Abs. 1 Nr. 3 BDSG hinaus, denn nach diesen Vorschriften ist nur Auskunft über die Speicherzwecke, nicht aber über die Verarbeitungszwecke zu erteilen.

105 Die Angabe der Verarbeitungszwecke soll es dem Betroffenen ermöglichen, die Rechtmäßigkeit der Datenverarbeitung und insbesondere die Einhaltung des Grundsatzes der Zweckbindung zu überprüfen. Gem. Art. 5 Abs. 1 lit. b dürfen personenbezogene Daten nur für genau festgelegte, eindeutige und rechtmäßige Zwecke erhoben werden und dürfen nicht in einer mit diesen Zwecken nicht zu vereinbarenden Weise weiterverarbeitet werden. Die Pflicht zur Auskunft enthält daher für den Verantwortlichen ein Element der Selbstvergewisserung und erfüllt für den Betroffenen eine Kontrollfunktion.

106 Da jedem einzelnen Verarbeitungsschritt eine Zweckbestimmung zugrunde liegen muss und eine zweckfreie Datenverarbeitung unzulässig ist, ist auch eine Antwort, wonach die Zwecke zum Zeitpunkt der Auskunftserteilung noch nicht vorliegen, ausgeschlossen. Werden Daten zu mehreren Zwecken verarbeitet, sind diese alle zu benennen.

107 Fraglich ist, wie detailliert die Verarbeitungszwecke beschrieben werden müssen. In Anlehnung an die im BDSG an verschiedenen Stellen ausdrücklich genannten Verarbeitungszwecke werden im geltenden Recht pauschale Zweckbeschreibungen („für eigene Geschäftszwecke", „für Werbezwecke", „zum Zweck der Tätigkeit als Auskunftei", „für Zwecke des Adresshandels", „zur Durchführung des Beschäftigungsverhältnisses") für zulässig erachtet.[46] Dagegen spricht nach neuer Rechtslage, dass die DS-GVO zumindest im verfügenden Teil die berechtigten Interessen des Verantwortlichen nicht weiter spezifiziert und dass in der Angabe, die Datenverarbeitung erfolge zu dem Zweck, eigene berechtigte Interessen zu verfolgen, kaum ein Mehrwert über die Mitteilung der Tatsache, dass überhaupt personenbezogene Daten verarbeitet werden, hinaus besteht. Erforderlich dürfte daher bei nicht-öffentlichen Stellen zumindest die Angabe sein, zu welchem konkreten Geschäftszweck die Daten verarbeitet werden. Bei den privilegierten Zwecken des Art. 5 Abs. 1 lit. b dürfte ebenfalls die Angabe, dass die Daten zu wissenschaftlichen oder historischen Forschungszwecken, zu Archivzwecken oder zu statistischen Zwecken verarbeitet werden, allein nicht ausreichen.

108 Fraglich ist, ob auch ein Anspruch auf eine Vergangenheitsauskunft (eingehend Rn. 155 ff.) besteht, also ob bei einer durchgeführten Zweckänderung neben dem aktuellen Verarbeitungszweck auch die früheren Verarbeitungszwecke mitzuteilen sind[47], damit der Betroffene die Rechtmäßigkeit der Verarbeitung lückenlos nachvollziehen kann. Dagegen spricht, das die Art. 13 Abs. 3 und Art. 14 Abs. 4 für Fälle der Zweckänderung ausdrücklich eine Informationspflicht vorsehen. Eine vergleichbare Sonderregelung fehlt aber in Art. 15. Da allerdings das vom Verantwortlichen zu führende Verzeichnis von Verarbeitungstätigkeiten auch Angaben über die Zwecke der Verarbeitung enthalten muss (Art. 30 Abs. 1 lit. b), spricht einiges dafür, dass der Verantwortliche die ohnehin zu dokumentierenden Verarbeitungszwecke dem Betroffenen im Rahmen der Auskunft auch mitteilen muss.

4. Kategorien personenbezogener Daten (Abs. 1 lit. b)

109 Nach Abs. 1 lit. b ist Auskunft über die Kategorien personenbezogener Daten zu erteilen. Diese Auskunftsverpflichtung ist zwar nicht im BDSG, wohl aber in Art. 12 lit. a erster Spiegelstrich RL 95/46 enthalten.

110 Fraglich ist, was unter Kategorien personenbezogener Daten zu verstehen ist. Jedenfalls die in Art. 9 genannten besonderen Datenkategorien dürften darunter fallen. Allerdings dürfte der Begriff der „Kategorien" eher untechnisch zu verstehen sein. Es dürfte vor allem auf die vom Ver-

---

46 Gierschmann/Saeugling, *Heinemann*, § 34 Rn. 62.
47 Bejahend für das geltende Recht Wolff/Brink, *Schmidt-Wudy*, § 34 Rn. 48.

antwortlichen in seiner Sphäre vorgenommene Kategorisierung ankommen. Maßstab wäre also die subjektive Sichtweise des Verantwortlichen, denn daraus kann der Betroffene Rückschlüsse darüber ziehen, wie gefährlich die Datenverarbeitung für ihn ist oder werden könnte. So dürften die Bezeichnung und das Umfeld der über den Betroffenen gespeicherten Daten (z.B. Speicherung im Ordner „Schuldner", „Kunde", „Werbepartner", usw.) als Kategorien im Sinne von Abs. 1 lit. b anzusehen sein.

Allerdings hängt der erforderliche Konkretisierungsgrad auch vom objektiv zu beurteilenden Risiko für den Betroffenen ab. Birgt die Datenverarbeitung für ihn ein hohes Risiko, muss der Verantwortliche aussagekräftigere Kategorisierungen verwenden (Beispiel: bei weniger riskanten Datenverarbeitungen kann die Angabe „Zahlungsdaten" ausreichen, in anderen Fällen werden die Angaben „Kreditkartennummer", „Gültigkeitsdatum", usw. erforderlich sein). Ausführlich zum risikobasierten Ansatz in der DS-GVO Art. 24 Rn. 78 ff. **111**

5. Empfänger oder Empfängerkategorien (Abs. 1 lit. c)

Gem. Abs. 1 lit. c müssen dem Betroffenen die Empfänger oder die Kategorien von Empfängern mitgeteilt werden, gegenüber denen die Daten offengelegt worden sind oder noch offengelegt werden (eingehend zum Begriff der Offenlegung siehe Art. 4 Nr. 9 Rn. 16 ff.). Dies gilt ausdrücklich insbesondere bei Empfängern in Drittländern oder bei internationalen Organisationen. **112**

a) Vergleich mit geltendem Recht

Auch das geltende Recht enthält bereits eine entsprechende Auskunftspflicht (Art. 12 lit. a Spiegelstrich 1 DS-RL; § 19 Abs. 1 Nr. 2 und § 34 Abs. 1 Nr. 2 BDSG). **113**

b) Begriff des Empfängers

Der Begriff des Empfängers ist in Art. 4 Nr. 9 legaldefiniert. Demnach handelt es sich bei einem Empfänger um eine natürliche oder juristische Person, Behörde, Einrichtung oder andere Stelle, der personenbezogene Daten offengelegt werden, unabhängig davon, ob es sich bei ihr um einen Dritten handelt oder nicht. **114**

c) Verhältnis zum Begriff des Dritten

Gem. § 3 Abs. 8 BDSG ist Empfänger jede Person oder Stelle, die Daten erhält, aber nicht ein Dritter und nicht der Betroffene.[48] **115**

Die Formulierung in Art. 4 Nr. 9, die mit „unabhängig davon" beginnt, besagt, dass als Empfänger auch solche Stellen anzusehen sind, die noch der Sphäre des Verantwortlichen zuzurechnen sind. Als Empfänger gelten demnach auch Personen, die unter der unmittelbaren Verantwortung des Verantwortlichen oder des Auftragsverarbeiters befugt sind, die personenbezogenen Daten zu verarbeiten (vgl. die Definition des „Dritten" in Art. 4 Nr. 10). Das ist eine Änderung zum bestehenden Recht, die insbesondere die unternehmens- und behördeninterne Datenweitergabe betrifft. Die Differenzierung zwischen Drittem und Empfänger wird weitgehend aufgehoben.[49] **116**

Nach neuem Recht gilt somit jeder Auftragsverarbeiter, jeder Auftragnehmer, ja selbst eine andere Stelle innerhalb einer Konzerngesellschaft als Empfänger. Selbst ein die Daten lediglich speichernder Cloudanbieter, ein Outsourcing von Kundendaten betreibender externer IT-Dienstleister oder ein anderes Konzernunternehmen sind Empfänger. **117**

48 in: Wolff/Brink, *Schild*, § 3 Rn. 115, 13. Edition (Stand: 1.2.2015).
49 Gierschmann/Saeugling, *Schmitz*, § 3 Rn. 138.

d) Übermittlung aufgrund behördlichen Ersuchens

118 Behörden, die im Rahmen eines einzelnen Untersuchungsauftrags (gemeint ist nach richtiger deutscher Terminologie wohl ein „Ersuchen") möglicherweise Daten erhalten, gelten nicht als Empfänger (Art. 4 Nr. 9 S. 2).

e) Begriff der Empfängerkategorie

119 Unter einer Kategorie von Empfängern ist eine Gruppe von Empfängern zu verstehen, die eines oder mehrere gemeinsame Merkmale aufweisen, also z.B. „unsere Werbepartner", „unsere Kunden", „Banken", „Auskunfteien", „Rückversicherer", „alle Abteilungsleiter eines Unternehmens" und auch „alle Auftragsdatenverarbeiter".[50]

f) Empfänger oder Kategorien von Empfängern

120 Unklar ist, wie die Konjunktion „oder" zwischen „Empfänger" und „Kategorien von Empfängern" auszulegen ist. Es gibt die folgenden Auslegungsmöglichkeiten:

121 (1) Der Betroffene hat ein Wahlrecht. Dann müsste sein Auskunftsanspruch darauf gerichtet sein, entweder die konkreten Empfänger oder die Empfängerkategorien benannt zu bekommen.

122 (2) Der Verantwortliche hat ein echtes Wahlrecht.[51] Das hieße, der Verantwortliche kann frei darüber entscheiden, ob er dem Betroffenen „nur" Kategorien von Empfängern oder die konkreten Empfänger mitteilt.

123 (3) Der Verantwortliche muss dem Betroffenen immer die konkreten Empfänger benennen und darf sich nur dann darauf zurückziehen, Kategorien von Empfängern zu benennen, wenn konkrete Empfänger noch nicht bekannt sind.[52]

124 Gegen die erste Auslegungsmöglichkeit spricht, dass es keinen vernünftigen Grund gibt, den Betroffenen dazu zu zwingen, sich für eine von den beiden Varianten zu entscheiden, zumal er einen zweiten Antrag stellen könnte, in dem er die andere Variante wählt.

125 Für die zweite Auslegungsmöglichkeit spricht zunächst der Wortlaut. Auch Verhältnismäßigkeitserwägungen sprechen für diese Auslegung, wenn die Zahl der Empfänger zu groß ist und die konkrete Benennung aller Empfänger einen zu großen Rechercheaufwand erfordern würde. Auch Geheimhaltungsinteressen des Verantwortlichen können gegen eine Offenlegung der konkreten Empfänger sprechen.

126 Für die dritte Auslegungsmöglichkeit spricht der offenbar von der DS-GVO verfolgte Anspruch, dass dem Betroffenen ein möglichst umfassendes Bild sämtlicher Datenbewegungen zur Verfügung gestellt wird. Auch erwähnt EG 63 S. 3 nur die Empfänger, die zu beauskunften seien, und nicht die Kategorien von Empfängern.

6. Speicherdauer (Abs. 1 lit. d)

127 Nach Abs. 1 lit. d ist, falls dies möglich ist, Auskunft zu geben über die geplante Dauer, für die die personenbezogenen Daten gespeichert werden, oder, falls dies nicht möglich ist, über die Kriterien für die Festlegung dieser Dauer.

128 Die Pflicht zur Auskunft über die Speicherdauer ist neu. Eine solche Verpflichtung kennen weder die DS-RL noch das BDSG.

129 Die Auskunftspflicht steht unter dem Vorbehalt, dass die Auskunft über die Speicherdauer möglich ist. Bei der Frage, wann die Auskunft über die Speicherdauer „nicht möglich" ist, bleibt unklar, ob es auf eine objektive oder eine subjektive (d.h. nur beim Verpflichteten vorliegende) Unmöglichkeit ankommt. Vorzugswürdig dürfte das Abstellen auf die subjektive Unmöglichkeit

---

50 Wolff/Brink, *Schild*, § 3 Rn. 117, 13. Edition (Stand: 1.2.2015),
51 In diesem Sinne Paal/Pauly, *Paal*, Art. 15 Rn. 26.
52 In diesem Sinne Wolff/Brink, *Schmidt-Wudy*, Art. 15 DS-GVO Rn. 58, 18. Edition (Stand: 1.11.2016).

sein, da es sich ja um eine auf den konkret Verpflichteten bezogene Informationspflicht handelt. Der zur Auskunft Verpflichtete wird daher zunächst gezwungen, eine fixe Speicherdauer zu ermitteln. Erst wenn dies für ihn nicht möglich ist (z.B. bei Dauerschuldverhältnissen), wird ihm erlaubt, dem Betroffenen Kriterien zur Ermittlung der Speicherdauer mitzuteilen. Bei einem auf unbestimmte Dauer geschlossenen Abonnementvertrag wäre dies z.B. die Mitteilung, dass die Daten des Abonnenten für die Dauer des Abonnementverhältnisses gespeichert werden. Allerdings dürfte die Beurteilung in vielen Fällen nicht so einfach sein wie in diesem Beispiel. Dann bewegt sich der Verantwortliche bei der Abgrenzungsfrage, ob die Feststellung einer konkreten Speicherdauer möglich ist oder nicht, auf unsicherem Terrain.[53]

Gibt es gesetzlich vorgeschriebene Speicher- oder Löschfristen, sind dies für den Verantwortlichen die maßgeblichen Kriterien für die Festlegung der Speicherdauer. In diesen Fällen ist die Rechtsgrundlage für die Speicherung/Löschung zu benennen. So sind z.B. gem. handels- und steuerrechtlicher Aufbewahrungsvorschriften verschiedene Unterlagen mindestens sechs (§ 257 HGB) oder zehn (§ 147 AO) Jahre aufzubewahren. **130**

Art. 30 Abs. 1 lit. f enthält ebenfalls eine Verpflichtung zur Angabe von Speicherfristen, die aber nicht identisch ist mit der Verpflichtung in Art. 15 Abs. 1 lit. d. Nach Art. 30 Abs. 1 lit. f hat jeder Verantwortliche ein Verzeichnis aller Verarbeitungstätigkeiten zu führen, das unter anderem Angaben über die vorgesehenen Fristen für die Löschung der verschiedenen Datenkategorien enthält. Diese Regelung bezieht sich somit auf die Angabe abstrakt-genereller Speicherfristen. Das heißt, für eine abstrakte Zahl von Fällen müssen für noch nicht feststehende, unbestimmte Daten Speicherfristen angegebenen werden. Bei Art. 15 Abs. 1 lit. d müssen hingegen konkret-individuelle oder, falls dies nicht möglich ist, abstrakt-individuelle Speicherfristen angegeben werden. **131**

7. „Rechtsbehelfsbelehrung" (Abs. 1 lit. e und f)

Der Verantwortliche muss dem Betroffenen gem. Abs. 1 lit. e und f Auskunft über die folgenden Rechte, die diesem nach der DS-GVO zustehen, erteilen: **132**

- Berichtigung (Art. 16 S. 1);
- Löschung (Art. 17);
- Verarbeitungseinschränkung (Art. 18);
- Widerspruch (Art. 21);
- Recht, sich bei einer Aufsichtsbeschwerde zu beschweren (Art. 77).

Demnach muss keine Auskunft gegeben werden über das Informationsrecht (Art. 13 und 14), das Recht auf Erhalt einer Kopie (Art. 15 Abs. 3 und 4), das Recht auf Vervollständigung (Art. 16 S. 2), das Recht auf Mitteilung von Änderungen (Art. 19), das Recht auf Datenübertragbarkeit (Art. 20), die Rechte im Zusammenhang mit automatisieren Einzelentscheidungen (Art. 22) und das Recht auf Benachrichtigung über Datenschutzverletzungen (Art. 34). **133**

8. Herkunft der Daten (Abs. 1 lit. g)

Nach Abs. 1 lit. g muss der Verantwortliche Auskunft über alle verfügbaren Informationen über die Herkunft der Daten erteilen, wenn die personenbezogenen Daten nicht beim Betroffenen erhoben wurden. **134**

Nicht beim Betroffenen erhoben sind Daten, die von Dritten sowie aus Registern, Publikationen oder anderen öffentlich zugänglichen Quellen stammen. Fraglich ist, ob heimlich beim Betroffenen erhobene Daten als Daten anzusehen sind, die nicht beim Betroffenen erhoben wurden. Eine solche Auslegung wäre nur denkbar, wenn man das Tatbestandsmerkmal „beim Betroffenen erhoben" nur dann als erfüllt ansähe, wenn die Daten willentlich oder zumindest wissentlich vom **135**

53 *Bräutigam/Schmidt-Wudy*, in: CR 2015, 56, 61.

Betroffenen zur Verfügung gestellt worden wären. Eine solche Unterscheidung wäre aber nicht praktikabel, da die Anwendung der Vorschrift dann davon abhängen würde, ob der Betroffene zufällig Kenntnis von der Datenerhebung erlangen würde (dann Erhebung beim Betroffenen) oder nicht (dann Erhebung nicht beim Betroffenen). Video-, Bild- oder Tonaufnahmen vom Betroffenen oder Informationen, die von einer Webseite des Betroffenen stammen, sind somit hiesigen Erachtens Daten, die beim Betroffenen erhoben wurden. Bei solchen Daten muss somit keine Auskunft über ihre Herkunft gegeben werden, obwohl gerade bei diesen Daten eine Herkunftsangabe für den Betroffenen von besonderem Interesse wäre (eingehend hierzu Art. 13 und 14 Rn. 37 ff.).

136 Stammen die Daten aus öffentlich zugänglichen Quellen, muss der Verantwortliche dem Betroffenen die öffentlich zugängliche Quelle so konkret wie möglich bezeichnen, da er „alle verfügbaren Informationen" über die Herkunft der Daten preisgeben muss.

137 Sich auf die Herkunft beziehende Informationen können ihrerseits einen Personenbezug haben, wenn die Daten von Dritten stammen.[54] Eine Auskunft darüber kann somit in Rechte des Dritten, von dem die Daten stammen, eingreifen. Diesen möglichen Konflikt zwischen dem Auskunftsanspruch des Betroffenen und dem Datenschutzrecht Dritter löst Art. 15 nicht auf. Die DS-GVO enthält keine Geheimhaltungspflichten, die den Auskunftsanspruch ausschließen. Sollte der nationale Gesetzgeber hier die dringend erforderlichen Ausnahmetatbestände nicht schaffen, wäre der Verantwortliche gleichwohl verpflichtet, einen Ausgleich zwischen den Rechten des Betroffenen und denen Dritter herzustellen. Rechtlich wäre dies über eine teleologische bzw. grundrechtskonforme Reduktion des Abs. 1 lit. g zu erreichen. Zu beauskunften ist die Herkunft der Daten daher nur, wenn durch sie nicht in die Rechte Dritter eingegriffen wird.

138 *Wie* der Verantwortliche die Daten erlangt hat, muss dem Betroffenen nicht mitgeteilt werden.[55] Dies gehört nicht zu „allen verfügbaren" Informationen über die Herkunft der Daten selbst, sondern bezieht sich auf die Art und Weise ihrer Erlangung und ist daher nicht zu beauskunften.

139 Eine Pflicht zur Speicherung von Informationen über die Herkunft der Daten, um später Auskunft hierüber erteilen zu können, besteht nicht. Dies folgt aus dem Wortlaut der Norm, wonach Auskunft nur die „verfügbaren" Informationen zu erteilen ist. Eine Pflicht zur Speicherung von Informationen über die Herkunft unter dem Gesichtspunkt der Organisationskontrolle[56] ergibt sich auch nicht aus anderen Regelungen der DS-GVO. Insbesondere ist die Herkunft der Daten kein eigenständiger Gesichtspunkt, der in das Verzeichnis von Verarbeitungstätigkeiten nach Art. 30 aufgenommen werden müsste.

9. Automatisierte Entscheidungsfindung (Abs. 1 lit. h)

140 Gem. Abs. 1 lit. h muss der Verantwortliche dem Betroffenen Auskunft geben über

- das Bestehen einer automatisierten Entscheidungsfindung gem. Art. 22 Abs. 1 und 4,
- die involvierte Logik der automatisierten Entscheidungsfindung,
- die Tragweite der automatisierten Entscheidungsfindung für den Betroffenen,
- die angestrebten Auswirkungen der automatisierten Entscheidungsfindung für den Betroffenen.

54 Vgl. Simitis, *Dix*, § 34 Rn. 22.
55 So auch *AG Hamburg-Altona*, Urt. v. 17.11.2004, 317 C 328/04, DuD 2005, 170 (zu § 34 Abs. 1 S. 1 Nr. 1 BDSG).
56 Vgl. Simitis, *Dix*, § 34 Rn. 22.

a) Bestehen einer automatisierten Entscheidungsfindung

Wie in Art. 22 Abs. 1 ist dem Tatbestandsmerkmal „automatisierte Entscheidungsfindung" auch hier ein „einschließlich Profiling" angehängt. Diese Hinzufügung ist jedoch überflüssig. Sie bedeutet nichts weiter, als dass sich die jeweilige Regelung auch auf automatisierte Entscheidungsfindungen bezieht, die auf einem Profiling beruhen. Dies ist aber eine Selbstverständlichkeit, da eine automatisierte Entscheidungsfindung nur dann in den Anwendungsbereich der DS-GVO fällt, wenn sie auf der Verarbeitung personenbezogener Daten beruht und Profiling „nur" eine Form der Verarbeitung personenbezogener Daten ist. **141**

Der Verweis des Abs. 1 lit. h auf Art. 22 Abs. 1 und 4 ist verunglückt. Nach Art. 22 Abs. 1 sind automatisierte Einzelentscheidungen ja gerade verboten. Eine Auskunft hierüber erübrigt sich somit, denn es darf die Einzelentscheidung gar nicht geben und es ist schwer vorstellbar, dass der Verantwortliche den Betroffenen auf eine automatisierte Einzelentscheidung hinweisen soll, die er gerade nicht durchführen darf. Art. 22 Abs. 4 lässt automatisierte Einzelentscheidungen bei sensiblen Daten unter bestimmten Voraussetzungen zu. Es ist nicht anzunehmen, dass nach Art. 15 tatsächlich nur diese Ausnahmefälle einer zugelassenen automatisierten Einzelentscheidung beauskunftet werden sollen. Gemeint sein dürfte, dass eine Auskunft über jede zulässige automatisierte Einzelentscheidung erteilt werden muss. Dann müsste Abs. 1 lit. h. aber auf Art. 22 Abs. 2 und 4 verweisen. Mangels eines Verweises auf Art. 22 Abs. 2 muss eine Auskunft über zulässige automatisierte Einzelentscheidungen jedoch nicht erteilt werden, es sei denn, es handelt sich um solche automatisierten Einzelentscheidungen, die ausschließlich auf sensiblen Daten beruhen und die ausnahmsweise gem. Art. 9 Abs. 2 lit. a oder g zulässig sind. **142**

EG 63 S. 3 formuliert unsauber, wenn es dort heißt, dass jeder Betroffene ein Anrecht darauf haben sollte, „zu wissen und zu erfahren, nach welcher Logik die automatische Verarbeitung personenbezogener Daten erfolgt und welche Folgen eine solche Verarbeitung haben kann, zumindest in Fällen, in denen die Verarbeitung auf Profiling beruht". Abs. 1 lit. h beschränkt den Auskunftsanspruch eindeutig auf Fälle der automatisierten Entscheidungsfindung und erfasst gerade nicht sämtliche Fälle der automatischen Verarbeitung personenbezogener Daten und auch nicht sämtliche Fälle des Profilings. **143**

b) Logik der Entscheidungsfindung

Bei der Auslegung des Tatbestandsmerkmals „involvierte Logik einer derartigen Verarbeitung" stellt sich die Frage nach dem Umfang der Auskunftspflicht des Verantwortlichen. Die Rechte des Verantwortlichen (z.B. das Geschäftsgeheimnis und das Recht am geistigen Eigentum (Urheberrecht)) sind zu beachten, auch wenn es diesbezüglich in der DS-GVO keine Ausnahmetatbestände gibt. Ein unbedingter Auskunftsanspruch des Betroffenen würde der erforderlichen Grundrechtsabwägung mit den Rechten des Datenverarbeiters widersprechen.[57] Sollten die nationalen Gesetzgeber keine Ausnahmetatbestände zugunsten der Rechte des Verantwortlichen schaffen, ist eine teleologische Reduktion des Tatbestandes vorzunehmen, soweit die Rechte des Verantwortlichen betroffen sind (zu der vom deutschen Gesetzgeber im BDSG-neu gewählten Lösung s. Rn. 225). **144**

Schon lange umstritten ist, inwieweit die Scoreformel von Auskunfteien offengelegt werden muss. Im Rahmen der DS-GVO stellt sich die Frage neu, denn möglicherweise erfasst die Logik der Verarbeitung im Sinne von Abs. 1 lit. h auch die Scoreformel. **145**

Nach der Rechtsprechung des Bundesgerichtshofs stellt die Scoreformel, mit der eine Auskunftei ihre Scorewerte berechnet, ein Geschäftsgeheimnis dar.[58] Die Auskunftspflicht kann sich – so der BGH – in diesem Falle nicht auf die Berechnungsgrundlagen für den Scorewert erstrecken. Der Grat zwischen Auskunftspflicht einerseits und Geschäftsgeheimnis andererseits ist somit nach aktueller Rechtslage bei Auskunfteien besonders schmal. So müssen Auskunfteien einerseits **146**

---

57 So in Bezug auf den Auskunftsanspruch *Spindler* in: DB 2016, 937, 944.
58 *BGH*, Urt. v. 28.1.2014, VI ZR 156/13, juris, Rn. 27; vgl. auch Taeger/Gabel, *Mackenthun*,, § 6a Rn. 23.

gem. § 34 Abs. 2 und 4 BDSG die Wahrscheinlichkeitswerte für ein bestimmtes zukünftiges Verhalten offenlegen und darüber hinaus aufklären über

- die zur Berechnung der Wahrscheinlichkeitswerte genutzten Datenarten,
- das Zustandekommen der Wahrscheinlichkeitswerte und
- die Bedeutung der Wahrscheinlichkeitswerte.

147 Das Zustandekommen und die Bedeutung sind nicht nur nachvollziehbar in allgemein verständlicher Form, sondern sogar einzelfallbezogen mitzuteilen (§ 34 Abs. 2 Nr. 3 BDSG). Andererseits gehören zu den Berechnungsgrundlagen des Scorewertes, die nach der genannten BGH-Entscheidung nicht offengelegt werden müssen, die in die Scoreformel eingeflossenen allgemeinen Rechengrößen, wie etwa

- die herangezogenen statistischen Werte,
- die Gewichtung einzelner Berechnungselemente bei der Ermittlung des Wahrscheinlichkeitswerts und
- die Bildung etwaiger Vergleichsgruppen als Grundlage der Scorekarten.[59]

148 Der Ausschluss einer Auskunftspflicht sei – so der BGH – angesichts der aufwendigen Entwicklung des Scores, die spezielles Fachwissen voraussetze, auch gerechtfertigt. Zudem hingen von dem jeweiligen Verfahren die Aussagekraft der Prognose und damit die Wettbewerbsfähigkeit sowie der Marktwert des Produktes und der Auskunftei selbst ab.[60] Sollte durch Abs. 1 lit. h eine Offenlegung der Scoreformel verlangt werden, stünde diese Forderung somit im Widerspruch zur Rechtsprechung des BGH.

149 Die Pflicht zur Auskunft über die Logik der Verarbeitung kann aber schon deshalb nicht ohne Weiteres auf Auskunfteien angewendet werden, weil Auskunfteien in der Regel nicht selbst automatisierte Entscheidungen treffen. Die von ihnen ermittelten Scorewerte und auch die Berechnungsgrundlagen der Scorewerte gehören nicht zur Logik der von Abs. 1 lit. h erfassten Datenverarbeitung, da gem. dieser Norm Auskunft über die Logik „einer derartigen" Verarbeitung, also über die Logik der automatisierten *Entscheidungsfindung*, zu erteilen ist.

150 Allerdings lassen sich das aus § 34 Abs. 2 und 4 BDSG bekannte Konzept, das den Auskunftsanspruch gegen Auskunfteien betrifft, und die hierzu ergangene Rechtsprechung womöglich für bestimmte andere Verarbeitungssituationen auf die Auslegung des Tatbestandsmerkmals „Logik einer derartigen Verarbeitung" übertragen. Das bedeutet, dass jedenfalls das Zustandekommen der automatisierten Entscheidung einzelfallbezogen und nachvollziehbar in allgemein verständlicher Form zu beauskunften ist. Die Logik der Entscheidungsfindung ist in einer für Laien verständlichen Form darzulegen.[61] Die Auskunft muss für den Betroffenen erkennen lassen, welche Elemente die automatisierte Entscheidungsfindung beeinflussen, also auch die zugrunde liegende Datenbasis.[62] Die Entscheidung muss allerdings nur „nachvollziehbar" und nicht „nachrechenbar" sein[63], denn ansonsten würde Abs. 1 lit. h nicht nur „aussagekräftige Informationen" über die Logik der Entscheidungsfindung genügen lassen, sondern eine konkrete Nachprüfbarkeit verlangen. Die Auskunft muss nur den Zusammenhang zwischen den Datenarten und den Wahrscheinlichkeitswerten erhellen, nicht jedoch die Bedeutung jedes einzelnen herangezogenen Datums.[64]

---

59 *BGH*, Urt. v. 28.1.2014, VI ZR 156/13, juris, Rn. 27.
60 *BGH*, Urt. v. 28.1.2014, VI ZR 156/13, juris, Rn. 27.
61 So BT-Drs. 16/10529, S. 17.
62 Vgl. *LG Berlin*, Beschl. v. 31.10.2013, 6 O 479/10, ZD 2014, 89.
63 Vgl. *OLG Nürnberg*, Urt. v. 30.10.2012, 3 U 2362/11, ZD 2013, 26, 27.
64 *LG Gießen*, Urt. v. 6.3.2013, 1 S 301/12, BeckRS 2013, 20542.

c) Tragweite und Auswirkungen der Entscheidungsfindung

Die Tatbestandsmerkmale „Tragweite" und „angestrebte Auswirkungen" haben keine klare gesetzliche Kontur und lassen damit erhebliche Auslegungsspielräume zu.[65] Notwendig dürfte in jedem Fall sein, dass der Verantwortliche, der Verfahren der automatisierten Entscheidungsfindung anwendet, dem Betroffenen erklärt, welche Entscheidungsalternativen zur Verfügung standen, welche Entscheidung zu seinen Gunsten oder Ungunsten getroffen wurde und welche Entscheidung(en) nicht getroffen wurde(n). So muss bspw. ein Internetversandhändler künftig einem Kunden Auskunft darüber geben, dass er Daten im Rahmen einer automatisierten Entscheidungsfindung verwendet und dies dazu führen kann, dass der Betroffene bei schlechter Bonität nicht mehr per Rechnung, sondern nur noch per Vorauskasse bezahlen kann.[66] 151

10. Garantien einer Drittstaatsübermittlung

Werden personenbezogene Daten an Empfänger in Drittstaaten oder bei internationalen Organisationen übermittelt, sind nicht nur die dortigen Empfänger oder Empfängerkategorien konkret zu benennen (hierzu Rn. 120 ff.). Darüber hinaus ist gem. Abs. 2 auch die jeweilige Garantie zu bezeichnen, die im Zusammenhang mit jeder einzelnen Drittstaatenübermittlung gilt. 152

Solche Garantien sind gem. Art. 46: 153

- Angemessenheitsbeschluss der Europäischen Kommission (Art. 46 Abs. 1 i.V.m. Art. 45 Abs. 3);
- rechtlich bindendes und durchsetzbares Dokument zwischen den Behörden oder öffentlichen Stellen (Art. 46 Abs. 2 lit. a);
- verbindliche interne Datenschutzvorschriften (Art. 46 Abs. 2 lit. b i.V.m. Art. 47);
- von der Europäischen Kommission erlassene Standarddatenschutzklauseln (Art. 46 Abs. 2 lit. c i.V.m. Art. 93 Abs. 2);
- von einer Aufsichtsbehörde angenommene und der Europäischen Kommission genehmigte Standarddatenschutzklauseln (Art. 46 Abs. 2 lit. d i.V.m. Art. 93 Abs. 2);
- genehmigte Verhaltensregeln (Art. 46 Abs. 2 lit. e i.V.m. Art. 40);
- genehmigte Zertifizierungsmechanismen (Art. 46 Abs. 2 lit. f i.V.m. Art. 42);
- von einer Aufsichtsbehörde genehmigte Vertragsklauseln (Art. 46 Abs. 3 lit. a);
- von einer Aufsichtsbehörde genehmigte Bestimmungen in Verwaltungsvereinbarungen (Art. 46 Abs. 3 lit. b).

Bei der Pflicht zur Auskunft über die Garantien der Drittstaatsübermittlung handelt es zumindest zum Teil um eine vergangenheitsbezogene Auskunft (zu den Schwierigkeiten Rn. 155 ff.). 154

11. Vergangenheitsauskunft?

Nach dem Wortlaut von Art. 15 besteht ein Anspruch auf Auskunft nur in Bezug auf die gegenwärtig verarbeiteten Daten und nicht auf die früher verarbeiteten Daten. Dies folgt aus der Verwendung des Präsens in Abs. 1 chapeau („Bestätigung darüber zu verlangen, ob sie betreffende personenbezogene Daten verarbeitet ***werden***; ist dies der Fall, so hat sie ein Recht aus Auskunft über ***diese*** personenbezogenen Daten"). Auch die Informationen gem. Abs. 1 lit. b (Datenkategorien, „die verarbeitet ***werden***"), gem. Abs. 1 lit. h („***Bestehen*** einer automatisierten Entscheidungsfindung") und gem. Abs. 2 („***werden*** Daten an ein Drittland [...] ***übermittelt***") sind aufgrund der Verwendung des Präsens jedenfalls auch gegenwartsbezogen. Die Informationen gem. Abs. 1 lit. c (Empfänger oder Empfängerkategorien, gegenüber denen die Daten noch of- 155

65 *Bräutigam/Schmidt-Wudy*, in: CR 2015, 56, 62.
66 *Bräutigam/Schmidt-Wudy*, in: CR 2015, 56, 62.

fengelegt werden), gem. Abs. 1 lit. d (geplante Speicherdauer) und gem. Abs. 1 lit. h (angestrebte Auswirkungen einer automatisierten Entscheidungsfindung) sind eindeutig zukunftsbezogen. Lediglich die Informationen gem. Abs. 1 lit. c (Empfänger oder Empfängerkategorien, gegenüber denen die Daten offengelegt worden sind) und gem. Abs. 1 lit. g (Herkunft der Daten) sind eindeutig vergangenheitsbezogen. Für alle anderen Informationen stellt sich die Frage, inwieweit der Auskunftsanspruch auch für in der Vergangenheit liegende Datenverarbeitungen gilt.

156 Nach der Rechtsprechung des EuGH zu Art. 12 DS-RL gilt der Auskunftsanspruch nicht nur für die Gegenwart, sondern zwingend auch für die Vergangenheit. Der EuGH begründet dies mit der praktischen Wirksamkeit der Interventionsrechte, die durch den Auskunftsanspruch abgesichert würden.[67] Dabei hätten die Mitgliedstaaten „eine Frist für die Aufbewahrung dieser Information sowie einen darauf abgestimmten Zugang zu ihr festzulegen, die einen gerechten Ausgleich bilden zwischen dem Interesse der betroffenen Person am Schutz ihres Privatlebens, insbesondere mit Hilfe der in der Richtlinie 95/46 vorgesehenen Rechte und Rechtsbehelfe, auf der einen Seite und der Belastung, die die Pflicht zur Aufbewahrung der betreffenden Information für den für die Verarbeitung Verantwortlichen darstellt, auf der anderen Seite".[68] Den Handlungsauftrag an die Mitgliedstaaten, Fristen für die Aufbewahrung festzulegen, begründete der EuGH damit, dass die DS-RL verhältnismäßig allgemein gehalten sei, auf viele unterschiedliche Situationen Anwendung finden solle, sie Vorschriften enthalte, die durch eine gewisse Flexibilität gekennzeichnet seien, und sie es in vielen Fällen den Mitgliedstaaten überlasse, die Einzelheiten zu regeln oder zwischen Optionen zu wählen.[69]

157 Diese Begründung des EuGH dürfte nach der Ersetzung der DS-RL durch eine Verordnung an sich nicht mehr greifen. Die DS-GVO überlässt es im Allgemeinen den Mitgliedstaaten nicht mehr, Einzelheiten zu regeln (mit Ausnahme der – allerdings recht großen – Bereiche, für die Spezifizierungs- oder Öffnungsklauseln bestehen). Es ist daher zweifelhaft, ob die Mitgliedstaaten einen solchen Handlungsspielraum und damit auch eine solche Handlungspflicht im Rahmen der DS-GVO noch haben. Inhaltlich hat sich allerdings an dem Problem nichts geändert. Auch die DS-GVO findet auf viele unterschiedliche Situationen Anwendung und ist durch eine gewisse Flexibilität gekennzeichnet, sieht aber selbst keine eigenen Speicherfristen vor.

158 Die ausdrücklich vergangenheitsbezogenen Informationspflichten zeigen jedoch, dass Auskünfte zumindest zum Teil auch für einen gewissen Zeitraum in der Vergangenheit gegeben werden müssen. Der Handlungsauftrag des EuGH an die Mitgliedstaaten dürfte somit durch das Inkrafttreten der DS-GVO nicht entfallen sein. Nach der Rechtsprechung des EuGH können die Mitgliedstaaten in die Entscheidung über die Dauer der Aufbewahrung Verhältnismäßigkeitsüberlegungen einfließen lassen, wie z.B. die Zahl der Empfänger, die Frequenz der Übermittlungen, das Alter der Daten, etwaige Rechtsbehelfsfristen, die mehr oder weniger sensible Natur der Daten oder die Dauer der Aufbewahrung.[70] Der EuGH hat im Rijkeboer-Urteil eine einjährige Speicherfrist für unangemessen kurz gehalten, weil die Basisdaten „viel länger" aufbewahrt worden waren.[71]

159 Fraglich ist, ob und inwieweit der Verantwortliche ohne ausdrückliche Regelung im mitgliedstaatlichen Recht berechtigt und/oder verpflichtet ist, eigenverantwortlich Speicherfristen zu bestimmen und zu befolgen. Auf der Grundlage geltenden Rechts wird eine Pflicht hierzu teilweise bejaht.[72] Hiesigen Erachtens würde eine solche Lösung aber die gesetzgeberische Untätigkeit einseitig zulasten des Verantwortlichen verlagern. Bei eigenverantwortlicher Bestimmung der Speicherfrist würde dieser stets das Risiko tragen, vom Betroffenen wegen entweder zu kurzer

67 *EuGH*, Urt. v. 7.5.2009, Rs. C-553/07 (Rijkeboer), Rn. 54.
68 EuGH, Urt. v. 7.5.2009, Rs. C-553/07 (Rijkeboer), Leitsatz.
69 EuGH, Urt. v. 7.5.2009, Rs. C-553/07 (Rijkeboer), Rn. 56.
70 EuGH, Urt. v. 7.5.2009, Rs. C-553/07 (Rijkeboer), Rn. 59 bis 63.
71 EuGH, Urt. v. 7.5.2009, Rs. C-553/07 (Rijkeboer), Rn. 70.
72 Simitis, *Dix*, § 34 Rn. 23.

oder zu langer Speicherfristen (Stichwort „Vorratsdatenspeicherung") rechtlich angegriffen zu werden. Der EuGH hat in seinem Urteil in der Rechtssache *Rijkeboer* ausdrücklich nur die Mitgliedstaaten zur Speicherfristbestimmung verpflichtet. Seine Ausführungen sind keine inhaltlich unbedingten und hinreichend genauen Vorgaben für die Datenverarbeiter.[73] In Betracht kommen allenfalls staatshaftungsrechtliche Ansprüche des Betroffenen, der durch die gesetzgeberische Nichtumsetzung der EuGH-Vorgaben geschädigt wird.[74]

In Einzelfällen enthält das mitgliedstaatliche Recht ausdrückliche Aufbewahrungsfristen oder solche Fristen lassen sich mittelbar aus anderen Regelungen ableiten: **160**

- Schadensersatzansprüche nach § 7 BDSG verjähren gem. §§ 195, 199 BGB grundsätzlich in drei Jahren ab Kenntnis des Betroffenen von den anspruchsbegründenden Umständen. Daher ist eine längere Aufbewahrung nicht erforderlich.
- § 35 Abs. 2 S. 2 Nr. 4 BDSG: Löschung von zur geschäftsmäßigen Übermittlung vorgesehenen Daten nach Erledigung des Sachverhalts spätestens zum Ende des auf das Kalenderjahr der Erledigung folgenden vierten Jahres, also im Extremfall nach fast fünf Jahren.
- Vertragliche Aufbewahrungspflichten im Sinne von § 54 VwVfG bei öffentlich-rechtlichen Verträgen.
- Landesrechtliche Meldegesetze und §§ 13, 14 BMG.
- Satzungsmäßige Vorschriften im kommunalen Bereich.

Ob solche Vorschriften unter der Geltung der DS-GVO aufrechterhalten werden, bleibt abzuwarten. **161**

III. Fehlende Ausnahmen

Das Fehlen jeglicher Ausnahmetatbestände führt zu einer unverhältnismäßigen Begünstigung des Auskunftsinteresses des Betroffenen gegenüber den Interessen des Verantwortlichen, den Interessen Dritter und öffentlichen Interessen (s. bereits Rn. 34). Das Bedürfnis für Ausnahmetatbestände bzw. die Notwendigkeit von Interessenabwägungen wird von den meisten Autoren, die das Problem meist durch analoge Anwendung anderer Ausnahmetatbestände lösen wollen, anerkannt.[75] Andere Autoren schweigen dazu.[76] Im Sinne der Rechtssicherheit deutlich vorzugswürdig wäre es, wenn die Mitgliedstaaten etwa erforderliche Ausnahmetatbestände im nationalen Recht schüfen. Der deutsche Gesetzgeber ist aufgerufen, in Anlehnung an das geltende Recht zu überprüfen, ob eine Notwendigkeit für folgende Ausnahmen vom Auskunftsanspruch besteht: **162**

1. Aufbewahrungsvorschriften

Verantwortliche müssen im geltenden Recht keine Auskunft über solche personenbezogenen Daten geben, die nur deshalb gespeichert sind, weil sie aufgrund gesetzlicher, satzungsmäßiger oder vertraglicher Aufbewahrungsvorschriften nicht gelöscht werden dürften. Dies gilt sowohl für öffentliche Stellen (vgl. § 19 Abs. 2 Alt. 1 BDSG, aber z.B. auch § 83 Abs. 2 Alt. 1 SGB X) als auch für nicht-öffentliche Stellen (vgl. § 34 Abs. 7 i.V.m § 33 Abs. 2 S. 1 Nr. 2 Alt. 1 BDSG). Diese Ausnahme soll den Auskunftsanspruch auf den aktuellen Bestand beschränken, da Daten, die nicht im aktuellen Bestand gespeichert sind, nur mit besonderem Aufwand ermittelt werden können.[77] **163**

---

73 Wolff/Brink, *Schmidt-Wudy*, § 34 Rn. 15.
74 Vgl. EuGH, Urt. v. 24.1.2012, C-282/10 (Maribel Dominguez), Rn. 42.
75 Wolff/Brink, *Schmidt-Wudy*, Art. 15 DS-GVO Rn. 97 ff., 18. Edition (Stand: 1.11.2016), *Härting*, Rn. 683 ff.; *Spindler*, in: DB 2016, 937, 944; Paal/Pauly, *Paal*, Art. 15 Rn. 41; Gola, *Franck*, Art. 15 Rn. 26 ff.
76 Ehmann/Selmayr, *Ehmann*, Art. 15 Rn. 7 a.E., Wybitul, *Pötters/Bausewein*, Art. 12-15 Rn. 62; *Albrecht/Jotzo*, S. 85.
77 BT-Drs. 11/4306, S. 46 zu § 17 Abs. 2 Nr. 3 des Entwurfs.

164 Ein entsprechender Ausnahmetatbestand im noch zu schaffenden nationalen Datenschutzrecht dürfte von Art. 23 Abs. 1 lit. e (Schutz sonstiger wichtiger Ziele des allgemeinen öffentlichen Interesses) und von Art. 23 Abs. 1 lit. i (Schutz der Rechte und Freiheiten anderer Personen) gedeckt sein.

2. Datenschutzkontrolle

165 Von der Auskunftspflicht ausgenommen sind nach geltendem Recht personenbezogene Daten, die ausschließlich Zwecken der Datenschutzkontrolle dienen, wenn eine Auskunftserteilung einen unverhältnismäßigen Aufwand erfordern würde. Dies gilt sowohl für die Datenverarbeitung durch öffentliche Stellen (vgl. § 19 Abs. 2 Alt. 3 BDSG, aber z.B. auch § 83 Abs. 2 Alt. 3 SGB X) als auch durch nicht-öffentliche Stellen (vgl. § 34 Abs. 7 i.V.m § 33 Abs. 2 S. 1 Nr. 2 Alt. 3 BDSG).

166 Ein entsprechender Ausnahmetatbestand im noch zu schaffenden nationalen Datenschutzrecht dürfte von Art. 23 Abs. 1 lit. h (Kontroll-, Überwachungs- und Ordnungsfunktionen), aber auch von Art. 23 Abs. 1 lit. i (Schutz des Betroffenen) gedeckt sein.

3. Unverhältnismäßiger Aufwand

167 Verschiedene Ausnahmetatbestände des nationalen Rechts berücksichtigen, ob die Auskunft für den Verantwortlichen einen unverhältnismäßigen Aufwand darstellt, und konstituieren eine Mitwirkungsobliegenheit des Betroffenen oder schließen die Auskunft ganz aus. Beispiele für solche Ausnahmetatbestände:

- Bei nicht-automatisierter Verarbeitung durch öffentliche Stellen muss die Auskunft nur erteilt werden, soweit der Betroffene Angaben macht, die das Auffinden der Daten ermöglichen, und soweit der für die Erteilung der Auskunft erforderliche Aufwand nicht außer Verhältnis zu dem vom Betroffenen geltend gemachten Informationsinteresse steht (§ 19 Abs. 1 S. 3 BDSG).
- Für öffentliche Stellen besteht keine Auskunftspflicht, wenn die Daten nur deshalb gespeichert sind, weil sie aufgrund gesetzlicher, satzungsmäßiger oder vertraglicher Aufbewahrungsvorschriften nicht gelöscht werden dürfen oder ausschließlich Zwecken der Datensicherung oder der Datenschutzkontrolle dienen und eine Auskunftserteilung einen unverhältnismäßigen Aufwand erfordern würde (§ 19 Abs. 2 BDSG).
- Eine Auskunftspflicht besteht nicht, wenn die Speicherung oder Übermittlung für Zwecke der wissenschaftlichen Forschung erforderlich ist und die Auskunftserteilung einen unverhältnismäßigen Aufwand erfordern würde (§ 34 Abs. 7 i.V.m § 33 Abs. 2 S. 1 Nr. 5 BDSG).
- Eine Auskunftspflicht besteht nicht, wenn der Verantwortliche die aus allgemein zugänglichen Quellen entnommenen Daten für eigene Zwecke gespeichert hat und eine Auskunftserteilung wegen der Vielzahl der betroffenen Fälle unverhältnismäßig ist (§ 34 Abs. 7 i.V.m § 33 Abs. 2 S. 1 Nr. 7a BDSG).
- Eine Auskunftspflicht besteht nicht, soweit die personenbezogenen Daten des Betroffenen derart mit Daten Dritter oder geheimhaltungsbedürftigen nicht-personenbezogenen Daten verbunden sind, dass ihre Trennung nicht oder nur mit unverhältnismäßig großem Aufwand möglich ist (§ 110 Abs. 4 S. 3 und 4 BBG).

168 Ausnahmen im noch zu schaffenden neuen nationalen Datenschutzrecht, die Verhältnismäßigkeitserwägungen berücksichtigen, sind erforderlich. Nur so kann ein ausgewogener Ausgleich zwischen den Interessen des Betroffenen einerseits und den Interessen der Allgemeinheit bzw. den Interessen des Verantwortlichen, den Art. 1 Abs. 2 und 3 sowie EG 4 verlangen, erreicht werden. Soweit es um die Datenverarbeitung durch öffentliche Stellen geht, wäre eine entsprechende Ausnahme zumindest durch Art. 23 Abs. 1 lit. e (Schutz wichtiger Ziele des allgemeinen öffentlichen Interesses, namentlich der Verhinderung eines zu großen bürokratischen Aufwands) gedeckt. Soweit es um Ausnahmen zugunsten von nicht-öffentlichen Verantwortlichen geht, wären diese durch Art. 23 Abs. 1 lit. i (Schutz der Rechte und Freiheiten anderer Personen, na-

mentlich der Rechte und Freiheiten des Verantwortlichen) gerechtfertigt. Die Verankerung einer Mitwirkungsobliegenheit des Betroffenen entspräche dem Grundgedanken des Art. 11 Abs. 2 S. 2. Dieser Gedanke findet sich auch in EG 63 S. 7.

4. Datensicherung

Eine Auskunftspflicht besteht nach geltendem Recht nicht, wenn die personenbezogenen Daten ausschließlich Zwecken der Datensicherung dienen und eine Auskunftserteilung einen unverhältnismäßigen Aufwand erfordern würde. Diese Ausnahme gilt sowohl für öffentliche Stellen (§ 19 Abs. 2 Alt. 2 BDSG; § 83 Abs. 2 Alt. 2 SGB X) als auch für nicht-öffentliche Stellen (§ 34 Abs. 7 i.V.m § 33 Abs. 2 S. 1 Nr. 2 Alt. 2 BDSG). **169**

Ein entsprechender Ausnahmetatbestand im noch zu schaffenden nationalen Datenschutzrecht dürfte durch Art. 23 Abs. 1 lit. h (Kontroll-, Überwachungs- und Ordnungsfunktionen) und Art. 23 Abs. 1 lit. i (Schutz des Betroffenen und Schutz der Rechte und Freiheiten anderer Personen) gerechtfertigt sein. **170**

5. Kontroll-, Überwachungs- und Ordnungsfunktionen

Gem. Art. 23 Abs. 1 lit. h sind die Mitgliedstaaten befugt, Ausnahmen von der Auskunftspflicht vorzusehen, die Kontroll-, Überwachungs- und Ordnungsfunktionen sicherstellen sollen, die dauernd oder zeitweise mit der Ausübung öffentlicher Gewalt für die unter Art. 23 Abs. 1 lit. a, b, c, d, e und g genannten Zwecke verbunden sind. **171**

6. Erhebliche Gefährdung von Geschäftszwecken

Nach geltendem Recht entfällt die Auskunftspflicht von nicht-öffentlichen Stellen, wenn der Verantwortliche die Daten für eigene Zwecke gespeichert hat und eine Auskunftserteilung die Geschäftszwecke des Verantwortlichen erheblich gefährden würde, es sei denn, dass das Interesse an der Auskunftserteilung die Gefährdung überwiegt (§ 34 Abs. 7 i.V.m § 33 Abs. 2 S. 1 Nr. 7b BDSG). **172**

Ein entsprechender Ausnahmetatbestand im noch zu schaffenden nationalen Datenschutzrecht wäre durch Art. 23 Abs. 1 lit. i gerechtfertigt. Der Schutz der Rechte und Freiheiten anderer Personen umfasst den Schutz der Rechte und Freiheiten des Verantwortlichen. **173**

7. Ordnungsgemäße Aufgabenerfüllung

Eine Auskunftspflicht besteht nach geltendem Recht für öffentliche Stellen nicht, wenn die Auskunft die ordnungsgemäße Erfüllung der in der Zuständigkeit des Verantwortlichen liegenden Aufgaben gefährden würde und deswegen das Interesse des Betroffenen an der Auskunftserteilung zurücktreten muss. Ein solcher Ausnahmetatbestand findet sich in § 19 Abs. 4 Nr. 1 BDSG, in bereichsspezifischen datenschutzrechtlichen Regelungen (z.B. § 15 Abs. 2 Nr. 1 BVerfSchG; § 11 Abs. 1 Nr. 1 BMG; § 83 Abs. 4 Nr. 1 SGB X; § 23 Abs. 3 Nr. 1 SÜG) und im Landesdatenschutzrecht (z.B. § 27 Abs. 3 Nr. 1 DSG S-H). Teilweise wird die Regelung noch weiter ausdifferenziert, wenn etwa nach § 15 Abs. 2 Nr. 2 BVerfSchG die Auskunftspflicht entfällt, wenn durch die Auskunftserteilung die Ausforschung des Erkenntnisstandes oder der Arbeitsweise des Bundesamtes für Verfassungsschutz zu befürchten ist. **174**

Ein entsprechender Ausnahmetatbestand im noch zu schaffenden nationalen Datenschutzrecht, der die ordnungsgemäße Aufgabenerfüllung öffentlicher Stellen schützt, wäre durch Art. 23 Abs. 1 lit. e (Schutz sonstiger wichtiger Ziele des allgemeinen öffentlichen Interesses eines Mitgliedstaates) gerechtfertigt. **175**

8. Gefährdung der öffentlichen Sicherheit oder Ordnung

176 Nach geltenden Recht entfällt die Auskunftspflicht öffentlicher Stellen, wenn die Auskunft die öffentliche Sicherheit oder Ordnung gefährden würde und deswegen das Interesse des Betroffenen an der Auskunftserteilung zurücktreten muss (z.B. § 19 Abs. 4 Nr. 2 Alt. 1 BDSG; § 15 Abs. 2 Nr. 3 BVerfSchG; § 11 Abs. 1 Nr. 2 BMG; § 83 Abs. 4 Nr. 2 SGB X; § 23 Abs. 3 Nr. 2 SÜG; § 10 Abs. 5 Nr. 2 BayDSG). Die Auskunftspflicht nicht-öffentlicher Stellen entfällt, wenn die zuständige öffentliche Stelle gegenüber der verantwortlichen nicht-öffentlichen Stelle festgestellt hat, dass das Bekanntwerden der Daten die öffentliche Sicherheit oder Ordnung gefährden würde (§ 34 Abs. 7 i.V.m. § 33 Abs. 2 S. 1 Nr. 6 Alt. 1 BDSG).

177 Entsprechende Ausnahmen im noch zu schaffenden nationalen Datenschutzrecht wären durch Art. 23 Abs. 1 lit. c (Schutz der öffentlichen Sicherheit) gerechtfertigt.

9. Nachteile für das Wohl des Bundes oder eines Landes

178 Nach verschiedenen Vorschriften des geltenden Rechts entfällt die Auskunftspflicht des Verantwortlichen, wenn die Auskunft dem „Wohle" der Europäischen Union, des Bundes oder eines Landes Nachteile bereiten bzw. ein wichtiges Interesse gefährden würde und das Auskunftsinteresse des Betroffenen deshalb zurücktreten muss. Eine solche Ausnahmevorschrift zugunsten der Datenverarbeitung durch öffentliche Stellen enthalten das BDSG (§ 19 Abs. 4 Nr. 2 Alt. 2 BDSG), das bereichsspezifische Datenschutzrecht (z.B. § 15 Abs. 2 Nr. 3 BVerfSchG; § 11 Abs. 1 Nr. 2 BMG; § 83 Abs. 4 Nr. 2 SGB X; § 23 Abs. 3 Nr. 2 SÜG) und das Landesdatenschutzrecht (z.B. § 10 Abs. 5 Nr. 2 BayDSG). Nicht-öffentliche Stellen sind unter denselben Voraussetzungen nicht zur Auskunft verpflichtet, wenn eine zuständige öffentliche Stelle gegenüber dem Verantwortlichen festgestellt hat, dass entsprechende Nachteile drohen (§ 34 Abs. 7 i.V.m § 33 Abs. 2 S. 1 Nr. 6 Alt. 2 BDSG).

179 Entsprechende Ausnahmen im noch zu schaffenden nationalen Datenschutzrecht wären durch Art. 23 Abs. 1 lit. e (Schutz sonstiger wichtiger Ziele des allgemeinen öffentlichen Interesses der Union oder eines Mitgliedstaates) gerechtfertigt.

10. Privilegierte Verarbeitungszwecke

180 Art. 5 Abs. 1 lit. b und Art. 89 privilegieren grundsätzlich die Verarbeitung zu im öffentlichen Interesse liegenden Archivzwecken, zu wissenschaftlichen oder historischen Forschungszwecken und zu statistischen Zwecken. Für Verarbeitungen zu diesen Zwecken können die Mitgliedstaaten im nationalen Recht Ausnahmen von der Auskunftspflicht festlegen, wenn die Auskunftspflicht voraussichtlich die Verwirklichung der spezifischen Zwecke unmöglich machen oder ernsthaft beeinträchtigen würde und das Entfallen des Auskunftsrechts für die Erfüllung dieser Zwecke notwendig ist (Art. 89 Abs. 2 und 3). Eine Aufnahme dieses Ausnahmetatbestandes in das nationale Recht erscheint wünschenswert, da anderenfalls die Privilegierung der genannten Verarbeitungszwecke ins Leere zu laufen droht.

181 Gerechtfertigt wäre eine Aufnahme von Ausnahmetatbeständen zugunsten der privilegierten Verarbeitungszwecke auch durch Art. 23 Abs. 1 lit. i (Schutz der Rechte und Freiheiten anderer Personen). Die Öffnungsklauseln von Art. 89 Abs. 2 und 3 schließen die Öffnungsklausel des Art. 23 Abs. 1 nicht aus. Vielmehr bestehen beide Öffnungsklauseln nebeneinander. Anderenfalls wäre (weil Art. 89 Abs. 2 und 3 engere Voraussetzungen als Art. 23 Abs. 1 haben) die Verarbeitung für privilegierte Zwecke im Hinblick auf die Ausnahmen vom Auskunftsrecht schlechter gestellt als die Verarbeitung für andere Zwecke (z.B. für Geschäftszwecke). Eine Privilegierung der vier Verarbeitungszwecke läge dann gerade nicht vor, was wertungswidersprüchlich wäre.

182 Eine Ausnahme von der Auskunftspflicht bei Datenverarbeitungen für Zwecke der wissenschaftlichen Forschung enthält auch das nationale Recht. Sie greift ein, soweit die Speicherung oder Übermittlung für Zwecke der wissenschaftlichen Forschung erforderlich ist und eine Auskunftserteilung einen unverhältnismäßigen Aufwand erfordern würde (§ 34 Abs. 7 i.V.m § 33 Abs. 2 S. 1 Nr. 5 BDSG).

Privilegierte Verarbeitungszwecke stellen nach Art. 85 Abs. 1 und 2 auch die Verarbeitungen dar, die zu journalistischen, zu wissenschaftlichen, zu künstlerischen oder zu literarischen Zwecken erfolgen. Hierfür sehen die Mitgliedstaaten „Abweichungen oder Ausnahmen" auch von der Auskunftspflicht vor, wenn dies erforderlich ist, um das Recht auf Datenschutz mit der Meinungsfreiheit und der Informationsfreiheit in Einklang zu bringen (Art. 85 Abs. 2). Die Datenverarbeitung zu wissenschaftlichen Zwecken ist somit in mehrfacher Hinsicht privilegiert: durch Art. 5 Abs. 1 lit. b, durch Art. 85 Abs. 2 und durch Art. 89 Abs. 2 und 3. Soweit der Anwendungsbereich des Art. 85 reicht (also zum Schutz der Meinungs- und Informationsfreiheit), ist die Privilegierung weiter gehend als die des Art. 89, denn nach Art. 85 können von ganzen Kapiteln Bereichsausnahmen gemacht werden (wenn dies erforderlich ist), während nach Art. 89 das Auskunftsrecht die Verwirklichung des spezifischen Verarbeitungszwecks unmöglich oder ernsthaft beeinträchtigen muss. Die Öffnungsklauseln des Art. 85 und die des Art. 89 schließen sich nicht gegenseitig aus, sondern bestehen nebeneinander. **183**

11. Nationale Sicherheit

Art. 23 Abs. 1 lit. a ermöglicht den Mitgliedstaaten Ausnahmen von der Auskunftspflicht zum Schutz der nationalen Sicherheit. Von dieser Möglichkeit sollte dringend Gebrauch gemacht werden, da die DS-GVO dem Verantwortlichen (also auch den für die nationale Sicherheit zuständigen Behörden) keine rechtliche Handhabe bietet, unter Verweis auf Sicherheitsinteressen irgendeine Auskunft zu verweigern. **184**

Entsprechende Ausnahmetatbestände finden sich im geltenden Bundesrecht vor allem dort, wo sich die begehrte Auskunft auf die Übermittlung personenbezogener Daten **185**

- an für die Sicherheit zuständige Behörden (Verfassungsschutz, Bundesnachrichtendienst, Militärischer Abschirmdienst, andere Behörden des Bundesministeriums der Verteidigung) bezieht (z.B. § 19 Abs. 3 BDSG; § 83 Abs. 3 SGB X),
- durch für die Sicherheit zuständige Behörden (Polizeivollzugsbehörden, Staatsanwaltschaften, Verfassungsschutz, Militärischer Abschirmdienst, Bundesnachrichtendienst) an ein Register oder die Meldebehörde bezieht (z.B. § 34 Abs. 3 S. 1 AZRG; § 11 Abs. 3 BMG),
- durch ein Register an für die Sicherheit zuständige Behörden (Polizeibehörden, Staatsanwaltschaften, Verfassungsschutz, Militärischer Abschirmdienst, Bundesnachrichtendienst) oder Gerichte bezieht (z.B. § 34 Abs. 3 S. 2 AZRG),
- an Behörden, die mit sicherheitsempfindlichen Tätigkeiten betraut sind, bezieht (§ 23 Abs. 2 SÜG).

Entsprechende Ausnahmetatbestände finden sich auch im Landesrecht (z.B. § 10 Abs. 5 Nr. 2 BayDSG). **186**

12. Landesverteidigung

Art. 23 Abs. 1 lit. b ermöglicht den Mitgliedstaaten Ausnahmen von der Auskunftspflicht zum Schutz der Landesverteidigung. Von dieser Möglichkeit sollte dringend Gebrauch gemacht werden, da die DS-GVO dem Verantwortlichen keine rechtliche Handhabe bietet, unter Verweis auf Interessen der Landesverteidigung irgendeine Auskunft zu verweigern. **187**

13. Geheimhaltungsbedürftigkeit

Dringend erforderlich sind Ausnahmen zugunsten von geheimhaltungsbedürftigen Informationen. Die DS-RL sieht die Möglichkeit solcher Ausnahmen im nationalen Recht vor (Art. 13 lit. g und EG 41 DS-RL) und das deutsche Recht enthält solche Ausnahmen. Es schützt Daten, die ihrem Wesen nach oder aufgrund einer Rechtsvorschrift geheim gehalten werden müssen, vor Offenlegung. Geschützt sein kann sowohl die Datenverarbeitung durch öffentliche Stellen (§ 19a Abs. 3 i.V.m. § 19 Abs. 4 Nr. 3 BDSG) als auch die durch nicht-öffentliche Stellen (§ 34 Abs. 7 i.V.m. § 33 Abs. 2 Nr. 3 BDSG). Im erstgenannten Fall überwiegt das öffentliche Interesse das Aus- **188** kunftsinteresse des Betroffenen. Im zweiten Fall überwiegen die rechtlichen Interessen des Verantwortlichen (etwa eines Geheimnisträgers, der unter eine berufsrechtlich geregelte Geheimhaltungspflicht fällt) oder eines Dritten oder beider das Auskunftsinteresse des Betroffenen.[78] Weitere Beispiele von Regelungen, in denen das Auskunftsrecht zurücktritt, sind § 10 Abs. 5 Nr. 3 BayDSG, § 110 Abs. 4 S. 3 und 4 BBG, § 630g Abs. 1 BGB, § 16 Abs. 5 BlnDSG, § 11 Abs. 1 Nr. 4 BMG, § 83 Abs. 4 Nr. 3 SGB X, § 23 Abs. 3 Nr. 3 SÜG, § 13 Abs. 5 Nr. 5 ThüDSG, § 202 Satz 2 VVG.

189 Berufsgeheimnisträger sind z.B. Rechtsanwälte, Wirtschaftsprüfer, Steuerberater, Ärzte und Heilberufe.[79] Rechtsvorschriften, die eine entsprechende Geheimhaltungspflicht enthalten, sind z.B. § 43a Abs. 2 BRAO oder § 203 StGB. Verpflichtete man etwa Rechtsanwälte zur Auskunft über personenbezogene Daten Betroffener (also z.B. zur Auskunft über Daten von Klagegegnern und Zeugen), würde die berufsrechtliche Verschwiegenheitspflicht ausgehöhlt, das Vertrauensverhältnis zum Mandanten untergraben und letztlich das Vertrauen der Allgemeinheit in die Verschwiegenheit der Angehörigen bestimmter Berufe erschüttert.[80]

190 Dass es eine Ausnahme zugunsten von Geschäftsgeheimnissen und anderen Rechten und Freiheiten des Verantwortlichen und anderer Personen bedarf, ergibt sich schon aus Art. 1 Abs. 2 und 3 sowie aus EG 4. Danach gilt das Recht auf Datenschutz nicht uneingeschränkt, sondern muss immer mit dem öffentlichen Interesse und den Rechten und Freiheiten anderer Personen abgewogen werden. In Bezug auf das Auskunftsrecht stellt EG 63 S. 5 ausdrücklich klar, dass das Auskunftsrecht die Rechte und Freiheiten anderer Personen, etwa Geschäftsgeheimnisse oder Rechte des geistigen Eigentums und insbesondere das Urheberrecht an Software, nicht beeinträchtigen sollte. Das Geschäftsgeheimnis und das Urheberrecht sind somit die einzigen in der DS-GVO im Zusammenhang mit dem Auskunftsanspruch ausdrücklich genannten Gegenrechte. Nach Art. 23 Abs. 1 lit. i wären entsprechende Ausnahmen zugunsten dieser und anderer Rechte des Verantwortlichen und Dritter im noch zu schaffenden nationalen Datenschutzrecht gerechtfertigt. Nach EG 63 S. 6 darf dies jedoch nicht dazu führen, dass dem Betroffenen jegliche Auskunft verweigert wird.

14. Allgemein zugängliche Daten

191 Das geltende deutsche Recht enthält eine Ausnahme von der Auskunftspflicht, wenn der Verantwortliche die Daten allgemein zugänglichen Quellen entnommen und für eigene Zwecke gespeichert hat und eine Auskunftserteilung wegen der Vielzahl der betroffenen Fälle unverhältnismäßig ist (vgl. § 34 Abs. 7 i.V.m § 33 Abs. 2 S. 1 Nr. 7a BDSG).

192 Die Aufnahme eines ähnlichen Ausnahmetatbestandes ist vom nationalen Gesetzgeber dringend in Erwägung zu ziehen. Angesichts der Weite des sachlichen Anwendungsbereichs der DS-GVO (vgl. Art. 2 Abs. 1) und des Begriffs der personenbezogenen Daten (vgl. Art. 4 Nr. 1) und angesichts der Enge der Haushaltsausnahme (vgl. Art. 2 Abs. 2 lit. c) bewirkt das Datenschutzrecht eine weitgehende Kommunikationsregulierung.[81] Insbesondere jedes im Internet frei zugängliche personenbezogene Datum unterfällt dem Regime des Datenschutzrechts. Bei jeder Verarbeitung solcher Daten entstünde ein Auskunftsrecht des Betroffenen, unabhängig davon, ob er die Daten auf seiner eigenen Webseite öffentlich gemacht hat, ob es sich um einen Tweet oder Retweet handelt oder um einen Beitrag in einer Forumsdiskussion.

---

78 Das Berufsrecht untersagt Berufsträgern die Weitergabe von Daten ohne Einwilligung des Mandanten/Patienten. Die berufliche Verschwiegenheitspflicht geht dem Auskunftsrecht des BDSG vor (*KG Berlin*, Beschl. v. 20.8.2010, 1 Ws (B) 51/07, 1 Ws (B) 51/07 – 2 Ss 23/07, NJW 2011, 324).

79 *Zikesch/Kramer*, in: ZD 2015, 565, 461.

80 *Zikesch/Kramer*, in: ZD 2015, 565, 566.

81 *Masing*, Vorläufige Einschätzung der „Google-Entscheidung des EuGH, https://irights.info/artikel/rib-verfg-masing-vorlaeufige-einschaetzung-der-google-entscheidung-des-eugh/23838#more-23838 (abgerufen am 6.2.2017).

Zu rechtfertigen wäre eine Ausnahme von der Auskunftspflicht bei der Verarbeitung allgemein zugänglicher personenbezogener Daten erstens durch Art. 23 Abs. 1 lit. e (Schutz des allgemeinen öffentlichen Interesses an einer Gewährleistung der Kommunikationsfreiheiten) und durch Art. 23 Abs. 1 lit. i (Schutz der Rechte und Freiheiten anderer Personen, insbesondere der Informationsfreiheit). **193**

Zweitens ließe sich eine solche Ausnahme durch Art. 85 Abs. 1 rechtfertigen. Nach dieser Norm bringen die Mitgliedstaaten das Datenschutzrecht mit dem Recht auf freie Meinungsäußerung und Informationsfreiheit in Einklang. Das rechtfertigt auch Ausnahmen von der Auskunftspflicht zugunsten der Ausübung der Meinungs- oder Informationsfreiheit, einschließlich der Verarbeitung zu journalistischen Zwecken oder zu wissenschaftlichen, künstlerischen oder literarischen Zwecken. Art. 85 Abs. 1 berechtigt die Mitgliedstaaten nicht nur zu einer solchen Ausnahme, sondern verpflichtet sie sogar dazu, wenn nur so die genannten Grundrechte in einen angemessenen Ausgleich gebracht werden können. Der Spielraum des nationalen Gesetzgebers für auf Art. 85 gestützte Ausnahmen ist wegen der überragenden Bedeutung der Kommunikationsfreiheiten, die in Art. 85 ihren Ausdruck findet, größer als der Spielraum bei auf Art. 23 gestützten Beschränkungen. Auch die Einschränkungen des nationalen Gesetzgebers durch Art. 23 Abs. 2 finden keine Anwendung. Es spricht viel dafür anzunehmen, dass die Informationsfreiheit durch eine Auskunftspflicht bei Verarbeitung allgemein zugänglicher Daten generell unverhältnismäßig beeinträchtigt würde – jedenfalls, sofern durch die Datenverarbeitung nicht ausnahmsweise ein hohes Risiko für die Rechte und Freiheiten des Betroffenen entsteht. **194**

Für eine weitreichende Ausnahme von der Auskunftspflicht des Art. 15 spricht auch Art. 9 Abs. 2 lit. e. Wenn nach dieser Vorschrift sogar das Verbot der Verarbeitung besonders sensibler Daten, die der Betroffene offensichtlich öffentlich gemacht hat, nicht gilt, dann muss erst recht die Verarbeitung „normaler" personenbezogener Daten, die der Betroffene selbst öffentlich gemacht hat, privilegiert werden und dann sollte die Verarbeitung solcher Daten nicht durch die Auskunftspflicht des Art. 15 erschwert werden. **195**

Es ist im geltenden Recht noch nicht einmal dem Staat verwehrt, von jedermann zugänglichen Informationsquellen unter denselben Bedingungen wie jeder Dritte Gebrauch zu machen.[82] Die im nationalen Recht zu schaffende Ausnahmeregelung dürfte somit auch zugunsten öffentlicher Stellen geschaffen werden. Jedoch kann auch der staatliche Umgang mit personenbezogenen Daten, die für sich genommen keine besondere Relevanz für die Freiheit und Privatheit des Betroffenen haben, je nach seinem Ziel und den bestehenden Verarbeitungs- und Verknüpfungsmöglichkeiten grundrechtserhebliche Auswirkungen auf die Privatheit und die Verhaltensfreiheit des Betroffenen haben. Ein Eingriff in das Grundrecht auf informationelle Selbstbestimmung ist anzunehmen, wenn die aus öffentlich zugänglichen Quellen stammenden Daten durch ihre systematische Erfassung, Sammlung und Verarbeitung einen zusätzlichen Aussagewert erhalten, aus dem sich die für das Grundrecht auf informationelle Selbstbestimmung spezifische Gefährdungslage für die Freiheitsrechte oder die Privatheit des Betroffenen ergibt. So kann es etwa liegen, wenn diese Daten mit anderen Daten verbunden werden, die bereits für sich genommen dem Grundrechtsschutz unterfallen, und dadurch der Aussagegehalt der verknüpften Daten insgesamt zunimmt.[83] **196**

15. Strafverfolgung und -vollstreckung

Gem. Art. 23 Abs. 1 lit. d können die Mitgliedstaaten Ausnahmen von der Auskunftspflicht zur Verhütung, Untersuchung, Aufdeckung oder Verfolgung von Straftaten sowie zur Strafvollstreckung vorsehen, was den Schutz vor und die Abwehr von Gefahren für die öffentliche Sicherheit einschließt. Von dieser Möglichkeit sollte der nationale Gesetzgeber dringend Gebrauch machen, da die Strafverfolgungs- und Strafvollstreckungsbehörden auf der Grundlage der DS-GVO ande- **197**

82 Vgl. *BVerfG*, Urt. v. 27.2.2008, 1 BvR 370/07 und 1 BvR 595/07, NJW 2008, 822 [unter C II 4b aa]; *Di Fabio*, in: Maunz/Dürig, GG (Stand: Juli 2001), Art. 2 I Rn. 176.
83 *BVerfG*, Beschl. v. 10.3.2008, 1 BvR 2388/03, NJW 2008, 2099, 2100 (Rn. 66).

renfalls keine rechtliche Möglichkeit haben, irgendeine Auskunft zu verweigern. Im geltenden deutschen Recht betrifft dies Regelungen wie z.B. § 11 Abs. 1 Nr. 3 BMG, § 491 Abs. 1 S. 2 bis 4 StPO, § 10 Abs. 5 Nr. 1 BayDSG.

198 Auch die Verfolgung von Ordnungswidrigkeiten sollte nicht aus dem Auge verloren werden (z.B. § 10 Abs. 5 Nr. 1 BayDSG). Ein entsprechender Ausnahmetatbestand dürfte aber wohl nicht auf Art. 23 Abs. 1 lit. d gestützt werden können, sondern muss auf Art. 23 Abs. 1 lit. e gestützt werden (Rn. 202 f.).

16. Unabhängigkeit der Justiz

199 Gem. Art. 23 Abs. 1 lit. f können die Mitgliedstaaten Ausnahmen von der Auskunftspflicht zum Schutz der Unabhängigkeit der Justiz und zum Schutz von Gerichtsverfahren vorsehen. Von dieser Möglichkeit sollte der nationale Gesetzgeber dringend Gebrauch machen, da u.a. die Justizbehörden auf der Grundlage der DS-GVO anderenfalls keine rechtliche Möglichkeit haben, irgendeine Auskunft zu verweigern.

17. Berufsständische Regeln reglementierter Berufe

200 Gem. Art. 23 Abs. 1 lit. g können die Mitgliedstaaten Ausnahmen von der Auskunftspflicht zur Verhütung, Aufdeckung, Ermittlung und Verfolgung von Verstößen gegen die berufsständischen Regeln reglementierter Berufe vorsehen. Von dieser Möglichkeit sollte der nationale Gesetzgeber (wie z.B. in § 10 Abs. 5 Nr. 1 BayDSG) dringend Gebrauch machen, da anderenfalls keine rechtliche Möglichkeit besteht, Auskünfte zu verweigern, die die Gefahrenabwehr gegen berufsrechtliche Vergehen und die Verfolgung derselben beeinträchtigen.

18. Durchsetzung zivilrechtlicher Ansprüche

201 Gem. Art. 23 Abs. 1 lit. j sind die Mitgliedstaaten befugt, Beschränkungen der Auskunftspflicht für die Fälle vorzusehen, in denen die Auskunft die Durchsetzung zivilrechtlicher Ansprüche gefährden würde. Von dieser Befugnis sollte der nationale Gesetzgeber Gebrauch machen, da anderenfalls z.B. in jeder gerichtlichen Auseinandersetzung ein Beklagter vom Kläger jederzeit Auskunft verlangen könnte, um auf diese Weise Einblick in die Prozessstrategie des Klägers zu bekommen.

19. Schutz wichtiger Ziele des allgemeinen öffentlichen Interesses

202 Gem. Art. 23 Abs. 1 lit. e sind die Mitgliedstaaten befugt, Ausnahmen von der Auskunftspflicht vorzusehen, die den Schutz sonstiger wichtiger Ziele des allgemeinen öffentlichen Interesses der Union oder eines Mitgliedstaates sicherstellen sollen, insbesondere eines wichtigen wirtschaftlichen oder finanziellen Interesses der Union oder eines Mitgliedstaates, etwa im Währungs-, Haushalts- und Steuerbereich sowie im Bereich der öffentlichen Gesundheit und der sozialen Sicherheit. Bei dieser Norm handelt es sich offenbar um einen Auffangtatbestand („sonstiger"). Die Aufzählung der Bereiche, in denen eine wichtiges allgemeines öffentliches Interesse vorliegen kann, ist nicht abschließend („insbesondere"). Zum Begriff des „öffentlichen Interesses" in der DS-GVO eingehend Art. 18 Rn. 99 ff.

203 Der nationale Gesetzgeber sollte mit großer Sorgfalt das bestehende nationale Datenschutzrecht daraufhin untersuchen, ob es Ausnahmetatbestände gibt, die zum Schutz öffentlicher Interessen erforderlich sind und die deshalb unter Berufung auf Art. 23 Abs. 1 lit. e erhalten bleiben sollten. Darüber hinaus sollten die Fälle, die bislang unter die Generalklauseln des nationalen Rechts subsumiert wurden, im nationalen Recht weiter spezifiziert werden. So gibt es im deutschen Recht Normen, die allgemein die ordnungsgemäße Aufgabenerfüllung öffentlicher Stellen (z.B. § 34 Abs. 2 Nr. 1 AZRG; § 19 Abs. 4 Nr. 1 BDSG; § 11 Abs. 1 Nr. 1 BMG; § 15 Abs. 2 Nr. 1 BVerfSchG; § 27 Abs. 3 Nr. 1 DSG S-H; § 83 Abs. 4 Nr. 1 SGB X; § 23 Abs. 3 Nr. 1 SÜG), das Wohl der Europäischen Union, des Bundes oder eines Landes (z.B. § 19 Abs. 4 Nr. 2 Alt. 2 BDSG; § 34 Abs. 7 i.V.m § 33 Abs. 2 S. 1 Nr. 6 BDSG; § 11 Abs. 1 Nr. 2 BMG; § 15 Abs. 2 Nr. 3 BVerfSchG; § 83 Abs. 4 Nr. 2

SGB X; § 23 Abs. 3 Nr. 2 SÜG), das öffentliche Interesse an der Geheimhaltung (§ 16 Abs. 5 BlnDSG) oder ein wichtiges wirtschaftliches oder finanzielles Interesse (§ 10 Abs. 5 Nr. 2 BayDSG) schützen. Diese Generalklauseln sollten zwar sicherheitshalber erhalten bleiben. Es ist allerdings zweifelhaft, ob Beschränkungen der Auskunftspflicht rechtssicher auf diese gestützt werden können, da schon Art. 23 Abs. 1 lit. e wohl eine Bezeichnung des konkret zu schützenden öffentlichen Interesses verlangt und Art. 23 Abs. 2 weitere Voraussetzungen für die rechtliche Implementierung von Ausnahmetatbeständen aufstellt.

20. Schutz des Betroffenen

Gem. Art. 23 Abs. 1 lit. i sind die Mitgliedstaaten befugt, Beschränkungen der Auskunftspflicht **204**
vorzusehen, um den Schutz des Betroffenen sicherzustellen. Diese Regelung stellt einen Wertungswiderspruch zu Art. 6 Abs. 1 lit. d dar. Zwar dürfen personenbezogene Daten nur verarbeitet werden, wenn die Verarbeitung erforderlich ist, um lebenswichtige Interessen des Betroffenen zu schützen. Aber Ausnahmen von der Auskunftspflicht dürfen die Mitgliedstaaten schon zum Schutze jeglichen Interesses des Betroffenen festlegen. Die Berechtigung zur Verarbeitung personenbezogener Daten im (lebenswichtigen) Interesse des Betroffenen ist somit zum Nachteil des Betroffenen strenger ausgestaltet als die Berechtigung, die Auskunft aus jeglichem Interesse des Betroffenen heraus verweigern zu dürfen. Gleichwohl sollte der nationale Gesetzgeber von der Befugnis Gebrauch machen, einen Ausnahmetatbestand zu schaffen, der es dem Verantwortlichen ermöglicht, im Interesse des Betroffenen die Auskunft zu verweigern.

21. Schutz der Rechte und Freiheiten anderer Personen

Gem. Art. 23 Abs. 1 lit. i sind die Mitgliedstaaten berechtigt, Ausnahmen von der Auskunfts- **205**
pflicht festzulegen, die den Schutz der Rechte und Freiheiten anderer Personen gewährleisten. Mit „anderen Personen" sind alle Personen gemeint, die nicht betroffene Personen sind. Das können der Verantwortliche, der Empfänger und jeder Dritte sein.

Bei dieser Norm handelt es sich offenbar um einen Auffangtatbestand, der das Versprechen des **206**
Art. 1 Abs. 2 und 3 sowie des EG 4 einlösen soll, wonach das Datenschutzrecht nicht uneingeschränkt gilt, sondern immer mit den Rechten und Freiheiten anderer abgewogen werden muss. Leider hat man sich in den Verhandlungen zur DS-GVO nicht dazu durchringen können, die Ausnahmen von der Auskunftspflicht bereits in der DS-GVO selbst festzulegen. Somit obliegt es den Mitgliedstaaten, Maßstäbe für die Angemessenheit des Ausgleichs divergierender Rechte zu finden. Darunter wird die angestrebte Harmonisierung des Datenschutzrechts zu leiden haben, denn ein Flickenteppich von Ausnahmetatbeständen wird die Folge sein.

Der nationale Gesetzgeber sollte mit großer Sorgfalt das bestehende nationale Datenschutzrecht **207**
daraufhin untersuchen, ob es Ausnahmetatbestände gibt, die zum Schutz der Rechte und Freiheiten anderer Personen erforderlich sind und die deshalb unter Berufung auf Art. 23 Abs. 1 lit. i erhalten bleiben sollten. Darunter fallen solche Regelungen, wonach die Auskunftspflicht entfällt, wenn sich der Verantwortliche durch die Auskunftserteilung strafbar machen würde (§ 131 Abs. 3 Nr. 5 AktG) oder wenn die Auskunft die Erkennung, Eingrenzung oder Beseitigung von Störungen und Fehlern der für Zwecke des Verantwortlichen genutzten technischen Einrichtungen gefährden würde (vgl. § 100 Abs. 1 S. 1 TKG). Darüber hinaus sollten die Fälle, die bislang unter die Generalklauseln des nationalen Rechts subsumiert wurden, im nationalen Recht weiter spezifiziert werden. Das sind vor allem die Regelungen, die die Auskunftspflicht von nicht-öffentlichen Stellen entfallen lassen, wenn die Auskunftserteilung die Geschäftszwecke des Verantwortlichen erheblich gefährden würde (§ 34 Abs. 7 i.V.m. § 33 Abs. 2 Satz 1 Nr. 7b BDSG) oder wenn die Daten im Interesse einer anderen Person ihrem Wesen nach oder aufgrund einer Rechtsvorschrift geheim gehalten werden müssen (§ 34 Abs. 7 i.V.m. § 33 Abs. 2 Nr. 3 BDSG). Diese Generalklauseln sollten zwar sicherheitshalber erhalten bleiben. Es ist allerdings zweifelhaft, ob Beschränkungen der Auskunftspflicht rechtssicher auf diese gestützt werden können, da Art. 23 Abs. 2 bei der rechtlichen Implementierung von Ausnahmetatbeständen wohl eine Spezifizierung des geschützten Interesses und die Erfüllung weiterer Voraussetzungen verlangt.

22. Datenverarbeitung zu journalistischen Zwecken

208 Gem. Art. 85 Abs. 2 sehen die Mitgliedstaaten für die Verarbeitung, die zu journalistischen Zwecken erfolgt, Abweichungen oder Ausnahmen u.a. von Kapitel III (also auch von der Auskunftspflicht) vor, wenn dies erforderlich ist, um das Datenschutzrecht mit der Meinungs- und Informationsfreiheit in Einklang zu bringen. Die Schaffung entsprechender Ausnahmetatbestände im nationalen Recht ist zwingend erforderlich. Beispielhaft seien in diesem Zusammenhang nur §§ 47 Abs. 2, 57 RStV zu nennen, wonach der Verantwortliche die Auskunftserteilung verweigern kann, soweit durch die Auskunft die journalistische Aufgabe des Veranstalters durch Ausforschung des Informationsbestandes beeinträchtigt würde oder aus den Daten auf Personen, die bei der Vorbereitung, Herstellung oder Verbreitung mitgewirkt haben, oder auf die Person des Einsenders oder des Gewährsträgers von Beiträgen, Unterlagen und Mitteilungen für den redaktionellen Teil geschlossen werden kann.

C. Recht auf Erhalt einer Kopie (Abs. 3 und 4)

I. Kopie der personenbezogenen Daten (Abs. 3 S. 1)

209 Das Recht auf Auskunft gem. Abs. 1 und 2 beinhaltet unter anderem ein Recht auf Auskunft über die personenbezogenen Daten, die verarbeitet werden (Abs. 1 Hs. 2). Für diesen Teil der zu beauskunftenden Informationen (Daten zur Person) sieht Abs. 3 einen weiteren Mitteilungsweg vor. Der Betroffene hat nicht nur das Recht auf Mitteilung dieser Informationen in schriftlicher Form (Art. 12 Abs. 1 S. 2), in elektronischer Form (Art. 12 Abs. 1 S. 2 und Abs. 3 S. 4), in mündlicher Form (Art. 12 Abs. 1 S. 3) oder in anderer Form (Art. 12 Abs. 1 S. 2). Er hat auch das Recht auf Erhalt einer Kopie der Daten, die Gegenstand der Verarbeitung sind.

II. Entgelt (Abs. 3 S. 2)

210 Gem. Art. 12 Abs. 5 S. 1 sind alle Mitteilungen und Maßnahmen gem. Art. 15 unentgeltlich zur Verfügung zu stellen. Dies trifft auch auf die Erstkopie der personenbezogenen Daten, die gem. Abs. 3 S. 1 zu erteilen ist, zu. Aus Abs. 3 S. 2 folgt allerdings, dass alle weiteren Kopien nicht mehr zwingend unentgeltlich erteilt werden müssen. Der Verantwortliche darf vielmehr ein Entgelt auf der Grundlage der Verwaltungskosten verlangen. Diese Regelung ist somit für den Verantwortlichen weniger streng als Art. 12 Abs. 5 S. 2 lit. a, wonach der Verantwortliche bei anderen Betroffenenrechten nur dann ein angemessenes Entgelt verlangen kann, wenn der Betroffene Anträge in exzessiver Form stellt. Die Möglichkeit des Verantwortlichen, bei offenkundiger Unbegründetheit (auch bereits des Erstantrags) ein angemessenes Entgelt zu verlangen, bleibt unberührt.

III. Gängiges elektronisches Format (Abs. 3 S. 3)

211 Unter Kopie ist grundsätzlich ein Ausdruck der Daten zu verstehen. Abs. 3 S. 3 modifiziert dies allerdings dahingehend, dass die Informationen in einem gängigen elektronischen Format (also etwa pdf-Datei, Word-Dokument oder Excel-Tabelle) zur Verfügung zu stellen sind, wenn der Betroffene den Antrag elektronisch stellt und er nichts anderes angibt.

IV. Rechte und Freiheiten anderer Personen (Abs. 4)

212 Der Anspruch auf Erhalt einer Kopie enthält in Abs. 4 eine Ausnahmebestimmung zum Schutz der Rechte und Freiheiten anderer Personen. In der deutschen Fassung verweist Abs. 4 noch auf den Abs. 1b. Dies ist offensichtlich ein Redaktionsversehen.[84] Im Ratsentwurf war der jetzige Abs. 3 noch der Abs. 1b. In der englischen Fassung der DS-GVO verweist Abs. 4 richtigerweise auf Abs. 3.

---

84 Ebenso Paal/Pauly, *Paal*, Art. 15 Rn. 40.

Vernünftigerweise sollte die Ausnahme des Abs. 4 aber nicht nur für Abs. 3, sondern für den gesamten Art. 15 gelten. Er erscheint zumindest möglich, die fehlende Bezugnahme auf den Auskunftsanspruch ebenfalls als Redaktionsversehen des Verordnungsgebers anzusehen. Aus der Entstehungsgeschichte lässt sich eine solche Annahme allerdings nicht herleiten. Der Kommissionsentwurf sah ebenfalls keine Ausnahme für das Auskunftsrecht vor. Art. 15 Abs. 2c EP-Entwurf sah zwar eine Ausnahme vom Auskunftsrecht (zugunsten von Berufsgeheimnissen) vor, nicht aber vom Recht auf Erhalt einer Kopie. Art. 15 Abs. 2a Ratsentwurf sah Ausnahmen nur vom Anspruch auf Erhalt einer Kopie, nicht aber vom Auskunftsrecht vor. **213**

Es wird vertreten, dass sich durch Abs. 4 auch für den Auskunftsanspruch nach Abs. 1 eine Möglichkeit zur Grundrechtsabwägung eröffnet, weil sich die Kopie gem. Abs. 3 S. 1 auf die nach Abs. 1 zu beauskunftenden personenbezogenen Daten beziehe.[85] Dies werde auch durch EG 63 S. 6 klar, der feststelle, dass ein Ausschluss jeglicher Auskunft gegenüber dem Betroffenen durch einen Verweis auf die Rechte und Freiheiten anderer Personen nicht begründet werden kann.[86] Im Umkehrschluss kann dies so ausgelegt werden, dass die Rechte und Freiheiten anderer Personen das Auskunftsrecht jedenfalls zumindest zum Teil einschränken können. Nach anderer Ansicht ist in dem Fehlen von Ausnahmen von der Auskunftspflicht eine planwidrige Regelungslücke zu sehen[87], die durch eine analoge Anwendung des Art. 14 Abs. 5 lit. b und d[88] oder des Art. 15 Abs. 4[89] auf den Auskunftsanspruch des Art. 15 Abs. 1 und 2 geschlossen werden könne. **214**

Auf welchem Weg man Ausnahmetatbestände auf den Auskunftsanspruch anwendet, ist letztlich irrelevant. Das Fehlen jeglicher Ausnahmetatbestände ist jedenfalls ein Verstoß gegen das Gebot, dass der Schutz personenbezogener Daten unter Wahrung des Verhältnismäßigkeitsprinzips gegen andere Grundrechte abgewogen werden muss (EG 4 S. 2).[90] Auch ohne ausdrückliche Ausnahmen ist der Auskunftsanspruch durch Vornahme von Grundrechtsabwägungen tatbestandsmäßig zu reduzieren. Unter dem Gesichtspunkt der Rechtssicherheit vorzugswürdig wäre natürlich die in Rn. 162 bis 208 vorgeschlagene Festlegung von Ausnahmebestimmungen durch den nationalen Gesetzgeber. **215**

Für die Frage, welche Rechte und Freiheiten anderer Personen dem Recht des Betroffenen auf Erhalt einer Kopie entgegenstehen können, sei auf die Ausführungen in Rn. 162 ff. verwiesen. **216**

D. Weitere Auswirkungen der Verordnung in der Praxis

I. Voraussichtliche Auswirkungen auf das nationale Recht

Ab dem 25.5.2018 gilt Art. 15 in allen Mitgliedstaaten unmittelbar. Bis zu diesem Zeitpunkt muss der nationale Gesetzgeber das gesamte nationale Recht daraufhin überprüft haben, ob es datenschutzrechtliche Auskunftsansprüche und Ansprüche auf Erhalt einer Kopie enthält. **217**

Grundsätzlich sind bestehende Auskunftsansprüche des nationalen Rechts zu streichen. Sie können aber auch unter Anwendung der Öffnungsklauseln der DS-GVO an die Vorgaben der DS-GVO angepasst werden. So hat der nationale Gesetzgeber beim Auskunftsanspruch die Möglichkeit, spezifischere Bestimmungen gem. Art. 6 Abs. 2 und 3, Beschränkungen gem. Art. 23 Abs. 1, Abweichungen oder Ausnahmen gem. Art. 85 Abs. 1 und 2 und Ausnahmen gem. Art. 89 Abs. 2 und 3 festzulegen. **218**

Wiederholungen des Tatbestandes des Art. 15 im nationalen Recht sind gem. EG 8 ausnahmsweise zulässig, wenn die Mitgliedstaaten von ihrer Befugnis zu Präzisierungen oder Einschrän- **219**

85 Paal/Pauly, *Paal*, Art. 15 Rn. 41.
86 Paal/Pauly, *Paal*, Art. 15 Rn. 41.
87 So z.B. Wolff/Brink, *Schmidt-Wudy*, Art. 15 DS-GVO Rn. 97, 18. Edition (Stand: 1.11.2016).
88 *Härting*, Rn. 683 ff.
89 So z.B. Wolff/Brink, *Schmidt-Wudy*, Art. 15 DS-GVO Rn. 97, 18. Edition (Stand: 1.11.2016).
90 Auch *Spindler* ist der Auffassung, dass ein unbedingter Auskunftsanspruch der erforderlichen Grundrechtsabwägung nicht gerecht würde (in: DB 2016, 937, 944).

kungen Gebrauch machen und die Wiederholungen erforderlich sind, um die Kohärenz zu wahren und die nationalen Rechtsvorschriften für die Personen, für die sie gelten, verständlicher zu machen. Entscheidet sich der nationale Gesetzgeber dafür, Präzisierungen oder Einschränkungen des Auskunftsanspruchs vorzunehmen, spricht vieles dafür, den Wortlaut des Art. 15 im nationalen Recht zu wiederholen, weil es für den Rechtsanwender sehr unübersichtlich ist, die Anspruchsvoraussetzungen in der DS-GVO und die Ausnahmetatbestände in verschiedenen nationalen Gesetzen suchen zu müssen.

220 Art. 15 ist in seiner derzeitigen Fassung eine unvollständige Norm. Sie regelt nur den Auskunftsanspruch, nicht aber die zahlreichen im öffentlichen Interesse, im Interesse des Verantwortlichen und im Interesse Dritter erforderlichen Ausnahmen. Diese sind jeweils im nationalen Recht noch zu schaffen (genauer Rn. 84 ff. und insbesondere Rn. 162 ff.).

221 Der deutsche Gesetzgeber hat (Stand: 23.7.2017) eine Reihe von Ausnahmetatbeständen geschaffen:

222 Nach § 27 Abs. 2 S. 1 BDSG-neu sind die Rechte des Art. 15 insoweit beschränkt, als diese Rechte voraussichtlich die Verwirklichung von Forschungszwecken oder Statistikzwecken unmöglich machen oder ernsthaft beinträchtigen würden. Dieser Ausnahmetatbestand ist aufgrund von Art. 89 Abs. 2 gerechtfertigt.

223 Noch weitergehend ist die Ausnahme von § 27 Abs. 2 S. 2 BDSG-neu. Danach bestehen die Rechte des Art. 15 nicht, wenn die Daten für Zwecke der wissenschaftlichen Forschung erforderlich sind und die Auskunftserteilung einen unverhältnismäßigen Aufwand erfordern würde. Dieser Ausnahmetatbestand kann sich jedenfalls auf die Öffnungsklausel des Art. 23 Abs. 1 lit. i stützen, da er die Rechte und Freiheiten von Forschern (Wissenschaftsfreiheit) schützt. Der Schutz der wissenschaftlichen Forschung ist jedoch auch ein wichtiges Ziel des allgemeinen öffentlichen Interesses. Daher kommt auch Art. 23 Abs. 1 lit. e als Rechtfertigungsgrund für diesen Ausnahmetatbestand in Betracht.

224 § 28 Abs. 2 BDSG-neu sieht einen Ausnahmetatbestand für Datenverarbeitungen zu im öffentlichen Interesse liegenden Archivzwecken vor. Die Rechte gem. Art. 15 sind eingeschränkt, wenn das Archivgut nicht durch den Namen der Person erschlossen ist oder keine Angaben gemacht werden, die das Auffinden des betreffenden Archivguts mit vertretbarem Verwaltungsaufwand ermöglichen.

225 § 29 Abs. 1 S. 2 BDSG-neu sieht eine Ausnahmevorschrift zugunsten von geheimhaltungsbedürftigen Informationen vor. Das Auskunftsrecht besteht nicht, soweit durch die Auskunft Informationen offenbart würden, die nach einer Rechtsvorschrift oder ihrem Wesen nach, insbesondere wegen der überwiegenden berechtigten Interessen eines Dritten, geheim gehalten werden müssen.

226 § 34 Abs. 1 Nr. 1 i.V.m § 33 Abs. 1 Nr. 1 BDSG-neu beschränken – vorbehaltlich einer Interessenabwägung im Einzelfall – die Auskunftspflicht einer öffentlichen Stelle. Ist eine öffentliche Stelle grundsätzlich zur Auskunftserteilung verpflichtet, entfällt diese Pflicht, wenn durch die Auskunft die ordnungsgemäße Aufgabenerfüllung, die öffentliche Sicherheit, die öffentliche Ordnung, das Wohl des Bundes oder das Wohl eines Landes gefährdet wäre. Dieser Ausnahmetatbestand ist durch Art. 23 Abs. 1 lit. a, b, c, d, e, f, g und h gerechtfertigt.

227 § 34 Abs. 1 Nr. 1 i.V.m § 33 Abs. 2 Nr. 2 lit. b BDSG-neu beschränken – vorbehaltlich einer Interessenabwägung im Einzelfall – die Auskunftspflicht einer nicht-öffentlichen Stelle, wenn durch die Auskunft die öffentliche Sicherheit, die öffentliche Ordnung, das Wohl des Bundes, das Wohl eines Landes oder die Strafverfolgung gefährdet wäre. Die Ausnahmetatbestände sind durch Art. 23 Abs. 1 lit. c (öffentliche Sicherheit), Art. 23 Abs. 1 lit. d (Strafverfolgung) und Art. 23 Abs. 1 lit. e (wichtige Ziele des allgemeinen öffentlichen Interesses) gerechtfertigt.

228 § 34 Abs. 1 Nr. 1 i.V.m. § 33 Abs. 3 BDSG-neu machen die Auskunft über bestimmte Informationen von der Zustimmung von Behörden abhängig. Bezieht sich die Auskunft nämlich auf die

Übermittlung personenbezogener Daten durch öffentliche Stellen an Verfassungsschutzbehörden, den Bundesnachrichtendienst, den Militärischen Abschirmdienst und, soweit die Sicherheit des Bundes berührt wird, andere Behörden des Bundesministeriums der Verteidigung, ist sie nur mit Zustimmung dieser Stellen zulässig.

§ 34 Abs. 1 Nr. 2 lit. a BDSG-neu schließt die Auskunft – vorbehaltlich einer Interessenabwägung im Einzelfall – aus, wenn die Daten nur deshalb gespeichert sind, weil sie aufgrund gesetzlicher oder satzungsmäßiger Aufbewahrungsvorschriften nicht gelöscht werden dürfen. **229**

§ 34 Abs. 1 Nr. 2 lit. b BDSG-neu schließt die Auskunft – vorbehaltlich einer Interessenabwägung im Einzelfall – aus, wenn die Daten ausschließlich Zwecken der Datensicherung oder der Datenschutzkontrolle dienen. **230**

II. Bestandsschutz bisheriger Datenverarbeitungen

Bestandsschutzfragen dürften sich im Zusammenhang mit Art. 15 kaum stellen. Auskunftsersuchen müssen unabhängig vom Zeitpunkt des Eingangs des Ersuchens beim Verantwortlichen vor dem 25.5.2018 nach den Vorgaben des aktuell geltenden Rechts beantwortet werden. Ab dem 25.5.2018 müssen sie nach den Vorgaben des Art. 15 bzw. der dann geltenden nationalen Anpassungsgesetze beantwortet werden. **231**

In zeitlicher Hinsicht ist lediglich fraglich, inwieweit Auskünfte für in der Vergangenheit liegende Datenverarbeitungen zu erteilen sind (s. Rn. 155 ff.). Sofern solche Vergangenheitsauskünfte zu erteilen sind, diese aber nach dem bis zum Inkrafttreten der DS-GVO geltenden Recht nicht zu speichern waren, entfällt der Auskunftsanspruch insofern („impossibilium nulla est obligatio"). **232**

III. Anwendung durch die Verantwortlichen

Verantwortliche müssen den Zeitraum bis zum Wirksamwerden des Art. 15 am 25.5.2015 dazu nutzen, ihre technischen und organisatorischen Maßnahmen derart an die Vorgaben des Art. 15 anzupassen, dass sie dazu in der Lage sind, etwaige Auskunftsansprüche nach dem 25.5.2015 sach- und fristgerecht zu beantworten. **233**

IV. Sanktionen

Verstöße gegen die Verpflichtungen aus Art. 15 stellen Ordnungswidrigkeiten dar. Diese können mit einer Geldbuße belegt werden. Die Datenschutzaufsichtsbehörden können Geldbußen von bis zu 20 Mio. € oder im Falle eines Unternehmens bis zu 4 % des gesamten weltweit erzielten Jahresumsatzes des vorangegangenen Geschäftsjahrs verhängen (Art. 83 Abs. 5 lit. b). **234**

Streitig ist, ob ein Verstoß gegen die Auskunftspflicht eine unlautere Handlung im Sinne von § 4 Nr. 11 UWG darstellt.[91] In schweren Fällen könnten Verstöße gegen Art. 15 auch als Straftat gem. § 303a StGB und als Anhaltspunkt für eine gewerberechtliche Unzuverlässigkeit anzusehen sein.[92] **235**

V. Rechtsschutz

1. Rechtsschutz des Betroffenen

a) Rechtsschutz gegen Aufsichtsbehörde

Jeder Betroffene hat das Recht auf Beschwerde bei einer Aufsichtsbehörde, wenn er der Auffassung ist, dass die Verarbeitung ihn betreffender Daten gegen die DS-GVO verstößt – also auch, wenn er der Auffassung ist, der Verantwortliche erfülle seine Verpflichtungen aus Art. 15 nicht. **236**

---

91 Vgl. Wolff/Brink, *Schmidt-Wudy*, § 34 Rn. 18.1.
92 Vgl. Wolff/Brink, *Schmidt-Wudy*, § 34 Rn. 17.

Zuständig kann die Aufsichtsbehörde in dem Mitgliedstaat des Aufenthaltsortes, des Arbeitsplatzes oder des Ortes des mutmaßlichen Verstoßes sein (Art. 77 Abs. 1).

237 Jeder Betroffene hat darüber hinaus das Recht auf einen wirksamen gerichtlichen Rechtsbehelf gegen einen ihn betreffenden rechtsverbindlichen Beschluss einer Aufsichtsbehörde (Art. 78 Abs. 1). Jeder Betroffene hat außerdem das Recht auf einen wirksamen gerichtlichen Rechtsbehelf, wenn sich die zuständige Aufsichtsbehörde mit einer Beschwerde nicht befasst oder sie den Betroffenen nicht innerhalb von drei Monaten über den Stand oder das Ergebnis der Beschwerde in Kenntnis setzt (Art. 78 Abs. 2). Bei Streitigkeiten mit der Aufsichtsbehörde sind die Verwaltungsgerichte zuständig.

b) Rechtsschutz gegen Verantwortliche/Auftragsverarbeiter

238 Jeder Betroffene hat das Recht auf einen wirksamen gerichtlichen Rechtsbehelf gegen einen Verantwortlichen oder gegen einen Auftragsverarbeiter (Art. 79). Der Auskunftsanspruch ist ein subjektiv-öffentliches Recht, das ohne Weiteres gerichtlich einklagbar ist. Soll eine öffentliche Stelle zur Auskunft verpflichtet werden, muss eine Verpflichtungsklage auf den Erlass eines Verwaltungsakts erhoben werden. Zuständig ist das allgemeine Verwaltungsgericht, das Sozialgericht oder das Finanzgericht.[93] Soll eine nicht-öffentliche Stelle zur Auskunft verpflichtet werden, ist eine Auskunftsklage zu erheben. Zuständig sind entweder die Zivil- oder die Arbeitsgerichte.[94]

239 Jeder Betroffene, dem wegen eines Verstoßes gegen die DS-GVO ein materieller oder immaterieller Schaden entstanden ist, hat Anspruch auf Schadensersatz gegen den Verantwortlichen oder gegen den Auftragsverarbeiter (Art. 82 Abs. 1).

c) Vertretung durch einen Verband

240 Jeder Betroffene hat das Recht, eine Einrichtung, Organisation oder Vereinigung, die im Bereich des Datenschutzes tätig ist, mit der Vertretung seiner Interessen im Zusammenhang mit den Rechten der Art. 77, 78 und 79 sowie der Geltendmachung von Schadensersatz gem. Art. 82 zu beauftragen (Art. 80 Abs. 1).

2. Rechtsschutz anderer Personen

241 Jede natürliche oder juristische Person (also insbesondere ein Verantwortlicher oder ein Auftragsverarbeiter) hat das Recht auf einen wirksamen gerichtlichen Rechtsbehelf gegen einen sie betreffenden rechtsverbindlichen Beschluss einer Aufsichtsbehörde (Art. 78 Abs. 1).

3. Rechtsschutz durch Verbände

242 Jede Einrichtung, Organisation oder Vereinigung ohne Gewinnerzielungsabsicht, die ordnungsgemäß nach dem Recht eines Mitgliedstaates gegründet ist, deren satzungsmäßige Ziele im öffentlichen Interesse liegen und die im Bereich des Schutzes der Rechte und Freiheiten von betroffenen Personen in Bezug auf den Schutz ihrer personenbezogenen Daten tätig ist, kann auch ohne Beauftragung durch einen Betroffenen die Rechte der Art. 77, 78 und 79 geltend machen (u.a. durch eine altruistische Verbandsklage), sofern dies das Recht eines Mitgliedstaates vorsieht (Art. 80 Abs. 2). Jeder Betroffene hat das Recht, einen solchen Verband mit der Vertretung seiner Interessen im Zusammenhang mit den Rechten der Art. 77, 78 und 79 sowie der Geltendmachung von Schadensersatz gem. Art. 82 zu beauftragen (Art. 80 Abs. 1).

93 Wolff/Brink, *Worms*, § 19 Rn. 110, 111, 13. Edition (Stand: 1.11.2014).
94 Wolff/Brink, *Schmidt-Wudy*, § 34 Rn. 22.

Article 16

Right to rectification

[1]The data subject shall have the right to obtain from the controller without undue delay the rectification of inaccurate personal data concerning him or her.

[2]Taking into account the purposes of the processing, the data subject shall have the right to have incomplete personal data completed, including by means of providing a supplementary statement.

Artikel 16

Recht auf Berichtigung

[1]Die betroffene Person hat das Recht, von dem für die Verarbeitung Verantwortlichen die Berichtigung sie betreffender unzutreffender personenbezogener Daten ohne unangemessene Verzögerung zu verlangen.

[2]Im Hinblick auf die Zwecke, für die die Daten verarbeitet wurden, hat die betroffene Person das Recht, die Vervollständigung unvollständiger personenbezogener Daten – auch mittels einer ergänzenden Erklärung – zu verlangen.

Article 5

Principles relating to processing of personal data

(1) Personal data must be:

[…]

(d) accurate and, where necessary, kept up to date; every reasonable step must be taken to ensure that personal data that are inaccurate, having regard to the purposes for which they are processed, are erased or rectified without delay ('accuracy');

Artikel 5

Grundsätze in Bezug auf die Verarbeitung personenbezogener Daten

(1) Personenbezogene Daten müssen

[…]

(d) sachlich richtig und erforderlichenfalls auf dem neuesten Stand sein; dabei sind alle angemessenen Maßnahmen zu treffen, damit personenbezogene Daten, die im Hinblick auf die Zwecke ihrer Verarbeitung unzutreffend sind, unverzüglich gelöscht oder berichtigt werden („Richtigkeit");

§ 27 BDSG-neu

Datenverarbeitung zu wissenschaftlichen oder historischen Forschungszwecken und zu statistischen Zwecken

[…]

(2) Die in den Artikeln 15, 16, 18 und 21 der Verordnung (EU) 2016/679 vorgesehenen Rechte der betroffenen Person sind insoweit beschränkt, als diese Rechte voraussichtlich die Verwirklichung der Forschungs- oder Statistikzwecke unmöglich machen oder ernsthaft beinträchtigen und die Beschränkung für die Erfüllung der Forschungs- oder Statistikzwecke notwendig ist. […]

[…]

§ 28 BDSG-neu

Datenverarbeitung zu im öffentlichen Interesse liegenden Archivzwecken

[…]

(3) Das Recht auf Berichtigung der betroffenen Person gemäß Artikel 16 der Verordnung (EU) 2016/679 besteht nicht, wenn die personenbezogenen Daten zu Archivzwecken im öffentlichen Interesse verarbeitet werden. Bestreitet die betroffene Person die Richtigkeit der personenbezo-

genen Daten, ist ihr die Möglichkeit einer Gegendarstellung einzuräumen. Das zuständige Archiv ist verpflichtet, die Gegendarstellung den Unterlagen hinzuzufügen.

[...]

Recitals

(39) [1]Any processing of personal data should be lawful and fair. [2]It should be transparent to natural persons that personal data concerning them are collected, used, consulted or otherwise processed and to what extent the personal data are or will be processed. [3]The principle of transparency requires that any information and communication relating to the processing of those personal data be easily accessible and easy to understand, and that clear and plain language be used. [4]That principle concerns, in particular, information to the data subjects on the identity of the controller and the purposes of the processing and further information to ensure fair and transparent processing in respect of the natural persons concerned and their right to obtain confirmation and communication of personal data concerning them which are being processed. [5]Natural persons should be made aware of risks, rules, safeguards and rights in relation to the processing of personal data and how to exercise their rights in relation to such processing. [6]In particular, the specific purposes for which personal data are processed should be explicit and legitimate and determined at the time of the collection of the personal data. [7]The personal data should be adequate, relevant and limited to what is necessary for the purposes for which they are processed. [8]This requires, in particular, ensuring that the period for which the personal data are stored is limited to a strict minimum. [9]Personal data should be processed only if the purpose of the processing could not reasonably be fulfilled by other means. [10]In order to ensure that the personal data are not kept longer than necessary, time limits should be established by the controller for erasure or for a periodic review. [11]Every reasonable step should be taken to ensure that personal data which are inaccurate are rectified or deleted. Personal data should be processed in a manner that ensures appropriate security and confidentiality of the personal data, including for preventing unauthorised access to or use of personal data and the equipment used for the processing.

Erwägungsgründe

(39) [1]Jede Verarbeitung personenbezogener Daten sollte rechtmäßig und nach Treu und Glauben erfolgen. [2]Für natürliche Personen sollte Transparenz dahingehend bestehen, dass sie betreffende personenbezogene Daten erhoben, verwendet, eingesehen oder anderweitig verarbeitet werden und in welchem Umfang die personenbezogenen Daten verarbeitet werden und künftig noch verarbeitet werden. [3]Der Grundsatz der Transparenz setzt voraus, dass alle Informationen und Mitteilungen zur Verarbeitung dieser personenbezogenen Daten leicht zugänglich und verständlich und in klarer und einfacher Sprache abgefasst sind. [4]Dieser Grundsatz betrifft insbesondere die Informationen über die Identität des Verantwortlichen und die Zwecke der Verarbeitung und sonstige Informationen, die eine faire und transparente Verarbeitung im Hinblick auf die betroffenen natürlichen Personen gewährleisten, sowie deren Recht, eine Bestätigung und Auskunft darüber zu erhalten, welche sie betreffende personenbezogene Daten verarbeitet werden. [5]Natürliche Personen sollten über die Risiken, Vorschriften, Garantien und Rechte im Zusammenhang mit der Verarbeitung personenbezogener Daten informiert und darüber aufgeklärt werden, wie sie ihre diesbezüglichen Rechte geltend machen können. [6]Insbesondere sollten die bestimmten Zwecke, zu denen die personenbezogenen Daten verarbeitet werden, eindeutig und rechtmäßig sein und zum Zeitpunkt der Erhebung der personenbezogenen Daten feststehen. [7]Die personenbezogenen Daten sollten für die Zwecke, zu denen sie verarbeitet werden, angemessen und erheblich sowie auf das für die Zwecke ihrer Verarbeitung notwendige Maß beschränkt sein. [8]Dies erfordert insbesondere, dass die Speicherfrist für personenbezogene Daten auf das unbedingt erforderliche Mindestmaß beschränkt bleibt. [9]Personenbezogene Daten sollten nur verarbeitet werden dürfen, wenn der Zweck der Verarbeitung nicht in zumutbarer Weise durch andere Mittel erreicht werden kann. [10]Um sicherzustellen, dass die personenbezogenen Daten nicht länger als nötig gespei-

chert werden, sollte der Verantwortliche Fristen für ihre Löschung oder regelmäßige Überprüfung vorsehen. [11]Es sollten alle vertretbaren Schritte unternommen werden, damit unrichtige personenbezogene Daten gelöscht oder berichtigt werden. Personenbezogene Daten sollten so verarbeitet werden, dass ihre Sicherheit und Vertraulichkeit hinreichend gewährleistet ist, wozu auch gehört, dass Unbefugte keinen Zugang zu den Daten haben und weder die Daten noch die Geräte, mit denen diese verarbeitet werden, benutzen können.

(57) [1]If the personal data processed by a controller do not permit the controller to identify a natural person, the data controller should not be obliged to acquire additional information in order to identify the data subject for the sole purpose of complying with any provision of this Regulation. [2]However, the controller should not refuse to take additional information provided by the data subject in order to support the exercise of his or her rights. [3]Identification should include the digital identification of a data subject, for example through authentication mechanism such as the same credentials, used by the data subject to log-in to the on-line service offered by the data controller.

(57) [1]Kann der Verantwortliche anhand der von ihm verarbeiteten personenbezogenen Daten eine natürliche Person nicht identifizieren, so sollte er nicht verpflichtet sein, zur bloßen Einhaltung einer Vorschrift dieser Verordnung zusätzliche Daten einzuholen, um die betroffene Person zu identifizieren. [2]Allerdings sollte er sich nicht weigern, zusätzliche Informationen entgegenzunehmen, die von der betroffenen Person beigebracht werden, um ihre Rechte geltend zu machen. [3]Die Identifizierung sollte die digitale Identifizierung einer betroffenen Person – beispielsweise durch Authentifizierungsverfahren etwa mit denselben Berechtigungsnachweisen, wie sie die betroffene Person verwendet, um sich bei dem von dem Verantwortlichen bereitgestellten Online-Dienst anzumelden – einschließen.

(58) [1]The principle of transparency requires that any information addressed to the public or to the data subject be concise, easily accessible and easy to understand, and that clear and plain language and, additionally, where appropriate, visualisation be used. [2]Such information could be provided in electronic form, for example, when addressed to the public, through a website. [3]This is of particular relevance in situations where the proliferation of actors and the technological complexity of practice make it difficult for the data subject to know and understand whether, by whom and for what purpose personal data relating to him or her are being collected, such as in the case of online advertising. [4]Given that children merit specific protection, any information and communication, where processing is addressed to a child, should be in such a clear and plain language that the child can easily understand.

(58) [1]Der Grundsatz der Transparenz setzt voraus, dass eine für die Öffentlichkeit oder die betroffene Person bestimmte Information präzise, leicht zugänglich und verständlich sowie in klarer und einfacher Sprache abgefasst ist und gegebenenfalls zusätzlich visuelle Elemente verwendet werden. [2]Diese Information könnte in elektronischer Form bereitgestellt werden, beispielsweise auf einer Website, wenn sie für die Öffentlichkeit bestimmt ist. [3]Dies gilt insbesondere für Situationen, wo die große Zahl der Beteiligten und die Komplexität der dazu benötigten Technik es der betroffenen Person schwer machen, zu erkennen und nachzuvollziehen, ob, von wem und zu welchem Zweck sie betreffende personenbezogene Daten erfasst werden, wie etwa bei der Werbung im Internet. [4]Wenn sich die Verarbeitung an Kinder richtet, sollten aufgrund der besonderen Schutzwürdigkeit von Kindern Informationen und Hinweise in einer dergestalt kla-

ren und einfachen Sprache erfolgen, dass ein Kind sie verstehen kann.

(59) [1]Modalities should be provided for facilitating the exercise of the data subject's rights under this Regulation, including mechanisms to request and, if applicable, obtain, free of charge, in particular, access to and rectification or erasure of personal data and the exercise of the right to object. [2]The controller should also provide means for requests to be made electronically, especially where personal data are processed by electronic means. [3]The controller should be obliged to respond to requests from the data subject without undue delay and at the latest within one month and to give reasons where the controller does not intend to comply with any such requests.

(59) [1]Es sollten Modalitäten festgelegt werden, die einer betroffenen Person die Ausübung der Rechte, die ihr nach dieser Verordnung zustehen, erleichtern, darunter auch Mechanismen, die dafür sorgen, dass sie unentgeltlich insbesondere Zugang zu personenbezogenen Daten und deren Berichtigung oder Löschung beantragen und gegebenenfalls erhalten oder von ihrem Widerspruchsrecht Gebrauch machen kann. [2]So sollte der Verantwortliche auch dafür sorgen, dass Anträge elektronisch gestellt werden können, insbesondere wenn die personenbezogenen Daten elektronisch verarbeitet werden. [3]Der Verantwortliche sollte verpflichtet werden, den Antrag der betroffenen Person unverzüglich, spätestens aber innerhalb eines Monats zu beantworten und gegebenenfalls zu begründen, warum er den Antrag ablehnt.

(65) [1]A data subject should have the right to have personal data concerning him or her rectified and a 'right to be forgotten' where the retention of such data infringes this Regulation or Union or Member State law to which the controller is subject. [2]In particular, a data subject should have the right to have his or her personal data erased and no longer processed where the personal data are no longer necessary in relation to the purposes for which they are collected or otherwise processed, where a data subject has withdrawn his or her consent or objects to the processing of personal data concerning him or her, or where the processing of his or her personal data does not otherwise comply with this Regulation. [3]That right is relevant in particular where the data subject has given his or her consent as a child and is not fully aware of the risks involved by the processing, and later wants to remove such personal data, especially on the internet. [4]The data subject should be able to exercise that right notwithstanding the fact that he or she is no longer a child. [5]However, the further retention of the personal data should be lawful where it is necessary, for exercising the right of freedom of expression and information, for compliance with a legal obligation, for the performance of a task carried out in the public interest or in the exercise of official authority vested in the controller, on the grounds of public interest in the

(65) [1]Eine betroffene Person sollte ein Recht auf Berichtigung der sie betreffenden personenbezogenen Daten besitzen sowie ein „Recht auf Vergessenwerden", wenn die Speicherung ihrer Daten gegen diese Verordnung oder gegen das Unionsrecht oder das Recht der Mitgliedstaaten, dem der Verantwortliche unterliegt, verstößt. [2]Insbesondere sollten betroffene Personen Anspruch darauf haben, dass ihre personenbezogenen Daten gelöscht und nicht mehr verarbeitet werden, wenn die personenbezogenen Daten hinsichtlich der Zwecke, für die sie erhoben bzw. anderweitig verarbeitet wurden, nicht mehr benötigt werden, wenn die betroffenen Personen ihre Einwilligung in die Verarbeitung widerrufen oder Widerspruch gegen die Verarbeitung der sie betreffenden personenbezogenen Daten eingelegt haben oder wenn die Verarbeitung ihrer personenbezogenen Daten aus anderen Gründen gegen diese Verordnung verstößt. [3]Dieses Recht ist insbesondere wichtig in Fällen, in denen die betroffene Person ihre Einwilligung noch im Kindesalter gegeben hat und insofern die mit der Verarbeitung verbundenen Gefahren nicht in vollem Umfang absehen konnte und die personenbezogenen Daten – insbesondere die im Internet gespeicherten – später löschen möchte. [4]Die betroffene Person sollte dieses Recht auch dann ausüben können, wenn sie kein Kind mehr ist. [5]Die weitere Spei-

area of public health, for archiving purposes in the public interest, scientific or historical research purposes or statistical purposes, or for the establishment, exercise or defence of legal claims.

cherung der personenbezogenen Daten sollte jedoch rechtmäßig sein, wenn dies für die Ausübung des Rechts auf freie Meinungsäußerung und Information, zur Erfüllung einer rechtlichen Verpflichtung, für die Wahrnehmung einer Aufgabe, die im öffentlichen Interesse liegt oder in Ausübung öffentlicher Gewalt erfolgt, die dem Verantwortlichen übertragen wurde, aus Gründen des öffentlichen Interesses im Bereich der öffentlichen Gesundheit, für im öffentlichen Interesse liegende Archivzwecke, zu wissenschaftlichen oder historischen Forschungszwecken oder zu statistischen Zwecken oder zur Geltendmachung, Ausübung oder Verteidigung von Rechtsansprüchen erforderlich ist.

Literatur

Bergmann/Möhrle/Herb, Bundesdatenschutzrecht, Loseblattsammlung Stand: April 2013, Boorberg München; *Gierschmann/Saeugling (Hrsg.)*, Systematischer Praxiskommentar Datenschutzrecht, 1. Auflage 2014, Bundesanzeiger Verlag Köln; *Gola/Schomerus*, BDSG, 12. Auflage 2015, C.H. Beck München; *Hoeren*, Thesen zum Verhältnis von Big Data und Datenqualität, in: MMR 2016, 8; *Hoeren/Kaufmann*, Inkassounternehmen und die EU-Datenschutzgrundverordnung: Eine grundrechtliche Einordnung (Gutachten im Auftrag des Bundesverbandes Deutscher Inkassounternehmen e.V.), 2014, S. 29; *Simitis (Hrsg.)*, Bundesdatenschutzgesetz, 8. Auflage 2014, Nomos Baden-Baden; *Sydow*, Vorwirkungen von Ansprüchen auf datenschutzrechtliche Auskunft und Informationszugang, in: NVwZ 2013, S. 467; *Wolff/Brink (Hrsg.)*, Beck'scher Online-Kommentar Datenschutzrecht, C.H. Beck München, 14. Edition Stand: 1.11.2014.

▶ Bedeutung der Norm

Die Norm regelt die Ansprüche des Betroffenen gegen den Verantwortlichen auf Berichtigung unrichtiger Daten (Satz 1) und auf Vervollständigung unvollständiger Daten (Satz 2).

▶ Hinweise für den Anwender

Für die Norm relevante Definitionen und andere Querbezüge:

- Die Mitgliedstaaten können gemäß Art. 23, 85 und 89 Abs. 2 und 3 im nationalen Recht die Ansprüche auf Berichtigung und Vervollständigung beschränken und Ausnahmen hiervon festlegen.
- Grundsatz der „accuracy" in Art. 5 Abs. 1 lit. d.
- Pflicht zur Information des Betroffenen über das Bestehen des Rechts auf Berichtigung zum Zeitpunkt der Datenerhebung oder –verwendung (Art. 13 Abs. 2 lit. b, Art. 14 Abs. 2 lit. c). Pflicht zur Auskunft über das Bestehen eines Rechts auf Berichtigung (Art. 15 Abs. 1 lit. e).
- Bestreitet der Betroffene die Richtigkeit der Daten, kann er neben dem Anspruch auf Berichtigung für die Dauer der Überprüfung der Daten einen Anspruch auf Verarbeitungseinschränkung geltend machen (Art. 18 Abs. 1 lit. a).
- Bei Vornahme von Berichtigungen bestehen Mitteilungspflichten gegenüber Empfängern und gegenüber dem Betroffenen (Art. 19).
- Geldbuße bei Verstoß gegen die Pflicht zur Berichtigung oder Vervollständigung gemäß Art. 83 Abs. 5 lit. b: maximal 20.000.000 € oder im Falle eines Unternehmens 4 % des gesamten weltweit erzielten Umsatzes des Vorjahres.

Für die Auslegung der Norm relevante Erwägungsgründe:
- EG 57 bis 59 (allgemein zu den Betroffenenrechten). EG 39 und 65 (unmittelbar zum Anspruch auf Berichtigung/Vervollständigung).

Systematische Einordnung der Norm innerhalb der DS-GVO:
- Die Ansprüche auf Berichtigung und Vervollständigung sind Teil der Betroffenenrechte des Kapitels III der DS-GVO. Sie gehören zu den Initiativrechten des Betroffenen und zu den Gestaltungsansprüchen, mit denen er Einfluss auf das Ob und den Umfang der Datenverarbeitung nehmen kann.
- Art. 11 und 12 sind die für alle Betroffenenrechte geltenden, vor die Klammer gezogenen Normen, die Verfahren und Form der Geltendmachung auch des Berichtigungs- und des Vervollständigungsanspruchs regeln.
- Bei unrichtigen Daten kann ein Konkurrenzverhältnis zwischen dem Anspruch auf Berichtigung und dem Anspruch auf Löschung (Art. 17) bestehen.

Vorgängernormen im BDSG:
- Das geltende Recht enthält einen Berichtigungsanspruch gegen öffentliche Stellen in § 20 Abs. 1 Satz 1 BDSG und gegen nicht-öffentliche Stellen in § 35 Abs. 1 Satz 1 BDSG. Entgegen dem Wortlaut wird § 35 Abs. 1 Satz 1 BDSG auch ein Anspruch auf Vervollständigung entnommen.[1] § 20 Abs. 1 Satz 2 und Abs. 8 sowie § 35 Abs. 6 und 7 BDSG enthalten Einschränkungen und Modalitäten der jeweiligen Ansprüche. Über Art. 16 DS-GVO hinausgehend enthält § 35 Abs. 1 Satz 2 BDSG einen Anspruch auf Kennzeichnung geschätzter Daten.

Vorgängernorm der RL 95/46:
- Art. 12 lit. b DS-RL.

Querbezüge zu anderen Normen:
- Art. 8 Abs. 2 Satz 2 Grundrechtecharta. Art. 6 Abs. 1 lit. d DS-RL.

▶ Schlagworte

Berichtigung, Vervollständigung, Datenqualität, Betroffenenrecht, Initiativrecht

---

---

[1] Gierschmann/Saeugling, *Saeugling*, § 35 Rn. 21.

A. Allgemeines

1 Berichtigungs- und Vervollständigungsanspruch gelten für alle Verantwortlichen und für alle Datenverarbeitungen gleichermaßen. Es gibt keine Ausnahmen für die Datenverarbeitung durch beispielsweise Archive, durch Privatpersonen oder durch KMU. Der Anspruch gilt für alle Verarbeitungssituationen unabhängig von dem Risiko der Datenverarbeitung für die Rechte und Freiheiten des Betroffenen. Die Regelung ist daher insgesamt nicht ausgewogen. Sie geht zulasten der Rechte des Verantwortlichen, zulasten der Rechte Dritter und zulasten öffentlicher Interessen. Der nationale Gesetzgeber ist dazu aufgerufen, die Öffnungsklauseln dazu zu nutzen, konfligierenden Grundrechten und öffentlichen Interessen Geltung zu verschaffen. Im mitgliedstaatlichen Recht muss insbesondere durch Beschränkungen der Ansprüche auf der Grundlage von Art. 23, 85 und 89 noch nachgebessert werden.

I. Regelungszweck

2 Die Norm gehört nicht zu den Transparenznormen des Datenschutzrechts. Sie hilft dem Betroffenen nicht zu erfahren, wer was über ihn weiß. Vielmehr dienen die Ansprüche auf Berichtigung und Vervollständigung der rechtspolitisch gewollten Forcierung der Datenqualität.[2] Die Gewährleistung der Datenqualität ist an sich kein datenschutzrechtliches Problem, sondern eine Frage des allgemeinen Zivilrechts. Indem man die Ansprüche gleichwohl im Datenschutzrecht regelt, wird das Datenschutzrecht hier zum „verlängerten Arm des Verbraucherschutzrechts".[3] Mittelbar kann über die Datenqualität z.B. verhindert werden, dass unrichtige Informationen den Betroffenen von Leistungen abschneiden oder ihn Sanktionen aussetzen.[4] Mittelbar kann eine verbesserte Datenqualität auch dem Schutz der Privatsphäre des Einzelnen dienen. Ein unmittelbarer Konnex besteht insofern aber nicht.

3 Ein Interesse an der Sicherung der Datenqualität haben neben dem Betroffenen und dem Verbraucher auch die Erwerber von Rohdaten (z.B. Forscher), die Erwerber von „Big Data"-Forschungsergebnissen und diejenigen, die von den Ergebnissen von Datenanalysen in irgendeiner Weise betroffen sind.[5] Doch nur die letzte Gruppe wird von der Art. 16 geschützt – allerdings nur insofern, als „richtige" Daten die Voraussetzung für „richtige" Analysen sind.

4 Die Norm verhindert nicht, dass der Betroffene zum Opfer nicht sachgerechter Informationsgewinnungs*verfahren* wird. Dies könnte nur eine Regelung wie § 28b Nr. 1 BDSG erreichen[6], die im Zusammenhang mit dem „Scoring" vorschreibt, dass die zur Berechnung eines Wahrscheinlichkeitswerts genutzten Daten „unter Zugrundelegung eines wissenschaftlich anerkannten mathematisch-statistischen Verfahrens nachweisbar für die Berechnung der Wahrscheinlichkeit des bestimmten Verhaltens erheblich" sein müssen. Eine solche Regelung fehlt in der DS-GVO. Immerhin ist es der Bundesregierung bei den Ratsverhandlungen über die DS-GVO gelungen[7], in EG 71 S. 5 eine ähnliche Regelung zu verankern, nach der Verantwortliche geeignete mathematische oder statistische Verfahren verwenden und technische und organisatorische Maßnahmen treffen sollen, mit denen insbesondere sichergestellt wird, dass „Faktoren, die zu unrichtigen personenbezogenen Daten führen, korrigiert werden und das Risiko von Fehlern minimiert wird". Dieser

2 *Hoeren*, in: MMR 2016, 8, 10.
3 *Hoeren*, in: MMR 2016, 8, 10.
4 Vgl. Simitis, *Mallmann*, § 20 Rn. 9.
5 *Hoeren*, in: MMR 2016, S. 8, 9.
6 *Hoeren*, in: MMR 2016, 8, 10.
7 Vgl. z.B. Rats-Dok. Nr. 15395/14 v. 19.12.2014, Fn. 204.

EG gilt aber nur für Profilingverfahren, die in automatisierte Einzelentscheidungen münden. Im Übrigen enthält die DS-GVO keine Qualitätsstandards für Datenverarbeitungsverfahren.

5 Die Norm versucht, das Regelungsziel der Datenqualität dadurch zu erreichen, dass sie dem Betroffenen das Recht gibt, unmittelbar auf den Bestand gespeicherter oder verarbeiteter Daten einzuwirken. Von Interesse sind beide Ansprüche für den Betroffenen aber wohl nur vor einer ihn betreffenden Datenverarbeitung, also in der Regel, wenn personenbezogene Daten dauerhaft gespeichert werden, um sie fortlaufend oder nochmals zu nutzen.

II. Normadressaten

1. Öffentliche und nicht-öffentliche Stellen

6 Die Norm unterscheidet nicht zwischen öffentlichen und nicht-öffentlichen Verantwortlichen. Beide kommen gleichermaßen als Anspruchsgegner in Betracht. Bei den nicht-öffentlichen Stellen ist bemerkenswert, dass die Norm auch für Privatpersonen gilt, deren Datenverarbeitung nicht ausschließlich privaten oder familiären Zwecken dient (Art. 2 Abs. 2 lit. c). Damit ist auch jeder Webseitenbetreiber, der personenbezogene Daten auf seiner Webseite im Internet veröffentlicht, berichtigungs- und vervollständigungspflichtig.

2. Drittstaatsdatenverarbeiter

7 Auch nicht in der Europäischen Union niedergelassene Verantwortliche sind zur Berichtigung und Vervollständigung verpflichtet, wenn die von ihnen betriebene Datenverarbeitung die Voraussetzungen des Art. 3 Abs. 2 erfüllt.

3. Mitgliedstaaten

8 Art. 16 kennt keine Ausnahme von der Berichtigungs- und Vervollständigungspflicht.

9 Gemäß Art. 23 können die Mitgliedstaaten Beschränkungen der Berichtigungs- und Vervollständigungspflicht vorsehen. Dabei sind die Voraussetzungen des Art. 23 Abs. 2 zu beachten. Im Rahmen der Anpassung des nationalen Rechts an die Vorgaben der DS-GVO ist der deutsche Gesetzgeber daher dazu aufgerufen, die durch die DS-GVO eröffneten Lücken zum Schutze öffentlicher Interessen, zum Schutz des Betroffenen, zum Schutz der Rechte und Freiheiten des Verantwortlichen und zum Schutz der Rechte und Freiheiten anderer Personen zu schließen.

10 Unter anderen Voraussetzungen können die Mitgliedstaaten gemäß Art. 89 Abs. 2 und 3 Ausnahmen von Art. 16 vorsehen, wenn personenbezogene Daten für Zwecke der wissenschaftlichen oder historischen Forschung, für statistische Zwecke oder für im öffentlichen Interesse liegende Archivzwecke verarbeitet werden. In diesem Fall muss das mitgliedstaatliche Recht angemessene Garantien vorsehen. Ausnahmen im mitgliedstaatlichen Recht sind dann insoweit zulässig, als der Berichtigungs- oder Vervollständigungsanspruch die Erreichung des jeweiligen Verarbeitungszweckes wahrscheinlich unmöglich machen oder ernsthaft beeinträchtigen würde. Die Ausnahmen müssen notwendig für die Erreichung des Verarbeitungszweckes sein.

11 Darüber hinaus sehen die Mitgliedstaaten für die Verarbeitung, die zu journalistischen oder zu wissenschaftlichen oder literarischen Zwecken erfolgt, Abweichungen und Ausnahmen auch vom Berichtigungs- und Vervollständigungsanspruch vor (Art. 85 Abs. 2). Voraussetzung ist, dass dies erforderlich ist, um das Recht auf Datenschutz mit der Freiheit der Meinungsäußerung und der Informationsfreiheit in Einklang zu bringen.

12 Beispielhaft seien die folgenden Berichtigungsansprüche des deutschen Rechts genannt, die daraufhin zu prüfen sind, ob sie in den Anwendungsbereich der DS-GVO fallen, ob sie ggf. gestrichen werden müssen oder ob sie unter Berücksichtigung der Öffnungsklauseln der Art. 23, 85 und 89 Abs. 2 und 3 an die Vorgaben der DS-GVO anzupassen sind: § 3 AFIV[8], § 11 ATDG[9], §§ 32, 33 BKAG, § 35 BPolG, §§ 12, 13 BVerfSchG, § 84 SGB X, § 489 StPO, § 184 StVollzG, § 39 ZFdG[10].

4. Betroffene

Betroffene können einen Antrag an den für die Verarbeitung Verantwortlichen richten, um ihren Berichtigungs- oder Vervollständigungsanspruch geltend zu machen. Eine Pflicht des Verantwortlichen, personenbezogene Daten richtig zu halten, besteht aber auch bereits ohne Antrag (vgl. Art. 5 Abs. 1 lit. d). 13

5. Datenschutzaufsichtsbehörden

Gemäß Art. 53 Abs. 2 lit. g hat jede Aufsichtsbehörde die Befugnis, die Berichtigung von Daten gemäß Art. 16 anzuordnen (nicht aber die Vervollständigung, was sicherlich ein Redaktionsversehen ist). Bei Verstößen gegen Art. 16 können die Datenschutzaufsichtsbehörden Geldbußen gemäß Art. 83 Abs. 5 lit. b verhängen. 14

III. Systematik

Zu unterscheiden sind der Anspruch auf Berichtigung eines unrichtigen Datenbestandes (Satz 1) und der Anspruch auf Vervollständigung eines unvollständigen Datenbestandes (Satz 2). 15

Die Ansprüche gehören zu den Betroffenenrechten des Kapitels III. Demnach gelten für Berichtigung und Vervollständigung zusätzlich zu den Anforderungen des Art. 16 noch die allgemeinen Anspruchsvoraussetzungen der Art. 11 und 12. So findet Art. 16 keine Anwendung, wenn der Verantwortliche nicht in der Lage ist, den Betroffenen zu identifizieren (Art. 11 Abs. 2). Die Voraussetzungen für die Mitwirkungspflicht des Betroffenen, Form und Frist der Beantwortung eines Antrags, Identitätsfeststellung durch den Verantwortlichen und die Sprache der Kommunikation mit dem Betroffenen finden sich in Art. 12. 16

Berichtigungs- und Vervollständigungsanspruch gehören zu den Initiativrechten, die einen Antrag des Betroffenen vorsehen. Weitere Initiativrechte sind das Recht auf Auskunft, das Recht auf Löschung, das Recht auf Verarbeitungsbeschränkung, das Recht auf Datenportabilität und das Widerspruchsrecht. 17

Allerdings enthält Art. 5 Abs. 1 lit. d die Verpflichtung, unrichtige personenbezogene Daten zu berichtigen, auch als Daueraufgabe des Verantwortlichen. Diese Pflicht ist somit unabhängig von einem Antrag des Betroffenen. Bei öffentlichen Stellen besteht sie von Amts wegen. Nach EG 39 S. 10 soll der Verantwortliche Fristen für die Löschung und die regelmäßige Überprüfung der Daten vorsehen. Nach EG 39 S. 11 sollen alle vertretbaren Schritte unternommen werden, damit unrichtige Daten gelöscht oder berichtigt werden. 18

IV. Entstehungsgeschichte

1. Bisherige europäische Vorgaben

Der Berichtigungsanspruch ist primärrechtlich in Art. 8 Abs. 2 S. 2 Grundrechtecharta verankert: *„Jede Person hat das Recht, Auskunft über die sie betreffenden erhobenen Daten zu erhalten und die Berichtigung der Daten zu erwirken."* 19

Art. 6 Abs. 1 lit. d DS-RL enthält den Grundsatz, dass personenbezogene Daten sachlich richtig und, wenn nötig, auf den neuesten Stand gebracht sein müssen. Die Mitgliedstaaten sind ver- 20

---

8 Verordnung über die Veröffentlichung von Informationen über die Zahlung von Mitteln aus den Europäischen Fonds für Landwirtschaft und für Fischerei.

9 Gesetz zur Errichtung einer standardisierten zentralen Antiterrordatei von Polizeibehörden und Nachrichtendiensten von Bund und Ländern.

10 Gesetz über das Zollkriminalamt und die Zollfahndungsämter.

pflichtet, alle angemessenen Maßnahmen zu treffen, damit im Hinblick auf die Zwecke, für die sie erhoben oder weiterverarbeitet werden, nicht zutreffende oder unvollständige Daten gelöscht oder berichtigt werden.

21 Einen Berichtigungsanspruch enthält Art. 12 lit. b DS-RL.

2. Bisherige nationale Vorgaben

22 Nach § 20 Abs. 1 S. 1 BDSG sind personenbezogene Daten von öffentlichen Stellen zu berichtigen, wenn sie unrichtig sind. Bei nicht-automatisierter Verarbeitung durch öffentliche Stellen ist die Tatsache der Unrichtigkeit von Daten oder ihrer Bestrittenheit in geeigneter Weise festzuhalten (§ 20 Abs. 1 S. 2 BDSG).

23 Nach § 35 Abs. 1 S. 1 BDSG sind personenbezogene Daten von nicht-öffentlichen Stellen zu berichtigen, wenn sie unrichtig sind. Eine Ausnahme hiervon enthält § 35 Abs. 6 S. 1 BDSG. Danach müssen personenbezogene Daten, die unrichtig sind oder deren Richtigkeit bestritten wird, bei der geschäftsmäßigen Datenspeicherung zum Zweck der Übermittlung nicht berichtigt werden, wenn sie aus allgemein zugänglichen Quellen entnommen und zu Dokumentationszwecken gespeichert sind. Auf Verlangen des Betroffenen ist jedoch eine Gegendarstellung beizufügen (§ 35 Abs. 6 S. 2 BDSG), die auch an Dritte mit übermittelt werden muss (§ 35 Abs. 6 S. 3 BDSG).

24 Gemäß § 35 Abs. 1 S. 2 BDSG sind geschätzte Daten als solche deutlich zu kennzeichnen.

25 Obwohl nicht ausdrücklich erwähnt, wird den genannten Berichtigungsansprüchen des BDSG auch ein Anspruch auf Vervollständigung unvollständiger Daten entnommen.[11]

B. Inhalt der Regelung

I. Anwendungsvoraussetzungen

1. Anspruchsberechtigung

26 Den Berichtigungsanspruch und den Vervollständigungsanspruch hat der Betroffene. Beide Ansprüche sind höchstpersönliche Rechte. Sie können nicht auf Dritte übertragen oder vererbt werden. Allerdings kann die Geltendmachung der Ansprüche durch einen rechtsgeschäftlichen (z.B. Rechtsanwalt) oder gesetzlichen (z.B. Erziehungsberechtigter) Vertreter erfolgen.[12]

2. Anspruchsverpflichtung

27 Zur Berichtigung oder Vervollständigung verpflichtet ist der Verantwortliche (Definition in Art. 4 Nr. 7). Dies können sowohl öffentliche als auch nicht-öffentliche Stellen sein. Bei Auftragsverarbeitung ist der Auftraggeber der Verantwortliche.[13] Auch Drittstaatsdatenverarbeiter sind zur Berichtigung und Vervollständigung verpflichtet, wenn die von ihnen betriebene Datenverarbeitung die Voraussetzungen des Art. 3 Abs. 2 erfüllt.

3. Antrag des Betroffenen

28 Nach Art. 5 Abs. 1 lit. d besteht bereits objektiv-rechtlich die Pflicht des Verantwortlichen, personenbezogene Daten sachlich richtig zu verarbeiten und erforderlichenfalls auf dem neuesten Stand zu halten. Der Antrag des Betroffenen auf Berichtigung ist somit nicht konstitutiv für den Anspruch, sondern hat lediglich Hinweisfunktion. Wenn der Verantwortliche von der Möglichkeit der Unrichtigkeit der Daten Kenntnis erlangt, muss er Ermittlungen über die Frage der Richtigkeit der Daten aufnehmen.[14]

---

11 Wolff/Brink, *Worms*, § 20 Rn. 19; Gierschmann/Saeugling, *Saeugling*, § 35 Rn. 21.
12 Vgl. Gierschmann/Saeugling, *Heinemann*, § 34 Rn. 8.
13 Vgl. Gola/Schomerus, *Gola/Klug/Körffer*, § 3 Rn. 50.
14 Vgl. Wolff/Brink, *Worms*, § 20 Rn. 12.

Art. 5 Abs. 1 lit. d erwähnt nur die Richtigkeit, nicht aber die Vollständigkeit personenbezogener Daten als in jedem Fall zu beachtenden Grundsatz. Zwar ist es denkbar, die Vollständigkeit als Unterfall der Richtigkeit anzusehen.[15] Da aber Art. 16 zwischen Berichtigungs- und Vervollständigungsanspruch unterscheidet, verbietet es sich, in den Richtigkeitsgrundsatz des Art. 5 Abs. 1 lit. d auch einen Vollständigkeitsgrundsatz hineinzulesen. Die Vollständigkeit personenbezogener Daten kann daher nur auf Antrag erreicht werden. **29**

Es sollen Modalitäten festgelegt werden, die einem Betroffenen die Ausübung ihres Berichtigungs- und Vervollständigungsanspruchs erleichtern (EG 59 S. 1). Der Verantwortliche soll dafür sorgen, dass Anträge elektronisch gestellt werden können, insbesondere wenn die personenbezogenen Daten elektronisch verarbeitet werden (EG 59 S. 2). **30**

4. Frist

Die Berichtigung muss gemäß Satz 1 „unverzüglich" vorgenommen werden. Dieselbe Zeitvorgabe macht Art. 5 Abs. 1 lit. d. Danach muss der Verantwortliche alle angemessenen Maßnahmen treffen, damit personenbezogene Daten, die im Hinblick auf die Zwecke ihrer Verarbeitung unzutreffend sind, „unverzüglich" berichtigt werden. In der englischen Fassung werden insofern aber nicht dieselben Begrifflichkeiten verwendet: nach Satz 1 ist „without undue delay", nach Art. 5 Abs. 1 lit. d „without delay" zu berichtigen. Solchen Unterschieden sollte keine allzu große Bedeutung beigemessen werden, da eine verordnungsinterne Kohärenzprüfung der Terminologie während der Verhandlungen zur DS-GVO nur in unzureichendem Maße stattgefunden hat. **31**

Legt man für die Auslegung des Begriffs „unverzüglich" die Legaldefinition des § 121 Satz 1 BGB zugrunde, muss eine Berichtigung „ohne schuldhaftes Zögern" vorgenommen werden. In vielen Fällen wird eine unter Umständen komplexe Prüfung durch den Verantwortlichen, ob ein personenbezogenes Datum tatsächlich unrichtig ist, vorgenommen werden müssen. Daher ist dem Verantwortlichen ein gewisser Entscheidungszeitraum zur Verfügung zu stellen. **32**

Einen Hinweis darauf, was noch als angemessen anzusehen sein wird, gibt Art. 12 Abs. 3. Dieser trifft zwar keine Aussage darüber, innerhalb welcher Zeit die begehrte Berichtigung vorgenommen werden muss. Allerdings muss der Betroffene unverzüglich, spätestens aber innerhalb eines Monats nach Eingang des Antrags über die aufgrund des Antrags ergriffenen Maßnahmen informiert werden. Daraus folgt, dass die Berichtigung jedenfalls innerhalb einer Frist von weniger als einem Monat vorgenommen werden muss, so dass noch eine rechtzeitige Information des Betroffenen erfolgen kann. Dies gilt zumindest für die Fälle, in denen die Berichtigung auf Antrag vorgenommen werden muss. **33**

Für die Rechtspraxis wird folgende Auslegung vertretbar sein: Erhält der Verantwortliche durch Antrag oder auf andere Weise Kenntnis von Umständen, nach denen von ihm gespeicherte oder verarbeitete personenbezogene Daten womöglich unrichtig sind, hat er eine nach den Umständen des Einzelfalls zu bemessende Prüfungs- und Überlegungszeit[16], innerhalb der er eine Entscheidung über die Berichtigung zu treffen hat. Diese Entscheidung hat er spätestens in einer Zeitspanne zu treffen, die eine Benachrichtigung des Betroffenen innerhalb eines Monats ermöglicht. Art. 12 Abs. 3 S. 2 sieht eine Verlängerungsmöglichkeit für komplexe Anträge oder bei einer Vielzahl von Anträgen vor. Hat der Verantwortliche nicht nur positive Kenntnis von Umständen, die die Unrichtigkeit der Daten begründen könnten, sondern positive Kenntnis von ihrer Unrichtigkeit, ist die Berichtigung gegebenenfalls schneller als innerhalb eines Monats vorzunehmen. **34**

Der Vervollständigungsanspruch des Art. 16 S. 2 enthält keine Fristvorgabe und in Art. 5 Abs. 1 lit. d ist dieser Anspruch gar nicht erwähnt. Gleichwohl wird man die Überlegungen zur Frist beim Berichtigungsanspruch (Rn. 31 ff) auch beim Vervollständigungsanspruch anwenden müssen. **35**

---

15 So wohl z.B. Simitis, *Mallmann*, § 20 Rn. 12.
16 BGH, Urt. v. 24.1.2008, VII ZR 17/07, WM 2008, 942, 943 (Rn. 18).

5. Kosten

36 Nach Art. 12 Abs. 5 S. 1 werden alle Maßnahmen nach Art. 16 unentgeltlich zur Verfügung gestellt.

37 Ein angemessenes Entgelt kann der Verantwortliche gemäß Art. 12 Abs. 5 S. 2 allerdings bei offenkundig unbegründeten oder – insbesondere im Fall ihrer Häufung – unverhältnismäßigen Anträgen eines Betroffenen verlangen, wobei die Verwaltungskosten für die Durchführung der beantragten Maßnahme berücksichtigt werden. Diese Regelung eines Missbrauchsentgelts ist offensichtlich verunglückt, da Fälle dieser Art jedenfalls bei Berichtigungsansprüchen kaum denkbar sind:

38 – Offenkundig unbegründeten Anträgen darf der Verantwortliche gar nicht nachkommen, da er dazu verpflichtet ist, die Daten richtig zu halten. Ist ein Antrag unbegründet, dann sind die Daten richtig und eine Änderung der Daten würde sie unrichtig machen. Bei offensichtlich unbegründeten Anträgen kann der Verantwortliche aber wohl immerhin ein angemessenes Entgelt für die Mitteilung, dass er die beantragte Berichtigung nicht vorgenommen hat, verlangen.

39 – Unverhältnismäßige Anträge dürften kaum vorkommen, da der Verantwortliche ja auch ohne Antrag verpflichtet ist, die Daten laufend auf dem neuesten Stand zu halten. Wenn er dieser Pflicht nicht nachkommt, können auch häufige Anträge nicht unverhältnismäßig sein, denn dadurch würde der Verantwortliche ja nur an seine ohnehin bestehende Pflicht, der er nicht nachkommt, erinnert. Wenn er dieser Pflicht aber nachkommt, dann sind häufige Berichtigungsanträge nicht unverhältnismäßig, sondern unbegründet.

40 Anders als die Berichtigungspflicht ist die Vervollständigungspflicht nicht als Dauerpflicht ausgestaltet. Das heißt, der Verantwortliche ist nicht verpflicht, die Daten ständig auf ihre Vollständigkeit hin zu überprüfen. Insofern sind daher auch offenkundig unbegründete und unverhältnismäßige Vervollständigungsansprüche und damit auch Missbrauchsentgelte denkbar.

6. Mitwirkungspflichten des Verantwortlichen

41 Fraglich ist, ob aus der Berichtigungs- und Vervollständigungspflicht auch Organisations- und Verfahrenspflichten des Verantwortlichen erwachsen.

42 Unter dem Gesichtspunkt des „Grundrechtsschutzes durch Organisation und Verfahren" spricht viel dafür, dass ein Verantwortlicher seine Betriebs- oder Behördenstruktur so organisieren muss, dass der spätere Aufwand zur Berichtigung/Vervollständigung gering gehalten wird und Berichtigung oder Vervollständigung insbesondere innerhalb der knapp bemessenen Bearbeitungsfrist auch tatsächlich überhaupt vorgenommen werden können.[17] Für eine entsprechende Mitwirkungspflicht spricht die Generalklausel des Art. 24 Abs. 1, wonach es erforderlich ist, dass der Verantwortliche geeignete technische und organisatorische Maßnahmen trifft, damit die Anforderungen der DS-GVO erfüllt werden.

43 Dafür spricht auch, dass Art. 12 Abs. 2 S. 1 den Verantwortlichen dazu verpflichtet, dem Betroffenen die Ausübung seines Berichtigungs- und Vervollständigungsanspruchs zu erleichtern. Art. 5 Abs. 1 lit. d bekräftigt dies für den Berichtigungsanspruch. Danach muss der Verantwortliche angemessene Maßnahmen treffen, damit unzutreffende Daten unverzüglich berichtigt werden. Nach EG 39 S. 11 sollen alle vertretbaren Schritte unternommen werden, damit unrichtige Daten gelöscht oder berichtigt werden. Diesem Ziel dienen die folgenden Maßnahmen:

44 a) Mechanismen, die dafür sorgen, dass der Betroffene unentgeltlich Zugang zu personenbezogenen Daten beantragen und deren Berichtigung oder Löschung erhalten kann (EG 59 S. 1).

45 b) Fristen für die Löschung und die regelmäßige Überprüfung der Daten (EG 39 S. 10).

17 Vgl. *Sydow*, in: NVwZ 2013, 467.

c) Rechtsbehelfsbelehrung bei Datenerhebung oder -verwendung: Der Verantwortliche muss den Betroffenen auf sein Recht auf Berichtigung hinweisen. Eine entsprechende Hinweispflicht enthalten Art. 13 Abs. 2 lit. b und Art. 14 Abs. 2 lit. c. Allerdings steht diese Verpflichtung unter dem Vorbehalt, dass eine solche Information notwendig ist, um eine faire und transparente Verarbeitung zu gewährleisten, wie sich aus dem jeweils einleitenden Satz des Art. 13 Abs. 2 und Art. 14 Abs. 2 ergibt. Eine Pflicht zum Hinweis auf das Recht auf Vervollständigung besteht nicht. Es bietet sich aber an, auch dieses Recht in die ohnehin zu erteilende Rechtsbehelfsbelehrung aufzunehmen. **46**

d) Ermöglichung elektronischer Antragstellung, insbesondere wenn die personenbezogenen Daten elektronisch verarbeitet werden (EG 59 S. 2). **47**

e) Information des Betroffenen über die auf den Berichtigungs- oder Vervollständigungsantrag hin ergriffenen Maßnahmen (in der Regel: Bestätigung der Berichtigung oder Vervollständigung; Art. 12 Abs. 3 S. 1). Diese Information hat auf elektronischem Wege zu erfolgen, wenn der Antrag ebenfalls auf elektronischem Wege gestellt wurde, es sei denn, der Antragsteller wünscht einen anderen Informationsweg (Art. 12 Abs. 3 S. 4). Die Information über die ergriffenen Maßnahmen (oder über die Nichtvornahme der Berichtigung oder Vervollständigung, Art. 12 Abs. 4) muss ohne unangemessene Verzögerung, spätestens aber innerhalb eines Monats nach Eingang des Antrags erfolgen (Art. 12 Abs. 3 S. 1). **48**

f) Pflicht zur Benachrichtigung anderer Stellen, an die die Daten vor der Berichtigung übermittelt worden waren (Art. 19 S. 1).[18] Diese Pflicht gilt jedoch nicht, wenn die Benachrichtigung sich als unmöglich erweist und einen unverhältnismäßigen Aufwand bedeuten würde. Dem Wortlaut des Art. 19 S. 1 nach gilt die Benachrichtigungspflicht nur für Berichtigungen, nicht aber für Vervollständigungen. **49**

g) Pflicht zur Benachrichtigung des Betroffenen über die Empfänger von Daten, an die diese vor der Vornahme der Berichtigung übermittelt worden waren, wenn der Betroffene dies verlangt (Art. 19 S. 2). Auch diese Pflicht gilt dem Wortlaut nach nur für Berichtigungen, nicht für Vervollständigungen. **50**

7. Mitwirkungsobliegenheiten des Betroffenen

Der Betroffene muss kein besonderes Interesse an der Berichtigung oder Vervollständigung dartun.[19] **51**

Eine Mitwirkungsobliegenheit des Betroffenen besteht jedoch darin, dass er dem Verantwortlichen mitteilen muss, welche konkreten personenbezogenen Daten seiner Ansicht nach unrichtig/unvollständig gespeichert sind oder auf unrichtige/unvollständige Weise verarbeitet werden. Ein „Antrag ins Blaue hinein" (also der nicht näher konkretisierte Hinweis auf womöglich unrichtige/unvollständige Daten oder das Ersuchen, die Richtigkeit/Vollständigkeit der Daten zu überprüfen, ohne dass es einen Anhaltspunkt für eine etwaige Unrichtigkeit/Unvollständigkeit gibt) dürfte nicht ausreichen. Dies wird jedenfalls dann anzunehmen sein, wenn der Verantwortliche alles seinerseits Erforderliche getan hat, um die Verpflichtung des Art. 5 Abs. 1 lit. d, angemessene Maßnahmen zur Sicherstellung der Richtigkeit der Daten zu treffen, erfüllt hat. Insofern ist es dem Betroffenen zuzumuten, zunächst einen Auskunftsanspruch gemäß Art. 15 gegen den Verantwortlichen zu stellen, um auf Grundlage der erteilten Auskunft eine etwa erforderliche Berichtigung/Vervollständigung zu verlangen.

Im Übrigen sind Berichtigungs- und Vervollständigungsanspruch jedoch nicht begründungspflichtig. **52**

---

18 Ähnlich §§ 20 Abs. 8 und 35 Abs. 7 BDSG.
19 Vgl. zum geltenden Recht in: Wolff/Brink, *Worms*, § 20 Rn. 12.

53 Eine weitere Mitwirkungsobliegenheit hat der Betroffene im Hinblick darauf, dass er gegenüber dem Verantwortlichen Informationen zur Verfügung stellen muss, die dieser die Feststellung der Identität des Antragstellers ermöglichen (s. Rn. 54 ff.).

8. Identitätsfeststellung

54 Hat der Verantwortliche berechtigte Zweifel an der Identität des Antragstellers, kann er von diesem zusätzliche Informationen verlangen, die zur Bestätigung der Identität des den Antrag stellenden Betroffenen erforderlich sind (Art. 12 Abs. 6). Diese Regelung gibt dem Verantwortlichen somit die Befugnis, einen Identifikationsnachweis vom Betroffenen zu verlangen. Das können z.B. die Angabe von Name, Wohnort und Geburtsdatum, die Vorlage eines Ausweisdokuments, ein Login mit Benutzername und Passwort, die Verwendung bestimmter Verschlüsselungstechniken oder ein Rückruf beim Anfragenden sein. Welche Identifikationsnachweise im Einzelfall verlangt werden können, sollte vom Risiko der Datenverarbeitung für den Betroffenen abhängen.

55 Hiesigen Erachtens darf Art. 12 Abs. 6 jedoch nicht nur eine „Kann"-Regelung sein. Bestehen Zweifel an der Identität des Antragstellers, ist der Verantwortliche demnach nicht nur berechtigt, sondern auch verpflichtet, die Identität des Antragstellers zu überprüfen. Anderenfalls besteht die Gefahr, dass der Verantwortliche auf Ersuchen einer anderen Person tätig wird und mit einer auf die falsche Person bezogenen „Berichtigung" oder „Vervollständigung" in die Rechte und Freiheiten des Betroffenen eingreift.

56 Von der Feststellung der Identität des Antragstellers zu unterscheiden ist die Frage, ob die vorhandenen Informationen eines Verantwortlichen dem Antragsteller überhaupt zugeordnet werden können. Art. 11 regelt den Umfang der Betroffenenrechte, also u.a. auch den Umfang des Berichtigungs- und des Vervollständigungsanspruchs, für Fälle dieser Art. Die Regelung ist verunglückt oder jedenfalls schwer verständlich. Hiesigen Erachtens ist sie wie folgt auszulegen:

57 Art. 11 Abs. 1 betrifft Fälle, in denen ein Verantwortlicher Informationen verarbeitet, die sich zwar auf eine bestimmbare natürliche Person beziehen (und die deshalb als personenbezogene Daten anzusehen sind), bei denen eine Bestimmung des Betroffenen aber zusätzliche Mittel erfordern würde. Es geht also vor allem um pseudonymisierte Daten (Definition in Art. 4 Nr. 5). In diesen Fällen soll der Verantwortliche nicht verpflichtet sein, diese zusätzlichen Mittel nur einsetzen zu müssen, um Verpflichtungen der DS-GVO erfüllen zu können. Dies gilt gemäß Art. 11 Abs. 2 auch für die Betroffenenrechte des Art. 16.

58 Im Hinblick auf Berichtigungs- und Vervollständigungsansprüche bedeutet dies:

Liegen die vom Verantwortlichen verarbeiteten Daten nur in pseudonymisierter Form vor, muss dieser auf ein Berichtigungs- und Vervollständigungsersuchen des Betroffenen hin keine zusätzlichen Anstrengungen für die Herstellung der Beziehung zwischen den in Rede stehenden Daten mit der Person des Antragstellers unternehmen, damit er dann die „richtigen", auf den betroffenen Antragsteller bezogenen Daten berichtigen oder vervollständigen kann. Pseudonymisierte Daten müssen daher nicht berichtigt oder vervollständigt werden, es sei denn, der Betroffene stellt zusätzliche Informationen bereit, um eine Re-Identifizierung zu ermöglichen (Art. 11 Abs. 2 S. 2).

9. Ablehnung

59 Nach der DS-GVO kann der Verantwortliche die Berichtigung/Vervollständigung in drei Fallkonstellationen ablehnen. Ausnahmen aufgrund entgegenstehender Rechte des Verantwortlichen oder Dritter sieht die DS-GVO jedoch nicht ausdrücklich vor:

a) Antrag offenkundig unbegründet

60 Bei offenkundig unbegründeten Anträgen eines Betroffenen kann der Verantwortliche sich weigern, aufgrund des Antrags tätig zu werden (Art. 12 Abs. 5 S. 2 lit. b). Offenkundig unbegründet ist ein Berichtigungsantrag, wenn der Betroffene die „Berichtigung" einer erwiesenermaßen

wahren Tatsache begehrt. Offenkundig unbegründet ist ein Vervollständigungsantrag, wenn der Betroffene die „Vervollständigung" offenkundig bereits vollständiger Daten begehrt.

Die Befugnis des Verantwortlichen zur Ablehnung eines offenkundig unbegründeten Antrags ist, soweit sie sich auf Berichtigungsansprüche bezieht, nicht weitreichend genug. Bei offenkundig unbegründeten Anträgen *kann* der Verantwortliche sich nicht nur weigern, aufgrund des Antrags tätig zu werden. Wegen seiner Verpflichtung, die Daten richtig zu halten (Art. 5 Abs. 1 lit. d), *muss* er es sogar. **61**

b) Anträge unverhältnismäßig

Bei unverhältnismäßigen Anträgen eines Betroffenen kann der Verantwortliche sich weigern, aufgrund des Antrags tätig zu werden (Art. 12 Abs. 5 S. 2 lit. b). Fälle, in denen Berichtigungsanträge unverhältnismäßig sind, sind allerdings kaum denkbar, da der Verantwortliche dazu verpflichtet ist, die Daten laufend auf dem neuesten Stand zu halten. Allenfalls bei exzessiver Antragstellung kommt dieser Ablehnungsgrund in Betracht. **62**

c) Identifikation des Antragstellers nicht möglich

Lässt sich die Identität des Antragstellers nicht ermitteln, kann (hiesigen Erachtens: muss) der Verantwortliche den Berichtigungs- oder Vervollständigungsantrag ablehnen. Bei Ablehnung der Berichtigung/Vervollständigung ist der Betroffene über die Gründe und über die Möglichkeit, Beschwerde bei einer Aufsichtsbehörde einzulegen oder den Rechtsweg zu beschreiten, zu unterrichten (Art. 12 Abs. 4). Die Begründung muss so detailliert sein, dass der Betroffene die Berechtigung der Ablehnung selbst überprüfen oder durch eine Aufsichtsbehörde überprüfen lassen kann.[20] Die Ablehnungsmitteilung hat spätestens innerhalb eines Monats nach Eingang des Antrags zu erfolgen (Art. 12 Abs. 4). **63**

d) Entgegenstehende Rechte oder öffentliche Interessen

Eine Ablehnung der Berichtigung/Vervollständigung kommt auch in Betracht, wenn öffentliche Interessen, Rechte und Freiheiten des Verantwortlichen oder Rechte und Freiheiten eines Dritten entgegenstehen. **64**

Solche Fälle sind in der DS-GVO zwar nicht geregelt. Art. 23, 85 und 89 Abs. 2 und 3 lassen aber Beschränkungen und Ausnahmen im nationalen Recht zu. Ob die nationalen Gesetzgeber von diesen Öffnungsklauseln Gebraucht machen, bleibt abzuwarten (zur zu erwartenden Rechtslage in Deutschland Rn. 96 ff.). Es ist zweifelhaft, ob Art. 16 ohne Ausnahmetatbestände nicht gegen höherrangiges EU-Primärrecht verstößt. Namentlich finden weder der Grundsatz der Verhältnismäßigkeit (Art. 5 Abs. 4 EUV; Art. 52 Abs. 2 GRC) noch andere EU-Grundrechte (Art. 6 AEUV i.V.m. der EU-Grundrechtecharta) Beachtung. Das Grundrecht des Betroffenen auf Datenschutz muss aber gegen andere Grundrechte abgewogen werden. Die Möglichkeit einer solchen Abwägung sieht der Normgeber der DS-GVO in Art. 16 jedoch nicht vor. Sollten die nationalen Gesetzgeber keine Regelungen schaffen, die die rechtsstaatlich erforderliche Abwägung zwischen den grundrechtlich geschützten Interessen aller Beteiligten ermöglichen, wären der Verantwortliche und Dritte, deren Rechte vom Berichtigungs- oder Vervollständigungsanspruch des Betroffenen beeinträchtigt sein können, schutzlos gestellt. **65**

Sollte der nationale Gesetzgeber keinen Gebrauch von den Öffnungsklauseln machen, ist über eine tatbestandsmäßige Einschränkung der Ansprüche nachzudenken. Gegen eine tatbestandsmäßige Einschränkung der Ansprüche sprechen zwar der Wortlaut des Art. 16 und die ausdrücklich in der DS-GVO gewährten Befugnisse des nationalen Gesetzgebers, Ausnahmen im nationalen Recht schaffen zu konnen. Dafür sprechen jedoch die Aussagen in Art. 1 Abs. 2, wonach die DS-GVO „die" Grundrechte und Grundfreiheiten (Plural!) natürlicher Personen schützt, und in EG 4 S. 2, wonach das Recht auf Schutz der personenbezogenen Daten kein uneingeschränktes **66**

20 Vgl. Gola/Schomerus, *Gola/Klug/Körffer*, § 34 Rn. 19.

Recht ist, sondern es vielmehr im Hinblick auf seine gesellschaftliche Funktion gesehen und unter Wahrung des Verhältnismäßigkeitsprinzips gegen andere Grundrechte abgewogen werden muss.

10. Ausnahmen

67 Nach derzeitigem Stand kennt die Berichtigungs- und Vervollständigungspflicht der DS-GVO keine Ausnahmen.

68 Soweit öffentliche Interessen, Rechte des Betroffenen, Rechte des Verantwortlichen oder Rechte Dritter der Berichtigung/Vervollständigung entgegenstehen können, ist es Aufgabe des Gesetzgebers, geeignete Ausschlusstatbestände zu schaffen, die für einen angemessenen Ausgleich zwischen den einander gegenüberstehenden Interessen und Rechten sorgen.

69 Das BDSG enthält einen solchen Ausnahmetatbestand. Nach § 35 Abs. 6 S. 1 BDSG müssen unrichtige Daten nicht berichtigt werden, wenn sie aus allgemein zugänglichen Quellen entnommen und zu Dokumentationszwecken gespeichert sind. Auf Verlangen des Betroffenen ist in solchen Fällen den bestrittenen Daten eine Gegendarstellung beizufügen.

70 Sinnvoll wäre auch eine Regelung, dass ein Anspruch auf Berichtigung oder Vervollständigung nicht besteht, wenn es für den Verarbeitungszweck nicht auf die Richtigkeit oder die Vollständigkeit ankommt. Mit einer solchen Regelung würde der Anspruch auf datenschutzrechtlich relevante Fallgestaltungen beschränkt und hätte nicht mehr allgemein die Sicherstellung der Datenqualität zum Ziel.

71 Klarstellend sollte geregelt werden, dass ein Anspruch gemäß Art. 16 nicht besteht, wenn der Zweck der Verarbeitung auch in der Dokumentation oder Archivierung unrichtiger oder unvollständiger Daten besteht.

72 Denkbar wäre auch eine Regelung für Fälle der Nichterweislichkeit der Richtigkeit oder Vollständigkeit der Daten. In diesen Fällen könnte der Anspruch aus Art. 16 ausgeschlossen werden – verbunden mit einem Recht auf Beifügung einer Gegendarstellung.

II. Berichtigungsanspruch (Satz 1)

1. Unrichtigkeit personenbezogener Daten

73 Personenbezogene Daten sind unrichtig, wenn sie der Realität nicht entsprechen. Zur Auslegung des Begriffes „unrichtig" können die Tatbestandsmerkmale „der Wahrheit zuwider" in § 824 Abs. 1 BGB, „erweislich wahre Tatsache" in § 186 StGB oder „unwahre Angaben" in § 5 Abs. 1 UWG herangezogen werden.[21]

74 Fraglich ist, ob auch Werturteile „unrichtig" sein können. Grundsätzlich können auch Werturteile personenbezogene Daten sein.[22] Allerdings sind Werturteile (anders als Tatsachen) einem Beweis nicht zugänglich. Daher lässt sich die „Unrichtigkeit" eines Werturteils niemals belegen, sodass schon tatbestandsmäßig ein Berichtigungsanspruch ausscheidet. Darüber hinaus wäre ein sanktionsbewehrter Zwang zur „Berichtigung" von Werturteilen ein Eingriff in die Meinungsfreiheit. Der Schutz personenbezogener Daten ist kein uneingeschränktes Recht, sondern muss gegen andere Grundrechte abgewogen werden (vgl. EG 4 S. 2). Könnte ein Betroffener einem Verantwortlichen durch den Berichtigungsanspruch seine Bewertung eines Sachverhaltes aufnötigen und den Verantwortlichen zum „Widerruf" zwingen, wäre der Kernbereich der Meinungsfreiheit berührt. In Fällen dieser Art fällt die Abwägung somit immer zugunsten der Meinungsfreiheit aus. Dies sollte in dem vom nationalen Gesetzgeber gemäß Art. 85 Abs. 1 zu erlassenden „Datenschutz-Kommunikationsfreiheit-Abwägungsgesetz" klargestellt werden.

---

21 Simitis, *Mallmann*, § 20 Rn. 11.
22 Simitis, *Dammann*, § 3 Rn. 12; OLG Stuttgart, Urt. v. 11.4.2013, 2 U 111/12, NZA-RR 2013, juris Rn. 54.

Handelt es sich beim Verantwortlichen um eine öffentliche Stelle, ist jedoch besonders zu prüfen, ob sich die öffentliche Stelle überhaupt auf die Meinungsfreiheit berufen kann und ob es eine Rechtsgrundlage für die Abgabe von Werturteilen durch die öffentliche Stelle gibt. Oft wird der Betroffene sein Ziel schon dadurch erreichen können, dass er eine Berichtigung der der Bewertung zugrunde liegenden Tatsachen anstrebt. **75**

Ob die Daten aufgrund Verschuldens des Verantwortlichen unrichtig sind oder geworden sind, spielt keine Rolle. Hintergründe, Ursachen und Umfang der Unrichtigkeit und Zeitpunkt des Unrichtigwerdens sind ebenfalls unerheblich.[23] **76**

Nur die sich beim Verantwortlichen befindenden Daten müssen auf dem aktuellen Stand gehalten werden. Der Verantwortliche hat folglich nur die Pflicht, Änderungen und Aktualisierungen vorzunehmen, wenn dafür Anlass besteht. Dieser kann in einem Hinweis des Betroffenen oder eines Dritten bestehen. Eine aktive Pflicht zum Ergreifen von Handlungen, damit der Datenbestand dem Ist-Zustand entspricht, lässt sich aus dem Gebot der Richtigkeit der Daten nicht ableiten.[24] **77**

Ob personenbezogene Daten als unrichtig anzusehen sind, hängt vom objektiven Aussagegehalt[25] der Einzeldaten oder des gesamten Datensatzes ab, der in Beziehung zum konkreten Verarbeitungszweck gesetzt werden muss. Dass der Verarbeitungszweck Maßstab für die Beurteilung der Richtigkeit sein muss, folgt bereits aus Art. 5 Abs. 1 lit. d (*„having regard to the purposes for which they are processed"*). **78**

So darf nicht jedes Datum, das sich geändert hat, auch berichtigt werden. Besteht der Verarbeitungszweck nämlich in der Dokumentation dieses historischen Datums, wird das Datum nicht durch die Änderung der Umstände unrichtig.[26] Dies kann z.B. bei medizinischen Befunden, statistischen Erhebungen oder bei der Markt- und Meinungsforschung der Fall sein.[27] Rechtfertigt der Verarbeitungszweck die Verarbeitung gerade der unrichtigen Daten, besteht ein Berichtigungsanspruch selbstverständlich nicht.[28] Dies kann der Fall sein, wenn Falschaussagen zu Beweiszwecken in einem Verwaltungs- oder Strafverfahren verwendet werden müssen. Selbst wenn der Verarbeitungszweck nicht die Speicherung des historischen Datums erfordert, kommt statt der Berichtigung auch eine Kenntlichmachung des Datums als veraltet in Betracht.[29] **79**

Andererseits kann sich z.B. in Fällen der kompatiblen Weiterverarbeitung (Art. 5 Abs. 1 lit. b, 6 Abs. 4), in denen sich der Verarbeitungszweck ändert, auch der Aussagegehalt der Daten durch den neuen Verarbeitungszweck ändern, wodurch die Daten „richtig" oder „unrichtig" im Verhältnis zum neuen Verarbeitungszweck werden können. **80**

Bei Daten, die möglicherweise zu einer Falschbeurteilung des Betroffenen führen können, kann eine wertende Betrachtung erforderlich sein. So kann die Verwendung richtiger Einzeldaten in einem bestimmten Verwendungszusammenhang dazu führen, dass ein falsches Gesamtbild entsteht (Kontextverlust oder -verfälschung).[30] In diesem Fall dürfte der Berichtigungsanspruch gegeben sein. Umgekehrt kann ein falscher Aussagegehalt, der auf objektiv unvollständigen, lückenhaften, verkürzten, missverständlichen oder irreführenden Daten beruht, für den konkreten Verarbeitungszweck unschädlich sein und somit keinerlei Risiko für den Betroffenen darstellen. In diesen Fällen dürfte der Berichtigungsanspruch entfallen, da er ansonsten zum Selbstzweck würde. **81**

---

23 Vgl. Wolff/Brink, *Worms*, § 20 Rn. 18.
24 *Hoeren/Kaufmann*, S. 29.
25 Wolff/Brink, *Worms*, § 20 Rn. 18.
26 Vgl. Wolff/Brink, *Worms*, § 20 Rn. 19.
27 Gola/Schomerus, *Gola/Klug/Körffer*, § 20 Rn. 3; Simitis, *Mallmann*, § 20 Rn. 11.
28 Vgl. Wolff/Brink, *Worms*, § 20 Rn. 20.
29 Bergmann/Möhrle/Herb, § 25 Rn. 28
30 Gola/Schomerus, *Gola/Klug/Körffer*, § 20 Rn. 3; Simitis, Mallmann, § 20 Rn. 13.

82 Das BDSG enthält in § 35 Abs. 1 S. 2 eine ergänzende Regelung für Schätzdaten. Diese sind als solche zu kennzeichnen und gelten nur mit entsprechender Kennzeichnung als „richtig". Als Schätzdaten gelten im deutschen Recht die durch Scoring- und Profilingverfahren ermittelten Punkt- oder Wahrscheinlichkeitswerte.[31] Angesichts der Tatsache, dass die DS-GVO eine Definition des Profilings enthält (Art. 4 Nr. 4), könnte man erwarten, dass die DS-GVO auch Regelungen für solche Schätzwerte vorsieht. Dies ist aber nicht der Fall. Daher ist der mitgliedstaatliche Gesetzgeber frei darin, im Rahmen der zur Verfügung stehenden Öffnungsklauseln für Schätzwerte eigene Regeln beizubehalten oder zu erlassen.

83 Unternehmensbezogene Daten sind vom Anwendungsbereich der Regelung nicht umfasst. Gegen öffentliche Stellen steht Unternehmen unter Umständen ein allgemeiner öffentlich-rechtlicher Folgenbeseitigungsanspruch zu.[32]

2. Rechtsfolgen

84 Berichtigen bedeutet, die Daten mit der Wirklichkeit in Übereinstimmung zu bringen.

85 Die Art und Weise der Berichtigung wird von der DS-GVO im Einzelnen nicht vorgeschrieben. Sie obliegt dem Verantwortlichen. Er muss angemessene Maßnahmen ergreifen, damit unrichtige Daten auch tatsächlich berichtigt werden (Art. 5 Abs. 1 lit. d). Dies kann durch Ersetzung des unrichtigen durch das richtige Datum, durch Änderung des unrichtigen Datums, durch Fortschreibung der gespeicherten Daten, durch Bezugnahme innerhalb der gespeicherten Daten auf das außerhalb des Datensatzes gespeicherte richtige Datum, durch Hinzuspeichern fehlender Daten oder durch Löschung des unrichtigen Datums erfolgen.[33]

86 Kann eine Berichtigung der Daten nur durch Löschung erfolgen, stellt sich die Frage, ob Art. 16 oder 17 einschlägig ist. Werden unwahre Tatsachen über eine Person verarbeitet, liegt immer auch ein Fall der unrechtmäßigen Datenverarbeitung im Sinne von Art. 17 Abs. 1 lit. d vor, sodass an sich auch ein Löschanspruch besteht. Da Art. 16 aber keine Ausnahmen kennt, während Art. 17 Abs. 3 zahlreiche Ausnahmetatbestände enthält, macht es einen erheblichen Unterschied, welcher der beiden Tatbestände gilt. Hiesigen Erachtens kann ein grundrechtsschonender Ausgleich zwischen den Interessen des Betroffenen und denen des Verantwortlichen nur durch Anwendung des Art. 17 erfolgen. In die gemäß Art. 17 Abs. 3 vorzunehmenden Interessenabwägungen muss aber die Wertung des Richtigkeitsgrundsatzes des Art. 5 Abs. 1 lit. d einfließen, sodass die Nichtlöschung unrichtiger Daten die Ausnahme bleiben wird. Der mitgliedstaatliche Gesetzgeber ist aufgerufen, eine Kohärenz der Ausnahmetatbestände der Art. 16 und 17 herbeizuführen.

87 Wird die Richtigkeit der Daten bestritten, hat der Betroffene das Recht, vom Verantwortlichen die Einschränkung der Verarbeitung für die Dauer der Überprüfung der Behauptung des Betroffenen zu verlangen (Art. 18 Abs. 1 lit. a). Angesichts des eindeutigen Wortlauts von Art. 18 Abs. 1 lit. a ist der Verantwortliche zur Vornahme der Verarbeitungsbeschränkung aber nur auf den ausdrücklichen Antrag des Betroffenen hin verpflichtet. Ein Berichtigungsanspruch löst somit nicht automatisch in jedem Fall auch die Pflicht zur Verarbeitungsbeschränkung aus.

88 Dem Verlangen nach Berichtigung kann keine Einwilligung des Betroffenen in die Speicherung entnommen werden.[34]

89 § 20 Abs. 1 S. 2 BDSG enthält eine Regelung für Fälle, in denen personenbezogene Daten weder automatisiert verarbeitet noch in nicht automatisierten Dateien gespeichert sind – also für die Verarbeitung von Daten in Papierakten. Vor allem unter Berücksichtigung des Grundsatzes der Aktenvollständigkeit, dürfen die Daten, deren Richtigkeit bestritten wird, nicht gelöscht oder ergänzt werden. Bei Dokumentation historischer Vorgänge sollen mitunter auch fehlerhafte Daten

---

31 Gierschmann/Saeugling, *Saeugling*, in § 35 Rn. 30 m.w.N.
32 Vgl. Wolff/Brink, *Worms*, § 20 Rn. 17.
33 Vgl. Wolff/Brink, *Worms*, § 20 Rn. 13.
34 Vgl. Wolff/Brink, *Worms*, § 20 Rn. 14.

erhalten bleiben.[35] Daher sieht § 20 Abs. 1 S. 2 BDSG für Fälle dieser Art einen Anspruch auf einen Vermerk vor: das Bestreiten der Richtigkeit der Daten durch den Betroffenen ist „in geeigneter Weise festzuhalten". Da die DS-GVO nur für die ganz oder teilweise automatisierte Verarbeitung personenbezogener Daten sowie für die nichtautomatisierte Verarbeitung personenbezogener Daten, die in einem Dateisystem gespeichert sind oder gespeichert werden sollen, gilt (Art. 2 Abs. 1), könnte diese Regelung des BDSG auch unter der Geltung der DS-GVO aufrecht erhalten bleiben.

III. Vervollständigungsanspruch (Satz 2)

1. Unvollständigkeit personenbezogener Daten

Mehr noch als der Berichtigungsanspruch hängt der Vervollständigungsanspruch vom Zweck und vom Kontext der Datenverarbeitung ab. Dass der Verarbeitungszweck Maßstab für die Beurteilung der Vollständigkeit sein muss, folgt – anders als bei Satz 1 – bereits aus dem Wortlaut von Satz 2 (*„having regard to the purposes for which data were processed"*). Wäre dies nicht so, hätte der Betroffene einen indefiniten Anspruch auf Speicherung weiterer Daten zu seiner Person.[36] Die gespeicherten Daten müssen in ihrem Zusammenhang ein Bild des Betroffenen wiedergeben, das die für den konkreten Verarbeitungszweck relevanten Merkmale enthält.[37] Im Übrigen wird auf die Ausführungen zum Berichtigungsanspruch (Rn. 73 ff.) verwiesen. 90

2. Rechtsfolge

Vervollständigung ist die Hinzufügung fehlender Daten zu einem Gesamtbestand von Daten. Beispielhaft für die Vervollständigung unvollständiger Daten nennt Satz 2 die Speicherung von Zusatzinformationen („ergänzende Erklärung" = „supplementary statement"). 91

C. Umsetzung in die Praxis

I. Voraussichtliche Auswirkungen auf das nationale Recht

Der nationale Gesetzgeber muss das gesamte nationale Recht daraufhin überprüfen, ob es datenschutzrechtliche Berichtigungs- und Vervollständigungsansprüche enthält. Diese sind sämtlich auf ihre Vereinbarkeit mit den Vorgaben des Art. 16 zu überprüfen. Abweichungen sind entweder zu streichen oder den Vorgaben der DS-GVO anzupassen oder können im Fall einer Öffnungsklausel erhalten bleiben, wobei sie den Vorgaben der jeweiligen Öffnungsklausel (z.B. Art. 23) angepasst werden müssen. Wiederholungen der DS-GVO im nationalen Recht sind gemäß EG 8 ausnahmsweise zulässig, wenn die Mitgliedstaaten von ihrer Befugnis zu Präzisierungen oder Einschränkungen Gebrauch machen und die Wiederholungen erforderlich sind, um die Kohärenz zu wahren und die nationalen Rechtsvorschriften für die Personen, für die sie gelten, verständlicher zu machen. 92

Der Berichtigungsanspruch der DS-GVO deckt sich weitgehend mit den Berichtigungsansprüchen der §§ 20 Abs. 1 S. 1, 35 Abs. 1 S. 1 BDSG. An der materiellen Rechtslage dürfte sich in Deutschland insoweit nicht viel ändern. Allerdings enthält Art. 16 keine Ausnahmen. Diese kann der nationale Gesetzgeber gestützt auf Art. 23 festlegen, sofern er sie für erforderlich hält. Es spricht viel dafür, den Wortlaut des Art. 16 im nationalen Recht zu wiederholen, weil es für den Rechtsanwender sehr unübersichtlich ist, die Anspruchsvoraussetzungen in der DS-GVO und die Ausnahmetatbestände in verschiedenen nationalen Gesetzen suchen zu müssen. 93

35 Vgl. Wolff/Brink, *Worms*, § 20 Rn. 27.
36 Ähnlich Gola/Schomerus, *Gola/Klug/Körffer* § 20 Rn. 3.
37 Simitis, *Mallmann*, § 20 Rn. 12.

94 Eine Pflicht zur Kennzeichnung geschätzter Daten besteht nach der DS-GVO nicht. Die entsprechende Regelung im BDSG (§ 35 Abs. 1 S. 2) könnte im nationalen Recht aufrecht erhalten bleiben.

95 Einen Anspruch auf Berichtigung von Akteninhalten außerhalb von Dateien, wie er in § 20 Abs. 1 S. 2 BDSG enthalten ist, sieht die DS-GVO nicht vor. Da der sachliche Anwendungsbereich der DS-GVO auf die ganz oder teilweise automatisierte Verarbeitung personenbezogener Daten sowie auf die nicht-automatisierte Verarbeitung personenbezogener Daten, die in einer Datei gespeichert sind oder gespeichert werden sollen, beschränkt ist (Art. 2 Abs. 1), dürfte der nationale Gesetzgeber berechtigt sein, § 20 Abs. 1 S. 2 BDSG beizubehalten.

96 Der deutsche Gesetzgeber hat (Stand: 23.7.2017) unter Inanspruchnahme der Öffnungsklauseln zwei Ausnahmetatbestände im nationalen Recht verankert:

97 Gem. § 27 Abs. 2 S. 1 BDSG-neu sind die Rechte aus Art. 16 insoweit beschränkt, als diese Rechte voraussichtlich die Verwirklichung von Forschungs- und Statistikzwecken unmöglich machen oder ernsthaft beeinträchtigen und diese Beschränkung für die Erfüllung der Forschungs- und Statistikzwecke notwendig ist. Diese Regelung ist aufgrund von Art. 89 Abs. 2 gerechtfertigt.

98 Gem. § 28 Abs. 3 BDSG-neu besteht das Recht auf Berichtigung nicht, wenn die personenbezogenen Daten zu im öffentlichen Interesse liegenden Archivzwecken verarbeitet werden. Bestreitet der Betroffene die Richtigkeit der Daten, ist ihm die Möglichkeit einer Gegendarstellung einzuräumen. Das zuständige Archiv ist verpflichtet, die Gegendarstellung den Unterlagen hinzuzufügen.

II. Bestandsschutz bisheriger Datenverarbeitungen

99 Die DS-GVO gilt ab dem 25.5.2018 in allen Mitgliedstaaten. Da der Grundsatz des Art. 5 Abs. 1 lit. d die laufende Überprüfung der Richtigkeit personenbezogener Daten vorsieht, stellt sich die Frage nach dem Bestandsschutz nicht. Spätestens ab dem 25.5.2018 müssen auch laufende Datenverarbeitungen an die Anforderungen des Art. 5 Abs. 1 lit. d angepasst sein und Verantwortliche müssen Berichtigungs- und Vervollständigungsansprüche erfüllen, auch in Bezug auf bereits laufende Datenverarbeitungen.

III. Sanktionen

100 Verstöße gegen die Verpflichtungen aus Art. 16 stellen Ordnungswidrigkeiten dar. Diese können mit einer Geldbuße belegt werden. Die Datenschutzaufsichtsbehörden können Geldbußen von bis zu 20 Mio. € oder im Falle eines Unternehmens bis zu 4 % des gesamten weltweit erzielten Jahresumsatzes des vorangegangenen Geschäftsjahrs verhängen (Art. 83 Abs. 5 lit. b).

IV. Rechtsschutz

1. Rechtsschutz des Betroffenen

a) Rechtsschutz gegen Aufsichtsbehörde

101 Jeder Betroffene hat das Recht auf Beschwerde bei einer Aufsichtsbehörde, wenn er der Auffassung ist, dass die Verarbeitung ihn betreffender Daten gegen die DS-GVO verstößt – also auch, wenn er der Auffassung ist, der Verantwortliche erfülle seine Verpflichtungen aus Art. 16 nicht. Zuständig können die Aufsichtsbehörde in dem Mitgliedstaat des Aufenthaltsortes, die des Arbeitsplatzes oder die des Ortes des mutmaßlichen Verstoßes sein (Art. 77 Abs. 1).

102 Jeder Betroffene hat darüber hinaus das Recht auf einen wirksamen gerichtlichen Rechtsbehelf gegen einen ihn betreffenden rechtsverbindlichen Beschluss einer Aufsichtsbehörde (Art. 78 Abs. 1). Jeder Betroffene hat außerdem das Recht auf einen wirksamen gerichtlichen Rechtsbehelf, wenn sich die zuständige Aufsichtsbehörde mit einer Beschwerde nicht befasst oder sie den Betroffenen nicht innerhalb von drei Monaten über den Stand oder das Ergebnis der Beschwerde

in Kenntnis setzt (Art. 78 Abs. 2). Bei Streitigkeiten mit der Aufsichtsbehörde sind die Verwaltungsgerichte zuständig.

b) Rechtsschutz gegen Verantwortliche/Auftragsverarbeiter

Jeder Betroffene hat das Recht auf einen wirksamen gerichtlichen Rechtsbehelf gegen einen Verantwortlichen oder gegen einen Auftragsverarbeiter (Art. 79). Berichtigungs- und Vervollständigungsanspruch sind subjektiv-öffentliche Rechte, die ohne Weiteres gerichtlich einklagbar ist. Soll eine öffentliche Stelle zur Berichtigung/Vervollständigung verpflichtet werden, muss eine allgemeine Leistungsklage auf Vornahme der Berichtigung/Vervollständigung erhoben werden. Zuständig ist das allgemeine Verwaltungsgericht, das Sozialgericht oder das Finanzgericht.[38] Soll eine nicht-öffentliche Stelle zur Berichtigung/Vervollständigung verpflichtet werden, ist eine Leistungsklage zu erheben. Zuständig sind entweder die Zivil- oder die Arbeitsgerichte.[39] **103**

Jeder Betroffene, dem wegen eines Verstoßes gegen die DS-GVO ein materieller oder immaterieller Schaden entstanden ist, hat Anspruch auf Schadensersatz gegen den Verantwortlichen oder gegen den Auftragsverarbeiter (Art. 82 Abs. 1). **104**

c) Vertretung durch einen Verband

Jeder Betroffene hat das Recht, eine Einrichtung, Organisation oder Vereinigung, die im Bereich des Datenschutzes tätig ist, mit der Vertretung seiner Interessen im Zusammenhang mit den Rechten der Art. 77, 78 und 79 sowie der Geltendmachung von Schadensersatz gemäß Art. 82 zu beauftragen (Art. 80 Abs. 1). **105**

2. Rechtsschutz anderer Personen

Jede natürliche oder juristische Person (also insbesondere ein Verantwortlicher oder ein Auftragsverarbeiter) hat das Recht auf einen wirksamen gerichtlichen Rechtsbehelf gegen einen sie betreffenden rechtsverbindlichen Beschluss einer Aufsichtsbehörde (Art. 78 Abs. 1). **106**

3. Rechtsschutz durch Verbände

Jede Einrichtung, Organisation oder Vereinigung ohne Gewinnerzielungsabsicht, die ordnungsgemäß nach dem Recht eines Mitgliedstaates gegründet ist, deren satzungsmäßige Ziele im öffentlichen Interesse liegen und die im Bereich des Schutzes der Rechte und Freiheiten von betroffenen Personen in Bezug auf den Schutz ihrer personenbezogenen Daten tätig ist, kann auch ohne Beauftragung durch einen Betroffenen die Rechte der Art. 77, 78 und 79 geltend machen (u.a. durch eine altruistische Verbandsklage), sofern dies das Recht eines Mitgliedstaates vorsieht (Art. 80 Abs. 2). Jeder Betroffene hat das Recht, einen solchen Verband mit der Vertretung seiner Interessen im Zusammenhang mit den Rechten der Art. 77, 78 und 79 sowie der Geltendmachung von Schadensersatz gemäß Art. 82 zu beauftragen (Art. 80 Abs. 1). **107**

---

38 Wolff/Brink, *Worms*, § 19 Rn. 110, 111.
39 Wolff/Brink, *Schmidt-Wudy*, § 34 Rn. 22, 13. Edition (Stand: 1.8.2015).

Article 17

Right to erasure ("right to be forgotten")

1. The data subject shall have the right to obtain from the controller the erasure of personal data concerning him or her without undue delay and the controller shall have the obligation to erase personal data without undue delay where one of the following grounds applies:

   (a) the data are no longer necessary in relation to the purposes for which they were collected or otherwise processed;

   (b) the data subject withdraws consent on which the processing is based according to point (a) of Article 6(1), or point (a) of Article 9(2), and where there is no other legal ground for the processing of the data;

   (c) the data subject objects to the processing of personal data pursuant to Article 19(1) and there are no overriding legitimate grounds for the processing, or the data subject objects to the processing of personal data pursuant to Article 19(2);

   (d) they have been unlawfully processed;

   (e) the data have to be erased for compliance with a legal obligation in Union or Member State law to which the controller is subject;

   (f) the data have been collected in relation to the offering of information society services referred to in Article 8(1).

2. Where the controller has made the personal data public and is obliged pursuant to paragraph 1 to erase the data, the controller, taking account of available technology and the cost of implementation, shall take

Artikel 17

Recht auf Löschung („Recht auf Vergessenwerden“)

1. Die betroffene Person hat das Recht, von dem für die Verarbeitung Verantwortlichen zu verlangen, dass sie betreffende personenbezogene Daten ohne unangemessene Verzögerung gelöscht werden, und der für die Verarbeitung Verantwortliche ist verpflichtet, personenbezogene Daten ohne unangemessene Verzögerung zu löschen, sofern einer der folgenden Gründe zutrifft:

   (a) Die Daten sind für die Zwecke, für die sie erhoben oder auf sonstige Weise verarbeitet wurden, nicht mehr notwendig.

   (b) Die betroffene Person widerruft ihre Einwilligung, auf die sich die Verarbeitung gemäß Artikel 6 Absatz 1 Buchstabe a oder Artikel 9 Absatz 2 Buchstabe a stützte, und es fehlt an einer anderweitigen Rechtsgrundlage für die Verarbeitung der Daten.

   (c) Die betroffene Person legt gemäß Artikel 19 Absatz 1 Widerspruch gegen die Verarbeitung personenbezogener Daten ein und es liegen keine vorrangigen berechtigten Gründe für die Verarbeitung vor, oder die betroffene Person legt gemäß Artikel 19 Absatz 2 Widerspruch gegen die Verarbeitung ein.

   (d) Die Daten wurden unrechtmäßig verarbeitet.

   (e) Die Löschung der Daten ist zur Erfüllung einer rechtlichen Verpflichtung nach dem Recht der Union oder der Mitgliedstaaten erforderlich, dem der für die Verarbeitung Verantwortliche unterliegt.

   (f) Die Daten wurden in Bezug auf angebotene Dienste der Informationsgesellschaft gemäß Artikel 8 Absatz 1 erhoben.

2. Hat der für die Verarbeitung Verantwortliche die personenbezogenen Daten öffentlich gemacht und ist er gemäß Absatz 1 zu deren Löschung verpflichtet, so trifft er unter Berücksichtigung der verfügbaren Tech-

reasonable steps, including technical measures, to inform controllers which are processing the data, that the data subject has requested the erasure by such controllers of any links to, or copy or replication of that personal data.

nologie und der Implementierungskosten angemessene Maßnahmen, auch technischer Art, um für die Datenverarbeitung Verantwortliche, die die Daten verarbeiten, darüber zu informieren, dass eine betroffene Person von ihnen die Löschung aller Links zu diesen personenbezogenen Daten oder von Kopien oder Replikationen dieser Daten verlangt hat.

3. Paragraphs 1 and 2 shall not apply to the extent that processing of the personal data is necessary:
   (a) for exercising the right of freedom of expression and information;
   (b) for compliance with a legal obligation which requires processing of personal data by Union or Member State law to which the controller is subject or for the performance of a task carried out in the public interest or in the exercise of official authority vested in the controller;
   (c) for reasons of public interest in the area of public health in accordance with Article 9(2)(h) and (hb) as well as Article 9(4);
   (d) for archiving purposes in the public interest, or scientific and historical research purposes or statistical purposes in accordance with Article 83(1) in so far as the right referred to in paragraph 1 is likely to render impossible or seriously impair the achievement of the objectives of the archiving purposes in the public interest, or the scientific and historical research purposes or the statistical purposes.
   e) for the establishment, exercise or defence of legal claims.

3. Die Absätze 1 und 2 gelten nicht, soweit die Verarbeitung der personenbezogenen Daten erforderlich ist
   (a) zur Ausübung des Rechts auf freie Meinungsäußerung und Information;
   (b) zur Erfüllung einer rechtlichen Verpflichtung, die die Verarbeitung personenbezogener Daten nach dem Recht der Union oder der Mitgliedstaaten, dem der für die Verarbeitung Verantwortliche unterliegt, erfordert, oder zur Wahrnehmung einer Aufgabe, die im öffentlichen Interesse liegt oder in Ausübung öffentlicher Gewalt erfolgt, die dem für die Verarbeitung Verantwortlichen übertragen wurde;
   (c) aus Gründen des öffentlichen Interesses im Bereich der öffentlichen Gesundheit gemäß Artikel 9 Absatz 2 Buchstaben h und hb sowie Artikel 9 Absatz 4;
   (d) für im öffentlichen Interesse liegende Archivzwecke oder wissenschaftliche und historische Forschungszwecke oder für statistische Zwecke gemäß Artikel 83 Absatz 1, soweit das in Absatz 1 genannte Recht voraussichtlich die Verwirklichung der Ziele der im öffentlichen Interesse liegenden Archivzwecke oder der wissenschaftlichen und historischen Forschungszwecke oder der statistischen Zwecke unmöglich macht oder ernstlich beeinträchtigt.
   (e) zur Geltendmachung, Ausübung oder Verteidigung von Rechtsansprüchen.

§ 4 BDSG-neu

Videoüberwachung öffentlich zugänglicher Räume

[...]

(5) Die Daten sind unverzüglich zu löschen, wenn sie zur Erreichung des Zwecks nicht mehr erforderlich sind oder schutzwürdige Interessen der Betroffenen einer weiteren Speicherung entgegenstehen.

§ 35 BDSG-neu

Recht auf Löschung

(1) Ist eine Löschung im Fall nicht automatisierter Datenverarbeitung wegen der besonderen Art der Speicherung nicht oder nur mit unverhältnismäßig hohem Aufwand möglich und ist das Interesse der betroffenen Person an der Löschung als gering anzusehen, besteht das Recht der betroffenen Person auf und die Pflicht des Verantwortlichen zur Löschung personenbezogener Daten gemäß Artikel 17 Absatz 1 der Verordnung (EU) 2016/679 ergänzend zu den in Artikel 17 Absatz 3 der Verordnung (EU) 2016/679 genannten Ausnahmen nicht. In diesem Fall tritt an die Stelle einer Löschung die Einschränkung der Verarbeitung gemäß Artikel 18 der Verordnung (EU) 2016/679. Die Sätze 1 und 2 finden keine Anwendung, wenn die personenbezogenen Daten unrechtmäßig verarbeitet wurden.

(2) Ergänzend zu Artikel 18 Absatz 1 Buchstabe b und c der Verordnung (EU) 2016/679 gilt Absatz 1 Satz 1 und 2 entsprechend im Fall des Artikels 17 Absatz 1 Buchstabe a und d der Verordnung (EU) 2016/679, solange und soweit der Verantwortliche Grund zu der Annahme hat, dass durch eine Löschung schutzwürdige Interessen der betroffenen Person beeinträchtigt würden. Der Verantwortliche unterrichtet die betroffene Person über die Einschränkung der Verarbeitung, sofern sich die Unterrichtung nicht als unmöglich erweist oder einen unverhältnismäßigen Aufwand erfordern würde.

(3) Ergänzend zu Artikel 17 Absatz 3 Buchstabe b der Verordnung (EU) 2016/679 gilt Absatz 1 entsprechend im Fall des Artikels 17 Absatz 1 Buchstabe a der Verordnung (EU) 2016/679, wenn einer Löschung satzungsgemäße oder vertragliche Aufbewahrungsfristen entgegenstehen.

Recitals	**Erwägungsgründe**
(39) [...] [10]In order to ensure that the personal data are not kept longer than necessary, time limits should be established by the controller for erasure or for a periodic review. [11]Every reasonable step should be taken to ensure that personal data which are inaccurate are rectified or deleted. [...]	(39) [...] [10]Um sicherzustellen, dass die personenbezogenen Daten nicht länger als nötig gespeichert werden, sollte der Verantwortliche Fristen für ihre Löschung oder regelmäßige Überprüfung vorsehen. [11]Es sollten alle vertretbaren Schritte unternommen werden, damit unrichtige personenbezogene Daten gelöscht oder berichtigt werden. [...]
(57) If the data processed by a controller do not permit the controller to identify a natural person, the data controller should not be obliged to acquire additional information in order to identify the data subject for the sole purpose of complying with any provision of this Regulation. However, the controller should not refuse to take additional information provided by the data subject in order to support the exercise of his or her rights. Identification should	(57) Kann der für die Verarbeitung Verantwortliche anhand der von ihm verarbeiteten Daten eine natürliche Person nicht bestimmen, so sollte er nicht verpflichtet sein, zur bloßen Einhaltung einer Vorschrift dieser Verordnung zusätzliche Daten einzuholen, um die betroffene Person zu bestimmen. Allerdings sollte er sich nicht weigern, zusätzliche Informationen entgegenzunehmen, die von der betroffenen Person beigebracht werden, um ihre Rechte

include the digital identification of a data subject, for example through authentication mechanism such as the same credentials, used by the data subject to log-into the on-line service offered by the data controller.

geltend zu machen. Die Identifizierung sollte die digitale Identifizierung einer betroffenen Person – beispielsweise durch Authentifizierungsverfahren etwa mit denselben Berechtigungsnachweisen, wie sie die betroffene Person verwendet, um sich bei dem von dem für die Verarbeitung Verantwortlichen bereitgestellten Online-Dienst anzumelden – einschließen.

(58) The principle of transparency requires that any information addressed to the public or to the data subject should be concise, easily accessible and easy to understand, and that clear and plain language and, additionally, where appropriate, visualisation is used. This information could be provided in electronic form, for example, when addressed to the public, through a website. This is in particular relevant where in situations, such as online advertising, the proliferation of actors and the technological complexity of practice make it difficult for the data subject to know and understand if personal data relating to him or her are being collected, by whom and for what purpose. Given that children deserve specific protection, any information and communication, where processing is addressed to a child, should be in such a clear and plain language that the child can easily understand.

(58) Der Grundsatz der Transparenz setzt voraus, dass eine für die Öffentlichkeit oder die betroffene Person bestimmte Information präzise, leicht zugänglich sowie in klarer und einfacher Sprache abgefasst ist und gegebenenfalls zusätzlich visuelle Elemente verwendet werden. Diese Information könnte in elektronischer Form bereitgestellt werden, beispielsweise auf einer Website, wenn sie für die Öffentlichkeit bestimmt ist. Dies gilt insbesondere für bestimmte Situationen wie etwa Werbung im Internet, wo die große Zahl der Beteiligten und die Komplexität der dazu benötigten Technik es der betroffenen Person schwer machen, zu erkennen und nachzuvollziehen, ob, von wem und zu welchem Zweck sie betreffende personenbezogene Daten erfasst werden. Wenn sich die Verarbeitung an Kinder richtet, sollten aufgrund der besonderen Schutzwürdigkeit von Kindern Informationen und Hinweise in einer kindgerechten Sprache erfolgen.

(59) Modalities should be provided for facilitating the data subject's exercise of their rights provided by this Regulation, including mechanisms to request and if applicable obtain, free of charge, in particular access to data, rectification, erasure and to exercise the right to object. Thus the controller should also provide means for requests to be made electronically, especially where personal data are processed by electronic means. The controller should be obliged to respond to requests of the data subject without undue delay and at the latest within one month and give reasons where the controller does not intend to comply with the data subject's request.

(59) Es gilt, die Modalitäten festzulegen, die es einer betroffenen Person ermöglichen, die ihr nach dieser Verordnung zustehenden Rechte wahrzunehmen, darunter auch Mechanismen, die dafür sorgen, dass sie unentgeltlich insbesondere den Zugang zu Daten oder deren Berichtigung oder Löschung beantragen und gegebenenfalls erhalten oder von ihrem Widerspruchsrecht Gebrauch machen kann. So sollte der für die Verarbeitung Verantwortliche auch dafür sorgen, dass Anträge elektronisch gestellt werden können, insbesondere wenn die personenbezogenen Daten elektronisch verarbeitet werden. Der für die Verarbeitung Verantwortliche sollte verpflichtet werden, den Antrag der betroffenen Person ohne unangemessene Verzögerung, spätestens aber innerhalb eines Monats zu beantworten und gegebenenfalls zu begründen, warum er ihn ablehnt.

(65) [1]A data subject should have the right to have personal data concerning him or her recti-

(65) [1]Eine betroffene Person sollte ein Recht auf Berichtigung der sie betreffenden perso-

fied and a 'right to be forgotten' where the retention of such data infringes this Regulation or Union or Member State law to which the controller is subject. [2]In particular, a data subject should have the right to have his or her personal data erased and no longer processed where the personal data are no longer necessary in relation to the purposes for which they are collected or otherwise processed, where a data subject has withdrawn his or her consent or objects to the processing of personal data concerning him or her, or where the processing of his or her personal data does not otherwise comply with this Regulation. [3]That right is relevant in particular where the data subject has given his or her consent as a child and is not fully aware of the risks involved by the processing, and later wants to remove such personal data, especially on the internet. [4]The data subject should be able to exercise that right notwithstanding the fact that he or she is no longer a child. [5]However, the further retention of the personal data should be lawful where it is necessary, for exercising the right of freedom of expression and information, for compliance with a legal obligation, for the performance of a task carried out in the public interest or in the exercise of official authority vested in the controller, on the grounds of public interest in the area of public health, for archiving purposes in the public interest, scientific or historical research purposes or statistical purposes, or for the establishment, exercise or defence of legal claims.

(66) [1]To strengthen the right to be forgotten in the online environment, the right to erasure should also be extended in such a way that a controller who has made the personal data public should be obliged to inform the controllers which are processing such personal data to erase any links to, or copies or replications of

nenbezogenen Daten besitzen sowie ein „Recht auf Vergessenwerden", wenn die Speicherung ihrer Daten gegen diese Verordnung oder gegen das Unionsrecht oder das Recht der Mitgliedstaaten, dem der Verantwortliche unterliegt, verstößt. [2]Insbesondere sollten betroffene Personen Anspruch darauf haben, dass ihre personenbezogenen Daten gelöscht und nicht mehr verarbeitet werden, wenn die personenbezogenen Daten hinsichtlich der Zwecke, für die sie erhoben bzw. anderweitig verarbeitet wurden, nicht mehr benötigt werden, wenn die betroffenen Personen ihre Einwilligung in die Verarbeitung widerrufen oder Widerspruch gegen die Verarbeitung der sie betreffenden personenbezogenen Daten eingelegt haben oder wenn die Verarbeitung ihrer personenbezogenen Daten aus anderen Gründen gegen diese Verordnung verstößt. [3]Dieses Recht ist insbesondere wichtig in Fällen, in denen die betroffene Person ihre Einwilligung noch im Kindesalter gegeben hat und insofern die mit der Verarbeitung verbundenen Gefahren nicht in vollem Umfang absehen konnte und die personenbezogenen Daten – insbesondere die im Internet gespeicherten – später löschen möchte. [4]Die betroffene Person sollte dieses Recht auch dann ausüben können, wenn sie kein Kind mehr ist. [5]Die weitere Speicherung der personenbezogenen Daten sollte jedoch rechtmäßig sein, wenn dies für die Ausübung des Rechts auf freie Meinungsäußerung und Information, zur Erfüllung einer rechtlichen Verpflichtung, für die Wahrnehmung einer Aufgabe, die im öffentlichen Interesse liegt oder in Ausübung öffentlicher Gewalt erfolgt, die dem Verantwortlichen übertragen wurde, aus Gründen des öffentlichen Interesses imBereich der öffentlichen Gesundheit, für im öffentlichen Interesse liegende Archivzwecke, zu wissenschaftlichen oder historischen Forschungszwecken oder zu statistischen Zwecken oder zur Geltendmachung, Ausübung oder Verteidigung von Rechtsansprüchen erforderlich ist.

(66) [1]Um dem „Recht auf Vergessenwerden" im Netz mehr Geltung zu verschaffen, sollte das Recht auf Löschung ausgeweitet werden, indem ein Verantwortlicher, der die personenbezogenen Daten öffentlich gemacht hat, verpflichtet wird, den Verantwortlichen, die diese personenbezogenen Daten verarbeiten, mitzu-

those personal data. [2]In doing so, that controller should take reasonable steps, taking into account available technology and the means available to the controller, including technical measures, to inform the controllers which are processing the personal data of the data subject's request.

teilen, alle Links zu diesen personenbezogenen Daten oder Kopien oder Replikationen der personenbezogenen Daten zu löschen. [2]Dabei sollte der Verantwortliche, unter Berücksichtigung der verfügbaren Technologien und der ihm zur Verfügung stehenden Mittel, angemessene Maßnahmen – auch technischer Art – treffen, um die Verantwortlichen, die diese personenbezogenen Daten verarbeiten, über den Antrag der betroffenen Person zu informieren.

(68) […] [9]Furthermore, that right should not prejudice the right of the data subject to obtain the erasure of personal data and the limitations of that right as set out in this Regulation and should, in particular, not imply the erasure of personal data concerning the data subject which have been provided by him or her for the performance of a contract to the extent that and for as long as the personal data are necessary for the performance of that contract. […]

(68) […] [9]Dieses Recht sollte zudem das Recht der betroffenen Person auf Löschung ihrer personenbezogenen Daten und die Beschränkungen dieses Rechts gemäß dieser Verordnung nicht berühren und insbesondere nicht bedeuten, dass die Daten, die sich auf die betroffene Person beziehen und von ihr zur Erfüllung eines Vertrags zur Verfügung gestellt worden sind, gelöscht werden, soweit und solange diese personenbezogenen Daten für die Erfüllung des Vertrags notwendig sind. […]

Literatur

Arning/Moos/Schefzig, Vergiss(,) Europa! – Ein Kommentar zu EuGH, Urt. v. 13.5.2014 – Rs. C-131/12 – Google/Mario Costeja Gonzalez, in: CR 2014, 460; *Bauer*, Löschen statt sperren? Sperrung nach der Datenschutz-Grundverordnung: Das ist neu, in: Datenschutz-Praxis 6/2017, 6; *Bernal*, The Right to be Forgotten in the post-Snowdon era, in: PinG 2014, 173; *Boehme-Neßler*, Das Recht auf Vergessenwerden – Ein neues Internet-Grundrecht im Europäischen Recht, in: NVwZ 2014, 825; *Buchholtz*, Das „Recht auf Vergessen" im Internet – Vorschläge für ein neues Schutzkonzept, in: ZD 2015, 570; *Buchholtz*, Das „Recht auf Vergessen" im Internet – eine Herausforderung für den demokratischen Rechtsstaat, in: AöR 140 (2015), 121; *Caspar*, Besprechung des EuGH-Urteils vom 13. Mai 2014 in dem Verfahren C-131/12, in: PinG 2014, 133; *von Danwitz*, Die Grundrechte auf Achtung der Privatsphäre und auf Schutz personenbezogener Daten – Die jüngere Rechtsprechung des Gerichtshof der Europäischen Union, in. DuD 2015, 581; *Diesterhöft*, Datenschutzrechtlicher Direktanspruch gegen Suchmaschinenbetreiber – Königsweg zum medialen Neubeginn? – Zum „Recht auf Vergessen" im europäischen Datenschutzrecht, in. VBlBW 2014, 370; *Ehmann/Selmayr (Hrsg.)*, Datenschutz-Grundverordnung, 1. Auflage 2017, C.H. Beck München; *Federrath/Fuchs/Herrmann/Maier/Scheuer/Wagner*, Grenzen des „digitalen Radiergummis", in: DuD 2011, 403; *Gierschmann/Saeugling (Hrsg.)*, Systematischer Praxiskommentar Datenschutzrecht, 1. Auflage 2014, Bundesanzeiger Verlag Köln; *Gola (Hrsg.)*, Datenschutz-Grundverordnung, 1. Auflage 2017, C.H. Beck München; *Gola/Schomerus*, BDSG, 12. Auflage 2015, C.H. Beck München; *Gstrein*, Die umfassende Verfügungsbefugnis über die eigenen Daten – Das „Recht auf Vergessenwerden" und seine konkrete Umsetzbarkeit, in. ZD 2012, 424; *Gstrein*, The cascade of decaying information: putting the „right to be forgotten" in perspective, in: PinG 2015, 9; *Gstrein*, The Right to Be Forgotten in the General Data Protection Regulation and the aftermath of the „Google Spain" judgment (C-131/12), in: PinG 2017, 9; *Härting*, Datenschutz-Grundverordnung, 1. Auflage 2016, Dr. Otto Schmidt, Köln; *Härting*, Starke Behörden, schwaches Recht – der neue EU-Datenschutzentwurf, in: BB 2012, 459; *Hennemann*, Das Recht auf Löschung gemäß Art. 17 Datenschutz-Grundverordnung, in: PinG 2016, […]. Becker/Lauber-Rönsberg/Specht (Hrsg.), Medienrecht im Medienumbruch, 1. Auflage 2017, Nomos Baden-Baden; *Hofmann/Hornung*, Ein „Recht auf Vergessenwerden"? – Anspruch und

Wirklichkeit eines neuen Datenschutzrechts, in: JZ 2013, 163; *Holznagel/Hartmann*, Das „Recht auf Vergessenwerden" als Reaktion auf ein grenzenloses Internet – Entgrenzung der Kommunikation und Gegenbewegung, in: MMR 2016, 228; *Hornung*, Die europäische Datenschutzreform – Stand, Kontroversen und weitere Entwicklung, in: Scholz/Funk (Hrsg.), DGRI Jahrbuch 2012, 2013, *Jacobi/Jantz*, Löschpflichten nach der EU-Datenschutzgrundverordnung – Was Arbeitgeber jetzt bereits tun müssen, in: ArbRB 2017, 22; *Jandt/Kieselmann/Wacker*, Recht auf Vergessen im Internet – Diskrepanz zwischen rechtlicher Zielsetzung und technischer Realisierbarkeit?, in: DuD 2013, 235; *Jaspers*, Die EU-Datenschutz-Grundverordnung – Auswirkungen der EU-Datenschutz-Grundverordnung auf die Datenschutzorganisation des Unternehmens, in: DuD 2012, 571; *Keller*, The Right Tools: Europe's Intermediary Liability Laws and the 2016 General Data Protection Regulation (March 22, 2017), https://ssrn.com/abstract=2914684 (abgerufen am 28.5.2017); *Kalabis/Selzer*, Das Recht auf Vergessenwerden nach der geplanten EU-Verordnung – Umsetzungsmöglichkeiten im Internet, in: ZD 2012, 670; *Kodde*, Die „Pflicht zu Vergessen" – „Recht auf Vergessenwerden" und Löschung in BDSG und DS-GVO, in: ZD 2013, 115; *Koreng*, Das „Recht auf Vergessen" und die Haftung von Online-Archiven – Schlussfolgerungen für Pressearchive aus der EuGH-Entscheidung „Google Spain", in: AfP 2015, 514; *Koreng/Feldmann*, Das „Recht auf Vergessen" – Überlegungen zum Konflikt zwischen Datenschutz und Meinungsfreiheit, in: ZD 2012, 311; *Kühling*, Rückkehr des Rechts: Verpflichtung von „Google & Co." zu Datenschutz, in: EuZW 2014, 527; *Kühling/Martini et. al*, Die Datenschutz-Grundverordnung und das nationale Recht: Erste Überlegungen zum innerstaatlichen Regelungsbedarf, 1. Auflage 2016, MV-Wissenschaft Münster; *Kühn/Karg*, Löschung von Google-Suchergebnissen – Umsetzung der EuGH-Entscheidung durch den Hamburgischen Datenschutzbeauftragten, in: ZD 2015, 61; *Leutheusser-Schnarrenberger*, Das Recht auf Vergessenwerden – ein Durchbruch oder ein digitales Unding?, in: ZD 2015, 149; *von Lewinski*, Der Staat als Zensurhelfer – Staatliche Flankierung der Löschpflichten Privater nach dem Google-Urteil des EuGH, in: AfP 2015, 1; *Masing*, Vorläufige Einschätzung der „Google-Entscheidung" des EuGH, VerfBlog, 2014/8/14, http://www.verfassungsblog.de/ribverfg-masing-vorlaeufige-einschaetzung-der-google-entscheidung-des-eugh/; *McCarthy*, All the World's a Stage: The European right to be forgotten revisited from a US perspective, GRUR Int. 2016, 604;Milker, Die Pflicht zum Erinnern als notwendiger Gegenpol; *Milstein*, Weder Verantwortlichkeit noch „Pflicht zu Vergessen" von Suchmaschinenbetreibern nach EU-Datenschutzrecht, in: K&R 2013, 446; *Nolte*, Zum Recht auf Vergessen im Internet – Von digitalen Radiergummis und anderen Instrumenten, in: ZRP 2011, 236; *Nolte*, Das Recht auf Vergessenwerden – mehr als nur ein Hype?, in: NJW 2014, 2238; *Paal*, Online-Suchmaschinen, Persönlichkeitsrechts- und Datenschutz – Internationale Zuständigkeit, anwendbares Recht und sachrechtliche Fragen, in: ZEuP 2016, 591; *Paal/Hennemann*, Online-Archive im Lichte der Datenschutz-Grundverordnung, in: K&R 2017, 18; *Paal/Pauly*, Datenschutz-Grundverordnung, 1. Auflage 2016, C.H. Beck München; *Pike*, George H., Legal Issues: The Right to Be Forgotten (April 1, 2016), https://ssrn.com/abstract=2963629 oder http://dx.doi.org/10.2139/ssrn.2963629 (abgerufen am 28.5.2017); *Piltz*, Recht auf Vergessenwerden – Das Google-Urteil in der Praxis, in: PinG 2014, 180; *Post*, Data Privacy and Dignitary Privacy: Google Spain, the Right to Be Forgotten, and the Construction of the Public Sphere (April 15, 2017). Duke Law Journal, Forthcoming; Yale Law School, Public Law Research Paper No. 598. Available at SSRN: https://ssrn.com/abstract=2953468 or http://dx.doi.org/10.2139/ssrn.2953468; *Roßnagel/Richter/Nebel*, Besserer Internetdatenschutz für Europa – Vorschläge zur Spezifizierung der DS-GVO, in: ZD 2013, 103; *Roßnagel/Richter/Nebel*, Was bleibt vom Europäischen Datenschutzrecht? – Überlegungen zum Ratsentwurf der DS-GVO, in: ZD 2015, 455; *Schantz*, Die Datenschutz-Grundverordnung – Beginn einer neuen Zeitrechnung im Datenschutzrecht, in: NJW 2016, 1841, 1845; *Schmidt-Kessel/Langhanke/Gläser/Herden*, Recht auf Vergessen und percing the corporate veil – zugleich Anmerkungen zur Google-Entscheidung des EuGH, Rs. C-131/12 Google Spain SL und Google Inc., in: GPR 2014, 192; *Spiecker gen. Döhmann*, Steuerung im Datenschutzrecht – Ein Recht auf Vergessen wider Vollzugsdefizite und Typisierung?, in: KritV 2014, 28; *Spindler*, Durchbruch für ein Recht auf Vergessen(werden)? – Die Entscheidung des EuGH in Sachen Google Spain und ihre Auswirkungen auf das Datenschutz- und Zivilrecht, in: JZ 2014, 981; *Sydow*, Vorwirkungen von Ansprüchen auf datenschutzrechtliche Auskunft und Informationszugang, in: NVwZ 2013, 467; *Trentmann*, Das „Recht auf Vergessenwerden" bei Suchmaschinentrefferlinks – Google & Co. im Lichte von DSGVO, DSRL und EuGH, in: CR 2017, 26; *Wolff/Brink (Hrsg.)*, Beck'scher Online-Kommentar Datenschutzrecht, C.H. Beck München, 14. Edition Stand: 1.11.2015; *Ziebarth*, Google als Geheimnishüter? – Verantwortlichkeit der Suchmaschinenbetreiber nach dem EuGH-Urteil, in: ZD 2014, 394.

Bedeutung der Norm

Die Norm regelt die objektiv-rechtliche Pflicht des Verantwortlichen zur Löschung personenbezogener Daten und das subjektive Recht des Betroffenen, vom Verantwortlichen die Löschung personenbezogener Daten verlangen zu können. Der Klammerzusatz „right to be forgotten" ist irreführend. Ein „Recht auf Vergessenwerden" enthält die Norm nicht. Lediglich die Pflicht zur Benachrichtigung von Verantwortlichen, die öffentlich gemachte Daten weiterverarbeiten, dient der Grundidee des „Rechts auf Vergessenwerden", die Weiterverbreitung personenbezogener Daten insb. im Internet zu verhindern oder rückgängig zu machen.

Hinweise für den Anwender

Für die Norm relevante Definitionen und andere Querbezüge:

- **Definition:** Nach Art. 4 Nr. 2 sind das Löschen und die Vernichtung „Verarbeitungen" im Sinne der DS-GVO.
- **Öffnungsklauseln:** Die Mitgliedstaaten können im nationalen Recht gem. Art. 6 Abs. 2 und 3 spezifische Anforderungen an die Löschpflicht, gem. Art. 23 Beschränkungen der und gem. Art. 85 Abweichungen oder Ausnahmen von der Löschpflicht festlegen.
- **Löschfristen:** Der Verantwortliche sollte (EG 39 S. 10) bzw. muss (Art. 30 Abs. 1 lit. f) Fristen für die Löschung oder regelmäßige Überprüfung personenbezogener Daten vorsehen.
- **Informationspflichten:** Der Verantwortliche muss den Betroffenen bei Datenerhebung oder -verwendung auf sein Recht auf Löschung hinweisen (Art. 13 Abs. 2 lit. b, 14 Abs. 2 lit. c). Auch im Rahmen des Auskunftsanspruchs ist der Betroffene auf dieses Recht hinzuweisen (Art. 15 Abs. 1 lit. e).
- **Benachrichtigungspflichten:** Der Verantwortliche muss den Betroffenen (Art. 12 Abs. 3), alle Empfänger (Art. 19 S. 1) und andere Verantwortliche (Art. 17 Abs. 2) über eine Löschung sowie den Betroffenen über die Empfänger (Art. 19 S. 2) benachrichtigen.
- **Recht auf Verarbeitungseinschränkung:** Zwischen Verarbeitungseinschränkung (Art. 18) und Löschung besteht in mehreren Konstellationen ein Stufenverhältnis. Für die Dauer der Prüfung der Frage, ob eine Löschpflicht besteht, kann der Betroffene einen Anspruch auf Verarbeitungseinschränkung geltend machen (Art. 18 Abs. 1 lit. a und d).
- **Auftragsverarbeitung:** Der Auftragsverarbeiter muss nach Abschluss der Erbringung der Verarbeitungsleistungen alle personenbezogenen Daten nach Wahl des Verantwortlichen entweder löschen oder zurückgeben (Art. 28 Abs. 3 lit. g).
- **Dokumentationspflicht:** Das vom Verantwortlichen zu führende Verzeichnis von Verarbeitungstätigkeiten muss, wenn möglich, die für die verschiedenen Datenkategorien vorgesehenen Löschfristen enthalten (Art. 30 Abs. 1 lit. f).
- **Datenschutzaufsichtsbehörden:** Die Aufsichtsbehörden haben u.a. die Befugnis, die Löschung und die Unterrichtung der Empfänger darüber anzuordnen (Art. 58 Abs. 2 lit. g).
- Der **Europäische Datenschutzausschuss** stellt insb. auch Leitlinien, Empfehlungen und bewährte Verfahren zu Verfahren für die Löschung gem. Art. 17 Abs. 2 von Links zu personenbezogenen Daten oder Kopien/Replikationen dieser Daten aus öffentlich zugänglichen Kommunikationsdiensten bereit (Art. 70 Abs. 1 lit. d).

- **Geldbuße:** Geldbuße bei Verstoß gegen die Pflicht zur Löschung gem. Art. 83 Abs. 5 lit. b: maximal 20.000.000 € oder im Falle eines Unternehmens 4 % des gesamten weltweit erzielten Umsatzes des Vorjahres.

Für die Auslegung der Norm relevante Erwägungsgründe
- EG 57 bis 59 allgemein zu den Betroffenenrechten. EG 39 S. 10 und 11, 65 und 66 unmittelbar zu Löschrechten und -pflichten.

Systematische Einordnung der Norm innerhalb der DS-GVO:
- Der Löschanspruch ist Teil der in Kapitel III geregelten Betroffenenrechte. Er gehört neben den Ansprüchen auf Berichtigung, Vervollständigung, Verarbeitungseinschränkung und Widerspruch zu den Gestaltungsansprüchen des Betroffenen, mit denen er Einfluss auf das Ob und den Umfang der Datenverarbeitung nehmen kann.
- Wie die Ansprüche auf Berichtigung und Vervollständigung ist die Löschpflicht sowohl als objektiv-rechtliche Pflicht als auch als antragsabhängiges subjektives Recht ausgestaltet.
- Art. 11 und 12 sind die für alle Betroffenenrechte geltenden, vor die Klammer gezogenen Normen, die Verfahren und Form der Geltendmachung auch des Löschanspruchs regeln.

Vorgängernormen im BDSG:
- § 3 Abs. 4 S. 2 Nr. 5 BDSG enthält eine Definition des Begriffs „Löschen". § 20 Abs. 2 und 8 BDSG sehen eine Löschpflicht öffentlicher, § 35 Abs. 2, 6 und 7 BDSG eine Löschpflicht nicht-öffentlicher Stellen vor.

Vorgängernormen in der RL 95/46:
- Art. 12 lit. b DS-RL für den Löschanspruch; Art. 12 lit. c DS-RL für die Pflicht zur Benachrichtigung Dritter über die vorgenommene Löschung.

Leitentscheidungen:
- EuGH, Urt. v. 13.5.2014 (Google Spain) – C-131/12 –, http://curia.europa.eu/juris/liste.jsf?language=de&num=C-131/12 (zuletzt abgerufen am 29.7.2017).
- EuGH, Urt. v. 9.3.2017 (Manni) – C-398/15 –, http://curia.europa.eu/juris/liste.jsf?language=en&num=C-398/15 (zuletzt abgerufen am 29.7.2017).

Stellungnahmen der Aufsichtsbehörden oder der Art. 29-Gruppe:
- Art. 29 Data Protection Working Party, Guidelines on the Implementation of the Court of Justice of the European Union Judgment on „Google Spain and Inc v. Agencia Espanola de Protección de Datos (AEPD) and Mario Costeja González" C-131/12 (adopted on 26 November 2014), WP 225.
- Bayerisches Landesamt für Datenschutzaufsicht, Kurzpapier IV: Recht auf Löschung („Vergessenwerden") – Art. 17 DS-GVO (Stand: 19.7.2016).
- DIN 66398, Leitlinie zur Entwicklung eines Löschkonzepts mit Ableitung von Löschfristen für personenbezogene Daten, 2016.
- Datenschutzkonferenz, Kurzpapiere zur DS-GVO, Nr. 11 Recht auf Löschung/„Recht auf Vergessenwerden", Stand 29.8.2017 (abgerufen am 1.9.2017).

▶ Schlagworte

Löschung, Löschpflicht, Löschanspruch, Recht auf Vergessen, Recht auf Vergessenwerden, right to be forgotten, Betroffenenrecht, Initiativrecht, Gestaltungsrecht, De-listing, Suchmaschinen, Hostprovider, Webmaster, Intermediäre, Widerruf der Einwilligung, Widerspruch, Rechtmäßigkeit/Rechtswidrigkeit der Datenverarbeitung

A. Allgemeines

I. Regelungszweck

1 Die Norm statuiert Pflichten zur Löschung personenbezogener Daten, deren Verarbeitung aus unterschiedlichen Gründen nicht oder nicht mehr rechtmäßig ist. Diese Löschpflichten können zwei verschiedenen Fallgruppen zugeordnet werden, die bei oberflächlicher Lektüre der Norm nicht ohne weiteres erkennbar sind:

2 Zum einen gibt es Regelungen, die es dem Verantwortlichen auferlegen, von sich aus Löschungen vorzunehmen. Insofern ist die Löschpflicht objektiv-rechtlich vorgegeben. Dieser Fallgruppe sind die Löschtatbestände des Abs. 1 lit. a (Zweckfortfall), lit. d (unrechtmäßige Verarbeitung) und lit. e (Löschverpflichtung aufgrund von Rechtsnormen) zuzuordnen. Die Rechtswidrigkeit der Datenverarbeitung entsteht in diesen Fällen, ohne dass der Betroffene eine rechtserhebliche Handlung hierfür vornehmen muss, und führt unmittelbar zur Löschpflicht des Verantwortlichen. Ein Löschverlangen des Betroffenen ist für das Entstehen der Löschpflicht nicht konstitutiv. Es dürfte aber in manchen Fällen hilfreich sein, um den Verantwortlichen über die Rechtswidrigkeit seiner Datenverarbeitung in Kenntnis zu setzen bzw. ihn an seine Löschpflicht zu erinnern.

3 Zum anderen enthält die Norm Tatbestände, die dem Betroffenen das Recht geben, vom Verantwortlichen Löschung zu verlangen, nachdem er selbst den Rechtsgrund für die Löschpflicht gesetzt hat. Dieser Fallgruppe sind die Löschtatbestände des Abs. 1 lit. b und f (Widerruf der Einwilligung) sowie lit. c (Widerspruch) zuzuordnen. Im Unterschied zu der anderen Fallgruppe muss der Betroffene hier zunächst von einem seiner Gestaltungs- bzw. Steuerungsrechte Gebrauch gemacht haben, damit die Voraussetzung für einen Anspruch auf Löschung entsteht. Hiesigen Erachtens ist der Antrag des Betroffenen auf Löschung in diesen Fällen für das Entstehen der Löschpflicht sogar konstitutiv. Zwar ließe sich auch die Auffassung vertreten, dass mit dem Widerruf der Einwilligung bzw. einem erfolgreichen Widerspruch automatisch von Gesetzes wegen eine Löschpflicht eintritt oder dass in der Widerrufs- bzw. Widerspruchserklärung implizit ein Löschverlangen enthalten ist. Dann bedürfte es eines antragsabhängigen Löschanspruchs (und der gesonderten Löschtatbestände in Abs. 1 lit. b und c) aber gar nicht, denn die Weiterverarbeitung von Daten nach erfolgreichem Widerruf der Einwilligung oder Widerspruch ist nie notwendig und immer rechtswidrig, so dass an sich schon die Löschtatbestände des Abs. 1 lit. a und d ausreichen würden. Indem der Normgeber die Löschtatbestände des Abs. 1 lit. b und c schuf, wollte er aber diesen Automatismus gerade nicht. In Fällen des Widerrufs der Einwilligung und des Widerspruchs muss der Betroffene zusätzlich ausdrücklich auch Löschung verlangen. Insofern ist der Antrag des Betroffenen auf Löschung in diesen Fällen für den Löschanspruch konstitutiv. Selbstverständlich ist aber die Datenverarbeitung nach einem Widerruf der Einwilligung bzw. nach einem Widerspruch durch den Verantwortlichen entsprechend einzuschränken.

4 In allen Fallgruppen hat die Löschpflicht das Ziel, die jeweilige Datenverarbeitung so zu beenden, dass keine Möglichkeit zu ihrer (dann rechtswidrigen) Fortführung besteht. In keinem Fall hat der Betroffene aber das Recht, Löschung um der Löschung willen zu verlangen. Voraussetzung für den Löschanspruch ist immer, dass ein Erlaubnistatbestand wegfällt oder gar nicht vorgelegen hat.

II. Normadressaten

1. Öffentliche und nicht-öffentliche Stellen

5 Die Norm unterscheidet grundsätzlich nicht zwischen öffentlichen und nicht-öffentlichen Verantwortlichen. Beide kommen gleichermaßen als Anspruchsgegner in Betracht. Allerdings dürften die Löschtatbestände des Abs. 1 lit. b und f (Widerruf der Einwilligung) in erster Linie bei Datenverarbeitungen durch nicht-öffentliche Stellen in Betracht kommen. Bei den Ausnahmetatbeständen dürften Abs. 3 lit. a (Meinungs- und Informationsfreiheit) und Abs. 3 lit. e (Rechtsansprüche) eher nicht-öffentlichen Stellen zugute kommen, während der Ausnahmetatbestand des

Abs. 3 lit. b Alt. 3 (Ausübung hoheitlicher Gewalt) nur für öffentliche oder beliehene nicht-öffentliche Stellen einschlägig ist. Bei den übrigen Ausnahmetatbeständen kommen sowohl öffentliche als auch nicht-öffentliche Stellen als Normadressaten in Betracht. Besondere Probleme ergeben sich für Datenverarbeitungen durch Privatpersonen (Rn. 39), Suchmaschinenbetreiber (Rn. 40 f.) und Intermediäre im Allgemeinen (Rn. 42).

2. Drittstaatsdatenverarbeiter

Auch Drittstaatsdatenverarbeiter sind zur Löschung verpflichtet, wenn die von ihnen betriebene Datenverarbeitung die Voraussetzungen des Art. 3 Abs. 2 erfüllt. **6**

3. Mitgliedstaaten

Der nationale Gesetzgeber muss das gesamte nationale Recht daraufhin überprüfen, ob es datenschutzrechtliche Löschpflichten und -ansprüche enthält. Diese sind auf ihre Vereinbarkeit mit Art. 17 zu überprüfen und ggf. zu streichen oder an die Vorgaben des Art. 17 anzupassen, es sei denn abweichende Regelungen können aufgrund einer Öffnungsklausel der DS-GVO im nationalen Recht getroffen werden. Wiederholungen des Wortlauts der DS-GVO im nationalen Recht sind ausnahmsweise zulässig, wenn sie erforderlich sind, um die Kohärenz zu wahren und die nationalen Rechtsvorschriften für die Personen, für die sie gelten, verständlicher zu machen (EG 8). **7**

Löschpflichten und -ansprüche finden sich im BDSG (öffentliche Stellen: § 20 Abs. 2 und 8 BDSG; nicht-öffentliche Stellen: § 35 Abs. 2, 6 und 7 BDSG), in den Landesdatenschutzgesetzen und in bereichsspezifischen Gesetzen. **8**

Anders als die meisten anderen Betroffenenrechte enthält Art. 17 einen umfassenden Katalog von Ausnahmetatbeständen, die in den Mitgliedstaaten ebenfalls unmittelbar gelten. Insofern ist der Handlungsbedarf für den nationalen Gesetzgeber bei den Löschpflichten nicht so groß wie bei den anderen Betroffenenrechten. Die Mitgliedstaaten können aber auch hier im nationalen Recht gem. Art. 6 Abs. 2 und 3 spezifischere Anforderungen an die Löschpflicht, gem. Art. 23 Beschränkungen der Löschpflicht und gem. Art. 85 Abweichungen oder Ausnahmen von der Löschpflicht festlegen. **9**

4. Betroffene

Betroffene können einen Antrag (Löschverlangen) an den Verantwortlichen richten, um ihren Löschanspruch geltend zu machen. Eine Löschpflicht besteht jedoch in den Fällen des Abs. 1 lit. a und d immer auch von Gesetzes wegen, weshalb die Geltendmachung eines Löschanspruchs durch den Betroffenen für die Löschpflicht des Verantwortlichen nicht konstitutiv ist. In den Fällen des Abs. 1 lit. b und f bedarf es zunächst des Widerrufs der Einwilligung (gem. Art. 7 Abs. 3), in den Fällen des Abs. 1 lit. c des Widerspruchs (gem. Art. 21 Abs. 1, 2 oder 6) und dann zusätzlich noch eines Antrags des Betroffenen auf Löschung (genauer hierzu Rn. 3). **10**

5. Datenschutzaufsichtsbehörden

Die Untersuchungs-, Abhilfe- und Genehmigungsbefugnisse der Datenschutzaufsichtsbehörden sind in Art. 58 geregelt. Gem. Art. 58 Abs. 2 lit. g hat jede Aufsichtsbehörde ausdrücklich die Befugnis, die Datenlöschung gem. Art. 17 und die Unterrichtung der Empfänger, denen die zu löschenden Daten offengelegt wurden, gem. Art. 17 Abs. 2 und Art. 19 anzuordnen. Der Europäische Datenschutzausschuss stellt insb. auch Leitlinien, Empfehlungen und bewährte Verfahren zu Verfahren für die Löschung gem. Art. 17 Abs. 2 von Links zu personenbezogenen Daten oder Kopien oder Replikationen dieser Daten aus öffentlich zugänglichen Kommunikationsdiensten bereit (Art. 70 Abs. 1 lit. d). Bei Verstößen gegen Art. 17 können die Datenschutzaufsichtsbehörden Geldbußen gem. Art. 83 Abs. 5 lit. b verhängen. **11**

III. Systematik

12 Art. 17 verweist in vielen seiner Tatbestände auf andere Normen der DS-GVO. Deshalb ist die systematische Einordnung der Regelung von besonderer Bedeutung. Das Entstehen einer Löschpflicht des Verantwortlichen folgt zwei verschiedenen Ansätzen. Sie kann eine objektiv-rechtlich zu beachtende Dauerpflicht des Verantwortlichen sein, sie kann aber auch aus der Geltendmachung eines antragsabhängigen Gestaltungsrechts des Betroffenen erwachsen.

13 Zum Teil ist die Löschpflicht des Verantwortlichen als **objektiv-rechtlich** zu beachtende Dauerpflicht des Verantwortlichen ausgestaltet. Insofern steht sie auf einer Stufe z.B. mit der Richtigkeitspflicht des Art. 5 Abs. 1 lit. d. Gegenstand dieser Form der Löschpflicht sind Datenverarbeitungen, die von vorneherein rechtswidrig waren oder zwar ursprünglich rechtmäßig gewesen waren, später aber rechtswidrig wurden. Dies ist der Fall bei Abs. 1 lit. a (Daten für Zweck nicht mehr notwendig = Zweckfortfall), lit. d (Daten wurden unrechtmäßig verarbeitet) und lit. e (Löschung ist gesetzlich vorgeschrieben). Die Geltendmachung des Löschanspruchs durch den Betroffenen ist für diese Löschpflichten nicht konstitutiv. Der Verantwortliche muss von sich aus löschen. Ein Antrag des Betroffenen schadet aber auch nicht. Er hat dann nur die Funktion eines Hinweises auf die ohnehin bestehende Löschpflicht.

14 Zum anderen kann die Löschpflicht Rechtsfolge der Geltendmachung eines **Löschanspruchs** des Betroffenen sein. Voraussetzung hierfür ist, dass der Betroffene zunächst entweder die Einwilligung für eine bestimmte Datenverarbeitung widerruft (Abs. 1 lit. b und f) oder einer Datenverarbeitung widerspricht (Abs. 1 lit. c). Beides führt im Erfolgsfalle zwar bereits dazu, dass die Datenverarbeitung einzustellen ist. Die Löschung der Daten muss der Betroffene jedoch zusätzlich gem. Art. 17 beantragen. Insofern gehört Art. 17 zu den Betroffenenrechten des Kapitels III und dort zu den Initiativrechten, die einen Antrag des Betroffenen voraussetzen. Weitere Initiativrechte sind das Recht auf Auskunft (Art. 15), das Recht auf Berichtigung und Vervollständigung (Art. 16), das Recht auf Verarbeitungseinschränkung (Art. 18), das Recht auf Datenübertragbarkeit (Art. 20) und das Widerspruchsrecht (Art. 21). Außerdem gehört der Löschanspruch zu den Steuerungs- und Gestaltungsrechten, mit denen der Betroffene unmittelbar Einfluss auf das Ob und/oder das Wie der Datenverarbeitung nehmen kann. Zu diesen Rechten gehören z.B. auch das Recht auf Verarbeitungseinschränkung (Art. 18), das Recht auf Datenübertragbarkeit (Art. 20) und das Widerspruchsrecht (Art. 21).

15 Art. 12 enthält **allgemeine Voraussetzungen** für alle Betroffenenrechte. Demnach gelten für die Löschpflichten und -ansprüche zusätzlich zu den Anforderungen des Art. 17 die allgemeinen Voraussetzungen für transparente Information, Kommunikation und Modalitäten für die Ausübung der Rechte des Betroffenen, soweit die dortigen Regelungen für Löschpflichten und -rechte relevant sind. Art. 12 enthält darüber hinaus weitere Voraussetzungen für die Mitwirkungspflichten des Verantwortlichen bei der Erfüllung der Rechte des Betroffenen.

16 Das Recht auf **Datenübertragbarkeit** berührt das Recht auf Löschung und die Beschränkungen dieses Rechts nicht (EG 68 S. 9). Das bedeutet, dass die Voraussetzungen von Datenübertragbarkeit und Löschung gesondert voneinander zu prüfen sind. Sollte der Betroffene eine Übertragung der auf ihn betreffenden Daten auf einen anderen Verantwortlichen verlangen, bedeutet dies nicht automatisch, dass die Daten vom exportierenden Verantwortlichen gelöscht werden dürfen oder müssen. Aus Sicht des Betroffenen bedarf es hierfür eines gesonderten Löschverlangens. Aus Sicht des exportierenden Verantwortlichen sollte jedoch eine solche Datenübertragung zum Anlass genommen werden zu prüfen, ob er nicht auch ohne Löschverlangen zur Löschung verpflichtet ist.

17 Zwischen dem **Recht auf Verarbeitungseinschränkung** (Art. 18) und der Löschpflicht besteht in mehreren Konstellationen ein Stufenverhältnis:

- Sind die Daten für die Zwecke, für die sie erhoben oder auf sonstige Weise verarbeitet wurden, nicht mehr erforderlich, ist der Verantwortliche an sich ohne weiteres zur Löschung verpflichtet (Abs. 1 lit. a). Dies gilt allerdings nicht, soweit er die Daten noch zur Rechtsverfolgung benötigt (Abs. 3 lit. e). In diesem Fall hat er von sich aus eine Verarbeitungseinschränkung vorzunehmen, denn er ist zur Verarbeitung der Daten für andere Zwecke als zur Rechtsverfolgung ja nicht mehr berechtigt. Art. 18 enthält jedoch keinen Tatbestand, der klarstellen würde, dass der Verantwortliche eine solche Verarbeitungseinschränkung vornehmen darf/muss.

- Art. 18 Abs. 1 lit. c enthält allerdings umgekehrt das Recht des Betroffenen, vom Verantwortlichen eine Verarbeitungseinschränkung zu verlangen, wenn der Betroffene verhindern will, dass der Verantwortliche die Daten löscht, weil der Betroffene sie noch zur Rechtsverfolgung benötigt.
- Sind die Daten unrichtig und ist die Verarbeitung deshalb wegen Verstoßes gegen Art. 5 Abs. 1 lit. d unrechtmäßig, ist der Verantwortliche gem. Abs. 1 lit. d zur Löschung verpflichtet. Der Betroffene kann dann verlangen, dass die Verarbeitung bereits für die Dauer der Überprüfung der Richtigkeit der Verarbeitung eingeschränkt wird (Art. 18 Abs. 1 lit. a), was einen „Schwebezustand"[1] zur Folge hat. Diese Regelung ist hochproblematisch, weil durch sie eine Vermutung für die Unrichtigkeit von Daten entsteht. Insb. wenn Intermediäre dadurch verpflichtet werden, Daten auf die bloße Behauptung ihrer Unrichtigkeit durch den Betroffenen ohne nähere Überprüfung zunächst einmal offline zu nehmen, kann dies zu einem erheblichen Eingriff in die Kommunikationsfreiheiten im Internet führen (näher unten Rn. 42).
- Ist die Verarbeitung unrechtmäßig, ist der Verantwortliche an sich ohne weiteres zur Löschung verpflichtet (Abs. 1 lit. d). Der Betroffene kann aber verlangen, dass der Verantwortliche statt einer Löschung nur eine Verarbeitungseinschränkung vornimmt (Art. 18 Abs. 1 lit. b). Auch diese Regelung ist verunglückt, denn bei wörtlicher Auslegung würde auf Verlangen des Betroffenen aus einer Löschpflicht des Verantwortlichen eine zeitlich unbeschränkte Aufbewahrungspflicht. Insofern ist eine teleologische Reduktion der Norm geboten.

Die **Mitgliedstaaten** können im nationalen Recht gem. Art. 6 Abs. 2 und 3 spezifische Anforderungen an die Löschpflicht, gem. Art. 23 Beschränkungen der Löschpflicht und gem. Art. 85 Abweichungen oder Ausnahmen von der Löschpflicht festlegen. **18**

In den Erwägungsgründen versteckt sich eine sehr weitgehende Pflicht des Verantwortlichen. Nach EG 39 S. 10 soll der Verantwortliche **Fristen für die Löschung** oder regelmäßige Überprüfung personenbezogener Daten vorsehen. Auch aus Art. 30 Abs. 1 lit. f lässt sich eine Pflicht zur Festlegung von Löschfristen ableiten. Dies ist auch konsequent, wenn man die objektiv-rechtliche Pflicht zur Löschung nicht mehr notwendiger (Abs. 1 lit. a) oder unrechtmäßig verarbeiteter (Abs. 1 lit. d) Daten ernst nimmt. In letzter Konsequenz muss jedes einzelne Datum mit einem Lösch- oder zumindest Überprüfungsdatum versehen werden. Zumindest sollte die verwendete Unternehmenssoftware ein Löschkonzept mit entsprechenden Voreinstellungen enthalten.[2] **19**

Der Verantwortliche muss den Betroffenen bei Datenerhebung oder -verwendung über seinen Anspruch auf Löschung **informieren** (Art. 13 Abs. 2 lit. b oder 14 Abs. 2 lit. c). Auch im Rahmen des Auskunftsanspruchs ist der Betroffene über seinen Anspruch auf Löschung zu informieren (Art. 15 Abs. 1 lit. e). **20**

Den Verantwortlichen treffen nach vorgenommener Löschung eine Reihe von **Benachrichtigungspflichten**. So muss der Verantwortliche den Betroffenen (Art. 12 Abs. 2), alle Empfänger, denen die Daten offengelegt wurden (Art. 19 S. 1), und alle anderen Verantwortlichen, die vom ersten Verantwortlichen öffentlich gemachte Daten weiterverarbeiten (Art. 17 Abs. 2), über die Löschung benachrichtigen. Darüber hinaus ist der Betroffene über die Empfänger von Daten, die jetzt gelöscht werden müssen, zu benachrichtigen, wenn der Betroffene dies verlangt (Art. 19 S. 2). **21**

---

1 Ehmann/Selmayr, *Kamann/Braun*, Art. 17 Rn. 12.
2 *Jacobi/Jantz*, in: ArbRB 2017, 22, 25.

22 **Rechtsfolge** der Löschpflicht ist, dass die in den Daten enthaltenen Informationen soweit unkenntlich gemacht werden müssen, dass es dem Verantwortlichen unter keinen Umständen mehr möglich ist, die personenbezogenen Daten zu rekonstruieren. Eine Vernichtung der Daten ist nicht erforderlich (arg e Art. 4 Nr. 2). Für die Dauer der Prüfung der Frage, ob eine Löschpflicht besteht, kann der Betroffene einen Anspruch auf Verarbeitungseinschränkung geltend machen (Art. 18 Abs. 1 lit. a und d).

23 **Auftragsverarbeitung:** Der Auftragsverarbeiter muss nach Abschluss der Erbringung der Verarbeitungsleistungen alle personenbezogenen Daten nach Wahl des Verantwortlichen entweder löschen oder zurückgeben (Art. 28 Abs. 3 lit. g).

24 **Dokumentationspflicht:** Das vom Verantwortlichen zu führende Verzeichnis von Verarbeitungstätigkeiten muss, wenn möglich, die vorgesehenen Fristen für die Löschung der verschiedenen Datenkategorien enthalten (Art. 30 Abs. 1 lit. f).

25 **Datenschutzaufsichtsbehörden:** Jede Aufsichtsbehörde verfügt unter anderem über die Befugnis, die Löschung und die Unterrichtung der Empfänger darüber anzuordnen (Art. 58 Abs. 2 lit. g).

IV. Entstehungsgeschichte

1. Bisherige europäische Vorgaben

26 Art. 12 lit. b DS-RL sieht einen Löschanspruch in Bezug auf Daten vor, deren Verarbeitung nicht den Bestimmungen der DS-RL entspricht, insb. wenn diese Daten unvollständig oder unrichtig sind. Art. 12 lit. c DS-RL enthält die Verpflichtung, Dritten, denen die Daten übermittelt wurden, die Durchführung der Löschung mitzuteilen, sofern sich dies nicht als unmöglich erweist oder kein unverhältnismäßiger Aufwand damit verbunden ist.

2. Bisherige nationale Vorgaben

27 § 20 Abs. 2 BDSG enthält eine objektiv-rechtliche Löschpflicht öffentlicher Stellen für Fälle, in denen die Speicherung der Daten unzulässig ist (Nr. 1) oder die Kenntnis der Daten für die öffentliche Stelle zur Erfüllung der in ihrer Zuständigkeit liegenden Aufgaben nicht mehr erforderlich ist (Nr. 2).

28 § 35 Abs. 2 Satz 2 BDSG enthält eine objektiv-rechtliche Löschpflicht nicht-öffentlicher Stellen für Fälle, in denen die Speicherung unzulässig ist (Nr. 1), in denen die Richtigkeit sensitiver Daten vom Verantwortlichen nicht bewiesen werden kann (Nr. 2), in denen die Kenntnis der Daten für die Erfüllung des Speicherungszwecks nicht mehr erforderlich ist (Nr. 3) und in denen die Daten durch Auskunfteien verarbeitet werden (Nr. 4 und S. 3).

29 Obwohl der jeweilige Wortlaut der genannten Normen nur eine objektiv-rechtliche Löschpflicht vorsieht, hat der Betroffene nach der Rechtsprechung auf verfassungsrechtlicher Grundlage (Art. 2 Abs. 1 GG) auch einen Anspruch auf Löschung.[3]

30 Nach der Legaldefinition des § 3 Abs. 4 S. 2 Nr. 5 BDSG ist Löschen das Unkenntlichmachen gespeicherter personenbezogener Daten.

3. Verhandlungen zur DS-GVO

31 In den Verhandlungen zur DS-GVO war insb. umstritten, wie sich das Recht auf Löschung zu einem etwaigen echten Recht auf Vergessenwerden verhält. Der KOM-Entwurf enthielt neben dem Recht des Betroffenen auf Löschung auch das Recht, die Unterlassung jeglicher weiterer Verbreitung verlangen zu können (Art. 17 Abs. 1 KOM-E). Darüber hinaus sollte der Verantwortliche auch verpflichtet sein, bei von ihm öffentlich gemachten Daten alle vertretbaren Schritte zu

3 *BVerwG*, Beschluss vom 4. März 2004 – 1 WB 32.03 –, Rn. 13.

unternehmen, um Drittverarbeiter darüber zu informieren, dass ein Betroffener von ihm die Löschung aller Querverweise, Kopien und Replikationen verlangt (Art. 17 Abs. 2 KOM-E). Hinter diesem als „Recht auf Vergessen" bezeichneten Anspruch verbarg sich somit nichts weiter als ein „internetbezogener" Löschungsanspruch.[4]

Das Europäische Parlament machte aus der Pflicht des Verantwortlichen, Drittverarbeiter über die Löschpflicht zu informieren, **32**

- einen unmittelbaren Anspruch des Betroffenen gegen Drittverarbeiter auf Löschung aller Querverweise, Kopien und Replikationen (Art. 17 Abs. 1 EP-E) und
- eine Pflicht des Verantwortlichen, alle zumutbaren Maßnahmen zu ergreifen, um die Daten zu löschen oder bei Dritten löschen zu lassen – allerdings beschränkt auf Fälle, in denen die Daten durch den Verantwortlichen auf unrechtmäßige Weise öffentlich gemacht wurden (Art. 17 Abs. 2 EP-E).

Diese Regelung wäre einem echten „Recht auf Vergessen" noch am nächsten gekommen, konnte sich aber im Trilog nicht durchsetzen. **33**

Der Rat schlug (ähnlich wie die Europäische Kommission) eine Pflicht des Verantwortlichen vor, alle vertretbaren Schritte (unter Berücksichtigung der verfügbaren Technologie und der Implementierungskosten) zu unternehmen, um Drittverarbeiter darüber zu informieren, dass ein Betroffener die Löschung aller Querverweise, Kopien und Replikationen verlangt. **34**

In der letztlich verabschiedeten Fassung ist es bei dieser Informationspflicht geblieben. Weder der vom EP geforderte direkte Anspruch des Betroffenen gegen den Drittverarbeiter noch die Pflicht des Verantwortlichen, die Löschung durch Dritte zu erwirken, konnten sich letztlich durchsetzen. Daher kann auch nicht davon die Rede sein, dass die DS-GVO ein „Recht auf Vergessenwerden" enthalte.[5] Die Verwendung des Begriffs in der Überschrift des Art. 17 hat symbolpolitische Bedeutung und ist eine „Marketing-Maßnahme"[6] der EU.[7] Die Regelung enthält weder ein „Verfallsdatum für Informationen" noch einen „digitalen Radiergummi", sondern nur das schon bekannte Löschungsrecht, das durch den Begriff „Recht auf Vergessenwerden" aufgewertet werden soll.[8] **35**

B. Inhalt der Regelung

I. Formelle Anspruchsvoraussetzungen

1. Anspruchsberechtigung

Den Löschanspruch hat der Betroffene. Er ist ein höchstpersönliches Recht und kann nicht auf Dritte übertragen oder vererbt werden. Allerdings kann die Geltendmachung des Löschanspruchs durch einen rechtsgeschäftlichen (z.B. Rechtsanwalt) oder gesetzlichen (z.B. Erziehungsberechtigter) Vertreter erfolgen.[9] Auch Verbraucherschutzverbände können vom Betroffenen beauftragt werden, dessen Rechte geltend zu machen, wenn dies im nationalen Recht vorgesehen ist (Art. 80 Abs. 1). **36**

---

4 *Buchholtz*, in: AöR 140 (2015), 122, 134.
5 Zurückhaltend auch Paal/Pauly, *Paal*, Art. 17 Rn. 2; a.A. *Kamann/Braun* (in: Ehmann/Selmayr, Art. 17 Rn. 2), die das Recht auf Löschung als das „Kernrecht" eines umfassenden „Rechts auf Vergessenwerden" ansehen.
6 *Trentmann*, in: CR 2017, 26, 35.
7 *Selmayr/Ehmann*, Einführung Rn. 62 f., nennen dementsprechend das „Recht auf Vergessenwerden" auch als erste von fünf „Neuerungen", die es verdienten, als „evolutive Weiterentwicklung des europäischen Datenschutzrechts hervorgehoben zu werden".
8 *Schantz*, in: NJW 2016, 1841, 1845.
9 Vgl. Gierschmann/Saeugling, *Heinemann*, § 34 Rn. 8.

37 Ausnahmsweise können Löschrechte und -pflichten auch unabhängig von persönlicher Betroffenheit im Wege einer altruistischen Verbandsklage von einem Verband geltend gemacht werden, wenn der nationale Gesetzgeber von der Öffnungsklausel des Art. 80 Abs. 2 Gebrauch gemacht hat. Die in § 2 Abs. 2 Nr. 11 Unterlassungsklagengesetz vorgesehene Möglichkeit zur Geltendmachung von datenschutzrechtlichen Unterlassungs- und Beseitigungsansprüchen kann demnach auch unter der DS-GVO aufrecht erhalten bleiben.

2. Zur Löschung Verpflichtete

38 Zur Löschung verpflichtet ist der Verantwortliche. Dies können sowohl öffentliche als auch nicht-öffentliche Stellen sein. Besondere Probleme ergeben sich für Datenverarbeitungen durch Privatpersonen (Rn. 39), Suchmaschinenbetreiber (Rn. 40 f.) und Intermediäre im Allgemeinen (Rn. 42).

a) Privatpersonen

39 In Bezug auf die Löschpflichten nicht-öffentlicher Stellen ist bemerkenswert, dass auch Privatpersonen zur Löschung verpflichtet sind, deren Datenverarbeitung nicht ausschließlich privaten oder familiären Zwecken dient (Art. 2 Abs. 2 lit. c = Haushaltsausnahme). Damit ist zum Beispiel jeder Webseitenbetreiber zur Löschung verpflichtet, der personenbezogene Daten auf seiner Webseite im Internet veröffentlicht. Auch jeder Twitternutzer, der den Tweet eines anderen Nutzers retweetet, könnte zur Löschung verpflichtet sein. Allerdings dürften Aktivitäten von natürlichen Personen im Internet in weitem Umfang von der Ausnahme zugunsten der Meinungs- und Informationsfreiheit (Abs. 3 lit. a) und auch von den Ausnahmen zugunsten im öffentlichen Interesse liegender Archivzwecke, zugunsten wissenschaftlicher oder historischer Forschungszwecke und zugunsten statistischer Zwecke (Abs. 3 lit. d) gedeckt sein. Unbedingt erforderlich ist noch die Verankerung von Ausnahmen für die Verarbeitung zu journalistischen Zwecken im nationalen Recht. Art. 85 enthält einen entsprechenden Regelungsauftrag für den nationalen Gesetzgeber.

b) Suchmaschinenbetreiber

40 Fraglich ist, ob Suchmaschinenbetreiber zur Löschung verpflichtet sind. Suchmaschinenbetreiber verarbeiten von Dritten ins Internet gestellte oder dort veröffentlichte Informationen, indem sie sie automatisch indexieren, vorübergehend speichern und schließlich den Internetnutzern in einer bestimmten Rangfolge zur Verfügung stellen.[10] Sofern die so verarbeiteten Informationen personenbezogene Daten enthalten, sind Suchmaschinenbetreiber nach der Rechtsprechung des EuGH grundsätzlich als Verantwortliche im Sinne des Datenschutzrechts anzusehen.[11]

41 In der Rechtssache Google ./. Spanien hatte sich der EuGH bei der Frage, wie das De-listing (Entfernung eines Suchtreffers aus der Trefferliste) rechtlich genau zu qualifizieren ist, nicht festgelegt. Den Anspruch des Betroffenen hatte er auf Art. 12 lit. b und Art. 14 Abs. 1 lit. a DS-RL gestützt. Art. 12 lit. b DS-RL enthält die Ansprüche auf Berichtigung, Löschung und Sperrung, Art. 14 Abs. 1 lit. a DS-RL enthält das Widerspruchsrecht. Angesichts der unmittelbaren Geltung der DS-GVO und in Anbetracht der deutlich differenzierteren Ausgestaltung der Betroffenenrechte und ihrer Ausnahmen kommt eine solche Unschärfe nach neuer Rechtslage nicht mehr in Betracht. Das De-listing ist bei genauer Betrachtung eine Verarbeitungseinschränkung (siehe hierzu genauer Rn. 87 ff.), weshalb sich Ansprüche auf De-listing an sich nach Art. 18 richten müssten. Art. 18 enthält allerdings keinen Tatbestand für die Fallkonstellationen, in denen ein Betroffener die Entfernung einer Information aus den Suchergebnislisten verlangt. Der Normgeber hat schlicht vergessen, das De-listing zu regeln – mit Ausnahme einiger Fallkonstellationen, die durch das Widerspruchsrecht des Art. 21 Abs. 1 erfasst werden können. Um unter der Geltung der DS-GVO zu demselben Ergebnis zu kommen wie der EuGH in seiner Google-Entscheidung,

---

10 So beschreibt der *EuGH* die Tätigkeit von Suchmaschinen (Urteil vom 13. Mai 2014 – C-131/12 –, Rn. 21).

11 *EuGH*, Urteil vom 13. Mai 2014 – C-131/12 –, Rn. 41.

wird man erneut eine Zusammenschau der in Frage kommenten Tatbestände (Art. 17, 18 und 21) vornehmen müssen.

c) Hostprovider/Intermediäre

Ungeklärt ist die Frage, ob und inwieweit die DS-GVO und damit insb. auch die Löschpflichten auf die Datenverarbeitung durch Intermediäre generell anwendbar sind. Bislang gelten hier Art. 12 bis 15 der Richtlinie 2000/31/EG über den elektronischen Geschäftsverkehr (eCommerce-Richtlinie), die für die reine Durchleitung, das Caching und das Hosting durch Dienste der Informationsgesellschaft weitgehende Haftungserleichterungen vorsieht und ihnen keine allgemeine Überwachungspflicht auferlegt (Providerprivileg). Zwar heißt es in Art. 2 Abs. 4, dass die DS-GVO die Anwendung der eCommerce-Richtlinie „und speziell die Vorschriften der Artikel 12 bis 15 dieser Richtlinie zur Verantwortlichkeit der Vermittler unberührt" lässt. Es wird aber die Auffassung vertreten, dass die Löschpflichten der DS-GVO nichts mit der Verantwortlichkeit („liability") der Diensteanbieter, die durch die eCommerce-Richtlinie geregelt wird, zu tun haben.[12] Dies hätte zur Folge, dass der durch Art. 2 Abs. 4 gewährleistete Fortbestand der Haftungsregeln der eCommerce-Richtlinie für die Geltung der Löschpflichten der DS-GVO ohne Bedeutung wäre. In diesem Fall wären Intermediäre wie alle anderen Verantwortlichen zur ständigen Überprüfung ihres Datenbestandes und erforderlichenfalls zur regelmäßigen Löschung von auf ihren jeweiligen Plattformen veröffentlichten Informationen Dritter verpflichtet. Hiesigen Erachtens geht eine solche Überprüfungspflicht aber zu weit. Wie in Art. 15 Abs. 1 der eCommerce-Richtlinie vorgesehen, sollten Internetdiensteanbieter keine allgemeine Verpflichtung haben, die von ihnen übermittelten oder gespeicherten Informationen zu überwachen oder aktiv nach Umständen zu forschen, die auf eine rechtswidrige Tätigkeit hinweisen. Es bleibt also bei dem sich auch aus § 10 TMG ergebenden „Notice-and-Takedown"-Verfahren. Hostprovider sind zur Entfernung eines rechtswidrigen Inhalts daher erst bei positiver Kenntnis der Rechtswidrigkeit verpflichtet. **42**

3. Pflicht des Verantwortlichen zur Löschung

Art. 17 Abs. 1 enthält zwei Tatbestandsvarianten: **43**

- Pflicht des Verantwortlichen, personenbezogene Daten zu löschen, sofern einer der in lit. a bis f genannten Gründe vorliegt.
- Pflicht des Verantwortlichen, personenbezogene Daten auf Verlangen des Betroffenen zu löschen, sofern einer der in den lit. a bis f genannten Gründe vorliegt.

a) Objektiv-rechtliche Pflicht zur Löschung

Es besteht somit bereits objektiv-rechtlich die Pflicht des Verantwortlichen zur Löschung, wenn einer der Löschtatbestände vorliegt. Die Löschpflicht ist eine Dauerpflicht. Sie kann nur erfüllt werden, wenn der Verantwortliche dauernd seinen Datenbestand daraufhin überprüft, ob nicht einer der Löschtatbestände vorliegt. Nach EG 39 S. 11 muss der Verantwortliche alle vertretbaren Schritte unternehmen, damit unzutreffende oder unvollständige personenbezogene Daten gelöscht werden. Gem. EG 39 S. 10 soll er ein Lösch- und Sperrkonzept haben, das Fristen für die regelmäßige Prüfung bzw Löschung der Daten vorsieht. **44**

b) Löschung auf Antrag

Ein Antrag des Betroffenen auf Löschung ist nicht konstitutiv für den Anspruch, sondern hat lediglich Hinweisfunktion. Allerdings setzen mindestens die Löschtatbestände des Abs. 1 lit. b (Widerruf der Einwilligung), lit. c (Widerspruch) und lit. f (Widerruf der für ein Kind durch Träger el- **45**

12 Eingehend zum gesamten Problemkreis „Intermediaries and free expression under the GDPR" die Blogserie von *Keller*, http://cyberlaw.stanford.edu/blog/2015/12/series-conclusion-summary-intermediaries-and-free-expression-under-gdpr-brief (zuletzt abgerufen am 28.5.2017). Nach *Keller* lautet die „€20 million question: Do intermediary liability laws under eCommerce Directive Articles 12-15 apply to RTBF erasure requests?"

terlicher Verantwortung erteilten Einwilligung) ein Tätigwerden des Betroffenen voraus, damit die Löschpflicht des Verantwortlichen entstehen kann. Widerruft der Betroffene seine Einwilligung oder widerspricht er der Datenverarbeitung sollte er durch ausdrückliches Löschbegehren klar machen, dass er nicht nur die Beendigung der Datenverarbeitung wünscht, sondern auch die endgültige Löschung der Daten. Tut er dies nicht, ist es eine Frage der Auslegung seines Begehrens, ob zusätzlich zur Beendigung der Datennutzung für einen bestimmten Zweck auch die Datenspeicherung beendet werden soll. Für die Umsetzung eines Widerspruchs kann z.B. die Aufnahme der fraglichen Daten auf eine sog. „blacklist" erforderlich sein, was eine weitere Speicherung voraussetzt. Im Übrigen hat der Verantwortliche jedes Löschbegehren zum Anlass zu nehmen, die Rechtmäßigkeit seiner Datenverarbeitung zu überprüfen.

46 Die Verantwortliche soll dafür sorgen, dass Anträge elektronisch gestellt werden können, insb., wenn die personenbezogenen Daten elektronisch verarbeitet werden (EG 59 S. 2).

4. Recht des Verantwortlichen auf Löschung?

47 Art. 17 legt zwar fest, unter welchen Voraussetzungen der Verantwortliche zur Löschung verpflichtet ist. Ob und unter welchen Voraussetzungen der Verantwortliche aber auch ein Recht zur Löschung besitzt, wird nicht geregelt.

48 Das BDSG sieht hingegen für nicht-öffentliche Stellen ein Recht zur Löschung vor. Es geht dabei offenbar davon aus, dass nur gelöschte Daten „gute" Daten sind.[13] § 35 Abs. 2 S. 1 BDSG legt fest, dass personenbezogene Daten jederzeit gelöscht werden können. Dies gilt nur dann nicht, wenn der Löschung gesetzliche, satzungsmäßige oder vertragliche Aufbewahrungspflichten entgegenstehen (§ 35 Abs. 3 Nr. 1 BDSG) oder wenn Grund zu der Annahme besteht, dass durch eine Löschung schutzwürdige Interessen des Betroffenen beeinträchtigt werden (§ 35 Abs. 3 Nr. 2 BDSG).

49 Da aber die Löschung nach der DS-GVO eine Datenverarbeitung im Sinne von Art. 4 Nr. 2 ist, bedarf auch sie regelmäßig der Rechtsgrundlage. Der Verantwortliche darf daher personenbezogene Daten nicht jederzeit nach Gutdünken löschen. Dies ist gerechtfertigt, da eine Löschung personenbezogener Daten nicht nur „befreiende Wirkung" haben, sondern dem Interesse und sogar der Entfaltung des Persönlichkeitsrechts des Betroffenen zuwiderlaufen kann.[14] Sofern zwischen der Pflicht zur Löschung und einer gesetzlichen oder vertraglichen Pflicht zur Aufbewahrung überhaupt noch Entscheidungsfreiheit im Hinblick auf eine etwa zweckungebundene Aufbewahrung besteht, hat der Verantwortliche jedenfalls im Wege einer Interessenabwägung zu prüfen, ob er zur Löschung berechtigt ist oder ob einer Löschung ein berechtigtes Interesse des Betroffenen entgegensteht.

5. Fristen

a) Antragsfrist

50 Der Betroffene kann seinen Anspruch auf Löschung jederzeit geltend machen. Der Anspruch ist nicht fristabhängig.

b) Bearbeitungsfrist

51 Die Löschung muss gem. Abs. 1 „ohne unangemessene Verzögerung" („without undue delay") vorgenommen werden. Fraglich ist, wie dieser unbestimmte Rechtsbegriff auszulegen ist. In den meisten Fällen wird der Verantwortliche eine unter Umständen komplexe Prüfung der Frage, ob ein Anspruch auf Löschung besteht, vornehmen müssen. Daher ist dem Verantwortlichen ein gewisser Bearbeitungszeitraum zur Verfügung zu stellen.

---

13 Wolff/Brink, *Brink*, § 35 Rn. 27.
14 Wolff/Brink, *Brink*, § 35 Rn. 27.

Einen Hinweis darauf, was noch als angemessen anzusehen sein wird, gibt Art. 12 Abs. 3. Diese Regelung trifft zwar keine Aussage darüber, innerhalb welcher Zeit die begehrte Löschung vorgenommen werden muss. Allerdings muss der Betroffene spätestens innerhalb eines Monats nach Eingang des Antrags über die aufgrund des Antrags ergriffenen Maßnahmen informiert werden. Daraus folgt, dass die Löschung jedenfalls innerhalb dieser Frist von weniger als einem Monat vorgenommen werden muss, so dass noch eine rechtzeitige Information des Betroffenen erfolgen kann. Dies gilt jedenfalls für die Fälle, in denen die Löschung auf Antrag vorgenommen werden muss. **52**

Dasselbe muss gelten, wenn der Verantwortliche nicht durch Antrag, sondern auf andere Weise Kenntnis von Umständen erhalten hat, nach denen von ihm gespeicherte oder verarbeitete personenbezogene Daten womöglich zu löschen sind. Auch in diesem Fall hat er eine nach den Umständen des Einzelfalls zu bemessende Prüfungs- und Überlegungszeit[15], innerhalb der er eine Entscheidung über die Löschung zu treffen hat. Diese Entscheidung hat er aber so rechtzeitig zu treffen, dass eine Benachrichtigung des Betroffenen innerhalb eines Monats noch möglich ist. Art. 12 Abs. 3 S. 2 sieht eine Möglichkeit zur Verlängerung um weitere zwei Monate für komplexe Anträge oder bei einer Vielzahl von Anträgen vor. **53**

Hat der Verantwortliche nicht nur positive Kenntnis von Umständen, die ihn womöglich zur Löschung verpflichten, sondern hat er bereits positive Kenntnis von seiner Löschpflicht, ist die Löschung ggf. schneller als innerhalb eines Monats vorzunehmen. **54**

c) Löschfristen

Von der Frist zur Bearbeitung von Löschanträgen zu unterscheiden ist die Frage, ob der Verantwortliche generell verpflichtet ist, für jedes von ihm verarbeitete personenbezogene Datum eine Löschfrist festzulegen. Nach EG 39 S. 10 soll der Verantwortliche Fristen für die Löschung der Daten vorsehen. Es ist daher ratsam, für jedes IT-System Löschregelungen zu erstellen. Automatisierte Skripte erfüllen dann durch einen routinemäßigen Lauf die Löschpflichten des Verantwortlichen.[16] **55**

Das vom Verantwortlichen zu führende Verzeichnis von Verarbeitungstätigkeiten muss, wenn möglich, die vorgesehenen Fristen für die Löschung der verschiedenen Datenkategorien enthalten (Art. 30 Abs. 1 lit. f). **56**

Für die Bundesverwaltung ist bereits nach geltendem Recht die schriftliche Festlegung von Regelfristen für die Löschung in § 18 Abs. 2 S. 2 und § 4e S. 1 Nr. 7 BDSG vorgeschrieben. Eine entsprechende Verpflichtung dürfte nunmehr für alle Verantwortlichen gelten. **57**

6. Kosten

Gem. Art. 12 Abs. 5 S. 1 werden alle Maßnahmen nach Art. 17 unentgeltlich zur Verfügung gestellt. Für die Löschung von Daten darf daher kein Entgelt erhoben werden. **58**

Ein angemessenes Entgelt kann der Verantwortliche gem. Art. 12 Abs. 5 S. 2 allerdings bei offenkundig unbegründeten oder – insb. im Fall ihrer Häufung – unverhältnismäßigen Anträgen eines Betroffenen auf Löschung verlangen, wobei die Verwaltungskosten für die Durchführung der beantragten Maßnahme berücksichtigt werden. **59**

7. Mitwirkungspflichten des Verantwortlichen

Der Verantwortliche hat verschiedene Begleitpflichten, die dem Betroffenen die Erfüllung des Löschanspruchs erleichtern bzw. dem Verantwortlichen die Erfüllung seiner Löschpflicht überhaupt erst ermöglichen sollen. **60**

---

15 *BGH*, Urt. v. 24.1.2008 – VII ZR 17/07 –, NJW 2008, 985 Rn. 18.
16 Vgl. Gierschmann/Saeugling, *Saeugling*, § 35 Rn. 44

a) Verfahrens- und Organisationspflichten

61 Unter dem Gesichtspunkt des „Grundrechtsschutzes durch Organisation und Verfahren“ spricht viel dafür, dass der Verantwortliche seine Betriebs- oder Behördenstruktur so organisieren muss, dass der Aufwand bei der Erfüllung seiner Löschpflichten gering gehalten wird und die aufgrund von Löschansprüchen zu treffenden Maßnahmen innerhalb der knapp bemessenen Bearbeitungsfrist vorgenommen werden können.[17] Für eine entsprechende Mitwirkungspflicht spricht auch die Generalklausel des Art. 24 Abs. 1, wonach es erforderlich ist, dass der Verantwortliche geeignete technische und organisatorische Maßnahmen (s. Art. 24 Rn. 68 ff.) trifft, damit die Anforderungen der DS-GVO erfüllt werden.

62 Dafür spricht auch, dass Art. 12 Abs. 2 S. 1 den Verantwortlichen dazu verpflichtet, dem Betroffenen die Ausübung seines Löschanspruchs zu erleichtern. Der Verantwortliche muss Modalitäten festlegen, die es dem Betroffenen ermöglichen, seine Löschrechte in Anspruch nehmen, insb. unentgeltlich davon Gebrauch machen zu können (EG 59 S. 1). Es muss die Möglichkeit zu elektronischer Antragstellung geben (EG 59 S. 2).

63 Nach EG 39 S. 10 soll der Verantwortliche Fristen für die Löschung oder regelmäßige Überprüfung der Daten vorsehen (Regelfristen).

64 Für den Fall der Unrichtigkeit der personenbezogenen Daten muss der Verantwortliche angemessene Maßnahmen treffen, damit unzutreffende Daten unverzüglich (also „without delay“ anstelle von „without undue delay“) gelöscht werden (Art. 5 Abs. 1 lit. d). Nach EG 39 S. 11 sollen alle vertretbaren Schritte unternommen werden, damit unzutreffende personenbezogene Daten gelöscht werden.

b) Pflicht zum Hinweis auf die Löschansprüche

65 Zur Erleichterung der Möglichkeit zur Inanspruchnahme der Löschrechte gehört die Pflicht des Verantwortlichen, den Betroffenen zum Zeitpunkt der Datenerhebung oder -verwendung aktiv auf seine Löschansprüche hinzuweisen (Art. 13 Abs. 2 lit. b, Art. 14 Abs. 2 lit. c). Allerdings steht diese Hinweispflicht grundsätzlich unter dem Vorbehalt, dass eine solche Information notwendig ist, um eine faire und transparente Verarbeitung zu gewährleisten (Art. 13 Abs. 2, Art. 14 Abs. 2). Die Information über die Rechte des Betroffenen (inklusive des Hinweises auf die Löschansprüche) dürfte nicht notwendig sein, wenn durch die Datenverarbeitung nur ein geringes Risiko für die Rechte und Freiheiten des Betroffenen besteht (Grundgedanke des in Art. 24 verankerten risikobasierten Ansatzes, hierzu genauer Art. 24 Rn. 78 ff.).

66 Eine Pflicht zum Hinweis auf die Löschansprüche besteht auch im Rahmen des Auskunftsrechts gem. Art. 15 Abs. 1 lit. e.

c) Informationspflichten

67 Der Verantwortliche muss den Betroffenen über die auf das Löschverlangen hin ergriffenen Maßnahmen (in der Regel: Bestätigung der Löschung) informieren (Art. 12 Abs. 3 S. 1). Diese Information muss in präziser, transparenter, verständlicher und leicht zugänglicher Form in einer klaren und einfachen Sprache erfolgen (Art. 12 Abs. 1 S. 1). Sie hat auf elektronischem Wege zu erfolgen, wenn das Löschverlangen ebenfalls auf elektronischem Wege geäußert wurde, es sei denn, der Antragsteller wünscht einen anderen Informationsweg (Art. 12 Abs. 3 S. 4). Die Information über die auf das Löschverlangen hin ergriffenen Maßnahmen (oder über ein Nichttätigwerden, Art. 12 Abs. 4) muss unverzüglich, spätestens aber innerhalb eines Monats nach Eingang des Löschverlangens erfolgen (Art. 12 Abs. 3 S. 1).

---

17 Vgl. für den Auskunftsanspruch des geltenden Rechts *Sydow*, in: NVwZ 2013, 467.

8. Mitwirkungsobliegenheiten des Betroffenen

Der Betroffene muss kein besonderes Interesse an der Löschung dartun. Allerdings müssen die Voraussetzungen einer der Löschtatbestände erfüllt sein und hierfür wiederum ist der Betroffene unter Umständen darlegungspflichtig. **68**

Eine Mitwirkungsobliegenheit ist insoweit zu verlangen, als der Betroffene dem Verantwortlichen mitteilen muss, welche konkreten personenbezogenen Daten seiner Ansicht nach gelöscht werden müssen. Ein „Löschverlangen ins Blaue hinein" (also der nicht näher konkretisierte Hinweis auf womöglich zu löschende Daten oder das Ersuchen, das Vorliegen von Gründen für die Löschung zu überprüfen, ohne dass es einen konkreten Anhaltspunkt hierfür gibt) dürfte nicht ausreichen. Dies wird jedenfalls dann anzunehmen sein, wenn der Verantwortliche alles seinerseits Erforderliche getan hat, um die Pflicht zur regelmäßigen Überprüfung der Daten zu erfüllen. Insofern ist es dem Betroffenen zuzumuten, zunächst einen Auskunftsanspruch gem. Art. 15 gegen den Verantwortlichen zu stellen, um auf Grundlage der erteilten Auskunft eine etwa erforderliche Löschung zu verlangen. **69**

Im Übrigen ist der Löschanspruch jedoch nicht begründungspflichtig. **70**

Ein Mitwirkungsobliegenheit hat der Betroffene darüber hinaus im Hinblick darauf, dass er gegenüber dem Verantwortlichen Informationen zur Verfügung stellen muss, die diesem die Feststellung der Identität des Antragstellers ermöglichen (siehe nachfolgend Rn. 72 f.). **71**

9. Identitätsfeststellung

Hat der Verantwortliche begründete Zweifel an der Identität der die Löschung begehrenden Person, kann er von dieser zusätzliche Informationen verlangen, die zur Bestätigung seiner Identität erforderlich sind (Art. 12 Abs. 6). Diese Regelung gibt dem Verantwortlichen somit die Befugnis, vom Antragsteller einen Identifikationsnachweis zu verlangen. Das können zum Beispiel die Angabe von Name, Wohnort und Geburtsdatum, die Vorlage eines Ausweisdokuments, ein Login mit Benutzername und Passwort, die Verwendung bestimmter Verschlüsselungstechniken oder ein Rückruf beim Antragsteller sein. Welche Identifikationsnachweise im Einzelfall verlangt werden können, sollte vom Risiko der Datenverarbeitung für den Betroffenen und dem infolgedessen zu verlangenden Vertrauensniveau abhängen. **72**

Art. 12 Abs. 6 darf jedoch nicht nur eine „Kann"-Regelung sein. Bestehen Zweifel an der Identität des Antragstellers, darf der Verantwortliche nicht nur berechtigt, sondern er muss verpflichtet sein, dessen Identität zu überprüfen. Anderenfalls besteht die Gefahr, dass der Verantwortliche auf den Antrag einer anderen Person tätig wird und durch ein Tätigwerden auf Veranlassung dieser anderen Person Rechte und Freiheiten des tatsächlich Betroffenen verletzt. Angesichts des nach einer Vornahme der Löschung möglicherweise endgültigen Datenverlustes ist diese Pflicht zur Identitätsüberprüfung hier sogar von besonderer Bedeutung. Dies war vom EP auch erkannt worden, weshalb Art. 17 Abs. 1a EP-E vorsah, dass die Löschtatbestände nur zur Anwendung kommen, wenn der Verantwortliche in der Lage ist zu überprüfen, ob die Person, die die Löschung beantragt, die betroffene Person ist. **73**

10. Reidentifizierung

Von der Feststellung der Identität des eine Löschung begehrenden Betroffenen zu unterscheiden ist die Frage, ob die beim Verantwortlichen vorhandenen Informationen dem Löschantragsteller überhaupt zugeordnet werden können. Art. 11 regelt den Umfang der Betroffenenrechte (also unter anderem auch den Umfang des Rechts auf Löschung) für Fälle dieser Art. Die Regelung des Art. 11 ist insgesamt verunglückt oder jedenfalls schwer verständlich. Sie ist wie folgt auszulegen: **74**

Art. 11 Abs. 1 betrifft Fälle, in denen ein Verantwortlicher Informationen verarbeitet, die sich zwar auf eine bestimmbare natürliche Person beziehen (und die deshalb als personenbezogene Daten anzusehen sind), bei denen eine Bestimmung des Betroffenen aber zusätzliche Mittel erfordern würde. Es dürfte dabei in erster Linie um pseudonymisierte Daten (Definition in Art. 4 **75**

Nr. 5) gehen. In diesen Fällen soll der Verantwortliche nicht verpflichtet sein, diese zusätzlichen Mittel nur einsetzen zu müssen, um Verpflichtungen der DS-GVO erfüllen zu können. Verarbeitet der Verantwortliche also Daten, die sich zwar auf eine identifizierbare, nicht aber auf eine identifizierte Person beziehen, und macht der Betroffene einen Löschanspruch geltend, ist der Verantwortliche gem. Art. 11 Abs. 1 grundsätzlich zur Löschung nicht verpflichtet.

76 Der Verantwortliche muss allerdings gegenüber dem Betroffenen nachweisen, dass er nicht in der Lage ist, die ihn betreffenden Daten als solche zu identifizieren, und er muss den Betroffenen, sofern möglich, hierüber unterrichten (Art. 11 Abs. 2 S. 1). Stellt der Betroffene dem Verantwortlichen zusätzliche Informationen bereit, die diesem eine Identifizierung dann doch ermöglichen, ist die Löschung vorzunehmen bzw. darf nicht aufgrund fehlender Idenfitizierung abgelehnt werden (Art. 11 Abs. 2 S. 1).

11. Ablehnung

77 In den folgenden Fällen kann der Verantwortliche die Löschung ablehnen:

a) Das Löschbegehren ist (offenkundig) unbegründet (Rn. 78).

b) Das Löschbegehren ist exzessiv (Rn. 79).

c) Die Identifikation des Antragstellers ist nicht möglich (Rn. 72 f.).

d) Die Voraussetzungen eines Löschtatbestandes gem. Abs. 1 liegen nicht vor (Rn. 91 ff.).

e) Es liegt einer der Ausnahmetatbestände gem. Abs. 3 vor (Rn. 134 ff.).

78 Zu a) Bei offenkundig unbegründeten Löschbegehren eines Betroffenen kann der Verantwortliche sich gem. Art. 12 Abs. 5 S. 2 lit. b Alt. 1 weigern, tätig zu werden. Diese Regelung ist – jedenfalls soweit sich Art. 12 Abs. 5 auf den Löschanspruch des Art. 17 bezieht – offensichtlich verunglückt, denn selbstverständlich kann der Verantwortliche nicht nur bei offenkundig unbegründeten Löschbegehren die Löschung verweigern. Er kann dies vielmehr immer tun, wenn das Löschbegehren unbegründet ist. Offenkundig unbegründet ist ein Löschbegehren, wenn diesem die Unbegründetheit „auf die Stirn geschrieben" steht. Dies kann der Fall sein, wenn offenkundig die Voraussetzungen einer der Löschtatbestände des Abs. 1 nicht vorliegen oder offenkundig die Voraussetzungen einer der Ausnahmetatbestände des Abs. 3 vorliegen.

79 Zu b) Bei exzessiven Anträgen eines Betroffenen kann der Verantwortliche sich gem. Art. 12 Abs. 5 S. 2 lit. b Alt. 2 weigern, tätig zu werden. Die DS-GVO selbst nennt als einen möglichen Fall von „Exzessivität" den Fall von häufig sich wiederholenden Löschanträgen. Auch diese Regelung ist – jedenfalls soweit sie sich auf den Löschanspruch des Art. 17 bezieht – verunglückt, denn exzessive Löschbegehren sind kaum denkbar, da der Verantwortliche ja auch ohne ausdrückliche Löschbegehren des Betroffenen ständig zur Überprüfung und erforderlichenfalls Löschung der Daten verpflichtet ist. Die in Art. 17 Abs. 1 verankerte objektiv-rechtliche Löschpflicht ist somit schon der exzessivst denkbare Fall einer Löschpflicht.

80 Bei Ablehnung der Löschung ist der Betroffene über die Gründe und über die Möglichkeit, Beschwerde bei einer Aufsichtsbehörde einzulegen oder den Rechtsweg zu beschreiten, zu unterrichten (Art. 12 Abs. 4). Die Begründung muss so detailliert sein, dass der Betroffene die Berechtigung der Ablehnung selbst überprüfen oder durch eine Aufsichtsbehörde überprüfen lassen kann.[18] Die Ablehnungsmitteilung hat spätestens innerhalb eines Monats nach Eingang des Antrags zu erfolgen (Art. 12 Abs. 4).

18 Vgl. Gola/Schomerus, *Gola/Klug/Körffer*, § 34 Rn. 19.

II. Anspruchsinhalt: Löschung

Nach § 3 Abs. 4 Nr. 5 BDSG ist Löschen das „Unkenntlichmachen gespeicherter personenbezogener Daten". Die DS-GVO enthält hingegen keine Definition des Begriffs „Löschung". **81**

1. Abgrenzung zu „Vernichtung" und „Verarbeitungseinschränkung"

Was genau unter „Löschung" zu verstehen ist, lässt sich in Abgrenzung zu den Begriffen „Vernichtung" und „Einschränkung der Verarbeitung" ermitteln: **82**

Für eine Löschung müssen die Daten nicht **„vernichtet"** werden. Dies ergibt sich aus Art. 4 Nr. 2, wonach die Verarbeitung personenbezogener Daten unter anderem „das Löschen oder die Vernichtung" ist. Eine physikalische Zerstörung der Daten im Sinne ihrer Vernichtung ist somit nicht erforderlich. Es reicht aus, die Daten für den gewöhnlichen Gebrauch unbenutzbar zu machen. Eine Löschung auf allen verfügbaren Datenträgern und eine Löschung sämtlicher Zwischen- und Sicherheitskopien sind nicht erforderlich.[19] **83**

Im Gegensatz zum Begriff der „Löschung" ist der Begriff der **„Einschränkung der Verarbeitung"** legaldefiniert (Art. 4 Nr. 3). Verarbeitungseinschränkung ist demnach die Markierung gespeicherter personenbezogener Daten mit dem Ziel, ihre künftige Verarbeitung einzuschränken. Löschung muss mehr sein als Verarbeitungseinschränkung. Es reicht für eine Löschung nicht aus, dass der Verantwortliche die weitere Verarbeitung der in Rede stehenden Daten unterbindet, denn dieses Ziel wird ja schon durch die Verarbeitungseinschränkung erreicht. Vielmehr muss er die in den Daten enthaltenen Informationen soweit unkenntlich machen, dass es ihm unter keinen Umständen mehr möglich ist, die personenbezogenen Daten zu rekonstruieren. Während bei der Verarbeitungseinschränkung die Verwertbarkeit von Informationen eingeschränkt wird, muss bei der Löschung die Verwertbarkeit gänzlich entfallen. Es dürfen nach der Löschung auch keine Informationsfragmente mehr vorhanden sein.[20] **84**

Löschung ist demnach das vollständige Unkenntlichmachen von über den Betroffenen gespeicherten Informationen. Die Löschung ist erfolgreich, wenn die Daten auch mit Hilfe von EDV-Fachleuten nicht oder nur mit unverhältnismäßigen Mitteln wiederhergestellt werden können.[21] **85**

2. Abgrenzung zur „Pseudonymisierung"

Die Vornahme einer Pseudonymisierung reicht für die Löschung nicht aus. Bei der Pseudonymisierung wird zwar ein Teil der Kenntnisse, die sich aus den Informationen ergeben, beseitigt. Eine Reidentifizierung bleibt aber möglich. Bei der Löschung kommt es hingegen darauf an, dass alle Informationen, die einer bestimmten Person zugeordnet werden könnten, beseitigt werden, so dass eine Reidentifizierung eben nicht mehr möglich ist. **86**

3. Abgrenzung zum „De-listing"

Der aus dem Urteil des EuGH in der Rechtssache Google ./. Spanien („Costeja") folgende Anspruch auf De-listing ist entgegen landläufiger Meinung kein Anspruch auf Löschung. Der Suchmaschinenbetreiber ist zwar ggf. dazu verpflichtet, „von der Ergebnisliste, die im Anschluss an eine anhand des Namens einer Person durchgeführte Suche angezeigt wird, Links zu von Dritten veröffentlichten Internetseiten mit Informationen zu dieser Person zu entfernen, auch wenn der Name oder die Informationen auf diesen Internetseiten nicht vorher oder gleichzeitig gelöscht werden und ggf. auch dann, wenn ihre Veröffentlichung auf den Internetseiten als solche rechtmäßig ist".[22] Eine Löschung im Sinne von Art. 17 ist in dieser Entfernung von Suchergebnissen aber nicht zu sehen: **87**

19 *Härting*, Rn. 701.
20 Vgl. Gierschmann/Saeugling, *Schmitz*, § 3 Rn. 92 f.
21 *Jacobi/Jantz*, in: ArbRB 2017, 22, 23.
22 *EuGH*, Urteil vom 13. Mai 2014 – C-131/12 –, Leitsatz 3.

88 Der EuGH hat die Frage, worum es sich beim De-listing rechtlich handelt, offen gelassen, indem er sein Urteil gleichermaßen auf Art. 12 lit. b und auf Art. 14 Abs. 1 lit. a DS-RL stützte.[23] Art. 12 lit. b DS-RL enthält ohne nähere Differenzierung die Ansprüche auf Berichtigung, Löschung und Sperrung, während Art. 14 Abs. 1 lit. a DS-RL den Widerspruch regelt. Zum Anspruch auf De-listing gelangt der EuGH offenbar durch eine Zusammenschau des Anspruchs auf Löschung, des Anspruchs auf Sperrung und des Widerspruchsrechts.

89 Technisch erfolgt das De-listing dadurch, dass die Suchmaschine bei der Suche nach einem gesperrten Suchbegriff (in der Regel der Name des Betroffenen) die betroffene URL von der Suchergebnisliste ausschließt.[24] Bei Google erfolgt dies zum gegenwärtigen Zeitpunkt nur, wenn die Suche von einem Standort innerhalb der EU ausgeht (Geoblocking). Das De-listing erfordert eine Datenbank, in der alle gesperrten Suchbegriffe und die betroffenen URLs gespeichert sein müssen.[25] Anderenfalls wäre die URL bei der Suche nach anderen Suchbegriffen ebenfalls nicht mehr auffindbar, was aber in den Fallkonstellationen der Rechtssache „Costeja" gerade nicht erreicht werden soll, da es ja um rechtmäßige Veröffentlichungen geht. Im Rechtssinne stellt das De-listing daher am ehesten eine Verarbeitungseinschränkung im Sinne von Art. 18 dar (s. aber Rn. 41).

4. Löschen ist Datenverarbeitung

90 Das Löschen oder die Vernichtung stellen Datenverarbeitungen im Sinne der DS-GVO dar (vgl. Art. 4 Nr. 2). Auch für die Vornahme von Löschungen bedarf es somit einer Rechtsgrundlage.

III. Materielle Voraussetzungen der Löschpflicht (Abs. 1)

1. Fehlende Notwendigkeit (Abs. 1 lit. a)

91 Eine Löschpflicht besteht, wenn die Daten für die Zwecke, für die sie erhoben oder auf sonstige Weise verarbeitet wurden, nicht mehr notwendig sind.

92 Jede Verarbeitung personenbezogener Daten muss während der gesamten Dauer ihrer Ausführung zulässig sein.[26] Sie muss somit auch während der gesamten Dauer notwendig sein, um ihren Zweck zu erfüllen. Die Löschpflicht entsteht in dem Moment, in dem die Notwendigkeit für die Erreichung des Zwecks nicht mehr gegeben ist.

93 Maßstab für den Zweckfortfall oder die Zweckerreichung ist die Zweckbindung. Nach Art. 5 Abs. 1 lit. b dürfen Daten nur für „festgelegte", „eindeutige" und „rechtmäßige" Zwecke erhoben und nur in einer mit diesen Zwecken „zu vereinbarenden Weise" weiterverarbeitet werden (s. insb. Art. 5 Rn. 15 ff.).

94 Von besonderem Interesse ist dieser Löschtatbestand für alle Fälle, in denen der Verantwortliche die Datenverarbeitung auf sein berechtigtes Interesse stützt (Art. 6 Abs. 1 lit. f). Insofern dürfte in Abwesenheit gesetzlicher oder aus dem Gesetz ableitbarer Aufbewahrungs- oder Löschfristen in vielen Fällen Rechtsunsicherheit bestehen.

95 Von Relevanz für diesen Löschtatbestand sind aber auch Datenverarbeitungen, deren Zulässigkeit auf die Erfüllung eines Vertrages oder die Durchführung vorvertraglicher Maßnahmen gestützt wird (Art. 6 Abs. 1 lit. b). Im Fall eines gegenseitigen Vertrages entfällt die Notwendigkeit der Datenverarbeitung erst, wenn alle Haupt- und Nebenpflichten erfüllt sind. Spätestens mit Ab-

---

23 *EuGH*, Urteil vom 13. Mai 2014 – C-131/12 –, Rn. 88.

24 Ziff. 18 der Antwort von *Google* vom 31. Juli 2014 auf den „Questionnaire addressed to Search Engines by the Article 29 Working Party regarding the implementation of the CJEU judgment on the ‚right to be forgotten'".

25 Ziff. 24 der Antwort von *Google* vom 31. Juli 2014 auf den „Questionnaire addressed to Search Engines by the Article 29 Working Party regarding the implementation of the CJEU judgment on the ‚right to be forgotten'".

26 *EuGH*, Urteil vom 13. Mai 2014 – C-131/12 –, Rn. 95.

lauf der Verjährungsfrist entfällt die Notwendigkeit in der Regel.[27] Abs. 3 lit. e ist der für diese Fälle passende Ausnahmetatbestand.

Die DS-GVO schreibt nicht ausdrücklich vor, in welchen Intervallen eine Erforderlichkeitsprüfung stattzufinden hat. § 35 Abs. 2 S. 2 Nr. 4 BDSG enthält hingegen zumindest für geschäftsmäßig zum Zweck der Übermittlung gespeicherte Daten eine Pflicht zur Überprüfung nach Ablauf von drei oder vier Kalenderjahren. Je nach Ergebnis dieser Prüfung besteht die Option zu längerwährender Speicherung. Die DS-GVO enthält für die Mitgliedstaaten die Befugnis, die Pflicht zur Durchführung bestimmter Erforderlichkeitsprüfungen beizubehalten oder einzuführen. Diese können als spezifische Ausgestaltung der Löschpflichten (Art. 6 Abs. 2 und 3) oder als Ausnahme von den Löschansprüchen (Art. 23 Abs. 1) angesehen werden. **96**

Die häufigsten Fälle gesetzlich festgelegter Fristen, aus denen sich sowohl Speicher- als auch Löschfristen ergeben können, sind in Deutschland wohl § 257 Abs. 4 HGB (Frist zur Aufbewahrung bestimmter Unterlagen: sechs bzw. zehn Jahre), § 147 Abs. 3 AO (Frist zur Aufbewahrung bestimmter Unterlagen: sechs bzw. zehn Jahre) und §195 BGB (regelmäßige Verjährungsfrist: drei Jahre). **97**

In vielen Fällen dürfte sich eine feste Speicherdauer nach starren Fristen nicht bestimmen lassen. So muss die Speicherdauer eines Vermerks zur Fahrerlaubnisentziehung auf der Grundlage des Verhältnismäßigkeitsprinzips ermittelt werden. Liegt der Verstoß 29 Jahre zurück und gibt es seitdem keinen Grund zu Beanstandungen, ist eine weitere Speicherung für den Zweck der Datenverarbeitung durch die Straßenverkehrsbehörde nicht mehr erforderlich.[28] **98**

Art. 28 Abs. 3 lit. g enthält einen Sonderfall für die Pflicht zur Löschung nach Zweckfortfall oder Zweckerreichung. Nach Beendigung einer Auftragsverarbeitung muss der Auftragsverarbeiter die Daten nach Wahl des Verantwortlichen entweder zurückgeben oder löschen. **99**

2. Widerruf der Einwilligung (Abs. 1 lit. b)

Ein Anspruch auf Löschung besteht bei einwilligungsbasierten Datenverarbeitungen, wenn die betroffene Person ihre Einwilligung widerruft. Gem. Art. 7 Abs. 3 kann die Einwilligung jederzeit widerrufen werden. **100**

Einwilligungsbasierte Datenverarbeitungen sind in folgenden Tatbeständen geregelt: **101**

- Art. 6 Abs. 1 lit. a: Erstverarbeitung für einen oder mehrere bestimmte Zwecke.
- Art. 6 Abs. 4: Weiterverarbeitung zu einem anderen Zweck als demjenigen, zu dem die Daten erhoben wurden.
- Art. 8 Abs. 1: Verarbeitung der Daten eines Kindes durch Dienste der Informationsgesellschaft (für den Löschanspruch enthält insofern aber Abs. 1 lit. f einen Sondertatbestand).
- Art. 9 Abs. 2 lit. a: Verarbeitung besonderer Kategorien personenbezogener Daten.
- Art. 18 Abs. 2: Verarbeitung nach Einschränkung der Verarbeitung.
- Art. 22 Abs. 2 lit. c: Automatisierte Entscheidung im Einzelfall.
- Art. 49 Abs. 1 lit. a: Drittstaatenübermittlung.

Eine Löschung aufgrund Widerrufs der Einwilligung ist nur erforderlich, wenn es für die Datenverarbeitung an einer anderweitigen Rechtsgrundlage fehlt. **102**

27 Vgl. *Saeugling*, in: Gierschmann/Saeugling, Systematischer Praxiskommentar Datenschutzrecht, 2014, § 35 Rn. 58.
28 *BVerwG*, Beschluss vom 18.3.1994 – 11 B 76/93 –, NJW 1994, 2499.

3. Widerspruch des Betroffenen (Abs. 1 lit. c)

103 Ein Anspruch auf Löschung besteht in bestimmten Fallkonstellationen, in denen der Betroffene erfolgreich Widerspruch gegen die Datenverarbeitung eingelegt hat.

104 Abs. 1 lit. c verweist hierfür auf die in Art. 21 Abs. 1 und in Art. 21 Abs. 2 geregelten Widerspruchsrechte. Erstaunlicherweise fehlt allerdings ein Verweis auf das in Art. 21 Abs. 6 geregelte Widerspruchsrecht. Nach dem Wortlaut des Abs. 1 lit. c können demnach Widersprüche lediglich dann zu einer Löschpflicht führen, wenn sie sich gegen die folgenden Datenverarbeitungen richten:

- Datenverarbeitung, die für die Wahrnehmung einer im öffentlichen Interesse liegenden Aufgabe erforderlich ist (Widerspruch gem. Art. 21 Abs. 1 i.V.m. Art. 6 Abs. 1 lit. e).
- Datenverarbeitung, die in Ausübung öffentlicher Gewalt erfolgt (Widerspruch gem. Art. 21 Abs. 1 i.V.m. Art. 6 Abs. 1 lit. e).
- Datenverarbeitung, die zur Wahrung der berechtigten Interessen des Verantwortlichen oder eines Dritten erforderlich ist (Widerspruch gem. Art. 21 Abs. 1 i.V.m. Art. 6 lit. f).
- Datenverarbeitung zu Zwecken der Direktwerbung (Art. 21 Abs. 2).

105 Nur in der zuletzt genannten Fallkonstellation führt der Widerspruch ohne weitere Interessenabwägung zum Erfolg und damit zu einem Löschanspruch des Betroffenen. In den anderen Fällen ist der Widerspruch nur erfolgreich, wenn sich der Betroffene in einer besonderen Situation befindet (Art. 21 Rn. 67 ff.) und eine zusätzlich vorzunehmende Interessenabwägung zu seinen Gunsten ausfällt (Art. 21 Rn. 77 ff.). Es ist daran zu erinnern, dass Widersprüche sich nur gegen rechtmäßige Datenverarbeitungen richten und sie daher (außerhalb der Direktwerbung) nur in Ausnahmefällen berechtigt sind. Auch Löschansprüche aufgrund von Widersprüchen können daher nur in Ausnahmefällen entstehen.

106 Mangels eines Verweises des Abs. 1 lit. c auf Art. 21 Abs. 6 können selbst erfolgreiche Widersprüche dann nicht zu einer Löschpflicht führen, wenn sie sich gegen Datenverarbeitungen richten, die zu wissenschaftlichen Forschungszwecken, zu historischen Forschungszwecken oder zu statistischen Zwecken erfolgen. Es ist unklar, ob der Normgeber Löschansprüche in diesen Fallkonstellationen tatsächlich ausschließen wollte. Dagegen spricht, dass Art. 21 Abs. 6 erst kurz vor Abschluss der Ratsverhandlungen (als Art. 19 Abs. 2aa Rat-E) in den Verordnungstext eingefügt wurde und in den Trilogverhandlungen womöglich versäumt wurde, den Verweis in Abs. 1 lit. c anzupassen. Über den eindeutigen Wortlaut des Abs. 1 lit. c und das Fehlen eines Verweises auf Art. 21 Abs. 6 wird man sich jedoch auch angesichts des Ziels der DS-GVO, die Verarbeitung zu wissenschaftlichen und historischen Forschungszwecken und zu statistischen Zwecken zu privilegieren, nicht hinwegsetzen können, so dass in diesen Fällen ein Löschanspruch nicht entstehen kann.

107 Es ist zweifelhaft, ob es sich bei dem Verweis des Abs. 1 lit. c auf Art. 21 Abs. 1 um eine Rechtsgrund- oder um eine Rechtsfolgenverweisung handelt. Dies ist deswegen fraglich, weil nach dem Wortlaut des Abs. 1 lit. c für die Annahme einer Löschpflicht nach Abs. 1 lit. c scheinbar ein anderer Maßstab gilt als für die Begründetheit eines Widerspruchs nach Art. 21 Abs. 1. Ein Widerspruch nach Art. 21 Abs. 1 scheitert nämlich nur, wenn der Verantwortliche „zwingende schutzwürdige Gründe" für die Verarbeitung nachweisen kann. Abs. 1 lit. c lässt jedoch bereits „vorrangige berechtigte Gründe" ausreichen, um zu einer Ablehnung der Löschpflicht zu gelangen. Auch in der englischen Sprachfassung findet sich diese Inkohärenz: Art. 21 Abs. 1 spricht von „compelling legitimate grounds", während Abs. 1 lit. c nur „overriding legitimate grounds" verlangt. Für unterschiedliche Maßstäbe spricht darüber hinaus, dass Abs. 1 lit. c scheinbar nicht etwa einen erfolgreichen Widerspruch voraussetzt, sondern nur die Einlegung des Widerspruchs verlangt (im Englischen: „the data subject objects"). Ein Widerspruch ist aber (mit Ausnahme des Widerspruchs gegen Direktwerbung) nicht automatisch mit seiner Einlegung auch schon erfolg-

reich. Weitere Voraussetzungen müssen erfüllt sein (besondere Situation des Betroffenen, Interessenabwägung).

Die Annahme unterschiedlicher Maßstäbe bei der Interessenabwägung würde zu wertungswidersprüchlichen Ergebnissen führen. In einem Fall, in dem zwar vorrangige, nicht aber zwingende Gründe für die Verarbeitung des Verantwortlichen sprechen, wäre zwar der Widerspruch gem. Art. 21 Abs. 1 erfolgreich, eine Löschung gem. Abs. 1 lit. c dürfte aber nicht erfolgen. Aufgrund dieses Wertungswiderspruchs bei reiner Wortlautauslegung ist eine systematische Auslegung vorzuziehen. Demnach ist Abs. 1 lit. c als Rechtsgrundverweisung anzusehen. Das bedeutet, dass der gesamte Tatbestand des Art. 21 Abs. 1 (mithin ein begründeter Widerspruch) vorliegen muss, damit der Löschtatbestand des Abs. 1 lit. c erfüllt sein kann. Ein begründeter Widerspruch im Sinne von Art. 21 Abs. 1 ist somit konstitutive Voraussetzung für das Entstehen eines Löschanspruchs. **108**

Eine andere Frage ist, ob ein begründeter Widerspruch auch automatisch zum Entstehen einer Löschpflicht führt. Nach hiesiger Auffassung (Rn. 3 und 14 f.) ist das Entstehen der Löschpflicht antragsabhängig. Es bedarf aber wohl nicht in jedem Fall eines ausdrücklichen Löschverlangens. Es ist vielmehr eine Frage der Auslegung der Widerspruchserklärung des Betroffenen, ob in dem Widerspruch auch ein Löschbegehren enthalten ist. Denkbar sind auch Fälle, in denen der Betroffene nur eine vorübergehende Einstellung der Datenverarbeitung zu einem bestimmten Zweck (und damit keine Löschung) erreichen will, weil er sich die Möglichkeit offen halten will, etwaige Dienste des Verantwortlichen ohne Datenneuerhebung wieder in Anspruch nehmen. **109**

4. Unrechtmäßige Verarbeitung (Abs. 1 lit. d)

Eine Löschpflicht besteht, wenn die Daten „unrechtmäßig verarbeitet wurden". **110**

a) Maßgeblicher Beurteilungszeitpunkt

Dieser Tatbestand ist nicht präzise formuliert. Ob eine Verarbeitung zulässig ist, ist immer im Zeitpunkt der jeweiligen Beurteilung zu entscheiden.[29] Ob eine Datenverarbeitung unrechtmäßig „war", kann daher für den Anspruch auf Löschung keine Rolle spielen. Eine ursprünglich unzulässige Datenverarbeitung kann nachträglich zulässig werden. In diesem Fall müssten die Daten nicht gelöscht werden. Die Formulierung des Abs. 1 lit. d ist somit dahingehend umzudeuten, dass es darauf ankommt, ob die Datenverarbeitung im maßgeblichen Beurteilungszeitpunkt unrechtmäßig ist (also in der Regel zum Zeitpunkt des Löschersuchens oder in dem Zeitpunkt, in dem der Verantwortliche Kenntnis von der Unrechtmäßigkeit erhält). **111**

Ein Löschanspruch besteht somit bei anfänglicher Unzulässigkeit, die fortbesteht, und bei nachträglich eingetretener Unzulässigkeit. Um eine nachträglich eingetretene Unzulässigkeit entdecken zu können, ist eine regelmäßige Überprüfung ausreichend, aber auch erforderlich. **112**

b) Fehlende Rechtsgrundlage

Der Hauptanwendungsfall der Unrechtmäßigkeit der Datenverarbeitung dürfte das Fehlen einer Rechtsgrundlage für die Datenverarbeitung sein. **113**

c) Verstoß gegen den Zweckbindungsgrundsatz

Unrechtmäßig ist die Datenverarbeitung auch, wenn sie gegen den Grundsatz der Zweckbindung verstößt. Hier ist allerdings Abs. 1 lit. a (fehlende Notwendigkeit der Datenverarbeitung) lex specialis. **114**

29 Vgl. Gierschmann/Saeugling, *Saeugling*, § 35 Rn. 44.

d) Unrichtigkeit

115 Ein weiterer Unterfall der unrechtmäßigen Verarbeitung ist die Verarbeitung unrichtiger Daten. Personenbezogene Daten müssen im Hinblick auf ihren Verarbeitungszweck immer richtig und auf dem neuesten Stand sein (Art. 5 Abs. 1 lit. d). Insofern besteht eine Anspruchskonkurrenz zu Art. 16 (s. hierzu Art. 16 Rn. 86). Problematisch daran ist, dass Art. 16 keine Ausnahmetatbestände enthält. Es sind aber durchaus Fälle denkbar, in denen die Verarbeitung unrichtiger Daten einem der Ausnahmetatbestände des Abs. 3 unterfällt. So kann im Rahmen der Meinungsfreiheit (Abs. 3 lit. a) auch die Verarbeitung unrichtiger personenbezogener Daten zulässig sein.

116 Zwar unterfallen erwiesen oder bewusst unwahre Tatsachenbehauptungen nicht dem Schutz der Meinungsfreiheit.[30] An der Aufrechterhaltung und Weiterverbreitung herabsetzender Tatsachenbehauptungen, die unwahr sind, besteht unter dem Gesichtspunkt der Meinungsfreiheit kein schützenswertes Interesse.[31]

117 Die Löschung von Tatsachenbehauptungen kann aber nur verlangt werden, wenn und soweit die beanstandete Behauptung nachweislich falsch ist.[32] Sofern eine Äußerung, in der sich Tatsachen und Meinungen vermengen, durch die Elemente der Stellungnahme, des Dafürhaltens oder Meinens geprägt ist, wird sie als Meinung von dem Grundrecht aus Art. 5 Abs. 1 S. 1 GG geschützt. Das gilt insb. dann, wenn eine Trennung der wertenden und der tatsächlichen Gehalte den Sinn der Äußerung aufhöbe oder verfälschte.[33] Andererseits kann sich eine Äußerung, die auf Werturteilen beruht, als Tatsachenbehauptung erweisen, wenn es sich um in Werturteile eingekleidete Tatsachenbehauptungen handelt, die als solche einer Überprüfung mit den Mitteln des Beweises zugänglich sind.[34]

118 Daher sind die Ausnahmetatbestände des Art. 17 Abs. 3 auch im Rahmen der Berichtigungspflicht des Art. 16 im Sinne eines grundrechtsschonenden Interessenausgleichs zu berücksichtigen. Am besten wäre es, wenn der nationale Gesetzgeber für eine Kohärenz zwischen den Ausnahmetatbeständen von Art. 16 und 17 sorgte.

e) Beweislast

119 Im Übrigen dürfte die Berechtigung eines Löschanspruchs bei vom Betroffenen behaupteter, vom Verantwortlichen aber bestrittener Unrichtigkeit von Tatsachen eher eine Frage der Beweislast sein. So sind auch gem. § 35 Abs. 2 S. 2 Nr. 2 BDSG zumindest sensible Daten, deren Richtigkeit vom Verantwortlichen nicht bewiesen werden kann, zu löschen. Eine ausdrückliche Beweislastregel enthält die DS-GVO in den Art. 16 und 17 nicht. Allerdings enthält Art. 12 Abs. 5 S. 2 und 3 eine für alle Initiativrechte geltende Beweislastregel, die auch für den auf behaupteter Unrichtigkeit beruhenden Löschanspruch Anwendung findet. Demnach darf ein Verantwortlicher eine Löschung bei offenkundiger Unbegründetheit des Antrags ablehnen. Den Nachweis für die offenkundige Unbegründetheit muss der Verantwortliche erbringen. Wenn aber der Verantwortliche schon bei offensichtlicher Unrichtigkeit einer Tatsache den Nachweis für die Unrichtigkeit der Behauptung des Betroffenen antreten muss, dann muss diese Beweislastregel erst recht bei nicht offensichtlicher Unrichtigkeit gelten.

120 Fraglich ist, was bei Nichterweislichkeit einer Tatsache (non-liquet-Entscheidung) gilt. In diesem Fall dürfte der Grundsatz gelten, dass jede Partei die ihr günstigen Sachverhaltsvoraussetzungen beweisen muss. Bei der Datenverarbeitung durch Private geht die Nichterweislichkeit einer Tatsache daher zu Lasten des Betroffenen, der Löschung/Berichtigung verlangt. Anders ist es jedoch bei der Datenverarbeitung durch öffentliche Stellen. Hier ist der Staat beweispflichtig, da er einen möglichen Grundrechtseingriff rechtfertigen muss.

---

30 *BVerfG*, Beschl. v. 25.10.2012 – 1 BvR 901/11 –, NJW 2013, 217, 218.
31 *BGH*, Urt. v. 28.7.2015 – VI ZR 340/14 –, GRUR 2016, 104, 107.
32 *BGH* zu im Internet abrufbaren Tatsachenbehauptungen (Urt. v. 28.7.2015 – VI ZR 340/14 –, GRUR 2016, 104).
33 *BGH*, Urt. v. 28.7.2015 – VI ZR 340/14 –, GRUR 2016, 104, 106 m.w.N.
34 *BGH*, Urt. v. 28.7.2015 – VI ZR 340/14 –, GRUR 2016, 104, 106 m.w.N.

5. Erfüllung einer rechtlichen Verpflichtung (Abs. 1 lit. e)

Eine Löschpflicht besteht, wenn die Löschung der Daten zur Erfüllung einer rechtlichen Verpflichtung nach dem Unionsrecht oder dem Recht der Mitgliedstaaten, dem der Verantwortliche unterliegt, erforderlich ist. **121**

6. Erhebung von Daten eines Minderjährigen (Abs. 1 lit. f)

Ein Anspruch auf Löschung besteht, wenn Daten in Bezug auf angebotene Dienste der Informationsgesellschaft gem. Art. 8 Abs. 1 erhoben wurden. EG 65 S. 3 erläutert den Zweck dieser Regelung. Besonders geschützt werden sollen Betroffene, die ihre Einwilligung noch im Kindesalter gegeben haben, die daher die mit der Verarbeitung verbundenen Gefahren nicht in vollem Umfang absehen konnten und die die Daten (insb. die im Internet gespeicherten Daten) später löschen möchten. Abs. 1 lit. f erfasst somit den Widerruf von Einwilligungen Minderjähriger oder ehemals Minderjähriger, und legt die Pflicht zur Löschung der Daten Minderjähriger oder ehemals Minderjähriger fest. **122**

Die Regelung ist an sich überflüssig, denn die Einwilligung ist unabhängig vom Alter des Betroffenen ohnehin jederzeit widerruflich (Art. 7 Abs. 3 S. 1). Die Regelung wurde (auf Initiative Frankreichs) wohl aufgrund ihrer Symbolwirkung in der Schlussphase der Ratsverhandlungen in den Text eingefügt. **123**

EG 65 S. 4 stellt klar, dass der Betroffene dieses Recht auch ausüben können soll, wenn er kein Kind mehr ist. Geschützt sind nach der Erläuterung in EG 65 S. 3 nur Minderjährige, die gem. Art. 8 Abs. 1 S. 1 schon selbst in das Angebot des Internetdiensteanbieters einwilligen durften, weil sie das sechzehnte Lebensjahr bereits vollendet hatten. Denkbar sind aber auch Fälle, in denen die Träger der elterlichen Verantwortung die Einwilligung für das Kind erteilt haben, weil dieses das sechzehnte Lebensjahr noch nicht vollendet hatte. Wegen des umfassenden Schutzzwecks der Norm sollten in diesen Fällen auch die Träger der elterlichen Verantwortung die von ihnen erteilte Einwilligung oder später (nach Vollendung des sechzehnten Lebensjahres) der betroffene Minderjährige oder ehemals Minderjährige die von seinen Erziehungsberechtigten erteilte Einwilligung widerrufen können. **124**

V. Benachrichtigungspflichten

Der Verantwortliche hat im Zusammenhang mit der Löschung eine Reihe von Benachrichtigungspflichten. **125**

1. Benachrichtigung des Betroffenen über Maßnahmen (Art. 12 Abs. 3 S. 1)

Zunächst einmal muss der Verantwortliche den Betroffenen über alle von ihm auf ein Löschersuchen hin getroffenen Maßnahmen informieren (Rn. 67). **126**

2. Benachrichtigung aller Empfänger (Art. 19 S. 1)

Des Weiteren muss der Verantwortliche alle Empfänger, denen personenbezogene Daten offengelegt wurden, über die Tatsache der Löschung informieren. Zum Begriff der Offenlegung siehe Art. 4 Nr. 9 Rn. 16 ff. Diese Benachrichtigungspflicht unterliegt zwei Einschränkungen. Eine Benachrichtigung eines Empfängers ist nicht erforderlich, wenn sie **127**

a) sich als unmöglich erweist oder

b) mit einem unverhältnismäßigen Aufwand verbunden ist.

3. Benachrichtigung des Betroffenen über Empfänger (Art. 19 S. 2)

Auf Ersuchen des Betroffenen hat der Verantwortliche den Betroffenen über alle Empfänger zu informieren, an die die nunmehr gelöschten Daten übermittelt worden waren. **128**

4. Benachrichtigung anderer Verantwortlicher (Abs. 2)

129 Hatte der erste Verantwortliche die nunmehr gelöschten Daten ursprünglich öffentlich gemacht, muss er angemessene Maßnahmen treffen, damit andere Verantwortliche, die die Daten nunmehr weiterverarbeiten, von der Löschung erfahren.

130 „Öffentlichmachen" ist das Zugänglichmachen personenbezogener Daten für einen unbestimmten Personenkreis, z.B. indem sie auf einer Webseite abrufbar gemacht werden.

131 Die Regelung enthält (allerdings relativ schwach ausgeprägte) Ansätze eines „Rechts auf Vergessenwerden". Ziel der Benachrichtigung anderer Verantwortlicher ist der sog. umgekehrte Schneeballeffekt"[35] – also die vollständige Löschung der in Rede stehenden Daten, inklusive der Löschung aller Links zu den gelöschten Daten und die Löschung von Kopien/Replikationen der gelöschten Daten. Dieses Ziel kann bei einmal veröffentlichten Daten schon faktisch kaum erreicht werden. Und auch rechtlich ist es nicht zwingend, dass Daten, die vom ersten Verantwortlichen gelöscht werden müssen, auch von anderen Verantwortlichen zu löschen sind. Dies bestimmt sich allein nach der Verarbeitungsbefugnis des anderen Verantwortlichen.[36]

132 Der erste Verantwortliche, der die Daten öffentlich gemacht hatte, schuldet allerdings im Gegensatz zu Abs. 1 keinen bestimmten (Löschungs-)Erfolg, sondern nur „best efforts".[37] Seine Verpflichtung zur Benachrichtigung anderer Verantwortlicher ist in mehrfacher Hinsicht eingeschränkt:

- Der erste Verantwortliche muss nur tätig werden, wenn ihm ein ausdrückliches Verlangen des Betroffenen vorliegt. Der Betroffene muss vom Erstverantwortlichen nicht nur die Löschung der Daten beim Erstverantwortlichen, sondern auch die Löschung aller Links, Kopien oder Replikationen verlangt haben. Fehlt eine solche Erweiterung des Löschverlangens durch den Betroffenen, hat der Erstverantwortliche keine Benachrichtigungspflicht. Musste der Erstverantwortliche gem. Abs. 1 von sich aus löschen, trifft ihn die Benachrichtigungspflicht des Abs. 2 ebenfalls nicht.[38]
- Der erste Verantwortliche muss nur tätig werden, wenn er die Daten „öffentlich gemacht" (= veröffentlicht) hatte. Das „Öffentlichmachen" bzw. die „Veröffentlichung" sind nicht nicht zu verwechseln mit der „Offenlegung". „Offenlegung" ist das Zugänglichmachen personenbezogener Daten für einen bestimmten oder zumindest bestimmbaren Personenkreis (eingehend zur Abgrenzung dieser beiden Begriffe Art. 4 Nr. 9 Rn. 16 ff.). Die Datenempfänger, denen die Daten offengelegt wurden, sind nicht gem. Art. 17 Abs. 2, sondern gem. Art. 19 S. 1 (s. Rn. 127) zu benachrichtigen.[39] Dies kann durchaus relevant sein, denn bei Art. 19 S. 1 gelten andere Ausnahmetatbestände als bei Art. 17 Abs. 2.
- Der erste Verantwortliche muss (nur) angemessene Maßnahmen ergreifen. Bei den angemessenen Maßnahmen kann es sich um technische Maßnahmen handeln.
- Der erste Verantwortliche kann hierbei die verfügbare Technologie berücksichtigen. Steht keine verfügbare Technologie zur Information anderer Verantwortlicher zur Verfügung, ist er nicht verpflichtet, eine solche Technologie zu entwickeln.
- Der erste Verantwortliche kann die Implementierungskosten berücksichtigen. Sind diese Kosten zu hoch, um alle anderen Verantwortlichen erreichen zu können, kann der erste Verantwortliche seine Bemühungen beschränken.

133 Schließlich beschränkt sich die Pflicht des ersten Verantwortlichen darauf, die anderen Verantwortlichen über das Löschbegehren des Betroffenen zu benachrichtigen. Er hat keine rechtliche

---

35 *Hofmann/Hornung*, in: JZ 2013, 163, 167.
36 Paal/Pauly, *Paal*, Art. 17 Rn. 32.
37 Paal/Pauly, *Paal*, Art. 17 Rn. 32 m.w.N.
38 Gola, *Nolte/Werkmeister*, Art. 17 Rn. 36.
39 Das verkennen *Kamann/Braun*, in: Ehmann/Selmayr, Art. 17 Rn. 45 a.E.

Möglichkeit, diese ebenfalls zur Löschung zu bewegen. Unter Umständen haben andere Verantwortliche trotz Löschung der Daten beim ersten Verantwortlichen eine Rechtsgrundlage, um die Daten weiterverarbeiten zu können.

V. Ausnahmen (Abs. 3)

Die Absätze 1 und 2 gelten nicht, „soweit die Verarbeitung personenbezogener Daten" für einen der in Abs. 3 lit. a bis e genannten Zwecke „erforderlich ist". **134**

1. Meinungs- und Informationsfreiheit (Abs. 3 lit. a)

Die Absätze 1 und 2 gelten nicht, soweit die Verarbeitung der personenbezogenen Daten zur Ausübung des Rechts auf freie Meinungsäußerung und Information erforderlich ist. **135**

a) Abwägungsgebot

Dieses Gebot zur Abwägung widerstreitender Grundrechte ist an sich eine Selbstverständlichkeit. **136** Art. 1 Abs. 2 und 3 sowie EG 4 stellen klar, dass das Recht auf Schutz personenbezogener Daten kein uneingeschränktes Recht ist, sondern im Hinblick auf seine gesellschaftliche Funktion gesehen und unter Wahrung des Verhältnismäßigkeitsprinzips gegen andere Grundrechte abgewogen werden muss. Da die DS-GVO bei der Berücksichtigung des Allgemeininteresses und der Rechte und Freiheiten anderer Personen aber im Übrigen große Zurückhaltung an den Tag legt, ist die ausdrückliche Erwähnung der Meinungs- und Informationsfreiheit an dieser Stelle bemerkenswert. Eine entsprechende Regelung fehlt bei anderen Betroffenenrechten, obwohl z.B. auch der Auskunftsanspruch (Art. 15) durch die Meinungs- oder Informationsfreiheit begrenzt sein kann.

Die ausdrückliche Erwähnung der Meinungs- und Informationsfreiheit in Abs. 3 lit. a bedeutet, **137** dass zugunsten dieser beiden Grundrechte eine verordnungsunmittelbare Ausnahme besteht. Es bedarf insofern nicht der Festlegung einer Ausnahme im mitgliedsstaatlichen Recht auf der Grundlage der Öffnungsklausel des Art. 23 Abs. 1 lit. i mehr.

Die Regelungspflicht des Art. 85 schließt gleichwohl auch die Befugnis ein, die Löschpflichten **138** und -rechte des Art. 17 Abs. 1 und insb. die Ausnahmebestimmungen des Art. 17 Abs. 3 lit. a zu konkretisieren. Es bleibt abzuwarten, inwieweit der mitgliedstaatliche Gesetzgeber von seiner

- in Art. 85 Abs. 1 geregelten Pflicht Gebrauch macht, durch Rechtsvorschriften das Recht auf den Schutz personenbezogener Daten mit dem Recht auf freie Meinungsäußerung und Informationsfreiheit in Einklang zu bringen,
- in Art. 85 Abs. 2 geregelten Pflicht Gebrauch macht, für die Verarbeitung zu journalistischen, wissenschaftlichen, künstlerischen oder literarischen Zwecken Abweichungen oder Ausnahmen von Art. 17 vorzusehen.

b) Suchmaschinen

Insb. in Bezug auf Suchmaschinen besteht ein Spannungsverhältnis zwischen dem Informations- **139** interesse der Allgemeinheit und dem etwaigen Interesse eines Betroffenen, dass eine bestimmte Information bei der namensbezogenen Suche nicht mehr der Öffentlichkeit durch Einbeziehung in die Suchergebnisliste zur Verfügung gestellt wird.

In seiner Leitentscheidung in der Rechtssache Google ./. Spanien postulierte der EuGH einen **140** grundsätzlichen Vorrang der Rechte des Betroffenen – nämlich, dass die Rechte des Betroffenen „grundsätzlich nicht nur gegenüber dem wirtschaftlichen Interesse des Suchmaschinenbetreibers, sondern auch gegenüber dem Interesse der breiten Öffentlichkeit daran, die Information bei einer anhand des Namens der betroffenen Person durchgeführten Suche zu finden, überwiegen".[40] Ein solcher grundsätzlicher Vorrang eines Grundrechts vor einem anderen Grundrecht ist

40 *EuGH*, Urteil vom 13. Mai 2014 – C-131/12 –, Rn. 97.

dem deutschen Recht fremd. Durch einen grundsätzlichen Vorrang des Persönlichkeitsschutzes vor der Meinungs- und Informationsfreiheit drohen die „Errungenschaften der Rechtsprechung, mit denen diese eine offene, auch gegenüber herkömmlichen Ehrbegriffen, Moralvorstellungen und sozialen Geltungsansprüchen potenziell kritische Auseinandersetzung und öffentliche Kommunikation ermöglicht hat, weithin überspielt zu werden".[41]

141 Die einzige Ausnahme, die der EuGH in der Google-Entscheidung gelten lässt, ist, wenn es sich beim Betroffenen um eine im öffentlichen Leben stehende Person handelt.[42] Diese Betrachtung wird der in Jahrzehnten insb. von den deutschen Zivilgerichten entwickelten Abwägungspraxis nicht gerecht.

c) Abwägungskriterien

142 Die folgenden Gesichtspunkte sind – je nach den Umständen des Einzelfalls – bei der Abwägung zwischen dem Recht auf Datenschutz und Privatsphäre einerseits und dem Recht auf Meinungs- und Informationsfreiheit andererseits womöglich zu berücksichtigen (ohne Anspruch auf Vollständigkeit):

- Art und Umfang der Beeinträchtigung der Grundrechte auf Achtung des Privatlebens und auf Schutz personenbezogener Daten, insb. Wesensgehalt dieser Grundrechte.
- Art der Information, insb. ihrer Sensibilität für das Privatleben des Betroffenen.
- Interesse der Öffentlichkeit am Zugang zu der Information, insb., wenn es sich um eine Verarbeitung zu journalistischen, wissenschaftlichen, künstlerischen oder literarischen Zwecken (vgl. Art. 85) oder um eine Verarbeitung für im öffentlichen Interesse liegende Archivzwecke, wissenschaftliche oder historische Forschungszwecke oder statistische Zwecke (vgl. Art. 5 Abs. 1 lit. b, Art. 89) handelt.
- Person des Betroffenen, insb., ob es sich bei dem Betroffenen um eine Person des öffentlichen Lebens oder um einen Minderjährigen handelt, aber auch, welche Sphäre des Betroffenen (zum Beispiel Intimsphäre-, Privat-, Berufs- oder Sozialsphäre) tangiert ist.
- Rechtmäßigkeit oder Rechtswidrigkeit der Veröffentlichung.
- Sachliche Richtigkeit der Daten, insb., ob es sich um bewusst oder erwiesen unwahre Tatsachenbehauptungen handelt.
- Abgrenzung zwischen zulässiger Presseveröffentlichung oder Meinungsäußerung eines Dritten einerseits und Schmähkritik, die ausschließlich auf eine Herabsetzung des Betroffenen zielt, andererseits.
- Soziale Adäquanz der Information.
- Herkunft der Daten, insb., ob sie vom Betroffenen selbst oder von einem Dritten öffentlich gemacht wurden.
- Erneute Veröffentlichung einer bereits zugänglichen Information oder Erstveröffentlichung.[43]
- Zweck der Veröffentlichung, insb., ob diese im Interesse des Betroffenen oder im Interesse eines Dritten erfolgt, und ob die Daten dem Zweck der Datenverarbeitung entsprechen, dafür nicht erheblich sind oder darüber hinausgehen.
- Kontext der Veröffentlichung (z.B. Blog, Forum, soziales Netzwerk, Onlinezeitung, usw.), insb., ob eine Wahrnehmung des Veröffentlichungsorts, Titels, einzelner Textstellen durch

---

41 *Masing*, Vorläufige Einschätzung der „Google-Entscheidung" des EuGH, http://verfassungsblog.de/rib-verfg-masing-vorlaeufige-einschaetzung-der-google-entscheidung-des-eugh/, Ziffer 5.
42 *EuGH*, Urteil vom 13. Mai 2014 – C-131/12 –, Rn. 97.
43 *BVerfG*, Beschluss vom 28. Juli 2016 – 1 BvR 335/14, 1 BvR 2464/15, 1 BvR 1635/14, 1 BvR 1621/14 –, http://www.bundesverfassungsgericht.de/SharedDocs/Pressemitteilungen/DE/2016/bvg16-061.html.

den Rezipienten erfolgen kann; auch etwaige Sonderregeln einer Teilöffentlichkeit (zum Beispiel Kunst, Wissenschaft, Schule) sind zu berücksichtigen.

- Erhalt einer Gegenleistung für die Veröffentlichung.
- Alter der Information.
- Etwaige Löschungsfristen oder Verjährungsfristen, die sich aus dem Unionsrecht oder dem mitgliedstaatlichen Recht (also etwa aus dem Ausländerzentral-, Bundeszentral- oder Verkehrszentralregister) ergeben
- Etwaige Rechte oder Pflichten des für die Veröffentlichung Verantwortlichen (Hostprovider, Webseitenbetreiber, etc.).
- Etwaige Rechte oder Pflichten Dritter, die von der verlinkten Information ebenfalls betroffen sind.

d) Drittbetroffene

Bei der Abwägung zwischen Datenschutz einerseits und Meinungs- und Informationsfreiheit andererseits ist darüber hinaus zu beachten, ob es sich um eine Zwei- oder um eine Drei-Personen-Konstellation handelt. Im Hinblick auf eine Beachtung der Belange der Meinungs- und Informationsfreiheit besonders problematisch sind Drei-Personen-Konstellationen. Begehrt der Betroffene vom Verantwortlichen (etwa einem Suchmaschinenbetreiber, einem Hostprovider oder einem sonstigen Intermediär) Löschung oder De-listing von ihn betreffenden Informationen, die ein Dritter veröffentlicht hat, besteht aus mehreren Gründen die Gefahr, dass die Belange des Dritten unberücksichtigt bleiben[44]: **143**

- Ist ein Begehren auf Löschung oder De-listing unberechtigt, dürfte dies in vielen Fällen unentdeckt bleiben. Unberechtigt kann ein Begehren zum Beispiel sein, wenn der Verantwortliche die Sachlage nicht richtig ermittelt oder wenn der Betroffene keinen Anspruch hat, weil die Belange der Meinungs- oder Informationsfreiheit überwiegen. Im Zeitraum vom 29.5.2014 bis 5.9.2016 waren nach Einschätzung von Google bei einer Gesamtzahl von 1.662.415 Anträgen auf De-listing 56,9 % der Ansprüche nicht berechtigt – mit der Folge, dass Google das begehrte De-listing nicht vornahm.[45] Ein großes Unternehmen wie Google mag die finanziellen und personellen Kapazitäten für eine sorgfältige Prüfung jedes Löschanspruchs haben. Kleinere Anbieter oder solche Anbieter, deren Geschäftsmodell nicht von einer sorgfältigen Prüfung abhängt, werden mutmaßlich eher dazu neigen, im Zweifel dem Antrag auf Löschung oder De-listing stattzugeben.
- Hinzu kommt, dass der verantwortliche Informationsintermediär (neben Suchmaschinen können dies z.B. auch Vergleichsportale, Bewertungsportale, soziale Netzwerke, Medien- und Inhaltedienste sein) streitgegenständlichen Inhalt bei einem entsprechenden Antrag des Betroffenen sofort offline nehmen muss (also noch bevor er überhaupt mit einer Prüfung begonnen hat und noch bevor er positive Kenntnis einer etwaigen Rechtswidrigkeit haben kann). Dies gilt sowohl bei Berichtigungsansprüchen als auch bei Widersprüchen des Betroffenen. Beim Berichtigungsanspruch muss der Verantwortliche eine Verarbeitungseinschränkung für die Dauer vornehmen, die es ihm ermöglicht, die Richtigkeit der Daten zu überprüfen (Art. 18 Abs. 1 lit. a). Beim Widerspruch muss der Betroffene eine Verarbeitungseinschränkung für die Dauer vornehmen, die es ihm ermöglicht zu überprüfen, ob seine berechtigten Gründe gegenüber denen des Betroffenen überwiegen (Art. 18 Abs. 1 lit. d). Es ist wahrscheinlich, dass einmal unzugänglich gemachter Inhalt in vielen Fällen unzugänglich bleibt, weil der Verantwortliche sich die Mühe einer aufwändigen rechtlichen Prüfung nicht machen will. Dies kann

44 Zum Ganzen *Keller*, The Final Draft of Europe's „Right to be Forgotten" Law, http://cyberlaw.stanford.edu/blog/2015/12/final-draft-europes-right-be-forgotten-law.

45 *Google*, Transparenzbericht (Stand: 5. September 2016), https://www.google.com/transparencyreport/removals/europeprivacy/?hl=de.

insgesamt zu einem „Over-Blocking" führen. Die in Art. 18 Abs. 1 lit. a und d enthaltene gesetzliche Vermutung zu Ungunsten von Meinungsäußerungen Drittbetroffener wirkt sich insgesamt zu Lasten der Meinungs- und Informationsfreiheit aus.

- Erschwerend kommt hinzu, dass der Drittbetroffene in das zwischen dem Betroffenem und dem Verantwortlichem stattfindende Löschverfahren nicht einbezogen ist. Er wird nicht angehört, hat nicht das Recht zur Verteidigung seiner Äußerung, ja wird noch nicht einmal über die begehrte Löschung informiert. Nach den Leitlinien der Art. 29-Gruppe gibt es im geltenden Recht keine Rechtsgrundlage für Suchmaschinenbetreiber dafür, dass diese einen Webmaster über das De-listing-Begehren eines Betroffenen informieren.[46] Es ist nicht ersichtlich, dass durch die DS-GVO eine solche Rechtsgrundlage geschaffen worden wäre. Das Hauptproblem besteht insofern darin, dass es kein Recht auf Auffindbarkeit in einer Suchmaschine gibt, so dass die Rechtsposition der Webmaster ausgesprochen schwach ist.
- Das Ungleichgewicht zwischen dem Betroffenen und dem Drittbetroffenen wird noch dadurch verschärft, dass der Betroffene vom verantwortlichen Intermediär verlangen kann, dass dieser ihm die Identität des Drittbetroffenen, der bei der Meinungskundgabe personenbezogene Daten des Betroffenen verarbeitet hat, offenlegen muss (Art. 14 Abs. 2 lit. f, Art. 15 Abs. 1 lit. g).
- Die DS-GVO enthält kaum Anhaltspunkte dafür, nach welchen Kriterien der Verantwortliche in den Drei-Personen-Konstellationen löschen darf oder muss. Klar ist nur, dass er die Interessen Dritter, die auf den Grundrechten der Meinungs- und Informationsfreiheit beruhen, in der Abwägung beachten muss. Der *Europäische Datenschutzausschuss* sollte ähnlich den Leitlinien der Art. 29-Gruppe zum *Google*-Urteil des EuGH[47] alsbald Leitlinien für die Anwendung des Art. 17 in Konstellationen der genannten Art entwickeln.

144 Das vom *BGH* entwickelte „Ping-Pong-Modell"[48] reagiert auf diesen strukturellen Nachteil des Verfassers einer Äußerung. Danach muss der Hostprovider eine Beanstandung des Betroffenen an den Verfasser weiterleiten. Bleibt eine Stellungnahme des Verfassers innerhalb einer angemessenen Frist aus, ist – so der *BGH* – von der Berechtigung der Beanstandung auszugehen und der beanstandete Eintrag zu löschen. Stellt der Verfasser die Berechtigung der Beanstandung substantiiert in Abrede und ergeben sich deshalb berechtigte Zweifel, ist der Provider grundsätzlich gehalten, dem Betroffenen dies mitzuteilen und ggf. Nachweise zu verlangen, aus denen sich die behauptete Rechtsverletzung ergibt. Bleibt eine Stellungnahme des Betroffenen aus oder legt dieser ggf. erforderliche Nachweise nicht vor, ist eine weitere Prüfung nicht veranlasst. Ergibt sich aus der Stellungnahme des Betroffenen oder den vorgelegten Belegen auch unter Berücksichtigung einer etwaigen Gegenäußerung des Verfassers eine rechtswidrige Verletzung des Persönlichkeitsrechts, ist der beanstandete Eintrag zu löschen. Durch dieses Verfahren wird den betroffenen Grundrechten *beider* Seiten (allgemeines Persönlichkeitsrecht und Recht auf Datenschutz des Betroffenen einerseits, Meinungs- und Informationsfreiheit des Verfassers andererseits) Rechnung getragen, indem der Grundsatz „audiatur et altera pars" zum Tragen kommt. Und es wird sichergestellt, dass der Verantwortliche auf einer angemessenen Sachverhaltsgrundlage über die Löschung entscheidet. An sich sind Informationsintermediäre in Deutschland an diese höchstrichterliche Rechtsprechung gebunden. Soweit ersichtlich, wird sie aber kaum beachtet. Der nationale Gesetzgeber könnte ein solches Verfahren auf der Grundlage von Art. 85 Abs. 1 („In-Einklang-Bringen" der Grundrechte) im nationalen Recht vorschreiben.

---

46 *Art. 29-Gruppe*, http://ec.europa.eu/justice/data-protection/article-29/documentation/opinion-recommendation/files/2014/wp225_en.pdf, Ziff. 23.

47 Art. 29 Data Protection Working, WP 225.

48 *BGH*, Urt. v. 25.10.2011 – VI ZR 93/10 –, GRUR 2012, 311, 313. Bestätigt und fortgeführt durch *BGH*, Urt. v. 1.3.2016 – VI ZR 34/15, NJW 2016, 2106, 2108.

2. Rechtliche Verpflichtung (Abs. 3 lit. b Alt. 1)

Nach dem Wortlaut von Abs. 3 lit. b Alt. 1 gelten die Absätze 1 und 2 nicht, „soweit die Verarbeitung erforderlich ist zur Erfüllung einer rechtlichen Verpflichtung, die die Verarbeitung [...] erfordert". Diese Formulierung ist offensichtlich sprachlich verunglückt (Zirkelschluss). Einmal „erfordern" hätte gereicht: die Verarbeitung muss erforderlich sein für die Erfüllung einer rechtlichen Verpflichtung. **145**

Die rechtliche Verpflichtung muss sich aus dem Recht der Union oder dem Recht eines Mitgliedstaats ergeben und der Verantwortliche muss diesem Recht unterliegen. Bei der rechtlichen Verpflichtung muss es sich nicht um eine Regelung handeln, die erst nach Inkrafttreten der DS-GVO auf der Grundlage von Abs. 3 lit. b Alt. 1 verabschiedet wurde. Vielmehr schließt jede auch bereits zum Zeitpunkt des Beginns der Geltung der DS-GVO geltende Rechtsvorschrift, die die Verarbeitung personenbezogener Daten erfordert, die Löschpflicht aus. **146**

Beispiele für rechtliche Verpflichtungen dieser Art sind § 147 Abs. 3 S. 1 AO, § 257 Abs. 1 Nr. 1 und Abs. 4 HGB, § 28f Abs. 1 S. 1 SGB IV. **147**

3. Im öffentlichen Interesse liegende Aufgabe (Abs. 3 lit. b Alt. 2)

Die Absätze 1 und 2 gelten nicht, soweit die Verarbeitung erforderlich ist zur Wahrnehmung einer Aufgabe, die im öffentlichen Interesse liegt. Es handelt sich bei diesem Tatbestand um eine verordnungsunmittelbare Ausnahme. Das heißt, zur Beschränkung der Löschpflicht des Verantwortlichen bedarf es keiner Rechtsvorschrift der Union oder eines Mitgliedstaates, die ausdrücklich festlegt, unter welchen Voraussetzungen ein öffentliches Interesse die Löschpflicht beseitigt. Die Norm wird daher auch als „unechte Öffnungsklausel" bezeichnet[49], da sie nur auf andernorts bestehende Regelungen rekurriert, die mittelbar Auswirkungen auf die Pflichten des Verantwortlichen haben. **148**

Dieser recht weite Ausnahmetatbestand dürfte als Auffangtatbestand insb. für Datenverarbeitungen durch öffentliche Stellen fungieren, wenn zwar die im öffentlichen Interesse liegende Aufgabe gesetzlich definiert ist, nicht aber, welche konkreten Verarbeitungsschritte für die Aufgabenwahrnehmung erforderlich sind. Denkbar ist aber auch, dass nicht-öffentliche Stellen sich auf diesen Ausnahmetatbestand berufen, zum Beispiel die Betreiber von Energieversorgungsnetzen, soweit es um die Verarbeitung von Daten aus intelligenten Messsystemen (Smart Meter) geht. Das öffentliche Interesse muss nicht ausdrücklich als solches gesetzlich definiert sein, sondern kann sich auch aus dem Zweck, der Entstehungsgeschichte oder der Systematik einer gesetzlichen Regelung ergeben. Das Vorhandensein eines Gesetzes, aus dem das öffentliche Interesse abzuleiten ist, wird man aber schon fordern müssen. Eingehend zum Begriff des „öffentlichen Interesses" Art. 6 Rn. 114 ff. und Rn. 164 ff. sowie Art. 18 Rn. 98 ff. **149**

Dafür, dass der Verantwortliche trotz Vorliegens eines Löschtatbestandes gem. Abs. 1 die Daten verarbeiten oder weiterverarbeiten darf, bedarf es einer Rechtsgrundlage. Man könnte Abs. 3 lit. b Alt. 2 als eigenständige Rechtsgrundlage ansehen. Dagegen spricht, dass die Erlaubnistatbestände grundsätzlich in Art. 6 und 9 geregelt sind. Daher wird man Abs. 3 lit. b Alt. 2 als Rechtsgrundlage des Unionsrechts im Sinne von Art. 6 Abs. 3 S. 1 lit. a bzw. als Rechtsvorschrift der Union im Sinne von Art. 6 Abs. 4 Alt. 2 ansehen müssen. **150**

4. Ausübung öffentlicher Gewalt (Abs. 3 lit. b Alt. 3)

Die Absätze 1 und 2 gelten nicht, soweit die Verarbeitung erforderlich ist zur Wahrnehmung einer Aufgabe, die in Ausübung öffentlicher Gewalt erfolgt. Die Befugnis zur Ausübung der öffentlichen Gewalt muss dem Hoheitsträger gerade zu dem Verarbeitungszweck übertragen worden sein. Unter diesen Ausnahmetatbestand ist die klassische Eingriffsverwaltung zu subsumieren, **151**

---

49 *Kühling/Martini* et al., S. 58.

aber auch die Leistungsverwaltung kann Ausübung hoheitlicher Gewalt sein. Bei Abs. 3 lit. b Alt. 3 handelt es sich um eine unechte Öffnungsklausel (siehe dazu Rn. 148).

5. Öffentliches Interesse im Bereich der öffentlichen Gesundheit (Abs. 3 lit. c)

152 Die Absätze 1 und 2 gelten nicht, soweit die Verarbeitung der personenbezogenen Daten aus Gründen des öffentlichen Interesses im Bereich der öffentlichen Gesundheit gem. Art. 9 Abs. 2 lit. h und i sowie Art. 9 Abs. 3 erforderlich ist. Zum Begriff des „öffentlichen Interesses" siehe auch Art. 6 Rn. 114 ff. und Rn. 164 ff. sowie Art. 18 Rn. 98 ff. Aus den Verweisen auf Art. 9 ergibt sich, dass die Verarbeitung für die folgenden Zwecke unter die öffentliche Gesundheit subsumiert werden kann:

- Gesundheitsvorsorge
- Arbeitsmedizin
- Beurteilung der Arbeitsfähigkeit des Beschäftigten
- Medizinische Diagnostik
- Versorgung oder Behandlung im Gesundheitsbereich- oder Sozialbereich
- Verwaltung von Systemen und Diensten im Gesundheits- oder Sozialbereich
- Schutz vor schwerwiegenden grenzüberschreitenden Gesundheitsgefahren
- Gewährleistung hoher Qualitäts- und Sicherheitsstandards bei der Gesundheitsversorgung, bei Arzneimitteln und bei Medizinprodukten

153 Fraglich ist, ob es sich bei den Verweisen auf Art. 9 Abs. 2 lit. h und i sowie Art. 9 Abs. 3 um Rechtsgrund- oder Rechtsfolgenverweisungen handelt. Sofern es sich um Rechtsgrundverweisungen handeln sollte, müssten auch die übrigen in Art. 9 genannten Voraussetzungen erfüllt sein, damit die Ausnahme von den Löschpflichten gem. Abs. 3 lit. c griffe. Das bedeutete, dass die Ausnahme

- gem. Art. 9 Abs. 2 lit. h und Abs. 3 durch Unionsrecht, durch das Recht eines Mitgliedstaates oder durch Vertrag mit einem Angehörigen eines Gesundheitsberufs geregelt sein müsste und dass die Daten von Fachpersonal oder unter dessen Verantwortung oder von Personen, die einer Geheimhaltungspflicht unterliegen, verarbeitet werden müssten;
- gem. Art. 9 Abs. 2 lit. i durch Unionsrecht oder durch das Recht eines Mitgliedstaates geregelt sein müsste und dass diese Rechtsgrundlage angemessene und spezifische Maßnahmen zur Wahrung der Rechte und Freiheiten des Betroffenen vorsehen müsste.

154 Sofern es sich um Rechtsfolgenverweisungen handeln sollte, reichte das Vorliegen einer der genannten Verarbeitungszwecke aus, damit der Ausnahmetatbestand vom Verantwortlichen in Anspruch genommen werden könnte. Einer ausdrücklichen Regelung im Unionsrecht oder im mitgliedsstaatlichen Recht bedürfte es dann nicht.

155 Vergleicht man die verschiedenen Ausnahmetatbestände des Abs. 3, spricht einiges dafür, dass es sich bei Abs. 3 lit. c um eine Rechtsfolgenverweisung handelt. Hätte der Verordnungsgeber eine ausdrückliche Regelung im Unionsrecht oder im mitgliedsstaatlichen Recht verlangen wollen, hätte er dies wie in Abs. 3 lit. b und an vielen anderen Stellen in der DS-GVO im Wortlaut der Norm deutlich machen können. Ohne die Formulierung „nach dem Recht der Union oder der Mitgliedstaaten" muss Abs. 3 lit. c als verordnungsunmittelbare Ausnahme von den Löschpflichten angesehen werden, die keiner Konkretisierung durch eine spezialgesetzliche Regelung bedarf.

6. Im öffentlichen Interesse liegende Archivzwecke (Abs. 3 lit. d Alt. 1)

Die Absätze 1 und 2 gelten nicht, soweit die Verarbeitung der personenbezogenen Daten für im öffentlichen Interesse liegende Archivzwecke erforderlich ist. Voraussetzung ist, dass die Löschung die Verwirklichung der Ziele der im öffentlichen Interesse liegenden Archivzwecke unmöglich machen oder ernstlich beeinträchtigen würde. **156**

Diese Ausnahmebestimmung ergänzt die in Art. 5 Abs. 1 lit. b und Art. 89 Abs. 1 verankerte Privilegierung der Verarbeitung und Weiterverarbeitung für im öffentlichen Interesse liegende Archivzwecke. Da es sich hierbei um eine verordnungsunmittelbare Ausnahme zugunsten von im öffentlichen Interesse liegenden Archivzwecken handelt, fehlt Art. 17 in der Aufzählung des Art. 89 Abs. 3, nach dem die Mitgliedstaaten in ihrem Recht Ausnahmen festlegen können. **157**

Eingehend zum Begriff der im öffentlichen Interesse liegenden Archivzwecke siehe Art. 89 Rn. 16 ff. Allgemein zum Begriff des „öffentlichen Interesses" eingehend Art. 6 Rn. 114 ff. und Rn. 164 ff. sowie Art. 18 Rn. 98 ff. **158**

7. Wissenschaftliche und historische Forschungszwecke (Abs. 3 lit. d Alt. 2)

Die Absätze 1 und 2 gelten nicht, soweit die Verarbeitung der personenbezogenen Daten für wissenschaftliche und historische Forschungszwecke erforderlich ist. Voraussetzung ist, dass die Löschung die Verwirklichung der Ziele der wissenschaftlichen und historischen Forschungszwecke unmöglich machen oder ernstlich beeinträchtigen würde. **159**

Diese Ausnahmebestimmung ergänzt die in Art. 5 Abs. 1 lit. b und Art. 89 Abs. 1 verankerte Privilegierung der Verarbeitung und Weiterverarbeitung für wissenschaftliche und historische Forschungszwecke. Da es sich hierbei um eine verordnungsunmittelbare Ausnahme zugunsten dieser Zwecke handelt, fehlt Art. 17 in der Aufzählung des Art. 89 Abs. 2, nach dem die Mitgliedstaaten in ihrem Recht Ausnahmen festlegen können. **160**

Eingehend zum Begriff der wissenschaftlichen und historischen Forschungszwecke siehe Art. 89 Rn. 18 ff. **161**

8. Statistische Zwecke (Abs. 3 lit. d Alt. 3)

Die Absätze 1 und 2 gelten nicht, soweit die Verarbeitung der personenbezogenen Daten für statistische Zwecke erforderlich ist. Voraussetzung ist, dass die Löschung die Verwirklichung der Ziele der statistischen Zwecke unmöglich machen oder ernstlich beeinträchtigen würde. **162**

Diese Ausnahmebestimmung ergänzt die in Art. 5 Abs. 1 lit. b und Art. 89 Abs. 1 verankerte Privilegierung der Verarbeitung und Weiterverarbeitung für statistische Zwecke. Da es sich hierbei um eine verordnungsunmittelbare Ausnahme zugunsten von statistischen Zwecken handelt, fehlt Art. 17 in der Aufzählung des Art. 89 Abs. 2, nach dem die Mitgliedstaaten in ihrem Recht Ausnahmen hierfür festlegen können. **163**

Eingehend zum Begriff der statistischen Zwecke siehe Art. 89 Rn. 22 f. **164**

9. Rechtsansprüche (Abs. 3 lit. e)

Die Absätze 1 und 2 gelten nicht, soweit die Verarbeitung der personenbezogenen Daten zur Geltendmachung oder Ausübung von Rechtsansprüchen oder zur Verteidigung gegen Rechtsansprüche erforderlich ist. **165**

Von Relevanz ist dieser Ausnahmetatbestand vor allem bei Datenverarbeitungen im Zusammenhang mit rechtsgeschäftlichen Schuldverhältnissen. Die Notwendigkeit der Datenverarbeitung entfallt hier erst, wenn alle Haupt- und Nebenpflichten erfüllt sind. Spätestens mit Ablauf der Verjährungsfrist entfällt die Notwendigkeit in der Regel. **166**

Doch auch die Geltendmachung von vertragsähnlichen, dinglichen oder deliktischen Ansprüchen sowie von Kondiktionsansprüchen kann die Verarbeitung personenbezogener Daten erforderlich machen und somit den Anspruch auf Löschung ausschließen. **167**

C. Weitere Auswirkungen der Verordnung in der Praxis

I. Auswirkungen auf das nationale Recht

168 Löschrechte und -pflichten sind derzeit in § 20 Abs. 2 und 8 und in § 35 Abs. 2, 6 und 7 BDSG, in den Landesdatenschutzgesetzen sowie im bereichsspezifischen Datenschutzrecht verankert. Diese Regelungen müssen bis zum 25. Mai 2018 zugunsten von Art. 17 gestrichen bzw. an die Vorgaben des Art. 17 angepasst werden.

169 Anders als die übrigen Betroffenenrechte des Kapitels III der DS-GVO enthält Art. 17 bereits umfassende Ausnahmetatbestände. Insofern ist nicht zu erwarten, dass die nationalen Gesetzgeber umfänglich von ihrer Befugnis aus Art. 23 Gebrauch machen werden, weitere Beschränkungen festzulegen. Regelungsbedarf besteht aber im Hinblick auf den Regelungsauftrag des Art. 85. Danach sind vom mitgliedsstaatlichen Gesetzgeber das Recht auf den Schutz personenbezogener Daten mit dem Recht auf freie Meinungsäußerung und der Informationsfreiheit in Einklang zu bringen.

170 Deutschland hat unter Inanspruchnahme der Öffnungsklauseln der DS-GVO von seiner Befugnis zum Erlass ergänzenden mitgliedstaatlichen Rechts Gebrauch gemacht.

171 Durch § 4 Abs. 5 BDSG-neu wird spezifiziert, wann durch Videoüberwachung öffentlich zugänglicher Räume gewonnene Daten zu löschen sind – nämlich „unverzüglich", wenn sie zur Erreichung des Zwecks nicht mehr erforderlich sind oder schutzwürdige Interessen der Betroffenen einer weiteren Speicherung entgegenstehen. Diese beiden Löschtatbestände des neuen nationalen Rechts treten bei der Videoüberwachung öffentlich zugänglicher Räume an die Stelle der Löschtatbestände des Art. 17 Abs. 1. Insofern beschränken sie die Löschpflicht des Verantwortlichen. Dies ist auf der Grundlage von Art. 23 Abs. 1 zulässig. Sofern die Videoüberwachung dem Schutz von Leben, Gesundheit und Freiheit der in den überwachten Räumen aufhältigen Personen dient, hat sie Abschreckungswirkung und erleichtert die Strafverfolgung. Damit dient die Beschränkung des Art. 17 Abs. 1

- der öffentlichen Sicherheit (Art. 23 Abs. 1 lit. c),
- der Verhütung von Straftaten und der Abwehr von Gefahren für die öffentliche Sicherheit (Art. 23 Abs. 1 lit. d),
- der Ermittlung, Aufdeckung und Verfolgung von Straftaten (Art. 23 Abs. 1 lit. d),
- dem Schutz der Rechte und Freiheiten anderer Personen (Art. 23 Abs. 1 lit. i Alt. 2) und sogar
- dem Schutz des Betroffenen selbst (Art. 23 Abs. 1 lit. i Alt. 1).

172 Tatsächlich werden materiell-rechtlich die Löschtatbestände des Art. 17 Abs. 1 gar nicht nennenswert beschränkt. Der Einhaltung des Grundsatzes der Zweckbindung (Art. 17 Abs. 1 lit. a) und einem etwaigen Überwiegen der Rechte des Betroffenen wird auch durch § 4 Abs. 5 BDSG-neu Genüge getan.

173 § 35 Abs. 1 BDSG-neu beschränkt die Löschpflicht bei Unmöglichkeit und bei Unverhältnismäßigkeit. Insofern verschafft der Gesetzgeber dem Grundsatz „impossibilium nulla est obligatio" und dem Verhältnismäßigkeitsgrundsatz Geltung. Dies ist insofern gerechtfertigt, als dem Verantwortlichen nichts Unmögliches und auch nichts Unverhältnismäßiges abverlangt werden darf. Den Interessen des Betroffenen ist insofern Genüge getan, als er statt der Löschung eine Verarbeitungseinschränkung erreicht. Aus Sicht des Verantwortlichen ist die Verarbeitungseinschränkung als das mildere Mittel beim Vollzug der Beendigung seiner Datenverarbeitung anzusehen. Diese Beschränkung von Art. 17 Abs. 1 BDSG-neu ist durch Art. 23 Abs. 1 lit. i (Schutz der Rechte und Freiheiten anderer Personen, hier des Verantwortlichen) gerechtfertigt.

174 § 35 Abs. 2 BDSG-neu ist eine Vorschrift zugunsten des Betroffenen. Bei Zweckfortfall und unrechtmäßiger Datenverarbeitung ist der Verantwortliche berechtigt, statt einer Löschung eine Verarbeitungseinschränkung vorzunehmen, wenn er Grund zu der Annahme hat, dass durch eine Löschung schutzwürdige Interessen des Betroffenen beeinträchtigt würden. Diese Beschränkung von Art. 17 Abs. 1 lit. a und d ist durch Art. 23 Abs. 1 lit. i (Schutz der Rechte des Betroffenen) gerechtfertigt.

§ 35 Abs. 3 BDSG-neu erweitert das Recht des Verantwortlichen, statt einer Löschung eine Verarbeitungseinschränkung vorzunehmen, wenn einer Löschung satzungsgemäße oder vertragliche Aufbewahrungsfristen entgegenstehen. Dies ist eine notwendige Ergänzung von Art. 17 Abs. 3 lit. b, der eine Ausnahme von der Löschpflicht bei Vorliegen einer gesetzlichen Aufbewahrungspflicht vorsieht. Diese Beschränkung von Art. 17 Abs. 1 lit. a ist durch Art. 23 Abs. 1 lit. i (Schutz der Rechte und Freiheiten anderer Personen, hier des Verantwortlichen) gerechtfertigt. **175**

II. Bestandsschutz bisheriger Datenverarbeitungen

Die DS-GVO gilt ab dem 25. Mai 2018 in allen Mitgliedstaaten. Ein Bestandsschutz bisheriger Datenverarbeitungen ist in Bezug auf Löschrechte und -pflichten nicht vorgesehen. Von dem Zeitpunkt an, in dem die DS-GVO in den Mitgliedstaaten unmittelbare Geltung beansprucht, sind alle Verantwortlichen an die neuen Löschtatbestände gebunden. Spätestens ab dem 25. Mai 2018 müssen Verantwortliche auch bei laufenden Datenverarbeitungen die Anforderungen des Art. 17 beachten, insb. die Pflicht zur regelmäßigen Überprüfung der Datenverarbeitung im Hinblick auf die Löschpflichten und die Pflicht zur Festlegung von Löschfristen. **176**

III. Anwendung durch die Datenverarbeiter

Die Löschtatbestände der DS-GVO sind ausdifferenzierter als die bestehenden. Es bleibt abzuwarten, ob die Löschrechte von Betroffenen verstärkt in Anspruch genommen werden und wie sich die Rechtspraxis entwickeln wird. Etwaigen Rechtsunsicherheiten bei der Anwendung des Art. 17 kann durch Verhaltensregeln (Art. 40) und Zertifizierungen (Art. 42) entgegengewirkt werden. Art. 40 erwähnt beispielhaft auch mögliche Gegenstände von Verhaltensregeln, die für die Löschpflichten relevant sind, nämlich die Unterrichtung der Öffentlichkeit und der betroffenen Personen (Art. 40 Abs. 2 lit. e) und die Ausübung der Rechte betroffener Personen (Art. 40 Abs. 2 lit. f). **177**

IV. Sanktionen

Verstöße gegen die Verpflichtungen aus Art. 17 stellen Ordnungswidrigkeiten dar. Diese können mit einer Geldbuße belegt werden. Die Datenschutzaufsichtsbehörden können Geldbußen von bis zu 20 Mio. € oder im Falle eines Unternehmens bis zu 4 % des gesamten weltweit erzielten Jahresumsatzes des vorangegangenen Geschäftsjahrs verhängen (Art. 83 Abs. 5 lit. b). **178**

V. Rechtsschutz

1. Rechtsschutz des Betroffenen

a) Rechtsschutz gegen Aufsichtsbehörde

Jeder Betroffene hat das Recht auf Beschwerde bei einer Aufsichtsbehörde, wenn er der Auffassung ist, dass die Verarbeitung ihn betreffender Daten gegen die DS-GVO verstößt – also auch, wenn er der Auffassung ist, der Verantwortliche erfülle seine Verpflichtungen aus Art. 17 nicht. Zuständig können die Aufsichtsbehörde in dem Mitgliedstaat des Aufenthaltsortes, des Arbeitsplatzes oder des Ortes des mutmaßlichen Verstoßes sein (Art. 77 Abs. 1). **179**

Jeder Betroffene hat darüber hinaus das Recht auf einen wirksamen gerichtlichen Rechtsbehelf gegen einen ihn betreffenden rechtsverbindlichen Beschluss einer Aufsichtsbehörde (Art. 78 Abs. 1). Jeder Betroffene hat außerdem das Recht auf einen wirksamen gerichtlichen Rechtsbehelf, wenn sich die zuständige Aufsichtsbehörde mit einer Beschwerde nicht befasst oder sie den Betroffenen nicht innerhalb von drei Monaten über den Stand oder das Ergebnis der Beschwerde **180**

in Kenntnis setzt (Art. 78 Abs. 2). Bei Streitigkeiten mit der Aufsichtsbehörde sind die Verwaltungsgerichte zuständig.

b) Rechtsschutz gegen Verantwortliche und Auftragsverarbeiter

181 Jeder Betroffene hat das Recht auf einen wirksamen gerichtlichen Rechtsbehelf gegen einen Verantwortlichen oder gegen einen Auftragsverarbeiter (Art. 79). Der gegen eine öffentliche Stelle gerichtete Anspruch auf Löschung ist ein subjektiv-öffentliches Recht, das ohne weiteres gerichtlich einklagbar ist. Soll eine öffentliche Stelle zur Befolgung ihrer Löschpflicht gezwungen werden, muss eine allgemeine Leistungsklage auf Vornahme der Löschung erhoben werden. Zuständig ist das allgemeine Verwaltungsgericht, das Sozialgericht oder das Finanzgericht.[50] Soll eine nicht-öffentliche Stelle zur Löschung verpflichtet werden, ist eine Leistungsklage zu erheben. Zuständig sind entweder die Zivil- oder die Arbeitsgerichte.[51]

182 Jeder Betroffene, dem wegen eines Verstoßes gegen die DS-GVO ein materieller oder immaterieller Schaden entstanden ist, hat Anspruch auf Schadensersatz gegen den Verantwortlichen oder gegen den Auftragsverarbeiter (Art. 82 Abs. 1).

c) Vertretung durch einen Verband

183 Jeder Betroffene hat das Recht, eine Einrichtung, Organisation oder Vereinigung, die im Bereich des Datenschutzes tätig ist, mit der Vertretung seiner Interessen im Zusammenhang mit den Rechten der Art. 77, 78 und 79 sowie der Geltendmachung von Schadensersatz gem. Art. 82 zu beauftragen (Art. 80 Abs. 1).

2. Rechtsschutz anderer Personen

184 Jede natürliche oder juristische Person (also insb. ein Verantwortlicher oder ein Auftragsverarbeiter) hat das Recht auf einen wirksamen gerichtlichen Rechtsbehelf gegen einen sie betreffenden rechtsverbindlichen Beschluss einer Aufsichtsbehörde (Art. 78 Abs. 1).

3. Rechtsschutz durch Verbände

185 Jede Einrichtung, Organisation oder Vereinigung ohne Gewinnerzielungsabsicht, die ordnungsgemäß nach dem Recht eines Mitgliedstaates gegründet ist, deren satzungsmäßige Ziele im öffentlichen Interesse liegen und die im Bereich des Schutzes der Rechte und Freiheiten von Betroffenen in Bezug auf den Schutz ihrer personenbezogenen Daten tätig ist, kann auch ohne Beauftragung durch einen Betroffenen die Rechte der Art. 77, 78 und 79 geltend machen (u.a. durch eine altruistische Verbandsklage), sofern dies das Recht eines Mitgliedstaates vorsieht (Art. 80 Abs. 2). Jeder Betroffene hat das Recht, einen solchen Verband mit der Vertretung seiner Interessen im Zusammenhang mit den Rechten der Art. 77, 78 und 79 sowie der Geltendmachung von Schadensersatz gem. Art. 82 zu beauftragen (Art. 80 Abs. 1).

---

50 Vgl. Wolff/Brink, *Worms*, 13. Edition (Stand: 1.11.2014), § 19 Rn. 110, 111.
51 Vgl. Wolff/Brink, *Schmidt-Wudy*, 13. Edition (Stand: 1.8.2015), § 34 Rn. 22.

Article 18

Right to restriction of processing

1. The data subject shall have the right to obtain from the controller the restriction of the processing of personal data where:

(a) the accuracy of the data is contested by the data subject, for a period enabling the controller to verify the accuracy of the data;

(b) the processing is unlawful and the data subject opposes the erasure of the data and requests the restriction of their use instead;

(c) the controller no longer needs the personal data for the purposes of the processing, but they are required by the data subject for the establishment, exercise or defence of legal claims; or

(d) he or she has objected to processing pursuant to Article 21 (1) pending the verification whether the legitimate grounds of the controller override those of the data subject.

2. Where processing of personal data has been restricted under paragraph 1, such data may, with the exception of storage, only be processed with the data subject's consent or for the establishment, exercise or defence of legal claims or for the protection of the rights of another natural or legal person or for reasons of important public interest of the Union or of a Member State.

3. A data subject who obtained the restriction of processing pursuant to paragraph 1 shall be informed by the controller before the restriction of processing is lifted.

Artikel 18

Recht auf Einschränkung der Verarbeitung

(1) Die betroffene Person hat das Recht, von dem Verantwortlichen die Einschränkung der Verarbeitung zu verlangen, wenn eine der folgenden Voraussetzungen gegeben ist:

a) die Richtigkeit der personenbezogenen Daten von der betroffenen Person bestritten wird, und zwar für eine Dauer, die es dem Verantwortlichen ermöglicht, die Richtigkeit der personenbezogenen Daten zu überprüfen,

b) die Verarbeitung unrechtmäßig ist und die betroffene Person die Löschung der personenbezogenen Daten ablehnt und stattdessen die Einschränkung der Nutzung der personenbezogenen Daten verlangt;

c) der Verantwortliche die personenbezogenen Daten für die Zwecke der Verarbeitung nicht länger benötigt, die betroffene Person sie jedoch zur Geltendmachung, Ausübung oder Verteidigung von Rechtsansprüchen benötigt, oder

d) die betroffene Person Widerspruch gegen die Verarbeitung gemäß Artikel 21 Absatz 1 eingelegt hat, solange noch nicht feststeht, ob die berechtigten Gründe des Verantwortlichen gegenüber denen der betroffenen Person überwiegen

(2) Wurde die Verarbeitung gemäß Absatz 1 eingeschränkt, so dürfen diese personenbezogenen Daten – von ihrer Speicherung abgesehen – nur mit Einwilligung der betroffenen Person oder zur Geltendmachung, Ausübung oder Verteidigung von Rechtsansprüchen oder zum Schutz der Rechte einer anderen natürlichen oder juristischen Person oder aus Gründen eines wichtigen öffentlichen Interesses der Union oder eines Mitgliedstaats verarbeitet werden.

(3) Eine betroffene Person, die eine Einschränkung der Verarbeitung gemäß Absatz 1 erwirkt hat, wird von dem Verantwortlichen unterrichtet, bevor die Einschränkung aufgehoben wird.

Article 4

No. 2 'processing'

(2) 'processing' means any operation or set of operations which is performed on personal data or on sets of personal data, whether or not by automated means, such as collection, recording, organisation, structuring, storage, adaptation or alteration, retrieval, consultation, use, disclosure by transmission, dissemination or otherwise making available, alignment or combination, restriction, erasure or destruction;

(3) 'restriction of processing' means the marking of stored personal data with the aim of limiting their processing in the future;

Artikel 4

Nr. 2 „Verarbeitung"

2. „Verarbeitung" jeden mit oder ohne Hilfe automatisierter Verfahren ausgeführten Vorgang oder jede solche Vorgangsreihe im Zusammenhang mit personenbezogenen Daten wie das Erheben, das Erfassen, die Organisation, das Ordnen, die Speicherung, die Anpassung oder Veränderung, das Auslesen, das Abfragen, die Verwendung, die Offenlegung durch Übermittlung, Verbreitung oder eine andere Form der Bereitstellung, den Abgleich oder die Verknüpfung, die Einschränkung, das Löschen oder die Vernichtung;
3. „Einschränkung der Verarbeitung" die Markierung gespeicherter personenbezogener Daten mit dem Ziel, ihre künftige Verarbeitung einzuschränken;

§ 27 BDSG-neu

Datenverarbeitung zu wissenschaftlichen oder historischen Forschungszwecken und zu statistischen Zwecken

[...]

(2) Die in den Artikeln 15, 16, 18 und 21 der Verordnung (EU) 2016/679 vorgesehenen Rechte der betroffenen Person sind insoweit beschränkt, als diese Rechte voraussichtlich die Verwirklichung der Forschungs- oder Statistikzwecke unmöglich machen oder ernsthaft beinträchtigen und die Beschränkung für die Erfüllung der Forschungs- oder Statistikzwecke notwendig ist. [...]

[...]

§ 28 BDSG-neu

Datenverarbeitung zu im öffentlichen Interesse liegenden Archivzwecken

[...]

(4) Die in Artikel 18 Absatz 1 Buchstabe a, b und d, den Artikeln 20 und 21 der Verordnung (EU) 2016/679 vorgesehenen Rechte bestehen nicht, soweit diese Rechte voraussichtlich die Verwirklichung der im öffentlichen Interesse liegenden Archivzwecke unmöglich machen oder ernsthaft beeinträchtigen und die Ausnahmen für die Erfüllung dieser Zwecke erforderlich sind.

§ 35 BDSG-neu

Recht auf Löschung

(1) Ist eine Löschung im Fall nicht automatisierter Datenverarbeitung wegen der besonderen Art der Speicherung nicht oder nur mit unverhältnismäßig hohem Aufwand möglich und ist das Interesse der betroffenen Person an der Löschung als gering anzusehen, besteht das Recht der betroffenen Person auf und die Pflicht des Verantwortlichen zur Löschung personenbezogener Da-

ten gemäß Artikel 17 Absatz 1 der Verordnung (EU) 2016/679 ergänzend zu den in Artikel 17 Absatz 3 der Verordnung (EU) 2016/679 genannten Ausnahmen nicht. In diesem Fall tritt an die Stelle einer Löschung die Einschränkung der Verarbeitung gemäß Artikel 18 der Verordnung (EU) 2016/679. Die Sätze 1 und 2 finden keine Anwendung, wenn die personenbezogenen Daten unrechtmäßig verarbeitet wurden.

(2) Ergänzend zu Artikel 18 Absatz 1 Buchstabe b und c der Verordnung (EU) 2016/679 gilt Absatz 1 Satz 1 und 2 entsprechend im Fall des Artikels 17 Absatz 1 Buchstabe a und d der Verordnung (EU) 2016/679, solange und soweit der Verantwortliche Grund zu der Annahme hat, dass durch eine Löschung schutzwürdige Interessen der betroffenen Person beeinträchtigt würden. Der Verantwortliche unterrichtet die betroffene Person über die Einschränkung der Verarbeitung, sofern sich die Unterrichtung nicht als unmöglich erweist oder einen unverhältnismäßigen Aufwand erfordern würde.

(3) Ergänzend zu Artikel 17 Absatz 3 Buchstabe b der Verordnung (EU) 2016/679 gilt Absatz 1 entsprechend im Fall des Artikels 17 Absatz 1 Buchstabe a der Verordnung (EU) 2016/679, wenn einer Löschung satzungsgemäße oder vertragliche Aufbewahrungsfristen entgegenstehen.

Recitals

(67) [1]Methods to restrict processing of personal data could include, inter alia, temporarily moving the selected data to another processing system or making the selected data unavailable to users or temporarily removing published data from a website. [2]In automated filing systems the restriction of processing of personal data should in principle be ensured by technical means in such a way that the data is not subject to further processing operations and cannot be changed anymore; [3]the fact that the processing of personal data is restricted should be indicated in the system in such a way that it is clear that the processing of the personal data is restricted.

(156) […] [5]Member States should be authorised to provide, under specific conditions and subject to appropriate safeguards for data subjects, specifications and derogations with regard to the information requirements and rights to rectification, to erasure, to be forgotten, to restriction of processing, to data portability, and to object when processing personal data for archiving purposes in the public interest, scientific or historical research purposes or statistical purposes. [6]The conditions and safeguards in question may entail specific procedures for data subjects to exercise those rights if this is appropriate in the light of the purposes sought by the specific processing along with technical and organisational measures aimed at minimising the processing of personal data

Erwägungsgründe

(67) [1]Methoden zur Beschränkung der Verarbeitung personenbezogener Daten könnten unter anderem darin bestehen, dass ausgewählte personenbezogenen Daten vorübergehend auf ein anderes Verarbeitungssystem übertragen werden, dass sie für Nutzer gesperrt werden oder dass veröffentliche Daten vorübergehend von einer Website entfernt werden. [2]In automatisierten Dateisystemen sollte die Einschränkung der Verarbeitung grundsätzlich durch technische Mittel so erfolgen, dass die personenbezogenen Daten in keiner Weise weiterverarbeitet werden und nicht verändert werden können. [3]Auf die Tatsache, dass die Verarbeitung der personenbezogenen Daten beschränkt wurde, sollte in dem System unmissverständlich hingewiesen werden.

(156) […] [5]Es sollte den Mitgliedstaaten erlaubt sein, unter bestimmten Bedingungen und vorbehaltlich geeigneter Garantien für die betroffenen Personen Präzisierungen und Ausnahmen in Bezug auf die Informationsanforderungen sowie der Rechte auf Berichtigung, Löschung, Vergessenwerden, zur Einschränkung der Verarbeitung, auf Datenübertragbarkeit sowie auf Widerspruch bei der Verarbeitung personenbezogener Daten zu im öffentlichen Interesse liegende Archivzwecken, zu wissenschaftlichen oder historischen Forschungszwecken oder zu statistischen Zwecken vorzusehen. [6]Im Rahmen der betreffenden Bedingungen und Garantien können spezifische Verfahren für die Ausübung dieser Rechte durch die betroffenen Personen vorgesehen

in pursuance of the proportionality and necessity principles. [...]

sein – sofern dies angesichts der mit der spezifischen Verarbeitung verfolgten Zwecke angemessen ist – sowie technische und organisatorische Maßnahmen zur Minimierung der Verarbeitung personenbezogener Daten im Hinblick auf die Grundsätze der Verhältnismäßigkeit und der Notwendigkeit. [...]

Literatur

Bauer, Löschen statt sperren? Sperrung nach der Datenschutz-Grundverordnung: Das ist neu, in: Datenschutz-Praxis 6/2017, S. 6-7; *Ehmann/Selmayr (Hrsg.)*, Datenschutz-Grundverordnung, 1. Auflage 2017, C.H. Beck München; *Feiler/Forgó*, EU-DSGVO,1. Auflage 2016, Verlag Österreich Wien; *Gierschmann/Saeugling (Hrsg.)*, Systematischer Praxiskommentar Datenschutzrecht, 1. Auflage 2014, Bundesanzeiger Verlag Köln; *Gola/Schomerus*, BDSG, 12. Auflage 2015, C.H. Beck München; *Härting*, Starke Behörden, schwaches Recht – der neue EU-Datenschutzentwurf, in: BB 2012, 459; *Horstmann*, EuGH: Kein Recht auf Löschung oder Sperrung personenbezogener Daten im Unternehmensregister, in: ZD 2017, 05595; *Keller*, The Right Tools: Europe's Intermediary Liability Laws and the 2016 General Data Protection Regulation, https://ssrn.com/abstract=2914684 (abgerufen am 31.5.2017); Wolff/Brink, Beck'scher Online-Kommentar Datenschutzrecht, 13. Edition (Stand: 1.8.2015)

Bedeutung der Norm

Die Norm ermöglicht dem Betroffenen eine Art „vorläufigen Rechtsschutz". Der Betroffene kann für bestimmte Zeiträume vorläufige Einschränkungen im Hinblick auf den Umfang der zulässigen Datenverarbeitung erreichen. Dies betrifft erstens Fälle, in denen die Zulässigkeit der Datenverarbeitung zwischen dem Verantwortlichen und dem Betroffenen umstritten ist (Abs. 1 lit. a und d). Zweitens sieht die Norm vorläufige Regelungen für Fälle vor, in denen die Datenverarbeitung zum ursprünglichen Zweck an sich beendet ist, eine Datenspeicherung vom Normgeber aber im Interesse des Betroffenen (Abs. 1 lit. b und c) als berechtigt angesehen wird.

Hinweise für den Anwender

Für die Norm relevante Definitionen und andere Querbezüge:

- Definitionen: Nach Art. 4 Nr. 2 ist die Verarbeitungseinschränkung auch eine Verarbeitung im Sinne der DS-GVO. Art. 4 Nr. 3 definiert die Verarbeitungseinschränkung als „Markierung gespeicherter personenbezogener Daten mit dem Ziel, ihre künftige Verarbeitung einzuschränken".
- Öffnungsklauseln: Die Mitgliedstaaten können im jeweiligen nationalen Recht in Bezug auf die Pflicht zur Verarbeitungseinschränkung insbesondere festlegen: spezifischere Bestimmungen (Art. 6 Abs. 2 und 3), Beschränkungen (Art. 23), Abweichungen oder Ausnahmen (Art. 85), Ausnahmen (Art. 89 Abs. 2 und 3).
- Informationspflichten: Der Verantwortliche muss den Betroffenen bei Datenerhebung oder -verwendung auf sein Recht auf Verarbeitungseinschränkung hinweisen (Art. 13 Abs. 2 lit. b oder 14 Abs. 2 lit. c). Auch im Rahmen des Auskunftsanspruchs ist der Betroffene auf sein Recht auf Verarbeitungseinschränkung hinzuweisen (Art. 15 Abs. 1 lit. e).
- Benachrichtigungspflichten: Der Verantwortliche muss den Betroffenen über die Vornahme oder Nichtvornahme (Art. 12 Abs. 3) sowie die Aufhebung (Art. 18 Abs. 3) einer Verarbeitungseinschränkung benachrichtigen. Er muss alle etwaigen Empfänger über eine Verarbeitungseinschränkung (Art. 19 S. 1) sowie den Betroffenen auf Verlangen über die Empfänger (Art. 19 S. 2) benachrichtigen.

- Löschrechte und -pflichten: Zwischen Verarbeitungseinschränkung und Löschung (Art. 17) besteht in mehreren Konstellationen ein Stufenverhältnis.
- Datenschutzaufsichtsbehörden: Jede Aufsichtsbehörde verfügt unter anderem über die Befugnis, die Verarbeitungseinschränkung und die Unterrichtung der Empfänger darüber anzuordnen (Art. 58 Abs. 2 lit. g).
- Geldbuße: Geldbuße bei Verstoß gegen die Pflicht zur Einschränkung der Verarbeitung gem. Art. 83 Abs. 5 lit. b: maximal 20.000.000 € oder im Falle eines Unternehmens 4 % des gesamten weltweit erzielten Umsatzes des Vorjahres.

Für die Auslegung der Norm relevante Erwägungsgründe:

- EG 57 bis 59 allgemein zu den Betroffenenrechten; EG 67 und 156 S. 5 und 6 unmittelbar zum Recht auf Verarbeitungseinschränkung.

Systematische Einordnung innerhalb der DS-GVO:

- Der Anspruch auf Verarbeitungseinschränkung ist Teil der in Kapitel III geregelten Betroffenenrechte. Er gehört neben den Ansprüchen auf Berichtigung (Art. 16 S. 1), Vervollständigung (Art. 16 S. 2), Löschung (Art. 17) und Widerspruch (Art. 21) zu den Gestaltungsansprüchen des Betroffenen, mit denen er Einfluss auf das Ob und den Umfang der Datenverarbeitung nehmen kann.
- Er ist wie der Auskunftsanspruch (Art. 15), das Recht auf Datenübertragbarkeit (Art. 18) und das Widerspruchsrecht (Art. 21) als rein antragsabhängiges subjektives Recht ausgestaltet.
- Art. 11 und 12 sind die für alle Betroffenenrechte geltenden, vor die Klammer gezogenen Normen, die Verfahren und Form der Geltendmachung auch des Anspruchs auf Verarbeitungseinschränkung regeln.

Vorgängernormen im BDSG:

- § 20 Abs. 3, 4, 6, 7 und 8 BDSG für den Anspruch auf Sperrung gegen öffentliche Stellen; § 35 Abs. 3, 4, 4a, 6, 7 und 8 BDSG für den Anspruch auf Sperrung gegen nichtöffentliche Stellen.

Vorgängernormen in der RL 95/46:

- Art. 12 lit. b RL 95/46 für den Anspruch auf Sperrung; Art. 12 lit. c RL 95/46 für die Pflicht zur Benachrichtigung Dritter über die vorgenommene Sperrung.

Leitentscheidungen:

- EuGH, Urt. v. 13.5.2014 – C-131/12 –, http://curia.europa.eu/juris/liste.jsf?language=de&num=C-131/12 (zuletzt abgerufen am 29.5.2017).
- EuGH, Urt. v. 9.3.2017 (Manni) – C-398/15 –, http://curia.europa.eu/juris/liste.jsf?language=en&num=C-398/15 (zuletzt abgerufen am 29.5.2017).

▶ Schlagworte

Einschränkung der Verarbeitung, Verarbeitungseinschränkung, Sperrung, Richtigkeit, Intermediäre, Notice-and-Take-Down,

A. Allgemeines

I. Regelungszweck

1 Die Norm verfolgt den Zweck, für bestimmte Zeiträume vorläufige Regelungen im Hinblick auf den Umfang der zulässigen Datenverarbeitung festzulegen.

2 Erstens enthält sie eine vorläufige Regelung für Fälle, in denen der Betroffene die Datenverarbeitung beenden will, indem er entweder die Richtigkeit der Daten bestreitet (Abs. 1 lit. a) oder Widerspruch gegen die Datenverarbeitung einlegt (Abs. 1 lit. d). Hier ist bis zur endgültigen Klärung der Richtigkeit der Daten bzw. der Berechtigung des Widerspruchs zwar die Datenspeicherung weiterhin zulässig, nicht aber die Datennutzung zu einem darüber hinausgehenden Zweck. Die beiden genannten Tatbestände stellen somit eine Art „vorläufigen Rechtsschutz" des Betroffenen dar.

3 Zweitens enthält die Norm eine vorläufige Regelung für Fälle, in denen die Datenverarbeitung zum ursprünglichen Zweck an sich beendet ist, eine Datenspeicherung vom Normgeber aber im Interesse des Betroffenen als berechtigt angesehen wird (Abs. 1 lit. b und c). Diese beiden Tatbestände können somit als ein Sicherungsrecht zur Erhaltung des Speicherungs-„Status Quo" angesehen werden.[1]

4 Der vorläufige Ausgleich zwischen den Interessen des Verantwortlichen und denen des Betroffenen kann als „quasi-einstweiliger Rechtsschutz" zugunsten des Betroffenen angesehen werden.[2] Ob die Vermutungswirkungen zugunsten des Betroffenen aber auch rechtspolitisch vernünftig und rechtsstaatlich angemessen sind, ist fraglich.

II. Normadressaten

1. Öffentliche und nicht-öffentliche Stellen

5 Die Norm unterscheidet grundsätzlich nicht zwischen Verarbeitungen durch öffentliche und Verarbeitungen durch nicht-öffentliche Stellen. Beide kommen gleichermaßen als Anspruchsgegner in Betracht. Dies ist dem „One-size-fits-all"-Ansatz der DS-GVO geschuldet. Problematisch ist dies insbesondere bei den Tatbeständen des Abs. 1 lit. a und d, die beide insoweit eine Vermutung zu Ungunsten des Verantwortlichen enthalten, als dass dieser die Datenverarbeitung auf

1 *Kamann/Braun*, in: Ehmann/Selmayr, DS-GVO, 2017, Art. 18 Rn. 2.
2 *Paal*, in: Paal/Pauly, Datenschutz-Grundverordnung, 2017, Art. 18 Rn. 3.

Verlangen erst einmal einstellen muss. Eine solche Vermutungsregelung ist bei Datenverarbeitungen durch öffentliche Stellen höchst problematisch, da sie dem Grundsatz widerspricht, dass eine Vermutung für rechtmäßiges Handeln des Staates besteht. Auch im Hinblick auf Datenverarbeitungen durch natürliche Personen, die von ihrer Meinungs- oder Informationsfreiheit Gebrauch machen, ist die Vermutungsregelung sehr problematisch. Sie widerspricht der in der Rechtsprechung des Bundesverfassungsgerichts verankerten Vermutung der Zulässigkeit der freien Rede.[3] Eine stärkere Ausdifferenzierung der Norm nach verschiedenen Normadressaten wäre wünschenswert gewesen.

2. Drittstaatsdatenverarbeiter

Auch Drittstaatsdatenverarbeiter sind zur Verarbeitungseinschränkung verpflichtet, wenn die von ihnen betriebene Datenverarbeitung die Voraussetzungen des Art. 3 Abs. 2 erfüllt. **6**

3. Mitgliedstaaten

Die nationalen Gesetzgeber müssen ihr gesamtes nationales Recht daraufhin überprüfen, ob es Rechte und Pflichten zur Vornahme von Verarbeitungseinschränkungen enthält. Diese sind auf ihre Vereinbarkeit mit Art. 18 zu überprüfen und ggf. zu streichen oder an die Vorgaben des Art. 18 anzupassen, es sei denn abweichende Regelungen können aufgrund einer Öffnungsklausel der DS-GVO im nationalen Recht getroffen werden. Wiederholungen des Wortlauts der DS-GVO im nationalen Recht sind ausnahmsweise zulässig, wenn sie erforderlich sind, um die Kohärenz zu wahren und die nationalen Rechtsvorschriften für die Personen, für die sie gelten, verständlicher zu machen (EG 8). Die Mitgliedstaaten können im nationalen Recht gem. Art. 6 Abs. 2 und 3 spezifische Anforderungen an die Pflicht zur Verarbeitungseinschränkung, gem. Art. 23 Beschränkungen der Pflicht zur Verarbeitungseinschränkung, gem. Art. 85 Abweichungen oder Ausnahmen von der Pflicht zur Verarbeitungseinschränkung und gem. Art. 89 Abs. 2 und 3 Ausnahmen von der Pflicht zur Verarbeitungseinschränkung festlegen. **7**

Ungeachtet einzelner Unterschiede im Anwendungsbereich entspricht der Verarbeitungseinschränkung des Art. 18 im geltenden deutschen Recht die Sperrung. Diesbezügliche Regelungen finden sich im BDSG (öffentliche Stellen: § 20 Abs. 3, 4, 6, 7 und 8 BDSG; nicht-öffentliche Stellen: § 35 Abs. 3, 4, 4a, 6, 7 und 8 BDSG), in den Landesdatenschutzgesetzen und in bereichsspezifischen Gesetzen. **8**

Der deutsche Gesetzgeber hat (Stand: 17.6.2017) durch §§ 27 Abs. 2, 28 Abs. 4 und 35 BDSG-neu von seiner Befugnis zum Erlass ergänzender Regelungen Gebrauch gemacht (genauer Rn. 106 ff.). **9**

4. Betroffene

Der Betroffene muss einen Antrag an den Verantwortlichen richten, um seinen Anspruch auf Einschränkung der Verarbeitung geltend zu machen. Der Antrag auf Verarbeitungseinschränkung steht aber nicht allein. Der Betroffene hat eine gewisse Substantiierungslast (genauer Rn. 42 ff.). Im Falle unrichtiger Daten (Abs. 1 lit. a) muss mit den Antrag die Richtigkeit der Daten bestritten werden. In dem Bestreiten kann (muss aber nicht) ein Antrag auf Berichtigung gem. Art. 16 S. 1 oder ein Antrag auf Löschung gem. Art. 17 Abs. 1 zu sehen sein. Im Falle unrechtmäßiger Verarbeitung (Abs. 1 lit. b) ist der Antrag auf Verarbeitungseinschränkung mit einer Ablehnung der Löschung der Daten zu verbinden. Eventuell muss dargelegt werden, warum der Betroffene die Verarbeitung für unrechtmäßig hält. Im Falle des Abs. 1 lit. c muss der Betroffene plausibel machen, dass die Datenspeicherung für die Rechtsverfolgung erforderlich ist, auch wenn der Verantwortliche sie für seine Zwecke nicht mehr benötigt. Im Falle des Abs. 1 lit. d muss der Antrag auf Verarbeitungseinschränkung zusammen mit einem Widerspruch gestellt werden. **10**

---

3 BVerfGE 7, 198, 208; vgl. auch BVerfG NJW 2001, 2076, 2077 und BVerfG NJW 2001, 2069, 2070.

5. Datenschutzaufsichtsbehörden

11 Die Untersuchungs-, Abhilfe- und Genehmigungsbefugnisse der Datenschutzaufsichtsbehörden sind in Art. 58 geregelt. Gem. Art. 58 Abs. 2 lit. g hat jede Aufsichtsbehörde ausdrücklich die Befugnis, die Verarbeitungseinschränkung gem. Art. 18 und die Unterrichtung der Empfänger, denen die streitbefangenen Daten offengelegt wurden, anzuordnen. Bei Verstößen gegen Art. 18 können die Datenschutzaufsichtsbehörden Geldbußen gem. Art. 83 Abs. 5 lit. b verhängen.

III. Systematik

12 Das Recht auf Verarbeitungseinschränkung ist Teil der in Kapitel III der DS-GVO geregelten Betroffenenrechte. Es gehört dort zu den Initiativrechten, die einen Antrag des Betroffenen voraussetzen. Weitere Initiativrechte sind das Recht auf Auskunft (Art. 15), das Recht auf Berichtigung und Vervollständigung (Art. 16), das Recht auf Löschung (Art. 17), das Recht auf Datenübertragbarkeit (Art. 20) und das Widerspruchsrecht (Art. 21).

13 Außerdem gehört der Anspruch auf Verarbeitungseinschränkung zu den Steuerungs- und Gestaltungsrechten, mit denen der Betroffene unmittelbar Einfluss auf das Ob und/oder das Wie der Datenverarbeitung nehmen kann. Zu diesen Rechten gehören z.B. das Recht auf Löschung (Art. 17), das Recht auf Datenübertragbarkeit (Art. 20) und das Widerspruchsrecht (Art. 21).

14 Für die Betroffenenrechte enthält Art. 12 allgemeine Voraussetzungen im Hinblick auf die transparente Information des Betroffenen, auf die Kommunikation mit dem Betroffenen und auf die Modalitäten für die Ausübung der Rechte. Art. 12 enthält insbesondere Aussagen zu Form und Sprache von Mitteilungen an den Betroffenen und zu Fristen und Entgelten für die Geltendmachung der Betroffenenrechte. Demnach gelten für das Recht auf Verarbeitungseinschränkung zusätzlich zu den Anforderungen des Art. 18 diese allgemeinen Voraussetzungen, soweit die dortigen Regelungen für die Verarbeitungseinschränkung relevant sind. Art. 12 enthält darüber hinaus weitere Voraussetzungen für die Mitwirkungspflichten des Verantwortlichen bei der Erfüllung der Rechte des Betroffenen.

15 Zwischen der Pflicht zur Verarbeitungseinschränkung einerseits und der Berichtigungspflicht (Art. 16 S. 1) und/oder der Löschpflicht (Art. 17) andererseits besteht in mehreren Konstellationen ein Stufenverhältnis:

- Sind die Daten unrichtig und ist die Verarbeitung deshalb wegen Verstoßes gegen Art. 5 Abs. 1 lit. d unrechtmäßig, hat der Verantwortliche die Daten entweder zu berichtigen (Art. 16 S. 1) oder sie zu löschen (Art. 17 Abs. 1 lit. d). Zusätzlich kann der Betroffene in einem solchen Fall wegen Abs. 1 lit. a verlangen, dass die Verarbeitung bereits für die Dauer der Prüfung der Richtigkeit der Verarbeitung eingeschränkt wird. Der Berichtigungs- bzw. Löschanspruch wird also vorläufig abgesichert.
- Ist die Verarbeitung unrechtmäßig, ist der Verantwortliche an sich ohne weiteres zur Löschung verpflichtet (Art. 17 Abs. 1 lit. d). Der Betroffene kann aber verlangen, dass der Verantwortliche statt einer Löschung nur eine Verarbeitungseinschränkung vornimmt (Abs. 1 lit. b). Er hat also ein Wahlrecht zwischen Löschung und Verarbeitungseinschränkung.[4] Diese Regelung ist verunglückt, denn bei wörtlicher Auslegung würde aus einer Löschpflicht des Verantwortlichen eine zeitlich unbeschränkte Aufbewahrungspflicht, die ausschließlich im Interesse des Betroffenen liegt. Insofern ist eine teleologische Reduktion der Norm geboten.
- Sind die Daten für die Zwecke, für die sie erhoben oder auf sonstige Weise verarbeitet wurden, nicht mehr erforderlich, ist der Verantwortliche an sich ohne weiteres zur Löschung verpflichtet (Art. 17 Abs. 1 lit. a). Dies gilt allerdings nicht, soweit die Daten zur Geltendmachung/Ausübung von Rechtsansprüchen oder zur Verteidigung gegen Rechtsansprüche benötigt werden. Für den Fall, dass der *Verantwortliche* die Daten noch zur Rechtsverfolgung

---

4 Ehmann/Selmayr, *Kamann/Braun*, Art. 18 Rn. 14.

benötigt, enthalten Art. 17 Abs. 3 lit. e und Art. 18 Abs. 2 Alt. 2 die erforderlichen Ausnahmetatbestände. Für den Fall, dass der *Betroffene* die Daten noch zur Rechtsverfolgung benötigt, enthält Abs. 1 lit. c den erforderlichen Tatbestand, der die frühzeitige Löschung verhindert.

Die Mitgliedstaaten können im nationalen Recht gem. Art. 6 Abs. 2 und 3 spezifische Anforderungen an das Recht zur Verarbeitungseinschränkung, gem. Art. 23 Beschränkungen des Rechts zur Verarbeitungseinschränkung, gem. Art. 85 Abweichungen oder Ausnahmen vom Recht zur Verarbeitungseinschränkung und gem. Art. 89 Abs. 2 und 3 Ausnahmen vom Recht der Verarbeitungseinschränkung festlegen. **16**

Der Verantwortliche muss den Betroffenen bei Datenerhebung oder -verwendung über seinen Anspruch auf Verarbeitungseinschränkung informieren (Art. 13 Abs. 2 lit. b oder 14 Abs. 2 lit. c). Auch im Rahmen des Auskunftsanspruchs ist der Betroffene über seinen Anspruch auf Verarbeitungseinschränkung zu informieren (Art. 15 Abs. 1 lit. e). **17**

Den Verantwortlichen treffen im Zusammenhang mit einer Verarbeitungseinschränkung eine Reihe von Benachrichtigungspflichten. Der Verantwortliche muss den Betroffenen über die Vornahme oder Nichtvornahme (Art. 12 Abs. 3) sowie die Aufhebung (Art. 18 Abs. 3) einer Verarbeitungseinschränkung benachrichtigen. Er muss alle Empfänger, denen Daten offengelegt wurden, über eine Verarbeitungseinschränkung benachrichtigen, es sei denn, dies erweist sich als unmöglich oder ist mit einem unverhältnismäßigen Aufwand verbunden (Art. 19 S. 1). Schließlich muss der Verantwortliche den Betroffenen auf Verlangen über diese Empfänger unterrichten (Art. 19 S. 2). **18**

IV. Entstehungsgeschichte

1. Bisherige europäische Vorgaben

Ein Anspruch auf Verarbeitungseinschränkung besteht in ähnlicher Form auch im geltenden Recht. Nach Art. 12 lit. b DS-RL müssen die Mitgliedstaaten jedem Betroffenen das Recht garantieren, die Sperrung von Daten zu erhalten, deren Verarbeitung nicht den Bestimmungen der DS-RL entspricht, insbesondere, wenn diese Daten unvollständig oder unrichtig sind. Der in der DS-RL verwendete Begriff der Sperrung (im Englischen: „blocking of data") dürfte dem in der DS-GVO verwendeten Begriff der Verarbeitungseinschränkung („restriction of processing") annähernd entsprechen. Der Anwendungsbereich des Anspruchs nach neuem Recht ist zum Teil kleiner, zum Teil größer als der der Anspruchs auf Sperrung nach der DS-RL. Der Anspruch auf Verarbeitungseinschränkung zielt (jedenfalls gem. Abs. 1 lit. a und d) lediglich auf eine vorläufige, zeitlich begrenzte Einschränkung. Der Anspruch auf Sperrung nach der DS-RL kannte hingegen keine solche zeitliche Begrenzung. Andererseits gibt es für die beiden Einschränkungstatbestände des Abs. 1 lit. b und c keine Entsprechung in der DS-RL. Insofern geht der Anspruch auf Verarbeitungseinschränkung über das Recht auf Sperrung hinaus. Neu ist in jedem Fall auch die in Abs. 1 lit. a und d verankerte Pflicht, die Verarbeitung auf Anforderung des Betroffenen unverzüglich einschränken zu müssen. **19**

Nach Art. 12 lit. c DS-RL besteht auch die Pflicht der Mitgliedstaaten, Gewähr dafür zu bieten, dass etwaige Sperrungen den Dritten, denen die Daten übermittelt wurden, mitgeteilt werden, sofern sich dies nicht als unmöglich erweist oder kein unverhältnismäßiger Aufwand damit verbunden ist. Diese Regelung findet sich in ähnlicher Form in Art. 19 S. 1. Allerdings enthält die DS-GVO im Zusammenhang mit Verarbeitungseinschränkungen noch weitere Benachrichtigungspflichten in Art. 12 Abs. 3 S. 1, 18 Abs. 3 und 19 S. 2. **20**

2. Bisherige nationale Vorgaben

§ 20 Abs. 3, 4, 6, 7 und 8 BDSG enthält Ansprüche auf Sperrung gegen öffentliche Stellen. § 35 Abs. 3, 4, 4a, 6, 7 und 8 BDSG enthält Ansprüche auf Sperrung gegen nicht-öffentliche Stellen. Diese Ansprüche sind deutlich differenzierter als die Vorgabe der DS-RL. Nach der Konzeption der §§ 20 Abs. 3, 4 und 35 Abs. 3, 4 BDSG wird die Sperrung gegenüber der Löschung als milde- **21** res Mittel zur Beendigung der Datennutzung angesehen. Im Gegensatz zu Abs. 1 lit. a und d ist die Sperrung nach BDSG eher auf Dauer angelegt. Während nach BDSG die Sperrung als der normative Normalzustand der Beendigung einer Datennutzung anzusehen sein dürfte, ist es nach DS-GVO die Löschung. Das Verhältnis von Löschung zu Sperrung nach BDSG scheint durchdachter zu sein als das Verhältnis von Löschung zu Verarbeitungseinschränkung nach DS-GVO. Darf nach DS-GVO ein personenbezogenes Datum nicht gelöscht werden, weil einer der Ausnahmetatbestände des Art. 17 Abs. 3 eingreift, könnte man daran denken, dass in einigen Fällen zumindest eine Verarbeitungseinschränkung als milderes Mittel eingreift. Die Tatbestände des Abs. 1 sind aber allesamt nicht darauf ausgerichtet, dauerhaft an die Stelle einer Löschung eine Verarbeitungseinschränkung treten zu lassen. Abs. 1 lit. a und d sollen dem Betroffenen vielmehr nur vorläufigen Schutz bis zur endgültigen Löschung oder bis zur endgültigen Ablehnung der Löschung bieten. Eine Verarbeitungseinschränkung statt einer Löschung sehen lediglich Abs. 1 lit. b und c vor – dies allerdings nicht dauerhaft, sondern nur solange, wie der Betroffene dies verlangt (Abs. 1 lit. b) oder er die Daten noch zur Rechtsverfolgung benötigt (Abs. 1 lit. c). Während nach BDSG immerhin zwei der fünf Sperrtatbestände eher im Interesse des Verantwortlichen bestehen (§§ 20 Abs. 3 Nr. 1 und 3, 35 Abs. 3 Nr. 1 und 3), liegen die vier Einschränkungstatbestände der DS-GVO allesamt ausschließlich im Interesse des Betroffenen.

3. Verhandlungen zur DS-GVO

22 Die Verhandlungen zu Art. 18 standen etwas stiefmütterlich im Schatten der Diskussionen um Art. 17 und um das „Recht auf Vergessenwerden". Ein eigener Artikel für die Verarbeitungseinschränkung kam überhaupt erst auf Initiative des Rates zustande (vgl. Art. 17a Rat-E). Europäische Kommission und Europäisches Parlament hatten entsprechende Tatbestände jeweils in Art. 17 Abs. 4 bis 6 KOM-E bzw. EP-E vorgesehen. Kommission und Parlament hatten die Verarbeitungseinschränkung als Recht des Verantwortlichen und nicht (wie der Rat und die letztlich verabschiedete Fassung) als Anspruch des Betroffenen ausgestaltet. Dies macht natürlich einen erheblichen Unterschied, wenn es zum Beispiel um die vorläufige Verarbeitungseinschränkung während der Zeit der Überprüfung eines Berichtigungsanspruchs oder eines Widerspruchs geht. Auf eine Kohärenz der Ausnahmetatbestände von Löschpflicht und Anspruch auf Verarbeitungseinschränkung achtete keines der beteiligten Organe. Kommission und Parlament hatten noch weitere Einschränkungstatbestände vorgeschlagen (Anordnung durch Gericht oder Behörde, Datenübertragung auf ein anderes Verarbeitungssystem, Unmöglichkeit der Löschung), die sich aber letztlich nicht durchsetzen konnten.

B. Inhalt der Regelung

I. Formelle Anspruchsvoraussetzungen

1. Aktivlegitimation

23 Den Anspruch auf Einschränkung der Verarbeitung hat der Betroffene. Es ist ein höchstpersönliches Recht und kann daher nicht auf Dritte übertragen oder vererbt werden. Allerdings kann die Geltendmachung des Löschanspruchs durch einen rechtsgeschäftlichen (z.B. Rechtsanwalt) oder gesetzlichen (z.B. Erziehungsberechtigter) Vertreter erfolgen.[5]

24 Auch Verbraucherschutzverbände können vom Betroffenen beauftragt werden, dessen Rechte geltend zu machen, wenn dies im nationalen Recht vorgesehen ist (Art. 80 Abs. 1).

25 Ausnahmsweise kann das Recht auf Verarbeitungseinschränkung auch unabhängig von persönlicher Betroffenheit im Wege einer altruistischen Verbandsklage von einem Verband geltend gemacht werden, wenn der nationale Gesetzgeber von der Öffnungsklausel des Art. 80 Abs. 2 Gebrauch gemacht hat. Die in § 2 Abs. 2 Nr. 11 Unterlassungsklagengesetz vorgesehene Mög-

5 Vgl. Gierschmann/Saeugling, *Heinemann*, § 34 Rn. 8.

lichkeit zur Geltendmachung von datenschutzrechtlichen Unterlassungs- und Beseitigungsansprüchen kann demnach auch unter der DS-GVO aufrecht erhalten bleiben.

2. Passivlegitimation

Zur Einschränkung der Verarbeitung verpflichtet ist der Verantwortliche. Dies können sowohl öf- **26**
fentliche als auch nicht-öffentliche Stellen sein. Der Auftragsverarbeiter kommt als Anspruchsgegner nicht in Betracht.

3. Antrag

Anders als die Pflicht, personenbezogene Daten auf dem neuesten Stand zu halten (Art. 5 Abs. 1 **27**
lit. d), und die Pflicht zur Löschung (Art. 17) ist die Pflicht zur Vornahme einer Verarbeitungseinschränkung ausschließlich antragsabhängig ausgestaltet. Der Verantwortliche soll dafür sorgen, dass Anträge elektronisch gestellt werden können, insbesondere, wenn die personenbezogenen Daten elektronisch verarbeitet werden (EG 59 S. 2).

4. Recht zur Verarbeitungseinschränkung?

Art. 18 legt zwar fest, unter welchen Voraussetzungen der Verantwortliche zur Verarbeitungsein- **28**
schränkung verpflichtet ist. Ob und unter welchen Voraussetzungen der Verantwortliche aber auch ein Recht zur Verarbeitungseinschränkung besitzt, wird nicht geregelt. Da auch die Verarbeitungseinschränkung eine Datenverarbeitung im Sinne von Art. 4 Nr. 2 ist, bedarf auch sie einer Rechtsgrundlage. In Ermangelung von Spezialtatbeständen kann der Verantwortliche, will er die Verarbeitung personenbezogener Daten einschränken, nur auf die allgemeinen Rechtsgrundlagen der Art. 6 und 9 zurückgreifen. Die Verarbeitungseinschränkung kann aufgrund der berechtigten Interessen des Verantwortlichen oder eines Dritten zulässig sein.[6] Aber auch eine Rechtspflicht zur Archivierung gem. Art. 6 Abs. 1 lit. c oder Art. 6 Abs. 4 in Verbindung mit mitgliedstaatlichem Recht (z.B. Steuer- oder Handelsrecht) kommt als Erlaubnistatbestand in Betracht. Eine Pflicht, die Daten mit einem Sperrvermerk zu versehen, besteht in diesen Fällen nicht. Es ist allerdings empfehlenswert, sie kenntlich zu machen, um das Risiko einer unzulässigen Nutzung zu reduzieren.[7] Zu den im BDSG-neu verankerten ergänzenden Erlaubnistatbeständen s. Rn. 109 ff.

5. Fristen

Eine Frist, innerhalb der eine beantragte Verarbeitungseinschränkung vorzunehmen ist, sieht **29**
Art. 18 nicht vor. Anders als bei den Ansprüchen auf Berichtigung (Art. 16) und auf Löschung (Art. 17) fehlt hier die Vorgabe, dass die begehrte Verarbeitung „ohne unangemessene Verzögerung" zu erfolgen habe – eine Vorgabe, die dem Verantwortlichen eine Prüfungs- und Bearbeitungsfrist eröffnet. Das deutet darauf hin, dass die Verarbeitungseinschränkung nach den Vorstellungen des Verordnungsgebers womöglich sofort vorgenommen werden muss, nachdem der Betroffene einen entsprechenden Antrag gestellt hat. Ob sie allerdings auch ohne nähere Prüfung vorzunehmen ist, ist fraglich.

Jedenfalls in den Fällen des Abs. 1 lit. a und lit. d spricht einiges dafür, eine Pflicht zur sofortigen **30**
Vornahme der Verarbeitungseinschränkung anzunehmen. Denn in beiden Tatbestandsvarianten dient die Verarbeitungseinschränkung gerade dazu, einen Prüfungszeitraum zu überbrücken. Im Falle von Abs. 1 lit. a muss bei Bestreiten der Richtigkeit der Daten die Verarbeitung so lange eingeschränkt werden, bis die Richtigkeit oder Unrichtigkeit der Daten erwiesen ist. Im Falle von

6 Betrachtet man die Verarbeitungseinschränkung als ein Minus gegenüber der Erstverarbeitung kommt als Erlaubnistatbestand die Rechtsgrundlage der Erstverarbeitung (also z.B. Art. 6 Abs. 1 lit. f) in Betracht. Sieht man in der Verarbeitungseinschränkung eine Weiterverarbeitung zu einem anderen Zweck kommt Art. 6 Abs. 4 als Erlaubnistatbestand in Betracht. Man kann die Verarbeitungseinschränkung aber auch als Teil des Zugriffs- und Berechtigungskonzepts ansehen. Dann wäre sie als technisch-organisatorische Maßnahme gem. Art. 24 Abs. 1 zulässig.

7 *Bauer*, in: Datenschutz-Praxis 2017, 6, 7.

Abs. 1 lit. d muss auf einen Widerspruch des Betroffenen die Verarbeitung so lange eingeschränkt werden, wie die Prüfung andauert, ob berechtigte Interessen des Verantwortlichen die Interessen des Betroffenen überwiegen.

31 Bei der Datenverarbeitung von Onlineinhalten durch Intermediäre würde eine Pflicht zur sofortigen Vornahme einer Verarbeitungseinschränkung eine unangemessene „Notice-and-Takedown"-Verpflichtung darstellen, die die Rechte und Freiheiten von Drittbetroffenen nicht berücksichtigt.[8] Widerspricht z.B. der Betroffene der Veröffentlichung der Tatsachenbehauptung eines Dritten oder begehrt er die Löschung derselben, wäre der verantwortliche Intermediär zur sofortigen Verarbeitungseinschränkung verpflichtet. Die Tatbestände des Art. 17 Abs. 3 lit. a, der Ausnahmen zugunsten der Grundrechte auf Meinungs- und Informationsfreiheit vorsieht, und des Art. 21 Abs. 1, der immerhin noch eine Abwägung mit den berechtigten Interessen des Verantwortlichen vorsieht, gelten im Rahmen von Abs. 1 lit. a nicht.

32 Abs. 1 lit. a und d verstoßen eindeutig gegen die Manila-Prinzipien, den „Best Practices Guidelines for Limiting Intermediary Liability for Content to Promote Freedom of Expression and Innovation" einer globalen Initiative der Zivilgesellschaft.[9] Die sofortige Verarbeitungseinschränkung führt zum sofortigen Verschwinden von Onlineinhalten. Die Regelung bewirkt eine Vermutung zum Nachteil desjenigen, der von seiner Meinungs- und/oder Informationsfreiheit Gebrauch macht.[10] Betroffene, denen es darauf ankommt, bestimmte Onlineinhalte kurzzeitig beseitigt zu sehen, werden begünstigt.

33 Auch Art. 14 Abs. 1 lit. a der Richtlinie 2000/31/EG über den elektronischen Geschäftsverkehr verlangt vom Diensteanbieter bei fremden Inhalten positive Kenntnis von der rechtswidrigen Tätigkeit oder Information. Erst sobald er diese positive Kenntnis erlangt hat, muss er unabhängig vom Verschulden unverzüglich tätig werden, um die Information zu entfernen oder den Zugang zu ihr zu sperren. Das bloße Bestreiten der Richtigkeit von Daten oder der Hinweis auf einen Widerspruch können beim Verantwortlichen im Regelfall nicht ohne nähere Sach- und Rechtsprüfung zur positiven Kenntnis über die Rechtswidrigkeit von Inhalten führen.

34 Daher spricht einiges dafür, dem Verantwortlichen bei den beiden Tatbeständen des Abs. 1 lit. a und d eine Bearbeitungsfrist einzuräumen. Einen Hinweis darauf, welche Bearbeitungsfrist als angemessen anzusehen sind, gibt Art. 12 Abs. 3. Dieser trifft zwar keine exakte Aussage darüber, innerhalb welcher Zeit ein vom Betroffenen erhobener Anspruch erfüllt werden muss. Allerdings muss der Betroffene gem. Art. 12 Abs. 3 S. 1 „unverzüglich, in jedem Fall aber innerhalb eines Monats nach Eingang des Antrags" über die aufgrund des Antrags ergriffenen Maßnahmen informiert werden. Daraus folgt, dass z.B. eine Berichtigung oder eine Löschung jedenfalls innerhalb einer Frist von weniger als einem Monat vorgenommen werden muss, so dass noch eine rechtzeitige Information des Betroffenen erfolgen kann. Art. 12 Abs. 3 S. 2 sieht eine Verlängerungsmöglichkeit um weitere zwei Monate für komplexe Anträge oder bei einer Vielzahl von Anträgen vor. Dieser Zeitraum von etwas weniger als einem Monat bis zu drei Monaten ist der Zeitraum, innerhalb dessen eine Verarbeitungseinschränkung gem. Abs. 1 lit. a und d vorzunehmen ist.

35 In den Fällen des Abs. 1 lit b und c dürfte der Verantwortliche in der Regel nicht durch Antrag, sondern auf andere Weise Kenntnis von Umständen erhalten, nach denen seine Datenverarbeitung unrechtmäßig ist (Abs. 1 lit. b) oder er die Daten für die Zwecke seiner Verarbeitung nicht länger benötigt (Abs. 1 lit. c). Auch in diesem Fall hat er eine nach den Umständen des Einzelfalls zu bemessende Prüfungs- und Überlegungszeit[11], innerhalb der er eine Entscheidung über die

---

8 Das übersehen *Kamann/Braun* (Ehmann/Selmayr, Art. 18 Rn. 3), die in der Regelung einen angemessenen Interessenausgleich erkennen.

9 https://www.manilaprinciples.org, abgerufen am 18.2.2017.

10 Zum Ganzen: *Keller*, abgerufen am 18.2.2017.

11 Auch der *BGH* gibt bei der Auslegung des Tatbestandsmerkmals „unverzüglich" im Sinne des § 121 Abs. 1 BGB dem Schuldner eine angemessene Prüfungs- und Überlegungszeit (Urteil vom 24. Januar 2008 – VII ZR 17/07 –, NJW 2008, 985 Rn. 18).

Verarbeitungseinschränkung zu treffen hat. Diese Entscheidung hat er aber ebenfalls in einer Zeitspanne zu treffen, die eine Benachrichtigung des Betroffenen innerhalb eines Monats ermöglicht (vgl. Art. 12 Abs. 3 S. 1).

5. Kosten

Gem. Art. 12 Abs. 5 S. 1 werden alle Maßnahmen nach Art. 18 unentgeltlich zur Verfügung gestellt. **36**

Ein angemessenes Entgelt kann der Verantwortliche gem. Art. 12 Abs. 5 S. 2 allerdings bei offenkundig unbegründeten oder – insbesondere im Fall ihrer Häufung – unverhältnismäßigen Anträgen eines Betroffenen verlangen, wobei die Verwaltungskosten für die Durchführung der beantragten Maßnahme berücksichtigt werden. **37**

6. Mitwirkungspflichten des Verantwortlichen

Der Verantwortliche hat bei der Erfüllung des Anspruchs auf Verarbeitungseinschränkung verschiedene Verfahrens- und Organisationspflichten. Nach Art. 12 Abs. 2 S. 1 ist er verpflichtet, dem Betroffenen die Ausübung seines Rechts auf Verarbeitungseinschränkung zu erleichtern. Nach Art. 24 Abs. 1 S. 1 und EG 74 hat er geeignete technische und organisatorische Maßnahmen umzusetzen, um sicherzustellen und den Nachweis dafür erbringen zu können, dass die Verarbeitung gem. der DS-GVO erfolgt. Das bedeutet, dass der Verantwortliche schon präventiv Maßnahmen ergreifen muss, die der möglichen Ausübung des Rechts auf Verarbeitungseinschränkung durch den Betroffenen und seinem Vollzug dienen. Der Verantwortliche hat es schließlich selbst in der Hand, die Datenverarbeitung so zu organisieren, dass der Aufwand bei der Erfüllung des Anspruchs auf Verarbeitungseinschränkung möglichst gering gehalten wird.[12] **38**

Zur Erleichterung des Anspruchs auf Verarbeitungseinschränkung gehört, dass der Verantwortliche den Betroffenen auf sein Recht auf Verarbeitungseinschränkung hinweisen muss (Art. 13 Abs. 2 lit. b und Art. 14 Abs. 2 lit. b). Dieser Hinweis hat entweder zum Zeitpunkt der Erhebung der Daten (Art. 13 Abs. 1 und 2) oder innerhalb einer angemessenen Frist nach Erlangung der Daten (Art. 14 Abs. 3 lit. a) oder zum Zeitpunkt der Verwendung der Daten (Art. 14 Abs. 3 lit. b und c) zu erfolgen. Allerdings steht die Verpflichtung unter dem Vorbehalt, dass eine solche Information notwendig ist, um eine faire und transparente Verarbeitung zu gewährleisten. **39**

Der Verantwortliche soll die Modalitäten, die es dem Betroffenen ermöglichen, von dem Anspruch auf Verarbeitungseinschränkung Gebrauch zu machen, vorab festlegen (EG 59 S. 1). Es muss die Möglichkeit zu elektronischer Antragstellung geben (EG 59 S. 2). **40**

Der Verantwortliche muss den Betroffenen über die auf den Antrag auf Vornahme einer Verarbeitungseinschränkung hin ergriffenen Maßnahmen informieren (Art. 12 Abs. 3 S. 1). Diese Information hat auf elektronischem Wege zu erfolgen, wenn der Antrag ebenfalls auf elektronischem Wege gestellt wurde, es sei denn, der Antragsteller wünscht einen anderen Informationsweg (Art. 12 Abs. 3 S. 4). Die Information über die ergriffenen Maßnahmen (also in der Regel die Vornahme der Verarbeitungseinschränkung) oder über die Nichtvornahme der Verarbeitungseinschränkung (Art. 12 Abs. 4) muss ohne unangemessene Verzögerung, spätestens aber innerhalb eines Monats nach Eingang des Antrags erfolgen (Art. 12 Abs. 3 S. 1). **41**

7. Mitwirkungsobliegenheiten des Betroffenen

Der Betroffene muss kein besonderes Interesse an der Verarbeitungseinschränkung darlegen. **42**

Eine Mitwirkungsobliegenheit des Betroffenen ist jedoch insoweit zu verlangen, als er dem Verantwortlichen mitteilen muss, für welche konkreten personenbezogenen Daten die Verarbeitung eingeschränkt werden soll und auf welchen Grund er sich stützt. Ein Verlangen nach Einschränkung der Verarbeitung „ins Blaue hinein" (also der nicht näher konkretisierte Hinweis auf eine **43**

12 Vgl. *BVerfG*, NJW 2006, 1116 (1121) = NVwZ 2006, 816 L.

womöglich einzuschränkende Datenverarbeitung oder das Ersuchen, das Vorliegen von Gründen für die Verarbeitungseinschränkung zu überprüfen, ohne dass es einen konkreten Anhaltspunkt hierfür gibt) dürfte nicht ausreichen. Insofern ist es dem Betroffenen zuzumuten, zunächst einen Auskunftsanspruch gem. Art. 15 Abs. 1 und 2 gegen den Verantwortlichen zu stellen, um auf Grundlage der erteilten Auskunft eine etwa erforderliche Verarbeitungseinschränkung zu verlangen.

44 Insbesondere Abs. 1 lit. a ist hochproblematisch, wenn man die Regelung dahingehend auslegt, dass der Verantwortliche auch in Fällen, in denen die Unrichtigkeit der Daten umstritten oder nicht erwiesen ist, auf das bloße Bestreiten der Richtigkeit der Daten hin die Datenverarbeitung ohne nähere Prüfung sofort einschränken muss. Es entstünde so eine generelle Vermutung für die Unrichtigkeit von Daten. Insbesondere wenn Informationsintermediäre (wie z.B. Suchmaschinen) dadurch verpflichtet würden, Daten auf die Behauptung ihrer Unrichtigkeit zunächst einmal offline zu nehmen, kann dies zu einem erheblichen Eingriff in die Kommunikationsfreiheiten im Internet führen. Auch wenn öffentliche Stellen ohne weiteres zur vorläufigen Beendigung ihrer gesetzlich vorgeschriebenen Datenverarbeitung gezwungen würden, wäre dies problematisch. Eine unverhältnismäßige Bevorteilung des Betroffenen kann vermieden werden, wenn man aus Abs. 2 ableitet, dass die Rechte anderer Personen oder wichtige öffentliche Interessen zumindest eine *prima facie*-Prüfung erforderlich machen und dass der Betroffene eine Substantiierungslast trägt, die es dem Verantwortlichen ermöglicht, diese *prima facie*-Prüfung durchzuführen. Das bloße Bestreiten der Richtigkeit der Daten durch den Betroffenen reicht daher nicht aus. Der Betroffene muss vielmehr darlegen, woraus sich die Unrichtigkeit ergibt und welche Daten betroffen sind. Der Verantwortliche muss einem Einschränkungsverlangen des Betroffenen nicht sofort Folge leisten. Die Bearbeitung ist auch dann noch „unverzüglich" im Sinne von Art. 12 Abs. 3, wenn der Verantwortliche eine vorläufige Plausibilitätsprüfung der Behauptung des Betroffenen vornimmt.

45 Im Übrigen ist das Verlangen nach Verarbeitungseinschränkung zwar nicht begründungspflichtig. Auch die anspruchsbegründenden Behauptungen des Betroffenen müssen aber zumindest in den Fällen von Abs. 1 lit. c und d ein Mindestmaß an Substantiierung erreichen:

- Für den Anspruch aus Abs. 1 lit. c reicht die bloße Behauptung des Betroffenen, er benötige die Daten zur Rechtsverfolgung, nicht aus. Er muss vielmehr die näheren Umstände, unter denen er die Daten zur Rechtsverfolgung benötigt, darlegen. Der Rechtsstreit muss anhängig sein. Das Verlangen, die Daten für einen etwaigen späteren Rechtsstreit auf Vorrat zu speichern, reicht nicht aus, um den Anspruch auf Verarbeitungseinschränkung zu begründen.
- Für den Anspruch aus Abs. 1 lit. d reicht der bloße Vortrag des Betroffenen, er lege Widerspruch gem. Art. 21 Abs. 1 ein, nicht aus. Es müssen genügend Gesichtspunkte vorgetragen werden, die einen Erfolg des Widerspruchs zumindest möglich erscheinen lassen. Es müssen also sowohl Gründe vorgetragen werden, aus denen sich eine besondere Situation des Betroffenen ergeben könnte, als auch Gründe, die ein Überwiegen der Interessen des Betroffenen möglich erscheinen lassen.
- Lediglich für den Anspruch aus Abs. 1 lit. b bedarf es keiner wie auch immer gearteten Substantiierung. Dies liegt aber auch nur daran, dass die materiell-rechtliche Prüfung der Rechtmäßigkeit zu dem Zeitpunkt, in dem der Betroffene zwischen Löschung und Verarbeitungseinschränkung wählen kann, schon abgeschlossen ist.

46 Eine Mitwirkungsobliegenheit hat der Betroffene darüber hinaus im Hinblick darauf, dass er gegenüber dem Verantwortlichen Informationen zur Verfügung stellen muss, die diesem die Feststellung der Identität des Antragstellers ermöglichen (Rn. 47).

8. Identitätsfeststellung

Hat der Verantwortliche begründete Zweifel an der Identität des Antragstellers, kann er von diesem zusätzliche Informationen verlangen, die zur Bestätigung der Identität des Antragstellers erforderlich sind (Art. 12 Abs. 6). Diese Regelung gibt dem Verantwortlichen somit die Befugnis, einen Identifikationsnachweis vom Betroffenen verlangen zu können. Das können zum Beispiel die Angabe von Name, Wohnort und Geburtsdatum, die Vorlage eines Ausweisdokuments, ein Login mit Benutzername und Passwort, die Verwendung bestimmter Verschlüsselungstechniken oder ein Rückruf beim Antragsteller sein. Welche Identifikationsnachweise im Einzelfall verlangt werden können, sollte vom Risiko der Datenverarbeitung für den Betroffenen abhängen. **47**

Hiesigen Erachtens darf Art. 12 Abs. 6 jedoch nicht nur eine „Kann"-Regelung sein. Bestehen Zweifel an der Identität des Antragstellers, ist der Verantwortliche nicht nur berechtigt, sondern auch verpflichtet, die Identität des Antragstellers zu überprüfen. Anderenfalls besteht die Gefahr, dass der Verantwortliche nicht auf Veranlassung des tatsächlich Betroffenen, sondern auf Ersuchen einer anderen Person tätig wird und dadurch Rechte und Freiheiten des tatsächlich Betroffenen verletzt. **48**

9. Identifizierbarkeit des Betroffenen

Von der Feststellung der Identität des Antragstellers zu unterscheiden ist die Frage, ob die beim Verantwortlichen vorhandenen Informationen dem Antragsteller überhaupt zugeordnet werden können. Art. 11 regelt den Umfang der Betroffenenrechte (also unter anderem auch den Umfang des Rechts auf Verarbeitungseinschränkung) für Fälle dieser Art. Die Regelung ist verunglückt oder jedenfalls schwer verständlich. Hiesigen Erachtens ist sie wie folgt auszulegen: **49**

Art. 11 Abs. 1 betrifft Fälle, in denen ein Verantwortlicher Informationen verarbeitet, die sich zwar auf eine bestimmbare natürliche Person beziehen (und die deshalb als personenbezogene Daten anzusehen sind), bei denen eine Bestimmung des Betroffenen aber zusätzliche Mittel erfordern würde. Es geht also z.B. um pseudonymisierte Daten (Definition in Art. 4 Nr. 5). In diesen Fällen soll der Verantwortliche nicht verpflichtet sein, diese zusätzlichen Mittel nur einsetzen zu müssen, um Verpflichtungen der DS-GVO erfüllen zu können. Dies gilt gem. Art. 11 Abs. 2 auch für die Betroffenenrechte der Art. 15 bis 20. **50**

Im Hinblick auf den Anspruch auf Verarbeitungseinschränkung bedeutet dies: Liegen die vom Verantwortlichen verarbeiteten Daten nur in pseudonymisierter Form vor, muss der Verantwortliche auf einen Antrag des Betroffenen auf Verarbeitungseinschränkung hin keine zusätzlichen Anstrengungen unternehmen, um die Daten dem Betroffenen wieder zuordnen zu können, nur damit er dann die Verarbeitung der „richtigen", auf den betroffenen Antragsteller bezogenen Daten wieder einschränken kann. Die Verarbeitung bereits pseudonymisierter Daten muss daher nicht eingeschränkt werden, es sei denn, der Betroffene stellt zusätzliche Informationen bereit, um seine Reidentifizierung zu ermöglichen (Art. 11 Abs. 2 S. 2). Etwas anderes könnte nur gelten, wenn der Verantwortliche immer noch den Schlüssel zur Reidentifizierung des Betroffenen in Händen hält. **51**

10. Ablehnung

In den nachfolgend genannten Fällen kann der Verantwortliche die Verarbeitungseinschränkung ablehnen. Lehnt der Verantwortliche einen Antrag auf Verarbeitungseinschränkung ab, ist der Betroffene über die Gründe und über die Möglichkeit, Beschwerde bei einer Aufsichtsbehörde einzulegen oder den Rechtsweg zu beschreiten, zu unterrichten (Art. 12 Abs. 4). Die Begründung muss so detailliert sein, dass der Betroffene die Berechtigung der Ablehnung selbst überprüfen oder durch eine Aufsichtsbehörde überprüfen lassen kann.[13] Die Ablehnungsmitteilung hat spätestens innerhalb eines Monats nach Eingang des Antrags zu erfolgen (Art. 12 Abs. 3 S. 1). **52**

13 Vgl. Gola/Schomerus, *Gola/Klug/Körffer*, § 34 Rn. 19.

a) Antrag ist offenkundig unbegründet (Art. 12 Abs. 5 S. 2)

53 Bei einem offenkundig unbegründeten Antrag des Betroffenen kann der Verantwortliche sich weigern, aufgrund des Antrags tätig zu werden (Art. 12 Abs. 5 S. 2). Die Befugnis des Verantwortlichen, den Antrag lediglich bei offenkundiger Unbegründetheit abzulehnen, ist allerdings bei zwei von vier Tatbeständen des Abs. 1 nicht weitreichend genug:

- Abs. 1 lit. a: Beruht der Antrag des Betroffenen auf einem offenkundig unbegründeten Bestreiten der Richtigkeit der Daten, *muss* der Verantwortliche den Antrag ablehnen, weil er wegen Art. 5 Abs. 1 lit. d dazu verpflichtet ist, die Daten richtig zu halten.
- Abs. 1 lit. c: Wenn der Verantwortliche die Daten für die Zwecke der Verarbeitung nicht länger benötigt und die Behauptung des Betroffenen, er benötige die Daten zur Rechtsverfolgung, offenkundig unbegründet ist, *muss* der Verantwortliche die Datenverarbeitung ganz beenden, weil er anderenfalls keine Rechtsgrundlage für die Verarbeitung mehr besitzt.

54 In diesen beiden Fällen offenkundig unbegründeter Anträge *kann* der Verantwortliche sich nicht nur weigern, aufgrund des Antrags tätig zu werden. Er *muss* dies in diesen Fällen sogar tun.

55 Darüber hinaus ist die Befugnis zur Ablehnung des Antrags bei offenkundiger Unbegründetheit auch im Übrigen verunglückt. Man wird dem Verantwortlichen das Recht nicht absprechen können, den Antrag des Betroffenen auch bei einfacher Unbegründetheit ablehnen zu dürfen (in Fällen also, in denen die Tatbestandsvoraussetzungen keiner der Tatbestände des Abs. 1 vorliegen).

b) Antrag ist unsubstantiiert

56 Bei unsubstantiierten Anträgen des Betroffenen gelten die Ausführungen unter Rn. 43 ff.

c) Antrag ist unverhältnismäßig (Art. 12 Abs. 5 S. 2)

57 Bei unverhältnismäßigen Anträgen eines Betroffenen kann der Verantwortliche sich weigern, aufgrund des Antrags tätig zu werden (Art. 12 Abs. 5 S. 2). Fälle, in denen das Bestreiten der Richtigkeit der Daten (Abs. 1 lit. a) unverhältnismäßig ist, sind allerdings kaum denkbar, da der Verantwortliche ohnehin dazu verpflichtet ist, die Daten laufend auf dem neuesten Stand zu halten. Allenfalls bei exzessiver Antragstellung kommt dieser Ablehnungsgrund in Betracht.

d) Identifikation des Antragstellers ist nicht möglich

58 Lässt sich die Identität des Antragstellers nicht ermitteln, kann (hiesigen Erachtens: muss) der Verantwortliche den Antrag ablehnen (Rn. 47 f.).

e) Ausnahmetatbestand liegt vor (Abs. 2)

59 Abs. 2 enthält verschiedene recht weitgehende Ausnahmetatbestände, bei deren Vorliegen der Verantwortliche einen Antrag auf Verarbeitungseinschränkung ablehnen kann (eingehend Rn. 86 ff.)

II. Materielle Anspruchsvoraussetzungen (Abs. 1)

1. Richtigkeitsprüfung (lit. a)

60 Ein Recht auf Verarbeitungseinschränkung kann gem. Abs. 1 lit. a bestehen, wenn der Betroffene die Richtigkeit der personenbezogenen Daten bestreitet. Die Norm setzt zwei voneinander unabhängige Begehren des Betroffenen voraus:

(1) Der Betroffene muss die Richtigkeit der Daten bestreiten (nachfolgend Rn. 61 ff.).

(2) Der Betroffene muss die Vornahme der Verarbeitungseinschränkung ausdrücklich verlangen (nachfolgend Rn. 65).

61 Fraglich ist, wie substantiiert der Betroffene die Richtigkeit der personenbezogenen Daten bestreiten muss:

Zunächst ist festzustellen, dass in dem Bestreiten der Richtigkeit nicht zwingend die Geltendmachung eines Berichtigungsanspruchs gem. Art. 16. S. 1 zu sehen ist.[14] Zwar enthält jeder Berichtigungsanspruch die Behauptung, unrichtige Daten würden verarbeitet. Umgekehrt enthält aber nicht jedes Bestreiten der Richtigkeit das Verlangen, dass die Daten auch berichtigt werden müssen. Während der Berichtigungsantrag neben dem Bestreiten der Richtigkeit der Daten die Behauptung enthält, dass eine andere Datenlage die richtige sei, kann dem bloßen Bestreiten der Richtigkeit der Berichtigungswille fehlen. Womöglich ist in solchen Fällen dem Anliegen des Betroffenen nicht nur durch Berichtigung, sondern durch Löschung oder durch Verarbeitungseinschränkung gedient. Für die Anwendung von lit. a muss der Betroffene somit keine alternativ als wahr behauptete Tatsache vorbringen. **62**

Allerdings kann ein willkürliches Bestreiten der Richtigkeit der Daten nicht ausreichen. Anderenfalls würden Personen mit Kurzzeitinteressen jederzeit jede Datenverarbeitung „lahmlegen" können. *Keller* nennt als Beispiele den Politiker, der kurz vor der Wahl eine missliebige Tatsache aus dem Internet verschwinden lässt, und den Betrüger, der kurz vor seiner nächsten geplanten Tat noch schnell seine Straftatenregister aus öffentlich zugänglichen Quellen beseitigen lässt, damit ein potentielles Opfer nichts von seiner Vorgeschichte erfährt.[15] Daher wird man von dem Antragsteller ein Mindestmaß an Substantiierung verlangen können. Er wird somit plausibel darlegen müssen, woraus sich seiner Ansicht nach die Unrichtigkeit der Daten ergibt. **63**

Selbst wenn man vom Verantwortlichen einen substantiierten Vortrag verlangt, führt die Regelung mangels anfänglicher Überprüfbarkeit der Behauptungen des Betroffenen zu einer rechtsstaatlich bedenklichen Vermutung zugunsten der Interessen des Betroffenen und zuungunsten der Interessen des Verantwortlichen und etwaiger Dritter, die ein Interesse an der Zugänglichkeit der (wenn auch womöglich nur vorübergehend) nicht mehr zugänglichen Informationen haben.[16] **64**

Fehlt es an einem ausdrücklichen Einschränkungsverlangen, prüft der Verantwortliche die Behauptung des Betroffenen, die Daten seien unrichtig, ohne eine Verarbeitungseinschränkung vornehmen zu müssen. Liegt hingegen ein Einschränkungsverlangen vor, hat der Verantwortliche während des Zeitraums, innerhalb dessen er die Behauptung der Unrichtigkeit überprüft, die Verarbeitung einzuschränken. Handelt es sich bei dem Verantwortlichen um eine öffentliche Stelle, sollte diese unter Umständen anregen, dass der Antrag auf Verarbeitungseinschränkung gestellt wird (Rechtsgedanke des § 25 Abs. 1 VwVfG) oder sollte den Vortrag des Betroffenen, mit dem dieser die Unrichtigkeit der Daten behauptet, entsprechend auslegen. Dies kann aber von einer nicht-öffentlichen Stelle nicht verlangt werden. **65**

Gem. Art. 12 Abs. 3 S. 1 und Abs. 4 darf der Zeitraum, innerhalb dessen eine Prüfung der Richtigkeit der Daten vorzunehmen ist, grundsätzlich nicht länger sein als ein Monat. Unter Berücksichtigung der Komplexität des Antrags oder der Anzahl von Anträgen, kann diese Bearbeitungsfrist um weitere zwei Monate verlängert werden (Art. 12 Abs. 3 S. 2). Die Verarbeitungseinschränkung darf also insgesamt höchstens drei Monate andauern. **66**

Nach Abschluss der Richtigkeitsprüfung ist entweder – wenn sich die Richtigkeit der Daten herausgestellt hat – die Verarbeitungseinschränkung wieder aufzuheben, um die ursprüngliche Datenverarbeitung fortzusetzen, oder die Daten sind – wenn sich ihre Unrichtigkeit erwiesen hat – zu löschen oder durch Ersetzung mit den richtigen Daten zu berichtigen. Im zuerst genannten Fall hat der Verantwortliche den Betroffenen darüber zu unterrichten, **67**

- dass er die Verarbeitungseinschränkung wieder aufhebt (Art. 18 Abs. 3),
- dass er die beantragte Berichtigung nicht vornimmt (Art. 12 Abs. 4),
- welche Gründe hierfür vorliegen (Art. 12 Abs. 4) und

---

14 Dies verkennen *Kamann/Braun*, in: Ehmann/Selmayr, Art. 18 Rn. 12.
15 *Keller*, abgerufen am 17.2.2017.
16 *Härting*, in: BB 2012, 459, 464.

- dass der Betroffene die Möglichkeit hat, sich bei einer Datenschutzaufsichtsbehörde zu beschweren oder einen gerichtlichen Rechtsbehelf einzulegen (Art. 12 Abs. 4).

68 Nimmt der Verantwortliche eine Löschung oder Berichtigung vor, ist der Betroffene auch hierüber zu unterrichten (Art. 12 Abs. 3 S. 1). Im Übrigen gelten dann die Mitteilungspflichten des Art. 19. Die Pflicht des Verantwortlichen, die Datennutzung erst dann fortsetzen zu dürfen, wenn die Richtigkeit der Daten erwiesen ist, soll beim Verantwortlichen einen starken Anreiz auslösen, Berichtigungsbegehren zügig zu bearbeiten.[17]

2. Einschränkung statt Löschung (lit. b)

69 In Fällen, in denen eine unrechtmäßige Verarbeitung vorliegt, gibt Abs. 1 lit. b dem Betroffenen ein Wahlrecht. Er soll zwischen Löschung (in der Regel wohl gem. Art. 17 Abs. 1 lit. d) und Verarbeitungseinschränkung wählen können. Die Unrechtmäßigkeit muss objektiv vorliegen. Der Betroffene trägt für die Unrechtmäßigkeit die Darlegungs- und Beweislast.[18]

70 Da unrechtmäßig verarbeitete Daten „by default" (also auch unabhängig von einem Antrag des Betroffenen) vom Verantwortlichen gelöscht werden müssen, kann sich der Betroffene nicht darüber „beschweren", wenn er mit seinem Begehren, statt der Löschung nur eine Verarbeitungseinschränkung erreichen zu wollen, „zu spät" kommt und die Daten schon gelöscht sind. Will er die Löschung verhindern, sollte er in seinem Antrag unmissverständlich darauf hinweisen, dass er nicht Löschung, sondern Speicherung begehrt.[19]

71 Abs. 1 lit. b ist eine verunglückte Regelung. Bei wörtlicher Auslegung hat die Norm mehrere merkwürdige Folgen:

72 Dem Betroffenen wird ein – zeitlich unbegrenzter (!) – Anspruch auf Aufbewahrung (also Speicherung) der Daten gegeben

73 Entspricht die fortgesetzte Speicherung nicht dem Willen des Verantwortlichen, erfolgt die Speicherung nur noch zu den vom Betroffenen bestimmten Zwecken. Dadurch verliert der Verantwortliche seine Verantwortlicheneigenschaft.[20] Die Funktion, in die der Verantwortliche dadurch gerät, entspricht eher der eines Auftragsverarbeiters.

74 Der Verantwortliche wird dadurch auch einem erheblichen Beweis- und Prozessrisiko ausgesetzt, weil er im Falle einer Überprüfung durch die Datenschutzaufsichtsbehörden nachweisen können muss, dass er die Daten lediglich auf das Verlangen des Betroffenen hin speichert.[21]

75 Daher ist entgegen dem Wortlaut der Regelung eine teleologische Reduktion des Tatbestandes in Betracht zu ziehen, wonach der Betroffene nur so lange die Speicherung wird verlangen können, wie er ein berechtigtes Interesse (etwa, weil er in einem bereits anhängigen Rechtsstreit nachweisen will, dass der Verantwortliche die Daten tatsächlich verarbeitet hat) an der Speicherung hat.

3. Rechtsverfolgung (lit. c)

76 Abs. 1 lit. c verfolgt ein ähnliches Ziel wie Abs. 1 lit. b. Die Norm gibt dem Betroffenen ein Recht, die Aufbewahrung von Daten verlangen zu können, obwohl deren Verarbeitung durch den Verantwortlichen nicht mehr erforderlich ist. Voraussetzung hierfür ist, dass zwischen dem Verantwortlichen und dem Betroffenen ein Rechtsstreit besteht oder droht. Die Rechtsansprüche müssen zwischen dem Verantwortlichen und dem Betroffenen bestehen. Der Betroffene kann den Aufbewahrungsanspruch nicht etwa für einen Dritten geltend machen, der Rechtsansprüche ge-

---

17 *Feiler/Forgó*, Art. 18 Rn. 3.
18 Ehmann/Selmayr, *Kamann/Braun*, Art. 18 Rn. 15.
19 Ähnlich Ehmann/Selmayr, *Kamann/Braun*, Art. 18 Rn. 16.
20 *Feiler/Forgó*, Art. 18 Rn. 4.
21 *Feiler/Forgó*, Art. 18 Rn. 4.

gen den Verantwortlichen hat. Die Norm hat Beweismittelsicherungsfunktion lediglich zugunsten des Betroffenen, dessen Daten durch den Verantwortlichen verarbeitet werden.[22]

Abs. 1 lit. c ist das Gegenstück zu den Ausnahmetatbeständen des Art. 17 Abs. 3 lit. e und des Art. 18 Abs. 2 Alt. 2. Während nach Abs. 1 lit. c der Betroffene die Speicherung der Daten verlangen kann, weil *er* sie zur Rechtsverfolgung noch benötigt, ist es nach Art. 17 Abs. 3 lit. e und nach Art. 18 Abs. 2 Alt. 2 der Verantwortliche, der die Daten weiter verarbeiten darf, weil er sie zur Rechtsverfolgung benötigt. **77**

Auch Art. 9 Abs. 2 lit. f, Art. 21 Abs. 1 S. 2, Art. 23 Abs. 1 lit. j und Art. 49 Abs. 1 lit. e erkennen die Rechtsverfolgung als berechtigtes Interesse (allerdings des Verantwortlichen und nicht des Betroffenen) an. **78**

4. Widerspruchsprüfung (lit. d)

Der Anspruch auf Verarbeitungseinschränkung gem. Abs. 1 lit. d hat drei Voraussetzungen: **79**

(1) Der Betroffene muss gem. Art. 21 Abs. 1 Widerspruch gegen die Verarbeitung eingelegt haben (nachfolgend Rn. 80).

(2) Der Betroffene muss ausdrücklich die während der Prüffrist vorzunehmende Verarbeitungseinschränkung verlangt haben (nachfolgend Rn. 81).

(3) Es darf noch nicht feststehen, ob die berechtigten Gründe des Verantwortlichen gegenüber denen des Betroffenen überwiegen (nachfolgend Rn. 82).

Das Recht, eine Verarbeitungseinschränkung zu verlangen, besteht nur in den Fällen des Widerspruchs gem. Art. 21 Abs. 1. Widerspricht der Betroffene gem. Art. 21 Abs. 2 der Direktwerbung, hat der Betroffene ohnehin die Verarbeitung auf die Zwecke einzuschränken, die nichts mit derartiger Werbung zu tun haben. Auf ein ausdrückliches Verlangen des Betroffenen auf Verarbeitungseinschränkung kommt es dann nicht an, wie sich aus Art. 21 Abs. 3 ergibt. Widerspricht der Betroffene gem. Art. 21 Abs. 6 einer Verarbeitung, die zu wissenschaftlichen oder historischen Forschungszwecken oder zu statistischen Zwecken erfolgt, hat der Betroffene keinen Anspruch auf Verarbeitungseinschränkung. Zwar muss der Verantwortliche auch nach Art. 21 Abs. 6 die Prüfung vornehmen, ob seine Verarbeitung zur Erfüllung einer im öffentlichen Interesse liegenden Aufgabe erforderlich ist. Mangels Verweises in Abs. 1 lit. d. auf Art. 21 Abs. 6 besteht aber während dieses Prüfungszeitraums kein Anspruch auf Verarbeitungseinschränkung. **80**

Wie in Abs. 1 lit. a (dort Bestreiten der Richtigkeit, Rn. 65) reicht auch in Abs. 1 lit. d (hier Widerspruch) die Antragstellung des Betroffenen nicht für das Entstehen des Anspruchs auf Verarbeitungseinschränkung aus. Hierfür bedarf es zusätzlich eines ausdrücklichen Begehrens des Betroffenen. Handelt es sich beim Verantwortlichen um eine öffentliche Stelle und bei der Datenverarbeitung um hoheitliches Handeln dürfte § 25 Abs. 1 VwVfG unmittelbar oder entsprechend zur Anwendung kommen. Ist der Antrag des Betroffenen, dass die Verarbeitung sofort eingeschränkt werden soll, offensichtlich nur versehentlich oder aus Unkenntnis unterblieben oder unrichtig gestellt worden, sollte die Behörde einen solchen Antrag anregen. Handelt es sich jedoch bei dem Verantwortlichen um eine nicht-öffentliche Stelle, wird man einen solchen Hinweis vom Verantwortlichen nicht verlangen können. **81**

Fraglich ist, wann es „feststeht", ob die berechtigten Gründe des Verantwortlichen überwiegen. Gemeint sein könnte der Zeitpunkt, in dem der Verantwortliche seine Entscheidung fällt. Gemeint sein könnten aber auch der Zeitpunkt, in dem eine Aufsichtsbehörde bestandskräftig oder ein Gericht rechtskräftig über das Überwiegen der berechtigten Gründe des Verantwortlichen oder des Betroffenen entschieden hat. Die systematische Auslegung spricht dafür, dass es auf die Entscheidung des Verantwortlichen ankommt, denn auch nach Abs. 1 lit. a kommt es auf die Überprüfung durch den Verantwortlichen an.[23] **82**

22 *Feiler/Forgó*, Art. 18 Rn. 5.
23 *Feiler/Forgó*, Art. 18 Rn. 6.

83 Das Recht des Verantwortlichen, die Verarbeitungseinschränkung wieder aufzuheben, besteht nicht nur, wenn nach Prüfung des Verantwortlichen feststeht, dass die berechtigten Gründe des Verantwortlichen gegenüber denen des Betroffenen überwiegen. Das Recht besteht auch dann, wenn aus anderen Gründen feststeht, dass der Betroffene kein Widerspruchsrecht gem. Art. 21 Abs. 1 hat – etwa, wenn feststeht, dass keine Gründe vorliegen, die sich aus einer besonderen Situation des Betroffenen ergeben.

III. Begriff der Verarbeitungseinschränkung

84 Liegen die Voraussetzungen für einen Anspruch des Betroffenen auf Vornahme einer Verarbeitungseinschränkung vor, hat der Verantwortliche die von ihm gespeicherten personenbezogenen Daten so zu markieren, dass ihre künftige Verarbeitung eingeschränkt wird. Dies ergibt sich aus der Legaldefinition des Begriffs „Einschränkung der Verarbeitung" in Art. 4 Nr. 3.

85 EG 67 S. 1 nennt als Beispiele für eine Verarbeitungseinschränkung die vorübergehende Übertragung auf ein anderes Verarbeitungssystem, die Sperrung für Nutzer oder die Entfernung veröffentlichter Daten von einer Webseite. Hervorgehoben wird von EG 67 S. 2, dass durch technische Mittel sichergestellt werden soll, dass die Daten in keiner Weise weiterverarbeitet und nicht verändert werden können.

IV. Ausnahmen (Abs. 2)

86 Abs. 2 enthält vier Ausnahmetatbestände. Die Ausnahmetatbestände schließen das Recht auf Verarbeitungseinschränkung nicht gänzlich aus. Ist einer von ihnen erfüllt, ist der Verantwortliche lediglich berechtigt, die Daten über ihre Speicherung hinaus zu anderen Zwecken zu verarbeiten. Welche anderen Zwecke dies sind, ergibt sich aus dem Ausnahmetatbestand selbst.

87 Bemerkenswert an Abs. 2 ist, dass es sich um eine verordnungsunmittelbare Ausnahme handelt. Insbesondere der Ausnahmetatbestand des öffentlichen Interesses findet sich im Übrigen in der DS-GVO in der Regel nur im Zusammenhang mit einer Öffnungsklausel, d.h. im Zusammenhang mit der Befugnis der Union oder der Mitgliedstaaten, Ausnahmetatbestände im Unionsrecht oder im mitgliedstaatlichen Recht zu erlassen (z.B. Art. 6 Abs. 3, Art. 17 Abs. 3 lit. b, Art. 23 Abs. 1). Unter Inanspruchnahme von Abs. 2 kann sich der Verantwortliche hingegen unmittelbar darauf berufen, dass seine Datenverarbeitung zum Schutz der Rechte einer anderen Person oder aus Grunden eines wichtigen öffentlichen Interesses erforderlich ist.

1. Einwilligung des Betroffenen (Abs. 2 Alt. 1)

88 Mit Einwilligung des Betroffenen dürfen die Daten, auch wenn sie einer Verarbeitungseinschränkung gem. Abs. 1 unterliegen, noch für andere Zwecke verarbeitet werden. Aus der Einwilligung müssen der Zweck oder die Zwecke, für die die Verarbeitung freigegeben wird, hervorgehen. Im Übrigen gelten die einwilligungbezogenen Voraussetzungen der Art. 4 Nr. 11, Art. 6 Abs. 1 lit. a und Abs. 4, Art. 7, Art. 8 Abs. 1 und Abs. 2, Art. 9 Abs. 2 lit. a, Art. 22 Abs. 2 lit. c sowie Art. 49 Abs. 1 lit. a.

89 Die Einwilligung als Rechtsgrundlage für die (Weiter-)Verarbeitung trotz eines grundsätzlichen Gebots zur Verarbeitungseinschränkung hätte in Art. 18 Abs. 2 Alt. 1 nicht gesondert erwähnt werden müssen, da auf der Grundlage der Einwilligung die Verarbeitung (gem. Art. 6 Abs. 1 lit. a bzw. Art. 9 Abs. 2 lit. a) und die Weiterverarbeitung (gem. Art. 6 Abs. 4 Alt. 1) immer zulässig sind.

2. Rechtsverfolgung (Abs. 2 Alt. 2)

90 Auch wenn die Daten einer Verarbeitungseinschränkung gem. Abs. 1 unterliegen, dürfen sie vom Verantwortlichen weiterhin „zur Geltendmachung, Ausübung oder Verteidigung von Rechtsansprüchen" verarbeitet werden. Der Tatbestand ist sprachlich unsauber formuliert. Gemeint ist, dass der Verantwortliche die Daten zur Geltendmachung und zur Ausübung *von* Rechtsansprüchen und zur Verteidigung *gegen* Rechtsansprüche verarbeiten darf.

Der Ausnahmetatbestand dürfte in allen Fällen einschlägig sein, in denen der Betroffene sein Recht auf Verarbeitungseinschränkung aus Abs. 1 lit. c herleitet. **91**

Zur Auslegung des Tatbestandsmerkmals siehe im Übrigen die Kommentierung zu Art. 17 Abs. 2 lit. e (dort Rn. 165 ff.) und zu Art. 23 Abs. 1 lit. j (dort Rn. 20). **92**

Fraglich ist, welches die Rechtsgrundlage für die Weiterverarbeitung zu Zwecken der Rechtsverfolgung ist. Sieht man die Rechtsverfolgung noch als vom ursprünglichen Verarbeitungszweck mitumfasst an, ist der ursprüngliche Erlaubnistatbestand die Rechtgrundlage. Sieht man die Rechtsverfolgung jedoch als einen anderen Zweck an als denjenigen, zu dem die Daten ursprünglich verarbeitet wurden, bedarf es einer neuen Rechtsgrundlage. Man kann diese neue Rechtsgrundlage unmittelbar in Art. 18 Abs. 2 Alt. 2 sehen. Man kann Art. 18 Abs. 2 Alt. 2 aber auch als eine Rechtsvorschrift der Union im Sinne von Art. 6 Abs. 4 Alt. 2 ansehen, die bewirkt, dass die Weiterverarbeitung zum Zweck der Rechtsverfolgung als mit dem Ursprungszweck vereinbar anzusehen ist. Für die letztgenannte Auslegung sprechen rechtssystematische Erwägungen, da die Erlaubnistatbestände grundsätzlich in Art. 6 und 9 geregelt sind. **93**

3. Schutz der Rechte einer anderen Person (Abs. 2 Alt. 3)

Auch wenn die Daten einer Verarbeitungseinschränkung gem. Abs. 1 unterliegen, darf der Verantwortliche sie für Zwecke verarbeiten, die dem Schutz der Rechte einer anderen natürlichen oder juristischen Person dienen. **94**

Rechte im Sinne von Abs. 2 können alle Grundrechte sein, die dem Recht auf Achtung des Privatlebens (Art. 7 GRC) und dem Recht auf Schutz personenbezogener Daten (Art. 8 GRC) entgegenstehen können. Dies sind insbesondere die Kommunikationsfreiheiten (Meinungs-, Informations- und Medienfreiheit; Art. 11 GRC), die Kunst- und Wissenschaftsfreiheit (Art. 13 GRC), die unternehmerische Freiheit (Art. 16 GRC) sowie das Urheberrecht und verwandte Schutzrechte, die Teil des Rechts des geistigen Eigentums sind (Art. 17 Abs. 2 GRC). Dass das Recht auf Schutz personenbezogener Daten immer unter Wahrung des Verhältnismäßigkeitsprinzips gegen andere Grundrechte abgewogen werden muss, wird durch EG 4 S. 2 bestätigt. EG 4 S. 3 hebt besonders die Gedanken-, Gewissens- und Religionsfreiheit, die Freiheit der Meinungsäußerung, die Informationsfreiheit, die unternehmerische Freiheit, das Recht auf einen wirksamen Rechtsbehelf und ein faires Verfahren sowie das Recht auf Vielfalt der Kulturen, Religionen und Sprachen hervor. **95**

Fraglich ist, ob unter den Rechten einer „anderer" Person auch die Rechte des Verantwortlichen zu verstehen sind, ob also der Verantwortliche zum Schutz seiner eigenen Rechte die Verarbeitungseinschränkung wieder aufheben darf. Die Formulierung „Rechte und Freiheiten anderer Personen" findet sich schon in Art. 13 Abs. 1 lit. g DS-RL. Dort dient die Formulierung lediglich der Abgrenzung von den Rechten des Betroffenen, so dass auch die Rechte des Verantwortlichen zu den Rechten anderer Personen gehören. Dasselbe Verständnis herrscht in der DS-GVO. In EG 63 S. 5 werden die „Rechte und Freiheiten anderer Personen" ausdrücklich im Zusammenhang mit Geschäftsgeheimnissen oder Rechten des geistigen Eigentums, die einem Auskunftsanspruch entgegenstehen könnte, genannt. Solche Rechte sind aber in den meisten Fällen Rechte des Verantwortlichen. Auch in Art. 23 Abs. 1 lit. i werden die Rechte anderer Personen lediglich von den Rechten des Betroffenen abgegrenzt, was nahelegt, dass mit den Rechten anderer Personen die Rechte aller anderen Personen einschließlich der Rechte des Verantwortlichen gemeint ist. Dies entspricht auch dem Ziel, die unterschiedlichen Interessen von Betroffenem, Verantwortlichem und Dritten angemessen in Ausgleich zu bringen.[24] **96**

Rechtsgrundlage für die Weiterverarbeitung der Daten zum Schutz der Rechte einer anderen Person ist Art. 6 Abs. 4 Alt. 2 in Verbindung mit Art. 18 Abs. 2 Alt. 3. Diese Norm ist eine Rechtsvorschrift der Union, die – sofern ein Recht einer anderen Person tatsächlich vorliegt – bewirkt, dass die Weiterverarbeitung als mit dem ursprünglichen Verarbeitungszweck vereinbar anzusehen ist. **97**

---

24 Paal/Pauly, *Paal*, Art. 23 Rn. 40 und 42.

4. Wichtiges öffentliches Interesse (Abs. 2 Alt. 4)

98 Auch wenn die Daten einer Verarbeitungseinschränkung gem. Abs. 1 unterliegen, darf der Verantwortliche sie aus Gründen eines wichtigen öffentlichen Interesses der Union oder eines Mitgliedstaates verarbeiten. Dass das Recht auf Schutz personenbezogener Daten nicht nur dem Betroffenen dient, sondern grundsätzlich unter dem Vorbehalt öffentlicher Interessen steht, wird durch EG 4 bestätigt. Dort wird festgestellt, dass die Verarbeitung personenbezogener Daten im Dienste der Menschheit steht (EG 4 S. 1) und dass das Recht auf Datenschutz kein uneingeschränktes Recht ist und im Hinblick auf seine gesellschaftliche Funktion gesehen werden muss (EG 4 S. 2).

99 Was als öffentliches Interesse anzusehen ist, überlässt die DS-GVO an vielen Stellen im Rahmen von Öffnungsklauseln den Mitgliedstaaten (s. insbesondere Art. 6 Abs. 2 und 3). Was im Sinne der DS-GVO als wichtiges öffentliches Interessen anzuerkennen ist, lässt sich unter anderem dem Katalog des Art. 23 Abs. 1 lit. a bis h entnehmen, wobei die Liste der dort genannten öffentlichen Interessen nicht als abschließend anzusehen ist. Weitere öffentliche Interessen, die durch die DS-GVO Anerkennung gefunden haben, finden sich in der DS-GVO an vielen Stellen. Ohne Anspruch auf Vollständigkeit sind die folgenden Interessen nach der DS-GVO als öffentliche Interessen anerkannt:

- nationale Sicherheit (Art. 23 Abs. 1 lit. a);
- Landesverteidigung (Art. 23 Abs. 1 lit. b);
- öffentliche Sicherheit (Art. 23 Abs. 1 lit. c);
- Strafverfolgung und -vollstreckung (Art. 2 Abs. 2 lit. d und Art. 23 Abs. 1 lit. d; EG 19, 73, 86 und 88);
- Schutz der Unabhängigkeit der Justiz und von Gerichtsverfahren (Art. 23 Abs. 1 lit. f; EG 20);
- berufsständische Regeln reglementierter Berufe (Art. 23 Abs. 1 lit. g; EG 73);
- Kontrollfunktionen (Art. 23 Abs. 1 lit. h);
- Überwachungsfunktionen (Art. 23 Abs. 1 lit. h);
- Ordnungsfunktionen (Art. 23 Abs. 1 lit. h);
- Gewährleistung der Netz- und Informationssicherheit (EG 49);
- öffentliche Interessen auf dem Gebiet des Arbeits- und Beschäftigtenrechts (Art. 9 Abs. 2 lit. b, Art. 88; EG 52, 155);
- öffentliche Interessen auf dem Gebiet des Rechts der sozialen Sicherheit einschließlich Renten (Art. 9 Abs. 2 lit. b; EG 52);
- Gewährleistung der öffentlichen Gesundheit (Art. 9 Abs. 2 lit. h und i; EG 52 bis 54);
- humanitäre Zwecke (EG 46, 73, 112);
- Zugang der Öffentlichkeit zu amtlichen Dokumenten (Art. 86; EG 154);
- Führen öffentlicher Register (Art. 10, Art. 49 Abs. 1 lit. g und Abs. 2; EG 73, 111, 157);
- im öffentlichen Interesse liegende Archivzwecke (Art. 5 Abs. 1 lit. b und e, Art. 9 Abs. 1 lit. j, Art. 14 Abs. 5 lit. b, Art. 17 Abs. 3 lit. d, Art. 89 Abs. 1 und 3; EG 50, 52, 53, 62, 65, 156, 158), insbesondere im Zusammenhang mit dem politischen Verhalten unter ehemaligen totalitären Regimen (EG 73);
- wissenschaftliche oder historische Forschungszwecke (Art. 5 Abs. 1 lit. b und e, Art. 9 Abs. 2 lit. j, Art. 14 Abs. 5 lit. b, Art. 17 Abs. 3 lit. d, Art. 21 Abs. 6, Art. 89 Abs. 1 und 2; EG 50, 52, 53, 62, 65, 155, 156, 158, 160), insbesondere unter Berücksichtigung der legitimen gesellschaftlichen Erwartungen in Bezug auf einen Wissenszuwachs (EG 53, 113, 157 bis 159);

- statistische Zwecke, insbesondere unter Berücksichtigung der legitimen gesellschaftlichen Erwartungen in Bezug auf einen Wissenszuwachs (Art. 5 Abs. 1 lit. b und e, Art. 9 Abs. 2 lit. j, Art. 14 Abs. 5 lit. b, Art. 17 Abs. 3 lit. d, Art. 21 Abs. 6, Art. 89 Abs. 1 und 2; EG 50, 52, 53, 62, 65, 113, 156, 162, 163);
- verfassungsrechtlich oder völkerrechtlich verankerte Ziele von staatlich anerkannten Religionsgemeinschaften (Art. 9 Abs. 2 lit. d, Art. 91; EG 55, 165);
- Tätigkeit politisch, weltanschaulich, religiös oder gewerkschaftlich ausgerichteter Organisationen (Art. 9 Abs. 2 lit. d);
- Funktionieren des demokratischen Systems (Art. 9 Abs. 2 lit. d; EG 56);
- Ausübung des Rechts auf Meinungs-, Presse-, Informations- oder Kunstfreiheit (Art. 9 Abs. 2 lit. e, 17 Abs. 3 lit. a, 85 Abs. 1 und 2; EG 4, 65, 153);
- Rechtsverfolgung (Art. 9 Abs. 1 lit. f, Art. 17 Abs. 3 lit. e, Art. 18 Abs. 2 Alt. 2, Art. 21 Abs. 1, Art. 23 Abs. 1 lit. j, Art. 49 Abs. 1 lit. e; EG 65, 111);
- internationaler Datenaustausch zwischen Wettbewerbs-, Steuer- oder Zollbehörden, zwischen Finanzaufsichtsbehörden oder zwischen für Angelegenheiten der sozialen Sicherheit oder für die öffentliche Gesundheit zuständigen Diensten (z.B. im Falle der Umgebungsuntersuchung bei ansteckenden Krankheiten oder zur Verringerung und/oder Beseitigung des Dopings im Sport) (EG 112);
- sonstige wichtige Ziele des allgemeinen öffentlichen Interesses, insbesondere wichtige wirtschaftliche oder finanzielle Interessen (etwa im Währungs-, Haushalts- und Steuerbereich sowie im Bereich der öffentlichen Gesundheit und der sozialen Sicherheit) (Art. 23 Abs. 1 lit. e; EG 73).

Neben diesen bereits in der DS-GVO enthaltenen öffentlichen Interessen ist es den Mitgliedstaaten gem. Art. 6 Abs. 2 und 3 unbenommen, in ihrem jeweiligen nationalen Recht weitere öffentliche Interessen festzulegen und die in der DS-GVO enthaltenen öffentlichen Interessen näher zu spezifizieren. Siehe hierzu Art. 6 Rn. 114 ff. und Rn. 164 ff. **100**

Rechtsgrundlage für die Weiterverarbeitung der Daten aus Gründen eines wichtigen öffentlichen Interesses ist Art. 6 Abs. 4 Alt. 2 in Verbindung mit Art. 18 Abs. 2 Alt. 4. Diese Norm ist eine Rechtsvorschrift der Union, die – sofern ein wichtiges öffentliches Interesse tatsächlich vorliegt bewirkt, dass die Weiterverarbeitung als mit dem ursprünglichen Verarbeitungszweck vereinbar anzusehen ist. **101**

V. Unterrichtungspflicht (Abs. 3)

Bevor die Verarbeitungseinschränkung vom Verantwortlichen wieder aufgehoben wird, ist der Betroffene vom Verantwortlichen hiervon zu unterrichten. Für die Unterrichtung gelten die allgemeinen Bedingungen des Art. 12. **102**

Gründe für die Aufhebung der Verarbeitungseinschränkung können sein, dass **103**

- die gem. Abs. 1 lit. a durchzuführende Richtigkeitsprüfung zu Ungunsten des Betroffenen ausgefallen ist,
- die gem. Abs. 1 lit. d durchzuführende Widerspruchprüfung zu Ungunsten des Betroffenen ausgefallen ist,
- der Verantwortliche zu der Erkenntnis gekommen ist, dass einer der unter Rn. 52 ff. genannten Ablehnungsgründe vorliegt, nachdem er zunächst dem Begehren des Betroffenen stattgegeben hatte,
- die Voraussetzungen für einen der Ausnahmetatbestände des Abs. 2 erst nachträglich entstanden sind oder ihr Vorliegen erst nachträglich bemerkt wird.

C. Weitere Auswirkungen der Verordnung in der Praxis

I. Auswirkungen auf das nationale Recht

104 Ab dem 25. Mai 2018 gilt Art. 18 in allen Mitgliedstaaten unmittelbar. Alle Tatbestände des jeweiligen nationalen Datenschutzrechts, die eine Sperrung oder ähnlich geartete Verarbeitungseinschränkung vorsehen, müssen bis zu diesem Zeitpunkt auf ihre Vereinbarkeit mit Art. 18 überprüft und entweder aufgehoben oder an die Vorgaben des Art. 18 angepasst worden sein.

105 Es bleibt abzuwarten, ob die nationalen Gesetzgeber der Mitgliedstaaten neben den Ausnahmetatbeständen des Abs. 2 von den Öffnungsklauseln der DS-GVO Gebrauch machen. In Bezug auf das Recht auf Verarbeitungseinschränkung können sie im nationalen Recht zum Beispiel spezifischere Regelungen (Art. 6 Abs. 2 und 3, Art. 88), Einschränkungen (Art. 23), Abweichungen oder Ausnahmen (Art. 85 Abs. 2) und Ausnahmen (Art. 89 Abs. 2 und 3) festlegen oder das Recht auf Datenschutz mit anderen Grundrechten in Einklang bringen (Art. 85 Abs. 1, Art. 86).

106 Der deutsche Gesetzgeber hat (Stand: 9.9.2017) von der Befugnis, das Recht auf Verarbeitungseinschränkung zu beschränken, Gebrauch gemacht:

107 Nach § 27 Abs. 2 BDSG-neu wird Art. 18 insoweit beschränkt, als das Recht auf Verarbeitungseinschränkung voraussichtlich die Verwirklichung von Forschungs- oder Statistikzwecken unmöglich machen oder ernsthaft beinträchtigen würde und die Beschränkung für die Erfüllung der Forschungs- oder Statistikzwecke notwendig ist. Diese Regelung beruht auf der Öffnungsklausel des Art. 89 Abs. 2.

108 Nach § 28 Abs. 4 BDSG-neu wird das in Art. 18 Abs. 1 lit. a, b und d vorgesehene Recht auf Verarbeitungseinschränkung insoweit beschränkt, als dieses Recht voraussichtlich die Verwirklichung von im öffentlichen Interesse liegenden Archivzwecke unmöglich machen oder ernsthaft beeinträchtigen würde und die Beschränkung für die Erfüllung dieser Zwecke erforderlich ist. Diese Regelung ist durch die Öffnungsklausel des Art. 89 Abs. 3 gerechtfertigt.

109 Nach § 35 Abs. 1 BDSG-neu kann der Verantwortliche statt einer Löschung eine Verarbeitungseinschränkung vornehmen, wenn die Löschung unmöglich oder unverhältnismäßig wäre. Diese Regelung ist keine Beschränkung von Art. 18, sondern von Art. 17. Diese Beschränkung ist durch die Öffnungsklausel des Art. 23 Abs. 1 lit. i (Schutz der Rechte und Freiheiten anderer Personen, hier des Verantwortlichen) gerechtfertigt. Der Anwendungsbereich des Art. 18 wird hingegen erweitert.

110 Auch nach § 35 Abs. 2 BDSG-neu wird der Anwendungsbereich des Art. 18 erweitert. Bei Zweckfortfall oder unrechtmäßiger Datenverarbeitung ist der Verantwortliche berechtigt, statt einer Löschung eine Verarbeitungseinschränkung vorzunehmen, wenn er Grund zu der Annahme hat, dass durch eine Löschung schutzwürdige Interessen des Betroffenen beeinträchtigt würden. Diese Beschränkung von Art. 17 Abs. 1 lit. a und d ist durch die Öffnungsklausel des Art. 23 Abs. 1 lit. i (Schutz der Rechte des Betroffenen) gerechtfertigt.

111 § 35 Abs. 3 BDSG-neu erweitert schließlich das Recht des Verantwortlichen, statt einer Löschung eine Verarbeitungseinschränkung vorzunehmen, wenn einer Löschung satzungsgemäße oder vertragliche Aufbewahrungsfristen entgegenstehen. Auch dies ist keine Beschränkung des Art. 18, sondern des Art. 17, die durch die Öffnungsklausel des Art. 23 Abs. 1 lit. i (Schutz der Rechte und Freiheiten anderer Personen, hier des Verantwortlichen) gerechtfertigt ist.

II. Bestandsschutz bisheriger Datenverarbeitungen

112 Vom 25. Mai 2018 an sind alle Verantwortlichen an die neuen Pflichten des Art. 18 gebunden. Ein Bestandsschutz bisheriger Datenverarbeitungen ist in Bezug auf den Regelungsgehalt der Norm nicht vorgesehen. Auch bei Datenverarbeitungen, die zu diesem Zeitpunkt bereits begonnen haben, muss der Verantwortliche, sofern die Voraussetzungen vorliegen, eine Verarbeitungseinschränkung gem. Art. 18 vornehmen.

III. Anwendung durch die Datenverarbeiter

Es bleibt abzuwarten, ob das Recht auf Verarbeitungseinschränkung von den Betroffenen verstärkt in Anspruch genommen werden und wie sich die Rechtspraxis entwickeln wird. Etwaigen Rechtsunsicherheiten bei der Anwendung des Art. 18 kann durch Verhaltensregeln (Art. 40) und Zertifizierungen (Art. 42) entgegengewirkt werden. Art. 40 erwähnt beispielhaft auch mögliche Gegenstände von Verhaltensregeln, die für das Recht auf Verarbeitungseinschränkung relevant sind, nämlich die Unterrichtung der Öffentlichkeit und der betroffenen Personen (Art. 40 Abs. 2 lit. e) und die Ausübung der Rechte betroffener Personen (Art. 40 Abs. 2 lit. f). **113**

IV. Sanktionen

Verstöße gegen die Verpflichtungen aus Art. 18 stellen Ordnungswidrigkeiten dar. Diese können mit einer Geldbuße belegt werden. Die Datenschutzaufsichtsbehörden können Geldbußen von bis zu 20 Mio. € oder im Falle eines Unternehmens bis zu 4 % des gesamten weltweit erzielten Jahresumsatzes des vorangegangenen Geschäftsjahrs verhängen (Art. 83 Abs. 5 lit. b). **114**

IV. Rechtsschutz

1. Rechtsschutz des Betroffenen

a) Rechtsschutz gegen Aufsichtsbehörde

Jeder Betroffene hat das Recht auf Beschwerde bei einer Aufsichtsbehörde, wenn er der Auffassung ist, der Verantwortliche erfülle seine Verpflichtungen aus Art. 18 nicht. Zuständig können die Aufsichtsbehörde in dem Mitgliedstaat des Aufenthaltsortes, des Arbeitsplatzes oder des Ortes des mutmaßlichen Verstoßes sein (Art. 77 Abs. 1). Jeder Betroffene hat darüber hinaus das Recht auf einen wirksamen gerichtlichen Rechtsbehelf gegen einen ihn betreffenden rechtsverbindlichen Beschluss einer Aufsichtsbehörde (Art. 78 Abs. 1) und auf einen wirksamen gerichtlichen Rechtsbehelf, wenn sich die zuständige Aufsichtsbehörde mit einer Beschwerde nicht befasst oder sie den Betroffenen nicht innerhalb von drei Monaten über den Stand oder das Ergebnis der Beschwerde in Kenntnis setzt (Art. 78 Abs. 2). Bei Streitigkeiten mit der Aufsichtsbehörde sind die Verwaltungsgerichte zuständig. **115**

b) Rechtsschutz gegen Verantwortliche und Auftragsverarbeiter

Jeder Betroffene hat das Recht auf einen wirksamen gerichtlichen Rechtsbehelf gegen einen Verantwortlichen oder gegen einen Auftragsverarbeiter (Art. 79). Das Recht, von einer öffentlichen Stelle eine Verarbeitungseinschränkung verlangen zu können, ist ein subjektiv-öffentliches Recht, das ohne weiteres gerichtlich einklagbar ist. Soll eine öffentliche Stelle zur Verarbeitungseinschränkung verpflichtet werden, muss eine allgemeine Leistungsklage auf Vornahme der Einschränkung erhoben werden. Zuständig sind das allgemeine Verwaltungsgericht, das Sozialgericht oder das Finanzgericht.[25] Soll eine nicht-öffentliche Stelle zur Verarbeitungseinschränkung verpflichtet werden, ist eine Leistungsklage zu erheben. Zuständig sind entweder die Zivil- oder die Arbeitsgerichte.[26] Jeder Betroffene, dem wegen eines Verstoßes gegen die DS-GVO ein materieller oder immaterieller Schaden entstanden ist, hat Anspruch auf Schadensersatz gegen den Verantwortlichen oder gegen den Auftragsverarbeiter (Art. 82 Abs. 1). **116**

c) Vertretung durch einen Verband

Jeder Betroffene hat das Recht, eine Einrichtung, Organisation oder Vereinigung, die im Bereich des Datenschutzes tätig ist, mit der Vertretung seiner Interessen im Zusammenhang mit den **117**

25 Vgl. Wolff/Brink, *Worms*, § 19 Rn. 110, 111.
26 Vgl. Wolff/Brink, *Schmidt-Wudy*, 13. Edition (Stand: 1.8.2015), § 34 Rn. 22.

Rechten der Artt. 77, 78 und 79 sowie der Geltendmachung von Schadensersatz gem. Art. 82 zu beauftragen (Art. 80 Abs. 1).

2. Rechtsschutz anderer Personen

118 Jede natürliche oder juristische Person (also insbesondere ein Verantwortlicher oder ein Auftragsverarbeiter) hat das Recht auf einen wirksamen gerichtlichen Rechtsbehelf gegen einen sie betreffenden rechtsverbindlichen Beschluss einer Aufsichtsbehörde (Art. 78 Abs. 1).

3. Rechtsschutz durch Verbände

119 Jede Einrichtung, Organisation oder Vereinigung ohne Gewinnerzielungsabsicht, die ordnungsgemäß nach dem Recht eines Mitgliedstaates gegründet ist, deren satzungsmäßige Ziele im öffentlichen Interesse liegen und die im Bereich des Schutzes der Rechte und Freiheiten von Betroffenen in Bezug auf den Schutz ihrer personenbezogenen Daten tätig ist, kann auch ohne Beauftragung durch einen Betroffenen die Rechte der Artt. 77, 78 und 79 geltend machen (u.a. durch eine altruistische Verbandsklage), sofern dies das Recht eines Mitgliedstaates vorsieht (Art. 80 Abs. 2). Jeder Betroffene hat das Recht, einen solchen Verband mit der Vertretung ihrer Interessen im Zusammenhang mit den Rechten der Art. 77, 78 und 79 sowie der Geltendmachung von Schadensersatz gem. Art. 82 zu beauftragen (Art. 80 Abs. 1).

Article 19

Notification obligation regarding rectification or erasure of personal data or restriction of processing

[1]The controller shall communicate any rectification or erasure of personal data or restriction of processing carried out in accordance with Article 16, Article 17(1) and Article 18 to each recipient to whom the personal data have been disclosed, unless this proves impossible or involves disproportionate effort. [2]The controller shall inform the data subject about those recipients if the data subject requests it.

Artikel 19

Mitteilungspflicht im Zusammenhang mit der Berichtigung oder Löschung personenbezogener Daten oder der Einschränkung der Verarbeitung

[1]Der Verantwortliche teilt allen Empfängern, denen personenbezogenen Daten offengelegt wurden, jede Berichtigung oder Löschung der personenbezogenen Daten oder eine Einschränkung der Verarbeitung nach Artikel 16, Artikel 17 Absatz 1 und Artikel 18 mit, es sei denn, dies erweist sich als unmöglich oder ist mit einem unverhältnismäßigen Aufwand verbunden. [2]Der Verantwortliche unterrichtet die betroffene Person über diese Empfänger, wenn die betroffene Person dies verlangt.

Literatur

Paal/Pauly, Datenschutz-Grundverordnung, 1. Auflage 2016, C.H. Beck München; *Simitis (Hrsg.)*, Bundesdatenschutzgesetz, 8. Auflage 2014, Nomos Baden-Baden; *Wolff/Brink (Hrsg.)*, Beck'scher Online-Kommentar Datenschutzrecht, C.H. Beck München, 18. Edition Stand: 1.11.2016.

Bedeutung der Norm

Die Norm betrifft Fälle, in denen die Verarbeitung personenbezogener Daten durch den Verantwortlichen dazu geführt hat, dass Dritte (= Empfänger) Kenntnis von diesen Daten erlangt haben. Sie soll der Weiterverarbeitung dieser Daten durch die Empfänger entgegenwirken. Im Ergebnis soll sie dafür sorgen, dass drei Betroffenenrechte (Berichtigung, Löschung, Verarbeitungseinschränkung) im Verhältnis zu den Empfängern fortwirken. Dies soll durch eine Unterrichtung der Empfänger über Veränderungen der Datenverarbeitung und durch eine Unterrichtung des Betroffenen über die Empfänger erreicht werden. Unmittelbar soll die Norm somit Transparenz herstellen. Mittelbar soll sie zur Richtigkeit der Datenverarbeitung und zu einer Effektuierung der genannten Betroffenenrechte führen, indem sie Voraussetzungen für eine Art Folgenbeseitigung schafft. Satz 1 will dies dadurch erreicht, dass die Empfänger in die Lage versetzt werden, die Rechtmäßigkeit ihrer Datenverarbeitung zu überprüfen. Satz 2 will erreichen, dass der Betroffene in die Lage versetzt wird, seine Rechte direkt gegenüber dem Empfänger wahrzunehmen.

Hinweise für den Anwender

Für die Norm relevante Definitionen und andere Querbezüge:

- Die Norm nimmt Bezug auf die folgenden Betroffenenrechte: Recht auf Berichtigung (Art. 16 S. 1), Recht auf Löschung (Art. 17 Abs. 1), Recht auf Einschränkung der Verarbeitung (Art. 18).
- Für Form, Sprache, Frist, Entgeltlichkeit, Inhalt und Ablehnungsgründe der Unterrichtungen sieht Art. 12 allgemeine Regelungen vor, die unmittelbar allerdings nur für die Unterrichtung des Betroffenen (Satz 2) gelten. Eine entsprechende Anwendung auf die Unterrichtung der Empfänger (Satz 1) kommt in Betracht.
- Der Begriff der „Offenlegung" wird bei der Definition des Verarbeitungsbegriffs (Art. 4 Nr. 2) konkretisiert. Von Bedeutung ist darüber hinaus die Definition des Begriffs „Empfänger" in Art. 4 Nr. 9.

Systematische Einordnung der Norm innerhalb der DS-GVO:

- Die Norm enthält Informationspflichten, die das Recht auf Berichtigung (Art. 16 S. 1), das Recht auf Löschung (Art. 17 Abs. 1) und das Recht auf Einschränkung der Verarbeitung (Art. 18) begleiten. Diese Informationspflichten ergänzen die zahlreichen weiteren Unterrichtungs-, Informations-, Mitteilungs- und Benachrichtigungspflichten der DS-GVO. Sie konkretisieren damit den Grundsatz der Transparenz (Art. 5 Abs. 1 lit. a). Zu unterscheiden sind Informationspflichten gegenüber dem Betroffenen, gegenüber Aufsichtsbehörden, gegenüber Dritten und gegenüber der Öffentlichkeit. Die meisten Informationspflichten der DS-GVO sind – wie die Informationspflicht des Art. 19 S. 2 – Pflichten gegenüber dem Betroffenen. Informationspflichten gegenüber Dritten (wie die in Art. 19 S. 1) sind im Übrigen eher selten.
- Überschneidungen bestehen zwischen der Informationspflicht des Art. 17 Abs. 2 und der Informationspflicht des Art. 19 S. 1.
- Union und Mitgliedstaaten können gem. Art. 23 Beschränkungen des Art. 19 im öffentlichen Interesse, zum Schutz der Rechte des Betroffenen oder zum Schutz der Recht und Freiheiten anderer Personen durch Rechtsvorschriften festlegen.
- Bei der Verarbeitung, die zu journalistischen, wissenschaftlichen, künstlerischen oder literarischen Zwecken erfolgt, bringen die Mitgliedstaaten durch Rechtsvorschriften die Grundrechte miteinander in Einklang (Art. 85 Abs. 1) und sehen Abweichungen und Ausnahmen auch von den Informationspflichten des Art. 19 vor (Art. 85 Abs. 2).
- Union und Mitgliedstaaten können gem. Art. 89 Abs. 3 Ausnahmen von Art. 19 durch Rechtsvorschriften festlegen, soweit es Datenverarbeitungen für im öffentlichen Interesse liegende Archivzwecke betrifft.

Vorgängernorm des BDSG:

- § 20 Abs. 8 BDSG für öffentliche Stellen. § 35 Abs. 7 BDSG für nicht-öffentliche Stellen.

Vorgängernorm der RL 95/46:

- Art. 12 lit. c DS-RL 95/46 ist die Vorgängernorm von Art. 19 S. 1. Für Art. 19 S. 2 gibt es keine Vorgängernorm.

▶ Schlagworte

Information, Unterrichtung, Mitteilung, Benachrichtigung, Grundsatz der Transparenz, Grundsatz der Richtigkeit, Empfänger, Offenlegung, Berichtigung, Löschung, Einschränkung der Verarbeitung, Betroffenenrecht, antragsabhängiges Recht, Verlangen, Unverhältnismäßigkeit

A. Allgemeines

I. Regelungszweck

Die Norm betrifft Fälle, in denen die Verarbeitung personenbezogener Daten durch den Verantwortlichen dazu geführt hat, dass Dritte (= Empfänger) Kenntnis von diesen Daten erlangt haben. Sie soll der Weiterverarbeitung dieser Daten durch die Empfänger entgegenwirken. Ziel der Norm ist somit die Bekämpfung der Permanenz und Ubiquität personenbezogener Daten (vor allem im Internet). 1

Im Ergebnis soll Art. 19 dafür sorgen, dass die drei Betroffenenrechte Berichtigung, Löschung und Verarbeitungseinschränkung im Verhältnis zu den Empfängern fortwirken. Dies soll durch zwei Nachberichtspflichten erreicht werden: durch die Unterrichtung der Empfänger über die Veränderungen der Datenverarbeitung (S. 1) und durch die Unterrichtung des Betroffenen über die Empfänger (S. 2). Unmittelbar soll die Norm somit Transparenz (Art. 5 Abs. 1 lit. a) herstellen. Mittelbar soll sie zur Richtigkeit der Datenverarbeitung (Art. 5 Abs. 1 lit. d) und zu einer Effektuierung der genannten Betroffenenrechte[1] führen, indem sie Voraussetzungen für eine Art Folgenbeseitigung schafft. Dies wird durch S. 1 dadurch erreicht, dass die Empfänger in die Lage versetzt werden, die Rechtmäßigkeit ihrer jeweiligen Datenverarbeitung in eigener Verantwortung zu überprüfen. Bestehen beim Empfänger/Zweitverantwortlichen Zweifel, ob die Berichtigung, Löschung oder Verarbeitungseinschränkung Auswirkungen auf die Rechtmäßigkeit der eigenen Datenverarbeitung hat, hat er dies mit dem Betroffenen zu klären.[2] Durch S. 2 wird erreicht, dass der Betroffene in die Lage versetzt wird, seine Rechte direkt gegenüber dem Empfänger wahrzunehmen. 2

II. Normadressaten

1. Verantwortliche

Die Norm richtet sich an Verantwortliche. Dabei macht sie keine Unterschiede zwischen verschiedenen Typen von Verantwortlichen. Das bedeutet insbesondere, dass auch öffentliche Stellen der Regelung unterliegen. Die Norm gilt nicht für Auftragsverarbeiter. 3

2. Drittstaatsdatenverarbeiter

Auch Drittstaatsdatenverarbeiter unterliegen den Verpflichtungen des Art. 19, wenn die von ihnen betriebene Datenverarbeitung die Voraussetzungen des Art. 3 Abs. 2 erfüllt. Steht die Datenverarbeitung also im Zusammenhang mit dem Angebot von Waren oder Dienstleistungen an Betroffene in der EU oder mit der Beobachtung des Verhaltens Betroffener in der EU und werden personenbezogene in diesem Zusammenhang Dritten offengelegt, treffen den Drittstaatsdatenverarbeiter die Informationspflichten des Art. 19. Ob die Empfänger der Daten sich innerhalb oder außerhalb der EU befinden, ist unerheblich. 4

3. Mitgliedstaaten

Eine Öffnungsklausel für den mitgliedstaatlichen Gesetzgeber enthält Art. 19 nicht. 5

1 Ebenso Paal/Pauly, *Paal*, Art. 19 Rn. 3; Wolff/Brink, *Worms*, Art. 19 Rn. 6.
2 Wolff/Brink, *Worms*, Art. 19 Rn. 6 und 7.

6 Allerdings können die Mitgliedstaaten gem. Art. 23 im öffentlichen Interesse, zum Schutz des Betroffenen oder zum Schutz der Rechte und Freiheiten anderer Personen Beschränkungen der Informationspflichten des Art. 19 vorsehen.

7 Ferner können die Mitgliedstaaten gem. Art. 89 Abs. 3 Ausnahmen von Art. 19 vorsehen, wenn personenbezogene Daten für im öffentlichen Interesse liegende Archivzwecke verarbeitet werden.

8 Bei der Verarbeitung, die zu journalistischen, wissenschaftlichen, künstlerischen oder literarischen Zwecken erfolgt, bringen die Mitgliedstaaten durch Rechtsvorschriften die Grundrechte miteinander in Einklang (Art. 85 Abs. 1) und sehen Abweichungen und Ausnahmen auch von den Informationspflichten des Art. 19 vor (Art. 85 Abs. 2).

9 Gem. Art. 6 Abs. 2 und 3 können die Mitgliedstaaten schließlich spezifischere Bestimmungen zur Anwendung der DS-GVO festlegen, sofern

- es um Datenverarbeitungen geht, durch die der Verantwortliche eine rechtliche Verpflichtung erfüllt (Art. 6 Abs. 1 lit. c),
- die Datenverarbeitung für die Wahrnehmung einer Aufgabe erforderlich ist, die im öffentlichen Interesse liegt (Art. 6 Abs. 1 lit. e Var. 1), oder
- die Datenverarbeitung in Ausübung öffentlicher Gewalt erfolgt (Art. 6 Abs. 1 lit. e Var. 2).

4. Betroffene

10 Der Betroffene wird durch den Verantwortlichen über Berichtigungen, Löschungen oder Verarbeitungseinschränkungen, die der Verantwortliche auf Antrag des Betroffenen vorgenommen hat, informiert (Art. 12 Abs. 3 S. 1). Daraufhin kann der Betroffene entscheiden, ob er gem. Art. 19 S. 2 auch über die Empfänger der vom Verantwortlichen verarbeiteten Daten informiert werden will. Ist dies der Fall, muss er dies gegenüber dem Verantwortlichen durch ausdrückliches Verlangen kundtun. Nachdem er über die Empfänger informiert wurde, kann der Betroffene die Einhaltung seiner Rechte durch diese Empfänger kontrollieren (z.B. durch Geltendmachung von Auskunftsansprüchen) und erforderlichenfalls gegen diese Empfänger durchsetzen.

5. Empfänger

11 Wenn die Empfänger personenbezogener Daten eine Benachrichtigung gem. Art. 19 S. 1 erhalten, müssen sie überprüfen, ob sie für die von ihnen vorgenommene Datenverarbeitung noch eine Rechtsgrundlage haben oder ob sie dazu verpflichtet sind, die vom Erstverantwortlichen vorgenommenen Berichtigungen, Löschungen oder Verarbeitungseinschränkungen nachzuvollziehen.

6. Datenschutzaufsichtsbehörden

12 Die Datenschutzaufsichtsbehörden sind im Rahmen ihrer allgemeinen Untersuchungs-, Abhilfe-, Genehmigungs- und Beratungsbefugnisse (Art. 58) berechtigt, die Einhaltung der Anforderungen des Art. 19 zu kontrollieren und durchzusetzen. Art. 58 Abs. 2 lit. g erwähnt besonders die Abhilfebefugnisse der Aufsichtsbehörde, die es ihr gestatten, die Unterrichtung der Empfänger gem. Art. 19 S. 1 anzuordnen.

III. Systematik

13 Art. 19 befindet sich in Kapitel III der DS-GVO, das die Betroffenenrechte enthält. Die Norm enthält Informationspflichten des Verantwortlichen gegenüber dem Dritten und gegenüber dem Betroffenen, die das Recht auf Berichtigung (Art. 16 S. 1), das Recht auf Löschung (Art. 17 Abs. 1) und das Recht auf Verarbeitungseinschränkung (Art. 18) begleiten. Durch diese Informationspflichten werden die zahlreichen im Zusammenhang mit den Betroffenenrechten stehenden Informationspflichten ergänzt, wobei die DS-GVO diesbezüglich keiner einheitlichen Terminologie

folgt, sondern wahlweise von Benachrichtigung, Mitteilung, Unterrichtung oder Information spricht. Die Informationspflichten konkretisieren den Grundsatz der Transparenz (Art. 5 Abs. 1 lit. a).

Die meisten dieser Informationspflichten bestehen **gegenüber dem Betroffenen**. Insbesondere stellt der Verantwortliche dem Betroffenen Informationen über die auf Antrag gem. den Art. 15 bis 22 ergriffenen Maßnahmen zur Verfügung (Art. 12 Abs. 3 S. 1). Wird der Verantwortliche auf den Antrag des Betroffenen hin nicht tätig, so ist dieser hierüber ebenfalls zu unterrichten (Art. 12 Abs. 4). Demnach müssen dem Betroffenen die folgenden Informationen zur Verfügung gestellt werden: **14**

- **Informationspflicht:** Erstinformation, wenn die Daten beim Betroffenen (Art. 13) bzw. nicht beim Betroffenen (Art. 14) erhoben wurden.
- **Auskunftsrecht:** Auskunftserteilung oder Weigerung, Auskunft zu erteilen (Art. 15 Abs. 1 und 2)
- **Recht auf Erhalt einer Kopie:** Erteilung einer Kopie oder Weigerung, die Kopie zu erteilen (Art. 15 Abs. 3 und 4).
- **Recht auf Berichtigung:** Mitteilung über Vornahme oder Nichtvornahme einer Berichtigung (Art. 16 S. 1); im Falle einer Berichtigung (auf Verlangen des Betroffenen) Unterrichtung über alle Empfänger, denen Daten offengelegt wurden (Art. 19 S. 2).
- **Recht auf Vervollständigung:** Mitteilung über Vornahme oder Nichtvornahme einer Vervollständigung (Art. 16 S. 2).
- **Recht auf Löschung:** Mitteilung über Vornahme oder Nichtvornahme einer Löschung (Art. 17 Abs. 1 und 3); im Falle einer Löschung (auf Verlangen des Betroffenen) Unterrichtung des Betroffenen über alle Empfänger, denen Daten offengelegt wurden (Art. 19 S. 2).
- **Recht auf Verarbeitungseinschränkung:** Mitteilung über Vornahme oder Nichtvornahme einer Verarbeitungseinschränkung (Art. 18 Abs. 1 und 2); Unterrichtung über die Aufhebung einer Verarbeitungseinschränkung (Art. 18 Abs. 3); im Falle einer Verarbeitungseinschränkung (auf Verlangen des Betroffenen) Unterrichtung über alle Empfänger, denen Daten offengelegt wurden (Art. 19 S. 2).
- **Recht auf Datenübertragung:** Mitteilung über Vornahme der Datenübertragung oder über die Weigerung, diese vorzunehmen (Art. 20).
- **Widerspruchsrecht:** Mitteilung über die Einstellung der Datenverarbeitung aufgrund Widerspruchs oder über die Weigerung, dem Widerspruch Folge zu leisten (Art. 21).
- **Automatisierte Einzelentscheidung:** Hinweis auf die Rechte des Betroffenen bei automatisierten Einzelentscheidungen (Art. 22 Abs. 3).
- **Notifikation:** Benachrichtigung über eine Datenschutzverletzung (Art. 34)

Neben den Pflichten zur Information des Betroffenen bestehen bei den folgenden Betroffenenrechten weitere Informationspflichten **gegenüber anderen Personen**, namentlich gegenüber anderen Verantwortlichen und gegenüber Empfängern der Daten: **15**

- **Recht auf Berichtigung:** Information aller Empfänger, denen Daten offengelegt wurden, über die Tatsache einer Berichtigung (Art. 19 S. 1);
- **Recht auf Löschung:** Information anderer Verantwortlicher über die Tatsache des Löschverlangens, wenn diese die Daten, die vom Erstverantwortlichen öffentlich gemacht wurden, weiterverarbeiten (Art. 17 Abs. 2); Information aller Empfänger, denen Daten offengelegt wurden, über die Tatsache einer Löschung (Art. 19 S. 1);
- **Recht auf Verarbeitungseinschränkung:** Information aller Empfänger, denen Daten offengelegt wurden, über die Tatsache einer Verarbeitungseinschränkung (Art. 19 S. 1);

16 Überschneidungen bestehen zwischen der Informationspflicht des Art. 17 Abs. 2 und der Informationspflicht des Art. 19 S. 1. Anwendungsbereich und Rechtsfolgen der beiden Normen sind graduell verschieden:

- Während Art. 17 Abs. 2 nur die Fälle öffentlich gemachter personenbezogener Daten erfasst, betrifft Art. 19 S. 1 alle Fälle der Offenlegung (zu diesem Begriff eingehend Art. 4 Nr. 9 Rn. 16 ff.).
- Nach dem Wortlaut von Art. 17 Abs. 2 sind Verantwortliche, die die Daten weiterverarbeiten, nur dann zu informieren, wenn ein Betroffener die Löschung von Links, Kopien und Replikationen bei dem oder den anderen Verantwortlichen verlangt hat. Nach Art. 19 S. 1 sind Empfänger hingegen über die Tatsache einer Löschung beim Erstverantwortlichen (und nicht etwa nur über das Verlangen einer Löschung beim Zweitverantwortlichen) zu informieren.
- Die Informationspflicht des Art. 19 S. 1 gilt nicht, wenn die Information unmöglich ist oder unverhältnismäßig wäre. Nach Art. 17 Abs. 2 muss der Verantwortliche angemessene Maßnahmen ergreifen, wobei er die verfügbare Technologie und die Implementierungskosten berücksichtigen darf und muss. Die Frage, ob die Informationspflicht nach Art. 19 S. 1 gilt, ist dichotomisch klar mit „ja" oder „nein" zu beantworten. Gilt sie, verlangt Art. 19 S. 1 allerdings auch einen bestimmten Erfolg (nämlich die Unterrichtung des Empfängers). Art. 17 Abs. 2 verlangt hingegen nur „best efforts".[3]

17 Verstöße gegen Art. 19 sind gem. Art. 83 Abs. 5 lit. b bußgeldbewehrt.

IV. Entstehungsgeschichte

1. Bisherige europäische Vorgaben

18 Art. 12 lit. c DS-RL 95/46 sieht bereits eine mit Art. 19 S. 1 fast deckungsgleiche Regelung vor. Sie lautet: *„Die Mitgliedstaaten garantieren […] die Gewähr, dass jede Berichtigung, Löschung oder Sperrung […] den Dritten, denen die Daten übermittelt wurden, mitgeteilt wird, sofern sich dies nicht als unmöglich erweist oder kein unverhältnismäßiger Aufwand damit verbunden ist."*

19 Art. 19 S. 2 findet keine Entsprechung in der DS-RL 95/46.

2. Bisherige nationale Vorgaben

20 § 20 Abs. 8 BDSG (für öffentliche Stellen) und § 35 Abs. 7 BDSG (für nicht-öffentliche Stellen) sehen eine ähnliche „Nachberichtspflicht" wie Art. 19 S. 1 vor. Die beiden Normen lauten wortgleich: *„Von der Berichtigung unrichtiger Daten, der Sperrung bestrittener Daten sowie der Löschung oder Sperrung wegen Unzulässigkeit der Speicherung sind die Stellen zu verständigen, denen im Rahmen einer Datenübermittlung diese Daten zur Speicherung weitergegeben wurden, wenn dies keinen unverhältnismäßigen Aufwand erfordert und schutzwürdige Interessen des Betroffenen nicht entgegenstehen."*

21 Der einzige wesentliche Unterschied zu der Regelung in Art. 19 S. 1 ist, dass nach geltender Rechtslage schutzwürdige Interessen des Betroffenen einer Mitteilung an die Empfänger entgegenstehen können.

22 Art. 19 S. 2 findet keine Entsprechung im BDSG.

3. Verhandlungen zur DS-GVO

23 Eine Pflicht zur Mitteilung von Änderungen gegenüber den Empfängern von Daten enthielten bereits Art. 13 KOM-Entwurf und Art. 17b Ratsentwurf. Die Pflicht zur Unterrichtung des Betroffenen über diese Empfänger wurde erst durch das Europäische Parlament in die Verhandlungen

---

3 Paal/Pauly, *Paal*, Art. 17 Rn. 32.

eingebracht. Der in allen Fassungen ursprünglich verwendete Begriff der „Weitergabe" wurde in der letztlich verabschiedeten Fassung durch den Begriff der „Offenlegung" ersetzt.

B. Inhalt der Regelung

Voraussetzung für die Anwendung der Norm ist, dass der Verantwortliche eine Berichtigung, Löschung oder Verarbeitungseinschränkung vorgenommen hat (nachfolgend Rn. 25). In diesen Fällen treffen ihn grundsätzlich zwei verschiedene Unterrichtungspflichten: **24**

- Er muss allen Stellen, denen die personenbezogenen Daten jemals offengelegt wurden (nachfolgend Rn. 26 ff.), die Tatsäche der Änderung mitteilen (nachfolgend Rn. 29 ff.).
- Er muss dem Betroffenen auf sein Verlangen alle Empfänger mitteilen (nachfolgend Rn. 39 ff.).

I. Anwendungsbereich

1. Berichtigung, Löschung, Verarbeitungseinschränkung

Die Unterrichtungspflichten der Sätze 1 und 2 setzen voraus, dass der Verantwortliche eine Berichtigung, Löschung oder Verarbeitungseinschränkung vorgenommen hat. Eine solche Änderung des Datenbestandes oder der Datenverarbeitung kann auf Antrag des Betroffenen, von Amts wegen oder von Gesetzes wegen erfolgt sein. Ob die Vornahme der Änderung zu recht erfolgt ist, ist unerheblich. Entscheidend ist die Tatsache der Vornahme der Änderung. **25**

2. Offenlegung an Empfänger

Die Mitteilungspflichten des Art. 19 bestehen nur, wenn der Verantwortliche während der Dauer der Verarbeitung personenbezogene Daten gegenüber Empfängern offengelegt („disclosed") hat. **26**

Der Begriff des „Empfängers" ist in Art. 4 Nr. 9 legaldefiniert und wird in EG 31 in Bezug auf die Offenlegung von Daten gegenüber Behörden konkretisiert. Nach der Definition des Art. 4 Nr. 9 ist Empfänger eine natürliche oder juristische Person, Behörde, Einrichtung oder andere Stelle, der personenbezogene Daten offengelegt werden, unabhängig davon, ob es sich bei ihr um einen Dritten handelt oder nicht. Behörden, die im Rahmen eines bestimmten Untersuchungsauftrags (= Ersuchen) nach dem Unionsrecht oder dem Recht der Mitgliedstaaten möglicherweise personenbezogene Daten erhalten, gelten jedoch nicht als Empfänger. **27**

Der Begriff der „Offenlegung" wird in der DS-GVO nicht definiert. Die Definition des Begriffs der „Verarbeitung" (Art. 4 Nr. 2) enthält aber drei Modi der Offenlegung: Übermittlung, Verbreitung oder andere Form der Bereitstellung. Insbesondere die systematische Auslegung ergibt, dass der Verantwortliche personenbezogene Daten offenlegt, wenn er sie einer bestimmten oder zumindest bestimmbaren Person oder einem Kreis bestimmter oder bestimmbarer Personen zielgerichtet übermittelt. Die Veröffentlichung ist demnach keine Offenlegung im Sinne der DS-GVO. Eingehend hierzu Art. 4 Nr. 9 Rn. 16 ff. **28**

II. Pflicht zur Mitteilung an alle Empfänger (Satz 1)

1. Mitteilung an alle Empfänger

Der Verantwortliche muss allen Empfängern, denen er jemals während der Verarbeitung personenbezogene Daten offengelegt hat, die Tatsache einer Berichtigung, Löschung oder Verarbeitungseinschränkung mitteilen. **29**

In welcher **Form** diese Mitteilung zu erfolgen hat, wird durch die DS-GVO nicht festgelegt. Art. 12 enthält zwar gem. seiner Überschrift zahlreiche Vorschriften für die „transparente Information, Kommunikation und Modalitäten für die Ausübung der Rechte der betroffenen Person", **30** worunter auch die Information der Empfänger gefasst werden könnte. Die einzelnen Vorschriften des Art. 12 regeln aber ausdrücklich nur das Verhältnis zwischen dem Verantwortlichen und dem Betroffenen (Abs. 1 S. 1: „um der betroffenen Person alle Informationen [...] und alle Mitteilungen [...] zu übermitteln"; Abs. 2 S. 1: „erleichtert der betroffenen Person die Ausübung ihrer Rechte"; Abs. 3 S. 1: „stellt der betroffenen Person Informationen [...] zur Verfügung"; Abs. 4: „unterrichtet er die betroffene Person"). Eine unmittelbare Anwendung des Art. 12 ist daher nicht möglich.

31 In Betracht kommt eine entsprechende Anwendung des Art. 12 auf die Mitteilungspflicht des Satz 1:

- Das würde bedeuten, dass für die Form der Mitteilung Art. 12 Abs. 1 und für die Sprache der Mitteilung Art. 12 Abs. 1 S. 1 entsprechend anzuwenden wären.
- Eine entsprechende Anwendung der Fristregelung des Art. 12 Abs. 3 hätte zur Folge, dass der Verantwortliche den oder die Empfänger unverzüglich, spätestens aber innerhalb eines Monats nach Vornahme der Berichtigung, Löschung oder Verarbeitungseinschränkung hierüber informieren muss.
- Auch eine entsprechende Anwendung von Art. 12 Abs. 4 kommt in Betracht. Diese Norm sieht eine Pflicht zur Unterrichtung des Betroffenen für die Fälle vor, in denen der Verantwortliche auf einen Antrag des Betroffenen hin nicht tätig wird. Ein Nichttätigwerden des Verantwortlichen nach Art. 19 S. 1 kann zulässig sein, wenn die Mitteilung an die Empfänger sich als unmöglich erweist oder mit einem unverhältnismäßigen Aufwand verbunden ist (nachfolgend Rn. 33 ff.). Will sich der Verantwortliche auf diese Ausnahme berufen, muss er den Betroffenen in entsprechender Anwendung des Art. 12 Abs. 4 hierüber, über die Gründe hierfür und über die Möglichkeit, bei einer Aufsichtsbehörde Beschwerde einzulegen oder einen gerichtlichen Rechtsbehelf einzulegen, informieren.
- Auch Art. 12 Abs. 5 S. 1 (Unentgeltlichkeit der Mitteilungen) dürfte entsprechend anzuwenden sein.
- Art. 12 Abs. 5 S. 2 (offenkundig unbegründete oder exzessive Anträge des Betroffenen) kann im Rahmen von S. 1 weder vom Tatbestand noch von seiner Rechtsfolge her entsprechend angewendet werden. Dasselbe gilt für die Absätze 6 bis 8.

32 **Inhalt** der Mitteilung an die Empfänger ist, dass ein bestimmtes personenbezogenes Datum oder mehrere solcher Daten berichtigt oder gelöscht wurden oder dass eine Einschränkung der Verarbeitung vorgenommen wurde. Die Mitteilung der Tatsache der Berichtigung, Löschung oder Verarbeitungseinschränkung reicht aus. Der Empfänger muss dann in eigener Verantwortung entscheiden, ob er ebenfalls berichtigen, löschen oder die Verarbeitung einschränken muss oder ob er sich für seine Datenverarbeitung auf einen eigenen, von der Verarbeitung durch den Erstverantwortlichen unabhängigen Erlaubnistatbestand stützen kann.

2. Unmöglichkeit oder Unverhältnismäßigkeit

33 Eine Pflicht zur Mitteilung an alle Empfänger besteht nicht, wenn sich die Mitteilung als unmöglich erweist oder sie mit einem unverhältnismäßigen Aufwand verbunden wäre.

34 Dass eine **unmögliche** Mitteilung nicht vorgenommen werden muss, ist eine Selbstverständlichkeit („*impossibilium nulla est obligatio*"). Die Unmöglichkeit kann sich aus rechtlichen wie tatsächlichen Umständen ergeben. Unmöglich ist eine Mitteilung zum Beispiel, wenn der Verantwortliche den Empfänger gar nicht kennt. Ein solcher Fall ist nicht unwahrscheinlich, weil unter Offenlegung auch die Übermittlung an einen lediglich bestimmbaren Kreis von Personen, die aber nicht alle bekannt sein müssen, verstanden werden kann.

35 Ob eine Mitteilung **unverhältnismäßig** ist, hängt vom Zeit- und Kostenaufwand ab. Unverhältnismäßig kann der Aufwand schon für die Mitteilung an einen einzelnen Empfänger sein, wenn dieser Empfänger zwar bekannt, aber schwer ausfindig zu machen ist. Typischerweise dürfte der

Tatbestand erfüllt sein, wenn es eine große Zahl von Empfängern gibt, an die die Mitteilung gehen müsste, die individuelle Adressierung der Betroffenen im Verhältnis zu den Kosten aber einen unangemessenen Aufwand hervorriefe.[4] Als verhältnismäßig können tendenziell Maßnahmen angesehen werden, die automatisiert (anhand entsprechender technischer Voreinstellungen) vorgenommen werden können.[5]

Art. 14 Abs. 5 lit. b und EG 62 S. 2 konkretisieren, wann die Erteilung von Informationen nach Art. 14 einen unverhältnismäßigen Aufwand erfordern würde. Dieser Rechtsgedanke kann auf die Auslegung des Tatbestandsmerkmals der Unverhältnismäßigkeit in Art. 19 S. 1 übertragen werden. Das bedeutet, dass für die Feststellung der Unverhältnismäßigkeit nach Art. 19 S. 1 ein weniger strenger Maßstab angelegt werden kann, wenn die Verarbeitung für im öffentlichen Interesse liegende Archivzwecke, für wissenschaftliche oder historische Forschungszwecke oder für statistische Zwecke erfolgt oder erfolgte. Als Anhaltspunkte können nach EG 62 S. 3 die Zahl der Betroffenen, das Alter der Daten oder etwaige geeignete Garantien in Betracht gezogen werden. Für Berichtigungen, Löschungen oder Verarbeitungseinschränkungen, die im Rahmen von noch laufenden Datenverarbeitungen stattfinden, ist bei der Prüfung der Verhältnismäßigkeit zu berücksichtigen, ob die Mitteilung an die Empfänger die Verwirklichung der Ziele der Verarbeitung unmöglich machen oder ernsthaft beeinträchtigen würde. **36**

In Betracht zu ziehen ist in Fällen der Unmöglichkeit oder Unverhältnismäßigkeit (als für den Verantwortlichen milderes Mittel) noch eine öffentliche Bekanntmachung der Tatsache der Berichtigung, Löschung oder Verarbeitungseinschränkung, um auf diesem Wege den Empfänger zumindest potentiell zu erreichen. Dies könnte z.B. durch eine Notiz auf der Webseite des Verantwortlichen erfolgen („Die folgende Information wurde entfernt."). Eine solche Lösung sehen Art. 14 Abs. 5 lit. b (Bereitstellung dieser Information für die Öffentlichkeit) und Art. 34 Abs. 3 lit. c (öffentliche Bekanntmachung oder ähnliche Maßnahme) vor, wenn die unmittelbare Information des Betroffenen als unverhältnismäßig anzusehen ist. Eine öffentliche Bekanntmachung liefe aber in vielen Fällen dem Zweck der Berichtigung, Löschung oder Verarbeitungseinschränkung gerade zuwider, weil eine Veröffentlichung der Tatsache der Berichtigung, Löschung oder Verarbeitungseinschränkung Rückschlüsse auf die unrichtigen, gelöschten oder verarbeiteten Daten zuließe und diese Tatsache dann ebenfalls potentiell dauerhaft allgemein zugänglich wäre. Daher darf zum Schutze des Betroffenen eine öffentliche Bekanntmachung der Tatsache der Berichtigung, Löschung oder Verarbeitungseinschränkung nicht vorgenommen werden. Für eine solche öffentliche Bekanntmachung bedürfte es einer eigenen Rechtsgrundlage. Art. 19 S. 1 stellt keine solche Rechtsgrundlage dar, denn die „Mitteilung an Empfänger" ist keine Mitteilung durch öffentliche Bekanntmachung, sondern eine Mitteilung durch zielgerichtete Übermittlung an Empfänger. **37**

Ist die Mitteilung an einen, mehrere oder alle Empfänger unmöglich oder unverhältnismäßig, so hat sie zu unterbleiben. Art. 12 Abs. 4 findet entsprechende Anwendung (Rn. 31). **38**

III. Pflicht zur Unterrichtung des Betroffenen (Satz 2)

Nach Satz 2 unterrichtet der Verantwortliche den Betroffenen über die Empfänger, wenn der Betroffene dies verlangt. **39**

1. Verlangen des Betroffenen

Erforderlich ist ein Verlangen des Betroffenen. Es handelt sich bei der Unterrichtung des Betroffenen nach Satz 2 somit um ein antragsabhängiges Recht. Anders als bei der Mitteilung an die Empfänger nach Satz 1 gilt Art. 12 hier unmittelbar. **40**

Da der Verantwortliche verpflichtet ist, dem Betroffenen die Ausübung seiner Rechte zu erleichtern (Art. 12 Abs. 2 S. 1) und geeignete technische und organisatorische Maßnahmen hierfür **41**

4 Vgl. Paal/Pauly, *Martini,* Art. 34 Rn. 40.
5 Vgl. Paal/Pauly, *Paal,* Art. 17 Rn. 36.

umzusetzen (Art. 24 Abs. 1 S. 1), muss er dem Betroffenen ein Instrument (z.B. einen Button auf einer Webseite) zur Verfügung stellen, das diesem die Geltendmachung seines Rechts, über die Empfänger unterrichtet zu werden, ermöglicht.

42 Das Verlangen des Betroffenen kann nur bearbeitet werden, wenn sich der Betroffene in ausreichender Weise identifiziert (arg. e Art. 12 Abs. 1 S. 3, 2 S. 2, 6).

2. Unterrichtung des Betroffenen

43 Inhalt der Unterrichtung des Betroffenen ist die Benennung möglichst aller Empfänger, denen personenbezogene Daten offengelegt wurden.

44 Die Unterrichtung des Betroffenen steht unter dem Vorbehalt, dass diese möglich ist. Eine solche Einschränkung enthält Satz 2 zwar nicht ausdrücklich. Sie folgt aber aus dem allgemeinen Grundsatz *„impossibilium nulla est obligatio"*. Faktisch unmöglich ist die Unterrichtung des Betroffenen über Empfänger, von denen der Verantwortliche selbst keine Kenntnis hat. Rechtlich unmöglich ist eine Unterrichtung des Betroffenen, wenn der Verantwortliche die Identität des Betroffenen nicht kennt und auch nicht nachgewiesen bekommt. Dies können zum Beispiel Fälle sein, in denen der Antragsteller sein Begehren unter einer nicht überprüfbaren Email-Adresse geäußert hat. Hat der Verantwortliche begründete Zweifel an der Identität der natürlichen Person, die den Antrag stellt, darf er die Unterrichtung gem. Satz 2 nicht vornehmen. Er muss vielmehr gem. Art. 12 Abs. 6 zusätzliche Informationen anfordern, die zur Bestätigung der Identität des Antragstellers erforderlich sind. Wenn auch dies nicht zur Identifizierung des Antragstellers führt, muss der Verantwortliche die Unterrichtung ablehnen.

45 Ist eine Mitteilung an die Empfänger gem. Satz 1 nicht möglich oder unverhältnismäßig, bedeutet dies noch nicht, dass auch eine Unterrichtung des Betroffenen über die Empfänger gem. Satz 2 ausgeschlossen ist. So kann z.B. die Mitteilung an den Empfänger unmöglich sein, weil der Verantwortliche die Adresse des Empfängers nicht kennt, die Unterrichtung des Betroffenen über den Empfänger aber durchaus möglich sein, weil hierfür auch der Name des Empfängers bereits ausreichend ist. Die Unterrichtung des Betroffenen nach Satz 2 steht – anders als die Mitteilung an die Empfänger nach Satz 1 – nicht unter Verhältnismäßigkeitsvorbehalt.

46 Für die Art und Weise, die Form und die Sprache der Unterrichtung des Betroffenen gilt Art. 12 Abs. 1. Für die Frist der Unterrichtung gilt Art. 12 Abs. 3. Die Unterrichtung ist grundsätzlich unentgeltlich (Art. 12 Abs. 5 S. 1). Lediglich bei offenkundig unbegründeten oder exzessiven Anträgen eines Betroffenen kann der Verantwortliche ein angemessenes Entgelt verlangen (Art. 12 Abs. 5 S. 2 lit. a).

3. Weigerung des Verantwortlichen

47 Unter den folgenden Gesichtspunkten kann der Verantwortliche sich weigern, den Betroffenen über die Empfänger zu unterrichten:

- Wenn der Verantwortliche glaubhaft macht, dass er nicht in der Lage ist, den Betroffenen zu identifizieren, kann er sich weigern, dem Betroffenen die Empfänger zu nennen (Art. 12 Abs. 2 S. 2). Hiesigen Erachtens **muss** er sich in diesen Fällen sogar weigern, da in solchen Fällen die Gefahr nicht auszuschließen ist, dass eine andere Person im Namen des tatsächlich Betroffenen Unterrichtung verlangt.
- Bei offenkundig unbegründeten Anträgen eines Betroffenen kann der Verantwortliche sich weigern, aufgrund des Antrags tätig zu werden (Art. 12 Abs. 5 S. 2 lit. b). Diese Regelung ist insofern verunglückt, als der Verantwortliche sich nicht nur bei offenkundig, sondern auch bei nur „einfach" ungegründeten Anträgen eines Betroffenen weigern darf, tätig zu werden.
- Bei exzessiven Anträgen eines Betroffenen, insbesondere im Fall von häufiger Wiederholung, kann der Verantwortliche sich weigern, aufgrund des Antrags tätig zu werden (Art. 12 Abs. 5 S. 2 lit. b).

Im Fall der Weigerung muss der Verantwortliche den Betroffenen spätestens innerhalb eines Monats nach Eingang des Antrags hierüber, über die Gründe und über die Möglichkeit, bei einer Aufsichtsbehörde Beschwerde einzulegen oder einen gerichtlichen Rechtsbehelf einzulegen, unterrichten (Art. 12 Abs. 4). **48**

IV. Ergänzende Regelungen

Art. 19 enthält zwar keine Öffnungsklausel. Nach anderen Vorschriften der DS-GVO können oder müssen im mitgliedstaatlichen Recht aber Spezifizierungen, Beschränkungen, Abweichungen, Ausnahmen oder ein In-Einklang-Bringen festgelegt werden: **49**

- Gem. Art. 6 Abs. 2 und 3 können die Mitgliedstaaten spezifischere Bestimmungen zur Anwendung der DS-GVO festlegen, sofern
  - es um Datenverarbeitungen geht, durch die der Verantwortliche eine rechtliche Verpflichtung erfüllt (Art. 6 Abs. 1 lit. c),
  - die Datenverarbeitung für die Wahrnehmung einer Aufgabe erforderlich ist, die im öffentlichen Interesse liegt (Art. 6 Abs. 1 lit. e Var. 1), oder
  - die Datenverarbeitung in Ausübung öffentlicher Gewalt erfolgt (Art. 6 Abs. 1 lit. e Var. 2).
- Union und Mitgliedstaaten können gem. Art. 23 Beschränkungen des Art. 19 im öffentlichen Interesse, zum Schutz der Rechte des Betroffenen oder zum Schutz der Rechte und Freiheiten anderer Personen durch Rechtsvorschriften festlegen.
- Bei der Verarbeitung, die zu journalistischen, wissenschaftlichen, künstlerischen oder literarischen Zwecken erfolgt, bringen die Mitgliedstaaten durch Rechtsvorschriften die Grundrechte miteinander in Einklang (Art. 85 Abs. 1)
- Die Mitgliedstaaten sehen gem. Art. 85 Abs. 2 für die Verarbeitung, die zu journalistischen oder zu wissenschaftlichen, künstlerischen oder literarischen Zwecken erfolgt, Abweichungen und Ausnahmen auch von den Informationspflichten des Art. 19 vor.
- Union und Mitgliedstaaten können gem. Art. 89 Abs. 3 Ausnahmen von Art. 19 durch Rechtsvorschriften festlegen, soweit es Datenverarbeitungen für im öffentlichen Interesse liegende Archivzwecke betrifft.

Sinnvoll wäre eine Einschränkung der Mitteilungspflicht des S. 1 zugunsten der Interessen des Betroffenen. Die Mitteilung von Berichtigungen, Löschungen und Verarbeitungseinschränkungen an alle Empfänger kann erhebliche negative Auswirkungen für den Betroffenen haben. Es sind Fälle denkbar, in denen der Betroffene nicht möchte, dass der Dritte eine entsprechende Mitteilung erhält, weil der Dritte so möglicherweise erstmals positive Kenntnis von negativen Daten über ihn erhalten könnte[6] oder weil die neuen Daten für den Betroffenen ungünstiger sind[7]. Es sind auch Konstellationen denkbar, in denen durch die Mitteilung an den oder die Empfänger der sog. Streisand-Effekt eintritt – also die Verbreitung einer Information in der Öffentlichkeit, die durch die Vornahme der Änderung der Datenverarbeitung gerade keine Verbreitung finden sollte. §§ 20 Abs. 8 und 35 Abs. 7 BDSG a.F. sehen demgemäß eine Beschränkung der Mitteilungspflicht, wenn schutzwürdige Interessen des Betroffenen entgegenstehen. Diese Beschränkung könnte der nationale Gesetzgeber auf der Grundlage der Öffnungsklausel des Art. 23 Abs. 1 lit. i (Schutz der betroffenen Person) auch in das neue mitgliedstaatliche Datenschutzrecht überführen. **50**

Sinnvoll wäre es auch, die Mitteilungspflicht nach S. 2 unter Verhältnismäßigkeitsvorbehalt zu stellen. Dies wäre auf der Grundlage der Öffnungsklausel des Art. 23 Abs. 1 lit. i (Schutz der Rechte und Freiheiten anderer Personen, in diesem Fall des Verantwortlichen) zulässig. **51**

---

6 Simitis, *Dix*, § 35 Rn. 67.
7 Simitis, *Mallmann*, § 20 Rn. 97.

C. Weitere Auswirkungen der Verordnung in der Praxis

I. Auswirkungen auf das nationale Recht

52 Ab dem 25.5.2018 gilt Art. 19 in allen Mitgliedstaaten unmittelbar. §§ 20 Abs. 8 und 35 Abs. 7 BDSG und die entsprechenden Normen des Datenschutzrechts der Länder müssten bis zu diesem Zeitpunkt aufgehoben sein. Es bleibt abzuwarten, ob die nationalen Gesetzgeber von den Öffnungsklauseln der Art. 23, 85 oder 89 Abs. 3 Gebrauch machen oder spezifischere Regelungen gem. Art. 6 Abs. 2 und 3 erlassen. Zum Zeitpunkt der Kommentierung (Stand: 10.9.2017) hatte der deutsche Gesetzgeber von den ihm zur Verfügung stehenden Gestaltungsmöglichkeiten noch keinen Gebrauch gemacht.

II. Bestandsschutz bisheriger Datenverarbeitungen

53 Vom 25.5.2018 an sind alle Verantwortlichen an die neuen Pflichten des Art. 19 gebunden. Ein Bestandsschutz bisheriger Datenverarbeitungen ist in Bezug auf den Regelungsgehalt der Norm nicht vorgesehen. Auch bei Datenverarbeitungen, die zu diesem Zeitpunkt bereits im Gange sind, muss der Verantwortliche ggf. die Mitteilungs- und Unterrichtungspflichten des Art. 19 erfüllen.

III. Sanktionen

54 Verstöße gegen die Verpflichtungen aus Art. 19 stellen Ordnungswidrigkeiten dar. Diese können mit einer Geldbuße belegt werden. Die Datenschutzaufsichtsbehörden können Geldbußen von bis zu 20 Mio. € oder im Falle eines Unternehmens bis zu 4 % des gesamten weltweit erzielten Jahresumsatzes des vorangegangenen Geschäftsjahrs verhängen (Art. 83 Abs. 5 lit. b).

IV. Rechtsschutz

1. Rechtsschutz des Betroffenen

a) Beschwerde bei einer Aufsichtsbehörde

55 Jeder Betroffene hat das Recht auf Beschwerde bei einer Aufsichtsbehörde, wenn er der Auffassung ist, dass die Verarbeitung ihn betreffender Daten gegen die DS-GVO verstößt – also auch, wenn er der Auffassung ist, ein Verantwortlicher erfülle seine Pflichten aus Art. 19 nicht. Der Betroffene hat ein subjektives Recht auf Einhaltung der Pflichten des Art. 19.

b) Rechtsbehelf gegen eine Aufsichtsbehörde

56 Jeder Betroffene hat das Recht auf einen wirksamen gerichtlichen Rechtsbehelf gegen einen ihn betreffenden rechtsverbindlichen Beschluss einer Aufsichtsbehörde (Art. 78 Abs. 1). Jeder Betroffene hat außerdem das Recht auf einen wirksamen gerichtlichen Rechtsbehelf, wenn sich die zuständige Aufsichtsbehörde mit einer Beschwerde nicht befasst oder sie den Betroffenen nicht innerhalb von drei Monaten über den Stand oder das Ergebnis der Beschwerde in Kenntnis setzt (Art. 78 Abs. 2). Bei Streitigkeiten mit der Aufsichtsbehörde sind die Verwaltungsgerichte zuständig.

c) Rechtsschutz gegen Verantwortliche

57 Jeder Betroffene hat das Recht auf einen wirksamen gerichtlichen Rechtsbehelf gegen einen Verantwortlichen, wenn er der Ansicht ist, dass die ihm aufgrund der DS-GVO zustehenden Rechte infolge einer nicht im Einklang mit dieser Verordnung stehenden Verarbeitung seiner personenbezogenen Daten verletzt wurden (Art. 79 Abs. 1).

d) Vertretung durch einen Verband

Jeder Betroffene hat das Recht, eine Einrichtung, Organisation oder Vereinigung, die im Bereich des Datenschutzes tätig ist, mit der Vertretung seiner Interessen im Zusammenhang mit den Rechten der Art. 77, 78 und 79 sowie der Geltendmachung von Schadensersatz gem. Art. 82 zu beauftragen (Art. 80 Abs. 1). **58**

2. Rechtsschutz anderer Personen

Jede natürliche oder juristische Person (also insbesondere ein Verantwortlicher) hat das Recht auf einen wirksamen gerichtlichen Rechtsbehelf gegen einen sie betreffenden rechtsverbindlichen Beschluss einer Aufsichtsbehörde (Art. 78 Abs. 1). **59**

3. Rechtsschutz durch Verbände

Jede Einrichtung, Organisation oder Vereinigung ohne Gewinnerzielungsabsicht, die ordnungsgemäß nach dem Recht eines Mitgliedstaates gegründet ist, deren satzungsmäßige Ziele im öffentlichen Interesse liegen und die im Bereich des Schutzes der Rechte und Freiheiten Betroffener in Bezug auf den Schutz ihrer personenbezogenen Daten tätig ist, kann auch ohne Beauftragung durch einen Betroffenen die Rechte der Art. 77, 78 und 79 geltend machen (u.a. durch eine altruistische Verbandsklage), sofern dies das Recht eines Mitgliedstaates vorsieht (Art. 80 Abs. 2). **60**

Article 20

Right to data portability

1. The data subject shall have the right to receive the personal data concerning him or her, which he or she has provided to a controller, in a structured, commonly used and machine-readable format and have the right to transmit those data to another controller without hindrance from the controller to which the personal data have been provided, where:

   a) the processing is based on consent pursuant to point (a) of Article 6(1) or point (a) of Article 9(2) or on a contract pursuant to point (b) of Article 6(1); and

   (b) the processing is carried out by automated means.

2. In exercising his or her right to data portability pursuant to paragraph 1, the data subject shall have the right to have the personal data transmitted directly from one controller to another, where technically feasible.

3. The exercise of the right referred to in paragraph 1 of this Article shall be without prejudice to Article 17. That right shall not apply to processing necessary for the performance of a task carried out in the public interest or in the exercise of official authority vested in the controller.

4. The right referred to in paragraph 1 shall not adversely affect the rights and freedoms of others.

Artikel 20

Recht auf Datenübertragbarkeit

(1) Die betroffene Person hat das Recht, die sie betreffenden personenbezogenen Daten, die sie einem Verantwortlichen bereitgestellt hat, in einem strukturierten, gängigen und maschinenlesbaren Format zu erhalten, und sie hat das Recht, diese Daten einem anderen Verantwortlichen ohne Behinderung durch den Verantwortlichen, dem die personenbezogenen Daten bereitgestellt wurden, zu übermitteln, sofern

a) die Verarbeitung auf einer Einwilligung gemäß Artikel 6 Absatz 1 Buchstabe a oder Artikel 9 Absatz 2 Buchstabe a oder auf einem Vertrag gemäß Artikel 6 Absatz 1 Buchstabe b beruht und

b) die Verarbeitung mithilfe automatisierter Verfahren erfolgt.

(2) Bei der Ausübung ihres Rechts auf Datenübertragbarkeit gemäß Absatz 1 hat die betroffene Person das Recht, zu erwirken, dass die personenbezogenen Daten direkt von einem Verantwortlichen einem anderen Verantwortlichen übermittelt werden, soweit dies technisch machbar ist.

(3) Die Ausübung des Rechts nach Absatz 1 des vorliegenden Artikels lässt Artikel 17 unberührt. Dieses Recht gilt nicht für eine Verarbeitung, die für die Wahrnehmung einer Aufgabe erforderlich ist, die im öffentlichen Interesse liegt oder in Ausübung öffentlicher Gewalt erfolgt, die dem Verantwortlichen übertragen wurde.

(4) Das Recht gemäß Absatz 2 darf die Rechte und Freiheiten anderer Personen nicht beeinträchtigen.

§ 28 BDSG-neu

Datenverarbeitung zu im öffentlichen Interesse liegenden Archivzwecken

[...]

(4) Die in Artikel 18 Absatz 1 Buchstabe a, b und d, den Artikeln 20 und 21 der Verordnung (EU) 2016/679 vorgesehenen Rechte bestehen nicht, soweit diese Rechte voraussichtlich die Verwirklichung der im öffentlichen Interesse liegenden Archivzwecke unmöglich machen oder ernsthaft beeinträchtigen und die Ausnahmen für die Erfüllung dieser Zwecke erforderlich sind.

Recital

(68) [1]To further strengthen the control over his or her own data, where the processing of personal data is carried out by automated means, the data subject should also be allowed to receive personal data concerning him or her which he or she has provided to a controller in a structured, commonly used, machine-readable and interoperable format, and to transmit it to another controller. [2]Data controllers should be encouraged to develop interoperable formats that enable data portability. [3]That right should apply where the data subject provided the personal data on the basis of his or her consent or the processing is necessary for the performance of a contract. [4]It should not apply where processing is based on a legal ground other than consent or contract. [5]By its very nature, that right should not be exercised against controllers processing personal data in the exercise of their public duties. [6]It should therefore not apply where the processing of the personal data is necessary for compliance with a legal obligation to which the controller is subject or for the performance of a task carried out in the public interest or in the exercise of an official authority vested in the controller. [7]The data subject's right to transmit or receive personal data concerning him or her should not create an obligation for the controllers to adopt or maintain processing systems which are technically compatible. [8]Where, in a certain set of personal data, more than one data subject is concerned, the right to receive the personal data should be without prejudice to the rights and freedoms of other data subjects in accordance with this Regulation. [9]Furthermore, that right should not prejudice the right of the data subject to obtain the erasure of personal data and the limitations of that right as set out in this Regulation and should, in particular, not imply the erasure of personal data concerning the data subject which have been provided by him or her for the performance of a contract to the extent that and for as long as the personal data are necessary for the performance of that contract. [10]Where technically feasible, the data subject should have the right to have the personal data transmitted directly from one controller to another.

Erwägungsgrund

(68) [1]Um im Fall der Verarbeitung personenbezogener Daten mit automatischen Mitteln eine bessere Kontrolle über die eigenen Daten zu haben, sollte die betroffene Person außerdem berechtigt sein, die sie betreffenden personenbezogenen Daten, die sie einem Verantwortlichen bereitgestellt hat, in einem strukturierten, gängigen, maschinenlesbaren und interoperablen Format zu erhalten und sie einem anderen Verantwortlichen zu übermitteln. [2]Die Verantwortlichen sollten dazu aufgefordert werden, interoperable Formate zu entwickeln, die die Datenübertragbarkeit ermöglichen. [3]Dieses Recht sollte dann gelten, wenn die betroffene Person die personenbezogenen Daten mit ihrer Einwilligung zur Verfügung gestellt hat oder die Verarbeitung zur Erfüllung eines Vertrags erforderlich ist. [4]Es sollte nicht gelten, wenn die Verarbeitung auf einer anderen Rechtsgrundlage als ihrer Einwilligung oder eines Vertrags erfolgt. [5]Dieses Recht sollte naturgemäß nicht gegen Verantwortliche ausgeübt werden, die personenbezogenen Daten in Erfüllung ihrer öffentlichen Aufgaben verarbeiten. [6]Es sollte daher nicht gelten, wenn die Verarbeitung der personenbezogenen Daten zur Erfüllung einer rechtlichen Verpflichtung, der der Verantwortliche unterliegt, oder für die Wahrnehmung einer ihm übertragenen Aufgabe, die im öffentlichen Interesse liegt oder in Ausübung einer ihm übertragenen öffentlichen Gewalt erfolgt, erforderlich ist. [7]Das Recht der betroffenen Person, sie betreffende personenbezogene Daten zu übermitteln oder zu empfangen, sollte für den Verantwortlichen nicht die Pflicht begründen, technisch kompatible Datenverarbeitungssysteme zu übernehmen oder beizubehalten. [8]Ist im Fall eines bestimmten Satzes personenbezogener Daten mehr als eine betroffene Person tangiert, so sollte das Recht auf Empfang der Daten die Grundrechte und Grundfreiheiten anderer betroffener Personen nach dieser Verordnung unberührt lassen. [9]Dieses Recht sollte zudem das Recht der betroffenen Person auf Löschung ihrer personenbezogenen Daten und die Beschränkungen dieses Rechts gemäß dieser Verordnung nicht berühren und insbesondere nicht bedeuten, dass die Daten, die sich auf die betroffene Person beziehen und von ihr zur Erfüllung eines Vertrags zur Verfügung gestellt worden sind,

gelöscht werden, soweit und solange diese personenbezogenen Daten für die Erfüllung des Vertrags notwendig sind. [10]Soweit technisch machbar, sollte die betroffene Person das Recht haben, zu erwirken, dass die personenbezogenen Daten direkt von einem Verantwortlichen einem anderen Verantwortlichen übermittelt werden.

Literatur

BITKOM, Stellungnahme zum Recht auf Datenübertragbarkeit nach Art. 20 Datenschutz-Grundverordnung (v. 14.3.2017), https://www.bitkom.org/noindex/Publikationen/2017/Positionspapiere/20170411-Stellungnahme-Datenportabilitaet-Fin.pdf (zuletzt abgerufen am 27.5.2017); *Centre for Information Policy Leadership*, Comments by the Centre for Information Policy Leadership on the Article 29 Data Protection Working Party's "Guidelines on the right to data portability" adopted on 13 December 2016 (v. 15.2.2017); *Cuijpers/Purtova/Zosta*, Data Protection Reform and the Internet: The Draft Data Protection Regulation, Tilburg Law School Legal Studies Research Paper Series No. 03/2014, 11 f; *Dehmel/Hullen*, Auf dem Weg zu einem zukunftsfähigen Datenschutz in Europa? – Konkrete Auswirkungen der DS-GVO auf Wirtschaft, Unternehmen und Verbraucher, in: ZD 2013, 147; *Deutscher Industrie- und* Handelskammertag, Stellungnahme „Zum Thema Datenportabilität – EU-Datenschutz-GrundVO" vom 9.5.2014; *Ehmann/Selmayr (Hrsg.),* Datenschutz-Grundverordnung, 1. Auflage 2017, C.H. Beck München; *Franck*, Das System der Betroffenenrechte nach der Datenschutz-Grundverordnung, in: RDV 2016, 111; *Gierschmann/Saeugling (Hrsg.),* Systematischer Praxiskommentar Datenschutzrecht, 1. Auflage 2014, Bundesanzeiger Verlag Köln; *Gola/Schomerus*, BDSG, 12. Auflage 2015, C.H. Beck München; *Graef*, Blurring Boundaries of Consumer Welfare: How to Create Synergies between Competition, Consumer and Data Protection Law in Digital Markets (December 7, 2016), https://ssrn.com/abstract=2881969 (zuletzt abgerufen am 14.7.2017); *Graef/Verschakelen/Valcke*, Putting the Right to Data Portability into a Competition Law Perspective (2013), in: Law: The Journal of the Higher School of Economics, Annual Review, 2013, 53, https://ssrn.com/abstract=2416537 (zuletzt abgerufen am 27.5.2017). *Hänold*, Art. 29-Datenschutzgruppe: Leitlinien zum Recht auf Datenübertragbarkeit erlassen, in: ZD-Aktuell 2017, 05492; *Hennemann*, Datenportabilität, in: PinG 2017, 5; *Jülicher/Röttgen/v. Schönfeld*, Das Recht auf Datenübertragbarkeit – Ein datenschutzrechtliches Novum, in: ZD 2016, 358; Kosta/Stuurman, Technical Standards and the Draft General Data Protection Regulation (August 11, 2015), https://ssrn.com/abstract=2642331 or http://dx.doi.org/10.2139/ssrn.2642331 (zuletzt abgerufen am 14.7.2017); *Piltz*, Die Datenschutz-Grundverordnung – Teil 2: Rechte der Betroffenen und korrespondierende Pflichten des Verantwortlichen, in: K&K 2016, 629; *Schätzle*, Ein Recht auf die Fahrzeugdaten – Das Recht auf Datenportabilität aus der DS-GVO, in: PinG 2016, 71; *Stewart*, Translating a privacy right to data portability into law, in: Privacy Laws & Business International Report, April 2016, 7; *Swire/Lagos*, Why the Right to Data Portability Likely Reduces Consumer Welfare: Antitrust and Privacy Critique, Public Law and Legal Theory Working Paper Series No. 2014, in: Maryland Law Review 2013, 335; *Sydow*, Vorwirkungen von Ansprüchen auf datenschutzrechtliche Auskunft und Informationszugang, in: NVwZ 2013, 467; *Urquhart/Sailaja/McAuley*, Realising the Right to Data Portability for the Internet of Things (March 15, 2017), https://ssrn.com/abstract=2933448 (zuletzt abgerufen am 27.5.2017); *Vanberg/Ünver*, The right to data portability in the GDPR and EU competition law: odd couple or dynamic duo?, in: European Journal of Law and Technology, Vol. 8, No. 1, 2017; *Wolff/Brink (Hrsg.),* Beck'scher Online-Kommentar Datenschutzrecht, C.H. Beck München, 13. Edition Stand: 1.8.2015.

Bedeutung der Norm

Die Norm regelt das Recht des Betroffenen, eine bestimmte Form der Datenmigration verlangen zu können. Personenbezogene Daten, die der Betroffene einem Verantwortlichen bereitgestellt hat, sollen von diesem Verantwortlichen so zur Verfügung gestellt werden, dass sie von einem anderen Verantwortlichen verarbeitet werden können. So soll der Betroffene mit diesem Datensatz unproblematisch von einem zum anderen Verantwortlichen „umziehen" können.

Hinweise für den Anwender

Für die Norm relevante Definitionen und andere Querbezüge:
- Mitgliedstaaten können gem. Art. 6 Abs. 2 und 3 spezifischere Regelungen und gem. Art. 23, 85 und 89 Abs. 3 Beschränkungen, Abweichungen und Ausnahmen im nationalen Recht festlegen. Hiervon hat Deutschland mit § 28 Abs. 4 BDSG-neu Gebrauch gemacht.
- Art. 20 setzt die Verarbeitung auf der Grundlage einer Einwilligung (Art. 6 Abs. 1 lit. a oder Art. 9 Abs. 2 lit. a) oder eines Vertrages (Art. 6 Abs. 1 lit. b) voraus.
- Pflicht zur Information des Betroffenen über das Bestehen des Rechts auf Datenübertragung zum Zeitpunkt der Datenerhebung oder -verwendung (Art. 13 Abs. 2 lit. b, Art. 14 Abs. 2 lit. c).
- Das Recht auf Löschung (Art. 17) bleibt durch die Anwendung von Art. 20 unberührt.
- Geldbuße bei Verstoß gegen die Pflicht zur Datenübertragung gem. Art. 83 Abs. 5 lit. b: maximal 20.000.000 € oder im Falle eines Unternehmens 4 % des gesamten weltweit erzielten Umsatzes des Vorjahres.

Für die Auslegung der Norm relevante Erwägungsgründe:
- EG 57 bis 59 (allgemein zu den Betroffenenrechten). EG 68 (unmittelbar zum Recht auf Datenübertragung).

Systematische Einordnung der Norm innerhalb der DS-GVO:
- Das Recht auf Datenübertragung ist Teil der Betroffenenrechte des Kapitels III der DS-GVO. Es gehört zu den Initiativrechten des Betroffenen und zu den Gestaltungsansprüchen, mit denen er Einfluss auf das Ob und den Umfang der Datenverarbeitung nehmen kann.
- Art. 11 und 12 sind für alle Betroffenenrechte geltende, vor die Klammer gezogene Normen, die Verfahren und Form der Geltendmachung auch des Anspruchs auf Datenübertragung regeln.

Vorgängernorm im BDSG:
- Das Recht auf Datenübertragung gehört zu den Neuerungen der DS-GVO. Einen Vorläufer im nationalen Recht gibt es nicht.

Vorgängernorm in der RL 95/46:
- Das Recht auf Datenübertragung gehört zu den Neuerungen der DS-GVO. Einen Vorläufer in der DS-RL gibt es nicht.

Stellungnahmen der Aufsichtsbehörden oder der Art. 29-Gruppe:
- *Art. 29 Data Protection Working Party*, Guidelines on the Right to Data Portability, WP 242 (adopted on 13 December 2016).
- Art. 29 Data Protection Working Party, Guidelines on the Right to Data Portability, WP 242 rev.01 (adopted on 13 December 2016, as last revised and adopted on 5 April 2017).

Schlagworte

Datenportabilität, Datenübertragbarkeit, Datenübertragung, Datenportierung, Datenmigration, Datenimport, Datenexport, Internetdiensteanbieter, Cloud Computing, soziale Netzwerke, importierender Verantwortlicher, exportierender Verantwortlicher, Übertragungsanspruch, Übertragungsformat, Übertragungsgegenstand, Übertragungsweg, interoperables Format, gängiges Format, strukturiertes Format, maschinenlesbares Format, Mitwirkungspflicht, Bereitstellung

A. Allgemeines

I. Regelungszweck

1 Regelungsidee des Rechts auf Datenübertragung[1] ist, die Hürde für einen Anbieterwechsel zu senken. Die Regelung ist offensichtlich auf Internetdienstleistungen (wie soziale Netzwerke oder Cloud Computing) zugeschnitten, also auf den Wechsel von einer IT-Umgebung in eine andere.[2]

---

1 Der offiziell verwendete Begriff der „Datenportabilität" ist sprachlich nicht korrekt, denn der Verantwortliche schuldet dem Betroffenen ja nicht die Übertrag**barkeit** der Daten, sondern ihre Übertragung. Im Folgenden wird daher in der Regel vom „Recht auf Datenübertragung" gesprochen.

2 *Art. 29 Data Protection Working Party*, Guidelines on the Right to Data Portability, WP 242rev.01 (adopted on 5 April 2017), S. 4.

Der Nutzer soll unter Mitnahme „seiner" Daten leichter von einem Anbieter zu einem anderen Anbieter wechseln können. Die Regelung gilt aber nicht nur für Internetdiensteanbieter, sondern für alle Verantwortlichen, die aufgrund der Einwilligung oder eines Vertrages Daten verarbeiten. Dies könnte für bestimmte Branchen ungeahnte Folgen haben, insb. für solche, bei denen die Beziehung zwischen Unternehmen und Kunde durch ein gewisses Vertrauensverhältnis gekennzeichnet ist (z.B. Versicherungen, Handelsunternehmen, etc.), das durch eine Fluktuation von Kundendatensätzen Schaden nehmen kann. Sinnvoll wäre eine Beschränkung der Regelung auf Internetdiensteanbieter oder auf bestimmte Datenarten gewesen (z.B. auf „user generated content" oder auf vom Betroffenen veröffentlichte Daten).

Nach EG 68 S. 1 dient das Recht auf Datenübertragung dazu, dem Betroffenen „eine bessere Kontrolle über die eigenen Daten" zu geben. Er soll dadurch „empowered" werden, wodurch eine „re-balance" des Verhältnisses zwischen Betroffenem und Verantwortlichem ermöglicht werden soll.[3] 2

Tatsächlich ist in der Regelung in erster Linie ein wettbewerbspolitisches Instrument zu sehen.[4] Der Wechsel der Nutzer von großen zu kleinen Anbietern soll durch die Regelung begünstigt werden. So sollen wettbewerbsbehindernde Lock-in-Effekte bekämpft werden[5] – in der Hoffnung, dass die auf Datensammlung beruhende Machtposition einzelner Marktteilnehmer angreifbarer werden.[6] Ob sich diese Hoffnung erfüllt oder ob nicht eher Nutzer von kleinen Nischenanbietern mit proprietären Formaten zu großen Anbietern wechseln werden, ist offen. Der Wertverlust und ein etwaiger Wettbewerbsnachteil des exportierenden Unternehmens werden jedenfalls von der Regelung in Kauf genommen.[7] Die DS-GVO ist nicht der richtige Regelungsort für ein hauptsächlich wettbewerbspolitisch motiviertes Rechtsinstrument. 3

In zweiter Hinsicht steht das Recht auf Datenübertragung im Zusammenhang mit der EU-Strategie zum Digitalen Binnenmarkt. Durch das Recht sollen der von der Europäischen Kommission geforderte freie Fluss der Daten[8] und damit die Entstehung neuer Dienstleistungen gefördert werden.[9] 4

In dritter Hinsicht wird mit dem Recht auf Datenübertragung auch ein verbraucherschutzpolitisches Ziel verfolgt. 5

Anbieter wie zum Beispiel digi.me hoffen, dass sie gestützt auf das Recht auf Datenübertragung die Idee echter Datensouveränität voranbringen können, indem sie den Einzelnen dazu ermächtigen, alle auf ihn bezogenen Daten aus verschiedenen Quellen (z.B. aus allen vom Betroffenen genutzten sozialen Netzwerken, von allen Ärzten des Betroffenen oder von allen Bankverbindungen) an einem Ort zusammenzuführen, um sie so für ihn nutzbar zu machen und einen Mehrwert für ihn zu generieren. 6

Denkbar ist in diesem Zusammenhang auch die Kommerzialisierung der zu übertragenden Datensätze. Dies kann entweder gegen Vergünstigungen für die Zurverfügungstellung der Daten oder durch die bewusste entgeltliche Veräußerung eines Datensatzes erfolgen.[10] 7

---

3 *Art. 29 Data Protection Working Party*, Guidelines on the Right to Data Portability, WP 242rev.01 (adopted on 5 April 2017), S. 3.
4 *Jülicher / Röttgen / v. Schönfeld*, in: ZD 2016, 358, 360 m.w.N.
5 Stellungnahme der *Bundesregierung* zum Zwanzigstes Hauptgutachten der Monopolkommission 2012/2013 vom 22.4.2015, BT-Drucks. 18/4721, S. 3 (Ziffer 11).
6 Zwanzigstes Hauptgutachten der *Monopolkommission* 2012/2013 gemäß § 44 Abs. 1 Satz 1 GWB („Eine Wettbewerbsordnung für die Finanzmärkte) vom 9. Juli 2014, Seite 72.
7 *Swire/Lagos* kritisieren die Datenportabilität der DS-GVO aus wettbewerbsrechtlicher und -politischer Perspektive als „overbroad" und befürchten, dass sie „consumer welfare" reduzieren werde in: Maryland Law Review 2013, 335, 349.
8 Zuletzt *European Commission*, Building a European Data Economy, Mitteilung vom 10. Januar 2017, COM(2017) 9 final, S. 5 ff.
9 *Art. 29 Data Protection Working Party*, Guidelines on the Right to Data Portability, WP 242rev.01 (adopted on 5 April 2017), S. 3.
10 *Schätzle*, in: PinG 2016, 71, 75.

8 Um den Schutz der Privatsphäre des Einzelnen und um seine informationelle Selbstbestimmung geht es bei alledem nicht in erster Linie. Man kann die Regelung in einem Datenschutzgesetz als systemfremd ansehen.[11] Datenschutzfremde Erwägungen wie die „Stärkung des Wettbewerbs" oder die „Förderung der Entwicklung neuer Dienstleistungen" dürfen jedenfalls nicht über den Wortlaut der Norm hinaus auslegungsleitend sein.[12]

9 Wie andere Betroffenenrechte (z.B. das Recht auf Auskunft/Kopie gem. Art. 15) birgt auch das Recht auf Datenübertragung die Gefahr, neue datenschutzrechtliche Risiken gerade dadurch zu schaffen, dass von dem Recht bestimmungsgemäß Gebrauch gemacht wird („datenschutzrechtliches Paradoxon"). Wenn dezentral verarbeitete Kundendaten (Einkauf, Marketing, etc.) erst zusammengeführt werden, um den Anspruch auf Datenübertragung zu befriedigen, liegen die neuen Gefahren auf der Hand. Umfangreichste Datensätze über das gesamte Leben eines Betroffenen können evtl. durch einen Mausklick auf einmal heruntergeladen werden. Dies birgt erhebliche Risiken für die Datensicherheit.[13] Auch dadurch, dass Unternehmen finanzielle Anreize dafür setzen können, dass Betroffene zu ihren Gunsten vom Recht auf Datenübertragung Gebrauch machen, kann eine Missbrauchsgefahr begründet werden.

II. Normadressaten

1. Verantwortliche

a) Exportierende und importierende Verantwortliche

10 An einer Datenübertragung im Sinne von Art. 20 sind mindestens zwei verschiedene Verantwortliche beteiligt: der exportierende Verantwortliche, dem der Betroffene die Daten ursprünglich bereitgestellt hat, und der importierende Verantwortliche, auf den der Betroffene die Daten zu übertragen gedenkt. In erster Linie verpflichtet wird durch Art. 20 der exportierende alte Verantwortliche. Er muss dem Betroffenen (Abs. 1) oder dem importierenden neuen Verantwortlichen (Abs. 2) die Daten in einem strukturierten, gängigen und maschinenlesbaren Format übermitteln. Fraglich ist, ob auch der importierende Verantwortliche durch Art. 20 verpflichtet wird (hierzu genauer Rn. 57 ff.).

b) Öffentliche und nicht-öffentliche Verantwortliche

11 Da der Anspruch auf Datenübertragung nur zur Anwendung kommt, wenn die Datenverarbeitung auf der Grundlage einer Einwilligung oder eines Vertrages stattfindet, dürften öffentliche Stellen als Normadressaten nicht in Betracht kommen, wenn sie hoheitlich tätig werden. Einzig bei privatrechtlichem Handeln der öffentlichen Hand (Verwaltungsprivatrecht, fiskalisches Handeln) könnten auch öffentliche Stellen durch Art. 20 verpflichtet sein. Allerdings sind auch privatrechtliche Datenverarbeitungen, die öffentliche Stellen in Wahrnehmung einer im öffentlichen Interesse liegenden Aufgabe vornehmen, grundsätzlich vom Anwendungsbereich des Art. 20 ausgeschlossen, wie Abs. 3 S. 2 bestätigt.

2. Drittstaatsdatenverarbeiter

12 Auch nicht in der Europäischen Union niedergelassene Verantwortliche sind zur Datenübertragung verpflichtet, wenn die von ihnen betriebene Datenverarbeitung die Voraussetzungen des Art. 3 Abs. 2 erfüllt.

---

11 *Dehmel/Hullen*, in: ZD 2013, 147, 153.
12 Davor warnt zu recht *BITKOM*, Stellungnahme zum Recht auf Datenübertragbarkeit nach Art. 20 Datenschutz-Grundverordnung (v. 14.3.2017), S. 4.
13 *Swire/Lagos*, in: Maryland Law Review 2013, 335, 374.

3. Mitgliedstaaten

Art. 20 enthält nur eine sehr allgemein gehaltene Beschränkung des Rechts auf Datenübertragung. Abs. 4 besagt, dass das Recht auf Datenübertragung die Rechte und Freiheiten anderer Personen nicht beeinträchtigen darf. Es ist zweifelhaft, ob diese Ausnahmeregelung ausreicht oder ob es nicht weiterer und/oder konkreter gefasster Ausnahmen bedarf, die im nationalen Recht aufgrund der Öffnungsklauseln der Art. 23, 85 und 89 Abs. 3 geschaffen werden können. **13**

Bemerkenswert ist zunächst, dass die Ausnahme des Abs. 4 sich nur auf das „Recht gemäß Absatz 2" bezieht. Das bedeutet, dass der Verordnungsgeber nur für den Fall der Direktübermittlung der Daten vom ersten an den zweiten Verantwortlichen eine Gefährdung der Rechte anderer Personen für möglich hält. In Fällen, in denen die Datenübertragung gem. Abs. 1 über den Betroffenen erfolgt, sieht die DS-GVO keine Ausnahme vor. Dies ist hiesigen Erachtens zu kurz gegriffen. Soll die Datenübertragung an den zweiten Verantwortlichen durch den Betroffenen erfolgen und enthält der zu übertragende Datensatz auch personenbezogene Daten Dritter, ist der Betroffene im Hinblick auf diese Daten Verantwortlicher. Der Betroffene selbst würde somit einen Datenschutzverstoß begehen, wenn er den Datensatz mitsamt der Daten Dritter an den zweiten Verantwortlichen übermittelte. Der erste Verantwortliche wäre allerdings an diesem Datenschutzverstoß beteiligt, wenn er auf Anforderung des Betroffenen den Datensatz in einem strukturierten, gängigen und maschinenlesbaren Format zur Verfügung stellte. Der erste Verantwortliche würde den Datenschutzverstoß des Betroffenen überhaupt erst ermöglichen. Daher bedarf es Beschränkungen des Rechts auf Datenübertragung zugunsten der Rechte und Freiheiten anderer Personen auch für die Fälle des Abs. 1. **14**

Des weiteren bedarf es auch Ausnahmen zugunsten öffentlicher Interessen, da noch nicht vorhersehbar ist, welche Geschäftsmodelle aufgrund des Rechts auf Datenübertragung entstehen. Unter Umständen bedarf es staatlicher Beschränkungen des Rechts, wenn es in der Praxis zu einer zu weitgehenden Kommerzialisierung personenbezogener Daten kommt. So ist zum Beispiel denkbar, dass Unternehmen dem Betroffenen für die Übertragung seiner Gesundheitsdaten, seiner Bewegungsdaten oder seiner Fahrzeugdaten Geld anbieten, um ihn als Kunden zu gewinnen. Dagegen dürfte zwar grundsätzlich nichts einzuwenden sein, allerdings sind hierbei auch sittenwidrige Praktiken vorstellbar, gegen die der Staat im öffentlichen Interesse und im Interesse des Betroffenen vorgehen können muss. Die Ausnahme des Abs. 4 ist hierfür nicht ausreichend, weil diese nur die Rechte und Freiheiten „anderer Personen", aber weder die Rechte und Freiheiten des Betroffenen noch öffentliche Interessen schützt. **15**

Art. 23 ist eine mögliche Rechtsgrundlage für Beschränkungen des Rechts auf Datenübertragung durch den nationalen Gesetzgeber. Voraussetzung hierfür ist, dass die Beschränkung den Wesensgehalt der Grundrechte und Grundfreiheiten achtet, in einer demokratischen Gesellschaft eine notwendige und verhältnismäßige Maßnahme darstellt und eines der in Art. 23 Abs. 1 genannten Schutzziele verfolgt. Da das Recht auf Datenübertragung zwar den Rechtskreis des Betroffenen erweitert, das Recht aber weder den Wesensgehalt der Privatsphäre noch den eines anderen Grundrechts gewährleistet (vgl. Rn. 1 ff.), ist der Gestaltungsspielraum des nationalen Gesetzgebers insoweit größer als etwa bei einer Beschränkung des Auskunftsrechts. Beschränkungen des Rechts auf Datenübertragung sind möglich zum Schutz verschiedener öffentlicher Interessen (Art. 23 Abs. 1 lit. a bis h und j), zum Schutz des Betroffenen (Art. 23 Abs. 1 lit. i), zum Schutz des Verantwortlichen (Art. 23 Abs. 1 lit. i) und zum Schutz Dritter (Art. 23 Abs. 1 lit. i). Dabei sind allerdings die Voraussetzungen des Art. 23 Abs. 2 zu beachten. **16**

Unter anderen Voraussetzungen können die Mitgliedstaaten gem. Art. 89 Abs. 3 Ausnahmen von Art. 20 vorsehen, wenn personenbezogene Daten für im öffentlichen Interesse liegende Archivzwecke verarbeitet werden. In diesem Fall muss das mitgliedstaatliche Recht angemessene Garantien vorsehen. Ausnahmen im mitgliedstaatlichen Recht sind dann insoweit zulässig, als das Recht auf Datenübertragung die Erreichung des Archivzwecks wahrscheinlich unmöglich machen oder ernsthaft beeinträchtigen würde. Von dieser Ausnahmemöglichkeit sollte der nationale Gesetzgeber auf jeden Fall Gebrauch machen, denn im öffentlichen Interesse bestehende **17**

Archive sollen ihre Bestände ja gerade nicht auf Wunsch einzelner Betroffener austauschen müssen.

18 Darüber hinaus sehen die Mitgliedstaaten für die Verarbeitung, die zu journalistischen oder zu wissenschaftlichen oder literarischen Zwecken erfolgt, Abweichungen und Ausnahmen auch vom Recht auf Datenübertragung vor (Art. 85 Abs. 2). Voraussetzung ist, dass dies erforderlich ist, um das Recht auf Datenschutz mit der Freiheit der Meinungsäußerung und der Informationsfreiheit in Einklang zu bringen. Auch von dieser Ausnahmemöglichkeit sollte der nationale Gesetzgeber dringend Gebrauch machen, da anderenfalls durch Datenübertragungen eine Beeinträchtigung der Kommunikationsfreiheiten droht. So könnte etwa der Interviewpartner eines Journalisten verlangen, dass seine in dem Interview gemachten Aussagen an einen anderen Journalisten bzw. ein anderes Presseorgan übermittelt werden.

4. Betroffene

19 Das Recht auf Datenübertragung steht dem Betroffenen zu. Es ist antragsabhängig. Der Betroffene muss, will er von dem Recht Gebrauch machen, einen Antrag beim Verantwortlichen stellen. In diesem Antrag sollte er auch spezifizieren, auf welchem Wege die Datenübertragung stattfinden soll: über ihn gem. Abs. 1 oder direkt vom ersten an den zweiten Verantwortlichen gem. Abs. 2.

5. Datenschutzaufsichtsbehörden

20 Gem. Art. 58 Abs. 2 lit. c hat jede Aufsichtsbehörde die Befugnis, den Verantwortlichen anzuweisen, den Anträgen des Betroffenen auf Ausübung der ihm zustehenden Rechte (also auch dem Antrag auf Datenübertragung) zu entsprechen. Bei Verstößen gegen Art. 20 können die Datenschutzaufsichtsbehörden Geldbußen gem. Art. 83 Abs. 5 lit. b verhängen.

III. Systematik

21 Das Recht auf Datenübertragung gehört zu den Betroffenenrechten des Kapitels III und hier zu den Gestaltungs- und Steuerungsrechten, mit denen der Betroffene Einfluss auf das Ob und Wie der Datenverarbeitung nehmen kann.

22 Das Recht auf Datenübertragung gehört zu den Initiativrechten, die einen Antrag des Betroffenen voraussetzen. Weitere Initiativrechte sind das Recht auf Auskunft (Art. 15 Abs. 1 und 2), das Recht auf Erhalt einer Kopie (Art. 15 Abs. 3 und 4), das Recht auf Berichtigung (Art. 16 S. 1), das Recht auf Vervollständigung (Art. 16 S. 2), das Recht auf Löschung (Art. 17), das Recht auf Verarbeitungsbeschränkung (Art. 18) und das Widerspruchsrecht (Art. 21).

23 Das Recht auf Datenübertragung weist Überschneidungen mit dem Auskunftsrecht (Art. 15 Abs. 1 und 2) und mit dem Recht auf Erhalt einer Kopie (Art. 15 Abs. 3 und 4) auf. Während Auskunft und Kopie aber in erster Linie der Transparenz der Datenverarbeitung und der etwaigen Geltendmachung weiterer Rechte (wie Berichtigung, Vervollständigung, Löschung und Widerspruch) dienen, verfolgt das Recht auf Datenübertragung in erster Linie das Ziel, dem Betroffenen den Wechsel von einem Anbieter zum anderen zu erleichtern, die Daten also für ihn verwertbar zu machen.[14] Allerdings erhält der Betroffene mit dem Recht auf Auskunft und Kopie mehr Informationen als mit dem Recht auf Datenübertragung, denn letzteres erfasst nur die Daten, die der Betroffene selbst bereitgestellt hat. Im Rahmen von Auskunft und Kopie erhält der Betroffene hingegen neben diesen Informationen auch Kenntnis von den Daten, die der Verantwortliche auf andere Weise erlangt hat, sowie zahlreiche weitere die Datenverarbeitung betreffenden Informationen.

24 Art. 12 enthält allgemeine Voraussetzungen für alle Betroffenenrechte. Demnach gelten für die Datenübertragung zusätzlich zu den Anforderungen des Art. 20 auch noch die Voraussetzungen

14 In diesem Sinne auch *Schätzle*, in: PinG 2016, 71, 73.

für Form, Frist und Verfahren der Geltendmachung des Anspruchs. Art. 12 enthält darüber hinaus weitere Voraussetzungen für die Mitwirkungspflichten des Verantwortlichen, für die Mitwirkungsobliegenheiten des Betroffenen und für die Identitätsfeststellung durch den Verantwortlichen. Ist der Verantwortliche nicht in der Lage, den Betroffenen zu identifizieren, findet Art. 20 keine Anwendung (Art. 11 Abs. 2).

Gem. Art. 13 Abs. 2 lit. b oder 14 Abs. 2 lit. c muss der Verantwortliche den Betroffenen zum **25**
Zeitpunkt der Datenerhebung oder -verwendung auf das Recht auf Datenübertragung hinweisen. Bei dieser Information kann es im Interesse sowohl des Verantwortlichen als auch des Betroffenen sein, nicht nur auf das Bestehen des Rechts auf Datenübertragung hinzuweisen. Hingewiesen werden könnte auch auf den Umfang des Rechts, seinen Zweck, die Art der portierbaren Daten und die Argumente, die für oder gegen eine Datenübertragung sprechen.[15]

Gem. Abs. 3 S. 1 lässt die Ausübung des Rechts auf Datenübertragung den Art. 17 (Recht auf **26**
Löschung) unberührt. Das hat mindestens drei Rechtsfolgen:

- Zum einen bleibt das Recht des Betroffenen unangetastet, bei Vorliegen der Voraussetzungen des Art. 17 Abs. 1 die Löschung der auf ihn bezogenen Daten zu verlangen. Er kann also sowohl Übertragung auf einen importierenden Verantwortlichen als auch Löschung durch den exportierenden Verantwortlichen nach Durchführung der Übertragung verlangen. Er kann aber umgekehrt auch verlangen, dass die Daten trotz Übertragung auf einen zweiten Verantwortlichen weiterhin vom ersten Verantwortlichen verarbeitet werden, es sei denn vertragliche Gründe sprechen gegen eine solche Weiterverarbeitung durch den ersten Verantwortlichen.
- Zum anderen bleiben aber auch die Einschränkungen des Rechts auf Löschung unberührt. Das bedeutet zum Beispiel, dass Daten, die vom Betroffenen zur Erfüllung eines Vertrages zur Verfügung gestellt worden sind, vom Verantwortlichen nicht gelöscht werden müssen, soweit und solange diese Daten für die Erfüllung des Vertrages notwendig sind (Art. 17 Abs. 3 lit. e; ausdrücklich auch EG 68 S. 9). Eine solche Notwendigkeit kann zum Beispiel aus etwaigen Haftungs- oder Gewährleistungsansprüchen folgen, die der Betroffene noch gegen den Verantwortlichen geltend machen könnte. Auch etwaige gesetzliche (z.B. steuer- oder handelsrechtliche) Pflichten des Datenexporteurs zur Aufbewahrung bleiben unberührt (Art. 17 Abs. 3 lit. b).
- Schließlich kann aus der Pflicht zur Datenübertragung keine Pflicht des Verantwortlichen zur Speicherung von Daten erwachsen.[16] Art. 17 Abs. 1 enthält nicht nur eine antragsabhängige Pflicht zur Löschung, sondern auch eine Dauerpflicht zur Überwachung und Löschung von Daten. Wenn das Recht auf Datenübertragung eine Pflicht zur dauerhaften Speicherung begründete, würden die Löschtatbestände des Art. 17 Abs. 1 ausgehebelt. Art. 20 würde dann gewissermaßen zu einer „Vorratsdatenspeicherung" verpflichten – und zwar, weil nur so die Pflicht zur Übertragung **aller** vom Betroffenen zur Verfügung gestellten Daten erfüllt werden könnte. Dagegen spricht aber, dass Art. 17 von der Pflicht zur Datenübertragung unberührt bleibt. Dagegen spricht darüber hinaus der Rechtsgedanke des Art. 11, wonach der Verantwortliche nicht verpflichtet sein soll, zur bloßen Einhaltung von Regelungen der DS-GVO zusätzliche Informationen aufbewahren zu müssen.

IV. Entstehungsgeschichte

1. Bisherige europäische Vorgaben

Das Recht auf Datenübertragung hat keinen Vorläufer im geltenden EU- Datenschutzrecht. **27**

15 *CIPL*, Comments by the Centre for Information Policy Leadership on the Article 29 Data Protection Working Party's „Guidelines on the right to data portability" adopted on 13 December 2016, S. 3.
16 Ebenso *Art. 29 Data Protection Working Party*, Guidelines on the Right to Data Portability, WP 242rev.01 (adopted on 5 April 2017), S. 6.

2. Bisherige nationale Vorgaben

28 Das Recht auf Datenübertragung hat keinen Vorläufer im geltenden deutschen Datenschutzrecht.

3. Verhandlungen zur DS-GVO

29 Nach den ursprünglichen Vorstellungen der Kommission sollten das Recht auf Erhalt einer Kopie und das Recht auf Datenübertragung in einem Artikel geregelt werden (Art. 18 Abs. 1 und 2 KOM-E). Auch das EP sah in seinem Standpunkt vor, beide Ansprüche in einem Artikel zu vereinen (Art. 15 EP-E). Erst durch den Standpunkt des Rates wurden die Rechte auf Auskunft und auf Erhalt einer Kopie (Art. 15 Ratsentwurf) und das Recht auf Datenübertragung (Art. 18 Ratsentwurf) getrennt.

30 Im ursprünglichen KOM-Entwurf war noch die Befugnis der Kommission enthalten, das „strukturierte gängige elektronische Format" und „die technischen Standards, Modalitäten und Verfahren" für die Datenübertragung durch Durchführungsrechtsakte festzulegen (Art. 18 Abs. 3 KOM-E). Diese Ermächtigung der Kommission wurde wie die meisten Ermächtigungen dieser Art sowohl vom Europäischen Parlament als auch vom Rat abgelehnt.

31 Zwischenzeitlich sollte nach den Vorstellungen des Rates das Recht auf Datenübertragung auf Internetdiensteanbieter beschränkt bleiben.[17] Diese sinnvolle Begrenzung auf die Fälle, die der Anlass für die Idee zur Gewährleistung des Rechts auf Datenübertragung waren, konnte sich letztlich nicht durchsetzen.

32 Der ursprüngliche KOM-Entwurf sah vor, dass sich das Recht auf Datenübertragung nicht nur auf personenbezogene Daten, sondern auch auf sonstige vom Betroffenen zur Verfügung gestellte Informationen („any other information provided by the data subject") beziehen sollte (Art. 18 Abs. 2 KOM-E). Dies hätte den Anspruchsumfang erheblich erweitert. Begründet wurde dies damit, dass anderenfalls insb. bei sozialen Netzwerken der Anspruch auf Datenübertragung weitgehend leerliefe, weil vom Betroffenen eingestellte Bilder, Bewertungen, Kommentare, Tags, Blogbeiträge, Nachrichten usw. womöglich nicht zum Übertragungsgegenstand würden. Die Idee konnte sich letztlich aber nicht durchsetzen.

33 Während der Ratsverhandlungen äußersten verschiedene Mitgliedstaaten kompetenzrechtliche Bedenken, weil sie die Vorschrift eher als eine verbraucherschutz-, wettbewerbs- oder urheberrechtliche Regelung ansahen.[18]

34 In den Ratsverhandlungen wiesen mehrere Mitgliedstaaten auf die erheblichen Bürokratiekosten für die Verantwortlichen, auf die Gefahren für Urheberrechte und Geschäftsgeheimnisse der betroffenen Unternehmen und auf das Risiko für den Betroffenen, Opfer einer betrügerisch begangenen Datenübertragung zu werden, hin.[19]

B. Inhalt der Regelung

I. Anwendungsvoraussetzungen

1. Anspruchsberechtigung

35 Den Anspruch auf Datenübertragung hat der Betroffene. Er ist ein höchstpersönliches Recht. Es kann nicht auf Dritte übertragen oder vererbt werden. Allerdings kann die Geltendmachung des Anspruchs durch einen rechtsgeschäftlichen (z.B. Rechtsanwalt) oder gesetzlichen (z.B. Erzie-

17 Vgl. Ratsdok. 5879/14 v. 31.1.2014, S. 2.
18 Vgl. z.B. Fn. 1 zu Art. 18 in Ratsdok. 11013/13 v. 21.6.2013.
19 Vgl. z.B. Ratsdok. 11013/13 v. 21.6.2013 (Fn. 1 zu Art. 18) und Ratsdok. 11028/14 v. 30.6.2014 (Fn. 171).

hungsberechtigter) Vertreter erfolgen.[20] Auch Verbraucherschutzverbände können vom Betroffenen beauftragt werden, dessen Rechte geltend zu machen, wenn dies im nationalen Recht vorgesehen ist (Art. 80 Abs. 1).

2. Anspruchsverpflichtung

Zur Datenübertragung verpflichtet ist der Verantwortliche (Definition in Art. 4 Nr. 7). **36**

Dies dürfte beim Anspruch auf Datenübertragung in der Regeln nur eine nicht-öffentliche Stelle sein. Da der Anspruch nur zur Anwendung kommt, wenn die Datenverarbeitung auf der Grundlage einer Einwilligung oder eines Vertrages stattfindet, dürften öffentliche Stellen als Normadressaten nicht in Betracht kommen, wenn sie hoheitlich tätig werden. Einzig bei privatrechtlichem Handeln der öffentlichen Hand (Verwaltungsprivatrecht, fiskalisches Handeln) könnten auch öffentliche Stellen durch Art. 20 verpflichtet sein. Allerdings sind auch solche privatrechtlichen Datenverarbeitungen, die öffentliche Stellen in Wahrnehmung einer im öffentlichen Interesse liegenden Aufgabe vornehmen, vom Anwendungsbereich des Art. 20 ausgeschlossen, wie Abs. 3 Satz 2 bestätigt. **37**

Auch Drittstaatsdatenverarbeiter sind zur Datenübertragung verpflichtet, wenn die von ihnen betriebene Datenverarbeitung die Voraussetzungen des Art. 3 Abs. 2 erfüllt. **38**

3. Antrag des Betroffenen

Es bedarf eines Antrags des Betroffenen auf Datenübertragung. In diesem Antrag kann er wählen, ob er selbst die fraglichen Daten in einem strukturierten, gängigen und maschinenlesbaren Format erhalten will, um diese sodann dem zweiten Verantwortlichen zu übermitteln (Abs. 1), oder ob er die Übermittlung vom ersten an den zweiten Verantwortlichen erwirken will (Abs. 2). **39**

Der Verantwortliche soll dafür sorgen, dass Anträge elektronisch gestellt werden können, insb. wenn die personenbezogenen Daten elektronisch verarbeitet werden (EG 59 S. 2). Stellt der Betroffene den Antrag elektronisch, so ist ihm das Datenset nach Möglichkeit auch auf elektronischem Wege zu übermitteln, sofern er nichts anderes angibt (Art. 12 Abs. 3 S. 4). **40**

4. Fristen

Das Recht auf Datenübertragung ist nicht fristgebunden. Der Betroffene kann jederzeit einen entsprechenden Antrag stellen. **41**

Der Verantwortliche muss den Anspruch innerhalb eines Monats bearbeitet haben. Dies folgt aus Art. 12 Abs. 3 S. 1, wonach der Verantwortliche dem Betroffenen Informationen über die auf den Antrag ergriffenen Maßnahmen „unverzüglich, in jedem Fall aber innerhalb eines Monats nach Eingang des Antrags zur Verfügung" stellen muss. Diese Frist kann um weitere zwei Monate verlängert werden, wenn dies unter Berücksichtigung der Komplexität und der Anzahl von Anträgen erforderlich ist (Art. 12 Abs. 3 S. 2). Der Verantwortliche unterrichtet den Betroffenen innerhalb eines Monats nach Eingang des Antrags über eine Fristverlängerung, zusammen mit den Gründen für die Verzögerung (Art. 12 Abs. 3 S. 3). Wird der Verantwortliche auf den Antrag des Betroffenen hin nicht tätig, so unterrichtet er den Betroffenen ebenfalls spätestens innerhalb eines Monats nach Eingang des Antrags über die Gründe hierfür und über die Möglichkeit, bei einer Aufsichtsbehörde Beschwerde oder einen gerichtlichen Rechtsbehelf einzulegen (Art. 12 Abs. 4). **42**

5. Kosten

Gem. Art. 12 Abs. 5 S. 1 werden alle Maßnahmen nach Art. 20 unentgeltlich zur Verfügung gestellt. **43**

---

20 Vgl. Gierschmann/Saeugling, *Heinemann*, § 34 Rn. 8.

44 Ein angemessenes Entgelt kann der Verantwortliche gem. Art. 12 Abs. 4 S. 2 allerdings bei offenkundig unbegründeten oder – insb. im Fall ihrer Häufung – unverhältnismäßigen Anträgen eines Betroffenen verlangen, wobei die Verwaltungskosten für die Durchführung der auf den Antrag vorgenommenen Maßnahmen berücksichtigt werden.

6. Mitwirkungspflichten des exportierenden Verantwortlichen

45 Fraglich ist, ob aus der Pflicht des Verantwortlichen, die Übertragung der Daten gewährleisten zu müssen, bestimmte Organisations- und Verfahrenspflichten erwachsen.

a) Verfahrens- und Organisationspflichten

46 Unter dem Gesichtspunkt des „Grundrechtsschutzes durch Organisation und Verfahren" spricht viel dafür, dass ein Verantwortlicher seine Betriebs- oder Behördenstruktur so organisieren muss, dass der später erforderliche Aufwand bei einer Datenübertragung gering gehalten wird und dass die Datenübertragung innerhalb der knapp bemessenen Bearbeitungsfrist auch tatsächlich überhaupt vorgenommen werden kann.[21] Für eine entsprechende Mitwirkungspflicht spricht auch die Generalklausel des Art. 24 Abs. 1, wonach es erforderlich ist, dass der Verantwortliche geeignete technische und organisatorische Maßnahmen trifft, damit die Anforderungen der DS-GVO erfüllt werden. Dafür spricht auch, dass Art. 12 Abs. 2 S. 1 den Verantwortlichen dazu verpflichtet, dem Betroffenen die Ausübung seines Rechts auf Datenübertragung zu erleichtern.

b) Elektronische Antragstellung

47 Zu den Mitwirkungspflichten des Datenexporteurs gehört, dass er die elektronische Antragstellung ermöglichen muss, insb. wenn die personenbezogenen Daten elektronisch verarbeitet werden (EG 59 S. 2).

c) Informationspflichten

48 Zu den Mitwirkungspflichten des exportierenden Verantwortlichen gehört die Information des Betroffenen über die auf den Antrag auf Datenübertragung hin ergriffenen Maßnahmen (Art. 12 Abs. 3 S. 1). In der Regel wird es sich dabei um die Information handeln, dass der Datensatz im geforderten Format an den Betroffenen oder direkt an den zweiten Verantwortlichen übermittelt wurde. Diese Information hat auf elektronischem Wege zu erfolgen, wenn der Antrag ebenfalls auf elektronischem Wege gestellt wurde, es sei denn, der Antragsteller wünscht einen anderen Informationsweg (Art. 12 Abs. 3 S. 4). Die Information über die ergriffenen Maßnahmen (oder über ihre Nichtvornahme, Art. 12 Abs. 4) muss ohne unangemessene Verzögerung, spätestens aber innerhalb eines Monats nach Eingang des Antrags erfolgen (Art. 12 Abs. 3 S. 1).

d) Pflicht zum Hinweis auf das Recht auf Datenübertragung

49 Ein Mittel zur Erleichterung der Datenübertragung ist die Rechtsbehelfsbelehrung, die der Verantwortliche im Rahmen seiner Informationspflicht vornehmen muss. Er muss den Betroffenen gem. Art. 13 Abs. 2 lit. b oder Art. 14 Abs. 2 lit. c zum Zeitpunkt der Datenerhebung oder -verwendung auf sein Recht auf Datenübertragung hinweisen. Allerdings steht diese Verpflichtung unter dem Vorbehalt, dass eine solche Information notwendig ist, um eine faire und transparente Verarbeitung zu gewährleisten, wie sich aus dem jeweils einleitenden Satz von Art. 13 Abs. 2 und Art. 14 Abs. 2 ergibt.

50 Die Art. 29-Gruppe empfiehlt, dass der Verantwortliche den Betroffenen auf sein Recht zur Datenübertragung auch immer hinweisen möge, bevor dieser ein Benutzerkonto schließt oder löscht.[22] Dabei handelt es sich allerdings nicht um eine aus der DS-GVO folgende Rechtspflicht.

---

21 Vgl. *Sydow*, in: NVwZ 2013, 467.
22 *Art. 29 Data Protection Working Party*, Guidelines on the Right to Data Portability, WP 242rev.01 (adopted on 5 April 2017), S. 13.

e) Behinderungsverbot

Der erste Verantwortliche darf den Betroffenen nicht daran hindern, die Daten an den zweiten Verantwortlichen zu übermitteln (vgl. Abs. 1: „ohne Behinderung"). Demnach sind technische Maßnahmen unzulässig, die eine Übertragung erschweren.[23] **51**

Fraglich ist, ob auch vertragliche Vereinbarungen zwischen dem Betroffenen und dem Verantwortlichen dem Behinderungsverbot zuwiderlaufen. Jedenfalls Vereinbarungen über die Vertragslaufzeit hinaus dürften unzulässig sein.[24] **52**

Der Wortlaut der Regelung scheint ein rein passives Verhalten des exportierenden Verantwortlichen zuzulassen und gegen eine aktive Pflicht zur Mitwirkung zu sprechen. Praktisch dürfte es aber immer auch der Aktivität des Verantwortlichen bedürfen, nämlich zum Beispiel der Bereitstellung einer Exportfunktion, damit von dem Recht sinnvoll Gebrauch gemacht werden kann. **53**

f) Keine Pflicht zur Schaffung interoperabler Formate

Gem. EG 68 S. 2 sollten die Verantwortlichen dazu aufgefordert werden, interoperable Formate zu entwickeln, die die Datenübertragung ermöglichen. Andererseits stellt EG 68 S. 7 fest, dass das Recht auf Datenübertragung für den Verantwortlichen nicht die Pflicht begründen soll, technisch kompatible Datenverarbeitungssysteme zu übernehmen oder beizubehalten. Diese beiden Sätze widersprechen sich in ihrer Zielrichtung. Entweder sind Verantwortliche aufgrund der Regelung des Art. 20 zur Schaffung eines interoperablen Formats verpflichtet oder sie sind es nicht.[25] Da EG 68 S. 2 nur Empfehlungscharakter hat („sollten aufgefordert werden"), spricht vieles dafür, dass es keine echte Pflicht zur Schaffung interoperabler Formate gibt. **54**

Eventuell wird man in den Fällen des Abs. 2 vom exportierenden Verantwortlichen aber verlangen können, dass er sich wegen der technischen Details der Übermittlung mit dem importierenden Verantwortlichen in Verbindung setzt. **55**

g) Auftragsverarbeitung

Arbeitet der Verantwortliche mit einem Auftragsverarbeiter zusammen, muss – so die Art. 29-Gruppe – der zugrundeliegende Vertrag eine Bestimmung darüber enthalten, dass der Auftragsverarbeiter den Verantwortlichen durch technische und organisatorische Maßnahmen bei der Bearbeitung etwaiger Übertragungsverlangen des Betroffenen unterstützt.[26] Entsprechende vertragliche Vereinbarungen sollten – so die Art. 29-Gruppe – auch bei Vorliegen gemeinsamer Verantwortlichkeit zwischen den „joint controllers" getroffen werden.[27] **56**

7. Mitwirkungspflichten des importierenden Verantwortlichen?

Unklar ist, ob Art. 20 auch für den importierenden Verantwortlichen Pflichten begründet. **57**

a) Kein rechtlicher Zwang zum Datenimport

Nach Abs. 1 hat dieser sicherlich keine Mitwirkungspflicht. Abs. 1 legt lediglich fest, dass der Verantwortliche, dem die personenbezogenen Daten bereitgestellt wurden (also der exportierende Verantwortliche), die Übertragung nicht behindern darf. Abs. 2 spricht allerdings von einem Recht des Betroffenen zu erwirken, dass Daten direkt von einem Verantwortlichen einem anderen Verantwortlichen übermittelt werden. Legt man dieses Recht weit aus, könnte man auf den **58**

---

23 *Schätzle*, in: PinG 2016, 71, 73.
24 *Schätzle*, in: PinG 2016, 71, 73.
25 Die *Art. 29-Gruppe* meint, das Recht auf Datenportabilität ziele zwar auf die Schaffung von „Interoperabilität" (EG 68 S. 2), nicht aber auf die Schaffung von „Kompatibilität" (EG 68 S. 7) (Guidelines on the Right to Data Portability, WP 242rev.01 (adopted on 5 April 2017), S. 16.
26 *Art. 29 Data Protection Working Party*, Guidelines on the Right to Data Portability, WP 242rev.01 (adopted on 5 April 2017), S. 6.
27 *Art. 29 Data Protection Working Party*, Guidelines on the Right to Data Portability, WP 242rev.01 (adopted on 5 April 2017), S. 6.

Gedanken kommen, dass auch der importierende Verantwortliche eine Mitwirkungspflicht hat (also etwa eine Importfunktion zur Verfügung stellen muss). Ggf. könnte der Betroffene die Daten aber jedem Dritten aufdrängen.[28] Das käme aber einem rechtlichen Zwang zur Datenverarbeitung[29] nahe und dürfte eindeutig gegen die unternehmerische Freiheit des importierenden Verantwortlichen (Art. 16 GRC) verstoßen.

b) Keine Pflicht zur Schaffung interoperabler Formate

59 Darüber hinaus steht die direkte Übermittlung der Daten vom ersten an den zweiten Verantwortlichen unter dem Vorbehalt des technisch Machbaren (Abs. 2 a.E.). Das Recht auf Datenübertragung begründet nicht die Pflicht des importierenden Verantwortlichen, technisch kompatible Datenverarbeitungssysteme zu übernehmen oder beizubehalten (EG 68 S. 7).

c) Keine materiell-rechtliche Prüfpflicht

60 Die Art. 29-Gruppe scheint noch die folgende Mitwirkungspflicht des importierenden Verantwortlichen anzunehmen: *„In addition, a receiving data controller is responsible for ensuring that the portable data provided are relevant and not excessive with regard to the new data processing. […] If this information is not relevant with regard to the purpose of the new processing, it should not be kept and processed."*[30] Eine solche Prüfpflicht des Importeurs wäre jedoch nicht nur unpraktikabel und unverhältnismäßig.[31] Ihr läge auch ein falsches Verständnis der Zuständigkeitsverteilung zwischen dem Betroffenen und dem importierenden Verantwortlichen zugrunde. Über die Übertragung des Datensets vom Verantwortlichen A auf den Verantwortlichen B entscheidet allein der Betroffene. Enthält das Datenset personenbezogene Daten Dritter, wird der Betroffene in Bezug auf diese Daten zum Verantwortlichen. Es ist daher auch seine Pflicht sicherzustellen, dass die datenschutzrechtlichen Anforderungen an die Verarbeitung durch den Verantwortlichen B eingehalten werden.

8. Mitwirkungsobliegenheiten des Betroffenen

61 Der Betroffene hat verschiedene Mitwirkungsobliegenheiten:

62 Bei der Geltendmachung des Auskunftsanspruchs (Art. 15 Abs. 1 und 2) kann der Verantwortliche, sofern er eine große Menge von Informationen über den Betroffenen verarbeitet, vom Betroffenen verlangen, dass dieser sein Auskunftsersuchen präzisiert und klarstellt, auf welche Information oder welche Verarbeitungsvorgänge sein Ersuchen sich bezieht (EG 63 S. 7). Dieser Gedanke lässt sich auf die Situation des Art. 20 übertragen. Schränkt der Betroffene seinen Wunsch nach Datenübertragung nicht ein, ist der Verantwortliche dem Wortlaut des Art. 20 nach tatsächlich verpflichtet, sämtliche Daten, die ihm der Betroffene jemals bereitgestellt hat, zu übermitteln. Das dürfte in vielen Fällen aber nicht im Sinne des Betroffenen sein. Mit den Daten, die er bspw. von Facebook zu erwarten hätte, könnte er mit großer Wahrscheinlichkeit nichts anfangen, weil die Facebook-Timeline ein proprietäres Format ist, dass von keinen anderen Internetdiensteanbieter genauso vorgehalten wird. Schränkt der Betroffene sein Ersuchen um Datenübertragung aber bspw. auf „alle Fotos", die er jemals bei Facebook eingestellt hat, ein, könnte er diesen Datensatz mit sicherlich weniger Interoperabilitätsproblemen auf einer Fotowebseite (wie z.B. flickr oder Picasa) weiterverwenden. Es spricht daher viel dafür anzunehmen, dass der Betroffene generell dabei mitwirken muss, die Datenübertragung zu ermöglichen.

---

28 Ehmann/Selmayr, *Kamann/Braun*, Art. 20 Rn. 25.

29 *Jülicher/Röttgen/v. Schönfeld* sprechen von einer „gesetzlich oktroyierten Kooperationspflicht" und meinen, eine Pflicht zu Datenannahme und -aufnahme würde den wettbewerbsbeeinflussenden Charakter der Norm untermauern, in: ZD 2016, 358, 359, 362.

30 *Art. 29 Data Protection Working Party*, Guidelines on the Right to Data Portability, WP 242rev.01 (adopted on 5 April 2017), S. 6.

31 *CIPL*, Comments by the Centre for Information Policy Leadership on the Article 29 Data Protection Working Party's „Guidelines on the right to data portability" adopted on 13 December 2016, S. 5.

Eine solche Obliegenheit entspräche der Sollvorschrift des § 34 Abs. 1 S. 2 BDSG, nach der der Betroffene die Art der personenbezogenen Daten, über die Auskunft erteilt werden soll, näher bezeichnen soll. Auskunftsansprüche „ins Blaue hinein" sind demnach grundsätzlich unstatthaft. In Anlehnung an § 253 Abs. 2 Nr. 2 ZPO bedarf es der bestimmten Angabe des Gegenstandes und eines bestimmten Auskunftsersuchens. Beim Antrag auf Datenübertragung sollte der Betroffene dem Verantwortlichen insb. den Zweck der Datenübertragung mitteilen, damit dieser sich für ein bestimmtes Übertragungsformat entscheiden kann. **63**

Mitwirken muss der Betroffene auch bei der Entscheidung der Frage, auf welchem Wege die Daten vom exportierenden Verantwortlichen zum importierenden Verantwortlichen gelangen. Der Betroffene muss dem ersten Verantwortlichen mitteilen, ob er selbst die Daten erhalten und an den zweiten Verantwortlichen weiterleiten (Abs. 1) oder ob der erste Verantwortliche die Daten direkt an den zweiten Verantwortlichen übermitteln soll (Abs. 2). **64**

Eine weitere Mitwirkungsobliegenheit hat der Betroffene im Hinblick darauf, dass er gegenüber dem Verantwortlichen bei begründeten Zweifeln an seiner Identität zusätzliche Informationen zur Verfügung stellen muss, die zur Bestätigung der Identität des Betroffenen erforderlich sind und die dem Verantwortlichen die Identitätsfeststellung ermöglichen (Art. 11 Abs. 2 S. 2, Art. 12 Abs. 6). **65**

Im Übrigen ist der Antrag auf Datenübertragung aber nicht begründungspflichtig. **66**

9. Identitätsfeststellung

Hat der Verantwortliche berechtigte Zweifel im Hinblick auf die Identität des Antragstellers, kann er von diesem zusätzliche Informationen verlangen, die zur Bestätigung seiner Identität erforderlich sind (Art. 12 Abs. 6). Diese Regelung gibt dem Verantwortlichen somit die Befugnis, einen Identifikationsnachweis vom Antragsteller zu verlangen. Das können zum Beispiel die Angabe von Name, Wohnort und Geburtsdatum, die Vorlage eines Ausweisdokuments, ein Login mit Benutzername und Passwort, die Verwendung bestimmter Verschlüsselungstechniken oder ein Rückruf beim Antragsteller sein. Welche Identifikationsnachweise im Einzelfall verlangt werden können, sollte vom Risiko der Datenverarbeitung für den Betroffenen und dem daraus resultierend erforderlichen Vertrauensniveau abhängen. **67**

Hiesigen Erachtens darf Art. 12 Abs. 6 jedoch nicht nur eine „Kann"-Regelung sein. Bestehen Zweifel an der Identität des Antragstellers, ist der Verantwortliche demnach nicht nur berechtigt, sondern auch verpflichtet, dessen Identität zu überprüfen. Anderenfalls besteht die Gefahr, dass der Verantwortliche auf den Antrag einer anderen Person tätig wird und dieser anderen Person sämtliche personenbezogenen Daten des tatsächlich Betroffenen zur Verfügung stellt. Dies würde die Rechte und Freiheiten des Betroffenen massiv verletzen. Angesichts der Gefahr des betrügerischen Datenerwerbs durch Dritte kommt der Identitätsfeststellung beim Recht auf Datenübertragung besondere Bedeutung zu. Der Verantwortliche muss demnach ein Identifizierungsverfahren implementieren.[32] **68**

10. Möglichkeit der Reidentifizierung

Von der Feststellung der Identität des Antragstellers zu unterscheiden ist die Frage, ob die beim Verantwortlichen vorhandenen Informationen dem Antragsteller überhaupt noch zugeordnet werden können. Art. 11 regelt den Umfang der Betroffenenrechte (also unter anderem auch den Umfang des Rechts auf Datenübertragung) für Fälle dieser Art. Die Regelung des Art. 11 ist insgesamt verunglückt oder jedenfalls schwer verständlich. Hiesigen Erachtens ist sie wie folgt auszulegen: **69**

Art. 11 Abs. 1 betrifft Fälle, in denen ein Verantwortlicher Informationen verarbeitet, die sich zwar auf eine bestimmbare natürliche Person beziehen (und die deshalb als personenbezogene **70**

---

32 Ebenso *Art. 29 Data Protection Working Party*, Guidelines on the Right to Data Portability, WP 242rev.01 (adopted on 5 April 2017), S. 13 f.

Daten anzusehen sind), bei denen eine Bestimmung des Betroffenen aber zusätzliche Mittel erfordern würde. Es geht also vor allem um pseudonymisierte Daten (Definition in Art. 4 Nr. 5). In Fällen dieser Art soll der Verantwortliche nicht verpflichtet sein, die zusätzlichen Mittel nur einsetzen zu müssen, um Verpflichtungen der DS-GVO erfüllen zu können. Allerdings schränkt Art. 11 Abs. 2 diese Befreiung von der Verpflichtung, zusätzliche Mittel einzusetzen, bei den Betroffenenrechten auf die Art. 15 bis 20 ein. Das Recht auf Datenübertragung des Art. 20 wird hiervon somit erfasst.

71 Im Hinblick auf den Anspruch auf Datenübertragung bedeutet dies: Liegen die vom Verantwortlichen verarbeiteten Daten nur in pseudonymisierter Form vor, muss dieser auf den Antrag des Betroffenen hin keine zusätzlichen Anstrengungen für eine Reidentifizierung dieser Daten unternehmen, um sodann die „richtigen", auf den betroffenen Antragsteller bezogenen Daten übertragen zu können. Pseudonymisierte Daten unterfallen somit nicht dem Recht auf Datenübertragung, es sei denn, der Betroffene stellt zusätzliche Informationen bereit, um eine Reidentifizierung zu ermöglichen (Art. 11 Abs. 2 S. 2).

11. Ablehnung der Datenübertragung

72 In den folgenden Fällen kann/muss der Verantwortliche die Datenübertragung ablehnen:

a) Der Antrag auf Datenübertragung ist „offenkundig unbegründet" (Art. 12 Abs. 5 S. 2 lit. b).

b) Anträge auf Datenübertragung sind – insb. im Fall von häufiger Wiederholung – exzessiv (Art. 12 Abs. 5 S. 2 lit. b).

c) Die (Re-)Identifikation des Antragstellers ist nicht möglich (Art. 11 Abs. 2, 12 Abs. 6; Rn. 69 ff.).

d) Es liegt entweder keine Datenverarbeitung vor, die ihre Rechtsgrundlage in einer Einwilligung oder einem Vertrag findet (Abs. 1 lit. a; Rn. 75 ff.), oder es liegt keine Verarbeitung mithilfe automatisierter Verfahren vor (Abs. 1 lit. b; Rn. 78).

e) Der Anspruch bezieht sich auf Daten, die den Antragsteller nicht betreffen (Rn. 85 ff.) oder die er nicht bereitgestellt hat (Rn. 91 ff.).

f) Es liegen Rechte oder Freiheiten des Verantwortlichen oder eines Dritten vor, die durch die Datenübertragung beeinträchtigt würden (Abs. 4; Rn. 124 ff.).

73 Bei Ablehnung der Datenübertragung ist der Betroffene über die Gründe und über die Möglichkeit, Beschwerde bei einer Aufsichtsbehörde einzulegen oder den Rechtsweg zu beschreiten, zu unterrichten (Art. 12 Abs. 4). Die Begründung muss so detailliert sein, dass der Betroffene die Berechtigung der Ablehnung selbst überprüfen oder durch eine Aufsichtsbehörde überprüfen lassen kann.[33] Die Mitteilung über die Ablehnung hat spätestens innerhalb eines Monats nach Eingang des Antrags zu erfolgen (Art. 12 Abs. 4).

II. Übertragungsanspruch

1. Statthaftigkeit

74 Ein Übertragungsanspruch kommt nur in Betracht, wenn kumulativ die beiden Voraussetzungen des Abs. 1 lit. a und Abs. 1 lit. b erfüllt sind.

a) Einwilligung oder Vertrag (Abs. 1 lit. a)

75 Rechtsgrundlage der Datenverarbeitung muss entweder eine Einwilligung des Betroffenen oder ein Vertrag zwischen dem Betroffenen und dem exportierenden Verantwortlichen sein.

76 **Einwilligung:** Abs. 1 lit. a erwähnt nur die beiden Hauptanwendungsfälle der Einwilligung. In diesen beiden Fällen gilt das Recht auf Datenübertragung ausdrücklich. Dies ist zum einen die

33 Vgl. Gola/Schomerus, *Gola/Klug/Körffer*, § 34 Rn. 19.

durch Einwilligung gerechtfertigte Erstverarbeitung personenbezogener Daten (Art. 6 Abs. 1 lit. a), zum anderen die durch Einwilligung gerechtfertigte Verarbeitung besonderer Kategorien personenbezogener Daten (Art. 9 Abs. 2 lit. a). Allerdings kennt die DS-GVO weitere Fälle, in denen die Einwilligung die Datenverarbeitung rechtfertigt. Es spricht viel dafür, dass das Recht auf Datenübertragung entgegen dem eindeutigen Wortlaut des Abs. 1 lit. a auch in diesen Fällen zur Anwendung kommen soll. Ein Recht auf Datenübertragung besteht demnach auch, wenn der Betroffene eingewilligt hatte in die

- Verarbeitung zu einem anderen Zweck als zu demjenigen, zu dem die personenbezogenen Daten erhoben wurden (Art. 6 Abs. 4),
- Verarbeitung und er zum Zeitpunkt der Einwilligungserteilung das sechzehnte Lebensjahr noch nicht vollendet hatte, der (die) Träger der elterlichen Verantwortung aber die Zustimmung zur Einwilligung (oder die Einwilligung für das Kind) erteilt hatte(n) (Art. 8 Abs. 1),
- Verarbeitung nach Vornahme einer Einschränkung der Verarbeitung (Art. 18 Abs. 2),
- ausschließlich auf einer automatisierten Verarbeitung beruhende Entscheidung (Art. 20 Abs. 2 lit. c),
- Drittstaatenübermittlung (Art. 49 Abs. 1 lit. a).

Vertrag: Ein Recht auf Datenübertragung kommt auch dann in Betracht, wenn die Datenverarbeitung auf einem Vertrag gem. Art. 6 Abs. 1 lit. b beruht. **77**

b) Verarbeitung mithilfe automatisierter Verfahren (Abs. 1 lit. b)

Kumulativ zu der Voraussetzung, dass die Datenverarbeitung auf Einwilligung oder Vertrag beruhen muss, muss sie auch noch mithilfe automatisierter Verfahren erfolgen (Abs. 1 lit. b). Zu dem Begriff siehe näher Art. 2 Abs. 1. **78**

c) Sonstige Fälle der Datenverarbeitung

EG 68 S. 4 stellt klar, dass das Recht auf Datenübertragung nicht gilt, wenn die Verarbeitung auf einer anderen Rechtsgrundlage als Einwilligung oder Vertrag erfolgt. Insb. gilt es nicht für im öffentlichen Interesse liegende Aufgabenwahrnehmungen (Abs. 3 S. 2 Alt. 1) und für in Ausübung öffentlicher Gewalt erfolgende Verarbeitungen (Abs. 3 S. 2 Alt. 2). Zur Auslegung des Tatbestandsmerkmals des „öffentlichen Interesses" vgl. Art. 6 Rn. 114 ff. und Rn. 164 ff. sowie Art. 18 Rn. 98 ff. Des weiteren gilt Art. 20 nicht für alle anderen Datenverarbeitungen, die auf der Grundlage des Art. 6 (mit Ausnahme von Abs. 1 lit. a und b) sowie Art. 9 (mit Ausnahme von Abs. 2 lit. a) erfolgen. EG 68 S. 4 bis 6 zählt ebenfalls auf, für welche Fälle das Recht auf Datenübertragung nicht gilt. **79**

d) Teleologische Reduktion

In Betracht zu ziehen ist schließlich eine teleologische Reduktion des Anwendungsbereichs der Norm über die Fälle hinaus, die ausdrücklich nicht erfasst sind. Höchst problematisch ist die Anwendung der Norm z.B. bei Beschäftigtendaten oder bei der Verarbeitung personenbezogener Daten im B2B-Kontext.[34] **80**

Tatsächlich hatte der Normgeber bei der Regelung der Datenübertragbarkeit nur Internetsachverhalte vor Augen. **81**

Dies ergibt sich eindeutig aus der Folgenabschätzung der Europäischen Kommission. Dort wird im Zusammenhang mit dem Recht auf Datenübertragung ausschließlich von „applications", **82**

34 Vgl. *CIPL*, Comments by the Centre for Information Policy Leadership on the Article 29 Data Protection Working Party's „Guidelines on the right to data portability" adopted on 13 December 2016, S. 1 f. (mit Verweis auf das französische Recht (Art. 48 LOI n° 2016-1321 du 7 octobre 2016 pour une République numérique), in dem das Recht auf Datenportabilität auf Verbraucher beschränkt ist.

„online services" und „provider" gesprochen. Als Beispiele für mögliche Übertragungsgegenstände werden Fotos, Freundeslisten, Kontaktinformationen und Kalendereinträge genannt.[35] Daraus folgt, dass sich der Anspruch auf Datenübertragung nach den Vorstellungen jedenfalls der Kommission nur gegen Internetdiensteanbieter richten sollte.

83 Dementsprechend wurde auch während der Ratsverhandlungen z.B. eine ausdrückliche Beschränkung des Anwendungsbereichs der Norm auf soziale Medien diskutiert.[36]

84 Soweit ersichtlich, wurde bei den Verhandlungen zur DS-GVO zu keinem Zeitpunkt die Anwendung der Datenportabilität auf alle Verarbeitungssituationen in Erwägung gezogen, weshalb eine teleologische Reduktion der Norm durchaus dem Willen des Normgebers entsprechen dürfte, auch wenn der Wortlaut der Norm weiter ist. Das Recht auf Datenübertragung sollte dann auf die Nutzung von Diensten von Internetdiensteanbietern und auf diejenigen Daten beschränkt sein, die erforderlich sind, um einen neuen Dienst sinnvoll weiternutzen zu können.[37]

2. Übertragungsgegenstand

a) Den Antragsteller „betreffende" personenbezogene Daten

85 Das Recht auf Datenübertragung besteht nur in Bezug auf personenbezogene Daten, die den Antragsteller betreffen („data concerning him or her"). Ausgeschlossen sind somit anonyme Daten, personenbezogene Daten Dritter, Daten des Verantwortlichen und nicht-personenbezogene Daten.

86 Bezöge sich das Recht auf Datenübertragung auch auf die personenbezogenen Daten Dritter, bestünde immer die Gefahr, dass das Datenschutzrecht Dritter verletzt würde. Die Einschränkung korrespondiert daher weitgehend mit Abs. 4, wonach das Recht auf Datenübertragung die Rechte und Freiheiten anderer Personen nicht beeinträchtigen darf.

87 Problematisch ist dies in allen Fällen, in denen personenbezogene Daten Dritter auch den Betroffenen betreffen. Solche „auch die betroffene Person betreffende"[38] Daten sind z.B.

- Emails, die den Sender und den oder die Empfänger „betreffen",
- Fotos, auf denen mehrere Personen abgebildet sind und die daher mehrere Personen „betreffen", oder
- Telefonprotokolle in der „account history" des Betroffenen, die seine Gesprächspartner erkennen lassen und damit auch diese „betreffen".

---

35 Commission Staff Working Paper (Impact Assessment) v. 25.1.2012, SEC(2012) 72 final:
(Ziff. 3.3.1 lit. b:) „There is also no explicit right for the individual to extract his/her own personal data (e.g. his/her photos or a list of friends) from an application or service in a format that may be processed further, so that the individual may transfer data to another application or service. With increasing use of certain online service, the amount of personal data collected in this service becomes an obstacle for changing services, even if better, cheaper or more privacy friendly services become available. This could mean the loss of contact information, calendar history, interpersonal communications exchanges and other kinds of personally or socially relevant data which is very difficult to recreate or restore. Even where possible, re-entering the data manually into another service can be a major effort. This situation effectively creates a lock-in with the specific service for the user and makes it effectively very costly or even impossible to change provider and benefit from better services available on the market. Portability is a key factor for effective competition, as evidenced in other market sectors, e.g. number portability in the telecom sector."
(Ziffer 5.2.2, Option 2:) „Introducing a right to data portability, giving individuals the possibility to withdraw their personal data from a service provider and process them themselves or transfer them to another provider, without hindrance from the controller. […] and where this is technically feasible and appropriate, to have their data transferred from one service provider to another one. The data should be provided in a format that allows further processing either by the individual itself."

36 Vgl. z.B. Ratsdok. 11028/14 v. 30.6.2014 (Fn. 171).

37 In diese Richtung auch *BITKOM*, Stellungnahme zum Recht auf Datenübertragbarkeit nach Art. 20 Datenschutz-Grundverordnung (v. 14.3.2017), S. 4.

38 Ehmann/Selmayr, *Kamann/Braun*, Art. 20 Rn. 15 und Art. 21 Rn. 18.

Auf die Probleme, die solche „multi-data subject"-Situationen für das Recht auf Datenübertragung aufwerfen, hatte u.a. Deutschland während der Ratsverhandlungen hingewiesen.[39] Diese Bedenken haben dazu beigetragen, dass der Rat in den Verhandlungen zur DS-GVO die Klarstellung durchsetzte, dass die betroffene Person nur „die sie betreffenden" Daten übertragen können soll. **88**

Die Art. 29-Gruppe stellt zu Fällen dieser Art nunmehr lapidar fest: *„[...] data controllers should not take an overly restrictive interpretation of the sentence ‚personal data concerning the data subject'"*.[40] Ob diese Aussage der erheblichen Gefahr, dass durch eine Datenübertragung Rechte Dritter beeinträchtigt werden können, gerecht wird, ist fraglich (genauer unten Rn. 128 ff.). **89**

Für pseudonymisierte Daten gelten die Sonderregelungen des Art. 11 Abs. 2. Das heißt, der Verantwortliche kann die Datenübertragung grundsätzlich ablehnen, es sei denn, der Betroffene stellt zur Ausübung des Rechts auf Datenübertragung zusätzliche Informationen bereit, die dem Verantwortlichen die Identifizierung des Betroffenen ermöglichen (genauer siehe Art. 11 Rn. 38 ff.). **90**

b) Vom Antragsteller „bereitgestellte" Daten

Das Recht zur Datenübertragung gilt nur für diejenigen personenbezogenen Daten, die der Betroffene dem Verantwortlichen selbst bereitgestellt hat („has provided to a controller"). **91**

Das ist zunächst insofern konsequent, als das Recht auf Datenübertragung nach Abs. 1 lit. a nur besteht, wenn die Datenverarbeitung entweder auf der Grundlage einer Einwilligung oder auf der Grundlage eines Vertrages stattfindet. Das heißt, das Recht auf Datenübertragung gilt nicht, wenn der Verantwortliche die Daten **92**

- ohne Mitwirkung des Betroffenen erhoben hat,
- aus allgemein zugänglichen Quellen erhoben hat,
- von Dritten übermittelt bekommen hat,
- allein aufgrund gesetzlicher Verpflichtung verarbeitet hat (z.B. Verkehrsdaten beim eCall-System) oder
- aufgrund eigener Leistung „veredelt" hat.

Insb. die vom Verantwortlichen „produzierten" Daten gehören nicht zum Übertragungsgegenstand. Die ärztliche Diagnose, die unter Verarbeitung personenbezogener Daten erstellte fachliche Analyse einer Rechtsfrage[41], der von einer Auskunftei ermittelte Scorewert oder ein von einem Navigationsdienst aus den Bewegungsdaten erstelltes Personenprofil sind somit von der Übertragung nach Art. 20 ausgeschlossen. Dies gilt auch nach Auffassung der Art. 29-Gruppe, die insofern von „inferred data" oder von „derived data" spricht.[42] **93**

Ob der Anwendungsbereich des Art. 20 (Daten, die der Betroffene dem Verantwortlichen bereitstellt) mit dem des Art. 13 (Daten, die beim Betroffenen erhoben werden) identisch ist[43], ist fraglich. Hiesigen Erachtens können zum Beispiel Daten, die Betroffene auf seiner eigenen Webseite veröffentlicht, „bei diesem" erhoben werden, wodurch der Anwendungsbereich des Art. 13 eröffnet wäre. Sie werden aber durch die Veröffentlichung im Internet noch nicht „bereitgestellt" im Sinne von Art. 20, weil es hierfür der Einwilligung des Betroffenen oder eines Vertrages bedürfte. **94**

---

39 Vgl. z.B. Ratsdok. 15395/14 v. 19.12.2014 (Fn. 187).
40 *Art. 29 Data Protection Working Party*, Guidelines on the Right to Data Portability, WP 242rev.01 (adopted on 5 April 2017), S. 9.
41 *EuGH*, Urteil vom 17. Juli 2014 – Rs C-141/12 und C-372/12.
42 *Art. 29 Data Protection Working Party*, Guidelines on the Right to Data Portability, WP 242rev.01 (adopted on 5 April 2017), S. 10.
43 So *Schätzle*, in: PinG 2016, 71, 73; in diese Richtung auch Ehmann/Selmayr, *Kamann/Braun*, Art. 17 Rn. 13.

95 Streitig ist, ob Daten, die durch die Nutzung eines Dienstes entstehen, noch als vom Betroffenen „bereitgestellt" angesehen werden können. Die Art. 29-Gruppe spricht in diesem Zusammenhang von „oberserved data"[44], also von bei der Nutzung aufgezeichneten Daten. Dies betrifft zum Beispiel systemerforderliche Daten, bei Online-Diensten die gespeicherten IP-Adressen und Anmeldezeiträume, bei Smart Metern den aufgezeichneten Stromverbrauch, bei Fitnesstrackern den aufgezeichneten Herzschlag, bei Suchmaschinen die Suchhistorie, usw.

96 Nach einer Ansicht setzt das Bereitstellen eine „aktive und wissentliche" Handlung des Betroffenen voraus.[45] Folgt man dieser Ansicht, fallen Nutzungsdaten nicht in den Anwendungsbereich des Art. 20.

97 Nach anderer Ansicht gilt Art. 20 auch für Nutzungsdaten. Diese Ansicht vertritt insbesondere die Art. 29-Gruppe: *„A data controller can exclude those inferred data but should include all other personal data provided by the data subject through technical means provided by the controller."*[46] Für ein Bereitstellen soll die Möglichkeit der Kenntnisnahme bzw. des Zugriffs durch den Verantwortlichen ausreichen.[47]

98 Die zuletzt genannte Auffassung überzeugt nicht, wie die folgende Auslegung zeigt:

99 Nach dem Wortlaut kann mit „Bereitstellen" sowohl das aktive Zur-Verfügung-Stellen im Sinne eines „Bringens" als auch ein passives „Holenlassen" gemeint sein. Allerdings spricht der allgemeine Sprachgebrauch eher dafür, ein aktives und auch voluntatives Element zu verlangen.

100 Die systematische Auslegung führt ebenfalls zu keinem zwingenden Ergebnis. Zwar findet der Begriff des „Bereitstellens" bei der Definition des Verarbeitungsbegriffs in Art. 4 Nr. 2 Erwähnung. Danach ist die „Bereitstellung" neben der „Übermittlung" und der „Verbreitung" eine Form der „Offenlegung", was eine weite Auslegung nahelegen könnte.[48] Jedoch beziehen sich diese Begriffe allesamt auf die Verarbeitung personenbezogener Daten durch den Verantwortlichen und nicht auf eine Bereitstellung der Daten durch den Betroffenen. Zudem wird „Bereitstellung" in der englischen Fassung des Art. 4 Nr. 2 nicht – wie man bei einem Gleichlauf der Begriffsdefinition mit Art. 20 vielleicht erwarten könnte – mit „provision" übersetzt, sondern mit „making available". In Art. 11 Abs. 2 S. 2 setzt das Bereitstellen von Informationen durch den Betroffenen in jedem Fall seine aktive Mitwirkung voraus. An vielen anderen Stellen wird der Begriff „Bereitstellung" in der DS-GVO für das Zur-Verfügung-Stellen von Informationen durch den Verantwortlichen (z.B. Art. 12 Abs. 7 oder Art. 13 Abs. 2 lit. e), durch die Aufsichtsbehörden (z.B. Art. 57 Abs. 2) oder durch den Europäischen Datenschutzausschuss (z.B. Art. 70 Abs. 1) verwendet, was jeweils immer ein aktives Tun voraussetzt.

101 Angesichts der Uneindeutigkeit des Wortlauts und der systematischen Auslegung muss für die Auslegung in diesem Fall der Wille des Normgebers maßgeblich sein. Der KOM-Vorschlag unterschied eindeutig zwischen Daten, die verarbeitet werden, und Daten, die der Betroffene zur Verfügung gestellt hat:

- Art. 18 Abs. 1 KOM-Vorschlag: „Werden personenbezogene Daten […] verarbeitet, hat die betroffene Person das Recht […] eine Kopie […] zu verlangen."
- Art. 18 Abs. 2 KOM-Vorschlag: „Hat die betroffene Person die personenbezogenen Daten zur Verfügung gestellt […], hat die betroffene Person das Recht, diese personenbezogenen Daten […] in ein anderes System zu überführen […]."

102 Demnach handelt es sich bei den zur Verfügung gestellten Daten nur um eine Teilmenge der insgesamt verarbeiteten Daten. Hinzu kommt, dass die Europäische Kommission in ihrer Folgenab-

---

44 *Art. 29 Data Protection Working Party*, Guidelines on the Right to Data Portability, WP 242rev.01 (adopted on 5 April 2017), S. 9 f.
45 *Piltz*, in: K&K 2016, 629, 634; Ehmann/Selmayr, *Kamann/Braun*, Art. 20 Rn. 13.
46 *Art. 29 Data Protection Working Party*, Guidelines on the Right to Data Portability, WP 242rev.01 (adopted on 5 April 2017), S. 10.
47 *Jülicher / Röttgen / v. Schönfeld*, in: ZD 2016, 358, 359.
48 In diese Richtung argumentieren *Jülicher / Röttgen / v. Schönfeld*, in: ZD 2016, 358, 359.

schätzung zur Begründung des Rechts auf Datenübertragung nur solche Beispiele (Fotos, Kontaktdaten, usw.) erwähnt hatte, bei denen die Daten dem Verantwortlichen vom Betroffenen aktiv übermittelt werden.[49] Dies spricht dafür, dass die Kommission gerade nicht alle vom Verantwortlichen verarbeiteten Daten vom Anwendungsbereich der Norm erfasst sehen wollte.

Dafür spricht auch, dass es während der Verhandlungen durchaus Vorschläge für eine Erweiterung des Anwendungsbereichs gab, die sich aber gerade nicht durchsetzen konnten. So wollte der Europäische Datenschutzbeauftragte erreichen, dass das Recht auf Datenübertragung nicht nur auf Verarbeitungsvorgänge angewendet werden sollte, bei denen die vom Betroffenen zur Verfügung gestellten Daten verwendet werden.[50] Art. 18 Abs. 2 des EDSB-Vorschlages sah keinerlei Einschränkung bei den Daten vor, die Gegenstand der Datenübertragung sein sollten.[51] **103**

Es liegt der Verdacht nahe, dass die Art. 29-Gruppe nunmehr durch weite Auslegung erreichen will, was sich während der Verhandlungen zur DS-GVO gerade nicht durchsetzen ließ. Die Art. 29-Gruppe verweist hierfür auf die „policy objectives of the right to data portability"[52], die es so aber gar nicht gibt. **104**

Demnach findet das Recht auf Datenübertragung nur auf die Daten Anwendung, die vom Betroffenen aktiv, wissentlich und willentlich dem Verantwortlichen zur Verfügung gestellt wurden. Nutzungsdaten werden vom Betroffenen nicht „bereitgestellt" im Sinne von Abs. 1, sondern sie entstehen, ohne dass der Betroffene Einfluss auf die Bereitstellung hat. Eine solche Auslegung führt in der Tat dazu, dass der Anwendungsbereich der Norm relativ klein bleibt.[53] **105**

Eine vermittelnde, den Anwendungsbereich behutsam erweiternde Auslegung könnte darin bestehen, dass man die Bereitstellung noch bejaht, wenn der Zweck der Datenverarbeitung gerade in der Bereitstellung besteht (wie z.B. bei Fitnesstrackern). In diesen Fällen wäre auch das voluntative Element noch gegeben, denn der Betroffene will ja gerade, dass der Verantwortliche die von ihm produzierten Daten in einer bestimmten Weise verarbeitet.[54] Bei der Suchhistorie einer Suchmaschine, deren Speicherung für den Zweck der Suche nicht erforderlich ist, dürfte man aber z.B. kaum noch von einer Bereitstellung sprechen können. **106**

Fraglich ist, welchen Aufwand der exportierende Verantwortliche treiben muss, um Daten, die einst vom Betroffenen bereitgestellt, zwischenzeitlich aber gelöscht wurden, wiederherzustellen, wenn dies technisch möglich ist. Bspw. könnte ein Email-Provider die Email des Betroffenen an einen Empfanger wiederherstellen, wenn nur der Betroffene die Email vom Server gelöscht hat, der Empfänger dies aber noch nicht getan hat. Hiesigen Erachtens wäre dies ein Anwendungsfall des Art. 11. Im Übrigen sind personenbezogene Daten vom Verantwortlichen bei Vorliegen einer der Tatbestände des Art. 17 Abs. 1 eigenständig zu löschen. Auf diese gelöschten Daten kann sich der Übertragungsanspruch nicht mehr beziehen, wie sich auch aus Abs. 3 S. 1 ergibt, wonach die Ausübung des Rechts auf Datenübertragung den Art. 17 unberührt lässt. Der Verantwortliche hat auch keine Pflicht zur Speicherung von Daten, die über anderweitig geregelte Speicherpflichten hinausginge und die nur bestünde, um etwaige zukünftige Übertragungsansprüche des Betroffenen besser erfüllen zu können.[55] **107**

---

49 Siehe oben Fn. 35.
50 *EDSB*, Stellungnahme 3/2015 – Empfehlungen des EDSB zu den Optionen der EU für die Datenschutzreform, 28.7.2015, S. 17 (Fn. 34).
51 *EDSB*, Annex to Opinion 3/2015: Comparative table of GDPR texts with EDPS recommendations, Art. 18 Abs. 2: „The data subject has the right to obtain the transmission to another controller of the personal data relating to him or her […]."
52 *Art. 29 Data Protection Working Party*, Guidelines on the Right to Data Portability, WP 242rev.01 (adopted on 5 April 2017), S. 10.
53 Statt vieler *Cuijpers/Purtova/Kosta*, Data Protection Reform and the Internet: The Draft Data Protection Regulation, S. 12.
54 In diese Richtung *CIPL*, Comments by the Centre for Information Policy Leadership on the Article 29 Data Protection Working Party's „Guidelines on the right to data portability" adopted on 13 December 2016, S. 8.
55 Ebenso *Art. 29 Data Protection Working Party*, Guidelines on the Right to Data Portability, WP 242rev.01 (adopted on 5 April 2017), S. 6.

3. Übertragungsformat

108 Die Daten müssen in einem strukturierten, gängigen und maschinenlesbaren Format übertragen werden. Dies unterscheidet das Recht auf Datenübertragung von dem Recht auf Auskunft (Art. 15 Abs. 1 und 2) und vom Recht auf Erhalt einer Kopie (Art. 15 Abs. 3 und 4).[56] Auskunft und Kopie dienen der Transparenz der Datenverarbeitung. Die Datenübertragung dient der Möglichkeit, denselben Datensatz ohne weiteres durch einen anderen Verantwortlichen verarbeiten lassen zu können. Auskunft und Kopie müssen daher lediglich schriftlich oder in anderer Form, ggf. auch elektronisch (Art. 12 Abs. 1 S. 2, Abs. 3 S. 4) und in präziser, transparenter, verständlicher und leicht zugänglicher Form in einer klaren und einfachen Sprache (Art. 12 Abs. 1 S. 1) erteilt werden. Im Gegensatz dazu enthält das Recht auf Datenübertragung Anforderungen an die Interoperabilität des zu übertragenden Datensatzes.

109 Was in der EU unter Interoperabilität zu verstehen ist, legt Art. 2 lit. a des Beschlusses Nr. 922/2009/EG vom 16. September 2009 über Interoperabilitätslösungen für europäische öffentliche Verwaltungen (ISA) fest. Demnach ist *„‚Interoperabilität' die Fähigkeit verschiedener und unterschiedlicher Organisationen zur Interaktion zum beiderseitigen Nutzen und im Interesse gemeinsamer Ziele; dies schließt den Austausch von Informationen und Wissen zwischen den beteiligten Organisationen durch von ihnen unterstützte Geschäftsprozesse mittels Datenaustausch zwischen ihren jeweiligen IKT-Systemen ein"*. Die Interoperabilität ist das gewünschte Ergebnis des Rechts auf Datenübertragung (EG 68 S. 2). „Strukturierte", „gängige" und „maschinenlesbare" Formate sind minimale Anforderungen an die Mittel zur Erreichung dieses Zieles.[57]

110 Die Datenmigration ist in der Regel ein äußerst komplexer Vorgang, der – so die Einwände von Verbänden gegen das Recht auf Datenübertragung – selbst bei Inhouse-Projekten große Schwierigkeiten bereitet.[58] Erst recht problematisch dürfte die angestrebte Form der Datenübertragung werden, wenn der Datenexporteur überhaupt kein Interesses daran hat, die bei ihm befindlichen Daten an einen Dritten (mit einiger Wahrscheinlichkeit ein Konkurrent) zu übermitteln.[59] Die Europäische Kommission hatte die Schwierigkeiten bei der Datenübertragung durchaus erkannt. Ihre Lösung bestand darin, sich selbst die Durchführungsbefugnis zu geben, das „elektronische Format" und die „technischen Standards, Modalitäten und Verfahren" für die Übertragung festzulegen (Art. 18 Abs. 3 KOM-E). Dies wurde jedoch sowohl vom Europäischen Parlament als auch vom Rat abgelehnt.

a) Strukturiertes Format

111 Die Formulierung „strukturiertes Format" dürfte wohl falsch sein. Gemeint ist nicht, dass das Format, in dem die Daten übertragen werden, strukturiert sein muss, sondern dass die Daten selbst strukturiert übertragen werden sollen. Hierfür muss das Format die Voraussetzung bieten.

112 Elektronische Datensätze sind in der Regel strukturiert. Es könnte daher eine darüber hinausgehende Struktur gemeint sein.[60]

113 Art. 4 Nr. 6 verwendet den Begriff „strukturiert" in der Definition des Begriffs „Dateisystem". Danach ist ein „Dateisystem" jede strukturierte Sammlung personenbezogener Daten, die nach bestimmten Kriterien zugänglich sind, unabhängig davon, ob diese Sammlung zentral, dezentral oder nach funktionalen oder geografischen Gesichtspunkten geordnet geführt wird.

---

56 *Schätzle*, in: PinG 2016, 71, 74.

57 *Art. 29 Data Protection Working Party*, Guidelines on the Right to Data Portability, WP 242 (adopted on 13 December 2016), S. 13.

58 *Deutscher Industrie- und Handelskammertag*, Zum Thema Datenportabilität – EU-Datenschutz-GrundVO, Stellungnahme vom 9. Mai 2014, S. 1.

59 Deutscher Industrie- und Handelskammertag, a.a.O.

60 *Schätzle*, in: PinG 2016, 71, 74.

b) Gängiges Format

Was unter einem gängigen Format zu verstehen ist, ist fraglich. Der DS-GVO lassen sich keine Anhaltspunkte dafür entnehmen, wann ein Format als gängig anzusehen ist. Zudem ist die deutsche Übersetzung nicht ganz exakt. In der englischen Fassung heißt es „commonly used format", also allgemein gebräuchliches Format. Ein Format ist somit dann als „gängig" anzusehen, wenn es allgemein gebräuchlich ist. 114

Ein „gängiges" Format dürfte weniger sein, als ein „interoperables" Format. Zu klären ist, welche Maßstäbe oder Kriterien die allgemeine Gebräuchlichkeit eines Formates bestehen. Hierfür dürfte eine branchenspezifische und eine geographische Betrachtung vorzunehmen sein. Es müssen also Kriterien für die Abgrenzung des relevanten Marktes, insb. der relevanten Branche und des relevanten geographischen Gebietes, herausgearbeitet werden. 115

Geographische Kriterien: Was in einem Mitgliedstaat gängig ist, kann in einem anderen Mitgliedstaat unbekannt sein. Es spricht viel dafür, nur solche Formate als gängig anzusehen, die in allen Mitgliedstaaten gleichermaßen gängig sind. Dies folgt daraus, dass die Begriffe „gängig" oder „allgemein gebräuchlich" vom status quo zum Zeitpunkt der Geltendmachung des Anspruchs ausgehen. Das Schutzniveau ist aber in allen Mitgliedstaaten nur einheitlich (EG 10 S. 1) und eine unionsweit gleichmäßige und einheitliche Anwendung der Regelungen der DS-GVO findet nur statt (EG 10 S. 2), wenn nicht ein Anspruch auf Datenübertragung zwischen Verantwortlichen innerhalb eines Mitgliedstaates oder zwischen Verantwortlichen aus Mitgliedstaat x und Mitgliedstaat y aufgrund Vorhandenseins eines gängigen Formates besteht, während derselbe Anspruch auf Datenübertragung zwischen Verantwortlichen innerhalb eines anderen Mitgliedstaates oder zwischen Verantwortlichen aus Mitgliedstaat a und Mitgliedstaat b aufgrund Fehlens eines gängigen Formates verneint werden muss. Dem Harmonisierungsziel der DS-GVO entspräche es zwar, wenn die DS-GVO eine Verpflichtung zur Schaffung gängiger Formate schaffen würde. Dies wird aber durch die DS-GVO ausdrücklich abgelehnt. Zwar ermuntert EG 68 S. 2 die Verantwortlichen zur Entwicklung interoperabler Formate. EG 68 S. 7 schließt aber eine Verpflichtung zur Schaffung technisch kompatibler Datenverarbeitungssysteme ausdrücklich aus. Eine solche Verpflichtung wäre auch zu weitgehend, da mit der DS-GVO zwar das Datenschutzrecht innerhalb der EU, nicht aber technische Standards harmonisiert werden sollen. Dies hat zur Folge, dass womöglich in Ermangelung allgemein gebräuchlicher Formate in nur wenigen Fällen Art. 20 überhaupt zur Anwendung kommen kann. Das Ansetzen an einem gängigen Format setzt sogar geradezu Anreize, proprietäre Formate zu schaffen, um so der Pflicht zur Datenübertragung zu entgehen. 116

Branchenspezifische Kriterien: Darüber hinaus wird es darauf ankommen, den Verbreitungsgrad eines bestimmten Formates im jeweils relevanten Markt zu erkennen. Fraglich ist dabei, wie der relevante Markt abgegrenzt werden kann. Hierbei wird es auf die Umstände des Einzelfalls ankommen. Gerade bei Internetdiensteanbietern dürfte diese Abgrenzung allerdings schwierig werden. Möglich wäre es, alle sozialen Netzwerke als einen Markt zu betrachten. Möglich wäre es aber auch, berufliche Netzwerke (z.B. Xing, LinkedIn), Fotonetzwerke (z.B. Flickr, Picasa, Instagram, Eyeem), Freundesnetzwerke (z.B. Facebook, Google+), usw. zu unterscheiden. Möglich wäre schließlich, jedes dieser Netzwerke wegen des von jedem Anbieter verwendeten proprietären Formats als eigenen relevanten Markt anzusehen. In diesem Falle liefe das Recht auf Datenübertragung mangels eines einheitlichen gängigen Formates weitgehend leer. 117

Das Kriterium der „Gängigkeit" soll sicherstellen, dass die Daten von einem anderen Verantwortlichen unproblematisch weiter verwendet werden können. Dieses Regelungsziel wurde durch die ursprüngliche Formulierung in Art. 18 Abs. 1 KOM-E klargestellt. Dort hieß es, dass die Daten in einem Format übermittelt werden sollten „which is commonly used **and allows for further use by the data subject**". Da es aber (aufgrund der Streichung von Art. 18 Abs. 3 KOM-E) weder eine Durchführungsbefugnis der Europäischen Kommission noch eine Pflicht der Verantwortlichen zur Schaffung interoperabler Formate (EG 68 S. 7; vgl. Rn. 54 f.) gibt, ist fraglich, wie das Regelungsziel erreicht werden soll, wenn es kein gängiges Format gibt. In der bestehenden Form 118 ist das Abstellen auf das Vorhandensein eines gängigen Formates sogar ein Anreiz für den Verantwortlichen durch die Schaffung proprietärer Formate, die Pflicht zur Datenübertragung zu umgehen. Verwenden der erste und der zweite Verantwortliche jeweils gängige, aber gleichwohl unterschiedliche Formate, scheitert die Datenübertragung mangels Interoperabilität trotz der Verwendung gängiger Formate.

119 Als Minus gegenüber dem Vorhandensein eines interoperablen Formats ist noch die Möglichkeit in Betracht zu ziehen, die Daten wenigstens in ein Format mit geringerer Format„tiefe" umzuwandeln. Bspw. sind „pdf"- und „doc"-Formate für Texte, „jpg"-Formate für Bilder, „mp3"-Formate für Töne und „mpeg"-Formate für Videos sicherlich als „gängig" bzw. „allgemein gebräuchlich" zu bezeichnen. Der Erhalt der Daten in diesen Formaten stellte für den Betroffenen aber kaum einen Mehrwert gegenüber der Auskunft oder der Kopie gem. Art. 15 dar, da die Übertragung von Daten in diesen Formaten kaum erleichtert werden dürfte, wenn die Verantwortlichen mit proprietären Formaten arbeiten.

c) Maschinenlesbares Format

120 Maschinenlesbar ist ein Format, wenn eine computergesteuerte Verwendung möglich ist.[61] EG 21 der Richtlinie 2013/37/EU vom 26. Juni 2013 zur Änderung der Richtlinie 2003/98/EG über die Weiterverwendung von Informationen des öffentlichen Sektors definiert, was als ein maschinenlesbares Format gelten sollte. Maschinenlesbar ist demnach ein Format, *„wenn es in einem Dateiformat vorliegt, das so strukturiert ist, dass Softwareanwendungen die konkreten Daten einfach identifizieren, erkennen und extrahieren können. In Dateien verschlüsselte Daten, die in maschinenlesbarem Format strukturiert sind, sind maschinenlesbare Daten. Maschinenlesbare Formate können offen oder geschützt sein; sie können einem formellen Standard entsprechen oder nicht. Dokumente, die in einem Dateiformat verschlüsselt sind, das eine automatische Verarbeitung einschränkt, weil die Daten nicht oder nicht ohne Weiteres aus ihnen extrahiert werden können, sollten nicht als maschinenlesbar gelten"*.

4. Übertragungsweg (Abs. 1 oder 2)

121 Im Hinblick auf die Art und Weise der Übertragung der Daten vom ersten auf den zweiten Verantwortlichen hat der Betroffene ein Wahlrecht:

- Indirekter Übertragungsweg („Daten erhalten und übermitteln"): Nach Abs. 1 kann der Betroffene verlangen, dass er die Daten in einem ersten Schritt vom ersten Verantwortlichen erhält. Sodann kann er selbst die Daten an den anderen Verantwortlichen übermitteln, ohne dabei vom ersten Verantwortlichen „behindert" werden zu dürfen.
- Direkter Übertragungsweg („Erwirken, dass Daten übermittelt werden"): Nach Abs. 2 kann der Betroffene vom ersten Verantwortlichen verlangen, dass dieser die Daten direkt an den zweiten Verantwortlichen übermittelt. Diese zweite Möglichkeit steht allerdings unter dem Vorbehalt, dass sie technisch machbar ist.

122 In beiden Fällen schließt Art. 20 nicht aus, dass auch nach der Übertragung ein Datensatz beim ersten Verantwortlichen verbleibt, dieser also nach der Übertragung sowohl beim ersten als auch beim zweiten Verantwortlichen liegt. Dafür spricht jedenfalls, dass man sich in den Ratsverhandlungen gegen den zwischenzeitlich für den Übertragungsvorgang verwendeten Begriff „withdraw"[62] entschieden hat. „Withdraw" hätte bedeutet, dass im Falle einer Übertragung die Daten dem exportierenden Verantwortlichen in jedem Fall entzogen worden wären. Am Ende setzten sich in den Verhandlungen jedoch „receive" und „transmit" gegen „withdraw" und „transmit" durch.

123 Fraglich ist, wie das Tatbestandsmerkmal der „technischen Machbarkeit" in Abs. 2 auszulegen ist. Es ist zu erwarten, dass Neuanbieter das Tatbestandsmerkmal weit auslegen werden, um ge-

---

61 *Schätzle*, in: PinG 2016, 71, 74.
62 Vgl. Art. 18 Abs. 2 Ratsdok. 17831/13 vom 16. Dezember 2013.

genüber potentiellen Neukunden mit einen unkomplizierten Umstieg vom Altanbieter auf den Neuanbieter werben zu können. So könnte zum Beispiel der Leasingnehmer eines Fahrzeugs die Übermittlung von Informationen zu seinem Fahrverhalten direkt an einen anderen Leasinggeber verlangen.[63] Altanbieter werden hingegen das Tatbestandsmerkmal eng auslegen, um so in möglichst wenig Fällen zu einer Direktübermittlung von Daten an einen Mitbewerber verpflichtet zu sein. Wenn ein Übertragung der Daten über das Internet wegen der Größe der zu übertragenden Dateien schwierig ist, muss auch eine Übermittlung durch ein physisches Medium (z.B. DVD) in Betracht gezogen werden.[64]

5. Ausnahmen (Abs. 4)

Gem. Abs. 4 darf das Recht aus Abs. 2 die Rechte und Freiheiten anderer Personen nicht beeinträchtigen. Welche anderen Personen vom Recht auf Datenübertragung im Einzelnen beeinträchtigt sein könnten, wird dabei genauso wenig konkretisiert, wie die Frage, welche Rechte und Freiheiten dieser anderen Personen das Recht auf Datenübertragung beeinträchtigen könnte. „Andere Personen" im Sinne von Abs. 4 können der Verantwortliche (nachfolgend Rn. 125 ff.), der Auftragsverarbeiter oder ein Dritter im Sinne von Art. 4 Nr. 10, darunter insb. andere datenschutzrechtlich Betroffene (nachfolgend Rn. 128 ff.) sein. Seltsam ist, dass die Ausnahmeregelung des Abs. 4 nur für den Übertragungsweg nach Abs. 2, nicht aber für den Übertragungsweg nach Abs. 1 zu gelten scheint (nachfolgend Rn. 138). **124**

a) Rechte und Freiheiten des Verantwortlichen

Durch die Datenübertragung dürfen die Rechte und Freiheiten des Verantwortlichen nicht beeinträchtigt werden. In Rede stehen insb. Urheberrechte, Betriebs- und Geschäftsgeheimnisse sowie gewerbliche Schutzrechte des Verantwortlichen. Der Schutz des geistigen Eigentums war im Standpunkt des Rates (Art. 18 Abs. 2aa Ratsentwurf) noch ausdrücklich erwähnt worden. In Bezug auf Art. 15 erwähnt EG 63 S. 5 diese Gegenrechte des Verantwortlichen noch. Insb. diese Gegenrechte sind auch in Abs. 4 gemeint. **125**

Während der Ratsverhandlungen diskutiert[65] wurde auch eine mögliche Kollision des Rechts auf Datenübertragung mit den Rechten des Urhebers einer Datenbank gem. der Richtlinie 96/9/EG über den rechtlichen Schutz von Datenbanken. Insb. Art. 7 Abs. 1 dieser Richtlinie kann einer Datenübertragung gem. Abs. 1 und 2 entgegenstehen, denn nach jener Norm sind die Mitgliedstaaten verpflichtet, für den Hersteller einer Datenbank das Recht vorzusehen, die Entnahme und/oder die Weiterverwendung der Gesamtheit oder eines in qualitativer oder quantitativer Hinsicht wesentlichen Teils des Inhalts dieser Datenbank zu untersagen. **126**

Mit der Datenverarbeitung ist häufig eine langjährige Kundenbeziehung verbunden, auf deren Inhalt die Datenübertragung des Art. 20 zumindest Rückschlüsse zulässt.[66] Auch insofern kommt eine Einschränkung des Rechts auf Datenübertragung in Betracht. **127**

b) Rechte und Freiheiten anderer Betroffener

EG 68 S. 8 lautet: *„Ist im Fall eines bestimmten Satzes personenbezogener Daten mehr als eine betroffene Person tangiert, so sollte das Recht auf Empfang der Daten die Grundrechte und Grundfreiheiten anderer betroffener Personen nach dieser Verordnung unberührt lassen."* Der Erwägungsgrund stellt somit klar, dass „Rechte und Freiheiten anderer Personen" im Sinne von Abs. 4 auch Rechte und Freiheiten anderer Betroffener sein können. Durch die Herausgabe eines Datensatzes darf insb. das Datenschutzrecht Dritter nicht beeinträchtigt werden. **128**

---

63 *Schätzle*, in: PinG 2016, 71, 73.
64 *Art. 29 Data Protection Working Party*, Guidelines on the Right to Data Portability, WP 242 (adopted on 13 December 2016), S. 12.
65 Ratsdok. 9897/1/12 REV1 vom 24. Mai 2012, S. 81 f.
66 *Deutscher Industrie- und Handelskammertag*, Zum Thema Datenportabilität – EU-Datenschutz-GrundVO, Stellungnahme vom 9. Oktober 2014, S. 1.

129 Diese Regelung stellt an sich eine Selbstverständlichkeit dar, ist in der Praxis aber nicht einfach umzusetzen. Insb. in sozialen Netzwerken sind die Beiträge der Akteure oft in vielfacher Weise miteinander verschränkt. So enthalten bspw. Gruppenbilder personenbezogene Daten verschiedener Betroffener, die darüber hinaus auch noch von verschiedenen Personen getagged, kommentiert und weitergeleitet werden. Dasselbe gilt für das Zitieren und Kommentieren in sozialen Netzwerken und Onlineforen sowie für das Retweeten und Zitieren bei Twitter. Für weitere Beispiele solcher „multi-data subject"-Situationen siehe oben Rn. 85 ff.

130 In vielen dieser Fälle wird es dem Verantwortlichen faktisch kaum möglich sein, bei den Daten, die der Betroffene „bereitgestellt" hat, die diesen betreffenden Daten von den Daten, die andere Nutzer (also Drittbetroffene) betreffen, zu trennen. Man wird vom exportierenden Verantwortlichen z.B. kaum verlangen können, bei Gruppenfotos alle Personen außer dem Betroffenen unkenntlich zu machen. Es wird aber faktisch auch kaum möglich sein, in einem Chatverlauf oder in einem getaggeden Bild die vom Betroffenen hinzugefügten Daten von den Daten zu trennen, die andere Nutzer hinzugefügt haben.

131 Wenn dies aber faktisch doch möglich sein sollte, stellt sich die Frage nach der Zulässigkeit eines solchen Vorgehens des Verantwortlichen. Die Analyse und Trennung der Daten verschiedener Nutzer voneinander sind ihrerseits rechtfertigungsbedürftige Datenverarbeitungen des Internetdiensteanbieters:

- In Bezug auf die dabei erforderliche Verarbeitung der Daten des antragstellenden Betroffenen dürfte der exportierende Verantwortliche durch den Antrag legitimiert sein, eine entsprechende Prüfung und Verarbeitung vorzunehmen. Aus Sicht dieses Verantwortlichen läge eine Verarbeitung im berechtigten Interesse des Betroffenen, der in diesem Fall Dritter im Sinne des Art. 6 Abs. 1 lit. f wäre, vor.
- In Bezug auf die dabei erforderliche Verarbeitung der Daten anderer Nutzer (also der Drittbetroffenen) ist aber fraglich, ob eine Rechtfertigungsgrundlage für eine solche Datenverarbeitung vorliegt. Als Rechtsgrundlage kommt ebenfalls Art. 6 Abs. 1 lit. f in Betracht. Eine Überprüfung des Datensatzes und Ausscheidung der Daten Drittbetroffener vor Übertragung an einen anderen Verantwortlichen läge wohl sowohl im Interesse des antragstellenden Betroffenen als auch im Interesse der Drittbetroffenen.

132 Eine andere Frage ist, ob eine Pflicht des exportierenden Verantwortlichen, eine solche Prüfung vorzunehmen, noch als verhältnismäßig anzusehen ist. Es besteht – auch in der Literatur – große Verwirrung darüber, welche Rolle der exportierende Verantwortliche überhaupt hat:

- Die Art. 29-Gruppe meint zunächst, der exportierende Verantwortliche sei für die Verarbeitung in Ausführung eines Übertragungsverlangens des Betroffenen gar nicht mehr verantwortlich. Der exportierende Verantwortliche handele *„on behalf of the data subject"*.[67] Konsequent zu Ende gedacht müsste man den exportierenden Verantwortlichen bei der Vorbereitung der Datenübertragung als Auftragsverarbeiter des Betroffenen und den Betroffenen als (für die Datenübertragung) Verantwortlichen ansehen.
- Dann allerdings meint die Art. 29-Gruppe, dass exportierende Verantwortliche *„should set safeguards to ensure they genuinely act on the data subject's behalf"*.[68] Wer nun verantwortlich dafür ist, dass personenbezogene Daten Drittbetroffener nicht mitübertragen werden, bleibt unklar.

133 Nach Auffassung der Art. 29-Gruppe gilt für Fälle dieser Art Folgendes: *„In many circumstances, data controllers will process information that contains the personal data of several data subjects. Where this is the case, data controllers should not take an overly restrictive interpretation of the*

---

67 *Art. 29 Data Protection Working Party*, Guidelines on the Right to Data Portability, WP 242rev.01 (adopted on 5 April 2017), S. 6.

68 *Art. 29 Data Protection Working Party*, Guidelines on the Right to Data Portability, WP 242rev.01 (adopted on 5 April 2017), S. 6.

sentence ‚personal data concerning the data subject'."[69] Demnach soll der exportierende Verantwortliche auch die personenbezogenen Daten Drittbetroffener sowohl an den antragstellenden Betroffenen als auch an den importierenden Verantwortlichen weitergeben dürfen. Die Art. 29-Gruppe bürdet stattdessen dem importierenden Verantwortlichen die Last auf festzustellen, welche Daten er nach dem Import verarbeiten darf: „*However, where such records are then transmitted to a new data controller, this new data controller should not process them for any purpose which would adversely affect the rights and freedoms of the third-parties.*"[70]

Diese laxe Haltung der Art. 29-Gruppe gegenüber dem Datenschutzrecht Drittbetroffener erstaunt. Bspw. wird ein Drittbetroffener, der seine Einwilligung zur Veröffentlichung eines Fotos, auf dem er abgebildet ist, auf der Webseite eines deutschen Internetdiensteanbieters im Vertrauen auf den strengen EU-Datenschutz erteilt hat, nicht zwingend damit einverstanden, dass dasselbe Foto ohne seine Einwilligung von dem deutschen Internetdiensteanbieter an einen US-Internetdiensteanbieter übermittelt wird. Ein weiteres Beispiel sind Fahrzeugdaten. Fallen etwa Halter und Fahrer auseinander, würde der Halter ohne aufwändige Separierung der vom Fahrer produzierten Daten durch das Recht auf Datenübertragung Informationen über das Fahrverhalten des Fahrers bekommen können.[71] Möglicherweise hat der Drittbetroffene „seine" Daten dem Betroffenen und dem ersten Verantwortlichen auch nur im Vertrauen darauf bereitgestellt, dass die Verwendung im Rahmen der Haushaltsausnahme und damit außerhalb des Anwendungsbereichs des Datenschutzrechts stattfindet (Art. 2 Abs. 2 lit. c). Bei einer Übermittlung der Daten des Drittbetroffenen durch einen exportierenden Verantwortlichen an einen importierenden Verantwortlichen hat der Drittbetroffene keine Möglichkeit mehr zu überprüfen, ob die Weiterverwendung der Daten durch den importierenden Verantwortlichen sich im ursprünglich einzig vorgesehenen privaten Bereich hält. **134**

Die Übermittlung der Daten von Drittbetroffenen durch einen exportierenden Verantwortlichen an den Betroffenen oder an einen importierenden Verantwortlichen kann jedenfalls nicht darauf gestützt werden, dass dies zur Erfüllung der Verpflichtung des Art. 20 erforderlich wäre. Denn damit würde der nicht einmal datenschutzrechtlich, sondern wettbewerbsrechtlich begründete Anspruch des Betroffenen auf Datenübertragung generell über das Datenschutzrecht des Drittbetroffenen gestellt. Möglicherweise lässt sich eine solche Übermittlung auf das berechtigte Interesse des die Datenübertragung begehrenden Betroffenen stützen. Dieser wird damit aber selbst zum Verantwortlichen für die Verarbeitung der personenbezogenen Daten Drittbetroffener. **135**

Ab welchem Zeitpunkt die Verantwortlichkeit vom Betroffenen auf den neuen importierenden Verantwortlichen übergeht, ist unklar. Die Art. 29-Gruppe meint, der importierende Verantwortliche könne sich für die Verarbeitung der importierten Daten auf Art. 6 Abs. 1 lit. f berufen, wenn sich die Datenverarbeitung aus Sicht des Betroffenen noch im Rahmen der Haushaltsausnahme bewege.[72] Das kann nicht richtig sein. Wenn der Betroffene die Daten Dritter im Rahmen der Haushaltsausnahme verarbeitet oder verarbeiten lässt, bedarf es gar keiner Rechtsgrundlage, da der Anwendungsbereich des Datenschutzrechts nicht eröffnet ist. **136**

Die Lösung der Art. 29-Gruppe greift deutlich zu kurz und vernachlässigt die Rechte Dritter. Der die Datenübertragung begehrende Betroffene hat allein zu überprüfen, ob nicht die Interessen oder Grundrechte und Grundfreiheiten der drittbetroffenen Person, die den Schutz personenbezogener Daten erfordern, überwiegen. Er ist insofern als Verantwortlicher anzusehen. Kommt er bei dieser Prüfung zu dem Ergebnis, dass bei einer Datenübertragung die Rechte des Drittbetroffenen nicht verletzt werden, darf er die Datenübertragung initiieren. Hierbei kommt es darauf **137**

69 *Art. 29 Data Protection Working Party*, Guidelines on the Right to Data Portability, WP 242rev.01 (adopted on 5 April 2017), S. 9.
70 *Art. 29 Data Protection Working Party*, Guidelines on the Right to Data Portability, WP 242rev.01 (adopted on 5 April 2017), S. 9.
71 Vgl. *Schätzle*, in: PinG 2016, 71, 75.
72 *Art. 29 Data Protection Working Party*, Guidelines on the Right to Data Portability, WP 242rev.01 (adopted on 5 April 2017), S. 11.

an, für welche Zwecke er den importierenden „Verantwortlichen" einsetzen will. Bleibt die Verarbeitung im Rahmen der Haushaltsausnahme, ist die Datenübertragung zulässig. Überschreitet der Importeur später seine Befugnisse und verwendet die Daten für andere Zwecke, wird er zwar selbst zum Verantwortlichen (Rechtsgedanke des Art. 28 Abs. 10). Der Betroffene, der durch die Datenübertragung zum Verantwortlichen geworden ist, haftet aber gegenüber dem Drittbetroffenen mit dem importierenden Verantwortlichen grundsätzlich gesamtschuldnerisch (Art. 82 Abs. 4). Daher birgt die vom Betroffenen initiierte Übertragung von Daten Drittbetroffener an einen anderen Verantwortlichen für den Betroffenen gewisse Risiken.

c) Beschränkung der Ausnahme auf Absatz 2?

138 Gem. Abs. 4 gilt die Ausnahme zugunsten der Rechte und Freiheiten anderer Personen nur für „das Recht gem. Absatz 2", also nur in den Fällen, in denen der Betroffene verlangt, dass der Datensatz direkt von einem zum anderen Verantwortlichen übermittelt wird. Bei dieser Einschränkung der Ausnahme auf einen bestimmten Übertragungsweg handelt es sich um ein Redaktionsversehen. Zum einen gibt es keine vernünftige Erklärung, weshalb die indirekte Übertragung (gem. Abs. 1) gegenüber der direkten Übertragung (gem. Abs. 2) privilegiert sein sollte. Zum anderen lässt sich das Redaktionsversehen aus der Genese des Art. 18 erklären. Im Standpunkt des Rates vom war die Ausnahme noch in Art. 18 Abs. 2aa enthalten und bezog sich wie in der letztlich verabschiedeten Fassung auf Abs. 2. Einen Abs. 1 gab es in diesem Standpunkt des Rates gar nicht und das Recht auf Datenübertragung, auf das sich die Ausnahme bezog, war in Abs. 2 geregelt. Erst durch die Neunummerierung am Ende der Trilogverhandlungen wurde aus dem Abs. 2, der die Grundlagen des Rechts auf Datenübertragung bestimmte, der jetzige Abs. 1. Abs. 2 wurde neu eingefügt. Und aus Abs. 2aa wurde nach der Neunummerierung Abs. 4. Allerdings wurde die Bezugnahme des Abs. 4 (neu) auf Abs. 2 nicht angepasst. Daraus folgt, dass sich die Ausnahme des Abs. 4 auch nach dem Willen des Normgebers auf das „ganze" Recht auf Datenübertragung (also sowohl auf Abs. 1 als auch auf Abs. 2) beziehen sollte. Die Bezugnahme lediglich auf Abs. 2 ist daher ein Redaktionsversehen.

6. Fehlende Ausnahmen

139 Der Ausnahmetatbestand des Abs. 4 ist sehr weitgefasst. Es dürfte im Einzelfall vielfach unklar sein, wann Rechte und Freiheiten anderer Personen beeinträchtigt werden. Daher sollte sich der nationale Gesetzgeber überlegen, ob er nicht regelbeispielhaft Ausnahmetatbestände im nationalen Recht verankern will, die den Abs. 4 konkretisieren. Solche Ausnahmetatbestände im nationalen Recht könnten Rechtssicherheit schaffen und wären auch neben Abs. 4, der weiterhin als Auffangtatbestand zur Verfügung stünde, zulässig, soweit sie durch eine der Öffnungsklauseln des Art. 23 Abs. 1 lit. i, 85 und 89 Abs. 3 gerechtfertigt wären.

140 Darüber hinaus sollte der nationale Gesetzgeber prüfen, ob es nicht weiterer Ausnahmetatbestände zugunsten öffentlicher Interessen bedarf. Zwar ist das Bedürfnis nach Ausnahmetatbeständen zugunsten öffentlicher Interessen beim Recht auf Datenübertragung nicht so groß wie bei anderen Betroffenenrechten, weil Art. 20 nicht für Datenverarbeitungen aufgrund Gesetzes gilt. Allerdings ist denkbar, dass auch Datenverarbeitungen durch nicht-öffentliche Stellen zumindest auch im öffentlichen Interesse liegen und daher ein Bedürfnis bestehen kann, das Recht auf Datenübertragung im Einzelfall zu versagen. Gem. Art. 23 Abs. 1 sind die Mitgliedstaaten befugt, Beschränkungen des Rechts auf Datenübertragung im mitgliedstaatlichen Recht zugunsten verschiedener öffentlicher Interessen festzulegen.

C. Weitere Auswirkungen der Verordnung in der Praxis

I. Auswirkungen auf das nationale Recht

Art. 20 gilt ab dem 25.5.2018 in allen EU-Mitgliedstaaten. Soweit ersichtlich, enthält das nationale Datenschutzrecht derzeit noch keine Ansprüche, die dem Recht auf Datenübertragung entsprechen. Anpassungen des geltenden Rechts an die neuen Vorgaben der DS-GVO sind insofern nicht erforderlich. Da die DS-GVO in den Mitgliedstaaten unmittelbar gilt, bedarf es auch keiner weiteren Änderung des bestehenden Rechts. **141**

Die Mitgliedstaaten können allerdings in Bezug auf das Recht auf Datenübertragung aufgrund der Öffnungsklauseln der DS-GVO in ihrem jeweiligen nationalen Recht spezifischere Regelungen (Art. 6 Abs. 2 und 3, Art. 88), Beschränkungen (Art. 23), Abweichungen oder Ausnahmen (Art. 85 Abs. 2) und Ausnahmen (Art. 89 Abs. 3) festlegen bzw. das Recht auf Datenschutz mit anderen Grundrechten in Einklang bringen (Art. 85 Abs. 1, Art. 86). **142**

Der deutsche Gesetzgeber hat von diesen Möglichkeiten mit § 28 Abs. 4 BDSG-neu Gebrauch gemacht. Danach besteht das Recht auf Datenübertragung nicht, soweit dieses Recht voraussichtlich die Verwirklichung im öffentlichen Interesse liegender Archivzwecke unmöglich machen oder ernsthaft beeinträchtigen würde und diese Beschränkungen für die Erfüllung der Archivzwecke erforderlich ist. Die Regelung beruht auf der Öffnungsklausel des Art. 89 Abs. 3. **143**

II. Bestandsschutz bisheriger Datenverarbeitungen

Bestandsschutzfragen dürften sich im Zusammenhang mit Art. 20 kaum stellen. Anträge auf Datenübertragung können vor dem 25.5.2018 abgelehnt werden. Ab dem 25.5.2018 müssen beantragte Datenübertragungen nach den Vorgaben des Art. 20 bzw. der dann geltenden nationalen Anpassungsgesetze vorgenommen werden. **144**

In zeitlicher Hinsicht ist lediglich fraglich, ob aus dem Recht auf Datenübertragung eine Pflicht zur Speicherung von Daten (ggf. auch schon vom dem 25.5.2018) erwächst. Dies ist aus den unter Rn. 26 genannten Gründen abzulehnen. **145**

III. Sanktionen

Verstöße gegen die Verpflichtungen aus Art. 20 stellen Ordnungswidrigkeiten dar. Diese können mit einer Geldbuße belegt werden. Die Datenschutzaufsichtsbehörden können Geldbußen von bis zu 20 Mio. € oder im Falle eines Unternehmens bis zu 4 % des gesamten weltweit erzielten Jahresumsatzes des vorangegangenen Geschäftsjahrs verhängen (Art. 83 Abs. 5 lit. b). **146**

IV. Rechtsschutz

1. Rechtsschutz des Betroffenen

a) Rechtsschutz gegen Aufsichtsbehörde

Jeder Betroffene hat das Recht auf Beschwerde bei einer Aufsichtsbehörde, wenn er der Auffassung ist, dass die Verarbeitung ihn betreffender Daten gegen die DS-GVO verstößt – also auch, wenn er der Auffassung ist, der Verantwortliche erfülle seine Verpflichtungen aus Art. 20 nicht. Zuständig können die Aufsichtsbehörde in dem Mitgliedstaat des Aufenthaltsortes, des Arbeitsplatzes oder des Ortes des mutmaßlichen Verstoßes sein (Art. 77 Abs. 1). **147**

Jeder Betroffene hat darüber hinaus das Recht auf einen wirksamen gerichtlichen Rechtsbehelf gegen einen ihn betreffenden rechtsverbindlichen Beschluss einer Aufsichtsbehörde (Art. 78 Abs. 1). Jeder Betroffene hat außerdem das Recht auf einen wirksamen gerichtlichen Rechtsbehelf, wenn sich die zuständige Aufsichtsbehörde mit einer Beschwerde nicht befasst oder sie den Betroffenen nicht innerhalb von drei Monaten über den Stand oder das Ergebnis der Beschwerde **148**

in Kenntnis setzt (Art. 78 Abs. 2). Bei Streitigkeiten mit der Aufsichtsbehörde sind die Verwaltungsgerichte zuständig.

b) Rechtsschutz gegen Verantwortliche/Auftragsverarbeiter

149 Jeder Betroffene hat das Recht auf einen wirksamen gerichtlichen Rechtsbehelf gegen den Verantwortlichen (Art. 79). Der Betroffene muss eine Leistungsklage erheben. Zuständig sind entweder die Zivil- oder die Arbeitsgerichte.[73]

150 Jeder Betroffene, dem wegen eines Verstoßes gegen die DS-GVO ein materieller oder immaterieller Schaden entstanden ist, hat Anspruch auf Schadensersatz gegen den Verantwortlichen (Art. 82 Abs. 1).

c) Vertretung durch einen Verband

151 Jeder Betroffene hat das Recht, eine Einrichtung, Organisation oder Vereinigung, die im Bereich des Datenschutzes tätig ist, mit der Vertretung seiner Interessen im Zusammenhang mit den Rechten der Art. 77, 78 und 79 sowie der Geltendmachung von Schadensersatz gem. Art. 82 zu beauftragen (Art. 80 Abs. 1).

2. Rechtsschutz anderer Personen

152 Jede natürliche oder juristische Person (also insb. ein Verantwortlicher oder ein Auftragsverarbeiter) hat das Recht auf einen wirksamen gerichtlichen Rechtsbehelf gegen einen sie betreffenden rechtsverbindlichen Beschluss einer Aufsichtsbehörde (Art. 78 Abs. 1).

3. Rechtsschutz durch Verbände

153 Jede Einrichtung, Organisation oder Vereinigung ohne Gewinnerzielungsabsicht, die ordnungsgemäß nach dem Recht eines Mitgliedstaates gegründet ist, deren satzungsmäßige Ziele im öffentlichen Interesse liegen und die im Bereich des Schutzes der Rechte und Freiheiten von betroffenen Personen in Bezug auf den Schutz ihrer personenbezogenen Daten tätig ist, kann auch ohne Beauftragung durch einen Betroffenen die Rechte der Art. 77, 78 und 79 geltend machen (u.a. durch eine altruistische Verbandsklage), sofern dies das Recht eines Mitgliedstaates vorsieht (Art. 80 Abs. 2). Jede betroffene Person hat das Recht, einen solchen Verband mit der Vertretung ihrer Interessen im Zusammenhang mit den Rechten der Art. 77, 78 und 79 sowie der Geltendmachung von Schadensersatz gem. Art. 82 zu beauftragen (Art. 80 Abs. 1).

73 Vgl. Wolff/Brink, *Schmidt-Wudy*, § 34 Rn. 22.

Article 21

Right to object

1. The data subject shall have the right to object, on grounds relating to his or her particular situation, at any time to processing of personal data concerning him or her which is based on point (e) or (f) of Article 6(1), including profiling based on those provisions. The controller shall no longer process the personal data unless the controller demonstrates compelling legitimate grounds for the processing which override the interests, rights and freedoms of the data subject or for the establishment, exercise or defence of legal claims.
2. Where personal data are processed for direct marketing purposes, the data subject shall have the right to object at any time to processing of personal data concerning him or her for such marketing, which includes profiling to the extent that it is related to such direct marketing.
3. Where the data subject objects to processing for direct marketing purposes, the personal data shall no longer be processed for such purposes.
4. At the latest at the time of the first communication with the data subject, the right referred to in paragraphs 1 and 2 shall be explicitly brought to the attention of the data subject and shall be presented clearly and separately from any other information.
5. In the context of the use of information society services, and notwithstanding Directive 2002/58/EC, the data subject may exercise his or her right to object by automated means using technical specifications.
6. Where personal data are processed for scientific or historical research purposes or statistical purposes pursuant to Article 89(1), the data subject, on grounds relating to his or her particular situation, shall have the right to object to processing of

Artikel 21

Widerspruchsrecht

(1) Die betroffene Person hat das Recht, aus Gründen, die sich aus ihrer besonderen Situation ergeben, jederzeit gegen die Verarbeitung sie betreffender personenbezogener Daten, die aufgrund von Artikel 6 Absatz 1 Buchstaben e oder f erfolgt, Widerspruch einzulegen; dies gilt auch für ein auf diese Bestimmungen gestütztes Profiling. Der Verantwortliche verarbeitet die personenbezogenen Daten nicht mehr, es sei denn, er kann zwingende schutzwürdige Gründe für die Verarbeitung nachweisen, die die Interessen, Rechte und Freiheiten der betroffenen Person überwiegen, oder die Verarbeitung dient der Geltendmachung, Ausübung oder Verteidigung von Rechtsansprüchen.

(2) Werden personenbezogene Daten verarbeitet, um Direktwerbung zu betreiben, so hat die betroffene Person das Recht, jederzeit Widerspruch gegen die Verarbeitung sie betreffender personenbezogener Daten zum Zwecke derartiger Werbung einzulegen; dies gilt auch für das Profiling, soweit es mit solcher Direktwerbung in Verbindung steht.

(3) Widerspricht die betroffene Person der Verarbeitung für Zwecke der Direktwerbung, so werden die personenbezogenen Daten nicht mehr für diese Zwecke verarbeitet.

(4) Die betroffene Person muss spätestens zum Zeitpunkt der ersten Kommunikation mit ihr ausdrücklich auf das in den Absätzen 1 und 2 genannte Recht hingewiesen werden; dieser Hinweis hat in einer verständlichen und von anderen Informationen getrennten Form zu erfolgen.

(5) Im Zusammenhang mit der Nutzung von Diensten der Informationsgesellschaft kann die betroffene Person ungeachtet der Richtlinie 2002/58/EG ihr Widerspruchsrecht mittels automatisierter Verfahren ausüben, bei denen technische Spezifikationen verwendet werden.

(6) Die betroffene Person hat das Recht, aus Gründen, die sich aus ihrer besonderen Situation ergeben, gegen die sie betreffende Verarbeitung sie betreffender personenbezogener Daten, die zu wissenschaftlichen oder historischen Forschungszwecken oder zu statisti-

personal data concerning him or her, unless the processing is necessary for the performance of a task carried out for reasons of public interest.

schen Zwecken gemäß Artikel 89 Absatz 1 erfolgt, Widerspruch einzulegen, es sei denn, die Verarbeitung ist zur Erfüllung einer im öffentlichen Interesse liegenden Aufgabe erforderlich.

Recitals

(69) [1]Where personal data might lawfully be processed because processing is necessary for the performance of a task carried out in the public interest or in the exercise of official authority vested in the controller, or on grounds of the legitimate interests of a controller or a third party, a data subject should, nevertheless, be entitled to object to the processing of any personal data relating to his or her particular situation. [2]It should be for the controller to demonstrate that its compelling legitimate interest overrides the interests or the fundamental rights and freedoms of the data subject.

(70) [1]Where personal data are processed for the purposes of direct marketing, the data subject should have the right to object to such processing, including profiling to the extent that it is related to such direct marketing, whether with regard to initial or further processing, at any time and free of charge. [2]That right should be explicitly brought to the attention of the data subject and presented clearly and separately from any other information.

Erwägungsgründe

(69) [1]Dürfen die personenbezogenen Daten möglicherweise rechtmäßig verarbeitet werden, weil die Verarbeitung für die Wahrnehmung einer Aufgabe, die im öffentlichen Interesse liegt oder in Ausübung öffentlicher Gewalt – die dem Verantwortlichen übertragen wurde, – oder aufgrund des berechtigten Interesses des Verantwortlichen oder eines Dritten erforderlich ist, sollte jede betroffene Person trotzdem das Recht haben, Widerspruch gegen die Verarbeitung der sich aus ihrer besonderen Situation ergebenden personenbezogenen Daten einzulegen. [2]Der für die Verarbeitung Verantwortliche sollte darlegen müssen, dass seine zwingenden berechtigten Interessen Vorrang vor den Interessen oder Grundrechten und Grundfreiheiten der betroffenen Person haben.

(70) [1]Werden personenbezogene Daten verarbeitet, um Direktwerbung zu betreiben, so sollte die betroffene Person jederzeit unentgeltlich insoweit Widerspruch gegen eine solche – ursprüngliche oder spätere – Verarbeitung einschließlich des Profilings einlegen können, als sie mit dieser Direktwerbung zusammenhängt. [2]Die betroffene Person sollte ausdrücklich auf dieses Recht hingewiesen werden; dieser Hinweis sollte in einer verständlichen und von anderen Informationen getrennten Form erfolgen.

§ 27 BDSG-neu

Datenverarbeitung zu wissenschaftlichen oder historischen Forschungszwecken und zu statistischen Zwecken

[...]

(2) Die in den Artikeln 15, 16, 18 und 21 der Verordnung (EU) 2016/679 vorgesehenen Rechte der betroffenen Person sind insoweit beschränkt, als diese Rechte voraussichtlich die Verwirklichung der Forschungs- oder Statistikzwecke unmöglich machen oder ernsthaft beeinträchtigen und die Beschränkung für die Erfüllung der Forschungs- oder Statistikzwecke notwendig ist. [...]

[...]

§ 28 BDSG-neu

Datenverarbeitung zu im öffentlichen Interesse liegenden Archivzwecken

[...]

(4) Die in Artikel 18 Absatz 1 Buchstabe a, b und d, den Artikeln 20 und 21 der Verordnung (EU) 2016/679 vorgesehenen Rechte bestehen nicht, soweit diese Rechte voraussichtlich die Verwirklichung der im öffentlichen Interesse liegenden Archivzwecke unmöglich machen oder ernsthaft beeinträchtigen und die Ausnahmen für die Erfüllung dieser Zwecke erforderlich sind.

§ 36 BDSG-neu

Widerspruchsrecht

Das Recht auf Widerspruch gemäß Artikel 21 Absatz 1 der Verordnung (EU) 2016/679 gegenüber einer öffentlichen Stelle besteht nicht, soweit an der Verarbeitung ein zwingendes öffentliches Interesse besteht, das die Interessen der betroffenen Person überwiegt, oder eine Rechtsvorschrift zur Verarbeitung verpflichtet.

Literatur

Däubler/Klebe/Wedde/Weichert, Bundesdatenschutzgesetz, 5. Auflage 2016, Bund-Verlag Frankfurt a.M.; Duhr/Naujok/Danker/Seiffert, Neues Datenschutzrecht für die Wirtschaft, in: DuD 2003, 1; *Franck*, Das System der Betroffenenrechte nach der Datenschutz-Grundverordnung, in: RDV 2016, 111; *Gierschmann/Saeugling (Hrsg.),* Systematischer Praxiskommentar Datenschutzrecht, 1. Auflage 2014, Bundesanzeiger Verlag Köln; *Gola/Schomerus*, BDSG, 12. Auflage 2015, C.H. Beck München; *Horstmann*, EuGH: Kein Recht auf Löschung oder Sperrung personenbezogener Daten im Unternehmensregister, in: ZD-Aktuell 2017, 05595; *Menke,* Der Werbewiderspruch: zu weiterhin nicht abschließend geklärten Rechtsfragen aus dem Bereich der Printwerbung, in: PinG 2015, S. 68-71; *Piltz,* Die Datenschutz-Grundverordnung – Teil 2: Rechte der Betroffenen und korrespondierende Pflichten des Verantwortlichen, in: K&K 2016, 629; *Simitis (Hrsg.)*, Bundesdatenschutzgesetz, 8. Auflage 2014, Nomos Baden-Baden; Sydow, Vorwirkungen von Ansprüchen auf datenschutzrechtliche Auskunft und Informationszugang, in: NVwZ 2013, S. 467; *Taeger/Gabel (Hrsg.),* BDSG und Datenschutzvorschriften des TKG und TMG, 2. Auflage 2013, Deutscher Fachverlag GmbH, Frankfurt a.M.; *Walter,* Die datenschutzrechtlichen Transparenzpflichten nach der Europäischen Datenschutz-Grundverordnung, in: DSRITB 2016, 367; *Wolff/Brink (Hrsg.),* Beck'scher Online-Kommentar Datenschutzrecht, C.H. Beck München, 24. Edition Stand: 1.11.2015.

▶ Bedeutung der Norm

Die Norm regelt das Recht des Betroffenen, in bestimmten Fällen der rechtmäßigen Datenverarbeitung durch den Verantwortlichen widersprechen zu können. Rechtsfolge eines erfolgreichen Widerspruchs ist, dass der Verantwortliche die Daten nicht mehr verarbeiten darf.

▶ Hinweise für den Anwender

Für die Norm relevante Definitionen und andere Querbezüge:

- **Öffnungsklauseln:** Die Mitgliedstaaten können gemäß Art. 23, 85 und 89 Abs. 2 und 3 im nationalen Recht Beschränkungen des Widerspruchsrechts und Ausnahmen vom Widerspruchsrecht festlegen.
- **Hinweispflicht:** Der Verantwortliche muss den Betroffenen bei Datenerhebung oder -verwendung auf sein Widerspruchsrecht hinweisen (Art. 13 Abs. 2 lit. b oder 14 Abs. 2 lit. c). Auch im Rahmen des Auskunftsanspruchs ist der Betroffene auf sein Widerspruchsrecht hinzuweisen (Art. 15 Abs. 1 lit. e).

- **Rechtsfolgen:** Ein erfolgreicher Widerspruch führt zunächst dazu, dass die Daten nicht mehr verarbeitet werden dürfen (Art. 21 Abs. 1). Darüber hinaus hat der Betroffene dann aber auch einen Anspruch auf Löschung (Art. 17 Abs. 1 lit. c). Solange noch nicht feststeht, ob berechtigte Gründe des Verantwortlichen gegenüber denen des Betroffenen überwiegen, besteht allerdings noch kein Anspruch auf Löschung, sondern nur ein Anspruch auf Verarbeitungsbeschränkung (Art. 18 Abs. 1 lit. d).
- **Datenschutzaufsichtsbehörden:** Jede Aufsichtsbehörde verfügt unter anderem über die Befugnis, eine vorübergehende oder endgültige Beschränkung der Verarbeitung, einschließlich eines Verbots, zu verhängen (Art. 58 Abs. 2 lit. f).
- **Geldbuße:** Geldbuße bei Verstoß gegen die Regelungen zum Widerspruchsrecht gemäß Art. 83 Abs. 5 lit. b: maximal 20.000.000 € oder im Falle eines Unternehmens 4 % des gesamten weltweit erzielten Umsatzes des Vorjahres.

Für die Auslegung der Norm relevante Erwägungsgründe:
- EG 57 bis 59 allgemein zu den Betroffenenrechten. EG 69 und 70 unmittelbar zum Widerspruchsrecht.

Systematische Einordnung der Norm innerhalb der DS-GVO:
- Das Widerspruchsrecht ist Teil der in Kapitel III geregelten Betroffenenrechte. Es ist ein antragsabhängiges Initiativrecht. Es gehört neben den Ansprüchen auf Berichtigung, Vervollständigung, Löschung und Verarbeitungsbeschränkung zu den Gestaltungsansprüchen des Betroffenen, mit denen dieser Einfluss auf das Ob und den Umfang der Datenverarbeitung nehmen kann.
- Art. 11 und 12 sind die für alle Betroffenenrechte geltenden, vor die Klammer gezogenen Normen, die Verfahren und Form der Geltendmachung auch des Löschanspruchs regeln.

Vorgängernormen im BDSG:
- § 20 Abs. 5 BDSG für das Widerspruchsrecht gegen öffentliche Stellen; § 35 Abs. 5 BDSG für das Widerspruchsrecht gegen nicht-öffentliche Stellen.

Vorgängernorm der RL 95/46:
- Art. 14 RL 95/46.

▶ Schlagworte

Widerspruch, Betroffenenrecht, Initiativrecht, Hinweispflicht, Öffnungsklausel, Löschung, Verarbeitungseinschränkung, zwingende schutzwürdige Gründe, Rechtsansprüche, öffentliches Interesse, besondere Situation, Direktwerbung, Verarbeitungsverbot

A. Allgemeines

I. Regelungszweck

Die Norm gibt dem Betroffenen das Recht, unmittelbar auf die Verarbeitung personenbezogener Daten einzuwirken. Es ist insofern ein Gestaltungs- bzw. Steuerungsrecht, das darauf gerichtet ist, eine „an sich" rechtmäßige Datenverarbeitung ausnahmsweise zu beenden. Entgegen der landläufigen Auffassung kann der Betroffene nicht einfach jede Datenverarbeitung unter Berufung auf das Recht auf informationelle Selbstbestimmung beenden. Mit Ausnahme des Widerspruchs gegen Direktwerbung muss sich der Betroffene dafür vielmehr in einer besonderen Situation befinden („Härtefall"). 1

II. Normadressaten

1. Öffentliche und nicht-öffentliche Stellen

Die Norm unterscheidet grundsätzlich nicht zwischen öffentlichen und nicht-öffentlichen Verantwortlichen. Beide kommen als Anspruchsgegner in Betracht: 2

- Sofern sich ein Widerspruch gegen eine in Ausübung hoheitlicher Gewalt stattfindende Datenverarbeitung (Art. 6 Abs. 1 lit. e) richtet, sind öffentliche Stellen oder Private als Beliehene Anspruchsgegner.
- Sofern der Widerspruch sich gegen eine auf berechtigte Interessen gestützte Datenverarbeitung (Art. 6 Abs. 1 lit. f) richtet, kommen nur nicht-öffentliche Stellen als Anspruchsgegner in Betracht.
- Stützt sich die Datenverarbeitung auf ein gesetzlich verankertes öffentliches Interesse (Art. 6 Abs. 1 lit. e), kommen sowohl öffentliche als auch nicht-öffentliche Stellen als Anspruchsgegner in Betracht.

2. Drittstaatsdatenverarbelter

Auch Drittstaatsdatenverarbeiter sind verpflichtet, das Widerspruchsrecht gegen sich gelten zu lassen, wenn die von ihnen betriebene Datenverarbeitung die Voraussetzungen des Art. 3 Abs. 2 erfüllt. 3

3. Mitgliedstaaten

4 Widerspruchsrechte finden sich verschiedentlich im Bundesdatenschutzgesetz, in den Landesdatenschutzgesetzen und in bereichsspezifischen Gesetzen. Der nationale Gesetzgeber muss das gesamte nationale Recht daraufhin überprüfen, ob es datenschutzrechtliche Widerspruchsrechte enthält. Diese sind auf ihre Vereinbarkeit mit Art. 21 zu überprüfen und gegebenenfalls zu streichen oder an die Vorgaben des Art. 21 anzupassen. Soweit die DS-GVO eine Öffnungsklausel für das nationale Recht enthält, können abweichende Regelungen unter Umständen aufrechterhalten bleiben, wobei sie mit großer Wahrscheinlichkeit an die Vorgaben der genutzten Öffnungsklausel (z.B. Art. 23 Abs. 2) angepasst werden müssen. Wiederholungen des Wortlauts der DS-GVO im nationalen Recht sind ausnahmsweise zulässig, wenn sie erforderlich sind, um die Kohärenz zu wahren und die nationalen Rechtsvorschriften für die Personen, für die sie gelten, verständlicher zu machen (EG 8). Beim Widerspruchsrecht spricht vieles dafür, den Wortlaut des Art. 21 im nationalen Recht zu wiederholen, weil es für den Rechtsanwender sehr unübersichtlich ist, die Anspruchsvoraussetzungen in der DS-GVO und etwaige noch zu schaffende Ausnahmetatbestände in verschiedenen nationalen Gesetzen suchen zu müssen.

5 Art. 21 ist eine unvollständige Norm. Sie regelt nur das Widerspruchsrecht, enthält aber keine Ausnahmen. Der nationale Gesetzgeber ist dazu aufgerufen, im Rahmen der Anpassung des nationalen Rechts an die DS-GVO die durch die DS-GVO eröffneten Lücken zum Schutze öffentlicher Interessen, zum Schutz der Rechte des Datenverarbeiters und zum Schutz der Rechte Dritter zu schließen. Hierfür stehen ihm verschiedene Öffnungsklauseln zur Verfügung.

6 Auf der Grundlage von Art. 23 können die Mitgliedstaaten Beschränkungen des Widerspruchsrechtes vorsehen. Voraussetzung hierfür ist, dass die Beschränkung den Wesensgehalt der Grundrechte und Grundfreiheiten achtet, in einer demokratischen Gesellschaft eine notwendige und verhältnismäßige Maßnahme darstellt und eines der in Art. 23 Abs. 1 genannten Schutzziele verfolgt. So sind Beschränkungen des Widerspruchsrechtes zum Schutz verschiedener öffentlicher Interessen (Art. 23 Abs. 1 lit. a bis h und j), zum Schutz des Betroffenen (Art. 23 Abs. 1 lit. i), zum Schutz des Verantwortlichen (Art. 23 Abs. 1 lit. i) und zum Schutz Dritter (Art. 23 Abs. 1 lit. i) möglich. Dabei sind insbesondere die Voraussetzungen des Art. 23 Abs. 2 zu beachten.

7 Unter anderen Voraussetzungen können die Mitgliedstaaten gemäß Art. 89 Abs. 2 und 3 Ausnahmen von Art. 21 vorsehen, wenn personenbezogene Daten für Zwecke der wissenschaftlichen oder historischen Forschung, für statistische Zwecke oder für im öffentlichen Interesse liegende Archivzwecke verarbeitet werden. In diesem Fall muss das mitgliedstaatliche Recht angemessene Garantien vorsehen. Ausnahmen im mitgliedstaatlichen Recht sind dann insoweit zulässig, als das Widerspruchsrecht die Erreichung des jeweiligen Verarbeitungszweckes wahrscheinlich unmöglich machen oder ernsthaft beeinträchtigen würde. Von der Öffnungsklausel des Art. 89 Abs. 2 und 3 sollten die Mitgliedstaaten dringend Gebrauch machen, denn nur so kann der von Art. 21 Abs. 6 geschaffene Wertungswiderspruch (genauer Rn. 82 ff.) wieder aufgelöst werden. Diese Norm verzichtet nämlich bei den eigentlich privilegierten Verarbeitungszwecken gänzlich auf das Erfordernis einer Interessenabwägung, sodass jedem Widerspruch stattgegeben werden muss, es sei denn, die Verarbeitung ist zur Erfüllung einer im öffentlichen Interesse liegenden Aufgabe erforderlich. Um zu verhindern, dass jedes Geschäftsinteresse eines Verantwortlichen stärkeres Gewicht als das Interesse von Forschern und Statistikern hat, sollten die Mitgliedstaaten Ausnahmeregelungen zugunsten dieser Personengruppen schaffen.

8 Darüber hinaus sehen die Mitgliedstaaten für die Verarbeitung, die zu journalistischen oder zu wissenschaftlichen oder literarischen Zwecken erfolgt, Abweichungen und Ausnahmen auch vom Widerspruchsrecht vor (Art. 85 Abs. 2). Voraussetzung ist, dass dies erforderlich ist, um das Recht auf Datenschutz mit der Freiheit der Meinungsäußerung und der Informationsfreiheit in Einklang zu bringen. Auch von dieser Ausnahmemöglichkeit sollte der nationale Gesetzgeber dringend Gebrauch machen, da anderenfalls durch Widersprüche eine schwere Beeinträchtigung der Kommunikationsfreiheiten droht. So könnte etwa jeder Betroffene, über den ein Journalist berichten will, jederzeit hiergegen widersprechen. Selbst wenn der Journalist gestützt auf

die Pressefreiheit zwingende schutzwürdige Gründe für die Verarbeitung nachweisen könnte, so müsste er doch bei jedem Widerspruch in eine Einzelfallprüfung eintreten, was zu einer Beeinträchtigung der journalistischen Arbeit im Allgemeinen führen würde.

Von besonderer Bedeutung sind auch noch zu schaffende Ausnahmetatbestände, die sicherstellen, dass die auf gesetzlicher Grundlage stattfindende Datenverarbeitung durch öffentliche Stellen nicht jederzeit vom Betroffenen durch Ausübung des Widerspruchsrechts beendet werden kann. Auf der Grundlage des Art. 21 Abs. 1 könnte jeder Steuerzahler Widerspruch gegen die Verarbeitung der auf ihn bezogenen Daten durch die Steuerbehörden einlegen. Um ihre Tätigkeit fortsetzen zu können, müssten die Steuerbehörden jeden Einzelfall überprüfen und gegebenenfalls zwingende schutzwürdige Gründe für die Verarbeitung nachweisen. Um solch absurde Folgen der DS-GVO zu vermeiden, muss der nationale Gesetzgeber entweder eine allgemeine Ausnahmevorschrift im neuen nationalen Datenschutzgesetz oder eine spezielle Ausnahmevorschrift in jedem einzelnen Gesetz, das Grundlage von Datenverarbeitungen ist, schaffen. 9

4. Betroffene

Betroffene (Definition: Art. 4 Nr. 1) müssen einen Widerspruch bei dem Verantwortlichen einlegen. Für das Vorliegen einer besonderen Situation, auf die der Widerspruch zu stützen ist, sind sie darlegungspflichtig. Lediglich der Widerspruch gegen die Direktwerbung bedarf keiner Begründung. 10

5. Datenschutzaufsichtsbehörden

Gemäß Art. 58 Abs. 2 lit. c hat jede Aufsichtsbehörde die Befugnis, den Verantwortlichen anzuweisen, den Anträgen des Betroffenen auf Ausübung der ihm zustehenden Rechte (also auch dem Widerspruch) zu entsprechen. Bei Verstößen gegen Art. 21 können die Datenschutzaufsichtsbehörden Geldbußen gemäß Art. 83 Abs. 5 lit. b verhängen. 11

III. Systematik

Das Widerspruchsrecht des Art. 21 gehört zu den Betroffenenrechten des Kapitels III und hier zu den Gestaltungs- und Steuerungsrechten, mit denen der Betroffene mittelbar Einfluss auf die Datenverarbeitung nehmen kann. Während sich der Betroffene mit dem Anspruch auf Löschung (Art. 17) und dem Anspruch auf Verarbeitungsbeschränkung (Art. 18) gegen rechtswidrige Datenverarbeitungen zur Wehr setzen kann, kommt das Widerspruchsrecht bei rechtmäßigen Datenverarbeitungen zur Anwendung (vgl. EG 69). 12

Das Widerspruchsrecht gehört zu den Initiativrechten, die einen Antrag des Betroffenen voraussetzen. Weitere Initiativrechte sind das Recht auf Auskunft, das Recht auf Berichtigung und Vervollständigung, das Recht auf Löschung, das Recht auf Verarbeitungsbeschränkung und das Recht auf Datenportabilität. 13

Art. 12 enthält allgemeine Voraussetzungen für alle Betroffenenrechte. Demnach gelten für den Widerspruch zusätzlich zu den Anforderungen des Art. 21 noch die Voraussetzungen für Form, Frist und Verfahren des Widerspruchs, wobei besonders die Pflicht zum Hinweis auf das Recht auf Widerspruch (Art. 13 Abs. 2 lit. b, 14 Abs. 2 lit. c, 21 Abs. 4) von Bedeutung ist. Art. 12 enthält darüber hinaus weitere Voraussetzungen für die Mitwirkungspflichten des Verantwortlichen, für die Mitwirkungsobliegenheiten des Betroffenen und für die Identitätsfeststellung durch den Verantwortlichen. 14

Art. 11, der den Verantwortlichen davon befreit, zusätzliche Anstrengungen zu unternehmen, wenn er die personenbezogenen Daten des Betroffenen nicht ohne Weiteres identifizieren kann (etwa weil er eine Pseudonymisierung vorgenommen hat), gilt mangels eines Verweises in Art. 11 Abs. 2 S. 2 auf Art. 21 für das Widerspruchsrecht nicht. 15

IV. Entstehungsgeschichte

1. Bisherige europäische Vorgaben

16 Art. 14 DS-RL enthält ein etwas weniger ausdifferenziertes Widerspruchsrecht mit annähernd denselben Voraussetzungen, allerdings mit einem wesentlichen Unterschied. Nach Art. 14 lit. a DS-RL musste der Betroffene zwingende („compelling") schutzwürdige Gründe für seinen Widerspruch haben. Gemäß Art. 21 Abs. 1 S. 2 DS-GVO muss der Verantwortliche zwingende schutzwürdige Gründe für seine Datenverarbeitung nachweisen können. Die gesetzliche Vermutung, die von dem Verantwortlichen bei der von ihm vorzunehmenden Interessenabwägung zugrunde zu legen ist, wurde somit zugunsten des Betroffenen und zulasten des Verantwortlichen umgekehrt: Während nach der gesetzlichen Vermutung der DS-RL ein Überwiegen der Interessen des Betroffenen die Ausnahme ist, dürfte nach den Vorgaben der DS-GVO ein Überwiegen der Interessen des Verantwortlichen die Ausnahme sein.

2. Bisherige nationale Vorgaben

17 Im BDSG ist das Widerspruchsrecht gegen die Datenverarbeitung durch öffentliche Stellen in § 20 Abs. 5 S. 1 und gegen die Datenverarbeitung durch nicht-öffentliche Stellen in § 34 Abs. 5 verankert. Im Gegensatz zur jetzigen Regelung in Art. 21 DS-GVO enthält das deutsche Recht allerdings eine generelle Ausnahme vom Widerspruchsrecht, wenn eine Rechtsvorschrift zur Erhebung, Verarbeitung oder Nutzung der Daten verpflichtet (§ 20 Abs. 5 S. 2 BDSG).

3. Verhandlungen zur DS-GVO

18 Der Kommissionsvorschlag für die Grundzüge des Widerspruchsrechts hat sich bei den Verhandlungen zur DS-GVO in Art. 21 Abs. 1 und 2 im Großen und Ganzen durchgesetzt. Lediglich das ursprünglich ebenfalls vorgeschlagene Widerspruchsrecht gegen Datenverarbeitungen auf der Grundlage von Art. 6 Abs. 1 lit. d hat es nicht in den finalen Text geschafft. Der verunglückte Art. 21 Abs. 6 kam auf Initiative des Rates (und dort insbesondere auf Druck Frankreichs) zustande. Die sehr radikalen Vorstellungen des Europäischen Parlaments konnten sich nicht durchsetzen.

19 In den Ratsverhandlungen war Art. 21 (während der Verhandlungen noch Art. 19) teilweise sehr umstritten. Deutschland trat mit anderen Mitgliedstaaten dafür ein, ein Widerspruchsrecht nur gegen die Verarbeitung personenbezogener Daten durch nicht-öffentliche Stellen vorzusehen, konnte sich hiermit gegen die Mehrheit der Mitgliedstaaten aber nicht durchsetzen, weil diese sich darauf beriefen, dass schon Art. 14 lit. a DS-RL ein Widerspruchsrecht auch gegen die Datenverarbeitung öffentlicher Stellen vorsehe. Da diese – jedenfalls in Deutschland – immer durch Gesetz geregelt ist, wird die erforderliche Interessenabwägung immer vom Gesetzgeber vorgenommen. Ein generelles Widerspruchsrecht gegen die Verarbeitung personenbezogener Daten durch den Staat ist daher zu weitgehend. Die Tatsache, dass ein solches Widerspruchsrecht nunmehr aufgrund Art. 21 DS-GVO in den Mitgliedstaaten unmittelbar gilt, führt womöglich dazu, dass das Widerspruchsrecht in jedem mitgliedstaatlichen Gesetz, das die staatliche Datenverarbeitung regelt, explizit ausgeschlossen werden muss. Ob eine Formulierung, wie sie §§ 20 Abs. 5 S. 2, 35 Abs. 5 S. 2 BDSG enthalten, noch ausreicht, um ein Widerspruchsrecht gegen die behördliche Datenverarbeitung auszuschließen, ist wegen der strengen Voraussetzungen des Art. 23 Abs. 2 unsicher.

20 In den Ratsverhandlungen wurde auch die unbeantwortete Frage aufgeworfen, ob ein Widerspruchsrecht auch besteht, wenn ein nationales Gesetz sowohl auf Art. 6 Abs. 1 lit. c als auch auf Art. 6 Abs. 1 lit. e gestützt werden kann.

21 Dass die Kommission in ihrem ursprünglichen Vorschlag eine Umkehrung der Interessenabwägung (statt des Betroffenen muss nun der Verantwortliche zwingende Gründe vortragen) vorgesehen hatte und sich damit letztlich auch durchsetzte, wurde in den Ratsverhandlungen kaum bemerkt und diskutiert.

Das Europäische Parlament hatte in seinem Standpunkt vom 12.3.2014[1] einen sehr radikalen Vorschlag gemacht, der das Recht auf Datenschutz annähernd zu einem absoluten Recht gemacht hätte. Danach hätte jeder Betroffene gegen Datenverarbeitungen im öffentlichen Interesse oder aufgrund Gesetzes jederzeit widersprechen können, ohne dass es dafür auf das Vorliegen einer besonderen Situation beim Betroffenen angekommen wäre. Und bei Datenverarbeitungen aufgrund berechtigten Interesses wäre nicht einmal mehr eine Interessenabwägung und auch keine Pflicht zur Begründung des Widerspruchs mehr vorgesehen gewesen (voraussetzungsloser Widerspruch). Diese sehr weitreichenden Vorschläge konnten sich jedoch letztlich nicht durchsetzen. **22**

B. Inhalt der Regelung

I. Anwendungsvoraussetzungen

1. Widerspruchsberechtigung

Das Recht, Widerspruch gegen die Verarbeitung ihn betreffender Daten einzulegen, hat der Betroffene. Es ist ein höchstpersönliches Recht und kann daher nicht auf Dritte übertragen oder vererbt werden. Allerdings kann die Geltendmachung des Widerspruchsrechts durch einen rechtsgeschäftlichen (z.B. Rechtsanwalt) oder gesetzlichen (z.B. Erziehungsberechtigter) Vertreter erfolgen.[2] **23**

2. Adressat des Widerspruchs

Adressat des Widerspruchs ist der Verantwortliche. Dies können nicht-öffentliche Stellen sein, die personenbezogene Daten auf der Grundlage berechtigten Interesses verarbeiten (Art. 6 Abs. 1 lit. f). Es können aber auch öffentliche (und beliehene nicht-öffentliche) Stellen sein, die in Ausübung hoheitlicher Gewalt personenbezogene Daten verarbeiten (Art. 6 Abs. 1 lit. e), sowie nicht-öffentliche Stellen, die aufgrund öffentlichen Interesses personenbezogene Daten verarbeiten (Art. 6 Abs. 1 lit. e). **24**

3. Antrag

Anders als die beiden Pflichten, Daten immer auf dem neuesten Stand zu halten (Art. 5 Abs. 1 lit. d) und regelmäßig zu löschen (Art. 17), ist die Pflicht, die Datenverarbeitung aufgrund Widerspruchs zu beenden, als reines Antragsrecht ausgestaltet. Dies ergibt sich schon daraus, dass die den Widerspruch rechtfertigenden Gründe sich aus der besonderen Situation des Betroffenen ergeben müssen (Art. 21 Abs. 1 S. 1 Hs. 1). **25**

4. Statthaftigkeit

Der Widerspruch ist nur gegen rechtmäßige Datenverarbeitungen eröffnet. Dies wird zwar aus dem Wortlaut von Art. 21 nicht deutlich, ergibt sich aber aus der Systematik. EG 45 DS-RL[3] hatte dies noch eindeutig klargestellt. In EG 69 der DS-GVO heißt es etwas abschwächend, aber immer noch eindeutig: **26**

> *„Dürfen die personenbezogenen Daten möglicherweise rechtmäßig verarbeitet werden, […] sollte jede betroffene Person trotzdem das Recht haben, Widerspruch gegen*

---

1 http://www.europarl.europa.eu/sides/getDoc.do?pubRef=-//EP//TEXT+TA+P7-TA-2014-0212+0+DOC+XML+V0//DE.
2 Vgl. Gierschmann/Saeugling, *Heinemann*, § 34 Rn. 8.
3 „Auch wenn die Daten Gegenstand einer rechtmäßigen Verarbeitung aufgrund eines öffentlichen Interesses, der Ausübung hoheitlicher Gewalt oder der Interessen eines einzelnen sein können, sollte doch jede betroffene Person das Recht besitzen, aus überwiegenden, schutzwürdigen, sich aus ihrer besonderen Situation ergebenden Gründen Widerspruch dagegen einzulegen, daß die sie betreffenden Daten verarbeitet werden. Die Mitgliedstaaten können allerdings innerstaatliche Bestimmungen vorsehen, die dem entgegenstehen."

die Verarbeitung der sich aus ihrer besonderen Situation ergebenden Daten einzulegen."

Will der Betroffene gegen rechtswidrige Datenverarbeitungen vorgehen, stehen ihm das Recht auf Löschung (Art. 17) und das Recht auf Verarbeitungsbeschränkung (Art. 18) zu.

27 Ein Widerspruch ist statthaft nur gegen rechtmäßige Datenverarbeitungen, die auf folgender Rechtsgrundlage beruhen:

- Die Verarbeitung findet ihre Rechtsgrundlage im Unionsrecht oder im Recht eines Mitgliedstaates und ist für die Wahrnehmung einer Aufgabe erforderlich, die im öffentlichen Interesse liegt (Art. 6 Abs. 1 lit. e i.V.m. Abs. 3).
- Die Verarbeitung findet ihre Rechtsgrundlage im Unionsrecht oder im Recht eines Mitgliedstaates und erfolgt in Ausübung öffentlicher Gewalt, die dem Verantwortlichen übertragen wurde (Art. 6 Abs. 1 lit. e i.V.m. Abs. 3).
- Die Verarbeitung findet ihre Rechtsgrundlage im berechtigten Interesse des Verantwortlichen oder eines Dritten (Art. 6 Abs. 1 lit. f).

28 Gegen Datenverarbeitungen, die auf anderer Rechtsgrundlage erfolgen, ist der Widerspruch nicht eröffnet. Es bestehen aber andere Möglichkeiten für den Betroffenen, auf die Datenverarbeitung Einfluss zu nehmen:

- Beruht die Datenverarbeitung auf der Einwilligung des Betroffenen (Art. 6 Abs. 1 lit. a), kann der Betroffene ihr nicht widersprechen. Will er der Datenverarbeitung Einhalt gebieten, muss er vielmehr seine Einwilligung gemäß Art. 7 Abs. 3 widerrufen. Auch danach ist ein Widerspruch nicht möglich. Der Betroffene kann sein Ziel aber mit einem Antrag auf Löschung gemäß Art. 17 Abs. 1 lit. b erreichen.
- Ist die Datenverarbeitung für die Erfüllung eines Vertrages oder zur Durchführung vorvertraglicher Maßnahmen erforderlich (Art. 6 Abs. 1 lit. b), kann der Betroffene ihr nicht widersprechen. Hält der Betroffene die Datenverarbeitung für unzulässig, kann er mit einem Antrag auf Löschung gemäß Art. 17 Abs. 1 lit. a oder lit. d gegen die Datenverarbeitung vorgehen.
- Findet die Datenverarbeitung ihre Rechtsgrundlage im Unionsrecht oder im Recht eines Mitgliedstaates und ist zur Erfüllung einer rechtlichen Verpflichtung erforderlich, der der Verantwortliche unterliegt (Art. 6 Abs. 1 lit. c), ist ein Widerspruch nicht möglich. Ist der Betroffene der Auffassung, die Voraussetzungen der Rechtsgrundlage seien nicht erfüllt, kann er sein Ziel, die Datenverarbeitung zu beenden, mit einem Antrag auf Antrag auf Löschung gemäß Art. 17 Abs. 1 lit. a oder lit. d verfolgen.
- Ist die Datenverarbeitung erforderlich, um lebenswichtige Interessen der betroffenen Person oder einer anderen natürlichen Person zu schützen (Art. 6 Abs. 1 lit. d), ist ein Widerspruch gegen die Datenverarbeitung nicht möglich. Ist der Betroffene der Auffassung, diese Voraussetzung läge nicht vor, kann er sein Ziel, die Datenverarbeitung zu beenden, mit einem Antrag auf Antrag auf Löschung gemäß Art. 17 Abs. 1 lit. a oder lit. d verfolgen.

5. Fristen

29 Der Betroffene kann jederzeit („at any time") Widerspruch gegen die sie betreffende Datenverarbeitung einlegen.

30 Der Verantwortliche muss den Widerspruch innerhalb eines Monats bearbeitet haben. Dies folgt aus Art. 12 Abs. 3 S. 1, wonach der Verantwortliche dem Betroffenen Informationen über die auf den Widerspruch ergriffenen Maßnahmen „unverzüglich, in jedem Fall aber innerhalb eines Monats nach Eingang des Antrags zur Verfügung" stellen muss. Diese Frist kann um weitere zwei Monate verlängert werden, wenn dies unter Berücksichtigung der Komplexität und der Anzahl von Anträgen erforderlich ist (Art. 12 Abs. 3 S. 2). Der Verantwortliche unterrichtet den Betroffenen innerhalb eines Monats nach Eingang des Antrags über eine Fristverlängerung, zusammen mit den Gründen für die Verzögerung (Art. 12 Abs. 3 S. 3). Wird der Verantwortliche auf den Widerspruch des Betroffenen hin nicht tätig, unterrichtet er den Betroffenen ebenfalls spätestens innerhalb eines Monats nach Eingang des Widerspruchs über die Gründe hierfür und über die Möglichkeit, bei einer Aufsichtsbehörde Beschwerde einzulegen oder einen gerichtlichen Rechtsbehelf einzulegen (Art. 12 Abs. 4).

6. Kosten

Gemäß Art. 12 Abs. 5 S. 1 werden alle Maßnahmen nach Art. 21 unentgeltlich zur Verfügung gestellt. **31**

Ein angemessenes Entgelt kann der Verantwortliche gemäß Art. 12 Abs. 4 S. 2 allerdings bei offenkundig unbegründeten oder – insbesondere im Fall ihrer Häufung – unverhältnismäßigen Widersprüchen eines Betroffenen verlangen, wobei die Verwaltungskosten für die Durchführung der auf den Widerspruch vorgenommenen Maßnahmen berücksichtigt werden. **32**

7. Mitwirkungspflichten des Verantwortlichen

Fraglich ist, ob aus dem Widerspruchsrecht des Betroffenen Organisations- und Verfahrenspflichten des Verantwortlichen erwachsen.

a) Verfahrens- und Organisationspflichten

Unter dem Gesichtspunkt des „Grundrechtsschutzes durch Organisation und Verfahren" spricht viel dafür, dass ein Verantwortlicher seine Betriebs- oder Behördenstruktur so organisieren muss, dass der spätere Aufwand zur Bearbeitung von Widersprüchen gering gehalten wird und die aufgrund des Widerspruchs zu treffenden Maßnahmen innerhalb der knapp bemessenen Bearbeitungsfrist vorgenommen werden können.[4] Für eine entsprechende Mitwirkungspflicht spricht auch die Generalklausel des Art. 24 Abs. 1, wonach es erforderlich ist, dass der Verantwortliche geeignete technische und organisatorische Maßnahmen trifft, damit die Anforderungen der DS-GVO erfüllt werden. **33**

Dafür spricht, dass Art. 12 Abs. 2 S. 1 den Verantwortlichen dazu verpflichtet, dem Betroffenen die Ausübung seines Widerspruchsrechts zu erleichtern. Der Verantwortliche muss Modalitäten festlegen, die es Betroffenen ermöglichen, ihr Widerspruchsrecht wahrnehmen zu können, insbesondere unentgeltlich vom Widerspruchsrecht Gebrauch machen zu können (EG 59 S. 1). **34**

b) Pflicht zum Hinweis auf das Widerspruchsrecht

Zur Erleichterung von Widersprüchen gehört die Verpflichtung des Verantwortlichen, den Betroffenen aktiv auf sein Widerspruchsrecht hinzuweisen. Diese Verpflichtung ergibt sich schon aus der allgemeinen Informationspflicht der Art. 13 Abs. 2 lit. b und Art. 14 Abs. 2 lit. c. Durch Abs. 4 wird diese Hinweispflicht für Fälle bekräftigt, in denen die Datenverarbeitung darin besteht, dass der Verantwortliche den Betroffenen anspricht (also vor allem in Fällen der Direktwerbung). **35**

Die Hinweispflicht steht grundsätzlich unter dem Vorbehalt, dass eine solche Information notwendig ist, um eine faire und transparente Verarbeitung zu gewährleisten (Art. 13 Abs. 2 und 14 Abs. 2). Die Information über die Rechte des Betroffenen (inklusive des Hinweises auf das Widerspruchsrecht) dürfte nicht notwendig sein, wenn durch die Datenverarbeitung nur ein geringes Risiko für die Rechte und Freiheiten des Betroffenen besteht (Grundgedanke des in Art. 24 verankerten risikobasierten Ansatzes). **36**

Abs. 4 schließt ein Entfallen der Hinweispflicht allerdings aus, wenn die Daten zur Kommunikation mit dem Betroffenen verwendet werden (also z.B. in Fällen der Direktwerbung). Für solche Fälle der direkten Kommunikation zwischen Verantwortlichem und Betroffenem ist Abs. 4 im **37**

---

4 Vgl. Sydow, in: NVwZ 2013, 467.

Hinblick auf die Hinweispflicht *lex specialis* gegenüber der allgemeinen Informationspflicht der Art. 13 und 14.

38 Eine Pflicht zum Hinweis auf das Widerspruchsrecht besteht auch bei der Auskunft gemäß Art. 15 (dort Abs. 1 lit. e).

c) Zeitpunkt des Hinweises auf das Widerspruchsrecht

39 Werden die personenbezogenen Daten beim Betroffenen erhoben, muss der Hinweis auf das Widerspruchsrecht zum Zeitpunkt der Erhebung der Daten erfolgen (Art. 13 Abs. 1). Werden die Daten nicht beim Betroffenen erhoben, muss der Hinweis entweder innerhalb einer angemessenen Frist nach Erlangung der Daten erfolgen (Art. 14 Abs. 3 lit. a) oder, sofern die Daten zur Kommunikation mit dem Betroffenen verwendet (Art. 14 Abs. 3 lit. b, 21 Abs. 4) oder an einen anderen Empfänger weitergegeben (Art. 14 Abs. 3 lit. c) werden sollen, spätestens zum Zeitpunkt der ersten Verwendung.

d) Form des Hinweises auf das Widerspruchsrecht

40 Grundsätzlich kann der Hinweis auf das Widerspruchsrecht Bestandteil der gemäß Art. 13 Abs. 2 lit. b und Art. 14 Abs. 2 lit. c allgemein zu erteilenden Informationen über die Rechte des Betroffenen sein. Lediglich wenn die Daten zur Kommunikation mit dem Betroffenen verwendet werden (also insbesondere in Fällen der Direktwerbung), muss der Hinweis in einer von den anderen Informationen getrennten Form erfolgen (Abs. 4 Hs. 2).

41 Der Hinweis muss in präziser, transparenter, verständlicher und leicht zugänglicher Form in einer klaren und einfachen Sprache erfolgen (Art. 12 Abs. 1 S. 1, 21 Abs. 4).

e) Form der Widerspruchseinlegung

42 Es muss die Möglichkeit zu automatisierter (Art. 21 Abs. 5) bzw. elektronischer (EG 59 S. 2) Widerspruchseinlegung geben.

f) Informationspflichten

43 Der Verantwortliche muss den Betroffenen über die auf den Widerspruch hin ergriffenen Maßnahmen (in der Regel Bestätigung der Nichtweiterverarbeitung) informieren (Art. 12 Abs. 3 S. 1). Diese Information muss in präziser, transparenter, verständlicher und leicht zugänglicher Form in einer klaren und einfachen Sprache erfolgen (Art. 12 Abs. 1 S. 1). Sie hat auf elektronischem Wege zu erfolgen, wenn der Widerspruch ebenfalls auf elektronischem Wege eingelegt wurde, es sei denn, der Widersprechende wünscht einen anderen Informationsweg (Art. 12 Abs. 3 S. 4). Die Information über die auf den Widerspruch hin ergriffenen Maßnahmen (oder über ein Nichttätigwerden, Art. 12 Abs. 4) muss unverzüglich, spätestens aber innerhalb eines Monats nach Eingang des Antrags erfolgen (Art. 12 Abs. 3 S. 1).

8. Mitwirkungsobliegenheiten des Betroffenen

a) Widerspruchsvoraussetzungen

44 Mit Ausnahme des Widerspruchs gegen die Datenverarbeitung zum Zwecke der Direktwerbung (Art. 21 Abs. 2 und 3) führt nicht jeder Widerspruch automatisch zum Erfolg. Vielmehr müssen kumulativ zwei Voraussetzungen vorliegen:

45 (1) Der Widerspruch muss aus Gründen erfolgen, die sich aus der besonderen Situation des Betroffenen ergeben (Abs. 1 S. 1, Abs. 6).

46 (2) Es dürfen keine Gründe vorliegen, aufgrund deren ausnahmsweise das Interesse des Verantwortlichen an der Fortsetzung der Verarbeitung überwiegt. Dies ist der Fall, wenn

- der Verantwortliche zwingende schutzwürdige Gründe nachweisen kann, die die Interessen, Rechte und Freiheiten des Betroffenen überwiegen (Abs. 1 S. 2 Alt. 1), oder

- die Verarbeitung der Geltendmachung, Ausübung oder Verteidigung von Rechtsansprüchen dient (Abs. 1 S. 2 Alt. 2) oder
- die Verarbeitung zu wissenschaftlichen oder historischen Forschungszwecken oder zu statistischen Zwecken erfolgt und sie zur Erfüllung einer im öffentlichen Interesse liegenden Aufgabe erforderlich ist (Abs. 6) oder
- im mitgliedstaatlichen Recht auf der Grundlage von Art. 23, 85 oder 89 Abs. 2 und 3 Beschränkungen oder Ausnahmen festgelegt sind.

Ob diese Voraussetzungen vorliegen, ist eine Frage der Begründetheit des Widerspruchs. **47**

b) Darlegungslast

Um überprüfen zu können, ob der Widerspruch des Betroffenen begründet ist, benötigt der Verantwortliche die hierfür relevanten Informationen. Der Betroffene muss daher die Gründe für seinen Widerspruch vortragen, die sich aus seiner besonderen Situation ergeben. Der Widerspruch ist somit – außer beim Widerspruch gegen Direktwerbung (Abs. 2 und 3) – zumindest insoweit zu begründen. Ob die Voraussetzungen für ein ausnahmsweises Überwiegen der Gründe für eine Fortsetzung der Verarbeitung überwiegen, ist hingegen vom Verantwortlichen nachzuweisen. Ihn trifft somit die Darlegungs- und Beweislast dafür, dass zwingende schutzwürdige Gründe für die Verarbeitung vorliegen, die die Interessen, Rechte und Freiheiten des Betroffenen überwiegen. Dasselbe dürfte auch für das Vorliegen der beiden anderen Überwiegenstatbestände gelten. Das bedeutet, dass den Verantwortlichen auch die Darlegungs- und Beweislast dafür trifft, dass die Datenverarbeitung der Geltendmachung, Ausübung oder Verteidigung von Rechtsansprüchen dient, bzw. dafür, dass die Verarbeitung zur Erfüllung einer im öffentlichen Interesse liegenden Aufgabe erforderlich ist. **48**

c) Substantiierung

Angesichts der recht hohen Anforderungen an das Vorliegen einer besonderen Situation (Rn. 67 ff.) ist dem Betroffenen anzuraten, so substantiiert wie möglich vorzutragen. Es ist dem Betroffenen auch anzuraten, gegenüber dem Verantwortlichen bereits solche Gesichtspunkte vorzutragen, die es diesem erschweren, ein Überwiegen „seiner" Gründe nachweisen zu können. Erforderlich ist dies jedoch nicht. **49**

Der Widerspruch sollte erkennen lassen, wogegen er sich konkret richtet. Er kann sich beziehen auf **50**

- die Datenverarbeitung als Ganzes (also auf die Gesamtheit der verarbeiteten Daten und alle Verarbeitungszwecke),
- einzelne Verarbeitungsphasen oder -zwecke (wie etwa die Nutzung zu bestimmten Zwecken oder die Übermittlung an bestimmte Empfänger),
- bestimmte Daten oder Datenarten, die Bestandteil eines Datensets sind.

Rechtsfolge eines erfolgreichen Widerspruchs ist, dass der Verantwortliche die personenbezogenen Daten nicht mehr in dem vom Widerspruch bestimmten Umfang verarbeiten darf. Der Betroffene sollte daher seinen Widerspruch in Bezug auf die von ihm konkret gewünschten Verarbeitungsverbote präzise formulieren.

Ist der Widerspruch zu unbestimmt, hat der Verantwortliche den Betroffenen entsprechend § 25 Abs. 1 VwVfG zu beraten und auf die richtige Formulierung hinzuwirken. Weichen der Inhalt des gestellten Antrags und der erkennbare wahre Wille des Widersprechenden voneinander ab, hat der Verantwortliche das tatsächlich Gewollte zugrunde zu legen. Dies dürfte auch für nicht-öffentliche Verantwortliche gelten, die nicht unmittelbar an das jeweils geltende Verwaltungsverfahrensrecht gebunden sind. **51**

d) Identitätsfeststellung

52 Eine Mitwirkungsobliegenheit hat der Betroffene darüber hinaus gemäß Art. 12 Abs. 6 im Hinblick darauf, dass er gegenüber dem Verantwortlichen Informationen zur Verfügung stellen muss, die diesem die Feststellung seiner Identität ermöglichen (Rn. 53 ff.).

9. Identitätsfeststellung

53 Hat der Verantwortliche berechtigte Zweifel im Hinblick auf die Identität des Widersprechenden, kann er von diesem zusätzliche Informationen verlangen, die zur Bestätigung seiner Identität erforderlich sind (Art. 12 Abs. 6). Diese Regelung gibt dem Verantwortlichen somit die Befugnis, einen Identifikationsnachweis vom Widersprechenden zu verlangen. Das können z.B. die Angabe von Name, Wohnort und Geburtsdatum, die Vorlage eines Ausweisdokuments, ein Login mit Benutzername und Passwort, die Verwendung bestimmter Verschlüsselungstechniken oder ein Rückruf beim Widersprechenden sein. Welche Identifikationsnachweise im Einzelfall verlangt werden können, sollte vom Risiko der Datenverarbeitung für den Betroffenen abhängen.

54 Hiesigen Erachtens darf Art. 12 Abs. 6 jedoch nicht nur eine „Kann"-Regelung sein. Bestehen Zweifel an der Identität des Widersprechenden, ist der Verantwortliche demnach nicht nur berechtigt, sondern auch verpflichtet, dessen Identität zu überprüfen. Anderenfalls besteht die Gefahr, dass der Verantwortliche auf den Widerspruch einer anderen Person tätig wird und durch ein Tätigwerden auf Veranlassung der anderen Person Rechte und Freiheiten des tatsächlich Betroffenen verletzt.

55 Von der Feststellung der Identität des Widersprechenden zu unterscheiden ist die Frage, ob die beim Verantwortlichen vorhandenen Informationen dem Widersprechenden überhaupt noch zugeordnet werden können. Art. 11 regelt den Umfang der Betroffenenrechte (also u.a. auch den Umfang des Widerspruchsrechts) für Fälle dieser Art. Die Regelung des Art. 11 ist insgesamt verunglückt oder jedenfalls schwer verständlich. Hiesigen Erachtens ist sie wie folgt auszulegen:

56 Art. 11 Abs. 1 betrifft Fälle, in denen ein Verantwortlicher Informationen verarbeitet, die sich zwar auf eine bestimmbare natürliche Person beziehen (und die deshalb als personenbezogene Daten anzusehen sind), bei denen eine Bestimmung des Betroffenen aber zusätzliche Mittel erfordern würde. Es geht also insb. um pseudonymisierte Daten (Definition in Art. 4 Nr. 5). In diesen Fällen soll der Verantwortliche nicht verpflichtet sein, diese zusätzlichen Mittel nur einsetzen zu müssen, um Verpflichtungen der DS-GVO erfüllen zu können. Allerdings schränkt Art. 11 Abs. 2 diese Befreiung von der Verpflichtung, zusätzliche Mittel einzusetzen, bei den Betroffenenrechten auf die Art. 15 bis 20 ein. Das Widerspruchsrecht des Art. 21 wird hiervon somit nicht erfasst.

57 Liegen die von dem Verantwortlichen verarbeiteten Daten somit nur in pseudonymisierter Form vor, muss der Verantwortliche gleichwohl auf einen Widerspruch des Betroffenen hin zusätzliche Anstrengungen für eine Re-Identifizierung des Betroffenen unternehmen, um dem Widerspruch zu seiner Wirksamkeit verhelfen zu können.

10. Zurückweisung

58 In den nachfolgend unter a) bis g) aufgeführten Fällen kann der Verantwortliche den Widerspruch zurückweisen. Bei Zurückweisung des Widerspruchs ist der Betroffene über die Gründe und über die Möglichkeit, Beschwerde bei einer Aufsichtsbehörde einzulegen oder den Rechtsweg zu beschreiten, zu unterrichten (Art. 12 Abs. 4). Die Begründung muss so detailliert sein, dass der Betroffene die Berechtigung der Zurückweisung selbst überprüfen oder durch eine Aufsichtsbehörde überprüfen lassen kann.[5] Die Mitteilung über die Zurückweisung hat spätestens innerhalb eines Monats nach Eingang des Antrags zu erfolgen (Art. 12 Abs. 4).

---

5 Vgl. Gola/Schomerus, *Gola/Klug/Körffer,* § 34 Rn. 19.

a) Offenkundig unbegründeter Widerspruch

Bei offenkundig unbegründeten Widersprüchen eines Betroffenen kann der Verantwortliche sich weigern, aufgrund des Antrags tätig zu werden (Art. 12 Abs. 5 S. 2). Dasselbe muss allerdings auch für „einfach" unbegründete Widersprüche gelten. **59**

b) Unverhältnismäßige Widersprüche

Bei unverhältnismäßigen Anträgen eines Betroffenen kann der Verantwortliche sich weigern, aufgrund des Antrags tätig zu werden (Art. 12 Abs. 5 S. 2). Der Fall eines unverhältnismäßigen Widerspruchs läge z.B. vor, wenn derselbe unzulässige oder unbegründete Widerspruch wiederholt erhoben würde, ohne dass sich am Sachverhalt etwas geändert hätte. **60**

c) Widersprechender nicht identifizierbar

Lässt sich die Identität des Widersprechenden nicht ermitteln, kann (hiesigen Erachtens: muss) der Verantwortliche den Widerspruch zurückweisen (Rn. 54). Er kann (hiesigen Erachtens: muss) aber zuvor zusätzliche Informationen anfordern, die zur Bestätigung der Identität des Betroffenen erforderlich sind (Art. 12 Abs. 6). Erst wenn ein solcher Versuch nicht von Erfolg gekrönt ist, kann der Verantwortliche den Widerspruch endgültig zurückweisen. **61**

d) Keine besondere Situation des Betroffenen

Der Widerspruch kann auch zurückgewiesen werden, wenn keine Gründe vorliegen, die sich aus der besonderen Situation des Betroffenen ergeben (Art. 21 Abs. 1 S. 1 und Abs. 6). Ob solche Gründe vorliegen, ist eine Frage der Begründetheit des Widerspruchs (Rn. 67 ff.). Trägt der Widersprechende aber gar keine solchen Gründe vor und sind solche Gründe aufgrund der Umstände des Einzelfalls für den Verantwortlichen auch nicht ersichtlich, kann der Verantwortliche den Widerspruch ohne Weiteres zurückweisen. Sind Gründe vorgetragen und/oder drängen sich diese auf, muss der Verantwortliche diese prüfen. Kommt er nach dieser Prüfung zu dem Ergebnis, dass keine besonderen Gründe vorliegen, kann er den Widerspruch ebenfalls zurückweisen. **62**

Bei Datenverarbeitungen zu Zwecken der Direktwerbung muss keine besondere Situation des Betroffenen vorliegen. Widersprüche gegen solche Datenverarbeitungen sind voraussetzungslos begründet (Art. 21 Abs. 2 und 3).

e) Zwingende schutzwürdige Gründe des Verantwortlichen

Wenn der Verantwortliche zwingende schutzwürdige Gründe nachweisen kann, die die Interessen, Rechte und Freiheiten des Betroffenen überwiegen, kann er den Widerspruch zurückweisen (Art. 21 Abs. 1 S. 2 Alt. 1). Ob solche Gründe vorliegen, ist eine Frage der Begründetheit des Widerspruchs (Rn. 77 ff.). **63**

f) Rechtsansprüche

Wenn die in Rede stehende Datenverarbeitung der Geltendmachung, Ausübung oder Verteidigung von Rechtsansprüchen dient, kann der Verantwortliche den Widerspruch zurückweisen (Art. 21 Abs. 1 S. 2 Alt. 2). Ob dies der Fall ist, ist eine Frage der Begründetheit des Widerspruchs (Rn. 80). **64**

g) Im öffentlichen Interesse liegende Aufgabe

Erfolgt die Datenverarbeitung zu wissenschaftlichen oder historischen Forschungszwecken oder zu statistischen Zwecken, kann der Verantwortliche einen Widerspruch zurückweisen, wenn die Datenverarbeitung zur Erfüllung einer im öffentlichen Interesse liegenden Aufgabe erforderlich ist (Art. 21 Abs. 6). Ob dies der Fall ist, ist eine Frage der Begründetheit des Widerspruchs (Rn. 81 ff.). **65**

II. Materielle Anspruchsvoraussetzungen

66 Ob ein Widerspruch des Betroffenen Aussicht auf Erfolg hat, hängt davon ab, welchen Zweck die Datenverarbeitung verfolgt. Statthaft ist ein Widerspruch nur gegen rechtmäßige Datenverarbeitungen, deren Rechtsgrundlage Art. 6 Abs. 1 lit. e oder f ist (Rn. 26 ff.). Ist der Widerspruch statthaft, müssen zum einen auf Seiten des Betroffenen besondere Gründe für den Widerspruch vorliegen (nachfolgend Rn. 67 ff.). Zum anderen dürfen keine überwiegenden Gründe des Verantwortlichen für die Fortsetzung der Datenverarbeitung sprechen (nachfolgend Rn. 77 ff.). Das Vorliegen besonderer Gründe auf Seiten des Betroffenen und das Fehlen überwiegender Gründe des Verantwortlichen für die Fortsetzung der Datenverarbeitung müssen für einen erfolgreichen Widerspruch kumulativ vorliegen. Die gilt nur dann nicht, wenn der Zweck der Datenverarbeitung Direktwerbung ist (nachfolgend Rn. 86 ff.). In diesem Fall ist der Widerspruch voraussetzungslos.

1. Besondere Situation des Betroffenen (Abs. 1 und Abs. 6)

67 Der Widerspruch ist begründungspflichtig. Sowohl der Widerspruch gemäß Abs. 1 als auch der Widerspruch gemäß Abs. 6 setzen voraus, dass der Widersprechende für den Widerspruch Gründe geltend macht, die sich aus seiner besonderen Situation ergeben. Lediglich der Widerspruch gegen die Verarbeitung von Daten zu Zwecken der Direktwerbung bedarf keiner Begründung.

68 Nach derzeit geltender Rechtslage (BDSG!) ist ein einzelfallbezogener Widerspruch erforderlich.[6] Der Betroffene muss aus seiner persönlichen Situation resultierende Gründe vortragen.[7] Es muss ein vom Normalfall abweichender Sonderfall vorliegen.[8] Als Beispiele für besondere Gründe werden zur aktuell geltenden Rechtslage in der Kommentarliteratur angeführt:

- Ein an Leib oder Leben gefährdeter Betroffener widerspricht der Speicherung seiner Aufenthaltsdaten.[9]
- Ein bereits von Datenschutzverletzungen Betroffener will einer Wiederholung vorbeugen.[10]

69 Fraglich ist, ob diese Auslegung des geltenden Rechts mit ihren hohen Anforderungen an das Vorliegen einer besonderen Situation auf die neue Rechtslage nach der DS-GVO übertragbar ist. Dafür spricht, dass die DS-GVO den Wortlaut des Tatbestandsmerkmals der „besonderen Situation des Betroffenen" nicht geändert hat:

Art. 14 lit. a Directive 95/46	Art. 14 lit. a DS-RL	§§ 20 Abs. 5 S. 1, 35 Abs. 5 S. 1 BDSG	Art. 21 para. 1 GDPR	Art. 21 Abs. 1 DS-GVO
"[…] to object at any time on compelling legitimate **grounds relating to his particular situation** to the processing […]"	„[…] jederzeit aus überwiegenden, schutzwürdigen, sich aus **ihrer besonderen Situation ergebenden Gründen** dagegen Widerspruch einlegen zu können […]	„[…] und eine Prüfung ergibt, dass das schutzwürdige Interesse des Betroffenen wegen **seiner besonderen persönlichen Situation** […] überwiegt"	„[…] to object, **on grounds relating to his or her particular situation**, […]"	„[…] aus Gründen, die sich **aus ihrer besonderen Situation ergeben**, jederzeit […] Widerspruch einzulegen"

6 Wolff/Brink, *Brink*, § 35 BDSG Rn. 75.
7 Gola/Schomerus, *Gola, Klug, Körffer*, § 35 Rn. 28.
8 Wolff/Brink, *Brink*, § 35 BDSG Rn. 77.
9 Simitis, *Dix*, § 35 Rn. 58.
10 Däubler/Klebe/Wedde/Weichert, *Däubler*, § 35 Rn. 34.

Zwar müssen die nach der DS-RL vom Betroffenen angeführten Gründe „zwingend" („compelling") sein. Der „Normalfall" nach der DS-RL ist also, dass eine rechtmäßige Datenverarbeitung nur ganz ausnahmsweise (bei Vorliegen zwingender Gründe) aufgrund Widerspruchs beendet werden muss. **70**

Daran ändert sich durch die DS-GVO im Ergebnis allerdings nichts, auch wenn es nach Art. 21 Abs. 1 DS-GVO der Verantwortliche (und nicht – wie bislang – der Betroffene) ist, der „zwingende" Gründe vorbringen muss. Dies ergibt sich aus den folgenden Erwägungen: **71**

Der Widerspruch richtet sich gegen rechtmäßige Datenverarbeitungen (Rn. 26 ff.). Wäre die Datenverarbeitung, gegen die Widerspruch eingelegt wird, nicht als rechtmäßig zu beurteilen, wäre kein Raum für das Widerspruchsrecht, denn bei rechtswidrigen Datenverarbeitungen müssen die Daten schon kraft Gesetzes (gemäß Art. 17 Abs. 1 lit. a oder d) gelöscht werden. Soll das Widerspruchsrecht einen eigenständigen Regelungsgehalt neben dem Recht auf Löschung haben, darf es nur zur Anwendung kommen, wenn aufgrund der besonderen Umstände des Einzelfalls eine „an sich" rechtmäßige Datenverarbeitung ausnahmsweise einzustellen ist. Und diese besonderen Umstände müssen sich aus der persönlichen Situation des Widersprechenden ergeben. **72**

Die Gesetzesbegründung zur entsprechenden Regelung im deutschen Recht (§§ 20 Abs. 5, 34 Abs. 5 BDSG) führte hierzu aus: **73**

> *„Diese Voraussetzungen werden nur in Ausnahmefällen erfüllt sein. Vor dem Hintergrund, dass dem Widerspruch eine rechtmäßige Verarbeitung und Nutzung zugrunde liegt, ist bei der Prüfung des Vorliegens einer besonderen persönlichen Situation, die das öffentliche Interesse an der Verarbeitung und Nutzung zurücktreten lässt, ein besonders strenger Maßstab anzulegen."*[11]

Diese Erwägungen gelten auch für das Widerspruchsrecht nach Art. 21 Abs. 1 und 6.

Das Widerspruchsrecht ist somit letztlich nicht mehr als eine Härtefallregelung, die gewährleistet, dass atypische Sachverhaltskonstellationen berücksichtigt werden können. Dadurch kann die vom Gesetzgeber (gemäß Art. 6 Abs. 1 lit. e i.V.m. Art. 6 Abs. 3) vorgenommene generalisierte Interessenabwägung noch als verhältnismäßig angesehen bzw. die vom Verantwortlichen (gemäß Art. 6 Abs. 1 lit. f) vorgenommene typisierte Interessenabwägung nachträglich noch korrigiert werden. **74**

Der Umfang der Darlegungslast des Betroffenen hängt davon ab, wie außergewöhnlich der vom Betroffenen behauptete Sonderfall ist. Dies kann eine präzise und umfangreiche Darlegung der persönlichen Widerspruchsgründe erfordern.[12] Die Anforderungen an die Begründung dürfen aber auch nicht überspannt werden.[13] In jedem Fall muss der Betroffene weitere personenbezogene Daten offenbaren, wenn er sein Widerspruchsrecht geltend macht.[14] Dies ist aber auch gerechtfertigt, da er ja eine „an sich" rechtmäßige Datenverarbeitung beenden will. Der Verantwortliche kann vom Betroffenen auch Erläuterungen und Belege verlangen.[15] **75**

Das Tatbestandsmerkmal der „besonderen Situation des Betroffenen" dürfte angesichts der vom EU-Verordnungsgeber vorgesehenen Umkehr der Interessenabwägung (Rn. 16 und 21) gegenüber der darüber hinaus durchzuführenden Interessenabwägung (nachfolgend Rn. 77 ff.) die eigentliche Klippe für einen erfolgreichen Widerspruch sein. **76**

---

11 Begründung zum Entwurf eines Gesetzes zur Änderung des Bundesdatenschutzgesetzes und anderer Gesetze v. 13.10.2000 (BT-Drs. 14/4329).

12 Taeger/Gabel, *Meents*, § 35 Rn. 45; 40. Erg.lfg. (November 2009), § 35 Rn. 121; Duhr/Naujok/Danker/Seiffert, DuD 2003, 1, 19.

13 Simitis, *Dix*, § 35 Rn. 56 (Fn. 119).

14 Simitis, *Dix*, § 35 Rn. 56 (Fn. 119).

15 Wolff/Brink, *Brink*, § 35 BDSG Rn. 77.

2. Überwiegende Gründe für die Fortsetzung der Datenverarbeitung

a) Zwingende schutzwürdige Gründe des Verantwortlichen (Abs. 1 S. 2)

77 Gemäß Abs. 1 S. 2 ist der Widerspruch des Betroffenen nicht begründet, wenn der Verantwortliche zwingende schutzwürdige Gründe für die Verarbeitung nachweisen kann, die die Interessen, Rechte und Freiheiten des Betroffenen überwiegen. Es ist offen, wie das Tatbestandsmerkmal der „zwingenden Gründe" auszulegen ist. Angesichts von Art. 1 Abs. 2, der besagt, dass die DS-GVO alle Grundrechte und Grundfreiheiten natürlicher Personen (und nicht nur die des Betroffenen) schützt, ist klar, dass der Verantwortliche zwingende Gründe auf seiner Seite hat, wenn der Wesensgehalt eines für ihn streitenden Grundrechts durch einen erfolgreichen Widerspruch angetastet würde. Dies wird bestätigt durch EG 4 S. 2, wonach das Recht auf Schutz der personenbezogenen Daten kein uneingeschränktes Recht ist, sondern im Hinblick auf seine gesellschaftliche Funktion gesehen und unter Wahrung des Verhältnismäßigkeitsprinzips gegen andere Grundrechte abgewogen werden muss.

78 Unter diesen Gesichtspunkten kann ein Widerspruch des Betroffenen gegen eine rechtmäßige (!) Datenverarbeitung auch bei Vorliegen einer besonderen Situation des Betroffenen nicht begründet sein, wenn durch den Widerspruch die grundrechtlich geschützte Tätigkeit des Verantwortlichen unmöglich gemacht würde. Für den Verantwortlichen streiten insofern mindestens die Berufsfreiheit und das Recht am eingerichteten und ausgeübten Gewerbebetrieb, möglicherweise aber auch die Meinungs-, Presse- und Informationsfreiheit. Zwingende schutzwürdige Gründe können sich auch aus berechtigten Interessen des Verantwortlichen im Sinne von Art. 6 Abs. 1 lit. f ergeben (zum Begriff der „berechtigten Interessen" eingehend Art. 6 Rn. 133 ff.).

79 Zwingende Gründe können aber nicht nur aus grundrechtlich geschützten Rechtspositionen des Verantwortlichen erwachsen. Zwingende Gründe können sich auch aus öffentlichen Interessen ergeben. Dient die Datenverarbeitung des Verantwortlichen zumindest auch öffentlichen Interessen (also beispielsweise die Tätigkeit des Forschers in einem Pharmaunternehmen der späteren Bekämpfung von Krankheiten), kann dies dafür sprechen, dass zwingende Gründe auf Seiten des Verantwortlichen vorliegen. Auch gesetzliche Aufbewahrungsvorschriften (wie z.B. § 257 HGB, § 147 AO) sind als zwingende Gründe des Verantwortlichen anzusehen, die einem Widerspruch entgegenstehen können.

b) Rechtsansprüche (Abs. 1 S. 2)

80 Gemäß Abs. 1 S. 2 ist der Widerspruch des Betroffenen nicht begründet, wenn die Verarbeitung der Geltendmachung, Ausübung oder Verteidigung von Rechtsansprüchen dient. Dieses Tatbestandsmerkmal ist Ausfluss der Vertragsfreiheit. Wenn sich Verantwortlicher und Betroffener in eine vertragliche Austauschsituation begeben oder aus anderen Rechtsgründen Ansprüche des Verantwortlichen gegen den Betroffenen bestehen oder bestehen können, ist die in diesen Rechtsgebieten vorgenommene Interessenabwägung lex specialis gegenüber den datenschutzrechtlichen Regelungen.

c) Im öffentlichen Interesse liegende Aufgabe (Abs. 6)

81 Bei Datenverarbeitungen, die zu wissenschaftlichen und historischen Forschungszwecken oder zu statistischen Zwecken erfolgen kann ein Widerspruch gemäß Abs. 6 nur dann zurückgewiesen werden, wenn die Verarbeitung zur Erfüllung einer im öffentlichen Interesse liegenden Aufgabe erforderlich ist. Zur Auslegung des Tatbestandsmerkmals des „öffentlichen Interesses" vgl. Art. 6 Rn. 114 ff. und Rn. 164 ff. sowie Art. 18 Rn. 98 ff.

82 Diese Regelung enthält einen erheblichen Wertungswiderspruch. Während einfache Geschäftsinteressen des Verantwortlichen dem Widerspruch entgegenstehen können, wenn sie gegenüber den Interessen des Betroffenen überwiegen (vgl. Abs. 1), ist ein solches Überwiegen der Interessen des Forschers oder Statistikers gegenüber den Interessen des Betroffenen ausgeschlossen. Die Interessen des Forschers/Statistikers können nur überwiegen, wenn der Forschungs-

zweck oder die statistischen Zwecke gleichzeitig auch für die Erfüllung einer im öffentlichen Interesse liegenden Aufgabe erforderlich sind.

Zu erklären ist diese Regelung, die auf den Ratsentwurf der DS-GVO zurückgeht und maßgeblich aufgrund Initiative Frankreichs eingefügt wurde, damit, dass die Privilegierung von Forschungszwecken und statistischen Zwecken gemäß Art. 5 Abs. 1 lit. b bei den Ratsverhandlungen von vielen Mitgliedstaaten als zu weitgehend empfunden wurde. Konsequenterweise hätte davon ausgehend allerdings die Zulässigkeit der Datenverarbeitung zu den privilegierten Zwecken beschränkt werden müssen. Stattdessen wurde dem Betroffenen durch Abs. 6 ein fast voraussetzungsloses Widerspruchsrecht gegeben. **83**

Diese Regelung ist verfassungs- und europarechtlich bedenklich. Sofern die Datenverarbeitung zu Forschungszwecken oder statistischen Zwecken nicht im öffentlichen Interesse liegt, erhält der Betroffene ein nahezu verfügungsähnliches Recht über „seine" Daten. Darunter leidet zunächst die Datenqualität, die gerade für die hier in Rede stehenden Zwecke in vielen Fällen von besonderer Bedeutung sein dürfte. Fraglich ist aber vor allem, ob die Regelung nicht in zu weitgehender Weise in die Wissenschaftsfreiheit und/oder die Berufsfreiheit der Verantwortlichen eingreift. EG 4 S. 2 stellt klar, dass das Recht auf Schutz der personenbezogenen Daten kein uneingeschränktes Recht ist, sondern unter Wahrung des Verhältnismäßigkeitsprinzips gegen andere Grundrechte abgewogen werden muss. Eine solche Abwägung wird durch Abs. 6 aber gerade ausgeschlossen. Jeder Widerspruch des Betroffenen scheint nach dieser Regelung begründet zu sein, ohne dass es z.B. auf eine mögliche Beeinträchtigung des Rechts auf Achtung des Privatlebens ankäme. Die Wissenschaftsfreiheit (Art. 13 GRC) und die unternehmerische Freiheit (Art. 16 GRC) werden dem Interesse des Betroffenen an einer Beendigung der Datenverarbeitung ohne Ausnahme untergeordnet. **84**

Geboten ist daher eine grundrechtskonforme Auslegung des Abs. 6. Anknüpfungspunkt für eine Abwägung der Interessen des Betroffenen mit denen des Forschers/Statistikers kann nur das Tatbestandsmerkmal „Gründe, die sich aus ihrer besonderen Situation ergeben" sein. Die Gründe, die sich aus der besonderen Situation des Betroffenen ergeben, müssen ins Verhältnis gesetzt werden zu dem Gewicht der Interessen des Verantwortlichen. Besteht kein oder nur ein geringes Risiko für die Rechte und Freiheiten des Betroffenen (insbesondere für sein Recht auf Achtung des Privatlebens), können die Interessen des Forschers/Statistikers überwiegen. **85**

3. Direktwerbung (Abs. 2 und 3)

Bei Datenverarbeitungen, die zum Zweck der Direktwerbung erfolgen, findet keine materiellrechtliche Prüfung statt. Mit anderen Worten, in diesen Fällen ist jeder Widerspruch voraussetzungslos begründet. Die Datenverarbeitung ist insoweit einzustellen, als sie der Direktwerbung diente. Das bedeutet im Umkehrschluss, dass z.B. aufgrund von Kundenbeziehungen gespeicherte Daten auch bei einem Widerspruch gegen Maßnahmen der Direktwerbung gespeichert bleiben dürfen, soweit die Speicherung z.B. für Zwecke der Vertragserfüllung weiterhin erforderlich ist. Lediglich Maßnahmen der Direktwerbung sind nicht mehr erlaubt. Die Verarbeitung personenbezogener Daten zum Zwecke der Direktwerbung kann zwar im berechtigten Interesse des Verantwortlichen liegen (EG 47 letzter Satz). Dieses berechtigte Interesse kann aber niemals ein zwingendes schutzwürdiges Interesse sein, dass das Widerspruchsinteresse des Betroffenen überwiegt. **86**

Durch die Widerspruchslösung („opt-out") im Gegensatz zur Einwilligungslösung („opt-in") bleiben die Neukundengewinnung, die adressierte Leserwerbung für Zeitungen und Zeitschriften, der Frei- und Wechselversand von Fachzeitschriften jedenfalls unter diesem Gesichtspunkt grundsätzlich zulässig. **87**

In den Ratsverhandlungen zeitweise umstritten war die Frage, zu welchem Zeitpunkt der Hinweis auf das Widerspruchsrecht zu erfolgen hat. Wäre ein Hinweis zeitlich vor der direkten Ansprache des Betroffenen erforderlich geworden, hätte der Betroffene zwei Mal (einmal für den Hinweis und einmal für die werbliche Ansprache) kontaktiert werden müssen. Dies hätte die Direktwer- **88** bung offensichtlich so verteuert, dass sie in vielen Fällen nicht mehr lohnend gewesen wäre. Außerdem wäre die zweimalige Ansprache als unnötige Förmelei anzusehen gewesen. Daher hat man sich letztlich zu Recht dafür entschieden, den Hinweis „zum Zeitpunkt der ersten Kommunikation" (Abs. 4) ausreichen zu lassen.

89 Ein Widerspruchsrecht besteht nach Abs. 1 auch gegen ein auf Art. 6 Abs. 1 lit. e und f gestütztes Profiling. Die Erwähnung des Profilings an dieser Stelle ist nur deklaratorischer Natur. Jedes Profiling, bei dem personenbezogene Daten verarbeitet werden, ist eine Datenverarbeitung, gegen die der Widerspruch auch ohne die gesonderte Erwähnung des Profilings eröffnet gewesen wäre. Die Erwähnung des Profilings soll offensichtlich politische Signalwirkung haben.

III. Rechtsfolgen

1. Verarbeitungsverbot

90 Abs. 1 S. 2 stellt fest: „Der Verantwortliche verarbeitet die personenbezogenen Daten nicht mehr, […]". Rechtsfolge eines erfolgreichen Widerspruchs ist somit ein Verarbeitungsverbot für die Zukunft.

2. Umfang des Verarbeitungsverbots

91 Der Verantwortliche muss in jedem Einzelfall durch Auslegung ermitteln, gegen welche konkreten Datenverarbeitungsschritte sich der Widerspruch richtet. Sofern der Widerspruch erfolgreich ist, besteht das Verarbeitungsverbot nur in dem vom Widerspruch vorgegebenen Umfang (Rn. 49 ff.). Richtet sich der Widerspruch beispielsweise gegen Direktwerbung, sind zwar zukünftige Maßnahmen der Direktwerbung verboten, Speicherung und Nutzung der Adressdaten des Kunden für Zwecke der Vertragsabwicklung sind aber weiterhin zulässig.

3. Umsetzung des Verarbeitungsverbots

92 Fraglich ist, mit welchen Mitteln das Verarbeitungsverbot umzusetzen ist. Art. 21 legt nur fest, dass der Verantwortliche die personenbezogenen Daten „nicht mehr verarbeitet". Eine solche Nichtverarbeitung kann mindestens durch Löschung oder Verarbeitungseinschränkung erreicht werden. Tatsächlich enthalten Art. 17 Abs. 1 lit. c (Recht auf Löschung) und Art. 18 Abs. 1 lit. d (Recht auf Verarbeitungseinschränkung) Tatbestände, die auf das Widerspruchsrecht verweisen. Die Regelungen sind allerdings nicht sauber aufeinander abgestimmt.

93 Eine Zusammenschau der genannten Vorschriften lässt folgenden zeitlichen Ablauf eines auf Art. 21 Abs. 1 gestützten Widerspruchs erkennen:

a) Der Betroffene legt aus Gründen, die sich aus seiner besonderen Situation ergeben, Widerspruch gegen die Verarbeitung ihn betreffender Daten ein (Art. 21 Abs. 1).

94 b) Mit Eingang des Widerspruchs beim Verantwortlichen beginnt für diesen die Pflicht, zu prüfen, ob die gegen die Verarbeitung sprechenden Gründe des Betroffenen überwiegen oder ob eine besondere Situation des Betroffenen vorliegt und ob die eigenen, für die Verarbeitung sprechenden Gründe überwiegen. Solange diese Prüfung dauert (gemäß Art. 12 Abs. 3 S. 1 darf sie höchstens einen Monat dauern), kommt eine Verarbeitungseinschränkung gemäß Art. 18 Abs. 1 lit. d in Betracht. Dem Wortlaut von Art. 18 nach müsste der Betroffene dafür allerdings neben dem Widerspruch gegen die Datenverarbeitung einen entsprechenden Antrag auf Vornahme der Verarbeitungseinschränkung während der Prüffrist gestellt haben. Für den Fall, dass es an einem solchen ausdrücklichen Antrag fehlt, stellt sich aber die Frage, ob der Widerspruch dahin auszulegen ist, dass der Betroffene auch eine sofortige Verarbeitungseinschränkung begehrt. Man könnte für den Zeitraum der Prüffrist von einer Art „schwebender Unzulässigkeit" der Datenverarbeitung sprechen. Die Möglichkeit des Betroffenen, eine (wenn auch nur vorläufige) Beendigung der Datenverarbeitung auch ohne nähere Prüfung erreichen zu können, ist allerdings rechtspolitisch höchst fragwürdig. Daher spricht viel dafür, dass für eine sofortige Verarbeitungseinschränkung neben dem Widerspruch noch ein ausdrücklicher Antrag auf Verarbeitungseinschränkung erforderlich ist.

c_1) Kommt der Verantwortliche zu dem Ergebnis, dass eine besondere Situation des Betroffenen vorliegt und dass seine eigenen Gründe für die Fortführung der Datenverarbeitung nicht überwiegen, endet die „schwebende Unzulässigkeit" der Datenverarbeitung und diese wird endgültig unzulässig. In diesem Moment ist der Verantwortliche gemäß Art. 17 Abs. 1 lit. c verpflichtet, die personenbezogenen Daten unverzüglich zu löschen oder zu sperren (in der Terminologie der DS-GVO: die Verarbeitung einzuschränken. Es entsteht demnach kraft Gesetzes eine automatische Lösch- oder Sperrverpflichtung (Einschränkungsverpflichtung), wenn der Verantwortliche feststellt, dass ein auf Art. 21 Abs. 1 eingelegter Widerspruch berechtigt ist. **95**

c_2) Kommt der Verantwortliche zu dem Ergebnis, dass eine besondere Situation des Betroffenen nicht vorliegt oder dass seine eigenen Gründe für die Fortführung der Datenverarbeitung überwiegen, endet die Verarbeitungseinschränkung und der Verantwortliche setzt die Verarbeitung fort. In diesem Fall muss der Verantwortliche den Betroffenen **96**

- gemäß Art. 18 Abs. 3 darüber informieren, dass er die Verarbeitungseinschränkung wieder aufgehoben hat (sofern er eine solche vorgenommen hat),
- gemäß Art. 12 Abs. 4 darüber unterrichten, dass und warum er aufgrund des Widerspruchs die Verarbeitung nicht einstellt,
- gemäß Art. 12 Abs. 4 über die Möglichkeit, bei einer Aufsichtsbehörde Beschwerde einzulegen oder einen gerichtlichen Rechtsbehelf einzulegen, informieren.

Bei Widersprüchen gegen Datenverarbeitungen zu Forschungszwecken oder gegen Datenverarbeitungen zu statistischen Zwecken, die auf der Grundlage des Art. 21 Abs. 6 erfolgen, gilt Folgendes: **97**

a) Der Betroffene legt aus Gründen, die sich aus seiner besonderen Situation ergeben, Widerspruch gegen die Verarbeitung ihn betreffender Daten ein (Art. 21 Abs. 6). **98**

b) Für den Zeitraum, in dem der Verantwortliche das Vorliegen einer besonderen Situation des Betroffenen und das Vorliegen des öffentlichen Interesses prüft, fehlt es an einer Regelung, die zu einer Verarbeitungseinschränkung führen kann. Bis zur Entscheidung über den Widerspruch darf der Verantwortliche somit die Verarbeitung fortsetzen. **99**

c_1) Kommt der Verantwortliche zu dem Ergebnis, dass eine besondere Situation des Betroffenen vorliegt und dass seine Datenverarbeitung nicht im öffentlichen Interesse liegt, darf er die Datenverarbeitung nicht mehr fortsetzen. Aus der „an sich" rechtmäßigen Datenverarbeitung wird eine rechtswidrige. Gleichwohl fehlt es in Art. 17 an einem Löschungstatbestand. Art. 17 Abs. 1 lit. a ist nicht erfüllt, weil die Daten für die Forschungszwecke oder statistischen Zwecke, für die sie verarbeitet wurden, ja durchaus noch notwendig wären. Art. 17 Abs. 1 lit. c greift nicht ein, weil er nur die Widersprüche nach Art. 21 Abs. 1 und 2 erfasst. Art. 17 Abs. 1 lit. d gilt nur für Daten, die unrechtmäßig verarbeitet „wurden", nicht aber für solche, die erst nach dem Widerspruch unrechtmäßig verarbeitet „werden". Dass dieser Fall nicht in Art. 17 geregelt ist, kann allerdings nur ein Redaktionsversehen sein, denn wenn ein Widerspruch erfolgreich war, kann – außer in den Fällen des Art. 18 – kein Sinn darin bestehen, die Daten weiterhin zu speichern, sie aber nicht mehr für Forschungszwecke oder statistische Zwecke zu verarbeiten. Das Redaktionsversehen ist dadurch zu erklären, dass Abs. 6 erst sehr spät in den Ratsverhandlungen eingefügt wurde und insgesamt verunglückt ist (Rn. 81 ff.). **100**

c_2) Kommt der Verantwortliche zu dem Ergebnis, dass eine besondere Situation des Betroffenen nicht vorliegt oder seine Datenverarbeitung im öffentlichen Interesse liegt, darf er die Verarbeitung fortsetzen. In diesem Fall muss der Verantwortliche den Betroffenen gemäß Art. 12 Abs. 4 darüber unterrichten, dass und warum er aufgrund des Widerspruchs die Verarbeitung **101** nicht einstellt, und über die Möglichkeit, bei einer Aufsichtsbehörde Beschwerde einzulegen oder einen gerichtlichen Rechtsbehelf einzulegen, informieren.

102 Bei Widersprüchen gegen Direktwerbung auf der Grundlage von Art. 21 Abs. 3 muss der Verantwortliche die Verarbeitung für Zwecke der Direktwerbung einstellen. In diesem Fall sind die Daten, die für die Zwecke der Direktwerbung verarbeitet wurden, gemäß Art. 17 Abs. 1 lit. c ohne unangemessene Verzögerung zu löschen oder zu sperren, sofern diese nur für die Zwecke der Direktwerbung verarbeitet werden und die Verarbeitung für andere Zwecke nicht auf einen weiteren Erlaubnistatbestand gestützt werden kann.

C. Weitere Auswirkungen der Verordnung in der Praxis

I. Voraussichtliche Auswirkungen auf das nationale Recht

103 Art. 21 gilt ab dem 25.5.2018 in allen EU-Mitgliedstaaten unmittelbar. Die Mitgliedstaaten können beim Widerspruchsrecht allerdings aufgrund der Öffnungsklauseln der DS-GVO zum Beispiel Spezifizierungen (Art. 6 Abs. 2 und 3), Beschränkungen (Art. 23), Abweichungen oder Ausnahmen (Art. 85 Abs. 2) und Ausnahmen (Art. 89 Abs. 2 und 3) in ihrem jeweiligen nationalen Recht festlegen bzw. das Recht auf Datenschutz mit anderen Grundrechten in Einklang bringen (Art. 85 Abs. 1 und Art. 86).

104 Deutschland hat von dieser Möglichkeit mit den §§ 27 Abs. 2, 28 Abs. 4 und 36 BDSG-neu Gebrauch gemacht. Das Widerspruchsrecht des Betroffenen ist dadurch in Deutschland eingeschränkt, sofern es voraussichtlich die Verwirklichung von Forschungs- oder Statistikzwecken unmöglich machen oder ernsthaft beinträchtigen würde und diese Beschränkung für die Erfüllung der Forschungs- oder Statistikzwecke notwendig ist (§ 27 Abs. 2 S. 1 BDSG-neu). Das Widerspruchsrecht ist desweiteren eingeschränkt, soweit es voraussichtlich die Verwirklichung von im öffentlichen Interesse liegenden Archivzwecken unmöglich machen oder ernsthaft beeinträchtigen würde und diese Ausnahme für die Erfüllung der Archivzwecke erforderlich ist (§ 28 Abs. 4 BDSG-neu). Und das Widerspruchsrecht besteht gegenüber öffentlichen Stellen nicht, soweit an der Verarbeitung ein zwingendes öffentliches Interesse besteht, das die Interessen des Betroffenen überwiegt, oder soweit eine Rechtsvorschrift zur Verarbeitung verpflichtet (§ 36 BDSG-neu).

105 Das Widerspruchsrecht ist heute zwar bereits in den §§ 20 Abs. 5 S. 1, 35 Abs. 5 S.1 BDSG verankert, hat aber in der Praxis keine große Bedeutung erlangt. Dies könnte sich durch Art. 21 ändern. Die Norm ist ausdifferenzierter als die bestehenden Widerspruchsrechte und hat einen weiteren Anwendungsbereich zugunsten des Betroffenen. Kann dieser nachweisen, dass er sich in einer besonderen, vom Normalfall abweichenden Situation befindet, wird es für den Verantwortlichen sehr schwer, ein Überwiegen seiner Interessen nachzuweisen, weil dies zwingende schutzwürdige Interessen (Abs. 1) bzw. ein öffentliches Interesse (Abs. 6) verlangt.

106 Es bleibt abzuwarten, ob das Widerspruchsrecht von Betroffenen verstärkt in Anspruch genommen werden und wie sich die Rechtspraxis entwickeln wird. Als problematisch könnte sich das Widerspruchsrecht u.a. erweisen für

107 – alle öffentlichen Stellen, die aufgrund Gesetzes personenbezogene Daten verarbeiten; in Deutschland ist nach derzeitigem Recht ein Widerspruch ausgeschlossen, wenn eine Rechtsvorschrift zur Datenverarbeitung verpflichtet (§§ 20 Abs. 5 S. 2, 35 Abs. 5 S. 2 BDSG); dieser Ausnahmetatbestand wird durch § 36 BDSG-neu fortgeführt; darüber hinaus besteht gem. § 36 BDSG-neu kein Widerspruchsrecht gegen eine Datenverarbeitung öffentlicher Stellen, soweit ein zwingendes öffentliches Interesse an der Verarbeitung besteht; fraglich ist, ob alle anderen Mitgliedstaaten rechtzeitig durch entsprechende Bestimmungen in ihrem jeweiligen nationalen Recht dafür sorgen, die auf gesetzlicher Grundlage oder im öffentlichen Interesse erfolgende Datenverarbeitung sicherzustellen;

- Auskunfteien, die Widersprüche gegen die von ihnen vorgenommene Scorewertberechnung individuell abarbeiten müssen; fraglich ist, ob sich Auskunfteien wegen der Bedeutung von Bonitätsprüfungen für die Kreditwirtschaft und unter Berufung auf §§ 10 Abs. 2, 18 Abs. 2 KWG und Art. 8 der EU-Verbraucherkreditrichtlinie 2008/48/EG generell ein zwingendes schutzwürdiges Interesse an ihrer Datenverarbeitung geltend machen können; **108**
- Unternehmen, die Positiv- oder Negativdaten bei Auskunfteien einmelden wollen, denen der Aufwand einer Bearbeitung von Widersprüchen aber zu groß ist und die daher auf die Einmeldung verzichten, womit sie die Qualität der Scorewertberechnung durch die Auskunfteien beeinträchtigen. **109**

II. Bestandsschutz bisheriger Datenverarbeitungen

Die DS-GVO gilt ab dem 25. Mai 2018 in allen Mitgliedstaaten. Ein Bestandsschutz bisheriger Datenverarbeitungen ist in Bezug auf das Widerspruchsrecht nicht vorgesehen. Von dem Zeitpunkt an, in dem die DS-GVO in den Mitgliedstaaten unmittelbare Geltung beansprucht, sind alle Verantwortlichen an das neue Widerspruchsrecht gebunden. Spätestens ab dem 25. Mai 2018 müssen Verantwortliche auch bei laufenden Datenverarbeitungen die Anforderungen des Art. 21 beachten. **110**

III. Sanktionen

Verstöße gegen die Verpflichtungen aus Art. 21 stellen Ordnungswidrigkeiten dar. Diese können mit einer Geldbuße belegt werden. Die Datenschutzaufsichtsbehörden können Geldbußen von bis zu 20 Mio. € oder im Falle eines Unternehmens bis zu 4 % des gesamten weltweit erzielten Jahresumsatzes des vorangegangenen Geschäftsjahrs verhängen (Art. 83 Abs. 5 lit. b). **111**

IV. Rechtsschutz

1. Rechtsschutz des Betroffenen

a) Rechtsschutz gegen Aufsichtsbehörde

Jeder Betroffene hat das Recht auf Beschwerde bei einer Aufsichtsbehörde, wenn er der Auffassung ist, dass die Verarbeitung ihn betreffender Daten gegen die DS-GVO verstößt – also auch, wenn er der Auffassung ist, der Verantwortliche erfülle seine Verpflichtungen aus Art. 21 nicht Zuständig können die Aufsichtsbehörde in dem Mitgliedstaat des Aufenthaltsortes, die des Arbeitsplatzes oder die des Ortes des mutmaßlichen Verstoßes sein (Art. 77 Abs. 1). **112**

Jeder Betroffene hat darüber hinaus das Recht auf einen wirksamen gerichtlichen Rechtsbehelf gegen einen ihn betreffenden rechtsverbindlichen Beschluss einer Aufsichtsbehörde (Art. 78 Abs. 1). Jeder Betroffene hat außerdem das Recht auf einen wirksamen gerichtlichen Rechtsbehelf, wenn sich die zuständige Aufsichtsbehörde mit einer Beschwerde nicht befasst oder sie den Betroffenen nicht innerhalb von drei Monaten über den Stand oder das Ergebnis der Beschwerde in Kenntnis setzt (Art. 78 Abs. 2). Bei Streitigkeiten mit der Aufsichtsbehörde sind die Verwaltungsgerichte zuständig. **113**

b) Rechtsschutz gegen Verantwortliche und Auftragsverarbeiter

Jeder Betroffene hat das Recht auf einen wirksamen gerichtlichen Rechtsbehelf gegen einen Verantwortlichen oder gegen einen Auftragsverarbeiter (Art. 79). Das Widerspruchsrecht ist ein subjektiv-öffentliches Recht, das ohne Weiteres gerichtlich einklagbar ist. Soll eine öffentliche Stelle zur Befolgung des Widerspruchs verpflichtet werden, muss eine allgemeine Leistungsklage auf Einstellung der Datenverarbeitung erhoben werden. Zuständig ist das allgemeine Verwaltungsgericht, das Sozialgericht oder das Finanzgericht.[16] Soll eine nicht-öffentliche Stelle zur Einstel- **114**

16 Wolff/Brink, *Worms,* § 19 Rn. 110, 111, (Stand: 1.11.2014).

lung der Datenverarbeitung verpflichtet werden, ist eine Leistungsklage zu erheben. Zuständig sind entweder die Zivil- oder die Arbeitsgerichte.[17]

115 Jeder Betroffene, dem wegen eines Verstoßes gegen die DS-GVO ein materieller oder immaterieller Schaden entstanden ist, hat Anspruch auf Schadensersatz gegen den Verantwortlichen oder gegen den Auftragsverarbeiter (Art. 82 Abs. 1).

c) Vertretung durch einen Verband

116 Jeder Betroffene hat das Recht, eine Einrichtung, Organisation oder Vereinigung, die im Bereich des Datenschutzes tätig ist, mit der Vertretung seiner Interessen im Zusammenhang mit den Rechten der Art. 77, 78 und 79 sowie der Geltendmachung von Schadensersatz gemäß Art. 82 zu beauftragen (Art. 80 Abs. 1).

2. Rechtsschutz anderer Personen

117 Jede natürliche oder juristische Person (also insbesondere ein Verantwortlicher oder ein Auftragsverarbeiter) hat das Recht auf einen wirksamen gerichtlichen Rechtsbehelf gegen einen sie betreffenden rechtsverbindlichen Beschluss einer Aufsichtsbehörde (Art. 78 Abs. 1).

3. Rechtsschutz durch Verbände

118 Jede Einrichtung, Organisation oder Vereinigung ohne Gewinnerzielungsabsicht, die ordnungsgemäß nach dem Recht eines Mitgliedstaates gegründet ist, deren satzungsmäßige Ziele im öffentlichen Interesse liegen und die im Bereich des Schutzes der Rechte und Freiheiten von Betroffenen in Bezug auf den Schutz ihrer personenbezogenen Daten tätig ist, kann auch ohne Beauftragung durch einen Betroffenen die Rechte der Art. 77, 78 und 79 geltend machen (u.a. durch eine altruistische Verbandsklage), sofern dies das Recht eines Mitgliedstaates vorsieht (Art. 80 Abs. 2). Jeder Betroffene hat das Recht, einen solchen Verband mit der Vertretung seiner Interessen im Zusammenhang mit den Rechten der Art. 77, 78 und 79 sowie der Geltendmachung von Schadensersatz gemäß Art. 82 zu beauftragen (Art. 80 Abs. 1).

---

17 Wolff/Brink, *Schmidt-Wudy*, § 34 Rn. 22., 13. Edition (Stand: 1.8.2015).

Article 22

Automated individual decision-making, including profiling

1. The data subject shall have the right not to be subject to a decision based solely on automated processing, including profiling, which produces legal effects concerning him or her or similarly significantly affects him or her.

2. Paragraph 1 shall not apply if the decision:

   (a) is necessary for entering into, or performance of, a contract between the data subject and a data controller;

   (b) is authorised by Union or Member State law to which the controller is subject and which also lays down suitable measures to safeguard the data subject's rights and freedoms and legitimate interests; or

   (c) is based on the data subject's explicit consent.

3. In the cases referred to in points (a) and (c) of paragraph 2, the data controller shall implement suitable measures to safeguard the data subject's rights and freedoms and legitimate interests, at least the right to obtain human intervention on the part of the controller, to express his or her point of view and to contest the decision.

4. Decisions referred to in paragraph 2 shall not be based on special categories of personal data referred to in Article 9(1), unless point (a) or (g) of Article 9(2) applies and suitable measures to safeguard the data subject's rights and freedoms and legitimate interests are in place.

Artikel 22

Automatisierte Entscheidungen im Einzelfall einschließlich Profiling

(1) Die betroffene Person hat das Recht, nicht einer ausschließlich auf einer automatisierten Verarbeitung – einschließlich Profiling – beruhenden Entscheidung unterworfen zu werden, die ihr gegenüber rechtliche Wirkung entfaltet oder sie in ähnlicher Weise erheblich beeinträchtigt.

(2) Absatz 1 gilt nicht, wenn die Entscheidung

a) für den Abschluss oder die Erfüllung eines Vertrags zwischen der betroffenen Person und dem Verantwortlichen erforderlich ist,

b) afgrund von Rechtsvorschriften der Union oder der Mitgliedstaaten, denen der Verantwortliche unterliegt, zulässig ist und diese Rechtsvorschriften angemessene Maßnahmen zur Wahrung der Rechte und Freiheiten sowie der berechtigten Interessen der betroffenen Person enthalten oder

c) mit ausdrücklicher Einwilligung der betroffenen Person erfolgt.

(3) In den in Absatz 2 Buchstaben a und c genannten Fällen trifft der Verantwortliche angemessene Maßnahmen, um die Rechte und Freiheiten sowie die berechtigten Interessen der betroffenen Person zu wahren, wozu mindestens das Recht auf Erwirkung des Eingreifens einer Person seitens des Verantwortlichen, auf Darlegung des eigenen Standpunkts und auf Anfechtung der Entscheidung gehört.

(4) Entscheidungen nach Absatz 2 dürfen nicht auf besonderen Kategorien personenbezogener Daten nach Artikel 9 Absatz 1 beruhen, sofern nicht Artikel 9 Absatz 2 Buchstabe a oder g gilt und angemessene Maßnahmen zum Schutz der Rechte und Freiheiten sowie der berechtigten Interessen der betroffenen Person getroffen wurden.

§ 30 BDSG-neu

Verbraucherkredite

(1) Eine Stelle, die geschäftsmäßig personenbezogene Daten, die zur Bewertung der Kreditwürdigkeit von Verbrauchern genutzt werden dürfen, zum Zweck der Übermittlung erhebt, speichert oder verändert, hat Auskunftsverlangen von Darlehensgebern aus anderen Mitgliedstaaten der

Europäischen Union genauso zu behandeln wie Auskunftsverlangen inländischer Darlehensgeber.

(2) Wer den Abschluss eines Verbraucherdarlehensvertrags oder eines Vertrags über eine entgeltliche Finanzierungshilfe mit einem Verbraucher infolge einer Auskunft einer Stelle im Sinne des Absatzes 1 ablehnt, hat den Verbraucher unverzüglich hierüber sowie über die erhaltene Auskunft zu unterrichten. Die Unterrichtung unterbleibt, soweit hierdurch die öffentliche Sicherheit oder Ordnung gefährdet würde. § 37 bleibt unberührt.

§ 31 BDSG-neu

Schutz des Wirtschaftsverkehrs bei Scoring und Bonitätsauskünften

(1) Die Verwendung eines Wahrscheinlichkeitswerts über ein bestimmtes zukünftiges Verhalten einer natürlichen Person zum Zweck der Entscheidung über die Begründung, Durchführung oder Beendigung eines Vertragsverhältnisses mit dieser Person (Scoring) ist nur zulässig, wenn

1. die Vorschriften des Datenschutzrechts eingehalten wurden,
2. die zur Berechnung des Wahrscheinlichkeitswerts genutzten Daten unter Zugrundelegung eines wissenschaftlich anerkannten mathematisch-statistischen Verfahrens nachweisbar für die Berechnung der Wahrscheinlichkeit des bestimmten Verhaltens erheblich sind,
3. für die Berechnung des Wahrscheinlichkeitswerts nicht ausschließlich Anschriftendaten genutzt wurden und
4. im Fall der Nutzung von Anschriftendaten die betroffene Person vor Berechnung des Wahrscheinlichkeitswerts über die vorgesehene Nutzung dieser Daten unterrichtet worden ist; die Unterrichtung ist zu dokumentieren.

(2) Die Verwendung eines von Auskunfteien ermittelten Wahrscheinlichkeitswerts über die Zahlungsfähig- und Zahlungswilligkeit einer natürlichen Person ist im Fall der Einbeziehung von Informationen über Forderungen nur zulässig, soweit die Voraussetzungen nach Absatz 1 vorliegen und nur solche Forderungen über eine geschuldete Leistung, die trotz Fälligkeit nicht erbracht worden ist, berücksichtigt werden,

1. die durch ein rechtskräftiges oder für vorläufig vollstreckbar erklärtes Urteil festgestellt worden sind oder für die ein Schuldtitel nach § 794 der Zivilprozessordnung vorliegt,
2. die nach § 178 der Insolvenzordnung festgestellt und nicht vom Schuldner im Prüfungstermin bestritten worden sind,
3. die der Schuldner ausdrücklich anerkannt hat,
4. bei denen
   a) der Schuldner nach Eintritt der Fälligkeit der Forderung mindestens zweimal schriftlich gemahnt worden ist,
   b) die erste Mahnung mindestens vier Wochen zurückliegt,
   c) der Schuldner zuvor, jedoch frühestens bei der ersten Mahnung, über eine mögliche Berücksichtigung durch eine Auskunftei unterrichtet worden ist und
   d) der Schuldner die Forderung nicht bestritten hat oder
5. deren zugrunde liegendes Vertragsverhältnis aufgrund von Zahlungsrückständen fristlos gekündigt werden kann und bei denen der Schuldner zuvor über eine mögliche Berücksichtigung durch eine Auskunftei unterrichtet worden ist.

Die Zulässigkeit der Verarbeitung, einschließlich der Ermittlung von Wahrscheinlichkeitswerten, von anderen bonitätsrelevanten Daten nach allgemeinem Datenschutzrecht bleibt unberührt.

§ 37 BDSG-neu

Automatisierte Entscheidungen im Einzelfall einschließlich Profiling

(1) Das Recht gemäß Artikel 22 Absatz 1 der Verordnung (EU) 2016/679, keiner ausschließlich auf einer automatisierten Verarbeitung beruhenden Entscheidung unterworfen zu werden, besteht über die in Artikel 22 Absatz 2 Buchstabe a und c der Verordnung (EU) 2016/679 genannten Ausnahmen hinaus nicht, wenn die Entscheidung im Rahmen der Leistungserbringung nach einem Versicherungsvertrag ergeht und

1. dem Begehren der betroffenen Person stattgegeben wurde oder
2. die Entscheidung auf der Anwendung verbindlicher Entgeltregelungen für Heilbehandlungen beruht und der Verantwortliche für den Fall, dass dem Antrag nicht vollumfänglich stattgegeben wird, angemessene Maßnahmen zur Wahrung der berechtigten Interessen der betroffenen Person trifft, wozu mindestens das Recht auf Erwirkung des Eingreifens einer Person seitens des Verantwortlichen, auf Darlegung des eigenen Standpunktes und auf Anfechtung der Entscheidung zählt; der Verantwortliche informiert die betroffene Person über diese Rechte spätestens zum Zeitpunkt der Mitteilung, aus der sich ergibt, dass dem Antrag der betroffenen Person nicht vollumfänglich stattgegeben wird.

(2) Entscheidungen nach Absatz 1 dürfen auf der Verarbeitung von Gesundheitsdaten im Sinne des Artikels 4 Nummer 15 der Verordnung (EU) 2016/679 beruhen. Der Verantwortliche sieht angemessene und spezifische Maßnahmen zur Wahrung der Interessen der betroffenen Person gemäß § 22 Absatz 2 Satz 2 vor.

Recitals

(71) [1]The data subject should have the right not to be subject to a decision, which may include a measure, evaluating personal aspects relating to him or her which is based solely on automated processing and which produces legal effects concerning him or her or similarly significantly affects him or her, such as automatic refusal of an online credit application or e-recruiting practices without any human intervention. [2]Such processing includes 'profiling' that consists of any form of automated processing of personal data evaluating the personal aspects relating to a natural person, in particular to analyse or predict aspects concerning the data subject's performance at work, economic situation, health, personal preferences or interests, reliability or behaviour, location or movements, where it produces legal effects concerning him or her or similarly significantly affects him or her. [3]However, decision-making based on such processing, including profiling, should be allowed where expressly authorised by Union or Member State law to which the controller is subject, including for fraud and tax-evasion monitoring and prevention purposes conducted in accordance with the regulations, standards and recommendations of Union institutions or national

Erwägungsgründe

(71) [1]Die betroffene Person sollte das Recht haben, keiner Entscheidung – was eine Maßnahme einschließen kann – zur Bewertung von sie betreffenden persönlichen Aspekten unterworfen zu werden, die ausschließlich auf einer automatisierten Verarbeitung beruht und die rechtliche Wirkung für die betroffene Person entfaltet oder sie in ähnlicher Weise erheblich beeinträchtigt, wie die automatische Ablehnung eines Online-Kreditantrags oder Online-Einstellungsverfahren ohne jegliches menschliche Eingreifen. [2]Zu einer derartigen Verarbeitung zählt auch das „Profiling", das in jeglicher Form automatisierter Verarbeitung personenbezogener Daten unter Bewertung der persönlichen Aspekte in Bezug auf eine natürliche Person besteht, insbesondere zur Analyse oder Prognose von Aspekten bezüglich Arbeitsleistung, wirtschaftliche Lage, Gesundheit, persönliche Vorlieben oder Interessen, Zuverlässigkeit oder Verhalten, Aufenthaltsort oder Ortswechsel der betroffenen Person, soweit dies rechtliche Wirkung für die betroffene Person entfaltet oder sie in ähnlicher Weise erheblich beeinträchtigt. [3]Eine auf einer derartigen Verarbeitung, einschließlich des Profilings, beruhende Entscheidungsfindung sollte allerdings erlaubt sein, wenn dies nach dem Unionsrecht

oversight bodies and to ensure the security and reliability of a service provided by the controller, or necessary for the entering or performance of a contract between the data subject and a controller, or when the data subject has given his or her explicit consent. [4]In any case, such processing should be subject to suitable safeguards, which should include specific information to the data subject and the right to obtain human intervention, to express his or her point of view, to obtain an explanation of the decision reached after such assessment and to challenge the decision. [5]Such measure should not concern a child. [6]In order to ensure fair and transparent processing in respect of the data subject, taking into account the specific circumstances and context in which the personal data are processed, the controller should use appropriate mathematical or statistical procedures for the profiling, implement technical and organisational measures appropriate to ensure, in particular, that factors which result in inaccuracies in personal data are corrected and the risk of errors is minimised, secure personal data in a manner that takes account of the potential risks involved for the interests and rights of the data subject and that prevents, inter alia, discriminatory effects on natural persons on the basis of racial or ethnic origin, political opinion, religion or beliefs, trade union membership, genetic or health status or sexual orientation, or that result in measures having such an effect. [7]Automated decision-making and profiling based on special categories of personal data should be allowed only under specific conditions

oder dem Recht der Mitgliedstaaten, dem der für die Verarbeitung Verantwortliche unterliegt, ausdrücklich zulässig ist, auch um im Einklang mit den Vorschriften, Standards und Empfehlungen der Institutionen der Union oder der nationalen Aufsichtsgremien Betrug und Steuerhinterziehung zu überwachen und zu verhindern und die Sicherheit und Zuverlässigkeit eines von dem Verantwortlichen bereitgestellten Dienstes zu gewährleisten, oder wenn dies für den Abschluss oder die Erfüllung eines Vertrags zwischen der betroffenen Person und einem Verantwortlichen erforderlich ist oder wenn die betroffene Person ihre ausdrückliche Einwilligung hierzu erteilt hat. [4]In jedem Fall sollte eine solche Verarbeitung mit angemessenen Garantien verbunden sein, einschließlich der spezifischen Unterrichtung der betroffenen Person und des Anspruchs auf direktes Eingreifen einer Person, auf Darlegung des eigenen Standpunkts, auf Erläuterung der nach einer entsprechenden Bewertung getroffenen Entscheidung sowie des Rechts auf Anfechtung der Entscheidung. [5]Diese Maßnahme sollte kein Kind betreffen. [6]Um unter Berücksichtigung der besonderen Umstände und Rahmenbedingungen, unter denen die personenbezogenen Daten verarbeitet werden, der betroffenen Person gegenüber eine faire und transparente Verarbeitung zu gewährleisten, sollte der für die Verarbeitung Verantwortliche geeignete mathematische oder statistische Verfahren für das Profiling verwenden, technische und organisatorische Maßnahmen treffen, mit denen in geeigneter Weise insbesondere sichergestellt wird, dass Faktoren, die zu unrichtigen personenbezogenen Daten führen, korrigiert werden und das Risiko von Fehlern minimiert wird, und personenbezogene Daten in einer Weise sichern, dass den potenziellen Bedrohungen für die Interessen und Rechte der betroffenen Person Rechnung getragen wird und mit denen verhindert wird, dass es gegenüber natürlichen Personen aufgrund von Rasse, ethnischer Herkunft, politischer Meinung, Religion oder Weltanschauung, Gewerkschaftszugehörigkeit, genetischer Anlagen oder Gesundheitszustand sowie sexueller Orientierung zu diskriminierenden Wirkungen oder zu Maßnahmen kommt, die eine solche Wirkung haben. [7]Automatisierte Entscheidungsfindung und Profiling auf der Grundlage besonderer

Kategorien von personenbezogenen Daten sollten nur unter bestimmten Bedingungen erlaubt sein.

(72) [1]Profiling is subject to the rules of this Regulation governing the processing of personal data, such as the legal grounds for processing or data protection principles. [2]The European Data Protection Board established by this Regulation (the 'Board') should be able to issue guidance in that context.

(72) [1]Das Profiling unterliegt den Vorschriften dieser Verordnung für die Verarbeitung personenbezogener Daten, wie etwa die Rechtsgrundlage für die Verarbeitung oder die Datenschutzgrundsätze. [2]Der durch diese Verordnung eingerichtete Europäische Datenschutzausschuss (im Folgenden „Ausschuss") sollte, diesbezüglich Leitlinien herausgeben können.

Literatur

Berg, EU-Datenschutzgrundverordnung: das Aus für Auskunfteien und Inkassounternehmen?, in: PinG 2013, S. 69; *Goodman/Flaxman*, European Union regulations on algorithmic decision-making and a "right to explanation", http://arxiv.org/abs/1606.08813 (abgerufen am 28.5.2017); *Dammann*, Erfolge und Defizite der EU-Datenschutzgrundverordnung – Erwarteter Fortschritt, Schwächen und überraschende Innovationen, in: ZD 2016, 307; *Deuster*, Automatisierte Entscheidungen nach der Datenschutz-Grundverordnung, in: PinG 2016, 75; *Ehmann/Selmayr (Hrsg.)*, Datenschutz-Grundverordnung, 1. Auflage 2017, C.H. Beck München; *Ehrig/Glatzner*, Kreditscoring nach der Datenschutz-Grundverordnung: Sollen – und können – die bisherigen Regelungen des BDSG erhalten bleiben?, in: PinG 2016, […]; *Eschholz*, Big Data-Scoring unter dem Einfluss der Datenschutz-Grundverordnung, in: DuD 2017, 180; *Eskens*, Profiling the European Citizen in the Internet of Things: How Will the General Data Protection Regulation Apply to this Form of Personal Data Processing, and How Should It? (February 29, 2016), https://ssrn.com/abstract=2752010 (abgerufen am 28.5.2017); *Gierschmann/Saeugling (Hrsg.)*, Systematischer Praxiskommentar Datenschutzrecht, 1. Auflage 2014, Bundesanzeiger Verlag Köln; *Gola (Hrsg.)*, Datenschutz-Grundverordnung, 1. Auflage 2017, C.H. Beck München; *Härting*, Datenschutz-Grundverordnung, 1. Auflage 2016, Dr. Otto Schmidt, Köln; *Härting*, Profiling: Vorschläge für eine intelligente Regulierung, in: CR 8/2014, 528.; *Jaume-Palasí/Spielkamp*, Ethics and algorithmic processes for decision making and decision support, AlgorithmWatch Working Paper No. 2; *Krönke*, Datenpaternalismus – Staatliche Interventionen im Online-Datenverkehr zwischen Privaten, dargestellt am Beispiel der Datenschutz-Grundverordnung, in: Der Staat 55 (2016), 319; *Martini/Nink*, Wenn Maschinen entscheiden… Persönlichkeitsschutz in automatisierten Verwaltungsverfahren, in: NVwZ 2017, 681, *Methner/Reiter*, Scoring-Verfahren – datenschutzrechtliche Grenzen und praktische Schwierigkeiten, in: DSRITB 2016, 453; *Moos/Rothkegel*, Nutzung von Scoring-Diensten im Online-Versandhandel – Scoring-Verfahren im Spannungsfeld von BDSG, AGG und DS-GVO, in: ZD 2016, 561; *Rossi*, Respected or Challenged by Technology? The General Data Protection Regulation and Commercial Profiling on the Internet (July 13, 2016), https://ssrn.com/abstract=2852739 or http://dx.doi.org/10.2139/ssrn.2852739 (abgerufen am 28.5.2017); *Schantz*, Die Datenschutz-Grundverordnung – Beginn einer neuen Zeitrechnung im Datenschutzrecht, in: NJW 2016, 1841; *Schermer*, Risks of Profiling and the Limits of Data Protection Law, in: Bart Custers et al. (Hrsg.), Discrimination and Privacy in the Information Society, 2013,137; *Schulz*, Und er sah, dass es gut war: zur Übermittlung von Positivdaten gewerblicher Marktteilnehmer an Auskunfteien, in: PinG 2014, 81;*Sydow*, Vorwirkungen von Ansprüchen auf datenschutzrechtliche Auskunft und Informationszugang, in: NVwZ 2013, 467; *Taeger*, Scoring in Deutschland nach der EU-Datenschutzgrundverordnung, in: ZRP 2016, 72; *Thode*, Der gläserne User – Regelungen und Regelungsbedarf für das Profiling, in: PinG 1/2015, […]; *Wachter/Mittelstadt/Floridi*, Why a right to explanation of automated decision-making does not exist in the General Data Protection Regulation, (December 28, 2016), International Data Privacy Law, Forthcoming, https://papers.ssrn.com/sol3/papers.cfm?abstract_id=2903469 (abgerufen am 28.5.2017); *Weichert,* Scoring in Zeiten von Big Data, in: ZRP 2014, 168; *Wolff/Brink (Hrsg.),* Beck'scher Online-Kommentar Datenschutzrecht, C.H. Beck München, 13. Edition Stand: 1.8.2015; *Zahariev,* The evolution of EU data protection law on automated data profiling, in: PinG 2017, [...].

▶ Bedeutung der Norm

Die Norm regelt das grundsätzliche Verbot, den Betroffenen automatisierten Einzelentscheidungen zu unterwerfen (Abs. 1). Von diesem Verbot gibt es Ausnahmen bei Vorliegen von Vertrag, Gesetz oder Einwilligung (Abs. 2). Zu diesen Ausnahmen gibt es bei der Verarbeitung sensibler Daten Rückausnahmen und Ausnahmen von den Rückausnahmen (Abs. 4). Automatisierte Einzelentscheidungen erfordern besondere Schutzmaßnahmen zugunsten des Betroffenen (Abs. 3).

Nicht geregelt werden – entgegen der leicht irreführenden Überschrift – Rechtmäßigkeitsvoraussetzungen für das Profiling (verstanden im Sinne von Art. 4 Nr. 4 als Profilbildung).

▶ Hinweise für den Anwender

Für die Norm relevante Definitionen und andere Querbezüge:

- **Öffnungsklauseln:** Die Mitgliedstaaten können im nationalen Recht zusätzlich zu den Rechtsvorschriften, die sie nach Abs. 2 und 4 erlassen können, spezifischere Bestimmungen (Art. 6 Abs. 2 und 3), Beschränkungen (Art. 23) sowie Abweichungen und Ausnahmen (Art. 85) festlegen.
- **Informationspflichten:** Der Verantwortliche muss den Betroffenen bei Datenerhebung oder -verwendung über das Bestehen einer automatisierten Entscheidungsfindung, über die involvierte Logik, über die Tragweite und über die angestrebten Auswirkungen dieser Verarbeitung informieren (Art. 13 Abs. 2 lit. f oder 14 Abs. 2 lit. g). Auch im Rahmen des Auskunftsanspruchs stehen dem Betroffenen die genannten Informationen zu (Art. 15 Abs. 1 lit. h).
- **Profiling:** Art. 4 Nr. 4 definiert den Begriff des Profilings als automatisierte Datenverarbeitung, durch die persönliche Aspekte einer natürlichen Person analysiert oder vorhergesagt werden. An diese Definition knüpft die DS-GVO allerdings an keiner Stelle eine besondere Rechtsfolge.
- **Widerspruchsrecht:** Art. 21 Abs. 1 S. 1 Halbs. 2 und Abs. 2 Halbs. 2 betonen das Recht des Betroffenen, Widerspruch gegen ein Profiling einzulegen, das auf Art. 6 Abs. 1 lit. e oder f gestützt ist oder das mit Direktwerbung in Verbindung steht.
- **Datenschutz-Folgenabschätzung:** Automatisierte Einzelentscheidungen begründen die Pflicht zur Durchführung von Datenschutz-Folgenabschätzungen (Art. 35 Abs. 3 lit. a).
- **Verbindliche interne Datenschutzvorschriften** enthalten mindestens auch Angaben in Bezug auf das Verbot automatisierter Einzelentscheidungen (Art. 47 Abs. 2 lit. e).
- **Datenschutzaufsichtsbehörden:** Jede Aufsichtsbehörde verfügt unter anderem über die Befugnis, eine vorübergehende oder endgültige Beschränkung der Verarbeitung, einschließlich eines Verbots, zu verhängen (Art. 58 Abs. 2 lit. f).
- Der **Europäische Datenschutzausschuss** stellt insb. auch Leitlinien, Empfehlungen und bewährte Verfahren zur näheren Bestimmung der Kriterien und Bedingungen für die auf Profiling beruhenden Entscheidungen bereit (Art. 70 Abs. 1 lit. f).
- **Geldbuße** bei Verstoß gegen die Regelungen zum Widerspruchsrecht gem. Art. 83 Abs. 5 lit. b: maximal 20.000.000 € oder im Falle eines Unternehmens 4 % des gesamten weltweit erzielten Umsatzes des Vorjahres.

Für die Auslegung der Norm relevante Erwägungsgründe:
- EG 57 bis 59 allgemein zu den Betroffenenrechten. EG 71 und 72 unmittelbar zum Verbot automatisierter Einzelentscheidung und zum Profiling.

Systematische Einordnung der Norm innerhalb der DS-GVO:
- Das Verbot automatisierter Einzelentscheidungen ist Teil der in Kapitel III geregelten Betroffenenrechte. Es ist (anders als die Informationsrechte, mit denen dem Betroffenen gegenüber Transparenz hergestellt werden soll, und anders als die antragsabhängigen Initiativrechte, mit denen der Betroffene Einfluss auf das Ob und den Umfang der Datenverarbeitung nehmen kann) eine unmittelbar die Zulässigkeit der Datenverarbeitung einschränkende Regelung. Rechtssystematisch wäre es daher besser in Art. 6 aufgehoben.
- Art. 11 und 12 sind die für alle Betroffenenrechte geltenden, vor die Klammer gezogenen Normen, die die Modalitäten auch des Verbotes automatisierter Einzelentscheidungen regeln.

Vorgängernormen im BDSG:
- § 6a BDSG zu automatisierten Einzelentscheidungen. § 28b BDSG zum Scoring, soweit dieses zum Zweck der Entscheidung über die Begründung, Durchführung oder Beendigung eines Vertragsverhältnisses betrieben wird. §§ 13 Abs. 4, 15 Abs. 3 TMG zur Bildung von Nutzungsprofilen von Telemediendiensteanbietern.

Vorgängernorm in der RL 95/46:
- Art. 15 DS-RL.

Stellungnahmen der Aufsichtsbehörden oder der Art. 29-Gruppe:
- *Article 29 Data Protection Working Party,* Opinion 2/2010 on online behavioural advertising (adopted on 22 June 2010), WP 171.
- *Council of Europe (Committee of Ministers),* Empfehlung CM/Rec(2010)13 an die Mitgliedstaaten über den Schutz des Menschen bei der automatischen Verarbeitung personenbezogener Daten im Zusammenhang mit Profiling (angenommen am 23.11.2010 in der 1099. Sitzung der Stellvertreter der Minister).
- *Article 29 Data Protection Working Party,* Advice paper on essential elements of a definition and a provision on profiling within the EU General Data Protection Regulation (adopted on 13 May 2013).
- *Article 29 Data Protection Working Party,* Letters from the Art. 29 WP in view of the trilogue and annex to the letters (dort Seite 14) vom 17. Juni 2015.

Schlagworte

Entscheidung, automatisierte Entscheidung, Einzelfallentscheidung, automatisiere Einzelfallentscheidund, Profiling, menschliche Intervention, human intervention, Algorithmus, Darlegung des eigenen Standpunkts, Anfechtung der Entscheidung, mathematische oder statistische Verfahren, Datenqualität, Datensicherung, Nichtdiskriminierung.

A. Allgemeines

I. Regelungszweck

1 Die Norm spricht ein grundsätzliches Verbot für den Verantwortlichen aus, den Betroffenen automatisierten Einzelentscheidungen zu unterwerfen. Solche Entscheidungen werden vom Normgeber für besonders bedenklich gehalten, wobei die Regelung in erster Linie „Ausdruck eines diffusen allgemeinen Unbehangens" gegenüber maschinell getroffenen Entscheidungen sein dürfte.[1] Der Betroffene soll nicht zum Objekt rechnergestützter Entscheidungsabläufe gemacht werden.[2] Er soll davor bewahrt werden, nur noch als Teil einer nach bestimmten objektiven Merkmalen definierten Gruppe behandelt zu werden.[3] Dem Verbot entspricht das Gebot, Entscheidungen oder Maßnahmen, die rechtlich oder faktisch beeinträchtigende Wirkungen haben, grundsätzlich von Menschen vornehmen zu lassen.

2 Andererseits besteht insb. bei Massengeschäften (wie zum Beispiel im Onlinehandel) ein Bedürfnis nach schnellen, objektiven und zuverlässigen Entscheidungen, die für den Betroffenen vorteilhaft sein können, wenn sie in seinem Sinne ausfallen, und die für den Verantwortlichen vorteilhaft sein können, weil sie in der Regel effizienter und kostengünstiger als der Einsatz von Arbeitskräften sind und weil sie typische Risiken des Verantwortlichen (etwa das Kreditausfallrisiko) reduzieren.[4] Aus diesem Grunde gibt es Ausnahmetatbestände, die automatisierte Einzelentscheidungen erlauben.

3 Worin allerdings genau das Schutzziel des Verbots automatisierter Einzelentscheidungen besteht, ist fraglich.[5] Man kann die Regelung mit dem Schutz der Menschenwürde begründen,

1 Gola, *Schulz*, Art. 22 Rn. 2.
2 Vgl. Gierschmann/Saeugling, *Stamm*, § 6a S. 217.
3 *Thode*, [...]
4 Vgl. Gierschmann/Saeugling, *Stamm*, § 6a Rn. 1.
5 Auch *Dammann*, in: ZD 2016, 307, 313, es bestünde noch wenig Klarheit darüber, warum genau automatisierte Entscheidungen das Persönlichkeitsrecht des Betroffenen tangierten.

wenn man diese durch die Unterwerfung des Einzelnen unter einen – womöglich gar selbstlernenden – Algorithmus als gefährdet ansieht.[6] Dann wäre der Betroffene vor Manipulation und Fremdbestimmung zu schützen.[7] Man kann das Informationsgefälle zwischen dem Verantwortlichen und dem Betroffenen[8] sowie die Desinformation infolge der Undurchschaubarkeit des automatisierten Programms als Regelungsgrund ansehen.[9] Abhilfe ließe sich dann nur durch Transparenzerfordernisse erreichen. Man kann auch auf die Verhinderung diskriminierender[10] oder wirtschaftlich nachteiliger[11] Effekte abstellen. Dann wäre man aber nicht in erster Linie im Bereich des Datenschutzrechts. Teilweise wird sogar auf die angeblich mangelnde Präzision, die sich aus der automatischen Anwendung vorbestimmter Inferenzregeln ergebe, verwiesen.[12] Mangels eines klar definierten Schutzziels fehlt es der Regelung des Art. 22 jedenfalls an einer erkennbaren Schutzstrategie.[13]

Profiling (also die Datensammlung und -auswertung, die zur Erstellung zum Beispiel von Bewegungs-, Verbraucher-, Nutzer- oder Sozialprofilen führt) wird in Art. 22 nicht geregelt. Erst wenn die Anwendung von Profilen auf einzelne Betroffene sich als Entscheidung oder Maßnahme darstellt, greift Art. 22 ein. Dieser Ansatz wurde während der Verhandlungen zur DS-GVO zum Beispiel von der Art. 29-Gruppe als nicht ausreichend kritisiert.[14] Den durch das Profiling begründeten Gefahren (Erstellung umfassender Persönlichkeitsprofile, Informationsgefälle zwischen Verantwortlichem und Betroffenem, Verschwinden des Zufalls, Diskriminierung, Manipulation und Fremdbestimmung)[15] wird tatsächlich durch die Regelung des Art. 22 nur zum Teil entgegengewirkt. 4

II. Normadressaten

1. Öffentliche und nicht-öffentliche Stellen

Die Norm unterscheidet nicht zwischen öffentlichen und nicht-öffentlichen Verantwortlichen. Beide sind gleichermaßen verpflichtet, das Verbot automatisierter Einzelentscheidungen zu beachten. Für öffentliche Stellen kommen als Erlaubnistatbestände in erster Linie Rechtvorschriften der Union oder der Mitgliedstaaten in Betracht (Abs. 2 lit. b). Solche Rechtsvorschriften müssen allerdings erst noch geschaffen werden (hierzu Rn. 79 ff.). Für nicht-öffentliche Stellen sind als Erlaubnistatbestände eher Vertrag (Abs. 2 lit. a) oder Einwilligung (Abs. 2 lit. c) einschlägig. 5

Für durch nicht-öffentliche Stellen getroffene automatisierte Entscheidungen ist bemerkenswert, dass die Norm auch für Privatpersonen gilt, deren Datenverarbeitung nicht ausschließlich privaten oder familiären Zwecken dient („Haushaltsausnahme": Art. 2 Abs. 2 lit. c). Fraglich ist in diesem Zusammenhang ob Webseiten, Blogs oder Foren, die von Privatpersonen betrieben werden, noch unter die „Haushaltsausnahme" fallen. Dies kann auch im Rahmen von Art. 22 relevant sein, weil Entscheidungen über den Zugang zu diesen Diensten oftmals automatisiert getroffen werden. Nachdem der EuGH in seinem Urteil in der Sache „Lindqvist" festgestellt hat, dass das Einstellen personenbezogener Daten in das Internet eine datenschutzrechtlich relevante Verarbeitung personenbezogener Daten ist[16], spricht viel dafür, eine solche Zugangskontrolle als automatisierte Entscheidung im Sinne des Art. 22 anzusehen. Zwar kann nach EG 18 S. 2 auch die 6

---

6 *Dammann*, in: ZD 2016, 307, 313.
7 *Härting*, in: CR 8/2014, 528, 532.
8 *Härting*, in: CR 8/2014, 528, 531.
9 *Dammann*, in: ZD 2016, 307, 313.
10 *Härting*, in: CR 8/2014, 528, 531; *Dammann*, in: ZD 2016, 307, 313.
11 *Dammann*, in: ZD 2016, 307, 313.
12 Ehmann/Selmayr, *Hladjk*, Art. 22 Rn. 3.
13 Ebenso *Dammann*, in: ZD 2016, 307, 313.
14 *Article 29 Data Protection Working Party*, Advice paper on essential elements of a definition and a provision on profiling within the EU General Data Protection Regulation (adopted on 13 May 2013), Seite 3.
15 Eingehend *Thode*, in: PinG 1/2015, [...]; *Härting*, in: CR 8/2014, 528.
16 EuGH, Urteil vom 6. November 2003 – C-101/01 –, Rn. 25.

Nutzung „sozialer Netze" und „Onlinetätigkeiten" als persönliche oder familiäre Tätigkeit angesehen werden, allerdings nur wenn sie „im Rahmen solcher [persönlicher oder familiärer] Tätigkeiten" stattfindet. Richtet sich das Angebot eines Telemediendienstes potentiell an jedermann im Internet und ist das Angebot potentiell für jedermann abrufbar, dürfte eine rein persönliche oder familiäre Tätigkeit wohl nicht mehr vorliegen (eingehend hierzu Art. 2 Rn. 43 ff.). Die Verarbeitung personenbezogener Daten innerhalb des beschränkten Bereiches unterfällt womöglich noch der „Haushaltsausnahme". Dies kann aber nicht für den Zugang zu diesem Bereich gelten, der ja noch nicht beschränkt ist.[17]

2. Drittstaatsdatenverarbeiter

7 Auch nicht in der Europäischen Union niedergelassene Verantwortliche sind dem Verbot automatisierter Einzelentscheidung unterworfen, wenn die Einzelentscheidung im Zusammenhang mit dem Angebot von Waren oder Dienstleistungen an Betroffene in der Union (Art. 3 Abs. 2 lit. a) oder mit einer Beobachtung des Verhaltens Betroffener in der Union (Art. 3 Abs. 2 lit. b) steht.

3. Mitgliedstaaten

8 Nach Abs. 2 lit. b und nach Abs. 4 i.V.m Art. 9 Abs. 2 lit. g können die Mitgliedstaaten durch Rechtsvorschriften Ausnahmen vom Verbot der automatisierten Einzelentscheidung vorsehen. Weitere Beschränkungen, Abweichungen und Ausnahmen sind aufgrund der Öffnungsklauseln der Art. 23 und 85 im nationalen Recht zulässig. Konkretisierungen der bestehenden Ausnahmen und darüber hinaus auch aller anderen Bestimmungen des Art. 22 sind im nationalen Recht aufgrund von Art. 6 Abs. 2 und 3 zulässig.

9 Voraussetzung für eine Ausnahme vom Verbot der automatisierten Einzelentscheidung nach Abs. 2 lit. b ist, dass die mitgliedstaatliche Rechtsvorschrift angemessene Maßnahmen zur Wahrung der Rechte und Freiheiten sowie der berechtigten Interessen des Betroffenen enthält.

10 Die Voraussetzungen für eine Beschränkung des Verbots automatisierter Einzelentscheidung gem. Art. 23 sind ungleich höher. Wird die Beschränkung auf Art. 23 gestützt, muss sie den Wesensgehalt der Grundrechte und Grundfreiheiten achten, in einer demokratischen Gesellschaft eine notwendige und verhältnismäßige Maßnahme darstellen, eines der in Art. 23 Abs. 1 genannten Schutzziele verfolgen und darüber hinaus die zahlreichen Voraussetzungen des Art. 23 Abs. 2 beachten. Da der Gestaltungsspielraum des nationalen Gesetzgebers somit nach Abs. 2 lit. b deutlich größer ist als nach Art. 23, dürfte der nationale Gesetzgeber wohl geneigt sein, etwaige Ausnahmen auf Abs. 2 lit. b und nicht auf Art. 23 zu stützen.

11 Voraussetzung für eine Ausnahme vom Verbot auf sensitiven Daten beruhender automatischer Einzelentscheidungen, ist gem. Abs. 4 i.V.m. Art. 9 Abs. 2 lit. g, dass die Rechtsvorschrift des nationalen Gesetzgebers aus Gründen eines erheblichen öffentlichen Interesses erforderlich ist, sie in einem angemessenen Verhältnis zu dem verfolgten Ziel steht, den Wesensgehalt des Rechts auf Datenschutz wahrt und angemessene und spezifische Maßnahmen zur Wahrung der Grundrechte und Interessen der betroffenen Person vorsieht. Zum Begriff des „öffentlichen Interesses" und zu den von der DS-GVO unmittelbar anerkannten öffentlichen Interessen Art. 18 Rn. 98 ff.

12 Darüber hinaus sehen die Mitgliedstaaten für die Verarbeitung, die zu journalistischen oder zu wissenschaftlichen, künstlerischen oder literarischen Zwecken erfolgt, Abweichungen und Ausnahmen auch vom Verbot der automatisierten Einzelentscheidung vor (Art. 85 Abs. 2). Voraussetzung dafür ist, dass die Rechtsvorschrift erforderlich ist, um das Recht auf Datenschutz mit der Freiheit der Meinungsäußerung und der Informationsfreiheit in Einklang zu bringen. Von dieser Ausnahmemöglichkeit sollte der nationale Gesetzgeber unbedingt Gebrauch machen, da anderenfalls zum Beispiel Onlinearchive von Zeitungen unzulässig sein könnten, sofern sie die Suche nach Personennamen ermöglichen.

---

17 A.A. zur geltenden Rechtslage Gierschmann/Saeugling, *Stamm*, § 6a Rn. 12.

4. Betroffene

Geschützt wird von Art. 22 der Betroffene. Dies ist nach der Definition des Art. 4 Nr. 1 jede identifizierte oder identifizierbare natürliche Person. **13**

Kinder sollen generell automatisierten Maßnahmen nicht unterworfen sein (EG 71 S. 5). Das bedeutet wohl, dass auch die Ausnahmen, die nach Abs. 2 oder 4 bestehen, für Kinder nicht gelten sollen. Für Ausnahmen die auf der Grundlage einer Rechtsvorschrift (gem. Abs. 2 lit. b oder gem. Abs. 4 i.V.m. Art. 9 Abs. 2 lit. g) bestehen, dürfte diese grundsätzliche Ausnahme zugunsten von Kindern nicht gelten. Dem Gesetzgeber ist es unbenommen, für bestimmte Sachverhaltskonstellationen festzulegen, dass das Interesse des Kindes, nicht einer automatisierten Einzelentscheidung unterworfen zu sein, hinter gewichtigere öffentliche Interessen zurücktreten muss. Zum Beispiel muss eine Regelung zulässig sein, die es Anbietern von Diensten der Informationsgesellschaft erlaubt, durch Profiling herauszufinden, ob ein potentieller Nutzer des Dienstes das sechzehnte Lebensjahr bereits vollendet hat, um so die Pflicht zur Altersüberprüfung gem. Art. 8 Abs. 1 erfüllen zu können. Auch muss eine Regelung zulässig sein, die es sozialen Netzwerken erlaubt, suizidgefährdete Nutzer zu identifizieren und ihnen Hilfsangebote zukommen zu lassen. Es ist nicht ersichtlich, warum dies gerade gegenüber minderjährigen Nutzern nicht zulässig sollte, wenn es gegenüber volljährigen Nutzern erlaubt ist. **14**

5. Datenschutzaufsichtsbehörden

Die Untersuchungs-, Abhilfe- und Genehmigungsbefugnisse der Datenschutzaufsichtsbehörden sind in Art. 58 geregelt. Gem. Art. 58 Abs. 2 lit. c hat jede Aufsichtsbehörde die Befugnis, den Verantwortlichen anzuweisen, den Anträgen des Betroffenen auf Ausübung der ihm zustehenden Rechte zu entsprechen. Eine Aufsichtsbehörde könnte also zum Beispiel den Verantwortlichen anweisen, dem Betroffenen gem. Abs. 3 das Eingreifen einer natürlicher Person zuzugestehen. Der Europäische Datenschutzausschuss stellt gem. Art. 70 Abs. 1 lit. f Leitlinien, Empfehlungen und bewährte Verfahren zur näheren Bestimmung der Kriterien und Bedingungen für die auf Profiling beruhenden Entscheidungen bereit. EG 72 S. 2 ergänzt, dass der Europäische Datenschutzausschuss auch Leitlinien für das Profiling (und nicht nur für automatisierte Einzelentscheidungen) herausgeben können soll. Bei Verstößen gegen Art. 22 können die Datenschutzaufsichtsbehörden Geldbußen gem. Art. 83 Abs. 5 lit. b verhängen. **15**

III. Systematik

Das Verbot der automatisierten Einzelentscheidung des Art. 22 gehört formal zu den Betroffenenrechten des Kapitels III der DS-GVO. Es nimmt innerhalb der Betroffenenrechte allerdings eine Sonderstellung ein. Bei den anderen Betroffenenrechten handelt es sich entweder um Transparenzrechte, die der Aufklärung des Betroffenen über Art und Umfang der Datenverarbeitung dienen[18], oder um Gestaltungs- und Steuerungsrechte, mit denen der Betroffene Einfluss auf die Datenverarbeitung nehmen kann[19]. Von diesen Rechten unterscheidet sich Art. 22 dadurch, dass durch das Verbot der automatisierten Einzelentscheidung unmittelbar Einfluss auf die Zulässigkeit der Datenverarbeitung genommen wird. Die Norm ist allerdings nicht selbst ein eigenständiger Erlaubnistatbestand.[20] Durch das Verbot werden vielmehr Datenverarbeitungen für unzulässig erklärt, die auf der Grundlage der allgemeinen Erlaubnistatbestände womöglich rechtmäßig wären. Als einzige Norm des Kapitels III wirkt Art. 22 damit unmittelbar in die Zulässigkeitstatbestände der Art. 6 und 9 hinein und modifiziert diese für bestimmte Datenverarbeitungen. **16**

---

18 Art. 7 Abs. 2: Einwilligungsersuchen; Art. 13/14: Information; Art. 15 Abs. 1 und 2: Auskunft; Art. 15 Abs. 3 und 4: Kopie; Art. 18 Abs. 3: Unterrichtung über Aufhebung einer Verarbeitungseinschränkung; Art. 19: Mitteilungen; Art. 21 Abs. 4: Hinweis auf Widerspruch; Art. 34: Meldepflicht.

19 Art. 16: Berichtigung und Vervollständigung; Art. 17: Löschung; Art. 18: Verarbeitungseinschränkung; Art. 20: Datenübertragbarkeit; Art. 21: Widerspruchsrecht.

20 Gola, *Schulz*, Art. 22 Rn. 3.

17 Im Zusammenhang mit dem Verbot der automatisierten Einzelentscheidung gibt es als Begleitrechte aber darüber hinaus auch Transparenzerfordernisse sowie Gestaltungs- und Steuerungsrechte.

18 Zu den Transparenzerfordernissen gehören:

- Recht auf Information über das Bestehen einer automatisierten Entscheidungsfindung, über die involvierte Logik, über die Tragweite und über die angestrebten Auswirkungen dieser Verarbeitung (Art. 13 Abs. 2 lit. f oder 14 Abs. 2 lit. g).
- Recht auf Auskunft über das Bestehen einer automatisierten Entscheidungsfindung, über die involvierte Logik, über die Tragweite und über die angestrebten Auswirkungen dieser Verarbeitung (Art. 15 Abs. 1 lit. h).

19 Zu den Gestaltungs- und Steuerungsrechten, für deren Inanspruchnahme der Betroffene initiativ werden muss, gehören:

- Einwilligung in die automatisierte Entscheidung (Abs. 2 Nr. 3; Abs. 4 i.V.m. Art. 9 Abs. 2 lit. a).
- Recht auf Widerspruch (Art. 21).
- Recht auf Erwirkung des Eingreifens einer Person (Abs. 3)
- Recht auf Darlegung des eigenen Standpunkts (Abs. 3)
- Recht auf Anfechtung der automatisierten Einzelentscheidung (Abs. 3).
- Recht auf Berichtigung von Entscheidungsfaktoren, die zu unrichtigen personenbezogenen Daten führen (EG 71 S. 6).

20 Art. 12 enthält allgemeine Voraussetzungen für alle Betroffenenrechte. Demnach gelten für das Verbot automatisierter Einzelentscheidungen zusätzlich zu den Anforderungen des Art. 22, soweit relevant, die allgemeinen Voraussetzungen für transparente Information, Kommunikation und Modalitäten für die Ausübung der Rechte des Betroffenen. Art. 12 enthält darüber hinaus weitere Voraussetzungen für die Mitwirkungspflichten des Verantwortlichen bei der Erfüllung der Rechte des Betroffenen.

21 Das Profiling wird zwar in der DS-GVO definiert und an verschiedenen Stellen erwähnt. Eigene Rechtsfolgen knüpfen sich an die Qualifikation einer Datenverarbeitung als Profiling aber nach der DS-GVO kaum.[21] Wie in Rn. 52 ff. ausgeführt, ist die besondere Hervorhebung des Profilings in Abs. 1 im Zusammenhang mit automatisierten Entscheidungsverfahren („einschließlich Profiling") an sich überflüssig. Dasselbe gilt für die Erwähnung des Profilings bei der Informationspflicht (Art. 13 Abs. 2 lit. f, 14 Abs. 2 lit. g) und beim Auskunftsrecht (Art. 15 Abs. 1 lit. h). Auch die Erwähnung des Profilings beim Widerspruchsrecht (Art. 21 Abs. 1 Satz 1 Halbs. 2, Abs. 2 Halbs. 2) ist überflüssig, da ein Widerspruchsrecht nach der Konzeption des Art. 21 gegen jede Form der Datenverarbeitung (sofern sie auf Art. 6 Abs. 1 lit. e oder f gestützt ist) eröffnet ist, also selbstverständlich auch gegen das Profiling. Auch das Erfordernis einer Datenschutz-Folgenabschätzung knüpft nicht an das Vorliegen eines Profilings an, sondern an das Vorliegen von aufgrund Profilings getroffenen Entscheidungen. Auch bei den verbindlichen internen Datenschutzvorschriften (Art. 47 Abs. 2 lit. e) wird Profiling nur im Zusammenhang mit automatisierten Entscheidungen erwähnt. Lediglich in den Erwägungsgründen wird das Profiling zum Teil als eigenständig zu bewertender Verarbeitungsvorgang angesehen, ohne dass ein Zusammenhang mit automatisierten Einzelentscheidungen hergestellt wird (EG 60 S. 3, 70 S. 1, 71 S. 6), was angesichts des im verfügenden Teil durchgängig anderen Konzepts als etwas unsauber zu bezeichnen ist. In EG 63 S. 3 und 91 S. 2 wird hingegen – in für die DS-GVO konsequenter Weise – dieser Zusammenhang beibehalten.

---

21 Auch nach *Schantz* in: NJW 2016, 1841, 1844.

IV. Entstehungsgeschichte

1. Bisherige europäische Vorgaben

Art. 15 Abs. 1 DS-RL sieht ein grundsätzliches Verbot automatisierter Einzelentscheidungen vor. **22** Durch die DS-GVO wird der Anwendungsbereich dieses Verbots ausgedehnt. Sind nach bisheriger Rechtslage nur die Entscheidungen, die zum Zweck der Bewertung einzelner Aspekte einer Person getroffen werden, dem Verbot unterworfen, sind es nach Art. 22 Abs. 1 DS-GVO alle automatisierten Einzelentscheidungen. Die übrigen Änderungen sind eher sprachlicher Natur. Nach Art. 15 Abs. 1 DS-RL liegt eine automatisierte Einzelentscheidung vor, wenn die Entscheidung „aufgrund einer automatisierten Verarbeitung [...] ergeht" (DS-GVO: wenn die Entscheidung auf automatisierter Verarbeitung „beruht"). Nach Art. 15 Abs. 1 DS-RL sind solche automatisierten Entscheidungen verboten, die „rechtliche Folgen nach sich ziehen" (DS-GVO: „rechtliche Wirkung entfalten") oder den Betroffenen „erheblich beeinträchtigen" (DS-GVO: „in ähnlicher Weise erheblich beeinträchtigen").

Bei den Ausnahmen bestehen größere Unterschiede zwischen DS-RL und DS-GVO. Die DS-GVO **23** ist in mehrfacher Hinsicht restriktiver.

Für Verträge eröffnet Art. 15 Abs. 2 lit. a DS-RL eine deutlich weitergehende Ausnahme, als sie **24** von Art. 22 Abs. 2 lit. a DS-GVO vorgesehen wird. Zu unterscheiden sind zwei Fallgruppen:

1. Fallgruppe: Die automatisierte Einzelentscheidung ist für den Betroffenen günstig, weil seinem **25** Ersuchen auf Vertragsabschluss oder -erfüllung stattgegeben wird:

Nach bisheriger Rechtslage ist die Entscheidung dann bereits zulässig. Sie muss lediglich „im Rahmen" von Vertragsabschluss oder -erfüllung ergehen. Die neue Rechtslage ist in doppelter Hinsicht strenger. Zum einen muss die Entscheidung für Vertragsabschluss oder -erfüllung „erforderlich" sein (zur Auslegung des Tatbestandsmerkmals der Erforderlichkeit Rn. 75 ff.). Ist die Entscheidung nicht erforderlich, ist sie somit nicht zulässig, auch wenn sie dem Willen des Betroffenen entspräche – ein seltsames Ergebnis. Zum anderen müssen zusätzlich noch Maßnahmen zur Wahrung der berechtigten Interessen des Betroffenen ergriffen werden (Art. 22 Abs. 3 DS-GVO), was nach bisheriger Rechtslage bei einer für den Betroffenen lediglich günstigen Entscheidung nicht erforderlich ist. **26**

2. Fallgruppe: Die automatisierte Einzelentscheidung ist für den Betroffenen ungünstig, weil seinem Ersuchen auf Vertragsabschluss oder -erfüllung nicht stattgegeben wird: **27**

Nach bisheriger Rechtslage ist die Entscheidung zulässig, wenn der Verantwortliche die Wahrung der Interessen des Betroffenen durch Maßnahmen garantiert. Die neue Rechtslage ist in dieser Fallgruppe ebenfalls strenger. Maßnahmen zur Wahrung der berechtigten Interessen des Betroffenen müssen ohnehin immer ergriffen werden (Art. 22 Abs. 3 DS-GVO). Zusätzlich muss die Entscheidung für den Vertrag erforderlich sein (und nicht nur „im Rahmen" von Vertragsschluss oder -erfüllung ergehen). **28**

Die Möglichkeit, in die automatisierte Einzelentscheidung einzuwilligen, sieht zwar Art. 15 DS-RL nicht ausdrücklich vor. Da nach Art. 7 lit. a DS-RL aber jede Verarbeitung personenbezogener Daten durch Einwilligung gerechtfertigt werden kann, ist diese auch nach derzeitiger Rechtslage für die automatisierte Einzelentscheidung ein geeigneter Erlaubnistatbestand. Auch insofern ist die neue Rechtslage strenger, denn sie verlangt eine „ausdrückliche" („explicit") Einwilligung (Art. 22 Abs. 2 lit. c DS-GVO), während nach bisheriger Rechtslage eine Einwilligung „ohne jeden Zweifel" („unambiguous") ausreicht. **29**

2. Bisherige nationale Vorgaben

§ 6a BDSG a.F. enthält die Umsetzung der Regelung des Art. 15 DS-RL zur automatisierten Einzelentscheidung. Die Regelung hält sich weitgehend an die Vorgaben der DS-RL, so dass für die Unterschiede der bisherigen zur neuen Regelung auf die Rn. 22 ff. verwiesen werden kann. **30**

31 Bemerkenswert ist zusätzlich, dass automatisierte Einzelentscheidungen nach bisheriger deutscher Rechtslage nicht nur bei Vertragsverhältnissen, sondern auch bei sonstigen Rechtsverhältnissen (also etwa beim Erlass von Verwaltungsakten) zulässig sind, wenn dem Begehren des Betroffenen stattgegeben wird (§ 6a Abs. 2 Nr. 1 BDSG a.F.). Insofern ist die DS-GVO also strenger, weil sie keine Ausnahme für sonstige Rechtsverhältnisse vorsieht.

32 Auch nach § 6a Abs. 2 Nr. 2 BDSG a.F. sind – wie nach Art. 15 Abs. 2 lit. a DS-RL – automatisierte Einzelentscheidungen, die für den Betroffenen ungünstig sind, zulässig, wenn die Wahrung der berechtigten Interessen des Betroffenen durch geeignete Maßnahmen gewährleistet wird. Abweichend von Art. 15 Abs. 2 lit. a DS-RL gilt dies aber nicht nur für abschlägige Entscheidungen im Rahmen von Vertragsverhältnissen, sondern für jegliche abschlägige Entscheidungen. Insofern ist Art. 22 Abs. 2 lit. a DS-GVO in doppelter Hinsicht strenger, weil dort zum einen nur Entscheidungen bei Vertragsschluss oder -erfüllung zulässig sein können und zum anderen das Vorliegen von Schutzmaßnahmen allein die automatisierte Entscheidung nicht zulässig machen kann.

33 § 28a BDSG a.F. trifft Sonderregelungen für die Übermittlung personenbezogener Daten an Auskunfteien. Die Norm betrifft damit zwar nicht automatisierte Einzelentscheidungen im engeren Sinne des Art. 22 DS-GVO. Sie ist aber Voraussetzung dafür, dass von den Auskunfteien ein sinnvolles Scoring (ein Anwendungsfall des Profilings) durchgeführt werden kann und bewegt sich daher im Dunstfeld der Regelungen für automatisierte Einzelentscheidungen (einschließlich Profiling). § 28a BDSG a.F. darf im mitgliedstaatlichen Recht aufrechterhalten bleiben. Die hierfür in Anspruch zu nehmende Öffnungsklausel wäre allerdings nicht Art. 22 Abs. 2 lit. b DS-GVO, sondern Art. 6 Abs. 4 i.V.m Art. 23 Abs. 1 lit. i DS-GVO, weil es sich bei der Datenübermittlung an Auskunfteien um Weiterverarbeitungen handelt, die zu einem anderen Zweck als zu demjenigem, zu dem die Daten ursprünglich erhoben wurden, erfolgen, und weil die Datenübermittlung der Wahrung des Interesses der übermittelnden Stelle und der empfangenden Auskunftei dient.

34 § 28b BDSG a.F. legt Grundregeln für das Scoring fest, das zum Zweck der Entscheidung über die Begründung, Durchführung oder Beendigung eines Vertragsverhältnisses vorgenommen wird. Damit betrifft auch diese Norm nicht unmittelbar automatisierte Einzelentscheidungen im Sinne des Art. 22 DS-GVO. Das in § 28b BDSG a.F. geregelte Scoring ist aber Voraussetzung für eine im Rahmen von Vertragsverhältnissen zu treffende Entscheidung. Und für ein solches Scoring sieht zumindest EG 71 S. 6 DS-GVO Schutzmaßnahmen (z.B. die Anwendung geeigneter mathematischer oder statistischer Verfahren vor). § 28b BDSG darf im nationalen Recht aufrecht erhalten bleiben – und zwar als spezifischere Bestimmung im Sinne von Art. 6 Abs. 2 und 3 DS-GVO, soweit die Daten durch Auskunfteien für Zwecke des Scorings erhoben wurden, und als Weiterverarbeitung im Sinne von Art. 6 Abs. 4 i.V.m. 23 Abs. 1 lit. i DS-GVO, soweit die Auskunftei ihr von Dritten übermittelte Daten für Zwecke des Scorings nutzt.

35 Tatsächlich hat der deutsche Gesetzgeber die §§ 28a Abs. 1 und 28b BDSG a.F. in das BDSG-neu überführt – allerdings in leicht abgewandelter Form. Während § 28a Abs. 1 BDSG a.F. festlegt, unter welchen Voraussetzungen die Tatsache von Forderungsausfällen einer Auskunftei mitgeteilt („übermittelt") werden darf, besagt § 31 Abs. 2 BDSG-neu, dass ein Wahrscheinlichkeitswert über die Zahlungsfähigkeit oder -willigkeit einer natürlichen Person nur „verwendet" werden darf, wenn bei der Ermittlung des Wahrscheinlichkeitswerts ausschließlich die explizit zugelassenen Negativdaten verwendet wurden. § 31 Abs. 1 BDSG-neu legt weitere Voraussetzungen für die Verwendung von Wahrscheinlichkeitswerten über ein bestimmtes zukünftiges Verhalten einer natürlichen Person zum Zweck der Entscheidung über die Begründung, Durchführung oder Beendigung eines Vertragsverhältnisses mit dieser Person vor. Insgesamt erhält § 31 BDSG-neu gem. der Gesetzesbegründung den „materiellen Schutzstandard" der §§ 28a und 28b BDSG a.F. Die Gesetzesbegründung benennt die Öffnungsklausel, auf die § 31 Abs. 2 BDGS-neu gestützt wird, nicht ausdrücklich. Sie verweist lediglich auf die Bedeutung von Bonitätsauskünften für das Kreditwesen und damit auf den Schutz des Wirtschaftsverkehrs. Der Gesetzgeber scheint die Regelung demnach auf die Öffnungsklausel des Art. 6 Abs. 2 und 3 DS-GVO stützen zu wollen.

3. Verhandlungen zur DS-GVO

Der ursprüngliche Kommissionsentwurf beschränkte sich auf eine Regelung von auf Profiling basierenden Maßnahmen (vgl. Art. 20 KOM-E) und stellte daher gegenüber der geltenden Rechtslage des Art. 15 DS-RL keine große Neuerung dar. **36**

Das Europäische Parlament wollte neben den Regelungen zu Maßnahmen aufgrund von Profiling (Art. 20 Abs. 2, 3 und 5 EP-E) ein sehr weitgehendes Widerspruchsrecht des Betroffenen gegen jede Form des Profilings einführen. Danach hätte der Betroffene gegen ein auf das berechtigte Interesse des Verantwortlichen gestütztes Profiling jederzeit und ohne weitere Begründung widersprechen können sollen (Art. 20 Abs. 1 i.V.m. 19 Abs. 2 EP-E). Dieser Widerspruch hätte wohlgemerkt nicht erst gegen eine automatisierte Entscheidung, sondern schon gegen die Profilbildung gerichtet sein können und wäre ohne jede Interessenabwägung immer erfolgreich gewesen. In der Konsequenz einer solchen Regelung wäre das Datenschutzrecht insofern zu einem annähernd absoluten Recht an personenbezogenen Daten erstarkt. Dieser sehr radikale Entwurf konnte sich in den Trilogverhandlungen jedoch nicht durchsetzen. **37**

In den Ratsverhandlungen wurde die Bestimmung intensiv diskutiert. Zwischenzeitlich gab es von mehreren Ratspräsidentschaften teilweise ambitionierte Entwürfe.[22] Insb. war lange umstritten, ob – wie bisher – nur automatisierte Einzelentscheidungen Gegenstand der Regelung sein sollten oder ob auch das Profiling gesonderten Rechtmäßigkeitsanforderungen unterworfen werden sollte. Zwischenzeitlich fanden sich in Ratsentwürfen getrennte Regelungen zu automatisierten Entscheidungen und zum Profiling.[23] Letztlich konnten sich die Regelungen, die sich nur mit dem Profiling befassten, aber wegen Uneinigkeit der Mitgliedstaaten über die Frage, was überhaupt geregelt werden sollte, nicht durchsetzen. **38**

B. Inhalt der Regelung

I. Begünstigter

Das Recht, einer automatisierten Entscheidung nicht unterworfen zu werden (Abs. 1 und 4), hat der Betroffene. Zum Begriff des Betroffenen siehe Art. 4 Nr. 1. **39**

Der Betroffene wird durch das Verbot allerdings nicht nur passiv begünstigt. Ihm kommt auch eine aktive Rolle zu, indem er das Verbot der automatisierten Entscheidung selbst aufheben und darüber hinaus zahlreiche Begleitrechte geltend machen kann. **40**

Der Betroffene selbst kann das Verbot automatisierter Entscheidung aufheben, indem er ausdrücklich in die Entscheidung einwilligt (Abs. 2 Nr. 3; Abs. 4 i.V.m. Art. 9 Abs. 2 lit. a). Er kann auch dazu beitragen, dass das Verbot nicht gilt, wenn er einen Vertrag anstrebt, für dessen Abschluss oder Erfüllung die Entscheidung erforderlich ist (Abs. 2 Nr. 1). **41**

Dem Betroffenen stehen darüber hinaus verschiedene Transparenz- und Interventionsrechte zu: die Rechte auf Information (Art. 13 Abs. 2 lit. f und 14 Abs. 2 lit. g), Auskunft (Art. 15 Abs. 1 lit. h), Widerspruch (Art. 21), Erwirkung des Eingreifens einer Person (Abs. 3), Darlegung des eigenen Standpunkts (Abs. 3), Anfechtung der Entscheidung (Abs. 3), Berichtigung von Entscheidungsfaktoren, die zu unrichtigen personenbezogenen Daten führen (EG 71 S. 6), Sicherung der Daten in einer Weise, dass den potentiellen Bedrohungen für den Betroffenen Rechnung getragen wird (EG 71 S. 6), und Nichtdiskriminierung (EG 71 S. 6). **42**

Die Rechte des Art. 22 sind höchstpersönliche Rechte und können daher nicht auf Dritte übertragen oder vererbt werden. Allerdings kann die Geltendmachung der Rechte durch einen rechtsge- **43**

---

22 Vgl. z.B. die unterschiedlichen Vorschläge des irischen Ratsvorsitzes v. 27.3.2013 (Ratsdok. 8004/13) und v. 8.5.2013 (Ratsdok. 8004/2/13 REV2), des griechischen Ratsvorsitzes v. 16.1.2014 (Ratsdok. 5344/14) und v. 4.4.2014 (Ratsdok. 5344/2/14 REV 2), des italienischen Ratsvorsitzes v. 19.12.2014 (Ratsdok. 15395/14) sowie die Stellungnahmen der Mitgliedstaaten vv 11.6.2014 (Ratsdok. 6079/3/14 REV3).

23 Vgl. zum Beispiel Art. 20 des Ratsentwurfs v. 11.6.2014 (Ratsdok. 6079/3/14 REV3).

schäftlichen (z.B. Rechtsanwalt) oder gesetzlichen (z.B. Erziehungsberechtigter) Vertreter erfolgen.[24]

II. Adressat

44 Adressat des Verbots der automatisierten Einzelentscheidung und der in dessen Zusammenhang stehenden Rechte ist der Verantwortliche (Definition in Art. 4 Nr. 7). Dies kann eine öffentliche oder eine nicht-öffentliche Stelle sein. Auch Drittstaatsdatenverarbeiter sind dem Verbot unterworfen, wenn die von ihnen betriebene Datenverarbeitung die Voraussetzungen des Art. 3 Abs. 2 erfüllt.

III. Verbot automatisierter Einzelentscheidung (Abs. 1)

1. Allgemeines

45 Die Regelung modifiziert das für die Verarbeitung personenbezogener Daten geltende Verbot mit Erlaubnisvorbehalt. Die allgemeinen Erlaubnistatbestände der Art. 6 und 9 gelten für automatisierte Einzelentscheidungen nicht oder nur in restriktiverer Form. Sofern keiner der strengeren Erlaubnistatbestände des Art. 22 eingreift, bedeutet das Verbot aber nicht, dass die Datenverarbeitung ganz ausgeschlossen wäre. Vielmehr hat es lediglich zur Folge, dass die in Rede stehende Entscheidung nicht automatisiert getroffen werden darf, sondern von einem Menschen vorzunehmen ist.

46 Die Regelung stellt, sofern sie den Abschluss oder die Erfüllung von Verträgen betrifft, einen Eingriff in die Vertragsfreiheit dar. Der Grundsatz der Vertragsfreiheit besagt unter anderem, dass Rechtssubjekte frei im Hinblick auf „Ob" und „Wie" privatrechtlicher Verträge sind. Durch das Verbot, Verträge durch automatisierte Entscheidungen abzuschließen, wird eine Art „Kontrahierungsverbot" (also das Verbot, frei über die Art und Weise des Zustandekommens oder der Erfüllung von Verträgen entscheiden zu können) begründet. Ein Kontrahierungszwang (Verpflichtung zum Abschluss eines bestimmten Vertrages trotz anderslautender automatisierter Einzelentscheidung) wird durch Art. 22 nicht begründet, obwohl das in Abs. 3 enthaltene Recht auf Anfechtung der Entscheidung in diese Richtung geht (siehe aber Rn. 95 ff.).

47 Hält sich der Verantwortliche nicht an das Verbot der automatisierten Einzelentscheidung, drohen ihm Sanktionen der Datenschutzaufsichtsbehörden (Rn. 126 f.). Im übrigen regelt die DS-GVO die Rechtsfolgen unzulässiger automatisierter Einzelentscheidungen nicht (hierzu Rn. 130 ff.).

48 Die Formulierung in Abs. 1 macht deutlich, dass Verarbeitung und Entscheidung als zwei getrennte Vorgänge anzusehen sind. Die automatisierte Verarbeitung kann als die Input-Seite (Rn. 49 ff.) und die Einzelfallentscheidung als die Output-Seite (Rn. 58 ff.) der automatisierten Einzelentscheidung angesehen werden. Die automatisierte Verarbeitung kann, muss aber kein Profiling sein (hierzu genauer Rn. 52 ff.).

2. Automatisierte Verarbeitung einschließlich Profiling

a) Automatisierte Verarbeitung

49 Anknüpfungspunkt der gesamten Regelung des Art. 22 ist die automatisierte Verarbeitung personenbezogener Daten. Die automatisierte Verarbeitung als solche unterliegt allerdings noch nicht dem Verbot des Art. 22. Für die automatisierte Verarbeitung gelten aber die allgemeinen Rechtmäßigkeitsanforderungen der DS-GVO (EG 72 S. 1). Die automatisierte Verarbeitung ist nur zulässig, wenn einer der Erlaubnistatbestände des Art. 6 oder 9 eingreift.

50 Mündet die automatisierte Verarbeitung jedoch in eine Entscheidung oder Maßnahme gegenüber dem Betroffenen, sind die verschärften Rechtmäßigkeitsanforderungen des Art. 22 zu prü-

24 Vgl. Gierschmann/Saeugling, *Heinemann*, § 34 Rn. 8.

fen. Dieser „Generalverdacht" gegen jegliche Form automatisierter Entscheidungen/Maßnahmen ist sehr holzschnittartig. Beispiele für Entscheidungen oder Maßnahmen, die grundsätzlich in den Anwendungsbereich der Regelung fallen können:

- Zusenden personalisierter Werbung;
- Versagung eines Kaufs auf Rechnung bei Onlinegeschäften;
- Verweigerung eines Geschäfts im Versandhandel;
- Versagung eines Kredits;
- Nichtdurchführung einer Onlinezahlung aufgrund Aktivierung einer Betrugserkennungssoftware;
- Optimierung einer Webseite aufgrund Analyse des Klickverhaltens des Nutzers;
- Reihenfolge der Aktualisierungen in der Facebook- oder Twitter-Timeline;
- Tarifeinstufung durch eine Versicherung;
- Anzeige von Suchergebnissen durch eine Suchmaschine;
- Alarmmeldung, die aufgrund der Analyse des Fahrverhaltens eines LKW-Fahrers dessen Müdigkeitszustand anzeigt;
- Ansprache eines „Influencers" nach Durchführung einer „Social Media"-Analyse;
- Anzeige von Kauf-, Lese- oder Musikempfehlungen aufgrund des Vorverhaltens des Nutzers eines Internetdiensteanbieters.

Nicht alle dieser automatisierten Entscheidungen sind für den Betroffenen gleichermaßen gefährlich. Im Gegenteil: das Risiko für die Rechte und Freiheiten des Betroffenen, insb. für dessen Privatsphäre, ist jeweils höchst unterschiedlich. Gleichwohl werden alle in den Beispielen genannten Fälle grundsätzlich demselben Verbot des Art. 22 Abs. 1 unterworfen, wenn eine rechtliche oder ähnlich erhebliche beeinträchtigende Wirkung vorliegt. Das Risiko und damit die Eingriffsschwelle für das Verbot wird ausschließlich an der rechtlichen oder ähnlich beeinträchtigenden Wirkung festgemacht. Eine unter Risikogesichtspunkten differenziertere Lösung wäre wünschenswert gewesen. **51**

b) Profiling

Abs. 1 verbietet „ausschließlich auf einer automatisierten Verarbeitung – einschließlich Profiling – beruhende Entscheidungen". Das bedeutet zunächst, dass die automatisierte Verarbeitung, die zu der Entscheidung oder Maßnahme führt, ein Profiling sein kann, aber nicht sein muss. **52**

Fraglich ist jedoch, welche Bedeutung die sprachlich leicht verunglückte Parenthese „einschließlich Profiling" darüber hinaus für die Regelung hat. Art. 4 Nr. 4 enthält eine Definition des Profilings. Demnach ist Profiling eine besondere Form der automatisierten Datenauswertung, mit der persönliche Aspekte einer natürlichen Person analysiert oder vorhergesagt werden sollen. Zu unterscheiden sind folglich das Profiling im Sinne der Definition des Art. 4 Nr. 4 und Entscheidungen im Sinne von Art. 22 Abs. 1. Die Definition des Profilings meint nur die Profilbildung. Art. 22 regelt die Entscheidung. Im Fall des Profilings ist dies eine Entscheidung aufgrund der Anwendung eines Profils auf eine bestimmte Person. Profiling ist somit nicht gleichbedeutend mit automatisierter Entscheidung.[25] Profiling ist vielmehr nur die Datenanalyse. Manche automatisierte Einzelentscheidungen beruhen auf Profiling, andere nicht. Abs. 1 würde auch ohne die Parenthese „einschließlich Profiling" auskommen. Denn wie EG 72 S. 1 klarstellt, unterliegt Profiling den Vorschriften der DS-GVO. Das bedeutet, dass für das Profiling dieselben Vorschriften wie für jede andere Form der Verarbeitung personenbezogener Daten gelten. Die Erwähnung des Profilings in Abs. 1 soll politische Signalwirkung haben. Ließe man den Einschub weg, änderte sich am Re- **53**

25 A.A. anscheinend *Härting*, Rn. 610.

gelungsgehalt nichts. Die Hervorhebung des Profilings in Abs. 1 ist lediglich insofern gerechtfertigt, als wohl die meisten automatisierten Einzelentscheidungen auf die eine oder andere Weise auf einem Profiling beruhen. Ein Beispiel für eine automatisierte Entscheidung, die nicht auf Profiling beruht, ist die Ausgabe von Warteschlangennummern in Behörden oder an Verkaufsschaltern.

54 Insb. wenn es um die Zulässigkeit des Profilings geht, wurden und werden in der rechtspolitischen Diskussion die beiden Stufen des Profilings und die aufgrund eines Profilings getroffene Entscheidung/Maßnahme immer wieder vermischt. Zu unterscheiden sind beim Profiling als erste Stufe die Datensammlung (bestehend aus Datenerhebung und -vorhaltung) und als zweite Stufe die Datenauswertung.[26] Hinzu kommt im Rahmen von Art. 22 dann – wie gesagt – noch eine aufgrund der Datenauswertung getroffene Entcheidung/Maßnahme. Dass die Zweistufigkeit des Profilings nicht immer sauber erfasst wird, liegt auch an der nicht einheitlichen Terminologie bei den bisherigen Profiling-Definitionen:

	Richtlinie 95/46/EG	**Europarat-Empfehlung CM/Rec(2010)13 vom 23.11.2010**	**KOM-Vorschlag 2012/0011 vom 25.1.2012**	**Art. 29 Gruppe (Advice Paper vom 13.5.2013)**	**EP-Entwurf vom 12.3.2014**	**Rats-entwurf vom 15. Juni 2015**	**DS-GVO**
profile		a set of data characterising a category of individuals that is *intended* to be applied to an individual					
profiling	automated processing of data *intended* to evaluate certain personal aspects relating to him, such as his performance at work, creditworthiness, reliability, conduct, etc.	an automatic data processing technique that consists of applying a "profile" to an individual, particularly in order to take decisions concerning her or him or for analysing or predicting her or his personal preferences, behaviours and attitudes.	automated processing *intended* to evaluate certain personal aspects relating to this natural person or to analyse or predict in particular the natural person's performance at work, economic situation, location, health, personal preferences, reliability or behaviour.	any form of automated processing of personal data, *intended* to analyse or predict the personality or certain personal aspects relating to a natural person, in particular the analysis and prediction of the person's health, economic situation, performance at work, personal preferences or interests, reliability or behaviour, location or movements.	any form of automated processing of personal data *intended* to evaluate certain personal aspects relating to a natural person or to analyse or predict in particular that natural person's performance at work, economic situation, location, health, personal preferences, reliability or behaviour;	any form of automated processing of personal data consisting of *using* those data to evaluate personal aspects relating to a natural person, in particular to analyse and predict aspects concerning performance at work, economic situation, health, personal preferences, or interests, reliability or behaviour, location or movements	any form of automated processing of personal data consisting of the use of personal data to evaluate certain personal aspects relating to a natural person, in particular to analyse and predict aspects concerning that natural person's performance at work, economic situation, health, personal preferences, interests, reliability, behaviour, location or movements

55 Wie die Übersicht zeigt, wird teilweise zwischen Profil und Profiling unterschieden. Teilweise wird Profiling nur als Analyse- und Vorhersagemethode („evaluate", „analyse", „predict") angese-

26 Zur Zweistufigkeit des Profilings eingehend *Härting*, in: CR 8/2014, 528, 529.

hen, teilweise werden aber auch die Anwendung („applying a profile") bzw. die geplante Anwendung („intended to use a profile") in die Profilingdefinition einbezogen.

Nach der Definiton des Art. 4 Nr. 4 ist Profiling aber eindeutig nur die Analyse oder Vorhersage bestimmter persönlicher Aspekte des Betroffenen, ohne dass dies schon irgendwelche Folgen für diesen nach sich zöge. Für dieses Profiling sieht die DS-GVO keine besonderen Regelungen vor. Vielmehr gelten die allgemeinen Rechtmäßigkeitsanforderungen der DS-GVO (EG 72 S. 1). Abs. 1 macht klar, dass zwischen automatisierter Verarbeitung (einschließlich Profiling) einerseits und der darauf beruhenden Entscheidung andererseits zu unterscheiden ist. **56**

Zur Bedeutung des Profilings in der DS-GVO im Übrigen siehe Rn. 21. **57**

3. Einzelfallentscheidung

a) Entscheidung

Eine Entscheidung des Verantwortlichen gegenüber dem Betroffenen liegt vor, wenn eine Handlung (oder Unterlassung) des Verantwortlichen entweder rechtliche Wirkung für den Betroffenen hat oder diesen in ähnlicher Weise faktisch erheblich beeinträchtigt. Das Tatbestandsmerkmal „Entscheidung" ist somit durch die Wirkung der Handlung (oder Unterlassung) des Verantwortlichen gekennzeichnet. Gem. EG 71 S. 1 kann eine Entscheidung auch eine Maßnahme sein. Das legt nahe, unter einer Entscheidung eine Handlung (oder Unterlassung) des Verantwortlichen zu verstehen, die eine Rechtswirkung hat, und unter einer Maßnahme eine Handlung (oder Unterlassung), die faktische Auswirkungen hat. **58**

b) Beruhen der Entscheidung auf automatisierter Verarbeitung

Fraglich ist, ob auch dann eine automatisierte Einzelentscheidung vorliegt, wenn zwar formal eine natürliche Person die Entscheidung trifft, diese dabei aber ausschließlich auf automatisiert verarbeitete Daten zurückgreift. Maßgeblich dürfte sein, ob der Entscheider Entscheidungsspielraum hat. Setzt er nur einen Haken hinter das Ergebnis der automatisierten Verarbeitung oder drückt einen Knopf nach den Vorgaben der automatisierten Verarbeitung, handelt es sich um einen Scheinentscheider. Ein solches Verfahren ändert nichts an der Qualität der Entscheidung als automatisierter Entscheidung.[27] Hat die natürliche Person aber die Befugnis, das aufgrund der automatisierten Verarbeitung gefundene Ergebnis aufgrund eigener inhaltlicher Bewertung zu korrigieren, liegt keine automatisierte Einzelentscheidung im Sinne von Abs. 1 mehr vor, denn dann beruht die Entscheidung nicht mehr ausschließlich auf der automatisierten Verarbeitung. **59**

c) Rechtliche Wirkung

Rechtliche Wirkung hat eine Entscheidung, wenn sie rechtserheblich ist, also eine rechtliche Bindungswirkung entfaltet.[28] Zu der Frage, ob ausschließlich positive rechtliche Wirkungen auch erfasst sind, siehe Rn. 69 ff. Rechtliche Wirkung hat zum Beispiel eine Entscheidung, durch die über das Ob oder Wie eines Vertragsabschlusses oder einer Vertragsänderung entschieden wird. Rechtliche Wirkung können Entscheidungen auch bei Rechtsverhältnissen im öffentlichen Recht haben, etwa beim Erlass eines Verwaltungsaktes oder beim Abschluss eines öffentlich-rechtlichen Vertrages.[29] Beispiele für rechtliche Wirkungen sind die Verweigerung einer Zahlung und die Verweigerung eines Vertragsabschlusses: **60**

Verweigerung einer Zahlung: **61**

- Analyse der Transaktionen von Kunden eines Kreditkartenunternehmens durch einen Algorithmus, der bei Auffälligkeiten die Transaktionen verhindert, die für einen bestimmten Kunden ungewöhnlich sind.

---

27 Gierschmann/Saeugling, *Stamm*, § 6a Rn. 17.
28 Vgl. für den Begriff „rechtliche Folge" in § 6a BDSG, der wohl genauso wie der Begriff „rechtliche Wirkung" auszulegen ist: Gierschmann/Saeugling, *Stamm*, § 6a Rn. 18.
29 Gierschmann/Saeugling, *Stamm*, § 6a Rn. 18.

- Geolokalisation der IP-Adresse durch einen Zahlungsdienstleister (z.B. PayPal), um Onlinezahlungen aus bestimmten Ländern zu verhindern.

62 Verweigerung eines Vertragsabschlusses:

- Ablehnung eines Onlinekreditantrages (EG 71 S. 1).
- Abschlägige Bescheidung eines Onlineeinstellungsverfahrens (EG 71 S. 1).
- Das Hinweis- und Informationssystem (HIS) der Versicherungswirtschaft erfasst Meldungen der Versicherungsunternehmen (atypische Schadenhäufigkeiten, Auffälligkeiten beim Schadensfall, erhöhte Risiken (z.B. gefahrenträchtige Berufe, Vorerkrankungen)) getrennt nach Versicherungssparten. Bei Erreichen einer bestimmten Punktzahl wird dem Betroffenen automatisch der Abschluss eines neuen Versicherungsvertrages verweigert.
- Abfrage des Bonitätsscorewertes durch einen Onlinehändler bei einer Auskunftei während des Kaufvorganges, um nicht kreditwürdige Kunden zu identifizieren und ihnen das Versandgeschäft automatisiert zu verweigern.

d) Erhebliche Beeinträchtigung in ähnlicher Weise

63 Wie das Tatbestandsmerkmal der „erheblichen Beeinträchtigung in ähnlicher Weise" auszulegen ist, ist unklar. Zunächst ist festzustellen, dass Entscheidungen solche Handlungen sind, die Rechtswirkung haben, und Maßnahmen Handlungen, die faktische Wirkungen haben (siehe Rn. 58). Abs. 1 verlangt nun, dass die faktische Wirkung einer Maßnahme der rechtlichen Wirkung einer Entscheidung ähnlich sein muss, wobei vorausgesetzt wird, dass die rechtliche Wirkung immer „erheblich" („significant") ist, denn die faktische Wirkung muss ja in „ähnlicher Weise erheblich" sein.

64 Dass die rechtliche Wirkung von Entscheidungen Vergleichsmaßstab für die faktische Wirkung von Maßnahmen sein soll, ist insofern problematisch, als auch rechtliche Wirkungen unterschiedlich schwerwiegend sein können. So macht es z.B. einen erheblichen Unterschied, ob einer Person ein von ihr begehrtes Darlehen nicht erteilt wird (§ 488 BGB) oder ob diese Person bei einem Preisausschreiben den Preis nicht zuerteilt bekommt (§ 661 BGB). Man wird das Tatbestandsmerkmal der ähnlich erheblichen Beeinträchtigung unter Berücksichtigung dieses Umstands so auslegen müssen, dass jedenfalls bloße Unannehmlichkeiten und im Rahmen des allgemeinen Lebensrisikos liegende Belästigungen nicht dasselbe Gewicht besitzen wie rechtliche Wirkungen. So dürfte z.B. die automatisierte Optimierung der Gestaltung einer Webseite aufgrund der Analyse von Nutzerdaten und Klickverhalten des Nutzers nicht die Schwelle zur ähnlich erheblichen Beeinträchtigung überschreiten.

65 Ob personalisierte Werbung eine „erhebliche Beeinträchtigung" im Sinne von Abs. 1 darstellt, ist nicht ganz selbstverständlich zu verneinen.[30] Das postalische Zusenden oder die elektronische Übermittlung von Werbung dürften jedenfalls Maßnahmen im Sinne von EG 71 S. 1 sein, die gem. Abs. 1 in ihrer Wirkung Entscheidungen gleichstehen *können*. Da sie aber zu Beeinträchtigungen führen müssen, die ähnlich erheblich beeinträchtigend wie rechtliche Wirkungen sein müssen, spricht einiges dafür, das Zusenden/Übermitteln von Werbung nicht als Entscheidung/Maßnahme im Sinne von Abs. 1 anzusehen. Einen Brief im Briefkasten oder eine Email im Postfach zu haben, dürfte in der Regel nicht auf derselben Stufe stehen wie ein verweigerter Kredit oder eine gescheiterte Bewerbung (Beispiele aus EG 71 S. 1). Hinzu kommt, dass EG 47 S. 7 anerkennt, dass die Verarbeitung personenbezogener Werbung zum Zwecke der Direktwerbung als eine einem berechtigten Interesse dienende Verarbeitung betrachtet „werden kann". Wenn Direktwerbung aber grundsätzlich im berechtigten Interesse des Verantwortlichen liegt, wird darin nur in Ausnahmefällen eine erhebliche Beeinträchtigung des Betroffenen zu sehen sein können.

30 Vgl. *Härting*, Rn. 597.

Der Maßstab für die beeinträchtigende Wirkung muss ein objektiver sein. Dies folgt schon aus Praktikabilitätserwägungen. So ist für den einen schon der Empfang von Werbung eine schlimme Beeinträchtigung seiner Lebensqualität, während es dem anderen gleichgültig ist und es vom Dritten sogar begrüßt wird. Käme es auf das subjektive Beeinträchtigungsgefühl des Betroffenen an, führte dies zu einem vollständigen Verlust an Rechtssicherheit. Doch auch der Vergleich mit den rechtlichen Wirkungen zeigt, dass es nicht auf die subjektive Betroffenheit ankommen kann. Denn auch dieselbe Rechtsfolge (z.B. die Versagung eines Darlehens) kann für den einen existenzbedrohend sein, während sie für den anderen eine Marginalie ist. Maßstab für die Frage, was in ähnlich erheblicher Weise wie eine rechtliche Wirkung beeinträchtigend ist, muss daher die Sichtweise des Durchschnittsmenschen sein. **66**

Für den Belästigungseffekt von Werbung ist im Übrigen die e-Privacy-Richtlinie 2002/58/EG lex specialis. **67**

Das Europäische Parlament hatte in seinem Standpunkt vorgeschlagen, dass für ein auf pseudonymisierte Daten gestütztes Profiling die Vermutung gelten solle, dass es keine keine erheblichen Auswirkungen für den Betroffenen hat (EG 58a S. 1 EP-Entwurf). Dieser Vorschlag konnte sich in den Trilogverhandlungen jedoch nicht durchsetzen. **68**

e) Nachteilige Wirkung?

Bei den Ratsverhandlungen war umstritten, ob das Verbot automatisierter Einzelentscheidung nicht auf Fälle beschränkt werden sollte, die für den Betroffenen eine nachteilige Wirkung haben. Für den Betroffenen rechtlich oder faktisch vorteilhafte automatisierte Einzelentscheidungen wären dann zulässig. Deutschland und Spanien trugen in den Ratsverhandlungen vor, dass automatisierte Einzelentscheidungen in manchen Fällen das Ziel verfolgten, das Schutzniveau anzuheben – etwa, wenn Kinder automatisch von bestimmten Formen der Werbung ausgeschlossen wären.[31] Zwischenzeitlich hatte daher eine Formulierung ihren Eingang in den Ratsentwurf gefunden, wonach das Verbot nur bei „significant adverse effects" gegolten hätte.[32] Diese Auffassung konnte sich aber in den Ratsverhandlungen nicht durchsetzen, so dass das Verbot der automatisierten Einzelentscheidung nach der Entstehungsgeschichte und nach dem Wortlaut der Norm scheinbar sowohl für für den Betroffenen nachteilige als auch für für den Betroffenen vorteilhafte Entscheidungen gilt. **69**

Mittels einer systematischen Auslegung kann man aber auch zu dem gegenteiligen Ergebnis kommen. Faktische Auswirkungen von automatisierten Entscheidungen sind nämlich nur verboten, wenn sie „in ähnlicher Weise erheblich beeinträchtigend" wie rechtliche Wirkungen sind. Da aber rechtlich vorteilhafte Wirkungen für den Betroffenen nicht beeinträchtigend sind, kann sich das „in ähnlicher Weise beeinträchtigend" nur auf nachteilige Rechtswirkungen beziehen. Und bei den faktischen Wirkungen können ohnehin nur die beeinträchtigenden Wirkungen gemeint sein, denn ansonsten dürfte nicht von „in ähnlicher Weise beeinträchtigend" die Rede sein. Ein anderes Bild ergibt sich nur, wenn man den Begriff „significantly affects" aus der englischen Fassung nicht mit „erheblich beeinträchtigt", sondern mit „erheblich beeinflusst" übersetzt. Eine Beeinflussung kann vorteilhaft oder nachteilig sein, eine Beeinträchtigung nur nachteilig. **70**

Allerdings sollten automatisierte Einzelentscheidungen, die dem Betroffenen gegenüber günstig sind, auch unter teleologischen Gesichtspunkten generell zugelassen sein. Denn bei aller Unklarheit über das Schutzziel des Art. 22 (Rn. 1 ff.), dient die Norm doch in jedem Fall dem Schutz des Betroffenen. Fällt eine automatisierte Einzelentscheidung zu seinen Gunsten aus, kann es nicht im Interesse des Betroffenen sein, die Entscheidung zu verbieten. **71**

31 Vgl. Fn. 382 des Ratsentwurfs vom 8. Juni 2015 (Ratsdok. 9657/15).
32 Vgl. Art. 20 Abs. 1 des Ratsentwurfs vom 26. Februar 2013 (Ratsdok. 6814/13).

f) Kinder

72 Nach EG 71 S. 5 sollte eine automatisierte Einzelentscheidung kein Kind betreffen.

IV. Ausnahmen (Abs. 2 und 4)

1. Vertrag (Abs. 2 lit. a)

a) Vertragsabschluss oder -erfüllung

73 Nach Abs. 2 lit. a kommt eine Ausnahme vom Verbot automatisierter Einzelentscheidung nur in Betracht, wenn die Entscheidung für den Abschluss eines noch nicht geschlossenen oder die Erfüllung eines bereits geschlossenen Vertrages erforderlich ist. Mit Abschluss und Erfüllung dürfte der gesamte Zeitraum zwischen der Aufnahme von Vertragsverhandlungen bis hin zur Abwicklung von Verträgen, deren Hauptleistungspflicht zwar schon erfüllt ist, bei denen aber zum Beispiel noch Gewährleistungsansprüche im Raum stehen, gemeint sein.

b) Vertrag zwischen Betroffenem und Verantwortlichen

74 Von der Ausnahme erfasst sind nur Verträge zwischen dem Betroffenem und dem Verantwortlichen. Dies ist eine Einschränkung gegenüber Art. 15 Abs. 2 lit. a DS-RL, § 6a Abs. 2 Nr. 1 BDSG, Art. 20 Abs. 2 lit. a EP-E und Art. 20 Abs. 2 lit. a KOM-E, die allesamt auf „einen" Vertrag abstellen, ohne die Vertragspartner zu bezeichnen. Die Einschränkung ist wohl auf den Wortlaut von Art. 20 Abs. 1a lit. a Ratsentwurf zurückzuführen. Relevant könnte diese Einschränkung für Fälle sein, in denen der Verantwortliche selbst gar keine automatisierte Verarbeitung vornimmt, sondern das Ergebnis der automatisierten Verarbeitung durch einen anderen übernimmt. Wenn bspw. ein Onlinehändler die Kreditwürdigkeitsprüfung vollständig an eine Auskunftei outsourcen würde, das Ergebnis dieser Prüfung ohne weiteren Zwischenschritt übernähme, indem er der Auskunftei die Letztentscheidung über den Vertragsabschluss überließe, dann wäre der Onlinehändler nicht für die automatisierte Verarbeitung verantwortlich. Gleichwohl wäre er derjenige, der den Vertrag schlösse. In diesem Fall müsste er sich aber die automatisierte Datenverarbeitung des Dritten und die Entscheidung über den Vertragsabschluss durch den Dritten zurechnen lassen. Außerdem verlangt Abs. 1 nur, dass der Betroffene nicht „einer" auf einer automatisierten Verarbeitung beruhenden Entscheidung unterworfen wird. Abs. 1 verlangt nicht, dass der Betroffene nicht einer „vom Verantwortlichen durchgeführten" auf einer automatisierten Verarbeitung beruhenden Entscheidung unterworfen wird.

c) Erforderlichkeit

75 Nach § 6a Abs. 2 Nr. 1 BDSG und nach Art. 15 Abs. 2 lit. a DS-RL gilt das Verbot der automatisierten Einzelentscheidung im Zusammenhang mit Vertragsabschlüssen nicht, wenn dem Begehren des Betroffenen stattgegeben wird. Dieser Ausnahmetatbestand findet sich in der DS-GVO nicht mehr. Das bedeutet, dass das Verbot der automatisierten Einzelentscheidung nunmehr grundsätzlich auch gilt, wenn der Verantwortliche dem vom Betroffenen begehrten Vertragsabschluss zustimmt – es sei denn, man folgt der Auslegung unter Rn. 69 ff., wonach das Verbot automatisierter Einzelentscheidung schon tatbestandlich nur bei beeinträchtigender Wirkung beim Betroffenen gilt. Folgt man dieser Auslegung nicht, darf der Vertrag nicht zustande kommen, obwohl beide Vertragsparteien dies wollen.[33] Ob eine solche Regelung noch mit höherrangigem Recht vereinbar wäre (Verstoß gegen die Vertragsfreiheit), ist fraglich. Zur Vermeidung dieser seltsamen Rechtsfolge sollte der nationale Gesetzgeber sicherheitshalber § 6a Abs. 2 Nr. 1 BDSG aufrecht erhalten, was aufgrund der Öffnungsklausel des Abs. 2 Nr. 2 auch zulässig ist.

76 Statt der Ausnahme „Stattgabe" kommt es nunmehr gem. Abs. 2 lit. a darauf an, ob die Entscheidung „erforderlich" ist. Nach *Härting* soll hierbei die objektive Erforderlichkeit maßgeblich

33 Zu solchen paternalistischen Bevormundungsstrategien *Krönke*, in: Der Staat 55 (2016), 319.

sein. Ein Scoring des Vertragspartners vor Abschluss eines Kreditvertrages möge zwar für den Kreditgeber sinnvoll, nützlich oder sogar unerlässlich sein. Objektiv erforderlich sei es für den Vertragabschluss jedoch nicht.[34] *Härting* will nur solche Fälle dem Ausnahmetatbestand des Abs. 2 lit. a zuordnen, bei denen die automatisierte Entscheidung Vertragsgegenstand sei (also z.B. Energieverbrauchsanalysen durch einen Dienstleister im Bereich „Smart Home).[35]

Für diese Auslegung spricht, dass zwischenzeitlich in den Ratsverhandlungen eine deutlich weitere Formulierung ihren Eingang in den Ratsentwurf gefunden hatte. So sollte das Profiling zulässig sein, wenn es „im Rahmen des Abschlusses oder der Erfüllung eines Vertrags zwischen der betroffenen Person und dem für die Verarbeitung Verantwortlichen vorgenommen" würde.[36] Diese Formulierung hat sich aber nicht durchgesetzt. Dagegen spricht, dass der Ausnahmetatbestand kaum einen Anwendungsbereich hätte, wenn man ihn wie beschrieben auslegte.[37] Denn nicht einmal in dem von *Härting* gebildeten Beispielsfall läge der Ausnahmetatbestand vor, da es sich bei der Vornahme von Energieverbrauchsanalysen allenfalls um Profiling, nicht aber um „Entscheidungen" handelt, die dem Betroffenen gegenüber irgendwelche Wirkungen erzielen. Fälle, in denen eine automatisierte Entscheidung „objektiv erforderlich" für den Abschluss eines Vertrages sind, sind erst recht kaum vorstellbar, denn immer ist ein Abschluss auch nach menschlicher Intervention denkbar. **77**

Vorzugswürdig ist daher eine teleologisch erweiterte Auslegung des Tatbestandsmerkmals „erforderlich", wonach die automatisierte Entscheidung zulässig ist, wenn sie ein besonderes Risiko des Verantwortlichen abdeckt (etwa, wenn der Verantwortliche im Onlinehandel Kauf auf Rechnung anbieten will, das damit verbundene Risiko aber nur bei vorheriger Vornahme eines Kreditscorings tragen kann (risikobasierte Zahlartensteuerung[38])). Hilfreich wäre, wenn der nationale Gesetzgeber eine dem § 6a Abs. 2 Nr. 2 BDSG nachempfundene Regelung in das nationale Recht einfügen würde. **78**

2. Rechtsvorschriften (Abs. 2 lit. b)

Nach Abs. 2 lit. b gilt das Verbot der automatisierten Einzelentscheidung nicht, wenn die Entscheidung aufgrund von Rechtsvorschriften der Union oder der Mitgliedstaaten, denen der Verantwortliche unterliegt, zulässig ist und diese Rechtsvorschriften angemessene Maßnahmen zur Wahrung der Rechte und Freiheiten sowie der berechtigten Interessen der betroffenen Person enthalten. **79**

Rechtsvorschriften des geltenden nationalen Rechts, die womöglich auf der Grundlage von Abs. 2 lit. b noch zulässig wären oder jedenfalls im Zusammenhang mit dieser Öffnungsklausel stehen, sind die §§ 6a, 10, 28a und 28b BDSG sowie § 15 Abs. 3 TMG. Es bleibt abzuwarten, ob und inwieweit die nationalen Gesetzgeber von der Öffnungsklausel Gebrauch machen **80**

Unterdessen (Stand: 17.9.2017) hat der deutsche Gesetzgeber ergänzende Regelungen für den „Schutz des Wirtschaftsverkehrs bei Scoring und Bonitätsauskünften" (§ 31 BDSG-neu) und für „Automatisierte Einzelentscheidungen im Einzelfall einschließlich Profiling" (§ 37 BDSG-neu) beschlossen. § 31 BDSG-neu bestimmt in Anlehnung an § 28a Abs. 1 und § 28b BDSG (bisherige Fassung), wie ein Wahrscheinlichkeitswert über ein bestimmtes zukünftiges Verhalten zum Zweck der Entscheidung über die Begründung, Durchführung oder Beendigung eines Vertragsverhältnisses mit dieser Person (Scoring) zustande gekommen sein muss und unter welchen Voraussetzungen er zu diesem Zweck verwendet werden darf. § 37 BDSG-neu sieht ergänzende Regelungen für die Leistungserbringung in der Versicherungswirtschaft vor. **81**

---

34 *Härting*, Rn. 621.
35 *Härting*, Rn. 620.
36 Vgl. Art. 20 Abs. 1 lit. a des Ratsentwurfs vom 21. Juni 2013 (Ratsdok. 11013/13).
37 Andere Autoren legen das Tatbestandsmerkmal „erforderlich" wohl deshalb auch nicht so streng aus, so z.B. Gola, *Schulz*, Art. 22 Rn. 30 und Ehmann/Selmayr, *Hladjk*, Art. 22 Rn. 11.
38 Gola, *Schulz*, Art. 22 Rn. 30.

82 Fraglich ist, welche Schutzmaßnahmen eine unions- oder mitgliedstaatliche Rechtsvorschrift, die die automatisierte Einzelentscheidung ausnahmsweise erlaubt, dem Verantwortlichen zusätzlich zu den bereits nach der DS-GVO verpflichtenden Maßnahmen noch auferlegen soll. Schon nach der DS-GVO hat der Betroffene das Recht auf menschliche Intervention (Rn. 93), das Recht auf Darlegung des eigenen Standpunkts (Rn. 94) und das Recht auf Anfechtung der Entscheidung (Rn. 95 ff.). Darüber hinaus sollen bei Gebrauchmachen von der Öffnungsklausel des Abs. 2 lit. b weitere Schutzmaßnahmen ergriffen werden. Um welche Schutzmaßnahmen es sich dabei unter anderen handeln könnte, lässt sich den Erwägungsgründen entnehmen. Dazu gehört die Verwendung geeigneter mathematischer oder statistischer Verfahren für das Profiling (Rn. 100 ff.), die Sicherstellung der Datenqualität (Rn. 103), die Datensicherung (Rn. 104) und die Verhinderung von Diskriminierungen (Rn. 105 ff.). Es spricht vieles dafür, dass der Normgeber in Abs. 2 lit. b keine noch darüber hinausgehenden Schutzmaßnahmen fordern, sondern lediglich sicherstellen wollte, dass zumindest die nach der DS-GVO erforderlichen angemessenen Schutzmaßnahmen auch bei Vorliegen einer Ausnahmevorschrift gem. Abs. 2 lit. b Anwendung finden.

3. Einwilligung (Abs. 2 lit. c)

83 Abs. 2 lit. c sieht eine Ausnahme vom Verbot der automatisierten Einzelentscheidung bei ausdrücklicher Einwilligung des Betroffenen vor. Die Einwilligungsvoraussetzungen sind damit strenger als bei der „normalen" Einwilligung nach Art. 7 Abs. 1, bei der eine unmissverständliche Willensbekundung ausreicht (vgl. Art. 4 Nr. 11 und EG 32 S. 1). Die Einwilligungsvoraussetzungen sind genau so streng wie bei der Verarbeitung besonderer Kategorien von Daten (Art. 9 Abs. 2 lit. a; s. dort Rn. 20 ff.) und bei der Drittstaatenübermittlung (Art. 49 Abs. 1 lit. a; s. dort Rn. 9 f.), bei denen ebenfalls jeweils eine ausdrückliche Einwilligung verlangt wird.

84 Insb. bei einwilligungsbasierten automatisierten Einzelentscheidungen ist ein Konflikt mit dem Koppelungsverbot möglich. Nach Art. 7 Abs. 4 ist dieFreiwilligkeit der Einwilligung zweifelhaft, wenn die Erfüllung eines Vertrages von der Einwilligung zu einer Verarbeitung personenbezogener Daten, die für die Erfüllung des Vertrags nicht erforderlich sind, abhängig ist (s. Art. 7 Rn. 61 ff.).

85 Nach derzeitiger Rechtslage kann das Verbot der automatisierten Einzelentscheidung durch einfache Einwilligung überwunden werden. Insofern stellt die DS-GVO eine für den Verantwortlichen restriktivere Regelung dar.

4. Rückausnahme bei sensitiven Daten (Abs. 4)

86 Abs. 4 enthält eine Rückausnahme von den Ausnahmen vom Verbot automatisierter Einzelentscheidungen. Entscheidungen, die nach Abs. 2 aufgrund Vertrages, Gesetzes oder Einwilligung ausnahmsweise zulässig wären, kommen dann nicht in den Genuss dieser Ausnahmen, wenn sie auf besonderen Kategorien personenbezogener Daten beruhen. Besondere Kategorien personenbezogener Daten werden in Art. 9 Abs. 1 definiert.

a) Kein „Beruhen" auf sensitiven Daten

87 Wann eine Entscheidung auf sensitiven Daten „beruht", ist eine offene Rechtsfrage, die von der DS-GVO nicht beantwortet wird. Problematisch ist das Tatbestandsmerkmal insb. bei größeren Datensätzen, die sowohl sensitive als auch nicht-sensitive Daten beinhalten. Hier stellt sich die Frage, ob schon das Vorhandensein eines einzelnen sensitiven Datums ausreicht, um den gesamten Datensatz für die automatisierte Einzelentscheidung zu sperren. Hiesigen Erachtens ist diese Frage zu verneinen. Eine Entscheidung beruht nur dann auf einem sensitiven Datum, wenn dieses auch Einfluss auf die Entscheidung in ihrer konkreten Gestalt hatte. Würde bspw. das Betrugsbekämpfungssystem der Versicherungswirtschaft (HIS) unter anderem auch Gesundheitsdaten von Betroffenen verarbeiten, löste dann aber im konkreten Fall einer Auffälligkeit bei einer Schadensregulierung eine Meldung aus, würde diese Meldung nicht auf den Gesundheitsdaten des Betroffenen beruhen und wäre daher nicht unzulässig.

b) Ausnahmen von der Rückausnahme

Selbst wenn eine automatisierte Einzelentscheidung auf besonderen Kriterien personenbezogener Daten beruht, kann die Entscheidung gleichwohl zulässig sein. Voraussetzung hierfür ist, dass entweder eine ausdrückliche Einwilligung (Rn. 89) oder eine Rechtsvorschrift (Rn. 90) dies erlauben und darüber hinaus angemessene Schutzmaßnahmen vorliegen (Rn. 91 ff.). Das Verbot automatisierter Einzelentscheidungen, die auf sensitiven Daten beruhen, ist damit noch strenger als das ohnehin schon strenge Verbot der Verarbeitung sensitiver Daten, denn die Erlaubnistatbestände des Art. 9 Abs. 1 lit. b bis f und h bis j, Abs. 3 und Art. 10 gelten für automatisierte Einzelentscheidungen nicht. **88**

aa) Ausdrückliche Einwilligung

Eine ausdrückliche Einwilligung des Betroffenen kann die automatisierte Einzelentscheidung, die auf sensitiven Daten beruht, gültig machen. Die Formulierung in Abs. 4 („sofern nicht Art. 9 Abs. 2 lit. a gilt") ist verunglückt, denn ob die Ausnahme des Art. 9 Abs. 2 lit. a „gilt" oder nicht, wird ja gerade von Abs. 4 entschieden. Gemeint ist wohl eine Rechtsgrundverweisung von Abs. 4 auf Art. 9 Abs. 2 lit. a. **89**

bb) Rechtsvorschrift

Eine Rechtsvorschrift des Unionsrechts oder des Rechts eines Mitgliedstaates kann eine automatisierte Einzelentscheidung, die auf sensitiven Daten beruht, für zulässig erklären (Abs. 4 i.V.m. Art. 9 Abs. 2 lit. g). Die Formulierung in Abs. 4 („sofern nicht Art. 9 Abs. 2 lit. g gilt") ist verunglückt, denn ob die Ausnahme des Art. 9 Abs. 2 lit. g „gilt" oder nicht, wird ja gerade von Abs. 4 entschieden. Gemeint ist wohl eine Rechtsgrundverweisung von Abs. 4 auf Art. 9 Abs. 2 lit. g. **90**

cc) Angemessene Schutzmaßnahmen

Neben einer ausdrücklichen Einwilligung oder einer Zulassung der auf sensitiven Daten beruhenden Entscheidung durch Rechtsvorschrift muss der Betroffene zusätzlich noch angemessene Maßnahmen zum Schutz der Rechte und Freiheiten sowie der berechtigten Interessen des Betroffenen treffen. Es ist unwahrscheinlich, dass damit andere Maßnahmen gemeint sein könnten, als sie die DS-GVO ohnehin schon vorsieht. Daher muss der Betroffene die folgenden Maßnahmen ergreifen: **91**

- Recht auf menschliche Intervention (Rn. 93)
- Recht auf Darlegung des eigenen Standpunkts (Rn. 94)
- Recht auf Anfechtung der Entscheidung (Rn. 95 ff.)
- Verwendung geeigneter mathematischer oder statistischer Verfahren für das Profiling (Rn. 100 ff.)
- Sicherstellung der Datenqualität (Rn. 103)
- Datensicherung (Rn. 104)
- Verhinderung von Diskriminierungen (Rn. 105 ff.).

V. Angemessene Schutzmaßnahmen (Abs. 3)

Ist eine automatisierte Einzelentscheidung ausnahmsweise wegen Vertrages (Abs. 2 lit. a) oder Einwilligung (Abs. 2 lit. c) zulässig, müssen dem Betroffenen mindestens drei Interventionsmöglichkeiten eingeräumt werden: das Recht auf menschliche Intervention (Rn. 93), das Recht auf Darlegung des eigenen Standpunkts (Rn. 94) und das Recht auf Anfechtung der Entscheidung (Rn. 95 ff.). Darüber hinaus müssen weitere angemessene Schutzmaßnahmen getroffen werden. Dazu gehört die Verwendung geeigneter mathematischer oder statistischer Verfahren für das Profiling (Rn. 100 ff.), die Sicherstellung der Datenqualität (Rn. 103), die Datensicherung (Rn. 104) und die Verhinderung von Diskriminierungen (Rn. 105 ff.). Aus all diesen zu ergreifen- **92** den Schutzmaßnahmen erwachsen Verfahrens- und Organisationspflichten des Verantwortlichen (Rn. 110 ff.).

1. Recht auf menschliche Intervention

93 Der Betroffene muss das Recht auf Erwirkung des Eingreifens einer Person seitens des Verantwortlichen haben. In einem Webshop kann dieses Recht einem Betroffenen etwa durch eine Schaltfläche (z.B. mit dem Inhalt „Ich möchte auf Rechnung bestellen") eingeräumt werden, wenn das Anklicken tatsächlich dazu führt, dass ein Mensch über das Anliegen des Betroffenen entscheidet.[39] Dem Betroffenen muss nicht nur die Möglichkeit eingeräumt werden, das Eingreifen einer natürlichen Person verlangen zu können. Es muss auch tatsächlich eine natürliche Person geben, die das Begehren des Betroffenen behandelt. Mehr als das kann vom Verantwortlichen allerdings nicht verlangt werden. Der Verantwortliche kann zum Beispiel nicht zu einem Vertragsschluss gezwungen werden, wenn zuvor ein Algorithmus dazu geraten hatte, von dem Vertragsschluss Abstand zu nehmen (Grundsatz der Vertragsfreiheit), es sei denn aus anderen Rechtsgründen besteht ein Kontrahierungszwang.

2. Recht auf Darlegung des eigenen Standpunkts

94 Der Betroffene muss das Recht auf Darlegung des eigenen Standpunkts (Gegenvorstellung) haben. In einem Webshop kann dieses Recht dem Betroffenen etwa durch ein Kommentarfeld eingeräumt werden. Allerdings muss der Verantwortliche dann auch einen menschlichen Entscheider zur Verfügung stellen, denn die Darlegung des eigenen Standpunkts bringt dem Betroffenen nichts, wenn sie folgenlos bleibt, weil sie von niemandem gelesen oder gehört wird.

3. Recht auf Anfechtung der Entscheidung

95 Der Betroffene muss das Recht auf Anfechtung der automatisierten Einzelentscheidung haben. Fraglich ist, worin sich dieses „Recht" vom Recht auf menschliche Intervention unterscheidet. „Anfechtung der Entscheidung" klingt zunächst danach, als ob dem Betroffenen die Möglichkeit zur Einlegung eines Rechtsbehelfs eingeräumt werden müsste. Eine solche Rechtsschutzmöglichkeit kann allerdings nicht der Verantwortliche dem Betroffenen zur Verfügung stellen. Sie muss vielmehr von der Rechtsordnung vorgesehen sein.

96 Im Bereich von Abs. 2 lit. a (Vertrag) kann „Anfechtung der Entscheidung" daher nicht bedeuten, dass der Betroffene eine automatisierte Einzelentscheidung, mit der der Abschluss eines Vertrages abgelehnt wurde, vor Gericht mit dem Begehren anfechten kann, dass der Vertrag doch zustande kommt. Anfechtung der Entscheidung kann (jedenfalls im Bereich von Verträgen) nicht einmal bedeuten, dass der Betroffene gerichtlich die Aufhebung der automatisierten Einzelentscheidung begehren kann. Auch dies würde gegen den Grundsatz der Vertragsfreiheit verstoßen. Das Recht auf Anfechtung der Entscheidung beschränkt sich im Bereich von Verträgen somit darauf, vom Verantwortlichen eine nochmalige Entscheidung (diesmal durch eine natürliche Person) verlangen zu können. Dies ist aber auch exakt der Inhalt des Rechts auf menschliche Intervention.

97 Sofern es sich beim Verantwortlichen um eine öffentliche Stelle handelt und es bei der automatisierten Einzelentscheidung um den Erlass eines Verwaltungsaktes geht, kommen allerdings eine Anfechtungsklage des Betroffenen mit dem Begehren, die Entscheidung aufgrund Verstoßes gegen das Verbot automatisierter Einzelentscheidung aufzuheben, oder eine Verpflichtungsklage auf ermessensfehlerfreie Neubescheidung in Betracht.

39 Gierschmann/Saeugling, *Stamm*, § 6a Rn. 17.

4. Anwendung der Schutzmaßnahmen

Die Schutzmaßnahmen sind in einem dreistufigen Verfahren umzusetzen. Der Betroffene ist erstens über die Tatsache der automatisierten Entscheidung zu informieren. Auf sein Verlangen sind ihm sodann die wesentlichen Gründen der Ablehnung seines Begehrens mitzuteilen. Daraufhin muss der Verantwortliche dem Betroffenen eine angemessene Maßnahme anbieten, die es dem Betroffenen ermöglichen, auf die Entscheidung korrigierend einzuwirken.[40] **98**

5. Weitere Schutzmaßnahmen

Neben den drei genannten Interventionsrechten muss der Verantwortliche weitere Schutzmaßnahmen ergreifen. Alle Maßnahmen sollen das Ziel verfolgen, dem Betroffenen gegenüber eine faire und transparente Verarbeitung zu gewährleisten (EG 71 S. 6). **99**

a) Mathematische oder statistische Verfahren

Der Verantwortliche soll geeignete mathematische oder statistische Verfahren für das Profiling verwenden, um unter Berücksichtigung der besonderen Umstände und Rahmenbedingungen, unter denen die personenbezogenen Daten verarbeitet werden, dem Betroffenen gegenüber eine faire und transparente Verarbeitung zu gewährleisten (EG 71 S. 6). Die Verpflichtung zur Verwendung geeigneter mathematischer oder statistischer Verfahren ähnelt der Regelung des § 28b Nr. 1 BDSG, wonach die zur Berechnung des Wahrscheinlichkeitswertes für ein bestimmtes künftiges Verhalten genutzten Daten unter Zugrundelegung eines wissenschaftlich anerkannten mathematisch-statistischen Verfahrens nachweisbar für die Berechnung der Wahrscheinlichkeit des bestimmten Verhaltens erheblich sein müssen. Es ist daher auch wenig überraschend, dass die Regelung maßgeblich auf Betreiben der Bundesregierung in die DS-GVO aufgenommen wurde.[41] **100**

Gegenüber der geltenden Rechtslage verzichtet die DS-GVO auf die wissenschaftliche Anerkennung der mathematisch-statistischen Verfahren. Die verwendeten Verfahren müssen lediglich geeignet sein, was darauf schließen lässt, dass der Maßstab der DS-GVO weniger streng ist. **101**

Geeignet ist das verwendete Verfahren für das Profiling nur, wenn die verwendeten Daten für die angestrebte Bewertung der persönlichen Aspekte erheblich sind. Verwendet werden können auch nicht-personenbezogene Daten.[42] Grundsätzlich nicht verwendet werden dürfen besondere Kategorien personenbezogener Daten (Abs. 4). Auch unrichtige Daten dürfen nicht verwendet werden, wie sich aus Art. 5 Abs. 1 lit. d, Art. 17 Abs. 1 chapeau und EG 71 S. 6 ergibt. Schätzdaten (wie z.B. vermutete Umsatzzahlen, Rückschlüsse vom Vornamen einer Person auf ihr Alter, Schlussfolgerungen von der Tatsache des Bestehens eines Festnetztelefonanschlusses auf den Familienstand) sind allerdings zulässig.[43] Im Übrigen ist Profiling keine exakte Wissenschaft, die mit Kausalzusammenhängen arbeitet. Vielmehr versuchen Algorithmen Korrelationen für eine gewisse Wahrscheinlichkeit für das Eintreten bestimmter Umstände oder für ein bestimmtes Verhalten eines Menschen zu entdecken. Es kann nicht Aufgabe des Gesetzgebers sein, ein bestimmtes Maß an Prognosegenauigkeit gesetzlich einzufordern.[44] **102**

b) Datenqualität

Der Verantwortliche soll technische und organisatorische Maßnahmen treffen, die sicherstellen, dass Faktoren, die zu unrichtigen personenbezogenen Daten führen, korrigiert werden und das Risiko von Fehlern minimiert wird (EG 71 S. 6). Der Wortlaut dieser Regelung legt nahe, dass der Normgeber hier einem Missverständnis unterliegt, wenn er von Faktoren spricht, die „zu unrichtigen personenbezogenen Daten führen". Sollte der Normgeber hier vom Ergebnis eines Profilings **103**

---

40 Gola, *Schulz*, Art. 22 Rn. 34.
41 Siehe z.B. Fn. 204 des Ratsentwurfs vom 19. Dezember 2014 (Ratsdok. 15395/14).
42 Gierschmann/Saeugling, *Heinemann*, § 28b Rn. 30.
43 Gierschmann/Saeugling, *Heinemann*,, § 28b Rn. 32.
44 Gierschmann/Saeugling, *Heinemann*, § 28b Rn. 34.

sprechen, so wäre diese Formulierung falsch. Das Ergebnis eines Profilings kann nicht richtig oder falsch sein. Die Bewertung persönlicher Aspekte kann nur mehr oder weniger treffgenau bzw. plausibel sein. Daher kann die Datenauswertung auch nicht zu unrichtigen personenbezogenen Daten führen. Richtig ist allerdings, dass die Datenbasis des Profilings nicht aus unrichtigen Daten bestehen darf. Dies ergibt sich jedoch schon aus dem Richtigkeitsgrundsatz des Art. 5 Abs. 1 lit. d, der nur die Verarbeitung richtiger personenbezogener Daten erlaubt.

c) Datensicherung

104 Der Verantwortliche soll personenbezogene Daten in einer Weise sichern, dass den potentiellen Bedrohungen für die Interessen und Rechte des Betroffenen Rechnung getragen wird (EG 71 S. 6). Diese Regelung wiederholt nur, was der risikobasierte Ansatz (vgl. Art. 24 Rn. 78 ff.) und die Vorschrift zur Sicherheit der Verarbeitung (Art. 32) ohnehin für jede Datenverarbeitung verlangen: dass der Verantwortliche risikoadäquate Maßnahmen ergreifen muss, um unter anderem ein dem Risiko angemessenes Datensicherheitsniveau zu gewährleisten.

d) Nichtdiskriminierung

105 Das Recht auf Nichtdiskriminierung findet sich in Art. 21 GRC, Art. 14 EMRK und Art. 18 bis 25 AEUV. In Bezug auf das Profiling hat es Eingang jedoch nur in die Erwägungsgründe gefunden. Nach EG 71 S. 6 soll der Verantwortliche technische und organisatorische Maßnahmen treffen, mit denen verhindert wird, dass es gegenüber natürlichen Personen zu diskriminierenden Wirkungen oder zu Maßnahmen kommt, die eine solche Wirkung haben.

106 Wie weitreichend dieses Diskriminierungsverbot ist, liegt im Dunklen. Die Tatsache, dass sich das Diskriminierungsverbot nicht im verfügenden Teil, sondern als „Soll"-Vorschrift nur in den Erwägungsgründen findet, bedeutet wohl, dass es sich nicht um eine strikte, bei jeder automatisierten Einzelentscheidung anzuwendende Regel handelt. Vielmehr dürfte die Beachtung des Diskriminierungsverbots eine der Maßnahmen sein, die bei besonders riskanten Datenverarbeitungen dafür sorgt, dass die Schutzmaßnahmen noch als „angemessen" im Sinne von Abs. 2 lit. b, 3 und 4 anzusehen sind (Gedanke des risikobasierten Ansatzes, vgl. Art. 24 Rn. 68 ff.).

107 Diskriminierung lässt sich definieren als die nicht gerechtfertigte Ungleichbehandlung eines Einzelnen aufgrund seiner Zugehörigkeit zu einer bestimmten Gruppe.[45] EG 71 S. 6 stellt klar, dass nur Ungleichbehandlungen wegen der Zugehörigkeit zu einer der dort genannten Gruppen dem Diskriminierungsverbot unterfallen. Ungleichbehandlungen aufgrund anderer Kriterien (wie zum Beispiel Wohnort, Bonität, Alter, Geschlecht) sind – vorbehaltlich anderer Regelungen wie z.B. dem Allgemeinen Gleichbehandlungsgesetz – im Zusammenhang mit automatisierten Einzelentscheidungen weiterhin zulässig.

108 Die in EG 71 S. 6 genannten Kriterien, aufgrund derer eine Ungleichbehandlung nicht stattfinden darf, sind zu unterscheiden von den besonderen Kategorien personenbezogener Daten, auf die Abs. 4 verweist. Hierbei kommt es erneut auf die Unterscheidung zwischen Input und Output an (siehe bereits Rn. 48). Auf der Input-Seite geht es darum, welche Daten in die automatisierte Verarbeitung (einschließlich Profiling) einbezogen werden dürfen. Auf der Output-Seite geht es um die Frage, aufgrund welcher Kriterien eine Entscheidung womöglich nicht gefällt werden darf. Auf der Input-Seite dürfen grundsätzlich alle personenbezogenen Daten in die automatisierte Verarbeitung einbezogen werden, sofern die allgemeinen Rechtsmäßigkeitsvoraussetzungen (insb. des Art. 6) erfüllt sind. Ausgenommen davon sind allerdings die besonderen Kategorien personenbezogener Daten, die grundsätzlich schon nicht in die automatisierte Verarbeitung einbezogen werden dürfen – jedenfalls, soweit die Entscheidung darauf beruht (Abs. 4). Die Unterschutzstellung der als besonders sensitiv angesehenen Daten auf der Input-Seite beruht allerdings nicht auf der Idee der Nichtdiskriminierung, sondern auf dem Vorsorgeprinzip, das davon ausgeht, dass im Zusammenhang mit Verarbeitung dieser sensitiven Daten erhebliche Risiken für

45 *Goodman/Flaxman*, 26, 27.

die Grundrechte und Grundfreiheiten des Betroffenen (also nicht etwa für den Gleichheitssatz) auftreten können (EG 51 S. 1). So muss die Verarbeitung sensitiver Daten nicht zwingend zu einer Diskriminierung führen. Ergibt bspw. die automatisierte Verarbeitung der Patientendaten eines Augenarztes, dass die Hälfte seiner Patienten Brillenträger und die andere Hälfte Kontaktlinsenträger ist, wäre die Zusendung eines Newsletters mit Tipps zur Kontaktlinsenpflege an diese Hälfte – unabhängig von ihrer Zulässigkeit im Übrigen – sicherlich keine Diskriminierung der anderen Hälfte, obwohl die Verarbeitung von Gesundheitsdaten eine Verarbeitung sensitiver Daten ist.

Umgekehrt kann auch die Verarbeitung nicht-sensitiver Daten zu einer Diskriminierung führen. **109** Die für potentielle Diskriminierungen maßgeblichen Kriterien gelten ausschließlich für die Output-Seite, also für die automatisierte Entscheidung selbst. Diese darf nicht diskriminierend sein. Und sie ist es auch nicht automatisch, selbst wenn sensitive Daten verarbeitet werden. Maßgeblich ist vielmehr, ob durch die Entscheidung aufgrund der in EG 71 S. 6 genannten Kriterien eine ungerechtfertigte Ungleichbehandlung vorliegt. Die Kriterien sind Rasse, ethnische Herkunft, politische Meinung, Religion, Weltanschauung, Gewerkschaftszugehörigkeit, genetische Anlagen, Gesundheitszustand und sexuelle Orientierung. Mit Ausnahme der biometrischen Daten deckt sich diese Aufzählung zwar mit den besonderen Kategorien personenbezogener Daten (Art. 9 Abs. 1). Darauf kommt es aber, wie gesagt, nicht an. Diskriminierende Wirkungen können auch entstehen, wenn nicht-sensitive Daten verarbeitet werden. Wohnen zum Beispiel in einem bestimmten geographischen Gebiet (kein sensitives Datum) vor allem Menschen mit geringem Einkommen (kein sensitives Datum), kann bei einer Kreditwürdigkeitsprüfung schon die Verarbeitung der Wohnortdaten zu einer Diskriminierung aufgrund der ethnischen Herkunft führen.[46]

6. Mitwirkungspflichten des Verantwortlichen

a) Allgemeine Organisations- und Verfahrenspflicht

Die Vielzahl der vom Verantwortlichen zu ergreifenden Schutzmaßnahmen können von diesem **110** nur erfüllt werden, wenn er seine Betriebs- oder Behördenstruktur entsprechend organisiert. Eine solche allgemeine Mitwirkungspflicht lässt sich aus dem Gesichtspunkt des „Grundrechtsschutzes durch Organisation und Verfahren" ableiten.[47] Für eine entsprechende Mitwirkungspflicht spricht auch die Generalklausel des Art. 24 Abs. 1, wonach es erforderlich ist, dass der Verantwortliche geeignete technische und organisatorische Maßnahmen trifft, damit die Anforderungen der DS-GVO erfüllt werden. Dafür spricht darüber hinaus, dass Art. 12 Abs. 2 S. 1 den Verantwortlichen dazu verpflichtet, dem Betroffenen die Ausübung seiner Rechte zu erleichtern. Hierfür soll er Modalitäten festlegen (EG 59 S. 1).

b) Information des Betroffenen

Zur Erleichterung der Rechteausübung gehört die Verpflichtung des Verantwortlichen, den Be- **111** troffenen zum Zeitpunkt der Datenerhebung oder zum Zeitpunkt der ersten Datenverwendung aktiv zu informieren über

- das Bestehen einer automatisierten Entscheidungsfindung,
- die involvierte Logik der automatisierten Entscheidungsfindung,
- die Tragweite der automatisierten Entscheidungsfindung und
- die angestrebten Auswirkungen der automatisierten Entscheidungsfindung.

Diese Informationspflichten gehören zu der allgemeinen Informationspflicht der Art. 13 Abs. 2 **112** lit. f und Art. 14 Abs. 2 lit. g. Diese steht allerdings unter dem Vorbehalt, dass die Information notwendig ist, um eine faire und transparente Verarbeitung zu gewährleisten (Art. 13 Abs. 2 und

46 *Goodman/Flaxman*, 26, 28.
47 Vgl. *Sydow*, in: NVwZ 2013, 467.

14 Abs. 2). Jedenfalls in den Fällen, in denen die automatisierte Einzelentscheidung auf Vertrag (Abs. 2 lit. a) oder auf Einwilligung (Abs. 2 lit. c) gestützt wird, dürfte die Information notwendig sein, denn in diesen Fällen stehen dem Betroffenen die in den Rn. 93 ff. aufgeführten Rechte zu. Um von diesen Rechten Gebrauch machen zu können, muss der Betroffene zunächst über die automatisierte Entscheidungsfindung informiert werden.

113 Auch wenn dies weder von den Art. 13 und 14 noch von Art. 22 ausdrücklich verlangt wird, ist der Verantwortliche bei der automatisierten Entscheidungsfindung wohl ggf. verpflichtet, dem Betroffenen nicht nur die in den Art. 13 und 14 genannten Informationen zu geben, sondern ihn auch über seine Rechte nach Abs. 3 zu belehren. Dies folgt aus dem Rechtsgedanken der Art. 13 Abs. 2 lit. b bis d und Art. 14 Abs. 2 lit. c bis e, wonach der Betroffene über seine Rechte aufzuklären ist, und aus der Pflicht zur Erleichterung der Rechteausübung des Art. 12 Abs. 2 S. 1. Demnach muss der Betroffene im Rahmen der Information gem. Art. 13/14 ggf. auch über das Bestehen

- des Rechts auf menschliche Intervention,
- des Rechts auf Darlegung des eigenen Standpunkts und
- des Rechts auf Anfechtung der Entscheidung

114 informiert werden.

c) Auskunft an den Betroffenen

115 Auch die Auskunftspflicht umfasst die Information über das Bestehen einer automatisierten Entscheidungsfindung, über die involvierte Logik, über die Tragweite und über die angestrebten Auswirkungen derselben (Art. 15 Abs. 1 lit. h).

d) Art und Weise von Information und Auskunft

116 Information (gem. Art. 13 oder 14) und Auskunft (gem. Art. 15) müssen in präziser, transparenter, verständlicher und leicht zugänglicher Form in einer klaren und einfachen Sprache erfolgen (Art. 12 Abs. 1 S. 1). Die Übermittlung erfolgt schriftlich oder in anderer Form, ggf. auch elektronisch (Art. 12 Abs. 1 S. 2, Abs. 3 S. 4). Falls vom Betroffenen verlangt, kann die Information auch mündlich erteilt werden, sofern die Identität des Betroffenen nachgewiesen wurde (Art. 12 Abs. 1 S. 3). Ob die Informationspflicht gem. Art. 13 oder 14 auch durch Verweis auf eine allgemein zugängliche Webseite erfüllt werden kann, ist eine noch unentschiedene Rechtsfrage. EG 58 S. 2 spricht eindeutig dafür (siehe Art. 13/14 Rn. 190 ff.).

e) Geltendmachung der Betroffenenrechte

117 Für den Fall, dass der Betroffene von seinen Rechten aus Abs. 3 Gebrauch machen will, sollte es die Möglichkeit zu elektronischer Antragstellung geben, insb., wenn die personenbezogenen Daten elektronisch verarbeitet werden (EG 59 S. 2).

118 Der Verantwortliche muss den Betroffenen über die Maßnahmen, die er auf Anträge gem. Abs. 3 hin ergriffen hat, informieren (Art. 12 Abs. 3 S. 1). So muss er zum Beispiel dem Betroffenen mitteilen, zu welchem Ergebnis die Darlegung seines Standpunkts, eine menschliche Intervention oder die Anfechtung der Entscheidung geführt hat oder ob er die Faktoren, die zu unrichtigen Daten geführt haben, korrigiert hat. Auch für diese Informationen gelten die unter Rn. 116 genannten Vorgaben. Die Information über die ergriffenen Maßnahmen (oder über ein Nichttätigwerden, Art. 12 Abs. 4) muss unverzüglich, spätestens aber innerhalb eines Monats nach Eingang des Antrags erfolgen (Art. 12 Abs. 3 S. 1). Diese Frist kann um weitere zwei Monate verlängert werden (Art. 12 Abs. 3 S. 2). Die Information erfolgt unentgeltlich (Art. 12 Abs. 5 Satz 1).

119 Wird der Verantwortliche auf einen Antrag des Betroffenen hin nicht tätig, so unterrichtet er den Betroffenen ohne Verzögerung, spätestens aber innerhalb eines Monats nach Eingang des Antrags über die Gründe hierfür und über die Möglichkeit, bei einer Aufsichtsbehörde Beschwerde oder einen gerichtlichen Rechtsbehelf einzulegen (Art. 12 Abs. 4). Bei offenkundig unbegründeten Anträgen kann der Verantwortliche entweder ein angemessenes Entgelt verlangen, bei dem die Verwaltungskosten für die Information gem. Art. 13/14, andere Mitteilungen und die Durchführung der beantragten Maßnahme berücksichtigt werden, oder sich weigern, aufgrund des Antrags tätig zu werden (Art. 12 Abs. 5 S. 2). Dasselbe gilt im Fall von exzessiven Anträgen eines Betroffenen, also insb. bei häufiger Wiederholung (wenn also bspw. der Betroffene in demselben Fall fünfmal hintereinander einen Antrag auf menschliche Intervention stellt). Der Verantwortliche hat den Nachweis für den offenkundig unbegründeten oder exzessiven Charakter des Antrags zu erbringen (Art. 12 Abs. 5 S. 3).

C. Weitere Auswirkungen der Verordnung in der Praxis

I. Auswirkungen auf das nationale Recht

Das Verbot automatisierter Einzelentscheidungen besteht bereits im geltenden Recht. Sein Anwendungsbereich wird durch die DS-GVO aber erweitert, während die Ausnahmen verengt werden. Es bleibt abzuwarten, ob die Erweiterungen des Anwendungsbereichs des Verbotes und die Verschärfungen der Ausnahmen die mitgliedstaatlichen Gesetzgeber dazu bewegen, die Öffnungsklauseln der DS-GVO in Anspruch zu nehmen und in Bezug auf Art. 22 spezifische Bestimmungen (gem. Art. 6 Abs. 2 und 3), weitere Ausnahmen (Abs. 2 Nr. 2), Beschränkungen (Art. 23) oder Abweichungen/Ausnahmen (Art. 85) im nationalen Recht festzulegen. 120

Der deutsche Gesetzgeber hat bereits (Stand: 22.9.2017) durch die §§ 30, 31 und 37 BDSG-neu von seiner Befugnis, ergänzende Regelungen zu erlassen, Gebrauch gemacht: 121

§ 30 BDSG-neu regelt für Verbraucherkredite die Aukunftspflicht von Auskunfteien gegenüber Darlehensgebern aus anderen Mitgliedstaaten (Abs. 1) und die Unterrichtungspflicht desjenigen, der den Abschluss eines Verbraucherkredits ablehnt, gegenüber dem Antragsteller (Abs. 2). Die Vorschrift entspricht nach der Gesetzesbegründung § 29 Abs. 6 und 7 BDSG a. F. Die Regelung diene der Umsetzung von Art. 9 der Verbraucherkreditrichtlinie 2008/48/EG. 122

§ 31 Abs. 1 BDSG-neu spezifiziert allgemein, unter welchen Voraussetzungen Wahrscheinlichkeitswerte über ein bestimmtes zukünftiges Verhalten einer natürlichen Person zum Zweck der Entscheidung über die Begründung, Durchführung oder Beendigung eines Vertragsverhältnisses mit dieser Person (Scoring) verwendet werden dürfen. § 31 Abs. 2 BDSG-neu spezifiziert, unter welchen Voraussetzungen ein solcher von Auskunfteien ermittelter Wahrscheinlichkeitswert verwendet werden darf. 123

§ 37 BDSG-neu erlaubt eine automatisierte Einzelentscheidung über die in Art. 22 Abs. 2 lit. a und c der Verordnung (EU) 2016/679 genannten Fälle hinaus, wenn die Entscheidung im Rahmen der Leistungserbringung nach einem Versicherungsvertrag ergeht. Dies trägt gem. der Gesetzesbegründung den spezifischen Belangen der Versicherungswirtschaft Rechnung 124

II. Bestandsschutz bisheriger Datenverarbeitungen

Die DS-GVO gilt ab dem 25. Mai 2018 in allen Mitgliedstaaten. Ein Bestandsschutz bisheriger Datenverarbeitungen ist in Bezug auf das Verbot automatisierter Einzelentscheidungen nicht vorgesehen. Von dem Zeitpunkt an, in dem die DS-GVO in den Mitgliedstaaten unmittelbare Geltung beansprucht, sind alle Verantwortlichen an das neu ausgestaltete Verbot gebunden. Spätestens ab dem 25. Mai 2018 müssen Verantwortliche auch bei laufenden Datenverarbeitungen die Anforderungen des Art. 22 beachten. 125

III. Sanktionen

Die Untersuchungs- und Abhilfebefugnisse der Aufsichtsbehörden richten sich nach Art. 58. Nach Art. 58 Abs. 2 kann die Aufsichtsbehörde den Verantwortlichen unter anderem warnen und verwarnen, ihn anweisen, Anträgen des Betroffenen zu entsprechen und Verarbeitungsvor- 126 gänge in Einklang mit der DS-GVO zu bringen, und Verarbeitungsbeschränkungen und -verbote aussprechen.

127 Verstöße gegen die Verpflichtungen aus Art. 22 stellen Ordnungswidrigkeiten dar. Diese können mit einer Geldbuße belegt werden. Die Datenschutzaufsichtsbehörden können Geldbußen von bis zu 20 Mio. € oder im Falle eines Unternehmens bis zu 4 % des gesamten weltweit erzielten Jahresumsatzes des vorangegangenen Geschäftsjahrs verhängen (Art. 83 Abs. 5 lit. b).

V. Rechtsschutz

1. Rechtsschutz des Betroffenen

a) Rechtsschutz gegen Aufsichtsbehörde

128 Jeder Betroffene hat das Recht auf Beschwerde bei einer Aufsichtsbehörde, wenn er der Auffassung ist, dass die Verarbeitung ihn betreffender Daten gegen die DS-GVO verstößt – also auch, wenn er der Auffassung ist, der Verantwortliche erfülle seine Verpflichtungen aus Art. 22 nicht. Zuständig können die Aufsichtsbehörde in dem Mitgliedstaat des Aufenthaltsortes, des Arbeitsplatzes oder des Ortes des mutmaßlichen Verstoßes sein (Art 77 Abs. 1).

129 Jeder Betroffene hat darüber hinaus das Recht auf einen wirksamen gerichtlichen Rechtsbehelf gegen einen ihn betreffenden rechtsverbindlichen Beschluss einer Aufsichtsbehörde (Art. 78 Abs. 1). Jeder Betroffene hat außerdem das Recht auf einen wirksamen gerichtlichen Rechtsbehelf, wenn sich die zuständige Aufsichtsbehörde mit einer Beschwerde nicht befasst oder sie den Betroffenen nicht innerhalb von drei Monaten über den Stand oder das Ergebnis der Beschwerde in Kenntnis setzt (Art. 78 Abs. 2). Bei Streitigkeiten mit der Aufsichtsbehörde sind die Verwaltungsgerichte zuständig.

b) Rechtsschutz gegen Verantwortliche

130 Jeder Betroffene hat das Recht auf einen wirksamen gerichtlichen Rechtsbehelf gegen einen Verantwortlichen (Art. 79). Allerdings ist unklar, worauf sich ein solcher Rechtsbehelf im Zusammenhang mit automatisierten Einzelentscheidungen richten kann, weil die DS-GVO die Rechtsfolgen unzulässiger automatisierter Einzelentscheidungen nicht festlegt.

131 Kommt ein Vertrag trotz unzulässiger automatisierter Entscheidung zustande, ist dieser weder nichtig nach § 134 BGB noch teilnichtig nach § 139 BGB noch aus diesem Grunde anfechtbar nach § 119 BGB, weil die Entscheidung das Rechtsgeschäft nur vorbereitet, inhaltlich beeinflusst oder verhindert, auf den Willen der Vertragsparteien, das Rechtsgeschäft in seiner letztlich vereinbarten Form abzuschließen, aber keinen Einfluss hat.[48]

132 Kommt ein Vertrag wegen einer unzulässigen automatisierten Entscheidung nicht zustande, kann eine Unterlassungsklage auf Nichtvornahme der automatisierten Einzelentscheidung erhoben werden. Dem Rechtsschutzziel des Betroffenen dürfte aber mit einer Leistungsklage auf Vornahme der Entscheidung durch einen Menschen besser gedient sein. Allerdings besteht auch bei Verletzung der Grundsätze des Art. 22 kein Anspruch auf Abschluss eines Vertrages, es sei denn, aus anderen Rechtsgründen besteht ein Kontrahierungszwang.

133 Entsteht dem Betroffenen durch eine nicht rechtskonform zustandegekommene automatisierte Entscheidung ein materieller oder immaterieller Schaden, kann er den Verantwortlichen auf Schadensersatz in Anspruch nehmen (Art. 82 Abs. 1).

134 Handelt es sich bei dem Verantwortlichen um eine öffentliche Stelle, ist das allgemeine Verwaltungsgericht, das Sozialgericht oder das Finanzgericht zuständig.[49] Handelt es sich um eine nicht-

---

48 Vgl. Gierschmann/Saeugling, *Stamm*, § 6a Rn. 36 ff.
49 Vgl. Wolff/Brink, *Worms*, 13. Edition (Stand: 1.11.2014), § 19 Rn. 110, 111.

öffentliche Stelle, ist eine Unterlassungs- oder Leistungsklage bei den Zivil- oder Arbeitsgerichten zu erheben.[50]

c) Vertretung durch einen Verband

Jeder Betroffene hat das Recht, eine Einrichtung, Organisation oder Vereinigung, die im Bereich des Datenschutzes tätig ist, mit der Vertretung seiner Interessen im Zusammenhang mit den Rechten der Art. 77, 78 und 79 sowie der Geltendmachung von Schadensersatz gem. Art. 82 zu beauftragen (Art. 80 Abs. 1). **135**

2. Rechtsschutz anderer Personen

Jede natürliche oder juristische Person (also insb. ein Verantwortlicher oder ein Auftragsverarbeiter) hat das Recht auf einen wirksamen gerichtlichen Rechtsbehelf gegen einen sie betreffenden rechtsverbindlichen Beschluss einer Aufsichtsbehörde (Art. 78 Abs. 1). **136**

3. Rechtsschutz durch Verbände

Jede Einrichtung, Organisation oder Vereinigung ohne Gewinnerzielungsabsicht, die ordnungsgemäß nach dem Recht eines Mitgliedstaates gegründet ist, deren satzungsmäßige Ziele im öffentlichen Interesse liegen und die im Bereich des Schutzes der Rechte und Freiheiten von betroffenen Personen in Bezug auf den Schutz ihrer personenbezogenen Daten tätig ist, kann auch ohne Beauftragung durch einen Betroffenen die Rechte der Art. 77, 78 und 79 geltend machen (u.a. durch eine altruistische Verbandsklage), sofern dies das Recht eines Mitgliedstaates vorsieht (Art. 80 Abs. 2). Jeder Betroffene hat das Recht, einen solchen Verband mit der Vertretung seiner Interessen im Zusammenhang mit den Rechten der Art. 77, 78 und 79 sowie der Geltendmachung von Schadensersatz gem. Art. 82 zu beauftragen (Art. 80 Abs. 1). Deutschland hat von dieser Möglichkeit schon vor Verabschiedung der DS-GVO durch § 2 Abs. 2 S. 1 Nr. 11 UKlaG Gebrauch gemacht. **137**

50 Vgl. Wolff/Brink, *Schmidt-Wudy*, § 34 Rn. 22.

Article 23

Restrictions

1. Union or Member State law to which the data controller or processor is subject may restrict by way of a legislative measure the scope of the obligations and rights provided for in Articles 12 to 22 and Article 34, as well as Article 5 in so far as its provisions correspond to the rights and obligations provided for in Articles 12 to 22, when such a restriction respects the essence of the fundamental rights and freedoms and is a necessary and proportionate measure in a democratic society to safeguard:
   (a) national security;
   (b) defence;
   (c) public security;
   (d) the prevention, investigation, detection or prosecution of criminal offences or the execution of criminal penalties, including the safeguarding against and the prevention of threats to public security;
   (e) other important objectives of general public interest of the Union or of a Member State, in particular an important economic or financial interest of the Union or of a Member State, including monetary, budgetary and taxation a matters, public health and social security;
   (f) the protection of judicial independence and judicial proceedings;
   (g) the prevention, investigation, detection and prosecution of breaches of ethics for regulated professions;
   (h) a monitoring, inspection or regulatory function connected, even occasionally, to the exercise of official authority in the

Artikel 23

Beschränkungen

1. Durch Rechtsvorschriften der Union oder der Mitgliedstaaten, denen der Verantwortliche oder der Auftragsverarbeiter unterliegt, können die Pflichten und Rechte gemäß den Artikeln 12 bis 22 und Artikel 34 sowie Artikel 5, insofern dessen Bestimmungen den in den Artikeln 12 bis 22 vorgesehenen Rechten und Pflichten entsprechen, im Wege von Gesetzgebungsmaßnahmen beschränkt werden, sofern eine solche Beschränkung den Wesensgehalt der Grundrechte und Grundfreiheiten achtet und in einer demokratischen Gesellschaft eine notwendige und verhältnismäßige Maßnahme darstellt, die Folgendes sicherstellt:
   (a) die nationale Sicherheit;
   (b) die Landesverteidigung;
   (c) die öffentliche Sicherheit;
   (d) die Verhütung, Ermittlung, Aufdeckung oder Verfolgung von Straftaten oder die Strafvollstreckung, einschließlich des Schutzes vor und der Abwehr von Gefahren für die öffentliche Sicherheit;
   (e) den Schutz sonstiger wichtiger Ziele des allgemeinen öffentlichen Interesses der Union oder eines Mitgliedstaats, insbesondere eines wichtigen wirtschaftlichen oder finanziellen Interesses der Union oder eines Mitgliedstaats, etwa im Währungs-, Haushalts- und Steuerbereich sowie im Bereich der öffentlichen Gesundheit und der sozialen Sicherheit;
   (f) den Schutz der Unabhängigkeit der Justiz und den Schutz von Gerichtsverfahren;
   (g) die Verhütung, Aufdeckung, Ermittlung und Verfolgung von Verstößen gegen die berufsständischen Regeln reglementierter Berufe;
   (h) Kontroll-, Überwachungs- und Ordnungsfunktionen, die dauernd oder zeitweise mit der Ausübung öffentlicher

cases referred to in points (a) to (e) and (g);

(i) the protection of the data subject or the rights and freedoms of others;

(j) the enforcement of civil law claims.

2. In particular, any legislative measure referred to in paragraph 1 shall contain specific provisions at least, where relevant, as to:

   (a) the purposes of the processing or categories of processing;

   (b) the categories of personal data;

   (c) the scope of the restrictions introduced;

   (d) the safeguards to prevent abuse or unlawful access or transfer;

   (e) the specification of the controller or categories of controllers;

   (f) the storage periods and the applicable safeguards taking into account the nature, scope and purposes of the processing or categories of processing;

   (g) the risks to the rights and freedoms of data subjects; and

   (h) the right of data subjects to be informed about the restriction, unless that may be prejudicial to the purpose of the restriction.

Gewalt für die unter den Buchstaben a bis e und g genannten Zwecke verbunden sind;

(i) den Schutz der betroffenen Person oder der Rechte und Freiheiten anderer Personen;

(j) die Durchsetzung zivilrechtlicher Ansprüche.

2. Jede Gesetzgebungsmaßnahme im Sinne des Absatzes 1 muss insbesondere gegebenenfalls spezifische Vorschriften enthalten zumindest in Bezug auf

   (a) die Zwecke der Verarbeitung oder die Verarbeitungskategorien,

   (b) die Kategorien personenbezogener Daten,

   (c) den Umfang der vorgenommenen Beschränkungen,

   (d) die Garantien gegen Missbrauch oder unrechtmäßigen Zugang oder unrechtmäßige Übermittlung;

   (e) die Angaben zu dem Verantwortlichen oder den Kategorien von Verantwortlichen,

   (f) die jeweiligen Speicherfristen sowie die geltenden Garantien unter Berücksichtigung von Art, Umfang und Zwecken der Verarbeitung oder der Verarbeitungskategorien,

   (g) die Risiken für die Rechte und Freiheiten der betroffenen Personen und

   (h) das Recht der betroffenen Personen auf Unterrichtung über die Beschränkung, sofern dies nicht dem Zweck der Beschränkung abträglich ist.

Recital

(73) Restrictions concerning specific principles and the rights of information, access to and rectification or erasure of personal data, the right to data portability, the right to object, decisions based on profiling, as well as the communication of a personal data breach to a data subject and certain related obligations of the controllers may be imposed by Union or Member State law, as far as necessary and proportionate in a democratic society to safeguard public security, including the protection of hu-

Erwägungsgrund

(73) Im Recht der Union oder der Mitgliedstaaten können Beschränkungen hinsichtlich bestimmter Grundsätze und hinsichtlich des Rechts auf Unterrichtung, Auskunft zu und Berichtigung oder Löschung personenbezogener Daten und des Rechts auf Datenübertragbarkeit und Widerspruch, von Entscheidungen, die auf der Erstellung von Profilen beruhen, und von Mitteilungen über eine Verletzung des Schutzes personenbezogener Daten an eine betroffene Person sowie von bestimmten da-

man life especially in response to natural or manmade disasters, the prevention, investigation and prosecution of criminal offences or the execution of criminal penalties, including the safeguarding against and the prevention of threats to public security, or of breaches of ethics for regulated professions, other important objectives of general public interest of the Union or of a Member State, in particular an important economic or financial interest of the Union or of a Member State, the keeping of public registers kept for reasons of general public interest, further processing of archived personal data to provide specific information related to the political behaviour under former totalitarian state regimes or the protection of the data subject or the rights and freedoms of others, including social protection, public health and humanitarian purposes. Those restrictions should be in accordance with the requirements set out in the Charter and in the European Convention for the Protection of Human Rights and Fundamental Freedoms.

mit zusammenhängenden Pflichten der Verantwortlichen vorgesehen werden, soweit dies in einer demokratischen Gesellschaft notwendig und verhältnismäßig ist, um die öffentliche Sicherheit aufrechtzuerhalten, wozu unter anderem der Schutz von Menschenleben insbesondere bei Naturkatastrophen oder vom Menschen verursachten Katastrophen, die Verhütung, Aufdeckung und Verfolgung von Straftaten oder die Strafvollstreckung – was auch den Schutz vor und die Abwehr von Gefahren für die öffentliche Sicherheit einschließt – oder die Verhütung, Aufdeckung und Verfolgung von Verstößen gegen Berufsstandsregeln bei reglementierten Berufen, das Führen öffentlicher Register aus Gründen des allgemeinen öffentlichen Interesses sowie die Weiterverarbeitung von archivierten personenbezogenen Daten zur Bereitstellung spezifischer Informationen im Zusammenhang mit dem politischen Verhalten unter ehemaligen totalitären Regimen gehört, und zum Schutz sonstiger wichtiger Ziele des allgemeinen öffentlichen Interesses der Union oder eines Mitgliedstaats, etwa wichtige wirtschaftliche oder finanzielle Interessen, oder die betroffene Person und die Rechte und Freiheiten anderer Personen, einschließlich in den Bereichen soziale Sicherheit, öffentliche Gesundheit und humanitäre Hilfe, zu schützen. Diese Beschränkungen sollten mit der Charta und mit der Europäischen Konvention zum Schutz der Menschenrechte und Grundfreiheiten im Einklang stehen.

Literatur

Grabitz/Hilf (Hrsg.), Das Recht der Europäischen Union, 40. Auflage 2009, C.H. Beck München; *Calliess/Ruffert (Hrsg.)*, EUV/AEUV, 4. Auflage 2011, C.H. Beck München; *von der Groeben/Schwarze (Hrsg.)*, Europäisches Unionsrecht, 7. Auflage 2015, Nomos Baden-Baden.

▶ Bedeutung der Norm

Die Norm enthält eine Öffnungsklausel mit umfassenden Einschränkungsmöglichkeiten des nationalen Gesetzgebers für die Betroffenenrechte der DS-GVO, namentlich für die Rechte nach Art. 12 bis 22 und die grundlegenden Prinzipien in Art. 5 sowie für die Benachrichtigungspflicht bei einer Verletzung des Schutzes personenbezogener Daten gem. Art. 34. In Abs. 2 enthält die Vorschrift strenge Anforderungen für die Ausgestaltung des beschränkenden Gesetzes.

▶ Hinweise für den Anwender

Für die Norm relevante Definitionen:
- Art. 5, Art. 6 Abs. 4, Art. 11, Art. 12 bis 22, Art. 34.

Für die Auslegung der Norm relevante Erwägungsgründe:
- EG 73.

Vorgängernorm der RL 95/46/EG:
- Art. 13.

Schlagworte

Betroffenenrecht, Gestaltungsspielraum, Öffnungsklausel, öffentliche Zwecke

A. Allgemeines

I. Regelungszweck

Die Norm enthält Einschränkungsmöglichkeiten für sämtliche Betroffenenrechte der Art. 12 bis 22, der Datenschutzgrundprinzipien in Art. 5 und der Benachrichtigungspflicht bei einer Verletzung des Schutzes personenbezogener Daten gem. Art. 34. Damit bestehen umfassende Abweichungsmöglichkeiten für zentrale Vorschriften der DS-GVO. 1

Die Vorschrift enthält formal betrachtet keine zwingende, sondern eine „freiwillige" Öffnungsklausel, d.h., der nationale Gesetzgeber ist an sich nur dann an die Vorgaben des Art. 23 gebunden, wenn er die genannten Betroffenenrechte tatsächlich einschränken möchte. Erst wenn eine solche Einschränkung erfolgen soll, greifen die strengen Voraussetzungen in Art. 23 Abs. 1 und 2. Allerdings stellt sich die Frage, ob mitgliedstaatliche Pflichten zum Schutz kollidierender höherrangiger Rechte und Rechtsgüter bestehen, derentwegen einige Regelungen der DS-GVO zwingend einzuschränken sind. Nach Art. 23 ist eine Beschränkung der Betroffenenrechte zulässig, wenn ein Zweck im Sinne des Abs. 1 lit. a bis j vorliegt, namentlich der Schutz verschiedener öffentlicher Interessen (lit. a bis h und j) sowie der Schutz des Betroffenen und Dritter (lit. i). Zusätzlich sind die Voraussetzungen des Art. 23 Abs. 2 zu beachten, der jedoch systematisch und sprachlich missglückt ist. Bereits mit der Aneinanderreihung der Begriffe „insbesondere", „gegebenenfalls" und „zumindest" lässt der Gesetzgeber seine Regelungsabsichten im Unklaren. Die systematische Schwäche der Vorschrift besteht darin, dass nicht die Zwecke und Ziele der Ausnahmen näher beschrieben werden, sondern nur die Datenverarbeitungsvorgänge benannt sind, bei denen die Einschränkungen gelten sollen. Danach muss jede Gesetzgebungsmaßnahme im Sinne des Abs. 1 „insbesondere gegebenenfalls" spezifische Vorschriften enthalten über den Zweck der Verarbeitung (lit. a), die Kategorien personenbezogenen Daten (lit. b), den Umfang der Beschränkungen (lit. c), die Garantien gegen etwaigen Missbrauch (lit. d), Angaben über den Verantwortlichen (lit. e), Speicherfristen (lit. f), Risiken für die Rechte und Freiheiten der betroffenen Personen (lit. g) und das Recht auf Unterrichtung (lit. h). Ebenso klauselhaft und undurchsichtig wie die Regelung in Art. 23 Abs. 2 dürften die entsprechenden nationalen Umsetzungen dieser Voraussetzungen werden. 2

II. Normadressaten

Gem. Art. 23 Abs. 1 können die Union und die Mitgliedstaaten durch Rechtsvorschriften Einschränkungen der einzelnen Betroffenenrechte vornehmen, sofern einer der genannten *öffentlichen* Zwecke in lit. a bis j vorliegt. Adressaten der Regelung sind daher – neben den gesetzgebenden Organen der Union – vor allem die nationalen Gesetzgeber. 3

III. Systematik

4 Art. 23 steht in Kapitel III („Rechte der betroffenen Person") unter Abschnitt 5. Da die Norm Einschränkungsmöglichkeiten für die Betroffenenrechte nach Art. 12 bis 22 einschließlich der Prinzipien nach Art. 5 und der Benachrichtigungspflicht gem. Art. 34 enthält, kann ihre äußere Systematik nur im Zusammenhang mit den genannten Vorschriften erfasst werden. Die innere Systematik des Art. 23 basiert auf seiner Funktionsweise als „Öffnungsklausel". Zahlreiche Vorschriften der DS-GVO eröffnen Spielräume für eine mitgliedstaatliche Gesetzgebung (vgl. Art. 1 Rn. 27). Die Abweichungsmöglichkeiten des nationalen Gesetzgebers variieren allerdings je nach Art und Umfang der Öffnungsklausel. So gestatten einige Öffnungsklauseln den Mitgliedstaaten punktuelle Abweichungen durch „spezifische Vorschriften" (vgl. Art. 6 Abs. 2), während andere Vorschriften den Mitgliedstaaten im Hinblick auf das „Ob" und „Wie" der abweichenden Regelungen einen großzügigen Gestaltungsspielraum eröffnen (vgl. die Möglichkeit des Verbandsrechtschutzes in Art. 80 Abs. 2). Mit der Regelungstechnik des Art. 23 wird hingegen ein Mittelweg beschritten; denn die Vorschrift räumt den Mitgliedstaaten zwar einen umfassenden Gestaltungsspielraum ein, dessen Inanspruchnahme jedoch vom Wortlaut her strengen Rechtfertigungsvoraussetzungen unterliegt. Insofern wird der weite Anwendungsbereich des Art. 23 durch die restriktiven Voraussetzungen in Abs. 1 und 2 wieder eingeschränkt.

5 Ferner stellt Art. 23 – wie bereits erwähnt (s. Rn. 2) – eine „freiwillige" Öffnungsklausel dar, deren Voraussetzungen erst dann greifen, wenn der nationale Gesetzgeber oder der Unionsgesetzgeber die jeweiligen Betroffenenrechte einschränken möchte. Ein weiteres Beispiel für eine „freiwillige" Öffnungsklausel im nicht-öffentlichen Bereich ist Art. 6 Abs. 4 i.V.m. Art. 23 Abs. 1. Werden Regelungen zum zweckändernden Datenumgang getroffen, sind die dort genannten Voraussetzungen zu wahren. Allerdings steht die „Freiwilligkeit", von den Öffnungsklauseln Gebrauch zu machen, in einem Spannungsverhältnis zu bestimmten Rechten und Schutzgütern, derentwegen die betreffenden Rechte der DS-GVO unter Umständen eingeschränkt werden müssen. Denn aufgrund ihrer Schutzpflichten müssen die Mitgliedstaaten von den Öffnungsklauseln Gebrauch machen, wenn nicht bereits auf Ebene des EU-Rechts bei der Auslegung der DS-GVO eine Lösung gefunden wird. Ein Beispiel ist das Auskunftsrecht, das die DS-GVO in Art. 15 einschränkungslos gewährt. Werden Daten etwa von einer Bank an die Polizei wegen Verdachts der Geldwäsche übermittelt, könnte ein uneingeschränktes Auskunftsrecht des Betroffenen die Strafverfolgung vereiteln. Aus diesem Grund enthält § 19 Abs. 4 BDSG sehr weitreichende Ausnahmen vom Recht auf Auskunft – wenn z.B. die Auskunft die ordnungsgemäße Erfüllung der in der Zuständigkeit der verantwortlichen Stelle liegenden Aufgaben gefährden würde (Nr. 1) oder wenn die Auskunft die öffentliche Sicherheit oder Ordnung gefährden oder sonst dem Wohle des Bundes oder eines Landes Nachteile bereiten würde (Nr. 2).

6 Dass die Öffnungsklausel in Art. 23 gleichwohl „offen" im Sinne einer freiwilligen Öffnungsklausel formuliert wurde, liegt an ihrem allgemeinen Charakter. Sie erfasst neben den Rechten, die unvollständig (d.h. ohne eigene Beschränkungsmöglichkeit) in der DS-GVO geregelt sind, auch solche, für die in der DS-GVO spezielle Ausnahmen enthalten sind. Zudem soll Art. 23 dazu dienen, die Kompetenzordnung zwischen Mitgliedstaaten und EU zu wahren. So fallen etwa die nationale Sicherheit (Abs. 1 lit. a) oder die Landesverteidigung (Abs. 1 lit. b) von vornherein nicht in den Kompetenzbereich der EU und nicht in den Anwendungsbereich der DS-GVO. Es fragt sich also, warum die DS-GVO hier gleichwohl Ausnahmemöglichkeiten enthält, die ja notwendig voraussetzen, dass sich die Betroffenenrechte der DS-GVO etwa auf Sachverhalte der nationalen Sicherheit oder der Landesverteidigung erstrecken könnten. Regelt der nationale Gesetzgeber hier gleichwohl Ausnahmen, dient dies vor allem der Rechtsklarheit und -sicherheit.

7 „Zwingende" Öffnungsklauseln verlangen hingegen von vornherein eine obligatorische Wahrnehmung des mitgliedstaatlichen Gestaltungsspielraums unter den jeweils aufgestellten Bedingungen. An diesen Stellen ist die DS-GVO nach ihrer Regelungssystematik auf eine mitgliedstaatliche Mitwirkung angewiesen. Beispiele hierfür finden sich in Art. 51 („Aufsichtsbehörde") oder in Art. 85 („Verarbeitung und Freiheit der Meinungsäußerung und Informationsfreiheit").

Neben Art. 23 bestehen spezielle Einschränkungsmöglichkeiten bei einzelnen Betroffenenrechten. Ein Beispiel ist Art. 14 Abs. 5, der Ausnahmen von Informationspflichten erlaubt. Daneben ist ein Rückgriff auf Art. 23 jedoch gestattet. Die Vorschrift ist quasi als allgemeine Auffangnorm für Abweichungen zu begreifen, deren Anwendung durch spezielle Einschränkungsmöglichkeiten nicht gesperrt ist. Betroffenenrechte, die eine solche Einschränkungsmöglichkeit selbst nicht vorsehen (wie etwa das Auskunftsrecht nach Art. 15), sind also stets nach Art. 23 einschränkbar. **8**

Systematisch ist das Verhältnis von allgemeinen und speziellen Einschränkungsmöglichkeiten nicht überzeugend umgesetzt. Dies zeigt sich etwa an Art. 14 Abs. 5 lit. b, wonach eine Ausnahme von Informationspflichten zulässig ist, wenn sich „die Erteilung der Informationen als unmöglich erweist oder einen unverhältnismäßigen Aufwand erfordern würde". Entsprechendes gilt für Art. 21 Abs. 6, der eine Ausnahme vom Widerspruchsrecht erlaubt, wenn die Verarbeitung „zur Erfüllung einer im öffentlichen Interesse liegenden Aufgabe erforderlich" ist. Diese allgemeinen Abwägungsmöglichkeiten wären besser bei der allgemeinen Auffangnorm in Art. 23 zu verorten gewesen. **9**

Interessant ist schließlich das Verhältnis des Art. 23 zu Art. 11 („Verarbeitung, für die eine Identifizierung der betroffenen Person nicht erforderlich ist"). Gem. Abs. 2 der Vorschrift finden die Auskunftsrechte sowie Rechte auf Berichtigung und Löschung in Art. 15 bis 20 keine Anwendung, wenn der Verantwortliche nachweislich nicht in der Lage ist, die betroffene Person zu identifizieren, oder dies gar nicht beabsichtigt – es sei denn, die betroffene Person stellt zusätzliche Informationen bereit, die ihre Identifizierung ermöglichen. Die Vorschrift enthält für derartige Fälle bereits eine implizite Ausnahme, ohne dass es auf die Voraussetzungen des Art. 23 ankäme. Dies ist freilich systematisch unbefriedigend, weil die Frage der Identifizierbarkeit nicht klar geregelt ist und der Auskunftsanspruch nach Art. 15 ansonsten nur aufgrund der strengen Voraussetzungen des Art. 23 eingeschränkt werden kann. Gleiches gilt für Art. 16 und 18, die ebenfalls nur aufgrund der strengen Voraussetzungen von Art. 23 einschränkbar sind. Art. 23 muss in diesem Lichte – trotz der vermeintlich strengen Vorgaben in Art. 23 Abs. 2 – weit ausgelegt werden, da sich anderenfalls tiefgreifende Wertungswidersprüche zu den in der DS-GVO bereits unmittelbar enthaltenen Ausnahmen ergeben würden. **10**

IV. Entstehungsgeschichte

Art. 23 war im Gesetzgebungsverfahren hoch umstritten, was die zahlreichen Änderungen der Vorschrift belegen. Abweichungsmöglichkeiten von einzelnen Betroffenenrechten enthielt bereits der KOM-Entwurf. Der anschließende Entwurf des EP sah erstmals einen konkreten Anforderungskatalog für Beschränkungen der Betroffenenrechte vor. Nachdem der Rat diese Grundstruktur gebilligt hatte, konnte das Modell den Trilog erfolgreich passieren und fand Niederschlag in Art. 23 Abs. 1. Hingegen ist Abs. 2 mit seinen Anforderungen an den nationalen Gesetzgebungsakt auf Betreiben von Datenschutzaktivisten und Bürgerlobbygruppen erst durch das EP eingefügt worden. Eine Beratung dieser Vorschrift im Rat fand praktisch nicht statt. Statt einer eingehenden Erörterung hat man die Bedenken des Rates im Wege eines Kompromisses durch die Einfügung des Wortes „gegebenenfalls" aufgegriffen, das im EP-Standpunkt nicht enthalten war. Dieser halbherzige Formelkompromiss ist allerdings unglücklich. **11**

1. Bisherige europäische Vorgaben

Seine allgemeinen Grundlagen findet Art. 23 in den Garantien der GRC und der EMRK in ihrer jeweiligen Auslegung durch den EuGH bzw. den EGMR. Konkret basiert Art. 23 weitgehend auf den Vorgaben des Art. 13 Abs. 1 RL 95/46/EG. Gem. Abs. 1 der Vorgängerregelung ist den Mitgliedstaaten eine Abweichung von den Pflichten und Rechten gem. Art. 6 Abs. 1, Art. 10, Art. 11 Abs. 1, Art. 12 und Art. 21 RL 95/46/EG gestattet, sofern eine solche Beschränkung notwendig ist für die Sicherheit des Staates (a), die Landesverteidigung (b), die öffentliche Sicherheit (c), die Verhütung, Ermittlung, Feststellung und Verfolgung von Straftaten oder Verstößen gegen die berufsständischen Regeln bei reglementierten Berufen (d), ein wichtiges wirtschaftliches oder finan- **12** zielles Interesse eines Mitgliedstaats oder der Europäischen Union einschließlich Währungs-, Haushalts- und Steuerangelegenheiten (e), Kontroll-, Überwachungs- und Ordnungsfunktionen, die dauernd oder zeitweise mit der Ausübung öffentlicher Gewalt für die unter lit. c, d und e genannten Zwecke verbunden sind (f) sowie den Schutz der betroffenen Person und der Rechte und Freiheiten anderer Personen (g). Deutlich sind hier die Parallelen zu Art. 23 Abs. 1. Eine Art. 23 Abs. 2 vergleichbare Regelung gibt es in Art. 13 RL 95/46/EG nicht.

13 Spezielle Einschränkungsmöglichkeiten enthält die RL 95/46/EG etwa in Art. 8 („Verarbeitung besonderer Kategorien personenbezogener Daten"), der den Mitgliedstaaten in Abs. 2, 4 und 5 bestimmte Abweichungsmöglichkeiten einräumt. Ebenso erlaubt Art. 14 RL 95/46/EG („Widerspruchsrecht der betroffenen Person") unter lit. a Hs. 2 Ausnahmen vom Widerspruchsrecht, wenn im einzelstaatlichen Recht entgegenstehende Bestimmungen existieren. Diesen Zusatz enthält der neue Art. 21 der DS-GVO („Widerspruchsrecht") nicht. In Abs. 6 der Vorschrift ist eine Ausnahme vom Widerspruchsrecht nur gestattet, „wenn die Verarbeitung zur Erfüllung einer im öffentlichen Interesse liegenden Aufgabe erforderlich ist". Ansonsten bleibt freilich ein Rückgriff auf Art. 23 möglich (s. Rn. 8). Ferner räumt Art. 18 RL 95/46/EG („Pflicht zur Meldung bei der Kontrollstelle") den Mitgliedstaaten in Abs. 2 bis 4 unter bestimmten Voraussetzungen Ausnahmen für Meldepflichten ein. Ein weiteres Beispiel ist Art. 21 RL 95/46/EG („Öffentlichkeit der Verarbeitung"), der den Mitgliedstaaten unter den Voraussetzungen des Abs. 3 UAbs. 2 Einschränkungen erlaubt.

2. Bisherige nationale Vorgaben

14 Das deutsche Datenschutzrecht gestattet Abweichungen von den Betroffenenrechten sowohl im BDSG als auch in Spezialgesetzen, die nach Maßgabe des § 1 Abs. 3 Satz 1 BDSG vorrangig gegenüber dem BDSG sind. Dabei ergibt sich die Rechtfertigung von Abweichungsmöglichkeiten allein aus entsprechenden Datenerhebungsvorschriften in Spezialgesetzen. Fraglich ist, ob die Rechtfertigung von Einschränkungen der Betroffenenrechte durch Spezialgesetze den strengen Anforderungen des Art. 23 genügt.

B. Inhalt der Regelung

I. Einschränkungsmöglichkeiten der Betroffenenrechte (Abs. 1)

15 Gem. Art. 23 Abs. 1 können die Mitgliedstaaten durch Legislativakte die durch Art. 12 bis 22 und Art. 34 sowie Art. 5 garantierten Betroffenenrechte unter Beachtung der dort genannten Vorgaben beschränken. Die umfassende Nennung der Betroffenenrechte (insb. der Grundsatznorm in Art. 5) verdeutlicht, dass die Mitgliedstaaten auch von Kerninhalten der DS-GVO durch nationale Gesetze abweichen dürfen. Wie dargestellt, handelt es sich um eine „freiwillige" Öffnungsklausel. Einschränkungen der Betroffenenrechte sind demnach möglich, aber nicht zwingend. Relevant wird die Beschränkungsmöglichkeit insb. für Benachrichtigungs-, Informations- und Auskunftspflichten (Art. 12 ff.), für Berichtigungs- und Löschungspflichten des Datenverarbeiters (Art. 16 ff.) sowie für Widerspruchsrechte der betroffenen Personen (Art. 21).

16 Mit dem umfassenden Anwendungsbereich des Art. 23 gehen strenge Rechtfertigungsvoraussetzungen einher. Zunächst sind die Anforderungen des Art. 23 Abs. 1 zu beachten: Demnach dürfen die Mitgliedstaaten Beschränkungen nur vornehmen, „sofern eine solche Beschränkung den Wesensgehalt der Grundrechte und Grundfreiheiten achtet und in einer demokratischen Gesellschaft eine notwendige und verhältnismäßige Maßnahme darstellt, die einem der unter lit. a bis j genannten Zwecke dient". Dazu zählen die nationale Sicherheit (a), die Landesverteidigung (b), die öffentliche Sicherheit (c), die Verhütung, Ermittlung, Aufdeckung oder Verfolgung von Straftaten oder die Strafvollstreckung (d), der Schutz sonstiger wichtiger Ziele des allgemeinen öffentlichen Interesses der Union oder eines Mitgliedstaats einschließlich wirtschaftlicher und sozialer Ziele (e) sowie der Schutz einer unabhängigen Justiz (f). Ferner sind die Verhütung, Aufdeckung, Ermittlung und Verfolgung von Verstößen gegen die berufsständischen Regeln reglementierter Berufe (g), die Durchsetzung der unter lit. a bis e und g genannten Zwecke (h), der Schutz der betroffenen Person oder der Rechte und Freiheiten anderer Personen (i) und die Durchsetzung zivilrechtlicher Ansprüche (j) aufgezählt.

Es ist eine europarechtliche Auslegung der einzelnen Zwecke geboten, wenngleich die Mitgliedstaaten bei der Konkretisierung einen weiten Ermessensspielraum haben. Die Begrifflichkeiten sind dem Unionsrecht nicht fremd. Häufig finden sich Parallelen oder gar identische Formulierungen im Primär- oder Sekundärrecht. Die „nationale Sicherheit" in lit. a und die „öffentliche Sicherheit" in lit. c (vgl. Art. 4 Abs. 2 EUV) sind eng verwandt.[1] Letzterer umfasst nach ständiger Rechtsprechung des EuGH „sowohl die innere als auch die äußere Sicherheit eines Mitgliedstaats".[2] Der Gerichtshof hat betont, „dass die Gefahr einer erheblichen Störung der auswärtigen Beziehungen oder des friedlichen Zusammenlebens der Völker die äußere Sicherheit eines Mitgliedstaats beeinträchtigen kann"[3]. Dagegen ist der Begriff der „nationalen" Sicherheit etwas enger zu verstehen. Es geht um das elementare Bestandsinteresse des Staates, d.h. um existenznotwendige Sicherheitsinteressen der Mitgliedstaaten.[4] **17**

Demgegenüber umfasst die „Landesverteidigung" in lit. b ausschließlich die äußere Sicherheit des Staates.[5] Der Zweck zur „Verhütung, Ermittlung, Aufdeckung oder Verfolgung von Straftaten oder die Strafvollstreckung" enthält keine begrifflichen Besonderheiten. Die Formulierung erinnert bspw. an Art. 87 AEUV, wonach die Union eine polizeiliche Zusammenarbeit der Mitgliedstaaten entwickelt. **18**

Der „Schutz sonstiger wichtiger Ziele des allgemeinen öffentlichen Interesses der Union oder eines Mitgliedstaats einschließlich wirtschaftlicher und sozialer Ziele" in lit. e ist angesichts seiner tatbestandlichen Weite großzügig auszulegen. Dabei sind reine Individualinteressen von Gruppeninteressen abzugrenzen. Der Zweck ist nur dann „öffentlich", wenn die Maßnahme zumindest auch im öffentlichen Interesse wahrgenommen wird. Hierfür genügt das Interesse eines Teils der Bevölkerung oder etwa einer einzelnen Gemeinde.[6] Zum Begriff des „öffentlichen Interesses" eingehend Art. 6 Rn. 114 ff. und Rn. 164 ff. sowie Art. 18 Rn. 98 ff. **19**

Der „Schutz einer unabhängigen Justiz" in lit. f wirft ebenso wie die „Verhütung, Aufdeckung, Ermittlung und Verfolgung von Verstößen gegen die berufsständischen Regeln reglementierter Berufe" in lit. g und die „Durchsetzung der unter lit. a bis e und g genannten Zwecke" in lit. h sowie die „Durchsetzung zivilrechtlicher Ansprüche" in lit. j keine begrifflichen Fragen auf. **20**

Dagegen bedarf der „Schutz der betroffenen Person oder der Rechte und Freiheiten anderer Personen" in lit. i einer näheren Erörterung. Diese Ausnahme ist angelehnt an Art. 13 RL 95/46/EG. Ein klassischer Fall für den „Schutz der betroffenen Person" ist etwa die Verarbeitung von Daten über schwere Krankheiten. Hier kann eine Datenübermittlung durch den zuständigen Arzt vorgeschrieben sein. Entsprechendes gilt bei einer Verarbeitung von Daten über die Gesundheit sowie politische und weltanschauliche Überzeugungen durch Menschenrechtsorganisationen. Zu den „Rechten und Freiheiten anderer" gehören z.B. die Betriebsgeheimnisse anderer oder der Schutz der Menschenrechte.[7] Ferner sind mit den „Rechte und Freiheiten anderer Personen" auch die Rechte und Freiheiten des Verantwortlichen gemeint. Begründen lässt sich dies mit einem Verweis auf Art. 13 Abs. 1 lit. g RL 95/46/EG, der eine ähnliche Formulierung enthält und vom nationalen Gesetzgeber für Einschränkungen zugunsten des Verantwortlichen genutzt wurde. Wären **21**

---

1 von der Groeben/Schwarze/Hatje, *Obwexer*, Art. 4 EUV Rn. 43.
2 EuGH, Urt. v. 26.10.1999, Rs. C-273/97 (Sirdar), Slg. 1999, I-7403, Rn. 17; EuGH, Urt. v. 11.1.2000, Rs. C-285/98 (Kreil), Slg. 2000, I-69, Rn. 17; EuGH, Urt. v. 13.7.2000, Rs. C-423/98 (Albore), Slg. 2000, I-5965, Rn. 18.
3 EuGH, Urt. v. 17.10.1995, Rs. C-70/94 (Werner), Slg. 1995, I-3189, Rn. 27; vgl. EuGH, Urt. v. 25.10.2001, Rs. C-398/98 (Kommission/Griechenland), Slg. 2001, I-7915, Rn. 29.
4 von der Groeben/Schwarze/Hatje, *Obwexer*, Art. 4 EUV Rn. 45.
5 Grabitz/Hilf, *Brühann*, Art. 13 RL 95/46/EG Rn. 9.
6 Calliess/Ruffert, *Jung*, Art. 106 AEUV Rn. 38 f.
7 Vgl. Grabitz/Hilf, *Brühann*, Art. 13 RL 95/46/EG Rn. 14.

Einschränkungen zu Gunsten der Rechte und Freiheiten des Verantwortlichen nicht möglich, wäre die DS-GVO – auch hinsichtlich solcher Betroffenenrechte, die keine Ausnahme zugunsten des Verantwortlichen und keine Verhältnismäßigkeitsprüfung vorsehen (z.B. Art. 13 und 15) – europarechtswidrig. Dann nämlich könnten noch nicht einmal mehr auf mitgliedstaatlicher Ebene Regelungen erlassen werden, die die einseitig zu Lasten des Verantwortlichen gehenden Betroffenenrechte durch Ausnahmetatbestände verhältnismäßig beschränken. Auch viele Normen des BDSG-neu lassen sich nur dann auf Art. 23 Abs. 1 lit. i stützen, wenn auch die „Rechte und Freiheiten" des Verantwortlichen erfasst sind. Zur Auslegung des Begriffs „Rechte und Freiheiten anderer Personen" siehe auch Art. 18 Rn. 96.

22 Die unionsrechtlich vorgeprägten Begrifflichkeiten enthalten demnach keine Überraschungen. Vielmehr handelt es sich hier weitgehend um einen klassischen „Ordre public"-Vorbehalt, der im Völker- und Europarecht üblicherweise zur Berücksichtigung mitgliedstaatlicher Interessen bemüht wird. Indes ist ein solcher Vorbehalt im Rahmen des Art. 23 ungeeignet, da Art und Inhalt der möglichen Abweichungen nicht näher spezifiziert sind. Unklar bleibt insoweit, welche konkreten Beschränkungen dem mitgliedstaatlichen Gesetzgeber gestattet sind. Anhaltspunkte lassen sich allenfalls den in Art. 1 lit. a bis h und j genannten Zwecken mit ihrem Bezug zum öffentlichen Interesse entnehmen. Auch hieraus ergibt sich allerdings keine konkrete Hilfestellung zur näheren Eingrenzung möglicher Modifikationen der Betroffenenrechte.

23 Weniger Schwierigkeiten bereitet dagegen die Verhältnismäßigkeitsprüfung, wonach die Beschränkung der Betroffenenrechte in „einer demokratischen Gesellschaft eine notwendige und verhältnismäßige Maßnahme" darstellen muss. Dabei handelt es sich um den allgemeinen Verhältnismäßigkeitsmaßstab. Um diesen Anforderungen zu entsprechen, sollte der nationale Gesetzgeber beim jeweiligen Gesetz den Zusatz aufnehmen, dass eine Einschränkung nur aufgrund der in Art. 23 Abs. 1 genannten Zwecke und unter Beachtung des Verhältnismäßigkeitsgrundsatzes gestattet ist. Wiederholungen des Wortlauts der DS-GVO im nationalen Recht sind ausnahmsweise zulässig, wenn sie Kohärenz und Verständlichkeit sichern sollen, vgl. EG 8 (s. bereits Art. 1 Rn. 18). Dies wird man bei den Betroffenenrechten generell annehmen müssen.

II. Anforderungen an die gesetzliche Ausgestaltung (Abs. 2)

24 Ebenso konturenlos wie der Anwendungsbereich des Art. 23 ist auch Abs. 2 der Vorschrift, der zudem systematisch und sprachlich missglückt ist (vgl. Rn. 2). Schon aus der Einleitung des Art. 23 Abs. 2 wird nicht klar, ob die Norm beispielhaften und unverbindlichen Charakter hat – hierfür sprechen die Worte „insbesondere" und „gegebenenfalls" – oder abschließend und verbindlich ist – hierfür wiederum sprechen die Worte „spezifisch(e)" und „zumindest". Fraglich ist insb., was mit „spezifischen Vorschriften" gemeint ist. Es ist vor allem zu klären, ob der nationale Gesetzgeber Beschränkungen (ausschließlich) in einer allgemeinen Norm (wie Art. 23) regeln darf oder Einschränkungsmöglichkeiten bereichsspezifisch regeln muss. Unklar ist ferner, wie weit der Anwendungsbereich für die Voraussetzungen in Abs. 2 lit. a bis h im Einzelnen reicht. Trotz dieser regelungstechnischen Unzulänglichkeiten dürften Einschränkungsmöglichkeiten aber insgesamt in geringerem Umfang zulässig sein als nach alter Rechtslage gem. Art. 13 RL 95/46/EG. Ob dieser restriktive Ansatz einen Gewinn für den nationalen Datenschutz darstellt, ist fraglich (s. Rn. 26 ff.).

25 Rein formal nennt Abs. 2 Vorgaben für einen einschränkenden nationalen Legislativakt, die sich jedoch nicht am Sinn und Zweck der Einschränkung sowie deren Verhältnismäßigkeit, sondern am einzuschränkenden Datenverarbeitungsvorgang orientieren. Dies wiederum ist im Hinblick auf die Verhältnismäßigkeit nur bedingt sinnvoll und widerspricht im Übrigen der Systematik der verordnungsimmanenten Ausnahmen (vgl. Art. 14 Abs. 5). Wenn die nationalen Gesetzgeber tatsächlich nur deshalb eine Vielzahl von bereichsspezifischen Ausnahmen für unterschiedlichste Verarbeitungsvorgänge und -situationen regeln müssten, um dem „Zitiergebot" in Art. 23 Abs. 2 gerecht zu werden, liefe das Harmonisierungsziel der DS-GVO leer. In der Gesamtschau sprechen deshalb die überzeugenderen Gründe dafür, das im Trilog eingefügte „gegebenenfalls" zu betonen. So kommt das in Abs. 2 geregelte Zitiergebot nur dann zum Tragen, wenn der nationale Gesetzgeber selbst der Auffassung ist, die jeweiligen Ausnahmen bereichsspezifisch regeln zu müssen. Eine allgemeine (subsidiäre) Ausnahmevorschrift wie z.B. in § 19 Abs. 4 BDSG ist damit nicht ausgeschlossen. Demgegenüber greifen die Anforderungen des Abs. 2 dann, wenn der nationale Gesetzgeber Einschränkungen zu bestimmten Verarbeitungsvorgängen bzw. -situationen regeln will. Im Einzelnen geht es um folgende Anforderungen: die Zwecke der Verarbeitung oder die Verarbeitungskategorien (lit. a), die Kategorien personenbezogener Daten (lit. b), den Umfang der vorgenommenen Beschränkungen (lit. c), die Garantien gegen Missbrauch oder unrechtmäßigen Zugang oder unrechtmäßige Übermittlung (lit. d), die Angaben zu dem Verantwortlichen oder den Kategorien von Verantwortlichen (lit. e), die jeweiligen Speicherfristen sowie die geltenden Garantien unter Berücksichtigung von Art, Umfang und Zwecken der Verarbeitung oder der Verarbeitungskategorien (lit. f), die Risiken für die Rechte und Freiheiten der betroffenen Personen (lit. g) und das Recht der betroffenen Personen auf Unterrichtung über die Beschränkung, sofern dies nicht dem Zweck der Beschränkung abträglich ist (lit. h).

Zum in Abs. 2 lit. a und lit. f verwendeten Begriff der „Zwecke der Verarbeitung" vgl. eingehend Art. 24 Rn. 103 ff.

Zum in Abs. 2 lit. f verwendeten Begriff „Art der Verarbeitung" vgl. eingehend Art. 24 Rn. 81 ff.

Zum in Abs. 2 lit. f verwendeten Begriff „Umfang der Verarbeitung" vgl. eingehend Art. 24 Rn. 87 ff.

Abs. 2 lit. g ist insofern bemerkenswert, als dadurch der risikobasierte Ansatz auch im mitgliedstaatlichen Recht und auch bei den Betroffenenrechten Einzug hält (eingehend zum risikobasierten Ansatz Art. 24 Rn. 78 ff.).

Beispiele dafür, welche „spezifischen Vorschriften" im Sinne von Abs. 2 der nationale Gesetzgeber ergreifen kann, gibt § 22 Abs. 2 BDSG-neu.

C. Weitere Auswirkungen der Verordnung in der Praxis

Bei der Umsetzung wirft vor allem das Verhältnis von Art. 23 zum nationalen Recht Fragen auf. 26
Hier gilt das bereits zu den Öffnungsklauseln im Allgemeinen Ausgeführte entsprechend. Die DS-GVO erhebt jedenfalls im öffentlichen Bereich nicht den Anspruch, das nationale Datenschutzrecht umfassend zu harmonisieren. Gleiches gilt aber offenkundig auch für den privaten Bereich, sofern die DS-GVO bewusst Regelungslücken lässt, wie etwa beim Auskunftsrecht. Zu klären ist dann aber die drängende Frage nach dem Grundrechtsschutz. Sollten im Anwendungsbereich der Öffnungsklauseln nationale Grundrechte durch die GRC verdrängt werden, liefe der nationale Grundrechtsschutz – was bedenklich ist – weitgehend leer (s. dazu bereits Art. 1 Rn. 13).

Es fragt sich, ob die bisherige Regelungssystematik des nationalen Datenschutzes durch das 27
BDSG und die bereichsspezifischen Vorschriften (s. bereits Rn. 25) den Vorgaben des Art. 23, insbesondere dem Erfordernis einer „spezifischen Vorschrift", entspricht. Der nationale Gesetzgeber verfügt grundsätzlich über einen gesetzestechnischen Umsetzungsspielraum. Zum einen bestünde also die Möglichkeit, eine allgemeine Abweichungsnorm zu erlassen. Zum anderen wäre es denkbar, die Abweichungsmöglichkeiten bereichsspezifisch, d.h. im jeweiligen Regelungsbereich aufzunehmen. Angesichts der Komplexität der zu regelnden Bereiche ist allerdings eine großzügige Lesart vorzuziehen, wonach die „Spezifizität" eher als Bestimmtheit der Norm zu verstehen ist. Für diese Ansicht spricht auch der regelungstechnische Umsetzungsspielraum. Eine allgemeine Norm wäre also mit Art. 23 vereinbar, wenn der jeweilige Regelungsgegenstand nicht ausnahmsweise eine bereichsspezifische Regelung verlangt und dies vor dem Hintergrund des allgemeinen Harmonisierungsgedankens hinnehmbar ist.

Unproblematisch dürften der Umfang der Beschränkung (c) und das Recht des Betroffenen, über 28
die Einschränkungen unterrichtet zu werden (h), einer pauschalen Regelung zugänglich sein. Vor diesem Hintergrund ist eine Regelung wie § 20 Abs. 5 Satz 2 BDSG nicht zu beanstanden. Dage-

gen wäre eine pauschale Regelung wegen der Komplexität des Regelungsgegenstandes nicht praktikabel für die gesetzliche Normierung der Verarbeitungszwecke (a), die Kategorien personenbezogener Daten (b), die Kategorien der Verarbeiter (e) und die Speicherfristen (f). Hier gilt das oben Gesagte, wonach Abs. 2 einschränkend auszulegen ist (vgl. Rn. 27). Entscheidet sich der Gesetzgeber demgegenüber für eine bereichsspezifische Regelung, sollte er den Anwendungsbereich der Vorschrift definieren, indem er beschreibt, wer welchen Verarbeitungszweck verfolgt und welche Daten verarbeitet werden sollen. Hinsichtlich der Risiken für die Rechte und Freiheiten der betroffenen Person (Abs. 2 lit. g) bleibt hingegen unklar, was Gegenstand der Regelung ist. Bei lebensnaher Auslegung dürfte es hier um die angemessene Berücksichtigung der Risiken bzw. negativen Folgen gehen, die notfalls durch entsprechende Maßnahmen zu kompensieren sind. Auch hier ist wegen der Komplexität der zu regelnden Fälle eine spezifische Norm ratsam.

29 Die hier vorgeschlagene Trennung zwischen allgemeinen und speziellen Einschränkungsmöglichkeiten bewegt sich im Rahmen des nationalen Gestaltungsspielraums und dürfte demnach als „spezifische Vorschrift" im Sinne des Art. 23 Abs. 2 gelten. Zulässig ist also eine Aufteilung des Datenschutzes in einen allgemeinen und einen besonderen Teil.

30 Der deutsche Gesetzgeber hat von der Möglichkeit, die Betroffenenrechte aufgrund von Art. 23 einzuschränken, im BDSG-neu Gebrauch gemacht. Die Kommentierung der Einschränkungen des BDSG-neu erfolgt bei den jeweils zugehörigen Tatbeständen der Art. 13 bis 22 und 34. Die Einschränkungen sind den Öffnungsklauseln des Abs. 1 wie folgt zuzuordnen:

a) die nationale Sicherheit:

§ 32 Abs. 1 Nr. 2 BDSG-neu > Art. 13 und 14 Rn. 182 f.

§ 33 Abs. 1 Nr. 1 lit. a BDSG-neu > Art. 13 und 14 Rn. 185 f.

§ 33 Abs. 3 BDSG-neu > Art. 13 und 14 Rn. 185 f.

§ 34 Abs. 1 Nr. 1 BDSG-neu > Art. 15 Rn. 226 ff.

b) die Landesverteidigung:

§ 32 Abs. 1 Nr. 2 BDSG-neu > Art. 13 und 14 Rn. 182 f.

§ 33 Abs. 1 Nr. 1 lit. a BDSG-neu > Art. 13 und 14 Rn. 185 f.

§ 34 Abs. 1 Nr. 1 BDSG-neu > Art. 15 Rn. 226 ff.

c) die öffentliche Sicherheit:

§ 32 Abs. 1 Nr. 2 BDSG-neu > Art. 13 und 14 Rn. 182 f.

§ 33 Abs. 1 Nr. 1 lit. a BDSG-neu > Art. 13 und 14 Rn. 185 f.

§ 34 Abs. 1 Nr. 1 BDSG-neu > Art. 15 Rn. 226 ff.

d) die Verhütung, Ermittlung, Aufdeckung oder Verfolgung von Straftaten oder die Strafvollstreckung, einschließlich des Schutzes vor und der Abwehr von Gefahren für die öffentliche Sicherheit:

§ 32 Abs. 1 Nr. 2 BDSG-neu > Art. 13 und 14 Rn. 182 f.

§ 33 Abs. 1 Nr. 1 lit. a BDSG-neu > Art. 13 und 14 Rn. 185 f.

§ 33 Abs. 1 Nr. 2 lit. a BDSG-neu > Art. 13 und 14 Rn. 185 f.

§ 34 Abs. 1 Nr. 1 BDSG-neu > Art. 15 Rn. 226 ff.

e) den Schutz sonstiger wichtiger Ziele des allgemeinen öffentlichen Interesses der Union oder eines Mitgliedstaats, insbesondere eines wichtigen wirtschaftlichen oder finanziellen Interesses der Union oder eines Mitgliedstaats, etwa im Währungs-, Haushalts- und Steuerbereich sowie im Bereich der öffentlichen Gesundheit und der sozialen Sicherheit:

§ 29 Abs. 1 S. 3 BDSG-neu > Art. 34 Rn. 45

§ 32 Abs. 1 Nr. 2 BDSG-neu > Art. 13 und 14 Rn. 182 f.

§ 32 Abs. 1 Nr. 3 BDSG-neu > Art. 13 und 14 Rn. 182 f.

§ 32 Abs. 1 Nr. 5 BDSG-neu > Art. 13 und 14 Rn. 182 f.

§ 33 Abs. 1 Nr. 1 lit. a BDSG-neu > Art. 13 und 14 Rn. 185 f.

§ 33 Abs. 1 Nr. 1 lit. b BDSG-neu > Art. 13 und 14 Rn. 185 f.

§ 33 Abs. 1 Nr. 2 lit. b BDSG-neu > Art. 13 und 14 Rn. 185 f.

§ 34 Abs. 1 Nr. 1 BDSG-neu > Art. 15 Rn. 226 ff.

§ 34 Abs. 1 Nr. 2 lit. a BDSG-neu > Art. 15 Rn. 226 ff.

§ 36 BDSG-neu > Art. 21 Rn. 104 und 107.

f) den Schutz der Unabhängigkeit der Justiz und den Schutz von Gerichtsverfahren;

g) die Verhütung, Aufdeckung, Ermittlung und Verfolgung von Verstößen gegen die berufsständischen Regeln reglementierter Berufe;

h) Kontroll-, Überwachungs- und Ordnungsfunktionen, die dauernd oder zeitweise mit der Ausübung öffentlicher Gewalt für die unter den Buchstaben a bis e und g genannten Zwecke verbunden sind:

§ 34 Abs. 1 Nr. 2 lit. b BDSG-neu > Art. 15 Rn. 226 ff.

i) den Schutz der betroffenen Person oder der Rechte und Freiheiten anderer Personen:

§ 29 Abs. 1 S. 1 BDSG-neu > Art. 13 und 14 Rn. 181.

§ 29 Abs. 1 S. 2 BDSG-neu > Art. 15 Rn. 225.

§ 29 Abs. 1 S. 3 BDSG-neu > Art. 34 Rn. 45

§ 29 Abs. 2 BDSG-neu > Art. 13 und 14 Rn. 181.

§ 32 Abs. 1 Nr. 1 BDSG-neu > Art. 13 und 14 Rn. 182 f.

§ 32 Abs. 1 Nr. 4 BDSG-neu > Art. 13 und 14 Rn. 182 f.

§ 35 BDSG-neu > Art. 17 Rn. 173 ff.

§ 35 BDSG-neu > Art. 18 Rn. 109 ff.

§ 37 Abs. 1 BDSG-neu > Art. 22 Rn. 124.

j) die Durchsetzung zivilrechtlicher Ansprüche:

§ 32 Abs. 1 Nr. 4 BDSG-neu > Art. 13 und 14 Rn. 182 f.

§ 33 Abs. 1 Nr. 2 lit. a BDSG-neu > Art. 13 und 14 Rn. 185 f.

Kapitel IV Verantwortlicher und Auftragsverarbeiter

Chapter IV Controller and processor

Article 24

Responsibility of the controller

1. [1]Taking into account the nature, scope, context and purposes of processing as well as the risks of varying likelihood and severity for the rights and freedoms of natural persons, the controller shall implement appropriate technical and organisational measures to ensure and to be able to demonstrate that processing is performed in accordance with this Regulation. [2]Those measures shall be reviewed and updated where necessary.
2. Where proportionate in relation to processing activities, the measures referred to in paragraph 1 shall include the implementation of appropriate data protection policies by the controller.
3. Adherence to approved codes of conduct as referred to in Article 40 or approved certification mechanisms as referred to in Article 42 may be used as an element by which to demonstrate compliance with the obligations of the controller.

Artikel 24

Verantwortung des für die Verarbeitung Verantwortlichen

(1) [1]Der Verantwortliche setzt unter Berücksichtigung der Art, des Umfangs, der Umstände und der Zwecke der Verarbeitung sowie der unterschiedlichen Eintrittswahrscheinlichkeit und Schwere der Risiken für die Rechte und Freiheiten natürlicher Personen geeignete technische und organisatorische Maßnahmen um, um sicherzustellen und den Nachweis dafür erbringen zu können, dass die Verarbeitung gemäß dieser Verordnung erfolgt. [2]Diese Maßnahmen werden erforderlichenfalls überprüft und aktualisiert.

(2) Sofern dies in einem angemessenen Verhältnis zu den Verarbeitungstätigkeiten steht, müssen die Maßnahmen gemäß Absatz 1 die Anwendung geeigneter Datenschutzvorkehrungen durch den Verantwortlichen umfassen.

(3) Die Einhaltung der genehmigten Verhaltensregeln gemäß Artikel 40 oder eines genehmigten Zertifizierungsverfahrens gemäß Artikel 42 kann als Gesichtspunkt herangezogen werden, um die Erfüllung der Pflichten des Verantwortlichen nachzuweisen.

Article 5

Principles relating to processing of personal data

[…]

2. The controller shall be responsible for, and be able to demonstrate compliance with, paragraph 1 ('accountability').

Artikel 5

Grundsätze für die Verarbeitung personenbezogener Daten

[…]

(2) Der Verantwortliche ist für die Einhaltung des AbS.es 1 verantwortlich und muss dessen Einhaltung nachweisen können („Rechenschaftspflicht").

Recitals

(74) [1]The responsibility and liability of the controller for any processing of personal data carried out by the controller or on the controller's

Erwägungsgründe

(74) [1]Die Verantwortung und Haftung des Verantwortlichen für jedwede Verarbeitung personenbezogener Daten, die durch ihn oder in sei-

behalf should be established. [2]In particular, the controller should be obliged to implement appropriate and effective measures and be able to demonstrate the compliance of processing activities with this Regulation, including the effectiveness of the measures. [3]Those measures should take into account the nature, scope, context and purposes of the processing and the risk to the rights and freedoms of natural persons.

(75) The risk to the rights and freedoms of natural persons, of varying likelihood and severity, may result from personal data processing which could lead to physical, material or non-material damage, in particular: where the processing may give rise to

discrimination,

identity theft or fraud,

financial loss,

damage to the reputation,
loss of confidentiality of personal data protected by professional secrecy,

unauthorised reversal of pseudonymisation,

or any other significant economic or social disadvantage;

where data subjects might be deprived of their rights and freedoms

or prevented from exercising control over their personal data;

where personal data are processed which reveal racial or ethnic origin, political opinions, religion or philosophical beliefs, trade union membership, and the processing of genetic data, data concerning health or data concerning sex life or criminal convictions and offences or related security measures;

where personal aspects are evaluated, in particular analysing or predicting aspects concerning performance at work, economic situation,

nem Namen erfolgt, sollte geregelt werden. [2]Insbesondere sollte der Verantwortliche geeignete und wirksame Maßnahmen treffen müssen und nachweisen können, dass die Verarbeitungstätigkeiten im Einklang mit dieser Verordnung stehen und die Maßnahmen auch wirksam sind. [3]Dabei sollte er die Art, den Umfang, die Umstände und die Zwecke der Verarbeitung und das Risiko für die Rechte und Freiheiten natürlicher Personen berücksichtigen.

(75) Die Risiken für die Rechte und Freiheiten natürlicher Personen – mit unterschiedlicher Eintrittswahrscheinlichkeit und Schwere – können aus einer Verarbeitung personenbezogener Daten hervorgehen, die zu einem physischen, materiellen oder immateriellen Schaden führen könnte, insbesondere wenn die Verarbeitung zu

einer Diskriminierung,

einem Identitätsdiebstahl oder -betrug,

einem finanziellen Verlust,

einer Rufschädigung,
einem Verlust der Vertraulichkeit von dem Berufsgeheimnis unterliegenden personenbezogenen Daten,

der unbefugten Aufhebung der Pseudonymisierung

oder anderen erheblichen wirtschaftlichen oder gesellschaftlichen Nachteilen führen kann,

wenn die betroffenen Personen um ihre Rechte und Freiheiten gebracht

oder daran gehindert werden, die sie betreffenden personenbezogenen Daten zu kontrollieren,

wenn personenbezogene Daten, aus denen die rassische oder ethnische Herkunft, politische Meinungen, religiöse oder weltanschauliche Überzeugungen oder die Zugehörigkeit zu einer Gewerkschaft hervorgehen, und genetische Daten, Gesundheitsdaten oder das Sexualleben oder strafrechtliche Verurteilungen und Straftaten oder damit zusammenhängende Sicherungsmaßregeln betreffende Daten verarbeitet werden,

wenn persönliche Aspekte bewertet werden, insbesondere wenn Aspekte, die die Arbeitsleistung, wirtschaftliche Lage, Gesundheit, per-

health, personal preferences or interests, reliability or behaviour, location or movements, in order to create or use personal profiles;

sönliche Vorlieben oder Interessen, die Zuverlässigkeit oder das Verhalten, den Aufenthaltsort oder Ortswechsel betreffen, analysiert oder prognostiziert werden, um persönliche Profile zu erstellen oder zu nutzen,

where personal data of vulnerable natural persons, in particular of children, are processed;

wenn personenbezogene Daten schutzbedürftiger natürlicher Personen, insbesondere Daten von Kindern, verarbeitet werden

or where processing involves a large amount of personal data and affects a large number of data subjects.

oder wenn die Verarbeitung eine große Menge personenbezogener Daten und eine große Anzahl von betroffenen Personen betrifft.

(76) [1]The likelihood and severity of the risk to the rights and freedoms of the data subject should be determined by reference to the nature, scope, context and purposes of the processing. [2]Risk should be evaluated on the basis of an objective assessment, by which it is established whether data processing operations involve a risk or a high risk.

(76) [1]Eintrittswahrscheinlichkeit und Schwere des Risikos für die Rechte und Freiheiten der betroffenen Person sollten in Bezug auf die Art, den Umfang, die Umstände und die Zwecke der Verarbeitung bestimmt werden. [2]Das Risiko sollte anhand einer objektiven Bewertung beurteilt werden, bei der festgestellt wird, ob die Datenverarbeitung ein Risiko oder ein hohes Risiko birgt.

(77) [1]Guidance on the implementation of appropriate measures and on the demonstration of compliance by the controller or the processor, especially as regards the identification of the risk related to the processing, their assessment in terms of origin, nature, likelihood and severity, and the identification of best practices to mitigate the risk, could be provided in particular by means of approved codes of conduct, approved certifications, guidelines provided by the Board or indications provided by a data protection officer. [2]The Board may also issue guidelines on processing operations that are considered to be unlikely to result in a high risk to the rights and freedoms of natural persons and indicate what measures may be sufficient in such cases to address such risk.

(77) [1]Anleitungen, wie der Verantwortliche oder Auftragsverarbeiter geeignete Maßnahmen durchzuführen hat und wie die Einhaltung der Anforderungen nachzuweisen ist, insbesondere was die Ermittlung des mit der Verarbeitung verbundenen Risikos, dessen Abschätzung in Bezug auf Ursache, Art, Eintrittswahrscheinlichkeit und Schwere und die Festlegung bewährter Verfahren für dessen Eindämmung betrifft, könnten insbesondere in Form von genehmigten Verhaltensregeln, genehmigten Zertifizierungsverfahren, Leitlinien des Ausschusses oder Hinweisen eines Datenschutzbeauftragten gegeben werden. [2]Der Ausschuss kann ferner Leitlinien für Verarbeitungsvorgänge ausgeben, bei denen davon auszugehen ist, dass sie kein hohes Risiko für die Rechte und Freiheiten natürlicher Personen mit sich bringen, und angeben, welche Abhilfemaßnahmen in diesen Fällen ausreichend sein können.

(89) [1]Directive 95/46/EC provided for a general obligation to notify the processing of personal data to the supervisory authorities. [2]While that obligation produces administrative and financial burdens, it did not in all cases contribute to improving the protection of personal data. [3]Such indiscriminate general notification obligations should therefore be abolished, and replaced by effective procedures and mecha-

(89) [1]Gemäß der Richtlinie 95/46/EG waren Verarbeitungen personenbezogener Daten bei den Aufsichtsbehörden generell meldepflichtig. [2]Diese Meldepflicht ist mit einem bürokratischen und finanziellen Aufwand verbunden und hat dennoch nicht in allen Fällen zu einem besseren Schutz personenbezogener Daten geführt. [3]Diese unterschiedslosen allgemeinen Meldepflichten sollten daher abgeschafft und

nisms which focus instead on those types of processing operations which are likely to result in a high risk to the rights and freedoms of natural persons by virtue of their nature, scope, context and purposes. [4]Such types of processing operations may be those which in, particular, involve using new technologies, or are of a new kind and where no data protection impact assessment has been carried out before by the controller, or where they become necessary in the light of the time that has elapsed since the initial processing.

durch wirksame Verfahren und Mechanismen ersetzt werden, die sich stattdessen vorrangig mit denjenigen Arten von Verarbeitungsvorgängen befassen, die aufgrund ihrer Art, ihres Umfangs, ihrer Umstände und ihrer Zwecke wahrscheinlich ein hohes Risiko für die Rechte und Freiheiten natürlicher Personen mit sich bringen. [4]Zu solchen Arten von Verarbeitungs vorgängen gehören insbesondere solche, bei denen neue Technologien eingesetzt werden oder die neuartig sind und bei denen der Verantwortliche noch keine Datenschutz-Folgenabschätzung durchgeführt hat bzw. bei denen aufgrund der seit der ursprünglichen Verarbeitung vergangenen Zeit eine Datenschutz-Folgenabschätzung notwendig geworden ist.

(91) [1]This should in particular apply to large-scale processing operations which aim to process a considerable amount of personal data at regional, national or supranational level and which could affect a large number of data subjects and which are likely to result in a high risk, for example, on account of their sensitivity, where in accordance with the achieved state of technological knowledge a new technology is used on a large scale as well as to other processing operations which result in a high risk to the rights and freedoms of data subjects, in particular where those operations render it more difficult for data subjects to exercise their rights. [2]A data protection impact assessment should also be made where personal data are processed for taking decisions regarding specific natural persons following any systematic and extensive evaluation of personal aspects relating to natural persons based on profiling those data or following the processing of special categories of personal data, biometric data, or data on criminal convictions and offences or related security measures. [3]A data protection impact assessment is equally required for monitoring publicly accessible areas on a large scale, especially when using optic-electronic devices or for any other operations where the competent supervisory authority considers that the processing is likely to result in a high risk to the rights and freedoms of data subjects, in particular because they prevent data subjects from exercising a right or using a service or a contract, or because they are carried out systematically on a large scale. [4]The processing of personal data should not be considered to be on a

(91) [1]Dies sollte insbesondere für umfangreiche Verarbeitungsvorgänge gelten, die dazu dienen, große Mengen personenbezogener Daten auf regionaler, nationaler oder supranationaler Ebene zu verarbeiten, eine große Zahl von Personen betreffen könnten und – beispielsweise aufgrund ihrer Sensibilität – wahrscheinlich ein hohes Risiko mit sich bringen und bei denen entsprechend dem jeweils aktuellen Stand der Technik in großem Umfang eine neue Technologie eingesetzt wird, sowie für andere Verarbeitungsvorgänge, die ein hohes Risiko für die Rechte und Freiheiten der betroffenen Personen mit sich bringen, insbesondere dann, wenn diese Verarbeitungs vorgänge den betroffenen Personen die Ausübung ihrer Rechte erschweren. [2]Eine Datenschutz-Folgenabschätzung sollte auch durchgeführt werden, wenn die personenbezogenen Daten für das Treffen von Entscheidungen in Bezug auf bestimmte natürliche Personen im Anschluss an eine systematische und eingehende Bewertung persönlicher Aspekte natürlicher Personen auf der Grundlage eines Profilings dieser Daten oder im Anschluss an die Verarbeitung besonderer Kategorien von personenbezogenen Daten, biometrischen Daten oder von Daten über strafrechtliche Verurteilungen und Straftaten sowie damit zusammenhängende Sicherungsmaßregeln verarbeitet werden. [3]Gleichermaßen erforderlich ist eine Datenschutz-Folgenabschätzung für die weiträumige Überwachung öffentlich zugänglicher Bereiche, insbesondere mittels optoelektronischer Vorrichtungen, oder für alle anderen Vorgänge, bei denen nach Auffassung der zuständigen

large scale if the processing concerns personal data from patients or clients by an individual physician, other health care professional or lawyer. In such cases, a data protection impact assessment should not be mandatory.

Aufsichtsbehörde die Verarbeitung wahrscheinlich ein hohes Risiko für die Rechte und Freiheiten der betroffenen Personen mit sich bringt, insbesondere weil sie die betroffenen Personen an der Ausübung eines Rechts oder der Nutzung einer Dienstleistung bzw. Durchführung eines Vertrags hindern oder weil sie systematisch in großem Umfang erfolgen. [4]Die Verarbeitung personenbezogener Daten sollte nicht als umfangreich gelten, wenn die Verarbeitung personen bezogene Daten von Patienten oder von Mandanten betrifft und durch einen einzelnen Arzt, sonstigen Angehörigen eines Gesundheitsberufes oder Rechtsanwalt erfolgt. In diesen Fällen sollte eine Datenschutz-Folgenabschätzung nicht zwingend vorgeschrieben sein.

(94) [1]Where a data protection impact assessment indicates that the processing would, in the absence of safeguards, security measures and mechanisms to mitigate the risk, result in a high risk to the rights and freedoms of natural persons and the controller is of the opinion that the risk cannot be mitigated by reasonable means in terms of available technologies and costs of implementation, the supervisory authority should be consulted prior to the start of processing activities. [2]Such high risk is likely to result from certain types of processing and the extent and frequency of processing, which may result also in a realisation of damage or interference with the rights and freedoms of the natural person. [3]The supervisory authority should respond to the request for consultation within a specified period. [4]However, the absence of a reaction of the supervisory authority within that period should be without prejudice to any intervention of the supervisory authority in accordance with its tasks and powers laid down in this Regulation, including the power to prohibit processing operations. [5]As part of that consultation process, the outcome of a data protection impact assessment carried out with regard to the processing at issue may be submitted to the supervisory authority, in particular the measures envisaged to mitigate the risk to the rights and freedoms of natural persons.

(94) [1]Geht aus einer Datenschutz-Folgenabschätzung hervor, dass die Verarbeitung bei Fehlen von Garantien, Sicherheitsvorkehrungen und Mechanismen zur Minderung des Risikos ein hohes Risiko für die Rechte und Freiheiten natürlicher Personen mit sich bringen würde, und ist der Verantwortliche der Auffassung, dass das Risiko nicht durch in Bezug auf verfügbare Technologien und Implementierungskosten vertretbare Mittel eingedämmt werden kann, so sollte die Aufsichtsbehörde vor Beginn der Verarbeitungstätigkeiten konsultiert werden. [2]Ein solches hohes Risiko ist wahrscheinlich mit bestimmten Arten der Verarbeitung und dem Umfang und der Häufigkeit der Verarbeitung verbunden, die für natürliche Personen auch eine Schädigung oder eine Beeinträchtigung der persönlichen Rechte und Freiheiten mit sich bringen können. [3]Die Aufsichtsbehörde sollte das Beratungsersuchen innerhalb einer bestimmten Frist beantworten. [4]Allerdings kann sie, auch wenn sie nicht innerhalb dieser Frist reagiert hat, entsprechend ihren in dieser Verordnung festgelegten Aufgaben und Befugnissen eingreifen, was die Befugnis einschließt, Verarbeitungsvorgänge zu untersagen. [5]Im Rahmen dieses Konsultationsprozesses kann das Ergebnis einer im Hinblick auf die betreffende Verarbeitung personenbezogener Daten durchgeführten Datenschutz-Folgenabschätzung der Aufsichtsbehörde unterbreitet werden; dies gilt insbesondere für die zur Eindämmung des Risikos für die Rechte und Freiheiten natürlicher Personen geplanten Maßnahmen.

Literatur

Albrecht/Jotzo, Das neue Datenschutzrecht der EU, 1. Auflage 2017, Nomos Baden-Baden; *Böhning*, Datenschutz – Die Debatte muss geführt wer- den, in: ZD 2013, 421; *Bitkom*, Risk Assessment und Datenfolgenabschätzung – Leitfaden, 2017; *Centre for Information Policy Leadership*, A Risk-based Approach to Privacy: Improving Effectiveness in Practice (19 June 2014); *Centre for Information Policy Leadership*, The Role of Enhanced Accountability in Creating a Sustainable Data-driven Economy and Information Society, Discussion Draft (21 October 2015); *Centre for Information Policy Leadership*, Protecting Privacy in a World of Big Data – Paper 2: The Role of Risk Management, Discussion Draft (16 February 2016); *Centre for Information Policy Leadership*, Comments by the Centre for Information Policy Leadership on the Article 29 Data Protection Working Party's "Guidelines on Data Protection Impact Assessment (DPIA) and determining whether processing is 'likely to result in a high risk' for the purposes of Regulation 2016/679" adopted on 4 April 2017 (19 May 2017); *Drackert*, Die Risiken der Verarbeitung personenbezogener Daten – Eine Untersuchung zu den Grundlagen des Datenschutzrechts (Dissertation), 2014; *Gesellschaft für Datenschutz und Datensicherheit*, GDD-Praxishilfe DS-GVO II – Verantwortlichkeiten und Aufgaben nach der Datenschutz-Grundverordnung (Stand: Version 1.0, Dezember 2016); *Christian Hamann*, Europäische Datenschutz-Grundverordnung – neue Organisationspflichten für Unternehmen, in: BB 2017, 1090; *Haug*, „Accountability": Die Rechenschaftspflicht im europäischen Datenschutzrecht, in: JurPC Web-Dok. 160/2011, Abs. 1-21; *Härting*, Starke Behörden, schwaches Recht – der neue EU-Datenschutzentwurf, in: Betriebs-Berater 2012, 459; *Hladjk Kramer*, Accountability: Bedeutung und Stand der Diskussion, in: Datenschutz Berater 9/2011, 8; *Hoeren*, Thesen zum Verhältnis von Big Data und Datenqualität, in: MMR 2016, 8; *Katko/Babaei-Beigi*, Accountability statt Einwilligung? Führt Big Data zum Paradigmenwechsel im Datenschutz, in: MMR 2014, 360; *Leucker*, Die zehn Märchen der Datenschutzreform, in: PinG 2015, 195; *Nymity Inc.*, Privacy Management Accountability Workbook, abrufbar unter: https://www.nymity.com/data-privacy-resources.aspx.; *Plath (Hrsg.)*, BDSG/DSGVO, 2. Auflage 2016, Otto Schmidt, Köln; *Sachs*, Datenschutz-Grundverordnung: So bestimmen Sie ein Risiko – Von der subjektiven zur objektiven Bewertung, in: Datenschutz-Praxis 6/2017, 14; *Schneider*, in: ders., Handbuch EDV-Recht, 5. Auflage 2017, A. Datenschutz und IT-Management; *Simitis (Hrsg.)*, Bundesdatenschutzgesetz, 8. Auflage 2014, Nomos Baden-Baden; *Stentzel*, Der datenschutzrechtliche Präventionsstaat – Rechtsstaatliche Risiken der ordnungsrechtlichen Dogmatik des Datenschutzrechts im privaten Bereich, in: PinG 2016, 1; *Stoll/Rost*, Technische Herausforderungen in der DS-GVO – Im Spannungsfeld zwischen Prüfungen und Sanktionen, in: RDV 2017, 53; *Thode*, Die neuen Compliance-Pflichten nach der Datenschutz-Grundverordnung, in: CR 2016, 714; *Thoma*, in: ZD 2013, 578; *Veil*, DS-GVO: Risikobasierter Ansatz statt rigides Verbotsprinzip – Eine erste Bestandsaufnahme, in: ZD 2015, 347; *Wichtermann*, Einführung eines Datenschutz-Management-Systems im Unternehmen – Pflicht oder Kür? – Kurzüberblick über die Erweiterungen durch die DS-GVO, in: ZD 2016, 421; *Wolff/Brink (Hrsg.)*, Beck'scher Online-Kommentar Datenschutzrecht, C.H. Beck München, (im Erscheinen); *Wybitul*, Welche Folgen hat die EU-Datenschutz-Grundverordnung für Compliance?, in: CCZ 2016, 194.

▶ Bedeutung der Norm

Die Norm enthält eine Sicherstellungspflicht und eine Rechenschaftspflicht. Die Sicherstellungspflicht verlangt, dass der Verantwortliche geeignete Maßnahmen ergreift, um die Rechtmäßigkeit der Verarbeitung sicherzustellen. Die Rechenschaftspflicht verlangt, dass der Verantwortliche nachweisen kann, welche Maßnahmen er ergriffen hat. Bedeutung und Umfang der beiden Pflichten sind unklar. Beide Pflichten stehen unter dem Vorbehalt des risikobasierten Ansatzes. Das heißt, für jede Pflicht darf und muss der Verantwortliche erstens prüfen, ob und ggf. welche Maßnahmen angesichts des Risikos der Datenverarbeitung für den Betroffenen erforderlich und angemessen sind, und zweitens prüfen, ob und ggf.

welcher Nachweis der ergriffenen Maßnahmen angesichts des Risikos der Datenverarbeitung ggf. erforderlich und angemessen ist.

Hinweise für den Anwender

Für die Norm relevante Definitionen und andere Querbezüge:
- Abs. 1 S. 1 bezieht sich auf die „Verarbeitung gemäß dieser Verordnung". Sicherstellungs- und Nachweispflicht sowie risikobasierter Ansatz gelten damit grundsätzlich für jede Verantwortlichenpflicht der DS-GVO. Art. 24 wird so zu einer die gesamte DS-GVO beeinflussenden Zentralnorm. Zahlreiche weitere Normen der DS-GVO enthalten gesonderte Nachweispflichten.

Für die Auslegung der Norm relevante Erwägungsgründe:
- EG 74 bis 77 unmittelbar für Art. 24; EG 89, 91 und 94 zur Auslegung des risikobasierten Ansatzes.

Systematische Einordnung der Norm innerhalb der DS-GVO:
- Art. 5 Abs. 2 sieht eine allgemeine Pflicht zum Nachweis der Einhaltung der Grundsätze der Datenverarbeitung vor.
- Die folgenden Normen sehen spezialgesetzliche Nachweispflichten vor: Artt. 7 Abs. 1, 11 Abs. 2, 12 Abs. 2, 21 Abs. 1 S. 2, 25 Abs. 1, 28 Abs. 3 lit. h, 33 Abs. 5, 35 Abs. 7 lit. d, 49 Abs. 6, 82 Abs. 3. Das Verhältnis dieser spezialgesetzlichen Nachweispflichten zu den allgemeinen Nachweispflichten der Artt. 5 Abs. 2 und 24 Abs. 1 ist ungeklärt.
- Das gem. Art. 30 zu führende Verzeichnis aller Verarbeitungstätigkeiten kann als Nachweismöglichkeit genutzt werden (vgl. EG 82 S. 1). Das Verhältnis zur allgemeinen Rechenschaftspflicht der Artt. 5 Abs. 2 und 24 Abs. 1 ist ungeklärt.

Vorgängernorm im BDSG:
- § 9 BDSG mitsamt der Anlage zu § 9 BDSG.

Vorgängernorm der RL 95/46:
- Art. 17 und EG 46 in Bezug auf die Sicherheit der Verarbeitung.

Querbezüge zu Normen anderer Rechtstexte:
- Ziffer 14 der OECD-Richtlinien über Datenschutz und grenzüberschreitende Ströme personenbezogener Daten.

Stellungnahmen der Aufsichtsbehörden oder der Art. 29-Gruppe:
- Art. 29 Data Protection Working Party, WP 168 (2009), The Future of Privacy – Joint contribution to the Consultation of the European Commission on the legal framework for the fundamental right to protection of personal data (adopted on 1 December 2009).
- Art. 29 Data Protection Working Party, WP 173 (2010), Opinion 3/2010 on the principle of accountability (adopted on 13 July 2010).
- Art. 29 Data Protection Working Party, WP 211 (2014), Opinion 1/2014 on the application of necessity and proportionality concepts and data protection within the law enforcement sector (adopted on 27 February 2014).
- Art. 29 Data Protection Working Party, WP 218 (2014), Statement on the role of a risk-based approach in data protection legal frameworks (adopted on 30 May 2014).
- Europäischer Datenschutzbeauftragter, Stellungnahme 4/2015, Der Weg zu einem neuen digitalen Ethos – Daten, Würde und Technologie (11. September 2015).
- European Data Protection Supervisor, Opinion 7/2015, Meeting the challenges of big data – A call for transparency, user control, data protection by design and accountability (19 November 2015).

Schlagworte

Sicherstellungspflicht, Nachweispflicht, Rechenschaftspflicht, risikobasierter Ansatz, schadensbasierter Ansatz, „accountability", Risiko, Risikokategorie, Risikoadäquanz, Art der Verarbeitung, Umfang der Verarbeitung, Umstände der Verarbeitung, Zwecke der Verarbeitung, technische Maßnahmen, organisatorische Maßnahmen, TOM, Managementsystem, Compliance, Verhältnismäßigkeitsprinzip, Geeignetheit, Erforderlichkeit, Verhältnismäßigkeit, Schutzgut, Rechtsgut, Wahrscheinlichkeit, Schaden, Identitätsbetrug, Identitätsdiebstahl, finanzielle Verluste, Straftaten, Datenmissbrauch, Schamgefühl, Publizitätsschaden, Rufschädigung, allgemeines Persönlichkeitsrecht, körperliche Unversehrtheit, Selektivittätsschaden, Diskriminierung, Stigmatisierung, sensible Daten, besondere Datenkategorien, Devaluation, Leistungsindikation, Entfaltungsfreiheit, Informationspermanenz, Kontrollverlust, gesellschaftlicher Nachteil, wirtschaftlicher Nachteil, Entkontextualisierung, Kontextdefizit, Kontextinfiltration, Vertrauen, Vertraulichkeit, Vertraulichkeitserwartung, Informationsemergenz, Informationsfehlerhaftigkeit, Degradierung zum Objekt, Entpersönlichung, Menschenwürde, Fremdbestimmung, Manipulation, informationelle Selbstbestimmung, Verhaltensfreiheit, Selbstdarstellung.

A. Allgemeines

I. Regelungszweck

Durch die Regelung soll sichergestellt werden, dass „die Verarbeitung gem. dieser Verordnung erfolgt". Die Regelung betrifft somit den gesamten von der DS-GVO festgelegten Pflichtenkreis des Verantwortlichen und wird dadurch zu einer „vor die Klammer" gezogenen, die gesamte DS-GVO überwölbenden Zentralnorm. Sie steuert Art und Umfang jeder einzelnen Pflicht des Verantwortlichen auf drei verschiedene Weisen: 1

1) Der Verantwortliche muss geeignete interne technische und organisatorische Maßnahmen ergreifen, um seine aus der DS-GVO erwachsenden Verpflichtungen zu erfüllen. Mit dieser Handlungspflicht soll Datenschutzeffizienz erreicht werden, also die Wirksamkeit der Umsetzung der datenschutzrechtlichen Pflichten durch den Verantwortlichen.[1] 2

2) Der Verantwortliche muss nachweisen können, dass er geeignete Maßnahmen ergriffen hat. Diese Nachweispflicht wird als Triebfeder für die effektive Umsetzung der Grundsätze des Datenschutzes bezeichnet.[2] Man kann aus der Formulierung in Art. 5 Abs. 2 ableiten, dass die Nachweispflicht ein Teilbereich der Rechenschaftspflicht ist. Nachweis- bzw. Rechenschaftspflicht werden von vielen dem Konzept der „accountability" zugerechnet. Sie sollen die Grundsätze des Datenschutzes weder ändern noch beeinträchtigen, sondern vielmehr bewirken, dass sie besser funktionieren.[3] Sie sollen die Beweislage für die Aufsichtsbehörden verbessern, da eine Prüfung bislang oft daran scheitere, dass der Verantwortliche keine ausreichenden Dokumentationen und Protokolle seiner Abläufe vorhalte.[4] 3

3) Welche Maßnahmen als geeignet anzusehen sind, hängt vom Risiko der Datenverarbeitung für den Verantwortlichen ab. Dieser „risikobasierte Ansatz" skaliert die zu ergreifenden technischen und organisatorischen Maßnahmen – und zwar nach oben und nach unten: besonders risikoreiche Datenverarbeitungen erfordern schärfere Maßnahmen, weniger riskante Datenverarbeitungen lassen weniger strenge Maßnahmen zu. Denkbar sind auch technische und organisatorische Maßnahmen, die in der DS-GVO gar nicht erwähnt werden, oder der Verzicht auf einzelne Maßnahmen, sofern dies dem Risiko der Datenverarbeitung angemessen ist. 4

Unklar ist, wie weit das Konzept der „accountability" reicht. Selbst im angloamerikanischen Rechtskreis, aus dem der Begriff stammt, ist es „eher konturlos"[5] und „seine exakte Bedeutung in der Praxis schwierig zu definieren"[6]. Aufgrund der Nähe zu den Begriffen „social corporate accountability" und „political accountability" wird darunter in den USA wohl das Bekenntnis bzw. die Bereitschaft („commitment") des Verantwortlichen zum Datenschutz verstanden – also eine freiwillig übernommene Verantwortung.[7] Mit rechtlicher Haftung („legal responsibility"/„liability"/„compliance") hat dies zunächst einmal nichts zu tun.[8] 5

---

1 *Hladjk/Kramer*, in: Datenschutz Berater 9/2011, 8.
2 *Art. 29 Data Protection Working Party*, WP 173 (2010), Opinion 3/2010 on the principle of accountability (adopted on 13 July 2010), S. 4.
3 *Art. 29 Data Protection Working Party*, WP 173 (2010), Opinion 3/2010 on the principle of accountability (adopted on 13 July 2010), S. 5.
4 *Albrecht/Jotzo*, 56 (Rn. 19).
5 *Haug*, in: JurPC Web-Dok. 160/2011, Abs. 4.
6 *Art. 29 Data Protection Working Party*, WP 173 (2010), Opinion 3/2010 on the principle of accountability (adopted on 13 July 2010), S. 8 (Ziffer 21).
7 *Haug*, in: JurPC Web-Dok. 160/2011, Abs. 10 f.
8 *Haug*, in: JurPC Web-Dok. 160/2011, Abs. 7.

6 Mit Übernahme des Begriffs in den europäischen Rechtskreis könnte jedoch ein Bedeutungswandel einhergehen. Die Art. 29-Gruppe gibt zwar zu, dass sich der Begriff „accountability" nur schwer in die meisten anderen europäischen Sprachen übersetzen lässt.[9] Die Unterstützer des Konzepts leiten gleichwohl konkrete Maßnahme- und Nachweispflichten daraus ab. Der Wortlaut des Art. 24 scheint diesem Verständnis auf den ersten Blick Recht zu geben. Bemerkenswert ist allerdings, dass Art. 24 nicht gem. Art. 83 Abs. 4 und 5 bußgeldbewehrt ist. Der Annahme präventiv zu erfüllender Sicherstellungspflichten, haftungsrechtlicher Konsequenzen einer Verletzung von „accountability"-Pflichten und einer echten Beweislastumkehr zu Lasten des Verantwortlichen stehen darüber hinaus zahlreiche systematische (Rn. 49 ff.) und rechtsstaatliche (Rn. 191 ff.) Gesichtspunkte entgegen.

7 Bei sehr strengem Verständnis der Norm kann „accountability" nur durch umfassende Datenschutz-Management-Systeme erreicht werden, die während des „gesamten Lebenszyklus" personenbezogener Daten die externen Rechtmäßigkeitsanforderungen mit den internen Unternehmensstrategien vereinen.[10] „Accountability" wird als Mittel zur datenschutzrechtlichen Bewältigung von technischen Entwicklungen verstanden, unter denen der Einzelne gar nicht mehr in der Lage ist, sich selbst gegen deren gefährliche Auswirkungen zu wappnen.[11] Indem die Verantwortung für die Datenverarbeitung vom Betroffenen weg und zum Datenverarbeiter hin verlagert wird, relativiert das Konzept der „accountability" aber auch das Recht auf informationelle Selbstbestimmung.

8 „Accountability" scheint in den Augen einiger über die Verpflichtung zu rechtskonformem Verhalten hinauszureichen. Das Befolgen von Gesetzen genüge – so z.B. der Europäische Datenschutzbeauftragte – in der heutigen digitalen Umgebung nicht mehr. Die ethische Dimension müsse berücksichtigt werden. Auf „dem Weg zu einem neuen digitalen Ethos" wird die Forderung nach einem „rechenschaftspflichtigen Verantwortlichen" als einer von vier Bausteinen eines menschenwürdegemäßen digitalen Ökosystems angesehen.[12]

II. Normadressaten

1. Verantwortliche

9 Die Norm gilt für alle Verantwortlichen gleichermaßen. Dies ist dem „One-size-fits-all"-Ansatz der DS-GVO geschuldet. Problematisch ist dies bei dieser Norm vor allem dann, wenn man sie so interpretiert, dass sie umfassende, präventiv zu erfüllende Compliance-Erfordernisse aufstellt. Privatpersonen, Einzelkaufleute, Kleinstunternehmen, klein- und mittelständische Unternehmen und Non-Profit-Organisationen, die nicht mit komplexen und teuren Managementsystemen arbeiten, können weit verstandene Sicherstellungs- und Nachweispflichten nicht erfüllen. Auch im Hinblick auf Datenverarbeitungen durch natürliche Personen, die von ihrer Meinungs- oder Informationsfreiheit Gebrauch machen, ist die Verknüpfung der ohnehin zahlreichen Verarbeiterpflichten mit zusätzlichen (womöglich präventiven) Sicherstellungs- und Nachweispflichten problematisch. Eine stärkere Ausdifferenzierung der Norm nach verschiedenen Normadressaten wäre

---

9 Vorgeschlagen werden „reinforced responsibility" (verstärkte Verantwortung), „assurance" (Zusicherung, Garantie), „reliability" (Zuverlässigkeit), „trustworthiness" (Vertrauenswürdigkeit) und die französische Wendung „obligation de rendre des comptes" (Rechenschaftspflicht) (*Art. 29 Data Protection Working Party*, WP 173 (2010), Opinion 3/2010 on the principle of accountability (adopted on 13 July 2010), S. 8 (Ziffer 22)).

10 *Centre for Information Policy Leadership*, The Role of Enhanced Accountability in Creating a Sustainable Data-driven Economy and Information Society, Discussion Draft (21 October 2015), S. 2; *Wichtermann*, in: ZD 2016, 422.

11 *Centre for Information Policy Leadership*, The Role of Enhanced Accountability in Creating a Sustainable Data-driven Economy and Information Society, Discussion Draft (21 October 2015), S. 2.

12 Die anderen drei Bausteine seien (1) zukunftsorientierte Regeln und Durchsetzung, (2) Menschen mit gestärkter Handlungskompetenz und (3) innovatives Datenschutz-Engineering (*Europäischer Datenschutzbeauftragter*, Stellungnahme 4/2015, Der Weg zu einem neuen digitalen Ethos – Daten, Würde und Technologie (11. September 2015), S. 3 und 4).

wünschenswert gewesen. Man wird auf den risikobasierten Ansatz zurückgreifen müssen, um eine übermäßige Belastung von Verantwortlichen zu vermeiden, die risikoarme Datenverarbeitungen vornehmen.

2. Auftragsverarbeiter

Art. 24 verpflichtet nur den Verantwortlichen. EG 74 S. 1 spricht zwar davon, dass die Verantwortung des Verantwortlichen für jedwede Verarbeitung, die durch ihn „oder in seinem Namen erfolgt", geregelt werden sollte. Demnach würde Art. 24 auch für Auftragsverarbeitungen gelten. Auch EG 77 S. 1 erwähnt den Auftragsverarbeiter im Zusammenhang mit etwaigen Anleitungen, wie der Verantwortliche „oder Auftragsverarbeiter" geeignete Maßnahmen durchzuführen hat und die Einhaltung der Anforderungen nachzuweisen ist. 10

Sicherstellungs- und Rechenschaftspflicht treffen aber nach dem eindeutigen Wortlaut des Abs. 1 S. 1 den Auftragsverarbeiter nicht. Der Auftragsverarbeiter hat allerdings eine Mitwirkungspflicht. Er darf die Daten nur „auf dokumentierte Weisung des Verantwortlichen" verarbeiten (Art. 28 Abs. 3 lit. a). Er muss dem Verantwortlichen alle erforderlichen Informationen zum Nachweis der Einhaltung der aus dem Auftragsverarbeitungsverhältnis folgenden Pflichten zur Verfügung stellen (Art. 28 Abs. 3 lit. h). Ein Faktor beim Nachweis der Einhaltung der Pflichten des Auftragsverarbeiters können Verhaltensregeln oder Zertifizierungsverfahren sein (Art. 28 Abs. 5 und EG 81 S. 2). 11

3. Drittstaatsdatenverarbeiter

Auch Drittstaatsdatenverarbeiter unterliegen den Verpflichtungen des Art. 24, wenn die von ihnen betriebene Datenverarbeitung die Voraussetzungen des Art. 3 Abs. 2 erfüllt. 12

4. Mitgliedstaaten

Eine speziell auf Art. 24 bezogene Öffnungsklausel für den mitgliedstaatlichen Gesetzgeber enthält die DS-GVO nicht. Allerdings können die EU und die Mitgliedstaaten gem. Art. 6 Abs. 2 und 3 spezifischere Bestimmungen zur Anwendung der Verordnung festlegen, sofern 13

- es um Datenverarbeitungen geht, durch die der Verantwortliche eine rechtliche Verpflichtung erfüllt (Art. 6 Abs. 1 lit. c),
- die Datenverarbeitung für die Wahrnehmung einer Aufgabe erforderlich ist, die im öffentlichen Interesse liegt (Art. 6 Abs. 1 lit. e Var. 1), oder
- die Datenverarbeitung in Ausübung öffentlicher Gewalt erfolgt (Art. 6 Abs. 1 lit. e Var. 2).

Gem. Art. 6 Abs. 2 und Abs. 3 S. 2 können die Gesetzgeber solcher „Datenverarbeitungsgrundlagen" zu diesen ergänzend bereichsspezifisches Datenschutzrecht erlassen. Prinzipiell dürfen dabei auch andere Vorschriften der DS-GVO konkretisiert werden, wobei dabei jedoch nicht der Vorrang und die Harmonisierungswirkung der DS-GVO unterlaufen werden dürfen (siehe die Kommentierung zu Art. 6, Rn. 146 ff.). Die Gesetzgeber dürfen jedoch ausdrücklich „Maßnahmen präziser bestimmen, um eine rechtmäßig und nach Treu und Glauben erfolgende Verarbeitung zu gewährleisten" (Art. 6 Abs. 2) und festlegen, „welche Verarbeitungsvorgänge und –verfahren angewandt werden dürfen (Art. 6 Abs. 3 S. 3). Gerade die allgemeine Pflicht zur risikoorientierten Implementierung von technischen und organisatorischen Maßnahmen bietet sich für derartige Konkretisierungen an. Allerdings ist zu beachten, dass die Gesetzgeber solche Konkretisierungen nur begleitend zu der Festlegung von „Datenverarbeitungsgrundlagen" nach Art. 6 Abs. 1 lit. c oder e festlegen dürfen. Eine allgemeine Konkretisierung von Art. 24 wäre deshalb unzulässig. Diese muss immer eine konkrete Datenverarbeitungsgrundlage begleiten. 14

Eine Rolle können die Mitgliedstaaten auch bei der Anwendung von Abs. 3 spielen. Genehmigte Verhaltensregeln oder genehmigte Zertifizierungsverfahren können nämlich als Gesichtspunkt herangezogen werden, um die Erfüllung der Pflichten des Verantwortlichen nachzuweisen. Gem. Art. 40 Abs. 1 und Art. 42 Abs. 1 haben unter anderem die Mitgliedstaaten die Pflicht, die Ausar- 15 beitung solcher Verhaltensregeln und die Einführung solcher datenschutzspezifischer Zertifizierungsverfahren zu fördern.

5. Betroffene

16 Betroffene sind zwar die Begünstigten der Verpflichtungen des Art. 24. Anders als bei den Betroffenenrechten des Kapitels III der DS-GVO haben sie aber kein subjektives Recht auf Einhaltung der Pflichten des Art. 24. Sie haben z.B. daher keinen Anspruch darauf, dass der Verantwortliche bestimmte technische und organisatorische Maßnahmen ergreift. Und auch die Nachweispflicht des Verantwortlichen besteht nicht gegenüber dem Betroffenen, auch wenn dies in Stellungnahmen der Datenschutzaufsichtsbehörden gelegentlich suggeriert wird.[13] Die aus Art. 24 erwachsenden Pflichten sind keine drittgerichteten Pflichten im Sinne von Artt. 79 oder 82. Die gegenüber den Aufsichtsbehörden möglichst transparent zu gestaltende Nachweiserbringung gem. Art. 24 ist nicht zu verwechseln mit der gegenüber dem Betroffenen (insb. gem. Art. 12, 13, 14, 15, 19) zu gewährleistenden Transparenz der Datenverarbeitung. Die Informations- und Auskunftspflichten geben dem Betroffenen nicht das Recht, Information oder Auskunft über die technischen und organisatorischen Maßnahmen verlangen zu können. Es gibt kein unbeschränktes Auskunftsrecht für Betroffene entsprechend dem in Art. 58 für Aufsichtsbehörden gewährten Recht.

6. Datenschutzaufsichtsbehörden

17 Die Aufsichtsbehörden sind – vorbehaltlich einer risikoadäquaten Einschränkung – berechtigt, vom Verantwortlichen die Ergreifung konkreter technischer und organisatorischer Maßnahmen zu verlangen. Sie sind darüber hinaus berechtigt, einen Nachweis der Einhaltung der datenschutzrechtlichen Pflichten zu verlangen. Dies stärkt die Möglichkeiten der Behörden zur Rechtsdurchsetzung. Sie erhalten durch die vom Verantwortlichen vorzulegenden Nachweise wertvolle Informationen für die Überwachung der Einhaltung der Pflichten. Sofern die verlangten Nachweise nicht zur Verfügung gestellt werden, haben die Behörden einen unmittelbaren Grund, unabhängig von der mutmaßlichen Verletzung der datenschutzrechtlichen Pflichten gegen den Verantwortlichen vorzugehen. Der Grundsatz ermöglicht den Datenschutzbehörden auch ein stärker selektives und strategisches Vorgehen, weil sie ihre Ressourcen so einsetzen können, dass das größtmögliche Maß an datenschutzkonformem Verhalten erreicht wird.[14]

18 Daraus folgt, dass die Datenschutzaufsichtsbehörden eher im Nachhinein als vorab tätig werden. Weil im Rahmen der Nachweispflicht Wert auf bestimmte zu erreichende Resultate (etwa ein gutes Datenschutzmanagement) gelegt wird, ist sie eher ergebnisorientiert und schwerpunktmäßig auf nachträgliche Maßnahmen (nach Beginn der Datenverarbeitung) ausgerichtet.[15] Andererseits werden technische und organisatorische Maßnahmen vor Beginn der Datenverarbeitung implementiert und während der gesamten Dauer beibehalten und erforderlichenfalls angepasst, so dass die Aufsichtsbehörden durch Anordnung solcher Maßnahmen auch präventiv tätig werden können.

19 Die Behörden bleiben darüber hinaus auch weiterhin jederzeit zu Überwachungs- und Durchsetzungsmaßnahmen befugt (vgl. Art. 58).

---

13 Z.B. *Art. 29 Data Protection Working Party*, WP 173 (2010), Opinion 3/2010 on the principle of accountability (adopted on 13 July 2010), S. 15 (Ziff. 48).

14 *Art. 29 Data Protection Working Party*, WP 173 (2010), Opinion 3/2010 on the principle of accountability (adopted on 13 July 2010), S. 18.

15 *Art. 29 Data Protection Working Party*, WP 173 (2010), Opinion 3/2010 on the principle of accountability (adopted on 13 July 2010), S. 19.

7. Sonstige

Zum Teil wird die Auffassung vertreten, der Verantwortliche müsse der Öffentlichkeit[16] oder gar „externen Interessengruppen" („external stakeholders")[17] die Nachweise vorlegen, die zur Erfüllung seiner Rechenschaftspflicht dienen. Eine solche Rechtspflicht lässt sich der DS-GVO jedoch nicht entnehmen. Nur die Datenschutzaufsichtsbehörden haben die erforderliche Befugnis, Nachweise einzufordern. Sie ist Bestandteil ihrer durch Art. 58 Abs. 1 lit. a gewährten Befugnisse, den Verantwortlichen, den Auftragsverarbeiter und ggf. den Vertreter des Verantwortlichen oder des Auftragsverarbeiters anweisen zu dürfen, alle Informationen bereitzustellen, die für die Erfüllung ihrer Aufgaben erforderlich sind. **20**

Eine andere Frage ist, ob es für einen Verantwortlichen nicht opportun sein kann, das Vertrauen der Öffentlichkeit durch Vorlage von Transparenzberichten zu gewinnen. **21**

III. Systematik

Bei Art. 24 handelt es sich um eine Zentralnorm der DS-GVO. Dies ergibt sich daraus, dass sie zu technischen und organisatorischen Maßnahmen verpflichtet, die die „Verarbeitung gem. dieser Verordnung" sicherstellen sollen. Die „Verarbeitung gem. dieser Verordnung" kann bei strenger Interpretation jede den Verantwortlichen verpflichtende Regelung der DS-GVO umfassen. Art. 24 kann somit als „vor die Klammer" der DS-GVO gezogene, die gesamte DS-GVO überwölbende Steuerungspflicht angesehen werden. **22**

Die Steuerung erfolgt zum einen über die Verpflichtung, mit konkreten Maßnahmen die Erfüllung der materiell-rechtlichen Pflichten der DS-GVO sicherzustellen und diese Sicherstellungsmaßnahmen auch nachweisen zu können. **23**

Zum anderen erfolgt die Steuerung über den risikobasierten Ansatz, der Art und Umfang der Sicherstellungsmaßnahmen und der Nachweispflichten in jedem Einzelfall vom Risiko für den Betroffenen abhängig macht. **24**

Die Nachweispflichten des Art. 24 Abs. 1 S. 1 stehen in Konkurrenz zur allgemeinen Nachweispflicht des Art. 5 Abs. 2, der eine Pflicht zum Nachweis der Einhaltung der Grundsätze der Datenverarbeitung vorsieht. Sie stehen darüber hinaus in Konkurrenz zu den speziellen Nachweispflichten der Artt. 7 Abs. 1, 11 Abs. 2, 12 Abs. 2, 21 Abs. 1 S. 2, 25 Abs. 1, 28 Abs. 3 lit. h, 33 Abs. 5, 35 Abs. 7 lit. d, 49 Abs. 6 und 82 Abs. 3. Das Verhältnis der Nachweispflichten zueinander ist unklar (im Einzelnen Rn. 49 ff.). **25**

Die Pflicht zur Führung eines Verzeichnisses aller Verarbeitungstätigkeiten (Art. 30) kann auch Nachweiszwecken dienen. Das Verhältnis zur allgemeinen Rechenschaftspflicht des Art. 24 ist ebenfalls ungeklärt (genauer Rn. 61 ff. und Art. 30 Rn. 30 ff.). **26**

Unklar ist auch das Verhältnis von Art. 24 zu Art. 32. Auf den ersten Blick dürfte Art. 32 für Datensicherheit *lex specialis* sein, während Art. 24 eher als Auffangklausel für technische und organisatorische Maßnahmen fungiert, die nicht unmittelbar mit Datensicherheit zu tun haben. In vielen Fällen dürften beide Bestimmungen aber nebeneinander anwendbar sein. **27**

IV. Entstehungsgeschichte

1. Bisherige europäische Vorgaben

Auch Art. 17 Abs. 1 Unterabs. 1 DS-RL 95/46 sieht bereits vor, dass der Verantwortliche „geeignete technische und organisatorische Maßnahmen" ergreifen muss. Allerdings bezieht sich die **28**

16 *Art. 29 Data Protection Working Party*, WP 173 (2010), Opinion 3/2010 on the principle of accountability (adopted on 13 July 2010), S. 15 (Ziffer 48).

17 *European Data Protection Supervisor*, Stellungnahme 7/2015, Bewältigung der Herausforderungen in Verbindung mit Big Data – Ein Ruf nach Transparenz, Benutzerkontrolle, eingebautem Datenschutz und Rechenschaftspflicht (19. November 2015), S. 18.

Vorschrift gem. ihrer Überschrift nur auf die Sicherheit der Datenverarbeitung, während sich die technischen und organisatorischen Maßnahmen in Art. 24 DS-GVO auf die „Verarbeitung gem dieser Verordnung" beziehen. Art. 17 DS-RL 95/46 ist vor allem in Art. 32 DS-GVO aufgegangen, während Art. 24 DS-GVO eine Neuerung darstellt. Nach Art. 17 Abs. 1 Unterabs. 1 DS-RL 95/46 sollen die Maßnahmen insb. die zufällige oder unrechtmäßige Zerstörung, den zufälligen Verlust, die unberechtigte Änderung, die unberechtigte Weitergabe oder den unberechtigten Zugang verhindern. Sie sollen sich aber auch gegen jede andere Form der unrechtmäßigen Verarbeitung personenbezogener Daten richten (Art. 17 Abs. 1 DS-RL 95/46 a.E.), was bereits über die Beschränkung des Anwendungsbereichs der Regelung auf die Datensicherheit hinausweist.

29 Nach Art. 17 Abs. 1 Unterabs. 2 DS-RL 95/46 steht die Pflicht zur Ergreifung von Maßnahmen unter dem Vorbehalt des Standes der Technik, der Kosten, der Risiken der Datenverarbeitung und der Art der zu schützenden Daten. Die beiden letzten Verhältnismäßigkeitsgesichtspunkte finden sich auch in Art. 24 Abs. 1 S. 1 wieder. Auf den Stand der Technik und die Kosten wird in Art. 24 DS-GVO, anders als in Art. 32 DS-GVO, verzichtet.

30 Den Artt. 5 Abs. 2 und 24 Abs. 1 DS-GVO entsprechende umfassende Nachweispflichten enthält die DS-RL 95/46 nicht. Art. 24 Abs. 4 DS-RL sieht lediglich vor, dass die Anforderungen an die technischen und organisatorischen Maßnahmen „zum Zwecke der Beweissicherung" zu dokumentieren sind. Präventiv zu erfüllende Nachweispflichten sind damit offensichtlich nicht gemeint. In Art. 23 Abs. 2 DS-RL 95/46 ist geregelt, dass der Verantwortliche von seiner Haftung befreit werden kann, wenn er nachweist, dass der Umstand, durch den der Schaden eingetreten ist, ihm nicht zur Last gelegt werden kann. Dies gilt insb., wenn ein Fehlverhalten des Betroffenen oder ein Fall höherer Gewalt vorliegen (EG 55 S. 2 DS-RL 95/46).

2. Bisherige nationale Vorgaben

31 Gem. § 9 BDSG sind technische und organisatorische Maßnahmen zu treffen, die erforderlich sind, um die Ausführung der Vorschriften des BDSG zu gewährleisten. Vergleichbare Vorschriften finden sich in den Landesdatenschutzgesetzen (z.B. Art. 7 BayDSG). § 9 BDSG bezieht sich, wie sich insb. aus der Anlage zu § 9 BDSG ergibt, nur auf Maßnahmen der Datensicherung.[18] Die Anlage zu § 9 BDSG benennt Maßnahmen der Zutritts-, Zugangs-, Zugriffs-, Weitergabe-, Eingabe-, Auftrags- und Verfügbarkeitskontrolle sowie der Gewährleistung der Zweckbindung und der Verschlüsselung. Vergleichbar detailgenaue Forderungen stellt die DS-GVO nicht auf. Allerdings dürften die Inhalte der Anlage zum BDSG und auch die verschiedenen Ausarbeitungen von Datenschutzbehörden und von Dritten weiterhin eine Orientierungshilfe bei der Frage darstellen, welche technischen und organisatorischen Maßnahmen als „geeignet" und „angemessen" zu betrachten sind.

32 Regelungen zum Nachweis der Erfüllung oder Sicherstellung datenschutzrechtlicher Pflichten sind, soweit ersichtlich, im nationalen Recht nicht vorhanden.

3. Andere Vorgaben

33 Ein Grundsatz der „accountability" findet sich bereits in Ziffer 14 der OECD-Richtlinien über Datenschutz und grenzüberschreitende Ströme personenbezogener Daten von 1980: *„A data controller should be accountable for complying with measures which give effect to the principles stated above."*[19]

34 Auch die „International Standards on the Protection of Personal Data and Privacy" (= „The Madrid Resolution") der „International Conference of Data Protection and Privacy Commissioners" vom 5. November 2009 sehen in Ziffer 11 vor: *„The responsible person shall: (a) Take all the necessary measures to observe the principles and obligations set out in this Document and in the*

---

18 Zum Verhältnis Datenschutz und Datensicherung ausführlich Simitis, *Ernestus*, § 9 Rn. 2 f.

19 *„Der Datenhauptverantwortliche muss bezüglich der Einhaltung der Maßnahmen, die den oben genannten Grundsätzen Gültigkeit verleihen, zur Rechenschaft gezogen werden können."*

applicable national legislation, and (b) have the necessary internal mechanisms in place for demonstrating such observance both to data subjects and to the supervisory authorities in the exercise of their powers, as established in section 23."[20]

Schließlich enthält die ISO-Norm 29100 in Ziffer 5.10 das Prinzip der „accountability".[21] **35**

4. Verhandlungen zur DS-GVO

Art. 24 spielte bei den Verhandlungen zur DS-GVO keine allzu große Rolle. Die Bedeutung, die ihr unter dem Gesichtspunkt der „accountability" nunmehr in der Rechtspraxis zugeschrieben zu werden scheint, war zumindest bei den Ratsverhandlungen nicht gegeben. **36**

Der ursprüngliche KOM-Entwurf sah zwar bereits Sicherstellungs- und Nachweispflichten vor. Diese waren aber auf fünf Pflichten beschränkt: Dokumentation, Datensicherheit, Datenschutz-Folgenabschätzung, Vorabkonsultation und Datenschutzbeauftragter (Art. 22 Abs. 2 KOM-E). **37**

Die Ausdehnung der Sicherstellungs- und Nachweispflichten auf alle Regelungen der DS-GVO gelangte erst mit dem EP-Entwurf und dem Ratsentwurf in die Verordnung. Ebenso stimmten EP und Rat darin überein, die konkret zu erfüllenden Pflichten vom risikobasierten Ansatz abhängig zu machen. **38**

Der EP-Entwurf war in verschiedener Hinsicht konkreter. So sollten die Pflichten des Art. 24 nach EP-Vorstellungen ausdrücklich auch vom Stand der Technik abhängig gemacht werden (Art. 22 Abs. 1 und 1a EP-E). Der Nachweis für die Wirksamkeit der Sicherstellungsmaßnahmen hätte unter anderem durch regelmäßige Berichte analog den obligatorischen Berichten kapitalmarktorientierter Unternehmen geführt werden sollen (Art. 22 Abs. 3 EP-E). Auch eine Regelung zu Datenübermittlungen innerhalb einer Unternehmensgruppe in der EU fand sich in der vom EP vorgeschlagenen Norm (Art. 22 Abs. 3a EP-E).[22] **39**

B. Inhalt der Regelung

I. Sicherstellungspflicht (Abs. 1 S. 1)

Der Verantwortliche muss sicherstellen, dass die Verarbeitung personenbezogener Daten gem. dieser Verordnung erfolgt. Es stellt sich die Frage, ob es sich hierbei nicht nur um eine deklaratorische Ausformulierung oder „Bekräftigung"[23] der ohnehin immer bestehenden Pflicht, sich rechtmäßig zu verhalten, oder um eine unnötige Doppelung der nach Art. 5 Abs. 1 lit. a bestehenden Pflicht, personenbezogene Daten auf rechtmäßige Weise zu verarbeiten, handelt. Dagegen sprechen der Wortlaut und die systematische Auslegung. Die Pflicht zu rechtmäßigem Verhalten ist eben nicht dasselbe wie die Pflicht zur Sicherstellung („ensure") rechtmäßigen Verhaltens. EG 74 S. 2 erhellt noch mehr, worum es geht. Danach bedeutet Sicherstellung der Rechtmäßigkeit offenbar, dass die ergriffenen Maßnahmen „geeignet" und „wirksam" sein müssen. **40**

Die eigentliche Bedeutung des Art. 24 Abs. 1 liegt in der Erwähnung der technischen und organisatorischen Maßnahmen. Die Pflicht, solche Maßnahmen zu ergreifen, stellt eine Abkehr von der Ergebnisverantwortung und eine Hinwendung zu einer generellen Verfahrensverantwortlichkeit dar. **41**

---

20 *„Die verantwortliche Person muss: (a) Die notwendigen Maßnahmen zur Erfüllung der in dem vorliegenden Dokument und in der anzuwendenden nationalen Gesetzgebung aufgeführten Grundsätze und Verpflichtungen ergreifen; und (b) die erforderlichen Nachweise über die Erfüllung der o. g. Vorgaben erbringen, und zwar sowohl gegenüber dem Betroffenen als auch gemäß Artikel 23 gegenüber den zuständigen Aufsichtsbehörden."*

21 ISO/IEC 29100:2011(E) vom 15. Dezember 2011, abrufbar unter: http://standards.iso.org/ittf/PubliclyAvailableStandards/c045123_ISO_IEC_29100_2011.zip

22 Diese findet sich nunmehr lediglich im Ansatz in EG 48.

23 Plath, *Plath*, Art. 24 Rn. 3.

42 Was aber, wenn die vom Verantwortlichen ergriffenen Maßnahmen zwar ungeeignet oder unwirksam sind oder der Verantwortliche gar keine solchen Maßnahmen ergriffen hat, er sich aber in jedem Einzelfall aufgrund von Glück, Zufall, Improvisation oder sonstiger Umstände gleichwohl im Übrigen immer rechtmäßig verhält?[24] In diesem Fall würde der Verantwortliche dennoch die Pflicht zur Sicherstellung der Rechtmäßigkeit verletzen, wie sich aber nur aus der Zusammenschau mit der zweiten in Abs. 1 enthaltenen Pflicht, der Nachweispflicht, ergibt. Denn diese Pflicht besagt, wie ebenfalls aus EG 74 S. 2 folgt, dass der Verantwortliche nicht nur nachweisen können muss, dass die Verarbeitungstätigkeiten im Einklang der DS-GVO stehen, sondern auch, dass die ergriffenen Maßnahmen wirksam sind. Hat der Verantwortliche bspw. gar keine Maßnahmen ergriffen, kann er auch nicht nachweisen, dass er solche ergriffen hat, geschweige denn deren Wirksamkeit.

43 Die vorgenannten Ausführungen zum Umfang der Sicherstellungspflicht stehen aber allesamt unter dem Vorbehalt, dass geeignete Maßnahmen unter Risikogesichtspunkten auch erforderlich und verhältnismäßig sein müssen (nachfolgend Rn. 68 ff. und 180 ff.). Bei Verantwortlichen mit nur geringem Verarbeitungsrisiko könnte es als ausreichend angesehen werden, dass der Verantwortliche grundsätzlich überhaupt Ressourcen vorhält, die erforderlichenfalls für die Erfüllung datenschutzrechtlicher Anforderungen eingesetzt werden können. Wenn nur alle zehn Jahre ein Auskunftsverlangen gem. Art. 15 beim Verantwortlichen eingeht, dann reicht es aus, wenn der Verantwortliche Mitarbeiter hat, die in der Lage sind, ein solches Auskunftsverlangen zu beantworten.

II. Nachweispflicht (Abs. 1 S. 1 i.V.m. Art. 5 Abs. 2)

44 Nach Art. 5 Abs. 2 muss der Verantwortliche in der Lage sein, die Einhaltung der Grundsätze des Art. 5 Abs. 1 nachzuweisen. Nach Art. 24 Abs. 1 S. 1 a.E. muss er den Nachweis dafür erbringen können, dass seine Datenverarbeitung gem. der DS-GVO erfolgt. Gem. EG 74 S. 2 soll er zusätzlich zu diesem Nachweis auch noch den Nachweis erbringen, dass seine Maßnahmen auch wirksam sind.

1. Umfang der Nachweispflicht

45 Art. 5 Abs. 2 und 24 Abs. 1 lassen sich auf den ersten Blick nur so auslegen, dass der Verantwortliche die Einhaltung jeder einzelnen Verpflichtung der DS-GVO nachweisen können muss. Je nach Zählweise enthält die DS-GVO über 50 Verarbeiterpflichten. Bei strenger Auslegung muss der Verantwortliche für alle diese Pflichten nachweisen, dass er Umsetzungsmaßnahmen ergriffen hat und dass diese auch wirksam sind.

46 Nach Auffassung des Europäischen Datenschutzbeauftragten bedeutet diese Nachweispflicht, dass der Verantwortliche interne Mechanismen und Kontrollsysteme einrichtet, die die Einhaltung der Vorgaben gewährleisten, und externen Interessengruppen, darunter Aufsichtsbehörden, Nachweise – einschließlich interner Richtlinien und Prüfberichte – vorlegt. Rechenschaftspflicht sei keine einmalige Angelegenheit. Die regelmäßige Überprüfung, dass diese internen Kontrollsysteme auch weiterhin geeignet sind und alle Datenverarbeitungsvorgänge im Einklang mit den Rechtsvorschriften erfolgen, sei ein wesentlicher Bestandteil der Rechenschaftspflicht.[25]

47 Die Implementierung umfangreicher Compliance-Managementsysteme mag in Großunternehmen sinnvoll sein. Bei kleinen Unternehmen oder Verantwortlichen mit geringem Verarbeitungsrisiko können Nachweispflichten aber zum Beispiel auch durch Zeugenaussagen oder eidesstattli-

---

24 Bsp.: Der Verantwortliche hat keine technischen und organisatorischen Maßnahmen zur Beantwortung von Auskunftsbegehren Betroffener gemäß Art. 15 getroffen, weil er nur ein solches Auskunftsbegehren pro Jahr beantworten muss. Dieses eine Auskunftsbegehren wird form- und fristgerecht beantwortet, ohne dass es hierfür besonderer unternehmensinterner Verfahrensvorgaben bedürfte.

25 *European Data Protection Supervisor*, Stellungnahme 7/2015, Bewältigung der Herausforderungen in Verbindung mit Big Data – Ein Ruf nach Transparenz, Benutzerkontrolle, eingebautem Datenschutz und Rechenschaftspflicht (19. November 2015), S. 18.

che Versicherungen erfüllt werden. Wichtig ist, dass alles, was in der DS-GVO verfahrensförmig abläuft (z.B. die Bearbeitung von Betroffenenrechten, die Durchführung von Datenschutz-Folgenabschätzungen, usw.) aktenmäßig dokumentiert wird.

Beschränkendes Element für die Nachweispflicht ist wie auch für die Sicherstellungspflicht der risikobasierte Ansatz. Auch für die Nachweispflicht gilt, dass nur solche Nachweise zu erbringen sind, die unter Risikogesichtspunkten erforderlich und verhältnismäßig sind (nachfolgend Rn. 68 ff. und 180 ff.). **48**

2. Gesonderte Nachweispflichten in Einzelnormen

Auch zahlreiche Einzelnormen der DS-GVO enthalten die Formulierung, der Verantwortliche müsse die jeweilige Verpflichtung in effektiver Weise umsetzen und müsse die Einhaltung der jeweiligen speziellen Pflicht nachweisen können. Dies gilt für die folgenden Tatbestände: **49**

Einwilligung (Art. 7 Abs. 1): Beruht die Verarbeitung auf einer Einwilligung, muss der Verantwortliche die Einwilligung des Betroffenen *nachweisen* können (ebenso EG 42 S. 1). **50**

Identitätsfeststellung (Art. 11 Abs. 2): Kann der Verantwortliche *nachweisen*, dass er nicht in der Lage ist, den Betroffenen zu identifizieren, finden die Betroffenenrechte der Art. 15 bis 20 keine Anwendung.[26] **51**

Identitätsfeststellung (Art. 12 Abs. 2): Kann der Verantwortliche *glaubhaft machen*, dass er nicht in der Lage ist, den Betroffenen zu identifizieren, darf er sich weigern, aufgrund eines Antrags des Betroffenen gem. Art. 15 bis 22 tätig zu werden.[27] **52**

Widerspruch (Art. 21 Abs. 1 S. 2): Trotz Widerspruchs des Betroffenen darf der Verantwortliche die Daten weiterhin verarbeiten, wenn er zwingende schutzwürdige Gründe für die Verbeitung *nachweisen* kann, die die Interessen, Rechte und Freiheiten des Betroffenen überwiegen.[28] **53**

Datenschutz „by design" und „by default" (Art. 25 Abs. 1): Der Verantwortliche muss geeignete Maßnahmen treffen, die dafür ausgelegt sind, die Datenschutzgrundsätze „wirksam umzusetzen". Ergänzend heißt es in EG 78 S. 2, dass der Verantwortliche zum *Nachweis* der Einhaltung der DS-GVO interne Strategien festlegen und Maßnahmen ergreifen soll, die insb. den Grundsätzen des Datenschutzes durch Technik (data protection by design) und des Datenschutzes durch datenschutzfreundliche Voreinstellungen (data protection by default) Genüge tun. **54**

Dokumentation (Art. 30): Der Verantwortliche muss ein Verzeichnis aller Verarbeitungstätigkeiten führen, das zum *Nachweis* der Einhaltung der DS-GVO dient (EG 82 S. 1). Das Verzeichnis muss unter anderem gem. Art. 30 Abs. 1 lit. e und 2 lit. c bei Drittstaatenübermittlungen geeignete Garantien *dokumentieren*. **55**

Datensicherheit (Art. 32): Zur Gewährleistung der Sicherheit der Datenverarbeitung müssen der Verantwortliche und der Auftragsverarbeiter geeignete Maßnahmen treffen. Dazu gehören gem. Art. 32 Abs. 1 lit. d Verfahren zur regelmäßigen Überprüfung, Bewertung und Evaluierung der Wirksamkeit der technischen und organisatorischen Maßnahmen zur Gewährleistung der Sicherheit der Verarbeitung. Um die Erfüllung der Anforderungen an die Datensicherheit *nachzuweisen*, kommen Verhaltensregeln und Zertifizierungsverfahren als Faktoren in Betracht (Art. 32 Abs. 3). **56**

---

26 Art. 12 Abs. 2 verweist abweichend davon auf die Art. 15 bis 22.

27 In der englischen Fassung heißt es hier wie bei Art. 11 Abs. 2 „demonstrate", das in der deutschen Fassung bei Art. 11 Abs. 2 allerdings mit „nachweisen" und bei Art. 12 Abs. 2 mit „glaubhaft machen" übersetzt ist. Abweichend von Art. 11 Abs. 2 verweist Art. 12 Abs. 2 auf die Art. 15 bis 22 und nicht nur auf die Art. 15 bis 20. Hiesigen Erachtens „darf" der Verantwortliche sich nicht nur weigern, aufgrund eines Antrags tätig zu werden, wenn er den Betroffenen nicht identifizieren kann, sondern er muss dies sogar tun.

28 EG 69 S. 2 enthält in der englischen Fassung dieselbe Formulierung („demonstrate"). In der deutschen Fassung von EG 69 S. 2 wird „demonstrate" allerdings mit „darlegen" übersetzt.

57 **Datenschutzverletzung (Art. 33 Abs. 5):** Der Verantwortliche muss Datenschutzverletzungen und die damit in Zusammenhang stehenden Fakten, Auswirkungen und Abhilfemaßnahmen *dokumentieren*. Diese Dokumentation muss der Aufsichtsbehörde die Überprüfung der Einhaltung der Bestimmungen des Art. 33 ermöglichen. Nach EG 85 S. 2 kann auf eine Notifikation bei der Aufsichtsbehörde verzichtet werden, wenn der Verantwortliche im Einklang mit dem Grundsatz der Rechenschaftspflicht *nachweisen* kann, dass die Datenschutzverletzung voraussichtlich nicht zu einem Risiko für die persönlichen Rechte und Freiheiten natürlicher Personen führt. Nach EG 87 S. 1 sollte festgestellt werden, ob alle geeigneten Maßnahmen getroffen wurden, um sofort feststellen zu können, ob eine Datenschutzverletzung aufgetreten ist, und um die Aufsichtsbehörde und den Betroffenen umgehend unterrichten zu können.

58 **Datenschutz-Folgenabschätzung:** Die Datenschutz-Folgenabschätzung muss zumindest unter anderem die zur Bewältigung der Risiken geplanten Abhilfemaßnahmen, einschließlich Garantien, Sicherheitsvorkehrungen und Verfahren enthalten, durch die der Schutz personenbezogener Daten sichergestellt und der *Nachweis* dafür erbracht wird, dass diese Verordnung eingehalten wird (Art. 35 Abs. 7 lit. d). Nach EG 84 S. 2 sollen die Ergebnisse der Abschätzung bei der Entscheidung über die geeigneten Maßnahmen berücksichtigt werden, um *nachzuweisen*, dass die Datenverarbeitung mit der DS-GVO in Einklang steht.

59 **Drittstaatentransfer:** In Fällen, in denen ein Drittstaatentransfer auf ein zwingendes berechtigtes Interesse des Verantwortlichen gestützt wird (Art. 49 Abs. 1 Unterabs. 2), muss der Verantwortliche alle Umstände der Datenübermittlung beurteilen und geeignete Garantien für den Schutz der Daten vorsehen. Beurteilung und Garantien müssen in der *Dokumentation* des Art. 30 erscheinen (Art. 49 Abs. 6).

60 **Haftung:** Der Verantwortliche oder der Auftragsverarbeiter werden von der Haftung für Schäden gem. Art. 82 Abs. 2 befreit, wenn sie *nachweisen*, dass sie in keinerlei Hinsicht für den Umstand, durch den der Schaden eingetreten ist, verantwortlich sind (Art. 82 Abs. 3).

61 Fraglich ist, ob die Tatsache der gesonderten Erwähnung einzelner Nachweispflichten in verschiedenen Tatbeständen der DS-GVO bedeutet, dass es doch keine aus Art. 5 Abs. 2 und Art. 24 Abs. 1 folgende umfassende Nachweispflicht gibt, oder ob die spezialgesetzlich geregelten Nachweispflichten lediglich strenger als die allgemeine Nachweispflicht sind.

62 Es spricht einiges dafür, dass die gesonderte Erwähnung einer Nachweispflicht in einer Einzelnorm im Rahmen der Risikoanalyse zu berücksichtigen ist. Ergibt die Risikoanalyse, dass ein Nachweis unter Risikogesichtspunkten gem. Art. 24 nicht unbedingt erforderlich oder verhältnismäßig ist, kann sich aus der Einzelnorm unter Umständen doch eine Nachweispflicht ergeben, es sei denn, auch in der Einzelnorm steht die Nachweispflicht unter dem Vorbehalt der Risikoadäquanz.

63 Enthält die Einzelnorm hingegen eine ausdrückliche Ausnahme von der Nachweispflicht, kann diese nicht über den Umweg von Art. 24 wieder aufleben. Der Ausschluss der Nachweispflicht ist dann als *lex specialis* zur Regelung der allgemeinen Nachweispflicht der Art. 5 Abs. 2 und 24 Abs. 1 anzusehen. Ist z.B. ein Verzeichnis von Verarbeitungstätigkeiten grundsätzlich nicht erforderlich, weil der Verantwortliche weniger als 250 Mitarbeiter beschäftigt und seine Verarbeitung kein Risiko für den Betroffenen birgt (Art. 30 Abs. 5), entfällt die Verpflichtung zur Führung eines Verzeichnisses von Verarbeitungstätigkeiten. Das bedeutet aber nicht nur, dass kein Verzeichnis geführt werden muss. Der Nachweis über die in Art. 30 Abs. 1 und 2 genannten Gesichtspunkte (u.a. Verarbeitungszwecke, Drittstaatenübermittlungen, Löschfristen, Maßnahmen zur Datensicherheit) muss dann auch nicht mehr aufgrund anderer Normen der DS-GVO geführt werden. Anderenfalls würde der Ausschluss von der Plicht, ein Verfahrensverzeichnis zu führen, durch die allgemeine Nachweispflicht der Art. 5 Abs. 2 und 24 Abs. 1 ausgehebelt.

3. Transparenz des Nachweises

Fraglich ist, wem gegenüber der Nachweis der Erfüllung aller datenschutzrechtlichen Pflichten erbracht werden muss. Hierfür kommt hiesigen Erachtens nur die jeweils zuständige Datenschutzaufsichtsbehörde in Betracht. **64**

Die Art. 29-Gruppe meint hingegen, dass Transparenz auch gegenüber dem *Betroffenen* und gegenüber der *Öffentlichkeit* dazu beitrage, dass der Verantwortliche seiner Rechenschaftspflicht besser nachkommen könne. So könne etwa durch die Veröffentlichung von Datenschutzerklärungen und Jahresberichten im Internet der Rechenschaftspflicht in größerem Maße Rechnung getragen werden.[29] Die Art. 29-Gruppe verwechselt hier die Transparenz der Datenverarbeitung mit der Transparenz des Nachweises. Mit der Rechenschaftspflicht soll die Einhaltung datenschutzrechtlicher Pflichten gegenüber der Aufsichtsbehörde nachgewiesen werden. Transparenz in Bezug auf diesen Nachweis verlangt die DS-GVO nicht. Die Einhaltung der Transparenzpflichten der DS-GVO muss zwar nachgewiesen werden. Der Nachweis selbst muss aber weder gegenüber dem Betroffenen noch gegenüber der Öffentlichkeit transparent gemacht werden. Da sich die Idee des EP, den Nachweis für die Wirksamkeit der Sicherstellungsmaßnahmen durch regelmäßige Berichte analog den obligatorischen Berichten kapitalmarktorientierter Unternehmen zu führen (Art. 22 Abs. 3 EP-E), nicht durchgesetzt hat, kann eine Transparenz des Nachweises gegenüber der Öffentlichkeit nicht verlangt werden. **65**

Es ist allerdings denkbar, dass die Art. 5 Abs. 2 und 24 Abs. 1 auch von den Gerichten in zivilrechtlichen Verfahren (zum Beispiel in Schadensersatzverfahren) als Darlegungs- und Beweislastregel betrachten werden. **66**

III. Pflicht zur Überprüfung und Aktualisierung (Abs. 1 S. 2)

Die Pflicht zur Überprüfung und Aktualisierung der Sicherstellungsmaßnahmen bedürfte nicht der gesonderten Erwähnung, denn die Sicherstellungsmaßnahmen des Abs. 1 S. 1 sind nur dann als geeignet und wirksam anzusehen, wenn sie nicht veraltet sind und deshalb die Rechtmäßigkeit der Verarbeitung gar nicht mehr sicherstellen können. Die Pflicht zur regelmäßigen Überprüfung und Aktualisierung stellt auf deklaratorische Weise klar, dass es sich bei der Sicherstellungspflicht des Abs. 1 S. 1 um eine Dauerpflicht handelt. So könnte – je nach Risiko der Datenverarbeitung – zu einer richtig umgesetzten technischen oder organisatorischen Maßnahme auch eine regelmäßige Pflicht zur Prüfung der Effizienz dieser Maßnahme (also gewissermaßen eine Maßnahmenverwaltung und –pflege) gehören. **67**

IV. Geeignete Maßnahmen/Vorkehrungen (Abs. 1 S. 1 und 2)

Zur Erfüllung der Sicherstellungspflicht müssen geeignete technische und organisatorische Maßnahmen (Abs. 1 S. 1) und geeignete Datenschutzvorkehrungen (Abs. 2) getroffen werden. Auch Art. 32 Abs. 1 verpflichtet zur Ergreifung technischer und organisatorischer Maßnahmen. Diese klassischen, der Datensicherheit dienenden Maßnahmen werden in erster Linie bei Art. 32 (dort insb. Rn. 22 ff.) kommentiert. **68**

1. Maßnahmen (Abs. 1 S. 1)

Eine strenge Unterscheidung zwischen technischen und organisatorischen Maßnahmen lässt sich nur schwer vornehmen. Es gibt eine große Schnittmenge von Maßnahmen, die sowohl technischer als auch organisatorischer Natur sind oder sein können.[30] Daher ist die nachfolgende Unterscheidung zwischen technischen und organisatorischen Maßnahmen nicht in jedem Fall zwingend. **69**

---

29 *Art. 29 Data Protection Working Party*, WP 173 (2010), Opinion 3/2010 on the principle of accountability (adopted on 13 July 2010), S. 15 (Ziffer 48).
30 Ebenso Simitis, *Ernestus*, § 9 Rn. 20.

70 Die nachfolgenden Aufzählungen erheben keinen Anspruch auf Vollständigkeit. Sie bedeuten andererseits selbstverständlich nicht, dass immer alle genannten Maßnahmen auch ergriffen werden müssen. Welche Maßnahmen ergriffen werden müssen, ist eine Frage des Einzelfalls und unterliegt dem durch den risikobasierten Ansatz beeinflussten Verhältnismäßigkeitsprinzip. Dadurch können sich vielgestaltige Abweichungen in Intensität und Umfang der zu treffenden Maßnahmen ergeben. Es gelten weder ein starrer Katalog noch ein verbindlicher Basisstandard.[31]

a) Technische Maßnahmen

71 Technische Maßnahmen beziehen sich eher auf den Datenverarbeitungsvorgang selbst (Zugriffskontrolle, Weitergabekontrolle, Verschlüsselung).[32] Technische Maßnahmen können z.B. die folgenden Maßnahmen sein:

- Identifikation des Datenbestandes und der Datenverarbeitungsverfahren („data mapping").
- Klassifikation des Datenbestandes (z.B. in sensible, geheimhaltungsbedürftige, allgemein zugängliche, usw. Daten).
- Führung eines Verzeichnisses von Verarbeitungstätigkeiten, sofern dies von Art. 30 verlangt wird.
- Führung eines Verzeichnisses, in dem die Schutzmechanismen für Drittstaatentransfers aufgeführt sind (z.B. verbindliche interne Datenschutzvorschriften, Standarddatenschutzklauseln, Verhaltensregeln, Zertifizierungsmechanismen).
- Vorhandensein von Tools, die die Rechtsdurchsetzung des Betroffenen ermöglichen[33]; dazu gehören technische Einrichtungen, die es dem Betroffenen ermöglichen, seine Rechte geltend zu machen (also z.B. Antragsformulare oder Online-Einstellungsmöglichkeiten).
- Etablierung von Reaktionsplänen und Verfahrensweisen, die eine frist- und sachgerechte Bearbeitung der Transparenzrechte (z.B. Information, Auskunft, Kopie, Benachrichtigungen, Datenportabilität) und Gestaltungsansprüche (z.B. Berichtigung, Vervollständigung, Löschung, Verarbeitungseinschränkung, Widerspruch) des Betroffenen ermöglichen.
- Vorhandensein von Tools, die die Beseitigung festgestellter Mängel gewährleisten.[34]
- Vorhandensein eines internen Beschwerdebearbeitungssystems.
- Erfüllung der Anforderungen des Art. 25 an „Privacy by Design" und „Privacy by default".

b) Organisatorische Maßnahmen

72 Organisatorische Maßnahmen beziehen sich eher auf die äußeren Umstände und den Ablauf der Datenverarbeitung (Protokollierung, Mitarbeiterschulung, Vieraugenprinzip).[35] Organisatorische Maßnahmen können z.B. die folgenden Maßnahmen sein:

- Benennung der für die Einhaltung datenschutzrechtlicher Anforderungen zuständigen Person(en) innerhalb der verantwortlichen Stelle (z.B. Privacy Officer, Privacy Counsel, CPO, Koordinatoren in den Abteilungen).
- Benennung eines betrieblichen oder behördlichen Datenschutzbeauftragten, sofern dies von Art. 37 Abs. 1 oder dem mitgliedstaatlichen Recht (Art. 37 Abs. 4) verlangt wird.
- Regelung der Aufgabenverteilung des mit Datenverarbeitungsvorgängen befassten Personals.[36]

---

31 So auch in: Plath, *Plath*, Art. 24 Rn. 3.
32 Wolff/Brink, *Schmidt/Brink*, Art. 24 DS-GVO Rn. 15, (im Erscheinen).
33 *Hladjk/Kramer*, in: Datenschutz Berater 9/2011, 8.
34 *Hladjk/Kramer*, in: Datenschutz Berater 9/2011, 8.
35 Wolff/Brink, *Schmidt/Brink*, Art. 24 DS-GVO Rn. 15, (im Erscheinen).
36 *Art. 29 Data Protection Working Party*, WP 173 (2010), Opinion 3/2010 on the principle of accountability (adopted on 13 July 2010), S. 10.

- Durchführung von Datenschutz-Folgenabschätzungen, soweit dies von Art. 35 verlangt wird.
- Vorherige Konsultation einer Datenschutzaufsichtsbehörde, sofern dies von Art. 36 verlangt wird.
- Prozessvorgaben, nach denen die Prüfung neuer Verarbeitungen personenbezogener Daten beurteilt und kontrolliert wird.[37]
- Interne Datenschutzstrategien, -konzepte oder –richtlinien, insb. Zugriffs- und Berechtigungskonzept.[38]
- Anweisungen und Tools zur Umsetzung der Datenschutzstrategien, -konzepte oder -richtlinien.[39]
- Regelmäßige Überprüfung der Wirksamkeit der getroffenen Maßnahmen; dazu gehören verschiedene Möglichkeiten wie bspw. Monitoring, interne oder externe Audits, vollständige Prüfungen oder Negativprüfungen, interne Berichtspflichten.[40]
- Bereitstellung von Ressourcen für das Privacy-Management; Schulungen und Fortbildungen der Beschäftigten (gestaffelt nach Datenumgangsintensität), um sicherzustellen, dass diese hinreichend versiert bei der Verarbeitung von personenbezogenen Daten in ihrem Tätigkeitsbereich sind.
- Vorgaben für die Meldung und von Sicherheitsverstößen an die Geschäftsleitung und deren sachgerechte Behandlung (u.U. im Rahmen von Eskalationsplänen).
- Maßnahmen zur Herstellung von Transparenz gegenüber dem Betroffenen, soweit dies von der DS-GVO verlangt wird (z.B. durch Art. 12, 13, 14, 15).
- Einrichtung von „Ethikräten", die einen Beitrag zu verantwortungsbewussteren internen Verfahren leisten sollen.[41]

2. Datenschutzvorkehrungen (Abs. 2)

Eine Unterscheidung zwischen Maßnahmen und Vorkehrungen wird für verzichtbar gehalten. **73**
Daher umfassen die vorstehenden Ausführungen zu Maßnahmen (Rn. 69 ff.) auch Datenschutzvorkehrungen. Bemerkenswert ist, dass in der englischen Fassung der DS-GVO von „data protection policies" die Rede ist, also eher von „Datenschutzrichtlinien" oder „Datenschutzstrategien" und nicht von „Datenschutzvorkehrungen". Doch auch Richtlinien/Strategien können ohne weiteres bereits unter die gem. Abs. 1 S. 1 zu treffenden Sicherstellungsmaßnahmen subsumiert werden.

3. Geeignetheit der Maßnahmen und Vorkehrungen

Angesichts der Vielzahl von Datenverarbeitungsvorgängen im Unternehmen und angesichts der **74**
Vielzahl der zu erfüllenden datenschutzrechtlichen Pflichten dürfte ein reagierendes Vorgehen in vielen Fällen nicht ausreichen, um datenschutzkonformes Verhalten sicherzustellen. Daher bedarf es im Fall von Situationen höheren Risikos für die Betroffenen eines Bündels von Maßnahmen, die auf ein Datenschutzmanagement abzielen.[42] Nur eine Gesamtheit von Maßnahmen dürfte insgesamt geeignet sein, Datenschutzkonformität herstellen.

---

37 *Hladjk/Kramer*, in: Datenschutz Berater 9/2011, 8.
38 *Hladjk/Kramer*, in: Datenschutz Berater 9/2011, 8; *Art. 29 Data Protection Working Party*, WP 173 (2010), Opinion 3/2010 on the principle of accountability (adopted on 13 July 2010), S. 10.
39 *Hladjk/Kramer*, in: Datenschutz Berater 9/2011, 8.
40 *Art. 29 Data Protection Working Party*, WP 173 (2010), Opinion 3/2010 on the principle of accountability (adopted on 13 July 2010), S. 10 und 16.
41 *European Data Protection Supervisor*, Stellungnahme 7/2015, Bewältigung der Herausforderungen in Verbindung mit Big Data – Ein Ruf nach Transparenz, Benutzerkontrolle, eingebautem Datenschutz und Rechenschaftspflicht (19. November 2015), S. 19.
42 *Hladjk/Kramer*, in: Datenschutz Berater 9/2011, 8, 9.

75 Hierzu können auch Maßnahmen und Verfahren gehören, die in der DS-GVO gar nicht vorgesehen sind. So kann der Verantwortliche über die Mindestanforderungen hinausgehen (z.B. durch kürzere Bearbeitungsfristen, die freiwillige Bestellung eines Datenschutzbeauftragten oder die Bereitschaft, Anträge gleichzeitig online und offline zu beantworten).[43] Auch solche Maßnahmen werden unproblematisch als geeignet anzusehen sein.

76 Es sind nicht immer alle der oben genannten Maßnahmen zu ergreifen. Inwieweit bestimmte Maßnahmen geeignet sind, ist von Fall zu Fall zu entscheiden. Diese Entscheidungen obliegen dem Verantwortlichen, wobei Anleitungen der mitgliedstaatlichen Datenschutzaufsichtsbehörden und des Europäischen Datenschutzausschusses, soweit verfügbar, zu beachten sind.[44]

77 Neben der Geeignetheit der Maßnahmen und Vorkehrungen ist zu prüfen, ob die Maßnahmen und Vorkehrungen zur Erreichung des Ziels (Verarbeitung gem. dieser Verordnung) erforderlich und verhältnismäßig sind. Maßstab hierfür ist das Risiko der Datenverarbeitung für die Rechte und Freiheiten des Betroffenen (hierzu nachfolgend Rn. 78 ff. und 169 ff.).

V. Risikobasierter Ansatz (Abs. 1 S. 1)

78 Die Sicherstellungs- und die Nachweispflicht des Abs. 1 S. 1 sind unter Berücksichtigung der Art, des Umfangs, der Umstände und der Zwecke der Verarbeitung (nachfolgend Rn. 81 ff.) sowie der unterschiedlichen Eintrittswahrscheinlichkeit und Schwere der Risiken für die Rechte und Freiheiten natürlicher Personen (nachfolgend Rn. 142 ff.) zu erfüllen. Das bedeutet: Die technischen und organisatorischen Maßnahmen, die die Rechtmäßigkeit der Datenverarbeitung sicherstellen sollen, müssen und dürfen risikoadäquat sein. Die technischen und organisatorischen Maßnahmen müssen nicht nur geeignet sein, um das Ziel der Rechtmäßigkeit der Datenverarbeitung zu erreichen. Sie müssen unter Berücksichtigung des Risikos der konkreten Datenverarbeitung auch erforderlich und verhältnismäßig sein. Dieser Gedanke hat unter der Bezeichnung „risikobasierter Ansatz" Eingang in die DS-GVO gefunden.[45] Die Sicherstellungs- und die Rechenschaftspflicht stehen unter dem Vorbehalt des risikobasierten Ansatzes.

79 Anliegen des risikobasierten Ansatzes ist es, zu einer Ausdifferenzierung der datenschutzrechtlichen Pflichten zu gelangen. Dem liegt die Idee zugrunde, dass das datenschutzrechtliche Instrumentarium nur in Abhängigkeit vom Risiko, das von der Datenverarbeitung im Einzelfall für den Betroffenen ausgeht, angewendet werden sollte, um so ein vernünftiges Aufwand-Nutzen-Verhältnis herstellen zu können. Von Verbraucherschützern kritisch beäugt[46] und von Datenschützern zuweilen als Trojanisches Pferd[47] oder Täuschungsmanöver[48] bezeichnet, ist der risikobasierte Ansatz eine der wenigen echten Modernisierungen, die die DS-GVO hervorgebracht hat.[49] Mit strukturierten Risikoprüfungen – so die Hoffnung – könnten Komplexität handhabbar gemacht und Abwägungsentscheidungen nachvollziehbar getroffen werden.[50]

80 Abs. 1 nennt verschiedene Kriterien, anhand derer in jedem Einzelfall der erforderliche Umsetzungsaufwand zu bemessen ist. Zu unterscheiden sind die Umstände der konkreten Verarbeitung

---

43 *Art. 29 Data Protection Working Party*, WP 173 (2010), Opinion 3/2010 on the principle of accountability (adopted on 13 July 2010), S. 6; *Veil*, in: ZD 2015, 347.

44 *Art. 29 Data Protection Working Party*, WP 173 (2010), Opinion 3/2010 on the principle of accountability (adopted on 13 July 2010), S. 14.

45 *Art. 29 Data Protection Working Party*, WP 218 (2014), Statement on the role of a risk-based approach in data protection legal frameworks (adopted on 30 May 2014).

46 *vzbv*, http://www.rdv-online.com/aktuelles/kritik-an-risikobasiertem-anS.

47 *Bergemann*, https://netzpolitik.org/2013/innen-und-justizminister-reiten-auf-trojanischen-pferden-richtung-datenschutzreform/

48 *Albrecht*, http://gruen-digital.de/2013/03/eu-datenschutz-ministerrat-muss-beim-datenschutz-liefern/

49 Vgl. *Böhning*, ZD 2013, 421, 422; *Süme*, https://www.eco.de/2014/news/eco-fordert-risikobasierten-anS.-im-europaeischen-datenschutzrecht-2.html; *Härting*, http://www.haerting.de/de/neuigkeit/vom-verbotsprinzip-zur-risikoorientierung; *Reding*, in: K&R Die erste Seite 2014, Nr. 1

50 *Thoma*, ZD 2013, 578

(Art, Umfang, Umstände, Zwecke) und das Risiko für den Betroffenen (geschütztes Rechtsgut, Eintrittswahrscheinlichkeit, Schwere).

1. Berücksichtigung der konkreten Verarbeitung

a) Art der Verarbeitung

Die Art der Verarbeitung betrifft entweder die Mittel, mit denen eine Verarbeitung vorgenommen wird, oder die Verarbeitung bestimmter Typen von Daten: 81

Als in erhöhtem Maße riskant und damit besonders eingrenzungs- und regelungsbedürftig wird in der DS-GVO die Tatsache der **automatisierten** Verarbeitung angesehen, insb. wenn sie dem **„profiling"** oder der Herbeiführung einer **Einzelentscheidung** dient (Art. 4 Nr. 4, 13 Abs. 2 lit. g, 14 Abs. 2 lit. g, 15 Abs. 1 lit. h, 20 Abs. 1 lit. b, 21 Abs. 1 und 2, 22, 35 Abs. 3 lit. a). Daneben wird das **„monitoring"**, also die Beobachtung des Verhaltens des Betroffenen als potentiell gefährlich besonders hervorgehoben (Art. 3 Abs. 2 lit. b, 27 Abs. 3, 35 Abs. 3 lit. c, 37 Abs. 1 lit. b). Das besondere Risiko von „profiling" und „monitoring" besteht in der Überwachung des Einzelnen. Das Datenschutzrecht dient in diesen beiden Fällen dem Schutz vor diesen beiden Überwachungsarten.[51] Liegen weder „profiling" noch „monitoring" vor, dient der Datenschutz „nur" dem Schutz vor einer Datenverarbeitung, die tendenziell als risikoärmer eingestuft werden kann, es sei denn, es liegen andere risikoerhöhende Gesichtspunkte vor. 82

Als ein solcher risikoerhöhender Gesichtspunkt kann die Verarbeitung bestimmter Datentypen anzusehen sein. Die Verarbeitung besonderer Kategorien personenbezogener Daten wird schon wegen der Entscheidung des Normgebers, diese Daten unter ein strengeres Schutzregime zu stellen, als riskantere Form der Datenverarbeitung angesehen werden müssen (siehe auch die Erwähnung in EG 75). Die Aufzählung in Art. 9 ist jedoch sehr starr und undifferenziert.[52] Dass bspw. die Gewerkschaftszugehörigkeit auf derselben Sensibilitätsstufe wie Daten über das Sexualleben steht, wird für das konkrete Risiko der Datenverarbeitung im Einzelfall wenig Aussagekraft haben. Daher kann die Verarbeitung besonderer Kategorien personenbezogener Daten nur als ein Indiz für eine potentiell gefährliche Verarbeitung angesehen werden. Andere Datentypen, deren Verarbeitung als tendenziell riskant angesehen werden kann (z.B. Kreditkartendaten), fehlen in der Aufzählung des Art. 9. 83

EG 75 zählt die Verarbeitung von personenbezogenen Daten schutzbedürftiger natürlicher Personen, insb. Daten von Kindern zu den potentiell riskanten Datenverarbeitungen. Dasselbe gilt für die Verarbeitung von Standortdaten und Arbeitnehmerdaten (vgl. Art. 32a Abs. 2 lit. b EP-E). Deren Verarbeitung könnte riskant sein, muss es aber nicht. 84

Art. 37 Abs. 1 lit. b und c führt als weiteres Kriterium das der Kerntätigkeit ein. Wenn die Kerntätigkeit des Verantwortlichen in der Durchführung von Verarbeitungsvorgängen besteht, die eine umfangreiche, regelmäßige und systematische Überwachung von betroffenen Personen erforderlich machen, oder in der umfangreichen Verarbeitung besonderer Kategorien von Daten, führt dies zur Verpflichtung, einen Datenschutzbeauftragten zu bestellen. Das Vorliegen einer solchen Art der Tätigkeit kann auch ein Indiz für eine riskante Datenverarbeitung sein. Das Tatbestandsmerkmal der „Kerntätigkeit" ließe sich aber nicht nur qualitativ, sondern auch quantitativ interpretieren. Dann wäre es eher unter „Umfang" der Datenverarbeitung (nachfolgend Rn. 87 ff.) zu subsumieren. 85

---

51 Zur grundsätzlichen Unterscheidung zwischen Überwachungsschutz und Datenschutz siehe *von Lewinski*, Überwachung, Datenschutz und die Zukunft des Informationsrechts, in: Telemedicus e.V. (Hrsg.), Tagungsband zur Telemedicus-Sommerkonferenz 2014 (abrufbar: https://www.telemedicus.info/uploads/Dokumente/Ueberwachung-und-Recht-Tagungsband-Soko14.pdf), S. 1 ff.

52 *Härting*, in: Betriebs-Berater 2012, 459.

86 Ungeachtet der wegen Art. 24 Abs. 1 S. 1 allgemein bei jeder Risikoabwägung zu beachtenden Art der Datenverarbeitung, wird in der DS-GVO an einigen Stellen gesondert zur Beurteilung der Gefährlichkeit einer Datenverarbeitung auf die Art der Datenverarbeitung abgestellt:

- Gesetzgeberische Maßnahmen der Union oder Mitgliedstaaten, die die Betroffenenrechte der Art. 12 bis 22 und 34 einschränken, müssen ggf. spezifische Vorschriften in Bezug auf die jeweiligen Speicherfristen sowie die geltenden Garantien unter Berücksichtigung unter anderem der Art der Verarbeitung enthalten (Art. 23 Abs. 2 lit. f).
- Die Art der Verarbeitung ist ein Kriterium zur Beurteilung der Frage, welche Maßnahmen zur Verwirklichung des Datenschutzes durch Technikgestaltung erforderlich sind (Art. 25 Abs. 1).
- Die Art der Verarbeitung ist ausdrücklich bei der Frage zu berücksichtigen, ob ein nicht in der Union niedergelassener Verantwortlicher oder Auftragsverarbeiter einen Vertreter benennen muss (Art. 27 Abs. 2 lit. a).
- Die Art der Verarbeitung ist ausdrücklich in Art. 32 Abs. 1 bei der Prüfung der Frage, was ein angemessenes Datensicherheitsniveau ist, zu berücksichtigen.
- Ob eine Datenverarbeitung ein hohes Risiko für den Betroffenen birgt und deshalb eine Datenschutz-Folgenabschätzung vorzunehmen ist, hängt unter anderem von der Art der Verarbeitung ab (Art. 35 Abs. 1).
- Die Art der Verarbeitung ist ein Kriterium, das bei der Frage zu berücksichtigen ist, ob ein Datenschutzbeauftragter zu benennen ist (Art. 37 Abs. 1 lit. b; EG 97).
- Der Datenschutzbeauftragte hat bei der Erfüllung seiner Aufgaben ausdrücklich die Art der Verarbeitung zu berücksichtigen bzw. dieser „gebührend Rechnung zu tragen" (Art. 39 Abs. 2).
- Die Art der Verarbeitung spielt als ein Maßstabskriterium auch bei der Entscheidung einer Datenschutzaufsichtsbehörde über die Verhängung einer Geldbuße und über ihre Höhe eine Rolle (Art. 83 Abs. 2 lit. a).

b) Umfang der Verarbeitung

87 Unter dem Umfang der Verarbeitung wird man die Zahl der verarbeiteten Daten, aber auch das Ausmaß des von einer Datenverarbeitung betroffenen Lebensbereiches eines Betroffenen (z.B. umfassendes Persönlichkeitsbild in einem sozialen Netzwerk) verstehen können (siehe Profiling, Art. 4 Nr. 4).

88 Der Umfang einer Datenverarbeitung kann jedoch hiesigen Erachtens allenfalls ein Indiz für eine potentiell gefährliche Datenverarbeitung sein. Die Schwere eines potentiellen Eingriffs in Persönlichkeitsrechte kann sich nicht allein an der Zahl der Daten oder der Zahl der Betroffenen bemessen. Für das Gewicht des Eingriffs sind vielmehr die Informationen, die sich aus den Daten gewinnen lassen[53], und die konkrete Verwendung der Daten maßgebend.

Darüber hinaus hängt die Aussagekraft des Kriteriums „Umfang der Verarbeitung" auch vom jeweils durch die Norm geschützten Rechtsgut ab:

89 – Werden zum Beispiel hochsensible Daten gespeichert, so kann der Umfang der gespeicherten Daten im Hinblick auf die Datensicherheit (Art. 32) kaum ein Rolle spielen. Für das gem. Art. 32 erforderliche Datensicherheitsniveau dürfte es nicht von Bedeutung sein, ob nur wenige oder viele hochsensible Daten verarbeitet werden. Die relevanten Schutzgüter des Art. 32 (z.B. allgemeines Persönlichkeitsrecht, Vertraulichkeitserwartung) erfordern somit unabhängig von der Zahl der Daten ein hohes Maß an Datensicherheit.

53 *Härting*, S. 34 (Rn. 131).

- Im Hinblick auf den Auskunftsanspruch (Art. 15) kommt es jedoch sehr wohl auf den Umfang der Datenverarbeitung an. Ist nur ein Datum über einen Betroffenen gespeichert, müssen wohl keine technischen und organisatorischen Maßnahmen präventiv implementiert werden, um sicher zu stellen, dass ein etwaiges Auskunftsbegehren eines Betroffenen fristgerecht beantwortet werden kann, selbst wenn es sich bei dem einen Datum um ein hochsensibles Datum handelt. In einem solchen Fall wird sich der Auskunftsanspruch nämlich über „ad hoc"-Maßnahmen erfüllen lassen. Sind allerdings Millionen von Daten über einen Betroffenen oder Daten über Millionen von Betroffenen gespeichert, muss der Verantwortliche wohl IT-gestützte Verfahren zur sachgemäßen Beauskunftung Betroffener vorsehen. Das relevante Rechtsgut des Art. 15 (Transparenz der Datenverarbeitung) erfordert somit abhängig vom Umfang der Verarbeitung durchaus unterschiedliche Maßnahmen. **90**

Nicht geeignet, eine vernünftige Aussage über das konkrete Risiko zu treffen, war nach dem eben Gesagten insb. der EP-Vorschlag, der sich in Art. 32a Abs. 2 lit. a EP-Entwurf fand. Danach sollten Verarbeitungsvorgänge konkrete Risiken beinhalten können, bei denen die Daten von mehr als 5000 Betroffenen innerhalb eines Zeitraums von zwölf Monaten verarbeitet werden. **91**

Ungeachtet des wegen Art. 24 Abs. 1 S. 1 allgemein bei jeder Risikoabwägung zu beachtenden Umfangs der Datenverarbeitung, wird in der DS-GVO an einigen Stellen gesondert zur Beurteilung der Gefährlichkeit einer Datenverarbeitung auf den Umfang der Datenverarbeitung abgestellt: **92**

- Gesetzgeberische Maßnahmen der Union oder Mitgliedstaaten, die die Betroffenenrechte der Art. 12 bis 22 und 34 einschränken, müssen ggf. spezifische Vorschriften in Bezug auf die jeweiligen Speicherfristen sowie die geltenden Garantien unter Berücksichtigung unter anderem des Umfangs der Verarbeitung enthalten (Art. 23 Abs. 2 lit. f).
- Der Umfang der Verarbeitung ist ein Kriterium zur Beurteilung der Frage, welche Maßnahmen zur Verwirklichung des Datenschutzes durch Technikgestaltung (Art. 25 Abs. 1) und durch datenschutzfreundliche Voreinstellungen (Art. 25 Abs. 2) erforderlich sind.
- Der Umfang der Verarbeitung ist ausdrücklich bei der Frage zu berücksichtigen, ob ein nicht in der Union niedergelassener Verantwortlicher oder Auftragsverarbeiter einen Vertreter benennen muss (Art. 27 Abs. 2 lit. a).
- Der Umfang der Verarbeitung ist ausdrücklich in Art. 32 Abs. 1 bei der Prüfung der Frage, was ein angemessenes Datensicherheitsniveau ist, zu berücksichtigen.
- Der Umfang der Verarbeitung spielt für die Frage, ob eine Datenschutz-Folgenabschätzung vorzunehmen ist, eine große Rolle (Art. 35 Abs. 3: systematische und umfassende Bewertung persönlicher Aspekte natürlicher Personen, umfangreiche Verarbeitung sensibler Daten, systematische umfangreiche Überwachung öffentlich zugänglicher Bereiche; EG 91).
- Der Umfang einer Verarbeitung ist ein wichtiges Kriterium, das bei der Frage zu berücksichtigen ist, ob ein Datenschutzbeauftragter zu benennen ist (Art. 37 Abs. 1 lit. b und c; EG 97).
- Der Datenschutzbeauftragte hat den Umfang der Verarbeitung bei der Erfüllung seiner Aufgaben ausdrücklich zu berücksichtigen bzw. diesem „gebührend Rechnung zu tragen" (Art. 39 Abs. 2).
- EG 75 zählt die Verarbeitung einer großen Menge personenbezogener Daten oder einer großen Anzahl von Personen zu den potentiell riskanten Datenverarbeitungen.
- Der Umfang der Verarbeitung spielt als ein Maßstabskriterium auch bei der Entscheidung einer Datenschutzaufsichtsbehörde über die Verhängung einer Geldbuße und über ihre Höhe eine Rolle (Art. 83 Abs. 2 lit. a).

c) Umstände der Verarbeitung

93 Mit den Umständen der Verarbeitung, die bei der Risikoprüfung zu berücksichtigen sind, ist vor allem die Kontextabhängigkeit der Datenverarbeitung angesprochen.

94 Die Art. 29-Gruppe meinte, große Verantwortliche sollten grundsätzlich strenge Maßnahmen treffen.[54]

95 Art. 32a Abs. 2 lit. b EP-Entwurf enthielt ein weiteres Kriterium für die Beurteilung der Umstände der Verarbeitung. Danach sollte die Verarbeitung von Arbeitnehmerdaten in „groß angelegten Ablagesystemen" konkrete Risiken beinhalten können. Nach Art. 32a Abs. 2 lit. g EP-Entwurf sollte die Wahrscheinlichkeit, dass eine Datenschutzverletzung zu negativen Auswirkungen für den Betroffenen führt, für eine riskante Verarbeitung sprechen. Nach Art. 32a Abs. 2 lit. i EP-Entwurf sollte es auch potentiell als riskant anzusehen sein, wenn personenbezogene Daten einer großen Zahl von Personen zugänglich gemacht werden, von der vernünftigerweise nicht erwartet werden kann, dass sie begrenzt wird.

96 Die Art. 29-Gruppe meint sogar, ein Unternehmen, das bereits früher gegen Rechtsvorschriften verstoßen habe, müsse jeweils ganz spezifische Maßnahmen treffen, um ein glaubwürdiges und effektives Datenmanagement zu gewährleisten.[55] Dies geht eindeutig zu weit. Die Risikoeinschätzung ist durch den Verantwortlichen und nicht durch die Datenschutzaufsichtsbehörde vorzunehmen. Das Datenmanagement muss auch nicht glaubwürdig, sondern effizient sein. Der in der Aussage der Art. 29-Gruppe aufscheinende Resozialisierungsgedanke ist dem Verwaltungsrecht fremd. Vorherige Verstöße gegen das Datenschutzrecht können aber natürlich indizieren, dass die bisherigen technischen und organisatorischen Maßnahmen nicht ausreichend waren und diese deshalb verbessert werden müssen.

97 Im Übrigen sind die von der DS-GVO genannten Umstände der Verarbeitung für die Risikoanalyse wenig ergiebig. Aussagekräftigere Informationen über das konkrete Risiko der Datenverarbeitung können nur im Hinblick auf das Schutzgut der jeweiligen Norm getroffen werden (hierzu genauer Rn. 115 ff.).

98 So ist ein im Rahmen der Risikoprüfung zu berücksichtigender Umstand die Frage, ob eine begründete Vertraulichkeitserwartung des Betroffenen vorliegt. Die DS-GVO erkennt diesen Umstand an, indem sie bei der Auslegung des Tatbestandsmerkmals des berechtigten Interesses auf die vernünftigen Erwartungen des Betroffenen, die auf seiner Beziehung zu dem Verantwortlichen beruhen, abstellt (EG 47 S. 1 und 50 S. 6).

99 Eine geringere Vertraulichkeitserwartung des Betroffenen herrscht bei allgemein zugänglichen und erst recht bei vom Betroffenen öffentlich gemachten Daten. Allgemein zugängliche Daten werden zwar gegenüber der geltenden Rechtslage[56] in der DS-GVO nur stiefmütterlich behandelt. Die Verarbeitung vom Betroffenen offensichtlich öffentlich gemachter sensibler Daten wird aber immerhin in Art. 9 Abs. 2 lit. e privilegiert, so dass im Wege des Erst-recht-Schlusses auch die

---

54 *Art. 29 Data Protection Working Party*, WP 173 (2010), Opinion 3/2010 on the principle of accountability (adopted on 13 July 2010), S. 15.

55 *Art. 29 Data Protection Working Party*, WP 173 (2010), Opinion 3/2010 on the principle of accountability (adopted on 13 July 2010), S. 15.

56 Die Verarbeitung von allgemein zugänglichen personenbezogenen Daten ist im BDSG an vielen Stellen privilegiert. Sie ist sie unter erleichterten Voraussetzungen zulässig für eigene Geschäftszwecke (§ 28 Abs. 1 Nr. 3 BDSG), zum Zweck der Übermittlung (§ 29 Abs. 1 Nr. 3 BDSG), bei Veränderung (§ 30 Abs. 2 Nr. 2 BDSG), für Zwecke der Markt- oder Meinungsforschung (§ 30a Abs. 1 Nr. 2 BDSG), für Forschungszwecke (§ 30a Abs. 2 S. 1 BDSG) und für die zweckändernde Weiterverarbeitung (§ 14 Abs. 2 Nr. 5 BDSG). Für die Verarbeitung sensibler Daten (§ 3 Abs. 9 BDSG) gibt es Sondervorschriften, soweit es sich um Daten handelt, die der Betroffene offenkundig öffentlich gemacht hat (§§ 13 Abs. 2 Nr. 4, 28 Abs. 6 Nr. 2 BDSG). Eine Pflicht des Datenverarbeiters zur Benachrichtigung des Betroffenen besteht bei allgemein zugänglichen Daten ebenfalls in vielen Fällen nicht (§§ 33 Abs. 2 Nr. 7a), 8a), Nr. 9 BDSG). § 35 Abs. 6 S. 1 BDSG enthält für allgemein zugängliche Daten eine Ausnahme von der Pflicht zur Berichtigung, Sperrung oder Löschung. Die Einschränkungen für das automatisierte Abrufverfahren (§ 10 Abs. 1 bis 4 BDSG) gelten nicht für den Abruf allgemein zugänglicher Daten (§ 10 Abs. 5 S. 1 BDSG).

Verarbeitung nicht-sensibler allgemein zugänglicher Daten unter erleichterten Voraussetzungen zulässig sein sollte.

100 Auch bei personenbezogenen Daten, die rechtmäßigerweise in Registern (z.B. Handelsregister) veröffentlicht sind und einer Publizitätspflicht unterliegen, sind andere „Umstände der Verarbeitung" anzunehmen als bei „normalen" personenbezogenen Daten.

101 Für die Umstände der Datenverarbeitung spielt es eine erhebliche Rolle, in welchem Kontext die Daten verarbeitet werden: online oder offline, durch öffentliche oder nicht-öffentliche Stellen, als Kerntätigkeit des Verantwortlichen oder nur gelegentlich einer anderen Haupttätigkeit, in einem stark regulierten beruflichen Kontext (z.B. Ärzte, Rechtsanwälte) oder im Rahmen eines besonderen Vertrauensverhältnisses, in einem für die Verübung von Straftaten oder Datenmissbrauch anfälligen Bereich (z.B. Kreditkartendaten), bei allgemein zugänglichen oder vom Betroffenen veröffentlichten Daten (z.B. Tweets), bei Vorliegen von Machtungleichgewichten zwischen Verantwortlichem und Betroffenem (z.B. Beschäftigungskontext, Bewerbungssituationen), im Rahmen von automatisierten Entscheidungsvorgängen, bei Verwendung von Daten als Wirtschaftsgut (z.B. Datenhandel), etc.

102 Ungeachtet der wegen Art. 24 Abs. 1 S. 1 allgemein bei jeder Risikoabwägung zu beachtenden Umstände der Datenverarbeitung, wird in der DS-GVO an einigen Stellen gesondert zur Beurteilung der Gefährlichkeit einer Datenverarbeitung auf die Umstände der Datenverarbeitung abgestellt:

- Die Umstände der Verarbeitung beeinflussen, innerhalb welcher Frist der Verantwortliche den Betroffenen gem. Art. 14 Abs. 3 lit. a informieren muss.
- Die Umstände der Verarbeitung sind ein Kriterium zur Beurteilung der Frage, welche Maßnahmen zur Verwirklichung des Datenschutzes durch Technikgestaltung (Art. 25 Abs. 1) erforderlich sind.
- Die Umstände der Verarbeitung sind ausdrücklich bei der Frage zu berücksichtigen, ob ein nicht in der Union niedergelassener Verantwortlicher oder Auftragsverarbeiter einen Vertreter benennen muss (Art. 27 Abs. 2 lit. a).
- Die Umstände der Verarbeitung sind ausdrücklich in Art. 32 Abs. 1 bei der Prüfung der Frage, was ein angemessenes Datensicherheitsniveau ist, zu berücksichtigen.

  Ob eine Datenverarbeitung ein hohes Risiko für den Betroffenen birgt und deshalb eine Datenschutz-Folgenabschätzung vorzunehmen ist, hängt unter anderem von den Umständen der Verarbeitung ab (Art. 35 Abs. 1).
- Der Datenschutzbeauftragte hat bei der Erfüllung seiner Aufgaben die Umstände der Verarbeitung ausdrücklich zu berücksichtigen bzw. ihnen „gebührend Rechnung zu tragen" (Art. 39 Abs. 2).
- Alle Umstände der Datenübermittlung sind beim Drittstaatentransfer zu berücksichtigen, sofern kein Angemessenheitsbeschluss vorliegt und keine geeigneten Garantien bestehen (Art. 49 Abs. 1 Unterabs. 2).

d) Zwecke der Verarbeitung

103 Die Zwecke der Verarbeitung sind in die Risikoabwägung einzubeziehen. Das bedeutet, dass sowohl eine besondere Gefährlichkeit der Verarbeitungszwecke zugunsten des Betroffenen als auch ein dem Verarbeitungszweck innewohnender besonderer Nutzen (für die Allgemeinheit, für den Datenverarbeiter oder für Dritte) zugunsten des Verantwortlichen bei der Risikoprüfung zu berücksichtigen sind.

104 Art. 35 Abs. 3 lit. a benennt automatisierte Einzelentscheidungen, die Rechtswirkungen gegenüber natürlichen Personen entfalten oder diese in ähnlich erheblicher Weise beeinträchtigen sollen, als einen potentiell gefährlichen Verarbeitungszweck. EG 75 ergänzt dies und erwähnt im

Zusammenhang mit riskanten Verarbeitungszwecken die Bewertung persönlicher Aspekte, insb. wenn Aspekte, die die Arbeitsleistung, wirtschaftliche Lage, Gesundheit, persönliche Vorlieben oder Interessen, die Zuverlässigkeit oder das Verhalten, den Aufenthaltsort oder Ortswechsel betreffen, analysiert oder prognostiziert werden, um persönliche Profile zu erstellen oder zu nutzen (siehe dazu Rn. 82 zu Profiling als besondere Art der Datenverarbeitung).

105 Von riskanten Verarbeitungszwecken wird man in der Regel zum Beispiel bei bestimmten Verarbeitungen im Bereich von elektronischen Gesundheitsdiensten ausgehen müssen. Art. 32a Abs. 2 lit. d EP-Entwurf erklärte die Verarbeitung von personenbezogenen Daten für die Erbringung von Gesundheitsdiensten, für epidemiologische Studien oder für Erhebungen über Geisteskrankheiten oder ansteckende Krankheiten für potentiell riskant, wenn die betreffenden Daten in großem Umfang im Hinblick auf Maßnahmen oder Entscheidungen verarbeitet werden, die sich auf spezifische Einzelpersonen beziehen sollen.

106 Zu unterscheiden ist auch, ob Daten für kommerzielle Zwecke oder für nicht-kommerzielle Zwecke verarbeitet werden. So dürfte für kommerzielle Zwecke ein tendenziell strengerer Maßstab gelten. Für private, insb. kommunikative Aktivitäten im Internet, die wegen der allgemeinen Zugänglichkeit der Informationen im Internet zwar nicht unter die Haushaltsausnahme des Art. 2 Abs. 2 lit. c fallen („ausschließlich persönliche oder familiäre Tätigkeiten"), dürfte gleichwohl ein weniger strenger Maßstab gelten, weil die Kommunikationsfreiheiten (Meinungs-, Presse- und Informationsfreiheit) für den Datenverarbeiter streiten.

107 Der Nutzen der Datenverarbeitung für die Allgemeinheit ist zu berücksichtigen, wie sich schon aus dem Volkszählungsurteil des BVerfG ergibt: *„Das Grundgesetz hat […] die Spannung Individuum – Gemeinschaft im Sinne der Gemeinschaftsbezogenheit und Gemeinschaftsgebundenheit der Person entschieden […]. Grundsätzlich muß daher der Einzelne Einschränkungen seines Rechts auf informationelle Selbstbestimmung im überwiegenden Allgemeininteresse hinnehmen."*[57] Auch die DS-GVO anerkennt dies, wenn sie in EG 4 S. 1 feststellt, dass die Verarbeitung personenbezogener Daten im Dienste der Menschheit stehen soll, und in EG 4 S. 2 erklärt, dass das Recht auf Schutz der personenbezogenen Daten kein uneingeschränktes Recht ist, sondern im Hinblick auf seine gesellschaftliche Funktion gesehen werden muss. Beispiele für Gemeinwohlnutzen sind die Verbesserung der Gesundheitsversorgung, die Terror- oder Verbrechensbekämpfung, die Unterstützung des Umweltschutzes oder der Daseinsvorsorge.[58]

108 Aber nicht nur der Nutzen der Datenverarbeitung für die Allgemeinheit, sondern auch der Nutzen für den Datenverarbeiter und der Nutzen für Dritte sind zu berücksichtigen. Dies anerkennt die DS-GVO in Art. 1 Abs. 2, wenn sie feststellt, dass die Verordnung die Grundrechte und Grundfreiheiten natürlicher Personen schützt, und in EG 4 S. 2, wenn sie erklärt, dass das Recht auf Schutz der personenbezogenen Daten gegen andere Grundrechte abgewogen werden muss. Beispielhaft aufgeführt werden als konkurrierende Grundrechte unter anderem die Kommunikationsfreiheiten und die unternehmerische Freiheit. Der Nutzen für den Einzelnen kann zum Beispiel in größerer Bequemlichkeit oder Effizienz, dem Zugang zu bestimmten Gütern oder Dienstleistungen, der Möglichkeit, eine Transaktion durchzuführen, einer besseren medizinischen Versorgung, dem Schutz vor Betrug oder anderen Straftaten bestehen.[59]

---

57 BVerfG, Urteil vom 15. Dezember 1983 – 1 BvR 209/83, 1 BvR 484/83, 1 BvR 440/83, 1 BvR 420/83, 1 BvR 362/83, 1 BvR 269/83 –, in: BVerfGE 63, 43 (Rn. 174).

58 Vgl. auch *Centre for Information Policy Leadership,* Protecting Privacy in a World of Big Data – Paper 2: The Role of Risk Management, Discussion Draft (16 February 2016), S. 9.

59 Vgl. auch *Centre for Information Policy Leadership,* Protecting Privacy in a World of Big Data – Paper 2: The Role of Risk Management, Discussion Draft (16 February 2016), S. 9.

Ungeachtet der wegen Art. 24 Abs. 1 S. 1 allgemein bei jeder Risikoabwägung zu beachtenden Zwecke der Datenverarbeitung, wird in der DS-GVO an vielen Stellen gesondert zur Beurteilung der Gefährlichkeit einer Datenverarbeitung auf den Zweck der Datenverarbeitung abgestellt: **109**

- Gesetzgeberische Maßnahmen der Union oder Mitgliedstaaten, die die Betroffenenrechte der Art. 12 bis 22 und 34 einschränken, müssen ggf. spezifische Vorschriften in Bezug auf die Zwecke der Verarbeitung oder Verarbeitungskategorien (Art. 23 Abs. 2 lit. a) und in Bezug auf die geltenden Garantien unter Berücksichtigung unter anderem der Zwecke der Verarbeitung enthalten (Art. 23 Abs. 2 lit. f).
- Die Zwecke der Verarbeitung sind ein Kriterium zur Beurteilung der Frage, welche Maßnahmen zur Verwirklichung des Datenschutzes durch Technikgestaltung (Art. 25 Abs. 1) und durch datenschutzfreundliche Voreinstellungen (Art. 25 Abs. 2) erforderlich sind.
- Die Zwecke der Verarbeitung sind ausdrücklich bei der Frage zu berücksichtigen, ob ein nicht in der Union niedergelassener Verantwortlicher oder Auftragsverarbeiter einen Vertreter benennen muss (Art. 27 Abs. 2 lit. a).
- Die Zwecke der Verarbeitung sind ausdrücklich in Art. 32 Abs. 1 bei der Prüfung der Frage, was ein angemessenes Datensicherheitsniveau ist, zu berücksichtigen.
- Ob eine Datenverarbeitung ein hohes Risiko für den Betroffenen birgt und deshalb eine Datenschutz-Folgenabschätzung vorzunehmen ist, hängt unter anderem von den Zwecken der Verarbeitung ab (Art. 35 Abs. 1).
- Die Zwecke der Verarbeitung sind ein Kriterium, das bei der Frage zu berücksichtigen ist, ob ein Datenschutzbeauftragter zu benennen ist (Art. 37 Abs. 1 lit. b).
- Der Datenschutzbeauftragte hat den Zweck der Verarbeitung bei der Erfüllung seiner Aufgaben ausdrücklich zu berücksichtigen bzw. diesem „gebührend Rechnung zu tragen" (Art. 39 Abs. 2).
- Der Zweck der Verarbeitung spielt als ein Maßstabskriterium auch bei der Entscheidung einer Datenschutzaufsichtsbehörde über die Verhängung einer Geldbuße und über ihre Höhe eine Rolle (Art. 83 Abs. 2 lit. a).

Für bestimmte Verarbeitungszwecke sieht die DS-GVO explizit Sonderregelungen vor: **110**

- Die Verarbeitung für im öffentlichen Interesse liegende **Archivzwecke**, für **wissenschaftliche oder historische Forschungszwecke** und für **statistische Zwecke** wird generell durch die DS-GVO privilegiert (Artt. 5 Abs. 1 lit. b und e, 9 Abs. 2 lit. j, 14 Abs. 5 lit. b, 17 Abs. 3 lit. d, 21 Abs. 6 und 89).
- Art. 9 Abs. 2 nennt **zahlreiche Zwecke**, die die Verarbeitung sensibler Daten (u.U. nur in Verbindung mit mitgliedstaatlichen Gesetzen) erlauben: u.a. Arbeitsrecht, soziale Sicherheit, Sozialschutzes (Art. 9 Abs. 2 lit. b), Schutz lebenswichtiger Interessen (Art. 9 Abs. 2 lit. c), politische, weltanschauliche, religiöse oder gewerkschaftliche Tätigkeit einer Organisation (Art. 9 Abs. 2 lit. d), Gesundheitsvorsorge, Arbeitsmedizin, medizinische Diagnostik, Gesundheits- oder Sozialbereich (Art. 9 Abs. 2 lit. h).
- Sonderregelungen für die **Geltendmachung, Ausübung oder Verteidigung von Rechtsansprüchen** (Rechtsverfolgung) sehen die Artt. Art. 9 Abs. 2 lit. f (Verarbeitung sensibler Daten), 17 Abs. 3 lit. e (Ausnahme vom Recht auf Löschung), 18 Abs. 2 (Ausnahme vom Recht auf Einschränkung der Verarbeitung), 21 Abs. 1 (Ausnahme beim Widerspruchsrecht), 23 Abs. 1 lit. j (Befugnis der Union und der Mitgliedstaaten zur Festlegung von Ausnahmen von den Betroffenenrechten) und 49 Abs. 1 lit. e (Rechtsgrundlage für Drittstaatentransfers) vor
- Für Datenverarbeitungen zum Zwecke der **Direktwerbung** sieht Art. 21 Abs. 2 und 3 ein strengeres Widerspruchsrecht vor. EG 47 S. 7 erkennt an, dass die Verarbeitung personenbezogener Daten zum Zwecke der Direktwerbung als eine einem berechtigten Interesse dienende Verarbeitung betrachtet werden kann.

- Die Verarbeitung personenbezogener Daten im für die **Verhinderung von Betrug** unbedingt erforderlichen Umfang stellt ein berechtigtes Interesse des jeweiligen Verantwortlichen dar (EG 47 S. 6).
- Die Verarbeitung für Zwecke der **Netz- und Informationssicherheit** kann ein berechtigtes Interesse des Verantwortlichen darstellen (EG 49).
- Für die Fälle der Datenverarbeitung zu **journalistischen, wissenschaftlichen, künstlerischen** oder **literarischen Zwecken** sind die Mitgliedstaaten verpflichtet, Ausnahmen und Abwägungsregeln im nationalen Recht vorzusehen, sofern die Datenverarbeitung unter Inanspruchnahme der Meinungs- und Informationsfreiheit erfolgt (Art. 85 Abs. 1 und 2).
- Werden Daten im **Beschäftigungskontext** verarbeitet, können die Mitgliedstaaten spezifische Vorschriften vorsehen, insb. für die Verarbeitung für Zwecke der Einstellung, der Erfüllung des Arbeitsvertrags einschließlich der Erfüllung von durch Rechtsvorschriften oder durch Kollektivvereinbarungen festgelegten Pflichten, für Zwecke des Managements, der Planung und der Organisation der Arbeit, der Gleichheit und Diversität am Arbeitsplatz, der Gesundheit und Sicherheit am Arbeitsplatz, des Schutzes des Eigentums der Arbeitgeber oder der Kunden, für Zwecke der Inanspruchnahme der mit der Beschäftigung zusammenhängenden individuellen oder kollektiven Rechte und Leistungen und für Zwecke der Beendigung des Beschäftigungsverhältnisses (Art 88 Abs. 1).
- Die Verarbeitung von personenbezogenen Daten **innerhalb einer Unternehmensgruppe für interne Verwaltungszwecke**, einschließlich der Verarbeitung personenbezogener Daten von Kunden und Beschäftigten, kann ein berechtigtes Interesse darstellen (EG 48 S. 1).

111 Die Verarbeitung von Daten im **öffentlichen Interesse** ist an vielen Stellen der DS-GVO gesondert geregelt, unter anderem:

- Bei der Erstverarbeitung gem. Art. 6 Abs. 1 lit. c und e in Verbindung mit Abs. 2 und 3.
- Bei der Weiterverarbeitung gem. Art. 6 Abs. 4.
- Bei der Verarbeitung von sensiblen Daten allgemein (Art. 9 Abs. 2 lit. g), im Bereich der öffentlichen Gesundheit (Art. 9 Abs. 2 lit. i), für Archivzwecke (Art. 9 Abs. 2 lit. j) und bei Gerichten im Rahmen ihrer justiziellen Tätigkeit (Art. 9 Abs. 2 lit. f).
- Beim Recht auf Löschung (Art. 17 Abs. 3 lit. b bis d).
- Beim Recht auf Einschränkung der Verarbeitung (Art. 18 Abs. 2).
- Beim Recht auf Datenübertragbarkeit (Art. 20 Abs. 3).
- Bei den Beschränkungen der Betroffenenrechte (Art. 23 Abs. 1 lit. a bis h).
- Sollen Daten zur Erfüllung einer im öffentlichen Interesse liegenden Aufgabe (einschließlich zu Zwecken der sozialen Sicherheit und der öffentlichen Gesundheit) verarbeitet werden, kann mitgliedstaatliches Recht eine vorherige Konsultation der Datenschutzaufsichtsbehörden vorschreiben (Art. 36 Abs. 5).
- Bei der Drittstaatenübermittlung (Art. 49 Abs. 1 lit. d und 4).
- Beim Zugang der Öffentlichkeit zu amtlichen Dokumenten (Art. 86).
- Die Verarbeitung im öffentlichen Interesse liegender Archivzwecke ist grundsätzlich privilegiert (Artt. 5 Abs. 1 lit. b und e, 9 Abs. 2 lit. j, 14 Abs. 5 lit. b, 17 Abs. 3 lit. d, 21 Abs. 6, 89 Abs. 1 und 3).
- Nach EG 46 S. 3 kann die Verarbeitung für humanitäre Zwecke einschließlich der Überwachung von Epidemien und deren Ausbreitung oder in humanitären Notfällen insb. bei Naturkatastrophen oder vom Menschen verursachten Katastrophen im öffentlichen Interesse liege.

Die Zwecke der Verarbeitung sind bei einer Reihe von Gelegenheiten anzugeben: **112**

- Die Verarbeitungszwecke sind bei Information des Betroffenen durch den Verarbeiter anzugeben (Artt. 13 Abs. 1 lit. c, 14 Abs. 1 lit. c).
- Im Rahmen der Auskunft gegenüber dem Betroffenen sind die Verarbeitungszwecke anzugeben (Art. 15 Abs. 1 lit. a).
- In dem Vertrag zwischen Verantwortlichem und Auftragsverarbeiter muss unter anderem der Zweck der Verarbeitung festgelegt sein (Art. 28 Abs. 3).
- Die Datenschutz-Folgenabschätzung muss unter anderem eine systematische Beschreibung der Zwecke der Verarbeitung (Art. 35 Abs. 7 lit. a) und eine Bewertung der Notwendigkeit und Verhältnismäßigkeit der Verarbeitungsvorgänge in Bezug auf den Zweck (Art. 35 Abs. 7 lit. b) enthalten.
- Bei einer vorherigen Konsultation gem. Art. 36 Abs. 1 stellt der Verantwortliche der Aufsichtsbehörde unter anderem Informationen über die Zwecke und die Mittel der Verarbeitung zur Verfügung (Art. 36 Abs. 3 lit. b).
- Verbindliche interne Datenschutzvorschriften gem. Art. 47 Abs. 1 müssen unter anderem Angaben über die Zwecke der Datenverarbeitung (Art. 47 Abs. 2 lit. b) und die Zweckbindung (Art. 47 Abs. 2 lit. d) enthalten.

Der Grundsatz der Zweckbindung (Art. 5 Abs. 1 lit. b) beherrscht das gesamte Datenschutzrecht. **113**
Andere Grundsätze sind von der Zweckbindung abhängig, wie zum Beispiel der Grundsatz der Datenminimierung (Art. 5 Abs. 1 lit. c), der Grundsatz der Richtigkeit (Art. 5 Abs. 1 lit. d) und der Grundsatz der Speicherbegrenzung (Art. 5 Abs. 1 lit. e). Verantwortlicher ist, wer über die Zwecke und Mittel der Datenverarbeitung entscheidet (Art. 4 Nr. 7). Die Zwecke der Datenverarbeitung haben maßgeblichen Einfluss auf den Umfang der Zulässigkeit der Erst- und Weiterverarbeitung der Daten und auf die Reichweite der Betroffenenrechte (vgl. insb. Artt. 6 Abs. 1 lit. a i.V.m. 7, 6 Abs. 4, 9 Abs. 2 lit. a, 11 Abs. 1, 13 Abs. 3, 14 Abs. 4, 16 S. 2, 17 Abs. 1 lit. a, 18 Abs. 1 lit. c).

2. Berücksichtigung des Risikos für den Betroffenen

Sowohl die Sicherstellungspflicht als auch das Nachweiserfordernis des Abs. 1 S. 1 sind risikoabhängig. Das Risiko sollte anhand einer objektiven Bewertung beurteilt werden, bei der festgestellt wird, ob die Datenverarbeitung ein Risiko oder ein hohes Risiko für die Rechte und Freiheiten des Betroffenen birgt (EG 76 S. 2). **114**

a) Rechte und Freiheiten natürlicher Personen

aa) DS-GVO benennt Schutzgüter nicht

Art. 24 konkretisiert nicht, welche Rechte und Freiheiten natürlicher Personen durch die Norm geschützt sein sollen. Dies ist höchst bemerkenswert, da damit auch nicht klar wird, für welche Rechte und Freiheiten das Risiko ermittelt werden soll. Der Maßstab aller Risikoüberlegungen bleibt somit offen.[60] **115**

Das Problem reicht über Art. 24 hinaus und betrifft die gesamte DS-GVO (s. auch Art. 1 Rn. 28 ff.). Das Schutzgut oder die Schutzgüter der DS-GVO werden an keiner Stelle definiert. Während § 1 Abs. 1 BDSG den Zweck des Datenschutzrechts noch ausdrücklich darin sieht, den Einzelnen davor zu schützen, dass er in seinem Persönlichkeitsrecht beeinträchtigt wird, erwähnt die DS-GVO den Persönlichkeitsrechtsschutz nicht einmal mehr als Schutzzweck. Lediglich EG 4 S. 3 benennt das Recht auf Achtung des Privat- und Familienlebens (hierzu genauer Art. 1 **116**

60 Zum fehlenden Konsens über die Frage, vor welchen Schäden das Datenschutzrecht eigentlich schützen soll, auch *Centre for Information Policy Leadership*, A Risk-based Approach to Privacy: Improving Effectiveness in Practice (19 June 2014).

Rn. 33 ff.) noch als eines von mehreren Grundrechten – allerdings nur in dem Sinne, dass die DS-GVO mit diesem und anderen Grundrechten in Einklang stehe.

117 Statt ein konkretes Schutzgut zu benennen, schützt die DS-GVO gem. Art. 1 Abs. 2 „die Grundrechte und Grundfreiheiten natürlicher Personen und insb. deren Recht auf Schutz personenbezogener Daten". Zum Datenschutz als Schutzgut der DS-GVO vgl. Art. 1 Rn. 32. Es stellt sich die Frage, was „die Grundrechte und Grundfreiheiten", die geschützt werden sollen, eigentlich sind. Etwa alle existenten Grundrechte und Grundfreiheiten? Insb. die Erwähnung der Grundfreiheiten an dieser Stelle ist verwirrend. Grundfreiheiten sind die Wirtschaftsfreiheiten der EU: Warenverkehrsfreiheit, Personenfreizügigkeit, Dienstleistungsfreiheit, Kapital- und Zahlungsverkehrsfreiheit. Es ist nicht ersichtlich, wie diese Wirtschaftsfreiheiten durch das Datenschutzrecht geschützt werden könnten. Allenfalls könnte man die Grundfreiheiten als Gegeninteresse ansehen, das Eingriffe in das Datenschutzrecht rechtfertigen kann.

118 Auch die Erwägungsgründe geben keinen weiteren Aufschluss. EG 2 S. 1 bestätigt, dass die DS-GVO gewährleisten soll, dass die Grundrechte und Grundfreiheiten natürlicher Personen gewahrt bleiben. Des Weiteren werden nur politische Ziele, aber keine individuellen Schutzgüter genannt. Die Verordnung soll demnach gem. EG 2 S. 2 beitragen

- zur Vollendung eines Raums der Freiheit, der Sicherheit und des Rechts und einer Wirtschaftsunion,
- zum wirtschaftlichen und sozialen Fortschritt,
- zur Stärkung und zum Zusammenwachsen der Volkswirtschaften innerhalb des Binnenmarkts und
- zum Wohlergehen natürlicher Personen.

Nach EG 4 S. 1 sollte die Verarbeitung personenbezogener Daten im Dienste der Menschheit (!) stehen.

119 Die Tatsache, dass in der gesamten DS-GVO nicht entschieden wird, welches Schutzgut zugrunde liegt, ist Sinnbild für die Unfähigkeit oder den Unwillen des Normgebers, sich auf Schutzziele für den Datenschutz zu verständigen.[61] In den Rats- und den Trilogverhandlungen zur DS-GVO wurde eine Diskussion über das Schutzgut oder die Schutzgüter der DS-GVO, soweit ersichtlich, nicht geführt. Die Folge ist eine Konturlosigkeit des Datenschutzrechts, das den Schutz von „Daten" als Selbstzweck definiert (Art. 8 GRC, Art. 16 AEUV) und somit für alle Gefahren der Datenverarbeitung zuständig wird. Dies kann nur zu einer Überforderung bei den Verantwortlichen führen, die alle nur denkbaren Rechte und Freiheiten natürlicher Personen zu schützen haben, und zu Enttäuschungen bei den Betroffenen, deren Erwartung genährt wird, das Datenschutzrecht allein könne sie vor den Gefahren insb. der digitalen Datenverarbeitung schützen.

bb) Ableitung der Schutzgüter aus Risikokategorien

120 Welche Schutzgüter den Maßstab für die Risikoüberlegungen des Art. 24 abgeben könnten, lässt sich allenfalls aus den in EG 75 genannten Risikokategorien ableiten. Danach können die Risiken für die Rechte und Freiheiten natürlicher Personen aus einer Verarbeitung hervorgehen, die zu einem physischen, materiellen oder immateriellen Schaden führen könnte.

121 Als Beispiele für möglicherweise eintretende Schäden werden dort angeführt:

- Diskriminierung
- Identitätsdiebstahl oder -betrug
- Finanzieller Verlust
- Rufschädigung

61 In diese Richtung auch *Stentzel*, in: PinG 2015, 185.

- Verlust der Vertraulichkeit von dem Berufsgeheimnis unterliegenden personenbezogenen Daten
- Unbefugte Aufhebung der Pseudonymisierung
- Andere erhebliche wirtschaftliche Nachteile
- Andere erhebliche gesellschaftliche Nachteile
- Verlust von Rechten und Freiheiten
- Verlust der Kontrolle über personenbezogene Daten

Art. 32 Abs. 2 nennt für die Sicherheit der Verarbeitung weitere Risikokategorien: **122**

- Vernichtung personenbezogener Daten
- Verlust personenbezogener Daten
- Veränderung personenbezogener Daten
- Unbefugte Offenlegung personenbezogener Daten
- Unbefugter Zugang zu personenbezogenen Daten

Bemerkenswert an diesen Aufzählungen ist zunächst, dass beispielhaft Folgen von Datenschutzverstößen aufgezählt werden, die nur noch zum Teil einen direkten Bezug zum Persönlichkeitsrecht haben. Lediglich Schäden durch Rufschädigung, unerlaubte Umkehr der Pseudonymisierung und Verlust der Kontrolle über personenbezogene Daten sind unmittelbar persönlichkeitsrechtsrelevant. Die Aufzählung der Risikokategorien bestätigt somit die Analyse, dass nicht mehr allein oder in erster Linie der Schutz des Persönlichkeitsrechts und der Privatsphäre das Ziel des Datenschutzrechts ist, sondern dass mit den Mitteln des Datenschutzes die Umsetzung einer politischen Agenda bewirkt werden soll, die wesentlich mehr umfasst als den Schutz von Persönlichkeitsrechten. **123**

Des Weiteren zählt EG 75 potentiell gefährliche Verarbeitungssituationen auf: **124**

- Verarbeitung von (sensiblen) Daten, aus denen die rassische oder ethnische Herkunft, politischen Meinungen, religiöse oder weltanschauliche Überzeugungen oder die Zugehörigkeit zu einer Gewerkschaft hervorgehen
- Verarbeitung von genetischen Daten, Gesundheitsdaten oder das Sexualleben, strafrechtliche Verurteilungen, Straftaten oder damit zusammenhängende Sicherungsmaßregeln betreffende Daten
- Bewertung persönlicher Aspekte, insb. wenn Aspekte, die die Arbeitsleistung, wirtschaftliche Lage, Gesundheit, persönliche Vorlieben oder Interessen, die Zuverlässigkeit oder das Verhalten, den Aufenthaltsort oder Ortswechsel betreffen, analysiert oder prognostiziert werden, um persönliche Profile zu erstellen oder zu nutzen
- Verarbeitung personenbezogener Daten schutzbedürftiger natürlicher Personen, insb. Daten von Kindern
- Verarbeitung einer großen Menge personenbezogener Daten
- Verarbeitung betrifft eine große Anzahl von Betroffenen

Diese Aufzählungen der durch die Verarbeitung personenbezogener Daten bewirkten Risiken ist in höchstem Maße unterkomplex. Letztlich scheint – wie bei § 823 BGB – die Verletzung eines jeden Rechtsgutes, ja sogar über die Analogie zu § 823 BGB hinaus, jeder Vermögensschaden ein für die DS GVO relevantes Risiko darzustellen. Nicht jede Rechtsgutsverletzung, für die eine Verletzung datenschutzrechtlicher Pflichten ursächlich ist, wird aber dem Verantwortlichen auch zugerechnet werden können. Zurechnungskriterien, wie sie aber das Zivilrecht kennt (Äquivalenztheorie, Adäquanztheorie, Schutzzweck der Norm, usw.) und wie sie z.B. auch dem Polizeirecht nicht fremd sind (Zustandsstörer, Verhaltensstörer, Theorie der unmittelbaren Verursa- **125** chung, Zweckveranlasser, usw.), enthält das Datenschutzrecht, soweit ersichtlich, (noch) nicht. Angesichts der Unbeschränktheit der geschützten Rechtsgüter, wird man sie entwickeln müssen. Leitgedanke für die Einbeziehung von Risiken in die Risikobewertung sollte sein, ob es sich um ein typischerweise mit der Verarbeitung personenbezogener Daten verbundenes Risiko handelt.

cc) Risikokategorien

126 Da die Aufzählung von Risikokategorien in EG 75 nur beispielhaft ist, ist genügend Raum für eine über die nur holzschnittartig in der DS-GVO benannten Risiken hinausgehende Klassifikation von Risiken. Die Wissenschaft ist bei der Identifikation und Klassifikation der durch die Verarbeitung personenbezogener Daten entstehenden Risiken schon weiter. Mit *Drackert* lassen sich auf der Grundlage einer Analyse des internationalen Rechtes, des Rechts der Europäischen Union und des deutschen Rechts die folgenden Risikokategorien unterscheiden[62]:

Erhöhung individueller Verletzlichkeit durch Straftaten

127 Diese Risikokategorie geht davon aus, dass jeder Umgang mit personenbezogenen Daten gefahrgeneigt ist, der die Wahrscheinlichkeit von Straftaten erhöht. Aus der Aufzählung in EG 75 lassen sich dieser Risikokategorie bspw. Identitätsdiebstahl oder -betrug, aber natürlich auch finanzielle Verluste zuordnen. Als weitere Beispiele lassen sich jegliche Form des Datenmissbrauchs nennen, Nachteile für Geschäfts- oder Erwerbsmöglichkeiten und Beeinträchtigungen der körperlichen Unversehrtheit durch Bedrohungen wie Trojaner, Würmer, Phishing oder Rogueware.[63] Schutzgüter lassen sich in dieser Risikokategorie nicht so leicht bestimmen. Jedes strafrechtlich geschützte Gut, dass durch Datenmissbrauch bedroht ist, kommt als Schutzgut in Betracht. Aufgrund der Unbestimmtheit des Rechtsgutes ist bei dieser Risikokategorie ein besonders strenger Maßstab an die Wahrscheinlichkeit der Rechtsgutsverletzung anzulegen.

Schamgefühl und Publizitätsschäden

128 Bei dieser Risikokategorie können Schäden mit der Publizität der Information eintreten. Der Schaden besteht im gesellschaftlichen Achtungsverlust, möglicherweise aber auch in physiologischen und psychologischen Effekten. In der Rechtsprechung wird dieses Risiko zum Beispiel praktisch bei Informationen zu Sexualstraftätern, Prostituierten sowie in Bezug auf Medizindaten oder Suizidversuche. Auslösender Faktor können schambesetzte Informationen sein, wie sie vielfach den sensiblen Daten (Art. 9) zugeschrieben werden. Ein klassisches Bedrohungsszenario ist die Spähsoftware. Aus der Aufzählung in EG 75 gehören die Rufschädigung, der Verlust der Kontrolle über personenbezogene Daten und die Verarbeitung sensibler Daten zu den Risikosituationen.[64] Schutzgut ist neben dem allgemeinen Persönlichkeitsrecht auch die körperliche Unversehrtheit.

Selektivitätsschäden

129 Diese Risikokategorie beschreibt rechtlich oder politisch unerwünschte Informationsverwendungen in Auswahlprozessen. Die Risiken treten in institutionell-formellen Auswahlprozessen (z.B. Bewerbungsverfahren) oder persönlich-individuellen Auswahlprozessen (z.B. Auswahl von Vertragspartnern) auf. Das Risiko kann sich in Diskriminierungen oder Stigmatisierungen manifestieren. Anknüpfungspunkt für Diskriminierungen sind oftmals sensible Daten (wie etwa Informationen über die rassische Herkunft, Glaubensvorstellungen oder die Sexualität), können aber auch Devaluation und Leistungsindikation sein. Schutzgut ist neben dem Gleichheitssatz die innere Entfaltungsfreiheit des Einzelnen.[65] Aus der Aufzählung in EG 75 fallen Diskriminierung, die Verarbeitung sensibler Daten und die Bewertung persönlicher Aspekte natürlicher Personen in diese Risikokategorie.

---

62 *Drackert*, S. 291 ff.
63 *Drackert*, S. 291-294.
64 *Drackert*, S. 294-295.
65 *Drackert*, S. 295-299.

Informationspermanenz

Gemeint sind hiermit nachteilige Effekte, die sich aus der zeitlich unbegrenzten Speicherbarkeit und der damit verbundenen langfristigen Verfügbarkeit und Abrufbarkeit von Informationen ergeben. Das Risiko wird durch das Internet aufgrund der Faktoren Digitalisierung, Speicherkapazität, Dezentralität und Redundanz der Speicherungen deutlich verschärft. Die Unmöglichkeit der Löschung von Daten verringert die Chancen für die gesellschaftliche Entlastungsfunktion des Vergessens und ermöglicht die ständige Rekonstruktion von individuellem Verhalten. Die Informationspermanenz erhöht das Risiko von Missbräuchen und führt bei persönlichkeitsverletzenden Informationen zu einer Schadensvertiefung.[66] Aus der Aufzählung in EG 75 fallen der Verlust der Kontrolle über personenbezogene Daten sowie gesellschaftliche und wirtschaftliche Nachteile in diese Risikokategorie. Schutzgut dürfte in erster Linie das allgemeine Persönlichkeitsrecht sein. Zum allgemeinen Persönlichkeitsrecht als Schutzgut vgl. auch Art. 1 Rn. 24. **130**

Entkontextualisierung

Diese Fallgruppe beschreibt das Risiko von negativen Auswirkungen, die dem Individuum bei der Übertragung von Informationen aus einem Lebensbereich in einen anderen entstehen können. Entkontextualisierung tritt in den Fallgruppen Kontextdefizit (z.B. Übernahme einer Information der Steuerbehörden in eine Kreditwürdigkeitsprüfung) und Kontextinfiltration (z.B. Verwendung von Führerscheinbildern für Strafermittlung) auf.[67] Aus der Aufzählung in EG 75 fallen der Verlust der Kontrolle über personenbezogene Daten und der Verlust der Vertraulichkeit von dem Berufsgeheimnis unterliegenden personenbezogenen Daten in diese Risikokategorie. In diesen Zusammenhang gehört auch, dass in der DS-GVO bei der Auslegung des Tatbestandsmerkmals des berechtigten Interesses auf die vernünftigen Erwartungen der betroffenen Person, die auf ihrer Beziehung zu dem Verantwortlichen beruhen, abgestellt wird (EG 47 S. 1 und 50 S. 6). **131**

Informationsemergenz

Dieses Risiko bezeichnet die Möglichkeit, aus verschiedenen Informationen automatisiert neue, bislang nicht vorhandene Rückschlüsse zu gewinnen. Gendaten bieten diese Möglichkeit, weil sich aus ihnen Informationen zu Verwandtschaftsverhältnissen, Erbkrankheiten oder genetisch bedingten Verhaltensmustern gewinnen lassen. Ähnliches gilt auch für biometrische Daten oder die IP-Adresse. Das Risiko der Informationsemergenz hat durch Big Data an Relevanz gewonnen.[68] Aus der Aufzählung in EG 75 fallen die Bewertung persönlicher Aspekte und die Verarbeitung einer großen Menge personenbezogener Daten in diese Risikokategorie. **132**

Informationsfehlerhaftigkeit

Dieses Risiko bezieht sich auf die Datenqualität.[69] Es ergibt sich vor allem aus unkontrollierten und intransparenten Verarbeitungsvorgängen. Ursache können auch „Datenverfälschungen" durch Schadprogramme sein. Schutzgut ist unter anderem die Vertraulichkeit und Integrität informationstechnischer Systeme.[70] **133**

Behandlung des Menschen als bloßes Objekt

Diese Risikokategorie erfasst Verarbeitungsvorgänge, in denen der Mensch zum Objekt degradiert wird, insb. durch ausschließlich automatisierte Einzelentscheidungen (wie z.B. bei Einstellungen, Prüfungen der Kreditwürdigkeit, Zuverlässigkeitsprüfungen). Schutzgut ist die Würde des Menschen. Bereits im Fehlen der Einschaltung eines Menschen („human intervention") wird von manchen eine „verwaltungstechnische Entpersönlichung" gesehen. Hinzutreten muss aller- **134**

66 *Drackert*, S. 299-301.
67 *Drackert*, S. 301-304.
68 *Drackert*, S. 304-305.
69 Eingehend *Hoeren*, in: MMR 2016, 8.
70 *Drackert*, S. 305-306.

dings wohl noch ein Umstandsmoment, denn nicht bereits im Technikeinsatz kann in jedem Einzelfall eine Herabwürdigung gesehen werden.[71]

Fremdbestimmung

135 Personenbezogene Daten können zur Manipulation individuellen Verhaltens eingesetzt werden (z.B. zu Erpressungen mit belastendem Fotomaterial). Solche Manipulationen können sich bei hinreichender Häufung auch auf der Makroebene negativ auswirken, zum Beispiel auf politische Prozesse. Schutzgut ist die informationelle Selbstbestimmung.[72] Eingehend zum Recht auf informationelle Selbstbestimmung Art. 1 Rn. 23.

Enttäuschung von Vertraulichkeitserwartungen

136 In diese Risikokategorie fällt das gesunkene (Verbraucher-)Vertrauen mangels wirksamen Datenschutzes. Beispiele sind Abschreckungseffekte, die zu der Nichtinanspruchnahme medizinischer Dienstleistungen, bestimmter Beratungsleistungen oder sonstiger Verhaltensoptionen führen. Die berechtigte Vertraulichkeitserwartung findet sich als Auslegungskriterium für das Tatbestandsmerkmal des berechtigten Interesses des Verantwortlichen auch in der DS-GVO (EG 47 S. 1 und 50 S. 6).

dd) Schutzgüter

137 Sowohl bei den in der DS-GVO genannten Risiken als auch bei den darüber hinausgehend beschriebenen Risikokategorien geht es um potentiell schädigende Informationsverarbeitungen. Damit ist noch nichts über die Gefährlichkeit dieser Datenverarbeitungen und die deshalb zu ergreifenden Schutzmaßnahmen gesagt. Diese hängen von vielen weiteren Faktoren ab, insb. vom Gewicht der in Rede stehenden Schutzgüter, von den entgegenstehenden Rechten und Freiheiten des Datenverarbeiters, von den Interessenabwägungen im Einzelfall, von gesetzlichen und gesellschaftlichen Wertungen, von unterschiedlichen Schutzrichtungen jeder einzelnen Norm der DS-GVO, insb. aber auch von der Eintrittswahrscheinlichkeit der Risiken (Rn. 142 ff.), von der Schwere der Risiken (Rn. 148 ff.) und von einer risikoadäquaten Zweck-Mittel-Relation (Rn. 169 ff.).

138 Klar ist, wie gesagt, dass die Schutzgutkonzeption der DS-GVO weit über das ursprüngliche Anliegen des Datenschutzrechts, dem Schutz des allgemeinen Persönlichkeitsrechts, hinausgeht.

139 In einer Stellungnahme zum risikobasierten Ansatz meint die Art. 29-Gruppe: *„In the context referred to above, the scope of ‚the rights and freedoms' of the data subjects primarily concerns the right to privacy but may also involve other fundamental rights such as freedom of speech, freedom of thought, freedom of movement, prohibition of discrimination, right to liberty, conscience and religion.“*[73]

140 In der deutschen Rechtsprechung und Literatur liegt der Schwerpunkt der Diskussion über das Schutzgut auf Menschenwürde, informationeller Selbstbestimmung, Selbstdarstellung und Verhaltensfreiheit.[74] In der Rechtsprechung des EGMR werden vor allem die Vertraulichkeitserwartung, die physische und psychische Integrität und die soziale Identität geschützt.[75] Über das Schutzgut der Vertraulichkeitserwartung können auch gesamtgesellschaftliche Risiken und über den Umweg des Verbrauchervertrauens auch wirtschaftliche Aspekte einfließen. Nicht das Vertrauen als solches ist bereits schutzwürdig, sondern erst die Vertraulichkeitserwartung, für die

71 *Drackert*, S. 307-308.
72 *Drackert*, S. 310.
73 *Art. 29 Data Protection Working Party*, WP 218 (2014), Statement on the role of a risk-based approach in data protection legal frameworks (adopted on 30 May 2014), S. 4 (Ziffer 8).
74 *Drackert*, S. 315-317.
75 *Drackert*, a.a.O.

bestimmte vertrauensbegründende Umstände vorliegen müssen.[76] Zum Schutzgut der DS-GVO vgl. auch Art. 1 Rn. 28 ff.

Der Schutzzweck jeder datenschutzrechtlichen Norm hängt schließlich auch von den Belangen des Datenverarbeiters ab.[77] Dass der Nutzen der Datenverarbeitung zum Abwägungsmaterial gehört, macht die DS-GVO zwar nicht sehr prominent deutlich. Art. 1 Abs. 2 („Grundrechte und Grundfreiheiten natürlicher Personen"), EG 2 („Wohlergehen natürlicher Personen") und EG 4 („im Dienste der Menschheit") belegen aber, dass der Nutzen in jede aufgrund der DS-GVO vorzunehmende Interessenabwägung und Risikoprüfung einzubeziehen ist. Im Rahmen der Risikoabwägung des Art. 24 Abs. 1 S. 1 ist der Nutzen der Datenverarbeitung beim Tatbestandsmerkmal „Zwecke der Verarbeitung" zu berücksichtigen (Rn. 103 ff.). Das bedeutet, dass die Wichtigkeit und Schutzwürdigkeit der Zwecke der Datenverarbeitung auch Einfluss haben können auf Art und Umfang der technischen und organisatorischen Maßnahmen. So kann eine technische oder organisatorische Maßnahme, die bei einer Datenverarbeitung, die zum Zweck der Werbung für einen Online-Shop durchgeführt wird, für erforderlich gehalten werden, während dieselbe Maßnahme bei einer Spendenwerbung für eine Non-Profit-Organisation als unverhältnismäßig angesehen werden kann. **141**

b) Eintrittswahrscheinlichkeit der Risiken

Die Wahrscheinlichkeit eines Ereignisses ist das prognostizierte Verhältnis der Zahl der fraglichen Ereignisse zur Gesamtzahl der Ereignisse. Fraglich ist, was im Sinne von Abs. 1 S. 1 unter einem „Ereignis" zu verstehen ist. **142**

Wenn Abs. 1 S. 1 nach der „Eintrittswahrscheinlichkeit und Schwere der Risiken für die Rechte und Freiheiten natürlicher Personen" fragt, dann ist nicht ganz eindeutig, ob es um die Wahrscheinlichkeit eines Risikos oder um die Wahrscheinlichkeit des Eintritts des Risikos (also die Wahrscheinlichkeit einer bestimmten Rechtsgutsverletzung) geht. Beispiel: Ginge es um die Wahrscheinlichkeit des Vorliegens eines Risikos, wäre zu fragen, ob die Verarbeitung von Namens- und Adressdaten überhaupt schon das Risiko eines Identitätsdiebstahls entstehen lässt; ginge es um die Wahrscheinlichkeit des Eintritts des Risikos, wäre zu fragen, wie wahrscheinlich der Schadenseintritt (nämlich der Identitätsdiebstahl selbst) durch die Datenverarbeitung geworden ist. **143**

Die Verwendung des Begriffs „Eintritts"wahrscheinlichkeit in der deutschen Fassung der DS-GVO und die Aufzählung der verschiedenen möglichen Schäden in EG 75 legen nahe, dass es nur um die Wahrscheinlichkeit des Eintritts einer Rechtsgutsverletzung gehen kann. In diese Richtung muss auch die Stellungnahme der Art. 29-Gruppe zum risikobasierten Ansatz ausgelegt werden, in der es heißt: *„Risks, which are related to potential negative impact on the data subject's rights, freedoms and interests […]."*[78] Es geht also um den möglichen negativen Einfluss auf die Rechte und Freiheiten des Betroffenen. **144**

In derselben Stellungnahme warnt die Art. 29-Gruppe vor einem engen „harm-based approach", der sich auf Schäden für den Betroffenen konzentriere.[79] Dies kann eigentlich nur so verstanden werden, dass die Art. 29-Gruppe verhindern will, dass nur mögliche finanzielle Schäden des Betroffenen in die Risikoabwägung einbezogen werden. Diese Gefahr besteht aber nicht, wenn man jede Rechtsgutsverletzung als für die Risikoabwägung relevantes Ereignis ansieht. **145**

Demnach ist für Eintrittswahrscheinlichkeit im Sinne von Abs. 1 S. 1 maßgeblich das Verhältnis der Zahl möglicher Verletzungen von Rechtsgütern des Betroffenen zur Gesamtzahl der Daten- **146**

---

76 *Drackert*, a.a.O.
77 So auch Simitis, *Ernestus*, § 9 Rn. 30.
78 *Art. 29 Data Protection Working Party*, WP 218 (2014), Statement on the role of a risk-based approach in data protection legal frameworks (adopted on 30 May 2014), S. 4 (Ziffer 7).
79 *Art. 29 Data Protection Working Party*, WP 218 (2014), Statement on the role of a risk-based approach in data protection legal frameworks (adopted on 30 May 2014), S. 4 (Ziffer 11).

verarbeitungsvorgänge. Die Eintrittswahrscheinlichkeit ist durch eine Bedrohungsanalyse[80] zu ermitteln. Dabei muss diese Analyse selbstverständlich nicht in jedem Fall die Tiefe der Prüfung einer Datenschutz-Folgenabschätzung gem. Art. 35 Abs. 7 erreichen. Zwingend erforderlich ist eine Datenschutz-Folgenabschätzung nur in den in Art. 35 Abs. 3 genannten Fällen. Eine Risikoprüfung ist bei der Frage, welche technischen und organisatorischen Maßnahmen durchzuführen sind, aber von jedem Verantwortlichen vorzunehmen. An eine solche Prüfung dürfen allerdings in weniger komplexen Fällen keine allzu hohen Anforderungen gestellt werden. Entsprechend dem der „Parallelwertung in der Laiensphäre" zugrundeliegenden Gedanken kann insb. von Privatpersonen, Einzelkaufleuten oder klein- und mittelständischen Unternehmen keine professionelle Risikoprüfung verlangt werden.

147 Folgende Faktoren können die Eintrittswahrscheinlichkeit beeinflussen[81]:

- Materieller oder immaterieller Nutzen für einen Schädiger
- Zeitlicher und finanzieller Aufwand sowie Aufwand an Ressourcen für eine Schädigung
- Kenntnisse, die für eine Schädigung erforderlich sind
- Risiko der Entdeckung für den Schädiger
- Schwere der Sanktionen für einen Schädiger
- Angriffsmöglichkeiten (z.B. Häufigkeit der Datenübertragungen)
- Zugänglichkeit der einzelnen Komponenten des Verfahrens (z.B. Publikumsverkehr, abgeschlossene Räume)
- Anzahl der Personen, die Zugang zum Verfahren haben oder sich Zugang verschaffen können

c) Schwere der Risiken

148 Wann welches Risiko vorliegt, kann nur eine Risikoanalyse im Einzelfall ergeben. Das Risiko sollte anhand einer objektiven Bewertung beurteilt werden, bei der festgestellt wird, ob die Datenverarbeitung ein Risiko oder ein hohes Risiko birgt (EG 76 S. 2).

149 Die Einteilung des Risikos in verschiedene Risikoklassen ist nicht neu. So geht zum Beispiel das BSI in seinem BSI-Standard 100-2 „IT-Grundschutz Vorgehensweise" von drei Schutzbedarfskategorien aus[82]:

- „normal": Die Schadensauswirkungen sind begrenzt und überschaubar.
- „hoch": Die Schadensauswirkungen können beträchtlich sein.
- „sehr hoch: Die Schadensauswirkungen können ein existenziell bedrohliches, katastrophales Ausmaß erreichen.

150 Die DS-GVO kennt ebenfalls verschiedene Risikostufen und knüpft unterschiedliche Rechtsfolgen an die Erreichung der verschiedenen Risikostufen. Allerdings sind die Risikostufen in der DS-GVO nicht definiert und lassen sich nur durch eine Gesamtschau der Regelungen der DS-GVO ermitteln. Eine solche Gesamtschau ergibt, dass es die Stufe des hohen Risikos und die des einfachen Risikos gibt. Es gibt auch Regelungen, die Rechtsfolgen an ein Unterschreiten der Stufe des einfachen Risikos knüpfen. Darüber hinaus gibt es risikosteigernde Gesichtspunkte, die jedenfalls die Annahme eines einfachen Risikos ausschließen dürften, wobei bei ihrem Vorliegen noch nicht in jedem Fall ein hohes Risiko anzunehmen sein dürfte. Zu den Risikostufen im Einzelnen:

---

80 Simitis, *Ernestus*, § 9 Rn. 27.

81 Vgl. *Der Hamburgische Beauftragte für Datenschutz und Informationsfreiheit* (Dr. Sebastian Wirth) (Stand: 31. Januar 2008), Hinweise zur Risikoanalyse und Vorabkontrolle nach dem Hamburgischen Datenschutzgesetz, S. 7.

82 *Bundesamt für Sicherheit in der Informationstechnik*, BSI-Standard 100-2 (Stand 2008), Kapitel 4.3 „Schutzbedarfsfeststellung" (abrufbar unter: https://www.bsi.bund.de/SharedDocs/Downloads/DE/BSI/Publikationen/ITGrundschutzstandards/standard_1002_pdf.pdf?__blob=publicationFile).

aa) Hohes Risiko

Die folgenden Pflichten des Verantwortlichen gelten nur, wenn ein **hohes Risiko** besteht: 151

- Art. 34 Abs. 1 (Benachrichtigung bei Datenschutzverletzung)
- Art. 35 Abs. 1 (Datenschutz-Folgenabschätzung)
- Art. 36 Abs. 1 (Vorherige Konsultation)

In der DS-GVO gibt es verschiedene Hinweise, wann nach den Vorstellungen der Normgeber ein hohes Risiko vorliegen kann: 152

- Verarbeitungsvorgänge, bei denen neue Technologien eingesetzt werden oder die neuartig sind (EG 89 S. 4, EG 91 S. 1).
- Verarbeitungsvorgänge, bei denen aufgrund der seit der ursprünglichen Verarbeitung vergangenen Zeit eine Datenschutz-Folgenabschätzung notwendig wird (EG 89 S. 4).
- Umfangreiche Verarbeitungsvorgänge, die dazu dienen, große Mengen personenbezogener Daten auf regionaler, nationaler oder supranationaler Ebene zu verarbeiten (EG 91 S. 1).
- Umfangreiche Verarbeitungsvorgänge, die eine große Zahl von Personen betreffen könnten (EG 91 S. 1).
- Verarbeitungsvorgänge, die dem Betroffenen die Ausübung ihrer Rechte erschweren (EG 91 S. 1) oder ihn an der Ausübung eines Rechts oder der Nutzung einer Dienstleistung bzw. Durchführung eines Vertrags hindern (EG 91 S. 3).
- Systematische und umfassende Bewertung persönlicher Aspekte natürlicher Personen auf der Grundlage automatisierter Verarbeitung (einschließlich Profiling), die Entscheidungen mit rechtlichen oder ähnlich erheblichen Wirkungen dient (Art. 35 Abs. 3 lit. a, EG 91 S. 2).
- Umfangreiche Verarbeitung besonderer Kategorien von personenbezogenen Daten gem. Art. 9 Abs. 1 oder von personenbezogenen Daten über strafrechtliche Verurteilungen und Straftaten gem. Art. 10 (Art. 35 Abs. 3 lit. b; EG 91 S. 2).
- Systematische weiträumige Überwachung öffentlich zugänglicher Bereiche, insb. mittels optoelektronischer Vorrichtungen (Art. 35 Abs. 3 lit. c; EG 91 S. 3).
- Verarbeitungsvorgänge, die systematisch in großem Umfang erfolgen (EG 91 S. 3).
- Alle Vorgänge, bei denen nach Auffassung der zuständigen Aufsichtsbehörde die Verarbeitung wahrscheinlich ein hohes Risiko für die Rechte und Freiheiten der betroffenen Personen mit sich bringt (EG 91 S. 3).

Umgekehrt stellt die DS-GVO fest, dass im folgenden Fall **kein hohes Risiko** bestehen soll: 153

- Verarbeitung personenbezogener Daten von Patienten oder von Mandanten durch einen einzelnen Arzt, sonstigen Angehörigen eines Gesundheitsberufes oder Rechtsanwalt (EG 91 S. 4).

bb) Einfaches Risiko

Art. 30 macht ein einfaches Risiko zum Anknüpfungspunkt für die Frage, wann ein Verzeichnis für Verarbeitungstätigkeiten zu führen ist. Nach Art. 30 Abs. 5 besteht die Pflicht, ein solches Verzeichnis zu führen, nicht bei Verantwortlichen, die weniger als 250 Mitarbeiter beschäftigen. Es gibt also eine **gesetzliche Vermutung für ein geringeres Risiko** bei solchen kleineren Unternehmen oder Einrichtigungen. Art. 30 Abs. 5 legt aber auch drei Rückausnahmen fest: 154

- Die Verarbeitung birgt ein Risiko.
- Die Verarbeitung erfolgt nicht nur gelegentlich.
- Es erfolgt eine Verarbeitung besonderer Datenkategorien.

155 In Art. 30 gibt es somit die Schwelle des **einfachen Risikos**, bei deren Unterschreiten die Pflicht, ein Verzeichnis zu führen, entfällt. Wenn keine risikoverschärfenden Umstände hinzutreten, liegt ein geringeres als ein einfaches Risiko vor bei Verantwortlichen mit weniger als 250 Mitarbeitern. Die nicht nur gelegentliche Verarbeitung und die Verarbeitung besonderer Datenkategorien führen dazu, dass die Schwelle des einfachen Risikos erreicht oder überschritten wird.

156 Auch in Art. 33 Abs. 1 S. 1 gibt es die Schwelle des einfachen Risikos: die Pflicht, eine Datenschutzverletzung an die Aufsichtsbehörde zu melden, entfällt, wenn die Verletzung voraussichtlich nicht zu einem Risiko für die Rechte und Freiheiten natürlicher Personen führt.

cc) Geringeres als einfaches Risiko

157 Ein geringeres als ein einfaches Risiko liegt vor, wenn die Verarbeitung nur gelegentlich oder nicht wiederholt erfolgt. Diese Risikokategorie spielt bei den folgenden Tatbeständen eine Rolle:

- Ein Drittstaatsdatenverarbeiter muss keinen Vertreter in der EU benennen, wenn die Datenverarbeitung nur gelegentlich erfolgt (Art. 27 Abs. 2 lit. a).
- Ein Verantwortlicher, der weniger als 250 Mitarbeiter beschäftigt, muss zwar grundsätzlich kein Verzeichnis von Verarbeitungstätigkeiten führen. Wenn seine Verarbeitung aber nicht nur gelegentlich erfolgt, gilt diese Ausnahme nicht (Art. 30 Abs. 5).
- Ein Drittstaatentransfer ist in Ermangelung anderer Rechtsgrundlagen zulässig, wenn die Übermittlung nicht wiederholt erfolgt (Art. 49 Abs. 1 Unterabs. 2 S. 1; EG 111 S. 1, 113 S. 1).

158 Ein geringeres als ein einfaches Risiko wird zumindest in Art. 27 Abs. 2 lit. b (Benennung eines Vertreters in der EU) auch angenommen, wenn die Verarbeitung nicht die umfangreiche Verarbeitung sensibler Daten einschließt und voraussichtlich nicht zu einem Risiko führt.

159 Ein geringeres als ein einfaches Risiko liegt auch bei Drittstaatentransfers vor, die nur eine begrenzte Zahl von betroffenen Personen betreffen (Art. 49 Abs. 1 Unterabs. 2 S. 1). In diesen Fällen ist ein Drittstaatentransfer auch ohne anderweitige Rechtsgrundlage zulässig.

dd) Gesteigertes Risiko

160 Ein gesteigertes Risiko ist ein Risiko, das die Schwelle des einfachen Risikos überschreitet und bestimmte Rechtsfolgen auslöst, das aber die Schwelle des hohen Risikos noch nicht erreicht und daher die an ein hohes Risiko geknüpften Verpflichtungen noch nicht auslöst.

161 Ein gesteigertes Risiko kann bei behördlicher Datenverarbeitung anzunehmen sein. So muss bei Verarbeitung personenbezogener Daten durch eine Behörde oder öffentliche Stelle immer ein Datenschutzbeauftragter bestellt werden (Art. 37 Abs. 1 lit. a).

162 Für die Annahme eines gesteigerten Risikos kann es auch darauf ankommen, was die Kerntätigkeit des Verantwortlichen ist. Besteht die Kerntätigkeit in Verarbeitungsvorgängen, die eine umfangreiche regelmäßige und systematische Überwachung von Betroffenen erforderlich machen (Art. 37 Abs. 1 lit. b), oder in der umfangreichen Verarbeitung sensibler Daten (Art. 37 Abs. 1 lit. c), liegt ein derart gesteigertes Risiko vor, dass zumindest die Bestellung eines Datenschutzbeauftragten erforderlich ist.

163 Ein gesteigertes Risiko liegt bei personenbezogenen Daten vor, die ihrem Wesen nach hinsichtlich der Grundrechte und Grundfreiheiten besonders sensibel sind, da im Zusammenhang mit ihrer Verarbeitung erhebliche Risiken für die Grundrechte und Grundfreiheiten auftreten können (EG 51 S. 1). Welche Daten von der DS-GVO als besonders sensibel angesehen werden, ergibt sich aus Art. 9 Abs. 1 und Art. 10.

164 Darüber hinaus liegt ein gesteigertes Risiko auch bei der Verarbeitung von auf Kinder bezogenen Daten vor. Kinder verdienen nämlich besonderen Schutz, da sie sich der betreffenden Risiken, Folgen und Garantien und ihrer Rechte bei der Verarbeitung personenbezogener Daten möglicherweise weniger bewusst sind (EG 38 S. 1). Die Verarbeitung von Kinderdaten wird allerdings in der DS-GVO keiner Risikostufe zugeordnet. Klar ist angesichts von EG 38 lediglich, dass die

Verarbeitung von Kinderdaten nicht ein geringes oder wohl auch kein einfaches Risiko darstellen kann.

ee) Rechtssicherheit durch Leitlinien und Listen

Für etwas Rechtssicherheit könnten die Datenschutzaufsichtsbehörden und der Europäischen Datenschutzausschuss sorgen. So äußert die DS-GVO die Erwartung, dass der Europäische Datenschutzausschuss Leitlinien für Verarbeitungsvorgänge ausgibt, bei denen davon auszugehen ist, dass sie *kein hohes Risiko* für die Rechte und Freiheiten natürlicher Personen mit sich bringen (EG 77 S. 2). Für Datenschutz-Folgenabschätzungen muss die Aufsichtsbehörde eine Liste der Verarbeitungsvorgänge mit voraussichtlich hohem Risiko (Art. 35 Abs. 4) und kann eine Liste der Verarbeitungsvorgänge mit voraussichtlich nicht hohem Risiko (Art. 35 Abs. 5) erstellen und veröffentlichen. Bei Verarbeitungsvorgängen mit grenzüberschreitendem Bezug wird für diese Listen sogar das Kohärenzverfahren durchgeführt (Art. 35 Abs. 6). Für die Notifikationspflicht bei Datenschutzverletzungen (Art. 34) soll der Europäische Datenschutzausschuss Leitlinien, Empfehlungen und bewährte Verfahren zu den Umständen bereitstellen, unter denen eine Datenschutzverletzung voraussichtlich ein hohes Risiko für den Betroffenen zur Folge hat (Art. 70 Abs. 1 lit. h). **165**

ff) Bewertung der Schwere abhängig vom Rechtsgut

Die regelbeispielhaft in der DS-GVO aufgeführten Fälle, in denen Datenverarbeitungen einer bestimmten Risikostufe zugeordnet werden, sind zum größten Teil unergiebig. Insb. dort, wo die Menge der verarbeiteten Daten, die Zahl der Verarbeitungsvorgänge, die Zahl der Betroffenen oder die Größe eines überwachten Bereiches zum Kriterium für eine besondere Schwere des Risikos gemacht wird, offenbart sich eine Hilflosigkeit des Normgebers, die aus der fehlenden Erkenntnis darüber resultiert, welche Rechtsgüter die DS-GVO eigentlich schützen will. Die Beispiele zeigen die Fixierung des Normgebers auf die vermeintlich zu schützenden Daten. Wären „die Daten" das Schutzgut der DS-GVO, dann wäre die Zahl der verarbeiteten Daten tatsächlich ein aussagekräftiges Indiz für die Schwere der Risiken für den Betroffenen. Die Zahl der verarbeiteten Daten sagt *prima facie* jedoch nichts darüber aus, ob etwa die Privatsphäre, die gesellschaftliche Reputation oder die Vertraulichkeitserwartung des Betroffenen mehr oder weniger stark gefährdet ist. **166**

Die vernünftigste Formulierung findet sich noch in EG 94 S. 2. Dort heißt es: *„Ein solches hohes Risiko ist wahrscheinlich mit bestimmten Arten der Verarbeitung und dem Umfang und der Häufigkeit der Verarbeitung verbunden, die für natürliche Personen auch eine Schädigung oder eine Beeinträchtigung der persönlichen Rechte und Freiheiten mit sich bringen können."* Aus dieser Formulierung wird ersichtlich, dass die Schwere des Risikos nur im Hinblick auf das konkret zu schützende Rechtsgut beurteilt werden kann. So stellt die Verarbeitung einer großen Zahl von Kundenadressdaten einer Seitensprungagentur nicht etwa deshalb ein hohes Risiko dar, weil es sich um eine große Zahl von Daten handelt, sondern weil die gesellschaftliche Reputation der Kunden bei einer Veröffentlichung der Daten gefährdet ist. Auch wenn die Agentur nur eine kleine Zahl von Kunden hätte, wäre von einem hohen Risiko auszugehen. Ein Unternehmen hingegen, das ebenfalls eine große Adressdatenbank hat, diese Adressen aber nur für die nicht-individualisierte Zusendung von Supermarktwerbeprospekten verwendet, wird keine hochriskante Datenverarbeitung betreiben, obwohl auch hier eine große Zahl von Daten verarbeitet wird. In diesem Fall fehlt es an der schweren Gefährdung eines Rechtsguts.[83] **167**

In Anknüpfung an die Rechtsprechung des BGH zum Persönlichkeitsrecht kann als ein Maßstab für die Schwere der Risiken die Frage angesehen werden, welche Sphäre der privaten Lebensgestaltung (Intimsphäre, Sozialsphäre, Berufssphäre, usw.) durch die Verarbeitung betroffen ist.[84] Auch die Rechtsprechung des BVerfG kann mit der Frage fruchtbar gemacht werden, ob der **168**

83 So auch *Drackert* für Postwurfsendungen und zielgruppenorientierte Werbung, S. 312 f.
84 Vgl. z.B. BGH, Urt. v. 25.10.2011, VI ZR 332/09, NJW 2012, 767.

Kernbereich privater Lebensgestaltung betroffen ist.[85] Im Übrigen ist auf die Ausführungen zu den Schutzgütern (Rn. 115 ff.) zu verweisen. Das Risiko für den Betroffenen kann jedenfalls sinnvoll nur bestimmt werden, wenn der Schutzzweck der Norm hinreichend klar ist. Darüber hinaus darf die Kontextabhängigkeit der Schutzbedürftigkeit nicht außer Acht gelassen werden.[86]

3. Risikoadäquate Zweck-Mittel-Relation

169 Der risikobasierte Ansatz ist ein Konzept, mit dem datenschutzrechtliche Pflichten der Gefährdungssituation angepasst werden. Einer klassischen Verhältnismäßigkeitsprüfung nicht unähnlich fordert der risikobasierte Ansatz die Prüfung, ob ein bestimmtes Mittel (also eine bestimmte Schutzmaßnahme) zur Erreichung des Ziels (also der Sicherstellung der Rechtmäßigkeit der Datenverarbeitung) erforderlich und angemessen ist. Der risikobasierte Ansatz hat Einfluss auf das „Ob" (Erforderlichkeit) und auf das „Wie" (Angemessenheit) der Schutzmaßnahme:

170 Zum einen kann die Risikoanalyse zu dem Ergebnis führen, dass eine Schutzmaßnahme aufgrund geringen Risikos der Datenverarbeitung nicht erforderlich ist, um die Rechtmäßigkeit der Datenverarbeitung sicherzustellen.

171 Zum anderen kann die Risikoeinschätzung zu dem Ergebnis führen, dass eine grundsätzlich zu erfüllende Pflicht bei besonders riskanten Datenverarbeitungen besonders strenge Maßnahmen erfordert, während die Maßnahmen bei weniger riskanten Datenverarbeitungen weniger streng ausfallen können. Der risikobasierte Ansatz kann somit sowohl zu einer Steigerung des Pflichtenumfangs (bei besonders riskanten Datenverarbeitungen) als auch zu einer Verringerung des Pflichtenumfangs (bei weniger riskanten Datenverarbeitungen) führen.

a) Pflichtenwegfall bei Nichterreichen einer bestimmten Risikostufe

aa) Hohes Risiko

172 In welchen Fällen die Erforderlichkeit der Ergreifung bestimmter Maßnahmen entfällt oder begründet wird, entscheidet bei einigen Pflichten die DS-GVO selbst. So entfällt die Erforderlichkeit der folgenden Maßnahmen, wenn voraussichtlich ein **hohes Risiko** für die Rechte und Freiheiten natürlicher Personen nicht zu befürchten ist:

- Benachrichtigung bei Datenschutzverletzung (Art. 34 Abs. 1)
- Durchführung einer Datenschutz-Folgenabschätzung (Art. 35 Abs. 1)
- Vorherige Konsultation (Art. 36 Abs. 1)

bb) Einfaches Risiko

173 Das Vorliegen eines **einfachen Risikos** für die Rechte und Freiheiten natürlicher Personen kann zum Pflichtenwegfall, aber auch zum Entstehen einer Pflicht führen.

174 Die Pflicht, eine Datenschutzverletzung an die Aufsichtsbehörde zu melden, entfällt, wenn die Verletzung voraussichtlich nicht zu einem Risiko für die Rechte und Freiheiten natürlicher Personen führt (Art. 33 Abs. 1 S. 1). Die Pflicht, ein Verzeichnis von Verarbeitungstätigkeit zu führen, entsteht auch für an sich von dieser Pflicht befreite Unternehmen mit weniger als 250 Mitarbeitern, wenn die Datenverarbeitung ein einfaches Risiko birgt (Art. 35 Abs. 5).

cc) Modifizierte Risikokonstellationen

175 Mehrere Maßnahmen sind von **modifizierten Risikokonstellationen** abhängig:

176 Die Pflicht von nicht in der Union niedergelassenen Verantwortlichen oder Auftragsverarbeitern zur Benennung eines Vertreters (Art. 27) entfällt, wenn die Verarbeitung nur gelegentlich erfolgt,

85 Vgl. z.B. BVerfG, Beschl. v. 7.12.2011, 2 BvR 2500/09 und 2 BvR 1857/10, BVerfGE 130, 1.
86 Zu Letzterem Simitis, *Ernestus*, § 9 Rn. 29.

nicht die umfangreiche Verarbeitung besonderer Datenkategorien einschließt und unter Berücksichtigung der Art, der Umstände, des Umfangs und der Zwecke der Verarbeitung voraussichtlich nicht zu einem Risiko für die Rechte und Freiheiten natürlicher Personen führt (Art. 27 Abs. 2 lit. a).

Die Pflicht, ein Verzeichnis von Verarbeitungstätigkeiten zu führen (Art. 30), entfällt bei Unternehmen oder Einrichtungen, die weniger als 250 Mitarbeiter beschäftigen, sofern die Verarbeitung nicht nur gelegentlich erfolgt oder nicht die Verarbeitung besonderer Datenkategorien einschließt (Art. 30 Abs. 5). **177**

Die Pflicht zur Benennung eines betrieblichen Datenschutzbeauftragten (Art. 37) entfällt – vorbehaltlich anderslautender Verpflichtungen im mitgliedstaatlichen Recht (Art. 37 Abs. 4) – , wenn die Kerntätigkeit des Verantwortlichen oder des Auftragsverarbeiters nicht in der Durchführung von Verarbeitungsvorgängen besteht, die aufgrund ihrer Art, ihres Umfangs und/oder ihrer Zwecke eine umfangreiche regelmäßige und systematische Überwachung von Betroffenen erforderlich machen (Art. 37 Abs. 1 lit. b), oder nicht in der umfangreichen Verarbeitung besonderer Kategorien von Daten besteht (Art. 37 Abs. 1 lit. c). Zum Begriff der „Kerntätigkeit" eingehend Art. 37 Rn. 38 ff. **178**

Schließlich ist es sehr gut vertretbar, in Artt. 13 Abs. 2 und 14 Abs. 2 die Möglichkeit eines Pflichtenwegfalls zu sehen. Nach diesen Normen entfallen zusätzliche Informationspflichten, wenn die zusätzlichen Informationen nicht erforderlich sind, um dem Betroffenen gegenüber eine faire und transparente Verarbeitung zu gewährleisten. Ob die Informationen für eine faire und transparente Verarbeitung erforderlich sind, hängt auch von einer Risikoabwägung ab. **179**

b) Risikoabhängigkeit des Maßnahmenumfangs

Der Umfang der zur Erfüllung der datenschutzrechtlichen Pflichten erforderlichen Maßnahmen ist in Abhängigkeit vom Risiko der Datenverarbeitung skalierbar. Dem Verantwortlichen wird ein Handlungsspielraum bei der Umsetzung der datenschutzrechtlich gebotenen Maßnahmen gegeben. Das risikoabhängig Gebotene kann sowohl „nach oben" gesteigert als auch „nach unten" reduziert sein. Dies gilt hiesigen Erachtens für alle Pflichten des Verantwortlichen nach der DS-GVO: **180**

aa) Risikoabhängigkeit nicht nur der Pflichten des Kapitels IV

Eindeutig risikoabhängig sind alle Pflichten, die schon vom Wortlaut der Norm her von einer Risikoeinschätzung abhängig gemacht werden. Dies gilt für die unter Rn. 172 ff. genannten Pflichten und darüber hinaus für die folgenden Pflichten des Verantwortlichen: **181**

- Datenschutz durch Technikgestaltung (Art. 25 Abs. 1)
- Sicherheit der Verarbeitung (Art. 32 Abs. 1 und 2)
- Aufgabenerfullung des Datenschutzbeauftragten (Art. 39 Abs. 2)

Darüber hinaus sind auch alle anderen Pflichten des Verantwortlichen nach der DS-GVO risikoabhängig. Dies folgt aus Art. 24 Abs. 1. Zwar könnte man die Auffassung vertreten, Art. 24 gelte als erste Norm des Kapitels IV auch nur für die Regelungen des Kapitels IV. Dagegen spricht aber der eindeutige Wortlaut des Art. 24, wonach der Verantwortliche sicherzustellen hat, dass die Verarbeitung *gemäß dieser Verordnung* erfolgt. Der Verantwortliche muss also auch die Maßnahmen, die der Erfüllung anderer Pflichten als der Pflichten des Kapitels IV dienen, auf ihre Eignung prüfen und darf sie risikoabhängig skalieren. **182**

bb) Risikoabhängigkeit der Grundsätze der Datenverarbeitung

Dies hat zur Folge, dass zum Beispiel die Grundsätze der Datenverarbeitung (Art. 5) risikoabhängig skalierbar sind. Anknüpfungspunkte für ein Eingreifen des risikobasierten Ansatzes ist immer die Verwendung unbestimmter Rechtsbegriffe wie „Treu und Glauben" (Art. 5 Abs. 1 lit. a), „dem Zweck angemessen" (Art. 5 Abs. 1 lit. c), „angemessene Maßnahmen" (Art. 5 Abs. 1 lit. d), **183**

„angemessene Sicherheit" (Art. 5 Abs. 1 lit. f), usw. Diesen Zusammenhang hat auch bereits die Art. 29-Gruppe erkannt, wenn sie meint, die Datenschutzprinzipien seien *„inherently scalable"*.[87]

cc) Risikoabhängigkeit der Rechtsgrundlagen

184 Auch die Rechtsgrundlagen der Datenverarbeitung sind risikoabhängig (Art. 6).[88] Dies gilt vor allem dort, wo eine Interessenabwägung oder eine Kompatibilitätsprüfung vorzunehmen ist. Gem. Art. 6 Abs. 1 lit. f ist eine Abwägung zwischen den berechtigten Interessen des Verantwortlichen oder eines Dritten und den Interessen oder Grundrechten und Grundfreiheiten des Betroffenen vorzunehmen. In diese Interessenabwägung sind auch die Risiken der Datenverarbeitung für den Betroffenen einzubeziehen, wie sich insb. auch daran zeigt, dass es eine Rolle spielt, ob es sich bei dem Betroffenen um ein Kind handelt. Auch bei der Kompatibilitätsprüfung des Art. 6 Abs. 4 spielen Risikoüberlegungen eine Rolle. Insb. die Kriterien des Art. 6 Abs. 4 lit. d (mögliche Folgen) und lit. e (Vorhandensein geeigneter Garantien) eröffnen die Möglichkeit einer Risikoabschätzung. Ist das mit einer Weiterverarbeitung verbundene Risiko gering, sind die möglichen Folgen für den Betroffenen kaum gefährlich und die Weiterverarbeitung ist eher zulässig, als wenn das Risiko der Weiterverarbeitung hoch ist. Andererseits kann auch bei riskanten Weiterverarbeitungen das Vorhandensein robuster Garantien die Chance erhöhen, dass eine Weiterverarbeitung als kompatibel und damit als zulässig anzusehen ist.

185 Auch dass besondere Kategorien personenbezogener Daten (sensible Daten) einen besonderen Schutz genießen und deshalb nur unter strengen Voraussetzungen verarbeitet werden dürfen (vgl. Art. 9), kann man als einen typisierten risikobasierten Ansatz bezeichnen, da bei sensiblen Daten typischerweise von einem erhöhten Risiko ausgegangen wird (obwohl dies faktisch nicht zwingend ist).

dd) Risikoabhängigkeit der Betroffenenrechte

186 Schließlich sind auch die Maßnahmen zur Erfüllung der Betroffenenrechte risikoabhängig zu skalieren.[89] So benötigt der „Bäcker um die Ecke", der lediglich eine kleine Kundendatei für Brötchenlieferungen in die Nachbarschaft führt, kein ausgeklügeltes „Privacy Compliance Management"-System, um ein etwaiges Auskunftsbegehren eines Kunden nach Art. 15 zu erfüllen. Angesichts des geringen Risikos und der geringen Komplexität seiner Datenverarbeitung wird der Bäcker gar keine technischen und organisatorischen Maßnahmen treffen müssen, um sicherzustellen, dass er einen etwaigen Auskunftsanspruch erfüllen kann.

187 Sofern man auch das Verhältnismäßigkeitsprinzip als Ausprägung des Risikogedankens ansieht, gibt es bei den Betroffenenrechten zumindest einen Tatbestand, in dem sich der Risikogedanke findet. Nach Art. 14 Abs. 5 lit. b ist eine Information des Betroffenen nicht erforderlich, sofern die personenbezogenen Daten nicht beim Betroffenen erhoben wurden und die Information des Betroffenen einen unverhältnismäßigen Aufwand erfordern würde. Im Übrigen sind über die Grundinformation des Art. 13 Abs. 1 und 14 Abs. 1 hinausgehende weitergehende Informationen nur zu erteilen, wenn dies notwendig ist, um dem Betroffenen gegenüber eine faire und transparente Verarbeitung zu gewährleisten – auch dies ein Tatbestand, den man im Sinne des risikobasierten Ansatzes auslegen kann.

87 *Art. 29 Data Protection Working Party*, WP 218 (2014), Statement on the role of a risk-based approach in data protection legal frameworks (adopted on 30 May 2014), S. 3 (Ziffer 4).
88 A.A. *Art. 29 Data Protection Working Party*, WP 218 (2014), Statement on the role of a risk-based approach in data protection legal frameworks (adopted on 30 May 2014), S. 4 (Ziffer 12).
89 A.A. *Art. 29 Data Protection Working Party*, WP 218 (2014), Statement on the role of a risk-based approach in data protection legal frameworks (adopted on 30 May 2014), S. 3 (Ziffer 2).

c) Welche Maßnahmen bei welchem Risiko?

EG 77 S. 2 äußert die Erwartung, dass der Europäische Datenschutzausschuss Leitlinien für Verarbeitungsvorgänge entwirft, aus denen sich ergibt, welche Abhilfemaßnahmen in Fällen hohen Risikos ausreichend sein können. **188**

Allgemein gilt: für alle untragbaren Risiken müssen geeignete technische und organisatorische Maßnahmen getroffen werden, die Schadensauswirkungen so weit reduzieren, dass die Schwelle der tolerierten Risiken unterschritten wird. Dies gilt jedoch nur bei Datenverarbeitungen durch öffentliche Stellen und bei Datenverarbeitungen durch Private auf der Grundlage des berechtigten Interesses (Art. 6 Abs. 1 lit. f). Diese Datenverarbeitungen sind immer an den Verhältnismäßigkeitsgrundsatz gebunden. In anderen Fällen beurteilt sich die Rechtmäßigkeit der Datenverarbeitung nach der jeweiligen Erlaubnisgrundlage. Bspw. die Einwilligung kann, wenn sie hinreichend informiert erteilt wird, auch Datenverarbeitungen legitimieren, die ein eigentlich untragbares Risiko bergen. Ähnliches gilt bei Datenverarbeitungen durch Private, die einer rechtlichen Verpflichtung entsprechen (Art. 6 Abs. 1 lit. c). **189**

Die durchzuführenden Schutzmaßnahmen dürfen dabei nicht isoliert betrachtet werden. Es sind sowohl gegenseitige Abhängigkeiten als auch die Einbettung in den bestehenden technischen und organisatorischen Rahmen zu berücksichtigen. Die Kompatibilität der Einzelmaßnahmen muss gegeben sein. Auch organisatorische Abhängigkeiten wie z.B. die Widerspruchsfreiheit zu bestehenden Regeln und Betriebsvereinbarungen muss gewährleistet sein bzw. durch entsprechende Anpassungen hergestellt werden. Darüber hinaus sind auch personalbezogene Aspekte zu berücksichtigen; hier vor allem die Akzeptanz der Nutzer sowie ihre Qualifikation, damit die Maßnahmen in der Praxis auch greifen. Ggf. sind auch gezielte Fortbildungsmaßnahmen durchzuführen.[90] **190**

VI. Rechtsfolgen von Einhaltung und Nichteinhaltung

1. Darlegungs- und Beweislast

Fraglich ist, ob der Verantwortliche aufgrund der umfassenden Rechenschaftspflicht der Artt. 5 Abs. 2 und 24 Abs. 1 S. 1 auch vollständig die Darlegungs- und Beweislast für die Rechtmäßigkeit des eigenen Handelns trägt. Eine solche Interpretation wäre mit rechtsstaatlichen Grundsätzen nicht zu vereinbaren: **191**

Im Verwaltungsverfahrensrecht gilt grundsätzlich der Untersuchungsgrundsatz (§ 24 Abs. 1 und 2 VwVfG). Das bedeutet, dass die Behörde den für die Entscheidung erheblichen Sachverhalt von Amts wegen selbst zu ermitteln hat. Hierfür kann sie jedes für die Sachverhaltsermittlung im konkreten Fall geeignete und rechtlich zulässige Erkenntnismittel nutzen. Sie hat die Befugnis, sich bestimmter Beweismittel (wie Einholung von Auskünften, Anhörung von Beteiligten, Beiziehung von Urkunden und Akten, Inaugenscheinnahme) zu bedienen (§ 26 Abs. 1 VwVfG). **192**

Die Beteiligten sollen bei der Sachverhaltsermittlung lediglich mitwirken (§ 26 Abs. 2 Satz 1 VwVfG). Für die Mitwirkungslast der Beteiligten gilt somit nur eine Sollvorschrift. Der Gesetzgeber will den Beteiligten nicht zumuten, auch zur Aufklärung solcher Umstände beizutragen, die ihre Stellung im Verwaltungsverfahren verschlechtern oder sie in sonstiger Weise belasten würden; eine weitergehende Pflicht, bei der Sachverhaltsermittlung mitzuwirken, besteht nur, soweit dies durch Rechtsvorschrift besonders vorgesehen ist (§ 26 Abs. 2 Satz 3 VwVfG). Die Mitwirkungspflicht ist somit die Ausnahme. **193**

Im geltenden Datenschutzrecht hat der Verantwortliche auf Verlangen der Aufsichtsbehörde die für die Erfüllung der Aufgaben der Aufsichtsbehörde erforderlichen Auskünfte unverzüglich zu **194**

---

90 Vgl. *Der Hamburgische Beauftragte für Datenschutz und Informationsfreiheit* (Dr. Sebastian Wirth) (Stand: 31. Januar 2008), Hinweise zur Risikoanalyse und Vorabkontrolle nach dem Hamburgischen Datenschutzgesetz, S. 8.

erteilen (Art. 38 Abs. 3 S. 1 BDSG). Auch darin kann keine allgemeine Mitwirkungspflicht des Verantwortlichen gesehen werden. Die Behörde muss die gewünschten Informationen „verlangen" und möglichst präzise beschreiben.[91] Das Auskunftsverlangen hat Verwaltungsaktsqualität und kann mit Verwaltungszwang durchgesetzt werden.[92] Das bedeutet gleichzeitig, dass sich der Verantwortliche mit Widerspruch und Anfechtungsklage dagegen zur Wehr setzen kann. Die Mitwirkungspflicht ist somit auch gem. § 38 Abs. 3 S. 1 BDSG die Ausnahme und rechtlicher Einhegung unterworfen.

195 Dieses Regel-Ausnahme-Verhältnis würde zu Lasten des Verantwortlichen vollständig aus den Angeln gehoben, wenn der Verantwortliche von sich aus die Erfüllung jeder einzelnen datenschutzrechtlichen Pflicht nachweisen müsste. Zwar ist eine solche Mitwirkungspflicht gem. § 26 Abs. 2 Satz 3 VwVfG auch im Verwaltungsverfahrensrecht zulässig, wenn sie durch Rechtsvorschrift besonders vorgesehen ist. Dieser Gesetzesvorbehalt unterliegt aber dem Bestimmtheitsgebot. Eine generelle Nachweispflicht für die Einhaltung jeder einzelnen Verpflichtung der DS-GVO würde nicht dem Erfordernis gerecht, dass „dies durch Rechtsvorschrift besonders vorgesehen" sein muss.

196 Über die Wertung des Normgebers, dem Verantwortlichen umfangreiche Nachweispflichten aufzubürden, kommt man aber nicht hinweg. Aus den genannten Gründen ist jedoch eine restriktive Interpretation dieser Nachweispflichten geboten. Der risikobasierte Ansatz bietet die Möglichkeit, die Nachweispflichten des Abs. 1 S. 1 nach Verhältnismäßigkeitsgesichtspunkten zu reduzieren. Demnach muss ein Nachweis überhaupt nur geführt werden, wenn die nachzuweisende Maßnahme unter Berücksichtigung des Risikos der Datenverarbeitung für den Betroffenen erforderlich ist, um die Rechtmäßigkeit der Verarbeitung sicherzustellen. Eventuell kann selbst bei Erforderlichkeit der Maßnahme unter Risikogesichtspunkten auf den Nachweis verzichtet werden. In Betracht zu ziehen sind auch einfach umzusetzende Nachweismöglichkeiten (wie Zeugenaussagen). Auch erst auf Anforderung einzuholende dienstliche Äußerungen von Mitarbeitern können ausreichend sein.

2. Selbstbezichtigung

197 Das allgemeine rechtsstaatliche Prinzip, dass der Staat keinen Zwang zur Selbstbezichtigung ausüben darf, gilt auch für die Datenschutzkontrolle.[93] Nach § 38 Abs. 3 S. 1 BDSG haben Verantwortliche zwar auf Verlangen der Aufsichtsbehörde die für die Erfüllung der Aufgaben der Aufsichtsbehörde erforderlichen Auskünfte unverzüglich zu erteilen. Der Verantwortliche kann die Auskunft auf solche Fragen, deren Beantwortung ihn der Gefahr strafgerichtlicher Verfolgung oder eines Ordnungswidrigkeitenverfahrens aussetzen würde, aber verweigern (§ 38 Abs. 3 S. 2 BDSG).

198 Fraglich ist, wie sich dieses rechtsstaatliche Prinzip zu einer weit verstandenen Nachweispflicht des Verantwortlichen und zu der Notifikationspflicht des Art. 33, die einer Selbstanzeige gleichkommt (siehe hierzu Art. 33 Rn. 55 f.), verhält. Verfahrensrechtlich ist die Aufsichtsbehörde gem. Art. 58 Abs. 1 lit. a befugt, den Verantwortlichen anzuweisen, „alle Informationen bereitzustellen, die für die Erfüllung ihrer Aufgaben erforderlich sind". Materiell-rechtlich treten die allgemeinen Nachweispflichten der Artt. 5 Abs. 2 und 24 Abs. 1 S. 1 sowie die besonderen Nachweispflichten weiterer Tatbestände hinzu.

Immerhin hat der deutsche Gesetzgeber in § 43 Abs. 4 BDSG-neu verankert, dass eine Meldung nach Art. 33 und eine Benachrichtigung nach Art. 34 Abs 1 in einem Ordnungswidrigkeitenverfahren gegen den Meldepflichtigen oder Benachrichtigenden oder seine in § 52 Abs. 1 StPO bezeichneten Angehörigen nur mit Zustimmung des Meldepflichtigen oder Benachrichtigenden verwendet werden darf. Dasselbe gilt nach § 42 Abs. 4 BDSG-neu für Strafverfahren.

---

91 Simitis, *Petri*, § 38 Rn. 54.
92 Simitis, *Petri*, § 38 Rn. 54.
93 Simitis, *Petri*, § 38 Rn. 57.

3. Erteilung von Geldbußen

Bei der Erteilung von Geldbußen durch die Datenschutzaufsichtsbehörden führt die Einhaltung der Rechenschaftspflichten nicht zu einer Rechtsvermutung dafür, dass auch die entsprechende Pflicht eingehalten worden wäre. Ein Verantwortlicher kann die erforderlichen Sicherstellungsmaßnahmen durchgeführt, überprüft und nachgewiesen haben und dennoch gegen die Datenschutzvorschriften verstoßen.[94] **199**

Die Datenschutzaufsichtsbehörden können allerdings bei der Festlegung von Geldbußen „gebührend berücksichtigen": **200**

- Jegliche von dem Verantwortlichen oder dem Auftragsverarbeiter getroffenen Maßnahmen zur Minderung des dem Betroffenen entstandenen Schadens (Art. 83 Abs. 2 lit. c).
- Den Grad der Verantwortung des Verantwortlichen oder des Auftragsverarbeiters unter Berücksichtigung der von ihnen gem. Artt. 25 und 32 getroffenen technischen und organisatorischen Maßnahmen (Art. 83 Abs. 2 lit. d).
- Jegliche anderen erschwerenden oder mildernden Umstände im jeweiligen Fall (Art. 83 Abs. 2 lit. k).

Weist der Verantwortliche gegenüber der Datenschutzaufsichtsbehörde nach, dass er die erforderlichen Sicherstellungsmaßnahmen ergriffen hat, kann dies somit zu einer Minderung eines Bußgeldes führen. **201**

4. Haftung auf Schadensersatz

Bei der Haftung auf Schadensersatz gegenüber Personen, denen wegen eines Verstoßes gegen die DS-GVO ein materieller oder immaterieller Schaden entstanden ist, führt die Einhaltung der Sicherstellungs- und Rechenschaftspflichten nicht zu einer Exkulpationsmöglichkeit. Vielmehr kann sich der Verantwortliche von der Haftung nur befreien, wenn er „nachweist, dass er in keinerlei Hinsicht für den Umstand, durch den der Schaden eingetreten ist, verantwortlich ist" (Art. 82 Abs. 3). **202**

Das Verschulden des Verantwortlichen wird somit vermutet. Auch mit guter Betriebsorganisation (wie etwa bei § 831 Abs. 1 S. 2 BGB) kann sich der Verantwortliche nicht durch Entlastungsbeweis exkulpieren. Gegenüber der aktuellen Rechtslage werden die Anforderungen an die Exkulpation deutlich angehoben. Gem. § 7 S. 2 BDSG entfällt die Ersatzpflicht, soweit die verantwortliche Stelle die nach den Umständen des Falles gebotene Sorgfalt beachtet hat. Hätte man sich bei der DS-GVO für eine solche Regelung entschieden, wäre ein Anreiz für die Einhaltung der Sicherstellungs- und Rechenschaftspflicht des Abs. 1 S. 1 geschaffen worden. Dann hätte der Verantwortliche mit der Implementation eines entsprechenden Managementprogramms die Gefahr, für die Entstehung eines Schadens des Betroffenen haften zu müssen, reduzieren können. **203**

Unter Umständen trägt der Verantwortliche wegen seiner Rechenschaftspflicht in Umkehrung der üblichen Beweislastregeln, wonach jeder Anspruchsteller die ihm günstigen Tatbestandsvoraussetzungen beweisen muss, sogar die Darlegungs- und Beweislast dafür, dass er den haftungsauslösenden Verstoß gegen die DS-GVO nicht begangen hat. So trägt der Verantwortliche bei einer einwilligungsbasierten Datenverarbeitung wohl die Darlegungs- und Beweislast dafür, dass der Betroffene eingewilligt hat, und für das fehlende Verschulden, um Schadensersatzansprüche abzuwehren.[95] **204**

---

94 *Art. 29 Data Protection Working Party*, WP 173 (2010), Opinion 3/2010 on the principle of accountability (adopted on 13 July 2010), S. 11 f.
95 *Albrecht/Jotzo*, S. 56 (Rn. 19).

VII. Verhaltensregeln und Zertifizierung (Abs. 3)

205 Die Einhaltung von genehmigten Verhaltensregeln gem. Art. 40 oder eines genehmigten Zertifizierungsverfahrens gem. Art. 42 kann als Gesichtspunkt herangezogen werden, um die Erfüllung der Pflichten des Verantwortlichen nachzuweisen.

206 Diese Regelung eröffnet dem Verantwortlichen die Möglichkeit, die sehr weitreichende Umkehrung der Darlegungs- und Beweislast für die Rechtmäßigkeit des eigenen Handelns, abzuschwächen. Insofern sind Verhaltensregeln und Zertifizierungen Nachweiserleichterungen.

207 Aus der Einhaltung einer Verhaltensregel oder einer Zertifizierung kann aber keineswegs zwingend auf die Erfüllung der Pflichten des Verantwortlichen geschlossen werden. Sie sind lediglich ein „Gesichtspunkt" für die Beurteilung. Das bedeutet, dass die Datenschutzaufsichtsbehörde bei ihrer Überprüfung die Einhaltung von Verhaltensregeln oder Zertifizierungen pflichtgemäß zu berücksichtigen hat – allerdings im Rahmen einer darüber hinaus gehenden Gesamtprüfung.

208 Die Einhaltung genehmigter bzw. sogar allgemein gültiger Verhaltensregeln („Codes of Conduct") dürfte die Begründungslast jedoch deutlich auf eine einschreitende Aufsichtsbehörde verlagern, sollte sie sich für eine Beanstandung grundsätzlich verhaltensregelkonformer Verarbeitungen entscheiden. Im Fall für allgemein gültig erklärter Verhaltensregeln wird insoweit teilweise vorgeschlagen, Unternehmen eine „widerlegbare Konformitätsvermutung" zuteilwerden zu lassen.[96] Dabei ist die Einhaltung von genehmigten Verhaltensregeln in jedem Fall bei der Entscheidung über die Verhängung einer Geldbuße und über deren Betrag gem. Art. 83 Abs. 2 lit. j „gebührend" zu berücksichtigen.

209 Die zuständige Aufsichtsbehörde wird nach Art. 43 Abs. 1 und 5 in die Zertifikatserteilung informatorisch einbezogen, wenn sie diese nicht selbst durchführt. Im letzteren Fall wird man – anders als bei Zertifizierung durch die Behörde selbst – eine über den Gleichbehandlungsgrundsatz vermittelte rechtliche Selbstbindung der Verwaltung noch nicht annehmen können. Ein Vorgehen gegen einen zertifizierten Datenverarbeitungsvorgang muss im Grundsatz möglich bleiben. Allerdings wird durch die enge Einbindung des staatlichen Teils des Ko-Regulierungssystems eine „faktische Selbstbindung" dergestalt anzunehmen sein, dass früheres tatsächliches (Nicht-)Handeln, wenn nämlich eine Zertifizierung unbeanstandet geblieben ist, ein späteres Einschreiten nur in Ausnahmefällen begründbar erscheinen ließe.[97]

C. Weitere Auswirkungen der Verordnung in der Praxis

I. Voraussichtliche Auswirkungen auf das nationale Recht

210 Das deutsche Datenschutzrecht enthält, soweit ersichtlich, bislang keine dem Art. 24 vergleichbaren Sicherstellungs- und Nachweispflichten. Insofern bedürfen das BDSG, die Landesdatenschutzgesetze und das übrige bereichsspezifische Datenschutzrecht auch keine Anpassung an die ab dem 25. Mai 2018 unmittelbar geltenden Regelungen des Art. 24. Die Norm enthält keine Öffnungsklausel, so dass auch insofern kein mitgliedstaatlicher gesetzgeberischer Handlungsbedarf besteht.

II. Bestandsschutz bisheriger Datenverarbeitungen

211 Die DS-GVO gilt ab dem 25. Mai 2018 in allen Mitgliedstaaten. Ein Bestandsschutz bisheriger Datenverarbeitungen bzw. bisheriger technischer und organisatorischer Maßnahmen ist in Bezug auf die Sicherstellungs- und Nachweispflichten des Art. 24 nicht vorgesehen. Von dem Zeitpunkt an, in dem die DS-GVO in den Mitgliedstaaten unmittelbare Geltung beansprucht, sind alle Ver-

---

96 Plath, *Von Braunmühl*, Art. 40 DS-GVO Rn. 23.
97 Plath, *Von Braunmühl*, Art. 42 Rn. 16.

antwortlichen an diese neuen Pflichten gebunden. Spätestens ab dem 25. Mai 2018 müssen Verantwortliche auch bei laufenden Datenverarbeitungen die Anforderungen des Art. 24 beachten.

III. Anwendung durch die Datenverarbeiter

212 Bei jeder einzelnen Verantwortlichenpflicht der DS-GVO stellen sich nun in der folgenden Reihenfolge folgende Fragen:

- Worin besteht die zu erfüllende Pflicht der DS-GVO?
- TOM: Durch welche technische(n) und/oder organisatorische(n) Maßnahme(n) kann sichergestellt werden, dass die Pflicht erfüllt wird?
- Risikoprüfung: Wie groß ist das Risiko für Rechte und Freiheiten des Betroffenen (unter Berücksichtigung der in Abs. 1 S. 1 genannten Kriterien)?
- Sicherstellungspflicht: Welche der in Betracht kommenden Sicherstellungsmaßnahmen sind unter Berücksichtigung des ermittelten Risikos geeignet, erforderlich und angemessen zur Sicherstellung der Erfüllbarkeit der Pflicht?
- Nachweispflicht: Wie kann die durch die Ergreifung der Sicherstellungsmaßnahme(n) bewirkte Erfüllung der datenschutzrechtlichen Pflichten nachgewiesen werden?

IV. Sanktionen

213 Die Sicherstellungs- und Rechenschaftspflichten des Art. 24 gehören zu den wenigen Vorschriften der DS-GVO, die nicht gem. Art. 83 Abs. 4 oder 5 bußgeldbewehrt sind. Verstößt ein Verantwortlicher gegen die Pflicht zum Nachweis der Einhaltung einer datenschutzrechtlichen Pflicht, können die Aufsichtsbehörden ihm deswegen kein Bußgeld auferlegen. Diese Aussage gilt aber nur mit vier Einschränkungen:

214 Zum einen können die Mitgliedstaaten Vorschriften über andere Sanktionen für Verstöße gegen die DS-GVO festlegen, insb. für Verstöße, die keiner Geldbuße gem. Art. 83 unterliegen (Art. 84 Abs. 1). Es bleibt abzuwarten, ob die mitgliedstaatlichen Gesetzgeber insofern andere Sanktionen als Geldbußen für Verstöße gegen Art. 24 festlegen.

215 Zum anderen kann jede Aufsichtsbehörde die Verpflichtungen des Art. 24 durch eine Anweisung gem. Art. 58 Abs. 2 konkretisieren. Bei Nichtbefolgung einer solchen Anweisung kommt ein Bußgeld gem. Art. 83 Abs. 6 in Betracht.

216 Darüber hinaus stellen Verstöße gegen die Rechenschaftspflicht des Art. 5 Abs. 2, die sich auf die Einhaltung der Grundsätze der Grundsätze des Art. 5 Abs 1 bezieht, Ordnungswidrigkeiten dar. Die Datenschutzaufsichtsbehörden können hierfür Geldbußen von bis zu 20 Mio. € oder im Falle eines Unternehmens bis zu 4 % des gesamten weltweit erzielten Jahresumsatzes des vorangegangenen Geschäftsjahrs verhängen (Art. 83 Abs. 5 lit. a). Sofern eine Pflicht der DS-GVO ein solches Gewicht hat, dass ihre Verletzung auch eine Verletzung der Datenschutzgrundsätze darstellen würde, ist somit auch eine Verletzung der Rechenschaftspflicht bußgeldbewehrt. Während die Verletzung von Form- und Verfahrensvorschriften nicht in jedem Fall eine Verletzung von Datenschutzgrundsätzen darstellen wird, ist bspw. die Vornahme einer Datenverarbeitung ohne Rechtsgrundlage auch ein Verstoß gegen Datenschutzgrundsätze. Würde von einem Verantwortlichen nicht nachgewiesen, dass und wie er die Voraussetzungen des Art. 6 Abs. 1 einhält, könnten die Aufsichtsbehörden schon hierfür Bußgelder erlassen.

217 Schließlich enthalten zahlreiche Normen der DS-GVO eigenständige Nachweispflichten (Rn. 49 ff.). Verstößt der Verantwortliche gegen eine dieser Normen, können die Aufsichtsbehörden ebenfalls Bußgelder erlassen, wenn die jeweilige Norm in Art. 83 Abs. 4 oder 5 genannt ist.

218 Sofern ein Bußgeldtatbestand erfüllt ist, kann die Einhaltung der Nachweispflicht durch den Verantwortlichen Einfluss darauf haben, ob die Geldbuße überhaupt, oder zumindest darauf, in welcher Höhe sie verhängt wird. Bei der Entscheidung über die Verhängung einer Geldbuße und über deren Höhe werden nämlich jegliche vom Verantwortlichen oder Auftragsverarbeiter getroffenen Maßnahmen zur Minderung des den Betroffenen entstandenen Schadens „gebührend" berücksichtigt (Art. 83 Abs. 2 lit. c). Je nach den Umständen des Einzelfalls kann die Erbringung der Nachweise eine schadensmindernde Maßnahme sein. Darüber hinaus sind auch noch jegliche anderen erschwerenden oder mildernden Umstände im jeweiligen Fall „gebührend" zu berücksichtigen (Art. 83 Abs. 2 lit. k). Die Erfüllung der Rechenschaftspflicht kann ein mildernder Umstand im Sinne dieser Norm sein.

V. Rechtsschutz

1. Rechtsschutz des Betroffenen

a) Beschwerde bei einer Aufsichtsbehörde

219 Jeder Betroffene hat gem. Art. 77 Abs. 1 das Recht auf Beschwerde bei einer Aufsichtsbehörde, wenn er der Auffassung ist, dass die Verarbeitung ihn betreffender Daten gegen die DS-GVO verstößt – also auch, wenn er der Auffassung ist, der Verantwortliche erfülle seine Sicherstellungs- und Nachweispflichten aus Art. 24 nicht. Anders als bei den Betroffenenrechten des Kapitels III hat der Betroffene aber kein subjektives Recht auf Einhaltung der Pflichten des Art. 24. Zuständig für Beschwerden können die Aufsichtsbehörde in dem Mitgliedstaat des Aufenthaltsortes, des Arbeitsplatzes oder des Ortes des mutmaßlichen Verstoßes sein (Art. 77 Abs. 1).

b) Rechtsbehelf gegen eine Aufsichtsbehörde

220 Jeder Betroffene hat das Recht auf einen wirksamen gerichtlichen Rechtsbehelf, wenn sich die zuständige Aufsichtsbehörde mit einer Beschwerde nicht befasst oder sie ihn nicht innerhalb von drei Monaten über den Stand oder das Ergebnis der Beschwerde in Kenntnis setzt (Art. 78 Abs. 2). Bei Streitigkeiten mit der Aufsichtsbehörde sind die Verwaltungsgerichte zuständig.

c) Rechtsschutz gegen Verantwortliche und Auftragsverarbeiter

221 Jeder Betroffene hat das Recht auf einen wirksamen gerichtlichen Rechtsbehelf gegen einen Verantwortlichen oder gegen einen Auftragsverarbeiter, wenn er der Ansicht ist, dass die ihm aufgrund der DS-GVO zustehenden Rechte infolge einer nicht im Einklang mit der Verordnung stehenden Verarbeitung seiner personenbezogenen Daten verletzt wurden (Art. 79 Abs. 1). Da Art. 24 dem Betroffenen kein subjektives Recht auf Einhaltung der Sicherstellungs- und Nachweispflichten vermittelt, spielt diese Rechtsschutzmöglichkeit hier keine Rolle.

2. Rechtsschutz anderer Personen

222 Jede natürliche oder juristische Person (also insb. ein Verantwortlicher oder ein Auftragsverarbeiter) hat das Recht auf einen wirksamen gerichtlichen Rechtsbehelf gegen einen sie betreffenden rechtsverbindlichen Beschluss einer Aufsichtsbehörde (Art. 78 Abs. 1).

Article 25

Data protection by design and by default

1. Taking into account the state of the art, the cost of implementation and the nature, scope, context and purposes of processing as well as the risks of varying likelihood and severity for rights and freedoms of natural persons posed by the processing, the controller shall, both at the time of the determination of the means for processing and at the time of the processing itself, implement appropriate technical and organisational measures, such as pseudonymisation, which are designed to implement data-protection principles, such as data minimisation, in an effective manner and to integrate the necessary safeguards into the processing in order to meet the requirements of this Regulation and protect the rights of data subjects.

2. The controller shall implement appropriate technical and organisational measures for ensuring that, by default, only personal data which are necessary for each specific purpose of the processing are processed. That obligation applies to the amount of personal data collected, the extent of their processing, the period of their storage and their accessibility. In particular, such measures shall ensure that by default personal data are not made accessible without the individual's intervention to an indefinite number of natural persons.

3. An approved certification mechanism pursuant to Article 42 may be used as an element to demonstrate compliance with the requirements set out in paragraphs 1 and 2 of this Article.

Artikel 25

Datenschutz durch Technikgestaltung und durch datenschutzfreundliche Voreinstellungen

1. Unter Berücksichtigung des Stands der Technik, der Implementierungskosten und der Art, des Umfangs, der Umstände und der Zwecke der Verarbeitung sowie der unterschiedlichen Eintrittswahrscheinlichkeit und Schwere der mit der Verarbeitung verbundenen Risiken für die Rechte und Freiheiten natürlicher Personen trifft der Verantwortliche sowohl zum Zeitpunkt der Festlegung der Mittel für die Verarbeitung als auch zum Zeitpunkt der eigentlichen Verarbeitung geeignete technische und organisatorische Maßnahmen – wie z.B. Pseudonymisierung –, die dafür ausgelegt sind, die Datenschutzgrundsätze wie etwa Datenminimierung wirksam umzusetzen und die notwendigen Garantien in die Verarbeitung aufzunehmen, um den Anforderungen dieser Verordnung zu genügen und die Rechte der betroffenen Personen zu schützen.

2. Der Verantwortliche trifft geeignete technische und organisatorische Maßnahmen, die sicherstellen, dass durch Voreinstellung grundsätzlich nur personenbezogene Daten, deren Verarbeitung für den jeweiligen bestimmten Verarbeitungszweck erforderlich ist, verarbeitet werden. Diese Verpflichtung gilt für die Menge der erhobenen personenbezogenen Daten, den Umfang ihrer Verarbeitung, ihre Speicherfrist und ihre Zugänglichkeit. Solche Maßnahmen müssen insbesondere sicherstellen, dass personenbezogene Daten durch Voreinstellungen nicht ohne Eingreifen der Person einer unbestimmten Zahl von natürlichen Personen zugänglich gemacht werden.

3. Ein genehmigtes Zertifizierungsverfahren gemäß Artikel 42 kann als Faktor herangezogen werden, um die Erfüllung der in den Absätzen 1 und 2 des vorliegenden Artikels genannten Anforderungen nachzuweisen.

Recital

(78) [1]The protection of the rights and freedoms of natural persons with regard to the

Erwägungsgrund

(78) [1]Zum Schutz der in Bezug auf die Verarbeitung personenbezogener Daten bestehen-

processing of personal data require that appropriate technical and organisational measures be taken to ensure that the requirements of this Regulation are met. [2]In order to be able to demonstrate compliance with this Regulation, the controller should adopt internal policies and implement measures which meet in particular the principles of data protection by design and data protection by default. [3]Such measures could consist, inter alia, of minimising the processing of personal data, pseudonymising personal data as soon as possible, transparency with regard to the functions and processing of personal data, enabling the data subject to monitor the data processing, enabling the controller to create and improve security features. [4]When developing, designing, selecting and using applications, services and products that are based on the processing of personal data or process personal data to fulfil their task, producers of the products, services and applications should be encouraged to take into account the right to data protection when developing and designing such products, services and applications and, with due regard to the state of the art, to make sure that controllers and processors are able to fulfil their data protection obligations. [5]The principles of data protection by design and by default should also be taken into consideration in the context of public tenders.

den Rechte und Freiheiten natürlicher Personen ist es erforderlich, dass geeignete technische und organisatorische Maßnahmen getroffen werden, damit die Anforderungen dieser Verordnung erfüllt werden. [2]Um die Einhaltung dieser Verordnung nachweisen zu können, sollte der Verantwortliche interne Strategien festlegen und Maßnahmen ergreifen, die insbesondere den Grundsätzen des Datenschutzes durch Technik (data protection by design) und durch datenschutzfreundliche Voreinstellungen (data protection by default) Genüge tun. [3]Solche Maßnahmen könnten unter anderem darin bestehen, dass die Verarbeitung personenbezogener Daten minimiert wird, personenbezogene Daten so schnell wie möglich pseudonymisiert werden, Transparenz in Bezug auf die Funktionen und die Verarbeitung personenbezogener Daten hergestellt wird, der betroffenen Person ermöglicht wird, die Verarbeitung personenbezogener Daten zu überwachen, und der Verantwortliche in die Lage versetzt wird, Sicherheitsfunktionen zu schaffen und zu verbessern. [4]In Bezug auf Entwicklung, Gestaltung, Auswahl und Nutzung von Anwendungen, Diensten und Produkten, die entweder auf der Verarbeitung von personenbezogenen Daten beruhen oder zur Erfüllung ihrer Aufgaben personenbezogene Daten verarbeiten, sollten die Hersteller der Produkte, Dienste und Anwendungen ermutigt werden, das Recht auf Datenschutz bei der Entwicklung und Gestaltung der Produkte, Dienste und Anwendungen zu berücksichtigen und unter gebührender Berücksichtigung des Stands der Technik sicherzustellen, dass die Verantwortlichen und die Verarbeiter in der Lage sind, ihren Datenschutzpflichten nachzukommen. [5]Den Grundsätzen des Datenschutzes durch Technik und durch datenschutzfreundliche Voreinstellungen sollte auch bei öffentlichen Ausschreibungen Rechnung getragen werden.

Literatur

Auer-Reinsdorff/ Conrad, Handbuch IT- und Datenschutzrecht, 2. Auflage 2016, C.H. Beck München, *Wolff/Brink (Hrsg.),* Beck'scher Online-Kommentar Datenschutzrecht, 19. Edition 2017, C.H. Beck München, *ENISA*, Privacy and Data Protection by Design, Dezember 2014; *ENISA*, Privacy by design in big data, Dezember 2015; *Härting*, Art. 23 Abs. 1 DS-GVO (Privacy by Design): Cupcake ohne Rezept, in: PinG 05.15, 193; *Hornung*, Datenschutz durch Technik in Europa – Die Reform der Richtlinie als Chance für ein modernes Datenschutzrecht, in: ZD 2011, 51; *Klug*, Der Datenschutzbeauftragte in der EU – Maßgaben der Datenschutzgrundverordnung, in: ZD 2016, 315; *Kühling/ Schaar/ Bull/ Spieker*, Privatsphäre im Zeitalter digitaler Vernetzung, in: PinG 03.16,

111; *London Economics*, Study on the economic benefits of privacy-enhancing technologies (PETs). Final Report to the European Commission, DG Justice, Freedom and Security, Juli 2010; *Paal/Pauly*, Datenschutz-Grundverordnung, 1. Auflage 2016, C.H. Beck München; *Solove*, Privacy by Design: 4 Key Points, in: PinG 05.15, 191; *Thoma*, Risiko im Datenschutz – Stellenwert eines systematischen Risikomanagements in BDSG und DS-GVO-E, in: ZD 2013, 578; *Veil*, Eine erste Bestandsaufnahme – Risikobasierter Ansatz statt rigides Verbotsprinzip DS-GVO, in: ZD 2015, 347.

Bedeutung der Norm

Die Norm regelt die Verpflichtung des Verantwortlichen, die für die Datenverarbeitung genutzte Technik so zu gestalten, dass sie datenschutzfreundlich ist und den Prinzipien der DS-GVO entspricht.

Hinweise für den Anwender

Für die Norm relevante Definitionen oder Querbezüge:
- Definition von „Pseudonymisierung" in Art. 4 Nr. 5 – Englisch: „pseudonymisation".
- Definition von „Datenminimierung" in Art. 5 Abs. 1c – Englisch: „data minimisation".
- Querbezug zu „Grundsätze für die Verarbeitung personenbezogener Daten" in Art. 5 – Englisch: „principles relating to processing of personal data".
- Querbezug zu „Sicherheit der Verarbeitung" in Art. 32 – Englisch: „security of processing".
- Querbezug zu „Verhaltensregeln" in Art. 40 Abs. 2 lit. h – Englisch: „codes of conduct".
- Querbezug zu „Verbindliche interne Datenschutzvorschriften" in Art. 47 Abs. 2 lit. d – Englisch: „binding corporate rules".
- Querbezug zu „Allgemeine Bedingungen für die Verhängung von Geldbußen" in Art. 83 Abs. 2 S. 2 lit. d – Englisch: „general conditions for imposing administrative fines".

Für die Auslegung der Norm relevante Erwägungsgründe:
- EG 78.

Systematische Einordnung der Norm innerhalb der DS-GVO:
- Allgemeine Pflicht des Verantwortlichen; Konkretisierung der allgemeinen Pflicht des Art. 24 Abs. 1 zur Umsetzung technisch-organisatorischer Maßnahmen; gleichzeitig Pflicht zur Wahrung der „Sicherheit der Verarbeitung" durch geeignete technische und organisatorische Maßnahmen nach Art. 32.

Vorgängernormen im nationalen Recht:
- § 3a BDSG (§ 9 BDSG, Anlage zu § 9 BDSG, § 13 TMG).

Querbezüge zu anderen Normen:
- Für Telekommunikationsunternehmen bleibt es bei § 109a TKG bzw. der EU-Verordnung Nr. 611/2013.
- Anbieter kritischer Infrastrukturen können zudem erweiterten Meldepflichten in Bezug auf Sicherheitsverletzungen unterliegen, z.B. § 109 TKG.
- Querbezug zur ePrivacy-Verordnung zu erwarten (vgl. EG 23 des Entwurfs für eine ePrivacy-Verordnung[1]).

Stellungnahmen der Aufsichtsbehörden und der Art. 29-Datenschutzgruppe:
- WP 136, Art. 29-Datenschutzgruppe, Opinion 4/2007 on the concept of personal data, 20.6.2007.

---

1 Vorschlag für eine Verordnung des Europäischen Parlaments und des Rates über die Achtung des Privatlebens und den Schutz personenbezogener Daten in der elektronischen Kommunikation und zur Aufhebung der Richtlinie 2002/58/EG (Verordnung über Privatsphäre und elektronische Kommunikation) vom 10.1.2017, COM(2017) 10 final, 2017/0003 (COD).

- WP 168, Art. 29-Datenschutzgruppe, Die Zukunft des Datenschutzes, Gemeinsamer Beitrag zu der Konsultation der Europäischen Kommission zu dem Rechtsrahmen für das Grundrecht auf den Schutz der personenbezogenen Daten, 1.12.2009.
- WP 183, Art. 29-Datenschutzgruppe, Stellungnahme 12/2011 zur intelligenten Verbrauchsmessung („Smart Metering"), 4.4.2011.
- WP 193, Art. 29-Datenschutzgruppe, Stellungnahme 3/2012 zu Entwicklungen im Bereich biometrischer Technologien, 27.4.2012.
- WP 217, Art. 29-Datenschutzgruppe, Stellungnahme 06/2014 zum Begriff des berechtigten Interesses des für die Verarbeitung Verantwortlichen gemäß Artikel 7 der Richtlinie 95/46/EG, 9.4.2014.
- WP 240, Art. 29-Datenschutzgruppe, Opinion 03/2016 on the evaluation and review of the ePrivacy Directive (2002/58/EC), 19.6.2016.
- WP 243, Art. 29-Datenschutzgruppe, Guidelines on Data Protection Officers ('DPOs'), 13.12.2016.

Schlagworte

Datensparsamkeit, Datenminimierung, Verschlüsselung, Systemdatenschutz, datenschutzfreundliche Voreinstellungen, Pseudonymisierung, privacy by design, privacy by default, privacy enhancing technologies (PET).

A. Allgemeines

I. Regelungszweck

1 Mit Art. 25 wurde der Gedanke umgesetzt, dass durch eine frühzeitige technische und administrative Berücksichtigung datenschutzrechtlicher Prinzipien das Risiko künftiger datenschutzkritischer Entwicklungen, die direkt aus dem Einsatz technischer Systeme herrühren, minimiert werden kann.[2] Der präventive Ansatz bewirkt zudem, dass eine weitere Verrechtlichung des Schutzes

2 Noch zu § 3a BDSG BeckOK DatenSR, *Schulz*, BDSG, § 3a Rn. 60.

der natürlichen Personen bei der Verarbeitung personenbezogener Daten vermieden wird.[3] „Privacy by design" ist damit die Architektur von Dingen unter Berücksichtigung von Datenschutz, wobei die Datenschutzmaßnahmen nur so gut sein können wie das Recht, das die Personen zu schützen sucht.[4]

Berücksichtigt der Verantwortliche Art. 25, kann er umgesetzte Maßnahmen präsentieren und so im Ergebnis nachweisen, dass er durch Festlegung interner Strategien und Ergreifen entsprechender Maßnahmen die DS-GVO einhält. Eine unmittelbare Nachweispflicht bzgl. „privacy by design and default" ergibt sich jedoch nicht aus Art. 25. Sie folgt vielmehr aus Art. 5 Abs. 2 und 24 Abs. 1 S. 1 sowie aus EG 78, der sich aber in erster Linie auf Art. 24 bezieht. **2**

Durch Art. 25 soll sichergestellt werden, dass die Grundsätze für die Verarbeitung personenbezogener Daten nach Art. 5, insb. Transparenz (Art. 5 Rn. 24) und Datenminimierung (Art. 5 Rn. 38), auch bei der Datenverarbeitung berücksichtigt werden, vgl. EG 78 S. 4. Zudem können der Betroffene und die Datenschutzaufsichtsbehörden aufgrund der dadurch bewirkten Transparenz der Datenverarbeitung die Einhaltung der Grundsätze besser überwachen, vgl. EG 78 S. 2 und 3. **3**

Die Pflicht zu datenschutzfreundlicher Technik und Voreinstellung hat schließlich eine weitere, mittelbare Wirkung: Der Verantwortliche wird ermutigt, entsprechende Techniken und Voreinstellungen bei der Entwicklung und Gestaltung der Produkte, Dienste und Anwendungen auch tatsächlich zu berücksichtigen (EG 78 S. 4). Es entsteht ein Anreizsystem[5] zur Umsetzung, auch weil die Einhaltung von Art. 25 gem. Art. 83 Abs. 2 S. 2 lit. d positiv bei der Verhängung von Bußgeldern zu berücksichtigen ist. Außerdem kann die Beachtung der Vorgaben des Art. 25 auch für die Interessenabwägung nach Art. 6 Abs. 1 lit. f sowie für die Kompatibilitätsprüfung nach Art. 6 Abs. 4 relevant werden: Je größer der durch die Einstellungen gewährte Schutz der natürlichen Person und ihrer Interessen ist, desto wahrscheinlicher ist es, dass die Interessenabwägung oder Kompatibilitätsprüfung zugunsten des Verantwortlichen ausfallen (vgl. auch Art. 6 Rn. 119).[6] **4**

II. Normadressaten

Verpflichteter des Art. 25 ist primär der Verantwortliche i.S.v. Art. 4 Abs. 7. Allerdings wirken sich die Pflichten auch auf die Auftragsverarbeiter und die Hersteller von Produkten, Diensten und Anwendungen aus (EG 78 S. 4), auch wenn diese dem Wortlaut nach nicht unmittelbare Adressaten sind. Der Verantwortliche ist nach Abs. 1 nämlich angehalten, Datenschutz durch Technikgestaltung und datenschutzfreundliche Voreinstellungen zum frühestmöglichen Zeitpunkt der Entwicklung, d.h. vom Zeitpunkt der Festlegung der Mittel für die Verarbeitung bis zum Zeitpunkt der eigentlichen Verarbeitung, zu gewährleisten. **5**

Im Ergebnis werden so auch Unternehmen, die mit dem Verantwortlichen zusammenarbeiten, angehalten, Datenschutz durch Technikgestaltung und datenschutzfreundliche Voreinstellungen zu verwirklichen, auch wenn sie nicht ausdrücklicher Adressat sind. Der Verantwortliche kann schon Weichen stellen, wenn er Entwicklungsaufträge vergibt.[7] Dies wird ausdrücklich dadurch unterstrichen, dass im Rahmen von öffentlichen Ausschreibungen der Umsetzung von Art. 25 Rechnung getragen werden soll (vgl. EG 78 S. 5). So sind auch Hersteller von Produkten und Services, wie z.B. Netzbetreiber und Anbieter von Netzwerkkomponenten, Endgeräten (einschließlich sog. „Internet of Things" (IoT)) oder komplementären Geräten (einschließlich Software), die **6**

3 Auer-Reinsdorff/Conrad, § 33 Rn. 217; so im Ergebnis auch Kühling/Schaar/Bull/Spieker, in: PinG 03.16, 111, 113.
4 *Solove*, in: PinG 5.15, 191 f.
5 *Hornung*, in: ZD 2011, 51, 52.
6 Vgl. die entsprechende Argumentation der Art. 29-Datenschutzgruppe zur Auslegung des Art. 7 (f) 95/46/EG, Stellungnahme 06/2014 zum Begriff des berechtigten Interesses des für die Verarbeitung Verantwortlichen gem. Artikel 7 der Richtlinie 95/46/EG, 9.4.2014, WP 217, S. 73.
7 *Kühling/Schaar/Bull/Spieker*, in: PinG 03.16, 111, 113.

in Kombination mit der Bereitstellung von elektronischen Kommunikationsdiensten verwendet werden,[8] mittelbare Adressaten der Norm.

III. Systematik

7 Die Pflichten aus Art. 25 sind Teil der allgemeinen Pflichten des Verantwortlichen, die in Kapitel IV in Abschn. 1 beschrieben werden. Systematisch sind sie damit nicht Teil der Grundsätze der DS-GVO nach Kapitel II, sondern als eine horizontal geltende Verpflichtung der Verantwortlichen zu verstehen. Anders als bei den Betroffenenrechten des Kapitels III hat der Betroffene kein subjektives Recht auf Einhaltung der Verpflichtungen des Kapitels IV durch den Verantwortlichen.

8 Art. 25 steht im Zusammenhang mit den Verpflichtungen nach Art. 32 bis 43. So ist z.B. bei der Datenschutz-Folgenabschätzung nach Art. 35 auch das Risiko für die Rechte des Betroffenen bei der Abwägung zu berücksichtigen, welches wiederum vom Verantwortlichen über Art. 25 Abs. 1 mithilfe geeigneter Maßnahmen minimiert werden kann. Teilweise wird Art. 25 auch durch die nachfolgenden Regelungen weiter konkretisiert, z.B. durch Art. 32 für den Fall der Sicherheit der Verarbeitung.[9]

9 Art. 25 ist eine der Normen, in der der risikobasierte Ansatz seinen Niederschlag gefunden hat (hierzu genauer Art. 24 Rn. 78 ff.). Das bedeutet, dass der Umfang der aus Art. 25 folgenden Pflichten risikoadäquat abzustufen ist.

IV. Entstehungsgeschichte

1. Bisherige europäische Vorgaben

10 Die DS-RL enthält mit Art. 17 zwar eine Regelung zur Sicherheit der Verarbeitung und in Art. 6 den Grundsatz der Datensparsamkeit, jedoch keine Art. 25 entsprechende Einzelregelung.

11 Vergleichbares gilt für die RL 2002/58/EG. Danach sind bei der Einführung und Weiterentwicklung elektronischer Kommunikationsdienste und -netze auch als Ziele zu berücksichtigen, dass die Verarbeitung personenbezogener Daten auf das erforderliche Mindestmaß zu beschränken und die Verwendung anonymer oder pseudonymer Daten zu berücksichtigen ist (EG 9 RL 2002/58/EG).

12 Schließlich enthält Art. 3 Abs. 3 lit. c RL 1999/5/EG bzgl. intelligenter Verkehrssysteme die Regelung, dass die Kommission festlegen kann, dass Geräte in bestimmten Geräteklassen oder bestimmte Gerätetypen so hergestellt sein müssen, dass sie über Sicherheitsvorkehrungen zum Schutz personenbezogener Daten und der Privatsphäre des Benutzers und des Teilnehmers verfügen.

2. Bisherige nationale Vorgaben

13 Eine unmittelbare Vorgängernorm zu Art. 25 gibt es im BDSG nicht. Die Grundsätze der Datensparsamkeit und Datenvermeidung können § 3a BDSG nur mittelbar entnommen werden.[10]

14 Das BDSG regelt außerdem explizit, dass das Anonymisieren und Pseudonymisieren für einige Arten der Datenverarbeitung eine Pflicht der verantwortlichen Stelle bzw. eine Einschränkung bei der Nutzung darstellt: Speicherform bei der geschäftsmäßigen Übermittlung von anonymen Daten (§ 30 Abs. 1 BDSG), Pflicht zur Anonymisierung in der Marktforschung (§ 30a Abs. 3 BDSG), Pflicht zur Anonymisierung bei Forschungen (§ 40 Abs. 2 BDSG). Auch in weiteren nationalen Spezialgesetzen finden sich Ausprägungen dieser Grundsätze wieder, z.B. in § 13 Abs. 6 TMG, § 15 Abs. 3 TMG, § 78b i.V.m. § 67 Abs. 8a SGB X.

---

8 Art. 29-Datenschutzgruppe, Opinion 3/2016 on the evaluation and review of the ePrivacy Directive (2002/58/EC), 19.6.2016, WP 240, S. 19.

9 Vgl. auch die Art. 29-Datenschutzgruppe, Stellungnahme 12/2011 zur intelligenten Verbrauchsmessung („Smart Metering"), 4.4.2011, WP 183, S. 14.

10 BeckOK DatenSR, *Schulz*, § 3a Rn. 63.

Im Zusammenhang mit den Grundsätzen der Datensparsamkeit und Datenvermeidung ist auch die Verschlüsselung zu sehen. Sie ist ebenfalls nicht im Detail im BDSG geregelt, jedoch explizit als geeignete technische und organisatorische Maßnahme für die Zugangs-, Zugriffs- und Weitergabekontrolle in der Anlage zu § 9 S. 2 BDSG definiert. Konzepte wie „privacy enhancing technologies" oder „privacy by design" finden in § 9 BDSG keinen ausdrücklichen Niederschlag.[11] **15**

Für Telemediendienste sieht § 13 Abs. 7 S. 2 TMG seit 2015 die Verwendung anerkannter Verschlüsselungsmethoden als Maßnahme für die Zugriffskontrolle vor. **16**

3. Verhandlungen zur Datenschutz-Grundverordnung

Obgleich sich der Gedanke von „data protection by design", Datenschutz durch Technikgestaltung („privacy enhancing technologies") und datenschutzfreundliche Voreinstellungen („privacy by default") auf alle Prozesse und Maßnahmen der Datenverarbeitung auswirkt, blieb die Anzahl der Änderungsvorschläge hierzu im Rahmen der Verhandlungen zur DS-GVO moderat. **17**

Abs. 1

In Bezug auf Abs. 1 wurde zum einen diskutiert, welche Aspekte der Verantwortliche bei der Ermittlung der geeigneten Maßnahmen zu berücksichtigen hat. So wurde der Vorschlag der EU-Kommission diskutiert, wirtschaftliche Erwägungen wie Implementierungskosten mit in die Abwägung einzubeziehen.[12] Vom EP wurde vorgeschlagen, statt der Implementierungskosten internationale „best practices"/„bewährte internationale Verfahren" aufzunehmen.[13] Der Rat beantragte die Änderung, den zu berücksichtigenden „Stand der Technik" mit „verfügbare Technologien" zu ersetzen.[14] Keiner dieser Änderungsvorschläge wurde jedoch in den Trilogverhandlungen aufrechterhalten, sodass es im Ergebnis bei der Berücksichtigung von Implementierungskosten geblieben ist. **18**

Des Weiteren schlug das EP vor, den Kommissionsentwurf v.a. um Bezüge zu den Grundsätzen nach Art. 5 DS-GVO und zur Datenschutz-Folgenabschätzung zu ergänzen.[15] Der Rat griff diesen Gedanken auf. Dessen abstraktere Formulierung zur Berücksichtigung der Interessen der Betroffenen im Rahmen der Abwägung ergänzt durch einen allgemeinen Bezug zu den Datenschutzgrundsätzen wurde schließlich als Ergebnis des Trilogs übernommen. **19**

Änderungsvorschläge aus den parlamentarischen Ausschüssen[16] zur expliziten Nennung von sowohl Pseudonymisierung als Anonymisierung in Art. 25 Abs. 1 flossen nicht in den parlamentarischen Entwurf zur DS-GVO ein. In den Ratsentwurf wurde die Pseudonymisierung hingegen aufgenommen.[17] Dieser Vorschlag blieb auch in den Trilogverhandlungen erhalten. **20**

---

11 BeckOK DatenSR, *Karg*, § 9 Rn. 3.

12 Vgl. Änderungsvorschläge zu Art. 25 abrufbar auf der Internetseite der EU-Kommission unter http://www.polcms.europarl.europa.eu/cmsdata/upload/20fe515c-4b46-4a1c-9a46-d2cfe8354cfe/att_20130701ATT68956-2884814781562061284.zip, abgerufen am 2. Mai 2017.

13 Standpunkt des EU-Parlaments festgelegt in erster Lesung am 12. März 2014: P7_TA(2014)0212, Schutz natürlicher Personen bei der Verarbeitung personenbezogener Daten ***I, Legislative Entschließung des Europäischen Parlaments vom 12. März 2014 zu dem Vorschlag für eine Verordnung des Europäischen Parlaments und des Rates zum Schutz natürlicher Personen bei der Verarbeitung personenbezogener Daten und zum freien Datenverkehr (allgemeine Datenschutzverordnung), COM(2012)0011 – C7-0025/2012 – 2012/0011(COD).

14 Rat der Europäischen Union, Vorschlag für eine Verordnung des Europäischen Parlaments und des Rates zum Schutz natürlicher Personen bei der Verarbeitung personenbezogener Daten und zum freien Datenverkehr (Datenschutz-Grundverordnung), 2012/0011 (COD), 9788/15, 11.6.2015, S. 110.

15 Standpunkt des EU-Parlaments, s.o. Fn. 13.

16 Vgl. Änderungsvorschläge zu Art. 25, s.o. Fn. 12.

17 Vorschlag des Rats der Europäischen Union, S. 110, s.o. Fn. 13.

Abs. 2

21 In Bezug auf die „datenschutzfreundlichen Voreinstellungen" nach Abs. 2 stellte der Ausschuss für Industrie, Forschung und Energie den Änderungsantrag, die Pflicht zu datenschutzfreundlichen Voreinstellungen in die Pflicht zum Datenschutz durch Technik zu inkorporieren und die ausdrückliche Nennung in Art. 23 DS-GVO-E komplett zu streichen.[18] Der Ausschuss für Binnenmarkt und Verbraucherschutz machte Änderungsvorschläge insb. unter Berücksichtigung des Ziels der DS-GVO gem. Art. 1 Abs. 1, freien Datenverkehr in der EU zu fördern. Datenschutz durch Technik und das Gebot der datenschutzfreundlichen Voreinstellungen seien zwar empfehlenswerte Konzepte, bergen aber zugleich ein mögliches Risiko für mögliche Einschränkungen des freien Datenverkehrs. Daher solle das etablierte System, Normen anzuwenden, eingesetzt werden, um die anwendbaren Anforderungen anzugleichen und den freien Datenverkehr zu ermöglichen.[19] Der Rechtsausschuss nahm zu dem Kommissionsentwurf eine vermittelnde Position ein und stellte den Antrag, dass vom Verantwortlichen „grundsätzlich nur solche personenbezogenen Daten in einer Menge verarbeitet werden, die für die spezifischen Zwecke der Verarbeitung nicht überzogen ist".[20]

22 Das EU-Parlament opponierte dahingehend, dass der Verantwortliche unabhängig von Maßnahmen generell die Pflicht haben sollte, sicherzustellen, dass Daten sparsam erhoben, gespeichert oder zugänglich gemacht werden sollten, soweit dies notwendig sei. Außerdem solle der Betroffene in der Lage sein, die Verbreitung seiner personenbezogenen Daten zu kontrollieren.[21]

23 Der Rat schlug als wesentliche Ergänzung zum Kommissionsentwurf vor, dass die Maßnahmen gem. Art. 23 Abs. 2 DS-GVO-E angemessen sein sollten.[22]

24 Im Trilog wurde schließlich daran festgehalten, dass technische und organisatorische Maßnahmen Gegenstand der Verpflichtung zu datenschutzfreundlichen Voreinstellungen sind. Ergänzt wurde jedoch in Abs. 2 S. 2, dass der Verantwortliche „geeignete Maßnahmen" trifft, die „erforderlich sind; dies gilt für den Umfang der erhobenen Daten, den Umfang ihrer Verarbeitung, ihre Speicherfrist und ihre Zugänglichkeit."

25 Abs. 2 S. 3 war im Ansatz bereits Teil des Kommissionsentwurfs, den das EP um den Halbsatz ergänzte: „and that data subjects are able to control the distribution of their personal data".[23] Der Rat lehnte diesen Zusatz ab und ergänzte den ursprünglichen Vorschlag um die Worte „without human intervention"/„ohne menschliches Eingreifen".[24] Dieser Vorschlag wurde im Trilog übernommen.

26 Der im EU-Parlament diskutierte Vorschlag, die Pflicht des Art. 23 Abs. 2 DS-GVO-E auch explizit auf Hersteller auszuweiten, wenn dessen Produkte und Dienstleitungen dafür konzipiert wurden, personenbezogene Daten zu verarbeiten,[25] wurde weder vom EU-Parlament noch vom Rat aufgegriffen.

---

18 Bericht des Ausschusses für bürgerliche Freiheiten, Justiz und Inneres sowie der Stellungnahmen des Ausschusses für Beschäftigung und soziale Angelegenheiten, des Ausschusses für Industrie, Forschung und Energie, des Ausschusses für Binnenmarkt und Verbraucherschutz und des Rechtsausschusses (A7-0402/2013), 21.11.2013, Änderungsantrag 40 und 215, S. 287 f., 372 f.

19 Bericht des parlamentarischen Ausschusses für bürgerliche Freiheiten, Justiz, Änderungsantrag 140, S. 554, s.o. Fn. 18.

20 Bericht des parlamentarischen Ausschusses für bürgerliche Freiheiten, Justiz, Änderungsantrag 96, S. 664, s.o. Fn. 18.

21 Standpunkt des EU-Parlaments, s.o. Fn. 13.

22 Standpunkt des Rates in erster Lesung im Hinblick auf den Erlass der Verordnung des Europäischen Parlaments und des Rates zum Schutz natürlicher Personen bei der Verarbeitung personenbezogener Daten, zum freien Datenverkehr und zur Aufhebung der Richtlinie 95/46/EG (Datenschutz-Grundverordnung) – angenommen vom Rat am 8. April 2016, 5491/1/16 REV 1, S. 151.

23 Standpunkt des EU-Parlaments, s.o. Fn. 13.

24 Standpunkt des Rates, S. 151, s.o. Fn. 22.

25 Vgl. Änderungsvorschläge, s.o. Fn. 12.

Abs. 3

Schließlich sah der initiale Vorschlag der EU-Kommission zusätzlich vor, dass der Kommission sowohl die Befugnis zum Erlass delegierter Rechtsakte (Art. 23 Abs. 3 DS-GVO-E) als auch zur Festlegung von technischen Standards eingeräumt würde. Sowohl im Parlament als auch im Rat wurden diese Befugnisse jedoch vollständig verworfen. Stattdessen wurde durch den Rat die Regelung in Abs. 3 durchgesetzt, dass die Zertifizierung nach Art. 42 als Faktor herangezogen werden kann, um die Erfüllung der Voraussetzungen des Art. 25 nachzuweisen. **27**

B. Inhalt der Regelung

I. Datenschutz durch Technikgestaltung (Abs. 1)

1. Zweck der Regelung

Die Überschrift zu Abs. 1 bezieht sich ihrem Wortlaut nach auf „Data Protection by Design". Dem Wortlaut der Norm nach muss das Verständnis jedoch ein engeres sein, da dieser einen eindeutigen Fokus auf Technik hat. **28**

Zweck von Abs. 1 ist, dass Datenschutz technischen Systemen inhärent sein soll, damit auch in Zeiten zunehmend automatisierter Datenverarbeitung (z.B. im Zusammenhang mit Big und Smart Data[26], künstlicher Intelligenz und dem sog. „Machine Learning"), globaler Datenflüsse und (noch) fehlender einheitlicher internationaler Datenschutzstandards und -durchsetzung der Schutz der Individuen vor Identitätsdiebstahl, fortwährender Überwachung durch den Schutz ihrer personenbezogenen Daten gewährleistet ist.[27] **29**

Im Ergebnis wird zum Schutz der Privatsphäre durch die Pflicht zur entsprechenden Systemgestaltung ein Missbrauch von Daten, der für sich bereits pönalisiert wird, zusätzlich technisch erschwert. Gleichwohl ist die Zielvorgabe des Art. 25 nicht neu und geht auch nicht über die anderen Artikel in der DS-GVO hinaus, sondern besteht darin, Technik datenschutzkonform zu gestalten.[28] **30**

2. Technische und organisatorische Maßnahmen

Der Verantwortliche muss geeignete technische und organisatorische Maßnahmen treffen. **31**

a) Technikgestaltung

Mit technischen und organisatorischen Maßnahmen ist – wie sich allerdings nur aus der Überschrift zu Art. 25 und EG 78 S. 2 ergibt – Datenschutz durch Technikgestaltung gemeint. Datenschutz durch Technikgestaltung ist das Konzept des proaktiven Einbettens von Datenschutz in Technologie. So können technische Instrumente auch dabei helfen, „noch nicht" personenbeziehbare Daten ganz zu vermeiden oder Verarbeitungsregeln zu unterwerfen.[29] Damit ist gemeint, dass Daten, die zum Zeitpunkt der Verarbeitung anonym sind, möglicherweise in Zukunft in Kombination mit anderen Daten personenbeziehbar werden können. Solche Daten können über geeignete Maßnahmen/Regeln entweder von der Datenverarbeitung ausgenommen werden oder es werden Maßnahmen ergriffen (z.B. Aggregierung, Segmentbildung), die einen Personenbezug auch zukünftig ausschließen. **32**

Da Abs. 1 auf alle Datenschutzgrundsätze und Garantien nach der DS-GVO verweist, erfasst die Norm jedoch nicht nur die Umsetzung des Gedankens der Datenminimierung (vgl. Art. 5 **33**

26 Europäischer Datenschutzbeauftragter, Opinion 7/2015, Meeting the challenges of big data, 19.11.2015, S. 4.
27 Mitteilung der Kommission an das Europäische Parlament und den Rat über die Verbesserung des Datenschutzes durch Technologien zum Schutz der Privatsphäre, KOM(2007) 228, S. 1.
28 Vgl. auch kritisch Härting, in: PinG 05.15, 193, 194.
29 Hornung, in: ZD 2011, 51, 52.

Rn. 38). Allerdings verfolgt Art. 25 auch keinen ganzheitlichen Ansatz,[30] da nur technologische Komponenten, nicht aber auch organisatorische Elemente i.e.S. (z.B. das Rollenkonzept innerhalb eines Unternehmens, das regelt, wer Zugriff auf Daten haben darf), gestalterische Elemente (z.B. das Abkleben bodentiefer Badezimmerfenster in einem Hotel, um den Hotelgast vor Blicken von außen zu schützen[31]) oder kommunikative Elemente (z.B. die grafische Darstellung, welche Daten von einem Onlinenutzer erhoben werden) berücksichtigt werden.

34 Dabei ist zu beachten, dass Technik zur Gewährleistung von Datensicherheit (z.B. Verschlüsselung) nicht per se zugleich Datenschutz gewährleistet. Auch in sehr sicheren IT-Systemen ist eine Verletzung der Privatsphäre möglich.[32] Deshalb muss zwischen Datenschutz durch Technik gem. Abs. 1 einerseits und Datensicherheit (vgl. Art. 32 Rn. 1 ff.) andererseits differenziert werden.

b) Pseudonymisierung

35 Der Gesetzgeber hat keine Vorgaben für konkrete Technikgestaltungen formuliert. Vielmehr fordert er dem technologieneutralen Ansatz der DS-GVO (EG 15 S. 1) entsprechend „angemessene" technische und organisatorische Maßnahmen, die dazu geeignet sind, die Datenschutzgrundsätze nach Art. 5 und die notwendigen Garantien in die Verarbeitung aufzunehmen. Technisch-organisatorische Maßnahmen i.d.S. sind also präventive Maßnahmen.

36 Die Norm nennt mit der Pseudonymisierung (Definition in Art. 4 Nr. 5) nur ein konkretes Beispiel für eine Technikgestaltung. Daneben kommen u.a. die folgenden Maßnahmen zur Sicherstellung von „privacy by design" bzw. die folgenden „privacy enhancing technologies" in Betracht:[33]

c) Anonymisierung

37 Bei der Anonymisierung wird der Personenbezug des Datums entfernt. Dies kann z.B. erforderlich werden, wenn der Zweck der Datenverarbeitung erreicht worden ist oder auch ohne Personenbezug erreicht werden kann. Relevanter Datenschutzgrundsatz: Datenminimierung (Art. 5 Abs. 1 lit. c Rn. 38 ff.).

38 Beispiel: Zur Feststellung, wie viele Autos eine Mautbrücke passiert haben, ist es ausreichend, diese nur zu zählen, ohne die Nummernschilder zu speichern.

d) Auswahl von Einstellungen/Nutzerkontrolle

39 Dem Betroffenen wird eine Auswahl an detaillierten Einstellungen bzgl. der Verarbeitung der Daten gegeben. Relevanter Datenschutzgrundsatz: Transparenz (Art. 5 Abs. 1 lit. a Rn. 24 ff.).

40 Beispiele: Einem Betroffenen wird bzgl. der Nutzung seines Standortes die einfache Option eingeräumt, eine Verarbeitung von Standortdaten vollständig auszuschalten oder nur zu bestimmten Zeiten zu gestatten.[34] Einem Versicherten wird bei Nutzung der elektronischen Gesundheitskarte die Möglichkeit eingeräumt, zu entscheiden, welche Daten über ihn auf der Karte gespeichert werden, und diese Daten auch einzusehen.

e) Datenlöschung

41 Daten werden unmittelbar nach ihrer Verwendung gelöscht, wenn sie für den ursprünglichen Zweck nicht mehr benötigt werden. Relevanter Datenschutzgrundsatz: Speicherbegrenzung (Art. 5 Abs. 1 lit. e Rn. 40).

---

30 Vgl. zu einem umfassenderen Ansatz Der Europäische Datenschutzbeauftragte, Amtsblatt der Europäischen Kommission, 2010/C 47/02, 25.2.2010, Rn. 30; Europäischer Datenschutzbeauftragter, Opinion 7/2015, Meeting the challenges of big data, 19.11.2015, S. 14.

31 Berliner Beauftragter für Datenschutz und Informationsfreiheit, Jahresbericht 2014, S. 98.

32 Vgl. London Economics, Study on the economic benefits of privacy-enhancing technologies (PETs), S. ix.

33 Weitere Empfehlungen und Beispiele s. z.B. *ENISA*, Privacy and Data Protection by Design, Dezember 2014, sowie *ENISA*, Privacy by design in big data, Dezember 2015.

34 Art. 29-Datenschutzgruppe, Opinion 03/2016 on the evaluation and review of the ePrivacy Directive (2002/58/EC), 19.6.2016, WP 240, S. 19.

Beispiel: Eine mobile Applikation lässt sich vom Nutzer der App den Zugang zu dessen Telefonbuch gestatten, um einen Abgleich mit weiteren Nutzern derselben App vornehmen zu können; anschließend löscht der App-Anbieter auf seinem Server wieder diejenigen Telefonnummern von Personen, die im Zeitpunkt des Abgleichs nicht Nutzer des App-Dienstes sind („compare and forget"/"vergleichen und vergessen").[35] **42**

f) Datensparsamkeit

Es werden nur so viele Daten verarbeitet, wie für den angestrebten Zweck notwendig sind. Relevanter Datenschutzgrundsatz: Datenminimierung (Art. 5 Abs. 1 lit. c Rn. 38 ff.). **43**

Beispiel: Es wird sichergestellt, dass Smart Meters nur dann ausgelesen und die Daten nur dann übertragen werden, wenn dies für die Ausführung des Systems oder die Bereitstellung des Dienstes, wozu der Betroffene seine Einwilligung erteilt hat, notwendig ist.[36] Daten werden direkt auf dem Gerät aggregiert, bevor sie transferiert werden.[37] **44**

g) Dezentralisierung von Systemen

Der Zugriff auf und damit die Verarbeitung von Daten ist technisch aufgeteilt zwischen dem Verantwortlichen, einem anderen Verantwortlichen, einem Auftragsverarbeiter und/oder dem Betroffenen. So werden die Datenhoheit und das Wissen über die Daten auf mehrere Schultern verteilt und die Wahrscheinlichkeit, dass Rechte des Betroffenen verletzt werden können, wird reduziert.[38] Relevanter Datenschutzgrundsatz: Datenminimierung (Art. 5 Abs. 1 lit. c Rn. 38 ff.). **45**

Beispiele: Zum Auslesen von Patientendaten auf einer Gesundheitskarte steckt der Versicherte z.B. diese Karte in das Kartenterminal und der Arzt legitimiert sich durch seinen Heilberufsausweis („Zwei-Schlüssel-Prinzip").[39] Anschließend muss der Versicherte seine persönliche Identifikationsnummer (PIN) eingeben, bevor die Daten entschlüsselt und gelesen werden können. Daten, die im Rahmen des sog. Smart Metering in einem Haushalt erhoben werden, werden erst dann an einen Ort übertragen, wenn es notwendig ist oder der Betroffene eingewilligt hat.[40] **46**

h) Individuelle Voreinstellungen

Geräte, Anwendungen u.Ä. sind in ihrer Voreinstellung so konfiguriert, dass die Zugangsdaten per Werkseinstellung pro Gerät unterschiedlich, d.h. Zugangsdaten zu diesen Geräten nicht identisch sind mit baugleichen Geräten. Relevanter Datenschutzgrundsatz: Integrität (Art. 5 Abs. 1 lit. f Rn. 41). **47**

Beispiel: Jedes Gerät einer Baureihe hat individuelle Zugangsdaten, z.B. WLAN-Router. **48**

i) Beschränkung frei wählbarer Zugangsdaten

Geräte, Anwendungen u.Ä. sind in ihrer Voreinstellung so konfiguriert, dass keine einfachen oder als Voreinstellung gesetzten Zugangsdaten verwendet werden können. Relevanter Datenschutzgrundsatz: Integrität (Art. 5 Abs. 1 lit. f Rn. 41). **49**

35 Art. 29-Datenschutzgruppe, Stellungnahme 06/2014 zum Begriff des berechtigten Interesses des für die Verarbeitung Verantwortlichen gem. Artikel 7 der Richtlinie 95/46/EG, 9.4.2014, WP 217, S. 86.
36 Art. 29-Datenschutzgruppe, Stellungnahme 12/2011 zur intelligenten Verbrauchsmessung („Smart Metering"), 4.4.2011, WP 183, S. 16.
37 Art. 29-Datenschutzgruppe, Opinion 03/2016 on the evaluation and review of the ePrivacy Directive (2002/58/EC), 19.6.2016, WP 240, S. 19.
38 Zum Thema „functional separation" Der Europäische Datenschutzbeauftragte, Opinion 7/2015, Meeting the challenges of big data, 19.11.2015, S. 15.
39 Vgl. generell zum Umgang mit biometrischen Technologien Art. 29-Datenschutzgruppe, Stellungnahme 3/2012 zu Entwicklungen im Bereich biometrischer Technologien, 27.4.2012, WP 193, S. 31.
40 Art. 29-Datenschutzgruppe, Stellungnahme 12/2011 zur intelligenten Verbrauchsmessung („Smart Metering"), 4.4.2011, WP 183, S. 16.

50 Beispiel: Der Anbieter eines WLAN-Routers gestattet es dem Nutzer nicht, als Nutzername und Passwort „admin" auszuwählen.[41]

j) Information

51 Der Betroffene ist auf geeignete Weise über den Zweck und Umfang einer Datenverarbeitung sowie über diesbezügliche Rechte und die Form der Ausübung dieser Rechte zu unterrichten. Relevanter Datenschutzgrundsatz: Transparenz (Art. 5 Abs. 1 lit. a Rn. 24 ff.).

52 Beispiel: Gerätehersteller von Smart TV bieten die Option an, dass bei Erkennen eines HbbTV-Inhaltes im linearen Signal z.B. ein standarisierter Red Button bzw. ein anderweitiges Zeichen eingeblendet wird, das unabhängig von der HbbTV-Seite ist und nicht über das Internet geladen wird. Erst nach Information der Nutzer über die Bedeutung dieses Zeichens und nach aktivem Drücken des Red Buttons wird die HbbTV-Seite, die dann senderspezifisch ist, über das Internet geladen.[42] In einer mobilen App können Inhalte auf den Standort des Nutzers angepasst werden. Der Nutzer wird jedoch vorher darauf hingewiesen und über den Zweck der Ortsbestimmung aufgeklärt.

k) Interoperabilitätskontrolle

53 In das System, das mit anderen Systemen verbunden ist und mit diesen Daten austauscht, werden geeignete Sicherheitsschutzmaßnahmen integriert, um einer Zweckentfremdung, einer unbefugten Offenlegung oder einem unbefugten Zugang sowie unerwünschten Nebenwirkungen von Geräten vorzubeugen. Relevante Datenschutzgrundsätze: Zweckbindung (Art. 5 Abs. 1 lit. b Rn. 31 ff.) und Integrität (vgl. Art. 5 Abs. 1 lit. f Rn. 41).

54 Beispiel: Werden Daten aus einem Onlinetracking über eine technische Schnittstelle in einer Kundendatenbank gespeichert, wird durch Technikmaßnahmen sichergestellt, dass diese Daten nur so weiterverarbeitet werden, wie sie in das System übergeben wurden. Zusätzlich können keine Kundendaten unbeabsichtigt zurück in das Onlinetracking-System übertragen werden.

l) Stichproben

55 Um Informationen aus einem größeren Datensatz zu gewinnen, wird statt des gesamten Datensatzes nur eine Stichprobe aus einem vollständigen Datensatz ausgewählt.[43] Relevanter Datenschutzgrundsatz: Datenminimierung (vgl. Art. 5 Abs. 1 lit. c Rn. 38 ff.).

56 Beispiel: Wenn ein Unternehmen die Effektivität der Bearbeitung von Kundenbeanstandungen ermitteln möchte, kann die Kundenkommunikation über E-Mail durch eine Stichprobenerhebung ausgewertet werden, anstatt die gesamte E-Mail-Kommunikation zu analysieren.

m) Zugangsrecht

57 Es haben nur diejenigen Personen bei einem Verantwortlichen oder Auftragsverarbeiter die Möglichkeit, Zugriff auf personenbezogene Daten zu erlangen, wenn der Zugriff für diese Person zur Ausübung ihrer Rolle notwendig ist.[44] Relevanter Datenschutzgrundsatz: Zweckbindung (vgl. Art. 5 Abs. 1 lit. b Rn. 31 ff.).

58 Beispiel: Ein Softwareentwickler einer Software-as-a-Service-Lösung hat Zugang zur Entwicklungsumgebung, nicht aber zu der Datenbank eines Kunden, in der dessen Kundendaten gespeichert werden. Über einen Zugang dazu verfügt ausschließlich ein Datenbankadministrator.

41 Bericht der Federal Trade Commission „ASUS settles FTC charges that insecure home routers and 'cloud' services put consumer's privacy at risk", 23.2.2016.

42 Düsseldorfer Kreis, Orientierungshilfe zu den Datenschutzanforderungen an Smart-TV-Dienste, September 2015, S. 26.

43 Art. 29-Datenschutzgruppe, Opinion 03/2016 on the evaluation and review of the ePrivacy Directive (2002/58/EC), 19.6.2016, WP 240, S. 15.

44 Art. 29-Datenschutzgruppe, Stellungnahme 12/2011 zur intelligenten Verbrauchsmessung („Smart Metering"), 4.4.2011, WP 183, S. 17.

3. Risikobasierter Ansatz

Die Wirksamkeit, die die verschiedenen Technologien zum Schutz der Privatsphäre in Bezug auf diesen Schutz und die Einhaltung der Datenschutzbestimmungen entfalten können, ist aufgrund der Dynamik der IKT unterschiedlich und ändert sich mit der Zeit.[45] **59**

Der Gesetzgeber hat dem Verantwortlichen daher in Bezug auf die Auswahl der Techniken einen risikobasierten[46] Beurteilungsspielraum eingeräumt. Zur Ermittlung, ob eine Maßnahme geeignet und angemessen ist, muss er den Stand der Technik, die Implementierungskosten, die Art, den Umfang, die Umstände und die Zwecke der Verarbeitung gegen die Eintrittswahrscheinlichkeit und Schwere der mit der Verarbeitung verbundenen Risiken für die Rechte und Freiheiten natürlicher Personen abwägen. **60**

Eingehend zum risikobasierten Ansatz Art. 24 (dort Rn. 78 ff.). Zur Berücksichtigung der konkreten Verarbeitungssituation bei der Risikobewertung vgl. in Bezug auf **61**

- die Art der Verarbeitung Art. 24 Rn. 81 ff.,
- den Umfang der Verarbeitung Art. 24 Rn. 87 ff.,
- die Umstände der Verarbeitung Art. 24 Rn. 93 ff.,
- die Zwecke der Verarbeitung Art. 24 Rn. 103 ff.

Eingehend zur Berücksichtigung des Risikos für den Betroffenen bei der Risikobewertung vgl. in Bezug auf **62**

- die Rechte und Freiheiten natürlicher Personen Art. 24 Rn. 115 ff.,
- die Eintrittswahrscheinlichkeit der Risiken Art. 24 Rn. 142 ff.,
- die Schwere der Risiken (insb. zum Begriff des „hohen Risikos") Art. 24 Rn. 148 ff.

Die Auswahl der Maßnahmen und deren konkrete Ausgestaltung ist stets eine Frage des Einzelfalls. Dem Wortlaut nach entsprechen die Maßnahmen weitestgehend den Maßnahmen i.S.v. Art. 32 DS-GVO. Letztere sollen ein angemessenes Schutzniveau gewährleisten (vgl. Art. 32 Rn. 1), das anhand der Verarbeitungsrisiken – insb. Vernichtung, Verlust etc. – zu messen ist. Demgegenüber ist nach Abs. 1 die Geeignetheit einer Maßnahme daran zu messen, ob durch sie die Datenschutzgrundsätze (Art. 5) wirksam umgesetzt und die Garantien (vgl. Art. 46 Abs. 2 9 ff.) in die Verarbeitung aufgenommen werden. Das Ziel von „Datenschutz durch Technikgestaltung" ist demnach weniger, die Sicherheit der Verarbeitung zu gewährleisten, als vielmehr den in den Grundsätzen zum Ausdruck kommenden Anforderungen der DS-GVO zu genügen und v.a. die Rechte der Betroffenen zu schützen. **63**

4. Zeitpunkt

Der Verantwortliche soll die Maßnahmen zur datenschutzfreundlichen Technikgestaltung sowohl zum Zeitpunkt der Festlegung der Mittel für die Verarbeitung als auch zum Zeitpunkt der eigentlichen Verarbeitung festlegen. Die Maßnahmen müssen nicht schon bei der Festlegung des Zwecks der Datenverarbeitung festgelegt werden, obwohl auch dies ein im Gesetzgebungsverfahren diskutierter Vorschlag war.[47] **64**

Die Regelung greift dem Wortlaut nach zwar auch in Bezug auf den zeitlichen Anwendungsbereich kürzer als umfassendere „Privacy by design"-Ansätze, die Datenschutz in der gesamten Wertschöpfungskette und damit bereits in der Konzeption von Ideen und Geschäftsmodellen be- **65**

45 Mitteilung der EU-Kommission an das EU-Parlament und den Rat über die Verbesserung des Datenschutzes durch Technologien zum Schutz der Privatsphäre, KOM(2007) 228, S. 4.
46 Veil, in: ZD 2015, 347 ff.; Thoma, in: ZD 2013, 578, 580.
47 Bericht des parlamentarischen Ausschusses für bürgerliche Freiheiten, Justiz, Änderungsantrag 118, S. 116, s.o. Fn. 18.

rücksichtigen.[48] Dies ist jedoch unschädlich. Zum einen besteht durch ein Konzept allein noch kein Risiko für Rechte eines Individuums. Zum anderen beinhaltet ein detailliertes Konzept auch die technische Umsetzung. Durch Letztere wird sich faktisch die datenschutzfreundliche Technikgestaltung bereits in der Konzeptionsphase niederschlagen, auch ohne dass es hierzu eine Verpflichtung geben muss.

5. Technikgestaltung und Einwilligung

66 Es wurde bereits im Rahmen des Gesetzgebungsverfahrens festgestellt, dass technische Normen zur Bekundung der eindeutigen Wünsche eines Betroffenen als geeignete Art der ausdrücklichen Zustimmung betrachtet werden können.[49] Eine Einwilligung kann damit auch durch die Auswahl technischer Einstellungen erteilt werden (vgl. EG 32 S. 2; s. a. Art. 7 Rn. 52 f., 88). Dieser Gesichtspunkt ist auch in den Entwurf für eine ePrivacy-Verordnung, die die RL 2002/58 ersetzen soll, aufgenommen worden.[50]

II. Datenschutzfreundliche Voreinstellungen (Abs. 2)

1. Ziel

67 Der zunehmende Digitalisierungsgrad sowohl im beruflichen als auch im privaten Umfeld verlangt von Betroffenen ein gleichsam zunehmendes Verständnis der technischen Prozesse einschließlich der materiellen und zeitlichen Ressourcen, sich diesem Thema zu widmen. Sinn und Zweck datenschutzfreundlicher Voreinstellungen ist daher, dass der Schutz eines Individuums gewahrt bleibt, wenn eine Person weder über diese Ressourcen verfügt noch aktiv Vorkehrungen zum Schutz der eigenen Daten trifft. Betroffene sollen mit datenschutzfreundlichen Voreinstellungen die Kontrolle über die Verarbeitung behalten.[51]

68 Insgesamt sind datenschutzfreundliche Voreinstellungen („privacy by default") als Teil eines „Privacy by design"-Konzeptes zu sehen.[52] Durch explizite Regelung in einem separaten Absatz hat der Gesetzgeber die Relevanz datenschutzfreundlicher Voreinstellungen jedoch noch einmal unterstrichen. Im Ergebnis knüpfen beide Regelungen am Grundsatz der Datenminimierung an und ergänzen sich insofern, ohne sich zu bedingen.

2. Datenschutzfreundliche Voreinstellungen (Abs. 2 S. 1 und 2)

69 Abs. 2 S. 1 legt die Pflicht des Verantwortlichen fest, Voreinstellungen zu implementieren, die zur Wahrung des Grundsatzes der Datenminimierung (Art. 5 Abs. 1 lit. c Rn. 38 ff.) beitragen.

70 **Voreinstellungen** sind technische Einstellungen zur Regulierung der Datenverarbeitung, die zu Beginn einer Datenverarbeitung gesetzt worden sind, ohne dass der Betroffene hierauf eingewirkt hat.

71 **Datenschutzfreundlich** i.S.v. Abs. 2 ist die Voreinstellung dann, wenn die damit regulierte Datenverarbeitung den gesetzlichen Erlaubnistatbeständen entspricht, insb. nur die Daten verarbeitet werden, die für den jeweiligen Verarbeitungszweck erforderlich sind. Dadurch entsteht eine Form von „Datenhoheit" zugunsten des Betroffenen und eine Art Basisschutz.[53] Es sollen also

---

48 So Art. 29-Datenschutzgruppe, Stellungnahme 3/2012 zu Entwicklungen im Bereich biometrischer Technologien, 27.4.2012, WP 193, S. 28; Art. 29-Datenschutzgruppe, Die Zukunft des Datenschutzes, Gemeinsamer Beitrag zu der Konsultation der Europäischen Kommission zu dem Rechtsrahmen für das Grundrecht auf den Schutz der personenbezogenen Daten, 1.12.2009, WP 168, S. 3.

49 Bericht des parlamentarischen Ausschusses für bürgerliche Freiheiten, Justiz, S. 263, s.o. Fn. 18.

50 Vgl. in Artikel 9 Abs. 2 und Artikel 10 des Vorschlags für eine Verordnung des Europäischen Parlaments und des Rates über die Achtung des Privatlebens und den Schutz personenbezogener Daten in der elektronischen Kommunikation und zur Aufhebung der Richtlinie 2002/58/EG (Verordnung über Privatsphäre und elektronische Kommunikation), 2017/0003 (COD), COM(2017) 10 final, 10.1.2017.

51 Vgl. Änderungsvorschlag 118 im Bericht des parlamentarischen Ausschusses für bürgerliche Freiheiten, S. 117, s.o. Fn. 18.

52 So auch BeckOK DatenSR, *Schulz*, § 3a Rn. 66.

53 BeckOK DatenSR, *Schulz*, BDSG, § 3a Rn. 67.

nicht „weniger" Daten als zulässig verarbeitet werden. Vielmehr zielen die Voreinstellungen auf eine technische Absicherung der erlaubten Datenverarbeitung in Bezug auf die Menge der erhobenen personenbezogenen Daten, den Umfang ihrer Verarbeitung, ihre Speicherfrist sowie ihre Zugänglichkeit ab, wie sich aus Abs. 2 S. 2 ergibt. Abs. 2 konzentriert sich damit primär auf die technische Umsetzung der Datenschutzgrundsätze zur Zweckbindung (vgl. Art. 5 Abs. 1 lit. b Rn. 31 ff.), Datenminimierung (Art. 5 Abs. 1 lit. c Rn. 38 ff.) und Speicherbegrenzung (Art. 5 Abs. 1 lit. e Rn. 40 ff.). Die anderen Datenschutzgrundsätze sind nur sekundär relevant, da ein allgemeiner Verweis auf Art. 5 – anders als in Abs. 1 (Rn. 33) – in Abs. 2 fehlt, obwohl dies im Gesetzgebungsverfahren vorgeschlagen wurde.[54]

Beispiele für datenschutzfreundliche Voreinstellungen nennt die Norm nicht. Auch in den Erwägungsgründen werden nur mit Bezug auf den gesamten Art. 25 die Pseudonymisierung, Verschlüsselung und Transparenz hervorgehoben (EG 78 S. 3). **72**

3. Abwägung

Dem Verantwortlichen wird im Rahmen der bei jeder Verarbeitung vorzunehmenden Einzelfallbewertung ein gewisser Spielraum in Bezug auf den „jeweiligen bestimmten Verarbeitungszweck" eröffnet. **73**

Dies folgt zum einen daraus, dass „geeignete" Maßnahmen getroffen werden müssen (Abs. 2 S. 1). Es reicht also aus, wenn die Maßnahmen das angestrebte Ziel zumindest fördern. Der Begriff der „Geeignetheit" ist interpretationsoffen. So können bei der Prüfung, was als geeignet anzusehen ist, auch technische Standards, marktübliche Einstellungen und branchenspezifische Besonderheiten berücksichtigt werden. **74**

Zum anderen ergibt sich dies aus der Verwendung des Tatbestandsmerkmals „grundsätzlich" (Abs. 2 S. 1), das darauf hinweist, dass die Maßnahmen auch Ausnahmen von den Voreinstellungen zulassen. Der Wortlaut ist hier nicht konsistent mit dem englischen Gesetzestext, der das Wort „grundsätzlich" nicht enthält. Diese Übersetzung ergibt sich jedoch aus dem englischen Verb „shall" (deutsch: „sollte"), wodurch eine grundsätzliche Pflicht statuiert wird, von der in Ausnahmefällen abgewichen werden kann. **75**

Schließlich ist der Anwendungsbereich der Pflicht zu datenschutzfreundlichen Voreinstellungen auf Datenmenge, Verarbeitungsumfang, Speicherfrist und Zugänglichkeit beschränkt (Abs. 2 S. 2). Für die Art der Verarbeitung, die Umstände der Verarbeitung und die Zwecke der Verarbeitung gilt die Pflicht daher nicht. Der Verantwortliche ist daher nicht gezwungen, seiner Datenverarbeitung einen „datenschutzfreundlicheren" Zweck zugrunde zu legen, wenn er auch für den „weniger datenschutzfreundlichen" Zweck einen Erlaubnistatbestand findet. **76**

Dagegen bietet Abs. 2 keine Möglichkeit der Interessenabwägung und damit der Berücksichtigung der Interessen des Verantwortlichen. So kann bei der Abwägung der Frage, wie streng die datenschutzfreundlichen Voreinstellungen sein müssen, z.B. nicht berücksichtigt werden, ob der Verantwortliche einen gemeinwohldienlichen Zweck verfolgt (etwa Werbung durch eine Non-Profit-Organisation oder Grundlagenforschung). **77**

4. Änderung der Voreinstellungen und Einwilligung

Auch Änderungen von Voreinstellungen sind möglich, was sich im Umkehrschluss aus Art. 25 Abs. 2 S. 1 und 2 ergibt. Dies ist v.a. der Fall, wenn sich der Verarbeitungszweck oder die Erforderlichkeit der Verarbeitung ändert. Das bedeutet in der Praxis, dass entweder *mehr* Daten verarbeitet werden, der Umfang der Verarbeitung *ausgedehnt* wird, etwa die Daten *länger* gespeichert oder die Daten *mehr* Personen zugänglich gemacht werden, als es für den jeweiligen bestimmten Verarbeitungszweck erforderlich ist. Dabei muss man zwischen drei Fällen unterscheiden: **78**

54 Vorschlag zur Nennung aller Datenschutzgrundsätze: Änderungsvorschlag 118 im Bericht des parlamentarischen Ausschusses für bürgerliche Freiheiten, S. 116, s.o. Fn. 18.

79 Erstens ist es möglich, dass Voreinstellungen geändert werden, weil der **Verantwortliche berechtigt** ist, die Datenverarbeitung über den ursprünglichen Umfang hinaus zeitlich, inhaltlich oder dem Zweck nach auszuweiten (z.B. aufgrund eines Vertrages oder aufgrund Gesetzes) und deshalb die Voreinstellungen anzupassen. Eine solche Änderung ist an den Erlaubnistatbeständen der Art. 6 und 9 (u.U. in Verbindung mit mitgliedstaatlichem Recht) zu messen. Sofern es sich um eine Weiterverarbeitung zu anderen Zwecken handelt, ist der Betroffene gem. Art. 13 Abs. 3 oder Art. 14 Abs. 4 zu informieren, es sei denn, es greift ein Ausnahmetatbestand.

80 Zweitens ist denkbar, dass der Betroffene selbst den Umfang der Datenverarbeitung ausweitet, z.B. indem er **zusätzliche Dienstleistungen** in Anspruch nimmt. Beispiel: Der Betroffene nimmt das Angebot eines Providers von Onlinespeicherplatz an, Dokumente zusätzlich mit Schlagworten (sog. Tags) zu versehen. Die Datenverarbeitung ist in diesem Fall insb. an Art. 6 Abs. 1 lit. b (Vertrag) zu messen. Der Betroffene ist nach Art. 13 oder Art. 14 zu informieren. Und durch geeignete Maßnahmen ist für die neue Dienstleistung sicherzustellen, dass die Anforderungen des Abs. 2 erfüllt werden.

81 Drittens ist es möglich, dass sich die grundlegende Datenverarbeitung (insb. deren Zweck) nicht ändert, jedoch die Datenverarbeitung **auf Wunsch des Betroffenen** über das erforderliche Maß ausgedehnt werden soll. Beispiel: Ein Nutzer stellt in einem sozialen Netzwerk ein, dass die Zeiten, zu denen er das Netzwerk nutzt, vollumfänglich gespeichert werden. Die Abgrenzung zur vorgenannten Fallgruppe ist fließend, da ausgedehnte Datenverarbeitungen sehr häufig mit neuen Funktionalitäten einhergehen. Beispiel: Erfassung der Uhrzeit, um unberechtigten Zugang zum Nutzerprofil feststellen und dokumentieren zu können. Bleibt der Rechtsgrund für die Datenverarbeitung jedoch unverändert, kann der Betroffene einwilligen, dass mehr Daten als erforderlich verarbeitet werden. Daher muss dem Betroffenen nicht nur gem. Art. 13 oder Art. 14 die Ausdehnung der Datenverarbeitung transparent gemacht werden. Vielmehr ist ein aktives Handeln in Form eines „**Eingreifens**" der Person notwendig (s.u. Rn. 83).

5. Begrenzung des Zugangs (Abs. 2 S. 3)

82 Ziel des Abs. 2 S. 3 ist es v.a., den Gefahren der Ubiquität des Internets entgegenzuwirken, wenn Daten über das für die Erbringung eines Dienstes erforderliche Maß hinaus verarbeitet werden. Oftmals publizieren Betroffene selbst „versehentlich" personenbezogene Daten über technische Systeme und verlieren so die Kontrolle über diese Daten. Datenschutzfreundliche Voreinstellung bedeutet daher in diesem Fall, dass die Gefahr des Zugänglichwerdens der Daten begrenzt werden soll. Betroffene sollen nicht allein das Risiko der Komplexität der Informationssysteme tragen. Vielmehr soll der Verantwortliche als derjenige, der die Möglichkeit zur Veröffentlichung überhaupt erst geschaffen hat, präventive Maßnahmen ergreifen müssen.

83 Gem. Abs. 2 S. 3 müssen die Voreinstellungen sicherstellen, dass personenbezogene Daten nicht ohne Eingreifen des Betroffenen veröffentlicht werden. **Eingreifen** ist dabei als tatsächliches Handeln zu verstehen, durch das der Betroffene die Kontrolle über die Veröffentlichung erhält und ändern kann.[55] Der Gesetzgeber hat nicht das Wort Einwilligung verwendet, da es stets um einen tatsächlichen Vorgang geht. Insofern beinhaltet das Wort „Eingreifen" ein aktives Tun in Bezug auf die Datenverarbeitung, nicht jedoch ein Dulden oder Unterlassen. Zugleich ist diese Handlung eine „sonstige bestätigende Handlung" i.S.v. Art. 4 Nr. 11 und damit eine Einwilligung, die wiederum die notwendige Rechtsgrundlage für die umfangreichere Datenverarbeitung darstellt. Im Ergebnis bedarf es damit einer Art „doppeltem Opt-in"[56], um Daten über die Voreinstellungen hinaus verarbeiten zu können.

84 Bei enger Wortauslegung könnte man Abs. 2 S. 3 so verstehen, dass Voreinstellungen *stets* verhindern müssen, dass Daten ohne Eingreifen der Person einer unbestimmten Anzahl von natürli-

55 Ähnlich auch Paal/Pauly, Martini, DS-GVO, Art. 25 Rn. 52.
56 BeckOK DatenSR, *Schulz*, BDSG, § 3a Rn. 68.

chen Personen zugänglich gemacht werden. Dem wiedersprechen jedoch der weitere Wortlaut, die Systematik der Norm sowie der Sinn und Zweck der Regelung:

Abs. 2 S. 3 nimmt auf Abs. 2 S. 1 und 2 Bezug, in dem der Satz eingeleitet wird mit „Solche Maßnahmen müssen insb. sicherstellen,(...)" / „In particular, such measures shall ensure (...)". Damit wird systematisch Bezug genommen auf die datenschutzfreundlichen Voreinstellungen nach Abs. 2 S. 1 und 2, die konkret die Zugänglichkeit zu personenbezogenen Daten auf das erforderliche Maß sicherstellen. Dem Wortlaut nach statuiert Abs. 2 S. 3 also keine zusätzliche Voreinstellung, die stets und unabhängig von dem erforderlichen Umfang einer Datenverarbeitung zu implementieren ist. S. 3 schränkt Abs. 2 S. 1 und 2 nicht weiter ein, sondern enthält eine Konkretisierung, wie Voreinstellungen auszugestalten sind, wenn personenbezogene Daten, deren Zugänglichmachung dem Sinn und Zweck der Datenverarbeitung nach nicht erforderlich ist, abweichend von den Voreinstellungen einer unbestimmten Anzahl an Personen zugänglich gemacht werden. **85**

Damit sind dem Sinn und Zweck der Norm von Abs. 2 S. 3 solche Datenverarbeitungen ausgenommen, für die die Zugänglichmachung von personenbezogenen Daten zu einer unbestimmten Anzahl von Personen gerade i.S.v. Art. 5 Abs. 1 lit. c erforderlich ist (z.B. soziales Onlinenetzwerk, Adressverzeichnis, Stellen- oder Immobilienportal). Hat sich ein Betroffener aktiv für die Nutzung eines solchen Dienstes entschieden, ist die datenschutzfreundliche Voreinstellung genau an diesem Zweck auszurichten, sodass die Zugänglichmachung für Dritte zulässige datenschutzfreundliche Voreinstellung nach Abs. 2 S. 1 und 2 ist. Datenverarbeitungen, die dieser „publizierenden" Vertrags- und damit Zweckerfüllung dienen, müssen deshalb nicht – insb. nicht für jeden Einzelfall (d.h. jeder Tweet auf Twitter muss noch einmal aktiv „freigegeben" werden) – durch ein Eingreifen des Betroffenen noch einmal nach Abs. 2 S. 3 legitimiert werden.[57] **86**

Nicht erfasst wird von Abs. 2 S. 3 zudem das „versehentliche" Publizieren von Daten durch den Verantwortlichen. Dies ist durch Maßnahmen zur Datensicherheit gem. Art. 32 zu verhindern. **87**

III. Nachweis durch Zertifizierungsverfahren (Abs. 3)

Art. 25 sieht grundsätzlich keine Dokumentationspflicht vor. Auch müssen die gem. Art. 25 zu treffenden technischen und organisatorischen Maßnahmen nicht Teil des Verzeichnisses nach Art. 30 sein. Allerdings muss der Verantwortliche nach Art. 24 Abs. 1 den Nachweis dafür erbringen können, dass die Verarbeitung gem. der DS-GVO erfolgt. **88**

Im Rahmen der möglichen Verhängung einer Geldbuße gem. Art. 83 Abs. 2 S. 2 lit. d wird auch berücksichtigt, wie Art. 25 umgesetzt wurde. Hier ist eine entsprechende Dokumentation zum Nachweis förderlich. Dies kann durch ein genehmigtes Zertifizierungsverfahren nach Art. 42 erfolgen. Im Gegensatz zu Art. 32 Abs. 3 genügen genehmigte Verhaltensregeln gem. Art. 40 als Nachweis der Einhaltung von Art. 25 jedoch nicht. Gleiches gilt für verbindliche interne Datenschutzvorschriften, die auch Angaben zu Datenschutz durch Technikgestaltung und durch datenschutzfreundliche Voreinstellungen enthalten sollen (Art. 47 Abs. 2 lit. d). **89**

IV. Delegierte Rechtsakte und Festlegungen der Kommission

Für delegierte Rechtsakte hat der Gesetzgeber keinen Raum gelassen. Der entsprechende Vorschlag der Europäischen Kommission einschließlich einer Kompetenz der Kommission, Festlegungen zu Art. 23 DS-GVO-E zu treffen, wurde sowohl vom Europäischen Parlament als auch vom Rat abgelehnt und im Ergebnis nicht übernommen. **90**

Da die DS-GVO den nationalen Gesetzgebern in Bezug auf Artikel 25 keine weitergehende Regelungskompetenz eingeräumt hat, erschöpft sich § 71 BDSG-neu weitestes gehend in der inhaltsgleichen Wiedergabe von Artikel 25. Dass Artikel 25 (3) nicht noch einmal wiederholt worden ist, ist daher im Ergebnis auch unbeachtlich. Auch mit der Ergänzung in § 71 Abs. 1 Satz 3 und 4

57 Vgl. Diskussion im Rat der Europäischen Union, 2012/0011 (COD), 12312/14, 1.8.2014, S. 20.

BDSG-neu, dass „so wenig personenbezogene Daten wie möglich zu verarbeiten und personenbezogene Daten zum frühestmöglichen Zeitpunkt zu anonymisieren oder zu pseudonymisieren sind, soweit dies nach dem Verarbeitungszweck möglich ist" wird keine neue Regelung geschaffen. Vielmehr werden der Grundsatz der Datenminimierung sowie die Mittel der Anonymisierung und Pseudonymisierung noch einmal betont.

C. Weitere Auswirkungen der Verordnung in der Praxis

I. Bestandsschutz bisheriger Datenverarbeitungen

91 Einen Bestandsschutz für bisherige Datenverarbeitungen gibt es weder für vorhandene Technikgestaltung noch für datenschutzfreundliche Voreinstellungen. Technische Einstellungen sind daher bis zum 25.5.2018 daraufhin zu überprüfen, ob sie den Anforderungen des Art. 25 Abs. 1 gerecht werden, und Voreinstellungen sind mit Inkrafttreten der DS-GVO auf das datenschutzfreundliche Maß umzustellen.

92 Wenn ein Betroffener jedoch bestehende Einstellungen bereits vor Inkrafttreten der DS-GVO angepasst hat (s.o. Rn. 78 ff.), sind diese als autonome Entscheidungen des Betroffenen zu werten und damit keine Voreinstellungen, die angepasst werden müssen.[58]

II. Anwendung durch die Datenverarbeiter

93 Präzisierungen für die Anwendung der Norm können entnommen werden:

- Verhaltensregeln von Verbänden und Vereinigungen (Art. 40 Abs. 2 lit. h);
- Industriestandards wie z.B. ISO/IEC 29100:2011 („Privacy Framework");
- Empfehlungen des Bundesamts für Sicherheit in der Informationstechnik (z.B. zu „Privacy Impact Assessment Guideline for RFID Applications" 2011);
- Leitlinien, Empfehlungen und bewährte Verfahren des Europäischen Datenschutzausschusses (Art. 70 Abs. 1 lit. e Rn. 9 f., 14);
- Stellungnahmen der Art. 29-Datenschutzgruppe (z.B. WP 183, Opinion 12/2011 on smart metering, 4.4.2011);
- Stellungnahmen der Datenschutzaufsichtsbehörden, soweit nationales Recht den Aufsichtsbehörden diese Aufgabe zuteilt (Art. 58 Abs. 6 Rn. 25);
- Zertifizierungen (Art. 25 Abs. 3, s. Rn. 88).

94 Schließlich sollte über einen Prozess der Datenschutzbeauftragte des Verantwortlichen von Beginn an über Technikgestaltung informiert und entsprechend einbezogen werden. Damit kann dem risikobasierten Ansatz der DS-GVO, wozu auch das Risikomanagement in Gestalt von „privacy by design and default" zu zählen ist, Rechnung getragen werden.[59] Im Unterschied zu Art. 35 Abs. 2 (Rn. 61 ff.) ist dies zwar bei Art. 25 nicht als Verpflichtung ausgestaltet. Durch die Einbeziehung des Datenschutzbeauftragten können jedoch datenschutzrechtliche Aspekte unmittelbar bei der Technikgestaltung berücksichtigt und die Einhaltung der DS-GVO durch diesen organisatorischen Standardprozess zusätzlich sichergestellt werden.[60]

---

58 Paal/Pauly, *Martini*, Art. 25 Rn. 47.
59 Vgl. so auch Klug, in: ZD 2016, 315, 317.
60 Art. 29-Datenschutzgruppe, Guidelines on Data Protection Officers ('DPOs'), 13.12.2016, WP 243, S. 13 und 16.

III. Sanktionen

Die Aufsichtsbehörden können im Rahmen von Datenschutzprüfungen auch Technikgestaltung und Voreinstellungen untersuchen (Art. 58 Abs. 1 lit. b) und ggf. geeignete Abhilfemaßnahmen treffen (vgl. Art. 58 Abs. 2). Bei Nichtbeachtung einer solchen aufsichtsbehördlichen Maßnahme nach Art. 58 Abs. 2 kann eine Geldbuße von bis zu 20.000.000 € bzw. 4 % seines gesamten weltweit erzielten Jahresumsatzes des vorangegangenen Geschäftsjahres verhängt werden (Art. 83 Abs. 6). **95**

Zusätzlich oder anstelle der Maßnahmen nach Art. 58 Abs. 2 kann die zuständige Behörde auch Geldbußen für Verstöße gegen unmittelbar aus der DS-GVO folgende Pflichten verhängen. So kann bei Verstößen gegen Art. 25 eine Geldbuße von bis zu 10.000.000 € oder im Fall eines Unternehmens von bis zu 2 % seines gesamten weltweit erzielten Jahresumsatzes des vorangegangenen Geschäftsjahres verhängt werden (Art. 83 Abs. 4 lit. a). **96**

Umgekehrt sollen die gem. Art. 25 getroffenen technischen und organisatorischen Maßnahmen bei der Verhängung der Geldbuße wegen Verstößen gegen andere Regelungen der DS-GVO zugunsten des Verantwortlichen gebührend berücksichtigt werden (Art. 83 Abs. 2 S. 2 lit. d). **97**

IV. Rechtsschutz

Anders als bei den Betroffenenrechten des Kapitels III hat der Betroffene kein subjektives Recht auf Einhaltung der Verpflichtungen des Kapitels IV durch den Verantwortlichen. **98**

Ein Betroffener kann sich jedoch bei einem Verstoß gegen Art. 25 mit dem Rechtsbehelf der Beschwerde gem. Art. 77 Abs. 1 an die zuständige Behörde wenden. Diese kann dann entsprechende Maßnahmen einleiten (s.o. Rn. 95). In Bezug auf die Handlungen der Aufsichtsbehörde ergeben sich weitere Rechtsbehelfe aus Art. 78. **99**

Daneben kann der Betroffene auch direkt gegen den Verantwortlichen oder den Auftragsverarbeiter gerichtliche Rechtsbehelfe einlegen (Art. 79) oder eine Verbandsklage veranlassen (Art. 80). Ein Schadensersatzanspruch kann sich aus Art. 82 ergeben. **100**

Article 26

Joint controllers

1. [1]Where two or more controllers jointly determine the purposes and means of processing, they shall be joint controllers. [2]They shall in a transparent manner determine their respective responsibilities for compliance with the obligations under this Regulation, in particular as regards the exercising of the rights of the data subject and their respective duties to provide the information referred to in Articles 13 and 14, by means of an arrangement between them unless, and in so far as, the respective responsibilities of the controllers are determined by Union or Member State law to which the controllers are subject. [3]The arrangement may designate a contact point for data subjects.
2. The arrangement referred to in paragraph 1 shall duly reflect the respective roles and relationships of the joint controllers *vis-à-vis* the data subjects. The essence of the arrangement shall be made available to the data subject.
3. Irrespective of the terms of the arrangement referred to in paragraph 1, the data subject may exercise his or her rights under this Regulation in respect of and against each of the controllers.

Artikel 26

Gemeinsam für die Verarbeitung Verantwortliche

(1) [1]Legen zwei oder mehr Verantwortliche gemeinsam die Zwecke der und die Mittel zur Verarbeitung fest, so sind sie gemeinsam Verantwortliche. [2]Sie legen in einer Vereinbarung in transparenter Form fest, wer von ihnen welche Verpflichtung gemäß dieser Verordnung erfüllt, insbesondere was die Wahrnehmung der Rechte der betroffenen Person angeht, und wer welchen Informationspflichten gemäß den Artikeln 13 und 14 nachkommt, sofern und soweit die jeweiligen Aufgaben der Verantwortlichen nicht durch Rechtsvorschriften der Union oder der Mitgliedstaaten, denen die Verantwortlichen unterliegen, festgelegt sind. [3]In der Vereinbarung kann eine Anlaufstelle für die betroffenen Personen angegeben werden.

(2) Die Vereinbarung gemäß Absatz 1 muss die jeweiligen tatsächlichen Funktionen und Beziehungen der gemeinsam Verantwortlichen gegenüber betroffenen Personen gebührend widerspiegeln. Das wesentliche der Vereinbarung wird der betroffenen Person zur Verfügung gestellt.

(3) Ungeachtet der Einzelheiten der Vereinbarung gemäß Absatz 1 kann die betroffene Person ihre Rechte im Rahmen dieser Verordnung bei und gegenüber jedem einzelnen der Verantwortlichen geltend machen.

Article 4

No. 7 'controller'

'controller' means the natural or legal person, public authority, agency or other body which, alone or jointly with others, determines the purposes and means of the processing of personal data; where the purposes and means of such processing are determined by Union or Member State law, the controller or the specific criteria for its nomination may be provided for by Union or Member State law;

Artikel 4

Nr. 7 „Verantwortlicher"

„Verantwortlicher" die natürliche oder juristische Person, Behörde, Einrichtung oder andere Stelle, die allein oder gemeinsam mit anderen über die Zwecke und Mittel der Verarbeitung von personenbezogenen Daten entscheidet; sind die Zwecke und Mittel dieser Verarbeitung durch das Unionsrecht oder das Recht der Mitgliedstaaten vorgegeben, so kann der Verantwortliche beziehungsweise können die bestimmten Kriterien seiner Benennung nach dem Unionsrecht oder dem Recht der Mitgliedstaaten vorgesehen werden;

Recital	Erwägungsgrund
(79) The protection of the rights and freedoms of data subjects as well as the responsibility and liability of controllers and processors, also in relation to the monitoring by and measures of supervisory authorities, requires a clear allocation of the responsibilities under this Regulation, including where a controller determines the purposes and means of the processing jointly with other controllers or where a processing operation is carried out on behalf of a controller.	(79) Zum Schutz der Rechte und Freiheiten der betroffenen Personen sowie bezüglich der Verantwortung und Haftung der Verantwortlichen und der Auftragsverarbeiter bedarf es – auch mit Blick auf die Überwachungs- und sonstigen Maßnahmen von Aufsichtsbehörden – einer klaren Zuteilung der Verantwortlichkeiten durch diese Verordnung, einschließlich der Fälle, in denen ein Verantwortlicher die Verarbeitungszwecke und -mittel gemeinsam mit anderen Verantwortlichen festlegt oder ein Verarbeitungsvorgang im Auftrag eines Verantwortlichen durchgeführt wird.

Literatur

Bitkom, Joint Controllership in der EU-Datenschutz-Grundverordnung, *Dovas*, Joint Controllership – Möglichkeiten oder Risiken der Datennutzung?, Regelung der gemeinsamen datenschutzrechtlichen Verantwortlichkeit in der DS-GVO, in: ZD 2016, 512; *Ehmann/Selmayr (Hrsg.)*, Datenschutz-Grundverordnung, 1. Auflage 2017, C.H. Beck München; *Gierschmann/Saeugling (Hrsg.)*, Systematischer Praxiskommentar Datenschutzrecht, 1. Auflage 2014, Bundesanzeiger Verlag Köln, *Kühling/Martini et. al*, Die Datenschutz-Grundverordnung und das nationale Recht: Erste Überlegungen zum innerstaatlichen Regelungsbedarf, 1. Auflage 2016, MV-Wissenschaft Münster; *Kuß*, Folge dem weißen Kaninchen – Datenaustausch in der Matrixorganisation, in: DuD 2016, 150; *Martini/Fritzsche*, Mitverantwortung in sozialen Netzwerken – Facebook-Fanpage-Betreiber in der datenschutzrechtlichen Grauzone, in. NVwZ-Extra 21/2015, 1; *Paal/Pauly*, Datenschutz-Grundverordnung, 1. Auflage 2016, C.H. Beck München; *Wybitul*, EU-Datenschutz-Grundverordnung im Unternehmen, 1. Auflage 2016; Deutscher Fachverlag GmbH, Frankfurt a.M.

▶ Bedeutung der Norm

Die Norm legt fest, dass zwei oder mehrere Verantwortliche, die gemeinsam eine Datenverarbeitung kontrollieren, gemeinsam Verantwortliche („joint controllers") sind. Sie enthält Form- und Transparenzvorschriften für die gemeinsam Verantwortlichen. Diese müssen ihre jeweiligen Zuständigkeiten in einer Vereinbarung festlegen und gegenüber dem Betroffenen (und gegebenenfalls gegenüber den Datenschutzaufsichtsbehörden) offenlegen. Die gemeinsame Verantwortlichkeit ist von der Auftragsverarbeitung und der Datenübermittlung abzugrenzen.

▶ Hinweise für den Anwender

Für die Norm relevante Definitionen:

- Definition des „Verantwortlichen" in Art. 4 Nr. 7 und des Auftragsverarbeiters in Art. 4 Nr. 8.

Für die Auslegung der Norm relevante Erwägungsgründe:

- EG 79.

Systematische Einordnung der Norm innerhalb der DS-GVO:

- Art. 26 befindet sich in Kapitel IV der DS-GVO, in dem die allgemeinen Pflichten des Verantwortlichen geregelt sind.
- Die Norm konkretisiert mit ihren Transparenzpflichten das Transparenzgebot des Art. 5 Abs. 1 lit. a.

- Gemeinsam Verantwortliche müssen insb. festlegen, welcher der gemeinsam Verantwortlichen für die Erfüllung welcher Betroffenenrechte (Art. 12 bis 23 und 34) zuständig ist.
- Im Verzeichnis von Verarbeitungstätigkeiten des einen Verantwortlichen müssen Namen und Kontaktdaten etwaiger gemeinsamer Verantwortlicher aufgeführt sein (Art. 30 Abs. 1 lit. a).
- Bei einer vorherigen Konsultation der Aufsichtsbehörden müssen unter anderem Angaben zu den gemeinsam Verantwortlichen und zu deren jeweiligen Zuständigkeiten gemacht werden (Art. 36 Abs. 3 lit. a).
- Die gemeinsame Verantwortlichkeit ist von der Auftragsverarbeitung (Artt. 4 Nr. 8 und 28) zu unterscheiden.
- Art. 26 kann für die Konzerndatenverarbeitung relevant sein (vgl. auch Art. 47 und EG 48).
- An der gesamtschuldnerischen Haftung gemeinsam Verantwortlicher (Art. 82 Abs. 4) ändert Art. 26 nichts (vgl. Abs. 3). Für den gesamtschuldnerischen Innenausgleich (Art. 82 Abs. 5) ist die Vereinbarung der gemeinsam Verantwortlichen allerdings relevant.
- Für Verstöße gegen Art. 26 kann ein Bußgeld verhängt werden (Art. 83 Abs. 4 lit. a).

Vorgängernorm im BDSG:

- Bislang nicht geregelt. Regelungen für die Zuordnung von Verantwortlichkeiten mehrerer Verantwortlicher finden sich in §§ 6 Abs. 2, 15 und 16 BDSG.

Vorgängernorm der RL 95/46:

- Bislang nicht geregelt. Vergleiche die Definition des Verantwortlichen in Art. Art. 2 lit. d DS-RL 95/46.

Stellungnahmen der Aufsichtsbehörden oder der Art. 29-Gruppe:

- Art. 29 Data Protection Working Party, WP 169 (2010), Stellungnahme 1/2010 zu den Begriffen „für die Verarbeitung Verantwortlicher" und „Auftragsverarbeiter" (adopted on 16 February 2010).

Schlagworte

Verantwortlichkeit, gemeinsame Verantwortlichkeit, joint controllers, Auftragsverarbeitung, soziales Netzwerk, Konzerndatenverarbeitung, Cloud Computing, Zweck der Datenverarbeitung, Mittel der Datenverarbeitung, Transparenz, Informationspflicht, Betroffenenrechte, Anlaufstelle, Haftung, gesamtschuldnerische Haftung, Öffnungsklausel, Zuständigkeit.

A. Allgemeines

I. Regelungszweck

Eine unklare Verteilung der Zuständigkeiten bei der Verarbeitung personenbezogener Daten schadet der Wirksamkeit des Datenschutzrechts.[1] Wirken mehrere Verantwortliche auf die Zwecke und Mittel der Datenverarbeitung ein („pluralistische Kontrolle"[2]), besteht die Gefahr der Verantwortungsdiffusion. In der digitalen Welt kommt es vermehrt zu neuen „kollaborativen Verantwortlichkeitsstrukturen".[3] Art. 26 regelt die gemeinsame Verantwortlichkeit und verfolgt in diesem Zusammenhang vor allem zwei Ziele: 1

- Die Norm zwingt mehrere Verantwortliche dazu, eine „klare Zuteilung der Verantwortlichkeiten" (EG 79) vorzunehmen. Damit hat die Vorschrift insofern Warnfunktion, als die Verantwortlichen dazu angehalten werden, sich überhaupt über die Verteilung der Verantwortlichkeiten Gedanken zu machen. Dies dient dem Betroffenen, vermeidet aber auch auch Rechtsunklarheiten im Innenverhältnis der Verantwortlichen untereinander.
- Die Norm verlangt von den Verantwortlichen die Transparentmachung der Verantwortlichkeitsstrukturen, und zwar zum Einen gegenüber dem Betroffenen, zum anderen gegenüber den Datenschutzaufsichtsbehörden. Damit dient die Norm dem effektiven Rechtsschutz des Betroffenen, der über die Zuständigkeitsverteilung potentieller Anspruchsgegner aufgeklärt wird.[4] Darüber hinaus dient sie der besseren Kontrollierbarkeit der Datenverarbeitung durch die Datenschutzaufsichtsbehörden.

Relevanz könnte die Norm erlangen etwa 2

- für komplexe Akteursnetzwerke[5], wie sie zum Beispiel in sozialen Netzwerken oder auf anderen Onlineplattformen häufig bestehen,
- bei Datenverarbeitungen im Internet, wie z.B. Affiliate-Marketing oder e-Commerce,
- für Konzerne und Unternehmensverbünde, in denen Kunden- und Mitarbeiterdaten zwischen den Teileinheiten ausgetauscht oder Dienstleistungen zentralisiert oder arbeitsteilig erbracht werden[6],
- für das Zusammenwirken mehrerer Unternehmen im Bereich Industrie 4.0,
- für die Verantwortlichkeit von App-Anbietern, Appstore-Betreibern und Betriebssystembetreibern,
- im Bereich des Cloud Computings.

1 *Art. 29 Data Protection Working Party*, WP 169 (2010), Stellungnahme 1/2010 zu den Begriffen „für die Verarbeitung Verantwortlicher" und „Auftragsverarbeiter" (adopted on 16 February 2010), S. 22.
2 *Art. 29 Data Protection Working Party*, WP 169 (2010), Stellungnahme 1/2010 zu den Begriffen „für die Verarbeitung Verantwortlicher" und „Auftragsverarbeiter" (adopted on 16 February 2010), S. 22.
3 *Kühling/Martini et al.*, S. 77.
4 Paal/Pauly, *Martini*, Art. 26 Rn. 9.
5 Paal/Pauly, *Martini*, Art. 26 Rn. 1.
6 Paal/Pauly, *Martini*, Art. 26 Rn. 2.

II. Normadressaten

1. Verantwortliche

3 Die Regelung macht keine Unterschiede zwischen verschiedenen Typen von Verantwortlichen, insb. nicht zwischen öffentlichen und nicht-öffentlichen Verantwortlichen.

4 Das bedeutet insb., dass auch öffentliche Stellen an sich der Regelung unterliegen müssten. Da die Datenverarbeitung öffentlicher Stellen aber gesetzlich geregelt sein muss (Art. 6 Abs. 2 und 3), ist für Vereinbarungen zwischen den verschiedenen Verantwortlichen kein Platz. Denkbar ist allenfalls, dass die materiell-rechtlichen Regelungen des Art. 26 (z.B. transparente Aufteilung der Zuständigkeiten, Benennung einer Anlaufstelle) auch in dem Gesetz, das Rechtsgrundlage der Datenverarbeitung durch öffentliche Stellen ist, berücksichtigt werden müssen. Eine Verpflichtung zur präzisen Regelung der Zuständigkeiten ergibt sich bei der Datenverarbeitung durch öffentliche Stellen aber schon aus dem rechtsstaatlich geforderten Bestimmtheitsgrundsatz. Für die gesetzlich geregelte Datenverarbeitung durch öffentliche Stellen kann Art. 26 daher nicht gelten, obwohl dies vom Wortlaut der Norm nicht ausgeschlossen wird.

5 Die Tatsache, dass die Datenverarbeitung durch Privatpersonen grundsätzlich denselben Anforderungen unterliegt wie die gesetzlich geregelte Datenverarbeitung durch den Staat, zeigt allerdings umgekehrt, welch weitreichende Folgen der „One size fits all"-Ansatz der DS-GVO hat. Private sind ähnlich wie der Staat verpflichtet, die Rechtsgrundlagen ihrer Datenverarbeitung zu verschriftlichen (der Staat durch Gesetz, Private durch Verträge). Somit könnten – je nach Einfluss auf die Datenverarbeitung – auch ein privater Webseitenbetreiber und sein Internet Service Provider als gemeinsam Verantwortliche anzusehen sein.

2. Auftragsverarbeiter

6 Die Norm gilt nur für Stellen, die als Verantwortliche anzusehen sind, und daher gerade nicht für Auftragsverarbeiter. Die Abgrenzung zwischen gemeinsamer Verantwortlichkeit und Auftragsverarbeitung kann im Einzelfall schwierig sein (Rn. 38 ff.). Es liegt entweder gemeinsame Verantwortlichkeit oder Auftragsverarbeitung vor.

3. Drittstaatsdatenverarbeiter

7 Auch Drittstaatsdatenverarbeiter unterliegen den Verpflichtungen des Art. 26, wenn die von ihnen betriebene Datenverarbeitung die Voraussetzungen des Art. 3 Abs. 2 erfüllt. Es ist gemeinsame Verantwortlichkeit zwischen zwei oder mehreren Drittstaatsdatenverarbeitern denkbar. Es ist aber auch gemeinsame Verantwortlichkeit zwischen EU-Datenverarbeitern und Drittstaatsdatenverarbeitern denkbar. Wie sich die gemeinsame Verantwortlichkeit in diesen Fällen zur Pflicht zur Beachtung der Anforderungen an die Drittstaatenübermittlung verhält, ist unklar.

4. Mitgliedstaaten

8 Eine speziell auf die Voraussetzungen der gemeinsamen Verantwortlichkeit bezogene Öffnungsklausel für den mitgliedstaatlichen Gesetzgeber enthält die DS-GVO nicht. Allerdings können die Mitgliedstaaten gem. Art. 6 Abs. 2 und 3 spezifischere Bestimmungen zur Anwendung der DS-GVO festlegen, sofern

- es um Datenverarbeitungen geht, durch die der Verantwortliche eine rechtliche Verpflichtung erfüllt (Art. 6 Abs. 1 lit. c),
- die Datenverarbeitung für die Wahrnehmung einer Aufgabe erforderlich ist, die im öffentlichen Interesse liegt (Art. 6 Abs. 1 lit. e Var. 1), oder
- die Datenverarbeitung in Ausübung öffentlicher Gewalt erfolgt (Art. 6 Abs. 1 lit. e Var. 2).

9 Eine Öffnungsklausel zugunsten der Mitgliedstaaten enthält Abs. 1 S. 2. Hierdurch können die Mitgliedstaaten die Vertragsfreiheit der gemeinsam Verantwortlichen bei der Festlegung ihrer Zuständigkeitsverteilung einschränken.

10 Eine Rolle können die Mitgliedstaaten auch bei der Anwendung von Abs. 3 spielen. Genehmigte Verhaltensregeln oder genehmigte Zertifizierungsverfahren können nämlich als Gesichtspunkt herangezogen werden, um die Erfüllung der Pflichten des Verantwortlichen nachzuweisen. Gem. Art. 40 Abs. 1 und Art. 42 Abs. 1 haben unter anderem die Mitgliedstaaten die Pflicht, die Ausarbeitung solcher Verhaltensregeln und die Einführung solcher datenschutzspezifischer Zertifizierungsverfahren zu fördern.

5. Betroffene

11 Die Verpflichtung gemeinsam Verantwortlicher, ihre Zuständigkeiten im Rahmen einer Vereinbarung aufzuteilen und transparent zu machen, dient in erster Linie dem Betroffenen. Betroffene sind zwar die Hauptbegünstigten der Verpflichtungen des Art. 26. Anders als bei den Betroffenenrechten des Kapitels III der DS-GVO haben sie aber kein subjektives Recht auf die Einhaltung der Regelungen des Art. 26. Dies gilt aber wohl nicht für die Informationspflicht des Abs. 2 S. 2. Hiernach hat der Betroffene einen Anspruch auf Zurverfügungstellung des Wesentlichen der zwischen den gemeinsam Verantwortlichen getroffenen Vereinbarung. Die in Abs. 1 S. 3 erwähnte Anlaufstelle dient dem Betroffenen ebenfalls unmittelbar. Sie ist aber nicht verpflichtend, so dass der Betroffenen auch keinen Anspruch auf Schaffung einer solchen Anlaufstelle hat.

6. Datenschutzaufsichtsbehörden

12 Eine besondere Rolle schreibt Art. 26 den Datenschutzaufsichtsbehörden nicht zu. Diese sind allerdings im Rahmen ihrer allgemeinen Untersuchungs-, Abhilfe-, Genehmigungs- und Beratungsbefugnisse (Art. 58) berechtigt, die Einhaltung der Anforderungen des Art. 26 zu kontrollieren und durchzusetzen. Die Datenschutzaufsichtsbehörden können daher unter anderem prüfen,

- ob die Voraussetzungen für eine gemeinsame Verantwortlichkeit (Abs. 1 S. 1) vorliegen,
- ob die gemeinsam Verantwortlichen die Vereinbarung gem. Abs. 1 S. 2 geschlossen haben,
- ob die Vereinbarung die Voraussetzungen des Abs. 1 S. 2 und Abs. 2 S. 1 erfüllt,
- ob die gemeinsam Verantwortlichen die Informationspflicht des Abs. 2 S. 2 erfüllt haben.

13 Die Datenschutzaufsichtsbehörden sind – vorbehaltlich einer risikoadäquaten Einschränkung – gem. Art. 24 Abs. 1 berechtigt, von den gemeinsam Verantwortlichen einen Nachweis dafür zu verlangen, dass sie technische und organisatorische Maßnahmen zur Einhaltung ihrer aus Art. 26 folgenden Pflichten getroffen haben.

III. Systematik

14 Art. 26 befindet sich in Kapitel IV der DS-GVO, in dem die allgemeinen Pflichten des Verantwortlichen geregelt sind. Auf die Einhaltung der Pflichten des Kapitels IV hat der Betroffene – anders als auf die Erfüllung der Pflichten des Kapitels III – grundsätzlich kein subjektives Recht. Die Informationspflicht des Abs. 2 S. 2 dürfte hiervon eine Ausnahme bilden.

15 Die Norm konkretisiert mit ihren Transparenzpflichten (insb. Abs. 1 S. 2 und Abs. 2) das Transparenzgebot des Art. 5 Abs. 1 lit. a.

16 Die Vereinbarung des Abs. 1 S. 2 muss insb. festlegen, welcher der gemeinsam Verantwortlichen für die Erfüllung welcher Betroffenenrechte zuständig ist. Insofern verweist die Norm auf die Rechte des Betroffenen gem. Artt. 12 bis 23 und 34.

17 Die gemeinsame Verantwortlichkeit ist von der Auftragsverarbeitung (Artt. 4 Nr. 8 und 28) zu unterscheiden. Während gemeinsam Verantwortliche gemeinsam und gleichberechtigt die Zwecke und Mittel der Datenverarbeitung festlegen, hat der Auftragsverarbeiter keinen Einfluss auf die Zwecke und Mittel der Datenverarbeitung, sondern handelt ausschließlich auf Weisung des allein verantwortlichen Auftraggebers (Art. 28 Abs. 1 lit. a).

18 Art. 26 kann für die Konzerndatenverarbeitung relevant sein. Zu beachten ist insofern EG 48 S. 1, wonach Verantwortliche, die Teil einer Unternehmensgruppe oder einer Gruppe von Einrichtun-

gen sind, die einer zentralen Stelle zugeordnet sind, ein berechtigtes Interesse haben können, personenbezogene Daten innerhalb der Unternehmensgruppe für interne Verwaltungszwecke, einschließlich der Verarbeitung personenbezogener Daten von Kunden und Beschäftigten, zu übermitteln. Art. 47 enthält eine Sonderregelung für die Datenverarbeitung durch Unternehmensgruppen, die Drittstaatenübermittlungen einschließt.[7]

19 Im Verzeichnis von Verarbeitungstätigkeiten des einen Verantwortlichen müssen Namen und Kontaktdaten etwaiger gemeinsamer Verantwortlicher aufgeführt sein (Art. 30 Abs. 1 lit. a).

20 Bei einer vorherigen Konsultation der Aufsichtsbehörden müssen unter anderem Angaben zu den gemeinsam Verantwortlichen und zu deren jeweiligen Zuständigkeiten gemacht werden (Art. 36 Abs. 3 lit. a).

21 An der gesamtschuldnerischen Haftung gemeinsamer Verantwortlicher (Art. 82 Abs. 4) ändert Art. 26 nichts (vgl. Abs. 3). Für den gesamtschuldnerischen Innenausgleich (Art. 82 Abs. 5) ist die Vereinbarung der gemeinsam Verantwortlichen gem. Abs. 1 S. 2 allerdings relevant.

22 Verstöße gegen Art. 26 sind gem. Art. 83 Abs. 4 lit. a bußgeldbewehrt.

IV. Entstehungsgeschichte

1. Bisherige europäische Vorgaben

23 In der DS-RL 95/46 wird der Begriff der „joint controllers" zwar nicht verwendet. Die dortige Definition des „für die Verarbeitung Verantwortlichen" erfasst aber auch bereits den gemeinsam Verantwortlichen: nach Art. 2 lit. d DS-RL 95/46 ist verantwortlich, wer „allein **oder gemeinsam** mit anderen über die Zwecke und Mittel der Verarbeitung von personenbezogenen Daten entscheidet". Die gemeinsame Verantwortlichkeit ist somit schon länger bekannt. Weitere Voraussetzungen oder Rechtsfolgen enthält die DS-RL 95/46 jedoch nicht. In Rechtsprechung und Literatur ist die Rechtsfigur des „gemeinsam Verantwortlichen" – soweit ersichtlich – kaum rezipiert worden. Lediglich die „Artikel-29-Datenschutzgruppe" nahm hierzu ausführlicher Stellung.[8]

2. Bisherige nationale Vorgaben

24 Die Definition der „verantwortlichen Stelle" in § 3 Abs. 7 BDSG („jede Person oder Stelle, die personenbezogene Daten für sich selbst erhebt, verarbeitet oder nutzt oder dies durch andere im Auftrag vornehmen lässt") sieht eine gemeinsame Verantwortlichkeit nicht vor.

25 Dass das BDSG die Rechtsfigur der gemeinsam Verantwortlichen im Ansatz dennoch kennt, folgt aus § 6 Abs. 2 BDSG. Diese Norm trifft eine Regelung für die Geltendmachung von Betroffenenrechten in Fällen, in denen „mehrere Stellen speicherungsberechtigt sind", der Betroffene aber nicht in der Lage ist festzustellen, welche Stelle die Daten gespeichert hat. In diesen Fällen kann sich der Betroffene an jede der speicherungsberechtigten Stellen wenden (ähnlich wie in Art. 26 Abs. 3 DS-GVO vorgesehen). Dies bedeutet aber keine „originäre gemeinsame Erfüllungsverantwortung".[9] Jede speicherungsberechtigte Stelle ist vielmehr „nur" verpflichtet, das Begehren des Betroffenen an diejenige speicherungsberechtigte Stelle weiterzuleiten, die die Daten gespeichert hat.

26 Von Verantwortungsteilung kann man auch bei den Regelungen der §§ 15 und 16 BDSG sprechen, die das Zusammenwirken von übermittelnder und empfangender Stelle bei der Datenübermittlung regeln. Bei der Datenübermittlung von einer öffentlichen Stelle an eine andere öffentliche Stelle trägt die Verantwortung für die Zulässigkeit der Übermittlung grundsätzlich die übermittelnde Stelle (§ 15 Abs. 2 S. 1 BDSG). Erfolgt die Übermittlung aber auf Ersuchen der

---

7 Paal/Pauly, *Martini*, Art. 26 Rn. 2.

8 *Art. 29 Data Protection Working Party*, WP 169 (2010), Stellungnahme 1/2010 zu den Begriffen „für die Verarbeitung Verantwortlicher" und „Auftragsverarbeiter" (adopted on 16 February 2010), S. 21 ff.

9 Paal/Pauly, *Martini*, Art. 26 Rn. 40.

empfangenden Stelle, verbleibt bei der übermittelnden Stelle nur noch eine Restverantwortung, die darin besteht zu überprüfen, ob das Übermittlungsersuchen im Rahmen der Aufgaben des empfangenden Stelle liegt (§ 15 Abs. 2 S. 2 und 3 BDSG). Bei der Datenübermittlung von einer öffentlichen an eine nicht-öffentliche Stelle verbleibt die Gesamtverantwortung bei der öffentlichen Stelle, die auch prüfen muss, ob das für die Übermittlung erforderliche berechtigte Interesse des Empfängers glaubhaft dargelegt ist und kein schutzwürdiges Interesse des Betroffenen am Ausschluss der Übermittlung vorliegt (§ 16 Abs. 1 Nr. 2, 2 BDSG).

Sofern das BDSG von zwei verantwortlichen Stellen bei derselben Datenverarbeitung ausgeht, knüpfen sich hieran keine weiteren besonderen datenschutzrechtlichen Pflichten. **27**

3. Verhandlungen zur DS-GVO

Art. 24 KOM-E enthielt nur eine knappe Verpflichtung der Verantwortlichen zur Vereinbarung, wer von ihnen welche Verpflichtung nach der DS-GVO erfüllt, wenn sie die „Zwecke, Bedingungen und Mittel" der Verarbeitung gemeinsam festlegten. Die Öffnungsklausel zugunsten des Rechts der Union oder der Mitgliedstaaten in Abs. 1 S. 2 war im KOM-E noch nicht enthalten. **28**

In Art. 24 S. 1 EP-E entfiel das im KOM-E neben die Zwecke und Mittel getretene dritte Kriterium der gemeinsam festgelegten Bedingungen. Darüber hinaus enthielt Art. 24 S. 2 EP-E die Verpflichtung, dass die zwischen den Verantwortlichen abzuschließende Vereinbarung die jeweiligen tatsächlichen Funktionen und Beziehungen „gebührend widerspiegeln" sollten. Bemerkenswert ist, dass nach Art. 24 S. 3 EP-E eine Haftungserleichterung für die gemeinsam Verantwortlichen vorgesehen war. Danach sollte eine gesamtschuldnerische Haftung nur im Falle unklarer Verantwortlichkeiten bestehen. **29**

Die Regelung des Art. 24 S. 2 EP-E, wonach die Vereinbarung zwischen den Verantwortlichen die tatsächlichen Gegebenheiten widerspiegeln sollte, wurde vom Rat-E übernommen (Art. 24 Abs. 3 S. 1 Rat-E). Der Rat-E enthielt ebenfalls eine Vergünstigung für die Verantwortlichen, wenn sie den Betroffenen in transparenter und eindeutiger Form darüber informiert hätten, welcher der Verantwortlichen zuständig ist. In diesem Fall sollte der Betroffene seine Rechte nicht mehr gegenüber jedem einzelnen Verantwortlichen geltend machen können (Art. 24 Abs. 3 S. 2 EP-E), was womöglich auch für die Haftung auf Schadensersatz gegolten hätte (Haftungserleichterung). **30**

Keine der von EP und Rat vorgeschlagenen Haftungserleichterungen hat es in die finale Version der DS-GVO geschafft (genauer hierzu Rn. 67 ff.). Die Idee, einen Anreiz zur Transparentmachung der Zuständigkeiten gegenüber dem Betroffenen zu schaffen, wurde daher am Ende nicht weiter verfolgt. **31**

B. Inhalt der Regelung

I. Gemeinsam Verantwortliche (Abs. 1 S. 1)

Abs. 1 S. 1 stellt fest, dass zwei oder mehr Verantwortliche, die gemeinsam die Zwecke und die Mittel der Verarbeitung festlegen, gemeinsam Verantwortliche sind. **32**

1. Rechtsnatur

Die gemeinsame Verantwortlichkeit entsteht nicht erst durch eine Vereinbarung der Verantwortlichen, sondern bereits durch den tatsächlichen Umstand ihres Zusammenwirkens. Der Beginn der gemeinsamen Verantwortlichkeit kann mit dem Abschluss eines Vertrages zusammenfallen. Doch auch ohne Abschluss einer Vereinbarung wird die gemeinsame Verantwortlichkeit begründet, wenn die tatsächlichen Voraussetzungen hierfür (gemeinsame Festlegung der Zwecke und Mittel) vorliegen. Liegt gemeinsame Verantwortlichkeit vor, aber fehlt es an einer ausdrücklichen Vereinbarung, ist dies ein Verstoß gegen Art. 26. **33**

34 Die Frage, ob eine gemeinsame Verantwortlichkeitkeit vorliegt, sollte anhand eines „sachbezogenen funktionellen Ansatzes" beantwortet werden.[10] Das bedeutet, dass es auf den tatsächlichen Einfluss der zu beurteilenden Person auf die Datenverarbeitung ankommt.[11]

35 Beispiel: Ein Headhunter sucht für ein Unternehmen Arbeitnehmer. Hierfür sucht er zum einen geeignete Kandidaten aus, die sich bei dem Unternehmen auf Stellenanzeigen des Unternehmens beworben haben. Zum anderen sucht er in seiner eigenen Datenbank nach geeigneten Kandidaten. Die Einstellungsvoraussetzungen und -verfahren werden von Headhunter und Unternehmen gemeinsam entwickelt.[12] In Bezug auf die durch Stellenanzeigen des Unternehmens eingegangnen Bewerbungen ist der Headhunter eher Auftragsverarbeiter des Unternehmens. In Bezug auf die für die in der Datenbank des Headhunters ermittelten Kandidaten sind Headhunter und Unternehmen eher gemeinsame Verantwortliche.

36 Ein rein tatsächlicher Einfluss auf die Zwecke und Mittel kann für die Begründung gemeinsamer Verantwortlichkeit ausreichen. Bloße Mitursächlichkeit genügt aber nicht.[13]

37 Rechtspolitisch ist es problematisch, dass das faktische Zusammenwirken zweier oder mehrerer Verantwortlicher eine Pflicht zum Vertragsschluss auferlegt. Bei Unternehmen führt dies zu einem erheblichen bürokratischen Aufwand. Aufgrund der gesamtschuldnerischen Haftung erhöht sich das Haftungsrisiko für die an komplexen und integrierten Datenverarbeitungen erheblich.[14] Sofern die Regelung Private in ihrer Datenverarbeitung betrifft (z.B. bei der Nutzung von Internetdiensten), werden diese fast zwangsläufig der Gefahr rechtswidrigen Verhaltens ausgesetzt, da sie kaum in der Lage sein werden, individuelle Vereinbarungen zu treffen, die den Anforderungen des Art. 26 gerecht werden. Insgesamt werden mit der Geltung der DS-GVO am 25.5.2018 eine Vielzahl unerkannter „joint controllerships" entstehen.

2. Abgrenzung zur Auftragsverarbeitung

38 Maßgeblich für die Abgrenzung der gemeinsamen Verantwortlichkeit zur Auftragsverarbeitung sind objektive Gesichtspunkte und nicht der Wille der Vertragsparteien oder der Wortlaut der vertraglichen Vereinbarung.[15]

39 Bei der gemeinsamen Verantwortlichkeit müssen die Zwecke und Mittel der Datenverarbeitung tatsächlich „gemeinsam" festgelegt werden. Eine bloße Zusammenarbeit reicht nicht aus.[16] Ein nacheinander erfolgender Austausch von Daten (z.B. in Form einer Kette) dürfte daher in der Regel keine gemeinsame Verantwortlichkeit begründen.

40 Wesentliche Abgrenzungskriterien zwischen Auftragsverarbeitung und gemeinsamer Verantwortlichkeit sind[17]:

- Für Auftragsverarbeitung spricht eine alleinige Entscheidungsbefugnis des Auftraggebers im Hinblick auf den Zweck und die Mittel der Datenverarbeitung. Bei Auftragsverarbeitung agiert der Auftragnehmer nur als „verlängerter Arm" des Auftraggebers (Über-/Unterordnungsverhältnis). Bei gemeinsamer Verantwortlichkeit besteht hingegen ein Gleichordnungsverhältnis.
- Bei Auftragsverarbeitung ist der Auftraggeber gegenüber dem Auftragnehmer fachlich, im Hinblick auf den Ablauf der Verfahren der Datenverarbeitung und bei den technischen und organisatorischen Maßnahmen zur Sicherstellung der Rechtmäßigkeit der Datenverarbeitung

10 *Art. 29 Data Protection Working Party*, WP 169 (2010), S. 22.
11 *Art. 29 Data Protection Working Party*, WP 169 (2010), S. 12.
12 Beispiel nach *Art. 29 Data Protection Working Party*, WP 169 (2010), S. 23.
13 Ablehnend für Facebook-Fanpage-Betreiber etwa Paal/Pauly, *Martini*, Art. 26 Rn. 19 m.w.N.
14 Ehmann/Selmayr, *Bertermann*, Art. 26. Rn. 7.
15 Paal/Pauly, *Martini*, Art. 26 Rn. 18.
16 Paal/Pauly, *Martini*, Art. 26 Rn. 21.
17 Vgl. Gierschmann/Saeugling, *Rammos/Böhm*, § 11 Rn. 92; *Gierschmann*, a.a.O., § 28 Rn. 200.

weisungsbefugt und kann dies auch tatsächlich sicherstellen. Bei gemeinsamer Verantwortlichkeit sind die Beteiligten hingegen gleichberechtigt.

- Für Auftragsverarbeitung spricht, wenn der Auftragnehmer Umgang nur mit Daten hat, die der Auftraggeber zur Verfügung stellt. Für gemeinsame Verantwortlichkeit spricht, wenn personenbezogene Daten sowohl von dem einen als auch von dem oder den anderen Beteiligten zur Verfügung gestellt werden. Dies muss aber nicht bei jeder gemeinsamen Verantwortlichkeit der Fall sein.
- Bei Auftragsverarbeitung tritt der Auftragnehmer nicht im eigenen Namen gegenüber dem Betroffenen auf und hat keine Vertragsbeziehung mit diesem. Bei gemeinsamer Verantwortlichkeit treten die gemeinsam Verantwortlichen jeweils eigenständig als Verantwortliche gegenüber dem Betroffenen in Erscheinung.
- Bei Auftragsverarbeitung hat der Auftragnehmer über die Erfüllung des Auftrags hinaus kein eigenes Interesse an der Datenverarbeitung. Bei gemeinsamer Verantwortlichkeit dürfte der Möglichkeit jedes Beteiligten, Einfluss auf die Zwecke und Mittel der Datenverarbeitung zu nehmen, auch ein eigenes Interesse jedes Beteiligten entsprechen.

3. Abgrenzung zur Datenübermittlung

Der nacheinander erfolgende Austausch von Daten (z.B. in Form einer Kette) bedeutet nicht zwangsläufig, dass die Beteiligten gemeinsam Verantwortliche sind, da ein Austausch von Daten zwischen zwei Parteien ohne gemeinsame Zwecke oder Mittel in einer gemeinsamen Vorgangsreihe nur als Datenübermittlung zwischen getrennten Verantwortlichen anzusehen ist.[18] Beispiel: ein Reisebüro übermittelt personenbezogene Daten seiner Kunden an eine Fluggesellschaft und an eine Hotelkette, damit diese jeweils die Verfügbarkeit von Sitzplätzen und Hotelzimmer bestätigen können, während das Reisebüro die Reiseunterlagen und Tickets für seine Kunden ausstellt; in diesem Fall sind Reisebüro, Fluggesellschaft und Hotelkette getrennt voneinander zu beurteilende Verantwortliche.[19] 41

4. Nutzung gemeinsamer Infrastruktur

Die Nutzung einer gemeinsamen Infrastruktur für die Erreichung jeweils individueller Zwecke kann für Annahme gemeinsamer Verantwortung ausreichen, wenn die Beteiligten gemeinsam über wesentliche Elemente der einzusetzenden Mittel entscheiden.[20] Beispiel: im unter Rn 41 genannten Beispiel gründen Reisebüro, Fluggesellschaft und Hotelkette eine internetgestützte Buchungsplattform, die von allen drei Beteiligten genutzt wird und über die alle Beteiligten Zugriff auf die personenbezogenen Daten der Kunden haben.[21] 42

Weitere Beispiele: 43

- Informationspools über säumige Kunden, auf deren Daten die beteiligten Banken und der Betreiber des Pools Zugriff haben.[22]
- Internetdiensteanbieter und Online-Werbenetzwerke, die Anzeigen auf den Seiten der Internetdiensteanbieter schalten.[23]

Auch bei Datenverarbeitungen in einer Verarbeitungskette können die Beteiligten als gemeinsam Verantwortliche anzusehen sein, wenn diese Verarbeitungsvorgänge auf Mikroebene zwar als unabhängige Verarbeitungsvorgänge anzusehen, auf Makroebene aber als einheitliche „Vor- 44

18 *Art. 29 Data Protection Working Party*, WP 169 (2010), S. 24.
19 Beispiel nach *Art. 29 Data Protection Working Party*, WP 169 (2010), S. 24.
20 *Art. 29 Data Protection Working Party*, WP 169 (2010), S. 24.
21 Beispiel nach *Art. 29 Data Protection Working Party*, WP 169 (2010), S. 24.
22 *Art. 29 Data Protection Working Party*, WP 169 (2010), S. 28.
23 *Art. 29 Data Protection Working Party*, WP 169 (2010), S. 28.

gangsreihe" einzustufen sind, weil sie einen gemeinsamen Zweck verfolgen oder durch gemeinsam festgelegte Mittel erfolgen.[24]

II. Vereinbarung

45 Die gemeinsam Verantwortlichen legen in einer Vereinbarung in transparenter Form fest, wer von ihnen welche Verpflichtung gem. dieser Verordnung erfüllt (Abs. 1 S. 2).

1. Tatsächliche Funktionen und Beziehungen (Abs. 2 S. 1)

46 Die Vereinbarung zwischen den Verantwortlichen muss die „tatsächlichen Funktionen und Beziehungen der gemeinsam Verantwortlichen gebührend widerspiegeln" (Abs. 2 S. 1). Die Vereinbarung unterliegt somit einem Wahrheitsgebot, was insb. die Betroffenen vor Scheinvereinbarungen schützen soll.[25]

47 Das bedeutet, dass in der Vereinbarung zunächst überhaupt festgehalten werden muss, dass eine gemeinsame Verantwortlichkeit mit auf zwei oder mehrere Personen verteilten Zuständigkeiten vorliegt. Darüber hinaus muss die Vereinbarung Angaben enthalten über den Zweck der Datenverarbeitung, über die hierzu eingesetzten Mittel der Datenverarbeitung und über die Art und Weise des Zusammenwirkens der Verantwortlichen bei Zweckverfolgung und Mitteleinsatz. Beispiel: ein Reisebüro und eine Hotelkette betreiben zur Durchführung von Reservierungen (Zweck Nr. 1) und gemeinsamen Marketingaktionen (Zweck Nr. 2) eine gemeinsame Online-Buchungsplattform (Mittel), wobei das Reisebüro den Server und die Webseite betreibt, die Buchungsabwicklung übernimmt sowie ihr eigenes Kundenportfolio zur Verfügung stellt, während die Hotelkette die Rechnungsabwicklung übernimmt und ebenfalls ihr Kundenportfolio zur Verfügung stellt.

48 Die Beteiligung der Verantwortlichen an den gemeinsamen Entscheidungen kann verschiedene Formen aufweisen und muss nicht gleichmäßig verteilt sein.[26] Beispiel: die Buchungsplattform wird zwar von Reisebüro und Hotelkette gemeinsam finanziert, aber vom Reisebüro eigenständig betrieben; die Hotelkette hat aber Zugriff auf die auf der Plattform gespeicherten Kundendaten, nicht nur zur Abwicklung der Zimmerbuchungen, sondern auch um gelegentlich Email-Werbung an alle Plattformnutzer zu versenden.

49 Dass die Vereinbarung die tatsächlichen Funktionen und Beziehungen „gebührend" widerspiegeln muss, schränkt die Vertragsfreiheit ein. Die Vertragspartner dürfen bspw. nicht festlegen, dass der eine Verantwortliche für die Bestimmung der Mittel der Datenverarbeitung zuständig ist, wenn diese faktisch von dem anderen Verantwortlichen bestimmt werden. Die Vorgabe, dass die Vereinbarung die tatsächlichen Verhältnisse abbilden muss, wirkt dem Umstand entgegen, dass gemeinsam Verantwortliche nicht unbedingt gleich starke Verhandlungspositionen haben.[27]

2. Wahrnehmung der Betroffenenrechte (Abs. 1 S. 2)

50 Die gemeinsame Verantwortlichkeit bringt es womöglich mit sich, dass nicht jeder der Verantwortlichen in der Lage ist, alle Betroffenenrechte der DS-GVO alleine zu erfüllen, weil er nicht über alle hierfür erforderlichen Informationen verfügt. Die gemeinsam Verantwortlichen müssen aber durch technische und organisatorische Maßnahmen sicherstellen, dass alle Betroffenenrechte fristgerecht und sachgemäß erfüllt werden können. Dies folgt nicht nur aus Abs. 1 S. 2, sondern auch aus Art. 24 Abs. 1 S. 1. Die internen Arbeitsabläufe der gemeinsam Verantwortlichen sind daher in jedem Fall so zu organisieren, dass entweder jeder Verantwortliche über die erforderlichen Informationen und Befugnisse verfügt, um jeden Anspruch des Betroffenen zu er-

24 *Art. 29 Data Protection Working Party,* WP 169 (2010), Seite 25.
25 Paal/Pauly, *Martini*, Art. 26 Rn. 30.
26 *Art. 29 Data Protection Working Party,* WP 169 (2010), Seite 23.
27 Vgl. Paal/Pauly, *Martini*, Art. 26 Rn. 10.

füllen, oder jeder Anspruch des Betroffenen zumindest von einem der Verantwortlichen fristgerecht erfüllt werden kann. Insofern ist denkbar, dass die gemeinsam Verantwortlichen aus Gründen der Arbeitserleichterung vereinbaren, dass nur einer der Verantwortlichen bestimmte oder alle Betroffenenrechte für beide/alle Verantwortlichen gemeinsam erfüllt. In diesem Fall muss sichergestellt sein, dass der vom Betroffenen angesprochene Verantwortliche das Begehren an den intern zuständigen Verantwortlichen weiterleitet. Selbst wenn jeder der gemeinsam Verantwortlichen alleine in der Lage ist, die Betroffenenrechte zu erfüllen, hat der Betroffene ein Interesse daran zu erfahren, wer der geeignetere Anspruchsgegner ist.

Die DS-GVO enthält in den Artt. 13 bis 22 und in Art. 34 zahlreiche Betroffenenrechte. Darüber **51**
hinaus sieht sie im Zusammenhang mit den Betroffenenrechten zahlreiche Benachrichtigungspflichten vor. So stellt der Verantwortliche dem Betroffenen Informationen über die auf Antrag gem. den Art. 15 bis 22 ergriffenen Maßnahmen zur Verfügung (Art. 12 Abs. 3 S. 1). Wird der Verantwortliche auf den Antrag des Betroffenen hin nicht tätig, so ist dieser hierüber ebenfalls zu unterrichten (Art. 12 Abs. 4). Demnach müssen die gemeinsam Verantwortlichen für jedes einzelne Betroffenenrecht und für jede einzelne Benachrichtigungspflicht festlegen, welcher der Verantwortlichen die Erfüllung übernimmt. Dies gilt für die folgenden Rechte und Pflichten:

- **Informationspflicht:** Information des Betroffenen, wenn die Daten beim Betroffenen erhoben wurden (Art. 13); Information des Betroffenen, wenn die Daten nicht beim Betroffenen erhoben wurden (Art. 14).
- **Auskunftsrecht:** Auskunftserteilung oder Weigerung, die Auskunft zu erteilen (Art. 15 Abs. 1 und 2).
- **Recht auf Erhalt einer Kopie:** Erteilung einer Kopie oder Weigerung, die Kopie zu erteilen (Art. 15 Abs. 3 und 4).
- **Recht auf Berichtigung:** Vornahme einer Berichtigung sowie Mitteilung an den Betroffenen über Vornahme oder Nichtvornahme einer Berichtigung (Art. 16 S. 1); Information aller Empfänger, denen Daten offengelegt wurden, über die Tatsache einer Berichtigung (Art. 19 S. 1); im Falle einer Berichtigung (auf Verlangen des Betroffenen) Unterrichtung des Betroffenen über alle Empfänger, denen Daten offengelegt wurden (Art. 19 S. 2).
- **Recht auf Vervollständigung:** Vornahme einer Vervollständigung sowie Mitteilung über Vornahme oder Nichtvornahme einer Vervollständigung (Art. 16 S. 2).
- **Recht auf Löschung:** Vornahme einer Löschung sowie Mitteilung an den Betroffenen über Vornahme oder Nichtvornahme einer Löschung (Art. 17 Abs. 1 und 3); Information anderer Verantwortlicher, die Daten, die vom Verantwortlichen öffentlich gemacht wurden, weiterverarbeiten, über die Tatsache des Löschverlangens (Art. 17 Abs. 2); Information aller Empfänger, denen Daten offengelegt wurden, über die Tatsache einer Löschung (Art. 19 S. 1); im Falle einer Löschung (auf Verlangen des Betroffenen) Unterrichtung des Betroffenen über alle Empfänger, denen Daten offengelegt wurden (Art. 19 S. 2).
- **Recht auf Verarbeitungseinschränkung:** Vornahme einer Verarbeitungseinschränkung sowie Mitteilung über Vornahme oder Nichtvornahme einer Verarbeitungseinschränkung (Art. 18 Abs. 1 und 2); Unterrichtung über die Aufhebung einer Verarbeitungseinschränkung (Art. 18 Abs. 3); Information aller Empfänger, denen Daten offengelegt wurden, über die Tatsache einer Verarbeitungseinschränkung (Art. 19 S. 1); im Falle einer Verarbeitungseinschränkung (auf Verlangen des Betroffenen) Unterrichtung des Betroffenen über alle Empfänger, denen Daten offengelegt wurden (Art. 19 S. 2).
- **Recht auf Datenübertragung:** Vornahme der Datenübertragung oder Weigerung, diese vorzunehmen (Art. 20).
- **Widerspruchsrecht:** Einstellung der Datenverarbeitung aufgrund Widerspruchs oder Weigerung, dem Widerspruch Folge zu leisten (Art. 21).

- **Automatisierte Einzelentscheidung:** Beachtung des Verbots automatisierter Einzelentscheidungen (Art. 22 Abs. 1 und 2); Hinweis auf die Rechte des Betroffenen bei automatisierten Einzelentscheidungen (Art. 22 Abs. 3).
- **Notifikation:** Benachrichtigung des von einer Verletzung des Schutzes personenbezogener Daten Betroffenen (Art. 34)

52 Bei der Erfüllung der Betroffenenrechte ist Abs. 3 zu beachten, wonach der Betroffene ungeachtet der Vereinbarung der gemeinsam Verantwortlichen seine Rechte bei und gegenüber jedem einzelnen der Verantwortlichen geltend machen kann. Für den Fall, dass die gemeinsam Veranwortlichen vereinbart haben, dass ein bestimmtes Betroffenenrecht nur von einem Verantwortlichen zu erfüllen ist, sich der Betroffene mit seinem Anspruch aber an den anderen Verantwortlichen wendet, müssen die gemeinsam Verantwortlichen durch technische und organisatorische Maßnahmen dafür Sorge getragen haben, dass der Anspruch fristgemäß von jenem Verantwortlichen erfüllt werden kann. Die Erfüllung eines Anspruchs des Betroffenen durch einen Verantwortlichen wirkt auch für den oder die anderen Verwantwortlichen (Rechtsgedanke des § 422 Abs. 1 S. 1 BGB).

3. Verteilung der Pflichten (Abs. 1 S. 2)

53 Neben der Frage, wer die Betroffenenrechte erfüllt, müssen die gemeinsam Verantwortlichen in ihrer Vereinbarung auch die Verteilung der übrigen Pflichten der DS-GVO regeln.

54 Wie sie dies tun, steht zu ihrer freien Disposition. Dies gilt jedoch gem. Abs. 1 S. 2 nicht, „sofern und soweit die jeweiligen Aufgaben der Verantwortlichen nicht durch Rechtsvorschriften der Union oder der Mitgliedstaaten, denen die Verantwortlichen unterliegen, festgelegt sind". Für die gemeinsame Verantwortlichkeit besteht somit eine Öffnungsklausel. Diese hat zur Folge, dass die EU oder die Mitgliedstaaten die Zusammenarbeit von Verantwortlichen in bestimmten Verarbeitungskontexten gesetzlich regeln könnten. So könnte zum Beispiel ein Mitgliedstaat gesetzlich die Verantwortlichkeitsverteilung zwischen Kfz-Hersteller, -Eigentümer, -Fahrer, -Halter, und -Werkstatt sowie Dritt- und Infrastrukturdiensteanbieter im Bereich der vernetzten Mobilität umfassend regeln.

55 Um welche Pflichten es bei den übrigen zur Verteilung anstehenden Pflichten handelt, ist unklar. Die Pflicht zur Einhaltung der Grundsätze der Datenverarbeitung (Art. 5) dürfte nicht delegierbar sein. Mit anderen Worten: die Grundsätze der Datenverarbeitung sind von jedem der gemeinsam Verantwortlichen einzuhalten. Gleiches gilt für die Pflicht zur Vornahme der Datenverarbeitung auf einer gültigen Rechtsgrundlage (Art. 6, 7, 9). Auch insofern gilt, dass nicht einer der gemeinsam Verantwortlichen sich darauf verlassen kann, dass der andere eine gültige Rechtsgrundlage für die gemeinsame Datenverarbeitung hat.

56 Für eine Verteilung in Betracht kommen vor allem die Pflichten der Kapitel IV und V der DS-GVO. So ist es durchaus denkbar, dass die Pflicht zur Einhaltung der Anforderungen an die Sicherheit der Datenverarbeitung (Art. 32) oder die Pflicht zur Durchführung von Datenschutz-Folgenabschätzungen (Art. 35) von einem der gemeinsam Verantwortlichen übernommen wird.

4. Anlaufstelle für den Betroffenen (Abs. 1 S. 3)

57 In der Vereinbarung gem. Abs. 1 S. 2 kann eine Anlaufstelle („contact point") für die Betroffenen angegeben werden (Abs. 1 S. 3). Einen Mehrwert hat diese Regelung nicht. Die Anlaufstelle soll offenbar den Zweck haben, Unklarheiten im Hinblick auf die Zuständigkeiten der Verantwortlichen im Interesse des Betroffenen zu vermeiden.[28] Solche Unklarheiten dürfte es bei sachgemäßem Abschluss der Vereinbarung gem. Abs. 1 S. 2 und bei sachgemäßer Information gem. Abs. 2 S. 2 aber gar nicht geben, da in dieser Vereinbarung die Zuständigkeiten für die Erfüllung der Betroffenenrechte zwischen den gemeinsam Verantwortlichen genau aufgeteilt werden müssen

---

28 So etwa Paal/Pauly, *Martini*, Art. 26 Rn. 28.

und diese Aufteilung dem Betroffenen mitgeteilt wird. Da der Betroffene aber außerdem bei Errichtung einer solchen Anlaufstelle seine Rechte weiterhin bei jedem einzelnen der Verantwortlichen geltend machen kann (Abs. 3), besteht weder für die gemeinsam Verantwortlichen noch für den Betroffenen ein Vorteil in der Errichtung einer solchen Anlaufstelle:

- Die Verantwortlichen können sich nicht darauf zurückziehen, für ein bestimmtes Begehren des Betroffenen nicht zuständig zu sein. Keiner der Verantwortlichen darf den Betroffenen an die Anlaufstelle verweisen; vielmehr muss jeder der Verantwortlichen weiterhin in der Lage sein, dem Recht des Betroffenen Genüge zu tun.
- Der Betroffene kann sich zwar mit jedem seiner Begehren an die Anlaufstelle wenden. Die genaue Zuständigkeitsverteilung ist ihm aber bekannt, so dass dem Betroffenen ein kurzer Blick in die Vereinbarung der gemeinsam Verantwortlichen ausreichen müsste, um den für sein konkretes Begehren zuständigen Verantwortlichen zu identifizieren. Unabhängig davon kann er sich aber genausogut mit jedem Begehren an jeden der Verantwortlichen wenden, ohne sich über deren interne Zuständigkeitsverteilung Gedanken machen zu müssen.

Demnach kann die Anlaufstelle lediglich als ein zusätzliches „Serviceangebot"[29] der gemeinsam Verantwortlichen angesehen werden, das für keine Seite einen nennenswerten Vorteil bringt. Etwas anderes hätte gegolten, wenn – wie in Art. 24 Abs. 1 S. 3 Rat-E noch vorgesehen – die Anlaufstelle nicht optionaler, sondern verpflichtender Teil der Vereinbarung zwischen den gemeinsam Verantwortlichen gewesen wäre. **58**

5. Transparenz (Abs. 1 S. 2)

Die gemeinsam Verantwortlichen müssen den Inhalt der Vereinbarung gem. Abs. 1 S. 2 „in transparenter Form" festlegen. Diese Verpflichtung konkretisiert den in Art. 5 Abs. 1 lit. a verankerten Grundsatz der Transparenz. **59**

Fraglich ist, wem gegenüber Transparenz hergestellt werden muss. Aus Abs. 2 wird ersichtlich, dass die Transparenz in erster Linie gegenüber dem Betroffenen hergestellt werden muss. Aus EG 79 folgt, dass die Transparenz auch gegenüber den Aufsichtsbehörden herzustellen ist, da es nach der Formulierung in EG 79 „auch mit Blick auf die Überwachungs- und sonstigen Maßnahmen von Aufsichtsbehörden" einer klaren Zuteilung der Verantwortlichkeiten bedarf. Transparenz gegenüber der Öffentlichkeit muss nach Abs. 1 S. 2 hingegen nicht hergestellt werden. Zwar bringt der auf Art. 12 bezogene EG 58 S. 1 den Grundsatz der Transparenz auch in Zusammenhang mit der Öffentlichkeit, aber nur, wenn eine bestimmte Information „für die Öffentlichkeit bestimmt" ist. Dies ist in Bezug auf die Vereinbarung zwischen gemeinsam Verantwortlichen nicht der Fall. **60**

Eine bestimmte Form ist für die Vereinbarung nicht vorgeschrieben – anders als bspw. für die Bestellung eines Vertreters (Art. 4 Nr. 17, Art. 27 Abs. 1), für die Unterbeauftragung (Art. 28 Abs. 2 S. 1) oder die Auftragserteilung (Art. 28 Abs. 9) durch einen Auftragsverarbeiter. **61**

III. Zurverfügungstellung der Vereinbarung (Abs. 2 S. 2)

Die gemeinsam Verantwortlichen müssen dem Betroffenen das Wesentliche der Vereinbarung zur Verfügung stellen. Diese Informationspflicht konkretisiert den in Art. 5 Abs. 1 lit. a verankerten Grundsatz der Transparenz.[30] Sie tritt zu den zahlreichen weiteren Informationspflichten der DS-GVO hinzu (für eine umfassende Übersicht siehe Art. 12 Rn. 46 ff.). **62**

Die Informationspflicht des Abs. 2 S. 2 muss nicht von beiden oder allen Verantwortlichen erfüllt werden. Es reicht, wenn ein Verantwortlicher für die gemeinsam Verantwortlichen handelt, sofern er im Rahmen der Unterrichtung des Betroffenen transparent macht, dass er für die gemeinsam Verantwortlichen handelt. **63**

29 Paal/Pauly, *Martini*, Art. 26 Rn. 29.
30 Paal/Pauly, *Martini*, Art. 26 Rn. 4.

1. Das Wesentliche

64 Was „das Wesentliche" ist, das zur Verfügung gestellt werden muss, kann man den in Art. 26 genannten Gegenständen der Vereinbarung zwischen den Verantwortlichen entnehmen:

- Dazu gehören die tatsächlichen Funktionen und Beziehungen der gemeinsam Verantwortlichen gegenüber dem Betroffenen (Abs. 2 S. 1). Zu den Funktionen gehört zum Beispiel, wie die interne Aufgabenverteilung bei der Datenverarbeitung zwischen den Verantwortlichen geregelt ist und welcher der Verantwortlichen welche Daten verarbeitet. Zu den Beziehungen gehören zum Beispiel etwaige interne Übermittlungen zwischen den Verantwortlichen.
- Zum Wesentlichen der Vereinbarung gehören die Regelungen darüber, wer von den Verantwortlichen welche Betroffenenrechte zu erfüllen hat (Abs. 1 S. 2). Dem Betroffenen ist daher mitzuteilen, welcher der Verantwortlichen jeweils seinen Auskunftsanspruch (Art. 15 Abs. 1 und 2), sein Recht auf Erhalt einer Kopie (Art. 15 Abs. 3 und 4), seinen Anspruch auf Berichtigung (Art. 16 S. 1), seinen Anspruch auf Vervollständigung (Art. 16 S. 2), sein Recht auf Löschung (Art. 17), sein Recht auf Verarbeitungseinschränkung (Art. 18), seinen Anspruch auf Mitteilung (Art. 19), sein Recht auf Datenübertragung (Art. 20), sein Widerspruchsrecht (Art. 21), sein Recht auf Benachrichtigung über Datenschutzverletzungen (Art. 34) und seine im Zusammenhang mit automatisierten Einzelentscheidungen stehenden Rechte (Art. 22) zu erfüllen hat. Besonders erwähnt werden in Abs. 1 S. 2 als Gegenstand der Vereinbarung zwischen den Verantwortlichen insb. die Informationspflichten der Artt. 13 und 14. Wer diese Informationspflichten zu erfüllen hat, ist dem Betroffenen aber nicht mitzuteilen. Vielmehr sind ihm die Informationen der Artt. 13 oder 14 bei Datenerhebung oder zum Zeitpunkt der ersten Verwendung der Daten zu erteilen.
- Zum Wesentlichen der Vereinbarung dürften auch die Regelungen darüber gehören, wer von den Verantwortlichen welche der sonstigen Verpflichtungen der DS-GVO zu erfüllen hat (Abs. 1 S. 2). Dazu gehören zum Beispiel die Sicherstellung der Sicherheit der Datenverarbeitung (Art. 32), die Durchführung einer Datenschutz-Folgenabschätzung (Art. 35) oder die Einhaltung von Verhaltensregeln (Art. 40). Da der Betroffene auf die Einhaltung dieser Pflichten jedoch kein subjektives Recht hat, dürfte die Pflicht zur Information des Betroffenen über die Aufgabenverteilung der Verantwortlichen in Bezug auf *diese* Pflichten nicht so streng sein wie die vorgenannte Informationspflicht in Bezug auf die Betroffenenrechte. Für diese Auslegung spricht auch, dass gem. Abs. 2 S. 1 die Vereinbarung die Funktionen und Beziehungen der Verantwortlichen „gegenüber" (im Englischen: „vis-à-vis") dem Betroffenen widerspiegeln muss. Die Pflichten der Kapitel IV und V der DS-GVO bestehen aber gerade nicht „gegenüber" dem Betroffenen.
- Zum Wesentlichen der Vereinbarung gehört schließlich die Anlaufstelle, die die gemeinsam Verantwortlichen für die Betroffenen gem. Abs. 1 S. 3 festlegen können.
- Nicht zum Wesentlichen der Vereinbarung im Sinne von Abs. 2 S. 2 gehören Absprachen zwischen den Verantwortlichen, die keine Bedeutung für die Rechte des Betroffenen haben (etwa interne Haftungsausgleichsansprüche). Auch Angaben zu den wirtschaftlichen Konditionen der gemeinsamen Verarbeitung[31] und Vertraulichkeitsvereinbarungen[32] gehören nicht zu den wesentlichen Informationen.

2. Zeitpunkt der Zurverfügungstellung

65 Fraglich ist, zu welchem Zeitpunkt das Wesentliche der Vereinbarung zur Verfügung gestellt werden muss. Es spricht einiges dafür, dass die Pflicht zur Zurverfügungstellung des Wesentlichen der Vereinbarung die Informationspflichten der Artt. 13 und 14 ergänzt. In diesem Fall kommt im Hinblick auf den Informationszeitpunkt eine entsprechende Anwendung des Art. 13 Abs. 1

---

31 Ehmann/Selmayr, *Bertermann*, Art. 26 Rn. 13.
32 Wybitul, *Tinnefeld/Hanßen*, Art. 26 Rn. 16.

und 2 bzw. des Art. 14 Abs. 3 in Betracht. Das bedeutet: erheben die gemeinsam Verantwortlichen die Daten beim Betroffenen, müssen sie ihm das Wesentliche der Vereinbarung zum Zeitpunkt der Erhebung zur Verfügung stellen (Art. 13 Abs. 1 und 2); erheben sie die Daten nicht beim Betroffenen, müssen sie das Wesentliche der Vereinbarung innerhalb einer angemessenen Frist nach Erlangung der Daten (Art. 14 Abs. 3 lit. a) oder zum Zeitpunkt der ersten Verwendung der Daten (Art. 14 Abs. 3 lit. b oder c) zur Verfügung stellen.

3. Form der Zurverfügungstellung

In welcher Weise dem Betroffenen das Wesentliche der Vereinbarung zur Verfügung zu stellen ist, schreibt Art. 26 nicht vor. Zwar impliziert der Begriff des Zurverfügungstellens ein aktives Handeln der gemeinsam Verantwortlichen. Ein Aushändigen oder Übermitteln im Sinne einer Übergabe dürfte aber nicht erforderlich sein.[33] Dafür spricht, dass ein Zurverfügungstellen weniger ist, als was andere Informationspflichten der DS-GVO verlangen (z.B. Art. 13 Abs. 1: „mitteilen"; Art. 14 Abs. 1: „mitteilen"; Art. 17 Abs. 2: „informieren"; Art. 19 S. 1: „mitteilen"; Art. 19 S. 2: „unterrichten"; Art. 34 Abs. 1: „benachrichtigen"). Dafür spricht auch die englische Fassung („make available"). Dafür spricht schließlich EG 58 S. 2, der sogar für die Informationspflichten des Art. 12 ein Bereitstellen auf einer Webseite ausreichen lässt. Demnach müssen die gemeinsam Verantwortlichen dem Betroffenen den Zugang zu dem Wesentlichen der Vereinbarung ermöglichen. Die Abrufbarkeit im Internet reicht aus. Es bietet sich an, die Informationen in die Datenschutzhinweise oder -erklärungen einzugliedern.[34] 66

IV. Wirkung der Vereinbarung (Abs. 3)

Während der Verhandlungen zur DS-GVO war lange nicht klar, ob Art. 26 Haftungserleichterungen für einen Verantwortlichen beinhalten sollte, der zusammen mit einem oder mehreren anderen gemeinsam verantwortlich ist und die Verpflichtung zum Abschluss einer transparenten Vereinbarung erfüllt hat. Der Vorzug einer solchen Haftungserleichterung wäre gewesen, dass dadurch ein Anreiz für die Verantwortlichen geschaffen worden wäre, die Vereinbarung gem. Abs. 1 S. 2 auch tatsächlich zu schließen. Für diese Lösung hat man sich aber letztlich nicht entschieden, weil man befürchtete, dies könne zu einem Outsourcing der Haftung zu Lasten des Betroffenen führen. 67

In ihrer jetzt gültigen Fassung führt die Regelung des Art. 26 nicht zu Erleichterungen, sondern ausschließlich zu Erschwernissen für die Verantwortlichen. Wenn eine faktische gemeinsame Verantwortlichkeit vorliegt (Rn. 33 ff.), die Verantwortlichen es aber versäumen, eine Vereinbarung zu treffen, haftet jeder der Verantwortlichen für den Gesamtschaden, der durch die Verantwortlichen verursacht wurde (gesamtschuldnerische Haftung). Dasselbe gilt aber auch, wenn die gemeinsam Verantwortlichen eine Vereinbarung über die Zuständigkeitsverteilung getroffen haben. Die „kleine Vereinbarung zur Auftragsdatenverarbeitung"[35] bleibt im Außenverhältnis gegenüber dem Betroffenen ohne Auswirkung.[36] Im Außenverhältnis haben die Verantwortlichen keine Dispositionsbefugnis[37], was problematisch sein kann, wenn ein Verantwortlicher nur einen kleinen Anteil an der Bestimmung der Zwecke und Mittel der Datenverarbeitung hat. 68

Im Innenverhältnis der gemeinsam Verantwortlichen hat die Vereinbarung jedoch eine wichtige Beweissicherungs- und Zurechnungsfunktion.[38] Muss ein Verantwortlicher gem. Art. 82 Abs. 4 für den gesamten Schaden eines Betroffenen aufkommen, kann er von dem oder den anderen Verantwortlichen gem. deren Anteil an der Verantwortung für den Schaden Regress verlangen (Art. 82 Abs. 5). Wie groß der jeweilige Anteil an der Entstehung eines Schadens ist, hängt auch 69

33 So auch Paal/Pauly, *Martini*, Art. 26 Rn. 34 f.
34 Wybitul, *Tinnefeld/Hanßen*, Art. 26 Rn. 17.
35 https://www.datenschutz-notizen.de/datenschutz-grundverordnung-neue-grundsaetze-0813653/
36 Paal/Pauly, *Martini*, Art. 26 Rn. 22.
37 Paal/Pauly, *Martini*, Art. 26 Rn. 4.
38 Paal/Pauly, *Martini*, Art. 26 Rn. 5.

von der internen Verantwortungszuschreibung ab, die sich wiederum in der Vereinbarung gem. Abs. 1 S. 2 wiederfinden sollte. Die Vereinbarung sorgt für eine Beweislastumkehr. Wenn sich ein Verantwortlicher auf tatsächliche Umstände beruft, die nicht der in der Vereinbarung vorgenommenen Verantwortungsverteilung entspricht, muss er diese beweisen.[39]

C. Weitere Auswirkungen der Verordnung in der Praxis

I. Voraussichtliche Auswirkungen auf das nationale Recht

70 Ab dem 25. Mai 2018 gilt Art. 26 in allen Mitgliedstaaten unmittelbar. Das BDSG, die Landesdatenschutzgesetze und das übrige bereichsspezifische Datenschutzrecht bedürfen keiner besonderen Anpassung. § 3 Abs. 7 BDSG entfällt. Neu sind dann insb.

- die Pflicht der gemeinsam Verantwortlichen, eine Vereinbarung zu treffen,
- die Pflicht der gemeinsam Verantwortlichen, dem Betroffenen das Wesentliche der Vereinbarung zur Verfügung zu stellen,
- die Möglichkeit, eine Anlaufstelle für den Betroffenen einzurichten.

71 Dem geltenden deutschen Datenschutzrecht liegt das Konzept linearer Verantwortungsstrukturen mit linearen Vertrags-, Nutzungs- und Auftragsbeziehungen zugrunde.[40] Zwar sind über eine richtlinienkonforme Auslegung des § 3 Abs. 7 BDSG[41] und im Rahmen von §§ 6 Abs. 2, 15 und 16 BDSG auch unter dem Regime des BDSG gesamthänderische Verantwortlichkeiten möglich. Art. 26 legt aber eine stärkere Abkehr von dem Konzept linearer Verantwortungsstrukturen nahe.

72 Die Öffnungsklausel des Abs. 1 S. 2 kann von den Mitgliedstaaten (oder der Union) fakultativ in Anspruch genommen werden. Ein gesetzgeberischer Handlungsbedarf besteht insoweit nicht.

73 Art. 26 schafft zwar Formvorschriften für die Verantwortungszuschreibung in komplexen Akteursnetzwerken. Die materiell-rechtliche Problematik der Verantwortungszuordnung bleibt aber – vorbehaltlich spezialgesetzlich möglicher Sonderregelungen – den Verantwortlichen überlassen.

II. Bestandsschutz bisheriger Datenverarbeitungen

74 Die DS-GVO gilt ab dem 25. Mai 2018 in allen Mitgliedstaaten unmittelbar. Von diesem Zeitpunkt an sind alle Verantwortlichen an die neuen Pflichten des Art. 26 gebunden. Ein Bestandsschutz bisheriger Datenverarbeitungen ist in Bezug auf die gemeinsame Verantwortlichkeit nicht vorgesehen. Auch bei laufenden Datenverarbeitungen müssen gemeinsam Verantwortliche spätestens ab dem 25. Mai 2018 die Anforderungen des Art. 26 beachten (z.B. eine Vereinbarung gem. Abs. 1 S. 2 schließen und den Betroffenen das Wesentliche dieser Vereinbarung gem. Abs. 2 S. 2 zur Verfügung stellen).

III. Sanktionen

75 Verstöße gegen die Verpflichtungen aus Art. 26 stellen Ordnungswidrigkeiten dar. Diese können mit einer Geldbuße belegt werden. Die Datenschutzaufsichtsbehörden können Geldbußen von bis zu 10 Mio. € oder im Falle eines Unternehmens bis zu 2 % des gesamten weltweit erzielten Jahresumsatzes des vorangegangenen Geschäftsjahrs verhängen (Art. 83 Abs. 4 lit. a). Bußgeldbewehrte Verletzungen des Art. 26 können insb. sein:

- der Nichtabschluss einer Vereinbarung im Sinne von Abs. 1 S. 2;

39 Paal/Pauly, *Martini*, Art. 26 Rn. 5.
40 Paal/Pauly, *Martini*, Art. 26 Rn. 38 m.w.N.
41 Paal/Pauly, *Martini*, Art. 26 Rn. 38.

- der Abschluss einer Vereinbarung, die aber die Mindestanforderungen von Abs. 1 S. 2 und Abs. 2 S. 1 (insb. die Transparenzerfordernisse) nicht erfüllt;
- die fehlende Information des Betroffenen über das Wesentliche der Vereinbarung (Abs. 2 S. 2).

IV. Rechtsschutz

1. Rechtsschutz des Betroffenen

a) Beschwerde bei einer Aufsichtsbehörde

Jeder Betroffene hat das Recht auf Beschwerde bei einer Aufsichtsbehörde, wenn er der Auffassung ist, dass die Verarbeitung ihn betreffender Daten gegen die DS-GVO verstößt – also auch, wenn er der Auffassung ist, die gemeinsam Verantwortlichen erfüllten ihre Pflichten aus Art. 26 nicht. Anders als bei den Betroffenenrechten des Kapitels III hat der Betroffene aber kein subjektives Recht auf Einhaltung der Pflichten des Art. 26. Lediglich auf die Erfüllung der Informationspflicht des Abs. 2 S. 2 dürfte er ein subjektives Recht haben. Zuständig für Beschwerden können die Aufsichtsbehörde in dem Mitgliedstaat des Aufenthaltsortes, des Arbeitsplatzes oder des Ortes des mutmaßlichen Verstoßes sein (Art. 77 Abs. 1). **76**

b) Rechtsbehelf gegen eine Aufsichtsbehörde

Jeder Betroffene hat das Recht auf einen wirksamen gerichtlichen Rechtsbehelf gegen einen ihn betreffenden rechtsverbindlichen Beschluss einer Aufsichtsbehörde (Art. 78 Abs. 1). Jeder Betroffene hat außerdem das Recht auf einen wirksamen gerichtlichen Rechtsbehelf, wenn sich die zuständige Aufsichtsbehörde mit einer Beschwerde nicht befasst oder sie den Betroffenen nicht innerhalb von drei Monaten über den Stand oder das Ergebnis der Beschwerde in Kenntnis setzt (Art. 78 Abs. 2). Bei Streitigkeiten mit der Aufsichtsbehörde sind die Verwaltungsgerichte zuständig. **77**

c) Rechtsschutz gegen Verantwortliche

Jeder Betroffene hat das Recht auf einen wirksamen gerichtlichen Rechtsbehelf gegen einen Verantwortlichen, wenn er der Ansicht ist, dass die ihm aufgrund der DS-GVO zustehenden Rechte infolge einer nicht im Einklang mit dieser Verordnung stehenden Verarbeitung seiner personenbezogenen Daten verletzt wurden (Art. 79 Abs. 1). Da Art. 26 dem Betroffenen jedoch (mit Ausnahme von Abs. 2 S. 2) kein subjektives Recht vermittelt, dürfte diese Rechtsschutzmöglichkeit hier keine große Rolle spielen. **78**

c) Vertretung durch einen Verband

Jeder Betroffene hat das Recht, eine Einrichtung, Organisation oder Vereinigung, die im Bereich des Datenschutzes tätig ist, mit der Vertretung seiner Interessen im Zusammenhang mit den Rechten der Art. 77, 78 und 79 sowie der Geltendmachung von Schadensersatz gem. Art. 82 zu beauftragen (Art. 80 Abs. 1). **79**

2. Rechtsschutz anderer Personen

Jede natürliche oder juristische Person (also insb. ein Verantwortlicher) hat das Recht auf einen wirksamen gerichtlichen Rechtsbehelf gegen einen sie betreffenden rechtsverbindlichen Beschluss einer Aufsichtsbehörde (Art. 78 Abs. 1). **80**

3. Rechtsschutz durch Verbände

Jede Einrichtung, Organisation oder Vereinigung ohne Gewinnerzielungsabsicht, die ordnungsgemäß nach dem Recht eines Mitgliedstaates gegründet ist, deren satzungsmäßige Ziele im öffentlichen Interesse liegen und die im Bereich des Schutzes der Rechte und Freiheiten Betroffener **81** in Bezug auf den Schutz ihrer personenbezogenen Daten tätig ist, kann auch ohne Beauftragung durch einen Betroffenen die Rechte der Art. 77, 78 und 79 geltend machen (u.a. durch eine altruistische Verbandsklage), sofern dies das Recht eines Mitgliedstaates vorsieht (Art. 80 Abs. 2). Jeder Betroffene hat das Recht, einen solchen Verband mit der Vertretung seiner Interessen im Zusammenhang mit den Rechten der Art. 77, 78 und 79 sowie der Geltendmachung von Schadensersatz gem. Art. 82 zu beauftragen (Art. 80 Abs. 1).

Article 27

Representatives of controllers or processors not established in the Union

1. Where Article 3(2) applies, the controller or the processor shall designate in writing a representative in the Union.

2. The obligation laid down in paragraph 1 of this Article shall not apply to:

   (a) processing which is occasional, does not include, on a large scale, processing of special categories of data as referred to in Article 9(1) or processing of personal data relating to criminal convictions and offences referred to in Article 10, and is unlikely to result in a risk to the rights and freedoms of natural persons, taking into account the nature, context, scope and purposes of the processing; or

   (b) a public authority or body.

3. The representative shall be established in one of the Member States where the data subjects, whose personal data are processed in relation to the offering of goods or services to them, or whose behaviour is monitored, are.

4. The representative shall be mandated by the controller or processor to be addressed in addition to or instead of the controller or the processor by, in particular, supervisory authorities and data subjects, on all issues related to processing, for the purposes of ensuring compliance with this Regulation.

5. The designation of a representative by the controller or processor shall be without prejudice to legal actions which could be initiated against the controller or the processor themselves.

Artikel 27

Vertreter von nicht in der Union niedergelassenen Verantwortlichen oder Auftragsverarbeitern

(1) In den Fällen gemäß Artikel 3 Absatz 2 benennt der Verantwortliche oder der Auftragsverarbeiter schriftlich einen Vertreter in der Union.

(2) Die Pflicht gemäß Absatz 1 des vorliegenden Artikels gilt nicht für

a) eine Verarbeitung, die gelegentlich erfolgt, nicht die umfangreiche Verarbeitung besonderer Datenkategorien im Sinne des Artikels 9 Absatz 1 oder die umfangreiche Verarbeitung von personenbezogenen Daten über strafrechtliche Verurteilungen und Straftaten im Sinne des Artikels 10 einschließt und unter Berücksichtigung der Art, der Umstände, des Umfangs und der Zwecke der Verarbeitung voraussichtlich nicht zu einem Risiko für die Rechte und Freiheiten natürlicher Personen führt, oder

b) Behörden oder öffentliche Stellen.

(3) Der Vertreter muss in einem der Mitgliedstaaten niedergelassen sein, in denen die betroffenen Personen, deren personenbezogene Daten im Zusammenhang mit den ihnen angebotenen Waren oder Dienstleistungen verarbeitet werden oder deren Verhalten beobachtet wird, sich befinden.

(4) Der Vertreter wird durch den Verantwortlichen oder den Auftragsverarbeiter beauftragt, zusätzlich zu diesem oder an seiner Stelle insbesondere für Aufsichtsbehörden und betroffene Personen bei sämtlichen Fragen im Zusammenhang mit der Verarbeitung zur Gewährleistung der Einhaltung dieser Verordnung als Anlaufstelle zu dienen.

(5) Die Benennung eines Vertreters durch den Verantwortlichen oder den Auftragsverarbeiter erfolgt unbeschadet etwaiger rechtlicher Schritte gegen den Verantwortlichen oder den Auftragsverarbeiter selbst.

Article 4

No. 17 'representative'

'representative' means a natural or legal person established in the Union who, designated by the controller or processor in writing pursuant to Article 27, represents the controller or processor with regard to their respective obligations under this Regulation;

Recital

(80) [1]Where a controller or a processor not established in the Union is processing personal data of data subjects who are in the Union whose processing activities are related to the offering of goods or services, irrespective of whether a payment of the data subject is required, to such data subjects in the Union, or to the monitoring of their behaviour as far as their behaviour takes place within the Union, the controller or the processor should designate a representative, unless the processing is occasional, does not include processing, on a large scale, of special categories of personal data or the processing of personal data relating to criminal convictions and offences, and is unlikely to result in a risk to the rights and freedoms of natural persons, taking into account the nature, context, scope and purposes of the processing or if the controller is a public authority or body. [2]The representative should act on behalf of the controller or the processor and may be addressed by any supervisory authority. [3]The representative should be explicitly designated by a written mandate of the controller or of the processor to act on its behalf with regard to its obligations under this Regulation. [4]The designation of such a representative does not affect the responsibility or liability of the controller or of the processor under this Regulation. [5]Such a representative should perform its tasks according to the mandate received from the controller or processor, including cooperating with the competent supervisory authorities with regard to any action taken to ensure compliance with this Regulation. [6]The designated representative should be subject to enforcement proceedings in the event of non-compliance by the controller or processor.

Artikel 4

Nr. 17 „Vertreter"

„Vertreter" eine in der Union niedergelassene natürliche oder juristische Person, die von dem Verantwortlichen oder Auftragsverarbeiter schriftlich gemäß Artikel 27 bestellt wurde und den Verantwortlichen oder Auftragsverarbeiter in Bezug auf die ihnen jeweils nach dieser Verordnung obliegenden Pflichten vertritt;

Erwägungsgrund

(80) [1]Jeder Verantwortliche oder Auftragsverarbeiter ohne Niederlassung in der Union, dessen Verarbeitungstätigkeiten sich auf betroffene Personen beziehen, die sich in der Union aufhalten, und dazu dienen, diesen Personen in der Union Waren oder Dienstleistungen anzubieten – unabhängig davon, ob von der betroffenen Person eine Zahlung verlangt wird – oder deren Verhalten, soweit dieses innerhalb der Union erfolgt, zu beobachten, sollte einen Vertreter benennen müssen, es sei denn, die Verarbeitung erfolgt gelegentlich, schließt nicht die umfangreiche Verarbeitung besonderer Kategorien personenbezogener Daten oder die Verarbeitung von personenbezogenen Daten über strafrechtliche Verurteilungen und Straftaten ein und bringt unter Berücksichtigung ihrer Art, ihrer Umstände, ihres Umfangs und ihrer Zwecke wahrscheinlich kein Risiko für die Rechte und Freiheiten natürlicher Personen mit sich oder bei dem Verantwortlichen handelt es sich um eine Behörde oder öffentliche Stelle. [2]Der Vertreter sollte im Namen des Verantwortlichen oder des Auftragsverarbeiters tätig werden und den Aufsichtsbehörden als Anlaufstelle dienen. [3]Der Verantwortliche oder der Auftragsverarbeiter sollte den Vertreter ausdrücklich bestellen und schriftlich beauftragen, in Bezug auf die ihm nach dieser Verordnung obliegenden Verpflichtungen an seiner Stelle zu handeln. [4]Die Benennung eines solchen Vertreters berührt nicht die Verantwortung oder Haftung des Verantwortlichen oder des Auftragsverarbeiters nach Maßgabe dieser Verordnung. [5]Ein solcher Vertreter sollte seine Aufgaben entsprechend dem Mandat des Verantwortlichen oder Auftragsverarbeiters ausführen und insbesondere mit den zuständigen Aufsichtsbehörden in Bezug auf Maßnahmen,

die die Einhaltung dieser Verordnung sicherstellen sollen, zusammenarbeiten. [6]Bei Verstößen des Verantwortlichen oder Auftragsverarbeiters sollte der bestellte Vertreter Durchsetzungsverfahren unterworfen werden.

Literatur

Gola/Schomerus, BDSG, 12. Auflage 2015, C.H. Beck München; *Engelhardt/App/Schlatmann*, VwVG / VwZG, 10. Auflage 2014, C.H. Beck München

Bedeutung der Norm

Art. 27 verpflichtet Drittstaatsdatenverarbeiter[1], die unter das Marktortprinzip nach Art. 3 Abs. 2 fallen, grundsätzlich einen Vertreter (Definition in Art. 4 Nr. 17) innerhalb der Union zu bestellen. Dieser Vertreter soll insb. den Aufsichtsbehörden der EU-Mitgliedstaaten als Ansprechpartner zur Verfügung stehen, aber auch Anlaufstelle für Betroffene sein. Der Betroffene ist über den Vertreter zu informieren (Art. 13 Abs. 1 lit. a, 14 Abs. 1 lit. a). Die Benennung des Vertreters erfolgt unbeschadet etwaiger rechtlicher Schritte gegen den Datenverarbeiter selbst.

Hinweise für den Anwender

Für die Norm relevante Definitionen:
- Art. 4 Nr. 1, 2, 4, 7, 8, 16, 17.

Für die Auslegung der Norm relevante Erwägungsgründe:
- EG 80.

Systematische Einordnung der Norm innerhalb der DS-GVO:
- Art. 27 hängt eng zusammen mit dem Marktortprinzip in Art. 3 Abs. 2. Zudem ist die Definition des „Vertreters" in Art. 4 Nr. 17 zu beachten.

Vorgängernormen im BDSG:
- § 1 Abs. 5 S. 3.

Vorgängernormen der RL 95/46:
- Art. 4 Abs. 2.

Querbezüge zu anderen Normen:
- Art. 3 Abs. 2, Art. 13 Abs. 1 lit. a, Art. 14 Abs. 1 lit. a, Art. 30 Abs. 1, 2 und 4, Art. 31, Art. 58 Abs. 1 lit. a

Schlagworte

Vertreter in der Union; Marktortprinzip; gelegentliche Verarbeitung; risikobasierter Ansatz; Ansprechpartner/Anlaufstelle für Aufsichtsbehörden und Betroffene; rechtliche Schritte; Durchsetzung; Zustellung.

1 Der Begriff wird hier vereinfachend für Verantwortliche und Auftragsverarbeiter verwendet, die in einem Drittland niedergelassen sind oder einer internationalen Organisation außerhalb des Hoheitsgebietes der EU angehören.

A. Allgemeines

I. Regelungszweck

1 Art. 27 steht in unmittelbarem Zusammenhang mit dem in Art. 3 Abs. 2 geregelten Marktortprinzip, wonach die Regelungen der DS-GVO auch für Drittstaatsdatenverarbeiter gelten, die keine Niederlassung in der Union haben, jedoch im Rahmen bestimmter Datenverarbeitungen (Angebot von Waren und Dienstleistungen und Beobachten des Verhaltens) den EU-Markt bedienen. Ein Drittstaatsunternehmen, das unter das Marktortprinzip fällt und für das dementsprechend die DS-GVO Anwendung findet, muss unter bestimmten Voraussetzungen einen Vertreter innerhalb der Union bestellen. Dieser Vertreter soll insb. den Aufsichtsbehörden der EU-Mitgliedstaaten als Ansprechpartner zur Verfügung stehen, damit diese einen unmittelbaren Kontakt in der EU haben und nicht darauf verwiesen sind, erst mit der im Drittstaat befindlichen (entfernten) Niederlassung des Drittstaatsunternehmens Kontakt aufnehmen zu müssen.

II. Normadressaten

2 Normadressaten sind Drittstaatsunternehmen, sowohl Verantwortliche als auch Auftragsverarbeiter, die gemäß Art. 3 Abs. 2 unter das Marktortprinzip fallen. Während Art. 3 Abs. 2 nicht zwischen nicht-öffentlichen und öffentlichen Stellen unterscheidet und demnach für beide das Marktortprinzip anwendbar ist, nimmt Art. 27 Behörden oder öffentliche Stellen in Drittstaaten von der Verpflichtung zur Bestellung eines Vertreters innerhalb der EU aus (Abs. 2 lit. b).

III. Systematik

3 Art. 27 ergänzt Art. 3 Abs. 2 und kann nur im Zusammenhang mit diesem gelesen werden. Gleichzeitig ist die Definition des Vertreters in Art. 4 Nr. 17 zu beachten. Während Abs. 1 die generelle Verpflichtung aufstellt, dass ein Drittstaatsdatenverarbeiter bei Anwendbarkeit des Marktortprinzips einen Vertreter innerhalb der EU zu bestellen hat, schränkt Abs. 2 diese Verpflichtung wieder ein:

- Private Drittstaatsdatenverarbeiter können unter den in Abs. 2 lit. a genannten Voraussetzungen auf die Bestellung verzichten. Ausschlaggebend sind insoweit insb. die Art der zu verarbeitenden Daten, die Art der Verarbeitung sowie das (potenzielle) Risiko für die Betroffenen. Der sich insgesamt durch die DS-GVO ziehende sogenannte risikobasierte Ansatz kommt auch hier zum Tragen (vgl. hierzu Art. 24 Rn. 78 ff.).
- Öffentliche Stellen sind, obwohl für diese auch das Marktortprinzip gilt, generell von der Verpflichtung zur Vertreterbestellung ausgenommen (Abs. 2 lit. b).

IV. Entstehungsgeschichte

1. Bisherige europäische Vorgaben

Die RL 95/46 enthält in Art. 4 Abs. 1 lit. c bereits eine Art Marktortprinzip (vgl. Ausführungen zu Art. 3), verbunden mit der Verpflichtung, einen „im Hoheitsgebiet des genannten Mitgliedstaats ansässigen Vertreter zu benennen, unbeschadet der Möglichkeit des Vorgehens gegen den für die Verarbeitung Verantwortlichen selbst" (Art. 4 Abs. 2). **4**

2. Bisherige nationale Vorgaben

Auch das BDSG geht bereits von einem Marktortprinzip aus, § 1 Abs. 5 Satz 2 (vgl. im Einzelnen bei Art. 3). Nach § 1 Abs. 5 Satz 3 BDSG hat eine verantwortliche Stelle dabei „auch Angaben über im Inland ansässige Vertreter zu machen", damit sowohl der Betroffene als auch die Aufsichtsbehörde einen geeigneten Ansprechpartner im Inland haben.[2] **5**

3. Verhandlungen zur Datenschutz-Grundverordnung

KOM hatte in ihrem Entwurf die grundsätzliche Benennung eines Vertreters innerhalb der Union für Unternehmen vorgesehen, die dem Marktortprinzip unterfallen. Der Grundsatz ist in den Verhandlungen erhalten geblieben, die Ausnahmetatbestände jedoch sind von Rat und EP weiterentwickelt worden: **6**

Eine Ausnahme für öffentliche Stellen hatte bereits die KOM vorgesehen. Zusätzlich wollte KOM jedoch auch Datenverarbeiter von der Verpflichtung ausnehmen, die in einem Drittstaat mit Angemessenheitsbeschluss ansässig sind, was der Rat gestrichen hat. **7**

Rat[3], KOM[4] und EP[5] verfolgten verschiedene Ansätze, um die Verpflichtung zur Vertreterbestellung für bestimmte Datenverarbeitungen einzuschränken. So finden sich in den jeweiligen Entwürfen z.B. Ausnahmetatbestände für **8**

- Unternehmen mit weniger als 250 Mitarbeitern [KOM],
- die Verarbeitung von Daten von weniger als 5.000 Betroffenen innerhalb eines Jahres [EP],
- Datenverarbeiter, die nur gelegentliche Angebote an Betroffene in der EU machen [KOM, EP],
- risikoarme Datenverarbeitungen [Rat],
- Datenverarbeiter, die nur gelegentlich Daten verarbeiten [Rat].

Diese verschiedenen Vorschläge für Ausnahmetatbestände sind schließlich in der Ausnahme des Abs. 2 lit. a zusammengeführt worden. **9**

B. Inhalt der Regelung

I. Anwendbarkeit des Marktortprinzips gemäß Art. 3 Abs. 2 (Abs. 1)

Art. 27 und damit die Verpflichtung zur Bestellung eines Vertreters innerhalb der Union kommt nur dann zum Tragen, wenn der Drittstaatsdatenverarbeiter – unabhängig davon, ob er Verantwortlicher oder Auftragsverarbeiter ist – unter das Marktortprinzip nach Art. 3 Abs. 2 fällt. **10**

2 Gola/Schomerus, *Gola/Klug/Körffer*, § 1 Rn. 29.
3 Rats-Dok. Nr. 9565/15 v. 11.6.2015.
4 KOM(2012)11 endgültig v. 25.1.2012.
5 Standpunkt festgelegt in erster Lesung am 12.3.2014, P7_TC1-COD(2012)0011.

II. Ausnahmen vom grundsätzlichen Gebot zur Bestellung (Abs. 2)

11 Nicht für jede Datenverarbeitung durch einen Drittstaatsdatenverarbeiter, der unter das Marktortprinzip fällt, besteht die Verpflichtung zur Bestellung eines Vertreters.

12 Öffentliche Stellen sind generell von der Verpflichtung ausgenommen (Abs. 2 lit. b).

13 Auch nicht jeder private Drittstaatsdatenverarbeiter muss einen Vertreter bestellen. Es kommt auf die konkrete Datenverarbeitung an. Unter den folgenden Voraussetzungen ist ein Drittstaatsdatenverarbeiter von der Verpflichtung zur Bestellung befreit (Abs. 2 lit. a):

1. Datenverarbeitung erfolgt nur gelegentlich

14 Die DS-GVO definiert oder erläutert nicht, was sie unter „gelegentlich" versteht. Nach dem allgemeinen Sprachgebrauch (Duden) bedeutet „gelegentlich" „manchmal, hier und da, von Zeit zu Zeit [erfolgend]". Im Ergebnis muss der Datenverarbeiter im Einzelfall beurteilen, ob seine konkrete Datenverarbeitung noch „gelegentlich" erfolgt oder bereits regelmäßig. In Art. 30 Abs. 5 wiederum wird das Tatbestandsmerkmal der „nicht nur gelegentlichen" Verarbeitung verwendet (siehe dort Rn. 66).

2. Keine umfangreiche Verarbeitung sensibler Daten im Sinne des Art. 9 Abs. 1 oder von Daten über strafrechtliche Verurteilungen und Straftaten im Sinne des Art. 10

15 Die sensiblen Daten bzw. Daten über strafrechtliche Verurteilungen und Straftaten sind in Art. 9 bzw. Art. 10 abschließend aufgeführt (vgl. i.E. dort). Wenn der Drittstaatsdatenverarbeiter die Frage, ob die Art der zu verarbeitenden Daten unter eine dieser Kategorien fällt, bejaht, muss er sich als Zweites fragen, ob es sich um eine umfangreiche Verarbeitung dieser Daten handelt. Wie schon bei „gelegentlich" definiert oder erklärt die DS-GVO auch nicht, wann eine Datenverarbeitung „umfangreich" ist. Auch hier kommt es auf den Einzelfall an. Das Tatbestandsmerkmal der „umfangreichen Verarbeitung" wird auch in Art. 35 Abs. 3 lit. b (siehe dort Rn. 52) und in Art. 37 Abs. 1 lit. c (siehe dort Rn. 54 ff.) verwendet.

3. Datenverarbeitung wird – unter Zugrundelegung der Art, der Umstände, des Umfangs und der Zwecke der Datenverarbeitung – voraussichtlich nicht zu einem Risiko für die Rechte und Freiheiten natürlicher Personen führen.

16 Hier nimmt Art. 27 den sogenannten „risikobasierten Ansatz" auf. Eingehend zum risikobasierten Ansatz Art. 24 (dort Rn. 78 ff.). Zur Berücksichtigung der konkreten Verarbeitungssituation bei der Risikobewertung vergleiche in Bezug auf

- die Art der Verarbeitung Art. 24 Rn. 81 ff.,
- den Umfang der Verarbeitung Art. 24 Rn. 87 ff. ,
- die Umstände der Verarbeitung Art. 24 Rn. 93 ff.,
- die Zwecke der Verarbeitung Art. 24 Rn. 103 ff.

17 Eingehend zur Berücksichtigung des Risikos für den Betroffenen bei der Risikobewertung Art. 24 Rn. 114 ff.

18 Die Aufzählung der Voraussetzungen ist kumulativ zu verstehen, d.h., liegt eine der Bedingungen nicht vor, bleibt die Pflicht zur Bestellung eines Vertreters bestehen, z.B. wenn in größerem Umfang sensible Daten im Sinne des Art. 9 Abs. 1 verarbeitet werden sollen. Anderenfalls entfällt sie.

III. Schriftliche Bestellung eines Vertreters innerhalb eines betroffenen Mitgliedstaats (Abs. 1 und 3)

19 Der Drittstaatsdatenverarbeiter bestellt schriftlich einen Vertreter innerhalb eines der Mitgliedstaaten, in denen er Waren oder Dienstleistungen anbietet oder in dem er das Verhalten von Be-

troffenen beobachtet. Der Vertreter ist ausdrücklich zu bestellen und schriftlich zu beauftragen, in Bezug auf die dem Datenverarbeiter nach der DS-GVO obliegenden Verpflichtungen an seiner Stelle zu handeln (EG 80).

IV. Das Mandat (Abs. 4 und 5)

Die Vertretung erfolgt im Verhältnis von „Vertreter" und Vertretenem auf der Basis eines zwischen diesen geschlossenen, nicht zwingend, aber in der Regel entgeltlichen (Geschäftsbesorgungs-) Vertrags. Gegenüber Dritten wird sie jedoch nur und erst mit schriftlicher Bestellung manifest (ähnlich wie bei § 172 BGB) und wirksam (s. Rn. 19). Der Vertreter soll seine Aufgaben entsprechend dem Mandat des Verantwortlichen oder Auftragsverarbeiters ausführen und insb. mit den zuständigen Aufsichtsbehörden in Bezug auf Maßnahmen, die die Einhaltung der DS-GVO sicherstellen sollen, zusammenarbeiten. Er wird beauftragt, bei sämtlichen Fragen im Zusammenhang mit der Verarbeitung zur Gewährleistung der Einhaltung der Verordnung als Anlaufstelle zu dienen (Abs. 4). **20**

Nach EG 80 soll der bestellte Vertreter bei Verstößen des Verantwortlichen oder Auftragsverarbeiters darüber hinaus Durchsetzungsverfahren unterworfen werden. Es stellt sich die Frage nach der Reichweite von „Durchsetzungsverfahren", zumal die „Unterwerfung unter die Durchsetzungsverfahren" sich ausschließlich in den Erwägungsgründen, nicht aber im verfügenden Teil findet. Die Reichweite kann daher nicht rechtlich bindend über das hinausgehen, was Art. 27 i.V.m. Art. 4 Abs. 17 regelt. Nach der Definition des Vertreters in Art. 4 Abs. 17 „vertritt" der Vertreter den Drittstaatsdatenverarbeiter in Bezug auf die ihm nach der Verordnung obliegenden Pflichten. Fraglich ist, wie weit „Vertretung" zu verstehen ist, insb. ob gegen den „Vertreter" Vollstreckungsmaßnahmen vollzogen werden können. Das deutsche Verwaltungsverfahrensrecht beispielsweise kennt den sog. Haftungsschuldner (§ 2 Abs. 1 lit. b VwVG), dem gegenüber eine Verwaltungsvollstreckung in Betracht kommt, wenn er auf Grund öffentlich-rechtlicher gesetzlicher Vorschrift für die Leistung eines anderen persönlich einstehen muss oder – bei privatrechtlichen Haftungstatbeständen – ein Leistungsbescheid gegen ihn ergehen könnte[6]. Sähe man den „Vertreter" als einen solchen Haftungsschuldner an, hätte dies zur Folge, dass der „Vertreter" persönlich neben dem eigentlichen Schuldner haften würde. In der Praxis würde das bedeuten, dass die Aufsichtsbehörde eines Mitgliedstaats dem Vertreter zum Beispiel einen Unterlassungsbescheid zustellen und bei Nichtbefolgung ihm gegenüber Zwangsmaßnahmen durchführen könnte. Da das Unternehmen gerade keine Niederlassung in der Union hat, wird der „Vertreter" im Sinne des Art. 27 in der Praxis ein für das Unternehmen Dritter sein, oftmals voraussichtlich ein Rechtsanwalt, der lediglich durch einen entsprechenden (Geschäftsbesorgungs-) Vertrag mit dem Unternehmen verbunden ist. Zwar spricht EG 80 von Durchsetzungsverfahren; die Vertreterfunktion jedoch so weit zu verstehen, dass gegen den Vertreter direkt Vollstreckungsmaßnahmen zulässig sind, erscheint unverhältnismäßig. Dagegen sprechen auch die Bestimmung des Abs. 4, nach der der Vertreter als „Anlaufstelle" fungieren soll, sowie die weiteren Erläuterungen in EG 80, dass der Vertreter „im Namen des Verantwortlichen oder des Auftragsverarbeiters" tätig werden soll. Unter Zugrundelegung dessen kann man davon ausgehen, dass die im konkreten Fall zuständige Aufsichtsbehörde über den Vertreter Bescheide wirksam an den Datenverarbeiter zustellen kann, z.B. mit der Auflage zur Unterlassung einer rechtswidrigen Datenverarbeitung oder mit einer Geldauflage, d.h. Sanktion. Eine Durchsetzung im Sinne einer Vollstreckung gegenüber dem Vertreter wäre jedoch wohl zu weitgehend; abgesehen davon, dass sich die „Durchsetzung" nicht aus der Vorschrift selbst, sondern nur aus den Erwägungsgründen ergibt und eine derartige Auslegung damit bereits dem Bestimmtheitsgrundsatz widersprechen würde. **21**

6 Engelhardt/App/Schlatmann, *Stammberger*, § 2 VwVG Rn. 3.

C. Weitere Auswirkungen der Verordnung in der Praxis

22 Jeder Drittstaatsdatenverarbeiter, auf den wegen des Marktortprinzips die DS-GVO Anwendung findet, muss seine Datenverarbeitungsprozesse auch dahin gehend überprüfen, ob er sich auf eine der Ausnahmen von der Verpflichtung zur Bestellung eines Vertreters innerhalb der Union berufen kann. Anderenfalls muss er einen Vertreter in einem der Mitgliedstaaten bestellen, in denen er Betroffene anspricht bzw. beobachtet.

23 Verstößt der Datenverarbeiter gegen seine Verpflichtungen aus Art. 27, indem er insb. keinen Vertreter bestellt, obwohl er sich nicht auf die Ausnahmen berufen kann, kann dieser Verstoß nach Art. 83 Abs. 4 lit. a mit bis zu 10.000.000 € oder mit bis zu 2 % des weltweiten Jahresumsatzes sanktioniert werden.

Article 28

Processor

1. Where processing is to be carried out on behalf of a controller, the controller shall use only processors providing sufficient guarantees to implement appropriate technical and organisational measures in such a manner that processing will meet the requirements of this Regulation and ensure the protection of the rights of the data subject.

2. The processor shall not engage another processor without prior specific or general written authorisation of the controller. In the case of general written authorisation, the processor shall inform the controller of any intended changes concerning the addition or replacement of other processors, thereby giving the controller the opportunity to object to such changes.

3. Processing by a processor shall be governed by a contract or other legal act under Union or Member State law, that is binding on the processor with regard to the controller and that sets out the subject-matter and duration of the processing, the nature and purpose of the processing, the type of personal data and categories of data subjects and the obligations and rights of the controller. That contract or other legal act shall stipulate, in particular, that the processor:

   (a) processes the personal data only on documented instructions from the controller, including with regard to transfers of personal data to a third country or an international organisation, unless required to do so by Union or Member-State law to which the processor is subject; in such a case, the processor shall inform the controller of that legal requirement before processing, unless

Artikel 28

Auftragsverarbeiter

1. Erfolgt eine Verarbeitung im Auftrag eines Verantwortlichen, so arbeitet dieser nur mit Auftragsverarbeitern, die hinreichend Garantien dafür bieten, dass geeignete technische und organisatorische Maßnahmen so durchgeführt werden, dass die Verarbeitung im Einklang mit den Anforderungen dieser Verordnung erfolgt und den Schutz der Rechte der betroffenen Person gewährleistet.

2. Der Auftragsverarbeiter nimmt keinen weiteren Auftragsverarbeiter ohne vorherige gesonderte oder allgemeine schriftliche Genehmigung des Verantwortlichen in Anspruch. Im Fall einer allgemeinen schriftlichen Genehmigung informiert der Auftragsverarbeiter den Verantwortlichen immer über jede beabsichtigte Änderung in Bezug auf die Hinzuziehung oder die Ersetzung anderer Auftragsverarbeiter, wodurch der Verantwortliche die Möglichkeit erhält, gegen derartige Änderungen Einspruch zu erheben.

3. Die Verarbeitung durch einen Auftragsverarbeiter erfolgt auf der Grundlage eines Vertrags oder eines anderen Rechtsinstruments nach dem Unionsrecht oder dem Recht der Mitgliedstaaten, der bzw. das den Auftragsverarbeiter in Bezug auf den Verantwortlichen bindet und in dem Gegenstand und Dauer der Verarbeitung, Art und Zweck der Verarbeitung, die Art der personenbezogenen Daten, die Kategorien betroffener Personen und die Pflichten und Rechte des Verantwortlichen festgelegt sind. Dieser Vertrag bzw. dieses andere Rechtsinstrument sieht insbesondere vor, dass der Auftragsverarbeiter

   (a) die personenbezogenen Daten nur auf dokumentierte Weisung des Verantwortlichen – auch in Bezug auf die Übermittlung personenbezogener Daten an ein Drittland oder eine internationale Organisation – verarbeitet, sofern er nicht durch das Recht der Union oder der Mitgliedstaaten, dem der Auftragsverarbeiter unterliegt, hierzu verpflichtet ist; in einem solchen Fall teilt der

that law prohibits such information on important grounds of public interest;

(b) ensures that persons authorised to process the personal data have committed themselves to confidentiality or are under an appropriate statutory obligation of confidentiality;

(c) takes all measures required pursuant to Article 32

(d) respects the conditions referred to in paragraphs 2 and 4 for engaging another processor;

(e) taking into account the nature of the processing, assists the controller by appropriate technical and organisational measures, insofar as this is possible, for the fulfilment of the controller's obligation to respond to requests for exercising the data subject's rights laid down in Chapter III;

(f) assists the controller in ensuring compliance with the obligations pursuant to Articles 32 to 36 taking into account the nature of processing and the information available to the processor;

(g) at the choice of the controller, deletes or returns all the personal data to the controller after the end of the provision of services relating to processing, and deletes existing copies unless Union or Member State law requires storage of the personal data;

(h) makes available to the controller all information necessary to demonstrate compliance with the obligations laid down in this Article and allow for and contribute to audits, including inspections, conducted by the controller or an-

Auftragsverarbeiter dem Verantwortlichen diese rechtlichen Anforderungen vor der Verarbeitung mit, sofern das betreffende Recht eine solche Mitteilung nicht wegen eines wichtigen öffentlichen Interesses verbietet;

(b) gewährleistet, dass sich die zur Verarbeitung der personenbezogenen Daten befugten Personen zur Vertraulichkeit verpflichtet haben oder einer angemessenen gesetzlichen Verschwiegenheitspflicht unterliegen;;

c) alle gemäß Artikel 32 erforderlichen Maßnahmen ergreift;

(d) die in den Absätzen 2 und 4 genannten Bedingungen für die Inanspruchnahme der Dienste eines weiteren Auftragsverarbeiters einhält;

(e) angesichts der Art der Verarbeitung den Verantwortlichen nach Möglichkeit mit geeigneten technischen und organisatorischen Maßnahmen dabei unterstützt, seiner Pflicht zur Beantwortung von Anträgen auf Wahrnehmung der in Kapitel III genannten Rechte der betroffenen Person nachzukommen;

(f) unter Berücksichtigung der Art der Verarbeitung und der ihm zur Verfügung stehenden Informationen den Verantwortlichen bei der Einhaltung der in den Artikeln 32 bis 36 genannten Pflichten unterstützt;

(g) nach Abschluss der Erbringung der Verarbeitungsleistungen alle personenbezogenen Daten nach Wahl des Verantwortlichen entweder löscht oder zurückgibt, sofern nicht nach dem Unionsrecht oder dem Recht der Mitgliedstaaten eine Verpflichtung zur Speicherung der personenbezogenen Daten besteht;

(h) dem Verantwortlichen alle erforderlichen Informationen zum Nachweis der Einhaltung der in diesem Artikel niedergelegten Pflichten zur Verfügung stellt und Überprüfungen – einschließlich Inspektionen –, die vom Verantwortlichen

other auditor mandated by the controller.

With regard to point (h) of the first subparagraph, the processor shall immediately inform the controller if, in its opinion, an instruction infringes this Regulation or other Union or Member State data protection provisions.

4. Where a processor engages another processor for carrying out specific processing activities on behalf of the controller, the same data protection obligations as set out in the contract or other legal act between the controller and the processor as referred to in paragraph 3 shall be imposed on that other processor by way of a contract or other legal act under Union or Member State law, in particular providing sufficient guarantees to implement appropriate technical and organisational measures in such a manner that the processing will meet the requirements of this Regulation. Where that other processor fails to fulfil its data protection obligations, the initial processor shall remain fully liable to the controller for the performance of that other processor's obligations

5. Adherence of a processor to an approved code of conduct as referred to in Article 40 or an approved certification mechanism as referred to in Article 42 may be used as an element by which to demonstrate sufficient guarantees as referred to in paragraphs 1 and 4 of this Article.

6. Without prejudice to an individual contract between the controller and the processor, the contract or the other legal act referred to in paragraphs 3 and 4 of this Article may be based, in whole or in part, on standard contractual clauses referred to in paragraphs 7 and 8 of this Article, including when they are part of a certification

oder einem anderen von diesem beauftragten Prüfer durchgeführt werden, ermöglicht und dazu beiträgt.

Mit Blick auf Unterabsatz 1 Buchstabe h informiert der Auftragsverarbeiter den Verantwortlichen unverzüglich, falls er der Auffassung ist, dass eine Weisung gegen diese Verordnung oder gegen andere Datenschutzbestimmungen der Union oder der Mitgliedstaaten verstößt

4. Nimmt der Auftragsverarbeiter die Dienste eines weiteren Auftragsverarbeiters in Anspruch, um bestimmte Verarbeitungstätigkeiten im Namen des Verantwortlichen auszuführen, so werden diesem weiteren Auftragsverarbeiter im Wege eines Vertrags oder eines anderen Rechtsinstruments nach dem Unionsrecht oder dem Recht des betreffenden Mitgliedstaats dieselben Datenschutzpflichten auferlegt, die in dem Vertrag oder anderen Rechtsinstrument zwischen dem Verantwortlichen und dem Auftragsverarbeiter gemäß Absatz 3 festgelegt sind, wobei insbesondere hinreichende Garantien dafür geboten werden muss, dass die geeigneten technischen und organisatorischen Maßnahmen so durchgeführt werden, dass die Verarbeitung entsprechend den Anforderungen dieser Verordnung erfolgt. Kommt der weitere Auftragsverarbeiter seinen Datenschutzpflichten nicht nach, so haftet der erste Auftragsverarbeiter gegenüber dem Verantwortlichen für die Einhaltung der Pflichten jenes anderen Auftragsverarbeiters.

5. Die Einhaltung genehmigter Verhaltensregeln gemäß Artikel 40 oder eines genehmigten Zertifizierungsverfahrens gemäß Artikel 42 durch einen Auftragsverarbeiter kann als Faktor herangezogen werden, um hinreichende Garantien im Sinne der Absätze 1 und 4 des vorliegenden Artikels nachzuweisen

6. Unbeschadet eines individuellen Vertrags zwischen dem Verantwortlichen und dem Auftragsverarbeiter kann der Vertrag oder das andere Rechtsinstrument im Sinne der Absätze 3 und 4 des vorliegenden Artikels ganz oder teilweise auf den in den Absätzen 7 und 8 des vorliegenden Artikels genannten Standardvertragsklauseln beru-

granted to the controller or processor pursuant to Articles 42 and 43.

7. The Commission may lay down standard contractual clauses for the matters referred to in paragraph 3 and 4 of this Article and in accordance with the examination procedure referred to in Article 93(2).

8. A supervisory authority may adopt standard contractual clauses for the matters referred to in paragraph 3 and 4 of this Article and in accordance with the consistency mechanism referred to in Article 63.

9. The contract or the other legal act referred to in paragraphs 3 and 4 shall be in writing, including in electronic form.

10. Without prejudice to Articles 82, 83 and 84, if a processor infringes this Regulation by determining the purposes and means of processing, the processor shall be considered to be a controller in respect of that processing

hen, auch wenn diese Bestandteil einer dem Verantwortlichen oder dem Auftragsverarbeiter gemäß den Artikeln 42 und 43 erteilten Zertifizierung sind.

7. Die Kommission kann im Einklang mit dem Prüfverfahren gemäß Artikel 93 Absatz 2 Standardvertragsklauseln zur Regelung der in den Absätzen 3 und 4 des vorliegenden Artikels genannten Fragen festlegen.

8 Eine Aufsichtsbehörde kann im Einklang mit dem Kohärenzverfahren gemäß Artikel 63 Standardvertragsklauseln zur Regelung der in den Absätzen 3 und 4 des vorliegenden Artikels genannten Fragen festlegen.

9. Der Vertrag oder das andere Rechtsinstrument im Sinne der Absätze 3 und 4 ist schriftlich abzufassen, was auch in einem elektronischen Format erfolgen kann.

10. Unbeschadet der Artikel 82, 83 und 84 gilt ein Auftragsverarbeiter, der unter Verstoß gegen diese Verordnung die Zwecke und Mittel der Verarbeitung bestimmt, in Bezug auf diese Verarbeitung als Verantwortlicher

Recital

(81) To ensure compliance with the requirements of this Regulation in respect of the processing to be carried out by the processor on behalf of the controller, when entrusting a processor with processing activities, the controller should use only processors providing sufficient guarantees, in particular in terms of expert knowledge, reliability and resources, to implement technical and organisational measures which will meet the requirements of this Regulation, including for the security of processing. The adherence of the processor to an approved code of conduct or an approved certification mechanism may be used as an element to demonstrate compliance with the obligations of the controller. The carrying-out of processing by a processor should be governed by a contract or other legal act under Union or Member State law, binding the processor to the controller, setting out the subject-matter and duration of the processing, the nature and purposes of the processing, the type of personal data and categories of data subjects, tak-

Erwägungsgrund

(81) Damit die Anforderungen dieser Verordnung in Bezug auf die vom Auftragsverarbeiter im Namen des Verantwortlichen vorzunehmende Verarbeitung eingehalten werden, sollte ein Verantwortlicher, der einen Auftragsverarbeiter mit Verarbeitungstätigkeiten betrauen will, nur Auftragsverarbeiter heranziehen, die – insbesondere im Hinblick auf Fachwissen, Zuverlässigkeit und Ressourcen – hinreichende Garantien dafür bieten, dass technische und organisatorische Maßnahmen – auch für die Sicherheit der Verarbeitung – getroffen werden, die den Anforderungen dieser Verordnung genügen. Die Einhaltung genehmigter Verhaltensregeln oder eines genehmigten Zertifizierungsverfahrens durch einen Auftragsverarbeiter kann als Faktor herangezogen werden, um die Erfüllung der Pflichten des Verantwortlichen nachzuweisen. Die Durchführung einer Verarbeitung durch einen Auftragsverarbeiter sollte auf Grundlage eines Vertrags oder eines anderen Rechtsinstruments nach dem Recht der Union oder der Mit-

ing into account the specific tasks and responsibilities of the processor in the context of the processing to be carried out and the risk to the rights and freedoms of the data subject. The controller and processor may choose to use an individual contract or standard contractual clauses which are adopted either directly by the Commission or by a supervisory authority in accordance with the consistency mechanism and then adopted by the Commission. After the completion of the processing on behalf of the controller, the processor should, at the choice of the controller, return or delete the personal data, unless there is a requirement to store the personal data under Union or Member State law to which the processor is subject.

gliedstaaten erfolgen, der bzw. das den Auftragsverarbeiter an den Verantwortlichen bindet und in dem Gegenstand und Dauer der Verarbeitung, Art und Zwecke der Verarbeitung, die Art der personenbezogenen Daten und die Kategorien von betroffenen Personen festgelegt sind, wobei die besonderen Aufgaben und Pflichten des Auftragsverarbeiters bei der geplanten Verarbeitung und das Risiko für die Rechte und Freiheiten der betroffenen Person zu berücksichtigen sind. Der Verantwortliche und der Auftragsverarbeiter können entscheiden, ob sie einen individuellen Vertrag oder Standardvertragsklauseln verwenden, die entweder unmittelbar von der Kommission erlassen oder aber nach dem Kohärenzverfahren von einer Aufsichtsbehörde angenommen und dann von der Kommission erlassen wurden. Nach Beendigung der Verarbeitung im Namen des Verantwortlichen sollte der Auftragsverarbeiter die personenbezogenen Daten nach Wahl des Verantwortlichen entweder zurückgeben oder löschen, sofern nicht nach dem Recht der Union oder der Mitgliedstaaten, dem der Auftragsverarbeiter unterliegt, eine Verpflichtung zur Speicherung der personenbezogenen Daten besteht

Literatur

Albrecht/Jotzo, Das neue Datenschutzrecht der EU, 1. Auflage 2017, Nomos Baden-Baden; *Bayerisches Landesamt für Datenschutzaufsicht*, 6. Tätigkeitsbericht für die Jahre 2013 und 2014; *Bitkom*, Mustervertragsanlage – Auftragsverarbeitung i.S.d. Art. 28 Abs. 3 Datenschutz-Grundverordnung (DS-GVO), Stand: 15.5.2017, https://www.bitkom.org/NP-Themen/NP-Vertrauen-Sicherheit/Datenschutz/EU-DSG/170515-Auftragsverarbeitung-Anlage-Mustervertrag-online.pdf (abgerufen am 7.6.2017); *Bitkom*, Begleitende Hinweise zu der Anlage Auftragsverarbeitung – Leitfaden, Stand: 15.5.2017, https://www.bitkom.org/Bitkom/Publikationen/Begleitende-Hinweise-zu-der-Anlage-Auftragsverarbeitung.html (abgerufen am 7.6.2017); *Bergmann/Möhrle/Herb*, Datenschutzrecht, Loseblattwerk in 52. Aktualisierung März 2017, Boorberg München; *Cebulla,* Auftragsverarbeitung oder Funktionsübertragung, in: PinG 2015, 259; *Cropper / Pickering*, The changing landscape for data processors under the GDPR, in: Privacy Laws & Business International Report, April 2016, 29; *Eckhardt*, DS-GVO: Anforderungen an die Auftragsverarbeitung als Instrument zur Einbindung Externer, in: CCZ 2017, 111; *Eckhardt/Kramer*, EU-DSGVO Diskussionspunkte aus der Praxis, in: DuD 2013, 287; Eckhardt/Kramer, Auftragsdatenverarbeitung – Datenschutzrechtliches Gestaltungselement zwischen Recht und Technik, in: DuD 2014, 147; *Ehmann/Selmayr (Hrsg.),* Datenschutz-Grundverordnung, 1. Auflage 2017, C.H. Beck München; *Eßer/Kramer/von Lewinski (Hrsg.) Auernhammer*, BDSG, 4. Auflage 2014, Carl Heymanns Verlag Köln; *Gesellschaft für Datenschutz und Datensicherheit*, Praxishilfe DS-GVO IV Auftragsverarbeitung, Stand April 2017, https://www.gdd.de/downloads/praxishilfen/GDD-Praxishilfe_DS-GVO_4.pdf (zuletzt abgerufen am 14.7.2017); *Gierschmann*, Was „bringt" deutschen Unternehmen die DS-GVO? – Mehr Pflichten, aber die Rechtsunsicherheit bleibt, in: ZD 2016, 51; *Gola (Hrsg.),* Datenschutz-Grundverordnung, 1. Auflage 2017, C.H. Beck München; *Gola/Schomerus*, BDSG, 12. Auflage 2015, C.H. Beck München; *Forgó/Helfrich/Schneider, Be-*

trieblicher Datenschutz, 2. Auflage 2017, C.H. Beck München; *Härting*, Auftragsverarbeitung nach der DSGVO, in: ITRB 2016, 137; *Koós/Englisch*, Eine „neue" Auftragsdatenverarbeitung – Gegenüberstellung der aktuellen Rechtslage und der DS-GVO in der Fassung des LIBE-Entwurfs, in: ZD 2014, 276; *Kramer*, Funktionsübertragung bei Steuerberater, in: DuD 2013, 658; *Krohm/Müller-Peltzer*, (Fehlende) Privilegierung der Auftragsverarbeitung unter der Datenschutz-Grundverordnung?, in: RDV 2016, 307; *Kühling/Buchner (Hrsg.)*, Datenschutzgrundverordnung, 1. Auflage 2017, C.H. Beck München; *Lachenmann*, Datenübermittlung im Konzern, 1. Auflage 2016, Oldenburger Verlag für Wirtschaft, Informatik und Recht Edewecht; *Lissner*, Auftragsdatenverarbeitung nach der DSGVO – Was kommt, was bleibt?, Tagungsband Herbstakademie 2016, Oldenburger Verlag für Wirtschaft, Informatik und Recht Edewecht; *Müthlein*, ADV 5.0 – Neugestaltung der Auftragsdatenverarbeitung in Deutschland, in: RDV 2016, 74; *Müthlein/Lepperhoff*, Leitfaden zu Datenschutz-Grundverordnung, 1. Auflage 2017, datakontext Frechen; *Paal/Pauly*, Datenschutz-Grundverordnung, 1. Auflage 2016, C.H. Beck München; *Petri*, Auftragsdatenverarbeitung – heute und morgen Reformüberlegungen zur Neuordnung des Europäischen Datenschutzrechts, in: ZD 2015, 305; *Piltz*, Datenschutz-Grundverordnung – kaum beachtet: deutsche Privilegierung der Auftragsdatenverarbeitung entfällt, vom 10.05.2016; https://www.delegedata.de/2016/05/datenschutz-grundverordnung-kaum-beachtet-deutsche-privilegierung-der-auftragsdatenverarbeitung-entfaellt/ (zuletzt abgerufen am 26.6.2017); *Plath (Hrsg.)*, BDSG/DSGVO, 2. Auflage 2016, Otto Schmidt Köln; *Schmidt/Freund*, Perspektiven der Auftragsverarbeitung, in: ZD 2017, 12; *Schmitz / von Dall'Armi*, Auftragsdaten in der DS-GVO – das Ende der Privilegierung?, ZD 2016, 427; *Wolff/Brink (Hrsg.)*, Beck'scher Online-Kommentar Datenschutzrecht, C.H. Beck München, 20. Edition Stand: 01.05.2017; *Zikesch/Kramer*, Die DS-GVO und das Berufsrecht der Rechtsanwälte, Steuerberater und Wirtschaftsprüfer Datenschutz bei freien Berufen, in: ZD 2015, 565;

▶ Bedeutung der Norm

Die Norm regelt die Anforderungen an die Einbindung eines Dienstleisters zur Verarbeitung personenbezogener Daten, der weisungsabhängig im Auftrag des Verantwortlichen tätig wird. Daneben benennt sie die konkreten Pflichten des Verantwortlichen und des von ihm beauftragten Auftragsverarbeiters. Sie bildet somit die zentrale Grundlage für die Sicherstellung, dass der Verantwortliche trotz Einschaltung eines weiteren Unternehmens seiner Verantwortlichkeit zum regelkonformen Umgang mit personenbezogenen Daten gerecht werden kann. Die Bedeutung der Auftragsverarbeitung hat in den letzten Jahren zugenommen, weil immer mehr interne Prozesse wie Personalverwaltung oder Archivierung ausgelagert werden und die dabei verwendete Technik komplexere Anforderungen an die rechtliche Gestaltung stellt. Die Norm ist damit eine der zentralen Vorschriften für den Schutz personenbezogener Daten in einer arbeitsteiligen Wirtschaft.[1]

▶ Hinweise für den Anwender

Für die Norm relevante Definitionen:

- Definition des „Auftragsverarbeiters" in Art. 4 Nr. 7 und des „Dritten" in Art. 4 Nr. 10;
- Definition des „Empfängers" in Art. 4 Nr. 9;
- Geldbuße bei Verstoß gegen die Vorgaben zur Auftragsverarbeitung gem. Art. 83 Abs. 4 lit. a.

Für die Auslegung der Norm relevante Erwägungsgründe:

Der Auftragsverarbeiter wird zusammen mit dem Verantwortlichen an vielen Stellen in den Erwägungsgründen erwähnt, dabei sind insb. die Erwägungsgründe 36 S. 5-7, 80, 81, 95, 101, 146 bedeutsam.

1 Ehmann/Selmayr, *Bertermann*, Art. 28 Rn. 1.

Vorgängernorm im BDSG:
- § 11 BDSG.

Vorgängernormen der RL 95/46:
- Art. 17 Abs. 2 bis 4 RL 95/46.

Querbezüge zu anderen Normen:
- Die Norm wurde wegen eines redaktionellen Verweisungsfehlers in Abs. 7 durch Berichtigung vom 22.11.2016 korrigiert.[2]
- In der Richtlinie (E) 2016/680 des Europäischen Parlaments und des Rates vom 27. April 2016 zum Schutz natürlicher Personen bei der Verarbeitung personenbezogener Daten durch die zuständigen Behörden zum Zwecke der Verhütung, Ermittlung, Aufdeckung oder Verfolgung von Straftaten oder der Strafvollstreckung sowie zum freien Datenverkehr und zur Aufhebung des Rahmenbeschlusses 2008/977/JI des Rates finden sich die Regelungen zur Auftragsverarbeitung in Art. 22. Diese decken sich in den Kerngedanken mit den Vorgaben in Art. 28. Umgesetzt werden die Vorgaben für die Auftragsverarbeitung für Polizei und Justiz in § 62 BDSG-neu.
- Der deutsche Gesetzgeber hat von der Regelungsmöglichkeit des Art. 90 Gebrauch gemacht und mit § 29 Abs. 3 S. 1 BDSG-neu die Untersuchungsbefugnisse der Aufsichtsbehörden gem. Art. 58 Abs. 1 lit e und f gegen die in § 203 Abs. 1, 2a und 3 StGB[3] genannten Personen oder deren Auftragsverarbeiter beschränkt, soweit die Inanspruchnahme der Befugnisse zu einem Verstoß dieser Personen gegen ihre Geheimhaltungspflichten führen würde.
- Andere Regelungen zur Auftragsverarbeitung, die in Einzelgesetzen in den Mitgliedsstaaten existieren, wie z. B. in den Landesdatenschutzgesetzen sind durch die Mitgliedsstaaten anzupassen. In der Regel werden sie aufzuheben sein, da Art. 28 keine eigene Spezifizierungsmöglichkeit zugunsten der Mitgliedsstaaten enthält. Allerdings sind den Mitgliedsstaaten durch Art. 6 Abs. 2 spezifischere Bestimmungen zur Anpassung der Anwendung der Vorschriften gestattet, so dass unter Berücksichtigung der dort genannten Voraussetzungen (vgl. Art. 6 Rn. Rn. 176 ff.) auch bei einer Auftragsverarbeitung Abweichendes zu Art. 28 vorgegeben werden kann. Dies erfolgte bspw. in § 20a Finanzverwaltungsgesetz und in § 80 Abs. 5 SGB X durch das Gesetz zur Änderung des Bundesversorgungsgesetzes und anderer Vorschriften vom 17.07.2017.[4]

Stellungnahmen der Aufsichtsbehörden oder der Artikel-29-Datenschutzgruppe:
- *Artikel-29-Datenschutzgruppe*, Stellungnahme 1/2010 zu den Begriffen „für die Verarbeitung Verantwortlicher" und „Auftragsverarbeiter", WP 169 (angenommen am 16.2.2010).
- Article 29 Data Protection Working Party, Opinion 05/2012 on Cloud Computing, WP 196 (adopted on 1 July 2012).
- Bayerisches Landesamt für Datenschutzaufsicht, Hinweise zur DS-GVO, Nr. 10, Auftragsverarbeitung, Stand 26.10.2016, https://www.lda.bayern.de/media/baylda_ds-gvo_10_processor.pdf, abgerufen am 15.05.2017.

▶ Schlagworte

- Auftragsverarbeiter, Auftragsdatenverarbeiter, Auftragsverarbeitung, Callcenter, Dienstleistung, Funktionsübertragung, geeignete Garantien, genehmigte Verhaltensregeln, Kontrolle, Privilegierung, Rechtsanwalt, Schriftformerfordernis, Steuerberater, Subunternehmer, Weisung, Zertifizierung,

---

2 Berichtigung vom 22.11.2016, Amtsblatt der Europäischen Union 314/72, S. /http://eur-lex.europa.eu/legal-content/DE/TXT/PDF/?uri=CELEX:32016R0679R(01)&from=EN , abgerufen am 15.05.2017.

3 StGB, Stand 20.7.2017

4 BGBl. I 2017, 2541

A. Allgemeines

1 Die Änderung der Begrifflichkeit von „Auftragsdatenverarbeiter" im BDSG zu „Auftragsverarbeiter" in der DS-GVO bedeutet keine inhaltliche Veränderung. Der Begriff Auftragsverarbeiter wurde schon durch die RL 95/46 eingeführt. Das BDSG wurde aber diesbezüglich nie angepasst.

I. Regelungszweck

2 Die Vorschrift regelt die Anforderungen an die ordnungsgemäße Einbindung eines Dienstleisters als Auftragsverarbeiter. Mit strengen Vorschriften zur Auswahl des Auftragsverarbeiters, detaillierten inhaltlichen Vorgaben zur Vertragsgestaltung, stark ausgeprägten Dokumentations- und Nachweispflichten (auch für den Auftragsverarbeiter) sowie den Haftungs-, Bußgeld- und Sanktionsregelungen, die sich sowohl an den Verantwortlichen als auch an den Auftragsverarbeiter richten, sollen Nachteile zu Lasten der betroffenen Person vermieden werden, die sich ergeben können, wenn mehrere Unternehmen auf Basis einer Rechtmäßigkeitsgrundlage deren personenbezogenen Daten verarbeiten. Die detaillierten Regelungen zur Einbindung eines Dienstleisters sind erforderlich, weil nur durch sie die **Privilegierung** der Auftragsverarbeitung gegenüber der Übermittlung an einen Dritten als eigener Erlaubnistatbestand gerechtfertigt werden kann. Näheres zur Privilegierung siehe Art. 4 Nr. 8 Rn. 9 ff.

II. Normadressaten

3 Die Norm richtet sich sowohl an den Verantwortlichen (Art. 4 Nr. 7) als auch an den Auftragsverarbeiter (Art. 4 Nr. 8). Auch wenn es in Art. 28 nicht explizit erwähnt wird, ist auch der Vertreter (Art. 4 Nr. 17) Normadressat, soweit er den Verantwortlichen oder den Auftragsverarbeiter in Bezug auf die ihnen nach Art. 28 obliegenden Pflichten vertritt. Die Norm gilt für öffentliche wie für nicht-öffentliche Stellen. Zur Definition der „öffentlichen Stelle" siehe § 2 BDSG (neu).

III. Systematik

Die Regelung befindet sich in Kapitel IV der DS-GVO, welches die Pflichten des Verantwortlichen und des Auftragsverarbeiters regelt. Während sich die Artt. 24 bis 26 nur an den Verantwortlichen richten, betreffen die Artt. 27 bis 31 den Verantwortlichen und den Auftragsverarbeiter. Artt. 32 bis 36 beschreiben schließlich Aufgaben des Verantwortlichen, bei denen ihn der Auftragsverarbeiter unterstützen soll (vgl. Art. 28 Abs. 3 S. 1 lit. f). Eigene Verantwortlichkeiten des Auftragsverarbeiters ergeben sich aus Art. 30 Abs. 2 (Dokumentationspflichten), Art. 28 Abs. 2 (Vorgaben für die Einbindung von weiteren Auftragsverarbeitern), Art. 79 (Recht auf Rechtsbehelf) oder Art. 82 (Haftung). 4

Art. 28 umfasst 10 Absätze, die sich wie folgt strukturieren lassen: 5

1. Absatz:	Auswahlvorgaben bei der Einschaltung eines Dienstleisters
2. Absatz:	Genehmigungserfordernis durch den Verantwortlichen bei Einbindung weiterer Auftragsverarbeiter
3. Absatz:	Zu regelnde vertragliche Vorgaben
4. Absatz:	Vertragliche Anforderungen bei Einbindung weiterer Auftragsverarbeiter
5. Absatz:	Faktoren für hinreichende Garantien durch genehmigte Verhaltensregeln und Zertifizierungen
6. Absatz:	Möglichkeit der Verwendung von Standardvertragsklauseln für die Verarbeitung in Auftrag
7. Absatz:	Standardvertragsklauseln durch die Kommission
8. Absatz:	Standardvertragsklauseln durch eine Aufsichtsbehörde
9. Absatz:	Formvorgaben für die Vereinbarung zur Auftragsvereinbarung
10. Absatz:	Regelung bei Dienstleisterexzess

IV. Entstehungsgeschichte

1. Bisherige europäische Vorgaben

In Art. 17 RL 95/46 ist die Auftragsverarbeitung bereits vorgesehen. Erforderlich ist danach, dass eine Vereinbarung hierüber schriftlich oder in anderer Weise dokumentiert wird (Art. 17 Abs. 4 RL 95/46) und dass die Verpflichtung zu technischen und organisatorischen Maßnahmen zum Schutz der Daten in einem Vertrag oder Rechtsakt vorzusehen sind. Ebenso ist zu berücksichtigen, dass der Auftragsverarbeiter nur auf Weisung des Verantwortlichen handeln darf (Art. 17 Abs. 3 RL 95/46). In der Praxis wenig beachtet wird der Verweis in Art. 17 Abs. 3 Spiegelstrich 2 letzter Hs., wonach die technischen und organisatorischen Maßnahmen nach Maßgabe der Rechtsvorschriften des Mitgliedstaates gelten, in welchem der Auftragsverarbeiter seinen Sitz hat. Nicht selten werden europäischen Dienstleistern mit Auftraggebern, die dem BDSG unterliegen, die Maßnahmen nach Anlage zu § 9 BDSG abverlangt. Aufgrund der nunmehr EU-weit einheitlichen Vorgaben wird diese Praxis sicherlich künftig beendet werden. 6

2. Bisherige nationale Vorgaben

Im BDSG wird die Auftragsverarbeitung als Auftragsdatenverarbeitung in § 11 umgesetzt. Im Jahre 2009 wurden die vertraglichen Anforderungen in § 11 Abs. 2 BDSG konkretisiert. Gegen den Auftraggeber kann bei einem Verstoß hier gegen ein Bußgeld von bis zu 50.000 Euro verhängt werden. Ebenso droht ein Bußgeld in gleicher Höhe für denjenigen Verantwortlichen, der seine Auftraggeberpflicht nicht erfüllt, sich vor Beginn der Datenverarbeitung von der Einhaltung der vereinbarten technischen und organisatorischen Maßnahmen (§ 11 Abs. 4 S. 2 BDSG) zu überzeugen (§ 43 Abs. 1 Nr. 2b iVm § 43 Abs. 3 BDSG). In der Praxis kommt es vergleichsweise 7 selten zu einem Bußgeld.[5] Für den Auftragsdatenverarbeiter, der sich vertrags- und weisungskonform verhält, droht dagegen kein Bußgeld. Allenfalls bei einer Verarbeitung, die nicht auf eine vertragliche Grundlage zurückgeführt werden kann, besteht für den Auftragsdatenverarbeiter nach § 43 Abs. 2 Nr. 1 BDSG eine Bußgeldandrohung bis zu 300.000 Euro, wenn er dadurch personenbezogene Daten, die nicht allgemein zugänglich sind, erhebt oder verarbeitet.

8 Unter der Geltung des bisherigen BDSG ist eine Auftragsdatenverarbeitung mit einem Dienstleister aus einem Drittstaat nur über den § 28 Abs. 1 Satz 1 Nr. 2 i.V.m. § 11 Abs. 2 BDSG möglich. Dies ergibt sich aus § 3 Abs. 8 S. 2 BDSG, wonach nur der Auftragsdatenverarbeiter, welcher die personenbezogenen Daten innerhalb der EU oder des EWR verarbeitet, nicht als Dritter gilt. Dieser Ausschluss von Drittstaatsdienstleitern ist schon mit der geltenden RL 95/46 nicht vereinbar. Nach der DS-GVO ist ein Drittstaatsdienstleister nun auch in Deutschland als Auftragsverarbeiter anzuerkennen. Er muss dazu einen Vertreter gem. Art. 27 Abs. 1 benennen, um bei sämtlichen Fragen im Zusammenhang mit der Verarbeitung zur Gewährleistung der Einhaltung dieser Verordnung als Anlaufstelle zu dienen, Art. 27 Abs. 4.

3. Verhandlungen zur DS-GVO

9 Die Regelungen zur Auftragsdatenverarbeitung waren während des Gesetzgebungsverfahrens zwischen KOM, EP und Rat wenig streitig.

10 In fast allen Entwürfen fand sich die grundlegende Festlegung in Abs. 1 wieder, dass der Verantwortliche einen Auftragsverarbeiter wählt, der hinreichende Garantien bietet, damit die technischen und organisatorischen Maßnahmen so durchgeführt werden, dass die Verarbeitung im Einklang mit den Anforderungen dieser Verordnung erfolgt. Die Zustimmungspflichtigkeit durch den Verantwortlichen zu weiteren Auftragsverarbeitern in Abs. 2 ging in seiner finalen Fassung letztendlich auf die Initiative des Rates zurück, die zwar Elemente der Fassungen der KOM und des EP aus den vertraglichen Vorgaben übernahm, durch einen eigenen Absatz aber einen anderen Stellenwert zum Ausdruck brachte. Der Rat ergänzte auch die Vorgaben in Abs. 3 „oder eines Rechtsinstruments nach dem Unionsrecht oder dem Recht des betreffenden Mitgliedstaats", um hier den Mitgliedsstaaten einen weitreichenden Gestaltungspielraum zu geben.

11 Wesentliche Änderungen gingen auf die Initiative des Rates zurück (Abs. 4 bis 8), wobei sich der spätere Abs. 5 (hinreichende Garantien durch genehmigte Verhaltensregeln und Zertifizierungen) auch als Abs. 3a in der Fassung des Parlaments abzeichnete. Das Erfordernis der Schriftform in Abs. 9, welche auch in einem elektronischen Format erfolgen kann, entspricht dem Vorschlag des Rats, sowohl EP wie auch KOM sahen lediglich eine Dokumentationspflicht für die Weisungen und die Pflichten des Auftragsverarbeiters vor. Die Regelung, dass ein Auftragsverarbeiter, der entgegen den Weisungen verarbeitet, als Verantwortlicher gilt, fand sich bei KOM und EP, im Trilog wurde dies als Abs. 10 dem Art. 28 hinzugefügt.

12 Weggefallen ist im Trilog die seitens der KOM vorgesehene Kompetenz der EU Kommission, delegierte Rechtsakte zu erlassen, um weitere Anforderungen an die Verantwortlichkeiten, Pflichten und Aufgaben des Auftragsverarbeiters festzulegen. Ebenfalls gestrichen wurden die Bedingungen, durch die die Verarbeitung personenbezogener Daten in Unternehmensgruppen speziell zu Kontroll- und Berichterstattungszwecken vereinfacht werden kann.

B. Inhalt der Regelung

13 Die Norm beschreibt die Anforderungen an eine inhaltliche und organisatorische Einbindung eines weisungsgebundenen Dienstleisters bei der Verarbeitung personenbezogener Daten im Auftrag des Verantwortlichen. Sie gibt konkrete Vorgaben zur Beauftragung weiterer Auftragsverarbeiter durch den Auftragsverarbeiter (Abs. 2 und 4), der vertraglichen Gestaltung (Abs. 3 S. 1)

---

5 Ausnahme: Pressemitteilung des BayLDA vom 20. August 2015; Bußgeld in fünfstelliger Höhe bei unsachgemäßer Beauftragung, https://www.lda.bayern.de/media/pm2015_11.pdf .

und Weisungsabhängigkeit (Abs. 3 S. 1 lit. a, S. 2). Darüber hinaus definiert sie auch die Rechtsfolgen bei einer Überschreitung des Weisungsrahmens (Abs. 10).

Zur Abgrenzung zu den Sachverhalten, die bisher unter „Funktionsübertragung" thematisiert wurden siehe die Kommentierung zu Art. 4 Nr. 8 (Rn. 20). **14**

Die Einbeziehung eines anderen unternehmensinternen Bereiches stellt keine Auftragsverarbeitung dar, es muss sich bei dem Dienstleister um eine eigenständige, rechtlich selbstständige Einheit handeln. Für die Beauftragung innerhalb eines Konzerns gibt es bei der Auftragsverarbeitung kein „Konzernprivileg". **15**

I. Cloud-Computing

Beim sogenannten Cloud Computing nutzt der Auftraggeber eine Struktur des Dienstleisters, bei dem für den Auftraggeber die Verfügbarkeit der Daten im Vordergrund steht. Sofern hierbei personenbezogene Daten durch den Dienstleister verarbeitet werden, liegt eine Auftragsverarbeitung vor, unabhängig davon, wie diese Dienstleistung durch den Anbieter bezeichnet wird. Da das Dienstleistungsangebot des Cloud Computings oftmals an Rechnerkapazitäten an verschiedenen Orten gebunden ist, sind neben den Anforderungen an die Auftragsverarbeitung im Einzelfall auch die Voraussetzungen für die Drittstaatenübermittlung aus Kapitel V zu beachten (siehe Art. 4 Nr. 8 Rn. 24). Dass der Dienstleister aufgrund seiner fachlichen Expertise zumeist die Mittel auswählt, die bei der Verarbeitung eingesetzt werden, ändert nichts an seiner Einstufung als Auftragsverarbeiter, denn auch diese Mittelwahl kann der Verantwortliche in der Vereinbarung zur Auftragsvereinbarung dem Auftragsverarbeiter übertragen. Derselben Ansicht ist die Art. 29-Datenschutzgruppe, die feststellt, dass der Cloud-Anwender den Cloud-Anbieter damit beauftragen kann, die Methoden und die technischen oder organisatorischen Maßnahmen für das Erreichen der Zwecke des für die Verarbeitung Verantwortlichen auszuwählen.[6] **16**

1. Outsourcing

Die Auslagerung von Tätigkeiten, die die Verarbeitung personenbezogener Daten beinhaltet, ist im Regelfall als Auftragsverarbeitung einzustufen. Dies kann den gesamten Lebenszyklus eines Geschäftsprozesses von der Datenerhebung durch ein **Callcenter** bis hin zur **Löschung** und **Archivierung** der Daten umfassen. Zu Ausnahmen, die sich aus berufsrechtlichen Sonderregelungen wie bei Rechtsanwälten, Steuerberatern, Wirtschaftsprüfern, externen Betriebsärzten etc. ergeben können, siehe Art. 4 Nr. 8 Rn. 20. Beachtenswert ist hierbei, dass bspw. das BayLDA bei einer externen Archivierung sicher verschlüsselter Datenbestände keine Auftragsverarbeitung angenommen hat, weil es für den Dienstleister nicht möglich sei, die personenbezogenen Daten zur Kenntnis zu nehmen.[7] **17**

2. Rechenzentrum

Die Inanspruchnahme von Rechenzentrumsleistungen wird dann als Auftragsverarbeitung anzusehen sein, wenn sich die vertraglich vereinbarte Leistung auf die Verarbeitung personenbezogenen Daten bezieht. Schuldet der Dienstleister nur die Infrastruktur für den Betrieb datenverarbeitender Anlagen (**Housing**) wird ebenso wenig eine Auftragsverarbeitung vorliegen[8] wie bei der Archivierung verschlüsselter personenbezogener Daten[9]. Dabei wird Housing als die reine Miete von Räumen mit Infrastruktur (Strom, Kühlung/Heizung, TK-Anbindungsmöglichkeit etc.) als Standort von gemieteten Rechnern (d. h. „Zurverfügungstellung der Hülle") ohne konkrete Ver- **18**

6 *Art. 29-Datenschutzgruppe*, Stellungnahme 05/2012 Cloud Computing, WP 196 (adopted on 1 July 2012), S. 10.
7 BayLDA, 6. Tätigkeitsbericht, Ziffer 5.2.
8 BayLDA, 6. Tätigkeitsbericht, Ziffer 5.1; Wolff/Brink, *Spoerr*, § 11 Rn. 62.
9 BayLDA, 6. Tätigkeitsbericht, Ziffer 5.2.

arbeitungsvorgänge bezüglich der Daten (keine Netz-, Support-, Wartungs- und Datensicherungsleistungen bezüglich der Datenverarbeitung durch den Vermieter) definiert.[10]

3. Telearbeit

19 Die Arbeit abhängig Beschäftigter im Rahmen ihres Arbeitsverhältnisses ist keine Auftragsverarbeitung, sofern es sich dabei nur um eine Verlagerung des Arbeitsplatzes handelt.[11]

4. Transportdienstleistungen

20 Bei Postdienstleistungen durch einen Postdienstleister ist nicht von einer Auftragsverarbeitung auszugehen, sofern die personenbezogenen Daten nur im Rahmen des Transportes und der Zustellung genutzt werden.[12] Die Befugnis, die personenbezogenen Daten auf dem Adressfeld an den Dienstleister zum Zweck der Zustellung zu übergeben, ergibt sich aus Art. 6 Abs. 1 lit. f. Damit hat der Postdienstleister auch die Befugnis, diese Adresse zu verarbeiten, bspw., um im eigenen Interesse die Transport- und Zustellplanung durchzuführen. Aufgrund der Verschwiegenheitsvorgaben zum Postgeheimnis (vgl. § 39 PostG) und der Strafbewehrung bei Verletzung des Postgeheimnisses (§ 206 StGB) werden die Interessen der betroffenen Person bei der Abwägung im Regelfall nicht überwiegen. Die personenbezogenen Daten dürfen jedoch nur zu dem Zweck verarbeitet werden, zu dem sie übertragen wurden (hier Transport und Zustellung). Werden durch Postunternehmen Zusatzdienste erbracht, die über die eigentliche Transport- und Zustellleistung nach dem Postgesetz und der Postdienstleistungsverordnung hinausgehen, kann die Beurteilung anderes aussehen und werden diese Dienste häufig als Auftragsverarbeitung einzuordnen sein. Das BayLDA geht hiervon bei Zusatzdienstleistungen, die auf Kundenwunsch erbracht werden wie bspw. einer „zentralen Adressverwaltung" oder „Auftragsübersicht" aus.[13]

5. Wartung / Fernwartung

21 Entfallen ist in der DS-GVO die Regelung, die man aus dem § 11 Abs. 5 BDSG kannte: Die entsprechende Anwendung der Vorgaben zur Auftragsdatenverarbeitung, wenn nicht ausgeschlossen werden kann, dass ein Dienstleister bei der **Wartung/Fernwartung** oder Prüfung von Datenverarbeitungsanlagen personenbezogene Daten zur Kenntnis nehmen könnte.[14] Diese Regelung des § 11 Abs. 5 BDSG fand bereits keine Grundlage in der RL 95/46. Auch in Art. 28 ist dieser Sachverhalt nicht explizit geregelt. Dementsprechend variantenreich sind die – deutschen – Überlegungen, hier eine rechtliche Einschätzung dieses Sachverhalts in gedanklicher Verklammerung an § 11 Abs. 5 BDSG zu finden. Die Varianten reichen von einer analogen Anwendung des Art. 26[15] oder des Art. 28[16] bis hin zur Nichtanwendung des Art. 28.[17]

22 Schlüssig erscheint der Ansatz, im Fall der „beiläufigen" Kenntnisnahmemöglichkeit, die bei der Tätigkeit von Wartungs- und Serviceunternehmen im Rahmen der Betreuungs- und Reparaturtätigkeit entsteht, einen Rückgriff auf den EG 49 vorzunehmen.[18] Danach stellt es ein berechtigtes Interesse des jeweiligen Verantwortlichen dar, Dienstleister (wie Computer-Notdienste, Betreiber von elektronischen Kommunikationsnetzen und -diensten sowie Anbieter von Sicherheitstechnologien und –diensten) einzuschalten, wenn dies für die Gewährleistung der Netz- und Informationssicherheit unbedingt notwendig und verhältnismäßig ist. Es muss die Fähigkeit eines Netzes oder Informationssystems gewährleistet werden, mit einem vorgegebenen Grad an Zuverlässigkeit Störungen oder widerrechtliche oder mutwillige Eingriffe abzuwehren, die die Verfügbarkeit,

---

10 BayLDA, 6. Tätigkeitsbericht, Ziffer 5.1.
11 Eßer/Kramervon Lewinski, *Thomale*, § 11 Rn. 22; *Gola/Schomerus*, § 11 Rn. 3
12 *Gola/Schomerus*, § 11 Rn 17; Bergmann/Möhrle/Herb, *Eckhardt*, Art. 28 Rn. 90.
13 BayLDA, 6. Tätigkeitsbericht, Ziffer 5.3.
14 Ehmann/Selmayr, *Bertermann*, Art. 28 Rn. 7.
15 *Müthlein/Lepperhoff*, S. 328.
16 *Müthlein*, in: RDV 2016, 74, 83; im Ergebnis auch Kühling/Buchner, *Hartung* Art. 28 Rn 53f.
17 Gola, *Gola*, Art. 4 Rn. 60.
18 a.a.O.

Authentizität, Vollständigkeit und Vertraulichkeit von gespeicherten oder übermittelten personenbezogenen Daten sowie die Sicherheit damit zusammenhängender Dienste, die über diese Netze oder Informationssysteme angeboten werden bzw. zugänglich sind, beeinträchtigen. Ein solches berechtigtes Interesse könnte bspw. darin bestehen, den Zugang Unbefugter zu elektronischen Kommunikationsnetzen oder die Verbreitung schädlicher Programmcodes zu verhindern sowie Angriffe in Form der gezielten Überlastung von Servern („Denial of service"-Angriffe) und Schädigungen oder Störungen von Computer- und elektronischen Kommunikationssystemen abzuwehren.

Differenzierte Betrachtung

Konsequent ist es in den Fällen, wo nicht ausgeschlossen werden kann, dass im Rahmen einer Wartung oder eines Supports personenbezogene Daten durch den Dienstleister zur Kenntnis genommen werden könnten, mit dem jeweiligen Wartungsdienstleister entsprechende Regelungen zu treffen, die eine Verwendung und Kenntnisnahme auf den jeweiligen Zweck begrenzen. Eine Verarbeitung (vgl. Definition in Art. 4 Nr. 2) ist nicht Gegenstand der Beauftragung einer Wartung einer Datenverarbeitungsanlage, wenn dabei Patches eingespielt, Fehler analysiert und korrigiert werden. 23

Die jeweiligen Sachverhalte sind differenziert hinsichtlich der Frage zu betrachten und zu analysieren, ob der Dienstleister eine Aufgabe übertragen bekam, bei der die gezielte Verarbeitung personenbezogenen Daten von der Hauptleistung umfasst war oder nicht. Die Situation ist vergleichbar mit der Beauftragung von Bewachungsdienstleistern oder Putzkräften, die im Rahmen ihrer Tätigkeit Namen an Türschildern zur Kenntnis nehmen können, ohne, dass sie den Auftrag haben, diese personenbezogenen Daten zu verarbeiten. 24

Diese differenzierte Betrachtungsweise wird auch vom Bayerischen Landesamt für Datenschutzaufsicht bei Tätigkeiten wie einer rein technischen Wartung vertreten.[19] Auch der Bitkom differenziert, ob die vereinbarte Leistung allein auf die Supportleistung abzielt. Es kann zwar dabei grundsätzlich nicht ausgeschlossen werden, dass durch die Systemprüfung auch personenbezogene Daten durch den IT-Dienstleister zur Kenntnis genommen werden, nach Art. 28 müssten aber deswegen keine den Auftragsverarbeitungs-Vorgaben entsprechende Regelungen wie nach § 11 Abs. 5 BDSG geschlossen werden. Zu den Besonderheiten bei dieser Konstellation zähle, dass eine planmäßige Verarbeitung eben gerade nicht erfolge. Vielmehr müssen Wartung und Prüfung so organisiert und geregelt werden, dass die Daten entsprechend den in Art. 24 festgelegten Pflichten des Verantwortlichen angemessen geschützt sind.[20] Konsequenterweise empfiehlt der bitkom in seinem Mustervertrag (wie bisher auch) zwischen Auftraggeber und Auftragnehmer zu vereinbaren, wann eine weitere Auftragsvereinbarung nicht vorliegt, z.B. *„wenn der Auftragnehmer Dritte im Rahmen einer Nebenleistung zur Hauptleistung beauftragt, wie beispielsweise bei [...] Wartung. Der Auftragnehmer wird mit diesem Dritten im erforderlichen Umfang Vereinbarungen treffen, um einen angemessenen Datenschutz zu gewährleisten."*[21] 25

Eine ähnliche Gestaltung präferiert die GDD, die in ihrer Praxishilfe zur Auftragsverarbeitung formuliert: *„Als Unterauftragsverhältnisse im Sinne dieser Regelung sind solche Dienstleistungen zu verstehen, die sich unmittelbar auf die Erbringung der Hauptleistung beziehen. Nicht hierzu gehören Nebenleistungen, die der Auftragnehmer z.B. [...] Wartung und Benutzerservice [...] sowie sonstige Maßnahmen zur Sicherstellung der Vertraulichkeit, Verfügbarkeit, Integrität und Belastbarkeit der Hard- und Software von Datenverarbeitungsanlagen in Anspruch nimmt. Der Auftragnehmer ist jedoch verpflichtet, zur Gewährleistung des Datenschutzes und der Datensicherheit der Daten des Auftraggebers auch bei ausgelagerten Nebenleistungen angemessene und gesetzeskonforme vertragliche Vereinbarungen sowie Kontrollmaßnahmen zu ergreifen."*[22] 26

19 *BayLDA* Hinweise zur DS-GVO Nr. 10, Auftragsverarbeitung, Stand 26.10.2016.
20 *bitkom*, Begleitende Hinweise zur Auftragsverarbeitung, S. 22.
21 *bitkom*, Mustervertragsanlage zur Auftragsverarbeitung, § 7 Abs. 4.
22 *GDD*, Praxishilfe IV Auftragsverarbeitung, Ziffer 6.

Verarbeitungsbegriff bei Wartungstätigkeiten

27 Dennoch scheint die Literatur aus Praktikabilitätsgründen dahin zu tendieren, den Sachverhalt der bloßen Kenntnisnahmemöglichkeit bei der Durchführung von Wartungs-, Prüfungs-, Service- und Supporttätigkeiten als Auftragsverarbeitung zu qualifizieren[23] bzw. den Art. 28 entsprechend anzuwenden[24]. Inwieweit innerhalb der Verarbeitungsdefinition gem. Art. 4 Nr. 2 die Berücksichtigung der einzelnen Varianten wie „Offenlegen" weiterhilft, kann offen bleiben. Im Ergebnis wird weiterhin davon ausgegangen, dass in der Praxis eine Unterscheidung zwischen einer Auftragsverarbeitung und einer „beiläufigen" Kenntnisnahmemöglichkeit nicht einfach möglich ist.[25] Zudem wird hierbei nicht berücksichtigt, dass damit auch ein Zertifizierungsvorgang („Prüfung") einer Datenverarbeitungsanlage oder eines Prozesses (Audit) als Auftragsverarbeitung zu klassifizieren wäre, nur weil die bloße Möglichkeit zur Kenntnisnahme als „Offenlegung" bzw. „andere Art der Bereitstellung" subsumiert wird.

28 Konsequenter analysiert *Lissner*[26] unter Berücksichtigung der Verarbeitungsbegrifflichkeiten, wenn sie zu dem Ergebnis kommt, dass es schwerfallen dürfte, derartige Konstellationen unter den Verarbeitungsbegriff zu subsumieren. Eine bloße Möglichkeit der Kenntnisnahme könne allenfalls als „Offenlegung durch Verbreitung oder eine andere Form der Bereitstellung" oder als „Auslesen" eingestuft werden. Diese Begriffe setzten allerdings vom Wortlaut her allesamt ein Willensmoment auf Seiten des Verarbeiters voraus – dieser läge im Falle eines Vertrags zur Prüfung oder Wartung automatisierter Verfahren und Datenverarbeitungsanlagen jedoch gerade nicht vor, da ein Zugriff eben nicht beabsichtigt sei. Daher sprächen die besseren Gründe dafür, derartige Konstellationen zukünftig nicht mehr unter die Vorgaben der Auftragsverarbeitung zu fassen. Für die Betroffenen ergäbe sich dadurch kein Schutzdefizit, da ein Dienstleister, der sich unbefugt Zugriff auf personenbezogene Daten verschafft, als „verantwortliche Stelle" einzustufen sein dürfte. Zudem können die Schutzinteressen der Betroffenen durch Vertraulichkeitsklausen und Zweckgebundenheitsregelungen für den Fall der unvermeidlichen Kenntnisnahmemöglichkeit getroffen werden.

Europäischer Ansatz

29 Auch wenn eine Lösung auf europäischer Ebene noch aussteht, spricht viel dafür, hier differenziert vorzugehen und bei der zufälligen, unvermeidbaren Kenntnisnahmemöglichkeit keine Auftragsverarbeitung anzunehmen. Die Vorgaben zur Auftragsverarbeitung sollen nur bei Tätigkeiten anzuwenden sein, die explizit die Verarbeitung personenbezogener Daten zum Gegenstand haben, wie die Korrektur von fehlerhaften Dateneingaben personenbezogener Daten in Datenbanken. Das Schutzinteresse der Betroffenen wird in ersterem Fall durch Vertraulichkeits- und Zweckbindungsklauseln gewahrt. Zudem besteht hier auch ein gesetzlicher Schutz, wenn der Wartungsdienstleister eigenmächtig einen anderen Zweck festlegt, da er deswegen als Verarbeiter eingestuft wird mit allen rechtlichen Konsequenzen hinsichtlich der Betroffenenrechte und Anforderungen aus Kapitel IV der DS-GVO.

30 Für eine abschließende datenschutzrechtliche Einordnung der Wartungsfälle wird die Meinungsbildung auf europäischer Ebene abzuwarten sein. Dabei wird sich auch zeigen, inwieweit hier ein Rückgriff auf die Gestaltung des § 11 Abs. 5 BDSG außerhalb der deutschen Rechtsanwendung Akzeptanz findet. Vielleicht erschließt sich dabei, warum bei der Gestaltung des Art. 28 aus § 11 BDSG die Vorgaben zum vertraglichen Inhalt (vgl. § 11 Abs. 2 BDSG) übernommen wurden, jedoch nicht dessen Abs. 5.

---

23 Bergmann/Möhrle/Herb, *Eckhardt*, Art. 28 Rn. 155; Ehmann/Selmayr, *Bertermann*, Art. 28 Rn. 7; Kühling/Buchner, *Hartung*, Art. 28 Rn. 53.
24 Kühling/Buchner, *Hartung*, Art. 28 Rn. 53; *Müthlein*, in: RDV 2016, 74, 83.
25 Kühling/Buchner, *Hartung*, Art. 28 Rn. 54.
26 *Lissner*, S. 401, 414 f.

II. Anforderungen an die Auswahl (Abs. 1)

Abs. 1 verlangt, dass der Verantwortliche nur mit Auftragsverarbeitern arbeitet, die hinreichend Garantien dafür bieten, dass deren technische und organisatorische Maßnahmen die Verarbeitung im Einklang mit der DS-GVO und den Schutz der Betroffenenrechte gewährleisten. Während Art. 17 Abs. 2 RL 95/46 vom Verantwortlichen verlangte, dass er bei der Auswahl darauf achtet, dass der Auftragsverarbeiter hinsichtlich der technischen und organisatorischen Sicherheitsmaßnahmen **„ausreichende Gewähr"** bietet, so muss er nunmehr auf **„hinreichende Garantien"** achten. Damit werden nicht nur Aspekte der Sicherheit der Verarbeitung umfasst, sondern auch entsprechende Garantien im Hinblick auf Fachwissen, Zuverlässigkeit und Ressourcen.[27] **31**

Die Einhaltung genehmigter Verhaltensregeln gem. Art. 40 oder eines genehmigten Zertifizierungsverfahrens gem. Art. 42 können nach Abs. 5 als Faktoren herangezogen werden, um diese hinreichenden Garantien nachzuweisen. Ob allein die Verwendung von Standardvertragsklauseln, die durch die Europäische Kommission (Abs. 7) oder eine Aufsichtsbehörde (Abs. 8) festgelegt werden, solche Garantien darstellen können[28], kann bezweifelt werden, sofern nicht auch in diesen Standardvertragsklauseln detaillierte Angaben zu den Maßnahmen des Auftragsverarbeiters geregelt werden. Allerdings können auch andere Mittel für hinreichende Garantien sorgen, wie bspw. nicht anerkannte Zertifikate oder eigene oder beauftragte Prüfungen durch den Verantwortlichen oder den Auftragsverarbeiter.[29] Hervorzuheben ist, dass es keine wie bisher in § 11 Abs. 2 und 4 BDSG definierte und bußgeldbewehrte Pflicht (Art. 43 Abs. 1 Nr. 2b BDSG) zur vorherigen Überzeugung über die Einhaltung der vereinbarten technischen und organisatorischen Maßnahmen beim Auftragsverarbeiter mehr gibt. Aus der Formulierung in Abs. 1 ist jedoch eine Verpflichtung abzuleiten, dass der Verantwortliche die Verantwortung dafür trägt, dass diese hinreichenden Garantien für die gesamte Dauer der Verarbeitung vorliegen.[30] In Verbindung mit der Rechenschaftspflicht aus Art. 5 Abs. 2 bestehen hier dokumentarische Anforderungen, die sich auf den Verantwortlichen und wegen Artt. 32 (Sicherheit der Verarbeitung) und 82 (Haftung und Recht auf Schadenersatz) auch auf den Auftragsverarbeiter auswirken. **32**

III. Weitere Auftragsverarbeiter (Abs. 2 und 4)

1. Grundlagen

Neben der Vorgabe, bei der Inanspruchnahme der Dienste eines weiteren Auftragsverarbeiters dies in einem Beauftragungsvertrag nach Art. 28 Abs. 3 lit. d zu regeln, werden in Abs. 2 des Art. 28 spezielle Vorgaben bei der Einbeziehung eines weiteren Auftragsverarbeiters eingeführt. Allein deswegen ist eine Überprüfung bestehender Vereinbarungen zur Auftragsverarbeitung geboten. Hatte es nach der Regelung des § 11 Abs. 2 Satz Nr. 6 BDSG bisher genügt, zu vereinbaren, dass der Einsatz von Unterauftragnehmern erlaubt ist, müssen künftig bestimmte Inhalts- und Formvorgaben beachtet werden. **33**

Da die DS-GVO den Begriff des weiteren Auftragsverarbeiters (Subunternehmers) nicht definiert, empfiehlt es sich, das gemeinsame Verständnis zwischen Auftraggeber und Auftragnehmer in der Vereinbarung über die Auftragsverarbeitung festzuhalten. Dabei kann die Definition dieser weiteren Auftragsverarbeiter auf Subunternehmertätigkeiten speziell auf die vereinbarte Hauptleistung konzentriert werden. Bei der Beauftragung eines Callcenters wäre dies bspw. die Entgegennahme und Erfassung von Anrufen oder das aktive Anwählen der durch den Auftraggeber zu diesem Zweck zur Verfügung gestellten Telefonlisten. Über welche Telefonapparate, welches Telefonsystem oder welche Telefonprovider diese Hauptleistung ausgeführt wird, stellt dagegen in der Regel keine Hauptleistung dar, die der Auftraggeber explizit im Rahmen einer Auftragsver- **34**

27 Kühling/Buchner, *Hartung* Art. 28 Rn. 56, Plath, *Plath*, Art. 28 Rn. 8.
28 Ehmann/Selmayr, *Bertermann*, Art. 28 Rn. 10.
29 a.a.O.
30 So auch Bergmann/Möhrle/Herb, *Eckhardt*, Art. 28 Rn. 31.

einbarung gegenüber dem Auftragnehmer vorgibt. Das Callcenter-Unternehmen bleibt hier in seiner unternehmerischen Entscheidung frei und könnte seine Telefonanlage, den entsprechenden Wartungspartner oder den Telefonprovider auch ohne Zustimmung jedes einzelnen Auftraggebers wechseln. Gleiches gilt für andere im Rahmen der Erbringung eingesetzte Geräte und Maschinen. Hier ist der Callcenter-Betreiber lediglich verpflichtet durch eine sorgfältige Auswahl, vertragliche Vertraulichkeits- und Zweckbindungsregelungen sowie Kontrolle des Wartungsdienstleisters ein eigenes Verschulden auszuschließen. Möchte das Callcenter jedoch weitere Callcenter unterbeauftragen, bedürfte dies der Abstimmung mit dem Auftraggeber und wäre nach Art. 28 Abs. 2 entsprechend zu regeln.

35 Von Art. 28 Abs. 2 werden damit 3 Fallvarianten umfasst:

- Es ist kein weiterer Auftragsverarbeiter gestattet,
- der Verantwortliche stimmt jedem weiteren Auftragsverarbeiter explizit zu oder
- es werden die Rahmenbedingungen definiert, unter denen der Auftragsverarbeiter weitere Auftragsverarbeiter einsetzen kann und der Verantwortlich wird hierüber informiert, um ggf. Einspruch zu erheben.

36 Im Falle einer allgemeinen Genehmigung informiert der Auftragsverarbeiter immer über jede beabsichtigte Änderung in Bezug auf die Hinzuziehung oder die Ersetzung anderer Auftragsverarbeiter, wodurch der Verantwortliche die Möglichkeit erhält, gegen derartige Änderungen Einspruch zu erheben (Art. 28 Abs. 2 S.2). Für die Praxis bedeutet dies eine erhebliche Vorlaufzeit auf beiden Seiten, verbunden mit Unsicherheiten hinsichtlich der Vertragserfüllung, insb. bei einem ungeplanten Ausfall eines weiteren Auftragsverarbeiters bspw. durch Insolvenz. In diesen Fällen könnte ein Einspruch des Verantwortlichen gegen Treu und Glauben verstoßen, insb. wenn er dem in Insolvenz geratenen weiteren Auftragsverarbeiter explizit zugestimmt hatte.

37 Das gesetzlich eingeräumte Widerspruchsrecht gegen einen weiteren Auftragsvererbeiter darf jedoch nicht dahingehend ausgelegt werden, dass eine bereits erteilte allgemeine Genehmigung hinsichtlich eines weiteren Auftragsverarbeiters nach Art. 28 Abs. 2 S. 1 Alt. 2 dann jederzeit widerrufen werden kann.[31]

2. Formanforderungen

38 Zwar wird in Art. 28 Abs. 2 bei der Genehmigung eines weiteren Auftragsverarbeiters die Schriftform verlangt, es ist aber davon auszugehen, dass auch eine elektronische Form (vgl. Art. 28 Abs. 9) hier genügt. Es ergibt keinen Sinn, an eine Genehmigung eines weiteres Auftragsverarbeiters höhere formale Anforderungen zu stellen als an die Dokumentation des restlichen Vertrages. Auch darf das Tatbestandsmerkmal der Schriftlichkeit nicht nach den Regelungen des BGB über §§ 126, 126a mit abstrusen Konsequenzen durch § 125 BGB ausgelegt werden. Als Unionsrecht darf die DS-GVO nicht anhand von Definitionen aus dem Recht der einzelnen Mitgliedsstaaten ausgelegt werden.[32] Alles andere würde zu einer uneinheitlichen Rechtsauslegung führen.

39 Betrachtet man die Anforderungen an die Schriftlichkeit über das Primat der teleologischen Auslegung[33], so ist das Ziel dieser Vorgabe, dass beiden Vertragsparteien klar, deutlich und nachweisbar die Einbeziehung eines weiteren Auftragsverarbeiters bewusst ist. Dies dient auch den Anforderungen aus der Rechenschaftspflicht des Art. 5 Abs. 2. Damit dürfte es keine weiteren formalen Anforderungen an die Genehmigung eines weiteren Auftragsverarbeiters geben, wie es die Vertragsparteien für eine Nachweisführung benötigen. Dies schließt bspw. auch Onlinezustimmungen ein, solange diese für beide Vertragspartner nachweisbar bleiben. Dies dürfte letztendlich auch für die Auslegung des Art. 28 Abs. 9 bei den Formanforderungen an die Vereinbarung zur Auftragsverarbeitung insgesamt gelten. Auch der Art. 28 Abs. 2 selbst sieht eine konkludente

---

31 Bergmann/Möhrle/Herb, *Eckhardt*, Art. 28 Rn. 46 m.w.N.
32 Ehmann/Selmayr, *Selmayr/Ehmann*, Einführung Rn. 91.
33 a.a.O.

Genehmigungsmöglichkeit durch Unterlassen eines Einspruchs vor, bei dem dann im Streitfall über die Beweislastregelungen zu klären ist, ob ein Einspruch durch den Verantwortlichen tatsächlich erfolgte oder unterblieb.

Bezüglich der inhaltlichen Ausgestaltung der Einbindung eines weiteren Auftragsverarbeiters um bestimmte Verarbeitungstätigkeiten im Namen des Verantwortlichen auszuführen, gibt Art. 28 Abs. 4 vor, diesem „dieselben" Datenschutzpflichten aufzuerlegen, die in dem Vertrag oder dem anderen Rechtsinstrument zwischen dem Verantwortlichen und dem Auftragsverarbeiter festgelegt sind. Auch hierbei ist über hinreichende Garantien [Rn. 31 f] sicherzustellen, dass die Verarbeitung entsprechend den Anforderungen der DS-GVO erfolgt (Abs. 4 S. 1 HS. 2). **40**

IV. Grundlage der Auftragsverarbeitung (Abs. 3)

Die Auftragsverarbeitung darf nur auf Grundlage eines Vertrags oder „eines anderen Rechtsinstruments" erfolgen. Die Alternative des „Rechtsinstruments" gab es im BDSG nicht und so finden sich keine Beispiele, die herangezogen werden könnten. In der Kommentarliteratur werden einseitig verpflichtende Rechtsgeschäfte als denkbare Möglichkeit ausgeführt oder die Variante benannt, dass ein Mitgliedsstaat durch Bestimmung des Auftragsverarbeiters durch Gesetz wie bei staatlichen Registern Vorgaben macht. Voraussichtlich wird aber die Grundlage der Auftragsverarbeitung in den seltensten Fällen in einem Rechtsinstrument nach dem Unionsrecht oder dem Recht der Mitgliedsstaaten liegen.[34] **41**

1. Inhalt der Vereinbarung

a) Vergleich mit bisherigen vertraglichen Vorgaben

Die Vorgaben zur vertraglichen Gestaltung in Abs. 3 erinnern sehr stark an die Vorgaben des § 11 Abs. 2 BDSG nach der BDSG Novelle II im Jahr 2009. Es empfiehlt sich trotzdem, bestehende Vereinbarungen zu Auftragsdatenverarbeitungen zu überprüfen, inwieweit eine Anpassung an die Vorgaben zur Auftragsverarbeitung geboten erscheint. Nachfolgende Übersicht dient zur Orientierung der vorgegebenen Regelungsinhalte: **42**

Anforderungen aus § 11 Abs. 2 BDSG	Anforderungen aus DS-GVO
1. Gegenstand und Dauer des Auftrags	Art. 28 Abs. 3 Satz 1: Gegenstand und Dauer der Verarbeitung

2.
• Umfang, Art und Zweck der vorgesehenen Erhebung, Verarbeitung oder Nutzung von Daten,
  • die Art der Daten
  • und der Kreis der Betroffene
	Art. 28 Abs. 3 Satz 1:
	• Art und Zweck der Verarbeitung,
	• die Art der personenbezogenen Daten,
	• die Kategorien von betroffenen Personen

3. technische und organisatorische Maßnahmen nach § 9 BDSG	Art. 28 Abs. 3 Satz 2 lit. c: technische und organisatorische Maßnahmen nach Art. 32
4. Berichtigung, Löschung und Sperrung von Daten	Art. 28 Abs. 3 Satz 2 lit. e: Unterstützung des den für die Verarbeitung Verantwortlichen mit geeigneten technischen und organisatorischen Maßnahmen im Hinblick auf die Beantwortung von Anträgen auf der Wahrnehmung der Betroffenenrechte

34 Kühling/Buchner, *Hartung*, Art. 28 Rn. 63.

Anforderungen aus § 11 Abs. 2 BDSG	Anforderungen aus DS-GVO
5. Pflichten des Auftragnehmers, insbes. die von ihm vorzunehmenden Kontrollen	über Nachweis der hinreichenden Garantien aus Art. 28 Abs. 1
6. Etwaige Berechtigung zur Begründung von Unterauftragsverhältnissen	Art. 28 Abs. 3 Satz 2 lit. d: Inanspruchnahme der Dienste eines weiteren Auftragsverarbeiters
7. Kontrollrechte des Auftraggebers und entspr. Duldungs- und Mitwirkungspflichten des Auftragnehmers	Art. 28 Abs. 3 Satz 2 lit. h, 1. Satz [...] *dem für die Verarbeitung Verantwortlichen alle erforderlichen Informationen zum Nachweis der Einhaltung der in diesem Artikel niedergelegten Pflichten zur Verfügung stellt und Überprüfungen – einschließlich Inspektionen –, die vom für die Verarbeitung Verantwortlichen oder einem anderen von diesem beauftragten Prüfer durchgeführt werden, ermöglicht und dazu beiträgt.*
8. Mitzuteilende Verstöße des Auftragsnehmers oder bei ihm beschäftigten Personen	Art. 33 Abs. 2: *Wenn dem Auftragsverarbeiter eine Verletzung des Schutzes personenbezogener Daten bekannt wird, meldet er diese dem für die Verarbeitung Verantwortlichen ohne unangemessene Verzögerung.*
9. Umfang der Weisungsbefugnisse	Art. 28 Abs. 3 Satz 2 lit. a: nur auf dokumentierte Weise (auch bezogen auf Drittstaat) Art. 29 DSGVO: Der Auftragsverarbeiter [...] oder eine dem Auftragsverarbeiter unterstellte Person, die Zugang zu personenbezogenen Daten hat, dürfen diese Daten nur auf Weisung des für die Verarbeitung Verantwortlichen verarbeiten, [...]
10. Rückgabe überlassener Datenträger und Löschung beim Auftragnehmer gespeicherter Daten nach Beendigung des Auftrags	Art. 28 Abs. 3 Satz 2 lit. g: Nach Wahl des für die Verarbeitung Verantwortlichen Rückgabe oder Löschung aller personenbezogenen Daten (sofern keine Verpflichtung zur Speicherung der Daten besteht)
§ 5 BDSG Verpflichtung auf das Datengeheimnis (für alle Personen, die mit der Datenverarbeitung beschäftigt sind)	Art. 28 Abs. 3 Satz 2 lit. b: Gewährleistung, dass sich die zur Verarbeitung befugten Personen zur Vertraulichkeit verpflichtet haben. aus Art. 24 Abs. 1: Technische und organisatorischen Maßnahmen zur Einhaltung der Vorgaben aus dieser Verordnung.

Anforderungen aus § 11 Abs. 2 BDSG	Anforderungen aus DS-GVO
	aus Art. 32 Abs. 1 lit. b: Organisatorische Maßnahmen zur Wahrung der Vertraulichkeit auch durch den Auftragsverarbeiter
§ 11 Abs. 3 Der Auftragnehmer darf die Daten nur im Rahmen der Weisungen des Auftraggebers erheben, verarbeiten oder nutzen. Ist er der Ansicht, dass eine Weisung des Auftraggebers gegen dieses Gesetz oder andere Vorschriften über den Datenschutz verstößt, hat er den Auftraggeber unverzüglich darauf hinzuweisen	Art. 28 Abs. 3 Satz 3 Der Auftragsverarbeiter informiert den für die Verarbeitung Verantwortlichen unverzüglich, falls er der Auffassung ist, dass eine Weisung gegen diese Verordnung oder gegen Datenschutzbestimmungen der Union oder der Mitgliedstaaten verstößt.
	neu: Art. 28 Abs. 3 Satz 1 lit. f: Unterstützung des für die Verarbeitung Verantwortlichen bei der Einhaltung der in Art. 32 – 36 genannten Pflichten unter Berücksichtigung der Art der Verarbeitung und der ihm zur Verfügung stehenden Informationen [Abschnitte: Sicherheit der Verarbeitung, Meldung von Verletzungen des Schutzes personenbezogener Daten, Datenschutz-Folgenabschätzung, Vorherige Konsultation]

Inwieweit bestehende Verträge zur Auftragsverarbeitung anzupassen sind, hängt von dem zu regelnden Sachverhalt, den verwendeten Formulierungen und dem Abgleich mit den neuen Anforderungen aus Art. 28 ab. Die GDD hat eine Synopse eines neuen Mustervertrags veröffentlicht, der hierzu Hinweise und Informationen bereithält.[35] **43**

b) Inhaltliche Anforderungen (Abs. 3)

In dem Vertrag zwischen Verantwortlichem und Auftragsverarbeiter sind bestimmte, in Art. 28 Abs. 3 vorgegebene, nicht abschließende Inhalte zu regeln. Die dabei getroffenen Vorgaben finden sich teilweise wieder in den Verzeichnissen, die der Verantwortliche (Art. 30 Abs. 1) und der Auftragsverarbeiter (Art. 30 Abs. 2) zu erstellen haben. Den Vertragsparteien, die bislang das BDSG und die Vorgaben der § 11 Abs. 2 – 4 zu beachten hatten, wird vieles bekannt vorkommen. **44**

Keine Regelungsvorgabe in der Vereinbarung zur Auftragsverarbeitung macht der europäische Gesetzgeber bspw. zur Vergütung und zur Haftung, weil dies aus Datenschutzsicht im Hinblick auf die Rechte und Freiheiten der betroffenen Person keiner gesetzgeberischen Vorgabe bedarf. Die Haftung des Verantwortlichen und des Auftragsverarbeiters ergibt sich aus Art. 82 und die Vergütungsregelungen unterliegen der zivilrechtlichen Vertragsfreiheit. Dies bedeutet aber auch, dass es sich empfiehlt, dass sich Auftraggeber und Auftragnehmer bei Vertragsschluss einig sind, welche Leistungen des Auftragnehmers, die aus der DS-GVO abgeleitet werden, von der vereinbarten Vergütung umfasst sind und welche nicht. **45**

35 *GDD*, Praxishilfe IV Auftragsverarbeitung, https://www.gdd.de/downloads/praxishilfen/GDD-Praxishilfe_DS-GVO_4.pdf

c) Vertragsgegenstand (Abs. 3 S. 1)

46 In dem Vertrag (oder dem Rechtsinstrument nach dem Unionsrecht oder dem Recht der Mitgliedstaten vgl. Rn. 41) sind festzulegen:

- Gegenstand und Dauer der Verarbeitung,
- Art und Zweck der Verarbeitung,
- die Art der personenbezogenen Daten,
- die Kategorien betroffener Personen
- und die Pflichten und Rechte des Verantwortlichen.

47 **Gegenstand und Dauer** können sich aus dem Hauptvertrag ergeben, in dem die detaillierten Leistungen des Auftragnehmers vereinbart werden. So kann insb. bei Standardleistungen der Gegenstand durch eine Leistungsbeschreibung und die Dauer aus Allgemeinen Geschäftsbedingungen – vorbehaltlich deren wirksamen Einbeziehung – erschlossen werden. Es muss lediglich für beide Vertragsparteien erkennbar sein, was die vereinbarte Leistung ist und über welchen Zeitraum sich diese erstreckt. Auch eine zeitliche Befristung oder ein Abschluss auf unbestimmte Zeit sind möglich, sofern hierbei vereinbart ist, wie der Vertrag beendet werden kann.

48 Bei **Art und Zweck der Verarbeitung** werden im Vertrag über die Auftragsverarbeitung abschließende Vorgaben erwartet. Dabei fällt auf, dass hierbei nicht das Tatbestandsmerkmal der „Mittel" aus der Definition des Verarbeiters in Art. 4 Nr. 7 wiederholt wird.

49 Dies stützt die Ansicht der Art. 29-Datenschutzgruppe, dass dem Auftragsverarbeiter ein Spielraum bei der Wahl der Mittel überlassen werden kann, vgl. Art. 4 Nr. 7 Rn. 28.

50 Aus der **Art der Daten** können Verantwortlicher und Auftragsverarbeiter ableiten, welche technischen und organisatorischen Schutzmaßnahmen nach Art. 32 zu treffen und zu vereinbaren sind.

51 Dazu reichen Kategorisierungen aus, es muss nicht jedes Dateifeld aufgeführt werden. Hierzu gehören bspw. die Angaben von Adressdaten, Kontaktdaten, Bankverbindungsdaten, Bestelldaten, Gehaltsdaten, besondere Kategorien personenbezogene Daten (vgl. Art. 9 Abs. 1), personenbezogene Daten über strafrechtliche Verurteilungen (Art. 10) oder auch Daten, die einer berufsrechtlich geschützten Verschwiegenheitspflicht unterliegen (vgl. § 203 StGB).

52 Auch über die Angaben der **Kategorien betroffener Personen** soll dem Verantwortlichen und dem Auftragsverarbeiter verdeutlicht werden, inwieweit durch das Zusammenspiel der Angaben von Art der Daten und Kategorien betroffener Personen Schutzmaßnahmen nach Art. 32 zu ergreifen bzw. zu vereinbaren sind. Außerdem benötigt der Auftragsverarbeiter diese Informationen, sollte er den Verantwortlichen im Rahmen der Meldungen von Schutzverletzungen an die Aufsichtsbehörde (Art. 33), an betroffene Personen (Art. 34), bei der Datenschutz-Folgenabschätzung (Art. 35) oder vorherigen Konsultation (Art. 36) gem. Art. 28 Abs. 3 S. 2 lit. f zu unterstützen haben. So können bspw. als Kategorien betroffener Personen aufgeführt werden: Beschäftigte, Interessenten, Lieferanten, Kunden, Patienten, Mandanten, Besucher, Antragsteller, Sonstige, etc.

53 Die aus Sicht des Gesetzgebers maßgeblichen Pflichten und Rechte des Verantwortlichen, die in der Vereinbarung zur Auftragsverarbeitung festzulegen sind, hat dieser bereits in Art. 28 Abs. 3 S. 1 vorgegeben. Es steht den Vertragsparteien offen, hier branchen- oder auftragsbedingt weitere Regelungen aufzunehmen, die ihnen erforderlich erscheinen.

2. Weitere Mindestinhalte der Vereinbarung (Abs. 3 S. 2)

a) Weisungsgebundenheit (Abs. 3 S. 2 lit. a)

54 Personenbezogene Daten dürfen durch den Auftragsverarbeiter nur auf Weisung des Verantwortlichen verarbeitet werden. Dieser Grundsatz spiegelt das Wesen des Auftragsverarbeiters

wieder, nimmt diesem die Möglichkeit, selbst eigene Zwecke festzulegen, begründet die Privilegierungswirkung (vgl. Art. 4 Nr. 8 Rn. 9 ff) der Auftragsverarbeitung und eröffnet die Möglichkeiten, den Weisungsrahmen jeweils den Erfordernissen anzupassen.

Die Weisung muss dokumentiert sein, eine bestimmte Form (wie in Abs. 2 oder 9) wird allerdings nicht vorgegeben. Die Dokumentation der Weisung ist allein aus Nachweis- und Rechenschaftsgründen erforderlich und dient dem beiderseitigen Interesse von Verantwortlichem und Auftragsverarbeiter. So könnte z.B. die Dokumentation eines Löschbefehls innerhalb einer Cloudanwendung durch die Protokollierung des Eingabebefehls des Anwenders erfolgen. **55**

Eine Weisung außerhalb des vereinbarten Weisungsumfangs ist als Angebot zur Vertragsänderung anzusehen. Eine beauftragte Verarbeitung, bspw. eine verschlüsselte Archivierung unter AES (Advanced Encryption Standard) 126 kann nicht einseitig durch den Verantwortlichen auf AES 256 angewiesen werden, sofern nicht bereits diese Möglichkeit in der Leistungsbeschreibung des Vertrags zur Verarbeitung im Auftrag vorgesehen ist. Die Weisungshoheit des Verantwortlichen begründet kein einseitiges Leistungsänderungsrecht des Verantwortlichen. Hierbei ändert sich durch die DS-GVO nichts zu den bisherigen Regelungen des § 11 BDSG.[36] **56**

Auch die Übermittlung personenbezogener Daten in ein Drittland durch den Auftragsverarbeiter unterliegt gem. Art. 28 Abs. 3 S. 2 lit. a der Weisung des Verantwortlichen. Der Auftraggeber würde bei einem Verstoß hiergegen selbst zum Verantwortlichen (Abs. 10). **57**

Die Weisungsgebundenheit erfährt jedoch eine Einschränkung bzw. eine „Durchbrechung"[37] gem. Art. 28 Abs. 3 S. 2 lit. a HS. 1 a.E., HS. 2. Wenn der Auftragsverarbeiter durch das Recht der Union oder Mitgliedsstaaten, dem er unterliegt zu einer Verarbeitung verpflichtet ist, muss er dem Verantwortlichen diese rechtlichen Anforderungen vor der Verarbeitung mitteilen, sofern das betreffende Recht eine solche Mitteilung nicht wegen eines wichtigen öffentlichen Interesses verbietet. Solch ein Fall wäre z.B. bei einer Beschlagnahme von Datenträgern zu Beweiszwecken nach §§ 94 ff. StPO beim Auftragsverarbeiter vorstellbar. Denn auch die Herausgabe personenbezogener Daten an Strafverfolgungsbehörden stellt eine Verarbeitung nach Art. 4 Nr. 2 dar. Zum Begriff des „öffentlichen Interesses" im Übrigen eingehend Art. 6 Rn. 114 ff. und Rn. 164 ff. sowie Art. 18 Rn. 98 ff. **58**

Die Vereinbarungsvorgabe in Art. 28 Abs. 3 S. 2 lit. a, wonach personenbezogene Daten nur auf dokumentierte Weisung des Verantwortlichen verarbeiten werden dürfen, hat lediglich Erinnerungsfunktion. Bereits nach Art. 32 Abs. 4 haben Verantwortlicher und Auftragsverarbeiter Schritte zu unternehmen, um sicherstellen, dass ihnen unterstellte natürliche Personen, die Zugang zu personenbezogenen Daten haben, diese nur auf Anweisungen des Verantwortlichen verarbeiten. Durch eine vertragliche Regelung kann bei einem Verstoß des Auftragsverarbeiters darüber hinaus jedoch auch noch eine vertraglichen Haftung gegenüber dem Verantwortlichen entstehen. **59**

b) Vertraulichkeitsverpflichtung (Abs. 3 S. 2 lit. b)

Durch die vertraglichen Vereinbarungen soll gewährleistet werden, dass sich die zur Verarbeitung der personenbezogenen Daten befugten Personen zur Vertraulichkeit verpflichtet haben oder einer angemessenen gesetzlichen Verschwiegenheitspflicht unterliegen. Auch wenn sich der Wortlaut anders interpretieren ließe, dass auch die Mitarbeiter des Verantwortlichen im Vertrag über die Verarbeitung im Auftrag zur Verschwiegenheit zu verpflichten sind, bezieht sich Abs. 3 S. 2 lit. b nur auf die durch den Auftragsverarbeiter eingesetzten Personen. Der Verantwortliche muss bei den durch ihn eingesetzten Personen im Rahmen der Rechenschaftspflicht nach Art. 5 Abs. 2 selbst eine angemessene Vertraulichkeitsverpflichtung sicherstellen. Den Auftraggeber trifft dies als Adressaten des Art. 32 Abs. 1 lit. b im Hinblick auf die organisatorischen Schutzmaßnahmen zur Wahrung des Schutzziels der Vertraulichkeit bei den durch ihn eingesetzten Personen. Durch **60**

36 *Eckardt/Kramer*, in: DuD 2014, 147 (149).
37 So Bergmann/Möhrle/Herb, *Eckardt*, Art. 28 Rn. 85.

den Wegfall des bisherigen § 5 BDSG und der dortigen Definition des Datengeheimnisses werden Auftragsverarbeiter die bisherigen Formulierungen auf Anpassungsbedarf prüfen müssen. Dabei ist zu beachten, dass abhängig vom genauen Wortlaut eine Verpflichtung zur Verschwiegenheit allein durch Bezugnahme auf § 5 BDSG nicht ihre Wirksamkeit verliert. Durch Auslegung dürfte ihre weitere Wirksamkeit nicht gefährdet sein. Der Wortlaut des Art. 28 Abs. 3 S. 2 lit. b fordert nicht, dass sich der Verantwortliche davon überzeugt dass beim Auftragsverarbeiter nur verpflichtetes Personal eingesetzt wird oder sich gar jede einzelne Vertraulichkeitserklärung vorlegen lässt. Der Auftragsverarbeiter muss aber damit rechnen, dass sich der Verantwortliche nach seinen bestehenden Prozessen erkundigt, um sicherzustellen, dass eine Vertraulichkeitserklärung vorliegt. Auch kann im Einzelfall der Nachweis einer konkreten Verpflichtung erforderlich sein.

61 Es wird auch als ausreichend angesehen, wenn der Auftragsverarbeiter einer angemessenen gesetzlichen Verschwiegenheitspflicht unterliegt, wie z. B. Postdienstleister, die außerhalb der Postdienstleistung als Auftragsverarbeiter tätig sind, vgl. Rn. 20.

c) Schutzmaßnahmen gemäß Art. 32 (Abs. 3 S. 2 lit. c)

62 Durch die DS-GVO wurde nun auch dem Auftragsverarbeiter selbst die eigenständige Pflicht gem. Art. 32 Abs. 1 auferlegt, geeignete technische und organisatorische Maßnahmen zu treffen, um ein dem Risiko angemessenes Schutzniveau zu gewährleisten. Bei diesen Maßnahmen sind der Stand der Technik, der Implementierungskosten und der Art, des Umfangs, der Umstände und der Zwecke der Verarbeitung sowie der unterschiedlichen Eintrittswahrscheinlichkeit und Schwere des Risikos für die Rechte und Freiheiten natürlicher Personen zu berücksichtigen. Der Auftragsverarbeiter hat demnach schon aus Art. 32 Abs. 1 eine eigene Pflicht, geeignete Maßnahmen zu treffen. Die Vorgabe, im Vertrag zu regeln, dass der Auftragsverarbeiter geeignete Maßnahmen ergreift, stellt sicher, dass beide mit den tatsächlichen Maßnahmen ein aus ihrer Sicht angemessenes Schutzniveau auch erreichen.

63 Bisher waren in der Vereinbarung zur Auftragsverarbeitung nach § 11 Abs. 2 Nr. 3 BDSG auch schon die nach § 9 BDSG zu treffenden technischen und organisatorischen Maßnahmen zu regeln, die der Dienstleister einzuhalten hatte. Oftmals wurde dies über eine tabellarische Aufstellung der in Anlage zu § 9 BDSG aufgelisteten Kontrollziele umgesetzt. Die Aufsichtsbehörden haben bis jetzt noch keinen Vorschlag für eine Darstellung gemacht, in der aufgelistet wird, welche konkreten Anforderungen an die Maßnahmen gestellt werden, die der Auftragsverarbeiter nach Art. 32 ergreifen muss. Man kann sich hierfür jedoch an den Maßnahmenbeispielen des Art. 32 Abs. 1 orientieren. Diese Aufstellung von Maßnahmen könnte bspw. in einer Anlage zur Auftragsverarbeitungsvereinbarung Berücksichtigung finden.

- Pseudonymisierung
- Verschlüsselung
- Gewährleistung der Vertraulichkeit
- Gewährleistung der Integrität
- Gewährleistung der Verfügbarkeit
- Gewährleistung der Belastbarkeit der Systeme
- Verfahren zur Wiederherstellung der Verfügbarkeit personenbezogener Daten nach einem physischen oder technischen Zwischenfall
- Verfahren regelmäßiger Überprüfung, Bewertung und Evaluierung der Wirksamkeit der technischen und organisatorischen Maßnahmen

64 Darüber hinaus kann ein Verweis auf Unterlagen erfolgen, wie

- Interne Verhaltensregeln
- Genehmigte Verhaltensregeln

- Risikoanalyse
- Allgemeine Datensicherheitsbeschreibung
- Umfassendes Datensicherheitskonzept
- Wiederanlaufkonzept
- Zertifikat (ausgestellt durch / wann / Zertifizierungsstelle)
- Sonstiges

Es liegt allerdings im Interesse des beauftragenden Verantwortlichen, wenn an dieser Stelle nicht zu viele Details des Informationssicherheitskonzeptes inklusive der datenschutzrechtlichen Rollen- und Zugriffskonzepte des Dienstleisters dargestellt werden, um keine negativen Auswirkungen auf die Eintrittswahrscheinlichkeiten von Gefährdungen zu riskieren. **65**

Eine andere Möglichkeit der Darstellung der Schutzmaßnahmen nach Art. 32 wäre eine Orientierung bzw. Entwicklung eines Reifegradmodells mit Datenschutzanforderungen. Bei solch einem Modell werden bei einer Auswahl verschiedener Maßnahmen aus dem Katalog des Art. 32 Abs. 1 unterschiedliche Kennzahlen zugeordnet. Der Einsatz unterschiedlicher Maßnahmen ist dabei nicht starr vorgegeben, sondern über die Kombination verschiedener Maßnahmen können höhere Schutzwerte erreicht werden. Über ein vorher festgelegtes Szenario können die Ergebnisse unterschiedlichen Reifegraden des Schutzes zugeordnet werden. Der Verband der Automobilindustrie (VDA) verwendet bereits ein entsprechendes Modell für die Anforderungen der Informationssicherheit.[38] **66**

Der Auftragsverarbeiter kann allerdings nur dann angemessene Schutzmaßnahmen auswählen und einsetzen, wenn ihm vor Vertragsabschluss die für die Auswahl der Schutzanforderungen erforderlichen Informationen über die zur Verarbeitung bestimmten personenbezogenen Daten mitgeteilt werden. **67**

d) Weitere Auftragsverarbeiter (Abs. 3 S. 2 lit. d)

Wie oben unter Rn. 33 ff. beschrieben, empfiehlt sich eine Regelung, unter welchen Rahmenbedingen und zu welchen Teil oder Gesamtleistungen ein weiterer Auftragsverarbeiter durch den Auftragsverarbeiter einbezogen werden darf. Dabei können gewisse Teilleistungen auch ausgeschlossen werden oder eine pauschale Freigabe für Teilleistungen definiert werden, wenn der weitere Auftragsverarbeiter gewisse technische und organisatorische Maßnahmen einhält, wie bspw. bei der Entsorgung festgelegter Sicherheits- und Schutzklassen der DIN 66399. Für den Prozess der Einholung der Genehmigung (Zustimmung) weiterer Auftragsverarbeiter sollten klare Kommunikations- und Entscheidungswege sowie Rückmeldefristen vereinbart werden. Auch das Vorgehen im Fall eines ungeplanten, kurzfristigen Ausfalls eines weiteren Auftragsverarbeiters sollte geregelt werden. Dadurch könnte eine Störung der fristgerechten Durchführung der beauftragten Verarbeitung, bspw. bei Insolvenz eines bereits genehmigten weiteren Auftragsverarbeiters, vermieden werden. **68**

e) Unterstützung bei Betroffenenrechten (Abs. 3 S. 2 lit. e)

Der Vertrag soll auch eine Regelung treffen, inwieweit der Auftragsverarbeiter angesichts der Art der Verarbeitung den Verantwortlichen nach Möglichkeit mit geeigneten technischen und organisatorischen Maßnahmen dabei unterstützt, seiner Pflicht zur Beantwortung von Anträgen auf Wahrnehmung der in Kapitel III genannten Rechte der betroffenen Person nachzukommen. Dabei muss beachtet werden, ob der Auftragsverarbeiter tatsächlich einen höheren Kenntnisstand bezüglich der Betroffenenrechte als der Verantwortliche vorweisen kann. Im Vertrag empfiehlt **69**

38 VDA, Informationsschutz und Risk Management: Informationsschutz-Sicherheitsanforderungen in der Automobilindustrie / ISO 2700x; https://www.vda.de/de/themen/sicherheit-und-standards/informationssicherheit/informationssicherheit-sicherheitsanforderungen.html, abgerufen am 03.07.2017.

es sich daher, anstatt einer pauschalen Verpflichtung die tatsächliche Unterstützungsplicht möglichst konkret zu beschreiben, um keinen versteckten Dissens der Vertragsparteien zu riskieren. Unabhängig von der konkreten Unterstützungspflicht sollte zwischen den Vertragsparteien geklärt sein, ob diese Leistungen bei der vereinbarten Vergütung inkludiert sind oder nach Aufwand abgerechnet werden. Eingehend zum in der DS-GVO an verschiedenen Stellen verwendeten Begriff der „Art der Verarbeitung" Art. 24 Rn. 81 ff.

f) Unterstützung bei Artt. 32 – 36 (Abs. 3 S. 2 lit. f)

70 Der Auftragsverarbeiter soll den Verantwortlichen unter Berücksichtigung der Art der Verarbeitung und der ihm zur Verfügung stehenden Informationen bei der Einhaltung der in den Artikeln 32 bis 36 genannten Pflichten unterstützen. Auch hier sollten die konkreten Unterstützungsleistungen soweit definierbar vereinbart werden, ebenso sollte Einigkeit zwischen den Vertragsparteien über die Vergütung hergestellt werden. Dies gilt umso mehr, als durch Artt. 32 bis 36 der Auftragsverarbeiter auch eigene Pflichten zu beachten hat. Die Grenzen der Unterstützung werden dort zu finden sein, wo der Auftragsverarbeiter erst weitere Informationen einholen muss, um Unterstützungsleistungen erbringen zu können.[39] Eingehend zum in der DS-GVO an verschiedenen Stellen verwendeten Begriff der „Art der Verarbeitung" Art. 24 Rn. 81 ff.

g) Umgang mit den Daten nach Beendigung der Verarbeitung (Abs. 3 S. 2 lit. g)

71 Die Auftragsvereinbarung soll auch eine Regelung enthalten, wie nach Abschluss der Erbringung der Verarbeitungsleistung mit den personenbezogenen Daten durch den Auftragsverarbeiter umzugehen ist. So kann vereinbart werden, dass die Daten durch den Auftragsverarbeiter gelöscht oder zurückgegeben werden müssen. Dem Verantwortlichen steht hierbei das Wahlrecht zwischen diesen Alternativen zu. Da auch die Löschung eine Verarbeitung darstellt, hätte der Auftragsverarbeiter ohne entsprechende Regelung im Vertrag keine eigene Berechtigung die Daten zu löschen. In diesem Zusammenhang kann auch geregelt werden, ob und wie viel Zeit der Auftragsverarbeiter aufgrund prozesstechnischer Vorgaben zum Löschen bekommt. Das Ziel muss es jedoch sein, dass der Auftragsverarbeiter keine personenbezogenen Daten nach Abschluss der beauftragten Verarbeitung behält. Tut er dies trotzdem, wird er hierfür selbst Verantwortlicher (Art. 28 Abs. 10). In der Praxis ist es häufig empfehlenswert, die Wahl des Verantwortlichen bereits im Vertrag festzulegen, so dass bei Vertragende Klarheit über die Löschung oder die Art der Rückgabe besteht.[40]

72 Besteht nach dem Unionsrecht oder dem Recht der Mitgliedstaaten eine Verpflichtung zur Speicherung der personenbezogenen Daten, die einer Löschung oder Rückgabe entgegenstehen könnte, ist dies zu berücksichtigen. Dieser Vorbehalt wird teilweise als unechte Öffnungsklausel bezeichnet. Die Ausnahme muss sich dabei auf eine Öffnungsklausel in einem anderen Artikel der DS-GVO stützen können, dafür kommen insb. Art. 6 Abs. 2 und 3 in Betracht.[41]

h) Unterstützung zur Nachweiserbringung (Abs. 3 S. 2 lit. h)

73 In der Vereinbarung soll auch eine Regelung getroffen werden, wonach der Auftragsverarbeiter dem Verantwortlichen alle erforderlichen Informationen zum Nachweis der Einhaltung der in diesem Artikel niedergelegten Pflichten zur Verfügung stellt. Auch soll der Auftragsverarbeiter Überprüfungen einschließlich Inspektionen, die vom Verantwortlichen oder einem anderen von diesem beauftragten Prüfer durchgeführt werden, ermöglichen und hierzu beitragen. Bisher war in § 11 Abs. 2 Nr. 7 BDSG vorgegeben, dass in der vertraglichen Vereinbarung zur Auftragsdatenverarbeitung Regelungen zu den Kontrollrechten des Auftraggebers und die entsprechenden Duldungs- und Mitwirkungspflichten des Auftragnehmers getroffen werden, auch wenn dies so in der RL 95/46 nicht vorgesehen war. Nicht explizit geregelt ist in der DS-GVO die Verpflichtung

---

39 Bergmann/Möhrle/Herb, *Eckardt*, Art. 28 Rn. 110.
40 Ehmann/Selmayr, *Bertermann*, Art. 28 Rn. 24.
41 Bergmann/Möhrle/Herb, *Eckardt*, Art. 28 Rn. 115.

des Auftraggebers, sich vor Beginn der Datenverarbeitung und dann regelmäßig von der Einhaltung der beim Auftragnehmer getroffenen technischen und organisatorischen Maßnahmen zu überzeugen und das Ergebnis zu dokumentieren, wie es bisher in § 11 Abs. 2 S. 4 und 5 BDSG statuiert war.

Auch ohne die Regelungsvorgabe in Art. 28 ist der Verantwortliche aufgrund der Rechenschafts- **74**
pflicht des Art. 5 Abs. 2 verpflichtet, den Nachweis eines angemessenes Schutzniveau gem. den Vorgaben des Art. 32 und nicht zuletzt über die „Generalklausel" der Verantwortlichkeit des Art. 24, erbringen zu können, dass die Verarbeitung gem. der DS-GVO erfolgt. Dem Verantwortlichen stehen verschiedene Möglichkeiten offen, wie er die Einhaltung nachweist, insb. hinsichtlich der Einhaltung durch den Auftragsverarbeiter. So kann er sich z.B. durch den Auftragsverarbeiter Dokumente vorlegen lassen oder sich der Zertifikate oder des Nachweises der Einhaltung genehmigter Verhaltensregeln durch den Auftragsverarbeiter (Abs. 4 i.V.m. Art. 42 und Art. 40) bedienen. Auch eine Überprüfung vor Ort kann für den Nachweis herangezogen werden. Dabei kann der Prüfer auch durch den Auftragsverarbeiter beauftragt werden. Offen bleibt, ob unter der DS-GVO die Vorgaben der deutschen Aufsichtsbehörden aus der Cloud-Computing Orientierungshilfe 2.0, wonach eine Überprüfung vor Ort vertraglich nicht abbedungen werden darf[42], weiter gelten können. Die DS-GVO sieht eine Inspektion nicht zwingend vor, so dass davon ausgegangen werden kann, dass die Regelung hinsichtlich der Erbringung des Nachweises zwischen Verantwortlichen und Auftragsverarbeiter frei vereinbart werden darf.

Es ist nicht grundsätzlich ausgeschlossen, dass eine gesonderte Vergütung für die Unterstützung **75**
bei der Nachweiserbringung durch den Auftragsverarbeiter vereinbart werden kann, wie z.B. bei einem vor Ort Besuch des Verantwortlichen oder eines externen Prüfers. Darüber hinaus empfiehlt es sich auch die Voraussetzungen dieser Kontrolle vor Ort zu vereinbaren, damit der Betriebsablauf nicht unangemessen beeinträchtigt wird und die Vertraulichkeit gegenüber anderen Auftraggebern gewahrt bleibt. Diesbezüglich bietet es sich bei Auftragsverarbeitern, die gleichzeitig für mehrere Verantwortliche Verarbeitungen durchführen, an Begehungen vor Ort von einer Vertraulichkeitsverpflichtung der kontrollierenden Personen abhängig zu machen. Diese Vertraulichkeitsverpflichtung sollte sich nicht nur auf dabei gewonnenen Erkenntnisse über Sicherheitsmaßnahmen und weitere Betriebs- und Geschäftsgeheimnisse des Auftragsverarbeiters erstrecken, sondern auch auf Daten anderer Auftraggeber, die „beiläufig" zur Kenntnis genommen werden könnten, sofern sich dies produktionstechnisch nicht vermeiden lässt.

3. Informationspflichten (Abs. 3 S. 3)

Der Auftragsverarbeiter informiert den Verantwortlichen unverzüglich, falls er der Auffassung ist, **76**
dass eine Weisung gegen diese Verordnung oder gegen andere Datenschutzbestimmungen der Union oder der Mitgliedstaaten verstößt. Auch in § 11 Abs. 3 BDSG hatte der Auftragnehmer den Auftraggeber unverzüglich darauf hinzuweisen, wenn er der Ansicht war, dass eine Weisung des Auftraggebers gegen dieses Gesetz oder andere Vorschriften über den Datenschutz verstößt. Diese Vorgabe hat weder bislang noch wird sie künftig den Auftragsverarbeiter dazu verpflichten, alle Weisungen des Verantwortlichen auf ihre Rechtmäßigkeit hin zu überprüfen. Sollte er aber aufgrund seiner Branchen- und Fachkenntnis Zweifel haben, dass die beauftragte bzw. angewiesene Verarbeitung nicht mit der Verordnung oder anderen Datenschutzbestimmungen der Union oder der Mitgliedsstaaten im Einklang steht, hat er den Verantwortlichen unverzüglich zu informieren. Die DS-GVO regelt nicht, welche Folgen ein erfolgter Hinweis für den Auftragsverarbeiter oder den Verantwortlichen hat. Daher erscheint es geboten, zwischen den Vertragsparteien im Vertrag zu regeln, ob bis zu einer Reaktion des Verantwortlichen die Leistung dennoch zu erbringen ist oder nicht. Gerade im Hinblick auf die Haftungsregelungen in Art. 82 sollte ver-

42 Orientierungshilfe – Cloud Computing der Arbeitskreise Technik und Medien der Konferenz der Datenschutzbeauftragten des Bundes und der Länder sowie der Arbeitsgruppe Internationaler Datenverkehr des Düsseldorfer Kreises, Version 2.0, Stand 09.10.2014; S. 11 https://www.datenschutz-bayern.de/print/technik/orient/oh_cloud.pdf , abgerufen am 03.07.2017.

einbart werden, wer in dieser Konstellation das Risiko eines Verstoßes gegen Datenschutzbestimmungen trägt.

77 Grundsätzlich wird der Auftragsverarbeiter darauf vertrauen können, dass der Verantwortliche seiner Verantwortung gerecht wird und rechtmäßige Weisungen erteilt.[43] Es ist allerdings denkbar, dass Auftragsverarbeiter in ihrem Kerngeschäft professioneller mit Datenschutzanforderungen bewandert sind als die Verantwortlichen, die oftmals gerade wegen der Spezialisierung der Dienstleister diese beauftragen.

V. Weitere Auftragsverarbeiter (Abs. 4)

78 Nimmt der Auftragsverarbeiter Dienste eines weiteren Auftragsverarbeiters in Anspruch, um bestimmte Verarbeitungstätigkeiten im Namen des Verantwortlichen auszuführen, so hat er diesem weiteren Auftragsverarbeiter im Wege eines Vertrags oder eines anderen Rechtsinstruments nach dem Unionsrecht oder dem Recht des betreffenden Mitgliedstaats dieselben Datenschutzpflichten aufzuerlegen, die in dem Vertrag oder anderen Rechtsinstrument zwischen dem Verantwortlichen und dem Auftragsverarbeiter gem. Abs. 3 festgelegt sind. Auch hierbei müssen insb. hinreichende Garantien dafür geboten werden, dass die geeigneten technischen und organisatorischen Maßnahmen so durchgeführt werden, dass die Verarbeitung entsprechend den Anforderungen dieser Verordnung erfolgt. Kommt der weitere Auftragsverarbeiter seinen Datenschutzpflichten nicht nach, so haftet der erste Auftragsverarbeiter gegenüber dem Verantwortlichen für die Einhaltung der Pflichten jenes anderen Auftragsverarbeiters. Absatz 4 ist zusammen mit Absatz 2 zu sehen, nachdem der Auftragsverarbeiter jeden weiteren Auftragsverarbeiter nur mit Genehmigung des Verantwortlichen einbeziehen darf, vgl. Rn. 33 ff.

79 Bei der vertraglichen Gestaltung mit weiteren Auftragsverarbeitern sind insb. die Umsetzung der Nachweispflichten aus Abs. 3 lit. h zu bedenken und so zu regeln, dass auch der Verantwortliche in der Kette seiner Verantwortlichkeit gerecht werden kann. Eine eigene Kontrolle des Verantwortlichen bei weiteren Auftragsverarbeitern ist nicht erforderlich, ausreichend wäre eine Beauftragung externer Prüfer. Dies ist insb. bei Cloud-Dienstleistungen ein empfehlenswerter Weg.[44]

VI. Faktoren für hinreichende Garantien (Abs. 5)

80 Die Einhaltung genehmigter Verhaltensregeln gem. Art. 40 oder eines genehmigten Zertifizierungsverfahrens gem. Art. 42 durch einen Auftragsverarbeiter kann als Faktor herangezogen werden, um hinreichende Garantien im Sinne der Abs. 1 und 4 Artikels nachzuweisen. Bereits nach der Gesetzesbegründung zur BDSG II Novelle im Jahr 2009[45] wurden Vor-Ort-Kontrollen für die Überzeugung der Einhaltung der vereinbarten technischen und organisatorischen Maßnahmen nicht allgemein erwartet, sondern es konnten im Einzelfall auch ein vom Dienstleister vorgelegtes schlüssiges Datensicherheitskonzept oder ein dort durchgeführtes externes Audit genügen.[46]

81 Mit der expliziten Regelung in Abs. 5 unterstützt der Gesetzgeber die Verwendung von Zertifikaten und genehmigten Verhaltensregeln. Die Nachweispflicht umfasst nun mehr als lediglich die vereinbarten technischen und organisatorischen Maßnahmen, da den Auftragsverarbeiter durch die DS-GVO nun mehr Normen direkt adressieren und er auch sein Compliance-System für die Einhaltung der datenschutzrechtlichen Bestimmungen gegenüber dem Auftraggeber und Verantwortlichen ggf. rechtfertigen und nachweisen muss. Zertifikate und genehmigte Verhaltensregeln werden daher mehr enthalten, als nur technische und organisatorische Maßnahmen, sondern auch die Darstellung interner Prozesse zur Umsetzung der Anforderungen der DS-GVO.

---

43 Ehmann/Selmayr, *Bertermann*, Art. 28 Rn. 26.
44 Kühling/Buchner, *Hartung*, Art. 28 Rn. 78 m.w.N. auch zu Aufsichtsbehörden
45 Siehe hierzu die Beschlussempfehlung und Bericht des Innenausschusses vom 1.7.2009 im Rahmen des Gesetzgebungsverfahrens der BDSG-Novelle II, BT-DRs. 16/13657, S. 18.
46 So auch das BayLDA, Auftragsdatenverarbeitung nach § 11 BDSG, Stand März 2016, abrufbar unter https://www.lda.bayern.de/media/info_adv.pdf , abgerufen am 03.07.2017.

Zertifizierungen und genehmigte Verhaltensregeln können nur als ein Faktor herangezogen werden: **82**

Daraus ergibt sich, dass auch andere Dokumentationen und Unterlagen, sogar Zertifizierungen, die nicht den Anforderungen des Art. 42 entsprechen, durch den Auftragsverarbeiter vorgelegt und durch den Verantwortlichen bewertet werden können. Gerade in der Anfangszeit der Anwendung der DS-GVO werden weder Zertifikate nach Art. 42 noch genehmigte Verhaltensregeln nach Art. 40 zur Verfügung stehen. Es steht den Vertragsparteien hier frei, sich in der Vereinbarung zur Auftragsvereinbarung zu verständigen über welche Unterlagen, Testate, Gütesiegel und Zertifizierungen dem Auftragsverarbeiter der Nachweis ermöglicht wird. **83**

VII. Standardvertragsklauseln zur Auftragsverarbeitung (Abs. 6 – 8)

1. Möglichkeit zu Standardvertragsklauseln

Sowohl KOM (Abs. 7) wie auch die Aufsichtsbehörden (Abs. 8) können Standardvertragsklauseln zur Auftragsverarbeitung festlegen. Dem Verantwortlichen und dem Auftragsverarbeiter steht es frei, sich aus diesen zu bedienen oder auch nur Teile daraus zu verwenden. Es gibt keinen Zwang zur Verwendung der jeweiligen Standardvertragsklauseln (Abs. 6). Die Standardvertragsklauseln der KOM sind nach dem Prüfverfahren gem. Art. 93 Abs. 2 (der ursprüngliche Verweis auf Art. 87 Abs. 2 wurde als redaktioneller Verweisungsfehler über ein Corrigendum[47] geändert) mit Unterstützung durch den Ausschuss zu erstellen. Die Standardvertragsklauseln der Aufsichtsbehörden unterliegen dem Kohärenzverfahren gem. Art. 63, um eine einheitliche Anwendung der Verordnung zu gewährleisten. **84**

2. Verfahren der KOM

In Abs. 7 wird die KOM zur Festlegung von Standardvertragsklauseln hinsichtlich der in den Abs. 3 und 4 genannten Punkte ermächtigt. Auf die von der KOM festgelegten Standardvertragsklauseln können Verantwortliche dann Bezug nehmen, wenn sie Auftragsverarbeitungsverhältnisse eingehen wollen. **85**

Im Verfahren zum Erlass eines solchen Rechtsakts muss die KOM einen Ausschuss beteiligen, der mit mitgliedstaatlichen Vertretern besetzt ist. Der Ablauf des zur Anwendung kommenden Prüfverfahrens wird in der Kommentierung zu Art. 93 näher beschrieben [vgl. dort Rn. 8 ff]. **86**

Die Festlegung der Standardvertragsklauseln der KOM in Form eines Durchführungsrechtsakts erfolgen zu lassen, erscheint kritikwürdig. **87**

Zum einen erscheint der Tatbestand, der die Möglichkeit der Ermächtigung der KOM auslöst – das Bestehen eines Bedarfs einheitlicher Bedingungen für die Durchführung der DS-GVO – nicht vorzuliegen. Hierfür spricht die Tatsache, dass Verantwortliche nach Abs. 6 die von der KOM im Wege eines Durchführungsrechtsakts festgelegten Standardvertragsklauseln für die Begrundung von Auftragsverarbeitungsverhältnissen nicht nutzen müssen, sondern dies nur können. Zudem lässt das in Kauf genommene Nebeneinander von Standardvertragsklauseln, die auf der einen Seite von der KOM (Abs. 7) und auf der anderen Seite von den Aufsichtsbehörden (Abs. 8) festgelegt werden, den Bedarf einheitlicher von der KOM geschaffener Durchführungsbedingungen zweifelhaft erscheinen. Darüber hinaus erscheint – will man das Instrument der Durchführungsrechtsetzung und deren Erforderlichkeit im vorliegenden Fall grundsätzlich akzeptieren – die Wahl des von der KOM zur Ausübung der Durchführungsbefugnis zu nutzende Verfahren – das gegenüber dem alternativen Beratungsverfahren mit größerem mitgliedstaatlichen Einfluss auf das Erlassverfahren verbundene Prüfverfahren angreifbar. Der Gesetzgeber muss nach Art. 2 **88**

47 Council of the European Union, Interinstitutional File: 2012/0011 (COD); 12399/16 vom 27.10.2016, abrufbar unter http://data.consilium.europa.eu/doc/document/ST-12399-2016-INIT/en/pdf; abgerufen am 3.7.2017.

Abs. 1 der VO (EU) 182/2011[48] bei der Verfahrenswahl „die Art oder die Auswirkungen des erforderlichen Durchführungsrechtsakts berücksichtig(en)". Bei in ihren Auswirkungen weniger bedeutenden Durchführungsrechtsakten ist nach dieser Logik grundsätzlich das Beratungsverfahren das Verfahren der Wahl. Das Prüfverfahren kommt nach Art. 2 Abs. 2 lit. a der VO (EU) 182/2011 hingegen zur Anwendung bei Durchführungsrechtsakten von „allgemeiner Tragweite". Angesichts der – wie oben gezeigt – im Gesamtkontext nicht zwingenden Natur der Durchführungsrechtsetzung im vorliegenden Fall bzw. des begrenzten Ausmaßes der Wirkungen der zu treffenden Maßnahme wäre hier das Beratungsverfahren angezeigt gewesen. Dies gilt auch vor dem Hintergrund der berechtigen Kritik an der Regelungssystematik des Art. 2 der VO (EU) 182/2011, der durch die Verwendung unbestimmter Rechtsbegriffe und eine verwirrende Regel-Ausnahme-Systematik gekennzeichnet ist – Anwendung des Prüfverfahrens „insbesondere" in den in Abs. 2 genannten Fällen; Anwendung des Beratungsverfahrens „grundsätzlich" in allen anderen Fällen, wobei in „hinreichend begründeten" Fällen hiervon abgewichen werden kann.

89 Im Ergebnis erscheint die Regelungstechnik des Gesetzgebers in Bezug auf die Ermächtigung der KOM zur Festlegung von Standardvertragsklauseln verfehlt. Besser wäre es hier gewesen, an die Möglichkeit der KOM zu denken, im Wege einer unverbindlichen Empfehlung oder Stellungnahme Aspekte der Vertragsgestaltung zu Abs. 3 und 4 abzubilden.

90 Unabhängig von der Kritik am gewählten Verfahren für die KOM, muss darauf hingewiesen werden, dass künftigen Standardvertragsklauseln nicht unkritisch begegnet werden darf, sollten dabei Regelungen vorgegeben werden, die den Vorgabenrahmen der Abs. 3 und 4 verlassen.

3. Bisherige Vereinbarungsmuster

91 Unter dem BDSG gab es bereits Musterverträge zur Auftragsdatenverarbeitung durch einzelne Aufsichtsbehörden. Allerdings wurde bei diesen nicht zu Unrecht darauf hingewiesen, dass sie jeweils auf den Einzelfall anzupassen seien. Unglücklicherweise beschränkten sich diese Muster nicht auf die Umsetzung datenschutzrechtlicher Inhalte aus dem BDSG, sondern erweiterten die Empfehlungen um Regelungen zu Vertragsstrafen[49]. Bei dieser Thematik wird dringend empfohlen, sich juristischen Rat einzuholen, da die zivilrechtlichen Anforderungen an rechtlich wirksame Vertragsstrafenklauseln sehr hoch sind und ansonsten die Wirksamkeit der gesamten Vereinbarung zur Auftragsvereinbarung nicht sichergestellt ist.

VIII. Formvorschriften (Abs. 9)

92 Nach Art. 28 Abs. 9 ist der Vertrag schriftlich oder in elektronischer Form abzuschließen. Damit wird die Diskussion eröffnet, inwieweit dies eine zwingende Formvorschrift ist, deren Nichtbeachtung die Unwirksamkeit der Vereinbarung zur Folge haben könnte. In der Literatur gibt es schon Ausarbeitungen zu den Anforderungen an diese Schriftform.[50]

93 Diese Vorgabe aus Abs. 9 dient vor allem der Transparenz und der Rechenschaftspflicht nach Art. 5 Abs. 2.[51] Dieses Schriftformerfordernis ist nicht auf die Regelungen des BGB ausrichtet, gewollt ist eine Beweismöglichkeit der vereinbarten Regelungen.[52] Zudem gibt es keine europäische Definition von „schriftlich", ein Rückgriff auf die Auslegung des BGB (§§ 126, 126a BGB) bietet sich nicht an, da es um die Auslegung europäischen Rechts geht und hier zunächst das

---

48 Verordnung (EU) Nr. 182/2011 des Europäischen Parlaments und des Rates vom 16. Februar 2011 zur Festlegung der allgemeinen Regeln und Grundsätze, nach denen die Mitgliedstaaten die Wahrnehmung der Durchführungsbefugnisse durch die Kommission kontrollieren, abrufbar unter http://eur-lex.europa.eu/legal-content/DE/TXT/HTML/?uri=CELEX:32011R0182&from=DE, abgerufen am 3.7.2017.

49 Vgl. „Mustervereinbarung zum Datenschutz und zu Datensicherheit in Auftragsverhältnissen nach § 11 BDSG vom 28.09.2010" des Hessischen Datenschutzbeauftragten, dort Ziffer VII, abrufbar unter https://www.datenschutz.hessen.de/ft-auftragsdatenverarbeit.htm, abgerufen am 03.07.2017.

50 Gola, *Klug*, Art. 28 Rn. 12; *Müthlein*, in: RDV 2016, 74 (76).

51 *Albrecht/Jotzo*, S. 98; *Eckardt*, CCZ 2017, 111 (116).

52 *Albrecht/Jotzo*, S. 98.

Primat der teleologischen Auslegung heranzuziehen ist.[53] Letztendlich ergeben sich daraus keine Formanforderungen, die bis zur Nichtigkeit einer Vereinbarung führen können (vgl. § 125 BGB), sondern lediglich die Anforderung, durch die Form der abgeschlossenen Vereinbarung auch den Nachweis der Vereinbarung erbringen zu können, sei es schriftlich (Textform) oder elektronisch.

Auch deutet die Variante eines elektronischen Formats an, dass damit nicht die ansonsten mit einer strengen Schriftform verbundene Schutz- und Warnfunktion einer „schwächeren" Vertragspartei erreicht werden soll, sondern nur eine Beweiserleichterung. **94**

Es stellt sich die Frage, ob mit elektronischer Form allein eine signierte Email ausreichend sein soll, wenn auch auf eine qualifiziert elektronische Signatur verzichtet werden kann.[54] Dies kann bezweifelt werden – die allgemeinen Grundlagen zum Nachweis eines Vertragsabschlusses über zwei übereinstimmende Willenserklärungen mit den üblichen Beweislastregelungen werden genügen. Künftig haben beide Vertragspartner noch mehr wie bisher ein eigenes Interesse, die nach Art. 28 vereinbarten Inhalte belegen zu können: Der Verantwortliche, um der Rechenschaftspflicht des Art. 5 Abs. 2 zu genügen und der Auftragsverarbeiter, der daraus den Nachweis der Befugnis zur Verarbeitung ableitet. **95**

Demnach könnte ein Vertrag über eine Verarbeitung im Auftrag auch online über ein Formular abgeschlossen werden, relevant ist für beide Vertragsparteien nur, dass sie dabei ihrer Nachweispflicht nachkommen können, so dass für beide Vertragsparteien eine Verkörperung des vereinbarten Inhalts bspw. durch Ausdrucken oder Herunterladen möglich sein muss. **96**

Ein Nachweis kann daher auch über einen online abgeschlossenen Vertrag erbracht werden, bspw. durch eine Annahme über einen „Klick", der entsprechend für beide Vertragsparteien nachweisbar (vgl. Rn. 96) erfolgte. Zudem sollte durch eine Bestätigungsmail an eine authentifizierte Emailadresse oder vergleichbare anderweitige Zugangsmöglichkeit des Auftraggebers einer missbräuchliche Nutzung dieser Abschlussmöglichkeit entgegengewirkt werden. **97**

IX. Auftragsverarbeiter als Verantwortlicher (Abs. 10)

Unbeschadet der Regelungen zur Haftung (Art. 82), zum Bußgeld (Art. 83) und zu Sanktionen (Art. 84) gilt ein Auftragsverarbeiter, der unter Verstoß gegen diese Verordnung die Zwecke und Mittel der Verarbeitung bestimmt, in Bezug auf diese Verarbeitung als Verantwortlicher. Dies folgt daraus, dass der Verantwortliche Zwecke und Mittel selbst bestimmt, vgl. Art. 4 Nr. 7 Rn. 24 ff. Ein Auftragsverarbeiter, der über die Mittel (mit-)bestimmt, muss noch nicht deswegen zum Verantwortlichen werden, zumal die Vorgabe der Mittel in jedweder Detailtiefe keinen Aspekt einer vertraglichen Regelungsaufgabe nach Art. 28 Abs. 3 darstellt, vgl. Rn. 48. **98**

Erst wenn der Auftragsverarbeiter selbst einen Zweck mit den personenbezogenen Daten festlegt, der ausschließlich ihm dient, wird man von dem Wechsel vom Auftragsverarbeiter zum Verantwortlichen ausgehen müssen. So wird bspw. ein Auftragsverarbeiter, der eine Datei mit personenbezogenen Daten bei Eingang auf Virenbefall scannt, nicht deswegen zum Verantwortlichen, weil diese Leistung nicht explizit vom Leistungsauftrag formuliert war. Gleiches wird auch gelten, wenn der Dienstleister Erfahrungen aus dem Auftrag mit personenbezogenen Daten für andere Tätigkeiten nutzt, solange die dadurch tangierten personenbezogenen Daten nicht einem Zweck außerhalb der Beauftragung zugeführt werden. Dies wäre z.B. bei dem Einsatz künstlicher Intelligenz zur Verarbeitung von Datenmengen denkbar: Ein sich verbessernder Verarbeitungsvorschlag beeinträchtigt nicht die Rechte der betroffenen Personen, nur weil Fehlzuordnungen künftig vermieden werden. **99**

Ebenso wenig wird der Auftragsverarbeiter zum Verantwortlichen werden, wenn er vom Verantwortlichen angewiesen wird, die Daten zu anonymisieren, um dann anschließend die anonymen Daten für eigene Zwecke zu verwenden. Mangels personenbezogener Daten fehlt es dann für **100**

---

53 Ehmann/Selmayr, *Selmayr/Ehmann*, Einführung, Rn. 91; Kühling/Buchner, *Hartung*, Art. 28 Rn. 95.
54 Kühling/Buchner, *Hartung*, Art. 28 Rn. 96; Gola, *Klug*, Art. 28 Rn. 12.

den Auftragsverarbeiter bereits an dem sachlichen Geltungsbereich der DS-GVO, Art. 2 Abs. 1. Dabei ist zu beachten, dass das zur Anonymisierung eingesetzte Verfahren auch die Anforderungen erfüllen muss, die EG 26 an anonyme Informationen stellt: Die betroffene Person darf nicht oder nicht mehr identifiziert werden können.

Beispiele für eine Auftragsverarbeitung

101 Durch den Wechsel vom BDSG auf Basis der RL 95/46 zur DS-GVO gibt es grds. keine Veränderung bei den Dienstleistungen, die bisher als Auftragsdatenverarbeitung nach § 11 eingestuft wurden werden, nun als Auftragsverarbeitung nach Art. 28 zu klassifizieren. Allerdings könnten nun Dienstleistungsverhältnisse, z. B. im Konzernverbund, künftig auch über die gemeinsame Verantwortlichkeit gem. Art. 26 behandelt werden. Sofern es sich nicht um freie Berufe im Rahmen ihrer gesetzlichen Aufgabenerfüllung handelt, können wahrscheinlich auch bisherige „Funktionsübertragungen" als Auftragsverarbeitung gestaltet werden (vgl. Kommentierung zu Art. 4 Nr. 8 Rn. 20).

C. Weitere Auswirkungen der Verordnung in der Praxis

I. Übergangsregelungen

102 Übergangsregelungen sind nicht vorgesehen, die neuen Vorgaben sind ab dem 25.05.2018 anzuwenden, bis dahin gelten die Vorgaben des § 11 BDSG. Allerdings ist davon auszugehen, dass die Regelungen der DS-GVO durch das Inkrafttreten zum 24.05.2016 eine Vorwirkung entfalten. Aufgrund der inhaltlichen Nähe der vertraglichen Anforderung des § 11 BDSG und des Art. 28 sind kaum Fälle vorstellbar, in denen man zwei Verträge vereinbaren müsste, die einander stichtagsbezogen zum 25.05.2018 ablösen: Den ersten nach dem § 11 BDSG und den zweiten nach der DS-GVO. Es ist daher kein Bußgeld nach § 43 Abs. 2 b BDSG zu erwarten, wenn bereits vor dem 25.05.2018 Vereinbarungen zur Auftragsverarbeitung gem. Art. 28 abgeschlossen werden. Selbst das bisher so streng ausgelegt Schriftformgebot nach § 11 Abs. 2 S. 2 BDSG wird sich nicht mehr durchsetzen lassen. Vor dem 25.05.2018 abzuschließende Vereinbarungen über die Verarbeitung im Auftrag können sich daher schon an den Vorgaben des Art. 28 orientieren.[55]

II. Rechtsfolgen bei Verstößen

103 Eine Verarbeitung durch einen Dienstleister ohne eine Vereinbarung, die den Anforderungen des Art. 28 genügt, würde ohne ausreichende Rechtmäßigkeitsgrundlage nach Artt. 6, 7 oder 9 durchgeführt werden.[56] Der Verantwortliche müsste ohne nachweisfähige Vereinbarung zur Auftragsvereinbarung und damit ohne Privilegierungswirkung für die Weitergabe (vgl. Art. 4 Nr. 8 Rn. 9 ff) eine Rechtmäßigkeitsgrundlage aus Artt. 6, 7 und / oder 9 darlegen. Der Auftragsverarbeiter wäre darauf angewiesen, dass dem Verantwortlichen dies gelänge, was für beide ein sehr hohes Risiko hinsichtlich der Sanktionsmöglichkeiten darstellt. Der Auftragsverarbeiter wäre dann als Verantwortlicher zu behandeln, der auch die Betroffenenrechte in eigener Verantwortlichkeit erfüllen müsste und den Rechenschaftspflichten des Art. 5 Abs. 2 unterliegt mit all seinen Ausprägungen in Kapitel III und IV der DS-GVO.

104 Hinsichtlich der Rechtsfolgen muss allerdings differenziert werden, ob bei einer Vereinbarung über die Auftragsvereinbarung einzelne Aspekte der Vorgaben des Art. 28 Abs. 3 und 4 unzureichend abgebildet wurden oder ob überhaupt keine Vereinbarung über die Auftragsverarbeitung abgeschlossen wurde. Es wird sich auf die Wirksamkeit einer Vereinbarung zur Auftragsverarbeitung nicht auswirken, ob der Verantwortliche bspw. alle Kategorien betroffener Personen korrekt aufgeführt hat.

---

55 Kühling/Buchner, *Hartung*, Art. 28 Rn. 84.
56 Kühling/Buchner, *Hartung*, Art. 28 Rn. 101.

Daneben besteht bei Verstößen, die einen materiellen oder immateriellen Schaden für die betroffene Person zur Folge haben, ein Schadensersatzanspruch des Geschädigten nach Art. 82. Hierbei ist zu beachten, dass dieser nunmehr auch gegenüber den Auftragsverarbeiter direkt geltend gemacht werden kann, vgl. Art. 82 Rn. 11 ff. 105

III. Sanktionen

Ein Verstoß gegen die Pflichten des Art. 28 kann mit Geldbußen von bis zu 10.000.000 EUR oder im Fall eines Unternehmens von bis zu 2 % seines gesamten weltweit erzielten Jahresumsatzes des vorangegangenen Geschäftsjahrs geahndet werden, je nachdem, welcher der Beträge höher ist (Art. 83 Abs. 4 lit. a). Verstößt ein Verantwortlicher oder ein Auftragsverarbeiter bei gleichen oder miteinander verbundenen Verarbeitungsvorgängen vorsätzlich oder fahrlässig gegen mehrere Bestimmungen dieser Verordnung, so darf der Gesamtbetrag der Geldbuße den Betrag für den schwerwiegendsten Verstoß nicht übersteigen (Art. 83 Abs. 3). 106

IV. Rechtsschutz

Für Streitigkeiten zwischen Verantwortlichem und Auftragsverarbeiter über Verletzungen aus der Vereinbarung zur Auftragsverarbeitung sind die jeweiligen Gerichte der Mitgliedsstaaten zuständig. Betroffene Personen haben nach Art. 77 die Möglichkeit, ihr Recht auf Beschwerde bei einer Aufsichtsbehörde oder über Art. 79 ihr Recht auf einen wirksamen gerichtlichen Rechtsbehelf gegen den Verantwortlichen oder Auftragsverarbeiter auszuüben. 107

Betroffene Personen können neben den Rechten aus Kapitel III der DS-GVO auch direkt gegen Verantwortlichem oder Auftragsverarbeiter vorgehen, wenn sie glauben durch deren Verarbeitung in ihren Persönlichkeitsrechten verletzt zu sein. Die Anspruchsgrundlage für diesen Unterlassungsanspruch findet sich in diesen Fällen in §§ 823 i.V.m. 1004 BGB. 108

Article 29

Processing under the authority of the controller or processor

The processor and any person acting under the authority of the controller or of the processor, who has access to personal data, shall not process those data except on instructions from the controller, unless required to do so by Union or Member State law.

Artikel 29

Verarbeitung unter der Aufsicht des Verantwortlichen oder des Auftragsverarbeiters

Der Auftragsverarbeiter und jede dem Verantwortlichen oder dem Auftragsverarbeiter unterstellte Person, die Zugang zu personenbezogenen Daten hat, dürfen diese Daten ausschließlich auf Weisung des Verantwortlichen verarbeiten, es sei denn, dass sie nach dem Unionsrecht oder dem Recht der Mitgliedstaaten zur Verarbeitung verpflichtet sind.

Recital

(79) The protection of the rights and freedoms of data subjects as well as the responsibility and liability of controllers and processors, also in relation to the monitoring by and measures of supervisory authorities, requires a clear allocation of the responsibilities under this Regulation, including where a controller determines the purposes and means of the processing jointly with other controllers or where a processing operation is carried out on behalf of a controller.

Erwägungsgrund

(79) Zum Schutz der Rechte und Freiheiten der betroffenen Personen sowie bezüglich der Verantwortung und Haftung der Verantwortlichen und der Auftragsverarbeiter bedarf es – auch mit Blick auf die Überwachungs- und sonstigen Maßnahmen von Aufsichtsbehörden – einer klaren Zuteilung der Verantwortlichkeiten durch diese Verordnung, einschließlich der Fälle, in denen ein Verantwortlicher die Verarbeitungszwecke und -mittel gemeinsam mit anderen Verantwortlichen festlegt oder ein Verarbeitungsvorgang im Auftrag eines Verantwortlichen durchgeführt wird.

Literatur

Eßer/Kramer/von Lewinski (Hrsg.), BDSG, 4. Auflage 2014, Carl Heymanns Verlag Köln; *Paal/Pauly,* Datenschutz-Grundverordnung, 1. Auflage 2016, C.H. Beck, München.

▶ Bedeutung der Norm

Die Norm regelt nicht nur die strikte Weisungsabhängigkeit des Auftragsverarbeiters und der diesem unterstellten Personen, sondern auch der Personen, die dem Verantwortlichen unterstellt sind. Sie setzt den grundrechtswahrenden Anspruch der DS-GVO direkt um, indem hinsichtlich des Schutzes der Rechte und Freiheiten des Betroffenen sichergestellt wird, dass eine Verarbeitung außerhalb der Weisung des Verantwortlichen nur auf Basis einer Verpflichtung zur Verarbeitung nach dem Unionsrecht oder dem Recht der Mitgliedstaaten erfolgt.

▶ Hinweise für den Anwender

Über diese Regelung wird auch der Verantwortungsbereich für die Rechtmäßigkeit des Handelns und für die Haftungsmaßstäbe des Verantwortlichen und des Auftragsverarbeiters definiert. Der Haftungsbereich des Auftragnehmers ist eröffnet, wenn er unter Nichtbeachtung einer rechtmäßig erteilten Anweisung des Verantwortlichen oder entgegen der Anweisung gehandelt hat (Art. 82 Abs. 2 S. 2).

Für die Auslegung der Norm relevante Erwägungsgründe:

- Der EG 79 verweist auf den Schutzbereich der Rechte und Freiheiten der Betroffenen für diese *Anforderung*.

Systematische Einordnung der Norm innerhalb der DS-GVO:

- Die Norm ergänzt die Weisungsvorgaben des Art. 28 Abs. 3, denen der Auftragsverarbeiter unterliegt. Sie legt auch für die Mitarbeiter des Verantwortlichen und des Auftragsverarbeiters ein weisungsabhängiges Verarbeiten fest und bindet diese in die Pflichterfüllung des Verantwortlichen und des Auftragsverarbeiters ein.

Vorgängernorm im BDSG:

- Eine gleichwertige Norm gibt es im BDSG nicht. Allerdings lässt sich der Regelungsinhalt für den Auftragsverarbeiter über § 11 Abs. 3 S. 1 BDSG und für die dem Verantwortlichen und dem Auftragsverarbeiter unterstellten Personen über § 5 BDSG erschließen.

Vorgängernorm in der RL 95/46:

- Art. 16 RL 95/46 hat den inhaltsgleichen Regelungsgehalt. Art. 17 Abs. 3 erster Spiegelstrich RL 95/46/EG regelt die Weisungsabhängigkeit des Auftragsverarbeiters.

▶ **Schlagworte**

Auftragsverarbeiter, unterstellte Personen, Verantwortlicher, Weisung

A. Allgemeines

I. Regelungszweck

In dieser Norm wird das Weisungsrecht des Verantwortlichen geregelt. Er bestimmt Zweck und Mittel der Verarbeitung. Die ihm unterstellten Personen sowie der Auftragsverarbeiter und die diesem unterstellten Personen haben die Verarbeitung ausschließlich nach Weisungen des Verantwortlichen umzusetzen. **1**

II. Normadressaten

Die Norm richtet sich direkt an die folgenden Personengruppen: **2**

- Auftragsverarbeiter;
- dem Verantwortlichen unterstellte Personen;
- dem Auftragsverarbeiter unterstellte Personen.

Voraussetzung für die Anwendung der Norm ist, dass die Personengruppen Zugang zu personenbezogenen Daten im Verantwortungsbereich des Verantwortlichen haben. **3**

Mittelbar richtet sich die Norm auch an den Unionsgesetzgeber bzw. an die mitgliedstaatlichen Gesetzgeber. Wenn und soweit die weisungsunterworfenen Personen durch Unionsrecht oder **4** durch mitgliedstaatliches Recht zur Verarbeitung verpflichtet sind, ist das Weisungsrecht des Verantwortlichen dispensiert. Damit gehört Art. 29 zu den vielen Normen der DS-GVO, die es den Mitgliedstaaten durch eine Öffnungsklausel ermöglichen, die DS-GVO ergänzendes bzw. spezifizierendes Recht zu erlassen.

III. Systematik

5 Der Art. 29 findet sich Kapitel IV „Verantwortliche und Auftragsverarbeiter" und ergänzt die Aussagen in Art. 24, nach dem gem. Art. 24 Abs. 1 der Verantwortliche organisatorische Maßnahmen zu treffen hat, um sicherzustellen, dass die Verarbeitung gemäß dieser Verordnung erfolgt. Eine Maßnahme, dieser Verantwortung gerecht zu werden, ist weisungskonformes Verhalten der dem Verantwortlichen unterstellten Personen. Im Verhältnis zum Auftragsverarbeiter gibt Art. 28 Abs. 3 S. 2 lit. a dem Verantwortlichen vor, die Verarbeitung durch den Auftragsverarbeiter nur auf Basis einer dokumentierten Weisung zu vereinbaren. Sowohl Verantwortlicher als auch Auftragsverarbeiter sind Adressaten der Vorgaben zur Sicherheit der Verarbeitung nach Art. 32 Abs. 1 und müssen entsprechende technische und organisatorische Maßnahmen treffen, um ein dem Risiko (für die Rechte und Freiheiten der natürlichen Person) angemessenes Schutzniveau zu gewährleisten. Eine organisatorische Maßnahme ist die Sicherstellung, dass eingesetztes Personal die internen Vorgaben zur Datenverarbeitung kennt und beachtet. Hervorgehoben wird dies noch durch die Konkretisierung in Art. 32 Abs. 4, die sich explizit an den Verantwortlichen und den Auftragsverarbeiter richtet, Schritte zu unternehmen, die sicherstellen, dass ihnen unterstellte natürliche Personen, die Zugang zu den Daten haben, diese nur entsprechend der Anweisung des Verantwortlichen verarbeiten.

6 Durch die systematische Stellung der Norm und den expliziten Adressatenkreis verdeutlicht Art. 29 die Bedeutung der Weisungsabhängigkeit für die Sicherstellung der Einhaltung der Verarbeitung mit der Datenschutz-Grundverordnung in der Verantwortlichkeit des Verantwortlichen (Art. 4 Nr. 7).

IV. Entstehungsgeschichte

1. Bisherige europäische Vorgaben

7 Bereits in Art. 16 RL 95/46 fand sich unter der Überschrift „Vertraulichkeit der Verarbeitung" eine vergleichbare Vorgabe. Danach dürfen Personen, die dem für die Verarbeitung Verantwortlichen oder dem Auftragsverarbeiter unterstellt sind und Zugang zu personenbezogenen Daten haben, sowie der Auftragsverarbeiter selbst personenbezogene Daten nur auf Weisung des für die Verarbeitung Verantwortlichen verarbeiten, es sei denn, es bestehen gesetzliche Verpflichtungen.

2. Bisherige nationale Vorgaben

8 Im BDSG gibt es für den Auftragnehmer in § 11 Abs. 3 S. 1 die Regelung, dass er die Daten nur im Rahmen der Weisungen des Auftraggebers erheben, verarbeiten und nutzen darf. Darüber hinaus wurde dem Auftraggeber in § 11 Abs. 2 S. 2 Nr. 9 BDSG auferlegt, den Umfang der Weisungsbefugnisse, die sich der Auftraggeber gegenüber dem Auftragnehmer vorbehält, vertraglich festzulegen.

3. Verhandlungen zur DS-GVO

9 Der Regelungsgedanke zur strengen Weisungsabhängigkeit fand sich in allen drei Entwürfen der Kommission, des Parlaments und des Rats. Bei Kommission und Parlament wurde dies aber nur als Ausgestaltung der Einbindung des Auftragsverarbeiters im Rahmen der Auftragsverarbeitung (dort im damaligen Art. 26 Abs. 2a) für den Auftragsverarbeiter festgelegt. Allein der Rat positionierte seine Regelung zur weisungsabhängigen Verarbeitung in die Vorgaben zur Sicherheit der Verarbeitung (damaliger Art. 30 Abs. 2b) und erweiterte die Normadressaten um den Verantwortlichen und die ihm und dem Auftragsverarbeiter jeweils unterstellten Personen. Sowohl Par-

lament wie auch Rat sahen aber auch dabei schon die Kollisionsklausel vor, dass das Unionsrecht oder das Recht der Mitgliedstaaten etwas anderes bestimmt bzw. die Normadressaten zur Verarbeitung verpflichtet sind.

B. Inhalt der Norm

I. Weisungsunterworfene Personen

Der Verantwortliche legt durch seine Weisungen gegenüber den weisungsunterworfenen Personen die Verarbeitung fest. 10

1. Auftragsverarbeiter

Der Auftragsverarbeiter ist in Art. 4 Nr. 8 definiert. Damit sind nicht nur natürliche und juristische Personen umfasst, sondern auch Behörden, Einrichtungen oder andere Stellen, die im Auftrag des Verantwortlichen personenbezogene Daten verarbeiten. 11

2. Dem Verantwortlichen unterstellte Personen

Hierzu gibt es in der DS-GVO keine Definition. Dem Verantwortlichen unterstellte Personen können alle sein, denen der Verantwortliche rechtlich verbindliche Weisungen zu erteilen in der Lage ist. Das betrifft somit neben den Arbeitnehmern auch Auszubildende, Praktikanten und beim Verantwortlichen eingesetzte Leiharbeitnehmer. Auch eine kraft Werkvertrages eingebundene Person kann davon umfasst sein, wenn bspw. externes Reinigungspersonal in Büroräumen Zugang zu personenbezogenen Daten erhält, diese aber explizit nicht von der werkvertraglichen Leistung umfasst sind. In diesen Fällen könnte im Werkvertrag vereinbart sein, wie mit trotz „Clean desk"-Prinzips offen liegenden Unterlagen umzugehen ist. 12

3. Dem Auftragsverarbeiter unterstellten Personen

Auch beim Auftragsverarbeiter können diesem unterstellte Personen der gleichen Zuordnung entsprechen wie beim Verantwortlichen: Neben seinen eigenen Arbeitnehmern zählen hierzu Auszubildende, Praktikanten und beim Auftragsverarbeiter eingesetzte Leiharbeitnehmer.[1] 13

Zu den Personen, die dem Auftragsverarbeiter unterstellt sind, steht der Verantwortliche im Regelfall in keinem direkten Vertragsverhältnis. Hier empfiehlt sich, dass der Verantwortliche den Auftragsverarbeiter im Vertrag nach Art. 28 Abs. 3 i.V.m. Abs. 9 verpflichtet, eine entsprechende Regelung mit den ihm unterstellten Personen zu treffen. 14

II. Zugang zu personenbezogenen Daten

Voraussetzung für die Weisungsunterworfenheit ist, dass die Personen Zugang zu personenbezogenen Daten haben. Entscheidend ist die tatsächliche Zugangsmöglichkeit, nicht die aufgabenbezogene Zugangsmöglichkeit. Auch der für die konkrete Verarbeitung nicht vorgesehene Mitarbeiter des Verantwortlichen oder des Auftragsverarbeiters unterliegt der strengen Weisungsvorgabe des Verantwortlichen. 15

III. Sicherstellung des Weisungsrechts

Der Verantwortliche ist gut beraten, mit den ihm unterstellten Personen eine Verpflichtung zu vereinbaren, die dann als Nachfolgeregelung zu § 5 BDSG sicherstellt, dass durch ihm unterstellte Personen die Einhaltung der Verordnung erfolgt. Dies kann dann zugleich als geeignete organisatorische Maßnahme nach Art. 24 Abs. 1 angesehen werden, die der Verantwortliche ergreifen muss, um sicherzustellen, dass die Verarbeitung gemäß der DS-GVO erfolgt. Eine solche Ver- 16

1 Paal/Pauly, *Martini*, Art. 29 Rn. 14.

pflichtung könnte zudem auch als einer der Schritte anzusehen sein, den Verantwortlicher und Auftragsverarbeiter nach Art. 32 Abs. 4 zu unternehmen haben, um sicherzustellen, dass ihnen unterstellte natürliche Personen, die Zugang zu personenbezogenen Daten haben, diese nur auf Anweisung des Verantwortlichen verarbeiten.

17 So kann es nach dem Wegfall des § 5 BDSG und der dortigen Definition des Datengeheimnisses eine Möglichkeit sein, die jeweils unterstellten Personen auf eine neue Formulierung zur Sicherstellung der weisungsabhängigen Verarbeitung zu verpflichten. Solange es durch die Aufsichtsbehörden oder die Rechtsprechung zu keiner anerkannten Vorgabe kommt, werden sich die Verantwortlichen und Auftragsverarbeiter selbst um eine Formulierung dazu bemühen müssen. Diese könnte wie folgt lauten:

> *„Ich verpflichte mich, personenbezogene Daten nicht unbefugt, also außerhalb einer Weisung oder gesetzlichen Grundlage und nur im Rahmen meiner Aufgabenerfüllung zweckgebunden zu verarbeiten. Hinsichtlich der personenbezogenen Daten verpflichte ich mich zu Stillschweigen gegenüber Dritten. Dies gilt auch über die Beendigung meiner Tätigkeit hinaus."*

IV. Weisung

18 Die DS-GVO selbst definiert die Weisung nicht. In der Literatur zum BDSG sind darunter alle Anweisungen zu verstehen, die der Auftragnehmer vertraglich hinsichtlich der Art und des Gegenstandes des Datenumgangs und der technischen und organisatorischen Maßnahmen übernimmt.[2] Es gibt keine Anhaltspunkte, dies nicht auch für die DS-GVO zu übernehmen.[3] Eine Formbedürftigkeit der Weisung gibt die DS-GVO nicht vor, aber der Auftragsverarbeiter handelt im eigenen Interesse, wenn er Weisungen des Verantwortlichen in nachvollziehbarer Weise dokumentiert bzw. vereinbart, dass mündliche Weisungen in Textform bestätigt werden, um die Rechtmäßigkeit seines Handelns oder der ihm unterstellten Personen nachweisbar sicherzustellen.

V. Grenzen des Weisungsrechts

19 Das Weisungsrecht findet seine Grenzen, wenn die weisungsunterworfenen Personen aufgrund eines Rechts der Union oder der Mitgliedstaaten zur Verarbeitung verpflichtet sind. Denkbar sind bspw. Fälle der Beschlagnahme der Daten des Verantwortlichen beim Auftragsverarbeiter durch Ermittlungsbehörden. Die Herausgabe selbst stellt nach der Definition des Art. 4 Nr. 2 eine Verarbeitung in der Form des „Offenlegens durch Übermittlung" dar. Eine entgegenstehende Weisung des auftraggebenden Verantwortlichen wird – mit Ausnahme der Fälle, in denen sich ein Zeugnisverweigerungsrecht gem. § 97 StPO auf ein Beschlagnahmeverbot beim Dienstleister erstreckt – nicht zu beachten sein.

20 Zu beachten ist auch, dass das Weisungsrecht des Verantwortlichen gegenüber dem Auftragsverarbeiter kein Recht des Verantwortlichen begründet, die vertraglich vereinbarte Leistung des Auftragsverarbeiters einseitig abändern zu können. Eine Verarbeitung, die nicht vereinbart ist, kann nicht über den Weg einer datenschutzrechtlichen Weisung einseitig vorgegeben werden.

VI. Rechtsfolgen

21 Eine weisungskonforme Ausführung durch die weisungsunterworfenen Personen wirkt sich unmittelbar auf die jeweilige Haftung aus. Führen der Auftragsverarbeiter, ihm oder dem Verantwortlichen unterstellte Personen eine Weisung des Verantwortlichen aus, trägt der Verantwortliche als Weisungsgeber die Verantwortung für die Rechtmäßigkeit. Stellt sich diese Weise als unzulässig heraus (z.B. im Fall einer unzulässigen Verarbeitung aufgrund einer rechtswidrigen

---

2 Eßer/Kramer/von Lewinski, *Thomal*, § 11 Rn. 55.
3 Paal/Pauly, *Martini*, Art. 29 Rn. 18.

Zweckänderung), kann sich der Auftragsverarbeiter nach Art. 83 Abs. 3 von der Haftung exkulpieren.

Verstößt der Auftragsverarbeiter gegen eine Weisung, drohen ihm nicht nur Sanktionen im Rahmen des Art. 83 Abs. 4 lit. a, er gerät auch in das Risiko nach Art. 28 Abs. 10 als derjenige, der für diese Verarbeitung die Zwecke und Mittel bestimmt und damit als Verantwortlicher gilt. **22**

Weisungswidriges Agieren der ihnen jeweils unterstellten Personen werden Verantwortlicher und Auftragsverarbeiter sich jeweils zurechnen lassen müssen. Inwieweit sie bei einem Schaden im Innenverhältnis zu den jeweils unterstellten Personen Regress nehmen können, hängt vom jeweiligen Rechtsverhältnis zu den unterstellten Personen und im Arbeitsrecht auch von den Grundsätzen der Arbeitnehmerhaftung ab. **23**

Eine Pflicht zur Prüfung der Rechtmäßigkeit einer Anweisung ergibt sich für den Auftragsverarbeiter nicht. Sollte er aber zu der Auffassung gelangen, dass eine Anweisung gegen die DS-GVO oder gegen andere Datenschutzbestimmungen der Union oder der Mitgliedstaaten verstößt, hat er nach Art. 28 Abs. 3 den Verantwortlichen unverzüglich zu informieren. Es sind aber hier Ausnahmen vorstellbar, dass gerade der Dienstleister besondere Expertise hinsichtlich bestimmter Verarbeitungsformen hat, bspw. ein Entsorger hinsichtlich der entsprechenden Auswahl der Schutzklasse und Sicherheitsstufe gem. DIN 66399, wenn er durch einen Berufsgeheimnisträger mit der Vernichtung von Datenträgern beauftragt wird. **24**

C. Weitere Auswirkungen der Verordnung in der Praxis

I. Voraussichtliche Auswirkungen auf das nationale Recht

Bislang war der Auftragsverarbeiter schon in Umsetzung des Art. 16 RL 95/46 nur weisungsabhängig befugt, die Daten zu verarbeiten. Die Konkretisierung um die ihm und dem Verantwortlichen unterstellten Personen verdeutlicht nur die organisatorischen Erforderlichkeiten, die Verantwortlicher und Auftragsverarbeiter zur Umsetzung unternehmen müssen. Einen Spielraum, hier zur Weisungsgebundenheit noch weitere Regelungen im (Datenschutz-)Recht der Mitgliedstaaten zu erlassen, gibt Art. 29 nicht. **25**

II. Bestandsschutz bisheriger Datenverarbeitungen

Die Norm hat keinen Einfluss auf die Rechtmäßigkeitsanforderungen bei der Verarbeitung personenbezogener Daten durch Verantwortlichen oder Auftragsverarbeiter. Beide sind aber gut beraten, diesbezüglich die internen Regelwerke gegenüber den jeweils unterstellten Personen auf Klarheit und Deutlichkeit zu überprüfen, um nicht allein dadurch ein Sanktionsrisiko zu erhöhen. **26**

III. Sanktionen

Ein Verstoß gegen Art. 29 DS-GVO kann nach Art. 83 Abs. 4 lit. a mit einer Geldbuße bis zu 10 Mio. € oder im Fall eines Unternehmens von bis zu 2 % seines gesamten weltweit erzielten Jahresumsatzes des vorangegangenen Geschäftsjahres geahndet werden, je nachdem, welcher der Beträge höher ist. Diese Sanktion kann gem. Art. 83 gegen den Verantwortlichen und Auftragsverarbeiter verhängt werden. Inwieweit sich die Sanktionen auch gegen die jeweils unterstellten Personen des Verantwortlichen und des Auftragsverarbeiters richten können, wird sich erst durch die Regelungen im BDSG-neu im Zusammenspiel mit dem OwiG beurteilen lassen. **27**

Article 30

Records of processing activities

(1) Each controller and, where applicable, the controller's representative, shall maintain a record of processing activities under its responsibility. That record shall contain all of the following information:

(a) the name and contact details of the controller and, where applicable, the joint controller, the controller's representative and the data protection officer;
(b) the purposes of the processing;
(c) a description of the categories of data subjects and of the categories of personal data;
(d) the categories of recipients to whom the personal data have been or will be disclosed including recipients in third countries or international organisations;
(e) where applicable, transfers of personal data to a third country or an international organisation, including the identification of that third country or international organisation and, in the case of transfers referred to in the second subparagraph of Article 49(1), the documentation of suitable safeguards;
(f) where possible, the envisaged time limits for erasure of the different categories of data;
(g) where possible, a general description of the technical and organisational security measures referred to in Article 32(1).

(2) Each processor and, where applicable, the processor's representative shall maintain a record of all categories of processing activities carried out on behalf of a controller, containing:

(a) the name and contact details of the processor or processors and of each controller on behalf of which the processor is acting, and, where applicable, of the controller's or the processor's representative, and the data protection officer;

Artikel 30

Verzeichnis von Verarbeitungstätigkeiten

(1) Jeder Verantwortliche und gegebenenfalls sein Vertreter führen ein Verzeichnis aller Verarbeitungstätigkeiten, die ihrer Zuständigkeit unterliegen. Dieses Verzeichnis enthält sämtliche folgenden Angaben:

a) den Namen und die Kontaktdaten des Verantwortlichen und gegebenenfalls des gemeinsam mit ihm Verantwortlichen, des Vertreters des Verantwortlichen sowie eines etwaigen Datenschutzbeauftragten;
b) die Zwecke der Verarbeitung;
c) eine Beschreibung der Kategorien betroffener Personen und der Kategorien personenbezogener Daten;
d) die Kategorien von Empfängern, gegenüber denen die personenbezogenen Daten offengelegt worden sind oder noch offengelegt werden, einschließlich Empfänger in Drittländern oder internationalen Organisationen;
e) gegebenenfalls Übermittlungen von personenbezogenen Daten an ein Drittland oder an eine internationale Organisation, einschließlich der Angabe des betreffenden Drittlands oder der betreffenden internationalen Organisation, sowie bei den in Artikel 49 Absatz 1 Unterabsatz 2 genannten Datenübermittlungen die Dokumentierung geeigneter Garantien;
f) wenn möglich, die vorgesehenen Fristen für die Löschung der verschiedenen Datenkategorien;
g) wenn möglich, eine allgemeine Beschreibung der technischen und organisatorischen Maßnahmen gemäß Artikel 32 Absatz 1.

(2) Jeder Auftragsverarbeiter und gegebenenfalls sein Vertreter führen ein Verzeichnis zu allen Kategorien von im Auftrag eines Verantwortlichen durchgeführten Tätigkeiten der Verarbeitung, die Folgendes enthält:

a) den Namen und die Kontaktdaten des Auftragsverarbeiters oder der Auftragsverarbeiter und jedes Verantwortlichen, in dessen Auftrag der Auftragsverarbeiter tätig ist, sowie gegebenenfalls des Vertreters des Verantwortlichen oder des Auftragsverar-

(b) the categories of processing carried out on behalf of each controller;
(c) where applicable, transfers of personal data to a third country or an international organisation, including the identification of that third country or international organisation and, in the case of transfers referred to in the second subparagraph of Article 49(1), the documentation of suitable safeguards;
(d) where possible, a general description of the technical and organisational security measures referred to in Article 32(1).

beiters und eines etwaigen Datenschutzbeauftragten;
b) die Kategorien von Verarbeitungen, die im Auftrag jedes Verantwortlichen durchgeführt werden;
c) gegebenenfalls Übermittlungen von personenbezogenen Daten an ein Drittland oder an eine internationale Organisation, einschließlich der Angabe des betreffenden Drittlands oder der betreffenden internationalen Organisation, sowie bei den in Artikel 49 Absatz 1 Unterabsatz 2 genannten Datenübermittlungen die Dokumentierung geeigneter Garantien;
d) wenn möglich, eine allgemeine Beschreibung der technischen und organisatorischen Maßnahmen gemäß Artikel 32 Absatz 1.

(3) The records referred to in paragraphs 1 and 2 shall be in writing, including in electronic form.

(3) Das in den Absätzen 1 und 2 genannte Verzeichnis ist schriftlich zu führen, was auch in einem elektronischen Format erfolgen kann.

(4) The controller or the processor and, where applicable, the controller's or the processor's representative, shall make the record available to the supervisory authority on request.

(4) Der Verantwortliche oder der Auftragsverarbeiter sowie gegebenenfalls der Vertreter des Verantwortlichen oder des Auftragsverarbeiters stellen der Aufsichtsbehörde das Verzeichnis auf Anfrage zur Verfügung.

(5) The obligations referred to in paragraphs 1 and 2 shall not apply to an enterprise or an organisation employing fewer than 250 persons unless the processing it carries out is likely to result in a risk to the rights and freedoms of data subjects, the processing is not occasional, or the processing includes special categories of data as referred to in Article 9(1) or personal data relating to criminal convictions and offences referred to in Article 10.

(5) Die in den Absätzen 1 und 2 genannten Pflichten gelten nicht für Unternehmen oder Einrichtungen, die weniger als 250 Mitarbeiter beschäftigen, sofern die von ihnen vorgenommene Verarbeitung nicht ein Risiko für die Rechte und Freiheiten der betroffenen Personen birgt, die Verarbeitung nicht nur gelegentlich erfolgt oder nicht die Verarbeitung besonderer Datenkategorien gemäß Artikel 9 Absatz 1 bzw. die Verarbeitung von personenbezogenen Daten über strafrechtliche Verurteilungen und Straftaten im Sinne des Artikels 10 einschließt.

Recitals

(13) In order to ensure a consistent level of protection for natural persons throughout the Union and to prevent divergences hampering the free movement of personal data within the internal market, a Regulation is necessary to provide legal certainty and transparency for economic operators, including micro, small and medium-sized enterprises, and to provide natural persons in all Member States with the same level of legally enforceable rights and obliga-

Erwägungsgründe

(13) Damit in der Union ein gleichmäßiges Datenschutzniveau für natürliche Personen gewährleistet ist und Unterschiede, die den freien Verkehr personenbezogener Daten im Binnenmarkt behindern könnten, beseitigt werden, ist eine Verordnung erforderlich, die für die Wirtschaftsteilnehmer einschließlich Kleinstunternehmen sowie kleiner und mittlerer Unternehmen Rechtssicherheit und Transparenz schafft, natürliche Personen in allen Mitgliedstaaten

tions and responsibilities for controllers and processors, to ensure consistent monitoring of the processing of personal data, and equivalent sanctions in all Member States as well as effective cooperation between the supervisory authorities of different Member States. The proper functioning of the internal market requires that the free movement of personal data within the Union is not restricted or prohibited for reasons connected with the protection of natural persons with regard to the processing of personal data. To take account of the specific situation of micro, small and medium-sized enterprises, this Regulation includes a derogation for organisations with fewer than 250 employees with regard to record-keeping. In addition, the Union institutions and bodies, and Member States and their supervisory authorities, are encouraged to take account of the specific needs of micro, small and medium-sized enterprises in the application of this Regulation. The notion of micro, small and medium-sized enterprises should draw from Article 2 of the Annex to Commission Recommendation 2003/361/EC.

mit demselben Niveau an durchsetzbaren Rechten ausstattet, dieselben Pflichten und Zuständigkeiten für die Verantwortlichen und Auftragsverarbeiter vorsieht und eine gleichmäßige Kontrolle der Verarbeitung personenbezogener Daten und gleichwertige Sanktionen in allen Mitgliedstaaten sowie eine wirksame Zusammenarbeit zwischen den Aufsichtsbehörden der einzelnen Mitgliedstaaten gewährleistet. Das reibungslose Funktionieren des Binnenmarkts erfordert, dass der freie Verkehr personenbezogener Daten in der Union nicht aus Gründen des Schutzes natürlicher Personen bei der Verarbeitung personenbezogener Daten eingeschränkt oder verboten wird. Um der besonderen Situation der Kleinstunternehmen sowie der kleinen und mittleren Unternehmen Rechnung zu tragen, enthält diese Verordnung eine abweichende Regelung hinsichtlich des Führens eines Verzeichnisses für Einrichtungen, die weniger als 250 Mitarbeiter beschäftigen. Außerdem werden die Organe und Einrichtungen der Union sowie die Mitgliedstaaten und deren Aufsichtsbehörden dazu angehalten, bei der Anwendung dieser Verordnung die besonderen Bedürfnisse von Kleinstunternehmen sowie von kleinen und mittleren Unternehmen zu berücksichtigen. Für die Definition des Begriffs „Kleinstunternehmen sowie kleine und mittlere Unternehmen" sollte Artikel 2 des Anhangs zur Empfehlung 2003/361/EG der Kommission maßgebend sein.

(82) In order to demonstrate compliance with this Regulation, the controller or processor should maintain records of processing activities under its responsibility. Each controller and processor should be obliged to cooperate with the supervisory authority and make those records, on request, available to it, so that it might serve for monitoring those processing operations.

(82) Zum Nachweis der Einhaltung dieser Verordnung sollte der Verantwortliche oder der Auftragsverarbeiter ein Verzeichnis der Verarbeitungstätigkeiten, die seiner Zuständigkeit unterliegen, führen. Jeder Verantwortliche und jeder Auftragsverarbeiter sollte verpflichtet sein, mit der Aufsichtsbehörde zusammenzuarbeiten und dieser auf Anfrage das entsprechende Verzeichnis vorzulegen, damit die betreffenden Verarbeitungsvorgänge anhand dieser Verzeichnisse kontrolliert werden können.

Literatur

Albrecht/Jotzo, Das neue Datenschutzrecht der EU, 1. Auflage 2017, Nomos Baden-Baden; *Gossen/Schramm*, Das Verarbeitungsverzeichnis der DSGVO, in: ZD 2017, 7; *Laue/Nink/Kremer*, Das neue Datenschutzrecht in der betrieblichen Praxis, 1. Auflage 2016, Nomos Baden-Baden; *Paal/Pauly*, Datenschutz-Grundverordnung, 1. Auflage 2016, C.H. Beck München; *Piltz*, Die Datenschutz-Grundverordnung, in: K&R 2016, 709 ff.; *Plath (Hrsg.)*, BDSG/DSGVO, 2. Auflage 2016, Otto Schmidt, Köln; *Schäffter*, Verfahrensverzeichnis 2.0 – Datenschutzdokumentation konform zur EU-Datenschutzgrundverordnung gestalten, 2016; *Wolff./Brink* (Hrsg.), Beck'scher Online-Kommentar Datenschutzrecht, 19. Edition, Stand: 01.11.2016.

A. Allgemeines

I. Regelungszweck

Zweck von Art. 30 ist die Förderung der allgemeinen Beachtung der DS-GVO (Compliance), aber auch deren Kontrollierbarkeit. Das in Art. 30 beschriebene Verarbeitungsverzeichnis kann durch Datenschutzbehörden als Einstiegspunkt für Kontrollen genutzt werden. Die Behörden werden das Verarbeitungsverzeichnis voraussichtlich in größeren Mengen stichprobenartig abfragen und dann die Rückmeldungen verwenden, um ggf. genauere Kontrollen anzuknüpfen. 1

Art. 30 dient darüber hinaus der Sensibilisierung fur Datenschutzfragen in Unternehmen und Behörden. Art. 30 ist bei Projekten zur Umstellung auf die DS-GVO häufig der Einstiegspunkt. Die in Art. 30 genannten Mindestinformationen sind insofern auch ein Hinweis darauf, welche zentralen formellen und materiellen Pflichten der DS-GVO der Verantwortliche oder Auftragsverarbeiter abstrakt gesehen zu erfüllen hat. Wer die in Art. 30 vorgeschriebenen Mindestinformationen nicht dokumentieren kann, hat bei der Umsetzung der DS-GVO noch Nachholbedarf.[1] Allerdings darf Art. 30 nicht als eine Art „Nachweis" über die gesamte Umsetzung der DS-GVO verstanden werden. Die Pflichten der DS-GVO reichen, anders als in EG 82 S. 1 suggeriert, deutlich weiter als die in Art. 30 genannten Mindestangaben. 2

Art. 30 steht in systematischem Zusammenhang mit anderen Dokumentations- und Informationspflichten der DS-GVO.[2] Er darf aber nicht mit ihnen verwechselt oder gar vermischt werden. 3

1 Paal/Pauly, *Martini*, Art. 30 Rn. 8.
2 Übersicht bei *Gossen/Schramm*, in: ZD 2017, 7, 10.

Der besondere Zweck des Art. 30 ist es, eine zentrale Dokumentationspflicht „ohne Wenn und Aber" festzuschreiben, wobei sowohl die Voraussetzungen als auch die Inhalte der Dokumentationspflicht klar definiert sind. Diese Dokumentationspflicht steht (mit Ausnahme der Privilegierung für kleine und mittlere Unternehmen in Abs. 5), anders als die übrigen Dokumentationspflichten, nicht unter dem Vorbehalt eines bestimmten Risikos der Datenverarbeitung oder anderweitigen situationsspezifischen Voraussetzungen.[3] Das Verarbeitungsverzeichnis nach Art. 30 kann gleichwohl einen Baustein der Erfüllung anderweitiger Dokumentationspflichten darstellen (insb. der nach Art. 24 und Art. 5 Abs. 2).[4]

4 Die deutsche Praxis stützt sich beim bisherigen „Verfahrensverzeichnis" auf das Ausfüllen von Formularen. Solche Formulare werden bspw. von Datenschutzbehörden im Internet angeboten und sind häufig mit Ausfüllhilfen versehen. Dies ist für alle Beteiligten eine gut funktionierende Lösung, da die Datenverarbeiter frühzeitig von der Erwartungshaltung der Aufsichtsbehörden erfahren und dadurch an Rechtssicherheit gewinnen. Es ist bereits absehbar, dass diese Praxis sich auch nach Inkrafttreten der DS-GVO fortsetzen wird.[5] Bislang hat aber, soweit ersichtlich, noch keine Aufsichtsbehörde ein auf Art. 30 abgestimmtes Formular vorgelegt.

II. Normadressaten

5 Art. 30 richtet sich in Abs. 1 an Verantwortliche, in Abs. 2 an Auftragsverarbeiter. Die Vorschrift berechtigt ausschließlich Datenschutzbehörden, Einsicht in das Verarbeitungsverzeichnis zu nehmen (Abs. 4). Art. 30 enthält keine Betroffenenrechte. Die Vorschrift enthält auch keine an die Mitgliedstaaten gerichteten Öffnungsklauseln.

6 Telekommunikationsdiensteanbieter und Telekommunikationsnetzbetreiber werden von Art. 30 erfasst. Zwar sind diese Verarbeiter gem. Art. 95 von einigen Pflichten der DS-GVO freigestellt. Dies gilt allerdings nur so weit, als die ePrivacy-RL Pflichten enthält, die dasselbe Ziel verfolgen wie die entsprechende Pflicht der DS-GVO (vgl. die Kommentierung zu Art. 95 Rn. 18 ff.). Dies ist in Bezug auf Art. 30 nicht der Fall.

1. Verantwortliche (Abs. 1)

7 Abs. 1 richtet sich an Verantwortliche, soweit diese in den Anwendungsbereich der DS-GVO fallen, sowie ggf. deren Vertreter. Es sind also nur Personen oder Stellen betroffen, die personenbezogene Daten verarbeiten und bei dieser Verarbeitungstätigkeit auch durch die DS-GVO erfasst werden. Ausgenommen sind damit insb. Verarbeiter, deren Datenverarbeitung nicht in den Anwendungsbereich der DS-GVO fällt, bspw. bei Datenverarbeitungen im Bereich der nationalen Sicherheit (Art. 2 lit. a DS-GVO i.V.m. Art. 4 Abs. 2 S. 3 EUV) oder im rein privaten Bereich (Art. 2 Abs. 2 lit. c DS-GVO). Pflichten zur Führung eines ähnlichen Verarbeitungsverzeichnisses können sich in diesen Fällen gleichwohl aus anderen Rechtsakten ergeben, insb. aus dem nationalen Datenschutzrecht.

8 Unter einem Verantwortlichen ist gem. Art. 4 Nr. 7 die natürliche oder juristische Person, Behörde, Einrichtung oder andere Stelle zu verstehen, die über die Zwecke und Mittel der Verarbeitung von personenbezogenen Daten entscheidet. Falls der Zweck der Datenverarbeitung gesetzlich durch Unionsrecht oder Recht eines Mitgliedstaates bestimmt wird, kann der jeweilige Gesetzgeber auch die Person des Verantwortlichen bestimmen. Auch mehrere Institutionen können gemeinsam Verantwortliche („joint controllers") sein (Art. 26). Die Abgrenzung zwischen der gemeinsamen Verantwortlichkeit und der Auftragsverarbeitung nach Art. 28 ist umstritten.[6]

---

3 So bspw. die Nachweismöglichkeit nach Art. 82 Abs. 3 DS-GVO.
4 Vgl. dazu auch die Kommentierung zu Art. 24 Rn. 55.
5 Vgl. die Ankündigung des BayLDA vom 2.8.2016, https://www.lda.bayern.de/media/baylda_ds-gvo_5_processing_activities.pdf, (zuletzt abgerufen am 20.03.20.17).
6 *Engeler*, Telemedicus v. 24.11.2016, http://tlmd.in/a/3150, (zuletzt abgerufen am 20.03.2017).

a) Öffentliche und nicht öffentliche Stellen

Art. 30 richtet sich gleichermaßen an öffentliche und nicht öffentliche Stellen. Verantwortliche können deshalb natürliche oder juristische Personen jeder Art, aber auch Behörden oder sonstige Stellen sein. Die Reichweite der über das Verarbeitungsverzeichnis abzudeckenden Informationspflichten richtet sich dabei nach der Definition des Begriffs „Verantwortlicher" gem. Art. 4 Nr. 7. Es sind also genau die Datenverarbeitungsvorgänge zu dokumentieren, die im Verantwortungsbereich des jeweiligen Verantwortlichen liegen. Häufig sind dies alle Verarbeitungstätigkeiten einer bestimmten juristischen Person. Bei rechtlich unselbstständigen Einrichtungen, z.B. Behörden, kann der Kreis der abzudeckenden Verarbeitungstätigkeiten auch kleiner sein. Zu den Einzelheiten s. die Kommentierung bei Art. 4 Nr. 7 Rn. 16 ff. **9**

b) EU- und/oder Drittstaatenverarbeiter

Art. 30 richtet sich grundsätzlich an alle Verantwortlichen, die in irgendeiner Weise räumlich der DS-GVO unterworfen sind. Dies erfasst sowohl die in der EU oder dem EWR[7] niedergelassenen Verarbeiter als auch die Drittstaatenverarbeiter, die nur aufgrund Art. 3 Abs. 2 erfasst werden. Letztere können bzw. müssen unter bestimmten Umständen einen Vertreter innerhalb der EU bzw. des EWR bestellen (Art. 4 Nr. 17 i.V.m. Art. 27, Art. 3 Abs. 2). Ist dies erfolgt, gilt die Pflicht zur Verzeichnisführung sowohl für den Verantwortlichen als auch für den Vertreter (s.a. Rn. 14). **10**

Die Pflicht zur Dokumentation nach Art. 30 erfasst im Fall von Drittstaatenverarbeitern nur die Datenverarbeitungsverfahren, wegen derer die DS-GVO auch Anwendung findet. Wenn also bspw. ein Verarbeiter nur deshalb von der DS-GVO erfasst wird, weil er Personen innerhalb der EU beobachtet (Art. 30 Abs. 2 Nr. 2 DS-GVO), dann sind auch nur die Verfahren in dem Verzeichnis zu dokumentieren, die zur Beobachtung gehören. Der Pflicht zur Verzeichnisführung unterfallen nur die Datenverarbeitungsvorgänge, die zur Anwendung der DS-GVO geführt haben. Ein Unternehmen bspw. aus der Schweiz muss deshalb nach Art. 30 keine Verarbeitungsvorgänge dokumentieren, die ausschließlich Personen in der Schweiz betreffen,[8] ein US-Internetunternehmen nicht auch Datenverarbeitungen betreffend die Beobachtung von Nutzern aus den USA, Russland oder Australien. Die materielle Reichweite von Art. 30 folgt der territorialen Reichweite nach Art. 3. **11**

2. Auftragsverarbeiter (Abs. 2)

Die Dokumentationspflicht des Art. 30 richtet sich auch an Auftragsverarbeiter i.S.d. Art. 28. Gegenüber der bisherigen deutschen Rechtslage stellt dies eine Verschärfung dar, denn Auftrags(daten)verarbeiter hatten bisher kein Verfahrensverzeichnis zu führen. **12**

Art. 30 Abs. 2 verlangt für das vom Auftragsverarbeiter zu führende Verzeichnis z.T. andere Inhalte als Art. 30 Abs. 1 für das vom Verantwortlichen zu führende Verzeichnis (unten Rn. 46 ff.). **13**

3. Vertreter des Verantwortlichen oder Auftragsverarbeiters

Die Pflicht zur Führung eines Verzeichnisses nach Art. 30 richtet sich ausdrücklich auch an die Vertreter eines Verantwortlichen oder Auftragsverarbeiters. Der Begriff des Vertreters meint nicht den rechtsgeschäftlichen oder organschaftlichen Vertreter, sondern den Ansprechpartner gem. Art. 4 Nr. 17, den ein Drittstaatenvertreter gem. Art. 27 innerhalb der EU ernennen muss. Die Formulierung betreffend den Pflichtenkreis des Vertreters ist etwas missverständlich hinsichtlich der Frage, ob der Vertreter ein eigenes, *zusätzliches* Verzeichnis führen muss („und ggf."). Richtigerweise wird man nach dem Sinn und Zweck des Art. 27 davon ausgehen müssen, dass ein einziges Verzeichnis ausreichend ist, solange der Vertreter darauf Zugriff hat. **14**

Die Pflicht des Vertreters besteht, soweit es um Art. 30 geht, in der Führung und Vorhaltung des Verzeichnisses. Aus Art. 30 ergibt sich aber, was insb. für den Vertreter relevant ist, lediglich eine **15**

---

7 Zur Gleichstellung von EU- und EWR-Verarbeitern s. die Kommentierung zu Art. 6 Rn. 158 f.
8 Eine solche Pflicht kann sich gleichwohl aus dem nationalen Recht der Schweiz ergeben.

formelle Wahrheitspflicht, d.h., das Verzeichnis muss zwar der Wahrheit entsprechen, aber nicht – darüber hinausgehend – auch inhaltlich eine Datenverarbeitung beschreiben, die materiell-rechtlich den Vorgaben der DS-GVO entspricht. Aus Art. 30 ergibt sich somit keine Pflicht des Vertreters, materiell-rechtlich die korrekte Umsetzung der DS-GVO zu gewährleisten.

4. Aufsichtsbehörden

16 Aufsichtsbehörden sind aus Art. 30 nur gem. Abs. 4 berechtigt. Die Pflichten nach Abs. 1, 2 und 3 sind aber, wie alle Pflichten der DS-GVO, gem. der Art. 55 ff. durch Aufsichtsbehörden überwach- und durchsetzbar.

III. Systematik

17 Art. 30 ist Teil von Kapitel 4 der DS-GVO (Verantwortlicher und Auftragsverarbeiter) und dort von Abschn. 1 (Allgemeine Pflichten). Art. 30 gehört im weitesten Sinn zu den „technisch-organisatorischen" Pflichten der DS-GVO, die weniger auf den Schutz individueller Betroffener abzielen, sondern eher auf die Verankerung allgemeiner Datenschutz-Compliance. Insb. wird Art. 30 nicht durch ein besonderes Ereignis „ausgelöst", sondern besteht generell (bei Unternehmen und Einrichtungen erst ab dem Überschreiten der Schwelle von 250 Mitarbeitern, Abs. 5).

18 Art. 30 steht in einem gewissen Spannungsverhältnis zu anderen Dokumentationspflichten der DS-GVO, insb. zu Art. 5 Abs. 2 (sog. „Accountability"-Prinzip) und Art. 24 (Pflicht zur Einrichtung technisch-organisatorischer Maßnahmen, um den Nachweis der Einhaltung von Pflichten der DS-GVO zu ermöglichen). Anders als diese ist Art. 30 aber keine „weiche" Dokumentationspflicht, die von Begleitumständen wie dem allgemeinen Risiko abhängt, sondern hat einen fest definierten Mindestumfang.[9]

19 Soweit es darum geht, bestimmte datenschutzrelevante Informationen zu dokumentieren, überschneidet sich Art. 30 mit den Transparenz- und Informationspflichten nach Art. 12 bis 15. Anders als diese richtet sich das Verarbeitungsverzeichnis nach Art. 30 aber nicht an Betroffene, es ist ausschließlich nach innen bzw. auf das Verhältnis zu den Aufsichtsbehörden gerichtet.[10]

IV. Entstehungsgeschichte

1. Bisherige europäische und nationale Vorgaben

20 Rechtliche Vorläufer des heute in der Praxis etablierten „Verfahrensverzeichnisses" waren eigentlich Meldepflichten an Datenschutzbehörden, die bisher noch in den Art. 18 ff. RL 95/46/EG geregelt sind. Diese resultierten in den §§ 4d ff. BDSG und, daraus abgeleitet, der Pflicht zur Führung des „Verfahrensverzeichnisses" gem. § 4g Abs. 2 i.V.m. § 4e BDSG. Das dort geregelte Verzeichnis hat offenkundig als Vorbild für Art. 30 gedient.

21 Art. 30 löst sich von seinem Vorbild allerdings in einem zentralen Punkt: Anders als die §§ 4g und 4f BDSG orientiert sich Art. 30 DS-GVO nicht an „Verfahren", sondern an „Verarbeitungstätigkeiten". Die Aufspaltung der Verzeichnisführungspflicht nach Verfahren fällt somit weg.[11] Auch abstrakte Meldepflichten enthält die DS-GVO nicht mehr, sondern nur noch konkrete Berichtspflichten, insb. im Fall von Datenschutzverletzungen (Art. 33) und wenn zum Abschluss einer Datenschutz-Folgenabschätzung hohe Risiken der Datenverarbeitung festgestellt werden (Art. 36).

22 Die BDSG-Vorschriften trennten noch zwischen einem „internen" und einem „öffentlichen" Verfahrensverzeichnis. Das Konzept eines öffentlichen Verfahrensverzeichnisses ist von der DS-GVO nicht übernommen worden. Die Informationspflichten gegenüber Betroffenen bzw. der allge-

---

9 Eingehend zu den in anderen Normen der DS-GVO geregelten Nachweispflichten und zur (fehlenden) Systematik dieser Pflichten Art. 24 Rn. 49 ff.

10 Einen Überblick über die anderen der Transparenz der Datenverarbeitung dienenden Normen der DS-GVO geben Art. 12 Rn. 46 ff. und Art. 13/14 Rn. 11 ff.

11 A.A. *Schäffter*, S. 40 ff.

meinen Öffentlichkeit ergeben sich ausschließlich aus Art. 12 ff. und aus Art. 34 DS-GVO. Art. 30 betrifft demgegenüber nur das Verhältnis zu den Aufsichtsbehörden.

2. Verhandlungen zur DS-GVO

23 Der zuerst vorgelegte Kommissionsentwurf hatte den heutigen Art. 30 ursprünglich als sehr breite und allgemeine Dokumentationspflicht fassen wollen. Nach den Vorstellungen der Kommission sollten *alle* Verarbeitungsvorgänge „dokumentiert werden" (Art. 28 Abs. 1 Kommissionsentwurf). Der Kommissionsentwurf enthielt zwar bereits einen Katalog von Angaben, die „mindestens" zu machen seien, dieser war jedoch nicht abschließend gemeint.

24 Bei diesem Ansatz blieb grundsätzlich auch der nachfolgende Parlamentsentwurf. Nach Art. 28 Abs. 1 Parlamentsentwurf sollte der Verantwortliche sogar die *Erfüllung* aller DS-GVO-Pflichten dokumentieren und die Dokumentation regelmäßig aktualisieren (Art. 28 Abs. 1 Parlamentsentwurf).

25 Der EU-Ministerrat wählte demgegenüber einen deutlich restriktiveren Ansatz. Er sprach zwar in Art. 28 Abs. 1 Ratsentwurf noch von „Aufzeichnungen", die zu führen waren, beschränkte diese jedoch erstmals auf konkrete, katalogmäßig definierte Inhalte. Der Ratsentwurf wählte dabei auch erstmals den Begriff „record [...] of data processing activities". Dies wurde in der deutschen Fassung des Ratsentwurfs zunächst noch mit „Aufzeichnungen" übersetzt.

26 Der Ansatz des Rates, den Umfang der Dokumentationspflichten des heutigen Art. 30 restriktiv und katalogartig auszuformulieren, wurde im Ergebnis der Trilogverhandlungen übernommen. Der Begriff „record" wurde schließlich für die finale deutsche Sprachfassung – inhaltlich passender – mit „Verzeichnis" übersetzt.

27 Ebenfalls nicht in die finale Version haben es zwei Vorschläge des Kommissionsentwurfs geschafft, mit denen diese ermächtigt werden wollte, über delegierte Rechtsakte die Anforderungen an den Dokumentationsinhalt zu spezifizieren und hierfür eine Vorlage bereitzustellen. Eine solche Konkretisierungsbefugnis besteht nicht, der Wortlaut von Art. 30 ist abschließend. Eventuell von den Aufsichtsbehörden bereitgestellte Formulare haben deshalb lediglich Empfehlungscharakter.

28 Der Mindestinhalt des Verzeichnisses für Verantwortliche nach Art. 30 Abs. 1 ist gegenüber den Anforderungen des BDSG im Ergebnis etwas ausgeweitet worden; zu Details s. Rn. 71 ff.

B. Inhalt der Regelung

29 Art. 30 regelt zwei Verzeichnisführungspflichten. Abs. 1 richtet sich ausschließlich an Verantwortliche, Abs. 2 ausschließlich an Auftragsverarbeiter. Abs. 3 (Schriftform), Abs. 4 (Herausgabepflicht) und Abs. 5 (Ausnahme für kleine Datenverarbeiter) gelten für Verantwortliche und Auftragsverarbeiter gleichermaßen.

I. Abschließender und allgemeiner Charakter des Art. 30

30 Der vorgeschriebene Inhalt des Verzeichnisses für Verantwortliche ergibt sich aus Abs. 1 S. 2. Dieser Wortlaut ist erkennbar abschließend gemeint. Die teils vertretene Auffassung, aus Art. 30 ergebe sich die Notwendigkeit eines „Datenschutz-Managementsystems", ist insofern ungenau und auch mit der Historie der Norm nicht vereinbar (oben Rn. 23 ff.). Richtig ist allerdings, dass sich auch aus anderen Normen der DS-GVO Dokumentationspflichten ergeben können, wobei diese im Einzelfall auch über Art. 30 hinausgehen können. Zu nennen sind insb. Art. 24, Art. 32 und das Rechenschaftsprinzip nach Art. 5 Abs. 2. Auch die Transparenz-, Informations- und Meldepflichten nach Art. 12 bis 15 sowie 33 und 34 setzen das vorherige Zusammentragen von Informationen voraus. Der Umfang der Dokumentations- und Informationspflicht nach diesen Normen ist aber immer situationsabhängig. Art. 30 definiert demgegenüber einen „harten" Min-

destkatalog von Dokumentationspflichten, der (abgesehen von der Ausnahme nach Abs. 5) immer und vorbehaltlos gilt.

31 In der Literatur wird teils die Ansicht vertreten, das Verzeichnis nach Art. 30 müsse in einen allgemeinen und einen „verfahrensspezifischen Teil" aufgeteilt sein, wobei die Angaben im letzteren Teil konkret auf bestimmte Verarbeitungsverfahren bezogen sein müssten.[12] Nach dieser Ansicht sollen allgemeine bestimmte Informationen nach Art. 30 nur einfach, andere aber mehrfach und konkret bezogen auf bestimmte Datenverarbeitungen festgehalten werden. Auch die Datenschutzbehörden gehen wohl davon aus, dass das Verzeichnis in der Praxis aus einer „Reihe von Einzelbeiträgen"[13] bzw. „Einzelverzeichnissen"[14] aufgegliedert sein müsse. Diese Ansicht findet weder im Wortlaut noch in der Systematik des Art. 30 eine Stütze. Auch die Gesetzgebungsgeschichte spricht für eine restriktive Auslegung der Dokumentationspflichten (oben Rn. 21 ff.). Es sind somit *alle* Dokumentationspflichten nach Art. 30 allgemein gemeint.[15] Eine Zuordnung bestimmter Mindestangaben zu einzelnen Verfahren oder gar die Aufteilung des Verzeichnisses in einen allgemeinen und einen verfahrensspezifischen Teil sind nach der hier vertretenen Ansicht von Art. 30 nicht gefordert. Eine Pflicht zur genauen Datenschutz-Dokumentation (und dann auch granular geordnet nach Verfahren, nach Betroffenen- oder Datenkategorien sowie Verarbeitungszwecken) kann sich je nach Fallgestaltung allerdings aus Artikel 5 Abs. 2 oder Artikel 24 ergeben. In diesem Fall ist dann auch ein nach „Einzelverfahren" geordnetes Verfahrenzsverzeichnis ein sinnvoller Teil der Compliance-Struktur. Im Ergebnis ist die Empfehlung der Datenschutzbehörden also durchaus sinnvoll und für viele Datenverarbeiter eine praktikable Lösung. Wünschenswert wäre aber, dass die Datenschutzbehörden solche Empfehlungen nicht auf Artikel 30, sondern auf Art. 5 Abs. 2 und Art. 24 stützen.

32 Die in den einzelnen Buchstaben des Abs. 1 genannten Dokumentationspflichten beziehen sich auf verschiedene Fragen des materiellen Datenschutzrechts, die ohnehin Voraussetzung einer rechtmäßigen Datenverarbeitung sind. Wer von vornherein keinen Überblick darüber hat, welche Daten er eigentlich verarbeitet und wie dies erfolgt, wird sich schwertun, ein hinreichendes technisch-organisatorisches Datenschutzniveau (Art. 24) zu erreichen oder die Rechtmäßigkeit der Datenverarbeitung zu gewährleisten (Art. 5 Abs. 1 lit. a i.V.m. Art. 6). Die Dokumentationspflichten nach Art. 30 bleiben gleichwohl abstrakt und müssen sich nicht auf den konkreten Einzelfall beziehen. Ein rechtskonformes Verzeichnis nach Art. 30 sagt somit noch nichts über die Rechtmäßigkeit der Datenverarbeitung im Einzelfall aus.

II. Pflichten des Verantwortlichen (Abs. 1)

1. Verantwortliche

33 Adressaten von Abs. 1 sind ausschließlich Verantwortliche (Art. 4 Nr. 7) und deren Vertreter (Art. 4 Nr. 17), s.o. Rn. 14. Für Auftragsverarbeiter gilt Abs. 2. Für den Fall, dass mehrere Verantwortliche gemeinsam eine Verarbeitung kontrollieren („joint control"), reicht es aus, wenn einer der beiden die gemeinsame Verarbeitung in seinem Verzeichnis dokumentiert; dies ist vertraglich zwischen den beiden Verantwortlichen zu vereinbaren (Art. 26 Abs. 1 S. 2).[16]

---

12 So *Schäffter*, S. 40 ff.

13 So Datenschutzkonferenz, Kurzpapiere zur DSGVO, Nr. 1 Verzeichnis der Verarbeitungstätigkeiten, Stand 29.06.2017, https://www.bfdi.bund.de/SharedDocs/Downloads/DE/Datenschutz/Kurzpapier_Verzeichnis%20von%20Verarbeitungstaetigkeiten.pdf?__blob=publicationFile&v=3 (abgerufen am 28.08.2017)

14 So der Landesbeauftragte für Datenschutz in Sachsen-Anhalt in online veröffentlichten „Hinweisen zum Verzeichnis der Verarbeitungstätigkeiten, Art. 30", https://datenschutz.sachsen-anhalt.de/fileadmin/Bibliothek/Landesaemter/LfD/PDF/binary/Informationen/Internationales/Datenschutz-Grundverordnung/Hinweise_zum_Verzeichnis_von_Verarbeitungstaetigkeiten_-_Art._30_DS-GVO.pdf (abgerufen am 28.08.2017).

15 Ähnlich *Piltz*, in: K&R 2016, 709, 713.

16 Paal/Pauly, *Martini*, Art. 30 DSGVO Rn. 5.

2. Verarbeitungstätigkeiten, die ihrer Zuständigkeit unterliegen

Abs. 1 gilt dem Wortlaut nach für alle Verarbeitungstätigkeiten, die der „Zuständigkeit" der Verantwortlichen „unterliegen". Gemeint ist, dass die Pflicht zur Verzeichnisführung sich auf alle Verarbeitungstätigkeiten erstreckt, für die eine Person, Institution, Behörde oder Stelle gem. Art. 4 Nr. 7 als Verantwortlicher zu behandeln ist. Die Reichweite des Art. 30 Abs. 1 ergibt sich indirekt aus der gesetzlichen Rollenbeschreibung des Verantwortlichen (oben Rn. 5 ff.). **34**

3. Namen und Kontaktdaten (lit. a)

Abs. 1 lit. a beschreibt eine Art interne Impressumspflicht, die vor allem als Andockpunkt für Aufsichtsbehörden dienen soll, die das Verzeichnis als ersten Ansatzpunkt bei Audits und Abfragen verwenden (vgl. EG 82). Aus dem Verzeichnis soll sich auf den ersten Blick ergeben, wer im Fall von Anfragen und ggf. Durchsetzungsmaßnahmen angesprochen werden kann. Unter „Kontaktdaten" ist mindestens eine Möglichkeit der Kontaktaufnahme zu verstehen, mittels derer die jeweilige Person über die im Geschäftsverkehr üblichen Methoden zeitnah erreicht werden kann (z.B. Telefonnummer und/oder E-Mail-Adresse). **35**

4. Zwecke der Verarbeitung (lit. b)

Unter den Zwecken der Verarbeitung (lit. b) ist eine eher abstrakte Beschreibung der vorgesehenen Verarbeitungszwecke zu verstehen. Es geht also nicht um die Zwecke, die den Maßstab der Zweckbindung im jeweiligen Einzelfall bilden. Eine allgemeine Beschreibung wie „Ermittlung von Verdachtsmomenten betreffend Straftaten", „Direktmarketing", „Erfüllung von Kundenverträgen" oder „Korruptionskontrolle" ist ausreichend. **36**

5. Kategorien betroffener Personen, Daten und Empfänger (lit. c und d)

Die Beschreibung der Kategorien betroffener Personen und der Kategorien personenbezogener Daten (lit. c) sowie der Kategorien von Empfängern, gegenüber denen die personenbezogenen Daten offengelegt worden sind oder noch offengelegt werden (lit. d), können abstrakt bleiben. Es sind nicht die im Einzelnen betroffenen Personen und Daten zu nennen, sondern lediglich deren Kategorien (z.B. „Mitarbeiter" und „Gehaltsdaten/Lohnbuchhaltung"). Auch hier kann sich u.U. aus anderen Pflichten der DS-GVO, insb. aus Art. 5 Abs. 2, eine engmaschigere Dokumentationspflicht ergeben **37**

Der Empfängerbegriff hat sich gegenüber dem BDSG geändert. Unter Empfängern (§ 4 Nr 9) sind nunmehr natürliche oder juristische Personen, Behörden, Einrichtungen oder andere Stellen zu verstehen, denen personenbezogene Daten offengelegt werden, „unabhängig davon, ob es sich bei ihr um einen Dritten handelt oder nicht". Auch Stellen innerhalb der Rechtsperson des Verantwortlichen sowie auch dessen Mitarbeiter und Auftragsverarbeiter können Empfänger sein. Dies ergibt sich aus der Definition des „Dritten" in § 4 Nr. 10, die in die Definition des „Empfängers" in § 4 Nr. 9 ausdrücklich als nur eine Teilmenge aller „Empfänger" einbezogen ist. Letztlich läuft Art. 30 Abs. 1 lit. d deshalb auf eine Art *Gesamtverzeichnis* aller internen und externen Zugriffsberechtigten und Empfänger hinaus. Hier lassen sich Parallelen zum Zugriffs- und Berechtigungskonzept ziehen, das häufig bereits als technisch-organisatorische Maßnahme erstellt worden ist. **38**

Auch die Empfänger sind allerdings nicht im Einzelnen zu nennen, sondern lediglich die Gruppe, der sie angehören (z.B. „die interne Lohnbuchhaltung" oder „Lieferanten"). Zu beachten ist, dass „Behörden, die im Rahmen eines bestimmten Untersuchungsauftrags nach dem Unionsrecht oder dem Recht der Mitgliedstaaten möglicherweise personenbezogene Daten erhalten", gem. Art. 4 Nr. 9 Hs. 2 nicht als Empfänger gelten (vgl. die Kommentierung zu Art. 4 Rn. 27 ff.). **39**

6. Übermittlung an Drittland oder internationale Organisation (lit. e)

40 Die Verpflichtung zur Dokumentation einer Übermittlung an ein Drittland oder an eine internationale Organisation (lit. e) bezieht sich auf die speziellen Verpflichtungen nach Art. 44 ff., die Transfers in Staaten oder Organisationen außerhalb der EU bzw. des EWR betreffen. Zu dokumentieren ist nach dem Wortlaut von lit. e die Tatsache der Übermittlung sowie das Land bzw. die Organisation, wohin die Daten übermittelt werden. Neu ist, dass auch die Übermittlung an Auftragsverarbeiter als Übermittlung im Sinne der DS-GVO gilt und somit zu nennen ist.

41 Die rechtliche Basis der Drittland-Übermittlung muss im Rahmen des Verarbeitungsverzeichnisses üblicherweise nicht genannt werden, abgesehen von Fällen, in denen eine Übermittlung auf Basis der „ultima ratio"-Erlaubnisklausel des Art. 49 Abs. 1 UAbs. 2 erfolgt. In diesem Fall müssen gem. Art. 30 Abs. 1 lit. e sowie Art. 49 Abs. 6 bestimmte zusätzliche Informationen in das Verzeichnis aufgenommen werden. Dies gilt einerseits für die Beurteilung der „Umstände der Datenübermittlung", andererseits für die „geeigneten Garantien für den Schutz der personenbezogenen Daten", die bei dieser Übermittlungsvariante vorgesehen werden müssen. Die Dokumentationspflicht des Art. 30 Abs. 1 lit. e Hs. 2 ist innerhalb von Art. 30 ein Fremdkörper. Während die übrigen Anforderungen nach Art. 30 sich als „Papierpflichten" auf das Ausfüllen eines Formulars beschränken, verlangen Art. 30 Abs. 1 lit. 2 Hs. 2 sowie Art. 49 Abs. 6 die Dokumentierung auch der Beurteilung und der geeigneten Garantien selbst. Im Ergebnis wird dies darauf hinauslaufen, dass speziell zu diesem Zweck erstellte Protokolle oder Aktenvermerke an das Verarbeitungsverzeichnis angehängt werden.

42 Die Pflicht zur Nennung (nur) der geeigneten Garantien im Rahmen des Abs. 1 lit. e ist auch systematisch widersprüchlich. Es ist fragwürdig, wieso die Dokumentationspflicht nur für den Fall des Art. 49 Abs. 1 UAbs. 2 gilt. Der Mindestinhalt der Datenschutzerklärung gem. Art. 13 Abs. 1 lit f. bzw. Art. 14 Abs. 1 lit. f geht deutlich weiter. Es ist fragwürdig, wieso der Gesetzgeber diese Dokumentationspflichten nicht stärker synchronisiert hat.

7. Löschfristen und technisch-organisatorische Maßnahmen (lit. f und g)

43 Lit. f (Löschfristen) und g (Beschreibung der technisch-organisatorischen Maßnahmen der Datensicherheit nach Art. 32) sind die einzigen zwei Mindestangaben, die mit einem Vorbehalt versehen sind: Diese Angaben sind nur zu machen, wenn dies „möglich" ist. Dies ist häufig auch nicht der Fall. Bspw. ergibt die Vorabfestlegung von statischen Regellöschfristen (entgegen der Darstellung in EG 39 S. 10) häufig keinen Sinn bzw. wäre sogar irreführend, denn der Zeitpunkt einer Löschung der personenbezogenen Daten ist in vielen Fällen nicht vorab genau bestimmbar. Dies gilt insb., wenn ein potenzieller Löschgrund sich nach dem (variablen) Ende des notwendigen Verarbeitungszwecks richtet (Art. 5 Abs. 1 lit. c; Art. 17 Abs. 1 lit. a). An die Stelle einer genauen Bezeichnung kann in einem solchen Fall eine eher abstrakte Beschreibung treten, wenn keine genaueren Angaben möglich sind.[17]

44 Eine faktische bzw. wirtschaftliche Unmöglichkeit liegt außerdem vor, wenn die Erfüllung der Dokumentationspflichten im Vergleich zum Risiko der Datenverarbeitung unverhältnismäßig wäre (zum risikobezogenen Ansatz vgl. allgemein die Kommentierung zu Art. 24 Rn. 78 ff.). Eine Beschreibung der Löschfristen bzw. technisch-organisatorischen Maßnahmen kann allerdings immer zumindest in dem Genauigkeitsgrad erfolgen, der noch möglich und verhältnismäßig ist.

45 Unter der in lit. g genannten „allgemeinen Beschreibung" der technisch-organisatorischen Maßnahmen der Datensicherheit nach Art. 32 ist die in der deutschen Datenschutzpraxis hinlänglich eingeübte Verfahrensweise zu verstehen, einen anhand verschiedener Gewährleistungsziele strukturierten „Maßnahmenkatalog" zu erstellen, der die Maßnahmen stichpunktartig aufzählt. Für höhere Anforderungen an die Genauigkeit der Beschreibung lässt der Wortlaut von lit. g keinen Raum.

17 Wolff/Brink, *Spoerr,* Art. 30 DSGVO, Rn. 10; Plath, *Plath*, Art. 30, Rn. 2.

III. Pflichten des Auftragsverarbeiters (Abs. 2)

1. Auftragsverarbeiter und Vertreter

Abs. 2 richtet sich an jeden Auftragsverarbeiter und ggf. den jeweiligen Vertreter. Ein Auftragsverarbeiter ist nach der Legaldefinition in Art. 4 Nr. 8 eine natürliche oder juristische Person, Behörde, Einrichtung oder andere Stelle, die personenbezogene Daten im Auftrag des Verantwortlichen verarbeitet (näher die Kommentierung unter Art. 4 Nr. 8 Rn. 14 ff. und Art. 28 Rn. 13 ff.). Die Pflicht zur Führung eines Verfahrensverzeichnisses ist für Auftragsverarbeiter gegenüber dem bisherigen deutschen Recht neu. Art. 30 ist insofern eine von vielen datenschutzrechtlichen Pflichten, die durch die DS-GVO auf Auftragsverarbeiter ausgeweitet wird. **46**

Normadressaten sind auch Auftragsverarbeiter im Ausland, soweit sie von der extraterritorialen Wirkung der DS-GVO erfasst werden (oben Rn. 10 f.), und deren Vertreter in der EU, soweit ein solcher bestellt wurde (oben Rn. 14 f.). **47**

2. Zu allen Kategorien von im Auftrag eines Verantwortlichen durchgeführten Tätigkeiten der Verarbeitung

Die Pflicht des Auftragsverarbeiters unterscheidet sich in einem Punkt grundsätzlich von der des Verantwortlichen: Sie bezieht sich nicht auf die Verarbeitungstätigkeiten als solche, sondern auf die Kategorien der im Auftrag durchgeführten Verarbeitung. Mit anderen Worten muss der Auftragsverarbeiter, der häufig gar nicht weiß, welche Verarbeitungstätigkeiten im Einzelnen durchgeführt werden, hierüber auch nicht berichten. Insb. ist ein Auftragsverarbeiter deshalb nicht verpflichtet, Informationen bei seinen Auftraggebern (den Verantwortlichen) einzuholen, um das eigene Verarbeitungsverzeichnis überhaupt führen zu können. **48**

3. Inhalt des Verzeichnisses

Der Umfang des Verarbeitungsverzeichnisses ist beim Auftragsverarbeiter geringer als beim Verantwortlichen. Im Unterschied zu einem Verantwortlichen muss ein Auftragsverarbeiter nicht die Verarbeitungstätigkeiten als solche nennen, sondern nur deren Kategorien (lit. b). Zu den Zwecken der Verarbeitung, den Kategorien von Empfängern und den Löschfristen müssen Auftragsverarbeiter keine Angaben machen. Auch die Kategorien der betroffenen Personen und personenbezogenen Daten sind nicht zu nennen. **49**

Die Dokumentationspflicht nach Abs. 2 lit. a und b bezieht sich auf *jeden* einzelnen Verantwortlichen. Das Verzeichnis nach Abs. 2 muss sich somit jeweils einzeln auf jeden Auftraggeber beziehen (lit. a und lit. b). Der Auftragsverarbeiter muss auch in längeren Leistungsketten immer nur seinen Auftraggeber kennen und nennen.[18] Im Grundsatz läuft der Wortlaut des Abs. 2 somit darauf hinaus, pro Auftraggeber ein Verzeichnis zu führen. Als wesentlich praktikablere Alternative kommt infrage, alle jeweils logisch zusammengehördenen Auftraggeber (z.B. weil eine gleichartige Dienstleistung erbracht wird) zu einem zusammengefassten Verzeichnis zu bündeln, wobei auf etwaige Unterschiede zwischen den Verarbeitungstätigkeiten für die jeweiligen Auftraggeber im zusammengefassten Verzeichnis jeweils hinzuweisen wäre (z.B. Auftraggeber X hat nur Modul Y beauftragt, etc.). Gerade bei Auftragsverarbeitern, die mehrere Hundert oder Tausend Auftraggeber versorgen, bietet sich diese Praxis an. Es ist aber noch unklar, ob sie von den Datenschutzbehörden und Gerichten akzeptiert wird. **50**

Im Übrigen sind die vorgeschriebenen Inhalte nach Abs. 2 weitestgehend deckungsgleich zum Verarbeitungsverzeichnis der Verantwortlichen; s. insofern Rn. 35 ff. **51**

---

18 Landesbeauftragter für Datenschutz in Sachsen-Anhalt, Hinweise zum Verzeichnis der Verarbeitungstätigkeiten, Art. 30, S. 9, https://datenschutz.sachsen-anhalt.de/fileadmin/Bibliothek/Landesaemter/LfD/PDF/binary/Informationen/Internationales/Datenschutz-Grundverordnung/Hinweise_zum_Verzeichnis_von_Verarbeitungstaetigkeiten_-_Art._30_DS-GVO.pdf (abgerufen am 28.08.2017).

IV. Schriftform und Format (Abs. 3)

52 Die Pflicht nach Abs. 3, das Verzeichnis schriftlich zu führen, gilt sowohl für Verantwortliche (Abs. 1) als auch für Auftragsverarbeiter (Abs. 2) sowie ggf. ihre Vertreter. Der Verordnungsgeber lockert dieses Schriftformerfordernis jedoch dadurch, dass er auch ein elektronisches Format für ausreichend erklärt. Das Verarbeitungsverzeichnis kann somit, wie auch bei der Auftragsdatenverarbeitung (Art. 28 Abs. 9), digital geführt werden. Anders als von Datenschutzbehörden teils vertreten[19] besteht keine Pflicht, das Verarbeitungsverzeichnis grundsätzlich in deutscher Sprache zu führen. Insbesondere für internationale Unternehmen, die ihre Datenschutzorganisation einheitlich in englischer Sprache organisieren, wäre eine solche Verpflichtung auch unverhältnismäßig. Je nach Einzelfall können die Datenschutzbehörden aber innerhalb von konkreten Verwaltungsverfahren eine deutsche Übersetzung des Verzeichnisses anfordern oder ggf. selbst vornehmen (§ 23 Abs. 2 des jeweiligen LVwVfG).

53 Es muss keine „Hardcopy" abgelegt und vorgehalten werden, das elektronische Format muss aber äquivalent zu einem schriftlich geführten Verzeichnis sein. Es bleibt somit bei der Pflicht, die Mindestangaben in formularmäßig ausformulierter Weise festzuhalten und in einem Dokument zusammenzufassen. In der Praxis bieten sich das Excel- oder das PDF-Format an, andere Formate sind aber nicht ausgeschlossen. Gerade bei Auftragsverarbeitern mit vielen Auftraggebern (oben Rn. 50) bietet sich u.U. ein größeres Datenbanksystem an, wobei dann darauf zu achten ist, dass dieses System die Daten so zusammengefasst exportieren kann, dass dies einem schriftlichen Dokument entspricht.

V. Auskunftspflicht (Abs. 4)

54 Der Verantwortliche (Abs. 1) und der Auftragsverarbeiter (Abs. 2) sowie ggf. ihre Vertreter sind gem. Abs. 4 dazu verpflichtet, das Verzeichnis der Aufsichtsbehörde auf Anfrage vorzulegen.

55 Ungeschriebene Voraussetzung von Abs. 4 ist, dass die Aufsichtsbehörde überhaupt dazu befugt ist, das Verzeichnis von dem jeweiligen Datenverarbeiter anzufordern. Sie muss also räumlich und sachlich zuständig sein (vgl. Art. 51, Art. 55 ff., ggf. i.V.m. den nationalen Zuständigkeitsvorschriften). Weitere Voraussetzungen bestehen nicht. Die Aufsichtsbehörde kann das Verzeichnis auch völlig verdachtsfrei anfordern, z.B. im Wege anlassloser Stichprobenkontrollen.

56 Eine Frist, innerhalb derer das Verzeichnis zur Verfügung gestellt werden muss, nennt Abs. 4 nicht. Es bleibt insofern beim allgemeinen, subsidiären Verwaltungsverfahrensrecht und den dort statuierten Mitwirkungspflichten (§ 28 VwVfG). Zudem können die Aufsichtsbehörden auf das Verzeichnis auch auf Basis anderer Ermächtigungsgrundlagen zugreifen, insb. nach Art. 31 und Art. 58 Abs. 1.

VI. Ausnahme für kleine Datenverarbeiter (Abs. 5)

57 Sowohl Verantwortliche als auch Auftragsverarbeiter sind gem. Abs. 5 von der Pflicht zur Führung eines Verarbeitungsverzeichnisses freigestellt, wenn sie weniger als 250 Mitarbeiter beschäftigen. Von dieser Ausnahme sieht Abs. 5 aber wiederum drei Rückausnahmen vor: Auch kleine Datenverarbeiter müssen ein Verzeichnis anlegen, wenn (1.) die Datenverarbeitung ein Risiko für die Betroffenen birgt, (2.) die Datenverarbeitung häufiger als nur gelegentlich erfolgt oder[20] (3.) besonders schutzbedürftige Daten nach Art. 9 Abs. 1 oder Art. 10 verarbeitet werden. Dieser Katalog der Rückausnahmen kommt so ähnlich auch in Art. 27 Abs. 2 vor, ist aber nicht deckungsgleich.

---

19 Landesbeauftragter für Datenschutz in Sachsen-Anhalt, Hinweise zum Verzeichnis der Verarbeitungstätigkeiten, Art. 30, S. 2, https://datenschutz.sachsen-anhalt.de/fileadmin/Bibliothek/Landesaemter/LfD/PDF/binary/Informationen/Internationales/Datenschutz-Grundverordnung/Hinweise_zum_Verzeichnis_von_Verarbeitungstaetigkeiten_-_Art._30_DS-GVO.pdf (abgerufen am 28.08.2017).

20 Trotz des missverständlichen Wortlauts stehen die drei Rückausnahmen in einem Alternativverhältnis; so auch Wolff/Brink, *Spoerr*, Art. 30 DSGVO, Rn. 17.

1. Unternehmen oder Einrichtungen

Dem Wortlaut nach gilt Abs. 5 nur für Unternehmen oder Einrichtungen (englisch: *„enterprise or an organisation"*). Dies ist insofern auffällig, als dies nicht den gesamten Umfang des Adressatenkreises von Art. 30 umfasst (vgl. den Wortlaut von Art. 4 Nr. 7 und Art. 4 Nr. 8). Erfasst werden nur Unternehmen und Einrichtungen, jedoch nicht Behörden und andere Stellen. Auch sonstige juristische Personen und Privatpersonen werden nur dann erfasst, wenn sie sich gleichzeitig als Unternehmen betätigen. Diese Beschränkung der Privilegierung des Abs. 5 folgt daraus, dass der Verordnungsgeber gezielt kleine und mittlere Wirtschaftstreibende vor bürokratischem Aufwand schützen will (EG 13). Gleichwohl wirkt die Beschränkung der Privilegierung widersprüchlich, was die fehlende Freistellung von Privatpersonen, die nicht unternehmerisch handeln, angeht (vgl. hierzu aber die Haushaltsausnahme in Art. 2 Abs. 2 lit. c). **58**

2. Weniger als 250 Mitarbeiter

Nach dem Wortlaut von Abs. 5 sind Unternehmen und Einrichtungen mit weniger als 250 Mitarbeitern befreit, sofern keine der Rückausnahmen greift. Abs. 5 definiert den Begriff des Mitarbeiters nicht selbst und erklärt auch nicht, anhand welcher Zeit- und Maßgrößen die Zahl der Mitarbeiter berechnet werden soll. Relevant ist insofern aber der Hinweis in EG 13 S. 5, der bezüglich der Definition des Begriffs „Kleinstunternehmen sowie kleine und mittlere Unternehmen" auf Art. 2 des Anhangs der Empfehlung 2003/361/EG der EU-Kommission verweist. Dies ist zunächst missverständlich, da dieser Art. 2 eine Definition des kleinen oder mittleren Unternehmens enthält, die gerade nicht Art. 30 Abs. 5 entspricht. Insb. sollen nach dieser Empfehlung auch Umsatzzahlen und Jahresbilanzsummen relevant sein. Diese Wertung wird von Art. 30 Abs. 5 gerade nicht geteilt. Vielmehr kommt es nach Abs. 5 einerseits (nur) darauf an, ob das Unternehmen weniger als 250 Mitarbeiter hat,[21] und andererseits, ob dann trotz der geringen Mitarbeiterzahl bestimmte datenschutzspezifische Risiken vorliegen. **59**

Auf die Empfehlung 2003/361/EG kann allerdings Bezug genommen werden, soweit es um die Bestimmung der Mitarbeiterzahl geht.[22] Gem. Art. 5 und Art. 6 des Anhangs dieser Empfehlung ist die Beschäftigtenzahl nach Jahresarbeitseinheiten (JAE) festzulegen, und zwar auf Basis der Zahlen der Jahresabschlüsse und anderer Unternehmensdaten und anhand des jährlichen Durchschnitts im jeweiligen Berichtsjahr. Teilzeitbeschäftigte und Personen, die nicht das ganze Jahr beschäftigt sind, zählen dabei nur anteilig; Auszubildende und sonstige in der Ausbildung befindliche Personen sowie Mutterschafts- und Elternurlaubszeiten werden nicht eingerechnet. Diese Verfahrens- und Berechnungsregelungen sind nach der hier vertretenen Ansicht auch auf Art. 30 Abs. 5 anzuwenden. Zum einen entspricht dies der gesetzgeberischen Intention, für KMU praxisbezogene Vereinfachungen einzuführen (EG 13 S. 3 und 4). Zum anderen vermeidet die Anwendung der Art. 5 und 6 des Anhangs der Empfehlung 2003/361/EG auch eine Benachteiligung von Unternehmen, die einen größeren Anteil von Teilzeitbeschäftigten oder Auszubildenden haben oder in größerem Umfang Elternzeit gewähren. Die Bestimmung der Mitarbeiterzahl auf Basis bereits vorhandener Unternehmensdaten vermeidet für die kleinen und mittleren Unternehmen zudem eine zusätzliche aufwendige Datenerhebungs- und Kontrollpflicht. **60**

Im Ergebnis hat ein Unternehmen oder eine Einrichtung somit dann weniger als 250 Mitarbeiter, wenn im jeweils letzten Jahres- oder Geschäftsbericht eine geringere Zahl von Jahresarbeitseinheiten angegeben ist als 250. **61**

3. Kein Risiko für die Rechte und Freiheiten der betroffenen Personen

Auch Unternehmen mit weniger als 250 Mitarbeitern müssen ein Verarbeitungsverzeichnis aufstellen, wenn die durch sie durchgeführten Verarbeitungen ein Risiko für die Rechte und Freiheiten der Betroffenen bedeuten. Die Regelung greift den „risikobasierten Ansatz" auf, der die DS- **62**

---

21 So auch Wolff/Brink, *Spoerr*, Art. 30 DSGVO, Rn. 14.
22 So auch Plath, *Plath*, Art. 30, Rn. 6; Wolff/Brink, *Spoerr*, Art. 30 DSGVO, Rn. 15.

GVO wie ein roter Faden durchzieht (ausführlich die Kommentierung zu Art. 24 Rn. 22 ff. und 78 ff.). Der Terminus der „Risiken für die Rechte und Freiheiten der betroffenen Personen" kommt u.a. in Art. 23 Abs. 2 lit. g, Art. 24 Abs. 1, Art. 25 Abs. 1, Art. 27 Abs. 2 lit. a, Art. 33 Abs. 1, Art. 34 und Art. 35 vor, allerdings in unterschiedlichen Formulierungen und Abstufungen (eingehend zu dem Begriff Art. 24 Rn. 115 ff.).

63 Die in Art. 35 Abs. 1 geregelte Pflicht zur Durchführung einer Risikofolgenabschätzung hat zugleich eine Indikationswirkung für die Pflicht zur Führung eines Verfahrensverzeichnisses. Denn Art. 35 Abs. 1 setzt ein „hohes Risiko" voraus, während Art. 30 Abs. 5 lediglich „Risiken" verlangt. Wer eine Datenschutz-Folgenabschätzung durchführen muss, muss also auf jeden Fall ein Verfahrensverzeichnis führen. Es muss aber nicht umgekehrt jeder, der ein Verfahrensverzeichnis führen muss, auch eine Datenschutzfolgenabschätzung durchführen. Gem. Art. 70 Abs. 1 lit. e kann der EU-Datenschutzausschuss Leitlinien bereitstellen, unter denen eine Verletzung des Schutzes personenbezogener Daten zu einem Risiko führt; dies betrifft primär die Benachrichtigungspflicht nach Art. 34 und nicht Art. 30 Abs. 5. Die Leitlinien liegen bisher nicht vor.

64 EG 75 erklärt das Konzept des risikobasierten Ansatzes näher. Geordnet nach Fallgruppen besagt EG 75, dass sich ein besonderes Risiko aus den folgenden Gründen ergeben kann:

- aus dem Risiko eines physischen, materiellen oder immateriellen Schadens, insb. Diskriminierung, einem Identitätsdiebstahl oder -betrug, einem finanziellen Verlust, einer Rufschädigung, einem Verlust der Vertraulichkeit von dem Berufsgeheimnis unterliegenden personenbezogenen Daten, der unbefugten Aufhebung der Pseudonymisierung oder anderen erheblichen wirtschaftlichen oder gesellschaftlichen Nachteilen;
- wenn die Daten für missbräuchliche Zwecke eingesetzt werden („wenn die betroffenen Personen um ihre Rechte und Freiheiten gebracht oder daran gehindert werden, die sie betreffenden personenbezogenen Daten zu kontrollieren");
- aus der Art der verarbeiteten Daten; konkret Daten über die rassische oder ethnische Herkunft, politische Meinungen, religiöse oder weltanschauliche Überzeugungen, die Zugehörigkeit zu einer Gewerkschaft, genetische Daten, Gesundheitsdaten, Daten über das Sexualleben oder über strafrechtliche Verurteilungen sowie Straftaten oder damit zusammenhängende Sicherungsmaßregeln;
- wenn persönliche Aspekte des Betroffenen bewertet oder in Profilen zusammengefasst werden, insb. die Arbeitsleistung, wirtschaftliche Lage, Gesundheit, persönliche Vorlieben oder Interessen, die Zuverlässigkeit oder das Verhalten, der Aufenthaltsort oder Ortswechsel;
- aus der Verarbeitung der Daten besonders schutzbedürftiger Personen, insb. von Kindern;
- aus der Verarbeitung einer großen Menge personenbezogener Daten und von Daten betreffend eine große Anzahl von Personen.

65 Die vorgenannten Aspekte fließen in eine Gesamtbetrachtung ein, wobei insb. auch die Wahrscheinlichkeit eines potenziellen Schadenseintritts und der mögliche Schadensumfang einzubeziehen sind (EG 76). Von einem Risiko ist nur auszugehen, wenn das Risiko im Fall des konkreten Datenverarbeiters spürbar größer ist als das allgemeine Lebensrisiko.[23] Denn der Privilegierungszweck des Abs. 5 würde verfehlt, wenn letztlich fast jede Datenverarbeitung als „Risiko" angesehen würde und deshalb auch fast jedes kleine oder mittlere Unternehmen ein Verarbeitungsverzeichnis führen müsste. Deshalb ist bspw. eine Videoüberwachung für sich gesehen noch kein Anlass für ein Verarbeitungsverzeichnis.[24]

---

23 So auch Paal/Pauly, *Martini*, Art. 30 DSGVO, Rn. 32; Wolff/Brink, *Spoerr*, Art. 30 DSGVO, Rn. 20; wohl a.A. Landesbeauftragter für Datenschutz in Sachsen-Anhalt, Hinweise zum Verzeichnis der Verarbeitungstätigkeiten, Art. 30, S. 3, https://datenschutz.sachsen-anhalt.de/fileadmin/Bibliothek/Landesaemter/LfD/PDF/binary/Informationen/Internationales/Datenschutz-Grundverordnung/Hinweise_zum_Verzeichnis_von_Verarbeitungstaetigkeiten_-_Art._30_DS-GVO.pdf (abgerufen am 28.08.2017).

24 A.A. Paal/Pauly, *Martini*, Art. 30 DSGVO, Rn. 32.

4. Verarbeitung nicht nur gelegentlich

Unternehmen mit weniger als 250 Mitarbeitern müssen dennoch ein Verarbeitungsverzeichnis führen, wenn die Verarbeitung personenbezogener Daten häufiger als nur gelegentlich erfolgt. Was unter dem Begriff „gelegentlich" zu verstehen ist, wird in der DS-GVO nicht definiert. Der Begriff spricht aber sowohl in der deutschen als auch in der englischen Sprachversion („*occasional*") für sich selbst: Unter einer gelegentlichen Datenverarbeitung ist eine Datenverarbeitung zu verstehen, die nicht im Zentrum des Unternehmens- bzw. Einrichtungszwecks steht, sondern eher unterstützende Funktion hat. Bspw. der Betrieb eines Serverparks als Hauptunternehmenszweck erfordert eine Datenverarbeitung, die mehr als nur „gelegentlich" ist. „Gelegentlich" ist aber immer die Datenverarbeitung, die zu jeder Unternehmensführung gehört, bspw. die Lohnbuchhaltung oder die Führung einer Kundenkartei.[25] Würden solche „Allerwelts"-Verarbeitungen nicht als „gelegentlich" gelten, würde die Ausnahme des Abs. 5 leerlaufen, weil jedes professionell geführte Unternehmen immer ein Verarbeitungsverzeichnis führen müsste.[26] 66

5. Keine Verarbeitung besonders geschützter Datenkategorien

Die Pflicht zur Führung des Verarbeitungsverzeichnisses besteht unabhängig von der Unternehmens- bzw. Einrichtungsgröße auch dann, wenn personenbezogene Daten aus den Kategorien nach Art. 9 und 10 verarbeitet werden. Dies betrifft v.a. Unternehmen im medizinischen oder politischen Bereich, da viele der Kategorien der besonders geschützten Daten in diesen Bereich fallen. 67

Die Regelung ist für Auftragsverarbeiter entsprechend dem Sinn und Zweck der Auftragsverarbeitung teleologisch zu reduzieren. Denn Auftragsverarbeiter wissen häufig gar nicht, welcher Natur die Daten sind, an deren Verarbeitung sie mitwirken. Eben aus diesem Grund müssen Auftragsverarbeiter ja keine Beschreibung der Kategorien der verarbeiteten personenbezogenen Daten in das Verzeichnis aufnehmen (oben Rn. 48). Dementsprechend muss auch Abs. 5 so ausgelegt werden, dass die Rückausnahme der besonders schutzwürdigen Datenkategorien bereits dann greift, wenn *bestimmungsgemäß* die Auftragsverarbeitung keine besonders geschützten Datenkategorien erfasst. Der Auftragsverarbeiter muss also nicht kontrollieren, welche Daten er im Einzelnen verarbeitet. 68

C. Weitere Auswirkungen der Verordnung in der Praxis

I. Voraussichtliche Auswirkungen auf das nationale Recht

Ab dem 25.5.2018 gilt Art. 30 in allen Mitgliedstaaten unmittelbar. Alle Tatbestände des nationalen Datenschutzrechts, die ein Verfahrensverzeichnis oder ähnliche Dokumentationsvorschriften vorsehen (also insb. § 4e i.V.m. § 4g Abs. 2 BDSG-alt und die entsprechenden landesrechtlichen Regelungen), werden zu diesem Zeitpunkt aufgehoben. Es ergibt sich kein darüber hinausgehender Umsetzungsaufwand. Art. 30 enthält keine Öffnungsklauseln für abweichendes mitgliedstaatliches Recht und das BDSG-neu wird für den Anwendungsbereich der DS-GVO auch keine Vorschriften über ein Verfahrensverzeichnis mehr enthalten. Nur für die Umsetzung der RL 2016/680 enthält § 70 BDSG-neu eine eigene Regelung. 69

25 A.A. mit der Begründung, die Datenverarbeitung sei dann „regelmäßig", Wolff/Brink, *Spoerr*, Art. 30 DSGVO, Rn. 26 sowie Landesbeauftragter für Datenschutz in Sachsen-Anhalt, Hinweise zum Verzeichnis der Verarbeitungstätigkeiten, Art. 30, S. 3, https://datenschutz.sachsen-anhalt.de/fileadmin/Bibliothek/Landesaemter/LfD/PDF/binary/Informationen/Internationales/Datenschutz-Grundverordnung/Hinweise_zum_Verzeichnis_von_Verarbeitungstaetigkeiten_-_Art._30_DS-GVO.pdf (abgerufen am 28.08.2017).

26 Wohl a.A. *Laue/Nink/Kremer*, Rn. 111.

II. Bestandsschutz bisheriger Datenverarbeitungen

70 Vom 25.5.2018 an sind alle Verantwortlichen und Auftragsverarbeiter an die neuen Pflichten des Art. 30 gebunden. Eine Übergangsperiode oder ein Bestandsschutz bisheriger Verfahrensverzeichnisse ist nicht vorgesehen. Alle Datenverarbeitungen, die zu diesem Zeitpunkt stattfinden, müssen dann im Verarbeitungsverzeichnis dokumentiert sein.

III. Anwendung durch die Datenverarbeiter

71 Vor Inkrafttreten der DS-GVO führt Art. 30 für alle Normadressaten zu einem gewissen Anpassungsaufwand. Dieser beschränkt sich für Verantwortliche auf bestimmte Ergänzungen beim Inhalt der bisher geführten Verfahrensverzeichnisse. Große Bedeutung hat Art. 30 dagegen für Auftragsverarbeiter, da diese bisher nicht verpflichtet waren, ein Verarbeitungsverzeichnis zu führen.

72 In jedem Fall kann der Aufwand, der mit der (Neu-)Erstellung eines Verarbeitungsverzeichnisses verbunden ist, gerade in großen Unternehmen erheblich sein. Allerdings wäre es ohnehin notwendig, diese Informationen zusammenzutragen, da auch andere Pflichten der DS-GVO derartige Ermittlungen und Dokumentationen erfordern (insb. Art. 12 bis 15, 33 und 34).

73 Der Mindestinhalt des Verzeichnisses für Verantwortliche nach Art. 30 Abs. 1 ist gegenüber den Anforderungen des BDSG etwas ausgeweitet worden. Neu sind die folgenden Punkte, die gegenüber einem BDSG-konformen Verzeichnis zu ergänzen sind:

- Neu hinzuzufügen ist ein Feld, in dem anzugeben ist, ob es einen weiteren „gemeinsam Verantwortlichen" gibt („joint control"). Falls dies der Fall ist, sind die Kontaktdaten des anderen Verantwortlichen und von dessen Datenschutzbeauftragten anzugeben.
- Neu anzugeben ist, ob ein „Vertreter" bestellt ist, d.h. ein Ansprechpartner für Datenschutzanfragen im Auftrag eines EU-/EWR-Auslandsverarbeiters (oben Rn. 14). Anzugeben sind ggf. dessen Namen und Kontaktdaten.
- Soweit dies in den bisher verwendeten Formularen nicht bereits enthalten ist, sind auch Name und Kontaktdaten des Datenschutzbeauftragten zu ergänzen, falls einer benannt wurde.
- Bisherige Angaben zum Transfer in Drittstaaten sind zu ergänzen um Transfers zu internationalen Organisationen.
- Für den Fall, dass Drittstaatentransfers auf die „ultima ratio"-Klausel des Art. 49 Abs. 1 UAbs. 2 gestützt werden, muss das Verzeichnis eine „Dokumentierung" sowohl der Überprüfung als auch der daraus abgeleiteten Garantien enthalten (Art. 30 Abs. 1 lit. e am Ende; Art. 49 Abs. 6; s. dazu auch oben Rn. 41).
- Anders als in den bisher in Deutschland verwendeten Vorlagen für Verfahrensverzeichnisse häufig vorgesehen, müssen technisch-organisatorische Maßnahmen gem. Art. 30 Abs. 1 lit. g nicht genau beschrieben werden, sondern nur „wenn möglich […] allgemein". Die Dokumentationspflicht bezieht sich auch nur auf die technisch-organisatorischen Maßnahmen nach Art. 32 und nicht auf die des Art. 24.

IV. Sanktionen

74 Ein Verstoß gegen Art. 30 kann nach Art. 83 Abs. 4 lit. a mit Geldbußen von bis zu 10 Mio. € oder 2 % des weltweiten Jahresumsatzes geahndet werden, je nachdem, welcher der Beträge größer ist.

75 Die Aufsichtsbehörden können die Verzeichnisführungspflicht gem. Art. 58 Abs. 2 sowie ggf. nationalem Verfahrensrecht auch zusätzlich anordnen und konkretisieren; in Deutschland wäre das Instrument zur Anordnung der Verwaltungsakt.[27] Verstößt der Datenverarbeiter auch gegen

27 *Albrecht/Jotzo*, S. 124.

diese Anordnung, kann gem. Art. 83 Abs. 6 ein Bußgeld bis zu 20 Mio. € bzw. 4 % des weltweiten Jahresumsatzes fällig werden.

V. Rechtsschutz

Die Pflicht zur Verzeichnisführung gem. Art. 30 Abs. 1 und 2 ergibt sich unmittelbar aus der DS- **76**
GVO. Gegen diese Pflicht selbst haben Datenverarbeiter keine praxisrelevanten Rechtsschutzmöglichkeiten. Falls eine Aufsichtsbehörde allerdings die Pflicht zur Verzeichnisführung (Abs. 1, Abs. 2) oder die Herausgabe des Verzeichnisses (Abs. 4) im Wege des Verwaltungsaktes anordnet, steht dem Adressaten des Verwaltungsaktes sowie jedem Drittbetroffenen hiergegen der Rechtsweg offen, Art. 78 Abs. 1 und EG 143 S. 4 ff. Die richtige Klageart gegen einen Anordnungsakt einer deutschen Aufsichtsbehörde wäre die Anfechtungsklage nach § 42 VwGO. Für Aufsichtsbehörden anderer Mitgliedstaaten gilt das dortige Prozessrecht, Art. 78 Abs. 3.

Rechtsbehelfe für Betroffene sind bei Art. 30 nicht einschlägig, da Art. 30 keine subjektiven Be- **77**
troffenenrechte enthält (oben Rn. 5). Entsprechende Rechtsbehelfe seitens Betroffener würden bereits in der Zulässigkeit scheitern.

Article 31

Cooperation with the supervisory authority

The controller and the processor and, where applicable, their representatives, shall cooperate, on request, with the supervisory authority in the performance of its tasks.

Artikel 31

Zusammenarbeit mit der Aufsichtsbehörde

Der Verantwortliche und der Auftragsverarbeiter und gegebenenfalls deren Vertreter arbeiten auf Anfrage mit der Aufsichtsbehörde bei der Erfüllung ihrer Aufgaben zusammen.

Recital

(82) In order to demonstrate compliance with this Regulation, the controller or processor should maintain records of processing activities under its responsibility. Each controller and processor should be obliged to cooperate with the supervisory authority and make those records, on request, available to it, so that it might serve for monitoring those processing operations.

Erwägungsgrund

(82) Zum Nachweis der Einhaltung dieser Verordnung sollte der Verantwortliche oder der Auftragsverarbeiter ein Verzeichnis der Verarbeitungstätigkeiten, die seiner Zuständigkeit unterliegen, führen. Jeder Verantwortliche und jeder Auftragsverarbeiter sollte verpflichtet sein, mit der Aufsichtsbehörde zusammenzuarbeiten und dieser auf Anfrage das entsprechende Verzeichnis vorzulegen, damit die betreffenden Verarbeitungsvorgänge anhand dieser Verzeichnisse kontrolliert werden können.

Literatur

Paal/Pauly, Datenschutz-Grundverordnung, 1. Auflage 2016, C.H. Beck München.

▶ Bedeutung der Norm

Die Norm regelt eine allgemeine Pflicht zur Zusammenarbeit.

▶ Hinweise für den Anwender

- Die Regelung ergänzt in allgemeiner Weise die Pflichten des Verantwortlichen, des Auftragsverarbeiters sowie jeweils deren Vertreter zur Zusammenarbeit mit den Aufsichtsbehörden.

▶ Schlagworte

Auftragsverarbeiter, Aufsichtsbehörde, Verantwortlicher, Zusammenarbeit

A. Allgemeines

I. Regelungszweck

1 Diese Regelung konstituiert eine allgemeine Mitwirkungspflicht des Datenverarbeiters bei der datenschutzbehördlichen Aufgabenerfüllung. Die Norm ergänzt die konkreten Pflichten des Verantwortlichen, des Auftragsverarbeiters und des jeweiligen Vertreters mit Blick auf die Zuständigkeiten (Art. 56), Aufgaben (Art. 57) und Befugnisse (Art. 58) der Aufsichtsbehörden. Neben den eigenen, insb. in den Kapiteln III und IV konkretisierten Aufgaben wird hier eine Zusammenarbeit eingefordert, die sich aus den Anforderungen der Aufsichtsbehörde ergeben kann.

II. Normadressaten

2 Die Norm richtet sich an den Verantwortlichen (Art. 4 Nr. 7), den Auftragsverarbeiter (Art. 4 Nr. 8), deren jeweiligen Vertreter (Art. 4 Nr. 17), aber sie adressiert auch die Datenschutzaufsichtsbehörden (Art. 4 Nr. 22), deren Befugnisse nach Art. 58 scheinbar um die „Anfrage" erweitert werden.

III. Systematik

- Die Norm wirkt im Kapitel IV zu Verantwortlichem und Auftragsverarbeiter gut platziert, aber sie hinterlässt den Eindruck eines Appells, dessen Ziel über die Befugnisse der Aufsichtsbehörde nach Art. 58 besser erreichbar wäre. Bezieht sich die Verpflichtung der Verfügungsstellung der Information durch den Verantwortlichen nach Art. 36 Abs. 3 noch auf den konkreten Fall der vorherigen Konsultation, ist der Anwendungsbereich des Art. 31 nicht auf bestimmte Verpflichtungen der Verantwortlichen oder Auftragsverarbeiter begrenzt.
- Es ist aus der Systematik keine Beziehung zu den Befugnisregelungen der Aufsichtsbehörden nach Art. 58, insb. den Untersuchungsbefugnissen nach Art. 58 Abs. 1, erkennbar.

IV. Entstehungsgeschichte

3 Bereits die Kommission hatte in ihrem Entwurf des damaligen Art. 29 in zwei Absätzen vorgesehen, dass Verantwortlicher, Auftragsverarbeiter und etwaige Vertreter der Aufsichtsbehörde zuarbeiten, um diesen Zugriff auf alle personenbezogenen Daten und Informationen, die zur Erfüllung der Aufgaben erforderlich sind, sowie in bestimmten Fällen den Zugang zu Geschäftsräumen und Datenverarbeitungsanlagen zu ermöglichen. Darüber hinaus war in einem zweiten Absatz vorgesehen, wie Verantwortlicher, Auftragsverarbeiter und etwaige Vertreter auf Anordnungen der Aufsichtsbehörden und dies in angemessener Frist zu reagieren hatten (Art. 29 Abs. 2 DS-GVO KOM). Das Parlament verzichtete auf diesen zweiten Absatz und im Trilog fand der Art. 31 seine heutige Form letztendlich in einem Kompromiss. Das Parlament bevorzugte eine Wahrnehmung der Befugnisse der Aufsichtsbehörden „ohne Vorankündigung"; die Absicht des Rates, diese Norm vollständig zu streichen, führte letztendlich zu einer Fassung, die es nun einzuordnen gilt.[1]

B. Inhalt der Norm

I. Pflicht zur Zusammenarbeit

4 Die Norm enthält eine Pflicht zur Zusammenarbeit. Welchen Bedeutungsgehalt diese Norm über die allgemeine Pflicht zur Befolgung der aufsichtsbehördlichen Anweisungen hat, ist unklar.

1 Paal/Pauly, *Martini*, § 31 Rn. 7.

5 Nach Art. 58 haben die Datenschutzaufsichtsbehörden konkrete Eingriffsbefugnisse, denen entsprechende Pflichten der Verantwortlichen, Auftragsverarbeiter und Vertreter entsprechen. Demnach müssen Verantwortliche, Auftragsverarbeiter und Vertreter

- Anweisungen zur Informationsbereitstellung (Art. 58 Abs. 1 lit. a), zur Erfüllung von Betroffenenrechten (Art. 58 Abs. 2 lit. c und g), zur rechtskonformen Ausgestaltung von Verarbeitungsvorgängen (Art. 58 Abs. 2 lit. d), zur Benachrichtigung des Betroffenen (Art. 58 Abs. 2 lit. e), zur Verarbeitungsbeschränkung (Art. 58 Abs. 2 lit. f) entsprechen,
- Datenschutzüberprüfungen (Art. 58 Abs. 1 lit. b) und Zertifizierungsüberprüfungen (Art. 58 Abs. 1 lit. c) dulden,
- Zugang zu personenbezogenen Daten und sonstigen Informationen (Art. 58 Abs. 1 lit. e) und zu Geschäftsräumen (Art. 58 Abs. 1 lit. f) verschaffen,
- Hinweise (Art. 58 Abs. 1 lit. d), Warnungen (Art. 58 Abs. 2 lit. a) und Verwarnungen (Art. 58 Abs. 2 lit. b) entgegennehmen,
- bei der vorherigen Konsultation mit den Aufsichtsbehörden zusammenarbeiten (Art. 36, Art. 58 Abs. 3 lit. a und c).

6 Viele der genannten Befugnisse setzen voraus, dass die Datenschutzaufsichtsbehörde einen Verwaltungsakt erlässt und mit Verwaltungszwang vorgeht. Selbstverständlich sind ein Verantwortlicher, ein Auftragsverarbeiter und ein Vertreter zur Befolgung rechtmäßiger Anordnungen verpflichtet. Fraglich ist, welche Rolle die Pflicht zur Zusammenarbeit gem. Art. 31 in diesem Zusammenhang spielt. Die Pflicht zur Zusammenarbeit kann nicht bedeuten, dass die Behörde nicht verpflichtet wäre, im Zweifel mit verwaltungsverfahrens- und -vollstreckungsrechtlichen Mitteln gegen die Datenverarbeiter vorzugehen.

II. Zusammenhang mit der Aufgabenerfüllung der Aufsichtsbehörden

7 Die Pflicht zur Zusammenarbeit i.S.v. Art. 31 besteht nur „bei der Erfüllung der Aufgaben" der Datenschutzaufsichtsbehörden. Eine „Zusammenarbeit" außerhalb der Erfüllung der Aufgaben der Aufsichtsbehörde (vgl. Art. 57) wird durch den Verantwortlichen, den Auftragsverarbeiter und ggf. deren Vertreter nicht geregelt. Aber das alleine ist schon umfassend, zählen doch zu den Aufgaben der Aufsichtsbehörde auch

- die Überwachung und Durchsetzung der Verordnung (Art. 57 Abs. 1 lit. a),
- die Öffentlichkeit zu sensibilisieren und aufzuklären (Art. 57 Abs. 1 lit. b),
- das Parlament in Bezug auf die Verarbeitung zu beraten (Art. 57 Abs. 1 lit. c),
- die Sensibilisierung der Verantwortlichen und Auftragsverarbeiter zu den ihnen aus dieser Verordnung entstehenden Pflichten (Art. 57 Abs. 1 lit. d),
- Betroffenen auf deren Anfrage Informationen über die Ausübung ihrer Rechte zukommen zu lassen (Art. 57 Abs. 1 lit. e),
- sich mit Beschwerden von Betroffenen bzw. deren Verbänden zu befassen (Art. 57 Abs. 1 lit. f),
- mit anderen Aufsichtsbehörden zusammenzuarbeiten (Art. 57 Abs. 1 lit. g),
- Untersuchungen über die Anwendung dieser Verordnung durchzuführen (Art. 57 Abs. 1 lit. h),
- maßgebliche Entwicklungen zu verfolgen, auch bezüglich Geschäftspraktiken (Art. 57 Abs. 1 lit. i).

8 Bei all diesen Aufgaben kann nun die Aufsichtsbehörde über eine Anfrage nach Art. 31 die Zusammenarbeit mit dem Verantwortlichen, dem Auftragsverarbeiter und ggf. mit deren Vertreter einfordern.

III. Anfrage der Aufsichtsbehörden

Voraussetzung ist eine Anfrage der Aufsichtsbehörde. Insbesondere bei dem Verlangen der Aufsichtsbehörde, sich das Verzeichnis der Verarbeitungstätigkeiten (Art. 30) vorlegen zulassen, wird gem. EG 82 die Zusammenarbeit eingefordert. Die Zusammenarbeit ist aber nicht auf diesen Fall begrenzt. Für die Anfrage der Aufsichtsbehörden ist keine bestimmte Form vorgeschrieben. Sie kann parallel oder anstatt der bereits genannten zahlreichen Untersuchungs-, Abhilfe- und Genehmigungsbefugnisse des Art. 58 ausgeübt werden. 9

C. Weitere Auswirkungen der Verordnung in der Praxis

I. Voraussichtliche Auswirkungen auf das nationale Recht

Offen bleibt, wie Art. 31 im Zusammenspiel mit einem Ordnungswidrigkeitenverfahren zu interpretieren ist: Über § 46 Abs. 1 OWiG gelten im Bußgeldverfahren sinngemäß die Vorschriften der Strafprozessordnung. Die Verpflichtung aus § 136 Abs. 1 S. 2 StPO, den Beschuldigten bei der ersten Vernehmung darauf hinzuweisen, dass es ihm freistehe, sich zu Beschuldigungen zu äußern oder nicht zur Sache auszusagen und jederzeit, auch schon vor seiner Vernehmung, einen von ihm zu wählenden Verteidiger zu befragen, würde sich auch auf ein Ordnungswidrigkeitenverfahren auswirken. Doch wie gestaltet es sich, wenn es sich „lediglich" um eine Anfrage der Datenschutzaufsichtsbehörde nach Art. 31 handelt? Inwieweit muss ein Verantwortlicher, Auftragsverarbeiter oder Vertreter auf Basis des Art. 31 eine Anfrage beantworten, wenn er sich selbst dadurch belasten könnte? Art. 31 ist auch unter diesem Gesichtspunkt fragwürdig. Der EuGH hat bereits anlässlich eines wettbewerbsrechtlichen Verfahrens entschieden, dass einem Unternehmen durch die EU-Kommission keine Verpflichtung auferlegt werden darf, durch die es das Vorliegen einer Zuwiderhandlung eingestehen müsste.[2] 10

II. Sanktionen

Ein Verstoß gegen Art. 31 DS-GVO kann nach Art. 83 Abs. 4 lit. a DS-GVO mit einer Geldbuße bis zu 10.000.000 € oder im Fall eines Unternehmens von bis zu 2 % seines gesamten weltweit erzielten Jahresumsatzes des vorangegangenen Geschäftsjahres geahndet werden, je nachdem, welcher der Beträge höher ist. Daher kann die Überlegung dahingestellt bleiben, was sich materiell-rechtlich geändert hätte, gäbe es die Regelung in Art. 31 DS-GVO nicht. 11

Neben der Frage der Selbstbelastungsfreiheit (s.o. Rn. 10) ist das Zusammenspiel des Gebotes der Zusammenarbeit mit der Aufsichtsbehörde mit einer Sanktionsandrohung kritisch zu bewerten, insbesondere wenn nach § 43 Abs. 4 BDSG-neu[3] explizit nicht vorgesehen ist, dass in einem Verfahren nach dem Gesetz über Ordnungswidrigkeiten gegen ihn diese Informationen aus Art. 31 nur mit Zustimmung des Informationspflichtigen verwendet werden dürfen. 12

III. Rechtsschutz

Verantwortlicher, Auftragsverarbeiter und Vertreter können gegen eine Anfrage der Aufsichtsbehörde nicht klagen, da dieser der Charakter eines Verwaltungsaktes fehlt. Bestenfalls wäre eine allgemeine Feststellungsklage nach § 43 Abs. 1 VwGO denkbar, der aber auch eine konkrete Anfrage zugrunde liegen müsste, da einer „vorbeugenden" Feststellungsklage ansonsten das berechtigte Interesse an der Feststellung fehlen würde. 13

---

2 EuGH, Urt. V. 18.10.1989, Az 374/87 (Orkem), RN 35; http://curia.europa.eu/juris/showPdf.jsf?text=&docid=95715&pageIndex=0&doclang=de&mode=lst&dir=&occ=first&part=1&cid=669812

3 BGBl. I 2017, 2097

Article 32

Security of processing

(1) Taking into account the state of the art, the costs of implementation and the nature, scope, context and purposes of processing as well as the risk of varying likelihood and severity for the rights and freedoms of natural persons, the controller and the processor shall implement appropriate technical and organisational measures to ensure a level of security appropriate to the risk, including inter alia as appropriate:

(a) the pseudonymisation and encryption of personal data;

(b) the ability to ensure the ongoing confidentiality, integrity, availability and resilience of processing systems and services;

(c) the ability to restore the availability and access to personal data in a timely manner in the event of a physical or technical incident;

(d) a process for regularly testing, assessing and evaluating the effectiveness of technical and organisational measures for ensuring the security of the processing.

2) In assessing the appropriate level of security account shall be taken in particular of the risks that are presented by processing, in particular from accidental or unlawful destruction, loss, alteration, unauthorised disclosure of, or access to personal data transmitted, stored or otherwise processed.

(3) Adherence to an approved code of conduct as referred to in Article 40 or an approved certification mechanism as referred to in Article 42 may be used as an element by which to demonstrate compliance with the requirements set out in paragraph 1 of this Article.

Artikel 32

Sicherheit der Verarbeitung

(1) Unter Berücksichtigung des Stands der Technik, der Implementierungskosten und der Art, des Umfangs, der Umstände und der Zwecke der Verarbeitung sowie der unterschiedlichen Eintrittswahrscheinlichkeit und Schwere des Risikos für die Rechte und Freiheiten natürlicher Personen treffen der Verantwortliche und der Auftragsverarbeiter geeignete technische und organisatorische Maßnahmen, um ein dem Risiko angemessenes Schutzniveau zu gewährleisten; diese Maßnahmen schließen unter anderem Folgendes ein:

a) die Pseudonymisierung und Verschlüsselung personenbezogener Daten;

b) die Fähigkeit, die Vertraulichkeit, Integrität, Verfügbarkeit und Belastbarkeit der Systeme und Dienste im Zusammenhang mit der Verarbeitung auf Dauer sicherzustellen;

c) die Fähigkeit, die Verfügbarkeit der personenbezogenen Daten und den Zugang zu ihnen bei einem physischen oder technischen Zwischenfall rasch wiederherzustellen;

d) ein Verfahren zur regelmäßigen Überprüfung, Bewertung und Evaluierung der Wirksamkeit der technischen und organisatorischen Maßnahmen zur Gewährleistung der Sicherheit der Verarbeitung.

(2) Bei der Beurteilung des angemessenen Schutzniveaus sind insbesondere die Risiken zu berücksichtigen, die mit der Verarbeitung verbunden sind, insbesondere durch – ob unbeabsichtigt oder unrechtmäßig – Vernichtung, Verlust, Veränderung oder unbefugte Offenlegung von beziehungsweise unbefugten Zugang zu personenbezogenen Daten, die übermittelt, gespeichert oder auf andere Weise verarbeitet wurden.

(3) Die Einhaltung genehmigter Verhaltensregeln gemäß Artikel 40 oder eines genehmigten Zertifizierungsverfahrens gemäß Artikel 42 kann als Faktor herangezogen werden, um die Erfüllung der in Absatz 1 des vorliegenden Artikels genannten Anforderungen nachzuweisen.

(4) The controller and processor shall take steps to ensure that any natural person acting under the authority of the controller or the processor who has access to personal data does not process them except on instructions from the controller, unless he or she is required to do so by Union or Member State law.

(4) Der Verantwortliche und der Auftragsverarbeiter unternehmen Schritte, um sicherzustellen, dass ihnen unterstellte natürliche Personen, die Zugang zu personenbezogenen Daten haben, diese nur auf Anweisung des Verantwortlichen verarbeiten, es sei denn, sie sind nach dem Recht der Union oder der Mitgliedstaaten zur Verarbeitung verpflichtet.

Recital

(83) In order to maintain security and to prevent processing in infringement of this Regulation, the controller or processor should evaluate the risks inherent in the processing and implement measures to mitigate those risks, such as encryption. Those measures should ensure an appropriate level of security, including confidentiality, taking into account the state of the art and the costs of implementation in relation to the risks and the nature of the personal data to be protected. In assessing data security risk, consideration should be given to the risks that are presented by personal data processing, such as accidental or unlawful destruction, loss, alteration, unauthorised disclosure of, or access to, personal data transmitted, stored or otherwise processed which may in particular lead to physical, material or non-material damage.

Erwägungsgrund

(83) Zur Aufrechterhaltung der Sicherheit und zur Vorbeugung gegen eine gegen diese Verordnung verstoßende Verarbeitung sollte der Verantwortliche oder der Auftragsverarbeiter die mit der Verarbeitung verbundenen Risiken ermitteln und Maßnahmen zu ihrer Eindämmung, wie etwa eine Verschlüsselung, treffen. Diese Maßnahmen sollten unter Berücksichtigung des Stands der Technik und der Implementierungskosten ein Schutzniveau – auch hinsichtlich der Vertraulichkeit – gewährleisten, das den von der Verarbeitung ausgehenden Risiken und der Art der zu schützenden personenbezogenen Daten angemessen ist. Bei der Bewertung der Datensicherheitsrisiken sollten die mit der Verarbeitung personenbezogener Daten verbundenen Risiken berücksichtigt werden, wie etwa – ob unbeabsichtigt oder unrechtmäßig – Vernichtung, Verlust, Veränderung oder unbefugte Offenlegung von oder unbefugter Zugang zu personenbezogenen Daten, die übermittelt, gespeichert oder auf sonstige Weise verarbeitet wurden, insbesondere wenn dies zu einem physischen, materiellen oder immateriellen Schaden führen könnte.

Literatur

Bonin, Grundrechtsschutz durch verfahrensrechtliche Kompensation bei Maßnahmen der polizeilichen Informationsvorsorge, 1. Auflage 2012, Richard Boorberg Verlag Stuttgart; *Schäfer*, Netzwerksicherheit, 1. Auflage 2003, dpunkt-Verlag Heidelberg.

▶ Bedeutung der Norm

Die Norm regelt die Pflicht des Verantwortlichen und des Auftragsdatenverarbeiters, verhältnismäßige technische bzw. organisatorische Maßnahmen zu treffen, um die informationstechnische Sicherheit der Datenverarbeitung zu gewährleisten.

▶ Hinweise für den Anwender

Für die Norm relevante Definitionen:

- **Verhaltensregeln:** Verbände und andere Vereinigungen, die Kategorien von Verantwortlichen oder Auftragsdatenverarbeitern vertreten, können gem. Art. 40 Verhaltens-

regeln ausarbeiten oder ändern oder erweitern, mit denen Maßnahmen für die Sicherheit der Verarbeitung präzisiert werden.
- **Zertifizierungen:** Gem. Art. 42 können Maßnahmen zur Sicherheit der Verarbeitung einem Zertifizierungsverfahren unterzogen werden.
- **Geldbuße:** Geldbuße bei Verstoß gegen die Regelungen zur Sicherheit der Verarbeitung gem. Art. 83 Abs. 4 lit. a: maximal 100.000 € oder im Falle eines Unternehmens 2 % des gesamten weltweit erzielten Umsatzes des Vorjahres.

Für die Auslegung der Norm relevante Erwägungsgründe:
- EG 83 zur Aufrechterhaltung der Sicherheit und zur Vorbeugung gegen eine gegen diese Verordnung verstoßende Verarbeitung.

Systematische Einordnung der Norm innerhalb der DS-GVO:
- Die Sicherheit der Verarbeitung ist Teil der in Kapitel IV geregelten Rollen und Pflichten der für die Verarbeitung Verantwortlichen und der Auftraggeber.

Vorgängernorm im BDSG:
- § 9 BDSG i.V.m. der Anlage zu § 9 S. 1 BDSG enthält eine Auflistung von acht Sicherheitszielen, die allgemein als die „acht Gebote der Datensicherheit" bezeichnet werden.

Schlagworte

Datensicherheit, IT-Sicherheit, Pseudonymisierung, Verschlüsselung, Vertraulichkeit, Integrität, Verfügbarkeit, Belastbarkeit, Wiederherstellung, Überprüfung, Evaluierung, Vernichtung, Verlust, Veränderung, Offenlegung

A. Allgemeines

I. Regelungszweck

Die Norm legt fest, dass angemessene Maßnahmen zu ergreifen sind, um die Sicherheit der verarbeiteten Daten zu gewährleisten. Sie ist so angelegt, dass die Sensibilität der Datenverarbeitung und die vor diesem Hintergrund zu beurteilenden Risiken (Eintrittswahrscheinlichkeit und Schwere) einerseits mit dem Stand der Technik und anderseits mit den zu seiner Realisierung erforderlichen Aufwänden abzuwägen sind. 1

Damit wird der Tatsache Rechnung getragen, dass es kein für jede Form der Datenverarbeitung gültiges, „absolutes" Niveau von IT-Sicherheit geben kann, sondern Aufwand und Nutzen (im Sinne der Risikovermeidung oder -minimierung) sich an der Verhältnismäßigkeit des jeweiligen Einzelfalls zu orientieren haben.

II. Normadressaten

1. Öffentliche und nicht öffentliche Stellen

Die Norm unterscheidet nicht zwischen öffentlichen und nicht öffentlichen Verantwortlichen. 2

2. Drittstaatsdatenverarbeiter

Auch Drittstaatsdatenverarbeiter sind verpflichtet, die Sicherheit der von ihnen betriebenen Datenverarbeitung zu gewährleisten, wenn sie die Voraussetzungen des Art. 3 Abs. 2 erfüllen. 3

3. Mitgliedstaaten

Vorgaben zur Sicherheit der Datenverarbeitung finden sich bislang im Bundesdatenschutzgesetz, in den Landesdatenschutzgesetzen und in bereichsspezifischen Gesetzen. Da entsprechende Maßnahmen gesetzlich nicht präzise geregelt werden können und vielmehr einzelfallbezogen unter Berücksichtigung und Abwägung von Stand der Technik, Risiken und Aufwänden festzulegen sind, werden sich klare Unvereinbarkeiten bestehender Regelungen mit der DS-GVO, auf die der nationale Gesetzgeber das nationale Recht überprüfen muss, nicht ergeben. Generell ist die Sicherheit der Verarbeitung ein zentrales und zugleich höchst unscharfes Anwendungsgebiet von und Mittel zum Datenschutz, das sich rechtlich nicht abschließend regeln oder auch nur abgrenzen ließe. Letztlich wird die erforderliche Abwägung allein der Verantwortliche treffen können und dabei auf untergesetzliche Standards zurückgreifen, die die erforderlichen Verfahrensweisen benennen oder jedenfalls zu strukturieren und zu dokumentieren helfen. 4

4. Betroffene

Für die Sicherheit in der Verarbeitung hat der Verantwortliche Sorge zu tragen. Ihm obliegt auch die Verantwortung, dass ein Auftragsdatenverarbeiter die notwendigen Standards für ein angemessenes Informationssicherheitsniveau herstellt bzw. einhält. 5

5. Datenschutzaufsichtsbehörden

Gem. Art. 58 Abs. 1 lit. c hat jede Aufsichtsbehörde die Befugnis, eine Überprüfung der nach Art. 42 Abs. 7 erteilten Zertifizierungen durchzuführen. Bei Verstößen gegen Art. 32 können die Datenschutzaufsichtsbehörden Geldbußen gem. Art. 83 Abs. 4 lit. a verhängen. 6

III. Systematik

7 Die Sicherheit der Verarbeitung ist Teil der in Kapitel IV geregelten Rollen und Pflichten der für die Verarbeitung Verantwortlichen und Auftraggeber.

IV. Entstehungsgeschichte

1. Bisherige europäische Vorgaben

8 Art. 17 DS-RL enthält ebenfalls Regelungen zur Sicherheit der Verarbeitung. Auch dort ist bereits der „Dreiklang" aus Stand der Technik, Kosten und Risiken angelegt.

2. Bisherige nationale Vorgaben

9 Im BDSG ist die Sicherheit der Verarbeitung in § 9 i.V.m. Anlage zu § 9 S. 1 verankert. Im Gegensatz zur jetzigen Regelung in Art. 32 DS-GVO enthält das deutsche Recht allerdings keine Aufzählung von konkreten IT-Sicherheitsmaßnahmen, sondern gibt in den „acht Geboten der Datensicherheit" eine Aufzählung von IT-Sicherheits*zielen*, zu deren Erreichung im Einzelfall angemessene und konkrete Maßnahmen zu treffen sind.

3. Verhandlungen zur DS-GVO

10 Der Kommissionsvorschlag zu Art. 32 hat sich bei den Verhandlungen zur DS-GVO im Großen und Ganzen durchgesetzt. Auffällig ist, dass in den Fassungen der Kommission und des Europäischen Parlaments noch vorgesehen ist, delegierte Rechtsakte (KOM) bzw. Leitlinien (EP) zu erlassen bzw. zu veröffentlichen, um hinsichtlich der Maßnahmen zur Gewährleistung der Sicherheit in der Verarbeitung weitere Präzisierungen vorzunehmen. Darüber hinaus sah der Kommissionsvorschlag den Erlass von Durchführungsrechtsakten vor, um konkrete Informationssicherheitsziele durchzusetzen, namentlich den unbefugten Zugriff auf personenbezogene Daten, deren unbefugte Offenlegung, Kenntnisnahme, Vervielfältigung, Veränderung, Löschung bzw. Entfernung, und um die Rechtmäßigkeit der Verarbeitung sicherzustellen.

11 In den Ratsverhandlungen wurden sowohl die Verweise auf Durchführungs- bzw. delegierte Rechtsakte als auch auf Leitlinien, die in der EP-Fassung durch Datenschutzaufsichtsbehörden zu entwickeln gewesen wären, gestrichen. Damit wurde praxisgerecht der Tatsache Rechnung getragen, dass solche Rechtsakte bzw. Leitlinien der Komplexität und dem Einzelfall einer konkreten Datenverarbeitungssituation nicht hätten gerecht werden können.

Bemerkenswert ist bei Betrachtung der Genese des Artikels der hohe Stellenwert der Pseudonymisierung und der Verschlüsselung, die im Vergleich zu den Vorfassungen erst in der Ratsfassung an herausgehobener Stelle Einzug gehalten haben. Die Kommentierung geht weiter unten hierauf ausführlich ein.

B. Inhalt der Regelung

I. Anwendungsvoraussetzungen

12 Die Pflicht, die Sicherheit der Verarbeitung zu gewährleisten, gilt generell und unabhängig von einem Antrag. Dies ergibt sich bereits daraus, dass die Maßnahmen der Vorbeuge dienen und nicht erst anlassbezogen ergriffen werden können.

II. Relative Einordnung der Maßnahmen

13 Die Maßnahmen, anhand derer die Sicherheit der Verarbeitung von personenbezogenen Daten gewährleistet werden soll, werden nicht (abschließend) benannt, sondern nur exemplarisch aufgeführt. Zuvor wird eine Reihe von Kriterien genannt, anhand derer Aufwand und Nutzen in ein angemessenes Verhältnis zueinander gesetzt werden sollen. Diese Kriterien zur Auswahl „geeigneter technischer und organisatorischer Maßnahmen" sind im Einzelnen:

1. Stand der Technik

Die Maßnahmen sollen dem „Stand der Technik" entsprechen. Dies wahrt einerseits im Rechtstext die Offenheit für den künftigen technischen Fortschritt (Technikneutralität), lässt es aber für den Adressaten auch weitgehend im Unklaren, was hierfür der Maßstab sein sollte. Gerade im Bereich von IT-Sicherheitsmaßnahmen hielt sich die Dynamik der Entwicklung in den vergangenen Jahren und sogar Jahrzehnten eher in Grenzen. Dabei bleibt die exemplarische Aufzählung konkreter Maßnahmen (vgl. unten, Ziff. 5) knapp und benennt mit Verschlüsselung und Pseudonymisierung gerade jene, für die es in der Praxis derzeit vergleichsweise wenige Anwendungsfälle und technisch tragfähige Lösungen gibt. **14**

2. Implementierungskosten

Das zweite Kriterium sind die Aufwände, die für die Anwendung von Informationssicherheitsmaßnahmen zu betreiben sind. Naheliegend ist, dass die Implementierungskosten auch mit dem Stand der Technik zusammenhängen. Implementierungskosten können durch folgende Faktoren beeinflusst werden: **15**

a) Verfügbarkeit und Marktgängigkeit von Lösungen

Wesentlich beeinflusst werden die Kosten davon, ob eine bestimmte Maßnahme durch Standardprodukte (Software oder sog. Appliances, d.h. komplett vorkonfigurierte Bündellösungen aus Geräten, die optimal auf die dort bereits installierte Software ausgerichtet sind) abgedeckt werden kann oder ob individuelle Konfigurationen bzw. sogar Neuentwicklungen erforderlich sind. Beispiel für ein weitverbreitetes und marktgängiges Standardprodukt zur Gewährleistung des Schutzes verarbeiteter Daten vor Ausspähen, Veränderung oder Löschung durch Schadsoftware ist ein Virenscanner, der als Standardsoftware – im Bereich der privaten Informationsverarbeitung – für einen geringen Betrag je Lizenz oder sogar lizenzkostenfrei verfügbar ist. Werden durch oder an den Verarbeiter jedoch besondere Anforderungen gestellt, die den Rückgriff auf marktgängige Produkte erschweren oder verhindern, steigt damit i.d.R. der Aufwand für die Implementierung erheblich an. Ist ein Verarbeiter bspw. gefordert, nur heimische oder europäische Softwareprodukte einzusetzen (bei behördlichen Verarbeitern aus tatsächlichen oder politischen Gründen eine durchaus gängige Beschränkung), ist die Auswahl aufgrund der Dominanz bestimmter Anbieter bereits bei der Lösungsauswahl stark eingeschränkt. Auch der Support der Lösung, d.h. die Verfügbarkeit betrieblicher Unterstützung durch Systemintegratoren, ist schwerer und damit aufwendiger zu bekommen. **16**

b) Lizenzkosten für Lösungen

Auch unabhängig von der Verfügbarkeit und der Marktgängigkeit bestehen bei Produkten, die den Schutz informationstechnischer Umgebungen gewährleisten, erhebliche finanzielle Unterschiede. Für zahlreiche Zwecke sind freie Softwareprodukte verfügbar, für die keinerlei Lizenzkosten zu entrichten sind. Produkte namhafter Hersteller, die in komplexen Umgebungen mit Hunderten oder Tausenden Endanwendern eingesetzt werden, ziehen Lizenzgebühren nach sich, die sich rasch in Größenordnungen von Tausenden, Zehntausenden oder Hunderttausenden Euro bewegen. **17**

Für solche Produkte kann hingegen der Aufwand zum Betrieb geringer sein, etwa weil sie sich besser in die Systemumgebung einfügen oder die Administrier- oder Bedienbarkeit sich einfacher gestaltet. Der Verarbeiter wird daher die Lizenzkosten als wesentliches, jedoch nicht allein ausschlaggebendes Kriterium zur Bewertung der Implementierungskosten berücksichtigen können.

c) Aufwand zum Betrieb von Lösungen

Maßnahmen der Informationssicherheit ziehen in aller Regel zusätzliche betriebliche Aufwände nach sich. Es können bspw. erhöhte Bedarfe an Rechenkapazitäten entstehen. Während dies auf heutigen gut ausgestatteten Arbeitsplatz-Rechnern i.d.R. nicht mehr von großer praktischer Re- **18** levanz ist, kann die durch ein IT-Sicherheitsprodukt verwendete Leistung an zentraler Stelle durchaus je nach Art der Informationsverarbeitung zu spürbaren Leistungseinbußen führen. Man denke etwa an einen Datenbank-Server, der in kurzer Zeit eine große Zahl an Transaktionen durchzuführen hat. Wird jede dieser Transaktionen durch ein IT-Sicherheitsverfahren auch nur geringfügig verlangsamt oder erfordert sie dafür zusätzliche Rechenleistung oder Speicherbedarf, kann sich dies in der Summe auf die Performanz des Verfahrens oder die für das Verfahren erforderliche Rechenkapazität erheblich auswirken.

d) Risiken, die Lösungen nach sich ziehen und wiederum Folgemaßnahmen im Bereich der Informationssicherheit erforderlich machen

19 Maßnahmen, die der Verarbeiter mit der Intention trifft, die Sicherheit seiner Datenverarbeitung zu gewährleisten oder zu verbessern, können „Nebenwirkungen" entfalten, die diesem Ziel zuwiderlaufen und daher weitere Maßnahmen nach sich ziehen, um diesen unerwünschten Effekten entgegenzutreten. Dies tritt insb. dann auf, wenn sich Informationssicherheitsziele überschneiden und einander entgegenwirken.

Bspw. kann die Verfügbarkeit von Informationen in einen Zielkonflikt mit der Vertraulichkeit geraten. Denn zur Gewährleistung der Vertraulichkeit werden i.d.R. Maßnahmen getroffen, die den Zugang zu Informationen einschränken. Dabei soll dies selbstverständlich nur für den unberechtigten Zugang gelten. Kommt es jedoch in einem solchen Konstrukt zu einer Fehlfunktion, kann die Maßnahme zur Wahrung der Vertraulichkeit die Verfügbarkeit der Information auch im Falle des berechtigten Zugangs eingeschränkt werden oder sogar verloren gehen. Bspw. könnte dies dann eintreten, wenn

- ein Verschlüsselungsverfahren angewendet wird und der Schlüssel zur Entschlüsselung verloren geht;
- eine Datensicherung auf ein getrennt aufbewahrtes Speichermedium erfolgt und dieses Speichermedium zerstört oder aus anderen Gründen unlesbar wird;
- ein Rechte-/Rollenkonzept zur Zugangsabsicherung implementiert wird und dabei die Rolle zum berechtigten Zugang keinem Anwender zugewiesen wird und zugleich die Nutzung der administrativen Kennung, die die Vergabe dieser Rechte ermöglicht, ebenfalls aus Sicherheitsgründen ausgeschlossen wurde;
- eine Netztrennung so eingerichtet wird, dass der Zugang zum geschützten Netzwerksegment auch dem berechtigten Nutzer nicht mehr möglich ist;
- ein Verschlüsselungsverfahren zur Anwendung kommt, das so viele Systemressourcen verbraucht, dass der eigentliche Zweck der Informationsverarbeitung nicht mehr oder nur noch stark verzögert stattfinden kann.

Ähnliche Beispiele sind hinsichtlich weiterer Zielkonflikte denkbar, wenn z.B. Vertraulichkeit und Integrität gewährleistet werden sollen. So ergibt es sich, dass Informationssicherheit und Datenschutz, so ähnlich ihre Intentionen in vielen Fällen auch sein mögen, zueinander durchaus in einen Zielkonflikt geraten können.

3. Art, Umfang, Umstände und Zwecke der Verarbeitung

20 Art, Umfang und Umstände sowie der Zweck der Verarbeitung bestimmen maßgeblich, mit welchen Risiken der Verarbeiter rechnen muss, wie wahrscheinlich es ist, dass sie eintreten, und wie gravierend die Folgen sind, die sich womöglich daraus ergeben. Eingehend zum risikobasierten Ansatz Art. 24 (dort Rn. 78 ff.). Zur Berücksichtigung der konkreten Verarbeitungssituation bei der Risikobewertung vergleiche in Bezug auf

- die Art der Verarbeitung Art. 24 Rn. 81 ff.,
- den Umfang der Verarbeitung Art. 24 Rn. 87 ff.,

- die Umstände der Verarbeitung Art. 24 Rn. 93 ff.,
- die Zwecke der Verarbeitung Art. 24 Rn. 103 ff.

Eingehend zur Berücksichtigung des Risikos für den Betroffenen bei der Risikobewertung Art. 24 Rn. 114 ff.

Im Hinblick auf die Umstände der Verarbeitung sind durchaus Konstellationen denkbar, in denen besondere Umstände die Inkaufnahme eines Risikos oder sogar eines Schadereignisses erforderlich machen, die man ansonsten angesichts der Eintrittswahrscheinlichkeit und der Schwere eines Risikos durch geeignete Maßnahmen ausschließen oder jedenfalls deutlich abschwächen würde.

Solche Umstände sind etwa in außergewöhnlichen Situationen denkbar, die die Existenz eines Unternehmens oder den Zweck einer Behörde fundamental infrage stellen. Im Fall einer größeren Katastrophe werden sich bspw. Behörden v.a. der Eindämmung des Schadensereignisses widmen und danach streben, den Verlust an Menschenleben und Sachwerten zu vermeiden oder jedenfalls zu reduzieren. Dann kann es angezeigt sein, Maßnahmen zur Informationssicherheit hintanzustellen und damit Verletzungen des Datenschutzes in Kauf zu nehmen, um höherwertige Rechtsgüter dadurch nicht zu gefährden.

Der Verarbeiter hat jedoch sicherzustellen, dass Abweichungen, die unter besonderen Umständen geboten sein mögen, wieder auf den Regelbetrieb zurückgeführt werden, sobald die besonderen Umstände nicht mehr gelten und damit auch die Risikoabwägung wieder mit einer veränderten Gewichtung vorzunehmen ist.

4. Eintrittswahrscheinlichkeit und Schwere des Risikos

Wie wahrscheinlich es ist, dass sich ein bestimmtes Risiko manifestiert, und welche Auswirkungen sodann zu befürchten sind, ist für die Verhältnismäßigkeit einer Maßnahme zur Informationssicherheit ein wesentliches Kriterium. Eingehend zur Eintrittswahrscheinlichkeit der Risiken Art. 24 Rn. 142 ff. und zur Schwere der Risiken Art. 24 Rn. 148 ff. **21**

Die Risikoabwägung wird in vielen Fällen zunächst anscheinend einfach sein, nämlich soweit sich sowohl die Gefahr als auch die zu erwartenden Auswirkungen relativ leicht absehen lassen. Wer keine Anti-Viren-Lösung betreibt und zugleich seine Systeme ohne regelmäßige Installation von Sicherheitsaktualisierungen mit dem Internet verbindet, wird innerhalb kürzester Zeit sowohl die Vertraulichkeit als auch die Verfügbarkeit seiner Informationen verloren haben. Denn eine Vielzahl schädlicher Programme verbreitet sich über Schwachstellen ohne Zutun eines Anwenders direkt über öffentliche Netze. Wer davon ausgeht, auf Verschlüsselungsverfahren beweglicher Datenträger (USB-Sticks, -Festplatten, Speicherkarten u.Ä.) verzichten zu können, wird damit rechnen müssen, dass der Datenträger und damit die Vertraulichkeit (und möglicherweise ebenso die Verfügbarkeit) der darauf gespeicherten Information verloren geht. Wer seine Informationen durch Verschlüsselung und Passwörter schützt und sich dabei ausschließlich darauf verlässt, dass ein Schlüssel oder ein Passwort im Gedächtnis des Anwenders aufbewahrt wird, wird die Verfügbarkeit seiner Informationen verlieren (und sich nur schwach damit trösten können, die Vertraulichkeit konsequent gewahrt zu haben). Man wird also i.d.R. gegen solche Verletzungen der Ziele der Informationssicherheit adäquate Ausgleichsmaßnahmen treffen; die Eintrittswahrscheinlichkeit ist sehr hoch und die Auswirkungen sind dann erheblich.

Diese Abwägung ist in anderen Fällen aber so eindeutig nicht zu treffen. Zunächst hängt das Risiko davon ab, welchen „Gegner", also welchen Angreifer hinsichtlich der Gewährleistung der Sicherheit der Informationsverarbeitung man zu erwarten hat. Der o.g. verschlüsselte USB-Stick ist bereits dazu geeignet, einen Zufallsfinder ohne vertiefte IT-Kenntnisse wirksam von den darauf gespeicherten Daten fernzuhalten. Ein kostenloses Anti-Viren-Programm wird davor schützen, gängige Schadsoftware auf Systemen und in Netzwerken zu verbreiten. Ein Unternehmen dagegen, das mit wertvollen Patenten in seiner IT-Umgebung umgeht, wird aber damit rechnen müssen, dass ein Angreifer Aufwände betreibt, die dem finanziellen Wert der gespeicherten Informationen entsprechen können. Behörden, aber auch Wirtschaftsunternehmen haben ggf. auch damit zu rechnen, es mit hochprofessionellen Angreifern mit nachrichtendienstlichem Hintergrund zu tun zu bekommen, auch wenn für die allermeisten Verarbeiter das Risiko, einem solchen Angriff ausgesetzt zu sein, nahe null sein dürfte.

Die Risikoabwägung muss ggf. im Kontext, d.h. in einer Gesamtschau der Maßnahmen erfolgen: Dem Risiko einer Verletzung der Informationssicherheit in der Variante, dass eine bestimmte Maßnahme unterbleibt, muss das Risiko gegenübergestellt werden, dass diese Maßnahme ihrerseits Nebenwirkungen entfaltet, die wiederum mit einer gewissen Wahrscheinlichkeit eintreten und bestimmte schädigende Folgen nach sich ziehen. Man vergegenwärtige sich zur Illustration den Fall, dass das Risiko des Vertraulichkeitsverlusts durch die Nutzung von Smartphones in einem Unternehmen als sehr hoch eingeschätzt wird; die Auswirkung ebenfalls, wenn sensible personenbezogene Daten in den Kontakten auf den Smartphones in falsche Hände geraten. Das Unternehmen entschließt sich daher, hochsichere Mobiltelefone einzuführen, die kaum die Installation zusätzlicher Programme ermöglichen und den Zugriff auf das Kontaktverzeichnis nur nach Eingabe eines komplexen alphanumerischen Passworts freigeben. Dem Risiko des Vertraulichkeitsverlusts ist damit vordergründig wirksam begegnet und ebenso der Gefahr, dass sensible Kontaktdaten in falsche Hände geraten. Die Anwender des Unternehmens fühlen sich jedoch in der Folge und aufgrund der umständlichen Bedienbarkeit in ihrer alltäglichen Tätigkeit so sehr eingeschränkt, dass sie zunehmend ihre privaten Smartphones auch für geschäftliche Zwecke nutzen (aufgrund allgegenwärtiger Pauschaltarife haben sie ja keine finanziellen Nachteile dadurch zu erleiden). Dadurch sind die Kontakte, die die in Unternehmen z.T. eingesetzten Smartphones mit großem Aufwand anscheinend effektiv schützen, nun völlig ungeschützt auf den privaten Geräten (und nicht nur dort, sondern wahrscheinlich auf den damit verbundenen Cloud-Speichern in aller Welt).

5. Exemplarisch genannte Maßnahmen

a) Pseudonymisierung und Verschlüsselung personenbezogener Daten

22 Dass die Verordnung die Pseudonymisierung als konkrete Maßnahme zur Sicherheit der Verarbeitung an erster Stelle nennt, ist bemerkenswert. Denn die mit dem Einsatz von Pseudonymisierung verbundene Zielsetzung steht zwar einerseits unzweifelhaft im fachlichen Kontext dieses Artikels. Allerdings wird, genau genommen, mit der Pseudonymisierung nicht die Verarbeitung von personenbezogenen Daten an sich sicher gemacht, sondern sie soll vermieden werden. Damit verbunden ist unmittelbar die Frage, ob pseudonymisierte Daten als personenbezogene Daten zu betrachten sind oder nicht, das heißt auch, ob und ggf. welche Vorteile sich für den Verarbeiter dadurch ergeben, dass er den aufwendigen Weg der Pseudonymisierung wählt. Dies vorausgesetzt, ist das Verfahren aus dem Blickwinkel der Informationssicherheit höchst interessant. Gerade beim Umgang mit großen Datenmengen und ihrer statistischen Analyse, etwa zur Trenderkennung im Versicherungswesen oder auch im Bereich öffentliche Sicherheit („Predictive Policing", voraussagende Polizeiarbeit), ist der Personenbezug der einzelnen Datensätze, die verarbeitet werden, oft nicht von Relevanz; allenfalls die Zusammenhänge, also dass mehrere Datensätze auf die gleiche Person referenzieren, ist dann von Belang. Solche Verfahren lassen sich meist ohne inhaltliche Zugeständnisse mit pseudonymisierten personenbezogenen Daten realisieren und stellen eine sehr datenschutzfreundliche und zugleich sichere Art der Verarbeitung dar.

Hinsichtlich der zunächst anstehenden Frage der Begrifflichkeit soll die Definition der Pseudonymisierung in Art. 4 Abs. 5 zitiert werden:

Definition der Pseudonymisierung in Art. 4 Abs. 5

Im Sinne dieser Verordnung bezeichnet der Ausdruck Pseudonymisierung die Verarbeitung personenbezogener Daten in einer Weise, dass die personenbezogenen Daten ohne Hinzuziehung zusätzlicher Informationen nicht mehr einer spezifischen betroffenen Person zugeordnet werden können, sofern diese zusätzlichen Informationen gesondert aufbewahrt werden und technischen und organisatorischen Maßnahmen unterliegen, die gewährleisten, dass die personenbezogenen Daten nicht einer identifizierten oder identifizierbaren natürlichen Person zugewiesen werden;

Daraus geht hervor, dass der Kern der Pseudonymisierung im Sinne dieser Verordnung darin besteht, dass die Daten von ihrem Personenbezug so weit abstrahiert werden, dass dessen Wiederherstellung zwar möglich sein kann, hierzu dann aber weitere Informationen erforderlich sind, die getrennt aufbewahrt werden und daher im jeweils vorliegenden Verarbeitungskontext nicht zur Verfügung stehen.

Der Verordnungsgeber hatte mit dieser Form der Pseudonymisierung möglicherweise eine Art Zuordnungstabelle im Blick, die im einfachsten Fall das Pseudonym mit dem personenbezogenen Datum in Klartext nebeneinanderstellen würde. Auch die Verschlüsselung der Daten, die als zweite Alternative in diesem Regelungsbeispiel genannt wird, könnte den oben zitierten Kriterien der Pseudonymisierung gerecht werden, sie beinhaltet aber eine – verglichen mit der einfachen Tabellenform – komplexere informatische Rechenoperation, die die Nichtlesbarkeit des Klartexts kryptografisch sicherstellt. Die Verschlüsselung von Daten bedeutet nämlich die Transformation eines Klartextes in einen Schlüsseltext, wobei dreierlei Optionen zu unterscheiden sind:[1] **23**

- symmetrische kryptografische Verfahren nutzen den gleichen Schlüssel, um aus dem Klartext den Schlüsseltext und aus dem Schlüsseltext wieder den Klartext zu erzielen;
- asymmetrische kryptografische Verfahren nutzen einen Schlüssel (den sog. öffentlichen Schlüssel), um aus dem Klartext den Schlüsseltext zu erzeugen, einen (zwar korrespondierenden, jedoch nicht aus dem öffentlichen Schlüssel ableitbaren) privaten Schlüssel, mit dem der Schlüsseltext in den Klartext zurücküberführt werden kann;
- kryptografische Hashfunktionen, die ein schlüsselloses Verfahren dafür bilden, Eingabedaten im Klartext in einen Schlüsseltext zu transformieren, und die dabei irreversibel (unumkehrbar) sind.

Betrachtet man diese drei Arten von Verschlüsselungsverfahren als Maßnahmen zur Gewährleistung der Informationssicherheit im Sinne des vorliegenden Artikels, sind insb. die zweite und dritte Option als relevant zu beurteilen. Denn während eine symmetrische Verschlüsselung die personenbezogenen Daten zunächst schützt, wird die Herausforderung der sicheren Verarbeitung unmittelbar auf den Schlüssel übertragen, der einerseits benötigt wird, um die personenbezogenen Daten zu verschlüsseln, der aber andererseits auch denjenigen, der über Daten und Schlüssel verfügt, in die Lage versetzt, aus den verschlüsselten Daten den Klartext wiederherzustellen. Ein tatsächlicher Sicherheitsgewinn für die Verarbeitung der personenbezogenen Daten wird sich aus der Anwendung eines solchen Verfahrens regelmäßig nicht ergeben. **24**

Jedenfalls in seiner ausschließlichen Anwendung komplexer und aufwendiger ist dagegen das Verfahren der asymmetrischen Verschlüsselung. Solange es der Anwendungsfall sein soll, auf die Verarbeitung von personenbezogenen Daten im Klartext zu verzichten, ist der große Vorteil der asymmetrischen Verschlüsselung, dass die Klartextdaten mit dem öffentlichen Schlüssel ver- **25**

1 Vgl. *Schäfer*, 18 f.

schlüsselt werden können, der öffentliche Schlüssel dagegen selbst nicht schutzbedürftig ist, weil er nur zur Herstellung weiterer Schlüsseltexte, nicht jedoch zur Entschlüsselung vorhandener schutzbedürftiger Informationen genutzt werden kann. Sollte in dem eher die Ausnahme darstellenden Fall, dass eine Rückführung eines Schlüsseltexts hin zum Klartext der personenbezogenen Daten erforderlich werden wird, auf den privaten Schlüssel zurückgegriffen werden müssen, können hierfür die höheren organisatorischen Schutzmaßnahmen leichter gewährleistet werden, eben weil es – anders als im Fall der symmetrischen Verschlüsselung – nur in diesem Einzelfall erforderlich werden wird, mit diesem – in seiner Sensibilität dem personenbezogenen Datum entsprechenden – privaten Schlüssel umzugehen.

Aufgrund der in der Praxis durch die zugrunde liegenden mathematischen Verfahren erforderlichen vielfach höheren Rechenleistung für asymmetrische Kryptografie wird i.d.R. ein Hybridverfahren aus beidem angewandt, d.h., die Kryptografie erfolgt tatsächlich symmetrisch, wobei der symmetrische Schlüssel wiederum mit einem asymmetrischen Verfahren kryptiert wird. Aufgrund der weitaus geringeren Datenmenge, die ein Schlüssel im Vergleich zu Echtdaten darstellt, kann so der verfahrensmäßige Vorteil der asymmetrischen Kryptografie genutzt werden, während die Rechenleistung nur marginal über der der symmetrischen Kryptografie liegt.

Es liegt auf der Hand, dass die asymmetrische Kryptografie im eben beschriebenen Sinne ein konkretes Verfahren zur Umsetzung von Pseudonymisierung sein kann. Denn die Verschlüsselung von personenbezogenen Klartextdaten führt ja genau dazu, dass personenbezogene Daten „ohne Hinzuziehung zusätzlicher Informationen nicht mehr einer spezifischen betroffenen Person zugeordnet werden können" – der private Schlüssel des asymmetrischen Verfahrens stellt hier eben die „zusätzlichen Informationen" dar.

26 Ein weiterer Fall der kryptografischen Funktionen sind die kryptografischen Hashfunktionen. Es soll hier nur auf solche abgestellt werden, die für den vorliegenden Artikel von Relevanz sind, als sie die Unkenntlichmachung personenbezogener Daten ermöglichen, die also sog. kryptografische Einweg-Hash-Funktionen bilden. Diese Funktionen können ganz ähnlich betrachtet werden wie die vorgenannte asymmetrische Kryptografie, allerdings ohne Rückweg, vergleichbar einem nicht vorhandenen privaten Schlüssel. Die Funktion wandelt also einen Klartext in einen Schlüsseltext um. Damit gilt auch, dass Einweg-Hashfunktionen eine starke Möglichkeit zur Pseudonymerstellung sind (da nicht einmal ein Schlüssel verfügbar ist, um aus dem Pseudonym den Klartext zurückzuerstellen). Eine solche Pseudonymisierung kann gleichwohl reversibel sein, nämlich indem man zusätzlich eine Tabelle vorhält, die das durch die Einweg-Hashfunktion errechnete Pseudonym dem ursprünglichen Klartext entgegenstellt. Im Sinne der obigen Definition ist diese Tabelle dann freilich technisch und/oder organisatorisch getrennt zu verwahren, um die mit der Pseudonymisierung bzw. der Verschlüsselung avisierte Sicherheit der Verarbeitung auch tatsächlich zu gewährleisten.

27 Der Fall der Verschlüsselung in ihren unterschiedlichen Ausprägungen macht bereits deutlich, worauf bei der Anwendung dieser Verfahren mit der Zielsetzung der Sicherheit der Verarbeitung u.a. zu achten ist. Die Rückführung eines pseudonymisierten oder verschlüsselten Satzes personenbezogener Daten in einen Klartextdatensatz kann einerseits unmittelbar durch die Heranziehung der Zuordnungstabelle oder des kryptografischen (symmetrischen oder privaten asymmetrischen) Schlüssels möglich sein.

Weiterhin kann die Pseudonymisierung aber auch aufgehoben sein, wenn die Gesamtheit der Daten so angelegt ist, dass durch bestimmte Kombinationen Informationen abgeleitet werden können, die durch die Pseudonymisierung eigentlich verborgen sein sollten. Wäre in einem einfachen Beispiel das Geschlecht ein besonders zu schützendes personenbezogenes Datum, würde also etwa neben dem Nachnamen der Personen das Geschlecht pseudonymisiert, so könnte aus einem nicht pseudonymisierten Vornamen in aller Regel das Geschlecht wieder erschlossen werden. Gerade für kleinere Datengrundgesamtheiten (man denke an Personaldaten zu Belegschaften kleinerer Unternehmen) sind auch komplexere Fälle leicht denkbar, in denen eine geschickte Kombination eigentlich nicht personenbezogener Daten den Rückschluss auf einen Personenbezug auch dann ermöglichen kann, wenn die personenbezogenen Daten an sich entsprechend geschützt sind. Pseudonymisiert man etwa in einer unternehmensinternen Meinungsumfrage Namen, Vornamen, Geburtsdaten etc. aller Mitarbeiter, nicht jedoch ihre Abteilungszugehörigkeit und vielleicht ihre Altersspanne, und gibt es etwa in einer Abteilung nur einen Mitarbeiter im Alter von 20 bis 29 Jahren, so kann leicht kombiniert werden, auf welche konkrete Person eine bestimmte Aussage zurückzuführen ist, auch wenn seine im engeren Sinne personenbezogenen Daten pseudonymisiert sind.

Dieser Exkurs soll deutlich machen, dass die Pseudonymisierung und die Verschlüsselung personenbezogener Daten als Maßnahme zur Gewährleistung der Sicherheit ihrer Verarbeitung zwar sehr wirksam sein können. Sie sind es aber nur nach sorgfältiger Gestaltung mit Beachtung des inhaltlichen und operativen Kontexts der Datenverarbeitung und daher von Einzelfall zu Einzelfall gründlich auszuwählen und auf die jeweiligen Gegebenheiten anzupassen. Es handelt sich hier also nicht um Maßnahmen, die für sich allein ihre Wirksamkeit garantieren, sondern um Teilaspekte, die sich in ein größeres Maßnahmenbündel geeignet einfügen und sorgsam darauf abgestimmt sein müssen. **28**

Insgesamt ist die Herausstellung von Pseudonymisierung und Verschlüsselung als anscheinend vorrangig zu ergreifende Maßnahmen zur Gewährleistung der Sicherheit in der Verarbeitung ambivalent. Denn weder haben sie in der Praxis bislang große Relevanz erreicht, noch sind sie für sich isoliert betrachtet wirklich wirksam. Der Verordnungsgeber mag hier v.a. von dem Gedanken geleitet gewesen sein, dass die beste Verarbeitung von personenbezogenen Daten eine solche Verarbeitung ist, bei der die personenbezogenen Daten gar nicht genutzt werden, und er mag besonders zukunftsträchtige Big-Data-Verfahren im Blick gehabt haben. Ein Dilemma entsteht daraus aber dann, wenn die Maßnahmen einerseits aufwendig zu konzipieren, zu implementieren und zu betreiben sind, aber andererseits nicht so recht ersichtlich ist, ob sie wirklich tragen, und im Übrigen, welche Vorteile dem Verarbeiter der Daten aus diesen Maßnahmen erwachsen. **29**

b) Die Fähigkeit, die Vertraulichkeit, Integrität, Verfügbarkeit und Belastbarkeit der Systeme und Dienste im Zusammenhang mit der Verarbeitung auf Dauer sicherzustellen

Im Unterschied zu den unter Buchstabe a) genannten konkreten Verfahren der Verschlüsselung und der Pseudonymisierung kommt die Sprache nun auf „klassische" Ziele der IT-Sicherheit. Darunter werden i.d.R. jedenfalls Vertraulichkeit, Verfugbarkeit und Integritat zusammengefasst. Dabei bedeutet **30**

- Vertraulichkeit, dass die verarbeiteten Informationen nur denjenigen Adressaten und nur zu diesen Zwecken zugänglich sind, wie dies dem Zweck der Informationsverarbeitung entspricht;
- Verfügbarkeit, dass die Informationen zum Zweck der Verarbeitung auch tatsächlich zur Verfügung stehen;
- Integrität, dass die Informationen nicht verfälscht sind und also unverändert verfügbar sind.

Offenkundig ergibt sich mit dem IT-Sicherheitsziel der Vertraulichkeit eine unmittelbare Überschneidung zum vorgenannten Punkt der Verschlüsselung, deren vorrangiges Ziel direkt auf der Hand liegt. Auch die Integrität von Informationen lässt sich im Grundsatz durch Verschlüsselung gewährleisten (denn eine Veränderung an verschlüsselten Daten ist nicht möglich und leichte Änderungen am Schlüsseltext einer Information führen bei gängigen kryptografischen Verfahren dazu, dass eine Entschlüsselung zu keinerlei sinnvollem Ergebnis mehr führt). Die ebenfalls oben bereits erwähnten kryptografischen Hashfunktionen werden eingesetzt, um Integrität ohne den „Umweg" über die Verschlüsselung zu gewährleisten, indem man nämlich einer Klartextinformation den Hashwert beistellt. Eine – auch nur leichte – Veränderung des Klartextes, also eine Verletzung der Integrität, führt bei korrekter Implementierung zu einem stark veränderten bzw. völlig anderen Hashwert und wird dadurch unmittelbar erkennbar.

Dem Sicherheitsziel der Verfügbarkeit kann die Verschlüsselung dagegen diametral entgegenstehen, v.a. dann, wenn bei ihrer Anwendung Fehler passieren oder Fehlfunktionen auftreten. Da die Verschlüsselung dazu führt, dass die Daten im Klartext nicht mehr sichtbar sind (und somit Vertraulichkeit gewährleistet ist), ist durch die Verschlüsselung die Verfügbarkeit der zugrunde liegenden Information zunächst aufgehoben. Sie kann natürlich durch Entschlüsselung des Schlüsseltextes wiederhergestellt werden, jedoch kann es hierbei zu Schwierigkeiten kommen: Durch Verlust des Schlüssels oder durch – zufällige oder beabsichtigte – Änderungen des Schlüsseltextes kann es auch für den berechtigten Nutzer einer Information unmöglich werden, aus einem vorhandenen Schlüsseltext den ursprünglichen Klartext wiederherzustellen. Daher sind zur Gewährleistung der Verfügbarkeit von verschlüsselten Informationen entsprechende weitere Sicherheitsmaßnahmen zu ergreifen. Naheliegend ist etwa die Erstellung von Sicherungskopien von Informationen, um den möglichen Verlust oder den möglichen Defekt eines Speichermediums zu kompensieren. Sodann muss jedoch die Frage beantwortet werden, welche Sicherheitsziele hierdurch tatsächlich erreicht bzw. welche anderen Sicherheitsziele möglicherweise wieder konterkariert werden. Um im vorgenannten Beispiel zu verbleiben: Eine Sicherungskopie eines verschlüsselten Datums löst das Problem nicht, dass die dahinterliegende Information verloren wäre, wenn der Schlüssel nicht zur Verfügung steht. Wird die Sicherungskopie des verschlüsselten Datums, um dem entgegenzuwirken, dagegen im Klartext vorgenommen, ist zu beantworten, ob damit das Ziel der Vertraulichkeit noch erreicht wird (weil statt des kryptografisch gesicherten Datums dann eben die Sicherungskopie zum unbefugten Zugriff auf eine Information genutzt werden könnte).

31 Generell muss also im Informationssicherheitsmanagement eine ganzheitliche Betrachtung eines Informationsprozesses vorgenommen werden. Dies umfasst infrastrukturelle, personelle, technische, organisatorische und weitere Aspekte. Die Lagerung einer Datensicherung in räumlicher Nähe zu den Echtdaten wird dann nichts zur Verfügbarkeit beitragen, wenn beide Speichermedien im Falle eines Brand- oder Wasserschadens gemeinsam vernichtet werden; wird die Datensicherung woanders, aber infrastrukturell schlechter gesichert gelagert als das Medium mit den Echtdaten, wird die Maßnahme zur Wahrung der Vertraulichkeit des Echtdatums durch das Sicherungsmedium geschwächt.

32 Lediglich als Teilaspekt der Verfügbarkeit kann das ebenfalls genannte Ziel der Belastbarkeit von Systemen aufgefasst werden. Belastbarkeit ist so zu verstehen, dass die die Information verarbeitenden Systeme dazu in der Lage sind, dies in einer angemessenen Zeit und mit einem angemessenen Antwortzeitverhalten zu tun. Denn von einer Verfügbarkeit kann dann nicht mehr gesprochen werden, wenn die Information zwar an sich verfügbar ist, jedoch nicht im zeitlichen Rahmen, in dem sie benötigt wird (oder sich Verzögerungen an anderer Stelle spürbar negativ auswirken).

Die Belastbarkeit ist zu gewährleisten

- einerseits durch eine angemessene Dimensionierung und geeignete Ausgestaltung der Systeme (wobei „angemessen" die Relation von Aufwand und Nutzen geeignet mitzubetrachten hat),
- andererseits durch den Schutz der Systeme vor versehentlicher oder absichtlich herbeigeführter Überlastung (etwa durch sog. „Denial of Service"-Attacken), die auch im Regelbetrieb „belastbare" Systeme an die Grenze ihrer Belastbarkeit oder auch darüber hinaus bringen können.

a) Die Fähigkeit, die Verfügbarkeit der personenbezogenen Daten und den Zugang zu ihnen bei einem physischen oder technischen Zwischenfall rasch wiederherzustellen

33 Die explizite Nennung der Wiederherstellung einer verloren gegangenen Verfügbarkeit an dieser Stelle ist, systematisch betrachtet, erstaunlich (ebenso wie das unter Buchstabe b) zuvor erfolgte Herausgreifen des Teilaspekts der Belastbarkeit). Denn die Verfügbarkeit von Informationen ist kein für sich isolierter Fakt, sondern das Resultat einer Summe von Informationssicherheitsmaßnahmen, das selbst wiederum mit anderen Sicherheitszielen sorgsam abgewogen werden muss. Insoweit wäre bereits die Nennung unter Buchstabe a) hinreichend gewesen. Zur Illustration der Verfügbarkeit als Ergebnis eines Gesamtkonstrukts von Maßnahmen: Wird eine Information verschlüsselt, um ihre Vertraulichkeit sicherzustellen, kann ihre Verfügbarkeit zunächst eingeschränkt sein. Die oben bereits genannte Möglichkeit, eine Sicherungskopie anzulegen und diese physikalisch gesondert geschützt von der wirkbetrieblichen Datenverarbeitung aufzubewahren und so vor schädigenden Ereignissen zu schützen, ist integraler Bestandteil einer Maßnahme zur Verfügbarkeit.

c) Ein Verfahren zur regelmäßigen Überprüfung, Bewertung und Evaluierung der Wirksamkeit der technischen und organisatorischen Maßnahmen zur Gewährleistung der Sicherheit der Verarbeitung

Die Auflistung von Maßnahmen zur Gewährleistung der Sicherheit in der Verarbeitung schließt mit einem Verfahren, das die Wirksamkeit der technischen und organisatorischen IT-Sicherheitsmaßnahmen regelmäßig überprüft, bewertet und evaluiert. Dieser Punkt bleibt abstrakt, ohne weiter auszuführen, wie ein solches Verfahren zu gestalten wäre. **34**

Zunächst ist festzustellen, dass die Wirksamkeit einer Maßnahme oder eines Maßnahmenbündels zur Informationssicherheit letztlich schwer objektiv festgestellt werden kann. Denn das Ausbleiben von Problemen in diesem Bereich kann einerseits durch wirksame Maßnahmen tatsächlich gewährleistet werden, aber auch durch das Ausbleiben von Angriffen nur vorübergehend der Fall sein, sodass trotz des unveränderten Fortbestehens von Maßnahmen zu einem späteren Zeitpunkt Schutzlücken offenbar werden und Schäden eintreten können.

Da nun die Wirksamkeit der Maßnahmen schwer zu überprüfen ist, bleiben auch ihre Bewertung und Evaluierung gleichermaßen schwierig. In der Praxis wird man hier eine Verfahrensweise wählen, die sich von der konkreten Wirksamkeit der Maßnahmen abstrahiert und den Prozess der Informationssicherheit als Ganzes hinsichtlich seiner Vollständigkeit und Angemessenheit bewertet. Hierfür bestehen nationale Standards, in Deutschland z.B. die BSI-Grundschutzstandards[2]

- BSI-Standard 100-1: Managementsysteme für Informationssicherheit,
- BSI-Standard 100-2: IT-Grundschutz-Vorgehensweise,
- BSI-Standard 100-3: Risikoanalyse auf der Basis von IT-Grundschutz,
- BSI-Standard 100-4: Notfallmanagement,

und internationale Standards wie ISO 27001[3], an denen sich eine solche Evaluierung (oder Zertifizierung) orientieren kann.

Zertifizierungen sind durchaus aufwendig, wenn sie einen gesamten Informationsverbund umfassen und sämtliche relevanten Prozesse umfassen. Inwieweit eine Zertifizierung also angemessen ist im Sinne der Verhältnismäßigkeit (und angesichts der oftmals begrenzten Ressourcen im Bereich des Informationssicherheitsmanagements überhaupt leistbar), ist also jedenfalls für kleine und mittlere Verarbeiter schutzwürdiger Informationen eher infrage zu stellen. Gleichwohl sollten auch unter solchen Umständen bestimmte Teilaspekte aus solchen Standards zur Informationssicherheit zur Anwendung kommen, etwa die Durchführung von Penetrationstests, die lückenhafte Schutzmaßnahmen offenlegen und damit Veranlassung zu ihrer Behebung geben können. Solche Tests sind mit dem Bruchteil des Aufwands einer vollständigen Zertifizierung machbar und dienen praxisorientiert zur Bewertung der Wirksamkeit von Schutzmaßnahmen. **35**

---

2 https://www.bsi.bund.de/DE/Themen/ITGrundschutz/itgrundschutz_node.html (abgerufen am 13. Februar 2017).

3 Information technology – Security techniques – Information security management systems – Requirements (ISO/IEC DIS 27001:2013).

6. Risikoanalyse

36 Art. 32 Abs. 2 schreibt vor, die mit der Verarbeitung verbundenen Risiken zu betrachten. Damit wird der Tatsache Rechnung getragen, dass sich generell Risiken für die Informationssicherheit bei der elektronischen Verarbeitung personenbezogener Daten durch geeignete Maßnahmen reduzieren, aber oftmals nicht ganz ausschließen lassen. Unter Verarbeitung werden hier die Übermittlung, die Speicherung und generell andere Arten der Verarbeitung aufgeführt. Der Verordnungsgeber nennt zunächst exemplarisch Risiken, die die Verfügbarkeit, die Integrität und die Vertraulichkeit der Verarbeitung betreffen.

37 Als Risiken hinsichtlich der Verfügbarkeit werden zunächst die Vernichtung und der Verlust von Daten genannt, wobei die Vernichtung versehentlich („unbeabsichtigt") oder absichtlich („unrechtmäßig") stattfinden kann. Damit sind etwa jene Risiken gemeint, dass Datenträger zerstört werden, was neben vorsätzlichen Aktionen auch durch schädigende Einflüsse wie etwa Brand oder Wasser geschehen kann. Auch kann der Defekt eines Datenträgers zur Vernichtung von Daten führen. Die vorsätzliche Vernichtung von Daten geschieht z.B. auch dann, wenn durch Schadsoftware Daten verschlüsselt werden, um ein Lösegeld zu erpressen, nach dessen Zahlung die Daten vorgeblich wiederhergestellt würden. Ob es jemals eine Entschlüsselung gegeben hat, nachdem ein gutgläubiges Opfer die Zahlung einer Summe in einer i.d.R. nicht unwesentlichen Höhe geleistet hat, sei dabei dahingestellt.

38 Hinsichtlich der Integrität wird das Risiko der Veränderung genannt, ohne hier explizit auf die *unberechtigte* Veränderung abzustellen. Hierin könnte eine kleine Nachlässigkeit liegen; denn selbstverständlich kann hier nur die unrechtmäßige Veränderung gemeint sein (eine rechtmäßige Veränderung von Daten ist ja der Regelfall der Datenverarbeitung und nicht als Risiko für die Informationssicherheit aufzufassen, außer bei der rechtmäßigen Bearbeitung geschieht ein Fehler, der durch die Veränderung zur Vernichtung von Daten führt).

39 Der letzte hier genannte Risikokomplex umfasst die Verletzung der Vertraulichkeit der Datenverarbeitung durch – nun wieder explizit „unbefugte" – „Offenlegung von" bzw. „unbefugten Zugang" zu verarbeiteten personenbezogenen Daten. Dabei wird das Risiko für die Vertraulichkeit in zwei Richtungen gesehen: Die Daten gelangen nach außen und verlassen also die geschützte Umgebung, in der sie verarbeitet werden und in der durch Sicherheitsmaßnahmen ihre Vertraulichkeit gewährleistet ist; oder ein Angreifer gelangt nach innen und begeht die Verletzung der Vertraulichkeit innerhalb der eigentlich geschützten Umgebung.

40 Die unter Abs. 1 lit. b genannten (s. Rn. 35 ff.) und ausgeführten Maßnahmen umfassen bereits solche, die den Gefahren für die generellen Ziele der Informationssicherheit entgegenwirken. Bereits bei der Auswahl und der Festlegung solcher Maßnahmen gilt es, die auf die Bausteine eines Informationsverbunds wirkenden Gefahren zu erkennen, sie zu bemessen und ihnen angemessene Schutzmaßnahmen entgegenzusetzen.[4] Die hier ausgeführte Risikoanalyse findet gewissermaßen auf einer anderen Ebene statt. Sie soll trotz der Maßnahmen zur Informationssicherheit bestehende Unsicherheiten zunächst benennen, sodann bewerten und somit den Umgang mit ihnen transparent machen. Dabei geht es wie schon ausgeführt nicht darum, die Risiken mit hundertprozentiger Gewissheit auszuschließen; dies wird ohnehin regelmäßig nicht gelingen können und jedenfalls unverhältnismäßige Aufwände erfordern. Die Gegenüberstellung von Risiko und ergriffenen Schutzmaßnahmen ermöglicht es vielmehr, die Angemessenheit der gewählten Maßnahmen deutlich zu machen: Der Verantwortliche bzw. der Auftragsdatenverarbeiter belegt, dass er sich der Risiken bewusst ist, die mit seiner Informationsverarbeitung verbunden sind, und dass die Vorkehrungen, die er getroffen hat, hinsichtlich Aufwand- und Nutzenverhältnis für das vorliegende Risiko adäquat zusammengestellt sind.

4 So die klassische Grundschutz-Vorgehensweise nach BSI-Standard 100-2, vgl. https://www.bsi.bund.de/DE/Themen/ITGrundschutz/ITGrundschutzStandards/Standard02/ITGStandard02_node.html

Die Einschätzung, ob das tatsächlich der Fall ist, wird sich natürlich objektiv kaum vornehmen lassen. Informationsverbünde, Gefahren und Gegenmaßnahmen sind zu komplex, um sie allgemeingültig hinsichtlich ihrer Angemessenheit festzulegen. Die Erstellung einer Risikobetrachtung gibt dem Verarbeiter aber jedenfalls ein Instrument an die Hand, das ihm zu belegen ermöglicht, dass eine gründliche Auseinandersetzung mit der Gesamtsituation erfolgt ist und dass er das in seiner Macht Stehende getan hat, um eine Risikominimierung zu betreiben. **41**

7. Verhaltensregeln und Zertifizierung

Abs. 3 verweist auf *Verhaltensregeln* (s. Art. 40) und *Zertifizierungsverfahren* (s. Art. 42), mit denen die Umsetzung von angemessenen Maßnahmen zur Informationssicherheit belegt werden können. Dieser Beleg zielt auf die „Rechenschaftspflicht" (s. Art. 5 Abs. 2) ab, nach der der Verantwortliche die Einhaltung der Grundsätze für die Verarbeitung personenbezogener Daten nachweisen muss. Dies schließt nach Art. 5 Abs. 1 lit. f eine „angemessene Sicherheit" mit ein, wobei dort erneut bruchstückhafte Ziele der Informationssicherheit und Gefahren genannt werden, die diesen Zielen entgegenwirken. Dass dort die Informationssicherheitsziele Integrität und Vertraulichkeit in Klammern und Anführungszeichen explizit genannt werden, im gleichen Halbsatz nur wenige Worte vorher „Verlust" und „Zerstörung" und damit Risiken hinsichtlich des Informationssicherheitsziels der Verfügbarkeit genannt sind, mag die Gründlichkeit der Verordnungserarbeitung hinsichtlich der Informationssicherheit exemplarisch belegen. Bruchstückhafte Regelungen verschärfen die Problematik, dass Informationssicherheit ein auf den Einzelfall gemünzter Prozess ist und sich generell schwer in Paragrafen gießen lässt. **42**

Auch ist konkret hinsichtlich der Praxistauglichkeit und Anwendbarkeit von *Verhaltensregeln* zur Informationssicherheit gewisse Skepsis angebracht. Denn es stellt sich erneut das Komplexitätsproblem der Informationsverarbeitung, die eine allgemeingültige Festlegung von Sicherheitsmaßnahmen eher praxisfremd erscheinen lässt. Selbst Kleinstunternehmen, die in Art. 40 Abs. 1 besonders adressiert sind, werden sich hinsichtlich der Sicherheit in der Verarbeitung kaum auf allgemeingültige Aussagen zurückziehen können, soweit sie in Informationsverbünden personenbezogene Daten speichern, übermitteln oder auf andere Art und Weise verarbeiten. Es scheint, als würde der Verordnungsgeber zwar mit einiger Berechtigung in Betracht ziehen, dass manche Kleinstunternehmen und ebenso klein- und mittelständische Betriebe mit der Herstellung und Gewährleistung eines umfassenden und angemessenen Informationssicherheitsniveaus überfordert sein könnten. Ob Verhaltensregeln hier Abhilfe schaffen können, bleibt dahingestellt. Denn auch wenn in gewisser Weise gilt, dass die Komplexität der Informationssysteme und damit die Komplexität des Maßnahmenpakets zur Informationssicherheit mit der Größe der informationstechnischen Systeme steigt und daher größere Unternehmen eher auch umfangreichere Maßnahmen zur Informationssicherheit zu ergreifen haben werden, ist es ja selbst für einen nur für sich allein betriebenen Rechner, ein Smartphone o.Ä. nicht mit einer konkreten oder einer abschließend bestimmbaren Verhaltensregel getan. Ob daher einem Unternehmen damit ein Gefallen getan wird, die Informationssicherheit in einen Verhaltenskatalog zu gießen, ist zu bezweifeln. Der Verordnungsgeber erwähnt in Art. 40 Abs. 2 lit. h die Maßnahmen für die Sicherheit der Verarbeitung gem. vorliegendem Art. 32 explizit (ohne hierzu konkretere Ausführungen zu machen), kommt aber gleichzeitig in Art. 40 Abs. 2 lit. d erneut auf die Pseudonymisierung zu sprechen, die ja eine Methode dafür darstellt, die Verarbeitung personenbezogener Daten eher zu vermeiden und damit – der Logik weiter gefolgt – andere Maßnahmen zur Informationssicherheit entbehrlich machen kann. Wie bereits zu Abs. 1 lit. a ausgeführt, ist diese Herausstellung der Pseudonymisierung auch hier wieder insofern bemerkenswert, als sie zwar den Eingriff in die Rechte des Betroffenen durch Vermeidung oder Reduzierung der Verarbeitung personenbezogener Daten verringert, zugleich aber in ihrer Anwendung komplex und auch potenziell fehlerträchtig ist. Inwieweit also eine Verhaltensregel zur Pseudonymisierung i.S.v. Art. 40 Abs. 2 lit. d einen praxisgerechten Beitrag zur Informationssicherheit leisten könnte, bleibt auch auf den zweiten Blick recht unklar. Sie müsste die Pseudonymisierung, wie sie in der vorliegenden Verordnung ja bereits definiert ist, weiter spezifizieren, ohne dabei aber in dieser Spezifikation für den Verarbei- **43** tungszweck, der durch die entsprechende Verhaltensregel adressiert wird, zu sehr einzuengen, während gerade die Pseudonymisierung sehr dem Einzelfall angepasst gestaltet werden muss.

44 An diesem Beispiel sollte sich erkennen lassen, dass Verhaltensregeln hinsichtlich der Informationssicherheit eher schwer dazu beitragen werden können, tatsächlich *einen Nachweis für* die Erfüllung von Anforderungen zu erbringen, die sich auf einen ganz konkreten Verarbeitungsbereich beziehen. Die Verhaltensregeln werden nämlich Gefahr laufen, entweder zu spezifisch zu sein und damit stets existierenden Besonderheiten nicht gerecht werden zu können – und so das geforderte Niveau entweder unterschreiten – oder durch überschießende Anforderungen den Aufwand für die Informationsverarbeitung in nicht angemessene Höhen zu treiben, oder sie werden trivial sein und keine Handhabe dafür darstellen können, dass Informationssicherheit tatsächlich sachgerecht gewährleistet ist. Ob sich dadurch für den Verarbeiter ein Beleg erbringen lässt, das Notwendige getan zu haben, ist also fraglich. Für solche Verhaltensregeln gilt besonders, dass die Informationssicherheit nicht stärker ist als das schwächste Glied einer Kette und eine Standard-Verhaltensregel wird kaum vermeiden können, für den Einzelfall auch zu schwache Elemente zu beinhalten.

45 Wie bereits zu Abs. 1 lit. d ausgeführt (s. Rn. 37 ff.), existieren im Bereich der Informationssicherheit national und international standardisierte Zertifizierungsverfahren, mit denen ein Informationssicherheitsmanagement aufzubereiten und zu bewerten ist. Ein solches Verfahren ist komplex und aufwendig, dürfte sich aber in aller Regel wesentlich praxisgerechter an den konkreten Sachverhalt anpassen lassen und damit den vorgenannten Verhaltensregeln überlegen sein. Dies gilt insb. hinsichtlich der Vollständigkeit, jedenfalls aber mit Blick auf die für den Einzelfall vorzunehmende Gewichtung: ein Zertifizierungsverfahren erlaubt es dem Verarbeiter, gemeinsam mit der Zertifizierungsstelle dort die Schwerpunkte zu legen, wo sie für die vorliegende konkrete Situation wesentlich sind.

46 Dass die Zertifizierung nur als „Faktor" bezeichnet wird, um die Gewährleistung eines angemessenen Informationssicherheitsniveaus zu belegen, wird dem Aufwand und dem Potenzial eines Zertifizierungsverfahrens nicht vollständig gerecht. Denn selbst wenn in der Praxis eine vollständige Zertifizierung eines gesamten Informationssystems eher selten vorkommen wird, ist bereits die Anwendung eines Zertifizierungsverfahrens auf einen Informationsverbund (nämlich den Ausschnitt aus den Systemen des Verarbeiters, die für die Sicherheit der Verarbeitung von besonderer Relevanz sind) ein sehr bedeutsamer und insofern kaum zu übertreffender Beitrag, um die Angemessenheit der ergriffenen Maßnahmen tatsächlich objektivierbar darzustellen. Die Erlangung einer Zertifizierung zur Informationssicherheit gem. nationalen oder internationalen Standards und ihre laufende Fortschreibung und Aktualisierung (d.h. Re-Zertifizierung) ist dann, wenn sie tatsächlich die relevanten Informationssysteme umfasst, wohl das einzige geeignete Instrument, das einen objektiven und belastbaren Nachweis zur Angemessenheit von Informationssicherheitsmaßnahmen erlaubt. Es ist aus Sicht des Verarbeiters erforderlich, dass ihm der damit verbundene Aufwand, der in aller Regel ganz erheblich sein wird, im Gegenzug die Sicherheit gibt, dass er damit einen möglichst vollständigen Nachweis im Sinne des vorliegenden Absatzes erbringt. Dies ist also mehr als nur als „Faktor" (unbestimmten Gewichts) zu bewerten.

8. Verarbeitung auf Anweisung

47 Der Artikel enthält in Abs. 4 schließlich eine Regelung, die die Verantwortung für die Tätigkeit derjenigen natürlichen Personen betrifft, die tatsächlich mit den personenbezogenen Daten in Informationssystemen umgehen. Es handelt sich dabei um diejenigen Personen, die rechtmäßig Zugang zu den Daten haben. Hier sind zwei Gruppen zu unterscheiden: Dies sind zunächst diejenigen, die die Daten *fachlich-inhaltlich* verarbeiten, also Personen, denen konkret die Erhebung, Pflege, Löschung oder sonstige Verarbeitung der Daten obliegt. Darüber hinaus hat regelmäßig auch administratives Personal Zugang zu den Daten, um ihre *technische* Verarbeitung zu gewährleisten; dieser Zugang kann durch Maßnahmen zur Informationssicherheit eingeschränkt sein, indem etwa ein Rechte-/Rollenmodell oder kryptografische Verfahren den Zugriff auf Inhalte von Daten durch administratives Personal einschränken. Gleichwohl wird es i.d.R. jemanden geben, der durch physikalischen Zugang zu Daten, ggf. gemeinsam mit Schlüsseln, für Zwecke der Systemadministration in der Lage ist, auch inhaltlich auf Daten zuzugreifen. Ob dies dann rechtmäßig geschieht, hängt vom Einzelfall ab.

Eine Ausnahme von der Abhängigkeit der Verarbeitung personenbezogener Daten durch die Personen mit Zugang zu ihnen von der Weisungslage durch den Verantwortlichen sieht die Verordnung vor, wenn eine unionsrechtliche oder durch die Gesetzeslage im jeweiligen Mitgliedstaat gegebene Verpflichtung zur Verarbeitung besteht. Maßgeblich für die Datenverarbeitung ist außer diesen gesetzlich vorgegebenen Fällen ansonsten der Verantwortliche, der nämlich die Anweisungen zu erteilen hat, nach denen sich die Handhabung der Daten durch die Personen richtet, die Zugriff auf die Daten haben. Das gilt sowohl für Personen, die dem Verantwortlichen unterstellt sind, als auch für Personen, die für den Auftragsdatenverarbeiter tätig sind. Jedenfalls wird sich im Falle des Zugriffs auf personenbezogene Daten durch Systemadministratoren die Reichweite der Anweisungen des Verantwortlichen in der Praxis freilich in engen Grenzen halten. Dem Verantwortlichen wird daran gelegen sein, dass die Daten sachgerecht, d.h. im Sinne des vorliegenden Artikels im Rahmen der Ziele der Informationssicherheit verarbeitet werden. Da der Schutz von (personenbezogenen) Daten vor dem Zugriff durch administratives Personal hinsichtlich des zu ergreifenden Aufwands, aber auch mit Blick auf das Informationssicherheitsziel der Verfügbarkeit einige Zielkonflikte beinhaltet, wird der Verantwortliche die Abwägung im Detail dem Auftragsdatenverarbeiter überlassen. Er muss sich i.d.R. erst einmal der Tatsache überhaupt bewusst werden, dass der Zugang zu „seinen" personenbezogenen Daten über die fachlich-inhaltliche Arbeit mit ihnen hinausgehen kann. Es wird dann aber trotzdem dem Auftragsdatenverarbeiter obliegen, diesen Aspekt mit dem Verantwortlichen zu klären und vielleicht eine „Weisungslage" herbeizuführen. **48**

Mit Blick auf die Informationssicherheit wird dem Verantwortlichen (und auch dem Auftragsdatenverarbeiter) daran gelegen sein, dass die Personen mit Zugang zu personenbezogenen Daten zur Einhaltung der Informationssicherheitsziele, im Wesentlichen also Vertraulichkeit, Verfügbarkeit und Integrität, beitragen, ja dass ihre Verarbeitung der Daten sich in dem Rahmen bewegt, den die Informationssicherheitsziele abstecken. Sie sollen die Daten nicht unbefugten Dritten zugänglich machen, sie nicht unbefugt oder versehentlich löschen und sie nur so verändern, wie es dem Zweck der Datenverarbeitung entspricht. **49**

Welche „Schritte" zu unternehmen sind, um dies sicherzustellen, wird vom Einzelfall abhängen. In aller Regel werden diese Schritte Teil der technisch-organisatorischen Informationssicherheitsmaßnahmen sein, wie sie im Rahmen der unter Abs. 1 (s. Rn. 25 ff.) beschriebenen Schritte ohnehin zu ergreifen sind. Denkbar wäre insoweit, etwa eine (Selbst-)Verpflichtung der Mitarbeiter auf die Einhaltung der Informationssicherheitsziele im Rahmen der Datenverarbeitung einzuführen. Selbstverständlich gehören auch die angemessene Ausbildung, die regelmäßige Schulung oder die Durchführung von Sensibilisierungsmaßnahmen zur Informationssicherheit dazu, die weisungsgemäße – und v.a. die sachgerechte – Handhabung personenbezogener Daten sicherzustellen. **50**

9. Kosten

Die Aufwände für die Gewährleistung der Informationssicherheit sind höchst unterschiedlich je nach Komplexität der Systeme, der Sensibilität der verarbeiteten Daten und v.a. je nachdem, welches Niveau bereits vorzufinden ist. Die Datenschutz-Grundverordnung betritt mit ihren Maßgaben zur Informationssicherheit generell kein Neuland. Die beschriebenen Schritte können zwar nicht als Selbstverständlichkeit bezeichnet werden, sie sollten aber jedenfalls in ihren wesentlichen Punkten bereits angelegt sein. Die Sicherheit der Verarbeitung ist heute schon nicht substanziell anders in § 9 i.V.m. der Anlage zu § 9 S. 1 BDSG verankert. **51**

Die Begründung im Entwurf der Bundesregierung eines Gesetzes zur Erhöhung der Sicherheit informationstechnischer Systeme (IT-Sicherheitsgesetz)[5], das wohlgemerkt in keinem Zusammenhang mit der Umsetzung der vorliegenden Verordnung steht, führt zum Erfüllungsaufwand bezüglich IT-Sicherheitsmaßnahmen aus:

Ausführungen zum Erfüllungsaufwand im Entwurf der Bundesregierung zum IT-Sicherheitsgesetz

Die Verpflichtung zur Einhaltung eines Mindestniveaus an IT-Sicherheit wird dort zu Mehrkosten führen, wo kein hinreichendes IT-Sicherheitsniveau vorhanden ist. Der entstehende Aufwand hängt einerseits vom erforderlichen Sicherheitsniveau und andererseits vom jeweiligen Status quo des Normadressaten ab. Der hierfür anfallende Aufwand kann im Voraus nicht quantifiziert werden. Entsprechendes gilt für den durch die Überprüfung der Einhaltung dieses Sicherheitsniveaus entstehenden Aufwand für Sicherheitsaudits. Der Aufwand und damit die Kosten für eine Zertifizierung oder für ein Audit hängen stark von dem gewählten Zertifizierungsverfahren sowie von den jeweiligen Gegebenheiten im Unternehmen ab. Auch dieser Aufwand kann daher im Voraus nicht quantifiziert werden.

Die Aufwandsschätzung ist ersichtlich allgemein gehalten. Gleichwohl lässt sich vor dem Hintergrund der mehrfach erläuterten Einzelfallabhängigkeit der Aufwände für ein angemessenes Informationssicherheitsmanagement eine allgemeine Quantifizierung in der Tat nicht seriös leisten.

52 Informationssicherheit als Kostenfaktor zu betrachten, ist überhaupt eine zu einseitige Sicht. Bei der Betrachtung der Kosten von Maßnahmen zur Gewährleistung der Sicherheit der Verarbeitung ist nämlich auch der Nutzen mit einzuberechnen, der durch diese Maßnahmen erzielt wird. Er lässt sich auf den ersten Blick – anders als die i.d.R. klar zu benennenden Aufwände für Maßnahmen zur Informationssicherheit – monetär nicht leicht beziffern. Hinsichtlich der Abwägung von Aufwand und Nutzen im Bereich der Informationssicherheit wurde daher das Konzept des „Return on Security Investment" entwickelt, das sich an dem generellen betriebswirtschaftlichen Ansatz des „Return on Investment" orientiert.

53 Die europäische Agentur für Netzwerk- und Informationssicherheit ENISA (European Network and Information Security Agency) hat zur „Berechnung der Kosten für (einen Mangel an) Informationssicherheit" ihre Einführung „Introduction to Return on Security Investment" (ROSI) veröffentlicht.[6] Sie führt darin aus, dass im Vergleich zur betriebswirtschaftlichen Berechnung des „Return on Investment" (ROI) die Schwierigkeit besteht, dass Investitionen in Informationssicherheit nicht unmittelbar in messbarem Profit resultieren:

ENISA zum Begriffsverständnis von Investition in Informationssicherheit

The classical financial approach for ROI calculation is not particularly appropriate for measuring security-related initiatives: Security is not generally an investment that results in a profit. Security is more about loss prevention. In other terms, when you invest in security, you don't expect benefits; you expect to reduce the risks threatening your assets. With this approach, the quantitative assessment the Return on Security Investment is done by calculating how much loss you avoided thanks to your investment.

Der klassische finanzielle Ansatz für die Berechnung des „Return on Investment" ist nicht besonders geeignet dafür, sicherheitsbezogene Initiativen zu bemessen: Sicherheit ist allgemein keine Investition, die in einem Profit resultiert. Sicherheit ist vielmehr die Vermeidung von Verlust. Anders ausgedrückt: Wenn man in Sicherheit investiert, erwartet man keinen Gewinn, man erwartet, die Risiken zu vermindern, die das Vermögen bedrohen.

5 Gesetzentwurf der Bundesregierung – Entwurf eines Gesetzes zur Erhöhung der Sicherheit informationstechnischer Systeme (IT-Sicherheitsgesetz), BT-Drs. 18/4096.
6 https://www.enisa.europa.eu/publications/introduction-to-return-on-security-investment.

Mit diesem Ansatz erfolgt die quantitative Berechnung des Return on Security Investment, indem man berechnet, wie viel Verlust dank der Investition vermieden werden konnte.[7]

Dementsprechend setzt die Berechnung des „Return on Security Investment" die Verlustvermeidung mit dem Aufwand für die Informationssicherheitsmaßnahmen ins Verhältnis. Sie kalkuliert mit drei Variablen: dem geschätzten möglichen Verlust infolge eines Informationssicherheitsvorfalls, der geschätzten Minderung der Eintrittswahrscheinlichkeit des Risikos durch die Informationssicherheitsmaßnahme und den für die Maßnahme erforderlichen Aufwänden.[8] **54**

Die Berechnung des „Return on Security Investment" stößt an offensichtliche Grenzen. Sowohl die Kosten für mögliche Folgen eines Informationssicherheitsvorfalls als auch die Eintrittswahrscheinlichkeit des Risikos bzw. deren Minimierung sind Größen, die entweder nur geschätzt werden können oder für die überhaupt kein belastbares Zahlenmaterial vorliegt.[9] **55**

Letztlich bleibt festzuhalten, dass durch die vorliegende Verordnung zurecht ein angemessenes Informationssicherheitsniveau zur Gewährleistung des Schutzes bei der Verarbeitung personenbezogener Daten vorausgesetzt wird; ob und ggf. in welcher Höhe dadurch zusätzliche Kosten entstehen und inwieweit diese Kosten durch die Vermeidung von Informationssicherheitsvorfällen in (finanziellen) Vorteilen für den Verantwortlichen und für den Auftragsdatenverarbeiter entstehen, lässt sich allgemein nicht beziffern. Man kann aber davon ausgehen, dass Aufwände v.a. dort entstehen werden, wo Informationssicherheit bislang vernachlässigt wurde, und dort auch am ehesten ein Gewinn durch die Umsetzung dieser Maßnahmen entstehen wird, der sich leicht messbar positiv auswirken könnte. **56**

10. Mitwirkungspflichten des Verantwortlichen

Der Verantwortliche ist dazu gehalten, die angemessenen Maßnahmen zu ergreifen, um die Sicherheit der Verarbeitung zu gewährleisten. Inwieweit er konkret in der Pflicht dazu ist, hängt von der Frage der Angemessenheit ab, also vom Verhältnis der zu ergreifenden Maßnahmen zu den dafür anfallenden Kosten. **57**

Das Bundesverfassungsgericht hat seit den 1970er-Jahren sukzessive das Prinzip des *„Grundrechtsschutzes durch Organisation und Verfahren"* entwickelt. Dabei hat das Gericht immer wieder die Notwendigkeit verfahrensrechtlicher Grundrechtssicherungen festgestellt. Die Felder und Rechtsgebiete, in denen diese Zusammenhänge hergestellt wurden, sind höchst heterogen. Generell bedarf es aber im Grundsatz für die Gewährleistung aller materiellen Grundrechte entsprechender Verfahrensregelungen, die geeignet sind, diesen Anspruch sicherzustellen.[10] Dies kann also auch für die Grundrechtssicherung durch Informationssicherheit angenommen werden. **58**

Ein Verantwortlicher wird demnach seine Verarbeitung personenbezogener Daten so zu organisieren haben, dass der Aufwand für angemessene Maßnahmen zur Erreichung eines angemessenen Niveaus für die Sicherheit in der Verarbeitung angemessen gehalten wird. Das heißt, er wird seine Datenverarbeitung so gestalten müssen, dass die Bedingungen für eine sichere Verarbeitung der personenbezogenen Daten grundsätzlich bestehen oder mit angemessenem Aufwand hergestellt werden können.

Eine entsprechende Mitwirkungspflicht ergibt sich innerhalb der vorliegenden Verordnung auch aus Art. 24. Unabhängig vom Gegenstand der Informationssicherheit ist der Verantwortliche in dieser Generalklausel dazu gehalten, „geeignete technische und organisatorische Maßnahmen" umzusetzen, um sicherzustellen und nachweisen zu können, dass die Datenverarbeitung im Sinne dieser Verordnung erfolgt. Auch nimmt Art. 24 Abs. 1 die zu vorliegendem Artikel bereits **59**

7 A.a.O., S. 5, eigene Übersetzung.
8 Nach ENISA, a.a.O., vgl. S. 8 f.
9 A.a.O, S. 14.
10 Nach *Bonin*, S. 31 ff.

mehrfach ausgeführte Abwägung von Eintrittswahrscheinlichkeit mit der Schwere von Risiken in den Blick, ebenso wie Abs. 2 die Angemessenheit der Maßnahmen im Verhältnis zu der Verarbeitung von Daten im Einzelfall und schließlich Abs. 3 auch Verhaltensregeln (unter Verweis auf Art. 40) sowie Zertifizierungsverfahren (Art. 42). Alles in allem ist es bereits nach diesen Bestimmungen erforderlich, dass der Verantwortliche geeignete technische und organisatorische Maßnahmen trifft, damit die Anforderungen der Datenschutz-Grundverordnung erfüllt werden.

11. Mitwirkungsobliegenheiten des Betroffenen

60 Die Gewährleistung der Sicherheit in der Verarbeitung obliegt dem Verantwortlichen im Zusammenspiel mit dem Auftragsdatenverarbeiter. Die Frage nach einer Mitwirkungspflicht des Betroffenen stellt sich insoweit nicht.

C. Weitere Auswirkungen der Verordnung in der Praxis

I. Voraussichtliche Auswirkungen auf das nationale Recht

61 In der Vergangenheit wurde die Informationssicherheit vom Gesetzgeber nur in geringem Umfang geregelt. Im deutschen Datenschutzrecht hierfür maßgeblich ist § 9 BDSG i.V.m. der Anlage zu § 9 S. 1 BDSG. Die sich daraus ergebenden Sicherheitsmaßnahmen sind bisher bei der Verarbeitung personenbezogener Daten umzusetzen bzw. zu berücksichtigen, wobei auch heute gilt, dass die rechtlichen Regelungen der praktischen Komplexität im Ergebnis nicht im Sinne eines abschließenden Maßnahmenkatalogs gerecht werden konnten.

II. Bestandsschutz bisheriger Datenverarbeitungen

62 Die DS-GVO gilt ab dem 25.5.2018 in allen Mitgliedstaaten. Ein Bestandsschutz bisheriger Datenverarbeitungen ist in Bezug auf die Sicherheit der Verarbeitung nicht sachgerecht und daher nicht anzunehmen (mit Blick auf die Informationssicherheit ließe sich ansonsten kaum ein „Ende" einer bereits bestehenden Verarbeitung beziffern).

Von dem Zeitpunkt an, in dem die DS-GVO in den Mitgliedstaaten unmittelbare Geltung beansprucht, sind alle Verantwortlichen an die vorliegenden Bestimmungen gebunden. Spätestens ab dem 25.5.2018 müssen also Verantwortliche auch bei laufenden Datenverarbeitungen die Anforderungen des Art. 32 beachten.

III. Anwendung durch die Datenverarbeiter

63 Die Sicherheit der Verarbeitung ist heute bereits grundsätzlich vergleichbar in § 9 i.V.m. der Anlage zu § 9 S. 1 BDSG verankert, dürfte aber in der Praxis nicht maßgeblich durch das bestehende Datenschutzrecht geprägt sein. Informationssicherheit kommt aus vielerlei guten Gründen zur Anwendung; sie ist nicht zuletzt ein wesentliches Merkmal in der öffentlichen Wahrnehmung eines Verarbeiters und seiner Zuverlässigkeit. Dass das Datenschutzrecht hier eine nennenswerte Rolle spielt, ist eher zu verneinen.

64 Die Informationssicherheit ist letztlich ein Wirtschaftsfaktor, der durch die Datenverarbeiter neben zahlreichen anderen Elementen ihres Geschäftsbetriebs oder ihrer Behördentätigkeit zu kalkulieren ist. Es ist eher zu verneinen, dass die Umsetzung der vorliegenden Verordnung hier zu einem spürbaren Wandel führen wird.

IV. Sanktionen

65 Verstöße gegen die Verpflichtungen aus Art. 21 stellen Ordnungswidrigkeiten dar. Diese können mit einer Geldbuße belegt werden. Die Datenschutzaufsichtsbehörden können Geldbußen von bis zu 100.000 € oder im Falle eines Unternehmens bis zu 2 % des gesamten weltweit erzielten Jahresumsatzes des vorangegangenen Geschäftsjahrs verhängen (Art. 83 Abs. 4 lit. a).

V. Rechtsschutz des Betroffenen

1. Rechtsschutz gegen Aufsichtsbehörde

Jeder Betroffene hat das Recht auf Beschwerde bei einer Aufsichtsbehörde, wenn er der Auffassung ist, dass die Verarbeitung ihn betreffender Daten gegen die DS-GVO verstößt – also auch, wenn er der Auffassung ist, der Verantwortliche erfülle seine Verpflichtungen aus Art. 32 nicht. Zuständig kann die Aufsichtsbehörde in dem Mitgliedstaat des Aufenthaltsortes, des Arbeitsplatzes oder des Ortes des mutmaßlichen Verstoßes sein (Art. 77 Abs. 1). **66**

Jeder Betroffene hat darüber hinaus das Recht auf einen wirksamen gerichtlichen Rechtsbehelf gegen einen ihn betreffenden rechtsverbindlichen Beschluss einer Aufsichtsbehörde (Art. 78 Abs. 1). Jeder Betroffene hat außerdem das Recht auf einen wirksamen gerichtlichen Rechtsbehelf, wenn sich die zuständige Aufsichtsbehörde mit einer Beschwerde nicht befasst oder sie den Betroffenen nicht innerhalb von drei Monaten über den Stand oder das Ergebnis der Beschwerde in Kenntnis setzt (Art. 78 Abs. 2). Bei Streitigkeiten mit der Aufsichtsbehörde sind die Verwaltungsgerichte zuständig. **67**

2. Rechtsschutz gegen Verantwortliche und Auftragsdatenverarbeiter

Jeder Betroffene hat das Recht auf einen wirksamen gerichtlichen Rechtsbehelf gegen einen Verantwortlichen oder gegen einen Auftragsdatenverarbeiter (Art. 79). Das Widerspruchsrecht ist ein subjektiv-öffentliches Recht, das ohne Weiteres gerichtlich einklagbar ist. Soll eine öffentliche Stelle zur Befolgung des Widerspruchs verpflichtet werden, muss eine allgemeine Leistungsklage auf Einstellung der Datenverarbeitung erhoben werden. Soll eine nicht öffentliche Stelle zur Einstellung der Datenverarbeitung verpflichtet werden, ist eine Leistungsklage zu erheben. Zuständig sind entweder die Zivil- oder die Arbeitsgerichte. **68**

Jeder Betroffene, dem wegen eines Verstoßes gegen die DS-GVO ein materieller oder immaterieller Schaden entstanden ist, hat Anspruch auf Schadensersatz gegen den Verantwortlichen oder gegen den Auftragsdatenverarbeiter (Art. 82 Abs. 1). **69**

3. Vertretung durch einen Verband

Jeder Betroffene hat das Recht, eine Einrichtung, Organisation oder Vereinigung, die im Bereich des Datenschutzes tätig ist, mit der Vertretung seiner Interessen im Zusammenhang mit den Rechten der Art. 77, 78 und 79 sowie der Geltendmachung von Schadensersatz gem. Art. 82 zu beauftragen (Art. 80 Abs. 1). **70**

4. Rechtsschutz durch Verbände

Jede Einrichtung, Organisation oder Vereinigung ohne Gewinnerzielungsabsicht, die ordnungsgemäß nach dem Recht eines Mitgliedstaates gegründet ist, deren satzungsmäßige Ziele im öffentlichen Interesse liegen und die im Bereich des Schutzes der Rechte und Freiheiten von betroffenen Personen in Bezug auf den Schutz ihrer personenbezogenen Daten tätig ist, kann auch ohne Beauftragung durch einen Betroffenen die Rechte der Art. 77, 78 und 79 geltend machen (u.a. durch eine altruistische Verbandsklage), sofern dies das Recht eines Mitgliedstaates vorsieht (Art. 80 Abs. 2). Jede betroffene Person hat das Recht, einen solchen Verband mit der Vertretung ihrer Interessen im Zusammenhang mit den Rechten der Art. 77, 78 und 79 sowie der Geltendmachung von Schadensersatz gem. Art. 82 zu beauftragen (Art. 80 Abs. 1). **71**

Article 33

Notification of a personal data breach to the supervisory authority

1. In the case of a personal data breach, the controller shall without undue delay and, where feasible, not later than 72 hours after having become aware of it, notify the personal data breach to the supervisory authority competent in accordance with Article 55, unless the personal data breach is unlikely to result in a risk to the rights and freedoms of natural persons. Where the notification to the supervisory authority is not made within 72 hours, it shall be accompanied by reasons for the delay.

2. The processor shall notify the controller without undue delay after becoming aware of a personal data breach.

3. The notification referred to in paragraph 1 shall at least:

   (a) describe the nature of the personal data breach including where possible, the categories and approximate number of data subjects concerned and the categories and approximate number of personal data records concerned;

   (b) communicate the name and contact details of the data protection officer or other contact point where more information can be obtained;

   (c) describe the likely consequences of the personal data breach;

   (d) describe the measures taken or proposed to be taken by the controller to address the personal data breach, including, where appropriate, measures to mitigate its possible adverse effects.

4. Where, and in so far as, it is not possible to provide the information at the same time,

Artikel 33

Meldung von Verletzungen des Schutzes personenbezogener Daten an die Aufsichtsbehörde

1. Im Falle einer Verletzung des Schutzes personenbezogener Daten meldet der Verantwortliche unverzüglich und möglichst binnen 72 Stunden, nachdem ihm die Verletzung bekannt wurde, diese der gemäß Artikel 55 zuständigen Aufsichtsbehörde, es sei denn, dass die Verletzung des Schutzes personenbezogener Daten voraussichtlich nicht zu einem Risiko für die Rechte und Freiheiten natürlicher Personen führt. Erfolgt die Meldung an die Aufsichtsbehörde nicht binnen 72 Stunden, so ist ihr eine Begründung für die Verzögerung beizufügen.

2. Wenn dem Auftragsverarbeiter eine Verletzung des Schutzes personenbezogener Daten bekannt wird, meldet er diese dem Verantwortlichen unverzüglich.

3. Die Meldung gemäß Absatz 1 enthält zumindest folgende Informationen:

   a) eine Beschreibung der Art der Verletzung des Schutzes personenbezogener Daten, soweit möglich mit Angabe der Kategorien und der ungefähren Zahl der betroffenen Personen, der betroffenen Kategorien und der ungefähren Zahl der betroffenen personenbezogenen Datensätze;

   b) den Namen und die Kontaktdaten des Datenschutzbeauftragten oder einer sonstigen Anlaufstelle für weitere Informationen;

   c) eine Beschreibung der wahrscheinlichen Folgen der Verletzung des Schutzes personenbezogener Daten

   (d) eine Beschreibung der von dem Verantwortlichen ergriffenen oder vorgeschlagenen Maßnahmen zur Behebung der Verletzung des Schutzes personenbezogener Daten und gegebenenfalls Maßnahmen zur Abmilderung ihrer möglichen nachteiligen Auswirkungen.

4. Wenn und soweit die Informationen nicht zur gleichen Zeit bereitgestellt werden kön-

the information may be provided in phases without undue further delay.

5. The controller shall document any personal data breaches, comprising the facts relating to the personal data breach, its effects and the remedial action taken. That documentation shall enable the supervisory authority to verify compliance with this Article.

nen, kann der Verantwortliche diese Informationen ohne unangemessene weitere Verzögerung schrittweise zur Verfügung stellen.

5. Der Verantwortliche dokumentiert Verletzungen des Schutzes personenbezogener Daten einschließlich aller im Zusammenhang mit der Verletzung des Schutzes personenbezogener Daten stehenden Fakten, von deren Auswirkungen und der ergriffenen Abhilfemaßnahmen. Diese Dokumentation ermöglicht der Aufsichtsbehörde die Überprüfung der Einhaltung der Bestimmungen dieses Artikels.

Recitals

(85) A personal data breach may, if not addressed in an appropriate and timely manner, result in physical, material or non-material damage to natural persons such as loss of control over their personal data or limitation of their rights, discrimination, identity theft or fraud, financial loss, unauthorised reversal of pseudonymisation, damage to reputation, loss of confidentiality of personal data protected by professional secrecy or any other significant economic or social disadvantage to the natural person concerned. Therefore, as soon as the controller becomes aware that a personal data breach has occurred, the controller should notify the personal data breach to the supervisory authority without undue delay and, where feasible, not later than 72 hours after having become aware of it, unless the controller is able to demonstrate, in accordance with the accountability principle, that the personal data breach is unlikely to result in a risk to the rights and freedoms of natural persons. Where such notification cannot be achieved within 72 hours, the reasons for the delay should accompany the notification and information may be provided in phases without undue further delay.

Erwägungsgründe

(85) Eine Verletzung des Schutzes personenbezogener Daten kann – wenn nicht rechtzeitig und angemessen reagiert wird – einen physischen, materiellen oder immateriellen Schaden für natürliche Personen nach sich ziehen, wie etwa Verlust der Kontrolle über ihre personenbezogenen Daten oder Einschränkung ihrer Rechte, Diskriminierung, Identitätsdiebstahl oder -betrug, finanzielle Verluste, unbefugte Aufhebung der Pseudonymisierung, Rufschädigung, Verlust der Vertraulichkeit von dem Berufsgeheimnis unterliegenden Daten oder andere erhebliche wirtschaftliche oder gesellschaftliche Nachteile für die betroffene natürliche Person. Deshalb sollte der Verantwortliche, sobald ihm eine Verletzung des Schutzes personenbezogener Daten bekannt wird, die Aufsichtsbehörde von der Verletzung des Schutzes personenbezogener Daten unverzüglich und, falls möglich, binnen höchstens 72 Stunden, nachdem ihm die Verletzung bekannt wurde, unterrichten, es sei denn, der Verantwortliche kann im Einklang mit dem Grundsatz der Rechenschaftspflicht nachweisen, dass die Verletzung des Schutzes personenbezogener Daten voraussichtlich nicht zu einem Risiko für die persönlichen Rechte und Freiheiten natürlicher Personen führt. Falls diese Benachrichtigung nicht binnen 72 Stunden erfolgen kann, sollten in ihr die Gründe für die Verzögerung angegeben werden müssen, und die Informationen können schrittweise ohne unangemessene weitere Verzögerung bereitgestellt werden.

(86) The controller should communicate to the data subject a personal data breach, without undue delay, where that personal data breach is likely to result in a high risk to the rights and freedoms of the natural person in order to allow him or her to take the necessary precautions. The communication should describe the nature of the personal data breach as well as recommendations for the natural person concerned to mitigate potential adverse effects. Such communications to data subjects should be made as soon as reasonably feasible and in close cooperation with the supervisory authority, respecting guidance provided by it or by other relevant authorities such as law-enforcement authorities. For example, the need to mitigate an immediate risk of damage would call for prompt communication with data subjects whereas the need to implement appropriate measures against continuing or similar personal data breaches may justify more time for communication.

(86) Der für die Verarbeitung Verantwortliche sollte die betroffene Person unverzüglich von der Verletzung des Schutzes personenbezogener Daten benachrichtigen, wenn diese Verletzung des Schutzes personenbezogener Daten voraussichtlich zu einem hohen Risiko für die persönlichen Rechte und Freiheiten natürlicher Personen führt, damit diese die erforderlichen Vorkehrungen treffen können. Die Benachrichtigung sollte eine Beschreibung der Art der Verletzung des Schutzes personenbezogener Daten sowie an die betroffene natürliche Person gerichtete Empfehlungen zur Minderung etwaiger nachteiliger Auswirkungen dieser Verletzung enthalten. Solche Benachrichtigungen der betroffenen Person sollten stets so rasch wie nach allgemeinem Ermessen möglich, in enger Absprache mit der Aufsichtsbehörde und nach Maßgabe der von dieser oder von anderen zuständigen Behörden wie beispielsweise Strafverfolgungsbehörden erteilten Weisungen erfolgen. Um beispielsweise das Risiko eines unmittelbaren Schadens mindern zu können, müssten betroffene Personen sofort benachrichtigt werden, wohingegen eine längere Benachrichtigungsfrist gerechtfertigt sein kann, wenn es darum geht, geeignete Maßnahmen gegen fortlaufende oder vergleichbare Verletzungen des Schutzes personenbezogener Daten zu treffen.

(87) It should be ascertained whether all appropriate technological protection and organisational measures have been implemented to establish immediately whether a personal data breach has taken place and to inform promptly the supervisory authority and the data subject. The fact that the notification was made without undue delay should be established taking into account in particular the nature and gravity of the personal data breach and its consequences and adverse effects for the data subject. Such notification may result in an intervention of the supervisory authority in accordance with its tasks and powers laid down in this Regulation.

(87) Es sollte festgestellt werden, ob alle geeigneten technischen Schutz- sowie organisatorischen Maßnahmen getroffen wurden, um sofort feststellen zu können, ob eine Verletzung des Schutzes personenbezogener Daten aufgetreten ist, und um die Aufsichtsbehörde und die betroffene Person umgehend unterrichten zu können. Bei der Feststellung, ob die Meldung unverzüglich erfolgt ist, sollten die Art und Schwere der Verletzung des Schutzes personenbezogener Daten sowie deren Folgen und nachteilige Auswirkungen für die betroffene Person berücksichtigt werden. Die entsprechende Meldung kann zu einem Tätigwerden der Aufsichtsbehörde im Einklang mit ihren in dieser Verordnung festgelegten Aufgaben und Befugnissen führen.

(88) In setting detailed rules concerning the format and procedures applicable to the notification of personal data breaches, due consideration should be given to the circumstances of that breach, including whether or not personal

(88) Bei der detaillierten Regelung des Formats und der Verfahren für die Meldung von Verletzungen des Schutzes personenbezogener Daten sollten die Umstände der Verletzung hinreichend berücksichtigt werden, beispielsweise

data had been protected by appropriate technical protection measures, effectively limiting the likelihood of identity fraud or other forms of misuse. Moreover, such rules and procedures should take into account the legitimate interests of law-enforcement authorities where early disclosure could unnecessarily hamper the investigation of the circumstances of a personal data breach.

ob personenbezogene Daten durch geeignete technische Sicherheitsvorkehrungen geschützt waren, die die Wahrscheinlichkeit eines Identitätsbetrugs oder anderer Formen des Datenmissbrauchs wirksam verringern. Überdies sollten solche Regeln und Verfahren den berechtigten Interessen der Strafverfolgungsbehörden in Fällen Rechnung tragen, in denen die Untersuchung der Umstände einer Verletzung des Schutzes personenbezogener Daten durch eine frühzeitiges Offenlegung in unnötiger Weise behindert würde.

§ 42 BDSG-neu

Strafvorschriften

(1) […]

(4) Eine Meldung nach Artikel 33 der Verordnung (EU) 2016/679 und eine Benachrichtigung nach Artikel 34 Absatz 1 der Verordnung (EU) 2016/679 dürfen in einem Strafverfahren gegen die meldepflichtige Person oder einen ihrer in § 52 Absatz 1 der Strafprozessordnung bezeichneten Angehörigen nur mit Zustimmung verwendet werden.

§ 43 BDSG-neu

Bußgeldvorschriften

(1) […]

(4) Eine Meldung, die der Meldepflichtige nach Artikel 33 der Verordnung (EU) 2016/679 erteilt hat, oder eine nach Artikel 34 Absatz 1 der Verordnung (EU) 2016/679 erfolgte Benachrichtigung darf in einem Verfahren nach dem Gesetz über Ordnungswidrigkeiten gegen ihn oder in § 52 Absatz 1 der Strafprozessordnung bezeichnete Angehörige des Meldepflichtigen oder Benachrichtigenden nur mit Zustimmung des Meldepflichtigen oder Benachrichtigenden verwendet werden.

Literatur

Gola (Hrsg.), Datenschutz-Grundverordnung, 1. Auflage 2017, C.H. Beck München; *Hanloser*, Europäische Security Breach Notification, in: MMR 2010, 300; *Jaspers*, Die EU-Datenschutz-Grundverordnung, in: DuD 2012, 571; *Kaufmann*, Meldepflichten und Datenschutz-Folgeabschätzungen, Kodifizierung neuer Pflichten in der EU-Datenschutz-Grundverordnung, in: ZD 2012, 358; *Kipker*, Der BMI-Referentenentwurf zur Umsetzung der NIS-RL, in. MMR 2017, 143 ff.; *Kühling/Buchner (Hrsg.)*, Datenschutz-Grundverordnung, 1. Auflage 2017, C.H. Beck München; *Marschall*, Datenpannen – „neue" Meldepflicht nach der europäischen DS-GVO?, in: DuD 2015, 183; *Plath (Hrsg.)*, BDSG/DSGVO, 2. Auflage 2016, Otto Schmidt, Köln; *Voigt/Gehrmann*, Die europäische NIS-Richtlinie, in: ZD 2016, 355; *Zehrte/Selig*, Keine Meldepflicht von Skimming-Fällen nach § 42a BDSG, in: BKR 2014, 185.

▶ Bedeutung der Norm

Die Norm regelt die Meldepflicht von Verletzungen des Schutzes personenbezogener Daten gegenüber den Aufsichtsbehörden. Die Vorschrift soll Transparenz über stattgefundene Sicherheitsverletzungen schaffen. Eine etwaige Benachrichtigung der Betroffenen über den Vorfall richtet sich nach Art. 34.

Hinweise für den Anwender

Für die Norm relevante Definitionen:
- Definition von „Verletzungen des Schutzes personenbezogener Daten" in Art. 4 Nr. 12 („Personal Data Breach").

Für die Auslegung der Norm relevante Erwägungsgründe:
- EG 85, 86, 87, 88.

Systematische Einordnung der Norm innerhalb der DS-GVO:
- Gleichzeitig kann eine Benachrichtigung Betroffener gem. Art. 34 erforderlich sein.
- Verpflichtung des Auftragsverarbeiters, den für die Verarbeitung Verantwortlichen bei den Meldepflichten zu unterstützen, Art. 28 Abs. 3 lit. f.

Vorgängernormen im deutschen Datenschutzrecht:
- § 42a BDSG, § 15a TMG, § 93 Abs. 3 TKG i.V.m. § 109a Abs. 1 und 2 TKG, § 83a SGB X.

Querbezüge zu anderen Normen (national):
- Für TK-Unternehmen bleibt es bei § 109a TKG bzw. der VO (EU) Nr. 611/2013 und § 109 Abs. 5 TKG.
- Anbieter „Kritischer Infrastrukturen" oder „digitaler Dienste" unterliegen weiteren Meldepflichten nach dem IT-Sicherheitsgesetz bzw. BSI-Gesetz.

Querbezüge zu anderen Normen (europäisch):
- Die Meldung von Datenschutzverstößen kann Gegenstand von Verhaltensregeln gem. Art. 40 Abs. 2 lit. i sein.
- Recht auf ein faires Verfahren, Art. 47 EU Grundrechte-Charta, Art. 6 Europäische Menschenrechtskonvention
- Der Europäische Datenschutzausschuss hat u.a. die Aufgabe, Leitlinien, Empfehlungen und bewährte Verfahren für die Feststellung von Datenschutzverletzungen, für die Unverzüglichkeit der Meldung solcher Verletzungen und für die spezifischen Umstände, unter denen Meldungen von Verletzungen zu erfolgen haben, bereitzustellen (Art. 70 Abs. 1 lit. g).

Schlagworte

Meldepflicht; Datenschutzverletzung; Datenpanne; Sicherheitsverletzung; Verletzung des Schutzes personenbezogener Daten; unverzügliche Meldung; unangemessene Verzögerung; Kenntnisnahme der Verletzung; Dokumentation der Verletzung; IT-Sicherheitsgesetz; NIS-Richtlinie; Data breach notification; Kritische Infrastrukturen; Dokumentationspflicht; Risikobegriff; Risikoprognose; Leitlinien; Empfehlungen; bewährte Verfahren; Verhaltensregeln

A. Allgemeines

I. Regelungszweck

1 Die Verletzung des Schutzes personenbezogener Daten kann für die Betroffenen weitreichende Konsequenzen haben, z.B. im Falle von Identitätsdiebstahl und Kreditkartenbetrug (vgl. EG 85). Eine Meldepflicht von datenschutzrelevanten Sicherheitsverstößen („data breach notification") soll es den Aufsichtsbehörden ermöglichen, eine zeitnahe Adressierung von Sicherheitslücken und damit verbundener Risiken für die Betroffenen zu erreichen und nachzuhalten. Gleichzeitig kann die Norm präventive Wirkung entfalten, denn die Meldepflicht entfällt, wenn eine Verletzung voraussichtlich nicht zu einem Risiko für den Betroffenen führt. Hierfür kann entscheidend sein, ob der Verantwortliche technische (z.B. Verschlüsselung) und organisatorische Maßnahmen zur Risikoverringerung ergriffen hat. Die Norm steht im Zusammenhang mit der Benachrichtigungspflicht nach Art. 34 gegenüber dem Betroffenen. Ihr Zweck ist es dem Betroffenen die Vermeidung oder Verringerung von Folgeschäden zu ermöglichen.

II. Normadressaten

2 Normadressat ist in erster Linie der „Verantwortliche" i.S.v. Art. 4 Nr. 7 (s. Art. 4 Nr. 7 Rn. 1 ff.), also die Stelle, welche allein oder gemeinsam über die Zwecke und Mittel der Verarbeitung der personenbezogenen Daten entscheidet. Dies entspricht der bisherigen Definition von „Verantwortliche Stelle" in § 3 Abs. 7 BDSG bzw. des „für die Verarbeitung Verantwortlichen" nach Art. 2 lit. h RL 95/46/EG. Die DS-GVO unterscheidet bei den Meldepflichten nicht zwischen öffentlichen und privaten Stellen, d.h. alle Verantwortlichen, auch Behörden, unterliegen dieser Meldepflicht.

3 Der Auftragsverarbeiter (definiert in Art. 4 Nr. 8; s. Art. 4 Nr. 8 Rn. 1 ff.), welcher die Daten lediglich im Auftrag des Verantwortlichen verarbeitet, ist Normadressat von Art. 33 Abs. 2. Nach diesem Absatz ist er verpflichtet, ihm bekannt gewordene Verletzungen unverzüglich dem Verantwortlichen zu melden. Diese „interne" Meldepflicht wird von seiner Pflicht flankiert, den Verantwortlichen bei der „externen" Meldung an die Aufsichtsbehörde mit ihm zur Verfügung stehenden Informationen zu unterstützen. Diese Pflicht ist in dem Vertrag zwischen Auftragsverarbeiter und Verantwortlichem gem. Art. 28 Abs. 3 lit. f bzw. in den Standardvertragsklauseln oder in einem anderen den Auftragsverarbeiter bindenden Rechtsinstrument nach dem Unionsrecht oder dem Recht der Mitgliedstaaten nochmals zu regeln.

4 Die Aufsichtsbehörden sind nicht direkt Adressat der Regelung des Art. 33. Die Einhaltung seiner Vorgaben ist aber im Rahmen des Bußgeldtatbestands gem. Art. 83 Abs. 4 lit. a zu prüfen. Insb. macht EG 148 deutlich, dass sich die Art und Weise, wie der Verstoß der Aufsichtsbehörde bekannt wurde, auf die Höhe des Bußgelds auswirken kann.

III. Systematik

5 Art. 33 ist systematisch im Kapitel IV der DS-GVO untergebracht, welches die Pflichten des Verantwortlichen und des Auftragsverarbeiters beschreibt und auch abgrenzt. Der Verordnungsgeber hat die Meldepflicht in Abschn. 2 „Sicherheit personenbezogener Daten" hinter Art. 32 „Sicherheit in der Verarbeitung" angeordnet. Dies unterstreicht, dass es bei den Meldepflichten gem. Art. 33 und 34 allein um eine Verletzung der Sicherheit geht. Entsprechend definiert Art. 4 Nr. 12 die „Verletzung des Schutzes personenbezogener Daten" als „eine Verletzung der Sicherheit". Es geht also v.a. darum, Verstöße aufzudecken, bei denen die gem. Art. 32 geforderten technischen und organisatorischen Maßnahmen zum Schutz von personenbezogenen Daten umgangen wurden. Die Meldepflicht kann dazu beitragen, dass getroffene Maßnahmen und

ihre Angemessenheit auf dem Prüfstand stehen und daraus Lehren für zukünftige Sicherheitsmaßnahmen gezogen werden.

6 Auf den Art. 33 folgt systematisch der Art. 34, welcher die Pflicht zur Benachrichtigung des Betroffenen von einer Verletzung des Schutzes personenbezogener Daten regelt. Vordringlich und im Regelfall auch zeitlich vorgelagert ist aber die Meldepflicht nach Art. 33. Im Hinblick auf den Betroffenen kann es nämlich sein, dass gar keine Benachrichtigung erforderlich ist (kein „hohes Risiko") oder zumindest erst zu einem späteren Zeitpunkt. Ferner erhält der Betroffene nur einen Auszug der Informationen, welche der Aufsichtsbehörde zu melden sind (vgl. Art. 34 Abs. 2). Eine Benachrichtigung des Betroffenen vorab kann jedoch im Einzelfall angezeigt sein, wenn nur so Risiken für den Betroffenen abgewendet werden können.

7 Bei Art. 33 handelt es sich um eine der Normen, welche weitere Präzisierungen durch Verhaltensregeln von Verbänden oder anderen Vereinigungen erfahren kann (Art. 40 Abs. 2 lit. i) und für welche der Europäische Datenschutzausschuss Leitlinien, Empfehlungen und bewährte Verfahren bereitstellen kann (Art. 70 Abs. 1 lit. g) (s. Art. 70 Rn. 14).

IV. Entstehungsgeschichte

1. Bisherige europäische Vorgaben

8 Die RL 95/46/EG kannte keine Meldepflicht bei Datenschutzvorfällen. Eine solche wurde erstmals in 2009 mit der E-Privacy-RL 2009/136/EG in Art. 4 Abs. 3 RL 2002/58/EG für elektronische Kommunikation eingeführt, und zwar nur in Bezug auf „Betreiber eines öffentlich zugänglichen elektronischen Kommunikationsdienstes". Hintergrund war der vom Richtliniengeber gesehene erhöhte Sicherheitsbedarf im Bereich kritischer Infrastrukturen.

9 In Bezug auf Meldepflichten nach der RL 2002/58/EG bestimmt die VO (EU) Nr. 611/2013 der Kommission vom 24.6.2013 u.a. eine Erstbenachrichtigung der Aufsichtsbehörde binnen 24 Stunden nach Feststellung der Verletzung. Diese Vorgaben haben auch weiterhin Bestand. Gem. Art. 95 legt die DS-GVO keine *„zusätzlichen"* Pflichten auf, sofern die RL 2002/58/EG Anwendung findet (s. Art. 95 Rn. 1 ff.). Der Vorschlag des Parlaments, Art. 4 RL 2002/58/EG i.d.F. der E-Privacy-RL 2009/136/EG und damit die dort gesondert geregelte Meldepflicht zu streichen, wurde nicht übernommen. Insoweit unterliegen „Betreiber eines öffentlich zugänglichen elektronischen Kommunikationsdienstes" weiterhin der gesonderten Meldepflicht.

2. Bisheriges nationales Recht

10 Die meisten EU-Mitgliedstaaten sahen eine Meldepflicht bisher nur entsprechend der E-Privacy-RL 2009/136/EG für Anbieter elektronischer Kommunikationsdienste vor. In das BDSG wurde dagegen bereits im Rahmen der Gesetzesnovellierung des Jahres 2009 eine Meldepflicht für alle Unternehmen (privat- sowie öffentlich-rechtliche Wettbewerbsunternehmen des Bundes und der Länder) eingeführt. Für öffentliche Stellen der Länder ist eine Informationspflicht nur in einigen Landesdatenschutzgesetzen aufgenommen worden[1], für öffentliche Stellen des Bundes besteht keine Informationspflicht. Spezialgesetzliche Regelungen, wie z.B. § 109a Abs. 1 TKG, gehen dieser Meldepflicht jedoch vor. Für Telemediendienste gilt § 42a BDSG über § 15a TMG entsprechend.

11 Die Meldepflicht besteht nach § 42a BDSG nur, sofern sensible personenbezogene Daten unrechtmäßig übermittelt oder auf sonstige Weise einem Dritten unberechtigt zur Kenntnis gelangt sind. Das Gesetz zählt die Kategorien der sensiblen personenbezogenen Daten dabei abschließend wie folgt auf:

- besondere Arten personenbezogener Daten;
- personenbezogene Daten, die einem Berufsgeheimnis unterliegen;

1 Vgl. § 27a LDSG Schleswig-Holstein; § 18a BlnDSG; § 23 LDSG Mecklenburg-Vorpommern.

- personenbezogene Daten, die sich auf strafbare Handlungen oder Ordnungswidrigkeiten bzw. einen diesbezüglichen Verdacht beziehen und
- personenbezogene Daten zu Bank- oder Kreditkartenkonten.

Ferner ist die Meldepflicht beschränkt auf Fälle, in denen schwerwiegende Beeinträchtigungen für die Rechte oder schutzwürdigen Interessen der Betroffenen drohen. Die Interessenabwägung nimmt dabei die verantwortliche Stelle selbst vor. In der Praxis kommt es aber durchaus vor, dass dies in Abstimmung mit der Aufsichtsbehörde geschieht, d.h. eine vorsorgliche Meldung gemacht wird, um dann gemeinsam zu bestimmen, ob ein meldepflichtiger Vorgang vorliegt. Nach einer Unterrichtung durch die Bundesregierung aus dem Jahr 2013 wurden in den Jahren 2011 bis 2012 insgesamt 305 Fälle gemeldet, aber nur in 177 Fällen wurde das Vorliegen der Voraussetzungen von § 42a BDSG bejaht.[2] **12**

Dabei stellt § 42a S. 6 BDSG den Unternehmen flankierend ein strafrechtliches Verwertungsverbot zur Seite. Dieses gilt über § 109a Abs. 1 S. 2 TGK auch für öffentlich zugängliche Telekommunikationsdienste. Nach § 42a S. 6 dürfen die Benachrichtigung bzw. die darin enthaltenen Informationen in einem Straf- oder Ordnungswidrigkeitsverfahren gegen den Benachrichtigungspflichtigen nur mit seiner Zustimmung verwendet werden. Damit wollte der nationale Gesetzgeber verfassungskonform das Spannungsverhältnis auflösen, dass sich der Betroffene entweder selbst bezichtigt oder sich nach § 42 Abs. 2 Nr. 7 BDSG ordnungswidrig verhält.[3] **13**

Im spezialgesetzlichen Bereich hat der deutsche Gesetzgeber in Umsetzung der E-Privacy-RL 2009/136/EG in § 109a Abs. 1 S. 1 TKG eine unverzügliche Meldepflicht von Datenschutzverletzungen für Anbieter von öffentlich zugänglichen Telekommunikationsnetzen eingeführt. Die zuständigen Aufsichtsbehörden sind die Bundesnetzagentur sowie der Bundesbeauftragte für den Datenschutz und die Informationsfreiheit. Dabei sind gem. § 109a Abs. 5 TKG die formalen Vorgaben der Europäischen Kommission für eine solche Meldung, also insb. die VO Nr. 611/2013, zu beachten. Die Aufsichtsbehörden haben hierfür Meldeformulare auf ihren Websites zur Verfügung gestellt. Eine Benachrichtigung der Betroffenen ist gem. § 109a Abs. 1 S. 2 TKG – parallel zur Meldepflicht gem. § 42a BDSG – erforderlich, wenn anzunehmen ist, dass durch die Verletzung des Schutzes personenbezogener Daten Teilnehmer oder andere Personen schwerwiegend in ihren Rechten oder schutzwürdigen Interessen beeinträchtigt werden. Für Anbieter öffentlich zugänglicher Telekommunikationsnetze wurde ferner in § 109a Abs. 4 TKG die Verpflichtung aufgenommen, dass Nutzer über Störungen zu unterrichten sind, welche von deren Datenverarbeitungssystemen ausgehen. Dabei sollen diese soweit technisch möglich und zumutbar auf angemessene, wirksame und zugängliche technische Mittel hingewiesen werden, mit denen sie die Störungen erkennen und beseitigen können. Ferner sind gem. § 109 Abs. 5 TKG Sicherheitsverletzungen unverzüglich der Bundesnetzagentur mitzuteilen. Dies schließt Störungen ein, die zu einer Einschränkung der Verfügbarkeit der über diese Netze erbrachten Dienste oder einem unerlaubten Zugriff auf Telekommunikations- und Datenverarbeitungssysteme der Nutzer führen können. Hintergrund der Regelung ist weniger der Schutz personenbezogener Daten, sondern vielmehr das Bestreben, dass die Regierung im Bereich kritischer Infrastrukturen ein möglichst valides und vollständiges Lagebild erhält. **14**

Mit dem am 25.7.2016 in Kraft getretenen IT-Sicherheitsgesetz[4] wurden erstmals zusätzliche Meldepflichten für Anbieter „Kritischer Infrastrukturen" eingeführt. Dieses Gesetz nahm die am 9.8.2016 in Kraft getretene NIS-RL (EU) 2016/1148[5] über Maßnahmen zur Gewährleistung eines hohen gemeinsamen Sicherheitsniveaus von Netz- und Informationssystemen in der Union teilweise vorweg. Anpassungen an die NIS-Richtlinie sind nunmehr mit dem am 30.6.2017 in Kraft **15**

2 BT-Drs. 17/12319, S. 2.
3 Vgl. BT-Drs. 16/12011, S. 35.
4 Gesetz zur Erhöhung der Sicherheit Informationstechnischer Systeme v. 17.7.2015, BGBl. 2015 I 1324.
5 Richtlinie (EU) 2016/1148 des Europäischen Parlaments und des Rates v. 6.7.2016 über Maßnahmen zur Gewährleistung eines hohen gemeinsamen Sicherheitsniveaus von Netz- und Informationssystemen in der Union, ABl. EU 2016 Nr. L 194.

getretenen Gesetz zur Umsetzung der Richtlinie (EU) 2016/1148[6] umgesetzt worden.[7] Der Begriff *„Kritische Infrastrukturen"* wird in § 2 Abs. 10 BSI-Gesetz[8] definiert, wobei die umfassten Einrichtungen gem. § 10 BSI-Gesetz in der BSI-Kritisverordnung festgelegt werden. Dies ist bisher für die Sektoren Energie, Wasser, Informationstechnik, Telekommunikation und Ernährung geschehen.[9] Die noch ausstehenden Sektoren Gesundheit, Finanz- und Versicherungswesen sowie Transport und Verkehr werden nunmehr zeitnah mit einer Änderungsverordnung getroffen. Nach § 8b BSI-Gesetz sind von den Betreibern Kritischer Infrastrukturen IT-Störungen dem *Bundesamt für Informationssicherheit* (BSI) zu melden. Konkret meint dies gem. § 8b Abs. 4 S. 1 *„erhebliche Störungen der Verfügbarkeit, Integrität, Authentizität und Vertraulichkeit ihrer informationstechnischen Systeme, Komponenten oder Prozesse, die zu einem Ausfall oder zu einer erheblichen Beeinträchtigung der Funktionsfähigkeit der von ihnen betriebenen Kritischen Infrastrukturen"* geführt haben oder führen können. Ferner bestimmt § 8c BSI-Gesetz, dass Anbieter *„digitaler Dienste"*[10] jeden Sicherheitsvorfall, welcher erhebliche Auswirkungen auf die Bereitstellung eines innerhalb der Union erbrachten digitalen Dienstes hat, ebenfalls unverzüglich dem BSI zu melden haben. Diese Meldepflichten gelten neben den datenschutzrechtlichen Meldepflichten gegenüber den Aufsichtsbehörden für den Datenschutz oder der Bundesnetzagentur und stehen insb. neben einer Meldepflicht nach der DS-GVO.[11]

3. Verhandlungen zur DS-GVO

16 Der ursprüngliche Kommissionsentwurf enthielt eine Meldepflicht ohne Ansehung der Datenkategorien und der Schwere des Verstoßes. Der Standpunkt des Rates begrenzte dagegen die Meldepflicht auf Verstöße, welche das Risiko schwerwiegender Beeinträchtigungen der Rechte und Freiheiten der Betroffenen beinhalten (*„likely to result in a high risk"*). Der Verordnungstext schließt nun aber eine Meldepflicht gegenüber der Aufsichtsbehörde nur dann aus, wenn die Verletzung *„voraussichtlich nicht zu einem Risiko"* für die Rechte und Freiheiten natürlicher Personen führt. Ein *„hohes"* Risiko ist nur noch erforderlich, soweit es um die Benachrichtigungspflicht gegenüber dem Betroffenen geht (s. Art. 34 Rn. 19 ff.).

17 Der Rat hatte in Art. 31 Abs. 1a-Rat-E eine Meldepflicht gegenüber den Aufsichtsbehörden für die Fälle ausgeschlossen, in denen gem. Art. 32 Abs. 3 lit. a und b-Rat-E auch gegenüber dem Betroffenen nicht zu melden war. Dies betraf Fälle, in denen der Verantwortliche angemessene technische und organisatorische Maßnahmen ergriffen hatte (z.B. durch Verschlüsselung), oder Fälle, in denen der Verantwortliche im Nachgang Maßnahmen ergriffen hätte, welche hohe Risiken für die Betroffenen unwahrscheinlich gemacht hätten. Vergleichbar sieht z.B. bisher § 109a Abs. 1 S. 3 TKG vor, dass in Fällen, in denen in dem Sicherheitskonzept nachgewiesen wurde, dass die von der Verletzung betroffenen personenbezogenen Daten durch geeignete technische Vorkehrungen gesichert, insb. unter Anwendung eines als sicher anerkannten Verschlüsselungsverfahrens gespeichert wurden, keine Benachrichtigung der Aufsichtsbehörden erforderlich ist. Dieser Grundgedanke ist nunmehr in EG 85 dergestalt aufgenommen worden, dass der Verantwortliche dann nicht melden muss, wenn er nachweisen kann, dass die Verletzung des Schutzes personenbezogener Daten voraussichtlich nicht zu einem Risiko für die persönlichen Rechte und Freiheiten natürlicher Personen führt.

18 Umstritten war ferner die zeitliche Komponente der Meldepflicht. Die Kommission hatte zunächst eine Meldung *„ohne unangemessene Verzögerung, nach Möglichkeit binnen 24 Stun-*

6 BGBl. 2017 I 1885.
7 Vgl. zum Anpassungsbedarf *Voigt/Gehrmann*, in: ZD 2016, 355 ff.; zum Referentenentwurf zur Umsetzung der NIS-Richtlinie *Kipker*, in: MMR 2017, 143 ff.
8 Gesetz über das Bundesamt Sicherheit in der Informationstechnik.
9 Verordnung des Bundesministerium des Innern zur Bestimmung unsicherer Infrastrukturen nach dem BSI-Gesetz v. 22.4.2016, BGBl. I 2016, S. 958 („1. Korb" für die Sektoren Energie, Informationstechnik und Telekommunikation, Wasser sowie Ernährung).
10 „Digitale Dienste" meint Online-Marktplätze, Online-Suchmaschinen und Cloud-Computing-Dienste, vgl. Definition in § 2 Abs. 11 BSI-Gesetz
11 Vgl. z.B. BT-Drs. 18/4096, S. 36 zu § 109 Abs. 5 TKG; so auch Gola, *Reif,* Art. 33 DS-GVO Rn. 15.

den" nach Kenntnisnahme des Verstoßes gefordert. Das Parlament begrenzte dagegen den Artikelwortlaut auf *„ohne unangemessene Verzögerung"*, wobei dann im EG 67-EP-E klargestellt wurde, dass die Vermutung bestehe, dass eine Meldung binnen 72 Stunden angemessen sei. Der Verordnungstext übernimmt nun im Grundsatz den Ratsstandpunkt, wonach *„unverzüglich und möglichst binnen 72 Stunden"* gemeldet werden muss.

Ursprünglich war vom Parlament zudem ein öffentlich zugängliches Register für Datenschutzverstöße vorgesehen. Im Verordnungstext bleibt es aber dabei, dass lediglich die Unternehmen den Verstoß in einer Weise dokumentieren müssen, dass die Aufsichtsbehörde die Einhaltung der Meldepflicht überprüfen kann. **19**

B. Inhalt der Regelung

I. Bestehen einer Meldepflicht („Data Breach Notification"), Art. 33 Abs. 1

Eine Pflicht zur Meldung bei der zuständigen Aufsichtsbehörde besteht, wenn **20**

(1.) der Schutz personenbezogener Daten verletzt wurde, es sei denn,

(2.) die Verletzung führt voraussichtlich nicht zu einem Risiko für die Rechte und Freiheiten natürlicher Personen.

1. Verletzung des Schutzes personenbezogener Daten

Voraussetzung für die Meldepflicht ist zunächst gem. Art. 33 Abs. 1 die *„Verletzung des Schutzes personenbezogener Daten"*. Der Begriff „personenbezogene Daten" macht deutlich, dass eine bloße Verletzung der IT-Infrastruktur ohne Zugriff auf Daten mit Personenbezug nicht der Meldepflicht unterfällt. Andererseits beschränkt sich die Meldepflicht nicht auf bestimmte Datenarten wie noch unter § 42a BDSG, der sich nur auf besondere Arten personenbezogener Daten, Bank- und Kreditkartendaten, dem Berufsgeheimnis unterliegende oder Daten zu strafbaren Handlungen und Ordnungswidrigkeiten bezieht. **21**

Der Begriff der „Verletzung des Schutzes personenbezogener Daten" ist in Art. 4 Nr. 12 definiert als *„eine Verletzung der Sicherheit, die zur Vernichtung, zum Verlust oder zur Veränderung, ob unbeabsichtigt oder unrechtmäßig, oder zur unbefugten Offenlegung von beziehungsweise zum unbefugten Zugang zu personenbezogenen Daten führt, die übermittelt, gespeichert oder auf sonstige Weise verarbeitet wurden"*. Nur wenn diese Tatbestandsmerkmale erfüllt sind, wird eine Meldepflicht ausgelöst (s. hierzu im Einzelnen Art. 4 Nr. 12 Rn. 8 ff.). **22**

Zusammengefasst liegt eine meldepflichtige Verletzung vor, wenn: **23**

1. die gem. Art. 32 erforderlichen technischen oder organisatorischen Maßnahmen verletzt wurden (also nicht die „bloße" Verletzung materiellen Rechts) und
2. dadurch personenbezogene Daten vernichtet (also unwiederbringlich gelöscht) wurden, verloren gegangen sind oder verändert wurden. Dabei reicht der temporäre Verlust aus, sofern dadurch die Gefahr unbefugter Zugriffe bestand. Oder die personenbezogenen Daten wurden aufgrund der Sicherheitsverletzung unbefugt (also ohne Rechtsgrundlage) offengelegt oder zugänglich gemacht. Lässt sich nachweisen, dass ein Zugang bloß möglich war, aber nicht stattfand, kann man eine Verletzung ausschließen. Dabei genügt es, wenn ein unbefugter Zugriff innerhalb der Stelle des Verantwortlichen stattfand (sog. Need-to-know-Prinzip). Die DS-GVO hat die Definition der „Übermittlung" und die Ausklammerung des internen Mitarbeiters von der Definition eines „Dritten" in § 3 Abs. 8 S. 2 BDSG nicht übernommen (s. hierzu im Einzelnen Art. 4 Nr. 12 Rn. 18).

Unklar ist, ob bereits der Verdacht eines unbeabsichtigten Verlusts oder eines unbefugten Zugriffs die Meldepflicht auslöst. Dagegen spricht, dass nach dem Wortlaut von Art. 33 Abs. 1 *„im Falle einer Verletzung"* zu melden ist und eine *„Verletzung"* nach der Definition in Art. 4 Nr. 12 **24** eine Verletzung der Sicherheit ist, die zum Verlust oder unbefugten Zugang *„führt"*. Andererseits führt die Kommission in ihrer VO (EU) Nr. 611/2013 bezüglich der gleichlaufenden Meldepflichten nach RL 2002/58/EG in Art. 2 Abs. 2, dritter Absatz aus, dass eine Verletzung des Schutzes personenbezogener Daten *„als festgestellt gilt, sobald der Betreiber vom Auftreten einer Sicherheitsverletzung, die zu einer Verletzung des Schutzes personenbezogener Daten geführt hat, hinreichende Kenntnis insoweit erlangt hat, dass er eine sinnvolle Benachrichtigung nach den Vorschriften dieser Verordnung vornehmen kann"*. Entsprechend dem Schutzzweck der Norm wird eine solche „hinreichende Kenntnis" sicherlich auch eine Meldepflicht nach Art. 33 auslösen. Maßgeblich ist daher, ob der Verantwortliche genug Informationen hat, um davon auszugehen, dass es mit hoher Wahrscheinlichkeit zu einer Datenschutz-Verletzung gekommen ist oder eine solche unmittelbar bevor steht.[12] Nicht ausreichend für das Auslösen einer Meldepflicht ist dagegen entsprechend dem 8. EG der VO (EU) Nr. 611/2013 ein *„...bloßer Verdacht, dass eine Verletzung aufgetreten ist oder die bloße Feststellung eines Vorfalls, über den trotz größtmöglicher Bemühungen des Verantwortlichen keine ausreichenden Informationen vorliegen..."*. Dabei trifft allerdings den Verantwortlichen eine Ermittlungspflicht, d.h. wie sich aus „größtmögliche Bemühungen" ergibt.[13]

25 In der Praxis wird es wahrscheinlich dennoch häufig zu vorsorglichen (Verdachts-)Meldungen kommen, wenn ein Unternehmen den unberechtigten Zugriff nicht gleich ausschließen kann. Dabei trifft den Verantwortlichen eine Ermittlungspflicht, d.h. er muss einem Verdacht nachgehen und zumutbare Anstrengungen unternehmen, um den Verdacht auszuschließen. Eine Verdachtsmeldung kann auch deshalb empfehlenswert sein, weil im Rahmen der Bußgeldbemessung die Art und Weise, wie der Verstoß der Aufsichtsbehörde bekannt wurde, relevant sein kann (vgl. EG 148). Erfährt die Aufsichtsbehörde von dem Verstoß als Erstes von Dritten, kann sich dies leicht nachteilhaft für den Verantwortlichen auswirken. Eine Meldepflicht kann schließlich ausgeschlossen sein, wenn die Sicherheitsverletzung zwar einen unbefugten Zugriff ermöglicht hat, es aber nicht zu einem solchen gekommen ist. Bspw. besteht keine Meldepflicht, wenn aufgrund des Einspielens eines neuen Sicherheitsupdates zunächst aufgrund eines Fehlers im Update eine Sicherheitslücke bestand, die Lücke aber nicht ausgenutzt wurde. Ein weiteres Beispiel ist eine Sicherheitslücke, welche keinen Zugriff auf personenbezogene Daten ermöglicht hat (z.B. weil mit dem betroffenen System keine personenbezogenen Daten verarbeitet werden). Weitere Beispiele vgl. § 4 Nr. 12 Rn. 11 ff.

2. Risiken für die Rechte und Freiheiten natürlicher Personen

26 Nach dem ursprünglichen Vorschlag der Kommission, den so auch das Parlament in seiner Entwurfsfassung zunächst übernommen hatte, hätte jede Verletzung des Schutzes personenbezogener Daten zu einer Meldepflicht geführt. Im Laufe der Verhandlungen wurde jedoch deutlich, dass massenhafte Meldungen von Datenschutzverletzungen ohne Ansehung der Auswirkungen für den Betroffenen die Aufsichtsbehörden überfordern könnten. Auch den Aufsichtsbehörden ist daran gelegen, nicht jeden trivialen Datenverlust gemeldet zu bekommen, sondern tatsächlich nur solche Datenschutzverletzungen, welche Risiken für den Betroffenen beinhalten können.[14] Der Rat wollte deshalb mit seinem Kompromissvorschlag vom 11.6.2015 die Meldepflicht ursprünglich begrenzen auf

> *„ a personal data breach which is likely to result in a high risk for the rights and freedoms of individuals, such as discrimination, identity theft or fraud, financial loss, unauthorized reversal of pseudonymisation, damage to the reputation, loss of confidentia-*

---

12 So auch Gola, *Reif*, Art. 33 DS-GVO Rn. 27.
13 So auch Gola, *Reif*, Art. 33 DS-GVO Rn. 28.
14 So z.B. ausdrücklich der britische Information Commissioner; https://ico.org.uk/media/1432420/ico-analysis-of-the-council-of-the-european-union-text.pdf.

lity of data protected by professional secrecy or any other significant economic or social disadvantage ..."[15].

In der endgültigen Fassung der Verordnung ist der Begriff *„hohes"* Risiko jedoch nur noch im Hinblick auf Benachrichtigungen des Betroffenen relevant (s. Art. 34 Rn. 19 ff.). Die Meldepflicht gegenüber der Aufsichtsbehörde ist nur ausgeschlossen, wenn *„die Verletzung des Schutzes personenbezogener Daten voraussichtlich nicht zu einem Risiko für die Rechte und Freiheiten natürlicher Personen führt"*. **27**

a) Risiken für die persönlichen Rechte und Freiheiten des Betroffenen

Damit es zu einer Meldepflicht kommt, muss die Sicherheitsverletzung zu einem Risiko für die *„Rechte und Freiheiten einer natürlichen Person"* führen. Welche Risiken dies sein können, erläutert EG 85 anschaulich, wonach es v.a. um Verletzungen geht, welche zu einem physischen, materiellen oder immateriellen Schaden beim Betroffenen führen können. Namentlich den Verlust der Kontrolle personenbezogener Daten, Einschränkung der Rechte des Betroffenen, Diskriminierung, Identitätsdiebstahl oder -betrug, finanzielle Verluste, unbefugte Aufhebung der Pseudonymisierung, Rufschädigung, Verlust der Vertraulichkeit von dem Berufsgeheimnis unterliegenden Daten oder andere „erhebliche" wirtschaftliche oder gesellschaftliche Nachteile für die betroffene natürliche Person. In Bezug auf Bankdaten oder Identitätsdiebstahl dürfte regelmäßig die Gefahr eines materiellen Schadens im Raume stehen. **28**

Schwieriger ist die Beurteilung der Gefahr eines immateriellen Schadens. Ohnehin wird im deutschen Recht ein immaterieller Schaden nur in Ausnahmefällen angenommen. Hier gilt die zum allgemeinen Persönlichkeitsrecht entwickelte Rechtsprechung des Bundesgerichtshofs und Bundesverfassungsgerichts, schließlich ist das informationelle Selbstbestimmungsrecht Ausfluss des allgemeinen Persönlichkeitsrechts. Danach ist ein immaterieller Schaden nur denkbar, wenn eine besonders schwerwiegende Persönlichkeitsrechtsverletzung vorliegt.[16] Dies erfasst insb. Fallkonstellationen im Intimbereich (z.B. Gesundheit, Sexualität) oder von besonderer Hartnäckigkeit[17] (wiederholter bewusster Verstoß zur Gewinnmaximierung). In Bereichen, in denen kein materieller Schaden droht, wird es daher für eine Meldepflicht darauf ankommen, ob Persönlichkeitsrechte des Betroffenen schwerwiegend beeinträchtigt sind. Dies ist z.B. wohl nicht der Fall, wenn lediglich Adressdaten bekannt würden. Andererseits zeigen die Fallbeispiele in der Stellungnahme 03/2014, dass dann evtl. andere Risiken, wie z.B. der Identitätsdiebstahl, eine Rolle spielen können. **29**

b) „Voraussichtlich" kein Risiko

Sofern Risiken für natürliche Personen aufgrund der Art der betroffenen Daten relevant sind, ist maßgeblich wie wahrscheinlich dieses Risiko ist, d.h. ob tatsächlich ein Schaden droht. Denn eine Meldung ist dann nicht erforderlich, wenn die Verletzung *„voraussichtlich nicht"* zu einem Risiko für die Rechte und Freiheiten natürlicher Personen führt. Hierzu bedarf es einer Einschätzung der Schwere der Risiken für den Betroffenen und ihrer Eintrittswahrscheinlichkeit.[18] Technische oder organisatorische Maßnahmen können dazu beitragen, dass ein Risikoeintritt unwahrscheinlich wird. Abzustellen ist dabei auf die korrespondierenden Sicherheitsrisiken, beim Datenverlust z.B. die „Verfügbarkeit", „Integrität" und „Vertraulichkeit" der Daten. Führt der Verlust der Daten nicht zu einer Verletzung der Vertraulichkeit, weil die Daten insgesamt für jedermann verloren sind (z.B. weil der Laptop auf hoher See ins Meer fällt), kommt eine Meldepflicht wohl nur dann in Betracht, wenn aufgrund des Verlustes die Verfügbarkeit nicht mehr gewährleistet ist (z.B. weil kein Back-up vorhanden ist). Dazu ist aber Voraussetzung, dass eine Verfügbarkeit im Interesse **30**

---

15 Council of the European Union, Interinstitutional File 2012/2011 (COD), Doc. No. 9565/15 Preparation of general approach v. 11.6.2015.
16 Z.B. BGH, 5.10.2004 – VI ZR 255/03, GRUR 2005, 179.
17 Z.B. BGH, 12.12.1995 – VI ZR 223/94, NJW 1996, 985.
18 So auch Kühling/Buchner, *Jandt*, Art. 33 DS-GVO Rn. 9.

des Betroffenen erforderlich ist. Sind die Daten dagegen allein im berechtigten Interesse des Verantwortlichen erhoben und unterliegen diese nicht besonderen gesetzlichen, satzungsmäßigen oder vertraglichen Aufbewahrungspflichten, fehlt es schon an einem Risiko für den Betroffenen, eine Meldepflicht kann dann entfallen.

31 Es stellt sich die Frage, ob der Verantwortliche die Eintrittswahrscheinlichkeit selbst beurteilen kann oder ob er sich hierzu mit der Aufsichtsbehörde abstimmen muss oder sollte. Nach EG 85 soll der Verantwortliche eine Verletzung melden, *„es sei denn, der Verantwortliche kann im Einklang mit dem Grundsatz der Rechenschaftspflicht nachweisen, dass die Verletzung des Schutzes personenbezogener Daten voraussichtlich nicht zu einem Risiko"* für den Betroffenen führt. Ferner verlangt Art. 33 Abs. 5 eine Dokumentation aller mit einer Verletzung im Zusammenhang stehenden Fakten, einschließlich deren Auswirkungen und Abhilfemaßnahmen, welche der Aufsichtsbehörde eine Überprüfung der Einhaltung der Meldepflicht ermöglicht. Beides spricht dafür, dass der Verantwortliche grds. nicht melden muss, wenn er zu dem Ergebnis kommt, dass ein Risiko für Betroffene voraussichtlich nicht besteht. Es besteht dann eine bloße Dokumentationspflicht.

32 Ein praktisch häufiger Fall ist der, dass der Verantwortliche die Risikoeintrittswahrscheinlichkeit durch technische Maßnahmen, z.B. Verschlüsselung, reduziert hat. Die Art. 29-Datenschutzgruppe geht im Zusammenhang mit einer Meldepflicht nach der RL 2002/58/EG davon aus, dass auch Verluste verschlüsselter Daten mitzuteilen sind.[19] EG 17 der VO Nr. 611/2013 betont, dass der Einsatz von Verschlüsselungstechniken nicht ausreicht, um pauschal zu behaupten, die Daten seien ausreichend geschützt. Gem. Art. 4 VO Nr. 611/2013 führen technische Schutzmaßnahmen nur dazu, dass ggf. der Betroffene nicht benachrichtigt werden muss. Hintergrund dieser Regelung ist der doppelte Schutzzweck der Meldepflicht von Betreibern öffentlich zugänglicher elektronischen Kommunikationsdienste: Zum einen sollen die Aufsichtsbehörden die erforderlichen Informationen erhalten, um das Funktionieren der Kommunikationsinfrastruktur zur überprüfen.[20] Zum anderen soll die Aufsichtsbehörde in die Lage versetzt werden, eine rechtswidrig unterlassene Benachrichtigung des Betroffenen zu veranlassen. Gegen eine Anwendung dieser Überlegungen auf die allgemeine Meldepflicht nach der DS-GVO kann daher eingewendet werden, dass es bei der RL 2002/58/EG um die Funktionsfähigkeit der Kommunikationsinfrastruktur im Interesse der Allgemeinheit geht, was auf normale Verarbeitungssituationen unter der DS-GVO nicht zutrifft. Die DS-GVO zielt in erster Linie auf eine Harmonisierung der datenschutzrechtlichen Vorschriften zum Schutz natürlicher Personen bei der Verarbeitung personenbezogener Daten und zum freien Datenverkehr. Sofern es um den Schutz der Rechte der Betroffenen geht, ist diesen ausreichend dadurch Rechnung getragen, dass der Verantwortliche jederzeit rechenschaftspflichtig dafür ist, warum er im Einzelfall nicht gemeldet hat. Dem entspricht es auch, dass der Verantwortliche an vielen Stellen in der Verordnung selbst eine Risikoeinschätzung vornehmen muss (sog. risikobasierter Ansatz; eingehend dazu Art. 24 Rn. 78 ff.). Generell muss der Verantwortliche seine technischen und organisatorischen Maßnahmen gem. Art. 32 unter Berücksichtigung der unterschiedlichen Eintrittswahrscheinlichkeit und Schwere des Risikos für die Rechte und Freiheiten natürlicher Personen auswählen. Auch muss er bei „hohen" Risiken für die Betroffenen gem. Art. 35 eine Datenschutz-Folgeabschätzung vornehmen. Dementsprechend obliegt es auch bei Art. 33 der Risikoeinschätzung durch den Verantwortlichen, ob Risiken für den Betroffenen aufgrund der Datenschutz-Verletzung *„voraussichtlich wahrscheinlich"* sind oder nicht. Ist also z.B. der verloren gegangene Datenträger dergestalt verschlüsselt, dass angesichts der Umstände des Einzelfalls (Verschlüsselung nach Stand der Technik, Sensitivität der Daten, Diebstahl vs. Verlust etc.) ein unbefugter Zugriff unwahrscheinlich ist, kann auch nach der DS-GVO – wie bisher bei § 42a BDSG – eine Meldepflicht entfallen.[21] Dies gilt unabhängig davon,

---

19 Art. 29-Datenschutzgruppe, Stellungnahme 03/2014 über die Meldung von Verletzungen des Schutzes personenbezogener Daten v. 25.3.2014, WP 213.
20 *Hanloser*, in: MMR 2010, 300, 301 unter Verweis auf die Zielsetzung gem. Art. 4 Abs. 1a RL 2002/58/EG.
21 So auch Gola, *Reif*, Art. 33 DS-GVO Rn. 32.

dass lediglich Art. 34 Abs. 3 lit. a die Verschlüsselung als geeignete technische und organisatorische Sicherheitsmaßnahme als Ausschlussgrund für eine Benachrichtigungspflicht erwähnt. Hier wie dort ist es eine Maßnahme, welche die Eintrittswahrscheinlichkeit eines Risikos gering werden lassen kann.

In der Praxis wird es wahrscheinlich dennoch häufig so sein, dass der Verantwortliche vorsorglich meldet, um sich dann mit der Aufsichtsbehörde abzustimmen, ob überhaupt ein meldepflichtiger Vorgang vorliegt. Dementsprechend sieht auch EG 88 vor, dass bei der Regelung von Format und Verfahren für die Meldung Umstände der Verletzung hinreichend zu berücksichtigen sind, *„beispielsweise ob die personenbezogenen Daten durch geeignete technische Sicherheitsvorkehrungen geschützt waren, die die Wahrscheinlichkeit des Identitätsbetrugs oder andere Formen von Datenmissbrauch wirksam verringern"*. 33

Gute Hinweise für das Vorgehen bei der Risikobewertung gibt die Stellungnahme 03/2014 der Art. 29-Datenschutzgruppe, allerdings bezogen auf eine Bewertung im Rahmen der Meldepflicht nach der VO Nr. 611/2013.[22] Weitergehende Ausführungen zur Risikoprognose und -bewertung nach der DS-GVO enthält die Kommentierung der Benachrichtigungspflichten vgl. Art. 34 Rn. 19 ff. 34

II. Wer ist zur Meldung verpflichtet? – Benachrichtigungspflicht Auftragsverarbeiter (Art. 33 Abs. 2)

Zur Meldung ist allein der für die Verarbeitung Verantwortliche verpflichtet. Der Auftragsverarbeiter muss dagegen gem. Art. 33 Abs. 2 den für die Verarbeitung Verantwortlichen *„unverzüglich"* benachrichtigen, sobald ihm die Verletzung *„bekannt"* wird, damit der Verantwortliche seiner Meldepflicht nachkommen kann. Eine solche Benachrichtigungspflicht sollte sich ohnehin schon aus dem gem. Art. 28 Abs. 3 erforderlichen Vertrag zwischen dem für die Verarbeitung Verantwortlichen und dem Auftragsverarbeiter ergeben. Gem. Art. 28 Abs. 3 lit. f ist der Auftragsverarbeiter darüber hinaus verpflichtet, den Verantwortlichen bei der Einhaltung seiner Meldepflicht gegenüber der Aufsichtsbehörde Pflichten gem. Art. 34 zu unterstützen (s. Art. 28 Rn. 70). In diesem Vertrag sollte der Auftragsverarbeiter ferner verpflichtet werden, dass er bei der gem. Art. 33 Abs. 4 erforderlichen Dokumentation unterstützt, also insb. die zur Meldung und Dokumentation erforderlichen Angaben, liefert. 35

III. An wen ist zu melden?

Die Verletzung ist gem. Art. 33 Abs. 1 Satz 1 an die gem. Art. 55 zuständige Aufsichtsbehörde zu melden. Maßgeblich für die Zuständigkeit einer nationalen Aufsichtsbehörde ist nach EG 122, ob die betreffende Verarbeitung *„im Rahmen der Tätigkeit einer Niederlassung des Verantwortlichen oder des Auftragsverarbeiters im Hoheitsgebiet ihres Mitgliedstaats"* stattfindet oder *„Auswirkungen auf betroffene Personen im Hoheitsgebiet hat"* oder bei Verantwortlichen oder Auftragsverarbeitern ohne Niederlassung in der Union, ob diese auf *„betroffene Personen mit Wohnsitz in ihrem Hoheitsgebiet ausgerichtet sind"*. Eine Ausnahme kann bei Unternehmensgruppen gelten, wenn eine „federführende Aufsichtsbehörde" gem. Art. 56 existiert. Diese Ausnahme greift gem. Art. 55 Abs. 2 dann nicht, wenn die Verarbeitung auf Art. 6 Abs. 1 lit. c (Erfüllung einer rechtlichen Verpflichtung) oder lit. e (Wahrnehmung von Aufgaben im öffentlichen Interesse) gestützt wird. Für diese Fälle bleibt es bei Art. 55 Abs. 1. Innerhalb Deutschlands regelt § 40 BDSG-neu die Zuständigkeit der Aufsichtsbehörden innerhalb der Bundesrepublik. 36

Der häufigste Fall dürfte wohl der sein, dass die Verletzung im Zusammenhang mit der Tätigkeit des Verantwortlichen steht, so dass der Verantwortliche die Meldung bei der Aufsichtsbehörde des Mitgliedstaates macht, in welchem er seinen Sitz hat oder welche – bei einer Unternehmens- 37

22 Stellungnahme 03/2014 über die Meldung von Verletzungen des Schutzes personenbezogener Daten v. 25.3.2014, WP 231.

gruppe – insoweit „federführende Aufsichtsbehörde" ist. Hat der Verantwortliche keine Niederlassung in der Union sollte die Meldung dort gemacht werden, wo Auswirkungen auf betroffene Personen zu befürchten sind (sofern lokal begrenzbar), es wäre aber auch eine Meldung dort denkbar, wo der gem. Art. 27 bestellte Vertreter seine Niederlassung hat. Sollte sich im Nachgang herausstellen, dass der Verantwortliche die Meldung an die falsche Behörde eines Mitgliedstaates gemacht hat, sollte ihm daraus kein Nachteil erwachsen. Insoweit darf davon ausgegangen werden, dass die Aufsichtsbehörden ohnehin im Rahmen der Vorschriften zu Zusammenarbeit und Kohärenz (Art. 60 ff.) die jeweils (ebenfalls) betroffenen Behörden informieren und dann die Meldung an die zuständige Behörde weiterleiten wird.

IV. Wann und wie ist zu melden?

1. Zeitpunkt der Meldung (Art. 33 Abs. 1 und 4)

38 Die Meldung ist gem. Art. 33 Abs. 1 *„unverzüglich und möglichst binnen 72 Stunden"* zu machen, *„nachdem die Verletzung bekannt wurde"*.

a) Bekanntwerden der Verletzung

39 Nach dem Wortlaut der Norm kommt es für die Fristberechnung der Meldung darauf an, wann die Verletzung bekannt wurde. Bei juristischen Personen meint dies Kenntnisnahme der Geschäftsführung, wobei die Kenntnisnahme durch Wissensvertreter gem. § 166 BGB ausreichend sein kann. Ausreichend ist allerdings nicht die Kenntnis des Auftragsverarbeiters, denn hier muss sich der für die Verarbeitung Verantwortliche darauf verlassen dürfen, dass dieser ihn gem. Art. 33 Abs. 2 „unverzüglich" benachrichtigt und erst dann die Frist für ihn zu laufen beginnt. Dies gilt natürlich nur, wenn der Verantwortliche mit dem Auftragsverarbeiter einen schriftlichen Vertrag geschlossen hat, der eine solche Benachrichtigung sicherstellt.

40 Fraglich ist, ob auch ein „Kennenmüssen" ausreicht. Dafür spricht EG 87, dessen S. 1 lautet:

> *„Es sollte festgestellt werden, ob alle geeigneten technischen Schutz- sowie organisatorischen Maßnahmen getroffen wurden, um sofort feststellen zu können, ob eine Verletzung des Schutzes personenbezogener Daten aufgetreten ist, und um die Aufsichtsbehörde und die betroffene Person umgehend unterrichten zu können."*

41 Im Ergebnis bedeutet dies, dass der Verantwortliche sich nicht darauf zurückziehen kann, dass eine Meldung mangels Kenntnis nicht erfolgt ist. Vielmehr wird es darauf ankommen, ob ein sorgfältiger Kaufmann die Verletzung erkannt hätte, wenn er der Verarbeitung und dem Stand der Technik angemessene technische und organisatorische Maßnahmen zum Erkennen von Sicherheitslücken getroffen und entsprechende Berichtspflichten im Unternehmen etabliert hätte. Diese Sorgfaltspflicht ergibt sich schon aus Art. 32, der es erfordert, dass Sicherheitsverletzungen wie z.B. Systemstörungen oder Angriffe von Dritten angemessen schnell erkannt werden können.[23]

42 Fraglich ist ferner, ob bereits ein bloßer Verdacht ein Bekanntwerden darstellt. Der englische Wortlaut *„after having become aware"* spricht dafür, dass zumindest das Bewusstsein eines Verstoßes vorliegen muss. Ausreichend ist also nicht die Kenntnis einer Sicherheitslücke, sondern es müssen Hinweise vorliegen, dass Risiken für die Rechte und Freiheiten von Betroffenen bestehen. Dies entspricht der Formulierung der Kommission in Art. 2 Abs. 2, dritter Absatz der VO (EU) Nr. 611/2013 zu den gleichlaufenden Meldepflichten nach RL 2002/58/EG, wonach die Verletzung des Schutzes personenbezogener Daten als festgestellt gilt, wenn der Betreiber hinreichende Kenntnis vom Auftreten der Sicherheitsverletzung insoweit erlangt hat, dass er eine sinnvolle Benachrichtigung der Aufsichtsbehörde vornehmen kann. Hier kann es genügen, dass bekannt ist, dass ein System angegriffen wurde, mit welchem personenbezogene Daten verarbeitet

23 Dazu auch Plath, *Grages*, Art. 32 DS-GVO Rn. 8.

werden. Viel wird auch davon abhängen, welche Informationen der Verantwortliche binnen 72 Stunden ermitteln kann.

b) Unverzüglich, möglichst binnen 72 Stunden

Der Begriff „unverzüglich", im Englischen *„without undue delay"*, kann i.S.v. § 121 Abs. 1 S. 1 BGB als *„ohne schuldhaftes Zögern"* verstanden werden, auch wenn der Begriff letztlich autonom auszulegen ist.[24] Maßgeblich ist deshalb, ob der für die Verarbeitung Verantwortliche schuldhaft später als normal üblich gemeldet hat, wobei davon auszugehen ist, dass der Verordnungsgeber eine Meldung binnen 72 Stunden grds. als üblich ansieht. Für das Hineinlesen des Verschuldensbegriffs spricht auch, dass ein bußgeldrelevanter Verstoß Verschulden voraussetzt. **43**

Bei der Beurteilung des Verschuldens wird allerdings maßgeblich sein, ob das Unternehmen Vorsorge getroffen hat, dass entsprechende Verstöße erkannt und bearbeitet werden. EG 87 S. 2 macht deutlich, dass die Aufsichtsbehörde prüfen kann, ob der Verantwortliche alle geeigneten technischen und organisatorischen Maßnahmen getroffen hat, um sofort eine Datenschutzverletzung festzustellen. Dabei sollen bei der Feststellung, ob die Meldung *„unverzüglich"* war, die Art und Schwere der Datenschutzverletzung sowie die Folgen und Auswirkungen für die betroffenen Personen berücksichtigt werden. Dies entspricht dem sog. risikobasierten Ansatz der DS-GVO. **44**

Wie bereits dargelegt (s. Art. 33 Rn. 30 ff.), trifft den Verantwortlichen insoweit eine Sorgfaltspflicht dafür, dass Vorkehrungen getroffen sind, um sicherheitsrelevante Ereignisse sofort zu erkennen.[25] Dementsprechend sollte der Verantwortliche bereits im Vorwege seine Geschäftsabläufe so organisieren (insb. technische und organisatorische Maßnahmen implementieren), dass Verletzungen sofort erkannt, an relevante Stellen (z.B. den Datenschutzbeauftragten) weitergemeldet und mit entsprechender Priorität bearbeitet werden. Hierfür sollte ein Standardprozess vorgehalten werden. **45**

Dass eine Meldung auch später als 72h erfolgen kann, ergibt sich aus Art. 33 Abs. 1 S. 2, wonach für den Fall einer Meldung nach Ablauf dieser Frist eine Begründung für die Verzögerung beizufügen ist. Dies wird vor allem Fälle betreffen, in welchen der Verantwortliche lediglich den Verdacht einer Verletzung hat oder ein Vorfall festgestellt wurde, aber noch keine ausreichenden Informationen vorliegen um eine Meldung zu machen. Dabei ist aber auch zu berücksichtigen, dass Art. 33 Abs. 4 eine schrittweise Übermittlung der nach Art. 33 Abs. 3 geforderten Angaben gestattet, wenn die geforderten Informationen nicht zur gleichen Zeit bereitgestellt werden können. Die weiteren Informationen sind dann *„ohne unangemessene weitere Verzögerung"* zur Verfügung zu stellen. Dies macht deutlich, dass ein Unternehmen nicht abwarten kann, bis sämtliche gem. Art. 33 Abs. 3 erforderlichen Informationen ermittelt werden konnten. Vielmehr kann es angezeigt sein, dass innerhalb der Frist zumindest eine Erstmitteilung gemacht wird, um dann zügig die weiteren Informationen aktiv zu ermitteln und nachzuliefern. **46**

2. Form der Meldung

Art. 33 macht selbst keine Vorgaben zur Form der Meldung der Datenpanne an die Aufsichtsbehörde. **47**

Allerdings sieht Art. 70 Abs. 1 lit. g vor, dass der Europäische Datenschutzausschuss Leitlinien, Empfehlungen und bewährte Verfahren bereitstellt *„für die Feststellung von Verletzungen des Schutzes personenbezogener Daten und die Festlegung der Unverzüglichkeit im Sinne des Artikels 33 Absätze 1 und 2, und zu den spezifischen Umständen, unter denen der Verantwortliche oder der Auftragsverarbeiter die Verletzung des Schutzes personenbezogener Daten zu melden hat"*. Ferner können Verbände und andere Vereinigungen gem. Art. 40 Abs. 2 lit. i Verhaltensre **48**

---

24 So auch *Marschall*, in: DuD 2015, 183, 186; Kühling/Buchner, *Jandt*, Art. 33 DS-GVO Rn. 15; vgl. auch BT-Drs. 16/12011, S. 35 zu § 42a BDSG.

25 Plath, *Grages*, Art. 33 DS-GVO Rn. 3.

geln ausarbeiten, welche die Vorgaben für Meldungen und Benachrichtigungen präzisieren. Nach EG 88 sollten bei der „detaillierten Regelung des Formats und der Verfahren für die Meldung" die Umstände der Verletzung hinreichend berücksichtigt werden. Ferner sollten Regeln und Verfahren den berechtigten Interessen der Strafverfolgungsbehörden Rechnung tragen. Insgesamt ist davon auszugehen, dass es zeitnah für die Verantwortlichen konkretere Vorgaben auch zur Form einer Meldung geben wird. Dies wird wahrscheinlich entsprechend der VO (EU) Nr. 611/2013 der Kommission für Meldungen von Datenpannen nach der E-Privacy-RL 2009/136/EG geschehen. Deutsche Aufsichtsbehörden bieten teilweise schon jetzt bestimmte Formulare zu Meldung von Datenpannen an.[26]

49 Vorbehaltlich der noch insb. vom Europäischen Datenschutzausschuss zu spezifizierenden Vorgaben kann im Hinblick auf die Form der Meldung Folgendes gesagt werden:

Art. 33 Abs. 5 verlangt vom Verantwortlichen eine Dokumentation, welche die Aufsichtsbehörde auch noch zu einem späteren Zeitpunkt überprüfen kann. Dementsprechend ist naheliegend, dass auch eine Meldung zumindest in Textform sinnvoll ist. Dafür spricht auch das Interesse des Verantwortlichen, die Einhaltung seiner Meldepflicht zu dokumentieren. Dennoch sollte es für eine Erstmeldung sinnvoll und ausreichend sein, dass die Aufsichtsbehörde zunächst angerufen wird. Dies insb. dann, wenn es sich um eine bloße Verdachtsmeldung handelt und dem Verantwortlichen noch wesentliche Informationen fehlen. Eine solche Verdachtsmeldung kann sinnvoll sein, um sicherzugehen, dass die Aufsichtsbehörde die Verletzung nicht anderweitig mitgeteilt bekommt, was maßgeblich für ein Bußgeld sein kann (vgl. EG 148). Bei der Meldung sollte ferner darauf geachtet werden, dass mit der Meldung nicht gleich die nächste Datenverletzung stattfindet, d.h. sensitive personenbeziehbare Daten sollten nur auf verschlüsseltem Wege übermittelt werden.

3. Inhalt der Meldung (Art. 33 Abs. 3)

50 Die Meldung muss gem. Art. 33 Abs. 3 die folgenden Angaben beinhalten:

a) Beschreibung der Art der Verletzung (Angabe Kategorien und Zahl der betroffenen Personen, der Datenkategorien, Zahl der betroffenen Datensätze);

b) Name und Kontaktdaten des Datenschutzbeauftragten oder eines sonstigen Ansprechpartners für weitere Informationen;

c) Beschreibung der wahrscheinlichen Folgen der Verletzung;

d) Beschreibung der vom Verantwortlichen ergriffenen oder vorgeschlagenen Maßnahmen zur Behebung der Verletzung und ggf. Maßnahmen zur Abmilderung möglicher nachteiliger Auswirkungen.

51 Es bietet sich ferner an, dass der Verantwortliche bereits mitteilt, wenn er technische Maßnahmen ergriffen hat, welche die Wahrscheinlichkeit eines Schadens für den Betroffenen unwahrscheinlich machen (falls er dann nicht schon eine Meldung für sich selbst komplett ausschließt). Können nicht alle Informationen sofort geliefert werden, muss die (Erst-)Meldung gem. Art. 33 Abs. 1 S. 2 Gründe für die Verzögerung anführen. Dies erwähnt auch nochmals EG 85. Eine Risikoprognose ist der Meldung grundsätzlich nicht beizufügen, dies kann allerdings dann sinnvoll sein, wenn der Verantwortliche ein „hohes" Risiko ausschließt und deshalb von einer Benachrichtigung gegenüber dem Betroffenen absehen will. Hat der Verantwortliche allerdings von einer Meldung aufgrund seiner Risikoprognose abgesehen, d.h. er ist zu dem Ergebnis gekommen, dass die Verletzung *„voraussichtlich nicht zu einem Risiko"* führt, ist diese Risikoprognose gem. Art. 33 Abs. 5 zu dokumentieren, da die Aufsichtsbehörde nur so die Einhaltung der Meldepflicht überprüfen kann.[27]

---

26 Vgl. z.B. das Formular für Meldungen nach § 109a Abs. 1 S. 1 TKG der Bundesnetzagentur oder das Online-Meldeformular auf der Website des Bayerischen Landesamtes für Datenschutz-Aufsicht zu § 42a BDSG: https://www.lda.bayern.de/de/datenpanne.html.

27 So auch Kühling/Buchner, *Jandt,* Art. 33 DS-GVO Rn. 26.

V. Dokumentationspflichten (Art. 33 Abs. 5)

Nach Art. 33 Abs. 5 ist der Verantwortliche verpflichtet, etwaige Verletzungen zu dokumentieren *„unter Beschreibung aller im Zusammenhang mit der Verletzung stehenden Fakten, von deren Auswirkungen und der ergriffenen Abhilfemaßnahmen"*. Die Dokumentation soll es der Aufsichtsbehörde ermöglichen, die Einhaltung der Bestimmungen von Art. 33 zu überprüfen. Dabei soll die Dokumentation *„nur die für diesen Zweck erforderlichen Informationen"* enthalten. Erforderlich ist insoweit sicherlich die Dokumentation der für die Meldung gem. Abs. 1 und 2 erforderlichen Angaben. Ferner sollten weiter gehend auch Informationen darüber dokumentiert werden, wie der Verstoß entdeckt, bearbeitet, beseitigt wurde und welche Maßnahmen zur Vermeidung von Risiken (auch zukünftiger) ergriffen wurden. Ohnehin gehört es zu den Pflichten des Verantwortlichen, erkannte Sicherheitsverstöße zukünftig zu vermeiden. Dies ergibt sich schon aus Art. 32 Abs. 1 lit. d, wonach ein Verfahren zur regelmäßigen Überprüfung, Bewertung und Evaluierung der Wirksamkeit der technischen und organisatorischen Maßnahmen zur Gewährleistung der Sicherheit der Verarbeitung bestehen sollte. Ist es aufgrund einer Risikoprognose zu keiner Meldung gekommen, sollte diese Risikoprognose und Entscheidung dokumentiert sein, schon um gegenüber der Aufsichtsbehörde dokumentieren zu können, dass die Meldung nicht schlicht „vergessen" wurde. 52

In der Praxis sollte jeder Verantwortliche Datenschutzverletzungen gesondert und entlang der meldepflichtigen Angaben dokumentieren. Dabei empfiehlt es sich, darüber hinaus weiter gehende Angaben zu dokumentieren wie z.B. im Anhang I der Kommissionsentscheidung Nr. 611/2013 aufgelistet (z.B. Datum, Zeitpunkt des Vorfalls, wie ist er entdeckt worden, etc.). Ferner sollte der Bearbeitungsprozess selbst (interne Kommunikation, Beseitigungsmaßnahmen, Information der Aufsichtsbehörde, Information der Betroffenen, Maßnahmen zur Vermeidung zukünftiger ähnlicher Verstöße) dokumentiert sein. Wo es einen Datenschutzbeauftragten gibt, kann es sich anbieten, dass dieser die Dokumentation zentral führt. 53

C. Weitere Auswirkungen der Verordnung in der Praxis

1. Auswirkungen auf nationales Recht

Art. 33 ersetzt § 42a BDSG, das BDSG-neu enthält insoweit keine Regelung mehr. Damit ist auch der Verweis auf diese Norm in § 15a TMG hinfällig. Allerdings hat der nationale Gesetzgeber das bisher in § 42a S. 6 BDSG geregelte Verwertungsverbot in § 42 Abs. 4 BDSG-neu (Strafvorschriften) und § 43 Abs. 4 BDSG-neu (Bußgeldvorschriften) aufrecht erhalten. Danach können die vom Meldepflichtigen gelieferten Informationen nicht in einem Straf- oder Bußgeldverfahren ohne seine Einwilligung gegen ihn verwendet werden. Der deutsche Gesetzgeber will damit dem verfassungsrechtlichen Gebot, dass keiner zu einer Selbstbezichtigung verpflichtet werden darf (*nemo tenetur se ipsum accusare*), Rechnung tragen.[28] 54

Demgegenüber geht EG 87 davon aus, dass die Meldung *„zu einem Tätigwerden der Aufsichtsbehörde im Einklang mit ihren in dieser Verordnung festgelegten Befugnisse führen"* kann, was wohl Bußgeldverfahren mit einschließt. Der deutsche Gesetzgeber sah sich dennoch zur Beibehaltung des Verbots einer Verpflichtung zur Selbstbezichtigung aufgrund der Öffnungsklausel in Art. 84 Abs. 1 (in Bezug auf Strafsanktionen) und Art. 83 Abs. 8 berechtigt, wonach die Ausübung der Befugnisse der Aufsichtsbehörden angemessene Verfahrensgarantien gem. dem Unionsrecht oder nationalen Recht unterliegen muss.[29] Die Öffnungsklausel des Art. 23 Abs. 1 lit. i, welche *„notwendige und verhältnismäßige"* nationale Regelungen zum Schutz der betroffenen Personen und der Rechte und Freiheiten anderer gestattet, hätte dagegen nur Beschränkungen 55

28 Vgl. BT-Drucks. 18/11325, S. 109; zu früheren Regelung in § 42a Abs. 6 BDSG vgl. BT-Drs. 16/12011, S. 35.

29 Vgl. BT-Drucks. 18/11325, S. 109; zu früheren Regelung in § 42a Abs. 6 BDSG vgl. BT-Drs. 16/12011, S. 35.

in Bezug auf Art. 34 zugelassen. Letztlich ist der vom deutschen Gesetzgeber eingeschlagene Weg allein richtig. Auch Art. 47 der EU Grundrechte-Charta[30] und Art. 6 EMRK erkennen das Recht auf ein faires Verfahren an; das Verbot der Selbstbezichtigung ist ein wesentlicher Bestandteil davon. Es bleibt abzuwarten, ob auch die anderen Mitgliedstaaten ein ausdrückliches Verbot einer Pflicht zur Selbstbezichtigung in ihre nationalen Rechtsnormen aufnehmen. Andernfalls besteht die Rechtsunsicherheit, ob von einer deutschen Aufsichtsbehörde im Rahmen des Kohärenzverfahrens an eine andere Aufsichtsbehörde weitergegebene Informationen für ein Straf- oder Bußgeldverfahren in den anderen betroffenen Mitgliedstaat verwendet werden können. Dies müsste dann letztlich der Europäische Gerichtshof bzw. der Europäische Gerichtshof für Menschrechte entscheiden.

56 Neben Art. 33 werden die Meldepflichten für Telekommunikationsunternehmen gem. § 109a TKG in Form der Kommissionsverordnung Nr. 611/2013 weiterhin Bestand haben. Ferner bleibt es daneben bei der Pflicht zur Meldung sicherheitsrelevanter Verstöße nach dem BSI-Gesetz für die Anbieter Kritischer Infrastrukturen und digitaler Dienste (s. Art. 33 Rn. 15).

2. Umsetzung in die Unternehmenspraxis

57 Die weitreichende Definition der *„Verletzung des Schutzes personenbezogener Daten"* ist in die Risikobetrachtung der Datenverarbeiter einzubeziehen. Nur wenn der Verantwortliche rechtzeitig derartige Verletzungen erkennt, wird es ihm gelingen, seinen Meldepflichten nach Art. 33 nachzukommen. Dementsprechend sind v.a. technische und organisatorische Maßnahmen zu treffen, um Sicherheitsverletzungen rechtzeitig zu erkennen und zu adressieren. Kein Verantwortlicher ist davor gefeit, dass es zu einer Verletzung der Sicherheit, z.B. durch einen bösartigen Hacking-Angriff, kommt. Maßgeblich für ein etwaiges Bußgeld ist dann aber, ob a) dieser rechtzeitig erkannt wurde und b) trotz angemessener Sicherheitsmaßnahmen nicht verhindert werden konnte. Dabei macht EG 87 deutlich, dass die Aufsichtsbehörde vom Verantwortlichen den Nachweis fordern kann, dass dieser die erforderlichen technischen und organisatorischen Maßnahmen zur Erkennung von Verletzungen und rechtzeitiger Meldung im Regelfall getroffen hat. Dazu gehört das Monitoring der IT-Systeme (Security Incident Response System) ebenso wie die Festlegung von Kommunikationswegen intern (wer meldet, wer ist einzubinden, wer entscheidet) und extern (wer kommuniziert mit den Behörden, welche Behörde ist zuständig). Insgesamt sollte der Verantwortliche sicherstellen, dass IT-Sicherheitslücken zentral gemeldet und auf eine Meldepflicht hin bewertet werden, z.B. unter Einbeziehung des Datenschutzbeauftragten und der Rechtsabteilung. Ferner sollte schon jetzt festgelegt werden, welche Informationen für die Meldung erforderlich sind und wie der Vorfall entsprechend Art. 33 Abs. 5 zu dokumentieren ist (s. Art. 33 Rn. 51 f. und 53 f.).

58 Hilfreich ist es in diesem Zusammenhang, wenn der Europäische Datenschutzausschuss der Aufforderung des Art. 70 Abs. 1 lit. g nachkommt und Leitlinien, Empfehlungen und bewährte Verfahren für die Feststellung von Verletzungen des Schutzes personenbezogener Daten bereitstellt. Aber auch die Unternehmen könnten im Verbandswege gem. Art. 40 Abs. 1 lit. i an der Präzisierung von Melde- und Benachrichtungspflichten mitwirken.

3. Sanktionen; Maßnahmen der Aufsichtsbehörde

59 Ein Verstoß gegen die Meldepflicht gegenüber der Behörde ist gem. Art. 83 Abs. 4 lit. a mit einem Bußgeld von bis zu 10.000.000 € oder im Fall eines Unternehmens von bis zu 2 % des weltweit erzielten Jahresumsatzes bewehrt. Daneben kann die zuständige Aufsichtsbehörde Maßnahmen gem. Art. 58 treffen. Am relevantesten ist in diesem Zusammenhang die gem. Art. 58 Abs. 2 lit. e mögliche Maßnahme der Anweisung des Verantwortlichen, den Betroffenen über die Verletzung des Schutzes personenbezogener Daten zu benachrichtigen.

30 ABl. EU 2000 Nr. C 364/1.

Nach dem Wortlaut von Art. 83 Abs. 2 S. 2 ist davon auszugehen, dass die Behörde nicht nur Ermessen im Hinblick auf die Höhe des Bußgeldes hat, sondern auch darüber, ob im Einzelfall überhaupt ein Bußgeld verhängt wird. Problematisch ist in diesem Zusammenhang insb., dass Art. 83 Abs. 4 lit. a auf Art. 33 insgesamt verweist und keine konkreten Vorgaben dazu macht, wann eine Verletzung vorliegt. Es ist fraglich, ob auf dieser abstrakten Basis tatsächlich wirksam ein Bußgeld ohne Vorwarnung verhängt werden kann. Die Kommission hatte insoweit in Art. 79 Abs. 6 lit. h-KOM-E konkret daran angeknüpft, ob die Aufsichtsbehörde oder der Betroffene nicht, nicht rechtzeitig oder nicht vollständig informiert wurde, und in Art. 79 Abs. 5 lit. f-KOM-E daran, ob die Dokumentation des Art. 33 Abs. 4 nicht hinreichend gewährleistet war, wobei für Letzteres der Bußgeldrahmen geringer war (500.000 € bzw. 1 % des weltweiten Jahresumsatzes). **60**

Denkbar ist darüber hinaus ein Schadensersatzanspruch des Betroffenen gem. Art. 82, der dies gem. Art. 80 auch einer Einrichtung, Organisation oder Vereinigung ohne Gewinnerzielungsabsicht überlassen kann. **61**

Article 34

Communication of a personal data breach to the data subject

1. When the personal data breach is likely to result in a high risk to the rights and freedoms of natural persons, the controller shall communicate the personal data breach to the data subject without undue delay.

2. The communication to the data subject referred to in paragraph 1 of this Article shall describe in clear and plain language the nature of the personal data breach and contain at least the information and the recommendations provided for in points (b), (c) and (d) of Article 33(3).

3. The communication to the data subject referred to in paragraph 1 shall not be required if any of the following conditions are met:

   (a) the controller has implemented appropriate technical and organisational protection measures, and that those measures were applied to the personal data affected by the personal data breach, in particular those that render the personal data unintelligible to any person who is not authorised to access it, such as encryption;

   (b) the controller has taken subsequent measures which ensure that the high risk to the rights and freedoms of data subjects referred to in paragraph 1 is no longer likely to materialise;

   (c) it would involve disproportionate effort. In such a case, there shall instead be a public communication or similar measure whereby the data subjects are informed in an equally effective manner.

Artikel 34

Benachrichtigung der von einer Verletzung des Schutzes personenbezogener Daten betroffenen Person

1. Hat die Verletzung des Schutzes personenbezogener Daten voraussichtlich ein hohes Risiko für die persönlichen Rechte und Freiheiten natürlicher Personen zur Folge, so benachrichtigt der Verantwortliche die betroffene Person unverzüglich von der Verletzung.

2. Die in Absatz 1 genannte Benachrichtigung der betroffenen Person beschreibt in klarer und einfacher Sprache die Art der Verletzung des Schutzes personenbezogener Daten und enthält zumindest die in Artikel 33 Absatz 3 Buchstaben b, c und d genannten Informationen und Empfehlungen.

3. Die Benachrichtigung der betroffenen Person gemäß Absatz 1 ist nicht erforderlich, wenn eine der folgenden Bedingungen erfüllt ist:

   a) der Verantwortliche geeignete technische und organisatorische Sicherheitsvorkehrungen getroffen hat und diese Vorkehrungen auf die von der Verletzung betroffenen personenbezogenen Daten angewandt wurden, insbesondere solche, durch die die personenbezogenen Daten für alle Personen, die nicht zum Zugang zu den personenbezogenen Daten befugt sind, unzugänglich gemacht werden, etwa durch Verschlüsselung,

   b) der Verantwortliche durch nachfolgende Maßnahmen sichergestellt hat, dass das hohe Risiko für die Rechte und Freiheiten der betroffenen Personen gemäß Absatz 1 aller Wahrscheinlichkeit nach nicht mehr besteht,

   c) dies mit einem unverhältnismäßigen Aufwand verbunden wäre. In diesem Fall hat stattdessen eine öffentliche Bekanntmachung oder eine ähnliche Maßnahme zu erfolgen, durch die die betroffenen Personen vergleichbar wirksam informiert werden.

4. If the controller has not already communicated the personal data breach to the data subject, the supervisory authority, having considered the likelihood of the personal data breach resulting in a high risk, may require it to do so or may decide that any of the conditions referred to in paragraph 3 are met.

4. Wenn der Verantwortliche die betroffene Person nicht bereits über die Verletzung des Schutzes personenbezogener Daten benachrichtigt hat, kann die Aufsichtsbehörde unter Berücksichtigung der Wahrscheinlichkeit, mit der die Verletzung des Schutzes personenbezogener Daten zu einem hohen Risiko führt, von dem Verantwortlichen verlangen, dies nachzuholen, oder sie kann mit einem Beschluss feststellen, dass bestimmte der in Absatz 3 genannten Voraussetzungen erfüllt sind.

Recitals

(86) The controller should communicate to the data subject a personal data breach, without undue delay, where that personal data breach is likely to result in a high risk to the rights and freedoms of the natural person in order to allow him or her to take the necessary precautions. The communication should describe the nature of the personal data breach as well as recommendations for the natural person concerned to mitigate potential adverse effects. Such communications to data subjects should be made as soon as reasonably feasible and in close cooperation with the supervisory authority, respecting guidance provided by it or by other relevant authorities such as law-enforcement authorities. For example, the need to mitigate an immediate risk of damage would call for prompt communication with data subjects whereas the need to implement appropriate measures against continuing or similar personal data breaches may justify more time for communication.

(87) It should be ascertained whether all appropriate technological protection and organisational measures have been implemented to establish immediately whether a personal data breach has taken place and to inform promptly the supervisory authority and the data subject. The fact that the notification was made without undue delay should be established taking

Erwägungsgründe

(86) Der für die Verarbeitung Verantwortliche sollte die betroffene Person unverzüglich von der Verletzung des Schutzes personenbezogener Daten benachrichtigen, wenn diese Verletzung des Schutzes personenbezogener Daten voraussichtlich zu einem hohen Risiko für die persönlichen Rechte und Freiheiten natürlicher Personen führt, damit diese die erforderlichen Vorkehrungen treffen können. Die Benachrichtigung sollte eine Beschreibung der Art der Verletzung des Schutzes personenbezogener Daten sowie an die betroffene natürliche Person gerichtete Empfehlungen zur Minderung etwaiger nachteiliger Auswirkungen dieser Verletzung enthalten. Solche Benachrichtigungen der betroffenen Person sollten stets so rasch wie nach allgemeinem Ermessen möglich, in enger Absprache mit der Aufsichtsbehörde und nach Maßgabe der von dieser oder von anderen zuständigen Behörden wie beispielsweise Strafverfolgungsbehörden erteilten Weisungen erfolgen. Um beispielsweise das Risiko eines unmittelbaren Schadens mindern zu können, müssten betroffene Personen sofort benachrichtigt werden, wohingegen eine längere Benachrichtigungsfrist gerechtfertigt sein kann, wenn es darum geht, geeignete Maßnahmen gegen fortlaufende oder vergleichbare Verletzungen des Schutzes personenbezogener Daten zu treffen.

(87) Es sollte festgestellt werden, ob alle geeigneten technischen Schutz- sowie organisatorischen Maßnahmen getroffen wurden, um sofort feststellen zu können, ob eine Verletzung des Schutzes personenbezogener Daten aufgetreten ist, und um die Aufsichtsbehörde und die betroffene Person umgehend unterrichten zu können. Bei der Feststellung, ob die

into account in particular the nature and gravity of the personal data breach and its consequences and adverse effects for the data subject. Such notification may result in an intervention of the supervisory authority in accordance with its tasks and powers laid down in this Regulation.

Meldung unverzüglich erfolgt ist, sollten die Art und Schwere der Verletzung des Schutzes personenbezogener Daten sowie deren Folgen und nachteilige Auswirkungen für die betroffene Person berücksichtigt werden. Die entsprechende Meldung kann zu einem Tätigwerden der Aufsichtsbehörde im Einklang mit ihren in dieser Verordnung festgelegten Aufgaben und Befugnissen führen.

(88) In setting detailed rules concerning the format and procedures applicable to the notification of personal data breaches, due consideration should be given to the circumstances of that breach, including whether or not personal data had been protected by appropriate technical protection measures, effectively limiting the likelihood of identity fraud or other forms of misuse. Moreover, such rules and procedures should take into account the legitimate interests of law-enforcement authorities where early disclosure could unnecessarily hamper the investigation of the circumstances of a personal data breach.

(88) Bei der detaillierten Regelung des Formats und der Verfahren für die Meldung von Verletzungen des Schutzes personenbezogener Daten sollten die Umstände der Verletzung hinreichend berücksichtigt werden, beispielsweise ob personenbezogene Daten durch geeignete technische Sicherheitsvorkehrungen geschützt waren, die die Wahrscheinlichkeit eines Identitätsbetrugs oder anderer Formen des Datenmissbrauchs wirksam verringern. Überdies sollten solche Regeln und Verfahren den berechtigten Interessen der Strafverfolgungsbehörden in Fällen Rechnung tragen, in denen die Untersuchung der Umstände einer Verletzung des Schutzes personenbezogener Daten durch eine frühzeitiges Offenlegung in unnötiger Weise behindert würde.

§ 29 BDSG-neu

Rechte der betroffenen Person und aufsichtsbehördliche Befugnisse im Fall von Geheimhaltungspflichten

(1) […] [3]Die Pflicht zur Benachrichtigung gemäß Artikel 34 der Verordnung (EU) 2016/679 besteht ergänzend zu der in Artikel 34 Absatz 3 der Verordnung (EU) 2016/679 genannten Ausnahme nicht, soweit durch die Benachrichtigung Informationen offenbart würden, die nach einer Rechtsvorschrift oder ihrem Wesen nach, insbesondere wegen der überwiegenden berechtigten Interessen eines Dritten, geheim gehalten werden müssen. Abweichend von der Ausnahme nach Satz 3 ist die betroffene Person nach Artikel 34 der Verordnung (EU) 2016/679 zu benachrichtigen, wenn die Interessen der betroffenen Person, insbesondere unter Berücksichtigung drohender Schäden, gegenüber dem Geheimhaltungsinteresse überwiegen.

[…]

§ 42 BDSG-neu

Strafvorschriften

(1) […]

(4) Eine Meldung nach Artikel 33 der Verordnung (EU) 2016/679 und eine Benachrichtigung nach Artikel 34 Absatz 1 der Verordnung (EU) 2016/679 dürfen in einem Strafverfahren gegen die meldepflichtige Person oder einen ihrer in § 52 Absatz 1 der Strafprozessordnung bezeichneten Angehörigen nur mit Zustimmung verwendet werden.

§ 43 BDSG-neu

Bußgeldvorschriften

(1) [...]

(4) Eine Meldung, die der Meldepflichtige nach Artikel 33 der Verordnung (EU) 2016/679 erteilt hat, oder eine nach Artikel 34 Absatz 1 der Verordnung (EU) 2016/679 erfolgte Benachrichtigung darf in einem Verfahren nach dem Gesetz über Ordnungswidrigkeiten gegen ihn oder in § 52 Absatz 1 der Strafprozessordnung bezeichnete Angehörige des Meldepflichtigen oder Benachrichtigenden nur mit Zustimmung des Meldepflichtigen oder Benachrichtigenden verwendet werden.

Literatur

Gierschmann/Saeugling (Hrsg.), Systematischer Praxiskommentar Datenschutzrecht, 1. Auflage 2014, Bundesanzeiger Verlag Köln; *Gola (Hrsg.),* Datenschutz-Grundverordnung, 1. Auflage 2017, C.H. Beck München; *Hanloser,* Datenschutz-Compliance: Security Breach Notification bei Datenpannen, in: CCZ 2010, 25 ff.; *Kühling/Buchner (Hrsg.),* Datenschutzgrundverordnung, 1. Auflage 2017, C.H. Beck München; *Simitis (Hrsg.),* Bundesdatenschutzgesetz, 8. Auflage 2014, Nomos Baden-Baden.

▶ Bedeutung der Norm

Art. 34 regelt die Benachrichtigungspflicht gegenüber Betroffenen im Fall der Verletzung des Schutzes personenbezogener Daten. Dies dient der Transparenz und soll insb. dem Betroffenen ermöglichen Folgeschäden der Verletzung zu vermeiden oder zu verringern. Der Artikel ist im Zusammenhang mit Art. 33 zu lesen, denn einer Benachrichtigung des Betroffenen geht regelmäßig die Benachrichtigung der Aufsichtsbehörde voraus.

▶ Hinweise für den Anwender

Für die Norm relevante Definitionen:

- Definition des „Verletzung des Schutzes personenbezogener Daten" in Art. 4 Nr. 12 („personal data breach").

Für die Auslegung der Norm relevante Erwägungsgründe:

- EG 73, 86, 87, 88.

Systematische Einordnung der Norm innerhalb der DS-GVO:

- Meldepflicht gegenüber den Aufsichtsbehörden gem. Art. 33 in der Regel vorrangig (s. Art. 33 Rn. 1 ff.).

Vorgängernormen in nationalem Recht:

- Nationale Vorgängerregelungen: § 42a BDSG, § 15a TMG, § 93 Abs. 3 TKG i.V.m § 109a Abs. 1 und 2 TKG, § 83a SGB X.

Querbezüge zu anderen Normen (national):

- Für TK-Unternehmen bleibt es bei § 109a TKG bzw. der VO (EU) Nr. 611/2013 und § 109 Abs. 5 TKG.
- Anbieter „Kritischer Infrastrukturen" oder „digitaler Dienste" unterliegen weiteren Meldepflichten nach dem IT-Sicherheitsgesetz bzw. BSI-Gesetz.

Querbezüge zu anderen Normen (europäisch):

- Die Benachrichtigung der betroffenen Person kann gem. Art. 40 Abs. 2 lit. i Gegenstand von Verhaltensregeln sein.
- Gem. Art. 58 Abs. 2 lit. e kann der Verantwortliche von der Aufsichtsbehörde zur Meldung an die Betroffenen angewiesen werden.

- Der Europäischen Datenschutz-Ausschusses kann Leitlinien, Empfehlungen und bewährte Verfahren zu den Umständen bereitstellen, unter denen eine Verletzung voraussichtlich ein „hohes Risiko" für die Rechte und Freiheiten natürlicher Personen bedeutet, Art. 70 Abs. 1 lit. h.
- Art. 23 Abs. 1 gestattet in gewissem Rahmen Beschränkungen des Art. 34 durch den nationalen Gesetzgeber („Öffnungsklausel").
- Der Begriff „voraussichtlich hohes Risiko" für die Rechte und Freiheiten der Betroffenen ist ebenso bei Art. 35 (Datenschutz-Folgeabschätzung) relevant.

▶ Schlagworte

Benachrichtigungspflicht; Datenschutzverletzung; Datenschutzpanne; Verletzung des Schutzes personenbezogener Daten, Benachrichtigung des Betroffenen; „hohes Risiko", Ausnahmen von der Benachrichtigungspflicht; „Data breach notification"; Risikobewertung; Risikoprognose; Leitlinien; Empfehlungen; bewährte Verfahren; Verhaltensregeln

A. Allgemeines

I. Regelungszweck

1 Die Benachrichtigungspflicht gegenüber dem Betroffenen dient der Transparenz und dem Schutz des Betroffenen vor etwaigen Folgeschäden (vgl. EG 86). Nur wenn er Kenntnis von dem Datenschutzverstoß hat, kann er selbst geeignete Maßnahmen zum Schutz seiner persönlichen Rechte und Freiheiten ergreifen, z.B. einen Passwortwechsel durchführen. Der Verantwortliche ist dazu aufgefordert, den Betroffenen auf Maßnahmen hinzuweisen, welche einen Schaden für den Betroffenen abwenden können. Art. 34 enthält insoweit Mindestvorgaben für den Inhalt einer Benachrichtigung des Betroffenen.

II. Normadressaten

2 Normadressat ist in erster Linie der Verantwortliche, welcher auch gegenüber der Aufsichtsbehörde die Verletzung melden muss (s. Art. 33 Rn. 35). Aus dieser Pflicht lässt sich aber letztlich auch ein Anspruch des Betroffenen ableiten, dass er entsprechend benachrichtigt wird. Art. 34 Abs. 4 richtet sich dagegen an die Aufsichtsbehörden. Er regelt ihre Befugnis vom Verantwortlichen die Nachholung einer unterlassenen Benachrichtigung zu verlangen oder im Beschlusswege festzustellen, dass es einer solchen Benachrichtigung nicht bedarf. Offen ist, ob Abs. 4 auch einen Anspruch des Verantwortlichen begründet, einen Beschluss im Hinblick auf

die Benachrichtigungspflicht zu erhalten. Dagegen spricht der Zusatz, wonach die Behörde einen Beschluss erlassen *„kann"*. Im Übrigen sind die Vorgaben von Art. 34 für die Beurteilung der Aufsichtsbehörde relevant, ob ein bußgeldrelevanter Pflichtenverstoß gem. Art. 83 Abs. 4 lit. a vorliegt.

III. Systematik

Kapitel IV der Verordnung regelt die Pflichten des Verantwortlichen und des Auftragsverarbeiters, wobei sich der zweite Abschnitt mit der Sicherheit personenbezogener Daten befasst. Dies unterstreicht, dass es bei der Benachrichtigungspflicht gem. Art. 34 allein um Vorfälle der Verletzung der Sicherheit geht. Entsprechend definiert Art. 4 Nr. 12 die *„Verletzung des Schutzes personenbezogener Daten"* als *„eine Verletzung der Sicherheit"*. Art. 34 ist die zentrale Norm für Benachrichtigungen des Betroffenen im Falle einer Datenschutz-Verletzung. 3

Art. 34 folgt systematisch auf Art. 33, welcher im Fall von Datenschutzverletzungen zunächst eine Meldung des Verantwortlichen gegenüber der Aufsichtsbehörde vorschreibt. Diese Nachrangigkeit ist durchaus auch im Wortsinne zu verstehen. Denn während gegenüber der Aufsichtsbehörde jede Verletzung *„möglichst binnen 72 Stunden"* zu melden und ggf. Verdachtsmeldungen angezeigt sind, verlangt Art. 34 eine Benachrichtigung gegenüber dem Betroffenen nur bei *„hohem Risiko"* und dann *„unverzüglich"*. 4

Die Benachrichtigungspflicht kann vom nationalen Gesetzgeber in den Grenzen Art. 23 beschränkt werden. Ferner gestattet Art.70 Abs. 1 lit. h, dass der Europäische Datenschutz-Ausschuss Leitlinien, Empfehlungen und bewährte Verfahren (von sich aus, auf Antrag eines seiner Mitglieder oder auf Ersuchen der Kommission) zu den Umständen, unter denen die Verletzung des Schutzes personenbezogener Daten *„voraussichtlich ein hohes Risiko"* für die Rechte und Freiheiten natürlicher Personen zur Folge hat, erlässt. Schließlich können Verbände oder andere Vereinigungen im Sinne von Art. 40 Abs. 2 lit. i Verhaltensregeln zur Benachrichtigungspflicht ausarbeiten. 5

Art. 34 Abs. 1 regelt die Benachrichtigungspflicht des Verantwortlichen, während Abs. 2 weitere Bedingungen für Form und Inhalt der Benachrichtigung aufstellt. Ausnahmen von der Benachrichtigungspflicht sind in Art. 34 Abs. 3 geregelt. Abs. 4 richtet sich dagegen in erster Linie an die Aufsichtsbehörden, die eine Benachrichtigung vom Verantwortlichen verlangen kann. 6

IV. Entstehungsgeschichte

1. Bisherige europäische Vorgaben

Die RL 95/46/EG kannte keine Benachrichtigungspflicht bei Datenschutzvorfällen. Lediglich für „Betreiber öffentlich zugänglicher elektronischer Kommunikationsdienste" sieht die RL 2002/58/EG i.d.F. der E-Privacy-RL 2009/136/EG eine „unverzügliche" Benachrichtigung des Betroffenen bei Datenpannen vor. Diese Vorgaben sind in Deutschland in § 109a Abs. 1 und 2 TKG umgesetzt. 7

2. Bisheriges nationales Recht

Das deutsche Recht kennt bereits die Pflicht zur Benachrichtigung Betroffener im Fall von Datenpannen. Diese ist in erster Linie in § 42a BDSG geregelt und gilt über § 15a TMG entsprechend für Anbieter von Telemedien. Für Anbieter öffentlich zugänglicher elektronischer Kommunikationsdienste ist eine zusätzliche Benachrichtigungspflicht in § 109a Abs. 1 und 2 TKG spezialgesetzlich geregelt. 8

§ 42a Abs. 1 S. 1 BDSG begrenzt die Fälle einer Benachrichtigung auf die dort abschließend aufgezählten Kategorien sensitiver Daten (besondere Arten personenbezogener Daten, Bank- und Kreditkartendaten, Angaben zu Straftaten oder welche einem Berufsgeheimnis unterliegen). Ferner sind nur solche Fälle relevant, bei denen *„schwerwiegende"* Beeinträchtigungen für die 9

Rechte oder schutzwürdigen Interessen des Betroffenen drohen. Ob dies der Begrenzung auf eine Benachrichtigung von Datenschutzverletzungen mit „hohem Risiko" gem. Art. 34 Abs. 1 entspricht, bleibt abzuwarten.

10 Die Benachrichtigung muss – wie nun auch in der DS-GVO auch – *„unverzüglich"* erfolgen. S. 2 relativiert das „unverzüglich" insofern, als zuvor angemessen Maßnahmen zur Sicherung ergriffen werden müssen oder die Gefährdung der Strafverfolgung eine spätere Benachrichtigung angezeigt sein lässt.

11 Inhaltlich muss die Benachrichtigung die Art der unrechtmäßigen Kenntniserlangung und Empfehlungen für Maßnahmen zur Minderung möglicher nachteiliger Folgen für den Betroffenen enthalten (§ 42a Abs. 1 S. 3 BDSG). Auch dies entspricht im Grunde den Vorgaben von Art. 34 Abs. 2.

12 Stellt eine Benachrichtigung sämtlicher Betroffener einen unverhältnismäßigen Aufwand dar, trat an ihre Stelle die Information der Öffentlichkeit durch Anzeigen in zwei bundesweit erscheinenden Tageszeitungen, die mindestens eine halbe Seite umfassen (§ 42a Abs. 1 S. 5 BDSG) oder eine andere gleiche geeignete Maßnahme (z.B. Information auf Website im Internet oder Aufdruck der Information auf Rechnungsdruck). Auch dies ähnelt Art. 34, der in Abs. 3 lit. c regelt, dass in einem solchen Fall eine *„öffentliche Bekanntmachung oder ähnliche Maßnahme"* zu erfolgen hat.

13 § 109a Abs. 1 und 2 TKG, welcher Art. 4 Abs. 3 RL 2002/58/EG i.d.F. der RL 2009/136/EG umsetzt, begrenzt die Benachrichtigungspflicht der Betreiber öffentlich zugänglicher Telekommunikationsdienste weiterhin ebenfalls auf Fälle, in denen der Betroffene *„schwerwiegend"* in seinen Rechten oder schutzwürdigen Interessen beeinträchtigt ist. Die Diensteanbieter sind ferner nach § 109a Abs. 4 TKG verpflichtet, die Nutzer über Störungen des Dienstes unverzüglich zu benachrichtigen. Weitere Benachrichtigungspflichten ergeben für Anbieter öffentlicher Telekommunikationsnetze, welche nach § 109 Abs. 5 Satz 6 TKG verpflichtet werden können, die Öffentlichkeit über Sicherheitsverletzungen zu unterrichten. Diese Benachrichtigungsplichten stehen neben einer datenschutzrechtlichen Benachrichtigungspflicht nach § 42 a BDSG und zukünftig Art. 34.

3. Verhandlungen zur DS-GVO

14 Die Benachrichtigungspflicht gegenüber dem Betroffenen ist entsprechend dem Ratsvorschlag auf Fälle mit *„hohem Risiko"* für die persönlichen Rechte und Freiheiten des Betroffenen begrenzt. Sowohl der Kommissionsentwurf als auch der Vorschlag des Europäischen Parlaments hatten dagegen die Benachrichtigung ohne eine solche Schwelle für jeden Fall der Verletzung vorgesehen. Ausreichend sollte die *„Wahrscheinlichkeit"* für eine *„Beeinträchtigung"* des Schutzes personenbezogener Daten, der Privatsphäre oder (so nur der Parlamentsentwurf) Rechte oder der berechtigten Interessen der betroffenen Person sein. Die Begrenzung auf Fälle mit *„hohem Risiko"* für den Betroffenen ist sicherlich sinnvoll, denn eine Benachrichtigung über jede Datenpanne würde den Verantwortlichen unangemessen belasten.

15 Die Regelung der Ausnahmen einer Benachrichtigungspflicht im Übrigen ist nunmehr im Art. 34 Abs. 3 geregelt und beruht auf dem Vorschlag des Rats. Der Entwurf der Kommission (dem das Parlament gefolgt war) hatte hier mehr holzschnittartig für den Wegfall der Benachrichtigungspflicht ausreichen lassen, dass zur Zufriedenheit der Aufsichtsbehörde nachgewiesen werden kann, dass geeignete technische Sicherungsvorkehrungen zum Schutz der Daten getroffen und dadurch die Daten verschlüsselt wurden. Der jetzige Verordnungstext zählt in Abs. 3 die Verschlüsselung lediglich als Beispiel für *„geeignete technische und organisatorische"* Maßnahmen (lit. a) auf. Ferner trägt der jetzige Wortlaut der weiteren Konstellation Rechnung, dass ein hohes Risiko evtl. auch durch nachgelagerte Maßnahmen ausgeschlossen werden kann (lit. b). Zudem kann die Benachrichtigung entfallen, wenn dies einen unverhältnismäßig hohen Aufwand darstellt (lit. c).

Art. 34 Abs. 4 beruht auf den Vorschlägen der Kommission und des Parlaments, der Wortlaut wurde dahin angepasst, dass die Aufsichtsbehörde vom Verantwortlichen *„verlangen"* kann (statt: *„auffordern"*) eine noch nicht erfolgte Benachrichtigung nachzuholen. Auch wurde ergänzt, dass die Aufsichtsbehörde in einem Beschluss feststellen kann, ob eine Ausnahme vom Benachrichtigungserfordernis gegeben ist. **16**

Der Vorschlag der Kommission die Ausgestaltung weiterer Kriterien und Anforderungen durch delegierte Rechtsakte festlegen zu können, wurde nicht übernommen. Stattdessen kann nunmehr der Europäische Datenschutzausschuss gem. Art. 70 Abs. 1 lit. h Leitlinien, Empfehlungen oder bewährte Verfahren zu den Umständen, unten denen eine Verletzung des Schutzes personenbezogener Daten voraussichtlich ein hohes Risiko für die Rechte und Freiheiten natürlicher Personen zur Folge hat, bereitstellen. Schließlich können auch Verbände oder andere Vereinigungen im Sinne von Art. 40 Abs. 2 Verhaltensregeln ausarbeiten, welche die Benachrichtigungspflichten präzisieren. **17**

B. Inhalt der Regelung

I. Pflicht zur Benachrichtigung des Betroffenen (Art. 34 Abs. 1, 3)

1. Verletzung personenbezogener Daten

Voraussetzung für die Benachrichtigungspflicht ist zunächst, dass eine Verletzung personenbezogener Daten nach Art. 4 Nr. 12 festgestellt wurde (s. Art. 4 Nr. 12 Rn. 8 ff.). Eine Pflicht zur Benachrichtigung des Betroffenen besteht dann, wenn die Verletzung *„voraussichtlich ein hohes Risiko"* für die persönlichen Rechte und Freiheiten des Betroffenen zur Folge hat. **18**

2. Vorliegen eines „voraussichtlich hohen Risikos"

Ob ein *„hohes Risiko"* voraussichtlich vorliegt, lässt sich nur im Einzelfall ermitteln, wobei es hierfür (derzeit) keine festen Kriterien gibt. Zu den Risikokategorien der DS-GVO vgl. Art. 24 Rn. 148 ff. Zukünftig soll der Europäische Datenschutzausschuss gem. Art. 70 Abs. 1 lit. h Leitlinien, Empfehlungen und bewährte Verfahren zu den Umständen bereitstellen, unter denen eine Verletzung des Schutzes personenbezogener Daten *„voraussichtlich ein hohes Risiko"* für die Rechte und Freiheiten natürlicher Personen i.S.d. Art. 34 Abs. 1 zur Folge hat. Ferner soll der Ausschuss nach EG 77 auch Leitlinien für Verarbeitungsvorgänge ausgeben können, bei denen davon auszugehen ist, dass kein hohes Risiko für die Rechte und Freiheiten der Betroffenen besteht. Solange diese Leitlinien aber nicht existieren, kann man sich dem Kriterium des *„hohen Risikos"* nur durch Auslegung der Verordnung und Anwendung bestehender Methoden zur Einschätzung von (datenschutzrechtlichen) Risiken annähern. **19**

Die DS-GVO geht grundsätzlich von einem risikobasierten Ansatz aus (eingehend Art. 24 Rn. 78 ff.). Dies bedeutet, dass die Pflichten des Verantwortlichen und des Auftragsverarbeiters stets *„unter Berücksichtigung der Art, des Umfangs, der Umstände und der Zwecke der Verarbeitung sowie der unterschiedlichen Eintrittswahrscheinlichkeit und Schwere der Risiken für die Rechte und Freiheiten natürlicher Personen"* zu beurteilen sind. Diese Wortwahl findet sich so in Art. 24 (Verantwortung des für die Verarbeitung Verantwortlichen), Art. 25 (Datenschutz durch Technikgestaltung und durch datenschutzfreundliche Voreinstellungen), Art. 32 (Sicherheit der Verarbeitung) und Art. 35, 36 (Datenschutz-Folgeabschätzung). Ist angesichts der Eintrittswahrscheinlichkeit und Schwere der Risiken das Risiko als „hoch" einzustufen, ist nach Art. 36 eine Konsultation der Aufsichtsbehörde erforderlich. Aus Art. 36 ergibt sich auch, dass ein hohes Risiko durch technische und organisatorische Maßnahmen eingedämmt werden kann. **20**

Die eben genannten Pflichten sind vom Verantwortlichen und Auftragsverarbeiter stets – also im Vorwege – zu beachten. Bei jeder Verarbeitung bedarf es also einer Risikobewertung und ggf. einer Risikobehandlung durch technische und organisatorische Maßnahmen. **21**

22 Dagegen greifen die Pflichten nach Art. 33 und 34 erst dann, wenn eine Datenpanne vorliegt. Der Zeitpunkt der Risikobewertung ist ein anderer und die Risikobeurteilung ist anders gelagert: Maßgeblich ist nicht das (abstrakte) Risiko der Verarbeitung, sondern allein das von der Datenpanne ausgehende Risiko. Dennoch kann zur Ermittlung des Risikos grundsätzlich die gleiche Methodik verwendet werden. Das Risiko ist stets objektiv zu bewerten, ohne dass es z.B. auf die Größe oder Fachkunde des Verantwortlichen ankäme (EG 77). Wesentlich sind in diesem Zusammenhang die bereits in der DS-GVO aufgezählten Risiken.

23 Ein „Risiko" ist geprägt durch Entscheidungen auf Grundlage von unvollständigen Informationen und durch Unsicherheit. Allgemein wird Risiko in der „ISO 31000 – Risikomanagement" definiert als *Auswirkung von Unsicherheit auf Ziele*.[1] „Risiko" ist also die Eventualität, dass mit einer gewissen Wahrscheinlichkeit ein Schaden eintreten oder ein Vorteil ausbleiben kann. Für die datenschutzrechtliche Bewertung ist nur das negative Risiko relevant, denn es geht darum, mögliche Schäden für den Betroffenen auszuschließen oder die Wahrscheinlichkeit ihres Eintritts zu minimieren. Von einem „hohen" Risiko wird man ausgehen müssen, wenn der mögliche Schaden und die Wahrscheinlichkeit seines Eintritts mindestens signifikant sind. Ist dagegen zwar der mögliche Schaden schwer, aber die Eintrittswahrscheinlichkeit gering – z.B. weil technische und organisatorische Maßnahmen den befürchteten Schaden nicht wahrscheinlich sein lassen – besteht kein „hohes" Risiko. Das ergibt sich bspw. auch aus Art. 34 Abs. 3, wonach eine Benachrichtigungspflicht entfällt, wenn technische und organisatorische Sicherheitsvorkehrungen den unbefugten Zugang zu den Daten verhindern (z.B. durch Verschlüsselung). Grafisch kann man die Risikobewertung in einer Matrix wie folgt darstellen:

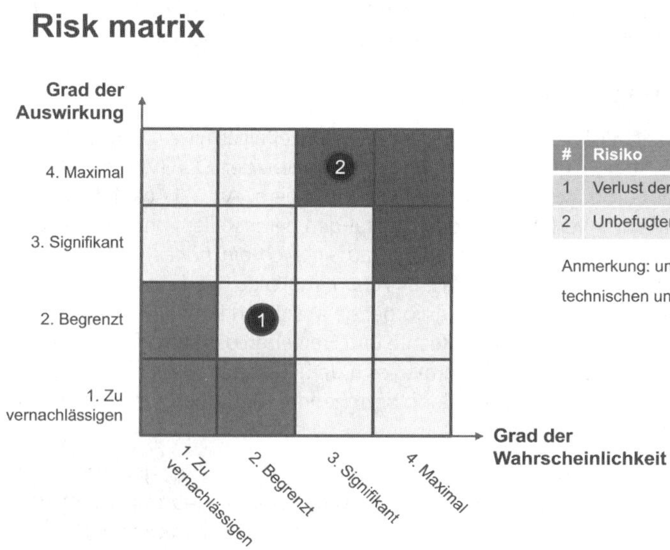

#	Risiko	W	GA
1	Verlust der pD	2	2
2	Unbefugter Zugang	3	4

Anmerkung: unter Berücksichtigung der technischen und organisatorischen Maßnahmen

24 Die DS-GVO beschreibt vor allem in EG 75 und 85 mögliche Schäden für den Betroffenen, die im Rahmen einer solchen Risikobewertung zu berücksichtigen sind:

- physischer, materieller oder immaterieller Schaden;
- Diskriminierung;
- Identitätsdiebstahl;

1 *„effect of uncertainty on objectives"*, s. ISO 31000:2009, Risk management – Principles and guidelines; ISO Guide 73:2009, Risk management – Vocabulary.

- finanzieller Verlust;
- Rufschädigung;
- Verlust von dem Berufsgeheimnis unterliegenden Daten;
- unbefugte Aufhebung der Pseudonymisierung;
- erhebliche wirtschaftliche oder gesellschaftliche Nachteile;
- Kontrollverlust des Betroffenen über die Daten;
- Behinderung des Betroffenen in der Ausübung seiner Rechte und Freiheiten.

Ferner nennt EG 75 bestimmte Verarbeitungen, welche per se ein Risiko für den Betroffenen darstellen, diese betreffen die Verarbeitung von: **25**

- besonderen Kategorien personenbezogener Daten, also z.B. Gesundheitsdaten, Angaben zur Religion (s. Art. 9 Rn. 1 ff.);
- Angaben zu strafrechtlichen Verurteilungen und Straftaten oder damit zusammenhängenden Sicherungsmaßregeln;
- Bewertungen persönlicher Aspekte, insb. wenn Aspekte, die die Arbeitsleistung, wirtschaftliche Lage, Gesundheit, persönliche Vorlieben oder Interessen, die Zuverlässigkeit oder das Verhalten, den Aufenthaltsort oder Ortswechsel betreffen, analysiert oder prognostiziert werden, um persönliche Profile zu erstellen oder zu nutzen;
- personenbezogenen Daten Schutzbedürftiger (z.B. Kinder);
- großen Mengen personenbezogener Daten, die eine große Anzahl von Personen betrifft.

Ähnlich führt Art. 3 Abs. 2 der VO (EU) Nr. 611/2013 im Zusammenhang mit der Benachrichtigungspflicht von Teilnehmern oder Personen nach der RL 2002/58/EG für elektronische Kommunikation aus, dass insb. die folgenden drei Umstände im Rahmen einer Risikoprognose zu berücksichtigen sind: **26**

- Art und Inhalt der betroffenen personenbezogenen Daten (finanzielle Informationen, besondere Kategorien personenbezogener Daten, Standortdaten, Internet-Protokolldateien, Webbrowser-Verläufe, E-Mail-Daten und Aufstellungen von Einzelverbindungen);
- Wahrscheinliche Folgen der Verletzung für die Betroffenen (Identitätsdiebstahl, Betrug, physische Schädigung, psychisches Leid, Demütigung, Rufschädigung);
- Umstände der Verletzung (Diebstahl, Betreiber weiß, dass die Daten im Besitz eines unbefugten Dritten sind).

Im Ergebnis können die oben aufgezählten Datenarten ein hohes Risiko indizieren, weil ein möglicher Schaden besonders intensiv wäre. Es ist dann aber stets auch zu prüfen, ob es wahrscheinlich ist, dass ein solcher Schaden eintritt. Dies macht ein Blick auf die Ausnahmen von der Benachrichtigungspflicht deutlich. **27**

3. Ausnahmen von der Pflicht zur Benachrichtigung (Art. 34 Abs. 3)

Abs. 3 listet Ausnahmen von der Benachrichtigungspflicht. Danach ist eine Benachrichtigung nicht erforderlich, wenn: **28**

a) geeignete technische und organisatorische Sicherheitsvorkehrungen getroffen wurden, welche auf die betroffenen Daten angewandt wurden, insb. solche, welche die Daten unzugänglich machen (z.B. Verschlüsselung);

b) durch nachfolgende Maßnahmen sichergestellt wurde, dass das hohe Risiko für den Betroffenen aller Wahrscheinlichkeit nicht mehr besteht oder

c) die Benachrichtigung mit einem unverhältnismäßig hohen Aufwand verbunden wäre, wobei der Betroffene dann stattdessen auf andere Weise wirksam zu informieren ist.

29 Im Einzelnen:

a) Geeignete technische und organisatorische Sicherheitsvorkehrungen (Art. 34 Abs. 3 lit. a)

30 Nach Art. 34 Abs. 3 lit. a kann eine Benachrichtigung entfallen, wenn *„geeignete"* technische oder organisatorische Sicherheitsvorkehrungen getroffen wurden. Mit *„geeignet"* ist wohl gemeint, dass durch die Vorkehrung die aufgrund der Art der Daten zu befürchteten Risiken wahrscheinlich nicht eintreten. Als Beispiel nennt lit. a solche Sicherheitsvorkehrungen, welche den Zugang zu den personenbezogenen Daten durch Unberechtigte ausschließen, etwa durch Verschlüsselung. Der klassische Fall ist der Verlust eines Datenträgers (Laptop, USB-Stick), der gegenüber dem Betroffenen dann keine Benachrichtigungspflicht auslöst, wenn dieser durch Verschlüsselung gegen unbefugten Datenzugriff geschützt war. Dies entspricht der bisherigen Praxis zu § 42a BDSG, wobei nach bisheriger Rechtslage dann aber auch schon die Meldepflicht auch gegenüber den Behörden wegfällt.[2] Zu dem gleichen Ergebnis kann man auch nach der Verordnung kommen, nämlich wenn es aufgrund der Verschlüsselung „voraussichtlich nicht zu einem Risiko" für die Rechte und Freiheiten natürlicher Personen kommt.[3]

31 Dabei wird die Verschlüsselung einen Grad haben müssen, der tatsächlich einen Zugang zu den Daten üblicherweise ausschließt.

32 Die Verschlüsselung ist in Art. 34 Abs. 3 lit. a nur beispielhaft aufgezählt (*„etwa durch Verschlüsselung"*), andere Maßnahmen, welche den Zugang zu den personenbezogenen Daten ausschließen, sind denkbar, z.B. Pseudonymisierung, sichere Verwahrung der Listen zur Identifikation oder physische Zugriffshemmnisse. Ohnehin macht der „insbesondere"-Zusatz in Art. 34 Abs. 3 lit. a deutlich, dass geeignete technische oder organisatorische Vorkehrungen nicht nur Begrenzungen des Zugangs zu personenbezogenen Daten meint. Denkbar wäre auch, dass durch organisatorische Maßnahmen erforderliches Zusatzwissen für eine Identifikation nicht beim „Täter" sein kann oder dass aufgrund von log-files von Zugriffen der Täterkreis derart eingeschränkt ist, dass durch Einzelverfolgung eine weitere Kenntnisnahme ausgeschlossen werden kann.

b) Nachfolgende Maßnahmen (Art. 34 Abs. 3 lit. b)

33 Eine Benachrichtigungspflicht entfällt ferner, wenn auf die Datenpanne folgende Maßnahmen den Eintritt eines hohen Risikos unwahrscheinlich machen. Denkbar ist z.B. dass eine Sicherheitslücke geschlossen und Zugriffe protokolliert und nachvollzogen werden können. Eine andere Möglichkeit sind organisatorische Maßnahmen, z.B. dass Zurücksetzen der Passwörter betroffener User Accounts bei Bekanntwerden von Login-Daten oder der Abschluss einer Vertraulichkeitsvereinbarung mit Personen, welche unbefugt Kenntnis der Daten erlangt haben.[4] Im letzteren Fall wird aber oftmals dennoch eine Benachrichtigung der Betroffenen sinnvoll sein, wenn wahrscheinlich ist, dass Passwörter bekannt wurden, welche die Betroffenen oftmals für mehrere Dienste verwenden.

c) Unverhältnismäßiger Aufwand/sonstige Bekanntgabe (Art. 34 Abs. 3 lit. c)

34 Eine individuelle Benachrichtigung der Betroffenen kann entfallen, wenn dieser Aufwand unverhältnismäßig wäre. Stattdessen ist dann aber durch eine öffentliche Bekanntmachung oder eine ähnliche Maßnahmen sicherzustellen, dass die betroffenen Personen *„vergleichbar wirksam informiert werden"*. § 42a S. 5 BDSG schreibt hierzu eine halbseitige Anzeige in zwei bundesweit erscheinenden Tageszeitungen *„oder eine andere, in ihrer Wirksamkeit … gleich geeignete Maßnahme"* vor. Die Verordnung legt sich insoweit weniger fest. Möglich ist auch eine öffentliche Bekanntgabe über die Website, sofern überwiegend wahrscheinlich ist, dass der Betroffene diese

---

2 Gierschmann/Saeugling, *Dorn*, § 42a BDSG Rn. 41.
3 So wohl auch Kühling/Buchner, *Jandt,* Art. 34 DS-GVO Rn. 14.
4 Dazu auch Gola, *Reif*, Art. 34 DS-GVO Rn. 9.

regelmäßig besucht.[5] Andere Möglichkeiten könnten in einem Rechnungsaufdruck oder der Bekanntgabe über einen Rechenschaftsbericht bestehen, sofern dies für die relevante Zielgruppe der Betroffenen „vergleichbar wirksam" mit einer öffentlichen Bekanntmachung ist.

d) Nationale Sonderregelungen

Gem. Art. 23 Abs. 1 kann der nationale Gesetzgeber die Rechte und Pflichten nach Art. 34 beschränken, sofern eine solche Beschränkung den Wesensgehalt der Grundrechte und Grundfreiheiten achtet, auf das notwendige Maß beschränkt ist und einer der in Art. 23 Abs. 1 aufgezählten Fallgruppe zugeordnet werden kann. Bspw. sind dies Ausnahmen zur Durchsetzung zivilrechtlicher Ansprüche (lit. j) oder zur Sicherstellung des Schutzes des Betroffenen oder der Rechte und Freiheiten anderer Personen (lit. i). EG 73 erwähnt ausdrücklich die Möglichkeit der Ausnahme von *„Mitteilungen über die Verletzung des Schutzes personenbezogener Daten an eine betroffene Person und bestimmten damit zusammenhängenden Pflichten der Verantwortlichen"*, z.B. wenn dies erforderlich ist *„zum Schutz sonstiger wichtiger Ziele des allgemeinen öffentlichen Interesses der Union oder eines Mitgliedstaats, etwa wichtiger wirtschaftlicher oder finanzieller Interessen, oder die betroffene Person und die Rechte und Freiheiten anderer Personen …"*. **35**

Der deutsche Gesetzgeber hat in § 29 Abs. 1 BDSG-neu eine weitere Ausnahme von der Benachrichtigungspflicht für den Fall vorgesehen, dass durch die Benachrichtigung Informationen offenbart würden, die nach einer Rechtsvorschrift oder ihrem Wesen nach geheim gehalten werden müssen. Etwas anderes soll nach Satz 4 dann gelten, wenn die Interessen des Betroffenen, insb. unter Berücksichtigung drohender Schäden, gegenüber dem Geheimhaltungsinteresse überwiegen. Ist bspw. eine Anwaltskanzlei Opfer eines Hacking-Angriffs, kann ein unbefugter Datenzugriff nicht dazu führen, dass durch Mitteilungen an etwaige Gegner des Mandanten Mandatsverrat begangen wird. Grundlage für diese Beschränkung ist die Öffnungsklausel des Art. 23 Abs. 1 lit. i, welche Beschränkungen der Benachrichtigungspflicht gestattet, sofern dies eine notwendige und verhältnismäßige Maßnahme zum Schutz der betroffenen Person oder der Rechte und Freiheiten anderer Personen ist.[6] Diese Ausnahmenorm dient insgesamt dem Schutz von Geheimhaltungspflichten, für welche der nationale Gesetzgeber gem. Art. 90 Sondervorschriften erlassen kann (s. Art. 90 Rn. 1 ff.). **36**

II. Wann und wie ist zu benachrichtigen? (Art. 34 Abs. 1 und 2)

1. Zeitpunkt der Benachrichtigung des Betroffenen (Art. 34 Abs. 1)

Ist die Benachrichtigungspflicht festgestellt, so muss *„unverzüglich"* benachrichtigt werden. Hier kann auf die Ausführungen zu Art. 33 verwiesen werden (s. Art. 33 Rn. 43 ff.). **37**

Im Übrigen ist die Benachrichtigung nach dem EG 86 *„so rasch wie nach allgemeinem Ermessen möglich"* zu machen. Sie soll ferner in enger Absprache mit der Aufsichtsbehörde erfolgen, welche hierzu – ebenso wie Strafverfolgungsbehörden – Weisungen erteilen kann. Insb. erwähnt EG 88, dass Interessen der Strafbehörden Rechnung getragen werden sollen, wenn die Untersuchung der Umstände der Verletzung durch eine allzu frühzeitige Offenbarung in unnötiger Weise behindert würde. Beispielhaft wird ferner in EG 86 ausgeführt, dass bei Risiko eines unmittelbaren Schadens eine sofortige Benachrichtigung angezeigt sein kann, während eine längere Benachrichtigungsfrist denkbar ist, wenn es darum geht, geeignete Maßnahmen gegen fortlaufende oder vergleichbare Verletzungen zu treffen. Eine förmliche Weisung ist aber nicht zwingend erforderlich für eine spätere Benachrichtigung, ausreichend ist auch eine nicht förmliche Absprache mit der Aufsichtsbehörde. Eine spätere Meldung kann z.B. auch dann sinnvoll sein, wenn zunächst noch Abhilfemaßnahmen für den Betroffenen ermittelt oder erstellt werden müssen. **38**

---

5 So auch Gola, *Reif*, Art. 34 DS-GVO Rn. 9.
6 BT-Drucks. 18/11325, S. 100.

2. Form und Inhalt der Benachrichtigung des Betroffenen (Art. 34 Abs. 2)

39 Eine bestimmte Form der Benachrichtigung schreibt Art. 34 nicht ausdrücklich vor. Hier wird es zunächst darauf ankommen, über welche Kontaktangaben des Betroffenen der Verantwortliche verfügt (Postadresse, E-Mail oder nur Telefonnummer). Aus Sicht des Verantwortlichen ist in jedem Fall eine Dokumentation der Benachrichtigung sinnvoll, weshalb zumindest Textform empfehlenswert ist. Dies gilt auch deshalb, weil Art. 34 Abs. 2 verlangt, dass die Benachrichtigung *„in klarer und einfacher Sprache"* erfolgt, was bei einer bloß telefonischen Benachrichtigung kaum nachweisbar ist. Für die Textform spricht ferner, dass der Betroffene oftmals die Risiken und etwaige Handlungsanweisungen erst bei mehrmaliger Lektüre verstehen wird und deshalb diese Information „schwarz auf weiß" erhalten sollte. Hiervon unberührt ist die Möglichkeit, zugleich eine Telefonnummer anzubieten („Hotline"), bei welcher sich der Betroffene mit Rückfragen melden kann, z.B. wenn es darum geht, wie er ein kompromittiertes Login zurücksetzen kann.

40 Die Begrifflichkeit *„klare und einfache Sprache"* ist wahrscheinlich ähnlich zu interpretieren wie die für Informationspflichten in Art. 5 Verbraucherrechte-RL 2011/83/EU[7] verwendete Begrifflichkeit *„in klarer und verständlicher Weise"*. Maßgeblich ist nach dem europäischen Verbraucherleitbild, ob ein *„durchschnittlich informierter, aufmerksamen und verständiger Durchschnittsverbraucher"* die beschriebenen Risiken versteht und ggf. mögliche Abhilfemaßnahmen umsetzen kann.

41 Inhaltlich muss die Benachrichtigung zumindest die Angaben von Art. 33 Abs. 3 lit. b, c und d enthalten, d.h.:

- Name und Kontaktdaten des Datenschutzbeauftragten;
- Beschreibung der wahrscheinlichen Folgen der Verletzung des Schutzes personenbezogener Daten;
- Beschreibung der vom Verantwortlichen ergriffenen oder vorgeschlagenen Maßnahmen zur Behebung der Verletzung und ggf. Maßnahmen zur Abmilderung ihrer möglichen nachteiligen Auswirkungen.

III. Befugnisse der Aufsichtsbehörde (Art. 34 Abs. 4)

42 Die zuständige Aufsichtsbehörde kann vom Verantwortlichen verlangen, dass dieser eine noch nicht erfolgte Benachrichtigung nachholt. Diese Befugnis ergibt sich unmittelbar aus Art. 58 Abs. 2 lit. e. Im deutschen Recht war bisher umstritten, ob die Aufsichtsbehörde gem. § 38 Abs. 5 BDSG die verantwortliche Stelle anweisen kann, die Betroffenen zu benachrichtigen, oder ob sie nur die Befugnis hat, diese Unterrichtung gem. § 38 Abs. 1 S. 1 BDSG selbst vorzunehmen.[8] § 40 Abs. 2 Satz 2 BDSG-neu räumt den Aufsichtsbehörden in Ergänzung zur Verordnung das Recht ein, betroffene Personen selbst über einen Verstoß gegen die Vorschriften des Datenschutzes zu unterrichten. Im Übrigen wurde § 38 Abs. 5 BDSG gestrichen, eben weil sich sonstige Anordnungs- und Beseitigungsverfügungen unmittelbar aus der Verordnung ergeben.[9]

43 Wenn der Verantwortliche der Auffassung ist, dass eine Benachrichtigung nicht erforderlich ist, sollte dies dokumentiert werden. Rechtssicherheit kann er dadurch erlangen, dass er die Aufsichtsbehörde um einen Beschluss bittet, welcher feststellt, dass eine der Ausnahmen nach Abs. 3 greift. § 34 Abs. 4 ist eine „Kann"-Vorschrift, d.h. der Verantwortliche hat nicht notgedrungen einen Anspruch auf eine solche Entscheidung. Oftmals wird es dem Verantwortlichen ohnehin genügen, wenn eine nicht förmliche Abstimmung mit der Aufsichtsbehörde stattfindet und vom Verantwortlichen dokumentiert wird.

7 ABl. EU 2011 Nr. L 304/64.
8 Vgl. *Hanloser*, in: CCZ 2010, 25, 27; Simitis, *Dix*, § 42a BDSG Rn. 21.
9 So ausdrücklich BT-Drucks. 18/11325, S. 108.

C. Weitere Auswirkungen der Verordnung in der Praxis

1. Auswirkungen auf nationales Recht

Die Benachrichtigung von natürlichen betroffenen Personen über etwaige Verletzungen des Schutzes personenbezogener Daten richtet sich zukünftig allein nach Art. 34. Die bisherigen nationalen Bestimmungen hierzu (§ 42a BDSG, § 15a TMG) entfallen. Hiervon unberührt bleiben spezialgesetzliche Benachrichtigungspflichten mit anderem Schutzziel, z.B. die Benachrichtigungspflichten für Betreiber von öffentlich zugänglichen Telekommunikationsdiensten oder Telekommunikationsnetzes im Fall von Sicherheitsvorfällen (s. Art. 34 Rn. 13). **44**

Der deutsche Gesetzgeber hat im BDSG-neu im Zusammenhang mit Benachrichtigungspflichten von der Möglichkeit nationaler Spezifikationen und Beschränkungen Gebrauch gemacht. Dies betrifft die Einschränkung der Benachrichtigungspflicht im Fall von Geheimhaltungspflichten gem. § 29 Abs. 1 S. 3 und 4 BDSG-neu (s. Art. 90 Rn. 35 ff.), die zusätzliche Befugnis der Aufsichtsbehörden die Betroffenen ggf. selbst zu benachrichtigen (s. Art. 34 Rn. 42) sowie das in § 42 Abs. 4 BDSG-neu und § 43 Abs. 4 BDSG-neu aufgenommen Verbot einer Verpflichtung zur Selbstbezichtigung (s. Art. 24 Rn. 197 f.). **45**

2. Umsetzung in die Unternehmenspraxis

Etwaige Sicherheitsverstöße und Beseitigungsmaßnahmen sollten wie oben dargelegt (s. Art. 34 Rn. 39) vom Zeitpunkt der Entstehung bis hin zur Beseitigung dokumentiert werden. Nach EG 87, der sich wohl an die Aufsichtsbehörde richtet, sollte festgestellt werden, ob *„alle geeigneten technischen Schutz- sowie organisatorischen Maßnahmen getroffenen wurden, um sofort feststellen zu können, ob eine Verletzung des Schutzes personenbezogener Daten aufgetreten ist, und um die Aufsichtsbehörde und die betroffene Person umgehend unterrichten zu können"*. Dementsprechend wird es bei der Feststellung, ob und in welcher Höhe ein Bußgeld fällig ist, darauf ankommen, dass das Unternehmen nachweisen kann, dass eine verspätete Meldung nicht auf einem Organisationsverschulden des Verantwortlichen beruht. Der Verantwortliche sollte daher insb. sicherstellen, dass IT-Sicherheitslücken zentral gemeldet und auf eine Meldepflicht hin bewertet werden, z.B. unter Einbeziehung des Datenschutzbeauftragten und der Rechtsabteilung. Weitere Ausführungen für im Rahmen eines Notfallplans sinnvoller Weise abzudeckende Punkte finden sich bei Art. 33 (s. Art. 33 Rn. 58). Im Zusammenhang mit der Benachrichtigungspflicht geht EG 86 davon aus, dass die Benachrichtigung *„in enger Absprache"* mit der Aufsichtsbehörde erfolgt. Dies sollte in der Notfallplanung ebenso berücksichtig werden, wie eine etwaig erforderliche Abstimmung mit Strafverfolgungsbehörden. **46**

Es empfiehlt sich ferner eine Dokumentation der Risikoprognose. Sofern der Verantwortliche von einer Benachrichtigung absieht, weil er nicht von einem „hohen Risiko" ausgeht, ist er insoweit rechenschaftspflichtig und müsste eine entsprechende Dokumentation auf Verlangen der Aufsichtsbehörde vorlegen können. **47**

3. Sanktionen; Maßnahmen der Aufsichtsbehörde

Ein Verstoß gegen die Benachrichtigung des Betroffenen ist gem. Art. 83 Abs. 4 lit. a mit einem Bußgeld von bis zu 10.000.000 € oder im Fall eines Unternehmens von bis zu 2 % des weltweit erzielten Jahresumsatzes bewehrt. Daneben kann die zuständige Aufsichtsbehörde Maßnahmen gem. Art. 58 treffen. Am relevantesten ist in diesem Zusammenhang die gem. Art. 58 Abs. 2 lit. e mögliche Maßnahme der Anweisung des Verantwortlichen, den Betroffenen über die Verletzung des Schutzes personenbezogener Daten zu benachrichtigen. **48**

Nach dem Wortlaut von Art. 83 Abs. 2 S. 2 ist davon auszugehen, dass die Behörde nicht nur Ermessen im Hinblick auf die Höhe des Bußgeldes hat, sondern auch darüber, ob im Einzelfall überhaupt ein Bußgeld verhängt wird. Problematisch ist in diesem Zusammenhang insb., dass Art. 83 Abs. 4 lit. a auf den Art. 34 insgesamt verweist und keine konkreten Vorgaben dazu macht, wann eine Verletzung vorliegt. Es ist fraglich, ob auf dieser abstrakten Basis tatsächlich **49** wirksam ein Bußgeld ohne Vorwarnung verhängt werden kann. Die Kommission hatte insoweit in Art. 79 Abs. 6 lit. h-KOM-E konkret daran angeknüpft, ob der Betroffene nicht, nicht rechtzeitig oder nicht vollständig informiert wurde.

50 Darüber hinaus ist ein Schadensersatzanspruch des Betroffenen gem. Art. 82 denkbar, den dieser gem. Art. 80 auch über einen Verband ohne Gewinnerzielungsabsicht geltend machen kann. Der Schaden kann z.B. ein finanzieller Schaden sein, wenn es aufgrund eines Identitätsdiebstahls oder Bekanntwerden von Konto- und Kreditkartendaten zu unberechtigten Abbuchungen kommt.

Article 35

Data protection impact assessment

1. Where a type of processing in particular using new technologies, and taking into account the nature, scope, context and purposes of the processing, is likely to result in a high risk to the rights and freedoms of natural persons, the controller shall, prior to the processing, carry out an assessment of the impact of the envisaged processing operations on the protection of personal data. A single assessment may address a set of similar processing operations that present similar high risks.

2. The controller shall seek the advice of the data protection officer, where designated, when carrying out a data protection impact assessment.

3. A data protection impact assessment referred to in paragraph 1 shall in particular be required in the case of:

   (a) a systematic and extensive evaluation of personal aspects relating to natural persons which is based on automated processing, including profiling, and on which decisions are based that produce legal effects concerning the natural person or similarly significantly affect the natural person;

   (b) processing on a large scale of special categories of data referred to in Article 9(1), or of personal data relating to criminal convictions and offences referred to in Article 10; or

   (c) a systematic monitoring of a publicly accessible area on a large scale.

4. The supervisory authority shall establish and make public a list of the kind of processing operations which are subject to the requirement for a data protection impact assessment pursuant to paragraph 1. The supervisory authority shall communicate those lists to the Board referred to in Article 68.

5. The supervisory authority may also establish and make public a list of the kind of processing operations for which no data pro-

Artikel 35

Datenschutz-Folgenabschätzung

(1) Hat eine Form der Verarbeitung, insbesondere bei Verwendung neuer Technologien, aufgrund der Art, des Umfangs, der Umstände und der Zwecke der Verarbeitung voraussichtlich ein hohes Risiko für die Rechte und Freiheiten natürlicher Personen zur Folge, so führt der Verantwortliche vorab eine Abschätzung der Folgen der vorgesehenen Verarbeitungsvorgänge für den Schutz personenbezogener Daten durch. Für die Untersuchung mehrerer ähnlicher Verarbeitungsvorgänge mit ähnlich hohen Risiken kann eine einzige Abschätzung vorgenommen werden.

(2) Der Verantwortliche holt bei der Durchführung einer Datenschutz-Folgenabschätzung den Rat des Datenschutzbeauftragten, sofern ein solcher benannt wurde, ein.

(3) Eine Datenschutz-Folgenabschätzung gemäß Absatz 1 ist insbesondere in folgenden Fällen erforderlich:

a) systematische und umfassende Bewertung persönlicher Aspekte natürlicher Personen, die sich auf automatisierte Verarbeitung einschließlich Profiling gründet und die ihrerseits als Grundlage für Entscheidungen dient, die Rechtswirkung gegenüber natürlichen Personen entfalten oder diese in ähnlich erheblicher Weise beeinträchtigen;

b) umfangreiche Verarbeitung besonderer Kategorien von personenbezogenen Daten gemäß Artikel 9 Absatz 1 oder von personenbezogenen Daten über strafrechtliche Verurteilungen und Straftaten gemäß Artikel 10 oder

c) systematische umfangreiche Überwachung öffentlich zugänglicher Bereiche.

(4) Die Aufsichtsbehörde erstellt eine Liste der Verarbeitungsvorgänge, für die gemäß Absatz 1 eine Datenschutz-Folgenabschätzung durchzuführen ist, und veröffentlicht diese. Die Aufsichtsbehörde übermittelt diese Listen dem in Artikel 68 genannten Ausschuss.

(5) Die Aufsichtsbehörde kann des Weiteren eine Liste der Arten von Verarbeitungsvorgängen erstellen und veröffentlichen, für die keine

tection impact assessment is required. The supervisory authority shall communicate those lists to the Board.

Datenschutz-Folgenabschätzung erforderlich ist. Die Aufsichtsbehörde übermittelt diese Listen dem Ausschuss.

6. Prior to the adoption of the lists referred to in paragraphs 4 and 5, the competent supervisory authority shall apply the consistency mechanism referred to in Article 63 where such lists involve processing activities which are related to the offering of goods or services to data subjects or to the monitoring of their behaviour in several Member States, or may substantially affect the free movement of personal data within the Union.

(6) Vor Festlegung der in den Absätzen 4 und 5 genannten Listen wendet die zuständige Aufsichtsbehörde das Kohärenzverfahren gemäß Artikel 63 an, wenn solche Listen Verarbeitungstätigkeiten umfassen, die mit dem Angebot von Waren oder Dienstleistungen für betroffene Personen oder der Beobachtung des Verhaltens dieser Personen in mehreren Mitgliedstaaten im Zusammenhang stehen oder die den freien Verkehr personenbezogener Daten innerhalb der Union erheblich beeinträchtigen könnten.

7. The assessment shall contain at least:

(a) a systematic description of the envisaged processing operations and the purposes of the processing, including, where applicable, the legitimate interest pursued by the controller;

(b) an assessment of the necessity and proportionality of the processing operations in relation to the purposes;

(c) an assessment of the risks to the rights and freedoms of data subjects referred to in paragraph 1; and

(d) the measures envisaged to address the risks, including safeguards, security measures and mechanisms to ensure the protection of personal data and to demonstrate compliance with this Regulation taking into account the rights and legitimate interests of data subjects and other persons concerned.

(7) Die Folgenabschätzung enthält zumindest Folgendes:

a) eine systematische Beschreibung der geplanten Verarbeitungsvorgänge und der Zwecke der Verarbeitung, gegebenenfalls einschließlich der von dem Verantwortlichen verfolgten berechtigten Interessen;

b) eine Bewertung der Notwendigkeit und Verhältnismäßigkeit der Verarbeitungsvorgänge in Bezug auf den Zweck;

c) eine Bewertung der Risiken für die Rechte und Freiheiten der betroffenen Personen gemäß Absatz 1 und

d) die zur Bewältigung der Risiken geplanten Abhilfemaßnahmen, einschließlich Garantien, Sicherheitsvorkehrungen und Verfahren, durch die der Schutz personenbezogener Daten sichergestellt und der Nachweis dafür erbracht wird, dass diese Verordnung eingehalten wird, wobei den Rechten und berechtigten Interessen der betroffenen Personen und sonstiger Betroffener Rechnung getragen wird.

8. Compliance with approved codes of conduct referred to in Article 40 by the relevant controllers or processors shall be taken into due account in assessing the impact of the processing operations performed by such controllers or processors, in particular for the purposes of a data protection impact assessment.

(8) Die Einhaltung genehmigter Verhaltensregeln gemäß Artikel 40 durch die zuständigen Verantwortlichen oder die zuständigen Auftragsverarbeiter ist bei der Beurteilung der Auswirkungen der von diesen durchgeführten Verarbeitungsvorgänge, insbesondere für die Zwecke einer Datenschutz-Folgenabschätzung, gebührend zu berücksichtigen.

9. Where appropriate, the controller shall seek the views of data subjects or their representatives on the intended processing,

(9) Der Verantwortliche holt gegebenenfalls den Standpunkt der betroffenen Personen oder ihrer Vertreter zu der beabsichtigten Ver-

without prejudice to the protection of commercial or public interests or the security of processing operations.

arbeitung unbeschadet des Schutzes gewerblicher oder öffentlicher Interessen oder der Sicherheit der Verarbeitungsvorgänge ein.

§ 38 BDSG-neu

Datenschutzbeauftragte nichtöffentlicher Stellen

(1) […] Nehmen der Verantwortliche oder der Auftragsverarbeiter Verarbeitungen vor, die einer Datenschutz-Folgenabschätzung nach Artikel 35 der Verordnung (EU) 2016/679 unterliegen, oder verarbeiten sie personenbezogene Daten geschäftsmäßig zum Zweck der Übermittlung, der anonymisierten Übermittlung oder für Zwecke der Markt- oder Meinungsforschung, haben sie unabhängig von der Anzahl der mit der Verarbeitung beschäftigten Personen eine Datenschutzbeauftragte oder einen Datenschutzbeauftragten zu benennen.

[…]

Recitals

(84) [1]In order to enhance compliance with this Regulation where processing operations are likely to result in a high risk to the rights and freedoms of natural persons, the controller should be responsible for the carrying-out of a data protection impact assessment to evaluate, in particular, the origin, nature, particularity and severity of that risk. [2]The outcome of the assessment should be taken into account when determining the appropriate measures to be taken in order to demonstrate that the processing of personal data complies with this Regulation. [3]Where a data-protection impact assessment indicates that processing operations involve a high risk which the controller cannot mitigate by appropriate measures in terms of available technology and costs of implementation, a consultation of the supervisory authority should take place prior to the processing.

(89) [1]Directive 95/46/EC provided for a general obligation to notify the processing of personal data to the supervisory authorities. [2]While that obligation produces administrative and financial burdens, it did not in all cases contribute to improving the protection of personal data. [3]Such indiscriminate general notification obligations should therefore be abolished, and replaced by effective procedures and mechanisms which focus instead on those types of processing operations which are likely to result in a high risk to the rights and freedoms of nat-

Erwägungsgründe

(84) [1]Damit diese Verordnung in Fällen, in denen die Verarbeitungsvorgänge wahrscheinlich ein hohes Risiko für die Rechte und Freiheiten natürlicher Personen mit sich bringen, besser eingehalten wird, sollte der Verantwortliche für die Durchführung einer Datenschutz-Folgenabschätzung, mit der insbesondere die Ursache, Art, Besonderheit und Schwere dieses Risikos evaluiert werden, verantwortlich sein. [2]Die Ergebnisse der Abschätzung sollten berücksichtigt werden, wenn darüber entschieden wird, welche geeigneten Maßnahmen ergriffen werden müssen, um nachzuweisen, dass die Verarbeitung der personenbezogenen Daten mit dieser Verordnung in Einklang steht. [3]Geht aus einer Datenschutz-Folgenabschätzung hervor, dass Verarbeitungsvorgänge ein hohes Risiko bergen, das der Verantwortliche nicht durch geeignete Maßnahmen in Bezug auf verfügbare Technik und Implementierungskosten eindämmen kann, so sollte die Aufsichtsbehörde vor der Verarbeitung konsultiert werden.

(89) [1]Gemäß der Richtlinie 95/46/EG waren Verarbeitungen personenbezogener Daten bei den Aufsichtsbehörden generell meldepflichtig. [2]Diese Meldepflicht ist mit einem bürokratischen und finanziellen Aufwand verbunden und hat dennoch nicht in allen Fällen zu einem besseren Schutz personenbezogener Daten geführt. [3]Diese unterschiedslosen allgemeinen Meldepflichten sollten daher abgeschafft und durch wirksame Verfahren und Mechanismen ersetzt werden, die sich stattdessen vorrangig mit denjenigen Arten von Verarbeitungsvor-

ural persons by virtue of their nature, scope, context and purposes. [4]Such types of processing operations may be those which in, particular, involve using new technologies, or are of a new kind and where no data protection impact assessment has been carried out before by the controller, or where they become necessary in the light of the time that has elapsed since the initial processing.

gängen befassen, die aufgrund ihrer Art, ihres Umfangs, ihrer Umstände und ihrer Zwecke wahrscheinlich ein hohes Risiko für die Rechte und Freiheiten natürlicher Personen mit sich bringen. [4]Zu solchen Arten von Verarbeitungsvorgängen gehören insbesondere solche, bei denen neue Technologien eingesetzt werden oder die neuartig sind und bei denen der Verantwortliche noch keine Datenschutz-Folgenabschätzung durchgeführt hat bzw. bei denen aufgrund der seit der ursprünglichen Verarbeitung vergangenen Zeit eine Datenschutz-Folgenabschätzung notwendig geworden ist.

(90) [1]In such cases, a data protection impact assessment should be carried out by the controller prior to the processing in order to assess the particular likelihood and severity of the high risk, taking into account the nature, scope, context and purposes of the processing and the sources of the risk. [2]That impact assessment should include, in particular, the measures, safeguards and mechanisms envisaged for mitigating that risk, ensuring the protection of personal data and demonstrating compliance with this Regulation.

(90) [1]In derartigen Fällen sollte der Verantwortliche vor der Verarbeitung eine Datenschutz-Folgenabschätzung durchführen, mit der die spezifische Eintrittswahrscheinlichkeit und die Schwere dieses hohen Risikos unter Berücksichtigung der Art, des Umfangs, der Umstände und der Zwecke der Verarbeitung und der Ursachen des Risikos bewertet werden. [2]Diese Folgenabschätzung sollte sich insbesondere mit den Maßnahmen, Garantien und Verfahren befassen, durch die dieses Risiko eingedämmt, der Schutz personenbezogener Daten sichergestellt und die Einhaltung der Bestimmungen dieser Verordnung nachgewiesen werden soll.

(91) [1]This should in particular apply to large-scale processing operations which aim to process a considerable amount of personal data at regional, national or supranational level and which could affect a large number of data subjects and which are likely to result in a high risk, for example, on account of their sensitivity, where in accordance with the achieved state of technological knowledge a new technology is used on a large scale as well as to other processing operations which result in a high risk to the rights and freedoms of data subjects, in particular where those operations render it more difficult for data subjects to exercise their rights. [2]A data protection impact assessment should also be made where personal data are processed for taking decisions regarding specific natural persons following any systematic and extensive evaluation of personal aspects relating to natural persons based on profiling those data or following the processing of special categories of personal data, biometric data, or data on criminal convictions and offences or related security measures. [3]A data protection

(91) [1]Dies sollte insbesondere für umfangreiche Verarbeitungsvorgänge gelten, die dazu dienen, große Mengen personenbezogener Daten auf regionaler, nationaler oder supranationaler Ebene zu verarbeiten, eine große Zahl von Personen betreffen könnten und – beispielsweise aufgrund ihrer Sensibilität – wahrscheinlich ein hohes Risiko mit sich bringen und bei denen entsprechend dem jeweils aktuellen Stand der Technik in großem Umfang eine neue Technologie eingesetzt wird, sowie für andere Verarbeitungsvorgänge, die ein hohes Risiko für die Rechte und Freiheiten der betroffenen Personen mit sich bringen, insbesondere dann, wenn diese Verarbeitungsvorgänge den betroffenen Personen die Ausübung ihrer Rechte erschweren. [2]Eine Datenschutz-Folgenabschätzung sollte auch durchgeführt werden, wenn die personenbezogenen Daten für das Treffen von Entscheidungen in Bezug auf bestimmte natürliche Personen im Anschluss an eine systematische und eingehende Bewertung persönlicher Aspekte natürlicher Personen auf der Grundlage eines Profilings dieser Daten

impact assessment is equally required for monitoring publicly accessible areas on a large scale, especially when using optic-electronic devices or for any other operations where the competent supervisory authority considers that the processing is likely to result in a high risk to the rights and freedoms of data subjects, in particular because they prevent data subjects from exercising a right or using a service or a contract, or because they are carried out systematically on a large scale. [4]The processing of personal data should not be considered to be on a large scale if the processing concerns personal data from patients or clients by an individual physician, other health care professional or lawyer. [5]In such cases, a data protection impact assessment should not be mandatory.

oder im Anschluss an die Verarbeitung besonderer Kategorien von personenbezogenen Daten, biometrischen Daten oder von Daten über strafrechtliche Verurteilungen und Straftaten sowie damit zusammenhängende Sicherungsmaßregeln verarbeitet werden. [3]Gleichermaßen erforderlich ist eine Datenschutz-Folgenabschätzung für die weiträumige Überwachung öffentlich zugänglicher Bereiche, insbesondere mittels optoelektronischer Vorrichtungen, oder für alle anderen Vorgänge, bei denen nach Auffassung der zuständigen Aufsichtsbehörde die Verarbeitung wahrscheinlich ein hohes Risiko für die Rechte und Freiheiten der betroffenen Personen mit sich bringt, insbesondere weil sie die betroffenen Personen an der Ausübung eines Rechts oder der Nutzung einer Dienstleistung bzw. Durchführung eines Vertrags hindern oder weil sie systematisch in großem Umfang erfolgen. [4]Die Verarbeitung personenbezogener Daten sollte nicht als umfangreich gelten, wenn die Verarbeitung personenbezogene Daten von Patienten oder von Mandanten betrifft und durch einen einzelnen Arzt, sonstigen Angehörigen eines Gesundheitsberufes oder Rechtsanwalt erfolgt. [5]In diesen Fällen sollte eine Datenschutz-Folgenabschätzung nicht zwingend vorgeschrieben sein.

(92) There are circumstances under which it may be reasonable and economical for the subject of a data protection impact assessment to be broader than a single project, for example where public authorities or bodies intend to establish a common application or processing platform or where several controllers plan to introduce a common application or processing environment across an industry sector or segment or for a widely used horizontal activity.

(92) Unter bestimmten Umständen kann es vernünftig und unter ökonomischen Gesichtspunkten zweckmäßig sein, eine Datenschutz-Folgenabschätzung nicht lediglich auf ein bestimmtes Projekt zu beziehen, sondern sie thematisch breiter anzulegen – beispielsweise wenn Behörden oder öffentliche Stellen eine gemeinsame Anwendung oder Verarbeitungsplattform schaffen möchten oder wenn mehrere Verantwortliche eine gemeinsame Anwendung oder Verarbeitungsumgebung für einen gesamten Wirtschaftssektor, für ein bestimmtes Marktsegment oder für eine weit verbreitete horizontale Tätigkeit einführen möchten.

(93) In the context of the adoption of the Member State law on which the performance of the tasks of the public authority or public body is based and which regulates the specific processing operation or set of operations in question, Member States may deem it neces-

(93) Anlässlich des Erlasses des Gesetzes des Mitgliedstaats, auf dessen Grundlage die Behörde oder öffentliche Stelle ihre Aufgaben wahrnimmt und das den fraglichen Verarbeitungsvorgang oder die fraglichen Arten von Verarbeitungsvorgängen regelt, können die

sary to carry out such assessment prior to the processing activities.

(94) [1]Where a data protection impact assessment indicates that the processing would, in the absence of safeguards, security measures and mechanisms to mitigate the risk, result in a high risk to the rights and freedoms of natural persons and the controller is of the opinion that the risk cannot be mitigated by reasonable means in terms of available technologies and costs of implementation, the supervisory authority should be consulted prior to the start of processing activities. [2]Such high risk is likely to result from certain types of processing and the extent and frequency of processing, which may result also in a realisation of damage or interference with the rights and freedoms of the natural person. [3]The supervisory authority should respond to the request for consultation within a specified period. [4]However, the absence of a reaction of the supervisory authority within that period should be without prejudice to any intervention of the supervisory authority in accordance with its tasks and powers laid down in this Regulation, including the power to prohibit processing operations. [5]As part of that consultation process, the outcome of a data protection impact assessment carried out with regard to the processing at issue may be submitted to the supervisory authority, in particular the measures envisaged to mitigate the risk to the rights and freedoms of natural persons.

(95) The processor should assist the controller, where necessary and upon request, in ensuring compliance with the obligations deriving from the carrying out of data protection impact assessments and from prior consultation of the supervisory authority.

Mitgliedstaaten es für erforderlich erachten, solche Folgeabschätzungen vor den Verarbeitungsvorgängen durchzuführen.

(94) [1]Geht aus einer Datenschutz-Folgenabschätzung hervor, dass die Verarbeitung bei Fehlen von Garantien, Sicherheitsvorkehrungen und Mechanismen zur Minderung des Risikos ein hohes Risiko für die Rechte und Freiheiten natürlicher Personen mit sich bringen würde, und ist der Verantwortliche der Auffassung, dass das Risiko nicht durch in Bezug auf verfügbare Technologien und Implementierungskosten vertretbare Mittel eingedämmt werden kann, so sollte die Aufsichtsbehörde vor Beginn der Verarbeitungstätigkeiten konsultiert werden. [2]Ein solches hohes Risiko ist wahrscheinlich mit bestimmten Arten der Verarbeitung und dem Umfang und der Häufigkeit der Verarbeitung verbunden, die für natürliche Personen auch eine Schädigung oder eine Beeinträchtigung der persönlichen Rechte und Freiheiten mit sich bringen können. [3]Die Aufsichtsbehörde sollte das Beratungsersuchen innerhalb einer bestimmten Frist beantworten. [4]Allerdings kann sie, auch wenn sie nicht innerhalb dieser Frist reagiert hat, entsprechend ihren in dieser Verordnung festgelegten Aufgaben und Befugnissen eingreifen, was die Befugnis einschließt, Verarbeitungsvorgänge zu untersagen. [5]Im Rahmen dieses Konsultationsprozesses kann das Ergebnis einer im Hinblick auf die betreffende Verarbeitung personenbezogener Daten durchgeführten Datenschutz-Folgenabschätzung der Aufsichtsbehörde unterbreitet werden; dies gilt insbesondere für die zur Eindämmung des Risikos für die Rechte und Freiheiten natürlicher Personen geplanten Maßnahmen.

(95) Der Auftragsverarbeiter sollte erforderlichenfalls den Verantwortlichen auf Anfrage bei der Gewährleistung der Einhaltung der sich aus der Durchführung der Datenschutz-Folgenabschätzung und der vorherigen Konsultation der Aufsichtsbehörde ergebenden Auflagen unterstützen.

Literatur

Bergmann/Möhrle/Herb, Datenschutzrecht, Loseblattwerk in 52. Aktualisierung März 2017, Boorberg München; *Binns,* Data Protection Impact Assessments: A Meta-Regulatory Approach (December 13, 2016), in: International Data Privacy Law, Vol. 7(1), S. 22, 2017, https://ssrn.com/abstract=2964242 (zuletzt abgerufen am 14.7.2017); *BITKOM*, Leitfaden Risk

Assessment & Datenschutz-Folgenabschätzung, Stand: 15.5.2017, https://www.bitkom.org/noindex/Publikationen/2017/Leitfaden/FirstSpirit-1496129138918170529-LF-Risk-Assessment-online.pdf (abgerufen am 24.6.2017); *Ehmann/Selmayr (Hrsg.),* Datenschutz-Grundverordnung, 1. Auflage 2017, C.H. Beck München; *Forum Privatheit und selbstbestimmtes Leben in der digitalen Welt,* White Paper „Datenschutz-Folgenabschätzung – Ein Werkzeug für einen besseren Datenschutz, 1. Auflage, März 2016; *Gierschmann,* Was „bringt" deutschen Unternehmen die DS-GVO? – Mehr Pflichten, aber die Rechtsunsicherheit bleibt, in: ZD 2016, 51; *Gola (Hrsg.),* Datenschutz-Grundverordnung, 1. Auflage 2017, C.H. Beck München; *Hansen,* Datenschutz-Folgenabschätzung – gerüstet für Datenschutzvorsorge?, in: DuD 2016, 587; *Kaufmann,* Meldepflichten und Datenschutz-Folgenabschätzung – Kodifizierung neuer Pflichten in der EU-Datenschutz-Grundverordnung, in: ZD 2012, 358; *Kranig/Sachs/Gierschmann,* Datenschutz-Compliance nach der DS-GVO, 1. Auflage 2017, Bundesanzeiger Verlag GmbH Köln; *Kühling/Buchner (Hrsg.),* Datenschutzgrundverordnung, 1. Auflage 2017, C.H. Beck München; *Laue/Nink/Kremer,* Das neue Datenschutzrecht in der betrieblichen Praxis, 1. Auflage 2016, Nomos Baden-Baden; *Nwankwo,* EU: Art. 29 Working Party Adopts Guidelines on Data Protection Impact Assessment, in: ZD-Aktuell 2017, 05643; *Paal/Pauly,* Datenschutz-Grundverordnung, 1. Auflage 2016, C.H. Beck München; *Phan,* Die Datenschutz-Folgenabschätzung nach der Datenschutz-Grundverordnung, in: PinG 2016, 243; *Plath (Hrsg.),* BDSG/DSGVO, 2. Auflage 2016, Otto Schmidt Köln; *Schmitz/von Dall'Armi,* Datenschutz-Folgenabschätzung – verstehen und anwenden – Wichtiges Instrument zur Umsetzung von Privacy by Design, in: ZD 2017, 57; *Veil,* DS-GVO: Risikobasierter Ansatz statt rigides Verbotsprinzip – Eine erste Bestandsaufnahme, in: ZD 2015, 34; *Volkmer/Kaiser,* Das Verzeichnis von Verarbeitungstätigkeiten und die Datenschutz-Folgenabschätzung in der Praxis, in: PinG 2017, 153; *Wagner/Scheuble,* WP Datenschutz-Folgenabschätzung – mehr Rechtssicherheit durch die Art. 29-Datenschutzgruppe, in: ZD-Aktuell 2017, 05664; *Wichtermann,* Die Datenschutz-Folgenabschätzung in der DS-GVO, in: PinG 2016, 797; *Wolff/Brink (Hrsg.),* Beck'scher Online-Kommentar Datenschutzrecht, C.H. Beck München, 20.Edition, Stand 01.11.2016; *Wybitul,* (Hrsg.), Einführung in die EU-Datenschutz-Grundverordnung, 1. Auflage 2017, Deutscher Fachverlag GmbH, Frankfurt a.M.

Bedeutung der Norm

Die Datenschutz-Folgenabschätzung wird als zentrale Aufgabe des Verantwortlichen geregelt, die dem Zweck dient, geeignete Schutzmaßnahmen zu finden, die das Risiko für die Rechte und Freiheiten der natürlichen Person auf ein vertretbares Maß eindämmen. Die Pflicht zur Durchführung einer Datenschutz-Folgenabschätzung entsteht allerdings erst, wenn eine Erstbewertung durch den Verantwortlichen ergibt, dass die Verarbeitung voraussichtlich ein hohes Risiko für die Rechte und Freiheiten natürlicher Personen zur Folge hat.

Hinweise für den Anwender

Für die Auslegung der Norm relevante Erwägungsgründe:
- Zur Datenschutz-Folgenabschätzung: EG 84 sowie 89 bis 93.
- Zum Risiko für die Rechte und Freiheiten der natürlichen Person: EG 75 bis 78.

Systematische Einordnung der Norm innerhalb der DS-GVO:
- Zum risikobasierten Ansatz und Risikoanalyse siehe auch Art. 24 Rn. 78 ff. und Art. 32 Rn. 36 ff.

Vorgängernorm im BDSG
- § 4d BDSG zu Meldepflicht und Vorabkontrolle.

Vorgängernorm in der RL 95/46
- Art. 18 bis 21 RL 95/46.

Stellungnahmen der Aufsichtsbehörden und Art. 29-Datenschutzgruppe:
- Arbeitskreis *Technik* der *Konferenz der unabhängigen Datenschutzbehörden des Bundes und der Länder,* Anforderungen an Privacy Impact Assessments aus Sicht der Daten-

schutzaufsichtsbehörden – Eine Handreichung des AK Technik, Version 1.0 vom 11.11.2013, https://www.datenschutz-mv.de/datenschutz/publikationen/informat/pia/pia.pdf (abgerufen am 14.7.2017).

- Article *29 Data Protection Working Party*, Stellungnahme 9/2011 zu dem überarbeiteten Vorschlag der Branche für einen Rahmen für Datenschutzfolgenabschätzungen für RFID-Anwendungen (Stand: 11.2.2011, WP 180, http://ec.europa.eu/justice/policies/privacy/docs/wpdocs/2011/wp180_en.pdf (abgerufen am 28.6.2017).
- *Article 29 Data Protection Working Party*, Guidelines on Data Protection Officers ('DPOs') (as last Revised and Adopted on 5 April 2017),WP 243, http://ec.europa.eu/newsroom/just/item-detail.cfm?item_id=50083 (abgerufen 14.7.2017).
- *Article 29 Data Protection Working Party*, Guidelines on Data Protection Impact Assessment (DPIA) and determining whether processing is "likely to result in a high risk" for the purposes of Regulation 2016/679" (adopted on 4 April 2017), WP 248, http://ec.europa.eu/newsroom/just/item-detail.cfm?item_id=50083 (abgerufen 14.7.2017). [Bei dieser Stellungnahme handelt es sich um einen Entwurf, der zum Zeitpunkt des Redaktionsschlusses noch nicht finalisiert wurde.]
- *Bayerisches Landesamt für Datenschutzaufsicht*, Hinweise zur DS-GVO, Nr. 18 Datenschutz-Folgenabschätzung https://www.lda.bayern.de/media/baylda_ds-gvo_18_privacy_impact_assessment.pdf (abgerufen am 26.6.2017); *Datenschutzkonferenz*, Kurzpapiere zur DS-GVO, Nr. 5 Datenschutz-Folgenabschätzung, Stand: 24.07.2017, https://www.bfdi.bund.de/SharedDocs/Downloads/DE/Datenschutz/Kurzpapier_Daten schutzFolgeabschaetzung.pdf;jsessionid=23A17CD3D344D102B8938DC54B968BFB.1_cid329?__blob=publicationFile&v=2 (abgerufen am 28.08.2017)
- *Bundesamt für Sicherheit in der Informationstechnik*, Privacy Impact Assessment Guideline, 2011, https://www.bsi.bund.de/SharedDocs/Downloads/DE/BSI/ElekAusweise/PIA/Privacy_Impact_Assessment_Guideline_Kurzfasssung.pdf;jsessionid=7DD3CC81A66012FFCE2625E610192A7A.2_cid359?__blob=publicationFile (abgerufen am 27.6.2017);
- *CNIL (la Commission Nationale de l'Informatique et des Libertés)*, Privacy Impact Assessment (PIA) Methodology (how to carry out a PIA), Stand: 10.7.2015, https://www.cnil.fr/sites/default/files/typo/document/CNIL-PIA-1-Methodology.pdf (abgerufen am 28.6.2017).
- *CNIL (la Commission Nationale de l'Informatique et des Libertés)*, Tools (templates and knowledge bases), Stand: 10.7.2015, https://www.cnil.fr/sites/default/files/typo/document/CNIL-PIA-2-Tools.pdf (abgerufen am 28.6.2017).
- *CNIL (la Commission Nationale de l'Informatique et des Libertés)*, Measures for the Privacy Risk Treatment, Stand: 10.7.2015, https://www.cnil.fr/sites/default/files/typo/document/CNIL-PIA-3-GoodPractices.pdf (abgerufen am 28.6.2017).
- *Konferenz der unabhängigen Datenschutzbehörden des Bundes und der Länder*, Erprobungsfassung unter Enthaltung des Freistaats Bayern; Stand: November 2016, https://datenschutzzentrum.de/uploads/SDM-Methode_V_1_0.pdf (abgerufen am 24.6.2017).

▶ Schlagworte

Abhilfemaßnahmen, Blacklist, Compliance, Data Protection Impact Assessment, Eintrittswahrscheinlichkeit, Folgenabschätzung, ISO 29134, Negativliste, Positivliste, Privacy Impact Assessment (PIA), Profiling, Risiko; Risikoanalyse, Schutzziele, Standarddatenschutzmodell, Whitelist.

A. Allgemeines

1 Mit der Einführung der Datenschutz-Folgenabschätzung (englisch: „Data Protection Impact Assessment", DPIA) in der DS-GVO wird der risikobasierte Ansatz weiter ausgebaut (eingehend Art. 24 Rn. 78 ff.). Der risikobasierte Ansatz hat das Ziel, zu einer Ausdifferenzierung der datenschutzrechtlichen Pflichten des Verantwortlichen zu gelangen. Dem liegt die Idee zu Grunde, dass das datenschutzrechtliche Instrumentarium nur in Abhängigkeit von der Gefahr, die von der Datenverarbeitung im Einzelfall für den Betroffenen ausgeht, angewendet werden sollte, um so ein vernünftiges Aufwand-Nutzen-Verhältnis herstellen zu können.[1] Dieser Gedanke fand sich bereits vor dem Inkrafttreten der DS-GVO in Veröffentlichungen auf europäischer Ebene, dort aber unter dem Begriff „Privacy Impact Assessment" (PIA) bspw. durch die englische Aufsichtsbehörde ICO im Jahre 2014[2] oder die französische Aufsichtsbehörde CNIL im Jahre 2015[3].

1 *Veil*, in: ZD 2015, 347, 348.
2 https://ico.org.uk/media/for-organisations/documents/1595/pia-code-of-practice.pdf (zuletzt abgerufen am 24.7.2017).
3 https://www.cnil.fr/fr/node/15798 (zuletzt abgerufen am 24.7.2017).

2 Mit der Datenschutz-Folgenabschätzung wird nichts grundlegend Neues eingeführt, denn die Vorschrift entspricht zunächst der Pflicht zur Vorabkontrolle gem. § 4d Abs. 5 BDSG, die entsprechend weiterentwickelt wurde. Maßgeblich für die Datenschutz-Folgenabschätzung ist die Einschätzung, ob die jeweilige Verarbeitung voraussichtlich hohe Risiken für die Rechte und Freiheiten des Betroffenen aufweist.[4]

3 Die Datenschutz-Folgenabschätzung ist Teil des (unternehmensinternen) Risikomanagements, das sich auf unterschiedliche Bereiche, wie z.B. finanzielle Risiken, Umweltrisiken, Qualitätsrisiken, aber auch Risiken der Informationssicherheit, erstrecken kann.[5] Die Ansicht, die Datenschutz-Folgenabschätzung sei keine Maßnahme des Risikomanagements, geht davon aus, dass sich der Begriff des Risikomanagements nur auf eine Betrachtung bezieht, wonach es der Organisation auf die Reduktion *ihrer* Risiken auf ein akzeptables Maß (also einen geringen Schaden) ankomme.[6] Maßstab für die Risikobetrachtung der Datenschutz-Folgenabschätzung sind hingegen die Risiken für die Rechte und Freiheiten natürlicher Personen.

4 Aufgrund der Sanktionsmöglichkeiten mit Geldbußen von bis zu 20.000.000 € oder 4 % des gesamten weltweit erzielten Jahresumsatzes können sich jedoch auch aus Sicht eines Unternehmens vermeintlich geringe Datenschutzverstöße als existentielles Risiko für das Unternehmen entwickeln. Die Datenschutz-Folgenabschätzung ist daher ein Teil eines Frühwarnsystems, das zwar die Risiken für die Rechte und Freiheiten natürlicher Personen bewertet, aber dadurch auch drastische Sanktionsrisiken für die Unternehmen vermeiden kann. Die Datenschutz-Folgenabschätzung ist somit ein spezielles Instrument des Datenschutzrisikomanagements zur Beurteilung und Behandlung von Datenschutzrisiken.[7]

5 Die Bewertung von Risiken und die Dokumentation von Maßnahmen im Rahmen der Datenschutz-Folgenabschätzung dient auch der Umsetzung der von Art. 25 vorgegebenen Prinzipien des Datenschutzes durch Technikgestaltung und datenschutzfreundliche Voreinstellungen.[8] Eine dokumentierte Datenschutz-Folgenabschätzung kann als Nachweis der Einhaltung der Datenschutzgrundsätze im Rahmen der Rechenschaftspflicht des Art. 5 Abs. 2 und als Nachweis im Sinne von Art. 24 Abs. 1 dienen, insb. als Nachweis der Risikoreduzierung.[9]

6 Die Komplexität der Durchführung einer Datenschutz-Folgenabschätzung wird für viele Unternehmen die Einbeziehung eines Datenschutzexperten erforderlich machen[10], wobei auch ein Datenschutzbeauftragter durch die DS-GVO hier keine Umsetzungs-, sondern nur eine Beratungs- und Überwachungsaufgabe zugewiesen bekommen hat (vgl. Art. 35 Abs. 2, Art. 39 Abs. 1 lit. c).

I. Regelungszweck

7 Die Datenschutz-Folgenabschätzung dient der Risikobewertung. Sie soll als wirksameres Verfahren das bisherige Meldeverfahren ersetzen (vgl. EG 89 S. 3). Allerdings soll sie nur in bestimmten Verarbeitungssituationen verpflichtend sein, in denen die Verarbeitung voraussichtlich ein hohes Risiko für die Rechte und Freiheiten des Betroffenen zur Folge hat. Die Verarbeitungssituationen werden in Art. 35 Abs. 3 und EG 91 regelbeispielhaft aufgeführt. Mit der Datenschutz-Folgenabschätzung sollen nicht alle Risiken ausgeschlossen werden: Sie sollen lediglich minimiert werden. Dies lässt sich daraus ableiten, dass auch bei Feststellung eines hohen Risikos die Verarbeitung nicht unzulässig ist, sondern vielmehr eine Vorabkonsultation der Aufsichtsbehörde durchzuführen ist (Art. 36). Zuständig für die Durchführung der Datenschutz-Folgenabschätzung ist der Verantwortliche (und nicht wie noch bei der Vorabkontrolle gem. § 4d Abs. 6 S. 1 BDSG der Datenschutzbeauftragte). Dies betont dessen Eigenverantwortlichkeit für ein wirksames Verfahren.

---

4 *Gierschmann*, in: ZD 2016, 51, 53.
5 *Kranig/Sachs/Gierschmann*, S. 94.
6 Vgl. Gola, *Nolte/Werkmeister*, Art. 35 Rn. 11.
7 *Kranig/Sachs/Gierschmann*, S. 99.
8 Gola, *Nolte/Werkmeister*, Art. 35 Rn. 3.
9 Wybitul, *Bausewein/Steinhaus*, Art. 35 Rn. 15.
10 Kühling/Buchner, *Jandt*, Art. 35 Rn. 5.

II. Normadressaten

1. Verantwortliche

Die Norm richtet sich in erster Linie an den Verantwortlichen, den sie verpflichtet, eine Datenschutz-Folgenabschätzung durchzuführen, wenn die Voraussetzungen vorliegen. Der Verantwortliche ist derjenige, der die Zwecke und Mittel der Verarbeitung bestimmt (vgl. Art. 4 Nr. 7) und der daher auch eine Risikobewertung durchzuführen hat. **8**

2. Aufsichtsbehörden

Die Norm richtet sich auch an die Aufsichtsbehörden. Gem. Abs. 4 haben sie eine Liste von Verarbeitungsvorgängen zu erstellen, für die eine Datenschutz-Folgenabschätzung durchzuführen ist (sog. „Blacklist"). Gem. Abs. 5 können sie darüber hinaus eine Liste von Verarbeitungsvorgängen erstellen, für die keine Datenschutz-Folgenabschätzung durchzuführen ist (sog. „Whitelist"). In beiden Fällen ist durch die Aufsichtsbehörde gem. Abs. 6 ein Kohärenzverfahren nach Art. 63 durchzuführen. Diese Listen sollen Verarbeitungstätigkeiten umfassen, die mit dem Angebot von Waren oder Dienstleistungen für Betroffene oder der Beobachtung des Verhaltens dieser Personen in mehreren Mitgliedstaaten im Zusammenhang stehen oder die den freien Verkehr personenbezogener Daten innerhalb der Union erheblich beeinträchtigen könnten. Die Erstellung insb. der „Whitelist" trüge erheblich zur Rechtssicherheit bei.[11] Bei einer „Blacklist" bleibt für die Verantwortlichen die Unsicherheit bestehen, welche Abhilfemaßnahmen aus Sicht der Aufsichtsbehörden ausreichend wären, um das hohe Risiko auf ein vertretbares Maß einzudämmen. **9**

3. Datenschutzbeauftragte

Auch dem Datenschutzbeauftragten ist bei der Datenschutz-Folgenabschätzung eine Rolle zugedacht. Gem. Abs. 2 holt der Verantwortliche bei der Durchführung einer Datenschutz-Folgenabschätzung den Rat des Datenschutzbeauftragten ein, sofern ein solcher benannt wurde. Dessen Aufgabenbereich beschränkt sich aber nicht auf die Beratung, sondern wird über Art. 39 Abs. 1 lit. c auf die Überwachung der Durchführung erweitert. **10**

4. Betroffene

Gem. Abs. 9 holt der Verantwortliche den Standpunkt der Betroffenen oder ihrer Vertreter zu der beabsichtigten Verarbeitung ein. **11**

5. Auftragsverarbeiter

Der Auftragsverarbeiter ist nicht unmittelbarer Adressat der Regelung. Er soll vielmehr auf Anfrage des Verantwortlichen bei der Gewährleistung der Einhaltung der sich aus der Durchführung der Datenschutz-Folgenabschätzung ergebenden Auflagen unterstützen (EG 95). In den Entwürfen der KOM und des EP war der Auftragsverarbeiter jeweils noch als Adressat vorgesehen. Die letztendlich gewählte Alleinverantwortung des Verantwortlichen wird dem Sinn und Zweck der Vorschrift aber besser gerecht.[12] Der Auftragsverarbeiter ist nicht derjenige, der den Zweck der Verarbeitung festlegt. Er kann bestenfalls bei der Wahl der Mittel im Rahmen der Beauftragung einen Spielraum zugewiesen bekommen. Sein Anteil an der Datenschutz-Folgenabschätzung ist daher als Unterstützungsleistung in der Vereinbarung zur Auftragsverarbeitung vertraglich zu dokumentieren (vgl. Art. 28 Abs. 3 lit. f). **12**

---

11 Kühling/Buchner, *Jandt*, Art. 35 Rn. 20.
12 Ehmann/Selmayr, *Baumgartner*, Art. 35 Rn. 6.

III. Systematik

13 Die Datenschutz-Folgenabschätzung gehört in Kapitel IV der DS-GVO zu den Maßnahmen zum Schutz der Rechte und Freiheiten der natürlichen Personen. Als Bestandteil des risikobasierten Ansatzes erfüllt sie eine zentrale Funktion bei der durch den Verantwortlichen vorzunehmenden Risikoreduzierung. Zusammen mit Art. 32 und Art. 36 besteht ein dreistufiger Ansatz:

14 Bereits nach Art. 32 muss der Verantwortliche unter Berücksichtigung des Stands der Technik, der Implementierungskosten und der Art, des Umfangs, der Umstände und der Zwecke der Verarbeitung sowie der unterschiedlichen Eintrittswahrscheinlichkeit und Schwere des Risikos für die Rechte und Freiheiten natürlicher Personen geeignete technische und organisatorische Maßnahmen treffen, um ein dem Risiko angemessenes Schutzniveau zu gewährleisten.

15 Ein enger Zusammenhang besteht mit der Pflicht des Verantwortlichen zur vorherigen Konsultation der Aufsichtsbehörde. Der Verantwortliche muss sich vor der Verarbeitung an die Aufsichtsbehörde wenden, wenn aus einer Datenschutz-Folgenabschätzung hervorgeht, dass die Verarbeitung ein hohes Risiko zur Folge hätte, sofern der Verantwortliche keine Maßnahmen zur Eindämmung des Risikos trifft (Art. 36 Abs. 1; EG 84 S. 3).

16 Diese Regelung ist unrealistisch. Kaum ein Verantwortlicher wird sich selbst attestieren, dass seine Datenverarbeitung auch nach Vornahme der aufwändigen Datenschutz-Folgenabschätzung noch hohe Risiken aufweist. Die Datenschutz-Folgenabschätzung muss bereits die zur Bewältigung der Risiken geplanten Abhilfemaßnahmen enthalten (Abs. 7 lit. d). Besteht auch unter Einbeziehung der Abhilfemaßnahmen noch ein hohes Risiko, dürften die Abhilfemaßnahmen nicht ausreichen. Zwar ist es denkbar, dass ein Verantwortlicher in dieser Situation die zuständige Datenschutzaufsichtsbehörde um Rat fragt. Wahrscheinlicher aber ist, dass er in eigener Verantwortung die Folgenabschätzung „nachbessert" und bessere Abhilfemaßnahmen implementiert. Darüber hinaus besteht für den Verantwortlichen das Risiko, dass die Aufsichtsbehörden (bei unveränderter personeller Ausstattung) nicht zeitnah eine qualifizierte Unterstützung anbieten bzw. Entscheidung treffen können. Anregungen von Verbänden, die Datenschutzbeauftragten (vgl. Art. 37 bis 39) stärker in das Verfahren einzubeziehen, wurden im Gesetzgebungsverfahren nicht aufgegriffen.

17 Gem. Art. 39 Abs. 1 lit. c hat der Datenschutzbeauftragte die Aufgabe, den Verantwortlichen im Zusammenhang mit der Datenschutz-Folgenabschätzung und der Überwachung ihrer Durchführung zu beraten. Auch der Auftragsverarbeiter (EG 95) und der Betroffene (Abs. 9) können im Rahmen der Folgenabschätzung vom Verantwortlichen konsultiert werden.

18 Der Verantwortliche muss geeignete technische und organisatorische Maßnahmen ergreifen, um sicherzustellen und den Nachweis dafür erbringen zu können, dass die Verarbeitung gem. der DS-GVO erfolgt (Art. 24 Abs. 1). Für die Entscheidung, welche Maßnahmen ergriffen werden müssen, sollten die Ergebnisse der Datenschutz-Folgenabschätzung berücksichtigt werden (EG 84 S. 2).

19 Wenn ein Mitgliedstaat in einem Gesetz die Aufgabenwahrnehmung einer Behörde oder öffentlichen Stelle und die maßgeblichen Verarbeitungsvorgänge regeln will, können die Mitgliedstaaten Datenschutz-Folgenabschätzungen anlässlich des Erlasses eines solchen Gesetzes für erforderlich halten (EG 93).

20 Gem. Art. 57 Abs. 1 lit. k muss jede Aufsichtsbehörde in ihrem Hoheitsgebiet eine Liste der Verarbeitungsvorgänge erstellen und führen, für Datenschutz-Folgenabschätzungen durchzuführen sind. Der Europäische Datenschutzausschuss gibt eine Stellungnahme hierzu ab (Art. 64 Abs. 1 lit. a).

IV. Entstehungsgeschichte

21 Die Datenschutz-Folgenabschätzung ist auf EU-Ebene keine Unbekannte. So gibt es für den Einsatz von RFID seit 2009 Empfehlungen der Europäischen Kommission, die Datenschutzfolgenabschätzungen beinhalten[13] und zu einer Stellungnahme der Art. 29-Datenschutzgruppe[14] und einer Guideline des BSI[15] führten, aber in der Praxis keine große Bedeutung erlangten. Auch für intelligente Stromnetze (Smart Grids)gibt es seit 2014 Empfehlungen für die Durchführung einer solchen Folgenabschätzung.[16]

22 Der EU-Gesetzgeber verabschiedet sich mit der Einführung der Datenschutz-Folgenabschätzung in der DS-GVO von der bisherigen pauschalen Meldepflicht für automatisierte Verarbeitungen hin zu einer risikobasierten Folgenbetrachtung für die Rechte und Freiheiten der natürlichen Person.

1. Bisherige europäische Vorgaben

23 In Art. 18 bis 21 sowie EG 48 bis 54 der RL 95/46 ist geregelt, dass Verarbeitungen gemeldet werden müssen und dass bei Verarbeitungen, bei denen spezifische Risiken bestehen, eine Vorabkontrolle durch die Kontrollstellen oder in Zusammenarbeit mit dem Datenschutzbeauftragten vorzunehmen ist (Art. 20 Abs. 2 RL 95/46). Um unangemessene Verwaltungsformalitäten zu vermeiden, können gem. EG 49 RL 95/46 die Mitgliedstaaten bei Verarbeitungen, bei denen eine Beeinträchtigung der Rechte und Freiheiten der Betroffenen nicht zu erwarten ist, von der Meldepflicht absehen oder sie vereinfachen, vorausgesetzt, dass diese Verarbeitungen den Bestimmungen entsprechen, mit denen der Mitgliedstaat die Grenzen solcher Verarbeitungen festgelegt hat. Eine Befreiung oder eine Vereinfachung kann ebenso vorgesehen werden, wenn ein von dem für die Verarbeitung Verantwortlichen benannter Datenschutzbeauftragter sicherstellt, dass eine Beeinträchtigung der Rechte und Freiheiten der Betroffenen durch die Verarbeitung nicht zu erwarten ist.

24 Die Vorabkontrolle war als Möglichkeit der präventiven Überprüfung durch die Kontrollstelle oder den Datenschutzbeauftragten vorgesehen, wobei die Schwelle, wann dies zu erfolgen hatte, durch die Mitgliedsstaaten vorgegeben werden konnte. Diese legten fest, welche Verarbeitungen spezifische Risiken für die Rechte und Freiheiten der Personen beinhalten konnten.

25 Solche Vorgaben erfolgen nun EU-weit einheitlich. Der Verantwortliche muss nun selbst entscheiden, ob es sinnvoll und notwendig ist, die Aufsichtsbehörde zu Konsultationszwecken einzuschalten.[17] Aufgrund dieser Unsicherheit und angesichts der bei Nichtdurchführung einer Datenschutz-Folgenabschätzung drohenden Sanktionen ist – zumindest bis zum Vorliegen einer „Whitelist" gem. Abs. 5 – zu erwarten, dass eine Datenschutz-Folgenabschätzung häufiger durchgeführt werden wird als eine vorherige Konsultation der Aufsichtsbehörden. Die Harmonisierung der Vorgaben für die Durchführung einer Datenschutz-Folgenabschätzung als Nachfolgemaßnahme zur Vorabkontrolle ist gleichwohl für internationale Unternehmen ein großer Fortschritt und reduziert bürokratische Hürden.[18]

---

13 Empfehlung 2009/387EG der Kommission vom 12.5.2009 zur Umsetzung der Grundsätze der Wahrung der Privatsphäre und des Datenschutzes in RFID-gestützten Anwendungen.

14 *Article 29 Data Protection Working Party*, Stellungnahme 9/2011 zu dem überarbeiteten Vorschlag der Branche für einen Rahmen für Datenschutzfolgenabschätzungen für RFID-Anwendungen (Stand: 11.2.2011, WP 180, http://ec.europa.eu/justice/policies/privacy/docs/wpdocs/2011/wp180_en.pdf (abgerufen am 28.6.2017).

15 *Bundesamt für Sicherheit in der Informationstechnik*, Privacy Impact Assessment Guideline, 2011, https://www.bsi.bund.de/SharedDocs/Downloads/DE/BSI/ElekAusweise/PIA/Privacy_Impact_Assessment_Guideline_Kurzfasssung.pdf;jsessionid=7DD3CC81A66012FFCE2625E610192A7A.2_cid359?__blob=publicationFile (abgerufen am 27.6.2017).

16 *Europäische Kommission*, Empfehlung 2014/724/EU vom 10.10.2014 über das Muster für die Datenschutz-Folgenabschätzung für intelligente Netze und intelligente Messsysteme.

17 Wybitul, *Bausewein/Steinhaus*, Art. 35 Rn. 3

18 Wybitul, *Bausewein/Steinhaus*, Art. 35 Rn. 3.

2. Bisherige nationale Vorgaben

26 Die Vorabkontrolle als besondere Form der Melde- und Dokumentationspflicht ist in § 4d BDSG geregelt. Auf eine Meldung der Verfahren automatisierter Verarbeitung kann gem. § 4d Abs. 2 BDSG verzichtet werden, wenn die verantwortliche Stelle einen Beauftragten für den Datenschutz bestellt hat. Für bestimmte Verarbeitungsvorgänge gilt gem. § 4d Abs. 4 BDSG die Erleichterung nach § 4d Abs. 2 BDSG nicht, wenn es sich um automatisierte Verarbeitungen handelt, in denen geschäftsmäßig personenbezogene Daten von der jeweiligen Stelle zum Zweck der Übermittlung, der anonymisierten Übermittlung oder der Markt- oder Meinungsforschung gespeichert werden. In der Praxis kam der Meldepflicht dennoch eine geringe Bedeutung zu, weil nach § 4d Abs. 3 BDSG zahlreiche nicht-öffentliche Stellen ausgenommen werden.[19] So entfällt die Meldepflicht, wenn die verantwortliche Stelle personenbezogene Daten für eigene Zwecke erhebt, verarbeitet oder nutzt, hierbei in der Regel höchstens neun Personen ständig mit der Erhebung, Verarbeitung oder Nutzung personenbezogener Daten beschäftigt sind und entweder eine Einwilligung des Betroffenen vorliegt oder die Erhebung, Verarbeitung oder Nutzung für die Begründung, Durchführung oder Beendigung eines rechtsgeschäftlichen oder rechtsgeschäftsähnlichen Schuldverhältnisses mit dem Betroffenen erforderlich ist.

27 Der Beauftragte für den Datenschutz hat gem. § 4d Abs. 5 BDSG die Aufgabe, eine Vorabkontrolle vor Beginn der Verarbeitung durchzuführen, soweit automatisierte Verarbeitungen besondere Risiken für die Rechte und Freiheiten der Betroffenen aufweisen. Eine Pflicht zur Einschaltung der Aufsichtsbehörde gibt es nur, wenn der durchführende Beauftragte für den Datenschutz Zweifel hat (§ 4d Abs. 6 S. 2 BDSG). Für die Durchführung einer Vorabkontrolle gibt es keine gesetzliche Vorgabe an Inhalt und Dokumentation. Durch die Voraussetzung, dass sich der Beauftragte für den Datenschutz nur in Zweifelsfällen an die Aufsichtsbehörde zu wenden hat, ist dies alleine in seine Verantwortung delegiert, ohne dass der für die Verarbeitung Verantwortliche hier einbezogen werden muss. Die DS-GVO wirkt hier regulativer, sowohl in Bezug auf das Verfahren (Abs. 1 bis 3) als in Bezug auf die Dokumentation (Abs. 7) betrifft.

3. Verhandlungen zur DS-GVO

28 Im ursprünglichen KOM-Entwurf (Art. 33) war eine Datenschutz-Folgenabschätzung nur bei konkreten Risiken durch den Verantwortlichen oder den in seinem Auftrag handelnden Auftragsverarbeiter vorgesehen. Im Trilog setzte sich aber die Position des Rates durch, für die Pflicht zur Durchführung einer Folgenabschätzung nicht an „konkrete" Risiken, sondern an ein „hohes" Risiko anzuknüpfen. Auch der Vorschlag des EP, dass die Datenschutz-Folgenabschätzung bereits vor Beginn der Verarbeitung durchgeführt werden muss, hat sich mit Unterstützung des Rates durchgesetzt.

29 Das EP wollte erreichen, dass der Verantwortliche oder der Auftragsverarbeiter eine Risikoanalyse zu den möglichen Auswirkungen der beabsichtigten Datenverarbeitung auf die Rechte und Freiheiten der betroffenen Personen durchzuführen haben (Art. 32a Abs. 1 EP-Entwurf). Diese Analyse sollte der Bewertung, ob die Verarbeitungsvorgänge konkrete Risiken bergen könnten, dienen. Für die konkreten Risiken gab es in Art. 32a Abs. 2 EP-Entwurf eine beispielhafte Aufzählung. Die Risikoanalyse sollte u.a. zur Pflicht, einen Datenschutzbeauftragten zu benennen (Art. 32a Abs. 3 lit. b EP-Entwurf), eine Datenschutz-Folgenabschätzung durchzuführen (Art. 32a Abs. 3 lit. c EP-Entwurf) oder einen Datenschutzbeauftragten oder die Aufsichtsbehörde zu Rate zu ziehen (Art. 32a Abs. 3 lit. d EP-Entwurf), führen. Diese Idee einer zusätzlichen vorgeschalteten Risikoanalyse konnte sich allerdings in den Trilogverhandlungen nicht durchsetzen.

30 Auch die Vorstellung der KOM, dass sie durch delegierte Rechtsakte Bedingungen für Verarbeitungsvorgänge, die mit Risiken behaftet sind, vorgeben könne (Art. 33 Abs. 6 KOM-Entwurf), fand keine Mehrheit.[20]

---

19 Plath, *Von dem Bussche*, Art. 35 Rn. 2.
20 Paal/Pauly, *Martini*, Art. 35 Rn. 10.

B. Inhalt der Regelung

I. Erforderlichkeit einer Datenschutz-Folgenabschätzung (Abs. 1 und 3)

Der Verantwortliche ist zur Durchführung einer Datenschutz-Folgenabschätzung verpflichtet, wenn ein Verarbeitungsvorgang voraussichtlich ein hohes Risiko für die Rechte und Freiheiten natürlicher Personen zur Folge hat (Abs. 1). Eine Datenschutz-Folgenabschätzung bezieht sich auf einzelne, konkrete Verarbeitungsvorgänge. Unter Verarbeitungsvorgängen ist die Summe von Daten, Systemen (Hard- und Software) und Prozessen zu verstehen.[21] In welchen Fällen „insbesondere" ein solches hohes Risiko vorliegt, wird regelbeispielhaft von Abs. 3 aufgezählt. Die Datenschutzkonferenz hat zum Begriff des Risikos ein eigenes Kurzpapier angekündigt, dass aber zum Redaktionsschluss noch nicht veröffentlicht wurde.[22] **31**

1. Hohes Risiko (Abs. 1)

Führt eine Form der Verarbeitung voraussichtlich zu einem hohen Risiko, ist eine Datenschutz-Folgenabschätzung durchzuführen. Zum Begriff des „Risikos" allgemein, zu den verschiedenen in der DS-GVO verwendeten Schweregraden in Bezug auf das Risiko und insb. zum Begriff des „hohen Risikos" vgl. zunächst Art. 24 Rn. 141 ff. **32**

Das Tatbestandsmerkmal „hoch" ist restriktiv auszulegen, da sich der Normgeber gegen „konkrete Risiken" entschieden hat. Auch sollten in bewusster Abkehr von der RL 95/46 die unterschiedslosen allgemeinen Meldepflichten abgeschafft und durch wirksame Verfahren und Mechanismen ersetzt werden, die sich stattdessen vorrangig mit denjenigen Arten von Verarbeitungsvorgängen befassen, die ein hohes Risiko mit sich bringen (vgl. EG 89). **33**

Es ist nicht erforderlich, dass der gesamte Prozess bzw. ein Vorhaben mit einem hohen Risiko behaftet ist. Es reicht, wenn eine einzige Verarbeitung beinhaltet ist, die voraussichtlich ein hohes Risiko mit sich bringen kann. **34**

Es wird die Auffassung vertreten, dass der Ausschluss eines hohen Risikos durch die Ergreifung besonderer technischer und organisatorischer Maßnahmen die Pflicht zur Durchführung einer Datenschutz-Folgenabschätzung nicht entfallen lässt.[23] Inwieweit sich diese Auffassung durchsetzen wird, bleibt abzuwarten: Im Ergebnis führte sie dazu, dass auch bei Verarbeitungen, bei denen von Anfang an wirksame, risikominimierende Maßnahmen eingesetzt werden, eine Datenschutz-Folgenabschätzung durchzuführen ist. Dabei sollte in diesen Fällen eine nachvollziehbare Dokumentation ausreichen. **35**

Für die Untersuchung mehrere ähnlicher Verarbeitungsvorgänge mit ähnlichen Risiken kann eine einzige Abschätzung vorgenommen werden (Abs. 1 S. 2). Dies könnte bspw. dann vernünftig und zweckmäßig sein, wenn mehrere Verantwortliche gemeinsame Anwendungen oder Verarbeitungsumgebungen einführen wollen.[24] Hinsichtlich des Kriteriums der Ähnlichkeit wird es insb. auf einen gemeinsamen Verarbeitungszweck ankommen.[25] Auch EG 92 führt aus, dass es unter bestimmten Umständen vernünftig und unter ökonomischen Gesichtspunkten zweckmäßig sein kann, eine Datenschutz-Folgenabschätzung nicht lediglich auf ein bestimmtes Projekt zu beziehen, sondern sie thematisch breiter anzulegen. EG 92 benennt explizit die Schaffung einer gemeinsamen Anwendung oder Verarbeitungsplattform durch Behörden oder öffentliche Stellen und die Einführung einer gemeinsamen Anwendung oder Verarbeitungsumgebung für einen gesamten Wirtschaftssektor, für ein bestimmtes Marktsegment oder für eine weit verbreitete horizontale Tätigkeit durch mehrere Verantwortliche. Die Datenschutzkonferenz sieht ähnliche Risi- **36**

21 so *Datenschutzkonferenz*, 5. Kurzpapier, Datenschutz-Folgenabschätzung S. 1
22 *Datenschutzkonferenz*, 5. Kurzpapier, Datenschutz-Folgenabschätzung S. 1
23 So Gola, *Nolte/Werkmeister*, Art. 35 Rn. 19.
24 Wolff/Brink, *Hansen*, Art. 35 Rn. 8
25 Ehmann/Selmayr, *Baumgartner*, Art. 35 Rn. 17.

ken dann als gegeben an, wenn ähnliche Technologien zur Verarbeitung vergleichbarer Daten (-kategorien) zu gleichen Zwecken eingesetzt werden.[26]

37 In der DS-GVO gibt es verschiedene Hinweise, wann nach den Vorstellungen der Normgeber ein hohes Risiko vorliegen kann:

- Verarbeitungsvorgänge, bei denen neue Technologien eingesetzt werden oder die neuartig sind (EG 89 S. 4, EG 91 S. 1). Offen bleibt, ob hier auf den technischen Erfahrungswert des Verantwortlichen abzustellen ist oder ob nur gänzlich neue, noch nicht weit verbreitete Technologien gemeint sind.[27] Der Einsatz neuer Technologien allein führt noch nicht zur Annahme einer Pflicht zur Durchführung einer Datenschutz-Folgenabschätzung. Vielmehr ist er nur ein Indiz für die Annahme einer solchen Pflicht.[28]
- Verarbeitungsvorgänge, bei denen aufgrund der seit der ursprünglichen Verarbeitung vergangenen Zeit eine Datenschutz-Folgenabschätzung notwendig wird (EG 89 S. 4).
- Umfangreiche Verarbeitungsvorgänge, die dazu dienen, große Mengen personenbezogener Daten auf regionaler, nationaler oder supranationaler Ebene zu verarbeiten (EG 91 S. 1).
- Umfangreiche Verarbeitungsvorgänge, die eine große Zahl von Personen betreffen könnten (EG 91 S. 1).
- Verarbeitungsvorgänge, die dem Betroffenen die Ausübung seiner Rechte erschweren (EG 91 S. 1) oder ihn an der Ausübung eines Rechts oder der Nutzung einer Dienstleistung bzw. Durchführung eines Vertrags hindern (EG 91 S. 3). Dies ist z.B. bei Verarbeitungen der Fall, die für den Betroffenen so intransparent sind, dass er seine Rechte nicht oder nur erschwert ausüben kann.
- Systematische und umfassende Bewertung persönlicher Aspekte natürlicher Personen auf der Grundlage automatisierter Verarbeitung (einschließlich Profiling), die Entscheidungen mit rechtlichen oder ähnlich erheblichen Wirkungen dient (Art. 35 Abs. 3 lit. a, EG 91 S. 2).
- Umfangreiche Verarbeitung besonderer Kategorien von personenbezogenen Daten gem. Artikel 9 Absatz 1 oder von personenbezogenen Daten über strafrechtliche Verurteilungen und Straftaten gem. Artikel 10 (Art. 35 Abs. 3 lit. b; EG 91 S. 2).
- Systematische weiträumige Überwachung öffentlich zugänglicher Bereiche, insb. mittels optoelektronischer Vorrichtungen (Art. 35 Abs. 3 lit. c; EG 91 S. 3).
- Alle Vorgänge, bei denen nach Auffassung der zuständigen Aufsichtsbehörde die Verarbeitung wahrscheinlich ein hohes Risiko für die Rechte und Freiheiten der betroffenen Personen mit sich bringt (EG 91 S. 3). Hierfür kann auf die nach Abs. 4 und 5 zu erstellenden Listen und auf die gem. Art. 59 S. 1 zu erstellenden Tätigkeitsberichte der Aufsichtsbehörden zurückgegriffen werden.
- Verarbeitungsvorgänge, die systematisch in großem Umfang erfolgen (EG 91 S. 3). Die DS-GVO nennt selbst kein Beispiel, wann eine Verarbeitung „systematische Verarbeitung" und wann eine „Verarbeitung in großem Umfang" vorliegt. Sie definiert nur negativ in EG 91 a.E., wann keine umfangreiche Verarbeitung vorliegt. Danach gilt eine Verarbeitung personenbezogener Daten nicht als umfangreich, wenn die Verarbeitung Daten von Patienten oder von Mandanten betrifft und durch einen einzelnen Arzt, sonstigen Angehörigen eines Gesundheitsberufes oder Rechtsanwalt erfolgt. Auf die Anzahl der Betroffenen scheint es dabei nicht anzukommen.

---

26 so *Datenschutzkonferenz*, 5. Kurzpapier, Datenschutz-Folgenabschätzung S. 1
27 Ehmann/Selmayr, *Baumgartner*, Art. 35 Rn. 15.
28 Wybitul, *Bausewein/Steinhaus*, Art. 35 Rn. 12.

Auch die Art. 29-Datenschutzgruppe gibt in ihrem WP 243 hinsichtlich des Tatbestandsmerkmals der umfangreichen Verarbeitung in Art. 37 Abs. 1 lit. kaum belastbare Hilfestellungen. Als Beispiele werden genannt[29]:

„In any event, the WP29 recommends that the following factors, in particular, be considered when determining whether the processing is carried out on a large scale:

- *The number of data subjects concerned – either as a specific number or as a proportion of the relevant population*
- *The volume of data and/or the range of different data items being processed*
- *The duration, or permanence, of the data processing activity*
- *The geographical extent of the processing activity*

Examples of large-scale processing include:

- *processing of patient data in the regular course of business by a hospital*
- *processing of travel data of individuals using a city's public transport system (e.g. tracking via travel cards)*
- *processing of real time geo-location data of customers of an international fast food chain for statistical purposes by a processor specialised in providing these services*
- *processing of customer data in the regular course of business by an insurance company or a bank*
- *processing of personal data for behavioural advertising by a search engine*
- *processing of data (content, traffic, location) by telephone or internet service providers*

Examples that do not constitute large-scale processing include:

- *processing of patient data by an individual physician*
- *processing of personal data relating to criminal convictions and offences by an individual lawyer"*

Der Begriff der „systematischen Verarbeitung" verlangt eine geordnete Verarbeitung, die nach Strukturen und Vorgaben gestaltet ist. Die Art. 29-Datenschutzgruppe führt hierzu aus[30]:

„WP29 interprets 'systematic' as meaning one or more of the following:

- *Occurring according to a system*
- *Pre-arranged, organised or methodical*
- *Taking place as part of a general plan for data collection*
- *Carried out as part of a strategy"*

Insgesamt wird man aus dem Zusammenspiel der Anforderungen von „systematisch" und „in großem Umfang" nicht jede gut organisierte Verarbeitung als einschlägig ansehen können. Erforderlich ist auch ein quantitatives Element.

---

29 *Article 29 Data Protection Working Party*, Guidelines on Data Protection Officers ('DPOs') (as last Revised and Adopted on 5 April 2017), WP 243, http://ec.europa.eu/newsroom/just/item-detail.cfm?item_id=50083 (abgerufen 14.7.2017), Ziff. 2.1.3.

30 *Article 29 Data Protection Working Party*, a.a.O., Ziff. 2.1.4.

2. Voraussichtlich hohes Risiko (Abs. 1)

38 Der Verantwortliche muss eine Einschätzung treffen, ob eine Verarbeitung voraussichtlich ein hohes Risiko für die Rechte und Freiheiten natürlicher Personen darstellen kann (Schwellwertanalyse). Dies erfordert eine ganzheitliche und vorausschauende Betrachtung, bei der verschiedene Faktoren zu berücksichtigen sind.[31] Für die Durchführung einer Datenschutz-Folgenabschätzung reicht es aus, dass bei subjektiver Betrachtung ein (hohes) Risiko nicht ausgeschlossen werden kann.[32] Im Ergebnis empfiehlt es sich, auch eine Entscheidung gegen eine Datenschutz-Folgenabschätzung ausreichend zu begründen und zu dokumentieren.

39 Eingehend zur Berücksichtigung der Eintrittswahrscheinlichkeit bei der Risikobewertung Art. 24 Rn. 142 ff.

3. Rechte und Freiheiten natürlicher Personen (Abs. 1)

40 Eine Datenschutz-Folgenabschätzung ist durchzuführen, wenn für die Rechte und Freiheiten natürlicher Personen voraussichtlich ein hohes Risiko besteht. Der Begriff „Rechte und Freiheiten natürlicher Personen" taucht in der DS-GVO an vielen Stellen auf. EG 75 und 85 enthalten – nicht abschließende – Beispiele von Risikokategorien, die Rückschlüsse auf die in Rede stehenden Rechte und Freiheiten zulassen. Insgesamt lässt sich aus dieser Aufzählung ableiten, dass ein hohes Risiko für die Rechte und Freiheiten natürlicher Personen nur unter engen Voraussetzungen angenommen werden kann.[33]

41 Für eine ausführliche Kommentierung des Begriffs der „Rechte und Freiheiten natürlicher Personen" siehe Art. 24 Rn. 114 ff.

4. Art, Umfang, Umstände und Zwecke der Verarbeitung (Abs. 1)

42 Abs. 1 nennt verschiedene Kriterien, anhand derer die Risikobewertung vorzunehmen ist. Zur Berücksichtigung dieser Kriterien vergleiche in Bezug auf

- die Art der Verarbeitung Art. 24 Rn. 81 ff.,
- den Umfang der Verarbeitung Art. 24 Rn. 87 ff.,
- die Umstände der Verarbeitung Art. 24 Rn. 93 ff. und
- die Zwecke der Verarbeitung Art. 24 Rn. 103 ff.

5. Natürliche Person (Abs. 1)

43 Als Rechtsgutsinhaber werden in Art. 35 zum einen die „natürliche Person" (Abs. 1) und zum anderen die „betroffene Person" (Abs. 7 lit. c und d) genannt. Bei der Verwendung dieser uneinheitlichen Terminologie dürfte es sich um ein Redaktionsversehen handeln. Der Verantwortliche muss zum Zeitpunkt der Durchführung der Datenschutz-Folgenabschätzung nicht konkret die Personen, die von der Verarbeitung betroffen sein werden oder könnten, identifizieren können. Entscheidend ist allein, dass er auf die Risiken für die Rechte und Freiheiten natürlicher Personen abstellt und nicht wie bei der Informationssicherheit auf die Risiken für die IT-Systeme.[34]

6. Regelbeispiele (Abs. 3)

44 Der Gesetzgeber nennt in Abs. 3 drei Regelbeispiele, bei denen er eine Datenschutz-Folgenabschätzung als erforderlich ansieht. Diese Aufzählung ist nicht abschließend. Insb. können durch die von den Aufsichtsbehörden zu erstellenden Listen und durch die Rechtspraxis weitere Gesichtspunkte hinzukommen, die für oder gegen die Pflicht zur Durchführung einer Folgenabschätzung sprechen. Wenn der geplante Verarbeitungsvorgang weder in einer der Listen nach

31 Ehmann/Selmayr, *Baumgartner*, Art. 35 Rn. 14.
32 Wybitul, *Bausewein/Steinhaus*, Art. 35 Rn. 9.
33 Ehmann/Selmayr, *Baumgartner*, Art. 35 Rn. 14.
34 Ehmann/Selmayr, *Baumgartner*, Art. 35 Rn. 12.

Abs. 4 oder 5 („Blacklist", „Whitelist") aufgeführt ist und auch keines der Regelbeispiele des Abs. 3 gegeben ist, muss der Verantwortliche die Entscheidung über die Durchführung einer Datenschutz-Folgenabschätzung eigenverantwortlich treffen.

a) Bewertung persönlicher Aspekte (Abs. 3 lit. a)

Verpflichtend ist die Datenschutz-Folgenabschätzung gem. Abs. 3 lit. a bei einer systematischen und umfassenden Bewertung persönlicher Aspekte natürlicher Personen, die sich auf automatisierte Verarbeitung einschließlich Profiling (Definition in Art. 4 Nr. 4) gründet und die ihrerseits als Grundlage für Entscheidungen dient, die Rechtswirkung gegenüber natürlichen Personen entfalten oder diese in ähnlich erheblicher Weise beeinträchtigen. **45**

Dies wird insb. bei elektronisch erstellten Persönlichkeitsprofilen, z.B. im Rahmen der Bewerberauswahl oder auch bei Kreditauskunftssystemen der Fall sein.[35] **46**

Fraglich ist, ob die Norm auch Fälle erfasst, in denen der Verantwortliche selbst keine automatisierte Einzelentscheidung trifft. Der Wortlaut der Norm lässt eine solche Auslegung zu, denn danach kommt es nur darauf an, dass der Verantwortliche eine Bewertung persönlicher Aspekte vornimmt, die – von wem auch immer – zur Grundlage für eine Entscheidung gemacht wird. Bei einer solchen Auslegung wären auch Wahrscheinlichkeitsprognosen für das zukünftige Verhalten natürlicher Personen (wie bspw. automatisierte Bonitätsprüfungen) umfasst.[36] Dagegen spricht, dass der Verantwortliche eine Bewertung der Risiken für die Rechte und Freiheiten des Betroffenen (wie von Abs. 7 lit. c verlangt) vernünftigerweise gar nicht vornehmen kann, wenn er keine genaue Kenntnis darüber hat, unter welchen Umständen und für welche Zwecke die von ihm erstellte Bewertung eingesetzt wird. **47**

So wird der von einer Auskunftei für eine Person ermittelte Scorewert selten von der Auskunftei selbst eingesetzt, um eine Einzelentscheidung zu treffen. Die Auskunftei übermittelt den Scorewert vielmehr an einen Dritten, damit dieser mit Hilfe des Scorewerts z.B. eine Kreditentscheidung treffen kann. Die Bewertung persönlicher Aspekte des Betroffenen wird somit von einer anderen Person vorgenommen als die Entscheidung, die auf der Grundlage der Bewertung erfolgt. Keiner der beiden Verantwortlichen trägt die Verantwortung für den Gesamtvorgang, es sei denn, sie handeln als gemeinsam Verantwortliche im Sinne von Art. 26. Daher kann auch keiner der beiden Verantwortlichen eine Folgenabschätzung in Bezug auf den Gesamtvorgang vornehmen. **48**

Gleiches wird für das automatisierte Tracking von Onlineverhalten und die daraus abgeleitete Onlinewerbung gelten. Auch diese werden in der Regel von Abs. 3 lit. a nicht erfasst sein, auch wenn dabei Nutzerprofile erzeugt werden, die die Basis einer automatisiert ausgespielten Werbung darstellen. Maßgeblich ist hierbei, dass diese Entscheidungen gegenüber der natürlichen Person keine Rechtswirkungen entfalten und diese auch nicht in ähnlich erheblicher Weise beeinträchtigen.[37] **49**

Das BVerfG definierte in einer Entscheidung zum postmortalen Datenschutz das Persönlichkeitsrecht als den Bereich, der den allgemeinen Achtungsanspruch, der dem Menschen kraft seines Personseins zusteht, umfasst, aber auch den sittlichen, personalen und sozialen Geltungswert einer Person, den die Person durch ihre eigene Lebensleistung erworben hat.[38] Dieser Bereich muss durch die automatisierte Entscheidung erheblich beeinträchtigt werden, um zu einer Datenschutz-Folgenabschätzung zu führen. **50**

Aufgrund der noch vielen offenen Fragen hinsichtlich der Bewertung der Rechtswirkungen und erheblichen Beeinträchtigungen werden erst Festlegungen der Aufsichtsbehörden Klarheit bringen, ob bspw. bei dem Einsatz eines Kundenverwaltungssystem, das auch dazu dient, bei Zah- **51**

35 Plath, von dem Bussche, Art. 35 Rn. 11.
36 Ehmann/Selmayr, *Baumgartner*, Art. 35 Rn. 21.
37 Bergmann/Möhrle/Herb, *Wagner*, Art. 35 Rn. 41, wie auch Ehmann/Selmayr, *Baumgartner* Art. 35 Rn. 21.
38 BVerfG, Beschluss v. 9.05.2016, BvR 2202/13, Rn. 56.

lungsrückständen Mahnungen, Vertragskündigungen und Liefersperren vorzubereiten, allein deshalb eine Datenschutz-Folgenabschätzung durchzuführen ist.[39] Zuzustimmen wäre dem allenfalls, wenn diese Folgen automatisiert ausgelöst würden und der Einsatz der Kundendatenverwaltung für diese Maßnahmen nicht nur vorbereitend, sondern auch umsetzend erfolgen würde, ohne, dass eine Einzelfallentscheidung durch einen Menschen geprüft wird.

b) Umfangreiche Verarbeitung sensibler Daten (Abs. 3 lit. b)

52 Gem. Abs. 3 lit. b löst eine umfangreiche Verarbeitung besonderer Kategorien von personenbezogenen Daten gem. Art. 9 Abs. 1 oder von personenbezogenen Daten über strafrechtliche Verurteilungen und Straftaten gem. Art. 10 die Pflicht zur Durchführung einer Datenschutz-Folgenabschätzung aus.

53 Hinsichtlich der Anforderungen an den Umfang geht EG 91 S. 4 davon aus, dass die Verarbeitung personenbezogener Daten nicht als umfangreich gelten sollte, wenn die Verarbeitung personenbezogene Daten von Patienten oder von Mandanten betrifft und durch einen einzelnen Arzt, sonstigen Angehörigen eines Gesundheitsberufes oder Rechtsanwalt erfolgt. Inwieweit daraus geschlossen werden kann, dass eine Datenschutz-Folgenabschätzung für die Verarbeitung von Patienten- und Mandantendaten durch einzelne Ärzte und Angehörige anderer Gesundheitsberufe sowie Rechtsanwälte generell nicht erforderlich ist[40], sollte kritisch hinterfragt werden. Schließlich sieht der Gesetzgeber in EG 75 allein in einem Verlust der Vertraulichkeit von einem Berufsgeheimnis unterliegenden personenbezogenen Daten auch ein Risiko für die Rechte und Freiheiten natürlicher Personen, wenn dieser zu einem physischen, materiellen oder immateriellen Schaden führen kann. Wenn also allein der Umfang der Verarbeitung personenbezogener Daten nicht zwingend Anlass zur Durchführung einer Datenschutz-Folgenabschätzung bieten mag, so bleibt doch zu prüfen, inwieweit auch bei einer Verarbeitung personenbezogener Daten in einem geringen Umfang ein hohes Risiko bestehen kann. Zu den Anforderung an das Tatbestandmerkmal „umfangreich" vgl. auch Rn. 57.

54 So wird auch die Erfassung von Gesundheits-/Krankheitsdaten (z.B. Dokumentation des betrieblichen Eingliederungsmanagements nach § 84 SGB IX) in einem HR-Informationssystem oder auch die Erfassung von Führungszeugnissen als ausreichende Voraussetzung für die Verpflichtung der Durchführung einer Datenschutz-Folgenabschätzung angesehen.[41]

c) Überwachung öffentlich zugänglicher Bereiche (Abs. 3 lit. c)

55 Wie bisher von einer Pflicht zur Vorabkontrolle nach § 4d Abs. 5 BDSG bei einer Videoüberwachung auszugehen ist[42], so wird auch bei der systematischen umfangreichen Überwachung öffentlich zugänglicher Bereiche eine Datenschutz-Folgeneinschätzung erforderlich. Die Überwachung schließt nach EG 91 S. 3 auch die Überwachung durch optoelektronische Technik ein. Die Erforderlichkeit zur Durchführung einer Datenschutz-Folgenabschätzung ist in diesem Fall nicht auf den öffentlichen Raum eingegrenzt, sie gilt auch, wenn privater Raum öffentlich zugänglich ist. Im Umkehrschluss lässt sich dann auch in Einzelfällen begründen, dass damit nicht jede Überwachung durch optoelektronische Technik dem Erfordernis einer Datenschutz-Folgenabschätzung unterliegt. Dies gilt z.B., wenn es sich nicht um eine systematische umfangreiche Überwachung öffentlich zugänglicher Bereiche handelt, wie bei der Zutrittskontrolle zu einem internen Sicherheitsbereich. Allerdings ist eine Datenschutz-Folgenabschätzung auch in nicht-öffentlichen Bereichen denkbar, wenn diese voraussichtlich zu einem hohen Risiko für die natürlichen Personen führen kann.[43]

---

39 So Bergmann/Möhrle/Herb, *Wagner*, Art. 35 Rn. 44.
40 Plath, *von dem Bussche*, Art. 35, Rn. 10.
41 So Wybitul, *Bausewein/Steinhaus* Art. 35 Rn. 27.
42 Plath, *von dem Bussche*, § 4d, RN 15.
43 in Ehmann/Selmayr, *Baumgartner*, Art. 35 RN 23.

Aber nicht nur die optoelektronische Überwachung lässt sich unter Art. 35 Abs. 3 lit. c subsumieren. Auch andere Formen der Überwachung im öffentlichen Bereich wie bei der Anfertigung eines Bewegungsprofils durch RFID-Chips, die Überwachung mittels GPS oder die Erfassung von KFZ-Kennzeichen für die Berechnung einer Straßenmaut werden eine Datenschutz-Folgenabschätzung erforderlich machen.[44]. **56**

Die Anforderungen an die Voraussetzungen einer systematischen und umfangreichen Überwachung lässt der Gesetzgeber auch hier offen. Umfangreich wird sich im Sinne von „lückenlos" auslegen lassen, wobei hier keine hundertprozentige Überwachung erforderlich sein wird, um als umfangreich zu gelten. Inwieweit bei der Auslegung der systematischen Überwachung auf die Anforderungen an die Pflicht zur Benennung des Datenschutzbeauftragten zurückgegriffen werden kann, ist offen (vgl. Art. 37 Rn. 54 ff.). **57**

II. Hilfsmittel für die Risikobewertung

Für die Ermittlung des mit der Verarbeitung verbundenen Risikos können insb. genehmigte Verhaltensregeln, genehmigte Zertifizierungsverfahren, Leitlinien des Ausschusses oder Hinweise eines Datenschutzbeauftragten herangezogen werden (EG 77 S. 1). Gleiches gilt für die Festlegung bewährter Verfahren zur Eindämmung dieser Risiken. Der Ausschuss kann ferner Leitlinien für Verarbeitungsvorgänge ausgeben, bei denen davon auszugehen ist, dass sie kein hohes Risiko für die Rechte und Freiheiten natürlicher Personen mit sich bringen, und angeben, welche Abhilfemaßnahmen in diesen Fällen ausreichend sein können (EG 77 S. 2). **58**

Soweit es (noch) an abgestimmten Vorgaben des Ausschusses mangelt, besteht eine gewisse Rechtsunsicherheit, die aber der Anwendung einer bereits bestehenden Umsetzungsvariante (siehe unten Rn 93 ff.) nicht entgegensteht. **59**

Ob ein hohes oder nur ein einfaches Risiko besteht, ist abhängig von dem Verhältnis aus Eintrittswahrscheinlichkeit und Schwere zu definieren. Das *Bayerische Landesamt für Datenschutzaufsicht* stellt fest, dass die Herausforderung darin besteht, objektive Kriterien für die Eintrittswahrscheinlichkeit und Schwere eines Risikos für die Rechte und Freiheiten natürlicher Personen festzulegen.[45] **60**

III. Einbeziehung des Datenschutzbeauftragten (Abs. 2)

1. Einbeziehung

Für die Durchführung der Datenschutz-Folgenabschätzung hat der Verantwortliche den Rat des Datenschutzbeauftragten, sofern ein solcher benannt wurde, einzuholen. Eine völlige Verlagerung der organisatorischen Abwicklung der Datenschutz-Folgenabschätzung in den Aufgabenbereich des Datenschutzbeauftragten ist dadurch nicht ausgeschlossen. Der Verantwortliche entledigt sich durch eine solche Verlagerung aber nicht seiner Gesamtverantwortung hinsichtlich des Prozesses und des Ergebnisses der Datenschutz-Folgenabschätzung und der Rechtmäßigkeit der Verarbeitung und der Einhaltung der Grundsätze nach Art. 5. **61**

2. Konkretes Aufgabenfeld des Datenschutzbeauftragten

Es ist zu erwarten, dass der Datenschutzbeauftragte auf Basis seines Fachwissens und der bisher durchzuführenden Vorabkontrolle nach § 4d Abs. 5 BDSG der erste Ansprechpartner für die Durchführung der Datenschutz-Folgenabschätzung sein wird. Die Aufsichtsbehörden werden bei der Definition ihrer Anforderungen an eine Compliancestruktur entscheiden müssen, ab welchem Unterstützungsgrad sie künftig eine Unvereinbarkeit der Tätigkeiten des Datenschutzbe- **62**

---

44 so Wybitul , *Bausewein/Steinhaus,* Art. 35 Rn. 28.
45 Anmerkungen des BayLDA zu Art. 32 DS-GVO vom 9.6.2016 https://www.lda.bayern.de/media/baylda_ds-gvo_1_security.pdf letzter Abruf am 02.10.2016.

auftragten annehmen werden, wenn die Datenschutz-Folgenabschätzung durch den Datenschutzbeauftragten auch durchgeführt wird und dieser nicht nur dazu berät.

63 Die Verantwortlichkeit für die Datenschutz-Folgenabschätzung ist explizit dem Verantwortlichen zugewiesen. Dem Datenschutzbeauftragten kommt nur eine Beratungsaufgabe zu, so dass in der Organisationsstruktur sichergestellt sein sollte, dass der Datenschutzbeauftragte bestenfalls Empfehlungen ausspricht, die maßgeblichen Entscheidungen aber vom Verantwortlichen getroffen werden. Dann kann der Datenschutzbeauftragte die ihm zugewiesene Aufgabe der Überwachung der Durchführung der Datenschutz-Folgenabschätzung gem. Art. 39 Abs. 1 lit. c ohne Interessenkonflikt gewährleisten.[46]

64 Denkbar erscheint aber auch eine Aufteilung, nach der der Datenschutzbeauftragte den Verantwortlichen zur Auswahl des Risikoeinschätzungsverfahrens berät und der Verantwortliche sich für die Anwendung eines Verfahrens entscheidet. Die Durchführung der Risikoeinschätzung könnte dann auch in Verantwortung des Verantwortlichen durch den Datenschutzbeauftragten erfolgen. Dessen Überwachungsaufgaben konzentrieren sich dann auf die Überprüfung, ob alle Verarbeitungen für eine Datenschutz-Folgenabschätzung vorgelegt und die festgelegten Maßnahmen eingehalten wurden.

65 Auch wenn dem Datenschutzbeauftragte keine eigene Entscheidungsbefugnis in dem Verfahren zugewiesen wird und die Verantwortung für die Durchführung einer Datenschutz-Folgenabschätzung beim Verantwortlichen liegt[47], nimmt er doch eine zentrale Rolle ein: Sollte der Verantwortliche sich gegen dessen Empfehlung entscheiden, ist er gut beraten, dies nachvollziehbar zu begründen.[48] Inwieweit es zum Aufgabenbereich des Datenschutzbeauftragten gehört, die internen notwendigen Prozesse für die Durchführung der Datenschutz-Folgenabschätzung auch zu implementieren, wie es *Baumgartner* für die Praxis voraussieht, kann bezweifelt werden, denn auch die Prozesse sind Aufgaben, die in der alleinigen Verantwortung des Verantwortlichen liegen.[49]

3. Datenschutz-Folgenabschätzung führt zu Benennungspflicht

66 Zu beachten ist, dass durch die Regelung in § 38 Abs. 1 S. 2 BDSG-neu der Verantwortliche und der Auftragsverarbeiter unabhängig von der Anzahl der mit der Verarbeitung beschäftigten Personen einen Datenschutzbeauftragten zu benennen haben, wenn sie Verarbeitungen vorzunehmen haben, die einer Datenschutz-Folgenabschätzung unterliegen. Für diese Regelung stützt sich der deutsche Gesetzgeber auf die Öffnungsklausel des Art. 37 Abs. 4 S. 1. In der Konsequenz dieser Regelung dürfte es keine Datenschutz-Folgenabschätzung durch eine nicht-öffentliche Stelle mehr ohne Beratung durch einen Datenschutzbeauftragten geben. Es darf bezweifelt werden, ob tatsächlich jeder Verantwortliche und Auftragsverarbeiter dieser Vorgabe nachkommen wird.

IV. Vorgaben der Aufsichtsbehörden (Abs. 4, 5 und 6)

67 Die Listen, die von den Aufsichtsbehörden gem. Abs. 4 und 5 zu erstellen sind, dürften Erleichterungen für die Verantwortlichen bringen, die zu entscheiden haben, ob er eine Datenschutz-Folgenabschätzung durchzuführen hat oder nicht.

1. Positivliste („blacklist")

68 Eine klarstellende Erleichterung für die Praxis wird die Liste der Aufsichtsbehörden sein, die gem. Abs. 4 festlegt, in welchen Fällen eine Datenschutz-Folgenabschätzung durchzuführen ist („blacklist") bzw. Positivliste.

---

46 Im Ergebnis auch Ehmann/Selmayr, *Heberlein*, Art. 39 Rn 13.
47 Wybitul, *Bausewein/Steinhaus*, Art. 35 Rn. 17.
48 Ehmann/Selymayr, *Baumgartner*, Art. 35 Rn. 19.
49 a.a.O.

69 Es spricht viel dafür, dass die Erstellung der Positivliste durch die Aufsichtsbehörden obligatorisch ist. Der Wortlaut („erstellt") lässt zwar beide Interpretationen zu.[50] Doch während die Negativliste (Abs. 5) fakultativ ist („kann"), spricht die Verwendung der Indikativform in Abs. 4 für eine Pflicht zur Erstellung der Liste. Unter Berücksichtigung der Formulierung in Art. 57 Abs. 1 lit. k muss jede Aufsichtsbehörde unbeschadet anderer Aufgaben in ihrem Hoheitsgebiet eine Liste der Verarbeitungen erstellen und führen, für die gem. Abs. 4 eine Datenschutz-Folgenabschätzung durchzuführen ist.[51]

70 Geht man von einer obligatorischen Verpflichtung aus, muss diese mit Geltung der DS-GVO am 25.5.2018 (Art. 99 Abs. 2 S. 1) vorliegen.

71 Für die Erstellung der Liste macht Abs. 4 keine Vorgaben. Inhaltlich werden sich die Aufsichtsbehörden an Abs. 1 und 3 orientieren und EG 91 berücksichtigen.[52]

72 Die Liste ist durch die Aufsichtsbehörde zu veröffentlichen und an den Europäischen Datenschutzausschuss (Art. 68) zu übermitteln. Erfassen Listen Verarbeitungstätigkeiten, die im Zusammenhang mit der Beobachtung von Personen in mehreren Mitgliedsstaaten stehen oder die den freien Verkehr von personenbezogenen Daten innerhalb der Union beeinträchtigen können, so hat die Aufsichtsbehörde nach Abs. 6 das Kohärenzverfahren (Art. 63) anzuwenden.

73 Die Positivliste kann nicht abschließend sein, da durch den technischen Fortschritt oder in besondere Konstellationen ein hohes Risiko auch bei Verarbeitungsvorgängen entstehen kann, in denen dies für die Aufsichtsbehörden nicht vorhersehbar war.[53] So kann die Liste durch die Aufsichtsbehörden auch jederzeit ergänzt bzw. abgeändert werden. Auch diese Änderungen unterliegen den Voraussetzungen des Abs. 6 zur Durchführung eines Kohärenzverfahrens.

2. Negativliste („whitelist")

74 Auch eine Liste derjenigen Verarbeitungsvorgänge, für die keine Datenschutz-Folgenabschätzung durchzuführen ist („whitelist") bzw. Negativliste, kann durch die Aufsichtsbehörde nach Abs. 5 erstellt werden. Hierzu ist die Aufsichtsbehörde allerdings – anders als bei der Positivliste – nicht verpflichtet. Hinsichtlich des Verfahrens und der Veröffentlichungs- und Übermittlungspflicht an den Europäischen Datenschutzschuss gilt das unter Rn. 72 ausgeführte.

75 Offen ist, ob über das Kohärenzverfahren nur die Liste nach Abs. 4 (Positivliste/"blacklist") oder auch die Liste nach Abs. 5 (Negativliste/"whitelist") dem Europäischen Datenschutzausschuss für eine Stellungnahme zuzuleiten ist.[54] Art. 64 Abs. 1 lit. a erwähnt nur die Positivliste. Abs. 6 verweist allerdings für eine Anwendung des Kohärenzverfahrens sowohl auf die Positiv- als auch auf die Negativliste. Es liegt nahe, hier ein Redaktionsversehen und eine Verpflichtung der Aufsichtsbehörden anzunehmen, auch die Negativliste dem Kohärenzverfahren zuzuführen. Nach anderer Ansicht ist Abs. 6 dahingehend auszulegen, dass der Austausch über eine Negativliste zwischen den Aufsichtsbehörden im Wege des Informationsaustausches erfolgt. Erst wenn dabei ein Dissens zu Tage tritt, könnten die Aufsichtsbehörden das Kohärenzverfahren durchführen, um unterschiedliche Sichtweisen zu einer einheitlichen Anwendung zu bringen (Art. 63).[55]

76 Es ist fraglich, ob die Aufsichtsbehörden tatsächlich von der Möglichkeit der Erstellung einer Negativliste Gebrauch machen, weil sie damit von vorneherein bestimmten Arten von Verarbeitungsvorgängen ein hohes Risiko absprächen.[56] Sollten sie sich für die Erstellung einer Negativliste entscheiden, ist es wahrscheinlich, dass sie sich dabei nicht nur auf die Benennung von risikoarmen Verarbeitungsverfahren beschränken, sondern dass sie auch technische und

---

50 Kühling/Buchner, *Jandt*, Art. 35 Rn. 13.
51 Wolff/Brink, *Hansen*, Art. 35 Rn. 16.
52 Ehmann/Selmayr, *Baumgartner*, Art. 35, Rn. 27; Kühling/Buchner, *Jandt*, Art. 35 Rn. 14; Wolff/Brink, *Hansen*, Art. 35 Rn. 16.
53 Wolff/Brink, *Hansen*, Art. 35 Rn. 17.
54 Kühling/Buchner, *Jandt*, Art. 35 Rn. 29.
55 Kühling/Buchner, *Jandt*, Art. 35 Rn. 30.
56 Wolff/Brink, *Hansen*, Art. 35 Rn. 121.

organisatorische Maßnahmen vorgeben, die eine Abweichung von der Pflicht zur Durchführung einer Datenschutz-Folgenabschätzung gerechtfertigt erscheinen lassen.

77 Als Beispiel für einen Verarbeitungsvorgang, den die Aufsichtsbehörden auf eine Negativliste setzen könnten, wird die Lohn- und Gehaltsabrechnung diskutiert, die ein Arbeitgeber aufgrund rechtlicher Vorgaben aus dem Sozial-, Arbeits- und Steuerrecht sowie der Gewerbeordnung mit einer Vielzahl von personenbezogenen Daten seiner Beschäftigten durchführen muss. Hier kann das Ergebnis einer Datenschutz-Folgenabschätzung nicht dazu führen, dass der Arbeitgeber diesen Pflichten nicht nachzukommen braucht. Eine Negativliste hierzu könnte aber auch technische Mindestschutzmaßnahmen nach Art. 32 vorgeben, unter deren Beachtung keine Datenschutz-Folgenabschätzung zu erfolgen hat.[57]

V. Anforderungen an die Folgenabschätzung (Abs. 7)

78 Abs. 7 formuliert Mindestanforderungen für eine Datenschutz-Folgenabschätzung.[58] Bei diesen Anforderungen kann der Verantwortliche auf die Informationen aus dem erforderlichen Verzeichnis der Verarbeitungstätigkeiten nach Art. 30 Abs. 1 lit. b und lit. g zurückgreifen. Es empfiehlt sich, bereits im Verzeichnis die jeweilige Umsetzung der Anforderungen der Datenminimierung nach Art. 5 Abs. 1 lit. c zentral zu dokumentieren. Damit lassen sich auch die Anforderungen aus Abs. 7 lit. b hinsichtlich der Notwendigkeit und Verhältnismäßigkeit der Verarbeitungsvorgänge in Bezug auf den Zweck ableiten und erleichtern dadurch die Rechenschaftspflicht nach Art. 5 Abs.2. Wurde bereits im Verzeichnis der Verarbeitungstätigkeiten dokumentiert, welche Daten zwingend und welche fakultativ für den Zweck erforderlich sind, kann bei der Bewertung nach Abs. 7 lit. b darauf zurückgegriffen werden. Das Verzeichnis über die Verarbeitungstätigkeiten ist daher auch von Bedeutung für die Datenschutz-Folgenabschätzung, nicht nur, weil es sich als zentrales Dokumentationsinstrument anbietet.[59] In die Verhältnismäßigkeitsprüfung nach Abs. 7 lit. b sind auch die berechtigten Interessen des Verantwortlichen einzubeziehen.[60]

1. Systematische Beschreibung (Abs. 7 lit. a)

79 Abs. 7 lit. a verlangt eine systematische Beschreibung der geplanten Verarbeitungsvorgänge und der Zwecke der Verarbeitung, ggf. einschließlich der vom Verantwortlichen verfolgten berechtigten Interessen.

80 Diese Phase – auch Vorbereitungsphase genannt – dient sowohl der Beschreibung des Evaluierungsgegenstandes als auch der Prüfplanung durch den Verantwortlichen.[61] Mit dem Begriff „systematisch" ist eine planmäßig und konsequent nach einem System vorgehende Beschreibung des Verarbeitungsvorganges gemeint.[62]

81 Auch im Verzeichnis der Verarbeitungstätigkeiten muss der Verantwortliche gem. Art. 30 Abs. 1 lit. b die Verarbeitungszwecke aufführen, so dass er bei der Durchführung der Datenschutz-Folgenabschätzung auf diese Informationen zurückgreifen kann. Er muss sie allerdings noch um die Rechtsgrundlagen der Datenverarbeitung, insbes. die von ihm verfolgten berechtigten Interessen ergänzen, sofern er seine Verarbeitung auf Art. 6 Abs. 1 lit. f stützt. Zum Begriff der „berechtigten Interessen" des Verantwortlichen eingehend Art. 6 Rn. 133 ff.

82 Bei der Beschreibung des Prüfungsgegenstandes ist keine genaue Zuordnung zu den Attributen Technik, Art, Umfang, Umstände, Zwecke, Verantwortlicher und betroffene Personen vorzunehmen. Maßstab ist, ob die Beschreibung so konkret vorgenommen wurde, dass auf ihrer Basis eine

---

57 Ehmann/Selmayr, *Baumgartner*, Art. 35 Rn 27.
58 Ähnlicher Aufbau auch bei *Phan*, in: PinG 2016, 243, 244 und *Wichtermann*, in: PinG 2016, 797, 800.
59 *Volkmer/Kaiser*, in: PinG 2017, 153.
60 Ehmann/Selmayr, *Baumgartner*, Art. 35, Rn. 34.
61 Wolff/Brink, *Hansen* , Art. 35 Rn. 28.
62 Wybitul, *Bausewein/Steinhaus*, Art. 35 Rn. 32.

Durchführung weiterer Schritte der Datenschutz-Folgenabschätzung vorgenommen werden kann.[63]

2. Bewertung der Notwendigkeit und Verhältnismäßigkeit (Abs. 7 lit. b)

83 Gem. Abs. 7 lit. b ist eine Bewertung der Notwendigkeit und Verhältnismäßigkeit der Verarbeitungsvorgänge in Bezug auf den Zweck erforderlich.

84 In diesem Schritt führt der Verantwortliche eine europarechtliche Verhältnismäßigkeitsprüfung, die dem vom Bundesverfassungsgericht entwickelte Prüfungsmaßstab ähnlich ist.[64] Für die Durchführung dieses Prüfungsschrittes hat die Konferenz der unabhängigen Datenschutzbehörden des Bundes und der Länder das Standard-Datenschutzmodell[65] entwickelt.[66]

85 Der Verantwortliche muss darlegen, dass die Datenverarbeitung zur Erreichung des verfolgten Verarbeitungszwecks geeignet und erforderlich ist und die Auswirkungen der Datenverarbeitung nicht unangemessen sind.[67] Je umfassender und intensiver die Datenverarbeitung ist, desto höherrangiger muss der Zweck einzuordnen sein.[68] Bei der Geeignetheit muss der Verantwortliche darlegen, dass die gewählte Verarbeitungsform geeignet ist, den verfolgten Zweck zu erreichen.[69] Die Erforderlichkeit ist gegeben, wenn die Verarbeitungsmaßnahme diejenige ist, die von mehreren für die Erreichung des verfolgten Ziels geeigneten Maßnahmen diejenige ist, die am wenigsten belastend für das betroffene Interesse bzw. Rechtsgut ist. Sind mehrere Formen der Verarbeitung geeignet, muss der Verantwortliche darlegen, warum er sich für die von ihm gewählte Form entschieden hat.[70] Mit der Angemessenheitsprüfung ist darzulegen, dass die mit der Datenverarbeitung einhergehenden Nachteile für den Betroffenen Person nicht außer Verhältnis zu den damit für den Verantwortlichen einhergehenden Vorteilen stehen.[71] Dabei sind die widerstreitenden Rechtsgüter gegenüberzustellen, z.B. das Recht am eingerichteten und ausgeübten Gewerbebetrieb des Verantwortlichen dem Persönlichkeitsrecht des Betroffenen, und abstrakt deren Wertigkeit und die konkrete Beeinträchtigung für beide zu skizzieren.[72]

3. Bewertung der Risiken (Abs. 7 lit. c)

86 Gem. Abs. 7 lit. c muss der Verantwortliche eine Bewertung der Risiken für die Rechte und Freiheiten der Betroffenen gem. Absatz 1 vornehmen. Zentrales Element ist hier eine Risikobewertung mit dem Fokus auf der Bewertung eines hohen Risikos.[73]

87 Dabei kann es zunächst dahingestellt bleiben, ob es sich bei der Datenschutz-Folgenabschätzung um ein zwei- oder dreistufiges Verfahren handelt. Zu einer Zweistufigkeit gelangt man, wenn man den Prozess aufteilt in (1) ein internes Verfahren bei dem Verantwortlichen und (2) die vorherige Konsultation bei der Aufsichtsbehörde nach Art. 36, die erforderlich wird, wenn als Ergebnis des internen Verfahrens ein hohes Risiko für den Betroffenen festgestellt wurde.[74] In der Praxis wird sich eher ein dreistufiges Verfahren etablieren. Als erste Stufe ist die Erstellung des Verzeichnisses der Verarbeitungstätigkeiten nach Art. 30 Abs. 1 anzusehen. Auf dieser Stufe erfolgt bereits die Entscheidung, welche technischen und organisatorischen Maßnahmen im Rahmen der Verarbeitung zugrunde gelegt werden. Erfolgt dabei die Einstufung der Verarbeitung als hochris-

---

63 Kühling/Buchner, *Jandt*, Art. 35 Rn. 38.
64 Wybitul, *Bausewein/Steinhaus*, Art. 35 Rn. 33.
65 Konferenz der unabhängigen Datenschutzbehörden des Bundes und der Länder, Erprobungsfassung unter Enthaltung des Freistaats Bayern; Stand: November 2016, https://datenschutzzentrum.de/uploads/SDM-Methode_V_1_0.pdf (abgerufen am 24.6.2017).
66 Ehmann/Selmayr, *Baumgartner*, Art. 35 Rn. 34.
67 Wybitul, *Bausewein/Steinhaus*, Art. 35 Rn. 33.
68 Kühling/Buchner, *Jandt*, Art. 35 Rn. 41.
69 Wybitul, *Bausewein/Steinhaus*, Art. 35 Rn. 34.
70 Wybitul, *Bausewein/Steinhaus*, Art. 35 Rn. 35.
71 Wybitul, *Bausewein/Steinhaus*, Art. 35 Rn. 36.
72 Wybitul, a.a.O.
73 *Hansen*, in: DuD 2016, 587, 588.
74 Plath, *von der Bussche* Art. 35 Rn. 3.

kant, folgen die weiteren beiden Stufen. Je nach dem, wie man die einzelnen Prozessschritte einer Datenschutz-Folgenabschätzung aufteilt, kann man wie unter der ISO 29134 (s. Rn. 155 f) auch zu mehrstufigen Verfahren gelangen.

88 Ziel der Risikobewertung ist eine konkrete Bewertung der Risiken anhand der Eintrittswahrscheinlichkeit und Schwere der Risiken. Dadurch wird die Auswahl der geeigneten Abhilfemaßnahmen transparent.[75] Diese Risikobewertung ist der zentrale Bestandteil der Datenschutz-Folgenabschätzung und sollte sorgfältig dokumentiert werden, da die Dokumentation auch der Aufsichtsbehörde bei der vorherigen Konsultation nach Art. 36 Abs. 3 lit. e zur Verfügung zu stellen ist. Dementsprechend gibt es schon viele Ansätze, wie eine Risikobewertung durchzuführen ist (vgl. Rn. 93 ff.).

4. Geplante Abhilfemaßnahmen (Abs. 7 lit. d)

89 Gem. Abs. 7 lit. d sind die zur Bewältigung der Risiken geplanten Abhilfemaßnahmen, einschließlich Garantien, Sicherheitsvorkehrungen und Verfahren, durch die der Schutz personenbezogener Daten sichergestellt und der Nachweis dafür erbracht wird, dass diese Verordnung eingehalten wird, festzulegen, wobei den Rechten und berechtigten Interessen der betroffenen Personen und sonstiger Betroffener Rechnung getragen wird.

90 Den zuvor ermittelten Risiken für die Rechte und Freiheiten der natürlichen Personen sind geeignete Abhilfemaßnahmen zur Bewältigung der Risiken gegenüberzustellen. Die Abhilfemaßnahmen sollen dazu dienen, das Risiko der Verarbeitung unter die kritische Schwelle des hohen Risikos zu „drücken" und somit den Schutz des Betroffenen sicherzustellen.[76] Bei den Garantien, Sicherheitsvorkehrungen und Verfahren kann sich der Verantwortliche an den bisherigen, dem Stand der Technik entsprechenden technischen und organisatorischen Maßnahmen orientieren.

91 Um die hinter den ausgewählten Abhilfemaßnahmen stehenden Überlegungen nachweisbar zu machen, sollte dieser Prozessschritt ausreichend dokumentiert werden. Dabei sollte festgehalten werden, durch welche Abhilfemaßnahme welches Risiko minimiert und zur Erreichung welchen Schutzbedarfs eingesetzt werden soll.[77] Der Schutzbedarf ergibt sich aus der Verhinderung der Verletzung des Schutzes personenbezogener Daten. Die Verletzung des Schutzes personenbezogener Daten wird in Art. 4 Nr. 12 definiert und umfasst eine Verletzung der Sicherheit, die, ob unbeabsichtigt oder unrechtmäßig, zur Vernichtung, zum Verlust, zur Veränderung, oder zur unbefugten Offenlegung von beziehungsweise zum unbefugten Zugang zu personenbezogenen Daten führt.

92 Die Dokumentation der Abhilfemaßnahmen ermöglicht es dem Verantwortlichen, seiner Rechenschaftspflicht gem. Art. 5 Abs. 2 und seiner Nachweispflicht gem. Art. 24 Abs. 1 nachzukommen.

VI. Exkurs: Verfahren der Risikobewertung

93 Die existierenden Risikoprozesse sind prinzipiell sehr ähnlich gestaltet. Sie bilden im Regelfall zunächst die Erstellung der Vorgabe (Anwendungsbereich) und am Ende den Prozessschritt der Überwachung ab. Dazwischen werden Schritte zum Umgang mit den Risiken durchgeführt.

1. Schritte des Risikoprozesses

94 Ein Datenschutz-Risikoprozess kann sich in folgende Schritte gliedern[78]:

- Erstellung des Kontextes (oder auch Festlegung des Anwendungsbereichs)
- Risiken identifizieren
- Risiken analysieren

75 Ehmann/Selmayr, *Baumgartner*, Art. 35 Rn. 35.
76 Ehmann/Selmayr, *Baumgartner*, Art. 35 Rn. 37.
77 Ehmann/Selmayr, *Baumgartner*, Art. 35 Rn. 38.
78 so nach *bitkom*, Risk Assessment & Datenschutz-Folgenabschätzung, S. 25.

- Risiken bewerten
- Risiken bewältigen
- Risiken überwachen

Mangels gesetzlicher Vorgaben werden diese einzelnen Schritte des Risikomanagements in der Praxis nach Umfang und Methode sehr unterschiedlich umgesetzt. Es gibt auch keine konkrete Vorgabe zur Analyse des Risikos für die Rechte und Freiheiten der natürlichen Person. So werden zur Bestimmung der Maßnahmen zur Einhaltung eines angemessenen Schutzniveaus quantitative Methoden, qualitative Methoden oder auch Mischformen quantitativer und qualitativer Methoden eingesetzt. **95**

Im Bereich der Informationssicherheit werden bei einer klassischen Risikoanalyse die Risiken aus der Sicht eines möglichen Schadens für das Unternehmen vorgenommen. Eine Erweiterung des internen und externen Kontextes ist erforderlich, damit auch die relevanten Risikokriterien zur Bestimmung der Risikohöhe angewendet werden. Die Risikobetrachtung gem. DS-GVO muss für die Bewertung des Risikos aus der Sicht des Betroffenen für seine Rechte und Freiheiten erfolgen. **96**

2. Methode der Risikoanalyse

Über die Methode der Risikoanalyse wird versucht, das Risiko aus den Faktoren „Eintrittswahrscheinlichkeit" und „Schadensausmaß" zu bilden.[79] **97**

Höhe des Risikos für die Rechts und Freiheiten natürlicher Personen	=	Eintrittswahrscheinlichkeit einer Bedrohung	×	Schwere der Auswirkung (= Schadenspotential)

Für die Schwere der Auswirkungen können Verstöße gegen die Regelkonformität (Compliance) der Verarbeitung hinsichtlich der DS-GVO und Verletzungen von Rechten und Freiheiten natürlicher Personen berücksichtigt werden. Die Compliancesicht berücksichtigt die Anforderungen, die sich aus den Grundsätzen des Art. 5 Abs. 1 ergeben. Damit werden die Vorgaben an Rechtmäßigkeit und Verarbeitung nach Treu und Glauben, Transparenz (Abs. 1 lit. a), Zweckbindung(Abs. 1 lit. b), Datenminimierung (Abs. 1 lit. c), Richtigkeit (Abs. 1 lit. d), Speicherbegrenzung (Abs. 1 lit. e), Integrität und Vertraulichkeit, (Abs. 1 lit. f) sowie Verfügbarkeit und Belastbarkeit in die Betrachtung einbezogen. Hinzukommen die Berücksichtigung der Betroffenenrechte auf Teilhabe und Zugang (Art. 16 bis 20) sowie die Rechenschaftspflicht (Abs. 2) mit den Anforderungen an die Dokumentation.[80] **98**

Für die Einschätzung der Schwere der Auswirkung kann man vier Kategorien heranziehen: „vernachlässigbar", „eingeschränkt", „signifikant" und „maximal". Eine Einstufungstabelle in diese Kategorien findet sich bereits bei der CNIL[81] und wird u.a. auch vom BayLDA aufgegriffen.[82] **99**

Auch bei den Eintrittswahrscheinlichkeiten können diese Begriffe verwendet werden. Bei einer qualitativen Risikobeurteilung kann die Eintrittswahrscheinlichkeit in verschiedene Stufen eingeteilt werden. Für die Risikobeurteilung sind die Schwachstellen der „unterstützenden Werte" zu berücksichtigen, die als unterstützende Mittel bei der Verarbeitung eingesetzt werden. Darunter fallen z.B. die organisatorische Festlegung von Abläufen, der Einsatz von Hardwareschutz, die Überwachung der Konfigurationseinstellungen, die Netzwerkabsicherung, Sicherheitsmaßnahmen bei der Weitergabe, Zutrittsschutz durch Ausweiskarte. Der Begriff „Wert" ist die Übersetzung der engl. Bezeichnung „assets" und umfasst neben materiellen Gegenständen wie Hardware, Netzwerke, Dokumente auch Software und Personen.[83] **100**

---

79 a.a.O, S. 26; ähnlich *Kranig/Sachs/Gierschmann,* S. 89.
80 bitkom, RiskAssessment & Datenschutz-Folgenabschätzung, S. 48 f.
81 CNIL, Tools, S. 13.
82 BayLDA, Hinweise zur Datenschutz-Folgenabschätzung Nr. 18; *Kranig/Sachs/Gierschmann*, S. 105.
83 *Kranig/Sachs/Gierschmann*, S. 95.

101 Diese unterstützenden Werte haben Schwachstellen. Zu prüfen ist, wie hoch die Eintrittswahrscheinlichkeit dafür ist, dass eine Risikoquelle gerade diese Schwachstelle ausnutzen kann.

102 Im folgenden Beispiel besteht eine Gefährdung, dass vertrauliche Unterlagen unberechtigt zur Kenntnis genommen werden können. Als Beispiel für eine Risikoquelle sei hier ein böswilliger Besucher angenommen. Die „unterstützenden Werte", die bei der Verarbeitung personenbezogener Daten eingesetzt werden sind:

- Ausweislesegerät mit Zugangscode,
- Ausweislesegerät (ohne Zugangscode),
- ein Büro, das nur über den Empfang zugänglich ist
- und eine öffentlich zugängliche Lobby.

103 Eine Skalierung zur Beurteilung der Eintrittswahrscheinlichkeit für die ausgewählte Risikoquelle bezüglich einer Schwachstelle des unterstützenden Wertes (=Maßnahme) könnte dann so aussehen:[84]

- „Vernachlässigbar": für die ausgewählte Risikoquelle scheint es nicht sehr wahrscheinlich zu sein, eine Schwachstelle eines unterstützenden Wertes auszunutzen, um eine Bedrohung eintreten zu lassen (zum Beispiel: Diebstahl von Papierdokumenten aus einem Raum, der durch ein Ausweislesegerät und einen Zugangscode gesichert ist).

  Es ist nicht sehr wahrscheinlich, dass ein böswilliger Besucher in einen durch Ausweislesegerät und Zugangscode gesicherten Raum gelangt, um unberechtigten Zugriff auf Papiere zu haben.

- „Eingeschränkt": für die ausgewählte Risikoquelle scheint es schwierig zu sein, eine Schwachstelle eines unterstützenden Wertes auszunutzen, um eine Bedrohung eintreten zu lassen (zum Beispiel: Diebstahl von Papierdokumenten aus einem Raum, der durch ein Ausweislesegerät gesichert ist).

  Es ist für den böswilligen Besucher schwierig, in den durch einen Ausweisleser gesicherten Raum zu gelangen, um unberechtigten Zugriff auf Papiere zu haben, aber mittels eines verlustig gegangenen Ausweises nicht ganz ausgeschlossen.

- „Signifikant": für die ausgewählte Risikoquelle scheint es möglich zu sein, eine Schwachstelle eines unterstützenden Wertes auszunutzen, um eine Bedrohung eintreten zu lassen (zum Beispiel: Diebstahl von Papierdokumenten aus einem Büro, welches nur zugänglich ist, nachdem man einen Empfang passiert hat).

  Es ist für einen böswilligen Besucher möglich, zu einem Büro zu gelangen und dort unberechtigt auf Papiere Zugriff zu haben, wenn dieses Büro durch einen Empfang abgesichert ist. Auch hier könnte man in einem unaufmerksamen Moment des Empfangspersonals Zutritt erhalten.

- „Maximal": für die ausgewählte Risikoquelle scheint es einfach zu sein, eine Schwachstelle eines unterstützenden Wertes auszunutzen, um eine Bedrohung eintreten zu lassen (zum Beispiel: Diebstahl von Papierdokumenten aus einer öffentlich zugänglichen Lobby).

  Es ist für einen böswilligen Besucher leicht, unberechtigt Zugriff zu Papier zu haben, wenn sich diese in einer öffentlich zugänglichen Lobby befinden.

---

84 Bitkom, Risk Assessment & Datenschutz-Folgenabschätzung, S. 35 unter Verweis auf ISO/IEC FDIS 29134:2017.

Eine Risikomatrix mit vier Stufen gestaltet sich dann so[85]: 104

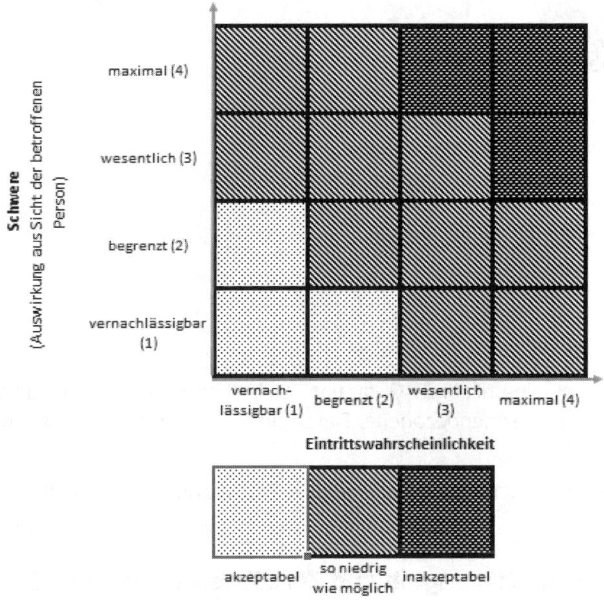

Wenn nun noch die Schwere einer unberechtigten Kenntnisnahme aus Sicht des betroffenen Person bewertet wird, kann über diese Risikomatrix gem. Art. 35 Abs. 7 lit. c nachvollziehbar dokumentiert werden, ob eine Verarbeitung zu einem inakzeptablen hohen Risiko führt, zu einer Risikoreduktion führt oder von vornherein akzeptabel erscheint. 105

Für die Maßnahmen, die bei der Bewältigung der Risiken in einem Risikobehandlungsplan beschrieben werden sollen, können die bestehenden Maßnahmenkataloge Berücksichtigung finden, wie der CNIL[86], der ISO/IEC DIS 29151 oder auch der Maßnahmenkatalog des SDM, der allerdings noch nicht veröffentlicht ist. Auch in genehmigten Verhaltensregeln definierte Maßnahmen können Berücksichtigung finden (vgl. Rn. 58), um eine Bewältigung der Risiken darzustellen. 106

3. Dokumentation der Datenschutz-Folgenabschätzung

Die Datenschutz-Folgenabschätzung ist zu dokumentieren, wobei sich ein Bericht anbietet. Der bitkom schlägt für einen systematischen Aufbau einer Datenschutz-Folgenabschätzung folgende Struktur vor:[87] 107

1 Einleitung

2 Anwendungsbereich Datenschutz-Folgenabschätzung

2.1 Systematische Beschreibung der Verarbeitung Zwecke

2.2 Bewertung der Notwendigkeit und Verhältnismäßigkeit der Verarbeitungsvorgänge in Bezug auf den Zweck

2.3 Zwecke und die Mittel der beabsichtigten Verarbeitung

---

85 bitkom, Risk Assessment & Datenschutz-Folgenabschätzung, S. 36; *Kranig/Sache/Gierschmann*, S. 105; BayLDA, Hinweise zur DS-GVO, Nr. 18.

86 CNIL, PIA-3-GoodPractices.

87 bitkom, Risk Assessment & Datenschutz-Folgenabschätzung, S. 55.

2.4 Involvierte Parteien:
2.4.1 Verantwortlicher
2.4.2 Gemeinsam Verantwortliche
2.4.3 Auftragsverarbeiter
2.4.4 Kontaktdaten des Datenschutzbeauftragten
3 Datenschutz-Anforderungen
4 Datenschutz-Risikobetrachtung
4.1 Datenschutz-Risikoidentifikation
4.2 Datenschutz-Risikoanalyse
4.3 Datenschutz-Risikobewertung
5 Geplanten Abhilfemaßnahmen, einschließlich Garantien, Sicherheitsvorkehrungen und Verfahren, durch die der Schutz personenbezogener Daten sichergestellt wird und Nachweis
6 Ergebnis der Datenschutz-Folgenabschätzung und möglich Pflicht zum Durchlaufen des Konsultationsverfahrens

VII. Berücksichtigung von Verhaltensregeln und Zertifizierungen (Abs. 8)

108 Bei der Beurteilung der Auswirkungen der Verarbeitungsvorgänge ist nach Abs. 8 die Einhaltung genehmigter Verhaltensregeln (Art. 40) durch die zuständigen Verantwortlichen oder die zuständigen Auftragsverarbeiter gebührend zu berücksichtigen. Auch wenn Zertifizierungen hier explizit nicht genannt sind, kann davon ausgegangen werden, dass auch der Einsatz von gem. Art. 25 Abs. 3 zertifizierten Produkten oder die Einhaltung nach Art. 32 Abs. 3 zertifizierten technischen und organisatorischen Maßnahmen herangezogen werden kann. Hinsichtlich der Formulierung „gebührend" ist davon auszugehen, dass derartige Verhaltensregeln umso mehr Berücksichtigung finden sollten, je aussagekräftiger ihre Befolgung für die Sicherstellung eines mit der DS-GVO adäquaten Schutzniveaus ist.[88]

VIII. Einholung von Standpunkten (Abs. 9)

109 Die Einholung des Standpunktes der Betroffenen oder ihrer Vertreter stärkt deren Möglichkeit zum Selbstdatenschutz.[89] Sie bringt für den Verantwortlichen den Vorteil, dass die Betroffenensicht präsent ist und sich Risiken besser ermitteln lassen.[90]

110 Die Einholung des Standpunkts ist optional. Abs. 9 enthält nur den Appell an den Verantwortlichen, den Standpunkt der Betroffenen einzuholen.[91] Wird die Einholung versäumt, hat dies auf die Rechtmäßigkeit der Verarbeitung keinen Einfluss.[92] Vertretbar erscheint zudem die Auslegung, dass der Betroffene nur dann einzubeziehen ist, wenn dies angemessen erscheint.[93] Dies lässt sich mit dem englischen Wortlaut der Norm („where appropriate") begründen. Die Einholung des Standpunktes ist keine an die Öffentlichkeitsbeteiligung angenäherte Konsultationspflicht.[94] Unterbleibt die Einholung des Standpunktes muss dies gegenüber dem Betroffenen oder dem Vertreter nicht gerechtfertigt werden.

---

88 Ehmann/Selmayr, *Baumgartner*, Art. 35 Rn. 45.
89 Kühling/Buchner, *Jandt*, Art. 35 Rn. 54.
90 So Wolff/Brink, *Hansen*, Art. 35 Rn. 41.
91 Wybitul, *Bausewein/Steinhaus*, Art. 35 Rn. 44.
92 Gola, *Nolte/Werkmeister*, Art. 35 Rn. 73.
93 Ehmann/Selmayr, *Baumgartner*, Art. 35 Rn. 47.
94 Wybitul, *Bausewein/Steinhaus*, Art. 35 Rn. 44; a.A. Paal/Pauly, *Martini*, Art. 35 Rn. 60.

Die Einholung erfolgt unbeschadet des Schutzes gewerblicher Interessen, öffentlicher Interessen oder der Sicherheit der Verarbeitungsvorgänge und kann auch aus diesem Grund unterbleiben. Entgegenstehende Rechte können schützenswerte Geheimhaltungsinteressen wie Berufs- oder Geschäftsgeheimnisse umfassen.[95] **111**

Selbst wenn der Verantwortliche den Standpunkt einholt, enthält der Abs. 9 keine Vorgaben, wie dieser Standpunkt zu bewerten ist. Dabei erreicht die Konsultationspflicht nur dann ihr Ziel (Selbstdatenschutz), wenn der Verantwortliche gehalten ist, sich nachweislich mit dem Standpunkt des Betroffenen auseinander zu setzen.[96] Es empfiehlt sich daher, im Rahmen der Datenschutz-Folgenabschätzung zu dokumentieren, inwieweit der Standpunkt Berücksichtigung fand bzw. warum er keine Berücksichtigung fand. Ebenso ist der Verantwortliche gut beraten, wenn er dokumentiert, warum er auf die Einholung der Standpunkte der Betroffenen oder ihrer Vertreter verzichtet hat.[97] **112**

Holt der Verantwortliche die Standpunkte mehrerer Betroffener ein, muss er sich möglicherweise mit divergierenden Standpunkten auseinandersetzen und diese ggf. gewichten.[98] Dabei muss er auch untersuchen, ob alle einbezogenen Betroffenen denselben Informationsstand hatten. Der Standpunkt des Betroffenen hängt natürlich auch von den Informationen ab, die ihm für die Meinungsbildung zur Verfügung standen. Es ist daher gut vertretbar, dass die Einholung des Standpunkts eine vorgezogene Informationspflicht nach Art. 13 auslöst.[99] **113**

Sind Standpunkte oder Interessen der Betroffenen bereits in genehmigten Verhaltensregeln nach Art. 40 berücksichtigt, wird eine nochmalige Beteiligung der Betroffenen nicht erforderlich sein.[100] **114**

Der Begriff des „Vertreters" im Sinne von Abs. 9 ist in der DS-GVO nicht definiert. Die Definition des Vertreters in Art. 4 Nr. 17 betrifft den nach Art. 27 geregelten Vertreter von nicht in der Union niedergelassenen Verantwortlichen und Auftragsverarbeitern. Für die Eigenschaft als Vertreter gem. Abs. 9 ist eine rechtliche Verbundenheit zwischen den Betroffenen und dem Vertreter zu verlangen, wodurch der Vertreter die Befugnis erhält, eine Stellungnahme im Namen der Betroffenen abzugeben. **115**

Vertreter der Betroffenen können, wenn es um die Verarbeitung der Daten von Beschäftigten[101] geht, Beschäftigtenvertreter nach dem Betriebsverfassungsgesetz oder Sprecherausschussgesetz sein. Als Vertreter kommen auch Kundenbeiräte in Betracht, die einige Banken, Energieversorger, Logistikunternehmen und Versicherungen eingerichtet haben.[102] Deren Standpunkt könnte bei der Produktgestaltung, bei der Verarbeitung von Kundendaten in CRM-Systemen oder bei Marketingaktionen eingeholt werden. **116**

Verbraucherschutzverbände werden nicht als „Vertreter" im Sinne von Abs. 9 in Betracht kommen.[103] Bei Verbraucherschutzverbänden oder vergleichbaren Organisationen fehlt es an der erforderlichen rechtlichen Verbundenheit zwischen den Betroffenen und dem Verband.[104] **117**

---

95 Kühling/Buchner, *Jandt*, Art. 35 Rn. 57.
96 Kühling/Buchner, *Jandt*, Art. 35 Rn. 58.
97 Ehmann/Selmayr, *Baumgartner*, Art. 35 Rn. 48.
98 Kühling/Buchner, *Jandt*, Art. 35 Rn. 58.
99 Kühling/Buchner, Jandt, Art. 35 Rn. 57.
100 Ehmann/Selmayr, *Baumgartner*, Art. 35 Rn. 47.
101 zur Definition vgl. § 26 Abs. 8 BDSG-neu.
102 Vgl. die Internetauftritte der Deutsche Postbank AG, Stromnetz Berlin GmbH, DB Vertrieb GmbH, envia Mitteldeutsche Energie AG, ERGO Group AG.
103 a.A. Wolff/Brink, *Hansen*, Art. 35 Rn. 40.
104 *Laue/Nink/Kremer*, Art. 7 Rn. 99.

IX. Verzicht auf Folgenabschätzung durch Gesetz (Abs. 10)

118 Auf eine Datenschutz-Folgenabschätzung kann nicht nur verzichtet werden, wenn die in Rede stehende Verarbeitung in einer „Whitelist" der Aufsichtsbehörden gem. Abs. 5 geführt wird. Auch die Mitgliedsstaaten können gem. Abs. 10 unter bestimmten Voraussetzungen in ihrem jeweiligen nationalen Recht festlegen, dass eine Datenschutz-Folgenabschätzung nicht erforderlich ist.

1. Voraussetzungen für den Erlass einer Ausnahme

119 Voraussetzung für die Inanspruchnahme dieser Öffnungsklausel ist, dass die folgenden Bedingungen kumulativ erfüllt sind:

- Die Verarbeitung der Daten erfolgt auf einer gem. Art. 6 Abs. 1 lit. c (dort Rn. 92 ff.) oder Art. 6 Abs. 1 lit. e (dort Rn. 103 ff.) erlassenen Rechtsgrundlage des Unionsrechts oder des mitgliedstaatlichen Rechts.
- Diese Rechtsgrundlage regelt den konkreten Verarbeitungsvorgang oder die konkreten Verarbeitungsvorgänge.
- Die Datenschutz-Folgenabschätzung ist bereits im Rahmen der allgemeinen Folgenabschätzung im Zusammenhang mit dem Erlass dieser Rechtsgrundlage erfolgt.

120 Der Erlass einer solchen Ausnahmebestimmung bietet sich insb. an, wenn der Verantwortliche gesetzlich zur Verarbeitung personenbezogener Daten verpflichtet ist, wie z.B. bei der Lohn- und Gehaltsabrechnung, die auch sensible Daten nach Art. 9 umfasst.

121 Mit der Inanspruchnahme der Öffnungsklausel des Abs. 10 könnte der Bürokratieabbau unterstützt werden, wenn bereits beim Erlass der Rechtsgrundlage eine Datenschutz-Folgenabschätzung durchgeführt wird.

2. Folgen des Vorliegens eines Ausnahme

122 Sind die drei Tatbestandsvoraussetzungen des Abs. 10 erfüllt, entfällt für den Verantwortlichen die Pflicht, die Anforderungen der Abs. 1 bis 7 zu erfüllen, es sei denn, nach dem Ermessen der Mitgliedstaaten ist es erforderlich, vor den betreffenden Verarbeitungstätigkeiten eine Folgenabschätzung durchführen zu lassen. Daraus lässt sich schließen, dass auch der Gesetzgeber die Möglichkeit einer Verarbeitung mit einem hohen Risiko für die Rechte und Freiheiten natürlicher Personen nicht gänzlich ausschließen darf.[105] Für die Ermessensausübung des Mitgliedsstaates, dies entsprechend zu berücksichtigen, enthält Abs. 10 keine Vorgabe.

123 Es bleibt abzuwarten, ob und inwieweit der deutsche Gesetzgeber von der Möglichkeit Gebrauch macht, in diesen Fällen eine Datenschutz-Folgenabschätzung vorzuschreiben.[106]

124 Die verbleibenden Vorgaben in Abs. 8 (Berücksichtigung von genehmigten Verhaltensregeln, Abs. 9 (ggf. Einholung des Standpunkts der betroffenen Person oder ihres Vertreters) und Abs. 11 (erforderliche Durchführung einer Überprüfung) sind von der Ausnahme nicht umfasst und durch den Verantwortlichen zu beachten.[107]

X. Überprüfung bei Risikoänderungen (Abs. 11)

125 Der Verantwortliche hat erforderlichenfalls eine Überprüfung durchzuführen, wenn hinsichtlich des mit den Verarbeitungsvorgängen verbundenen Risikos Änderungen eingetreten sind. Dabei bewertet er, ob die Verarbeitung noch gem. der ursprünglichen Datenschutz-Folgenabschätzung durchgeführt wird. Es empfiehlt sich, hierfür einen routinemäßigen Prozess einzurichten, bei dem in regelmäßigen Zeitabständen die Verarbeitung, die dabei verwendeten personenbezogenen

---

105 Im Ergebnis: Ehmann/Selmayr, *Baumgartner*, Art. 35 Rn. 50.
106 Ehmann/Selmayr, *Baumgartner*, Art. 35 Rn 51.
107 Wolff/Brink, *Hansen*, Art. 35 Rn. 46.

Daten, die Wirksamkeit der Maßnahmen und die Eintrittswahrscheinlichkeit und Schwere der Risiken überprüft und die Überprüfung dokumentiert wird. Werden dabei Änderungen festgestellt, so ist die Datenschutz-Folgenabschätzung fortzuschreiben oder erneut durchzuführen.[108] Der Zeitabstand der regelmäßigen Überprüfungen kann sich dabei auch am jeweiligen Risiko für die Rechte und Freiheiten der Betroffenen orientieren, sollte aber spätestens alle drei Jahre erfolgen.

Es besteht keine obligatorische Überprüfungspflicht[109] („erforderlichenfalls"), sondern nur dann, wenn hinsichtlich des mit den Verarbeitungsvorgängen verbundenen Risikos Änderungen eingetreten sind. Ursache dieses veränderten Risikos können die Anwendung neuer Technologien[110], technische Entwicklungen, aber auch rechtliche Entwicklungen[111] sein. Um diese Änderungen wahrnehmen zu können, muss der Verantwortliche seine interne Organisation so ausrichten, dass er diesbezügliche Änderungen erfährt. Diese dauerhafte Verpflichtung, Änderungen, die sich auf das Risiko der Verarbeitung auswirken können, zu beobachten und zu bewerten, könnte mit einem Datenschutzmanagementsystem umgesetzt werden.[112] **126**

XI. Rechtsfolgen

Ergibt sich bei einer Datenschutz-Folgenabschätzung, dass trotz des Ergreifens technischer und organisatorischer Maßnahmen ein hohes Risiko für die Rechte und Freiheiten der natürlichen Person verbleibt, ist eine vorherige Konsultation der Aufsichtsbehörde gem. Art. 36 Abs. 1 durchzuführen. Diese Konsequenz dürfte in den Fällen des Abs. 10 nicht eintreten, wenn keine Datenschutz-Folgenabschätzung durch den Verantwortlichen durchzuführen ist, selbst wenn ein hohes Risiko besteht. **127**

C. Weitere Auswirkungen der Verordnung in der Praxis

I. Voraussichtliche Auswirkungen auf das nationale Recht

In § 67 BDSG-neu hat der deutsche Gesetzgeber die Datenschutz-Folgenabschätzung in Umsetzung der RL 2016/680 geregelt. Da sich diese Regelung an der RL 2016/680 orientiert, weicht sie von den Vorgaben des Art. 35 DS-GVO ab. Bis zum Redaktionsschluss (24.7.2017) gab es noch kein Gesetzgebungsverfahren, das in den Anwendungsbereich des Abs. 10 fiele. **128**

II. Bestandsschutz bisheriger Datenverarbeitungen

Inwieweit bestehende Verarbeitungsvorgänge bis zum 25.5.2018 einer Datenschutz-Folgenabschätzung unterzogen werden müssen, lässt sich mit Verweis auf EG 171 S. 2 („*Verarbeitungen, die zum Zeitpunkt der Anwendung dieser Verordnung bereits begonnen haben, sollten innerhalb von zwei Jahren nach dem Inkrafttreten dieser Verordnung mit ihr in Einklang gebracht werden.*") beantworten. In Kraft getreten ist die DS-GVO am 24.05.2016 (Art. 99 Abs. 1), Geltung beansprucht sie ab dem 25.5.2018 (Art. 99 Abs. 2). Da nach Abs. 11 Hs. 1 der Verantwortliche eine Überprüfung der Datenschutz-Folgenabschätzung erforderlichenfalls vornimmt, um zu bewerten, ob die Verarbeitung gem. der Datenschutz-Folgenabschätzung durchgeführt wird, lässt sich die Auffassung vertreten, dass innerhalb der zwei Jahre nach Inkrafttreten der DS-GVO für bereits bestehende Verarbeitungen, für die bislang keine Datenschutz-Folgenabschätzung durchgeführt wurde, auch bis zum 25.5.2018 keine durchgeführt werden muss **129**

Bis dahin ist davon auszugehen, dass Verarbeitungen, die besondere Risiken für die Rechte und Freiheiten der betroffenen Personen aufweisen, schon vor dem 25.05.2018 einer Vorabkontrolle nach § 4d Abs. 5 BDSG unterliegen. Kann die durchgeführte Vorabkontrolle durch eine ausrei- **130**

108 Ehmann/Selmayr, *Baumgartner*, Art. 35 Rn. 53.
109 Kühling/Buchner, *Jandt*, Art. 35 Rn. 60.
110 Wybitul, *Bausewein/Steinhaus*, Art. 35 Rn. 49.
111 Kühling/Buchner, *Jandt*, Art. 35 Rn. 60.
112 Wolff/Brink, *Hansen*, Art. 35 Rn. 49.

chende Dokumentation nachgewiesen werden und ergibt sich bei ihr kein Ergebnis, das einer Verarbeitung gem. BDSG entgegensteht, muss zum 25.05.2018 allein deswegen keine Datenschutz-Folgenabschätzung durchgeführt werden.

131 In einem Fragebogen vom Mai 2017[113] weist das *Bayerische Landesamt für Datenschutzaufsicht* Verantwortliche auf die Pflicht zur Umsetzung der DS-GVO hin. In Ziffer 4 dieses Fragebogens wird ein Prozess für *künftige* Datenschutz-Folgenabschätzungen abgefragt. Aus dem Umstand, dass in dem Fragenbogen nicht nach der Überprüfung bestehender vorabkontrollpflichtiger Verarbeitungen gefragt wird, lässt sich ableiten, dass nach Auffassung des *Landesamtes* die Durchführung von Datenschutz-Folgenabschätzungen nach den Vorgaben der DS-GVO nicht schon vor dem 25.05.2018 erforderlich ist.

132 Unabhängig davon ist ab dem 25.05.2018 gem. Abs. 11 Hs. 2 eine Überprüfung durchzuführen, wenn bspw. eine Fortentwicklung der Technik die Neubewertung der vorgenommenen technischen und organisatorischen Maßnahmen geboten erscheinen lassen. Ergeben sich dabei für bereits bestehende Verarbeitungen hinsichtlich des mit den Verarbeitungsvorgängen verbundenen Risikos Änderungen, ist eine Datenschutz-Folgenabschätzung durchzuführen. Diese sollte sich an den dann jeweiligen Standards zur Umsetzung einer Datenschutz-Folgenabschätzung orientieren.

III. Anwendung durch die Datenverarbeiter

133 Art. 35 enthält über die Vorgaben in Abs. 7 hinaus keine weiteren verbindlichen Anweisungen, wie die Risikoanalyse im Rahmen einer Datenschutz-Folgenabschätzung durchzuführen ist. Von europäischen Aufsichtsbehörden gibt es bereits Vorschläge und Überlegungen zu einer Datenschutz-Folgenabschätzung, von denen einige hier kurz skizziert werden. Da diese jedoch einerseits noch auf der Basis der RL 95/46 entstanden sind, andererseits aber durch die DS-GVO eine europaweit einheitliche Vorgehensweise angestrebt wird, ist davon auszugehen, dass sich der Europäischen Datenschutzausschluss bzw. zuvor noch die Art. 29-Datenschutzgruppe auf eine gemeinsame Empfehlung verständigen werden. Diese Erwartung ergibt sich auch aus EG 10 S. 2, wonach die Vorschriften zum Schutz der Grundrechte und Grundfreiheiten von natürlichen Personen unionsweit gleichmäßig und einheitlich angewandt werden sollten.

134 Das bedeutet nicht, dass Datenschutz-Folgenabschätzungen auf Basis einer der nachfolgend vorgestellten Vorgaben unwirksam oder obsolet wären. Allein für darauf aufbauende interne Prozesse und Dokumentationen kann keine Gewähr übernommen werden, dass diese zum 25.05.2018 noch den dann geltenden Anforderungen aller europäischen Aufsichtsbehörden genügen.

1. Deutschland

135 Für die bisher nach § 4d Abs. 5 BDSG vorzunehmenden Vorabkontrollen gibt es keine direkten Vorgaben des europäischen oder deutschen Gesetzgebers. Auch die Aufsichtsbehörden haben weder über Orientierungshilfen noch durch Beschlüsse inhaltliche Vorgaben oder Anforderungen an die Dokumentation definiert. Die Datenschutzkonferenz hat im Juli 2017 ein Kurzpapier zur Datenschutz-Folgenabschätzung nach der DS-GVO veröffentlicht, in dem sie die Datenschutz-Folgenabschätzung als stetigen, iterativen Prozess nach dem „plan-do check-act-Schema" darstellt. Die einzelnen Prozessschritte werden in Zusammenstellung des Teams zur Datenschutz-Folgenabschätzung, Prüfplanung, Festlegung des Beurteilungsumfangs (Scopes) Identifikation und Einbindung von Akteuren und betroffenen Personen, Bewertung der Notwendigkeit/Verhältnismäßigkeit in Bezug auf Zweck und die Identifikation der Rechtsgrundlagen gegliedert.[114]

---

113 https://www.lda.bayern.de/media/dsgvo_fragebogen.pdf, abgerufen am 24.06.2017.
114 *Datenschutzkonferenz*, 5. Kurzpapier, Datenschutz-Folgenabschätzung S. 2

Die Durchführung erfolgt dann in vier Schritten: Modellierung der Risikoquellen, Risikobeurteilung, Auswahl geeigneter Abhilfemaßnahmen und Erstellung des Berichts zur Datenschutz-Folgenabschätzung.[115]

Für die Implementierung der Abhilfemaßnahmen schlägt die Datenschutzkonferenz ebenfalls vier Schritte vor: Umsetzung der Abhilfemaßnahmen, Test der Abhilfemaßnahmen, die Dokumentation für die Nachweisfähigkeit und die Freigabe der Verarbeitungsvorgänge.[116]

Eine externe Auditierung bzw. eine Überprüfung der Datenschutz-Folgenabschätzung durch den Datenschutzbeauftragten sieht die Datenschutzkonferenz als Möglichkeit an, die ordnungsgemäße Durchführung sicherzustellen.[117]

2. England

Unabhängig von der DS-GVO hat in England die dortige Aufsichtsbehörde ICO (Information Commissioner's Office) im Jahre 2014 einen Praxisleitfaden zur Durchführung von Datenschutz-Folgeabschätzungen („Conducting privacy impact assessments code of practice") veröffentlicht.[118] **136**

3. Frankreich

Die französische Aufsichtsbehörde CNIL (Commission Nationale de l'Informatique et des Libertés) hat im Jahre 2015 ihre Handreichung zur Datenschutz-Folgenabschätzung veröffentlicht (CNIL: PIA manual).[119] Insgesamt umfasst diese drei Dokumente, die sich mit Methoden[120], Werkzeugen[121] und Best-Practice-Beispielen[122] befassen. **137**

4. Standard-Datenschutzmodell

Unter der Führung des „Unabhängigen Landeszentrum für Datenschutz Schleswig-Holstein" (ULD) wurde ein Standard-Datenschutzmodell (SDM) entwickelt, dass durch die 90. Konferenz der unabhängigen Datenschutzbehörden des Bundes und der Länder im Herbst 2015 in der Version 0.9 empfohlen wurde und zwischenzeitlich in einer Erprobungsfassung Stand 1.0 vorliegt.[123] **138**

a) Inhalt des Standard-Datenschutzmodells

Das Standard-Datenschutzmodell überführt datenschutzrechtliche Anforderungen in einen Katalog von Gewährleistungszielen. Dabei gliedert es die betrachteten Verfahren in die Komponenten Daten, IT-Systeme und Prozesse, berücksichtigt die Einordnung von Daten in drei Schutzbedarfsabstufungen und ergänzt diese um entsprechende Betrachtungen auf der Ebene von Prozessen und IT-Systemen. Im Ergebnis wird damit ein systematisch abgeleiteter Katalog mit standardisierten Schutzmaßnahmen angestrebt. **139**

Bei den Gewährleistungszielen erweitert das SDM die in der DS-GVO in Art. 32 Abs. 1 lit. b im Rahmen der Sicherheit der Verarbeitung aufgeführten Schutzziele der Vertraulichkeit, Integrität, Verfügbarkeit und Belastbarkeit um „Nichtverkettung", „Transparenz" und „Intervenierbarkeit". **140**

---

115 *Datenschutzkonferenz*, 5. Kurzpapier, Datenschutz-Folgenabschätzung S. 3
116 *Datenschutzkonferenz*, 5. Kurzpapier, Datenschutz-Folgenabschätzung S. 4
117 a.a.O.
118 https://ico.org.uk/media/for-organisations/documents/1595/pia-code-of-practice.pdf, letzter Abruf 2.10.2016.
119 https://www.cnil.fr/fr/node/15798.
120 https://www.cnil.fr/sites/default/files/typo/document/CNIL-PIA-1-Methodology.pdf letzter Abruf am 02.10.2016.
121 https://www.cnil.fr/sites/default/files/typo/document/CNIL-PIA-2-Tools.pdf letzter Abruf am 02.10.2016.
122 https://www.cnil.fr/sites/default/files/typo/document/CNIL-PIA-3-GoodPractices.pdf letzter Abruf am 02.10.2016.
123 https://datenschutzzentrum.de/uploads/SDM-Methode_V_1_0.pdf; abgerufen am 24.06.2016.

141 Für jede der Komponenten des SDMs (Daten, Systeme und Prozesse) werden für jedes der Gewährleistungsziele im Anhang Referenzmaßnahmen (bspw. die Festlegung einer geeigneten Anonymisierungsmethode) benannt und beschrieben. Diese sollen generisch zur Umsetzung der Gewährleistungsziele herangezogen werden. Für jede der Maßnahmen sollen auch die Auswirkungen auf den Erreichungsgrad von anderen, von der Maßnahme nicht direkt betroffenen Gewährleistungszielen betrachtet werden. So können bestimmte Einzelmaßnahmen zur Erreichung mehrerer Gewährleistungsziele beitragen.

142 Erfahrungen mit der praktischen Umsetzbarkeit sind bislang nicht bekannt, zumal auch die entsprechenden Maßnahmen noch nicht abschließend abgestimmt und veröffentlicht sind. Daher sind Aussagen, dass auf das SDM in der Praxis zurückgegriffen werden kann[124], noch zu verifizieren.

b) Kritik am Standard-Datenschutzmodell

143 Das SDM verwendet Begriffe und stellt Anforderungen, die die DS-GVO nicht enthält. Dies trifft insb. auf die Begriffe „Gewährleistungsziel", „Nichtverkettung", „Intervenierbarkeit", „Schutzbedarf" und „Schutzbedarfsabstufung" zu.

144 Das SDM orientiert sich insbes. an Gewährleistungszielen und nicht – wie die DS-GVO – an dem Risiko für die Rechte und Freiheiten natürlicher Personen. Der Begriff des „Risikos" wird im SDM anders als in der DS-GVO verwendet. Das SDM beruft sich[125] für die Verwendung von „Gewährleistungszielen" auf ein Urteil des Bundesverfassungsgerichts aus dem Jahre 2008[126]. Darin hatte das Bundesverfassungsgericht ein Grundrecht auf Gewährleistung der Vertraulichkeit und Integrität informationstechnischer Systeme etabliert.

145 Die DS-GVO enthält für den Verantwortlichen – je nach Zählweise – ca. 45 Pflichten. Es ist für den Verantwortlichen schwer erkennbar, wie diese Pflichten konkret zu erfüllen sind, wenn sich das SDM auf die Bündelung dieser Pflichten in Gewährleistungsziele konzentriert. Vor dem Hintergrund des Ziels der einheitlichen Anwendung der DS-GVO, erscheinen die Gewährleistungsziele, die die DS-GVO nicht kennt, als ein unnötiger Zwischenschritt bei der Prüfung der Erfüllung der Verpflichtungen der DS-GVO.

146 Rechtsanwendern, die keine vertieften Kenntnisse der deutschen Datenschutztradition haben, wird die Bedeutung der Gewährleistungsziele nur schwer zu vermitteln sein. Die Gewährleistungsziele mögen für einzelne Teile der DS-GVO zutreffende Aussagen enthalten. In ihrer Allgemeinheit widersprechen sie jedoch anderen Vorgaben der DS-GVO. Insb. letzteres ist europarechtlich fragwürdig.

147 Mit der Formulierung eines Grundsatzes der Nichtverkettung erweckt das SDM den Eindruck, eine Weiterverarbeitung personenbezogener Daten zu einem anderen Zweck als zu dem Zweck, zu dem die Daten erhoben wurden, sei grundsätzlich nicht erlaubt. Die DS-GVO lässt aber Weiterverarbeitungen gem. Art. 6 Abs. 4 unter weitreichenden Voraussetzungen zu, insb. bei Verarbeitungen für im öffentlichen Interesse liegende Archivzwecke, für wissenschaftliche oder historische Forschungszwecke und für statistische Zwecke, bei Vorliegen einer Einwilligung des Betroffenen, bei Vorliegen einer Rechtsvorschrift der Union oder eines Mitgliedstaates oder bei Kompatibilität der Weiterverarbeitung (eingehend Art. 6 Rn. 20). Es ist angesichts dessen fraglich, ob die sog. „Nichtverkettung" überhaupt in den Rang eines Grundsatzes erhoben werden kann. Jedenfalls sollte das SDM die verschiedenen zulässigen Möglichkeiten der Weiterverarbeitung nicht verschweigen.

148 Der Grundsatz der Verfügbarkeit wird vom SDM als ein Gewährleistungsziel aufgeführt. Der Grundsatz sei Voraussetzung für die jederzeitige Identifizierbarkeit der betroffenen Person. Es

124 Ehmann/Selmayer, *Baumgartner*, Art. 35 Rn. 34.
125 SDM, Ziff. 5.1.
126 BVerfG Urteil vom 27. Februar 2008 – 1 BvR 370/07, 1 BvR 595/07, BVerfGE 120, 274.

wird dabei aber nicht berücksichtigt, dass dieser Grundsatz in der DS-GVO durch Art. 11 und durch die Pseudonymisierung (Art. 4 Nr. 5) weitreichende Einschränkungen erfährt.

Eine der wichtigsten Neuerungen der DS-GVO ist der risikobasierte Ansatz (hierzu eingehend Art. 24 Rn. 78 ff.). Dieser besteht zum einen darin, dass einzelne materiell-rechtliche Pflichten nur bei Erreichen einer bestimmten Risikoschwelle entstehen. Zum anderen sind alle technischen und organisatorischen Maßnahmen, die die Einhaltung der DS-GVO sicherstellen sollen, risikoabhängig. Das SDM berücksichtigt den risikobasierten Ansatz in der Ausgestaltung, den dieser durch die DS-GVO gefunden hat, nicht. Einige der Aussagen des SDM stehen sogar im Widerspruch zum risikobasierten Ansatz der DS-GVO. **149**

An verschiedenen Stellen führt das SDM als Maßstab für den Schutzbedarf das Recht auf informationelle Selbstbestimmung an. Die DS-GVO kennt das Recht auf Selbstbestimmung jedoch nicht. Gem. Art. 1 Abs. 2 schützt die DS-GVO vielmehr „die Grundrechte und Grundfreiheiten natürlicher Personen und insb. deren Recht auf Schutz personenbezogener Daten". Dieser Vielfalt potentieller Schutzgüter wird die Fokussierung des SDM auf das Recht auf informationelle Selbstbestimmung nicht gerecht. Eingehend zu dem Schutzgut bzw. den Schutzgütern der DS-GVO Art. 24 Rn. 114 ff. **150**

Die Schutzbedarfskonzeption des SDM ist nicht auf den risikobasierten Ansatz der DS-GVO abgestimmt. Das sorgt für Verwirrung und entspricht in Teilen nicht den Vorgaben der DS-GVO. Während das SDM von den Schutzbedarfskategorien „normal", „hoch" und „sehr hoch" ausgeht, sieht die DS-GVO ein differenzierteres Risikomodell (hierzu insbes. Art. 24 Rn. 148 ff.) vor. **151**

Mit dem SDM wird auf mitgliedsstaatlicher Ebene ein Instrument empfohlen, dass sich auf einzelstaatliche Überlegungen gründet und dadurch das Ziel der DS-GVO, einen soliden kohärenten und durchsetzbare Rechtsrahmen zu schaffen (vgl. EG 7 S. 1) behindert. Es besteht die Gefahr, dass es in Deutschland durch die flächendeckende Verwendung des SDM zu einer von der DS-GVO abweichenden Prüfpraxis kommt. Es erscheint zwingend, das SDM im EU-Kontext, d.h. mit den Aufsichtsbehörden der anderen 27 Mitgliedstaaten abzustimmen. Anderenfalls drohen in Deutschland abweichende technische Vorgaben für in Deutschland ansässige Verantwortliche und Auftragsverarbeiter. **152**

Ziel muss sein, bei den Vorgaben zur Durchführung einer Datenschutz-Folgenabschätzung eine EU-weit einheitliche Interpretation der Anforderungen aus der DS-GVO und abgestimmte Maßnahmen zu fördern. Dies könnte bspw. durch eine Europäische Norm (EN) der Internationalen Organisation für Normung (ISO) sichergestellt werden. **153**

5. Forum Privatheit: White Paper Datenschutz-Folgenabschätzung

Unter Mitwirkung von Autoren des Fraunhofer-Instituts für System- und Innovationsforschung ISI in Karlsruhe, des ULD in Kiel und der Universität Kassel, Institut für Wirtschaftsrecht, hat sich das Forum Privatheit im Jahre 2016 mit den Anforderungen der Datenschutz-Grundverordnung und den Möglichkeiten des Einsatzes bestehender Vorgehensweisen auseinandergesetzt.[127] Ihr Ergebnis wurde im März 2016 als White Paper zur Datenschutz-Folgenabschätzung veröffentlicht. Es beschreibt ein Vorgehen anhand der Gewährleistungsziele für den Datenschutz, die auch den Prüfungen gem. Standard-Datenschutzmodell zugrunde liegen. Das White Paper selbst soll als erste grundlegende Information für die Beteiligten dienen, die sich aus unterschiedlicher Perspektive mit einer Datenschutz-Folgenabschätzung zu befassen haben. Es kann daher als Grundlage herangezogen werden, um in einem festgelegten Prozess sicherzustellen, dass die Grundrechtsgewährleistung nicht von der Verfügbarkeit finanzieller und personeller Mittel abhängig ist. Dementsprechend erweitert das White Paper den Kreis der datenschutzrechtlich Beteiligten um Akteure wie Auftragsverarbeiter (Betreiber), Mitarbeiter des Verarbeiters, Hersteller des Prü- **154**

127 https://www.forum-privatheit.de/forum-privatheit-de/texte/veroeffentlichungen-des-forums/themenpapiere-white-paper/Forum_Privatheit_White_Paper_Datenschutz-Folgenabschaetzung_2016.pdf letzter Abruf am 02.10.2016.

fungsgegenstandes und Dritte, die zufälligerweise Kenntnis von personenbezogenen Daten nehmen könnten. Die einzelnen Prozessschritte und die Identifikation der Schutzziele orientieren sich an den Gedanken des Standard-Datenschutzmodells (hierzu Rn. 138 ff.).

6. ISO/IEC DIS 29134

155 Auch über internationale Normierungsverfahren ist eine Vorgabe zur Datenschutz-Folgenabschätzung vorgesehen, die zum Zeitpunkt der Freigabe dieses Beitrages (24.7.2017) aber noch nicht abgeschlossen war. Der Normentwurf „ISO/IEC DIS 29134:2016-07 – Entwurf"[128] hat das Ziel, einen anerkannten internationalen Leitfaden zum Thema „Informationstechnik – Sicherheitsverfahren – Datenschutz-Folgenabschätzung" zu schaffen. Dabei gliedert sich der Prozess der Datenschutz-Folgenabschätzung in vier Unterprozesse: einer Schwellenwertanalyse, der Vorbereitung, der Durchführung und der Nachverfolgung der Datenschutz-Folgenabschätzung.[129]

156 Wird bei der Schwellenwertanalyse ein voraussichtlich hoher Risiko für die Rechte und Freiheiten natürlicher Personen festgestellt, sind im nächsten Prozessschritt die für die Durchführung der Datenschutz-Folgenabschätzung erforderlichen Personen und ihr Umfang festzustellen. Dabei sind auch die relevanten Beteiligten bzw. deren Vertreter wie Abteilungen oder Betriebsrat einzubinden. Die Durchführung selbst erfolgt anhand der Analyse der Datenflüsse, der Ermittlung der zu berücksichtigenden Faktoren, einer Risikobeurteilung sowie der Vorbereitung der Risikobehandlung. Die Berichtserstellung erfolgt unter der Nachverfolgung der Datenschutz-Folgenabschätzung. Dabei sind auch künftige Änderungen zu dokumentieren.[130]

7. Art. 29-Datenschutzgruppe: Working Paper 248

157 Die Art. 29-Datenschutzgruppe hat eine Version des WP 248 zu Leitlinien zu einer Datenschutz-Folgenabschätzung und der Entscheidung, ob eine Verarbeitung voraussichtlich zu einem hohen Risiko führt, im April 2017 veröffentlicht.[131] Darin führt sie zunächst in korrekter Zitierweise den Begriff des Data Protection Impact Assessment (DPIA) ein, ohne dass sich daraus allein ein weiteres zu berücksichtigendes Merkmal ableiten ließe.

158 In dieser Leitlinie führt die Art. 29-Datenschutzgruppe Kriterien auf, die bei der Frage nach der Notwendigkeit einer Datenschutz-Folgenabschätzung berücksichtigt werden sollen.[132] Sie geht davon aus, dass es umso wahrscheinlicher ist, dass ein hohes Risiko für die Rechte und Freiheiten der Betroffenen gegeben ist, je mehr dieser Kriterien gleichzeitig erfüllt sind. Diese Kriterien sind[133]:

- Evaluierung oder Scoring, inklusive Profilbildung und Vorhersagen
- Automatisierte Entscheidungen mit rechtlicher oder ähnlich beeinträchtigender Wirkung
- Systematische Beobachtung
- Sensible Daten
- In großem Umfang verarbeitete Daten
- Datensätze, die abgeglichen oder kombiniert wurden
- Daten, die verletzliche Datensubjekte betreffen
- Innovative Nutzung oder Verwendung von technologischen und organisatorischen Lösungen
- Datenübermittlung in Drittstaaten außerhalb der EU

128 http://www.beuth.de/de/norm-entwurf/iso-iec-dis-29134/258458932 letzter Abruf am 02.10.2016.
129 *Kranig/Sachs/Gierschmann*, S. 100.
130 *Kranig/Sachs/Gierschmann*, S. 101.
131 Guidelines on Data Protection Impact Assessment (DPIA) and determining whether processing is „likely to result in a high risk" for the purposes of Regulation 2016/679, http://ec.europa.eu/newsroom/just/item-detail.cfm?item_id=50083, abgerufen am 24.06.2017.
132 Art. 29-Datenschutzgruppe, WP 248, S. 7-10.
133 Übersetzung nach bitkom, Risk Assessment & Datenschutz-Folgenabschätzung, S. 50.

- Datenverarbeitungen, die den Betroffenen davon abhalten, ein Recht geltend zu machen oder einen Dienst oder Vertrag zu nutzen

Als Daumenregel stellt sich die Art. 29-Datenschutzgruppe vor, dass nur bei einer Datenverarbeitung, die weniger als zwei dieser Kriterien erfüllt, eine Datenschutz-Folgenabschätzung nicht zu erfolgen hat.[134] Die Meinungsbildung zu dieser Version der Leitlinie, die die Art. 29-Datenschutzgruppe zur Diskussion gestellt ist, ist zum Redaktionsschluss noch nicht abgeschlossen. Jedoch kann hervorgehoben werden, dass Working Paper der Art. 29-Datenschutzgruppe nicht verbindlich ist. Eine so weite Interpretation des Tatbestandsmerkmals des voraussichtlich hohen Risikos, wie sie von der Art. 29-Datenschutzgruppe vorgenommen wird, führte in der Praxis zu einer weitaus häufigeren Pflicht zur Durchführung der Datenschutz-Folgenabschätzung als bei der bisherigen Vorabkontrolle durch die Datenschutzbeauftragten. **159**

IV. Sanktionen

Ein Verstoß gegen Art. 35 kann in der Nichtdurchführung oder fehlerhafte Durchführung der Datenschutz-Folgenabschätzung bestehen. Ein solcher Verstoß kann nach Art. 83 Abs. 4 lit. a mit einer Geldbuße von bis zu 10.000.000 € oder im Fall eines Unternehmens von bis zu 2 % seines gesamten weltweit erzielten Jahresumsatzes des vorangegangenen Geschäftsjahres geahndet werden, je nachdem, welcher der Beträge höher ist. Diese Sanktion richtet sich gegen den Verantwortlichen. Auch die Nichteinbeziehung eines benannten Datenschutzbeauftragten nach Abs. 2 stellt bereits einen Verstoß dar. Die Durchführung einer Datenschutz-Folgenabschätzung ist aber keine Voraussetzung für die Rechtmäßigkeit einer Datenverarbeitung, so dass eine unterbliebene oder fehlerhafte Datenschutz-Folgenabschätzung nicht allein deswegen zu einer rechtswidrigen Verarbeitung führt. **160**

V. Rechtsschutz

Die Durchführung der Datenschutz-Folgenabschätzung ist keine Rechtmäßigkeitsvoraussetzung für eine konkrete Verarbeitung.[135] Daher scheiden auch Verbandsklagen gem. Art. 80 Abs. 2 i.V.m. § 2 Abs. 2 Nr. 11 UKlaG bzw. UWG aus, da eine Verletzung der Pflichten aus Art. 35 keine Auswirkung auf die Rechtmäßigkeit der Datenverarbeitung hat.[136] **161**

Die Rechtsschutzmöglichkeiten des Betroffenen richten sich nach den allgemeinen Vorschriften wie Art. 77 Abs. 1 (Recht auf Beschwerde bei einer Aufsichtsbehörde) oder Art. 79 Abs. 1 (Recht auf wirksamen gerichtlichen Rechtsbehelf gegen Verantwortliche oder Auftragsverarbeiter). Rechtsbehelfe Betroffener in direktem Zusammenhang mit Art. 35 sind kaum vorstellbar, da die Vorschrift Verpflichtungen des Verantwortlichen festlegt und keine individuell einklagbaren Rechte.[137] **162**

Aus einer Nichtdurchführung oder einer fehlerhaften Durchführung der Datenschutz-Folgenabschätzung kann ein Betroffener keine Haftungsansprüche nach Art. 82 Abs. 1 und 2 ableiten, weil ihm daraus weder ein materieller noch ein immaterieller Schaden entsteht. Dieser kann nur aus einer konkreten Verarbeitung oder aus dem Unterlassen einer konkreten Verarbeitung entstehen.[138] **163**

---

134 Art. 29-Datenschutzgruppe, WP 248, S. 9-10.
135 Gola, *Nolte/Werkmeister*, Art. 35 Rn. 73.
136 Gola, *Nolte/Werkmeister*, Art. 35 Rn. 75.
137 Ehmann/Selmayr, *Baumgartner*, Art. 35 Rn. 55.
138 Gola, *Nolte/Werkmeister*, Art. 35 Rn. 75.

Article 36

Prior consultation

1. The controller shall consult the supervisory authority prior to processing where a data protection impact assessment under Article 35 indicates that the processing would result in a high risk in the absence of measures taken by the controller to mitigate the risk.

2. Where the supervisory authority is of the opinion that the intended processing referred to in paragraph 1 would infringe this Regulation, in particular where the controller has insufficiently identified or mitigated the risk, the supervisory authority shall, within period of up to eight weeks of receipt of the request for consultation, provide written advice to the controller and, where applicable to the processor, and may use any of its powers referred to in Article 58. That period may be extended by six weeks, taking into account the complexity of the intended processing. The supervisory authority shall inform the controller and, where applicable, the processor, of any such extension within one month of receipt of the request for consultation together with the reasons for the delay. Those periods may be suspended until the supervisory authority has obtained information it has requested for the purposes of the consultation.

3. When consulting the supervisory authority pursuant to paragraph 1, the controller shall provide the supervisory authority with:

   (a) |where applicable, the respective responsibilities of the controller, joint controllers and processors involved in the processing, in particular for processing within a group of undertakings;

   (b) the purposes and means of the intended processing;

   (c) the measures and safeguards provided to protect the rights and freedoms of data subjects pursuant to this Regulation;

Artikel 36

Vorherige Konsultation

(1) Der Verantwortliche konsultiert vor der Verarbeitung die Aufsichtsbehörde, wenn aus einer Datenschutz-Folgenabschätzung gemäß Artikel 35 hervorgeht, dass die Verarbeitung ein hohes Risiko zur Folge hätte, sofern der Verantwortliche keine Maßnahmen zur Eindämmung des Risikos trifft.

(2) Falls die Aufsichtsbehörde der Auffassung ist, dass die geplante Verarbeitung gemäß Absatz 1 nicht im Einklang mit dieser Verordnung stünde, insbesondere weil der Verantwortliche das Risiko nicht ausreichend ermittelt oder nicht ausreichend eingedämmt hat, unterbreitet sie dem Verantwortlichen und gegebenenfalls dem Auftragsverarbeiter innerhalb eines Zeitraums von bis zu acht Wochen nach Erhalt des Ersuchens um Konsultation entsprechende schriftliche Empfehlungen und kann ihre in Artikel 58 genannten Befugnisse ausüben. Diese Frist kann unter Berücksichtigung der Komplexität der geplanten Verarbeitung um sechs Wochen verlängert werden. Die Aufsichtsbehörde unterrichtet den Verantwortlichen oder gegebenenfalls den Auftragsverarbeiter über eine solche Fristverlängerung innerhalb eines Monats nach Eingang des Antrags auf Konsultation zusammen mit den Gründen für die Verzögerung. Diese Fristen können ausgesetzt werden, bis die Aufsichtsbehörde die für die Zwecke der Konsultation angeforderten Informationen erhalten hat.

(3) Der Verantwortliche stellt der Aufsichtsbehörde bei einer Konsultation gemäß Absatz 1 folgende Informationen zur Verfügung:

a) gegebenenfalls Angaben zu den jeweiligen Zuständigkeiten des Verantwortlichen, der gemeinsam Verantwortlichen und der an der Verarbeitung beteiligten Auftragsverarbeiter, insbesondere bei einer Verarbeitung innerhalb einer Gruppe von Unternehmen;

b) die Zwecke und die Mittel der beabsichtigten Verarbeitung;

c) die zum Schutz der Rechte und Freiheiten der betroffenen Personen gemäß dieser Verordnung vorgesehenen Maßnahmen und Garantien;

(d) where applicable, the contact details of the data protection officer;

(e) the data protection impact assessment provided for in Article 35; and

(f) any other information requested by the supervisory authority.

4. Member States shall consult the supervisory authority during the preparation of a proposal for a legislative measure to be adopted by a national parliament, or of a regulatory measure based on such a legislative measure, which relates to processing.

5. Notwithstanding paragraph 1, Member State law may require controllers to consult with, and obtain prior authorisation from, the supervisory authority in relation to processing by a controller for the performance of a task carried out by the controller in the public interest, including processing in relation to social protection and public health.

d) gegebenenfalls die Kontaktdaten des Datenschutzbeauftragten;

e) die Datenschutz-Folgenabschätzung gemäß Artikel 35 und

f) alle sonstigen von der Aufsichtsbehörde angeforderten Informationen.

(4) Die Mitgliedstaaten konsultieren die Aufsichtsbehörde bei der Ausarbeitung eines Vorschlags für von einem nationalen Parlament zu erlassende Gesetzgebungsmaßnahmen oder von auf solchen Gesetzgebungsmaßnahmen basierenden Regelungsmaßnahmen, die die Verarbeitung betreffen.

(5) Ungeachtet des Absatzes 1 können Verantwortliche durch das Recht der Mitgliedstaaten verpflichtet werden, bei der Verarbeitung zur Erfüllung einer im öffentlichen Interesse liegenden Aufgabe, einschließlich der Verarbeitung zu Zwecken der sozialen Sicherheit und der öffentlichen Gesundheit, die Aufsichtsbehörde zu konsultieren und deren vorherige Genehmigung einzuholen.

Recitals

(84) In order to enhance compliance with this Regulation where processing operations are likely to result in a high risk to the rights and freedoms of natural persons, the controller should be responsible for the carrying-out of a data protection impact assessment to evaluate, in particular, the origin, nature, particularity and severity of that risk. The outcome of the assessment should be taken into account when determining the appropriate measures to be taken in order to demonstrate that the processing of personal data complies with this Regulation. Where a data-protection impact assessment indicates that processing operations involve a high risk which the controller cannot mitigate by appropriate measures in terms of available technology and costs of implementation, a consultation of the supervisory authority should take place prior to the processing.

(94) Where a data protection impact assessment indicates that the processing would, in the absence of safeguards, security measures

Erwägungsgründe

(84) Damit diese Verordnung in Fällen, in denen die Verarbeitungsvorgänge wahrscheinlich ein hohes Risiko für die Rechte und Freiheiten natürlicher Personen mit sich bringen, besser eingehalten wird, sollte der Verantwortliche für die Durchführung einer Datenschutz-Folgenabschätzung, mit der insbesondere die Ursache, Art, Besonderheit und Schwere dieses Risikos evaluiert werden, verantwortlich sein. Die Ergebnisse der Abschätzung sollten berücksichtigt werden, wenn darüber entschieden wird, welche geeigneten Maßnahmen ergriffen werden müssen, um nachzuweisen, dass die Verarbeitung der personenbezogenen Daten mit dieser Verordnung in Einklang steht. Geht aus einer Datenschutz-Folgenabschätzung hervor, dass Verarbeitungsvorgänge ein hohes Risiko bergen, das der Verantwortliche nicht durch geeignete Maßnahmen in Bezug auf verfügbare Technik und Implementierungskosten eindämmen kann, so sollte die Aufsichtsbehörde vor der Verarbeitung konsultiert werden.

(94) Geht aus einer Datenschutz-Folgenabschätzung hervor, dass die Verarbeitung bei Fehlen von Garantien, Sicherheitsvorkehrun-

and mechanisms to mitigate the risk, result in a high risk to the rights and freedoms of natural persons and the controller is of the opinion that the risk cannot be mitigated by reasonable means in terms of available technologies and costs of implementation, the supervisory authority should be consulted prior to the start of processing activities. Such high risk is likely to result from certain types of processing and the extent and frequency of processing, which may result also in a realisation of damage or interference with the rights and freedoms of the natural person. The supervisory authority should respond to the request for consultation within a specified period. However, the absence of a reaction of the supervisory authority within that period should be without prejudice to any intervention of the supervisory authority in accordance with its tasks and powers laid down in this Regulation, including the power to prohibit processing operations. As part of that consultation process, the outcome of a data protection impact assessment carried out with regard to the processing at issue may be submitted to the supervisory authority, in particular the measures envisaged to mitigate the risk to the rights and freedoms of natural persons.

gen und Mechanismen zur Minderung des Risikos ein hohes Risiko für die Rechte und Freiheiten natürlicher Personen mit sich bringen würde, und ist der Verantwortliche der Auffassung, dass das Risiko nicht durch in Bezug auf verfügbare Technologien und Implementierungskosten vertretbare Mittel eingedämmt werden kann, so sollte die Aufsichtsbehörde vor Beginn der Verarbeitungstätigkeiten konsultiert werden. Ein solches hohes Risiko ist wahrscheinlich mit bestimmten Arten der Verarbeitung und dem Umfang und der Häufigkeit der Verarbeitung verbunden, die für natürliche Personen auch eine Schädigung oder eine Beeinträchtigung der persönlichen Rechte und Freiheiten mit sich bringen können. Die Aufsichtsbehörde sollte das Beratungsersuchen innerhalb einer bestimmten Frist beantworten. Allerdings kann sie, auch wenn sie nicht innerhalb dieser Frist reagiert hat, entsprechend ihren in dieser Verordnung festgelegten Aufgaben und Befugnissen eingreifen, was die Befugnis einschließt, Verarbeitungsvorgänge zu untersagen. Im Rahmen dieses Konsultationsprozesses kann das Ergebnis einer im Hinblick auf die betreffende Verarbeitung personenbezogener Daten durchgeführten Datenschutz-Folgenabschätzung der Aufsichtsbehörde unterbreitet werden; dies gilt insbesondere für die zur Eindämmung des Risikos für die Rechte und Freiheiten natürlicher Personen geplanten Maßnahmen.

(95) The processor should assist the controller, where necessary and upon request, in ensuring compliance with the obligations deriving from the carrying out of data protection impact assessments and from prior consultation of the supervisory authority.

(95) Der Auftragsverarbeiter sollte erforderlichenfalls den Verantwortlichen auf Anfrage bei der Gewährleistung der Einhaltung der sich aus der Durchführung der Datenschutz-Folgenabschätzung und der vorherigen Konsultation der Aufsichtsbehörde ergebenden Auflagen unterstützen.

(96) A consultation of the supervisory authority should also take place in the course of the preparation of a legislative or regulatory measure which provides for the processing of personal data, in order to ensure compliance of the intended processing with this Regulation and in particular to mitigate the risk involved for the data subject.

(96) Eine Konsultation der Aufsichtsbehörde sollte auch während der Ausarbeitung von Gesetzes- oder Regelungsvorschriften, in denen eine Verarbeitung personenbezogener Daten vorgesehen ist, erfolgen, um die Vereinbarkeit der geplanten Verarbeitung mit dieser Verordnung sicherzustellen und insbesondere das mit ihr für die betroffene Person verbundene Risiko einzudämmen.

Literatur

Albrecht/Jotzo, Das neue Datenschutzrecht der EU, 1. Auflage 2017, Nomos Baden-Baden; *Bergmann/Möhrle/Herb*, Datenschutzrecht, Loseblattwerk in 52. Aktualisierung März 2017, Boorberg München; *Echkardt/Kramer*, EU-DSGVO Diskussionspunkte aus der Praxis, in: DuD 2013, 287; *Ehmann/Selmayr (Hrsg.)*, Datenschutz-Grundverordnung, 1. Auflage 2017, C.H. Beck München; *Gola (Hrsg.)*, Datenschutz-Grundverordnung, 1. Auflage 2017, C.H. Beck München; *Hansen*, Datenschutz-Folgenabschätzung – gerüstet für Datenschutzvorsorge?, in: DuD 2016, 587; *Kranig/Sachs/Gierschman*, Datenschutz-Compliance nach der DS-GVO, 1. Auflage 2017, Bundesanzeiger Verlag GmbH Köln; *Kühling/Buchner (Hrsg.)*, Datenschutzgrundverordnung, 1. Auflage 2017, C.H. Beck München; *Laue/Nink/Kremer*, Das neue Datenschutzrecht in der betrieblichen Praxis, 1. Auflage 2016, Nomos Baden-Baden; *Kaufmann*, Meldepflichten und Datenschutz-Folgenabschätzung – Kodifizierung neuer Pflichten in der EU-Datenschutz-Grundverordnung, in: ZD 2012, 358; *Nwankwo*, EU: Art. 29 Working Party Adopts Guidelines on Data Protection Impact Assessment, in: ZD-Aktuell 2017, 05643; *Paal/Pauly*, Datenschutz-Grundverordnung, 1. Auflage 2016, C.H. Beck München; *Phan*, Die Datenschutz-Folgenabschätzung nach der Datenschutz-Grundverordnung, in: PinG 2016, 243; *Schmitz/von Dall'Armi*, Datenschutz-Folgenabschätzung – verstehen und anwenden – Wichtiges Instrument zur Umsetzung von Privacy by Design, in: ZD 2017, 57; *Volkmer/Kaiser*, Das Verzeichnis von Verarbeitungstätigkeiten und die Datenschutz-Folgenabschätzung in der Praxis, in: PinG 2017, 153; *Wichtermann*, Die Datenschutz-Folgenabschätzung in der DS-GVO, in: PinG 2016, 797; *Wolff/Brink (Hrsg.)*, Beck'scher Online-Kommentar Datenschutzrecht, C.H. Beck München, 20. Edition Stand 01.05.2017; *Wybitul*, (Hrsg), Einführung in die EU-Datenschutz-Grundverordnung, 1. Auflage 2017, Deutscher Fachverlag GmbH, Frankfurt a.M.

▶ Bedeutung der Norm

Die vorherige Konsultation verpflichtet den Verantwortlichen, sich an die für ihn zuständige Aufsichtsbehörde zu wenden, wenn er aufgrund der Durchführung einer Datenschutz-Folgenabschätzung zu dem Ergebnis kommt, dass die Verarbeitung ein hohes Risiko zur Folge hätte. Als risikoabhängige Pflicht ist die vorherige Konsultation Teil des risikobasierten Ansatzes.

▶ Hinweise für den Anwender

- Die DS-GVO enthält ein gestuftes System für die Pflichten des. Dieses umfasst die Festlegung der technischen und organisatorischen Maßnahmen gem. Art. 32, die Datenschutz-Folgenabschätzung gem. Art. 35 und schließlich die vorherige Konsultation der Aufsichtsbehörde vor Beginn der Verarbeitung personenbezogener Daten. Die Verpflichtung, die Aufsichtsbehörde zu konsultieren, erstreckt sich auch auf den Gesetzgeber bei der Ausarbeitung von Gesetzgebungsvorhaben.

Vorgängernorm im BDSG:

- Es gibt im BDSG keine Norm, die eine Einbeziehung der Aufsichtsbehörde vorschreibt. Gem. § 4d Abs. 6 S. 3 hat sich der Datenschutzbeauftragte lediglich in Zweifelsfällen an die Aufsichtsbehörde zu wenden.

Vorgängernorm in der RL 95/46:

- Art. 20 Abs. 2 RL 95/46.

Stellungnahmen der Aufsichtsbehörden oder der Art. 29-Datenschutzgruppe, soweit vorhanden:

- Es gibt keine Stellungnahmen, die sich explizit mit dem Verfahren nach Art. 36 befassen, aber der Stellungnahme zur Datenschutz-Folgenabschätzung (WP 248) enthält Bezüge zur vorherigen Konsultation.
- *Article 29 Data Protection Working Party*, Guidelines for identifying a controller or processor's lead supervisory authority (

- Adopted on 13 December 2016 as last Revised and Adopted on 5 April 2017, WP 244; http://ec.europa.eu/information_society/newsroom/image/document/2016-51/wp244_en_40857.pdf (abgerufen 14.7.2017)
- *Article 29 Data Protection Working Party*, Guidelines on Data Protection Impact Assessment (DPIA) and determining whether processing is "likely to result in a high risk" for the purposes of Regulation 2016/679" (adopted on 4 April 2017), WP 248, http://ec.europa.eu/newsroom/just/item-detail.cfm?item_id=50083 (abgerufen 14.7.2017). [Bei dieser Stellungnahme handelt es sich um einen Entwurf, der zum Zeitpunkt des Redaktionsschlusses noch nicht finalisiert wurde.]
- *Bayerisches Landesamt für Datenschutzaufsicht*, Hinweise zur DS-GVO, Nr. 18 Datenschutz-Folgenabschätzung https://www.lda.bayern.de/media/baylda_ds-gvo_18_privacy_impact_assessment.pdf (abgerufen am 26.6.2017);
- *Datenschutzkonferenz*, Kurzpapiere zur DS-GVO, Nr. 5 Datenschutz-Folgenabschätzung, Stand: 24.07.2017, https://www.bfdi.bund.de/SharedDocs/Downloads/DE/Datenschutz/Kurzpapier_DatenschutzFolgeabschaetzung.pdf;jsessionid=23A17CD3D344D102B8938DC54B968BFB.1_cid329?__blob=publicationFile&v=2 (abgerufen am 28.08.2017)

Schlagworte

Abhilfemaßnahmen, Aufsichtsbehörde, Datenschutzbeauftragter, Datenschutz-Folgenabschätzung, Empfehlung, Genehmigungspflicht Gesetzgeber, Konsultation, Meldepflicht, Mitgliedsstaat, Öffnungsklausel, hohes Risiko, risikobasierter Ansatz, Schriftform, Spezifizierungsklausel, Vorabkontrolle

A. Allgemeines

1 Die Pflicht zur vorherigen Konsultation der Aufsichtsbehörde ist neu im europäischen Datenschutzrecht. Verantwortliche haben nicht mehr die Wahl, ob sie sich in unsicheren Fragen der Verarbeitung beraten lassen wollen, es wird Ihnen über Abs. 1 vorgeschrieben, wenn nach Ansicht des Verantwortlichen durch die Verarbeitung ein hohes Risiko für die Rechte und Freiheiten natürlicher Personen besteht. Verarbeitungen, die ein hohes Risiko bergen könnten, sollen nach dem Willen des Gesetzgebers letztendlich nur dann durchgeführt werden können, wenn auch die Aufsichtsbehörden keine weiteren zumutbaren Abhilfemaßnahmen zur Bewältigung der (hohen) Risiken mehr empfehlen können (vgl. Art. 35 Abs. 7 lit. d).

I. Regelungszweck

Die Norm soll sicherstellen, dass bei Verarbeitungen, durch die für die Rechte und Freiheiten der natürlichen Person ein hohes Risiko entsteht, die Aufsichtsbehörde vor Beginn der Verarbeitung die Möglichkeit hat einzugreifen. Das hohe Risiko wird durch den Verantwortlichen in der gem. Art. 35 durchzuführenden Datenschutz-Folgenabschätzung festgestellt. Die Behörde wird nicht von sich aus tätig. Bei Gesetzgebungsverfahren sind die jeweils zuständigen Aufsichtsbehörden durch die Mitgliedsstaaten zu konsultieren. Die vorherige Konsultation ist keine Rechtmäßigkeitsvoraussetzung für die Verarbeitung. Durch die Einbeziehung der Aufsichtsbehörden soll bei Verarbeitungen mit hohem Risiko das Eingreifen einer kompetenten Prüfungsinstanz sichergestellt werden. 2

II. Normadressaten

Die Norm adressiert in erster Linie den Verantwortlichen. Er hat die vorherige Konsultation durchzuführen hat (Abs. 1). 3

Gemeinsam Verantwortliche legen in einer Vereinbarung in transparenter Form gem. Art. 26 Abs. 1 fest, wer von ihnen welche Verpflichtung nach dieser Verordnung erfüllt. Dies umfasst auch die Verpflichtung zur vorherigen Konsultation (vgl. Abs. 3 lit. a). 4

Die Norm richtet sich auch an den Auftragsverarbeiter. An ihn kann die Aufsichtsbehörde schriftliche Empfehlungen richten (Abs. 2). Auch sind die Zuständigkeiten des Auftragsverarbeiters gegenüber der Aufsichtsbehörde anzugeben (Abs. 3 lit. a). Die Pflicht des Auftragsverarbeiters zur Unterstützung des Verantwortlichen ist allerdings nicht gem. Art. 36, sondern gem. Art. 28 Abs. 3 S. 3 lit. f vertraglich zu vereinbaren. 5

Die Regelung richtet sich an die Aufsichtsbehörden, die dem Verantwortlichen schriftliche Empfehlungen unterbreiten (Abs. 2). Die Zuständigkeit der Aufsichtsbehörde für die Durchführung der vorherigen Konsultation richtet sich nach Art. 55 f. Hat der Verantwortliche seinen Sitz außerhalb der EU und keinen Vertreter in der EU benannt, muss er sich an jede Aufsichtsbehörde in den Mitgliedstaaten wenden, in denen er aktiv ist.[1] 6

Über Abs. 4 richtet sich die Regelung sogar an die Mitgliedsstaaten, die im Rechtsetzungsverfahren zur vorherigen Konsultation verpflichtet sind. 7

Der Datenschutzbeauftragte ist insoweit einzubeziehen, als seine Kontaktdaten gem. Abs. 3 lit. d gegenüber der Aufsichtsbehörde anzugeben sind. Er ist außerdem Anlaufstelle für die Aufsichtsbehörde in allen mit der Verarbeitung zusammenhängenden Fragen, zu denen gem. Art. 39 Abs. 1 lit. e ausdrücklich die vorherige Konsultation gehört. 8

III. Systematik

Die vorherige Konsultation gehört zu den Vorgaben, die der Verantwortliche erfüllen muss, um im Rahmen seiner organisatorischen Pflichten entsprechend dem Risiko für die Rechte und Freiheiten der natürlichen Person zu agieren. Sie steht am Ende der präventiv vorzunehmenden Maßnahmen, zu denen die technischen und organisatorischen Maßnahmen zur Einhaltung der Datensicherheit gem. Art. 32 und die Datenschutz-Folgenabschätzung gem. Art. 35 gehören. 9

1 *Article 29 Data Protection Working Party*, Guidelines for identifying a controller or processor's lead supervisory authority, Adopted on 13 December 2016 as last Revised and Adopted on 5 April 2017, WP 244; dort Ziff.3.3, http://ec.europa.eu/information_society/newsroom/image/document/2016-51/wp244_en_40857.pdf (abgerufen 14.7.2017).

IV. Entstehungsgeschichte

1. Bisherige europäische Vorgaben

10 Art. 20 der RL 95/46 regelt die Vorabkontrolle und sieht in Abs. 2 vor, dass diese durch die Kontrollstelle (Aufsichtsbehörde) oder den Datenschutzbeauftragten erfolgt, der im Zweifelsfall die Aufsichtsbehörde zu konsultieren hat. In Deutschland wurde die Regelung der Vorabkontrolle nie als starr[2] wahrgenommen, weil der Gesetzgeber bei der Umsetzung im BDSG von der Einbindung des betrieblichen Datenschutzbeauftragten Gebrauch gemacht hat (vgl. § 4d Abs. 5 und 6 BDSG).

11 Gem. Art. 20 Abs. 3 RL 95/46 konnten die Mitgliedstaaten eine solche Prüfung auch im Zuge der Ausarbeitung einer Maßnahme ihres Parlaments oder einer auf eine solche gesetzgeberische Maßnahme gestützten Maßnahme durchführen. EG 52 RL 95/46 sah in diesem Zusammenhang die nachträgliche Kontrolle durch die zuständigen Stellen im Allgemeinen als ausreichende Maßnahme an. Ergänzend zu Art. 20 Abs. 3 RL 95/46 sieht Art. 28 Abs. 2 RL 95/46 vor, dass die Aufsichtsbehörde bei der Ausarbeitung von Rechtsverordnungen oder Verwaltungsvorschriften angehört wird. Durch die Verknüpfung mit Art. 28 Abs. 2 wird die Einbeziehung der Aufsichtsbehörde zur Pflicht und ist keine fakultative Entscheidung der Mitgliedsstaaten.[3]

2. Bisherige nationale Vorgaben

12 Im BDSG gibt es keine Norm, die dem Verantwortlichen über eine Meldepflicht gem. § 4d BDSG hinaus eine Einbeziehung der Aufsichtsbehörde vor Beginn der Verarbeitung vorschreibt. § 4d Abs. 4 BDSG sieht lediglich eine Meldepflicht von automatisierten Verarbeitungen vor, bei denen geschäftsmäßig personenbezogene Daten von der jeweiligen Stelle zum Zweck der Übermittlung, zum Zweck der anonymisierten Übermittlung oder für Zwecke der Markt- oder Meinungsforschung gespeichert werden. Diese obligatorische Meldepflicht ist unabhängig von einer individuellen Risikobetrachtung. In den Fällen der Vorabkontrolle nach § 4d Abs. 5 BDSG hat sich der Datenschutzbeauftragte (lediglich) in Zweifelsfällen gem. § 4d Abs. 6 S. 3 BDSG an die Aufsichtsbehörde zu wenden. Da er selbst bestimmt, wann er Zweifel hat, ist die Inanspruchnahme der Aufsichtsbehörde sehr subjektiv geprägt und kommt selten vor. Dabei ist auch zu berücksichtigen, dass ein Verstoß gegen die Vorabkontrollpflichten unter dem BDSG weder für den Verantwortlichen noch für den Datenschutzbeauftragten bußgeldbewehrt ist.

13 Die Einbeziehung des Datenschutzbeauftragten in die Vorabkontrolle nach § 4d Abs. 6 S. 1 BDSG ist als Instrument der regulierten Selbstregulierung bürokratieabbauend, ohne, dass dies für die betroffenen Personen zu einer Reduzierung der Berücksichtigung ihrer Interessen führt. Art. 36 Abs. 1 DS-GVO führt zu einer Verschärfung der Pflichten der Unternehmen.[4] Dies ist wohl aber auch das Ziel der DS-GVO, wie sich aus EG 11 ergibt, nach dem *„ein unionsweiter wirksamer Schutz personenbezogener Daten […] eine Verschärfung der Verpflichtungen für diejenigen, die personenbezogene Daten verarbeiten und darüber entscheiden, erfordert […]“*.

14 Neben dem Wechsel von einer starren Meldepflicht zu einem risikobasierten Ansatz (eingehend Art. 24 Rn. 78 ff.) ist die verpflichtende Einbeziehung der Aufsichtsbehörde anstatt des eigenen Datenschutzbeauftragten für die deutsche Rechtsanwendung in diesem Bereich die größte Veränderung durch die DS-GVO. Das Ziel des Bürokratieabbaus (vgl. EG 89) wird sich für die deutschen Rechtsanwender hier nicht realisieren lassen. Das Potential[5], das noch in der Entwurfsfassung des EP lag, indem die vorherige Konsultation durch den Datenschutzbeauftragten durchgeführt werden sollte[6], wurde nicht genutzt. Der Datenschutzbeauftragte – sofern benannt – bleibt in der DS-GVO in diesem Verfahren in einer beratenden Funktion (Art. 36 Abs. 2) und über

---

2 *Albrecht/Jotzo*, S. 95.
3 Paal/Pauly, *Paal*, Art. 36 Rn. 26.
4 *Gierschmann*, in: ZD, 2016, 51, 53.
5 vgl. *Eckhardt/Kramer*, in: DuD 2013, 287, 292.
6 Paal/Pauly, *Paal*, Art. 36 Rn. 13.

Art. 39 Abs. 1 lit. e als Anlaufstelle der Aufsichtsbehörden bei der vorherigen Konsultation erhalten.

3. Verhandlungen zur DS-GVO

Die Regelung sah in der Entwurfsfassung der KOM (Art. 34 Abs. 1) eine vorherige Genehmigung und eine vorherige Zurateziehung vor – ein Vorschlag, der sich aber im Trilog nicht durchsetzen konnte. Bereits der Entwurf des EP griff diesen Vorschlag nicht mehr auf. Die Vorgaben zur Durchführung der vorherigen Konsultation gehen auf die Vorschläge des Rates zurück. Hingegen haben die Vorstellungen der KOM, sie könne durch delegierte Rechtsakte, Standardvorlagen und Verfahrensvorschriften weiterhin auf die Umsetzung des Art. 36 Einfluss nehmen, nicht Eingang in das Ergebnis des Trilogs gefunden. Explizit wurde der Vorschlag des EP nicht aufgegriffen, den Datenschutzbeauftragten in das vorherige Konsultationsverfahren einzubeziehen. Hierdurch hätte man einen Anreiz zur Bestellung des Datenschutzbeauftragten schaffen können, denn eine vorherige Konsultation der Aufsichtsbehörde wäre nach dem EP-Vorschlag nur erforderlich gewesen, wenn ein Datenschutzbeauftragter nicht benannt worden wäre. 15

B. Inhalt der Regelung

Über die vorherige Konsultation wird der Verantwortliche angehalten, bei einem hohen Risiko für die Rechte und Freiheiten natürlicher Personen, das er trotz Ergreifung technischer und organisatorischer Maßnahmen nach der Durchführung einer Datenschutzfolgen-Abschätzung feststellt, die für ihn zuständige Aufsichtsbehörde (Art. 55) zu konsultieren. Diese hat dann die Möglichkeit innerhalb einer Frist von 8 Wochen zu reagieren (Abs. 2). Der Verantwortliche hat dadurch die Möglichkeit, Rechtssicherheit hinsichtlich seiner vorgesehenen Verarbeitung zu erhalten. Allerdings sind die vorgesehenen Reaktionszeiten der Aufsichtsbehörde, die die Frist bei Komplexität der Verarbeitung um weitere sechs Wochen erweitern kann, nicht geeignet, Unternehmensentscheidungen rasch umzusetzen. 16

I. Anwendungsbereich

Es ist noch umstritten, wie relevant der Art. 36 für die Praxis tatsächlich werden wird und ob bei einer regen Nachfrage durch Verantwortliche die Aufsichtsbehörden personell in der Lage sein werden, innerhalb der vorgegebenen Fristen agieren zu können. Nach den Erfahrungen mit der bisherigen Vorabkontrolle wird die praktische Relevanz des Art. 36 ebenfalls gering bleiben.[7] Für diese Prognose kann auch die Rechtsprechung des EuGH zur Vorgängernorm (Art. 20 RL 95/46)[8] herangezogen werden, in welcher der EuGH unter Bezugnahme auf den EG 53 RL 95/46 zu dieser Aussage kam.[9] Der EuGH verweist dabei auch auf EG 52 RL 95/46, nach dem die Verarbeitung personenbezogener Daten keiner allgemeinen Vorabkontrolle unterworfen ist, sondern einer nachträglichen Kontrolle, die im Allgemeinen als ausreichende Maßnahme anzusehen sei.[10] In der Kommentarliteratur wird dazu ausgeführt, dass es dem gesetzgeberischen Willen nicht zu entnehmen sei, dass sich der Anwendungsbereich des Art. 36 Abs. 1 gegenüber demjenigen des Art. 20 RL 95/46 wesentlich ändern soll. Es wird davon ausgegangen, dass die Konsultationspflicht im Wesentlichen die gleichen Fälle erfassen soll, wie unter der RL 95/46.[11] Zudem sei durch die Datenschutz-Folgenabschätzung des Art. 35 grundsätzlich sicherzustellen, dass keine Verarbeitung ohne hohen Restrisiken in Kauf genommen würde und die praktische Relevanz des Art. 36 daher eher gering ausfallen dürfte.[12] 17

---

7 Wybitul, *Bausewein/Steinhaus*, Art. 36 Rn. 4; Gola, *Nolte/Werkmeister*, Art. 36 Rn. 4.
8 EuGH, Urt. V. 9.11.2010 – C-92/09; SI 2010 I 11063, Rn. 105.
9 Wybitul, *Bausewein/Steinhaus*, Art. 36 Rn. 4; Paal/Pauly, *Paal*, Art. 36 Rn. 9.
10 EuGH, Urt. V. 9.11.2010 – C-92/09; SI 2010 I 11063, Rn. 104.
11 Wybitul, *Bausewein/Steinhaus*, Art. 36 Rn. 5; Paal/Pauly, *Paal*, Art. 36 Rn. 10.
12 Gola, *Nolte/Werkmeister*, Art. 36 Rn. 4.

18 Diesen Erwartungen wird hier nicht gefolgt. Die Verunsicherung bei den Verantwortlichen aufgrund fehlender konkreter gesetzlicher Vorgaben zur Durchführung einer Risikobewertung bei der Datenschutz-Folgenabschätzung, die fehlende Erfahrung hinsichtlich der Auslegung des Tatbestandsmerkmals „Risiko für die Rechte und Freiheiten natürlicher Personen" und die zunehmende Vernetzung von Produkten werden insb. vor dem Hintergrund der drastischen Sanktionsandrohungen des Art. 83 Abs. 4 lit. a zu einer Nachfrage bei der vorherigen Konsultation führen. Es ist offen, inwieweit ohne Vorlage von Positiv- und Negativlisten nach Art. 35 Abs. 4 und 5 die Verantwortlichen das Risiko eingehen wollen, sich wegen einer unterlassenen vorherigen Konsultation einem Sanktionsrisiko auszusetzen. Voraussichtlich wird der Beratungsbedarf zur Durchführung der Datenschutz-Folgenabschätzung ansteigen. Zu erwarten ist, dass vor diesem Hintergrund ein Verfahren nach Abs. 1 erst begonnen wird, wenn aufgrund einer Beratung des Verantwortlichen für diesen eine Einschätzung der Aufsichtsbehörde vorhersehbar erscheint. Auch wenn der Katalog der Aufgaben der Aufsichtsbehörden in Art. 57 keinen expliziten Beratungsauftrag wie in § 38 Abs. 1 S. 2 BDSG („*Sie berät und unterstützt die Beauftragten für den Datenschutz und die verantwortlichen Stellen mit Rücksicht auf deren typische Bedürfnisse.*") enthält, so ist doch in Art. 57 Abs. 1 lit. l eine Beratungsaufgabe der Aufsichtsbehörde in Bezug auf die in Art. 36 Abs. 2 genannten Verarbeitungsvorgänge vorgegeben.

II. Voraussetzungen der vorherigen Konsultation (Abs. 1)

19 Voraussetzung der vorherigen Konsultation ist, dass die Datenschutz-Folgenabschätzung ein hohes Risiko für die Rechte und Freiheiten der betroffenen Person ergeben hat.

20 Dabei ist die Formulierung in Abs. 1 missverständlich[13]: Sie suggeriert, dass der Verantwortliche eine vorherige Konsultation durchführen muss, wenn er bei der Datenschutz-Folgenabschätzung ein hohes Risiko ermittelt hat – selbst wenn er geeignete Abhilfemaßnahmen trifft, die das Risiko eindämmen.[14] Unter Rückgriff auf EG 94 lassen sich die Voraussetzungen der vorherigen Konsultation besser verstehen. Die Aufsichtsbehörde soll vor Beginn der Verarbeitungstätigkeit konsultiert werden, wenn zunächst aus einer Datenschutz-Folgenabschätzung hervorgeht, dass die Verarbeitung bei Fehlen von Garantien, Sicherheitsvorkehrungen und Mechanismen zur Minderung des Risikos ein hohes Risiko für die Rechte und Freiheiten natürlicher Personen mit sich bringen würde. Ist zudem der Verantwortliche der Auffassung, dass das Risiko nicht durch in Bezug auf verfügbare Technologien und Implementierungskosten vertretbare Mittel eingedämmt werden kann, so sollte die Aufsichtsbehörde vor Beginn der Verarbeitungstätigkeiten konsultiert werden.[15] Oder einfacher ausgedrückt: Eine vorherige Konsultation ist durchzuführen, wenn der Verantwortliche auf Basis einer Datenschutz-Folgenabschätzung zu der Auffassung gelangt, dass das verbleibende Risiko trotz getroffener Maßnahmen zu hoch ist und sich nicht durch Mittel eindämmen lässt, die zu den verfügbaren Technologien gehören und deren Implementierungskosten vertretbar sind.[16] Auch EG 84 S. 3 stützt diese Interpretation, da die Aufsichtsbehörde vor der Verarbeitung konsultiert werden sollte, wenn aus einer Datenschutz-Folgenabschätzung hervorgeht, dass Verarbeitungsvorgänge ein hohes Risiko bergen, das der Verantwortliche nicht durch geeignete Maßnahmen in Bezug auf verfügbare Technik und Implementierungskosten eindämmen kann.[17]

21 Im Ergebnis muss der Verantwortliche dann eine vorherige Konsultation durchführen, wenn er nach Durchführung einer Datenschutz-Folgenabschätzung zu der Überzeugung gelangt, er könne ein hohes Risiko mit den von ihm ermittelten technisch möglichen und wirtschaftlich vertretbaren Abhilfemaßnahmen nicht ausreichend eindämmen.[18]

---

13 Wolff/Brink, *Hansen*, Art. 36 Rn. 3.
14 Gola, *Nolte/Werkmeister*, Art. 36 Rn. 4.
15 Im Ergebnis auch *Schmitz/von Dall'Armi*, in: ZD 2017, 57, 63.
16 Wolff/Brink, *Hansen*, Art. 36 Rn. 3.
17 Ehmann/Selmayr, *Baumgartner*, Art. 36 Rn. 9.
18 Ehmann/Selmayr, *Baumgartner*, Art. 36 Rn. 10.

Im Umkehrschluss muss er keine vorherige Konsultation durchführen, wenn er ein hohes Risiko durch Ergreifung von Abhilfemaßnahmen gem. Art. 35 Abs. 7 lit. d eindämmen kann. Es besteht aber auch keine Pflicht zur Durchführung einer vorherigen Konsultation, wenn der Verantwortliche bei der Datenschutz-Folgenabschätzung und Feststellung eines hohen Risikos von der Umsetzung der Verarbeitung Abstand nimmt. **22**

III. Maßnahmen der Aufsichtsbehörde (Abs. 2)

Kommt die Aufsichtsbehörde zu dem Ergebnis, dass die Verarbeitung nicht mit der Verordnung in Einklang zu bringen ist, unterbreitet sie innerhalb eines Zeitraums von acht Wochen nach Erhalt des Ersuchens um Konsultation eine entsprechende schriftliche Empfehlung. Zudem kann sie ihre in Art. 58 aufgeführten Befugnisse ausüben (Abs 2 S. 1). Als Anhaltspunkte, wann eine Aufsichtsbehörde der Auffassung sein kann, dass eine geplante Verarbeitung nicht im Einklang mit der DS-GVO stünde, nennt Art. 36 Abs. 2 (nicht abschließend) eine nicht ausreichende Risikoermittlung oder nicht ausreichende Maßnahmen zur Risikoeindämmung durch den Verantwortlichen. **23**

1. Nicht ausreichend ermitteltes Risiko

Ein nicht ausreichende ermitteltes Risiko liegt vor, wenn der Verantwortliche bei der Datenschutz-Folgenabschätzung fälschlicherweise ein hohes Risiko angenommen oder Faktoren bei der Risikoabschätzung übersehen hat.[19] Basis für die Überprüfung sind die Informationen und Unterlagen, die der Verantwortliche gem. Abs. 3 zur Verfügung zu stellen hat. Dabei ist es unerheblich, welches Verfahren bzw. welche Methode der Verantwortliche zur Risikoermittlung im Rahmen der Datenschutz-Folgenabschätzung eingesetzt hat. Entscheidend ist für die Bewertung durch die Aufsichtsbehörde allein, ob das Ergebnis den zugrundeliegenden Sachverhalt hinsichtlich des Risikos richtig bewertet. **24**

Faktoren, die bei einer Risikoabschätzung übersehen werden und zu einem nicht ausreichend ermittelten Risiko führen können, sind beispielweise die Missachtung der Vorgaben des Art. 8 bei Angeboten von Diensten der Informationsgesellschaft, wenn sich ein Angebot (auch) an Kinder richtet, oder eine nicht vollständig geklärte Kette weiterer Auftragsverarbeiter. **25**

Es sind aber auch Fälle vorstellbar, dass ein Verantwortlicher im Rahmen seiner Datenschutz-Folgenabschätzung zur Annahme eines hohen Risikos gelangt, die Aufsichtsbehörde aber aufgrund ihrer Sachkenntnis und ihres Erfahrungswertes im Rahme der Risikobewertung kein hohes Risiko feststellt. Unter Umständen wird dieser Fall in der ersten Zeit der Anwendung der DS-GVO häufiger vorkommen, bevor die ersten Negativlisten nach Art. 35 Abs. 5 durch die Aufsichtsbehörden veröffentlicht sind. Es erschiene jedoch überzogen, eine Überbewertung des Risikos durch den Verantwortlichen als bußgeldbewehrten Verstoß nach Art 35 anzusehen.[20] Im Übrigen haben die Aufsichtsbehörden für die Fälle, dass Verantwortliche „im Zweifelsfall jede" Verarbeitung ihrer Aufsichtsbehörde vorlegen, über den Umkehrschluss aus Art. 57 Abs. 3 gegenüber einem Verantwortlichen auch Möglichkeiten, hier angemessen zu reagieren. Sie können eine Verwaltungsgebühr bzw. in den Fällen der offensichtlich unbegründeten Konsultation und exzessiven Anfragen eine angemessene Gebühr auf der Grundlage der Verwaltungskosten verlangen oder sich sogar weigern, aufgrund der Anfrage tätig zu werden (vgl. Art. 57 Abs. 4). **26**

Vor dem Hintergrund, dass eine vorherige Konsultation bei Vorliegen eines hohen Risikos durchzuführen ist, stellt sich die Frage, inwieweit das Beispiel der „nicht ausreichenden Risikoermittlung" in der Praxis eine Rolle spielen wird, denn der Verantwortliche hat durch seine Datenschutz-Folgenabschätzung bereits ein hohes Risiko festgestellt. Es können daher nur die Fälle umfasst sein, bei denen der Verantwortlich ein hohes Risiko ermittelte, die Aufsichtsbehörde aber diese Einschätzung nicht teilt und nur ein Risiko annimmt. **27**

---

19 Wolff/Brink, *Hansen*, Art. 36 Rn. 5.
20 so Bergmann/Möhrle/Herb, *Wagner*, Art. 36 Rn. 20.

2. Nicht ausreichend eingedämmtes Risiko

28 In der Praxis werden voraussichtlich die nicht ausreichenden Maßnahmen zur Risikoeindämmung gem. der 2. Alt. des Abs. 2 S. 1 die häufigste Ursache sein, die eine Aufsichtsbehörde zu dem Schluss kommen lässt, eine Verarbeitung stehe nicht im Einklang mit der Verordnung. Dies kann beispielsweise der Fall sein, wenn bei der Einwilligungsgestaltung Unzulänglichkeiten bei der Transparenzpflicht festgestellt werden. Auch Zweifel an der Wirksamkeit der durch den Verantwortlichen vorgesehenen Schutzmaßnahmen können einen Fall der nicht ausreichenden Maßnahmen zur Risikoeindämmung darstellen. Auch ein intransparentes Verfahren, das zu Einschränkungen der Betroffenenrechte führt, kann zu einem nicht ausreichend eingedämmten Risiko führen. Der Verantwortliche kann auch die von ihm angenommenen Beschränkungen bei der Eindämmung des Risikos in Bezug auf die Verfügbarkeit von Technologien und die Implementierungskosten falsch eingeschätzt haben.[21]

3. Reaktionsmöglichkeiten der Aufsichtsbehörden

29 Ist die Aufsichtsbehörde gem. Abs. 2 S. 1 der Auffassung, dass eine Verarbeitung nicht im Einklang mit der Verordnung stünde, hat sie zu überprüfen, ob die beabsichtigte hochriskante Verarbeitung durch geeignete Abhilfemaßnahmen legitimiert werden kann.[22]

30 Die Behörde kann dem Verantwortlichen und dem Auftragsverarbeiter schriftliche Empfehlungen unterbreiten. Bzgl. der Empfehlungen enthält Abs. 2 S. 1 keine inhaltlichen Vorgaben. Diese können sich daher auf Formulierungen bei den Informationspflichten, auf konkrete Abwehrmaßnahmen oder auch auf die vorgesehenen Zwecke beziehen.

31 Hinsichtlich der Schriftlichkeit der Empfehlung sollte zur Auslegung an diese Anforderung nicht auf die §§ 126, 126a BGB zurückgegriffen werden, da europarechtliche Vorgaben nicht über mitgliedsstaatliches Recht auszulegen sind.[23] Aus dem Fehlen der Alternative „oder in elektronischer" Form lässt sich jedenfalls keine Befugnis auf den Rückgriff mitgliedsstaatlicher Definitionen herleiten.[24] Die Aufsichtsbehörden werden allein aus Gründen der Nachweispflicht, dass sie innerhalb der Frist und umfassend reagiert haben, einen Weg wählen, der ihnen den Nachweis der Empfehlung ermöglicht.

32 Neben der Unterbreitung einer schriftlichen Empfehlung kann die Aufsichtsbehörde ihre Befugnisse aus Art. 58 ausüben. Der Verweis in Abs. 2 auf die Befugnisse nach Art. 58 hat nur deklaratorischen Charakter. Diese Befugnisse stehen ihr unabhängig von einer vorherigen Konsultation zu. Diese Befugnisse umfassen insb. die Beschränkung der Verarbeitung einschließlich der Verhängung eines Verbots (vgl. Art. 58 Abs. 2 lit. f).[25]

4. Reaktionsfristen der Aufsichtsbehörden (Abs. 2)

33 Die Aufsichtsbehörde unterbreitet dem Verantwortlichen und ggf. dem Auftragsverarbeiter innerhalb eines Zeitraums von bis zu acht Wochen nach Erhalt des Ersuchens um Konsultation entsprechende schriftliche Empfehlungen und kann ihre in Art. 58 genannten Befugnisse ausüben. Diese Frist kann unter Berücksichtigung der Komplexität der geplanten Verarbeitung um sechs Wochen verlängert werden. Hierzu unterrichtet die Aufsichtsbehörde den Verantwortlichen oder ggf. den Auftragsverarbeiter über eine solche Fristverlängerung innerhalb eines Monats nach Eingang des Antrags auf Konsultation zusammen mit den Gründen für die Verzögerung. Haben die Aufsichtsbehörden die angeforderten Informationen (vgl. Art. 36 Abs. 3, vgl. Rn. 41) noch nicht erhalten, können diese Fristen ausgesetzt werden (Abs. 2 S. 4). Auch wenn Abs. 2 keine konkre-

---

21 Wolff/Brink, *Hansen*, Art. 36 Rn. 5.
22 Kühling/Buchner, *Jandt*, Art. 36 Rn. 7.
23 Ehmann/Selmayr, *Selmayr/Ehmann*, Einführung, Rn. 91 ff.
24 so aber *Laue/Nink/Kremer*, § 7 Rn. 92.
25 Wolff/Brink, *Hansen*, Art. 36 Rn. 10.

ten Vorgaben zu den Informationsanforderungen gegenüber dem Verantwortlichen regelt, wäre eine Information des Verantwortlichen über die Fristverlängerung oder -aussetzung geboten.[26]

Diese Fristen können sich für die datenverarbeitenden Stellen als sehr nachteilig erweisen, wenn allein wegen der Komplexität der Fragestellungen bis zu 14 Wochen auf eine inhaltliche Rückmeldung der Aufsichtsbehörde gewartet werden müsste, selbst wenn alle erforderlichen Informationen vorliegen. Aufgrund der personellen Ausstattung der Aufsichtsbehörden und der Erweiterung ihrer Aufgaben zeigt sich hier der Nachteil, der durch den während des Trilogs vereinbarten Verzicht auf die Einbindung des Datenschutzbeauftragten in das Konsultationsverfahren entstanden ist (vgl. Rn. 15). Es ist auch mit zeitlichen Verzögerungen aufgrund der Vermittlung von Branchendetailwissen zu rechnen, die durch die Einbindung des eigenen Datenschutzbeauftragten hätte vermieden werden können.[27] **34**

Für den Verantwortlichen und seinen soweit bei der geplanten Verarbeitung vorgesehenen Auftragsverarbeiter wirkt sich dies unmittelbar auf die Planungssicherheit von Verarbeitungsvorgängen aus, für die im Einzelfall auch Ressourcen vorgehalten werden müssen. Für die Praxis wird sich daher empfehlen, schon bereits in der Planungsphase von komplexeren Verarbeitungen oder bei neuen Technologien frühzeitig die Beratungspflicht der Aufsichtsbehörden nach Art. 57 Abs. 1 lit. l in Anspruch zu nehmen, um Verzögerungen durch die Fristgestaltung zu vermeiden. **35**

Es gibt keine Vorgabe innerhalb des Art. 36, innerhalb welcher Frist die Aufsichtsbehörde überhaupt reagieren muss oder welche Konsequenzen es hat, sollte die Aufsichtsbehörde auch innerhalb der vierzehn Wochen keine Rückmeldung geben. Der Verantwortliche ist nach dem Wortlaut der Regelung in Abs. 1 auch nicht gehindert, nach Beginn der vorherigen Konsultation mit der Verarbeitung zu starten. Die Verarbeitung wird allein dadurch nicht unrechtmäßig (vgl. Rn. 53 ff.). Der Verantwortliche trägt aber das Risiko, dass die Aufsichtsbehörde ihm die Verarbeitung untersagen kann und dass er ein Bußgeld nach Art. 83 Abs. 5 lit. a bis zu 20 Mio. Euro oder bis zu 4 % des weltweiten Jahresumsatzes, je nachdem welcher Betrag höher ist, verhängt bekommt, sollte die Aufsichtsbehörde die Unrechtmäßigkeit der Verarbeitung feststellen. **36**

Sollte ein Mitgliedsstaat sicherstellen wollen, dass eine bestimmte Verarbeitung kein hohes Risiko für die Rechte und Freiheiten natürlicher Personen darstellt, hat er über Abs. 5 die Möglichkeit, dies bei Verarbeitungen, die im öffentlichen Interesse erfolgen, zu regeln. Er kann beispielsweise bei Verarbeitungen zu Zwecken der sozialen Sicherheit und der öffentlichen Gesundheit vorgeben, die Aufsichtsbehörde zu konsultieren und deren vorherige Genehmigung einzuholen (vgl. Kommentierung zu Abs. 5 Rn. 48 ff.). **37**

V. Anforderungen an die vorherige Konsultation (Abs. 3)

Eine bestimmte Form der vorherigen Konsultation durch den Verantwortlichen schreibt Art. 36 nicht vor. Es ist zu erwarten, dass die Aufsichtsbehörden hier mit Orientierungshilfen[28], Leitfäden und anderen Möglichkeiten der Vorgaben auch im eigenen Interesse eine Prozessoptimierung anstreben werden, um den zu erwartenden Arbeitsaufwand zu minimieren, aber auch um zu gleichgelagerten Ergebnissen zu kommen. Dabei kann auch eine standardisierte Abfrage der entscheidungsrelevanten Faktoren vorgegeben werden. **38**

26 Wolff/Brink, *Hansen*, Art. 36 Rn. 9.
27 *Kaufmann*, in: ZD 2012, 358, 362.
28 so Ehmann/Selmayr, *Baumgartner*, Art. 36 Rn. 11.

39 Inhaltlich gibt Abs. 3 die der Aufsichtsbehörde zur Verfügung stellenden Informationen bei der vorherigen Konsultation durch den Verantwortlichen vor. Diese umfassen:

- lit. a) ggf. Angaben zu den jeweiligen Zuständigkeiten des Verantwortlichen, der gemeinsam Verantwortlichen und der an der Verarbeitung beteiligten Auftragsverarbeiter, insb. bei einer Verarbeitung innerhalb einer Gruppe von Unternehmen;
- lit. b) die Zwecke und die Mittel der beabsichtigten Verarbeitung;
- lit. c) die zum Schutz der Rechte und Freiheiten der betroffenen Personen gem. dieser Verordnung vorgesehenen Maßnahmen und Garantien;
- lit. d) ggf. die Kontaktdaten des Datenschutzbeauftragten;
- lit. e) die Datenschutz-Folgenabschätzung gem. Artikel 35 und
- lit. f) alle sonstigen von der Aufsichtsbehörde angeforderten Informationen.

40 Die nach Abs. 3 geforderten Informationen aus den lit. a bis c werden sich aus der Datenschutz-Folgenabschätzung entnehmen lassen (vgl. Art. 35 Rn. 78 ff). Dennoch empfiehlt es sich, diese für das Verfahren nach Art. 36 entsprechend nachvollziehbar aufzubereiten und nicht nur auf die Datenschutz-Folgeabschätzung zu verweisen. So kann für die Aufsichtsbehörden eine Dokumentation des geplanten technisch-organisatorischen Systems in ausreichender Detaillierung erforderlich sein, die Datenflussdiagramme, Datenbankschemata sowie Beschreibungen zu Hardware, Software, Netzarchitektur oder Schnittstellen usw. beinhalten kann.[29] Bei den Angaben zum Datenschutzbeauftragten sind die Kontaktdaten ausreichend. Es muss keine namentliche Angabe erfolgen. Auch eine Funktionsuser-Emailadresse würde daher diese Anforderung erfüllen. In der Praxis wird es aber in diesem Stadium der Abstimmung eher hilfreich sein, eine unkomplizierte Kontaktaufnahmemöglichkeit auch hinsichtlich der Regelung in Art. 39 Abs. 1 lit. e zu schaffen.[30] Hierbei muss beachtet werden, dass aufgrund der Regelung in § 38 Abs. 1 S. 2 BDSG-neu der Verantwortliche und der Auftragsverarbeiter einen Datenschutzbeauftragten unabhängig von der Anzahl der mit der Verarbeitung beschäftigten Personen zu benennen haben, wenn sie eine Verarbeitung vornehmen, die einer Datenschutz-Folgenabschätzung unterliegt.

41 Reichen die Informationen nicht aus, die über Abs. 3 lit. a bis e zur Verfügung zu stellen sind, kann die Aufsichtsbehörde über Abs. 3 lit. f weitere Informationen anfordern. Bei dem Umfang der Aufzählung der Informationen nach Abs. 3 und den Inhalten der Datenschutz-Folgenabschätzung nach Art. 35 Abs. 7 werden weitere Informationen, die zu einer Fristverlängerung für die Aufsichtsbehörde über Abs. 2 S. 4 führen würden, nur über den Grundsatz der Verhältnismäßigkeit und Ausübung pflichtgemäßen Ermessens anzufordern sein.[31] Dies könnten z.B. Programmcodes oder auch Details zur vertraglichen Gestaltung betreffen.[32]

VI. Konsultation durch Mitgliedsstaaten (Abs. 4)

42 Auch die Mitgliedsstaaten werden in Abs. 4 verpflichtet, bei der Ausarbeitung eines Vorschlags für von einem nationalen Parlament zu erlassende Gesetzgebungsmaßnahmen oder von auf solchen Gesetzgebungsmaßnahmen basierenden Regelungsmaßnahmen, die die Verarbeitung betreffen, die Aufsichtsbehörde zu konsultieren. Ziel dieser Konsultationspflicht ist es, die Vereinbarkeit der durch die zu erlassende Gesetzgebungsmaßnahme geplante Verarbeitung mit der DS-GVO sicherzustellen und insb. das für die betroffene Person verbundene Risiko einzudämmen (vgl. EG 96).

43 Für den Gesetzgeber wird bei jedwedem Gesetzgebungsverfahren eine Konsultationspflicht normiert, das eine Verarbeitung betrifft[33]. Auch Regelungsmaßnahmen, die eine Verarbeitung be-

29 Wolff/Brink, *Hansen*, Art. 36 Rn. 15.
30 Wolff/Brink, *Hansen*, Art. 36 Rn. 17.
31 Ehmann/Selmayr, *Baumgartner*, Art. 36 Rn. 16.
32 Wolff/Brink, *Hansen*, Art. 36 Rn. 19.
33 Gola, *Nolte/Werkmeister*, Art. 36 Rn. 10.

treffen, werden von dieser Konsultationspflicht umfasst. Dies gilt z.B. für Rechtsverordnungen i.S.d. Art. 80 GG.[34] Nicht nur die Gesetzgebung auf Bundesebene ist betroffen, sondern über den Wortlaut der Norm hinaus die Gesetzgebung der Bundesländer. Somit umfasst der Adressatenkreis nicht nur den Bundestag sondern auch die sechzehn Landesparlamente als gesetzgebende Organe sowie den Bundesrat. Auf Gesetzgebungsmaßnahmen basierende Regelungsmaßnahmen betreffen insbes. Verordnungen, die aufgrund gesetzlicher Verordnungsermächtigung bspw. Landesministerien erlassen werden können.[35]

Nicht anwendbar ist Abs. 4 hingegen bei Kommunalgebietskörperschaften als Selbstverwaltungsorganen oder auch bei Akten der Exekutive ohne Gesetzgebungscharakter wie Verwaltungsvorschriften oder Allgemeinverfügungen.[36] **44**

Eine besondere Form oder ein besonderes Verfahren der Konsultation der Aufsichtsbehörden wird den Mitgliedsstaaten nicht auferlegt. Auch ergibt sich aus der Systematik der Norm, dass die Fristen des Abs. 2 für die Reaktion der Aufsichtsbehörde für diesen Fall nicht heranzuziehen sind. **45**

In Abs. 4 sind keine Rechtsfolgen vorgesehen, die sich auf die Rechtmäßigkeit des Gesetzgebungsverfahrens auswirken, wenn die Norm nicht beachtet wird. Eine unterbliebene Einbeziehung der Aufsichtsbehörde bei der Ausarbeitung eines Vorschlags für von einem nationalen Parlament zu erlassende Gesetzgebungsmaßnahmen oder von auf solchen Gesetzgebungsmaßnahmen basierenden Regelungsmaßnahmen bleibt daher ohne Folgen für die Rechtmäßigkeit des Gesetzgebungsverfahrens. Da die Mitgliedsstaaten bzw. die nationalen Parlamente nicht als Adressat der Sanktionsmöglichkeiten in Art. 83 aufgeführt sind, wird eine Nichtbeachtung der vorherigen Konsultation ohne direkte Konsequenzen bleiben. **46**

Inwieweit man im Rahmen von Abs. 4 von „privacy by design" im Bereich der Normsetzung[37] sprechen kann, sei dahingestellt. Dde Vorschrift versucht zumindest sicherzustellen, dass datenschutzrechtliche Sichtweisen der Aufsichtsbehörden im Gesetzgebungsverfahren berücksichtigt werden könnten. **47**

VII. Verpflichtung zur Konsultation (Abs. 5)

Ferner gibt die Norm in Abs. 5 dem nationalen Gesetzgeber auch Regelungsspielräume, eine verpflichtende Konsultation gegenüber und einen Genehmigungsvorbehalt durch die Aufsichtsbehörde für Verarbeitungen vorzugeben, die im öffentlichen Interesse liegen **48**

Neben den Voraussetzungen zu einer Konsultation gem. Abs. 1 können Mitgliedstaaten Verantwortliche verpflichten, bei der Verarbeitung zur Erfüllung einer im öffentlichen Interesse liegenden Aufgabe, einschließlich der Verarbeitung zu Zwecken der sozialen Sicherheit und der öffentlichen Gesundheit, die Aufsichtsbehörde zu konsultieren und deren vorherige Genehmigung einzuholen. Es kann im Ergebnis offen bleiben, ob diese Regelungsmöglichkeit als Öffnungsklausel[38] oder als eine fakultative Spezifizierungsklausel[39] bezeichnet wird. EG 10 erläutert, dass die Mitgliedsstaaten in der DS-GVO den Spielraum für die Spezifizierung ihrer Vorschriften erhalten. Dies umfasst auch die Verarbeitung besonderer Kategorien von personenbezogenen Daten. Damit erlaubt Abs. 5 den Mitgliedstaaten Umstände besonderer Verarbeitungssituationen festzulegen, einschließlich einer genaueren Bestimmung der Voraussetzungen, unter denen die Verarbeitung personenbezogener Daten rechtmäßig ist.[40] **49**

34 Gola, *Nolte/Werkmeister*, Art. 36 Rn. 11.
35 Wolff/Brink, *Hansen*, Art. 36 Rn. 22.
36 Gola, *Nolte/Werkmeister*, Art. 36 Rn. 11.
37 Ehmann/Selmayr, *Baumgartner*, Art. 36 Rn. 18.
38 Ehmann/Selmayr, *Baumgartner*, Art. 36 Rn. 19; Paal/Pauly, *Paal*, Art. 36 Rn. 22; Wolff/ Brink, *Hansen*, Art. 36 Rn. 28.
39 Ehmann/Selmayr, *Selmayr/Ehmann*, Einführung Rn. 50 ff. mit Ausführungen in Fn. 183.
40 Paal/Pauly, *Paal*, Art. 36 Rn. 22.

50 Diese Möglichkeit zur Regelung der Voraussetzung für eine Konsultation geht über die Vorgaben aus Abs. 1 weit hinaus, da hierfür kein bereits durch den Verantwortlichen festgestelltes hohes Risiko für die Rechte und Freiheiten für die betroffenen Personen erforderlich ist. Die Mitgliedsstaaten können zudem auch ein Genehmigungserfordernis durch die Aufsichtsbehörden vorgeben. Die Voraussetzung hierfür ist allein eine Verarbeitung zur Erfüllung einer im öffentlichen Interesse liegenden Aufgabe. Der Begriff des öffentlichen Interesses wird in der DS-GVO nicht definiert, findet aber an vielen Stellen Verwendung (eingehende Kommentierung Art. 18 Rn. 99 ff). Zur Bedeutung der öffentlichen Interessen im Rahmen von mitgliedstaatlichen Rechtsgrundlagen siehe Art. 6 Abs. 1 lit. e (Rn. 113 ff). Durch die beispielhafte Aufzählung in Abs. 5 (Zwecke der sozialen Sicherheit und der öffentlichen Gesundheit) wird der Begriff ansatzweise konkretisiert. Sollte ein Mitgliedsstaat von dieser Regelungsmöglichkeit Gebrauch machen, geht diese Regelung den Voraussetzungen des Abs. 1 vor. Ob damit auch die Abs. 2 und 3 teilweise außer Kraft Gesetz werden[41], kann noch nicht beurteilt werden, denn die Mitgliedsstaaten könnten bei ihrer Vorgabe nach Abs. 5 diese Regelungen mit einbeziehen.

51 Abs. 5 korrespondiert mit der Befugnis der Aufsichtsbehörden gem. Art. 58 Abs. 3 lit. c., Verarbeitungen zu genehmigen, falls im Recht des Mitgliedstaats eine derartige vorherige Genehmigung verlangt wird. Ein spezielles Verfahren für die Durchführung dieser Genehmigung ist in der DS-GVO nicht vorgesehen. Ein solches Verfahren könnte aber in der Regelung zur Ausgestaltung der Spezialisierungsmöglichkeit nach Abs. 5 durch den Mitgliedsstaat vorgegeben werden. Die Grundlage dazu findet sich in Art. 58 Abs. 6, wonach jeder Mitgliedstaat durch Rechtsvorschriften vorsehen kann, dass seine Aufsichtsbehörde neben den in den Absätzen 1, 2 und 3 aufgeführten Befugnissen über zusätzliche Befugnisse verfügt, solange die Ausübung dieser Befugnisse nicht die effektive Durchführung des Kapitels VII über die Zusammenarbeit und Kohärenz beeinträchtigt.

52 Durch die Ausgestaltung des Genehmigungsvorbehalts wird eine Verarbeitung vor Erteilung der Genehmigung in diesen Fällen unrechtmäßig. In der Praxis könnte es daher zu Verzögerungen kommen, wenn die Aufsichtsbehörden nicht rechtzeitig Stellung beziehen können, weil sie beispielsweise nicht frühzeitig eingebunden wurden. Bis zu einer Genehmigung darf aber mit der Verarbeitung nicht begonnen werden. Hier ergäben sich über Genehmigungen unter Vorbehalt oder dem Widerruf einer Genehmigung sowie der Befugnis zur erneuten Prüfung oder Beschränkung der Verarbeitung durch die Aufsichtsbehörden aber auch Gestaltungsspielräume, welche die Aufsichtsbehörden in Abwägung mit den Risiken für die Rechte und Freiheiten natürlicher Personen ausüben können.[42]

VIII. Rechtsfolgen

1. Verarbeitung trotz hohen Risikos

53 Die vorherige Konsultation erfordert nicht, dass der Verantwortliche mit seiner Verarbeitung die Unterbreitung der Empfehlungen der Aufsichtsbehörde abwartet. Die Verarbeitung wird durch das Konsultationsverfahren nicht genehmigungspflichtig wird.[43] Es ist aus den Regelungen und dem Zusammenspiel der Art. 32, 35 und 36 nicht abzuleiten, dass ein hohes Risiko für die Rechte und Freiheiten natürlicher Personen eine Verarbeitung zu einer unrechtmäßigen Verarbeitung wandeln würde. Es sind durchaus Konstellationen denkbar, bei denen hohe Risiken bestehen, diese aber vertretbar sind, weil die betroffene Person dies selbst in Kauf nimmt und bewusst einwilligt, wie bspw. bei dem Einsatz von Wearables zur Messung von Bewegungs- und Gesundheitsdaten oder dem Einsatz von Apps.

41 Ehmann/Selmayr, *Baumgartner*, Art. 36 Rn. 19.
42 Wolff/Brink, *Hansen*, Art. 36 Rn. 33.
43 Gola, *Nolte/Werkmeister*, Art. 36 Rn. 14; Plath, *Von dem Bussche*, Art. 36 Rn. 1; Ehmann/Selmayr, *Baumgartner*, Art. 36 Rn. 1.

Andere Meinungen gehen davon aus, dass es Sinn und Zweck des Art. 36 sei, dass während der Konsultation mit der Verarbeitung nicht begonnen werden darf. Als Begründung wird ausgeführt, dies sei in Art. 36 nicht ausdrücklich geregelt.[44] Auch wird argumentiert, mit der Verarbeitung dürfe nicht begonnen werden, sofern die Aufsichtsbehörde der Auffassung des Verantwortlichen folgt, dass hohe Risiken mit der Verarbeitung verbunden sind, die sich nicht ausreichend eindämmen lassen.[45] Diese Ansichten lassen außer Acht, dass es nicht das gesetzgeberische Ziel war, Verarbeitungen mit einem hohen Risiko vollkommen auszuschließen, sondern eine möglichst kompetente Prüfungs- und Beratungsinstanz vorzuschalten. Einerseits wird dies aus der Gestaltung des Abs. 2 deutlich, der auf Empfehlungen und nicht einer Genehmigung ausgerichtet ist, andererseits auch aus Abs. 4 und 5. **54**

Wenn eine Unterlassung der Einbeziehung der Aufsichtsbehörden in einem Gesetzgebungsverfahren (Abs. 4) keine Auswirkungen auf die Ordnungsmäßigkeit des Gesetzgebungsverfahren des Mitgliedsstaates hat, nimmt es der europäische Gesetzgeber letztendlich in Kauf, dass es auch Gesetze und Verordnungen gibt, die eine Datenverarbeitung (auf gesetzlicher Grundlage) mit einem hohen Risiko für die Rechte und Freiheiten natürlicher Personen ermöglichen. Wollte der Gesetzgeber in jedem Fall eine Verarbeitung mit einem hohen Risiko für die Rechte und Freiheiten natürlicher Personen ausschließen, hätte er eine zwingende Einbindung der Datenschutzaufsichtsbehörden mit Konsequenzen für die Rechtmäßigkeit des Gesetzgebungsverfahrens explizit regeln müssen. **55**

Auch aus Abs. 5 lässt sich schließen, dass der Gesetzgeber mit der Regelung in Art. 36 keinen generellen Genehmigungsvorbehalt bei Verarbeitungen mit einem hohen Risiko schaffen wollte. Zudem wäre dann auch davon auszugehen, dass nicht nur ein Verfahren für eine Empfehlung in Art. 36 geregelt worden wäre, sondern Vorgaben für ein europaweit einheitliches Genehmigungsverfahren. Auch das Kurzpapier Nr. 5 der Datenschutzkonferenz lässt den Schluss zu, dass auch die deutschen Aufsichtsbehörden eine Verarbeitung bei einem hohen Risiko nicht grundsätzlich ausschließen, wenn sie feststellen, dass *„der Verantwortliche unter Berücksichtigung der Empfehlungen der Aufsichtsbehörde eine Entscheidung trifft, ob die Verarbeitungsvorgänge angesichts der verbleibenden Restrisiken durchgeführt werden können..."*.[46] **56**

2. Befugnisse der Aufsichtsbehörden

Die Aufsichtsbehörden haben in jeder Phase des Verfahrens über ihre Befugnisse nach Art. 58 ein vielfältiges Instrumentarium, das sie einsetzen können. Sie können über ihre Untersuchungsbefugnisse den Verantwortlichen oder den Auftragsverarbeiter auf einen vermeintlichen Verstoß gegen diese Verordnung hinweisen (Art. 58 Abs. 1 lit. d). Sie können auch Abhilfebefugnisse einsetzen **57**

- und einen Verantwortlichen oder einen Auftragsverarbeiter warnen, dass beabsichtigte Verarbeitungsvorgänge voraussichtlich gegen diese Verordnung verstoßen (Art. 58 Abs. 2 lit. a),
- und einen Verantwortlichen oder einen Auftragsverarbeiter verwarnen, wenn er mit Verarbeitungsvorgängen gegen diese Verordnung verstoßen hat (Art. 58 Abs. 2 lit. b),
- und den Verantwortlichen oder den Auftragsverarbeiter anweisen, Verarbeitungsvorgänge ggf. auf bestimmte Weise und innerhalb eines bestimmten Zeitraums in Einklang mit dieser Verordnung zu bringen, (Art. 58 Abs. 2 lit. d),
- und eine vorübergehende oder endgültige Beschränkung der Verarbeitung, einschließlich eines Verbots, verhängen (Art. 58 Abs. 2 lit. f).

44 Bergmann/Möhrle/Herb, *Wagner*, Art. 36 Rn. 12.
45 Wolff/Brink, *Hansen*, Art. 36 Rn. 7.
46 Datenschutzkonferenz, 5. Kurzpapier, Datenschutz-Folgenabschätzung S. 5

58 Von diesen Befugnissen können die Aufsichtsbehörden Gebrauch machen, wenn sie bei Sichtung der eingereichten Information nach Abs. 3 eine unrechtmäßige Verarbeitung nach ihrer Ansicht feststellen.

59 Um Unsicherheiten zu vermeiden, wird der Verantwortliche gut beraten sein, bei kritischen Verarbeitungen bspw. den Beginn der Verarbeitung mit der Aufsichtsbehörde abzustimmen[47] oder die Beratungsleistung der Aufsichtsbehörde bei der vorherigen Konsultation nach Art. 57 Abs. 1 lit. l in Anspruch zu nehmen.

C. Weitere Auswirkungen der Verordnung in der Praxis

I. Auswirkungen auf das nationale Recht

60 Viele Detailfragen bei der Auslegung des Art. 36 sind noch offen, wie z.B. die Konsequenzen einer unterbliebenen Rückmeldung der Aufsichtsbehörden oder die Detailtiefe der vom Verantwortlichen einzureichenden Informationen. Selbst im WP 248 der Art. 29-Datenschutzgruppe zur Datenschutz-Folgenabschätzung gibt es zur vorherigen Konsultation nach Art. 36 nur wenig erhellende Beispiele für die Voraussetzungen bei der Bewertung des Risikos, aber keine Ausführungen zu der vorherigen Konsultation selbst.[48]

61 Aufgrund der Benennungspflicht in § 38 Abs. 1 S. 2 BDSG-neu wird es in Deutschland keine vorherige Konsultation eines nicht-öffentlichen Verantwortlichen ohne Datenschutzbeauftragten geben. Wenn die Durchführung einer Datenschutz-Folgenabschätzung die Benennung eines Datenschutzbeauftragten bedingt, verbindet sich damit die Erwartung, dass sich dies auf die Qualität der Durchführung der Datenschutz-Folgenabschätzung auswirkt. Mittelbar könnten dadurch auch die Reaktionszeiten der Aufsichtsbehörden bei der vorherigen Konsultation aufgrund der Qualität der zur Verfügung gestellten Unterlagen positiv beeinflusst werden.

62 Zu Abs. 4 gibt es im BDSG-neu eine korrespondierende Regelung bei den Aufgaben der Bundesbeauftragten für Datenschutz und Informationsfreiheit. Nach § 14 Abs. 1 Nr. 3 BDSG-neu hat sie die Aufgabe, den Deutschen Bundestag und den Bundesrat, die Bundesregierung und andere Einrichtungen und Gremien über legislative und administrative Maßnahmen zum Schutz der Rechte und Freiheiten natürlicher Personen in Bezug auf die Verarbeitung zu beraten.

II. Bestandsschutz bisheriger Datenverarbeitungen

63 Für Verarbeitungen mit einem hohen Risiko, die vor dem 25.05.2018 begonnen wurden, ist von einem Bestandsschutz auszugehen, da die Vorschrift explizit eine Konsultation *vor* Beginn der Verarbeitung vorschreibt. Ergibt sich aber nach Inkrafttreten der DS-GVO bei einer Änderung der Abhilfemaßnahmen oder der Durchführung einer Datenschutz-Folgenabschätzung (vgl. Art. 35 Abs. 11), dass der Verantwortliche die Verarbeitung nun als hohes Risiko einschätzt, ist nach dem Wortlaut ebenfalls keine „vorherige" Konsultation erforderlich. Fraglich wird sein, ob dies die Aufsichtsbehörden im Rahmen der Art. 29-Datenschutzgruppe über eine Orientierungshilfe oder der Europäische Datenschutzausschuss mittels einer Leitlinie nach Art. 70 Abs. 1 lit. e fordern werden, auch wenn es der Wortlaut der DS-GVO nicht vorschreibt.

---

47 Bergmann/Möhrle/Herb, *Wagner*, Art. 26 Rn. 12.

48 *Article 29 Data Protection Working Party*, Guidelines on Data Protection Impact Assessment (DPIA) and determining whether processing is „likely to result in a high risk" for the purposes of Regulation 2016/679" (adopted on 4 April 2017), WP 248, http://ec.europa.eu/newsroom/just/item-detail.cfm?item_id=50083 (abgerufen 14.7.2017). S. 18. [Bei dieser Stellungnahme handelt es sich um einen Entwurf, der zum Zeitpunkt des Redaktionsschlusses noch nicht finalisiert wurde.]

III. Sanktionen

Ein Verstoß gegen die Verpflichtungen der vorherigen Konsultation aus Art. 36 kann nach Art. 83 Abs. 4 lit. a mit einer Geldbuße von bis zu 10.000.000 € oder im Fall eines Unternehmens von bis zu 2 % seines gesamten weltweit erzielten Jahresumsatzes des vorangegangenen Geschäftsjahres geahndet werden, je nachdem, welcher der Beträge höher ist. Diese Sanktion richtet sich gegen den Verantwortlichen. **64**

Sanktionen gegen Mitgliedsstaaten, die die Aufsichtsbehörde in Gesetzgebungsprozessen mit Datenschutzrelevanz entgegen Abs. 4 nicht konsultieren, sind nicht geregelt. **65**

Unterlässt es der Verantwortliche entgegen mitgliedsstaatlicher Verpflichtungen nach Abs. 5, bei der Verarbeitung zur Erfüllung einer im öffentlichen Interesse liegenden Aufgabe die Aufsichtsbehörde zu konsultieren und deren vorherige Genehmigung einzuholen, unterliegen er auch der Sanktionsmöglichkeit des Art. 83 Abs. 4 lit. a, sofern dies der Mitgliedsstaat über Art. 84 Abs. 1 so bestimmt. **66**

Gegen den Auftragsverarbeiter bestehen keine direkten Sanktionsmöglichkeiten wegen eines Verstoßes gegen Art. 36, da ihn die Pflichten aus Art. 36 nicht unmittelbar treffen. Dafür spricht auch, dass gem. Art. 28 Abs. 3 S. 3 lit. f die Unterstützung bei der vorherigen Konsultation durch den Auftragsverarbeiter vertraglich zu vereinbaren ist. Diese vertragliche Unterstützungspflicht wäre nicht erforderlich, hätte der Auftragsverarbeiter eine eigene Verantwortlichkeit aus Art. 36. **67**

Der Auftragsverarbeiter kann allerdings im Rahmen einer vorherigen Konsultation sanktioniert werden, wenn er beispielsweise entgegen einer Anweisung der Aufsichtsbehörde aus Art. 36 Abs. 2 i.V.m. Art. 58 agiert. In diesem Fall kann eine Nichtbefolgung einer Anweisung einer Aufsichtsbehörde durch den Auftragsverarbeiter nach Art. 83 Abs. 5 lit. e mit einer Geldbuße von bis zu 20.000.000 € oder im Fall eines Unternehmens von bis zu 4 % seines gesamten weltweit erzielten Jahresumsatzes des vorangegangenen Geschäftsjahres geahndet werden, je nachdem, welcher der Beträge höher ist. **68**

IV. Rechtsschutz

Art. 36 bietet keinen unmittelbaren Rechtsschutz. Da die Empfehlung der Aufsichtsbehörde nach Abs. 2 keine unmittelbare Rechtswirkungen und damit keinen Regelungscharakter entfaltet, kann sie auch nicht mit Rechtsbehelf bzw. Rechtsmittel angegriffen werden.[49] **69**

Bei einer ausbleibenden Reaktion der Aufsichtsbehörde hat der Verantwortliche aus Abs. 2 kein einklagbares Recht auf Bestätigung der Rechtmäßigkeit der Verarbeitung trotz hohen Risikos, denn dies sieht das Gesetz in Abs. 2 nicht vor.[50] Es wird aber diskutiert, inwieweit der Verantwortliche eine verwaltungsgerichtliche Untätigkeitsklage einlegen kann, wenn durch die Aufsichtsbehörde eine Beanstandung erfolgt, aber keine konkreten Empfehlungen oder Abhilfemaßnahmen vorgeschlagen werden.[51] **70**

Verantwortlicher und Auftragsverarbeiter können gegen eine an sie adressierte Maßnahme der Aufsichtsbehörde aus Art. 58 vorgehen und sich gegen rechtsverbindliche Beschlüsse mit einem wirksamen gerichtlichen Rechtsbehelf wehren (vgl. Art. 78 Abs. 1). **71**

Den betroffenen Personen werden keine direkten Rechtsschutzmöglichkeiten im Rahmen des Art. 36 eingeräumt. Sie können sich über die allgemeinen Beschwerdemöglichkeiten nach Art. 77 an die Aufsichtsbehörden wenden. Daneben haben sie auch das Recht auf einen wirksamen gerichtlichen Rechtsbehelf gegen den Verantwortlichen oder den Auftragsverarbeiter nach Art. 79. **72**

---

49 Gola, *Nolte/Werkmeister*, Art. 36 Rn. 15.
50 Ehmann/Selmayr, *Baumgartner* Art. 36 Rn. 21.
51 *Laue/Nink/Kremer*, § 7 Rn. 94.

Article 37

Designation of the data protection officer

1. The controller and the processor shall designate a data protection officer in any case where:

   (a) the processing is carried out by a public authority or body, except for courts acting in their judicial capacity;

   (b) the core activities of the controller or the processor consist of processing operations which, by virtue of their nature, their scope and/or their purposes, require regular and systematic monitoring of data subjects on a large scale; or

   (c) the core activities of the controller or the processor consist of processing on a large scale of special categories of data pursuant to Article 9 and personal data relating to criminal convictions and offences referred to in Article 10.

2. A group of undertakings may appoint a single data protection officer provided that a data protection officer is easily accessible from each establishment.

3. Where the controller or the processor is a public authority or body, a single data protection officer may be designated for several such authorities or: bodies, taking account of their organizational structure and size.

4. In cases other than those referred to in paragraph 1, the controller or processor or associations and other bodies representing categories of controllers or processors may or, where required by Union or Member State law shall, designate a data protection officer. The data protection officer may act for such associations and other bodies representing controllers or processors.

Artikel 37

Benennung eines Datenschutzbeauftragten

(1) Der Verantwortliche und der Auftragsverarbeiter benennen auf jeden Fall einen Datenschutzbeauftragten, wenn

a) die Verarbeitung von einer Behörde oder öffentlichen Stelle durchgeführt wird, mit Ausnahme von Gerichten, die im Rahmen ihrer justiziellen Tätigkeit handeln,

b) die Kerntätigkeit des Verantwortlichen oder des Auftragsverarbeiters in der Durchführung von Verarbeitungsvorgängen besteht, welche aufgrund ihrer Art, ihres Umfangs und/oder ihrer Zwecke eine umfangreiche regelmäßige und systematische Überwachung von betroffenen Personen erforderlich machen, oder

c) die Kerntätigkeit des Verantwortlichen oder des Auftragsverarbeiters in der umfangreichen Verarbeitung besonderer Kategorien von Daten gemäß Artikel 9 oder von personenbezogenen Daten über strafrechtliche Verurteilungen und Straftaten gemäß Artikel 10 besteht.

(2) Eine Unternehmensgruppe darf einen gemeinsamen Datenschutzbeauftragten ernennen, sofern von jeder Niederlassung aus der Datenschutzbeauftragte leicht erreicht werden kann.

(3) Falls es sich bei dem Verantwortlichen oder dem Auftragsverarbeiter um eine Behörde oder öffentliche Stelle handelt, kann für mehrere solcher Behörden oder Stellen unter Berücksichtigung ihrer Organisationsstruktur und ihrer Größe ein gemeinsamer Datenschutzbeauftragter benannt werden.

(4) In anderen als den in Absatz 1 genannten Fällen können der Verantwortliche oder der Auftragsverarbeiter oder Verbände und andere Vereinigungen, die Kategorien von Verantwortlichen oder Auftragsverarbeitern vertreten, einen Datenschutzbeauftragten benennen; falls dies nach dem Recht der Union oder der Mitgliedstaaten vorgeschrieben ist, müssen sie einen solchen benennen.
Der Datenschutzbeauftragte kann für derartige Verbände und andere Vereinigungen, die Ver-

antwortliche oder Auftragsverarbeiter vertreten, handeln.

5. The data protection officer shall be designated on the basis of professional qualities and, in particular, expert knowledge of data protection law and practices and the ability to fulfil the tasks referred to in Article 39.

5) Der Datenschutzbeauftragte wird auf der Grundlage seiner beruflichen Qualifikation und insbesondere des Fachwissens benannt, das er auf dem Gebiet des Datenschutzrechts und der Datenschutzpraxis besitzt, sowie auf der Grundlage seiner Fähigkeit zur Erfüllung der in Artikel 39 genannten Aufgaben.

6. The data protection officer may be a staff member of the controller or processor, or fulfil the tasks on the basis of a service contract.

(6) Der Datenschutzbeauftragte kann Beschäftigter des Verantwortlichen oder des Auftragsverarbeiters sein oder seine Aufgaben auf der Grundlage eines Dienstleistungsvertrags erfüllen.

7. The controller or the processor shall publish the contact details of the data protection officer and communicate them to the supervisory authority.

(7) Der Verantwortliche oder der Auftragsverarbeiter veröffentlicht die Kontaktdaten des Datenschutzbeauftragten und teilt diese Daten der Aufsichtsbehörde mit.

Recitals

(97) Where the processing is carried out by a public authority, except for courts or independent judicial authorities when acting in their judicial capacity, where, in the private sector, processing is carried out by a controller whose core activities consist of processing operations that require regular and systematic monitoring of the data subjects on a large scale, or where the core activities of the controller or the processor consist of processing on a large scale of special categories of personal data and data relating to criminal convictions and offences, a person with expert knowledge of data protection law and practices should assist the controller or processor to monitor internal compliance with this Regulation. In the private sector, the core activities of a controller relate to its primary activities and do not relate to the processing of personal data as ancillary activities. The necessary level of expert knowledge should be determined in particular according to the data processing operations carried out and the protection required for the personal data processed by the controller or the processor. Such data protection officers, whether or not they are an employee of the controller, should be in a position to perform their duties and tasks in an independent manner.

Erwägungsgründe

(97) In Fällen, in denen die Verarbeitung durch eine Behörde – mit Ausnahmen von Gerichten oder unabhängigen Justizbehörden, die im Rahmen ihrer justiziellen Tätigkeit handeln –, im privaten Sektor durch einen Verantwortlichen erfolgt, dessen Kerntätigkeit in Verarbeitungsvorgängen besteht, die eine regelmäßige und systematische Überwachung der betroffenen Personen in großem Umfang erfordern, oder wenn die Kerntätigkeit des Verantwortlichen oder des Auftragsverarbeiters in der umfangreichen Verarbeitung besonderer Kategorien von personenbezogenen Daten oder von Daten über strafrechtliche Verurteilungen und Straftaten besteht, sollte der Verantwortliche oder der Auftragsverarbeiter bei der Überwachung der internen Einhaltung der Bestimmungen dieser Verordnung von einer weiteren Person, die über Fachwissen auf dem Gebiet des Datenschutzrechts und der Datenschutzverfahren verfügt, unterstützt werden Im privaten Sektor bezieht sich die Kerntätigkeit eines Verantwortlichen auf seine Haupttätigkeiten und nicht auf die Verarbeitung personenbezogener Daten als Nebentätigkeit. Das erforderliche Niveau des Fachwissens sollte sich insbesondere nach den durchgeführten Datenverarbeitungsvorgängen und dem erforderlichen Schutz für die von dem Verantwortlichen oder dem Auftragsverarbeiter verarbeiteten personenbezo-

genen Daten richten. Derartige Datenschutzbeauftragte sollten unabhängig davon, ob es sich bei ihnen um Beschäftigte des Verantwortlichen handelt oder nicht, ihre Pflichten und Aufgaben in vollständiger Unabhängigkeit ausüben können.

§ 5 BDSG-neu

Benennung [Datenschutzbeauftragter öffentlicher Stellen]

(1) Öffentliche Stellen benennen eine Datenschutzbeauftragte oder einen Datenschutzbeauftragten. Dies gilt auch für öffentliche Stellen nach § 2 Absatz 5, die am Wettbewerb teilnehmen.

(2) Für mehrere öffentliche Stellen kann unter Berücksichtigung ihrer Organisationsstruktur und ihrer Größe eine gemeinsame Datenschutzbeauftragte oder ein gemeinsamer Datenschutzbeauftragter benannt werden.

(3) Die oder der Datenschutzbeauftragte wird auf der Grundlage ihrer oder seiner beruflichen Qualifikation und insbesondere ihres oder seines Fachwissens benannt, das sie oder er auf dem Gebiet des Datenschutzrechts und der Datenschutzpraxis besitzt, sowie auf der Grundlage ihrer oder seiner Fähigkeit zur Erfüllung der in § 7 genannten Aufgaben.

(4) Die oder der Datenschutzbeauftragte kann Beschäftigte oder Beschäftigter der öffentlichen Stelle sein oder ihre oder seine Aufgaben auf der Grundlage eines Dienstleistungsvertrags erfüllen.

(5) Die öffentliche Stelle veröffentlicht die Kontaktdaten der oder des Datenschutzbeauftragten und teilt diese Daten der oder dem Bundesbeauftragten für den Datenschutz und die Informationsfreiheit mit.

§ 38 BDSG-neu

Datenschutzbeauftragte nichtöffentlicher Stellen

(1) Ergänzend zu Artikel 37 Absatz 1 Buchstabe b und c der Verordnung (EU) 2016/679 benennen der Verantwortliche und der Auftragsverarbeiter eine Datenschutzbeauftragte oder einen Datenschutzbeauftragten, soweit sie in der Regel mindestens zehn Personen ständig mit der automatisierten Verarbeitung personenbezogener Daten beschäftigen. Nehmen der Verantwortliche oder der Auftragsverarbeiter Verarbeitungen vor, die einer Datenschutz-Folgenabschätzung nach Artikel 35 der Verordnung (EU) 2016/679 unterliegen, oder verarbeiten sie personenbezogene Daten geschäftsmäßig zum Zweck der Übermittlung, der anonymisierten Übermittlung oder für Zwecke der Markt- oder Meinungsforschung, haben sie unabhängig von der Anzahl der mit der Verarbeitung beschäftigten Personen eine Datenschutzbeauftragte oder einen Datenschutzbeauftragten zu benennen.

(2) § 6 Absatz 4, 5 Satz 2 und Absatz 6 finden Anwendung, § 6 Absatz 4 jedoch nur, wenn die Benennung einer oder eines Datenschutzbeauftragten verpflichtend ist.

Literatur

Artikel 29 Datenschutzgruppe – Guidelines 243 on Data Protection Officers (DPOs) vom 13.12.2016; *Erfurter Kommentar zum Arbeitsrecht*, 17. Auflage 2017, *Geiger/Khan/Kotzur (Hrsg.)*, EUV/AEUV, 6. Auflage 2017, C.H. Beck München; *Jaspers/Reif,* Der Datenschutzbeauftragte nach der Datenschutz-Grundverordnung: Bestellpflicht, Rechtsstellung und Aufgaben, in: RDV 2016, 61 ff.; *Klug*, Der Datenschutzbeauftragte in der EU – Maßgaben in der EU-Datenschutzgrundverordnung, in: ZD 2016, S. 315 ff.; Datenschutzbeauftragte in Europa – quo vadis?, in: RDV 2013, 75 ff.; *Marschall/Müller*, Der Datenschutzbeauftragte im Unternehmen zwischen

BDSG und DS-GVO – Bestellung, Rolle, Aufgaben und Anforderungen im Fokus europäischer Veränderungen, in: ZD 2016, 415 ff.; Interview mit *Albrecht/Wybitul*, BDSG-neu: BMI-Entwurf für ein Datenschutz-Anpassungs- und -Umsetzungsgesetz EU, in: ZD 2017, 53.

Bedeutung der Norm

Art. 37 regelt die Benennung eines Datenschutzbeauftragten beim Verantwortlichen und Auftragsverarbeiter und deren Voraussetzungen.

Hinweise für den Anwender

Für die Norm relevante Definitionen:
- Definition von „Unternehmensgruppe" in Art. 4 Nr. 19 („Group of Undertakings").

Für die Auslegung der Norm relevanter Erwägungsgrund:
- EG 37.

Für die Auslegung von Art. 37 relevanter Erwägungsgrund:
- EG 97.

Systematische Einordnung der Norm innerhalb der DS-GVO:
- Häufig wird die Erstellung eines Verzeichnisses von Verarbeitungstätigkeiten durch den Verantwortlichen gem. Art. 30 erforderlich sein.
- Bei der Meldung von Verletzungen des Schutzes personenbezogener Daten an die Aufsichtsbehörde wird in der Praxis der Datenschutzbeauftragte die Anlaufstelle für die Aufsichtsbehörde sein, Art. 33.
- Ist ein Datenschutzbeauftragter bestellt, wird dieser bei der Datenschutz-Folgenabschätzung zurate gezogen werden, Art. 35 bis 36.
- Allgemeine Bedingungen für die Verhängung von Geldbußen, Art. 83 Abs. 4 lit. a.

Vorgängernorm im EU-Recht:
- RL 95/46, Art. 18 Abs. 2, EG 49.

Vorgängernorm im deutschen Datenschutzrecht:
- § 4f Abs. 1 und 2 BDSG.

Schlagworte:

Auftragsverarbeiter; Benennung; Verantwortlicher; Unternehmen; Unternehmensgruppe; Qualifikation; Beschäftigter; Dienstleistungsvertrag; Verarbeitungsvorgänge; Konsultation; Kerntätigkeit; Überwachung; Behörde; Datenschutzbeauftragter

A. Allgemeines

I. Regelungszweck

1 Mit Art. 37 wird erstmals im europäischen Recht die Bestellung eines Datenschutzbeauftragten für bestimmte datenverarbeitende Stellen verpflichtend. Damit wird das Modell der Selbstkontrolle der Unternehmen (Definition in Art. 4 Nr. 18), welches so schon in einigen Mitgliedstaaten existiert (z.B. in Deutschland), insgesamt in Europa eingeführt. Art. 37 beschreibt die relevanten Fallgruppen, nimmt Stellung zur erforderlichen beruflichen Qualifikation des Datenschutzbeauftragten und verpflichtet zur Publikation der Kontaktdaten des Datenschutzbeauftragten. Letzteres soll zur Transparenz beitragen und den Betroffenen die Geltendmachung ihrer Rechte erleichtern. Die Pflicht zur Publikation der Kontaktdaten des Datenschutzbeauftragten findet sich auch bei den Informationspflichten, konkret in Art. 13 Abs. 1 lit. b, Art. 14 Abs. 1 lit. b, Art. 30 Abs. 1 lit. a und Abs. 2 lit. b, 33 Abs. 3 lit. b, 36 Abs. 3 lit. d.

2 Insgesamt dürfte es das Ziel des Verordnungsgebers gewesen sein, die Bestellpflicht – von Behörden und öffentlichen Stellen abgesehen – auf Unternehmen mit besonders risikobehafteten Verarbeitungen zu begrenzen.[1]

II. Normadressaten

3 Als Normadressaten werden in Art. 37 sowohl der „Verantwortliche" i.S.v. Art. 4 Nr. 7 (s. Art. 4 Nr. 7 Rn. 7) als auch der „Auftragsverarbeiter" (definiert in Art. 4 Nr. 8; s. Art. 4 Nr. 8 Rn. 3) genannt.[2] Die DS-GVO trifft dabei keine Unterscheidung mehr zwischen öffentlichen und privaten Stellen, d.h., die Norm richtet sich damit an sämtliche datenverarbeitenden Stellen.

III. Systematik

4 Art. 37 ist systematisch im Kapitel IV der DS-GVO untergebracht, welches die Pflichten des Verantwortlichen und des Auftragsverarbeiters beschreibt und auch abgrenzt. Der Verordnungsgeber hat den Datenschutzbeauftragten in Abschn. 4 „Datenschutzbeauftragter" hinter den Art. 35 „Datenschutz-Folgenabschätzung" und Art. 36 „Vorherige Konsultation" angeordnet, die mit den Aufgaben eines Datenschutzbeauftragten verbunden sind.

5 Auf den Art. 37 folgt Art. 38, der die Stellung des Datenschutzbeauftragten und dessen frühzeitige Einbindung in alle mit personenbezogenen Daten zusammenhängende Fragen näher regelt, sowie Art. 39, der die dem Datenschutzbeauftragten „zumindest" obliegenden Aufgaben benennt.

6 Der Anwendungsbereich von Art. 37 ist einerseits auf die dort beschriebenen Fallgruppen begrenzt. Andererseits gestattet Art. 37 Abs. 4 S. 1 Hs. 2 explizit nationale Regelungen (sog. Öffnungsklausel), welche eine Bestellpflicht auch für weitere Fälle vorsehen. Für diese Fälle gelten dann ebenso die Rahmenbedingungen des Art. 37, z.B. im Hinblick auf die berufliche Qualifikation.

---

1 Sog. risikobasierter Ansatz, der sich in der DS-GVO an vielen Stellen findet, vgl. v.a. EG 74 und 76 sowie Art. 32 Abs. 1.
2 So auch *Klug*, in: ZD 2016, 315.

IV. Entstehungsgeschichte

1. Bisherige europäische Vorgaben

Die RL 95/46/EG kannte bereits den Datenschutzbeauftragten und wies ihm neben dem Postulat, seine Aufgaben in vollständiger Unabhängigkeit ausüben zu können, insb. eine Überwachungsfunktion auf Einhaltung des Datenschutzes zu. Sofern gem. Art. 18 Abs. 2 RL 95/46/EG der für die Datenverarbeitung Verantwortliche einen Datenschutzbeauftragten bestellt hatte, oblag diesem neben der Überwachung v.a. auch die Führung eines Verarbeitungsverzeichnisses, um so sicherzustellen, dass die Rechte und Freiheiten der betroffenen Personen durch die Verarbeitung nicht beeinträchtigt werden. Gegenstand der Richtlinie war somit bereits die Gewährleistung des Schutzes der Grundrechte und Grundfreiheiten und insb. der Schutz der Privatsphäre natürlicher Personen bei der Verarbeitung personenbezogener Daten (Art. 1 Abs. 1 RL 95/46/EG). Diese Schutzzielbeschreibung hat dann durch die Umsetzung der RL 95/46 EG Eingang in das BDSG gefunden, vgl. § 1 Abs. 1 BDSG. 7

2. Bisheriges nationales Recht

Im § 4f BDSG ist der „Beauftragte für Datenschutz" näher geregelt. Es wurde dabei in öffentliche und nicht öffentliche Stellen, die personenbezogene Daten automatisiert verarbeiten, unterschieden. Darüber hinaus gab es auch schon die Erfordernisse der Fachkunde und der Zuverlässigkeit sowie die Möglichkeit, auch einen externen Datenschutzbeauftragten zu bestellen, wobei der Datenschutzbeauftragte direkt der höchsten Leitungsebene bei öffentlichen wie nicht öffentlichen Stellen zu unterstellen war. Daneben war ihm eine Verschwiegenheitspflicht wie auch ein Benachteiligungsverbot und eine Unterstützungspflicht zu eigen. 8

Darüber hinaus existieren noch die jeweiligen Landesdatenschutzgesetze der einzelnen Bundesländer sowie die der kirchlichen Einrichtungen und des Rundfunks, die ebenfalls eigenständige Regelungen zum Datenschutzbeauftragten enthalten, aber lediglich eine freiwillige Bestellung vorsehen.[3] 9

3. Verhandlungen zur DS-GVO

Im Rahmen der Verhandlungen zur DS-GVO war lange ungewiss, ob es überhaupt zu einer verpflichtenden Bestellung eines Datenschutzbeauftragten kommt. Innerhalb der Europäischen Union haben nämlich nur wenige Mitgliedstaaten von dieser Möglichkeit Gebrauch gemacht, denn viele Mitgliedstaaten fürchteten den Datenschutzbeauftragten als bürokratische Hürde und verlängerten Arm der Behörde im Unternehmen oder zusätzliche Kosten für die Behörden und Unternehmen, sofern es zu einer Bestellpflicht eines Datenschutzbeauftragten kommt. Einige Mitgliedstaaten sahen zwar bereits optional eine solche Bestellung vor (z.B. Schweden), flächendeckend durchgesetzt hatte sich das Institut aber noch nicht. Trotzdem zeigte die Entwicklung im Unternehmensalltag, dass auch in Ländern, wie z.B. Großbritannien, welche eine Bestellpflicht in den Verhandlungen ablehnten, größere Unternehmen dazu übergingen, einen sog. „Privacy Officer" im Unternehmen zu etablieren, um so den Datenschutz innerhalb des Unternehmens zu managen. 10

Im Trilog (Verhandlungen zwischen Kommission, EU-Parlament und Rat) sah es zunächst nicht danach aus, dass sich eine einheitliche Lösung zur einheitlichen Bestellung eines Datenschutzbeauftragten abzeichnet. Zu unterschiedlich waren die Auffassungen der Kommission, die die Bestellpflicht für eine Behörde und für Unternehmen ab 250 Mitarbeitern vorsah, und dem EU-Parlament, das zwar auch eine Bestellpflicht für Behörden vorsah, aber wiederum nur für juristische Personen [Anm. ohne dabei den Begriff „Unternehmen" zu verwenden], wenn die Verarbeitung von personenbezogenen Daten sich innerhalb eines Zeitraums von zwölf Monaten auf mehr als 11

3 *Klug*, in: RDV 2016, 315.

5.000 Personen bezieht, und schließlich dem Rat, der eine Bestellung entweder freiwillig oder sofern im Unionsrecht oder im nationalen Recht vorgesehen vorsah.

12 Der dann im Trilog gefundene Kompromiss, der Eingang in die DS-GVO gefunden hat, sieht nunmehr eine explizite Pflicht zur Bestellung im öffentlichen Bereich vor. Im nicht öffentlichen Bereich gilt die Pflicht nur für bestimmte Fallgruppen oder wurde einer nationalstaatlichen Öffnungsklausel anheimgestellt.

B. Inhalt der Regelung

I. Pflicht zur Benennung eines Datenschutzbeauftragten (Art. 37 Abs. 1)

13 Eine Pflicht zur Benennung eines Datenschutzbeauftragten durch den Verantwortliche oder Auftragsverarbeiter besteht immer, der Verordnungsgeber spricht von „auf jeden Fall" dann, wenn

14 (1.) die Verarbeitung von einer Behörde oder öffentlichen Stelle durchgeführt wird,

15 (2.) die Kerntätigkeit des Verantwortlichen oder des Auftragsverarbeiters in der Durchführung von Verarbeitungsvorgängen besteht, welche aufgrund ihrer Art, ihres Umfangs und/oder ihrer Zwecke eine umfangreiche regelmäßige und systematische Überwachung von betroffenen Personen erforderlich machen, oder

16 (3.) die Kerntätigkeit des Verantwortlichen oder des Auftragsverarbeiters in der umfangreichen Verarbeitung besonderer Kategorien von Daten gem. Art. 9 oder von personenbezogenen Daten über strafrechtliche Verurteilungen und Straftaten gem. Art. 10 besteht.

17 Ausgenommen von der Bestellpflicht sind Gerichte, die im Rahmen ihrer justiziellen Tätigkeit handeln (vgl. Art. 37 Abs. 1 lit. a).

18 Ferner unterfallen Behörden, welche zum Zwecke der Verhütung, der Ermittlung, Aufdeckung und Verfolgung von Straftaten sowie der Strafvollstreckung personenbezogene Daten verarbeiten, im Rahmen dieser Tätigkeit nicht der DS-GVO (vgl. EG 19). Hier gilt vielmehr die bereichsspezifische RL 2016/680[4] für polizeiliche und justizielle Zusammenarbeit.

19 Die Voraussetzungen des Art. 37 Abs. 1 lit a bis c müssen dabei nicht kumulativ vorliegen, sondern alternativ.

20 Im Gegensatz zum BDSG, vgl. § 4f Abs. 1 S. 1, verzichtet der Verordnungsgeber gänzlich auf eine schriftliche Bestellung des Datenschutzbeauftragten.

21 Dieser Verzicht bedeutet dagegen aber nicht, dass ein Datenschutzbeauftragter nicht auch mit einem schriftlichen Vertrag bestellt werden könnte. Der Schriftlichkeit bestimmter Handlungen wohnt insoweit immer eine gewisse Warn- und Dokumentationsfunktion inne. Damit soll sichergestellt sein, dass keine voreiligen oder nicht näher bestimmten Rechtshandlungen vorgenommen werden. Gerade vor dem Hintergrund der erheblichen Bußgeldrisiken von bis zu 20 Mio. € für natürliche Personen und den umfassenden Überwachungspflichten des Datenschutzbeauftragten ist Letzterer gut beraten, seine Rechte und Pflichten schriftlich zu regeln. Gerade diese weitreichende Aufgabenfülle des Datenschutzbeauftragten nach der DS-GVO und auch aus Gründen der Rechtssicherheit ist es daher sinnvoll und somit weiterhin anzuraten,[5] die Benennung des Datenschutzbeauftragten – auch in Ermangelung eines Schriftformerfordernisses in der DS-GVO – schriftlich vorzunehmen. Alleine schon aus Dokumentationszwecken können dabei bspw. auch erweiterte Pflichten und Rechte des Datenschutzbeauftragten mit aufgenommen werden (s. Art. 38 Rn. 39).

---

4 ABl. EU Nr. L 119/89 v. 4.5.2016.
5 So auch *Marschall/Müller*, in: ZD 2016, 415.

Insbesondere wäre mit einem solchen Vertrag der Datenschutzbeauftragte gut beraten, damit ihm keine Garantenstellung zu eigen wird.[6] Inwieweit ein Datenschutzbeauftragter ordnungswidrigkeits- oder zivilrechtlich haftet, ist nicht geregelt (ausführliche Darstellung hierzu s. Art. 38 Rn. 68 ff). **22**

Darüber hinaus kommt es, anders als nach § 4f Abs. 1 S. 3 BDSG, nicht mehr auf die Zahl der im Betrieb Beschäftigten an. **23**

Eine Bestellpflicht besteht grundsätzlich gem. Art. 37 Abs. 1 lit a bis c nur für bestimmte Kategorien von Datenverarbeitern, allerdings wirkt sich die Norm auch auf andere datenverarbeitende Stellen aus, sofern nationales Recht durch Ausschöpfung der Öffnungsklauseln die Bestellpflicht für weitere Fälle vorsieht. **24**

In Deutschland besteht nach dem Gesetz (BDSG-neu) zur Anpassung des Datenschutzrechts an die Verordnung (EU) 2016/679[7] [DS-GVO] und zur Umsetzung der RL (EU) 2016/680[8] [Richtlinie für polizeiliche und justizielle Zusammenarbeit] eine Bestellpflicht nicht nur für sämtliche öffentlichen Stellen, welche personenbezogene Daten verarbeiten, sondern auch für sämtliche nicht öffentliche Stellen (also privatwirtschaftliche Unternehmen), welche mehr als zehn Personen ständig mit der automatisierten Verarbeitung personenbezogener Daten beschäftigen. **25**

Selbstredend gilt dies auch für alle Mitgliedstaaten der EU, sofern sie von der Öffnungsklausel entsprechend Gebrauch machen und eine Bestellpflicht vorsehen. **26**

1. Verarbeitung wird von einer Behörde oder öffentlichen Stelle durchgeführt (Art. 37 Abs. 1 lit. a)

Verpflichtend ist eine Benennung gem. Art. 37 Abs. 1 lit. a, wenn die Verarbeitung personenbezogener Daten von einer Behörde oder öffentlichen Stelle durchgeführt wird. **27**

Der Verordnungstext der DS-GVO nennt in den Art. 37 ff. die Begriffe „Behörde oder öffentliche Stelle" immer gleichlautend. **28**

Allerdings wird in der DS-GVO nicht näher ausgeführt, was eine „Behörde" oder „öffentliche Stelle" ist. **29**

Es finden sich lediglich in EG 154 Hinweise, dass im Zusammenhang mit dem Zugang der Öffentlichkeit zu amtlichen Dokumenten die Begriffe Behörden und öffentliche Stellen „sämtliche Behörden oder sonstigen Stellen" beinhalten. **30**

Demzufolge sind diese Begriffe in der DS-GVO weit auszulegen, da sie einerseits keine Trennung der Begrifflichkeiten vorsieht und anderseits der sachliche Anwendungsbereich der DS-GVO i.S.d. Art. 2 nur bedingt eingeschränkt werden kann (s. Art. 2 Rn. 3 f). **31**

Ausgenommen von der Bestellpflicht sind Gerichte oder unabhängige Justizbehörden (vgl. EG 97), die im Rahmen ihrer justiziellen Tätigkeit handeln, denn gem. Art. 55 Abs. 3 sind diese auch einer Aufsicht durch die Aufsichtsbehörden entzogen. Hintergrund dieser Ausnahme ist die Unabhängigkeit der Justiz bei der Ausübung ihrer gerichtlichen Aufgaben. EG 20 sieht vor, dass mit der Aufsicht der Datenverarbeitungsvorgänge bei Gericht besondere Stellen im Justizsystem der Mitgliedstaaten beauftragt werden können. **32**

Von der Bestellpflicht sind ferner die Behörden ausgenommen, welche der RL 2016/680 für polizeiliche und justizielle Zusammenarbeit unterfallen, sofern es um die Verarbeitung personenbezogener Daten zum Zwecke der Verhütung, Ermittlung, Aufdeckung oder Verfolgung von Straftaten oder Strafvollstreckung, einschließlich des Schutzes vor und der Abwehr von Gefahren für die öffentliche Sicherheit geht (vgl. EG 19). Sofern diese Behörden allerdings auch noch mit anderen Aufgaben betraut sind, welche nicht zwangsläufig unter die eben aufgezählten Zwecke fal- **33**

6 BGH, Urt. v. 17.7.2009 – 5 StR 394/08.
7 ABl. EU Nr. L 119/1 v. 4.5.2016.
8 ABl. EU Nr. L 119/89 v. 4.5.2016.

len, fallen diese Verarbeitungen wieder in den Anwendungsbereich der Verordnung. Insoweit kann dann auch hier wieder die Bestellpflicht greifen.

34 Beim Begriff der Verarbeitung ist die Definition des Art. 4 Nr. 2 heranzuziehen (s. Art. 4 Nr. 2 Rn. 9). Wobei der Verordnungsgeber davon spricht, dass die Verarbeitung „von" einer Behörde oder öffentlichen Stelle durchgeführt wird. Zu klären ist, was mit „von" gemeint ist und ob nur die Verarbeitung personenbezogener Daten, die von der Behörde oder öffentlichen Stelle selbst durchgeführt wird, dazu führt, dass „auf jeden Fall" ein Datenschutzbeauftragter benannt werden muss. Es sind nämlich durchaus Konstellationen vorstellbar, in denen die Behörden oder öffentlichen Stellen gerade nicht die Verarbeitung personenbezogener Daten selbst durchführen, wie bspw. der TÜV oder die Ersatz(kranken)kassen als sog. Beliehene. Aufgrund der nicht vorgenommenen Trennung des Verordnungsgebers von Behörden und öffentlichen Stellen ist davon auszugehen, dass auch Verwaltungshandeln im weiteren Sinne unter die Verpflichtung des Art. 37 Abs. 1a fällt und damit alle mit hoheitlichen Befugnissen ausgestatteten Stellen einen Datenschutzbeauftragten zu benennen haben.

35 Zusammengefasst ist damit von Behörden oder einer öffentlichen Stelle ein Datenschutzbeauftragter immer zu benennen, wenn

1. eine Behörde oder mit hoheitlichen Befugnissen ausgestattete Stelle Aufgaben der öffentlichen Verwaltung direkt oder indirekt wahrnimmt und
2. dabei personenbezogene Daten verarbeitet und
3. es sich um kein Gericht oder unabhängige Justizbehörde oder eine solche Behörde handelt, die der RL 2016/680 für polizeiliche und justizielle Zusammenarbeit unterfällt.

2. Kerntätigkeit in der Durchführung von Verarbeitungsvorgängen (Art. 37 Abs. 1 lit. b)

36 Darüber hinaus besteht eine Bestellpflicht für Verantwortliche oder Auftragsverarbeiter, deren Datenverarbeitungen, deren „Kerntätigkeit … in der Durchführung von Verarbeitungsvorgängen besteht, welche aufgrund ihrer Art, ihres Umfangs und/oder ihrer Zwecke eine umfangreiche regelmäßige und systematische Überwachung von betroffenen Personen erforderlich machen".

37 Damit ist die Bestellpflicht nach Art. 37 Abs. 1 lit. b von zwei Voraussetzungen abhängig:

1) Die Verarbeitung von personenbezogenen Daten muss zur „Kerntätigkeit" des für die Verarbeitung Verantwortlichen bzw. Auftragsverarbeiters gehören.
2) Diese Verarbeitung macht – inhaltlich – aufgrund ihrer Art, ihres Umfangs und/oder ihrer Zwecke eine umfangreiche regelmäßige und systematische Überwachung von betroffenen Personen erforderlich. Zum Begriff „Art der Verarbeitung" vgl. Art. 24 Rn. 81 ff., zum Begriff „Umfang der Verarbeitung" vgl. Art. 24 Rn. 87 ff. und zum Begriff „Zwecke der Verarbeitung" vgl. Art. 24 Rn. 103 ff.

a) Kerntätigkeit

aa) Kerntätigkeit des Verantwortlichen

38 Der Begriff der „Kerntätigkeit" ist in der DS-GVO selbst nicht definiert, wird in EG 97 jedoch dahin gehend spezifiziert, dass es um die „Haupttätigkeit" des Verantwortlichen geht und nicht um die Verarbeitung personenbezogener Daten als „Nebentätigkeit". Der Verordnungsgeber will hier wohl im Interesse der Verhältnismäßigkeit eine Bestellpflicht nur dann vorsehen, wenn die betreffende Datenverarbeitung den primären Geschäftszweck des Unternehmens darstellt.[9] Demzufolge sind damit alle Geschäftsbereiche gemeint, die entscheidend für die Umsetzung der Unternehmensstrategie sind, die ihren Ausdruck findet in Kundenservice, Marketing, Vertrieb etc.[10]

9 *Marschall/Müller*, in: ZD 2016, 415.
10 So auch *Jaspers/Reif*, in: RDV 2016, 61, 62.

Es ist dabei auf den Hauptgeschäftszweck des Unternehmens abzustellen. Impliziert dieser bereits eine umfangreiche systematische Überwachung von Betroffenen als Geschäftszweck, so besteht schon deshalb eine Bestellpflicht, dies wird auch in den Guidelines der Art. 29-Datenschutzgruppe näher ausgeführt.[11] „Kerntätigkeiten" können somit als die wichtigsten Verarbeitungstätigkeiten betrachtet werden, die notwendig sind, um die Ziele des Verantwortlichen oder des Auftragsverarbeiters zu erreichen.[12] Demnach sollten „Kerntätigkeiten", so die weiteren Ausführungen in den Guidelines der Art. 29-Datenschutzgruppe, jedoch nicht so ausgelegt werden, dass sie Tätigkeiten ausschließen, bei denen die Verarbeitung von Daten einen untrennbaren Bestandteil der Tätigkeit des Verantwortlichen oder des Auftragsverarbeiters darstellt. Als Beispiel wird dort die Kerntätigkeit eines Krankenhauses angeführt, dessen Kerntätigkeit es ist, Gesundheitsdienstleistungen zu erbringen. Allerdings könnte ein Krankenhaus keine Gesundheitsdienstleistungen ohne die Verarbeitung von Gesundheitsdaten, wie Krankheitsdaten oder der Führung von Patientenakten, erbringen. 39

Demnach ist die Verarbeitung von personenbezogenen Daten, wenn sie untrennbar mit der Kerntätigkeit verbunden ist, auch als eine der Kerntätigkeiten zu betrachten und es ist daher ein Datenschutzbeauftragter zu benennen. 40

Als weiteres Beispiel wird in den Guidelines der Art. 29-Datenschutzgruppe eine private Sicherheitsfirma genannt, die die Überwachung einer Reihe von privaten Einkaufszentren und öffentlichen Räumen durchführt. Die Überwachung ist die Kerntätigkeit dieses Unternehmens, die wiederum untrennbar mit der Verarbeitung personenbezogener Daten der überwachten Personen verknüpft ist. Daher muss auch dieses Unternehmen einen Datenschutzbeauftragten benennen. 41

Etwas anderes kann dann gelten, wenn die Überwachung zwar nicht die eigentliche Haupttätigkeit des Unternehmens darstellt, die Haupttätigkeit aber wesentlich auf der Überwachung basiert, sie also „erfordert". Beispielsweise kann es sein, dass ein Logistikunternehmen seine Geschäftsprozesse im Wesentlichen auf Trackingverfahren stützt (z.B. Sendungsverfolgung oder Ortung der Fahrzeuge). Das Gleiche kann gelten, wenn ein Unternehmen Datenanalysen nicht nur für eigene Marketingzwecke durchführt, sondern daraus einen eigenen Geschäftszweig zum Verkauf von Kundeninformationen entwickelt. Für den Fall, dass derartige Tracking- und Analyseverfahren Teil der eigentlichen gegenüber Dritten zu erbringenden Haupttätigkeit des Unternehmens (also Teil des Produkts oder des angebotenen Services) werden, spricht viel für eine Pflicht zur Bestellung des Datenschutzbeauftragten.[13] 42

Demgegenüber lösen bloße Nebentätigkeiten, welche im Grunde bei jedem Unternehmen anfallen, und rein unterstützende Tätigkeiten, welche nicht spezifisch für einen bestimmten Geschäftszweck sind, keine Bestellpflicht eines Datenschutzbeauftragten aus. Dies sind z.B. die Videoüberwachung des Firmengeländes, die Lohn- und Gehaltszahlung, die Zeiterfassung bei den Beschäftigten oder die Überwachung der Funktionalität der IT-Systeme und Einhaltung von Berechtigungskonzepten. 43

bb) Kerntätigkeit des Auftragsverarbeiters

Bislang ist im BDSG die Pflicht zur Bestellung eines Datenschutzbeauftragten nur auf die sog. Verantwortliche Stelle (zukünftig: der Verantwortliche) bezogen. 44

Art. 37 Abs. 1 geht dagegen von einer Bestellpflicht auch beim Auftragsverarbeiter aus. Maßgeblich muss insoweit wohl sein, ob die im Rahmen der Auftragsverarbeitung angebotene Dienstleistung – also die „Kerntätigkeit" – selbst die Bestellpflicht eines eigenen Datenschutzbeauftragten auslöst. 45

Ungeklärt ist, ob eine Bestellpflicht beim Verantwortlichen auf den Auftragsverarbeiter „durchschlagen" kann. Dies kann wohl nur der Fall sein, wenn der Auftragsverarbeiter bewusst an 46

11 Guidelines 243, Guidelines on Data Protection Officers (DPOs), Ziff. 2.1.
12 S.a. Guidelines 243, Guidelines on Data Protection Officers (DPOs), Ziff. 2.1.2.
13 So *Jaspers/Reif*, in: RDV 2016, 61, 62.

einem solchen Geschäftsmodell mitwirkt und dies in sein Produkt- bzw. Serviceportfolio aufnimmt. So sollte das bloße Hosting einer Software, welche Kundendatenanalysen durchführt, oder das Hosting von Gesundheitsdaten nicht per se zu einer Bestellpflicht führen. Etwas anderes kann gelten, wenn sich der Auftragsverarbeiter gerade auf das Hosting solcher Applikationen bzw. Daten spezialisiert hat, dies also nicht nur beiläufig geschieht, z.B. ein Rechenzentrum-Betreiber oder Cloud-Anbieter. In der Praxis wird es schließlich häufig so sein, dass der Verantwortliche ohnehin vom Auftragsverarbeiter verlangt, dass dieser zumindest einen Ansprechpartner für datenschutzrechtliche Belange benennt. Dies auch schon vor dem Hintergrund der gemeinsamen Haftung von Verantwortlichen und Auftragverarbeiter gem. Art. 82 Abs. 1.

b) Umfangreiche regelmäßige und systematische Überwachung

47 Der Begriff der „umfangreichen regelmäßigen und systematischen Überwachung" findet sich in der DS-GVO an vielen Stellen wieder, etwa Art. 35 Abs. 3 lit. c, 37 Abs. 1 lit. b und EG 97. Er ist dabei jedoch nur illustrativ verwendet, ohne näher zu definieren, was damit gemeint ist.

48 Dem ursprünglichen Ansatz der EU-Kommission, die Bestellpflicht von festen Schwellenwerten abhängig zu machen, ist man nicht gefolgt.[14] Insoweit müssen die Datenverarbeiter grundsätzlich selbst zu einer Einschätzung gelangen und mit der Rechtsunsicherheit leben, ob diese Einschätzung richtig ist, sofern der nationale Gesetzgeber keine anderweitige Regelung getroffen hat. Dies ist angesichts der durch den Verordnungsgeber verwendeten unbestimmten Rechtsbegriffe schwierig.

49 Dieses Problem könnte freilich durch den nationalen Gesetzgeber ausgeräumt werden, wenn nach nationalem Recht eine Bestellpflicht vorgesehen wäre.

50 Zu den nach Art. 24 erforderlichen organisatorischen Maßnahmen zur Sicherstellung der Einhaltung des Datenschutzes und damit der Erfüllung der Rechenschaftspflicht nach Art. 5 Abs. 2 kann somit durchaus auch die Bestellung eines Datenschutzbeauftragten gehören. EG 77 sieht vor, dass Anleitungen zur Verarbeitung personenbezogener Daten nach der DS-GVO auch in Form von Hinweisen durch den Datenschutzbeauftragten gegeben werden können.

51 Insgesamt dürfte sich daher bei größeren Unternehmen ohnehin die Benennung von verantwortlichen Personen für die interne Datenschutzorganisation empfehlen. In jedem Fall sollten Verantwortliche und Auftragsverarbeiter dokumentieren, aus welchen Gründen sie ggf. von der Bestellung eines Datenschutzbeauftragten abgesehen haben.

aa) Begriff der Überwachung

52 Es ist in der DS-GVO nicht eindeutig geregelt, was Art. 37 Abs. 1 lit. b mit der „Überwachung von betroffenen Personen" meint. „Überwachung" ist wohl nicht nur im Sinne einer optisch möglichen Überwachung zu verstehen, z.B. durch den Einsatz von Videoüberwachung oder persönliche Beobachtung, sondern auch im Hinblick auf eine sonst mögliche Überwachung durch Auswertung von Daten, z.B. aufgrund von Aufzeichnungen von Nutzerverhalten im Internet oder log files einer Systemnutzung. Der Begriff „Überwachung" impliziert also im Wege der grammatikalischen Auslegung, dass es darum geht, den Betroffenen und sein Verhalten über einen bestimmten Zeitraum hinweg zu beobachten. Dies legt auch Art. 35 Abs. 1 i.V.m. Art. 35 Abs. 3 lit. c nahe, demzufolge eine Datenschutz-Folgenabschätzung zu erfolgen hat, wenn eine „systematische umfangreiche Überwachung öffentlich zugänglicher Bereiche" durch Verwendung neuer Technologien aufgrund der Art, des Umfangs, der Umstände und der Zwecke der Verarbeitung voraussichtlich ein hohes Risiko für die Rechte und Freiheiten natürlicher Personen zur Folge hat.

14 *Klug*, in: ZD 2016, 315.

bb) Umfangreich, regelmäßig und systematisch

Zunächst ist festzuhalten, dass die Begriffe „umfangreich", „regelmäßig" und „systematisch" kumulativ zu verstehen sind, da sie als Adjektive die „Überwachung" näher beschreiben.[15] **53**

1. umfangreich

Vom Wortlaut her impliziert der Begriff „umfangreich" eine quantitative Komponente, ohne dass klar wäre, auf welche Bezugsgröße sich dies beziehen könnte. So kann es sein, dass der Begriff im Verhältnis zur Größe des betreffenden Unternehmens zu sehen ist oder er sich abstrakt-objektiv auf die Anzahl betroffener Personen bezieht. **54**

Die DS-GVO selbst definiert nämlich nicht, was „umfangreich" ist. Lediglich EG 91 liefert einige Hinweise. Demnach gelten in EG 91 als „umfangreiche Verarbeitungsvorgänge" solche, „die dazu dienen, große Mengen personenbezogener Daten auf regionaler, nationaler oder supranationaler Ebene zu verarbeiten, eine große Zahl von Personen betreffen könnten und – beispielsweise aufgrund ihrer Sensibilität – wahrscheinlich ein hohes Risiko mit sich bringen und bei denen entsprechend dem jeweils aktuellen Stand der Technik in großem Umfang eine neue Technologie eingesetzt wird, sowie für andere Verarbeitungsvorgänge, die ein hohes Risiko für die Rechte und Freiheiten der betroffenen Personen mit sich bringen". EG 91 spezifiziert insoweit „umfangreiche Verarbeitungsvorgänge" als solche, die **55**

- dazu dienen, große Mengen personenbezogener Daten auf regionaler, nationaler oder supranationaler Ebene zu verarbeiten, oder
- eine große Zahl von Personen betreffen können.

Allerdings ist es nicht möglich, eine genaue Anzahl der betroffenen Personen in Bezug auf die Menge der verarbeiteten Daten oder die Zahl der betroffenen Personen vorzugeben, die in allen Fällen anwendbar wäre. **56**

Die Art. 29-Datenschutzgruppe schließt in ihren Guidelines jedoch nicht aus, dass sich im Laufe der Zeit eine Standardpraxis entwickeln kann, um in objektiver, quantitativer Hinsicht festzulegen, was für bestimmte Arten gemeinsamer Verarbeitungstätigkeiten „umfangreich" ist,[16] und empfiehlt in jedem Fall, insb. bei der Feststellung, ob die Verarbeitung „umfangreich" durchgeführt wird, folgende Faktoren zu berücksichtigen: **57**

- Anzahl der betroffenen Personen – entweder als bestimmbare Zahl oder als Anteil der betroffenen Bevölkerung;
- das Datenvolumen und/oder der Bereich der verarbeiteten Daten;
- die Dauer der Datenverarbeitung;
- die geografische Ausdehnung der Verarbeitungstätigkeit.[17]

Außerdem ist der Begriff „umfangreich" im Zusammenhang mit seiner Verwendung im Rahmen der Datenschutz-Folgenabschätzung gem. Art. 35 Abs. 3 lit. a bis c zu sehen (s. Art. 35 Rn. 37). Danach ist eine Datenschutz-Folgeabschätzung erforderlich bei der „umfangreichen Verarbeitung besonderer Kategorien von personenbezogenen Daten" (lit. b) oder der „systematischen umfangreichen Überwachung öffentlich zugänglicher Bereiche" (lit. c). **58**

Dies legt insoweit nahe, dass die Überwachung einer kleineren Anzahl Betroffener dem Wortlaut nach noch keine Bestellpflicht auslösen dürfte. **59**

Gleichwohl sind die Verantwortlichen und Auftragsverarbeiter gehalten, zu dokumentieren, welche Daten wie vieler Personen sie verarbeiten und weshalb sie aufgrund dieser festgehaltenen **60**

---

15 So auch *Klug*, in: ZD 2016, 315.
16 S. Guidelines 243, Guidelines on Data Protection Officers (DPOs), Ziff. 2.1.3.
17 S. Guidelines 243, Guidelines on Data Protection Officers (DPOs), Ziff. 2.1.3.

Anzahl nicht von einer „umfangreichen" Datenverarbeitung personenbezogener Daten ausgehen, dies folgt schon aus der Rechenschaftspflicht des Art. 5 Abs. 2.

2. regelmäßig und systematisch

61 Dem Begriff „regelmäßig" kann man insoweit entnehmen, dass die einzelfallbezogene oder sporadische Überwachung eines Betroffenen keine Bestellpflicht auslöst, sondern einer gewissen Dauer bedarf.

62 Der Begriff „systematisch" impliziert vom Wortsinn her ferner, dass es sich um eine strukturierte Datenverarbeitung handelt, welche die Überwachung zum Ziel hat.

63 Der Begriff der „regelmäßigen und systematischen Überwachung von betroffenen Personen" selbst ist in der DS-GVO nicht definiert, wohl aber wird das Konzept der „Überwachung des Verhaltens der betroffenen Personen" in EG 24 erwähnt und „sollte daran festgemacht werden, ob ihre Internetaktivitäten nachvollzogen werden, einschließlich der möglichen nachfolgenden Verwendung von Techniken zur Verarbeitung personenbezogener Daten, durch die von einer natürlichen Person ein Profil erstellt wird, das insbesondere die Grundlage für sie betreffende Entscheidungen bildet oder anhand dessen ihre persönlichen Vorlieben, Verhaltensweisen oder Gepflogenheiten analysiert oder vorausgesagt werden sollen".

64 Die Art. 29-Datenschutzgruppe fasst in ihren Guidelines den Begriff der regelmäßigen und systematischen Überwachung weiter und interpretiert „regelmäßig", wenn die Überwachung

- laufend oder in bestimmten Intervallen für einen bestimmten Zeitraum,
- wiederkehrend oder wiederholt zu festen Zeiten,
- ständig oder regelmäßig stattfindet,

65 und als „systematisch", wenn die Überwachung

- entsprechend einem System,
- vorgeordnet, organisiert oder methodisch,
- im Rahmen einer Strategie durchgeführt wird.[18]

66 Von einer „umfangreichen regelmäßigen und systematischen" Überwachung und damit eine Bestellpflicht auslösend ist demnach auszugehen, wenn zu einer zeitlichen Dauer und Wiederholung eine organisierte und geplante Komponente tritt.

3. Kerntätigkeit in der umfangreichen Verarbeitung von Daten (gem. Art. 9 und 10), Art. 37 Abs. 1 lit. c

67 Eine Bestellpflicht besteht ferner, wenn die „Kerntätigkeit" des Verantwortlichen oder Auftragsverarbeiters in der „umfangreichen" Verarbeitung (s. Art. 37 Abs. 1 lit. b Rn. 52 f) besonderer Kategorien von personenbezogenen Daten gem. Art. 9 (s. Art. 9 Rn. 7) oder von personenbezogenen Daten über strafrechtliche Verurteilungen und Straftaten gem. Art. 10 (s. Art. 10 Rn. 5) besteht. Insoweit gelten die Ausführungen zu Art. 37 Abs. 1 lit. a und lit. b, unter der Maßgabe, dass die Verarbeitung besonderer Kategorien personenbezogener Daten und Daten über strafrechtliche Verurteilungen und Straftaten gem. Art. 9 und 10 einem besonderen Schutz unterliegen, a.a.O.

II. Gemeinsamer Datenschutzbeauftragter (Art. 37 Abs. 2 und 3)

1. Gruppe von Unternehmen

68 Eine Gruppe von Unternehmen darf einen gemeinsamen Datenschutzbeauftragten benennen. Der Begriff der Unternehmensgruppe ist in Art. 4 Nr. 19 definiert als eine Gruppe, die aus einem herrschenden und von diesem abhängigen Unternehmen besteht (s. Art. 4 Nr. 19 Rn. 6 f).

18 Guidelines 243, Guidelines on Data Protection Officers (DPOs), Ziff. 2.1.4.

Art. 37 Abs. 2 stellt es somit einer Unternehmensgruppe frei, statt jeweils einen Datenschutzbeauftragten für jedes Unternehmen nur einen gemeinsamen Datenschutzbeauftragten für alle Unternehmen zu benennen. **69**

Dabei muss jedoch sichergestellt sein, dass der gemeinsame Datenschutzbeauftragte von jeder Niederlassung der Unternehmensgruppe aus „leicht erreicht werden kann". Die Begrifflichkeit „leicht erreicht werden kann" ist hierbei im tatsächlichen Wortsinne zu verstehen – der Datenschutzbeauftragte muss ohne Schwierigkeiten von allen Niederlassungen des Unternehmens aus erreichbar sein. Wie das geschehen soll, wird in der DS-GVO nicht näher ausgeführt. **70**

Um sicherzustellen, dass der Datenschutzbeauftragte „leicht erreicht werden kann", ist es zunächst nicht nur wichtig, dass dessen Kontaktdaten gem. Art. 37 Abs. 7 auch der Aufsichtsbehörde verfügbar sind, sondern der Datenschutzbeauftragte muss in der Lage sein, mit den Mitarbeitern, den betroffenen Personen effizient zu kommunizieren und mit den Aufsichtsbehörden vor Ort zusammenzuarbeiten. **71**

Bei multinationalen Unternehmen dürfte das einen gewissen organisatorischen Aufwand erfordern, damit dies ggf. auch durch unterschiedliche Zeitzonen hindurch sichergestellt ist. So kann dies z.B. durch Besprechungen zu festen Zeiten oder zeitversetztes Arbeiten am jeweiligen Standort dargestellt werden. Ein weiteres Merkmal der Bestellung eines solchen gemeinsamen Datenschutzbeauftragten dürfte bei multinationalen Unternehmen neben dessen beruflicher Qualifikation und Fachwissen auch dessen sprachliche Qualifikation sein. Vor allem wenn die Auslandsniederlassungen in Ländern sind, deren Sprachen der Datenschutzbeauftragte nicht mächtig ist, oder eine gängige Fremdsprache, wie Englisch, Französisch oder Spanisch, dort nicht gesprochen wird. In einem solchen Fall ist es dann angebracht, lokale Ansprechpartner in den Auslandsniederlassungen des multinationalen Unternehmens vorzuhalten, die zum einen dem Datenschutzbeauftragten in einer gemeinsamen Sprache zuarbeiten und ihm zum anderen als Mittler und Dolmetscher bei der Überwachung des Datenschutzes vor Ort dienen. **72**

Sind die sprachlichen Barrieren überwunden oder nicht vorhanden, dann spricht auch nichts dagegen, die persönliche Verfügbarkeit des Datenschutzbeauftragten für die Mitarbeiter an den jeweiligen Standorten auch telefonisch oder über andere Kommunikationsmittel sicherzustellen, sofern er darüber „leicht erreicht werden kann", also regelmäßig erreichbar ist. **73**

Denn der Begriff „leicht erreicht werden kann" ist v.a. auch im Hinblick auf die Aufgaben des Datenschutzbeauftragten als Kontaktstelle für die betroffene Person, die Aufsichtsbehörde und nicht nur innerhalb des Unternehmens oder der Unternehmensgruppe zu verstehen. **74**

Dies bedeutet nämlich auch, dass die Kommunikation in der von den Aufsichtsbehörden und der von der betroffenen Person verwendeten Sprache bzw. Sprachen erfolgen muss, wobei sich gegenüber den Aufsichtsbehörden die gängigen Arbeitssprachen der EU – Englisch, Deutsch oder Französisch – herausbilden dürften. Gleichwohl ist sicherzustellen, dass aber auch die in dem jeweiligen multinationalen Unternehmen oder der Unternehmensgruppe vorherrschenden anderen Sprachen oder Anfragen von betroffenen Personen durch den Datenschutzbeauftragten bearbeitet werden können. Dies hat dann durch entsprechend sichere – ggf. der erforderlichen Vertraulichkeit Rechnung tragende – Übersetzungen zu erfolgen. **75**

2. Mehrere Behörden

Bislang war es nach den Landesdatenschutzgesetzen einiger deutscher Bundesländer möglich, einen gemeinsamen Datenschutzbeauftragten zu benennen, so z.B. in Bayern gem. Art. 25 Abs. 2 BayDSG. Die Vorteile liegen zunächst auf der Hand, es muss nur eine Stelle geschaffen, müssen weniger Haushaltsmittel bereitgestellt werden und kleine Städte bspw. werden entlastet. Es ist zu bezweifeln, ob in Großstädten oder großen Landkreisen aufgrund der komplexen Verwaltungs- und Aufgabenstruktur ein gemeinsamer Datenschutzbeauftragter seine ihm von der DS-GVO zugewiesenen Aufgaben (s. Art. 39) hinreichend erfüllen kann. Inwieweit die Behörden von der nunmehr generell eingeräumten Möglichkeit eines solchen gemeinsamen Datenschutz- **76** beauftragten Gebrauch machen werden, bleibt damit abzuwarten und muss sich vor dem Hintergrund der Praktikabilität bewähren.

III. Möglichkeit zur Benennung eines Datenschutzbeauftragten (Art. 37 Abs. 4)

77 Mit dieser Regelung in Art. 37 Abs. 4 hat der Verordnungsgeber die Möglichkeit geschaffen, dass Mitgliedstaaten abweichend von Art. 37 Abs. 1 die Bestellpflicht eines Datenschutzbeauftragten vorsehen können. Mit dem Gesetz (BDSG-neu) zur Anpassung des Datenschutzrechts an die Verordnung (EU) 2016/679 und zur Umsetzung der RL (EU) 2016/680 wird in Deutschland an den bisherigen Regeln des BDSG, soweit diese mit der DS-GVO vereinbar sind, festgehalten. So finden sich u.a. wieder Regelungen zum Datenschutzbeauftragten, Beschäftigtendatenschutz und Auftragsverarbeiter.

78 Darüber hinaus ist zukünftig auch die sich bildende Rechtsprechung zur DS-GVO aufmerksam zu verfolgen, v.a. inwieweit sich richterrechtlich herausbildet, dass eben doch ein Datenschutzbeauftragter gem. Art. 37 Abs. 1 zu benennen ist, auch wenn sich dessen Pflicht zur Benennung nicht vordergründig aus der dort genannten Aufzählung ergibt oder der jeweilige nationale Gesetzgeber von der Öffnungsklausel nicht entsprechend Gebrauch gemacht hat.

79 Ohnehin zeigt die Praxis, dass es oftmals sinnvoll sein kann, auch ohne eine Bestellpflicht einen zentralen Ansprechpartner für Datenschutzfragen im Unternehmen zu benennen. Gerade vor dem Hintergrund der weitreichenden Verpflichtungen zur Umsetzung von Datenschutzvorgaben und Hinweispflichten aus den einschlägigen nationalen Gesetzen, europäischen RLs und Verordnungen sowie den oftmals damit einhergehenden Bußgeldern bei Verstößen gegen ebensolche zeigt sich, dass ein zentraler Ansprechpartner in Datenschutzfragen einen entscheidenden Mehrwert zum Unternehmen beiträgt.

IV. Qualifikation des Datenschutzbeauftragten (Art. 37 Abs. 5)

80 Hinsichtlich der Qualifikation des Datenschutzbeauftragten macht der Verordnungsgeber, wie bereits das BDSG in § 4f Abs. 2, Vorgaben.

81 Nach Art. 37 Abs. 5 wird der Datenschutzbeauftragte „auf der Grundlage seiner beruflichen Qualifikation und insbesondere des Fachwissens benannt, das er auf dem Gebiet des Datenschutzrechts und der Datenschutzpraxis besitzt, sowie auf der Grundlage seiner Fähigkeit zur Erfüllung der in Artikel 39 genannten Aufgaben".

82 Der Verordnungsgeber macht somit unmissverständlich zur „Grundlage" der Benennung des Datenschutzbeauftragten dessen berufliche Qualifikation und insb. das Fachwissen, das er auf dem Gebiet des Datenschutzrechts und der Datenschutzpraxis „besitzt". Der Verordnungsgeber geht also davon aus, dass der Datenschutzbeauftragte schon vor Übernahme der Aufgabe als Datenschutzbeauftragter entsprechend qualifiziert ist und Fachwissen bereits erworben hat. Dies wird auch durch die Formulierung in EG 97 S. 1 „über Fachwissen auf dem Gebiet des Datenschutzrechts und der Datenschutzverfahren verfügt" deutlich.

83 Die Benennung eines Datenschutzbeauftragten ist also kein Selbstzweck, sondern es soll eine Person benannt werden, die nachweislich qualifiziert ist und bereits über das entsprechende Fachwissen auf dem Gebiet des Datenschutzrechts und der Datenschutzpraxis verfügt. Dies wird besonders deutlich durch EG 97 S. 2: „das „erforderliche Niveau des Fachwissens sollte sich insbesondere nach den durchgeführten Datenverarbeitungsvorgängen und dem erforderlichen Schutz für die … verarbeiteten personenbezogenen Daten richten". Damit verdeutlicht der Verordnungsgeber, je komplexer die Datenverarbeitungsvorgänge und der erforderliche Schutz der verarbeiteten personenbezogenen Daten sind, desto höher sind die Anforderungen an die Qualifikation und das Fachwissen des Datenschutzbeauftragten.

Vor dem Hintergrund der vielfältigen und komplexen Aufgaben (s. Art. 39 Rn. 15 f) eines Datenschutzbeauftragten im Hinblick auf die Compliance mit der DS-GVO kann der Datenschutzbeauftragte also nicht auf eine bloße „Überwachungsinstanz" beschränkt werden, sondern muss besonders qualifiziert und ausgebildet sein, um diese Aufgaben erfüllen zu können. **84**

Der Verantwortliche hat somit bei der Auswahl des Datenschutzbeauftragten neben dessen geeigneter beruflicher Qualifikation und dem vorhandenen Fachwissen auch die durchzuführenden Datenverarbeitungsvorgänge und den Schutz, der für die Verarbeitung der personenbezogenen Daten erforderlich ist, zu berücksichtigen. Wenn z.B. Datenverarbeitungsvorgänge besonders komplex sind oder wenn bspw. sensible personenbezogene Daten verarbeitet werden, dann muss an die berufliche Qualifikation und das Fachwissen des Datenschutzbeauftragten ein höheres Maß angelegt werden als bei einfachen Datenverarbeitungsvorgängen ohne besonders schützenswerte personenbezogene Daten. **85**

Nach den Guidelines der Art. 29-Datenschutzgruppe umfassen die erforderlichen Kenntnisse und Fähigkeiten des Datenschutzbeauftragten Folgendes:[19] **86**

- Kenntnis der nationalen und europäischen Datenschutzgesetze und -praktiken einschließlich einer vertieften Kenntnis der DS-GVO;
- Verständnis der durchgeführten Verarbeitungsvorgänge;
- Verständnis der Informationstechnologie und Datensicherheit;
- Kenntnisse des Unternehmens und der Organisation;
- Fähigkeit, eine Datenschutzkultur innerhalb der Organisation zu fördern.

Ein Datenschutzbeauftragter muss demnach kein ausgewiesener IT- oder Rechtsexperte sein und umfassend alle technischen Vorgänge und juristischen Vorschriften kennen. Er muss vielmehr als Allrounder einen Überblick über die im jeweiligen Unternehmen eingesetzte IT haben sowie ein gutes Verständnis der einschlägigen Gesetze, der betrieblichen Organisation und darüber hinaus didaktische Fähigkeiten, psychologisches Einfühlungsvermögen, Organisationstalent und in multinationalen Unternehmen auch interkulturelle Kenntnisse besitzen, um die vielfältigen Aufgaben als Datenschutzbeauftragter wahrnehmen zu können. **87**

V. Sonstige Erfordernisse bei der Benennung eines Datenschutzbeauftragten (Art. 37 Abs. 6 und 7)

1. Angestellter oder externer Datenschutzbeauftragter

Es steht jedem Verantwortlichen frei, zum Datenschutzbeauftragten einen Angestellten aus dem eigenen Unternehmen heraus zu benennen oder sich eines externen Datenschutzbeauftragten zu bedienen, der „die Aufgaben auf der Grundlage eines Dienstleistungsvertrages" erfüllt. **88**

Der Verordnungsgeber gestattet damit gleichermaßen beide Möglichkeiten, sofern neben den Voraussetzungen der Art. 37 bis 39 v.a. auch die Anforderungen an die Qualifikation und das Fachwissen i.S.d. Art. 37 Abs. 5 erfüllt sind. **89**

Bei der Bestellung eines externen Datenschutzbeauftragten ist zu beachten, ob es, je nach Größe des Unternehmens und dem Umfang der Datenverarbeitung, noch sinnvoll ist, einen externen Datenschutzbeauftragten zu bestellen, oder ob sich nicht gleich ein interner Datenschutzbeauftragter empfiehlt, der bereits Kenntnisse der internen Abläufe und Organisation mitbringt. Gerade bei großen Unternehmen kann es von vornherein zweckmäßig sein, direkt einen internen Datenschutzbeauftragten zu benennen und ihm auch Mitarbeiter zuzuweisen, die die oftmals mit der Größe eines Unternehmens wachsenden Datenverarbeitungsvorgänge und die damit **90**

19 Guidelines 243, Guidelines on Data Protection Officers (DPOs), Ziff. 2.4.

einhergehenden komplexen Unternehmensstrukturen bereits kennen und es so nicht zu Verzögerungen bei der Einarbeitung kommt.

91 Sofern sich der Verantwortliche jedoch für einen externen Datenschutzbeauftragten entscheidet, empfiehlt sich aus Gründen der Rechtssicherheit jedoch, in dem Dienstleistungsvertrag mit dem externen Datenschutzbeauftragten eine klare Aufgabenverteilung vorzunehmen sowie dem externen Datenschutzbeauftragten eine verantwortliche Person beim Verantwortlichen beizustellen, damit dieser im Unternehmen einen Ansprechpartner hat, der ihm bei Fragen zu internen Abläufen oder der Struktur der Datenverarbeitungsvorgänge weiterhelfen kann.

92 Die Entscheidung für einen externen Datenschutzbeauftragten ist eine unternehmerische Entscheidung, die der Mitbestimmung nach dem deutschen BetrVG nicht zugänglich ist.[20]

93 Ebenso sollte der Verantwortliche vor Vertragsabschluss mit einem externen Datenschutzbeauftragten genau prüfen, dass der externe Datenschutzbeauftragte arbeitsrechtlich nicht als sog. Scheinselbstständiger weisungsgebunden ausschließlich für ihn arbeitet, da der Verantwortliche ansonsten Gefahr läuft, mit dem externen Datenschutzbeauftragten ein Arbeitsverhältnis zu begründen.[21]

2. Veröffentlichung der Kontaktdaten des Datenschutzbeauftragten

94 Damit der Datenschutzbeauftragte seine Aufgabe auch nach außen wahrnehmen kann, sind dessen Kontaktdaten im und außerhalb des Unternehmens wie auch gegenüber den Aufsichtsbehörden zu veröffentlichen. Dadurch soll den betroffenen Personen und den Aufsichtsbehörden ermöglicht werden, den Datenschutzbeauftragten zu erreichen.

95 Welche Kontaktdaten das sind, ergibt sich aus Art. 37 Abs. 7 nicht. Ein Anhaltspunkt, was der Verordnungsgeber mit Kontaktdaten gemeint haben könnte, ergibt sich aus EG 23 S. 3: „ ... einer E-Mail-Adresse oder anderer Kontaktdaten ...". Damit steht zumindest fest, dass es neben der E-Mail-Adresse auch andere Kontaktdaten geben kann. Nach dem Sinn und Zweck der Regelung des Art. 37 Abs. 7 und der Wiederholung der „Kontaktdaten" in Verbindung mit der Person des Datenschutzbeauftragten an mehreren Stellen in der DS-GVO[22] liegt es nahe, dass unter Kontaktdaten eben eine Erreichbarkeit des Datenschutzbeauftragten sichergestellt werden soll. Dies geschieht üblicherweise per E-Mail, Telefon, Fax oder Postadresse. Insofern sind unter Kontaktdaten die Kontaktmöglichkeiten zu verstehen, mit denen der Datenschutzbeauftragte auch leicht erreicht wird, auch i.S.d. Art. 37 Abs. 2.

96 Inwieweit unter Kontaktdaten neben E-Mail, Telefon, Fax oder Postadresse von Art. 37 Abs. 7 auch der Name des Datenschutzbeauftragten erfasst ist, ist nicht offensichtlich. Art. 30 Abs. 1 lit. a und Art. 33 Abs. lit b nennen den Namen und die Kontaktdaten des Datenschutzbeauftragten getrennt, insoweit ist davon auszugehen, dass der Verordnungsgeber Name und Kontaktdaten unterscheidet.

97 Der Name des Datenschutzbeauftragten ist demnach, weil in Art. 37 Abs. 7 auch nicht genannt, somit nicht zu veröffentlichen, sondern nur die reinen Kontaktdaten. Es genügt also, wenn der „Datenschutzbeauftragte" von der betroffenen Person angerufen oder angeschrieben wird, wohingegen die zuständige Aufsichtsbehörde den konkreten Namen des Datenschutzbeauftragten kennt, wenn ihr das Verzeichnis von Verarbeitungstätigkeiten auf Anfrage zur Verfügung gestellt wurde oder eine Meldung von Verletzungen des Schutzes personenbezogener Daten an sie erfolgte.

---

20 Es handelt sich hierbei nicht um eine Einstellung im Sinne des BetrVG. Lediglich hinsichtlich der Qualifikation des externen Datenschutzbeauftragten ist zu beachten, dass der Betriebsrat hier im Rahmen seines Informationsrechts gem. § 80 BetrVG entsprechend zu unterrichten ist, auch um das Bestehen eines Mitbestimmungsrechts prüfen zu können, m.w.N. ErfK-BetrVG, *Kania*, § 99 Rn. 4 bis 9.

21 ErfK-BGB, *Preis*, § 611 Rn. 98 bis 99.

22 S. Art. 13 Abs. 1 lit. b., 14 Abs. 1 lit. b, 30 Abs. 1 lit. a und Abs. 2 lit. a, Art. 33 Abs. 3 lit. b und Art. 36 Abs. 3 lit. d.

VI. Sanktionen

Art. 83 Abs. 4 lit. a sieht für vorsätzliche[23] Verstöße der Verantwortlichen und Auftragsverarbeiter gegen die u.a. in Art. 37 genannten Pflichten Geldbußen bis zu 10 Mio. € oder im Falle eines Unternehmens von bis zu 2 % des gesamten weltweit erzielten Jahresumsatzes vor, gem. Art. 84 Abs. 4 i.V.m. Art. 83 Abs. 2. **98**

Denkbar sind insoweit Verstöße gegen die Bestellpflicht des Art. 37 Abs. 1, wenn vom Verantwortlichen vorsätzlich ein Datenschutzbeauftragter nicht bestellt wird oder wenn vorsätzlich ein Datenschutzbeauftragter bestellt wird, der entgegen Art. 37 Abs. 5 offenkundig unqualifiziert ist und kein nachweisbares Fachwissen besitzt. **99**

C. Weitere Auswirkungen der Verordnung in der Praxis

I. Voraussichtliche Auswirkungen auf nationales Recht

Die Öffnungsklausel des Art. 37 Abs. 4 ist in Deutschland durch das Gesetz (BDSG-neu) zur Anpassung des Datenschutzrechts an die Verordnung (EU) 2016/679 und zur Umsetzung der RL (EU) 2016/680 (Datenschutz-Anpassungs- und -Umsetzungsgesetz EU – DSAnpUG-EU[24]) ausgefüllt worden und die Bestellung eines Datenschutzbeauftragten ist damit in Deutschland weitestgehend wieder zur Pflicht geworden. **100**

Die Regelungen zur Benennung eines Datenschutzbeauftragten sind in im DSAnpUG-EU (BDSG-neu) insgesamt sehr verschachtelt und finden sich im DSAnpUG-EU (BDSG-neu) in dessen Teil 1 – Gemeinsame Bestimmungen, Kapitel 3 – Datenschutzbeauftragte öffentlicher Stellen, dort § 5 [Benennung] und in Teil 2 – Durchführungsbestimmungen für Verarbeitungen zu Zwecken gemäß Artikel 2 der Verordnung (EU) 2016/679), Kapitel 3 – Pflichten der Verantwortlichen und Auftragsverarbeiter, dort § 38 [Datenschutzbeauftragte nicht-öffentlicher Stellen] wieder. Es wird im DSAnpUG-EU (BDSG-neu) zwischen öffentlichen und nicht-öffentlichen Stellen unterschieden. **101**

Für öffentliche Stellen ist nach § 5 DSAnpUG-EU (BDSG-neu) die Benennung eines Datenschutzbeauftragten weitestgehend obligatorisch, wobei mehrere öffentliche-Stellen unter Berücksichtigung ihrer Organisationstruktur einen gemeinsamen Datenschutzbeauftragten benennen können, siehe § 5 Abs. 1 und Abs. 2. In § 5 DSAnpUG-EU (BDSG-neu) wird in Abs. 3 bis 5 dann wortgleich nichts anderes geregelt, als schon in der DSGVO in Art. 37 geregelt ist – Qualifikation und Fachwissen des Datenschutzbeauftragten, interner oder externer Datenschutzbeauftragter und Veröffentlichung der Kontaktdaten des Datenschutzbeauftragten. **102**

Nach dem DSAnpUG-EU (BDSG-neu) ist in nicht-öffentlichen Stellen gem. § 38 Abs. 1 Satz 1 DSAnpUG-EU (BDSG-neu) ein Datenschutzbeauftragter ergänzend zu den Regelungen in Art 37 Abs. 1 lit. b) und lit. c) DSGVO zu bestellen, soweit diese in der Regel mindestens zehn Personen ständig mit der automatisierten Verarbeitung personenbezogener Daten beschäftigen. **103**

Die gleiche Verpflichtung einen Datenschutzbeauftragten zu bestellen gilt gem. § 35 Abs. 1 Satz 2 DSAnpUG-EU (BDSG-neu) auch für Verantwortliche und Auftragsverarbeiter, die einer Datenschutz-Folgenabschätzung nach Art. 35 DSGVO unterliegen, oder personenbezogene Daten geschäftsmäßig zum Zweck der Übermittlung, der anonymisierten Übermittlung oder für Zwecke der Markt- oder Meinungsforschung verarbeiten. Auf eine bestimmte Personenanzahl kommt es dann nicht mehr an. **104**

Lediglich nicht-öffentliche Stellen, die soweit diese nicht mehr als mindestens 10 Personen ständig mit der automatisierten Verarbeitung personenbezogener Daten befasst beschäftigen oder **105**

---

23 S. EG 148.

24 In der Fassung des Beschlusses des Deutschen Bundestages (BT-Drs. 18/11325), sowie des Änderungsantrages des Bundesrates (BR-Drs. 332/17).

keiner Datenschutz-Folgenabschätzung nach Art. 35 DSGVO unterliegen oder personenbezogene Daten nicht geschäftsmäßig verarbeiten, müssen nach dem DSAnpUG-EU also keinen Datenschutzbeauftragten bestellen.

106 Anzumerken ist, dass die Regelungen im DSAnpUG-EU (BDSG-neu) keine wirkliche Ergänzung der Öffnungsklauseln der DSGVO sind und es bleibt abzuwarten, ob aufgrund der an vielen Stellen im neuen DSAnpUG-EU (BDSG-neu) wortgleichen Wiederholung des Verordnungstextes der DSGVO der deutsche Gesetzgeber nicht die sog. „Kompetenzsperre" der EU überschritten hat, da die EU von ihrer diesbezügliche Kompetenz den Datenschutz umfassend zu regeln gem. Art. 2 AEUV i.V.m. Art. 16 AEUV bereits Gebrauch gemacht hat[25]. Inwieweit dies der Fall sein wird, wird sich entweder durch ein Vorabentscheidungsverfahren gem. Art. 267 AEUV, wenn also ein einzelstaatliches Gericht dem EuGH eine Frage zur Auslegung der DSGVO vorlegt und damit inzidenter die korrespondierende Regelung des DSAnpUG-EU (BDSG-neu) mitgeprüft wird, zeigen oder wenn die EU Kommission als „Hüterin der EU Verträge" ein Vertragsverletzungsverfahren gem. Art. 258 AEUV gegen die Bundesrepublik Deutschland einleitet, mit dem Vorwurf des Anwendungsvorrangs des Unionsrechts gegenüber dem nationalen Recht und dem damit einhergehenden Verbot ohnehin geltende EU-Rechtsakte nicht nochmals wortgleich in nationales Recht umzuschreiben[26].

II. Umsetzung in die Unternehmenspraxis

107 In Deutschland hat sich der Datenschutzbeauftragte als zuverlässiger Ansprechpartner und Kenner der betrieblichen Abläufe etabliert und ist aus der Unternehmenspraxis nicht mehr wegzudenken.[27] Deshalb wird der Datenschutzbeauftragte, wo bereits vorhanden, bestehen bleiben[28] und Unternehmen, die bislang noch keinen Datenschutzbeauftragten haben (mussten) oder sich neu gründen, ist anzuraten, einen solchen zu bestellen. Schon vor dem Hintergrund der zahlreichen Überwachungsaufgaben schafft dessen Vorhandensein dem Unternehmen einen Mehrwert.

108 Darüber hinaus ist der Datenschutzbeauftragte ein wichtiges Bindeglied zwischen Unternehmensleitung und Betriebsrat. Schon aufgrund seiner unabhängigen Stellung ist er für beide Seiten ein wichtiger Ansprechpartner und kann wesentlich dazu beitragen, verhärtete Fronten, insb. bei der Mitbestimmung zur Einführung neuer personenbezogene Daten verarbeitender IT-Systeme, im Unternehmen aufzulösen. Insbesondere auch bei der Beratung zur Transparenz und der Ausgestaltung neuer IT-Systeme nach den Grundsätzen datenschutzfreundlicher Voreinstellungen und der Ausgestaltung des Beschäftigtendatenschutzes, etwa durch Betriebsvereinbarungen, kann der Datenschutzbeauftragte eine wichtige Stütze sein. So kann der Datenschutzbeauftragte bspw. als ständiger Beisitzer ohne Stimmrecht im für IT-Fragen zuständigen Betriebsratsgremium fungieren und so auch in der betriebsratsinternen Meinungsbildung bereits Fragen des Gremiums beantworten und wichtige Impulse bei der Ausgestaltung betrieblicher Regelungen setzen. Der Datenschutzbeauftragte ist und bleibt somit eine wichtige Instanz zur Sicherstellung der Compliance hinsichtlich des Datenschutzes im Unternehmen.

---

25 Geiger/Khan/Kotzur, *Geiger*, Art. 4 EUV Rn. 25.
26 Geiger/Khan/Kotzur, *Geiger*, Art. 19 EUV Rn. 17 ff.
27 So auch *Marschall/Müller*, in: ZD 2016, 415.
28 So im Ergebnis auch *Wybitul*, BDSG-neu: BMI-Entwurf für ein Datenschutz-Anpassungs- und -Umsetzungsgesetz EU, in: ZD 2017, 53.

Article 38

Position of the data protection officer

1. The controller and the processor shall ensure that the data protection officer is involved, properly and in a timely manner, in all issues which relate to the protection of personal data.

2. The controller and processor shall support the data protection officer in performing the tasks referred to in Article 39 by providing resources necessary to carry out those tasks and access to personal data and processing operations, and to maintain his or her expert knowledge.

3. The controller and processor shall ensure that the data protection officer does not receive any instructions regarding the exercise of those tasks. He or she shall not be dismissed or penalised by the controller or the processor for performing his tasks. The data protection officer shall directly report to the highest management level of the controller or the processor.

4. Data subjects may contact the data protection officer with regard to all issues related to processing of their personal data and to the exercise of their rights under this Regulation.

5. The data protection officer shall be bound by secrecy or confidentiality concerning the performance of his or her tasks, in accordance with Union or Member State law.

6. The data protection officer may fulfil other tasks and duties. The controller or processor shall ensure that any such tasks and duties do not result in a conflict of interests.

Artikel 38

Stellung des Datenschutzbeauftragten

(1) Der Verantwortliche und der Auftragsverarbeiter stellen sicher, dass der Datenschutzbeauftragte ordnungsgemäß und frühzeitig in alle mit dem Schutz personenbezogener Daten zusammenhängenden Fragen eingebunden wird.

(2) Der Verantwortliche und der Auftragsverarbeiter unterstützen den Datenschutzbeauftragten bei der Erfüllung seiner Aufgaben gemäß Artikel 39, indem sie die für die Erfüllung dieser Aufgaben erforderlichen Ressourcen und den Zugang zu personenbezogenen Daten und Verarbeitungsvorgängen sowie die zur Erhaltung seines Fachwissens erforderlichen Ressourcen zur Verfügung stellen.

(3) Der Verantwortliche und der Auftragsverarbeiter stellen sicher, dass der Datenschutzbeauftragte bei der Erfüllung seiner Aufgaben keine Anweisungen bezüglich der Ausübung dieser Aufgaben erhält. Der Datenschutzbeauftragte darf von dem Verantwortlichen oder dem Auftragsverarbeiter wegen der Erfüllung seiner Aufgaben nicht abberufen oder benachteiligt werden. Der Datenschutzbeauftragte berichtet unmittelbar der höchsten Managementebene des Verantwortlichen oder des Auftragsverarbeiters.

(4) Betroffene Personen können den Datenschutzbeauftragten zu allen mit der Verarbeitung ihrer personenbezogenen Daten und mit der Wahrnehmung ihrer Rechte gemäß dieser Verordnung im Zusammenhang stehenden Fragen zu Rate ziehen.

(5) Der Datenschutzbeauftragte ist nach dem Recht der Union oder der Mitgliedstaaten bei der Erfüllung seiner Aufgaben an die Wahrung der Geheimhaltung oder der Vertraulichkeit gebunden.

(6) Der Datenschutzbeauftragte kann andere Aufgaben und Pflichten wahrnehmen. Der Verantwortliche oder der Auftragsverarbeiter stellt sicher, dass derartige Aufgaben und Pflichten nicht zu einem Interessenkonflikt führen.

Recital	Erwägungsgrund
(97) Where the processing is carried out by a public authority, except for courts or independent judicial authorities when acting in their judicial capacity, where, in the private sector, processing is carried out by a controller whose core activities consist of processing operations that require regular and systematic monitoring of the data subjects on a large scale, or where the core activities of the controller or the processor consist of processing on a large scale of special categories of personal data and data relating to criminal convictions and offences, a person with expert knowledge of data protection law and practices should assist the controller or processor to monitor internal compliance with this Regulation. In the private sector, the core activities of a controller relate to its primary activities and do not relate to the processing of personal data as ancillary activities. The necessary level of expert knowledge should be determined in particular according to the data processing operations carried out and the protection required for the personal data processed by the controller or the processor. Such data protection officers, whether or not they are an employee of the controller, should be in a position to perform their duties and tasks in an independent manner.	(97) In Fällen, in denen die Verarbeitung durch eine Behörde – mit Ausnahmen von Gerichten oder unabhängigen Justizbehörden, die im Rahmen ihrer justiziellen Tätigkeit handeln –, im privaten Sektor durch einen Verantwortlichen erfolgt, dessen Kerntätigkeit in Verarbeitungsvorgängen besteht, die eine regelmäßige und systematische Überwachung der betroffenen Personen in großem Umfang erfordern, oder wenn die Kerntätigkeit des Verantwortlichen oder des Auftragsverarbeiters in der umfangreichen Verarbeitung besonderer Kategorien von personenbezogenen Daten oder von Daten über strafrechtliche Verurteilungen und Straftaten besteht, sollte der Verantwortliche oder der Auftragsverarbeiter bei der Überwachung der internen Einhaltung der Bestimmungen dieser Verordnung von einer weiteren Person, die über Fachwissen auf dem Gebiet des Datenschutzrechts und der Datenschutzverfahren verfügt, unterstützt werden Im privaten Sektor bezieht sich die Kerntätigkeit eines Verantwortlichen auf seine Haupttätigkeiten und nicht auf die Verarbeitung personenbezogener Daten als Nebentätigkeit. Das erforderliche Niveau des Fachwissens sollte sich insbesondere nach den durchgeführten Datenverarbeitungsvorgängen und dem erforderlichen Schutz für die von dem Verantwortlichen oder dem Auftragsverarbeiter verarbeiteten personenbezogenen Daten richten. Derartige Datenschutzbeauftragte sollten unabhängig davon, ob es sich bei ihnen um Beschäftigte des Verantwortlichen handelt oder nicht, ihre Pflichten und Aufgaben in vollständiger Unabhängigkeit ausüben können.

§ 6 BDSG-neu

Stellung [der Datenschutzbeauftragten öffentlicher Stellen]

(1) Die öffentliche Stelle stellt sicher, dass die oder der Datenschutzbeauftragte ordnungsgemäß und frühzeitig in alle mit dem Schutz personenbezogener Daten zusammenhängenden Fragen eingebunden wird.

(2) Die öffentliche Stelle unterstützt die Datenschutzbeauftragte oder den Datenschutzbeauftragten bei der Erfüllung ihrer oder seiner Aufgaben gemäß § 7, indem sie die für die Erfüllung dieser Aufgaben erforderlichen Ressourcen und den Zugang zu personenbezogenen Daten und Verarbeitungsvorgängen sowie die zur Erhaltung ihres oder seines Fachwissens erforderlichen Ressourcen zur Verfügung stellt.

(3) Die öffentliche Stelle stellt sicher, dass die oder der Datenschutzbeauftragte bei der Erfüllung ihrer oder seiner Aufgaben keine Anweisungen bezüglich der Ausübung dieser Aufgaben erhält.

Die oder der Datenschutzbeauftragte berichtet unmittelbar der höchsten Leitungsebene der öffentlichen Stelle. Die oder der Datenschutzbeauftragte darf von der öffentlichen Stelle wegen der Erfüllung ihrer oder seiner Aufgaben nicht abberufen oder benachteiligt werden.

(4) Die Abberufung der oder des Datenschutzbeauftragten ist nur in entsprechender Anwendung des § 626 des Bürgerlichen Gesetzbuchs zulässig. Die Kündigung des Arbeitsverhältnisses ist unzulässig, es sei denn, dass Tatsachen vorliegen, welche die öffentliche Stelle zur Kündigung aus wichtigem Grund ohne Einhaltung einer Kündigungsfrist berechtigen. Nach dem Ende der Tätigkeit als Datenschutzbeauftragte oder als Datenschutzbeauftragter ist die Kündigung des Arbeitsverhältnisses innerhalb eines Jahres unzulässig, es sei denn, dass die öffentliche Stelle zur Kündigung aus wichtigem Grund ohne Einhaltung einer Kündigungsfrist berechtigt ist.

(5) Betroffene Personen können die Datenschutzbeauftragte oder den Datenschutzbeauftragten zu allen mit der Verarbeitung ihrer personenbezogenen Daten und mit der Wahrnehmung ihrer Rechte gemäß der Verordnung (EU) 2016/679, diesem Gesetz sowie anderen Rechtsvorschriften über den Datenschutz im Zusammenhang stehenden Fragen zu Rate ziehen. Die oder der Datenschutzbeauftragte ist zur Verschwiegenheit über die Identität der betroffenen Person sowie über Umstände, die Rückschlüsse auf die betroffene Person zulassen, verpflichtet, soweit sie oder er nicht davon durch die betroffene Person befreit wird.

(6) Wenn die oder der Datenschutzbeauftragte bei ihrer oder seiner Tätigkeit Kenntnis von Daten erhält, für die der Leitung oder einer bei der öffentlichen Stelle beschäftigten Person aus beruflichen Gründen ein Zeugnisverweigerungsrecht zusteht, steht dieses Recht auch der oder dem Datenschutzbeauftragten und den ihr oder ihm unterstellten Beschäftigten zu. Über die Ausübung dieses Rechts entscheidet die Person, der das Zeugnisverweigerungsrecht aus beruflichen Gründen zusteht, es sei denn, dass diese Entscheidung in absehbarer Zeit nicht herbeigeführt werden kann. Soweit das Zeugnisverweigerungsrecht der oder des Datenschutzbeauftragten reicht, unterliegen ihre oder seine Akten und andere Dokumente einem Beschlagnahmeverbot.

Literatur

Artikel 29 Datenschutzgruppe – Guidelines 243 on Data Protection Officers (DPOs) vom 13.12.2016; *Gola/Schomerus*, BDSG, 12. Auflage 2015, C.H. Beck München; *Geiger/Khan/Kotzur (Hrsg.)*, EUV/AEUV, 6. Auflage 2017, C.H. Beck München; *Jaspers/Reif*, Der Datenschutzbeauftragte nach der Datenschutz-Grundverordnung: Bestellpflicht, Rechtsstellung und Aufgaben, in: RDV 2016, 61 ff.; *Klug*, Der Datenschutzbeauftragte in der EU – Maßgaben in der EU-Datenschutzgrundverordnung, in: ZD 2016, 315 ff.; *Laue/Nink/Kremer*, Das neue Datenschutzrecht in der betrieblichen Praxis, 1. Auflage 2016, Nomos Baden-Baden; *Marschall/Müller*, Der Datenschutzbeauftragte im Unternehmen zwischen BDSG und DS-GVO – Bestellung, Rolle, Aufgaben und Anforderungen im Fokus europäischer Veränderungen, in: ZD 2016, S. 415 ff.; *Wybitul*, Was ändert sich im neuen EU-Datenschutzrecht für Arbeitgeber und Betriebsräte, in: ZD 2016, 203 ff.

▶ Bedeutung der Norm

Art. 38 regelt die Stellung und Pflichten des Datenschutzbeauftragten beim Verantwortlichen und Auftragsverarbeiter.

▶ Hinweise für den Anwender

Für die Norm relevante Definitionen:
- „Datenschutz-Folgenabschätzung" in Art. 35.
- „Vorherige Konsultation" in Art. 36.

Für die Auslegung der Norm relevante Erwägungsgründe:
- EG 84, 89 bis 93 und EG 94 bis 96.

Systematische Einordnung der Norm innerhalb der DS-GVO:
- S.o. Ausführungen zu Art. 37 Rn. 4 ff.

Vorgängernorm im EU-Recht:
- RL 95/46, Art. 18 (2), EG 49.

Vorgängernormen im deutschen Datenschutzrecht:
- § 4f Abs. 1 und 2 BDSG.

Schlagworte:

Auftragsverarbeiter; Stellung; Verantwortlicher; Unternehmen; Unternehmensgruppe; Qualifikation; Beschäftigter; Ressourcen; Dienstleistungsvertrag; Verarbeitungsvorgänge; Einbindung; Fachwissen; Weisungsfreiheit; Beratung; Geheimhaltung; Interessenkonflikt; Haftung

A. Allgemeines

I. Regelungszweck

1 Bereits in der RL 95/46/EG war in Art. 18 Abs. 2 festgelegt, dass der Datenschutzbeauftragte seine Aufgaben in vollständiger Unabhängigkeit ausüben können muss. Nunmehr ist in Art. 38 DS-GVO darüber hinaus festgelegt, dass er „ordnungsgemäß und frühzeitig" in mit dem Schutz personenbezogener Daten zusammenhängende Fragen einzubinden ist, die für die Erfüllung seiner Aufgaben und den Erhalt seines Fachwissens erforderlichen Ressourcen und den Zugang zu personenbezogenen Daten und Verarbeitungsvorgängen erhält.

2 Damit wird durch den Verordnungsgeber in der DS-GVO klargestellt, dass dem Datenschutzbeauftragten eine wesentliche Stellung zur Einhaltung des Datenschutzes sowohl im als auch außerhalb des Unternehmens zukommt.

II. Normadressaten

3 Normadressaten sind nicht nur der „Verantwortliche" i.S.v. Art. 4 Nr. 7 und der Auftragsverarbeiter i.S.v. Art. 4 Nr. 8, sondern auch der Datenschutzbeauftragte selbst. Die DS-GVO legt zwar dem Verantwortlichen und Auftragsverarbeiter Pflichten auf, indem sie „sicherstellen", dass der Datenschutzbeauftragte „ordnungsgemäß und frühzeitig in alle mit dem Schutz personenbezo-

gener Daten zusammenhängenden Fragen eingebunden wird"[1] und „bei der Erfüllung seiner Aufgaben keine Anweisungen bezüglich der Ausübung dieser Aufgaben erhält"[2] und „dass derartige Aufgaben und Pflichten nicht zu einem Interessenkonflikt führen"[3], sowie den Datenschutzbeauftragten „unterstützen [...] bei der Erfüllung seiner Aufgaben gemäß Artikel 39"[4]. Darüber hinaus ist der Datenschutzbeauftragte „bei der Erfüllung seiner Aufgaben an die Wahrung der Geheimhaltung oder der Vertraulichkeit gebunden"[5].

III. Systematik

Art. 38 ist systematisch im Kapitel IV der DS-GVO untergebracht (s. Ausführungen zu Art. 37 Rn. 4 ff). Nachdem zunächst in Art. 37 die Benennung des Datenschutzbeauftragten als zeitlich vorgelagerter Schritt geregelt wird, werden in Art. 38 dessen Stellung und Pflichten bzw. Rechte näher geregelt. 4

Auf den Art. 38 folgt systematisch der Art. 39, der die Aufgaben des Datenschutzbeauftragten und dessen Beratungs- und Überwachungsfunktion sowie die Zusammenarbeit mit der Aufsichtsbehörde näher regelt. 5

IV. Entstehungsgeschichte

1. Bisherige europäische Vorgaben

Detaillierte Darstellung im Einzelnen bei Art. 37 (s. Art. 37 Rn. 7). 6

2. Bisheriges nationales Recht

Detaillierte Darstellung im Einzelnen bei Art. 37 (s. Art. 37 Rn. 8 f). 7

3. Verhandlungen zur DS-GVO

Detaillierte Darstellung im Einzelnen bei Art. 37 (s. Art. 37 Rn. 10 ff). 8

B. Inhalt der Regelung[6]

I. Die Einbindung des Datenschutzbeauftragten (Art. 38 Abs. 1)

Die Aufgaben des Datenschutzbeauftragten sind nach Art. 39, den Verantwortlichen bei der Umsetzung der DS-GVO und der relevanten Datenschutzgesetze zu beraten und zu unterstützen und deren interne Einhaltung[7] zu überwachen. Damit er diese Aufgaben wahrnehmen kann, ist er nach dem Willen des Verordnungsgebers ordnungsgemäß und frühzeitig in alle mit dem Schutz personenbezogener Daten zusammenhängenden Fragen einzubinden, vgl. Art. 38 Art. 1. 9

1. Ordnungsgemäße und frühzeitige Einbindung des Datenschutzbeauftragten in alle mit dem Schutz personenbezogener Daten zusammenhängenden Fragen

Die DS-GVO regelt, dass der Datenschutzbeauftragte „ordnungsgemäß und frühzeitig in alle mit dem Schutz personenbezogener Daten zusammenhängenden Fragen" einzubinden ist. Eine solche frühzeitige operative und organisatorische Einbindung ist bereits auch Teil der in Art. 38 Abs. 2 statuierten Unterstützungspflicht des Verantwortlichen. Art. 38 Abs. 1 selbst sieht keine bestimmte Form der Einbindung vor. 10

---

1 S. Art. 38 Abs. 1 DS-GVO.
2 S. Art. 38 Abs. 2 S. 1 DS-GVO.
3 S. Art. 38 Abs. 6 S. 2 DS-GVO.
4 S. Art. 38 Abs. 2 DS-GVO.
5 S. Art. 38 Abs. 5 DS-GVO.
6 Hinweise zu den Regelungen des deutschen BDSG-neu s. Art. 38 Rn. 59 ff
7 Vgl. EG 97.

a) Ordnungsgemäße Einbindung

11 Aufgrund der oftmals komplexen Datenverarbeitungsvorgänge ist es angezeigt, dass eine Einbindung nur dann ordnungsgemäß ist, wenn dem Datenschutzbeauftragten je nach Aufgabe alle relevanten Unterlagen, Auskunftspersonen und Informationen zur Verfügung gestellt werden, damit er sich ein umfassendes Bild von der zu beurteilenden Sachlage machen kann. Insoweit, wie sich der Verantwortliche gem. Art. 24 Abs. 1 i.V.m. Art. 24 Abs. 2 die Frage stellen muss, wie er unter Berücksichtigung der Art, des Umfangs, der Umstände und der Zwecke der Verarbeitung sowie der unterschiedlichen Eintrittswahrscheinlichkeit und Schwere der Risiken für die Rechte und Freiheiten natürlicher Personen geeignete technische und organisatorische Maßnahmen umsetzen kann, um sicherzustellen und den Nachweis dafür erbringen zu können, dass die Verarbeitung gemäß der DS-GVO erfolgt, muss der Datenschutzbeauftragte frühzeitig in genau diese dem Schutz der personenbezogenen Daten dienenden Fragen umfassend mit eingebunden werden.

12 Als Anhaltspunkt dienen hier auch die Inhalte der Datenschutz-Folgeabschätzung (s. Art. 35 Rn. 31 ff).

13 In Bezug auf die ordnungsgemäße Einbindung folgt aus den Inhalten der Folgenabschätzung gem. Art. 37 Abs. 5 zumindest Folgendes:

- eine systematische Beschreibung der geplanten Verarbeitungsvorgänge und der Zwecke der Verarbeitung, ggf. einschließlich der von dem Verantwortlichen verfolgten berechtigten Interessen;
- die geplanten Abhilfemaßnahmen, einschließlich Garantien, Sicherheitsvorkehrungen und Verfahren, durch die der Schutz personenbezogener Daten sichergestellt und der Nachweis dafür erbracht wird, dass die Regelungen der DS-GVO eingehalten werden.

14 Darüber hinaus sind folgende Informationen zweckmäßig, die auch Gegenstand der Vorabkonsultation der Aufsichtsbehörde gem. Art. 36 Abs. 3 sind:

- Angaben zu den jeweiligen Zuständigkeiten des Verantwortlichen, der gemeinsam Verantwortlichen und der an der Verarbeitung beteiligten Auftragsverarbeiter, insb. bei einer Verarbeitung innerhalb einer Gruppe von Unternehmen;
- die Zwecke und die Mittel der beabsichtigten Verarbeitung;
- alle sonstigen der Erfüllung der Aufgaben des Datenschutzbeauftragten dienlichen Informationen, wie z.B. Erläuterungen zu der verwendeten Technologie oder Benennung der durch den Verantwortlichen selbst zurate gezogenen IT-Experten und Berater.

15 Ergänzend ist in EG 77 zu Art. 24 [Verantwortung des für die Datenverarbeitung Verantwortlichen] geregelt, dass Anleitungen, wie der Verantwortliche oder Auftragsverarbeiter geeignete und wirksame Maßnahmen zum Nachweis der Datenverarbeitung im Einklang mit der DS-GVO trifft und die Einhaltung der Anforderungen der DS-GVO nachweist, auch in Form von Hinweisen des Datenschutzbeauftragten gegeben werden könnten.

b) Frühzeitige Einbindung

16 Entscheidend ist, dass die Einbindung so frühzeitig geschieht, dass der Datenschutzbeauftragte die ihm nach Art. 39 obliegenden Aufgaben erfüllen kann. Als zeitlicher Anhaltspunkt für die Einbindung können hier wiederum die Datenschutz-Folgenabschätzung und die vorherige Konsultation der Aufsichtsbehörde herangezogen werden. Eine Datenschutz-Folgenabschätzung – bei der der Datenschutzbeauftragte gem. Art. 35 Abs. 1 „vorab" einzubinden ist – oder die vorherige Konsultation – auch hier ist gem. Art. 36 Abs. 1 die Aufsichtsbehörde „vor der Verarbeitung" zu konsultieren – kann nur dann sinnvoll erbracht werden, wenn die Einbindung des Datenschutzbeauftragten so frühzeitig erfolgt ist, dass er alle relevanten Unterlagen, Auskunftspersonen und Informationen auch strukturiert durcharbeiten konnte. Je nach Komplexität der Daten-

verarbeitungsvorgänge und Größe des Unternehmens kann dies eine Woche bis mehrere Monate Vorlauf erfordern.

Entscheidend ist also, dass der Verantwortliche gegenüber dem Datenschutzbeauftragten dieser Verpflichtung zur frühzeitigen Einbindung nur dann nachkommen kann, wenn er ihn im Vorhinein, also vor Beginn der Verarbeitung, zum frühestmöglichen Zeitpunkt informiert. **17**

Dabei ist v.a. wichtig, dass der Datenschutzbeauftragte als Ansprechpartner bekannt ist und dass er Teil aller relevanten Arbeitsgruppen ist, die sich mit Datenverarbeitungstätigkeiten innerhalb der Organisation bzw. des Unternehmens befassen. **18**

In der Datenschutzpraxis wird man dies am ehesten dadurch sicherstellen können, indem man den Datenschutzbeauftragten regelmäßig durch das Management informiert und er an dessen relevanten Sitzungen teilnimmt, damit auch eine Beratung in datenschutzrelevanten Fragen erfolgen kann **19**

Die Art. 29-Datenschutzgruppe empfiehlt dabei, dass die Stellungnahme des Datenschutzbeauftragten immer beachtet werden muss, und im Falle von Meinungsverschiedenheiten sind auch die Gründe zu dokumentieren, weshalb der Verantwortliche den Empfehlungen des Datenschutzbeauftragten nicht folgt.[8] **20**

Selbstredend ist, dass der Datenschutzbeauftragte unverzüglich konsultiert werden muss, sobald eine Verletzung personenbezogener Daten oder ein anderer datenschutzrelevanter Vorfall eingetreten ist, dies schon vor dem Hintergrund der kurzen Meldefrist an die Aufsichtsbehörde von 72 Stunden, vgl. Art. 33 Abs. 1. **21**

Idealerweise können bspw. auch für alle Mitarbeiter und das Management verpflichtende unternehmensinterne Datenschutzrichtlinien erlassen werden, die festlegen, wann der Datenschutzbeauftragte einzubinden ist. Darüber hinaus ist es empfehlenswert, die unternehmensinternen Prozesse so auszugestalten, dass eine Einbindung des Datenschutzbeauftragten sichergestellt ist. Der Datenschutzbeauftragte kann dann – vor dem Hintergrund seiner Unabhängigkeit und Überwachungsfunktion – im Rahmen seiner ihm durch die DS-GVO übertragenen Aufgaben selbst entscheiden, ob oder wie er tätig wird. Wobei auch hier gilt, dass er die Gründe seiner Entscheidung, ggf. nicht tätig zu werden, auch entsprechend dokumentieren muss, um diese gegenüber dem Verantwortlichen, der betroffenen Person oder der Aufsichtsbehörde stichhaltig begründen zu können. **22**

c) In alle mit dem Schutz personenbezogener Daten zusammenhängenden Fragen

Das Spektrum der Einbindung des Datenschutzbeauftragten umfasst alle Fragen, die mit dem Schutz „personenbezogener Daten" i.S.v. Art. 4 Nr. 1 (s. Art. 4 Nr. 1 Rn. 7 ff) zusammenhängen. Betrachtet man die Legaldefinition des Art. 4 Nr. 1 näher, dann können die Informationen, die sich auf eine identifizierte oder identifizierbare natürliche Person beziehen, äußerst vielfältig und komplex sein. So sind nicht nur personenbezogene Daten mit direktem, sondern auch solche mit indirektem Personenbezug zu berücksichtigen. **23**

Je nach Struktur des Unternehmens ist die Datenschutzorganisation so aufzubauen, dass die Einbindung des Datenschutzbeauftragten auch sichergestellt ist, indem der Datenschutzbeauftragte regelmäßig Teilnehmer an Besprechungen des Managements ist, soweit dort datenschutzrelevante Themen besprochen werden und ihm alle diesbezüglichen Informationen unmittelbar zur Verfügung gestellt werden oder eine unternehmensweite Datenschutzrichtlinie verabschiedet wird, die festlegt, wann der Datenschutzbeauftragte einzuschalten ist. **24**

8 Guidelines 243, Guidelines on Data Protection Officers (DPOs) vom 13.12.2016, Ziff. 3.1.

2. Folgen einer nicht vorgenommenen Einbindung eines Datenschutzbeauftragten

25 Der vorsätzliche oder fahrlässige – gem. Art. 83 Abs. 2 lit. b – Verstoß, einen bestellten betrieblichen Datenschutzbeauftragten bei seinen Aufgaben nicht ordnungsgemäß und frühzeitig einzubinden, ist gem. Art. 83 Abs. 4 lit. a DS-GVO mit einem Bußgeld von bis zu 10 Mio. € oder 2 % des weltweiten Jahresumsatzes bewehrt, je nachdem, welcher Betrag höher ist (zur Bußgeldzumessung s. Art. 83 Rn. 25 ff).

26 Damit hebt der Verordnungsgeber deutlich hervor, dass ein bestellter Datenschutzbeauftragter auch in personenbezogene Daten verarbeitende Vorgänge eingebunden werden muss.[9] Gerade diese Einbindung ermöglicht es dem Datenschutzbeauftragten erst, seine Aufgaben auch sinnvoll wahrzunehmen, und ist deshalb vom Verordnungsgeber mit einem Bußgeld belegt worden, ansonsten bliebe dessen Bestellung ein reines Feigenblatt.

II. Unterstützung des Datenschutzbeauftragten (Art. 38 Abs. 2)

27 Dem Datenschutzbeauftragten wird durch den Verordnungsgeber in Art. 38 Abs. 2 ein direkter Anspruch gegenüber dem Verantwortlichen bzw. Auftragsverarbeiter zugestanden. Der Datenverarbeiter – hier die Unternehmensleitung – muss ihm die für die Erfüllung seiner Aufgaben erforderlichen Ressourcen (u.a. Räume, Personal, Literatur), den Zugang zu den relevanten IT-Systemen und die zur Erhaltung seines Fachwissens erforderlichen Ressourcen (u.a. Schulungen, Berater) zur Verfügung stellen.

28 Mit dem Begriff „unterstützt" zielt der Verordnungsgeber nach dem Wortlaut und Stellung im Kontext der DS-GVO stets auf ein „proaktives" Unterstützen im Sinne einer Pflicht des Verantwortlichen ab. Dies wird dadurch verdeutlicht, dass der Verordnungsgeber in Art. 83 Abs. 4 lit. a von „Pflichten der Verantwortlichen und der Auftragsverarbeiter gemäß den Artikeln[10]" spricht – damit also u.a. die Regelungen in Art. 38 auf die Stufe einer „Pflicht" hebt, die bei Verstoß eine Geldbuße zu Folge hat.[11] Damit wird dem Datenschutzbeauftragten – durch die dem Verantwortlichen drohende Geldbuße bei Verletzung der ihm u.a. in Art. 38 Abs. 2 obliegenden Unterstützungspflicht des Datenschutzbeauftragten – ein wichtiges Instrument zur Durchsetzung von Unterstützung an die Hand gegeben.

29 Die Pflicht zur Unterstützung ist je nach Aufgabe vielfältig und kann in entsprechendem sachkundigem und geschultem Personal und eigenen Mitarbeitern liegen, ausreichenden Räumlichkeiten und einem entsprechend eingerichteten Arbeitsplatz, auch ausreichende finanzielle Mittel bzw. ein eigenes Budget sind denkbar. Bei der finanziellen und materiellen Ausstattung des Datenschutzbeauftragten kommt es v.a. auf die Größe und die Organisation des Unternehmens und den Umfang der Verarbeitung personenbezogener Daten und deren Sensibilität an, ebenso wie auf die Unterstützung durch andere Abteilungen, wie etwa die IT-, Personal- oder Rechtsabteilung.[12]

30 Darüber hinaus ist der Zugang zu personenbezogenen Daten und Verarbeitungsvorgängen sicherzustellen. Auch hier ist es selbstredend, dass der Datenschutzbeauftragte diesen Zugang unmittelbar erhält, da er ansonsten seine Aufgaben nicht erfüllen kann.

31 Ebenso ist es vor dem Hintergrund der ständigen Entwicklung der Technik und des Datenschutzrechts unumgänglich, dass der Datenschutzbeauftragte sein Fachwissen regelmäßig aufrechter-

---

9 So auch *Klug*, in: ZD 2016, 315.

10 Genannt sind in Art. 83 Abs. 4 lit. a die Art. 8, 11, 25 bis 36, **37, 38, 39**, 42 und 43.

11 Dies wird besonders deutlich, wenn man die englische Fassung des Textes der DS-GVO heranzieht, in Art. 83 Abs. 4 lit. a ist der „Verstoß" dort das „infringement", also eine Rechtsverletzung – die stets ein Zuwiderhandeln gegen eine bestehende Verpflichtung voraussetzt; ebenso deutlich ist die in der französischen Fassung verwandte Begrifflichkeit „violation", die als Missachtung oder Übertretung [von bestehenden Regeln] zu verstehen ist.

12 Weitere Beispiele s. Guidelines 243, Guidelines on Data Protection Officers (DPOs) vom 13.12.2016, Ziff. 3.2.

hält. Hierbei muss die Unternehmensleitung alle erforderlichen Ressourcen in Form von Fortbildung, Fachliteratur, Hinzuziehung von internen oder externen Beratern zur Verfügung stellen.

III. Anweisungsfreiheit, Abberufungsschutz und Berichtsebene des Datenschutzbeauftragten (Art. 38 Abs. 3)

Nach Art. 38 Abs. 3 S. 3 DS-GVO darf der betriebliche Datenschutzbeauftragte bei der Erfüllung seiner Aufgaben nicht angewiesen und wegen der Erfüllung seiner Aufgaben nicht abberufen oder benachteiligt werden. Einen Sonderkündigungsschutz, wie er noch in § 4f Abs. 3 S. 5 und 6 BDSG geregelt ist, gibt es in der DS-GVO nicht mehr. Im deutschen BDSG-neu ist dazu, bei verpflichtender Bestellung [soweit in der Regel mindestens zehn Personen ständig mit der automatisierten Verarbeitung personenbezogener Daten beschäftigt sind, vgl. § 38 Abs. 1 Satz 1 BDSG-neu] eines Datenschutzbeauftragten, gem. § 6 Abs. 4 BDSG-neu i.V.m. § 38 Abs. 2 BDSG-neu geregelt, dass die Abberufung eines Datenschutzbeauftragten nur in entsprechender Anwendung des § 626 BGB möglich ist, also aus wichtigem Grund. Darüber hinaus hat der Datenschutzbeauftragte nachwirkenden Kündigungsschutz von einem Jahr nach Beendigung seiner Tätigkeit, gem. § 6 Abs. 4 Satz 3 BDSG-neu. **32**

Im Folgenden ist näher betrachtet, inwieweit der durch die DS-GVO dem Datenschutzbeauftragten damit zugebilligten Autonomie entsprechender Schutz zuteil wird. **33**

1. Keine Anweisungen gegenüber dem Datenschutzbeauftragten

Der Verordnungsgeber gibt dem Verantwortlichen unmissverständlich auf, dass „der Datenschutzbeauftragte bei der Erfüllung seiner Aufgaben keine Anweisungen bezüglich dieser Aufgaben erhält", vgl. Art. 38 Abs. 3 S. 1. **34**

Damit darf der Datenschutzbeauftragte weder angewiesen werden, wie er mit einer bestimmten Sache umzugehen hat, noch, welche Prioritäten er bei seiner Arbeit setzt. Dies ergibt sich insb. durch die Formulierung in EG 97 S. 4: „… Datenschutzbeauftragte, ihre Pflichten und Aufgaben in vollständiger Unabhängigkeit ausüben können". **35**

Aus Gründen der Rechtssicherheit ist dem Datenschutzbeauftragten jedoch zu empfehlen, seine Beurteilung entsprechend zu dokumentieren und im Falle abweichender Meinung der Unternehmensleitung gegenüber auch die Abweichung entsprechend dokumentiert zu begründen.[13] Allein schon vor dem Hintergrund, dass der Datenschutzbeauftragte bei der Überwachung der Einhaltung der Vorschriften der DS-GVO gem. Art. 39 Abs. 1 lit. b i.V.m. Art. 39 Abs. 2 eine Risikobetrachtung durchzuführen hat. **36**

Gleichwohl ist der Datenschutzbeauftragte nicht der Verantwortliche, sondern er berät und führt den Verantwortlichen zu einer Entscheidung hin. Der Verantwortliche bleibt alleinig verantwortlich für die Erfüllung der datenschutzrechtlichen Vorgaben, der Verantwortliche ist Adressat der Rechenschaftspflicht des Art. 5 Abs. 2. **37**

Der Datenschutzbeauftragte muss lediglich die Grundlage seiner Erwägungen erläutern können, dies bedeutet jedoch nicht, dass er Entscheidungsbefugnisse hat, die über seine gem. Art. 39 zugewiesenen Aufgaben hinausgehen.[14] **38**

Im Zuge der Weisungsfreiheit ist auch darauf zu achten, falls die Tätigkeit als Datenschutzbeauftragter nicht dessen ausschließliche Tätigkeit ist, dass der Datenschutzbeauftragte hinsichtlich seiner Tätigkeit als Datenschutzbeauftragter weisungsfrei ist und diese Weisungsfreiheit nicht durch die noch ausgeübte bisherige Tätigkeit beeinflusst werden darf. Denkbar sind hier u.a. Anweisungen im Zuge des Direktionsrechts, die es dem Datenschutzbeauftragten schlechterdings **39**

---

13 So auch die Empfehlung in Guidelines 243, Guidelines on Data Protection Officers (DPOs) vom 13.12.2016, Ziff. 4.2 unter Hinweis auf den in Art. 24 Abs. 1 DS-GVO geforderten Nachweis der Dokumentation.

14 Guidelines 243, Guidelines on Data Protection Officers (DPOs) vom 13.12.2016, Ziff. 3.3.

unmöglich machen oder erschweren, seine Tätigkeit als Datenschutzbeauftragter auszufüllen. In einem solchen Falle empfiehlt sich ein schriftlicher Vertrag mit dem Datenschutzbeauftragten, der regeln sollte, dass die Tätigkeit des Datenschutzbeauftragten einerseits nicht dessen ausschließliche Tätigkeit ist, andererseits aber die noch ausgeübte bisherige Tätigkeit die Tätigkeit als Datenschutzbeauftragter weder mittelbar noch unmittelbar beeinflussen darf.

2. Abberufungsschutz und Benachteiligungsverbot des Datenschutzbeauftragten

40 Im BDSG ist die Kündigung eines verpflichtend zu bestellenden Datenschutzbeauftragten unzulässig, vgl. § 4 Abs. 3 S. 5 BDSG und im BDSG-neu in § 6 Abs. 4 BDSG-neu i.V.m. § 38 Abs. 2 BDSG-neu. Damit ist eine Kündigung von „unangenehmen" oder „besonders gründlichen" Datenschutzbeauftragten nur bei wichtigem Grund nach § 626 BGB möglich.

41 Auf einen solchen expliziten Kündigungsschutz hat der Verordnungsgeber bei der DS-GVO verzichtet. Gleichwohl darf der Datenschutzbeauftragte nach der Formulierung in Art. 38 Abs. 3 S. 2 „wegen der Erfüllung seiner Aufgaben nicht abberufen oder benachteiligt werden". Durch diese Regelung stärkt der Verordnungsgeber zugleich die Unabhängigkeit des Datenschutzbeauftragten. Sanktionen sind demnach gegenüber dem Datenschutzbeauftragten verboten, wenn sie aufgrund der Wahrnehmung seiner Aufgaben als Datenschutzbeauftragter verhängt werden. Als Beispiel nennt die Art. 29-Datenschutzgruppe die Beratung durch den Datenschutzbeauftragten, dass eine bestimmte Verarbeitung wahrscheinlich zu einem hohen Risiko führen wird und er dem Verantwortlichen empfiehlt, eine Datenschutz-Folgenabschätzung durchzuführen, dieser aber der Bewertung des Datenschutzbeauftragten nicht folgt und ihn deshalb entlässt.[15] In einer solchen Situation kann der Datenschutzbeauftragte nicht für die Erstellung dieser Beratung entlassen werden, da er lediglich seine ihm nach Art. 39 zugewiesene Aufgabe wahrgenommen hat.

42 Dasselbe muss konsequenterweise auch für die Zeit nach der Tätigkeit als Datenschutzbeauftragter in einer Behörde oder einem Unternehmen gelten. Art. 38 Abs. 3 S. 2 statuiert deshalb neben dem Abberufungsverbot auch ein Benachteiligungsverbot. Ein Abberufungsschutz liefe nämlich ins Leere, wenn der Datenschutzbeauftragte befürchten müsste, danach mit Repressalien wie z.B. Behinderung durch den Arbeitgeber im beruflichen Fortkommen, Ausschluss von Gehaltserhöhungen und Gratifikationen oder gar einer Kündigung rechnen zu müssen.[16]

43 Der Art. 29-Datenschutzgruppe zufolge genügt schon eine bloße Drohung, solange sie dazu verwandt wird, den Datenschutzbeauftragten aus Gründen, die mit seiner Tätigkeit zusammenhängen, in irgendeiner Form zu bestrafen.[17]

44 Gleichwohl ist eine Kündigung des Datenschutzbeauftragten aus Gründen, die nicht mit der Ausübung seiner Tätigkeit als Datenschutzbeauftragter zusammenhängen, möglich. Dies sind v.a. Fälle, die nach dem jeweiligen nationalen Arbeitsrecht den Arbeitgeber zu einer Kündigung berechtigen würden, wie z.B. eine außerordentliche Kündigung wegen eines Eigentumsdeliktes oder einer sonstigen Straftat gegenüber dem Arbeitgeber oder Mitarbeitern.

45 Durch die Öffnungsklausel in § 37 Abs. 4 ist auch der nationale Gesetzgeber gefragt, den Schutz des Datenschutzbeauftragten durch eine eigene Regelung auszufüllen bzw. im Zuge der ergänzenden Auslegung der DS-GVO durch die zuständigen Gerichte einen solchen Kündigungsschutz zu festigen.

3. Berichtsebene des Datenschutzbeauftragten

46 Nach Art. 38 Abs. 3 S. 3 berichtet der Datenschutzbeauftragte unmittelbar der höchsten Managementebene. Er muss berechtigt sein, ohne Zwischenschaltung von Zwischenansprechpartnern an die oberste Behörden- oder Unternehmensleitung zu berichten.[18] Darüber hinaus ist der Da-

15 Guidelines 243, Guidelines on Data Protection Officers (DPOs) vom 13.12.2016, Ziff. 3.4.
16 So auch schon *Gola/Schomerus*, § 4f, Rn. 53.
17 Guidelines 243, Guidelines on Data Protection Officers (DPOs) vom 13.12.2016, Ziff. 3.4.
18 So auch *Klug*, in: ZD 2016, 315.

tenschutzbeauftragte, auch schon um dem Erfordernis der leichten Erreichbarkeit des Art. 37 Abs. 2 Rechnung zu tragen, organisatorisch sichtbar in das jedermann zugängliche Behörden- oder Unternehmensorganigramm einzubinden, dass sich für ihn hieraus ein jederzeit einforderbarer Zugang zur höchsten Managementebene ergibt. Dies ist Grundvoraussetzung für die Erfüllung der Aufgaben des Datenschutzbeauftragten, da er ansonsten Gefahr läuft, seine Aufgaben ohne entsprechenden Nachdruck ausführen zu müssen. Im Rahmen eines behörden- oder unternehmensweiten Datenschutzmanagement-systems könnte dies bspw. auch durch eine formale Regelung unterstützt werden.

IV. Zurateziehen des Datenschutzbeauftragten (Art. 38 Abs. 4)

Nach Art. 38 Abs. 4 können betroffene Personen den Datenschutzbeauftragten zu allen mit der **47** Verarbeitung ihrer Daten und mit der Wahrnehmung ihrer Rechte aus der Verordnung im Zusammenhang stehenden Fragen zurate ziehen. Dies entspricht zwar weitestgehend der Regelung des § 4f Abs. 5 S. 2 BDSG, wonach sich Betroffene jederzeit an den Datenschutzbeauftragten wenden können, doch fasst Art. 38 Abs. 4 insoweit dieses Recht der betroffenen Personen präziser als bislang im BDSG geregelt – das Zurateziehen soll im Zusammenhang mit der Verarbeitung ihrer [Anm. *der betroffenen Person*] personenbezogenen Daten stehen und soll sich um ihre Rechte, im Zusammenhang mit der DS-GVO, handeln.

Insofern präzisiert Art. 38 Abs. 4 dieses Recht zur Anrufung bzw. zum Zurateziehen des Daten- **48** schutzbeauftragten dahin gehend, dass der betroffenen Person dieses Recht dann nur zusteht, wenn es im Zusammenhang mit der anfragenden betroffenen Person steht und keine pauschale Anfrage ist.

Folglich ist der Datenschutzbeauftragte dann auch verpflichtet – da es sich um ein Recht der be- **49** troffenen Person handelt und damit beim Datenschutzbeauftragten eine Pflicht auslöst –, die an ihn herangetragenen Fragen oder Beschwerden zu prüfen und der betroffenen Person auch das Ergebnis seiner Prüfung zukommen zu lassen.

Dieses direkte Zurateziehen des Datenschutzbeauftragten durch den Betroffenen trägt auch zur **50** Transparenz der Datenverarbeitungsvorgänge i.S.d. Art. 5 Abs. 1 lit. a bei.

Wobei die Abbildung dieses Zurateziehens durch die betroffenen Personen in Art. 38 Abs. 4 sys- **51** tematisch einen Bruch in der DS-GVO darstellt, denn ein solches Zurateziehen ist weniger eine Frage der Stellung des Datenschutzbeauftragten i.S.d. Art. 38, sondern vielmehr eine Aufgabe des Datenschutzbeauftragten i.S.d. Art. 39 und ein Betroffenenrecht i.S.d. Kapitels III der DS-GVO.

V. Geheimhaltungs-/Vertraulichkeitspflicht des Datenschutzbeauftragten (Art. 38 Abs. 5)

Nach Art. 38 Abs. 5 ist der Datenschutzbeauftragte bei der Erfüllung seiner Aufgaben an der **52** Wahrung der Geheimhaltung oder Vertraulichkeit nach EU-Recht oder dem Recht der Mitgliedstaaten verpflichtet, ohne selbst ausführen, was „Geheimhaltung" oder „Vertraulichkeit" ist. Die Begriffe „Geheimhaltung" oder „Vertraulichkeit" tauchen in der DS-GVO zwar an mehreren Stellen auf, lassen aber keinen expliziten Rückschluss auf deren Umfang bzw. Inhalt zu.[19] So finden sich im deutschen Recht bspw. explizite Geheimnispflichten in § 17 UWG (Verrat von Geschäfts- und Betriebsgeheimnissen) oder in § 203 StGB (Verletzung von Privatgeheimnissen). Einen Anhaltspunkt zum Inhalt der „Vertraulichkeit" nennt die DS-GVO in Art. 28 Abs. 3 lit. b, dort „gewährleistet [*der Auftragsverarbeiter*], dass sich die zur Verarbeitung der personenbezogenen Daten befugten Personen zur Vertraulichkeit verpflichtet haben oder einer angemessenen gesetzlichen Verschwiegenheitspflicht unterliegen". Im Umkehrschluss folgt hieraus, dass, je nachdem, in welcher Rolle der Datenschutzbeauftragte angesprochen wird, er entweder dem Betrof-

19 Vgl. Art. 76, 90 und u.a. EG 50, 162, 164.

fenen oder dem Verantwortlichen gegenüber zur Geheimhaltung/Vertraulichkeit verpflichtet ist. Dies folgt auch indirekt aus EG 50 letzter Satz, wonach die Übermittlung von personenbezogenen Daten [Anm. unter Hinweis auf mögliche Straftaten oder Bedrohungen der öffentlichen Sicherheit an eine zuständige Behörde] unzulässig sein sollte, wenn die Verarbeitung mit einer rechtlichen, beruflichen oder sonstigen verbindlichen Pflicht zur Geheimhaltung unvereinbar ist.

53 Der Datenschutzbeauftragte muss somit – sofern keine rechtliche, berufliche oder sonstige verbindliche Pflicht vorliegt – für sich prüfen, ob ein berechtigtes Interesse vorliegt, das ihn zur Weitergabe der ihm unter der Maßgabe der Geheimhaltung oder im Vertrauen mitgeteilten personenbezogenen Daten berechtigt. Das Ergebnis dieser Abwägung sollte aus Gründen der Rechtssicherheit und späteren Nachvollziehbarkeit ebenfalls dokumentiert werden.

54 Der Datenschutzbeauftragte muss gerade das Recht haben, Informationen, die ihm im Vertrauen übermittelt wurden, auch für sich zu behalten, dies gilt insb. auch im Hinblick auf die Zusammenarbeit mit dem Betriebs- oder Personalrat.[20] So muss der Datenschutzbeauftragte beim Zuratezeihen durch einen Betroffenen diesem die Vertraulichkeit zusichern können, auch gegenüber der Aufsichtsbehörde und dem Verantwortlichen, insb. wenn es sich um ein Berufsgeheimnis handelt,[21] denn ansonsten macht sich der Datenschutzbeauftragte strafbar. In Deutschland gilt für den Datenschutzbeauftragten im öffentlichen und nicht-öffentlichen Stellen nach § 6 Abs. 5 Satz 2 BDSG-neu i.V.m. § 38 Abs. 2 BDSG-neu eine Verschwiegenheitspflicht, sofern er von der betroffenen Person hiervon nicht befreit wurde. Aus Dokumentations- und Nachweiszwecken ist hier eine schriftliche Erklärung zu empfehlen.

Darüber hinaus ist durch den Datenschutzbeauftragten in Deutschland nach § 6 Abs. 6 Satz 4 BDSG-neu i.V.m. § 38 Abs. 2 BDSG-neu bei einer öffentlichen und nicht-öffentlichen Stelle zu beachten, ob einer dort beschäftigten Person aus beruflichen Gründen ein Zeugnisverweigerungsrecht zusteht. Ist dies der Fall, dann steht dieses Recht auch dem Datenschutzbeauftragten und den ihm unterstellten Beschäftigten zu. Über die Ausübung dieses Rechts entscheidet die Person, der das Zeugnisverweigerungsrecht aus beruflichen Gründen zusteht, es sei denn, dass diese Entscheidung in absehbarer Zeit nicht herbeigeführt werden kann. Soweit das Zeugnisverweigerungsrecht der oder des Datenschutzbeauftragten reicht, unterliegen ihre oder seine Akten und andere Dokumente einem Beschlagnahmeverbot.

VI. Mögliche Interessenkonfliktebeim Datenschutzbeauftragten (Art. 38 Abs. 6)

55 Die Ausübung der Aufgaben des Datenschutzbeauftragten können auch Interessenkonflikte mit sich bringen, insb. wenn der Datenschutzbeauftragte beim Verantwortlichen neben seiner Funktion als Datenschutzbeauftragter noch eine operative Tätigkeit ausübt. Die Art. 29-Datenschutzgruppe nennt hier als Faustregel[22]: Positionen in der Geschäftsleitung, etwa den Vorstandsvorsitzenden oder Geschäftsführer, Finanzvorstand, medizinischen Leiter, Marketingleiter, Personalleiter oder IT-Leiter. Aber auch bereits nachgeordnete Positionen können zu einem Interessenkonflikt führen, wenn sie aufgrund ihrer Einbindung in die Organisationsstruktur geeignet sind, die Festlegung oder die Herangehensweise der Datenverarbeitung – sicherlich auch in Abhängigkeit von der Unternehmensgröße – zu beeinflussen. Es ist also durch den Verantwortlichen darauf zu achten, dass der Datenschutzbeauftragte keine Tätigkeit ausübt, die er gleichzeitig zu kontrollieren hat. Die Art. 29-Datenschutzgruppe empfiehlt hierzu, abhängig vom Geschäftszweck, der Größe und Struktur des Unternehmens Positionen festzulegen, die mit der Funktion eines Datenschutzbeauftragten unvereinbar wären, oder interne Regeln zu erarbeiten, um Interessenkonflikte zu vermeiden, oder die Stellenausschreibung für die Position des Datenschutzbe-

20 *Gola/Schomerus*, § 4f, Rn. 51.
21 *Gola/Schomerus*, § 4f, Rn. 52b.
22 Guidelines 243, Guidelines on Data Protection Officers (DPOs) vom 13.12.2016, Ziff. 3.5.

auftragten oder dessen Arbeitsvertrag entsprechend genau und detailliert zu formulieren, um einen Interessenkonflikt zu vermeiden.[23]

VII. Sanktionen

Art. 83 Abs. 4 lit. a sieht für vorsätzliche[24] Verstöße der Verantwortlichen und Auftragsverarbeiter gegen die u.a. in Art. 38 genannten Pflichten Geldbußen bis zu 10 Mio. € oder im Falle eines Unternehmens von bis zu 2 % des gesamten weltweit erzielten Jahresumsatzes vor, gem. Art. 84 Abs. 4 i.V.m. Art. 83 Abs. 2. **56**

Denkbar sind insoweit Verstöße gegen die Pflicht des Art. 38 Abs. 1 zur ordnungsgemäßen Einbindung des Datenschutzbeauftragten, wenn ein bestellter Datenschutzbeauftragter vorsätzlich nicht ordnungsgemäß und frühzeitig in alle mit dem Schutz personenbezogener Daten zusammenhängenden Fragen eingebunden wird oder wenn ein Datenschutzbeauftragter entgegen der Anweisungsfreiheit des Art. 38 Abs. 3 ausdrückliche Weisungen erhält, wie er seine Aufgaben zu erfüllen hat. **57**

Es sind aber auch Sanktionen gegen Verstöße des Datenschutzbeauftragten selbst denkbar. Etwa wenn er entgegen der Pflicht zur Wahrung der Geheimhaltung oder Vertraulichkeit des Art. 38 Abs. 5 diese vorsätzlich nicht wahrt und die ihm bei der Erfüllung seiner Aufgaben bekannt gewordenen personenbezogenen Daten preisgibt, ohne hierzu berechtigt gewesen zu sein. **58**

C. Weitere Auswirkungen der Verordnung auf die Praxis

1. Voraussichtliche Auswirkungen auf nationales Recht

Die Öffnungsklausel des Art. 38 Abs. 5 ist in Deutschland durch das Gesetz (BDSG-neu) zur Anpassung des Datenschutzrechts an die Verordnung (EU) 2016/679 und zur Umsetzung der RL (EU) 2016/680 (Datenschutz-Anpassungs- und -Umsetzungsgesetz EU – DSAnpUG-EU[25]) dergestalt ausgefüllt worden, das in § 6 DSAnpUG-EU [Stellung] weit mehr geregelt ist, als die Öffnungsklausel des Art. 38 Abs. 5 DSGVO vorsieht, nämlich nur Regelungen zur Wahrung der Geheimhaltung und Vertraulichkeit. **59**

Die Regelungen im § 6 DSAnpUG-EU (BDSG-neu) zur Stellung des Datenschutzbeauftragten sind insgesamt sehr verschachtelt und müssen in Verbindung mit § 38 Abs. 2 DSAnpUG-EU gelesen werden. **60**

§ 38 Abs. 2 DSAnpUG-EU (BDSG-neu) enthält Ausnahmen zur Anwendung des § 6 DSAnpUG-EU (BDSG-neu) auf nicht-öffentliche Stellen: § 6 Absatz 4, Absatz 5 Satz 2 und Absatz 6 finden Anwendung, § 6 Absatz 4 jedoch nur, wenn die Benennung einer oder eines Datenschutzbeauftragten verpflichtend ist. **61**

§ 6 DSAnpUG-EU regelt also für öffentliche Stellen – in wortgleicher Wiederholung des Verordnungstextes des Art. 38 Abs. 1 bis 4 DSGVO – dass der Datenschutzbeauftragte ordnungsgemäß in Fragen zum Datenschutz eingebunden (§ 6 Abs. 1), bei seiner Arbeit unterstützt wird (§ 6 Abs. 2), keine Anweisungen bei der Ausübung seiner Aufgaben erhält (§ 6 Abs. 3) und betroffene Personen den Datenschutzbeauftragten zu Rate ziehen können (§ 6 Abs. 5 Satz 1). **62**

Darüber hinaus wird für öffentliche und nicht-öffentliche Stellen in § 6 Abs. 4 DSAnpUG-EU (BDSG-neu) geregelt, dass eine Abberufung des Datenschutzbeauftragten nur in Fällen des § 626 BGB, also aus wichtigem Grunde, zulässig ist. Mit der Einschränkung für nicht-öffentliche Stellen, dass der Kündigungsschutz des § 6 Abs. 4 DSAnpUG-EU (BDSG-neu) nur gilt, wenn die Bestel- **63**

23 Guidelines 243, Guidelines on Data Protection Officers (DPOs) vom 13.12.2016, Ziff. 3.5.
24 S. EG 148.
25 In der Fassung des Beschlusses des Deutschen Bundestages (BT-Drs. 18/11325), sowie des Änderungsantrages des Bundesrates (BR-Drs. 332/17).

lung eines Datenschutzbeauftragten verpflichtend ist. Damit steht einem freiwillig bestellten Datenschutzbeauftragter bei nicht-öffentlichen Stellen kein Kündigungsschutz zur Seite, er wird damit zum Datenschutzbeauftragten 2. Klasse. Die DSGVO selbst sieht in Art. 38 Abs. 3 Satz 2 keine Unterscheidung – ob freiwillig oder verpflichtend bestellt – beim Abberufungs- und Benachteiligungsverbot des Datenschutzbeauftragten vor.

64 Darüber hinaus ist bei öffentlichen und nicht-öffentlichen Stellen der Datenschutzbeauftragte zur Verschwiegenheit verpflichtet (§ 6 Abs. 5 Satz 2) und dem Datenschutzbeauftragten und seinen Mitarbeitern steht ein Zeugnisverweigerungsrecht zu, wenn er oder sie Kenntnis von Daten erhalten, die einem Zeugnisverweigerungsrecht unterliegen und die betroffene Person den Datenschutzbeauftragten oder seine Mitarbeiter nicht davon befreit hat (§ 6 Abs. 6).

65 Auch hier sind die Regelungen im DSAnpUG-EU (BDSG-neu) keine wirkliche Ergänzung der Öffnungsklauseln der DSGVO und es bleibt abzuwarten, ob aufgrund der an vielen Stellen im neuen DSAnpUG-EU (BDSG-neu) wortgleichen Wiederholung des Verordnungstextes der DSGVO der deutsche Gesetzgeber nicht die sog. „Kompetenzsperre" der EU überschritten hat[26].

2. Umsetzung in die Unternehmenspraxis

66 Zur Festigung und Durchsetzbarkeit der Stellung des Datenschutzbeauftragten über die Regelungen des Art. 38 hinaus bietet es sich bspw. an, eine unternehmensinterne Datenschutz-Anweisungen zu erlassen, die für alle Stellen in einem Unternehmen regelt, wie Fragen des Datenschutzes behandelt werden. Dies kann einerseits durch illustrative Beispiele oder eine Darstellung von zu befolgenden Handlungsweisen geschehen. Andererseits kann so durch Aufzeigen des gesetzlichen Rahmens sowohl beim Management als auch bei den Mitarbeitern das erforderliche Problembewusstsein geschaffen werden, das zur Einhaltung und Durchsetzung des Datenschutzes beiträgt. Ebenso sollte ein klarer Verantwortungs- und Zuständigkeitsrahmen festgelegt werden, etwa dergestalt, wer, wann, wen und wie rechtzeitig und umfassend informieren bzw. konsultieren muss. Dies hätte den Vorteil, dass damit auch gleichzeitig die unternehmensweite „Sichtbarkeit" des Datenschutzbeauftragten hervorgehoben wird. Dessen „Umgehung" wird dadurch erschwert, da der Verantwortliche und Mitarbeiter verpflichtet ist, den Datenschutzbeauftragten entsprechend den unternehmensinternen Vorgaben – die letztlich verbindliche Arbeitsanweisungen sind – einzubinden.

67 Weitere Einzelheiten hierzu s. Art. 39 Rn. 27 ff.

3. Haftung und Überwachungsgarantenpflicht des Datenschutzbeauftragten

68 Die Haftung des betrieblichen Datenschutzbeauftragten bestimmt sich in erster Linie nach den dem Dienstvertrag zugrunde liegenden vertraglichen Regelungen und den allgemeinen Haftungsregeln des BGB und für den Datenschutzbeauftragten einer Behörde gelten die privilegierenden Haftungsregeln des Beamtenrechts.[27]

69 Vielfach wird in der Literatur eine Überwachungsgarantenstellung des Datenschutzbeauftragten angenommen.[28] Inwieweit dies zutreffend ist, soll nachfolgend näher beleuchtet werden.

70 Dem Wortlaut der DS-GVO nach unterliegt der Datenschutzbeauftragte hinsichtlich seiner Tätigkeit keiner Sanktion i.S.d. Art. 83 Abs. 1 lit. b DS-GVO, da er nicht der Normadressat dieser Vorschrift ist. Alleinige Normadressaten des Art. 83 (s. Art. 83 Rn. 7) sind der Verantwortliche oder der Auftragsverarbeiter. Darüber hinaus billigt die DS-GVO jeder Person, der wegen eines Verstoßes gegen die DS-GVO ein materieller oder immaterieller Schaden entstanden ist, gem. Art. 82 Abs. 2 S. 1 einen Schadensersatzspruch gegen den Verantwortlichen oder Auftragsverarbeiter zu.

---

26 Geiger/Khan/Kotzur, *Geiger*, Art. 4 EUV Rn. 25.
27 S. *Gola/Schomerus*, § 4g, Rn. 35 f m.w.N.
28 So *Wybitul*, in: ZD 2016, 203, und *Laue/Nink/Kremer*, 207, Rn. 44 m.w.N.

Der BGH[29] hat eine Garantenstellung für den Leiter der Rechtsabteilung und der Innenrevision bejaht. Maßgeblich für die Bejahung einer solchen Garantenstellung war dabei die Bestimmung des Inhaltes und Umfangs dessen Pflichtenkreises. Erschöpft sich dieser allein darin, unternehmensinterne Pflichtverstöße aufzudecken und zu verhindern, dann ist nach dem BGH eine Garantenstellung zu verneinen. Kommen hingegen noch weiter gehende Pflichten, wie vom Unternehmen ausgehende Rechtsverstöße zu beanstanden und zu unterbinden, hinzu, dann ist eine Garantenstellung zu bejahen. Über den bloßen Vertragsschluss bzw. die arbeitsvertragliche Regelung hinaus muss zur Begründung einer solchen Garantenstellung jedoch ein solcher Pflichtenkreis auch tatsächlich übernommen werden, indem besondere Schutzpflichten übertragen werden. Dem BGH zufolge bestimmen sich Inhalt und Umfang der Garantenpflicht damit aus dem konkret übernommenen Pflichtenkreis.[30] **71**

Dies vorausgeschickt kommt somit die Frage auf, ob der Datenschutzbeauftragte eine solche Garantenstellung demnach durch den ihm nach der DS-GVO übertragenen Pflichten- und Verantwortungsbereich übernimmt. Aus der reinen Überwachungsfunktion des Art. 39 Abs. 1 lit. b (s. Art. 39 Rn. 12) etwa eine solche Garantenstellung herzuleiten,[31] verkennt, dass zum einen den Datenschutzbeauftragten keine Rechenschaftspflicht nach Art. 5 Abs. 2 DS-GVO trifft, sondern den Verantwortlichen (Art. 4 Nr. 7), und zum anderen der Verantwortliche gem. Art. 24 DS-GVO die Verarbeitung und deren Risiken berücksichtigende angemessene technische und organisatorische Maßnahmen umzusetzen hat und nicht der Datenschutzbeauftragte. Insoweit ist dem Datenschutzbeauftragten durch die DS-GVO gerade nicht ein solcher Pflichtenkreis übertragen worden, obgleich er zwar die Einhaltung der DS-GVO überwachen soll, aber bei Bedarf lediglich Maßnahmen zur Beseitigung festgestellter Verstöße vorschlägt. Deren Behebung zu veranlassen und die datenschutzkonforme Umsetzung der DS-GVO sicherzustellen, sind Aufgaben des Verantwortlichen.[32] **72**

---

29 BGH, NJW 2009, 3173 mit Anm. Stoffers.
30 BGH, NJW 2009, 3175.
31 So *Wybitul*, in: ZD 2016, 203, und *Laue/Nink/Kremer*, 20, Rn. 44 m.w.N.
32 Guidelines 243, Guidelines on Data Protection Officers (DPOs) vom 13.12.2016, Ziff. 4.1.

Article 39

Tasks of the data protection officer

1. The data protection officer shall have at least the following tasks:
   (a) to inform and advise the controller or the processor and the employees who carry out processing of their obligations pursuant to this Regulation and to other Union or Member State data protection provisions;
   (b) to monitor compliance with this Regulation, with other Union or Member State data protection provisions and with the policies of the controller or processor in relation to the protection of personal data, including the assignment of responsibilities, awareness-raising and training of staff involved in processing operations, and the related audits;
   (c) to provide advice where requested as regards the data protection impact assessment and monitor its performance pursuant to Article 35;
   (d) to cooperate with the supervisory authority;
   (e) to act as the contact point for the supervisory authority on issues relating to processing, including the prior consultation referred to in Article 36, and to consult, where appropriate, with regard to any other matter.

2. The data protection officer shall in the performance of his or her tasks have due regard to the risk associated with processing operations, taking into account the nature, scope, context and purposes of processing.

Artikel 39

Aufgaben des Datenschutzbeauftragten

(1) Dem Datenschutzbeauftragten obliegen zumindest folgende Aufgaben:
a) Unterrichtung und Beratung des Verantwortlichen oder des Auftragsverarbeiters und der Beschäftigten, die Verarbeitungen durchführen, hinsichtlich ihrer Pflichten nach dieser Verordnung sowie nach sonstigen Datenschutzvorschriften der Union bzw. der Mitgliedstaaten;
b) Überwachung der Einhaltung dieser Verordnung, anderer Datenschutzvorschriften der Union bzw. der Mitgliedstaaten sowie der Strategien des Verantwortlichen oder des Auftragsverarbeiters für den Schutz personenbezogener Daten einschließlich der Zuweisung von Zuständigkeiten, der Sensibilisierung und Schulung der an den Verarbeitungsvorgängen beteiligten Mitarbeiter und der diesbezüglichen Überprüfungen;
c) Beratung – auf Anfrage – im Zusammenhang mit der Datenschutz-Folgenabschätzung und Überwachung ihrer Durchführung gemäß Artikel 35;
d) Zusammenarbeit mit der Aufsichtsbehörde;
e) Tätigkeit als Anlaufstelle für die Aufsichtsbehörde in mit der Verarbeitung zusammenhängenden Fragen, einschließlich der vorherigen Konsultation gemäß Artikel 36, und gegebenenfalls Beratung zu allen sonstigen Fragen.

(2) Der Datenschutzbeauftragte trägt bei der Erfüllung seiner Aufgaben dem mit den Verarbeitungsvorgängen verbundenen Risiko gebührend Rechnung, wobei er die Art, den Umfang, die Umstände und die Zwecke der Verarbeitung berücksichtigt.

Recital

(97) Where the processing is carried out by a public authority, except for courts or independent judicial authorities when acting in their judicial capacity, where, in the private sector, processing is carried out by a controller whose core activities consist of processing operations that require regular and systematic monitoring of the data subjects on a large scale, or where the core activities of the controller or the processor

Erwägungsgrund

(97) In Fällen, in denen die Verarbeitung durch eine Behörde – mit Ausnahmen von Gerichten oder unabhängigen Justizbehörden, die im Rahmen ihrer justiziellen Tätigkeit handeln –, im privaten Sektor durch einen Verantwortlichen erfolgt, dessen Kerntätigkeit in Verarbeitungsvorgängen besteht, die eine regelmäßige und systematische Überwachung der betroffenen Personen in großem Umfang erfordern,

consist of processing on a large scale of special categories of personal data and data relating to criminal convictions and offences, a person with expert knowledge of data protection law and practices should assist the controller or processor to monitor internal compliance with this Regulation. In the private sector, the core activities of a controller relate to its primary activities and do not relate to the processing of personal data as ancillary activities. The necessary level of expert knowledge should be determined in particular according to the data processing operations carried out and the protection required for the personal data processed by the controller or the processor. Such data protection officers, whether or not they are an employee of the controller, should be in a position to perform their duties and tasks in an independent manner.

oder wenn die Kerntätigkeit des Verantwortlichen oder des Auftragsverarbeiters in der umfangreichen Verarbeitung besonderer Kategorien von personenbezogenen Daten oder von Daten über strafrechtliche Verurteilungen und Straftaten besteht, sollte der Verantwortliche oder der Auftragsverarbeiter bei der Überwachung der internen Einhaltung der Bestimmungen dieser Verordnung von einer weiteren Person, die über Fachwissen auf dem Gebiet des Datenschutzrechts und der Datenschutzverfahren verfügt, unterstützt werden. Im privaten Sektor bezieht sich die Kerntätigkeit eines Verantwortlichen auf seine Haupttätigkeiten und nicht auf die Verarbeitung personenbezogener Daten als Nebentätigkeit. Das erforderliche Niveau des Fachwissens sollte sich insbesondere nach den durchgeführten Datenverarbeitungsvorgängen und dem erforderlichen Schutz für die von dem Verantwortlichen oder dem Auftragsverarbeiter verarbeiteten personenbezogenen Daten richten. Derartige Datenschutzbeauftragte sollten unabhängig davon, ob es sich bei ihnen um Beschäftigte des Verantwortlichen handelt oder nicht, ihre Pflichten und Aufgaben in vollständiger Unabhängigkeit ausüben können.

§ 7 BDSG-neu

Aufgaben [der Datenschutzbeauftragten öffentlicher Stellen]

(1) Der oder dem Datenschutzbeauftragten obliegen neben den in der Verordnung (EU) 2016/679 genannten Aufgaben zumindest folgende Aufgaben:

1. Unterrichtung und Beratung der öffentlichen Stelle und der Beschäftigten, die Verarbeitungen durchführen, hinsichtlich ihrer Pflichten nach diesem Gesetz und sonstigen Vorschriften über den Datenschutz, einschließlich der zur Umsetzung der Richtlinie (EU) 2016/680 erlassenen Rechtsvorschriften;
2. Überwachung der Einhaltung dieses Gesetzes und sonstiger Vorschriften über den Datenschutz, einschließlich der zur Umsetzung der Richtlinie (EU) 2016/680 erlassenen Rechtsvorschriften, sowie der Strategien der öffentlichen Stelle für den Schutz personenbezogener Daten, einschließlich der Zuweisung von Zuständigkeiten, der Sensibilisierung und der Schulung der an den Verarbeitungsvorgängen beteiligten Beschäftigten und der diesbezüglichen Überprüfungen;
3. Beratung im Zusammenhang mit der Datenschutz-Folgenabschätzung und Überwachung ihrer Durchführung gemäß § 67 dieses Gesetzes;
4. Zusammenarbeit mit der Aufsichtsbehörde;
5. Tätigkeit als Anlaufstelle für die Aufsichtsbehörde in mit der Verarbeitung zusammenhängenden Fragen, einschließlich der vorherigen Konsultation gemäß § 69 dieses Gesetzes, und gegebenenfalls Beratung zu allen sonstigen Fragen.

Im Fall einer oder eines bei einem Gericht bestellten Datenschutzbeauftragten beziehen sich diese Aufgaben nicht auf das Handeln des Gerichts im Rahmen seiner justiziellen Tätigkeit.

(2) Die oder der Datenschutzbeauftragte kann andere Aufgaben und Pflichten wahrnehmen. Die öffentliche Stelle stellt sicher, dass derartige Aufgaben und Pflichten nicht zu einem Interessenkonflikt führen.

(3) Die oder der Datenschutzbeauftragte trägt bei der Erfüllung ihrer oder seiner Aufgaben dem mit den Verarbeitungsvorgängen verbundenen Risiko gebührend Rechnung, wobei sie oder er die Art, den Umfang, die Umstände und die Zwecke der Verarbeitung berücksichtigt.

Literatur

Article 29 Working Party, WP 243, Guidelines on Data Protection Officers, 13.12.2016; *Jaspers/Reif*, Der Datenschutzbeauftragte nach der Datenschutz-Grundverordnung: Bestellpflicht, Rechtsstellung und Aufgaben, in: RDV 2016, 61 ff.; *Klug*, Der Datenschutzbeauftragte in der EU – Maßgaben in der EU-Datenschutzgrundverordnung, in: ZD 2016, 315 ff.; *Marschall/Müller*, Der Datenschutzbeauftragte im Unternehmen zwischen BDSG und DS-GVO – Bestellung, Rolle, Aufgaben und Anforderungen im Fokus europäischer Datenschutzbeauftragten, in. CuA 2016, 8 ff.; *Wichtermann*, Einführung eines Datenschutz-Management-Systems im Unternehmen – Pflicht oder Kür? in: ZD 2016, 421 ff.

▶ Bedeutung der Norm

Art. 39 nennt die Mindestaufgaben in Gestalt der Unterrichtung, Beratung und Überwachung und die Ansprechpartner des Datenschutzbeauftragten (Verantwortlicher/Auftragsverarbeiter und deren Beschäftigte). Ferner wird der Datenschutzbeauftragte als Kooperationspartner und Anlaufstelle für die Aufsichtsbehörde installiert.

▶ Hinweise für den Anwender

Für die Norm relevante Definitionen (neben den zu Art. 37 bereits erläuterten Legaldefinitionen):

- Datenschutz-Folgenabschätzung in Art. 35.
- Vorherige Konsultation in Art. 36.

Für die Auslegung der Norm relevante Erwägungsgründe:

- EG 97.

Systematische Einordnung der Norm innerhalb der DS-GVO:

- Kapitel 4 Verantwortlicher und Auftragsverarbeiter enthält in Abschn. 4 (Art. 37 bis 39) die Regelungen zur Benennung, zur Stellung und den Aufgaben des Datenschutzbeauftragten nach DS-GVO.

Vorgängernormen im BDSG:

- §§ 4d Abs. 5, 4g BDSG zu den Aufgaben des Datenschutzbeauftragten.

Vorgängernormen der RL 95/46:

- Art. 18 Abs. 2 zum nach einzelstaatlichen Regelungen zu benennenden Datenschutzbeauftragten sowie seinen Aufgaben.

Querbezüge zu anderen Normen:

- Art. 33 Abs. 3 lit. b nennt den Datenschutzbeauftragten als Anlaufstelle für Fragen der Aufsichtsbehörde zu einer Meldung von Verletzungen des Datenschutzes durch den Verantwortlichen.
- Art. 35 Datenschutz-Folgenabschätzung und Art. 36 Vorherige Konsultation definieren die Einbindung des Datenschutzbeauftragten.
- Art. 38 nennt für die Aufgabenerfüllung des Datenschutzbeauftragten notwendige Voraussetzungen und durch den Verantwortlichen zu leistende Unterstützung.

- Art. 83 (4) lit. a knüpft an die Verletzung von Pflichten des Art. 39 ein potenzielles Bußgeld von 10 Mio. € bzw. 2 % des Umsatzes.
- Umsetzung in § 7 des Datenschutz-Anpassungs- und Umsetzungsgesetz EU(DSAnpGUG-EU) mit den Aufgaben des Datenschutzbeauftragten für den öffentlichen Bereich.

Schlagworte

Mindestaufgaben des Datenschutzbeauftragten, Unterrichtung, Beratung, Überwachung, Sensibilisierung, Schulung, Datenschutz-Folgenabschätzung, Vorherige Konsultation, risikobasierter Ansatz, Rechenschaftspflichten, technische und organisatorische Maßnahmen, Datenschutz-Managementsystem, Verarbeitungsverzeichnis, Einbindung, Interessenskollision, Zusammenarbeit Aufsichtsbehörde

Allgemeines

I. Regelungszweck

Art. 39 legt die **Mindestaufgaben des Datenschutzbeauftragten** in Form von Unterrichtung, Beratung und Überwachung im weiten Sinne fest. Damit setzt die Norm einen nicht zu unterschreitenden, gestaltbaren Rahmen. Sie bestimmt den Verantwortlichen bzw. Auftragsverarbeiter, die Beschäftigten und die Aufsichtsbehörde, deren Anlaufstelle der Datenschutzbeauftragte darstellt, als die Ansprechpartner des Datenschutzbeauftragten für die Ausübung seiner Tätigkeiten. Ferner regelt Art. 39 die Aufgaben des Datenschutzbeauftragten im Kontext der Datenschutz-Folgenabschätzung. 1

II. Normadressaten

1. Direkter Normadressat Datenschutzbeauftragter

   Art. 39 nennt Aufgaben, die der Datenschutzbeauftragte mindestens erfüllen soll.

2. Indirekte Normadressaten

   Der Verantwortliche bzw. Auftragsverarbeiter muss dem Datenschutzbeauftragten ermöglichen, seinen Aufgaben nachzukommen. Weiterhin sind der Datenverarbeiter und seine Beschäftigten, die Verarbeitungen durchführen, diejenigen, an die sich Unterrichtung und Beratung primär richten. Der Datenschutzbeauftragte überwacht deren Einhaltung datenschutzrechtlicher Pflichten.

   Art. 39 regelt darüber hinaus die Interaktion zwischen dem Datenschutzbeauftragten und der Aufsichtsbehörde.

III. Systematik

2 Kapitel IV (Verantwortlicher und Auftragsverarbeiter) enthält mit Abschn. 4 (Datenschutzbeauftragter) die wesentlichen Regelungen der DS-GVO zur Institution des Datenschutzbeauftragten. Art. 39 regelt darin den Umfang der Aufgaben, die ein Datenschutzbeauftragter mindestens wahrnehmen muss. Er steht im inhaltlichen Zusammenhang mit Art. 38. Dieser nennt für die Wahrnehmung der Aufgaben bestehende Voraussetzungen und zu schaffende Rahmenbedingungen. Außerdem eröffnet Art. 38 Abs. 6 die Möglichkeit, die Aufgaben des Datenschutzbeauftragten unter bestimmten Voraussetzungen zu erweitern.

IV. Entstehungsgeschichte

1. Bisherige europäische Vorgaben

3 Die RL 95/46 EG enthält in Art. 18 Abs. 2 „eine Befreiung von der Meldepflicht an die Aufsichtsbehörden für Verfahren mit personenbezogenen Daten, unter der Voraussetzung der für die Verarbeitung Verantwortliche bestellt, entsprechend dem einzelstaatlichen Recht, dem er unterliegt, einen Datenschutzbeauftragten, dem insb. folgendes obliegt:

- die unabhängige Überwachung der Anwendung der zur Umsetzung dieser Richtlinie erlassenen einzelstaatlichen Bestimmungen,
- die Führung eines Verzeichnisses mit den in Artikel 21 Absatz 2 vorgesehenen Informationen über die durch den für die Verarbeitung Verantwortlichen vorgenommene Verarbeitung,

4 um auf diese Weise sicherzustellen, dass die Rechte und Freiheiten der betroffenen Personen durch die Verarbeitung nicht beeinträchtigt werden."

2. Bisheriges nationales Recht

5 In Deutschland (und in wenigen weiteren EU-Ländern) gab es bisher die Verpflichtung, nach § 4f BDSG einen Datenschutzbeauftragten zu benennen. Die Einrichtung eines Datenschutzbeauftragten ersetzt nach § 4d Abs. 2 BDSG als Instrument der Selbstkontrolle die Meldepflichten von Verfahren der personenbezogenen Datenverarbeitung an die Aufsichtsbehörden. Die Aufgaben des Datenschutzbeauftragten sind in § 4g sowie zur Vorabkontrolle in § 4d Abs. 6 BDSG geregelt.

3. Verhandlungen zur DS-GVO

6 Die Kernaufgaben des Datenschutzbeauftragten umfassten auch in der ursprünglichen Fassung der EU-Kommission Unterrichtung, Beratung, Überwachung und Zusammenarbeit mit der Aufsichtsbehörde. Der DSB wurde erst auf Betreiben des Rats als Ansprechpartner auch für die Beschäftigten in Abs. 1 eingeführt. Im Trilog-Ergebnis wird ein Mindestaufgabenumfang definiert. Zahlreiche zuvor im Kommissionsentwurf explizit aufgeführte Überwachungsaufgaben, wie die Meldepflichten nach Art. 33, 34 (damals 31, 32), sind ebenso entfallen wie die Sicherstellung der Dokumentation nach Art. 30 DS-GVO (damals Art. 28). Dies kann als Hinweis dafür verstanden werden, dass diese Aufgaben dem Verantwortlichen zuzuordnen sind. Demgegenüber enthält Art. 39 eine generelle Überwachungspflicht, ohne einzelne Überwachungsgegenstände dabei explizit hervorzuheben. Einzige Ausnahme stellt die Aufgabe der Überwachung der Durchführung der Datenschutz-Folgenabschätzung dar. Dagegen ist auf Wunsch des Rates die Beratung bei der Datenschutz-Folgenabschätzung nur auf Anfrage durch den Verantwortlichen einzuholen. Art. 35 Abs. 2 verpflichtet allerdings den Verantwortlichen, den Rat des Datenschutzbeauftragten einzuholen. Dies ordnet die Verantwortung für die Einbeziehung des Datenschutzbeauftragten wohl ziemlich eindeutig dem Verantwortlichen zu, während der Datenschutzbeauftragte seine Mitwirkung nicht beanspruchen kann. Als Überwachungsinstanz kommt er dann allerdings nach dem Wortlaut des Art. 39 Abs. 1 lit. c zwangsläufig ins Spiel. Dies erscheint wiederum als Indiz für die grundlegende Struktur der DS-GVO im Hinblick auf die umfassenden Pflichten des

Verantwortlichen und die davon deutlich getrennte Überwachungsrolle des Datenschutzbeauftragten. Weiterer struktureller Baustein der DS-GVO ist die Risikoorientierung bei der Umsetzung des Datenschutzes, die in den Art. 24, 25 und 32 als Gestaltungsprinzip eingeführt wird. Gegen Ende des Trilogs wurde durch den Rat vorgeschlagen, dieses Prinzip auch dem Datenschutzbeauftragten für die Erfüllung seiner Aufgaben an die Hand zu geben. Dies erscheint nur konsequent und könnte als eine Art „Check and Balance" wirken, weil der Datenschutzbeauftragte möglicherweise zu anderen Risikoeinschätzungen kommen könnte als der Verantwortliche. Darüber kann sich eine durchaus zielführende Diskussion zu Gestaltungsfragen des Datenschutzes zwischen Verantwortlichem und Beauftragtem ergeben.

4. Künftiges nationales Recht

Das Datenschutz-Anpassungs- und Umsetzungsgesetz-EU (DSAnpUG-EU) enthält für die Aufgaben des Datenschutzbeauftragten nur eine Regelung für den öffentlichen Bereich. Sie ist im Wesentlichen gleichlautend mit Art. 39 DSGVO. Sie enthält abweichend davon im Absatz 2 die ausdrückliche Option, den Datenschutzbeauftragten mit anderen Aufgaben und Pflichten zu betrauen. Dabei ist sicherzustellen, diese Aufgaben und Pflichten nicht zu einem Interessenskonflikt mit den Datenschutz-Aufgaben führen. Diese Regelung ist in der DS-GVO in Art. 38 Abs. 6 enthalten. **7**

B. Inhalt der Regelung

I. Mindestaufgabenumfang des Datenschutzbeauftragten nach Art. 39 Abs. 1

Art. 39 Abs. 1 legt fest, was ein Datenschutzbeauftragter mindestens (at least) zu leisten hat. Das heißt, dieser Aufgabenumfang darf nicht unterschritten werden. Der Verantwortliche kann dem Datenschutzbeauftragten weitere Aufgaben geben oder seine Aufgaben detaillierter beschreiben.[1] Bei der Ausgestaltung und Erfüllung der Aufgaben ist zudem zu berücksichtigen, welche Risiken mit den Verarbeitungsvorgängen verbunden sind. **8**

1. Unterrichtung und Beratung nach Art. 39 Abs. 1 lit. a

Die Aufgaben der Unterrichtung und Beratung richten sich gleichermaßen an den Verantwortlichen bzw. (oder) Auftragsverarbeiter und an die „Beschäftigten, die Verarbeitungen durchführen". Als Gegenstand dieser Unterrichtung und Beratung sind deren Pflichten aus der DS-GVO sowie sonstigen Datenschutzvorschriften der Union bzw. der Mitgliedstaaten genannt. Das legt nahe, dass die Beratungsaufgabe auf die Erläuterung und das Verständnis der Vorschriften fokussiert ist und Vorschläge von Maßnahmen zu deren Einhaltung umfasst.[2] **9**

Weiterhin sollte die Unterrichtung der Verantwortlichen sich auch – als Ergebnis der Überwachung durch den Datenschutzbeauftragten – auf den jeweiligen Stand der Einhaltung der datenschutzrechtlichen Vorschriften in der Organisation richten und auch hier sich daran anschließende Vorschläge zu Verbesserungsmaßnahmen umfassen. Dazu sollte der Datenschutzbeauftragte ein regelmäßiges aussagefähiges **Berichtswesen** etablieren, das den Stand der Datenschutz-Compliance für die höchste Managementebene als Berichtsadressat nach Art. 38 Abs. 3 DS-GVO dokumentiert. Dieser Statusbericht sollte bei Bedarf Beschlussvorschläge für das Topmanagement initiieren, um notwendige Maßnahmen konsequent umsetzen zu lassen. Unterstützt wird dies auch durch EW 77. Dieser nennt die Hinweise eines Datenschutzbeauftragten im Hinblick auf geeignete Maßnahmen zur Einhaltung des Datenschutzes als Anleitung für den Verantwortlichen, wie er seiner Verantwortung nach Art. 24 nachkommen kann. **10**

1 *Art. 29 Data Protection Working Party,* WP 243, Guidelines on Data Protection Officers (DPO's).
2 *Klug,* in: ZD 2016, 315.

11 Die **Sensibilisierung** und **Schulung** der Mitarbeiter war nach § 4g Abs. 1 Ziff. 2 BDSG eine der Kernaufgaben des Datenschutzbeauftragten, die in der Praxis meist auch operativ durch den Datenschutzbeauftragten erfolgte. Diese Zuweisung ist zwar in der DS-GVO nicht vorgesehen, erscheint aber mit der Unterrichtungsaufgabe nach DS-GVO weiterhin sehr gut vereinbar. Mindestens sollte der Datenschutzbeauftragte die Schulungsinhalte vorgeben, während Mitarbeiterschulungen durchaus durch andere Fachabteilungen organisiert und durchgeführt werden können. Die Durchführung und die Wirksamkeit der Schulungen sind explizit im Rahmen der unten erläuterten Überwachungspflicht durch den Datenschutzbeauftragten zu überwachen.[3]

2. Überwachung nach Art. 39 Abs. 1 lit. b

12 Korrespondierend zur Aufgabe der Unterrichtung und Beratung erstreckt sich die Überwachung durch den Datenschutzbeauftragten zunächst auf die Einhaltung der DS-GVO und anderer Datenschutzvorschriften der Union bzw. der Mitgliedstaaten. Hinzu tritt allerdings die Überwachung der Strategien (in der englischen Fassung „policies") des Verantwortlichen oder des Auftragsverarbeiters für den Schutz personenbezogener Daten. Darunter sind Richtlinien und Vorgaben der Geschäftsführung zur Umsetzung des Datenschutzes im Unternehmen zu verstehen. Sie sind eine Voraussetzung für die Erfüllung der Rechenschaftspflichten für die Einhaltung der DS-GVO. Damit liegt der Datenschutz ganz klar in der Verantwortung des Managements im Sinne einer Compliance-Vorgabe, welche im Unternehmen und den Geschäftsprozessen insgesamt zu verankern ist. Er kann nicht auf den DSB „ausgelagert" werden. Der Überwachung unterliegen konkret auch die Zuweisung von Zuständigkeiten, die Sensibilisierung und Schulung der an den Verarbeitungsvorgängen beteiligten Mitarbeiter und die diesbezügliche Überprüfung.

13 Der Verantwortliche soll die für seine Verarbeitungsvorgänge angemessene Strategie zur Einhaltung des Datenschutzes entwickeln und – wie der im Englischen verwendete Begriff „policies" nahelegt – in Form von Vorgaben und Richtlinien formulieren und umsetzen. Diese Strategie umfasst auch die Erfüllung der **Rechenschaftspflichten** nach Art. 5 Abs. 2 DS-GVO. Weiterhin muss der Verantwortliche gem. Art. 24 DS-GVO unter Berücksichtigung der Risiken aus der Verarbeitung angemessene **technische und organisatorische Maßnahmen** treffen, die sicherstellen und den Nachweis ermöglichen, dass die Verarbeitung gem. der DS-GVO erfolgt. Die getroffenen Maßnahmen sind durch den Verantwortlichen, soweit erforderlich, zu überprüfen und anzupassen.

14 Die gesamte Systematik sollte idealerweise als **Datenschutz-Managementsystem**[4] ausgestaltet werden.[5] Die Elemente dieses Managementsystems sind im Rahmen seiner Überwachungsaufgabe durch den Datenschutzbeauftragten im Hinblick auf einen geeigneten Aufbau, die Funktionsfähigkeit und die Wirksamkeit zur Einhaltung der Datenschutzregeln im Sinne einer systemischen Überwachungsfunktion zu überprüfen.[6]

15 Die DS-GVO behält das bisherige Verständnis des Datenschutzbeauftragten als auf die Einhaltung der Datenschutzregeln konkret „Hinwirkender" bei. Laut § 4g Abs. 2 Ziff. 1 BDSG bezieht sich die Überwachungsaufgabe auf die „ordnungsgemäße Anwendung der Datenverarbeitungsprogramme, mit deren Hilfe personenbezogene Daten verarbeitet werden sollen". Diese Überwachungsaufgabe erfährt mit der DS-GVO in Art. 39 aus den dargestellten Gründen eine deutliche Ausweitung.

16 Die Frage, wie tiefgehend die Überwachung durch den Datenschutzbeauftragten sein muss, wird in der DSGVO nicht klar beantwortet. Genügt es, dass er sich vom Vorhandensein, der Angemes-

3 *Marschall/Müller*, in: ZD 2016, 415.

4 Ein Datenschutz-Managementsystem ist die Gesamtheit aller dokumentierten und implementierten Regelungen, Prozesse und Maßnahmen, die dazu dienen, einen datenschutzkonformen Umgang mit personenbezogenen Daten im Unternehmen systematisch zu steuern.

5 *Wichtermann*, in: ZD 2016, 421; so auch BGH, Urteil vom 9.5.2017 – 1 StR 265/16 zur Berücksichtigung von Compliance-Management-Systemen bei der Bemessung einer Geldbuße nach § 30 Abs. 1 OWiG.

6 *Jaspers/Reif*, in: RDV 2016, 61.

senheit und der Anwendung aller Maßnahmen zur Einhaltung aller internen und gesetzlichen Regeln zum Datenschutz überzeugt oder sind auch aktive Kontrollhandlungen, z.B. in Form von Stichprobenkontrollen, erforderlich zur Überprüfung von deren Wirksamkeit? Letzteres ist zu bejahen, denn ansonsten kann der in Art. 24 DS-GVO formulierte Kreislauf aus Implementierung, Durchführung, Überprüfung und Anpassung von Maßnahmen nicht wirksam umgesetzt werden. Der Datenschutzbeauftragte sollte als Ergebnis seiner Überprüfung bei Bedarf auch Maßnahmen zur Beseitigung festgestellter Defizite vorschlagen.[7] Dies zu veranlassen und die Umsetzung sicherzustellen, ist Aufgabe des Verantwortlichen. Dazu sind Weisungsbefugnisse des Datenschutzbeauftragten nicht notwendig. Vielmehr genügt es, wenn er die Umsetzung von Maßnahmen systematisch nachhält und dem Management berichtet, das für deren Durchführung verantwortlich ist.[8]

3. Beratung bei der Datenschutz-Folgenabschätzung nach Art. 39 Abs. 1 lit. c

Der Datenschutzbeauftragte hat im Zusammenhang mit der **Datenschutz-Folgenabschätzung** zwei Aufgaben. Erstens berät er den Verantwortlichen auf Anfrage. Unmittelbar aus Art. 35 Abs. 2 ergibt sich, dass der Verantwortliche bei einer Datenschutz-Folgenabschätzung den Rat des Datenschutzbeauftragten einholt, wenn ein solcher benannt ist.[9] Deshalb erscheint der ausdrückliche Einschub – auf Anfrage – in Art. 39 Abs. 1 lit. c nicht erforderlich, weil der Datenschutzbeauftragte bereits nach Art. 35 in die Durchführung einer Datenschutz-Folgenabschätzung als **Berater** einzubeziehen ist. Allerdings kann der Einschub auch bezwecken, dass der Datenschutzbeauftragte hier nicht automatisch zum Zuge kommt, sondern explizit auf Entscheidung des Verantwortlichen tätig wird, der dafür wiederum auch klare Kriterien festlegen sollte. Möglicherweise soll dadurch auch sichergestellt werden, dass der Datenschutzbeauftragte trotz seiner Unabhängigkeit in der Wahl und Priorisierung seiner Aufgaben dieser Anfrage entsprechen muss.[10] **17**

Zweitens überwacht der Datenschutzbeauftragte die Durchführung der Datenschutz-Folgenabschätzung gem. Art. 35. Hier stellt sich die Frage, ob der **Überwachungsauftrag** sich auf die Qualität und Angemessenheit einer einzelnen Folgenabschätzung richtet oder ob er sich darauf richtet, dass der Verantwortliche systematisch die Anforderungen des Art. 35 erfüllt. Dazu gehört die Verankerung der notwendigen Risikobetrachtung in den relevanten fachlichen Prozessen, deren Dokumentation, die Berücksichtigung der diesbezüglichen Vorgaben der Aufsichtsbehörden und nicht zuletzt die Überprüfung, dass die Verarbeitung auch gem. der Datenschutz-Folgenabschätzung durchgeführt wird. Beide Zwecke der Überwachung ergeben durchaus Sinn, wenn die Beratung und die Überwachung der Folgenabschätzung durch den Datenschutzbeauftragten einem vereinbarten strukturierten Prozess folgen und die Ergebnisse der Beratung und der Überwachung separat dokumentiert werden. Die Durchführung der **Vorabkontrolle** nach § 4d Abs. 5 ist als Aufgabe für den Datenschutzbeauftragten entfallen. Angesichts der Zuweisung der Beratung und der Überwachung der Datenschutz-Folgenabschätzung entstünde auch ein Konflikt, wenn der Datenschutzbeauftragte diese selbst durchführt.[11] Gleichwohl besteht in der Praxis die Gefahr, dass die Folgenabschätzung quasi automatisch beim Kompetenzträger Datenschutzbeauftragter landet. Hier muss der Verantwortliche letztendlich für die Vermeidung solcher **Interessenkollisionen** sorgen, indem er die Fachverantwortlichen mit diesem Know-how versieht.[12] **18**

---

7 *Article 29 Data Protection Working Party*, WP 243, Guidelines on Data Protection Officers (DPO's).
8 *Marschall/Müller*, in: ZD 2016, 415, die für eine wirksame Überwachung durch den Datenschutzbeauftragten Möglichkeiten zur Intervention für notwendig erachten. Die dafür erforderlichen Weisungsbefugnisse würden Haftungsrisiken für den DSB bedeuten.
9 *Article 29 Data Protection Working Party*, WP 243 listet insb. die Themen, zu denen der Verantwortliche im Rahmen der Datenschutz-Folgenabschätzung den Rat des Datenschutzbeauftragten suchen sollte.
10 *Klug*, in: ZD 2016, 315.
11 *Marschall/Müller*, in: ZD 2016, 415.
12 *Jaspers/Reif*, in: RDV 2016, 61, die es für systematisch falsch halten, die Durchführung der Datenschutz-Folgenabschätzung nicht den Aufgaben des Datenschutzbeauftragten zuzuordnen.

4. Zusammenarbeit mit den Aufsichtsbehörden nach Art. 39 Abs. 1 lit. d

19 Die Vorschrift nennt keine spezifischen Anlässe für eine vom Datenschutzbeauftragten ausgehende (pro-)aktive **Zusammenarbeit** mit der Aufsichtsbehörde. Die Zusammenarbeit auf Veranlassung der Aufsichtsbehörde wird im folgenden lit. e separat geregelt. Die Formulierung lässt sich als allgemeines Kooperationsgebot auffassen, da spezifische Anlässe dafür nicht genannt werden. Nach § 4g Abs. 1 S. 2 BDSG bestand bisher die Möglichkeit, sich in Zweifelsfällen an die zuständige Aufsichtsbehörde zu wenden. Dies wird hier auch insb. in Fragen der Auslegung der Bestimmungen der DS-GVO oder der Angemessenheit einzelner Maßnahmen zum Datenschutz, z.B. die Frage nach dem Stand der Technik von Sicherheitsmaßahmen oder der Anwendbarkeit von Zertifizierungen, der Anlass für eine Zusammenarbeit sein.[13]

5. Tätigkeit als Anlaufstelle für die Aufsichtsbehörde nach Art. 39 Abs. 1 lit. e

20 Ergänzend zu lit. d wird in lit. e noch eine „Tätigkeit" beschrieben, die den Datenschutzbeauftragten als festen Kontakt für alle Fragen „in mit der Verarbeitung zusammenhängenden Fragen" definiert. Ausdrücklich genannt wird dabei die **Vorherige Konsultation** der Aufsichtsbehörde nach Art. 36 DS-GVO. Die Pflicht zur Konsultation liegt beim Verantwortlichen. Nach dem Wortlaut des Art. 39 richtet die Aufsichtsbehörde ihre sich daraus ergebenden Fragen an den Datenschutzbeauftragten. Sinnvollerweise sollte dieser dann bereits durch den Verantwortlichen in die Datenschutz-Folgenabschätzung einbezogen worden sein. Andernfalls muss der Verantwortliche spätestens dann den Datenschutzbeauftragten über den Gegenstand der Konsultation und die zugrunde liegende Folgenabschätzung detailliert informieren.

21 Zusätzlich soll der Datenschutzbeauftragte die Aufsichtsbehörde „gegebenenfalls" zu allen sonstigen Fragen beraten. Diese nicht weiter spezifizierte Aufgabe kann u.U. zu Interessenkonflikten führen, da der Datenschutzbeauftragte möglicherweise zu den gleichen Themen den Verantwortlichen berät. Die Glaubwürdigkeit des Datenschutzbeauftragten als neutrale und unabhängige Instanz für den Datenschutz würde infrage gestellt, wenn er durch die Beratung der Aufsichtsbehörde quasi als deren verlängerter Arm agiert bzw. wahrgenommen würde. In der Praxis erfordert das vom Datenschutzbeauftragten ein größtmögliches Maß an Transparenz hinsichtlich seiner Beratung in Richtung des Verantwortlichen und der Aufsichtsbehörde.

22 Durch diese Regelung in Verbindung mit der Anforderung an den Verantwortlichen, den Datenschutzbeauftragten und seine Kontaktdaten mitzuteilen, wie in Art. 33 Abs. 3 lit. b (Meldung von Datenschutzverletzungen) und in Art. 36 Abs. 3 lit. d (Vorherige Konsultation), ergibt sich die klare Verortung des Außenkontaktes zur Aufsichtsbehörde beim Datenschutzbeauftragten. Die Bedeutung des DSB als Kontaktstelle für Betroffene und die Aufsichtsbehörde wird dadurch betont, dass dieser in der Außenkommunikation stets als Kontakt anzugeben ist. Dies betrifft die Informationspflichten gegenüber dem Betroffenen in Art. 13 Abs. 1 lit. b und Art. 14 Abs. 1 lit. b, aber ebenso die Angaben in der Verarbeitungsübersicht (Art. 30 Abs. 1 lit. b), in den Verträgen mit dem Auftragsverarbeiter (Art. 28 Abs. 2 lit. b) sowie im Rahmen der Meldung einer Datenschutzverletzung (Art. 33 Abs. 3 lit. b).

II. Risikobasierte Ausgestaltung der Aufgaben des Datenschutzbeauftragten nach Art. 39 Abs. 2

23 An dieser Stelle wird der sog. risikobasierte Ansatz – welcher sich wie ein roter Faden durch die DS-GVO zieht (eingehend Art. 24 Rn. 78 ff.) – auch auf den DSB übertragen. Es ist nur logisch, dass der DSB insoweit den gleichen Maßstab anwenden soll wie der Verantwortliche gem. Art. 24, 25 und 32 DS-GVO. Es wird ihm dadurch ermöglicht, die Erfüllung seiner Aufgaben ent-

13 *Jaspers/Reif*, in: RDV 2016, 61.

sprechend der Risikolage der Verarbeitung zu priorisieren und zu skalieren.[14] Das setzt voraus, dass der Datenverarbeiter ausreichend Transparenz bezüglich der Art, des Umfangs, der Umstände und der Zwecke der Verarbeitung geschaffen hat. Außerdem ermöglicht es dem Datenschutzbeauftragten, die für seine Aufgabenerfüllung erforderlichen Ressourcen nach der Risikosituation zu dimensionieren. Der Verantwortliche unterstützt ihn gem. Art. 38 Abs. 2 durch die Bereitstellung der erforderlichen Ressourcen. Hier kann die Risikosituation der Verarbeitung als Maßstab herangezogen werden. Insgesamt ist es angesichts des **risikobasierten Ansatzes** der DS-GVO konsequent und zielführend, auch die Aufgabenerfüllung des Datenschutzbeauftragten an den Risiken der Verarbeitung für den Betroffenen auszurichten. Zur Berücksichtigung der konkreten Verarbeitungssituation bei der Risikobewertung vergleiche in Bezug auf

- die Art der Verarbeitung Art. 24 Rn. 81 ff.,
- den Umfang der Verarbeitung Art. 24 Rn. 87 ff.,
- die Umstände der Verarbeitung Art. 24 Rn. 93 ff.,
- die Zwecke der Verarbeitung Art. 24 Rn. 103 ff.

Eingehend zur Berücksichtigung des Risikos für den Betroffenen bei der Risikobewertung Art. 24 Rn. 114 ff.

III. Erweiterter Aufgabenumfang des Datenschutzbeauftragten nach Art. 38 Abs. 6

Nicht nur Art. 39, sondern auch Art. 38, der die Stellung des Datenschutzbeauftragten beschreibt, enthält einen Bezug zu seinen Aufgaben. So regelt Art. 38 Abs. 6, dass der Datenschutzbeauftragte andere Aufgaben und Pflichten wahrnehmen kann. Diese Regelung wird im § 7 DSAnpUG-EU für den öffentlichen Bereich übernommen. Die folgenden Ausführungen sind auf den öffentlichen Bereich übertragbar. Dabei muss ausgeschlossen werden, dass durch diese anderen Aufgaben Interessenkonflikte mit seiner Rolle als Datenschutzbeauftragter entstehen können. Das eröffnet kleineren Unternehmen, die keinen Vollzeit-Datenschutzbeauftragten benötigen, einen geeigneten Mitarbeiter mit den Aufgaben zusätzlich zu betrauen. **Interessenkollisionen** können insb. dann entstehen, wenn der Datenschutzbeauftragte IT-, Compliance- oder HR-Verantwortung selbst trägt oder den entsprechenden Leitern unterstellt ist. Auch eine Aufhängung bei der internen Revision kann Konflikte in Überwachungsfragen bergen. Eine andere, durch den Begriff Mindestaufgaben in Art. 39 Abs. 1 untermauerte Interpretation dieser Vorschrift wäre, dass dem Datenschutzbeauftragten auch Aufgaben in der Gestaltung und Umsetzung von Maßnahmen zur Einhaltung der DS-GVO zugeteilt werden. Dadurch übernimmt er eine stärker operative Rolle im Datenschutzmanagement. Die operative Rolle liegt aber nach der Verordnung ganz eindeutig beim Datenverarbeiter und der Datenschutzbeauftragte stellt dazu in seiner unabhängigen Rolle ein „Check and Balance" dar. Weicht man diese Grenzen z.B. aus pragmatischen Gründen auf, wird die Unabhängigkeit gefährdet. Einschränken kann man dieses Risiko durch eine klare Aufgabenbeschreibung und ggf. eine Binnenorganisation, die entsprechende Funktionen wie z.B. Beratung zu Sicherheitskonzepten und deren Überprüfung unabhängig abbildet und Interessenkonflikte bei der Umsetzung und Überwachung des Datenschutzes ausschließt. 24

14 Die *Article 29 Working Party* stellt im WP 243, Guidelines on Data Protection Officers (DPO's), klar, der risikobasierte Ansatz dürfe nicht dazu führen, dass Verarbeitungen mit relativ niedrigen Risiken außer Acht gelassen werden.

C. Weitere Auswirkungen der Verordnung in der Praxis

I. Auswirkungen auf nationales Recht

25 Grundsätzlich hat sich durch die Verankerung des Datenschutzbeauftragten in der DS-GVO das bisher auf Deutschland beschränkte Konzept ausgeweitet. Das sorgt für einen Bedeutungszuwachs der Institution. Das BDSG-neu behält in § 38 die eingeführten Kriterien des § 4f Abs. 1 BDSG zur Pflicht der Benennung eines DSB für nicht-öffentliche Stellen bei. Es bleibt abzuwarten, ob andere EU-Mitgliedstaaten die Öffnungsklausel zu Art. 37 Abs. 4 nutzen werden. Für Verantwortliche oder Auftragsverarbeiter mit eigenständigen Tochterunternehmen in EU-Ländern bedeutet dies, die Landesgesetze zu berücksichtigen und ihre Datenschutzorganisation ggf. international aufzustellen bzw. länderübergreifend zu steuern.

26 Unabhängig von der Bestellung eines Datenschutzbeauftragten ist es zur Einhaltung der Rechenschaftspflichten unabdingbar, eine Datenschutzorganisation zu etablieren und die erforderliche Governance sicherzustellen. Es müssen deshalb Strukturen geschaffen werden, z.B. durch die Benennung von Datenschutzkoordinatoren, welche für eine Umsetzung des Datenschutzes und Sensibilisierung der Beschäftigten Sorge tragen können.

II. Umsetzung in die Unternehmenspraxis

Datenschutzbeauftragter und Datenschutz-Managementsystem

27 Die umfassenden Rechenschaftspflichten nach Art. 5 Abs. 2 DS-GVO und der Nachweis angemessener technischer und organisatorischer Maßnahmen zur Einhaltung der Verordnung sowie deren Überprüfung und ggf. Anpassung erfordern die Einrichtung eines organisationsübergreifenden Datenschutz-Managementsystems durch den Verantwortlichen. Als Datenschutz-Managementsystem bezeichnet man alle dokumentierten und implementierten Regelungen, Prozesse und Maßnahmen, die dazu dienen, einen datenschutzkonformen Umgang mit personenbezogenen Daten im Unternehmen systematisch zu steuern. Der Datenschutzbeauftragte ist mit seinen Aufgaben in die Datenschutzorganisation als Teil dieses Managementsystems eingebettet. Er sollte sich als Treiber um einen solchen Strukturierungsansatz bemühen, der auch eine risikobasierte Vorgehensweise im Datenschutz unterstützt und die systematische Steuerung des datenschutzkonformen Umgangs mit personenbezogenen Daten erst ermöglicht. Ein modular aufgebautes Datenschutz-Managementsystem lässt sich an jede Unternehmensstruktur, Risikolage und Größe anpassen. Es sollte alle für eine Gewährleistung des Datenschutzes erforderlichen Aktivitäten, z.B. in der Information Security und der IT, in der Rechtsabteilung bündeln, um keinen Mehraufwand zu erzeugen. Um seine Wirkung entfalten zu können, muss es in die bestehenden Prozesse und Strukturen des Unternehmens integriert werden.

Prozess(mit)gestaltung durch den Datenschutzbeauftragten

28 Der Datenschutzbeauftragte sollte seine Tätigkeiten nach Möglichkeit auch in Form von Prozessen strukturieren und dokumentieren. Vielmehr noch muss er beratend auf die Gestaltung betrieblicher Prozesse Einfluss nehmen, die seine frühzeitige **Einbindung** sicherstellen. Relevant sind alle Prozesse, die Entscheidungen zur Verarbeitung personenbezogener Daten im Sinne der DS-GVO zum Gegenstand haben, solche Verarbeitungen beinhalten oder steuern. Je nach Geschäftsmodell können dies Prozesse des Vertriebs, des Marketings, der Produktion, Services, Personal und IT sein. So sollten z.B. Projektfreigaben erst erfolgen, wenn für den Fall, dass das Projekt die Verarbeitung personenbezogener Daten zum Inhalt hat, eine Beratung durch den Datenschutzbeauftragten stattgefunden hat. Die Planungs- und Genehmigungsprozesse für Projekte müssen diesen Prozessschritt vorsehen und die Schnittstelle zum Datenschutz beschreiben. Gleiches gilt für Produktentwicklungsprozesse von neuen Produkten mit personenbezogenen Daten. Auch IT-Prozesse zur Inbetriebnahme neuer Systeme oder neuer Releases müssen eine Schnitt-

stelle zum Datenschutz vorsehen, damit ggf. Überprüfungen durchgeführt oder geplant werden können.

Prozesse zur Gestaltung von IT-Sicherheitsmaßnahmen und Meldeprozesse für Sicherheitsvorfälle müssen den Datenschutzbeauftragten zumindest als Schnittstelle vorsehen. **29**

Erweiterungen des Mindestumfangs der Aufgaben

Die Art. 29-Datenschutzgruppe nennt in den Guidelines on Data Protection Officers (DPO's) das Führen des **Verzeichnisses von Verarbeitungstätigkeiten** als eine sinnvollerweise dem Datenschutzbeauftragten zuzuweisende Aufgabe. Dies begründet sich darin, dass das Verarbeitungsverzeichnis ein wichtiges Instrument für die Ausübung der Unterrichtung, Beratung und Überwachung durch den Datenschutzbeauftragten sei. Dabei liegt die Verantwortung eindeutig gem. Art. 30 Abs. 1 beim Verantwortlichen. Um eine schleichende Verlagerung der Verantwortung für die Inhalte der Verarbeitungsübersicht zu vermeiden, sollte hier eine klare Aufgabentrennung zwischen den Fachverantwortlichen und dem Datenschutzbeauftragten bestehen. Der Datenschutzbeauftragte sollte Vorgaben für die Struktur und die Inhalte des Verzeichnisses machen. Die Bereitstellung der Informationen und die Befüllung des Verzeichnisses (möglichst als elektronisches auswertbares Datenbanksystem) sollten durch die Fachverantwortlichen erfolgen und bei Bedarf mit den IT-Verantwortlichen koordiniert werden. Der Datenschutzbeauftragte überprüft das Verzeichnis im Hinblick auf Aktualität und Vollständigkeit. Er nutzt die darin enthaltenen Informationen als Basis seiner beratenden und überwachenden Tätigkeiten. **30**

Eine durch den Datenschutzbeauftragten sinnvoll wahrnehmbare Aufgabe ist die Koordination und Gestaltung von **Auskünften an Betroffene**. In der Regel richten Betroffene solche Anfragen an den öffentlichen Kontakt des Datenschutzbeauftragten. Dieser kann das Auskunftsersuchen rechtlich einordnen und die notwendigen Schritte zu dessen Beantwortung koordinieren. Dazu gehört auch die Vorgabe von Standard-Textbausteinen für eine rechtlich einwandfreie Beantwortung der Anfragen. **31**

Insgesamt muss der Verantwortliche dafür sorgen, dass die Ausgestaltung der Aufgaben des Datenschutzbeauftragten nicht dazu führen, dass sich die Verantwortung für die Einhaltung der datenschutzrechtlichen Pflichten in Richtung des Datenschutzbeauftragten verschieben. Es muss sichergestellt sein, dass dieser weiterhin unabhängig und weisungsfrei die Einhaltung des Datenschutzes überwachen kann. **32**

Article 40

Codes of conduct

1. The Member States, the supervisory authorities, the Board and the Commission shall encourage the drawing up of codes of conduct intended to contribute to the proper application of this Regulation, taking account of the specific features of the various pro-cessing sectors and the specific needs of mi-cro, small and medium-sized enterprises.

2. Associations and other bodies representing categories of controllers or processors may prepare codes of conduct, or amend or extend such codes, for the purpose of specifying the application of this Regulation, such as with regard to:
   (a) fair and transparent processing;
   (b) the legitimate interests pursued by controllers in specific contexts;
   (c) the collection of personal data;
   (d) the pseudonymisation of personal data;
   (e) the information provided to the public and to data subjects;
   (f) the exercise of the rights of data subjects;
   (g) the information provided to, and the protection of, children, and the manner in which the consent of the holders of parental responsibility over children is to be obtained;
   (h) the measures and procedures referred to in Articles 24 and 25 and the measures to ensure security of processing referred to in Article 32;
   (i) the notification of personal data breaches to supervisory authorities and the communication of such personal data breaches to data subjects;
   (j) the transfer of personal data to third countries or international organisations; or
   (k) out-of-court proceedings and other dispute resolution procedures for resolving disputes between controllers and data subjects with regard to processing, without prejudice to the rights of data subjects pursuant to Articles 77 and 79.

Artikel 40

Verhaltensregeln

(1) Die Mitgliedstaaten, die Aufsichtsbehörden, der Ausschuss und die Kommission fördern die Ausarbeitung von Verhaltensregeln, die nach Maßgabe der Besonderheiten der einzelnen Verarbeitungsbereiche und der besonderen Bedürfnisse von Kleinstunternehmen sowie kleinen und mittleren Unternehmen zur ordnungsgemäßen Anwendung dieser Verordnung beitragen sollen.

(2) Verbände und andere Vereinigungen, die Kategorien von Verantwortlichen oder Auftragsverarbeitern vertreten, können Verhaltensregeln ausarbeiten oder ändern oder erweitern, mit denen die Anwendung dieser Verordnung beispielsweise zu dem Folgenden präzisiert wird:
a) faire und transparente Verarbeitung;
b) die berechtigten Interessen des Verantwortlichen in bestimmten Zusammenhängen;
c) Erhebung personenbezogener Daten;
d) Pseudonymisierung personenbezogener Daten;
e) Unterrichtung der Öffentlichkeit und der betroffenen Personen;
f) Ausübung der Rechte betroffener Personen;
g) Unterrichtung und Schutz von Kindern und Art und Weise, in der die Einwilligung des Trägers der elterlichen Verantwortung für das Kind einzuholen ist;
h) die Maßnahmen und Verfahren gemäß den Artikeln 24 und 25 und die Maßnahmen für die Sicherheit der Verarbeitung gemäß Artikel 32;
i) die Meldung von Verletzungen des Schutzes personenbezogener Daten an Aufsichtsbehörden und die Benachrichtigung der betroffenen Person von solchen Verletzungen des Schutzes personenbezogener Daten;
j) die Übermittlung personenbezogener Daten an Drittländer oder an internationale Organisationen oder
k) außergerichtliche Verfahren und sonstige Streitbeilegungsverfahren zur Beilegung von Streitigkeiten zwischen Verantwortlichen und betroffenen Personen im Zusammenhang mit der Verarbeitung, unbe-

schadet der Rechte betroffener Personen gemäß den Artikeln 77 und 79.

3. In addition to adherence by controllers or processors subject to this Regulation, codes of conduct approved pursuant to paragraph 5 of this Article and having general validity pursuant to paragraph 9 of this Article may also be adhered to by controllers or processors that are not subject to this Regulation pursuant to Article 3 in order to provide appropriate safeguards within the framework of personal data transfers to third countries or international organisations under the terms referred to in point (e) of Article 46(2). Such controllers or processors shall make binding and enforceable commitments, via contractual or other legally binding instruments, to apply those appropriate safeguards including with regard to the rights of data subjects.

3. Zusätzlich zur Einhaltung durch die unter diese Verordnung fallenden Verantwortlichen oder Auftragsverarbeiter können Verhaltensregeln, die gemäß Absatz 5 des vorliegenden Artikels genehmigt wurden und gemäß Absatz 9 des vorliegenden Artikels allgemeine Gültigkeit besitzen, können auch von Verantwortlichen oder Auftragsverarbeitern, die gemäß Artikel 3 nicht unter diese Verordnung fallen, eingehalten werden, um geeignete Garantien im Rahmen der Übermittlung personenbezogener Daten an Drittländer oder internationale Organisationen nach Maßgabe des Artikels 46 Absatz 2 Buchstabe e zu bieten. Diese Verantwortlichen oder Auftragsverarbeiter gehen mittels vertraglicher oder sonstiger rechtlich bindender Instrumente die verbindliche und durchsetzbare Verpflichtung ein, die geeigneten Garantien anzuwenden, auch im Hinblick auf die Rechte der betroffenen Personen.

4. A code of conduct referred to in paragraph 2 of this Article shall contain mechanisms which enable the body referred to in Article 41(1) to carry out the mandatory monitoring of compliance with its provisions by the controllers or processors which undertake to apply it, without prejudice to the tasks and powers of supervisory authorities competent pursuant to Article 55 or 56.

4. Die Verhaltensregeln gemäß Absatz 2 des vorliegenden Artikels müssen Verfahren vorsehen, die es der in Artikel 41 Absatz 1 genannten Stelle ermöglichen, die obligatorische Überwachung der Einhaltung ihrer Bestimmungen durch die Verantwortlichen oder die Auftragsverarbeiter, die sich zur Anwendung der Verhaltensregeln verpflichten, vorzunehmen, unbeschadet der Aufgaben und Befugnisse der Aufsichtsbehörde, die nach Artikel 55 oder 56 zuständig ist.

5. Associations and other bodies referred to in paragraph 2 of this Article which intend to prepare a code of conduct or to amend or extend an existing code shall submit the draft code, amendment or extension to the supervisory authority which is competent pursuant to Article 55. The supervisory authority shall provide an opinion on whether the draft code, amendment or extension complies with this Regulation and shall approve that draft code, amendment or extension if it finds that it provides sufficient appropriate safeguards.

5. Verbände und andere Vereinigungen gemäß Absatz 2 des vorliegenden Artikels, die beabsichtigen, Verhaltensregeln auszuarbeiten oder bestehende Verhaltensregeln zu ändern oder zu erweitern, legen den Entwurf der Verhaltensregeln bzw. den Entwurf zu deren Änderung oder Erweiterung der Aufsichtsbehörde vor, die nach Artikel 55 zuständig ist. Die Aufsichtsbehörde gibt eine Stellungnahme darüber ab, ob der Entwurf der Verhaltensregeln bzw. der Entwurf zu deren Änderung oder Erweiterung mit dieser Verordnung vereinbar ist und genehmigt diesen Entwurf der Verhaltensregeln bzw.

den Entwurf zu deren Änderung oder Erweiterung, wenn sie der Auffassung ist, dass er ausreichende geeignete Garantien bietet.

6. Where the draft code, or amendment or extension is approved in accordance with paragraph 5, and where the code of conduct concerned does not relate to processing activities in several Member States, the supervisory authority shall register and publish the code.

6. Wird durch die Stellungnahme nach Absatz 5 der Entwurf der Verhaltensregeln bzw. der Entwurf zu deren Änderung oder Erweiterung genehmigt und beziehen sich die betreffenden Verhaltensregeln nicht auf Verarbeitungstätigkeiten in mehreren Mitgliedstaaten, so nimmt die Aufsichtsbehörde die Verhaltensregeln in ein Verzeichnis auf und veröffentlicht sie.

7. Where a draft code of conduct relates to processing activities in several Member States, the supervisory authority which is competent pursuant to Article 55 shall, before approving the draft code, amendment or extension, submit it in the procedure referred to in Article 63 to the Board which shall provide an opinion on whether the draft code, amendment or extension complies with this Regulation or, in the situation referred to in paragraph 3 of this Article, provides appropriate safeguards.

7. Bezieht sich der Entwurf der Verhaltensregeln auf Verarbeitungstätigkeiten in mehreren Mitgliedstaaten, so legt die nach Artikel 55 zuständige Aufsichtsbehörde – bevor sie den Entwurf der Verhaltensregeln bzw. den Entwurf zu deren Änderung oder Erweiterung genehmigt – ihn nach dem Verfahren gemäß Artikel 63 dem Ausschuss vor, der zu der Frage Stellung nimmt, ob der Entwurf der Verhaltensregeln bzw. der Entwurf zu deren Änderung oder Erweiterung mit dieser Verordnung vereinbar ist oder – im Fall nach Absatz 3 dieses Artikels – geeignete Garantien vorsieht.

8. Where the opinion referred to in paragraph 7 confirms that the draft code, amendment or extension complies with this Regulation, or, in the situation referred to in paragraph 3, provides appropriate safeguards, the Board shall submit its opinion to the Commission.

8. Wird durch die Stellungnahme nach Absatz 7 bestätigt, dass der Entwurf der Verhaltensregeln bzw. der Entwurf zu deren Änderung oder Erweiterung mit dieser Verordnung vereinbar ist oder – im Fall nach Absatz 3 – geeignete Garantien vorsieht, so übermittelt der Ausschuss seine Stellungnahme der Kommission.

9. The Commission may, by way of implementing acts, decide that the approved code of conduct, amendment or extension submitted to it pursuant to paragraph 8 of this Article have general validity within the Union. Those implementing acts shall be adopted in accordance with the examination procedure set out in Article 93(2).

9. Die Kommission kann im Wege von Durchführungsrechtsakten beschließen, dass die ihr gemäß Absatz 8 übermittelten genehmigten Verhaltensregeln bzw. deren genehmigte Änderung oder Erweiterung allgemeine Gültigkeit in der Union besitzen. Diese Durchführungsrechtsakte werden gemäß dem Prüfverfahren nach Artikel 93 Absatz 2 erlassen.

10. The Commission shall ensure appropriate publicity for the approved codes which have been decided as having general validity in accordance with paragraph 9.

10. Die Kommission trägt dafür Sorge, dass die genehmigten Verhaltensregeln, denen gemäß Absatz 9 allgemeine Gültigkeit zuerkannt wurde, in geeigneter Weise veröffentlicht werden.

11. The Board shall collate all approved codes of conduct, amendments and extensions in a register and shall make them publicly available by way of appropriate means.

11. Der Ausschuss nimmt alle genehmigten Verhaltensregeln bzw. deren genehmigte Änderungen oder Erweiterungen in ein Register auf und veröffentlicht sie in geeigneter Weise.

Recitals

(98) [1]Associations or other bodies representing categories of controllers or processors should be encouraged to draw up codes of conduct, within the limits of this Regulation, so as to facilitate the effective application of this Regulation, taking account of the specific characteristics of the processing carried out in certain sectors and the specific needs of micro, small and medium en-terprises. [2]In particular, such codes of conduct could calibrate the obligations of controllers and processors, taking into account the risk likely to result from the processing for the rights and freedoms of natural persons.

(99) When drawing up a code of conduct, or when amending or extending such a code, associations and other bodies representing categories of controllers or processors should consult relevant stakeholders, including data subjects where feasible, and have regard to submissions received and views expressed in response to such consultations.

Erwägungsgründe

(98) [1]Verbände oder andere Vereinigungen, die bestimmte Kategorien von Verantwortlichen oder Auftragsverarbeitern vertreten, sollten ermutigt werden, in den Grenzen dieser Verordnung Verhaltensregeln auszuarbeiten, um eine wirksame Anwendung dieser Verordnung zu erleichtern, wobei den Besonderheiten der in bestimmten Sektoren erfolgenden Verarbeitungen und den besonderen Bedürfnissen der Kleinstunternehmen sowie der kleinen und mittleren Unternehmen Rechnung zu tragen ist. [2]Insbesondere könnten in diesen Verhaltensregeln – unter Berücksichtigung des mit der Verarbeitung wahrscheinlich einhergehenden Risikos für die Rechte und Freiheiten natürlicher Personen – die Pflichten der Verantwortlichen und der Auftragsverarbeiter bestimmt werden.

(99) Bei der Ausarbeitung oder bei der Änderung oder Erweiterung solcher Verhaltensregeln sollten Verbände und oder andere Vereinigungen, die bestimmte Kategorien von Verantwortlichen oder Auftragsverarbeitern vertreten, die maßgeblichen Interessenträger, möglichst auch die betroffenen Personen, konsultieren und die Eingaben und Stellungnahmen, die sie dabei erhalten, berücksichtigen.

Literatur

Abel, Umsetzung der Selbstregulierung im Datenschutz, in: RDV 2003, 11; *Bergt,* Verhaltensregeln als Mittel zur Beseitigung der Rechtsunsicherheit in der DS-GVO, in: CR 2016, 670; *von Braunmühl*, Ansätze zur Ko-Regulierung in der Datenschutz-Grundverordnung, in: PinG 2015, 231; *Christiansen/Schmidt*, Dialog als Instrument der Datenschutzregulierung, Hans-Bredow-Institut Hamburg, 2014; *Dammann/Simitis (Hrsg.),* EG-Datenschutzrichtlinie, 1. Auflage 1997, Nomos Baden-Baden; *Däubler/Klebe/Wedde/Weichert,* Bundesdatenschutzgesetz, 5. Auflage 2016, Bund-Verlag Frankfurt a.M.; *Gola (Hrsg.),* Datenschutz-Grundverordnung, 1. Auflage 2017, C.H. Beck München; *Gola/Schomerus*, BDSG, 12. Auflage 2015, C.H. Beck München; *Grabitz/Hilf (Hrsg.)*, Das Recht der Europäischen Union, 40. Auflage 2009, C.H. Beck München; *Kranig/Peintinger*, Selbstregulierung im Datenschutzrecht, in: ZD 2014, 3; *Kühling/Buchner (Hrsg.),* Datenschutzgrundverordnung, 1. Auflage 2017, C.H. Beck München; *Martini,* Do it yourself im Datenschutzrecht, in: NVwZ 2016, 353; *Paal/Pauly (Hrsg.)*, Datenschutz-Grundverordnung, 1. Auflage 2016, C.H. Beck München; *Plath (Hrsg.)*, BDSG/DSGVO, 2. Auflage 2016, Otto Schmidt Köln; *Schulz/Held*, Regulierte Selbstregulierung als Form modernen Regierens, Hans-Bredow-Institut Hamburg, 2002; *Simitis (Hrsg.)*, Bundesdatenschutzgesetz, 8. Auflage 2014,

Nomos Baden-Baden; *Spindler*, Selbstregulierung und Zertifizierungsverfahren nach der DS-GVO, in: ZD 2016, 407; *Spindler/Thorun*, Eckpunkte einer digitalen Ordnungspolitik, 2015; *Tinnefeld/Buchner/Petri*, Einführung in das Datenschutzrecht, 5. Auflage 2012, De Gruyter Oldenbourg München; *Vomhof*, Verhaltensregeln nach § 38a BDSG, in: PinG 2014, 209; *Wolff/Brink (Hrsg.)*, Beck'scher Online-Kommentar Datenschutzrecht, 20. Edition 2017, C.H. Beck München.

Bedeutung der Norm

Die Norm will (regulierte) Selbstregulierung der Wirtschaft durch die Erarbeitung von Verhaltensregeln fördern und sieht Verfahren zu deren Anerkennung vor.

Hinweise für den Anwender

Für die Auslegung der Norm relevante Erwägungsgründe:
- EG 98, 99.

Systematische Einordnung der Norm innerhalb der DS-GVO:
- Die Norm ist Teil des Konzepts regulierter Selbstregulierung (Abschnitt 5 des Kapitels IV der DS-GVO) und in Zusammenhang mit Art. 41 zu verstehen.

Vorgängernorm im BDSG:
- § 38a BDSG.

Vorgängernorm in der RL 95/46:
- Art. 27 Richtlinie 95/46/EG.

Stellungnahme der Aufsichtsbehörden oder der Art. 29-Gruppe:
- Düsseldorfer *Kreis*, Orientierungshilfe – Umgang mit Verhaltensregeln nach § 38a BDSG, 26./27.2.2013.

Schlagworte

Selbstregulierung, Verhaltensregeln, Code of Conduct, Ko-Regulierung, Regulierte Selbstregulierung

A. Allgemeines

I. Regelungszweck

1 Verhaltensregeln bzw. „Codes of Conduct" sind Instrumente der (regulierten) Selbstregulierung im Datenschutzrecht. Dabei handelt es sich um die Festlegung eines Regelwerks verbindlicher

Verhaltensnormen durch die sich dem Regelwerk Unterwerfenden.[1] Die Verhaltensregeln stellen sich als Element eines präventiv ausgerichteten Datenschutzkonzepts dar.[2]

Der Selbstregulierung und regulierten Selbstregulierung (letztere mittlerweile häufiger als Ko-Regulierung bezeichnet) wird Potential zur effektiven Verhaltenssteuerung beigemessen. Hierfür müssen allerdings die entsprechenden Rahmenbedingungen gegeben sein, etwa ein hinreichender Anreiz für die Industrie, tatsächlich in Selbstregulierung zu investieren.[3] Für die EU gehört das Ausschöpfen dieses Potentials zu ihrem Konzept von „Good Governance" und „Better Regulation".[4] Im Datenschutz hat die Konkretisierung von Normen durch Verhaltensregeln auch deshalb besondere Bedeutung, weil – jedenfalls bislang – nur wenige Entscheidungen von Aufsichtsbehörden und Gerichten ergangen sind und insofern für die Auslegung der z.T. sehr offenen gesetzlichen Vorschriften wenig Wissen zur Verfügung steht, was zuweilen zu Rechtsunsicherheit führt. **2**

Bislang konnten die bereits nach altem Recht (§ 38a BDSG, Art. 27 DS-RL) möglichen Verhaltensregeln diese Funktion allerdings kaum erfüllen. Jedenfalls in Deutschland wurden nur wenige entsprechende Verhaltensregeln entwickelt und anerkannt. Die neu vorgesehenen Verfahren zur Anerkennung von Verhaltensregeln in der DS-GVO – nicht zuletzt kombiniert mit den potentiell schärferen Sanktionen im Fall von Datenschutzverstößen – könnten nunmehr dazu führen, dass sich mehr Wirtschaftsbereiche zur Ausarbeitung entsprechender Verhaltensregeln entschließen. **3**

Verhaltensregeln sollen vor allem Besonderheiten in einzelnen Branchen Rechnung tragen und die Datenschutzregeln an spezielle Bedürfnisse anpassen. Als „amtlich bestätigte Interpretationshilfen" können sie zur Vermeidung von Rechtsunsicherheit beitragen.[5] Statt einer Entscheidung des Gesetzgebers oder der Aufsichtsbehörden *„top down"* sollen von den beruflichen Gruppen, Branchen oder Unternehmen mit mehr Kenntnis der ökonomischen Prozesse *„bottom up"*-Regelungen getroffen werden.[6] **4**

Verhaltensregeln sind ein Instrument zur Konkretisierung der Generalklauseln der DS-GVO und stehen damit in einer Reihe mit Publikationspflichten des Europäischen Datenschutzausschusses (Art. 70 Abs. 1) und den Tätigkeitsberichten der Aufsichtsbehörden (Art. 59).[7] Nach europäischem Verständnis kann eine datenschutzrechtliche Selbstregulierung aber immer nur den Vollzug gesetzlicher Vorschriften betreffen und nie eine gesetzesersetzende, wohl aber eine normkonkretisierende Wirkung erreichen.[8] Intendiert ist ein Vorteil für alle Beteiligten: Die Unternehmen erhalten eine praxistauglich umsetzbare Konkretisierung ihrer datenschutzrechtlichen Pflichten und die Aufsichtsbehörden werden entlastet.[9] Darüber hinaus erhofft man sich durch unbürokratische Selbstregulierung insb. im Datenschutzrecht eine flexible und rasche Anpassung an die fortschreitende Technikentwicklung.[10] Als weiterer Vorteil wird die erhöhte Akzeptanz freiwillig angenommener Regelwerke angeführt, da Regelungsadressaten und die Verfasser der Regelwerke identisch sind oder sich zumindest nahe stehen.[11] **5**

1 Plath, *Hullen*, § 38a Rn. 2.
2 Simitis, *Petri*, § 38a Rn. 1.
3 *Schulz/Held*, S. 62.
4 *Kommission*, Better Regulation „Toolbox", S. 87 ff.
5 Gola/Schomerus, *Gola/Klug/Körffer*, § 38a Rn. 2.
6 *Tinnefeld/Buchner/Petri*, S. 58.
7 Zu diesem Zusammenhang Kühling/Buchner, *Bergt*, Art. 40 Rn. 1.
8 *Kranig/Peintinger*, in: ZD 2014, 3 f.
9 Simitis, *Petri*, § 38a Rn. 7.
10 *Tinnefeld/Buchner/Petri*, S. 58; Plath, *Hullen*, § 38a Rn. 5.
11 Plath, *Hullen*, § 38a Rn. 4.

II. Normadressaten

6 Normadressaten sind die Verbände und Vereinigungen, die Kategorien von Verantwortlichen oder Auftragsverarbeitern vertreten (Abs. 2, 3, 4, 5), Aufsichtsbehörden (Abs. 1, 5, 6, 7), der Europäische Datenschutzausschuss (Abs. 1, 7, 8, 11), die Europäische Kommission (Abs. 1, 9, 10) und die Mitgliedstaaten (Abs. 1).

III. Systematik

7 Die Norm ist in Zusammenhang mit den Überwachungsvorgaben des Art. 41 zu begreifen und stellt mit der Ermöglichung der Erstellung von Verhaltensregeln neben Art. 42 f. eines der beiden Konzepte regulierter Selbstregulierung in der DS-GVO dar.

IV. Entstehungsgeschichte

8 Die Möglichkeit zur Erstellung von Verhaltensregeln war bereits im KOM-E der DS-GVO vorgesehen. Sie entsprach weitgehend der überkommenen Regelung in Art. 27 DS-RL, welche national durch § 38a BDSG umgesetzt ist, ergänzt um eine Auflistung möglicher Beispiele für Regelungsbereiche, in denen Verhaltensregeln zum Einsatz kommen können sollten. Das EP ließ diesen Regelungsvorschlag in seiner Grundstruktur unangetastet.

9 In Deutschland hatte das Instrument bislang nur mäßigen Erfolg. Unter der Geltung von § 38a BDSG wurden nur zwei Verhaltensregeln genehmigt: zum einen Verhaltensregeln des Gesamtverbandes der deutschen Versicherungswirtschaft e.V.[12], zum anderen der GeoBusiness CoC auf Antrag des selbstregulierung informationswirtschaft e.V.[13]. Ein Grund hierfür könnte darin liegen, dass im deutschen Recht die Rechtsfolgen bislang nicht klar definiert sind und deshalb die nötigen Anreize fehlen.[14] In der Praxis wurden zudem der Verwaltungsaufwand und die formalen Anforderungen als (zu) hoch eingeschätzt.[15] Auch auf EU-Ebene wurden nach bisheriger Rechtslage (wenige) Codes erlassen (bspw. der Verhaltenskodex von FEDMA zur Verwendung personenbezogener Daten im Direktmarketing).

10 Bei der Entstehung der DS-GVO wurde das Problem der mangelnden Akzeptanz des Instruments gesehen. Nach EG 98 S. 1 soll das Konzept des Art. 40 die Industrie explizit „ermuntern", Verhaltensregeln zu erarbeiten. Vor diesem Hintergrund ist die Norm auszulegen. Insb. mit Blick auf Kleinstunternehmen sowie kleine und mittlere Unternehmen normiert Art. 40 Abs. 1 sogar eine Förderpflicht der Mitgliedstaaten und der Aufsichtsbehörden. Der Hauptanreiz, der für die Wirtschaft geschaffen wurde, ist die Möglichkeit, „die Pflichten der Verantwortlichen und der Auftragsverarbeiter" zu bestimmen (EG 98 S. 2). Damit wird erneut deutlich, dass es um normkonkretisierende und nicht nur um norminterpretierende Regeln geht.

11 Erst mit den Vorschlägen des Rates erlangte die Vorschrift den verabschiedeten Regelungsgehalt, der nun insb. eine Pflicht zur Anerkennung von Verhaltensregelungen verbunden mit entsprechenden besonderen Verfahren umfasst. Zusätzlich wurde eine Verknüpfung mit einer Aufsicht über die Einhaltung der Verhaltensregeln durch Selbstkontrolleinrichtungen (s. dazu im Einzelnen Art. 41) als ein institutionsbezogenes Selbstregulierungselement geschaffen.

12 Ein Vorstoß der deutschen Bundesregierung zur Einführung einer noch weiter ausdifferenzierten und stärker auf eine nichtstaatliche Aufsicht ausgerichteten Form der regulierten Selbstregulierung nach dem Vorbild des deutschen Systems des Jugendmedienschutzes[16] fand demgegenüber keine Mehrheit. Insb. von der Einführung einer mit eigenen Beurteilungsspielräumen (s. Art. 38a Abs. 3 des entsprechenden Entwurfs) ausgestatteten freiwilligen Selbstkontrolle hatte

---

12 Dazu *Vomhof*, in: PinG 2014, 209 ff.
13 *von Braunmühl*, in: PinG 2015, 231.
14 Simitis, *Petri*, § 38a Rn. 8.
15 *Kranig/Peintinger*, in: ZD 2014, 3, 4.
16 EU-Rats-Dok. 6413/13 v. 13.2.2013.

man sich verstärkte Anreize für Unternehmen versprochen, sich an entsprechenden Systemen zu beteiligen.

B. Inhalt der Regelung

I. Förderung von Verhaltensregeln (Abs. 1)

Nach Abs. 1 fördern die Mitgliedstaaten, die Aufsichtsbehörden, der Ausschuss und die Kommission die Ausarbeitung von Verhaltensregeln. Insofern lassen sich eine positive und eine negative Komponente unterscheiden: Es verbietet sich nicht nur eine Behinderung von entsprechenden Vorhaben, sondern die Normadressaten müssen überdies ein „positives Umfeld" für die Etablierung und Umsetzung von Verhaltensregeln schaffen.[17] Der Begriff der Förderung enthält insofern ein dezidiert aktives Element.[18] **13**

Hieraus ergibt sich eine Verpflichtung, die nötigen Verfahren und Strukturen zu konkretisieren sowie, gerade für Kleinstunternehmen sowie kleinere und mittlere Unternehmen, die nötige Anschubhilfe zur Erarbeitung von Verhaltensregeln zu geben. Diese kann etwa darin bestehen, dass Informationen und Anlaufstellen für Verbände und Unternehmen geschaffen werden.[19] Konkret erscheinen eine Teilfinanzierung von Ko-Regulierungsaktivitäten, die Bereitstellung öffentlicher Plattformen zur Stakeholderkoordinierung,[20] auf einzelne Branchentypen abgestimmte Handlungsempfehlungen oder die Erstellung von Leitfäden zur Etablierung und Umsetzung von Verhaltensregeln als geeignete Mittel zur Erfüllung der Förderungspflicht. Art. 57 Abs. 1 lit. m statuiert eine entsprechende Pflicht für die Aufsichtsbehörden noch einmal ausdrücklich. Es zeigt sich, dass es sich bei der Förderpflicht nach Abs. 1 nicht etwa um eine bloß floskelhafte Empfehlung zugunsten von Verhaltensregeln und regulierter Selbstregulierung handelt, sondern diese in bestimmten Fällen konkrete Rechtswirkungen entfaltet. Für die Mitgliedsstaaten bedeutet sie etwa, dass die Bereitstellung von Budgets erforderlich sein kann, um die zuständigen Akteure in die Lage zu versetzen, die Förderung zu leisten, und dass umgekehrt etwa Ausgaben für entsprechende Informationsleistungen haushaltsrechtlich nicht zu beanstanden sein dürfen. **14**

II. Vorlageberechtigte Personengruppen (Abs. 2)

Vorlageberechtigt sind nach Abs. 2 Verbände und andere Vereinigungen, die Kategorien von Verantwortlichen oder Auftragsverarbeitern vertreten. Die DS-GVO spricht anders als § 38a BDSG und Art. 27 Abs. 2 S. 1 DS-RL nicht mehr von Berufsverbänden, sondern nur noch von Verbänden. Es geht also nicht darum, die Vorlageberechtigung auf Organisationen zu beschränken, die die Interessen in bestimmten Wirtschaftsbereichen institutionell vertreten. Da „Verbände" überdies ohnehin nur als Regelbeispiel aufgeführt sind, kommt der Definition keine entscheidende Bedeutung zu; auch andere Vereinigungen, die Kategorien von Verantwortlichen oder Auftragsverarbeiten vertreten, sind vorlageberechtigt. Zudem sind nunmehr auch ausdrücklich Vertreter von Auftragsverarbeitern erfasst. **15**

Der Kreis der Vorlageberechtigten ist demnach weit zu verstehen. Echte Einschränkungen sind nicht ersichtlich. Die Rechtsform der Verbände und Vereinigungen ist irrelevant.[21] Es muss sich bei den Vertretenen lediglich um eine bestimmte Gruppe mit einer gewissen Homogenität handeln.[22] Um den Zweck einer Entwicklung branchenspezifischer Konkretisierungen zu erreichen, ist dabei erforderlich, dass alle vertretenen Unternehmen in einem ähnlichen Bereich tätig sind, nämlich dem, auf den der Anwendungsbereich der Verhaltensregeln zielt.[23] Es erscheint insofern **16**

---

17 Grabitz/Hilf, *Brühann*, Art. 27 DS-RL Rn. 5, vgl. Paal/Pauly, *Paal*, Art. 40 Rn. 5.
18 Wolff/Brink, *Jungkind*, Art. 40 Rn. 7; *Spindler*, in: ZD 2016, 407.
19 Vgl. *Dammann/Simitis*, Art. 27, 2.4.
20 Siehe zu diesen beiden Elementen *Spindler/Thorun*, S. 6.
21 Gola, *Lepperhoff*, Art. 40 Rn. 8.
22 Simitis, *Petri*, § 38a Rn. 12; Paal/Pauly, *Paal*, Art. 40 Rn. 11; Kühling/Buchner, *Bergt*, Art. 40 Rn. 12.
23 Ähnlich Gola, *Lepperhoff*, Art. 40 Rn. 8.

auch denkbar, nur zum Zweck der Erarbeitung von Verhaltensregeln einen Verein zu gründen, der diese dann vorlegen kann. Auch ist es nicht erforderlich, dass die Vereinigung alle Mitglieder einer Berufsgruppe vertritt.[24] Aufgrund des Gesetzeszwecks kann nicht einmal gefordert werden, dass die Vereinigungen ihre Berufsgruppe im Hinblick auf Anzahl oder Gewicht der Mitglieder repräsentieren.[25] Sowohl freiwillige Zusammenschlüsse als auch hoheitliche Zwangsverbände (etwa Kammern) werden erfasst.[26] Nicht vorlageberechtigt sind demgegenüber einzelne Unternehmen;[27] für diese stellt unter anderem eine Zertifizierung nach Art. 42 ein möglicherweise sinnvolles Mittel dar. Konzerne oder andere Unternehmensgruppen werden aber als grds. vorlageberechtigt angesehen.[28]

III. Anforderungen an Verhaltensregeln (Abs. 2)

17 Gem. Abs. 2 soll durch die Ausarbeitung von Verhaltensregeln die DS-GVO konkretisiert werden. Dabei sollen nach EG 99 schon bei der Erarbeitung der Verhaltensregeln die maßgeblichen Interessenträger, möglichst auch die Betroffenen, konsultiert und die so gewonnenen Eingaben und Stellungnahmen berücksichtigt werden. Dies stellt aber keine Genehmigungsvoraussetzung dar. Auch sonst stellt die Vorschrift keine detaillierteren Vorgaben für das Verfahren bei der Erarbeitung auf; solche sind auch nicht erforderlich, da sie die Spielräume der Beteiligten unnötig einschränken würden.[29] Insb. bleibt es den potentiellen Antragsstellern überlassen, ob sie die Aufsichtsbehörden schon im Vorfeld einbeziehen. Ein entsprechendes Vorgehen kann helfen, frühzeitig auf Probleme mit der Verordnungskompatibilität eines Entwurfs von Verhaltensregeln aufmerksam gemacht zu werden. Die Vertreter der Aufsichtsbehörden können allerdings in einem solchen Stadium dazu neigen, die Anforderungen besonders streng auszulegen, um sich nicht frühzeitig zu binden, was wiederum den Fortschritt deren Erarbeitung potentiell behindert.[30]

18 Umstritten war bei der Altregelung, ob und in welchem Maß Verhaltensregeln im Verhältnis zum Gesetz einen „Mehrwert" enthalten müssen. Früher war im Gesetzeswortlaut nämlich von einer „Förderung" der Durchführung von datenschutzrechtlichen Regelungen die Rede. Einigkeit bestand darin, dass Verhaltensregeln das gesetzliche Schutzniveau nicht unterschreiten dürfen.[31] Teilweise wurde vertreten, dass es ausreichend sei, wenn die Verhaltensregeln nicht im Widerspruch zu den gesetzlichen Anordnungen stehen.[32] Nach anderer Ansicht mussten die Verhaltensregeln eine Verbesserung gesetzlicher Schutzstandards mit sich bringen.[33] Abs. 2 spricht hingegen nur von einer Präzisierung der Anwendung der Verordnung, und gem. EG 98 S. 1 soll durch Verhaltensregeln lediglich die Anwendung der Verordnung erleichtert werden. Dies wird bereits dadurch erreicht, dass eben gerade branchenspezifischen Besonderheiten Rechnung getragen wird.[34] Da dabei der gesetzliche Standard nicht unterschritten werden darf, wird eine Verbesserung des Schutzniveaus im Normalfall faktisch eintreten. Dies ist aber keine zwingende Voraussetzung für die Anerkennung[35] – einmal davon abgesehen, dass eine entsprechende Prognose zum Vorlagezeitpunkt mit großer Unsicherheit verbunden wäre.

---

24 Siehe Simitis, *Petri*, § 38a Rn. 11; Paal/Pauly, *Paal*, Art. 40 Rn. 12.
25 Wolff/Brink, *Meltzian*, § 38a Rn. 9.
26 Simitis, *Petri*, § 38a Rn. 12.
27 Paal/Pauly, *Paal*, Art. 40 Rn. 9.
28 Gola/Schomerus, *Gola/Klug/Körffer*, § 38a Rn. 4; *Düsseldorfer Kreis*, Orientierungshilfe – Umgang mit Verhaltensregeln nach § 38a BDSG, S. 5; Kühling/Buchner, *Bergt*, Art. 40 Rn. 13.
29 *Kranig/Peintinger*, in: ZD 2014, 3, 8.
30 Zu den Herausforderungen informeller Kooperation zwischen Industrie und Datenschutzaufsicht allgemein *Christiansen/Schmidt*.
31 Simitis, *Petri*, § 38a Rn. 17; Plath, *Hullen*, § 38a Rn. 18; *Kranig/Peintinger*, in: ZD 2014, 3, 4.
32 *Abel*, in: RDV 2003, 11, 12 f.
33 So Däubler/Klebe/Wedde/Weichert, *Weichert*, § 38a Rn. 2.
34 So auch Plath, *Hullen*, § 38a Rn. 18.
35 Simitis, *Petri*, § 38a Rn. 17; a.A. Gola, *Lepperhoff*, Art. 40 Rn. 13.

Nach Abs. 4 müssen die Verhaltensregeln Mechanismen vorsehen, die eine Überwachung der Einhaltung durch die in Art. 41 Abs. 1 genannte Stelle ermöglichen. Damit kombiniert die DS-GVO eine an Normen (Art. 40) und eine an Institutionen (Art. 41) anknüpfende Selbstregulierung. Unklar ist dabei allerdings, inwiefern die Überwachung durch eigens zu konstituierende Selbstregulierungsinstitutionen tatsächlich „obligatorisch" ist, wie Abs. 4 dies nahe legt. Art. 41 Abs. 1 spricht nämlich lediglich davon, dass eine Überwachung durch eine gesondert anzuerkennende Stelle stattfinden „kann", es also ins Ermessen der die Verhaltensregeln Aufstellenden gestellt ist, ob sie sich nicht stattdessen allein der Aufsicht durch die zuständigen staatlichen Behörden unterwerfen. Dann allerdings erschienen die prozeduralen Vorgaben des Abs. 4 wenig sinnvoll, die ausdrücklich auf Selbstkontrolleinrichtungen nach Art. 41 ausgerichtet sind und nicht etwa auf eine Aufsicht durch die zuständigen staatlichen Behörden. Insofern sind die beiden Normen nicht gut aufeinander abgestimmt. Eine entsprechende Einrichtung von Institutionen der Selbstkontrolle zur Voraussetzung für die Anerkennung von Verhaltensregeln zu machen, ist indes im Interesse einer wirksamen Kontrolle sinnvoll.[36] Festhalten lässt sich jedenfalls, dass Verhaltensregeln nach Art. 40 nur dann für genehmigungsfähig gehalten werden können, wenn in ihnen eine Aufsicht durch Stellen gem. Art. 41 wenigstens im Grundsatz angelegt ist. Zu den Vorschriften, die Verhaltensregeln insofern jedenfalls beinhalten müssen, gehören unter anderem Kooperationsverpflichtungen der Unternehmen mit einer Stelle nach Art. 41 Abs. 1 (etwa Gewährung von Zugang für Überprüfungen der Einhaltung von Verhaltensregeln und Weiterleitung von Beschwerden). **19**

IV. Beispiele für Präzisierungsbereiche (Abs. 2)

Anders als Art. 27 DS-RL zählt Art. 40 Abs. 2 verschiedene Bereiche auf, die für eine Behandlung in Form einer Präzisierung der Anwendung der Verordnung durch Verhaltensregeln in Frage kommen. Die dort enthaltene Liste von elf Regelungsbereichen ist nicht abschließend. Verhaltensregeln können auch mehrere Regelungsthemen gleichzeitig behandeln. Einen dementsprechend umfassenderen Ansatz verfolgen auch die unter Geltung des § 38a BDSG bislang anerkannten Verhaltensregeln. Der Begriff der „fairen und transparenten Verarbeitung" (lit. a) findet im Übrigen noch in Art. 13 Abs. 2 und in Art. 14 Abs. 2 Verwendung (vgl. die Kommentierung bei Art. 13/14 Rn. 86 ff.). Zum Begriff der „berechtigten Interessen des Verantwortlichen (lit. b) eingehend Art. 6 Rn. 133 ff. Die Erhebung personenbezogener Daten (lit. c) ist Teil des umfassenden Verarbeitungsbegriffs (vgl. Art. 4 Nr. 2). Zum Begriff der „Pseudonymisierung" (lit. d) vgl. Art. 4 Nr. 5. Zu den verschiedenen Formen der Unterrichtung (lit. e), die die DS-GVO kennt, eingehend Art. 12 Rn. 46 ff. Zu den Mitwirkungspflichten des Verantwortlichen bei der Ausübung der Rechte des Betroffenen (lit. f) siehe Art. 12 Rn. 40 ff. **20**

Teilweise handelt es sich bei den in Abs. 2 angeführten Beispielen um relativ breite Themengebiete bzw. Querschnittsthemen, deren explizite Aufnahme in den Verordnungstext einen wesentlichen Konkretisierungsgewinn für den Normanwender nicht recht erkennen lässt. So dürfte etwa die Nennung der „Erhebung personenbezogener Daten" (lit. c) oder der „fairen und transparenten Verarbeitung" (lit. a) per se noch keinen besonderen Anstoß für die Erarbeitung spezifischer Verhaltensregeln geben, auch wenn das Bedürfnis für eine Präzisierung der insofern relevanten unbestimmten Rechtsbegriffe offenkundig besteht. **21**

Demgegenüber fallen andere Regelungsfelder auf, für die eine besondere Anerkennung von speziell darauf bezogenen Verhaltensregeln aussichtsreicher erscheint, weil sie besser eingrenzbar anmuten. Dies ist etwa für das insgesamt problematische Feld von „Unterrichtung und Schutz von Kindern" (lit. g), für Verfahren der Pseudonymisierung (lit. d) oder für die Übermittlung an Drittländer (lit. j; dazu noch speziell unter Rn. 23 ff.) zu hoffen. Der Grad der konkreten Eignung der einzelnen aufgezählten Regelungsfelder für die Behandlung in Verhaltenskodizes wird sich in der Praxis erweisen müssen. **22**

36 Im Ergebnis so auch *Bergt*, in: CR 2016, 670, 672; Kühling/Buchner, *Bergt*, Art. 40 Rn. 22.

V. Unterwerfung durch Verantwortliche und Auftragsverarbeiter außerhalb des Geltungsbereichs der DS-GVO (Abs. 3)

23 Abs. 3 regelt, dass auch Verantwortliche und Auftragsverarbeiter, die nicht in den räumlichen Anwendungsbereich der DS-GVO fallen, sich den Bestimmungen von nach Abs. 5 genehmigten und nach Abs. 9 mit allgemeiner Gültigkeit versehenen Verhaltensregeln unterwerfen können. Dadurch wird eine geeignete Garantie geschaffen, um die Übermittlung personenbezogener Daten an Drittländer oder internationale Organisationen gem. Art. 46 Abs. 2 lit. e zu ermöglichen. Die doppelte Verwendung des Verbs „können" in Abs. 3 ist ein Redaktionsfehler.[37]

24 Während Art. 46 Abs. 2 lit. e nur die Einhaltung genehmigter Verhaltensregeln fordert, ist in Abs. 3 normiert, dass die Verhaltensregeln nach Abs. 5 genehmigt *und* nach Art. 40 Abs. 9 für allgemein gültig erklärt worden sein müssen. Danach kommen Verhaltensregeln, die sich auf die Datenverarbeitung in nur einem Mitgliedsstaat beziehen, von vornherein nicht als Garantie i.S.d. Art. 46 in Frage. Die auf den ersten Blick möglicherweise übermäßig restriktiv anmutende Regelung bedeutet jedoch einen systematisch konsequenten Gleichlauf mit anderen in Art. 46 Abs. 2 vorgesehenen „Garantien" wie etwa der Anwendung von durch die Kommission genehmigten oder erlassenen Standardvertragsklauseln nach Art. 46 Abs. 2 lit. c und d.

25 Neben der generellen Verpflichtung zur Einhaltung der allgemein gültigen Verhaltensregeln müssen aber nach Art. 40 Abs. 3 S. 2 rechtlich bindende Verpflichtungen eingegangen werden, um den Schutz der Rechte der Betroffenen sicherzustellen. Wie diese Anforderungen zu erfüllen sind und ob dazu letztlich bereits die Unterwerfung unter die jeweiligen Verhaltensregeln und bspw. die Mitgliedschaft in dem die Regeln aufstellenden Verband ausreichen muss, wird in der Aufsichtspraxis zu konkretisieren sein. Rechtlich verbindlich können die Verhaltensregeln wohl aber in aller Regel durch einen Vertrag zugunsten Dritter gemacht werden.[38]

VI. Verfahren

26 Die DS-GVO sieht ein einfaches Verfahren für die Genehmigung von Verhaltensregeln für Verarbeitungstätigkeiten in nur einem Mitgliedsstaat vor. Als rein nationaler Sachverhalt wird es hierbei auch gewertet, wenn die vom Datenverarbeitungsprozess Betroffenen aus verschiedenen Mitgliedstaaten stammen, der Verarbeitungsprozess selbst aber nur in einem Mitgliedsstaat stattfindet.[39] Bezieht sich der Entwurf auf Verarbeitungstätigkeiten in mehreren Mitgliedsstaaten, kommt ein erweitertes Verfahren zum Einsatz. Da die Regeln normkonkretisierend sind, bergen einzelstaatlich beschränkte Regelungen das Risiko einer wiederkehrenden Zersplitterung des EU-Datenschutzrechts. EU-weit gültige Verhaltensregeln entsprechen daher eher dem Zweck der DS-GVO. Es könnte vor diesem Hintergrund zu erwarten sein, dass die Aufsichtsbehörden nationalen Verhaltensregeln weniger Spielräume gewähren.

1. Verhaltensregeln in einem Mitgliedstaat (Abs. 5 und 6)

27 Wenn die Vereinigungen neue Verhaltensregeln erarbeitet haben bzw. eine Änderung oder Erweiterung beabsichtigen, legen sie den Entwurf gem. Abs. 5 S. 1 der nach Art. 55 zuständigen Aufsichtsbehörde vor. Die Vorlage ist überall dort möglich, wo die Verhaltensregeln zumindest auch Verarbeitungen im örtlichen Zuständigkeitsbereich einer Aufsichtsbehörde umfassen.[40] Die angerufene Aufsichtsbehörde gibt dann nach Abs. 5 S. 2 eine Stellungnahme zur Vereinbarkeit mit der DS-GVO ab und genehmigt bei einem entsprechenden Ergebnis der Prüfung den Entwurf. Der Wortlaut des S. 2 ist in doppelter Hinsicht unglücklich formuliert. Zunächst ist zu kriti-

37 Paal/Pauly, *Paal*, Art. 40 Rn. 17.
38 Kühling/Buchner, *Bergt*, Art. 40 Rn. 9.
39 Kühling/Buchner, *Bergt*, Art. 40 Rn. 28.
40 *Bergt*, in: CR 2016, 670, 674; Kühling/Buchner, *Bergt*, Art. 40 Rn. 25.

sieren, dass die Stellungnahme mit dem Bezug zur Vereinbarkeit mit der DS-GVO und die Genehmigung mit ihrem Bezug zur Geeignetheit der Garantien (Abs. 3) unterschiedliche Anknüpfungspunkte aufweisen, ohne – wie in Abs. 7, 8 – deutlich zu differenzieren.[41] Zudem ist S. 2 nicht eindeutig dahingehend formuliert, ob es sich bei Stellungnahme und Genehmigung um je eigene Rechtsakte handelt, oder letztere in einer positiven Stellungnahme enthalten ist.[42] Die Aufsichtsbehörde nimmt die genehmigten Verhaltensregeln nach Abs. 6 in ein Verzeichnis der Verhaltensregeln auf und veröffentlicht sie.

2. Verhaltensregeln in mehreren Mitgliedsstaaten (Abs. 7 bis 11)

Geht es in den Verhaltensregeln um Verarbeitungstätigkeiten in mehreren Mitgliedsstaaten, so **28** legt die Aufsichtsbehörde nach Abs. 7 den Entwurf in dem Verfahren gem. Art. 63 dem Europäischen Datenschutzausschuss vor, der anschließend Stellung nimmt. Auch wenn der Wortlaut des Abs. 7 insofern undeutlich ist, hat dies, wie sich aus Art. 64 Abs. 1 lit. b ergibt, nicht nur vor einer Genehmigung durch die nationale Aufsichtsbehörde, sondern auch vor einer Ablehnung zu geschehen.[43] Ergibt sich aus dieser Stellungnahme, dass der Entwurf mit der DS-GVO vereinbar ist, übermittelt der Ausschuss seine Stellungnahme gem. Abs. 8 an die Kommission. Diese kann dann gem. Abs. 9 im Wege von Durchführungsrechtsakten beschließen, dass die Verhaltensregeln allgemeine Gültigkeit in der Union besitzen (s. zu den Rechtsfolgen unten Rn. 33 ff.).

Prüfungsgegenstand ist die Konformität der Verhaltensregeln mit den Vorgaben der DS-GVO, **29** nicht ihre Zweckmäßigkeit. Die Prüfung der Rechtmäßigkeit kann dabei aber die Prognose miteinschließen, ob die in den Verhaltensregeln gewählten Konzepte und Instrumente mit hinreichender Wahrscheinlichkeit die Gewähr bieten, dass die Ziele der DS-GVO erreicht werden (vgl. Abs. 5 a.E.).

VII. Rechtsfolgen

Auch nach der Genehmigung durch die Behörde entfalten die Verhaltensregeln nicht automa- **30** tisch rechtliche Verbindlichkeit gegenüber den Mitgliedern der jeweiligen Vereinigung.[44] Die Umsetzung obliegt vielmehr der jeweiligen Vereinigung, z.B. durch vertragliche Regelungen[45] oder die Schaffung satzungsmäßiger Mitgliedschaftsverpflichtungen. Mit der Genehmigung der Verhaltensregeln als feststellendem Verwaltungsakt[46] steht hingegen bindend fest, dass der Inhalt mit dem Datenschutzrecht vereinbar ist.[47]

An mehreren Stellen in der DS-GVO wird auf die Einhaltung von genehmigten Verhaltensregeln **31** Bezug genommen. Deren Befolgung wird beim Nachweis, dass die Pflichten der DS-GVO eingehalten wurden, herangezogen. Entsprechende Nachweiserleichterungen finden sich in Art. 24 Abs. 3 für den Verantwortlichen, in Art. 28 Abs. 5 hinsichtlich der Auftragsverarbeiter, in Art. 32 Abs. 3 hinsichtlich der Datensicherheit, in Art. 35 Abs. 8 bei der Datenschutz-Folgenabschätzung und in Art. 46 Abs. 2 lit. e bei der Datenübermittlung an ein Drittland oder eine internationale Organisation.

Die Verhaltensregeln beinhalten jedoch i.R.d. verschiedenen Bezugsnormen unterschiedliche **32** Grade der Verbindlichkeit für die Aufsichtsbehörden. So können gem. Art. 24 Abs. 3 Verfahrensregeln als ein Gesichtspunkt von vielen zum Nachweis der Erfüllung der Pflichten des Verantwort-

41 Wolff/Brink, *Jungkind*, Art. 40 Rn. 20; Paal/Pauly, *Paal*, Art. 40 Rn. 21.
42 Paal/Pauly, *Paal*, Art. 40 Rn. 22.
43 *Bergt*, in: CR 2016, 670, 674 f.; Kühling/Buchner, *Bergt*, Art. 40 Rn. 30.
44 Simitis, *Petri*, § 38a Rn. 25; Kühling/Buchner, *Bergt*, Art. 40 Rn. 8.
45 *Kranig/Peintinger*, in: ZD 2014, 3, 4.
46 *Bergt*, in: CR 2016, 670, 676; Kühling/Buchner, *Bergt*, Art. 40 Rn. 40; Wolff/Brink, *Jungkind*, Art. 40 Rn. 31.
47 *Vomhof*, in: PinG 2014, 209, 213.

lichen herangezogen werden. Aus der Einhaltung einer Verhaltensregel muss also keineswegs zwingend auf die Erfüllung der Pflichten eines Verantwortlichen geschlossen werden. Gleiches gilt für den Nachweis des pflichtgemäßen Handelns eines Auftragsverarbeiters (Art. 28 Abs. 5) und der Sicherheit der Datenverarbeitung (Art. 32 Abs. 3), bei denen Verhaltensregeln (lediglich) ein „Faktor" für die Beurteilung sein können. Verbindlicher ist die Formulierung in Art. 35 Abs. 8 bei der Datenschutz-Folgenabschätzung. Hier „ist" die Einhaltung einer genehmigten Verhaltensregel „gebührend zu berücksichtigen". Am stärksten ist die Bindungswirkung schließlich für die Annahme einer Garantie zur Datenübermittlung in ein Drittland (Art. 46 Abs. 2 lit. e), nach der genehmigte Verhaltensregeln zusammen mit rechtsverbindlichen und durchsetzbaren Verpflichtungen des Verantwortlichen oder des Auftragsverarbeiters in dem Drittland als geeignete Garantie angesehen werden. Lediglich bei letztgenannter Formulierung kann ein Unternehmen rechtsverbindlich von einer Nachweiserleichterung ausgehen, während für die übrigen Vorschriften auf eine pflichtgemäße Berücksichtigung in einer Gesamtabwägung gesetzt werden muss. Die Einhaltung genehmigter bzw. sogar allgemein gültiger Verhaltensregeln dürfte die Begründungslast in jedem Fall deutlich auf eine einschreitende Aufsichtsbehörde verlagern, sollte sie sich für eine Beanstandung grds. verhaltensregelkonformer Verarbeitungen entscheiden. Im Fall für allgemein gültig erklärter Regeln wird insoweit teilweise vorgeschlagen, Unternehmen eine „widerlegbare Konformitätsvermutung" zuteilwerden zu lassen.[48] Dabei ist die Einhaltung von genehmigten Verhaltensregeln in jedem Fall bei der Entscheidung über die Verhängung einer Geldbuße und über deren Betrag gem. Art. 83 Abs. 2 lit. j „gebührend" zu berücksichtigen.

33 Nicht ganz klar ist schließlich, welche Rechtsfolgen sich im Einzelnen an die Erklärung „allgemeiner Gültigkeit" durch die Kommission nach Abs. 9 knüpfen:

34 Teilweise wird gemutmaßt, dass die Wirkung mit der erga omnes-Bindungswirkung von Tarifverträgen gem. § 5 Abs. 1 TVG vergleichbar sein könnte.[49] Gegen eine solche Auslegung spricht zunächst der Wortlaut: Während § 5 TVG von einer allgemeinen Verbindlicherklärung spricht, wurde in Art. 40 Abs. 9 die schwächere Variante „allgemeiner Gültigkeit" gewählt. Vor allem aber käme der Kommission bei Annahme einer *erga omnes*-Bindungswirkung eine recht weitgehende Befugnis zu, materielle Regeln und Pflichten ohne parlamentarische Mitwirkung und letztlich systemwidrig im Wege exekutiver Maßnahmen zu erlassen. Die Grenze bestünde zwar darin, dass lediglich eine Übernahme selbstregulativ erarbeiteter Vorschriften in Frage käme. Inhaltlich wäre jedoch eine Durchregelung aller denkbaren Datenverarbeitungskonstellationen denkbar. Eine solche umfassende Regelungsbefugnis stünde in einem Reibungsverhältnis zum auch in der DS-GVO (s. EG 167 und 170) für Akte der Union und der Kommission verankerten Prinzip der begrenzten Einzelermächtigung. Darüber hinaus könnte eine verstärkte Aneignung privater Regelungen durch die Kommission den freiwilligen Charakter von Selbstregulierung unterlaufen.[50] Die intendierte Anreizwirkung des neuen Regimes in Art. 40 f. kann allerdings davon profitieren, dass die Regeln europaweit verbindlich gelten. Eine besondere Rolle spielt dabei die nicht immer einfache Bestimmung des Anwendungsbereichs von Verhaltensregeln: Während diese bei einer freiwilligen Unterwerfung kaum mit Schwierigkeiten verbunden ist (da die Betroffenen selbst über ihre Verpflichtung bestimmen), muss für den Fall einer allgemeinen Verbindlichkeit der Anwendungsbereich persönlich und sachlich abstrakt beschrieben werden.

35 Als Alternative zur beschriebenen *erga omnes*-Bindungswirkung und dem Zweck der Förderung von (europaweit einheitlichen) Verhaltensregeln eher entsprechend böte sich an, der allgemeinen Gültigkeitserklärung eine Quasi-Genehmigungswirkung in allen Mitgliedsstaaten der Union zuzumessen.[51] Konsequenz wäre dann, dass eine Vereinigung nicht mehrere Verfahren zur Anerkennung in mehreren Mitgliedsstaaten führen müsste, sondern sich auf die durch die Kommission einmal abgegebene Erklärung verlassen könnte. Ob diese Wirkung bereits mit (erfolgreicher)

---

48 Plath, *von Braunmühl*, Art. 40 Rn. 23.
49 Siehe Plath, *von Braunmühl,* Art. 40 Rn. 23; *Martini*, in: NVwZ 2016, 353, 354.
50 Siehe *von Braunmühl*, in: PinG 2015, 231, 232; vgl. zudem *Spindler/Thorun*, S. 54.
51 Vgl. *Bergt*, in: CR 2016, 670, 676.

Durchführung des Kohärenzverfahrens nach Art. 40 Abs. 7 und 8, 63 ff. eintritt, was die hier vertretene Interpretation gewissermaßen ohne Anwendungsbereich erscheinen ließe,[52] ist zumindest zweifelhaft. Uneingeschränkte Bindungswirkung geht nämlich von den Stellungnahmen des Ausschusses schon grds. nicht aus (s. Art. 64 Abs. 8). Dass Entscheidungen des Ausschusses zudem auf einfachen Mehrheitsbeschlüssen basieren, lässt eine Abweichung durch Angehörige einer etwaigen Minderheitsfraktion durchaus nicht unrealistisch erscheinen. Eine von der konkreten Auslegung des Tatbestandsmerkmals unabhängige Rechtsfolge stellt schließlich die Möglichkeit dar, für allgemein gültig erklärte Verhaltensregeln als Basis für Garantien i.S.v. Art. 40 Abs. 3, 46 Abs. 2 für die Drittstaatenübermittlung zu nutzen (s. oben Rn. 23 ff.).

C. Weitere Auswirkungen der Verordnung in der Praxis

I. Voraussichtliche Auswirkungen auf das nationale Recht

Verhaltensregeln nach Art. 40 kommen wesentlich stärkere Rechtswirkungen zu, als dies noch unter Geltung § 38a BDSG der Fall ist und war. Neben verfahrensmäßigen Besonderheiten zur Überprüfung der Wirksamkeit von Allgemeingültigkeitserklärungen (s. dazu noch unten Rn. 40) werden Aufsichtsbehörden und Gerichte mit einer Konkretisierung und Erweiterung des materiellen Datenschutzrechtskorpus konfrontiert. 36

II. Sanktionen

Gem. Art. 41 können Verstöße gegen Verhaltensregeln von der zuständigen Überwachungsstelle sanktioniert werden. Soweit sich entsprechende Handlungen gleichzeitig auch als Verstöße gegen die DS-GVO darstellen, ist zudem ein Eingreifen der Aufsichtsbehörden denkbar, wobei die Einhaltung von genehmigten Verhaltensregeln nach Art. 40 bei der Bemessung der Höhe einer Geldbuße gem. Art. 83 Abs. 2 lit. j gebührend zu berücksichtigen ist. Die Schaffung von insuffizienten Verhaltensregeln selbst kann demgegenüber nicht mit Geldbußen nach Art. 83 geahndet werden. Die Nichteinhaltung der Anforderungen durch einen Verband wird stattdessen präventiv durch Nichtgenehmigung „sanktioniert".[53] 37

III. Rechtsschutz

Den betroffenen Stellen steht gem. Art. 78 Abs. 1 unbeschadet anderweitiger verwaltungsrechtlicher oder außergerichtlicher Rechtsbehelfe das Recht auf einen wirksamen gerichtlichen Rechtsbehelf gegen die auf Grundlage des Art. 40 ergangenen und sie betreffenden Beschlüsse einer Aufsichtsbehörde zu. In Betracht kommt v.a. die Nichtgenehmigung eines Entwurfs der Verhaltensregeln gem. Abs. 5. Die Anerkennung vorgelegter Verhaltensregeln durch die zuständige Aufsichtsbehörde stellt sich als Verwaltungsakt dar, so dass bei ihrer Versagung ohnehin die durch die nationale Rechtsordnung bereitgestellten Rechtsschutzinstrumente in Form von Verpflichtungsklagen in Betracht kommen. Hierfür ist in Deutschland nach § 20 Abs. 1 S. 1 BDSG-neu der Verwaltungsrechtsweg eröffnet. 38

Ob auch etwa von Datenverarbeitung Betroffene unmittelbare Rechtsverletzungen durch die Anerkennung eines Codes geltend machen können, erscheint demgegenüber zweifelhaft. Ein gerichtliches Vorgehen gegen (unterlassene) Aufsichtsmaßnahmen, die auf den Verhaltensregeln basieren, muss aber möglich bleiben. 39

Die Rechtswahrung im Zusammenhang mit den Verfahren nach Abs. 7, 8 und 9 richtet sich grds. nach den allgemeinen Regeln für die Überprüfung von Rechtsakten der Kommission. § 21 Abs. 1 BDSG-neu sieht vor, dass Aufsichtsbehörden ihr Verfahren auszusetzen und einen Antrag auf verwaltungsgerichtliche Entscheidung zu stellen haben, wenn sie die Entscheidung der Kommission 40

52 Plath, *von Braunmühl,* Art. 40 Rn. 22, 24.
53 Kühling/Buchner, *Bergt,* Art. 40 Rn. 56.

über eine Verhaltensregel, auf deren Gültigkeit es für eine Entscheidung der Aufsichtsbehörde ankommt, für ungültig halten. Sachlich zuständig soll nach § 21 Abs. 2 BDSG-neu in alleiniger Instanz das Bundesverwaltungsgericht sein, das nach § 21 Abs. 6 S. 2 BDSG-neu entweder die Gültigkeit der Kommissionsentscheidung feststellt oder die Frage gem. S. 3 dem EuGH vorlegt. Diese Regelung gilt nach Art. 8 Abs. 2 DSAnpUG-EU bereits vor Inkrafttreten der DS-GVO, in Form des mit § 21 BDSG-neu inhaltsgleichen § 42b BDSG.

Article 41

Monitoring of approved codes of conduct

1. Without prejudice to the tasks and powers of the competent supervisory authority under Articles 57 and 58, the monitoring of compliance with a code of conduct pursuant to Article 40 may be carried out by a body which has an appropriate level of expertise in relation to the subject-matter of the code and is accredited for that purpose by the competent supervisory authority.

2. A body as referred to in paragraph 1 may be accredited to monitor compliance with a code of conduct where that body has:
   a) demonstrated its independence and expertise in relation to the subject-matter of the code to the satisfaction of the competent supervisory authority;
   b) established procedures which allow it to assess the eligibility of controllers and processors concerned to apply the code, to monitor their compliance with its provisions and to periodically review its operation;
   c) established procedures and structures to handle complaints about infringements of the code or the manner in which the code has been, or is being, implemented by a controller or processor, and to make those procedures and structures transparent to data subjects and the public; and
   d) demonstrated to the satisfaction of the competent supervisory authority that its tasks and duties do not result in a conflict of interests.

3. The competent supervisory authority shall submit the draft criteria for accreditation of a body as referred to in paragraph 1 of this

Artikel 41

Überwachung der genehmigten Verhaltensregeln

1. Unbeschadet der Aufgaben und Befugnisse der zuständigen Aufsichtsbehörde gemäß den Artikeln 57 und 58 kann die Überwachung der Einhaltung von Verhaltensregeln gemäß Artikel 40 von einer Stelle durchgeführt werden, die über das geeignete Fachwissen hinsichtlich des Gegenstands der Verhaltensregeln verfügt und die von der zuständigen Aufsichtsbehörde zu diesem Zweck akkreditiert wurde.

2. Eine Stelle gemäß Absatz 1 kann zum Zwecke der Überwachung der Einhaltung von Verhaltensregeln akkreditiert werden, wenn sie
   a) ihre Unabhängigkeit und ihr Fachwissen hinsichtlich des Gegenstands der Verhaltensregeln zur Zufriedenheit der zuständigen Aufsichtsbehörde nachgewiesen hat;
   b) Verfahren festgelegt hat, die es ihr ermöglichen, zu bewerten, ob Verantwortliche und Auftragsverarbeiter die Verhaltensregeln anwenden können, die Einhaltung der Verhaltensregeln durch die Verantwortlichen und Auftragsverarbeiter zu überwachen und die Anwendung der Verhaltensregeln regelmäßig zu überprüfen;
   c) Verfahren und Strukturen festgelegt hat, mit denen sie Beschwerden über Verletzungen der Verhaltensregeln oder über die Art und Weise, in der die Verhaltensregeln von dem Verantwortlichen oder dem Auftragsverarbeiter angewendet werden oder wurden, nachgeht und diese Verfahren und Strukturen für betroffene Personen und die Öffentlichkeit transparent macht; und
   d) zur Zufriedenheit der zuständigen Aufsichtsbehörde nachgewiesen hat, dass ihre Aufgaben und Pflichten nicht zu einem Interessenkonflikt führen.

3. Die zuständige Aufsichtsbehörde übermittelt den Entwurf der Kriterien für die Akkreditierung einer Stelle nach Absatz 1 gemäß

Article to the Board pursuant to the consistency mechanism referred to in Article 63.

4. Without prejudice to the tasks and powers of the competent supervisory authority and the provisions of Chapter VIII, a body as referred to in paragraph 1 of this Article shall, subject to appropriate safeguards, take appropriate action in cases of infringement of the code by a controller or processor, including suspension or exclusion of the controller or processor concerned from the code. It shall inform the competent supervisory authority of such actions and the reasons for taking them

5. The competent supervisory authority shall revoke the accreditation of a body as referred to in paragraph 1 if the conditions for accreditation are not, or are no longer, met or where actions taken by the body infringe this Regulation.

6. This Article shall not apply to processing carried out by public authorities and bodies.

dem Kohärenzverfahren nach Artikel 63 an den Ausschuss.

4. Unbeschadet der Aufgaben und Befugnisse der zuständigen Aufsichtsbehörde und der Bestimmungen des Kapitels VIII ergreift eine Stelle gemäß Absatz 1 vorbehaltlich geeigneter Garantien im Falle einer Verletzung der Verhaltensregeln durch einen Verantwortlichen oder einen Auftragsverarbeiter geeignete Maßnahmen, einschließlich eines vorläufigen oder endgültigen Ausschlusses des Verantwortlichen oder Auftragsverarbeiters von den Verhaltensregeln. Sie unterrichtet die zuständige Aufsichtsbehörde über solche Maßnahmen und deren Begründung.

5. Die zuständige Aufsichtsbehörde widerruft die Akkreditierung einer Stelle gemäß Absatz 1, wenn die Voraussetzungen für ihre Akkreditierung nicht oder nicht mehr erfüllt sind oder wenn die Stelle Maßnahmen ergreift, die nicht mit dieser Verordnung vereinbar sind.

6. Dieser Artikel gilt nicht für die Verarbeitung durch Behörden oder öffentliche Stellen.

Literatur

Bergt, Verhaltensregeln als Mittel zur Beseitigung der Rechtsunsicherheit in der DS-GVO, in: CR 2016, 670; *von Braunmühl,* Ansätze zur Ko-Regulierung in der Datenschutz-Grundverordnung, in: PinG 2015, 231; *Baldwin/Cave/Lodge*, Understanding Regulation, 2. Auflage 2012, Oxford University Press Oxford; *Gola (Hrsg.),* Datenschutz-Grundverordnung, 1. Auflage 2017, C.H. Beck München; *Hahn/Vesting (Hrsg.),* Beck'scher Kommentar zum Rundfunkrecht, 3. Auflage 2012, C.H. Beck München; *Kühling/Buchner (Hrsg.),* Datenschutzgrundverordnung, 1. Auflage 2017, C.H. Beck München; *Laue/Nink/Kremer,* Das neue Datenschutzrecht in der betrieblichen Praxis, 1. Auflage 2016, Nomos Baden-Baden; *Paal/Pauly (Hrsg.),* Datenschutz-Grundverordnung, 1. Auflage 2016, C.H. Beck München; *Plath (Hrsg.),* BDSG/DSGVO, 2. Auflage 2016, Otto Schmidt Köln; *Stelkens/Bonk/Sachs (Hrsg.),* Verwaltungsverfahrensgesetz, 8. Auflage 2014, C.H. Beck München; *Wolff/Brink (Hrsg.),* Beck'scher Online-Kommentar Datenschutzrecht, 20. Edition 2014, C.H. Beck München.

▶ Bedeutung der Norm

Art. 41 ermöglicht es, Unternehmen und Verbände als private Stellen mit der nach Art. 40 Abs. 4 obligatorischen Überprüfung der Einhaltung von Verhaltensregeln zu betrauen.

▶ Hinweise für den Anwender

Systematische Einordnung der Norm innerhalb der DS-GVO:

- Die Norm ist Teil des Konzepts regulierter Selbstregulierung (Abschnitt 5 DS-GVO) und im unmittelbaren Zusammenhang mit Art. 40 zu verstehen.

Vorgängernorm des BDSG:

- Die Delegation von Überwachungsaufragen auf eine akkreditierte Stelle ist ein Novum der DS-GVO und stützt sich nicht auf eine Vorgängerregelung.

Schlagworte

Regulierte Selbstregulierung, Verhaltensregeln, Ko-Regulierung, Selbstkontrolleinrichtung, private Überwachungsstelle, private Kontrollstelle, Akkreditierung

A. Allgemeines

I. Regelungszweck

1 Nach Art. 41 kann die Überwachung der Einhaltung von Verhaltensregeln i.S.d. Art. 40 durch eine private Stelle (nachfolgend Überwachungsstelle) erfolgen, die zuvor von der Aufsichtsbehörde akkreditiert wurde. Damit kombiniert der Verordnungsgeber zwei unterschiedliche Formen von Ko-Regulierung: Zum einen wird den Normadressaten die Möglichkeit eröffnet, selbst Regelungen zu erstellen, die anschließend Anknüpfungspunkt der staatlichen Regulierung solcher Selbstregulierung werden (Art. 40). Zum anderen wird die Kontrolle der Einhaltung und Durchführung von Regeln in die Hand der Selbstregulierung gegeben (Art. 41); insofern knüpft die Ko-Regulierung dann an eine selbstregulative Institution an.[1]

2 Die Grundidee der Vorschrift ist zwar zu begrüßen, es erscheint aber dennoch zweifelhaft, ob sie hinreichend Anreize zur Einrichtung der Selbstkontrolleinrichtung schafft (s. dazu noch im Einzelnen unter Rn. 6).

3 Den Normunterworfenen soll die Möglichkeit gegeben werden, auch eine Aufsicht selbst zu organisieren, soweit es um Verhaltensregeln nach Art. 40 geht. Dies entlastet die Aufsichtsbehörden, da Unternehmen jedenfalls im ersten Zugriff nicht direkt mit diesen interagieren sollen. Eine funktionierende freiwillige Selbstkontrolle kann Ressourcen bei der Marktüberwachung freisetzen. Die weitere Kontrollinstanz verspricht zudem, potentielle Konflikte mit den Aufsichtsbehörden bereits im Vorfeld zu entschärfen, was wiederum einer Entlastung der staatlichen Spruchkörper dienlich ist.[2] Effekte dieser Art, insb. die Senkung der Kosten für die Aufsichtsbehörden der Mitgliedstaaten bei der Durchsetzung des Datenschutzrechts, waren auch für den Rat bei den Verhandlungen zur DS-GVO relevant.[3]

4 Hinzu kommt ein Vorteil, der generell bei der Einbeziehung von selbstregulativen Elementen zu erhoffen ist: die Einbringung branchenspezifischer Fachkunde und Sachnähe in den Regulierungsprozess, die in besonderem Maße bei Akteuren der Privatwirtschaft, speziell innerhalb der betroffenen Branche, vorhanden ist. Eine gesetzliche Einhegung privater Aufsicht kann dabei grds. Anreize für die Wirtschaft schaffen, über die Erstellung von Verhaltensregeln hinaus Einfluss

1 Vgl. Wolff/Brink, *Jungkind*, Art. 41 Rn. 1.
2 Plath, *von Braunmühl*, Art. 41 Rn. 2.
3 Entwurf der Begründung des Rats vom 8.4.2016, 5419/1/16 REV 1 ADD 1, 2012/0011 (COD), S. 23.

auf die Regulierung zu nehmen, um so womöglich sogar „übermäßig präskriptive Vorschriften" vermeiden zu können.[4]

5 Die Akkreditierung lässt eine höhere Legitimation der Einrichtungen freiwilliger Selbstkontrolle erwarten.[5] Durch die präventive Einbeziehung der Aufsichtsbehörden wird dem Verdacht entgegengewirkt, die strukturellen Voraussetzungen einer effektiven, an den Zwecken der DS-GVO orientierten Kontrolle lägen nicht vor.

6 Aus Abs. 1 und 4 ergibt sich, dass der zuständigen Aufsichtsbehörde daneben noch weitere Aufgaben und Befugnisse verbleiben.[6] Dadurch wird der lediglich ergänzende Charakter der Selbstregulierung unterstrichen. An dieser Stelle ist denn auch der wesentliche potenzielle Schwachpunkt der Regelung zu finden: Es fragt sich nämlich, ob der Anreiz zur Einrichtung und Finanzierung von Stellen i.S.v. Art. 41 hinreichend groß ist, wenn eine formale „Schutzschildwirkung" den Normadressaten der DS-GVO am Ende versagt bleibt.[7] Anders als etwa in § 20 Jugendmedienschutzstaatsvertrag, der Aufsichtsmaßnahmen nur bei Überschreitung eines Beurteilungsspielraums erlaubt, bleibt nach dem Regelungskonzept der DS-GVO der volle Durchgriff der Aufsichtsbehörden stets möglich. Überdies wird moniert, dass sich die gem. Abs. 4 S. 2 gegenüber den Datenschutzbehörden bestehende Berichtspflicht privater Überwachungsstellen für die Unternehmen, die sich den Verhaltensregeln unterworfen haben, als riskant erweisen könnte.[8] In der Tat ist zu befürchten, dass die Berichtspflicht Unternehmen davon abhalten könnte, eine zusätzliche Beaufsichtigung durch private Stellen zu schaffen. Im Zusammenspiel mit der Funktion der Verhaltensregeln ergeben sich aber doch einige Anreize (wie bspw. Beweiserleichterungen und Berücksichtigung der Selbstkontrolle bei der Bestimmung der Höhe von Bußgeldern).

7 Vor diesem Hintergrund ist abzuwarten, ob im Bereich des Datenschutzes bereits existierende privatrechtliche Körperschaften, die bei der Erstellung von Verhaltensregeln Hilfestellung bieten und deren Einhaltung überwachen,[9] für eine Hochstufung ihres Pflichtenkanons nach Art. 41 optieren werden. Nicht zuletzt die Bußgeldbewehrung von Verstößen gegen die Pflichten einer Überwachungsstelle in Form von Art. 83 Abs. 4 lit. c könnte insofern zusätzliches Abschreckungspotenzial entfalten.

II. Normadressaten

8 Normadressaten sind die Aufsichtsbehörden (Abs. 1, 3, 5) und die (potentiell) akkreditierten Stellen (Abs. 2, 4).

9 Gem. Abs. 6 gilt Art. 41 demgegenüber nicht für die Datenverarbeitung durch Behörden oder öffentliche Stellen. Es werden damit alle Überwachungsmaßnahmen ihnen gegenüber ausgeschlossen. Man kann den Absatz als bloße Klarstellung begreifen, denn bereits nach Art. 40 Abs. 2 können nur Verbände und sonstige Vereinigungen Verhaltensregeln ausarbeiten, nicht dagegen staatliche Stellen.[10] Ist die Einrichtung einmal akkreditiert, kann sie auch die Einhaltung unterschiedlicher Verhaltensregeln überwachen.

III. Systematik

10 Die Norm ist in Zusammenhang mit den Vorgaben für Verhaltensregeln des Art. 40 zu begreifen und stellt mit der Ermöglichung der Erstellung von Verhaltensregeln neben Art. 42 f. eine der beiden Konzepte regulierter Selbstregulierung in der DS-GVO dar.

---

4 So auch der Rat in seinem Entwurf einer Begründung vom 8.4.2016, 5419/1/16 REV 1 ADD 1, 2012/0011 (COD), S. 23.
5 *von Braunmühl*, in: PinG 2015, 231, 232.
6 *Laue/Nink/Kremer*, S. 259.
7 In der Tendenz optimistischer Wolff/Brink, *Jungkind*, Art. 41 Rn. 3; Paal/Pauly, *Paal*, Art. 41 Rn. 17.
8 *Laue/Nink/Kremer*, S. 259.
9 Plath, *von Braunmühl*, Art. 41 Rn. 2.
10 Paal/Pauly, *Paal*, Art. 41 Rn. 21.

IV. Entstehungsgeschichte

Weder das BDSG noch die DS-RL sehen ein Institut zur Kontrolle der Einhaltung von Verhaltensregeln durch private Stellen vor. Es handelt sich um ein innovatives Element. Die Vorschrift war auch in den ersten Entwürfen der DS-GVO noch nicht enthalten, sondern wurde erst auf Vorschlag des Rates eingefügt (s. dazu und zum nicht erfolgreichen Vorstoß der deutschen Bundesregierung zur Einführung einer noch weiter ausdifferenzierten und stärker auf eine nicht-staatliche Aufsicht ausgerichtete Form der regulierten Selbstregulierung nach dem Vorbild des deutschen Systems des Jugendmedienschutzes auch die Kommentierung zu Art. 40, Rn. 11 f.). 11

B. Inhalt der Regelung

I. Aufsicht durch Überwachungsstellen (Abs. 1)

Abs. 1 sieht vor, dass nach Art. 40 erlassene Verhaltensregeln neben den ebenfalls zuständigen staatlichen Behörden auch durch private Stellen überwacht werden *können*. Die Formulierung spricht gegen eine in jedem Fall erforderliche zusätzliche Aufsicht durch eine private akkreditierte Stelle, allerdings verweist Art. 40 Abs. 4 auf eine „obligatorische" Aufsicht durch eine Stelle nach Art. 41 (s. hierzu bereits die Kommentierung zu Art. 40, Rn. 19). Eine eindeutigere Formulierung der Vorschrift und eine Klarstellung in den Erwägungsgründen wären hilfreich gewesen. 12

In anderen Bereichen der regulierten Selbstregulierung wird eine Diskussion geführt, ob es sich bei den akkreditierten Überwachungsstellen um Beliehene handelt.[11] Auch wenn die Selbstkontrolle in Ausführung unmittelbar geltenden EU-Rechts erfolgt, sind die akkreditierten Überwachungsstellen jedoch nicht hoheitlich tätig – zumal das EU-Recht die Figur des Beliehenen nicht kennt.[12] 13

II. Zuständigkeit für Akkreditierung

Will eine Überwachungsstelle Aufgaben nach Art. 41 erfüllen, muss sie bei der zuständigen Aufsichtsbehörde eine Akkreditierung erwirken. Die Akkreditierung von Überwachungsstellen gem. Art. 41 wird bei der Auflistung der Aufgaben der Aufsichtsbehörden in Art. 57 Abs. 1 lit. q gesondert erwähnt. Die konkrete Zuständigkeit der jeweiligen Aufsichtsbehörde folgt aus den allgemeinen Regelungen (Art. 55 ff.). 14

III. Anforderungen an die Überwachungsstelle (Abs. 2)

Es ist umstritten, ob die Erteilung der Akkreditierung bei Vorliegen der Voraussetzungen des Abs. 2 im behördlichen Ermessen liegt oder eine gebundene Entscheidung darstellt. Zwar spricht der Wortlaut („kann") für Ermessen, es wird aber argumentiert, dass die Aufsichtsbehörden nicht befugt seien zu überwachen, ob die Verhaltensregeln eingehalten werden, und eine Überwachung in der Folge leerliefe.[13] Dem lässt sich aber entgegnen, dass die Verhaltensregeln die normativen Vorgaben der Verordnung lediglich konkretisieren, weswegen zumindest eine inzidente Prüfung durch die Aufsichtsbehörden möglich ist.[14] Rechtspolitisch mag man die Ermessensregelung kritisieren, aufgrund der damit auch verbundenen Entlastung der Aufsichtsbehörden durch Überwachungsstellen dürfte eine Akkreditierung bei Vorliegen der Voraussetzungen aber tatsächlich die Regel darstellen.[15] 15

Gem. Abs. 2 lit. a muss gegenüber der Akkreditierungsbehörde zunächst die Unabhängigkeit der privaten Überwachungsstelle nachgewiesen werden. Dafür muss ein Weisungsrecht der zu be- 16

---

11 Vgl. dazu Hahn/Vesting, *Held*, § 19 JMStV Rn. 13.
12 Stelkens/Bonk/Sachs, *Schmitz*, § 1 Rn. 256.
13 *Bergt*, in: CR 2016, 670, 672; Paal/Pauly, *Paal*, Art. 41 Rn 5.
14 Wolff/Brink, *Jungkind*, Art. 41 Rn. 5.
15 Plath, *von Braunmühl*, Art. 41 Rn. 13; Wolff/Brink, *Jungkind*, Art. 41 Rn. 5.

aufsichtigenden Unternehmen gegenüber den Mitarbeitern, insb. gegenüber den Aufsichtspersonen der Überwachungsstelle ausgeschlossen sein. Die Aufsichtspersonen dürfen keine Angestellten der Unternehmen oder in sonstiger Weise von diesen abhängig sein. Gesellschaftsrechtliche Verknüpfungen wie eine Vereinsmitgliedschaft eines überwachten Unternehmens bei der Überwachungsstelle stehen demgegenüber einer unabhängigen Aufsicht nicht entgegen.[16] Eine solche wird vielmehr oftmals den Regelfall darstellen. Die Formulierung, wonach die Unabhängigkeit „zur Zufriedenheit" der Aufsichtsbehörde nachzuweisen ist, lässt auf einen Beurteilungsspielraum schließen.[17] Diese Auslegung hin zu einem Letztentscheidungsrecht der Behörde entspricht auch der Ausgestaltung von Art. 41 Abs. 1 als „kann"-Vorschrift.

17 Fachwissen kann durch Hochschul- und Berufsabschlüsse oder vorherige Tätigkeiten, z.B. als Datenschutzbeauftragter, nachgewiesen werden. Dieses umfasst nicht nur Kenntnisse im Datenschutzrecht, sondern auch der sozialen und ökonomischen Strukturen der einschlägigen Branche[18] und ggf. auch technische Aspekte.[19]

18 Nach Abs. 2 lit. b und c müssen für eine Akkreditierung Verfahren festgelegt worden sein, die die Überprüfung der Einhaltung der Verhaltensregeln ermöglichen sowie die Möglichkeit zur Einreichung von Beschwerden enthalten. Die Pflicht kann in zwei Dimensionen unterteilt werden, wobei die Bewertung der Anwendbarkeit zukunftsgerichtet ist und die Überprüfung und Überwachung gegenwarts- und vergangenheitsgerichtet sind.[20] Hier ergibt sich eine unmittelbare Verschränkung mit den Verhaltensregeln. Die Unternehmen müssen sich verpflichten, die erforderlichen Unterlagen zur Verfügung zu stellen und, wenn nötig, Zugang zu gewähren. Für das Beschwerdemanagement müssen Verfahren und interne Aufgabenverteilung festgelegt werden.[21] Die Verfahren und Strukturen müssen für den Betroffenen und die Öffentlichkeit transparent gemacht werden. Dazu genügt die Veröffentlichung auf einer Website; wichtig ist aber, dass allgemeine Zugänglichkeit besteht, die nötigen Informationen also nicht etwa nur in einem abgetrennten „Mitgliederbereich" abrufbar sind.

19 Gem. Abs. 2 lit. d muss schließlich nachgewiesen werden, dass Aufgaben und Pflichten nicht zu einem Interessenkonflikt führen. Dazu ist es ratsam, allgemeine Inkompatibilitätsregeln und Verfahren zur Lösung von Interessenkollisionen festzulegen. Dieses Erfordernis überschneidet sich teilweise mit dem des Abs. 2 lit. a, betont dadurch aber noch einmal die Bedeutung der Unabhängigkeit der Überwachungsstelle auch in konkreten Einzelfallentscheidungen. Darüber hinaus schließt diese Anforderung eine eigene Tätigkeit der überwachenden Stelle innerhalb der zu überwachenden Branche aus.[22] Auch hier lässt die Formulierung des Nachweises „zur Zufriedenheit" der Aufsichtsbehörde auf einen Beurteilungsspielraum schließen.[23]

20 Nach Abs. 3 entwickelt die zuständige Aufsichtsbehörde den Entwurf für eine nähere Konkretisierung der unbestimmt formulierten Kriterien nach dem Kohärenzverfahren gem. Art. 63 und übermittelt sie dem Ausschuss. Dieser hat gem. Art. 64 Abs. 1 lit. c Stellung zu nehmen.

IV. Aufgaben und Pflichten der Überwachungsstelle (Abs. 4)

21 Zu den Aufgaben der Überwachungsstelle gehört die dauerhafte Überwachung der Einhaltung der Verhaltensregeln. Die Überwachung muss sowohl ohne Anlass als auch nach konkreten Beschwerden erfolgen. Für die anlasslose Prüfung ist ein Compliance-Konzept zu entwerfen. Die Anforderungen dürfen hier aber nicht überspannt werden, sonst entfällt der Anreiz zur Einrichtung der Überwachungsstellen gänzlich. Es erscheint daher denkbar, dass sich die Kontrolle bei

---

16 Vgl. Gola, *Lepperhoff*, Art. 41 Rn. 16.
17 Paal/Pauly, *Paal*, Art. 41 Rn 7; Wolff/Brink, *Jungkind*, Art. 41 Rn. 7.
18 Darauf weisen *Laue/Nink/Kremer*, S. 259, gesondert hin.
19 Gola, *Lepperhoff*, Art. 41 Rn. 17.
20 Wolff/Brink, *Jungkind*, Art. 41 Rn. 8.
21 Kühling/Buchner, *Bergt*, Art. 41 Rn. 9.
22 *Laue/Nink/Kremer*, S. 260.
23 Paal/Pauly, *Paal*, Art. 41 Rn. 7; Wolff/Brink, *Jungkind*, Art. 41 Rn. 7.

datenschutzrechtlich wenig riskanten Prozessen auf eine Kontrolle der Dokumentation beschränkt.

Nach Abs. 4 ergreift die Überwachungsstelle bei der Verletzung von Verhaltensregeln geeignete Maßnahmen. Als Beispiele werden der vorläufige oder dauerhafte Ausschluss von den Verhaltensregeln genannt. Die Regulierungstheorie lehrt indes, dass ein abgestuftes Sanktionskonzept erforderlich ist, da das System sonst leerläuft.[24] Finanzielle Vereins- oder Vertragsstrafen sollten daher ebenso in Betracht gezogen werden wie eine Veröffentlichung von Verstößen gegen Verhaltensregeln in Form von Rügen, welche Öffentlichkeit als Steuerungsressource nutzen und hoch wirksam sein können. 22

Verantwortliche bzw. Auftragsverarbeiter können Maßnahmen aber u.U. abwenden, wenn sie geeignete Garantien dafür bieten, zukünftig die Verhaltensregeln einzuhalten. Denkbar sind insofern Sicherheitsvorkehrungen und verbindliche Zusicherungen (ggf. mit Vertragsstrafeversprechen), das gerügte Verhalten in Zukunft zu unterlassen.[25] 23

Über Verstöße und Maßnahmen einschließlich deren Begründung ist die zuständige Aufsichtsbehörde nach Abs. 4 S. 2 zu unterrichten. Auf diese Weise erhält die Behörde die nötigen Informationen, um beurteilen zu können, ob die Selbstkontrolle funktioniert, und nötigenfalls einzugreifen. Im Falle einvernehmlicher Beilegung des Vorfalls fordert S. 2 dem Wortlaut nach dagegen keine Unterrichtung. Teleologisch dürfte zur Funktionssicherung des Konzepts der Ko-Regulierung und deren Steuerungsvorteilen oberhalb der Grenze bloßer Bagatellen aber auch in diesem Fall eine Unterrichtung der Aufsichtsbehörde angebracht sein.[26] 24

V. Maßnahmen der Aufsichtsbehörden gegenüber Überwachungsstellen (Abs. 5)

Aus dem Wortlaut des Abs. 5 und in Gegenüberstellung zu Art. 42 Abs. 8 folgt, dass die Akkreditierung grds. unbefristet erteilt wird. Nach Abs. 5 Alt. 1 widerruft die zuständige Aufsichtsbehörde die Akkreditierung, wenn die Voraussetzungen nach Abs. 2 nicht oder nicht mehr erfüllt sind. Daneben ist gem. Abs. 5 Alt. 2 auch ein Widerruf der Akkreditierung möglich, wenn die Überwachungsstelle Maßnahmen ergreift, die mit der DS-GVO nicht vereinbar sind. In beiden Fällen ist die Stelle nicht mehr zur Überwachung befugt. Die Verhaltensregeln selbst bleiben aber weiterhin gültig.[27] Der Wortlaut legt zwar eine gebundene Entscheidung nahe.[28] Speziell bei Alt. 2 sollte man der handelnden Stelle aber einen gewissen Beurteilungsspielraum zugestehen, da es ansonsten an den nötigen Anreizen zur Errichtung der Selbstkontrolle mangelt, die der Verordnungsgeber mit der Pflicht zur Förderung von Selbstregulierungsmechanismen eigentlich schaffen wollte. Sieht demnach eine konkrete Verhaltensregel ihrerseits einen Beurteilungsspielraum oder Ermessen vor, so ist es zuvorderst Aufgabe der Überwachungsstelle nach Art. 41, diese Spielräume auszufüllen. Dies kann die Aufsichtsbehörde nicht überprägen. Sie ist auf die Prüfung der Konformität mit der DS-GVO selbst beschränkt. 25

Bei der Wahl der Sanktion gegenüber der Überwachungsstelle gilt im Übrigen der Grundsatz der Verhältnismäßigkeit. Ob bei einmaligem Verstoß ein Widerruf der Akkreditierung erfolgen kann, erscheint daher fraglich. Eine solche Aufhebung kommt nur in Betracht, wenn der Verstoß so schwer erscheint, dass das Vertrauen in die Tauglichkeit der Überwachungsstelle nachhaltig erschüttert ist. Die erforderliche Schwere wird sich aber i.d.R. erst aus der Kumulation mehrerer Verstöße ergeben, da ein strukturelles Versagen zumeist erst dann feststellbar sein wird. Denkbare mildere Mittel wären demnach ein vorübergehendes Ruhen der Akkreditierung oder die Aufforderung zur Korrektur vorgenommener Maßnahmen. 26

---

24 Siehe zum Konzept einer *„pyramid of regulatory strategies"* *Baldwin/Cave/Lodge*, S. 259 ff.
25 Paal/Pauly, *Paal*, Art. 41 Rn. 15; Wolff/Brink, *Jungkind*, Art. 41 Rn. 14.
26 A.A. *Bergt*, in: CR 2016, 670, 673; Wolff/Brink, *Jungkind*, Art. 41 Rn. 15.
27 Gola, *Lepperhoff*, Art. 41 Rn. 25.
28 Paal/Pauly, *Paal*, Art. 41 Rn. 19.

C. Weitere Auswirkungen der Verordnung in der Praxis

I. Voraussichtliche Auswirkungen auf das nationale Recht

27 Die Akkreditierung nicht-staatlicher Aufsichtsstellen stellt ein Novum im deutschen Datenschutzrecht dar, so dass sich eine entsprechende Rechtspraxis erst bilden werden muss.

II. Sanktionen

28 Indem Abs. 4 Maßnahmen im Falle eines Verstoßes gegen die Verhaltensregeln „unbeschadet des Kapitels VIII" regelt, wird die ergänzende Anwendbarkeit der Rechtsbehelfs-, Haftungs- und Sanktionsnormen gegenüber Unternehmen, die sich den Verhaltensregeln unterworfen haben, klargestellt.

29 Verstößt die Überwachungsstelle gegen ihre Pflichten aus Abs. 4, ist gem. Art. 83 Abs. 4 lit. c die Verhängung einer Geldbuße von bis zu 10.000.000 Euro gegen die Überwachungsstelle möglich. Sofern die Überwachungsstelle eine wirtschaftliche Tätigkeit ausübt und es sich dabei somit um ein Unternehmen gem. Art. 4 Nr. 18 handelt, kann die Geldbuße darüber hinaus bis zu 2 % des gesamten weltweit erzielten Jahresumsatzes betragen. Die mögliche Sanktionierung betrifft beide Pflichten der Überwachungsstelle, also sowohl getroffene oder unterlassene Maßnahmen gegenüber Adressaten der Verhaltensregeln als auch die Benachrichtigung der Aufsichtsbehörde. Diese Konzeption ist erstaunlich für ein Selbstregulierungssystem und bedeutet, dass sich Unternehmen, die eine freiwillige Selbstkontrolle aufbauen, mittelbar finanziellen Risiken aussetzen, wenn diese nicht funktioniert, ohne hierauf – aufgrund des Unabhängigkeitserfordernisses – einen unmittelbaren Einfluss ausüben zu können.

III. Rechtsschutz

30 Akkreditierten Stellen steht gem. Art. 78 Abs. 1 unbeschadet anderweitiger verwaltungsrechtlicher oder außergerichtlicher Rechtsbehelfe das Recht auf einen wirksamen gerichtlichen Rechtsbehelf gegen die auf Grundlage des Art. 41, speziell dessen Abs. 5, ergangenen und sie betreffenden Beschlüsse einer Aufsichtsbehörde zu.

Article 42

Certification

1. The Member States, the supervisory authorities, the Board and the Commission shall encourage, in particular at Union level, the establishment of data protection certification mechanisms and of data protection seals and marks, for the purpose of demonstrating compliance with this Regulation of processing operations by controllers and processors. The specific needs of micro, small and medium-sized enterprises shall be taken into account.

2. In addition to adherence by controllers or processors subject to this Regulation, data protection certification mechanisms, seals or marks approved pursuant to paragraph 5 of this Article may be established for the purpose of demonstrating the existence of appropriate safeguards provided by controllers or processors that are not subject to this Regulation pursuant to Article 3 within the framework of personal data transfers to third countries or international organisations under the terms referred to in point (f) of Article 46(2). Such controllers or processors shall make binding and enforceable commitments, via contractual or other legally binding instruments, to apply those appropriate safeguards, including with regard to the rights of data subjects.

3. The certification shall be voluntary and available via a process that is transparent.

4. A certification pursuant to this Article does not reduce the responsibility of the controller or the processor for compliance with this Regulation and is without prejudice to the tasks and powers of the supervisory authorities which are competent pursuant to Article 55 or 56.

5. A certification pursuant to this Article shall be issued by the certification bodies re-

Artikel 42

Zertifizierung

1. Die Mitgliedstaaten, die Aufsichtsbehörden, der Ausschuss und die Kommission fördern insbesondere auf Unionsebene die Einführung von datenschutzspezifischen Zertifizierungsverfahren sowie von Datenschutzsiegeln und -prüfzeichen, die dazu dienen, nachzuweisen, dass diese Verordnung bei Verarbeitungsvorgängen von Verantwortlichen oder Auftragsverarbeitern eingehalten wird. Den besonderen Bedürfnissen von Kleinstunternehmen sowie kleinen und mittleren Unternehmen wird Rechnung getragen.

2. Zusätzlich zur Einhaltung durch die unter diese Verordnung fallenden Verantwortlichen oder Auftragsverarbeiter können auch datenschutzspezifische Zertifizierungsverfahren, Siegel oder Prüfzeichen, die gemäß Absatz 5 des vorliegenden Artikels genehmigt worden sind, vorgesehen werden, um nachzuweisen, dass die Verantwortlichen oder Auftragsverarbeiter, die gemäß Artikel 3 nicht unter diese Verordnung fallen, im Rahmen der Übermittlung personenbezogener Daten an Drittländer oder internationale Organisationen nach Maßgabe von Artikel 46 Absatz 2 Buchstabe f geeignete Garantien bieten. Diese Verantwortlichen oder Auftragsverarbeiter gehen mittels vertraglicher oder sonstiger rechtlich bindender Instrumente die verbindliche und durchsetzbare Verpflichtung ein, diese geeigneten Garantien anzuwenden, auch im Hinblick auf die Rechte der betroffenen Personen.

3. Die Zertifizierung muss freiwillig und über ein transparentes Verfahren zugänglich sein.

4. Eine Zertifizierung gemäß diesem Artikel mindert nicht die Verantwortung des Verantwortlichen oder des Auftragsverarbeiters für die Einhaltung dieser Verordnung und berührt nicht die Aufgaben und Befugnisse der Aufsichtsbehörden, die gemäß Artikel 55 oder 56 zuständig sind.

5. Eine Zertifizierung nach diesem Artikel wird durch die Zertifizierungsstellen nach Arti-

ferred to in Article 43 or by the competent supervisory authority, on the basis of criteria approved by that competent supervisory authority pursuant to Article 58(3) or by the Board pursuant to Article 63. Where the criteria are approved by the Board, this may result in a common certification, the European Data Protection Seal.

6. The controller or processor which submits its processing to the certification mechanism shall provide the certification body referred to in Article 43, or where applicable, the competent supervisory authority, with all information and access to its processing activities which are necessary to conduct the certification procedure.

7. Certification shall be issued to a controller or processor for a maximum period of three years and may be renewed, under the same conditions, provided that the relevant requirements continue to be met. Certification shall be withdrawn, as applicable, by the certification bodies referred to in Article 43 or by the competent supervisory authority where the requirements for the certification are not or are no longer met.

8. The Board shall collate all certification mechanisms and data protection seals and marks in a register and shall make them publicly available by any appropriate means.

kel 43 oder durch die zuständige Aufsichtsbehörde anhand der von dieser zuständigen Aufsichtsbehörde gemäß Artikel 58 Absatz 3 oder – gemäß Artikel 63 – durch den Ausschuss genehmigten Kriterien erteilt. Werden die Kriterien vom Ausschuss genehmigt, kann dies zu einer gemeinsamen Zertifizierung, dem Europäischen Datenschutzsiegel, führen.

6. Der Verantwortliche oder der Auftragsverarbeiter, der die von ihm durchgeführte Verarbeitung dem Zertifizierungsverfahren unterwirft, stellt der Zertifizierungsstelle nach Artikel 43 oder gegebenenfalls der zuständigen Aufsichtsbehörde alle für die Durchführung des Zertifizierungsverfahrens erforderlichen Informationen zur Verfügung und gewährt ihr den in diesem Zusammenhang erforderlichen Zugang zu seinen Verarbeitungstätigkeiten.

7. Die Zertifizierung wird einem Verantwortlichen oder einem Auftragsverarbeiter für eine Höchstdauer von drei Jahren erteilt und kann unter denselben Bedingungen verlängert werden, sofern die einschlägigen Voraussetzungen weiterhin erfüllt werden. Die Zertifizierung wird gegebenenfalls durch die Zertifizierungsstellen nach Artikel 43 oder durch die zuständige Aufsichtsbehörde widerrufen, wenn die Voraussetzungen für die Zertifizierung nicht oder nicht mehr erfüllt werden.

8. Der Ausschuss nimmt alle Zertifizierungsverfahren und Datenschutzsiegel und -prüfzeichen in ein Register auf und veröffentlicht sie in geeigneter Weise.

Recital

(100) In order to enhance transparency and compliance with this Regulation, the establishment of certification mechanisms and data protection seals and marks should be encouraged, allowing data subjects to quickly assess the level of data protection of relevant products and services.

Erwägungsgrund

(100) Um die Transparenz zu erhöhen und die Einhaltung dieser Verordnung zu verbessern, sollte angeregt werden, dass Zertifizierungsverfahren sowie Datenschutzsiegel und -prüfzeichen eingeführt werden, die den betroffenen Personen einen raschen Überblick über das Datenschutzniveau einschlägiger Produkte und Dienstleistungen ermöglichen.

Literatur

Bäumler/von Mutius (Hrsg.), Datenschutz als Wettbewerbsvorteil, 1. Auflage 2002, Vieweg+Teubner Verlag Braunschweig/Wiesbaden; *von Braunmühl*, Ansätze zur Ko-Regulierung in der Datenschutz-Grundverordnung, in: PinG 2015, 231; *Feik/von Lewinski,* Der Markt für Datenschutz-Zertifizierungen, in: ZD 2014, 59; *Gola (Hrsg.),* Datenschutz-Grundverordnung, 1. Auflage 2017, C.H. Beck München; *Hill/Schliesky (Hrsg.)*, Die Neubestimmung der Privatheit, 1. Auflage 2014, Nomos Baden-Baden; *Hornung/Hartl,* Datenschutz durch Marktanreize – auch in Europa?, in: ZD 2014, 219; *Kranig/Peintinger,* Selbstregulierung im Datenschutzrecht, in: ZD 2014, 3; *Krings/Mammen*, Zertifizierungen und Verhaltensregeln – Bausteine eines modernen Datenschutzes für die Industrie 4.0, in: RDV 2015, 231; *Kühling/Buchner (Hrsg.),* Datenschutzgrundverordnung, 1. Auflage 2017, C.H. Beck München; *Laue/Nink/Kremer,* Das neue Datenschutzrecht in der betrieblichen Praxis, 1. Auflage 2016, Nomos Baden-Baden; *Paal/Pauly (Hrsg.),* Datenschutz-Grundverordnung, 1. Auflage 2016, C.H. Beck München; *Plath (Hrsg.),* BDSG/DSGVO, 2. Auflage 2016, Otto Schmidt Köln; *Roßnagel*, Datenschutzaudit, 1. Auflage 2000, Springer vieweg Berlin; *Roßnagel*, Datenschutz-Audit, in: DuD 1997, 505; *Schläger,* Gütesiegel nach Datenschutzauditverordnung Schleswig-Holstein, in: DuD 2004, 459; *Spindler,* Selbstregulierung und Zertifizierungsverfahren nach der DS-GVO, in: ZD 2016, 407; *Spindler/Thorun*, Eckpunkte einer digitalen Ordnungspolitik, 2015; *Wolff/Brink (Hrsg.),* Beck'scher Online-Kommentar Datenschutzrecht, 20. Edition 2017, C.H. Beck München.

▶ Bedeutung der Norm

Art. 42 regelt die Einführbarkeit datenschutzspezifischer Zertifizierungsverfahren sowie Datensiegel und -prüfzeichen.

▶ Hinweise für den Anwender

Für die Auslegung der Norm relevante Erwägungsgründe:
- EG 77, 81, 100.

Systematische Einordnung der Norm innerhalb der DS-GVO:
- Die Regel ist Teil des Konzepts der Ko-Regulierung (Abschnitt 5 DS-GVO) und bildet eine Einheit mit Art. 43.

Vorgängernorm des BDSG:
- § 9a.

▶ Schlagworte

Selbstregulierung, Zertifizierung, Zertifizierungsverfahren, Ko-Regulierung, Datenschutzsiegel, Regulierte Selbstregulierung

---

A. Allgemeines

I. Regelungszweck

1 Der Zweck der Regelung wird in EG 100 beschrieben. Danach sollen Zertifizierungsverfahren sowie Datenschutzsiegel und -prüfzeichen einerseits Transparenz erhöhen und andererseits die Einhaltung der DS-GVO verbessern. Die Betroffenen sollen einen raschen Überblick über das Datenschutzniveau einschlägiger Produkte und Dienstleistungen erhalten. Der Verordnungsgeber verspricht sich davon verbesserte Regulierungsfähigkeit und Rechtssicherheit in einem sich schnell entwickelnden Umfeld.[1] Zeitgemäßer Datenschutz verlangt eine Integration von Datenschutzkonzepten in die Technik selbst und eine entsprechende organisatorische Strategie. Dies kann durch marktgestützte Verhaltensanreize wie Datenschutzzertifizierungen gefördert werden.[2] Bisher gab es v.a. im Onlinebereich zahlreiche, sehr heterogene Datenschutzgütesiegel, denen es aber vielmals an Bekanntheit, Validität und auch an Anreizen für ihre Durchsetzung fehlte.[3] Manchen Zertifizierungsverfahren, wie etwa das Informationssicherheitsmanagement nach ISO 27001, decken zudem nur einen Teilbereich des Datenschutzes ab.[4]

2 Derartigen rein marktlich-selbstregulativen Instrumenten setzen die Art. 42 und 43 mit Zertifizierungen, Datenschutzsiegeln und -prüfzeichen nunmehr ein Konzept der Ko-Regulierung entgegen: Private Zertifizierungsstellen können neben den ebenfalls zuständigen Aufsichtsbehörden nach einem von staatlicher Stelle vorgegebenen Kriterienkatalog Datenschutzkonformität bescheinigen. Die im Vergleich zu rein staatlicher Regulierung tendenziell stärkere Berücksichtigung von Stakeholderinteressen und -kompetenzen soll sachgerechtere Lösungen ermöglichen.[5] Im Gegensatz zu einem Rechtsrahmen, der reine Selbstverpflichtung vorsieht, setzt Ko-Regulierung einen gesetzlichen Handlungsrahmen voraus, der den privaten Zertifizierungsstellen eine klare Rolle zuschreibt und dabei Eigendynamiken der Branche Raum belässt.[6]

3 Dieses Konzept der Verzahnung staatlicher Aufsicht mit privater Selbstregulierung bietet spezifische Vorteile, ist aber auch voraussetzungsvoll. Um von Erfolg gekrönt zu sein, stellen Konzepte der Ko-Regulierung insb. grds. Anforderungen an Transparenz und Publizität des Verfahrens, insb. hinsichtlich des Standardsetzungsprozesses.[7] Dem versuchen die Art. 42 und 43 mit verschiedenen Regelungen zu genügen.

4 Auch die Art. 40 und 41 verfolgen ko-regulatorische Ansätze; während es dort aber um Regelsetzung und deren Kontrolle geht, wird für Datenschutzzertifizierungen darauf gesetzt, dass der Kunde Signale bekommt und seine Nachfrage im Markt schließlich so anpasst, dass das Ziel einer datenschutzkonformen Gestaltung der Produkte und Dienste befördert wird.

5 Durch die Zertifizierung wird das Bewusstsein der Datenverarbeiter für ihre Selbstverantwortung gestärkt, weil sie durch die Zertifizierung angehalten sind, ein effektives Datenmanagementsystem einzuführen.[8] Die Zertifizierung führt dem Datenverarbeiter die datenschutzrelevanten Eigenschaften seines Produkts vor Augen, die ihm im „Normalbetrieb" womöglich verborgen geblieben wären.[9]

6 Die Durchführung der Kontrolle für die Zertifizierung erhöht damit die Transparenz beim Verantwortlichen und stärkt die Rolle des betrieblichen bzw. behördlichen Datenschutzbeauftragten.[10] Denn um die aufzuwendenden Kosten in Grenzen zu halten, wird es sich anbieten, an die ohne-

---

1 *von Braunmühl*, in: Ping 2015, 231.
2 *Hornung/Hartl*, in: ZD 2014, 219.
3 *Hornung/Hartl*, a.a.O.; *Feik/von Lewinski*, in: ZD 2014, 59.
4 *Datenschutzkonferenz*, Zertifizierung nach Art. 42 DS-GVO, Kurzpapier Nr. 9 vom 15.8.2017, S. 1.
5 *Spindler/Thorun*, S. 27 f.
6 *Krings/Mammen*, in: RDV 2015, 231, 234.
7 *Spindler/Thorun*, S. 47.
8 *Hornung/Hartl*, in: ZD 2014, 219, 220.
9 *Krings/Mammen*, in: RDV 2015, 231, 236.
10 *Hornung/Hartl*, in: ZD 2014, 219, 220.

hin im Unternehmen vorhandene Fachkompetenz anzuschließen und sowohl die Überwachungs- als auch die Informierungsfunktion des Datenschutzbeauftragten zu erweitern.[11]

Zwar stellt EG 100 für den Zweck der Art. 42 und 43 maßgeblich darauf ab, dass Kunden ein rascher Überblick über das Datenschutzniveau der Produkte und Dienstleistungen ermöglicht wird. Die Zertifizierungen, Datenschutzsiegel und -prüfzeichen können aber gleichzeitig auch als positive Anreize für Unternehmen fungieren.[12] Diese können nämlich im Wege der Imagewerbung zur Erzielung von Wettbewerbsvorteilen genutzt werden.[13] Die Vorstellung, damit den Datenschutz von einem Kostenfaktor zu einem Marketinginstrument zu machen, bewegt die Datenschutzdiskussion schon seit langer Zeit.[14] Der (freilich bislang beschränkte) Erfolg der freiwilligen Zertifizierungen etwa durch das Unabhängige Landeszentrum für Datenschutz Schleswig-Holstein, den TÜV oder auf EU-Ebene durch EuroPriSe belegt, dass dies funktionieren kann. **7**

Marktanreize sind gerade für Internetdienste besonders wichtig, weil dort ein hohes Datenschutzrechtsvollzugsdefizit angenommen wird und Zertifikate bei Internetnutzern zu einer Steigerung des Vertrauens in die Datenschutzkonformität führen könnte. So kann ein Zertifikat gerade auch für Marketingzwecke genutzt werden, um (potentiellen) Kunden die Beachtung des Datenschutzrechts nachzuweisen.[15] Wie relevant die Marktanreize in der Praxis ausfallen werden, bleibt aber abzuwarten. Denn paradoxerweise lässt sich oftmals beobachten, dass Nutzer erhebliches Datenschutzinteresse kundtun, bei Wahlentscheidungen zwischen unterschiedlichen Dienstleistungs- oder Produktanbietern dann aber doch anderen Kriterien den Vorzug geben.[16] **8**

II. Normadressaten

Normadressaten sind die Verantwortlichen oder Auftragsverarbeiter (Abs. 2, 4, 6), Aufsichtsbehörden (Abs. 1, 4, 5, 7), Zertifizierungsstellen (Abs. 5, 7), der Ausschuss (Abs. 1, 5, 8), die Kommission (Abs. 1) und die Mitgliedstaaten (Abs. 1). **9**

III. Systematik

Die Zertifizierung (durch private Zertifizierungsstellen) ist neben den Art. 40 und 41 das einzige Instrument der Ko-Regulierung in der DS-GVO. Zertifizierungen und Verhaltensregeln ergänzen sich dabei, indem sie unterschiedliche Zwecke erfüllen:[17] Während Verhaltensregeln organisatorische und technische Vorgaben für einen bestimmten Kontext, typischerweise Datenverarbeitungsvorgänge innerhalb einer spezifischen Branche, in abstrakt-genereller Weise fassen, dienen Zertifizierungen dem Nachweis der Datenschutzkonformität konkreter Datenverarbeitungsvorgänge. Obwohl es sich in beiden Fällen um Instrumente präventiven Datenschutzes handelt, entfalten Zertifizierungen ihre Wirkung erst nach erfolgter Prüfung, während die Unterwerfung unter Verhaltensregeln ohne ex-ante-Beurteilung auskommt. **10**

IV. Entstehungsgeschichte

In der DS-RL gibt es keine direkte Vorgängerregelung zu Zertifizierungen. Der Rechtsrahmen für Zertifizierungen war auch im Normgebungsverfahren lange Zeit unklar. Der Entwurf der Kommission stellte sich noch deutlich kursorischer dar und sah weder konkrete Anforderungen an die Zertifizierungsstelle noch zum rechtlichen Charakter der Zertifizierung vor. Erst der Entwurf des EP enthielt konkretere Vorgaben an das Zertifizierungsverfahren und die Rolle der Aufsichtsbe- **11**

---

11 Vgl. *Roßnagel*, in: DuD 1997, 505, 513 f.
12 *Hornung/Hartl*, in: ZD 2014, 219, 220; zur Kritik gegenüber früheren Ko-Regulierungskonzepten *Kranig/Peintinger*, in: ZD 2014, 3, 4.
13 Paal/Pauly, *Paal*, Art. 42 Rn. 3.
14 Siehe *Roßnagel*, in: DuD 1997, 505, 514, oder die Beiträge in Bäumler/von Mutius.
15 *Datenschutzkonferenz*, Zertifizierung nach Art. 42 DS-GVO, Kurzpapier Nr. 9 vom 15.8.2017, S. 1.
16 *Hornung/Hartl*, in: ZD 2014, 219, 221; Hill/Schliesky, *Hornung*, S. 146 ff.
17 Vgl. Plath, *von Braunmühl*, Art. 42 Rn. 5.

hörden hierbei.[18] Der Entwurf des Rates schließlich konkretisierte die Anforderungen an das Zertifizierungsverfahren im Vergleich zu den früheren Entwürfen weiter.[19]

12 Im weiteren Sinne vergleichbar mit Zertifizierungen ist der § 9a BDSG, auch wenn Art. 41 wesentlich konkreter ausgestaltet ist. § 9a BDSG ist jedoch praktisch ohne Bedeutung geblieben, weil das in § 9a S. 2 BDSG geforderte Ausführungsgesetz nie erlassen wurde. Die bisherigen Regelungsversuche gelangten nicht über das Stadium von Referentenentwürfen hinaus. § 9a BDSG regelt zudem keine Zertifizierung, sondern ein Audit. Eine Zertifizierung ist statisch und objektbezogen, ein Audit hingegen auf eine fortlaufende Überwachung gerichtet. Es hat einen deutlich abstrakteren Regelungsgegenstand und hinterfragt die Fähigkeit eines bestimmten Verfahrens, eine dynamische Lösung datenschutzrechtlicher Probleme darzustellen.[20]

13 § 18 Abs. 3 Nr. 4 Hs. 2 De-Mail-Gesetz fordert für die Erfüllung der datenschutzrechtlichen Anforderungen an den De-Mail-Dienst ein Zertifikat der BfDI. Brandenburg (§ 11c BbgDSG) und Nordrhein-Westfalen (§10a DSG NW) haben ein Datenschutzaudit gesetzlich normiert; auch hier fehlt es allerdings an Ausführungsgesetzen. Auf Landesebene besteht in Schleswig-Holstein (§ 4 Abs. 2 LDSG) die Datenschutzgütesiegelverordnung, die die Vergabe eines Datenschutzgütesiegels regelt.[21] In Bremen wurde auf Grundlage von § 7b BremDSG die Bremische Datenschutzauditverordnung (BremDSAuditV) erlassen, auf deren Grundlage ein Bremisches Datenschutzaudit-Gütesiegel vergeben werden kann, jedoch ausschließlich für öffentliche Stellen des Landes Bremen. Mit Ende 2014 trat die BremDSAuditV außer Kraft. Öffentliche Einrichtungen in Mecklenburg-Vorpommern sind durch § 5 Abs. 2 DSG M-V gehalten, vorrangig zertifizierte IT-Produkte einzusetzen.

B. Inhalt der Regelung

I. Begriff der Zertifizierung

14 Art. 42 trägt den Titel „Zertifizierung", differenziert im Normtext aber zwischen „Zertifizierungsverfahren", „Datenschutzsiegeln" und „Datenschutzprüfzeichen". Die DS-GVO definiert diese Begriffe weder eigenständig noch grenzt sie sie voneinander ab. EG 100 stellt lediglich klar, dass alle drei Konzepte den Zweck erfüllen sollen, den Betroffenen einen raschen Überblick über das Datenschutzniveau zu ermöglichen. Wie sich aus den Formulierungen der Art. 42 und 43 ergibt, ist „Zertifizierung" insgesamt als Oberbegriff zu verstehen, der Siegel und Prüfzeichen einschließt bzw. diese als Darstellungsformen erfolgter Zertifizierung ansieht.

II. Gegenstand der Zertifizierung (Abs. 1 S. 1)

15 Gegenstand der Zertifizierung sind konkrete „Verarbeitungsvorgänge von Verantwortlichen und Auftragsverarbeitern" (Abs. 1 S. 1). Nach EG 100 hingegen sollen Zertifizierungen dem Betroffenen einen Überblick über das „Datenschutzniveau einschlägiger Produkte und Dienstleistungen ermöglichen". Die Regelung differenziert – anders als § 9a BDSG – nicht zwischen der Zertifizierung technischer Einrichtungen und der Auditierung von Datenschutzkonzepten.[22] Ob eine Zertifizierung neben dem Nachweis der Einhaltung der DS-GVO auch schärfere Kriterien festschreiben kann, ist umstritten. EG 100 deutet hierauf hin, indem er einen „Überblick über das Datenschutzniveau" gewährleisten will und folglich von unterschiedlichen Niveaus ausgeht.[23]

16 Zu Recht wird insofern darauf hingewiesen, dass die gem. EG 100 angestrebte bessere datenschutzrechtliche Einschätzungsmöglichkeit ebenso wie eine bessere Vermarktbarkeit von Pro-

18 Ausführlich *Krings/Mammen*, in: RDV 2015, 231, 233; *Hornung/Hartl,* in: ZD 2014, 219, 223 f.
19 Vgl. *Krings/Mammen*, a.a.O.
20 Vgl. *Hornung/Hartl,* in: ZD 2014, 219, 220; *Roßnagel*, S. 65 ff.
21 Siehe hierzu *Schläger,* in: DuD 2004, 459 ff.
22 Kritisch hierzu *Hornung/Hartl,* in: ZD 2014, 219, 222 f.; Paal/Pauly, *Paal*, Art. 42 Rn. 6.
23 So Kühling/Buchner, *Bergt*, Art. 42 Rn. 15; a.A. *Hornung/Hartl,* in: ZD 2014, 219, 224.

dukten und Dienstleistungen am ehesten dann erreicht wird, wenn für ein Produkt insgesamt der Nachweis der Rechtskonformität durch Zertifizierung vorläge.[24] Ebenfalls korrekt ist dabei jedoch die Überlegung, dass die Bescheinigung von Datenschutzrechtskonformität sich sinnvoll nur auf Datenverarbeitungsprozesse, nicht aber auf ein Produkt in seiner Gesamtheit beziehen kann.[25] Ob dadurch letztlich ein Hindernis für die Akzeptanz von Zertifizierungen geschaffen wird, wird davon abhängen, wie streng oder großzügig die Kennzeichnungsmöglichkeit bei der Kundgabe und dem ständigen werblichen Einsatz der Zertifikate gehandhabt wird. Dass die Verknüpfung eines Zertifikats mit einem Produkt oder einer Dienstleistung grds. möglich ist, zeigt die Formulierung in EG 100, die anders als die Formulierung in Abs. 1 S. 1 gerade nicht auf Verarbeitungsvorgänge, sondern eben auf Produkte und Dienstleistungen abstellt. Jedenfalls könnte ein Produkt mit (mindestens) einem zertifizierten Datenverarbeitungsvorgang dem Betroffenen gegenüber einem anderen Produkt ohne einen solchen vorzugswürdig erscheinen.

Die Zertifizierung hat grds. einen statischen und objektbezogenen Charakter. Schon bei der nächsten Version einer Software kann die Zertifizierung hinfällig sein. Eine Zertifizierung erscheint deswegen nur sinnvoll, wenn der zu prüfende Datenverarbeitungsvorgang und das damit verbundene Produkt eine gewisse Stabilität und Lebensdauer aufweisen.[26] **17**

III. Förderauftrag (Abs. 1 S. 1)

Die Mitgliedstaaten, der Europäische Datenschutzausschuss und die Europäische Kommission haben die Pflicht, Zertifizierungen zu fördern. Insofern gilt das zur Förderung der Erstellung von Verhaltensregeln nach Art. 40 Geschriebene (s. dort Rn. 13 f.). **18**

Die gleichfalls bestehende Pflicht der Aufsichtsbehörden zur Förderung spiegelt sich zudem in spezifischen Aufgaben und Befugnissen nach der DS-GVO wieder, wonach sie **19**

- die Einführung von Datenschutzzertifizierungsmechanismen sowie Datenschutzsiegeln und -prüfzeichen anregen (Art. 57 Abs. 1 lit. n),
- Zertifizierungskriterien billigen (Art. 57 Abs. 1 lit. n, Art. 58 Abs. 3 lit. f),
- Zertifizierungen erteilen (Art. 58 Abs. 3 lit. f),
- erteilte Zertifizierungen regelmäßig überprüfen (Art. 57 Abs. 1 lit. o, Art. 58 Abs. 1 lit. c),
- erteilte Zertifizierungen widerrufen (Art. 42 Abs. 7 S. 2, Art. 58 Abs. 2 lit. h),
- die Zertifizierungsstelle anweisen, erteilte Zertifizierungen zu widerrufen oder keine Zertifizierung zu erteilen (Art. 42 Abs. 7 S. 2, Art. 58 Abs. 2 lit. h),
- Kriterien für die Akkreditierung einer Zertifizierungsstelle abfassen und veröffentlichen (Art. 57 Abs. 1 lit. p) und
- die Akkreditierung von Zertifizierungsstellen vornehmen (Art. 57 Abs. 1 lit. q, Art. 58 Abs. 3 lit. e).

Aufgabe des Europäischen Datenschutzausschusses ist es, **20**

- die Einrichtung von datenschutzspezifischen Zertifizierungsverfahren, Datenschutzsiegeln und Datenschutzprüfzeichen zu fördern (Art. 70 Abs. 1 lit. n),
- Zertifizierungsstellen zu akkreditieren (Art. 70 Abs. 1 lit. o),
- akkreditierte Zertifizierungsstellen regelmäßig zu überprüfen (Art. 70 Abs. 1 lit. o),
- ein öffentliches Register der genehmigten Zertifizierungskriterien (gem. Art. 42 Abs. 5), der Akkreditierungskriterien für Zertifizierungsstellen (gem. Art. 43 Abs. 3) und der Zertifizie-

24 *Laue/Nink/Kremer*, S. 264; Plath, *von Braunmühl*, Art. 42 Rn. 7.
25 Plath, *von Braunmühl*, Art. 42 Rn. 7.
26 *Hornung/Hartl*, in: ZD 2014, 219, 220.

rungsverfahren und Datenschutzsiegel (gem. Art. 43 Abs. 6 S. 3) zu führen (Art. 70 Abs. 1 lit. o),

- die Kriterien für die Akkreditierung von Zertifizierungsstellen zu präzisieren (Art. 70 Abs. 1 lit. p) und
- gegenüber der Kommission eine Stellungnahme zu den Anforderungen an Zertifizierungsverfahren abzugeben (Art. 70 Abs. 1 lit. q).

IV. Zertifizierungsverfahren

21 Wie auch hinsichtlich der Verhaltensregeln in Art. 40 und 41 werden Zertifizierungen durch öffentliche Stellen zwar „gefördert"; sie zu etablieren, obliegt aber den Marktteilnehmern selbst. Die DS-GVO schreibt kein konkretes Zertifizierungsverfahren vor, sondern setzt hierfür lediglich einen allgemeinen Rahmen, der sich aus Abs. 3 bis 8 und Art. 43 ergibt.

1. Freiwilligkeit und Zugänglichkeit (Abs. 3)

22 Abs. 3 stellt gleich zwei Voraussetzungen auf, die sich für Verfahren in ko-regulativen Systemen als essenziell erweisen: Zum einen muss die Zertifizierung freiwillig sein. Zum anderen muss die Zertifizierung über ein transparentes Verfahren zugänglich sein.

23 Freiwilligkeit bedeutet, dass Zertifizierungen nicht durch nationales Recht, Anordnungen der Aufsichtsbehörde oder über Ausschreibungsbedingungen durch öffentliche Auftraggeber vorgeschrieben sein dürfen.[27]

24 Die prinzipiell allgemeine Zugänglichkeit für Marktteilnehmer ist Ausdruck der freiheitlich-liberalen Grundordnung, die den gedanklichen Ursprung der Selbstregulierung bildet und Chancengleichheit aller Marktbeteiligten fordert. Zudem wird so potenziellen kartellrechtlichen Problemen begegnet. Der Vorschlag des Europäischen Parlaments, auch eine Mäßigung der erforderlichen Kosten und des Aufwandes für ein Zertifizierungsverfahren festzuschreiben, hat sich dagegen nicht durchgesetzt.[28] Im nationalen Recht können daher – unter Berücksichtigung der Belange kleinerer Unternehmen – Gebühren für das Tätigwerden der Aufsichtsbehörden normiert werden.[29]

2. Zuständigkeit (Abs. 5)

25 Es ist zu unterscheiden zwischen der Zuständigkeit für die Erteilung der Zertifizierung und der Zuständigkeit für die Genehmigung der Zertifizierungskriterien.

a) Zuständigkeit für die Erteilung der Zertifizierung

26 Die Zertifizierung selbst erfolgt entweder durch eine akkreditierte Zertifizierungsstelle oder durch die zuständige Aufsichtsbehörde (Abs. 5 S. 1). Die Norm regelt aber nicht, wer die Kosten der Zertifizierung zu tragen hat; ein dahingehender Vorschlag des Europäischen Parlaments konnte sich im Gesetzgebungsverfahren nicht durchsetzen.[30]

27 Die Erteilung von Zertifizierungen gehört nicht zu den Pflichtaufgaben der Aufsichtsbehörden. Diese können daher nach eigenem Ermessen entscheiden, ob sie Zertifizierungen anbieten oder ob sie dies den akkreditierten Zertifizierungsstellen überlassen wollen.[31]

28 Nach Auffassung des Düsseldorfer Kreises sollten Interessenkollisionen der an einem Zertifizierungsprozess Beteiligten vermieden werden.[32] Solche drohen aber (insb. bei kostenpflichtigen

27 Kühling/Buchner, *Bergt*, Art. 42 Rn. 10.
28 Paal/Pauly, *Paal*, Art. 42 Rn. 11.
29 Kühling/Buchner, *Bergt*, Art. 42 Rn. 32.
30 Paal/Pauly, *Paal*, Art. 42 Rn. 4.
31 Kühling/Buchner, *Bergt*, Art. 42 Rn. 12.
32 *Düsseldorfer Kreis*, Modelle zur Vergabe von Prüfzertifikaten, die im Wege der Selbstregulierung entwickelt und durchgeführt werden, Beschluss vom 26.2.2014.

Zertifizierungen) dann, wenn Aufsichtsbehörden gleichzeitig auch Zertifizierungsstellen sind.[33] Für Aufsichtsbehörden gilt demnach, was für Zertifizierungsstellen gem. Art. 43 Abs. 2 lit. e gilt: ihre Aufgaben und Pflichten dürfen nicht zu einem Interessenkonflikt führen, was bspw. durch hinreichende organisatorische Trennung der unterschiedlichen Zuständigkeits- und Tätigkeitsbereiche innerhalb einer Behörde erreicht werden könnte.

b) Zuständigkeit für die Genehmigung der Zertifizierungskriterien

Grundlage der Zertifizierung sind die Zertifizierungskriterien. Diese werden entweder von der zuständigen Aufsichtsbehörde oder vom Europäischen Datenschutzausschuss genehmigt (Abs. 5 S. 1): **29**

- Werden die Zertifizierungskriterien von der Aufsichtsbehörde genehmigt, so geschieht dies auf der Grundlage von Art. 57 Abs. 1 lit. n und Art. 58 Abs. 3 lit. f. **30**
- Der Europäische Datenschutzausschuss nimmt über das Kohärenzverfahren gem. Art. 63 und Art. 70 Abs. 1 lit. n am Kriteriensetzungsprozess teil. Werden die Zertifizierungskriterien vom Ausschuss genehmigt, kann dies zu einer gemeinsamen Zertifizierung, dem Europäischen Datenschutzsiegel, führen (Abs. 5 S. 2). **31**

Grundlage der Zertifizierung können nicht Kriterien sein, die die Zertifizierungsstelle eigenmächtig aufgestellt hat. Vielmehr ist die Zertifizierungsstelle verpflichtet, die von der Aufsichtsbehörde oder vom Ausschuss genehmigten Zertifizierungskriterien einzuhalten (vgl. Art. 43 Abs. 2 lit. b). **32**

3. Zertifizierungskriterien (Abs. 5)

Unter Zugrundelegung der Zertifizierungskriterien können die Aufsichtsbehörden oder die Zertifizierungsstellen Zertifikate erteilen. Materieller Prüfungsmaßstab für die Zertifizierungskriterien ist grds. die DS-GVO. Abs. 1 S. 1 verlangt lediglich, dass der Nachweis der Einhaltung der DS-GVO geführt werden kann. Allerdings wird insofern regelmäßig eine Präzisierung des Rechts erforderlich sein, weil aufgrund der Unbestimmtheit der Regelungen der DS-GVO nicht festgestellt werden kann, ob ein Verarbeitungsvorgang den Vorgaben der DS-GVO entspricht.[34] **33**

Noch ungeklärt ist, ob auch die Zertifizierung eines die Anforderungen der DS-GVO übersteigenden Datenschutzniveaus durch Art. 42 ermöglicht wird.[35] Zwar ist der Wortlaut („nachzuweisen, dass diese Verordnung […] eingehalten wird") eher enger zu verstehen. Die regulatorische Ausnutzung von Marktanreizen lässt sich jedoch für ein weiteres Verständnis ins Feld führen. Zu beachten ist lediglich, dass die Datenschutzaufsichtsbehörden bei ihrer Genehmigung keine über die DS-GVO hinausgehenden Kriterien verlangen. Nur insoweit ist der Charakter der DS-GVO als unmittelbar abschließend zu verstehen. **34**

Aus dem Erfordernis, dem besonderem Bedürfnis von Kleinstunternehmen sowie kleinen und mittleren Unternehmen Rechnung zu tragen, ist zu schließen, dass die Zertifizierungskriterien so ressourcenschonend auszugestalten sind, dass auch diese Zielgruppe Zertifizierungen erlangen können.[36] Dem kann etwa durch besondere Berücksichtigung des risikobasierten Ansatzes (eingehend Art. 24 Rn. 78 ff.) bei der Festlegung der Zertifizierungskriterien Rechnung getragen werden. **35**

4. Mitwirkungspflicht des Antragstellers (Abs. 6)

Die Zertifizierung erfordert eine Mitwirkung des Antragstellers, indem er erforderliche Informationen zur Verfügung stellt und den erforderlichen Zugang zu seinen Verarbeitungstätigkeiten sicherstellt. Nur auf diese Weise lässt sich das Konzept der Ko-Regulierung verwirklichen. Ver- **36**

---

33 Gola, *Lepperhoff*, Art. 42 Rn. 8.
34 Kühling/Buchner, *Bergt*, Art. 42 Rn. 15.
35 Dagegen *Hornung/Hartl*, in: ZD 2014, 219, 223 f.; Plath, *von Braunmühl*, Art. 42 Rn. 15; Paal/Pauly, *Paal*, Art. 42 Rn. 7.
36 *Laue/Nink/Kremer*, S. 263 f., unter Verweis auf den Entwurf des EP.

pflichtet sind sowohl der Verantwortliche als auch ggf. der Auftragsverarbeiter. Für die Erfüllung der Mitwirkungspflicht ist es entscheidend, die eigenen Verarbeitungsvorgänge zu kennen und nachvollziehbar zu dokumentieren, beispielsweise mittels eines Datenschutz-Managementsystems.[37]

37 Es handelt sich nicht nur um eine Mitwirkungsobliegenheit des Antragstellers, sondern um eine echte Rechtspflicht, deren Verletzung gem. Art. 83 Abs. 4 lit. a bußgeldbewehrt ist. Der Pflicht zur Mitwirkung kann sich der Antragsteller nur durch Rücknahme seines Zertifizierungsantrags entziehen.[38]

5. Geltungsdauer der Zertifizierung (Abs. 7 S. 1)

38 Abs. 7 S. 1 legt fest, dass eine Zertifizierung nur für eine Höchstdauer von drei Jahren erteilt werden kann. Mit dieser Limitierung soll der schnellen technologischen Entwicklung und den hiermit einhergehenden Anpassungen Rechnung getragen werden.[39] Dies ist auch sinnvoll, da die branchenspezifischen Zertifizierungen doch gerade Gegengewicht und Ergänzung der notwendigerweise unabänderlichen DS-GVO sein sollen. Diese Höchstdauer stellt einen Kompromiss zwischen Aktualität und Praktikabilität dar. Im Vergleich zu der fünfjährigen Geltungsdauer der Akkreditierung von Zertifizierungsstellen (Art. 43 Abs. 4 S. 2) ist die Geltungsdauer der Zertifikate kürzer, woraus folgt, dass sie als stärker anpassungsbedürftig angesehen werden.

6. Widerruf der Zertifizierung (Abs. 7 S. 2)

39 Wenn die Voraussetzungen für die Zertifizierung nicht oder nicht mehr erfüllt werden, wird nach S. 2 die Zertifizierung durch die Zertifizierungsstellen oder die zuständige Aufsichtsbehörde widerrufen. Unklar ist dabei, ob von (privaten) Zertifizierungsstellen erteilte Zertifizierungen grds. auch nur von dieser widerrufen werden können. Die in Art. 58 lit. h normierte Regelung, dass die Aufsichtsbehörde eine Zertifizierungsstelle zu einem solchen Widerruf „anweisen" kann, bedeutet alleine noch nicht, dass die Behörde nicht auch selbst handeln kann.[40] Im Lichte der Förderungsverpflichtung des Abs. 1 S. 1 und der allgemein ko-regulierungsfreundlichen Ausrichtung der Art. 42 f. sollte ein direktes Hinwegsetzen der staatlichen Kontrolle über das selbstregulative Element die Ausnahme bleiben. Andernfalls drohte letzteres über Gebühr geschwächt zu werden.

40 Trotz der Formulierung „gegebenenfalls" ist von einer gebundenen Entscheidung über den Widerruf auszugehen, weil der Sinn der Zertifizierung bei Verstoß gegen die Verordnungsvorgaben entfällt.[41] Es stellt sich allenfalls (wie i.R.v. Art. 41, s. dazu Rn. 26) die Frage, ob zur Wahrung des Verhältnismäßigkeitsgrundsatzes nicht im Einzelfall auch mildere Mittel, etwa eine Aufforderung zur (Wieder-)Herstellung der Zertifizierungsvoraussetzungen, denkbar sind. Allerdings ist insofern zu berücksichtigen, dass eine Zertifizierung auch retrospektiv relevant sein kann (etwa zur Nachweisführung i.R.d. Art. 24 Abs. 3, 25 Abs. 3, 32 Abs. 3, 46 Abs. 2 lit. f). Stellt sich daher zweifelsfrei heraus, dass in der Vergangenheit die Zertifizierungsvoraussetzungen nicht erfüllt waren, muss ein Zertifikatswiderruf auch für die Vergangenheit möglich sein, selbst wenn die Voraussetzungen inzwischen wieder vorliegen.[42] Ggf. wäre dann eine gleichzeitige Neuerteilung denkbar.

---

37 Vgl. *Datenschutzkonferenz*, Zertifizierung nach Art. 42 DS-GVO, Kurzpapier Nr. 9 vom 15.8.2017, S. 2.
38 Kühling/Buchner, *Bergt*, Art. 42 Rn. 20.
39 Plath, *von Braunmühl*, Art. 42 Rn. 12.
40 So aber in der Tendenz Wolff/Brink, *Eckhardt*, Art. 42 DS-GVO Rn. 68.
41 Paal/Pauly, *Paal*, Art. 42 Rn. 21.
42 Kühling/Buchner, *Bergt*, Art. 42 Rn. 23.

7. Register und Veröffentlichung (Abs. 8)

Sämtliche Zertifizierungsverfahren, Datenschutzsiegel und -prüfzeichen sind gem. Abs. 8 vom Europäischen Datenschutzausschuss in ein Register aufzunehmen und in geeigneter Weise zu veröffentlichen (s. auch Art. 43 Abs. 6). Dies ermöglicht eine zügige Kontrolle durch Außenstehende und fördert Transparenz und Rechtssicherheit. Dass in Art. 70 Abs. 1 S. 2 lit. o nicht auf Art. 42 Abs. 8, sondern auf Art. 42 Abs. 7 verwiesen wird, dürfte einen Redaktionsfehler darstellen.[43] **41**

V. Rechtsfolgen der Zertifizierung

Die Zertifizierung ändert gem. Abs. 4 nichts an den Pflichten des Verantwortlichen oder des Auftragsverarbeiters zur Einhaltung der DS-GVO. Hierbei handelt es sich um eine bloße Klarstellung, die vermutlich dem Missverständnis vorbeugen will, ein erhaltenes Zertifikat löse die DS-GVO als maßgebliches Datenschutzrecht ab. **42**

Genehmigte Zertifizierungen sind in der DS-GVO an mehreren Stellen als Faktor zur Beurteilung der Erfüllung einer Pflicht genannt. Dies betrifft etwa Art. 24 Abs. 3 (Pflichtenerfüllung des Verantwortlichen), Art. 25 Abs. 3 (Technikgestaltung und Voreinstellungen), Art. 28 Abs. 5 (Anforderungsnachweis für Auftragsverarbeiter), Art. 32 Abs. 3 (angemessenes Schutzniveau der Verarbeitung) und Art. 42 Abs. 2 i.V.m. Art. 46 Abs. 2 lit. f (Datenübermittlung an Drittstaaten). Insb. die letztgenannte Funktion von Zertifizierungen als Grundlage („Garantien") für eine Übermittlung an einen Datenverarbeiter in einem Drittstaat könnte für Unternehmen attraktiv erscheinen und einen Anreiz bieten, Zertifizierungsangebote in Anspruch zu nehmen.[44] Zusätzlich erforderlich ist in dieser Konstellation jedoch, dass der Datenverarbeiter im Drittstaat wirksame rechtliche Verpflichtungen zur Einhaltung der gem. Art. 46 nötigen Garantien eingeht, in Form „vertraglicher oder sonstiger rechtlich bindender Instrumente". **43**

Zertifizierungen können ausschlaggebend für den gem. Art. 5 Abs. 2 und Art. 24 Abs. 1 S. 1 zu erbringenden Nachweis der Einhaltung der DS-GVO sein (vgl. auch EG 77 S. 1). Sie sind demnach auch bei der i.R.d. risikobasierten Ansatzes erforderlichen Prüfung, welche technischen und organisatorischen Maßnahmen zur Einhaltung der DS-GVO geeignet und erforderlich sind, zu berücksichtigen (eingehend Art. 24 Rn. 205 ff.). Zertifizierungen sind jedoch nur *ein* zu berücksichtigender Faktor. Bei weiteren entgegenstehenden Faktoren kann der Nachweis trotz Vorliegens einer Zertifizierung als nicht erbracht anzusehen sein. Trotzdem steigern Zertifizierungen auf diese Weise die Rechts- und Planungssicherheit. Schon durch ihren Miteinbezug in die Bewertung wird ein weiterer Anreiz für Unternehmen gesetzt, der desto stärker ausfällt, je intensiver nachweispflichtige Organisations- und Verfahrensmodelle von ihnen genutzt werden. **44**

Im Hinblick auf Bußgelder fließen Zertifizierungen und die Frage nach deren Einhaltung gem. Art. 83 Abs. 2 lit. j und Abs. 4 lit. b auch in die Einzelfallentscheidung über deren Verhängung und ihre Bemessung ein. **45**

Die zuständige Aufsichtsbehörde wird nach Art. 43 Abs. 1 und 5 in die Zertifikatserteilung (lediglich) informatorisch einbezogen, wenn sie diese nicht selbst durchführt. In diesem Fall wird man – anders als bei Zertifizierung durch die Behörde selbst – eine über den Gleichbehandlungsgrundsatz vermittelte rechtliche Selbstbindung der Verwaltung noch nicht annehmen können. Ein Vorgehen gegen einen zertifizierten Datenverarbeitungsvorgang muss im Grundsatz möglich bleiben. Allerdings wird durch die enge Einbindung des staatlichen Teils des Ko-Regulierungssystems eine „faktische Selbstbindung" dergestalt anzunehmen sein, dass früheres tatsächliches (Nicht-)Handeln, wenn nämlich eine Zertifizierung unbeanstandet geblieben ist, ein späteres Einschreiten nur in Ausnahmefällen begründbar erscheinen ließe.[45] **46**

43 Paal/Pauly, *Paal*, Art. 42 Rn. 19.
44 *Hornung/Hartl*, in: ZD 2014, 219, 223.
45 Plath, *von Braunmühl*, Art. 42 Rn. 16.

C. Weitere Auswirkungen der Verordnung in der Praxis

I. Voraussichtliche Auswirkungen auf das nationale Recht

47 § 39 BDSG-neu sieht vor, dass die Erteilung der Befugnis, als Zertifizierungsstelle nach Art. 43 Abs. 1 S. 1 tätig zu werden, durch die für die datenschutzrechtliche Aufsicht über die Zertifizierungsstelle zuständige Aufsichtsbehörde des Bundes oder der Länder erfolgt. Dies geschieht auf der Grundlage einer Akkreditierung durch die Deutsche Akkreditierungsstelle (DAkkS). Auf diese Weise soll die hohe Kompetenz und Erfahrung der DAkkS und deren bewährte Akkreditierungsinfrastruktur genutzt werden,[46] wobei die DAkkS Akkreditierungsentscheidungen nach § 4 Abs. 3 des Akkreditierungsstellengesetzes im Einvernehmen mit der zuständigen Aufsichtsbehörde trifft.

II. Sanktionen

48 Gem. Art. 83 Abs. 4 werden bei Verstößen gegen die Pflichten der Verantwortlichen und der Auftragsverarbeiter (lit. a) bzw. gegen die Pflichten der Zertifizierungsstelle nach Art. 42 (lit. b) Geldbußen von bis zu 10.000.000 Euro oder im Fall eines Unternehmens von bis zu 2 % seines gesamten weltweit erzielten Jahresumsatzes des vorangegangenen Geschäftsjahrs verhängt, je nachdem, welcher der Beträge höher ist.

49 Mangels Regelung durch Art. 82 richtet sich die Haftung einer Zertifizierungsstelle nach nationalem Recht.[47]

III. Rechtsschutz

50 Den Beteiligten steht gem. Art. 78 Abs. 1 unbeschadet anderweitiger verwaltungsrechtlicher oder außergerichtlicher Rechtsbehelfe das Recht auf einen wirksamen gerichtlichen Rechtsbehelf gegen die auf Grundlage des Art. 42 ergangenen und sie betreffenden Beschlüsse einer Aufsichtsbehörde zu. In Betracht kommt v.a. ein Vorgehen gegen den Widerruf einer Zertifizierungserteilung gem. Abs. 7.

46 BT-Drs. 18/11325, S. 107.
47 Kühling/Buchner, *Bergt*, Art. 42 Rn. 35.

Article 43

Certification bodies

1. Without prejudice to the tasks and powers of the competent supervisory authority under Articles 57 and 58, certification bodies which have an appropriate level of expertise in relation to data protection shall, after informing the supervisory authority in order to allow it to exercise its powers pursuant to point (h) of Article 58(2) where necessary, issue and renew certification. Member States shall ensure that those certification bodies are accredited by one or both of the following:
   (a) the supervisory authority which is competent pursuant to Article 55 or 56;
   (b) the national accreditation body named in accordance with Regulation (EC) No 765/2008 of the European Parliament and of the Council (1) in accordance with EN-ISO/IEC 17065/2012 and with the additional requirements established by the supervisory authority which is competent pursuant to Article 55 or 56.
2. Certification bodies referred to in paragraph 1 shall be accredited in accordance with that paragraph only where they have:
   (a) demonstrated their independence and expertise in relation to the subject-matter of the certification to the satisfaction of the competent supervisory authority;
   (b) undertaken to respect the criteria referred to in Article 42(5) and approved by the supervisory authority which is competent pursuant to Article 55 or 56 or by the Board pursuant to Article 63;
   (c) established procedures for the issuing, periodic review and withdrawal of data protection certification, seals and marks;
   (d) established procedures and structures to handle complaints about infringements of the certification or the manner in which the certification has been, or is being, implemented by the controller or processor, and to make those procedures and structures transparent to data subjects and the public; and
   (e) demonstrated, to the satisfaction of the competent supervisory authority, that

Artikel 43

Zertifizierungsstelle

1. Unbeschadet der Aufgaben und Befugnisse der zuständigen Aufsichtsbehörde gemäß den Artikeln 57 und 58 erteilen oder verlängern Zertifizierungsstellen, die über das geeignete Fachwissen hinsichtlich des Datenschutzes verfügen, nach Unterrichtung der Aufsichtsbehörde – damit diese erforderlichenfalls von ihren Befugnissen gemäß Artikel 58 Absatz 2 Buchstabe h Gebrauch machen kann – die Zertifizierung. Die Mitgliedstaaten stellen sicher, dass diese Zertifizierungsstellen von einer oder beiden der folgenden Stellen akkreditiert werden:
   a) der gemäß Artikel 55 oder 56 zuständigen Aufsichtsbehörde;
   b) der nationalen Akkreditierungsstelle, die gemäß der Verordnung (EG) Nr. 765/2008 des Europäischen Parlaments und des Rates (1) im Einklang mit EN-ISO/IEC 17065/2012 und mit den zusätzlichen von der gemäß Artikel 55 oder 56 zuständigen Aufsichtsbehörde festgelegten Anforderungen benannt wurde.
2. Zertifizierungsstellen nach Absatz 1 dürfen nur dann gemäß dem genannten Absatz akkreditiert werden, wenn sie
   a) ihre Unabhängigkeit und ihr Fachwissen hinsichtlich des Gegenstands der Zertifizierung zur Zufriedenheit der zuständigen Aufsichtsbehörde nachgewiesen haben;
   b) sich verpflichtet haben, die Kriterien nach Artikel 42 Absatz 5, die von der gemäß Artikel 55 oder 56 zuständigen Aufsichtsbehörde oder – gemäß Artikel 63 – von dem Ausschuss genehmigt wurden, einzuhalten;
   c) Verfahren für die Erteilung, die regelmäßige Überprüfung und den Widerruf der Datenschutzzertifizierung sowie der Datenschutzsiegel und -prüfzeichen festgelegt haben;
   d) Verfahren und Strukturen festgelegt haben, mit denen sie Beschwerden über Verletzungen der Zertifizierung oder die Art und Weise, in der die Zertifizierung von dem Verantwortlichen oder dem

their tasks and duties do not result in a conflict of interests.

3. The accreditation of certification bodies as referred to in paragraphs 1 and 2 of this Article shall take place on the basis of criteria approved by the supervisory authority which is competent pursuant to Article 55 or 56 or by the Board pursuant to Article 63. In the case of accreditation pursuant to point (b) of paragraph 1 of this Article, those requirements shall complement those envisaged in Regulation (EC) No 765/2008 and the technical rules that describe the methods and procedures of the certification bodies.
4. The certification bodies referred to in paragraph 1 shall be responsible for the proper assessment leading to the certification or the withdrawal of such certification without prejudice to the responsibility of the controller or processor for compliance with this Regulation. The accreditation shall be issued for a maximum period of five years and may be renewed on the same conditions provided that the certification body meets the requirements set out in this Article.
5. The certification bodies referred to in paragraph 1 shall provide the competent supervisory authorities with the reasons for granting or withdrawing the requested certification.
6. The requirements referred to in paragraph 3 of this Article and the criteria referred to in Article 42(5) shall be made public by the supervisory authority in an easily accessible form. The supervisory authorities shall also transmit those requirements and criteria to the Board. The Board shall collate all certification mechanisms and data protection seals in a register and shall make them publicly available by any appropriate means.
7. Without prejudice to Chapter VIII, the competent supervisory authority or the national accreditation body shall revoke an accreditation of a certification body pursuant to paragraph 1 of this Article where the conditions for the accreditation are not, or are no longer, met or where actions taken by a certification body infringe this Regulation.
8. The Commission shall be empowered to adopt delegated acts in accordance with

Auftragsverarbeiter umgesetzt wird oder wurde, nachgehen und diese Verfahren und Strukturen für betroffene Personen und die Öffentlichkeit transparent machen, und

e) zur Zufriedenheit der zuständigen Aufsichtsbehörde nachgewiesen haben, dass ihre Aufgaben und Pflichten nicht zu einem Interessenkonflikt führen.

3. Die Akkreditierung von Zertifizierungsstellen nach den Absätzen 1 und 2 erfolgt anhand der Kriterien, die von der gemäß Artikel 55 oder 56 zuständigen Aufsichtsbehörde oder – gemäß Artikel 63 – von dem Ausschuss genehmigt wurden. Im Fall einer Akkreditierung nach Absatz 1 Buchstabe b des vorliegenden Artikels ergänzen diese Anforderungen diejenigen, die in der Verordnung (EG) Nr. 765/2008 und in den technischen Vorschriften, in denen die Methoden und Verfahren der Zertifizierungsstellen beschrieben werden, vorgesehen sind.
4. Die Zertifizierungsstellen nach Absatz 1 sind unbeschadet der Verantwortung, die der Verantwortliche oder der Auftragsverarbeiter für die Einhaltung dieser Verordnung hat, für die angemessene Bewertung, die der Zertifizierung oder dem Widerruf einer Zertifizierung zugrunde liegt, verantwortlich. Die Akkreditierung wird für eine Höchstdauer von fünf Jahren erteilt und kann unter denselben Bedingungen verlängert werden, sofern die Zertifizierungsstelle die Anforderungen dieses Artikels erfüllt.
5. Die Zertifizierungsstellen nach Absatz 1 teilen den zuständigen Aufsichtsbehörden die Gründe für die Erteilung oder den Widerruf der beantragten Zertifizierung mit.
6. Die Anforderungen nach Absatz 3 des vorliegenden Artikels und die Kriterien nach Artikel 42 Absatz 5 werden von der Aufsichtsbehörde in leicht zugänglicher Form veröffentlicht. Die Aufsichtsbehörden übermitteln diese Anforderungen und Kriterien auch dem Ausschuss. Der Ausschuss nimmt alle Zertifizierungsverfahren und Datenschutzsiegel in ein Register auf und veröffentlicht sie in geeigneter Weise.
7. Unbeschadet des Kapitels VIII widerruft die zuständige Aufsichtsbehörde oder die nationale Akkreditierungsstelle die Akkreditie-

Article 92 for the purpose of specifying the requirements to be taken into account for the data protection certification mechanisms referred to in Article 42(1).

9. The Commission may adopt implementing acts laying down technical standards for certification mechanisms and data protection seals and marks, and mechanisms to promote and recognise those certification mechanisms, seals and marks. Those implementing acts shall be adopted in accordance with the examination procedure referred to in Article 93(2).

rung einer Zertifizierungsstelle nach Absatz 1, wenn die Voraussetzungen für die Akkreditierung nicht oder nicht mehr erfüllt sind oder wenn eine Zertifizierungsstelle Maßnahmen ergreift, die nicht mit dieser Verordnung vereinbar sind.

8. Der Kommission wird die Befugnis übertragen, gemäß Artikel 92 delegierte Rechtsakte zu erlassen, um die Anforderungen festzulegen, die für die in Artikel 42 Absatz 1 genannten datenschutzspezifischen Zertifizierungsverfahren zu berücksichtigen sind.

9. Die Kommission kann Durchführungsrechtsakte erlassen, mit denen technische Standards für Zertifizierungsverfahren und Datenschutzsiegel und -prüfzeichen sowie Mechanismen zur Förderung und Anerkennung dieser Zertifizierungsverfahren und Datenschutzsiegel und -prüfzeichen festgelegt werden. Diese Durchführungsrechtsakte werden gemäß dem in Artikel 93 Absatz 2 genannten Prüfverfahren erlassen.

§ 39 BDSG-neu

Akkreditierung

Die Erteilung der Befugnis, als Zertifizierungsstelle gemäß Artikel 43 Absatz 1 Satz 1 der Verordnung (EU) 2016/679 tätig zu werden, erfolgt durch die für die datenschutzrechtliche Aufsicht über die Zertifizierungsstelle zuständige Aufsichtsbehörde des Bundes oder der Länder auf der Grundlage einer Akkreditierung durch die Deutsche Akkreditierungsstelle. § 2 Absatz 3 Satz 2, § 4 Absatz 3 und § 10 Absatz 1 Satz 1 Nummer 3 des Akkreditierungsstellengesetzes finden mit der Maßgabe Anwendung, dass der Datenschutz als ein dem Anwendungsbereich des § 1 Absatz 2 Satz 2 unterfallender Bereich gilt.

Literatur

von Braunmühl, Ansätze zur Ko-Regulierung in der Datenschutz-Grundverordnung, in: PinG 2015, 231; *Frenz*, Selbstverpflichtungen der Wirtschaft, 1. Auflage 2001, Mohr Siebeck Tübingen; *Gola (Hrsg.)*, Datenschutz-Grundverordnung, 1. Auflage 2017, C.H. Beck München; *Hornung/Hartl*, Datenschutz durch Marktanreize – auch in Europa?, in: ZD 2014, 219; *Krings/Mammen*, Zertifizierungen und Verhaltensregeln – Bausteine eines modernen Datenschutzes für die Industrie 4.0, in: RDV 2015, 231; *Kühling/Buchner (Hrsg.)*, Datenschutzgrundverordnung, 1. Auflage 2017, C.H. Beck München; *Paal/Pauly (Hrsg.)*, Datenschutz-Grundverordnung, 1. Auflage 2016, C.H. Beck München; *Plath (Hrsg.)*, BDSG/DSGVO, 2. Auflage 2016, Otto Schmidt Köln; *Roßnagel*, Datenschutz-Audit, in: DuD 1997, 505; *Schmidt-Preuß*, Verwaltung und Verwaltungsrecht zwischen gesellschaftlicher Selbstregulierung und staatlicher Steuerung, in: VVDStRL 56 (1997), 160; *Spindler/Thorun*, Eckpunkte einer digitalen Ordnungspolitik, 2015.

▶ Bedeutung der Norm

Art. 43 regelt die Möglichkeit und Voraussetzungen der Akkreditierung von Zertifizierungsstellen sowie deren Pflichten.

▶ **Hinweise für den Anwender**

Systematische Einordnung der Norm innerhalb der DS-GVO:

- Die Norm ist Teil des Konzepts regulierter Selbstregulierung (Kapitel IV Abschnitt 5 DS-GVO) und bildet eine Einheit mit Art. 42.

▶ **Schlagworte**

Selbstregulierung, Zertifizierung, Zertifizierungsstellen, Akkreditierung, Ko-Regulierung, Regulierte Selbstregulierung

A. Allgemeines

I. Regelungszweck

1 Damit das für Zertifizierungen gewählte Konzept der Ko-Regulierung funktionieren kann, müssen einige organisatorische und prozedurale Grundbedingungen gewährleistet sein. Dem dient die Vorschrift des Art. 43, indem sie eine zeitlich begrenzte Akkreditierung mit einer Reihe von Voraussetzungen für die Akkreditierung von Zertifizierungsstellen verknüpft und den Aufsichtsbehörden darüber hinausgehende Eingriffsmöglichkeiten eröffnet.

2 Art. 43 verlangt für eine funktionierende Zertifizierung insb., dass die privaten Stellen kompetent und unabhängig sind und sieht für diese Prüfung ein Akkreditierungsverfahren vor. Damit werden wesentliche in der Wissenschaft für ein Konzept von Ko-Regulierung geforderte Voraussetzungen erfüllt (für Näheres zum Regulierungskonzept und dem Regelungszweck des Normenkomplexes s. die Kommentierung zu Art. 42 Rn. 1 ff.).[1]

3 Die enge Verzahnung mit staatlicher Aufsicht dient wesentlich auch dem Vertrauen in die Zertifizierung und tritt so einer Befürchtung entgegen, wonach durch private Stellen evtl. nur Gefälligkeitsprüfungen stattfinden könnten.[2] Die Einhaltung der für eine erfolgreiche Ko-Regulierung notwendigen Rahmenbedingungen hinsichtlich Verfahren, Beteiligung und Transparenz[3] kann hierdurch gefördert werden.

1 Vgl. *Spindler/Thorun*, S. 41 ff.
2 Plath, *von Braunmühl*, Art. 43 Rn. 1.
3 *Krings/Mammen*, in: RDV 2015, 231, 234.

II. Normadressaten

Normadressaten sind die Zertifizierungsstellen, die Mitgliedstaaten, die Aufsichtsbehörden, die Europäische Kommission und die Akkreditierungsstellen, bei denen es sich um Aufsichtsbehörden oder nationale Akkreditierungsstellen handeln kann. Während sich Abs. 1 bis 7 primär an Aufsichtsbehörden und Zertifizierungsstellen richten, behandeln Abs. 8 und 9 Rechtsaktbefugnisse der Kommission. 4

III. Systematik

Art. 43 regelt die Anforderungen an die privaten Zertifizierungsstellen, die gem. Art. 42 Zertifizierungen erteilen. Beide Normen zusammen stecken den rechtlichen Rahmen für die Ko-Regulierung von Datenschutzzertifizierungen ab. Ebenso wie Art. 42 regelt die Norm nur Rahmenbedingungen, die einer weiteren Konkretisierung bedürfen. 5

IV. Entstehungsgeschichte

Die einzige mit dem nunmehr vorgesehenen Zertifizierungsverfahren im weiteren Sinne vergleichbare Regelung, § 9a BDSG, stellt selbst keine konkreten Anforderungen an die Prüfung und Bewertung, das Verfahren sowie die Auswahl und Zulassung der Gutachter. Dies sollte gem. § 9a S. 2 BDSG durch besonderes Gesetz geregelt werden, wozu es aber nicht kam. 6

Insofern stellt Art. 43 als Ergänzungsregelung zu Art. 42 ein Novum im deutschen Datenschutzrecht dar. Wesentliche Entscheidungen wurden diesbezüglich erst in den Entwürfen des EP und des Rates getroffen.[4] 7

B. Inhalt der Regelung

I. Akkreditierungsverfahren

1. Zuständigkeit für Akkreditierung privater Stellen (Abs. 1)

Den Mitgliedstaaten obliegt gem. Abs. 1 die Zuweisung der Zuständigkeit für die Akkreditierung von privaten Zertifizierungsstellen. Diese kann nach Abs. 1 S. 2 sowohl der Aufsichtsbehörde als auch einer nationalen Akkreditierungsstelle übertragen werden. Letztere muss gem. der VO (EG) Nr. 765/2008 im Einklang mit EN-ISO/IEC 17065/2012 und den gem. Art. 55 oder 56 von der zuständigen Aufsichtsbehörde festgelegten Anforderungen benannt worden sein. 8

Die Vornahme der Akkreditierung wird als Aufgabe für Aufsichtsbehörden in Art. 57 Abs. 1 lit. q und für den Ausschuss in Art. 70 Abs. 1 S. 2 lit. o festgeschrieben. 9

2. Anforderungen an die Zertifizierungsstelle (Abs. 2)

a) Unabhängigkeit und Fachwissen (Abs. 2 lit. a und e)

Zertifizierungsstellen müssen ihre Unabhängigkeit und ihr Fachwissen hinsichtlich des Gegenstandes der Zertifizierung nachgewiesen haben (Abs. 2 lit. a). Die Norm entspricht dem wortgleichen Art. 41 Abs. 2 lit. a (Rn. 16 f.), der Unabhängigkeit und Fachwissen von den Stellen zur Überwachung von Verhaltensregeln verlangt, und ähnelt Art. 52 Abs. 1 (Rn. 17), der Unabhängigkeit von den Aufsichtsbehörden verlangt. 10

Die Unabhängigkeit kann durch direkte und indirekte mittelbare Beeinflussungen von außen gestört werden (ähnlich gelagert für die Unabhängigkeit von Aufsichtsbehörden nach Art. 53 Abs. 2). 11

---

4 Hierzu näher *Krings/Mammen*, in: RDV 2015, 231, 233.

12 Insb. dürfen die Aufgaben und Pflichten der Zertifizierungsstelle nicht zu einem Interessenkonflikt führen (Abs. 2 lit. e). Diese Verpflichtung unterstreicht das Unabhängigkeitserfordernis des Abs. 2 lit. a. Die Norm entspricht dem Art. 41 Abs. 2 lit. d (Rn. 19), der die Abwesenheit von Interessenkonflikten auch von den Stellen zur Überwachung von Verhaltensregeln verlangt. Auch von den Mitgliedern von Aufsichtsbehörden wird verlangt, dass sie keine inkompatiblen Tätigkeiten ausüben (Art. 52 Abs. 3 (Rn. 19 ff.)). Ein Interessenkonflikt kann angenommen werden, wenn Mitglieder der Zertifizierungsstelle ein eigenes Interesse am wirtschaftlichen Erfolg des zu zertifizierenden Unternehmens haben oder auch in Zukunft von der Beauftragung durch das Unternehmen abhängig sind.[5] Zu den inkompatiblen Tätigkeiten gehören etwa Leitungs- und Aufsichtsfunktionen bei Erwerbsunternehmen, nicht aber unentgeltliche wissenschaftliche Tätigkeiten.[6] Aus Gründen der Rechtssicherheit sollte in engem Verständnis des Wortlauts ein Interessenkonflikt schon bei dessen bloßer Möglichkeit angenommen werden.

13 Mit der Unabhängigkeit wird einer wesentlichen Anforderung an ko-regulative Systeme im Hinblick auf standardsetzende Stellen entsprochen.[7] Für die Akzeptanz des gesamten Verfahrens ist es von entscheidender Bedeutung, dass zumindest punktuell etwa durch externe Gutachter ein hohes Maß an Glaubwürdigkeit geschaffen wird.[8]

14 Die bereits in Abs. 1 angesprochene Voraussetzung, über das „*geeignete* Fachwissen" zu verfügen, stellt einen Hinweis darauf dar, dass Zertifizierungen gerade der Präzisierung der Vorgaben für bestimmte Branchen oder Arten der Verarbeitung dienen sollen. Relevant sind etwa die dortigen technischen Abläufe, erforderlichen IT-Kenntnisse und organisatorischen Strukturen.[9] Dies gilt ebenso wie für Verhaltensregeln, für die der Normtext in Art. 40 Abs. 1 ausdrücklich auf die „Besonderheiten der einzelnen Verarbeitungsbereiche" Bezug nimmt. Deswegen wird auch, sondern gerade das jeweils geeignete Fachwissen verlangt, um die allgemeinen datenschutzrechtlichen Voraussetzungen im Hinblick auf den konkreten Zertifizierungsgegenstand näher ausformen zu können (Abs. 2 lit. a). Es dürfte irrelevant sein, ob das Fachwissen durch eigene Mitarbeiter oder beauftragte Dritte vorgehalten wird, solange das je nötige Niveau eingehalten wird.[10]

b) Einhaltung der Zertifizierungskriterien (Abs. 2 lit. b)

15 Zertifizierungsstellen müssen sich verpflichtet haben, die nach Art. 42 Abs. 5 genehmigten Zertifizierungskriterien einzuhalten. Weil sich eine entsprechende Verpflichtung bereits unmittelbar aus Art. 42 Abs. 5 ergibt und dort über Art. 83 Abs. 4 lit. b mit Geldbußen sanktioniert werden kann, ist die hier normierte Verpflichtung wohl als rein deklaratorisch zu betrachten.[11]

c) Verfahrensfestlegung (Abs. 2 lit. c)

16 Zertifizierungsstellen müssen Verfahren für die Erteilung, die regelmäßige Überprüfung und den Widerruf von Zertifizierungen festgelegt haben. Die Pflicht zur Vorabfestlegung zielt auf ein effizientes, gleichmäßiges Verfahren in der Praxis.[12]

d) Beschwerdemanagement (Abs. 2 lit. d)

17 Zertifizierungsstellen müssen ein wirksames und transparentes Beschwerdeverfahren und -system festlegt haben. Die Norm entspricht Art. 41 Abs. 2 lit. c, der dieselben Anforderungen für

5 *Hornung/Hartl*, in: ZD 2014, 219, 221.
6 Plath, *Hullen*, Art. 52 Rn. 8 f.
7 *Spindler/Thorun*, S. 47 f.
8 *Roßnagel*, in: DuD 1997, 505, 514.
9 Paal/Pauly, *Paal*, Art. 43 Rn. 9.
10 Gola, *Lepperhoff*, Art. 43 Rn. 18.
11 Kühling/Buchner, *Bergt*, Art. 43 Rn. 9.
12 Paal/Pauly, *Paal*, Art. 43 Rn. 11.

Stellen zur Überwachung von Verhaltensregeln aufstellt. Durch diese Anforderung wird einem Hauptkritikpunkt an der Ko-Regulierung begegnet.[13]

3. Festlegung des Akkreditierungsverfahrens (Abs. 3)

Abs. 2 regelt bereits Anforderungen an die private Stelle für eine erfolgreiche Akkreditierung. Diese sind vor dem Hintergrund, dass Datenschutz als Wettbewerbsvorteil notwendig Vertrauen in die Aussagekraft des jeweiligen Zertifikats oder Siegels voraussetzt, von besonderer Relevanz für eine funktionierende Ko-Regulierung.[14] **18**

Abs. 3 verlangt darüber hinaus eine Konkretisierung des Akkreditierungsverfahrens durch die Aufsichtsbehörden oder den Europäischen Datenschutzausschuss. Zu deren Aufgabe wird dies durch Art. 57 Abs. 1 lit. p bzw. Art. 70 Abs. 1 S. 2 lit. p erhoben. Die Kriterien sind nach Abs. 6 in leicht zugänglicher Form zu veröffentlichen sowie an den Europäischen Datenschutzausschuss zu übermitteln, sofern diese von der Aufsichtsbehörde aufgestellt wurden. Zum Inhalt der vorzusehenden Kriterien stellt die Vorschrift keinerlei konkrete Vorgaben auf. Sinnvoll erschiene aber etwa die Involvierung eines unabhängigen Entscheidungsgremiums in Verfahren zum Umgang mit Drittbeschwerden.[15] **19**

Ob der Ausschuss auch im Falle der Genehmigung durch eine Aufsichtsbehörde zumindest eine Stellungnahme abzugeben hat, ist nicht eindeutig geregelt. Eine Zusammenschau des Abs. 3 mit Art. 70 Abs. 1 S. 2 lit. p spricht hierfür.[16] **20**

4. Geltungsdauer der Akkreditierung (Abs. 4 S. 2)

Die Akkreditierung kann für eine Höchstdauer von fünf Jahren erteilt werden (Abs. 4 S. 2 – zur Verlängerungsmöglichkeit s. sogleich Rn. 22). Ebenso wie bei Art. 42 Abs. 7 stellt die Höchstdauer einen Kompromiss zwischen der immer wieder notwendigen Aktualisierung einerseits und Praktikabilitätserwägungen andererseits dar. Im Vergleich zur Zertifizierung selbst ist die Höchstdauer der Akkreditierung um zwei Jahre verlängert angelegt, was im Hinblick auf eine nötige Grundstabilität der Zertifizierungsinstitutionen sinnvoll erscheint. **21**

5. Verlängerung und Widerruf der Akkreditierung (Abs. 4 S. 2 und Abs. 7)

Wenn die Anforderungen für eine Akkreditierung weiterhin vorliegen, kann diese – auch mehrmals[17] um weitere fünf Jahre verlängert werden. Wenn die Anforderungen dagegen nicht oder nicht mehr erfüllt werden oder die Zertifizierungsstelle nicht mit der DS-GVO vereinbare Maßnahmen ergreift, wird die Akkreditierung widerrufen. Dies erfolgt nach dem Wortlaut der Norm im Wege einer gebundenen Entscheidung.[18] Analog zu Überlegungen zu Art. 41 (s. dazu Art. 41 Rn. 26) stellt sich auch i.R.d. Abs. 7 die Frage, ob die Behörde statt eines Akkreditierungswiderrufs nicht auch auf mildere Maßnahmen zurückgreifen und bspw. das vorübergehende Ruhen der Akkreditierung anordnen kann oder zur Wahrung der Verhältnismäßigkeit muss. **22**

6. Befugnisse der Kommission (Abs. 8 und 9)

Die in Art. 43 Abs. 8 und 9 festgeschriebenen Befugnisse der Europäischen Kommission zum Erlass von Rechtsakten gem. Art. 290 AEUV zur Konkretisierung des Zertifizierungsverfahrens, zu technischen Standards und zu Mechanismen zur Förderung und Anerkennung der Verfahren werden in EG 166, 167 und 168 aufgegriffen. Delegierte Rechtsakte nach Abs. 8 und Art. 92 können demgemäß in Bezug auf die für Zertifizierungsverfahren geltenden Kriterien und Anforderungen erlassen werden. Dafür soll die Kommission im Zuge ihrer Vorbereitungsarbeit ange- **23**

13 *Frenz*, S. 59; *Schmidt-Preuß*, in: VVDStRL 56 (1997), 160, 219 f.
14 Vgl. *Hornung/Hartl*, in: ZD 2014, 219, 221.
15 Plath, *von Braunmühl*, Art. 43 Rn. 5.
16 So Kühling/Buchner, *Bergt*, Art. 43 Rn. 6.
17 Paal/Pauly, *Paal*, Art. 43 Rn. 18.
18 Wolff/Brink, *Eckhardt*, Art. 43 DS-GVO Rn. 38.

messene Konsultationen, auch auf der Ebene von Sachverständigen, durchführen. Der Konkretisierung kommt besondere Bedeutung zu, da die DS-GVO nur wenige eigene Vorgaben macht und es etwa an Kriterien für einen Widerruf von Akkreditierungen fehlt. Insofern erscheint auch zweifelhaft, ob die für eine Befugnis zum Erlass delegierter Rechtsakte zu stellenden Anforderungen erfüllt sind (s. dazu ausführlich Kommentierung zu Art. 92 Rn. 7 ff.). Es ließe sich nämlich durchaus daran zweifeln, ob es sich bei den von der Kommission zu treffenden Regelungen noch um gem. Art. 290 AEUV „nicht wesentliche Vorschriften des betreffenden Gesetzgebungsaktes" (also hier der DS-GVO) handelt.

II. Aufgaben und Befugnisse der Zertifizierungsstellen

24 Akkreditierte Stellen können Zertifizierungen erteilen (Abs. 1 S. 1; Art. 42 Abs. 5 S. 1) und verlängern (Abs. 1 S. 1). Sie können Zertifizierungen widerrufen (Art. 42 Abs. 7 S. 2). Sie sind für die angemessene Bewertung, die der Zertifizierung oder dem Widerruf einer Zertifizierung zugrunde liegt, verantwortlich (Abs. 4 S. 1). Der umfassende Wortlaut wird so zu verstehen sein, dass er sowohl die Entscheidung über die Erteilung als auch über die Verlängerung einer Zertifizierung umfasst.[19]

25 Die Aufsichtsbehörde ist durch die Zertifizierungsstelle, bevor diese tätig wird, über folgende Gesichtspunkte zu informieren:

- Erteilung einer Zertifizierung (Abs. 1 S. 1)
- Gründe für die Erteilung einer Zertifizierung (Abs. 5)
- Verlängerung einer Zertifizierung (Abs. 1 S. 1)
- Gründe für den Widerruf einer Zertifizierung (Abs. 5)

26 Gemeinsam sorgen diese Unterrichtungspflichten für einen Informationsfluss zwischen Zertifizierungsstelle und Aufsichtsbehörde, der eine effektive Kontrolle der Aufsichtsbehörde über die Entscheidungen der Zertifizierungsstelle ermöglicht, also gewissermaßen die Regulierung der Selbstregulierung. An dieser Stelle wird erneut das verzahnte Ko-Regulierungssystem deutlich, das sich nicht nur in der Akkreditierung der privaten Stelle erschöpft, sondern auch in der fortlaufenden Kontrolle.

27 Es fällt auf, dass die Aufsichtsbehörde über die etwaige Verweigerung einer Zertifikatserteilung nicht informiert werden muss. Dies wird damit zusammenhängen, dass Art. 58 Abs. 2 lit. h der Aufsichtsbehörde keine Befugnis zur Ersetzung gibt, also die Zertifizierungsstelle anzuweisen, die Zertifizierung zu erteilen. Eine Information der Aufsichtsbehörde durch die Zertifizierungsstelle würde somit für den Antragsteller kein Verbesserungspotential bergen. Gleichzeitig wird aber so vermieden, dass Hinweise auf mögliche datenschutzrechtliche Unzulänglichkeiten der für eine Zertifizierung vorgesehenen Datenverarbeitungsvorgänge offengelegt werden. Als Konsequenz sinkt das mit der Beantragung eines Zertifikats verbundene Risiko und wird der Anreiz auf Seiten der Verantwortlichen und Auftragsverarbeiter für eine Teilnahme am Zertifizierungssystem gestärkt.

C. Weitere Auswirkungen der Verordnung in der Praxis

I. Voraussichtliche Auswirkungen auf das nationale Recht

28 In § 39 BDSG-neu ist vorgesehen, dass die Akkreditierung der Zertifizierungsstellen durch die Aufsichtsbehörden auf Grundlage einer Akkreditierung durch die Deutsche Akkreditierungsstelle erfolgt (s. Art. 42 Rn. 47).

19 Paal/Pauly, *Paal*, Art. 43 Rn. 17.

II. Sanktionen

Indem Abs. 7 den Widerruf der Akkreditierung „unbeschadet des Kapitels VIII" regelt, wird die Anwendbarkeit der Rechtsbehelfs-, Haftungs- und Sanktionsnormen klargestellt und damit die Befugnis, zusätzlich zum Akkreditierungswiderruf Sanktionen zu verhängen. Insofern entspricht der Wortlaut dem des Art. 41 Abs. 4. Gem. Art. 83 Abs. 4 können somit bei Verstößen gegen die Pflichten der Verantwortlichen und der Auftragsverarbeiter nach Art. 43 (lit. a) bzw. gegen die Pflichten der Zertifizierungsstelle nach Art. 43 (lit. b) entsprechende Geldbußen auferlegt werden. **29**

III. Rechtsschutz

Zertifizierungsstellen steht gem. Art. 78 Abs. 1 unbeschadet anderweitiger verwaltungsrechtlicher oder außergerichtlicher Rechtsbehelfe das Recht auf einen wirksamen gerichtlichen Rechtsbehelf gegen die auf Grundlage des Art. 43 ergangenen und sie betreffenden Beschlüsse einer Aufsichtsbehörde zu. Hierfür ist in Deutschland nach gem. § 20 Abs. 1 S. 1 BDSG-neu der Verwaltungsrechtsweg eröffnet. **30**

Kapitel V Übermittlungen personenbezogener Daten an Drittländer oder an internationale Organisationen

Chapter V Transfer of personal data to third countries or international organisations

Article 44

General principles for transfers

Any transfer of personal data which are undergoing processing or are intended for processing after transfer to a third country or to an international organisation shall take place only if, subject to the other provisions of this Regulation, the conditions laid down in this Chapter are complied with by the controller and processor, including for onward transfers of personal data from the third country or an international organisation to another third country or to another international organisation. All provisions in this Chapter shall be applied in order to ensure that the level of protection of natural persons guaranteed by this Regulation is not undermined.

Artikel 44

Allgemeine Grundsätze der Datenübermittlung

Jedwede Übermittlung personenbezogener Daten, die bereits verarbeitet werden oder nach ihrer Übermittlung an ein Drittland oder eine internationale Organisation verarbeitet werden sollen, ist nur zulässig, wenn der Verantwortliche und der Auftragsverarbeiter die in diesem Kapitel niedergelegten Bedingungen einhalten und auch die sonstigen Bestimmungen dieser Verordnung eingehalten werden; dies gilt auch für die etwaige Weiterübermittlung personenbezogener Daten durch das betreffende Drittland oder die betreffende internationale Organisation an ein anderes Drittland oder eine andere internationale Organisation. Alle Bestimmungen dieses Kapitels sind anzuwenden, um sicherzustellen, dass das durch diese Verordnung gewährleistete Schutzniveau für natürliche Personen nicht untergraben wird.

Recitals

(101) Flows of personal data to and from countries outside the Union and international organisations are necessary for the expansion of international trade and international cooperation. The increase in such flows has raised new challenges and concerns with regard to the protection of personal data. However, when personal data are transferred from the Union to controllers, processors or other recipients in third countries or to international organisations, the level of protection of natural persons ensured in the Union by this Regulation should not be undermined, including in cases of onward transfers of personal data from the third country or international organisation to controllers, processors in the same or another

Erwägungsgründe

(101) Der Fluss personenbezogener Daten aus Drittländern und internationalen Organisationen und in Drittländer und internationale Organisationen ist für die Ausweitung des internationalen Handels und der internationalen Zusammenarbeit notwendig. Durch die Zunahme dieser Datenströme sind neue Herausforderungen und Anforderungen in Bezug auf den Schutz personenbezogener Daten entstanden. Das durch diese Verordnung unionsweit gewährleistete Schutzniveau für natürliche Personen sollte jedoch bei der Übermittlung personenbezogener Daten aus der Union an Verantwortliche, Auftragsverarbeiter oder andere Empfänger in Drittländern oder an internationale Organisationen nicht untergraben wer-

third country or international organisation. In any event, transfers to third countries and international organisations may only be carried out in full compliance with this Regulation. A transfer could take place only if, subject to the other provisions of this Regulation, the conditions laid down in the provisions of this Regulation relating to the transfer of personal data to third countries or international organisations are complied with by the controller or processor.

den, und zwar auch dann nicht, wenn aus einem Drittland oder von einer internationalen Organisation personenbezogene Daten an Verantwortliche oder Auftragsverarbeiter in demselben oder einem anderen Drittland oder an dieselbe oder eine andere internationale Organisation weiterübermittelt werden. In jedem Fall sind derartige Datenübermittlungen an Drittländer und internationale Organisationen nur unter strikter Einhaltung dieser Verordnung zulässig. Eine Datenübermittlung könnte nur stattfinden, wenn die in dieser Verordnung festgelegten Bedingungen zur Übermittlung personenbezogener Daten an Drittländer oder internationale Organisationen vorbehaltlich der übrigen Bestimmungen dieser Verordnung von dem Verantwortlichen oder dem Auftragsverarbeiter erfüllt werden.

(102) This Regulation is without prejudice to international agreements concluded between the Union and third countries regulating the transfer of personal data including appropriate safeguards for the data subjects. Member States may conclude international agreements which involve the transfer of personal data to third countries or international organisations, as far as such agreements do not affect this Regulation or any other provisions of Union law and include an appropriate level of protection for the fundamental rights of the data subjects.

(102) Internationale Abkommen zwischen der Union und Drittländern über die Übermittlung von personenbezogenen Daten einschließlich geeigneter Garantien für die betroffenen Personen werden von dieser Verordnung nicht berührt. Die Mitgliedstaaten können völkerrechtliche Übereinkünfte schließen, die die Übermittlung personenbezogener Daten an Drittländer oder internationale Organisationen beinhalten, sofern sich diese Übereinkünfte weder auf diese Verordnung noch auf andere Bestimmungen des Unionsrechts auswirken und ein angemessenes Schutzniveau für die Grundrechte der betroffenen Personen umfassen.

Literatur

Themenpapier „Binnenmarkt jenseits der EU-Grenzen: EWR und Schweiz" der GD Interne Politikbereiche im Europäischen Parlament von Januar 2010, IP/A/IMCO/NT/2009-13.

Bedeutung der Norm

Art. 44 stellt vor die Klammer gezogen klar, dass Datenübermittlungen an Drittstaaten oder an internationale Organisationen nur unter den zusätzlichen Voraussetzungen des Kapitels V vorgenommen werden dürfen. Eine Drittstaatsübermittlung erfasst sowohl die Übermittlung an Empfänger in Drittländern oder an internationale Organisationen sowie die Weiterübermittlung aus einem Drittland oder von einer internationalen Organisation in demselben oder einem anderen Drittland oder an dieselbe oder eine andere internationale Organisation.

Hinweise für den Anwender

Hinweis auf für die Norm relevante Definitionen:

- Art. 4 Nr. 1, 2, 7, 8, 26.

Für die Auslegung der Norm relevante Erwägungsgründe:
- EG 101, 102.

Systematische Einordnung der Norm innerhalb der DS-GVO:
- Art. 44 stellt vor die Klammer gezogen klar, dass bei sämtlichen Drittstaatsübermittlungen die zusätzlichen Regelungen des Kapitels V einzuhalten sind.

Querbezüge zu anderen Normen:
- Art. 3, 13, 14, andere Artikel im Kapitel V.

Leitentscheidungen:
- Europäischer Gerichtshof, Urteil vom 6.10.2015, Rs. C-362/14 (Maximilian Schrems ./. Data Protection Commissioner).
- Europäischer Gerichtshof, Urteil vom 6.11.2003, Rs. C-101/01 (Bodil Lindqvist).

Schlagworte

Datenübermittlung in Drittstaaten; Einhaltung der Bedingungen des Kapitels V; Weiterübermittlung/„onward transfers"; Schutzniveau.

A. Allgemeines

I. Regelungszweck

Art. 44 legt als präventives Verbot mit Erlaubnisvorbehalt das generelle Prinzip fest, dass Datenübermittlungen an Drittstaaten oder an internationale Organisationen nur unter den zusätzlichen Voraussetzungen des Kapitels V vorgenommen werden dürfen. Will ein Datenverarbeiter Daten an einen Drittstaat oder an eine internationale Organisation übermitteln, ist es demnach nicht ausreichend, dass ihm grundsätzlich eine Rechtsgrundlage für die Datenverarbeitung nach Art. 6 zur Verfügung steht. Bei einer Übermittlung an einen Drittstaat oder an eine internationale Organisation sind zusätzlich die Voraussetzungen des Kapitels V zu erfüllen. Die zusätzlichen Voraussetzungen sollen sicherstellen, dass der Schutz des Betroffenen nicht dadurch abgesenkt wird, dass seine Daten die Union und den durch die DS-GVO vorgegebenen hohen Schutzstandard verlassen. 1

II. Normadressaten

Normadressaten des Kapitels V sind grundsätzlich alle Datenverarbeiter, sowohl Verantwortliche als auch Auftragsverarbeiter, die Daten an einen Drittstaat oder an eine internationale Organisation übermitteln oder aus einem Drittstaat oder von einer internationalen Organisation in demselben oder einem anderen Drittstaat oder an dieselbe oder eine andere internationale Organisation weiterübermitteln (vgl. EG 101). Zum Verhältnis des Kapitels V zum Marktortprinzip vgl. Rn. 4 ff. bei Art. 3. 2

3 Bei einzelnen Tatbeständen, namentlich in Art. 49, wird konkret der Verantwortliche angesprochen (s. insofern bei den einzelnen Tatbeständen).

4 Es findet grundsätzlich keine Unterscheidung zwischen öffentlichen und nicht öffentlichen Stellen statt. Es kommt auch nicht darauf an, ob der Empfänger eine öffentliche oder nicht öffentliche Stelle bzw. ein Verantwortlicher oder ein Auftragsverarbeiter ist. EG 101 stellt klar, dass „das durch diese Verordnung unionsweit gewährleistete Schutzniveau (...) bei der Übermittlung an Verantwortliche, Auftragsverarbeiter oder andere Empfänger in Drittländern oder an internationale Organisationen nicht untergraben werden" soll.

III. Systematik

5 Art. 44 stellt vor die Klammer gezogen klar, dass bei sämtlichen Drittstaatsübermittlungen die zusätzlichen Regelungen des Kapitels V einzuhalten sind. Wie allgemein im europäischen Datenschutzrecht üblich, folgt auch die Drittstaatenübermittlung dem Grundsatz Verbot mit Erlaubnisvorbehalt, d.h., grundsätzlich ist die Übermittlung verboten, es sei denn, es liegt eine der (zusätzlichen) Voraussetzungen des Kapitels V vor.

6 Das Kapitel V folgt der gleichen Systematik wie schon die RL 95/46. Danach darf eine Übermittlung an einen Drittstaat oder eine internationale Organisation vorgenommen werden, wenn diese ein angemessenes Datenschutzniveau bieten (Art. 45). Die Angemessenheit des Datenschutzniveaus stellt die KOM in einem Angemessenheitsbeschluss fest (vgl. im Einzelnen bei Art. 45). Liegt zu einem Drittstaat oder einer internationalen Organisation kein Angemessenheitsbeschluss vor, dürfen Daten nur bei Vorliegen geeigneter Garantien übermittelt werden, insb. Standarddatenschutzklauseln oder verbindliche interne Datenschutzvorschriften (vgl. im Einzelnen bei Art. 46 und 47). Liegen auch keine geeigneten Garantien vor, dürfen Daten im Einzelfall dennoch übermittelt werden, wenn einer der Ausnahmetatbestände des Art. 49 eingreift. Art. 49 enthält weitere Tatbestände, die eine Übermittlung in bestimmten Fällen erlauben, z.B. die Einwilligung des Betroffenen oder unter engen Voraussetzungen ein zwingendes berechtigtes Interesse des Verantwortlichen (vgl. im Einzelnen bei Art. 49).

7 Nach der Systematik des Kapitels V müsste ein Datenverarbeiter demnach zuerst prüfen, vorausgesetzt, ihm steht überhaupt eine Rechtsgrundlage für die Datenverarbeitung nach Art. 6 zur Verfügung, ob zu dem Drittstaat oder der internationalen Organisation, wohin er Daten übermitteln will, ein Angemessenheitsbeschluss vorliegt. Ist dies nicht der Fall, sollten geeignete Garantien gegeben sein. Liegen auch diese nicht vor, kann der Datenverarbeiter prüfen, ob einer der Tatbestände des Art. 49 für seine Datenübermittlung in Betracht kommt. Art. 49 ist als Ausnahmevorschrift konzipiert, wird jedoch in der Praxis häufig als Übermittlungsgrundlage herangezogen werden. Insb. für kleinere Unternehmen und/oder Unternehmen, die nur gelegentlich Daten in Drittstaaten übermitteln bzw. an wechselnde Empfänger, ist die Sicherstellung geeigneter Garantien mit einem erhöhten Aufwand verbunden, der sich oft nicht rechnen wird.

8 Insofern muss man sich fragen, ob die Reform nicht eine gute Gelegenheit gewesen wäre, die Systematik der Regelungen zu den Drittstaatsübermittlungen und damit das Regel-Ausnahme-Verhältnis zu überdenken. Nicht zuletzt, da es nach 20 Jahren Geltung der RL 95/46 nur wenige Angemessenheitsbeschlüsse der KOM gibt, die z.T. nicht unbedingt die wesentlichen EU-Handelspartner betreffen[1] und die z.T. nur für bestimmte Bereiche gelten (vgl. bei Art. 45), scheint der Vorrang der Angemessenheitsbeschlüsse überholt.

---

1 „Andorra, Argentina, Canada (commercial organisations), Faeroe Islands, Guernsey, Israel, Isle of Man, Jersey, New Zealand, Switzerland and Uruguay" zzgl. USA im Rahmen des „Privacy Shields" (Stand: 2.8.2016).

IV. Entstehungsgeschichte

1. Bisherige europäische Vorgaben

Die RL 95/46 regelt in ihren Art. 25 und 26 die Datenübermittlung in Drittstaaten. Eine dem Art. 44 vergleichbare Regelung, die das Grundprinzip darlegt, enthält die RL nicht. 9

2. Bisherige nationale Vorgaben

Das bislang geltende BDSG setzt die Vorgaben der RL 95/46 zu Drittstaatsübermittlungen in den §§ 4b und 4c um. Eine dem Art. 44 vergleichbare „Prinzipklausel" enthält auch das BDSG nicht. 10

3. Verhandlungen zur Datenschutz-Grundverordnung

Die von KOM in ihrem Entwurf vorgesehene Klarstellung des Grundprinzips der Anwendbarkeit des Kapitels V bei Drittstaatsübermittlungen (Art. 40 im KOM-Entwurf[2]) hatte der Rat in seiner allgemeinen Ausrichtung[3] gestrichen. In der Tat stellt sich die Frage nach dem Mehrwert dieser Regelung, die keinen echten eigenen Inhalt hat. Sie ist eine reine Klarstellung, die vermutlich in den EG ausgereicht hätte. Doch statt den Artikel zu streichen, haben sich Rat und EP im informellen Trilog sogar darauf geeinigt, den Artikel noch zu ergänzen. Den letzten Satz „Alle Bestimmungen dieses Kapitels sind anzuwenden, um sicherzustellen, dass das durch diese Verordnung gewährleistete Schutzniveau für natürliche Personen nicht untergraben wird" hatte weder KOM in ihrem Entwurf vorgesehen noch das EP in seinem Standpunkt[4]. In seinem sogenannten „Safe Harbor"-Urteil vom 6.10.2015[5] hatte sich der EuGH mit den Drittstaatsübermittlungsregelungen der RL 95/46 befasst und im Ergebnis die Entscheidung der KOM zur Angemessenheit des Datenschutzniveaus in den USA („Safe Harbor") für unwirksam erklärt (vgl. im Einzelnen bei Art. 45). Die Ergänzung ist als Reaktion auf diese Entscheidung zu sehen. 11

B. Inhalt der Regelung

I. Datenübermittlung an einen Drittstaat oder an eine internationale Organisation

1. Drittstaat oder internationale Organisation

Kapitel V findet Anwendung, wenn eine Datenübermittlung an einen Drittstaat oder an eine internationale Organisation erfolgen soll. 12

An einen Drittstaat bedeutet dabei jedoch nicht eine Datenübermittlung an den Staat, vertreten durch die jeweilige Regierung, sondern muss als „in" den Drittstaat, d.h. an einen Datenverarbeiter in dem Drittstaat gelesen werden. Im englischen Text heißt es „to a third country". Der englische Text entspricht insoweit der RL 95/46; auch dort heißt es in Art. 25, 26 „to a third country". In der deutschen Fassung der RL 95/46 wird „to a third country" noch mit „in ein Drittland" übersetzt. Sinnvollerweise sollte es in der deutschen Übersetzung der DS-GVO ebenfalls „in ein Drittland" heißen.[6] Es ist jedenfalls kein Grund ersichtlich, dass insofern eine inhaltliche Änderung gegenüber der RL 95/46 gewollt war, zumal als Referenztext die englische Fassung gilt, die insoweit mit der RL 95/46 wortgleich ist. 13

Drittstaat ist zunächst jedes Land außerhalb der Europäischen Union. Die EWR-Staaten Island, Norwegen und Liechtenstein können im Gemeinsamen EWR-Ausschuss die Aufnahme der DS- 14

---

2 KOM(2012)11 endgültig v. 25.1.2012.
3 Rats-Dok. Nr. 9565/15 v. 11.6.2015.
4 Standpunkt festgelegt in erster Lesung a, 12.3.2014, P7_TC1-COD(2012)0011.
5 EuGH, Urt. v. 6.10.2015, Rs. C-362/14 (Maximilian Schrems ./. Data Protection Commissioner).
6 In den folgenden Kommentierungen der Artikel im Kapitel V wird die Formulierung „in" einen Drittstaat verwendet.

GVO in das EWR-Abkommen beschließen; sie ist dann von den Vertragsparteien umzusetzen[7]. Nach der Aufnahme in das EWR-Abkommen wären Island, Norwegen und Liechtenstein – wie bisher auch – ebenfalls nicht als Drittstaaten im Sinne des Kapitels V anzusehen[8].

15 Die internationale Organisation ist in Art. 4 Abs. 26 legal definiert als „eine völkerrechtliche Organisation und ihre nachgeordneten Stellen oder jede sonstige Einrichtung, die durch eine zwischen zwei oder mehr Ländern geschlossene Übereinkunft oder auf der Grundlage einer solchen Übereinkunft geschaffen wurde".

2. Übermittlung an den Drittstaat oder die internationale Organisation

16 Fraglich ist, wann eine Übermittlung in einen Drittstaat vorliegt. Übermittlung ist eine Form der Verarbeitung, die nur mittelbar überhaupt als solche erwähnt (vgl. Art. 4 Nr. 2: „Verarbeitung" = u.a. „Offenlegung durch Übermittlung"), jedoch nicht explizit definiert wird. Noch weniger definiert die DS-GVO die „Drittstaatsübermittlung". Unter Zugrundelegung der Erwägungen in EG 101 ist eine Drittstaatsübermittlung und damit die Anwendbarkeit der Regelungen des Kapitels V anzunehmen bei der „Übermittlung an Verantwortliche, Auftragsverarbeiter oder andere Empfänger in Drittländern oder an internationale Organisationen" sowie bei der „Weiterübermittlung aus einem Drittland oder von einer internationalen Organisation in demselben oder einem anderen Drittland oder an dieselbe oder eine andere internationale Organisation".

17 In der konkreten Anwendung stellt sich jedoch bspw. die Frage, wann im Zusammenhang mit der Veröffentlichung bzw. Kommunikation von Daten im Internet eine Datenübermittlung in einen Drittstaat vorliegt:

a) Besonderheit: Veröffentlichung im Internet

18 In seiner sogenannten „Lindqvist"-Entscheidung[9] stellt der EuGH fest, dass keine Drittstaatsübermittlung im Sinne der RL 95/46 vorliegt, „wenn eine sich in einem Mitgliedstaat aufhaltende Person in eine Internetseite, die bei ihrem in demselben oder einem anderen Mitgliedstaat ansässigen Host-Service-Provider gespeichert ist, personenbezogene Daten aufnimmt und diese damit jeder Person, die eine Verbindung zum Internet herstellt, einschließlich Personen in Drittländern, zugänglich macht"[10]. Im vorliegenden Fall hatte Frau Lindqvist als Katechetin ihrer Gemeinde Internetseiten eingerichtet, die, unter Nennung z.T. des vollständigen Namens, z.T. nur des Vornamens, Informationen über sie und 18 ihrer Arbeitskollegen der Gemeinde enthielten.

19 Legt man diese Rechtsprechung zugrunde, ist davon auszugehen, dass die eigentliche Veröffentlichung von Daten im Internet („in eine Internetseite [...] aufnimmt und diese damit jeder Person, die eine Verbindung zum Internet herstellt, einschließlich Personen in Drittländern, zugänglich macht") grundsätzlich noch keine Datenübermittlung in einen Drittstaat darstellen soll.

20 Zu beachten ist allerdings, dass der EuGH seine Überlegungen damit beginnt, dass die RL 95/46 im Kapitel mit den Drittstaatsregelungen „keine Bestimmung über die Benutzung des Internets enthält"[11]. „Angesichts des Entwicklungsstandes zur Zeit der Ausarbeitung der RL 95/46 und des Fehlens von Kriterien für die Internetbenutzung im Kapitel IV dieser RL kann nicht angenommen werden, dass der Gemeinschaftsgesetzgeber unter den Begriff ‚Übermittlung von Daten in ein Drittland' im Vorgriff auch den Vorgang fassen wollte, dass eine Person in der Lage von Frau Lindqvist Daten in eine Internetseite aufnimmt, auch wenn diese Daten dadurch Personen aus Drittländern zugänglich gemacht werden, die über die technischen Mittel für diesen Zugang verfügen."[12]

---

7 Vgl. Themenpapier „Binnenmarkt jenseits der EU-Grenzen: EWR und Schweiz" der GD Interne Politikbereiche im Europäischen Parlament von Januar 2010, IP/A/IMCO/NT/2009-13, S. 14.
8 Vgl. Beschluss zur RL 95/46 vom 25.6.1999, ABl. EU 2000 L 296,41.
9 EuGH, Urt. v. 6.11.2003, Rs. C-101/01 (Bodil Lindqvist).
10 EuGH, Urt. v. 6.11.2003, Rs. C-101/01 (Bodil Lindqvist), Rn. 71.
11 EuGH, Urt. v. 6.11.2003, Rs. C-101/01 (Bodil Lindqvist), Rn. 67.
12 EuGH, Urt. v. 6.11.2003, Rs. C-101/01 (Bodil Lindqvist), Rn. 68.

„Angesichts des Entwicklungsstandes zur Zeit der Ausarbeitung der RL", d.h. Anfang/Mitte der 90er-Jahre des vergangenen Jahrhunderts – in dieser Zeit fing die breite private Nutzung des Internets gerade erst an. Heute ist die Situation jedoch eine andere, die technische Entwicklung und das Nutzerverhalten (web 2.0) gerade in diesem Bereich hat seit 1995 große Sprünge gemacht. Eine entsprechende Auslegung der relevanten Bestimmungen mit der Begründung, dass angesichts des Entwicklungsstandes zur Zeit ihrer Ausarbeitung nicht angenommen werden könne, dass der Gemeinschaftsgesetzgeber unter den Begriff „Übermittlung von Daten in ein Drittland" auch Veröffentlichungen im Internet fassen wollte, ist nicht mehr möglich. Insofern stellt sich die Frage, ob man nicht im Rahmen der DS-GVO davon ausgehen muss, dass der Gesetzgeber – wissend um die Rechtsprechung des EuGH – entsprechende Vorgänge bewusst nicht explizit geregelt hat, weil er wollte, dass die Regelungen zu Drittstaatsübermittlungen auf sie Anwendung finden. Möglich ist aber auch, dass er es nicht für erforderlich gehalten hat, in der Erwartung, die Auslegung des EuGH zur RL würde entsprechend für die DS-GVO gelten. **21**

Angesichts der praktischen Konsequenzen, wenn jede Veröffentlichung im Internet als Übermittlung in einen Drittstaat gelten würde und dementsprechend das Kapitel V Anwendung fände, erscheint es zwar wahrscheinlicher, dass der Gesetzgeber auf die Weitergeltung der Auslegung des EuGH vertraut hat. Allerdings sind damit die Wertungswidersprüche evident. Denn eine Veröffentlichung bzw. die Möglichkeit des Abrufs für jedermann weltweit, ist gegenüber einer ausschließlich an einen konkreten Empfänger gerichteten nicht-öffentlichen Übermittlung aus Sicht des Betroffenen regelmäßig der schwerere Grundrechtseingriff. Wie oben bereits erläutert, wäre die Reform die Gelegenheit gewesen, die Systematik der Regelungen zu den Drittstaatsübermittlungen insgesamt zu überdenken (Rn. 8). Es ist nicht zuletzt wegen der auch hier auftretenden Unsicherheiten und Wertungswidersprüche bedauerlich, dass der Gesetzgeber diese Chance ungenutzt hat verstreichen lassen. Im Übrigen ist nicht abzusehen, ob der EuGH angesichts seiner Rechtsprechung in den vergangenen Jahren, sollte er sich mit dieser Frage im Zusammenhang mit der DS-GVO befassen müssen, wieder ebenso entscheiden würde wie noch 2003. **22**

b) Besonderheit: E-Mail-Kommunikation

E-Mails lassen sich jederzeit und grundsätzlich von überallher abrufen. Man benötigt lediglich ein entsprechendes Gerät (Computer, Laptop, Smartphone etc.) und einen Internetzugang. Es stellt sich die Frage, ob eine Drittstaatsübermittlung vorliegt, wenn der Empfänger der E-Mail, der seinen gewöhnlichen Aufenthalt innerhalb der Union hat, sich zum Zeitpunkt des Abrufs in einem Drittstaat aufhält: **23**

Natürliche Personen im privaten Umfeld werden in der Regel unter die Haushaltsausnahme (Art. 2 Abs. 2 lit. c) fallen, sodass sich die Frage in dem Zusammenhang nicht stellt. **24**

Aber gerade im geschäftlichen Kommunikationsverkehr wird der Fall nicht so selten auftreten, wenn der Empfänger der E-Mail sich bspw. auf Geschäftsreise in einem Drittstaat befindet:

Oftmals wird aber der Absender der E-Mail gar nicht wissen, wo der Empfänger sich aufhält und dass er sich ggf. in einem Drittstaat befinden könnte. Dementsprechend kann ihm kaum zugemutet werden, für den Fall entsprechende Vorkehrungen zu treffen und die Regelungen des Kapitels V einzuhalten. **25**

Fraglich ist, ob eine andere Betrachtung gerechtfertigt wäre, wenn der Absender Kenntnis vom gegenwärtigen Aufenthalt des Empfängers in einem Drittstaat hat. Einerseits befindet sich der Empfänger zum Zeitpunkt des Abrufs zwar in dem Drittstaat, was dafür sprechen könnte, zum Schutz der Betroffenen die Anwendbarkeit des Kapitels V zu verlangen. Andererseits wird es in der Regel vom Zufall abhängen, dass der – ansonsten in der Union ansässige – Empfänger sich zum Zeitpunkt des (beabsichtigten) E-Mail-Verkehrs in einem Drittstaat aufhält. In der Praxis wird es oft gar nicht möglich sein, kurzfristig die entsprechenden Bedingungen herzustellen. Befindet sich der Empfänger nicht gerade in einem Drittstaat mit Angemessenheitsbeschluss, sodass ohnehin keine weiteren Voraussetzungen mehr beachtet werden müssten, wird man auf die **26**

Schnelle kaum zusätzliche Garantien vorsehen können. Bis man z.B. eine Einwilligung des/der Betroffenen eingeholt hat, wird der Empfänger oftmals schon wieder zurück sein.

27 Angesichts dieser Fragen wären klarere Regeln oder wenigstens entsprechende Erläuterungen in den Erwägungsgründen angebracht gewesen.

c) Besonderheit: Routing

28 Diskussionswürdig im Zusammenhang mit der Übermittlung erscheint auch das Thema Routing. Server stehen in der Regel nicht am gleichen Standort, an dem sich der Absender befindet. Die Daten werden auch nicht auf dem direkten Weg übermittelt, sondern machen oftmals „eine Weltreise". Eine E-Mail von einem Absender in Hamburg an einen Empfänger in München kann auf ihrem Weg dorthin eine Vielzahl von Drittstaaten „durchqueren", ohne dass dies vom Absender beeinflussbar oder ihm auch nur bekannt wäre. Andererseits ist sie auf ihrem Weg möglicherweise dem Zugriff durch Drittstaaten ausgeliefert. Dies sollte im Ergebnis aber keinen Unterschied machen. Es sollte bei der Beurteilung, ob eine Drittstaatsübermittlung vorliegt, immer auf den Absender und den Empfänger ankommen, insb. da diese absolut keinen Einfluss auf den Weg der Übermittlung haben.

II. Einhaltung der Bedingungen des Kapitels V und der übrigen DS-GVO

29 Der Datenverarbeiter, der Daten in einen Drittstaat übermitteln will, darf dies nur unter den Voraussetzungen des Kapitels V. Dies entlässt ihn jedoch nicht von seinen Verpflichtungen, die ihm die übrigen Regelungen der DS-GVO auferlegen. Die DS-GVO findet voll Anwendung, d.h., der Datenverarbeiter hat sich bei der Datenübermittlung neben Kapitel V an alle Bestimmungen der DS-GVO zu halten. Das betrifft insb. die Erforderlichkeit des Vorliegens einer Rechtsgrundlage für die Verarbeitung bzw. Übermittlung. Diese findet sich als solche nicht im Kapitel V, sondern in den allgemeinen Bestimmungen der DS-GVO in Art. 6 (ggf. i.V.m. Art. 9). Die Bedingungen des Kapitels V sind zusätzlich einzuhalten. Für den Datenverarbeiter bedeutet das, dass er vor der Datenübermittlung die Rechtmäßigkeit quasi in zwei Schritten prüfen muss. Erster Schritt: Steht mir für die Verarbeitung bzw. Übermittlung eine Rechtsgrundlage in Art. 6 (ggf. i.V.m. Art. 9) zur Verfügung? Wenn ja, zweiter Schritt: Erfülle ich die zusätzlichen Voraussetzungen des Kapitels V?[13]

III. „Onward Transfers"

30 Art. 44 hebt die Weiterübermittlung, die sogenannten „onward transfers", besonders hervor. Sollen Daten aus dem Drittstaat innerhalb dieses Drittstaates oder in einen anderen Drittstaat (bzw. internationale Organisation) weiterübermittelt werden, finden die Bestimmungen der DS-GVO insgesamt Anwendung, inklusive der Regelungen des Kapitels V. Das bedeutet, dass ein Datenverarbeiter in einem Drittstaat, der Daten von einem Datenverarbeiter aus der Union übermittelt bekommen hat, hinsichtlich der Weitergabe dieser Daten der Anwendung der DS-GVO unterliegt und die Daten nur dann weitergeben darf, wenn ihm dafür insb. eine Rechtsgrundlage zur Verfügung steht und er die zusätzlichen Voraussetzungen des Kapitels V erfüllt.

IV. Anwendung aller Bestimmungen dieses Kapitels

31 Der letzte Satz von Art. 44 unterstreicht nochmals die Notwendigkeit, dass bei Drittstaatsübermittlungen immer zusätzlich zu den anderen Bestimmungen der DS-GVO die Regelungen des Kapitels V einzuhalten sind, „um sicherzustellen, dass das durch diese Verordnung gewährleistete Schutzniveau für natürliche Personen nicht untergraben wird". Wie bei der Regelung des Art. 44 insgesamt stellt sich besonders bei diesem letzten Satz die Frage nach seinem Mehrwert. Er wiederholt die Erforderlichkeit der Anwendung der Bestimmungen des Kapitels V (bereits in

13 vgl. auch *Datenschutzkonferenz*, Kurzpapiere zur DS-GVO, Nr. 4, Datenübermittlung in Drittländer, Stand: 11.07.2017, S. 1.

S. 1 enthalten) und erklärt dann warum, was normalerweise eher Erwägungsgründen vorbehalten ist. Der Satz muss jedoch in einem größeren Kontext gesehen werden. Den Institutionen war es nach dem „Safe Harbor"-Urteil des EuGH[14] offenbar wichtig, ein entsprechendes „statement" in den verfügenden Teil aufzunehmen.

C. Weitere Auswirkungen der Verordnung in der Praxis

Da sich an der Systematik des Kapitels V im Vergleich zur RL 95/46 nichts ändert, wird sich allein **32**
durch das Inkrafttreten bzw. die Anwendbarkeit der DS-GVO kein größerer Anpassungsbedarf ergeben. Soweit die einzelnen Regelungen von den bestehenden Bestimmungen im Einzelnen abweichen, wird darauf bei den jeweiligen Artikeln weiter eingegangen. Generell könnten die sich aus dem „Safe Harbor"-Urteil des EuGH[15] ggf. ergebenden Konsequenzen weitaus einschneidender für die Drittstaatenübermittlungen sein als die Reform (vgl. im Einzelnen bei den folgenden Artikeln). Hier bleibt die weitere Entwicklung abzuwarten.

---

14 EuGH, Urt. v. 6.10.2015, Rs. C-362/14 (Maximilian Schrems ./. Data Protection Commissioner).
15 EuGH, Urt. v. 6.10.2015, Rs. C-362/14 (Maximilian Schrems ./. Data Protection Commissioner).

Article 45

Transfers on the basis of an adequacy decision

1. A transfer of personal data to a third country or an international organisation may take place where the Commission has decided that the third country, a territory or one or more specified sectors within that third country, or the international organisation in question ensures an adequate level of protection. Such a transfer shall not require any specific authorisation.

2. When assessing the adequacy of the level of protection, the Commission shall, in particular, take account of the following elements:

   (a) the rule of law, respect for human rights and fundamental freedoms, relevant legislation, both general and sectoral, including concerning public security, defence, national security and criminal law and the access of public authorities to personal data, as well as the implementation of such legislation, data protection rules, professional rules and security measures, including rules for the onward transfer of personal data to another third country or international organisation which are complied with in that country or international organisation, case-law, as well as effective and enforceable data subject rights and effective administrative and judicial redress for the data subjects whose personal data are being transferred;

   (b) the existence and effective functioning of one or more independent supervisory authorities in the third country or to which an international organisation is subject, with responsibility for ensuring and enforcing compliance with the data protection rules, including adequate enforcement powers, for assisting and advising the data subjects in exercising their rights and for cooperation with the

Artikel 45

Datenübermittlung auf der Grundlage eines Angemessenheitsbeschlusses

(1) Eine Übermittlung personenbezogener Daten an ein Drittland oder eine internationale Organisation darf vorgenommen werden, wenn die Kommission beschlossen hat, dass das betreffende Drittland, ein Gebiet oder ein oder mehrere spezifische Sektoren in diesem Drittland oder die betreffende internationale Organisation ein angemessenes Schutzniveau bietet. Eine solche Datenübermittlung bedarf keiner besonderen Genehmigung.

(2) Bei der Prüfung der Angemessenheit des gebotenen Schutzniveaus berücksichtigt die Kommission insbesondere das Folgende:

a) die Rechtsstaatlichkeit, die Achtung der Menschenrechte und Grundfreiheiten, die in dem betreffenden Land bzw. bei der betreffenden internationalen Organisation geltenden einschlägigen Rechtsvorschriften sowohl allgemeiner als auch sektoraler Art – auch in Bezug auf öffentliche Sicherheit, Verteidigung, nationale Sicherheit und Strafrecht sowie Zugang der Behörden zu personenbezogenen Daten – sowie die Anwendung dieser Rechtsvorschriften, Datenschutzvorschriften, Berufsregeln und Sicherheitsvorschriften einschließlich der Vorschriften für die Weiterübermittlung personenbezogener Daten an ein anderes Drittland bzw. eine andere internationale Organisation, die Rechtsprechung sowie wirksame und durchsetzbare Rechte der betroffenen Person und wirksame verwaltungsrechtliche und gerichtliche Rechtsbehelfe für betroffene Personen, deren personenbezogene Daten übermittelt werden,

b) die Existenz und die wirksame Funktionsweise einer oder mehrerer unabhängiger Aufsichtsbehörden in dem betreffenden Drittland oder denen eine internationale Organisation untersteht und die für die Einhaltung und Durchsetzung der Datenschutzvorschriften, einschließlich angemessener Durchsetzungsbefugnisse, für die Unterstützung und Beratung der betroffenen Personen bei der Ausübung ihrer Rechte

supervisory authorities of the Member States; and

(c) the international commitments the third country or international organisation concerned has entered into, or other obligations arising from legally binding conventions or instruments as well as from its participation in multilateral or regional systems, in particular in relation to the protection of personal data.

3. The Commission, after assessing the adequacy of the level of protection, may decide, by means of implementing act, that a third country, a territory or one or more specified sectors within a third country, or an international organisation ensures an adequate level of protection within the meaning of paragraph 2 of this Article. The implementing act shall provide for a mechanism for a periodic review, at least every four years, which shall take into account all relevant developments in the third country or international organisation. The implementing act shall specify its territorial and sectoral application and, where applicable, identify the supervisory authority or authorities referred to in point (b) of paragraph 2 of this Article. The implementing act shall be adopted in accordance with the examination procedure referred to in Article 93(2).

4. The Commission shall, on an ongoing basis, monitor developments in third countries and international organisations that could affect the functioning of decisions adopted pursuant to paragraph 3 of this Article and decisions adopted on the basis of Article 25(6) of Directive 95/46/EC.

5. The Commission shall, where available information reveals, in particular following the review referred to in paragraph 3 of this Article, that a third country, a territory or one or more specified sectors within a third country, or an international organisation no longer ensures an adequate level of protection within the meaning of paragraph 2 of

und für die Zusammenarbeit mit den Aufsichtsbehörden der Mitgliedstaaten zuständig sind, und

c) die von dem betreffenden Drittland bzw. der betreffenden internationalen Organisation eingegangenen internationalen Verpflichtungen oder andere Verpflichtungen, die sich aus rechtsverbindlichen Übereinkünften oder Instrumenten sowie aus der Teilnahme des Drittlands oder der internationalen Organisation an multilateralen oder regionalen Systemen insbesondere in Bezug auf den Schutz personenbezogener Daten ergeben.

(3) Nach der Beurteilung der Angemessenheit des Schutzniveaus kann die Kommission im Wege eines Durchführungsrechtsaktes beschließen, dass ein Drittland, ein Gebiet oder ein oder mehrere spezifische Sektoren in einem Drittland oder eine internationale Organisation ein angemessenes Schutzniveau im Sinne des Absatzes 2 des vorliegenden Artikels bieten. In dem Durchführungsrechtsakt ist ein Mechanismus für eine regelmäßige Überprüfung, die mindestens alle vier Jahre erfolgt, vorzusehen, bei der allen maßgeblichen Entwicklungen in dem Drittland oder bei der internationalen Organisation Rechnung getragen wird. Im Durchführungsrechtsakt werden der territoriale und der sektorale Anwendungsbereich sowie gegebenenfalls die in Absatz 2 Buchstabe b des vorliegenden Artikels genannte Aufsichtsbehörde bzw. genannten Aufsichtsbehörden angegeben. Der Durchführungsrechtsakt wird gemäß dem in Artikel 93 Absatz 2 genannten Prüfverfahren erlassen.

(4) Die Kommission überwacht fortlaufend die Entwicklungen in Drittländern und bei internationalen Organisationen, die die Wirkungsweise der nach Absatz 3 des vorliegenden Artikels erlassenen Beschlüsse und der nach Artikel 25 Absatz 6 der Richtlinie 95/46/EG erlassenen Feststellungen beeinträchtigen könnten.

(5) Die Kommission widerruft, ändert oder setzt die in Absatz 3 des vorliegenden Artikels genannten Beschlüsse im Wege von Durchführungsrechtsakten aus, soweit dies nötig ist und ohne rückwirkende Kraft, soweit entsprechende Informationen – insbesondere im Anschluss an die in Absatz 3 des vorliegenden Artikels genannte Überprüfung – dahingehend

this Article, to the extent necessary, repeal, amend or suspend the decision referred to in paragraph 3 of this Article by means of implementing acts without retro-active effect. Those implementing acts shall be adopted in accordance with the examination procedure referred to in Article 93(2). On duly justified imperative grounds of urgency, the Commission shall adopt immediately applicable implementing acts in accordance with the procedure referred to in Article 93(3).

vorliegen, dass ein Drittland, ein Gebiet oder ein oder mehrere spezifischer Sektor in einem Drittland oder eine internationale Organisation kein angemessenes Schutzniveau im Sinne des Absatzes 2 des vorliegenden Artikels mehr gewährleistet. Diese Durchführungsrechtsakte werden gemäß dem Prüfverfahren nach Artikel 93 Absatz 2 erlassen.
In hinreichend begründeten Fällen äußerster Dringlichkeit erlässt die Kommission gemäß dem in Artikel 93 Absatz 3 genannten Verfahren sofort geltende Durchführungsrechtsakte.

6. The Commission shall enter into consultations with the third country or international organisation with a view to remedying the situation giving rise to the decision made pursuant to paragraph 5.

(6) Die Kommission nimmt Beratungen mit dem betreffenden Drittland bzw. der betreffenden internationalen Organisation auf, um Abhilfe für die Situation zu schaffen, die zu dem gemäß Absatz 5 erlassenen Beschluss geführt hat.

7. A decision pursuant to paragraph 5 of this Article is without prejudice to transfers of personal data to the third country, a territory or one or more specified sectors within that third country, or the international organisation in question pursuant to Articles 46 to 49.

(7) Übermittlungen personenbezogener Daten an das betreffende Drittland, das Gebiet oder einen oder mehrere spezifische Sektoren in diesem Drittland oder an die betreffende internationale Organisation gemäß den Artikeln 46 bis 49 werden durch einen Beschluss nach Absatz 5 des vorliegenden Artikels nicht berührt.

8. The Commission shall publish in the *Official Journal of the European Union* and on its website a list of the third countries, territories and specified sectors within a third country and international organisations for which it has decided that an adequate level of protection is or is no longer ensured.

(8) Die Kommission veröffentlicht im Amtsblatt der Europäischen Union und auf ihrer Website eine Liste aller Drittländer beziehungsweise Gebiete und spezifischen Sektoren in einem Drittland und aller internationalen Organisationen, für die sie durch Beschluss festgestellt hat, dass sie ein angemessenes Schutzniveau gewährleisten bzw. nicht mehr gewährleisten.

9. Decisions adopted by the Commission on the basis of Article 25(6) of Directive 95/46/EC shall remain in force until amended, replaced or repealed by a Commission Decision adopted in accordance with paragraph 3 or 5 of this Article.

(9) Von der Kommission auf der Grundlage von Artikel 25 Absatz 6 der Richtlinie 95/46/EG erlassene Feststellungen bleiben so lange in Kraft, bis sie durch einen nach dem Prüfverfahren gemäß den Absätzen 3 oder 5 des vorliegenden Artikels erlassenen Beschluss der Kommission geändert, ersetzt oder aufgehoben werden.

Recitals

(103) The Commission may decide with effect for the entire Union that a third country, a territory or specified sector within a third country, or an international organisation, offers an adequate level of data protection, thus providing legal certainty and uniformity throughout the Union as regards the third country or interna-

Erwägungsgründe

(103) Die Kommission darf mit Wirkung für die gesamte Union beschließen, dass ein bestimmtes Drittland, ein Gebiet oder ein bestimmter Sektor eines Drittlands oder eine internationale Organisation ein angemessenes Datenschutzniveau bietet, und auf diese Weise in Bezug auf das Drittland oder die internatio-

tional organisation which is considered to provide such level of protection. In such cases, transfers of personal data to that third country or international organisation may take place without the need to obtain any further authorisation. The Commission may also decide, having given notice and a full statement setting out the reasons to the third country or international organisation, to revoke such a decision.

(104) In line with the fundamental values on which the Union is founded, in particular the protection of human rights, the Commission should, in its assessment of the third country, or of a territory or specified sector within a third country, take into account how a particular third country respects the rule of law, access to justice as well as international human rights norms and standards and its general and sectoral law, including legislation concerning public security, defence and national security as well as public order and criminal law. The adoption of an adequacy decision with regard to a territory or a specified sector in a third country should take into account clear and objective criteria, such as specific processing activities and the scope of applicable legal standards and legislation in force in the third country. The third country should offer guarantees ensuring an adequate level of protection essentially equivalent to that ensured within the Union, in particular where personal data are processed in one or several specific sectors. In particular, the third country should ensure effective independent data protection supervision and should provide for cooperation mechanisms with the Member States' data protection authorities, and the data subjects should be provided with effective and enforceable rights and effective administrative and judicial redress.

nale Organisation, das bzw. die für fähig gehalten wird, ein solches Schutzniveau zu bieten, in der gesamten Union Rechtssicherheit schaffen und eine einheitliche Rechtsanwendung sicherstellen. In derartigen Fällen dürfen personenbezogene Daten ohne weitere Genehmigung an dieses Land oder diese internationale Organisation übermittelt werden. Die Kommission kann, nach Abgabe einer ausführlichen Erklärung, in der dem Drittland oder der internationalen Organisation eine Begründung gegeben wird, auch entscheiden, eine solche Feststellung zu widerrufen.

(104) In Übereinstimmung mit den Grundwerten der Union, zu denen insbesondere der Schutz der Menschenrechte zählt, sollte die Kommission bei der Bewertung des Drittlands oder eines Gebiets oder eines bestimmten Sektors eines Drittlands berücksichtigen, inwieweit dort die Rechtsstaatlichkeit gewahrt ist, der Rechtsweg gewährleistet ist und die internationalen Menschenrechtsnormen und -standards eingehalten werden und welche allgemeinen und sektorspezifischen Vorschriften, wozu auch die Vorschriften über die öffentliche Sicherheit, die Landesverteidigung und die nationale Sicherheit sowie die öffentliche Ordnung und das Strafrecht zählen, dort gelten. Die Annahme eines Angemessenheitsbeschlusses in Bezug auf ein Gebiet oder einen bestimmten Sektor eines Drittlands sollte unter Berücksichtigung eindeutiger und objektiver Kriterien wie bestimmter Verarbeitungsvorgänge und des Anwendungsbereichs anwendbarer Rechtsnormen und geltender Rechtsvorschriften in dem Drittland erfolgen. Das Drittland sollte Garantien für ein angemessenes Schutzniveau bieten, das dem innerhalb der Union gewährleisteten Schutzniveau der Sache nach gleichwertig ist, insbesondere in Fällen, in denen personenbezogene Daten in einem oder mehreren spezifischen Sektoren verarbeitet werden. Das Drittland sollte insbesondere eine wirksame unabhängige Überwachung des Datenschutzes gewährleisten und Mechanismen für eine Zusammenarbeit mit den Datenschutzbehörden der Mitgliedstaaten vorsehen, und den betroffenen Personen sollten wirksame und durchsetzbare Rechte sowie wirksame verwaltungsrechtliche und gerichtliche Rechtsbehelfe eingeräumt werden.

(105) Apart from the international commitments the third country or international organisation has entered into, the Commission should take account of obligations arising from the third country's or international organisation's participation in multilateral or regional systems in particular in relation to the protection of personal data, as well as the implementation of such obligations. In particular, the third country's accession to the Council of Europe Convention of 28 January 1981 for the Protection of Individuals with regard to the Automatic Processing of Personal Data and its Additional Protocol should be taken into account. The Commission should consult the Board when assessing the level of protection in third countries or international organisations.

(105) Die Kommission sollte neben den internationalen Verpflichtungen, die das Drittland oder die internationale Organisation eingegangen ist, die Verpflichtungen, die sich aus der Teilnahme des Drittlands oder der internationalen Organisation an multilateralen oder regionalen Systemen insbesondere im Hinblick auf den Schutz personenbezogener Daten ergeben, sowie die Umsetzung dieser Verpf lichtungen berücksichtigen. Insbesondere sollte der Beitritt des Drittlands zum Übereinkommen des Europarates vom 28. Januar 1981 zum Schutz des Menschen bei der automatischen Verarbeitung personenbezogener Daten und dem dazugehörigen Zusatzprotokoll berücksichtigt werden. Die Kommission sollte den Ausschuss konsultieren, wenn sie das Schutzniveau in Drittländern oder internationalen Organisationen bewertet.

(106) The Commission should monitor the functioning of decisions on the level of protection in a third country, a territory or specified sector within a third country, or an international organisation, and monitor the functioning of decisions adopted on the basis of Article 25(6) or Article 26(4) of Directive 95/46/EC. In its adequacy decisions, the Commission should provide for a periodic review mechanism of their functioning. That periodic review should be conducted in consultation with the third country or international organisation in question and take into account all relevant developments in the third country or international organisation. For the purposes of monitoring and of carrying out the periodic reviews, the Commission should take into consideration the views and findings of the European Parliament and of the Council as well as of other relevant bodies and sources. The Commission should evaluate, within a reasonable time, the functioning of the latter decisions and report any relevant findings to the Committee within the meaning of Regulation (EU) No 182/2011 of the European Parliament and of the Council (1) as established under this Regulation, to the European Parliament and to the Council.

(106) Die Kommission sollte die Wirkungsweise von Feststellungen zum Schutzniveau in einem Drittland, einem Gebiet oder einem bestimmten Sektor eines Drittlands oder einer internationalen Organisation überwachen; sie sollte auch die Wirkungsweise der Feststellungen, die auf der Grundlage des Artikels 25 Absatz 6 oder des Artikels 26 Absatz 4 der Richtlinie 95/46/EG erlassen werden, überwachen. In ihren Angemessenheitsbeschlüssen sollte die Kommission einen Mechanismus für die regelmäßige Überprüfung von deren Wirkungsweise vorsehen. Diese regelmäßige Überprüfung sollte in Konsultation mit dem betreffenden Drittland oder der betreffenden internationalen Organisation erfolgen und allen maßgeblichen Entwicklungen in dem Drittland oder der internationalen Organisation Rechnung tragen. Für die Zwecke der Überwachung und der Durchführung der regelmäßigen Überprüfungen sollte die Kommission die Standpunkte und Feststellungen des Europäischen Parlaments und des Rates sowie der anderen einschlägigen Stellen und Quellen berücksichtigen. Die Kommission sollte innerhalb einer angemessenen Frist die Wirkungsweise der letztgenannten Beschlüsse bewerten und dem durch diese Verordnung eingesetzten Ausschuss im Sinne der Verordnung (EU) Nr. 182/2011 des Europäischen Parlaments und des Rates sowie dem Europäischen Parlament und dem Rat über alle maßgeblichen Feststellungen Bericht erstatten.

(107) The Commission may recognise that a third country, a territory or a specified sector within a third country, or an international organisation no longer ensures an adequate level of data protection. Consequently the transfer of personal data to that third country or international organisation should be prohibited, unless the requirements in this Regulation relating to transfers subject to appropriate safeguards, including binding corporate rules, and derogations for specific situations are fulfilled. In that case, provision should be made for consultations between the Commission and such third countries or international organisations. The Commission should, in a timely manner, inform the third country or international organisation of the reasons and enter into consultations with it in order to remedy the situation.

(107) Die Kommission kann feststellen, dass ein Drittland, ein Gebiet oder ein bestimmter Sektor eines Drittlands oder eine internationale Organisation kein angemessenes Datenschutzniveau mehr bietet. Die Übermittlung personenbezogener Daten an dieses Drittland oder an diese internationale Organisation sollte daraufhin verboten werden, es sei denn, die Anforderungen dieser Verordnung in Bezug auf die Datenübermittlung vorbehaltlich geeigneter Garantien, einschließlich verbindlicher interner Datenschutzvorschriften und auf Ausnahmen für bestimmte Fälle werden erfüllt. In diesem Falle sollten Konsultationen zwischen der Kommission und den betreffenden Drittländern oder internationalen Organisationen vorgesehen werden. Die Kommission sollte dem Drittland oder der internationalen Organisation frühzeitig die Gründe mitteilen und Konsultationen aufnehmen, um Abhilfe für die Situation zu schaffen.

§ 21 BDSG-neu

Antrag der Aufsichtsbehörde auf gerichtliche Entscheidung bei angenommener Rechtswidrigkeit eines Beschlusses der Europäischen Kommission

(1) Hält eine Aufsichtsbehörde einen Angemessenheitsbeschluss der Europäischen Kommission, einen Beschluss über die Anerkennung von Standardschutzklauseln oder über die Allgemeingültigkeit von genehmigten Verhaltensregeln, auf dessen Gültigkeit es für eine Entscheidung der Aufsichtsbehörde ankommt, für rechtswidrig, so hat die Aufsichtsbehörde ihr Verfahren auszusetzen und einen Antrag auf gerichtliche Entscheidung zu stellen.

(2) Für Verfahren nach Absatz 1 ist der Verwaltungsrechtsweg gegeben. Die Verwaltungsgerichtsordnung ist nach Maßgabe der Absätze 3 bis 6 anzuwenden.

(3) Über einen Antrag der Aufsichtsbehörde nach Absatz 1 entscheidet im ersten und letzten Rechtszug das Bundesverwaltungsgericht.

(4) In Verfahren nach Absatz 1 ist die Aufsichtsbehörde beteiligungsfähig. An einem Verfahren nach Absatz 1 ist die Aufsichtsbehörde als Antragstellerin beteiligt; § 63 Nummer 3 und 4 der Verwaltungsgerichtsordnung bleibt unberührt. Das Bundesverwaltungsgericht kann der Europäischen Kommission Gelegenheit zur Äußerung binnen einer zu bestimmenden Frist geben.

(5) Ist ein Verfahren zur Überprüfung der Gültigkeit eines Beschlusses der Europäischen Kommission nach Absatz 1 bei dem Gerichtshof der Europäischen Union anhängig, so kann das Bundesverwaltungsgericht anordnen, dass die Verhandlung bis zur Erledigung des Verfahrens vor dem Gerichtshof der Europäischen Union auszusetzen sei.

(6) In Verfahren nach Absatz 1 ist § 47 Absatz 5 Satz 1 und Absatz 6 der Verwaltungsgerichtsordnung entsprechend anzuwenden. Kommt das Bundesverwaltungsgericht zu der Überzeugung, dass der Beschluss der Europäischen Kommission nach Absatz 1 gültig ist, so stellt es dies in seiner Entscheidung fest. Andernfalls legt es die Frage nach der Gültigkeit des Beschlusses gemäß Artikel 267 des Vertrags über die Arbeitsweise der Europäischen Union dem Gerichtshof der Europäischen Union zur Entscheidung vor.

Literatur

Gierschmann/Saeugling (Hrsg.), Systematischer Praxiskommentar Datenschutzrecht, 1. Auflage 2014, Bundesanzeiger Verlag Köln; *Gola/Schomerus*, BDSG, 12. Auflage 2015, C.H. Beck München; Communication from the Commission to the European Parliament and to the Council on the Functioning of the Safe Harbor from the Perspective of EU Citizens and Companies established in the EU, COM (2013) 847 bzw. Rats-Dok. Nr. 17069/13; Communication from the Commission to the European Parliament and to the Council on Transatlantic Data Flows: Restoring Trust through Strong Safeguards, COM (2016) 117 bzw. Rats-Dok. Nr. 6651/16; Article 29 Data protection Working Party, WP 238 „Opinion 1/2016 on the EU-US Privacy Shield draft adequacy decision" v. 13.4.2016; Article 29 Data Protection Working Party, Statement on the decision of the European Commission on the EU-U.S. Privacy Shield v. 26.7.2016; Themenpapier „Binnenmarkt jenseits der EU-Grenzen: EWR und Schweiz" der GD Interne Politikbereiche im Europäischen Parlament von Januar 2010, IP/A/IMCO/NT/2009-13.

▶ Bedeutung der Norm

Nach Art. 45 DS-GVO können Übermittlungen in Drittstaaten, vorausgesetzt für die Übermittlung liegt eine allgemeine Rechtsgrundlage nach Art. 6 vor, immer dann zulässigerweise vorgenommen werden, wenn die KOM in einem Angemessenheitsbeschluss erklärt hat, dass dieses Land über ein angemessenes Datenschutzniveau verfügt. Der Angemessenheitsbeschluss kann mit Wirkung für die Zukunft widerrufen, geändert oder ausgesetzt werden, wenn kein angemessenes Schutzniveau mehr gewährleistet ist. Angemessenheitsentscheidungen, die die KOM auf Grundlage von Art. 25 Abs. 6 der Datenschutzrichtlinie 95/46/EG getroffen hat, werden von der DS-GVO zunächst nicht berührt.

▶ Hinweise für den Anwender

Für die Norm relevante Definitionen:

- Art. 4 Nr. 1, 2, 7, 8, 26.

Für die Auslegung der Norm relevante Erwägungsgründe:

- EG 103-107.

Systematische Einordnung der Norm innerhalb der DS-GVO:

Art. 45 bildet die Grundsatznorm in den Regelungen zur Datenübermittlung in Drittstaaten. Nur, wenn kein Angemessenheitsbeschluss vorliegt, sind andere Garantien nach den Art. 46 ff. erforderlich.

Vorgängernormen im BDSG:

- § 4b.

Vorgängernormen der RL 95/46:

- Art. 25.

Querbezüge zu anderen Normen:

- Art. 3, 13, 14, andere Artikel im Kapitel V, 93.

Leitentscheidungen

- Europäischer Gerichtshof, Urteil vom 6.10.2015, Rs. C-362/14 (Maximilian Schrems ./. Data Protection Commissioner).

▶ Schlagworte

Angemessenheitsbeschluss; angemessenes Schutzniveau; Durchführungsrechtsakt; regelmäßige Überprüfung; Überwachung der Entwicklungen in Drittstaaten; Bestandsschutz für geltende Beschlüsse.

A. Allgemeines

I. Regelungszweck

Art. 45 regelt, dass die zusätzlichen Voraussetzungen für eine zulässige Übermittlung in[1] einen Drittstaat vorliegen, wenn die KOM in einem Angemessenheitsbeschluss erklärt hat, dass dieses Land über ein angemessenes Datenschutzniveau verfügt. 1

II. Normadressaten

Normadressaten sind alle Datenverarbeiter, sowohl Verantwortliche als auch Auftragsverarbeiter, die Daten in einen Drittstaat oder an eine internationale Organisation übermitteln (zum Verhältnis des Kapitels V zum Marktortprinzip vgl. Rn. 4 ff. bei Art. 3). Es findet keine Unterscheidung zwischen öffentlichen und nicht-öffentlichen Stellen statt. Es kommt auch nicht darauf an, ob der Empfänger eine öffentliche oder nicht-öffentliche Stelle bzw. ein Verantwortlicher oder ein Auftragsverarbeiter ist. Ein weiterer wesentlicher Normadressat ist die KOM, die die Angemessenheitsbeschlüsse treffen und überwachen soll. 2

III. Systematik

Die Drittstaatenübermittlung auf der Grundlage eines Angemessenheitsbeschlusses stellt nach der Systematik des Kapitels V der DS-GVO die Grundsatznorm für Drittstaatenübermittlungen dar. Nur, wenn kein Angemessenheitsbeschluss vorliegt, sind andere Garantien nach den Art. 46 ff. erforderlich. Zur praktischen Relevanz s. Art. 44 Rn. 8. 3

Durch die Angemessenheitsbeschlüsse soll nicht zuletzt auch ein sogenanntes „Level-Playing-Field" (Wettbewerbsgleichheit) für europäische Unternehmen geschaffen werden, indem für Unternehmen in Drittstaaten mit Angemessenheitsbeschluss vergleichbare datenschutzrechtliche Anforderungen gelten wie für europäische Unternehmen. Fraglich ist, ob dies in der Praxis tatsächlich immer der Fall ist. Zwar ist eine der Voraussetzungen dafür, dass einem Drittstaat ein Angemessenheitsbeschluss erteilt werden kann, *„die Existenz und die wirksame Funktionsweise einer oder mehrerer unabhängiger Aufsichtsbehörden in dem betreffenden Drittland oder denen eine internationale Organisation untersteht und die für die Einhaltung und Durchsetzung der Datenschutzvorschriften, einschließlich angemessener Durchsetzungsbefugnisse, für die Unterstützung und Beratung der betroffenen Personen bei der Ausübung ihrer Rechte und für die Zusammenarbeit mit den Aufsichtsbehörden der Mitgliedstaaten zuständig sind"* (Abs. 2 lit. b). Zu beachten ist aber, dass die europäische Aufsichtspraxis im Einzelfall möglicherweise von der in den 4

1 Zu der Frage „an"/„in" Drittstaaten vgl. Art. 44 Rn. 13.

Drittstaaten abweichen könnte, insb. durch die enge Zusammenarbeit der europäischen Aufsichtsbehörden, z.B. im Rahmen der Art. 29 Gruppe. Unter ihrem Dach werden bspw. Empfehlungen oder Positionspapiere erarbeitet, nach denen sich die europäischen Aufsichtsbehörden richten, die also gleichsam für die europäischen Unternehmen gelten, nicht jedoch für Unternehmen in Drittstaaten mit Angemessenheitsbeschluss.

IV. Entstehungsgeschichte

1. Bisherige europäische Vorgaben

5 Die RL 95/46 regelt in Art. 25, dass eine Datenübermittlung in einen Drittstaat zulässig ist, wenn dieser Drittstaat ein angemessenes Schutzniveau gewährleistet. Die Kriterien für die Feststellung eines angemessenen Schutzniveaus listet Abs. 2 auf. Die KOM kann im Komitologieverfahren ausdrücklich feststellen, dass ein Drittstaat kein angemessenes Datenschutzniveau gewährleistet (Abs. 4) bzw. dass ein Drittstaat ein angemessenes Schutzniveau im Sinne des Abs. 2 gewährleistet (Abs. 6).

2. Bisherige nationale Vorgaben

6 Das bislang geltende BDSG setzt die Vorgaben der RL 95/46 zu Übermittlungen in Drittstaaten mit einem angemessenen Schutzniveau in § 4b um. Dabei prüft der Datenverarbeiter, ob der Betroffene ein schutzwürdiges Interesse an dem Ausschluss der Übermittlung hat. Dies schließt insb. die Prüfung mit ein, ob in dem Drittstaat ein angemessenes Schutzniveau vorliegt. Ist dies nicht der Fall, wird in der Regel ein entgegenstehendes Interesse anzunehmen sein. Zu beachten ist jedoch, dass in dem Fall Übermittlungen trotzdem noch unter den Voraussetzungen eines der Ausnahmetatbestände des § 4c zulässig sein können. Im Gegensatz zur DS-GVO obliegt die Prüfung der Angemessenheit des Schutzniveaus nach der Systematik des BDSG (und der RL 95/46) grundsätzlich dem Datenverarbeiter. Dieser trägt nach Abs. 5 auch die Verantwortung für die Zulässigkeit der Übermittlung. Das bedeutet, er beurteilt – vorbehaltlich des Vorliegens einschlägiger ausdrücklicher Kommissionsentscheidungen – das fremde Schutzniveau in eigener Verantwortung.[2]

3. Verhandlungen zur Datenschutz-Grundverordnung

7 Die größten Unterschiede zwischen EP-Standpunkt und der allgemeinen Ausrichtung des Rates in Bezug auf Art. 45 stellten die Forderungen des EP[3] nach einer „sunset clause" und nach delegierten Rechtsakten – im Vergleich zu implementierenden Rechtsakten wie von KOM[4] und Rat[5] vorgesehen – dar. Im Ergebnis konnte sich hier der Rat in den Trilog-Verhandlungen durchsetzen. In „Umsetzung" des sog. „Safe Harbor"-Urteils des EuGH vom 6.10.2015[6] (vgl. im Einzelnen unter B.) wurde insb. die Festlegung in EG 104 hinzugefügt, dass das Drittland Garantien für ein angemessenes Schutzniveau bieten sollte, das dem innerhalb der Union gewährleisteten Schutzniveau der Sache nach „gleichwertig" ist.

B. Inhalt der Regelung

I. Angemessenheitsbeschluss der KOM (Abs. 1 und 2)

8 Datenübermittlungen in Drittstaaten oder an internationale Organisationen sind grundsätzlich dann zulässig, wenn die KOM festgestellt hat, dass dieser Drittstaat ein angemessenes Schutzniveau gewährleistet. Bei ihrer Prüfung hat die KOM insb. die in Abs. 2 nicht abschließend aufge-

---

2 Gola/Schomerus, *Gola/Klug/Körffer,* § 4b Rn. 18.
3 Standpunkt festgelegt in erster Lesung am 12.3.2014, P7_TC1-COD(2012)0011.
4 KOM(2012)11 endgültig v. 25.1.2012.
5 Rats-Dok. Nr. 9565/15 v. 11.6.2015.
6 EuGH, Urt. v. 6.10.2015, Rs. C-362/14 (Maximilian Schrems ./. Data Protection Commissioner).

zählten Kriterien zu berücksichtigen, wie z.B. die Achtung der Menschenrechte und Grundfreiheiten, die geltenden einschlägigen Rechtsvorschriften sowie die Anwendung dieser Rechtsvorschriften, wirksame verwaltungsrechtliche und gerichtliche Rechtsbehelfe sowie die Existenz und die wirksame Funktionsweise unabhängiger Aufsichtsbehörden.

1. Bezug der Entscheidung

Die KOM beurteilt die Angemessenheit des Schutzniveaus in dem betreffenden Drittstaat, in einem Gebiet oder in einem oder mehreren spezifischen Sektoren in diesem Drittstaat oder in der betreffenden internationalen Organisation. **9**

a) Drittstaat

Drittstaat ist zunächst jedes Land außerhalb der Europäischen Union. Die EWR-Staaten Island, Norwegen und Liechtenstein können im Gemeinsamen EWR-Ausschuss die Aufnahme der DS-GVO in das EWR-Abkommen beschließen; sie ist dann von den Vertragsparteien umzusetzen[7]. Nach der Aufnahme in das EWR-Abkommen wären Island, Norwegen und Liechtenstein – wie bisher auch – ebenfalls nicht als Drittstaaten im Sinne des Kapitels V anzusehen[8] **10**

Zu welchen Drittstaaten Angemessenheitsbeschlüsse der KOM existieren, veröffentlicht diese im Amtsblatt der EU und auf ihrer Webseite.[9] **11**

b) Gebiet in einem Drittstaat

Die KOM kann feststellen, dass (nur) ein bestimmtes Gebiet in einem Drittstaat ein angemessenes Schutzniveau gewährleistet. Das muss jedoch im Umkehrschluss nicht bedeuten, dass die übrigen Gebiete dieses Landes kein angemessenes Schutzniveau aufweisen. Es heißt, dass die KOM lediglich für dieses Gebiet ein angemessenes Schutzniveau festgestellt hat und die Angemessenheit des Schutzniveaus nur für Übermittlungen in dieses Gebiet als Rechtsgrundlage herangezogen werden kann. **12**

c) Spezifische Sektoren in einem Drittstaat

Möglich ist auch, dass die KOM feststellt, dass nicht der Drittstaat selbst, sondern ein oder mehrere Sektoren in diesem Drittstaat ein angemessenes Schutzniveau gewährleisten. Dies ist bspw. der Fall in dem Angemessenheitsbeschluss zu Kanada. Dort wird festgestellt, dass Kanada als ein Land anzusehen ist, das ein angemessenes Schutzniveau bei der Übermittlung personenbezogener Daten aus der Gemeinschaft an Empfänger garantiert, die dem „Personal Information Protection and Electronic Documents Act"[10] unterliegen. **13**

Das weitaus bekanntere Beispiel für eine solche Art des Angemessenheitsbeschlusses stellte die „Safe Harbor"-Entscheidung aus dem Jahr 2000 (2000/520/EG) dar, die der EuGH in seinem Urteil in Schrems ./. Data Protection Commissioner vom 6.10.2015[11] für unwirksam erklärt hat: An „Safe Harbor" konnten Unternehmen partizipieren, die der Aufsicht der Federal Trade Commission (FTC) unterliegen, oder insb. Fluggesellschaften unter der Aufsicht des US-Verkehrsministeriums (Department of Transportation, DOT). Ausgenommen waren damit bspw. der Finanzsektor oder Telekommunikationsunternehmen. Diese konnten die „Safe Harbor"-Grundsätze nicht anwenden. **14**

---

7 Vgl. Themenpapier „Binnenmarkt jenseits der EU-Grenzen: EWR und Schweiz" der GD Interne Politikbereiche im Europäischen Parlament von Januar 2010, IP/A/IMCO/NT/2009-13, S. 14.
8 Vgl. Beschluss zur RL 95/46 vom 25.6.1999, ABl. EU 2000 L 296,41.
9 „Andorra, Argentina, Canada (commercial organisations), Faeroe Islands, Guernsey, Israel, Isle of Man, Jersey, New Zealand, Switzerland and Uruguay" zzgl. USA im Rahmen des „Privacy Shields" (Stand: 2.8.2016).
10 Personal Information Protection and Electronic Documents Act, S.C. 2000, c. 5.
11 EuGH, Urt. v. 6.10.2015, Rs. C-362/14 (Maximilian Schrems ./. Data Protection Commissioner).

15 „Safe Harbor" stellte eine Angemessenheitsentscheidung sui generis dar, da sie nicht generell die Angemessenheit des Datenschutzniveaus in einem bestimmten Sektor feststellte, sondern die Angemessenheit durch die Anwendung der Grundsätze im Wege der Selbstzertifizierung bei den einzelnen teilnehmenden Unternehmen erst hergestellt wurde.

16 Die KOM hatte bereits vor dem Urteil des EuGH Verhandlungen mit der US-Seite aufgenommen, um „Safe Harbor" zu verbessern. Dies erfolgte im Wesentlichen aufgrund der Enthüllungen Edward Snowdens im Juni 2013 zur sog. globalen Überwachungs- und Spionageaffäre[12]. In ihrer Mitteilung vom 27.11.2013[13] hat die KOM als Schwachstellen der zu dem Zeitpunkt aktuellen „Safe Harbor"-Entscheidung Defizite bei der Transparenz und der Durchsetzung der Vereinbarung identifiziert, insb. Inhalt und Veröffentlichung der Datenschutzerklärung der „Safe Harbor"-registrierten Unternehmen, Verfügbarkeit alternativer Konfliktlösungsmechanismen für EU-Bürger (Alternative Dispute Resolution, ADR), Durchsetzung durch die zuständigen US-Behörden sowie Zugang zu den Daten durch US-Sicherheitsbehörden, und hat Empfehlungen zur verbesserten Umsetzung gegeben.

17 Die deutsche Bundesregierung hatte schon am 11.9.2013 eine Note[14] in die Verhandlungen zur DS-GVO eingebracht, in der man sich für die Verbesserung von „Safe Harbor" und die Schaffung eines robusten Rechtsrahmens für Modelle wie „Safe Harbor" in der DS-GVO ausgesprochen hat.

18 Nach der Unwirksamkeitserklärung des EuGH[15] waren „Verbesserungen" an der bis dahin bestehenden Regelung nicht mehr möglich. Es bedurfte möglichst schnell einer Nachfolgeregelung. Den ersten Entwurf des sog. „Privacy Shields" legte die KOM zusammen mit ihrer Mitteilung „Transatlantic Data Flows: Restoring Trust through Strong Safeguards"[16] am 29.2.2016 vor. Den endgültigen Beschluss nahm KOM am 12.6.2016 an[17]. Das „Privacy Shield" übernimmt den Anwendungsbereich und die Struktur der „Safe Harbor"-Entscheidung: Es besteht aus der eigentlichen Entscheidung mit einer Reihe erläuternder Erwägungsgründe sowie Dokumenten im Annex, auf die die Entscheidung Bezug nimmt. Die Annex-Dokumente bestehen im Wesentlichen aus verbindlichen Zusagen der US-Seite in Form von Briefen. Aus ihnen soll sich die Angemessenheit des Schutzniveaus ergeben (vgl. Rn. 27).

d) Internationale Organisation

19 Die KOM kann die Angemessenheit des Schutzniveaus auch in einer internationalen Organisation feststellen. Die internationale Organisation ist in Art. 4 Nr. 26 legal definiert als eine „völkerrechtliche Organisation und ihre nachgeordneten Stellen oder jede sonstige Einrichtung, die durch eine zwischen zwei oder mehr Ländern geschlossene Übereinkunft oder auf der Grundlage einer solchen Übereinkunft geschaffen wurde" (vgl. bei Art. 4).

---

12 Im Juni 2013 veröffentlichte der ehemalige Geheimdienstmitarbeiter Edward Snowden streng geheime Dokumente des amerikanischen Geheimdienstes NSA, aus denen sich insb. ergab, wie die USA in großem Umfang Telekommunikation und Internet global überwachten. Informationen dazu z.B. beim Informationsportal zur politischen Bildung, http://www.politische-bildung.de/nsa_bnd_skandal_snowden.html (Stand: 2.8.2016), oder in Zeitungen und Magazinen, z.B. Zeit-Online, http://www.zeit.de/digital/datenschutz/2013-10/hintergrund-nsa-skandal (Stand: 2.8.2016).

13 Communication from the Commission to the European Parliament and to the Council on the Functioning of the Safe Harbor from the Perspective of EU Citizens and Companies established in the EU, COM (2013) 847.

14 Rats-Dok. Nr. 13440/13.

15 EuGH, Urt. v. 6.10.2015, Rs. C-362/14 (Maximilian Schrems ./. Data Protection Commissioner).

16 Communication from the Commission to the European Parliament and to the Council on Transatlantic Data Flows: Restoring Trust through Strong Safeguards, COM (2016) 117 bzw. Rats-Dok. Nr. 6651/16.

17 Durchführungsbeschluss (EU) 2016/1250 der Kommission vom 12. Juli 2016 gem. der Richtlinie 95/46/EG des Europäischen Parlaments und des Rates über die Angemessenheit des vom EU-US-Datenschutzschild gebotenen Schutzes (Bekannt gegeben unter Aktenzeichen C(2016) 4176).

e) Angemessenheit des Schutzniveaus

20 Die Kriterien, die die KOM bei der Beurteilung der Angemessenheit des Schutzniveaus insb. zu berücksichtigen hat, nennt Abs. 2, wobei die Aufzählung dort nicht abschließend ist.

aa) Allgemein: Angemessenes Schutzniveau

21 Generell wurde ein „angemessenes" Schutzniveau lange Zeit immer dann angenommen, wenn dem Betroffenen in dem Drittstaat ein Schutz zuteil wird, der dem Kernbestand der Schutzprinzipien der RL 95/46 im Wesentlichen gerecht wird. Abstriche bei einzelnen Schutzinstrumenten seien ebenso möglich wie eine gewisse Minderung des Schutzniveaus im Ganzen.[18] „Angemessen" verlange keine vollständige Übereinstimmung.[19]

22 In seinem „Safe Harbor"-Urteil[20] geht der EuGH einen Schritt weiter:

23 Zwar erkennt er an, dass das Wort „angemessen" impliziere, dass „nicht verlangt werden kann, dass ein Drittland ein dem in der Unionsrechtsordnung garantiertes identisches Schutzniveau gewährleistet" (Rn. 73). Der Ausdruck „angemessenes Schutzniveau" sei jedoch so zu verstehen, „dass verlangt wird, dass ein Drittland (...) tatsächlich ein Schutzniveau der Freiheiten und Grundrechte gewährleistet, das dem in der Union aufgrund der RL 95/46 im Licht der Charta garantierten Niveau der Sache nach gleichwertig ist". Ausschlaggebend sei „die Rechtsordnung des Drittlandes, auf das sich die Entscheidung der KOM bezieht", diese müsse ein angemessenes Schutzniveau gewährleisten (Rn. 74).

24 Unter Aufnahme der Kriterien des EuGH erklärt EG 104 dann auch, dass das Drittland Garantien für ein angemessenes Schutzniveau bieten sollte, das dem innerhalb der Union gewährleisteten Schutzniveau der Sache nach „gleichwertig" ist.

25 Ausgehend von den Voraussetzungen, die der EuGH in seinem Urteil aufstellt, ist die KOM bei der Prüfung des Schutzniveaus verpflichtet, „den Inhalt der in diesem Land geltenden, aus seinen innerstaatlichen Rechtsvorschriften oder internationalen Verpflichtungen resultierenden Regeln sowie die zur Gewährleistung der Einhaltung dieser Regeln dienenden Praxis zu beurteilen, wobei sie (...) alle Umstände zu berücksichtigen hat, die bei einer Übermittlung personenbezogener Daten in ein Drittland eine Rolle spielen" (Rn. 75).

26 Ein angemessenes, d.h. der Sache nach gleichwertiges Schutzniveau könne auch in einem System der Selbstzertifizierung wie in „Safe Harbor" gegeben sein. Voraussetzung sei jedoch das Vorhandensein „wirksamer Überwachungs- und Kontrollmechanismen" (Rn. 82, 99 ff.).

27 Um diesen Anforderungen zu genügen, enthält das „Privacy Shield" im Vergleich zu „Safe Harbor" u.a. einen neuen Kontroll- und Überwachungsmechanismus. Die USA verpflichten sich zur Einrichtung einer Ombudsperson, die Anfragen/Beschwerden von EU-Bürgern gegen US-Nachrichtendienste nachgehen soll. Die Ombudsperson untersteht dem Secretary of State. Insofern stellt sich die Frage, ob mit dieser Konstruktion eine unabhängige Aufsicht in diesem Bereich sichergestellt werden kann. Entsprechend hatte die Art. 29-Gruppe in ihrer Stellungnahme zum ersten Entwurf des „Privacy Shields" diesen Punkt als einen der wichtigsten, ihrer Auffassung nach nicht erfüllten, Punkte herausgestellt[21] und auch in ihrer Stellungnahme zu der abschließenden KOM-Entscheidung kritisiert, in Bezug auf die Unabhängigkeit und die Befugnisse der Ombudsperson hätten strengere Garantien vorgesehen werden sollen.[22] Aufgrund der Stellung der Ombudsperson kann man diese selbst vielleicht nicht als unabhängig bezeichnen. Andererseits bedeutet gleichwertig eben nicht identisch. Wenn man in der Gesamtschau der Entscheidung zu

---

18 Gola/Schomerus, *Gola/Klug/Körffer*, § 4b Rn. 12.
19 Vgl. Gierschmann/Saeugling, *Thoma*, Rn. 19.
20 EuGH, Urt. v. 6.10.2015, Rs. C-362/14 (Maximilian Schrems ./. Data Protection Commissioner).
21 Article 29 Data protection Working Party, WP 238 „Opinion 1/2016 on the EU-US Privacy Shield draft adequacy decision" v. 13.4.2016.
22 Article 29 Working Party Statement on the decision of the European Commission on the EU-U.S. Privacy Shield vom 26.7.2016.

dem Ergebnis käme, dass das zugrundeliegende System unabhängig ist, stellt sich die Frage, ob man auf die Unabhängigkeit der einen Person bestehen muss oder ob nicht die Unabhängigkeit des Systems zur Annahme der Gleichwertigkeit ausreicht. Die Ombudsperson bedient sich bereits bestehender unabhängiger Überwachungsmechanismen, insb. der sog. „Inspector Generals", und kann Angelegenheiten dem „Privacy and Civil Liberties Oversight Board" (PCLOB) zur Prüfung vorlegen.

28 Im Ergebnis wird wohl der EuGH die endgültige Entscheidung darüber treffen. U.a. Digital Rights Ireland hat bereits kurz nach Inkrafttreten des Privacy Shields Klage eingereicht.[23]

bb) Kriterien des Abs. 2

29 Für die Feststellung, ob ein Drittstaat oder eine internationale Organisation über ein angemessenes, d.h. der Sache nach gleichwertiges Datenschutzniveau verfügt, sind vor allem die Rechtsordnung in dem Drittstaat bzw. bei der internationalen Organisation geltenden Rechtsvorschriften (aa), die Existenz und Funktionsweise unabhängiger Aufsichtsbehörden (bb) sowie etwaige von dem Drittstaat eingegangene Verpflichtungen (cc) ausschlaggebend.

30 (1) Rechtsordnung in dem Drittstaat bzw. bei der internationalen Organisation geltende Rechtsvorschriften

31 Unter Berücksichtigung der geltenden Rechtsvorschriften in dem Drittstaat bzw. bei der internationalen Organisation soll die KOM prüfen, inwieweit dort die Rechtsstaatlichkeit gewahrt, der Rechtsweg gewährleistet und die internationalen Menschenrechtsnormen und -standards eingehalten werden. In ihre Prüfung bezieht sie alle allgemeinen und sektorspezifischen Vorschriften mit ein, inklusive der Vorschriften über die öffentliche Sicherheit, die Landesverteidigung und die nationale Sicherheit, die öffentliche Ordnung und das Strafrecht (vgl. EG 104).

32 (2) Existenz und Funktionsweise unabhängiger Aufsichtsbehörden

33 In dem Drittstaat bzw. bei der internationalen Organisation sollte eine wirksame unabhängige Überwachung des Datenschutzes gewährleistet sein. Dafür sollte es in dem Drittstaat unabhängige Aufsichtsbehörden geben bzw. die internationale Organisation einer unabhängigen Aufsichtsbehörde unterstehen, die für die Einhaltung und Durchsetzung der Datenschutzvorschriften und für die Beratung und Unterstützung der Betroffenen bei der Ausübung ihrer Rechte zuständig sind. Ferner sollten diese Aufsichtsbehörden mit den Aufsichtsbehörden der Mitgliedstaaten zusammenarbeiten.

34 (3) Von dem Drittstaat bzw. der internationalen Organisation eingegangene Verpflichtungen

35 In ihrer Prüfung berücksichtigt die KOM außerdem, ob der Drittstaat bzw. die internationale Organisation internationale Verpflichtungen eingegangen ist oder andere Verpflichtungen, die sich aus rechtsverbindlichen Übereinkünften oder Instrumenten sowie aus der Teilnahme an multilateralen oder regionalen Systemen insb. in Bezug auf den Schutz personenbezogener Daten ergeben. Hierunter fällt insb. der Beitritt zum Übereinkommen des Europarats vom 28.1.1981 zum Schutz des Menschen bei der automatischen Verarbeitung personenbezogener Daten und dem dazugehörigen Zusatzprotokoll (Konvention 108)[24]. Ein Beispiel für ein multilaterales oder regionales System stellt APEC dar (Asia-Pacific Economic Cooperation/Asiatisch-Pazifische Wirtschaftsgemeinschaft). APEC ist ein Zusammenschluss von Staaten im asiatisch-pazifischen Raum zu Zwecken der wirtschaftlichen Zusammenarbeit, die Regelungen u.a. im Bereich des grenzüberschreitenden Austauschs personenbezogener Daten entwickelt haben („Cross Border Privacy Rules", s.a. Art. 47 Rn. 20).

23 Digital Rights Ireland ./. Kommission, Rs. T-670/16.
24 Convention for the Protection of Individuals with regard to Automatic Processing of Personal Data, ETS No.108.

f) Wirkung der KOM-Entscheidung

Grundsätzlich sind die Angemessenheitsentscheidungen der KOM für die Mitgliedstaaten und damit auch für die Aufsichtsbehörden bindend. Ohne dies generell infrage zu stellen, stellt der EuGH im „Safe Harbor"-Urteil[25] aber fest, dass eine Angemessenheitsentscheidung andererseits „*die den nationalen Kontrollstellen durch Art. 8 Abs. 3 der Charta und durch Art. 28 der RL ausdrücklich zuerkannten Befugnisse weder beseitigen noch einschränken*" kann (Rn. 53). Die Aufsichtsbehörden müssen daher, „*wenn sich eine Person mit einer Eingabe zum Schutz ihrer Rechte und Freiheiten bei der Verarbeitung ihrer personenbezogenen Daten an sie wendet, in völliger Unabhängigkeit prüfen (...), ob bei der Übermittlung dieser Daten die in der RL aufgestellten Anforderungen gewahrt werden*" (Rn. 57), wobei allerdings die Feststellung, ob die Angemessenheitsentscheidung der KOM unwirksam ist, dem EuGH vorbehalten bleibt (Rn. 61). **36**

g) Durchführungsrechtsakt

Der Angemessenheitsbeschluss ist ein Durchführungsrechtsakt, für den das Komitologieverfahren gem. Art. 93 Abs. 2 gilt (vgl. im Einzelnen dort). **37**

h) Revisionsklausel

Der Angemessenheitsbeschluss hat nach Abs. 3 eine Revisionsklausel zu enthalten, die eine regelmäßige Überprüfung, mindestens alle vier Jahre, vorsieht. Bei der Überprüfung sind allen maßgeblichen Entwicklungen in dem Drittland oder bei der internationalen Organisation Rechnung zu tragen. **38**

Im „Privacy Shield" ist sogar eine jährliche Revision vorgesehen (Art. 4 Abs. 4 des „Privacy Shield"-Beschlusses[26]). **39**

Unabhängig von den regelmäßigen Überprüfungen hat die KOM nach Abs. 4 die Entwicklungen in den Drittländern und internationalen Organisationen mit Angemessenheitsbeschluss fortwährend zu überwachen. **40**

II. Überwachung der Entwicklungen (Abs. 4)

Die KOM überwacht fortlaufend die Entwicklungen in Drittländern und internationalen Organisationen mit Angemessenheitsbeschlüssen, um sicherzustellen, dass die Angemessenheit des Datenschutzniveaus dort nicht beeinträchtigt wird. **41**

III. Widerruf, Änderung, Aussetzung der Entscheidung (Abs. 5 bis 7)

Nach Abs. 5 widerruft oder ändert die KOM die Entscheidung oder setzt sie aus, wenn dies erforderlich wird, weil das entsprechende Drittland oder die internationale Organisation kein angemessenes Datenschutzniveau mehr gewährleistet. Auch hierfür findet das Komitologieverfahren Anwendung (vgl. Art. 93). Wichtig in diesem Zusammenhang ist, dass die Entscheidung über den Widerruf, die Änderung oder Aussetzung ex nunc erfolgt, d.h. bereits erfolgte Datenübermittlungen werden nicht rückwirkend unwirksam. Außerdem hat ein solcher Beschluss keine Auswirkungen auf Datenübermittlungen, die auf einer anderen Rechtsgrundlage im Sinne der Art. 46 ff. erfolgen (nach Abs. 7 bleiben Übermittlungen nach Art. 46 bis 49 unberührt). **42**

Nach Abs. 6 soll die KOM, wenn sie einen entsprechenden Beschluss erlässt, mit dem betreffenden Drittland Beratungen aufnehmen, mit dem Ziel, Abhilfe zu schaffen. **43**

---

25 EuGH, Urt. v. 6.10.2015, Rs. C-362/14 (Maximilian Schrems ./. Data Protection Commissioner).
26 Durchführungsbeschluss (EU) 2016/1250 der Kommission vom 12. Juli 2016 gem. der Richtlinie 95/46/EG des Europäischen Parlaments und des Rates über die Angemessenheit des vom EU-US-Datenschutzschild gebotenen Schutzes (Bekannt gegeben unter Aktenzeichen C(2016) 4176).

IV. Veröffentlichung der Entscheidung (Abs. 8)

44 Die KOM veröffentlicht alle Entscheidungen nach diesem Artikel, d.h. sowohl die Angemessenheitsbeschlüsse als auch eine(n) erfolgte(n) Widerruf/Änderung/Aussetzung im Amtsblatt der EU sowie auf ihrer Webseite.[27]

V. Übergangsregelung (Abs. 9)

45 Abs. 9 sieht vor, dass alle Angemessenheitsentscheidungen, die unter Geltung der RL 95/46 getroffen worden sind, in Kraft bleiben, bis sie durch einen neuen Beschluss geändert, ersetzt oder aufgehoben werden. Dennoch wird die KOM zeitnah alle Beschlüsse auf ihre Vereinbarkeit mit der DS-GVO überprüfen müssen – und zwar unter Zugrundelegung der Anforderungen, die der EuGH in seinem Urteil zu „Safe Harbor"[28] aufgestellt hat.

C. Weitere Auswirkungen der Verordnung in der Praxis

46 Im Vergleich zur RL 95/46 (Art. 25 Abs. 4) sieht die DS-GVO keine unmittelbaren negativen Angemessenheitsentscheidungen mehr vor (nur den Widerruf oder die Aussetzung zuvor erlassener Angemessenheitsbeschlüsse). Für die Feststellung, dass ein Drittland kein angemessenes Schutzniveau gewährleistet, besteht unter der Systematik der DS-GVO kein Bedarf mehr. Der europäische Datenverarbeiter muss bzw. kann nicht mehr selbst entscheiden, ob ein Drittstaat oder eine internationale Organisation ein angemessenes Datenschutzniveau gewährleistet. Datenübermittlungen auf der Grundlage eines angemessenen Datenschutzniveaus sind zukünftig nur noch dann zulässig, wenn ein entsprechender Beschluss der KOM existiert. Insofern bietet die DS-GVO im Vergleich zur RL 95/46 grundsätzlich mehr Rechtssicherheit.

47 Nicht zuletzt in puncto Rechtssicherheit sind jedoch die potenziellen Auswirkungen des „Safe Harbor"-Urteils des EuGH abzuwarten. Da der EuGH entschieden hat, dass der Beschluss der KOM zwar eigentlich verbindlich ist, jede Aufsichtsbehörde aber trotzdem verpflichtet ist, selbstständig sämtliche Anforderungen der Übermittlung, d.h. auch die Angemessenheit des Schutzniveaus zu überprüfen, ist fraglich, wie sich das auf den einzelnen Datenverarbeiter auswirken wird. Kann dieser auf die Adäquanzentscheidungen der KOM vertrauen oder muss er zusätzliche Anstrengungen unternehmen und, wenn ja, welche? Im Ergebnis sollte sich der Datenverarbeiter auf die Beschlüsse der KOM berufen können. Wenn der Fokus auf die Angemessenheitsentscheidungen einen Vorteil hat, dann doch gerade den, dass der Datenverarbeiter bei der Übermittlung an Stellen im Anwendungsbereich einer Angemessenheitsentscheidung keine zusätzlichen Voraussetzungen mehr erfüllen muss (vgl. zur Gesamtsystematik des Kapitels V Art. 44 Rn. 5 ff.). Solange die KOM ihre Entscheidung nicht ändert oder eine Aufsichtsbehörde Übermittlungen im Einzelfall aussetzt – unter Mitteilung an den betreffenden Datenverarbeiter –, sollte der Datenverarbeiter daher auf die ergangenen Angemessenheitsbeschlüsse der KOM vertrauen dürfen.

48 Angesichts der Drohung empfindlicher Geldstrafen bei Verstößen (Geldbußen in Höhe von bis zu 20.000.000 € oder von bis zu 4 % des gesamten weltweit erzielten Jahresumsatzes des vorangegangenen Geschäftsjahrs, Art. 83 Abs. 5 lit. c) wäre eine entsprechende Klarstellung wichtig gewesen.

49 Das BDSG-neu sieht in § 21 die Möglichkeit für die Aufsichtsbehörden vor, einen Antrag auf gerichtliche Entscheidung bei angenommener Rechtswidrigkeit eines Angemessenheitsbeschlusses (sowie von anerkannten Standardschutzklauseln und allgemein gültigen genehmigten Verhaltensregeln, vgl. insoweit bei Art. 46, Rn. 26) zu stellen. Die Einführung einer entsprechenden Klagemöglichkeit hatte der Bundesrat bereits für das bislang geltende BDSG gefordert. In seiner Ent-

---

27 http://ec.europa.eu/justice/data-protection/international-transfers/adequacy/index_en.htm (Stand: 2.8.2016).

28 EuGH, Urt. v. 6.10.2015, Rs. C-362/14 (Maximilian Schrems ./. Data Protection Commissioner).

schließung vom 13.05.2016 hatte er einen § 38b ‚Verfahren zur Überprüfung von Rechtsakten nach Artikel 25 Absatz 6 der Richtlinie 95/46/EG' vorgeschlagen[29].

Nach § 21 BDSG-neu setzt die deutsche Aufsichtsbehörde das Verfahren aus und stellt beim BVerwG einen Antrag auf gerichtliche Entscheidung, wenn sie der Auffassung ist, der betreffende Beschluss der KOM ist rechtswidrig (§ 21 Abs. 1, 2 und 3). Ist bereits ein Verfahren zur Überprüfung der Gültigkeit dieses Beschlusses beim EuGH anhängig, kann das BVerwG anordnen, dass die Verhandlung bis zur Erledigung des Verfahrens vor dem EuGH auszusetzen ist (Abs. 5). Anderenfalls entscheidet das BVerwG (Abs. 6): Gelangt es zu der Überzeugung, dass der Beschluss gültig ist, stellt es dies in seiner Entscheidung fest. Hält es dagegen den Beschluss für rechtswidrig, legt es die Frage dem EuGH vor. Das BVerwG kann der KOM in dem Verfahren die Gelegenheit zur Äußerung binnen einer zu bestimmenden Frist geben (Abs. 4). **50**

29 BR-Drs. 171/16.

Article 46

Transfers subject to appropriate safeguards

1. In the absence of a decision pursuant to Article 45(3), a controller or processor may transfer personal data to a third country or an international organisation only if the controller or processor has provided appropriate safeguards, and on condition that enforceable data subject rights and effective legal remedies for data subjects are available.

2. The appropriate safeguards referred to in paragraph 1 may be provided for, without requiring any specific authorisation from a supervisory authority, by:

   (a) a legally binding and enforceable instrument between public authorities or bodies;

   (b) binding corporate rules in accordance with Article 47;

   (c) standard data protection clauses adopted by the Commission in accordance with the examination procedure referred to in Article 93(2);

   (d) standard data protection clauses adopted by a supervisory authority and approved by the Commission pursuant to the examination procedure referred to in Article 93(2);

   (e) an approved code of conduct pursuant to Article 40 together with binding and enforceable commitments of the controller or processor in the third country to apply the appropriate safeguards, including as regards data subjects' rights; or

   (f) an approved certification mechanism pursuant to Article 42 together with binding and enforceable commitments of the controller or processor in the third country to apply the appropriate safeguards, including as regards data subjects' rights.

Artikel 46

Datenübermittlung vorbehaltlich geeigneter Garantien

(1) Falls kein Beschluss nach Artikel 45 Absatz 3 vorliegt, darf ein Verantwortlicher oder ein Auftragsverarbeiter personenbezogene Daten an ein Drittland oder eine internationale Organisation nur übermitteln, sofern der Verantwortliche oder der Auftragsverarbeiter geeignete Garantien vorgesehen hat und sofern den betroffenen Personen durchsetzbare Rechte und wirksame Rechtsbehelfe zur Verfügung stehen.

(2) Die in Absatz 1 genannten geeigneten Garantien können, ohne dass hierzu eine besondere Genehmigung einer Aufsichtsbehörde erforderlich wäre, bestehen in

a) einem rechtlich bindenden und durchsetzbaren Dokument zwischen den Behörden oder öffentlichen Stellen,

b) verbindlichen internen Datenschutzvorschriften gemäß Artikel 47,

c) Standarddatenschutzklauseln, die von der Kommission gemäß dem Prüfverfahren nach Artikel 93 Absatz 2 erlassen werden,

d) von einer Aufsichtsbehörde angenommenen Standarddatenschutzklauseln, die von der Kommission gemäß dem Prüfverfahren nach Artikel 93 Absatz 2 genehmigt wurden,

e) genehmigten Verhaltensregeln gemäß Artikel 40 zusammen mit rechtsverbindlichen und durchsetzbaren Verpflichtungen des Verantwortlichen oder des Auftragsverarbeiters in dem Drittland zur Anwendung der geeigneten Garantien, einschließlich in Bezug auf die Rechte der betroffenen Personen, oder

f) einem genehmigten Zertifizierungsmechanismus gemäß Artikel 42 zusammen mit rechtsverbindlichen und durchsetzbaren Verpflichtungen des Verantwortlichen oder des Auftragsverarbeiters in dem Drittland zur Anwendung der geeigneten Garantien, einschließlich in Bezug auf die Rechte der betroffenen Personen.

3. Subject to the authorisation from the competent supervisory authority, the appropriate safeguards referred to in paragraph 1 may also be provided for, in particular, by:

(a) contractual clauses between the controller or processor and the controller, processor or the recipient of the personal data in the third country or international organisation; or

(b) provisions to be inserted into administrative arrangements between public authorities or bodies which include enforceable and effective data subject rights.

4. The supervisory authority shall apply the consistency mechanism referred to in Article 63 in the cases referred to in paragraph 3 of this Article.

5. Authorisations by a Member State or supervisory authority on the basis of Article 26(2) of Directive 95/46/EC shall remain valid until amended, replaced or repealed, if necessary, by that supervisory authority. Decisions adopted by the Commission on the basis of Article 26(4) of Directive 95/46/EC shall remain in force until amended, replaced or repealed, if necessary, by a Commission Decision adopted in accordance with paragraph 2 of this Article.

(3) Vorbehaltlich der Genehmigung durch die zuständige Aufsichtsbehörde können die geeigneten Garantien gemäß Absatz 1 auch insbesondere bestehen in

a) Vertragsklauseln, die zwischen dem Verantwortlichen oder dem Auftragsverarbeiter und dem Verantwortlichen, dem Auftragsverarbeiter oder dem Empfänger der personenbezogenen Daten im Drittland oder der internationalen Organisation vereinbart wurden, oder

b) Bestimmungen, die in Verwaltungsvereinbarungen zwischen Behörden oder öffentlichen Stellen aufzunehmen sind und durchsetzbare und wirksame Rechte für die betroffenen Personen einschließen.

(4) Die Aufsichtsbehörde wendet das Kohärenzverfahren nach Artikel 63 an, wenn ein Fall gemäß Absatz 3 des vorliegenden Artikels vorliegt.

(5) Von einem Mitgliedstaat oder einer Aufsichtsbehörde auf der Grundlage von Artikel 26 Absatz 2 der Richtlinie 95/46/EG erteilte Genehmigungen bleiben so lange gültig, bis sie erforderlichenfalls von dieser Aufsichtsbehörde geändert, ersetzt oder aufgehoben werden. Von der Kommission auf der Grundlage von Artikel 26 Absatz 4 der Richtlinie 95/46/EG erlassene Feststellungen bleiben so lange in Kraft, bis sie erforderlichenfalls mit einem nach Absatz 2 des vorliegenden Artikels erlassenen Beschluss der Kommission geändert, ersetzt oder aufgehoben werden.

Recitals

(108) In the absence of an adequacy decision, the controller or processor should take measures to compensate for the lack of data protection in a third country by way of appropriate safeguards for the data subject. Such appropriate safeguards may consist of making use of binding corporate rules, standard data protection clauses adopted by the Commission, standard data protection clauses adopted by a supervisory authority or contractual clauses authorised by a supervisory authority. Those safeguards should ensure compliance with data protection requirements and the rights of

Erwägungsgründe

(108) Bei Fehlen eines Angemessenheitsbeschlusses sollte der Verantwortliche oder der Auftragsverarbeiter als Ausgleich für den in einem Drittland bestehenden Mangel an Datenschutz geeignete Garantien für den Schutz der betroffenen Person vorsehen. Diese geeigneten Garantien können darin bestehen, dass auf verbindliche interne Datenschutzvorschriften, von der Kommission oder von einer Aufsichtsbehörde angenommene Standarddatenschutzklauseln oder von einer Aufsichtsbehörde genehmigte Vertragsklauseln zurückgegriffen wird. Diese Garantien sollten sicherstel-

the data subjects appropriate to processing within the Union, including the availability of enforceable data subject rights and of effective legal remedies, including to obtain effective administrative or judicial redress and to claim compensation, in the Union or in a third country. They should relate in particular to compliance with the general principles relating to personal data processing, the principles of data protection by design and by default. Transfers may also be carried out by public authorities or bodies with public authorities or bodies in third countries or with international organisations with corresponding duties or functions, including on the basis of provisions to be inserted into administrative arrangements, such as a memorandum of understanding, providing for enforceable and effective rights for data subjects. Authorisation by the competent supervisory authority should be obtained when the safeguards are provided for in administrative arrangements that are not legally binding.

len, dass die Datenschutzvorschriften und die Rechte der betroffenen Personen auf eine der Verarbeitung innerhalb der Union angemessene Art und Weise beachtet werden; dies gilt auch hinsichtlich der Verfügbarkeit von durchsetzbaren Rechten der betroffenen Person und von wirksamen Rechtsbehelfen einschließlich des Rechts auf wirksame verwaltungsrechtliche oder gerichtliche Rechtsbehelfe sowie des Rechts auf Geltendmachung von Schadenersatzansprüchen in der Union oder in einem Drittland. Sie sollten sich insbesondere auf die Einhaltung der allgemeinen Grundsätze für die Verarbeitung personenbezogener Daten, die Grundsätze des Datenschutzes durch Technik und durch datenschutzfreundliche Voreinstellungen beziehen. Datenübermittlungen dürfen auch von Behörden oder öffentlichen Stellen an Behörden oder öffentliche Stellen in Drittländern oder an internationale Organisationen mit entsprechenden Pflichten oder Aufgaben vorgenommen werden, auch auf der Grundlage von Bestimmungen, die in Verwaltungsvereinbarungen – wie beispielsweise einer gemeinsamen Absichtserklärung –, mit denen den betroffenen Personen durchsetzbare und wirksame Rechte eingeräumt werden, aufzunehmen sind. Die Genehmigung der zuständigen Aufsichtsbehörde sollte erlangt werden, wenn die Garantien in nicht rechtsverbindlichen Verwaltungsvereinbarungen vorgesehen sind.

(109) The possibility for the controller or processor to use standard data-protection clauses adopted by the Commission or by a supervisory authority should prevent controllers or processors neither from including the standard data-protection clauses in a wider contract, such as a contract between the processor and another processor, nor from adding other clauses or additional safeguards provided that they do not contradict, directly or indirectly, the standard contractual clauses adopted by the Commission or by a supervisory authority or prejudice the fundamental rights or freedoms of the data subjects. Controllers and processors should be encouraged to provide additional safeguards via contractual commitments that supplement standard protection clauses.

(109) Die dem Verantwortlichen oder dem Auftragsverarbeiter offenstehende Möglichkeit, auf die von der Kommission oder einer Aufsichtsbehörde festgelegten Standard-Datenschutzklauseln zurückzugreifen, sollte den Verantwortlichen oder den Auftragsverarbeiter weder daran hindern, die Standard-Datenschutzklauseln auch in umfangreicheren Verträgen, wie zum Beispiel Verträgen zwischen dem Auftragsverarbeiter und einem anderen Auftragsverarbeiter, zu verwenden, noch ihn daran hindern, ihnen weitere Klauseln oder zusätzliche Garantien hinzuzufügen, solange diese weder mittelbar noch unmittelbar im Widerspruch zu den von der Kommission oder einer Aufsichtsbehörde erlassenen Standard-Datenschutzklauseln stehen oder die Grundrechte und Grundfreiheiten der betroffenen Personen beschneiden. Die Verantwortlichen und die Auftragsverarbeiter sollten ermutigt

werden, mit vertraglichen Verpflichtungen, die die Standard-Schutzklauseln ergänzen, zusätzliche Garantien zu bieten.

§ 21 BDSG-neu

Antrag der Aufsichtsbehörde auf gerichtliche Entscheidung bei angenommener Rechtswidrigkeit eines Beschlusses der Europäischen Kommission

(1) Hält eine Aufsichtsbehörde einen Angemessenheitsbeschluss der Europäischen Kommission, einen Beschluss über die Anerkennung von Standardschutzklauseln oder über die Allgemeingültigkeit von genehmigten Verhaltensregeln, auf dessen Gültigkeit es für eine Entscheidung der Aufsichtsbehörde ankommt, für rechtswidrig, so hat die Aufsichtsbehörde ihr Verfahren auszusetzen und einen Antrag auf gerichtliche Entscheidung zu stellen.

(2) Für Verfahren nach Absatz 1 ist der Verwaltungsrechtsweg gegeben. Die Verwaltungsgerichtsordnung ist nach Maßgabe der Absätze 3 bis 6 anzuwenden.

(3) Über einen Antrag der Aufsichtsbehörde nach Absatz 1 entscheidet im ersten und letzten Rechtszug das Bundesverwaltungsgericht.

(4) In Verfahren nach Absatz 1 ist die Aufsichtsbehörde beteiligungsfähig. An einem Verfahren nach Absatz 1 ist die Aufsichtsbehörde als Antragstellerin beteiligt; § 63 Nummer 3 und 4 der Verwaltungsgerichtsordnung bleibt unberührt. Das Bundesverwaltungsgericht kann der Europäischen Kommission Gelegenheit zur Äußerung binnen einer zu bestimmenden Frist geben.

(5) Ist ein Verfahren zur Überprüfung der Gültigkeit eines Beschlusses der Europäischen Kommission nach Absatz 1 bei dem Gerichtshof der Europäischen Union anhängig, so kann das Bundesverwaltungsgericht anordnen, dass die Verhandlung bis zur Erledigung des Verfahrens vor dem Gerichtshof der Europäischen Union auszusetzen sei.

(6) In Verfahren nach Absatz 1 ist § 47 Absatz 5 Satz 1 und Absatz 6 der Verwaltungsgerichtsordnung entsprechend anzuwenden. Kommt das Bundesverwaltungsgericht zu der Überzeugung, dass der Beschluss der Europäischen Kommission nach Absatz 1 gültig ist, so stellt es dies in seiner Entscheidung fest. Andernfalls legt es die Frage nach der Gültigkeit des Beschlusses gemäß Artikel 267 des Vertrags über die Arbeitsweise der Europäischen Union dem Gerichtshof der Europäischen Union zur Entscheidung vor.

Literatur

Article 29 Working Party Statement on the decision of the European Commission on the EU-U.S. Privacy Shield vom 26.7.2016.

▶ Bedeutung der Norm

Art. 46 DS-GVO stellt die in der Praxis wohl relevanteste Norm für die Übermittlung von Daten in Drittstaaten dar. Durch Nennung geeigneter Garantien legt sie die Voraussetzungen dar, unter denen Drittstaatenübermittlungen außerhalb von Angemessenheitsbeschlüssen allgemein zulässig sind.

▶ Hinweise für den Anwender

Für die Norm relevante Definitionen:
- Art. 4 Nr. 1, 2, 7, 8, 20, 21, 26.

Für die Auslegung der Norm relevante Erwägungsgründe:
- EG 108, 109.

Systematische Einordnung der Norm innerhalb der DS-GVO:
- Art. 46 ist Teil der Regelungen zur Datenübermittlung in Drittstaaten und bietet die Grundlagen, unter denen eine Übermittlung in einen Drittstaat ohne bestehenden Angemessenheitsbeschluss allgemein zulässig ist.

Vorgängernormen im BDSG:
- § 4c Abs. 2.

Vorgängernormen der RL 95/46:
- Art. 26 Abs. 2.

Querbezüge zu anderen Normen:
- Art. 3, 13, 14, 40, 42, andere Artikel im Kapitel V, 63, 93.

Leitentscheidungen:
- Europäischer Gerichtshof, Urteil vom 6.10.2015, Rs. C-362/14 (Schrems).

▶ **Schlagworte**

Datenübermittlung; Drittland; internationale Organisation; geeignete Garantien; verbindliche interne Datenschutzvorschriften (Binding Corporate Rules – BCRs); Standarddatenschutzklauseln; Verhaltensregeln (Codes of Conduct – CoC); Zertifizierung; Vertragsklauseln; Verwaltungsvereinbarungen.

A. Allgemeines

I. Regelungszweck

1 Eine Datenübermittlung an eine Stelle in einem Drittland[1] oder an eine internationale Organisation, zu dem/der es keine Adäquanzentscheidung der KOM nach Art. 45 gibt, kann insb. dann erfolgen, wenn der Datenverarbeiter zusätzliche geeignete Garantien im Sinne des Art. 46 vorgesehen hat.

II. Normadressaten

2 Normadressaten sind alle Datenverarbeiter, sowohl Verantwortliche als auch Auftragsverarbeiter, die Daten in einen Drittstaat oder an eine internationale Organisation übermitteln (zum Verhältnis des Kapitels V zum Marktortprinzip vgl. Rn. 4 ff. bei Art. 3). Es findet grundsätzlich keine Un-

1 Zu der Frage „an"/„in" Drittstaaten vgl. Art. 44 Rn. 13.

terscheidung zwischen öffentlichen und nicht-öffentlichen Stellen statt (vgl. aber bei den einzelnen Garantien). Es kommt auch nicht darauf an, ob der Empfänger eine öffentliche oder nicht-öffentliche Stelle bzw. ein Verantwortlicher oder ein Auftragsverarbeiter ist. Weiter sind die KOM sowie die Aufsichtsbehörden angesprochen. Die KOM kann im Komitologieverfahren Standarddatenschutzklauseln erlassen, die als wirksame Garantien in Betracht kommen. Auch die Aufsichtsbehörden können Standarddatenschutzklauseln annehmen, die von der Kommission im Komitologieverfahren genehmigt werden. Im Übrigen treten die Aufsichtsbehörden im Rahmen des Art. 46 als Genehmigungsorgan auf.

III. Systematik

Art. 46 ergänzt Art. 45 und führt weitere Möglichkeiten auf, Daten zulässigerweise in ein Drittland oder an eine internationale Organisation zu übermitteln. Art. 46 Abs. 2 lit. b, der verbindliche interne Datenschutzvorschriften („Binding Corporate Rules" – „BCRs") als geeignete Garantien nennt, wird wiederum ergänzt von Art. 47, der die Voraussetzungen der BCRs im Einzelnen beschreibt. 3

IV. Entstehungsgeschichte

1. Bisherige europäische Vorgaben

Nach Art. 26 Abs. 2 der RL 95/46 kann ein Mitgliedstaat die Übermittlung auf der Grundlage geeigneter Garantien ausnahmsweise genehmigen; diese Garantien können sich insb. aus entsprechenden Vertragsklauseln ergeben. 4

2. Bisherige nationale Vorgaben

In Umsetzung der RL 95/46 regelt das bislang geltende BDSG in § 4c unter den Ausnahmen, dass die zuständige Aufsichtsbehörde einzelne Übermittlungen oder bestimmte Arten von Übermittlungen genehmigen kann, wenn ausreichende Garantien vorgesehen werden; die Garantien können sich insb. aus Vertragsklauseln oder verbindlichen Unternehmensregelungen (BCRs) ergeben (§ 4c Abs. 2). 5

3. Verhandlungen zur Datenschutz-Grundverordnung

Der ursprüngliche KOM-Entwurf enthielt nicht die Möglichkeit, genehmigte Verhaltensregeln nach Art. 40 oder genehmigte Zertifizierungsverfahren im Sinne des Art. 42 als mögliche Garantien zu verwenden. Für die Ergänzung dieser Alternativen hat sich der Rat eingesetzt. Dabei hat Deutschland eine nicht unbedeutende Rolle gespielt. Mit Note vom 13.2.2013 hat die deutsche Bundesregierung Formulierungsvorschläge für einen Art. 38 (Verhaltensregeln) und Art. 38a (Einrichtungen der freiwilligen Selbstkontrolle) in die Verhandlungen eingebracht[2] und damit die Aufnahme entsprechender Mechanismen als Garantien auch bei Drittstaatentransfers wesentlich beeinflusst (s.a. Art. 40). 6

B. Inhalt der Regelung

I. Datenübermittlung an einen Drittstaat oder an eine internationale Organisation ohne Angemessenheitsbeschluss

Art. 46 findet Anwendung, wenn eine Datenübermittlung an einen Drittstaat oder an eine internationale Organisation erfolgen soll, zu dem es keinen Angemessenheitsbeschluss der KOM nach Art. 45 gibt. 7

2 Ratsdokument 6413/13.

8 Art. 46 unterscheidet zwei Arten von Garantien: Garantien, für die keine besondere Genehmigung einer Aufsichtsbehörde erforderlich ist (Abs. 2), und Garantien, bei denen eine besondere Genehmigung einzuholen ist (Abs. 3).

II. Garantien ohne besondere Genehmigung einer Aufsichtsbehörde (Abs. 2)

1. Übereinkünfte im öffentlichen Bereich (lit. a)

9 Drittstaatsübermittlungen zwischen Behörden oder öffentlichen Stellen können auf der Grundlage rechtlich bindender und durchsetzbarer Übereinkünfte mit dem entsprechenden Drittstaat vorgenommen werden. Dabei muss es sich nicht um völkerrechtliche Abkommen handeln. Entsprechende Datenübermittlungen dürfen auch auf der Grundlage von Bestimmungen vorgenommen werden, die in Verwaltungsvereinbarungen, wie bspw. einer gemeinsamen Absichtserklärung, aufzunehmen sind, mit denen den betroffenen Personen durchsetzbare und wirksame Rechte eingeräumt werden (EG 108). Zu beachten ist allerdings, dass bei nicht rechtsverbindlichen Verwaltungsvereinbarungen Abs. 3 lit. b Anwendung findet und die Genehmigung der Aufsichtsbehörde einzuholen ist.

2. Verbindliche interne Datenschutzvorschriften (BCRs) (lit. b)

10 Als mögliche Garantien im nicht öffentlichen Bereich kommen insb. BCRs in Betracht. Deren Voraussetzungen regelt Art. 47, auf den in lit. b verwiesen wird (s. im Einzelnen unter Art. 47).

3. Standarddatenschutzklauseln der KOM (lit. c)

11 Eine weitere gewichtige Möglichkeit, Drittstaatsübermittlungen rechtmäßig vorzunehmen, ist auf der Grundlage der von der KOM im Komitologieverfahren (vgl. dazu bei Art. 93) erlassenen Standarddatenschutzklauseln. Die aktuell gültigen Standardvertragsklauseln finden sich in den Beschlüssen der Kommission 2001/497/EG und 2004/915/EG für die Übermittlung personenbezogener Daten in Drittländer sowie in 2010/87/EU für die Übermittlung personenbezogener Daten an Auftragsverarbeiter in Drittländern. Datenverarbeiter dürfen die Standarddatenschutzklauseln durch weitere Klauseln ergänzen oder ihnen zusätzliche Garantien hinzufügen, solange diese nicht im Widerspruch zu den Standarddatenschutzklauseln stehen oder die Rechte der betroffenen Personen beschneiden (vgl. EG 109).

4. Standarddatenschutzklauseln einer Aufsichtsbehörde (lit. d)

12 Als Grundlage für die Drittstaatsübermittlung kommen neben den von der KOM (als eigene) erlassenen Standarddatenschutzklauseln auch solche Standarddatenschutzklauseln in Betracht, die eine Aufsichtsbehörde angenommen und die KOM im Komitologieverfahren nach Art. 93 genehmigt hat.

5. Genehmigte Verhaltensregeln nach Art. 40 (lit. e)

13 Eine weitere mögliche Grundlage für die Übermittlung stellen Verhaltensregeln im Sinne des Art. 40 dar, sogenannte Codes of Conduct (CoC) (vgl. im Einzelnen die Ausführungen zu Art. 40).

a) Genehmigte CoC

14 Voraussetzung für die Verwendung von Codes of Conduct als Grundlage für die Drittstaatenübermittlung ist, dass diese genehmigt worden sind. Genehmigt werden die CoC grundsätzlich von der zuständigen Aufsichtsbehörde gem. Art. 40 Abs. 5 bis 8, ggf. im Verfahren nach Art. 63. Fraglich ist, ob darüber hinaus ein Beschluss der KOM über die Allgemeingültigkeit in der Union gem. Art. 40 Abs. 9 erforderlich ist. Abs. 2 lit. e spricht zwar nur von „genehmigten" Verhaltensregeln, was dafür sprechen könnte, dass für „genehmigte" CoC im Sinne des Art. 46 die Genehmigung der Aufsichtsbehörde ausreichend und eine darüber hinausgehende Feststellung der

KOM über die Allgemeinverbindlichkeit nicht erforderlich ist. Andererseits enthält Art. 40 in Abs. 3 eine spezifische Regelung zur Anwendbarkeit für Drittstaatsdatenverarbeiter[3]. Dieser sieht vor, dass auch Datenverarbeiter, die nicht in den Anwendungsbereich der DS-GVO fallen (und für die dementsprechend Art. 40 sonst nicht anwendbar wäre), CoC einhalten können, um geeignete Garantien im Sinne des Art. 46 Abs. 2 lit. e bieten zu können. Er setzt aber im Gegensatz zu Art. 46 Abs. 2 lit. e voraus, dass die CoC nach Art. 40 Abs. 5 genehmigt und nach Art. 40 Abs. 9 für allgemein gültig erklärt wurden. Da Art. 46 durch den Verweis auf Art. 40 im Ergebnis das Vorliegen der Voraussetzungen des Art. 40 erfordert, ist davon auszugehen, dass CoC nur dann als geeignete Garantien im Sinne des Art. 46 Abs. 2 in Betracht kommen, wenn die KOM ihre Allgemeinverbindlichkeit festgestellt hat. Dafür spricht auch der Vergleich mit den übrigen Tatbeständen in Art. 46 Abs. 2, insb. den Standarddatenschutzklauseln nach Abs. 2 lit. d. Diese werden zwar von einer Aufsichtsbehörde angenommen, müssen aber zusätzlich von der KOM genehmigt werden.

b) Rechtsverbindliche, durchsetzbare Verpflichtungen des Drittstaatsdatenverarbeiters

CoC sind als Grundlage für die Drittstaatsübermittlung nur geeignet, wenn sie ergänzt werden **15** durch rechtsverbindliche und durchsetzbare Verpflichtungen des Drittstaatsdatenverarbeiters zur Anwendung der geeigneten Garantien, einschl. in Bezug auf die Rechte der betroffenen Personen. Für Datenverarbeiter, die nicht in den Anwendungsbereich der DS-GVO fallen, regelt Art. 40 Abs. 3 S. 2 darüber hinaus, dass diese mittels vertraglicher oder sonstiger rechtlich bindender Instrumente die verbindliche und durchsetzbare Verpflichtung einzugehen haben, die geeigneten Garantien anzuwenden, auch im Hinblick auf die Rechte der betroffenen Personen.

6. „Genehmigter" Zertifizierungsmechanismus gem. Art. 42 (lit. f)

Als weitere Grundlage für die Drittstaatsübermittlung kommen genehmigte Zertifizierungsver- **16** fahren nach Art. 42 in Betracht. Art. 42 regelt die Einführung von datenschutzspezifischen Zertifizierungsverfahren, Datenschutzsiegeln und – prüfzeichen. Die Zertifizierung, d.h. die „Genehmigung", erfolgt nach Art. 42 Abs. 5 durch Zertifizierungsstellen im Sinne des Art. 43 oder durch die Aufsichtsbehörden (vgl. im Einzelnen zu Art. 42, 43). Wie auch Art. 40 für die CoC enthält Art. 42 in Bezug auf die Zertifizierungen eine spezifische Regelung zur Anwendbarkeit für Drittstaatsdatenverarbeiter. Art. 42 Abs. 2 sieht vor, dass mithilfe „genehmigter" Zertifizierungsmechanismen nachgewiesen werden kann, dass Datenverarbeiter, die nicht in den Anwendungsbereich der DS-GVO fallen (und für die dementsprechend Art. 42 sonst nicht anwendbar wäre), die nach Art. 46 erforderlichen Garantien bieten. Der genehmigte Zertifizierungsmechanismus ist durch rechtsverbindliche und durchsetzbare Verpflichtungen des Verantwortlichen oder des Auftragsverarbeiters in dem Drittland zur Anwendung der geeigneten Garantien, einschließlich in Bezug auf die Rechte der betroffenen Personen, zu ergänzen, um als geeignete Garantie im Sinne des Art. 46 Abs. 2 lit. f in Betracht zu kommen. Für die Drittstaatsdatenverarbeiter, die nicht in den Anwendungsbereich der DS-GVO fallen, regelt Art. 42 Abs. 2 S. 2 darüber hinaus, dass sie mittels vertraglicher oder sonstiger rechtlich bindender Instrumente die verbindliche und durchsetzbare Verpflichtung eingehen müssen, diese geeigneten Garantien anzuwenden, auch im Hinblick auf die Rechte der betroffenen Personen.

3 Der Begriff wird hier vereinfachend für Verantwortliche und Auftragsverarbeiter verwendet, die in einem Drittland niedergelassen sind oder einer internationalen Organisation außerhalb des Hoheitsgebietes der EU angehören.

III. Garantien vorbehaltlich einer besonderen Genehmigung einer Aufsichtsbehörde (Abs. 3)

17 Drittstaatsübermittlungen auf der Grundlage von

(a) Vertragsklauseln, die zwischen dem Datenverarbeiter und dem Empfänger im Drittstaat vereinbart wurden, oder

(b) Bestimmungen, die in Verwaltungsvereinbarungen zwischen Behörden oder öffentlichen Stellen aufgenommen werden und durchsetzbare und wirksame Rechte für die betroffenen Personen einschließen,

sind zulässig mit einer besonderen Genehmigung einer Aufsichtsbehörde, ggf. unter Anwendung des Kohärenzverfahrens nach Art. 63 (Abs. 4).

18 Wenngleich die DS-GVO sich dazu nicht ausdrücklich einlässt, wird man unter Zugrundelegung der Praxis unter der RL 95/46 wohl davon ausgehen können, dass nicht jede einzelne Übermittlung von Daten genehmigt werden muss, sondern sich die Genehmigung auch auf eine Kategorie von Übermittlungen beziehen kann (vgl. Art. 26 Abs. 2 RL 95/46).

1. Vertragsklauseln

19 In Abgrenzung zu Abs. 2 lit. c und d kommen als Vertragsklauseln im Sinne des Abs. 3 nur solche in Betracht, die eigens zwischen den Vertragsparteien getroffen werden. Soweit Standarddatenschutzklauseln im Sinne des Abs. 2 lit. c und d verwendet und lediglich ergänzt werden, müssten diese auch ohne Genehmigung als Garantien gelten, solange die Ergänzungen im Einklang stehen mit den in den vorgegebenen Standarddatenschutzklauseln enthaltenen Regelungen und Prinzipien und denen der DS-GVO (vgl. Rn. 11). Auch Codes of Conduct bedürfen keiner zusätzlichen Genehmigung, solange sie die Voraussetzungen des Abs. 2 lit. e erfüllen.

2. Verwaltungsvereinbarungen

20 Bestimmungen in Verwaltungsvereinbarungen zwischen Behörden oder öffentlichen Stellen bedürfen dann einer zusätzlichen Genehmigung, wenn sie rechtlich nicht verbindlich sind. Rechtsverbindliche Übereinkünfte im öffentlichen Bereich bedürfen gem. Abs. 2 lit. a keiner gesonderten Genehmigung.

IV. Bestandsschutz (Abs. 5)

21 Nach Abs. 5 genießen unter Geltung der RL 95/46 erlassene Genehmigungen der Aufsichtsbehörden bzw. die von der KOM veröffentlichten Standardvertragsklauseln grundsätzlich Bestandsschutz – bis sie erforderlichenfalls geändert, ersetzt oder aufgehoben werden (vgl. auch EG 171).

22 Das weitere Schicksal der bestehenden möglichen Garantien bleibt jedoch abzuwarten. Möglicherweise führt das Safe-Harbor-Urteil des EuGH[4] im Ergebnis dazu, dass insb. die Standardvertragsklauseln und Binding Corporate Rules geändert werden müssen. In ihrer Stellungnahme vom 16.10.2015 hat die Artikel 29-Gruppe bereits angekündigt, die Auswirkungen des Urteils auch auf die anderen Transfermöglichkeiten zu prüfen : *„In the meantime, the Working Party will continue its analysis on the impact of the CJEU judgment on other transfer tools."* Auch in ihrer Stellungnahme vom 26.7.2016 zu der Entscheidung der KOM zum Privacy Shield[5] hat die Artikel 29-Gruppe wiederum die möglichen Auswirkungen des weiteren Schicksals des Privacy Shields auf andere Transfermöglichkeiten angesprochen.

---

4 EuGH, Urt. v. 6.10.2015, Rs. C-362/14 (Schrems).

5 Article 29 WP Statement on the decision of the European Commission on the EU-U.S. Privacy Shield vom 26.7.2016.

C. Weitere Auswirkungen der Verordnung in der Praxis

Im Vergleich zur geltenden Rechtslage (§ 4c Abs. 2, vgl. Rn. 5) sieht Art. 46 nur noch für wenige Fälle eine besondere Genehmigung der Aufsichtsbehörde vor. Art. 46 erkennt als mögliche Garantien auch andere Alternativen an, bei denen bereits eine Genehmigung vorgesehen ist, obschon diese nicht speziell auf die Drittstaatsübermittlung gerichtet ist. **23**

Bei Verstößen gegen Art. 46 müssen Datenverarbeiter mit Geldbußen in Höhe von bis zu 20.000 000 EUR oder von bis zu 4 % ihres gesamten weltweit erzielten Jahresumsatzes des vorangegangenen Geschäftsjahrs rechnen, Art. 83 Abs. 5 lit. c). **24**

Relevant, auch im Zusammenhang mit den geeigneten Garantien im Sinne des Art. 46, ist das BDSG-neu (s.a. bei Art. 45, Rn. 49). Dieses sieht in § 21 die Möglichkeit für Aufsichtsbehörden vor, einen Antrag auf gerichtliche Entscheidung bei angenommener Rechtswidrigkeit eines Beschlusses über die Anerkennung von Standardschutzklauseln oder über die Allgemeingültigkeit von genehmigten Verhaltensregeln (sowie Angemessenheitsbeschlüssen der KOM) zu stellen. Gelangt das BVerwG zu der Überzeugung, dass der Beschluss gültig ist, stellt es dies in seiner Entscheidung fest. Hält es dagegen den Beschluss für rechtswidrig, legt es die Frage dem EuGH vor. Zum Verfahren vgl. die Ausführungen bei Art. 45 (Rn. 50). § 21 BDSG-neu bezieht sich zum einen auf Beschlüsse über die Anerkennung von Standardschutzklauseln. Es ist davon auszugehen, dass damit die Standarddatenschutzklauseln im Sinne des Art. 46 Abs. 2 lit. c und lit. d gemeint sind. Zum anderen erfasst § 21 BDSG-neu Beschlüsse über die Allgemeingültigkeit von genehmigten Verhaltensregeln im Sinne des Art. 46 Abs. 2 lit. e in Verbindung mit Art. 40. **25**

Article 47

Binding corporate rules

1. The competent supervisory authority shall approve binding corporate rules in accordance with the consistency mechanism set out in Article 63, provided that they:

   (a) are legally binding and apply to and are enforced by every member concerned of the group of undertakings, or group of enterprises engaged in a joint economic activity, including their employees;

   (b) expressly confer enforceable rights on data subjects with regard to the processing of their personal data; and

   (c) fulfil the requirements laid down in paragraph 2.

2. The binding corporate rules referred to in paragraph 1 shall specify at least:

   (a) the structure and contact details of the group of undertakings, or group of enterprises engaged in a joint economic activity and of each of its members;

   (b) the data transfers or set of transfers, including the categories of personal data, the type of processing and its purposes, the type of data subjects affected and the identification of the third country or countries in question;

   (c) their legally binding nature, both internally and externally;

   (d) the application of the general data protection principles, in particular purpose limitation, data minimisation, limited storage periods, data quality, data protection by design and by default, legal basis for processing, processing of special categories of personal data, measures to ensure data security, and the requirements in respect of onward trans-

Artikel 47

Verbindliche interne Datenschutzvorschriften

(1) Die zuständige Aufsichtsbehörde genehmigt gemäß dem Kohärenzverfahren nach Artikel 63 verbindliche interne Datenschutzvorschriften, sofern diese

a) rechtlich bindend sind, für alle betreffenden Mitglieder der Unternehmensgruppe oder einer Gruppe von Unternehmen, die eine gemeinsame Wirtschaftstätigkeit ausüben, gelten und von diesen Mitgliedern durchgesetzt werden, und dies auch für ihre Beschäftigten gilt,

b) den betroffenen Personen ausdrücklich durchsetzbare Rechte in Bezug auf die Verarbeitung ihrer personenbezogenen Daten übertragen und

c) die in Absatz 2 festgelegten Anforderungen erfüllen.

(2) Die verbindlichen internen Datenschutzvorschriften nach Absatz 1 enthalten mindestens folgende Angaben:

a) Struktur und Kontaktdaten der Unternehmensgruppe oder Gruppe von Unternehmen, die eine gemeinsame Wirtschaftstätigkeit ausüben, und jedes ihrer Mitglieder;

b) die betreffenden Datenübermittlungen oder Reihen von Datenübermittlungen einschließlich der betreffenden Arten personenbezogener Daten, Art und Zweck der Datenverarbeitung, Art der betroffenen Personen und das betreffende Drittland beziehungsweise die betreffenden Drittländer;

c) interne und externe Rechtsverbindlichkeit der betreffenden internen Datenschutzvorschriften;

d) die Anwendung der allgemeinen Datenschutzgrundsätze, insbesondere Zweckbindung, Datenminimierung, begrenzte Speicherfristen, Datenqualität, Datenschutz durch Technikgestaltung und durch datenschutzfreundliche Voreinstellungen, Rechtsgrundlage für die Verarbeitung, Verarbeitung besonderer Kategorien von personenbezogenen Daten, Maßnahmen zur

fers to bodies not bound by the binding corporate rules;

Sicherstellung der Datensicherheit und Anforderungen für die Weiterübermittlung an nicht an diese internen Datenschutzvorschriften gebundene Stellen;

(e) the rights of data subjects in regard to processing and the means to exercise those rights, including the right not to be subject to decisions based solely on automated processing, including profiling in accordance with Article 22, the right to lodge a complaint with the competent supervisory authority and before the competent courts of the Member States in accordance with Article 79, and to obtain redress and, where appropriate, compensation for a breach of the binding corporate rules;

e) die Rechte der betroffenen Personen in Bezug auf die Verarbeitung und die diesen offenstehenden Mittel zur Wahrnehmung dieser Rechte einschließlich des Rechts, nicht einer ausschließlich auf einer automatisierten Verarbeitung – einschließlich Profiling – beruhenden Entscheidung nach Artikel 22 unterworfen zu werden sowie des in Artikel 79 niedergelegten Rechts auf Beschwerde bei der zuständigen Aufsichtsbehörde beziehungsweise auf Einlegung eines Rechtsbehelfs bei den zuständigen Gerichten der Mitgliedstaaten und im Falle einer Verletzung der verbindlichen internen Datenschutzvorschriften Wiedergutmachung und gegebenenfalls Schadenersatz zu erhalten;

(f) the acceptance by the controller or processor established on the territory of a Member State of liability for any breaches of the binding corporate rules by any member concerned not established in the Union; the controller or the processor shall be exempt from that liability, in whole or in part, only if it proves that that member is not responsible for the event giving rise to the damage;

f) die von dem in einem Mitgliedstaat niedergelassenen Verantwortlichen oder Auftragsverarbeiter übernommene Haftung für etwaige Verstöße eines nicht in der Union niedergelassenen betreffenden Mitglieds der Unternehmensgruppe gegen die verbindlichen internen Datenschutzvorschriften; der Verantwortliche oder der Auftragsverarbeiter ist nur dann teilweise oder vollständig von dieser Haftung befreit, wenn er nachweist, dass der Umstand, durch den der Schaden eingetreten ist, dem betreffenden Mitglied nicht zur Last gelegt werden kann;

(g) how the information on the binding corporate rules, in particular on the provisions referred to in points (d), (e) and (f) of this paragraph is provided to the data subjects in addition to Articles 13 and 14;

g) die Art und Weise, wie die betroffenen Personen über die Bestimmungen der Artikel 13 und 14 hinaus über die verbindlichen internen Datenschutzvorschriften und insbesondere über die unter den Buchstaben d, e und f dieses Absatzes genannten Aspekte informiert werden;

(h) the tasks of any data protection officer designated in accordance with Article 37 or any other person or entity in charge of the monitoring compliance with the binding corporate rules within the group of undertakings, or group of enterprises engaged in a joint economic

h) die Aufgaben jedes gemäß Artikel 37 benannten Datenschutzbeauftragten oder jeder anderen Person oder Einrichtung, die mit der Überwachung der Einhaltung der verbindlichen internen Datenschutzvorschriften in der Unternehmensgruppe oder Gruppe von Unternehmen, die eine ge-

activity, as well as monitoring training and complaint-handling;

meinsame Wirtschaftstätigkeit ausüben, sowie mit der Überwachung der Schulungsmaßnahmen und dem Umgang mit Beschwerden befasst ist;

(i) the complaint procedures;

i) die Beschwerdeverfahren;

(j) the mechanisms within the group of undertakings, or group of enterprises engaged in a joint economic activity for ensuring the verification of compliance with the binding corporate rules. Such mechanisms shall include data protection audits and methods for ensuring corrective actions to protect the rights of the data subject. Results of such verification should be communicated to the person or entity referred to in point (h) and to the board of the controlling undertaking of a group of undertakings, or of the group of enterprises engaged in a joint economic activity, and should be available upon request to the competent supervisory authority;

j) die innerhalb der Unternehmensgruppe oder Gruppe von Unternehmen, die eine gemeinsame Wirtschaftstätigkeit ausüben, bestehenden Verfahren zur Überprüfung der Einhaltung der verbindlichen internen Datenschutzvorschriften. Derartige Verfahren beinhalten Datenschutzüberprüfungen und Verfahren zur Gewährleistung von Abhilfemaßnahmen zum Schutz der Rechte der betroffenen Person. Die Ergebnisse derartiger Überprüfungen sollten der in Buchstabe h genannten Person oder Einrichtung sowie dem Verwaltungsrat des herrschenden Unternehmens einer Unternehmensgruppe oder der Gruppe von Unternehmen, die eine gemeinsame Wirtschaftstätigkeit ausüben, mitgeteilt werden und sollten der zuständigen Aufsichtsbehörde auf Anfrage zur Verfügung gestellt werden;

(k) the mechanisms for reporting and recording changes to the rules and reporting those changes to the supervisory authority;

k) die Verfahren für die Meldung und Erfassung von Änderungen der Vorschriften und ihre Meldung an die Aufsichtsbehörde;

(l) the cooperation mechanism with the supervisory authority to ensure compliance by any member of the group of undertakings, or group of enterprises engaged in a joint economic activity, in particular by making available to the supervisory authority the results of verifications of the measures referred to in point (j);

l) die Verfahren für die Zusammenarbeit mit der Aufsichtsbehörde, die die Befolgung der Vorschriften durch sämtliche Mitglieder der Unternehmensgruppe oder Gruppe von Unternehmen, die eine gemeinsame Wirtschaftstätigkeit ausüben, gewährleisten, insbesondere durch Offenlegung der Ergebnisse von Überprüfungen der unter Buchstabe j genannten Maßnahmen gegenüber der Aufsichtsbehörde;

(m) the mechanisms for reporting to the competent supervisory authority any legal requirements to which a member of the group of undertakings, or group of enterprises engaged in a joint economic activity is subject in a third country which are likely to have a substantial adverse effect on the guarantees provided by the binding corporate rules; and

m) die Meldeverfahren zur Unterrichtung der zuständigen Aufsichtsbehörde über jegliche für ein Mitglied der Unternehmensgruppe oder Gruppe von Unternehmen, die eine gemeinsame Wirtschaftstätigkeit ausüben, in einem Drittland geltenden rechtlichen Bestimmungen, die sich nachteilig auf die Garantien auswirken könnten, die die verbindlichen internen Datenschutzvorschriften bieten, und

(n) the appropriate data protection training to personnel having permanent or regular access to personal data.

3. The Commission may specify the format and procedures for the exchange of information between controllers, processors and supervisory authorities for binding corporate rules within the meaning of this Article. Those implementing acts shall be adopted in accordance with the examination procedure set out in Article 93(2).

n) geeignete Datenschutzschulungen für Personal mit ständigem oder regelmäßigem Zugang zu personenbezogenen Daten.

(3) Die Kommission kann das Format und die Verfahren für den Informationsaustausch über verbindliche interne Datenschutzvorschriften im Sinne des vorliegenden Artikels zwischen Verantwortlichen, Auftragsverarbeitern und Aufsichtsbehörden festlegen. Diese Durchführungsrechtsakte werden gemäß dem Prüfverfahren nach Artikel 93 Absatz 2 erlassen.

Recitals

(109) The possibility for the controller or processor to use standard data-protection clauses adopted by the Commission or by a supervisory authority should prevent controllers or processors neither from including the standard data-protection clauses in a wider contract, such as a contract between the processor and another processor, nor from adding other clauses or additional safeguards provided that they do not contradict, directly or indirectly, the standard contractual clauses adopted by the Commission or by a supervisory authority or prejudice the fundamental rights or freedoms of the data subjects. Controllers and processors should be encouraged to provide additional safeguards via contractual commitments that supplement standard protection clauses.

(110) A group of undertakings, or a group of enterprises engaged in a joint economic activity, should be able to make use of approved binding corporate rules for its international transfers from the Union to organisations within the same group of undertakings, or group of enterprises engaged in a joint economic activity, provided that such corporate rules include all essential principles and enforceable rights to ensure appropriate safeguards for transfers or categories of transfers of personal data.

Erwägungsgründe

(109) Die dem Verantwortlichen oder dem Auftragsverarbeiter offenstehende Möglichkeit, auf die von der Kommission oder einer Aufsichtsbehörde festgelegten Standard-Datenschutzklauseln zurückzugreifen, sollte den Verantwortlichen oder den Auftragsverarbeiter weder daran hindern, die Standard-Datenschutzklauseln auch in umfangreicheren Verträgen, wie zum Beispiel Verträgen zwischen dem Auftragsverarbeiter und einem anderen Auftragsverarbeiter, zu verwenden, noch ihn daran hindern, ihnen weitere Klauseln oder zusätzliche Garantien hinzuzufügen, solange diese weder mittelbar noch unmittelbar im Widerspruch zu den von der Kommission oder einer Aufsichtsbehörde erlassenen Standard-Datenschutzklauseln stehen oder die Grundrechte und Grundfreiheiten der betroffenen Personen beschneiden. Die Verantwortlichen und die Auftragsverarbeiter sollten ermutigt werden, mit vertraglichen Verpflichtungen, die die Standard-Schutzklauseln ergänzen, zusätzliche Garantien zu bieten.

(110) Jede Unternehmensgruppe oder jede Gruppe von Unternehmen, die eine gemeinsame Wirtschaftstätigkeit ausüben, sollte für ihre internationalen Datenübermittlungen aus der Union an Organisationen derselben Unternehmensgruppe oder derselben Gruppe von Unternehmen, die eine gemeinsame Wirtschaftstätigkeit ausüben, genehmigte verbindliche interne Datenschutzvorschriften anwenden dürfen, sofern diese sämtliche Grundprinzipien und durchsetzbaren Rechte enthalten, die geeignete Garantien für die Übermittlungen beziehungsweise Kategorien von Übermittlungen personenbezogener Daten bieten.

Literatur

Article 29 Data Protection Working Party: WP 74 – „Working Document: Transfers of personal data to third countries: Applying Article 26 (2) of the EU Data Protection Directive to Binding Corporate Rules for International Data Transfers" v. 3.6.2003; WP 108 – „Working document establishing a model checklist application for approval of Binding Corporate Rules" v. 14.4.2005; WP 212 – „Opinion 02/2014 on a referential for requirements for Binding Corporate Rules submitted to national Data Protection Authorities in the EU and Cross Border Privacy Rules submitted to APEC CBPR Accountability Agents" v. 27.2.2014.

Bedeutung der Norm

Art. 47 DS-GVO gibt die Voraussetzungen vor, die verbindliche unternehmensinterne Datenschutzvorschriften erfüllen müssen, um als geeignete Garantien für die Datenübermittlung in einen Drittstaat anerkannt werden zu können.

Hinweise für den Anwender

Hinweis auf für die Norm relevante Definitionen:
- Art. 4 Nr. 1, 2, 7, 8, 16, 18, 19, 20, 21.

Für die Auslegung der Norm relevante Erwägungsgründe:
- EG 109, 110.

Systematische Einordnung der Norm innerhalb der DS-GVO:
- Art. 47 ist Teil der Regelungen zur Datenübermittlung in Drittstaaten. Art. 47 ist im Zusammenhang mit Art. 46 zu lesen. Während Art. 46 regelt, dass die Übermittlung von Daten in einen Drittstaat ohne bestehenden Angemessenheitsbeschluss auch auf der Grundlage von verbindlichen unternehmensinternen Datenschutzvorschriften in Betracht kommt, gibt Art. 47 die Voraussetzungen vor, die diese internen Vorschriften erfüllen müssen, um auf ihrer Grundlage die Daten zulässigerweise übermitteln zu können.

Vorgängernormen im BDSG:
- § 4c Abs. 2.

Querbezüge zu anderen Normen:
- Art. 3, 13, 14, andere Artikel im Kapitel V (insb. Art. 46 Abs. 2 lit. b), 63, 93.

Leitentscheidungen:
- Europäischer Gerichtshof, Urteil vom 6.10.2015, Rs. C-362/14 (Schrems).

Schlagworte

(geeignete) Garantien; verbindliche (unternehmens-) interne Datenschutzvorschriften; Binding Corporate Rules; BCRs; Unternehmensgruppe; Gruppe von Unternehmen.

A. Allgemeines

I. Regelungszweck

1 Datenübermittlungen in[1] einen Drittstaat[2] ohne Angemessenheitsbeschluss können auf Grundlage geeigneter Garantien erfolgen. Eine dieser möglichen Garantien stellen gem. Art. 46 Abs. 2 lit. b die verbindlichen internen Datenschutzvorschriften/Binding Corporate Rules (BCRs) dar. Sie sollen die weltweite Datenübermittlung innerhalb größerer Unternehmensgruppen erleichtern.

II. Normadressaten

2 Normadressaten sind nicht-öffentliche Datenverarbeiter, sowohl Verantwortliche als auch Auftragsverarbeiter, die Daten in einen Drittstaat oder an eine internationale Organisation übermitteln (zum Verhältnis des Kapitels V zum Marktortprinzip vgl. Rn. 4 ff. bei Art. 3). Voraussetzung für die Anwendbarkeit des Art. 47 ist, dass es sich bei den Datenverarbeitern um Mitglieder einer Unternehmensgruppe oder einer Gruppe von Unternehmen handelt, die eine gemeinsame Wirtschaftstätigkeit ausüben (vgl. bei Art. 4 Nr. 19 und 20). Normadressaten sind auch die Datenschutzaufsichtsbehörden, von denen die BCRs genehmigt werden, und die Kommission, die im Wege von Durchführungsrechtsakten Festlegungen zu Format und Verfahren für den Informationsaustausch treffen kann.

III. Systematik

3 BCRs sind in Art. 4 Nr. 20 definiert. Die Voraussetzungen für BCRs finden sich dann in Art. 47, der wiederum in Verbindung mit Art. 46 zu lesen ist. Art. 46 Abs. 2 zählt in lit. b die BCRs als mögliche geeignete Garantien auf, bei deren Vorliegen eine Drittstaatsübermittlung zulässig sein kann. Die generellen Voraussetzungen für BCRs stellt Art. 47 Abs. 1 auf, während in Abs. 2 eine nicht abschließende Aufzählung dessen erfolgt, was in BCRs im Einzelnen wenigstens geregelt sein muss.

IV. Entstehungsgeschichte

1. Bisherige europäische Vorgaben

4 Die RL 95/46 nennt BCRs nicht ausdrücklich. Nach Art. 26 Abs. 2 können Mitgliedstaaten Datenübermittlungen in Drittstaaten ohne angemessenes Datenschutzniveau genehmigen, wenn ausreichende Garantien gegeben sind, die sich insb. aus entsprechenden Vertragsklauseln ergeben.

2. Bisherige nationale Vorgaben

5 Im Gegensatz zur RL differenziert das BDSG bei den Garantien: In § 4c Abs. 2 nennt es als mögliche Garantien „Vertragsklauseln oder verbindliche Unternehmensregelungen".

3. Verhandlungen zur Datenschutz-Grundverordnung

6 Wesentliche Streitpunkte und Änderungen hat es zu BCRs nicht gegeben. Außer einigen Ergänzungen und Umformulierungen in der Aufzählung in Abs. 2 stellt die vom Rat vorgeschlagene Erweiterung des Anwendungsbereichs die wesentlichste Änderung in dem Artikel dar. Der Rat hat vorgeschlagen[3], nicht nur Unternehmensgruppen von der Möglichkeit, BCRs zu verwenden, profitieren zu lassen, sondern auch Gruppen von Unternehmen, die eine gemeinsame Wirtschaftstätigkeit ausüben (zur Unterscheidung vgl. bei Art. 4 Nr. 20).

---

1 Zu der Frage „an"/„in" Drittstaaten vgl. Art. 44 Rn. 13.
2 Zur „Definition" des Drittstaates vgl. Art. 44 Rn. 14, Art. 45 Rn. 10, 11.
3 Rats-Dok. Nr. 9565/15 v. 11.6.2015

B. Inhalt der Regelung

I. „Anwendungsbereich"

7 Die Verwendung von BCRs ist Datenverarbeitern vorbehalten, die Mitglieder einer Unternehmensgruppe oder einer Gruppe von Unternehmen sind, die eine gemeinsame Wirtschaftstätigkeit ausüben.

1. Unternehmensgruppe

8 Die DS-GVO definiert die Unternehmensgruppe in Art. 4 Nr. 19 als eine Gruppe, die aus einem herrschenden Unternehmen und den von diesem abhängigen Unternehmen besteht (vgl. im Einzelnen bei Art. 4 Nr. 19).

2. Gruppe von Unternehmen, die eine gemeinsame Wirtschaftstätigkeit ausüben

9 Die DS-GVO verhält sich nicht dazu, was unter einer Gruppe von Unternehmen, die eine gemeinsame Wirtschaftstätigkeit ausüben, zu verstehen ist. Es ist davon auszugehen, dass sie sich im Gegensatz zur „Unternehmensgruppe" aus Unternehmen zusammensetzt, zwischen denen ein Gleichordnungsverhältnis besteht (vgl. im Einzelnen bei Art. 4 Abs. 20).

II. Verbindliche interne Datenschutzvorschriften

10 Verbindliche interne Datenschutzvorschriften/Binding Corporate Rules (BCRs) sind in Art. 4 Nr. 20 legal definiert als Maßnahmen zum Schutz personenbezogener Daten, zu deren Einhaltung sich ein im Hoheitsgebiet eines Mitgliedstaats niedergelassener Verantwortlicher oder Auftragsverarbeiter verpflichtet im Hinblick auf Datenübermittlungen oder eine Kategorie von Datenübermittlungen personenbezogener Daten an einen Verantwortlichen oder Auftragsverarbeiter derselben Unternehmensgruppe oder derselben Gruppe von Unternehmen, die eine gemeinsame Wirtschaftstätigkeit ausüben, in einem oder mehreren Drittländern (vgl. im Einzelnen bei Art. 4 Abs. 20).

III. Genehmigung durch die Aufsichtsbehörde

11 Wenn die BCRs die Voraussetzungen des Art. 47 erfüllen, werden sie von der zuständigen Aufsichtsbehörde nach dem Kohärenzverfahren nach Art. 63 i.V.m. Art. 64 Abs. 1 lit. f genehmigt. Fraglich ist, welches die zuständige Aufsichtsbehörde ist. Nach Art. 55 ist jede Aufsichtsbehörde im Hoheitsgebiet ihres eigenen Mitgliedstaats zuständig. Nun liegt es aber in der Natur der BCRs, dass diese nicht nur für einen Datenverarbeiter gelten. Art. 56 regelt, dass sich die Zuständigkeit der federführenden Aufsichtsbehörde nach der Hauptniederlassung richtet. Wie bereits ausgeführt, setzt sich nach der Legaldefinition in Art. 4 Nr. 19 eine Unternehmensgruppe zusammen aus einem herrschenden Unternehmen und den von diesem abhängigen Unternehmen. Die DS-GVO geht in EG 38 davon aus, dass bei einer Unternehmensgruppe die Hauptniederlassung des herrschenden Unternehmens als Hauptniederlassung der Unternehmensgruppe gilt, es sei denn, die Zwecke und Mittel der Verarbeitung werden von einem anderen Unternehmen festgelegt. Danach wäre die Aufsichtsbehörde federführend zuständig, in deren Hoheitsgebiet sich die Hauptniederlassung des herrschenden Unternehmens befindet.

12 Wenn sich jedoch die Hauptniederlassung nicht innerhalb des Hoheitsgebietes einer europäischen Aufsichtsbehörde befindet und bei BCRs für Gruppen von Unternehmen, die eine gemeinsame Wirtschaftstätigkeit ausüben und eben nicht in einem Mutter-Tochter-Verhältnis (Haupt- und Nebenniederlassungen) zueinander stehen (s.o. Rn. 9), bedarf es einer anderen Abgrenzung. In Anlehnung an die bisherige Rechtspraxis und die Empfehlungen der Art. 29-Gruppe sollte im Einzelfall entsprechend den von der Art. 29-Gruppe in ihrem Working Document WP 108 vorge-

gebenen Kriterien[4] (Sitz des Unternehmens, das die datenschutzrechtliche Verantwortlichkeit hat; Sitz des Unternehmens, das am besten geeignet erscheint, für die Anwendung und Durchsetzung der BCRs innerhalb der Gruppe zu sorgen; Ort, an dem die meisten Entscheidungen in Bezug auf Zwecke und Mittel der Datenverarbeitung getroffen werden; Mitgliedstaat, aus dem die meisten Drittstaatstransfers durchgeführt werden) geprüft werden, welche Aufsichtsbehörde am besten als federführende Aufsichtsbehörde in Betracht kommt. Diese stimmt sich dann im Kohärenzverfahren mit allen betroffenen Aufsichtsbehörden ab und erteilt (gleichsam im Namen aller) die Genehmigung.

IV. Generelle Voraussetzungen (Abs. 1)

- Die BCRs müssen rechtlich bindend sein, für alle Mitglieder der Unternehmensgruppe oder Gruppe von Unternehmen, die eine gemeinsame Wirtschaftstätigkeit ausüben, gelten und von diesen durchzusetzen sein, inklusive ihrer Beschäftigten. **13**
- Sie müssen ausdrücklich durchsetzbare Rechte an die betroffenen Personen übertragen.
- Sie müssen die Anforderungen des Abs. 2 erfüllen.

Alle Voraussetzungen müssen kumulativ vorliegen. Die BCRs gelten in ihrer Gesamtheit für sämtliche Mitglieder der Unternehmensgruppe oder Gruppe von Unternehmen, die eine gemeinsame Wirtschaftstätigkeit ausüben. Diese haben die Regelungen so, wie sie sich aus den finalen genehmigten BCRs ergeben, umzusetzen und anzuwenden. Die Regelungen müssen sowohl innerhalb der Organisation als auch nach außen zugunsten der Betroffenen bindend sein.

Wie im Einzelfall sicherzustellen ist, dass alle Gruppenmitglieder die Regelungen auch einhalten, **14** hängt nicht zuletzt von der Struktur der Organisation ab. Mögliche Maßnahmen sind bspw. verbindliche unternehmensinterne oder vertragliche Regeln, die gegen alle Mitglieder durchgesetzt werden können, einseitige Erklärungen des „Mutter"-Unternehmens, die für alle „Töchter" verbindlich sind, Aufnahme anderer regulatorischer Maßnahmen oder Regeln innerhalb der allgemeinen Geschäftsprinzipien, unterstützt durch angemessene Politiken, Audits oder Sanktionen.[5] Die Gruppe muss außerdem sicherstellen, dass auch die Beschäftigten die BCRs anwenden und durchsetzen, z.B. durch Aufnahme entsprechender Verpflichtungen in den Arbeitsvertrag in Verbindung mit Disziplinarmaßnahmen.[6] Sie müssen ein angemessenes Training erhalten und zu jeder Zeit Zugriff auf die relevanten Informationen haben.[7]

In ihrer Wirkung nach außen müssen die BCRs den Betroffenen ausdrücklich durchsetzbare **15** Rechte übertragen. Diese müssen entsprechende Ansprüche, inklusive Schadensersatzforderungen, gegenüber den Datenverarbeitern geltend machen können. Um die Anwendung der Verordnung und die Geltendmachung von Ansprüchen durch die europäischen Aufsichtsbehörden und für die Betroffenen nicht zu kompliziert zu machen, muss ein in der Union niedergelassener Datenverarbeiter die datenschutzrechtliche Verantwortlichkeit übernehmen, d.h. die Haftung für etwaige Verstöße eines nicht in der Union niedergelassenen betreffenden Mitglieds der Gruppe (vgl. Abs. 2 lit. f). Der Datenverarbeiter ist nur dann teilweise oder vollständig von dieser Haftung befreit, wenn er nachweist, dass der Umstand, durch den der Schaden eingetreten ist, dem betreffenden Mitglied nicht zur Last gelegt werden kann.

---

4 Article 29 Data Protection Working Party, WP 108 – „Working document establishing a model checklist application for approval of Binding Corporate Rules" v. 14.4.2005, Rn. 3.3.

5 Vgl. Article 29 Data Protection Working Party, WP 108 – „Working document establishing a model checklist application for approval of Binding Corporate Rules" v. 14.4.2005, Rn. 5.6.

6 Vgl. Article 29 Data Protection Working Party, WP 108 – „Working document establishing a model checklist application for approval of Binding Corporate Rules" v. 14.4.2005, Rn. 5.9.

7 Vgl. Article 29 Data Protection Working Party, WP 74 – „Working Document: Transfers of personal data to third countries: Applying Article 26 (2) of the EU Data Protection Directive to Binding Corporate Rules for International Data Transfers" v. 3.6.2003, Rn. 16.

V. Mindestanforderungen an den Inhalt (Abs. 2)

16 Die inhaltlich mindestens erforderlichen Angaben, die BCRs enthalten müssen, gibt Abs. 2 in einer nicht abschließenden Aufzählung vor. Diese reichen von allgemeinen Angaben zu den Zusammenschlüssen (Struktur und Kontaktdaten, lit. a) über Angaben zu den betreffenden Datenübermittlungen (lit. b), Feststellung der Rechtsverbindlichkeit (lit. c) oder Bestätigung der Anwendung der Datenschutzgrundsätze (lit. d), Angaben zur Informierung der Betroffenen (lit. g), Klärung von Verfahrensfragen (interne Überprüfung der Einhaltung der BCRs, lit. j), Meldungen an und Zusammenarbeit mit den Aufsichtsbehörden (lit. k bis m) inklusive Beschwerdeverfahren (lit. i) bis hin zur Übernahme der Haftung für Verstöße eines nicht in der Union niedergelassenen Mitglieds der Unternehmensgruppe (lit. f).

VI. Durchführungsrechtsakt der Kommission zu Format und Verfahren für den Informationsaustausch (Abs. 3)

17 Nach Abs. 3 kann die Kommission im Komitologieverfahren gem. Art. 93 Abs. 2 das Format und die Verfahren für den Informationsaustausch über BCRs zwischen Verantwortlichen, Auftragsverarbeitern und Aufsichtsbehörden festlegen.

C. Weitere Auswirkungen der Verordnung in der Praxis

18 BCRs waren auch schon im bisherigen Recht, im BDSG sogar ausdrücklich, vorgesehen. Allerdings gab der Rechtsrahmen bislang keine Anforderungen vor, die BCRs zu erfüllen hatten. Dies war den Unternehmen bzw. in erster Linie den Aufsichtsbehörden überlassen. Entsprechend hat die Art. 29-Gruppe mit diversen Stellungnahmen (u.a. WP 74 vom 3.6.2003, WP 108 vom 14.4.2005, WP 155 rev.4 vom 8.4.2009) Kriterien entwickelt, anhand derer die Unternehmen ihre BCRs entwickeln und zur Genehmigung vorlegen konnten. Die DS-GVO nimmt diese Kriterien im Wesentlichen auf.

19 Es bleibt abzuwarten, wie die Aufsichtsbehörden im Europäischen Datenschutzausschuss weiter mit den BCRs umgehen werden (vgl. Art. 70 Abs. 1 lit. i). Weitere Behandlung und Spezifizierung seitens der Aufsichtsbehörden auf der Grundlage der bisherigen Erfahrungen mit der Anwendung von BCRs wäre nicht zuletzt angesichts der weiterhin bestehenden Rechtsunsicherheiten seit dem „Safe Harbor"-Urteil des EuGH[8] (vgl. dazu Ausführungen zu Art. 45) wichtig. In ihrer Stellungnahme vom 16.10.2015 hatte die Artikel 29-Gruppe angekündigt, die Auswirkungen des Urteils auch auf die anderen Transfermöglichkeiten zu prüfen: *„In the meantime, the Working Party will continue its analysis on the impact of the CJEU judgment on other transfer tools."* Auch in ihrer Stellungnahme vom 26.7.2016 zu der Entscheidung der KOM zum „Privacy Shield"[9] hat die Artikel 29-Gruppe wiederum die möglichen Auswirkungen des weiteren Schicksals des „Privacy Shields" auf andere Transfermöglichkeiten angesprochen.

20 Daneben wäre sicherlich auch eine Überarbeitung bzw. Anpassung der gemeinsam mit APEC[10] entwickelten Stellungnahme zu BCRs und „Cross Border Privacy Rules" (CBPR) vom 27.2.2014[11] für weltweit agierende Unternehmen von Interesse. Diese Stellungnahme vergleicht die Anforderungen, die einerseits an BCRs und andererseits an CBPR gestellt werden, indem sie zunächst die gemeinsamen Anforderungen aufzählt und anschließend diejenigen, die sich in den jeweiligen Systemen zusätzlich ergeben.

---

8 EuGH, Urt. v. 6.10.2015, Rs. C-362/14 (Maximilian Schrems ./. Data Protection Commissioner).

9 Article 29 WP Statement on the decision of the European Commission on the EU-U.S. Privacy Shield v. 26.7.2016.

10 Vgl. Art. 45 Rn. 35.

11 Article 29 Data Protection Working Party, WP 212 – „Opinion 02/2014 on a referential for requirements for Binding Corporate Rules submitted to national Data Protection Authorities in the EU and Cross Border Privacy Rules submitted to APEC CBPR Accountability Agents" v. 27.2.2014.

Datenverarbeiter müssen bei Verstößen gegen Art. 47 mit Geldbußen in Höhe von bis zu 20.000.000 € oder von bis zu 4 % ihres gesamten weltweit erzielten Jahresumsatzes des vorangegangenen Geschäftsjahrs rechnen (Art. 83 Abs. 5 lit. c).

Article 48

Transfers or disclosures not authorised by Union law

Any judgment of a court or tribunal and any decision of an administrative authority of a third country requiring a controller or processor to transfer or disclose personal data may only be recognised or enforceable in any manner if based on an international agreement, such as a mutual legal assistance treaty, in force between the requesting third country and the Union or a Member State, without prejudice to other grounds for transfer pursuant to this Chapter.

Artikel 48

Nach dem Unionsrecht nicht zulässige Übermittlung oder Offenlegung

Jegliches Urteil eines Gerichts eines Drittlands und jegliche Entscheidung einer Verwaltungsbehörde eines Drittlands, mit denen von einem Verantwortlichen oder einem Auftragsverarbeiter die Übermittlung oder Offenlegung personenbezogener Daten verlangt wird, dürfen unbeschadet anderer Gründe für die Übermittlung gemäß diesem Kapitel jedenfalls nur dann anerkannt oder vollstreckbar werden, wenn sie auf eine in Kraft befindliche internationale Übereinkunft wie etwa ein Rechtshilfeabkommen zwischen dem ersuchenden Drittland und der Union oder einem Mitgliedstaat gestützt sind.

Recital

(115) Some third countries adopt laws, regulations and other legal acts which purport to directly regulate the processing activities of natural and legal persons under the jurisdiction of the Member States. This may include judgments of courts or tribunals or decisions of administrative authorities in third countries requiring a controller or processor to transfer or disclose personal data, and which are not based on an international agreement, such as a mutual legal assistance treaty, in force between the requesting third country and the Union or a Member State. The extraterritorial application of those laws, regulations and other legal acts may be in breach of international law and may impede the attainment of the protection of natural persons ensured in the Union by this Regulation. Transfers should only be allowed where the conditions of this Regulation for a transfer to third countries are met. This may be the case, inter alia, where disclosure is necessary for an important ground of public interest recognised in Union or Member State law to which the controller is subject.

Erwägungsgrund

(115) Manche Drittländer erlassen Gesetze, Vorschriften und sonstige Rechtsakte, die vorgeben, die Verarbeitungstätigkeiten natürlicher und juristischer Personen, die der Rechtsprechung der Mitgliedstaaten unterliegen, unmittelbar zu regeln. Dies kann Urteile von Gerichten und Entscheidungen von Verwaltungsbehörden in Drittländern umfassen, mit denen von einem Verantwortlichen oder einem Auftragsverarbeiter die Übermittlung oder Offenlegung personenbezogener Daten verlangt wird und die nicht auf eine in Kraft befindliche internationale Übereinkunft wie etwa ein Rechtshilfeabkommen zwischen dem ersuchenden Drittland und der Union oder einem Mitgliedstaat gestützt sind. Die Anwendung dieser Gesetze, Verordnungen und sonstigen Rechtsakte außerhalb des Hoheitsgebiets der betreffenden Drittländer kann gegen internationales Recht verstoßen und dem durch diese Verordnung in der Union gewährleisteten Schutz natürlicher Personen zuwiderlaufen. Datenübermittlungen sollten daher nur zulässig sein, wenn die Bedingungen dieser Verordnung für Datenübermittlungen an Drittländer eingehalten werden. Dies kann unter anderem der Fall sein, wenn die Offenlegung aus einem wichtigen öffentlichen Interesse erforderlich ist, das im Unionsrecht oder im Recht des Mitgliedstaats, dem der Verantwortliche unterliegt, anerkannt ist.

Literatur

Paal/Pauly, Datenschutz-Grundverordnung, 1. Auflage 2016, C.H. Beck München.

Bedeutung der Norm

Art. 48 DS-GVO, der im Laufe der Verhandlungen oft auch als Anti-Fisa-Klausel bezeichnet wurde, ist als eine Antwort der EU auf die „Snowden-Enthüllungen" von Juni 2013 zur sog. globalen Überwachungs- und Spionageaffäre zu sehen. Er soll die z.T. von Behörden in Drittstaaten praktizierte unmittelbare Inanspruchnahme von Datenverarbeitern adressieren.

Hinweise für den Anwender

Für die Norm relevante Definitionen:
- Art. 4 Nr. 1, 2, 7, 8, 26.

Für die Auslegung der Norm relevante Erwägungsgründe:
- EG 115.

Systematische Einordnung der Norm innerhalb der DS-GVO:
- Art. 48 ist Teil der Regelungen zur Datenübermittlung in Drittstaaten.

Querbezüge zu anderen Normen:
- Andere Artikel im Kapitel V, insb. Art. 49 Abs. 1 lit. d i.V.m. Abs. 4, Abs. 1 lit. e, Abs. 5.

Schlagworte

Anti-Fisa-Klausel; Urteil; Verwaltungsentscheidung; Anerkennung; Vollstreckbarkeit; internationale Übereinkunft; Rechtshilfeabkommen.

A. Allgemeines

I. Regelungszweck

Art. 48 bezieht sich auf die z.T. von Behörden in Drittstaaten praktizierte unmittelbare Inanspruchnahme von Datenverarbeitern. Diese sollen ihre Anfragen grundsätzlich nicht unmittelbar an die Datenverarbeiter richten, sondern sich auf Rechtshilfeabkommen u.a. stützen. 1

Die Regelung, die im Laufe der Verhandlungen oft auch als Anti-Fisa[1]-Klausel bezeichnet wurde,[2] ist als eine Antwort der EU auf die „Snowden-Enthüllungen" von Juni 2013 zur sog. globalen Überwachungs- und Spionageaffäre zu sehen (s.u. Rn. 9). 2

II. Normadressaten

Normadressaten sind alle Datenverarbeiter mit Niederlassung in der Union, sowohl Verantwortliche als auch Auftragsverarbeiter, die von einer Behörde oder einem Gericht eines Drittstaats zur 3

1 US Foreign Intelligence Surveillance Act (Gesetz zur Überwachung in der Auslandsaufklärung).
2 Vgl. z.B. Spiegel Online, http://www.spiegel.de/netzwelt/netzpolitik/datenschutz-in-europa-das-bedeutet-die-neue-eu-verordnung-a-929083.html (Stand: 2.8.2016).

Übermittlung von Daten aufgefordert werden. Es findet keine Unterscheidung zwischen öffentlichen und nicht-öffentlichen Stellen statt.

4 Unklar ist, ob Art. 48 auch Drittstaatsdatenverarbeiter[3] erfasst. In EG 115, der den Hintergrund des Art. 48 erläutert, heißt es: *„Anwendung dieser"* (drittstaatlichen) *„Gesetze, Verordnungen und sonstigen Rechtsakte außerhalb des Hoheitsgebiets der betreffenden Drittländer"*. Das spricht dafür, dass jedenfalls Datenverarbeiter innerhalb des Hoheitsgebiets der anfragenden Stelle von Art. 48 nicht erfasst sind. Dies wäre insoweit konsequent, als es gerade Sinn und Zweck der Norm ist, das Territorialprinzip bei der Anwendung des Datenschutzrechts zu stärken, indem sich die EU unmittelbare Inanspruchnahmen der ihrem Recht unterworfenen Datenverarbeiter verbietet. Gegen diese Auslegung spricht jedoch der weite Anwendungsbereich des Kapitels V, indem die EU genau den gegenteiligen Anspruch erhebt und die Anwendbarkeit des Datenschutzrechts auf Drittstaatsdatenverarbeiter erstreckt. Die Regelungen des Kapitels V und damit Art. 48 finden bei der Weiterübermittlung von Daten innerhalb eines Drittstaats oder in einen anderen Drittstaat Anwendung (Art. 44, EG 101).

5 Ausgehend davon, dass die DS-GVO in Art. 44 – und damit innerhalb des verfügenden Teils – regelt, dass Kapitel V ohne Ausnahme auch Weiterübermittlungen von Daten innerhalb eines Drittstaats erfasst, muss man davon ausgehen, dass Art. 48 auch auf Drittstaatsdatenverarbeiter Anwendung finden soll, die zur Herausgabe aus der Union erhaltener personenbezogener Daten aufgefordert werden.

III. Systematik

6 Art. 48 bietet keine eigene Grundlage zur Übermittlung personenbezogener Daten in Drittstaaten, sondern soll lediglich klarstellen, dass eine Drittstaatsübermittlung zulässig ist, wenn die Aufforderung zur Übermittlung auf eine in Kraft befindliche internationale Übereinkunft gestützt werden kann, oder die Übermittlung in den Drittstaat unter den Voraussetzungen der übrigen Regelungen des Kapitels V erfolgt, deren Erlaubnistatbestände Anwendung finden („unbeschadet anderer Gründe für die Übermittlung gem. diesem Kapitel"); bzw. umgekehrt unzulässig ist, wenn es kein entsprechendes Abkommen gibt und keine Grundlage für die Übermittlung aus dem übrigen Kapitel V zur Verfügung steht.

IV. Entstehungsgeschichte

7 Weder die RL 95/46[4] noch das bislang geltende BDSG enthalten eine solche Regelung.

8 Auch im KOM-Entwurf der DS-GVO fehlte ein entsprechender Vorschlag, wobei insoweit allerdings erwähnenswert ist, dass eine ähnliche Regelung in einer Vorfassung des VO-Entwurfs offenbar vorhanden war.[5]

9 Die deutsche Bundesregierung hatte mit Note vom 31.7.2013[6] einen Vorschlag für einen Art. 42a in die Verhandlungen eingebracht. Dieser Vorschlag sah eine Melde- und Genehmigungspflicht für direkte Datenübermittlungen an Behörden in Drittstaaten vor. Der Vorschlag stand in unmittelbarem Zusammenhang mit den Enthüllungen von Edward Snowden im Juni

3 Der Begriff wird hier vereinfachend für Verantwortliche und Auftragsverarbeiter verwendet, die in einem Drittland niedergelassen sind oder einer internationalen Organisation außerhalb des Hoheitsgebiets der EU angehören.

4 Richtlinie 95/46/EG des Europäischen Parlaments und des Rates vom 24. Oktober 1995 zum Schutz natürlicher Personen bei der Verarbeitung personenbezogener Daten und zum freien Datenverkehr.

5 Vgl. z.B. Heise, http://www.heise.de/newsticker/meldung/EU-Datenschutzreform-Klausel-gegen-NSA-Spionage-gestrichen-1887741.html (2.8.2016); Zeit-Online, http://www.zeit.de/digital/datenschutz/2013-06/prism-eu-fisa-datenschutz (2.8.2016).

6 Rats-Dok. Nr. 28841/13.

2013[7]. Snowden hatte u.a. die Praxis amerikanischer Sicherheitsbehörden offengelegt, nach der diese Unternehmen unmittelbar auffordern würden, Daten an sie zu übermitteln und dabei die Unternehmen zu strenger Verschwiegenheit zu verpflichten.

Obwohl sich Deutschland in den Verhandlungen zur Ratsposition mit dem Vorschlag nicht durchsetzen konnte (die allgemeine Ausrichtung des Rates vom 15.6.2015 enthielt keine entsprechende Regelung[8]), fand die Diskussion dennoch Einzug in die Trilog-Verhandlungen. Das EP hatte sich zuvor in seinem Standpunkt auf eine dem deutschen Vorschlag ähnliche Regelung geeinigt (Art. 43a-EP)[9]. Im Zuge der Trilog-Verhandlungen konnte man sich schließlich als Kompromiss auf die sich nun in Art. 48 wiederfindende Fassung verständigen. 10

B. Inhalt der Regelung

I. Aufforderung zur Offenlegung personenbezogener Daten

Art. 48 findet Anwendung, wenn ein Verantwortlicher oder Auftragsverarbeiter von einem Gericht oder einer Behörde eines Drittstaats zur Offenlegung personenbezogener Daten aufgefordert wird. Nach dem oben Gesagten sind nicht nur Datenverarbeiter mit Sitz in der Union betroffen, sondern auch Drittstaatsdatenverarbeiter, die aus der Union erhaltene Daten herausgeben sollen, da die Regelungen des Kapitels V und damit Art. 48 auch bei der Weiterübermittlung von Daten innerhalb eines Drittstaats oder in einen anderen Drittstaat Anwendung finden (Art. 44, EG 101, vgl. oben Rn. 4, 5). 11

Art. 48 wird u.a. in einer Konstellation Anwendung finden, in der ein international agierendes Unternehmen mit Niederlassungen innerhalb der Union in seinem „Heimatstaat" aufgefordert wird, Daten zu übermitteln, die sich auf einem Server in einer der EU-Niederlassungen befinden: Im Dezember 2013 hatte bspw. Microsoft eine Verfügung zur Übergabe von Daten einer bestimmten Person erhalten, die sich auf einem Server in Irland befanden. Gegen diese Verfügung ist Microsoft gerichtlich vorgegangen.[10] Etliche andere Unternehmen (z.B. Apple) sind dem Verfahren im weiteren Verlauf beigetreten. Nachdem Microsoft in den ersten Instanzen verloren hatte, hat der „Second Circuit Court of Appeals" in „Microsoft v. United States" am 14.7.2016 gegen das „United States Government" entschieden und Microsoft Recht gegeben, dass Unternehmen nicht verpflichtet werden können, Daten herauszugeben, die ausschließlich außerhalb der USA gespeichert sind.[11] Nunmehr befasst sich der „Supreme Court" mit der Sache. 12

II. Urteil eines Gerichts eines Drittlandes oder Entscheidung einer Verwaltungsbehörde eines Drittlandes

Das Gericht bzw. die Behörde des Drittstaats stützt diese Aufforderung auf ein Urteil bzw. eine Entscheidung einer Verwaltungsbehörde. Art. 48 setzt „jegliches" Urteil bzw. „jegliche" Entscheidung einer Verwaltungsbehörde voraus, und ist damit so weit[12] gefasst, dass man annehmen muss, dass jede hoheitliche Aufforderung einer Drittstaatsbehörde / eines Drittstaatsgerichts darunter fällt. 13

---

7 Im Juni 2013 veröffentlichte der ehemalige Geheimdienstmitarbeiter Edward Snowden streng geheime Dokumente des amerikanischen Geheimdienstes NSA, aus denen sich insb. ergab, wie die USA in großem Umfang Telekommunikation und Internet global überwachten. Informationen dazu z.B. beim Informationsportal zur politischen Bildung, http://www.politische-bildung.de/nsa_bnd_skandal_snowden.html (2.8.2016), oder in Zeitungen und Magazinen, z.B. Zeit-Online, http://www.zeit.de/digital/datenschutz/2013-10/hintergrund-nsa-skandal (2.8.2016).

8 Rats-Dok. Nr. 9565/15.

9 EP-Dok. Nr. P7_TC1-COD(2012)0011.

10 United States District Court Southern District of New York in the matter of a warrant to search a certain e-mail account controlled and maintained by Microsoft Corporation.

11 Microsoft v. United States, Case No 14-2985.

12 Für eine weite Auslegung auch Paal/Pauly, *Pauly*, Art. 48, Rn. 5.

III. Internationale Übereinkunft

14 Urteile bzw. die Behördenentscheidungen können dann anerkannt oder vollstreckbar werden, wenn sie auf eine in Kraft befindliche internationale Übereinkunft gestützt werden. Dies wird in der Regel ein Rechtshilfeabkommen zwischen der EU oder einem Mitgliedstaat und dem Drittstaat sein.

IV. Andere Gründe für die Übermittlung

15 Art. 48 stellt klar, dass die sonstigen Regelungen des Kapitels V auch in den Fällen gelten, in denen ein Verantwortlicher oder Auftragsverarbeiter von einem Gericht oder einer Behörde eines Drittstaats zur Offenlegung personenbezogener Daten aufgefordert wird. Als mögliche Übermittlungsgrundlage kommen danach insb. die Ausnahmevorschriften des Art. 49 Abs. 1 lit. d i.V.m. Abs. 4 (vgl. EG 115) sowie Art. 49 Abs. 1 lit. e in Betracht.

16 Art. 49 Abs. 1 lit. e regelt, dass die Übermittlung in einen Drittstaat zulässig sein kann, wenn sie zur Geltendmachung, Ausübung oder Verteidigung von Rechtsansprüchen erforderlich ist.

17 Nach Art. 49 Abs. 1 lit. d i.V.m. Abs. 4 ist die Übermittlung zulässig, wenn die Offenlegung aus wichtigen Gründen des öffentlichen Interesses erforderlich ist, das im Unionsrecht oder im Recht des Mitgliedstaats, dem der Verantwortliche unterliegt, anerkannt ist (vgl. im Einzelnen Art. 49 Rn. 18). Das Recht des Drittstaates, aus dem die Aufforderung kommt, ist insoweit irrelevant.

18 Wie oben dargelegt (Rn. 4, 5), spricht viel dafür, dass Normadressaten auch Drittstaatsdatenverarbeiter sein können, die von einer Behörde/Gericht in ihrem Hoheitsgebiet zur Offenlegung von aus der Union erhaltener personenbezogener Daten aufgefordert werden. Da das Kapitel V nach Art. 44 auf diese für Fälle der Weiterübermittlung insgesamt Anwendung findet, können sie sich aber ebenfalls auf die Ausnahmetatbestände des Art. 49 berufen. Fraglich ist, ob in einem solchen Fall die Übermittlung auch auf wichtige Gründe des öffentlichen Interesses im Sinne des Art. 49 Abs. 1 lit. d gestützt werden kann, die nach Art. 49 Abs. 4 ja anerkannt sein müssen. Solange im Unionsrecht anerkannte wichtige Gründe des öffentlichen Interesses in Betracht kommen, könnte man vielleicht noch annehmen, dass auch der Drittstaatsdatenverarbeiter die Übermittlung darauf stützen könnte. Allerdings wird man wohl nicht auf mitgliedstaatliches Recht abstellen können. Dagegen spricht der Wortlaut des Art. 49 Abs. 4, wonach das öffentliche Interesse im Sinne des Abs. 1 lit. d im Recht des Mitgliedstaats, dem der Verantwortliche unterliegt, anerkannt sein muss. Der Drittstaatsdatenverarbeiter unterliegt jedoch gerade nicht dem Recht eines Mitgliedstaates. D.h. einerseits unterwirft die DS-GVO den Drittstaatsdatenverarbeiter bei Weiterübermittlungen den zusätzlichen Voraussetzungen des Kapitels V, andererseits kann er sich aber nicht auf alle Übermittlungstatbestände berufen.

C. Weitere Auswirkungen der Verordnung in der Praxis

19 Der Verantwortliche oder Auftragsverarbeiter, der eine Aufforderung zur Datenübermittlung an eine Behörde / Gericht in einem Drittstaat erhält, muss prüfen, ob diese auf ein Rechtshilfeabkommen zu dem betreffenden Drittstaat oder eine sonstige internationale Übereinkunft gestützt ist oder zumindest ein anderer Übermittlungstatbestand des Kapitels V in Betracht kommt. Der Datenverarbeiter, bspw. eine internationale Unternehmensgruppe, und insb. der Drittstaatsdatenverarbeiter, sieht sich bei der Aufforderung mit zwei unterschiedlichen Rechtsordnungen konfrontiert. Einerseits verpflichtet ihn die Rechtsordnung des anfragenden Staates zur Offenlegung der Daten – im Falle des Drittstaatsdatenverarbeiters seine „eigene" Rechtsordnung –, andererseits erklärt die DS-GVO die Übermittlung für unzulässig, wenn sie nicht auf eine internationale Übereinkunft oder auf einen Übermittlungstatbestand aus Kapitel V gestützt werden kann. Der Datenverarbeiter kann sich dann im Prinzip nur noch entscheiden, welches Recht er bricht. Pauly

geht nachvollziehbar davon aus, dass es bei der Entscheidung insb. auf die Schärfe der jeweils drohenden Sanktionen ankommen dürfte[13].

Die DS-GVO sieht für Verstöße gegen Art. 48 gem. Art. 83 Abs. 5 lit. c Geldbußen von bis zu 20.000.000 € oder im Fall eines Unternehmens von bis zu 4 % seines gesamten weltweit erzielten Jahresumsatzes des vorangegangenen Geschäftsjahrs vor (vgl. im Übrigen Art. 83). **20**

13 Paal/Pauly, *Pauly*, Art. 48, Rn. 4.

Article 49

Derogations for specific situations

1. In the absence of an adequacy decision pursuant to Article 45(3), or of appropriate safeguards pursuant to Article 46, including binding corporate rules, a transfer or a set of transfers of personal data to a third country or an international organisation shall take place only on one of the following conditions:

(a) the data subject has explicitly consented to the proposed transfer, after having been informed of the possible risks of such transfers for the data subject due to the absence of an adequacy decision and appropriate safeguards;

(b) the transfer is necessary for the performance of a contract between the data subject and the controller or the implementation of pre-contractual measures taken at the data subject's request;

(c) the transfer is necessary for the conclusion or performance of a contract concluded in the interest of the data subject between the controller and another natural or legal person;

(d) the transfer is necessary for important reasons of public interest;

(e) the transfer is necessary for the establishment, exercise or defence of legal claims;

(f) the transfer is necessary in order to protect the vital interests of the data subject or of other persons, where the data subject is physically or legally incapable of giving consent;

(g) the transfer is made from a register which according to Union or Member State law is intended to provide information to the public and which is open to consultation either by the public in general or by any person who can demonstrate a legitimate interest, but only

Artikel 49

Ausnahmen für bestimmte Fälle

(1) Falls weder ein Angemessenheitsbeschluss nach Artikel 45 Absatz 3 vorliegt noch geeignete Garantien nach Artikel 46, einschließlich verbindlicher interner Datenschutzvorschriften, bestehen, ist eine Übermittlung oder eine Reihe von Übermittlungen personenbezogener Daten an ein Drittland oder an eine internationale Organisation nur unter einer der folgenden Bedingungen zulässig:

a) die betroffene Person hat in die vorgeschlagene Datenübermittlung ausdrücklich eingewilligt, nachdem sie über die für sie bestehenden möglichen Risiken derartiger Datenübermittlungen ohne Vorliegen eines Angemessenheitsbeschlusses und ohne geeignete Garantien unterrichtet wurde,

b) die Übermittlung ist für die Erfüllung eines Vertrags zwischen der betroffenen Person und dem Verantwortlichen oder zur Durchführung von vorvertraglichen Maßnahmen auf Antrag der betroffenen Person erforderlich,

c) die Übermittlung ist zum Abschluss oder zur Erfüllung eines im Interesse der betroffenen Person von dem Verantwortlichen mit einer anderen natürlichen oder juristischen Person geschlossenen Vertrags erforderlich,

d) die Übermittlung ist aus wichtigen Gründen des öffentlichen Interesses notwendig,

e) die Übermittlung ist zur Geltendmachung, Ausübung oder Verteidigung von Rechtsansprüchen erforderlich,

f) die Übermittlung ist zum Schutz lebenswichtiger Interessen der betroffenen Person oder anderer Personen erforderlich, sofern die betroffene Person aus physischen oder rechtlichen Gründen außerstande ist, ihre Einwilligung zu geben,

g) die Übermittlung erfolgt aus einem Register, das gemäß dem Recht der Union oder der Mitgliedstaaten zur Information der Öffentlichkeit bestimmt ist und entweder der gesamten Öffentlichkeit oder allen Personen, die ein berechtigtes Interesse nachweisen können, zur Einsichtnahme offensteht,

to the extent that the conditions laid down by Union or Member State law for consultation are fulfilled in the particular case.

aber nur soweit die im Recht der Union oder der Mitgliedstaaten festgelegten Voraussetzungen für die Einsichtnahme im Einzelfall gegeben sind.

Where a transfer could not be based on a provision in Article 45 or 46, including the provisions on binding corporate rules, and none of the derogations for a specific situation referred to in the first subparagraph of this paragraph is applicable, a transfer to a third country or an international organisation may take place only if the transfer is not repetitive, concerns only a limited number of data subjects, is necessary for the purposes of compelling legitimate interests pursued by the controller which are not overridden by the interests or rights and freedoms of the data subject, and the controller has assessed all the circumstances surrounding the data transfer and has on the basis of that assessment provided suitable safeguards with regard to the protection of personal data. The controller shall inform the supervisory authority of the transfer. The controller shall, in addition to providing the information referred to in Articles 13 and 14, inform the data subject of the transfer and on the compelling legitimate interests pursued.

Falls die Übermittlung nicht auf eine Bestimmung der Artikel 45 oder 46 – einschließlich der verbindlichen internen Datenschutzvorschriften – gestützt werden könnte und keine der Ausnahmen für einen bestimmten Fall gemäß dem ersten Unterabsatz anwendbar ist, darf eine Übermittlung an ein Drittland oder eine internationale Organisation nur dann erfolgen, wenn die Übermittlung nicht wiederholt erfolgt, nur eine begrenzte Zahl von betroffenen Personen betrifft, für die Wahrung der zwingenden berechtigten Interessen des Verantwortlichen erforderlich ist, sofern die Interessen oder die Rechte und Freiheiten der betroffenen Person nicht überwiegen, und der Verantwortliche alle Umstände der Datenübermittlung beurteilt und auf der Grundlage dieser Beurteilung geeignete Garantien in Bezug auf den Schutz personenbezogener Daten vorgesehen hat. Der Verantwortliche setzt die Aufsichtsbehörde von der Übermittlung in Kenntnis. Der Verantwortliche unterrichtet die betroffene Person über die Übermittlung und seine zwingenden berechtigten Interessen; dies erfolgt zusätzlich zu den der betroffenen Person nach den Artikeln 13 und 14 mitgeteilten Informationen.

2. A transfer pursuant to point (g) of the first subparagraph of paragraph 1 shall not involve the entirety of the personal data or entire categories of the personal data contained in the register. Where the register is intended for consultation by persons having a legitimate interest, the transfer shall be made only at the request of those persons or if they are to be the recipients.

(2) Datenübermittlungen gemäß Absatz 1 Unterabsatz 1 Buchstabe g dürfen nicht die Gesamtheit oder ganze Kategorien der im Register enthaltenen personenbezogenen Daten umfassen. Wenn das Register der Einsichtnahme durch Personen mit berechtigtem Interesse dient, darf die Übermittlung nur auf Anfrage dieser Personen oder nur dann erfolgen, wenn diese Personen die Adressaten der Übermittlung sind.

3. Points (a), (b) and (c) of the first subparagraph of paragraph 1 and the second subparagraph thereof shall not apply to activities carried out by public authorities in the exercise of their public powers.

(3) Absatz 1 Unterabsatz 1 Buchstaben a, b und c und sowie Absatz 1 Unterabsatz 2 gelten nicht für Tätigkeiten, die Behörden in Ausübung ihrer hoheitlichen Befugnisse durchführen.

4. The public interest referred to in point (d) of the first subparagraph of paragraph 1 shall be recognised in Union law or in the law of

(4) Das öffentliche Interesse im Sinne des Absatzes 1 Unterabsatz 1 Buchstabe d muss im Unionsrecht oder im Recht des Mitgliedstaats,

the Member State to which the controller is subject.

dem der Verantwortliche unterliegt, anerkannt sein.

5. In the absence of an adequacy decision, Union or Member State law may, for important reasons of public interest, expressly set limits to the transfer of specific categories of personal data to a third country or an international organisation. Member States shall notify such provisions to the Commission.

(5) Liegt kein Angemessenheitsbeschluss vor, so können im Unionsrecht oder im Recht der Mitgliedstaaten aus wichtigen Gründen des öffentlichen Interesses ausdrücklich Beschränkungen der Übermittlung bestimmter Kategorien von personenbezogenen Daten an Drittländer oder internationale Organisationen vorgesehen werden. Die Mitgliedstaaten teilen der Kommission derartige Bestimmungen mit.

6. The controller or processor shall document the assessment as well as the suitable safeguards referred to in the second subparagraph of paragraph 1 of this Article in the records referred to in Article 30.

(6) Der Verantwortliche oder der Auftragsverarbeiter erfasst die von ihm vorgenommene Beurteilung sowie die angemessenen Garantien im Sinne des Absatzes 1 Unterabsatz 2 des vorliegenden Artikels in der Dokumentation gemäß Artikel 30.

Recitals

(111) Provisions should be made for the possibility for transfers in certain circumstances where the data subject has given his or her explicit consent, where the transfer is occasional and necessary in relation to a contract or a legal claim, regardless of whether in a judicial procedure or whether in an administrative or any out-of-court procedure, including procedures before regulatory bodies. Provision should also be made for the possibility for transfers where important grounds of public interest laid down by Union or Member State law so require or where the transfer is made from a register established by law and intended for consultation by the public or persons having a legitimate interest. In the latter case, such a transfer should not involve the entirety of the personal data or entire categories of the data contained in the register and, when the register is intended for consultation by persons having a legitimate interest, the transfer should be made only at the request of those persons or, if they are to be the recipients, taking into full account the interests and fundamental rights of the data subject.

(112) Those derogations should in particular apply to data transfers required and necessary

Erwägungsgründe

(111) Datenübermittlungen sollten unter bestimmten Voraussetzungen zulässig sein, nämlich wenn die betroffene Person ihre ausdrückliche Einwilligung erteilt hat, wenn die Übermittlung gelegentlich erfolgt und im Rahmen eines Vertrags oder zur Geltendmachung von Rechtsansprüchen, sei es vor Gericht oder auf dem Verwaltungswege oder in außergerichtlichen Verfahren, wozu auch Verfahren vor Regulierungsbehörden zählen, erforderlich ist. Die Übermittlung sollte zudem möglich sein, wenn sie zur Wahrung eines im Unionsrecht oder im Recht eines Mitgliedstaats festgelegten wichtigen öffentlichen Interesses erforderlich ist oder wenn sie aus einem durch Rechtsvorschriften vorgesehenen Register erfolgt, das von der Öffentlichkeit oder Personen mit berechtigtem Interesse eingesehen werden kann. In letzterem Fall sollte sich eine solche Übermittlung nicht auf die Gesamtheit oder ganze Kategorien der im Register enthaltenen personenbezogenen Daten erstrecken dürfen. Ist das betreffende Register zur Einsichtnahme durch Personen mit berechtigtem Interesse bestimmt, sollte die Übermittlung nur auf Anfrage dieser Personen oder nur dann erfolgen, wenn diese Personen die Adressaten der Übermittlung sind, wobei den Interessen und Grundrechten der betroffenen Person in vollem Umfang Rechnung zu tragen ist.

(112) Diese Ausnahmen sollten insbesondere für Datenübermittlungen gelten, die aus wich-

for important reasons of public interest, for example in cases of international data exchange between competition authorities, tax or customs administrations, between financial supervisory authorities, between services competent for social security matters, or for public health, for example in the case of contact tracing for contagious diseases or in order to reduce and/or eliminate doping in sport. A transfer of personal data should also be regarded as lawful where it is necessary to protect an interest which is essential for the data subject's or another person's vital interests, including physical integrity or life, if the data subject is incapable of giving consent. In the absence of an adequacy decision, Union or Member State law may, for important reasons of public interest, expressly set limits to the transfer of specific categories of data to a third country or an international organisation. Member States should notify such provisions to the Commission. Any transfer to an international humanitarian organisation of personal data of a data subject who is physically or legally incapable of giving consent, with a view to accomplishing a task incumbent under the Geneva Conventions or to complying with international humanitarian law applicable in armed conflicts, could be considered to be necessary for an important reason of public interest or because it is in the vital interest of the data subject.

tigen Gründen des öffentlichen Interesses erforderlich sind, beispielsweise für den internationalen Datenaustausch zwischen Wettbewerbs-, Steuer- oder Zollbehörden, zwischen Finanzaufsichtsbehörden oder zwischen für Angelegenheiten der sozialen Sicherheit oder für die öffentliche Gesundheit zuständigen Diensten, beispielsweise im Falle der Umgebungsuntersuchung bei ansteckenden Krankheiten oder zur Verringerung und/oder Beseitigung des Dopings im Sport. Die Übermittlung personenbezogener Daten sollte ebenfalls als rechtmäßig angesehen werden, wenn sie erforderlich ist, um ein Interesse, das für die lebenswichtigen Interessen – einschließlich der körperlichen Unversehrtheit oder des Lebens – der betroffenen Person oder einer anderen Person wesentlich ist, zu schützen und die betroffene Person außerstande ist, ihre Einwilligung zu geben. Liegt kein Angemessenheitsbeschluss vor, so können im Unionsrecht oder im Recht der Mitgliedstaaten aus wichtigen Gründen des öffentlichen Interesses ausdrücklich Beschränkungen der Übermittlung bestimmter Kategorien von Daten an Drittländer oder internationale Organisationen vorgesehen werden. Die Mitgliedstaaten sollten solche Bestimmungen der Kommission mitteilen. Jede Übermittlung personenbezogener Daten einer betroffenen Person, die aus physischen oder rechtlichen Gründen außerstande ist, ihre Einwilligung zu erteilen, an eine internationale humanitäre Organisation, die erfolgt, um eine nach den Genfer Konventionen obliegende Aufgabe auszuführen oder um dem in bewaffneten Konflikten anwendbaren humanitären Völkerrecht nachzukommen, könnte als aus einem wichtigen Grund im öffentlichen Interesse notwendig oder als im lebenswichtigen Interesse der betroffenen Person liegend erachtet werden.

(113) Transfers which can be qualified as not repetitive and that only concern a limited number of data subjects, could also be possible for the purposes of the compelling legitimate interests pursued by the controller, when those interests are not overridden by the interests or rights and freedoms of the data subject and when the controller has assessed all the circumstances surrounding the data transfer. The controller should give particular consideration to the nature of the personal data, the purpose

(113) Übermittlungen, die als nicht wiederholt erfolgend gelten können und nur eine begrenzte Zahl von betroffenen Personen betreffen, könnten auch zur Wahrung der zwingenden berechtigten Interessen des Verantwortlichen möglich sein, sofern die Interessen oder Rechte und Freiheiten der betroffenen Person nicht überwiegen und der Verantwortliche sämtliche Umstände der Datenübermittlung geprüft hat. Der Verantwortliche sollte insbesondere die Art der personenbezogenen Da-

and duration of the proposed processing operation or operations, as well as the situation in the country of origin, the third country and the country of final destination, and should provide suitable safeguards to protect fundamental rights and freedoms of natural persons with regard to the processing of their personal data. Such transfers should be possible only in residual cases where none of the other grounds for transfer are applicable. For scientific or historical research purposes or statistical purposes, the legitimate expectations of society for an increase of knowledge should be taken into consideration. The controller should inform the supervisory authority and the data subject about the transfer.

ten, den Zweck und die Dauer der vorgesehenen Verarbeitung, die Situation im Herkunftsland, in dem betreffenden Drittland und im Endbestimmungsland berücksichtigen und angemessene Garantien zum Schutz der Grundrechte und Grundfreiheiten natürlicher Personen in Bezug auf die Verarbeitung ihrer personenbezogener Daten vorsehen. Diese Übermittlungen sollten nur in den verbleibenden Fällen möglich sein, in denen keiner der anderen Gründe für die Übermittlung anwendbar ist. Bei wissenschaftlichen oder historischen Forschungszwecken oder bei statistischen Zwecken sollten die legitimen gesellschaftlichen Erwartungen in Bezug auf einen Wissenszuwachs berücksichtigt werden. Der Verantwortliche sollte die Aufsichtsbehörde und die betroffene Person von der Übermittlung in Kenntnis setzen.

Literatur

Gola/Schomerus, BDSG, 12. Auflage 2015, C.H. Beck München; *Simitis (Hrsg.)*, Bundesdatenschutzgesetz, 8. Auflage 2014, Nomos Baden-Baden. Datenschutzkonferenz, Kurzpapiere zur DS-GVO, Nr. 4 Datenübermittlung in Drittländer, Stand: 11.7.2017, S. 3

▶ Bedeutung der Norm

Art. 49 bietet Ausnahmetatbestände für die Übermittlung personenbezogener Daten in Drittstaaten. Kann ein Datenverarbeiter die Datenübermittlung in einen Drittstaat weder auf einen Angemessenheitsbeschluss (Art. 45) noch auf geeignete Garantien (Art. 46) stützen, kann die Übermittlung bei Vorliegen der Voraussetzungen einer der Ausnahmetatbestände des Art. 49 dennoch zulässig sein. Ausnahmetatbestände sind insb. die ausdrückliche Einwilligung des Betroffenen, wichtige Gründe des öffentlichen Interesses oder unter engen Voraussetzungen zwingende berechtigte Interessen des Verantwortlichen.

▶ Hinweise für den Anwender

Für die Norm relevante Definitionen:

- Art. 4 Nr. 1, 2, 7, 8, 9, 11, 20, 21, 26.

Für die Auslegung der Norm relevante Erwägungsgründe:

- EG 111-113.

Systematische Einordnung der Norm innerhalb der DS-GVO:

- Art. 49 ist Teil der Regelungen zur Datenübermittlung in Drittstaaten und bietet Ausnahmetatbestände für die Übermittlung, wenn der Datenverarbeiter die Drittstaatsübermittlung weder auf einen Angemessenheitsbeschluss (Art. 45) noch auf geeignete Garantien (Art. 46) stützen kann.

Vorgängernormen im BDSG:

- § 4c Abs. 1.

Vorgängernormen der RL 95/46:

- Art. 26 Abs. 1.

Querbezüge zu anderen Normen:
- Art. 7, 13, 14, 30, andere Artikel im Kapitel V.

Schlagworte

Ausnahmen für Drittstaatsübermittlungen; ausdrückliche Einwilligung; für Erfüllung eines Vertrags erforderlich; wichtige Gründe des öffentlichen Interesses; Geltendmachung, Ausübung, Verteidigung von Rechtsansprüchen; Schutz lebenswichtiger Interessen; zur Einsichtnahme offenstehendes Register; zwingende berechtigte Interessen des Verantwortlichen; Beschränkung der Übermittlung bestimmter Kategorien personenbezogener Daten.

A. Allgemeines

I. Regelungszweck

Art. 49 ergänzt die Erlaubnistatbestände im Kapitel V für Datenübermittlungen in[1] Drittstaaten oder internationale Organisationen um bestimmte Tatbestände, bei deren Vorliegen „ausnahmsweise" eine Übermittlung zulässig sein kann. In der Praxis dürfte die Anwendung dieser Ausnahmebestimmungen jedoch weitaus häufiger als nur „ausnahmsweise" vorkommen (vgl. unten Rn. 4 und Art. 44 Rn. 7, 8). 1

II. Normadressaten

Art. 49 enthält keine generelle Zuordnung, ob nur Verantwortliche oder auch Auftragsverarbeiter Daten in einen Drittstaat oder an eine internationale Organisation auf der Grundlage der Ausnahmetatbestände übermitteln dürfen. Normadressaten dürften damit grundsätzlich alle Datenverarbeiter sein, sowohl Verantwortliche als auch Auftragsverarbeiter, es sei denn, der einzelne Ausnahmetatbestand bezieht sich konkret auf den Verantwortlichen (s. bei den einzelnen Tatbeständen). Für öffentliche Stellen gilt die Besonderheit, dass diese sich nicht auf alle Ausnahmetatbestände berufen können (vgl. Abs. 3). Im Hinblick auf den Empfänger kommt es jedoch nicht darauf an, ob der Empfänger eine öffentliche oder nicht-öffentliche Stelle bzw. ein Verantwortlicher oder ein Auftragsverarbeiter ist. 2

1 Zur Frage „an"/„in" einen Drittstaat vgl. Art. 44 Rn. 13.

III. Systematik

3 Art. 49 ist als Ausnahmetatbestand gegenüber den übrigen Erlaubnisnormen des Kapitels V eigentlich subsidiär: Eine Übermittlung auf der Grundlage einer der dort genannten Ausnahmen kommt grundsätzlich erst dann in Betracht, wenn keiner der anderen Übermittlungstatbestände vorliegt, d.h. wenn zu dem Drittland kein Angemessenheitsbeschluss nach Art. 45 existiert bzw. es keine geeigneten Garantien nach Art. 46 gibt. Dies trägt dem Ausnahmecharakter der Regelung Rechnung.

4 Fraglich ist jedoch, ob dies auch den realen praktischen Gegebenheiten entspricht. Wie bereits bei Art. 44 (Rn. 8) ausgeführt, verfügen nur vergleichsweise wenige Drittländer über Angemessenheitsbeschlüsse. Bei Übermittlungen in viele wichtige europäische Handelspartnerländer scheidet eine Übermittlung auf der Grundlage eines Angemessenheitsbeschlusses dagegen aus. Insb. für kleinere Unternehmen bzw. Unternehmen, die nur gelegentlich Daten in Drittstaaten und/oder an unterschiedliche Empfänger übermitteln, ist ein Zurückgreifen auf die geeigneten Garantien gem. Art. 46 oftmals schwierig und mit einem hohen – oft unverhältnismäßigen – Aufwand verbunden. Gleiches gilt im Hinblick auf das Internet. Hierfür sind BCR und Standardvertragsklauseln in aller Regel ungeeignet. Daher muss man davon ausgehen, dass in der Praxis doch häufiger auf die Ausnahmetatbestände des Art. 49 zurückgegriffen werden wird, als es dem eigentlichen Ausnahmecharakter der Vorschrift entspricht.

IV. Entstehungsgeschichte

1. Bisherige europäische Vorgaben

5 Die RL 95/46 regelt in Art. 26, dass Mitgliedstaaten für bestimmte Fälle Übermittlungen in ein Drittland vorsehen sollen. Abs. 1 nennt die Voraussetzungen, unter denen eine Übermittlung zulässig sein soll: Einwilligung des Betroffenen (a), Vertragserfüllung oder Durchführung vorvertraglicher Maßnahmen auf Antrag des Betroffenen (b), Vertragsabschluss bzw. -erfüllung im Interesse des Betroffenen (c), Wahrung eines wichtigen öffentlichen Interesses bzw. Geltendmachung, Ausübung oder Verteidigung von Rechtsansprüchen vor Gericht (d), Wahrung lebenswichtiger Interessen des Betroffenen (e) oder Übermittlung aus einem öffentlichen Register (f).

2. Bisherige nationale Vorgaben

6 Das bislang geltende BDSG setzt die Vorgaben der RL 95/46 fast wortgleich in § 4c Abs. 1 um.

3. Verhandlungen zur Datenschutz-Grundverordnung

7 Art. 49, namentlich Abs. 1 UAbs. 2, stellte einen der Knackpunkte in den Trilog-Verhandlungen dar. Die KOM hatte in ihrem Entwurf[2] lit. h als im Vergleich zur RL 95/46 neuen Ausnahmetatbestand für Drittstaatsübermittlungen vorgesehen. Danach sollte eine Übermittlung in ein Drittland auch auf der Grundlage eines berechtigten Interesses des Datenverarbeiters zulässig sein. Während der Rat in seiner allgemeinen Ausrichtung[3] lediglich Änderungen am Wortlaut von lit. h vorgenommen hatte, hatte das EP die Regelung als zu weitgehend gestrichen[4]. Schließlich konnten sich die Co-Gesetzgeber auf die jetzt vorliegende Fassung als Kompromiss einigen, die im Vergleich zum KOM-Entwurf und zur allgemeinen Ausrichtung des Rates Drittstaatsübermittlungen auf der Grundlage eines berechtigten Interesses wesentlich eingeschränkter zulässt.

---

2 KOM(2012)11 endgültig v. 25.1.2012.
3 Rats-Dok. 9565/15 v. 11.6.2015.
4 Standpunkt festgelegt in erster Lesung am 12.3.2014, P7_TC1-COD(2012)0011.

B. Inhalt der Regelung

Während Abs. 1 die einzelnen Ausnahmetatbestände aufzählt, bei deren Vorliegen eine Drittstaatsübermittlung ausnahmsweise zulässig sein kann, enthalten die Abs. 2 bis 4 und 6 ergänzende Voraussetzungen zu bestimmten Ausnahmetatbeständen. Diese Tatbestände müssen daher immer zusammen mit dem entsprechenden weiteren Absatz gelesen werden. **8**

I. Einwilligung des Betroffenen (Abs. 1 UAbs. 1 lit. a, Abs. 3)

Eine Übermittlung in einen Drittstaat ist zulässig, wenn der Betroffene in diese ausdrücklich eingewilligt hat. Die Einwilligung muss zunächst den allgemeinen Voraussetzungen für die Einwilligung genügen, wie sie sich aus Art. 7 in Verbindung mit den Erwägungsgründen ergeben (vgl. bei Art. 7). Zusätzlich stellt Art. 49 spezielle Anforderungen an die Einwilligung in die Drittstaatsübermittlung auf. Die Einwilligung kommt als Grundlage für die Übermittlung nur in Betracht, wenn der Betroffene sie ausdrücklich erklärt, nachdem er über die möglichen Risiken unterrichtet wurde, die besonders für die Übermittlung in einen Drittstaat ohne Vorliegen eines Angemessenheitsbeschlusses und ohne geeignete Garantien bestehen. Welche Risiken dies sind, wird vom Einzelfall abhängen (zum Begriff des „Risikos" in der DS-GVO ausführlich Art. 24 Rn. 78 ff., 114 ff. und 148 ff.). Dabei sollten sich die Hinweise nicht in abstrakten Allgemeinplätzen erschöpfen. Dies gilt insb. im Bereich des Internets, wo man davon ausgehen können sollte, dass jeder Nutzer über die allgemeinen Risiken des Internets aufgeklärt ist. Die Hinweise sollten sich eher auf konkrete und spezifische Risiken konzentrieren. Jedenfalls muss der Betroffene zusätzlich zu den Angaben, die für eine wirksame Einwilligung bereits allgemein Voraussetzung sind, immer darüber aufgeklärt werden, wohin seine personenbezogenen Daten übermittelt werden sollen, dass es für dieses Drittland keinen Angemessenheitsbeschluss der KOM gibt und für die Übermittlung auch keine geeigneten Garantien im Sinne des Art. 46 vorgesehen sind. **9**

Gem. Abs. 3 gilt Abs. 1 UAbs. 1 lit. a nicht für Tätigkeiten, die Behörden in Ausübung ihrer hoheitlichen Befugnisse durchführen. Eine Datenübermittlung in einen Drittstaat durch eine öffentliche Stelle kann daher nicht auf eine Einwilligung des Betroffenen gestützt werden. **10**

II. Vertragserfüllung oder Durchführung vorvertraglicher Maßnahmen auf Antrag des Betroffenen (Abs. 1 UAbs. 1 lit. b)

Eine Drittstaatsübermittlung kann auch zulässig sein, wenn sie für die Erfüllung eines Vertrags zwischen dem Betroffenen und dem Verantwortlichen oder zur Durchführung von vorvertraglichen Maßnahmen auf Antrag des Betroffenen erforderlich ist. Ausgangspunkt für das Vorliegen dieses Ausnahmetatbestandes ist der Betroffene. Die Übermittlung muss entweder erforderlich sein, um einen Vertrag mit dem Betroffenen zu erfüllen (im Gegensatz zum Ausnahmetatbestand in lit. c, in dem es um einen Vertrag zwischen dem Verantwortlichen und einem Dritten geht), oder zur Durchführung vorvertraglicher Maßnahmen, vorausgesetzt, dass die Situation einer Vertragsanbahnung vom Betroffenen ausgeht. Eine ohne Wissen und Wollen des Betroffenen vorgenommene Verarbeitung seiner personenbezogenen Daten, um diesem bspw. ein Vertragsangebot zuzusenden, könnte daher nicht auf diesen Tatbestand gestützt werden. Anders, wenn der Betroffene ein Vertragsangebot anfordert. **11**

Dieser Tatbestand könnte z.B. Anwendung finden bei der Verarbeitung von Daten zur Ausarbeitung von Angeboten über touristische Leistungen und ggf. zur vorläufigen Reservierung durch ein Reisebüro auf Wunsch des Betroffenen.[5] Als weitere typische Beispiele kommen Auslandsüberweisungen, Übermittlungen im Rahmen eines Versicherungsvertrages, der im Hinblick auf einen Auslandsaufenthalt abgeschlossen wurde, oder die Weitergabe von Garantiedaten an einen ausländischen Hersteller in Betracht.[6] **12**

---

5 Vgl. zum BDSG Gola/Schomerus, *Gola/Klug/Körffer*, § 4c Rn. 6.
6 Vgl. zum BDSG Simitis, *Simitis*, § 4c Rn. 13.

13 Verarbeitet werden dürfen in jedem Fall nur die personenbezogenen Daten, die für den jeweiligen Zweck, d.h. die konkrete Vertragserfüllung, erforderlich sind.

14 Gem. Abs. 3 gilt Abs. 1 UAbs. 1 lit. b nicht für Tätigkeiten, die Behörden in Ausübung ihrer hoheitlichen Befugnisse durchführen.

III. Vertragsabschluss bzw. -erfüllung im Interesse des Betroffenen (Abs. 1 lit. c)

15 Eine Drittstaatsübermittlung ist ferner zulässig, wenn sie zum Abschluss oder zur Erfüllung eines im Interesse des Betroffenen vom Verantwortlichen mit einem Dritten geschlossenen Vertrags erforderlich ist, wobei der Dritte sowohl eine natürliche als auch eine juristische Person sein kann.

16 Im Gegensatz zu lit. b geht es bei diesem Ausnahmetatbestand um Verträge, an denen der Betroffene nicht unmittelbar beteiligt ist, er aber der Begünstigte ist, z.B. eine Bücherbestellung, die auf Veranlassung eines inländischen Reisebüros von lokalen Unternehmen vorgenommenen Hotel- oder Mietwagenreservierungen oder die Einschaltung von Korrespondenzbanken im Rahmen internationaler Überweisungen.[7]

17 Gem. Abs. 3 gilt Abs. 1 UAbs. 1 lit. c ebenfalls nicht für Tätigkeiten, die Behörden in Ausübung ihrer hoheitlichen Befugnisse durchführen.

IV. Wichtige Gründe des öffentlichen Interesses (Abs. 1 UAbs. 1 lit. d, Abs. 4)

18 Grundlage für eine Drittstaatsübermittlung können wichtige Gründe des öffentlichen Interesses sein. Lit. d unterscheidet nicht hinsichtlich der Normadressaten, d.h., nicht nur öffentliche Stellen können Daten auf dieser Grundlage übermitteln, sondern auch nicht-öffentliche Stellen. Voraussetzung ist, dass das öffentliche Interesse im Unionsrecht oder im Recht des Mitgliedstaats, dem der Verantwortliche unterliegt, anerkannt ist. Zur Verwendung des Begriffs des „öffentlichen Interesses" in der DS-GVO siehe auch Art. 18 Rn. 98 ff.

19 Datenübermittlungen, die aus wichtigen Gründen des öffentlichen Interesses erforderlich sein können, sind bspw. der internationale Datenaustausch zwischen Wettbewerbs-, Steuer- oder Zollbehörden, zwischen Finanzaufsichtsbehörden oder zwischen für Angelegenheiten der sozialen Sicherheit oder für die öffentliche Gesundheit zuständigen Diensten, z.B. im Fall der Umgebungsuntersuchung bei ansteckenden Krankheiten oder zur Verringerung und/oder Beseitigung des Dopings im Sport (EG 112). Als weiteres Beispiel kommt der Datenaustausch zwischen Migrationsbehörden, z.B. bei Rückführungen, in Betracht.

20 Fraglich ist, ob auch solche Zwecke als wichtige Gründe des öffentlichen Interesses anerkannt werden können, die zum großen Teil außerhalb des Anwendungsbereichs der DS-GVO liegen, wie insb. die Verhütung, Ermittlung, Aufdeckung oder Verfolgung von Straftaten oder Strafvollstreckung, einschließlich des Schutzes vor und der Abwehr von Gefahren für die öffentliche Sicherheit (vgl. Art. 2 Abs. 2 lit. d). Soweit es um die Datenübermittlung zu diesen Zwecken durch öffentliche Stellen geht, richtet sich diese nicht nach der DS-GVO, sondern ausschließlich nach der Datenschutzrichtlinie Polizei und Justiz[8] (RL EU 2016/680), auch die Übermittlung in Drittstaaten (vgl. Kapitel V der RL EU 2016/680). Doch auch nicht-öffentliche Stellen übermitteln Daten zu diesen Zwecken an Behörden, z.B. Banken nach dem Geldwäschegesetz. Nicht-öffentliche Stellen unterfallen jedoch ausschließlich dem Anwendungsbereich der DS-GVO, weshalb sich sol-

---

7 Vgl. zum BDSG Simitis, *Simitis*, § 4c Rn. 17.

8 Richtlinie (EU) 2016/680 des Europäischen Parlaments und des Rates vom 27. April 2016 zum Schutz natürlicher Personen bei der Verarbeitung personenbezogener Daten durch die zuständigen Behörden zum Zwecke der Verhütung, Ermittlung, Aufdeckung oder Verfolgung von Straftaten oder der Strafvollstreckung sowie zum freien Datenverkehr und zur Aufhebung des Rahmenbeschlusses 2008/977/JI des Rates.

che Übermittlungen nicht nach der RL EU 2016/680, sondern grundsätzlich nach Art. 6 Abs. 1 lit. c und lit. e i.V.m. Abs. 3 der DS-GVO richten (vgl. bei Art. 6 Rn. 92, 113, 114). Es erscheint durchaus denkbar, dass wichtige Gründe des öffentlichen Interesses eine Übermittlung durch eine nicht-öffentliche Stelle zum Zweck der Verhütung oder Verfolgung von Straftaten in einen Drittstaat erforderlich machen. Es scheint kein Grund ersichtlich, warum das „öffentliche Interesse" in Art. 49 insofern anders als in Art. 6 beurteilt werden sollte. Davon ausgehend spricht einiges dafür, auch im Rahmen von Art. 49 solche Zwecke als wichtige Gründe des öffentlichen Interesses für eine Drittstaatsübermittlung im Unionsrecht oder im mitgliedstaatlichen Recht anerkennen zu können.

Fraglich ist weiter, ob auch die Ausübung von Grundrechten, namentlich der Meinungsfreiheit, **21**
als wichtige Gründe öffentlichen Interesses in Betracht kommen. Dafür spricht wiederum die Notwendigkeit einer grundrechtskonformen Auslegung, da die sonstigen Ausnahmetatbestände sehr eng gefasst sind. Wenn bspw. Aufsätze mit Fußnoten, die auf andere Autoren verweisen und somit personenbezogene Daten enthalten, in Drittstaaten publiziert oder an Empfänger in Drittstaaten übersandt werden, sollte sich der Autor auf die Wissenschaftsfreiheit sowie die Meinungsfreiheit als wichtiges öffentliches Interesse berufen können.

V. Geltendmachung, Ausübung oder Verteidigung von Rechtsansprüchen (Abs. 1 UAbs. 1 lit. e)

Eine weitere Möglichkeit, personenbezogene Daten in Drittstaaten zu übermitteln, ist zum **22**
Zweck der Geltendmachung, Ausübung oder Verteidigung von Rechtsansprüchen. Diese Ausnahme ist weit zu verstehen:

Es geht nicht nur um gerichtliche Rechtsstreitigkeiten, sondern insgesamt um die Geltendma- **23**
chung von Rechtsansprüchen, auch auf dem Verwaltungswege oder in außergerichtlichen Verfahren vor Regulierungsbehörden (EG 111). Die RL 95/46 und das geltende BDSG setzten noch „vor Gericht" voraus. Insofern passt die DS-GVO diesen Ausnahmetatbestand an die aktuelle Entwicklung auch im Bereich der Justiz an. Insb. außergerichtliche Verfahren vor Regulierungsbehörden sind mittlerweile weit verbreitet, gerade außerhalb Europas. Doch auch in Europa gibt es verstärkt den Ansatz, Streitigkeiten außergerichtlich beizulegen. Insofern entspricht die Anpassung an die weltweite Praxis durchaus auch den Entwicklungen in Europa und ist daher zu begrüßen.

Darüber hinaus ergibt sich aus dem Wortlaut „Geltendmachung, Ausübung und Verteidigung **24**
von Rechtsansprüchen", dass der gesamte Zyklus der Geltendmachung gemeint ist, d.h. nicht nur die Durchführung des eigentlichen Verfahrens, z.B. vor Gericht, sondern bereits dessen Vorbereitung, z.B. die Übermittlung der Daten an einen Rechtsanwalt.

VI. Wahrung lebenswichtiger Interessen des Betroffenen oder einer anderen Person (Abs. 1 UAbs. 1 lit. f)

Die Übermittlung personenbezogener Daten kann auch dann zulässig sein, wenn sie zur **25**
Wahrung lebenswichtiger Interessen des Betroffenen oder einer anderen Person erforderlich ist, wobei unter „lebenswichtigen Interessen" insb. die körperliche Unversehrtheit zu verstehen ist. Voraussetzung ist, dass der Betroffene aus physischen oder rechtlichen Gründen außerstande ist, seine Einwilligung zu geben. Die DS-GVO geht auch an dieser Stelle weiter als die RL 95/46 und das geltende BDSG. Während die RL 95/46 und das BDSG den Ausnahmetatbestand auf die „Wahrung lebenswichtiger Interessen" des Betroffenen beschränkten, erkennt die DS-GVO auch die Erforderlichkeit einer Übermittlung zum *„Schutz lebenswichtiger Interessen (...) anderer Personen"* an. Doch auch hier gilt die Voraussetzung, dass der Betroffene außerstande sein muss, einzuwilligen.

Einen besonderen Fall stellt die Übermittlung personenbezogener Daten an internationale huma- **26**
nitäre Organisationen dar, wie bspw. das Rote Kreuz. Erfolgt die Übermittlung an eine solche Or-

ganisation, um eine nach den Genfer Konventionen obliegende Aufgabe auszuführen oder um dem in bewaffneten Konflikten anwendbaren humanitären Völkerrecht nachzukommen, kann diese, wenn der Betroffene außerstande ist, seine Einwilligung zu erteilen, nach EG 112 als in seinem lebenswichtigen Interesse liegend erachtet werden, sofern die Übermittlung nicht ohnehin bereits aus einem anerkannten wichtigen Grund des öffentlichen Interesses erforderlich und damit nach Abs. 1 UAbs. 1 lit. d zulässig ist.

VII. Übermittlung aus einem öffentlichen Register (Abs. 1 UAbs. 1 lit. g, Abs. 2)

27 Eine weitere Ausnahme stellt die Übermittlung aus einem Register dar, das gem. dem Recht der Union oder eines Mitgliedstaats zur Information der Öffentlichkeit bestimmt ist und entweder der gesamten Öffentlichkeit oder allen Personen, die ein berechtigtes Interesse nachweisen können, zur Einsichtnahme offensteht.

28 Voraussetzung ist zunächst, dass die im Unionsrecht oder im mitgliedstaatlichen Recht festgelegten Voraussetzungen für die Einsichtnahme im Einzelfall gegeben sind.

29 Als Beispiel für ein Register in Deutschland, das zur Information der Öffentlichkeit bestimmt ist und der gesamten Öffentlichkeit zur Einsichtnahme offensteht, kommt das Handelsregister in Betracht (vgl. § 9 Abs. 1 Satz 1 HGB). Ein Register, das zwar zur Information der Öffentlichkeit bestimmt ist, jedoch nur Personen mit berechtigtem Interesse offensteht, ist in Deutschland das Grundbuch (vgl. § 12 Abs. 1 Satz 1 GBO).

30 Wenn die Übermittlung aus einem Register erfolgt, das nicht der gesamten Öffentlichkeit offensteht, sondern nur von Personen mit berechtigtem Interesse eingesehen werden darf, darf die Übermittlung grundsätzlich nur an diese erfolgen. Das heißt, entweder muss die Anfrage von dieser Person ausgehen oder diese Person muss der Adressat der Übermittlung sein (Abs. 2).

31 Abs. 2 verlangt ferner, dass Datenübermittlungen nicht die Gesamtheit oder ganze Kategorien der im Register enthaltenen Daten umfassen dürfen. Während Abs. 2 dabei nicht zwischen Registern, die der gesamten Öffentlichkeit offenstehen, und solchen, die nur von Personen mit berechtigtem Interesse eingesehen werden dürfen, unterscheidet, beschränkt EG 111 diese Voraussetzung auf den zweiten Fall. Davon abgesehen, dass der Text im verfügenden Teil der ausschlaggebende ist und bei Widersprüchen mit den Erwägungsgründen diesen vorgehen muss, spricht auch der Schutzzweck der Regelung dafür, grundsätzlich keine Übermittlung der Gesamtheit oder ganze Kategorien der im Register enthaltenen Daten zuzulassen, auch wenn es sich um ein der Öffentlichkeit offenstehendes Register handelt. Nach der Übermittlung der Daten verliert der Registerbetreiber jegliche Kontrolle über die Daten und darüber, was weiter mit ihnen geschieht, was bei Drittstaatsübermittlungen besonders schwer wiegt.

32 Andererseits darf aber das öffentliche Interesse eines „offenen" Registers, das gerade der Offenheit und Transparenz dienen soll, nicht außer Acht gelassen werden, so dass im Einzelfall eine Abwägung mit dem Schutzzweck der Regelung in Betracht kommen könnte.

VIII. Zwingendes berechtigtes Interesse (Abs. 1 UAbs. 2, Abs. 3 und 6)

33 Subsidiär zu allen übrigen Übermittlungstatbeständen des Kapitels V kann eine Drittstaatsübermittlung unter bestimmten engen Voraussetzungen auch auf ein zwingendes berechtigtes Interesse des Verantwortlichen gestützt werden:

1. Subsidiarität

34 Dieser Tatbestand kommt erst dann in Betracht, wenn für den betreffenden Drittstaat kein Angemessenheitsbeschluss besteht, keine geeigneten Garantien im Sinne des Art. 46 vorliegen und die Übermittlung auch nicht auf einen der anderen Ausnahmetatbestände des Art. 49 Abs. 1 UAbs. 1 gestützt werden kann.

2. Keine wiederholte Übermittlung

Die Übermittlung darf nicht wiederholt erfolgen. Damit soll sichergestellt werden, dass der Verantwortliche seine Übermittlung nicht ständig auf seine berechtigten Interessen stützen kann. Das heißt, er muss, wenn er öfter entsprechende Daten übermitteln will/muss, diese Übermittlungen auf anderer Grundlage vornehmen. Dafür kämen insb. die geeigneten Garantien im Sinne des Art. 46 in Betracht. **35**

3. Begrenzte Anzahl von Betroffenen

Die Datenübermittlung darf nur personenbezogene Daten einer begrenzten Anzahl von Betroffenen umfassen. Die DS-GVO verhält sich nicht weiter dazu, was unter einer begrenzten Anzahl zu verstehen ist. Im Ergebnis wird dies einzelfallabhängig sein. Angesichts der insgesamt sehr strengen Voraussetzungen dieses Übermittlungstatbestandes sollte der Verantwortliche bei der Beurteilung jedoch eher zurückhaltend sein. **36**

4. Zwingende berechtigte Interessen des Verantwortlichen

Die Übermittlung kommt in Betracht, wenn sie zur Wahrung zwingender berechtigter Interessen des Verantwortlichen erforderlich ist (zum Begriff des „berechtigen Interesses" des Verantwortlichen eingehend Art. 6 Rn. 133 ff.). Ob zwingende berechtigte Interessen vorliegen, ist wiederum eine Frage des Einzelfalls. Im Zweifel sollte der Verantwortliche hier einen strengen Maßstab bei der Beurteilung anlegen. Im Gegensatz zur „normalen" Datenverarbeitung (Art. 6 Abs. 1 lit. f) setzt die Übermittlung in einen Drittstaat dem Wortlaut nach zwingende berechtigte Interessen voraus. Zum Maßstab für die Annahme „zwingender" berechtigter Interessen vgl. auch Art. 21 Rn. 77 ff. **37**

5. Keine überwiegenden Interessen des Betroffenen

Es dürfen keine überwiegenden Interessen oder Rechte und Freiheiten des Betroffenen bestehen. **38**

6. Beurteilung aller Umstände der Datenübermittlung

Bei der Prüfung, ob eine Datenübermittlung auf der Grundlage dieses Ausnahmetatbestands zulässig wäre, hat der Verantwortliche sämtliche Umstände der Datenübermittlung zu beurteilen. Dabei sollte er insb. die Art der personenbezogenen Daten, den Zweck und die Dauer der vorgesehenen Verarbeitung, die Situation im Herkunftsland, in dem betreffenden Drittstaat und ggf. im Endbestimmungsland berücksichtigen (EG 113). Diese Beurteilung hat der Verantwortliche gem. Abs. 6 im Verzeichnis nach Art. 30 niederzulegen. **39**

7. Geeignete Garantien

Auf der Basis seiner Gesamtbeurteilung muss der Verantwortliche geeignete Garantien in Bezug auf den Schutz personenbezogener Daten vorsehen. Auch dies ist wiederum einzelfallabhängig Hier lohnt sich ein Blick in die Standarddatenschutzklauseln der Kommission gem. Art. 46 Abs. 2 lit. c, die mögliche rechtliche und auch technische Garantien beinhalten. Die geeigneten Garantien hat der Verantwortliche ebenfalls gem. Abs. 6 im Verzeichnis nach Art. 30 niederzulegen. **40**

8. Benachrichtigung der Aufsichtsbehörde

Der Verantwortliche hat die Aufsichtsbehörde von der Übermittlung in Kenntnis zu setzen. Einer Zustimmung durch die Aufsichtsbehörde bedarf es nicht. **41**

9. Benachrichtigung des Betroffenen

Der Verantwortliche muss den Betroffenen über die Übermittlung und seine zwingenden berechtigten Interessen unterrichten, und zwar zusätzlich zu den nach Art. 13 und 14 mitgeteilten Informationen. Ein spezielles Widerspruchsrecht gegen die Drittstaatsübermittlung sieht die DS-GVO nicht vor. Der Betroffene könnte allerdings unter den Voraussetzungen des Art. 21 der Verarbeitung insgesamt widersprechen, wenn diese auf Art. 6 Abs. 1 lit. f gestützt ist. **42**

43 Gem. Abs. 3 gilt Abs. 1 UAbs. 2 (ebenso wie Art. 6 Abs. 1 lit. f) wegen des Gesetzesvorbehalts im öffentlichen Bereich nicht für Tätigkeiten, die Behörden in Ausübung ihrer hoheitlichen Befugnisse durchführen.

IX. Beschränkung der Übermittlung (Abs. 5)

44 Außer in den Fällen, in denen zu einem Drittland ein Angemessenheitsbeschluss vorliegt, können Mitgliedstaaten aus wichtigen Gründen des öffentlichen Interesses ausdrücklich Beschränkungen der Drittstaatsübermittlung von bestimmten Kategorien personenbezogener Daten vorsehen. Es handelt sich hierbei um eine Kann-Regelung. Außerdem darf sich die Beschränkung der Drittstaatsübermittlung nur auf bestimmte Kategorien beziehen, d.h. ein Mitgliedstaat kann nach dieser Vorschrift nicht Übermittlungen in ein bestimmtes Drittland generell ausschließen. Die Beschränkung ist der Kommission mitzuteilen. Zur Auslegung des Tatbestandsmerkmals des „öffentlichen Interesses" vgl. Art. 6 Rn. 114 ff. und Rn. 164 ff. sowie Art. 18 Rn. 98 ff.

45 Abs. 5 greift einen Vorschlag der niederländischen Delegation auf, die mit dieser Regelung insb. wichtige nationale Datenbanken schützen wollte[9].

C. Weitere Auswirkungen der Verordnung in der Praxis

46 Wie bei den anderen Regelungen zu Drittstaatstransfers auch, sieht die DS-GVO für Verstöße gegen Art. 49 empfindliche Strafen vor: Gem. Art. 83 Abs. 5 lit. c verhängt die Aufsichtsbehörde bei Verstößen gegen Art. 44 bis 49 Geldbußen von bis zu 20.000.000 € oder im Fall eines Unternehmens von bis zu 4 % seines gesamten weltweit erzielten Jahresumsatzes des vorangegangenen Geschäftsjahrs (vgl. im Übrigen Art. 83). Angesichts dieser Strafandrohung und des vorgesehenen Ausnahmecharakters der Tatbestände, insb. bei der Übermittlung zur Wahrung zwingender berechtigter Interessen (Abs. 1 UAbs. 2), kann Datenverarbeitern nur geraten werden, bei der Beurteilung, ob die Voraussetzungen (eines der Tatbestände) des Art. 49 vorliegen, besonders vorsichtig und eher zurückhaltend zu agieren. Auch die Datenschutzkonferenz schließt aus dem Ausnahmecharakter der Regelungen das Erfordernis einer engen Auslegung.[10]

---

9 NLD – Non paper v. 12.5.2014, Rats-Dok. Nr. 9703/14.

10 Datenschutzkonferenz, Kurzpapiere zur DS-GVO, Nr. 4 Datenübermittlung in Drittländer, Stand: 11.7.2017, S. 3.

Article 50

International cooperation for the protection of personal data

In relation to third countries and international organisations, the Commission and supervisory authorities shall take appropriate steps to:

(a) develop international cooperation mechanisms to facilitate the effective enforcement of legislation for the protection of personal data;

(b) provide international mutual assistance in the enforcement of legislation for the protection of personal data, including through notification, complaint referral, investigative assistance and information exchange, subject to appropriate safeguards for the protection of personal data and other fundamental rights and freedoms;

(c) engage relevant stakeholders in discussion and activities aimed at furthering international cooperation in the enforcement of legislation for the protection of personal data;

(d) promote the exchange and documentation of personal data protection legislation and practice, including on jurisdictional conflicts with third countries.

Artikel 50

Internationale Zusammenarbeit zum Schutz personenbezogener Daten

In Bezug auf Drittländer und internationale Organisationen treffen die Kommission und die Aufsichtsbehörden geeignete Maßnahmen zur

a) Entwicklung von Mechanismen der internationalen Zusammenarbeit, durch die die wirksame Durchsetzung von Rechtsvorschriften zum Schutz personenbezogener Daten erleichtert wird,

b) gegenseitigen Leistung internationaler Amtshilfe bei der Durchsetzung von Rechtsvorschriften zum Schutz personenbezogener Daten, unter anderem durch Meldungen, Beschwerdeverweisungen, Amtshilfe bei Untersuchungen und Informationsaustausch, sofern geeignete Garantien für den Schutz personenbezogener Daten und anderer Grundrechte und Grundfreiheiten bestehen,

c) Einbindung maßgeblicher Interessenträger in Diskussionen und Tätigkeiten, die zum Ausbau der internationalen Zusammenarbeit bei der Durchsetzung von Rechtsvorschriften zum Schutz personenbezogener Daten dienen,

d) Förderung des Austauschs und der Dokumentation von Rechtsvorschriften und Praktiken zum Schutz personenbezogener Daten einschließlich Zuständigkeitskonflikten mit Drittländern.

Recital

(116) When personal data moves across borders outside the Union it may put at increased risk the ability of natural persons to exercise data protection rights in particular to protect themselves from the unlawful use or disclosure of that information. At the same time, supervisory authorities may find that they are unable to pursue complaints or conduct investigations relating to the activities outside their borders. Their efforts to work together in the cross-border context may also be hampered by insufficient preventative or remedial powers, inconsistent legal regimes, and practical obstacles like resource constraints. Therefore, there is a need to promote closer cooperation among

Erwägungsgrund

(116) Wenn personenbezogene Daten in ein anderes Land außerhalb der Union übermittelt werden, besteht eine erhöhte Gefahr, dass natürliche Personen ihre Datenschutzrechte nicht wahrnehmen können und sich insbesondere gegen die unrechtmäßige Nutzung oder Offenlegung dieser Informationen zu schützen. Ebenso kann es vorkommen, dass Aufsichtsbehörden Beschwerden nicht nachgehen oder Untersuchungen nicht durchführen können, die einen Bezug zu Tätigkeiten außerhalb der Grenzen ihres Mitgliedstaats haben. Ihre Bemühungen um grenzüberschreitende Zusammenarbeit können auch durch unzureichende Präventiv- und Abhilfebefugnisse, wider-

data protection supervisory authorities to help them exchange information and carry out investigations with their international counterparts. For the purposes of developing international cooperation mechanisms to facilitate and provide international mutual assistance for the enforcement of legislation for the protection of personal data, the Commission and the supervisory authorities should exchange information and cooperate in activities related to the exercise of their powers with competent authorities in third countries, based on reciprocity and in accordance with this Regulation.

sprüchliche Rechtsordnungen und praktische Hindernisse wie Ressourcenknappheit behindert werden. Die Zusammenarbeit zwischen den Datenschutzaufsichtsbehörden muss daher gefördert werden, damit sie Informationen austauschen und mit den Aufsichtsbehörden in anderen Ländern Untersuchungen durchführen können. Um Mechanismen der internationalen Zusammenarbeit zu entwickeln, die die internationale Amtshilfe bei der Durchsetzung von Rechtsvorschriften zum Schutz personenbezogener Daten erleichtern und sicherstellen, sollten die Kommission und die Aufsichtsbehörden Informationen austauschen und bei Tätigkeiten, die mit der Ausübung ihrer Befugnisse in Zusammenhang stehen, mit den zuständigen Behörden der Drittländer nach dem Grundsatz der Gegenseitigkeit und gemäß dieser Verordnung zusammenarbeiten.

Bedeutung der Norm

Art. 50 soll der Stärkung der internationalen Zusammenarbeit dienen, indem KOM und Aufsichtsbehörden aufgefordert werden, entsprechende Maßnahmen insb. zur Entwicklung von Mechanismen der internationalen Zusammenarbeit und zur gegenseitigen Leistung internationaler Amtshilfe zu treffen.

Hinweise für den Anwender

Für die Norm relevante Definitionen:
- Art. 4 Nr. 1, 2, 21, 26.

Für die Auslegung der Norm relevante Erwägungsgründe:
- EG 116.

Systematische Einordnung der Norm innerhalb der DS-GVO:
- Art. 50 bildet mit seinem Auftrag an KOM und Aufsichtsbehörden den Abschluss des Kapitels über die Drittstaatsübermittlungen (Kapitel V).

Schlagworte

Internationale Zusammenarbeit; internationale Amtshilfe; Austausch von Rechtsvorschriften und Praktiken.

A. Allgemeines

I. Regelungszweck

Art. 50 enthält die mehr abstrakte Aufforderung an KOM und Aufsichtsbehörden zur Stärkung der internationalen Zusammenarbeit. Die Förderung der internationalen Zusammenarbeit soll insb. die Aufsichtsbehörden zur besseren Durchsetzung der datenschutzrechtlichen Bestimmungen befähigen, indem sie mit Aufsichtsbehörden in Drittländern bspw. Informationen austauschen oder Untersuchungen durchführen können. 1

II. Normadressaten

Normadressaten sind die KOM sowie die Aufsichtsbehörden. 2

III. Systematik

Art. 50 enthält keine konkreten Rechte oder Verpflichtungen, sondern die Aufforderung an KOM und Aufsichtsbehörden zu bestimmten „geeigneten Maßnahmen", um im Ergebnis die internationale Zusammenarbeit zum Schutz personenbezogener Daten zu stärken. Diese Maßnahmen listet Art. 50 in eher abstrakter Form abschließend auf. 3

IV. Entstehungsgeschichte

1. Bisherige europäische Vorgaben

Die RL 95/46 enthält eine entsprechende Regelung nicht. 4

2. Bisherige nationale Vorgaben

Auch das bislang geltende BDSG sieht keine dem Art. 50 entsprechende Regelung vor. 5

3. Verhandlungen zur Datenschutz-Grundverordnung

Die bereits von der KOM in ihrem Entwurf vorgeschlagene Regelung war in den Verhandlungen nicht weiter umstritten und hat dementsprechend auch kaum Änderungen erfahren. 6

B. Inhalt der Regelung

I. Entwicklung von Mechanismen der internationalen Zusammenarbeit

KOM und Aufsichtsbehörden sollen Mechanismen der internationalen Zusammenarbeit entwickeln, durch die die wirksame Durchsetzung von Rechtsvorschriften zum Schutz personenbezogener Daten erleichtert wird. Als ein bereits bestehendes Beispiel für derartige internationale Zusammenarbeit kann das zwischen der irischen Aufsichtsbehörde und der US-amerikanischen Aufsichtsbehörde (Federal Trade Commission, FTC) bestehende „Memorandum of Understanding" (MOU) vom 26.6.2013 genannt werden („Memorandum of Understanding between the United States Federal Trade Commission and the Office of the Data Protection Commissioner of Ireland on mutual assistance in the enforcement of laws protecting personal information in the private sector")[1]. In diesem MOU legen die beiden Parteien ihre Absicht nieder, sich zum Zweck der Durchsetzung und Sicherstellung der Befolgung der Vorschriften gegenseitig unterstützen zu wollen und Informationen auszutauschen, und erklären, wie die Zusammenarbeit im Einzelnen vonstattengehen soll. 7

---

1 Abrufbar unter https://www.dataprotection.ie/docs/MOU-FTC/y/1315.htm (Stand: 2.8.2016).

II. Leistung internationaler Amtshilfe

8 Eine weitere Maßnahme ist die gegenseitige Leistung internationaler Amtshilfe bei der Durchsetzung von Rechtsvorschriften zum Schutz personenbezogener Daten, u.a. durch Meldungen, Beschwerdeverweisungen sowie Amtshilfe bei Untersuchungen und Informationsaustausch, sofern geeignete Garantien für den Schutz personenbezogener Daten und anderer Grundrechte und Grundfreiheiten bestehen.

III. Einbindung maßgeblicher Interessenträger

9 Maßgebliche Interessenträger sollen in Diskussionen und Tätigkeiten eingebunden werden, die zum Ausbau der internationalen Zusammenarbeit bei der Durchsetzung von Rechtsvorschriften zum Schutz personenbezogener Daten dienen.

10 Maßgebliche Interessenträger sollten vor allem öffentliche und insb. nicht-öffentliche Stellen (z.B. Verbände) sein, die als potenzielle Datenverarbeiter die entsprechenden Regeln in der Praxis anwenden müssen.

IV. Förderung des Austausches und der Dokumentation von Rechtsvorschriften und Praktiken

11 Der Austausch und die Dokumentation von Rechtsvorschriften und Praktiken zum Schutz personenbezogener Daten einschließlich Zuständigkeitskonflikten mit Drittländern soll gefördert werden.

12 Eine bessere Kenntnis der relevanten Regelungen und deren Anwendung in den Drittländern könnte auch bei der Anwendung der DS-GVO helfen, indem bspw. Aufsichtsbehörden besser verstehen, vor welchen Problemen z.B. weltweit agierende Unternehmen bedingt durch die unterschiedlichen Rechtsordnungen stehen.

C. Weitere Auswirkungen der Verordnung in der Praxis

13 Die europäischen Aufsichtsbehörden sind auch heute schon in Kontakt mit Aufsichtsbehörden aus Drittstaaten, sei es generell z.B. auf Konferenzen wie der jährlich stattfindenden Internationalen Datenschutzkonferenz oder auch im konkreten Einzelfall. Zudem gibt es gemeinsame Projekte, wie z.B. die Zusammenarbeit der Art. 29 Gruppe mit APEC-Vertretern zu BCRs und „Cross Border Privacy Rules" (vgl. Art. 47 Rn. 20). Art. 50 enthält auch keine konkreten Vorgaben an die Aufsichtsbehörden bzw. an die KOM. Insofern ist Art. 50 mehr als eine Art „Merksatz" und Absichtserklärung seitens KOM und Mitgliedstaaten zur Förderung einer verstärkten internationalen Zusammenarbeit anzusehen.

Kapitel VI Unabhängige Aufsichtsbehörden

Chapter VI Independent supervisory authorities

Article 51

Supervisory authority

1. Each Member State shall provide for one or more independent public authorities to be responsible for monitoring the application of this Regulation, in order to protect the fundamental rights and freedoms of natural persons in relation to processing and to facilitate the free flow of personal data within the Union ('supervisory authority').

2. Each supervisory authority shall contribute to the consistent application of this Regulation throughout the Union. For that purpose, the supervisory authorities shall cooperate with each other and the Commission in accordance with Chapter VII.

3. Where more than one supervisory authority is established in a Member State, that Member State shall designate the supervisory authority which is to represent those authorities in the Board and shall set out the mechanism to ensure compliance by the other authorities with the rules relating to the consistency mechanism referred to in Article 63.

4. Each Member State shall notify to the Commission the provisions of its law which it adopts pursuant to this Chapter, by 25 May 2018 and, without delay, any subsequent amendment affecting them.

Artikel 51

Aufsichtsbehörde

(1) Jeder Mitgliedstaat sieht vor, dass eine oder mehrere unabhängige Behörden für die Überwachung der Anwendung dieser Verordnung zuständig sind, damit die Grundrechte und Grundfreiheiten natürlicher Personen bei der Verarbeitung geschützt werden und der freie Verkehr personenbezogener Daten in der Union erleichtert wird (im Folgenden „Aufsichtsbehörde").

(2) Jede Aufsichtsbehörde leistet einen Beitrag zur einheitlichen Anwendung dieser Verordnung in der gesamten Union. Zu diesem Zweck arbeiten die Aufsichtsbehörden untereinander sowie mit der Kommission gemäß Kapitel VII zusammen.

(3) Gibt es in einem Mitgliedstaat mehr als eine Aufsichtsbehörde, so bestimmt dieser Mitgliedstaat die Aufsichtsbehörde, die diese Behörden im Ausschuss vertritt, und führt ein Verfahren ein, mit dem sichergestellt wird, dass die anderen Behörden die Regeln für das Kohärenzverfahren nach Artikel 63 einhalten.

(4) Jeder Mitgliedstaat teilt der Kommission bis spätestens 25. Mai 2018 die Rechtsvorschriften, die er aufgrund dieses Kapitels erlässt, sowie unverzüglich alle folgenden Änderungen dieser Vorschriften mit.

Recitals

(117) The establishment of supervisory authorities in Member States, empowered to perform their tasks and exercise their powers with complete independence, is an essential component of the protection of natural persons with regard to the processing of their personal data. Member States should be able to establish more than one supervisory authority, to reflect their constitutional, organisational and administrative structure.

Erwägungsgründe

(117) Die Errichtung von Aufsichtsbehörden in den Mitgliedstaaten, die befugt sind, ihre Aufgaben und Befugnisse völlig unabhängig wahrzunehmen, ist ein wesentlicher Bestandteil des Schutzes natürlicher Personen bei der Verarbeitung personenbezogener Daten. Die Mitgliedstaaten sollten mehr als eine Aufsichtsbehörde errichten können, wenn dies ihrer verfassungsmäßigen, organisatorischen und administrativen Struktur entspricht.

Recitals	Erwägungsgründe
(119) Where a Member State establishes several supervisory authorities, it should establish by law mechanisms for ensuring the effective participation of those supervisory authorities in the consistency mechanism. That Member State should in particular designate the supervisory authority which functions as a single contact point for the effective participation of those authorities in the mechanism, to ensure swift and smooth cooperation with other supervisory authorities, the Board and the Commission.	(119) Errichtet ein Mitgliedstaat mehrere Aufsichtsbehörden, so sollte er mittels Rechtsvorschriften sicherstellen, dass diese Aufsichtsbehörden am Kohärenzverfahren wirksam beteiligt werden. Insbesondere sollte dieser Mitgliedstaat eine Aufsichtsbehörde bestimmen, die als zentrale Anlaufstelle für eine wirksame Beteiligung dieser Behörden an dem Verfahren fungiert und eine rasche und reibungslose Zusammenarbeit mit anderen Aufsichtsbehörden, dem Ausschuss und der Kommission gewährleistet.
(123) The supervisory authorities should monitor the application of the provisions pursuant to this Regulation and contribute to its consistent application throughout the Union, in order to protect natural persons in relation to the processing of their personal data and to facilitate the free flow of personal data within the internal market. For that purpose, the supervisory authorities should cooperate with each other and with the Commission, without the need for any agreement between Member States on the provision of mutual assistance or on such cooperation.	(123) Die Aufsichtsbehörden sollten die Anwendung der Bestimmungen dieser Verordnung überwachen und zu ihrer einheitlichen Anwendung in der gesamten Union beitragen, um natürliche Personen im Hinblick auf die Verarbeitung ihrer Daten zu schützen und den freien Verkehr personenbezogener Daten im Binnenmarkt zu erleichtern. Zu diesem Zweck sollten die Aufsichtsbehörden untereinander und mit der Kommission zusammenarbeiten, ohne dass eine Vereinbarung zwischen den Mitgliedstaaten über die Leistung von Amtshilfe oder über eine derartige Zusammenarbeit erforderlich wäre.

§ 17 BDSG-neu

Vertretung im Europäischen Datenschutzausschuss, zentrale Anlaufstelle

(1) [1]Gemeinsamer Vertreter im Europäischen Datenschutzausschuss und zentrale Anlaufstelle ist die oder der Bundesbeauftragte (gemeinsamer Vertreter). [2]Als Stellvertreterin oder Stellvertreter des gemeinsamen Vertreters wählt der Bundesrat eine Leiterin oder einen Leiter der Aufsichtsbehörde eines Landes (Stellvertreter). [3]Die Wahl erfolgt für fünf Jahre. [4]Mit dem Ausscheiden aus dem Amt als Leiterin oder Leiter der Aufsichtsbehörde eines Landes endet zugleich die Funktion als Stellvertreter. [5]Wiederwahl ist zulässig.

(2) Der gemeinsame Vertreter überträgt in Angelegenheiten, die die Wahrnehmung einer Aufgabe betreffen, für welche die Länder allein das Recht zur Gesetzgebung haben, oder welche die Einrichtung oder das Verfahren von Landesbehörden betreffen, dem Stellvertreter auf dessen Verlangen die Verhandlungsführung und das Stimmrecht im Europäischen Datenschutzausschuss.

§ 18 BDSG-neu

Verfahren der Zusammenarbeit der Aufsichtsbehörden des Bundes und der Länder

(1) [1]Die oder der Bundesbeauftragte und die Aufsichtsbehörden der Länder (Aufsichtsbehörden des Bundes und der Länder) arbeiten in Angelegenheiten der Europäischen Union mit dem Ziel einer einheitlichen Anwendung der Verordnung (EU) 2016/679 und der Richtlinie (EU) 2016/680 zusammen. Vor der Übermittlung eines gemeinsamen Standpunktes an die Aufsichtsbehörden der anderen Mitgliedstaaten, die Europäische Kommission oder den Europäischen Datenschutz-

ausschuss geben sich die Aufsichtsbehörden des Bundes und der Länder frühzeitig Gelegenheit zur Stellungnahme. Zu diesem Zweck tauschen sie untereinander alle zweckdienlichen Informationen aus. Die Aufsichtsbehörden des Bundes und der Länder beteiligen die nach den Artikeln 85 und 91 der Verordnung (EU) 2016/679 eingerichteten spezifischen Aufsichtsbehörden, sofern diese von der Angelegenheit betroffen sind.

(2) [1]Soweit die Aufsichtsbehörden des Bundes und der Länder kein Einvernehmen über den gemeinsamen Standpunkt erzielen, legen die federführende Behörde oder in Ermangelung einer solchen der gemeinsame Vertreter und sein Stellvertreter einen Vorschlag für einen gemeinsamen Standpunkt vor. Einigen sich der gemeinsame Vertreter und sein Stellvertreter nicht auf einen Vorschlag für einen gemeinsamen Standpunkt, legt in Angelegenheiten, die die Wahrnehmung von Aufgaben betreffen, für welche die Länder allein das Recht der Gesetzgebung haben, oder welche die Einrichtung oder das Verfahren von Landesbehörden betreffen, der Stellvertreter den Vorschlag für einen gemeinsamen Standpunkt fest. In den übrigen Fällen fehlenden Einvernehmens nach Satz 2 legt der gemeinsame Vertreter den Standpunkt fest. Der nach den Sätzen 1 bis 3 vorgeschlagene Standpunkt ist den Verhandlungen zu Grunde zu legen, wenn nicht die Aufsichtsbehörden von Bund und Ländern einen anderen Standpunkt mit einfacher Mehrheit beschließen. Der Bund und jedes Land haben jeweils eine Stimme. Enthaltungen werden nicht gezählt.

(3) [1]Der gemeinsame Vertreter und dessen Stellvertreter sind an den gemeinsamen Standpunkt nach den Absätzen 1 und 2 gebunden und legen unter Beachtung dieses Standpunktes einvernehmlich die jeweilige Verhandlungsführung fest. Sollte ein Einvernehmen nicht erreicht werden, entscheidet in den in § 18 Absatz 2 Satz 2 genannten Angelegenheiten der Stellvertreter über die weitere Verhandlungsführung. In den übrigen Fällen gibt die Stimme des gemeinsamen Vertreters den Ausschlag.

Literatur

Albrecht, Das neue EU-Datenschutzrecht – von der Richtlinie zur Verordnung, in: CR 2016, 88 ff.; *Spindler*, Die neue EU-Datenschutz-Grundverordnung, in: DB 2016, 937 ff.; *Weichert*, Die Europäische Datenschutz-Grundverordnung – ein Überblick, Netzwerk Datenschutzexpertise (Stand: 28.4.2016).

Bedeutung der Norm

Die Norm regelt die Pflicht der Mitgliedstaaten, unabhängige Behörden für die Überwachung der Anwendung dieser Verordnung zu errichten.

Hinweise für den Anwender

Für die Norm relevante Definitionen:
- Aufsichtsbehörde (Art. 4 Nr. 21).

Für die Auslegung der Norm relevante Erwägungsgründe:
- EG 117, 118, 119, 123.

Systematische Einordnung der Norm innerhalb der DS-GVO:
- Kapitel VI korrespondiert mit Kapitel VII (Zusammenarbeit und Kohärenz) und Kapitel VIII (Rechtsbehelfe, Haftung und Sanktionen).

Vorgängernorm im BDSG:
- § 38 BDSG.

Vorgängernorm der RL 95/46:
- Art. 28 RL 95/46/EG.

Leitentscheidungen:
- EuGH, Urt. v. 6.10.2015, Rs. C-362/14 (Befugnisse der nationalen Kontrollstellen – Safe Harbor, Schrems).
- EuGH, Urt. v. 1.10.2015, Rs. C-230/14 (Anwendbares nationales Datenschutzrecht und Zuständigkeit der Aufsichtsbehörden – Weltimmo).
- EuGH, Urt. v. 8.4.2014, Rs. C-288/12 (Unabhängigkeit der Datenschutzbehörden – Ungarn).
- EuGH, Urt. v. 16.10.2012, Rs. C-614/10 (Unabhängigkeit der Datenschutzbehörden – Österreich).
- EuGH, Urt. v. 9.3.2010, Rs. C-518/07 (Unabhängigkeit der Datenschutzbehörden – Deutschland).

Schlagworte

Aufsichtsbehörde, Errichtung

A. Allgemeines

I. Regelungszweck

1 Kapitel VI überführt die bereits in der RL 95/46/EG vorhandene Verankerung und Rechtsstellung der Datenschutz-Aufsichtsbehörden (in Art. 28 RL 95/46/EG „Kontrollstellen") in die neue europäische Datenschutz-Rechtsordnung. Dabei werden auch die inzwischen ergangenen Urteile des EuGH (Rs. C-518/07 – Deutschland, Rs. C-288/12 – Ungarn, Rs. C-230/14 – Weltimmo, Rs. C-362/14 – Safe Harbor, Schrems) zur Unabhängigkeit, Zuständigkeit und Befugnissen der nationalen Datenschutzbehörden umgesetzt.

2 Der bisher alleinige Art. 28 RL 95/46/EG wird ersetzt durch neun Artikel in diesem Kapitel. In Bezug auf die Errichtung, Rechtsstellung und Aufgaben der unabhängigen Aufsichtsbehörden (Art. 4 Nr. 21) für den Datenschutz wurde wenig geändert.[1] Wie bisher haben die Mitgliedstaaten eine oder mehrere unabhängige Behörden zu errichten, die für die Überwachung der (einheitlichen) Anwendung dieser Verordnung zuständig sind. Vieles ist aber jetzt speziell geregelt, so Vorgaben für die Unabhängigkeit (Art. 52), die Errichtung (Art. 54 Abs. 1) und die Zuständigkeit (Art. 55, 56). Konkretisierungen erfolgten auch zur demokratischen Legitimation und fachlichen Qualifikation (Art. 53) und zur Verschwiegenheit (Art. 54 Abs. 2).[2] Sehr ausführlich werden nunmehr die Aufgaben (Art. 57) und Befugnisse (Art. 58) der Aufsichtsbehörden aufgelistet.

3 Zur Überwachung der Anwendung dieser Verordnung gehört nach Art. 51 neben den „Grundrechten und Grundfreiheiten natürlicher Personen bei der Verarbeitung" personenbezogener Daten jetzt allerdings auch der „freie Verkehr personenbezogener Daten in der Union" (vgl. Art. 1 Abs. 3). Insoweit hat die Verordnung damit ausdrücklich eine neue, andere Schutzrichtung

1 Vgl. *Weichert*, S. 18.
2 Vgl. *Weichert*, S. 18.

als zuvor erhalten, die durchaus eine gegensätzliche Richtung haben kann (s. dazu Art. 1). Zwar enthielt auch Art. 1 Abs. 2 RL 95/46/EG die Maßgabe, dass die Mitgliedstaaten aus Gründen des Schutzes von Grundrechten und Grundfreiheiten nicht den freien Verkehr personenbezogener Daten beschränken oder untersagen. Eine Überwachung der Anwendung der umgesetzten Bestimmungen erfolgte gem. Art. 28 Abs. 1RL95/46/EG. Jedoch unterscheidet sich die neue Fassung in der Grundverordnung insofern von der der Richtlinie, als jetzt schon von der Formulierung her diese zwei Ziele gleichrangig nebeneinander stehen.

Dass es bisher massive Vollzugs- und Durchsetzungsdefizite im Datenschutz gibt, liegt u.a. an fehlenden verbindlichen Konfliktlösungsinstrumenten im Verhältnis der unabhängigen Datenschutzbehörden untereinander.[3] Diese Hindernisse werden durch Abstimmungszwänge in Zukunft verringert.[4] Die Kooperationsregeln finden sich im anschließenden Kapitel VII (Zusammenarbeit und Kohärenz). **4**

II. Normadressaten

1. Mitgliedstaaten

Adressaten der Norm sind zunächst die Mitgliedstaaten. Sie müssen Rechtsvorschriften erlassen, die die Errichtung unabhängiger Aufsichtsbehörden regeln (Abs. 1). **5**

Wenn es, wie in Deutschland, in einem Mitgliedstaat mehrere Aufsichtsbehörden gibt, so muss der Mitgliedstaat diejenige Aufsichtsbehörde bestimmen, die diese Behörden im Ausschuss (Europäischer Datenschutzausschuss, Art. 68) vertritt, und ein Verfahren zur Sicherstellung der Einhaltung der Regeln des Kohärenzverfahrens (Art. 63) durch die anderen Behörden einführen (Abs. 3).

Schließlich sind die Mitgliedstaaten zur Mitteilung des Erlasses und der Änderung derartiger Rechtsvorschriften an die Kommission verpflichtet (Abs. 4).

2. Aufsichtsbehörden

Die Aufsichtsbehörden sind für die einheitliche Anwendung dieser Verordnung in der gesamten Union zuständig und müssen zu diesem Zweck untereinander sowie mit der Kommission zusammenarbeiten (Abs. 2 i.V.m. Kapitel VII). **6**

III. Systematik

Der das Kapitel einleitende Art. 51 formuliert zunächst nur grundsätzlich die Pflichten der Mitgliedstaaten und der Aufsichtsbehörden. Wie die Aufsichtsbehörden ausgestattet sein müssen und welche Aufgaben sie zu erfüllen haben, regeln die nachfolgenden Vorschriften detailliert. **7**

IV. Entstehungsgeschichte

1. Bisherige europäische Vorgaben

In der RL 95/46/EG existierte mit Art. 28 nur eine einzige Vorschrift als Grundlage der Datenschutzaufsicht in Europa. Einige offene Fragen wurden durch die Rechtsprechung des EuGH geklärt, der insb. die Rechtsstellung und Unabhängigkeit der nationalen Kontrollstellen stärkte (Rn. 1). Andere Fragen der Zusammenarbeit der nationalen Datenschutzaufsicht und Verhinderung einer unterschiedlichen Auslegung der Vorgaben der Richtlinie blieben bis zuletzt ungeklärt. **8**

Nach Art. 28 Abs. 1 Satz 1 RL 95/46/EG hatten die Mitgliedstaaten vorzusehen, dass eine oder mehrere öffentliche Stellen beauftragt werden, die Anwendung der von den Mitgliedstaaten zur Umsetzung dieser Richtlinie erlassenen einzelstaatlichen Vorschriften in ihrem Hoheitsgebiet zu **9**

3 Vgl. *Weichert*, S. 18.
4 Vgl. *Weichert*, S. 18.

überwachen. Die weiteren Regelungen des Art. 28 der RL 95/46/EG finden sich in den nachfolgenden Artikeln dieser Verordnung detaillierter wieder.

2. Bisherige nationale Vorgaben

10 Art. 28 der RL 95/46/EG war umgesetzt in § 38 BDSG-alt und den entsprechenden Vorschriften der Landesdatenschutzgesetze. § 38 BDSG beschrieb die Aufgaben und Befugnisse der in den Bundesländern einzurichtenden Aufsichtsbehörden zur Kontrolle der Ausführung der Vorschriften über den Datenschutz im nicht öffentlichen Bereich (§ 2 Abs. 4 BDSG-alt).

11 Nach § 38 Abs. 1 BDSG-alt kontrollierte die Aufsichtsbehörde die Ausführung des BDSG sowie anderer Vorschriften über den Datenschutz im nicht-öffentlichen Bereich. Für den öffentlichen Bereich sind die Datenschutzbeauftragten des Bundes (§§ 22 ff. BDSG-alt; jetzt §§ 8 ff. BDSG-neu) bzw. der Länder (nach den Landesdatenschutzgesetzen) zuständig. Die DS-GVO unterscheidet insoweit nicht, entsprechend gelten die Vorschriften über die Aufsichtsbehörden grundsätzlich für beide Bereiche.

Die Aufsichtsbehörde nach § 38 Abs. 1 BDSG-alt berät und unterstützt die Beauftragten für den Datenschutz und die verantwortlichen Stellen. Die Aufsichtsbehörde darf die von ihr gespeicherten Daten nur für Zwecke der Aufsicht verarbeiten und nutzen. Sie leistet den Aufsichtsbehörden anderer Mitgliedstaaten auf Ersuchen Amtshilfe. Stellt sie einen Verstoß fest, so ist sie befugt, die Betroffenen hierüber zu unterrichten, den Verstoß bei den für die Verfolgung oder Ahndung zuständigen Stellen anzuzeigen sowie bei schwerwiegenden Verstößen die Gewerbeaufsichtsbehörde zu unterrichten. Sie veröffentlicht regelmäßig einen Tätigkeitsbericht. Für jedermann besteht ein Anrufungsrecht der Aufsichtsbehörden. Ihre Rechtsstellung ist an die der (Bundes-)Datenschutzbeauftragten angelehnt (s. §§ 22 ff. BDSG-alt).

12 Wie öffentliche Stellen haben Aufsichtsbehörden ein Verfahrensregister für automatisierte Verarbeitungen zu führen (Abs. 2). Ihnen gegenüber bestehen durch die der Kontrolle unterliegenden Stellen Pflichten zur Auskunft (Abs. 3) und zur Duldung von Prüfungen (Abs. 4).

13 Zur Gewährleistung der Einhaltung des BDSG und anderer Vorschriften über den Datenschutz kann die Aufsichtsbehörde nach § 38 Abs. 5 a.F. Maßnahmen zur Beseitigung festgestellter Verstöße oder Mängel anordnen. Bei schwerwiegenden Verstößen oder Mängeln kann sie unter Umständen die Erhebung, Verarbeitung oder Nutzung von Daten oder den Einsatz einzelner Verfahren untersagen.

14 Die Länder bestimmen die zuständigen Behörden (§ 38 Abs. 6 a.F.). In der Regel sind dies die Landesdatenschutzbeauftragten, nur in Bayern besteht zusätzlich ein Landesamt für Datenschutzaufsicht (BayLDA).

15 Auch andere Vorschriften des BDSG-alt enthielten Regelungen für die Aufsichtsbehörden, so §§ 4c Abs. 2, 4d Abs. 1 und 6, 4g Abs. 1, 38a, 42a und 44 Abs. 2. An die bisherige Regelung des § 38 knüpft nunmehr § 40 BDSG weitgehend an.

Spezielle Vorschriften zur Datenschutzaufsicht bei Post- und Telekommunikationsunternehmen finden sich in § 115 Abs. 4 TKG, § 42 Abs. 3 PostG. Nach Art. 91 Abs. 1 dürfen bestehende Datenschutzvorschriften von Kirchen und religiösen Vereinigungen oder Gemeinschaften in einem Mitgliedstaat weiter angewandt werden, sofern sie mit der Verordnung in Einklang gebracht werden. Diese Kirchen und religiösen Vereinigungen oder Gemeinschaften unterliegen der Aufsicht durch eine unabhängige Aufsichtsbehörde, die spezifischer Art sein kann, sofern sie die in Kapitel VI niedergelegten Bedingungen erfüllt (Art. 91 Abs. 2).

B. Inhalt der Regelung

I. Pflicht zur Errichtung von Aufsichtsbehörden (Abs. 1)

16 Jeder Mitgliedstaat sieht vor, dass eine oder mehrere unabhängige Behörden für die Überwachung der Anwendung dieser Verordnung zuständig sind (Abs. 1). Die Mitgliedstaaten müs-

sen also Vorschriften erlassen, die die Errichtung von Datenschutz-Aufsichtsbehörden regeln. Die Errichtung von Aufsichtsbehörden in den Mitgliedstaaten, die befugt sind, ihre Aufgaben und Befugnisse völlig unabhängig wahrzunehmen, ist nach EG 117 Satz 1 ein wesentlicher Bestandteil des Schutzes natürlicher Personen bei der Verarbeitung personenbezogener Daten (Art. 4 Nr. 1, 2). Bereits EG 62 der RL 95/46/EG nannte die Errichtung unabhängiger Kontrollstellen in den Mitgliedstaaten „ein wesentliches Element des Schutzes der Personen bei der Verarbeitung personenbezogener Daten". Die Normierung umfangreicher Vorgaben in mehreren Kapiteln der Grundverordnung unterstreicht jedoch die größere Bedeutung, die den Aufsichtsbehörden in Zukunft beigemessen wird.

Diese Behörden müssen in bestimmter Weise errichtet werden (unabhängig, Art. 52; demokratisch legitimiert, Art. 53 Abs. 1; konkret zugewiesene Aufgaben, Art. 57) und umfangreiche Befugnisse haben (Art. 58). Zur Unabhängigkeit zählt auch eine ausreichende Ausstattung mit den benötigten „personellen, technischen und finanziellen Ressourcen" (Art. 52 Abs. 4), zu der die Mitgliedstaaten nunmehr gesetzlich verpflichtet sind; angesichts der gewachsenen Aufgaben bei den Behörden muss dies zu einer massiven Besserausstattung führen.[5] Die Details werden in den nachfolgenden Vorschriften (s. dort) sehr viel ausführlicher als bisher vorgegeben. 17

Die Mitgliedstaaten sollten mehr als eine Aufsichtsbehörde errichten können, wenn dies ihrer verfassungsmäßigen, organisatorischen und administrativen Struktur entspricht (EG 117 Satz 2). Diese Formulierung zielt insb. auf die föderalen Strukturen Deutschlands ab, sodass die Bundesländer weiterhin eigene Aufsichtsbehörden bilden bzw. beibehalten können. Deren Kooperation und Vertretung im Datenschutz-Ausschuss regelt Abs. 3 (dazu Rn. 21 ff.). 18

II. Aufgaben der Aufsichtsbehörden (Abs. 2)

Nach Abs. 2 leistet jede Aufsichtsbehörde einen Beitrag zur einheitlichen Anwendung dieser Verordnung in der gesamten Union. Zu diesem Zweck arbeiten die Aufsichtsbehörden untereinander sowie mit der Kommission gem. Kapitel VII zusammen. Aufgrund der bisher vorhandenen Umsetzungsdefizite des Datenschutzes in Europa wird dieser Teil der DS-GVO, der sich mit einer engeren Zusammenarbeit und Abstimmung der Aufsichtsbehörden beschäftigt, als einer der wichtigsten neuen Bausteine betrachtet.[6] 19

Inhaltlich hat die Datenschutzaufsicht nach Art. 51 nunmehr zwei Schutzrichtungen: die Gewährleistung der „Grundrechte und Grundfreiheiten natürlicher Personen bei der Verarbeitung" personenbezogener Daten und den „freien Verkehr personenbezogener Daten in der Union" (vgl. Art. 1 Abs. 3). Inwieweit sich hieraus Konflikte ergeben werden, bleibt noch abzuwarten. 20

III. Mehrere Aufsichtsbehörden (Abs. 3)

Gibt es in einem Mitgliedstaat – wie in Deutschland – mehr als eine Aufsichtsbehörde, so bestimmt dieser Mitgliedstaat die Aufsichtsbehörde, die diese Behörden im Ausschuss vertritt, und führt ein Verfahren ein, mit dem sichergestellt wird, dass die anderen Behörden die Regeln für das Kohärenzverfahren nach Art. 63 einhalten (Abs. 3). 21

Errichtet ein Mitgliedstaat mehrere Aufsichtsbehörden, so sollte er gem. EG 119 mittels Rechtsvorschriften sicherstellen, dass diese Aufsichtsbehörden am Kohärenzverfahren (Art. 63) wirksam beteiligt werden. Insb. sollte dieser Mitgliedstaat eine Aufsichtsbehörde bestimmen, die als zentrale Anlaufstelle für eine wirksame Beteiligung dieser Behörden an dem Verfahren fungiert und eine rasche und reibungslose Zusammenarbeit mit anderen Aufsichtsbehörden, dem Ausschuss und der Kommission gewährleistet. 22

Nach EG 123 sollten zum Zweck der Überwachung der Anwendung der Bestimmungen dieser Verordnung und ihrer einheitlichen Anwendung in der gesamten Union, um natürliche Personen 23

5 So *Weichert*, S. 18.
6 Vgl. *Spindler*, in: DB 2016, 937 (946); *Albrecht*, in: CR 2016, 88 (96).

im Hinblick auf die Verarbeitung ihrer Daten zu schützen und den freien Verkehr personenbezogener Daten im Binnenmarkt zu erleichtern, die Aufsichtsbehörden untereinander und mit der Kommission zusammenarbeiten, ohne dass eine Vereinbarung zwischen den Mitgliedstaaten über die Leistung von Amtshilfe oder über eine derartige Zusammenarbeit erforderlich wäre.

24 Nach Art. 29 RL 95/46/EG bestimmten die Kontrollstellen selbst ihren gemeinsamen Vertreter, nicht der Mitgliedstaat. Im Vorschlag der Kommission (Art. 46 Abs. 2 E-KOM) wurde der Vertreter noch als „zentrale Kontaktstelle für die wirksame Beteiligung" der Aufsichtsbehörden im Ausschuss bezeichnet.

25 Gerade das offenbar unterschiedliche Niveau der Durchsetzung und Aufsicht in der EU, das auch in der Rechtssache Schrems ./. Facebook[7] wieder deutlich wurde, führte zu umfangreichen Anpassungen der Regelungen über die Aufsichtsbehörden in der DS-GVO, zu denen vor allem ein komplexer Koordinationsmechanismus und eine Aufwertung des Europäischen Datenschutzausschusses (EDA), zuvor Artikel 29-Gruppe, gehören.[8]

IV. Mitteilung von Rechtsvorschriften (Abs. 4)

26 Wie an vielen anderen Stellen der Verordnung müssen nach Abs. 4 bis spätestens 25.5.2018 die Rechtsvorschriften, die in den Mitgliedstaaten aufgrund dieses Kapitels erlassen werden, sowie unverzüglich alle folgenden Änderungen dieser Vorschriften mitgeteilt werden.

C. Weitere Auswirkungen der Verordnung in der Praxis

I. Voraussichtliche Auswirkungen auf das nationale Recht

27 Die DS-GVO erfordert keine Änderung der Struktur der Aufsichtsbehörden in Europa. Neu ist, dass im Falle der Errichtung mehrerer Aufsichtsbehörden der Mitgliedstaat die Behörde bestimmt, die im Ausschuss vertreten ist. Insoweit ist also eine nationale Regelung erforderlich, die dann nach Abs. 4 der Kommission mitgeteilt werden muss.

II. Anwendung durch die Datenverarbeiter

28 Aus Sicht der Datenverarbeiter wird es zukünftig einheitlichere Strukturen geben. In jedem Mitgliedstaat wird eine Aufsichtsbehörde als Ansprechpartner fungieren. Die Aufsichtsbehörden der verschiedenen Mitgliedstaaten wiederum sollen nicht mehr unterschiedlich ausgestattet sein, unterschiedlich handeln und das gemeinsame europäische Datenschutzrecht verschieden auslegen. Vielmehr bestehen zahlreiche Kooperations- und Abstimmungspflichten, um eine überall einheitliche Anwendung der Verordnung zu erreichen. Die Umsetzung bleibt abzuwarten.

---

7 EuGH, Urt. v. 6.10.2015, Rs. C-362/14 (Befugnisse der nationalen Kontrollstellen – Safe Harbor, Schrems).
8 Vgl. *Spindler*, in: DB 2016, 937 (946).

Article 52

Independence

1. Each supervisory authority shall act with complete independence in performing its tasks and exercising its powers in accordance with this Regulation.
2. The member or members of each supervisory authority shall, in the performance of their tasks and exercise of their powers in accordance with this Regulation, remain free from external influence, whether direct or indirect, and shall neither seek nor take instructions from anybody.
3. Member or members of each supervisory authority shall refrain from any action incompatible with their duties and shall not, during their term of office, engage in any incompatible occupation, whether gainful or not.
4. Each Member State shall ensure that each supervisory authority is provided with the human, technical and financial resources, premises and infrastructure necessary for the effective performance of its tasks and exercise of its powers, including those to be carried out in the context of mutual assistance, cooperation and participation in the Board.
5. Each Member State shall ensure that each supervisory authority chooses and has its own staff which shall be subject to the exclusive direction of the member or members of the supervisory authority concerned.
6. Each Member State shall ensure that each supervisory authority is subject to financial control which does not affect its independence and that it has separate, public annual budgets, which may be part of the overall state or national budget.

Artikel 52

Unabhängigkeit

(1) Jede Aufsichtsbehörde handelt bei der Erfüllung ihrer Aufgaben und bei der Ausübung ihrer Befugnisse gemäß dieser Verordnung völlig unabhängig.

(2) Das Mitglied oder die Mitglieder jeder Aufsichtsbehörde unterliegen bei der Erfüllung ihrer Aufgaben und der Ausübung ihrer Befugnisse gemäß dieser Verordnung weder direkter noch indirekter Beeinflussung von außen und ersuchen weder um Weisung noch nehmen sie Weisungen entgegen.

(3) Das Mitglied oder die Mitglieder der Aufsichtsbehörde sehen von allen mit den Aufgaben ihres Amtes nicht zu vereinbarenden Handlungen ab und üben während ihrer Amtszeit keine andere mit ihrem Amt nicht zu vereinbarende entgeltliche oder unentgeltliche Tätigkeit aus.

(4) Jeder Mitgliedstaat stellt sicher, dass jede Aufsichtsbehörde mit den personellen, technischen und finanziellen Ressourcen, Räumlichkeiten und Infrastrukturen ausgestattet wird, die sie benötigt, um ihre Aufgaben und Befugnisse auch im Rahmen der Amtshilfe, Zusammenarbeit und Mitwirkung im Ausschuss effektiv wahrnehmen zu können.

(5) Jeder Mitgliedstaat stellt sicher, dass jede Aufsichtsbehörde ihr eigenes Personal auswählt und hat, das ausschließlich der Leitung des Mitglieds oder der Mitglieder der betreffenden Aufsichtsbehörde untersteht.

(6) Jeder Mitgliedstaat stellt sicher, dass jede Aufsichtsbehörde einer Finanzkontrolle unterliegt, die ihre Unabhängigkeit nicht beeinträchtigt und dass sie über eigene, öffentliche, jährliche Haushaltspläne verfügt, die Teil des gesamten Staatshaushalts oder nationalen Haushalts sein können.

Recitals

(118) The independence of supervisory authorities should not mean that the supervisory authorities cannot be subject to control or

Erwägungsgründe

(118) Die Tatsache, dass die Aufsichtsbehörden unabhängig sind, sollte nicht bedeuten, dass sie hinsichtlich ihrer Ausgaben keinem

Recitals	Erwägungsgründe
monitoring mechanisms regarding their financial expenditure or to judicial review.	Kontroll- oder Überwachungsmechanismus unterworfen werden bzw. sie keiner gerichtlichen Überprüfung unterzogen werden können.
(120) Each supervisory authority should be provided with the financial and human resources, premises and infrastructure necessary for the effective performance of their tasks, including those related to mutual assistance and cooperation with other supervisory authorities throughout the Union. Each supervisory authority should have a separate, public annual budget, which may be part of the overall state or national budget.	(120) Jede Aufsichtsbehörde sollte mit Finanzmitteln, Personal, Räumlichkeiten und einer Infrastruktur ausgestattet werden, wie sie für die wirksame Wahrnehmung ihrer Aufgaben, einschließlich derer im Zusammenhang mit der Amtshilfe und Zusammenarbeit mit anderen Aufsichtsbehörden in der gesamten Union, notwendig sind. Jede Aufsichtsbehörde sollte über einen eigenen, öffentlichen, jährlichen Haushaltsplan verfügen, der Teil des gesamten Staatshaushalts oder nationalen Haushalts sein kann.
(121) ... In order to ensure the independence of the supervisory authority, the member or members should act with integrity, refrain from any action that is incompatible with their duties and should not, during their term of office, engage in any incompatible occupation, whether gainful or not. The supervisory authority should have its own staff, chosen by the supervisory authority or an independent body established by Member State law, which should be subject to the exclusive direction of the member or members of the supervisory authority.	(121) ... Um die Unabhängigkeit der Aufsichtsbehörde zu gewährleisten, sollten ihre Mitglieder ihr Amt integer ausüben, von allen mit den Aufgaben ihres Amts nicht zu vereinbarenden Handlungen absehen und während ihrer Amtszeit keine andere mit ihrem Amt nicht zu vereinbarende entgeltliche oder unentgeltliche Tätigkeit ausüben. Die Aufsichtsbehörde sollte über eigenes Personal verfügen, das sie selbst oder eine nach dem Recht des Mitgliedstaats eingerichtete unabhängige Stelle auswählt und das ausschließlich der Leitung des Mitglieds oder der Mitglieder der Aufsichtsbehörde unterstehen sollte.

§ 10 BDSG-neu

Unabhängigkeit
[Bundesbeauftragte für den Datenschutz und die Informationssicherheit]

(1) Die oder der Bundesbeauftragte handelt bei der Erfüllung ihrer oder seiner Aufgaben und bei der Ausübung ihrer oder seiner Befugnisse völlig unabhängig. Sie oder er unterliegt weder direkter noch indirekter Beeinflussung von außen und ersucht weder um Weisung noch nimmt sie oder er Weisungen entgegen.

(2) Die oder der Bundesbeauftragte unterliegt der Rechnungsprüfung durch den Bundesrechnungshof, soweit hierdurch ihre oder seine Unabhängigkeit nicht beeinträchtigt wird.

Literatur

Roßnagel, Unabhängigkeit der Datenschutzaufsicht – Zweites Gesetz zur Änderung des BDSG, in: ZD 2015, 106 ff.; *Weichert*, Die Europäische Datenschutz-Grundverordnung – ein Überblick, Netzwerk Datenschutzexpertise (Stand: 28.4.2016).

Bedeutung der Norm

Die Norm konkretisiert die Vorgaben für die Unabhängigkeit der nach Art. 51 zu errichtenden Aufsichtsbehörden.

Hinweise für den Anwender

Für die Norm relevante Definitionen:
- Aufsichtsbehörde (Art. 4 Nr. 21).

Für die Auslegung der Norm relevante Erwägungsgründe:
- EG 118, 120, 121 S. 2, 3.

Systematische Einordnung der Norm innerhalb der DS-GVO:
- Kapitel VI korrespondiert mit Kapitel VII (Zusammenarbeit und Kohärenz) und Kapitel VIII (Rechtsbehelfe, Haftung und Sanktionen). Art. 52 ergänzt Art. 51 in Bezug auf die Vorgaben für die Unabhängigkeit.

Vorgängernorm im BDSG:
- § 38 BDSG.

Vorgängernorm der RL 95/46:
- Art. 28 RL 95/46/EG.

Leitentscheidungen:
- EuGH, Urt. v. 6.10.2015, Rs. C-362/14 (Befugnisse der nationalen Kontrollstellen – Safe Harbor, Schrems).
- EuGH, Urt. v. 1.10.2015, Rs. C-230/14 (Anwendbares nationales Datenschutzrecht und Zuständigkeit der Aufsichtsbehörden – Weltimmo).
- EuGH, Urt. v. 8.4.2014, Rs. C-288/12 (Unabhängigkeit der Datenschutzbehörden – Ungarn).
- EuGH, Urt. v. 16.10.2012, Rs. C-614/10 (Unabhängigkeit der Datenschutzbehörden – Österreich).
- EuGH, Urt. v. 9.3.2010, Rs. C-518/07 (Unabhängigkeit der Datenschutzbehörden – Deutschland).

Schlagworte

Aufsichtsbehörde, Unabhängigkeit, Weisungsfreiheit, unvereinbare Tätigkeiten, Ausstattung, Personal, Haushalt

A. Allgemeines

I. Regelungszweck

1 Art. 52 konkretisiert die Vorgaben für die Unabhängigkeit der nach Art. 51 zu errichtenden Aufsichtsbehörden. Gerade in Bezug auf diese Frage hat es im Rahmen der Vorgängerregelung zahlreiche Unsicherheiten gegeben. Zwar sprach bereits Art. 28 Abs. 1 RL 95/46/EG von „völliger Unabhängigkeit", definierte dies aber nicht weiter. In der Folge wurde mehrmals der EuGH angerufen.

2 Die erste bedeutende Entscheidung betraf Deutschland. In der Rechtssache C-518/07 stellte das Gericht im Vertragsverletzungsverfahren mit Urteil vom 9.3.2010 fest, dass die deutsche Datenschutzkontrolle nicht den Vorgaben des Art. 28 Abs. 1 RL 95/46/EG entspreche und Deutschland damit gegen seine Verpflichtungen aus der RL verstoßen habe, weil sie die für die Überwachung der Verarbeitung personenbezogener Daten im nicht öffentlichen Bereich zuständigen Kontrollstellen in den Bundesländern staatlicher Aufsicht unterworfen und damit das Erfordernis der „völligen Unabhängigkeit" dieser Stellen falsch umgesetzt habe. Nach Erlass dieser Entscheidung haben die Bundesländer ihre Datenschutzaufsicht neu geregelt. Waren vorher überwiegend die Innenministerien oder Regierungspräsidien zuständig, so wurde die Aufsicht für den nicht öffentlichen Bereich nunmehr an die Landesdatenschutzbeauftragten, die bereits für den öffentlichen Bereich zuständig waren, übertragen mit Ausnahme von Bayern, wo ein Landesamt für Datenschutzaufsicht (BayLDA) existiert. Die Landesdatenschutzbeauftragten sind zwar auch organisatorisch unterschiedlich geregelt, aber jedenfalls organisatorisch und fachlich unabhängig von der staatlichen Verwaltung.[1]

3 Österreich musste sich ebenfalls im Vertragsverletzungsverfahren vor dem EuGH verantworten, der in der Rechtssache C-614/10 mit Urteil vom 16.10.2012 entschied, dass auch eine nationale Regelung, nach der das geschäftsführende Mitglied der Datenschutzkommission ein der Dienstaufsicht unterliegender Bundesbediensteter ist, die Geschäftsstelle der Datenschutzkommission in das Bundeskanzleramt eingegliedert ist und der Bundeskanzler über ein unbedingtes Recht verfügt, sich über alle Gegenstände der Geschäftsführung der Datenschutzkommission zu unterrichten, keine ausreichende Umsetzung der Verpflichtungen aus Art. 28 RL 95/46/EG in Bezug auf die Unabhängigkeit der nationalen Datenschutz-Kontrollstellen darstellt.

4 Ferner war Ungarn von einem Vertragsverletzungsverfahren in Sachen Unabhängigkeit der Datenschutzbehörden betroffen. In der Rechtssache C-288/12 entschied der EuGH mit Urteil vom 8.4.2014, das das Land dadurch gegen seine Verpflichtungen aus der RL 95/46/EG verstoßen habe, dass es das Mandat der Kontrollstelle für den Schutz personenbezogener Daten vorzeitig beendet habe. Die Unabhängigkeit, mit der diese Kontrollstellen ausgestattet sein müssen, schließe jede Anordnung und jede wie auch immer geartete Einflussnahme aus, sei sie unmittelbar oder mittelbar, an denen ihre Entscheidungen ausgerichtet werden könnten und durch die infrage gestellt werden könnte, dass die Stellen ihre Aufgabe erfüllen. Die funktionelle Unabhängigkeit für sich allein reiche nicht aus; dürfte ein Mitgliedstaat das Mandat einer Kontrollstelle vor seinem vorgesehenen Ablauf beenden, könnte dies zu einer Form des Gehorsams gegenüber den politisch Verantwortlichen führen, die mit dem Unabhängigkeitsgebot nicht vereinbar wäre.

II. Normadressaten

1. Mitgliedstaaten

5 Hauptadressaten des Art. 52 sind die Mitgliedstaaten, die nunmehr konkrete gesetzliche Vorgaben für die Regelung der Unabhängigkeit der Aufsichtsbehörden erhalten. Sie müssen Rechtsvorschriften erlassen, nach denen die Aufsichtsbehörden funktional und tatsächlich frei von jeder

1 Vgl. z.B. § 30a SächsDSG, § 39 LDSG S-H.

Weisung, Einflussnahme oder sonstigen Beschränkung bei der Erfüllung ihrer Aufgaben und Ausübung ihrer Befugnisse sind. Konkret müssen die nationalen Regelungen direkte und indirekte Beeinflussungen sowie Weisungserteilung und -ersuchen ausschließen (Abs. 2), außerdem unvereinbare Handlungen und Tätigkeiten der Mitglieder der Aufsichtsbehörden festlegen (Abs. 3).

Wichtigste Vorgabe in diesem Zusammenhang ist die des Abs. 4, wonach die Mitgliedstaaten sicherstellen müssen, dass jede Aufsichtsbehörde mit den benötigten personellen, technischen und finanziellen Ressourcen, Räumlichkeiten und Infrastrukturen ausgestattet wird, um ihre Aufgaben und Befugnisse auch im Rahmen der Amtshilfe, Zusammenarbeit und Mitwirkung im Ausschuss effektiv wahrnehmen zu können. Dies dürfte in der Praxis vieler Mitgliedstaaten, die jetzt noch zurückhaltend Ressourcen einsetzen, zu einer Aufstockung von entsprechenden Etats führen (müssen).[2] **6**

Nach Abs. 5 müssen die Mitgliedstaaten auch sicherstellen, dass jede Aufsichtsbehörde ihr eigenes Personal auswählt und dass dieses ausschließlich der Leitung des Mitglieds oder der Mitglieder der betreffenden Aufsichtsbehörde untersteht. **7**

Schließlich müssen die Mitgliedstaaten sicherstellen, dass jede Aufsichtsbehörde einer Finanzkontrolle unterliegt, die ihre Unabhängigkeit nicht beeinträchtigt, und dass sie über eigene, öffentliche, jährliche Haushaltspläne verfügt, die Teil des gesamten Staatshaushalts oder nationalen Haushalts sein können (Abs. 6). **8**

Die Rechtsprechung des EuGH dient bei der Umsetzung dieser Vorgaben ebenso als Leitlinie wie bei der Fassung der einschlägigen Erwägungsgründe, nach denen die Unabhängigkeit einen Kontroll- oder Überwachungsmechanismus bzw. eine gerichtliche Überprüfung (nur) ihrer Ausgaben nicht ausschließt (EG 118). Andererseits wird aber ausdrücklich (EG 120) eine Ausstattung mit Finanzmitteln, Personal, Räumlichkeiten und einer Infrastruktur gefordert, wie sie für die wirksame Wahrnehmung ihrer Aufgaben, einschließlich derer im Zusammenhang mit der Amtshilfe und Zusammenarbeit mit anderen Aufsichtsbehörden in der gesamten Union, notwendig sind, dazu ein eigener, öffentlicher, jährlicher Haushaltsplan, der Teil des gesamten Staatshaushalts oder nationalen Haushalts sein kann. **9**

2. Aufsichtsbehörden

Auch die Aufsichtsbehörden selbst bzw. deren Mitglieder sind Adressaten der Vorschrift, indem sie selbst weder um Weisungen ersuchen noch solche entgegennehmen dürfen (Abs. 2) und sich jeglicher mit den Aufgaben ihres Amtes nicht zu vereinbarender Handlungen und mit dem Amt unvereinbarer entgeltlicher oder unentgeltlicher Tätigkeiten enthalten müssen (Abs. 3). **10**

III. Systematik

Der das Kapitel einleitende Art. 51 formuliert zunächst nur grundsätzlich die Pflichten der Mitgliedstaaten und der Aufsichtsbehörden. Wie die Aufsichtsbehörden ausgestattet sein müssen und welche Aufgaben sie zu erfüllen haben, regeln die nachfolgenden Artikel detailliert. Art. 52 konkretisiert die Vorgaben für die Unabhängigkeit der nach Art. 51 zu errichtenden Aufsichtsbehörden. **11**

IV. Entstehungsgeschichte

1. Bisherige europäische Vorgaben

In der RL 95/46/EG existierte mit Art. 28 nur eine einzige Vorschrift als Grundlage der Datenschutzaufsicht in Europa. Einige offene Fragen wurden durch die Rechtsprechung des EuGH geklärt, der insb. die Rechtsstellung und Unabhängigkeit der nationalen Kontrollstellen stärkte. An- **12**

---

2 So auch *Weichert*, S. 18 unter Hinweis auf die gewachsenen Aufgaben.

dere Fragen der Zusammenarbeit der nationalen Datenschutzaufsicht und Verhinderung einer unterschiedlichen Auslegung der Vorgaben der Richtlinie blieben bis zuletzt ungeklärt.

13 Nach Art. 28 Abs. 1 Satz 2 RL 95/46/EG nahmen die nationalen Kontrollstellen die ihnen zugewiesenen Aufgaben „in völliger Unabhängigkeit" wahr. Diese Unabhängigkeit wurde allerdings weder hier noch an anderer Stelle der RL weiter erläutert. Die Unsicherheiten bzw. Differenzen bei der Auslegung und Umsetzung der Vorschrift in den Mitgliedstaaten bedingten das mehrmalige Tätigwerden des EuGH (Rn. 2 bis 4). Als Konsequenz aus diesen Rechtsstreitigkeiten werden nunmehr genauere Vorgaben gemacht.

Die weiteren Regelungen des Art. 28 RL 95/46/EG finden sich in den anderen Artikeln dieses Kapitels der Verordnung detaillierter wieder.

14 Der Entwurf der Kommission (Art. 47 E-KOM) war in sieben Absätze gegliedert, die im Wesentlichen nur sprachliche Veränderungen fanden. Gestrichen wurde jedoch Abs. 4, wonach die Mitglieder der Aufsichtsbehörde sich nach Ablauf ihrer Amtszeit im Hinblick auf die Annahme von Tätigkeiten und Vorteilen „ehrenhaft und zurückhaltend" verhalten sollten.

2. Bisherige nationale Vorgaben

15 Art. 28 RL 95/46/EG war umgesetzt in §§ 22 ff., § 38 BDSG-alt und den entsprechenden Vorschriften der Landesdatenschutzgesetze. § 38 BDSG-alt beschrieb die Aufgaben und Befugnisse der in den Bundesländern einzurichtenden Aufsichtsbehörden zur Kontrolle der Ausführung der Vorschriften über den Datenschutz im nicht öffentlichen Bereich (zu den Inhalten der Regelung s. Art. 51 Rn. 11 ff.). Zur Unabhängigkeit der Kontrollstellen war nichts explizit geregelt.

16 Die Regelung des § 30a Satz 2 SächsDSG, wonach der Sächsische Datenschutzbeauftragte als zuständige Aufsichtsbehörde nach § 38 BDSG-alt über nicht öffentliche Stellen abweichend von § 25 Abs. 4 Satz 1 SächsDSG der Rechtsaufsicht der Staatsregierung unterliegt, wurde in Reaktion auf das deutsche Vertragsverletzungsverfahren C-518/07 (Rn. 2) durch Gesetz vom 14.7.2011[3] gestrichen. Ebenso wurde die Rechtsaufsicht der Bundesregierung über den Bundesbeauftragten für den Datenschutz und die Informationssicherheit (BfDI) in § 22 Abs. 4 Satz 3 BDSG-alt gestrichen sowie in Abs. 5 eine oberste Bundesbehörde eingerichtet, des Weiteren die Dienstaufsicht des Bundesministeriums des Innern beseitigt.[4] Der SächsDSB untersteht noch der Dienstaufsicht des Präsidenten des Landtages („soweit seine Unabhängigkeit dadurch nicht beeinträchtigt wird", § 25 Abs. 4 Satz 2 SächsDSG).

B. Inhalt der Regelung

I. Unabhängigkeit der Aufsichtsbehörden (Abs. 1)

17 Jede Aufsichtsbehörde handelt bei der Erfüllung ihrer Aufgaben und bei der Ausübung ihrer Befugnisse gemäß dieser Verordnung völlig unabhängig (Abs. 1). Anders als in der Vorgängerregelung des Art. 28 RL 95/46/EG wird diese dort schon vorhandene Formulierung jetzt in den folgenden Absätzen näher ausgestaltet bzw. erläutert die Verordnung, was sie unter dieser Unabhängigkeit versteht.

II. Beeinflussungs- und Weisungsfreiheit (Abs. 2)

18 Nicht nur, dass die Mitglieder jeder Aufsichtsbehörde bei der Erfüllung ihrer Aufgaben und der Ausübung ihrer Befugnisse gemäß dieser Verordnung in keiner Weise, weder direkt noch indirekt, von außen beeinflusst werden dürfen – Abs. 2 spricht auch unmittelbar die Mitglieder selbst an und fordert, dass diese weder um Weisung ersuchen noch solche entgegennehmen dürfen.

---

3 SächsGVBl. S. 270.
4 Durch Gesetz v. 25. 2.2015 (BGBl. I 2015, S. 162) mit Wirkung v. 1.1.2016.

Einerseits ist damit der nationale Gesetzgeber in der Pflicht, die Beeinflussungs- und Weisungsfreiheit gesetzlich zu verankern (und Verstöße nötigenfalls zu sanktionieren), andererseits ist auch jedes einzelne Mitglied einer Aufsichtsbehörde bei seiner Tätigkeit immer wieder gehalten, jede Einflussnahme von sich zu weisen. Dies richtet ein Augenmerk auch darauf, verschiedene Formen des Einflusses – gesetzlich, politisch, tatsächlich – zu erkennen und zu verhindern.

III. Unvereinbare Handlungen und Tätigkeiten (Abs. 3)

Auch Abs. 3 richtet sich direkt an die Mitglieder der Aufsichtsbehörden und fordert, dass diese einerseits von allen mit den Aufgaben ihres Amtes nicht zu vereinbarenden Handlungen absehen und andererseits während ihrer Amtszeit keine andere mit ihrem Amt nicht zu vereinbarende entgeltliche oder unentgeltliche Tätigkeit ausüben. **19**

Zweck der Regelung ist, die Unabhängigkeit der Aufsichtsbehörde zu gewährleisten, indem ihre Mitglieder ihr Amt integer ausüben (vgl. EG 121 Satz 2). **20**

Auch hier kommen verschiedene Anwendungsfälle in Betracht. Neben der entgeltlichen Gutachtertätigkeit für Unternehmen, die Verarbeitungen personenbezogener Daten planen oder ausweiten wollen, könnte eine mit der Datenschutzaufsicht unvereinbare Tätigkeit auch die gleichzeitige Ausübung von inhaltlich entgegengesetzten Ämtern sein. Entscheidend ist, dass sich Interessenkonflikte nicht nur aus formalen, sondern auch aus fachlichen Gründen ergeben können. **21**

IV. Ausstattung der Aufsichtsbehörden (Abs. 4)

Die Unabhängigkeit der Aufsichtsbehörden wird zukünftig auch dadurch erreicht, dass diese eine ausreichende Ausstattung mit den benötigten „personellen, technischen und finanziellen Ressourcen" (Abs. 4) erhalten müssen, zu der die Mitgliedstaaten nunmehr verpflichtet sind. Einerseits müssen daher diejenigen Mitgliedstaaten, die Umsetzungsdefizite bei der Ausstattung ihrer Aufsichtsbehörden aufweisen, diese aufstocken bzw. besser ausrüsten, andererseits fordern auch immer weiter wachsende Aufgaben bei den Behörden stetige Erweiterungen der Ressourcen. **22**

EG 120 S 1 konkretisiert die Vorgaben: Jede Aufsichtsbehörde sollte mit Finanzmitteln, Personal, Räumlichkeiten und einer Infrastruktur ausgestattet werden, wie sie für die wirksame Wahrnehmung ihrer Aufgaben, einschließlich derjenigen im Zusammenhang mit der Amtshilfe und Zusammenarbeit mit anderen Aufsichtsbehörden in der gesamten Union, notwendig sind.

Jede Aufsichtsbehörde sollte zudem über einen eigenen, öffentlichen, jährlichen Haushaltsplan verfügen, der Teil des gesamten Staatshaushalts oder nationalen Haushalts sein kann (EG 120 Satz 2, dazu unter Abs. 6). **23**

V. Personalhoheit der Aufsichtsbehörden (Abs. 5)

Nach Abs. 5 müssen die Mitgliedstaaten sicherstellen, dass jede Aufsichtsbehörde ihr eigenes Personal auswählt und hat, das ausschließlich der Leitung des Mitglieds oder der Mitglieder der betreffenden Aufsichtsbehörde untersteht. **24**

Insoweit dürfte es in den Mitgliedstaaten noch zahlreiche Regelungen geben, die anderes vorsehen. Im Anwendungsbereich des BDSG verfügt zwar seit der Einrichtung als oberste Bundesbehörde zum 1.1.2016 der BfDI über eigene Mitarbeiter. Nach § 25 Abs. 4 Satz 4, 5 SächsDSG dagegen erfolgt die Besetzung von Personalstellen nur im Einvernehmen mit dem SächsDSB; Mitarbeiter können, falls sie mit der beabsichtigten Maßnahme nicht einverstanden sind, nur im Einvernehmen mit dem SächsDSB versetzt oder abgeordnet werden. Dienstvorgesetzter und oberste Dienstbehörde des SächsDSB und seiner Mitarbeiter ist der Präsident des Landtages (Satz 7), der auch (im Einvernehmen mit dem SächsDSB) dessen Stellvertreter bestimmt (Abs. 5). Noch existiert keine einheitliche Auslegung der DS-GVO, doch scheinen derartige Einschränkungen nicht mit der geforderten vollen Personalhoheit der Aufsichtsbehörden vereinbar.

25 Nach EG 121 Satz 3 ist allerdings ausreichend, dass das Personal durch die Aufsichtsbehörde selbst oder durch eine nach dem Recht des Mitgliedstaats eingerichtete unabhängige Stelle ausgewählt wird. Wie dies ausgestaltet werden kann, ist noch offen.

26 Der Entwurf der Kommission (Art. 47 Abs. 6 E-KOM) sah noch die Ernennung des Personals durch den Leiter der Aufsichtsbehörde vor. Insoweit bietet die endgültige Fassung etwas mehr Spielraum.

VI. Finanzkontrolle und Haushalt (Abs. 6)

27 Schließlich ist durch die Mitgliedstaaten sicherzustellen, dass die Aufsichtsbehörden einer Finanzkontrolle unterliegen, die ihre Unabhängigkeit nicht beeinträchtigt (Abs. 6 Hs. 1).

Laut EG 118 sollte die Tatsache, dass die Aufsichtsbehörden unabhängig sind, nicht bedeuten, dass sie hinsichtlich ihrer Ausgaben keinem Kontroll- oder Überwachungsmechanismus unterworfen werden bzw. sie keiner gerichtlichen Überprüfung unterzogen werden können.

Mit diesen beiden Formulierungen erlaubt die DS-GVO allerdings nicht nur einen Finanzkontrollmechanismus, sondern sie schließt gleichzeitig andere, inhaltliche Überprüfungen aus.

28 Außerdem ist durch die Mitgliedstaaten sicherzustellen, dass die Aufsichtsbehörden über eigene, öffentliche, jährliche Haushaltspläne verfügen; diese können Teil des gesamten Staatshaushalts oder nationalen Haushalts sein (Abs. 6 Hs. 2, EG 120 Satz 2). Der letzte Halbsatz (Teil eines Haushalts) war in Art. 47 Abs. 7 E-KOM noch nicht enthalten. Das Europäische Parlament wollte eine Rechenschaftspflicht gegenüber dem einzelstaatlichen Parlament verankern (Art. 47 Abs. 7a E-EP).

Mit der Einrichtung als oberste Bundesbehörde (Rn. 15) erhielt der BfDI auch einen eigenen Haushalt[5] und eigene Mitarbeiter (dazu Abs. 5). Nach § 22 Abs. 5 Satz 3 BDSG a.F. war dem BfDI „die für die Erfüllung seiner Aufgaben notwendige Personal- und Sachausstattung zur Verfügung zu stellen" (ebenso § 25 Abs. 4 Satz 3 SächsDSG). Fraglich ist, welche Regelung der Intention des europäischen Gesetzgebers näherkommt. Auf jeden Fall müssen zahlreiche nationale Regelungen überarbeitet werden (s. jetzt §§ 8 ff. BDSG).

C. Weitere Auswirkungen der Verordnung in der Praxis

I. Voraussichtliche Auswirkungen auf das nationale Recht

29 Die konkreten Vorgaben der DS-GVO, was zukünftig unter einer unabhängigen Datenschutzaufsicht zu verstehen ist, erfordern zahlreiche Anpassungen nationaler Regelungen in BDSG und Landesdatenschutzgesetzen. Art. 52 ist auch als verbindliche Umsetzung der Entscheidungen des EuGH in dieser Frage zu verstehen. Unter der Geltung der neuen europäischen Rechtslage wird es insb. für die Bundesländer keine Möglichkeiten mehr geben, ihre Aufsichtsbehörden an unterschiedlichen Ressorts anzusiedeln und unterschiedlich auszustatten. Dies wird zu einer Stärkung der Behörden führen.

II. Anwendung durch die Datenverarbeiter

30 Die Datenverarbeiter werden in Zukunft nicht mehr unterschiedliche Auslegungen des europäischen Datenschutzrechts in den Mitgliedstaaten ausnutzen können, indem sie etwa Niederlassungen in den Ländern gründen, in denen die Datenschutzaufsicht weniger Durchsetzungskraft hat.

Dass der Datenschutz in der Union unterschiedlich gehandhabt wird und Rechtsunsicherheit besteht, konnte laut EG 9 die RL 95/46/EG nicht verhindern. Unterschiede beim Schutzniveau als

---

5 Dazu kritisch *Roßnagel*, in: ZD 2015, 106 ff.

Hemmnis für die unionsweite Ausübung von Wirtschaftstätigkeiten und als Behinderung der Behörden an der Erfüllung der ihnen nach dem Unionsrecht obliegenden Pflichten zu beseitigen ist ein erklärtes Ziel der Grundverordnung. Laut EG 10 sollte das Schutzniveau für die Rechte und Freiheiten von natürlichen Personen bei der Verarbeitung dieser Daten in allen Mitgliedstaaten gleichwertig sein, um ein gleichmäßiges und hohes Datenschutzniveau für natürliche Personen zu gewährleisten und die Hemmnisse für den Verkehr personenbezogener Daten in der Union zu beseitigen; Vorschriften sollten unionsweit gleichmäßig und einheitlich angewandt werden.

Article 53

General conditions for the members of the supervisory authority

1. Member States shall provide for each member of their supervisory authorities to be appointed by means of a transparent procedure by:
   - their parliament;
   - their government;
   - their head of State; or
   - an independent body entrusted with the appointment under Member State law.
2. Each member shall have the qualifications, experience and skills, in particular in the area of the protection of personal data, required to perform its duties and exercise its powers.
3. The duties of a member shall end in the event of the expiry of the term of office, resignation or compulsory retirement, in accordance with the law of the Member-State concerned.
4. A member shall be dismissed only in cases of serious misconduct or if the member no longer fulfils the conditions required for the performance of the duties.

Artikel 53

Allgemeine Bedingungen für die Mitglieder der Aufsichtsbehörde

(1) Die Mitgliedstaaten sehen vor, dass jedes Mitglied ihrer Aufsichtsbehörden im Wege eines transparenten Verfahrens ernannt wird, und zwar

- vom Parlament,
- von der Regierung,
- vom Staatsoberhaupt oder
- von einer unabhängigen Stelle, die nach dem Recht des Mitgliedstaats mit der Ernennung betraut wird.

(2) Jedes Mitglied muss über die für die Erfüllung seiner Aufgaben und Ausübung seiner Befugnisse erforderliche Qualifikation, Erfahrung und Sachkunde insbesondere im Bereich des Schutzes personenbezogener Daten verfügen.

(3) Das Amt eines Mitglieds endet mit Ablauf der Amtszeit, mit seinem Rücktritt oder verpflichtender Versetzung in den Ruhestand gemäß dem Recht des betroffenen Mitgliedstaats.

(4) Ein Mitglied wird seines Amtes nur enthoben, wenn es eine schwere Verfehlung begangen hat oder die Voraussetzungen für die Wahrnehmung seiner Aufgaben nicht mehr erfüllt.

Recital

(121) The general conditions for the member or members of the supervisory authority should be laid down by law in each Member State and should in particular provide that those members are to be appointed, by means of a transparent procedure, either by the parliament, government or the head of State of the Member State on the basis of a proposal from the government, a member of the government, the parliament or a chamber of the parliament, or by an independent body entrusted under Member State law. …

Erwägungsgrund

(121) Die allgemeinen Anforderungen an das Mitglied oder die Mitglieder der Aufsichtsbehörde sollten durch Rechtsvorschriften von jedem Mitgliedstaat geregelt werden und insbesondere vorsehen, dass diese Mitglieder im Wege eines transparenten Verfahrens entweder – auf Vorschlag der Regierung, eines Mitglieds der Regierung, des Parlaments oder einer Parlamentskammer – vom Parlament, der Regierung oder dem Staatsoberhaupt des Mitgliedstaats oder von einer unabhängigen Stelle ernannt werden, die nach dem Recht des Mitgliedstaats mit der Ernennung betraut wird.

§ 12 BDSG-neu

Amtsverhältnis
[Bundesbeauftragte für den Datenschutz und die Informationssicherheit]

(1) Die oder der Bundesbeauftragte steht nach Maßgabe dieses Gesetzes zum Bund in einem öffentlich-rechtlichen Amtsverhältnis.

(2) Das Amtsverhältnis beginnt mit der Aushändigung der Ernennungsurkunde. Es endet mit dem Ablauf der Amtszeit oder mit dem Rücktritt. Die Bundespräsidentin oder der Bundespräsident enthebt auf Vorschlag der Präsidentin oder des Präsidenten des Bundestages die Bundesbeauftragte ihres oder den Bundesbeauftragten seines Amtes, wenn die oder der Bundesbeauftragte eine schwere Verfehlung begangen hat oder die Voraussetzungen für die Wahrnehmung ihrer oder seiner Aufgaben nicht mehr erfüllt. Im Fall der Beendigung des Amtsverhältnisses oder der Amtsenthebung erhält die oder der Bundesbeauftragte eine von der Bundespräsidentin oder dem Bundespräsidenten vollzogene Urkunde. Eine Amtsenthebung wird mit der Aushändigung der Urkunde wirksam. Endet das Amtsverhältnis mit Ablauf der Amtszeit, ist die oder der Bundesbeauftragte verpflichtet, auf Ersuchen der Präsidentin oder des Präsidenten des Bundestages die Geschäfte bis zur Ernennung einer Nachfolgerin oder eines Nachfolgers für die Dauer von höchstens sechs Monaten weiterzuführen.

(3) Die Leitende Beamtin oder der Leitende Beamte nimmt die Rechte der oder des Bundesbeauftragten wahr, wenn die oder der Bundesbeauftragte an der Ausübung ihres oder seines Amtes verhindert ist oder wenn ihr oder sein Amtsverhältnis endet und sie oder er nicht zur Weiterführung der Geschäfte verpflichtet ist. § 10 Absatz 1 ist entsprechend anzuwenden.

(4) Die oder der Bundesbeauftragte erhält vom Beginn des Kalendermonats an, in dem das Amtsverhältnis beginnt, bis zum Schluss des Kalendermonats, in dem das Amtsverhältnis endet, im Fall des Absatzes 2 Satz 6 bis zum Ende des Monats, in dem die Geschäftsführung endet, Amtsbezüge in Höhe der Besoldungsgruppe B 11 sowie den Familienzuschlag entsprechend Anlage V des Bundesbesoldungsgesetzes. Das Bundesreisekostengesetz und das Bundesumzugskostengesetz sind entsprechend anzuwenden. Im Übrigen sind § 12 Absatz 6 sowie die §§ 13 bis 20 und 21a Absatz 5 des Bundesministergesetzes mit den Maßgaben anzuwenden, dass an die Stelle der vierjährigen Amtszeit in § 15 Absatz 1 des Bundesministergesetzes eine Amtszeit von fünf Jahren tritt. Abweichend von Satz 3 in Verbindung mit den §§ 15 bis 17 und 21a Absatz 5 des Bundesministergesetzes berechnet sich das Ruhegehalt der oder des Bundesbeauftragten unter Hinzurechnung der Amtszeit als ruhegehaltsfähige Dienstzeit in entsprechender Anwendung des Beamtenversorgungsgesetzes, wenn dies günstiger ist und die oder der Bundesbeauftragte sich unmittelbar vor ihrer oder seiner Wahl zur oder zum Bundesbeauftragten als Beamtin oder Beamter oder als Richterin oder Richter mindestens in dem letzten gewöhnlich vor Erreichen der Besoldungsgruppe B 11 zu durchlaufenden Amt befunden hat.

§ 13 BDSG-neu

Rechte und Pflichten
[Bundesbeauftragte für den Datenschutz und die Informationssicherheit]

(1) Die oder der Bundesbeauftragte sieht von allen mit den Aufgaben ihres oder seines Amtes nicht zu vereinbarenden Handlungen ab und übt während ihrer oder seiner Amtszeit keine andere mit ihrem oder seinem Amt nicht zu vereinbarende entgeltliche oder unentgeltliche Tätigkeit aus. Insbesondere darf die oder der Bundesbeauftragte neben ihrem oder seinem Amt kein anderes besoldetes Amt, kein Gewerbe und keinen Beruf ausüben und weder der Leitung oder dem Aufsichtsrat oder Verwaltungsrat eines auf Erwerb gerichteten Unternehmens noch einer Regierung oder einer gesetzgebenden Körperschaft des Bundes oder eines Landes angehören. Sie oder er darf nicht gegen Entgelt außergerichtliche Gutachten abgeben.

(2) Die oder der Bundesbeauftragte hat der Präsidentin oder dem Präsidenten des Bundestages Mitteilung über Geschenke zu machen, die sie oder er in Bezug auf das Amt erhält. Die Präsidentin oder der Präsident des Bundestages entscheidet über die Verwendung der Geschenke. Sie oder er kann Verfahrensvorschriften erlassen.

(3) Die oder der Bundesbeauftragte ist berechtigt, über Personen, die ihr oder ihm in ihrer oder seiner Eigenschaft als Bundesbeauftragte oder Bundesbeauftragter Tatsachen anvertraut haben, sowie über diese Tatsachen selbst das Zeugnis zu verweigern. Dies gilt auch für die Mitarbeiterinnen und Mitarbeiter der oder des Bundesbeauftragten mit der Maßgabe, dass über die Ausübung dieses Rechts die oder der Bundesbeauftragte entscheidet. Soweit das Zeugnisverweigerungsrecht der oder des Bundesbeauftragten reicht, darf die Vorlegung oder Auslieferung von Akten oder anderen Dokumenten von ihr oder ihm nicht gefordert werden.

(4) Die oder der Bundesbeauftragte ist, auch nach Beendigung ihres oder seines Amtsverhältnisses, verpflichtet, über die ihr oder ihm amtlich bekanntgewordenen Angelegenheiten Verschwiegenheit zu bewahren. Dies gilt nicht für Mitteilungen im dienstlichen Verkehr oder über Tatsachen, die offenkundig sind oder ihrer Bedeutung nach keiner Geheimhaltung bedürfen. Die oder der Bundesbeauftragte entscheidet nach pflichtgemäßem Ermessen, ob und inwieweit sie oder er über solche Angelegenheiten vor Gericht oder außergerichtlich aussagt oder Erklärungen abgibt; wenn sie oder er nicht mehr im Amt ist, ist die Genehmigung der oder des amtierenden Bundesbeauftragten erforderlich. Unberührt bleibt die gesetzlich begründete Pflicht, Straftaten anzuzeigen und bei einer Gefährdung der freiheitlichen demokratischen Grundordnung für deren Erhaltung einzutreten. Für die Bundesbeauftragte oder den Bundesbeauftragten und ihre oder seine Mitarbeiterinnen und Mitarbeiter gelten die §§ 93, 97 und 105 Absatz 1, § 111 Absatz 5 in Verbindung mit § 105 Absatz 1 sowie § 116 Absatz 1 der Abgabenordnung nicht. Satz 5 findet keine Anwendung, soweit die Finanzbehörden die Kenntnis für die Durchführung eines Verfahrens wegen einer Steuerstraftat sowie eines damit zusammenhängenden Steuerverfahrens benötigen, an deren Verfolgung ein zwingendes öffentliches Interesse besteht, oder soweit es sich um vorsätzlich falsche Angaben der oder des Auskunftspflichtigen oder der für sie oder ihn tätigen Personen handelt. Stellt die oder der Bundesbeauftragte einen Datenschutzverstoß fest, ist sie oder er befugt, diesen anzuzeigen und die betroffene Person hierüber zu informieren.

(5) Die oder der Bundesbeauftragte darf als Zeugin oder Zeuge aussagen, es sei denn, die Aussage würde

1. dem Wohl des Bundes oder eines Landes Nachteile bereiten, insbesondere Nachteile für die Sicherheit der Bundesrepublik Deutschland oder ihre Beziehungen zu anderen Staaten, oder
2. Grundrechte verletzen.

Betrifft die Aussage laufende oder abgeschlossene Vorgänge, die dem Kernbereich exekutiver Eigenverantwortung der Bundesregierung zuzurechnen sind oder sein könnten, darf die oder der Bundesbeauftragte nur im Benehmen mit der Bundesregierung aussagen. § 28 des Bundesverfassungsgerichtsgesetzes bleibt unberührt.

(6) Die Absätze 3 und 4 Satz 5 bis 7 gelten entsprechend für die öffentlichen Stellen, die für die Kontrolle der Einhaltung der Vorschriften über den Datenschutz in den Ländern zuständig sind.

Bedeutung der Norm

Die Norm enthält Vorgaben für die Ernennung, Qualifikation und das Amtsende der Mitglieder der Aufsichtsbehörden.

Hinweise für den Anwender

Für die Norm relevante Definitionen:

- Aufsichtsbehörde (Art. 4 Nr. 21).

Für die Auslegung der Norm relevante Erwägungsgründe:
- EG 121 S. 1.

Systematische Einordnung der Norm innerhalb der DS-GVO:
- Kap. VI korrespondiert mit Kap. VII (Zusammenarbeit und Kohärenz) und Kap. VIII (Rechtsbehelfe, Haftung und Sanktionen). Art. 53 spezifiziert die Anforderungen an die Mitglieder der Aufsichtsbehörden und ihre Ernennung bzw. ihr Amtsende.

Vorgängernorm im BDSG:
- § 38 BDSG.

Vorgängernormen der RL 95/46:
- Art. 28 RL 95/46/EG.

Leitentscheidungen:
- EuGH, Urt. v. 6.10.2015, Rs. C-362/14 (Befugnisse der nationalen Kontrollstellen – Safe Harbor, Schrems)
- EuGH, Urt. v. 1.10.2015, Rs. C-230/14 (Anwendbares nationales Datenschutzrecht und Zuständigkeit der Aufsichtsbehörden –Weltimmo)
- EuGH, Urt. v. 8.4.2014, Rs. C-288/12 (Unabhängigkeit der Datenschutzbehörden – Ungarn)
- EuGH, Urt. v. 16.10.2012, Rs. C-614/10 (Unabhängigkeit der Datenschutzbehörden – Österreich)
- EuGH, Urt. v. 9.3.2010, Rs. C-518/07 (Unabhängigkeit der Datenschutzbehörden – Deutschland)

▶ Schlagworte

Aufsichtsbehörde, Mitglieder, Ernennung, Qualifikation, Amtsende

A. Allgemeines

I. Regelungszweck

Bisher war in Art. 28 der RL 95/46/EG keinerlei Regelung darüber enthalten, welche Qualifikationen die Mitglieder der Aufsichtsbehörden aufweisen müssen, in was für einem Verfahren sie ernannt werden sollen und unter welchen Umständen ihr Amt beendet werden kann. Diese Lücke schließt Art. 53. 1

II. Normadressaten

1. Mitgliedstaaten

Adressaten der Norm sind zunächst die Mitgliedstaaten. Sie müssen Regelungen erlassen, die ein transparentes Verfahren zur Ernennung der Mitglieder der Aufsichtsbehörden durch eine der genannten, unabhängigen Stellen regelt (Abs. 1). Des Weiteren müssen Regelungen sicherstellen, 2 dass die Mitglieder der Aufsichtsbehörden die erforderliche Qualifikation, Erfahrung und Sachkunde aufweisen, also Ernennungskriterien fixiert werden (Abs. 2). Schließlich müssen nach Abs. 3 und 4 entsprechende Regelungen erlassen werden, die das Ende der Amtszeit eines Mitglieds bzw. eine Amtsenthebung nur in den hier vorgesehenen Fällen vorsehen.

2. Aufsichtsbehörden

3 Indirekt angesprochen werden von Abs. 2 die Aufsichtsbehörden bzw. deren für Personalfragen zuständige Führungspersonen. Sie müssen im Rahmen ihrer Personalhoheit (Art. 52 Abs. 5) dafür sorgen, dass nur derartig qualifiziertes Personal eingesetzt wird, wie es die DS-GVO fordert, und für regelmäßige Fortbildungen sorgen, damit die Anforderungen des Art. 53 erfüllt werden. Auch die Mitglieder selbst (s. B. II.) müssen sich regelmäßig fortbilden, ähnlich wie es etwa § 4 f Abs. 2 S. 1, 2 BDSG-alt bereits für Datenschutzbeauftragte fordert (ähnlich für öffentliche Stellen jetzt § 5 Abs. 3 BDSG).

III. Systematik

4 Der das Kapitel einleitende Art. 51 formuliert zunächst nur grundsätzlich die Pflichten der Mitgliedstaaten und der Aufsichtsbehörden. Wie die Aufsichtsbehörden ausgestattet sein müssen und welche Aufgaben sie zu erfüllen haben, regeln die nachfolgenden Artikel detailliert. Art. 53 enthält Vorgaben für die Ernennung, Qualifikation und das Amtsende der Mitglieder der Aufsichtsbehörden.

IV. Entstehungsgeschichte

1. Bisherige europäische Vorgaben

5 Die Vorgängerregelung in Art. 28 der RL 95/46/EG enthielt keine entsprechenden Aussagen.

2. Bisherige nationale Vorgaben

6 Auch § 38 BDSG-alt wies keine der neuen Regelung entsprechenden Inhalte auf.

§ 38 Abs. 5 Satz 3 BDSG-alt ermöglichte der Aufsichtsbehörde zwar die Abberufung eines betrieblichen Datenschutzbeauftragten, wenn dieser die zur Erfüllung seiner Aufgaben erforderliche Fachkunde und Zuverlässigkeit nicht besitzt (ähnlich jetzt § 40 Abs. 5 Satz 2 BDSG). Zur Qualifikation ihrer eigenen Mitglieder war aber ebenso wenig etwas geregelt wie zum Ernennungs- oder Abberufungsverfahren der Mitglieder der Aufsichtsbehörde selbst.

B. Inhalt der Regelung

I. Ernennung der Mitglieder der Aufsichtsbehörde (Abs. 1)

7 Durch die Mitgliedstaaten sind Rechtsvorschriften zu erlassen, nach denen die Mitglieder der Aufsichtsbehörden im Wege eines transparenten Verfahrens ernannt werden (Abs. 1, EG 121 S. 1). Für die Ernennung sind vier Varianten aufgezählt: durch das Parlament, durch die Regierung, durch das Staatsoberhaupt oder durch eine unabhängige Stelle, die nach dem Recht des Mitgliedstaats mit der Ernennung betraut wird.

8 Art. 48 Abs. 1 E-KOM enthielt nur die Möglichkeiten der Ernennung durch Parlament oder Regierung des Mitgliedstaates. Die anderen beiden Varianten (Staatsoberhaupt oder unabhängige Stelle) brachte der Rat (Art. 48 Abs. 1 E-Rat) ins Spiel.

9 EG 121 S. 1 erweitert die Vorgaben noch dahin gehend, dass die Ernennung der Mitglieder der Aufsichtsbehörde auf Vorschlag bestimmter Stellen, nämlich der Regierung, eines Mitglieds der Regierung, des Parlaments oder einer Parlamentskammer, erfolgen soll.

II. Anforderungen an die Mitglieder der Aufsichtsbehörde (Abs. 2)

Jedes Mitglied muss über die für die Erfüllung seiner Aufgaben und Ausübung seiner Befugnisse erforderliche Qualifikation, Erfahrung und Sachkunde insb. im Bereich des Schutzes personenbezogener Daten verfügen (Abs. 2). **10**

Art. 48 Abs. 2 E-KOM formulierte neben der Erfahrung und Sachkunde noch als Voraussetzungen für die Auswahl der Mitglieder, dass an deren „Unabhängigkeit" kein Zweifel bestehen dürfe. Die „Qualifikation" (stattdessen) fügte erst Art. 48 Abs. 2 E-Rat ein. Zudem wurde jetzt neben der „Erfüllung der Aufgaben" (verstärkend) auch auf die „Ausübung der Befugnisse" abgestellt. Dagegen wurde auf die „Nachweislichkeit" der Erfahrung und Sachkunde verzichtet. **11**

III. Amtsende der Mitglieder der Aufsichtsbehörde (Abs. 3, 4)

Das Amt eines Mitglieds endet mit Ablauf der Amtszeit, mit seinem Rücktritt oder verpflichtender Versetzung in den Ruhestand gemäß dem Recht des betroffenen Mitgliedstaats (Abs. 3). Ein Mitglied wird seines Amtes nur enthoben, wenn es eine schwere Verfehlung begangen hat oder die Voraussetzungen für die Wahrnehmung seiner Aufgaben nicht mehr erfüllt (Abs. 4). **12**

Auch zum Amtsende der Mitglieder der Aufsichtsbehörde gab es im Verlaufe des europäischen Rechtsetzungsverfahrens einige Änderungen. Art. 48 Abs. 3 E-KOM sah drei Varianten vor: Ablauf der Amtszeit, Rücktritt oder Amtsenthebung gemäß Abs. 4. Nach Abs. 4 sollte das Mitglied von einem zuständigen nationalen Gericht seines Amtes enthoben oder seiner Ruhegehaltsansprüche oder entsprechender Vergünstigungen für verlustig erklärt werden können, wenn es die Voraussetzungen für die Ausübung des Amtes nicht mehr erfüllt oder eine schwere Verfehlung begangen hat. Nach Art. 48 Abs. 5 E-KOM sollte das Mitglied in den ersten beiden Fällen (Ende der Amtszeit oder Rücktritt) sein Amt bis zur Ernennung eines neuen Mitglieds weiter ausüben. Dieser letzte Absatz wurde ersatzlos gestrichen. Art. 48 Abs. 3 E-Rat bezog die Amtsenthebung nicht mehr auf Abs. 4, sondern es sollte gemäß dem Recht des betreffenden Mitgliedstaates vorgegangen werden. In der endgültigen Fassung der Vorschrift kann man nunmehr vier Varianten unterscheiden: Ablauf der Amtszeit, Rücktritt, verpflichtende Versetzung in den Ruhestand gemäß dem Recht des betroffenen Mitgliedstaats (alle Art. 53 Abs. 3) oder Amtsenthebung (Abs. 4; bzgl. der Voraussetzungen wie E-KOM, aber Zuständigkeit nicht mehr geregelt, ebenso wenig Schicksal der Ruhegehaltsansprüche etc.). **13**

C. Weitere Auswirkungen der Verordnung in der Praxis

I. Voraussichtliche Auswirkungen auf das nationale Recht

Art. 53 erteilt i.V.m. EG 121 S. 1 ausdrücklich einen Gesetzgebungsauftrag an die Mitgliedstaaten zum Erlass von Rechtsvorschriften zur Ernennung, zur Festlegung der Ernennungsvoraussetzungen und zum Amtsende der Mitglieder der Aufsichtsbehörden. Die Transparenz des Verfahrens wird (auch) dadurch angestrebt, dass (nur) bestimmte nationale Stellen als Ernennungsbehörden vorgesehen sind. **14**

II. Anwendung durch die Datenverarbeiter

Wiederum indirekt betroffen sind die Datenverarbeiter insoweit, als sie zukünftig durch dessen Transparenz mehr Einblick in das Verfahren der Ernennung der Mitglieder ihrer zuständigen Aufsichtsbehörden erhalten, durch Ernennungs- und Qualifikationserfordernisse die Qualität der Aufsicht möglicherweise verbessert, aber zumindest vereinheitlicht wird und andererseits bei ungenügender Transparenz, einem fehlerhaften Verfahren oder dem Tätigwerden von nicht den „Bedingungen" der Verordnung entsprechenden Mitgliedern der Aufsichtsbehörden unter Umständen auch Aufsichtsmaßnahmen fragwürdig sein könnten. **15**

Article 54

Rules on the establishment of the supervisory authority

1. Each Member State shall provide by law for all of the following:

   (a) the establishment of each supervisory authority;

   (b) the qualifications and eligibility conditions required to be appointed as member of each supervisory authority;

   (c) the rules and procedures for the appointment of the member or members of each supervisory authority;

   (d) the duration of the term of the member or members of each supervisory authority of no less than four years, except for the first appointment after 24 May 2016, part of which may take place for a shorter period where that is necessary to protect the independence of the supervisory authority by means of a staggered appointment procedure;

   (e) whether and, if so, for how many terms the member or members of each supervisory authority is eligible for reappointment;

   (f) the conditions governing the obligations of the member or members and staff of each supervisory authority, prohibitions on actions, occupations and benefits incompatible therewith during and after the term of office and rules governing the cessation of employment.

2. The member or members and the staff of each supervisory authority shall, in accordance with Union or Member State law, be subject to a duty of professional secrecy both during and after their term of office, with regard to any confidential information which has come to their knowledge in the course of the performance of their tasks or exercise of their powers. During their term of office, that duty of professional secrecy shall in particular apply to reporting by natural persons of infringements of this Regulation.

Artikel 54

Errichtung der Aufsichtsbehörde

(1) Jeder Mitgliedstaat sieht durch Rechtsvorschriften Folgendes vor:

a) die Errichtung jeder Aufsichtsbehörde;

b) die erforderlichen Qualifikationen und sonstigen Voraussetzungen für die Ernennung zum Mitglied jeder Aufsichtsbehörde;

c) die Vorschriften und Verfahren für die Ernennung des Mitglieds oder der Mitglieder jeder Aufsichtsbehörde;

d) die Amtszeit des Mitglieds oder der Mitglieder jeder Aufsichtsbehörde von mindestens vier Jahren; dies gilt nicht für die erste Amtszeit nach 24. Mai 2016, die für einen Teil der Mitglieder kürzer sein kann, wenn eine zeitlich versetzte Ernennung zur Wahrung der Unabhängigkeit der Aufsichtsbehörde notwendig ist;

e) die Frage, ob und – wenn ja – wie oft das Mitglied oder die Mitglieder jeder Aufsichtsbehörde wiederernannt werden können;

f) die Bedingungen im Hinblick auf die Pflichten des Mitglieds oder der Mitglieder und der Bediensteten jeder Aufsichtsbehörde, die Verbote von Handlungen, beruflichen Tätigkeiten und Vergütungen während und nach der Amtszeit, die mit diesen Pflichten unvereinbar sind, und die Regeln für die Beendigung des Beschäftigungsverhältnisses.

(2) Das Mitglied oder die Mitglieder und die Bediensteten jeder Aufsichtsbehörde sind gemäß dem Unionsrecht oder dem Recht der Mitgliedstaaten sowohl während ihrer Amts- beziehungsweise Dienstzeit als auch nach deren Beendigung verpflichtet, über alle vertraulichen Informationen, die ihnen bei der Wahrnehmung ihrer Aufgaben oder der Ausübung ihrer Befugnisse bekannt geworden sind, Verschwiegenheit zu wahren. Während dieser Amts- beziehungsweise Dienstzeit gilt diese Verschwiegenheitspflicht insbesondere für die von natürlichen Personen gemeldeten Verstößen gegen diese Verordnung.

§ 8 BDSG-neu

Errichtung
[Bundesbeauftragte für den Datenschutz und die Informationssicherheit]

(1) Die oder der Bundesbeauftragte für den Datenschutz und die Informationsfreiheit (Bundesbeauftragte) ist eine oberste Bundesbehörde. Der Dienstsitz ist Bonn.

(2) Die Beamtinnen und Beamten der oder des Bundesbeauftragten sind Beamtinnen und Beamte des Bundes.

(3) Die oder der Bundesbeauftragte kann Aufgaben der Personalverwaltung und Personalwirtschaft auf andere Stellen des Bundes übertragen, soweit hierdurch die Unabhängigkeit der oder des Bundesbeauftragten nicht beeinträchtigt wird. Diesen Stellen dürfen personenbezogene Daten der Beschäftigten übermittelt werden, soweit deren Kenntnis zur Erfüllung der übertragenen Aufgaben erforderlich ist.

§ 11 BDSG-neu

Ernennung und Amtszeit

(1) Der Deutsche Bundestag wählt ohne Aussprache auf Vorschlag der Bundesregierung die Bundesbeauftragte oder den Bundesbeauftragten mit mehr als der Hälfte der gesetzlichen Zahl seiner Mitglieder. Die oder der Gewählte ist von der Bundespräsidentin oder dem Bundespräsidenten zu ernennen. Die oder der Bundesbeauftragte muss bei ihrer oder seiner Wahl das 35. Lebensjahr vollendet haben. Sie oder er muss über die für die Erfüllung ihrer oder seiner Aufgaben und Ausübung ihrer oder seiner Befugnisse erforderliche Qualifikation, Erfahrung und Sachkunde insbesondere im Bereich des Schutzes personenbezogener Daten verfügen. Insbesondere muss die oder der Bundesbeauftragte über durch einschlägige Berufserfahrung erworbene Kenntnisse des Datenschutzrechts verfügen und die Befähigung zum Richteramt oder höheren Verwaltungsdienst haben.

(2) Die oder der Bundesbeauftragte leistet vor der Bundespräsidentin oder dem Bundespräsidenten folgenden Eid: „Ich schwöre, dass ich meine Kraft dem Wohle des deutschen Volkes widmen, seinen Nutzen mehren, Schaden von ihm wenden, das Grundgesetz und die Gesetze des Bundes wahren und verteidigen, meine Pflichten gewissenhaft erfüllen und Gerechtigkeit gegen jedermann üben werde. So wahr mir Gott helfe.“ Der Eid kann auch ohne religiöse Beteuerung geleistet werden.

(3) Die Amtszeit der oder des Bundesbeauftragten beträgt fünf Jahre. Einmalige Wiederwahl ist zulässig.

Literatur

Ratsdok. 15039/15 vom 15.12.2015.

▶ Bedeutung der Norm

Die Norm listet zum einen ergänzend zu Art. 51 bis 53 auf, welche Rechtsvorschriften die Mitgliedstaaten zur Errichtung ihrer Aufsichtsbehörden erlassen müssen (Abs. 1), und statuiert zum anderen die Verschwiegenheitspflicht der Mitglieder (zu den teils unklaren Begrifflichkeiten s. Rn. 4) und Bediensteten der Aufsichtsbehörden (Abs. 2).

▶ Hinweise für den Anwender

Für die Norm relevante Definitionen:
- Aufsichtsbehörde (Art. 4 Nr. 21).

Systematische Einordnung der Norm innerhalb der DS-GVO:

- Kapitel VI korrespondiert mit Kapitel VII (Zusammenarbeit und Kohärenz) und Kapitel VIII (Rechtsbehelfe, Haftung und Sanktionen). Art. 54 ergänzt Art. 51 bis 53.

Vorgängernorm im BDSG:

- § 38 BDSG.

Vorgängernorm der RL 95/46:

- Art. 28 RL 95/46/EG.

Leitentscheidungen:

- EuGH, Urt. v. 6.10.2015, Rs. C-362/14 (Befugnisse der nationalen Kontrollstellen – Safe Harbor, Schrems).
- EuGH, Urt. v. 1.10.2015, Rs. C-230/14 (Anwendbares nationales Datenschutzrecht und Zuständigkeit der Aufsichtsbehörden – Weltimmo).
- EuGH, Urt. v. 8.4.2014, Rs. C-288/12 (Unabhängigkeit der Datenschutzbehörden – Ungarn).
- EuGH, Urt. v. 16.10.2012, Rs. C-614/10 (Unabhängigkeit der Datenschutzbehörden – Österreich).
- EuGH, Urt. v. 9.3.2010, Rs. C-518/07 (Unabhängigkeit der Datenschutzbehörden – Deutschland).

▶ Schlagworte

Aufsichtsbehörde, Errichtung, Rechtsvorschriften, Qualifikationen, Voraussetzungen, Ernennung, Mitglieder der Aufsichtsbehörden, Verfahren, Amtszeit, Unabhängigkeit, Wiederernennung, Pflichten der Mitglieder und Bediensteten, Bedienstete, Verbote von Handlungen, Tätigkeiten und Vergütungen, Unvereinbarkeit, Beendigung des Beschäftigungsverhältnisses, Verschwiegenheit

A. Allgemeines

I. Regelungszweck

1 Kapitel VI regelt viel detaillierter als die Vorgängerregelung des Art. 28 RL 95/46/EG die Vorgaben für die Aufsichtsbehörden und ihre Mitglieder. Art. 51 bis 53 werden durch Art. 54 ergänzt, der die zuvor enthaltenen diversen Rechtsetzungspflichten der Mitgliedstaaten nochmals zusammenfasst, zum Teil ergänzt und (in Abs. 2) mit der Verschwiegenheitspflicht eine weitere wichtige Anforderung an die Mitglieder und Bediensteten aufstellt. Im Hinblick auf die Rechtsetzungspflichten sagt somit die englische Fassung der Überschrift („Regelungen" – „Rules on the

establishment of the supervisory authority") deutlicher als die deutsche, worum es in der Regelung geht.

II. Normadressaten

1. Mitgliedstaaten

Ausdrückliche Normadressaten sind die Mitgliedstaaten, die für die hier aufgelisteten Punkte Rechtsvorschriften erlassen müssen (Abs. 1). Gleiches gilt für die Verschwiegenheitspflicht nach Abs. 2, die ebenfalls eine gesetzliche Grundlage erhalten muss. 2

2. Aufsichtsbehörden

Normadressaten des Abs. 2 sind darüber hinaus die Mitglieder und Bediensteten der Aufsichtsbehörden, für die nunmehr eine Verschwiegenheitspflicht europarechtlich konkretisiert ist. 3

Der Begriff der „Bediensteten" erscheint in Art. 54 Abs. 1 (nur in lit. f) zum ersten Mal in der Verordnung, des Weiteren nur in Art. 54 Abs. 2 sowie in Art. 62 Abs. 1, 3, 4 und 5. Im Unterschied zu den „Mitgliedern" der Aufsichtsbehörden, von denen bislang ausschließlich die Rede war, könnte man nur Erstere als Amtsträger mit den entsprechenden Aufgaben und Befugnissen (Art. 57, 58) verstehen, um jetzt die Benennung der neuen Gruppe zu rechtfertigen. Dagegen spricht, dass Art. 62 Abs. 1 und 3 bei gemeinsamen Maßnahmen der Aufsichtsbehörden jeweils beide Gruppen ohne Unterschied anspricht: „Mitglieder oder Bedienstete" anderer Aufsichtsbehörden nehmen an gemeinsamen Maßnahmen teil, ihnen können Befugnisse übertragen oder ihnen kann gestattet werden, dass sie ihre Befugnisse ausüben, Letzteres nur unter der Leitung und in Gegenwart der „Mitglieder oder Bediensteten" der einladenden Aufsichtsbehörde, alle unterliegen dem gleichen Recht. Lediglich in Art. 62 Abs. 4 und 5 ist nur die Rede von „Bediensteten"; hier geht es um die Fragen der Haftung und des Schadensersatzes im Falle des Einsatzes in einem anderen Mitgliedstaat. 4

Andererseits sind die Pflichten der Art. 52 und 53 (Weisungsfreiheit, Verbot unvereinbarer Handlungen und Tätigkeiten, Anforderungen an Qualifikation, Erfahrung und Sachkunde etc.) wiederum nur auf „Mitglieder" der Aufsichtsbehörden bezogen.

Im Ergebnis könnte man als die „Mitglieder" der Aufsichtsbehörden wohl deren Leitungspersonal ansehen, jedoch weist die Verwendung der Begrifflichkeiten einige Inkonsistenz auf, wie die hier gegenübergestellten Punkte zeigen. Dazu wird sich erst in der Rechtsanwendung eine sinnvolle Auslegung herausbilden müssen.

Schließlich stellt sich noch die Frage, ob unter „Bediensteten" nach deutschem Sprachgebrauch nur Beamte zu verstehen sind (nur diese leisten einen „Dienst", Angestellte oder Freiberufler sind „beschäftigt" oder „tätig"). Der verwendete englische, sehr allgemeine Ausdruck „staff" spricht jedoch gegen eine solche enge Auslegung. 5

III. Systematik

Der das Kapitel einleitende Art. 51 formuliert zunächst nur grundsätzlich die Pflichten der Mitgliedstaaten und der Aufsichtsbehörden. Wie die Aufsichtsbehörden ausgestattet sein müssen und welche Aufgaben sie zu erfüllen haben, regeln die nachfolgenden Artikel detailliert. Art. 54 fasst die zuvor in Art. 51 bis 53 enthaltenen diversen Rechtsetzungspflichten der Mitgliedstaaten zusammen und ergänzt diese. Dazu kommt in Abs. 2 (im Entwurf der Kommission noch als eigene Vorschrift in Art. 50 E-KOM) mit der Verschwiegenheitspflicht eine weitere wichtige Vorgabe. 6

IV. Entstehungsgeschichte

1. Bisherige europäische Vorgaben

7 Für die Inhalte von Art. 54 Abs. 1 enthielt Art. 28 RL 95/46/EG keine entsprechenden Aussagen. Dessen Abs. 7 ist jedoch eine rudimentäre Vorgängerregelung zu Art. 54 Abs. 2. Danach sollten die Mitgliedstaaten vorsehen, dass die Mitglieder und Bediensteten der Kontrollstellen hinsichtlich der vertraulichen Informationen, zu denen sie Zugang haben, dem Berufsgeheimnis auch nach Ausscheiden aus dem Dienst unterliegen.

Der Begriff des „Berufsgeheimnisses" tauchte auch in den Verhandlungen zur DS-GVO noch einmal auf (dazu Rn. 11). Art. 28 Abs. 7 RL 95/46/EG ist auch die einzige Stelle der EG-Datenschutzrichtlinie, an der der Begriff „Bedienstete" steht.

2. Bisherige nationale Vorgaben

8 Verschwiegenheitspflichten fanden sich etwa in §§ 4 f Abs. 4, 23 Abs. 5 Satz 1, 2 BDSG-alt und §§ 11 Abs. 5, 25 Abs. 6 SächsDSG für Datenschutzbeauftragte. Für die Aufsichtsbehörden nach § 38 BDSG-alt galt jedoch die Verschwiegenheitspflicht gerade nicht, da § 38 Abs. 1 Satz 8 BDSG nur auf § 23 Abs. 5 Satz 4 bis 7 verweist (ebenso jetzt § 40 Abs. 2 Satz 4 i.V.m. § 13 Abs. 4 Satz 4 bis 7 BDSG).

3. Verhandlungen zur Datenschutz-Grundverordnung

9 Art. 54 hat im europäischen Rechtsetzungsverfahren mehrere Umgestaltungen erfahren, deren auffälligste der Wegfall eines Artikels (Art. 50 E-KOM) ist. So erklärt sich auch, weshalb nunmehr zwei recht verschiedene Inhalte in einer Vorschrift vereint sind. Ursprünglich wollte die Kommission in Art. 49 E-KOM auflisten, welche Regelungen die Mitgliedstaaten im Zusammenhang mit der Errichtung von Aufsichtsbehörden erlassen müssen. Im Vergleich zum jetzigen Art. 54 Abs. 1 fallen einige sprachliche Veränderungen auf, allerdings auch einige Umstellungen der Inhalte. Art. 50 E-KOM unter der Überschrift „Verschwiegenheitspflicht" entsprach im Wesentlichen dem jetzigen Art. 54 Abs. 2 Satz 1.

10 Der Entwurf des Rates führte dann im Wesentlichen zu der Fassung, die nun verwirklicht ist. Dabei wurden die Inhalte des Abs. 1 teils umformuliert, teils neu zusammengestellt und Abs. 2 angefügt (s. im Einzelnen Rn. 12 ff.).

11 In dem Entwurf des Rates und in der Trilog-Fassung[1] findet sich jeweils ein Art. 50 mit der Überschrift „Berufsgeheimnis", aber ohne Inhalt, weil dieser ja nach Art. 49 Abs. 2 (jetzt Art. 54 Abs. 2) geschoben wurde. Zuvor und in der endgültigen Fassung ist dieser Begriff jedoch nicht präsent.

B. Inhalt der Regelung

I. Rechtsvorschriften für Aufsichtsbehörden (Abs. 1)

1. Errichtung (lit. a)

12 Nach Art. 54 Abs. 1 lit. a sieht jeder Mitgliedstaat „durch Rechtsvorschriften" „die Errichtung jeder Aufsichtsbehörde" vor. In Art. 49 E-KOM lautete die entsprechende Formulierung noch „die Errichtung der Aufsichtsbehörde und ihre Stellung". Ein wesentlicher Unterschied kann darin nicht gesehen werden. Die Betonung darauf, die Errichtung nicht „der", sondern „jeder" Aufsichtsbehörde zu regeln, dürfte wiederum die Wahrnehmung der Möglichkeit verstärken, mehrere Behörden in einem Mitgliedstaat zu etablieren. Der Gesetzgebungsauftrag ergänzt Art. 51, wonach eine oder mehrere Aufsichtsbehörden zu errichten sind. Wie diese ausgestattet sein

1 Ratsdok. 15039/15 vom 15.12.2015.

muss, ergibt sich schon aus Art. 52 (Unabhängigkeit); damit dürfte der wesentlichste Punkt der „Stellung" erfasst sein.

2. Voraussetzungen und Verfahren für die Ernennung der Mitglieder (lit. b, c)

13 Des Weiteren sind zu regeln (lit. b) die erforderlichen Qualifikationen und sonstigen Voraussetzungen für die Ernennung zum Mitglied jeder Aufsichtsbehörde und (lit. c) die Vorschriften und Verfahren für die Ernennung des Mitglieds oder der Mitglieder jeder Aufsichtsbehörde. Nach Art. 49 E-KOM waren dies die Qualifikation, Erfahrung und fachliche Eignung, die für die Wahrnehmung der Aufgaben eines Mitglieds der Aufsichtsbehörde notwendig ist, und die Vorschriften für die Ernennung der Mitglieder der Aufsichtsbehörde und zur Bestimmung der Handlungen und Tätigkeiten, die mit dem Amt unvereinbar sind. Der letzte Halbsatz ist nunmehr Art. 54 Abs. 1 lit. f zugeschlagen (Rn. 18), im Übrigen handelt es sich nur um sprachliche Veränderungen.

3. Amtszeit und Wiederernennung (lit. d, e)

14 Außerdem sind zu regeln (lit. d) die Amtszeit des Mitglieds oder der Mitglieder jeder Aufsichtsbehörde von mindestens vier Jahren; dies gilt nicht für die erste Amtszeit nach dem 24.5.2016, die für einen Teil der Mitglieder kürzer sein kann, wenn eine zeitlich versetzte Ernennung zur Wahrung der Unabhängigkeit der Aufsichtsbehörde notwendig ist, und (lit. e) die Frage, ob und – wenn ja – wie oft das Mitglied oder die Mitglieder jeder Aufsichtsbehörde wiederernannt werden können. Die Variante „wenn ja – wie oft" ist erst durch den Rat (Art. 49 Abs. 1 lit. e E-Rat) in die Formulierung eingeflossen und nimmt eine berechtigte Folgefrage auf. Im Übrigen wurden wieder sprachliche Verbesserungen vorgenommen (das Mitglied oder die Mitglieder, jeder Aufsichtsbehörde).

15 Welche Überlegung allerdings hinter der Formulierung „wenn eine zeitlich versetzte Ernennung zur Wahrung der Unabhängigkeit der Aufsichtsbehörde notwendig ist" steht, kann man nur spekulieren. Das Ergebnis scheint jedenfalls zu sein, dass ab der zweiten Amtszeit ein Gleichlauf der Amtsperioden angestrebt wird. Jedoch können Rücktritte und andere Fälle vorzeitiger Amtsbeendigung diesen Gleichlauf schnell wieder beenden. Insofern wären die Vorgaben der Verordnung zur Amtszeit der Mitglieder der Aufsichtsbehörden zumindest unvollständig.

4. Bedingungen des Amtes bzw. Beschäftigungsverhältnisses (lit. f)

16 Schließlich sind Rechtsvorschriften zu erlassen für die Bedingungen im Hinblick auf die Pflichten des Mitglieds oder der Mitglieder und der Bediensteten jeder Aufsichtsbehörde, die Verbote von Handlungen, beruflichen Tätigkeiten und Vergütungen während und nach der Amtszeit, die mit diesen Pflichten unvereinbar sind, und die Regeln für die Beendigung des Beschäftigungsverhältnisses.

a) Pflichten der Mitglieder und Bediensteten

17 Der erste Teil stammt aus Art. 49 lit. f E-KOM, der lediglich von „Regelungen und allgemeinen Bedingungen für das Amt eines Mitglieds und die Aufgaben der Bediensteten der Aufsichtsbehörde" sprach. Wurden dort noch „Amt eines Mitglieds" und „Aufgaben der Bediensteten" unterschieden, so betreffen jetzt die Pflichten beide Gruppen.

b) Verbote von unvereinbaren Handlungen, Tätigkeiten und Vergütungen

18 Gleiches gilt für die Verbote von Handlungen, beruflichen Tätigkeiten und Vergütungen, die mit diesen Pflichten unvereinbar sind. In zeitlicher Hinsicht wurde klargestellt, dass die Verbote während und nach der Amtszeit gelten. Außerdem wurde durch den Rat das Verbot unvereinbarer Vergütungen aufgenommen (Art. 49 Abs. 1 lit. f E-Rat). Art. 49 lit. c Hs. 2 E-KOM sprach zunächst nur von „Handlungen und Tätigkeiten, die mit dem Amt unvereinbar sind".

c) Beendigung des Beschäftigungsverhältnisses

19 Der dritte Teil, Regeln für die Beendigung des Beschäftigungsverhältnisses, erscheint ein wenig fremd an dieser Stelle; er stammt auch ursprünglich aus einem eigenen Buchstaben (Art. 49 lit. g E-KOM). Die dort ausführlichere Formulierung (Regeln und Verfahren für die Beendigung der Amtszeit der Mitglieder der Aufsichtsbehörde, auch für den Fall, dass sie die Voraussetzungen für die Ausübung ihres Amtes nicht mehr erfüllen oder eine schwere Verfehlung begangen haben) konnte gekürzt werden, weil die Voraussetzungen für eine Amtsenthebung bereits in Art. 53 Abs. 4 (endgültige Fassung) geregelt sind.

II. Verschwiegenheitspflicht (Abs. 2)

20 Ebenso ein Fremdkörper unter der Überschrift (Regeln für die) Errichtung der Aufsichtsbehörde ist die in Abs. 2 konkretisierte Verschwiegenheitspflicht, nicht zuletzt weil der Entwurf der Kommission dafür auch eine eigene Vorschrift vorgesehen hatte (Art. 50 E-KOM). Gab Art. 28 Abs. 7 RL 95/46/EG nur vor, dass die Mitglieder und Bediensteten der Kontrollstellen hinsichtlich der vertraulichen Informationen, zu denen sie Zugang haben, dem Berufsgeheimnis, auch nach Ausscheiden aus dem Dienst, unterliegen, so sind sie jetzt „gemäß dem Unionsrecht oder dem Recht der Mitgliedstaaten" sowohl während ihrer Amts- beziehungsweise Dienstzeit als auch nach deren Beendigung verpflichtet, über alle vertraulichen Informationen, die ihnen bei der Wahrnehmung ihrer Aufgaben oder der Ausübung ihrer Befugnisse bekannt geworden sind, Verschwiegenheit zu wahren. Art. 50 E-KOM enthielt in abweichender Formulierung in etwa diesen Inhalt, die endgültige Fassung ist (als Ergebnis des Trilog-Verfahrens) um einen zweiten Satz ergänzt worden, wonach während dieser Amts- beziehungsweise Dienstzeit diese Verschwiegenheitspflicht insb. für die von natürlichen Personen gemeldeten Verstöße gegen diese Verordnung gilt.

21 Zuvor hatte aber auch das Parlament Änderungen eingebracht; aus Art. 50 E-EP stammt der Vorschlag, die Verschwiegenheitsverpflichtung „gemäß den einzelstaatlichen Rechtsvorschriften und Gepflogenheiten" zu verankern, außerdem eine Pflicht der Mitglieder und Bediensteten vorzusehen, „ihre Aufgaben mit der Unabhängigkeit und Transparenz gemäß dieser Verordnung wahrzunehmen". Die Unabhängigkeitspflichten finden sich nunmehr in Art. 52, aber der Bezug zum nationalen Recht wurde in die Vorschrift aufgenommen, wenn auch wiederum verändert durch den Entwurf des Rates (Art. 49 Abs. 2 E-Rat, „gemäß dem Unionsrecht oder dem mitgliedstaatlichen Recht"). Schließlich hat der Rat wieder die „Ausübung der Befugnisse" zur „Wahrnehmung der Aufgaben" ergänzt. Zum entfallenen Art. 50 „Berufsgeheimnis" s. Rn. 11.

C. Weitere Auswirkungen der Verordnung in der Praxis

I. Voraussichtliche Auswirkungen auf das nationale Recht

22 Aus Art. 54 ergeben sich umfangreiche und detailliert vorgegebene Gesetzgebungspflichten für die nationalen Gesetzgeber, zumal auch das aktuelle deutsche Recht nur rudimentäre Regelungen für die Errichtung von Aufsichtsbehörden, Ernennung und Pflichten ihrer Mitglieder, Amtszeit und Amtsende sowie insb. die Verschwiegenheitspflicht enthält. Die genauen Vorgaben dürften zu einer weitgehenden Vereinheitlichung der Datenschutzaufsicht in den Mitgliedstaaten führen; nur kleine Spielräume bestehen etwa für die Frage, wer (aus einem eingegrenzten Kreis von Institutionen) die Mitglieder der Aufsichtsbehörden ernennt.

II. Anwendung durch die Datenverarbeiter

23 Den Datenverarbeitern wird in Zukunft eine weiter gehend vereinheitlichte Datenschutzaufsicht gegenüberstehen, sodass sich die Frage eines Ausweichens auf andere Standorte erübrigen sollte. Andererseits dient die Vorschrift damit auch der Rechtssicherheit und letztlich dem freien Verkehr von Daten.

Article 55

Competence

1. Each supervisory authority shall be competent for the performance of the tasks assigned to and the exercise of the powers conferred on it in accordance with this Regulation on the territory of its own Member State.
2. Where processing is carried out by public authorities or private bodies acting on the basis of point (c) or (e) of Article 6(1), the supervisory authority of the Member State concerned shall be competent. In such cases Article 56 does not apply.
3. Supervisory authorities shall not be competent to supervise processing operations of courts acting in their judicial capacity.

Artikel 55

Zuständigkeit

(1) Jede Aufsichtsbehörde ist für die Erfüllung der Aufgaben und die Ausübung der Befugnisse, die ihr mit dieser Verordnung übertragen wurden, im Hoheitsgebiet ihres eigenen Mitgliedstaats zuständig.

(2) Erfolgt die Verarbeitung durch Behörden oder private Stellen auf der Grundlage von Artikel 6 Absatz 1 Buchstabe c oder e, so ist die Aufsichtsbehörde des betroffenen Mitgliedstaats zuständig. In diesem Fall findet Artikel 56 keine Anwendung.

(3) Die Aufsichtsbehörden sind nicht zuständig für die Aufsicht über die von Gerichten im Rahmen ihrer justiziellen Tätigkeit vorgenommenen Verarbeitungen.

Recitals

(122) Each supervisory authority should be competent on the territory of its own Member State to exercise the powers and to perform the tasks conferred on it in accordance with this Regulation. This should cover in particular the processing in the context of the activities of an establishment of the controller or processor on the territory of its own Member State, the processing of personal data carried out by public authorities or private bodies acting in the public interest, processing affecting data subjects on its territory or processing carried out by a controller or processor not established in the Union when targeting data subjects residing on its territory. This should include handling complaints lodged by a data subject, conducting investigations on the application of this Regulation and promoting public awareness of the risks, rules, safeguards and rights in relation to the processing of personal data.

(128) The rules on the lead supervisory authority and the one-stop-shop mechanism should not apply where the processing is car-

Erwägungsgründe

(122) Jede Aufsichtsbehörde sollte dafür zuständig sein, im Hoheitsgebiet ihres Mitgliedstaats die Befugnisse auszuüben und die Aufgaben zu erfüllen, die ihr mit dieser Verordnung übertragen wurden. Dies sollte insbesondere für Folgendes gelten: die Verarbeitung im Rahmen der Tätigkeiten einer Niederlassung des Verantwortlichen oder Auftragsverarbeiters im Hoheitsgebiet ihres Mitgliedstaats, die Verarbeitung personenbezogener Daten durch Behörden oder private Stellen, die im öffentlichen Interesse handeln, Verarbeitungstätigkeiten, die Auswirkungen auf betroffene Personen in ihrem Hoheitsgebiet haben, oder Verarbeitungstätigkeiten eines Verantwortlichen oder Auftragsverarbeiters ohne Niederlassung in der Union, sofern sie auf betroffene Personen mit Wohnsitz in ihrem Hoheitsgebiet ausgerichtet sind. Dies sollte auch die Bearbeitung von Beschwerden einer betroffenen Person, die Durchführung von Untersuchungen über die Anwendung dieser Verordnung sowie die Förderung der Information der Öffentlichkeit über Risiken, Vorschriften, Garantien und Rechte im Zusammenhang mit der Verarbeitung personenbezogener Daten einschließen.

(128) Die Vorschriften über die federführende Behörde und das Verfahren der Zusammenarbeit und Kohärenz sollten keine Anwen-

Recitals	Erwägungsgründe
ried out by public authorities or private bodies in the public interest. In such cases the only supervisory authority competent to exercise the powers conferred to it in accordance with this Regulation should be the supervisory authority of the Member State where the public authority or private body is established.	dung finden, wenn die Verarbeitung durch Behörden oder private Stellen im öffentlichen Interesse erfolgt. In diesen Fällen sollte die Aufsichtsbehörde des Mitgliedstaats, in dem die Behörde oder private Einrichtung ihren Sitz hat, die einzige Aufsichtsbehörde sein, die dafür zuständig ist, die Befugnisse auszuüben, die ihr mit dieser Verordnung übertragen wurden.

§ 9 BDSG-neu

Zuständigkeit
[Bundesbeauftragte für den Datenschutz und die Informationssicherheit]

(1) Die oder der Bundesbeauftragte ist zuständig für die Aufsicht über die öffentlichen Stellen des Bundes, auch soweit sie als öffentlich-rechtliche Unternehmen am Wettbewerb teilnehmen. Die Vorschriften dieses Kapitels gelten auch für Auftragsverarbeiter, soweit sie nichtöffentliche Stellen sind, bei denen dem Bund die Mehrheit der Anteile gehört oder die Mehrheit der Stimmen zusteht und der Auftraggeber eine öffentliche Stelle des Bundes ist.

(2) Die oder der Bundesbeauftragte ist nicht zuständig für die Aufsicht über die von den Bundesgerichten im Rahmen ihrer justiziellen Tätigkeit vorgenommenen Verarbeitungen.

Literatur

Kartheuser/Schmitt, Der Niederlassungsbegriff und seine praktischen Auswirkungen, in: ZD 2016, 155; *Roßnagel/Nebel/Richter*, Was bleibt vom Europäischen Datenschutzrecht? Überlegungen zum Ratsentwurf der DS-GVO, in: ZD 2015, 455.

▶ Bedeutung der Norm

Die Norm regelt die Zuständigkeit der Aufsichtsbehörden. Art. 55 wird ergänzt durch Art. 56 für den Fall von grenzüberschreitenden Verarbeitungen.

▶ Hinweise für den Anwender

Für die Norm relevante Definitionen:
- Aufsichtsbehörde (Art. 4 Nr. 21), betroffene Aufsichtsbehörde (Art. 4 Nr. 22).

Für die Auslegung der Norm relevante Erwägungsgründe:
- EG 122, 128.

Systematische Einordnung der Norm innerhalb der DS-GVO:
- Art. 55 korrespondiert mit Art. 56 (Zuständigkeit der federführenden Aufsichtsbehörde). Wie die verschiedenen Aufsichtsbehörden zusammenarbeiten, regelt Kapitel VII.

Vorgängernorm im BDSG:
- § 38 BDSG.

Vorgängernorm der RL 95/46:
- Art. 28 RL 95/46/EG.

Leitentscheidungen:
- EuGH, Urt. v. 6.10.2015, Rs. C-362/14 (Befugnisse der nationalen Kontrollstellen – Safe Harbor, Schrems).
- EuGH, Urt. v. 1.10.2015, Rs. C-230/14 (Anwendbares nationales Datenschutzrecht und Zuständigkeit der Aufsichtsbehörden – Weltimmo).

- EuGH, Urt. v. 8.4.2014, Rs. C-288/12 (Unabhängigkeit der Datenschutzbehörden – Ungarn).
- EuGH, Urt. v. 16.10.2012, Rs. C-614/10 (Unabhängigkeit der Datenschutzbehörden – Österreich).
- EuGH, Urt. v. 9.3.2010, Rs. C-518/07 (Unabhängigkeit der Datenschutzbehörden – Deutschland).

Schlagworte

Aufsichtsbehörde, Zuständigkeit, betroffene Aufsichtsbehörde, Niederlassung

A. Allgemeines

I. Regelungszweck

Unter der Geltung der RL 95/46/EG war unklar, worauf es für die Frage der Zuständigkeit der Kontrollstellen ankommt. In der Rechtssache C-131/12 – Google – entschied der EuGH mit Urteil vom 13.5.2014, dass entscheidendes Merkmal für den Niederlassungsbegriff (Art. 4 Abs. 1 lit. a, Art. 28 Abs. 1, 3 und 6 RL 95/46/EG), der eine „effektive und tatsächliche Ausübung einer Tätigkeit mittels einer festen Einrichtung" vorsehe, das Kriterium „im Rahmen der Tätigkeiten der Niederlassung" sei, mithin eine Zuordnung der Datenverarbeitung zur Niederlassung erfolgen könne, wenn auch die Datenverarbeitung räumlich außerhalb des Orts der Niederlassung vorgenommen werde. 1

In der Rechtssache C-230/14 – Weltimmo – urteilte der EuGH am 1.10.2015, dass für die Anwendbarkeit des jeweiligen nationalen Datenschutzrechts die vertriebliche Tätigkeit eines Vertreters mit Ausrichtung auf den Mitgliedstaat (z.B. durch Betreiben von Websites in der Sprache des anderen Mitgliedstaates) genüge, sofern diese Tätigkeit von einer hinreichenden Beständigkeit sei, auch wenn die Datenverarbeitung in einem anderen Mitgliedstaat erfolge. Hingegen sei die Staatsangehörigkeit der von der Datenverarbeitung betroffenen Personen irrelevant. 2

In einem solchen Fall sei die Richtlinie dahin auszulegen, dass die Kontrollstelle ihre Einwirkungsbefugnisse nach Art. 28 Abs. 3 RL 95/46/EG nur im Hoheitsgebiet ihres Mitgliedstaates ausüben dürfe. Sie dürfe keine Sanktionen auf der Grundlage des Rechts dieses Mitgliedstaates gegen den für die Verarbeitung der Daten Verantwortlichen verhängen, der nicht im Hoheitsgebiet dieses Mitgliedstaates niedergelassen ist, sondern müsse nach Art. 28 Abs. 6 RL 95/46/EG die Kontrollstellen des Mitgliedstaates, dessen Recht anwendbar ist, ersuchen, einzuschreiten.

Dieses extrem weite Verständnis des Niederlassungsbegriffs durch die Rechtsprechung führt zwar zu einem erhöhten Schutz für den Verbraucher, aber auch zu Rechtsunsicherheit für Unternehmen. Das vom EuGH angenommene „Marktortprinzip" könne zudem nur durch den europäischen Gesetzgeber eingeführt werden.[1] 3

1 So *Kartheuser/Schmitt*, in: ZD 2016, 155.

Aufgrund dieser Unsicherheiten in der Frage des anwendbaren Rechts und der zuständigen Aufsichtsbehörde ordnet die Grundverordnung die umstrittenen Zuständigkeitsfragen neu, indem Art. 55 den Grundsatz aufstellt und Art. 56 insb. die Situation grenzüberschreitender Verarbeitung berücksichtigt.

II. Normadressaten

1. Mitgliedstaaten

4 Die Mitgliedstaaten sind indirekt angesprochen, insofern die Zuständigkeit ihrer Aufsichtsbehörden europarechtlich vorgegeben wird. Diese wird zum einen positiv festgelegt (Erfüllung der Aufgaben und Ausübung der Befugnisse im eigenen Hoheitsgebiet, Abs. 1), zum anderen negativ (keine Zuständigkeit für die Aufsicht über die von Gerichten im Rahmen ihrer justiziellen Tätigkeit vorgenommenen Verarbeitungen, Abs. 3). Abs. 2 grenzt die Fälle ab, für die die Aufsichtsbehörde des „betroffenen Mitgliedstaats" (und nicht die federführende Aufsichtsbehörde nach Art. 56) zuständig ist.

2. Aufsichtsbehörden

5 Auch wenn die Grundsatzformulierung – im Hoheitsgebiet ihres (eigenen) Mitgliedstaats – in Art. 55 Abs. 1 derjenigen der Vorgängerregelung in Art. 28 Abs. 6 S. 1 RL 95/467EG entspricht, so wird im Folgenden (Art. 55 Abs. 2, 3 und insb. Art. 56) nunmehr detailliert abgegrenzt, für welche Fälle und unter welchen Voraussetzungen welche nationalen Aufsichtsbehörden zuständig sind. Damit sollten zumindest einige bisherige Streitfälle entschieden sein und auch für die Aufsichtsbehörden Rechtsklarheit bestehen.

III. Systematik

6 Die Einführung des sogenannten „One-Stop-Shop"-Grundsatzes (Art. 56) ist eine der wesentlichen Neuerungen durch die DS-GVO. Art. 55 regelt zunächst den Grundfall der Zuständigkeit der nationalen Aufsichtsbehörden.

IV. Entstehungsgeschichte

1. Bisherige europäische Vorgaben

7 Nach Art. 28 Abs. 6 Satz 1 RL 95/46/EG ist jede Kontrollstelle im Hoheitsgebiet ihres Mitgliedstaats für die Ausübung der ihr gemäß Abs. 3 übertragenen Befugnisse zuständig, unabhängig vom einzelstaatlichen Recht, das auf die jeweilige Verarbeitung anwendbar ist.

2. Bisherige nationale Vorgaben

8 § 38 Abs. 6 BDSG-alt ermöglichte, dass die Landesregierungen oder von ihnen ermächtigte Stellen „die für die Kontrolle der Durchführung des Datenschutzes im Anwendungsgebiet dieses Absatzes zuständigen Aufsichtsbehörden" bestimmen. Die Vorschrift betraf also nur die Errichtung von Aufsichtsbehörden (im Ergebnis ebenso jetzt § 40 Abs. 1 BDSG). Zur Abgrenzung der Zuständigkeit der Kontrollstellen anderer Mitgliedstaaten war hier nichts geregelt, sondern grundsätzlich bezüglich des Anwendungsbereiches des Bundesdatenschutzgesetzes in § 1 Abs. 5 BDSG-alt, der auf das „Sitzlandprinzip" abstellt (Satz 1). Damit wurde erreicht, dass sich eine verantwortliche Stelle nur mit den in ihrem Sitzland bestehenden Datenschutzanforderungen befassen muss – außer im Fall von Niederlassungen, für die die Auseinandersetzung mit dem deutschen Recht wieder zumutbar erscheint.

3. Verhandlungen zur Datenschutz-Grundverordnung

Die Regelungen zur Zuständigkeit der Aufsichtsbehörden sind im europäischen Rechtsetzungsverfahren umfangreich umgearbeitet worden; alle Institutionen haben zum Teil stark divergierende Vorschläge unterbreitet. Der Entwurf der Kommission (Art. 51 E-KOM) war darunter die kürzeste Fassung. Abs. 1 und 3 entsprachen im Wesentlichen der endgültigen Fassung. Abs. 2 ist, wenn auch in der Formulierung stark abweichend, der inhaltliche Vorgänger zu Art. 56 Abs. 1 der endgültigen Fassung, wobei hier aber noch nicht von einer „federführenden" Aufsichtsbehörde die Rede war. Als Erleichterung für Verantwortliche mit mehreren Niederlassungen sollte für diese ausschließlich die Aufsichtsbehörde am Ort der Hauptniederlassung zuständig sein (One-Stop-Shop). Für Betroffene hat das allerdings den Nachteil, dass sie sich nur gegenüber dieser Aufsichtsbehörde gegen Datenverarbeitungen des Verantwortlichen wehren und Entscheidungen der Aufsichtsbehörde nur vor das für diese zuständige Gericht bringen können.[2] 9

Der Entwurf des Parlaments brachte eine Änderung ein, nach der die Datenverarbeitung durch Behörden nur durch die Aufsichtsbehörde dieses Mitgliedstaates überwacht werden sollte. Abs. 2 wurde gestrichen und ein neuer Art. 54a (Federführende Behörde) eingefügt, der die Aufsichtsbehörde der Hauptniederlassung als „zentrale Anlaufstelle" für die Aufsicht über die Verarbeitungsvorgänge etabliert. Diese „ergreift angemessene Maßnahmen" „erst nach Konsultation aller anderen zuständigen Aufsichtsbehörden" und bemüht sich um einen „Konsens". Zu diesem Zweck leitet sie insb. alle maßgeblichen Informationen weiter. Sie ist aber die einzige Behörde, die befugt ist, rechtsverbindliche Maßnahmen zu ergreifen. Des Weiteren war eine Stellungnahme des Europäischen Datenschutzausschusses vorgesehen (Abs. 3), der auch die federführende Behörde bestimmen können sollte (Abs. 4). Dieser Vorschlag ist (in Teilen) in der endgültigen Fassung in Art. 60 (Zusammenarbeit zwischen der federführenden Aufsichtsbehörde und den anderen betroffenen Aufsichtsbehörden) aufgegangen. 10

Nach dem Entwurf des Rates sollte in Art. 51 Abs. 2 klargestellt werden, dass für die Erlaubnistatbestände, die von den Mitgliedstaaten konkretisiert werden (Art. 6 Abs. 1 lit. c oder e), die nationalen Aufsichtsbehörden zuständig bleiben. Für die Verantwortlichen mit mehreren Niederlassungen wurde in Art. 51a E-Rat das Konzept der federführenden Behörde vorgesehen. Danach ist die Aufsichtsbehörde am Sitz der Hauptniederlassung nicht allein, sondern nur als federführende Behörde zuständig; die Aufsichtsbehörden der anderen Mitgliedstaaten sind jedoch gemäß Abs. 2a verpflichtet, sich mit Beschwerden betroffener Personen und Datenschutzverstößen durch Verantwortliche zu befassen und gemäß Abs. 2b die federführende Aufsichtsbehörde zu informieren, die über das weiter gehende Vorgehen entscheidet.[3] Allerdings soll eine nicht federführende Aufsichtsbehörde nur dann zuständig sein, „wenn der Gegenstand nur mit einer Niederlassung in ihrem Mitgliedstaat zusammenhängt oder betroffene Personen nur ihres Mitgliedstaats erheblich beeinträchtigt". Das führt aber dazu, dass für gravierende Verstöße, die mehrere Mitgliedstaaten betreffen, nur die federführende Behörde zuständig ist.[4] 11

Somit sind im Ergebnis die Regelungen zur federführenden Aufsichtsbehörde aus Art. 55 ausgeklammert worden und hier jetzt nur die Grundsätze der Zuständigkeit der Aufsichtsbehörden zu finden. 12

B. Inhalt der Regelung

I. Zuständigkeit im Hoheitsgebiet ihres eigenen Mitgliedstaats (Abs. 1)

Nach Abs. 1 ist jede Aufsichtsbehörde für die Erfüllung der Aufgaben und die Ausübung der Befugnisse, die ihr mit dieser Verordnung übertragen wurden, im Hoheitsgebiet ihres eigenen Mit- 13

2 *Roßnagel/Nebel/Richter*, in: ZD 2015, 455 (459).
3 *Roßnagel/Nebel/Richter*, in: ZD 2015, 455 (459 f.).
4 *Roßnagel/Nebel/Richter*, in: ZD 2015, 455 (460).

gliedstaats zuständig. EG 122 Satz 2 führt nach diesem Grundsatz (Satz 1) noch differenzierter aus, dass dies insb. (auch) gilt für: die Verarbeitung im Rahmen der Tätigkeiten einer Niederlassung des Verantwortlichen oder Auftragsverarbeiters im Hoheitsgebiet ihres Mitgliedstaats, die Verarbeitung personenbezogener Daten durch Behörden oder private Stellen, die im öffentlichen Interesse handeln, Verarbeitungstätigkeiten, die Auswirkungen auf betroffene Personen in ihrem Hoheitsgebiet haben, oder Verarbeitungstätigkeiten eines Verantwortlichen oder Auftragsverarbeiters ohne Niederlassung in der Union, sofern sie auf betroffene Personen mit Wohnsitz in ihrem Hoheitsgebiet ausgerichtet sind. Diese Ausführungen lassen sich nur teilweise mit der Abgrenzung zur Zuständigkeit der federführenden Aufsichtsbehörde (Art. 56, insbesondere Abs. 1, 2) erklären; sie sind vielmehr eine Verankerung der Grundsätze, die der EuGH (Rn. 1 ff.) zur Zuständigkeit von Aufsichtsbehörden und zum Niederlassungsbegriff aufgestellt hat. Damit liegt jetzt eine verbindliche Auslegung dieser Fragen vor.

14 Nach EG 122 Satz 3 sind auch die Bearbeitung von Beschwerden einer betroffenen Person, die Durchführung von Untersuchungen über die Anwendung dieser Verordnung sowie die Förderung der Information der Öffentlichkeit über Risiken, Vorschriften, Garantien und Rechte im Zusammenhang mit der Verarbeitung personenbezogener Daten eingeschlossen. Die Zuständigkeit bei Beschwerden ist teilweise Gegenstand von Art. 56 Abs. 2, im Übrigen wird hiermit bereits auf die Aufgaben und Befugnisse (Art. 57, 58) übergeleitet.

II. Zuständigkeit der Aufsichtsbehörde des betroffenen Mitgliedstaats (Abs. 2)

15 Nachdem die ursprüngliche Fassung des Absatzes gekürzt und verändert wurde (Rn. 9 ff.), ist Regelungsgegenstand nunmehr die Zuständigkeit der Aufsichtsbehörde des „betroffenen" Mitgliedstaats in Fällen, in denen die Verarbeitung durch Behörden oder private Stellen auf der Grundlage von Art. 6 Abs. 1 lit. c oder e erfolgt; Art. 56 (Zuständigkeit der federführenden Behörde) findet dann keine Anwendung.

16 Mit diesem Verweis sind Fälle erfasst, in denen die Verarbeitung zur Erfüllung einer rechtlichen Verpflichtung erforderlich ist, der der Verantwortliche unterliegt (lit. c), oder die Verarbeitung für die Wahrnehmung einer Aufgabe erforderlich ist, die im öffentlichen Interesse liegt oder in Ausübung öffentlicher Gewalt erfolgt, die dem Verantwortlichen übertragen wurde (lit. e). So wird erreicht, dass für die Erlaubnistatbestände, die von den Mitgliedstaaten konkretisiert werden, die nationalen Aufsichtsbehörden (statt einer federführenden nach Art. 56) zuständig sind. Damit wurde der Entwurf des Rates (Rn. 11) umgesetzt.

17 EG 128 begründet dies wie folgt: Die Vorschriften über die federführende Behörde und das Verfahren der Zusammenarbeit und Kohärenz sollten keine Anwendung finden, wenn die Verarbeitung durch Behörden oder private Stellen im öffentlichen Interesse erfolgt. In diesen Fällen sollte die Aufsichtsbehörde des Mitgliedstaats, in dem die Behörde oder private Einrichtung ihren Sitz hat, die einzige Aufsichtsbehörde sein, die dafür zuständig ist, die Befugnisse auszuüben, die ihr mit dieser Verordnung übertragen wurden.

III. Keine Zuständigkeit über Gerichte (Abs. 3)

18 Schließlich sind die Aufsichtsbehörden nicht zuständig für die Aufsicht über die von Gerichten im Rahmen ihrer justiziellen Tätigkeit vorgenommenen Verarbeitungen (Abs. 3). EG 20 begründet dies so: Diese Verordnung gilt zwar u.a. für die Tätigkeiten der Gerichte und anderer Justizbehörden, doch könnte im Unionsrecht oder im Recht der Mitgliedstaaten festgelegt werden, wie die Verarbeitungsvorgänge und Verarbeitungsverfahren bei der Verarbeitung personenbezogener Daten durch Gerichte und andere Justizbehörden im Einzelnen auszusehen haben. Damit die Unabhängigkeit der Justiz bei der Ausübung ihrer gerichtlichen Aufgaben einschließlich ihrer Beschlussfassung unangetastet bleibt, sollten die Aufsichtsbehörden nicht für die Verarbeitung personenbezogener Daten durch Gerichte im Rahmen ihrer justiziellen Tätigkeit zuständig sein. Mit der Aufsicht über diese Datenverarbeitungsvorgänge sollten besondere Stellen im Justizsystem des Mitgliedstaats betraut werden können, die insbesondere die Einhaltung der Vorschriften dieser Verordnung sicherstellen, Richter und Staatsanwälte besser für ihre Pflichten aus dieser Verordnung sensibilisieren und Beschwerden in Bezug auf derartige Datenverarbeitungsvorgänge bearbeiten sollten.

C. Weitere Auswirkungen der Verordnung in der Praxis

I. Voraussichtliche Auswirkungen auf das nationale Recht

Da das europäische Recht jetzt differenzierter als bisher und zwingend die Fälle und Voraussetzungen der Zuständigkeit der Aufsichtsbehörden vorgibt, zudem die Grundsätze zum Niederlassungsbegriff festschreibt, muss das nationale Recht angepasst werden. Insbesondere die neue „federführende" Behörde (Art. 56) muss mit ihren Rechten und Pflichten verankert werden. Auch die Nicht-Zuständigkeit für justizielle Tätigkeiten hat Folgen insoweit, als andere Stellen im nationalen Justizsystem mit diesen Aufgaben betraut sein müssen. Der Kontrolle der oder des Bundesbeauftragten unterlagen die Bundesgerichte bereits nach § 24 Abs. 3 BDSG-alt nur, soweit sie in Verwaltungsangelegenheiten tätig werden (ebenso jetzt § 9 Abs. 2 BDSG); entsprechende Regelungen enthalten die Landesgesetze. **19**

II. Anwendung durch die Datenverarbeiter

Für Datenverarbeiter (öffentliche wie nicht öffentliche Stellen, vgl. Abs. 2) ist in Zukunft leichter festzustellen, welche Aufsichtsbehörde für ihre Tätigkeit zuständig ist. Durch vielfältige Abstimmungs- und Zusammenarbeitspflichten (Art. 56, 60 ff. etc.) dürften sich auch für Betroffene die Unterschiede in der Anwendung und Auslegung des europäischen Datenschutzrechts verringern. **20**

Article 56

Competence of the lead supervisory authority

1. Without prejudice to Article 55, the supervisory authority of the main establishment or of the single establishment of the controller or processor shall be competent to act as lead supervisory authority for the cross-border processing carried out by that controller or processor in accordance with the procedure provided in Article 60.

2. By derogation from paragraph 1, each supervisory authority shall be competent to handle a complaint lodged with it or a possible infringement of this Regulation, if the subject matter relates only to an establishment in its Member State or substantially affects data subjects only in its Member State.

3. In the cases referred to in paragraph 2 of this Article, the supervisory authority shall inform the lead supervisory authority without delay on that matter. Within a period of three weeks after being informed the lead supervisory authority shall decide whether or not it will handle the case in accordance with the procedure provided in Article 60, taking into account whether or not there is an establishment of the controller or processor in the Member State of which the supervisory authority informed it.

4. Where the lead supervisory authority decides to handle the case, the procedure provided in Article 60 shall apply. The supervisory authority which informed the lead supervisory authority may submit to the lead supervisory authority a draft for a decision. The lead supervisory authority shall take utmost account of that draft when preparing the draft decision referred to in Article 60(3).

5. Where the lead supervisory authority decides not to handle the case, the supervisory authority which informed the lead supervisory authority shall handle it according to Articles 61 and 62.

Artikel 56

Zuständigkeit der federführenden Aufsichtsbehörde

(1) Unbeschadet des Artikels 55 ist die Aufsichtsbehörde der Hauptniederlassung oder der einzigen Niederlassung des Verantwortlichen oder des Auftragsverarbeiters gemäß dem Verfahren nach Artikel 60 die zuständige federführende Aufsichtsbehörde für die von diesem Verantwortlichen oder diesem Auftragsverarbeiter durchgeführte grenzüberschreitende Verarbeitung.

(2) Abweichend von Absatz 1 ist jede Aufsichtsbehörde dafür zuständig, sich mit einer bei ihr eingereichten Beschwerde oder einem etwaigen Verstoß gegen diese Verordnung zu befassen, wenn der Gegenstand nur mit einer Niederlassung in ihrem Mitgliedstaat zusammenhängt oder betroffene Personen nur ihres Mitgliedstaats erheblich beeinträchtigt.

(3) In den in Absatz 2 des vorliegenden Artikels genannten Fällen unterrichtet die Aufsichtsbehörde unverzüglich die federführende Aufsichtsbehörde über diese Angelegenheit. Innerhalb einer Frist von drei Wochen nach der Unterrichtung entscheidet die federführende Aufsichtsbehörde, ob sie sich mit dem Fall gemäß dem Verfahren nach Artikel 60 befasst oder nicht, wobei sie berücksichtigt, ob der Verantwortliche oder der Auftragsverarbeiter in dem Mitgliedstaat, dessen Aufsichtsbehörde sie unterrichtet hat, eine Niederlassung hat oder nicht.

(4) Entscheidet die federführende Aufsichtsbehörde, sich mit dem Fall zu befassen, so findet das Verfahren nach Artikel 60 Anwendung. Die Aufsichtsbehörde, die die federführende Aufsichtsbehörde unterrichtet hat, kann dieser einen Beschlussentwurf vorlegen. Die federführende Aufsichtsbehörde trägt diesem Entwurf bei der Ausarbeitung des Beschlussentwurfs nach Artikel 60 Absatz 3 weitestgehend Rechnung.

(5) Entscheidet die federführende Aufsichtsbehörde, sich mit dem Fall nicht selbst zu befassen, so befasst die Aufsichtsbehörde, die die federführende Aufsichtsbehörde unterrichtet hat, sich mit dem Fall gemäß den Artikeln 61 und 62.

6. The lead supervisory authority shall be the sole interlocutor of the controller or processor for the cross-border processing carried out by that controller or processor.

(6) Die federführende Aufsichtsbehörde ist der einzige Ansprechpartner der Verantwortlichen oder der Auftragsverarbeiter für Fragen der von diesem Verantwortlichen oder diesem Auftragsverarbeiter durchgeführten grenzüberschreitenden Verarbeitung.

Recitals

(124) Where the processing of personal data takes place in the context of the activities of an establishment of a controller or a processor in the Union and the controller or processor is established in more than one Member State, or where processing taking place in the context of the activities of a single establishment of a controller or processor in the Union substantially affects or is likely to substantially affect data subjects in more than one Member State, the supervisory authority for the main establishment of the controller or processor or for the single establishment of the controller or processor should act as lead authority. It should cooperate with the other authorities concerned, because the controller or processor has an establishment on the territory of their Member State, because data subjects residing on their territory are substantially affected, or because a complaint has been lodged with them. Also where a data subject not residing in that Member State has lodged a complaint, the supervisory authority with which such complaint has been lodged should also be a supervisory authority concerned. Within its tasks to issue guidelines on any question covering the application of this Regulation, the Board should be able to issue guidelines in particular on the criteria to be taken into account in order to ascertain whether the processing in question substantially affects data subjects in more than one Member State and on what constitutes a relevant and reasoned objection.

(125) The lead authority should be competent to adopt binding decisions regarding mea-

Erwägungsgründe

(124) Findet die Verarbeitung personenbezogener Daten im Zusammenhang mit der Tätigkeit einer Niederlassung eines Verantwortlichen oder eines Auftragsverarbeiters in der Union statt und hat der Verantwortliche oder der Auftragsverarbeiter Niederlassungen in mehr als einem Mitgliedstaat oder hat die Verarbeitungstätigkeit im Zusammenhang mit der Tätigkeit einer einzigen Niederlassung eines Verantwortlichen oder Auftragsverarbeiters in der Union erhebliche Auswirkungen auf betroffene Personen in mehr als einem Mitgliedstaat bzw. wird sie voraussichtlich solche Auswirkungen haben, so sollte die Aufsichtsbehörde für die Hauptniederlassung des Verantwortlichen oder Auftragsverarbeiters oder für die einzige Niederlassung des Verantwortlichen oder Auftragsverarbeiters als federführende Behörde fungieren. Sie sollte mit den anderen Behörden zusammenarbeiten, die betroffen sind, weil der Verantwortliche oder Auftragsverarbeiter eine Niederlassung im Hoheitsgebiet ihres Mitgliedstaats hat, weil die Verarbeitung erhebliche Auswirkungen auf betroffene Personen mit Wohnsitz in ihrem Hoheitsgebiet hat oder weil bei ihnen eine Beschwerde eingelegt wurde. Auch wenn eine betroffene Person ohne Wohnsitz in dem betreffenden Mitgliedstaat eine Beschwerde eingelegt hat, sollte die Aufsichtsbehörde, bei der Beschwerde eingelegt wurde, auch eine betroffene Aufsichtsbehörde sein. Der Ausschuss sollte – im Rahmen seiner Aufgaben in Bezug auf die Herausgabe von Leitlinien zu allen Fragen im Zusammenhang mit der Anwendung dieser Verordnung – insbesondere Leitlinien zu den Kriterien ausgeben können, die bei der Feststellung zu berücksichtigen sind, ob die fragliche Verarbeitung erhebliche Auswirkungen auf betroffene Personen in mehr als einem Mitgliedstaat hat und was einen maßgeblichen und begründeten Einspruch darstellt.

(125) Die federführende Behörde sollte berechtigt sein, verbindliche Beschlüsse über

Recitals	Erwägungsgründe
sures applying the powers conferred on it in accordance with this Regulation. In its capacity as lead authority, the supervisory authority should closely involve and coordinate the supervisory authorities concerned in the decision-making process. Where the decision is to reject the complaint by the data subject in whole or in part, that decision should be adopted by the supervisory authority with which the complaint has been lodged.	Maßnahmen zu erlassen, mit denen die ihr gemäß dieser Verordnung übertragenen Befugnisse ausgeübt werden. In ihrer Eigenschaft als federführende Behörde sollte diese Aufsichtsbehörde für die enge Einbindung und Koordinierung der betroffenen Aufsichtsbehörden im Entscheidungsprozess sorgen. Wird beschlossen, die Beschwerde der betroffenen Person vollständig oder teilweise abzuweisen, so sollte dieser Beschluss von der Aufsichtsbehörde angenommen werden, bei der die Beschwerde eingelegt wurde.
(127) Each supervisory authority not acting as the lead supervisory authority should be competent to handle local cases where the controller or processor is established in more than one Member State, but the subject matter of the specific processing concerns only processing carried out in a single Member State and involves only data subjects in that single Member State, for example, where the subject matter concerns the processing of employees' personal data in the specific employment context of a Member State. In such cases, the supervisory authority should inform the lead supervisory authority without delay about the matter. After being informed, the lead supervisory authority should decide, whether it will handle the case pursuant to the provision on cooperation between the lead supervisory authority and other supervisory authorities concerned ('one-stop-shop mechanism'), or whether the supervisory authority which informed it should handle the case at local level. When deciding whether it will handle the case, the lead supervisory authority should take into account whether there is an establishment of the controller or processor in the Member State of the supervisory authority which informed it in order to ensure effective enforcement of a decision vis-à-vis the controller or processor. Where the lead supervisory authority decides to handle the case, the supervisory authority which informed it should have the possibility to submit a draft for a decision, of which the lead supervisory authority should take utmost account when preparing its draft decision in that one-stop-shop mechanism.	(127) Jede Aufsichtsbehörde, die nicht als federführende Aufsichtsbehörde fungiert, sollte in örtlichen Fällen zuständig sein, wenn der Verantwortliche oder Auftragsverarbeiter Niederlassungen in mehr als einem Mitgliedstaat hat, der Gegenstand der spezifischen Verarbeitung aber nur die Verarbeitungstätigkeiten in einem einzigen Mitgliedstaat und nur betroffene Personen in diesem einen Mitgliedstaat betrifft, beispielsweise wenn es um die Verarbeitung von personenbezogenen Daten von Arbeitnehmern im spezifischen Beschäftigungskontext eines Mitgliedstaats geht. In solchen Fällen sollte die Aufsichtsbehörde unverzüglich die federführende Aufsichtsbehörde über diese Angelegenheit unterrichten. Nach ihrer Unterrichtung sollte die federführende Aufsichtsbehörde entscheiden, ob sie den Fall nach den Bestimmungen zur Zusammenarbeit zwischen der federführenden Aufsichtsbehörde und anderen betroffenen Aufsichtsbehörden gemäß der Vorschrift zur Zusammenarbeit zwischen der federführenden Aufsichtsbehörde und anderen betroffenen Aufsichtsbehörden (im Folgenden „Verfahren der Zusammenarbeit und Kohärenz") regelt oder ob die Aufsichtsbehörde, die sie unterrichtet hat, den Fall auf örtlicher Ebene regeln sollte. Dabei sollte die federführende Aufsichtsbehörde berücksichtigen, ob der Verantwortliche oder der Auftragsverarbeiter in dem Mitgliedstaat, dessen Aufsichtsbehörde sie unterrichtet hat, eine Niederlassung hat, damit Beschlüsse gegenüber dem Verantwortlichen oder dem Auftragsverarbeiter wirksam durchgesetzt werden. Entscheidet die federführende Aufsichtsbehörde, den Fall selbst zu regeln, sollte die Aufsichtsbehörde, die sie unterrichtet hat, die Möglichkeit haben, einen Beschluss-

Recitals	**Erwägungsgründe**
	entwurf vorzulegen, dem die federführende Aufsichtsbehörde bei der Ausarbeitung ihres Beschlussentwurfs im Rahmen dieses Verfahrens der Zusammenarbeit und Kohärenz weitestgehend Rechnung tragen sollte.
(130) Where the supervisory authority with which the complaint has been lodged is not the lead supervisory authority, the lead supervisory authority should closely cooperate with the supervisory authority with which the complaint has been lodged in accordance with the provisions on cooperation and consistency laid down in this Regulation. In such cases, the lead supervisory authority should, when taking measures intended to produce legal effects, including the imposition of administrative fines, take utmost account of the view of the supervisory authority with which the complaint has been lodged and which should remain competent to carry out any investigation on the territory of its own Member State in liaison with the competent supervisory authority.	(130) Ist die Aufsichtsbehörde, bei der die Beschwerde eingereicht wurde, nicht die federführende Aufsichtsbehörde, so sollte die federführende Aufsichtsbehörde gemäß den Bestimmungen dieser Verordnung über Zusammenarbeit und Kohärenz eng mit der Aufsichtsbehörde zusammenarbeiten, bei der die Beschwerde eingereicht wurde. In solchen Fällen sollte die federführende Aufsichtsbehörde bei Maßnahmen, die rechtliche Wirkungen entfalten sollen, unter anderem bei der Verhängung von Geldbußen, den Standpunkt der Aufsichtsbehörde, bei der die Beschwerde eingereicht wurde und die weiterhin befugt sein sollte, in Abstimmung mit der zuständigen Aufsichtsbehörde Untersuchungen im Hoheitsgebiet ihres eigenen Mitgliedstaats durchzuführen, weitestgehend berücksichtigen.
(131) Where another supervisory authority should act as a lead supervisory authority for the processing activities of the controller or processor but the concrete subject matter of a complaint or the possible infringement concerns only processing activities of the controller or processor in the Member State where the complaint has been lodged or the possible infringement detected and the matter does not substantially affect or is not likely to substantially affect data subjects in other Member States, the supervisory authority receiving a complaint or detecting or being informed otherwise of situations that entail possible infringements of this Regulation should seek an amicable settlement with the controller and, if this proves unsuccessful, exercise its full range of powers. This should include: specific processing carried out in the territory of the Member State of the supervisory authority or with regard to data subjects on the territory of that Member State; processing that is carried out in the context of an offer of goods or services specifically aimed at data subjects in the territory of the Member State of the supervisory authority; or processing that has to be assessed taking	(131) Wenn eine andere Aufsichtsbehörde als federführende Aufsichtsbehörde für die Verarbeitungstätigkeiten des Verantwortlichen oder des Auftragsverarbeiters fungieren sollte, der konkrete Gegenstand einer Beschwerde oder der mögliche Verstoß jedoch nur die Verarbeitungstätigkeiten des Verantwortlichen oder des Auftragsverarbeiters in dem Mitgliedstaat betrifft, in dem die Beschwerde eingereicht wurde oder der mögliche Verstoß aufgedeckt wurde, und die Angelegenheit keine erheblichen Auswirkungen auf betroffene Personen in anderen Mitgliedstaaten hat oder haben dürfte, sollte die Aufsichtsbehörde, bei der eine Beschwerde eingereicht wurde oder die Situationen, die mögliche Verstöße gegen diese Verordnung darstellen, aufgedeckt hat bzw. auf andere Weise darüber informiert wurde, versuchen, eine gütliche Einigung mit dem Verantwortlichen zu erzielen; falls sich dies als nicht erfolgreich erweist, sollte sie die gesamte Bandbreite ihrer Befugnisse wahrnehmen. Dies sollte auch Folgendes umfassen: die spezifische Verarbeitung im Hoheitsgebiet des Mitgliedstaats der Aufsichtsbehörde oder im Hinblick auf betroffene Personen im Hoheits-

Recitals	Erwägungsgründe
into account relevant legal obligations under Member State law.	gebiet dieses Mitgliedstaats; die Verarbeitung im Rahmen eines Angebots von Waren oder Dienstleistungen, das speziell auf betroffene Personen im Hoheitsgebiet des Mitgliedstaats der Aufsichtsbehörde ausgerichtet ist; oder eine Verarbeitung, die unter Berücksichtigung der einschlägigen rechtlichen Verpflichtungen nach dem Recht der Mitgliedstaaten bewertet werden muss.

Literatur

Roßnagel/Nebel/Richter, Was bleibt vom Europäischen Datenschutzrecht? Überlegungen zum Ratsentwurf der DS-GVO, in: ZD 2015, 455.

▶ Bedeutung der Norm

Die Norm regelt die Einführung des sogenannten „One-Stop-Shop"-Grundsatzes. Dieser stellt eine der wesentlichen Änderungen durch die DS-GVO dar. Grundsätzlich zentrale Behördenzuständigkeiten sollen Betroffenen und Verantwortlichen die Kommunikation mit Aufsichtsbehörden erleichtern. Zukünftig soll es keine unterschiedlichen Interpretationen datenschutzrechtlicher Vorschriften allein deshalb mehr geben, weil verschiedene nationale Aufsichtsbehörden in einer Angelegenheit tätig werden.

▶ Hinweise für den Anwender

Für die Norm relevante Definitionen:
- Hauptniederlassung (Art. 4 Nr. 16), Aufsichtsbehörde (Art. 4 Nr. 21), betroffene Aufsichtsbehörde (Art. 4 Nr. 22), grenzüberschreitende Verarbeitung (Art. 4 Nr. 23).

Für die Auslegung der Norm relevante Erwägungsgründe:
- EG 124, 125, 126, 127, 128, 130, 131.

Systematische Einordnung der Norm innerhalb der DS-GVO:
- Art. 56 modifiziert die grundsätzliche Zuständigkeit der Aufsichtsbehörden nach Art. 55. Wie die verschiedenen Aufsichtsbehörden zusammenarbeiten, regelt Kapitel VII.

Leitentscheidungen:
- EuGH, Urt. v. 6.10.2015, Rs. C-362/14 (Befugnisse der nationalen Kontrollstellen – Safe Harbor, Schrems).
- EuGH, Urt. v. 1.10.2015, Rs. C-230/14 (Anwendbares nationales Datenschutzrecht und Zuständigkeit der Aufsichtsbehörden – Weltimmo).
- EuGH, Urt. v. 8.4.2014, Rs. C-288/12 (Unabhängigkeit der Datenschutzbehörden – Ungarn).
- EuGH, Urt. v. 16.10.2012, Rs. C-614/10 (Unabhängigkeit der Datenschutzbehörden – Österreich).
- EuGH, Urt. v. 9.3.2010, Rs. C-518/07 (Unabhängigkeit der Datenschutzbehörden – Deutschland).

Schlagworte

Aufsichtsbehörde, federführende Aufsichtsbehörde, Hauptniederlassung, Niederlassung, Zuständigkeit, grenzüberschreitende Verarbeitung, Beschwerden, Verstöße gegen die Verordnung, betroffener Mitgliedstaat, Unterrichtung, Entscheidung über Befassung, Frist, Befassung durch die federführende Aufsichtsbehörde, Gründe für Befassung, Verfahren nach Art. 60, Beschlussentwurf, gegenseitige Amtshilfe, gemeinsame Maßnahmen der Aufsichtsbehörden, einziger Ansprechpartner

A. Allgemeines

I. Regelungszweck

1 Nach dem „One-Stop Shop" Grundsatz ist bei grenzüberschreitenden Verarbeitungen von Unternehmen mit mehreren Niederlassungen nur noch eine, die „federführende", Aufsichtsbehörde zuständig. Bestand bislang eine Zuständigkeit der Aufsichtsbehörden für alle Verarbeitungen im eigenen Territorium, so ist bei nicht öffentlichen Stellen jetzt eine einzige europäische Behörde für alle europäischen Niederlassungen des Unternehmens zuständig. Dabei muss sie aber mit anderen betroffenen Aufsichtsbehörden zusammenarbeiten (Art. 60 bis 62); auch diese Pflichten sind neu in der Grundverordnung. Ausnahmen von der „konzentrierten" Zuständigkeit gibt es nur in begrenzten Fällen (Art. 56 Abs. 2).

II. Normadressaten

1. Mitgliedstaaten

2 Die vom Europarecht neu geregelten Zuständigkeiten der Aufsichtsbehörden, insbesondere die Abgrenzung von Zuständigkeiten bei grenzüberschreitenden Sachverhalten, erfordern Anpassungen des nationalen Rechts (Abs. 1, 2, 6). Ebenso müssen die Verfahrensregelungen umgesetzt werden, um ein Zusammenwirken von federführender und betroffener Aufsichtsbehörde zu erreichen (Abs. 3 bis 5). Insofern enthält Art. 56 wieder (indirekt) Gesetzgebungsaufträge an die nationalen Gesetzgeber. Spielräume bestehen keine.

2. Aufsichtsbehörden

3 Die Aufsichtsbehörden sind indirekt angesprochen, soweit bisher die Abgrenzung der Zuständigkeiten ihrer jeweiligen Aufsichtsbehörden für Datenverarbeiter mit Niederlassungen außerhalb des eigenen Staatsgebiets strittig war. Die europäische Regelung gibt nunmehr vor, worauf es ankommt.

3. Datenverarbeiter und Betroffene

4 Spiegelbildlich ist somit auch für Datenverarbeiter und Betroffene geklärt, an welche Behörde sie sich im Streitfall wenden müssen bzw. wer für sie zuständig ist.

III. Systematik

5 Die Einführung des sogenannten „One-Stop-Shop"-Grundsatzes ist eine der wesentlichen Neuerungen durch die DS-GVO. Art. 56 ergänzt damit den Grundfall der Zuständigkeit der nationalen Aufsichtsbehörden (Art. 55). Weiterführende Schritte für die notwendige Zusammenarbeit der verschiedenen Behörden und Vorgaben für das einzuhaltende Verfahren sind dann in Art. 60 ff. geregelt.

IV. Entstehungsgeschichte

1. Bisherige europäische Vorgaben

6 Die Regelungen über eine federführende Aufsichtsbehörde sind komplett neu.

2. Bisherige nationale Vorgaben

7 Auch national war über die Zusammenarbeit mit etwa (auch) zuständigen anderen Aufsichtsbehörden (innerhalb der EU) nichts geregelt.

3. Verhandlungen zur Datenschutz-Grundverordnung

8 Die Regelungen zur Zuständigkeit der Aufsichtsbehörden sind im europäischen Rechtsetzungsverfahren umfangreich umgearbeitet worden; zu den Einzelheiten der zum Teil stark umgestalteten Vorschläge der verschiedenen Institutionen s. Art. 55 Rn. 9 ff.

Art. 56 der endgültigen Fassung beruht im Ergebnis auf (in zeitlicher Reihenfolge) Art. 51 Abs. 2 E-KOM, (teilweise) Art. 54a E-EP sowie Art. 51a E-Rat. Der Entwurf des Rates wurde schließlich umgesetzt.

B. Inhalt der Regelung

I. Zuständigkeit der federführenden Aufsichtsbehörde (Abs. 1)

1. Allgemeines

9 Nach Abs. 1 und „unbeschadet des Artikels 55" ist die Aufsichtsbehörde der Hauptniederlassung oder der einzigen Niederlassung des Verantwortlichen oder des Auftragsverarbeiters „gemäß dem Verfahren nach Artikel 60" (Zusammenarbeit) die zuständige „federführende" Aufsichtsbehörde für die von diesem durchgeführte „grenzüberschreitende Verarbeitung".

EG 124 Satz 1 erläutert die Beweggründe dieser Festlegung: Findet die Verarbeitung personenbezogener Daten im Zusammenhang mit der Tätigkeit einer Niederlassung eines Verantwortlichen oder eines Auftragsverarbeiters in der Union statt und hat der Verantwortliche oder der Auftragsverarbeiter Niederlassungen in mehr als einem Mitgliedstaat oder hat die Verarbeitungstätigkeit im Zusammenhang mit der Tätigkeit einer einzigen Niederlassung eines Verantwortlichen oder Auftragsverarbeiters in der Union erhebliche Auswirkungen auf betroffene Personen in mehr als einem Mitgliedstaat bzw. wird sie voraussichtlich solche Auswirkungen haben, so sollte die Aufsichtsbehörde für die Hauptniederlassung des Verantwortlichen oder Auftragsverarbeiters oder für die einzige Niederlassung des Verantwortlichen oder Auftragsverarbeiters als federführende Behörde fungieren. Der gegenteilige Fall – Zuständigkeit allein einer nationalen Behörde, wenn nur Betroffenheit mit ihrem Mitgliedstaat – findet sich spiegelbildlich in Abs. 2 wieder (Rn. 14).

2. Federführende Aufsichtsbehörde

In den Begriffsbestimmungen des Art. 4 sind nur die „Aufsichtsbehörde" (Nr. 21) und die „betroffene Aufsichtsbehörde" (Nr. 22) definiert. So wie Art. 4 Nr. 22 drei Fälle zusammenfasst, die hier in Art. 56 als Voraussetzung formuliert sind (Niederlassung, betroffene Personen, eingereichte Beschwerde), so hätte auch der Begriff der „federführenden Aufsichtsbehörde" aus der Vorschrift abgeleitet werden können: Es ist die „Aufsichtsbehörde der Hauptniederlassung oder der einzigen Niederlassung des Verantwortlichen oder des Auftragsverarbeiters", der Art. 56 und insbesondere Art. 60 Zuständigkeit und umfangreiche Aufgaben zuweisen. Der Begriff der „Hauptniederlassung" ist, anschließend an die Rechtsprechung des EuGH (Art. 55 Rn. 1 ff.), ebenfalls legal definiert (Art. 4 Nr. 16). 10

3. Hauptniederlassung oder einzige Niederlassung

Art. 4 Nr. 16 definiert die „Hauptniederlassung" zwar für Verantwortliche (Nr. 16 a) und Auftragsverarbeiter (Nr. 16 b) unterschiedlich und bezüglich Auftragsverarbeitern recht umständlich, entscheidend ist aber immer der zentrale Verwaltungssitz in der EU – es sei denn, die Entscheidungen hinsichtlich der Zwecke und Mittel der Verarbeitung personenbezogener Daten werden in einer anderen Niederlassung des Verantwortlichen in der Union getroffen und die betreffende Niederlassung ist befugt, diese Entscheidungen umsetzen zu lassen; in diesem Fall gilt diese Niederlassung als Hauptniederlassung. Diese Einschränkung relativiert ein wenig die Bedeutung des „One-Stop-Shops" als besseren „Zuständigkeitsfinder". 11

4. Grenzüberschreitende Verarbeitung

Eine „grenzüberschreitende Verarbeitung" ist nach Art. 4 Nr. 22 entweder a) eine Verarbeitung personenbezogener Daten, die im Rahmen der Tätigkeiten von Niederlassungen eines Verantwortlichen oder eines Auftragsverarbeiters in der Union in mehr als einem Mitgliedstaat erfolgt, wenn der Verantwortliche oder Auftragsverarbeiter in mehr als einem Mitgliedstaat niedergelassen ist, oder b) eine Verarbeitung personenbezogener Daten, die im Rahmen der Tätigkeiten einer einzelnen Niederlassung eines Verantwortlichen oder eines Auftragsverarbeiters in der Union erfolgt, die jedoch erhebliche Auswirkungen auf betroffene Personen in mehr als einem Mitgliedstaat hat oder haben kann. Auch hier sind mit den „Auswirkungen" offensichtlich Argumente der Rechtsprechung des EuGH (Art. 55 Rn. 1 ff.) eingeflossen. 12

Der Ausschuss (Art. 68) sollte – im Rahmen seiner Aufgaben in Bezug auf die Herausgabe von Leitlinien zu allen Fragen im Zusammenhang mit der Anwendung dieser Verordnung (Art. 70 Abs. 1) – insbesondere Leitlinien zu den Kriterien ausgeben können, die bei der Feststellung zu berücksichtigen sind, ob die fragliche Verarbeitung erhebliche Auswirkungen auf betroffene Personen in mehr als einem Mitgliedstaat hat (EG 124 Satz 4). 13

II. Zuständigkeit jeder Aufsichtsbehörde (Abs. 2)

1. Allgemeines

Die federführende Behörde ist auch dann nicht zwingend zuständig, wenn eine Beschwerde ausschließlich die Niederlassung eines Mitgliedstaats betrifft oder die Datenverarbeitung betroffene Personen nur dieses Mitgliedstaates erheblich beeinträchtigt. Entsprechend EG 127 Satz 1 belässt die Regelung in diesen Fällen die Zuständigkeit bei der Aufsichtsbehörde des jeweiligen Mitgliedstaats. Für beide Situationen (Beschwerden und Verstöße) bleibt also die Aufsichtsbehörde des 14 jeweiligen Mitgliedstaats zuständig, wenn der Gegenstand nur mit einer Niederlassung in ihrem Mitgliedstaat zusammenhängt oder betroffene Personen nur ihres Mitgliedstaats erheblich beeinträchtigt.

2. Eingereichte Beschwerden

15 Beschwerden können von Betroffenen eingereicht werden nach Art. 77 Abs. 1, wenn die betroffene Person der Ansicht ist, dass die Verarbeitung der sie betreffenden personenbezogenen Daten gegen diese Verordnung verstößt. Dieses Recht besteht unbeschadet eines anderweitigen verwaltungsrechtlichen oder gerichtlichen Rechtsbehelfs bei jeder Aufsichtsbehörde, insbesondere in dem Mitgliedstaat des Aufenthaltsorts der betroffenen Person, ihres Arbeitsplatzes oder des Orts des mutmaßlichen Verstoßes. Nach Art. 77 Abs. 2 unterrichtet die Aufsichtsbehörde, bei der die Beschwerde eingereicht wurde, den Beschwerdeführer über den weiteren Fortgang.

16 Nach EG 124 Satz 3 sollte, auch wenn eine betroffene Person ohne Wohnsitz in dem betreffenden Mitgliedstaat eine Beschwerde eingelegt hat, die Aufsichtsbehörde, bei der Beschwerde eingelegt wurde, auch eine betroffene Aufsichtsbehörde (Art. 4 Nr. 22) sein.

3. Verstöße gegen die Verordnung

17 Auch ohne Anschub durch einen Betroffenen kann die Aufsichtsbehörde in Erfüllung ihrer Aufgaben (Art. 58, insbesondere Abs. 1 Nr. 1: Überwachung und Durchsetzung der Anwendung dieser Verordnung) tätig werden und etwaige Verstöße gegen diese Verordnung prüfen. Stellt sie einen Verstoß fest, stehen ihr die Sanktionsmöglichkeiten nach Art. 83 offen, wobei der Rahmen für Geldbußen den des § 43 Abs. 1, 2 BDSG-alt (und auch den des neuen § 43 Abs. 2 BDSG) weit übersteigt.

III. Unterrichtung der federführenden Aufsichtsbehörde (Abs. 3)

1. Allgemeines

18 Im Fall des Abs. 2 muss die nationale Aufsichtsbehörde die federführende Aufsichtsbehörde unterrichten, die den Fall an sich ziehen kann. Nach EG 124 Satz 2 sollte die federführende Aufsichtsbehörde mit den anderen Behörden zusammenarbeiten, die betroffen sind, weil der Verantwortliche oder Auftragsverarbeiter eine Niederlassung im Hoheitsgebiet ihres Mitgliedstaats hat, weil die Verarbeitung erhebliche Auswirkungen auf betroffene Personen mit Wohnsitz in ihrem Hoheitsgebiet hat oder weil bei ihnen eine Beschwerde eingelegt wurde. Nach EG 127 Satz 2 „beginnt" die Zusammenarbeit mit der unverzüglichen Unterrichtung der federführenden Behörde, wenn eine andere Aufsichtsbehörde betroffen ist.

2. Unterrichtung

19 Die Unterrichtung muss „unverzüglich", also ohne schuldhaftes Zögern erfolgen. Da sodann die federführende Aufsichtsbehörde eine sehr kurze Frist (drei Wochen) für ihre Entscheidung über die Befassung mit dem Fall hat, kann auch für deren Unterrichtung nur ein Zeitraum von nur wenigen Tagen als zulässig angesehen werden.

3. Entscheidungsfrist

20 Innerhalb einer Frist von drei Wochen nach der Unterrichtung muss die federführende Aufsichtsbehörde entscheiden, ob sie sich mit dem Fall selbst befasst und dann das Verfahren nach Art. 60 beschreitet oder ob die Aufsichtsbehörde, die sie unterrichtet hat, den Fall auf örtlicher Ebene regeln sollte (EG 127 Satz 3). Auch dann bestehen allerdings Kooperationspflichten (Art. 61, 62; Rn. 28 ff.).

4. Entscheidungsgründe

Als leitende Gründe für die Entscheidung der federführenden Aufsichtsbehörde über die Befassung fordert Art. 56 Abs. 3 die Berücksichtigung der Frage, ob der Verantwortliche oder der Auftragsverarbeiter in dem Mitgliedstaat, dessen Aufsichtsbehörde sie unterrichtet hat, eine Niederlassung hat oder nicht. Wie stark allerdings die „Berücksichtigung" ausfallen muss und ob dann, wenn es keine Niederlassung in dem unterrichtenden Mitgliedstaat gibt, die federführende Behörde den Fall immer an sich ziehen muss, ergibt sich aus der Vorschrift nicht zwingend. 21

Nach EG 127 Satz 4 ist das Vorhandensein einer Niederlassung wichtig für die wirksame Durchsetzung von Beschlüssen gegenüber dem Verantwortlichen oder dem Auftragsverarbeiter. Sofern eine solche auch anderweitig erreicht werden kann, scheint also auch eine andere Entscheidung möglich.

IV. Befassung durch die federführende Aufsichtsbehörde (Abs. 4)

Falls die federführende Aufsichtsbehörde einen Fall nach Abs. 2, 3 an sich zieht, muss sie ebenso wie in dem Fall, dass ein Vorgang mehrere Mitgliedstaaten betrifft, mit den betroffenen nationalen Aufsichtsbehörden nach dem Verfahren gemäß Art. 60 zusammenarbeiten. 22

1. Verfahren (Art. 60)

Art. 60 enthält detaillierte Vorgaben für die Zusammenarbeit zwischen der federführenden und den anderen (im Sinne von Art. 4 Nr. 22) „betroffenen" Aufsichtsbehörden. Die federführende Behörde soll sich dabei um einen Konsens bemühen (Abs. 1 Satz 1). Die Behörden tauschen hierzu alle zweckdienlichen Informationen aus (Abs. 1 Satz 2, Abs. 3 Satz 1) – auf elektronischem Wege unter Verwendung eines standardisierten Formats (Abs. 12). Die federführende kann jederzeit andere betroffene Behörden um Amtshilfe gemäß Art. 61 ersuchen und gemeinsame Maßnahmen gemäß Art. 62 durchführen (Abs. 2). Die federführende legt den anderen betroffenen Behörden unverzüglich einen Beschlussentwurf zur Stellungnahme vor und trägt deren Standpunkten „gebührend" Rechnung (Abs. 3 Satz 2). Innerhalb von vier Wochen kann ein „maßgeblicher und begründeter Einspruch" eingelegt werden; wenn die federführende Behörde diesem nicht abhilft, ist das Kohärenzverfahren (Art. 63) einzuleiten (Abs. 4). Andernfalls ist, wieder mit kurzen Fristen, ein überarbeiteter Beschlussentwurf zur Stellungnahme vorzulegen (Abs. 5). Werden keine Einsprüche erhoben, sind alle Behörden an den Beschluss gebunden (Abs. 6). Abs. 7 und 8 regeln die Zuständigkeiten für die Beschlussfassung und dessen Bekanntgabe an Verantwortliche, Aufsichtsbehörden, Ausschuss und Beschwerdeführer. Die Beschwerde kann auch inhaltlich aufgeteilt werden (Abs. 9). Abs. 10 statuiert die Pflicht des Verantwortlichen, im Sinne des Beschlusses tätig zu werden; die Aufsichtsbehörden müssen über Maßnahmen unterrichtet werden. Auch ein (ausnahmsweises) Dringlichkeitsverfahren (Art. 66) kann durchgeführt werden (Abs. 11). 23

Der Ausschuss (Art. 68) sollte – im Rahmen seiner Aufgaben in Bezug auf die Herausgabe von Leitlinien zu allen Fragen im Zusammenhang mit der Anwendung dieser Verordnung (Art. 70 Abs. 1) – insbesondere Leitlinien zu den Kriterien ausgeben können, was einen „maßgeblichen und begründeten Einspruch" darstellt (EG 124 Satz 4). 24

Im Übrigen haben die Verfahrensregelungen der Art. 60 ff. auch Vorgaben des EG 125 umgesetzt: Die federführende Behörde sollte berechtigt sein, verbindliche Beschlüsse über Maßnahmen zu erlassen, mit denen die ihr gemäß dieser Verordnung übertragenen Befugnisse ausgeübt werden. In ihrer Eigenschaft als federführende Behörde sollte diese Aufsichtsbehörde für die enge Einbindung und Koordinierung der betroffenen Aufsichtsbehörden im Entscheidungsprozess sorgen. Wird beschlossen, die Beschwerde der betroffenen Person vollständig oder teilweise abzuweisen, so sollte dieser Beschluss von der Aufsichtsbehörde angenommen werden, bei der die Beschwerde eingelegt wurde.

25 Im Falle der Durchführung eines Kohärenzverfahrens erfolgt dann die Streitbeilegung durch einen verbindlichen Beschluss des Ausschusses nach Art. 68 (Art. 65 Abs. 1 lit. a).

2. Pflichten der federführenden Aufsichtsbehörde

26 Durch den Verweis auf das Verfahren nach Art. 60 wird zunächst das Zusammenarbeitsgebot nach EG 124 Satz 2 umgesetzt. Pflichten zur Zusammenarbeit mit der betroffenen durch die federführende Behörde und zur Berücksichtigung von deren Standpunkt spricht auch EG 130 an. Nach EG 131 soll in Fällen der Befassung durch die federführende Aufsichtsbehörde, wenn aber nur eine örtliche Betroffenheit vorliegt, zunächst eine gütliche Einigung mit dem Verantwortlichen gesucht werden. Andernfalls sollte die federführende Aufsichtsbehörde „die gesamte Bandbreite ihrer Befugnisse" (Art. 58) wahrnehmen.

3. Mitwirkung der unterrichtenden Aufsichtsbehörde

27 Nach EG 127 Satz 5 sollte, wenn die federführende Aufsichtsbehörde entscheidet, den Fall selbst zu regeln, die unterrichtende Aufsichtsbehörde die Möglichkeit haben, einen Beschlussentwurf vorzulegen, dem die federführende Aufsichtsbehörde bei der Ausarbeitung ihres Beschlussentwurfs im Rahmen dieses Verfahrens der Zusammenarbeit und Kohärenz „weitestgehend Rechnung" tragen sollte. Diesen Beschlussentwurf und die Pflicht, ihm „weitestgehend Rechnung" zu tragen, erwähnt Art. 56 Abs. 4 Satz 2, 3. Weiter gehende Mitwirkungsmöglichkeiten für die nationalen Aufsichtsbehörden ergeben sich auch, wenn Einspruch erhoben werden soll (Art. 60 Abs. 4; Rn. 23).

V. Keine Befassung durch die federführende Aufsichtsbehörde (Abs. 5)

28 Entscheidet die federführende Aufsichtsbehörde, sich mit dem Fall nicht selbst zu befassen, so bearbeitet die unterrichtende Aufsichtsbehörde den Fall gemäß Art. 61 und 62. Das heißt zum einen, dass es dann eine Befassungspflicht durch die unterrichtende Behörde gibt, zum anderen, dass auch hier von einer engen Zusammenarbeit (gegenseitige Amtshilfe oder Durchführung gemeinsamer Maßnahmen) mit anderen betroffenen Behörden ausgegangen wird. Viel stärker als bisher wird also der gegenseitige Austausch befördert und werden gemeinsame Standpunkte der Datenschutzaufsicht angestrebt.

29 Nach Art. 61 müssen etwa gegenseitig maßgebliche Informationen übermittelt, Auskunfts- und andere Ersuchen unverzüglich beantwortet, Untersuchungen vorgenommen und andere Vorkehrungen für eine wirksame Zusammenarbeit getroffen werden. Unter den Voraussetzungen des Abs. 8 sind sogar einstweilige Maßnahmen möglich.

30 Art. 62 sieht gemeinsame Untersuchungen oder gemeinsame Durchsetzungsmaßnahmen vor. Betroffene Aufsichtsbehörden sind zur Teilnahme berechtigt; die federführende Behörde muss koordinierend tätig werden. Mitgliedern und Bediensteten (Art. 54 Rn. 4 f.) der unterstützenden Aufsichtsbehörde können Befugnisse (Art. 58) eingeräumt werden. Auch hier sind einstweilige Maßnahmen möglich (Abs. 7).

VI. Federführende Aufsichtsbehörde als einziger Ansprechpartner (Abs. 6)

31 Die federführende Aufsichtsbehörde ist der „einzige Ansprechpartner" der Verantwortlichen oder der Auftragsverarbeiter für Fragen der von diesem Verantwortlichen oder diesem Auftragsverarbeiter durchgeführten grenzüberschreitenden Verarbeitung. In der Praxis war die wechselnde Zuständigkeit unterschiedlicher Aufsichtsbehörden ein großes Problem für Unternehmen mit mehreren Niederlassungen oder Tätigkeit in mehreren Mitgliedstaaten. Unter Umständen konnten sie der Aufsicht mehrerer Behörden unterliegen, die aber die Datenschutzrichtlinie (bzw. das darauf basierende nationale Umsetzungsgesetz) ggf. unterschiedlich auslegten. In Zukunft soll nur noch eine Behörde, in der Regel die der Hauptniederlassung, als Ansprechpartner und Vermittler einer einheitlichen Meinung der Datenschutzaufsicht dienen.

Für Betroffene bedeutet dies allerdings, dass sie sich nur gegenüber einer, der federführenden, Aufsichtsbehörde gegen Datenverarbeitungen des Verantwortlichen wehren und Entscheidungen der Aufsichtsbehörde nur vor deren Gericht anfechten können.[1] Auch für gravierende Verstöße, die mehrere Mitgliedstaaten betreffen, ist nur die federführende Behörde zuständig.[2] Nur in den Fällen des Abs. 2, wenn nur ein Mitgliedstaat betroffen ist und auch die federführende Behörde den Fall nicht nach Abs. 3 an sich zieht, kann sich der Betroffene noch in seinem Mitgliedstaat „seiner" Aufsichtsbehörde und entsprechend „seiner" nationalen Rechtsprechung gegenübersehen. **32**

C. Weitere Auswirkungen der Verordnung in der Praxis

I. Voraussichtliche Auswirkungen auf das nationale Recht

Da die Zuständigkeit der nationalen Aufsichtsbehörden auf europäischer Ebene grundsätzlich neu geregelt wird, ist in allen Mitgliedstaaten eine Neufassung des nationalen Rechts, ggf. verbunden mit einer Aufstockung der Ausstattung der nationalen Aufsichtsbehörden, notwendig. Einerseits müssen die Zuständigkeiten – örtliche Befassung nur bei ausschließlich eigener Betroffenheit und keiner Übernahme durch die federführende Aufsichtsbehörde, ansonsten Zuständigkeit in der Regel der Aufsichtsbehörde am Ort der Hauptniederlassung großer Unternehmen – neu gesetzlich normiert werden, andererseits die vielfältigen Zusammenarbeits-, Informations- und Mitwirkungspflichten, die sich in diesem Zusammenhang neu ergeben, erfüllt werden. Aufgrund der Tatsache, dass diese zwingend ausgestaltet sind, wird auch oftmals die bisherige personelle und finanzielle Ausstattung der nationalen Aufsichtsbehörden an ihre Grenzen stoßen. **33**

II. Anwendung durch die Datenverarbeiter

Der „One-Stop-Shop"-Grundsatz als Verfahren über die einheitliche Zuständigkeit und Zusammenarbeit der Aufsichtsbehörden der Mitgliedstaaten wird im Bereich der Privatwirtschaft zu einer weitgehend vereinheitlichten Rechtsanwendung führen. Für international tätige Unternehmen ist das ein großer Vorteil, da so für die Einführung neuer, oft datenintensiver Verfahren größere Rechtssicherheit besteht. Die Einführung des Konzepts einer federführenden Behörde verdeutlicht zum einen, dass der europäische Gesetzgeber Lehren aus den Durchsetzungsdefiziten des früheren europäischen Datenschutzrechts gezogen hat, zum anderen aber auch offensichtlich das Ziel verfolgt, Unternehmensaktivitäten nachdrücklich unterstutzen zu wollen. **34**

1 *Roßnagel/Nebel/Richter*, in: ZD 2015, 455 (459).
2 *Roßnagel/Nebel/Richter*, in: ZD 2015, 455 (460).

Article 57

Tasks

1. Without prejudice to other tasks set out under this Regulation, each supervisory authority shall on its territory:

(a) monitor and enforce the application of this Regulation;

(b) promote public awareness and understanding of the risks, rules, safeguards and rights in relation to processing. Activities addressed specifically to children shall receive specific attention;

(c) advise, in accordance with Member State law, the national parliament, the government, and other institutions and bodies on legislative and administrative measures relating to the protection of natural persons' rights and freedoms with regard to processing;

(d) promote the awareness of controllers and processors of their obligations under this Regulation;

(e) upon request, provide information to any data subject concerning the exercise of their rights under this Regulation and, if appropriate, cooperate with the supervisory authorities in other Member States to that end;

(f) handle complaints lodged by a data subject, or by a body, organisation or association in accordance with Article 80, and investigate, to the extent appropriate, the subject matter of the complaint and inform the complainant of the progress and the outcome of the investigation within a reasonable period, in particular if further investigation or coordination with another supervisory authority is necessary;

(g) cooperate with, including sharing information and provide mutual assistance to, other supervisory authorities with a view to ensuring the consistency of application and enforcement of this Regulation;

Artikel 57

Aufgaben

(1) Unbeschadet anderer in dieser Verordnung dargelegter Aufgaben muss jede Aufsichtsbehörde in ihrem Hoheitsgebiet

a) die Anwendung dieser Verordnung überwachen und durchsetzen;

b) die Öffentlichkeit für die Risiken, Vorschriften, Garantien und Rechte im Zusammenhang mit der Verarbeitung sensibilisieren und sie darüber aufklären. Besondere Beachtung finden dabei spezifische Maßnahmen für Kinder;

c) im Einklang mit dem Recht des Mitgliedsstaats das nationale Parlament, die Regierung und andere Einrichtungen und Gremien über legislative und administrative Maßnahmen zum Schutz der Rechte und Freiheiten natürlicher Personen in Bezug auf die Verarbeitung beraten;

d) die Verantwortlichen und die Auftragsverarbeiter für die ihnen aus dieser Verordnung entstehenden Pflichten sensibilisieren;

e) auf Anfrage jeder betroffenen Person Informationen über die Ausübung ihrer Rechte aufgrund dieser Verordnung zur Verfügung stellen und gegebenenfalls zu diesem Zweck mit den Aufsichtsbehörden in anderen Mitgliedstaaten zusammenarbeiten;

f) sich mit Beschwerden einer betroffenen Person oder Beschwerden einer Stelle, einer Organisation oder eines Verbandes gemäß Artikel 80 befassen, den Gegenstand der Beschwerde in angemessenem Umfang untersuchen und den Beschwerdeführer innerhalb einer angemessenen Frist über den Fortgang und das Ergebnis der Untersuchung unterrichten, insbesondere, wenn eine weitere Untersuchung oder Koordinierung mit einer anderen Aufsichtsbehörde notwendig ist;

g) mit anderen Aufsichtsbehörden zusammenarbeiten, auch durch Informationsaustausch, und ihnen Amtshilfe leisten, um die einheitliche Anwendung und Durchsetzung dieser Verordnung zu gewährleisten;

(h) conduct investigations on the application of this Regulation, including on the basis of information received from another supervisory authority or other public authority;

(i) monitor relevant developments, insofar as they have an impact on the protection of personal data, in particular the development of information and communication technologies and commercial practices;

(j) adopt standard contractual clauses referred to in Article 28(8) and in point (d) of Article 46(2);

(k) establish and maintain a list in relation to the requirement for data protection impact assessment pursuant to Article 35(4);

(l) give advice on the processing operations referred to in Article 36(2);

(m) encourage the drawing up of codes of conduct pursuant to Article 40(1) and provide an opinion and approve such codes of conduct which provide sufficient safeguards, pursuant to Article 40(5);

(n) encourage the establishment of data protection certification mechanisms and of data protection seals and marks pursuant to Article 42(1), and approve the criteria of certification pursuant to Article 42(5);

(o) where applicable, carry out a periodic review of certifications issued in accordance with Article 42(7);

(p) draft and publish the criteria for accreditation of a body for monitoring codes of conduct pursuant to Article 41 and of a certification body pursuant to Article 43;

(q) conduct the accreditation of a body for monitoring codes of conduct pursuant to Article 41 and of a certification body pursuant to Article 43;

(r) authorise contractual clauses and provisions referred to in Article 46(3);

h) Untersuchungen über die Anwendung dieser Verordnung durchführen, auch auf der Grundlage von Informationen einer anderen Aufsichtsbehörde oder einer anderen Behörde;

i) maßgebliche Entwicklungen verfolgen, soweit sie sich auf den Schutz personenbezogener Daten auswirken, insbesondere die Entwicklung der Informations- und Kommunikationstechnologie und der Geschäftspraktiken;

j) Standardvertragsklauseln im Sinne des Artikels 28 Absatz 8 und des Artikels 46 Absatz 2 Buchstabe d festlegen;

k) eine Liste der Verarbeitungsarten erstellen und führen, für die gemäß Artikel 35 Absatz 4 eine Datenschutz-Folgenabschätzung durchzuführen ist;

l) Beratung in Bezug auf die in Artikel 36 Absatz 2 genannten Verarbeitungsvorgänge leisten;

m) die Ausarbeitung von Verhaltensregeln gemäß Artikel 40 Absatz 1 fördern und zu diesen Verhaltensregeln, die ausreichende Garantien im Sinne des Artikels 40 Absatz 5 bieten müssen, Stellungnahmen abgeben und sie billigen;

n) die Einführung von Datenschutzzertifizierungsmechanismen und von Datenschutzsiegeln und -prüfzeichen nach Artikel 42 Absatz 1 anregen und Zertifizierungskriterien nach Artikel 42 Absatz 5 billigen;

o) gegebenenfalls die nach Artikel 42 Absatz 7 erteilten Zertifizierungen regelmäßig überprüfen;

p) die Kriterien für die Akkreditierung einer Stelle für die Überwachung der Einhaltung der Verhaltensregeln gemäß Artikel 41 und einer Zertifizierungsstelle gemäß Artikel 43 abfassen und veröffentlichen;

q) die Akkreditierung einer Stelle für die Überwachung der Einhaltung der Verhaltensregeln gemäß Artikel 41 und einer Zertifizierungsstelle gemäß Artikel 43 vornehmen;

r) Vertragsklauseln und Bestimmungen im Sinne des Artikels 46 Absatz 3 genehmigen;

(s) approve binding corporate rules pursuant to Article 47;

s) verbindliche interne Vorschriften gemäß Artikel 47 genehmigen;

(t) contribute to the activities of the Board;

t) Beiträge zur Tätigkeit des Ausschusses leisten;

(u) keep internal records of infringements of this Regulation and of measures taken in accordance with Article 58(2); and

u) interne Verzeichnisse über Verstöße gegen diese Verordnung und gemäß Artikel 58 Absatz 2 ergriffene Maßnahmen und

(v) fulfil any other tasks related to the protection of personal data.

v) jede sonstige Aufgabe im Zusammenhang mit dem Schutz personenbezogener Daten erfüllen.

2. Each supervisory authority shall facilitate the submission of complaints referred to in point (f) of paragraph 1 by measures such as a complaint submission form which can also be completed electronically, without excluding other means of communication.

(2) Jede Aufsichtsbehörde erleichtert das Einreichen von in Absatz 1 Buchstabe f genannten Beschwerden durch Maßnahmen wie etwa die Bereitstellung eines Beschwerdeformulars, das auch elektronisch ausgefüllt werden kann, ohne dass andere Kommunikationsmittel ausgeschlossen werden.

3. The performance of the tasks of each supervisory authority shall be free of charge for the data subject and, where applicable, for the data protection officer.

(3) Die Erfüllung der Aufgaben jeder Aufsichtsbehörde ist für die betroffene Person und gegebenenfalls für den Datenschutzbeauftragten unentgeltlich.

4. Where requests are manifestly unfounded or excessive, in particular because of their repetitive character, the supervisory authority may charge a reasonable fee based on administrative costs, or refuse to act on the request. The supervisory authority shall bear the burden of demonstrating the manifestly unfounded or excessive character of the request.

(4) Bei offenkundig unbegründeten oder – insbesondere im Fall von häufiger Wiederholung – exzessiven Anfragen kann die Aufsichtsbehörde eine angemessene Gebühr auf der Grundlage der Verwaltungskosten verlangen oder sich weigern, aufgrund der Anfrage tätig zu werden. In diesem Fall trägt die Aufsichtsbehörde die Beweislast für den offenkundig unbegründeten oder exzessiven Charakter der Anfrage.

Recital

(132) Awareness-raising activities by supervisory authorities addressed to the public should include specific measures directed at controllers and processors, including micro, small and medium-sized enterprises, as well as natural persons in particular in the educational context.

Erwägungsgrund

(132) Auf die Öffentlichkeit ausgerichtete Sensibilisierungsmaßnahmen der Aufsichtsbehörden sollten spezifische Maßnahmen einschließen, die sich an die Verantwortlichen und die Auftragsverarbeiter, einschließlich Kleinstunternehmen sowie kleiner und mittlerer Unternehmen, und an natürliche Personen, insbesondere im Bildungsbereich, richten.

§ 14 BDSG-neu

Aufgaben
[Bundesbeauftragte für den Datenschutz und die Informationssicherheit]

(1) Die oder der Bundesbeauftragte hat neben den in der Verordnung (EU) 2016/679 genannten Aufgaben die Aufgaben,

1. die Anwendung dieses Gesetzes und sonstiger Vorschriften über den Datenschutz, einschließlich der zur Umsetzung der Richtlinie (EU) 2016/680 erlassenen Rechtsvorschriften, zu überwachen und durchzusetzen,
2. die Öffentlichkeit für die Risiken, Vorschriften, Garantien und Rechte im Zusammenhang mit der Verarbeitung personenbezogener Daten zu sensibilisieren und sie darüber aufzuklären, wobei spezifische Maßnahmen für Kinder besondere Beachtung finden,
3. den Deutschen Bundestag und den Bundesrat, die Bundesregierung und andere Einrichtungen und Gremien über legislative und administrative Maßnahmen zum Schutz der Rechte und Freiheiten natürlicher Personen in Bezug auf die Verarbeitung personenbezogener Daten zu beraten,
4. die Verantwortlichen und die Auftragsverarbeiter für die ihnen aus diesem Gesetz und sonstigen Vorschriften über den Datenschutz, einschließlich den zur Umsetzung der Richtlinie (EU) 2016/680 erlassenen Rechtsvorschriften, entstehenden Pflichten zu sensibilisieren,
5. auf Anfrage jeder betroffenen Person Informationen über die Ausübung ihrer Rechte aufgrund dieses Gesetzes und sonstiger Vorschriften über den Datenschutz, einschließlich der zur Umsetzung der Richtlinie (EU) 2016/680 erlassenen Rechtsvorschriften, zur Verfügung zu stellen und gegebenenfalls zu diesem Zweck mit den Aufsichtsbehörden in anderen Mitgliedstaaten zusammenzuarbeiten,
6. sich mit Beschwerden einer betroffenen Person oder Beschwerden einer Stelle, einer Organisation oder eines Verbandes gemäß Artikel 55 der Richtlinie (EU) 2016/680 zu befassen, den Gegenstand der Beschwerde in angemessenem Umfang zu untersuchen und den Beschwerdeführer innerhalb einer angemessenen Frist über den Fortgang und das Ergebnis der Untersuchung zu unterrichten, insbesondere, wenn eine weitere Untersuchung oder Koordinierung mit einer anderen Aufsichtsbehörde notwendig ist,
7. mit anderen Aufsichtsbehörden zusammenzuarbeiten, auch durch Informationsaustausch, und ihnen Amtshilfe zu leisten, um die einheitliche Anwendung und Durchsetzung dieses Gesetzes und sonstiger Vorschriften über den Datenschutz, einschließlich der zur Umsetzung der Richtlinie (EU) 2016/680 erlassenen Rechtsvorschriften, zu gewährleisten,
8. Untersuchungen über die Anwendung dieses Gesetzes und sonstiger Vorschriften über den Datenschutz, einschließlich der zur Umsetzung der Richtlinie (EU) 2016/680 erlassenen Rechtsvorschriften, durchzuführen, auch auf der Grundlage von Informationen einer anderen Aufsichtsbehörde oder einer anderen Behörde,
9. maßgebliche Entwicklungen zu verfolgen, soweit sie sich auf den Schutz personenbezogener Daten auswirken, insbesondere die Entwicklung der Informations- und Kommunikationstechnologie und der Geschäftspraktiken,
10. Beratung in Bezug auf die in § 69 genannten Verarbeitungsvorgänge zu leisten und
11. Beiträge zur Tätigkeit des Europäischen Datenschutzausschusses zu leisten.

Im Anwendungsbereich der Richtlinie (EU) 2016/680 nimmt die oder der Bundesbeauftragte zudem die Aufgabe nach § 60 wahr.

(2) Zur Erfüllung der in Absatz 1 Satz 1 Nummer 3 genannten Aufgabe kann die oder der Bundesbeauftragte zu allen Fragen, die im Zusammenhang mit dem Schutz personenbezogener Da-

ten stehen, von sich aus oder auf Anfrage Stellungnahmen an den Deutschen Bundestag oder einen seiner Ausschüsse, den Bundesrat, die Bundesregierung, sonstige Einrichtungen und Stellen sowie an die Öffentlichkeit richten. Auf Ersuchen des Deutschen Bundestages, eines seiner Ausschüsse oder der Bundesregierung geht die oder der Bundesbeauftragte ferner Hinweisen auf Angelegenheiten und Vorgänge des Datenschutzes bei den öffentlichen Stellen des Bundes nach.

(3) Die oder der Bundesbeauftragte erleichtert das Einreichen der in Absatz 1 Satz 1 Nummer 6 genannten Beschwerden durch Maßnahmen wie etwa die Bereitstellung eines Beschwerdeformulars, das auch elektronisch ausgefüllt werden kann, ohne dass andere Kommunikationsmittel ausgeschlossen werden.

(4) Die Erfüllung der Aufgaben der oder des Bundesbeauftragten ist für die betroffene Person unentgeltlich. Bei offenkundig unbegründeten oder, insbesondere im Fall von häufiger Wiederholung, exzessiven Anfragen kann die oder der Bundesbeauftragte eine angemessene Gebühr auf der Grundlage der Verwaltungskosten verlangen oder sich weigern, aufgrund der Anfrage tätig zu werden. In diesem Fall trägt die oder der Bundesbeauftragte die Beweislast für den offenkundig unbegründeten oder exzessiven Charakter der Anfrage.

Literatur

Orantek, Hafen im Sturm – Das (vorläufige) Ende von Safe Harbor, in: MR-Int 2015, 79 ff.

► Bedeutung der Norm

Die Norm stellt einen – nicht abschließenden – umfangreichen Aufgabenkatalog für die Aufsichtsbehörden auf.

► Hinweise für den Anwender

Für die Norm relevante Definitionen:
- Aufsichtsbehörde (Art. 4 Nr. 21).

Für die Auslegung der Norm relevante Erwägungsgründe:
- EG 123, 132.

Systematische Einordnung der Norm innerhalb der DS-GVO:
- Art. 57 verknüpft Kapitel VI mit anderen Abschnitten der Verordnung, aus denen sich Aufgaben der Aufsichtsbehörden ergeben. Art. 58 gewährt zu deren Ausführung vielfältige Befugnisse.

Vorgängernorm im BDSG:
- § 38 BDSG.

Vorgängernorm der RL 95/46:
- Art. 28 RL 95/46/EG.

Leitentscheidungen:
- EuGH, Urt. v. 6.10.2015, Rs. C-362/14 (Befugnisse der nationalen Kontrollstellen – Safe Harbor, Schrems).
- EuGH, Urt. v. 1.10.2015, Rs. C-230/14 (Anwendbares nationales Datenschutzrecht und Zuständigkeit der Aufsichtsbehörden – Weltimmo).
- EuGH, Urt. v. 8.4.2014, Rs. C-288/12 (Unabhängigkeit der Datenschutzbehörden – Ungarn).
- EuGH, Urt. v. 16.10.2012, Rs. C-614/10 (Unabhängigkeit der Datenschutzbehörden – Österreich).
- EuGH, Urt. v. 9.3.2010, Rs. C-518/07 (Unabhängigkeit der Datenschutzbehörden – Deutschland).

Schlagworte

Aufsichtsbehörde, Aufgaben, Überwachung und Durchsetzung, Öffentlichkeitsarbeit, Sensibilisierung, Aufklärung, Kinder, Beratung über legislative und administrative Maßnahmen, Anfrage, Informationen, Betroffenenrechte, Beschwerden, Zusammenarbeit, Untersuchungen, Entwicklung der Informations- und Kommunikationstechnologie, Standardvertragsklauseln, Liste der Verarbeitungsarten, Datenschutz-Folgeabschätzung, Verarbeitungsvorgänge, Verhaltensregeln, Stellungnahmen, Zertifizierung, Datenschutzsiegel, Datenschutzprüfzeichen, Zertifizierungskriterien, Akkreditierung, Zertifizierungsstelle, Vertragsklauseln, verbindliche interne Vorschriften, Tätigkeit des Ausschusses, interne Verzeichnisse, jede sonstige Aufgabe, Beschwerdeformular, Kommunikationsmittel, Betroffener, Datenschutzbeauftragter, unentgeltlich, offenkundig unbegründete Anfragen, exzessive Anfragen, Gebühr, Weigerung

A. Allgemeines

I. Regelungszweck

Die Grundverordnung erweitert den Aufgabenbereich der Datenschutz-Aufsichtsbehörden erheblich. Diese müssen viele neue Aufgaben erfüllen. Zu dem umfangreichen Aufgabenkatalog des Art. 57 kommen weitere Aufgaben aus unterschiedlichen Artikeln der DS-GVO. 1

Kernaufgaben der Aufsichtsbehörden sind unter der Grundverordnung weiterhin die Überwachung und Durchsetzung der Vorschriften zum Schutz personenbezogener Daten. Im Übrigen erweitert Art. 57 Abs. 1 die Aufgaben durch eine umfangreiche Auflistung. Um die Aufgaben erfüllen zu können, gewährt dann Art. 58 ebenso umfangreiche Befugnisse.

II. Normadressaten

1. Mitgliedstaaten

Normadressaten sind wieder – direkt und indirekt – die Mitgliedstaaten, die ihren Aufsichtsbehörden nicht nur umfangreiche Aufgaben nach (verschiedenen Bereichen) dieser Verordnung ausdrücklich zuweisen müssen, insbesondere soweit es bislang national andere oder keine entsprechenden Zuständigkeiten gab, sondern auch dafür zu sorgen haben, dass die Behörden diese 2 vielfältigen Aufgaben auch effektiv ausüben können, also dementsprechend ausgestattet und unabhängig sind.

2. Aufsichtsbehörden

3 Auch auf die Aufsichtsbehörden selbst kommen aufgrund der neuen, ausführlichen und ausdrücklichen europäischen Aufgabenzuweisungen zunächst vielfältige organisatorische Aufgaben in Form von Einrichtung spezieller Ressorts oder Teams zu. In Zukunft wird ihr Aufgabenbereich erheblich erweitert und werden neue, bislang nicht oder nicht umfassend bearbeitete Aufgaben zu erfüllen sein.

III. Systematik

4 Nach der Regelung der Zuständigkeitsfrage in Art. 55, 56 stellt Art. 57 einen umfangreichen, aber nicht abschließenden Aufgabenkatalog für die Aufsichtsbehörden auf. In den einzelnen Nummern und durch den einleitenden Halbsatz wird angeknüpft an andere Artikel der Verordnung, aus denen sich Aufgaben der Aufsichtsbehörden ergeben. Art. 58 gewährt sodann zur Erfüllung dieser Aufgaben ebenso vielfältige Befugnisse.

IV. Entstehungsgeschichte

1. Bisherige europäische Vorgaben

5 Art. 28 RL 95/46/EG regelte, zumindest was die ausdrückliche Formulierung betrifft, eher „Befugnisse" der Aufsichtsbehörden als deren Aufgaben. Aufgaben wurden nur indirekt bzw. ganz knapp erwähnt. Nach Abs. 1 sollten die Mitgliedstaaten eine oder mehrere Kontrollstellen „beauftragen", die Anwendung der von den Mitgliedstaaten zur Umsetzung dieser Richtlinie erlassenen einzelstaatlichen Vorschriften in ihrem Hoheitsgebiet zu „überwachen". „Die ihnen zugewiesenen Aufgaben" sollten diese Stellen in völliger Unabhängigkeit wahrnehmen. Abs. 4 regelte das Recht jeder Person, sich mit einer Eingabe an jede Kontrollstelle zu wenden, insbesondere mit dem Antrag, die Rechtmäßigkeit einer Verarbeitung zu überprüfen. Die betroffene Person war über den Fortgang zu unterrichten. Abs. 6 Satz 3 sah bereits eine gegenseitige Zusammenarbeit der Kontrollstellen zur Erfüllung ihrer Kontrollaufgaben vor, insbesondere durch den Austausch sachdienlicher Informationen. EG 63 erwähnte noch, dass die nationalen Kontrollstellen zur Transparenz der Verarbeitung in den Mitgliedstaaten, denen sie unterstehen, beizutragen hätten. EG 64 vermutete, mehr als dass er anordnete, dass die Behörden der verschiedenen Mitgliedstaaten „werden einander bei der Wahrnehmung ihrer Aufgaben unterstützen müssen", um sicherzustellen, dass die Schutzregeln in der ganzen Europäischen Union beachtet werden.

2. Bisherige nationale Vorgaben

6 § 38 BDSG-alt regelte sowohl Aufgaben als auch Befugnisse der Aufsichtsbehörden. Nach Abs. 1 kontrollierte die Aufsichtsbehörde die Ausführung dieses Gesetzes sowie anderer Vorschriften über den Datenschutz. Sie beriet und unterstützte die Beauftragten für den Datenschutz und die verantwortlichen Stellen. Aufsichtsbehörden anderer Mitgliedstaaten war Amtshilfe zu leisten. Nach Abs. 2 war ein Register der meldepflichtigen Verarbeitungsverfahren zu führen. Hieran orientiert sich weitgehend auch der neue § 40 BDSG.

Nach § 38a BDSG-alt überprüfte die Aufsichtsbehörde die Vereinbarkeit von Entwürfen für Verhaltensregeln mit dem geltenden Datenschutzrecht. Weitere Aufgaben und Befugnisse ergaben sich aus §§ 4c Abs. 2, 4d Abs. 1 und 6, 4g Abs. 1, 42a und 44 Abs. 2 BDSG-alt. Sie finden sich teilweise im neuen BDSG in §§ 17 ff., 20 f., 41 ff. wieder.

Nach § 24 Abs. 1 BDSG-alt kontrollierte die oder der Bundesbeauftragte für den Datenschutz und die Informationsfreiheit bei den öffentlichen Stellen des Bundes die Einhaltung der Vorschriften dieses Gesetzes und anderer Vorschriften über den Datenschutz. Ihre bzw. seine Aufgaben waren in §§ 24, 26 BDSG-alt geregelt; daran schließen nunmehr §§ 9, 14 und 16 BDSG an. Entsprechende Vorschriften enthalten die Landesdatenschutzgesetze für die Landesdatenschutzbeauftragten.

3. Verhandlungen zur Datenschutz-Grundverordnung

Alle Institutionen sahen eine umfangreiche Regelung der Aufgaben der Datenschutz-Aufsichtsbehörden vor. Der ursprüngliche Art. 52 E-KOM wurde an einigen Stellen umsortiert und insbesondere durch Art. 52 E-Rat ergänzt. Einige Vorschläge des Parlaments wurden nicht umgesetzt. Im Detail s. Rn. 9 ff. 7

Das Ergebnis ist eine nicht sehr übersichtliche Auflistung von Aufgaben aus verschiedenen Bereichen, die zu einigen größeren Gruppen von Aufgabenbereichen zusammengefasst werden können. Vor allem aufgrund der inhaltlichen Öffnung durch den Rat zu Beginn und Ende des Abs. 1 („jede sonstige Aufgabe") dienen diese Gruppen aber vor allem zur Orientierung in der Grundverordnung und zum Nachweis der (neuen) Bedeutung der Aufsichtsbehörden.

B. Inhalt der Regelung

I. Aufgabenkatalog (Abs. 1)

1. Allgemeines

Auch wenn die Aufgaben der Aufsichtsbehörden nun katalogartig und umfangreich, in nicht weniger als 22 nicht weiter gegliederten Buchstaben plus drei weiteren Absätzen aufgelistet werden, ist diese Regelung nicht abschließend, seit der Vorschlag des Rates eingangs Abs. 1 aus „Aufgaben der Aufsichtsbehörden sind ..." (Art. 52 Abs. 1 E-KOM) die Formulierung „Unbeschadet anderer in dieser Verordnung dargelegter Aufgaben muss jede Aufsichtsbehörde in ihrem Hoheitsgebiet ..." machte und vor allem einen abschließenden Buchstaben (Art. 52 Abs. 1 lit. k E-Rat) anhängte, wonach neben den zuvor ausgedehnt aufgelisteten „**jede sonstige Aufgabe** im Zusammenhang mit dem Schutz personenbezogener Daten" zu erfüllen sei. 8

Da dieser Vorschlag, zumal ohne Änderung der Formulierung, schließlich umgesetzt wurde (Art. 57 Abs. 1 lit. v), bleibt als Regelungsgehalt der vorliegenden Auflistung des Abs. 1, dass der europäische Gesetzgeber hier zumindest die ihm wichtigsten Aufgaben (zusätzlich auch zur Erwähnung an anderer Stelle) genannt hat. Diese kann man in inhaltlich zusammenhängende Gruppen zusammenfassen, neben denen, worauf teilweise hier verwiesen wird, an anderer Stelle der Verordnung normierte weitere Regelungen zu beachten sind.

Außerdem unterstreicht der ausführliche Aufgabenkatalog den Willen und das Ziel des europäischen Gesetzgebers, den Aufsichtsbehörden in Zukunft tatsächlich erhebliches Gewicht und größere Bedeutung zuzumessen, als dies nach den bisher zwar nicht grundlegend geringeren, aber weniger deutlich formulierten Zuständigkeiten in Art. 28 RL 95/46/EG der Fall war. Insofern lohnt auch der Blick auf die Aufgabengruppen, um zukünftig gewünschte und vermutete Schwerpunkte der Tätigkeit der Aufsichtsbehörden zu erkennen.

2. Aufgabengruppen

a) Überwachung und Durchsetzung (lit. a)

An erster Stelle wird die Überwachung und Durchsetzung der Anwendung dieser Verordnung genannt. Art. 52 Abs. 1 lit. a E-KOM formulierte noch „Überwachung und Gewährleistung". In beiden Begriffen, insbesondere in der „Überwachung", kann die Anknüpfung an Art. 28 Abs. 1 RL 95/46/EG erkannt werden. Die „Durchsetzung" verstärkt die durch die DS-GVO erhöhte Durchschlagskraft der neuen Aufsichtsbehörden. 9

Aufgrund dieser allgemeinen, übergreifenden Formulierung (und im Hinblick auf lit. v) ist in lit. a eine Generalklausel für die Aufgabenerfüllung der Aufsichtsbehörden zu sehen. Überwachung und Durchsetzung der Verordnung sind die Kernaufgaben der Aufsichtsbehörden. Sie sind die zentralen Stellen, die für eine weitreichende und einheitliche Umsetzung der Grundverordnung zuständig sind.

Flankiert wird diese Aufgabenzuweisung von weitgehenden Kontroll- und Sanktionsbefugnissen (Art. 58), um Verstößen gegen das Datenschutzrecht zu begegnen, die der Arbeit der Aufsichtsbehörden auch das nötige Gewicht verleihen.

b) Öffentlichkeitsarbeit, Beratung, Sensibilisierung (lit. b, c, d)

10 Der nächste Aufgabenkomplex setzt sich (in zeitlicher Reihenfolge) zusammen aus Art. 52 Abs. 2, Abs. 1 lit. f E-KOM, Art. 52 Abs. 2, 2a E-EP und Art. 52 Abs. 1 lit. aa, ab, ac E-Rat. Nicht nur die Nummerierung, auch der Inhalt der endgültigen Fassung entspricht am weitesten dem Entwurf des Rates.

Die Kommission sah vor, dass die Aufsichtsbehörden die Information der Öffentlichkeit „fördern". Spezifische Maßnahmen für Kinder waren hier schon angedacht. Das Parlament wollte zudem eine Information „über angemessene Maßnahmen", außerdem (Abs. 2a), gemeinsam mit dem Ausschuss, eine Förderung des „Bewusstseins" der Verantwortlichen und Auftragsverarbeiter. Dazu sollte ein detailliertes Register der Sanktionen und Verstöße geführt werden (jetzt Abs. 1 lit. u), KMUs sollten auf Antrag allgemeine Informationen über ihre Pflichten nach dieser Verordnung erhalten (KMUs sind jetzt nicht mehr ausdrücklich erwähnt, aber in Abs. 1 lit. d die „Sensibilisierung" der [also aller] „Verantwortlichen" [Art. 4 Nr. 7] und „Auftragsverarbeiter" [Art. 4 Nr. 8]; zudem gehören sie laut EG 132 zur „Öffentlichkeit"; s. Rn. 11). Der Entwurf des Rates entspricht bis auf minimale sprachliche Änderungen lit. b, c, d der endgültigen Fassung.

11 Somit ist mit der Öffentlichkeitsarbeit ein großer Punkt neu in der Verordnung; zu dieser gehören (als bezeichnete Tätigkeiten) die Sensibilisierung, die Aufklärung und die Beratung von verschiedenen Akteuren, nämlich: 1. (allgemein) die Öffentlichkeit, dabei (besonders) Kinder, 2. die nationalen Parlamente, Regierungen, Einrichtungen, Gremien, und 3. die Verantwortlichen und Auftragsverarbeiter.

EG 132 erläutert noch, dass auf die Öffentlichkeit ausgerichtete Sensibilisierungsmaßnahmen der Aufsichtsbehörden spezifische Maßnahmen einschließen sollten, die sich an die Verantwortlichen und die Auftragsverarbeiter, einschließlich Kleinstunternehmen sowie kleiner und mittlerer Unternehmen, und an natürliche Personen, insbesondere im Bildungsbereich, richten. Damit sind die KMUs hierüber mit erfasst (s. Rn. 10). Der wichtige Bildungsbereich hat allerdings nicht direkt Niederschlag in der Formulierung von Art. 57 gefunden (wohl aber indirekt).

Aufsichtsbehörden sollen somit zukünftig z.B. über Risiken moderner Techniken informieren (zu dem in der DS-GVO verwendeten Begriff des Risikos vgl. Art. 24 Rn. 114 ff. und 148 ff.). Wie genau sie ihre Pflichten zur Öffentlichkeitsarbeit erfüllen, ist ein weites Feld und bleibt abzuwarten. Einen möglichen Weg hat jetzt das Bayerische Landesamt für Datenschutzaufsicht präsentiert. Um eine möglichst einheitliche Sichtweise der Aufsichtsbehörden auf die neu geregelten Grundlagen und Anforderungen der DS-GVO bis zum Inkrafttreten in zwei Jahren zu realisieren, will man künftig etwa zweimal im Monat über aktuelle Themen informieren – unter dem ausdrücklichen Hinweis, dass es sich um keine verbindlichen Auffassungen, sondern gegenwärtige Interpretationen und Meinungen handele, und mit der Bitte um Kommentare dazu. Den Anfang macht ein Übersichtspapier zum Thema Sicherheit der Verarbeitung (Art. 32).[1] Gewiss wird man sich mittelfristig auch Gedanken über effektive und zielgerichtete Maßnahmen statt teurer, aber kaum beachteter Kampagnen machen müssen. Klar zu erkennen ist aber das Ziel, alle denkbaren Akteure einzubeziehen.

12 Von einem neuen, interessanten Problembewältigungsansatz kann man insoweit sprechen, als Unternehmen nicht mehr nur Gegenstand von hoheitlichen Kontrollen und Sanktionen sind,

---

1 https://www.lda.bayern.de/media/baylda_ds-gvo_1_security (16.6.2016).

sondern im Vorfeld von konkreten Überwachungsmaßnahmen und gegebenenfalls zu deren Überflüssigkeit auch den privaten, nicht natürlichen Personen aufklärende und unterstützende Maßnahmen der Aufsichtsbehörden zugutekommen sollen. Angesichts zunehmend weniger beherrschbarer Techniken und weitweiter Risiken kann man darin auch eine der gemeinsamen Verantwortung entsprechende Verteilung von Verantwortlichkeiten sehen, bei der durch Kooperation der Akteure im Hinblick auf das Ziel des Schutzes personenbezogener Daten mehr erreicht wird als bei erzwungener Konfrontation von Anfang an. § 38 Abs. 1 Satz 2 BDSG-alt sah in der Beratung auch bisher schon eine der wesentlichen Aufgaben der Aufsichtsbehörden (s. jetzt § 40 Abs. 5 Satz 1 BDSG).

Andererseits könnten aber eventuell bei Erstverstößen Sanktionen ausbleiben (müssen), wenn das Unternehmen mangelhafte Aufklärungsmaßnahmen einwenden könnte. Auch hier bleibt abzuwarten, wie sich die Praxis entwickelt.

c) Anfragen und Beschwerden von Betroffenen (lit. e, f)

Über den Komplex der Öffentlichkeitsarbeit, von dem Privatpersonen natürlich auch profitieren, **13**
hinaus konzentriert sich das nächste Themenfeld auf konkrete Anfragen oder Beschwerden von betroffenen Personen (Art. 4 Nr. 1).

Zusammengesetzt ist dieser Komplex aus Art. 52 Abs. 3 und Abs. 1 lit. b E-KOM, Art. 52 Abs. 1 lit. b E-EP und Art. 52 Abs. 1 lit. ad und lit. b E-Rat. Dazu kommen Abs. 2, 4 und in Teilen Abs. 3 der endgültigen Fassung (Rn. 21 ff.).

Aufgabe der Aufsichtsbehörden ist danach einerseits, auf Anfrage (in Art. 52 Abs. 2 E-KOM noch „Antrag") jeder betroffenen Person Informationen über die Ausübung ihrer Rechte aufgrund dieser Verordnung zur Verfügung zu stellen (in Art. 52 Abs. 2 E-KOM noch: „Die Aufsichtsbehörde berät ..."), und gegebenenfalls zu diesem Zweck mit den Aufsichtsbehörden in anderen Mitgliedstaaten zusammenarbeiten.

Andererseits muss sie sich mit Beschwerden (Art. 77) einer betroffenen Person oder einer Stelle, einer Organisation oder eines Verbandes gem. Art. 80 (Vertretung von betroffenen Personen) befassen, den Gegenstand der Beschwerde in angemessenem Umfang untersuchen und den Beschwerdeführer innerhalb einer angemessenen Frist über den Fortgang und das Ergebnis der Untersuchung unterrichten, insbesondere wenn eine weitere Untersuchung oder Koordinierung mit einer anderen Aufsichtsbehörde notwendig ist. Hier sind wieder eher sprachliche Korrekturen der verschiedenen Fassungen festzustellen. Nach Art. 77 Abs. 1 hat jede betroffene Person unbeschadet eines anderweitigen verwaltungsrechtlichen oder gerichtlichen Rechtsbehelfs das Recht auf Beschwerde bei einer Aufsichtsbehörde, insbesondere in dem Mitgliedstaat ihres Aufenthaltsorts, ihres Arbeitsplatzes oder des Orts des mutmaßlichen Verstoßes, wenn die betroffene Person der Ansicht ist, dass die Verarbeitung der sie betreffenden personenbezogenen Daten gegen diese Verordnung verstößt. Die Aufsichtsbehörde muss den Beschwerdeführer u. a. über die Möglichkeit eines gerichtlichen Rechtsbehelfs nach Art. 78 unterrichten (Art. 77 Abs. 2). Gegen einen sie betreffenden rechtsverbindlichen Beschluss einer Aufsichtsbehörde hat jede betroffene Person das Recht auf einen wirksamen gerichtlichen Rechtsbehelf (Art. 78 Abs. 1). Das Gleiche gilt, wenn die nach Art. 55 und 56 zuständige Aufsichtsbehörde sich nicht mit einer Beschwerde befasst oder die betroffene Person nicht innerhalb von drei Monaten über den Stand oder das Ergebnis der gem. Art. 77 erhobenen Beschwerde in Kenntnis gesetzt hat (Art. 78 Abs. 2). Gegebenenfalls muss die Aufsichtsbehörde eine Stellungnahme oder einen Beschluss des Ausschusses aus dem Kohärenzverfahren (Art. 63 ff.) dem Gericht zuleiten (Art. 78 Abs. 4).

In Bezug auf die Zusammenarbeit mit anderen Aufsichtsbehörden und die Durchführung von Untersuchungen enthält der folgende Komplex weitere Aufgaben.

d) Zusammenarbeit mit anderen Aufsichtsbehörden, Untersuchungen (lit. g, h)

14 Nach Art. 57 Abs. 1 lit. g sollen die Aufsichtsbehörden mit anderen Aufsichtsbehörden zusammenarbeiten (Art. 60 ff.), auch durch Informationsaustausch, und ihnen Amtshilfe (Art. 61) leisten, um die einheitliche Anwendung und Durchsetzung dieser Verordnung zu gewährleisten; Art. 52 Abs. 1 lit. c E-KOM formulierte diese Aufgabe nur unwesentlich anders.

Etwas mehr Umgestaltungen hat der jetzige lit. h erfahren, wonach Untersuchungen über die Anwendung dieser Verordnung durchzuführen sind, auch auf der Grundlage von Informationen einer anderen Aufsichtsbehörde oder einer anderen Behörde. Wenn auch die Untersuchungsaufgaben nicht nur aus der Zusammenarbeit mit anderen Aufsichtsbehörden resultieren, so ist doch mit der Kooperation und dadurch angestrebten einheitlichen Auslegung der Verordnung ein wichtiges Ziel angesprochen. Art. 52 Abs. 1 lit. d E-KOM differenzierte noch nach Untersuchungen „auf eigene Initiative, aufgrund einer Beschwerde oder auf Ersuchen einer anderen Aufsichtsbehörde". Art. 52 Abs. 1 lit. d E-EP erwähnte zu diesen dreien noch Untersuchungen aufgrund „einer konkreten und dokumentierten Information, die unrechtmäßige Bearbeitung behauptet". Alle diese Formulierungen sind in der endgültigen Fassung gestrichen, die Fälle dürften aber trotzdem erfasst sein, d.h. die Aufsichtsbehörde aus allen denkbaren Gründen tätig werden dürfen. Untersuchungsbefugnisse regelt dann Art. 58 Abs. 1.

e) Entwicklung der Informations- und Kommunikationstechnologie (lit. i)

15 Eine interessante Aufgabenzuweisung (ohne konkrete Anknüpfung an andere Vorschriften der Verordnung) enthält Art. 57 Abs. 1 lit. i, wonach die Aufsichtsbehörden maßgebliche Entwicklungen verfolgen sollen, soweit sie sich auf den Schutz personenbezogener Daten auswirken, insbesondere die Entwicklung der Informations- und Kommunikationstechnologie und der Geschäftspraktiken. Die vorherigen Fassungen der Vorschrift waren bereits ähnlich formuliert.

Hintergrund dieser Aufgabenzuweisung sind die Überlegungen, die EG 6 ausdrückt: Rasche technologische Entwicklungen und die Globalisierung haben den Datenschutz vor neue Herausforderungen gestellt. Das Ausmaß der Erhebung und des Austauschs personenbezogener Daten hat eindrucksvoll zugenommen. Die Technik macht es möglich, dass private Unternehmen und Behörden im Rahmen ihrer Tätigkeiten in einem noch nie dagewesenen Umfang auf personenbezogene Daten zurückgreifen. Zunehmend machen auch natürliche Personen Informationen öffentlich weltweit zugänglich. Die Technik hat das wirtschaftliche und gesellschaftliche Leben verändert und dürfte den Verkehr personenbezogener Daten innerhalb der Union sowie die Datenübermittlung an Drittländer und „internationale Organisationen" (Art. 4 Nr. 26) noch weiter erleichtern, wobei ein hohes Datenschutzniveau zu gewährleisten ist.

Zwar kann man nicht behaupten, dass die Aufsichtsbehörden sich bisher noch nicht mit technischen und gesellschaftlichen Entwicklungen auf diesem Gebiet beschäftigt haben, ist doch gerade deren Rasanz Grund für viele Probleme, die zu bewältigen sind. Jedoch verleiht die Aufgabenstellung neues Gewicht, auch die wissenschaftliche Forschung zu derartigen Themen rückt vom Rand der Betrachtung in den Fokus, wird von einer Hilfstätigkeit zu einer Hauptaufgabe. Allerdings ist auch hier noch offen, wie die Aufgabe von den Behörden angegangen werden wird.

f) Auftragsverarbeitung und Datenübermittlung (lit. j, r, s)

16 Eine weitere wichtige Aufgabengruppe mit großer praktischer Bedeutung für weltweit tätige Unternehmen hängt nicht unwesentlich mit der Rechtssache Schrems[2] zusammen, in welcher der EuGH mit Urteil vom 6.10.2015 das Safe-Harbor-Abkommen als Grundlage für Datentransfers in Drittstaaten für ungültig erklärte. Nach dem EuGH könne die Existenz einer Kommissionsentscheidung, in der festgestellt wird, dass ein Drittland ein angemessenes Schutzniveau für über-

2 EuGH, Urt. v. 6.10.2015, Rs. C-362/14 (Befugnisse der nationalen Kontrollstellen – Safe Harbor, Schrems); dazu *Orantek*, in: MR-Int 2015, 79 ff.

mittelte personenbezogene Daten gewährleistet, die Befugnisse der nationalen Datenschutzbehörden nicht beschränken. Diese müssten in völliger Unabhängigkeit prüfen können, ob bei der Übermittlung der Daten einer Person in ein Drittland die in der RL 95/46/EG aufgestellten Anforderungen gewahrt werden. Insbesondere Datentransfers in die USA, die ausschließlich auf „Safe Harbor" gestützt waren, wurden dadurch rechtswidrig. Im Gegenzug stieg u.a. die Bedeutung von sogenannten Standardvertragsklauseln, die die Übermittlung von Daten an Drittländer regeln. Daneben dienen auch Binding Corporate Rules (BCRs) als Instrument zur Datenübermittlung in Drittstaaten. Vorhandene Regelungen mussten an die Vorgaben des EuGH angepasst werden; zeitweise bestand große Rechtsunsicherheit. Das weitere Schicksal der insbesondere von Seiten der Aufsichtsbehörden kritisierten[3] Nachfolgeregelung „Privacy Shield" bleibt abzuwarten. Zudem betrifft sie ausschließlich Übermittlungen in die USA und nicht Datentransfers in andere Drittstaaten.

Nach Art. 57 Abs. 1 lit. j, r und s sind die Aufsichtsbehörden für die Festlegung von Standardvertragsklauseln im Sinne von Art. 28 Abs. 8 (Auftragsverarbeitung allgemein), Art. 46 Abs. 2 lit. d (Standardvertragsklauseln als Grundlage für Drittstaatentransfers) sowie für die Genehmigung von Vertragsklauseln und Bestimmungen im Sinne von Art. 46 Abs. 3 und von verbindlichen internen Vorschriften (sogenannten „Binding Corporate Rules") gem. Art. 47 zuständig. Damit dürften Unternehmen (schneller) Rechtssicherheit über ihre Rechtsgrundlagen erlangen.

Dass diese Aufgaben nicht direkt hintereinander geregelt sind, liegt wieder an der europäischen Rechtsetzungsgeschichte, die hier mit dem Entwurf der Kommission (vom Januar 2012) auch schon vor dem Urteil Schrems begann. So sah Art. 52 Abs. 1 lit. f E-KOM lediglich ganz allgemein „die Beratung der Organe und Einrichtungen der Mitgliedstaaten im Hinblick auf Rechts- und Verwaltungsmaßnahmen, die den Schutz der Rechte und Freiheiten der natürlichen Personen bei der Verarbeitung personenbezogener Daten zum Gegenstand haben", vor. Erst Art. 52 Abs. 1 lit. f E-Rat (allerdings schon im Juni 2015) nahm (stattdessen) die Festlegung von Standardvertragsklauseln (im Sinne von Art. 26 Abs. 2c E-Rat) auf. Die Genehmigung von Vertragsklauseln war in Art. 52 Abs. 1 lit. hb E-Rat enthalten, die Genehmigung verbindlicher interner Regelungen wieder in beiden Fassungen in lit. i. Erst in der endgültigen Fassung haben die Vorschriften ihren aktuellen, vollständigen Inhalt erlangt.

Die „Beratung der Organe und Einrichtungen der Mitgliedstaaten" des Kommissionsentwurfs ist in der endgültigen Fassung in Art. 57 Abs. 1 lit. c aufgegangen (Rn. 10 ff.).

g) Datenschutz-Folgenabschätzung (lit. k, l)

Auch der nächste Aufgabenkomplex war von der Kommission kürzer geregelt, indem Art. 52 Abs. 1 lit. g E-KOM „die Beratung in Bezug auf die in Art. 34 genannten Verarbeitungsvorgänge und deren Genehmigung" vorsah. Das findet sich jetzt in Art. 57 Abs. 1 lit. l, allerdings ohne die Genehmigung. Diese hatte Art. 52 Abs. 1 lit. g E-Rat gestrichen, davor einen Abs. fa eingefügt, nach dem eine Liste der Verarbeitungsarten zu erstellen ist, für die eine Datenschutz-Folgenabschätzung durchzuführen ist. In der endgültigen Fassung wurde das als lit. k aufgenommen. 17

Im Ergebnis müssen die Aufsichtsbehörden nunmehr (gem. lit. k) eine Liste der Verarbeitungsarten erstellen und führen, für die gem. Art. 35 Abs. 4 eine Datenschutz-Folgenabschätzung durchzuführen ist, und (nach lit. l) Beratung in Bezug auf die in Art. 36 Abs. 2 genannten Verarbeitungsvorgänge leisten.

Der in der Datenschutz-Grundverordnung neue Begriff der „Datenschutz-Folgenabschätzung" wird mit Sicherheit große Bedeutung erlangen. Bei allen Datenverarbeitungen, die mit einem erheblichen Risiko für die Rechte der betroffenen Personen verbunden sind, hat eine solche Prüfung und Einschätzung zu erfolgen (Art. 35 Abs. 1). Aller Voraussicht nach ist das mit einigem Aufwand für die verantwortliche Stelle verbunden. Welche Datenverarbeitungsprozesse künftig

---

3 U.A. Article 29 Working Party Statement on the decision of the European Commission on the EU-U.S. Privacy Shield vom 26.7.2016.

eine Datenschutz-Folgenabschätzung erfordern, ist für Unternehmen daher sehr relevant. Aufsichtsbehörden können zur Erleichterung beitragen, indem sie positive (Art. 35 Abs. 4) wie negative (Art. 35 Abs. 5) Listen erstellen, um die Einordnung von Prozessen zu ermöglichen. Je nach Klassifizierung ist dann zwingend eine Folgenabschätzung durchzuführen oder nicht. Die Listen müssen veröffentlicht und dem Ausschuss (Art. 68) übermittelt werden.

Nach Art. 36 Abs. 1 konsultiert der Verantwortliche vor der Verarbeitung die Aufsichtsbehörde, wenn aus einer Datenschutz-Folgenabschätzung hervorgeht, dass die Verarbeitung ein hohes Risiko zur Folge hätte, sofern er keine Maßnahmen zur Eindämmung des Risikos trifft. Falls die Aufsichtsbehörde der Auffassung ist, dass die geplante Verarbeitung nicht im Einklang mit der Verordnung stünde, insbesondere weil der Verantwortliche das Risiko nicht ausreichend ermittelt oder eingedämmt hat, unterbreitet sie nach Art. 36 Abs. 2 schriftliche Empfehlungen. Art. 57 Abs. 1 lit. l enthält die mit dieser Vorschrift korrespondierenden Beratungsaufgaben der Aufsichtsbehörde.

h) Verhaltensregeln und Zertifizierung (lit. m, n, o, p, q)

18 Art. 52 Abs. 1 lit. h E-KOM sah „die Abgabe von Stellungnahmen zu den Entwürfen von Verhaltensregeln gem. Art. 38 Abs. 2 (jetzt Art. 40 Abs. 2)" vor. Daraus wurde (der ausführlichere) Art. 57 Abs. 1 lit. m (s.u.). Des Weiteren führte Art. 52 Abs. 1 lit. ja E-EP die Zertifizierung der Verantwortlichen und Auftragsverarbeiter gem. Art. 39 (jetzt Art. 42) ein. Der Rat formulierte zum Teil um und ergänzte weitere Inhalte in Art. 52 Abs. 1 lit. ga, gb, gc, h und ha E-Rat, die im Wesentlichen den jetzigen lit. m, n, o, p und q entsprechen, mit insoweit korrigierten Vorschriftenverweisen.

Damit sind die Aufgaben im Feld Verhaltensregeln und Zertifizierung jetzt komplex und umfassen (in lit. m) die „Förderung" der Ausarbeitung von Verhaltensregeln gem. Art. 40 Abs. 1 sowie die Abgabe von Stellungnahmen zu diesen Verhaltensregeln, die ausreichende Garantien im Sinne des Art. 40 Abs. 5 bieten müssen, und deren Billigung; (nach lit. n) die „Anregung" der Einführung von Datenschutzzertifizierungsmechanismen, Datenschutzsiegeln und -prüfzeichen nach Art. 42 Abs. 1 und Billigung von Zertifizierungskriterien nach Art. 42 Abs. 5; (nach lit. o) gegebenenfalls die regelmäßig Überprüfung der nach Art. 42 Abs. 7 erteilten Zertifizierungen; (gem. lit. p) die Abfassung und Veröffentlichung von Kriterien für die Akkreditierung einer Stelle für die Überwachung der Einhaltung der Verhaltensregeln gem. Art. 41 und einer Zertifizierungsstelle gem. Art. 43 sowie schließlich (in lit. q) die Akkreditierung dieser Stellen.

Gibt es für Zertifizierungstätigkeiten Beispiele etwa im Signaturrecht, so ist noch unklar, wie eine „Förderung" oder „Anregung" oben genannter Maßnahmen tatsächlich aussehen kann. Hier könnten sich Anwendungsfelder für eine Öffentlichkeitsarbeit verstecken, aber auch finanzielle Förderungen sind denkbar.

i) Beiträge zur Tätigkeit des Ausschusses (lit. t)

19 Aus der „Mitwirkung" (Art. 52 Abs. 1 lit. j E-KOM) der Aufsichtsbehörden im Ausschuss (Art. 68) machte der Rat „Beiträge zur Tätigkeit". Da die Aufsichtsbehörden nach Art. 68 Abs. 3, 4 im Ausschuss vertreten sind und Art. 72 die Verfahrensweise des Ausschusses, insbesondere seiner Beschlussfassung, regelt, dürften darin die wesentlichen „Beiträge zur Tätigkeit des Ausschusses" liegen, allerdings lässt die weite Formulierung auch zusätzliche Kooperationen zu, die etwa in Informationen über die in der Verordnung geregelten Pflichten hinaus, gemeinsamer Öffentlichkeitsarbeit etc. bestehen können. Wiederum bleibt abzuwarten, wie die Aufgabenstellung mit Leben erfüllt und ob diesem weiten Verständnis der Norm gefolgt wird.

j) Interne Verzeichnisse (lit. u)

20 Nach Art. 57 Abs. 1 lit. u sind interne Verzeichnisse über Verstöße gegen diese Verordnung und gem. Art. 58 Abs. 2 ergriffene (Abhilfe-)Maßnahmen zu führen. In der deutschen Fassung der Norm fehlt hier offenbar ein Verb, die englische verwendet mit „keep" einen Begriff, der auf

Art. 52 Abs. 2a Satz 2, 3 E-EP hinweist, aus dem diese Aufgabe stammt; Art. 52 E-KOM enthielt nichts Vergleichbares. Danach sollte ein Register der Sanktionen und Verstöße geführt werden, das so detailliert wie möglich alle Warnungen und Sanktionen sowie die Lösungen der Verstöße enthalten sollte. Diese Regelung stand im Zusammenhang mit der „Förderung des Bewusstseins" der Verantwortlichen und Auftragsverarbeiter über Risiken, Vorschriften, Garantien und Rechte im Zusammenhang mit der Verarbeitung personenbezogener Daten (Rn. 10).

Da nur Art. 58 Abs. 2 erwähnt ist, sind für Untersuchungsmaßnahmen (Art. 58 Abs. 1) sowie Genehmigungen und Beratungsmaßnahmen (Art. 58 Abs. 3) keine internen Verzeichnisse gefordert.

II. Erleichterung des Einreichens von Beschwerden (Abs. 2)

Art. 52 Abs. 4 E-KOM sah zunächst nur vor, dass für die in Abs. 1 lit. b (jetzt lit. f) genannten Beschwerden die Aufsichtsbehörde ein Beschwerdeformular zur Verfügung zu stellen hat, das elektronisch „oder auf anderem Wege ausgefüllt" werden kann. Art. 52 Abs. 4 E-Rat erweiterte insoweit, als das Formular nur als ein Beispiel („wie etwa") für Maßnahmen der Aufsichtsbehörde zur Erleichterung des Einreichens von Beschwerden genannt wird; andere Kommunikationsmittel sind ebenfalls ausdrücklich nicht ausgeschlossen. Zur Klarstellung des Zwecks der Vorschrift waren diese Ergänzungen sicherlich auch erforderlich, d.h., die ursprüngliche Formulierung war zu eng. 21

III. Unentgeltlichkeit (Abs. 3)

Nach Art. 52 Abs. 5 E-KOM sollten die „Leistungen" „der" Aufsichtsbehörde für die betroffene Person „kostenlos" sein. Art. 52 Abs. 5 E-Rat ergänzte „und für den Datenschutzbeauftragten". Auch dies ist eine lobenswerte Erweiterung, wenn auch in der endgültigen Fassung mit „gegebenenfalls" (Trilog-Fassung: „if any") eingeschränkt, ohne dass erkennbar ist, wovon die Unentgeltlichkeit in diesem Fall abhängen soll. Aufgaben des Datenschutzbeauftragten zur Zusammenarbeit mit der Aufsichtsbehörde und als Anlaufstelle für diese ergeben sich jedenfalls aus Art. 39 Abs. 1 lit. d und e. 22

IV. Offenkundig unbegründete oder exzessive Anfragen (Abs. 4)

Die Formulierung des letzten Absatzes wurde mehrfach überarbeitet. Nach Art. 52 Abs. 6 E-KOM konnte bei „offensichtlich missbräuchlichen" „Anträgen" die Aufsichtsbehörde „davon absehen", eine beantragte Maßnahme zu treffen. Art. 52 Abs. 6 E-EP ergänzte die „Angemessenheit" der Gebühr, die „nicht die Kosten der beantragten Maßnahmen übersteigt". Art. 52 Abs. 6 E-Rat sprach von „offenkundig unbegründeten" oder „unverhältnismäßigen" Anträgen, aber auch davon, dass die Aufsichtsbehörde sich „weigern" könne. 23

Die endgültige Fassung nimmt Anleihen in allen Vorlagen, wobei noch der Begriff „exzessiv" gegen den der Unverhältnismäßigkeit ausgetauscht wurde: Bei offenkundig unbegründeten oder – insbesondere im Fall von häufiger Wiederholung – exzessiven Anfragen kann die Aufsichtsbehörde eine angemessene Gebühr auf der Grundlage der Verwaltungskosten verlangen oder sich weigern, aufgrund der Anfrage tätig zu werden. In diesem Fall trägt die Aufsichtsbehörde die Beweislast für den offenkundig unbegründeten oder exzessiven Charakter der Anfrage.

In dieser Form sind immer noch mehrere unbestimmte Rechtsbegriffe (offenkundig, angemessen) enthalten, für die es in Deutschland eine gefestigte Rechtsprechung[4] gibt, sodass die Anwendung keine Schwierigkeiten bereiten sollte, auch wenn sie hier als Begriffe des Unionsrechts verwendet werden.

4 Z.B. BVerwG, in: DÖV 1978, 405; OVG Lüneburg, in: DÖV 1986, 382; BVerfGE 83, 1, 19.

C. Weitere Auswirkungen der Verordnung in der Praxis

I. Voraussichtliche Auswirkungen auf das nationale Recht

24 Die umfangreichen Aufgabenzuweisungen durch die DS-GVO an die Aufsichtsbehörden in Art. 57 und in vielen weiteren Vorschriften erfordern zahlreiche nationale Gesetzesanpassungen. Viele Punkte (z.B. Öffentlichkeitsarbeit, Beratung von Unternehmen, Liste für Datenschutz-Folgenabschätzungen, Verfolgung maßgeblicher Entwicklungen) sind noch gar nicht ausdrücklich Gegenstand nationaler Aufgabenkataloge oder -zuweisungen, manches (z.B. im Zusammenhang mit Verhaltensregelungen und Zertifizierungen) ist noch anders normiert, als es die nunmehr direkt geltende europäische Regelung vorsieht. Erwartetes ist auch dabei (etwa Standardvertragsklauseln). Außerdem müssen die Rechtsschutzmöglichkeiten nach Art. 77 ff. verankert werden, dabei sollte man etwa auch die Rechtsetzungsmöglichkeit nach Art. 80 Abs. 2 nutzen.

II. Anwendung durch die Datenverarbeiter

25 Datenverarbeiter und Betroffene können sich aus dem Aufgabenkatalog des Art. 57 Abs. 1 schnell einen Überblick verschaffen, bei welchen Aufgaben bzw. Problemen ihnen die Aufsichtsbehörden helfen können. Für Unternehmen werden sich vor allem die Listen der Verarbeitungsarten (lit. k), Standardvertragsklauseln (lit. j) oder andere Beratungsleistungen auszahlen, aber auch an Betroffene ist mit umfangreichen Aufklärungs-, Informations- und ähnlichen nicht formellen Aufgabenzuweisungen gedacht.

Angesichts der vielen neuen Aufgaben und zahlreicher Abstimmungserfordernisse bei im Wesentlichen unveränderten Strukturen der europäischen Datenschutzaufsicht bleibt indes fraglich, ob die Aufsichtsbehörden mit ihren knappen personellen und finanziellen Ressourcen die mit der DS-GVO auch in sie gesetzten Erwartungen werden erfüllen können.

Article 58

Powers

1. Each supervisory authority shall have all of the following investigative powers:

(a) to order the controller and the processor, and, where applicable, the controller's or the processor's representative to provide any information it requires for the performance of its tasks;

(b) to carry out investigations in the form of data protection audits;

(c) to carry out a review on certifications issued pursuant to Article 42(7);

(d) to notify the controller or the processor of an alleged infringement of this Regulation;

(e) to obtain, from the controller and the processor, access to all personal data and to all information necessary for the performance of its tasks;

(f) to obtain access to any premises of the controller and the processor, including to any data processing equipment and means, in accordance with Union or Member State procedural law.

2. Each supervisory authority shall have all of the following corrective powers:

(a) to issue warnings to a controller or processor that intended processing operations are likely to infringe provisions of this Regulation;

(b) to issue reprimands to a controller or a processor where processing operations have infringed provisions of this Regulation;

(c) to order the controller or the processor to comply with the data subject's requests to exercise his or her rights pursuant to this Regulation;

Artikel 58

Befugnisse

(1) Jede Aufsichtsbehörde verfügt über sämtliche folgenden Untersuchungsbefugnisse, die es ihr gestatten,

a) den Verantwortlichen, den Auftragsverarbeiter und gegebenenfalls den Vertreter des Verantwortlichen oder des Auftragsverarbeiters anzuweisen, alle Informationen bereitzustellen, die für die Erfüllung ihrer Aufgaben erforderlich sind,

b) Untersuchungen in Form von Datenschutzüberprüfungen durchzuführen,

c) eine Überprüfung der nach Artikel 42 Absatz 7 erteilten Zertifizierungen durchzuführen,

d) den Verantwortlichen oder den Auftragsverarbeiter auf einen vermeintlichen Verstoß gegen diese Verordnung hinzuweisen,

e) von dem Verantwortlichen und dem Auftragsverarbeiter Zugang zu allen personenbezogenen Daten und Informationen, die zur Erfüllung ihrer Aufgaben notwendig sind, zu erhalten,

f) gemäß dem Verfahrensrecht der Union oder dem Verfahrensrecht des Mitgliedstaats Zugang zu den Geschäftsräumen, einschließlich aller Datenverarbeitungsanlagen und -geräte, des Verantwortlichen und des Auftragsverarbeiters zu erhalten.

(2) Jede Aufsichtsbehörde verfügt über sämtliche folgenden Abhilfebefugnisse, die es ihr gestatten,

a) einen Verantwortlichen oder einen Auftragsverarbeiter zu warnen, dass beabsichtigte Verarbeitungsvorgänge voraussichtlich gegen diese Verordnung verstoßen,

b) einen Verantwortlichen oder einen Auftragsverarbeiter zu verwarnen, wenn er mit Verarbeitungsvorgängen gegen diese Verordnung verstoßen hat,

c) den Verantwortlichen oder den Auftragsverarbeiter anzuweisen, den Anträgen der betroffenen Person auf Ausübung der ihr nach dieser Verordnung zustehenden Rechte zu entsprechen,

(d) to order the controller or processor to bring processing operations into compliance with the provisions of this Regulation, where appropriate, in a specified manner and within a specified period;

(e) to order the controller to communicate a personal data breach to the data subject;

(f) to impose a temporary or definitive limitation including a ban on processing;

(g) to order the rectification or erasure of personal data or restriction of processing pursuant to Articles 16, 17 and 18 and the notification of such actions to recipients to whom the personal data have been disclosed pursuant to Article 17(2) and Article 19;

(h) to withdraw a certification or to order the certification body to withdraw a certification issued pursuant to Articles 42 and 43, or to order the certification body not to issue certification if the requirements for the certification are not or are no longer met;

(i) to impose an administrative fine pursuant to Article 83, in addition to, or instead of measures referred to in this paragraph, depending on the circumstances of each individual case;

(j) to order the suspension of data flows to a recipient in a third country or to an international organisation.

3. Each supervisory authority shall have all of the following authorisation and advisory powers:

(a) to advise the controller in accordance with the prior consultation procedure referred to in Article 36;

(b) to issue, on its own initiative or on request, opinions to the national parliament, the Member State government or, in accordance with Member State law, to other institutions and bodies as

d) den Verantwortlichen oder den Auftragsverarbeiter anzuweisen, Verarbeitungsvorgänge gegebenenfalls auf bestimmte Weise und innerhalb eines bestimmten Zeitraums in Einklang mit dieser Verordnung zu bringen,

e) den Verantwortlichen anzuweisen, die von einer Verletzung des Schutzes personenbezogener Daten betroffenen Person entsprechend zu benachrichtigen,

f) eine vorübergehende oder endgültige Beschränkung der Verarbeitung, einschließlich eines Verbots, zu verhängen,

g) die Berichtigung oder Löschung von personenbezogenen Daten oder die Einschränkung der Verarbeitung gemäß den Artikeln 16, 17 und 18 und die Unterrichtung der Empfänger, an die diese personenbezogenen Daten gemäß Artikel 17 Absatz 2 und Artikel 19 offengelegt wurden, über solche Maßnahmen anzuordnen,

h) eine Zertifizierung zu widerrufen oder die Zertifizierungsstelle anzuweisen, eine gemäß den Artikel 42 und 43 erteilte Zertifizierung zu widerrufen, oder die Zertifizierungsstelle anzuweisen, keine Zertifizierung zu erteilen, wenn die Voraussetzungen für die Zertifizierung nicht oder nicht mehr erfüllt werden,

i) eine Geldbuße gemäß Artikel 83 zu verhängen, zusätzlich zu oder anstelle von in diesem Absatz genannten Maßnahmen, je nach den Umständen des Einzelfalls,

j) die Aussetzung der Übermittlung von Daten an einen Empfänger in einem Drittland oder an eine internationale Organisation anzuordnen.

(3) Jede Aufsichtsbehörde verfügt über sämtliche folgenden Genehmigungsbefugnisse und beratenden Befugnisse, die es ihr gestatten,

a) gemäß dem Verfahren der vorherigen Konsultation nach Artikel 36 den Verantwortlichen zu beraten,

b) zu allen Fragen, die im Zusammenhang mit dem Schutz personenbezogener Daten stehen, von sich aus oder auf Anfrage Stellungnahmen an das nationale Parlament, die Regierung des Mitgliedstaats oder im

well as to the public on any issue related to the protection of personal data;

Einklang mit dem Recht des Mitgliedstaats an sonstige Einrichtungen und Stellen sowie an die Öffentlichkeit zu richten,

(c) to authorise processing referred to in Article 36(5), if the law of the Member State requires such prior authorisation;

c) die Verarbeitung gemäß Artikel 36 Absatz 5 zu genehmigen, falls im Recht des Mitgliedstaats eine derartige vorherige Genehmigung verlangt wird,

(d) to issue an opinion and approve draft codes of conduct pursuant to Article 40(5);

d) eine Stellungnahme abzugeben und Entwürfe von Verhaltensregeln gemäß Artikel 40 Absatz 5 zu billigen,

(e) to accredit certification bodies pursuant to Article 43;

e) Zertifizierungsstellen gemäß Artikel 43 zu akkreditieren,

(f) to issue certifications and approve criteria of certification in accordance with Article 42(5);

f) im Einklang mit Artikel 42 Absatz 5 Zertifizierungen zu erteilen und Kriterien für die Zertifizierung zu billigen,

(g) to adopt standard data protection clauses referred to in Article 28(8) and in point (d) of Article 46(2);

g) Standarddatenschutzklauseln nach Artikel 28 Absatz 8 und Artikel 46 Absatz 2 Buchstabe d festzulegen,

(h) to authorise contractual clauses referred to in point (a) of Article 46(3);

h) Vertragsklauseln gemäß Artikel 46 Absatz 3 Buchstabe a zu genehmigen,

(i) to authorise administrative arrangements referred to in point (b) of Article 46(3);

i) Verwaltungsvereinbarungen gemäß Artikel 46 Absatz 3 Buchstabe b zu genehmigen

(j) to approve binding corporate rules pursuant to Article 47.

j) verbindliche interne Vorschriften gemäß Artikel 47 zu genehmigen.

4. The exercise of the powers conferred on the supervisory authority pursuant to this Article shall be subject to appropriate safeguards, including effective judicial remedy and due process, set out in Union and Member State law in accordance with the Charter.

(4) Die Ausübung der der Aufsichtsbehörde gemäß diesem Artikel übertragenen Befugnisse erfolgt vorbehaltlich geeigneter Garantien einschließlich wirksamer gerichtlicher Rechtsbehelfe und ordnungsgemäßer Verfahren gemäß dem Unionsrecht und dem Recht des Mitgliedstaats im Einklang mit der Charta.

5. Each Member State shall provide by law that its supervisory authority shall have the power to bring infringements of this Regulation to the attention of the judicial authorities and where appropriate, to commence or engage otherwise in legal proceedings, in order to enforce the provisions of this Regulation.

(5) Jeder Mitgliedstaat sieht durch Rechtsvorschriften vor, dass seine Aufsichtsbehörde befugt ist, Verstöße gegen diese Verordnung den Justizbehörden zur Kenntnis zu bringen und gegebenenfalls die Einleitung eines gerichtlichen Verfahrens zu betreiben oder sich sonst daran zu beteiligen, um die Bestimmungen dieser Verordnung durchzusetzen.

6. Each Member State may provide by law that its supervisory authority shall have additional powers to those referred to in paragraphs 1, 2 and 3. The exercise of those powers shall not impair the effective operation of Chapter VII.

(6) Jeder Mitgliedstaat kann durch Rechtsvorschriften vorsehen, dass seine Aufsichtsbehörde neben den in den Absätzen 1, 2 und 3 aufgeführten Befugnissen über zusätzliche Befugnisse verfügt. Die Ausübung dieser Befugnisse darf nicht die effektive Durchführung des Kapitels VII beeinträchtigen.

Recital	Erwägungsgrund
(129) In order to ensure consistent monitoring and enforcement of this Regulation throughout the Union, the supervisory authorities should have in each Member State the same tasks and effective powers, including powers of investigation, corrective powers and sanctions, and authorisation and advisory powers, in particular in cases of complaints from natural persons, and without prejudice to the powers of prosecutorial authorities under Member State law, to bring infringements of this Regulation to the attention of the judicial authorities and engage in legal proceedings. Such powers should also include the power to impose a temporary or definitive limitation, including a ban, on processing. Member States may specify other tasks related to the protection of personal data under this Regulation. The powers of supervisory authorities should be exercised in accordance with appropriate procedural safeguards set out in Union and Member State law, impartially, fairly and within a reasonable time. In particular each measure should be appropriate, necessary and proportionate in view of ensuring compliance with this Regulation, taking into account the circumstances of each individual case, respect the right of every person to be heard before any individual measure which would affect him or her adversely is taken and avoid superfluous costs and excessive inconveniences for the persons concerned. Investigatory powers as regards access to premises should be exercised in accordance with specific requirements in Member State procedural law, such as the requirement to obtain a prior judicial authorisation. Each legally binding measure of the supervisory authority should be in writing, be clear and unambiguous, indicate the supervisory authority which has issued the measure, the date of issue of the measure, bear the signature of the head, or a member of the supervisory authority authorised by him or her, give the reasons for the measure, and refer to the right of an effective remedy. This should not preclude additional requirements pursuant to Member State procedural law. The adoption of a legally binding decision implies that it may give rise to judicial review in the Member State of the supervisory authority that adopted the decision.	(129) Um die einheitliche Überwachung und Durchsetzung dieser Verordnung in der gesamten Union sicherzustellen, sollten die Aufsichtsbehörden in jedem Mitgliedstaat dieselben Aufgaben und wirksamen Befugnisse haben, darunter, insbesondere im Fall von Beschwerden natürlicher Personen, Untersuchungsbefugnisse, Abhilfebefugnisse und Sanktionsbefugnisse und Genehmigungsbefugnisse und beratende Befugnisse, sowie – unbeschadet der Befugnisse der Strafverfolgungsbehörden nach dem Recht der Mitgliedstaaten – die Befugnis, Verstöße gegen diese Verordnung den Justizbehörden zur Kenntnis zu bringen und Gerichtsverfahren anzustrengen. Dazu sollte auch die Befugnis zählen, eine vorübergehende oder endgültige Beschränkung der Verarbeitung, einschließlich eines Verbots, zu verhängen. Die Mitgliedstaaten können andere Aufgaben im Zusammenhang mit dem Schutz personenbezogener Daten im Rahmen dieser Verordnung festlegen. Die Befugnisse der Aufsichtsbehörden sollten in Übereinstimmung mit den geeigneten Verfahrensgarantien nach dem Unionsrecht und dem Recht der Mitgliedstaaten unparteiisch, gerecht und innerhalb einer angemessenen Frist ausgeübt werden. Insbesondere sollte jede Maßnahme im Hinblick auf die Gewährleistung der Einhaltung dieser Verordnung geeignet, erforderlich und verhältnismäßig sein, wobei die Umstände des jeweiligen Einzelfalls zu berücksichtigen sind, das Recht einer jeden Person, gehört zu werden, bevor eine individuelle Maßnahme getroffen wird, die nachteilige Auswirkungen auf diese Person hätte, zu achten ist und überflüssige Kosten und übermäßige Unannehmlichkeiten für die Betroffenen zu vermeiden sind. Untersuchungsbefugnisse im Hinblick auf den Zugang zu Räumlichkeiten sollten im Einklang mit besonderen Anforderungen im Verfahrensrecht der Mitgliedstaaten ausgeübt werden, wie etwa dem Erfordernis einer vorherigen richterlichen Genehmigung. Jede rechtsverbindliche Maßnahme der Aufsichtsbehörde sollte schriftlich erlassen werden und sie sollte klar und eindeutig sein; die Aufsichtsbehörde, die die Maßnahme erlassen hat, und das Datum, an dem die Maßnahme erlassen wurde, sollten angegeben werden und die Maßnahme sollte vom Leiter oder von einem von ihm bevollmächti-

Recital	Erwägungsgrund
	gen Mitglied der Aufsichtsbehörde unterschrieben sein und eine Begründung für die Maßnahme sowie einen Hinweis auf das Recht auf einen wirksamen Rechtsbehelf enthalten. Dies sollte zusätzliche Anforderungen nach dem Verfahrensrecht der Mitgliedstaaten nicht ausschließen. Der Erlass eines rechtsverbindlichen Beschlusses setzt voraus, dass er in dem Mitgliedstaat der Aufsichtsbehörde, die den Beschluss erlassen hat, gerichtlich überprüft werden kann.

§ 16 BDSG-neu

Befugnisse
[Bundesbeauftragte für den Datenschutz und die Informationssicherheit]

(1) Die oder der Bundesbeauftragte nimmt im Anwendungsbereich der Verordnung (EU) 2016/679 die Befugnisse gemäß Artikel 58 der Verordnung (EU) 2016/679 wahr. Kommt die oder der Bundesbeauftragte zu dem Ergebnis, dass Verstöße gegen die Vorschriften über den Datenschutz oder sonstige Mängel bei der Verarbeitung personenbezogener Daten vorliegen, teilt sie oder er dies der zuständigen Rechts- oder Fachaufsichtsbehörde mit und gibt dieser vor der Ausübung der Befugnisse des Artikels 58 Absatz 2 Buchstabe b bis g, i und j der Verordnung (EU) 2016/679 gegenüber dem Verantwortlichen Gelegenheit zur Stellungnahme innerhalb einer angemessenen Frist. Von der Einräumung der Gelegenheit zur Stellungnahme kann abgesehen werden, wenn eine sofortige Entscheidung wegen Gefahr im Verzug oder im öffentlichen Interesse notwendig erscheint oder ihr ein zwingendes öffentliches Interesse entgegensteht. Die Stellungnahme soll auch eine Darstellung der Maßnahmen enthalten, die aufgrund der Mitteilung der oder des Bundesbeauftragten getroffen worden sind.

(2) Stellt die oder der Bundesbeauftragte bei Datenverarbeitungen durch öffentliche Stellen des Bundes zu Zwecken außerhalb des Anwendungsbereichs der Verordnung (EU) 2016/679 Verstöße gegen die Vorschriften dieses Gesetzes oder gegen andere Vorschriften über den Datenschutz oder sonstige Mängel bei der Verarbeitung oder Nutzung personenbezogener Daten fest, so beanstandet sie oder er dies gegenüber der zuständigen obersten Bundesbehörde und fordert diese zur Stellungnahme innerhalb einer von ihr oder ihm zu bestimmenden Frist auf. Die oder der Bundesbeauftragte kann von einer Beanstandung absehen oder auf eine Stellungnahme verzichten, insbesondere wenn es sich um unerhebliche oder inzwischen beseitigte Mängel handelt. Die Stellungnahme soll auch eine Darstellung der Maßnahmen enthalten, die aufgrund der Beanstandung der oder des Bundesbeauftragten getroffen worden sind. Die oder der Bundesbeauftragte kann den Verantwortlichen auch davor warnen, dass beabsichtigte Verarbeitungsvorgänge voraussichtlich gegen in diesem Gesetz enthaltene und andere auf die jeweilige Datenverarbeitung anzuwendende Vorschriften über den Datenschutz verstoßen.

(3) Die Befugnisse der oder des Bundesbeauftragten erstrecken sich auch auf

1. von öffentlichen Stellen des Bundes erlangte personenbezogene Daten über den Inhalt und die näheren Umstände des Brief-, Post- und Fernmeldeverkehrs und
2. personenbezogene Daten, die einem besonderen Amtsgeheimnis, insbesondere dem Steuergeheimnis nach § 30 der Abgabenordnung, unterliegen.

Das Grundrecht des Brief-, Post- und Fernmeldegeheimnisses des Artikels 10 des Grundgesetzes wird insoweit eingeschränkt.

§ 29 BDSG-neu

Rechte der betroffenen Person und aufsichtsbehördliche Befugnisse im Fall von Geheimhaltungspflichten

[...]

(3) Gegenüber den in § 203 Absatz 1, 2a und 3 des Strafgesetzbuchs genannten Personen oder deren Auftragsverarbeitern bestehen die Untersuchungsbefugnisse der Aufsichtsbehörden gemäß Artikel 58 Absatz 1 Buchstabe e und f der Verordnung (EU) 2016/679 nicht, soweit die Inanspruchnahme der Befugnisse zu einem Verstoß gegen die Geheimhaltungspflichten dieser Personen führen würde. Erlangt eine Aufsichtsbehörde im Rahmen einer Untersuchung Kenntnis von Daten, die einer Geheimhaltungspflicht im Sinne des Satzes 1 unterliegen, gilt die Geheimhaltungspflicht auch für die Aufsichtsbehörde.

§ 40 BDSG-neu

Aufsichtsbehörden der Länder

(1) Die nach Landesrecht zuständigen Behörden überwachen im Anwendungsbereich der Verordnung (EU) 2016/679 bei den nichtöffentlichen Stellen die Anwendung der Vorschriften über den Datenschutz.

(2) Hat der Verantwortliche oder Auftragsverarbeiter mehrere inländische Niederlassungen, findet für die Bestimmung der zuständigen Aufsichtsbehörde Artikel 4 Nummer 16 der Verordnung (EU) 2016/679 entsprechende Anwendung. Wenn sich mehrere Behörden für zuständig oder für unzuständig halten oder wenn die Zuständigkeit aus anderen Gründen zweifelhaft ist, treffen die Aufsichtsbehörden die Entscheidung gemeinsam nach Maßgabe des § 18 Absatz 2. § 3 Absatz 3 und 4 des Verwaltungsverfahrensgesetzes findet entsprechende Anwendung.

(3) Die Aufsichtsbehörde darf die von ihr gespeicherten Daten nur für Zwecke der Aufsicht verarbeiten; hierbei darf sie Daten an andere Aufsichtsbehörden übermitteln. Eine Verarbeitung zu einem anderen Zweck ist über Artikel 6 Absatz 4 der Verordnung (EU) 2016/679 hinaus zulässig, wenn

1. offensichtlich ist, dass sie im Interesse der betroffenen Person liegt und kein Grund zu der Annahme besteht, dass sie in Kenntnis des anderen Zwecks ihre Einwilligung verweigern würde,
2. sie zur Abwehr erheblicher Nachteile für das Gemeinwohl oder einer Gefahr für die öffentliche Sicherheit oder zur Wahrung erheblicher Belange des Gemeinwohls erforderlich ist oder
3. sie zur Verfolgung von Straftaten oder Ordnungswidrigkeiten, zur Vollstreckung oder zum Vollzug von Strafen oder Maßnahmen im Sinne des § 11 Absatz 1 Nummer 8 des Strafgesetzbuchs oder von Erziehungsmaßregeln oder Zuchtmitteln im Sinne des Jugendgerichtsgesetzes oder zur Vollstreckung von Geldbußen erforderlich ist. Stellt die Aufsichtsbehörde einen Verstoß gegen die Vorschriften über den Datenschutz fest, so ist sie befugt, die betroffenen Personen hierüber zu unterrichten, den Verstoß anderen für die Verfolgung oder Ahndung zuständigen Stellen anzuzeigen sowie bei schwerwiegenden Verstößen die Gewerbeaufsichtsbehörde zur Durchführung gewerberechtlicher Maßnahmen zu unterrichten.§ 13 Absatz Satz 4 bis 7 gilt entsprechend.

(4) Die der Aufsicht unterliegenden Stellen sowie die mit deren Leitung beauftragten Personen haben einer Aufsichtsbehörde auf Verlangen die für die Erfüllung ihrer Aufgaben erforderlichen Auskünfte zu erteilen. Der Auskunftspflichtige kann die Auskunft auf solche Fragen verweigern, deren Beantwortung ihn selbst oder einen der in § 383 Absatz 1 Nummer 1 bis 3 der Zivilprozessordnung bezeichneten Angehörigen der Gefahr strafgerichtlicher Verfolgung oder eines Verfahrens nach dem Gesetz über Ordnungswidrigkeiten aussetzen würde. Der Auskunftspflichtige ist darauf hinzuweisen.

(5) Die von einer Aufsichtsbehörde mit der Überwachung der Einhaltung der Vorschriften über den Datenschutz beauftragten Personen sind befugt, zur Erfüllung ihrer Aufgaben Grundstücke und Geschäftsräume der Stelle zu betreten und Zugang zu allen Datenverarbeitungsanlagen und -geräten zu erhalten. Die Stelle ist insoweit zur Duldung verpflichtet. § 16 Absatz 4 gilt entsprechend.

(6) Die Aufsichtsbehörden beraten und unterstützen die Datenschutzbeauftragten mit Rücksicht auf deren typische Bedürfnisse. Sie können die Abberufung der oder des Datenschutzbeauftragten verlangen, wenn sie oder er die zur Erfüllung ihrer oder seiner Aufgaben erforderliche Fachkunde nicht besitzt oder im Fall des Artikels 38 Absatz 6 der Verordnung (EU) 2016/679 ein schwerwiegender Interessenkonflikt vorliegt.

(7) Die Anwendung der Gewerbeordnung bleibt unberührt.

Literatur

Benecke/Wagner, Öffnungsklauseln in der Datenschutz-Grundverordnung und das deutsche BDSG – Grenzen und Gestaltungsspielräume für ein nationales Datenschutzrecht, in: DVBl. 2016, 600; *Gierschmann/Saeugling* (Hrsg.), Systematischer Praxiskommentar Datenschutzrecht, 1. Auflage 2014, Bundesanzeiger Verlag Köln; *Roßnagel/Nebel/Richter*, Was bleibt vom Europäischen Datenschutzrecht? Überlegungen zum Ratsentwurf der DS-GVO, in: ZD 2015, 455.

▶ Bedeutung der Norm

Zur Erfüllung der umfangreichen Aufgabenzuweisungen an die Aufsichtsbehörden (Art. 57 u.a.) gewährt Art. 58 ebenso vielfältige Untersuchungs-, Abhilfe-, Genehmigungs- und beratende Befugnisse. Steht deren Ausübung zwar einerseits unter dem Vorbehalt geeigneter Garantien einschließlich wirksamer gerichtlicher Rechtsbehelfe und ordnungsgemäßer Verfahren (Abs. 4), so ist andererseits den Mitgliedstaaten die Einräumung weiter gehender Befugnisse gestattet (Abs. 6).

▶ Hinweise für den Anwender

Für die Norm relevante Definitionen:
- Aufsichtsbehörde (Art. 4 Nr. 21).

Für die Auslegung der Norm relevante Erwägungsgründe:
- EG 129.

Systematische Einordnung der Norm innerhalb der DS-GVO:
- Art. 58 korrespondiert mit Art. 57 (Aufgaben der Aufsichtsbehörden) und verweist dazu auf diverse andere Vorschriften der Verordnung.

Vorgängernorm im BDSG:
- § 38 BDSG.

Vorgängernorm der RL 95/46:
- Art. 28 RL 95/46/EG.

Leitentscheidungen:
- EuGH, Urt. v. 6.10.2015, Rs. C-362/14 (Befugnisse der nationalen Kontrollstellen – Safe Harbor, Schrems).
- EuGH, Urt. v. 1.10.2015, Rs. C-230/14 (Anwendbares nationales Datenschutzrecht und Zuständigkeit der Aufsichtsbehörden – Weltimmo).
- EuGH, Urt. v. 8.4.2014, Rs. C-288/12 (Unabhängigkeit der Datenschutzbehörden – Ungarn).
- EuGH, Urt. v. 16.10.2012, Rs. C-614/10 (Unabhängigkeit der Datenschutzbehörden – Österreich).

- EuGH, Urt. v. 9.3.2010, Rs. C-518/07 (Unabhängigkeit der Datenschutzbehörden – Deutschland).

Schlagworte

Aufsichtsbehörde, Befugnisse, Untersuchungsbefugnisse, Abhilfebefugnisse, Genehmigungsbefugnisse, beratende Befugnisse, Anweisung, Untersuchung, Datenschutzüberprüfung, Überprüfung von Zertifizierungen, Hinweis, Zugang zu personenbezogenen Daten und Informationen, Zugang zu Geschäftsräumen und Datenverarbeitungsanlagen, Warnung, Verwarnung, Anträge, Verarbeitungsvorgänge, Benachrichtigung, Beschränkung der Verarbeitung, Verhängung von Verboten, Berichtigung oder Löschung, Einschränkung der Verarbeitung, Unterrichtung der Empfänger, Anordnung, Widerruf einer Zertifizierung, Anweisung der Zertifizierungsstelle, Verhängung von Geldbußen, Aussetzung der Übermittlung von Daten, Beratung des Verantwortlichen, Stellungnahmen, Genehmigung der Verarbeitung, Billigung von Verhaltensregeln, Akkreditierung von Zertifizierungsstellen, Erteilung von Zertifizierungen, Billigung von Kriterien für die Zertifizierung, Festlegung von Standardklauseln, Genehmigung von Vertragsklauseln, Verwaltungsvereinbarungen und verbindlichen internen Vorschriften, Vorbehalt, Einleitung eines gerichtlichen Verfahrens, Durchsetzung der Verordnung, zusätzliche Befugnisse

A. Allgemeines

I. Regelungszweck

1 Um die Anforderungen der Datenschutz-Grundverordnung effektiv durchsetzen zu können, erhalten die Aufsichtsbehörden umfangreiche Befugnisse. Anders als bisher in Deutschland können sie auch Behörden gegenüber Anordnungen treffen, um rechtswidrige Datenverarbeitungen zu unterbinden. Damit sind die Voraussetzungen für „wirksame" Befugnisse (EG 129 Satz 1) geschaffen. „Wirksame Eingriffsbefugnisse" forderte zwar bereits Art. 28 RL 95/46/EG, allerdings wurden mögliche Maßnahmen nur beispielhaft aufgezählt; jetzt sind sie verbindlich.

II. Normadressaten

1. Mitgliedstaaten

Normadressaten sind die Mitgliedstaaten, aber nur indirekt und nicht in dem Maße, wie es Art. 53 E-Rat vorgesehen hatte, der die Regelung der Befugnisse der Aufsichtsbehörden den Mitgliedstaaten vorbehalten wollte. Kommission, Parlament und Trilog[1] sahen jedoch übereinstimmend die Festlegung der Befugnisse unmittelbar durch die Verordnung vor, wobei im Trilog der jetzige Abs. 6 (Rn. 25) angefügt wurde, der den Mitgliedstaaten erlaubt, ihren Aufsichtsbehörden zusätzliche Befugnisse („additional powers") zu verleihen. Durch die Festlegung der Befugnisse in der Verordnung selbst müssen die Mitgliedstaaten nun ihre vorhandenen Regelungen anpassen, d.h., es dürfen keine widersprechenden nationalen Regelungen mehr vorhanden sein. 2

Im Übrigen ist unklar, inwieweit hier EG 8 herangezogen werden kann, der unter Umständen erlaubt, Teile dieser Verordnung in das nationale Recht der Mitgliedstaaten aufzunehmen, soweit dies erforderlich ist, um die Kohärenz zu wahren und die nationalen Rechtsvorschriften für die Personen, für die sie gelten, verständlicher zu machen. Gestattet ist danach keine vollständige Übernahme der Verordnung in nationales Recht, sondern nur die Wiederholung von „Bestandteilen" der Verordnung, außerdem muss in der Verordnung selbst die Möglichkeit zu mitgliedstaatlicher Präzisierung oder Einschränkung vorgesehen sein.[2] Beide Voraussetzungen könnten bei Art. 58 eingehalten werden.

2. Aufsichtsbehörden

Einstellen auf die Ausübung diverser neuer und „wirksamer" Befugnisse müssen sich die Aufsichtsbehörden. Diese werden auch ihre Behördenstruktur und -organisation den europäischen Vorgaben anpassen, gegebenenfalls neue Abteilungen gründen oder bisherige aufstocken müssen. Schließlich impliziert die Verankerung von umfangreichen Aufgaben (Art. 57) und Befugnissen auch eine Erwartung, dass die Aufsichtsbehörden diesen Pflichten in Zukunft verstärkt nachkommen, um die Ziele der DS-GVO (Art. 1) zu befördern. 3

III. Systematik

Nachdem Art. 57 einen umfangreichen Aufgabenkatalog für die Aufsichtsbehörden aufgestellt hat, gewährt Art. 58 zur Erfüllung dieser Aufgaben ebenso vielfältige und weitreichende Befugnisse. In beiden Vorschriften wird angeknüpft an andere Artikel der Verordnung. 4

IV. Entstehungsgeschichte

1. Bisherige europäische Vorgaben

Nach Art. 28 Abs. 2 RL 95/46/EG mussten die Mitgliedstaaten Anhörungsrechte der Kontrollstellen bei der Ausarbeitung von Rechtsverordnungen oder Verwaltungsvorschriften vorsehen. Nach Abs. 3 Satz 1 verfügte jede Kontrollstelle insbesondere über: Untersuchungsbefugnisse, wie das Recht auf Zugang zu Daten, die Gegenstand von Verarbeitungen sind, und das Recht auf Einholung aller für die Erfüllung ihres Kontrollauftrags erforderlichen Informationen; wirksame Einwirkungsbefugnisse, wie bspw. die Möglichkeit, im Einklang mit Art. 20 vor der Durchführung der Verarbeitungen Stellungnahmen abzugeben und für eine geeignete Veröffentlichung der Stellungnahmen zu sorgen, oder die Befugnis, die Sperrung, Löschung oder Vernichtung von Daten oder das vorläufige oder endgültige Verbot einer Verarbeitung anzuordnen, oder die Befugnis, eine Verwarnung oder eine Ermahnung an den für die Verarbeitung Verantwortlichen zu richten oder die Parlamente oder andere politische Institutionen zu befassen; das Klagerecht oder eine 5

---

1 Ratsdok. 15039/15 vom 15.12.2015.

2 S. *Benecke/Wagner*, in: DVBl. 2016, 600 (607 f.).

Anzeigebefugnis bei Verstößen gegen die einzelstaatlichen Vorschriften zur Umsetzung dieser Richtlinie.

2. Bisherige nationale Vorgaben

6 § 38 BDSG-alt regelte sowohl Aufgaben als auch Befugnisse der Aufsichtsbehörden. Nach Abs. 1 durfte die Aufsichtsbehörde zum Zweck der Aufsicht Daten an andere Aufsichtsbehörden übermitteln (jetzt § 40 Abs. 2 Satz 1 BDSG). Stellte die Aufsichtsbehörde einen Verstoß gegen dieses Gesetz oder andere Vorschriften über den Datenschutz fest, so war sie befugt, die Betroffenen hierüber zu unterrichten, den Verstoß bei den für die Verfolgung oder Ahndung zuständigen Stellen anzuzeigen sowie bei schwerwiegenden Verstößen die Gewerbeaufsichtsbehörde zur Durchführung gewerberechtlicher Maßnahmen zu unterrichten (jetzt § 40 Abs. 2 Satz 3 BDSG). Nach Abs. 3 hatten grundsätzlich die der Kontrolle unterliegenden Stellen sowie die mit deren Leitung beauftragten Personen der Aufsichtsbehörde auf Verlangen die für die Erfüllung ihrer Aufgaben erforderlichen Auskünfte unverzüglich zu erteilen (jetzt § 40 Abs. 3 Satz 1 BDSG). Nach Abs. 4 waren die von der Aufsichtsbehörde mit der Kontrolle beauftragten Personen befugt, soweit es zur Erfüllung der der Aufsichtsbehörde übertragenen Aufgaben erforderlich ist, während der Betriebs- und Geschäftszeiten Grundstücke und Geschäftsräume der Stelle zu betreten und dort Prüfungen und Besichtigungen vorzunehmen (jetzt § 40 Abs. 4 Satz 1 BDSG). Sie konnten geschäftliche Unterlagen, insbesondere die Übersicht nach § 4g Abs. 2 Satz 1 a.F. sowie die gespeicherten personenbezogenen Daten und die Datenverarbeitungsprogramme, einsehen. § 24 Abs. 6 a.F. galt entsprechend. Der Auskunftspflichtige hatte diese Maßnahmen zu dulden (ähnlich jetzt § 40 Abs. 4 Satz 2 und 3 i.V.m. § 16 Abs. 4 BDSG).

Nach § 38 Abs. 5 konnte die Aufsichtsbehörde zur Gewährleistung der Einhaltung dieses Gesetzes und anderer Vorschriften über den Datenschutz Maßnahmen zur Beseitigung festgestellter Verstöße bei der Erhebung, Verarbeitung oder Nutzung personenbezogener Daten oder technischer oder organisatorischer Mängel anordnen. Bei schwerwiegenden Verstößen oder Mängeln, insbesondere solchen, die mit einer besonderen Gefährdung des Persönlichkeitsrechts verbunden sind, konnte sie die Erhebung, Verarbeitung oder Nutzung oder den Einsatz einzelner Verfahren untersagen, wenn die Verstöße oder Mängel entgegen dieser Anordnung und trotz der Verhängung eines Zwangsgeldes nicht in angemessener Zeit beseitigt werden. Sie konnte die Abberufung des Beauftragten für den Datenschutz verlangen, wenn er die zur Erfüllung seiner Aufgaben erforderliche Fachkunde und Zuverlässigkeit nicht besitzt (dazu jetzt § 40 Abs. 5 Satz 2 BDSG).

Nach § 4c Abs. 2 BDSG-alt konnte die Aufsichtsbehörde Übermittlungen personenbezogener Daten (in Drittländer) genehmigen. Nach § 44 Abs. 2 BDSG-alt konnte die Aufsichtsbehörde Strafanträge stellen (jetzt § 42 Abs. 3 Satz 2 BDSG). Weitere Aufgaben und Befugnisse ergaben sich aus §§ 4d Abs. 1 und 6, 4g Abs. 1, 38a und 42a BDSG-alt.

§§ 22 ff. BDSG regelten die Befugnisse der oder des Bundesbeauftragten für den Datenschutz und die Informationsfreiheit (jetzt §§ 8 ff. BDSG). Die BfDI berät und kontrolliert alle öffentlichen Stellen des Bundes, daneben auch bestimmte nicht-öffentliche Stellen (Telekommunikations- und die Postdienstunternehmen sowie private Unternehmen, die unter das Sicherheitsüberprüfungsgesetz[3] fallen). Seit 2011 ist die BfDI auch zuständige Aufsichtsbehörde für die „gemeinsamen Einrichtungen" nach § 50 Abs. 2 SGB II (Jobcenter). Zur Verbesserung des Datenschutzes und der Informationsfreiheit erteilt die BfDI Rat, gibt Empfehlungen und erstellt Gutachten und Berichte. Eingriffsbefugnisse gibt es jedoch nicht (s. jetzt § 16 BDSG).

3 SÜG vom 20. April 1994 (BGBl. I S. 867), zuletzt geändert durch Artikel 2 des Gesetzes vom 3. Dezember 2015 (BGBl. I S. 2161).

3. Verhandlungen zur Datenschutz-Grundverordnung

Während der Kommissionsvorschlag (Art. 53 E-KOM) die Befugnisse selbst festlegte (Art. 53 E-EP „im Einklang mit dieser Verordnung"), wollte der Rat den Mitgliedstaaten deren Regelung übertragen und listet die umfangreichen Untersuchungs-, Abhilfe- und Genehmigungsbefugnisse nur als Rahmensetzung für die nationalen Gesetze auf („mindestens"). Dadurch, dass die Befugnisse dann nicht unmittelbar gegolten hätten, hätten sich im Ergebnis die Aufsichtsbefugnisse in den Mitgliedstaaten im Detail unterscheiden können. Nach Ansicht von *Roßnagel*[4] hätte dies den Datenschutz vielleicht mehr gefördert als unmittelbar geltende Befugnisse der DS-GVO, die in jedem Mitgliedstaat einen Fremdkörper im Gesetzesvollzug darstellten. Im Übrigen wurden in den verschiedenen Entwürfen zur DS-GVO die einzelnen Befugnisse unterschiedlich formuliert und gruppiert; s. im Einzelnen Rn. 12 ff. 7

B. Inhalt der Regelung

I. Verschiedene Arten von Befugnissen

1. Allgemeines

Dass Art. 58 verschiedene Gruppen von Befugnissen unterscheidet, geht auf den Vorschlag des Rates (Art. 53 E-Rat) zurück, der (im Detail noch abweichend nummeriert und untersetzt) erstmals Untersuchungs-, Abhilfe- sowie Genehmigungs- und beratende Befugnisse trennt. Damit ist für eine gewisse Sortierung der zahlreichen Einzelbefugnisse gesorgt, wenn auch eine Steigerung der Eingriffsmöglichkeiten von Absatz zu Absatz nicht ganz durchgehalten wird, indem Abs. 3 auch die (bloßen) Beratungsbefugnisse zugeschlagen werden, die als allgemeine, „weiche" Befugnisse besser separat oder zu Beginn gestanden hätten, auch weil sie in Zukunft größere Bedeutung haben dürften, jedenfalls aber in dieser Form und an dieser Stelle ein Fremdkörper in der Vorschrift sind. Auch sonst ist der Charakter der Vorschrift als Kompromissnorm deutlich erkennbar, aus dem sich ergeben hat, dass verschiedene Inhalte schließlich teils direkt aufeinanderfolgend, teils an verschiedenen Stellen des Art. 58 geregelt wurden. Da Art. 58 die Aufgabenstellungen des Art. 57 ergänzt und zu deren Erfüllung Handlungsmöglichkeiten der Aufsichtsbehörden bereithält, hätte auch die Verknüpfung zu dieser Vorschrift genauer gestaltet sein können. Für wesentliche Aufgabenkomplexe sind jeweils mehrere Befugnisse vorhanden, die im Zusammenhang zu betrachten sind und daher hier gemeinsam behandelt werden (Rn. 20 ff.). 8

2. Untersuchungsbefugnisse (Abs. 1)

Um die Anwendung dieser Verordnung überwachen und durchsetzen (Art. 57 Abs. 1 lit. a) und gegebenenfalls Verstöße gegen die Verordnung erkennen und schließlich ahnden zu können, müssen die Aufsichtsbehörden zunächst verschiedene Untersuchungsbefugnisse haben. Diese beziehen sich auf die Kommunikation mit „Verantwortlichen" (Art. 4 Nr. 7) und „Auftragsverarbeitern" (Art. 4 Nr. 8), konkrete Überprüfungen sowie Zugangs- und Zugriffsrechte für diese Zwecke. 9

3. Abhilfebefugnisse (Abs. 2)

Sofern Verstöße festgestellt wurden oder vermutet werden, kann die Aufsichtsbehörde abhelfend tätig werden. Hier sind nach Eingriffsintensität gestaffelte Befugnisse von Warnungen über Verwarnungen und Anweisungen bis zu Verboten, Anordnungen und schließlich die Verhängung von Geldbußen gem. Art. 83 vorgesehen. 10

---

4 *Roßnagel/Nebel/Richter*, in: ZD 2015, 455 (460).

4. Genehmigungs- und beratende Befugnisse (Abs. 3)

11 Abs. 3 enthält zum einen eine umfassende Befugnis für Beratungen und Öffentlichkeitsarbeit (lit. b; Rn. 18), zum anderen spezielle Beratungs- und Genehmigungsbefugnisse im Zusammenhang mit Datenschutz-Folgenabschätzungen (Rn. 21), mit Zertifizierungen (Rn. 22) und mit Datenübermittlungen (Rn. 20) als Hauptaufgaben der Aufsichtsbehörden. Zu diesen Komplexen sind auch Abs. 1 und 2 relevant.

II. Allgemeine Befugnisse

1. Untersuchungsbefugnisse

a) Informationen und Hinweise (Abs. 1 lit. a, d)

12 Aufsichtsbehörden dürfen (nach lit. a) den Verantwortlichen, den Auftragsverarbeiter und gegebenenfalls deren Vertreter anweisen, alle Informationen bereitzustellen, die für die Erfüllung ihrer Aufgaben „erforderlich" sind, und (im Gegenzug) gem. lit. d) den Verantwortlichen oder den Auftragsverarbeiter auf einen vermeintlichen Verstoß gegen diese Verordnung hinweisen. Auf diese Weise wird ein Informationsfluss in Gang gesetzt, der im Idealfall (Hinweis schon auf „vermeintliche" Verstöße) eine rechtswidrige Datenverarbeitung im Vorhinein oder jedenfalls vor Eintritt schwerer Folgen verhindern oder beenden kann, ohne dass in jedem Fall weitere, eingriffsintensivere Aufsichtsmaßnahmen ergriffen werden müssen. Voraussetzung ist zum einen, dass die Aufsichtsbehörden engmaschig und regelmäßig aussagekräftige Informationen von den zu kontrollierenden Stellen einfordern und bewerten, zum anderen, dass die Verantwortlichen „Hinweisen", die noch keine Anweisungen oder Anordnungen sind, nachgehen und, soweit erforderlich, ihre Datenverarbeitung schnellstmöglich korrigieren. Wiederum bleibt abzuwarten, was die Praxis aus diesen Möglichkeiten macht.

Beide Formulierungen gehen im Ergebnis auf Art. 53 Abs. 1 lit. a und d E-Rat zurück. Nach Art. 53 Abs. 1 lit. a E-KOM und E-EP sollte die Aufsichtsbehörde auf einen „behaupteten" Verstoß hinweisen. „Zweckdienliche" Informationen sollten jeweils nach Art. 53 Abs. 1 lit. c E-KOM und E-EP bereitgestellt werden.

b) Datenschutzüberprüfungen und Zugangsrechte (Abs. 1 lit. b, e und f)

13 Nach lit. b dürfen Aufsichtsbehörden (ganz allgemein) Untersuchungen in Form von Datenschutzüberprüfungen durchführen, es wird also nicht weiter beschränkt, welche Untersuchungen etwa zu welchen Zwecken zulässig sind. Insoweit kann man in dieser Norm eine Generalklausel sehen, nach der die Aufsichtsbehörden im Rahmen ihrer Aufgaben (Art. 57) tätig werden dürfen.

Zu diesem Zweck benötigen sie in der Regel Zugang zu Räumen, Datenverarbeitungsanlagen und -geräten sowie Zugriff zu personenbezogenen Daten und Informationen des Verantwortlichen und des Auftragsverarbeiters. Beides gewähren lit. e und f (jeweils als „Zugang" bezeichnet, in der englischen Fassung „access"), zum einen (betreffend Daten und Informationen), soweit zur Erfüllung ihrer Aufgaben „notwendig", zum anderen (für Räume und Anlagen) „gem. dem Verfahrensrecht" der Union oder des Mitgliedstaats. Letzteres wird durch EG 129 Satz 6 erläutert, nach dem Untersuchungsbefugnisse im Hinblick auf den Zugang zu Räumlichkeiten im Einklang mit besonderen Anforderungen im Verfahrensrecht der Mitgliedstaaten ausgeübt werden sollten, wie etwa dem Erfordernis einer vorherigen richterlichen Genehmigung.

Hier ist noch Art. 90 Abs. 1 zu beachten, wonach die Mitgliedstaaten die Befugnisse der Aufsichtsbehörden im Sinne des Art. 58 Abs. 1 lit. e und f gegenüber den Verantwortlichen oder den Auftragsverarbeitern, die nach Unionsrecht oder dem Recht der Mitgliedstaaten oder nach einer von den zuständigen nationalen Stellen erlassenen Verpflichtung dem Berufsgeheimnis oder einer gleichwertigen Geheimhaltungspflicht unterliegen, regeln können, soweit dies notwendig und verhältnismäßig ist, um das Recht auf Schutz der personenbezogenen Daten mit der Pflicht zur Geheimhaltung in Einklang zu bringen. Diese Vorschriften gelten nur in Bezug auf personenbezogene Daten, die der Verantwortliche oder der Auftragsverarbeiter bei einer Tätigkeit erlangt oder erhoben hat, die einer solchen Geheimhaltungspflicht unterliegt.

Den Inhalt von lit. b fügte Art. 53 Abs. 1 lit. aa E-Rat in die Vorschrift ein. Lit. e und f haben Vorläufer in Art. 53 Abs. 2 lit. a und b E-KOM und E-EP sowie Art. 53 Abs. 1 lit. da und db E-Rat, wobei hier jeweils noch von „Zugriff" auf Daten die Rede war. Die Kommission wollte Zugang zu Räumen und Anlagen nur gewähren (d.h., die Aufsichtsbehörde konnte diesen „verlangen"), sofern Grund zu der Annahme besteht, dass dort Tätigkeiten ausgeübt werden, die gegen diese Verordnung verstoßen. Das Parlament sah ein Vorgehen „ohne Vorankündigung" vor und den Zugriff auch „auf alle Dokumente".

2. Abhilfebefugnisse

a) Warnungen und Verwarnungen (Abs. 2 lit. a, b)

Als erste Abhilfemaßnahmen kommen in Betracht (nach lit. a), einen Verantwortlichen oder einen Auftragsverarbeiter zu warnen, dass beabsichtigte Verarbeitungsvorgänge voraussichtlich gegen diese Verordnung verstoßen, und (gem. lit. b) diesen zu verwarnen, wenn er mit Verarbeitungsvorgängen gegen diese Verordnung verstoßen hat. 14

Was darunter zu verstehen ist, zeigt ein Blick auf die ursprüngliche Fassung in Art. 53 Abs. 1 lit. e E-KOM (ebenso E-EP), der erlaubte, den Verantwortlichen oder Auftragsverarbeiter zu „ermahnen" oder zu verwarnen. Art. 53 Abs. 1b lit. a und b E-Rat unterschieden dagegen zwischen Warnungen, dass beabsichtigte Verarbeitungsvorgänge voraussichtlich gegen die Verordnung verstoßen, und einem „Tadel", wenn ein Verstoß vorliegt. Daraus ist ersichtlich, dass – unabhängig vom (auch in der englischen Fassung) nicht ganz zwingenden Sprachgebrauch – in zeitlicher Hinsicht zu unterscheiden ist, ob ein Verstoß bevorsteht (und also noch vermieden werden kann, wenn man von der Verarbeitung absieht oder die Umstände der Verarbeitung ändert) oder ein solcher bereits geschehen ist.

b) Anweisungen (Abs. 2 lit. c, d, e)

Als nächstes Mittel können dem Verantwortlichen oder dem Auftragsverarbeiter verschiedene Anweisungen erteilt werden, so nach lit. c, den Anträgen der betroffenen Person auf Ausübung der ihr nach dieser Verordnung zustehenden Rechte zu entsprechen, nach lit. d, Verarbeitungsvorgänge gegebenenfalls auf bestimmte Weise und innerhalb eines bestimmten Zeitraums in Einklang mit dieser Verordnung zu bringen, und nach lit. e (hier ist nur der Verantwortliche als Adressat benannt), die von einer Verletzung des Schutzes personenbezogener Daten betroffenen Personen entsprechend zu benachrichtigen. 15

Diese Anweisungsbefugnisse gehen zurück auf Art. 53 Abs. 1 lit. a und b E-KOM und E-EP sowie Art. 53 Abs. 1b lit. ca und d Hs. 1 E-Rat. Nach Art. 53 Abs. 1 lit. a E-KOM sollte die Aufsichtsbehörde (auf einen behaupteten Verstoß hinweisen und) gegebenenfalls zur Abhilfe anweisen. Art. 53 Abs. 1 lit. a E-EP forderte zudem die Verpflichtung des Verantwortlichen, die Verletzung des Schutzes personenbezogener Daten der betroffenen Person „mitzuteilen". Nach lit. b war jeweils die Anweisung, den Anträgen der betroffenen Person zu entsprechen, vorgesehen. Der Trilog spaltete noch Hs. 2 („insbesondere") der Ratsfassung ab (jetzt Art. 58 Abs. 2 lit. g; Rn. 16).

c) Beschränkungen, Verbote und Anordnungen (Abs. 2 lit. f, g)

Nach EG 129 Satz 2 sollte auch die Befugnis der Aufsichtsbehörden vorhanden sein, eine vorübergehende oder endgültige Beschränkung der Verarbeitung, einschließlich eines Verbots, zu verhängen. Exakt mit diesem Wortlaut gewährt lit. f diese Befugnis. Nach lit. g kann die Behörde zudem die Berichtigung oder Löschung von personenbezogenen Daten oder die Einschränkung der Verarbeitung gem. Art. 16, 17 und 18 und die Unterrichtung der Empfänger, an die diese 16 personenbezogenen Daten gem. Art. 17 Abs. 2 und Art. 19 offengelegt wurden, über solche Maßnahmen anordnen.

Art. 53 Abs. 1 lit. f E-KOM und E-EP sahen noch die Anordnung der Berichtigung, Löschung oder „Vernichtung" aller Daten vor, die unter Verletzung der Verordnung verarbeitet wurden. Außerdem sollten die Aufsichtsbehörden solche Maßnahmen Dritten, an die diese Daten weitergegeben wurden, (selbst) mitteilen. Ein vorübergehendes oder endgültiges Verbot erlaubte jeweils lit g. Im Entwurf des Rates waren diese beiden Befugnisse in Abs. 1b lit. d Hs. 2 und e zu finden.

d) Verhängung von Geldbußen (Abs. 2 lit. i)

17 Das wirksamste Mittel der Aufsicht ist oft ein Instrument finanzieller Art. Zwar hatte Art. 28 RL 95/46/EG die Verhängung von Geldbußen nicht ausdrücklich erwähnt, aber im Rahmen von § 38 BDSG-alt konnte, wenn die Aufsichtsbehörde feststellte, dass ein Bußgeldtatbestand nach § 43 BDSG-alt verwirklicht, neben den anderen Maßnahmen ein Bußgeldverfahren durchgeführt werden (s. jetzt §§ 41, 43 BDSG). In manchen Bundesländern, z.B. in Bayern, ist die Aufsichtsbehörde auch dafür zuständig.[5] Jedoch fehlt der BfDI bislang im Bereich von Post- oder Telekommunikationsdienstleistungen die Befugnis, Bußgelder bei Verstößen gegen das BDSG zu verhängen; es existiert nur das Instrument einer Beanstandung gegenüber der Bundesnetzagentur.[6]

Nunmehr kann die Aufsichtsbehörde nach lit. i eine Geldbuße gem. Art. 83 verhängen, ausdrücklich „zusätzlich zu oder anstelle von in diesem Absatz genannten Maßnahmen, je nach den Umständen des Einzelfalls" (s.a. Art. 83 Abs. 2).

Laut Art. 53 Abs. 4 E-KOM sollte jede Aufsichtsbehörde befugt sein, „verwaltungsrechtliche Vergehen, insb. solche nach Art. 79 Abs. 4, 5 und 6, zu ahnden". Art. 53 Abs. 4 E-EP sprach von „Ordnungswidrigkeiten" und ergänzte einen zweiten Satz, wonach diese Befugnis „in einer wirksamen, verhältnismäßigen und abschreckenden Art und Weise ausgeübt" werden sollte. Der Rat verschob die Regelung nach Abs. 1b lit. g, wobei hier noch zwischen allgemeinen Bedingungen (Art. 79) und Geldbußen (Art. 79a) unterschieden wurde.

Dass die Verhängung von Geldbußen für Verstöße gegen die Verordnung in jedem Einzelfall „wirksam, verhältnismäßig und abschreckend" sein muss, ergibt sich jetzt aus Art. 83 Abs. 1. Zur Höhe der Geldbußen gab es im Rechtsetzungsverfahren sehr unterschiedliche Vorschläge, von maximal 1 Mio. € oder bei Unternehmen 2 % des weltweiten Jahresumsatzes des vorangegangenen Geschäftsjahres (KOM und Rat) bis zu 100 Mio. € bzw. 5 % (EP). Im Trilog blieben davon immerhin noch 20 Mio. € bzw. 4 % als Höchstsumme übrig, was im Vergleich zu § 43 BDSG, BDSG (jetzt: bis 50.000 €), § 85 SGB X (maximal 300.000 €) oder § 38 SächsDSG (25.000 €) durchaus Abschreckungspotenzial hat. Es bleibt jedoch abzuwarten, inwieweit die Aufsichtsbehörden in Zukunft den ihnen zur Verfügung stehenden Rahmen ausschöpfen werden.[7]

3. Genehmigungs- und beratende Befugnisse

a) Stellungnahmen (Abs. 3 lit. b)

18 Als wichtige, weil umfassende und weitreichende Befugnis wird sich diejenige nach Abs. 3 lit. b erweisen, wonach die Aufsichtsbehörden zu allen Fragen, die im Zusammenhang mit dem Schutz personenbezogener Daten stehen, von sich aus oder auf Anfrage Stellungnahmen an das nationale Parlament, die Regierung des Mitgliedstaats oder im Einklang mit dem Recht des Mitgliedstaats an sonstige Einrichtungen und Stellen sowie an die Öffentlichkeit richten dürfen. Diese Befugnis korrespondiert mit den erweiterten Aufgaben der Aufsichtsbehörden zu Öffent-

5 Gierschmann/Saeugling, *Dorn*, § 38 Rn. 76 f.
6 BfDI 25. Tätigkeitsbericht 2013/14, 49.
7 Im Fall Safe Harbor mit der Verhängung von Bußgeldern zwischen 8.000 und 11.000 € durch den Hamburgischen BfDI bei Weitem nicht ausgeschöpft, vgl. http://www.spiegel.de/netzwelt/netzpolitik/safe-harbor-suender-hamburgs-oberster-datenschuetzer-verhaengt-bussgelder-a-1096091.html (22.6.2016).

lichkeitsarbeit, Beratung, Sensibilisierung nach Art. 57 Abs. 1 lit. b, c und d (Art. 57 Rn. 10 ff.). Ausdrücklich dürfen die Behörden von sich aus tätig werden und ausdrücklich sind diverse staatliche Akteure sowie (sowohl Verantwortliche als auch Betroffene umfassend) die Öffentlichkeit als Adressaten genannt.

Die Vorschrift basiert auf Art. 53 Abs. 1 lit. i und j E-KOM und E-EP sowie Art. 53 Abs. 1c lit. aa E-Rat. Lediglich der Vorschlag des Parlamentes in Art. 53 Abs. 1 lit. ja E-EP, dass die Aufsichtsbehörden wirksame Vorkehrungen treffen dürften, „um vertrauliche Meldungen über Verletzungen der Verordnung zu fördern", wurde nicht in die endgültige Fassung übernommen.

b) Weitere

Über die Beteiligung im Europäischen Datenschutzausschuss (Art. 68) können die Aufsichtsbehörden schließlich auch die Kommission beraten, an Leitlinien und Empfehlungen mitwirken und auf diesem Wege ebenfalls diverse Stellungnahmen abgeben (Art. 70). Da der Ausschuss im Vergleich zur Artikel 29-Datenschutzgruppe ein viel stärkeres Gewicht haben wird, ist auch hierüber eine Stärkung der Datenschutzaufsicht in Europa zu erwarten. 19

III. Komplexe Befugnisse

1. Auftragsverarbeitung und Datenübermittlung (Abs. 2 lit. j, Abs. 3 lit. g, h, i, j)

Nach Art. 57 Abs. 1 lit. j, r und s sind die Aufsichtsbehörden für die Festlegung von Standardvertragsklauseln im Sinne von Art. 28 Abs. 8 und Art. 46 Abs. 2 lit. d sowie die Genehmigung von Vertragsklauseln und Bestimmungen im Sinne von Art. 46 Abs. 3 und von verbindlichen internen Vorschriften gem. Art. 47 zuständig (Art. 57 Rn. 16). Dafür stehen ihnen folgende Befugnisse zu: 20

- die Aussetzung der Übermittlung von Daten an einen Empfänger in einem Drittland oder an eine „internationale Organisation" (Art. 4 Nr. 26) anzuordnen (Abs. 2 lit. j);
- Standarddatenschutzklauseln nach Art. 28 Abs. 8 und Art. 46 Abs. 2 lit. d festzulegen (Abs. 3 lit. g);
- Vertragsklauseln gem. Art. 46 Abs. 3 lit. a zu genehmigen (Abs. 3 lit. h);
- Verwaltungsvereinbarungen gem. Art. 46 Abs. 3 lit. b zu genehmigen (Abs. 3 lit. i) und
- verbindliche interne Vorschriften gem. Art. 47 zu genehmigen (Abs. 3 lit. j)

Unabhängig von der Kategorisierung als Abhilfe- oder Genehmigungsbefugnis sind die Aufsichtsbehörden damit vollumfänglich in der Lage, auf diesem mit großer praktischer Bedeutung verbundenen Feld tätig zu werden.

Die Regelungen basieren auf Art. 53 Abs. 1 lit. h E-KOM und E-EP sowie Art. 53 Abs. 1b lit. f, Abs. 1c lit. b, c, ca, d E-Rat; im Trilog wurde noch der Verweis auf Art. 26 (jetzt Art. 28) ergänzt

2. Datenschutz-Folgenabschätzung (Abs. 3 lit. a, c)

Nach Art. 57 Abs. 1 lit. k und l müssen die Aufsichtsbehörden eine Liste der Verarbeitungsarten erstellen und führen, für die gem. Art. 35 Abs. 4 eine Datenschutz-Folgenabschätzung durchzuführen ist, und Beratung in Bezug auf die in Art. 36 Abs. 2 genannten Verarbeitungsvorgänge leisten (Art. 57 Rn. 17). Dazu sind ihnen folgende Befugnisse zugewiesen: 21

- gem. dem Verfahren der vorherigen Konsultation nach Art. 36 den Verantwortlichen zu beraten (Abs. 3 lit. a) und
- die Verarbeitung gem. Art. 36 Abs. 5 zu genehmigen, falls im Recht des Mitgliedstaats eine derartige vorherige Genehmigung verlangt wird (Abs. 3 lit. c).

Diese Formulierungen gehen zurück auf Art. 53 Abs. 1c lit. a und ab E-Rat. Nach Art. 53 Abs. 1 lit. d E-KOM und E-EP war „die Befolgung der Genehmigungen und Auskünfte i.S.v. Art. 34 sicherzustellen".

3. Verhaltensregeln und Zertifizierung (Abs. 1 lit. c, Abs. 2 lit. h, Abs. 3 lit. d, e, f)

22 Komplex sind schließlich die Aufgaben der Aufsichtsbehörden im Feld Verhaltensregeln und Zertifizierung. Sie umfassen nach Art. 57 Abs. 1 lit. m bis q die Förderung der Ausarbeitung von Verhaltensregeln gem. Art. 40 Abs. 1 sowie die Abgabe von Stellungnahmen zu diesen Verhaltensregeln, die ausreichende Garantien im Sinne des Art. 40 Abs. 5 bieten müssen, und deren Billigung; die Anregung der Einführung von Datenschutzzertifizierungsmechanismen, Datenschutzsiegeln und -prüfzeichen nach Art. 42 Abs. 1 und Billigung von Zertifizierungskriterien nach Art. 42 Abs. 5; gegebenenfalls die regelmäßige Überprüfung der nach Art. 42 Abs. 7 erteilten Zertifizierungen; die Abfassung und Veröffentlichung von Kriterien für die Akkreditierung einer Stelle für die Überwachung der Einhaltung der Verhaltensregeln gem. Art. 41 und einer Zertifizierungsstelle gem. Art. 43 sowie die Akkreditierung dieser Stellen (Art. 57 Rn. 18). Dementsprechend lauten die Befugnisse:

- eine Überprüfung der nach Art. 42 Abs. 7 erteilten Zertifizierungen durchzuführen (Abs. 1 lit. c);
- eine Zertifizierung zu widerrufen oder die Zertifizierungsstelle anzuweisen, eine gem. den Art. 42 und 43 erteilte Zertifizierung zu widerrufen, oder die Zertifizierungsstelle anzuweisen, keine Zertifizierung zu erteilen, wenn die Voraussetzungen für die Zertifizierung nicht oder nicht mehr erfüllt werden (Abs. 2 lit. h);
- eine Stellungnahme abzugeben und Entwürfe von Verhaltensregeln gem. Art. 40 Abs. 5 zu billigen (Abs. 3 lit. d);
- Zertifizierungsstellen gem. Art. 43 zu akkreditieren (Abs. 3 lit. e) und
- im Einklang mit Art. 42 Abs. 5 Zertifizierungen zu erteilen und Kriterien für die Zertifizierung zu billigen (Abs. 3 lit. f).

Auch hier wird lediglich nach Befugnisarten (Untersuchung/Abhilfe/Genehmigung) unterschieden, aber weder auf Art. 57 Bezug noch auf die Reihenfolge der Aufgaben im entsprechenden Abschnitt 5 der Verordnung Rücksicht genommen.

Die hier gemeinsam behandelten Befugnisse basieren auf Art. 53 Abs. 1 lit. ia E-EP, Art. 53 Abs. 1 lit. ab, Abs. 1c lit. ac, ad, ae E-Rat und Art. 53 Abs. 1b lit. fa Trilog (neu), waren also wiederum an unterschiedlichsten Stellen vorgesehen.

IV. Vorbehalt geeigneter Garantien (Abs. 4)

23 Nach Abs. 4 erfolgt die Ausübung der der Aufsichtsbehörde gem. diesem Artikel übertragenen Befugnisse „vorbehaltlich geeigneter Garantien einschließlich wirksamer gerichtlicher Rechtsbehelfe und ordnungsgemäßer Verfahren" gem. dem Unionsrecht und dem Recht des Mitgliedstaats im Einklang mit der Europäischen Grundrechte-Charta.

Was unter diesen „geeigneten Garantien" alles zu verstehen ist, führt EG 129 Satz 4, 5, 7, 8, 9 aus: Die Ausübung muss unparteiisch, gerecht und innerhalb einer angemessenen Frist erfolgen, insbesondere sollte jede Maßnahme geeignet, erforderlich und verhältnismäßig sein, jede Person sollte vor dem Treffen nachteiliger individueller Maßnahmen gehört werden, überflüssige Kosten und übermäßige Unannehmlichkeiten für die Betroffenen sind zu vermeiden. Außerdem sollten rechtsverbindliche Maßnahmen schriftlich erlassen werden und klar und eindeutig sein; die erlassende Behörde und das Datum des Erlasses sollten angegeben werden, die Maßnahme sollte unterschrieben, begründet und mit einem Hinweis auf einen Rechtsbehelf versehen sein. Zusätzliche Anforderungen nach dem Verfahrensrecht der Mitgliedstaaten sind zulässig. Wird ein rechtsverbindlicher Beschluss erlassen, so muss dieser in dem Mitgliedstaat der Aufsichtsbehörde, die den Beschluss erlassen hat, gerichtlich überprüft werden können.

Alle diese Forderungen sind in Deutschland unter der Geltung des Rechtsstaatsprinzips (Art. 20 Abs. 3 GG) selbstverständlich; befremdlich ist, dass eine derartige Vorschrift offenbar keinen eigenen konkreten (nur „geeignete Garantien") Inhalt hat, sondern lediglich durch Erwägungsgründe konkretisiert wird, die nicht zwingend sind („sollte"). Zu vermuten ist, dass diese Vorschrift durch die Mitgliedstaaten sehr unterschiedlich ausgefüllt wird, obwohl es sich um elementare rechtsstaatliche Garantien handelt. Ein gemeinsamer europäischer Maßstab könnte sich jedoch über Art. 2 EUV ergeben. Der Absatz hat auch erst durch Art. 53 Abs. 2 E-Rat in die Vorschrift Eingang gefunden.

Es ist notwendig, auch für Behörden einen gerichtlichen Rechtsschutz gegen Maßnahmen der Datenschutzaufsichtsbehörde zu schaffen, weil Art. 58 in Zukunft hoheitliche Maßnahmen der Aufsichtsbehörden gegenüber anderen Behörden ermöglicht. Wenn die Datenschutzbehörden damit zu spezifischen Rechtsaufsichtsbehörden werden, muss eine Rechtsschutzmöglichkeit vorhanden sein. Im nicht öffentlichen Bereich sind die Befugnisse mit der geltenden Rechtslage vergleichbar.

V. Justizielle Befugnisse (Abs. 5)

Nach Abs. 5 müssen die Mitgliedstaaten durch Rechtsvorschriften vorsehen, dass ihre Aufsichtsbehörden befugt sind, Verstöße gegen diese Verordnung „den Justizbehörden zur Kenntnis zu bringen" und gegebenenfalls die Einleitung eines gerichtlichen Verfahrens zu betreiben oder sich sonst daran zu beteiligen, um die Bestimmungen dieser Verordnung durchzusetzen. **24**

Auch das ist sehr allgemein formuliert, wenn auch in allen Entwürfen (Art. 53 Abs. 3 E-KOM, E-EP, E-Rat [Formulierung etwas erweitert] und Trilog) vorgesehen. EG 129 Satz 1 a.E. fasst die Regelung etwas zusammen: Unbeschadet der Befugnisse der Strafverfolgungsbehörden nach dem Recht der Mitgliedstaaten sollte die Befugnis der Aufsichtsbehörden gegeben sein, Verstöße gegen diese Verordnung den Justizbehörden zur Kenntnis zu bringen und Gerichtsverfahren anzustrengen.

VI. Zusätzliche Befugnisse (Abs. 6)

Neben den in Abs. 1 bis 3 aufgeführten Befugnissen können die Mitgliedstaaten ihren Aufsichtsbehörden „zusätzliche" Befugnisse einräumen, wobei deren Ausübung „nicht die effektive Durchführung des Kap. VII beeinträchtigen" darf, d.h. die Zusammenarbeit (Art. 60 ff.) und Kohärenz (Art. 63 ff.) der Aufsichtsbehörden. Dieser Absatz wurde erst im Trilog angefügt. Da die Aufsichtsbehörden neben den in Art. 57 aufgelisteten auch „jede sonstige Aufgabe im Zusammenhang mit dem Schutz personenbezogener Daten erfüllen" dürfen und müssen (Art. 57; Rn. 8), sind weitere nationale Befugniszuweisungen denkbar, wobei Art. 58 aber schon alle wesentlichen und einige weitreichende Befugnisse geregelt haben dürfte. **25**

C. Weitere Auswirkungen der Verordnung in der Praxis

I. Voraussichtliche Auswirkungen auf das nationale Recht

Zwar gelten die Befugnisse des Art. 58 unmittelbar durch die Verordnung, aber die zum Teil widersprechenden nationalen Regelungen müssen an die neue Rechtslage angepasst werden. In Zukunft ist zu beachten, dass sich die Befugnisse der Aufsichtsbehörden direkt aus dem europäischen Recht ergeben und nationale Zusatzregelungen nur im Rahmen von Abs. 6 möglich sind. Punktuelle Wiederholungen des Verordnungstextes im nationalen Recht sind nur unter bestimmten Voraussetzungen zulässig (Rn. 2). **26**

II. Anwendung durch die Datenverarbeiter

Die Datenverarbeiter müssen eine Reihe von neuen Pflichten erfüllen, zu deren Bewältigung zwar auch die Aufsichtsbehörden beitragen sollen, etwa indem sie Listen von Verarbeitungsarten führen müssen, für die eine Datenschutz-Folgenabschätzung durchzuführen ist, oder indem sie Entwürfe von Verhaltensregeln prüfen. Aber nicht nur die Aufsichtsbehörden müssen alsbald ihre **27** neuen Aufgaben erfüllen, auch die Datenverarbeiter werden stark damit beschäftigt sein, sich die relevanten Informationen für die Erfüllung ihrer neuen Pflichten zu verschaffen. Es wird maßgeblich darauf ankommen, wie schnell und wie gut die Aufsichtsbehörden entsprechende Vorarbeiten leisten, um das Datenschutzniveau in Europa durch die Vorgaben der Verordnung tatsächlich zeitnah signifikant zu steigern.

Article 59

Activity reports

Each supervisory authority shall draw up an annual report on its activities, which may include a list of types of infringement notified and types of measures taken in accordance with Article 58(2). Those reports shall be transmitted to the national parliament, the government and other authorities as designated by Member State law. They shall be made available to the public, to the Commission and to the Board.

Artikel 59

Tätigkeitsbericht

Jede Aufsichtsbehörde erstellt einen Jahresbericht über ihre Tätigkeit, der eine Liste der Arten der gemeldeten Verstöße und der Arten der getroffenen Maßnahmen nach Artikel 58 Absatz 2 enthalten kann. Diese Berichte werden dem nationalen Parlament, der Regierung und anderen nach dem Recht der Mitgliedstaaten bestimmten Behörden übermittelt. Sie werden der Öffentlichkeit, der Kommission und dem Ausschuss zugänglich gemacht.

§ 15 BDSG-neu

Tätigkeitsbericht
[Bundesbeauftragte für den Datenschutz und die Informationssicherheit]

Die oder der Bundesbeauftragte erstellt einen Jahresbericht über ihre oder seine Tätigkeit, der eine Liste der Arten der gemeldeten Verstöße und der Arten der getroffenen Maßnahmen, einschließlich der verhängten Sanktionen und der Maßnahmen nach Artikel 58 Absatz 2 der Verordnung (EU) 2016/679, enthalten kann. Die oder der Bundesbeauftragte übermittelt den Bericht dem Deutschen Bundestag, dem Bundesrat und der Bundesregierung und macht ihn der Öffentlichkeit, der Europäischen Kommission und dem Europäischen Datenschutzausschuss zugänglich.

Bedeutung der Norm

Die Norm regelt die Pflicht der Aufsichtsbehörden (Art. 4 Nr. 21 und Art. 51 ff.) zur Erstellung und Veröffentlichung eines Jahresberichtes über ihre Tätigkeit.

Hinweise für den Anwender

Für die Norm relevante Definitionen:
- Aufsichtsbehörde (Art. 4 Nr. 21).

Systematische Einordnung der Norm innerhalb der DS-GVO:
- Die Vorschrift ergänzt die Aufgaben in Art. 57 und nimmt Bezug auf Art. 58.

Vorgängernorm im BDSG:
- § 38 BDSG.

Vorgängernormen der RL 95/46:
- Art. 28 RL 95/46/EG.

Schlagworte

Aufsichtsbehörde, Aufgaben, Tätigkeitsbericht, Liste der Arten der gemeldeten Verstöße, Liste der Arten der getroffenen Maßnahmen, Veröffentlichung

---

A. Allgemeines

I. Regelungszweck

1 Zweck der Verpflichtung zur Erstellung und Veröffentlichung eines Tätigkeitsberichtes ist zum einen, für Betroffene (Art. 4 Nr. 1) und Datenverarbeiter (Art. 4 Nr. 7, 8 i.V.m. Nr. 2) eine regelmäßige und schnelle Möglichkeit zur Information über aktuelle Rechts- und Auslegungsfragen zu schaffen, zum anderen die Eigenkontrolle der Behörde über ihre Aufgabenerfüllung.

II. Normadressaten

1. Mitgliedstaaten

2 Normadressaten sind alle Mitgliedstaaten, soweit sie bisher anderslautende Regelungen zu Tätigkeitsberichten hatten. Dies kann den Zyklus betreffen (in Deutschland bisher alle zwei Jahre) oder die Vorgaben zur Veröffentlichung der Berichte, die nun ebenfalls detaillierter sind.

2. Aufsichtsbehörden

3 Die Aufsichtsbehörden müssen sich darauf einstellen, in Zukunft jährlich Berichte über ihre Tätigkeit zu erstellen, die aufgrund der erweiterten Aufgaben und Befugnisse (Art. 57, 58) viele neue Inhalte enthalten werden und die an diverse vorgegebene Stellen übermittelt und verschiedenen Adressaten zugänglich gemacht werden müssen.

III. Systematik

4 Die Pflicht zur Erstellung und Veröffentlichung eines Tätigkeitsberichtes rundet die Aufgaben (Art. 57) der Aufsichtsbehörden ab und ermöglicht einen regelmäßigen und schnellen Überblick über die Aufgabenerfüllung (Maßnahmen nach Art. 58).

IV. Entstehungsgeschichte

1. Bisherige europäische Vorgaben

5 Nach Art. 28 Abs. 5 RL 95/46/EG musste jede Kontrollstelle regelmäßig einen Bericht über ihre Tätigkeit vorlegen. Dieser Bericht war zu veröffentlichen. Weitere Vorgaben wurden nicht gemacht.

2. Bisherige nationale Vorgaben

6 Nach § 38 Abs. 1 Satz 7 BDSG-alt veröffentlichte die Aufsichtsbehörde regelmäßig, spätestens alle zwei Jahre, einen Tätigkeitsbericht. Die Aufsichtsbehörden handhaben dies unterschiedlich, der Hessische Datenschutzbeauftragte etwa erstellt seinen Bericht jährlich, der SächsDSB alle zwei Jahre. Über diese Verpflichtung hinaus publizieren die Aufsichtsbehörden aber auch weitere Informationen und Anleitungen, Muster im Internet und gedruckte Broschüren zu verschiedenen Themen.

B. Inhalt der Regelung

I. Jährlicher Tätigkeitsbericht

Nach Art. 59 Satz 1 Hs. 1 hat jede Aufsichtsbehörde einen „Jahresbericht über ihre Tätigkeit" zu erstellen. Die Vorschläge von Kommission und Rat lauteten ebenso, lediglich Art. 54 Satz 1 E-EP sah noch den Bericht „mindestens alle zwei Jahre" vor. Der zu erstellende Tätigkeitsbericht ist neben der Darstellung und Aufarbeitung der aufsichtlichen Tätigkeit die Plattform für die Kommunizierung datenschutzrechtlicher Themen und Lösungsmöglichkeiten sowie eine Möglichkeit zur Kommentierung von datenschutzrechtlichen Entwicklungen aus dem Blickwinkel der Aufsichtsbehörde(n). **7**

II. Inhalte

Zu den Inhalten des Tätigkeitsberichtes enthielten Art. 54 E-KOM, E-EP und E-Rat noch keine konkreten Aussagen. Erst im Trilog wurde eine Formulierung hinzugefügt, wonach der Bericht eine „Liste" der „Arten der gemeldeten Verstöße" und der „Arten der getroffenen Maßnahmen" enthalten „kann". Dass damit Maßnahmen nach Art. 58 Abs. 2 gemeint sind, stellt die endgültige Fassung (Art. 59 Satz 1 Hs. 2) klar. Dadurch wird zwar die Berichterstattung in eine gewisse Richtung gelenkt, aber weder ist die Aufnahme derartiger Listen zwingend („kann" enthalten) noch ist damit ein Mindestinhalt der Jahresberichte definiert. Es ist zu erwarten, dass die Aufsichtsbehörden nicht grundsätzlich von der bewährten Art und Weise ihrer Reports abweichen, die bislang mangels Eingriffsbefugnissen auch die effektivste, wenn nicht einzige Möglichkeit dieser Behörden war, ihre Standpunkte zu datenschutzrechtlichen Themen so zu äußern, dass sie zumindest von den der Kontrolle unterliegenden Stellen auch gehört werden. Andererseits ist auch davon auszugehen, dass derartige „Listen" zusätzlich in die Berichte aufgenommen werden, dem Wortlaut nach eher in Tabellenform, eventuell gruppiert nach „Arten", aber auch ausformulierte Stellungnahmen sind jedenfalls nicht ausgeschlossen. Eine ähnliche Form der Berichterstattung ist bisher etwa bei verfolgten Ordnungswidrigkeiten zu beobachten (mit Anzahl der Verfahren, Summe der Bußgelder, herausragenden Einzelfällen, gegebenenfalls kurzen Stellungnahmen). **8**

III. Adressaten

1. National

Nach Art. 59 Satz 2 werden diese Berichte dem nationalen Parlament, der Regierung und anderen nach dem Recht der Mitgliedstaaten bestimmten Behörden „übermittelt". In Art. 54 Satz 2 Hs. 2 E-KOM und E-EP lautete es noch, der Bericht werde dem nationalen bzw. dem jeweiligen Parlament „vorgelegt", Art. 54 Satz 2 E-Rat brachte außer dem Begriff der Übermittlung auch die Einfügung von Regierung und anderen (nationalen) Behörden als Adressaten. Welche Behörden dies sind, richtet sich nach dem Recht der Mitgliedstaaten. Damit sollten die Standpunkte der Aufsichtsbehörden breitere Aufmerksamkeit bei den (nationalen) politisch verantwortlichen und rechtlich zuständigen Stellen, mithin der Datenschutz, eine größere Bedeutung erhalten. Die Wahl des Verbes unterstreicht letztlich auch die aktivere Rolle der Aufsichtsbehörden. **9**

2. Europäisch

Außerdem werden nach Art. 59 Satz 3 die Berichte der Öffentlichkeit, der Kommission und dem Ausschuss (Art. 68) zugänglich gemacht. Die Vorentwürfe waren nur geringfügig anders formuliert. Unter „Zugänglichmachung" ist im Unterschied zur Übermittlung und insbesondere bei der Öffentlichkeit auch eine elektronische Veröffentlichung, wie dies bereits durch die Datenschutzbeauftragten in Deutschland gehandhabt wird, zu verstehen. **10**

Nur im Hinblick auf die Verortung der Adressaten (national bei Art. 59 Satz 2, europäisch bei Satz 3) leuchtet die Unterteilung der beiden Adressatengruppen ein, nicht in Bezug auf die Art und Weise der Bekanntgabe der Berichte, werden doch sicher die Berichte den europäischen Institutionen Kommission und Datenschutzausschuss ebenso in Papierform und/oder als elektronische Dokumente „übermittelt" wie den in Satz 2 genannten nationalen Stellen.

C. Weitere Auswirkungen der Verordnung in der Praxis

I. Voraussichtliche Auswirkungen auf das nationale Recht

11 Änderungsbedarf im nationalen Recht gibt es hinsichtlich des Veröffentlichungszeitraums der Tätigkeitsberichte der Aufsichtsbehörden (zukünftig jährlich). Im Übrigen entspricht das nationale Recht wie die aktuelle Praxis den Vorgaben der DS-GVO.

II. Anwendung durch die Datenverarbeiter

12 Datenverarbeiter können sich zukünftig, wenn und soweit, wie anzunehmen ist, die Tätigkeitsberichte Listen der Arten der gemeldeten Verstöße und der Arten der getroffenen Maßnahmen nach Art. 58 Abs. 2 enthalten, einen schnellen Überblick über Datenschutzprobleme und Folgen von Datenschutzverstößen verschaffen und dementsprechend ihre Datenverarbeitungstätigkeiten an der Rechtsauffassung der Datenschutzaufsicht orientieren.

Kapitel VII Zusammenarbeit und Kohärenz

Chapter VII Cooperation and consistency

Article 60

Cooperation between the lead supervisory authority and the other supervisory authorities concerned

(1) The lead supervisory authority shall cooperate with the other supervisory authorities concerned in accordance with this Article in an endeavour to reach consensus. The lead supervisory authority and the supervisory authorities concerned shall exchange all relevant information with each other.

(2) The lead supervisory authority may request at any time other supervisory authorities concerned to provide mutual assistance pursuant to Article 61 and may conduct joint operations pursuant to Article 62, in particular for carrying out investigations or for monitoring the implementation of a measure concerning a controller or processor established in another Member State.

(3) The lead supervisory authority shall, without delay, communicate the relevant information on the matter to the other supervisory authorities concerned. It shall without delay submit a draft decision to the other supervisory authorities concerned for their opinion and take due account of their views.

(4) Where any of the other supervisory authorities concerned within a period of four weeks after having been consulted in accordance with paragraph 3 of this Article, expresses a relevant and reasoned objection to the draft decision, the lead supervisory authority shall, if it does not follow the relevant and reasoned objection or is of the opinion that the objection is not relevant or reasoned, submit the matter to the consistency mechanism referred to in Article 63.

Artikel 60

Zusammenarbeit zwischen der federführenden Aufsichtsbehörde und den anderen betroffenen Aufsichtsbehörden

(1) Die federführende Aufsichtsbehörde arbeitet mit den anderen betroffenen Aufsichtsbehörden im Einklang mit diesem Artikel zusammen und bemüht sich dabei, einen Konsens zu erzielen. Die federführende Aufsichtsbehörde und die betroffenen Aufsichtsbehörden tauschen untereinander alle zweckdienlichen Informationen aus.

(2) Die federführende Aufsichtsbehörde kann jederzeit andere betroffene Aufsichtsbehörden um Amtshilfe gemäß Artikel 61 ersuchen und gemeinsame Maßnahmen gemäß Artikel 62 durchführen, insbesondere zur Durchführung von Untersuchungen oder zur Überwachung der Umsetzung einer Maßnahme in Bezug auf einen Verantwortlichen oder einen Auftragsverarbeiter, der in einem anderen Mitgliedstaat niedergelassen ist.

(3) Die federführende Aufsichtsbehörde übermittelt den anderen betroffenen Aufsichtsbehörden unverzüglich die zweckdienlichen Informationen zu der Angelegenheit. Sie legt den anderen betroffenen Aufsichtsbehörden unverzüglich einen Beschlussentwurf zur Stellungnahme vor und trägt deren Standpunkten gebührend Rechnung.

(4) Legt eine der anderen betroffenen Aufsichtsbehörden innerhalb von vier Wochen, nachdem sie gemäß Absatz 3 des vorliegenden Artikels konsultiert wurde, gegen diesen Beschlussentwurf einen maßgeblichen und begründeten Einspruch ein und schließt sich die federführende Aufsichtsbehörde dem maßgeblichen und begründeten Einspruch nicht an oder ist der Ansicht, dass der Einspruch nicht maßgeblich oder nicht begründet ist, so leitet die federführende Aufsichtsbehörde das Kohärenzverfahren gemäß Artikel 63 für die Angelegenheit ein.

(5) Where the lead supervisory authority intends to follow the relevant and reasoned objection made, it shall submit to the other supervisory authorities concerned a revised draft decision for their opinion. That revised draft decision shall be subject to the procedure referred to in paragraph 4 within a period of two weeks.

(5) Beabsichtigt die federführende Aufsichtsbehörde, sich dem maßgeblichen und begründeten Einspruch anzuschließen, so legt sie den anderen betroffenen Aufsichtsbehörden einen überarbeiteten Beschlussentwurf zur Stellungnahme vor. Der überarbeitete Beschlussentwurf wird innerhalb von zwei Wochen dem Verfahren nach Absatz 4 unterzogen.

(6) Where none of the other supervisory authorities concerned has objected to the draft decision submitted by the lead supervisory authority within the period referred to in paragraphs 4 and 5, the lead supervisory authority and the supervisory authorities concerned shall be deemed to be in agreement with that draft decision and shall be bound by it.

(6) Legt keine der anderen betroffenen Aufsichtsbehörden Einspruch gegen den Beschlussentwurf ein, der von der federführenden Aufsichtsbehörde innerhalb der in den Absätzen 4 und 5 festgelegten Frist vorgelegt wurde, so gelten die federführende Aufsichtsbehörde und die betroffenen Aufsichtsbehörden als mit dem Beschlussentwurf einverstanden und sind an ihn gebunden.

(7) The lead supervisory authority shall adopt and notify the decision to the main establishment or single establishment of the controller or processor, as the case may be and inform the other supervisory authorities concerned and the Board of the decision in question, including a summary of the relevant facts and grounds. The supervisory authority with which a complaint has been lodged shall inform the complainant on the decision.

(7) Die federführende Aufsichtsbehörde erlässt den Beschluss und teilt ihn der Hauptniederlassung oder der einzigen Niederlassung des Verantwortlichen oder gegebenenfalls des Auftragsverarbeiters mit und setzt die anderen betroffenen Aufsichtsbehörden und den Ausschuss von dem betreffenden Beschluss einschließlich einer Zusammenfassung der maßgeblichen Fakten und Gründe in Kenntnis. Die Aufsichtsbehörde, bei der eine Beschwerde eingereicht worden ist, unterrichtet den Beschwerdeführer über den Beschluss.

(8) By derogation from paragraph 7, where a complaint is dismissed or rejected, the supervisory authority with which the complaint was lodged shall adopt the decision and notify it to the complainant and shall inform the controller thereof.

(8) Wird eine Beschwerde abgelehnt oder abgewiesen, so erlässt die Aufsichtsbehörde, bei der die Beschwerde eingereicht wurde, abweichend von Absatz 7 den Beschluss, teilt ihn dem Beschwerdeführer mit und setzt den Verantwortlichen in Kenntnis.

(9) Where the lead supervisory authority and the supervisory authorities concerned agree to dismiss or reject parts of a complaint and to act on other parts of that complaint, a separate decision shall be adopted for each of those parts of the matter. The lead supervisory authority shall adopt the decision for the part concerning actions in relation to the controller, shall notify it to the main establishment or single establishment of the controller or processor on the territory of its Member State and shall inform the complainant thereof, while the supervisory authority of the complainant shall adopt the decision for the part concerning dismissal or rejection of that complaint, and shall notify it to that

(9) Sind sich die federführende Aufsichtsbehörde und die betroffenen Aufsichtsbehörden darüber einig, Teile der Beschwerde abzulehnen oder abzuweisen und bezüglich anderer Teile dieser Beschwerde tätig zu werden, so wird in dieser Angelegenheit für jeden dieser Teile ein eigener Beschluss erlassen. Die federführende Aufsichtsbehörde erlässt den Beschluss für den Teil, der das Tätigwerden in Bezug auf den Verantwortlichen betrifft, teilt ihn der Hauptniederlassung oder einzigen Niederlassung des Verantwortlichen oder des Auftragsverarbeiters im Hoheitsgebiet ihres Mitgliedstaats mit und setzt den Beschwerdeführer hiervon in Kenntnis, während die für den

complainant and shall inform the controller or processor thereof.

Beschwerdeführer zuständige Aufsichtsbehörde den Beschluss für den Teil erlässt, der die Ablehnung oder Abweisung dieser Beschwerde betrifft, und ihn diesem Beschwerdeführer mitteilt und den Verantwortlichen oder den Auftragsverarbeiter hiervon in Kenntnis setzt.

(10) After being notified of the decision of the lead supervisory authority pursuant to paragraphs 7 and 9, the controller or processor shall take the necessary measures to ensure compliance with the decision as regards processing activities in the context of all its establishments in the Union. The controller or processor shall notify the measures taken for complying with the decision to the lead supervisory authority, which shall inform the other supervisory authorities concerned.

(10) Nach der Unterrichtung über den Beschluss der federführenden Aufsichtsbehörde gemäß den Absätzen 7 und 9 ergreift der Verantwortliche oder der Auftragsverarbeiter die erforderlichen Maßnahmen, um die Verarbeitungstätigkeiten all seiner Niederlassungen in der Union mit dem Beschluss in Einklang zu bringen. Der Verantwortliche oder der Auftragsverarbeiter teilt der federführenden Aufsichtsbehörde die Maßnahmen mit, die zur Einhaltung des Beschlusses ergriffen wurden; diese wiederum unterrichtet die anderen betroffenen Aufsichtsbehörden.

(11) Where, in exceptional circumstances, a supervisory authority concerned has reasons to consider that there is an urgent need to act in order to protect the interests of data subjects, the urgency procedure referred to in Article 66 shall apply.

(11) Hat – in Ausnahmefällen – eine betroffene Aufsichtsbehörde Grund zu der Annahme, dass zum Schutz der Interessen betroffener Personen dringender Handlungsbedarf besteht, so kommt das Dringlichkeitsverfahren nach Artikel 66 zur Anwendung.

(12) The lead supervisory authority and the other supervisory authorities concerned shall supply the information required under this Article to each other by electronic means, using a standardised format.

(12) Die federführende Aufsichtsbehörde und die anderen betroffenen Aufsichtsbehörden übermitteln einander die nach diesem Artikel geforderten Informationen auf elektronischem Wege unter Verwendung eines standardisierten Formats.

Recitals

(126) The decision should be agreed jointly by the lead supervisory authority and the supervisory authorities concerned and should be directed towards the main or single establishment of the controller or processor and be binding on the controller and processor. The controller or processor should take the necessary measures to ensure compliance with this Regulation and the implementation of the decision notified by the lead supervisory authority to the main establishment of the controller or processor as regards the processing activities in the Union.

Erwägungsgründe

(126) Der Beschluss sollte von der federführenden Aufsichtsbehörde und den betroffenen Aufsichtsbehörden gemeinsam vereinbart werden und an die Hauptniederlassung oder die einzige Niederlassung des Verantwortlichen oder Auftragsverarbeiters gerichtet sein und für den Verantwortlichen und den Auftragsverarbeiter verbindlich sein. Der Verantwortliche oder Auftragsverarbeiter sollte die erforderlichen Maßnahmen treffen, um die Einhaltung dieser Verordnung und die Umsetzung des Beschlusses zu gewährleisten, der der Hauptniederlassung des Verantwortlichen oder Auftragsverarbeiters im Hinblick auf die Verarbeitungstätigkeiten in der Union von der federführenden Aufsichtsbehörde mitgeteilt wurde.

Recitals	**Erwägungsgründe**
(130) Where the supervisory authority with which the complaint has been lodged is not the lead supervisory authority, the lead supervisory authority should closely cooperate with the supervisory authority with which the complaint has been lodged in accordance with the provisions on cooperation and consistency laid down in this Regulation. In such cases, the lead supervisory authority should, when taking measures intended to produce legal effects, including the imposition of administrative fines, take utmost account of the view of the supervisory authority with which the complaint has been lodged and which should remain competent to carry out any investigation on the territory of its own Member State in liaison with the competent supervisory authority.	(130) Ist die Aufsichtsbehörde, bei der die Beschwerde eingereicht wurde, nicht die federführende Aufsichtsbehörde, so sollte die federführende Aufsichtsbehörde gemäß den Bestimmungen dieser Verordnung über Zusammenarbeit und Kohärenz eng mit der Aufsichtsbehörde zusammenarbeiten, bei der die Beschwerde eingereicht wurde. In solchen Fällen sollte die federführende Aufsichtsbehörde bei Maßnahmen, die rechtliche Wirkungen entfalten sollen, unter anderem bei der Verhängung von Geldbußen, den Standpunkt der Aufsichtsbehörde, bei der die Beschwerde eingereicht wurde und die weiterhin befugt sein sollte, in Abstimmung mit der zuständigen Aufsichtsbehörde Untersuchungen im Hoheitsgebiet ihres eigenen Mitgliedstaats durchzuführen, weitestgehend berücksichtigen.
(131) Where another supervisory authority should act as a lead supervisory authority for the processing activities of the controller or processor but the concrete subject matter of a complaint or the possible infringement concerns only processing activities of the controller or processor in the Member State where the complaint has been lodged or the possible infringement detected and the matter does not substantially affect or is not likely to substantially affect data subjects in other Member States, the supervisory authority receiving a complaint or detecting or being informed otherwise of situations that entail possible infringements of this Regulation should seek an amicable settlement with the controller and, if this proves unsuccessful, exercise its full range of powers. This should include: specific processing carried out in the territory of the Member State of the supervisory authority or with regard to data subjects on the territory of that Member State; processing that is carried out in the context of an offer of goods or services specifically aimed at data subjects in the territory of the Member State of the supervisory authority; or processing that has to be assessed taking into account relevant legal obligations under Member State law.	(131) Wenn eine andere Aufsichtsbehörde als federführende Aufsichtsbehörde für die Verarbeitungstätigkeiten des Verantwortlichen oder des Auftragsverarbeiters fungieren sollte, der konkrete Gegenstand einer Beschwerde oder der mögliche Verstoß jedoch nur die Verarbeitungstätigkeiten des Verantwortlichen oder des Auftragsverarbeiters in dem Mitgliedstaat betrifft, in dem die Beschwerde eingereicht wurde oder der mögliche Verstoß aufgedeckt wurde, und die Angelegenheit keine erheblichen Auswirkungen auf betroffene Personen in anderen Mitgliedstaaten hat oder haben dürfte, sollte die Aufsichtsbehörde, bei der eine Beschwerde eingereicht wurde oder die Situationen, die mögliche Verstöße gegen diese Verordnung darstellen, aufgedeckt hat bzw. auf andere Weise darüber informiert wurde, versuchen, eine gütliche Einigung mit dem Verantwortlichen zu erzielen; falls sich dies als nicht erfolgreich erweist, sollte sie die gesamte Bandbreite ihrer Befugnisse wahrnehmen. Dies sollte auch Folgendes umfassen: die spezifische Verarbeitung im Hoheitsgebiet des Mitgliedstaats der Aufsichtsbehörde oder im Hinblick auf betroffene Personen im Hoheitsgebiet dieses Mitgliedstaats; die Verarbeitung im Rahmen eines Angebots von Waren oder Dienstleistungen, das speziell auf betroffene Personen im Hoheitsgebiet des Mitgliedstaats der Aufsichtsbehörde ausgerichtet ist; oder eine Verarbeitung, die unter Berücksichtigung der einschlägigen rechtlichen Verpflichtungen

Recitals	**Erwägungsgründe**
	nach dem Recht der Mitgliedstaaten bewertet werden muss.

§ 19 BDSG-neu

Zuständigkeiten

(1) Federführende Aufsichtsbehörde eines Landes im Verfahren der Zusammenarbeit und Kohärenz nach Kapitel VII der Verordnung (EU) 2016/679 ist die Aufsichtsbehörde des Landes, in dem der Verantwortliche oder der Auftragsverarbeiter seine Hauptniederlassung im Sinne des Artikels 4 Nummer 16 der Verordnung (EU) 2016/679 oder seine einzige Niederlassung in der Europäischen Union im Sinne des Artikels 56 Absatz 1 der Verordnung (EU) 2016/679 hat. Im Zuständigkeitsbereich der oder des Bundesbeauftragten gilt Artikel 56 Absatz 1 in Verbindung mit Artikel 4 Nummer 16 der Verordnung (EU) 2016/679 entsprechend. Besteht über die Federführung kein Einvernehmen, findet für die Festlegung der federführenden Aufsichtsbehörde das Verfahren des § 18 Absatz 2 entsprechende Anwendung.

(2) Die Aufsichtsbehörde, bei der eine betroffene Person Beschwerde eingereicht hat, gibt die Beschwerde an die federführende Aufsichtsbehörde nach Absatz 1, in Ermangelung einer solchen an die Aufsichtsbehörde eines Landes ab, in dem der Verantwortliche oder der Auftragsverarbeiter eine Niederlassung hat. Wird eine Beschwerde bei einer sachlich unzuständigen Aufsichtsbehörde eingereicht, gibt diese, sofern eine Abgabe nach Satz 1 nicht in Betracht kommt, die Beschwerde an die Aufsichtsbehörde am Wohnsitz des Beschwerdeführers ab. Die empfangende Aufsichtsbehörde gilt als die Aufsichtsbehörde nach Maßgabe des Kapitels VII der Verordnung (EU) 2016/679, bei der die Beschwerde eingereicht worden ist, und kommt den Verpflichtungen aus Artikel 60 Absatz 7 bis 9 und Artikel 65 Absatz 6 der Verordnung (EU) 2016/679 nach.

Literatur

Albrecht, Das neue EU-Datenschutzrecht – von der Richtlinie zur Verordnung, in: CR 2016, 88; *Benecke/Wagner*, Öffnungsklauseln in der Datenschutz-Grundverordnung und das deutsche BDSG – Grenzen und Gestaltungsspielräume für ein nationales Datenschutzrecht, in: DVBl. 2016, 600; *Kühling/Martini et al.*, Die Datenschutz-Grundverordnung und das nationale Recht: Erste Überlegungen zum innerstaatlichen Regelungsbedarf, 1. Auflage 2016, MV-Wissenschaft Münster; *Spindler*, Die neue EU-Datenschutz-Grundverordnung, in: DB 2016, S. 937; Bauer/Reimer (Hrsg.), Handbuch Datenschutzrecht, 1. Auflage 2009, Facultas Wien.

▶ Bedeutung der Norm

Art. 60 strukturiert die Zusammenarbeit zwischen federführender (Art. 56) und anderen „betroffenen Aufsichtsbehörden" (Art. 4 Nr. 22) im Hinblick auf eine einzige, einheitliche Entscheidung im Verhältnis zu „Verantwortlichen" (Art. 4 Nr. 7) und „Auftragsverarbeitern" (Art. 4 Nr. 8). Von an der Rechtsetzung Beteiligten werden die Teile der Grundverordnung, die sich mit einer engeren Zusammenarbeit und Abstimmung der Aufsichtsbehörden sowie mit den Sanktionen befassen, als zu den wichtigsten Bausteinen gehörend betrachtet.[1]

1 Vgl. *Albrecht*, in: CR 2016, 96; *Spindler*, in: DB 2016, 946.

Hinweise für den Anwender

Für die Norm relevante Definitionen:

- Aufsichtsbehörde (Art. 4 Nr. 21), Auftragsverarbeiter (Art. 4 Nr. 8), betroffene Aufsichtsbehörde (Art. 4 Nr. 22), maßgeblicher und begründeter Einspruch (Art. 4 Nr. 24), Verantwortlicher (Art. 4 Nr. 7).

Für die Auslegung der Norm relevante Erwägungsgründe:

- EG 124 – 128, 130, 131.

Systematische Einordnung der Norm innerhalb der DS-GVO:

- Art. 60 als Grundnorm der „Zusammenarbeit" zwischen Aufsichtsbehörden wird durch Art. 61 und Art. 62 ergänzt, ist über Abs. 4 jedoch allgemein mit Kohärenzverfahren nach Art. 63 (ff.) und nach Abs. 11 auch mit Art. 66 (Dringlichkeitsverfahren) verknüpft.

Vorgängernorm der RL 95/46:

- Art. 28 Abs. 6 UAbs. 2 RL 95/46/EG.

Schlagworte

Amtshilfe, Amtshilfeersuchen, Ausnahmefälle, „Begleitverfahren", betroffene Aufsichtsbehörde, betroffene Personen, Beschluss der federführenden Aufsichtsbehörde, Beschlussentwurf der federführenden Aufsichtsbehörde, Beschwerde, Beschwerdeführer, dringender Handlungsbedarf, Dringlichkeitsverfahren, „Eil"-Verfahren, „Eingangs"-Behörde, einstweilige Maßnahmen von Aufsichtsbehörden, elektronischer Informationsaustausch, endgültige Beschlüsse/Maßnahmen von Aufsichtsbehörden, federführende Aufsichtsbehörde, gemeinsame Maßnahmen von Aufsichtsbehörden, Hauptniederlassung, Informationsaustausch zwischen Aufsichtsbehörden, Kohärenzverfahren, Konsens, Konsultation zu Beschlussentwurf, maßgeblicher und begründeter Einspruch einer Aufsichtsbehörde, (erforderliche) Maßnahmen von Verantwortlichen/Auftragsverarbeitern, Kontrollstelle, Konsens zwischen Aufsichtsbehörden, (einzige) Niederlassung, one-stop-shop-Gedanke, Sanktionen, standardisiertes Format von Informationen, Standpunkte von Aufsichtsbehörden, Stellungnahme des Ausschusses, Streitbeilegung durch Ausschuss, „Territorialbehörde", „unterrichtende" Behörde, Untersuchungen von Aufsichtsbehörden, Zusammenarbeit zwischen Aufsichtsbehörden, Zuständigkeitskonflikte, „zweiter" Beschlussentwurf

---

A. Allgemeines

I. Regelungszweck

1 Mechanismen der Kooperationen zwischen mehreren nationalen Aufsichtsbehörden sollen bei „grenzüberschreitender Verarbeitung" (Art. 4 Nr. 23) nicht nur zu einheitlicher Anwendung des Rechts, sondern darüber hinaus auch zu möglichst einer einzigen Entscheidung nach außen, gegenüber „Verantwortlichen" (Art. 4 Nr. 7) oder „Auftragsverarbeitern" (Art. 4 Nr. 8), führen (s. Art. 56 Abs. 1, 6). Zu diesem Zweck müssen sowohl die Bereiche, in denen Zusammenarbeit (und Kohärenz) stattfinden soll, als auch die Verfahren der Entscheidungsfindung und -übermittlung genauer bestimmt werden. Zudem ist das Verhältnis der beiden Normalverfahren zueinander und zum „Eil"-Verfahren bei Dringlichkeit (Art. 66) zu regeln.

II. Normadressaten

1. Aufsichtsbehörden

a) Federführende Aufsichtsbehörde

2 Die Definition für „Aufsichtsbehörde" in Art. 4 Nr. 21 ist auch hier einschlägig; die jeweilige Federführung folgt aus Art. 56 Abs. 1 i. V. m. Art. 55 Abs. 2 (Satz 2). Die Bestimmung einer federführenden Aufsichtsbehörde geht auf den Gedanken des „One-Stop-Shop" zurück: Für ein Unternehmen in der EU soll grundsätzlich nur eine einzige Aufsichtsbehörde zuständig sein. Die Idee des One-Stop-Shop ist in der DS-GVO nur ansatzweise umgesetzt und zudem mehrfach durchbrochen. Insbesondere übt die federführende Behörde nicht etwa unmittelbar EU-weit in eigener Zuständigkeit Hoheitsrechte aus. Vielmehr verbleibt es bei der Ausübung der Befugnisse durch Aufsichtsbehörden in den jeweiligen Mitgliedstaaten. Auch unterliegt die Bestimmung der federführenden Aufsichtsbehörde einer Reihe von Ausnahmen, etwa wenn eine Beschwerde bei einer anderen Aufsichtsbehörde erhoben wird. Schließlich führen die Verfahren der Zusammenarbeit und Kohärenz nach Art. 60 ff. zu einem komplizierten Procedere, das an vielen Stellen aufgrund der nicht immer klaren Bestimmung der je zuständigen Behörden Raum für etliche positive und negative Zuständigkeitskonflikte zwischen den Aufsichtsbehörden bieten dürfte. Das Funktionieren der Verfahren hängt daher entscheidend vom Willen und den Fähigkeiten der federführenden Aufsichtsbehörde ab. Für diese Stelle ergeben sich allgemeine Pflichten aus Abs. 1 (Kooperation nach Satz 1 und Informationsaustausch nach Satz 2 sowie Abs. 12) sowie diverse spezielle Verpflichtungen – zur Vorlage von Beschlussentwürfen (Abs. 3 Satz 2, Abs. 5), zur Einleitung eines Kohärenzverfahrens (Abs. 4 i. V. m. Art. 63) sowie zum Erlass endgültiger Beschlüsse und zur Unterrichtung hierüber (Abs. 7, 8, 9 Abs. 2) bzw. zu Implementierungsmaßnahmen (Abs. 10 Satz 2 Hs. 2). Berechtigt ist die federführende Behörde nach Abs. 2 zu Amtshilfe-Ersuchen gegenüber anderen „betroffenen" Aufsichtsbehörden (Rn. 3) und zudem zur Veranlassung und Durchführung gemeinsamer Maßnahmen gemäß Art. 62. Schließlich sind ihr Informationen zu übermitteln nicht nur im Zusammenhang mit der Abfassung oder Überarbeitung von Beschlüssen durch andere Behörden (Abs. 3 bis 5, 9), sondern auch seitens von Verantwortlichen oder Auftragsverarbeitern in Bezug auf Maßnahmen, die zur Einhaltung von Beschlüssen getroffen wurden (Abs. 10 Satz 2 Hs. 1).

b) Andere (betroffene) Aufsichtsbehörden

3 Aufsichtsbehörden, die nicht federführend sind, können gleichwohl gemäß Art. 56 Abs. 2 bis 5 betroffen sein; dies ergibt sich aus der allgemeinen Zuständigkeitsvorschrift des Art. 55 Abs. 1. „Betroffenheit" resultiert nach Art. 4 Nr. 22 entweder 1) daraus, dass Verantwortliche oder Auftragsverarbeiter im Hoheitsgebiet des betreffenden Mitgliedstaats niedergelassen sind (lit. a), oder 2), dass die „Verarbeitung" (Art. 4 Nr. 2) wesentliche Auswirkungen auf betroffene Personen (s. Art. 4 Nr. 1) mit Wohnsitz im Mitgliedstaat der Aufsichtsbehörde bereits hat oder doch haben kann (lit. b), oder schließlich 3), dass bei einer Aufsichtsbehörde eine Beschwerde (Rn. 5) eingereicht worden ist (lit. c). Dies entspricht der besonderen Zuständigkeit nach Art. 56 Abs. 2, die beinhaltet, dass auch dann, wenn die federführende Behörde nach Art. 60 vorgeht, eine maßgebliche Mitwirkung an der Abfassung des Beschlussentwurfs fortbesteht (s. Art. 56 Abs. 4 Satz 2 und 3). Alternativ verfährt die „Eingangs"-Behörde (nach Art. 56 Abs. 2, Art. 77 Abs. 2) selbst nach Maßgabe von Art. 56 Abs. 5, d. h. sie befasst sich mit Amtshilfe oder löst gemeinsame Maßnahmen aus.

4 Art. 60 knüpft allerdings an Art. 56 Abs. 4 Satz 1 an und bezieht nicht nur eine „unterrichtende" Behörde nach Art. 56 Abs. 2, 3 ein, sondern auch andere Aufsichtsbehörden. Diese werden zunächst wieder allgemein zur Zusammenarbeit wie zum Informationsaustausch verpflichtet (und berechtigt); den von ihnen geäußerten „Standpunkten" ist generell (nach Abs. 3 Satz 2) und nicht nur in der Konstellation des Art. 56 Abs. 4 Rechnung zu tragen. Aus der Betroffenheit resultiert ein Recht, gegen einen Beschlussentwurf einen „maßgeblichen und begründeten Einspruch" (Art. 4 Nr. 24) einzulegen (Abs. 4); nur auf diese Weise kann andererseits eine Bindung nach Abs. 6 an die Beschlussvorlage vermieden werden. Jede betroffene Aufsichtsbehörde kann so die Überleitung in ein Kohärenzverfahren erzwingen (Abs. 4 und Abs. 5 Satz 2). Alle betroffenen Aufsichtsbehörden sind von der federführenden Behörde über deren endgültigen Beschluss zu unterrichten (Abs. 7 Abs. 1) sowie nach Abs. 10 Satz 2 Hs. 2 darüber, was zur Durchführung eines solchen Beschlusses geschehen ist.

5 Vereinzelt werden nur bestimmte betroffene Aufsichtsbehörden adressiert, so die Stelle, bei der eine Beschwerde (Art. 77) eingereicht worden ist, nach Abs. 7 Satz 2 (Pflicht, den Beschwerdeführer über den Beschluss zu informieren) und Abs. 8 (Entscheidung bei Ablehnung einer Beschwerde). In anderen Fällen ergibt sich die „Betroffenheit" aus Art. 56 Abs. 2 i. V. m. Art. 60 Abs. 2, soweit noch weitere Aufsichtsbehörden berührt sind.

2. Ausschuss

6 Der Ausschuss (Art. 68) wird im Rahmen des Art. 60, wenn es nicht zur Überleitung in ein Kohärenzverfahren kommt (Rn. 4, 21 f.), lediglich nach Erlass des Beschlusses durch die federführende Aufsichtsbehörde von ihr über diese Entscheidung informiert, einschließlich einer „Zusammenfassung der maßgeblichen Fakten und Gründe" (Abs. 7 Satz 1). Dies entspricht nach Art und Umfang der Unterrichtung anderer betroffener Aufsichtsbehörden (Rn. 4).

3. Verantwortliche und Auftragsverarbeiter

7 Sowohl Verantwortliche als auch Auftragsverarbeiter, Letztere jedoch nur „gegebenenfalls" (Rn. 25), sind Adressaten eines Beschlusses der federführenden Aufsichtsbehörde (Abs. 7 Satz 1) und verpflichtet, die erforderlichen Maßnahmen zu treffen, um ihre Verarbeitungstätigkeiten damit in Einklang zu bringen (Abs. 10 Satz 1); hierüber müssen sie dann die federführende Behörde informieren (Satz 2). Auch wenn bei einer Beschwerde einer von mehreren den gleichen Sachverhalt betreffenden Beschlüssen dem Rechtsbehelf stattgegeben und der Verantwortliche oder Auftragsverarbeiter zu einem Tätigwerden angehalten wird (während bezüglich anderer Punkte eine Ablehnung oder Abweisung erfolgt), wird diese Entscheidung von der federführenden Aufsichtsbehörde erlassen (Abs. 9 Satz 2). Zu richten ist auch diese Entscheidung an die „Haupt"- (Art. 4 Nr. 16) oder die einzige Niederlassung der jeweiligen verarbeitenden Stelle. Soweit Beschwerden (durch Beschluss dem Beschwerdeführer gegenüber) abgelehnt oder abgewiesen

werden, kommt es hingegen lediglich zu einer Information hierüber an den Verantwortlichen oder Auftragsverarbeiter nach Abs. 8 bzw. Abs. 9 Satz 2.

4. Beschwerdeführer

Im Falle einer Beschwerde obliegt es der „Eingangs"-Behörde (Rn. 3), einen ablehnenden oder abweisenden Beschluss zu erlassen und diesem dem Beschwerdeführer (s. Art. 77 Abs. 1) mitzuteilen (Abs. 8), auch dann, wenn in Bezug auf einen Sachverhalt (weitere) Beschlüsse ergehen, die Verantwortliche und/oder Auftragsverarbeiter zu einem Tätigwerden anhalten (Abs. 9 Satz 2, Rn. 7). Hierüber muss dann die dafür zuständige federführende Behörde den Beschwerdeführer in Kenntnis setzen. 8

III. Systematik

Art. 60 ist – wie auch die beiden nachfolgenden Vorschriften, Art. 61 und Art. 62 – eine Art Brücke zwischen Kapitel VI und VII, obgleich er formal in das letztere (zu dessen Anfang) eingefügt ist. Hier wird der Ausschuss (Art. 68) nur am Rande (Abs. 7) bzw. in Sonderfällen (Abs. 11) einbezogen (in Form einer Unterrichtung), spielt also eine sehr viel schwächere Rolle als beim Kohärenzverfahren nach Art. 63 (ff.). Welche nationale Aufsichtsbehörde dann wie zu verfahren hat, ergibt sich bereits aus Art. 56 Abs. 4 oder 5 (Rn. 3 f.). 9

IV. Entstehungsgeschichte

Die Regelungen zur Zusammenarbeit und Kohärenz sind neu. Jedoch gibt es Anknüpfungspunkte zu Vorläuferregelungen in der RL 95/46/EG, soweit es um die Zuständigkeit einer Aufsichtsbehörde und die territoriale Ausübung ihrer Befugnisse geht. Nach Art. 28 Abs. 6 UAbs. 1 dieser Richtlinie sind mitgliedstaatliche „Kontrollstellen" (Art. 28 Abs. 1) im Hoheitsgebiet ihres jeweiligen Mitgliedstaats für die Ausübung der ihnen gemäß Art. 28 Abs. 3 übertragenen Befugnisse zuständig, unabhängig vom einzelstaatlichen Recht, das auf die jeweilige Verarbeitung anwendbar ist (Satz 1). Im Kern ist diese Regelung nunmehr in Art. 55 enthalten. Unklar ist aber, in welchem Verhältnis die neue „federführende Behörde" nach Art. 56 zur „Territorialbehörde" nach Art. 55 steht. Dieser Punkt war Gegenstand der Beratungen im Rat, ohne letztlich klar entschieden zu werden. Insbesondere blieb offen, ob die Kompetenz der federführenden Behörde nach Art. 56 zugleich die Ausübung der Hoheitsgewalt umfasst, die an sich der territorial zuständigen Behörde nach Art. 55 zusteht. Seitens der Mitgliedstaaten wurde dies kritisch gesehen, weil so letztlich eine Behörde eines Mitgliedstaates in einem anderen Mitgliedsland Hoheitsgewalt ausübt. Die Lösung dieser Frage ist deshalb bedeutsam, weil sie den Umfang der Zusammenarbeit maßgeblich mitbestimmt. Zu den Aufgaben des Europäischen Datenschutzbeauftragten (EDPS) gehörte es bereits nach Art. 46 lit. f) der Verordnung (EG) Nr. 45/2001[2], mit den einzelstaatlichen Kontrollstellen zusammenzuarbeiten, soweit dies zur Erfüllung der jeweiligen Pflichten erforderlich ist, sowie mit den im Rahmen des Titels VI des Vertrags über die Europäische Union a. F. [3] (Art. 34 Abs. 1, Art. 36) eingerichteten Datenschutzgremien[4] zu kooperieren, insbesondere im Hinblick auf die Verbesserung der Kohärenz bei der Anwendung der Vorschriften und Verfahren, für deren Einhaltung sie jeweils Sorge zu tragen haben. Zudem nimmt der EDPS gemäß Art. 46 lit. g) VO (EG) Nr. 45/2001 an den Arbeiten der Artikel 29-Gruppe für den Schutz von Personen bei der Verarbeitung personenbezogener Daten teil. 10

Abschnitt 1 von Kapitel VII des KOM-E[5] enthielt lediglich Vorläuferregelungen zu Art. 61 (= Art. 55 E) und Art. 62 (= Art. 56 E); auch das Parlament beschränkte sich zunächst hierauf.[6] Jedoch forderte dieses EU-Organ die Aufnahme eines Art. 54a über eine „federführende Be- 11

---

2 V. 18.12.2000, ABl. EU Nr. L 8 v. 12.1.2001, S. 1.
3 Fassung von Nizza, ABl. EG Nr. C 325 v. 24.12.2002, S. 5.
4 Vgl. Bauer/Reimer, *Westphal*, Handbuch, 61 f.
5 KOM(2012)11 endgültig v. 25.1.2012.
6 Standpunkt festgelegt in erster Lesung am 12.3.2014, P7_TC1-COD(2012)0011.

hörde" als „zentrale Anlaufstelle" (Abs. 1) am Ende von Kapitel VI. Dort wurde vor Ergreifen angemessener Aufsichtsmaßnahmen durch diese Stelle zunächst eine Konsultation anderer Aufsichtsbehörden und die größtmögliche Beachtung von deren Stellungnahmen verlangt; ebenso findet sich schon hier die Pflicht, sich um Erreichen eines Konsenses zu bemühen (Abs. 2). Koordinierungsbedarf zwischen Aufsichtsbehörden wurde auch in EG 98a thematisiert. Der Vorschlag wurde von einer Rats-Arbeitsgruppe aufgegriffen und an den Anfang von Kapitel VII gestellt (mit dem heutigen Titel)[7], sodann vom Rat in einer geänderten Version (unter Wegfall des gemeinsam gefassten Beschlusses aller betroffenen Behörden, Art. 54a Abs. 4 bis 4b der Arbeitsgruppen-Fassung) in das Trilog-Verfahren eingebracht[8] und diese (hernach nur noch redaktionell bereinigte) Fassung bei der politischen Einigung[9] bekräftigt. Ein ebenfalls erwogener Art. 54b über „Cooperation between the lead supervisory authority and the other supervisory authorities concerned in individual cases of possible non-compliance with the Regulation" wurde wieder gestrichen.

B. Inhalt der Regelung

I. Ziel und Arten der Zusammenarbeit zwischen Aufsichtsbehörden

1. Hauptziel (Abs. 1 Satz 1)

12 Im Unterschied zum Kohärenzverfahren (Art. 63 bzw. zweiter Abschnitt des Kapitels VII) enthält Art. 60 keine explizite Zielsetzung, vielmehr ergibt sich diese (nur) aus Art. 57 Abs. 1 lit. g als „Aufgabe" jeder einzelnen „Aufsichtsbehörde": Ihre Tätigkeit soll sowohl die „einheitliche Anwendung" (durch alle Personen oder Stellen, die in den Anwendungsbereich der Grundverordnung fallen) als auch die „einheitliche Durchsetzung" (durch Behörden) „gewährleisten". Dies kann nur durch ein Zusammenwirken auf verschiedene Art und Weise herbeigeführt werden, angesichts des Fehlens einer Entscheidungsinstanz auf EU-Ebene allerdings einzig im Wege einer Verständigung. Damit sind freilich auch die praktischen Grenzen des Kohärenzverfahrens aufgezeigt. Daher ist es ebenso konsequent wie realistisch, der „federführenden Aufsichtsbehörde" (Rn. 2, 11) aufzugeben, sich um einen (inhaltlichen) „Konsens" zu bemühen, weil dieser nur erreicht werden kann, wenn alle anderen jeweils „betroffenen Aufsichtsbehörden" ebenfalls bestrebt sind, ihrer Aufgabe zur Zusammenarbeit (mit allen anderen) gerecht zu werden. Für die Form der Zusammenarbeit unter- und miteinander legt Abs. 1 Satz 1 einen „Einklang" mit „diesem Artikel" fest, sodass von allen in Abs. 1 Satz 1 genannten Behörden eine Kooperation nach Maßgabe von Art. 60 Abs. 1 Satz 2 und Abs. 2 ff. geschuldet wird.

2. Informationsaustausch als Grundlage der Zusammenarbeit (Abs. 1 Satz 2, Abs. 3 Satz 1, Abs. 12)

13 Abs. 1 Satz 2 richtet sich sowohl an die federführende als auch an alle anderen betroffenen Behörden und normiert für diese eine Verpflichtung, „untereinander", also im Verhältnis aller beteiligten Stellen, „Informationen" auszutauschen, d.h. diese jeweils einer anderen Behörde (auch ohne konkrete Nachfrage) zu übermitteln. Begrenzt wird diese allgemeine Pflicht dadurch, dass sie nur (im Sinne von Abs. 1 Satz 1) „zweckdienliche" Informationen erfasst (entsprechend Art. 64 Abs. 4 bei Kohärenzverfahren). Wichtiges Indiz für das Vorliegen dieses Merkmals wird ein diesbezügliches Auskunftsbegehren sein. Auszutauschen sind nur die je vorhandenen Informationen; besondere Beschaffungspflichten werden durch Art. 60 nicht begründet, auch nicht indirekt im Rahmen aufsichtsbehördlicher Aufgaben nach Art. 57 Abs. 1 lit. e oder h.

14 Abs. 3 setzt eine konkrete datenschutzrelevante „Angelegenheit" voraus, bei deren Erledigung eine Zusammenarbeit mehrerer Aufsichtsbehörden stattfindet bzw. geboten ist. Die Pflicht betrifft hier allein die federführende Behörde und beinhaltet Tätigkeiten zur „unverzüglichen" In-

7 Rats-Dok. Nr. 15395/14 v. 19.12.2014.
8 Rats-Dok. Nr. 9565/15 v. 11.6.2015.
9 Rats-Dok Nr. 5455/16 v. 28.1.2016.

formation aller anderen betroffenen Behörden, damit diese in die Lage versetzt werden, einen eigenen Standpunkt zu formulieren (s. Abs. 3 Satz 2) und diesen an die federführende Behörde zu übermitteln. Auch hier beschränkt sich die Informationspflicht auf das „Zweckdienliche" (Satz 1), freilich bemisst sich dies anhand der jeweiligen Angelegenheit und umfasst alle dafür erforderlichen Angaben.

Sowohl bei Abs. 1 Satz 2 als auch bei Abs. 3 (Satz 1) handelt es sich um „nach diesem Artikel geforderte" Informationen im Sinne von Abs. 12. Für beide gibt daher Abs. 12 die Modalitäten vor: Die Übermittlung im Verhältnis der Behörden (nach Abs. 1 Satz 1) untereinander muss (zwingend) auf elektronischem Wege und mittels eines standardisierten Formats erfolgen. Die „Ausgestaltung des elektronischen Informationsaustauschs" auch zwischen Aufsichtsbehörden wird sodann explizit in Art. 61 Abs. 9 Satz 1 aufgegriffen; die dort der Kommission erteilte Ermächtigung (zum Erlass von Durchführungsrechtsakten) beschränkt sich nicht auf Amtshilfe und nennt überdies ausdrücklich nähere Festlegungen zu standardisierten Formaten (Art. 61 Rn. 23). **15**

3. Arten der Zusammenarbeit (Abs. 2)

a) Amtshilfe nach Art. 61

„Amtshilfe" wird in Abs. 2 als erste von zwei speziell genannten Arten der Zusammenarbeit aufgeführt. Dabei handelt es sich nicht nur oder primär um einen formalisierten Fall von Informationsaustausch im Sinne von Abs. 1 Satz 2 (Art. 61 Rn. 7, 8), sondern – im Idealfall – allgemein um eine arbeitsteilige Erledigung von Aufgaben im jeweiligen Hoheitsgebiet von ersuchender und ersuchter Behörde. Abs. 2 beschränkt sich darauf, der federführenden Behörde allgemein und „jederzeit" (also ohne Einhaltung einer bestimmten Frist) das Recht einzuräumen, Amtshilfeersuchen zu stellen, und normiert damit indirekt zugleich die Pflicht betroffener Aufsichtsbehörden, dieser Aufforderung nach näherer Maßgabe von Art. 61 nachzukommen. **16**

b) Gemeinsame Maßnahmen nach Art. 62

Abs. 2 normiert nur die Befugnis der federführenden Behörde. Es fehlen weitere Konkretisierungen der Voraussetzungen solcher Maßnahmen (gemäß Art. 62) bzw. von deren Art oder Inhalt. **17**

c) Weitere

Die Formulierung des Abs. 1 Satz 1 legt den Schluss nahe, dass nur die in Art. 60 explizit genannten Arten einer „Zusammenarbeit" zwischen federführender und betroffenen Aufsichtsbehörden vorgesehen sind. Jedoch enthält Abs. 2 eine bloße Ermächtigung („Kann") an die federführende Behörde (Rn. 16 f.) und steht daher zumindest anderen „informellen" Formen zwischenbehördlicher Kooperation nicht entgegen. Für daraus resultierende Maßnahmen gelten dann jedenfalls die Zuständigkeitsregeln der Art. 55, Art. 56. **18**

d) Spezifische Zielsetzungen nach Abs. 2

Der letzte Teil von Abs. 2 ist exemplarisch, nicht abschließend formuliert und nimmt Bezug sowohl auf Art. 61 als auch auf Art. 62, selbst wenn das erste dort genannte Beispiel eher an Art. 62 Abs. 1 anknüpft. Bei der „Durchführung" von „Untersuchungen" (s. Art. 57 Abs. 1 lit. h, Art. 58 Abs. 1) kann die federführende Behörde eine gemeinsame Maßnahme in die Wege leiten. Es können aber auch andere betroffene Aufsichtsbehörden um eine Vornahme ersucht werden. Die „Überwachung" (s. Art. 57 Abs. 1 lit. a) der Umsetzung einer (behördlich angeordneten) Maßnahme (durch einen Verantwortlichen oder Auftragsverarbeiter) kann regelmäßig am wirksamsten am Ort von deren (Haupt-)Niederlassung stattfinden und ein Amtshilfeersuchen rechtfertigen, aber auch (gemeinsame) Durchsetzungsmaßnahmen zur Folge haben. In beiden Fällen ergibt sich das Erfordernis (und die Zulässigkeit) intensivierter Zusammenarbeit aus dem Umstand, dass mehr als ein EU-Mitgliedstaat berührt wird, weil sich die Niederlassung eines Verantwortlichen oder Auftragsverarbeiters in einem anderen Mitgliedstaat befindet. **19**

II. Verfahren der Zusammenarbeit in einzelnen Angelegenheiten

1. Vorlage eines Beschlussentwurfs durch federführende Behörde (Abs. 3 Satz 2)

20 Steht eine konkrete „Angelegenheit" (Rn. 14) zur Entscheidung an, so statuiert Abs. 3 Satz 2 eine Pflicht der federführenden Behörde zur Erarbeitung eines Beschlussentwurfs; daneben muss diese auch anderen betroffenen Behörden die erforderlichen Informationen zum betreffenden Fall übermitteln (Rn. 14). Nach Fertigstellung des Entwurfs ist dieses Dokument wieder „unverzüglich" (d. h. ohne unnötige Verzögerung)[10] den anderen beteiligten Behörden vorzulegen (zur „Konsultation"); eine bestimmte Form ist hierfür nicht vorgeschrieben. Eine elektronische Übermittlung ist zulässig. Aus der allgemeinen Zusammenarbeitspflicht nach Abs. 1 Satz 1 folgt lediglich die Notwendigkeit, sich mit dem Dokument zu befassen, jedoch kein Zwang zur inhaltlichen Stellungnahme. Wird eine solche (in schriftlicher oder elektronischer Form) abgegeben, so ist die federführende Behörde gehalten, alle eingegangenen Äußerungen gebührend zu berücksichtigen, d. h. die dort dargelegten Standpunkte zu bedenken und sie nicht ohne triftigen Grund beiseitezuschieben. Dieses Gebot umfasst sowohl zustimmende als auch kritische oder gar ablehnende Äußerungen. Abs. 3 normiert keine explizite oder allgemeine Stellungnahmefrist; mittelbar ergibt sich aber aus Abs. 4, dass Einwendungen nur binnen vier Wochen ab Konsultation (Rn. 21) erfolgreich vorgetragen werden können. Allerdings ist die federführende Aufsichtsbehörde auch darüber hinaus nicht daran gehindert, ihren ersten Entwurf aufgrund im Rahmen der Konsultation eingegangener Standpunkte zu revidieren; dann muss sie jedoch ebenfalls nach Abs. 5 verfahren (Rn. 23).

2. Einbeziehung anderer betroffener Behörden

a) Einspruch und Überleitung in Kohärenzverfahren (Abs. 4)

21 Konsultationen sollen und werden diverse Stellungnahmen (mit unterschiedlichen Standpunkten) betroffener Aufsichtsbehörden auslösen. Abs. 4 nimmt darauf Bezug, sieht aber eine bestimmte rechtliche Konsequenz nur für den Fall vor, dass eine andere Behörde einen „maßgeblichen und begründeten Einspruch" (im Sinne von Art. 4 Nr. 24) gegen den Beschlussentwurf der federführenden Behörde einlegt. Um die Folgen nach Abs. 4 herbeizuführen, muss dies innerhalb einer Frist von vier Wochen erfolgen. Der Lauf der Frist beginnt mit dem Zeitpunkt, zu dem die Konsultation „nach Abs. 3" erfolgt ist, d. h. ab dem Datum der dieser Vorschrift entsprechenden Information (Eingang des Beschlussentwurfes und etwa sonst erforderlicher Angaben). Sie endet mit „Einlegen" des Einspruchs, d.h. mit dessen Übermittlung an die federführende Behörde (und dem Eingang in deren Machtbereich); erst dadurch können und sollen Rechtswirkungen eintreten.

22 Der mit der Angelegenheit befassten federführenden Behörde obliegt nach Ablauf der Einspruchsfrist (der jeweils betroffenen Aufsichtsbehörde gegenüber) die Prüfung, wie mit den Einwendungen weiter zu verfahren sei. Sie muss dabei 1) untersuchen, ob der Einspruch a) „maßgeblich" und b) „begründet" ist (Art. 4 Nr. 24 Rn. 10 ff.). Verneint sie das Vorliegen des einen oder anderen Merkmals, ist die Angelegenheit sofort entscheidungsreif. Wird 2) der Einspruch als zutreffend erachtet und soll ihm stattgeben werden, bleibt es ebenfalls bei der alleinigen Zuständigkeit der federführenden Behörde. Nur wenn diese sich 3) einem für maßgeblich und begründet angesehenen Einspruch nicht oder nur z. T. anschließt (und im letztgenannten Fall daraufhin den ersten Beschlussentwurf entsprechend abändert, Rn. 20), muss die Behörde ein Kohärenzverfahren nach Art. 63 für die betreffende „Angelegenheit" einleiten, denn dann sind die Voraussetzungen für eine Streitbeilegung durch den Ausschuss nach Art. 65 Abs. 1 lit. a gegeben.

---

10 Die Legaldefinition des § 121 BGB ist auf Ebene des Unionsrechts nicht direkt relevant.

b) Vorgehen bei „zweitem" Entwurf (Abs. 5)

Einen weiteren, abgeänderten (also „zweiten") Beschlussentwurf muss die federführende Behörde gemäß Abs. 5 Satz 1 nur dann fertigen und einer erneuten Konsultation unterziehen, wenn sie sich einem maßgeblichen und begründeten Einspruch (Rn. 21) anschließen will. Ob dies auch erfolgen muss oder doch jedenfalls geschehen darf, wenn ein Einspruch nur teilweise als zutreffend akzeptiert wird, lässt der Wortlaut von Abs. 5 Satz 1 offen, die deutsche und englische Fassung sprechen eher dagegen. Klar ist dagegen, dass der überarbeitete Entwurf wiederum allen anderen betroffenen Behörden zur Stellungnahme vorgelegt werden muss. Die damit eingeleitete „zweite Runde" läuft wie die erste ab. Lediglich die Fristdauer wird auf die Hälfte, nämlich auf zwei Wochen, verkürzt (Abs. 5 Satz 2). Eine Überleitung in das Kohärenz-, speziell das Streitbeilegungsverfahren kommt daher beim „zweiten" Entwurf nur in Betracht, wenn binnen dieses kürzeren Zeitraums erneut ein maßgeblicher und begründeter Einspruch der federführenden Behörde zugegangen ist. Anderenfalls obliegt ihr allein die Entscheidung der „Angelegenheit", d. h. darf sie den Entwurf in die endgültige Form gießen und den Adressaten bekannt geben. 23

c) Verfahren bei unterbleibendem Einspruch (Abs. 6)

Abs. 6 betrifft – anders als es der Wortlaut zunächst vermuten lässt – nicht nur maßgebliche und begründete Einsprüche gegen einen Beschlussentwurf, sondern stellt generell klar, wann eine Bindung sowohl der federführenden als auch aller anderen betroffenen Behörden sowohl bei einem ersten als auch bei einem „zweiten" Entwurf eintritt, nämlich wenn überhaupt kein oder doch kein zulässiger Einspruch innerhalb der jeweiligen Frist eingelegt wurde. Wann immer aber (in den Fällen von Abs. 3) ein Entwurf vorhanden ist, wird dieser mit Ablauf der Einspruchsfrist bindend: Die federführende Behörde darf von ihrer eigenen (Vor-)Version nicht mehr abweichen, alle anderen an der Zusammenarbeit beteiligten Behörden sind ebenfalls gebunden, d. h. ihnen gegenüber tritt zu jenem Zeitpunkt äußere und innere Rechtswirksamkeit ein. Formal wird dies in die Gestalt eines (mutmaßlichen) Einverständnisses gekleidet („beredtes" Schweigen als Zustimmung in auf Kooperation angelegten Rechtsbeziehungen). 24

3. Verfahrensabschluss auf Ebene der Aufsichtsbehörden

a) Regel (Abs. 7 Satz 1)

Soweit keine Überleitung in das Kohärenzverfahren nach Abs. 4 (gegebenenfalls i. V. m. Abs. 5 Satz 2) erfolgt ist, bekräftigt Abs. 7 Satz 1 die Zuständigkeit der federführenden Behörde zum Erlass des die „Angelegenheit" abschließenden Beschlusses, mit dem Inhalt des nicht (zulässig) beanstandeten ersten oder zweiten Entwurfs (Abs. 6, 24). Nach außen hin sind in diesem Zusammenhang zwei Bekanntgabepflichten zu unterscheiden: 1) gegenüber verarbeitenden Stellen und Beschwerdeführern (Rn. 8) und 2) gegenüber anderen Aufsichtsbehörden und dem Ausschuss. Die Entscheidung (der Beschluss) ist stets vollständig mitzuteilen an alle Verantwortlichen bzw. Auftragsverarbeiter in der betreffenden „Angelegenheit". Zu adressieren ist diese Mitteilung entweder an die „Haupt"- (Art. 4 Nr. 16) oder an die einzige Niederlassung solch verarbeitender Stellen (im EU-Raum). Die anderen betroffenen Behörden und zudem der Ausschuss müssen hingegen keine Ausfertigung des Beschlusses erhalten; hier genügt eine Zusammenfassung maßgeblicher Fakten und Gründe. Jedenfalls dann, wenn Einwendungen erhoben wurden, aber verworfen worden sind, steht einer Übermittlung des gesamten Dokuments an die jeweils betroffene Behörde jedoch nichts im Wege. Eine Publikation des Beschlusses sieht das Unionsrecht nicht vor; ihre Zulässigkeit kann sich jedoch aus mitgliedstaatlichem Recht ergeben. 25

b) Beschwerden (Abs. 7 Satz 2, Abs. 8 und 9)

Auch im Falle einer Beschwerde (Art. 77) kann eine Zusammenarbeit zwischen mehreren Aufsichtsbehörden geboten sein, je nachdem, worauf sich die Rüge bezieht (s. Art. 56 Abs. 1, 2). Abweichend von Abs. 7 Satz 1 obliegt hier nicht der federführenden Behörde die Information über den Verfahrensabschluss. Vielmehr hat eine Unterrichtung des Beschwerdeführers durch dieje- 26 nige Behörde zu erfolgen, bei der die Beschwerde eingereicht worden ist („Eingangs"-Behörde, Rn. 3). Hier muss nicht der Beschluss mitgeteilt (Rn. 25), sondern „über" ihn informiert werden; Abs. 7 Satz 2 fordert daher nicht zwingend die Übermittlung einer Ausfertigung des gesamten Dokuments, verbietet dies aber auch nicht, zumal die zuständige Behörde nach Art. 77 Abs. 2 angehalten ist, auf die Möglichkeit eines gerichtlichen Rechtsbehelfs nach Art. 78 hinzuweisen – und spätestens dabei eine Kenntnis des Beschlussinhalts erforderlich erscheint.

27 Wird eine Beschwerde als unzulässig oder unbegründet abgelehnt, so trifft den Beschluss hierüber nicht die federführende, sondern stets die „Eingangs"-Behörde (Abs. 8). Für diese Konstellation wird (entsprechend der Vorgabe nach Abs. 7 Satz 1 gegenüber verarbeitenden Stellen) eine Mitteilung der Entscheidung (des Beschlusses) selbst an den Beschwerdeführer vorgeschrieben; dabei sind zudem Art. 77 Abs. 2 und Art. 78 maßgeblich. Dass daneben nur der Verantwortliche, nicht aber auch ein Auftragsverarbeiter von der Abweisung/Ablehnung der Beschwerde in Kenntnis zu setzen ist, ist kaum einleuchtend, weil ein Grund für die Abweichung von Abs. 9 Satz 2 (Rn. 28) nicht ersichtlich ist.

28 Abs. 9 behandelt einen spezifischen Fall von „Konsens" (Rn. 12) zwischen Aufsichtsbehörden, wenn es nämlich um die Behandlung von Beschwerden geht. Hier kann sich auf der Basis hinreichenden Informationsaustauschs Einigkeit zwischen federführender und anderen betroffenen Aufsichtsbehörden dahin ergeben, dass teils eine Abweisung/Ablehnung, teils jedoch ein Tätigwerden angezeigt sei. Wird eine derartige Übereinstimmung nicht erzielt, so bleibt es beim Verfahren nach Abs. 4 ff. Sind sich die Behörden einig, kommt es nach Abs. 9 Satz 1 zu einer Aufspaltung des Beschlussfassungsverfahrens in der betreffenden „Angelegenheit". Die zu einem Tätigwerden führende, „aktive" Komponente fällt in die Kompetenz der federführenden Aufsichtsbehörde: Sie trifft den diesbezüglichen Beschluss und gibt ihn den verarbeitenden Stellen bekannt (ähnlich wie bei Abs. 7 Satz 1), während der (davon begünstigte) Beschwerdeführer von ihr lediglich zu informieren ist (Abs. 9 Satz 2 Hs. 1). Soweit die Beschwerde erfolglos ist, muss (insoweit wie nach Art. 8) die „Eingangs"-Behörde den von ihr getroffenen Beschluss dem hierdurch belasteten Beschwerdeführer mitteilen und andere (Verantwortliche oder Auftragsverarbeiter) von ihrer Entscheidung in Kenntnis setzen (Abs. 9 Satz 2 Hs. 2).

4. Dringlichkeitsverfahren nach Art. 66 (Abs. 11)

a) Voraussetzungen

29 Anders als im Kohärenzverfahren (Art. 66 Abs. 1) ist hier ein spezifischer Fall des Dringlichkeitsverfahrens nicht in einer eigenen Vorschrift geregelt. Beide Male geht es um „Ausnahmefälle" (bzw. außergewöhnliche Umstände); eine sprachliche Unterscheidung findet sich nur im deutschen Text. Gemeinsam ist ferner das Erfordernis eines „dringenden Handlungsbedarfs" zugunsten „betroffener Personen" (s. Art. 4 Nr. 1); im Unterschied zu Art. 66 Abs. 1 soll der Schutz hier aber deren „Interessen" (und nicht ihren „Rechten und Freiheiten") dienen. Eine größere Divergenz dürfte insoweit zwar nicht vorliegen, jedoch werden „Interessen" gerade nicht auf solche rechtlicher Art begrenzt. Es erscheint auch plausibel, bei Zusammenarbeit betroffene nationale Aufsichtsbehörden weniger einzuschränken als in Konstellationen der Kohärenz.

b) Verfahrensablauf und Maßnahmen

30 Abs. 11 verweist auf Art. 66 insgesamt. Damit kommen sowohl einstweilige (s. den Wortlaut von Art. 66 Abs. 1) als auch endgültige Maßnahmen einzelner „betroffener" Aufsichtsbehörden (nach Art. 66 Abs. 2) in Betracht; überdies richtet sich auch das Verfahren der Ausschussbeteiligung nach Art. 66 (Abs. 3 und 4). Dies ist nur auf den ersten Blick inkonsistent. Bei näherem Hinsehen rechtfertigt sich das Verfahren auch im Kontext von Art. 60 aus der Notwendigkeit, einen Missbrauch der Berufung auf Dringlichkeit zu verhindern.

III. Umsetzung aufsichtsbehördlicher Beschlüsse durch Verantwortliche oder Auftragsverarbeiter (Abs. 10)

Aufforderungen durch die federführende Behörde zum Tätigwerden nach Abs. 7 oder Abs. 9 Satz 2 Hs. 1 enthalten ein Gebot an Verantwortliche bzw. Auftragsverarbeiter, alles Erforderliche zu tun, um ihre gesamten Verarbeitungstätigkeiten in allen Niederlassungen im Gebiet der EU in Einklang mit dem an sie gerichteten Beschluss zu bringen, also angesprochene Mängel abzustellen oder aufgezeigte Lücken zu schließen (Abs. 10 Satz 1). Bei Zuwiderhandlung drohen Geldbußen oder andere Sanktionen (Art. 83 f.). Um solche weiteren negativen Folgen zu vermeiden, sieht Abs. 10 Satz 2 eine Pflicht von Verantwortlichen bzw. Auftragsverarbeitern vor, die federführende Behörde über diesbezüglich ergriffene (Korrektur-)Maßnahmen zu informieren (Hs. 1) – je rascher und umfassender, desto bester. Damit nicht gleichwohl andere betroffene Behörden ihrerseits gegen vermeintlich fortbestehende Rechtsverletzungen durch Verantwortliche oder Auftragsverarbeiter einschreiten, muss die federführende Behörde diese über die bei ihr eingegangenen Meldungen unterrichten (Hs. 2). Daneben bestehen die allgemeinen Verpflichtungen zum gegenseitigen Informationsaustausch aus Abs. 1 Satz 2 fort. **31**

C. Weitere Auswirkungen der Verordnung in der Praxis

I. Voraussichtliche Auswirkungen auf das nationale Recht

Zusammenarbeit deutscher mit ausländischen Aufsichtsbehörden (auch im EU-/EWR-Raum) wird bisher nur in § 38 Abs. 1 Satz 4 (und Abs. 6) BDSG behandelt, und zwar in Bezug auf die Zulässigkeit der „Übermittlung" (§ 3 Abs. 4 Satz 2 Nr. 3) von Daten. Nach § 38 Abs. 1 Satz 5 BDSG ist zudem Amtshilfeersuchen von Aufsichtsbehörden anderer EU-Staaten Folge zu leisten. Schließlich sieht § 1 Abs. 4 BDSG (= § 1 Abs. 3 BDSG-neu) subsidiär die Anwendung des allgemeinen Verwaltungsverfahrensrechts vor, das allerdings unmittelbar nur ein Handeln von Behörden (§ 1 Abs. 4 VwVfG) in Form von Verwaltungsakten oder verwaltungsrechtlichen Verträgen betrifft (§ 9 i. V. m. §§ 35 ff., §§ 54 ff. VwVfG). Damit die Datenschutzaufsicht in Bund und Ländern den Vorgaben des Art. 60 insgesamt ordnungsgemäß Rechnung tragen kann, besteht daher ergänzender Gesetzgebungsbedarf in den EU-Mitgliedstaaten, auch in Deutschland, in Bezug auf Abs. 3 bis 5, 7 bis 9, 10 Satz 2, Abs. 11, ferner Abs. 1 (Satz 2) und Abs. 12. Zumindest sind Konkretisierungen bei Verfahren und Fristen notwendig. Die insoweit in § 18 (Abs. 1) BDSG (in der Fassung eines DSAnpUG-EU[11]) vorgesehenen Regelungen scheinen allzu kursorisch, um dem Bedarf für ein nationales „Begleitverfahren" gerecht zu werden[12]. **32**

Bei der nationalen Rechtsetzung kann hier auf EG 8 abgestellt werden, der unter bestimmten Umständen erlaubt, Teile der Grundverordnung in das Recht der Mitgliedstaaten aufzunehmen, soweit dies erforderlich ist, um die Kohärenz zu wahren und die nationalen Rechtsvorschriften für die Personen, für die sie gelten sollen, besser verständlich zu machen. Gestattet ist danach keine vollständige Übernahme der Verordnung in nationales Recht, was mit Art. 288 Abs. 2 AEUV nicht vereinbar wäre, wohl aber die Wiederholung von einzelnen „Bestandteilen" des Rechtsakts. Außerdem muss in der Verordnung selbst die Möglichkeit zu mitgliedstaatlicher Präzisierung oder Einschränkung ausdrücklich oder doch sinngemäß vorgesehen sein.[13] Beide Voraussetzungen dürften (zumindest teilweise) bei Art. 60 vorliegen, da sonst lückenhafte nationale Regelungen entstehen würden. **33**

11 Datenschutz-Anpassungs- und -Umsetzungsgesetz EU, BR-Drs. 110/17 v. 2.2.2017.
12 Vgl. *Kühling/Martini et al.*, S. 207 ff.
13 Vgl. *Benecke/Wagner*, in: DVBl. 2016, 607 f.

II. Rechtsschutz

1. Für Verantwortliche bzw. Auftragsverarbeiter (Abs. 7, 9)

34 Beide Arten von verarbeitenden Stellen können (als natürliche oder juristische Personen) Adressaten eines rechtsverbindlichen Beschlusses der federführenden oder einer anderen Aufsichtsbehörde sein, sodass ihnen nach Art. 78 Abs. 1 oder Abs. 2 Aufhebungs- bzw. Verpflichtungsrechtsbehelfe zu nationalen (Verwaltungs-)Gerichten (s. Art. 78 Abs. 3) zustehen (EG 143 Satz 4). Dabei zu klärende Fragen des Unionsrechts können oder müssen im Wege einer Vorabentscheidung dem EuGH vorgelegt werden (Art. 267 AEUV).

2. Im Verhältnis von Aufsichtsbehörden untereinander?

35 Kommt eine Aufsichtsbehörde ihren Verpflichtungen aus Art. 60 nicht nach, so ist ein Fehlverhalten ungeachtet ihrer Unabhängigkeit (Art. 52) dem jeweiligen Mitgliedstaat zuzurechnen. Daher kommt hier ein Vorgehen der Kommission nach Art. 258 AEUV in Betracht, aber auch eine Klage eines anderen Mitgliedstaates zum EuGH (Art. 259 AEUV). Einem Rechtsbehelf der Behörde selbst, deren Kompetenzen durch das Handeln oder Untätigbleiben einer anderen geschmälert werden, steht vor Gerichten des eigenen Mitgliedstaates die Staatenimmunität entgegen (s. §§ 18 ff. GVG). Gerichte des anderen Staates wären zwar in der Lage (und gegebenenfalls sogar nach nationalem Recht verpflichtet), über das Verhalten der eigenen Aufsichtsbehörde zu befinden; soweit dafür jedoch der Maßstab aus dem Unionsrecht, vor allem der Grundverordnung stammt, müsste auch hier eine Vorlage zum EuGH erfolgen (s. EG 143). Dieser nationale Rechtsweg wird durch die Streitbeilegung nach Art. 65 nicht ausgeschlossen, da dort nur bestimmte einzelne Konflikte ausgetragen werden können.

Article 61

Mutual assistance

1. Supervisory authorities shall provide each other with relevant information and mutual assistance in order to implement and apply this Regulation in a consistent manner, and shall put in place measures for effective cooperation with one another. Mutual assistance shall cover, in particular, information requests and supervisory measures, such as requests to carry out prior authorisations and consultations, inspections and investigations.
2. Each supervisory authority shall take all appropriate measures required to reply to a request of another supervisory authority without undue delay and no later than one month after receiving the request. Such measures may include, in particular, the transmission of relevant information on the conduct of an investigation.
3. Requests for assistance shall contain all the necessary information, including the purpose of and reasons for the request. Information exchanged shall be used only for the purpose for which it was requested.
4. The requested supervisory authority shall not refuse to comply with the request unless:
   (a) it is not competent for the subject-matter of the request or for the measures it is requested to execute; or
   (b) compliance with the request would infringe this Regulation or Union or Member State law to which the supervisory authority receiving the request is subject.
5. The requested supervisory authority shall inform the requesting supervisory authority of the results or, as the case may be, of the progress of the measures taken in order to respond to the request. The requested supervisory authority shall provide reasons for any refusal to comply with a request pursuant to paragraph 4.
6. Requested supervisory authorities shall, as a rule, supply the information requested by

Artikel 61

Gegenseitige Amtshilfe

(1) Die Aufsichtsbehörden übermitteln einander maßgebliche Informationen und gewähren einander Amtshilfe, um diese Verordnung einheitlich durchzuführen und anzuwenden, und treffen Vorkehrungen für eine wirksame Zusammenarbeit. Die Amtshilfe bezieht sich insbesondere auf Auskunftsersuchen und aufsichtsbezogene Maßnahmen, beispielsweise Ersuchen um vorherige Genehmigungen und eine vorherige Konsultation, um Vornahme von Nachprüfungen und Untersuchungen.

(2) Jede Aufsichtsbehörde ergreift alle geeigneten Maßnahmen, um einem Ersuchen einer anderen Aufsichtsbehörde unverzüglich und spätestens innerhalb eines Monats nach Eingang des Ersuchens nachzukommen. Dazu können insbesondere auch die Übermittlung maßgeblicher Informationen über die Durchführung einer Untersuchung gehören.

(3) Amtshilfeersuchen enthalten alle erforderlichen Informationen, einschließlich Zweck und Begründung des Ersuchens. Die übermittelten Informationen werden ausschließlich für den Zweck verwendet, für den sie angefordert wurden.

(4) Die ersuchte Aufsichtsbehörde lehnt das Ersuchen nur ab, wenn
a) sie für den Gegenstand des Ersuchens oder für die Maßnahmen, die sie durchführen soll, nicht zuständig ist oder
b) ein Eingehen auf das Ersuchen gegen diese Verordnung verstoßen würde oder gegen das Unionsrecht oder das Recht der Mitgliedstaaten, dem die Aufsichtsbehörde, bei der das Ersuchen eingeht, unterliegt.

(5) Die ersuchte Aufsichtsbehörde informiert die ersuchende Aufsichtsbehörde über die Ergebnisse oder gegebenenfalls über den Fortgang der Maßnahmen, die getroffen wurden, um dem Ersuchen nachzukommen. Die ersuchte Aufsichtsbehörde erläutert gemäß Absatz 4 die Gründe für die Ablehnung des Ersuchens.

(6) Die ersuchten Aufsichtsbehörden übermitteln die Informationen, um die von einer an-

other supervisory authorities by electronic means, using a standardised format.

deren Aufsichtsbehörde ersucht wurde, in der Regel auf elektronischem Wege unter Verwendung eines standardisierten Formats.

7. Requested supervisory authorities shall not charge a fee for any action taken by them pursuant to a request for mutual assistance. Supervisory authorities may agree on rules to indemnify each other for specific expenditure arising from the provision of mutual assistance in exceptional circumstances.

(7) Ersuchte Aufsichtsbehörden verlangen für Maßnahmen, die sie aufgrund eines Amtshilfeersuchens getroffen haben, keine Gebühren. Die Aufsichtsbehörden können untereinander Regeln vereinbaren, um einander in Ausnahmefällen besondere aufgrund der Amtshilfe entstandene Ausgaben zu erstatten.

8. Where a supervisory authority does not provide the information referred to in paragraph 5 within one month of receiving the request of another supervisory authority, the requesting supervisory authority may adopt a provisional measure on the territory of its Member State in accordance with Article 55(1). In that case, the urgent need to act under Article 66(1) shall be presumed to be met and require an urgent binding decision from the Board pursuant to Article 66(2).

(8) Erteilt eine ersuchte Aufsichtsbehörde nicht binnen eines Monats nach Eingang des Ersuchens einer anderen Aufsichtsbehörde die Informationen gemäß Absatz 5, so kann die ersuchende Aufsichtsbehörde eine einstweilige Maßnahme im Hoheitsgebiet ihres Mitgliedstaats gemäß Artikel 55 Absatz 1 ergreifen. In diesem Fall wird von einem dringenden Handlungsbedarf gemäß Artikel 66 Absatz 1 ausgegangen, der einen im Dringlichkeitsverfahren angenommenen verbindlichen Beschluss des Ausschuss gemäß Artikel 66 Absatz 2 erforderlich macht.

9. The Commission may, by means of implementing acts, specify the format and procedures for mutual assistance referred to in this Article and the arrangements for the exchange of information by electronic means between supervisory authorities, and between supervisory authorities and the Board, in particular the standardised format referred to in paragraph 6 of this Article. Those implementing acts shall be adopted in accordance with the examination procedure referred to in Article 93(2).

(9) Die Kommission kann im Wege von Durchführungsrechtsakten Form und Verfahren der Amtshilfe nach diesem Artikel und die Ausgestaltung des elektronischen Informationsaustauschs zwischen den Aufsichtsbehörden sowie zwischen den Aufsichtsbehörden und dem Ausschuss, insbesondere das in Absatz 6 des vorliegenden Artikels genannte standardisierte Format, festlegen. Diese Durchführungsrechtsakte werden gemäß dem in Artikel 93 Absatz 2 genannten Prüfverfahren erlassen.

Recitals

(120) Each supervisory authority should be provided with the financial and human resources, premises and infrastructure necessary for the effective performance of their tasks, including those related to mutual assistance and cooperation with other supervisory authorities throughout the Union. Each supervisory authority should have a separate, public annual budget, which may be part of the overall state or national budget.

Erwägungsgründe

(120) Jede Aufsichtsbehörde sollte mit Finanzmitteln, Personal, Räumlichkeiten und einer Infrastruktur ausgestattet werden, wie sie für die wirksame Wahrnehmung ihrer Aufgaben, einschließlich derer im Zusammenhang mit der Amtshilfe und Zusammenarbeit mit anderen Aufsichtsbehörden in der gesamten Union, notwendig sind. Jede Aufsichtsbehörde sollte über einen eigenen, öffentlichen, jährlichen Haushaltsplan verfügen, der Teil des gesamten Staatshaushalts oder nationalen Haushalts sein kann.

Recitals	**Erwägungsgründe**
(123) The supervisory authorities should monitor the application of the provisions pursuant to this Regulation and contribute to its consistent application throughout the Union, in order to protect natural persons in relation to the processing of their personal data and to facilitate the free flow of personal data within the internal market. For that purpose, the supervisory authorities should cooperate with each other and with the Commission, without the need for any agreement between Member States on the provision of mutual assistance or on such cooperation.	(123) Die Aufsichtsbehörden sollten die Anwendung der Bestimmungen dieser Verordnung überwachen und zu ihrer einheitlichen Anwendung in der gesamten Union beitragen, um natürliche Personen im Hinblick auf die Verarbeitung ihrer Daten zu schützen und den freien Verkehr personenbezogener Daten im Binnenmarkt zu erleichtern. Zu diesem Zweck sollten die Aufsichtsbehörden untereinander und mit der Kommission zusammenarbeiten, ohne dass eine Vereinbarung zwischen den Mitgliedstaaten über die Leistung von Amtshilfe oder über eine derartige Zusammenarbeit erforderlich wäre.
(133) The supervisory authorities should assist each other in performing their tasks and provide mutual assistance, so as to ensure the consistent application and enforcement of this Regulation in the internal market. A supervisory authority requesting mutual assistance may adopt a provisional measure if it receives no response to a request for mutual assistance within one month of the receipt of that request by the other supervisory authority.	(133) Die Aufsichtsbehörden sollten sich gegenseitig bei der Erfüllung ihrer Aufgaben unterstützen und Amtshilfe leisten, damit eine einheitliche Anwendung und Durchsetzung dieser Verordnung im Binnenmarkt gewährleistet ist. Eine Aufsichtsbehörde, die um Amtshilfe ersucht hat, kann eine einstweilige Maßnahme erlassen, wenn sie nicht binnen eines Monats nach Eingang des Amtshilfeersuchens bei der ersuchten Aufsichtsbehörde eine Antwort von dieser erhalten hat.
(138) The application of such mechanism should be a condition for the lawfulness of a measure intended to produce legal effects by a supervisory authority in those cases where its application is mandatory. In other cases of cross- border relevance, the cooperation mechanism between the lead supervisory authority and supervisory authorities concerned should be applied and mutual assistance and joint operations might be carried out between the supervisory authorities concerned on a bilateral or multilateral basis without triggering the consistency mechanism.	(138) Die Anwendung d(es Kohärenz-)Verfahrens sollte in den Fällen, in denen sie verbindlich vorgeschrieben ist, eine Bedingung für die Rechtmäßigkeit einer Maßnahme einer Aufsichtsbehörde sein, die rechtliche Wirkungen entfalten soll. In anderen Fällen von grenz überschreitender Relevanz sollte das Verfahren der Zusammenarbeit zwischen der federführenden Aufsichtsbehörde und den betroffenen Aufsichtsbehörden zur Anwendung gelangen, und die betroffenen Aufsichtsbehörden können auf bilateraler oder multilateraler Ebene Amtshilfe leisten und gemeinsame Maßnahmen durchführen, ohne auf das Kohärenzverfahren zurückzugreifen.

Literatur

Kühling/Martini et al., Die Datenschutz-Grundverordnung und das nationale Recht: Erste Überlegungen zum innerstaatlichen Regelungsbedarf, 1. Auflage 2016, MV-Wissenschaft Münster.

▶ Bedeutung der Norm

Art. 61 folgt Art. 60 nicht nur direkt nach, sondern bildet auch eine (prozedurale) Abrundung dieser allgemeinen Regelung über die „Zusammenarbeit" zwischen Aufsichtsbehörden. Über eine Standardisierung gegenseitiger Amtshilfe hinaus ermöglicht Abs. 8 Dringlichkeitsmaßnahmen der ersuchenden Behörde (nach Art. 66), wenn auf ihr Ersuchen nicht binnen Monatsfrist reagiert wird.

Hinweise für den Anwender

Für die Norm relevante Definitionen:
- Aufsichtsbehörde (Art. 4 Nr. 21), Auftragsverarbeiter (Art. 4 Nr. 8), betroffene Aufsichtsbehörde (Art. 4 Nr. 22), maßgeblicher und begründeter Einspruch (Art. 4 Nr. 24), Verantwortlicher (Art. 4 Nr. 7).

Für die Auslegung der Norm relevante Erwägungsgründe:
- EG 120, 123, 133, 138.

Systematische Einordnung der Norm innerhalb der DS-GVO:
- Art. 61 ist bezogen primär auf Art. 60 als Grundnorm der „Zusammenarbeit" zwischen Aufsichtsbehörden, mittelbar aber auch auf Art. 51 ff., die Regelungen über die kooperationspflichtigen Stellen.

Vorgängernorm der RL 95/46:
- Art. 28 Abs. 6 UAbs. 1 Satz 2, UAbs. 2.

Querbezüge zu anderen Normen:
- Art. 46 lit. f VO (EG) Nr. 45/2001, Art. 50 RL (EU) 2016/680.

Schlagworte

Amtshilfe zwischen Aufsichtsbehörden, Amtshilfeersuchen, aufsichtsbezogene Maßnahmen, Auskunftsersuchen, Ausgaben, Ausnahmefälle, Begründung eines Ersuchens, betroffene Aufsichtsbehörde, dringender Handlungsbedarf, Dringlichkeitsverfahren, Durchführungsrechtsakt der Kommission, einheitliche Anwendung und Durchsetzung des Unionsrechts, einstweilige Maßnahme der ersuchenden Aufsichtsbehörde, elektronische Kommunikation, elektronischer Informationsaustausch, ersuchende Aufsichtsbehörde, Ersuchen um (vorherige) Genehmigung, Ersuchen um Konsultation, Ersuchen um Nachprüfung, Ersuchen um Untersuchung, ersuchte Aufsichtsbehörde, Europäische Verwaltungszusammenarbeit, federführende Aufsichtsbehörde, Gebühren im Rahmen von Amtshilfe, internationale Amtshilfe, Kohärenzverfahren, Kosten der Amtshilfe, Prinzip begrenzter Einzelzuständigkeit, Prüfverfahren, standardisiertes Format, Stellungnahme des Ausschusses, Subsidiaritätsgrundsatz, Übermittlung von Informationen, Unterrichtungspflicht, Untersuchungen im Rahmen der Amtshilfe, verbindlicher Beschluss des Ausschusses, Verwaltungsabkommen, (wirksame) Zusammenarbeit zwischen Aufsichtsbehörden, (allgemeine) Zweckbindung

A. Allgemeines

I. Regelungszweck

1 Über Art. 60 hinaus sind nach Abs. 1 alle nationalen „Aufsichtsbehörden" (Art. 4 Nr. 21) angehalten, einander „maßgebliche" Informationen zu übermitteln und sich gegenseitig (nach näherer Maßgabe gemäß Abs. 1 Satz 2 sowie Abs. 2 bis 7) Amtshilfe zu gewähren; Ziel und Zweck ist auch hier die einheitliche Durchführung (durch Aufsichtsbehörden) und Anwendung (durch verarbeitende Stellen) der Grundverordnung. Als Basis hierfür sind zudem (nach Abs. 1 Satz 1) alle erforderlichen Vorkehrungen für eine wirkungsvolle Zusammenarbeit zwischen den Aufsichtsbehörden (und durch diese) zu treffen. Funktioniert dies nicht zügig genug, so ermöglicht Abs. 8 Maßnahmen im Dringlichkeitsverfahren (Art. 66).

II. Normadressaten

1. Aufsichtsbehörden

2 Adressiert werden nicht nur federführende und (andere) „betroffene" Aufsichtsbehörden (Art. 4 Nr. 22) wie in Art. 60, sondern alle derartigen nationalen Kontrollstellen, hingegen nicht der Europäische Datenschutzbeauftragte (EDPS), für den eine inhaltlich ähnliche Sonderregelung gilt (Art. 46 lit. f der VO [EG] Nr. 45/2001)[1]. Im Hinblick auf die Reziprozität der Kooperationspflichten betreffen Abs. 1 bis 3 sowie Abs. 7 Satz 2 alle Behörden, während in Abs. 4 bis 8 zwischen ersuchender und ersuchter Stelle unterschieden wird; nur von Ersterer sprechen Abs. 5 Satz 1, Abs. 6 und Abs. 8 Satz 1. Primär geht es allerdings um Art und Form des Ersuchens sowie Folgen eines Nicht-Befolgens.

2. Kommission

3 Ähnlich wie in Art. 67, aber allgemeiner formuliert und zudem auch auf Form und Verfahren der Amtshilfe nach Art. 61 bezogen wird dieses EU-Organ in Abs. 9 zum Erlass von Durchführungsrechtsakten (Art. 291 AEUV) ermächtigt (Satz 1; s. a. EG 167); insofern wird das in Art. 93 Abs. 2 genannte Prüfverfahren nach Art. 5 der „Komitologie"-Verordnung[2] in Bezug genommen (Satz 2).

3. Ausschuss

4 Der Ausschuss (Art. 68) wird lediglich im Hinblick auf die Ausgestaltung des elektronischen Informationsaustauschs (im Verhältnis zu den Aufsichtsbehörden) einbezogen (Abs. 9 Satz 1). Die Standardisierung erfolgt auch insoweit durch Durchführungsrechtsakt der Kommission (Rn. 3, 15, 23).

1 V. 18.12.2000, ABl. EU Nr. L 8 v. 12.1.2001, S. 1.
2 (EU) Nr. 182/2011 v. 16.2.2011, ABl. EU Nr. L 55 v. 28.2.2011, S. 13.

III. Systematik

5 Die Durchführung bzw. der Vollzug der Grundverordnung obliegt weiterhin mitgliedstaatlichen Behörden, für deren Stellung, Verfahren, Aufgaben und Befugnisse allerdings Art. 51 ff. einen relativ engen normativen Rahmen für die nationale Gesetzgebung abstecken. Deren Tätigwerden bezieht sich zunächst nur auf das jeweils eigene nationale Hoheitsgebiet, erfasst andererseits auch „grenzüberschreitende Verarbeitung" (Art. 4 Nr. 23 i. V. m. Art. 4 Nr. 2) innerhalb des Unionsgebiets (und darüber hinaus, Kapitel V). Um sachgerechte Entscheidungen treffen zu können, ist daher eine Regelung der Amtshilfe zwischen sämtlichen Aufsichtsbehörden auf der Grundlage der Gegenseitigkeit zwingend notwendig, einschließlich der Frage, wie weiter zu verfahren ist, wenn hierbei Probleme auftreten.

IV. Entstehungsgeschichte

6 Art. 55 KOM-E[3] knüpfte an Art. 28 Abs. 6 UAbs. 2 der RL 95/46/EG an, der allerdings nur eine allgemeine Verpflichtung ähnlich der jetzt in Art. 60 Abs. 1 enthaltenen aufstellt und nicht explizit von Amtshilfe spricht. Sprachlich waren Abs. 1 und 2 noch etwas ausführlicher geraten, während die Kriterien für eine Unzulässigkeit des Ersuchens (Abs. 4) enger als heute gefasst wurden. Eine differenzierte Kostenregelung (wie in Abs. 7 Satz 2) fehlte anfangs, Abs. 8 und 9 beinhalteten in der Sache die nunmehr in Abs. 8 getroffene Bestimmung. Das Parlament[4] erweiterte und modifizierte die Beispiele für Amtshilfe und wollte in einem dritten Satz von Abs. 3 verdeutlichen, dass die federführende Aufsichtsbehörde die „Abstimmung" mit den anderen beteiligten Behörden sicherstelle und als „zentrale Kontaktstelle" für Verantwortliche bzw. Auftragsverarbeiter fungiere (Abänderung 159). Auch sollte ein weiterer Fall einstweiliger Maßnahmen in Abs. 8 Satz 2 vorgesehen werden (Abänderung 161). Die abschließende Fassung wurde dann im Wesentlichen von der Rats-Arbeitsgruppe getroffen, vor allem im Hinblick auf Abs. 4 und 5 (Satz 2)[5]. Hier wie auch dann beim Standpunkt des Rates[6] waren aber noch zwei Absätze (8 und 9) zu einstweiligen Maßnahmen vorgesehen. Die Verschmelzung in einen einzigen Absatz (Abs. 8) geschah durch die politische Einigung im Trilog[7].

B. Inhalt der Regelung

I. Grundpflichten im Verhältnis von Aufsichtsbehörden untereinander (Abs. 1 Satz 1)

1. Informationsaustausch

7 Ohne die in Art. 60 Abs. 1 Satz 2 vorgenommene Beschränkung auf federführende und andere „betroffene Aufsichtsbehörden" normiert Art. 61 Abs. 1 Satz 1 eine Verpflichtung (dem Grunde nach) aller „Aufsichtsbehörden" zum Informationsaustausch untereinander, der oft bilateral erfolgen wird, aber auch mehrseitig stattfinden kann. Mangels näherer Begrenzung ist dies auch von sich aus (auf Eigeninitiative), ohne konkrete Anfrage einer anderen Aufsichtsbehörde zulässig. Aufseiten der jeweiligen Behörde entspricht dem die Aufgabe nach Art. 57 Abs. 1 lit. g, wobei ebenfalls eine Einordnung in den Kontext der „Zusammenarbeit" erfolgt. Der gegenüber Art. 60 Abs. 1 Satz 2 unterschiedliche Wortlaut („maßgeblich" statt „zweckdienlich") findet sich nur in der deutschen Fassung, im Englischen oder Französischen ist an beiden Stellen von „relevant" die Rede. Als Zweck für die Verpflichtung zu zwischenbehördlichem Informationsaustausch wie zu Amtshilfe (Rn. 8) nennt Abs. 1 wie Art. 57 Abs. 1 lit. g die Notwendigkeit, eine (unionsweit) einheitliche Anwendung und Durchsetzung (Rn. 1) der Verordnung zu gewährleisten.

---

3 KOM(2012)11 endgültig v. 25.1.2012.
4 P7_TA(2014)0212 v. 12.3.2014.
5 Rats-Dok. Nr. 15395/14 v. 19.12.2014.
6 Rats-Dok. Nr. 9565/15 v. 11.6.2015.
7 Rats-Dok. Nr. 5455/16 v. 28.1.2016.

2. Gewährung von Amtshilfe

Amtshilfe zwischen Behörden verschiedener EU-Mitgliedstaaten besteht etwa im Bereich der Steuern[8] schon seit Jahrzehnten, ergänzend zu Regelungen in bilateralen Doppelbesteuerungsabkommen. In Deutschland finden sich die Umsetzungsbestimmungen im EU-Amtshilfegesetz[9]. Insofern knüpfen auch Art. 61 (und Art. 60 Abs. 2) an eine bekannte Kategorie institutionalisierten Zusammenwirkens bei der Aufgabenerfüllung an, bei der im Hinblick auf räumliche Grenzen der jeweiligen Zuständigkeit eine Unterstützung durch ausländische Stellen erbeten und gewährt wird. Auch bei Amtshilfe werden in Abs. 1 Satz 1 alle Aufsichtsbehörden adressiert (Rn. 7), geht es jedoch immer um bilaterale Kooperation zwischen ersuchender und ersuchter Behörde. Abs. 1 Satz 2 führt wichtige Formen (nicht abschließend, sondern „insbesondere") an. Verfahrensbestimmungen werden dann in Abs. 2 bis 7 konkretisiert. Wie beim Informationsaustausch bezweckt auch Amtshilfe, eine einheitliche Anwendung und Durchsetzung der Grundverordnung zu gewährleisten. Bis auf Abs. 8 deckt sich die Vorschrift mit der parallelen Regelung in Art. 50 RL (EU) 2016/680[10]. 8

Da jedoch lediglich Beziehungen zwischen mitgliedstaatlichen Aufsichtsbehörden erfasst werden, gilt Art. 61 nicht für Amtshilfe im Verhältnis zu Drittländern oder „internationalen Organisationen"; hier sieht Art. 50 vor, dass Kommission und Aufsichtsbehörden „geeignete Maßnahmen" zur gegenseitigen Leistung internationaler Amtshilfe treffen können (lit. b und EG 116 Satz 5). 9

3. Vorkehrungen für wirksame Zusammenarbeit

Voraussetzung für eine wirksame (effektive) Zusammenarbeit zwischen Aufsichtsbehörden ist, dass jede einzelne Stelle zu grenzüberschreitender Kooperation auch persönlich und fachlich in der Lage ist, nicht zuletzt im Hinblick auf die dabei erforderliche elektronische Kommunikation (intern wie) untereinander. Dieser Aspekt wird bei Art. 57 Abs. 1 lit. g nicht ausdrücklich erwähnt; jedoch folgt die Verpflichtung jedes Mitgliedstaats, die je eigene(n) Aufsichtsbehörden angemessen auszustatten, bereits aus Art. 52 Abs. 4. Sicherzustellen sind notwendige personelle, technische und finanzielle Ressourcen, Räumlichkeiten und Infrastrukturen gerade auch zum Zwecke und im Rahmen der effektiven Erfüllung von Aufgaben mittels Amtshilfe. 10

II. Formen der Amtshilfe (Abs. 1 Satz 2)

Formen von Amtshilfe werden in Abs. 1 Satz 2 zwar nicht abschließend aufgelistet, die beiden genannten Regelbeispiele „Auskunftsersuchen" und „aufsichtsbezogene" Maßnahmen dürften aber alle praktisch wesentlichen Konstellationen abdecken. Die Befugnis zu Auskunftsersuchen wird dabei abgerundet durch die Aufgabe (der ersuchten Aufsichtsbehörde), der nachfragenden Behörde Amtshilfe zu „leisten" (s. Art. 57 Abs. 1 lit. g). Für aufsichtsbezogene Maßnahmen (die ihre Grundlagen allgemein in Art. 57, Art. 58 finden) werden wieder mehrere Beispiele gegeben, nämlich: das Ersuchen um vorherige Genehmigung (s. Art. 58 Abs. 3 lit. c i. V. m. Art. 36 Abs. 5), um vorherige Konsultation (s. Art. 58 Abs. 3 lit. a i. V. m. Art. 36), um Vornahme von „Nachprüfungen" (gestützt auf Art. 57 Abs. 1 lit. a, v) und von „Untersuchungen" (Art. 57 Abs. 1 lit. h, Art. 58 Abs. 1). 11

---

8 ec.europa.eu/taxation_customs/business/tax-cooperation-control/administrative-cooperation-mutual-assistance-overview_en (20.10.2016).

9 V. 16.6.2013 (BGBl. I 2013, S. 1809), zuletzt geändert durch Art. 4 des Gesetzes v. 21.12.2015 (BGBl. I 2015, S. 2531).

10 V. 27.4.2016, ABl. EU Nr. L 119 v. 4.5.2016, S. 89.

III. Ablauf von Amtshilfeverfahren

1. Amtshilfeersuchen (Abs. 3)

a) Inhalt (Satz 1)

12 Jede, nicht nur eine federführende Aufsichtsbehörde ist berechtigt, jede andere (nicht nur eine „betroffene") um Amtshilfe zu ersuchen; die ersuchte Stelle muss dem nachkommen, wenn nicht Versagungsgründe nach Abs. 4 gegeben sind (Rn. 16). Um prüfen zu können, ob eine derartige Pflicht, Folge zu leisten, besteht, muss die ersuchende Behörde klarstellen, warum sie die angeforderte Unterstützung bei ihrem Tätigwerden benötigt. Der anzugebende „Zweck" ist damit mehr als der allgemeine, eine Amtshilfe generell rechtfertigende in Abs. 1 Satz 1. Er muss sich vielmehr auf eine konkrete „Angelegenheit" (s. Art. 60 Rn. 14) beziehen. In der ebenfalls erforderlichen „Begründung" des Ersuchens muss vor allem erläutert werden, warum die beabsichtigte Maßnahme nicht allein von der ersuchenden Behörde getroffen werden kann bzw. warum und wie weit Hilfe durch die ersuchte Behörde geboten ist, um den jeweiligen Fall abschließen zu können. Die zu solcher Aufklärung „nötigen" Informationen müssen nicht in einem einzigen Dokument („Ersuchen") enthalten sein, sondern können auch vor bzw. bei dessen Übermittlung der ersuchten Stelle erteilt werden. Diese kann ihrerseits weitere Angaben verlangen, die sie für erforderlich hält, um ihre Kompetenzen zu prüfen. Es geht jedoch stets um für die Aufgabenerfüllung „erforderliche", nicht auch um allgemein „zweckdienliche" Informationen, weil durch solche Datenminimierung (s. Art. 5 Abs. 1 lit. c) Missbräuchen (vor allem seitens der ersuchten, ausländischen Behörde) vorgebeugt werden kann.

b) Zweckbindung von Informationen (Satz 2)

13 Soweit für Amtshilfezwecke „personenbezogene Daten" übermittelt werden, unterliegen ersuchende wie ersuchte Behörde als für deren „Verarbeitung" „Verantwortliche" der allgemeinen Zweckbindung aus Art. 5 Abs. 1 lit. b. Art. 61 Abs. 3 Satz 2 erweitert diese Regelung auf jede, auch eine nicht personenbezogene Information. Speziell adressiert werden hier (regelmäßig von der ersuchten Behörde) „angeforderte" Informationen, weil in diesem Falle die Übermittlung nicht schon und auch von der ersuchenden Stelle für notwendig erachtet worden ist. Die dafür statuierte Zweckbindung trifft also den Informationsnachfrager bzw. -empfänger.

2. Pflichten der ersuchten Behörde (Abs. 2)

14 Systematisch wäre Abs. 2 besser nach Abs. 3 oder 4 und vor Abs. 5 eingeordnet, weil hier bereits ein Amtshilfeersuchen vorliegt, es um dessen Behandlung durch die ersuchte Behörde geht. Dieser wird insoweit eine Höchstfrist von einem Monat eingeräumt, beginnend ab Eingang (d.h. Möglichkeit der Kenntnisnahme) beim Empfänger. Die ersuchte Behörde soll freilich so rasch wie möglich reagieren („unverzüglich", Art. 60 Rn. 20). Innerhalb der Frist sind „alle geeigneten Maßnahmen" zu treffen, um dem Ersuchen „nachzukommen" (Satz 1). Dazu gehört zunächst die Prüfung, ob dieses überhaupt rechtlich zulässig ist (s. Abs. 4), ob gegebenenfalls erst noch weitere Informationen (seitens der ersuchenden Behörde) benötigt (und eingeholt) werden und welche konkreten Maßnahmen überhaupt „geeignet" sind, um die geforderte Unterstützung zu bewirken. Jedenfalls müssen auch diese Hilfsmaßnahmen rechtmäßig sein, d.h. im Rahmen der Aufgaben und Befugnisse nach Art. 57, Art. 58 erfolgen. Insoweit stellt Abs. 2 Satz 2 klar, dass die ersuchte Behörde die andere, ersuchende Seite speziell darüber informieren darf (und muss), wie eine „Untersuchung" (Rn. 11) durchgeführt wurde, also bei wem, zu welchem Zeitpunkt, in welcher Weise und mit welchem Erfolg. Aus dem Zusammenhang mit Abs. 1 Satz 2 und Abs. 2 Satz 1 ergibt sich, dass hier nur „Untersuchungen" im Rahmen einer Amtshilfe gemeint sind. Aus früheren Investigationen erlangte Informationen sind demgegenüber Gegenstand des allgemeinen Informationsaustauschs. Eine Übermittlung nach Abs. 2 Satz 2 muss binnen eines Monats nach Eingang eines Ersuchens stattfinden; daneben kommt jedoch die (Pflicht zur) Unterrichtung nach Abs. 5 Satz 1 in Betracht (Rn. 18).

3. Art der Informationsübermittlung (Abs. 6)

Abs. 6 stellt nur auf eine von mehreren Phasen der Informationsübermittlung (und zudem nicht die anfängliche) ab, nämlich allein auf den Weg von ersuchter zu ersuchender Behörde. Bei den „Informationen", um deren Weitergabe diese nachgesucht hat, geht es allerdings um alle rechtmäßig aus der Ausführung der Amtshilfe-Aufgaben erlangten. Zumindest im Rahmen von Art. 60 Abs. 12 i. V. m. Abs. 2 kommen für die vorhergehende Phase, die Übermittlung von ersuchender an ersuchte Stelle, der elektronische Weg (elektronische Kommunikation) und der Einsatz standardisierter Formate in Betracht (Art. 60 Rn. 15). Auch umfasst die Ermächtigung an die Kommission (in Abs. 9) die nähere Ausgestaltung des elektronischen „Informationsaustauschs" zwischen Aufsichtsbehörden bzw. des „Verfahrens" der Amtshilfe. Abs. 6 bezeichnet elektronische Kommunikation freilich nur als „Regel", sodass ein Einsatz von Schriftstücken und deren postalischer Versand nicht ausgeschlossen sind, sofern dies innerhalb der in Abs. 2 Satz 1 gesetzten Frist faktisch möglich ist. 15

4. Ablehnung des Ersuchens

a) Gründe (Abs. 4)

Einem den Anforderungen des Abs. 3 genügenden Amtshilfeersuchen einer Aufsichtsbehörde muss nur dann nicht Folge geleistet werden, wenn einer der beiden in Abs. 4 abschließend („nur") aufgezählten Versagungsgründe vorliegt: Zum einen kann die Zuständigkeit (gemäß Art. 55 oder Art. 56) der ersuchten Behörde entweder für den Gegenstand (s. Rn. 12) des Ersuchens oder die zu seiner Erfüllung durchzuführenden Maßnahmen fehlen (lit. a); diese Voraussetzung kann sowohl unter sachlichen oder örtlichen/räumlichen Aspekten nicht gegeben sein als auch im Hinblick auf persönliche Merkmale hiervon berührter verarbeitender Stellen (s. Art. 2 Abs. 2). Zum anderen könnte die dem Ersuchen entsprechende Leistung von Amtshilfe materiell rechtswidrig sein, wobei hierfür mehrere Ursachen vorliegen können: eine Verletzung von (anderen) Vorschriften der Grundverordnung selbst, aber auch von sonstigem (gültigem) Unionsrecht oder schließlich von (kompetenzgemäß erlassenem) nationalem Recht der ersuchten Behörde. Insofern sind etwa die Vorgaben (und Grenzen) aus Art. 58 Abs. 4 und 6 relevant, aber auch und vor allem die Bereiche, in denen im Hinblick auf das Prinzip begrenzter Einzelzuständigkeit (Art. 5 Abs. 1, 2 EUV) und den Subsidiaritätsgrundsatz (Art. 5 Abs. 3 EUV) die Rechtsetzungsbefugnisse etwa für Verwaltungsverfahren (einschließlich -vollstreckung) bei Mitgliedstaaten verblieben sind. 16

b) Begründung gegenüber ersuchender Behörde (Abs. 5 Satz 2)

Zur generellen Pflicht, die ersuchende Behörde über die Behandlung von deren Anforderung von Amtshilfe zu informieren (Rn. 18), zählt nach Abs. 5 Satz 2 auch die Erläuterung, warum einem Ersuchen nicht Folge geleistet wird bzw. werden kann. Die Gründe für die Ablehnung sind bezogen auf Abs. 4, d. h. sie müssen verdeutlichen, welcher der verschiedenen dort genannten Aspekte maßgeblich war. Im Hinblick darauf, dass hierdurch zugleich Entscheidungen und Maßnahmen der ersuchenden Behörde unmöglich gemacht oder doch erschwert werden, muss die Ablehnung auch in eine Form gekleidet (und entsprechend übermittelt) werden, die es der ersuchenden Behörde erlaubt, hiergegen um Rechtsschutz nachzusuchen (Rn. 28). Es ist also den allgemeinen Anforderungen an außenwirksames hoheitliches Handeln Rechnung zu tragen (vgl. Art. 58 Abs. 4). 17

5. Information über Ergebnisse und Folgen des Ersuchens (Abs. 5 Satz 1)

Die Unterrichtungspflicht gilt neben und ergänzend zu Abs. 2 Satz 2; sie greift wohl regelmäßig später als jene ein. Eine explizite Frist oder Form ist für die Erfüllung nicht vorgeschrieben, jedoch gilt auch insoweit die generelle Vorgabe elektronischer Kommunikation nach Abs. 6. Die gebotenen Informationen zu „Ergebnissen" beziehen sich zwar primär auf tatsächlich getroffene Maßnahmen und deren Inhalt/Adressaten. Eine bloße Fehlanzeige dagegen scheidet aus, da diese nur 18 bei einer Ablehnung in Betracht käme, insoweit jedoch Abs. 5 Satz 2 eine spezielle Regelung trifft (Rn. 17). Klargestellt wird in Abs. 5 Satz 1, dass sich die Unterrichtungspflicht nicht auf eine einmalige Information beschränkt; vielmehr muss die ersuchte Behörde auch je nach Art der Angelegenheit über den weiteren „Fortgang" informieren, also insbesondere über Dauer, Abschluss und Erfolg ihrer auf das Ersuchen hin vorgenommenen Maßnahmen.

6. Kosten der Amtshilfe (Abs. 7)

19 Ersuchten Behörden untersagt Abs. 7 Satz 1, für ihre aufgrund eines Amtshilfeersuchens getroffenen Maßnahmen (Verwaltungs-)Gebühren[11] zu erheben. Offen bleibt, ob dieses Verbot sich auf eine Überwälzung der hierdurch verursachten – zusätzlichen – Kosten auf die Maßnahmeadressaten (verarbeitende Stellen) bezieht oder (auch) generell im Hinblick auf die Gegenseitigkeit eine Kostenabrechnung zwischen ersuchender und ersuchter Behörde ersparen soll. Die Grundverordnung geht ausweislich von Art. 57 Abs. 3 und 4 allgemein davon aus, dass der Aufwand aufsichtsbehördlichen Handelns den Verursachern, also Verantwortlichen und/oder Auftragsverarbeitern, angelastet werden kann; insoweit dürfte also Abs. 7 Satz 1 lediglich eine Vorgabe für die (un)zulässigen Positionen einer Kostenbelastung treffen. Eine solche Auslegung gerät auch nicht in Widerspruch zu Abs. 7 Satz 2, der lediglich auf „Ausnahmefälle" im horizontalen Verhältnis zwischen mehreren Aufsichtsbehörden bezogen ist. Vorgesehen wird diesbezüglich ein Recht, keine Pflicht solcher Behörden, miteinander „Regeln" zu vereinbaren, die freilich nur „besondere" Ausgaben im Kontext der Amtshilfe betreffen, d.h. über die damit normalerweise verbundenen (Verwaltungs-)Kosten hinausgehen. Umgekehrt ergibt sich daraus, dass ansonsten gerade kein Kostenausgleich auf dieser Ebene stattfinden soll. Die in Abs. 2 Satz 2 ermöglichte „Vereinbarung" ist zwischenstaatlicher Natur und nach deutschem Verständnis wohl als „Verwaltungsabkommen" im Sinne von Art. 59 Abs. 2 Satz 2 GG[12] zu werten; auch im Hinblick auf die Parteien liegt hier kein Rechtsakt des Unionsrechts vor.

IV. Einstweilige Maßnahmen der ersuchenden Behörde (Abs. 8)

1. Voraussetzungen

20 Abs. 8 entspricht strukturell Art. 60 Abs. 11, weicht hiervon jedoch in mehrfacher Hinsicht ab: Eine Ermächtigung zu einstweiligen Maßnahmen stützt sich nicht auf einen Ausnahmefall bzw. allgemein auf Dringlichkeit, vielmehr wird dieses zweite Merkmal dadurch konkretisiert (arg. e Satz 2), dass eine Frist ergebnislos verstrichen ist. Diese bezieht sich dem Wortlaut von Abs. 8 Satz 1 zufolge allein auf „Informationen gemäß Abs. 5" (Satz 1 wie Satz 2), nicht auch auf solche nach Abs. 2 Satz 2, obwohl auch dort (in Satz 1) ebenfalls eine Monatsfrist normiert ist. Der scheinbare Widerspruch lässt sich dadurch auflösen, dass Abs. 2 Satz 2 als Sonderfall und Teil der allgemeineren Unterrichtungspflicht eingeordnet wird (Rn. 18). Die Voraussetzung ist schon gegeben, wenn „die" erteilten Informationen nicht vollständig oder (teilweise) nicht zutreffend sind. Wie in Abs. 2 Satz 1 beginnt der Lauf der Monatsfrist mit Eingang des Ersuchens bei der ersuchten Behörde (Rn. 14).

2. Verfahren

21 Verstreicht die Monatsfrist, d.h., wird die Informationspflicht gegenüber der ersuchenden Behörde nicht bis zum Ende des letzten Tages dieses Zeitraums[13] umfassend erfüllt, normiert Abs. 8 Satz 1 ein Recht der ersuchenden Behörde, im Hoheitsgebiet ihres Mitgliedstaates (Art. 55 Abs. 1) einstweilige Maßnahmen nach Art. 66 Abs. 1 zu treffen. Dies muss im allgemein dafür eröffneten Rahmen von Art. 57, Art. 58 erfolgen. Allerdings wird das Amtshilfeersuchen dadurch allein nicht obsolet und insbesondere darf die ersuchte Behörde das Vorgehen der ersuchenden

11 Etwa nach §§ 1, 2 i.V.m. § 3 Abs. 4 (und Abs. 1, 2) BGebG; s. speziell § 2 Abs. 3 BGebG.
12 Vgl. BVerfGE 1, S. 372 (390 ff.).
13 Mangels einschlägiger Regeln im Unionsrecht ergibt sich die exakte Fristberechnung aus dem je anwendbaren nationalen Recht, in Deutschland letztlich aus §§ 186 ff. BGB.

Behörde nicht zum Anlass nehmen, davon Abstand zu nehmen, der Hilfsaufforderung weiter Folge zu leisten. Auch gelten die Informationsverpflichtungen aus Abs. 5 Satz 1 und Abs. 2 Satz 2 weiter. Schließlich ist der Grund der Fristversäumnis unbeachtlich; Dringlichkeit wird allein wegen der verstrichenen Zeit angenommen (s. Abs. 8 Satz 2).

Einstweilige Maßnahmen der ersuchenden Aufsichtsbehörde können nur wirksam getroffen werden, wenn der Europäische Datenschutzausschuss (Art. 68) bei deren Erlass angemessen beteiligt wird (Abs. 8 Satz 2). Vorgeschrieben wird insoweit ein verbindlicher Streitbeilegungsbeschluss (Art. 65). Die ersuchende ist insoweit „betroffene" Aufsichtsbehörde im Sinne von Art. 66. Irreführend erscheint jedoch die Verweisung auf einen Beschluss „nach Abs. 66 Abs. 2", da dort allein „endgültige" Maßnahmen geregelt sind. Nach Sinn und Zweck gemeint ist wohl das verkürzte, vom Normalfall des Art. 65 (Abs. 2) abweichende Verfahren der Beschlussfassung im Ausschuss (Art. 66 Abs. 4), da diese Bestimmung ihrerseits auf Art. 66 Abs. 2 Bezug nimmt. Andererseits bedeutet dies, dass im Zusammenhang des Art. 61 (Abs. 8) endgültige Maßnahmen nicht zulässig sind. 22

V. Durchführungsrechtsakte der Kommission (Abs. 9)

1. Inhalte

Ähnlich wie in Art. 67 Abs. 1, aber im Vergleich zu dieser Vorschrift weiter spezifizierend enthält Abs. 9 Satz 1 eine Ermächtigung an die Kommission zum Erlass eines oder mehrerer Duchführungsrechtsakte (Rn. 3). Systematisch stimmig betreffen solche Regelungen zunächst Form(en) und Verfahren der Amtshilfe nach Art. 61, d. h. die Vorgehensweisen von ersuchender und ersuchter Behörde. Über den Bereich der Amtshilfe hinaus wird die Kommission aber auch befugt, ganz allgemein die Abwicklung elektronischen Informationsaustauschs sowohl zwischen Aufsichtsbehörden als auch zwischen Behörden und dem Ausschuss (Rn. 22) näher auszugestalten. Insoweit wird jedoch wieder an die Amtshilfe-Konstellation angeknüpft, wenn als spezieller Fall die Vorgaben für ein standardisiertes Format nach Abs. 6 angeführt werden (Rn. 15). 23

Von Art. 67 Abs. 1 unterscheidet sich Abs. 9 Satz 1 einmal dadurch, dass hier gerade keine „allgemeine Tragweite" vorausgesetzt wird, ohne dass damit aber ein Zwang verbunden wäre, mehrere verschiedene Rechtsakte zu erlassen. Zum anderen stellt Art. 67 Abs. 1 auf das standardisierte Format im Rahmen des Kohärenzverfahrens ab, nämlich bei der Einholung einer Stellungnahme des Ausschusses nach Art. 64. 24

2. Verfahren

Abs. 9 Satz 2 verweist für die (tertiäre) Rechtsetzung auf das Prüfverfahren nach Art. 93 Abs. 2 (ebenso wie Art. 67 Abs. 2; s. a. EG 168). 25

C. Weitere Auswirkungen der Verordnung in der Praxis

I. Voraussichtliche Auswirkungen auf das nationale Recht

Außer der lapidaren Vorschrift des § 38 Abs. 1 Satz 5 BDSG-alt gelten auch im Datenschutzbereich über § 1 Abs. 4 BDSG-alt bzw. nunmehr § 1 Abs. 3 BDSG-neu die allgemeinen Amtshilferegelungen der §§ 4 ff. VwVfG. Überlagert werden diese aber seit 2009[14] durch §§ 8a bis 8e VwVfG über „Europäische Verwaltungszusammenarbeit". Da hierdurch direkt auf nach EU-Rechtsakten gebotene Amtshilfe Bezug genommen wird, können diese Bestimmungen auch im Rahmen der Grundverordnung Anwendung finden. Ein akuter Änderungsbedarf im deutschen 26

14 Eingefügt durch Art. 4a des Gesetzes v. 17.7.2009, BGBl. I 2009, S. 2091.

Recht ist daher nicht ersichtlich[15]. § 82 BDSG (in der Fassung des DSAnpUG-EU[16]) bezieht sich denn auch nur auf die Richtlinie 2016/680/EU[17].

II. Haftung

27 § 8a Abs. 3 VwVfG sieht auch die Anwendbarkeit von § 7 (Abs. 2) VwVfG vor, soweit (wie hier, s. Rn. 16) EU-Recht dem nicht entgegensteht. Die ersuchte Aufsichtsbehörde ist danach für die Durchführung, die ersuchende jener gegenüber für die Rechtmäßigkeit der zu treffenden Maßnahme verantwortlich, also auch gegenüber hierdurch geschädigten Personen oder Stellen haftbar.

III. Rechtsschutz

1. Für ersuchende und ersuchte Behörden

28 Kommt eine ersuchte Behörde einer Aufforderung nicht, nicht fristgemäß oder nicht gehörig nach, kann die ersuchende Stelle zwar dringliche Maßnahmen ergreifen (Abs. 8). Dadurch wird jedoch weder eine endgültige noch eine umfassende Lösung des Konflikts zwischen beiden Behörden erreicht. Da sowohl das Ersuchen als auch die Ablehnung, diesem nachzukommen, Maßnahmen staatlicher Stellen sind, ist auch eine gerichtliche Überprüfung des jeweiligen Verhaltens nationalen Gerichten zugewiesen. Daneben kommt eine Anrufung des EuGH wegen Verletzung von Unionsrecht (nach Art. 258 oder Art. 259 AEUV) bzw. im Wege des Vorabentscheidungsverfahrens (Art. 267 AEUV) in Betracht.

2. Für verarbeitende Stellen

a) Gegen ersuchende Behörde

29 Die um Amtshilfe ersuchende Behörde richtet eine entsprechende Aufforderung allein an die ersuchte Stelle im anderen EU-Mitgliedstaat; eine rechtliche Wirkung gegenüber den letztlich von der Durchführung Betroffenen tritt nicht ein, weil zumal eine dafür erforderliche extraterritoriale Geltung des Ersuchens gerade nicht normiert ist.

b) Gegen ersuchte Behörde

30 Maßnahmen, die getroffen wurden, um einem Ersuchen nachzukommen, erfolgen im Staat der ersuchten Behörde und haben dort tätige verarbeitende Stellen als Adressaten, sodass diese (unmittelbar und individuell) Betroffenen (nach Art. 78 Abs. 1) eine Überprüfung durch nationale Gerichte herbeiführen können. Dies umfasst eine Kontrolle daraufhin, ob dem Ersuchen nachzukommen war oder ein Fall von Art. 61 Abs. 4 vorliegt. Soweit dabei Unionsrecht relevant ist, kann bzw. muss wieder eine Vorlage nach Art. 267 AEUV erfolgen.

3. Für „betroffene Personen"

31 Sowohl bei nicht betriebener als auch bei unterbliebener oder fehlerhaft durchgeführter Amtshilfe können Rechte und Freiheiten betroffener natürlicher Personen (aus Art. 7, 8 EuGRCh) berührt sein, sei es durch die (nicht) ersuchende, sei es durch die ersuchte Behörde. Hier kommt zunächst eine Beschwerde nach Art. 77 Abs. 1 und sodann gegebenenfalls ein Rechtsbehelf (zu dem je zuständigen nationalen Gericht) nach Art. 78 Abs. 2 in Betracht.

---

15 Ebenso *Kühling/Martini* et al., 231.
16 Datenschutz-Anpassungs- und -Umsetzungsgesetz EU, BR-Drs. 110/17 v. 2.2.2017.
17 Vgl. oben, Fn. 10.

Article 62

Joint operations of supervisory authorities

1. The supervisory authorities shall, where appropriate, conduct joint operations including joint investigations and joint enforcement measures in which members or staff from the supervisory authorities of other Member States are involved.

2. Where the controller or processor has establishments in several Member States or where a significant number of data subjects in more than one Member State are likely to be substantially affected by processing operations, a supervisory authority of each of those Member States shall have the right to participate in joint operations. The supervisory authority which is competent pursuant to Article 56(1) or 56(4) shall invite the supervisory authority of each of those Member States to take part in the joint operations and shall respond without delay to the request of a supervisory authority to participate.

3. A supervisory authority may, in accordance with Member State law, and with the seconding supervisory authority's authorisation, confer powers, including investigative powers on the seconding supervisory authority's members or staff involved in joint operations or, in so far as the law of the Member State of the host supervisory authority permits, allow the seconding supervisory authority's members or staff to exercise their investigative powers in accordance with the law of the Member State of the seconding supervisory authority. Such investigative powers may be exercised only under the guidance and in the presence of members or staff of the host supervisory authority. The seconding supervisory authority's members or staff shall be subject to the Member State law of the host supervisory authority.

4. Where, in accordance with paragraph 1, staff of a seconding supervisory authority operate in another Member State, the

Artikel 62

Gemeinsame Maßnahmen der Aufsichtsbehörden

(1) Die Aufsichtsbehörden führen gegebenenfalls gemeinsame Maßnahmen einschließlich gemeinsamer Untersuchungen und gemeinsamer Durchsetzungsmaßnahmen durch, an denen Mitglieder oder Bedienstete der Aufsichtsbehörden anderer Mitgliedstaaten teilnehmen.

(2) Verfügt der Verantwortliche oder der Auftragsverarbeiter über Niederlassungen in mehreren Mitgliedstaaten oder werden die Verarbeitungsvorgänge voraussichtlich auf eine bedeutende Zahl betroffener Personen in mehr als einem Mitgliedstaat erhebliche Auswirkungen haben, ist die Aufsichtsbehörde jedes dieser Mitgliedstaaten berechtigt, an den gemeinsamen Maßnahmen teilzunehmen. Die gemäß Artikel 56 Absatz 1 oder Absatz 4 zuständige Aufsichtsbehörde lädt die Aufsichtsbehörde jedes dieser Mitgliedstaaten zur Teilnahme an den gemeinsamen Maßnahmen ein und antwortet unverzüglich auf das Ersuchen einer Aufsichtsbehörde um Teilnahme.

(3) Eine Aufsichtsbehörde kann gemäß dem Recht des Mitgliedstaats und mit Genehmigung der unterstützenden Aufsichtsbehörde den an den gemeinsamen Maßnahmen beteiligten Mitgliedern oder Bediensteten der unterstützenden Aufsichtsbehorde Befugnisse einschließlich Untersuchungsbefugnisse übertragen oder, soweit dies nach dem Recht des Mitgliedstaats der einladenden Aufsichtsbehörde zulässig ist, den Mitgliedern oder Bediensteten der unterstützenden Aufsichtsbehörde gestatten, ihre Untersuchungsbefugnisse nach dem Recht des Mitgliedstaats der unterstützenden Aufsichtsbehörde auszuüben. Diese Untersuchungsbefugnisse können nur unter der Leitung und in Gegenwart der Mitglieder oder Bediensteten der einladenden Aufsichtsbehörde ausgeübt werden. Die Mitglieder oder Bediensteten der unterstützenden Aufsichtsbehörde unterliegen dem Recht des Mitgliedstaats der einladenden Aufsichtsbehörde.

(4) Sind gemäß Absatz 1 Bedienstete einer unterstützenden Aufsichtsbehörde in einem anderen Mitgliedstaat im Einsatz, so über-

Member State of the host supervisory authority shall assume responsibility for their actions, including liability, for any damage caused by them during their operations, in accordance with the law of the Member State in whose territory they are operating.

nimmt der Mitgliedstaat der einladenden Aufsichtsbehörde nach Maßgabe des Rechts des Mitgliedstaats, in dessen Hoheitsgebiet der Einsatz erfolgt, die Verantwortung für ihr Handeln, einschließlich der Haftung für alle von ihnen bei ihrem Einsatz verursachten Schäden.

5. The Member State in whose territory the damage was caused shall make good such damage under the conditions applicable to damage caused by its own staff. The Member State of the seconding supervisory authority whose staff has caused damage to any person in the territory of another Member State shall reimburse that other Member State in full any sums it has paid to the persons entitled on their behalf.

(5) Der Mitgliedstaat, in dessen Hoheitsgebiet der Schaden verursacht wurde, ersetzt diesen Schaden so, wie er ihn ersetzen müsste, wenn seine eigenen Bediensteten ihn verursacht hätten. Der Mitgliedstaat der unterstützenden Aufsichtsbehörde, deren Bedienstete im Hoheitsgebiet eines anderen Mitgliedstaats einer Person Schaden zugefügt haben, erstattet diesem anderen Mitgliedstaat den Gesamtbetrag des Schadenersatzes, den dieser an die Berechtigten geleistet hat.

6. Without prejudice to the exercise of its rights vis-à-vis third parties and with the exception of paragraph 5, each Member State shall refrain, in the case provided for in paragraph 1, from requesting reimbursement from another Member State in relation to damage referred to in paragraph 4.

(6) Unbeschadet der Ausübung seiner Rechte gegenüber Dritten und mit Ausnahme des Absatzes 5 verzichtet jeder Mitgliedstaat in dem Fall des Absatzes 1 darauf, den in Absatz 4 genannten Betrag des erlittenen Schadens anderen Mitgliedstaaten gegenüber geltend zu machen.

7. Where a joint operation is intended and a supervisory authority does not, within one month, comply with the obligation laid down in the second sentence of paragraph 2 of this Article, the other supervisory authorities may adopt a provisional measure on the territory of its Member State in accordance with Article 55. In that case, the urgent need to act under Article 66(1) shall be presumed to be met and require an opinion or an urgent binding decision from the Board pursuant to Article 66(2).

(7) Ist eine gemeinsame Maßnahme geplant und kommt eine Aufsichtsbehörde binnen eines Monats nicht der Verpflichtung nach Absatz 2 Satz 2 des vorliegenden Artikels nach, so können die anderen Aufsichtsbehörden eine einstweilige Maßnahme im Hoheitsgebiet ihres Mitgliedstaats gemäß Artikel 55 ergreifen. In diesem Fall wird von einem dringenden Handlungsbedarf gemäß Artikel 66 Absatz 1 ausgegangen, der eine im Dringlichkeitsverfahren angenommene Stellungnahme oder einen im Dringlichkeitsverfahren angenommenen verbindlichen Beschluss des Ausschusses gemäß Artikel 66 Absatz 2 erforderlich macht.

Recitals

(134) Each supervisory authority should, where appropriate, participate in joint operations with other supervisory authorities. The requested supervisory authority should be obliged to respond to the request within a specified time period.

(138) The application of such mechanism should be a condition for the lawfulness of a measure intended to produce legal effects by a supervisory authority in those cases where its

Erwägungsgründe

(134) Jede Aufsichtsbehörde sollte gegebenenfalls an gemeinsamen Maßnahmen von anderen Aufsichtsbehörden teilnehmen. Die ersuchte Aufsichtsbehörde sollte auf das Ersuchen binnen einer bestimmten Frist antworten müssen.

(138) Die Anwendung d(es Kohärenz-)Verfahrens sollte in den Fällen, in denen sie verbindlich vorgeschrieben ist, eine Bedingung für die Rechtmäßigkeit einer Maßnahme einer

Recitals	**Erwägungsgründe**
application is mandatory. In other cases of cross-border relevance, the cooperation mechanism between the lead supervisory authority and supervisory authorities concerned should be applied and mutual assistance and joint operations might be carried out between the supervisory authorities concerned on a bilateral or multilateral basis without triggering the consistency mechanism.	Aufsichtsbehörde sein, die rechtliche Wirkungen entfalten soll. In anderen Fällen von grenzüberschreitender Relevanz sollte das Verfahren der Zusammenarbeit zwischen der federführenden Aufsichtsbehörde und den betroffenen Aufsichtsbehörden zur Anwendung gelangen, und die betroffenen Aufsichtsbehörden können auf bilateraler oder multilateraler Ebene Amtshilfe leisten und gemeinsame Maßnahmen durchführen, ohne auf das Kohärenzverfahren zurückzugreifen.
(146) ... The concept of damage should be broadly interpreted in the light of the case-law of the Court of Justice in a manner which fully reflects the objectives of this Regulation. ...	(146) ... Der Begriff des Schadens sollte im Lichte der Rechtsprechung des Gerichtshofs weit auf eine Art und Weise ausgelegt werden, die den Zielen dieser Verordnung in vollem Umfang entspricht. ...

Literatur

Albrecht, Das neue EU-Datenschutzrecht – von der Richtlinie zur Verordnung, in: CR 2016, 88; *Benecke/Wagner*, Öffnungsklauseln in der Datenschutz-Grundverordnung und das deutsche BDSG – Grenzen und Gestaltungsspielräume für ein nationales Datenschutzrecht, in: DVBl. 2016, S. 600; *Kühling/Martini et al.*, Die Datenschutz-Grundverordnung und das nationale Recht: Erste Überlegungen zum innerstaatlichen Regelungsbedarf, 1. Auflage 2016, MV-Wissenschaft Münster.

▶ Bedeutung der Norm

Art. 62 befasst sich mit von mehreren „Aufsichtsbehörden" (Art. 4 Nr. 21) gemeinsam durchgeführten Maßnahmen, an denen also Mitglieder (Art. 52 Abs. 2, 3) und Bedienstete (Art. 52 Abs. 4, 5) solcher Stellen aus unterschiedlichen Mitgliedstaaten teilnehmen (Abs. 1). Geklärt werden neben den spezifischen Befugnissen (Abs. 2, 3) vor allem Verantwortung und Haftung für das jeweilige Personal (Abs. 4 bis 6). Kommt die Zusammenarbeit nicht fristgemäß zustande, können Dringlichkeitsmaßnahmen nach Art. 66 erfolgen (Abs. 7).

▶ Hinweise für den Anwender

Für die Norm relevante Definitionen:

- Aufsichtsbehörde (Art. 4 Nr. 21), Auftragsverarbeiter (Art. 4 Nr. 8), Verantwortlicher (Art. 4 Nr. 7).

Für die Auslegung der Norm relevante Erwägungsgründe:

- EG 134, 138.

Systematische Einordnung der Norm innerhalb der DS-GVO:

- Auf Art. 62 wird in Art. 56 Abs. 5 und Art. 60 Abs. 2 verwiesen. Indirekt (über Art. 60) ist die Vorschrift auch mit Art. 66 (Dringlichkeitsverfahren) verknüpft.

▶ Schlagworte

Amtshilfe, Auftragsverarbeiter, Bedienstete von Aufsichtsbehörden, betroffene Aufsichtsbehörde, betroffene Personen, dringender Handlungsbedarf, Dringlichkeitsverfahren, Durchführungsmaßnahmen, einladende Aufsichtsbehörde, Einladungsrecht, einstweilige Maßnahme von Aufsichtsbehörden, endgültige Maßnahmen von Aufsichtsbehörden, federführende Aufsichtsbehörde, gemeinsame Maßnahmen von Aufsichtsbehörden, gemeinsame

Untersuchungen von Aufsichtsbehörden, Haftung von Mitgliedstaaten, Haftungsverzicht, Herkunftsland, Kohärenzverfahren, Kompetenzübertragung, Konsultation zu Beschlussentwurf, Mitglieder von Aufsichtsbehörden, Niederlassung, Schaden, Schadensersatz, Stellungnahme des Ausschusses, Tätigkeits-/Gastland, Teilnahmeersuchen, territoriale Souveränität, unterstützende Aufsichtsbehörde, (gemeinsame) Untersuchungen, Untersuchungsbefugnisse von Aufsichtsbehörden, Verantwortlicher, Verantwortung von Mitgliedstaaten, verbindlicher (Streitbeilegungs-)Beschluss des Ausschusses, Zusammenarbeit zwischen Aufsichtsbehörden

A. Allgemeines

I. Regelungszweck

1 „Gemeinsame" Maßnahmen erfolgen im geplanten und geregelten Zusammenwirken (in einem „Team"[1]) von einladender und mindestens einer anderen, unterstützenden „Aufsichtsbehörde". Zulässig ist dabei auch der Einsatz von Personal im jeweils anderen EU-Mitgliedstaat (s. Abs. 4). Anlass und Federführung (s. Art. 56) ergeben sich aus Art. 60 Abs. 2. Ob stattdessen oder ergänzend Amtshilfe nach Art. 61 in Betracht kommt, ist eine Frage der Effektivität. Durch „gegebenenfalls" in Abs. 1 wird noch einmal klargestellt, dass die Initiative hierfür bei der federführenden Behörde nach Art. 56 Abs. 1, 4 liegt. Eine Pflicht zur Teilnahme an „gemeinsamen Maßnahmen" besteht trotz des unklaren Wortlauts in Abs. 7 Satz 1 nicht. Vielmehr ist eine zur Mitwirkung aufgeforderte Behörde nach Abs. 2 Satz 2 lediglich gehalten, das Teilnahmeersuchen zu prüfen und sich hierzu fristgemäß zu äußern.

II. Normadressaten

1. Aufsichtsbehörden

2 Aufsichtsbehörden generell werden in Abs. 1 (Befugnis zur Durchführung gemeinsamer Maßnahmen), Abs. 3 (Übertragung von Kompetenzen zwischen teilnehmenden Stellen) und Abs. 7

1 Vgl. *Albrecht*, Das neue EU-Datenschutzrecht, in: CR 2016, 96.

(Zulässigkeit für einstweilige Maßnahmen anderer Behörden) angesprochen. Auch der allgemeine Haftungsverzicht in Abs. 6 gilt für alle solchen Behörden (angesichts des Bezugs zu Abs. 1). In Abs. 2 erfolgt eine Eingrenzung auf Stellen derjenigen Mitgliedstaaten, in deren Gebiet „Verantwortliche" (Art. 4 Nr. 7) oder „Auftragsverarbeiter" (Art. 4 Nr. 8) eine „Niederlassung" (Art 4 Nr. 16 Rn. 6) haben, wenn dies in mehr als einem Mitgliedstaat der Fall ist. Nur auf zu gemeinsamen Maßnahmen einladende und diese unterstützende (andere) Aufsichtsbehörden beziehen sich Abs. 3 bis 5 im Hinblick auf Verantwortung und Haftung für Ausübung der Befugnisse jenseits des eigenen Hoheitsgebiets (extraterritorial).

2. Mitgliedstaaten

Abs. 3 klärt, ob Personal einer anderen Aufsichtsbehörde im Hoheitsgebiet der einladenden Behörde bei gemeinsamen Maßnahmen unterstützend tätig werden darf (Satz 1) und dass solche Mitglieder und Bediensteten (Art. 52 Abs. 2 bis 5) dabei dem Recht des Staates der einladenden Behörde unterliegen. Nach Abs. 4 übernimmt hierfür dieser Staat die Verantwortung (einschließlich der Haftung für Schäden). Insoweit ist maßgeblich das Recht des Mitgliedslandes, in dessen Hoheitsgebiet der Einsatz erfolgt, auch wenn dies nicht das Territorium ist, das zum räumlichen Kompetenzbereich der unterstützenden Behörde gehört. Tritt dabei ein Schaden (an) einer Person oder auch anderer Art ein (s. Erwägungsgrund 146 Satz 3), so sieht Abs. 5 Satz 1 dem Geschädigten gegenüber die Haftung des Mitgliedslandes vor, in dessen Gebiet der Schaden verursacht wurde. Im Verhältnis von Mitgliedstaat der unterstützenden Behörde und dem Land, in dem Mitarbeiter jener Stelle einen Personen-Schaden herbeigeführt haben, muss nach Abs. 5 Satz 2 intern ein Ausgleich der an das Opfer gezahlten Ersatzleistungen erfolgen. Ebenfalls auf das Innenverhältnis zwischen Mitgliedstaaten bezogen ist der Haftungsverzicht untereinander in Abs. 6. 3

3. Ausschuss

Eine Mitwirkung des Ausschusses erfolgt nach Abs. 7 nur, wenn ein Dringlichkeitsverfahren nach Art. 66 eingeleitet wird, entweder als Stellungnahme (Art. 64) oder mittels verbindlichen Streitbeilegungsbeschlusses (Art. 65). 4

III. Systematik

Gemeinsame Maßnahmen erfolgen regelmäßig im Rahmen der Zusammenarbeit nach Abschnitt 1; eine Notwendigkeit hierzu ergibt sich weder aus Art. 62 („gegebenenfalls") noch aus anderen Vorschriften der Grundverordnung. Über Abs. 7 kann es aber auch zu einem Kohärenzverfahren (Abschnitt 2) kommen, jedoch allein in Gestalt des Dringlichkeitsverfahrens. Die Verweisung auf Art. 66 Abs. 2 ist (ähnlich wie in Art. 61 Abs. 8 Satz 2) missverständlich, da es dort nicht um einstweilige, sondern um endgültige Maßnahmen geht (Art. 66 Rn. 12). Eher wird hier die in Art. 66 Abs. 3 normierte Konstellation in Bezug genommen, wobei der erforderliche Antrag (konkludent) zusammen mit dem Beschluss über temporäre Maßnahmen getroffen wird und der Ausschuss in diesem Falle zur Mitwirkung verpflichtet ist. 5

IV. Entstehungsgeschichte

Art. 56 KOM-E lehnt sich an eine bisher in Art. 17 des Ratsbeschlusses 2008/615/JI[2] enthaltene Regelung an, die nicht in die Richtlinie 2016/680/EU[3] übernommen wurde. Nur rudimentär ausgeprägt war zunächst die Frage von Verantwortung und Haftung (Abs. 3 Satz 4). Die „praktischen Aspekte spezifischer Kooperationsmaßnahmen" sollten die Aufsichtsbehörden untereinander regeln (Abs. 4). Der Übergang in das Kohärenz- bzw. Dringlichkeitsverfahren war von Anfang an weithin wie in der Endfassung festgelegt. Ähnlich dem heutigen Art. 66 Abs. 1 Satz 2 6

2 V. 23.6.2008, ABl. EU Nr. L 210 v. 6.8.2008, S. 1.
3 V. 27.4.2016, ABl. EU Nr. L 119 v. 4.5.2016, S. 89.

war noch speziell eine Informationspflicht gegenüber Ausschuss und Kommission normiert. Das Parlament wollte die Rolle der federführenden Aufsichtsbehörde durch Modifizierung von Abs. 2 stärken (Abänderung 164)[4]. Die Rats-Arbeitsgruppe[5] einigte sich auf die Haftungsregeln (Abs. 4 bis 6, zunächst Abs. 3a bis 3c) und präzisierte den Wortlaut von Abs. 3. Wie bei Art. 61 waren hier (auch noch in der späteren Rats-Version)[6] zwei Absätze zu einstweiligen Maßnahmen geplant (Abs. 5, 6); erst die politische Einigung[7] führte beide (im finalen Abs. 7) zusammen.

B. Inhalt der Regelung

I. Gemeinsame Maßnahmen mehrerer Aufsichtsbehörden als besondere Form der Zusammenarbeit (Abs. 1, 2)

1. Art der Maßnahmen

7 Ähnlich wie Art. 61 Abs. 1 nennt auch Art. 62 Abs. 1 zwei spezifische Fälle gemeinsamen Handelns („Untersuchungen" und „Durchführungsmaßnahmen") und bezieht des Weiteren die Zulässigkeit eines Zusammenwirkens von mindestens zwei Aufsichtsbehörden auf „Maßnahmen", die nur bzw. schon deshalb „gemeinsam" sind, weil Mitglieder oder (andere) Bedienstete weiterer Behörden hieran teilnehmen. Ebenso wie bei alleinigem Tätigwerden einer Aufsichtsbehörde müssen auch hier bei allen Beteiligten Zuständigkeiten (nach Art. 55, Art. 56) beachtet werden und dürfen jegliche Maßnahmen nur im Rahmen der jeweiligen Aufgaben (Art. 57) und Befugnisse (Art. 58) erfolgen. Damit ist zugleich die Vornahme gemeinsamer Maßnahmen auf den EU-Raum beschränkt. Gegenüber Drittstaaten oder „internationalen Organisationen" (Art. 4 Nr. 26) greift als Sonderregelung allein Art. 50 lit. a ein.

8 Im Rahmen von Kapitel VII werden Maßnahmen allein von mitgliedstaatlichen Aufsichtsbehörden getroffen, deren Zuständigkeit sich auf das Hoheitsgebiet ihres jeweiligen (Herkunfts-)Landes bezieht und beschränkt (Art. 55 Abs. 1), auch dann, wenn es um das Vorgehen einer federführenden Behörde geht (s. Art. 56 Abs. 1: „unbeschadet von Art. 55"). Da für Letztere das Vorliegen „grenzüberschreitender Verarbeitung" (Art. 4 Nr. 23) konstitutiv ist, kann es gerade insoweit zu aufsichtlichen Maßnahmen in mehreren EU-Staaten kommen, deren Koordinierung erforderlich ist. Im Unterschied zur Amtshilfe (Art. 61) bzw. über diese hinaus geht es dann nicht allein um eine Unterstützung der ersuchenden durch eine ersuchte Behörde im Staatsgebiet der letzteren, sondern allgemeiner und umfassender um eine Kumulation verschiedener Maßnahmen der federführenden und anderer, diese unterstützende Behörden, freilich nach wie vor bezogen auf das jeweilige nationale Hoheitsgebiet der einzelnen Stelle(n). Insoweit wirkt sich die Federführung auch extraterritorial aus und Unterstützung kann durch mehrere teilnehmende (ausländische) Behörden und deren Personal in verschiedenen (weiteren) Staaten gewährt werden. Letztlich zeigen Abs. 4 und 5, dass diese Form der Zusammenarbeit im gesamten EU-Raum erfolgen kann und darf. Die komplexen Beziehungen zwischen den an der Zusammenarbeit Beteiligten (und den von deren Maßnahmen Betroffenen) werden dabei in Abs. 3 bis 5 nur z. T. explizit geregelt.

2. Beteiligte Stellen und Personen

9 Eine organisierte Zusammenarbeit findet nur im Verhältnis von mindestens zwei Aufsichtsbehörden statt; eine Mitwirkung des Ausschusses ist regelmäßig nicht vorgesehen, außer wenn nach Abs. 7 im Dringlichkeitsverfahren gehandelt werden soll (Rn. 25). Nach Abs. 1 nehmen an gemeinsamen Maßnahmen nicht nur Mitglieder und Personal der hierzu einladenden, federführenden Behörde teil, sondern auch Bedienstete der weiteren (unterstützenden) Stellen aus anderen

4 P7_TA(2014)0212 v. 12.3.2014.
5 Rats-Dok. Nr. 15395/14 v. 19.12.2014.
6 Rats-Dok. Nr. 9565/15 v. 11.6.2015.
7 Rats-Dok. Nr. 5455/16 v. 28.1.2016.

Mitgliedstaaten. Insoweit ergibt sich aus Art. 60 Abs. 2 ein ausschließliches Initiativrecht der federführenden Behörde; angesichts der Regelungssystematik bedeutet dies zugleich, dass eine Beteiligung nur für andere „betroffene" Aufsichtsbehörden (Art. 4 Nr. 22) in Betracht kommt. Konkretisiert wird der Kreis der Beteiligten zudem durch Art. 62 Abs. 2 (Rn. 10).

3. Einladende und andere teilnehmende („unterstützende") Behörden

Mehrfach (in Abs. 2, 3 und 4) unterscheidet Art. 62 bei gemeinsamen Maßnahmen zwischen der hierzu „einladenden" Behörde – dies ist allein die federführende, wie sich aus der Verweisung in Abs. 2 Satz 2 auf Art. 56 Abs. 1, 4 ergibt – und der bzw. einer „unterstützenden" Stelle. Dies kann jedoch mehr als eine „betroffene Aufsichtsbehörde" sein, wie Abs. 2 Satz 1 verdeutlicht, wo von mehreren Mitgliedstaaten die Rede ist. Abs. 2 differenziert dabei zwischen dem Beteiligungsrecht, das eine Behörde zu einer „unterstützenden" macht, und dem „Einladungsrecht", das nur der federführenden Behörde zusteht (Rn. 9). Hiervon kann sie entweder von sich aus Gebrauch machen (Aufforderung zur Teilnahme) oder erst im Hinblick auf ein diesbezügliches Ersuchen einer „betroffenen" Behörde. Eine Pflicht zu dieser Form der Zusammenarbeit wird so (für federführende wie unterstützende Behörde) nur dann begründet, wenn eine andere teilnahmeberechtigte Stelle dies fordert und die Voraussetzungen des Abs. 2 Satz 1 vorliegen. Die beiden hier genannten Alternativen decken sich weitgehend mit der Definition von „grenzüberschreitender Verarbeitung" (s. Rn. 8), auf die auch Art. 56 Abs. 1 abstellt. Die zweite ist jedoch insofern enger, als hier auch die Betroffenheit einer „bedeutenden Zahl" von Personen verlangt wird. Fehlt es daran, können „gemeinsame Maßnahmen" daher nur bei einem (freiwillig hergestellten) Einvernehmen von einladender und unterstützender Behörde über deren Art, Inhalt und Dauer durchgeführt werden. 10

II. Befugnisse unterstützender Aufsichtsbehörden (Abs. 3)

1. Voraussetzungen für Ausübung auf fremdem Hoheitsgebiet (Satz 1, 2)

Unabhängig davon, auf welcher Basis gemeinsame Maßnahmen erfolgen (Rn. 10), gelten für die beteiligten Behörden, insbesondere aber deren Mitglieder und Personal unterschiedliche rechtliche Regeln. Grundlage dafür ist die territoriale Souveränität der an der Kooperation mitwirkenden Mitgliedstaaten, aus der zunächst resultiert, dass vorrangig die Rechtsordnung desjenigen Mitgliedstaats maßgeblich ist, für dessen Gebiet der handelnden Behörde die (Verbands-)Kompetenz zukommt. Bei allen (nationalen) Aufsichtsbehörden bezieht sich diese Zuständigkeit aber lediglich auf das Territorium des eigenen Staates. Sowohl federführende als auch unterstützende Stellen bedürfen daher bei Maßnahmen außerhalb des je eigenen Hoheitsgebiets nicht nur einer Befugnis nach dem für sie geltenden Recht (ihres „Herkunftslandes"), sondern darüber hinaus muss auch die Rechtsordnung des jeweiligen Gast-/Tätigkeitsstaates hoheitliches Handeln fremdstaatlicher Stellen (nach Art und Umfang, also auch schon bei bloßer Unterstützung der eigenen) gestatten. Im Verhältnis zu EU-Staaten untereinander und im Geltungsbereich des Unionsrechts können sich beide Aspekte extraterritorialer Rechtsanwendung freilich gerade aus dieser supranationalen Ordnung ergeben und wird dadurch die generelle völkerrechtliche (räumliche) Begrenzung einzelstaatlicher Jurisdiktion wieder relativiert. 11

Abs. 3 Satz 1 erfasst insoweit vornehmlich die Situation „unterstützender" Behörden, wenn und weil diese jenseits des eigenen Staatsgebiets und damit außerhalb ihrer generellen Kompetenz tätig werden (sollen). Da Mitglieder und Personal solcher Stellen umfassend, also auch bei (zulässigem) Tätigwerden im Ausland, an die eigene (Herkunftslands-)Rechtsordnung gebunden sind, können deren Vorgaben auch im Rahmen der Mitwirkung an gemeinsamen Maßnahmen maßgeblich bleiben. Allerdings ist dafür unverzichtbare Voraussetzung, dass ein derartiger „Kompetenzexport" dem Recht des Tätigkeitslandes nicht widerspricht, sondern dieses eine entsprechende Öffnungsklausel enthält.[8] Zudem gilt dies nur für „Untersuchungsbefugnisse" (im Sinne 12

8 Vgl. *Benecke/Wagner*, in: DVBl. 2016, 604.

von Art. 58 Abs. 1), nicht für andere Modalitäten der Befugniswahrnehmung und bedarf weiter einer Gestattung durch die einladende Behörde, da nur diese beurteilen kann, ob und wie weit dies der Durchführung der gemeinsamen Maßnahme im Inland dienlich ist. Die Kompetenzübertragung bleibt schließlich dadurch begrenzt, dass entsprechende Befugnisse (fremdstaatlichen Personals) nur unter strikter Kontrolle der Tätigkeitslands-Aufsichtsbehörde ausgeübt werden dürfen. Abs. 3 Satz 2 fordert insoweit nicht nur eine „Leitung" (respektive Unterordnung unter diese), sondern auch die „Gegenwart" (physische Präsenz) von Mitgliedern oder (anderen) Bediensteten der inländischen Stelle. Solche Personen müssen dann auch (kraft ihres Status) vor Ort anordnungsbefugt sein, sodass unter ihnen auch Führungspersonal sein muss.

13 Als andere Modalität einer Befugnisausübung sieht Abs. 3 Satz 1 vor, dass hierbei ein einziges (mitgliedstaatliches) Recht maßgeblich sein soll, nämlich das der einladenden Aufsichtsbehörde. Dann muss allerdings dafür Sorge getragen werden, dass auch die „unterstützenden" Stellen diese Vorschriften anwenden. Ausreichend ist in diesem Fall die Zulässigkeit einer solchen Kompetenzübertragung nach dem Recht des transferierenden Staates. Die empfangende Behörde muss ihrerseits damit einverstanden sein („Genehmigung"), d.h., auch hier muss deren (Tätigkeitslands-)Rechtsordnung ein solches Verfahren billigen. Der Transfer kann sich hier auf alle „Befugnisse" nach Art. 58, nicht nur auf solche zur Untersuchung (Rn. 12) erstrecken.

2. Rechtsstellung der Mitglieder und Bediensteten der unterstützenden Behörde bei gemeinsamen Maßnahmen (Satz 3)

14 Mitglieder wie sonstige Bedienstete einer Aufsichtsbehörde unterliegen auch bei gemeinsamen Maßnahmen dem (Dienst-)Recht des eigenen Mitgliedstaates insoweit, wie sie als dessen staatliches Personal agieren. Abs. 3 Satz 3 betrifft demgegenüber nur das Verhältnis gegenüber Maßnahmeadressaten. Auch wenn sich diese gemeinsamen Maßnahmen gegenübersehen, bemisst sich deren Rechtmäßigkeit nach den für die zuständige, federführende, einladende Behörde geltenden Bestimmungen über Maßnahmen mit Außenwirkung, auch und gerade dann, wenn zur Unterstützung fremdstaatliche Stellen eingeschaltet werden. Letztere haben also im Rahmen gemeinsamer Maßnahmen keine weiter reichenden Befugnisse als diejenigen, welche der federführenden Behörde zustehen, selbst wenn ihnen solche nach dem eigenen (Herkunftslands-)Recht eingeräumt wären. Die (zusätzliche) Bindung nach Abs. 3 Satz 3 gilt für die gesamte Dauer der Maßnahme bzw. Unterstützung.

III. Verantwortung und Haftung der beteiligten Aufsichtsbehörden und der jeweiligen Mitgliedstaaten

1. Unterscheidung zwischen mehreren Ebenen und Konstellationen: Verhältnis von Schädiger und Geschädigtem und zwischen Mitgliedstaaten der beteiligten Behörden

15 Verantwortlichkeit (für ordnungsgemäßes Handeln) bzw. Haftung (für Fehlverhalten) knüpft – so auch die Prämisse der Regelungen in Abs. 4 bis 6 – an die tätig werdenden (oder auch pflichtwidrig untätig bleibenden) Personen an, die im Dienst der jeweiligen nationalen Aufsichtsbehörde stehen. Trotz deren unabhängiger Stellung (Art. 52) ist diese wiederum Teil der Organisation eines bestimmten EU-Mitgliedstaates (s. Art. 51), sodass letztendlich diesem das „amtliche" (Fehl-)Verhalten der Behördenbediensteten zugerechnet wird. Führen also Maßnahmen der federführenden oder anderer Aufsichtsbehörden zu Schäden (Rn. 3) bei den Adressaten (oder auch bei anderen Personen), so können die Geschädigten (Opfer) aufgrund des jeweiligen nationalen Staatshaftungsrechts Ersatz verlangen. Schuldner solcher Ansprüche (nach außen) sind dann aber nicht die Bediensteten selbst, die rechtswidrig gehandelt haben, sondern die Behörde oder (Gebiets-)Körperschaft, bei der sie angestellt oder für die sie im Rahmen ihrer dienstlichen Aufgaben tätig geworden sind.[9] Ob und wie weit dann dem Opfer gezahlte Ersatzleistungen intern vom Bediensteten zurückgefordert werden (dürfen), ergibt sich ebenfalls aus dem dafür maß-

9 Für Deutschland § 839 BGB i. V. m. Art. 34 Satz 1 GG.

geblichen nationalen Recht. Für die Frage, ob überhaupt ein (zum Ersatz Dritten gegenüber verpflichtendes) Fehlverhalten vorliegt, sind allerdings im Hinblick auf das Personal „unterstützender" Behörden auch die Vorgaben aus Abs. 3 Satz 2 bzw. Satz 3 relevant. Jedoch bleibt unklar, welche nationalen Staatshaftungsregeln einschlägig sind, insbesondere wenn mehrere Behörden zusammenwirken, und wie sich Unterschiede hierbei auswirken (Rn. 21).

2. Verantwortlichkeit der einladenden Behörde und deren (Herkunfts-)Staat nach Abs. 4

Für alle Fälle gemeinsamer Maßnahmen („nach Abs. 1") gestaltet Abs. 4 das Verursacherprinzip näher aus. Normiert wird hier nur ein Teil der denkbaren Konstellationen, nämlich die Verantwortung des (Herkunfts-)Staates der federführenden Behörde für „Bedienstete" einer unterstützenden Behörde im Hinblick auf deren Einsatz in einem „anderen Mitgliedstaat". Dies wird regelmäßig der Tätigkeitsstaat sein (im Hinblick auf die dort vorhandenen Kompetenzen der beteiligten Behörde). Nicht absolut ausgeschlossen ist aber auch eine Unterstützungsaktivität in einem dritten Mitgliedstaat. Stets bestimmt sich aber Art und Ausmaß der Verantwortung nach der Rechtsordnung des Einsatzortes, weil diese auch die Rechtmäßigkeit der auf dem betreffenden Hoheitsgebiet getroffenen Maßnahmen determiniert. Abs. 4 beschränkt sich jedoch auf die zwischenstaatliche Ebene und wird durch Abs. 5 Satz 2 ergänzt (Rn. 19); ein direkter Anspruch der Geschädigten gegen einen ausländischen Staat wird hierdurch nicht begründet. 16

Verantwortung schließt nach Abs. 4 die Haftung für Fehlverhalten des hinzugezogenen Personals ein. Anders als in Abs. 2 (und in Art. 54) wird diese Gruppe nicht weiter untergliedert, sondern nur allgemein von „Bediensteten" („staff") gesprochen. Trotzdem würde es Sinn und Zweck der Verantwortungsübernahme zuwiderlaufen, wenn „Mitglieder" der unterstützenden Behörde dabei ausgespart würden, insoweit es also bei der Verantwortung und Haftung von deren Aufsichtsbehörde bliebe (und dann gegebenenfalls andere Regeln und Maßstäbe eingreifen würden). Wenn und soweit auch solches fremdstaatliche Personal am Einsatz in einem anderen Hoheitsgebiet mitwirkt (s. Rn. 12), muss hierfür ebenfalls der Staat der einladenden Behörde einstehen. 17

Handeln einladende oder unterstützende Behörden auf dem je eigenen Hoheitsgebiet, so haften sie dort für ein Fehlverhalten des eigenen Personals. Nur die unterstützende Stelle kann dann auf Abs. 4 verweisen, d. h. den Übergang der Verantwortlichkeit auf den eigentlichen Verursacher. An dieses Prinzip knüpft Abs. 5 Satz 1 an, indem dort der Maßstab für die bzw. das Ausmaß der Haftung auf Schadensersatz präzisiert wird (Rn. 21). 18

3. Unterstützende Behörden und deren Staaten (Abs. 5 Satz 2)

Während die federführende Behörde bzw. deren Staat nach Abs. 4 für das Handeln von Bediensteten unterstützender Aufsichtsbehörden einzustehen hat, bezieht sich die in Abs. 5 Satz 2 behandelte Situation auf den Staat der unterstützenden Behörde im Verhältnis zu einem anderen Mitgliedstaat, auf dessen Gebiet deren Bedienstete tätig geworden sind. Dies kann der Mitgliedstaat der federführenden Behörde oder ein dritter Mitgliedstaat sein. Wie bei Abs. 4 geht es um die zwischenstaatliche Ebene; der dort zu leistende Ausgleich hingegen betrifft das Verhältnis von schädigender Behörde und geschädigter Person (die „Berechtigter" eines solchen Ersatzanspruchs ist). Zu erstatten ist der Gesamtbetrag des geleisteten Ersatzes. Ob dieser überhaupt dem Grunde nach und in der geforderten und gezahlten Höhe zu Recht gefordert wurde, ist eine Frage des jeweiligen nationalen Rechts (Rn. 15). Diesbezügliche Einwendungen können nur in einem mitgliedstaatlichen Gerichtsverfahren vorgetragen werden (Rn. 28). 19

Tritt ein Schaden beim Einsatz von Bediensteten einer unterstützenden Behörde im Hoheitsgebiet der federführenden Behörde auf, stellt sich die Frage nach einer Mitverantwortlichkeit der letzteren (im Hinblick auf Abs. 3 und 4), freilich nur im Hinblick auf Grund und Höhe des geschuldeten Ausgleichs. Den Geschädigten gegenüber ist dies irrelevant; für sie macht es keinen Unterschied, wer ihnen gegenüber im Rahmen gemeinsamer Maßnahmen mitwirkt, und für sie ist auch die 20 konkrete Rechtsstellung fremdstaatlichen Personals nicht erkennbar. Bei ihnen bleibt es beim Anspruch gegen die Behörde bzw. den Staat am Einsatzort.

4. Mitgliedstaat, in dessen Gebiet der Schaden verursacht wurde (Abs. 5 Satz 1)

21 Abs. 5 Satz 1 erfasst damit seinem Wortlaut nach nur den Fall, dass für fremd(staatlich)es Fehlverhalten gehaftet wird, und stellt den hierfür geschuldeten Schadensersatz demjenigen gleich, den er beim Handeln eigenen Personals leisten müsste. Zugleich werden damit aber noch zwei weitere Aussagen getroffen: Der jeweilige Staat haftet überhaupt für das Verhalten der Mitglieder und Bediensteten seiner Aufsichtsbehörde(n), und maßgeblich für den Ersatzanspruch der Geschädigten ist die Rechtsordnung des Einsatzorts, d.h. das Hoheitsgebiet, „in" dem der Schaden verursacht wurde. Freilich bleibt es bei Unterschieden in der Haftung, wenn und solange die mitgliedstaatlichen Regelungen zur Amts-/Staatshaftung nicht harmonisiert sind.

5. Genereller Ausschluss eines Schadensausgleichs im Verhältnis von Mitgliedstaaten untereinander (Abs. 6)

22 Federführung bedingt Verantwortung (Rn. 16). Verwirklicht sich damit einhergehend Haftung, so trifft diese nach Abs. 6 i. V. m. Abs. 4 den Mitgliedstaat der federführenden Behörde, und die eingetretene Vermögenseinbuße kann nicht auf andere abgewälzt werden. Jedoch gilt dies nur, soweit der Rahmen der Zusammenarbeit reicht, d. h. zwischen Aufsichtsbehörden bzw. deren Mitgliedstaaten. Zudem bildet Abs. 5 (Satz 2) eine Ausnahme von dieser allgemeinen Regelung. Nicht unter Abs. 3 fällt schließlich auch eine etwaige Inanspruchnahme „Dritter", insbesondere der je fehlerhaft handelnden Bediensteten, wenn und soweit das nationale Recht einen solchen Regress bei Dienstpflichtverletzungen gestattet.[10]

IV. Einstweilige Maßnahmen anderer Aufsichtsbehörden (Abs. 7)

1. Voraussetzungen (Satz 1)

23 Einzelne Aufsichtsbehörden sind nach Abs. 7 Satz 1 zu eigenständigem Vorgehen nur bei Vorliegen strikter Voraussetzungen befugt. Zunächst muss eine gemeinsame Maßnahme (seitens der je federführenden Behörde) „geplant" sein; dies ist spätestens dann zu bejahen, wenn ein Beschlussentwurf anderen „betroffenen Behörden" zur Konsultation übermittelt worden ist (s. Art. 60 Abs. 3), zumal dies auch die Einspruchsfrist nach Art. 60 Abs. 4 in Gang setzt. Ab diesem Zeitpunkt ist jede andere Behörde hinreichend informiert, um beurteilen zu können, ob sie einer Einladung zur Teilnahme Folge leisten oder selbst ein Ersuchen, bei der Maßnahme unterstützend tätig zu sein, an die einladende Behörde richten will. Diese für die Mitwirkung maßgeblichen Zeitpunkte können mit dem Beginn der Konsultation zusammenfallen, aber auch später liegen. Insbesondere mag dies bei der Forderung einer nicht eingeladenen Stelle, teilnehmen zu dürfen, durchaus eintreten können. Insofern ist es zwar wenig konsistent, in Abs. 7 Satz 1 eine Monatsfrist zu normieren, wenn in anderen Regelungen (des Art. 62, aber auch von Art. 64 bis Art. 66) zumeist Zeiträume nach Wochen bemessen werden; das Abstellen auf die Dauer eines Monats findet sich aber auch in Art. 65 Abs. 6 (und Abs. 2) und in Art. 61 Abs. 9. Unklar bleibt dabei aber, ob dies stets mit 30 Tagen gleichzusetzen ist, da insoweit eine einheitliche unionsrechtliche Auslegung erfolgen muss (Art. 61 Rn. 21).

2. Verfahren und Inhalt (Satz 1, 2)

24 Befugt, einstweilige Maßnahmen im je eigenen Hoheitsgebiet (nach Art. 55 Abs. 1 bzw. Abs. 2 Satz 1) zu treffen, ist jede „andere" Aufsichtsbehörde, die zu den an der Zusammenarbeit beteiligten Stellen gehört. Bleibt eine zur Unterstützung eingeladene Behörde untätig, so kann dies auch die federführende Behörde sein. Die örtlich begrenzt erfolgenden Maßnahmen müssen sich auf die (geplante) gemeinsame Maßnahme beziehen, damit diese (zumindest teilweise vorläufig)

10 Vgl. Art. 34 Satz 2 GG; § 48 BeamtStG.

umgesetzt wird. Eine Befristung nach Art. 66 Abs. 1 wird in Art. 62 Abs. 7 Satz 1 nicht erwähnt. Jedoch besagt Satz 2 zu Beginn, dass hier von einer Konstellation des „dringenden Handlungsbedarfs" (gemäß Art. 66 Abs. 1) auszugehen sei, sodass auch im Fall von Art. 62 eine Höchstdauer von drei Monaten anzunehmen ist.

Was die Einbeziehung des Ausschusses angeht, so unterscheidet sich Abs. 7 Satz 2 von der Regelung bei Amtshilfe (Art. 61 Abs. 9 Satz 2), indem hier eine Alternative zwischen Stellungnahme (nach Art. 64) oder verbindlichem Beschluss (nach Art. 65) des Ausschusses eröffnet wird. Offen bleibt dabei, ob die zuständige Behörde zwischen beiden frei wählen kann; die Dringlichkeit spricht dafür, das allgemeine Verhältnis zwischen beiden Modalitäten des Kohärenzverfahrens eher dagegen. Ähnlich wie bei Art. 61 wirft jedoch der Bezug gerade zu Art. 66 Abs. 2 weiterhin das Problem auf, ob dadurch nämlich der vorläufig tätig werdenden Behörde auch endgültige Maßnahmen ermöglicht werden (Art. 61 Rn. 22). Eindeutig scheint demgegenüber, dass die Mitwirkung des Ausschusses erleichtert und verkürzt wird, weil auch hier über die Verweisung auf Abs. 2 Art. 66 Abs. 4 einschlägig ist. 25

C. Weitere Auswirkungen der Verordnung in der Praxis

I. Voraussichtliche Auswirkungen auf das deutsche Recht

„Gemeinsame Maßnahmen" sind mehr bzw. etwas anderes als Amtshilfe, sodass hier nationale Regelungen darüber, in welcher Form und in welchem Verfahren auf diese Weise seitens deutscher Aufsichtsbehörden zu kooperieren ist, getroffen werden müssen, zumal mehrfach explizit auf (notwendige) Bestimmungen mitgliedstaatlichen Rechts verwiesen wird (Abs. 3 und 4, ferner Abs. 5 Satz 1). Insofern sind Ergänzungen sowohl des BDSG als auch der allgemeinen Vorschriften zum Verwaltungsverfahrens- und zum Dienstrecht notwendig; bezüglich des Letzteren geht es zum einen um Rechte und Pflichten des bei gemeinsamen Maßnahmen (im Ausland) eingesetzten Personals, zum anderen um die Haftung für Fehlverhalten (einschließlich Art und Umfang des Rückgriffs auf den einzelnen Bediensteten). Die nach dem DSAnpUG-EU[11] in §§ 18, 19 BDSG getroffenen Bestimmungen sind auch insoweit sehr allgemein und nicht speziell auf Art. 62 zugeschnitten, was kaum ausreicht[12]. 26

II. Rechtsschutz

1. Gegen „einladende" Behörde

Ähnlich wie bei Art. 61 (Art. 61 Rn. 29 ff.) sind hier mehrere Konstellationen zu unterscheiden. Jedoch sind „gemeinsame" Maßnahmen gekennzeichnet durch die primäre Verantwortlichkeit der einladenden Aufsichtsbehörde, sodass im Verhältnis zu verarbeitenden Stellen bzw. „betroffenen Personen" (als Dritten im Sinne von Abs. 6) dieser sowohl die Ausführung als auch ein Fehlverhalten dabei zuzurechnen sind und damit auch nur gegen diese Stelle (bzw. deren Träger) gerichtliche Rechtsbehelfe in Betracht kommen. 27

2. Im Hinblick auf Schadensersatz

Abs. 5 Satz 2 (i. V. m. Satz 1) geht hingegen von einer Ersatzpflicht des Mitgliedstaates aus, in dessen Gebiet ein Schaden verursacht wurde; dabei muss es sich nicht um das Territorium des Landes der einladenden Behörde handeln (Rn. 19). Erfolgt hier die geschuldete Leistung nicht bzw. nicht ordnungsgemäß, so würde der betroffene Mitgliedstaat vor seinen eigenen Gerichten zu verklagen sein. Dabei müsste allerdings dem ausgleichspflichtigen Staat eine Teilnahme zur Sicherung seiner Rechte eingeräumt werden (z. B. durch Beiladung). 28

---

11 Datenschutz-Anpassungs- und -Umsetzungsgesetz EU, BR-Drs. 110/17 v. 2.2.2017.
12 *Vgl. Kühling/Martini et al.*, 234 ff.

Article 63

Consistency mechanism

In order to contribute to the consistent application of this Regulation throughout the Union, the supervisory authorities shall cooperate with each other and, where relevant, with the Commission, through the consistency mechanism as set out in this Section.

Artikel 63

Kohärenzverfahren

Um zur einheitlichen Anwendung dieser Verordnung in der gesamten Union beizutragen, arbeiten die Aufsichtsbehörden im Rahmen des in diesem Abschnitt beschriebenen Kohärenzverfahrens untereinander und gegebenenfalls mit der Kommission zusammen.

Recitals

(127) Each supervisory authority not acting as the lead supervisory authority should be competent to handle local cases where the controller or processor is established in more than one Member State, but the subject matter of the specific processing concerns only processing carried out in a single Member State and involves only data subjects in that single Member State, for example, where the subject matter concerns the processing of employees' personal data in the specific employment context of a Member State. In such cases, the supervisory authority should inform the lead supervisory authority without delay about the matter. After being informed, the lead supervisory authority should decide, whether it will handle the case pursuant to the provision on cooperation between the lead supervisory authority and other supervisory authorites concerned ('one-stop-shop mechanism'), or whether the supervisory authority which informed it should handle the case at local level. When deciding whether it will handle the case, the lead supervisory authority should take into account whether there is an establishment of the controller or processor in the Member State of the supervisory authority which informed it in order to ensure effective enforcement of a decision vis-à-vis the controller or processor. Where the lead supervisory authority decides to handle the case, the supervisory authority which informed it should have the possibility to submit a draft for a decision, of which the lead supervisory authority should take utmost account when preparing its draft decision in that one-stop-shop mechanism.

Erwägungsgründe

(127) Jede Aufsichtsbehörde, die nicht als federführende Aufsichtsbehörde fungiert, sollte in örtlichen Fällen zuständig sein, wenn der Verantwortliche oder Auftragsverarbeiter Niederlassungen in mehr als einem Mitgliedstaat hat, der Gegenstand der spezifischen Verarbeitung aber nur die Verarbeitungstätigkeiten in einem einzigen Mitgliedstaat und nur betroffene Personen in diesem einen Mitgliedstaat betrifft, beispielsweise wenn es um die Verarbeitung von personenbezogenen Daten von Arbeitnehmern im spezifischen Beschäftigungskontext eines Mitgliedstaats geht. In solchen Fällen sollte die Aufsichtsbehörde unverzüglich die federführende Aufsichtsbehörde über diese Angelegenheit unterrichten. Nach ihrer Unterrichtung sollte die federführende Aufsichtsbehörde entscheiden, ob sie den Fall nach den Bestimmungen zur Zusammenarbeit zwischen der federführenden Aufsichtsbehörde und anderen betroffenen Aufsichtsbehörden gemäß der Vorschrift zur Zusammenarbeit zwischen der federführenden Aufsichtsbehörde und anderen betroffenen Aufsichtsbehörden (im Folgenden „Verfahren der Zusammenarbeit und Kohärenz") regelt oder ob die Aufsichtsbehörde, die sie unterrichtet hat, den Fall auf örtlicher Ebene regeln sollte. Dabei sollte die federführende Aufsichtsbehörde berücksichtigen, ob der Verantwortliche oder der Auftragsverarbeiter in dem Mitgliedstaat, dessen Aufsichtsbehörde sie unterrichtet hat, eine Niederlassung hat, damit Beschlüsse gegenüber dem Verantwortlichen oder dem Auftragsverarbeiter wirksam durchgesetzt werden. Entscheidet die federführende Aufsichtsbehörde, den Fall selbst zu regeln, sollte die Aufsichtsbehörde, die sie unterrichtet hat, die Möglichkeit haben, einen Beschlussentwurf vorzulegen, dem die federführende

Recitals	Erwägungsgründe
	Aufsichtsbehörde bei der Ausarbeitung ihres Beschlussentwurfs im Rahmen dieses Verfahrens der Zusammenarbeit und Kohärenz weitestgehend Rechnung tragen sollte.
(128) The rules on the lead supervisory authority and the one-stop-shop mechanism should not apply where the processing is carried out by public authorities or private bodies in the public interest. In such cases the only supervisory authority competent to exercise the powers conferred to it in accordance with this Regulation should be the supervisory authority of the Member State where the public authority or private body is established.	(128) Die Vorschriften über die federführende Behörde und das Verfahren der Zusammenarbeit und Kohärenz sollten keine Anwendung finden, wenn die Verarbeitung durch Behörden oder private Stellen im öffentlichen Interesse erfolgt. In diesen Fällen sollte die Aufsichtsbehörde des Mitgliedstaats, in dem die Behörde oder private Einrichtung ihren Sitz hat, die einzige Aufsichtsbehörde sein, die dafür zuständig ist, die Befugnisse auszuüben, die ihr mit dieser Verordnung übertragen wurden.
(135) In order to ensure the consistent application of this Regulation throughout the Union, a consistency mechanism for cooperation between the supervisory authorities should be established. That mechanism should in particular apply where a supervisory authority intends to adopt a measure intended to produce legal effects as regards processing operations which substantially affect a significant number of data subjects in several Member States. It should also apply where any supervisory authority concerned or the Commission requests that such matter should be handled in the consistency mechanism. That mechanism should be without prejudice to any measures that the Commission may take in the exercise of its powers under the Treaties.	(135) Um die einheitliche Anwendung dieser Verordnung in der gesamten Union sicherzustellen, sollte ein Verfahren zur Gewährleistung einer einheitlichen Rechtsanwendung (Kohärenzverfahren) für die Zusammenarbeit zwischen den Aufsichtsbehörden eingeführt werden. Dieses Verfahren sollte insbesondere dann angewendet werden, wenn eine Aufsichtsbehörde beabsichtigt, eine Maßnahme zu erlassen, die rechtliche Wirkungen in Bezug auf Verarbeitungsvorgänge entfalten soll, die für eine bedeutende Zahl betroffener Personen in mehreren Mitgliedstaaten erhebliche Auswirkungen haben. Ferner sollte es zur Anwendung kommen, wenn eine betroffene Aufsichtsbehörde oder die Kommission beantragt, dass die Angelegenheit im Rahmen des Kohärenzverfahrens behandelt wird. Dieses Verfahren sollte andere Maßnahmen, die die Kommission möglicherweise in Ausübung ihrer Befugnisse nach den Verträgen trifft, unberührt lassen.

Literatur

Albrecht, Das neue EU-Datenschutzrecht – von der Richtlinie zur Verordnung, in: CR 2016, 88; *Ashkar*, Durchsetzung und Sanktionierung des Datenschutzrechts nach den Entwürfen der Datenschutz-Grundverordnung, in: DuD 2015, 796; *Benecke/Wagner*, Öffnungsklauseln in der Datenschutz-Grundverordnung und das deutsche BDSG – Grenzen und Gestaltungsspielräume für ein neues Datenschutzrecht, in: DVBl. 2016, 600; *Blanke/Mangiameli (Hrsg.)*, The Treaty on European Union (TEU) – A Commentary, 1. Auflage 2013, Springer Heidelberg; *Kühling/Martini et al.*, Die Datenschutz-Grundverordnung und das nationale Recht: Erste Überlegungen zum innerstaatlichen Regelungsbedarf, 1. Auflage 2016, MV Wissenschaft Münster; *Ronellenfitsch*, Kohärenz und Vielfalt, in: DuD 2016, 357.

Bedeutung der Norm

Die Norm beschreibt den Zweck des neuen Kohärenzverfahrens.

Hinweise für den Anwender

Für die Norm relevante Definition:
- Aufsichtsbehörde (Art. 4 Nr. 21).

Für die Auslegung der Norm relevante Erwägungsgründe:
- EG 127, 128, 135.

Systematische Einordnung der Norm innerhalb der DS-GVO:
- Art. 63 knüpft an Vorgaben für Aufsichtsbehörden in Art. 51 Abs. 2, 3 an. Bezüge zum Kohärenzverfahren finden sich in Art. 28 (Abs. 7), Art. 35 (Abs. 6), Art. 40 (Abs. 7), Art. 41 (Abs. 3), Art. 42 (Abs. 5), Art. 43 (Abs. 2, 3), Art. 46 (Abs. 4).

Schlagworte

Einheitliche Anwendung der Grundverordnung, Europäischer Datenschutzbeauftragter, federführende Aufsichtsbehörde, forum shopping, Kohärenzverfahren, one-stop-shop-Prinzip, Zusammenarbeit.

A. Allgemeines

I. Regelungszweck

1 Der Zweck der Vorschrift wird im ersten Halbsatz ausdrücklich genannt, nämlich zu der so weit wie möglich EU-weit einheitlichen Anwendung der Grundverordnung durch kohärente Praxis aller nationalen „Aufsichtsbehörden" (Art. 4 Nr. 21) beizutragen (s. a. EG 9). Misslich ist, dass „consistency" und „Kohärenz" nicht notwendig dasselbe bezeichnen.[1]

II. Normadressaten

1. Mitgliedstaaten

2 Zwar werden die Mitgliedstaaten als solche in Art. 63 nicht erwähnt. Jedoch kann sich für die Art und Weise der Zusammenarbeit auch im Hinblick auf die Vorgabe des Art. 54 Regelungsbedarf ergeben, indem Mitgliedstaaten ihr Organisationsrecht anpassen oder ergänzen müssen, um sich am Kohärenzverfahren angemessen beteiligen zu können (Rn. 15). Dies umfasst die Bestimmung der jeweils zuständigen Aufsichtsbehörde nach Art. 51 Abs. 3 (bis zum 25.5.2018, s. Art. 51 Abs. 4).

1 Blanke/Mangiameli, *Chevalier-Govers*, Art. 13 EUV Rn. 16; *Ronellenfitsch*, in: DuD 2016, 357.

2. Aufsichtsbehörden

Die nationalen Aufsichtsbehörden stehen im Zentrum des Kohärenzmechanismus, der eine spezifische Form der Zusammenarbeit darstellt. Zum optimalen Funktionieren ist allerdings gegebenenfalls eine Änderung der bisherigen nationalen Gesetzgebung erforderlich (Rn. 2). **3**

3. Andere

Die Kommission wird als weiterer möglicher Beteiligter des Kohärenzverfahrens in Art. 63 erwähnt. Näheres auch zur Mitwirkung dieses EU-Organs ergibt sich aus den folgenden Bestimmungen. Ursprünglich sollte sich eine eigene Vorschrift (Art. 59 KOM-E[2]) zu deren „Stellungnahmen" verhalten; bereits das EP sprach sich aber gegen diese aus (Abänderung 168)[3]. Nur in Art. 64 ff. wird auch die Einbeziehung des Ausschusses (Art. 68) vor allem bei der Streitbeilegung (Art. 65) geregelt. **4**

III. Systematik

Die Vorschrift formuliert nur die allgemeine Kooperationspflicht und nennt die an der Zusammenarbeit Beteiligten (Rn. 3, 4). Im Übrigen verweist sie für das Nähere auf das „in diesem Abschnitt" nachfolgend (Art. 64 bis 67) beschriebene „Kohärenzverfahren". Auf ein Zusammenarbeitsgebot nach Kapitel VII weist bereits Art. 51 Abs. 2 Satz 2 hin (s. ferner Art. 60 Abs. 1). In der Sache wird das Erfordernis eines „soliden, kohärenten und klar durchsetzbaren Rechtsrahmen(s) im Bereich des Datenschutzes" bereits in EG 7 postuliert, weil es „von großer Wichtigkeit sei, eine Vertrauensbasis zu schaffen, die die digitale Wirtschaft dringend benötigt, um im Binnenmarkt weiter wachsen zu können". „Kohärenz" wird auch bei der Verknüpfung von Unions- und mitgliedstaatlichem Recht verlangt (EG 8)[4]. **5**

IV. Entstehungsgeschichte

Art. 57 KOM-E[5] nahm noch auf die heute in Art. 51 Abs. 1, 2 genannten Zwecke Bezug (damals: Art. 46 Abs. 1), verdeutlichte also, dass sich die einheitliche Anwendung sowohl auf die Erleichterung des freien Datenverkehrs in der Union als auch auf einen angemessenen Schutz der Grundrechte und Grundfreiheiten natürlicher Person bei der „Verarbeitung" (Art. 4 Nr. 2) ihrer Daten bezieht. Abänderung 165 des Parlaments[6] konkretisierte zudem die Kooperation sowohl auf „allgemeine Fälle" als auch auf „Einzelfragen". Im Papier des Rates vom Frühjahr 2015[7] entsprach die Verknüpfung von Art. 57 Abs. 1 und Art. 46 Abs. 1a dann inhaltlich der Endfassung, wurde jedoch die Kommission nicht mehr erwähnt; dies erfolgte erst wieder im Dokument zur politischen Einigung.[8] **6**

B. Inhalt der Regelung

I. Kohärenzverfahren – Begriff, Konzeption, Grenzen

Bereits aus der Überschrift von Kapitel VII und aus den Titeln der Abschnitte 1 (Art. 60 ff.) und 2 (Art. 63 ff.) ergibt sich, dass es sich bei den jeweiligen Regelungen um zwei unterschiedliche Formen der Zusammenarbeit[9] bei der Anwendung des unionsweit unmittelbar geltenden Datenschutzrechts geht. Nach Art. 51 Abs. 2 Satz 1 leistet jede nationale Aufsichtsbehörde ihren Bei- **7**

---

2 KOM(2012)11 endgültig v. 25.1.2012.
3 P7_TA(2014)01212 v. 14.3.2014.
4 Vgl. *Benecke/Wagner*, in: DVBl. 2016, 607.
5 Fn. 2.
6 Fn. 3.
7 Rats-Dok. Nr. 9565/15 v.11.6.2015.
8 Rats-Dok. Nr. 5455/16 v. 28.1.2016.
9 Zur primärrechtlichen Vorgabe in Art. 13 Abs. 1 EUV, Art. 7 AEUV vgl. Blanke/Mangiameli, *Chevalier-Govers*, Art. 13 EUV Rn. 19.

trag zur einheitlichen Anwendung der Grundverordnung in der gesamten Union; hierbei kommen beide Verfahren, Zusammenarbeit und Kohärenz, in Betracht. Art. 51 Abs. 3 verdeutlicht dagegen die Notwendigkeit der Kohärenz gerade dann, wenn in einem EU-Mitgliedstaat mehr als eine Aufsichtsbehörde besteht (wie in Deutschland nach Bundes- und Landesrecht).[10] Hier muss der jeweilige Mitgliedstaat sicherstellen, dass seine „anderen", nicht im Ausschuss nach Art. 68 vertretenen Aufsichtsbehörden ebenfalls die Regeln des Kohärenzverfahrens einhalten. Auch hier bestünde ansonsten eine erhöhte Gefahr, dass Datenverarbeitung dort betrieben bzw. dorthin verlagert würde, wo die vermeintlich liberalste und flexibelste Behörde agiert. Ein derartiges „forum shopping" wird nicht schon allein durch Erlass eines unmittelbar unionsweit geltenden Rechtsakts ausgeschlossen. Vielmehr muss auch die Praxis der Anwendung durch nationale Behörden einheitlich sein – und diese Uniformität prozedural so weit wie möglich sichergestellt werden.[11] Kohärenz von Aufsichtsverfahren soll konsistente Entscheidungen nationaler Behörden in der gesamten Union gewährleisten. Auf Art. 63 (ff.) verweisen auch diverse weitere Bestimmungen der Grundverordnung, etwa Art. 40 (Abs. 7) und Art. 42 (Abs. 5).

8 Sind nach Art. (55,) 56 bei „grenzüberschreitender Verarbeitung" (Art. 4 Nr. 23) mehrere Aufsichtsbehörden „betroffen" (Art. 4 Nr. 22), so kann es zu Meinungsverschiedenheiten zwischen der „federführenden" und anderen Behörden über die richtige Sachbehandlung kommen. Unter den Voraussetzungen des Art. 60 Abs. 4 muss dann ein Kohärenzverfahren in die Wege geleitet werden. Einziger Ansprechpartner für „Verantwortliche" (Art. 4 Nr. 7) oder „Auftragsverarbeiter" (Art. 4 Nr. 8) ist auch dabei die federführende Aufsichtsbehörde (Art. 56 Abs. 1, 6). Auch dieses „one-stop-shop"-Prinzip (Art. 60 Rn. 2) fördert einheitliche Rechtsanwendung. Primär soll es jedoch erhöhte Rechtssicherheit, Effizienz für Unternehmen und (Orts-/Sach-)Nähe für betroffene Individuen herbeiführen.[12] Anders als bei der Dienstleistungsrichtlinie[13] wird hier in der Grundverordnung primär die Schaffung einer jeweils ausschließlichen Entscheidungszuständigkeit angestrebt (s. Art. 56 Abs. 6).

9 EG 128 Satz 1 schließt die Durchführung eines Kohärenzverfahrens (nur) dann aus, wenn die Verarbeitung „personenbezogener Daten" (Art. 4 Nr. 1) durch Behörden oder private Stellen (als regulärer „Verantwortlicher" [Art. 4 Nr. 7] bzw. „Auftragsverarbeiter" [Art. 4 Nr. 8]) „im öffentlichen Interesse" erfolgt. Die zugehörige Rechtsgrundlage findet sich in Art. 55 Abs. 2 Satz 1 i. V. m. Art. 6 Abs. 1 lit. e. Ausschließlich zuständig ist hier die Aufsichtsbehörde des „betroffenen" Mitgliedstaats. Die Frage nach einer „federführenden" und anderen Aufsichtsbehörde (und damit nach einem Kohärenzverfahren) stellt sich nach Art. 55 Abs. 2 Satz 2 i. V. m. Satz 1 aber auch in weiteren Fällen nicht, nämlich wenn die Verarbeitung 1) „zur Erfüllung einer rechtlichen Verpflichtung erforderlich" ist, der der Verantwortliche unterliegt (Art. 6 Abs. 1 lit. c), oder wenn sie 2) „zur Wahrnehmung einer Aufgabe erforderlich" ist, „die in Ausübung öffentlicher Gewalt erfolgt, die dem Verantwortlichen übertragen wurde" (Art. 6 Abs. 1 lit. e). Letzterem zufolge findet das Kohärenzverfahren im öffentlichen Bereich keine Anwendung. In all' diesen Fällen bedarf es jedenfalls einer normativen Konkretisierung der Zwecke nach Art. 6 Abs. 3 (und EGG 45)[14].

---

10 §§ 22 ff. BDSG-alt, §§ 25 ff. SächsDSG.
11 Vgl. *Albrecht*, in: CR 2016, 96.
12 Vgl. Rats-Dok. Nr. 15656/1/14 Rev 1 v. 28.11.2014, S. 5; *Ashkar*, in: DuD 2015, 798.
13 Richtlinie 2006/123/EG des Europäischen Parlaments und des Rates v. 12.12.2006 über Dienstleistungen im Binnenmarkt, ABl. EU Nr. L 376 v. 27.12.2006, S. 36, Art. 6 Abs. 1 und Erwägungsgrund 48.
14 Vgl. *Benecke/Wagner*, in: DVBl. 2016, 601 f.

II. Kohärenz im Verhältnis der nationalen Aufsichtsbehörden untereinander

1. Inhalt und Verfahren

Art. 63 verweist für die besondere Zusammenarbeit der nationalen Aufsichtsbehörden untereinander auf den in Abschnitt 2 von Kapitel VII abgesteckten Rahmen. Dazu zählen zum einen etwaige Vorgaben der Kommission für den Informationsaustausch (Rn. 11), insbesondere aber Vorschriften über das Zusammenwirken von Aufsichtsbehörden und Ausschuss beim Zustandekommen von Entscheidungen (Art. 64, 65) einschließlich von Dringlichkeitsverfahren (Art. 66), bei denen allein eine einzige Aufsichtsbehörde einstweilige Maßnahmen trifft. Erst aus der jeweiligen Bestimmung folgt dann, wer als zuständige, betroffene, federführende oder andere Aufsichtsbehörde einbezogen ist, und weiter, welche Funktionen der Ausschuss und die Kommission hierbei haben. **10**

2. Form

Für den Informationsaustausch sowohl direkt zwischen Aufsichtsbehörden als auch zwischen diesen und dem Ausschuss sieht Art. 67 eine Befugnis der Kommission vor, Durchführungsrechtsakte gemäß dem Verfahren nach Art. 93 Abs. 2 zu erlassen, die Arten und Formen/Formate für elektronischen Austausch näher ausgestalten. Insofern wird allerdings keine inhaltliche Mitwirkung der Kommission am Kohärenzverfahren (Rn. 13) normiert, sondern dieses Organ steckt Modalitäten für dessen Abwicklung ab. **11**

3. Aufsichtsbehörden und Ausschuss

Die gegenseitige Zusammenarbeit (auch im Rahmen eines Kohärenzverfahrens) zwischen mehreren Verfahrensbeteiligten ist zu unterscheiden von (internem) Meinungsaustausch und Willensbildung im (Europäischen Datenschutz-)Ausschuss (Art. 68 Abs. 1). Zwar setzt sich diese Einrichtung mehrheitlich aus den Leitern nationaler Aufsichtsbehörden oder deren Vertretern zusammen (Art. 68 Abs. 3, 4) und ist sie selbst notwendiger Bestandteil des Kohärenzverfahrens nach Art. 64 und Art. 65. Gegenüber den je mitwirkenden Aufsichtsbehörden tritt sie jedoch als eigenständige Stelle auf und kommuniziert mit jenen über Vorsitz (Art. 73 f.) bzw. Sekretariat (Art. 75). Auch am Ende eines Kohärenzverfahrens entscheidet (formal) endgültig eine einzige nationale Aufsichtsbehörde (Rn. 8). **12**

III. Funktion der Kommission im Kohärenzverfahren

In Art. 63 wird lediglich allgemein eine Zusammenarbeit von Aufsichtsbehörden und Kommission (im Rahmen des Kohärenzverfahrens) genannt, jedoch nicht obligatorisch, sondern nur als Möglichkeit. Wann derartige Situationen („Fälle") gegeben bzw. relevant sind, wird nicht mehr (zum Vorschlag s. Rn. 4) zumindest teilweise speziell aufgelistet, sondern ergibt sich aus einer Mehrzahl je einzelner Regelungen (z. B. Art. 64 Abs. 2, 4). Art. 63 gibt der Kommission hingegen keine Befugnis zu einer über solche punktuellen Vorschriften hinausgehenden Einflussnahme auf Ablauf oder Ergebnis eines Kohärenzverfahrens. Dies stellt Satz 3 von EG 135 klar.[15] **13**

IV. Mitwirkung des Europäischen Datenschutzbeauftragten?

Nur mittelbar, nämlich im Rahmen der Zugehörigkeit zum Ausschuss (Art. 68 Abs. 3), nimmt auch der EDPS am Kohärenzverfahren teil. Hingegen besteht insoweit kein direktes Verhältnis zwischen ihm und Aufsichtsbehörden, auch nicht im Rahmen des Informationsaustausches nach Art. 67. **14**

---

15 Vgl. auch *Ronellenfitsch*, in: DuD 2016, 359.

C. Weitere Auswirkungen der Verordnung in der Praxis

15 Um das Kohärenzverfahren ordnungsgemäß durchführen zu können, muss durch nationales Recht (bis spätestens 25.5.2018) begleitend näher geregelt werden, welche Aufsichtsbehörden daran wie mitwirken (Rn. 10), und müssen auch die Grenzen von dessen Anwendungsbereich durch normative Konkretisierung der Ausnahmen, insbesondere der dafür maßgeblichen Zwecke (Rn. 9) exakt abgesteckt werden[16]. Dies soll nach Maßgabe des DSAnpUG-EU[17] durch § 19 („Zuständigkeiten") und auch § 18 (Abs. 1) BDSG-neu erfolgen.

16 Vgl. eingehend *Kühling/Martini et al.*, 241 ff.
17 Datenschutz-Anpassungs- und -Umsetzungsgesetz, BR-Drs. 110/17 v. 2.2.2017.

Article 64

Opinion of the Board

1. The Board shall issue an opinion where a competent supervisory authority intends to adopt any of the measures below. To that end, the competent supervisory authority shall communicate the draft decision to the Board, when it:
   (a) aims to adopt a list of the processing operations subject to the requirement for a data protection impact assessment pursuant to Article 35(4);
   (b) concerns a matter pursuant to Article 40(7) whether a draft code of conduct or an amendment or extension to a code of conduct complies with this Regulation;
   (c) aims to approve the criteria for accreditation of a body pursuant to Article 41(3) or a certification body pursuant to Article 43(3);
   (d) aims to determine standard data protection clauses referred to in point (d) of Article 46(2) and Article 28(8);
   (e) aims to authorise contractual clauses referred to in point (a) of Article 46(3); or
   (f) aims to approve binding corporate rules within the meaning of Article 47.

2. Any supervisory authority, the Chair of the Board or the Commission may request that any matter of general application or producing effects in more than one Member State be examined by the Board with a view to obtaining an opinion, in particular where a competent supervisory authority does not comply with the obligations for mutual assistance in accordance with Article 61 or for joint operations in accordance with Article 62.

3. In the cases referred to in paragraphs 1 and 2, the Board shall issue an opinion on the matter submitted to it provided that it has not already issued an opinion on the same matter. That opinion shall be adopted within eight weeks by simple majority of the members of the Board. That period may be extended by a further six weeks, taking

Artikel 64

Stellungnahme des Ausschusses

(1) Der Ausschuss gibt eine Stellungnahme ab, wenn die zuständige Aufsichtsbehörde beabsichtigt, eine der nachstehenden Maßnahmen zu erlassen. Zu diesem Zweck übermittelt die zuständige Aufsichtsbehörde dem Ausschuss den Entwurf des Beschlusses, wenn dieser

a) der Annahme einer Liste der Verarbeitungsvorgänge dient, die der Anforderung einer Datenschutz-Folgenabschätzung gemäß Artikel 35 Absatz 4 unterliegen,
b) eine Angelegenheit gemäß Artikel 40 Absatz 7 und damit die Frage betrifft, ob ein Entwurf von Verhaltensregeln oder eine Änderung oder Ergänzung von Verhaltensregeln mit dieser Verordnung in Einklang steht,
c) der Billigung der Kriterien für die Akkreditierung einer Stelle nach Artikel 41 Absatz 3 oder einer Zertifizierungsstelle nach Artikel 43 Absatz 3 dient,
d) der Festlegung von Standard-Datenschutzklauseln gemäß Artikel 46 Absatz 2 Buchstabe d und Artikel 28 Absatz 8 dient,
e) der Genehmigung von Vertragsklauseln gemäß Artikel 46 Absatz 3 Buchstabe a dient, oder
f) der Annahme verbindlicher interner Vorschriften im Sinne von Artikel 47 dient.

(2) Jede Aufsichtsbehörde, der Vorsitz des Ausschuss oder die Kommission können beantragen, dass eine Angelegenheit mit allgemeiner Geltung oder mit Auswirkungen in mehr als einem Mitgliedstaat vom Ausschuss geprüft wird, um eine Stellungnahme zu erhalten, insbesondere wenn eine zuständige Aufsichtsbehörde den Verpflichtungen zur Amtshilfe gemäß Artikel 61 oder zu gemeinsamen Maßnahmen gemäß Artikel 62 nicht nachkommt.

(3) In den in den Absätzen 1 und 2 genannten Fällen gibt der Ausschuss eine Stellungnahme zu der Angelegenheit ab, die ihm vorgelegt wurde, sofern er nicht bereits eine Stellungnahme zu derselben Angelegenheit abgegeben hat. Diese Stellungnahme wird binnen acht Wochen mit der einfachen Mehrheit der Mitglieder des Ausschusses angenommen.

into account the complexity of the subject matter. Regarding the draft decision referred to in paragraph 1 circulated to the members of the Board in accordance with paragraph 5, a member which has not objected within a reasonable period indicated by the Chair, shall be deemed to be in agreement with the draft decision.

Diese Frist kann unter Berücksichtigung der Komplexität der Angelegenheit um weitere sechs Wochen verlängert werden. Was den in Absatz 1 genannten Beschlussentwurf angeht, der gemäß Absatz 5 den Mitgliedern des Ausschusses übermittelt wird, so wird angenommen, dass ein Mitglied, das innerhalb einer vom Vorsitz angegebenen angemessenen Frist keine Einwände erhoben hat, dem Beschlussentwurf zustimmt.

4. Supervisory authorities and the Commission shall, without undue delay, communicate by electronic means to the Board, using a standardised format any relevant information, including as the case may be a summary of the facts, the draft decision, the grounds which make the enactment of such measure necessary, and the views of other supervisory authorities concerned.

(4) Die Aufsichtsbehörden und die Kommission übermitteln unverzüglich dem Ausschuss auf elektronischem Wege unter Verwendung eines standardisierten Formats alle zweckdienlichen Informationen, einschließlich – je nach Fall – einer kurzen Darstellung des Sachverhalts, des Beschlussentwurfs, der Gründe, warum eine solche Maßnahme ergriffen werden muss, und der Standpunkte anderer betroffener Aufsichtsbehörden.

5. The Chair of the Board shall, without undue delay, inform by electronic means:
   (a) the members of the Board and the Commission of any relevant information which has been communicated to it using a standardised format. The secretariat of the Board shall, where necessary, provide translations of relevant information; and
   (b) the supervisory authority referred to, as the case may be, in paragraphs 1 and 2, and the Commission of the opinion and make it public.

(5) Der Vorsitz des Ausschusses unterrichtet unverzüglich auf elektronischem Wege
a) unter Verwendung eines standardisierten Formats die Mitglieder des Ausschusses und die Kommission über alle zweckdienlichen Informationen, die ihm zugegangen sind. Soweit erforderlich stellt das Sekretariat des Ausschusses Übersetzungen der zweckdienlichen Informationen zur Verfügung und
b) je nach Fall die in den Absätzen 1 und 2 genannte Aufsichtsbehörde und die Kommission über die Stellungnahme und veröffentlicht sie.

6. The competent supervisory authority shall not adopt its draft decision referred to in paragraph 1 within the period referred to in paragraph 3.

(6) Die zuständige Aufsichtsbehörde nimmt den in Absatz 1 genannten Beschlussentwurf nicht vor Ablauf der in Absatz 3 genannten Frist an.

7. The supervisory authority referred to in paragraph 1 shall take utmost account of the opinion of the Board and shall within two weeks after receiving the opinion, electronically communicate to the Chair of the Board whether it maintains or will amend its draft decision and, if any, the amended draft decision, using a standardised format.

(7) Die in Absatz 1 genannte Aufsichtsbehörde trägt der Stellungnahme des Ausschusses weitestgehend Rechnung und teilt dessen Vorsitz binnen zwei Wochen nach Eingang der Stellungnahme elektronisch unter Verwendung eines standardisierten Formats mit, ob sie den Beschlussentwurf beibehält oder ändert; gegebenenfalls übermittelt sie den geänderten Beschlussentwurf.

8. Where the supervisory authority concerned informs the Chair of the Board within the period referred to in paragraph 7 of this Ar-

(8) Teilt die betroffene Aufsichtsbehörde dem Vorsitz des Ausschusses innerhalb der Frist nach Absatz 7 des vorliegenden Artikels unter

ticle that it does not intend to follow the opinion of the Board, in whole or in part, providing the relevant grounds, Article 65(1) shall apply.

Angabe der maßgeblichen Gründe mit, dass sie beabsichtigt, der Stellungnahme des Ausschusses insgesamt oder teilweise nicht zu folgen, so gilt Artikel 65 Absatz 1.

Recitals

(136) In applying the consistency mechanism, the Board should, within a determined period of time, issue an opinion, if a majority of its members so decides or if so requested by any supervisory authority concerned or the Commission. The Board should also be empowered to adopt legally binding decisions where there are disputes between supervisory authorities. For that purpose, it should issue, in principle with a two-third majority of its members, legally binding decisions in clearly specified cases where there are conflicting views among supervisory authorities, in particular in the cooperation mechanism between the lead supervisory authority and supervisory authorities concerned on the merits of the case, in particular whether there is an infringement of this Regulation.

(139) … The Board should contribute to the consistent application of this Regulation throughout the Union, including by advising the Commission, in particular on the level of protection in third countries or international organisations, and promoting cooperation of the supervisory authorities throughout the Union. The Board should act independently when performing its tasks.

Erwägungsgründe

(136) Bei Anwendung des Kohärenzverfahrens sollte der Ausschuss, falls von der Mehrheit seiner Mitglieder so entschieden wird oder falls eine andere betroffene Aufsichtsbehörde oder die Kommission darum ersuchen, binnen einer festgelegten Frist eine Stellungnahme abgeben. Dem Ausschuss sollte auch die Befugnis übertragen werden, bei Streitigkeiten zwischen Aufsichtsbehörden rechtsverbindliche Beschlüsse zu erlassen. Zu diesem Zweck sollte er in klar bestimmten Fällen, in denen die Aufsichtsbehörden insbesondere im Rahmen des Verfahrens der Zusammenarbeit zwischen der federführenden Aufsichtsbehörde und den betroffenen Aufsichtsbehörden widersprüchliche Standpunkte zu dem Sachverhalt, vor allem in der Frage, ob ein Verstoß gegen diese Verordnung vorliegt, vertreten, grundsätzlich mit einer Mehrheit von zwei Dritteln seiner Mitglieder rechtsverbindliche Beschlüsse erlassen.

(139) … Der Ausschuss sollte zur einheitlichen Anwendung der Verordnung in der gesamten Union beitragen, die Kommission insbesondere im Hinblick auf das Schutzniveau in Drittländern oder internationalen Organisationen beraten und die Zusammenarbeit der Aufsichtsbehörden in der Union fördern. Der Ausschuss sollte bei der Erfüllung seiner Aufgaben unabhängig handeln.

Literatur

Blanke/Mangiameli (Hrsg.), The Treaty on European Union (TEU) – A Commentary, 1. Auflage 2013, Springer Heidelberg; *Kühling/Martini et al.*, Die Datenschutz-Grundverordnung und das nationale Recht: Erste Überlegungen zum innerstaatlichen Regelungsbedarf, 1. Auflage 2016, MV-Wissenschaft Münster.

▶ Bedeutung der Norm

Art. 64 befasst sich mit „Stellungnahmen" des Ausschusses (Art. 68) im Hinblick auf Voraussetzungen, Verfahren und Bedeutung für die je „betroffene Aufsichtsbehörde" (Art. 4 Nr. 22). Abs. 8 bildet die „Brücke" zur Streitbeilegung nach Art. 65.

Hinweise für den Anwender

Für die Norm relevante Definitionen:

- Aufsichtsbehörde (Art. 4 Nr. 21), Auftragsverarbeiter (Art. 4 Nr. 8), betroffene Aufsichtsbehörde (Art. 4 Nr. 22), maßgeblicher und begründeter Einspruch (Art. 4 Nr. 24), Verantwortlicher (Art. 4 Nr. 7).

Für die Auslegung der Norm relevante Erwägungsgründe:

- EG 136, 139.

Systematische Einordnung der Norm innerhalb der DS-GVO:

- Art. 64 ist ein wesentlicher Fall eines Kohärenzverfahrens nach Art. 63, der auch auf das Verfahren der Zusammenarbeit Bezug nimmt (in Abs. 2) und im Dringlichkeitsverfahren (Art. 66) modifiziert wird.

Vorgängernormen der RL 95/46:

- Art. 29 Abs. 7, Art. 30 Abs. 1 lit. d und Abs. 5 RL 95/46/EG.

Schlagworte

Abweichung von Stellungnahme des Ausschusses, Akkreditierung durch Aufsichtsbehörden, Amtshilfe zwischen Aufsichtsbehörden, Antragsbefugnis einer Ausschussbehörde, Beschlussentwurf einer Aufsichtsbehörde, betroffene Aufsichtsbehörden, Binnenmarkt-Kompetenz, Datenschutz-Folgeeinschätzung eines Verantwortlichen, dieselbe Angelegenheit, Dringlichkeitsverfahren, Drittstaatenübermittlungen, einfache Mehrheit der Mitglieder des Ausschusses, einheitliche Anwendung der Grundverordnung, elektronischer Weg, Europäisches Datenschutzsiegel, federführende Aufsichtsbehörde, Festlegung von Standardklauseln, geeignete Garantien, interne verbindliche Vorschriften innerhalb einer Unternehmensgruppe, Kohärenzverfahren, Kriterien für Zertifizierung, Maßnahme einer Aufsichtsbehörde, Mitglieder des Ausschusses, Mitgliedstaat, Sekretariat des Ausschusses, Standarddatenschutzklausel, Standardvertragsklausel, standardisiertes Format für elektronischen Informationsaustausch, Standpunkte anderer Aufsichtsbehörden, Stellungnahme des Ausschusses, Streitbeilegung durch Ausschuss, Übersetzungen von zweckdienlichen Informationen, Verhaltensregeln von Vereinigungen verarbeitender Stellen, Unabhängigkeit der Aufsichtsbehörden, Vertragsklauseln zwischen verarbeitenden Stellen, Vertragsverletzungsklage, Vorabkontrolle von Akkreditierungen durch Ausschuss, Vorsitz des Ausschusses, weitestgehende Berücksichtigung einer Stellungnahme, Zertifizierung durch Aufsichtsbehörden, Zertifizierungsstelle, Zusammenarbeit zwischen Aufsichtsbehörden, zuständige Aufsichtsbehörde

---

A. Allgemeines

I. Regelungszweck

1 Das Kohärenzverfahren ergänzt das Verfahren der Zusammenarbeit. Während dieses im Wesentlichen auf Konsens und die freiwillige Unterordnung unter die Entscheidungen der federführenden Behörde baut, erfolgt im Kohärenzverfahren eine Erweiterung und Vertiefung, um zu einer einheitlichen Auslegung der DS-GVO zu gelangen. Der EU-Gesetzgeber hat sich jedoch bei der Kompetenzausstattung des Ausschusses auf das Nötigste beschränkt. Eine weitergehende Aufgaben- und Befugnisübertragung ließe sich angesichts von Art. 4 Abs. 1, Art. 5 Abs. 1 bis 3 EUV[1] auch kaum rechtfertigen, selbst wenn die Schaffung der neuen EU-„Einrichtung" (Art. 68 Abs. 1) auf die Binnenmarkt-Kompetenz (Art. 114 AEUV) gestützt werden kann.[2] Hier liegt jedoch keine ausschließliche, sondern (nach Art. 4 Abs. 2 lit. a AEUV) eine zwischen EU und Mitgliedstaaten geteilte (Verbands-)Kompetenz vor.

II. Normadressaten

1. EU-Stellen

a) Ausschuss

2 Der Ausschuss ist verpflichtet, „Stellungnahmen" (s. Art. 70 Rn. 12) in zwei unterschiedlichen Konstellationen abzugeben: nach Abs. 1 Satz 2 i. V. m. Satz 1 in Bezug auf den Beschlussentwurf der (nach Art. 55, Art. 56 „zuständigen") Aufsichtsbehörde, nach Abs. 2 auf Antrag (von „innen" wie von „außen", Rn. 3, 18) zwecks Prüfung wichtiger Angelegenheiten, wobei Fälle von Verstößen gegen Art. 61 oder Art. 62 explizit als Beispiel hierfür genannt werden. Beide Male ergeben sich dann aus Abs. 3 Vorgaben für das Verfahren der Beschlussfassung über eine Stellungnahme, während Abs. 4 den Ausschuss als Adressaten aller zweckdienlichen Informationen behandelt und ihm damit (zugleich) Unterrichtungsbefugnisse nationalen Aufsichtsbehörden wie der Kommission gegenüber (Rn. 4) einräumt. Hingegen resultiert aus Abs. 8 i. V. m. Art. 65 Abs. 1 nicht ohne Weiteres eine zusätzliche Kompetenz des Ausschusses, da dieser gemäß Art. 65 Abs. 1 lit. c erst (und nur) auf Befassung durch eine „betroffene Aufsichtsbehörde" (Art. 4 Nr. 22) oder wiederum die Kommission als Streitbeilegungsgremium tätig wird.

3 Mehrfach wird speziell und allein der Ausschussvorsitz (Art. 73 f.) adressiert: Antragsberechtigt ist dieser nach Abs. 2, zu Unterrichtungen (intern wie nach außen, Rn. 5, 25) verpflichtet nach Abs. 5 (einschließlich der Publikation von Stellungnahmen), schließlich Empfänger von Nachrichten über Verfahrensstand/-entwicklung nach Abs. 7 und 8.

1 Vgl. Blanke/Mangiameli, *Blanke*, Art. 4 Rn. 5 ff.; Blanke/Mangiameli, *Weber*, Art. 5 Rn. 5 ff.
2 Vgl. EuGH, Urt. v. 2.5.2006, Rs. C-217/04 (Vereinigtes Königreich/Parlament und Rat), Rn. 44 f., ECLI:EU:C:2006:279.

b) Kommission

4 Der Kommission obliegt einerseits nach Abs. 4 eine Pflicht, dem Ausschuss (über dessen Vorsitz, Art. 74 Abs. 1 lit. c, bzw. das Sekretariat, Art. 75 Abs. 6 lit. b) alle zweckdienlichen Informationen zu übermitteln, und zwar in gleicher Form und mit gleicher inhaltlicher Struktur wie die Aufsichtsbehörden (Rn. 5). Umgekehrt ist die Kommission auch Adressat von Informationen, die ihr vom Ausschussvorsitz zu liefern sind, seien es diesem zugegangene (Abs. 5 lit. a), sei es dann die Stellungnahme selbst (Abs. 5 lit. b). Die ihr ursprünglich zugedachte weitaus gewichtigere Rolle (normiert in Art. 58 KOM-E[3], darüber hinaus in Gestalt einer eigenen Stellungnahme nach Art. 59 und sogar dem Recht, einen Beschluss zur vorläufigen Aussetzung einer geplanten Maßnahme zu fassen, Art. 60 KOM-E), kam letztlich nicht zustande (Rn. 8).

2. Aufsichtsbehörden

5 Die Pflichten für jede „zuständige" Aufsichtsbehörde (Rn. 2), dem Ausschuss Beschlussentwürfe in den in Abs. 1 Satz 2 genannten fünf Fällen zu übermitteln, werden abgerundet durch Abs. 6, der dieser Behörde vorschreibt, erst nach Ablauf einer Frist (für die Beratung und Beschlussfassung des Gremiums nach Abs. 3) ihr Verfahren fortzusetzen und über die weitere Behandlung des Beschlusses zu entscheiden. Darüber muss sie dann den Vorsitz des Ausschusses unterrichten und diesem gegebenenfalls einen geänderten Beschlussvorschlag zuleiten (Abs. 7, 8). Jede Aufsichtsbehörde hat ein Antragsrecht nach Abs. 2 (neben Ausschussvorsitz und EU-Kommission) und ist (vom Vorsitz) nach Abs. 5 lit. b über Stellungnahmen zu informieren. Ferner ist sie zur Informationsübermittlung an den Ausschuss verpflichtet (Abs. 4).

III. Systematik

6 Bei Art. 64 als einem der beiden Kohärenzverfahren wird die (schon nach Art. 60 obligatorische) Zusammenarbeit aller nationalen Aufsichtsbehörden im EU-Raum erweitert und vertieft durch Einbeziehung einer Unionseinrichtung (Art. 68 Abs. 1). Dieser wird inhaltlich wesentlicher Einfluss auf die weiterhin auf mitgliedstaatlicher Ebene getroffene Entscheidung (Maßnahme) eingeräumt. Alle Mitglieder des Ausschusses sind verpflichtet, auf die einheitliche Anwendung der Grundverordnung hinzuwirken (Art. 63), sodass die Stellungnahmen des Ausschusses grundsätzlich zur Harmonisierung beitragen.

IV. Entstehungsgeschichte

7 Neu am Ausschuss sind dessen Status (Rechtspersönlichkeit) und die Befugnis, verbindliche Entscheidungen zu treffen. Art. 29 Abs. 7 (i. V. m. Art. 30 Abs. 1 lit. a) der RL 95/46/EG gab der Artikel 29-Gruppe lediglich auf, Fragen zu prüfen, die ihr Vorsitzender (Abs. 4) entweder von sich aus oder auf Antrag eines Vertreters der Kontrollstellen (Art. 28 Abs. 1) oder der EU-Kommission auf die Tagesordnung dieses Gremiums (Art. 29 Abs. 1, 2) gesetzt hat. „Stellungnahmen" der Gruppe[4] sind sowohl in Art. 30 Abs. 1 lit. b – gegenüber der Kommission zum Schutzniveau in der EG/EU und in Drittländern – als auch in lit. d vorgesehen, in diesem Fall zu den auf Gemeinschaftsebene nach Art. 27 (Abs. 3) des Rechtsakts erarbeiteten Verhaltensregeln.

8 Art. 58 KOM-E[5] enthielt bereits wesentliche Teile der endgültigen Fassung der Vorschrift, freilich noch mit maßgeblicher Beteiligung der Kommission in Abs. 4 (Antragsrecht auf Einleitung eines Kohärenzverfahrens). Der Kommission sollten zudem eine eigene Befugnis zur Stellungnahme (Art. 59 KOM-E) und sogar ein Recht zur Aussetzung geplanter aufsichtsbehördlicher Maßnahmen (Art. 60) zustehen. Das Parlament[6] sprach sich für die Streichung dieser beiden Vorschriften aus und konzipierte (in den Abänderungen 166, 167) zwei weitgehend neue Kohärenzregeln

---

3 KOM(2012)11 endgültig v. 25.1.2012.
4 Übersicht in EDPS Annual Report 2015, S. 59 ff. (Abhänge E, F).
5 S. Fn. 3.
6 P7_TA(2014)0212 v. 12.3.2014.

(zur „Gewährleistung einer einheitlichen Rechtsanwendung"), für „Angelegenheiten mit allgemeiner Bedeutung" (Art. 58) und in Einzelfällen (Art. 58a E-EP). Erläuternd dazu wurde EG 105 geändert und ergänzt sowie EG 106a neu eingefügt. Jedoch sollte auch die Kommission ein Recht haben, zu beantragen, dass Angelegenheiten mit allgemeiner Geltung im Kohärenzverfahren behandelt werden (Art. 58 Abs. 4). Bei seiner Stellungnahme (Abs. 6a) sollte der Ausschuss berücksichtigen, ob die Angelegenheit „neue Elemente" umfasse, etwa mit Blick auf „rechtliche oder sachliche Entwicklungen", insbesondere „in der Informationstechnologie und in Anbetracht des Fortschritts in der Informationsgesellschaft" (Abs. 7 lit. a). Eine wesentliche Änderung erfolgte sodann durch die Rats-Arbeitsgruppe[7], wobei Art. 58 um die ersten sechs Absätze verkürzt, andererseits aber eine Verknüpfung mit der generellen Kohärenzvorschrift (Art. 57) hergestellt wurde. Deren Abs. 2, 2b, 2c, 5 und 6 treffen (auch) Vorgaben für Stellungnahmen des Ausschusses. Die Zweiteilung (zwischen Art. 57 und Art. 58) behielt auch der Rat bei,[8] erst die politische Einigung im Trilog[9] reduzierte Art. 63 auf einen Satz und schlug alles andere Art. 64 (bzw. Art. 65) zu.

B. Inhalt der Regelung

I. Stellungnahmen des Ausschusses im Kohärenzverfahren

1. Wege zur Beteiligung des Ausschusses

a) Übermittlung eines Beschlussentwurfs durch zuständige Aufsichtsbehörde in bestimmten Fällen (Abs. 1)

aa) Zuständigkeit der übermittelnden Behörde

Eine Pflicht, den Ausschuss in ihr Verfahren der Beschlussfassung einzubeziehen, trifft nach Abs. 1 Satz 1 bzw. Satz 2 die „zuständige" Aufsichtsbehörde. Diese (örtliche und sachliche) Zuständigkeit ergibt sich entweder aus Art. 55 Abs. 1, Art. 55 Abs. 2 Satz 1 oder Art. 56 Abs. 1, 2. In insgesamt sechs Situation muss die betreffende Stelle ihren Beschluss-Entwurf dem Ausschuss (d. h. dessen Vorsitz, Art. 73 Abs. 1) übermitteln, damit dieser sich damit beschäftigen und hierzu eine (inhaltliche) Stellungnahme abgeben kann. 9

bb) Einzelfälle einer obligatorischen Stellungnahme zu beabsichtigten Maßnahmen (Satz 2)

Art. 35 Abs. 1 und 3 legen allgemein fest, unter welchen Voraussetzungen ein „Verantwortlicher" (Art. 4 Nr. 7) eine Datenschutz-Folgeeinschätzung durchzuführen hat. Die jeweilige Aufsichtsbehörde muss eine Positivliste der hierunter fallenden Arten von Verarbeitungsvorgängen erstellen und veröffentlichen und kann zudem eine weitere Negativliste erarbeiten und publizieren (Art. 35 Abs. 4, 5); beide werden von ihr dem Ausschuss übermittelt. Vor Festlegung des Inhalts beider Listen schreibt Art. 35 Abs. 6 (vorbehaltlich von Abs. 10) die Anwendung des Kohärenzverfahrens vor, wenn solche Listen Verarbeitungstätigkeiten umfassen, die entweder mit dem Angebot von Waren oder Dienstleistungen für „betroffene Personen" (s. Art. 4 Nr. 1) oder mit der Beobachtung des Verhaltens solcher Personen in mehreren Mitgliedstaaten „in Zusammenhang stehen" oder die den freien Verkehr „personenbezogener Daten" (Art. 4 Nr. 1) innerhalb der EU „erheblich beeinträchtigen könnten". Art. 64 Abs. 1 Satz 2 lit. a fordert eine Mitwirkung des Ausschusses lediglich bei Positivlisten, und zwar vor der Entscheidung der Aufsichtsbehörde hierüber. Die Vorlagepflicht wird bereits bei (beabsichtigten) Beschlüssen ausgelöst, die der Annahme einer Liste (bzw. deren Erweiterung) nur „dienen". Andererseits führt eine Änderung 10

7 Rats-Dok. Nr. 15395/14 v. 19.12.2014.
8 Rats-Dok. Nr. 9565/15 v. 11.6.2015.
9 Rats-Dok. Nr. 5455/16 v. 28.1.2016.

der Positivliste keine Pflicht zur Ausschussbeteiligung herbei, wenn diese nur Streichungen bewirkt (und damit de facto eine Zuordnung zur Negativliste bedeutet).

11 Von Verbänden oder anderen Vereinigungen verarbeitender Stellen formulierte Verhaltensregeln, deren Aufstellung gefördert wird (Art. 40 Abs. 1), jedoch nicht obligatorisch ist, zielen auf eine Präzisierung zahlreicher, in Art. 40 Abs. 2 nicht abschließend aufgeführter Vorgaben zwecks einheitlicher Anwendung der betreffenden Bestimmungen. Entwürfe (auch bezüglich späterer Änderung oder Erweiterung bestehender Regeln) werden seitens der nach Art. 55 zuständigen Aufsichtsbehörde geprüft (Art. 40 Abs. 5). Fällt deren „Stellungnahme" positiv aus, wird sie seitens dieser Behörde in ein amtliches Verzeichnis aufgenommen und veröffentlicht (Art. 40 Abs. 6). Eine Stellungnahme des Ausschusses ist hingegen nach Art. 64 Abs. 1 Satz 2 lit. b nur dann vorgesehen, wenn sich die Verhaltensregeln auf Verarbeitungstätigkeiten in mehreren Mitgliedstaaten beziehen: Vor einer aufsichtsbehördlichen Genehmigung ist hier nach Art. 40 Abs. 7 eine Überprüfung der beabsichtigten (neuen) Regeln mit der Grundverordnung notwendig. Bei positivem Ausgang befasst der Ausschussvorsitz die Kommission (Art. 40 Abs. 8), die solchen Verhaltensregeln in der Folge per Durchführungsrechtsakt allgemeine Rechtsgültigkeit in der EU vermitteln könnte (Art. 40 Abs. 9). Die Mitwirkung des Ausschusses wird freilich nur für einen der beiden Fälle des Art. 40 Abs. 7 angeordnet, nicht auch für die andere dort erfasste „Angelegenheit", bei der es um geeignete Garantien (s. Rn. 15) nach Art. 40 Abs. 3 i. V. m. Art. 46 Abs. 2 (lit. e) geht.

12 Die Einhaltung von Verhaltensregeln durch Verantwortliche oder Auftragsverarbeiter zu überprüfen obliegt einerseits den Aufsichtsbehörden nach Art. 55, Art. 56, und sie werden dabei im Rahmen ihrer Aufgaben und Befugnisse tätig. Jedoch kommen dafür daneben (s. Art. 40 Abs. 4, Art. 41 Abs. 1) auch andere fachlich geeignete Stellen in Betracht, wenn diese (von der zuständigen Aufsichtsbehörde) zu diesem Zweck anhand der Kriterien nach Art. 41 Abs. 2 akkreditiert worden sind; allerdings gilt dies nicht bei einer Verarbeitung durch Behörden oder (andere) öffentliche Stellen (Art. 41 Abs. 6). Den Entwurf, der die in der Verordnung nur allgemein beschriebenen Merkmale konkretisiert, muss die zuständige Aufsichtsbehörde nach Art. 41 Abs. 3 an den Ausschuss übermitteln; der Unionseinrichtung obliegt, wie Art. 64 Abs. 1 Satz 2 lit. c verdeutlicht, insoweit die „Billigung" bzw. Annahme. Wichtig ist eine solche Vorabkontrolle vor allem im Hinblick auf die Befugnisse einer akkreditierten Stelle nach Art. 41 Abs. 4.

13 (Freiwillige) Zertifizierungen nach Art. 42 Abs. 1, 2 erfolgen ebenfalls nur entweder durch zuständige Aufsichtsbehörden oder durch Zertifizierungsstellen (gemäß Art. 43). Im Hinblick auf das hier benötigte Fachwissen bedürfen Letztere einer speziellen Akkreditierung (Art. 43 Abs. 1). Kriterien hierfür sind in der Grundverordnung (in Art. 43 Abs. 2) nur recht allgemein vorgegeben. Die daher wie bei Verhaltensregeln angezeigte Präzisierung der Merkmale kann hier jedoch entweder durch eine nationale Aufsichtsbehörde (nach Art. 42 Abs. 1 lit. a, Art. 58 Abs. 3) oder durch den Ausschuss vorgenommen werden; insofern verweist Art. 43 in Abs. 2 (lit. b) und Abs. 3 Satz 1 auf die Durchführung eines Kohärenzverfahrens (Art. 63), in dessen Rahmen diese Kriterien „genehmigt" werden. Nach Art. 42 Abs. 5 Satz 2 kann dies als Basis einer gemeinsamen Zertifizierung („Europäisches Datenschutzsiegel") dienen. Im Zusammenhang mit der Zertifizierung sind dem Ausschuss noch weitere Aufgaben zugewiesen (Art. 42 Abs. 8, Art. 43 Abs. 6 Satz 3).

14 Wie bei lit. a und lit. d bis f (Rn. 10, 15 f.) wird die Kompetenz des Ausschusses auch in den beiden in lit. c angeführten „Angelegenheiten" dadurch sehr breit abgesteckt, dass sie schon dann gegeben ist, wenn Beschlussentwürfe zur Festlegung von Kriterien dienen.

15 Für die Festlegung bestimmter Standardklauseln muss ebenfalls eine Stellungnahme des Ausschusses eingeholt werden. Zum einen betrifft dies die Konstellation der Auftragsverarbeitung. Hier sind in Art. 28 Abs. 3 zahlreiche Aspekte genannt, die in einer Vereinbarung zwischen Verantwortlichem und Auftragsverarbeiter näher behandelt werden müssen. Nach Art. 28 Abs. 4 ist zu gewährleisten, dass diese Regeln auch im Verhältnis des ersten zu weiteren Auftragsverarbeitern gelten. Art. 28 Abs. 8 ermächtigt jede Aufsichtsbehörde, „Standardvertragsklauseln" vorzugeben, was aber nur im Einklang mit dem Kohärenzverfahren nach Art. 63 erfolgen darf. „Standarddatenschutzklauseln" sind auch vorgesehen im Kontext der Datenübermittlung an Drittstaaten oder „internationale Organisationen" (Art. 4 Nr. 26). Darin werden „geeignete Garantien" formuliert, deren Vorliegen verarbeitenden Stellen einen solchen Datentransfer nach Art. 46 Abs. 1 erlaubt. Wenn eine Aufsichtsbehörde Standardklauseln annehmen will, muss sie zuvor den Ausschuss nach Art. 64 beteiligen. Diese Verpflichtung ist explizit allerdings nur in Art. 64 Abs. 1 Satz 2 lit. d erwähnt. Art. 46 Abs. 2 lit. d verlangt seinerseits außer der Durchführung eines Kohärenzverfahrens noch eine Genehmigung der Klauseln durch die Kommission im Prüfverfahren nach Art. 93 Abs. 2, damit diese als „geeignete Garantien" gelten können.

Ebenfalls auf Drittstaatenübermittlungen beziehen sich die letzten beiden „Angelegenheiten": **16** Art. 64 Abs. 1 Satz 2 lit. e befasst sich mit einer weiteren Modalität „geeigneter Garantien" (Rn. 15), nämlich Vertragsklauseln zwischen Stellen inner- und außerhalb der Union. Hier schreibt Art. 46 Abs. 4 auch für die zuvor genannte Konstellation des Abs. 3 lit. a die Anwendung des Kohärenzverfahrens bei bzw. vor einer Genehmigung solcher Vereinbarungen durch die zuständige Aufsichtsbehörde vor. Auch (einseitig getroffene) „verbindliche interne Datenschutzvorschriften" (mit dem in Art. 47 Abs. 2 dargelegten Mindestinhalt) können aufsichtsbehördlich genehmigt werden, wenn außer den Vorgaben des Abs. 2 noch weitere Voraussetzungen (nach Abs. 1 lit. a, b) erfüllt sind. Da solche (privaten) Bestimmungen eine Vereinheitlichung innerhalb von „Unternehmensgruppen" (Art. 4 Nr. 19 i. V. m. Nr. 18) oder -branchen bezwecken, liegt es nahe, vor der behördlichen Billigung ihre generelle Tauglichkeit zu prüfen, also ein Verfahren nach Art. 64 zu betreiben (Abs. 1 Satz 2 lit. f).

b) Antragsverfahren (Abs. 2)

aa) Antragsbefugnis und Antragsteller

Während Abs. 1 Satz 2 abschließend sechs wichtige Einzelfälle aufzählt, bei denen in der Über- **17** mittlung des Beschlussentwurfs zugleich der Antrag auf ein Tätigwerden des Ausschusses nach Art. 64 enthalten ist und dieses Gremium dem entsprechen muss, wenn die Voraussetzungen für eine Befassung mit der jeweiligen „Angelegenheit" vorliegen, normiert Abs. 2 eine weiter reichende Antragsbefugnis diverser Stellen für sachlich oder räumlich wesentliche Konstellationen. Wie bei Abs. 1 Satz 2 korrespondiert hier mit einem zulässigen Antrag eine Verpflichtung des Ausschusses, sich mit diesem Begehren inhaltlich zu befassen und eine Stellungnahme abzugeben. Nur diese Auslegung wird dem Zweck des Kohärenzverfahrens gerecht (s. Abs. 3 Satz 1).

Im Rahmen von Abs. 2 kann nicht nur die zuständige Aufsichtsbehörde nach Abs. 1 Satz 1 **18** (Rn. 9), sondern grundsätzlich jede Aufsichtsbehörde einen Antrag stellen. Nicht der Ausschussvorsitz (wie in Abs. 1 Satz 1), sondern der Ausschuss als solcher ist Adressat des Beschlussentwurfs; dieser entscheidet auch als Gremium über die Tagesordnung einer Ausschuss-Sitzung. Die Kommission ist nach Art. 17 Abs. 1 EUV ebenfalls berechtigt, den Ausschuss um Stellungnahmen zu ersuchen.

bb) Antragsvoraussetzungen

Maßgebliche „Angelegenheiten" im Sinne einer erforderlichen Antragsbefugnis sind hier wie an **19** anderen Stellen der Grundverordnung (s. Art. 60 Rn. 14) Lebenssachverhalte mit Bezug zur „Verarbeitung personenbezogener Daten" (Art. 4 Nr. 2 i. V. m. Nr. 1), bei denen es um angemessene Abwägungen zwischen Datenschutz (betroffener Personen) und freiem Datenverkehr geht. Abs. 2 unterscheidet generell zwischen einer „allgemeinen", über „Einzelfälle" hinausreichenden „Bedeutung" der Sache einerseits und deren Auswirkungen über das Hoheitsgebiet eines einzigen Mitgliedstaats hinaus andererseits (selbst wenn hier noch keine „grenzüberschreitende Verarbeitung" im Sinne von Art. 4 Nr. 23 gegeben sein sollte). Ergänzend und erläuternd werden sodann wichtige Beispiele (wohl vor allem für die zweite Alternative) genannt. Diese stimmen darin überein, dass (mutmaßliche) Verpflichtungen der (nach Art. 55, Art. 56) zuständigen Aufsichtsbehörde nicht (gehörig) erfüllt werden, also die Vorgaben zur „Zusammenarbeit" (nach Abschnitt 1) nicht eingehalten worden sind. Dabei stellt „gute Zusammenarbeit" freilich keinen

Selbstzweck dar. Materieller Maßstab jeglicher Bewertung muss stets die richtige Auslegung der Verordnung und deren einheitliche Anwendung sein, im Interesse der Rechtsstaatlichkeit. Ausdrücklich angeführt werden zudem die Bereiche der Amtshilfe (Art. 61) und der gemeinsamen Maßnahmen (Art. 62). Auf diese Weise wird neben dem anderen Zwecken dienenden Dringlichkeitsverfahren (nach Art. 61 Abs. 8 bzw. Art. 62 Abs. 7) eine generelle Möglichkeit zur Klärung eröffnet, sodass künftig auf „belastbare" Lösungen zurückgegriffen werden kann und Rechtssicherheit geschaffen wird.

2. Beschlussfassung durch Ausschuss

a) Keine vorherige Stellungnahme zu „derselben Angelegenheit" (Abs. 3 Satz 1)

20 Der Ausschuss muss sich zu der ihm vorgelegten „Angelegenheit" äußern. Irrelevant ist dabei, ob ihm diese nach Abs. 1 oder Abs. 2 vorgelegt worden ist. Einzige Ausnahme bildet das Vorliegen einer Stellungnahme in der Sache. Das Verbot erneuter Befassung ist eine Zulässigkeitsvoraussetzung. Es ist nur einschlägig wenn die früher abgegebene Stellungnahme tatsächlich vollumfänglich einschlägig ist. Diese (ablehnende) Feststellung darf nicht bereits der Ausschussvorsitz treffen, da sie über eine Vorbereitungshandlung zur Sitzung (s. Art. 74 Abs. 1 lit. a) hinausgeht, sondern das Gremium selbst muss entscheiden. Wird Übereinstimmung beider „Angelegenheiten" bejaht, so erschöpft sich die neue Stellungnahme in dieser Aussage (und dem Hinweis auf die früher dargelegte Auffassung). Will sich der Ausschuss hingegen erneut mit einem Sachverhalt befassen, etwa weil sich der technische Kontext geändert hat oder er eine vorangegangene Entscheidung revidieren will, so wird er hieran durch Abs. 3 Satz 1 nicht gehindert.

b) Fristbeginn/-ablauf und Fristverlängerung (Abs. 3 Satz 2 und 3)

21 Die Stellungnahme soll einerseits rasch, andererseits aber auch gründlich und zu allen wesentlichen Punkten erfolgen. Dem wird dadurch Rechnung getragen, dass die Annahme einer Stellungnahme durch den Ausschuss binnen acht Wochen (nach Eingang des Beschlussentwurfs bzw. Antrags beim Vorsitz, Rn. 18) erfolgen muss (Satz 2), je nach „Komplexität" der Angelegenheit aber das Gremium selbst den Zeitraum um weitere sechs Wochen verlängern kann (Satz 3), sodass immerhin eine Verzögerung des aufsichtsbehördlichen Handelns um mehr als drei Monate eintreten mag. Dies könnte in vielen Fällen, z. B. bei Existenzgründern, die von Beginn an auf Rechtssicherheit angewiesen sind, zu erheblichen Problemen führen. Die vom Ausschuss beschlossene Stellungnahme muss danach erst noch (vom Ausschussvorsitz, Abs. 5 lit. b) an die jeweilige Aufsichtsbehörde übermittelt werden, bevor diese dann ihrerseits weiter tätig werden darf.

c) Informatorische Einbeziehung anderer Stellen (Abs. 4)

22 Die 8- bzw. 14-Wochen-Frist erweist sich aus Sicht der verarbeitenden Stellen häufig als Problem, da Innovationszyklen im digitalen Bereich extrem kurz sind. Aufsichtsbehörden werden sie vermutlich als teilweise zu knapp ansehen. Vor der Beratung und Entscheidung über den Inhalt der Stellungnahme muss eine Vielzahl von Informationen eingeholt bzw. entgegengenommen und in ihrer Relevanz bzw. Plausibilität bedacht werden. Nach Abs. 4 müssen alle Aufsichtsbehörden – gegebenenfalls auch die übermittelnde oder antragstellende – dem Ausschuss(vorsitz) (Art. 73 Abs. 1) für die jeweilige Angelegenheit zweckdienliche Informationen zukommen lassen; auch die Kommission muss entsprechend zuarbeiten. Der bürokratische Aufwand für eine einheitliche Entscheidungsfindung ist also enorm. Die Vorgabe allein des elektronischen Übermittlungswegs vermag lediglich diese Zwischenphase des Verfahrens zu beschleunigen. Auch die Einhaltung eines „standardisierten Formats" für die Informationsübermittlung, wenn und soweit solches durch einen Durchführungsrechtsakt der Kommission vorgegeben ist (s. Art. 67 Abs. 1), bringt Zeitgewinn nur insoweit, wie hierdurch Eingeben und Auslesen der Informationen weniger lang dauern dürfte. Unberührt hiervon bleiben jedoch die Auswahl und Strukturierung der „zweckdienlichen" Angaben durch die „Absender" und deren Auswertung beim Ausschuss (vor allem

durch dessen Sekretariat, s. Art. 75 Abs. 6). Abs. 4 besagt zwar nicht, welcher Informationspflichtige sich wozu wie äußern muss, andererseits werden explizit „Standpunkte" anderer betroffener Behörden erwähnt und damit zum Gegenstand der Befassung durch den Ausschuss. Erst nach Ablauf eines für diese verschiedenen Phasen der Informationsgewinnung angemessenen Zeitraums kann dann eine Stellungnahme verfasst, im Entwurf debattiert und hierüber (einschließlich etwaiger Änderungen) abgestimmt werden.

Im Rahmen des Art. 64 werden Informationen nicht direkt zwischen Aufsichtsbehörden übermittelt, vielmehr von diesen an den Ausschuss(vorsitz) und sodann (wieder auf elektronischem Wege und per Standardformat) an die Ausschussmitglieder, also außer an die dort vertretenen Leiter der Aufsichtsbehörden auch an den Europäischen Datenschutzbeauftragten (Art. 68 Abs. 3). Abs. 5 lit. a erwähnt die dafür zentrale Rolle des Sekretariats (Art. 75), wenn und soweit Informationen in andere Sprachen übersetzt werden müssen (Rn. 25), um eine Diskussion hierüber im Ausschuss überhaupt zu ermöglichen. Auch dieser (technische) Vorgang nimmt Zeit in Anspruch. Sowohl für die Erfüllung der Pflichten nach Abs. 4 als auch für die nach Abs. 5 (lit. a) werden keine exakten Fristen vorgegeben. Verlangt wird jeweils „unverzügliches" Handeln, also so schnell wie möglich, dies erlaubt aber keine „Schnellschüsse" in Form ungeprüfter Fakten oder bloßer Mutmaßungen oder Behauptungen. **23**

d) Mehrheitserfordernisse (Abs. 3 Satz 2 und 4)

Der Ausschuss beschließt über Stellungnahmen mit der einfachen Mehrheit aller Mitglieder, also einschließlich des EDPS (Abs. 3 Satz 2). Dies erfolgt in der Regel in einer Sitzung (Mitgliederversammlung, s. Art. 68 Rn. 6, 8). Eine Vereinfachung nur für Angelegenheiten nach Abs. 1 besteht darin, dass der Ausschussvorsitz insoweit jedem Mitglied (außer der übermittelnden Behörde selbst, die sich im Beschlussentwurf bereits festgelegt hat) eine „angemessene" Frist setzen kann, nach deren Ablauf seine Zustimmung fingiert wird (Abs. 3 Satz 4). Diese Frist endet spätestens mit Ablauf des Zeitraums nach Abs. 3 Satz 2 oder 3; sie kann jedoch, bei geringer Komplexität der Sache, auch kürzer sein. **24**

e) Rollen von Vorsitz und Sekretariat (Abs. 5)

Die effiziente Durchführung des Verfahrens nach Art. 64 steht und fällt mit der sachgerechten Wahrnehmung der Aufgaben durch den Vorsitz des Ausschusses. Nicht nur nach Abs. 3 Satz 4, sondern auch nach Abs. 5, 7 und 8 ist dieser bei wesentlichen Phasen involviert, selbst wenn sich seine Rolle auf Vermittlung bzw. Kommunikation beschränkt. Dem Vorsitz ist explizit die Sicherstellung einer „rechtzeitigen" Ausführung der Ausschussaufgaben im Zusammenhang mit dem Kohärenzverfahren nach Art. 63 auferlegt (Art. 74 Abs. 1 lit. c). Das ihm nach Art. 75 Abs. 2 unterstellte Sekretariat ist für die interne und externe Kommunikation der Einrichtung (Art. 75 Abs. 6 lit. b bis d), die Übersetzung sachdienlicher Informationen (lit. e) und für laufende Unterstützung einschließlich Vor- und Nachbereitung von Sitzungen verantwortlich (lit. a, f); hierzu zählen auch die Abfassung und Veröffentlichung von Ausschuss-Stellungnahmen (lit. g). Darauf nimmt auch Art. 64 Abs. 5 lit. b Bezug, der überdies den Vorsitz verpflichtet, über Stellungnahmen im Rahmen von Abs. 1 oder Abs. 2 die dort je genannten Aufsichtsbehörden sowie die Kommission unverzüglich elektronisch (s. Rn. 22, 23) zu unterrichten. **25**

II. Vorgaben für zuständige Aufsichtsbehörde

1. Verbot einer Entscheidung vor Fristablauf (Abs. 6)

Nur für die Fälle des Abs. 1 normiert Art. 64 Abs. 6 eine Stillhalteverpflichtung der übermittelnden Behörde. Diese darf ihren (dem Ausschuss vorgelegten) Beschlussentwurf erst dann finalisieren, wenn die Frist nach Abs. 3 (acht und gegebenenfalls weitere sechs Wochen) abgelaufen ist. Würde sie vor dem jeweiligen Zeitpunkt eine (endgültige) Entscheidung treffen, so wäre dieser Verfahrensfehler auch im Verhältnis zu Adressaten der betreffenden Maßnahme beachtlich. Eine **26**

Sanktionierung des Verstoßes gegen Abs. 6 kommt nur über Art. 84, d. h. aufgrund einer diesbezüglichen mitgliedstaatlichen Regelung, in Betracht.

2. Weitestgehende Berücksichtigung der Stellungnahme (Abs. 7)

a) Art und Ausmaß der Bindung

27 Ebenfalls nur auf die Fälle des Abs. 1 bezieht sich auch die Bindung der dort genannten (übermittelnden) Behörde an den Inhalt der Stellungnahme des Ausschusses. Im Unterschied zu Art. 65 (Abs. 1, 6) wird nach Art. 64 Abs. 7 Satz 1 nur eine „weitestgehende Berücksichtigung" gefordert. Auch aus den ausdrücklich genannten Möglichkeiten, wie mit dem ursprünglichen Entwurf verfahren werden darf, ergibt sich, dass die zuständige Aufsichtsbehörde nicht zur gänzlichen, unbedingten Übernahme von Änderungsvorschlägen verpflichtet ist. Dies hat vor allem formale unionsrechtliche Gründe. Allerdings geht der Gesetzgeber von einer solchen Übernahme als dem Regelfall aus. Weicht die zuständige Behörde daher ab, wird sie dies ausführlich und stichhaltig zu begründen haben. Die Darlegung muss insbesondere einer richterlichen Überprüfung standhalten, bei der das angerufene Gericht auch die Stellungnahme des Ausschusses in seine Entscheidung einbeziehen wird. Die Bindung reicht somit im Ergebnis kaum weniger weit als bei strikten Vorgaben, weil die Behörde bei Nichtbeachtung die Überleitung in das Streitbeilegungsverfahren nach Art. 65 sowie eine etwaige gerichtliche Überprüfung zu gewärtigen hat (Abs. 8, Rn. 33). Zudem ist offen, inwieweit rechtliche oder tatsächliche Hindernisse gegenüber einer Befolgung der Stellungnahme geltend gemacht werden können; Abs. 7 sieht lediglich – als Ergebnis andauernder Meinungsunterschiede – die Pflicht zur (Erstellung und) Übermittlung eines geänderten Beschlussentwurfs vor (Rn. 29, 30).

b) Vorgaben für die Aufsichtsbehörde

aa) Beibehaltung des Entwurfs

28 Billigt der Ausschuss (mehrheitlich, Rn. 24) den vorgelegten Entwurf, so ist die Aufsichtsbehörde gehalten, wie geplant vorzugehen, wenn und soweit sich nach Beschluss bzw. Eingang der Stellungnahme nichts an der Sach- oder Rechtslage ändert. Dann müsste gegebenenfalls erneut ein Verfahren nach Art. 64 (Abs. 1) initiiert werden.

bb) Änderung des Entwurfs

29 Änderungen des ursprünglichen Entwurfs darf die Aufsichtsbehörde nach Abs. 1 (bei unveränderter Sach- oder Rechtslage, Rn. 28) nur vornehmen, wenn damit Einwendungen des Ausschusses Rechnung getragen wird. Die Stellungnahme bildet also Anlass und Grenze zulässiger Modifizierungen; die Pflicht zur weitestgehenden Berücksichtigung umfasst gerade auch das Erfordernis, ihr durch Änderungen des Entwurfs (möglichst) nachzukommen.

cc) Informationspflichten

30 Die Aufsichtsbehörde nach Abs. 1 muss den Vorsitz (Rn. 25) des Ausschusses sowohl über eine Beibehaltung als auch über eine Änderung ihres ursprünglichen Entwurfs informieren. Auch hier sind wieder die Nutzung des elektronischen Wegs und der Einsatz eines standardisierten Formats (Rn. 22) vorgeschrieben. Diese Unterrichtungen müssen binnen zwei Wochen nach Eingang der Stellungnahme bei der Behörde erfolgen; ist eine Änderung geplant, muss diese jedoch nicht ebenfalls innerhalb dieses kurzen Zeitraums vorgenommen werden. Abs. 7 Satz 2 fordert allerdings, dass dann der geänderte Beschlussentwurf (wieder an den Ausschussvorsitz) übermittelt werden muss, gibt hierfür aber keine Frist vor. Die Informationen nach Abs. 7 Satz 1 sind nur dann rechtzeitig, wenn sie bis zum Fristablauf dem Ausschussvorsitz zugehen. Aus Abs. 8 folgt, dass in jedem Fall einer Abweichung von der Ausschuss-Stellungnahme auch die dafür maßgebenden Gründe angegeben werden müssen; dies muss innerhalb der Zweiwochenfrist nach Abs. 7, jedoch nicht zwingend zusammen mit der Information selbst erfolgen.

3. (Endgültige) Entscheidung durch zuständige Behörde

Anders als Art. 65 (Abs. 6) regelt Art. 64 nicht explizit, wie die zuständige Behörde nach Eingang der Stellungnahme weiter verfahren muss oder darf. Dass ihr hier alle erforderlichen Maßnahmen obliegen, ergibt sich aus Art. 55, 56 bzw. Art. 57, 58. **31**

Einige wesentliche Aspekte werden allerdings weder in Art. 64 noch an anderer Stelle der Grundverordnung ausdrücklich geregelt. Nach Sinn und Zweck des spezifischen Kohärenzverfahrens nach Art. 64 kann der Ausschuss freilich nur bei fristgerecht ergangenen Stellungnahmen deren weitestgehende Berücksichtigung verlangen bzw. besteht eine entsprechend starke Bindung der Aufsichtsbehörde. Nur temporär (s. Abs. 6) sind dieser eigene Maßnahmen verwehrt. Aus der Pflicht, einen geänderten Beschlussentwurf erneut dem Ausschuss(vorsitz) zu übermitteln (Abs. 7 Satz 2), folgt auch nicht, dass hier erneut eine Befassung nach Art. 64 Abs. 3 bis 7 in Gang gesetzt wird; insoweit sind nämlich die Voraussetzungen des Abs. 8 gegeben (Rn. 33), sodass sich eine Streitbeilegung anschließt. Allenfalls wäre zu erwägen, ob eine endgültige Entscheidung durch die Aufsichtsbehörde dann zulässig ist, wenn (und soweit) der Beschlussentwurf mehrere selbstständige, voneinander trennbare Teile enthält. Diese in Art. 60 Abs. 9 geregelte Konstellation ist jedoch auf „Zusammenarbeit" bezogen und beschränkt, auf die „Kohärenz"-Situation daher nicht übertragbar, auch weil schon keine Regelungslücke ersichtlich ist. **32**

III. Überleitung in Streitbeilegungsverfahren (Abs. 8)

1. Voraussetzungen

Die beiden Kohärenzverfahren werden insbesondere durch Art. 64 Abs. 8 miteinander verknüpft. Mangels unbedingter Bindung an eine Ausschuss-Stellungnahme (s. Abs. 7 Satz 1) würde eine erneute Mitwirkung in derselben Art bei Abweichungen in eine Endlosschleife münden, sodass Abs. 8 den Fall des völligen oder auch partiellen Dissenses zwischen Ausschuss und übermittelnder Aufsichtsbehörde als ausreichenden Grund für die Einleitung eines Streitbeilegungsverfahrens erachtet; dem trägt Art. 65 Abs. 1 lit. c Rechnung. Dass eine solche Situation gegeben ist, muss die (nicht im Sinne von Art. 4 Nr. 22, sondern nach Abs. 1) „betroffene" Behörde dem Ausschuss mitteilen (Rn. 30). **33**

2. Verknüpfung von Art. 64 Abs. 8 mit Art. 65 Abs. 1 lit. c

Die Überleitung erfolgt nur (ohne weiteres), wenn diese Information (einschließlich der Gründe für die fehlende Befolgung) dem Ausschussvorsitz binnen zwei Wochen zugeht. Würde diese Frist nicht eingehalten, eröffnet allerdings Art. 65 Abs. 1 lit. c Satz 2 anderen „betroffenen" Aufsichtsbehörden oder auch der Kommission die Möglichkeit, diese „Angelegenheit" dem Ausschuss vorzulegen. **34**

IV. Dringlichkeitsverfahren

Art. 65 selbst nimmt zwar auf Art. 64 und auch Art. 60 Bezug, enthält jedoch keine ausdrückliche Regelung dazu, ob bei der Streitbeilegung ebenfalls ein Dringlichkeitsverfahren zulässig ist. Jedoch folgt dies aus Art. 66 Abs. 1 und 4, wo auf Art. 64 generell bzw. auf dessen Abs. 3 abgestellt wird und insoweit Abweichungen bzw. Modifizierungen vorgesehen sind. Damit sind hier einstweilige (Art. 66 Abs. 1), aber auch endgültige Maßnahmen (Abs. 2) einzelner betroffener Aufsichtsbehörden statthaft; des Weiteren kann, wie Art. 66 Abs. 3 ausdrücklich besagt, in Bezug auf untätige Behörden eine dringliche Streitbeilegung in die Wege geleitet werden, und hier wie bei Abs. 2 gelten verkürzte Entscheidungsfristen und geringere Mehrheitserfordernisse (Abs. 4). **35**

C. Weitere Auswirkungen der Verordnung in der Praxis

I. Voraussichtliche Auswirkungen auf das nationale Recht

36 Zwar gelten auch die Regelungen zum Kohärenzverfahren unmittelbar und ist daher eine Umsetzung in mitgliedstaatliches Recht nicht erforderlich, vielmehr grundsätzlich sogar unzulässig. Jedoch bedarf das BDSG einer Ergänzung bzw. Präzisierung im Hinblick auf das zu einem Beschlussentwurf (nach Abs. 1) führende Verfahren der nationalen Aufsichtsbehörde[10], bezüglich der Antragstellung nach Abs. 2 und schließlich zum Verfahren beim Umgang mit den Stellungnahmen des Ausschusses im Rahmen von Abs. 7. Diese Regelungen müssen jedoch das Prinzip der Unabhängigkeit der Aufsichtsbehörden angemessen beachten. Insoweit ist derzeit mangels einschlägiger Vorschriften kein Rückgriff auf allgemeines Verwaltungsverfahrensrecht möglich. Die neuen §§ 18, 19 BDSG (in der Fassung des DSAnpUG-EU[11]) enthalten diesbezüglich jedoch keine explizite Konkretisierung.

II. Rechtsschutz

1. Gegenüber dem Ausschuss

37 Kommt der Ausschuss einem Antrag auf Abgabe einer Stellungnahme nach Abs. 2 (Rn. 17 ff.) nicht nach, so wäre die Kommission insoweit gemäß Art. 265 AEUV berechtigt, nach erfolgloser Aufforderung Klage zum EuGH zu erheben. In gleicher Weise könnte zwar nicht die (antragsbefugte) Aufsichtsbehörde, wohl aber deren Mitgliedstaat vorgehen.

2. Bei Fehlverhalten von Verfahrensbeteiligten

38 Unterbreitet eine Aufsichtsbehörde in den Fällen des Abs. 1 Satz 2 (Rn. 10 ff.) keinen Beschlussentwurf, so könnten dies sowohl die Kommission als auch Mitgliedstaaten zum Anlass einer Vertragsverletzungsklage (Art. 258, Art. 259 AEUV) nehmen. Der Ausschuss als solcher hat auch bei Abs. 7 kein durchsetzbares „Recht auf Vorlage"; vielmehr schließt sich bei Dissens die Streitbeilegung an (Abs. 8 bzw. Art. 65 Abs. 1 lit. c; Rn. 33 f.).

---

10 Vgl. die differenzierenden Ansätze bei *Kühling/Martini* et al., S. 254 ff.
11 Datenschutz-Anpassungs- und –Umsetzungsgesetz EU, BR-Drs. 110/17 v. 2.2.2017.

Article 65

Dispute resolution by the Board

1. In order to ensure the correct and consistent application of this Regulation in individual cases, the Board shall adopt a binding decision in the following cases:
   (a) where, in a case referred to in Article 60(4), a supervisory authority concerned has raised a relevant and reasoned objection to a draft decision of the lead authority or the lead authority has rejected such an objection as being not relevant or reasoned. The binding decision shall concern all the matters which are the subject of the relevant and reasoned objection, in particular whether there is an infringement of this Regulation;
   (b) where there are conflicting views on which of the supervisory authorities concerned is competent for the main establishment;
   (c) where a competent supervisory authority does not request the opinion of the Board in the cases referred to in Article 64(1), or does not follow the opinion of the Board issued under Article 64. In that case, any supervisory authority concerned or the Commission may communicate the matter to the Board.

2. The decision referred to in paragraph 1 shall be adopted within one month from the referral of the subject-matter by a two-thirds majority of the members of the Board. That period may be extended by a further month on account of the complexity of the subject-matter. The decision referred to in paragraph 1 shall be reasoned and addressed to the lead supervisory authority and all the supervisory authorities concerned and binding on them.

3. Where the Board has been unable to adopt a decision within the periods referred to in paragraph 2, it shall adopt its decision within two weeks following the expiration of the second month referred to in paragraph 2 by a simple majority of the members of the Board. Where the members of

Artikel 65

Streitbeilegung durch den Ausschuss

(1) Um die ordnungsgemäße und einheitliche Anwendung dieser Verordnung in Einzelfällen sicherzustellen, erlässt der Ausschuss in den folgenden Fällen einen verbindlichen Beschluss:

a) wenn eine betroffene Aufsichtsbehörde in einem Fall nach Artikel 60 Absatz 4 einen maßgeblichen und begründeten Einspruch gegen einen Beschlussentwurf der federführenden Behörde eingelegt hat oder die federführende Behörde einen solchen Einspruch als nicht maßgeblich oder nicht begründet abgelehnt hat. Der verbindliche Beschluss betrifft alle Angelegenheiten, die Gegenstand des maßgeblichen und begründeten Einspruchs sind, insbesondere die Frage, ob ein Verstoß gegen diese Verordnung vorliegt;

b) wenn es widersprüchliche Standpunkte dazu gibt, welche der betroffenen Aufsichtsbehörden für die Hauptniederlassung zuständig ist,

c) wenn eine zuständige Aufsichtsbehörde in den in Artikel 64 Absatz 1 genannten Fällen keine Stellungnahme des Ausschusses einholt oder der Stellungnahme des Ausschusses gemäß Artikel 64 nicht folgt. In diesem Fall kann jede betroffene Aufsichtsbehörde oder die Kommission die Angelegenheit dem Ausschuss vorlegen.

(2) Der in Absatz 1 genannte Beschluss wird innerhalb eines Monats nach der Befassung mit der Angelegenheit mit einer Mehrheit von zwei Dritteln der Mitglieder des Ausschusses angenommen. Diese Frist kann wegen der Komplexität der Angelegenheit um einen weiteren Monat verlängert werden. Der in Absatz 1 genannte Beschluss wird begründet und an die federführende Aufsichtsbehörde und alle betroffenen Aufsichtsbehörden übermittelt und ist für diese verbindlich.

(3) War der Ausschuss nicht in der Lage, innerhalb der in Absatz 2 genannten Fristen einen Beschluss anzunehmen, so nimmt er seinen Beschluss innerhalb von zwei Wochen nach Ablauf des in Absatz 2 genannten zweiten Monats mit einfacher Mehrheit der Mitglieder des Ausschusses an. Bei Stimmengleichheit

the Board are split, the decision shall by adopted by the vote of its Chair.

4. The supervisory authorities concerned shall not adopt a decision on the subject matter submitted to the Board under paragraph 1 during the periods referred to in paragraphs 2 and 3.

5. The Chair of the Board shall notify, without undue delay, the decision referred to in paragraph 1 to the supervisory authorities concerned. It shall inform the Commission thereof. The decision shall be published on the website of the Board without delay after the supervisory authority has notified the final decision referred to in paragraph 6.

6. The lead supervisory authority or, as the case may be, the supervisory authority with which the complaint has been lodged shall adopt its final decision on the basis of the decision referred to in paragraph 1 of this Article, without undue delay and at the latest by one month after the Board has notified its decision. The lead supervisory authority or, as the case may be, the supervisory authority with which the complaint has been lodged, shall inform the Board of the date when its final decision is notified respectively to the controller or the processor and to the data subject. The final decision of the supervisory authorities concerned shall be adopted under the terms of Article 60(7), (8) and (9). The final decision shall refer to the decision referred to in paragraph 1 of this Article and shall specify that the decision referred to in that paragraph will be published on the website of the Board in accordance with paragraph 5 of this Article. The final decision shall attach the decision referred to in paragraph 1 of this Article.

zwischen den Mitgliedern des Ausschusses gibt die Stimme des Vorsitzes den Ausschlag.

(4) Die betroffenen Aufsichtsbehörden nehmen vor Ablauf der in den Absätzen 2 und 3 genannten Fristen keinen Beschluss über die dem Ausschuss vorgelegte Angelegenheit an.

(5) Der Vorsitz des Ausschusses unterrichtet die betroffenen Aufsichtsbehörden unverzüglich über den in Absatz 1 genannten Beschluss. Er setzt die Kommission hiervon in Kenntnis. Der Beschluss wird unverzüglich auf der Website des Ausschusses veröffentlicht, nachdem die Aufsichtsbehörde den in Absatz 6 genannten endgültigen Beschluss mitgeteilt hat.

(6) Die federführende Aufsichtsbehörde oder gegebenenfalls die Aufsichtsbehörde, bei der die Beschwerde eingereicht wurde, trifft den endgültigen Beschluss auf der Grundlage des in Absatz 1 des vorliegenden Artikels genannten Beschlusses unverzüglich und spätestens einen Monat, nachdem der Europäische Datenschutzausschuss seinen Beschluss mitgeteilt hat. Die federführende Aufsichtsbehörde oder gegebenenfalls die Aufsichtsbehörde, bei der die Beschwerde eingereicht wurde, setzt den Ausschuss von dem Zeitpunkt, zu dem ihr endgültiger Beschluss dem Verantwortlichen oder dem Auftragsverarbeiter bzw. der betroffenen Person mitgeteilt wird, in Kenntnis. Der endgültige Beschluss der betroffenen Aufsichtsbehörden wird gemäß Artikel 60 Absätze 7, 8 und 9 angenommen. Im endgültigen Beschluss wird auf den in Absatz 1 genannten Beschluss verwiesen und festgelegt, dass der in Absatz 1 des vorliegenden Artikels genannte Beschluss gemäß Absatz 5 auf der Website des Ausschusses veröffentlicht wird. Dem endgültigen Beschluss wird der in Absatz 1 des vorliegenden Artikels genannte Beschluss beigefügt.

Recitals

(135) In order to ensure the consistent application of this Regulation throughout the Union, a consistency mechanism for cooperation between the supervisory authorities should be established. That mechanism should in particular apply where a supervisory authority intends to adopt a measure intended to produce legal effects as regards processing operations which

Erwägungsgründe

(135) Um die einheitliche Anwendung dieser Verordnung in der gesamten Union sicherzustellen, sollte ein Verfahren zur Gewährleistung einer einheitlichen Rechtsanwendung (Kohärenzverfahren) für die Zusammenarbeit zwischen den Aufsichtsbehörden eingeführt werden. Dieses Verfahren sollte insbesondere dann angewendet werden, wenn eine Aufsichtsbe-

substantially affect a significant number of data subjects in several Member States. It should also apply where any supervisory authority concerned or the Commission requests that such matter should be handled in the consistency mechanism. That mechanism should be without prejudice to any measures that the Commission may take in the exercise of its powers under the Treaties.

hörde beabsichtigt, eine Maßnahme zu erlassen, die rechtliche Wirkungen in Bezug auf Verarbeitungsvorgänge entfalten soll, die für eine bedeutende Zahl betroffener Personen in mehreren Mitgliedstaaten erhebliche Auswirkungen haben. Ferner sollte es zur Anwendung kommen, wenn eine betroffene Aufsichtsbehörde oder die Kommission beantragt, dass die Angelegenheit im Rahmen des Kohärenzverfahrens behandelt wird. Dieses Verfahren sollte andere Maßnahmen, die die Kommission möglicherweise in Ausübung ihrer Befugnisse nach den Verträgen trifft, unberührt lassen.

(136) In applying the consistency mechanism, the Board should, within a determined period of time, issue an opinion, if a majority of its members so decides or if so requested by any supervisory authority concerned or the Commission. The Board should also be empowered to adopt legally binding decisions where there are disputes between supervisory authorities. For that purpose, it should issue, in principle by a two-thirds majority of its members, legally binding decisions in clearly specified cases where there are conflicting views among supervisory authorities, in particular in the cooperation mechanism between the lead supervisory authority and supervisory authorities concerned on the merits of the case, in particular whether there is an infringement of this Regulation.

(136) Bei Anwendung des Kohärenzverfahrens sollte der Ausschuss, falls von der Mehrheit seiner Mitglieder so entschieden wird oder falls eine andere betroffene Aufsichtsbehörde oder die Kommission darum ersuchen, binnen einer festgelegten Frist eine Stellungnahme abgeben. Dem Ausschuss sollte auch die Befugnis übertragen werden, bei Streitigkeiten zwischen Aufsichtsbehörden rechtsverbindliche Beschlüsse zu erlassen. Zu diesem Zweck sollte er in klar bestimmten Fällen, in denen die Aufsichtsbehörden insbesondere im Rahmen des Verfahrens der Zusammenarbeit zwischen der federführenden Aufsichtsbehörde und den betroffenen Aufsichtsbehörden widersprüchliche Standpunkte zu dem Sachverhalt, vor allem in der Frage, ob ein Verstoß gegen diese Verordnung vorliegt, vertreten, grundsätzlich mit einer Mehrheit von zwei Dritteln seiner Mitglieder rechtsverbindliche Beschlüsse erlassen.

(138) The application of such mechanism should be a condition for the lawfulness of a measure intended to produce legal effects by a supervisory authority in those cases where its application is mandatory. In other cases of cross-border relevance, the cooperation mechanism between the lead supervisory authority and supervisory authorities concerned should be applied and mutual assistance and joint operations might be carried out between the supervisory authorities concerned on a bilateral or multilateral basis without triggering the consistency mechanism.

(138) Die Anwendung dieses Verfahrens sollte in den Fällen, in denen sie verbindlich vorgeschrieben ist, eine Bedingung für die Rechtmäßigkeit einer Maßnahme einer Aufsichtsbehörde sein, die rechtliche Wirkungen entfalten soll. In anderen Fällen von grenzüberschreitender Relevanz sollte das Verfahren der Zusammenarbeit zwischen der federführenden Aufsichtsbehörde und den betroffenen Aufsichtsbehörden zur Anwendung gelangen, und die betroffenen Aufsichtsbehörden können auf bilateraler oder multilateraler Ebene Amtshilfe leisten und gemeinsame Maßnahmen durchführen, ohne auf das Kohärenzverfahren zurückzugreifen.

Bedeutung der Norm

Die Vorschrift regelt die intensivste Art der Mitwirkung des Europäischen Datenschutzausschusses (Ausschuss) im Kohärenzverfahren (Art. 63). Zwar wird die abschließende Maßnahme formal durch eine nationale Aufsichtsbehörde ausgeführt, die Entscheidung des Ausschusses ist dabei jedoch zwingend zu berücksichtigen und für die nationale Behörde verbindlich.

Hinweise für den Anwender

Für die Norm relevante Definitionen:
- „Aufsichtsbehörde" (Art. 4 Nr. 21), „Auftragsverarbeiter" (Art. 4 Nr. 8), „betroffene Aufsichtsbehörde" (Art. 4 Nr. 22), „maßgeblicher und begründeter Einspruch" (Art. 4 Nr. 24), „Verantwortlicher" (Art. 4 Nr. 7).

Für die Auslegung der Norm relevante Erwägungsgründe:
- EG 135, 136, 138.

Systematische Einordnung der Norm innerhalb der DS-GVO:
- Regelungen zum Ausschuss finden sich auch in anderen Abschnitten des Kapitels VII, vor allem dem zweiten (Art. 63 ff.).

Schlagworte

Antragsrecht von Aufsichtsbehörden, Auftragsverarbeiter, Beschlussentwurf der federführenden Aufsichtsbehörde, Beschwerde, betroffene Aufsichtsbehörde, betroffene Person, Dringlichkeitsverfahren, einfache Mehrheit der Mitglieder des Ausschusses, „Eingangs"-Behörde, endgültiger Beschluss der Aufsichtsbehörde, federführende Aufsichtsbehörde, Fristverlängerung, Geschäftsordnung des Ausschusses, Hauptniederlassung, Kohärenzverfahren, maßgeblicher und begründeter Einspruch einer Aufsichtsbehörde, Mehrheit von zwei Dritteln der Mitglieder des Ausschusses, Mitglieder des Ausschusses, ordnungsgemäße und einheitliche Anwendung des Unionsrechts, Sitzung des Ausschusses, Stellungnahme des Ausschusses, Stillhaltegebot für Aufsichtsbehörden, Stimmengleichheit, Streitbeilegungsverfahren, Tagesordnung des Ausschusses, verbindlicher Beschluss des Ausschusses, Vorsitz des Ausschusses, Website des Ausschusses, widersprüchliche Standpunkte von Aufsichtsbehörden, Zusammenarbeit zwischen Aufsichtsbehörden, Zuständigkeitskonflikte

A. Allgemeines

I. Regelungszweck

Art. 65 befasst sich mit der Streitbeilegung bei einem Dissens zwischen verschiedenen „Aufsichtsbehörden" (Art.4 Nr. 21) in Bezug auf die Anwendung der Verordnung. Ist diese Modalität eines Kohärenzverfahrens (Art. 63) zwingend vorgeschrieben (s. Abs. 1), so bleibt die Zuständigkeit zur endgültigen Beschlussfassung nur noch formal bei der federführenden oder einer anderen nationalen „Aufsichtsbehörde". Inhaltlich hingegen geht die Entscheidungskompetenz auf den Europäischen Datenschutzausschuss (abgekürzt: Ausschuss, EDA) über, der sich mehrheitlich über die Auffassung der an sich zuständigen mitgliedstaatlichen Behörde hinwegsetzen kann (s. Abs. 1, 6). 1

II. Normadressaten

1. EU-Stellen

a) Kommission

Der Kommission steht nach Abs. 1 lit. c Satz 2 das Recht zu, eine „Angelegenheit" (Art. 60 Rn. 14) dem Ausschuss (Art. 68) vorzulegen, wenn in den Fällen des Art. 64 Abs. 1 seitens der zuständigen „Aufsichtsbehörde" (Art. 4 Nr. 21) entweder keine Stellungnahme des Ausschusses eingeholt oder dieser nicht gefolgt wurde. Des Weiteren muss die Kommission vom Ausschussvorsitz (Art. 73) über den verbindlichen Streitbeilegungsbeschluss nach Art. 65 Abs. 1 in Kenntnis gesetzt werden (Abs. 5 Satz 2). 2

b) Ausschuss

Zentraler Normadressat des Art. 65 ist der Ausschuss (Rn. 1). Ihm wird in den drei in Abs. 1 genannten Fällen aufgegeben, einen verbindlichen Beschluss zur Streitbeilegung zu fassen; das dabei zu beachtende Verfahren bzw. die notwendigen Mehrheiten ergeben sich aus Abs. 2 und 3. Speziell der Ausschussvorsitz (Rn. 2) hat gemäß Abs. 5 diverse Informations- und Publikationspflichten. 3

2. Aufsichtsbehörden

Mitgliedstaatliche Aufsichtsbehörden (Rn. 1) werden in unterschiedlichen Rollen angesprochen: Als „federführende" (im Sinne von Art. 56) zu Beginn und am Ende des Streitbeilegungsverfahrens (Abs. 1, Abs. 2 Satz 3 und Abs. 6), als „betroffene" Behörden zudem als Empfänger von Informationen (Abs. 5 Satz 1) und durch die Stillhalte-Verpflichtung nach Abs. 4, als „Eingangs"-Behörde von Beschwerden nach Art. 77 i. V. m. Art. 56 Abs. 2 (nur in Abs. 6). Schließlich bildet ein (Fehl-)Verhalten „zuständiger" Aufsichtsbehörden einen der Anlässe für ein Vorgehen nach Art. 65 (Abs. 1 lit. c Satz 1). Für federführende, betroffene und „Eingangs"-Behörden trifft Abs. 6 insbesondere (unterschiedliche) Verfahrensregeln. 4

III. Systematik

Der Datenschutzausschuss wird entweder kraft normativer Vorgabe (Abs. 1 lit. a, b) oder auf Antrag diverser Stellen (lit. c) nach Art. 65 tätig. Hat er (binnen bestimmter Fristen) verbindlich Beschluss für die ihm vorgelegte „Angelegenheit" (Art. 60 Rn. 14) gefasst, trifft er je nach Sachlage endgültige Entscheidungen, die die nationalen Aufsichtsbehörden nur noch umzusetzen haben, d. h. sie erlassen Maßnahmen gegenüber verarbeitenden Stellen, nämlich „Verantwortlichen" (Art. 4 Nr. 7) oder „Auftragsverarbeitern" (Art. 4 Nr. 8). Der dem zugrunde liegende Streitbeilegungsbeschluss wird auf der Website des Ausschusses veröffentlicht (Abs. 5 Satz 3, Abs. 6 Satz 4), den Maßnahmeadressaten jedoch auch direkt (als Anlage des Beschlusses der Aufsichtsbehörde) übermittelt (Abs. 6 Satz 5). 5

IV. Entstehungsgeschichte

6 Der (zweite) Abschnitt zu Kapitel VII (Art. 57 ff.) des KOM-E[1] enthielt noch keine spezifische Vorschrift zur Streitbeilegung; jedoch sollte Art. 63 Abs. 2 klarstellen, dass aufsichtsbehördliche Maßnahmen, die trotz Vorliegens der Voraussetzungen ein Kohärenzverfahren nicht durchlaufen haben, „nicht rechtsgültig und durchsetzbar" seien. Erst der Rat präsentierte eine eigene Bestimmung (Art. 58a Entw.) zu „Beschlüssen des Europäischen Datenschutzausschusses", die in drei Situationen (in Art. 57 Abs. 3 KOM-E eingefügt) notwendig und für die (federführende oder andere) Aufsichtsbehörde bindend sein sollten.[2] Bei der politischen Einigung wurde nur noch die Regelung insgesamt in einer einzigen Norm (Art. 58a Entw.) zusammengefasst.[3]

B. Inhalt der Regelung

I. Voraussetzungen verbindlicher Streitbeilegung durch den Ausschuss (Abs. 1)

1. Einspruch nach Art. 60 Abs. 4 (lit. a)

7 Der stets anzustrebende Konsens zwischen der federführenden (Rn. 3) und anderen, „betroffenen" Aufsichtsbehörden (Rn. 3) im Rahmen der Zusammenarbeit nach Art. 60 ist dann nicht gegeben, wenn ein Beschlussentwurf der erstgenannten Stelle auf einen „maßgeblichen und begründeten Einspruch" (Art. 4 Nr. 24) einer anderen betroffenen Behörde stößt und sich die federführende Behörde die von jener erhobenen Bedenken und Einwände nicht (gänzlich) zu eigen macht. Wie Art. 60 Abs. 4 klarstellt, reicht es als Anlass für ein Kohärenzverfahren auch aus, wenn ein derartiger Einspruch für nicht maßgeblich oder nicht begründet erachtet wird. Art. 65 Abs. 1 lit. a knüpft daran unmittelbar an und steckt zudem die Thematik des (beizulegenden) Streites ab: Der Ausschuss muss sich danach mit „allen" Angelegenheiten (hier als Themen zu verstehen) befassen, die „Gegenstand" des Einspruchs sind, also gerade auch damit, ob es sich dabei um maßgebliche Punkte handelt bzw. die Einwände nachvollziehbar begründet sind. Da Ziel auch von Art. 65 die unionsweit einheitliche Rechtsanwendung ist, wird speziell die Frage der Vereinbarkeit (des Beschlussentwurfs wie des Einspruchs) mit der Grundverordnung als wesentlicher Aspekt des Verfahrens hervorgehoben.

2. Dissens über Zuständigkeit für Hauptniederlassung (lit. b)

8 Ob eine bestimmte Niederlassung einer verarbeitenden Stelle in der EU als deren „Hauptniederlassung" (Art. 4 Nr. 16) zu qualifizieren ist, kann sowohl von mehreren Aufsichtsbehörden, in deren jeweiligem Hoheitsgebiet Verarbeitungstätigkeiten stattfinden, als auch von der Kommission unterschiedlich beurteilt werden, da die Anknüpfungsmerkmale wenig präzise und zudem bei „Verantwortlichen" (Rn. 4) anders ausgestaltet sind als bei „Auftragsverarbeitern" (Rn. 4). Negative wie positive Zuständigkeitskonflikte dürften in der Praxis nicht selten vorkommen, zumal wegen der hohen Sanktionen ein erhebliches „Compliance"-Interesse auf Seiten der Verantwortlichen besteht, auf der anderen Seite Aufsichtsbehörden aber vielfach angesichts der Fülle der Fälle und der Komplexität der Rechtsfragen schlichtweg überfordert sein dürften. Insbesondere für „Zusammenarbeit" nach Art. 60 ff. muss jedoch eindeutig feststehen, wer „federführend" (nach Art. 56 Abs. 1) ist und welche anderen „betroffenen" Behörden an einer Kooperation berechtigt und verpflichtet teilnehmen. Die in lit. b genannten „Standpunkte" sind nicht nur solche, die auf Beschlussentwürfe in einer bestimmten „Angelegenheit" (Rn. 2) Bezug nehmen (s. Art. 60 Abs. 3 Satz 2), sondern das Vorliegen eines Kompetenzkonflikts kann sich auch beim allgemeinen Austausch zweckdienlicher Informationen nach Art. 60 Abs. 1 Satz 2 zeigen. Zu ei-

---

1 KOM(2012)11 endgültig v. 25.1.2012.
2 Rats-Dok. Nr. 9565/15 v. 11.6.2015.
3 Rats-Dok. Nr. 5455/16 v. 28.1.2016.

ner Befassung des Ausschusses kommt es hier durch den Vorsitz, wenn eine Streitbeilegung zur Ausführung der Aufgaben der Einrichtung geboten ist (Art. 74 Abs. 1 lit. c).

3. Abweichen von der Stellungnahme des Ausschusses (lit. c)

Lit. c knüpft einerseits direkt an Art. 64 Abs. 8 an und eröffnet die Möglichkeit, bei fehlender oder ausreichender Berücksichtigung einer Ausschuss-Stellungnahme durch eine Aufsichtsbehörde die Meinungsverschiedenheit verbindlich zu bereinigen (Art. 64 Rn. 33, 34). Darüber hinaus erlaubt er eine Lösung auch dann, wenn eine (nach Art. 55, Art. 56) zuständige Aufsichtsbehörde den Ausschuss gerade nicht einbezogen hat, obwohl hierzu eine Verpflichtung nach Art. 64 Abs. 1 bestand (Art. 64 Rn. 9 ff.). Vor allem bei einer solchen Situation müssen andere Stellen für die notwendige Kohärenz sorgen können. Daher sieht lit. c Satz 2 ein Antragsrecht (in beiden Konstellationen) sowohl für jede „betroffene Aufsichtsbehörde" als auch für die Kommission vor. Ansonsten ist freilich die zunächst vorgesehene bedeutsame Rolle der Kommission im Kohärenzverfahren (Art. 59, 60 KOM-E) weggefallen (Art. 64 Rn. 4, 8). **9**

II. Verfahren der Streitbeilegung im Ausschuss

1. Einleitung

In allen drei Fällen des Abs. 1 muss der Ausschuss als Streitbeilegungsstelle tätig werden. Konkret obliegt dabei das Aufgreifen der jeweiligen „Angelegenheit" (als Gegenstand eines Verfahrens nach Art. 65) dem Ausschussvorsitz (Art. 74 Abs. 1 lit. c), der dabei auch Sitzungen des Gremiums einzuberufen und deren Tagesordnung zu erstellen hat (Art. 74 Abs. 1 lit. a). Das dort gebotene „rechtzeitige" Vorgehen ist vor allem auf die Einhaltung der Fristen für die Durchführung des Verfahrens gemünzt. **10**

2. Normalverfahren und (Frist-)Verlängerung

Der Ausschuss ist gemäß Abs. 2 zu einem zügigen Vorgehen verpflichtet: Zwischen seiner Befassung mit der „Angelegenheit", also der Kenntnis des Vorsitzes vom Vorliegen der Voraussetzungen nach Abs. 1 lit. a, b oder c, bis zur Abstimmung im Gremium (über einen vom Sekretariat im Entwurf erarbeiteten Beschluss) darf nach Abs. 2 Satz 1 im Normalfall lediglich ein Monat liegen (s. Art. 62 Rn. 23). Innerhalb dieses Zeitraums muss zudem auch die (nach Abs. 2 Satz 3 erforderliche) Begründung abgefasst werden, die ebenfalls Gegenstand der Beschlussfassung ist. **11**

Eine Verlängerung der Monatsfrist um einen weiteren Monat (die nicht daran hindert, auch schon vor Ablauf dieses zusätzlichen Zeitraums zu entscheiden) ist nur zulässig, wenn die jeweilige Angelegenheit (überdurchschnittlich) „komplex" erscheint, sei es wegen der Zahl der Beteiligten/Betroffenen, sei es wegen der neuartigen oder atypischen Thematik. Die Fristverlängerung kann sowohl vom Vorsitz (im Hinblick auf dessen Beschleunigungsauftrag, Rn. 10) als auch von Ausschussmitgliedern vorgeschlagen werden. Hierüber muss jedoch das Gremium selbst entscheiden und kann gegebenenfalls Näheres dazu in der Geschäftsordnung regeln, da hier die „Arbeitsweise" des Ausschusses berührt wird (Art. 72 Abs. 2). **12**

Eine „zweite" Verlängerung ergibt sich aus Abs. 3 Satz 1; sie schließt an das Ende der Zweimonatsfrist nach Abs. 2 Satz 1, 2 an und umfasst weitere zwei Wochen. Voraussetzung hierfür ist allein, dass bis dahin ein Beschluss zustande gekommen ist, ohne dass dieses Kriterium weiter spezifiziert wird. Es kann sich also sowohl um das Nicht-Erreichen der zunächst erforderlichen qualifizierten Mehrheit (Rn. 14) handeln als auch um fehlende Beschlussfähigkeit bzw. nicht erfolgte Verständigung auf geeignete Sitzungstermine. Denkbar sind aber auch Probleme bei der Erarbeitung der nötigen Beschlussvorlage. **13**

3. Mehrheitserfordernisse

14 Sowohl im regulären als auch im zusätzlichen Zeitraum nach Abs. 2 bedarf ein Beschluss einer Zweidrittelmehrheit der Mitglieder des Ausschusses. Dieser „qualifizierte" Wert bezieht sich auf die Vertreter der mitgliedstaatlichen Aufsichtsbehörden, d.h. derzeit 28 Personen (Art. 68 Rn. 9). Der Europäische Datenschutzbeauftragte (EDPS) oder dessen Vertreter ist nur dann stimmberechtigt, wenn es um (der Grundverordnung inhaltlich entsprechende) Grundsätze für Organe, Einrichtungen und andere Stellen der EU geht (Art. 68 Abs. 6; s. Art. 68 Rn. 13). Für ein positives Votum sind daher ansonsten 19 Stimmen erforderlich (s. Art. 72 Rn. 12).

15 In der „zweiten Verlängerung" (Rn. 13) reicht hingegen eine einfache Mitgliedermehrheit aus, auch hier wird der EDPS normalerweise nicht mitgezählt. Daher bilden 15 Stimmen die Mehrheit (Art. 72 Rn. 8). Bei 14 würde Stimmengleichheit vorliegen (wenn kein Fall des Art. 68 Abs. 6 eingreift) und damit an sich kein Beschluss gefasst sein. Abs. 3 Satz 2 weist aber in diesem Fall dem Vorsitz das maßgebliche Gewicht bei; bei dessen Zustimmung kommt daher der Beschluss zustande. Zugleich folgt hieraus, dass der Vorsitz (als Mitglied des Ausschusses, Art. 73 Abs. 1) an dessen Beratungen und Abstimmungen gleichberechtigt teilnimmt.

4. Abschluss des Verfahrens und Information über das Ergebnis (Abs. 2 Satz 3 und Abs. 5)

16 Soweit sie bei der relevanten Sitzung anwesend sind, erlangen sowohl die federführende als auch die betroffenen Aufsichtsbehörden Kenntnis vom Ergebnis der Abstimmung und damit auch von einem gefassten Beschluss bereits unmittelbar nach diesem Vorgang durch die entsprechende Mitteilung des Vorsitzes am Ende des Tagesordnungspunktes bzw. der Sitzung insgesamt (s. Art. 74 Abs. 1 lit. a). Auch die dazugehörige Begründung wird ihnen zu diesem Zeitpunkt (als Beratungs- und Abstimmungsvorlage) regelmäßig schon bekannt sein. Ihnen gegenüber ist daher Abs. 2 Satz 3 nur insofern nicht redundant, als dort die Übermittlung des Streitbeilegungsbeschlusses samt endgültiger Begründung dessen Verbindlichkeit den Empfängern gegenüber bewirkt (und dies auch hier mit Zugang bei den betroffenen Behörden). Diese Bekanntgabe ist nach Art. 74 Abs. 1 lit. b ebenfalls Aufgabe des Vorsitzes.

17 Hingegen stellt Abs. 5 Satz 1 den betroffenen Behörden gegenüber nur noch einmal klar, dass der Ausschussvorsitz für die Unterrichtung über den gefassten Beschluss zuständig ist und dass die Information auch hier „unverzüglich" (Art. 60 Rn. 20) erfolgen muss. Ein Mehrwert im Verhältnis zu Abs. 2 Satz 3 ergibt sich daraus lediglich in Form einer (Pflicht zur) summarischen Vorabinformation.

18 Nach Abs. 5 Satz 2 ist ferner die Kommission „hiervon" in Kenntnis zu setzen – nicht nur dann, wenn sie Antragstellerin nach Abs. 1 lit. c Satz 2 war (Rn. 9). Bezug genommen wird auf die Information über den Beschluss selbst, nicht die hierüber erfolgte Unterrichtung an Aufsichtsbehörden.

19 Eine Veröffentlichung des Beschlusses auf der Website des Ausschusses erfolgt nach Abs. 5 Satz 3 erst zu einem späteren Zeitpunkt. Grund dafür ist nicht zuletzt, dass das Streitbeilegungsverfahren erst noch endgültig abgeschlossen werden muss. Der dafür nach Abs. 6 (Satz 1 bis 3) erforderliche aufsichtsbehördliche Beschluss (Rn. 21 ff.) legt seinerseits fest, dass eine Internetpublikation des Ausschussbeschlusses stattfinden wird (Satz 4), und enthält diesen zudem als Anhang. Wenn erst dann der Beschluss (in dieser Form) öffentlich zugänglich gemacht wird, wird damit vermieden, dass Irritationen der Öffentlichkeit über Gang und Abschluss des Verfahrens hervorgerufen werden.

III. Bedeutung der „Verbindlichkeit" des Ausschussbeschlusses

1. Stillhalteverpflichtung für betroffene Aufsichtsbehörden (Abs. 4)

20 Abs. 4 ähnelt Art. 64 Abs. 6 (Art. 64 Rn. 26), weicht jedoch sprachlich davon ab, um den Unterschieden zwischen beiden Vorschriften Rechnung zu tragen: Zum einen richtet sich das Verbot

hier an alle „betroffenen Aufsichtsbehörden", zum anderen wird jeder Beschluss (nicht nur der endgültige nach Abs. 6) untersagt, welcher die dem Ausschuss vorgelegte Angelegenheit betrifft. Ausgenommen bleiben allerdings einstweilige Maßnahmen nach Art. 66 Abs. 1, da insoweit ein Abweichen auch von Art. 65 gestattet ist (Rn. 26).

2. Grundlage für endgültigen Beschluss der Aufsichtsbehörde (Abs. 6)

a) Zuständigkeiten

Abs. 6 Satz 1 unterscheidet zwischen der Zuständigkeit der federführenden Aufsichtsbehörde (Rn. 3) und derjenigen Aufsichtsbehörde, bei der die der Angelegenheit zugrunde liegende Beschwerde (Art. 77) eingereicht wurde. Der letztere Fall ist dann gegeben, wenn der Gegenstand der Beschwerde nur mit einer Niederlassung im Mitgliedstaat dieser („Eingangs"-)Behörde zusammenhängt oder allein „betroffene Personen" (Art. 4 Nr. 1) dieses Staates erheblich beeinträchtigt (Art. 56 Abs. 2). Auch hier kann jedoch die federführende Behörde die Angelegenheit nach Art. 56 Abs. 3, 4 an sich ziehen. 21

Abs. 6 Satz 3 sieht vor, dass nach Abs. 60 Abs. 7 bis 9 vorzugehen ist, wenn die „betroffenen Aufsichtsbehörden" den endgültigen Beschluss „annehmen". Damit wird freilich wieder auf die federführende oder die „Eingangs"-Behörde verwiesen und zudem eine Regelung für eine zwischen diesen Stellen geteilte Beschlussfassung in Bezug genommen. 22

b) Verfahren einschließlich Fristen

Der endgültige Beschluss ist unverzüglich, spätestens binnen der Frist von einem Monat zu treffen, die mit der Mitteilung, d.h. dem Zugang, des Streitbeilegungsbeschlusses durch den Ausschuss (dessen Vorsitz) zu laufen beginnt. Bezug genommen wird hier nicht auf Abs. 5 Satz 1, sondern auf Abs. 2 Satz 3, da die jeweilige Aufsichtsbehörde den Wortlaut des Beschlusses (samt Begründung) benötigt, um ihrerseits korrekt verfahren zu können (insbesondere im Hinblick auf Abs. 6 Satz 4 und 5). Die Behörde handelt in dieser letzten Phase des Verfahrens aufgrund nationaler Hoheitsgewalt, deren Ausübung freilich im Einklang mit Art. 58 Abs. 4 stehen (oder gebracht werden) muss. 23

c) Inhalt und Wirkung

Der Streitbeilegungsbeschluss ist nach Abs. 6 Satz 1 die „Grundlage" für den abschließenden Beschluss der je zuständigen Aufsichtsbehörde. Hier ist daher mehr als nur „weitestgehende Berücksichtigung" wie nach Art. 64 Abs. 7 geboten, eine Änderung oder Abweichung mithin ausgeschlossen. Formal erfolgt eine Verknüpfung mit der Ausschussentscheidung durch eine Verweisung auf diese (Abs. 6 Satz 4) und deren Beifügen (Abs. 6 Satz 5), sodass das Ineinandergreifen beider Dokumente auch äußerlich sichtbar wird (Rn. 19). Die rechtliche „Verbindlichkeit" gegenüber allen betroffenen Behörden folgt bereits aus Abs. 1 und Abs. 2 Satz 3; letztlich ist sie auch die Verlängerung des zeitweiligen Stillhaltegebots aus Abs. 4 (Rn. 20), indem die Sachentscheidung insgesamt auf die Unionsebene verlagert wird (Rn. 1). 24

d) Bekanntgabe

Auf Art. 60 Abs. 7 bis 9 wird jedoch auch in Abs. 6 Satz 2 indirekt verwiesen, wenn es dort um die Adressaten des endgültigen Beschlusses geht, nämlich Verantwortliche oder Auftragsverarbeiter, aber auch „betroffene Personen" (insbesondere bei Beschwerden). Die Regelung, wem der Beschluss mitzuteilen und wer hierüber zu informieren ist, wird in Abs. 6 Satz 2 lediglich dadurch ergänzt, dass der Ausschuss über den Zeitpunkt der betreffenden Mitteilung seitens der jeweiligen Aufsichtsbehörde zu unterrichten ist. 25

IV. Dringlichkeitsverfahren

26 Art. 65 enthält wie Art. 64 keine ausdrückliche Regelung dazu, ob bei der Streitbeilegung ein Dringlichkeitsverfahren zulässig ist. Jedoch folgt dies auch hier aus Art. 66 Abs. 1 und 4, wo auf Art. 65 generell bzw. auf dessen Abs. 3 abgestellt wird und insoweit Abweichungen bzw. Modifizierungen vorgesehen sind. Insofern bestehen zwischen den beiden Kohärenzverfahren keine Unterschiede (Art. 64 Rn. 35).

C. Weitere Auswirkungen der Verordnung in der Praxis

I. Voraussichtliche Auswirkungen auf das deutsche Recht

27 Ergänzungen durch nationales Recht sind insoweit wohl allein bezüglich des endgültigen Beschlusses nach Abs. 6 (und dessen Wirksamwerden) erforderlich, sofern sie europarechtlich zulässig sind (Rn. 23). § 19 Abs. 2 BDSG (in der Fassung des DSAnpUG-EU[4]) trifft dazu nur, aber immerhin eine Zuständigkeitsregelung.

II. Rechtsschutz

1. Durchführung der Streitbeilegung

28 In allen drei Fällen des Abs. 1 (Rn. 7 ff.) muss der Ausschuss mit der Angelegenheit befasst und tätig werden. Bei Abs. 1 lit. c können sowohl Kommission (als Organ der EU, Art. 13 Abs. 1 AEUV) als auch der Mitgliedstaat der betroffenen Aufsichtsbehörde gegen den Ausschuss (als Unionseinrichtung) nach Art. 265 Abs. 1 (Satz 2), 2 AEUV vorgehen. Dasselbe gilt auch bei Untätigbleiben dieser Einrichtung bei Abs. 1 lit. a oder b, wobei bei lit. b mehrere Mitgliedsländer Klage erheben könnten. Jedes Mal muss eine erfolglose Abmahnung vorausgegangen sein.[5]

2. Gegen verbindlichen Streitbeilegungsbeschluss

29 Im Hinblick auf seine Verbindlichkeit den Aufsichtsbehörden gegenüber liegt hier die Situation einer Nichtigkeitsklage (Art. 263 AEUV) vor; davon geht auch EG 143 Satz 2 aus, der die Behörden selbst (als „juristische Personen"[6]) als klageberechtigt ansieht. Für verarbeitende Stellen (oder „betroffene Personen") ist hingegen regelmäßig erst der endgültige („Umsetzungs"-)Beschluss der jeweiligen Aufsichtsbehörde maßgeblich und anfechtbar (unklar EG 143 Satz 3). Das damit befasste nationale Gericht muss hier freilich die Klärung der Gültigkeit des Streitbeilegungsbeschlusses als unionsrechtliche Frage dem EuGH überlassen (s. EG 143 Satz 11).

4 Datenschutz-Anpassungs- und -Umsetzungsgesetz EU, BR-Drs. 110/17 v. 2.2.2017.
5 Vgl. EuGH, Urt. v. 16.9.2015, Rs. T-620/14 (Diapharm / Kommission), Rn. 19 ff., ECLI:EU:T:2015:714.
6 Vgl. EuGH, Urt. v. 17.7.2014, Rs. T-457/09 (Westfälisch-Lippischer Sparkassen- und Giroverband / Kommission), Rn. 79, ECLI:EU:T:2014:683.

Article 66

Urgency procedure

1. In exceptional circumstances, where a supervisory authority concerned considers that there is an urgent need to act in order to protect the rights and freedoms of data subjects, it may, by way of derogation from the consistency mechanism referred to in Articles 63, 64 and 65 or the procedure referred to in Article 60, immediately adopt provisional measures intended to produce legal effects on its own territory with a specified period of validity which shall not exceed three months. The supervisory authority shall, without delay, communicate those measures and the reasons for adopting them to the other supervisory authorities concerned, to the Board and to the Commission.
2. Where a supervisory authority has taken a measure pursuant to paragraph 1 and considers that final measures need urgently be adopted, it may request an urgent opinion or an urgent binding decision from the Board, giving reasons for requesting such opinion or decision.
3. Any supervisory authority may request an urgent opinion or an urgent binding decision, as the case may be, from the Board where a competent supervisory authority has not taken an appropriate measure in a situation where there is an urgent need to act, in order to protect the rights and freedoms of data subjects, giving reasons for requesting such opinion or decision, including for the urgent need to act.
4. By derogation from Articles 64(3) and 65(2), an urgent opinion or an urgent binding decision referred to in paragraphs 2 and 3 of this Article shall be adopted within two weeks by simple majority of the members of the Board.

Artikel 66

Dringlichkeitsverfahren

(1) Unter außergewöhnlichen Umständen kann eine betroffene Aufsichtsbehörde abweichend vom Kohärenzverfahren nach Artikel 63, 64 und 65 oder dem Verfahren nach Artikel 60 sofort einstweilige Maßnahmen mit festgelegter Geltungsdauer von höchstens drei Monaten treffen, die in ihrem Hoheitsgebiet rechtliche Wirkung entfalten sollen, wenn sie zu der Auffassung gelangt, dass dringender Handlungsbedarf besteht, um Rechte und Freiheiten von betroffenen Personen zu schützen. Die Aufsichtsbehörde setzt die anderen betroffenen Aufsichtsbehörden, den Ausschuss und die Kommission unverzüglich von diesen Maßnahmen und den Gründen für deren Erlass in Kenntnis.

(2) Hat eine Aufsichtsbehörde eine Maßnahme nach Absatz 1 ergriffen und ist sie der Auffassung, dass dringend endgültige Maßnahmen erlassen werden müssen, kann sie unter Angabe von Gründen im Dringlichkeitsverfahren um eine Stellungnahme oder einen verbindlichen Beschluss des Ausschusses ersuchen.

(3) Jede Aufsichtsbehörde kann unter Angabe von Gründen, auch für den dringenden Handlungsbedarf, im Dringlichkeitsverfahren um eine Stellungnahme oder gegebenenfalls einen verbindlichen Beschluss des Ausschusses ersuchen, wenn eine zuständige Aufsichtsbehörde trotz dringenden Handlungsbedarfs keine geeignete Maßnahme getroffen hat, um die Rechte und Freiheiten von betroffenen Personen zu schützen.

(4) Abweichend von Artikel 64 Absatz 3 und Artikel 65 Absatz 2 wird eine Stellungnahme oder ein verbindlicher Beschluss im Dringlichkeitsverfahren nach den Absätzen 2 und 3 binnen zwei Wochen mit einfacher Mehrheit der Mitglieder des Ausschusses angenommen.

Recital

(137) There may be an urgent need to act in order to protect the rights and freedoms of data subjects, in particular when the danger exists that the enforcement of a right of a data

Erwägungsgrund

(137) Es kann dringender Handlungsbedarf zum Schutz der Rechte und Freiheiten von betroffenen Personen bestehen, insbesondere wenn eine erhebliche Behinderung der Durch-

Recital	Erwägungsgrund
subject could be considerably impeded. A supervisory authority should therefore be able to adopt duly justified provisional measures on its territory with a specified period of validity which should not exceed three months.	setzung des Rechts einer betroffenen Person droht. Eine Aufsichtsbehörde sollte daher hinreichend begründete einstweilige Maßnahmen in ihrem Hoheitsgebiet mit einer festgelegten Geltungsdauer von höchstens drei Monaten erlassen können.

Bedeutung der Norm

Art. 66 regelt für außergewöhnliche Umstände bzw. dringende Fälle Art und Ausmaß von Abweichungen bei normalen Zusammenarbeits- (Art. 60) bzw. bei Kohärenzverfahren (Art. 63 ff.).

Hinweise für den Anwender

Für die Norm relevante Definitionen:
- Aufsichtsbehörde (Art. 4 Nr. 21), betroffene Aufsichtsbehörde (Art. 4 Nr. 22).

Für die Auslegung der Norm relevante Erwägungsgründe:
- EG 137, 138.

Systematische Einordnung der Norm innerhalb der DS-GVO:
- Art. 66 bezieht sich auf das Zusammenarbeits- und auf das Kohärenzverfahren, bei Letzterem sowohl auf Art. 64 (Stellungnahme) als auch auf Art. 65 (Streitbeilegung).

Schlagworte

außergewöhnliche Umstände, betroffene Aufsichtsbehörde, betroffene Personen, Doppelzuständigkeiten, dringender Handlungsbedarf, Dringlichkeitsverfahren, Eilmaßnahmen, einfache Mehrheit der Mitglieder des Ausschusses, einstweilige Maßnahmen von Aufsichtsbehörden, endgültige Maßnahmen von Aufsichtsbehörden, Geltungsdauer von Maßnahmen der Aufsichtsbehörden, Kohärenzverfahren, Stellungnahme des Ausschusses, verbindlicher Beschluss des Ausschusses, Vorsitz des Ausschusses, Zusammenarbeit zwischen Aufsichtsbehörden, zuständige Aufsichtsbehörde

A. Allgemeines

I. Regelungszweck

Zusammenarbeits- wie Kohärenzverfahren führen jeweils zu einer Verzögerung der endgültigen (aufsichtsbehördlichen) Entscheidung als Preis dafür, dass sie mittel-/langfristig eine effektive Durchführung und Anwendung einheitlichen Datenschutzrechts in der Union befördern. Zum Schutz der Rechte und Freiheiten „betroffener Personen" (s. Art. 4 Nr. 1) kann aber zumindest in Ausnahmefällen sofortiges behördliches Handeln in Gestalt einstweiliger Maßnahmen geboten sein (Abs. 1). Bei einer dringlichen abschließenden Entscheidung ist hingegen wieder der Ausschuss zu beteiligen (s. Abs. 2). 1

II. Normadressaten

1. Aufsichtsbehörden

Nationale Aufsichtsbehörden werden in Abs. 1 bis 3 in unterschiedlicher Weise angesprochen: Sind sie „betroffen" im Sinne von Art. 4 Nr. 22, so werden sie in Abs. 1 zu einstweiligen befristeten Maßnahmen ermächtigt (Satz 1) bzw. müssen von der sich auf diese Befugnis stützenden Behörde über deren Handeln sowie die Gründe hierfür unterrichtet werden (Satz 2). Berechtigt, aber nicht verpflichtet ist die aktiv werdende „betroffene Aufsichtsbehörde" dann nach Abs. 2 dazu, (über dessen „Vorsitz") den Europäischen Datenschutzausschuss einzuschalten. Jede andere Aufsichtsbehörde kann nach Abs. 3 den Ausschuss (auf die gleiche Weise) zur Mitwirkung auffordern, wenn die (nach Art. 55, Art. 56) zuständige Aufsichtsbehörde untätig geblieben ist. 2

2. EU-Stellen

a) Ausschuss

Der Ausschuss wird (wie auch die Kommission) in Abs. 1 Satz 2 lediglich als Adressat von Informationen behandelt (Rn. 2), in Abs. 2 und 3 hingegen als Stelle, die am jeweiligen (Dringlichkeits-)Verfahren mitwirken soll. In beiden Fällen muss der Ausschuss, wenn er dazu aufgefordert wird, entweder Stellung nehmen oder aber einen verbindlichen Beschluss treffen. Abs. 4 schreibt insoweit besondere Verfahrensmodalitäten vor. 3

b) Kommission

Im Dringlichkeitsverfahren muss die Kommission lediglich (nach Abs. 1 Satz 2) über einstweilige Maßnahmen einer betroffenen Aufsichtsbehörde und die Gründe für deren Erlass von dieser Stelle informiert werden. 4

III. Systematik

Art. 66 unterscheidet zwischen einstweiligen und endgültigen Maßnahmen; bei jenen wird der Ausschuss angesichts von deren kurzer Geltungsdauer nicht einbezogen. Bleibt jedoch die zuständige Aufsichtsbehörde untätig, so kann die Einrichtung nach Abs. 3 unabhängig von dieser Unterscheidung nach Geltungszeitraum eingeschaltet werden. Da es hier aber um ein (pflichtwidriges) Unterlassen geht, gibt es gerade keine „betroffene Aufsichtsbehörde", die vorläufig allein tätig wird, sondern es bedarf erst eines Verfahrens nach Art. 64 oder Art. 65 (modifiziert durch Abs. 4), um ein Tätigwerden herbeizuführen. 5

IV. Entstehungsgeschichte

Bereits Art. 61 KOM-E[1] sah ein Dringlichkeitsverfahren vor. Für einstweilige Maßnahmen war jedoch nur geplant, dass deren Geltungsdauer „festgesetzt" werden müsse. Zudem war eine 6

1 KOM(2012)11 endgültig v. 25.1.2012.

Mitwirkung des Ausschusses nur in Form einer Stellungnahme vorgesehen (Abs. 2, 3). Das Parlament[2] beschränkte (mit Abänderung 171, zu Art. 61 Abs. 1) die Zulässigkeit einstweiliger Maßnahmen auf Kohärenzverfahren in Einzelfällen (Art. 58a KOM-E) und nahm eine redaktionelle Folgeänderung in Art. 61 Abs. 4 vor. EG 108 (des KOM-E) blieb unverändert. Die Differenzierung zwischen Stellungnahme und Streitbeilegung (in Abs. 2 bis 4) – als Folge der erstmaligen Einfügung dieses weiteren Kohärenzverfahrens (Art. 65 Rn. 5) – sowie die Präzisierung der Voraussetzungen in Abs. 1 waren Ergebnisse der Rats-Arbeitsgruppe,[3] die der Rat beibehielt[4] und die schließlich im Trilog übernommen wurden.[5]

B. Inhalt der Regelung

I. Einstweilige befristete Maßnahmen einer betroffenen Aufsichtsbehörde (Abs. 1)

1. Voraussetzungen (Abs. 1 Satz 1)

7 Eine „betroffene Aufsichtsbehörde" (Rn. 2) soll bei Vorliegen von Zusammenarbeits- oder Kohärenzkonstellationen nur unter engen Voraussetzungen ohne Einbeziehung anderer Stellen tätig werden, d. h. Entscheidungen und zu deren Durchführung dienende Maßnahmen treffen dürfen. Zum einen verlangt Abs. 1 dafür „außergewöhnliche Umstände" (bzw. einen „Ausnahmefall"), die Situation muss sich daher vom Normalfall nach Art und/oder Ausmaß nicht nur unerheblich unterscheiden. Zusätzlich und daher auf andere, weniger sach- als personenbezogene Aspekte abstellend muss die zuständige Behörde auch einen „dringenden Handlungsbedarf" prüfen und bejahen, der es nicht zulässt, die mit einem komplexeren Verfahren einhergehende Verzögerung eines Einschreitens hinzunehmen. Dieser Bedarf muss schließlich daher rühren, dass ein sofortiges Handeln im Interesse von „betroffenen Personen" geboten erscheint, um deren „Rechte" und „Freiheiten" zu schützen. Hierbei geht es wohl primär, aber nicht ausschließlich, wie die Divergenzen des Wortlauts im Vergleich zu Art. 4 Nr. 24 belegen, um Unions- oder nationale „Grundrechte" bzw. „Grundfreiheiten" (im Sinne des AEUV), sondern um deren generelle Rechtspositionen, denen ein unmittelbarer konkreter Schaden oder Nachteil droht. Ein Handlungsbedarf zugunsten dieser Personen-Gruppe setzt jedoch voraus, dass die (rechtlichen) Interessen verarbeitender Stellen (s. Art. 1) in der jeweiligen Angelegenheit hintangestellt werden dürfen, d. h. eine entsprechende, zumindest summarische Abwägung auf der Grundlage der verfügbaren Informationen stattgefunden hat. Aus Art. 66 Abs. 1 selbst ergibt sich schließlich, dass im Hinblick auf dringenden Handlungsbedarf die (vertretbare) „Auffassung" der „betroffenen Aufsichtsbehörde" maßgeblich ist; für die Annahme einer Regelungsbefugnis muss es also wenigstens belastbare tatsächliche Anhaltspunkte geben.

2. Verfahren

8 Außer der Pflicht zur Information anderer Träger öffentlicher Belange (Rn. 11) enthält Art. 66 insoweit keine expliziten Vorgaben, in welchem Verfahren die zuständige Aufsichtsbehörde zur Entscheidung über Art, Inhalt und Dauer ihrer Maßnahmen gelangt. Damit ist hierfür das nationale Recht der jeweiligen Behörde maßgeblich (Rn. 19). Dies gilt auch im Hinblick auf die Frage, ob und wie weit Maßnahmeadressaten zuvor angehört werden müssen und ihnen Rechtsschutz eröffnet ist. Dabei sind allerdings die Vorgaben aus Art. 41, Art. 47 EuGRCh zu beachten (Art. 51 Abs. 1 EuGRCh)[6].

---

2 P7_TA(2014)0212 v. 12.3.2014.
3 Rats-Dok. Nr. 15395/14 v. 19.12.2014.
4 Rats-Dok. Nr. 9565/15 v. 11.6.2015.
5 Rats-Dok. Nr. 5455/16 v. 28.1.2016.
6 Vgl. EuGH, Urt. v. 26.2.2013, Rs. C-617/10 (Fransson), Rn. 17 ff., ECLI:EU:C:2013:105.

3. Art, Inhalt und Dauer der Maßnahmen

Art. 66 Abs. 1 besagt explizit nichts zu Art und Dauer der hier statthaften behördlichen Maßnahmen. Im Hinblick auf die Normadressaten ergibt sich daraus, dass die jeweils zuständige Aufsichtsbehörde allein im Rahmen ihrer Aufgaben (Art. 57) und Befugnisse (Art. 58) tätig werden darf. Klargestellt wird andererseits, dass Eilmaßnahmen nur im Hoheitsgebiet des Mitgliedstaates der Behörde wirken können (und sollen), weil hier der Weg über Amtshilfe (Art. 61) oder gemeinsame Maßnahmen (Art. 62) zu lange dauern würde. Nur wenn Maßnahmeadressaten im jeweiligen Inland ansässig sind oder in diesem Gebiet einen „Vertreter" bestellt haben, können ihnen gegenüber Ge- oder Verbote auch rasch durchgesetzt werden. Ist eine Aufsichtsbehörde aber (lediglich) im Sinne des Art. 4 Nr. 22 „betroffen", weil bei ihr die Beschwerde eingegangen ist oder die Verarbeitung erhebliche Auswirkungen auf betroffene Personen im Hoheitsgebiet dieser Behörde hat, so läuft die Kompetenz weitgehend leer, wenn der Verantwortliche als Adressat der Maßnahme seinen Sitz in einem anderen Mitgliedstaat hat. Noch problematischer ist, dass durch die Normierung der Eilzuständigkeit in Art. 66 Doppelzuständigkeiten von Aufsichtsbehörden in Kauf genommen werden. So bleibt die federführende Behörde nach Art. 56 auch dann zuständig, wenn eine andere „betroffene" Behörde Eilmaßnahmen trifft oder mit deren Erlass droht. Aus Sicht der verarbeitenden Stellen ist dies ein kaum hinnehmbarer Zustand, vor allem, wenn die an sie gerichteten Maßnahmen divergieren. 9

Zulässig sind nach dem Normtext nur „einstweilige" Maßnahmen. Deren je konkrete Geltungsdauer muss von der zuständigen Behörde im Einzelfall festgesetzt werden und darf den Zeitraum von maximal drei Monaten nicht überschreiten. Fallen äußeres und inneres Wirksamwerden einer Maßnahme auseinander (bei Dringlichkeit eher selten), so beginnt der Fristlauf mit dem zuletzt genannten Zeitpunkt, also nicht schon mit Bekanntgabe/-machung. „Einstweilig" stellt freilich zudem den Gegensatz zu „endgültig" (nach Abs. 2) dar (Rn. 12), sodass die Befugnis nach Abs. 1 sich auf vorläufige, revidierbare Maßnahmen beschränkt und ein faktisch schon „vollendete Tatsachen" schaffendes Handeln nicht gestattet ist. 10

4. Unterrichtung anderer Stellen (Abs. 1 Satz 2)

Verarbeitende Stellen, an die sich (einstweilige) Maßnahmen richten, sind davon notwendig zu informieren; insoweit handelt es sich dabei um eine Voraussetzung der Rechtswirksamkeit. Abs. 1 Satz 2 statuiert darüber hinaus eine Unterrichtungspflicht gegenüber allen anderen „betroffenen" Aufsichtsbehörden, dem Ausschuss (d. h. dessen Vorsitz, Art. 73 Abs. 1) sowie der EU-Kommission. Allen diesen Akteuren (die generell bei Zusammenarbeit und Kohärenz involviert sind) sind Informationen sowohl über die Maßnahmen selbst als auch zu den Gründen für deren Erlass (und der je festgesetzten Dauer) zu übermitteln. Keine unionsrechtlichen Vorgaben bestehen zur Form der Unterrichtung; sie ist daher also auch elektronisch zulässig. Ein Umkehrschluss aus den speziellen Regelungen in Art. 60, Art. 61 verbietet sich schon deshalb, weil die Angaben „unverzüglich" (Art. 60 Rn. 20) gemacht werden müssen (jedoch nicht notwendig schon vor ihrer Bekanntgabe oder Durchführung). 11

II. Einbeziehung des Ausschusses

1. Vor geplanten endgültigen Maßnahmen einer Aufsichtsbehörde (Abs. 2)

a) Voraussetzungen

Auch wenn in Ausnahmefällen dringender Handlungsbedarf besteht, müssen gebotene (Gegen-/Korrektur-)Maßnahmen nicht immer nur temporärer Art sein, vielmehr können sie auch über den in Abs. 1 vorgesehenen Höchstzeitraum hinaus oder sogar unbefristet, d. h. bis auf Weiteres, notwendig werden. Abs. 2 ermöglicht dies jedoch nur, wenn die zuständige betroffene Behörde bereits einstweilige Maßnahmen ergriffen hat. Hinzu kommen muss dann wieder (parallel zu Abs. 1) deren (vertretbare) „Auffassung", dass auch „endgültige" (unbefristete, bis auf Weiteres geltende) Maßnahmen zu treffen seien. Wenn Abs. 2 insoweit noch einmal auf das 12

Merkmal „dringend" abstellt, so bedeutet dies im Normzusammenhang, dass gerade diesbezüglich nicht der Abschluss eines regulären Verfahrens nach Art. (60), 64 oder 65 abgewartet werden kann, die besondere Eile also noch eigens dargelegt werden muss. Schließlich wird auch in einem weiteren Punkt auf die Einschätzung der betroffenen Behörde von der hohen Dringlichkeit abgestellt, indem ihr nämlich ein Antragsrecht eingeräumt wird. Damit wird allerdings ihre Befugnis zu alleinigem Einschreiten letztlich aufgehoben: Der betroffenen Behörde bleibt nur noch die Wahl, welche Form der Mitwirkung des Ausschusses sie herbeiführen will, sie kann sich also zwischen einer Aufforderung zur „Stellungnahme" (Art. 64) oder zu einem „verbindlichen Beschluss" (Art. 65) entscheiden. Hingegen ist es ihr verwehrt, eine Antragstellung zu unterlassen und „eigenmächtig" vorzugehen. Es ist also nur ein Auswahl-, nicht bereits auch ein Entschließungsermessen eröffnet. Würde die Behörde gleichwohl von sich aus Maßnahmen treffen, so kann dem jede Aufsichtsbehörde nach Abs. 3 entgegentreten (Rn. 14).

b) Verfahren

13 Wird ein behördliches „Ersuchen" nach Abs. 2 an den Ausschussvorsitz (Rn. 11) gestellt, so ist der Ausschuss verpflichtet, der Aufforderung Folge zu leisten und entweder nach Art. 64 oder nach Art. 65 zu verfahren. Der Ausschuss ist dabei an das jeweilige Ersuchen gebunden, darf also nicht statt der erbetenen Stellungnahme als Streitbeilegungsgremium agieren; ebenso wenig darf er verbindlich entscheiden, wenn nur eine Stellungnahme nachgefragt wird. Das Vorgehen richtet sich je nach Inhalt des Ersuchens an den Vorgaben des Art. 64 oder Art. 65 aus; eine Modifikation der Beschlussfassung im Ausschuss ergibt sich (nur) aus Abs. 4 im Hinblick auf Fristen- und Mehrheitserfordernisse (Rn. 17).

2. Bei Fehlen von (geeigneten) Maßnahmen der zuständigen Aufsichtsbehörde (Abs. 3)

a) Voraussetzungen

14 Wird die zuständige betroffene Behörde nicht selbst tätig oder trifft sie keine geeigneten Maßnahmen, so führt die Ausgangslage (Konstellation der „Zusammenarbeit" bzw. „Kohärenz") dazu, in solchen Fällen jeder (anderen) Aufsichtsbehörde zu ermöglichen, die Mitwirkung des Ausschusses herbeizuführen. Voraussetzung ist hier ebenfalls ein „dringender Handlungsbedarf" im generellen Sinne (Rn. 7). Gesetzessystematisch kann sich dieser sowohl auf einstweilige als auch auf endgültige Maßnahmen beziehen. Wie bei Abs. 1 und Abs. 2 (wo dieser Aspekt freilich nicht explizit erwähnt wird!) bezweckt auch bei Abs. 3 das aufsichtliche Vorgehen den Schutz der Rechte und Freiheiten „betroffener Personen". Es setzt jedoch nicht nur deren generelles Überwiegen gegenüber den berechtigten Interessen, insbesondere an einem freien Datenverkehr voraus, sondern erfordert zusätzlich eine Dringlichkeit im Sinne eines ansonsten unmittelbar und gegenwärtig drohenden konkreten Schadens oder Nachteils für die durch Art. 7, Art. 8 EuGRCh verbürgten Grundrechtspositionen. Im Einklang mit Abs. 2 wird in Abs. 3 ebenfalls ein behördliches Ersuchen mit einer Verpflichtung des Ausschusses, dem zu entsprechen, verknüpft. Die bei der Aufforderung anzugebenden Gründe müssen sich vor allem dazu verhalten, inwieweit und warum das Vorgehen der zuständigen Behörde nicht „geeignet" sei und worin der „dringende Handlungsbedarf" gesehen wird, gerade in einem beschleunigten Verfahren zu einem angemessenen Ergebnis zu kommen. Adressat des Ersuchens ist wieder der Vorsitz des Ausschusses. Ob um Stellungnahme oder Streitbeilegung nachgesucht wird, steht auch hier im Auswahlermessen der „ersuchenden" Behörde. Die gegenüber Abs. 2 leicht abgeänderte Formulierung bringt schwerlich eine Reihung zum Ausdruck, sondern macht lediglich deutlich, dass auch zu begründen ist, warum die eine oder andere Form der Ausschussmitwirkung erbeten wird. Dies ist aber bei Abs. 2 nicht anders.

b) Verfahren

Hierfür gilt dasselbe wie bei „Ersuchen" nach Abs. 2 (Rn. 13). 15

3. Beschlussfassung im Ausschuss

a) Allgemein

Zunächst sind auch im Rahmen von Art. 66 die allgemeinen Bestimmungen zum Tätigwerden des Ausschusses nach Art. 72 ff. maßgeblich. Darauf beziehen sich auch die hier (nach Abs. 4, Rn. 17) modifizierten Art. 64 bzw. Art. 65. Eine Abweichung ist lediglich vorgesehen im Hinblick auf Art. 64 Abs. 3 und Art. 65 Abs. 2. Die Variante nach Art. 65 Abs. 3 kommt im Dringlichkeitsverfahren demgegenüber nicht in Betracht. Eine damit einhergehende nochmalige Verlängerung würde dessen Beschleunigungsfunktion zuwiderlaufen. 16

b) Spezielle Vorgaben im Dringlichkeitsverfahren (Abs. 4)

Abs. 4 verdrängt die in Art. 64 Abs. 3 bzw. Art. 65 Abs. 2 normierten Regeln nicht vollauf. So bleibt es insbesondere bei den allgemein geltenden Vorgaben für die Fristberechnung (Beginn, Ende). Obgleich nicht ausdrücklich gesagt, ist jedoch auch eine Fristverlängerung ausgeschlossen; sowohl bei Art. 66 Abs. 2 als auch bei Abs. 3 muss der Beschluss des Ausschusses binnen zwei Wochen nach Eingang des „Ersuchens" getroffen werden. Notwendig, aber auch ausreichend ist hierfür die einfache Mehrheit der Mitglieder (Art. 72 Rn. 8). 17

Das Dringlichkeitsverfahren ist rechtssystematisch Teil des Zusammenarbeits- bzw. Kohärenzverfahrens. Nur Ausschussbeschlüsse innerhalb der Frist sind daher verbindlich bzw. weitestgehend zu berücksichtigen; nur bis zu ihrem Ergehen (bzw. der Bekanntgabe an die Behörden) gilt das Stillhaltegebot. Fällt schließlich ein (fristgerecht gefasster) Beschluss ablehnend aus, so führt dies im Fall des Art. 64 zur Überleitung in eine Streitbeilegung (mit erneut verkürzten Fristen); bei Art. 65 kommen endgültige Maßnahmen nach Art. 66 Abs. 2 jedenfalls auf diesem Wege nicht mehr in Betracht. Einstweilige Maßnahmen können hingegen allenfalls, sofern sie noch wirksam sind, aufgehoben werden. 18

C. Weitere Auswirkungen der Verordnung in der Praxis

I. Voraussichtliche Auswirkungen auf das deutsche Recht

Abs. 1, 2 und 3 betreffen das Vorgehen nationaler Aufsichtsbehörden und müssen, obwohl die Bestimmungen unmittelbar anwendbar sind, noch durch Vorschriften des nationalen Rechts weiter untersetzt werden, die bisher weder im BDSG noch sonst vorhanden sind. Diese umfassen sowohl Anlass, Art und Verfahren einstweiliger Maßnahmen als auch die Gründe, wann und wie Ersuchen (nach Abs. 2 oder Abs. 3) an den Ausschuss gestellt werden. Diesbezügliche Befugnisse sieht das DSAnpUG-EU[7] weder in § 14 noch in § 19 BDSG-neu vor. Zudem können in Deutschland potentiell (auch) alle sechzehn Aufsichtsbehörden der Länder „betroffen" sein können und besteht somit bereits national eine weitere Konkurrenz der Zuständigkeiten, die im Interesse der verarbeitenden Stellen vermieden werden sollte. 19

II. Rechtsschutz

1. Von Aufsichtsbehörden gegenüber Ausschuss

Soweit Aufsichtsbehörden nur bei ordnungsgemäßer Mitwirkung des Ausschusses notwendige Maßnahmen gegenüber verarbeitenden Stellen treffen können, müssen sie dessen Tätigwerden auch erzwingen können, nötigenfalls durch Einschaltung von Gerichten. Diese Voraussetzungen 20

---

7 Datenschutz-Anpassungs- und -Umsetzungsgesetz EU, BR-Drs. 110/17 v. 2.2.2017.

sind sowohl bei Abs. 2 (endgültige Maßnahmen durch die betroffene Behörde, Rn. 12) als auch bei Abs. 3 (Untätigkeit einer zuständigen Behörde, Rn. 14) gegeben. Als Adressaten von Ausschussbeschlüssen (sowohl nach Art. 64 als auch nach Art. 65) können sie auch deren pflichtwidriges Unterlassen rügen.[8] Agieren die Behörden als „juristische Personen" (im Sinne des EU-Rechts), so ist ein Rechtsbehelf jedoch nicht gegenüber „Stellungnahmen" gegeben (Art. 265 Abs. 3 AEUV); insoweit könnte nur ihr Mitgliedstaat selbst nach erfolgloser Mahnung als Kläger auftreten (Art. 265 Abs. 1, 2 AEUV)[9].

2. „Betroffene Personen"

21 Das Dringlichkeitsverfahren wird speziell im Interesse „betroffener Personen" (Rn. 1) betrieben. Diese müssen allerdings die Dringlichkeit in Bezug auf einen unmittelbar und gegenwärtig drohenden konkreten Schaden oder Nachteil zunächst den je nationalen Aufsichtsbehörden gegenüber geltend machen, bevor dann bei etwaiger Untätigkeit die zuständigen nationalen Gerichte angerufen werden Soweit die fehlende oder unzulängliche Mitwirkung des Ausschusses für das Verhalten der staatlichen Stellen relevant ist, kann dieser Aspekt wieder Thema einer Vorlage mitgliedstaatlicher Gerichte nach Art. 267 AEUV sein (s. EG 143 Satz 11 und 12).

8 Vgl. etwa EuGH, Urt. v. 5.9.2013, Rs. C-64/13 P (H-Holding / Parlament), Rn. 15, ECLI:EU:C:2013:557.
9 Vgl. EuGH, Urt. v. 16.12.2015, Rs T-521/14 (Schweden / Kommission), Rn. 32 ff., ECLI:EU:T:2015:976.

Article 67

Exchange of information

The Commission may adopt implementing acts of general scope in order to specify the arrangements for the exchange of information by electronic means between supervisory authorities, and between supervisory authorities and the Board, in particular the standardised format referred to in Article 64.

Those implementing acts shall be adopted in accordance with the examination procedure referred to in Article 93(2).

Artikel 67

Informationsaustausch

Die Kommission kann Durchführungsrechtsakte von allgemeiner Tragweite zur Festlegung der Ausgestaltung des elektronischen Informationsaustauschs zwischen den Aufsichtsbehörden sowie zwischen den Aufsichtsbehörden und dem Ausschuss, insbesondere des standardisierten Formats nach Artikel 64, erlassen.

Diese Durchführungsrechtsakte werden gemäß dem Prüfverfahren nach Artikel 93 Absatz 2 erlassen.

Recitals

(166) In order to fulfil the objectives of this Regulation, namely to protect the fundamental rights and freedoms of natural persons and in particular their right to the protection of personal data and to ensure the free movement of personal data within the Union, the power to adopt acts in accordance with Article 290 TFEU should be delegated to the Commission. In particular, delegated acts should be adopted in respect of criteria and requirements for certification mechanisms, information to be presented by standardised icons and procedures for providing such icons. It is of particular importance that the Commission carry out appropriate consultations during its preparatory work, including at expert level. The Commission, when preparing and drawing-up delegated acts, should ensure a simultaneous, timely and appropriate transmission of relevant documents to the European Parliament and to the Council.

(167) In order to ensure uniform conditions for the implementation of this Regulation, implementing powers should be conferred on the Commission when provided for by this Regulation. Those powers should be exercised in accordance with Regulation (EU) No 182/2011. In that context, the Commission should consider specific measures for micro, small and medium-sized enterprises.

Erwägungsgründe

(166) Um die Zielvorgaben dieser Verordnung zu erfüllen, d. h. die Grundrechte und Grundfreiheiten natürlicher Personen und insbesondere ihr Recht auf Schutz ihrer personenbezogenen Daten zu schützen und den freien Verkehr personenbezogener Daten innerhalb der Union zu gewährleisten, sollte der Kommission die Befugnis übertragen werden, gemäß Artikel 290 AEUV Rechtsakte zu erlassen. Delegierte Rechtsakte sollten insbesondere in Bezug auf die für Zertifizierungsverfahren geltenden Kriterien und Anforderungen, die durch standardisierte Bildsymbole darzustellenden Informationen und die Verfahren für die Bereitstellung dieser Bildsymbole erlassen werden. Es ist von besonderer Bedeutung, dass die Kommission im Zuge ihrer Vorbereitungsarbeit angemessene Konsultationen, auch auf der Ebene von Sachverständigen, durchführt. Bei der Vorbereitung und Ausarbeitung delegierter Rechtsakte sollte die Kommission gewährleisten, dass die einschlägigen Dokumente dem Europäischen Parlament und dem Rat gleichzeitig, rechtzeitig und auf angemessene Weise übermittelt werden.

(167) Zur Gewährleistung einheitlicher Bedingungen für die Durchführung dieser Verordnung sollten der Kommission Durchführungsbefugnisse übertragen werden, wenn dies in dieser Verordnung vorgesehen ist. Diese Befugnisse sollten nach Maßgabe der Verordnung (EU) Nr. 182/2011 des Europäischen Parlaments und des Rates ausgeübt werden. In diesem Zusammenhang sollte die Kommission besondere Maßnahmen für Kleinstunternehmen

Recitals	Erwägungsgründe
	sowie kleine und mittlere Unternehmen erwägen.

Literatur

Kühling/Martini et al., Die Datenschutz-Grundverordnung und das nationale Recht: Erste Überlegungen zum innerstaatlichen Regelungsbedarf, 1. Auflage 2016, MV-Wissenschaft Münster; *Niedobitek (Hrsg.)*, Europarecht: Grundlagen der Union, 1. Auflage 2014, De Gruyter Berlin.

▶ Bedeutung der Norm

Die Vorschrift enthält eine Befugnis der Kommission zum Erlass von Durchführungsvorschriften für die Zusammenarbeit zwischen Aufsichtsbehörden sowie diesen und dem Europäischen Datenschutzausschuss. Sie entspricht sachlich dem allgemeineren Art. 61 Abs. 9.

▶ Für den Anwender

Für die Norm relevante Definition:
- Aufsichtsbehörde (Art. 4 Nr. 21).

Für die Auslegung der Norm relevante Erwägungsgründe:
- EG 166, 167.

Systematische Einordnung der Norm innerhalb der DS-GVO:
- Die Vorschrift reicht über eine Kooperation im Kohärenzverfahren hinaus; für die Umsetzung wird auf das Prüfverfahren nach Art. 93 Abs. 2 (und mittelbar auch auf Art. 92) verwiesen.

Vorgängernorm der RL 95/46:
- Art. 31 RL 95/46/EG.

Querbezüge zu anderen Normen:
- Satz 2 verweist über Art. 93 Abs. 2 auf Art. 5 der Verordnung (EU) Nr. 182/2011.

▶ Schlagworte

Amtshilfe zwischen Aufsichtsbehörden, Ausschuss, Durchführungsrechtsakt der Kommission, Kohärenzverfahren, Prüfverfahren, SIENA, Staatenvertreterausschuss, standardisiertes Format für elektronischen Informationsaustausch, Unabhängigkeit des Ausschusses, Zusammenarbeit zwischen Aufsichtsbehörden

A. Allgemeines

I. Regelungszweck

Für den (elektronischen) Informationsaustausch zwischen nationalen und EU-Stellen können ein generellen Rahmen und standardisierte Formen nützlich sein. Speziell für das Kohärenzverfahren (Art. 63) ermöglicht dies eine rasche Interaktion und wird daher in Art. 64 Abs. 4 und 7 explizit angesprochen. Inhaltlich handelt es sich um typische Durchführungsrechtsetzung (Art. 291 AEUV)[1] im Zusammenwirken von Kommission und Staatenvertreterausschuss (Rn. 11). 1

II. Normadressaten

1. Kommission

Unmittelbar wird nur die EU-Kommission als Rechtsetzungsorgan adressiert. Der Wortlaut der Vorschrift überträgt ihr eine Befugnis, aber keine Verpflichtung zum Normerlass und richtet sich auch sonst an der Vorgabe des Art. 291 Abs. 2 AEUV aus, einheitliche Bedingungen für die Durchführung der Grundverordnung festzulegen. 2

2. Ausschuss und nationale Aufsichtsbehörden

Die Kooperationspflicht zwischen „Aufsichtsbehörden" (Art. 4 Nr. 21) und dem Ausschuss (Art. 68) ergibt sich schon aus der Grundverordnung selbst, die Bindung an die Formen des Informationsaustauschs sodann aus dem Kommissionsrechtsakt. Art. 67 ist insoweit nur bedeutsam, wie die genannten Stellen die allein hierdurch betroffenen Verpflichteten sind, stellt aber nicht selbst formale Vorgaben für den Austausch von Informationen auf. Im Kohärenzverfahren werden diese in Art. 64 (Abs. 4, 5, 7) normiert, für die Zusammenarbeit allgemein in Art. 60 Abs. 12. 3

III. Systematik

Der Informationsaustausch steht, zumindest im Verhältnis zwischen Aufsichtsbehörden, in engem Zusammenhang mit den Verfahren der Zusammenarbeit und Kohärenz sowie der Pflicht zu (gegenseitiger) Amtshilfe (Art. 61), die die Übermittlung angeforderter oder sonst maßgeblicher Informationen mit einschließt (Abs. 1, 3). Dies erfasst auch, wie Art. 61 Abs. 8 (und Abs. 9) zeigt, die Mitwirkung des Ausschusses. Eine ausdrückliche Einbeziehung dieser Einrichtung in informatorische Kooperation ist hingegen nicht erfolgt, wohl weniger, weil damit Gefahren für dessen „Unabhängigkeit" (Art. 69) verbunden sein könnten (Art. 69 Rn. 13 f.), als vielmehr wegen des innerhalb des Gremiums möglichen und als Basis von Beratungen und Entscheidungen regelmäßig gebotenen Austauschs über den jeweiligen Sachverhalt. 4

IV. Entstehungsgeschichte

Art. 62 KOM-E[2] enthielt weitaus differenziertere Zwecke, welche den Erlass von Durchführungsrechtsakten rechtfertigten; darunter waren auch die Ausgestaltung des elektronischen Informationsaustauschs und die Festlegung des Prüfverfahrens nach Art. 5 der VO (EU) Nr. 182/2011[3]. Das Parlament reduzierte die konkret bezeichneten Anwendungsfälle und forderte eine vorherige Stellungnahme des Ausschusses (Abänderung 173), behielt aber die Klarstellung bei, dass andere unionsrechtskonforme Maßnahmen der Kommission von Art. 62 des Entwurfs unberührt blieben (Abs. 3).[4] Die Streichung dieses Absatzes (und einer Dringlichkeitsregelung in Abs. 2) erfolgte 5

1 Vgl. Niedobitek, *Magiera*, § 7 Rn. 87 f.
2 KOM(2012)11 endgültig v. 25.1.2012.
3 Verordnung (EU) Nr. 182/2011 des Europäischen Parlaments und des Rates v. 16.2.2011 zur Festlegung der allgemeinen Regeln und Grundsätze, nach denen die Mitgliedstaaten die Wahrnehmung der Durchführungsbefugnisse durch die Kommission kontrollieren, Abl. EU Nr. L 55 v. 28.2.2011, S. 13.
4 Standpunkt festgelegt in erster Lesung am 12.3.2014, P7_TC1-COD(2012)0011.

dann durch den Rat, der andererseits die Ermächtigung auf Rechtsakte von „allgemeiner Tragweite" (nicht, wie das EP, „mit allgemeiner Geltung") begrenzte.[5] Die politische Einigung führte nur noch eine Modifizierung des Bezugs auf ein „standardisiertes Format" herbei.[6]

B. Inhalt der Regelung

I. Gegenstand von Durchführungsrechtsakten (Satz 1)

1. Informationsaustausch

6 Die laufende Übermittlung von Informationen auf Ersuchen einer anderen Stelle oder auch aus eigener Initiative ist Basis jeder Zusammenarbeit und damit auch des Kohärenzverfahrens. „Informationen" sind hier im Hinblick auf den Kontext primär sach-/objektbezogen zu verstehen, können sich aber auf den gesamten Anwendungsbereich der Grundverordnung beziehen. „Austausch" bedeutet Gegenseitigkeit im Verhältnis der Beteiligten (Rn. 10), aber nicht begrenzt auf Zug um Zug bzw. je wechselseitige Aktionen. Art, Maß und Inhalt des Informationsbedarfs des einen oder anderen Beteiligten resultieren aus den jeweiligen Anforderungen einer „guten", effektiven Zusammenarbeit. Der Austausch ist hier bezogen auf die Kommunikation zwischen Stellen als solchen, nicht auch auf die „informatorische" Kooperation innerhalb des Ausschusses. Den dort agierenden Leitern von Aufsichtsbehörden oder deren Vertretern ist es jedoch nicht verwehrt, auch in diesem Kontext untereinander Informationen nachzufragen oder zu übermitteln. Art. 67 betrifft nur einen wichtigen Ausschnitt des Informationsaustauschs, die Ausgestaltungsbefugnis beschränkt sich auf elektronische Kommunikation.

2. Ausgestaltung des Austauschs

a) Allgemein

7 Die komplexen Verfahren der Zusammenarbeit und Kohärenz sowie der Amtshilfe dürften die Aufsichtsbehörden in der Praxis vor erhebliche Herausforderungen stellen. Neben der zu erwartenden Fülle von Abstimmungsverfahren ist die Sprachenvielfalt ein nicht zu unterschätzendes Problem. In anderen Bereichen, in denen Behörden verschiedener Mitgliedstaaten unmittelbar Informationen austauschen, haben sich standardisierte Formate in einer einzigen Sprache (englisch) bewährt (vgl. etwa Secure Information Exchange Network Application/SIENA für den Polizeibereich[7]). Elektronischer Informationsaustausch muss dabei genauso sicher und verlässlich erfolgen können wie ein Austausch gedruckter oder sonst schriftlich fixierter Dokumente. Zuordnung zu bestimmten Absendern oder Empfängern, Verbindlichkeit, Endgültigkeit etc. müssen in gleicher Weise gewährleistet sein. Dies umfasst auch den Schutz vor Verfälschung oder Verzögerung während des Übertragungsvorgangs. Die bewährten Formen einer Standardisierung, wie Formulare, Muster oder Vorgabe von Gliederungsstrukturen, können und sollten weiter genutzt werden, weil sie dem Zweck eines ordnungsmäßigen, zweckentsprechenden Austauschs von Informationen dienen. Elektronische Übermittlung, der die Erstellung eines Informationsträgers durch Einsatz von IT vorausgeht und bei der eine Weiterverarbeitung nach Eingang der Information auf dieselbe Weise (medienbruchfrei) nachfolgt, verkürzt jedoch nur bei angemessener, kompatibler Geräteausstattung auf allen Seiten die Dauer eines Verfahrens von der Einleitung bis zur Entscheidung. Insofern ist hier eine nähere Ausgestaltung der Rahmenbedingungen in verbindlicher Weise (durch „Festlegung") angezeigt, sodass sich die Ermächtigung der Kommission nicht auf das „Ob", sondern auf das „Wie", die Einzelheiten der Ausgestaltung des Kommunikationsrahmens bezieht.

---

5 Rats-Dok. Nr. 9565/15 v. 11.6.2015.
6 Rats-Dok. Nr. 5455/16 v. 28.1.2016.
7 https://www.europol.europa.eu/content/page/siena-1849 (21.10.2016).

b) Standardisiertes Format

Das in Bezug genommene „standardisierte" (elektronische) Format ist situationsabhängig verschieden – nötig sind unterschiedliche Formulare/Muster: In Art. 64 Abs. 4 sind maßgeblich für den Ausschuss zweckdienliche Informationen, zu denen explizit die Darstellung des Sachverhalts (des je relevanten Falls nach Art. 64 Abs. 1 Satz 2), eines Beschlussentwurfs, der Gründe für eine beabsichtigte Maßnahme sowie der Standpunkte anderer „betroffener Aufsichtsbehörden" zählen können – und damit einbezogen werden müssen. Verpflichtet sind hier Aufsichtsbehörden und Kommission. Nach Art. 64 Abs. 5 lit. a unterrichtet der Vorsitz (Art. 73 f.) des Ausschusses seinerseits die Kommission und die Ausschussmitglieder über die ihm zugegangenen (zweckdienlichen) Informationen und muss dazu wieder das passende standardisierte Format verwenden (nicht aber im Fall von lit. b). Die je „zuständige" Aufsichtsbehörde muss schließlich nach Art. 64 Abs. 7 mittels eines weiteren standardisierten Formats dem Ausschussvorsitz mitteilen, ob sie ihren ursprünglichen Beschlussentwurf beibehalten oder ändern will; hier muss ermöglicht werden, die modifizierte Version mit zu übermitteln. **8**

Rechtsakte aufgrund von Art. 67 müssen sich nicht auf Festlegungen zu standardisierten Formaten beschränken, der Bezug auf Art. 64 hebt lediglich einen wichtigen Anwendungsbereich hervor. Jedoch kommen nur Detailregelungen zu Informationsübermittlungen auf „elektronischem Wege", d. h. zum elektronischen Informationsaustausch in Betracht. Weiter reicht demgegenüber die (von Art. 67 unberührt bleibende) Ermächtigung nach Art. 61 Abs. 9 Satz 1, weil sie „Form und Verfahren" einer Amtshilfe insgesamt erfasst. **9**

II. Am Informationsaustausch Beteiligte

Art. 67 bezieht sich auf den horizontalen Informationsaustausch zwischen nationalen Aufsichtsbehörden inner- wie außerhalb des Kohärenzverfahrens und zudem auf den vertikalen Austausch zwischen nationalen Aufsichtsbehörden und der Unionseinrichtung Ausschuss (Art. 68 Abs. 1). Diese klare Trennung wird dadurch relativiert, dass zudem (im Rahmen von Art. 64) Ausschussvorsitz und -mitglieder in den Informationsaustausch eingebunden werden, also auch ein Verhältnis innerhalb dieses Gremiums erfasst wird. Überdies wird (ebenfalls nur über Art. 64) auch die EU-Kommission insoweit berechtigt und verpflichtet (Art. 64 Abs. 4, 5). **10**

III. Prüfverfahren (Satz 2)

Die Grundlage für Durchführungsrechtsakte der Kommission bildet Art. 291 Abs. 2 AEUV. Satz 2 stellt dabei nur einen Bezug zu einer einzelnen Vorschrift dar, die sich in der auf Art. 291 Abs. 3 AEUV gestützten „Komitologie"-Verordnung[8] findet (Art. 5). Ergänzend besagt Art. 93 Abs. 1 der DS-GVO, der auch im Prüfverfahren mitwirkende „Ausschuss", der die Kommission unterstütze (Satz 1), sei ein Ausschuss im Sinne der VO (EU) Nr. 182/2011. Damit erfolgt eine Verweisung auf Art. 3 Abs. 2 dieses Rechtsaktes, der als „gemeinsame Bestimmung" auch für Prüfverfahren gilt: Im Ausschuss kommen Vertreter aller EU-Mitgliedstaaten zusammen, unter dem Vorsitz eines Vertreters der Kommission, der/die aber nicht an den Abstimmungen des Gremiums teilnimmt. „Prüfverfahren" nach Art. 5 werden insbesondere angewendet zum Erlass von Durchführungsrechtsakten „von allgemeiner Tragweite" (Art. 2 Abs. 2 lit. a). Auch für Prüfverfahren gelten zunächst (gemäß Art. 3 Abs. 1) die „gemeinsamen Bestimmungen" des Art. 3 Abs. 3 bis 7, die jedoch durch Art. 5 (Abs. 1 bis 4) überlagert werden. Daher kommt auch die Befassung eines Berufungsausschusses in Betracht (Art. 6 i. V. m. Art. 5 Abs. 3). In seiner Endfassung (s. Rn. 5) sieht Art. 67 (als „Basisrechtsakt", Art. 1) nicht mehr vor, dass auch sofort geltende Durchführungsrechtsakte (nach Art. 8) ergehen können. Da die Grundverordnung nach dem ordentlichen Gesetzgebungsverfahren erlassen wurde (Art. 289 Abs. 1, Art. 294 AEUV), kommt schließlich in Bezug auf Kommissionsrechtsakte nach Art. 67 auch das Kontrollrecht des Europäischen Parlaments und des Rates nach Art. 11 der VO (EU) Nr. 182/2011 zur Anwendung. **11**

8 Fn. 3.

12 Dem Staaten-vertreter-ausschuss – nicht nur der Kommission – sind seitens des Europäischen Datenschutz-Ausschusses (Art. 68) dessen Stellungnahmen, Leitlinien, Empfehlungen und bewährte Verfahren (s. Art. 70 Abs. 1 Satz 2 lit. d bis k, m, q bis t, x) weiterzuleiten (Art. 70 Abs. 3).

IV. Rechtsakte von allgemeiner Tragweite

13 Die erst am Ende des Rechtsetzungsverfahrens getroffene Formulierung stellt nicht, wie das anscheinend die früher vorgeschlagene Fassung einer „allgemeinen Geltung" (Rn. 5) beabsichtigte, auf Unterscheidungskriterien zwischen Rechtsakten nach Art. 288 AEUV ab, also zwischen generell-abstrakter Rechtsvorschrift und individuell-konkreter (Einzelfall-)Maßnahme,[9] sondern klärt lediglich das bei der Durchführungsrechtsetzung einzuschlagende Verfahren, indem die dort vorgesehene Terminologie verwendet wird (Rn. 11).

C. Weitere Auswirkungen der Verordnung in der Praxis

14 Die Aufsichtsbehörden sind bei der Umsetzung der DS-GVO auf elektronische Kommunikationsmittel und standardisierte Formate angewiesen. Die Kommission ist deshalb aufgefordert, möglichst rasch von ihrer Befugnis nach Art. 67 Gebrauch zu machen. Soweit schon vorhanden, können sich deutsche Behörden auf einschlägige Vorschriften der E-Government-Gesetze[10] zu elektronischer Kommunikation stützen. § 18 Abs. 1 BDSG (nach Maßgabe des DSAnpUG-EU[11]) beinhaltet insoweit keine zusätzliche oder nähere Regelung; § 82, der ebenfalls keine hinreichenden Vorgaben setzt, betrifft nur die Umsetzung der Richtlinie 2016/680/EG[12].

15 Informatorische Amtshilfe muss die Grenzen einhalten, die ihr durch Datenschutzregelungen gesetzt sind. Anders als bisher nach § 1 Abs. 4 BDSG alt (und §§ 4 ff. VwVfG) normieren weder Art. 67 noch Art. 61 insoweit einen expliziten Nachrang von Unterstützungspflichten[13]. Ob sich dies aus Art. 51 Abs. 1 i. V. m. Art. 1 herleiten lässt, scheint fraglich; auch Verschwiegenheitspflichten der Mitarbeiter von Aufsichtsbehörden nach Art. 54 Abs. 2 haben eine andere Zielrichtung. Umgekehrt unterstreichen Art. 51 Abs. 2 und Art. 57 Abs. 1 lit. g die Pflicht zur gegenseitigen Zusammenarbeit „auch durch Informationsaustausch". Deren Ausmaß kann daher am ehesten durch das Erfordernis der „Zweckdienlichkeit" auf das Notwendige und damit rechtlich Zulässige begrenzt werden (Rn. 8).

---

9 Vgl. Niedobitek, *Magiera*, § 7 Rn. 17 f.
10 Z.B. (Bundes-)Gesetz zur Förderung der elektronischen Verwaltung (E-Government-Gesetz) v. 25.7.2013, BGBl. I 2013, S. 2749.
11 Datenschutz-Anpassungs- und -Umsetzungsgesetz EU, BR-Drs. 110/17 v. 2.2.2017.
12 V. 27.4.2016, ABl. EU Nr. L 119 v. 4.5.2016, S. 89.
13 Anders wohl *Kühling/Martini et al.*, 303. Die alte Rechtslage fortführend auch § 1 Abs. 3 BDSG-neu.

Article 68

European Data Protection Board

1. The European Data Protection Board (the 'Board') is hereby established as a body of the Union and shall have legal personality.
2. The Board shall be represented by its Chair.
3. The Board shall be composed of the head of one supervisory authority of each Member State and of the European Data Protection Supervisor, or their respective representatives.
4. Where in a Member State more than one supervisory authority is responsible for monitoring the application of the provisions pursuant to this Regulation, a joint representative shall be appointed in accordance with that Member State's law.
5. The Commission shall have the right to participate in the activities and meetings of the Board without voting right. The Commission shall designate a representative. The Chair of the Board shall communicate to the Commission the activities of the Board.
6. In the cases referred to in Article 65, the European Data Protection Supervisor shall have voting rights only on decisions which concern principles and rules applicable to the Union institutions, bodies, offices and agencies which correspond in substance to those of this Regulation.

Artikel 68

Europäischer Datenschutzausschuss

(1) Der Europäische Datenschutzausschuss (im Folgenden „Ausschuss") wird als Einrichtung der Union mit eigener Rechtspersönlichkeit eingerichtet.

(2) Der Ausschuss wird von seinem Vorsitz vertreten.

(3) Der Ausschuss besteht aus dem Leiter einer Aufsichtsbehörde jedes Mitgliedstaats und dem Europäischen Datenschutzbeauftragten oder ihren jeweiligen Vertretern.

(4) Ist in einem Mitgliedstaat mehr als eine Aufsichtsbehörde für die Überwachung der Anwendung der nach Maßgabe dieser Verordnung erlassenen Vorschriften zuständig, so wird im Einklang mit den Rechtsvorschriften dieses Mitgliedstaats ein gemeinsamer Vertreter benannt.

(5) Die Kommission ist berechtigt, ohne Stimmrecht an den Tätigkeiten und Sitzungen des Ausschusses teilzunehmen. Die Kommission benennt einen Vertreter. Der Vorsitz des Ausschusses unterrichtet die Kommission über die Tätigkeiten des Ausschusses.

(6) In den in Artikel 65 genannten Fällen ist der Europäische Datenschutzbeauftragte nur bei Beschlussen stimmberechtigt, die Grundsätze und Vorschriften betreffen, die für die Organe, Einrichtungen, Ämter und Agenturen der Union gelten und inhaltlich den Grundsätzen und Vorschriften dieser Verordnung entsprechen.

Recital

(139) In order to promote the consistent application of this Regulation, the Board should be set up as an independent body of the Union. To fulfil its objectives, the Board should have legal personality. The Board should be represented by its Chair. It should replace the Working Party on the Protection of Individuals with Regard to the Processing of Personal Data established by Directive 95/46/EC. It should consist of the head of a supervisory authority of each Member State and the European Data Protection Supervisor or their respective repre-

Erwägungsgrund

(139) Zur Förderung der einheitlichen Anwendung dieser Verordnung sollte der Ausschuss als unabhängige Einrichtung der Union eingesetzt werden. Damit der Ausschuss seine Ziele erreichen kann, sollte er Rechtspersönlichkeit besitzen. Der Ausschuss sollte von seinem Vorsitz vertreten werden. Er sollte die mit der Richtlinie 95/46/EG eingesetzte Arbeitsgruppe für den Schutz der Rechte von Personen bei der Verarbeitung personenbezogener Daten ersetzen. Er sollte aus dem Leiter einer Aufsichtsbehörde jedes Mitgliedstaats und dem Europäi-

Recital	Erwägungsgrund
sentatives. The Commission should participate in the Board's activities without voting rights and the European Data Protection Supervisor should have specific voting rights. The Board should contribute to the consistent application of this Regulation throughout the Union, including by advising the Commission, in particular on the level of protection in third countries or international organisations, and promoting cooperation of the supervisory authorities throughout the Union. The Board should act independently when performing its tasks.	schen Datenschutzbeauftragten oder deren jeweiligen Vertretern gebildet werden. An den Beratungen des Ausschusses sollte die Kommission ohne Stimmrecht teilnehmen und der Europäische Datenschutzbeauftragte sollte spezifische Stimmrechte haben. Der Ausschuss sollte zur einheitlichen Anwendung der Verordnung in der gesamten Union beitragen, die Kommission insbesondere im Hinblick auf das Schutzniveau in Drittländern oder internationalen Organisationen beraten und die Zusammenarbeit der Aufsichtsbehörden in der Union fördern. Der Ausschuss sollte bei der Erfüllung seiner Aufgaben unabhängig handeln.

Literatur

Ashkar, Durchsetzung und Sanktionierung des Datenschutzrechts nach den Entwürfen der Datenschutz-Grundverordnung, in: DuD 2015, 796; *Blanke/Mangiameli (Hrsg.)*, The Treaty on European Union (TEU) – A commentary, 1. Auflage 2013, Springer Heidelberg; *Calliess/Ruffert (Hrsg.)*, EUV/AEUV – Kommentar, 4. Auflage 2011, C.H. Beck München; *Geppert/Schütz (Hrsg.)*, Beck'scher TKG-Kommentar, 4. Auflage 2013, C.H. Beck München; *Gola/Schomerus*, BDSG – Kommentar, 12. Auflage 2015, C.H. Beck München; *Kühling/Martini et. al*, Die Datenschutz-Grundverordnung und das nationale Recht: Erste Überlegungen zum innerstaatlichen Regelungsbedarf, 1. Auflage 2016, MV-Wissenschaft Münster; *Niedobitek* (Hrsg.), Europarecht – Grundlagen der Union, 1. Auflage 2014, de Gruyter Berlin; *Ohler*, Modelle des Verwaltungsverbundes in der Finanzmarktaufsicht, in: Die Verwaltung 49 (2016), 309.

▶ Bedeutung der Norm

Die Norm regelt Stellung und Zusammensetzung des Europäischen Datenschutzausschusses (Ausschuss) als neuer, rechtlich selbstständiger Einrichtung der Union.

▶ Hinweise für den Anwender

Für die Norm relevante Definition:
- „Aufsichtsbehörde" (Art. 4 Nr. 21).

Für die Auslegung der Norm relevante Erwägungsgründe:
- EG 139.

Systematische Einordnung der Norm innerhalb der DS-GVO:
- Regelungen zum Ausschuss finden sich auch in anderen Abschnitten des Kapitels VII, vor allem dem zweiten (Art. 63 ff.).

Vorgängernorm der RL 95/46:
- Art. 28 Abs. 1 RL 95/46/EG.

▶ Schlagworte

Agentur der Union, Amt der Union, Aufgaben des Ausschusses, Aufsichtsbehörde, Ausschuss als Mitgliederversammlung, Beschluss des Ausschusses, Beschlussfähigkeit des Ausschusses, Einrichtung der Union, Europäischer Datenschutzbeauftragter, federführende Aufsichtsbehörde, gemeinsamer Vertreter von Aufsichtsbehörden, Grundsätze des Datenschutzes in der EU, Kohärenz, Leiter einer Aufsichtsbehörde, Mitglieder von Aufsichtsbehörden, Organ der Union, Personal von Aufsichtsbehörden, Rechtspersönlichkeit des

Ausschusses, Sitzung des Ausschusses, Stimmrecht des EDPS, Stimmrecht von Mitgliedern des Ausschusses, Streitbeilegungsbeschluss, Unabhängigkeit von Aufsichtsbehörden, Unabhängigkeit des Ausschusses, verbindliche Beschlüsse des Ausschusses, Vertreter einer Aufsichtsbehörde im Ausschuss, Vertreter der Kommission, Vertreter des EDPS, Vorsitz des Ausschusses, Zusammenarbeit zwischen Aufsichtsbehörden

A. Allgemeines

I. Regelungszweck

Art. 68 regelt Stellung und Zusammensetzung des Europäischen Datenschutzausschusses (abgekürzt: Ausschuss) zu Beginn eines Abschnitts, der sich allein mit dieser neuen EU-Einrichtung (Rn. 6) befasst. 1

II. Normadressaten

1. EU-Stellen

Mitglied des Ausschusses ist nach Abs. 3 der Europäische Datenschutzbeauftragte (EDPS), eine „unabhängige Kontrollbehörde" der EU (Art. 41 Abs. 1 der VO [EG] Nr. 45/2001)[1], dessen Mitwirkung vor allem bezweckt, auch im Verhältnis zu Stellen der EU Rechtseinheitlichkeit bei Datenschutzrecht (in) der Union anzustreben (s. Abs. 3). Kein Mitglied, aber teilnahmeberechtigt ist die Kommission (Abs. 5 Satz 1 und 2); zudem räumt ihr Abs. 5 Satz 3 einen Anspruch gegenüber dem Vorsitz (Art. 73 f.) auf Unterrichtung über die Tätigkeiten des Ausschusses ein. 2

2. Mitgliedstaaten und Aufsichtsbehörden

Die aus den EU-Mitgliedstaaten kommenden Mitglieder des Ausschusses bestimmt bereits die Grundverordnung selbst (Art. 68 Abs. 3). Jedoch müssen die Mitgliedstaaten dafür sorgen, dass eine funktionierende Vertretungsregelung für den jeweiligen Behördenleiter besteht (damit eine Beschlussfähigkeit des Gremiums sichergestellt ist, s. Art. 72 Rn. 8). Bei mehr als einer zuständigen Aufsichtsbehörde (wie in Bundesstaaten auf zentraler und gliedstaatlicher Ebene, aber auch bei sektorspezifischen Regelungen) muss durch nationale Gesetzgebung die Benennung eines „gemeinsamen Vertreters" (Abs. 4) ermöglicht werden. 3

1 V. 18.12.2000, ABl. EG Nr. 8 v. 12.1.2011, S. 1.

III. Systematik

4 Zum Datenschutzausschuss werden in Art. 68 und den folgenden Bestimmungen des Abschnitts nur Status-, Organisations-, Verfahrens- und Personalfragen näher geregelt. Die zentrale Aufgabenfestlegung (Art. 70) nimmt auf eine Vielzahl von an anderer Stelle der Grundverordnung geregelten Kompetenzen Bezug (etwa auf Art. 43, Art. 58). Eine wesentliche Rolle hat der Ausschuss jedoch innerhalb von Kapitel VII, bei den Verfahren der Zusammenarbeit (Art. 60 ff.) und vor allem der Kohärenz (Art. 63 ff.).

IV. Entstehungsgeschichte

5 Der nur vier Absätze umfassende Vorschlag in Art. 64 KOM-E[2] enthielt keine Regelung zur Rechtspersönlichkeit des Ausschusses, keine Vertretungsregeln zu den Mitgliedern und auch keine spezifische Bestimmung zum EDPS; dagegen sollte die Kommission „unverzüglich" über „alle" Ausschusstätigkeiten informiert werden. Die endgültige, danach nur noch redaktionell bereinigte Fassung stammt vom Rat.[3]

B. Inhalt der Regelung

I. Ausschuss als Einrichtung der Union mit eigener Rechtspersönlichkeit (Abs. 1)

1. Einrichtung der Union

6 Die nach EG 139 Satz 4 durch den Ausschuss (mit Wirkung vom 25.5.2018, Art. 99 Abs. 2) ersetzte Artikel 29-Gruppe war als „working party" errichtet (Art. 28 Abs. 1 UAbs. 1 der RL 95/46/EG). Der neue Ausschuss wird ebenso wie die Artikel 29-Gruppe nicht primärrechtlich erwähnt oder vorausgesetzt. Der Ausschuss basiert allein auf EU-Sekundärrecht, nämlich der Grundverordnung. Zudem gehört er jedenfalls nicht zu den Organen („institutions") im Sinne von Art. 13 Abs. 1 EUV, sondern ist eine andere Institution, nämlich eine „Einrichtung" (engl. „body", frz. „organe"). Anders als die Europäische Zentralbank ist jedoch der Ausschuss nicht sowohl Organ (Art. 13 Abs. 1 EUV) als auch mit Rechtspersönlichkeit ausgestattet (Art. 282 Abs. 3 Satz 1 AEUV). Vielmehr verfügt die Einrichtung selbst über ein nach außen hin auftretendes Organ, den „Vorsitz" (Art. 73 Rn. 3), wird jedoch bei Beschlussfassungen auch funktionell als Organ („Mitgliederversammlung") tätig (Art. 72 Rn. 8).

2. Rechtspersönlichkeit

7 Die EU, der durch Art. 47 EUV explizit (Völker-)Rechtspersönlichkeit zuerkannt wird,[4] ist im Rahmen ihrer Verbandskompetenz in der Lage, andere Stellen, bei denen nicht bereits das Primärrecht eine diesbezügliche Normierung trifft (wie bei EZB, Art. 282 Abs. 3 Satz 1 AEUV, oder Europäischer Investitionsbank, Art. 308 Abs. 1 AEUV), mit Rechtssubjektivität auszustatten. Dieser Status beruht auf Unionsrecht, wirkt aber auch aufgrund von dessen Anwendungsvorrang jedem Mitgliedstaat und den dortigen Behörden gegenüber. Derartigen Stellen aus dem Unionsbereich kommt damit eine Rolle zu, die der eines gruppenangehörigen Unternehmens in einem Konzern gleicht. Rechtspersönlichkeit ist weder zwingend mit einem eigenen Haushalt noch mit eigenem Personal verbunden, jedoch müssen jedenfalls entsprechende Ausstattungsvorgaben im Verbund festgelegt werden (s. Art. 75)[5]. Notwendig ist aber die Fähigkeit, durch (mindestens) ein Vertretungsorgan sowohl innerhalb der Gruppe (EU) als auch mit/gegenüber Dritten rechtsverbindlich handeln zu können. Für den Ausschuss betrifft dies zum einen die Beziehungen zu Kommission

2 KOM(2012)11 endgültig v. 25.1.2012.
3 Rats-Dok. Nr. 9565/15 v. 11.6.2015.
4 Blanke/Mangiameli, *Thürer/Marro*, Art. 47 Rn. 6 f.
5 Vgl. *Ohler*, in: Die Verwaltung 2016, 326.

und auch zum EPDS (soweit es nicht nur um die Teilnahme an Beratungen geht), zum anderen das Verhältnis zu (mitgliedstaatlichen) Aufsichtsbehörden, auch hier für den Bereich vor und nach bzw. außerhalb von „Mitgliederversammlungen" (Rn. 6). Die Aufwertung zum eigenen Rechtssubjekt ist ein die Unabhängigkeit (Art. 69) stärkendes Element.[6]

II. Vorsitz des Ausschusses (Abs. 2)

Der Ausschuss ist als Rechtspersönlichkeit zwar rechts-, aber selbst nicht handlungsfähig, son- 8
dern für ihn muss mindestens eine Stelle („Organ" im Sinne der Terminologie des deutschen Rechts) agieren, Rechte erwerben oder Verpflichtungen eingehen können. Dort wiederum handeln dann eine oder mehrere Menschen (natürliche Personen) als Organwalter. Abs. 2 weist ausschließlich dem „Vorsitz" die (Organ-)Kompetenz zur „Vertretung" der Einrichtung anderen gegenüber zu. Die englische Schreibweise verdeutlicht, dass damit nicht ein mehrköpfiges Gremium installiert wurde, sondern regelmäßig der Vorsitzende und nur bei dessen Verhinderung einer von dessen Stellvertretern adressiert wird (Art. 73 Rn. 3). Mit der Zuständigkeit zur Vertretung nach außen ist nicht notwendig auch die Entscheidung in der Sache ebenfalls dem „Vorsitz" zugewiesen. Vielmehr folgt im Umkehrschluss aus Art. 74 Abs. 1, dass dafür der Ausschuss als solcher, handelnd als „Mitgliederversammlung", zuständig ist – und diese/-r daher als eigentliches Hauptorgan angesehen werden kann (Rn. 6). Wichtiger als eine solche systematische Differenzierung ist jedoch, welche Rechtsfolgen eine Kompetenzüberschreitung des „Vorsitzes" hätte, wenn dieser also ohne (wirksamen) Beschluss der Ausschussmehrheit tätig wird (Rn. 19).

III. Mitglieder des Ausschusses

1. Mitgliedstaatliche Aufsichtsbehörden

a) Leiter (Abs. 3)

Jeder Mitgliedstaat wird im Ausschuss repräsentiert. Dieser ist jedoch nicht frei darin, welche Per- 9
sonen aus welchen Behörden er in den Ausschuss entsendet, sondern Abs. 3 beschränkt dies zum einen auf „Aufsichtsbehörden" (Art. 4 Nr. 21) zum anderen und weiter eingrenzend auf deren „Leiter". Offensichtlich ist damit eine einzelne, bestimmte Person gemeint, die zum Kreis der „Mitglieder" im Sinne von Art. 52 Abs. 2 gehören muss (und nicht zum weiteren Personal nach Art. 52 Abs. 5). Die Art solcher (Geschäfts-)Leitung und die Zahl ihrer Mitglieder muss weiterhin der nationale Gesetzgeber bestimmen; nach § 22 (Abs. 1) BDSG-alt ist dies in Deutschland bisher allein der/die Bundesbeauftragte für den Datenschutz und die Informationsfreiheit (BfDI). Würde eine kollegiale Leitung bestehen oder errichtet, so wäre ebenfalls im nationalen Recht festzulegen, wer aus diesem Gremium im Ausschuss als (regulärer) Vertreter agiert.

b) Gemeinsamer Vertreter (Abs. 4)

Art. 51 Abs. 1 belässt den Mitgliedstaaten die Wahl, ob sie eine oder mehrere unabhängige Auf- 10
sichtsbehörden mit der Überwachung der Grundverordnung betrauen. Mangels unionsrechtlicher Vorgaben bleibt insoweit die Behördenorganisation nationale Angelegenheit (Art. 5 Abs. 1, 2 EUV)[7]. So kommt in Bundesstaaten innerhalb der EU, nicht nur in Deutschland, je nach vertikaler Verteilung der Gesetzgebungs- und Verwaltungskompetenzen eine Zuständigkeit nicht nur zentraler, sondern auch gliedstaatlicher Stellen in Betracht.[8] Zudem können sektorspezifische Kompetenzen neben der allgemeinen bestehen, wie in Deutschland nach § 115 TKG für die Bundesnetzagentur zugunsten des Telekommunikationsdatenschutzes,[9] für die im Hinblick auf die

6 Ashkar, in: DuD 2015, 799.
7 Blanke/Mangiameli, *Weber*, Art. 5 Rn. 5 f.
8 *Gola/Schomerus*, § 1 BDSG Rn. 19a, 32 f.
9 Vgl. Geppert/Schütz, *Eckhardt*, § 115 Rn. 21, 23.

Fortgeltung der zugrunde liegenden RL 2002/58/EG[10] (Art. 95) kein akuter Änderungsbedarf besteht. Notwendig zu regeln ist hingegen, wer in welchem Verfahren als deutscher „gemeinsamer Vertreter" benannt wird. Die bisherige Praxis, dass allein der BfDI in der Artikel 29-Gruppe mitarbeitet,[11] kann angesichts der Kompetenzen der Landesdatenschutzbehörden, die weit über die Ausnahmen vom Anwendungsbereich der Grundverordnung nach Art. 2 Abs. 2 hinausgehen,[12] nicht unverändert fortgeführt werden.

c) Vertretungsregeln allgemein

11 Ist das reguläre Mitglied an der Teilnahme an Ausschuss-Sitzungen oder anderen Beratungen verhindert, muss gleichwohl der Ausschuss als Organ („Mitgliederversammlung") funktionstüchtig bleiben und möglichst alle Mitgliedstaaten bzw. deren Belange repräsentieren. Daher rückt hier der „jeweilige" Vertreter des „Leiters" (Rn. 9) als dessen Substitut nach. Wer das ist, ergibt sich wiederum aus mitgliedstaatlichem Recht; im Anwendungsbereich des BDSG wäre dies der leitende Beamte nach § 22 Abs. 6 Satz 1 (alt).[13] Jedenfalls dann, wenn die Leitung aus mehreren „Mitgliedern" besteht, wird die dort vorgesehene Vertretungsregelung relevant sein (und es damit auch hier nicht in Betracht kommen, andere Bedienstete als Vertreter zu benennen bzw. zu entsenden). Im Fall des Abs. 4 ist mindestens ein „geborener" Stellvertreter bereits vorhanden, nämlich der Leiter einer anderen Aufsichtsbehörde als derjenigen, die das reguläre Mitglied stellt (Rn. 10).

2. Europäischer Datenschutzbeauftragter (Abs. 3, 6)

12 Eine umfassend einheitliche Anwendung von Datenschutzregelungen in der gesamten Europäischen Union müsste die Verknüpfung zwischen Rechtsetzung und Anwendung/Vollzug nicht nur im Verhältnis EU – Mitgliedstaaten, sondern auch beim „direkten Verwaltungsvollzug" durch Stellen der Union selbst einbeziehen; das ist derzeit noch nicht der Fall. Ergänzend zu Art. 98 Satz 2 sowie Art. 41 ff. der VO (EG) Nr. 45/2001 ist daher eine institutionalisierte Kooperation von (für je getrennte „Verarbeitungen" [Art. 4 Nr. 2] und „Verantwortliche" [Art. 4 Nr. 7] zuständigen) nationalen und EU-Kontrollbehörden ein wichtiger Schritt hin zu größerer „Kohärenz" (Art. 63 Rn. 1, 5). Auch hier ist direkter Meinungsaustausch im Rahmen eines Gremiums effizient; Art. 68 Abs. 3 macht daher den EDPS, d.h. die Person, die jeweils nach Art. 42 Abs. 1 UAbs. 1 der VO (EG) Nr. 45/2001 in dieses Amt bestellt ist, neben den nationalen Behördenleitern ebenfalls zum Ausschussmitglied. Der jeweilige Vertreter ergibt sich hier unmittelbar aus Art. 42 Abs. 1 UAbs. 2 dieser Verordnung. Wäre auch dieser abwesend oder verhindert, so sollte es zulässig sein, dass ein anderer leitender Bediensteter als (weiterer) Vertreter agiert; Grundlage hierfür könnte die Geschäftsordnung des EDPS sein (s. Art. 46 lit. k VO [EG] Nr. 45/2001), insbesondere Art. 5 Abs. 2, 3 der aktuellen Version.[14]

13 Die formal unterschiedlichen Regelungen und Ebenen rechtfertigen zwar einerseits die umfassende Mitwirkung des EDPS an Ausschussberatungen, bedingen allerdings andererseits ein sachlich eingeschränktes Stimmrecht für dieses Mitglied (Abs. 6), auch deshalb, weil der Gegenstand seiner Kontrolltätigkeit in einer älteren, im Wesentlichen an die RL 95/46/EG anknüpfenden Regelung abgesteckt wird. Für die Gewährleistung allgemein einheitlicher Anwendung in der Zukunft sind nur noch diejenigen „Grundsätze und Vorschriften" der Verordnung (EG) Nr. 45/2001 bedeutsam, die mit denjenigen der neuen Grundverordnung zwar nicht notwendig sprachlich, aber doch jedenfalls inhaltlich übereinstimmen. Eine exakte Unterscheidung zwischen „Grundsätzen" (wie etwa Art. 4 der Verordnung [EG] Nr. 45/2001 bzw. Kapitel II der Grundverordnung)

---

10 V. 12.7.2002, ABl. EG Nr. L 201 v. 31.7.2002, S. 37, geändert durch Art. 2 der RL 2009/136/EG v. 25.11.2009, ABl. EU Nr. L 337 v. 18.12.2009, S. 11.
11 http://ec.europa.eu/justice/data-protection/article-29/structure/data-protection-authorities/index_en.htm (21.10.2016).
12 Vgl. nur § 2 SächsDSG.
13 Vgl. BT-Drs. 18/2848 v. 13.10.2014, S. 17; s. jetzt § 12 Abs. 3 Satz 1 BDSG.
14 Beschluss 2013/504/EU v. 17.12.2012, ABl. EU Nr. L 273 v. 15.10.2013, S. 41.

und anderen Regelungen ist dabei nicht geboten, da jene ebenfalls normativen Charakter aufweisen und daher lediglich eine Teilgruppe von „Vorschriften" bilden. Die Mitgliedschaft „zweiter Ordnung" wird nur bei Streitbeilegungsbeschlüssen nach Art. 65 relevant, d.h. in den drei Fällen des Art. 65 Abs. 1, dann aber auch im Dringlichkeitsverfahren (Art. 66). Die Zahl der für Beschlussfähigkeit und Mehrheit notwendigen Mitgliederstimmen (Art. 72 Rn. 8, 12) verringert sich beim Ausschluss des EDPS von der Abstimmung um eins.

IV. Mitwirkung der Kommission

1. Teilnahme eines Vertreters (Abs. 5 Satz 2)

Die Kommission hat im Hinblick auf ihre allgemeine Überwachungsaufgabe (Art. 17 Abs. 1 EUV) **14** auch ein Interesse an der Willensbildung im Ausschuss. Allerdings würde eine Befugnis zu direkter Einflussnahme im Widerspruch zur Unabhängigkeit der Mitglieder (Art. 69 Rn. 3 f.) und auch des Ausschusses selbst (Art. 69) stehen, während das Recht zur unmittelbaren Information sowie zur Beteiligung an der Diskussion im Ausschuss noch keine Intervention ausmacht, wenn und soweit hier sachbezogen agiert wird. Die Teilnahme der Kommission – keine Verpflichtung – ist nach Abs. 1 nicht nur auf Sitzungen beschränkt. Sie erstreckt sich vielmehr auf „die", also alle „Tätigkeiten" des Ausschusses. Für den Ausschuss bzw. deren „Vorsitz" muss aber jeweils erkennbar sein, dass hier die Kommission Mitwirkungsrechte geltend macht.

Bei Sitzungen oder anderen Beratungen muss für die Kommission notwendig ein „Vertreter" **15** mitwirken, den diese benennt, der aber nicht der Kommission selbst angehören muss (Art. 17 Abs. 3, 5 EUV)[15]. Insoweit obliegt die Regelung des Näheren der Geschäftsordnung der Kommission (Art. 249 Abs. 1 Satz 1 AEUV). Im Hinblick auf die Materie sollte der als Vertreter benannte Bedienstete aus der sachlich zuständigen Generaldirektion (Justiz und Verbraucher) stammen.

2. Unterrichtung über Ausschusstätigkeiten (Abs. 5 Satz 3)

Die Informationspflicht des Vorsitzes gegenüber der Kommission schließt die Zulässigkeit zusätz- **16** licher Anfragen nicht aus; deren richtiger Adressat, aber danach auch Übermittler einer Antwort ist wiederum der „Vorsitz". Solange das Unterrichtungsrecht nicht missbräuchlich strapaziert wird, stellt es noch keine unzulässige Einflussnahme (Art. 69 Rn. 14) dar.

C. Weitere Auswirkungen der Verordnung in der Praxis

I. Auswirkungen auf das nationale Recht

In Deutschland ist eine bisher fehlende Regelung darüber zu treffen, wer im Ausschuss als „ge- **17** meinsamer Vertreter" (Rn. 10) agiert und wer diesen im Verhinderungsfall vertritt. Da es sich dabei um eine Frage der Vertretung in/gegenüber einer EU-Einrichtung handelt, lässt sich eine Gesetzgebungskompetenz des Bundes bereits aus Art. 73 Abs. 1 Nr. 1 („auswärtige Angelegenheiten")[16], für öffentliche Stellen des Bundes auch aus Art. 73 Abs. 1 Nr. 8, jeweils i. V. m. Art. 87 Abs. 3 GG begründen[17]. Eine derartige Regelung wird künftig in § 17 BDSG (i.d.F. des DSAnpUG-EU[18]) erfolgen.

II. Rechtsschutz in Bezug auf Ausschusstätigkeiten

1. Externe gegenüber Ausschussentscheidungen

Auch wenn der Ausschuss bei der Erfüllung seiner Aufgaben (Art. 70 Abs. 1) im Fall von Art. 65 **18** „verbindliche Beschlüsse" erlässt, so sind diese zwar die wesentliche Grundlage, aber nur ein Teil

15 Vgl. Blanke/Mangiameli, *Gianfrancesco*, Art. 17 Rn. 132 ff.
16 Krit. *Kühling/Martini et al.*, S. 137.
17 Im Ergebnis wohl auch *Kühling/Martini et al.*, S. 140 f.
18 Datenschutz-Anpassungs- und -Umsetzungsgesetz EU, BR-Drs. 110/17 v. 2.2.2017.

eines Streitbeilegungsverfahrens, das erst mit dem endgültigen Beschluss (meist) der „federführenden Aufsichtsbehörde" (nach Art. 65 Abs. 6) seinen Abschluss findet. Auch die spätere, obligatorische Veröffentlichung des Ausschussbeschlusses (Art. 65 Abs. 5 Satz 3) eröffnet den Adressaten einer Maßnahme oder davon „betroffenen Personen" (Art. 4 Nr. 1) regelmäßig keine isolierte gerichtliche Kontrolle hiergegen. Vielmehr kommt ein Rechtsbehelf nur gegen die aufsichtsbehördliche Entscheidung in Betracht und wird der Beschluss selbst nur indirekt, wenn und soweit die endgültige (nationale) Maßnahme gerichtlicher Überprüfung unterworfen wird, ebenfalls zum Gegenstand der Überprüfung. Vor den EuGH gelangen solche Verfahren allein über ein Vorabentscheidungsverfahren nach Art. 267 AEUV (s. EG 143).

19 Handlungen des Vorsitzes, für die eine notwendige Grundlage in Form eines Ausschussbeschlusses fehlt, verlieren diesen rechtlichen Mangel, wenn im Nachhinein eine Billigung erfolgt. In diesem Fall müsste eine andere Person aus dem Vorsitz die Korrekturentscheidung herbeiführen. Geschieht dies nicht, wäre der Verstoß gegen die Organkompetenz ebenfalls zunächst nur gegenüber dem endgültigen Beschluss der Aufsichtsbehörde geltend zu machen. Ob dieser hiervon „infiziert" wird, ist aber letztlich eine Frage der Auslegung des sekundären Unionsrechts und daher der Klärung durch den EuGH vorbehalten (Rn. 18).

2. Mitglieder/Teilnehmer gegenüber Verkürzung ihrer Rechte

20 Abs. 3 verbürgt nationalen Mitgliedern, in Verbindung mit Abs. 6 auch dem EDPS Mitberatungs- und -entscheidungsrechte, die durch eine fehlerhafte Willensbildung des Ausschusses als „Mitgliederversammlung" (Rn. 6) geschmälert werden können, unabhängig davon, ob das Ergebnis bei rechtmäßigem Verfahren anders ausgefallen wäre bzw. der Mangel entscheidungserheblich war. Hier wären auf der Grundlage von Art. 263 Abs. 1 Satz 2 AEUV Nichtigkeitsklagen im Hinblick auf Handlungen der Einrichtung Ausschuss (bzw. dessen Vorsitz) mit Rechtswirkung gegenüber Dritten denkbar, sowohl seitens nationaler Aufsichtsbehörden als auch seitens des EDPS. Insoweit lägen an diese Stellen gerichtete (und sie unmittelbar und individuell betreffende) Handlungen vor, die grundsätzlich justiziabel sind. Allenfalls erscheint klärungsbedürftig, ob die beiden möglichen Kläger als „juristische Personen" im Sinne von Art. 263 Abs. 4 AEUV[19] anzusehen sind. Für die Erstgenannten scheint EG 143 Satz 2 dies zu bejahen.

21 Die Kommission kann bei einer Beeinträchtigung ihrer Mitwirkungsrechte nach Abs. 5 die Anrufung des EuGH nach Art. 263 Abs. 2 i. V. m. Abs. 1 Satz 2 AEUV wegen Verletzung des (sekundären) Unionsrechts anrufen.

19 Vgl. Calliess/Ruffert, *Cremer*, Art. 263 AEUV Rn. 27; s. ferner *Ohler*, in: Die Verwaltung 2016, S. 333.

Article 69

Independence

1. The Board shall act independently when performing its tasks or exercising its powers pursuant to Articles 70 and 71.

2. Without prejudice to requests by the Commission referred to in point (b) of Article 70(1) and in Article 70(2), the Board shall, in the performance of its tasks or the exercise of its powers, neither seek nor take instructions from anybody.

Artikel 69

Unabhängigkeit

(1) Der Ausschuss handelt bei der Erfüllung seiner Aufgaben oder in Ausübung seiner Befugnisse gemäß den Artikeln 70 und 71 unabhängig.

(2) Unbeschadet der Ersuchen der Kommission gemäß Artikel 70 Absatz 1 Buchstabe b und Absatz 2 ersucht der Ausschuss bei der Erfüllung seiner Aufgaben oder in Ausübung seiner Befugnisse weder um Weisung noch nimmt er Weisungen entgegen.

Recital

(139) In order to promote the consistent application of this Regulation, the Board should be set up as an independent body of the Union. To fulfil its objectives, the Board should have legal personality.... The Board should contribute to the consistent application of this Regulation throughout the Union, including by advising the Commission, in particular on the level of protection in third countries or international organisations, and promoting cooperation of the supervisory authorities throughout the Union. The Board should act independently when performing its tasks.

Erwägungsgrund

(139) Zur Förderung der einheitlichen Anwendung dieser Verordnung sollte der Ausschuss als unabhängige Einrichtung der Union eingesetzt werden. Damit der Ausschuss seine Ziele erreichen kann, sollte er Rechtspersönlichkeit besitzen.... Der Ausschuss sollte zur einheitlichen Anwendung der Verordnung in der gesamten Union beitragen, die Kommission insbesondere im Hinblick auf das Schutzniveau in Drittländern oder internationalen Organisationen beraten und die Zusammenarbeit der Aufsichtsbehörden in der Union fördern. Der Ausschuss sollte bei der Erfüllung seiner Aufgaben unabhängig handeln.

Literatur

Blanke/Mangiameli (Hrsg.), The Treaty on European Union (TEU) – A Commentary, 1. Auflage 2013, Springer Heidelberg; *Bock/Engeler*, Die verfassungsrechtliche Wesensgehaltsgarantie als absolute Schranke im Datenschutzrecht, in: DVBl. 2016, 593; *Calliess/Ruffert (Hrsg.)*, EUV/AEUV-Kommentar, 4. Auflage 2011, C.H. Beck München; *Geppert/Schütz*, Beck'scher TKG-Kommentar, 4. Auflage 2013, C.H. Beck München; *Niedobitek (Hrsg.)*, Europarecht – Politiken der Union, 1. Auflage 2014, de Gruyter Berlin; *Ohler*, Modelle des Verwaltungsverbunds in der Finanzmarktaufsicht, in: Die Verwaltung 49 (2016), 309.

▶ Bedeutung der Norm

Die Unabhängigkeit des Europäischen Datenschutz-Ausschusses (Ausschuss) ist ein Pendant zur Unabhängigkeit von Aufsichtsbehörden nach Art. 51 ff., insbesondere Art. 52, und des Europäischen Datenschutzbeauftragten (EDPS) als weiterem Ausschussmitglied. Auch die Einrichtung selbst soll damit vor einer (unsachlichen) Einflussnahme auf ihre Entscheidungen oder sonstigen Maßnahmen geschützt werden, um „gute" Arbeit zu gewährleisten.

Hinweise für den Anwender

Für die Auslegung der Norm relevante Erwägungsgründe:
- EG 139.

Systematische Einordnung der Norm innerhalb der DS-GVO:
- Art. 69 bezieht sich auf die nach Art. 68 geschaffene Einrichtung der EU und deren in Art. 70 f. normierte Kompetenzen auch in Kohärenzverfahren gemäß Art. 63 (ff.).

Vorgängernorm der RL 95/46:
- Art. 29 Abs. 1 Satz 2 RL 95/46/EG.

Querbezüge zu anderen Normen:
- Art. 44 VO (EG) Nr. 45/2001.

Leitentscheidungen:
- EuGH, Urt. v. 9.3.2010, Rs. C-518/07 (Kommission / Deutschland); Urt. v. 16.10.2012, Rs. C-614/10 (Kommission / Österreich); Urt. v. 8.4.2014, Rs. C-288/12 (Kommission / Ungarn); Urt. v. 16.6.2015, Rs. C-62/14 (Gauweiler u. a.); Urt. v. 6.10.2015, Rs. C-362/14 (Schrems); BVerfG, Urt. v. 21.6.2016, 2 BvR 2728/13 – 2731/13, 2 BvE 13/13.

Schlagworte

Amtszeit des Ausschussvorsitzes, Aufgaben des Ausschusses, Befugnisse des Ausschusses, Beratung der Kommission durch Ausschuss, Dienstaufsicht, (unzulässige) Einflussnahme, Einrichtung der Union, Ersuchen der Kommission, Europäischer Datenschutzbeauftragter, Europäische Zentralbank, funktionelle Unabhängigkeit, Geschäftsordnung des Ausschusses, Kohäsionsverfahren, Kontrollstellen, Leiter nationaler Aufsichtsbehörden, Mehrheitsprinzip im Ausschuss, Rechenschaftspflicht, Rechtspersönlichkeit des Ausschusses, regulatory capture, Regulierung, Sekretariat des Ausschusses, Unabhängigkeit des Ausschusses, Unabhängigkeit des EDPS, Unabhängigkeit von Aufsichtsbehörden, Vorsitz des Ausschusses, Weisungen gegenüber dem Ausschuss, Weisungsgebundenheit des Personals, Zusammenarbeit von Aufsichtsbehörden.

A. Allgemeines

I. Regelungszweck

1 Die Unabhängigkeit des Ausschusses bezieht sich nach Abs. 1 auf seine Tätigkeiten (Art. 68 Abs. 1) im Rahmen seiner Kompetenzen (Aufgaben, Befugnisse). Abs. 2 präzisiert, in Abgrenzung zu einem Fall zulässigen Ersuchens seitens der Kommission, dass ansonsten weder Weisungen erbeten noch solche erteilt bzw. beachtet werden dürfen. Wem gegenüber dieses Verbot gilt bzw. wirkt, bleibt offen. Es wird nicht näher geregelt, ob und wie weit Freiheit von hoheitlicher Kontrolle durch andere Unions- (oder mitgliedstaatliche) Stellen gewährleistet ist; auch von „völliger" Unabhängigkeit ist nicht die Rede. Die Unabhängigkeit des Ausschusses selbst soll verhin-

dern, dass die Unabhängigkeit der nationalen Aufsichtsbehörden und des EDPS dadurch unterlaufen wird, dass im Hinblick auf das Mehrheitsprinzip und die Möglichkeit, im Ausschuss verbindliche Entscheidungen zu treffen (Art. 65), überstimmte nationale Aufsichtsbehörden bei ihrer Auslegung der DS-GVO gerade nicht mehr „völlig unabhängig" sind. Nur durch diese Abrundung wird daher insgesamt den Anforderungen des Art. 16 Abs. 2 AEUV und Art. 8 Abs. 3 GRCh genügt.

II. Normadressaten

1. Ausschuss

Satz 1 richtet sich an den Ausschuss und mittelbar auch an seine Mitglieder (einschließlich des Vorsitzes, Art. 73) in Bezug auf deren Tätigkeit im und für die Einrichtung, schließlich auch an die Mitarbeiter des Sekretariats, wenn sie im Rahmen des Art. 75 agieren. Intern, dem Vorsitz gegenüber, sieht freilich Art. 75 Abs. 2 die Weisungsgebundenheit des betreffenden Personals bei der Aufgabenerfüllung vor. 2

2. Andere Organe, Einrichtungen oder Stellen der Union

Von der expliziten Einschränkung in Abs. 2 – Bindung an ein bestimmtes Ersuchen der Kommission (Rn. 16) – abgesehen, wird allen anderen Stellen der EU untersagt, auf die Ausschusstätigkeit Einfluss zu nehmen. Die Überwachung der Einhaltung des Datenschutzrechts in der Union durch „unabhängige Behörden" steht nicht zur Disposition des ordentlichen Unionsgesetzgebers (Art. 16 Abs. 2 AEUV), sodass auch Kommission, Rat und Parlament diesen Status zwar unterschiedlich ausgestalten, aber nicht wesentlich einschränken dürfen. Dies gilt freilich nicht für die richterliche Kontrolle, soweit gegen Maßnahmen Rechtsbehelfe eröffnet sind; dies zeigen die Regelungen in Bezug auf die ebenfalls nach Primärrecht (Art. 130 AEUV) unabhängige Europäische Zentralbank (Art. 263, 265, 271 AEUV).[1] Agieren der EDPS oder sein Vertreter als Ausschussmitglied, so wird dies von Art. 69 erfasst; ansonsten steht ihm im gleichen Maße funktionale Unabhängigkeit zu, dann aber nach Art. 44 (Abs. 1, 2) VO (EG) Nr. 45/2001.[2] 3

3. Mitgliedstaaten

Das Verbot der Einflussnahme betrifft auch Mitgliedstaaten, insbesondere Parlamente/Gesetzgebung (Legislative) und Regierung/Verwaltung (Exekutive) – jedoch mit Ausnahme der nationalen Aufsichtsbehörden, die insoweit zum Informationsaustausch verpflichtet sind (Art. 60) und denen überdies selbst Unabhängigkeit garantiert wird (Art. 52). Werden Leiter von Aufsichtsbehörden oder deren Vertreter in ihrer Eigenschaft als Ausschussmitglied tätig, fällt das wie beim EDPS unter Art. 69 (Rn. 3, 6). 4

4. Öffentlichkeit („jeder andere")

Auch wenn die Freiheit von Weisungen in Art. 69 nicht ausdrücklich auf jeden Außenstehenden bezogen bzw. „niemand" zu solch rigider Form der Einflussnahme berechtigt ist, reicht die Unabhängigkeit des Ausschusses selbst nicht weniger weit als die seiner Mitglieder aus nationalen Aufsichtsbehörden und der europäischen Kontrollstelle. Sie gilt zudem grundsätzlich auch im Verhältnis zu Drittstaaten, anderen „internationalen Organisationen" (Art. 4 Nr. 26) und Privaten unabhängig von deren (Wohn-)Sitz oder Herkunft, da die Gewährleistung nicht nur gegenüber rechtsverbindlicher Intervention eingreift.[3] Speziell hier ist aber klärungsbedürftig, ab wann überhaupt von einer relevanten verpönten „Einflussnahme" ausgegangen werden kann, weil sachliche Kritik an Tätigkeit und deren Ergebnis keineswegs verboten werden soll (Rn. 14). 5

---

1 Vgl. Calliess/Ruffert, *Häde*, Art. 130 AEUV Rn. 5; Niedobitek, *Gramlich*, § 4 Rn. 170 ff.
2 V. 18.12.2000, ABl. EU Nr. L 8 v. 12.1.2001, S. 1.
3 Vgl. Calliess/Ruffert, *Häde*, Art. 130 AEUV Rn. 13.

III. Systematik

6 Konzeptionell ähnelt die Unabhängigkeit der Datenschutzaufsichtsbehörden dem (formal durchaus abweichenden) Modell des ESZB (Art. 130, 131 AEUV, Art. 7 ESZB-Satzung). Unionsrecht (Art. 16 Abs. 2 AEUV und sekundärrechtliche Grundverordnung) fordert die Beachtung dieser besonderen Stellung im (Staats-)Organisationsgefüge sowohl auf der oberen (EU-) als auch auf der unteren (mitgliedstaatlichen) Ebene, dort bei Ausschuss und EDPS, hier bei (allen) nationalen Aufsichtsbehörden. Die Vorgaben zu Zusammenarbeit und Kohärenz (Art. 60 ff.) führen dazu, dass bei Einhaltung der jeweiligen Verfahrensvorgaben insoweit jedenfalls keine unzulässige Einflussnahme (oder gar eine Weisung) vorliegt, selbst wenn Mehrheitsentscheidungen auch für die überstimmte Minderheit bindend sind. Die Unabhängigkeit der Ausschussmitglieder (Art. 68 Abs. 3) führt nicht dazu, dass eine Willensbildung und Entscheidungsfindung im Gremium unmöglich gemacht wird, sondern besteht nur in diesem Rahmen. Trotz kleinerer Divergenzen im Wortlaut sind zwischen Ausschuss und Mitgliedern keine Unterschiede in Art und Grad der funktionellen Unabhängigkeit[4] gegeben; bei den Ausschussmitgliedern wird jedoch die Frage nach weiteren Elementen von Unabhängigkeit relevant. Für den Ausschuss selbst sind hier lediglich Bestellungsmodus und Amtsdauer (Art. 73) des Vorsitzes wichtig (Rn. 11 f.). Auch die Errichtung als selbstständige Rechtspersönlichkeit (Art. 68 Abs. 1) soll die Fähigkeit zu unabhängigem Handeln manifestieren, wie EG 139 Satz 1 und 2 verdeutlichen.

IV. Entstehungsgeschichte

7 Bereits Art. 29 Abs. 1 Satz 2 RL 95/46/EG kennzeichnete die Artikel 29-Gruppe als „unabhängig", und sowohl die ihr (nach Art. 29 Abs. 2) angehörenden Vertreter nationaler „Kontrollstellen" als auch solche, die für Institutionen oder Organe der EG/EU eingerichtet sind (also der EDPS), waren ihrerseits „völlig" unabhängig (Art. 28 Abs. 1 Satz 2 RL 95/46/EG bzw. Art. 44 Abs. 1 VO [EG] Nr. 45/2001)[5]. Daran knüpfte Art. 65 KOM-E[6] nahtlos an, zum einen in Bezug auf die Mitglieder des Ausschusses (Art. 64 Abs. 2 KOM-E). aber auch für nationale Aufsichtsbehörden (Art. 47 des Entwurfs). Das Europäische Parlament schlug als Abänderung 145 vor, bei diesen Stellen auch „Unparteilichkeit" zu fordern, andererseits Art. 47 Abs. 1 KOM-E durch einen Halbsatz abzurunden, die Unabhängigkeit gelte „vorbehaltlich der Vorkehrungen für Zusammenarbeit und Kohärenz gemäß Kap. VII"[7]. Nach Art. 47 Abs. 7a des Entwurfs sollten zudem die Mitgliedstaaten sicherstellen müssen (Abänderung 146), dass „die Aufsichtsbehörde gegenüber dem einzelstaatlichen Parlament im Rahmen der Haushaltskontrolle rechenschaftspflichtig ist" (vgl. für die EZB Art. 284 Abs. 3 AEUV)[8]. In der Sache kaum verändert wurde diese Vorschrift schließlich zu Art. 52 Abs. 6; Art. 47 des Entwurfs blieb unverändert. Die Präzisierung im Hinblick auf Aufgaben und Befugnisse stammt vom Rat;[9] diese Unterscheidung ist in Art. 46 und Art. 47 VO (EG) 45/2001 beim EDPS viel klarer strukturiert als in Art. 70, zumal Art. 71 sein Äquivalent in Art. 48 jenes Rechtsaktes hat (Art. 71 Rn. 7).

B. Inhalt der Regelung

I. Art und Ausmaß der Unabhängigkeit

1. Unabhängigkeit und Demokratieprinzip

8 Zu den Werten der Union zählen nach Art. 2 Satz 1 EUV Demokratie und Rechtsstaatlichkeit.[10]. Jenes Prinzip wird durch Titel II des EUV weiter präzisiert. Für die Bedeutung „unabhängiger"

4 Zur Terminologie und zur Zielbezogenheit Calliess/Ruffert, *Häde*, Art. 130 AEUV Rn. 9 f.
5 Fn. 2.
6 KOM(2012)11 endgültig v. 25.1.2012.
7 P7_TA(2014)0212 v. 12.3.2014.
8 Hierzu Calliess/Ruffert, *Häde*, Art. 284 AEUV Rn. 9 ff.
9 Rats-Dok. Nr. 9565/15 v. 11.6.2015.
10 Vgl. Blanke/Mangiameli, *Mangiameli*, Art. 2 Rn. 18 ff., 28 ff.

Stellen im Unions- wie im mitgliedstaatlichen Recht sind jedoch nicht die Differenzierungen zwischen repräsentativer und partizipativer Demokratie (Art. 10 EUV) oder die Beteiligung nationaler Parlamente (Art. 12) maßgeblich, sondern die Legitimation der Herrschaftsausübung durch die Gesamtheit der Unionsbürger (Art. 9 EUV). Jede hoheitliche Befugnis muss sich über eine Legitimationskette auf das Volk zurückführen lassen; Einschränkungen dieses Erfordernisses müssen formell und inhaltlich hinreichend gerechtfertigt werden können. Der Demokratiegrundsatz bedeutet jedoch nicht, „dass es außerhalb des klassischen hierarchischen Verwaltungsaufbaus keine öffentlichen Stellen geben kann, die von der Regierung mehr oder weniger unabhängig sind"[11].

Das in Art. 2 EUV normierte, unionsrechtliche Demokratieprinzip wird zum einen durch spezielle primärrechtliche Bestimmungen geprägt und teilweise auch relativiert, die ausdrücklich „unabhängige" Stellen auf Unionsebene vorschreiben. Neben der EZB (und den nationalen Zentralbanken im ESZB) sowie dem Europäischen Rechnungshof (Art. 285 Abs. 2 Satz 2 AEUV) gehören hierzu auch „unabhängige" Überwachungs-„Behörden" nach Art. 16 Abs. 2 Satz 2 AEUV (und Art. 39 Satz 2 EUV[12] sowie Art. 8 Abs. 3 EuGrCh[13]). Auch insoweit ist aber eine rechtsstaatlichen Anforderungen genügende normative Ausgestaltung der Unabhängigkeit erforderlich, wenn und soweit das primäre Unionsrecht nur einzelne Aspekte näher regelt. Zudem fordert der Grundsatz der Rechtsstaatlichkeit weiterhin, dass auch unabhängige Stellen einerseits die Grenzen der Legalität einhalten und eine Überschreitung dieser Schranken durch Gerichte korrigiert werden kann.[14]. Umgekehrt sollen unzulässige Eingriffe in den durch Unabhängigkeit geschützten Aufgaben-/Tätigkeitsbereich gegebenenfalls auch durch Anrufung eines Gerichts abgewehrt werden können. Dabei muss allerdings nicht notwendig ein besonderer („privilegierter") Status als Kläger eingeräumt werden, wie dies für Nichtigkeitsklagen von Rechnungshof und EZB erfolgt ist (Art. 263 Abs. 3 AEUV). 9

Auf unterschiedlichen Feldern der „Regulierung" beziehen sich Vorgaben zur Unabhängigkeit vor allem auf das Verhältnis zu regulierten Unternehmen, es soll also „regulatory capture"[15] verhindert werden. Bei einer Querschnittsmaterie wie dem Datenschutz, der, wenn auch in unterschiedlicher Intensität, nicht nur für bestimmte Wirtschaftsbranchen oder Institutionen, sondern allgemein für alle verarbeitenden Stellen (s. Art. 4 Nr. 7, 8) Regelungen trifft, wird diese Gefahr bisher nicht in gleicher Weise thematisiert. Andererseits bestehen sehr wohl spezifische Interessen nicht nur von Unternehmen aus dem Bereich der Informationstechnologie, sondern auch von anderen (wirkungsmächtigen) privaten Organisationen, deren gezieltes Einspeisen in die Ausschussarbeit ausgewogene, unparteiische Entscheidungen (ver)hindern könnte, so dass die Situation in Bezug auf Beeinträchtigungen der Unabhängigkeit durchaus ähnlich erscheint. Unberührt hiervon bleibt jedoch die Möglichkeit, den Ausschuss über angebliche Probleme und Defizite in Kenntnis zu setzen, wie dies auch gegenüber nationalen Aufsichtsbehörden explizit („Beschwerde", Art. 77) vorgesehen ist. 10

2. Rahmenbedingungen für die Ausgestaltung der Unabhängigkeit

Mangels weiterer primärrechtlicher Vorgaben eröffnet das Unionsrecht dem ordentlichen Gesetzgeber Raum bei der näheren Ausgestaltung von Art und Ausmaß der Unabhängigkeit von Behörden, welche die Einhaltung von Datenschutzeinrichtungen überwachen sollen. Im Hinblick auf nationale Aufsichtsbehörden hat der EuGH hier einige Rahmenbedingungen konkretisiert, 11

11 EuGH, Urt. v. 9.3.2010, Rs. C-518/07, Rn. 42.

12 Vgl. Blanke/Mangiameli, *Pizetti*, Art. 39 Rn. 14 ff.

13 Vgl. *Bock/Engeler*, in: DVBl. 2016, 598 f.

14 EuGH, Urt. v. 16.6.2015, Rs. C-62/14, Rn. 41, 68; BVerfG, Urt. v. 21.6.2016, 2 BvR 2728/13 u.a., Rn. 176 ff.

15 Vgl. Art. 3 Abs. 2 (sowie EG 11) der „Rahmen"-Richtlinie 2002/21/EG des EP und des Rates v. 7.3.2002 (ABl. EG Nr. L 108 v. 24.4.2002, S. 33); Art. 3 Abs. 3a, eingefügt durch Art. 1 Nr. 3 b) der Richtlinie 2009/140/EG v. 25.11.2009 (ABl. EU Nr. L 337 v. 18.12.2009, S. 37) sowie EG 13 des Änderungsrechtsaktes; Geppert/Schütz, *Attendorn/Geppert*, § 132 Rn. 12; ferner *Ohler*, in: Die Verwaltung 2016, 324.

die noch die Auslegung des Art. 28 RL 95/46/EG betreffen, aber auch deren primärrechtliche Grundlagen einbeziehen[16] und sich generell zu Gefahren für die unabhängige Wahrnehmung von Aufgaben durch „Kontrollstellen" bzw. für ein „objektives Vorgehen" äußern. Deren Rolle als „Hüter des Rechts auf Privatsphäre" erfordere, dass „ihre Entscheidungen, also sie selbst, über jeden Verdacht der Parteilichkeit erhaben sind".[17] Auch unabhängige öffentliche Stellen, welche Aufgaben wahrnehmen, die „politischer" bzw. „jeglicher äußeren Einflussnahme, die ihre Entscheidungen steuern könnte"[18], entzogen sein sollen, müssen an das Gesetz gebunden sein, das ihre Kompetenzen festlegt, und einer Kontrolle durch die zuständigen Gerichte unterworfen bleiben.[19] Auch der Akt der Bestellung (durch Regierung oder Parlament) sei nicht per se eine unzulässige Einflussnahme, ebenso wenig Rechenschaftspflichten anderen Stellen gegenüber.[20] Über eigenes Personal dürfe aber keine Dienstaufsicht anderer Stellen bestehen,[21] und jedenfalls unbedingte Unterrichtungsrechte übergeordneter Einrichtungen sind mit völliger Unabhängigkeit nicht vereinbar.[22] Schließlich müsse durch klare und eindeutige Regelungen zu schwerwiegenden und objektiv nachprüfbaren Gründen[23] über eine vorzeitige Beendigung der Amtszeit gewährleistet werden, dass nicht deren Fehlen einen vorauseilenden Gehorsam gegenüber für die Abberufung maßgeblichen Stellen herbeiführe und den Anschein mangelnder Unparteilichkeit erzeuge;[24] der EuGH wies dabei explizit auf die (vorbildliche) Regelung in Art. 42 Abs. 4, 5 VO (EG) Nr. 45/2001 hin.[25]

II. Funktionelle Unabhängigkeit des Ausschusses (Satz 1)

12 Abs. 1 greift ein wesentliches Element von Unabhängigkeit auf, das notwendig, aber allein nicht ausreichend ist.[26] Weitere, nicht funktional auf die Tätigkeit, sondern auf die handelnden Personen und deren Sach- wie Finanzausstattung bezogene Elemente werden durch die komplementären Vorschriften hinzugefügt, die für die Mitglieder, nationale Aufsichtsstellen und EDPS, gelten und auch deren Verhalten im Ausschuss erfassen (Rn. 3, 6). Auch stärkt das Bestellungsverfahren bezüglich des Vorsitzes (durch den Ausschuss selbst, Art. 73 Abs. 1) ebenso wie die in dessen Geschäftsordnung zu treffende Regelung zu einem vorzeitigen Ende der Amtszeit (Art. 73 Rn. 11). Die Begrenzung der Möglichkeit der Wiederwahl des Vorsitzenden und der Stellvertreter sowie die konkrete Dauer der Amtszeit tragen andererseits dem demokratischen Gebot zeitlich begrenzter Herrschaft hinreichend Rechnung.[27]

13 Abs. 1 ist sachlich umfassend: Alle „Aufgaben" und Befugnisse des Ausschusses nach Art. 70 sind unabhängig zu erfüllen. Klargestellt wird, dass Unabhängigkeit auch für die Aufgabe der Berichterstattung nach Art. 71 gilt. Ziel der Ausschusstätigkeit ist gemäß Art. 70 Abs. 1 Satz 1, die „einheitliche Anwendung" der Grundverordnung „sicherzustellen". Auf alle damit im Zusammenhang erfolgenden Aktivitäten, nicht nur auf die in Art. 70 Abs. 1 Satz 2 ausdrücklich aufgeführten, bezieht sich Unabhängigkeit und bezweckt, deren objektive, unparteiliche Wahrnehmung zu gewährleisten. Zwar sieht Art. 70 Abs. 1 Satz 2 auch ein „Ersuchen" der Kommission an den Ausschuss(vorsitz) vor, die Einrichtung möge sich mit bestimmten ihr rechtlich zugewiesenen Themen näher befassen. Im Hinblick auf die Unabhängigkeit des Ersuchten darf eine solche Aufforderung aber nur den Arbeitsauftrag näher bestimmen, jedoch weder auf die Art und Weise

16 Zuletzt EuGH, Urt. v. 6.10.2015, Rs. C-362/14, Rn. 40; zuvor Urt. v. 16.10.2012, Rs. C-614/10, Rn. 36; Urt. v. 8.4.2014, Rs. C-288/12, Rn. 47.
17 EuGH, Urt. v. 9.3.2010, Rs. C-518/07, Rn. 36; Urt. v. 16.10.2012, Rs. C-614/10, Rn. 52.
18 EuGH, Urt. v. 9.3.2010, Rs. C-518/07, Rn. 50; Urt. v. 16.10.2012, Rs. C-614/10, Rn. 41.
19 EuGH, Urt. v. 9.3.2010, Rs. C-518/07, Rn. 42, 44.
20 A. a. O., Rn. 44 f.
21 EuGH, Urt. v. 16.10.2012, Rs. C-614/10, Rn. 59.
22 A. a. O., Rn. 63 f.
23 EuGH, Urt. v. 8.4.2014, Rs. C-288/12, Rn. 56.
24 A. a. O., Rn. 54 f.
25 A. a. O., Rn. 56.
26 A. a. O., Rn. 52 f.
27 Vgl. Niedobitek, *Gramlich*, Europarecht, § 4 Rn. 159.

der Erfüllung einwirken noch verbindliche Fristen für eine Erledigung setzen. Besonderheiten hierzu ergeben sich aus Abs. 2 (Rn. 16).

III. „Weisungs"-Freiheit (Abs. 2)

1. Weisung als spezifische Form der Einflussnahme

Ziel des Art. 69 insgesamt ist der Ausschluss aller, vor allem hoheitlicher unerwünschter Einwirkungen auf die Willensbildung und Entscheidungsfindung. Am gefährlichsten wären hierbei verbindliche Anordnungen von externer Seite. Weil Unabhängigkeit schon generell eine Beaufsichtigung durch andere begrenzt (Rn. 11), können sich deshalb „Weisungen" kaum schon aus hierarchischen Strukturen ergeben, weder über Rechts- noch über Dienstaufsicht, weil diese Konstellation regelmäßig nicht zulässig ist. Fraglich ist angesichts des breit gefassten Wortlauts des Abs. 2 aber, ob sich Weisungen nur auf hoheitliche bzw. öffentlich-rechtliche Handlungsformen beziehen. Maßgeblich könnten hier nicht nur die objektive Zuordnung und die Intention der handelnden Stellen, sondern auch oder sogar primär die Sichtweise des „Angewiesenen" sein, dass er tatsächlich nicht umhin komme, der Anordnung Folge zu leisten. Diese Annahme könnte sich insbesondere bei staatlich-politischen Interventionen einstellen. Keine „Weisungen" liegen jedenfalls vor, wenn Gutachten, Ratschläge, Meinungen oder (andere) Informationen entgegengenommen oder auch von sich aus eingeholt werden, wenn und weil sie nicht rechtsverbindlich sind bzw. dies beanspruchen.[28] Auch und gerade „unabhängige" Institutionen müssen sich öffentlicher Kritik stellen, selbst wenn diese zugespitzt erfolgt, solange Sachlichkeit gewahrt und Polemik vermieden wird. Ob es eine klare rechtliche Grenze zu unzulässigem, weil faktisch weisungsähnlich wirkendem „Druck" gibt, ist fraglich.[29] Vertreter von Mitgliedstaaten im Einzelfall überstimmter Aufsichtsbehörden sind jedenfalls nicht gehindert, ihre abweichende Auffassung weiterhin kundzutun und auch durch öffentliche Äußerungen darauf hinzuwirken, dass der Ausschuss einen Beschluss im Nachhinein revidiert. 14

2. Vorgaben an Weisungsgeber und -empfänger

Ausdrücklich adressiert Abs. 2 nur den Ausschuss selbst als Empfänger von „Weisungen" (Rn. 14) Als unzulässiger Weisungsgeber kommen jedoch nur Stellen in Betracht, die zu wirksamer Beeinflussung in der Lage sind, d.h. deren Handeln Verbindlichkeit beansprucht oder die plausibel mit Konsequenzen bei Missachtung drohen können. Bei Privaten und auch bei einzelnen Unternehmen dürfte kaum der Fall sein. 15

3. Kommissionsersuchen

Während Art. 70 Abs. 1 Satz 2 einleitend ein Ersuchen (als förmliche, bindende Aufforderung) der Kommission auf „gegebene Fälle" beschränkt, aber nicht weiter thematisch begrenzt (Art. 70 Rn. 7), scheint Art. 69 Abs. 2 hier zu differenzieren. Als Einschränkung der Weisungsfreiheit (zumindest in formalem Sinne) werden zunächst nur „Ersuchen" nach Art. 70 Abs. 1 (Satz 2) lit. b angesprochen. Jedoch bezieht sich die Verweisung auf jede (von dieser erbetene) „Beratung" der Kommission „in allen Fragen, die im Zusammenhang mit dem Schutz personenbezogener Daten in der Union stehen", einschließlich Vorschlägen zu Verordnungsänderungen. Maßgeblich ist hier die Aufgabe, um deren Erfüllung ersucht wird, nämlich „Beratung" (Art. 70 Rn. 9). Wie diese gestaltet wird und zu welchen Ergebnissen sie führt, wird gerade nicht vorgegeben, sodass die Kommission auch hier nur den Beratungsbedarf abstecken kann. Nur auf lit. b, nicht auch auf lit. e, bezieht sich sodann Art. 70 Abs. 2, der die Kommission ermächtigt, allein in diesem Falle auch eine Frist anzugeben, wobei sie jedoch die Dringlichkeit des Sachverhalts darlegen muss (Art. 70 Rn. 2, 17). Eine echte bzw. erhebliche Beeinträchtigung der Unabhängigkeit liegt daher hierin nicht. 16

---

28 Vgl. Calliess/Ruffert, *Häde*, Art. 130 AEUV Rn. 14.
29 Vgl. *Häde*, a .a. O. , Rn. 14 f.

17 Die Vorschriften zu Kommissionsersuchen verdeutlichen zudem, dass gerade auch Unionsorganen und anderen EU-Stellen Weisungen dem Ausschuss bzw. dessen Vorsitz gegenüber untersagt sind. Informationsaustausch bleibt davon unberührt, ebenso die Kooperationspflichten der Kommission im Kohärenzverfahren (Art. 64 Abs. 2, 4, 5, Art. 65 Abs. 5, Art. 66 Abs. 1; s. Rn. 7). Auf der Grundlage von Art. 69 Abs. 1 ist schließlich auch die Reichweite des „allgemeinen" Ersuchens nach Art. 70 Abs. 1 Satz 2 zu klären: Sein Gegenstand können alle Aufgaben (außer der in lit. b) sein, ein Anwendungs-„Fall" ist aber nur „gegeben", wenn die Kommission ohne Zu-/Mitarbeit des Ausschusses ihre eigenen Aufgaben nicht ordnungsgemäß erfüllen kann. Eine Fristsetzung kommt jedoch nicht in Betracht (Umkehrschluss aus Art. 70 Abs. 2, Rn. 16).

Article 70

Tasks of the Board

1. The Board shall ensure the consistent application of this Regulation. To that end, the Board shall, on its own initiative or, where relevant, at the request of the Commission, in particular:
   (a) monitor and ensure the correct application of this Regulation in the cases provided for in Articles 64 and 65 without prejudice to the tasks of national supervisory authorities;
   (b) advise the Commission on any issue related to the protection of personal data in the Union, including on any proposed amendment of this Regulation;
   (c) advise the Commission on the format and procedures for the exchange of information between controllers, processors and supervisory authorities for binding corporate rules;
   (d) issue guidelines, recommendations, and best practices on procedures for erasing links, copies or replications of personal data from publicly available communication services as referred to in Article 17(2);
   (e) examine, on its own initiative, on request of one of its members or on request of the Commission, any question covering the application of this Regulation and issue guidelines, recommendations and best practices in order to encourage consistent application of this Regulation;
   (f) issue guidelines, recommendations and best practices in accordance with point (e) of this paragraph for further specifying the criteria and conditions for decisions based on profiling pursuant to Article 22(2);
   (g) issue guidelines, recommendations and best practices in accordance with point (e) of this paragraph for establishing the personal data breaches and determining the undue delay referred to in Article 33(1) and (2) and for the particular circumstances in which a controller or a processor is required to notify the personal data breach;

Artikel 70

Aufgaben des Ausschusses

(1) Der Ausschuss stellt die einheitliche Anwendung dieser Verordnung sicher. Hierzu nimmt der Ausschuss von sich aus oder gegebenenfalls auf Ersuchen der Kommission insbesondere folgende Tätigkeiten wahr:

a) Überwachung und Sicherstellung der ordnungsgemäßen Anwendung dieser Verordnung in den in den Artikeln 64 und 65 genannten Fällen unbeschadet der Aufgaben der nationalen Aufsichtsbehörden;
b) Beratung der Kommission in allen Fragen, die im Zusammenhang mit dem Schutz personenbezogener Daten in der Union stehen, einschließlich etwaiger Vorschläge zur Änderung dieser Verordnung;
c) Beratung der Kommission über das Format und die Verfahren für den Austausch von Informationen zwischen den Verantwortlichen, den Auftragsverarbeitern und den Aufsichtsbehörden in Bezug auf verbindliche interne Datenschutzvorschriften;
d) Bereitstellung von Leitlinien, Empfehlungen und bewährten Verfahren zu Verfahren für die Löschung gemäß Artikel 17 Absatz 2 von Links zu personenbezogenen Daten oder Kopien oder Replikationen dieser Daten aus öffentlich zugänglichen Kommunikationsdiensten;
e) Prüfung – von sich aus, auf Antrag eines seiner Mitglieder oder auf Ersuchen der Kommission – von die Anwendung dieser Verordnung betreffenden Fragen und Bereitstellung von Leitlinien, Empfehlungen und bewährten Verfahren zwecks Sicherstellung einer einheitlichen Anwendung dieser Verordnung;
f) Bereitstellung von Leitlinien, Empfehlungen und bewährten Verfahren gemäß Buchstabe e des vorliegenden Absatzes zur näheren Bestimmung der Kriterien und Bedingungen für die auf Profiling beruhenden Entscheidungen gemäß Artikel 22 Absatz 2;
g) Bereitstellung von Leitlinien, Empfehlungen und bewährten Verfahren gemäß Buchstabe e des vorliegenden Absatzes für die Feststellung von Verletzungen des Schutzes personenbezogener Daten und die Festle-

h) issue guidelines, recommendations and best practices in accordance with point (e) of this paragraph as to the circumstances in which a personal data breach is likely to result in a high risk to the rights and freedoms of the natural persons referred to in Article 34(1);
(i) issue guidelines, recommendations and best practices in accordance with point (e) of this paragraph for the purpose of further specifying the criteria and requirements for personal data transfers based on binding corporate rules adhered to by controllers and binding corporate rules adhered to by processors and on further necessary requirements to ensure the protection of personal data of the data subjects concerned referred to in Article 47;
(j) issue guidelines, recommendations and best practices in accordance with point (e) of this paragraph for the purpose of further specifying the criteria and requirements for the personal data transfers on the basis of Article 49(1);
(k) draw up guidelines for supervisory authorities concerning the application of measures referred to in Article 58(1), (2) and (3) and the fixing of administrative fines pursuant to Articles 83;
(l) review the practical application of the guidelines, recommendations and best practices referred to in point (e) and (f);
(m) issue guidelines, recommendations and best practices in accordance with point (e) of this paragraph for establishing common procedures for reporting by natural persons of infringements of this Regulation pursuant to Article 54(2);
(n) encourage the drawing-up of codes of conduct and the establishment of data protection certification mechanisms and data protection seals and marks pursuant to Articles 40 and 42;
(o) carry out the accreditation of certification bodies and its periodic review pursuant to Article 43 and maintain a public register of accredited bodies pursuant to Article 43(6) and of the accredited controllers or processors es-

gung der Unverzüglichkeit im Sinne des Artikels 33 Absätze 1 und 2, und zu den spezifischen Umständen, unter denen der Verantwortliche oder der Auftragsverarbeiter die Verletzung des Schutzes personenbezogener Daten zu melden hat.
h) Bereitstellung von Leitlinien, Empfehlungen und bewährten Verfahren gemäß Buchstabe e des vorliegenden Absatzes zu den Umständen, unter denen eine Verletzung des Schutzes personenbezogener Daten voraussichtlich ein hohes Risiko für die Rechte und Freiheiten natürlicher Personen im Sinne des Artikels 34 Absatz 1 zur Folge hat;
i) Bereitstellung von Leitlinien, Empfehlungen und bewährten Verfahren gemäß Buchstabe e des vorliegenden Absatzes zur näheren Bestimmung der in Artikel 47 aufgeführten Kriterien und Anforderungen für die Übermittlungen personenbezogener Daten, die auf verbindlichen internen Datenschutzvorschriften von Verantwortlichen oder Auftragsverarbeitern beruhen, und der dort aufgeführten weiteren erforderlichen Anforderungen zum Schutz personenbezogener Daten der betroffenen Personen;
j) Bereitstellung von Leitlinien, Empfehlungen und bewährten Verfahren gemäß Buchstabe e des vorliegenden Absatzes zur näheren Bestimmung der Kriterien und Bedingungen für die Übermittlungen personenbezogener Daten gemäß Artikel 49 Absatz 1;
k) Ausarbeitung von Leitlinien für die Aufsichtsbehörden in Bezug auf die Anwendung von Maßnahmen nach Artikel 58 Absätze 1, 2 und 3 und die Festsetzung von Geldbußen gemäß Artikel 83;
l) Überprüfung der praktischen Anwendung der unter den Buchstaben e und f genannten Leitlinien, Empfehlungen und bewährten Verfahren;
m) Bereitstellung von Leitlinien, Empfehlungen und bewährten Verfahren gemäß Buchstabe e des vorliegenden Absatzes zur Festlegung gemeinsamer Verfahren für die von natürlichen Personen vorgenommene Meldung von Verstößen gegen diese Verordnung gemäß Artikel 54 Absatz 2;

tablished in third countries pursuant to Article 42(7);

(p) specify the requirements referred to in Article 43(3) with a view to the accreditation of certification bodies under Article 42;

(q) provide the Commission with an opinion on the certification requirements referred to in Article 43(8);

(r) provide the Commission with an opinion on the the icons referred to in Article 12(7);

(s) provide the Commission with an opinion for the assessment of the adequacy of the level of protection in a third country or international organisation, including for the assessment whether a third country, a territory or one or more specified sectors within that third country, or an international organisation no longer ensures an adequate level of protection. To that end, the Commission shall provide the Board with all necessary documentation, including correspondence with the government of the third country, with regard to that third country, territory or specified sector, or with the international organisation;

(t) issue opinions on draft decisions of supervisory authorities pursuant to the consistency mechanism referred to in Article 64(1), on matters submitted pursuant to Article 64(2) and to issue binding decisions pursuant to Article 65, including in cases referred to in Article 66;

(u) promote the cooperation and the effective bilateral and multilateral exchange of information and best practices between the supervisory authorities;

(v) promote common training programmes and facilitate personnel exchanges between the supervisory authorities and, where appropriate, with the supervisory authorities of third countries or with international organisations;

(w) promote the exchange of knowledge and documentation on data protection

n) Förderung der Ausarbeitung von Verhaltensregeln und der Einrichtung von datenschutzspezifischen Zertifizierungsverfahren sowie Datenschutzsiegeln und -prüfzeichen gemäß den Artikeln 40 und 42;

o) Akkreditierung von Zertifizierungsstellen und deren regelmäßige Überprüfung gemäß Artikel 43 und Führung eines öffentlichen Registers der akkreditierten Einrichtungen gemäß Artikel 43 Absatz 6 und der in Drittländern niedergelassenen akkreditierten Verantwortlichen oder Auftragsverarbeiter gemäß Artikel 42 Absatz 7;

p) Präzisierung der in Artikel 43 Absatz 3 genannten Anforderungen im Hinblick auf die Akkreditierung von Zertifizierungsstellen gemäß Artikel 42;

q) Abgabe einer Stellungnahme für die Kommission zu den Zertifizierungsanforderungen gemäß Artikel 43 Absatz 8;

r) Abgabe einer Stellungnahme für die Kommission zu den Bildsymbolen gemäß Artikel 12 Absatz 7;

s) Abgabe einer Stellungnahme für die Kommission zur Beurteilung der Angemessenheit des in einem Drittland oder einer internationalen Organisation gebotenen Schutzniveaus einschließlich zur Beurteilung der Frage, ob das Drittland, das Gebiet, ein oder mehrere spezifische Sektoren in diesem Drittland oder eine internationale Organisation kein angemessenes Schutzniveau mehr gewährleistet. Zu diesem Zweck gibt die Kommission dem Ausschuss alle erforderlichen Unterlagen, darunter den Schriftwechsel mit der Regierung des Drittlands, dem Gebiet oder spezifischen Sektor oder der internationalen Organisation;

t) Abgabe von Stellungnahmen im Kohärenz verfahren gemäß Artikel 64 Absatz 1 zu Beschlussentwürfen von Aufsichtsbehörden, zu Angelegenheiten, die nach Artikel 64 Absatz 2 vorgelegt wurden und zum Erlass verbindlicher Beschlüsse gemäß Artikel 65, einschließlich der in Artikel 66 genannten Fälle;

u) Förderung der Zusammenarbeit und eines wirksamen bilateralen und multilateralen Austauschs von Informationen und bewährten Verfahren zwischen den Aufsichtsbehörden;

legislation and practice with data protection supervisory authorities worldwide;

(x) issue opinions on codes of conduct drawn up at Union level pursuant to Article 40(9); and

(y) maintain a publicly accessible electronic register of decisions taken by supervisory authorities and courts on issues handled in the consistency mechanism.

v) Förderung von Schulungsprogrammen und Erleichterung des Personalaustausches zwischen Aufsichtsbehörden sowie gegebenenfalls mit Aufsichtsbehörden von Drittländern oder mit internationalen Organisationen;

w) Förderung des Austausches von Fachwissen und von Dokumentationen über Datenschutzvorschriften und -praxis mit Datenschutzaufsichtsbehörden in aller Welt;

x) Abgabe von Stellungnahmen zu den auf Unionsebene erarbeiteten Verhaltensregeln gemäß Artikel 40 Absatz 9 und

y) Führung eines öffentlich zugänglichen elektronischen Registers der Beschlüsse der Aufsichtsbehörden und Gerichte in Bezug auf Fragen, die im Rahmen des Kohärenzverfahrens behandelt wurden.

2. Where the Commission requests advice from the Board, it may indicate a time limit, taking into account the urgency of the matter.

(2) Die Kommission kann, wenn sie den Ausschuss um Rat ersucht, unter Berücksichtigung der Dringlichkeit des Sachverhalts eine Frist angeben.

3. The Board shall forward its opinions, guidelines, recommendations, and best practices to the Commission and to the committee referred to in Article 93 and make them public.

(3) Der Ausschuss leitet seine Stellungnahmen, Leitlinien, Empfehlungen und bewährten Verfahren an die Kommission und an den in Artikel 93 genannten Ausschuss weiter und veröffentlicht sie.

4. The Board shall, where appropriate, consult interested parties and give them the opportunity to comment within a reasonable period. The Board shall, without prejudice to Article 76, make the results of the consultation procedure publicly available.

(4) Der Ausschuss konsultiert gegebenenfalls interessierte Kreise und gibt ihnen Gelegenheit, innerhalb einer angemessenen Frist Stellung zu nehmen. Unbeschadet des Artikels 76 macht der Ausschuss die Ergebnisse der Konsultation der Öffentlichkeit zugänglich.

Recital

(139) In order to promote the consistent application of this Regulation, the Board should be set up as an independent body of the Union. … It should replace the Working Party on the Protection of Individuals with Regard to the Processing of Personal Data established by Directive 95/46/EC. … The Board should contribute to the consistent application of this Regulation throughout the Union, including by advising the Commission, in particular on the level of protection in third countries or international organisations, and promoting cooperation of the supervisory authorities throughout the Un-

Erwägungsgrund

(139) Zur Förderung der einheitlichen Anwendung dieser Verordnung sollte der Ausschuss als unabhängige Einrichtung der Union eingesetzt werden. … Er sollte die mit der Richtlinie 95/46/EG eingesetzte Arbeitsgruppe für den Schutz der Rechte von Personen bei der Verarbeitung personenbezogener Daten ersetzen. … Der Ausschuss sollte zur einheitlichen Anwendung der Verordnung in der gesamten Union beitragen, die Kommission insbesondere im Hinblick auf das Schutzniveau in Drittländern oder internationalen Organisationen beraten und die Zusammenarbeit der Aufsichts-

Recital	Erwägungsgrund
ion. The Board should act independently when performing its tasks.	behörden in der Union fördern. Der Ausschuss sollte bei der Erfüllung seiner Aufgaben unabhängig handeln.

Literatur

Benecke/Wagner, Öffnungsklauseln in der Datenschutz-Grundverordnung und das deutsche BDSG – Grenzen und Gestaltungsspielräume für ein nationales Datenschutzrecht, in: DVBl. 2016, 600; *Geppert/Schütz (Hrsg.)*, Beck'scher TKG-Kommentar, 4. Auflage 2013, C.H. Beck München; *Manger-Nestler*, Par(s) inter pares?, 1. Auflage 2008, Duncker & Humblot Berlin; *Niedobitek (Hrsg.)*, Europarecht – Grundlagen der Union, 1. Auflage 2014, de Gruyter Berlin.

▶ Bedeutung der Norm

Art. 70 enthält die wesentlichen Aufgaben des Ausschusses (Art. 68) und regelt einige Modalitäten bezüglich ihrer Wahrnehmung.

▶ Hinweise für den Anwender

Für die Norm relevante Definitionen:
- Aufsichtsbehörde (Art. 4 Nr. 21), Auftragsverarbeiter (Art. 4 Nr. 8), personenbezogene Daten (Art. 4 Nr. 1), Verantwortliche (Art. 4 Nr. 7).

Für die Auslegung der Norm relevante Erwägungsgründe:
- EG 139.

Systematische Einordnung der Norm innerhalb der DS-GVO:
- Art. 70 steht auch sachlich in engem Zusammenhang mit Art. 68 f. einerseits, Art. 71 andererseits. Abs. 1 Satz 2 stellt Bezüge zu einer Vielzahl von Vorschriften in anderen Kapiteln der Grundverordnung her, die ihrerseits den Inhalt der Aufgabenbestimmung erst präzisieren.

Vorgangernorm der RL 95/46:
- Art. 30 RL 95/46/EG.

Querbezüge zu anderen Normen:
- Art. 51 RL (EU) 2016/680.

Leitentscheidungen:
- EuGH, Urt. v. 13.12.1989, Rs. C-322/88 (Grimaldi).

▶ Schlagworte

akkreditierte Einrichtungen, Akkreditierung, angemessenes Schutzniveau, Antrag durch Ausschussmitglied, Aufsichtsbehörde, Beratungspflichten, Beschlussentwurf von Aufsichtsbehörden, best practices, bewährte Verfahren, Bildsymbole, Datenschutzpraxis, Datenschutzprüfzeichen, Datenschutzsiegel, Dringlichkeit für Fristsetzung, einheitliche Anwendung der Grundordnung, elektronischer Informationsaustausch, Empfehlungen des Ausschusses, Geldbußen, „gutes Verwaltungshandeln", hard law, Informationszugangsrecht, Kohärenz(verfahren), Kommissionsersuchen, Konsultation interessierter Kreise, Leitlinien des Ausschusses, Löschung, Meldung von Verstößen an Aufsichtsbehörden, öffentlich zugängliches elektronisches Register, Öffentlichkeit, öffentlich zugängliche Kommunikationsdienste, Öffnungsklauseln, Personalaustausch, Profiling, Schulungsprogramm, Sekretariat des Ausschusses, Staatenvertreterausschuss, Stellungnahme des Ausschusses, Streitbeilegung durch Ausschuss, Transparenzgebot, Unabhängigkeit des Ausschusses, Überprüfungspflicht des Ausschusses, Überwachungspflicht des Ausschusses, verbindliche interne Datenschutzvorschriften innerhalb einer Unternehmensgruppe, verbindlicher Beschluss des Ausschusses, Veröffentlichungspflichten, Verhaltensregeln, Verletzung des Schutzes personenbezogener Daten, Vorsitz des Ausschusses, Zertifizierungsanforderungen, Zertifizierungsstellen, Zertifizierungsverfahren, Zusammenarbeit zwischen Aufsichtsbehörden

A. Allgemeines

I. Regelungszweck

1 Art. 70 enthält in Abs. 1 Satz 2 eine alle wichtigen Punkte umfassende Auflistung der Aufgaben bzw. daraus resultierenden Tätigkeiten des Ausschusses (Art. 68 Abs. 1), die sämtlich dem Ziel dienen (Abs. 1 Satz 1), die EU-weit einheitliche Anwendung der Grundverordnung (durch nationale unabhängige „Aufsichtsbehörden", Art. 4 Nr. 21) sicherzustellen. Ferner wird punktuell vorgegeben, wie die Einrichtung dabei zu verfahren hat (Abs. 2, Abs. 4 Satz 1) und wie sie wem gegenüber Resultate im Einklang mit dem allgemeinen Transparenzgebot (Art. 15 Abs. 1 und Abs. 3 UAbs. 3 AEUV) bekannt gibt (Abs. 3, Abs. 4 Satz 2).

II. Normadressaten

2 Die Vorschrift richtet sich primär an den Ausschuss als Unionseinrichtung (und indirekt an dessen „Vorsitz", da diesem die Sicherstellung der rechtzeitigen Ausführung der Ausschussaufgaben obliegt, Art. 74 Abs. 1 lit. c). Darüber hinaus räumt sie der Kommission explizit das Recht ein, um eine Prüfung von Angelegenheiten der Anwendung von die Grundverordnung betreffenden Fragen zu ersuchen (Abs. 1 Satz 2 lit. e); Fristen zur Beantwortung setzen darf dieses Organ aber nur in Bezug auf die allgemeine Beratungspflicht des Ausschusses nach Abs. 1 Satz 2 lit. b (Abs. 2), weil hierdurch dessen Unabhängigkeit noch nicht unzulässig beeinträchtigt wird (Art. 69 Rn. 13, 16). Eine umfassende Informationspflicht dem Ausschuss gegenüber trifft die Kommission nach Abs. 1 Satz 2 lit. s.

III. Systematik

3 Der Aufgaben-/Tätigkeitsbereich des Ausschusses reicht weit über Kapitel VII der Grundverordnung hinaus. In Abs. 1 Satz 2 – einer zudem nicht abschließenden Auflistung – finden sich Verknüpfungen mit anderen Bestimmungen, die sich von Art. 12 (lit. r) bis Art. 83 (lit. k) erstrecken und im Hinblick auf die breite Formulierung in Abs. 1 Satz 1 letztlich alle Vorschriften von Art. 1 (Abs. 3) bis Art. 91 umfassen. Aus den Pflichten des Ausschusses ergeben sich jedoch nur im Hinblick auf die Kommission und den Staatenvertreterausschuss (Art. 93 Abs. 2) Rechte der je konkreten Gegenseite.

IV. Entstehungsgeschichte

Art. 66 KOM-E[1] enthielt ebenfalls schon vier Absätze, die weithin an Art. 30 Abs. 1 bis 5 der RL 95/46/46 (Aufgaben der Artikel 29-Gruppe) anknüpften; Abs. 1 Satz 1, Abs. 2 und 3 hatten bereits den auch letztendlich normierten Wortlaut. Darüber hinaus war noch (in Abs. 4) eine Verpflichtung der Kommission vorgesehen, den Ausschuss über alle Maßnahmen in Kenntnis zu setzen, die sie im Anschluss an von der Einrichtung herausgegebene Stellungnahmen, Leitlinien, Empfehlungen oder bewährte Praktiken ergriffen hat; nicht mehr geplant war hingegen ein förmlicher Bericht hierüber, der auch Rat und Parlament zu übermitteln und zu veröffentlichen war (so Art. 30 Abs. 6 RL 95/46/EG). In Abs. 1 Satz 2 (mit sieben Punkten) waren lit. b, e, l sowie lit. t bis w bereits ganz oder doch weithin enthalten. Das Parlament[2] war bestrebt (Abänderung 175), auch eigene Ersuchen sowie solche des Rates festzuschreiben, die Beratung (und Informationspflicht) auf alle „europäischen Organe" auszudehnen; auch wurden zahlreiche weitere Aufgaben konkret benannt. Ferner wurde (als Abs. 4a) der heutige Abs. 5 vorgeschlagen. Der Ausschuss sollte sich schließlich auch mit „gemeinsamen Verfahren für den Erhalt und die Untersuchung von Informationen über die mutmaßliche rechtswidrige Verarbeitung sowie die Sicherung der Vertraulichkeit von Informationen und den Schutz der Quellen von Informationen" befassen (Abs. 4b). Nachdem der Rat dem eine deutlich knappere und andere Schwerpunkte setzende Aufgabenliste entgegengestellt hatte, zudem den Ausschuss generell nur zur „Förderung" der einheitlichen Anwendung verpflichten wollte (Abs. 1)[3], kam es zur politischen Einigung über eine Aufnahme von Abs. 4, die Beibehaltung des Kommissionsvorschlags zu Abs. 1 Satz 1 und zu einer Kompromissliste in Abs. 1 Satz 2.[4] Dort wurden auch noch Präzisierungen zu Beratung (jetzt lit. c) sowie zur „Bereitstellung" von Regeln (Leitlinien etc.) – nunmehr lit. f bis j – hinzugefügt. 4

B. Inhalt der Regelung

I. Aufgaben und Tätigkeiten des Ausschusses (Abs. 1)

1. Sicherstellung der einheitlichen Anwendung der Grundverordnung als allgemeine Aufgabe des Ausschusses (Satz 1)

Die Aufgabenzuweisung ist ebenso lapidar wie umfassend (und erheblich umfangreicher als in Art. 51 RL [EU] 2016/680)[5]. Sie bezieht sich auf „diese" (Grund-)Verordnung insgesamt und deren „Anwendung". Damit ist auch, wenngleich weniger das Verhalten der nationalen Aufsichtsbehörden in der Praxis gemeint als vor allem das der von den EU-Vorschriften direkt betroffenen Personen, deren Daten verarbeitet werden, sowie der „Verantwortlichen" (Art. 4 Nr. 7) einschließlich der „Auftragsverarbeiter" (Art. 4 Nr. 8) und auch weiterer am Datenverkehr (z. B. als „Empfänger", Art. 4 Nr. 9) beteiligter Personen, selbst wenn diese sich nicht im EU-Gebiet befinden oder dort ihren Sitz haben (s. Kapitel V). „Sicherstellen" heißt mehr als nur fördern. Es beinhaltet darüber hinaus zu gewährleisten, dass der vorgegebene Maßstab auch eingehalten wird – und bei Abweichungen die vorhandenen und geeigneten Gegenmaßnahmen ergriffen werden. Der Ausschuss ist allerdings im Hinblick auf seine begrenzten Kompetenzen oft nur in der Lage, an Reaktionen mit- oder auf diese hinzuwirken. 5

Aufgabe des Ausschusses ist es, für „einheitliche" Anwendung zu sorgen; damit sind, soweit der Anwendungsbereich der Grundverordnung reicht (s. Art. 2, 3), also einschließlich der Reichweite von Öffnungsklauseln,[6] nicht nur Unterschreitungen von Vorgaben, sondern auch Übererfüllungen als unzulässige Abweichungen anzusehen, zumal für die am Datenverkehr Beteiligten oft 6

1 KOM(2012)11 endgültig v. 25.1.2012.
2 P7_TA(2014)0212 v. 12.3.2014.
3 Rats-Dok. Nr. 9565/15 v. 11.6.2015.
4 Rats-Dok. Nr. 5455/16 v. 28.1.2016.
5 V. 27.4.2016, ABl. EU Nr. L 119 v. 4.5.2016, S. 89.
6 Vgl. allgemein *Benecke/Wagner*, in: DVBl. 2016, 600 ff.

hier das eine, dort das andere gegeben sein mag. „Kohärenz" wird hingegen anders als in Art. 98 Satz 1 nicht als weiterer Maßstab festgelegt; dort bezieht sich der Sicherstellungsauftrag freilich auf die Kommission und deren Rechtsetzungsinitiativen (Art. 98 Rn. 1, 7). Gleichwohl gehören das Abfassen und Bereitstellen diverser Regelungen explizit auch zu den Aufgaben des Ausschusses (Rn. 9 ff., insbesondere Rn. 13 f.), sodass diese Divergenz sachlich fragwürdig erscheint.

2. Liste der wesentlichen Tätigkeiten (Satz 2)

a) Explizit genannte Tätigkeiten und Systematik

7 Die Tätigkeiten in Satz 2 werden zunächst direkt („hierzu") auf den allgemeinen Sicherstellungsauftrag in Satz 1 bezogen. Es handelt sich dabei, wie bereits der nüchterne englische Wortlaut zeigt, um Aufgaben-/Kompetenzbeschreibungen, vereinzelt auch um Befugnisse, ohne dass diese (in Art. 69 Abs. 1 getroffene) Unterscheidung weiter bedeutsam wäre (anders als in Art. 57, Art. 58). Ausdrücklich gesagt wird, dass die Auflistung nicht abschließend sei; jedoch nennt sie („insbesondere") die wesentlichen Punkte. Im einleitenden Halbsatz von Satz 2 wird schließlich zwischen aus eigener Initiative („von sich aus") durchgeführten und von anderer Seite nachgefragten Tätigkeiten unterschieden. Nicht nur die Voranstellung der Selbstbestimmung (auch im Hinblick auf Prioritäten), sondern zudem und vor allem das Verhältnis zu Art. 69 lässt ein „Ersuchen", d.h. eine verbindliche, sogar mit Fristsetzung (Rn. 17) verbundene Aufforderung zu einem bestimmten Tätigwerden als Ausnahme erscheinen. Ein Anlass hierfür ist also nicht schon deshalb gegeben, weil eine (einzige) Regelung dies als einen von drei Motiven für Prüfungstätigkeiten nennt (lit. e), sondern ein Ersuchen muss auch hier und vor allem bei lit. b, obwohl es dort explizit ebenfalls gestattet ist (arg. Art. 69 Abs. 2), sachlich gerechtfertigt werden. Jede andere oder stärkere Einflussnahme von außen auf Art und Zeit der Aufgabenerfüllung würde eine Gefährdung der Unabhängigkeit der Einrichtung bedeuten und ist daher unzulässig (Art. 69 Rn. 16).

8 Eine systematische Struktur der insgesamt 25 aufgelisteten Punkte (lit.) ist nur bedingt gegeben oder erkennbar, wohl nicht zuletzt deshalb, weil Inhalt und Umfang dieser Liste bis zum Ende streitig diskutiert wurden (Rn. 4). Unterschieden werden kann etwa nach Form und Inhalt, zentralen und weiteren bzw. auch Hilfstätigkeiten, aber auch nach über den Einzelfall hinausreichenden und nur einen solchen betreffenden Betätigungen bzw. Ergebnissen.

9 „Beratung" zu allen Entwürfen von Gemeinschaftsmaßnahmen, die sich auf die Rechte und Freiheiten natürlicher Personen bei der Verarbeitung personenbezogener Daten auswirken, war bereits eine Aufgabe der Artikel 29-Gruppe gemäß Art. 30 Abs. 1 lit. c der RL 95/46/EG. Lit. b knüpft hieran eng an, auch im Hinblick auf etwaige Vorschläge zur Änderung der Grundverordnung (s. Art. 97 Abs. 5). Neu ist die spezielle Beratungspflicht nach lit. c, die im Kontext mit den Regelungen zum (elektronischen) Informationsaustausch nach Art. 61 Abs. 9 und Art. 67 Abs. 1 steht, sich aber auf das vertikale Verhältnis zwischen „Verantwortlichen", „Auftragsverarbeitern" und „Aufsichtsbehörden" bezieht und zudem nur „verbindliche interne Datenschutzvorschriften" (Art. 47) betrifft. „Prüfungs"-Aufgaben waren ebenfalls schon in Art. 30 Abs. 1 (lit. a) der RL 95/46/EG adressiert, dort jedoch bezogen auf mitgliedstaatliche Umsetzungsvorschriften. Lit. e erfasst wie zuvor alle Anwendungsfragen, aber nunmehr in Bezug auf die Grundverordnung. Der Ausschuss kann hier selbst initiativ werden, aber auch auf „Antrag" eines Mitglieds (Art. 68 Abs. 3) oder „Ersuchen" der Kommission handeln. Einer solchen Aufforderung ist grundsätzlich nachzukommen, wobei über Art und Zeitpunkt der Erledigung der Ausschuss selbst befindet.

10 Neu ist die in lit. a beschriebene Tätigkeit, die sich speziell auf Stellungnahmen (Art. 64) und Streitbeilegung (Art. 65) im Kohärenzverfahren bezieht. Eine Pflicht zur „Überwachung" und „Sicherstellung" der ordnungsgemäßen Anwendung der Grundverordnung betrifft das Handeln der ebenfalls an diesem Verfahren beteiligten nationalen Aufsichtsbehörden, während das regelkonforme Verhalten des Ausschusses selbst von dessen Vorsitz sicherzustellen ist (Art. 74 Abs. 1 lit. c). Andererseits erwächst jeder Aufsichtsbehörde eine eigene Pflicht im Hinblick auf die Mitwirkung im Kohärenzverfahren aus Art. 63 und Art. 57 Abs. 1 lit. t. Eine „Überprüfungs"-Auf-

gabe enthält auch lit. l, bezogen auf die „praktische Anwendung“, also die tatsächliche Relevanz für am Datenverkehr Beteiligte, von „Leitlinien“, „Empfehlungen“ und „bewährten Verfahren“, welche die einheitliche Anwendung der Grundverordnung sicherstellen sollen (lit. e), speziell wenn es dabei um Meldungen von Verletzungen des Schutzes personenbezogenen Daten an eine Aufsichtsbehörde (Art. 33) geht (lit. g). Der Ausschuss soll sich also damit befassen, ob und wie seine diversen Maßnahmen wirksam sind und befolgt werden.

Bisher nicht erwähnt wurden verschiedene „Förderungs“-Aktivitäten. Eher allgemeiner Art sind dabei die Konstellationen in lit. u bis w. Ein Gebot zur Zusammenarbeit zwischen Aufsichtsbehörden ergibt sich bereits aus Art. 57 Abs. 1 lit. g, Art. 60 Abs. 1, Art. 61 und Art. 63. Lit. u stellt insoweit klar, dass speziell Informationsaustausch sowohl bi- als auch multilateral erfolgen soll und sich zudem auch auf „bewährte Verfahren“ erstreckt. Global angelegt ist der Austausch von Fachwissen (im Wege von Konferenzen, Treffen etc.) und von (verschriftlichten) Dokumentationen über Datenschutzrecht und -praxis; Partner sind dabei jeweils Datenschutzaufsichtsbehörden in anderen EU- wie in Drittstaaten (lit. w, ferner lit. n). Nur bei lit. v werden auch Beziehungen mit „internationalen Organisationen“ (Art. 4 Nr. 26) explizit erfasst; hier geht es um wechselseitige Schulungsprogramme und Personalaustausch, primär, aber nicht ausschließlich im EU-Raum. 11

„Stellungnahmen“ zu den auf Gemeinschaftsebene erarbeiteten Verhaltensregeln abzugeben war bereits Aufgabe der Artikel 29-Gruppe (Art. 30 Abs. 1 lit. d der RL 95/46/EG); daran knüpft lit. x an (i. V. m. Art. 40 Abs. 9). Der Kommission gegenüber sind Meinungsäußerungen zu übermitteln zu Zertifizierungsanforderungen nach Art. 43 Abs. 8 (lit. q), zu Bildsymbolen nach Art. 12 Abs. 7 (lit. r) und zur Beurteilung der Angemessenheit des in einem Drittland oder einer „internationalen Organisation“ gebotenen Schutzniveaus gemäß Art. 45 (lit. s). Dieser letzte Punkt war bereits in Art. 30 Abs. 1 lit. b der RL 95/46/EG vorgesehen. Ein zentraler Bereich von Stellungnahmen wird schließlich in lit. t angesprochen, nämlich im Kohärenzverfahren zu Beschlussentwürfen von Aufsichtsbehörden (Art. 64 Abs. 1) oder im Fall des Art. 64 Abs. 2 sowie bei Art. 65. Der Wortlaut ist insoweit wenig klar; allenfalls lässt sich der verbindliche Beschluss selbst daher ebenfalls als „Stellungnahme“ werten, weil die endgültige Entscheidung einer Aufsichtsbehörde obliegt (Art. 65 Rn. 1, 24). Gemeinsam ist allen „Stellungnahmen“, dass sie Sachverhalte rechtlich bewerten, aber erst der Empfänger einer solchen Äußerung eine Maßnahme mit Wirkung nach außen trifft. Vor allem im Kohärenzverfahren besteht dabei freilich eine mehr oder weniger strikte Bindung an die Meinung des Ausschusses. 12

Außer Stellungnahmen (Rn. 12) war auch die Befugnis, „Empfehlungen“ (im Sinne von Art. 288 Abs. 5 AEUV) zu erlassen, für die Artikel 29-Gruppe schon in Art. 30 Abs. 3 der RL 95/46/EG normiert. Hinzu gekommen sind zu Letzteren „Leitlinien“ und „bewährte Verfahren“; hierdurch wurden weitere direkte Steuerungsinstrumente geschaffen und wird damit der Ausschuss generell wie in spezifischen Fällen ermächtigt, normkonkretisierende Vorgaben zu treffen. Eine Beschränkung auf „Leitlinien“ findet sich nur in lit. k; diese richten sich hier an nationale Aufsichtsbehörden und bezwecken, einen Rahmen für deren Untersuchungs-, Abhilfe- bzw. Genehmigungsbefugnisse (Art. 58 Abs. 1 bis 3) vorzugeben sowie Kriterien zu präzisieren, die bei der Festsetzung von Geldbußen nach Art. 83 zu beachten sind. Insofern besteht eine Bindung der Adressaten, aber nicht der (behördliches Handeln kontrollierenden) Gerichte und auch kein komplementäres Recht von „Verantwortlichen“ oder anderen Personen auf ausschließlich leitliniengemäßes Verhalten. Die Eigenschaft von „hard law“ kommt „Leitlinien“ also auch insoweit nicht zu (Rn. 22). Bei „bewährten Verfahren“ hingegen kann sich eine derartige „Übung“ (consuetudo) zwar durchaus zu (auch im Unionsrecht anerkanntem)[7] Gewohnheitsrecht entwickeln, wenn und sobald die allgemeine Überzeugung von ihrer Rechtsgültigkeit (opinio iuris) hinzutritt. Solange dies aber nicht der Fall ist, liegen Handelsbräuche vor, die zunächst tatsächliches Verhalten in der Praxis widerspiegeln, zudem freilich auch einen Maßstab „redlichen“, „guten“ bzw. anzustrebenden Verhaltens beinhalten. Dieser „gute Standard“ lässt sich dann 13

7 Vgl. Niedobitek, *Magiera*, § 7 Rn. 4 ff.

sprachlich fassen und erhöht auf diese Weise für alle Beteiligten die Rechtssicherheit bezüglich des Inhalts solcher „bewährten" (und daher „guten") Praktiken. Welche Instrumente der Ausschuss „bereitstellt", also entweder erarbeitet oder „nur" aufgreift und ausformuliert (wie bei „best practices"), wird nicht weiter eingegrenzt, sondern fällt in den Bereich seiner Unabhängigkeit.

14 Leitlinien, Empfehlungen oder verbalisierte bewährte Praktiken können zunächst allgemein „zwecks Sicherstellung einer einheitlichen Anwendung dieser Verordnung" bereitgestellt werden (lit. e, präzisiert in Bezug auf Art. 33 in lit. g). Darüber hinaus wird eine Mehrzahl von besonderen Situationen eigens angeführt: Verfahren der Löschung nach Art. 17 (lit. d), auf Profiling beruhende Entscheidungen nach Art. 22 (Abs. 2) – lit. f –, Benachrichtigungspflichten bei hohem Risiko für Betroffene (lit. h), Kriterien für Datentransfer in Verbindung zu Drittstaaten bei Vorhandensein verbindlicher interner Datenschutzvorschriften innerhalb einer Unternehmensgruppe (Art. 4 Nr. 19 i. V. m. Nr. 18) – lit. i – sowie Umgang mit Ausnahmen nach Art. 49 (lit. j). Aus sich heraus kaum verständlich und daher zu berichtigen ist schließlich lit. m, der, an lit. e anknüpfend, die Festlegung gemeinsamer Verfahren für die von natürlichen Personen vorgenommene Meldung von Verstößen gegen die Grundverordnung „gemäß Art. 54 Abs. 2" nennt. Satz 2 der hier in Bezug genommenen Vorschrift erstreckt die allen Bediensteten von Aufsichtsbehörden auferlegte Verschwiegenheitspflicht (Art. 54 Abs. 2 Satz 1) „insbesondere" auf die genannten Meldungen. Wer wie mit solchen Anzeigen bzw. Hinweisen umgeht, wird aber allenfalls in Art. 57 Abs. 1 lit. u angedeutet, soweit es hier nicht um „Beschwerden" von (vermeintlich) Betroffenen nach Art. 77 ff. geht; nur hierauf kann daher die Verweisung bezogen sein. Ob allein auf dieser Basis „Whistleblower"-Regeln formuliert werden können (die weniger den die Information entgegennehmenden Bediensteten als den externen Hinweisgeber schützen sollen), erscheint fraglich.

15 Einige weitere Punkte lassen sich nur unter der Rubrik „sonstige" Tätigkeiten zusammenfassen. Dazu zählen lit. o, p (betreffend Akkreditierung einschließlich Registerführung, Art. 42 f.) und lit. y; die letztgenannte Vorschrift sieht die Führung eines öffentlich zugänglichen, elektronischen Registers in Bezug auf das Kohärenzverfahren vor, mit Beschlüssen der Aufsichtsbehörden und Gerichte zu in diesem Rahmen behandelten Fragen. Zuständig für diese Vorkehrung sind Vorsitz (Art. 74 Abs. 1 lit. c) bzw. Sekretariat (Art. 75 Abs. 6 lit. d). Verweise auf weitere zugehörige Kommentierungen:

- lit. c: zu den verbindlichen internen Datenschutzvorschriften s. Art. 47;
- lit. d: zur Informationspflicht des Art. 17 Abs. 2 vgl. Art. 17 Rn. 129 ff.;
- lit. f: zu den nach Art. 22 Abs. 2 zulässigen automatisierten Einzelfallentscheidungen vgl. Art. 22 Rn. 73 ff.;
- lit. g: zu Zeitpunkt, Form und Inhalt der Meldung einer Datenschutzverletzung vgl. Art. 33 Rn. 38 ff., 47 ff. und 50 f.;
- lit. h: zum in der DS-GVO verwendeten Begriff des Risikos vgl. insbesondere Art. 24 Rn. 114 ff. und zu den Risikokategorien vgl. Art. 24 Rn. 148 ff.

b) Weitere Tätigkeiten

16 Den aufgelisteten Tätigkeiten gemeinsam ist ein Bezug bzw. eine Wirkung nach außen. Intern gelten auch für den Ausschuss als Einrichtung die Vorgaben aus Art. 298 Abs. 1 AEUV, vor allem im Hinblick auf Effizienz, sodass auch intern Vorkehrungen zur Gewährleistung „guten" Verwaltungshandelns getroffen werden müssen. Hingegen ist Art. 41 EuGRCh nicht direkt relevant.

II. Kommunikation des Ausschusses im Zusammenhang mit der Wahrnehmung seiner Aufgaben

1. Kommunikation mit anderen EU-Stellen

Als bei der Aufgabenerfüllung relevante externe Stelle, insbesondere als Nachfrager von Leistungen, aber auch Empfänger von (dokumentierten) Ergebnissen wird in erster Linie die Kommission (Art. 17 AEUV) genannt. Sie allein ist berechtigt, bestimmte Ersuchen an den Ausschuss, also an dessen „Vorsitz" (Art. 68 Abs. 2, Art. 73 Abs. 1), zu übermitteln (Art. 70 Abs. 1 Satz 2). Dabei kommt sogar, jedoch nur bei Beratungsersuchen, eine Fristsetzung in Betracht (Abs. 2). Jedoch ist diese nur zulässig, wenn die Dringlichkeit des Sachverhalts sie erforderlich macht, und vor allem darf dies nicht strikt erfolgen, sondern lediglich als „Angabe" („indication"). Diese abgeschwächte Wortwahl ist, wie die Entstehungsgeschichte zeigt (Änderung gegenüber Art. 66 Abs. 2 KOM-E, Rn. 4), eine bewusste Festlegung. Schließlich steht selbst die bloße Fristangabe im Ermessen der Kommission, sie erfolgt also gerade nicht automatisch bei jeder Nachfrage. **17**

Ohne eine irgendwie geartete Anfrage der Kommission hingegen sind dieser und dem Ausschuss nach Art. 93 Abs. 2 (s. Art. 67 Rn. 11) bestimmte vom Ausschuss verfasste Regeln (Rn. 13) zu übermitteln, und zwar deren Text insgesamt („Weiterleitung"), nicht nur eine Zusammenfassung, wobei wie sonst auch ein elektronisches Dokument ausreicht. Dieser Vorgang wird ausdrücklich als Aufgabe des Sekretariats (im Auftrag/unter Weisung) des „Vorsitzes" genannt (Art. 75 Abs. 6 lit. b), ebenso wie in Beziehung zum Staatenvertreterausschuss (lit. c). **18**

2. Veröffentlichung bestimmter Beschlüsse und anderer Dokumente (Abs. 3, Abs. 4 Satz 2)

Ebenfalls „Vorsitz" bzw. Sekretariat obliegt die Erfüllung von Veröffentlichungspflichten (Art. 75 Abs. 6 lit. c, d); statt des Drucks der betreffenden Dokumente ist heute das öffentliche Zugänglichmachen durch Einstellen ins Internet die Regel. Jedoch muss auch hierbei eine einfache und rasche Kenntnisnahme möglich sein, d. h. die Publikation auf der eigenen Website, verbunden mit einer Verknüpfung mit der allgemeinen EU-Homepage. Insofern trifft Abs. 3 eine mit dem Umfang der Weiterleitungspflicht an Kommission und Staatenvertreterausschuss (Rn. 18) übereinstimmende Beschränkung von vier Formen von Beschlüssen, nämlich „Stellungnahmen", „Leitlinien", „Empfehlungen" und „bewährten Verfahren" (Rn. 13). Gemeinsam ist diesen ein über den Einzelfall hinausreichender Gehalt, der das Informationsinteresse eines breiteren Publikums erwarten lässt. Unberührt davon bleibt ein Informationszugangsrecht nach Maßgabe des Art. 15 Abs. 3 AEUV und hierzu getroffener Ausführungsregeln (s. Art. 76 Rn. 12 ff.). **19**

Eine zweite Veröffentlichungspflicht findet sich in Abs. 4 Satz 2, die Ergebnisse von Konsultationen (Rn. 21) betreffend. Diese können freilich in unterschiedlicher Form vorliegen und vielfältige Aspekte berühren. Daher wird insoweit durch sprachliche Nuancierung allein „öffentliches Zugänglichmachen" vorgesehen und zudem ausdrücklich auf Art. 76 Bezug genommen, um eine Abwägung zwischen Transparenz und Geheimhaltungsbedürfnissen zu ermöglichen. **20**

III. Konsultationen (Abs. 4 Satz 1)

Abs. 4 Satz 1 trägt der allgemeinen Bestimmung des Art. 11 AEUV über „Bürgerbeteiligung" Rechnung. Direkt adressiert werden dort freilich nur „Organe" (im Sinne von Art. 13 Abs. 1 EUV), nicht auch andere Stellen der Union. Jedoch bezieht das allgemeine Transparenzgebot diese ebenfalls mit ein und dient gerade auch dazu, die „Beteiligung der Zivilgesellschaft" am Unionshandeln generell sicherzustellen (Art. 15 Abs. 1 AEUV). Insoweit ist es unbedenklich, wenn nicht nur die Kommission nach Art. 11 Abs. 3 EUV „umfangreiche Anhörungen" der „Betroffenen" durchführt, um dadurch die „Kohärenz" und „Transparenz" der EU-Aktivitäten zu gewährleisten, sondern wenn diese Möglichkeit auch anderen Unionseinrichtungen durch Rechtsakt eröffnet wird. „Interessierte Kreise" sollten den in Art. 11 Abs. 2 EUV genannten „repräsentativen **21**

Verbänden"[8] entsprechen, aber andere Akteure der „Zivilgesellschaft" dürften nicht generell ausgeschlossen werden.

C. Weitere Auswirkungen der Verordnung in der Praxis

22 Bereits die „Stellungnahmen" oder „Empfehlungen" der Artikel 29-Gruppe, die im Internet sowie im EU-Amtsblatt (Teil C)[9] veröffentlicht wurden, ohne dass dies geboten war, wurden von Medien, interessierter Öffentlichkeit und (daher) auch von Politikern auf nationaler wie EU-Ebene wahrgenommen, diskutiert und bildeten auch Anlass für Änderungen insbesondere bei der Auslegung von Vorschriften. Im Vergleich hierzu erweiterte und vertiefte Kompetenzen des Ausschusses dürften dazu führen, dass nicht nur im Rahmen der Streitbeilegungsbeschlüsse (Art. 65), sondern auch und vor allem mit Bereitstellung von „Leitlinien" oder der Formulierung von „bewährten Verfahren" eine stärkere inhaltliche Einflussnahme auf alle am Umgang mit personenbezogenen Daten Beteiligten einhergeht, selbst wenn hierbei keine verbindlichen (Tertiär-)Rechtsakte getroffen werden (dürfen). Dies zeigt vor allem für „Leitlinien" der Vergleich mit der Europäischen Zentralbank, ebenfalls eine unabhängige Institution, die dieses Instrument (vgl. Art. 12.1 Satz 1 ESZB-Satzung)[10] sehr gezielt und wirksam einsetzt. Ähnliches gilt auch beim Bereich der Telekommunikation (s. Art. 3 Abs. 3c, Art. 15 Abs. 2, 3 der „Rahmen"-RL 2002/21/EG)[11]. Bei „Empfehlungen" wird trotz fehlender Rechtsverbindlichkeit (Art. 288 Abs. 5 AEUV) auch vom EuGH[12] anerkannt, dass diese von ihren Adressaten weitestgehend zu befolgen sind. Auch „best practices" werden etwa im Bankenaufsichts- oder Umweltrecht[13] seit Langem als Orientierungsmaßstab angesehen; deren Nichtbeachtung kann nicht nur zu Nachteilen im Wettbewerb führen, sondern birgt auch Haftungsrisiken.

8 Vgl. Blanke/Mangiameli, *Macho*, Art. 11 Rn. 16 f.
9 Als Beispiel Stellungnahme Nr. 4/2015, ABl. EU Nr. C 392 v. 25.11.2015, S. 9.
10 Vgl. näher *Manger-Nestler*, 206 ff.; Calliess/Ruffert, *Häde*, Art. 132 AEUV Rn. 8.
11 In der Fassung von Art. 1 der Änderungs-Richtlinie 2009/140/EG v. 25.11.2009, ABl. EU Nr. L 337 v. 18.12.2009, S. 37; dazu auch Geppert/Schütz, *Korehnke/Ufer*, § 11 Rn. 76.
12 EuGH, Urt. v. 13.12.1989, Rs. C-322/88, Rn. 11, 18.
13 Vgl. Baseler Ausschuss (Basel Committee on Banking Supervision), Best Practices for Credit Risk Disclosure, Sept. 2000; § 3 Abs. 6a, 6b, 6d und Art. 11 lit. b i. V. m. Art. 2 Nr. 10 der Richtlinie 2010/75/EG des EP und des Rates v. 24.11.2010, ABl. EU Nr. L 334 v. 17.12.2010, S. 17.

Article 71

Reports

1. The Board shall draw up an annual report regarding the protection of natural persons with regard to processing in the Union and, where relevant, in third countries and international organisations. The report shall be made public and be transmitted to the European Parliament, to the Council and to the Commission.
2. The annual report shall include a review of the practical application of the guidelines, recommendations and best practices referred to in point (l) of Article 70(1) as well as of the binding decisions referred to in Article 65.

Artikel 71

Berichterstattung

(1) Der Ausschuss erstellt einen Jahresbericht über den Schutz natürlicher Personen bei der Verarbeitung in der Union und gegebenenfalls in Drittländern und internationalen Organisationen. Der Bericht wird veröffentlicht und dem Europäischen Parlament, dem Rat und der Kommission übermittelt.

(2) Der Jahresbericht enthält eine Überprüfung der praktischen Anwendung der in Artikel 70 Absatz 1 Buchstabe l genannten Leitlinien, Empfehlungen und bewährten Verfahren sowie der in Artikel 65 genannten verbindlichen Beschlüsse.

Recital

(139) … The Board should contribute to the consistent application of this Regulation throughout the Union, including by advising the Commission, in particular on the level of protection in third countries or international organisations, and promoting cooperation of the supervisory authorities throughout the Union.….

Erwägungsgrund

(139) … Der Ausschuss sollte zur einheitlichen Anwendung der Verordnung in der gesamten Union beitragen, die Kommission insbesondere im Hinblick auf das Schutzniveau in Drittländern oder internationalen Organisationen beraten und die Zusammenarbeit der Aufsichtsbehörden in der Union fördern. ….

▶ Bedeutung der Norm

Die Vorschrift regelt die Verpflichtung des Europäischen Datenschutzausschusses (Ausschuss), jährlich einen Bericht über den Zustand des Datenschutzes insbesondere in der EU zu erstellen, den Hauptorganen vorzulegen und zu veröffentlichen.

▶ Hinweise für den Anwender

Für die Norm relevante Definitionen:

- Definitionen von „Verarbeitung" (personenbezogener Daten) und „internationalen Organisationen in Art. 4 Nr. 2 (i. V. m. Nr. 1) bzw. Nr. 26.

Für die Auslegung der Norm relevante Erwägungsgründe:

- EG 139.

Systematische Einordnung der Norm innerhalb der DS-GVO:

- Der Inhalt des Zustandsberichts bezieht sich auch auf Themen des Kapitels V. Für die erforderliche Sammlung von Informationen ist deren Austausch vor allem zwischen nationalen Aufsichtsstellen und Ausschuss notwendig (dazu Art. 50, Art. 61, Art. 67).

Vorgängernorm der RL 95/46:

- Art. 30 Abs. 6 RL 95/46/EG

Schlagworte

Arbeitsweise des Ausschusses, Geschäftsordnung des Ausschusses, Jahresbericht des Ausschusses, Kontrollbefugnisse von Aufsichtsbehörden, Sekretariat des Ausschusses, Statusbericht, Transparenzgebot, verbindliche Beschlüsse des Ausschusses, Veröffentlichung des Jahresberichts, Zustandsbericht

A. Allgemeines

I. Regelungszweck

1 Jährlich abzugebende Berichte sind nicht notwendigerweise auf eine Bilanz der eigenen Aktivitäten in der zurückliegenden Periode beschränkt. Im Fall von Art. 71 geht es vielmehr um eine umfassende, fachkundige Unterrichtung von EU-Organen (und daneben, aufgrund des Publikationserfordernisses, auch der Öffentlichkeit), damit diese Stellen erwägen können, ob eine Aktualisierung bzw. sonstige Änderung des Regelwerks notwendig oder zumindest zielführend ist. Mit der Berichtspflicht wird also eine wichtige Voraussetzung für die dauerhafte Sicherstellung eines angemessenen (Daten-)Schutzniveaus im Anwendungsbereich des Unionsrechts geschaffen. Daher wird der Bereich, über den zu informieren ist, auch nicht auf das Unionsgebiet beschränkt, sondern werden darüber hinaus für die EU/ihre Bürger relevante Verhältnisse außerhalb dieses Raums einbezogen.

II. Normadressaten

2 Die Vorschrift richtet sich unmittelbar nur an den Ausschuss, d. h. an eine Einrichtung der EU (Art. 68 Rn. 6). Bei Erstellung und Verbreitung des Berichts wird er durch das Sekretariat (Art. 75) unterstützt. Für die im Ausschuss vertretenen nationalen Aufsichtsbehörden (Art. 68 Rn. 9) bzw. die betreffenden Mitgliedstaaten ergeben sich aus Art. 71 keine direkten Pflichten.

III. Systematik

3 Im Hinblick auf den Berichtsinhalt wird an Kapitel V angeknüpft. Nach den Vorschriften zur Übermittlung personenbezogener Daten an Drittländer oder an „Internationale Organisationen" (Art. 4 Nr. 26) fallen geeignete Maßnahmen im Bereich der internationalen Zusammenarbeit in die Zuständigkeit der Kommission und/oder der (nationalen) „Aufsichtsbehörden" (Art. 4 Nr. 21 i. V. m. Art. 57 Abs. 1 lit. g). Diese erlangen hierzu erforderliche Informationen auf kurzem Wege, sind doch deren Leiter bzw. deren Vertreter im Ausschuss als Mitglieder präsent. Auch die jährlichen „Tätigkeitsberichte" der nationalen Aufsichtsbehörden werden einerseits veröffentlicht, zudem aber speziell der Kommission und dem Ausschuss zugänglich gemacht (Art. 59 Satz 3). Auf Kontrolle der Anwendung und Wirkungsweise von Kapitel V zielt ferner ausdrücklich auch die Kommissionsberichterstattung nach Art. 97 (Abs. 2 lit. a) ab. Dafür kann wiederum die Darstellung des Ausschusses eine wichtige Quelle bilden (Art. 97 Rn. 14).

IV. Entstehungsgeschichte

Bereits Art. 30 Abs. 6 RL 95/46/EG verpflichtete die Artikel 29-Gruppe[1] dazu, jährlich einen Bericht über den „Stand des Schutzes natürlicher Personen bei der Verarbeitung personenbezogener Daten in der Gemeinschaft und in Drittländern" zu erstellen und diesen Kommission, EP und Rat zu übermitteln. Ebenfalls schon dort vorgesehen ist eine Veröffentlichung dieses Berichts. 4

Art. 67 Abs. 1 UAbs. 1 Satz 2 und Abs. 2 KOM-E[2] führten die Vorgabe der Richtlinie fort, neu einbezogen wurden Inhalte des Berichts (Anwendung von Leitlinien, Empfehlungen, bewährten Praktiken) in Abs. 1 UAbs. 2. Schließlich sollte eingangs der Vorschrift auch eine Verpflichtung des Ausschusses normiert werden, die Kommission „zeitnah" und „regelmäßig" über die „Ergebnisse seiner Tätigkeit" zu informieren. Abänderungsvorschlag 176 des EP[3] erweiterte diese permanente Unterrichtungspflicht im Hinblick auf zwei zusätzliche Adressaten, Parlament und Rat; andererseits sollte der eigentliche Statusbericht nur noch in Abständen von zwei Jahren vorgelegt werden müssen. Am Ende[4] blieb es allein bei der allgemeinen, jährlichen Berichtspflicht, wurde deren Mindestinhalt auf Beschlüsse nach Art. 65 Abs. 3 ausgedehnt und die Erfassung externer Sachverhalte relativiert, aber zugleich auch auf Vorgänge und Entwicklungen in „Internationalen Organisationen" erstreckt. 5

B. Inhalt der Regelung

I. Zustandsbericht: Berichtszeitraum und Erstellung

Ein „Jahresbericht" wird durch eine bestimmte Dauer des Zeitraums, über den zu berichten ist, und seine Nachträglichkeit gekennzeichnet. Er bezieht sich regelmäßig, wenn auch nicht zwingend auf das zurückliegende Kalenderjahr. Eine Vorgabe dazu, bis wann der Bericht vorgelegt bzw. veröffentlicht werden muss, enthält Art. 71 nicht. Aus dem Kontext lässt sich folgern, dass beides frühestmöglich, jedenfalls aber während des Folgejahres stattfinden muss und die beiden Übermittlungen nicht zwingend zu gleicher Zeit erfolgen müssen. Die Zeitpunkte können, weil sie auch die „Arbeitsweise" des Ausschusses betreffen, in dessen Geschäftsordnung (Art. 72 Abs. 2) präzisiert werden. Ferner können dort geregelt werden Modalitäten der Erstellung (insbesondere Rollen von Vorsitz und Sekretariat hierbei) sowie Formen der Übermittlung bzw. Publikation (in der Regel als elektronisches Dokument bzw. durch öffentliches Zugänglichmachen, Rn. 15). 6

II. Inhalt des Zustandsberichts (Abs. 1 Satz 1, Abs. 2)

Eckpunkte zum Inhalt ergeben sich aus Abs. 1 Satz 1, gemäß Abs. 2 sind zudem die zwei dort genannten Punkte zwingend zu behandeln. Der durch Abs. 1 abgesteckte Rahmen für die Darstellung des Zustands (Status bzw. Niveau) des Datenschutzes ist weit: Räumlich wird nicht nur das Gebiet der Union (Art. 355 AEUV) erfasst, sondern auch der „Rest der Welt". Die Unterscheidung zwischen Drittländern (Staaten, die der EU [noch] nicht angehören, bzw. deren jeweilige Staatsgebiete) und intergouvernementalen Organisationen ist konsequent, wenn und weil es bei Letzteren um Datenverarbeitung durch Stellen geht, die neben Staaten (oder der EU selbst) und als eigenständige Völkerrechtssubjekte agieren. Der insoweit ebenfalls erforderliche Schutz personenbezogener Daten (von Menschen in oder in Beziehung zu solchen Organisationen) wird daher durch je eigenes Organisationsrecht sichergestellt. Dies wird nicht zuletzt auch in der Union praktiziert (und vom Europäischen Datenschutzbeauftragten – EDPS – nach Art. 41 der Verord- 7

1 http://ec.europa.eu/justice/data-protection/article-29/index_de.htm (20.10. 2016).
2 KOM(2012)11 endgültig v. 25.1.2012.
3 Standpunkt festgelegt in erster Lesung am 12.3.2014, P7_TC1-COD(2012)0011.
4 Rats-Dok. Nr. 5455/16 v. 28.1.2016 („politische Einigung").

nung [EG] Nr. 45/2001[5] überwacht). Die dieser EU-Behörde vorliegenden Informationen können über die Mitgliedschaft des EDPS im Ausschuss (Art. 68 Rn. 12 f.) unmittelbar in dessen Bericht eingespeist werden. Art. 48 der Verordnung (EG) Nr. 45/2001 sieht demgegenüber gerade keinen Status-, sondern einen „Tätigkeitsbericht" vor, parallel zu Art. 59 Satz 1 bezüglich der nationalen Aufsichtsbehörden.

8 Soweit der Zustandsbericht auch Daten-„Verarbeitung" (Art. 4 Nr. 2) einbeziehen muss, die nicht „in der Union" vor sich geht, wird die Berichtspflicht allerdings notwendig relativiert: Zum einen können die Informationserhebungsbefugnisse des Ausschusses und/oder seiner Mitglieder außerhalb der EU jedenfalls nicht in gleicher Art und Weise ein- oder gar durchgesetzt werden wie innerhalb der Union, selbst wenn Möglichkeiten und Wege einer Amtshilfe (völkervertraglich) eröffnet sind (s. Art. 50). Zum anderen ist hierüber nur „gegebenenfalls" zu berichten, also dort, wo eine Verknüpfung mit oder ein Bezug zum EU-Datenschutzrecht vorliegt, wie vor allem im Rahmen von Kapitel V, wenn die Zulässigkeit des Datenverkehrs vom Vorliegen bestimmter rechtlicher und/oder tatsächlicher Voraussetzungen in Drittländern oder intergouvernementalen Organisationen abhängt.

9 Der Umfang der Berichtspflicht wird begrenzt durch den räumlichen (Art. 3) und sachlichen (Art. 2) Anwendungsbereich der Grundverordnung: Insbesondere erstreckt sich die Verpflichtung nicht nur auf natürliche Personen, die „Unionsbürger" (Art. 20 AEUV) und/oder im Gebiet der EU (Rn. 7) ansässig sind, noch erfasst sie allein den Schutz bei einer Verarbeitung durch „öffentliche" Stellen (bzw. „zuständige Behörden" gemäß Art. 1 Abs. 1 i. V. m. Art. 3 Nr. 7 der Richtlinie [EU] 2016/680[6]). Vielmehr sind grundsätzlich alle „Verantwortlichen" (Art. 4 Nr. 7) und auch „Auftragsverarbeiter" (Art. 4 Nr. 8) einbezogen. Andererseits sieht Art. 51 dieser Richtlinie weder vor, dass auch für deren Anwendungsbereich ein Statusbericht zu erstellen sei, noch nimmt er auf Art. 71 Bezug. Damit bleibt es bei der in Art. 2 Abs. 2 lit. d normierten Bereichsausnahme.

10 Abs. 2 hebt zwei Themen hervor, mit denen sich jeder Zustandsbericht befassen muss, die freilich durchaus schon von der allgemeinen Inhaltsbeschreibung in Abs. 1 Satz 1 erfasst würden (Rn. 7). Die Formulierung der Überprüfungspflicht verdeutlicht daher auch, dass der Bericht insgesamt die (tatsächliche) Praxis des Datenschutzes erfassen soll, also vor allem, ob und wie weit (allgemeine oder spezielle) rechtliche Vorgaben eingehalten werden, welche Probleme bei deren Durch- und Umsetzung entstanden sind und woraus sich diese ergeben haben. Die Statuierung einer „Berichts"-Pflicht bewirkt aber auch eine sachliche Fokussierung auf eine Beschreibung der Rechtsanwendungspraxis (einschließlich von Mängeln und Defiziten). Bewertungen oder gar daraus abgeleitete Handlungsempfehlungen werden damit zwar nicht völlig ausgeschlossen, sie anzustellen und Folgerungen zu ziehen, obliegt jedoch letztlich den rechtsetzenden Organen der Union, die daher auch und allein explizit in Abs. 1 Satz 2 als Berichtsadressaten genannt werden.

11 Art. 70 Abs. 1 (Satz 2) lit. l überträgt dem Ausschuss nur die Aufgabe, die Anwendung an anderer Stelle, nämlich in lit. e und f aufgeführter Leitlinien, Empfehlungen und bewährter Verfahren (Art. 70 Rn. 13) zu überprüfen. Lit. e betrifft allgemein die „Sicherstellung einer einheitlichen Anwendung" der Verordnung und ermächtigt das Gremium, zu diesem Zweck (in Erfüllung seiner generellen Aufgabe nach Art. 70 Abs. 1 Satz 1) die drei genannten Instrumente „bereitzustellen" (Art. 70 Rn. 14). Aus einer Vielzahl spezieller Regelungen (lit. d, g bis k, m) wird sodann lediglich eine einzige Thematik, nämlich die nähere Bestimmung der Kriterien und Bedingungen für die auf „Profiling" (Art. 4 Nr. 4) beruhenden Entscheidungen nach Art. 22 Abs. 2 (lit. f) – d.h. Aus-

---

5 Verordnung (EG) Nr. 45/2001 des Europäischen Parlaments und des Rates v. 18.12.2000 zum Schutz natürlicher Personen bei der Verarbeitung personenbezogener Daten durch die Organe und Einrichtungen der Gemeinschaft und zum freien Datenverkehr, ABl. EU Nr. L 8 v. 12.1.2001, S. 1.

6 Richtlinie (EU) 2016/680 des Europäischen Parlaments und des Rates v. 27.4.2016 zum Schutz natürlicher Personen bei der Verarbeitung personenbezogener Daten durch die zuständigen Behörden zum Zwecke der Verhütung, Ermittlung, Aufdeckung oder Verfolgung von Straftaten oder der Strafvollstreckung sowie zum freien Datenverkehr und zur Aufhebung des Rahmenbeschlusses 2008/977/JI, ABl. EU Nr. L 119 v. 4.5.2016, S. 89.

nahmen vom Verbot automatisierter Entscheidungen im Einzelfall –, explizit als Pflichtelement für den Zustandsbericht aufgegriffen, wohl wegen der besonderen politischen Brisanz. Eine detaillierte Behandlung der anderen speziellen Konstellationen ist daher nicht geboten, aber durchaus zulässig.

Die Prüfung der praktischen Anwendung von „Leitlinien", Empfehlungen (Art. 288 Abs. 5 AEUV) und „bewährten Verfahren" dient der Bewertung, inwiefern und wie gut sich diese unterschiedlichen, allesamt rechtlich unverbindlichen, aber durchaus rechtserheblichen Instrumente mit abstrakt-generellen Vorgaben zur Durchsetzung der Rechtsvereinheitlichung eignen. Daher sind vor allem Informationen darüber wichtig, ob und wie sie jeweils eingesetzt worden und wie weit zwischen ihnen Divergenzen aufgetreten sind. **12**

Im Unterschied zu der nur partiellen Einbeziehung von Leitlinien und anderen allgemeinen Vorgaben erfasst Art. 71 Abs. 2 uneingeschränkt den in Art. 65 normierten Bereich der Streitbeilegung durch den Ausschuss. Dies erfolgt in den drei Fällen des Art. 65 Abs. 1 durch verbindlichen „Beschluss" (im Sinne von Art. 288 Abs. 4 AEUV) und zielt darauf ab, die „ordnungsgemäße und einheitliche Anwendung" der Verordnung „in Einzelfällen sicherzustellen". Hingegen werden Beschlüsse nach Art. 66 Abs. 3 nicht schon nach Art. 71 Abs. 2 in die Berichtspflicht einbezogen, da für das Dringlichkeitsverfahren eine eigenständige Regelung getroffen ist (Art. 66 Abs. 1, 4). Jedoch geht es auch hier um den Schutz personenbezogener Daten bei deren Verarbeitung (Rn. 8), sodass eine Berichterstattung insoweit jedenfalls auf Art. 71 Abs. 1 gestützt werden kann. **13**

III. Berichtsadressaten

Neben der Öffentlichkeit werden als EU-Organe, denen der Zustandsbericht speziell „übermittelt" werden muss, Parlament, Rat und Kommission genannt, d. h. allein die drei am Gesetzgebungsverfahren (Art. 289 AEUV) beteiligten Stellen. Im Unterschied zur allgemeinen Zugänglichkeit, bei der ein Zugriff vom Interesse des Nachfragers abhängt, geht mit dieser ausdrücklichen Differenzierung eine Verpflichtung (des Ausschussvorsitzes, Art. 73 Rn. 3) einher, den finalen Bericht als Dokument an den je zuständigen Amtsträger des Europäischen Parlaments (Art. 14 EUV), des Rates (Art. 16 EUV) und der Kommission (Art. 17 EUV) zu übermitteln. Eine besondere Form (etwa Übergabe eines Druckwerks) ist nicht vorgesehen, jedoch stellt ein bloßer Hinweis auf die Publikation (Rn. 15) und deren Fundstelle keine „Übermittlung" dar. **14**

IV. Art und Form der Veröffentlichung

Die Verpflichtung, den Zustandsbericht zu veröffentlichen, ist Ausfluss des allgemeinen Transparenzgebotes aus Art. 11 Abs. 2, 3 EUV, Art. 15 Abs. 1 AEUV. Auch im Hinblick auf dabei anfallende Kosten und den Umstand, dass eine Überwälzung auf am Berichtsinhalt interessierte Personen der allgemeinen weiten, voraussetzungslosen Zugänglichkeit hinderlich wäre, bietet sich das Vorhalten einer elektronischen Version in einem gängigen Format an, in Anlehnung an die (hier nicht direkt anwendbare) Regelung für die Veröffentlichung von EU-Rechtsakten.[7] Für eine ordnungsgemäße Publikation ist zudem erforderlich, dass ein Interessent bei gezielter Suche den Bericht rasch und ohne Umwege finden kann, also auf der Website des Ausschusses selbst, und dass daneben auch über die allgemeine Homepage der EU ein Zugriff unschwer möglich ist. **15**

---

7 Verordnung (EU) Nr. 216/2013 des Rates v. 7.3.2013 über die elektronische Veröffentlichung des Amtsblatts der Europäischen Union, ABl. EU Nr. L 69 v. 13.3.2013, S. 1.

C. Weitere Auswirkungen der Verordnung in der Praxis

16 Im Hinblick auf den Gegenstand des Berichts, der auch den Zustand der Anwendung von Datenschutzrecht in den EU-Mitgliedstaaten einbezieht (Rn. 10), müssen nationale Aufsichtsstellen (gemäß Art. 52 Abs. 4, EG 120 Satz 1) in die Lage versetzt werden, alle erforderlichen Informationen zu erheben, damit hierauf seitens des Ausschusses bzw. des Sekretariats zugegriffen werden kann (s. Art. 61 Abs. 9, Art. 67 Abs. 1). Hierfür könnten erweiterte „Kontrollbefugnisse" (z. B. des Bundesdatenschutzbeauftragten nach § 24 BDSG-alt) erforderlich sein. Hinter dieser Anforderung bleibt das DSAnpUG-EU[8] zurück: Dieses sieht in § 14 („Aufgaben"), § 16 („Befugnisse") und § 40 BDSG nur teilweise modifizierte Regeln zu Modalitäten der Informationserhebung zu, und §§ 18 und 19 BDSG legen explizit lediglich Zuständigkeiten von Aufsichtsbehörden fest.

---

8 Datenschutz-Anpassungs- und -Umsetzungsgesetz EU, BR-Drs. 110/17 v. 2.2.2017.

Article 72

Procedure

1. The Board shall take decisions by a simple majority of its members, unless otherwise provided for in this Regulation.

2. The Board shall adopt its own rules of procedure by a two-third majority of its members and organise its own operational arrangements.

Artikel 72

Verfahrensweise

(1) Sofern in dieser Verordnung nichts anderes bestimmt ist, fasst der Ausschuss seine Beschlüsse mit einfacher Mehrheit seiner Mitglieder.

(2) Der Ausschuss gibt sich mit einer Mehrheit von zwei Dritteln seiner Mitglieder eine Geschäftsordnung und legt seine Arbeitsweise fest.

Recital

(139) … The Board … should consist of the head of a supervisory authority of each Member State and the European Data Protection Supervisor or their respective representatives. The Commission should participate in the Board's activities without voting rights and the European Data Protection Supervisor should have specific voting rights. …

Erwägungsgrund

(139) … Der Ausschuss … sollte aus dem Leiter einer Aufsichtsbehörde jedes Mitgliedstaats und dem Europäischen Datenschutzbeauftragten oder deren jeweiligen Vertretern gebildet werden. An den Beratungen des Ausschusses sollte die Kommission ohne Stimmrecht teilnehmen und der Europäische Datenschutzbeauftragte sollte spezifische Stimmrechte haben.….

▶ Bedeutung der Norm

Die Norm regelt die Verfahrensweise des Ausschusses als eines aus zahlreichen Mitgliedern zusammengesetzten Gremiums (mit Statuierung von Mehrheitsregeln und -erfordernissen) und verpflichtet zum Erlass einer Geschäftsordnung. Damit wird zugleich die Unabhängigkeit nationaler Aufsichtsbehörden betroffen, wenn eine Abstimmung gegen deren Stimme und Interesse ausfällt.

▶ Hinweise für den Anwender

Für die Auslegung der Norm relevante Erwägungsgründe:

- EG 139.

Systematische Einordnung der Norm innerhalb der DS-GVO:

- Regelungen zur Verfahrensweise des Ausschusses finden sich auch in anderen Abschnitten des Kapitels VII, vor allem dem zweiten.

Vorgängernorm der RL 95/46:

- Art. 29 Abs. 3 RL 95/46/EG.

Stellungnahmen der Aufsichtsbehörden oder der Art. 29-Gruppe:

- Geschäftsordnung der Artikel 29-Gruppe v. 15.2.2010.

▶ Schlagworte

Ausschuss als Mitgliederversammlung, Beschlussfassung im Ausschuss, einfache Mehrheit im Ausschuss, Europäischer Datenschutzbeauftragter, Geschäftsordnung des Ausschusses, Mehrheitsprinzip, Öffentlichkeit von Ausschussberatungen, Stellungnahme des Ausschusses, Streitbeilegungsbeschluss des Ausschusses, Unabhängigkeit der Aufsichtsbehörden, Unabhängigkeit des Ausschusses, Zweidrittelmehrheit im Ausschuss

A. Allgemeines

I. Regelungszweck

1 Für jedes aus einer Personenmehrzahl bestehende Gremium – wie den Ausschuss (Art. 68) – ist eine Festlegung dazu notwendig, wie Entscheidungen getroffen werden, um zu gewährleisten, dass das Ergebnis einer Beratung eine dem Gremium zuzurechnende, die Willensbildung abschließende Äußerung darstellt. In einer explizit an demokratischen Grundsätzen ausgerichteten Organisation wie der EU (s. Art. 2 Satz 1, Art. 10 Abs. 1 AEUV) gilt dabei weithin das Mehrheitsprinzip, welches jedoch nur für einzelne Organe jeweils primärrechtlich (und unterschiedlich) normiert ist (z. B. Art. 16 Abs. 3 EUV, Art. 250 Abs. 1 AEUV). Das Mehrheitsprinzip soll die Funktions- und Entscheidungsfähigkeit des Ausschusses sichern. Die Geltung des Mehrheitsprinzips auch für verbindliche Entscheidungen – und damit die Möglichkeit, dass einzelne Mitglieder überstimmt zu werden – steht jedoch in einem Spannungsverhältnis zur Unabhängigkeit der nationalen Aufsichtsbehörden und des EDPS. Art. 72 normiert insoweit eine Festlegung zugunsten der Handlungsfähigkeit und der Harmonisierung durch einheitliche Entscheidungen des Ausschusses. Welche „Entscheidungskultur" sich letztlich in der Ausschusspraxis herausbildet, ob zunächst Konsens angestrebt wird, ist ungewiss. Unabhängig davon ist sodann stets weiter zu klären und zu bestimmen, in Bezug auf welchen Personenkreis die jeweilige Mehrheit ermittelt wird und welche Art von Mehrheit (einfach, qualifiziert) konkret erforderlich sein soll. Eckpunkte hierzu werden für den Ausschuss allgemein in Art. 72 Abs. 1 (mit Bezug auf „Mitglieder") und speziell in Abs. 2 in Bezug auf die für „Arbeitsweise" und Willensbildung des Gremiums maßgebliche Geschäftsordnung geregelt. Wegen dieser zentralen Bedeutung gilt für Erlass oder Änderung der Geschäftsordnung ein qualifiziertes Mehrheitserfordernis.

II. Normadressaten

2 Beide Absätze richten sich an den Ausschuss als Mitglieder-„Versammlung" und zudem an den Vorsitz, weil dieser für Organisation und Feststellung des Ergebnisses von Ausschussberatungen verantwortlich ist (Art. 74 Rn. 6, 11).

III. Systematik

3 Ein allgemeines Verwaltungsorganisationsrecht der Europäischen Union (für Organe, Einrichtungen, sonstige Stellen) existiert nicht, auch kein die Vielzahl von Einzelregelungen überspannender gemeinsamer Rahmen für (überwiegend) aus Vertretern von Mitgliedstaaten zusammengesetzte Gremien. Enthalten die je spezifischen Bestimmungen über die Errichtung einer solchen Stelle keine umfassende Vorschrift, kann zur Ergänzung bzw. Ausfüllung nur auf allgemeine Rechtsgrundsätze (s. Art. 340 Abs. 2, 3 AEUV) rekurriert werden. Art. 72 Abs. 1 beschränkt freilich die Zulässigkeit von Abweichungen von der Regel der einfachen (Mitglieder-)Mehrheit, indem sich diese nur aus anderen Bestimmungen der Grundverordnung selbst ergeben können (Rn. 9).

IV. Entstehungsgeschichte

Art. 29 Abs. 3 Richtlinie 95/46/EG enthält eine einheitliche Vorgabe dahingehend, dass die „Gruppe" mit der einfachen Mehrheit der Vertreter der Kontrollstellen (je eine pro Mitgliedstaat, s. Art. 29 Abs. 2 dieses Rechtsakts) verbindlich beschließt; andere Mehrheiten sind nicht vorgesehen. In Art. 12 der Geschäftsordnung der Artikel 29-Gruppe (ergangen nach Art. 29 Abs. 6 der Richtlinie)[1] werden ergänzend Stimmenthaltungen als „gültig abgegebene" Stimmen gewertet (Abs. 1 Satz 2) und wird in Abs. 2 klargestellt, bei Stimmengleichheit gelte ein Vorschlag als abgelehnt. **4**

Art. 68 Abs. 1 KOM-E[2] sah ebenfalls allein einfache Mehrheit der Mitglieder vor; allerdings unterschied sich die Konzeption zum Verfahren des Ausschusses in einem wesentlichen Punkt von der Endversion: Es fehlte die Möglichkeit, verbindliche Entscheidungen zu treffen. Abs. 2 legte (ohne Abweichung hinsichtlich des Mehrheitserfordernisses) fest, der Ausschuss müsse sich eine Geschäftsordnung geben und (in dieser) seine Arbeitsweise regeln. In einem zweiten Satz wurden insoweit gewisse organisatorische und prozedurale Vorgaben gemacht. Die Ermächtigung, in der Geschäftsordnung andere Mehrheitsregelungen zu treffen, wurde durch Abänderungsvorschlag 177 des EP eingefügt, Abs. 2 hingegen nicht verändert.[3] Erst die politische Einigung[4] präzisierte dann, dass speziell für die Geschäftsordnung eine qualifizierte Mehrheit notwendig sei; Abs. 2 Satz 2 des Kommissionsentwurfs wurde gestrichen. **5**

B. Inhalt der Regelung

I. Regelfall: Beschlussfassung durch einfache Mehrheit der Mitglieder (Abs. 1)

1. Stimmberechtigte Mitglieder des Ausschusses

Art. 68 Abs. 3 spricht nur davon, dass der Ausschuss aus bestimmten Amtsträgern (oder deren jeweiligen Vertretern) bestehe. Von „Mitgliedern" des Gremiums ist hingegen erst in Art. 73 Abs. 1, Art. 75 Abs. 6 lit. b und Art. 76 Abs. 2 explizit die Rede. Im Hinblick auf Beschlussfassungen des Ausschusses ergeben sich dabei Unterschiede zwischen den beiden in Art. 68 Abs. 3 genannten Gruppen von Stimmberechtigten, nämlich zwischen den Leitern mitgliedstaatlicher „Autsichtsbehörden" (Art. 4 Nr. 21) und dem Europäischen Datenschutzbeauftragten/EDPS (Art. 41 der Verordnung [EG] Nr. 45/2001). Für Letzteren resultieren bei Streitbeilegungsverfahren nach Art. 65 Einschränkungen aus Art. 68 Abs. 6. Nimmt ein Vertreter der Kommission an Sitzungen des Ausschusses teil, so hat diese/-r nie ein Stimmrecht (Art. 68 Abs. 4 Satz 1); Die Vertreter der Kommission (Art. 17 EUV) sind daher ungeachtet ihres Mitwirkungs-/Mitberatungsrechts nicht als (weitere) Ausschussmitglieder anzusehen. Die Differenzierung zwischen weiterem und engerem Teilnehmerkreis hebt auch EG 139 in Satz 5 und 6 hervor. **6**

2. Verfahren der Beschlussfassung

Abs. 1 behandelt nur einen Teil des Verfahrens der Beschlussfassung, nämlich deren Ende in Gestalt der Ermittlung des Ergebnisses. Alle anderen für die Willensbildung notwendigen Aspekte werden durch Abs. 2 – als Festlegung der „Arbeitsweise" (Rn. 11) – der Konkretisierung durch den Ausschuss selbst überwiesen und müssen in dessen Geschäftsordnung näher geregelt werden, wie dies bereits bisher, in der Geschäftsordnung der Artikel 29-Gruppe, erfolgt ist. Die insoweit wichtigsten Punkte umfassen die Art der Beratung (Sitzung oder schriftliches bzw. Umlauf-Verfahren), die Voraussetzungen für Beschlussfähigkeit einschließlich des Ausschlusses einzelner **7**

---

1 http://ec.europa.eu/justice/data-protection/article-29/files/rules-art-29_de.pdf (20.10.2016)
2 KOM(2012)11 endgültig v. 25.1.2012.
3 Standpunkt festgelegt in erster Lesung am 12.3.2014, P7_TC1-COD(2012)0011.
4 Rats-Dok. Nr. 5455/16 v. 28.1.2016.

Personen als Vertreter von Mitgliedern etwa wegen Interessenkollisionen („Befangenheit") und bei Substitutionsregeln, die Vorbereitung und Durchführung von Abstimmungen sowie die Zulässigkeit und Bewertung von Stimmenthaltungen.

3. Beschlussfassung mit einfacher Mehrheit

8 Nur wenn (nach Maßgabe des in der Geschäftsordnung normierten Quorums von jedenfalls mehr als der Hälfte der Mitglieder) Beschlussfähigkeit des Ausschusses gegeben ist, kann dieser überhaupt (als „Mitgliederversammlung") wirksam Beschluss fassen. Die Zahl der Mitglieder beträgt dabei 29, nämlich 28 (1 pro EU-Mitgliedsland/Aufsichtsbehörde) + 1 (EDPS), d. h. die einfache Mehrheit im Ausschuss beläuft sich auf 15 (gültige) Stimmen. Bei 14 oder weniger für einen Beschlussvorschlag abgegebenen Stimmen ist dieser abgelehnt. Stimmenthaltungen wirken daher wie eine Ablehnung (Nein-Stimme). Ist die für ein Mitglied handelnde Person („Repräsentant") verhindert, tritt an dessen Stelle die vorgesehene Ersatzperson (ihr „Vertreter"). Modalitäten, wie hier zu verfahren ist, können und sollten in der Geschäftsordnung präzisiert werden.

4. Vorbehalt anderer Regelung in der Verordnung selbst

9 Die einfache Mehrheit (Rn. 8) reicht regelmäßig für eine wirksame Beschlussfassung des Ausschusses aus. Der Vorbehalt in Abs. 1 Hs. 1 für andere Mehrheitserfordernisse zugunsten anderer Bestimmungen stellt klar, dass solch' spezielle Regelungen der allgemeinen vorgehen: er gilt aber nur, wenn diese bereits in der DS-GVO angelegt sind. Der Ausschuss selbst kann die Mehrheitserfordernisse daher weder herauf- noch herabsetzen, auch nicht mittelbar, indem etwa bei der Mehrheitsermittlung nur auf die anwesenden oder die aktiv mitwirkenden (sich nicht der Stimme enthaltenden) Mitglieder abgestellt wird. So ist zwar Abs. 2 ebenfalls eine „andere Bestimmung" in der Verordnung selbst, jedoch wird dort gerade keine Ermächtigung dafür ausgesprochen, in der Geschäftsordnung andere, geringere Mehrheitserfordernisse zu normieren, weil eine derartige Regelung der „Arbeitsweise" mit Abs. 1 kollidierte.

10 Eine Stellungnahme des Ausschusses zu Beschlussentwürfen von Aufsichtsbehörden (Art. 64 Abs. 1) oder anderen Angelegenheiten (Art. 64 Abs. 2) bedarf gemäß Art. 64 Abs. 3 Satz 2 der Billigung durch eine einfache Mehrheit der Ausschussmitglieder. Eine Abweichung gegenüber Art. 72 Abs. 1 liegt jedoch darin, dass nicht nur ausdrückliche Befürwortung einer Vorlage relevant ist, sondern auch Schweigen nach Ablauf einer angemessenen Frist als Zustimmung gewertet wird (Art. 64 Abs. 3 Satz 5). Für Streitbeilegungsbeschlüsse schreibt Art. 65 Abs. 2 Satz 1 eine Zweidrittelmehrheit der Mitglieder vor; nur hier wird dann die Situation einer Stimmengleichheit besonders geregelt, wenn bei einer etwa notwendigen zweiten Abstimmung einfache Mehrheit ausreicht: Nach Art. 65 Abs. 3 Satz 2 gibt dann die Stimme des Vorsitzes (d. h. des Vorsitzenden, Art. 73 Rn. 3) den Ausschlag.

II. Beschlussfassung durch qualifizierte Mehrheit (Abs. 2)

1. Themen: Geschäftsordnung und Arbeitsweise des Ausschusses

11 Abs. 2 ist der wichtigste Fall, bei dem für eine wirksame Beschlussfassung mehr als die einfache Mitgliedermehrheit (Rn. 8) gefordert wird. Der Ausschuss als kollektiv handelndes Gremium wäre ohne angemessene Regelungen zur Organisation und Verfahren/Willensbildung nicht handlungs-/entscheidungsfähig. Soweit daher entsprechende Bestimmungen zum „Geschäftsgang" nicht schon im Errichtungsgesetz, d. h. der Grundverordnung, selbst getroffen sind, existiert ein Selbstorganisationsrecht. Die konstitutive Wirkung von Abs. 2 erschöpft sich darin, für dessen Ausübung eine qualifizierte (Mitglieder-)Mehrheit festzulegen. Die zusätzliche Erwähnung der „Arbeitsweise" bewirkt, dass auch insoweit nicht nur eine einfache Mehrheit notwendig ist, selbst wenn Regelungen hierzu formal außerhalb der Geschäftsordnung getroffen würden, wenn und weil sie nicht Verfahrensfragen im engeren Sinne (Zustandekommen von Beschlüssen), sondern andere, etwa organisatorische oder auch finanzielle Aspekte der Ausschussarbeit betreffen.

Für den Geschäftsgang (Rn. 11) gelten keine Besonderheiten (und können solche auch nicht über die Geschäftsordnung eingeführt werden). Zwei Drittel der Mitglieder (29) bedeuten mindestens 20 (gültige) Stimmen. Deren Herkunft (Mitgliedstaaten oder EU) ist auch hier irrelevant. 12

2. Sonstige Fälle qualifizierter Mehrheiten

Die herausragende Rolle der Streitbeilegung unter den Aufgaben des Ausschusses (Art. 70) zeigt sich auch im Verfahren der Beschlussfassung: Außer bei Dringlichkeit (Art. 66 Abs. 4) wird hier zunächst ebenfalls Zweidrittelmehrheit der Mitglieder verlangt. Wird diese jedoch binnen zwei Monaten nicht erreicht, kann eine verbindliche Entscheidung auch mit einfacher Mitgliedermehrheit (Rn. 8) getroffen werden (Art. 65 Abs. 2, 3). 13

III. Weitere Verfahrensfragen

In seiner Geschäftsordnung muss der Ausschuss mit Zweidrittelmehrheit insbesondere folgende Fragen klären und regeln: 1) Feststellung der Beschlussfähigkeit des Ausschusses und Vorliegen der je erforderlichen Mehrheit. Insofern ist eine Präzisierung der Aufgaben des Vorsitzes bzw. des Vorsitzenden nach Art. 74 Abs. 1 erforderlich. 2) Festlegung, wann Beschlussfähigkeit gegeben ist, ob und wann hierfür die Anwesenheit aller oder nur bestimmter Mitglieder notwendig ist oder ob auch und wann ein niedrigeres Quorum ausreicht. Im Hinblick auf die Mehrheitsregeln muss ein derartiges Quorum mindestens so hoch sein wie die je geforderte Mehrheit; sachgerecht ist aber eine höhere Schwelle, um Funktionsbeeinträchtigungen vorzubeugen. 3) Konkretisierung von Sachverhalten, in denen das jeweilige Mitglied (aus personenbezogenen Gründen) „befangen" ist – weil es um „die eigene Sache" geht – und daher sein Vertreter einspringen darf und muss, um die Arbeitsfähigkeit des Ausschusses zu sichern (Substitution). Zudem ist zu regeln, wie bei diesem Vorgang zu verfahren ist. 4) Wirkung einer rechtswidrigen Mitwirkung oder eines rechtswidrigen Ausschlusses auf das Ergebnis der Ausschussentscheidung. 14

Ausdrücklich vorgeschrieben (in Art. 76) sind Regelungen zur Vertraulichkeit und damit zugleich zu deren Gegenstück, der „Öffentlichkeit" von Ausschussberatungen (Art. 76 Rn. 1, 6). Nötig sind im Hinblick auf Art. 73 auch nähere Bestimmungen zum Wahlverfahren. 15

C. Weitere Auswirkungen der Verordnung in der Praxis

Der Ausschuss muss nach seiner Errichtung umgehend eine Geschäftsordnung beschließen. Er kann sich dabei inhaltlich weitgehend an die von der Artikel 29-Gruppe getroffenen Regelungen (Rn. 4) anlehnen, sofern diese nicht gegen konkrete Vorgaben der Grundverordnung verstoßen. 16

Article 73

Chair

1. The Board shall elect a chair and two deputy chairs from amongst its members by simple majority.
2. The term of office of the Chair and of the deputy chairs shall be five years and be renewable once.

Artikel 73

Vorsitz

(1) Der Ausschuss wählt aus dem Kreis seiner Mitglieder mit einfacher Mehrheit einen Vorsitzenden und zwei stellvertretende Vorsitzende.

(2) Die Amtszeit des Vorsitzenden und seiner beiden Stellvertreter beträgt fünf Jahre; ihre einmalige Wiederwahl ist zulässig.

Recital

(139) ... The Board should be represented by its Chair....

Erwägungsgrund

(139) ... Der Ausschuss sollte von seinem Vorsitz vertreten werden.....

Bedeutung der Norm

Die Norm regelt die Bestellung des Ausschussvorsitzenden und von dessen Stellvertretern.

Hinweise für den Anwender

Für die Auslegung der Norm relevante Erwägungsgründe:
- EG 139.

Systematische Einordnung der Norm innerhalb der DS-GVO:
- Aufgaben des Vorsitzes sind vor allem in Art. 74 Abs. 1, deren Verteilung zwischen Vorsitzendem und Stellvertretern in Art. 74 Abs. 2, das Verhältnis zum Sekretariat in Art. 75 Abs. 2 geregelt.

Vorgängernorm der RL 95/46:
- Art. 29 Abs. 4 RL 95/46/EG.

Schlagworte

Amtszeit des Ausschusses, Ausschuss als Mitgliederversammlung, Geschäftsordnung des Ausschusses, Sekretariat des Ausschusses, stellvertretende Vorsitzende des Ausschusses, Vorsitz des Ausschusses, Vorsitzender des Ausschusses, Wahl des Vorsitzenden des Ausschusses, Wahl der stellvertretenden Vorsitzenden des Ausschusses, Wiederwahl des Vorsitzenden des Ausschusses, Wiederwahl der stellvertretenden Vorsitzenden des Ausschusses

A. Allgemeines

I. Regelungszweck

1 Beratung und Willensbildung in einem Gremium wie dem Ausschuss (als Mitgliederversammlung handelnd) müssen vorbereitet und strukturiert, Entscheidungen müssen herbeigeführt und (gegenüber externen Personen/Stellen) umgesetzt werden. Dies erfolgt meist – wie auch hier –

durch Bestellung von Mitgliedern zum Vorsitzenden. Für Fälle der Verhinderung ist auch vorab eine Vertretungsregelung nötig.

II. Normadressaten

Verpflichtet ist der Ausschuss selbst bzw. sind dessen Mitglieder insoweit, wie sie als Kandidaten und Wähler angesprochen werden. Für die konstituierende Sitzung setzt EG 139 darüber hinaus eine Pflicht des letzten Vorsitzenden der Artikel 29-Gruppe[1] voraus, eine Zusammenkunft des Ausschusses zu organisieren und den Wahlakt zumindest des Vorsitzenden zu leiten. Mit Wirksamwerden von dessen Wahl wird dann der Ausschussvorsitzende ebenfalls Normadressat, weil ihm die Sitzungsleitung auch für die weiteren (Stellvertreter-) bzw. für Wiederwahlen obliegt (Rn. 10). 2

III. Systematik

Nach Art. 68 Abs. 2 (und Satz 3 von EG 139) vertritt der „Vorsitz" den Ausschuss. Erst aus dem Zusammenhang mit Art. 73 und Art. 74 (Abs. 2) ergibt sich eine Antwort auf die Frage, ob es sich bei diesem „chair" ebenfalls – wie beim Ausschuss selbst — um ein aus mehreren Personen bestehendes Gremium handelt. Zwar wird aus dem Wortlaut von Art. 73 und Art. 74 nicht völlig klar, ob der Vorsitz monokratisch (d. h. ein Vorsitzender und Vertretung durch einen anderen nur, wenn jener ausfällt) oder kollektiv (Gremium aus drei Personen, gegebenenfalls mit je unterschiedlichen Zuständigkeiten) ausgestaltet ist. In der englischen Fassung wird aber durchgängig in Bezug auf „chair" mittels Groß- und Kleinschreibung unterschieden. Gegen eine Gleichsetzung von „Chair" und (einem) „Vorsitzenden" spricht auch nicht die Kleinschreibung im englischen Text in Art. 73 Abs. 1, weil dort auf den Zeitpunkt vor/bei dessen Wahl und nicht auf die eine gewählte Person abgestellt wird. Die nach Art. 74 Abs. 2 gebotene Aufgabenverteilung zwischen Vorsitzendem und Stellvertretern ist sinnvoll, wenn dadurch nur der Eintritt eines Verhinderungs- und damit Vertretungsfalles sowie die Reihenfolge der Stellvertreter in der Geschäftsordnung präzisiert werden sollen. Als „Vorsitz" agiert also entweder allein der „Vorsitzende" oder (ausnahmsweise) einer der beiden Stellvertreter; eine vorherige Willensbildung und Abstimmung im Sinne einer Kollegialentscheidung ist (anders als beim Ausschuss selbst, Art. 72) nicht vorgesehen. 3

Die Regelung zum „Vorsitz" in Art. 73 beschränkt sich auf Vorgaben zu Bestellung und Amtsdauer sowohl des „Vorsitzenden" als auch seiner beiden Stellvertreter; sie trägt dabei nach Art und Maß den demokratischen Grundsätzen der Union Rechnung (s. Art. 2 Satz 1, 10 Abs. 1 AEUV). Das Sekretariat wird zwar der Unterstützung des Ausschusses als solchem zugeordnet (Art. 75 Abs. 1, 5); es führt aber nach Art. 75 Abs. 2 seine Aufgaben ausschließlich auf Anweisung von dessen Vorsitz(enden) aus. Darüber hinaus finden sich diverse Einzelregelungen zum Vorsitz in Art. 64 Abs. 2, 5, 7, 8, Art. 65 Abs. 3, 5, Art. 68 Abs. 2, 5; seine Aufgaben ergeben sich aus Art. 74 Abs. 1. 4

IV. Entstehungsgeschichte

Bei der Artikel 29-Gruppe normiert Art. 29 Abs. 4 Richtlinie 95/46/EG einen Einzelvorsitz, der von dem Gremium auf zwei Jahre gewählt wird; Wiederwahl ist zulässig. Die Geschäftsordnung[2] (nach Art. 29 Abs. 6 dieses Rechtsakts) sieht zudem zwei stellvertretende Vorsitzende vor; die Wahl erfolgt in geheimer Abstimmung (Art. 3 Abs. 1) und kommt zustande, wenn der Kandidat die absolute Mehrheit der (gemäß Art. 17) stimmberechtigten „Gruppen"-Mitglieder erhält (Art. 3 Abs. 2). Art. 3 Abs. 3 Satz 2 der Geschäftsordnung lässt nur eine einmalige Wiederwahl zu. 5

---

1 http://ec.europa.eu/justice/data-protection/article-29/index_de.htm (20.10.2016.)
2 http://ec.europa.eu/justice/data-protection/article-29/files/rules-art-29_de.pdf (6.10.2016).

6 Art. 69 Abs. 1 KOM-E[3] beinhaltete bereits eine Verlängerung der Amtszeit auf fünf Jahre, stellte klar, dass nur Mitglieder des Ausschusses wählbar sind, und knüpfte bei der Zusammensetzung (ein Vorsitzender, zwei Stellvertreter) an die Regelung der Geschäftsordnung der Artikel 29-Gruppe (Rn. 5) an. Eine Beschränkung der Wiederwahl war nicht geplant; hingegen sollte der Europäische Datenschutzbeauftragte (nach Abs. 1 Satz 2) mindestens stellvertretender Vorsitzender sein, sodass insoweit die Regeln für dessen Wahl notwendig anders zu gestalten wären als für sonstige Kandidaten. Diesen Vorschlag lehnte das EP ab (Abänderung 178)[4]; auch sollten mehr als zwei Stellvertreter gewählt werden können und die Stelle des „Vorsitzes" eine Vollzeitstelle sein (Abs. 3; Abänderungsvorschlag 179). Die politische Einigung[5] führte zur Normierung des Erfordernisses (nur) einer einfachen Mehrheit in Art. 69 Abs. 1 (Rats-E) bzw. Art. 73 Abs. 1 sowie der Übernahme der bisherigen Geschäftsordnungsbestimmung zur begrenzten Wiederwahl in Abs. 2.

B. Inhalt der Regelung

I. Zusammensetzung des Vorsitzes (Abs. 1)

7 Abs. 1 legt die Zahl der in den Ausschussvorsitz zu bestellenden Personen auf drei fest, ohne die Möglichkeit einer Erhöhung (oder Verringerung) dieser Gesamtzahl; sowohl der Vorsitzende als auch die zwei stellvertretenden Vorsitzenden müssen hierbei aus dem Kreis der Mitglieder des Ausschusses stammen (Art. 68 Rn. 9 ff.).

II. Bestellung des Vorsitzenden und der Stellvertreter durch Wahl (Abs. 1)

8 Sowohl die oder der Vorsitzende als auch die stellvertretenden Vorsitzenden werden durch „Wahl" in ihr Amt berufen. Nach Abs. 1 ist dafür eine einfache Mehrheit der Ausschussmitglieder erforderlich; dies entspricht der allgemeinen Regelung in Art. 72 Abs. 1 (Art. 72 Rn. 8). Die Verordnung selbst trifft keine Bestimmungen zum Wahlverfahren. Wählbarkeit ist bei allen Ausschussmitgliedern gegeben, einschließlich des gemeinsamen Vertreters von Aufsichtsbehörden nach Art. 68 Abs. 4, nicht aber bei deren „Vertretern" (im Sinne von Art. 68 Abs. 3). Dieser Umstand könnte in der Geschäftsordnung klargestellt werden und rechtfertigt sich durch eine ansonsten drohende Beeinträchtigung der Arbeitsfähigkeit des Vorsitzes. Externe (Nichtmitglieder) sind nicht wählbar. Für das aktive Wahlrecht hingegen ist eine Einschränkung auf ordentliche Mitglieder nicht begründbar; hier können Stimmen auch bei Verhinderung durch den jeweiligen „Vertreter" abgegeben werden. Ebenso wenig ist ein Kandidat für den Vorsitz von der Teilnahme an der (eigenen) Wahl ausgeschlossen. Eine Pflicht zur Kandidatur oder zur Annahme der Wahl ist nicht vorgesehen; sie ergibt sich auch nicht aus dem jeweiligen Rechtsstatus der Ausschussmitglieder. Sinnvoll und zulässig (Art. 72 Rn. 15) sind Regelungen in der Geschäftsordnung vor allem dazu, auf welche Weise und in welchem Verfahren Wahlvorschläge zustande kommen, und ferner, ob die drei Wahlvorgänge auch zu einem einzigen verbunden werden können. Regelmäßig wird auch hier das Wahlgeheimnis einer offenen Abstimmung über einen Kandidaten entgegenstehen.

9 Für die Vorbereitung und Durchführung der Verfahren muss ein Wahlleiter tätig werden. Wird zu diesem Zweck eine Sitzung des Ausschusses einberufen, so obliegt diese Aufgabe dem Vorsitz, der auch dabei vom Sekretariat unterstützt wird (Art. 74 Abs. 1 lit. a, Art. 75 Abs. 6 lit. f). Je nach Konstellation und Kandidaten kann hierbei ein Verhinderungsfall (Interessenkonflikt) vorliegen, sodass nicht dieser, sondern eine andere Person des Vorsitzes tätig werden und dann auch das Wahlergebnis feststellen muss. Da der Ausschuss an die Stelle der Artikel 29-Gruppe tritt (EG 139 Satz 4), wäre eine Übergangsregelung denkbar und sinnvoll, dass dessen Vorsitzender die konsti-

3 KOM(2012)11 endgültig v. 25.1.2012.
4 Standpunkt festgelegt in erster Lesung am 12.3.2014, P7_TC1-COD(2012)0011.
5 Rats-Dok. Nr. 5455/16 v. 28.1.2016.

tuierende Sitzung des neuen Gremiums einberuft und jedenfalls so lange leitet, bis ein neuer Vorsitzender der Nachfolge-Einrichtung gewählt ist und seine Wahl angenommen hat (Rn. 2, 10). Insofern müsste dann freilich noch nach dem Geschäftsgang der Vorgänger-„Gruppe" verfahren werden. Eine Wahl sowohl des Vorsitzenden als auch der beiden Stellvertreter in einer einzigen Sitzung bzw. in direktem zeitlichem Zusammenhang ist nur bei der erstmaligen Bestellung zwingend, da sonst kein ordnungsgemäß konstituierter „Vorsitz" gegeben wäre. Danach kann jedoch, etwa bei vorzeitigem Ausscheiden (Rn. 11), auch nur die betreffende Person durch Wahl eines Nachfolgers ersetzt werden.

III. Amtsdauer (Abs. 2), Beginn und Dauer der Amtszeit

Abs. 2 Satz 1 legt lediglich die Amtsdauer für Vorsitzenden und Stellvertreter einheitlich fest; 10
ebenso parallel verfährt Satz 2 in Bezug auf die Zulässigkeit nur einer Wiederwahl (wiederum für fünf Jahre). Der Beginn der Amtszeit setzt nicht nur eine gültige Wahl voraus, sondern hängt von deren Annahme durch den je Gewählten ab; auch wenn diese bereits durch die Kandidatur in Aussicht gestellt wird, ist sie nicht erzwingbar. Er knüpft ferner an den Zeitpunkt an, zu dem der Vorgänger aus dem jeweiligen Amt ausscheidet. Im Hinblick auf Kontinuität kann aber eine Neu- oder Wiederwahl, d. h. der Wahlvorgang, auch schon vor diesem Datum erfolgen.

Die im Vergleich zu früher erheblich verlängerte Amtszeit (dieselbe Dauer wie bei der Kommis- 11
sion, s. Art. 17 Abs. 3 UAbs. 1 EUV) endet regulär am Ende des mit deren Beginn in Lauf gesetzten Fünfjahreszeitraums. Allerdings sind auch Bestimmungen über eine vorzeitige Beendigung des Amts erforderlich (und betreffen die „Arbeitsweise" des Ausschusses im Sinne von Art. 72 Abs. 2). Außer dem Tod oder dauerhafter Dienstunfähigkeit eines Amtsträgers ist ein solcher Fall auch gegeben, wenn die Mitgliedschaft im Ausschuss (als Wählbarkeitsvoraussetzung, Rn. 8) endet, weil ein Leiter einer nationalen Aufsichtsbehörde aus seiner Hauptfunktion ausscheidet (vgl. dazu Art. 53 Abs. 3, 4). In der Geschäftsordnung könnten (in Anlehnung an Art. 246 AEUV) auch weitere Konstellationen geregelt werden, insbesondere die Zulässigkeit eines Rücktritts aus wichtigem Grund oder auch einer vorzeitigen Abwahl. Dann müsste allerdings auch normiert werden, ob und wann eine Neu- oder lediglich eine „Nachwahl" (für den Rest der ursprünglichen Amtszeit der ausgeschiedenen Person) zu erfolgen hat. Die für Geschäftsordnungsregelungen stets notwendige qualifizierte Mehrheit (Art. 72 Abs. 2) dürfte dabei Gewähr für eine sachlich angemessene Ausgestaltung bieten können; diese könnte sich an Art. 53 Abs. 3 (Rücktritt) bzw. Abs. 4 (Verfehlung) orientieren.

Die Wiederwahl (Abs. 2 Satz 2) jeder in den Vorsitz bestellten Person ist zulässig, aber nur für ein 12
weiteres Mal. Diese Einschränkung betrifft nicht nur eine unmittelbare erneute Wahl nach Ablauf von zwei Amtszeiten, sondern auch spätere Bestellungen, erlaubt andererseits gegebenenfalls auch die Kandidatur einer Person, die das jeweilige Amt nur einmal innehatte und sich danach keiner Wiederwahl stellte. Selbst wenn die erste Amtszeit zulässigerweise kürzer als regulär vorgesehen war, bleibt es bei der Begrenzung auf eine zweite (normale) Amtszeit. Da diese allerdings entweder die Vorsitzenden- oder die Stellvertreterrolle betrifft, wäre es nicht ausgeschlossen, die Wählbarkeit nur in Bezug auf die je bereits innegehabte Position zu verstehen und nicht allgemeiner auf die Zugehörigkeit zum Vorsitz und eine diesbezügliche Klarstellung in der Geschäftsordnung zu treffen.

IV. Verhältnis von Vorsitzendem und Stellvertretern

Die Aufgabenverteilung zwischen den drei Personen im Vorsitz ist vom Ausschuss in der Ge- 13
schäftsordnung zu treffen (Art. 74 Abs. 2), also mit Zweidrittelmehrheit von dessen Mitgliedern (Art. 72 Abs. 2). Das Regel- und Rang-Verhältnis von Vorsitzendem und (erstem bzw. zweitem) Stellvertreter folgt bereits aus der Verordnung selbst (Rn. 3). Daher können und sollten nur die Sondersituationen, die eine Vertretung notwendig machen, genauer bestimmt werden; zudem bedarf es der Festlegung einer Reihenfolge der beiden stellvertretenden Vorsitzenden für diese Fälle. Die Vertretung muss nicht zwingend von kurzer Dauer sein; bei einer längeren Verhinde-

rung kommt allerdings, wenn der Vorsitzende (oder einer der Stellvertreter) aus diesem Grunde sein Amt vorzeitig aufgibt oder aber der Ausschuss Dienstunfähigkeit einer Person aus dem „Vorsitz“ (als vorzeitiger Beendigungsgrund, Rn. 11) feststellt, eine Neu- bzw. Nachwahl eines Nachfolgers in Betracht. Auch dies kann (und muss) als Aspekt der „Arbeitsweise“ durch die Geschäftsordnung geregelt werden.

C. Weitere Auswirkungen der Verordnung in der Praxis

14 Im Hinblick auf die Regelungskontinuität zwischen RL 95/46/EG und der Grundverordnung und dem bis zum Inkrafttreten des neuen Rechtsakts verbleibenden Zeitraum ist ein reibungsloser Übergang im Verhältnis zwischen Artikel 29-Gruppe und Ausschuss bzw. zwischen dem jeweiligen Vorsitz sichergestellt. Insbesondere kann der Ausschuss bereits vor Mai 2018 eine konstituierende Sitzung durchführen, um seinen (ersten) Vorsitzenden zu wählen, sodass alles Weitere von diesem (mit Unterstützung des Sekretariats, Art. 75 Rn. 6, 9) bewerkstelligt werden kann.

Article 74

Tasks of the Chair

1. The Chair shall have the following tasks:
   (a) to convene the meetings of the Board and prepare its agenda;
   (b) to notify decisions adopted by the Board pursuant to Article 65 to the lead supervisory authority and the supervisory authorities concerned;
   (c) to ensure the timely performance of the tasks of the Board, in particular in relation to the consistency mechanism referred to in Article 63.

2. The Board shall lay down the allocation of tasks between the Chair and the deputy chairs in its rules of procedure.

Artikel 74

Aufgaben des Vorsitzes

(1) Der Vorsitz hat folgende Aufgaben:
a) Einberufung der Sitzungen des Ausschusses und Erstellung der Tagesordnungen,
b) Übermittlung der Beschlüsse des Ausschusses nach Artikel 65 an die federführende Aufsichtsbehörde und die betroffenen Aufsichtsbehörden,
c) Sicherstellung einer rechtzeitigen Ausführung der Aufgaben des Ausschusses, insbesondere der Aufgaben im Zusammenhang mit dem Kohärenzverfahren nach Artikel 63.

(2) Der Ausschuss legt die Aufteilung der Aufgaben zwischen dem Vorsitzenden und dessen Stellvertretern in seiner Geschäftsordnung fest.

Recital

(139) ... The Board should be represented by its Chair...

Erwägungsgrund

(139) ... Der Ausschuss sollte von seinem Vorsitz vertreten werden...

Bedeutung der Norm

Die Norm regelt die Aufgaben des Ausschuss-„Vorsitzes" und spricht zudem die Aufgabenverteilung zwischen Vorsitzendem und Stellvertretern an.

Hinweise für den Anwender

Für die Norm relevante Definitionen:
- Aufsichtsbehörde (Art. 4 Nr. 21), federführende Aufsichtsbehörde (Art. 56).

Für die Auslegung der Norm relevante Erwägungsgründe:
- EG 139.

Systematische Einordnung der Norm innerhalb der DS-GVO:
- Art. 74 ergänzt Art. 73.

Schlagworte

Ausschuss als Mitgliederversammlung, Einrichtung der Union, federführende Aufsichtsbehörde, Kohärenzverfahren, Sekretariat des Ausschusses, Sitzung des Ausschusses, Stellvertreter des Vorsitzenden des Ausschusses, Streitbeilegungsbeschlüsse des Ausschusses, Vorsitz des Ausschusses, Vorsitzender des Ausschusses, Zusammenarbeit zwischen Aufsichtsbehörden

A. Allgemeines

I. Regelungszweck

1 Die Aufgaben des Ausschusses selbst – als einer „Einrichtung der Union mit eigener Rechtspersönlichkeit" (Art. 68 Abs. 1) – sind zu unterscheiden von denjenigen des Vorsitzes, d. h. in der Regel des Vorsitzenden (Art. 73 Rn. 3). Die Organkompetenz reicht aber nicht weiter als die Ausschuss-Verbandskompetenz, sondern entfaltet sich allein in deren Rahmen. Daher obliegen dem „Vorsitz" neben der alleinigen Aufgabe der Vertretung des Ausschusses (Art. 68 Abs. 2) nach Art. 74 Abs. 1 insbesondere Vorbereitungs-, Koordinierungs- und Vollzugsaufgaben. Hingegen sind Entscheidungen in der Sache dem Ausschuss selbst zugewiesen, in Gestalt einer in der Regel in Sitzungen (Art. 72 Rn. 7) agierenden „Mitgliederversammlung". Neben dieser aufgabenorientierten Kompetenzverteilung findet sich eine weitere innerhalb des „Vorsitzes" in Art. 74 Abs. 2. Sie soll dessen Funktionsfähigkeit sicherstellen, wenn die je vorrangig zuständige Person, also zunächst der „Vorsitzende", verhindert ist, und knüpft an Art. 11 Abs. 3 der Geschäftsordnung der Artikel 29-Gruppe[1] an.

II. Normadressaten

2 Abs. 1 richtet sich an den „Vorsitz", d. h. die letztlich in dieser Funktion amtierende Person (Rn. 1), Abs. 2 verpflichtet den Ausschuss als solchen.

III. Systematik

3 Aufgaben des „Vorsitzes" regelt nicht nur Art. 74 Abs. 1, sondern der jeweils für den Vorsitz handelnden Person werden auch in anderen Bestimmungen der Verordnung weitere spezifische Kompetenzen zugewiesen, insbesondere in Art. 64 Abs. 5, 65 Abs. 5, 68 Abs. 5 Satz 3. Das Überordnungsverhältnis gegenüber dem Sekretariat folgt aus Art. 75 Abs. 2.

IV. Entstehungsgeschichte

4 Art. 70 KOM-E[2] sah in Abs. 1 nur zwei Aufgaben des „Vorsitzenden" vor, nämlich die nunmehrigen lit. a und c. Lit. b wurde durch den Rat ergänzt.[3]

B. Inhalt der Regelung

I. Aufgaben des Vorsitzes (Abs. 1)

1. Einberufung von Ausschusssitzungen

5 In Abs. 1 lit. a werden explizit zwei eher nebensächliche Aspekte genannt, die mit der zentralen Aufgabe des „Vorsitzes", der Leitung von Sitzungen bzw. Organisation anderer Ausschussbera-

---

1 http://ec.europa.eu/justice/data-protection/article-29/files/rules-art-29_de.pdf (20.10.2016).
2 KOM(2012)11 endgültig v. 25.1.2012.
3 Rats-Dok. Nr. 9565/15 v. 11.6.2015.

tungen (Art. 72 Rn. 7), verknüpft sind, ihr jedoch zeitlich vorausliegen. Für die „Vorbereitung" ist allgemein das Sekretariat verantwortlich (Art. 75 Abs. 6 lit. f), ebenso für die nachfolgende Phase der Umsetzung von Beschlüssen, der Dokumentation etc. („Nachbereitung"). Im Verhältnis zum Ausschuss wird aber der Vorsitz(ende) tätig. Näheres zur Einberufung (Form, Frist von Ladungen; Ort, Zeit), zur Durchführung von Sitzungen oder schriftlichen Verfahren sowie zu Aufbau und Struktur der Tagesordnung kann und sollte die Geschäftsordnung des Ausschusses regeln (s. a. Art. 72 Abs. 2, 7). Insoweit erfasst die Zuständigkeit des Vorsitzes nicht nur Sitzungen im engeren Sinne, sondern jede andere Form der Ausschussberatungen.

2. Sicherstellung der rechtzeitigen Ausführung der Ausschussaufgaben

Lit. a bezeichnet einen wichtigen und daher besonders genannten Fall der generellen Aufgabe des Vorsitzes gemäß Abs. 1 lit. c. Hier wird auf alle (in Art. 70 Abs. 1 Satz 2 nicht abschließend aufgelisteten) Aufgaben des Ausschusses selbst Bezug genommen. Diese inhaltlichen Vorgaben konkretisieren die Verpflichtung des Ausschusses, jederzeit die „einheitliche Anwendung" der Grundverordnung sicherzustellen (Art. 70 Abs. 1 Satz 1). Dies setzt nicht nur die Organisation regulärer Beratungen voraus, sondern darüber hinaus müssen (mit Unterstützung des Sekretariats, Art. 75 Abs. 5) alle Maßnahmen getroffen werden (können), welche zur Erfüllung der Ausschussaufgaben notwendig sind, vor allem auch im Verhältnis zu anderen Organen, Einrichtungen oder Stellen. „Rechtzeitig" erfolgt die Ausführung nur dann, wenn sie innerhalb (in der Grundverordnung vielfach, z. B. in Art. 66 Abs. 1, 4) vorgegebener Fristen bewerkstelligt wird. 6

Ein Zusammenhang mit dem Kohärenzverfahren nach Art. 63 ist dabei häufig, aber nicht zwingend vorhanden. Andere Aspekte einer „Zusammenarbeit" mit Beteiligung des Ausschusses sind in Art. 60 Abs. 7 oder in Art. 61 Abs. 9 geregelt. 7

3. Übermittlung von Streitbeilegungsbeschlüssen an Aufsichtsbehörden

In den Rahmen der „Nachbereitung" von Sitzungen fällt die Bekanntgabe von Entscheidungen eines Gremiums an hiervon Betroffene (und auch eine etwaige Veröffentlichung). Nicht nur dafür (allgemein, Rn. 5), sondern auch für Beschlüsse nach Art. 65 verantwortlich ist zunächst nach Art. 75 Abs. 6 lit. g das Sekretariat, bezogen auf „Vorbereitung", „Abfassung" (Art. 75 Rn. 12) und „Veröffentlichung" (soweit vorgesehen, etwa in Art. 65 Abs. 5 Satz 3). In Abgrenzung hierzu wird die Aufgabe der direkten „Übermittlung" (da auch keine „Kommunikation mit anderen Organen im Sinne von Art. 75 Abs. 6 lit. c) an nationale Aufsichtsbehörden dem Vorsitz zugewiesen. Diese Stellen werden hierbei nicht in ihrer Eigenschaft als Ausschussmitglieder adressiert, sondern als konkrete Verfahrensbeteiligte. 8

Sowohl die „federführende" Aufsichtsbehörde (Art. 56 i. V. m. Art. 4 Nr. 21) als auch alle „betroffenen Aufsichtsbehörden" (Art. 4 Nr. 22) sollen zwar schon Informationen im Kontext ihrer Zusammenarbeit nach Art. 60 austauschen. Nur in drei ausdrücklich in Art. 65 Abs. 1 genannten Konstellationen kommt es aber zu einem verbindlichen Streitbeilegungsbeschluss des Ausschusses. Bereits Art. 65 Abs. 2 Satz 3 ordnet dessen Übermittlung an die beteiligten nationalen Behörden an; Art. 74 Abs. 1 lit. b konkretisiert diese Vorgabe als Aufgabe des „Vorsitzes", wiederholt in Bezug auf die „betroffenen Aufsichtsbehörden" jedoch die schon in Art. 65 Abs. 5 Satz 1 getroffene Regelung. Nur aus Art. 65 Abs. 5 Satz 1 hingegen ergibt sich die Pflicht des „Vorsitzes", auch die Kommission „hiervon", d. h. vom Beschluss nach Art. 65 Abs. 1, in Kenntnis zu setzen. 9

Streitbeilegungsbeschlüsse des Ausschusses sind zu begründen (Art. 65 Abs. 2 Satz 3), auch deshalb ist eine schriftliche (Vorlage und) „Abfassung" des Textes geboten. Zu übermitteln sind Beschlussformel und Begründung als für die endgültige Entscheidung der federführenden Aufsichtsbehörde nach Art. 65 Abs. 6 (Satz 1) notwendige „Grundlage". Eine bestimmte Form der Übermittlung ist nicht vorgeschrieben, diese ist daher auch auf elektronischem Wege zulässig. 10

4. Sonstige Aufgaben

11 Abs. 1 zählt dem Wortlaut zufolge nicht nur wichtige Fälle auf, sondern wirkt abschließend. Jedoch werden auch an anderer Stelle in der Grundverordnung Aufgaben des Vorsitzes erwähnt. Diese lassen sich nur dann der in lit. c genannten Konstellation zuordnen, wenn dort über die „rechtzeitige" Ausführung (Rn. 6) hinaus auch deren ordnungsgemäße (und vollständige) Erledigung gemeint ist. Eine solche Auslegung trägt zugleich der Wechselbeziehung von Vorsitz und Sekretariat Rechnung (s. vor allem Art. 75 Abs. 6 lit. a).

II. Aufgabenverteilung beim Vorsitz zwischen Vorsitzenden und Stellvertretern (Abs. 2)

1. Rahmen und Inhalt der Aufgabenverteilung

12 Abs. 2 nimmt nicht nur Bezug auf Aufgaben des Vorsitzes nach Abs. 1, sondern auch auf anderweitig in der Verordnung genannte Aufgaben (Rn. 3, 11). Mit der nicht kollegialen Struktur unvereinbar wäre die Festlegung eines Ressortprinzips, demzufolge jeder der drei Personen/Ämter die eigenständige Wahrnehmung bestimmter Geschäfte zugewiesen würde, sodass stets bzw. im Normalfall insoweit eine je zuständige Person agierte. Vielmehr ist nur eine möglichst klare Beschreibung der Sachverhalte zulässig, aber auch geboten, bei deren Eintritt anstelle des (ersten) Vorsitzenden dessen (erster) Stellvertreter die „Vorsitz"-Aufgaben erledigen darf und muss (Krankheit, Befangenheit etc., Art. 73 Rn. 11, 13), und zudem der weitere (sachlich parallele) Fall der Substitution des ersten durch den zweiten Stellvertreter. Bestimmt werden muss weiterhin die Reihenfolge der Stellvertretung.

2. Zuständigkeit, Form und Verfahren bezüglich der Aufgabenverteilung

13 Abs. 2 weist die Thematik der Regelung durch die Geschäftsordnung des Ausschusses zu; auch über die Aufgabenverteilung muss daher mit Zweidrittelmehrheit der Mitglieder entschieden werden (Art. 72 Rn. 12). Als Bestimmung der „Arbeitsweise" kann und sollte auch festgelegt werden, welches Ausschussmitglied Ausschussberatungen leitet, wenn alle Personen des Vorsitzes nicht verfügbar sind. Normiert werden kann ferner, wie der Verhinderungsfall festgestellt wird und wer die Entscheidung hierüber trifft, insbesondere ob und wann dabei die betreffende Person mitwirkt. Auch sollte schon vor einer Sitzung oder einem relevanten Punkt der Tagesordnung klar sein, wer als Vorsitzender tätig werden darf.

3. „Vorsitz" und Vorsitzender

14 Für den „Vorsitz" handelt also immer nur ein als Vorsitzender oder Stellvertreter gewähltes Ausschussmitglied, in der Regel ist dies der Vorsitzende (Rn. 1). Eine echte Aufgabenverteilung zwischen diesen drei Personen durch entsprechende Regelungen in der Geschäftsordnung vorzunehmen, lässt Art. 74 Abs. 2 nicht zu.

15 Der Vorsitz würde verfahrensfehlerhaft handeln, wenn eine konkret nicht zuständige Person tätig würde, sei es, weil kein Substitutionsfall vorliegt, sei es, weil eine in der Reihenfolge der zum Vorsitz Berufenen vorrangige Person trotz rechtlicher Verhinderung Aufgaben wahrnimmt. Wird dies nicht erkannt bzw. gerügt und daher im Ausschuss gleichwohl Beschluss gefasst, führt ein solcher Mangel allein nicht zur Rechtsunwirksamkeit der Entscheidung. Die betreffende Person verstößt jedoch gegen ihre dienstlichen Pflichten und hat insoweit Maßnahmen des jeweiligen Dienstherrn zu gewärtigen.

Article 75

Secretariat

1. The Board shall have a secretariat, which shall be provided by the European Data Protection Supervisor.
2. The secretariat shall perform its tasks exclusively under the instructions of the Chair of the Board.
3. The staff of the European Data Protection Supervisor involved in carrying out the tasks conferred on the Board by this Regulation shall be subject to separate reporting lines from the staff involved in carrying out tasks conferred on the European Data Protection Supervisor.
4. Where appropriate, the Board and the European Data Protection Supervisor shall establish and publish a Memorandum of Understanding implementing this Article, determining the terms of their cooperation, and applicable to the staff of the European Data Protection Supervisor involved in carrying out the tasks conferred on the Board by this Regulation.
5. The secretariat shall provide analytical, administrative and logistical support to the Board.
6. The secretariat shall be responsible in particular for:
   (a) the day-to-day business of the Board;
   (b) communication between the members of the Board, its Chair and the Commission;
   (c) communication with other institutions and the public;
   (d) the use of electronic means for the internal and external communication;
   (e) the translation of relevant information;
   (f) the preparation and follow-up of the meetings of the Board;
   (g) the preparation, drafting and publication of opinions, decisions on the settlement of disputes between supervisory authorities and other texts adopted by the Board.

Artikel 75

Sekretariat

(1) Der Ausschuss wird von einem Sekretariat unterstützt, das von dem Europäischen Datenschutzbeauftragten bereitgestellt wird.

(2) Das Sekretariat führt seine Aufgaben ausschließlich auf Anweisung des Vorsitzes des Ausschusses aus.

(3) Das Personal des Europäischen Datenschutzbeauftragten, das an der Wahrnehmung der dem Ausschuss gemäß dieser Verordnung übertragenen Aufgaben beteiligt ist, unterliegt anderen Berichtspflichten als das Personal, das an der Wahrnehmung der dem Europäischen Datenschutzbeauftragten übertragenen Aufgaben beteiligt ist.

(4) Soweit angebracht, erstellen und veröffentlichen der Ausschuss und der Europäische Datenschutzbeauftragte eine Vereinbarung zur Anwendung des vorliegenden Artikels, in der die Bedingungen ihrer Zusammenarbeit festgelegt sind und die für das Personal des Europäischen Datenschutzbeauftragten gilt, das an der Wahrnehmung der dem Ausschuss gemäß dieser Verordnung übertragenen Aufgaben beteiligt ist.

(5) Das Sekretariat leistet dem Ausschuss analytische, administrative und logistische Unterstützung.

(6) Das Sekretariat ist insbesondere verantwortlich für

a) das Tagesgeschäft des Ausschusses,
b) die Kommunikation zwischen den Mitgliedern des Ausschusses, seinem Vorsitz und der Kommission,
c) die Kommunikation mit anderen Organen und mit der Öffentlichkeit,
d) den Rückgriff auf elektronische Mittel für die interne und die externe Kommunikation,
e) die Übersetzung sachdienlicher Informationen,
f) die Vor- und Nachbereitung der Sitzungen des Ausschusses,
g) die Vorbereitung, Abfassung und Veröffentlichung von Stellungnahmen, von Beschlüssen über die Beilegung von Streitigkeiten zwischen Aufsichtsbehörden und

von sonstigen vom Ausschuss angenommenen Dokumenten.

Recital	**Erwägungsgrund**
(140) The Board should be assisted by a secretariat provided by the European Data Protection Supervisor. The staff of the European Data Protection Supervisor involved in carrying out the tasks conferred on the Board by this Regulation should perform its tasks exclusively under the instructions of, and report to, the Chair of the Board.	(140) Der Ausschuss sollte von einem Sekretariat unterstützt werden, das von dem Europäischen Datenschutzbeauftragten bereitgestellt wird. Das Personal des Europäischen Datenschutzbeauftragten, das an der Wahrnehmung der dem Ausschuss gemäß dieser Verordnung übertragenen Aufgaben beteiligt ist, sollte diese Aufgaben ausschließlich gemäß den Anweisungen des Vorsitzes des Ausschusses durchführen und diesem Bericht erstatten.

Bedeutung der Norm

Die Norm regelt Stellung und Aufgaben des Sekretariats im Spannungsfeld zwischen Ausschuss, dessen Vorsitz und dem Europäischen Datenschutzbeauftragten.

Hinweise für den Anwender

Für die Norm relevante Definition:
- Aufsichtsbehörde (Art. 4 Nr. 21).

Für die Auslegung der Norm relevante Erwägungsgründe:
- EG 140.

Systematische Einordnung der Norm innerhalb der DS-GVO:
- Zum Europäischen Datenschutzbeauftragten enthält auch Art. 68 Regelungen. Diese betreffen allerdings dessen Stellung als Ausschussmitglied.

Vorgängernormen der RL 95/46:
- Art. 29 Abs. 5 RL 95/46/EG.

Schlagworte

Berichtspflichten des Ausschusspersonals, Personal des Ausschusses, Personal des Europäischen Datenschutzbeauftragten, Sekretariat des Ausschusses, Unabhängigkeit des Ausschusses, Unabhängigkeit des EDPS, Vorsitz des Ausschusses

A. Allgemeines

I. Regelungszweck

Nicht mehr zwischen mehreren Regelungsebenen und Vorschriften verstreut wie nach bisherigem Recht (Rn. 4), sondern in einer einzigen Bestimmung konzentriert behandelt Art. 75 Stellung, Personal und Aufgaben des für eine kontinuierliche Ausschusstätigkeit unentbehrlichen Sekretariats. Dem Ausschuss wird nach wie vor (Rn. 4 f.) kein eigenes Personal zugewiesen. Jedoch wechselt der „Verleiher" der Sekretariatsmitarbeiter; trotz – oder auch wegen – der primärrechtlich durch Art. 16 Abs. 2 Satz 2 AEUV gewährleisteten „Unabhängigkeit" des Europäischen Datenschutzbeauftragten (Art. 41 ff. Verordnung [EG] Nr. 45/2001[1]) bedarf es einer klaren Abgrenzung und Zuordnung des Personals im Hinblick auf die je unterschiedlichen Aufgaben, die dem ebenfalls „unabhängigen" Ausschuss (Art. 69) einerseits (vor allem durch Art. 70 Grund-VO), dem Datenschutzbeauftragten andererseits übertragen worden sind. Die Verweigerung eigenen Personals ist de facto eine Einschränkung der Unabhängigkeit des Ausschusses. 1

II. Normadressaten

Für den Ausschuss selbst ergibt sich aus Abs. 4 keine strikte Pflicht, mit dem Europäischen Datenschutzbeauftragten (EDPS) eine Vereinbarung zu treffen (Rn. 8). Für einen Teil des Personals dieser Kontrollbehörde – nicht jedoch für deren Leiter – wird in Abs. 2 eine Unterstellung unter den „Vorsitz" (Art. 73 Rn. 3) des Ausschusses normiert. Den im Sekretariat tätigen Personen werden direkt durch Abs. 5 und 6 Aufgaben zugewiesen, für die nach Abs. 3 andere als die regulären Berichtspflichten gelten. Der EDPS ist nach Abs. 1 zur Bereitstellung des Sekretariats und damit eines Teils der seiner Behörde zugewiesenen Mitarbeiter (Rn. 3) verpflichtet. 2

III. Systematik

Anders als der EDPS nach Art. 43 Abs. 2 der VO (EG) Nr. 45/2001 ist der Ausschuss weiterhin nicht mit eigenem Personal ausgestattet (Rn. 6), sondern ihm werden die zur Aufgabenerfüllung erforderlichen Mitarbeiter von jener Behörde „verliehen"; den (gegebenenfalls auszufüllenden) Rahmen dafür steckt Abs. 4 ab. Damit bleibt eine gewisse Abhängigkeit des Personals in Bezug auf den EDPS bestehen, was indirekt auch der Kommission Einwirkungsmöglichkeiten eröffnen kann und daher im Hinblick auf die Unabhängigkeit der Ausschussarbeiten nicht unproblematisch ist. Im Rahmen der Tätigkeit für den Ausschuss befasst sich Abs. 2 mit der Zuordnung zum „Vorsitz", während Abs. 3 und 5 insoweit nicht differenzieren. Abs. 6 bezieht Aufgaben zumeist ebenfalls auf den EDA allgemein, erfasst aber auch Kommunikation mit der Kommission. 3

IV. Entstehungsgeschichte

In Art. 29 Abs. 5 der Richtlinie 95/46/EG hieß es kursorisch, die „Sekretariatsgeschäfte" der Artikel 29-Gruppe würden von der Kommission „wahrgenommen". Etwas mehr dazu regelte die Geschäftsordnung des Ausschusses (nach Art. 29 Abs. 6 der Richtlinie)[2] insbesondere in Art. 4. Dort werden zunächst (in Abs. 1) die Dienststellen der Kommission als Verantwortliche benannt und wird konkret die Zuordnung zur Generaldirektion Justiz, Freiheit und Sicherheit ausgewiesen. Damit wird zugleich der Adressat des „Schriftverkehrs" bezeichnet (Abs. 3). Art. 4 Abs. 2 schließlich umschreibt die umfassende vorbereitende und unterstützende Aufgabe des Sekretariats und spricht auch das Verhältnis zum Vorsitzenden (Art. 29 Abs. 4 der Richtlinie) an. Über die 4

1 Verordnung (EG) Nr. 1049/2001 des Europäischen Parlaments und des Rates v. 30.5.2001 über den Zugang der Öffentlichkeit zu Dokumenten des Europäischen Parlaments, des Rates und der Kommission, ABl. EG Nr. L 145 v. 31.5.2001, S. 43.

2 http://ec.europa.eu/justice/data-protection/article-29/files/rules-art-29_de.pdf (20.10.2016).

Geschäftsordnung verstreut finden sich weitere, direkt einzelne Sekretariatsgeschäfte präzisierende Bestimmungen (von Art. 2.4 bis Art. 18.1).

5 Art. 71 KOM-E[3] enthielt bereits inhaltlich fast identische Regelungen zu den Aufgaben des Sekretariats; die damaligen Abs. 2 und 3 sind heute Abs. 5 und 6. Auch die Inanspruchnahme fremden Personals, nicht mehr der Kommission, sondern des EDPS, war schon (wie heute in Abs. 1) im Kommissionsvorschlag vorgesehen. Angedeutet war schließlich (in Abs. 2 des Entwurfs) die Weisungsbefugnis des Ausschussvorsitzes; diese Passage entfiel, als die Zuordnungsregelung des finalen Abs. 2 aufgenommen wurde. Nicht weiter verfolgt wurde der Abänderungsvorschlag 180 des EP, die Unterstützungsaufgabe auch auf rechtliche Fragen auszudehnen.[4] Erst die politische Einigung[5] führte zur Aufnahme der Abs. 2 bis 4, die sich eingehender mit Personalfragen befassen, welche im Hinblick auf die geteilte Verantwortung von („entleihendem") Ausschuss und („verleihendem") Datenschutzbeauftragten entstehen. Bei der Schlussredaktion wurden sodann die Vorschriften über die Kommunikation im Hinblick auf unterschiedliche Adressaten in zwei Gliederungspunkte aufgeteilt (Abs. 6 lit. b und c). Jedoch deckt sich diese Differenzierung nicht mit der folgenden (lit. d) zwischen interner und externer Kommunikation (Rn. 12).

B. Inhalt der Regelung

I. Stellung des Sekretariats und von dessen Personal (Abs. 1 , 4)

1. Einrichtung ohne eigenes Personal

6 Der Ausschuss hat kein eigenes (Haushalts-)Personal. Dass seine Mitglieder, sowohl die nationalen „Aufsichtsbehörden" (Art. 4 Nr. 21) als auch der EDPS, jeweils mit eigenen Mitarbeitern ausgestattet sind und diese auch zur je eigenen Unterstützung bei der Ausschussarbeit heranziehen dürfen, ändert daran nichts. Ohne Verwaltungsapparat können jedoch weder Ausschuss (als Mitgliederversammlung, Art. 72 Rn. 2, Art. 74 Rn. 1) noch „Vorsitz" ihre Aufgaben angemessen erfüllen. Für eine Einrichtung der EU liegt insoweit auch die Zuordnung von europäischen Bediensteten nahe. Abs. 1 enthält insoweit sowohl eine Verpflichtung (des EDPS, einen Teil des ihm zugeordneten Personals dem Ausschuss bereitzustellen) als auch ein Recht (des Ausschusses, eine solche personelle Hilfeleistung zu fordern).

2. „Leih"-Verhältnis zwischen EDPS und Ausschuss

7 Auch wenn eine nähere Ausgestaltung der Zusammenarbeit zwischen Ausschuss und EDPS nach Abs. 4 in einer „Vereinbarung" erfolgen soll, die nicht zuletzt die Rechtsverhältnisse des betreffenden Personals erfasst, bildet weder ein „Leih"- noch ein anderer privatrechtlicher Vertrag die Rechtsgrundlage für diese personalwirtschaftliche Regelung, sondern diese folgt aus Art. 75 Abs. 1 selbst. Weitere verordnungsrechtliche Vorgaben dazu enthalten Abs. 2 (Normierung des abweichenden Weisungsverhältnisses) und indirekt auch Abs. 3, der zwei unterschiedliche Berichts-„Kanäle" voraussetzt. Sowohl Abs. 3 als auch Abs. 4 besagen zudem ausdrücklich, auch das für Sekretariatsaufgaben des Ausschusses bereitgestellte Personal bleibe solches des EDPS, was vor allem haushaltsrechtlich relevant ist (Art. 43 Abs. 2, 3 VO [EG] Nr. 45/2001).

3. Detailregelungen der Zusammenarbeit von Ausschuss und EDPS durch „Vereinbarung"

8 Weniger der Normtext als vor allem gesetzessystematische Gründe führen zu einer Auslegung des Abs. 4 dahin gehend, dass die intendierte Zusammenarbeit allein Einzelheiten der Bereitstellung (bzw. der Klärung der dadurch herbeigeführten ambivalenten Stellung) des EDPS-Personals betrifft, zumal Abs. 3 ebenfalls nicht ausschließt, dass Mitarbeiter sowohl EDPS- als auch Aus-

3 KOM(2012)11 endgültig v. 25.1.2012.
4 Standpunkt festgelegt in erster Lesung am 12.3.2014, P7_TC1-COD(2012)0011.
5 Rats-Dok. Nr. 5455/16 v. 28.1.2016.

schussaufgaben wahrnehmen (an diesen jeweils „beteiligt" sein) können. Die „Vereinbarung" muss nicht rechtsförmlich bzw. rechtsverbindlich sein, insbesondere muss sie keine unmittelbar rechtsgestaltende Wirkung für den Status der betroffenen Mitarbeiter entfalten. Der englische Wortlaut („Memorandum of Understanding", „applicable") ist hier offener und insoweit deutlicher als der deutsche. Die Eingangsworte von Abs. 4 gehen davon aus, eine derartige Vereinbarung sei sinnvoll, müsse aber nicht alle Punkte behandeln („soweit", nicht „wenn"); davon wird auch eine „weiche" Abrede gedeckt. Letztlich geht es um die Präzisierung der Pflichten der betroffenen EDPS-Mitarbeiter bei der Wahrnehmung von Ausschussaufgaben, also nicht um das Grund-, sondern um das Leistungsverhältnis einschließlich der Unterwerfung unter die Weisungsbefugnisse des Vorsitzes. Bei Fehlverhalten in diesem Bereich (Aufgaben des „Entleihers") bleibt jedoch eine Ahndung weiterhin dem EDPS als Dienstherrn vorbehalten.

II. Allgemeine und spezielle Aufgaben des Sekretariats

1. Querschnittsaufgaben (Abs. 3, 5)

Abs. 5 bezieht sich auf die Ausschusstätigkeit insgesamt, dessen Aufgaben sowie die Modalitäten ihrer Erfüllung. Dem Sekretariat, d. h. jedem ihm ganz oder teilweise zugehörigen EDPS-Mitarbeiter, obliegt eine umfassende Verpflichtung zur Unterstützung des Ausschusses (bzw. des Vorsitzes); umgekehrt fasst nur der Ausschuss selbst Beschlüsse oder trifft andere Entscheidungen. Die drei genannten Bereiche einer Unterstützung überschneiden sich zum Teil: „Administrativ" dürfte dabei im Unterschied zu „logistisch" Organisation und Verfahren innerhalb der Einrichtung, Letzteres dagegen vor allem Übermittlungsvorgänge erfassen. „Analytische" Hilfe ist etwa bei der Vorbereitung und Abfassung von Texten wichtig und schließt wissenschaftliche Recherche mit ein. 9

Abs. 3 erschöpft sich dem Wortlaut nach darin, zwischen zwei verschiedenen Berichtspflichten zu unterscheiden, denen das bereitgestellte Personal in diesem Bereich bzw. bei der „verleihenden" Behörde EDPS unterliegt. Auch hier wird der Gegenstand solcher Pflichten nicht eingeschränkt, sondern es werden (im Rahmen des Art. 75) alle, aber auch nur die Aufgaben des Ausschusses erfasst. Damit wird auf Art, Inhalt und Ausmaß von Verpflichtungen dieser Einrichtung gegenüber Dritten/Externen verwiesen. Unter Abs. 3 fällt nicht nur der Jahresbericht nach Art. 71 bzw. dessen Übermittlung, vielmehr werden auch Antworten auf Ersuchen der Kommission im Rahmen des Art. 70 (Abs. 1) erfasst. Aus eigenem Antrieb erfolgende Beratungen rufen hingegen keine Berichts-„Pflicht" hervor. 10

2. Explizite und andere spezielle Aufgaben (Abs. 6)

Sprachlich anders und „härter" gefasst als Abs. 5 ist die nicht abschließende Auflistung von Tätigkeiten, für deren Erledigung das Sekretariat „verantwortlich" ist. Dies ist nicht gleichzusetzen mit „selbstständig", denn es bleibt auch insoweit bei der alleinigen Weisungsbefugnis des Vorsitzes, die vor allem dort bedeutsam ist, wo Art. 74 Abs. 1 und Art. 75 Abs. 6 eng aufeinander bezogen sind (Art. 74 Rn. 5). In der Mehrzahl der ausdrücklich genannten Aufgaben liegt jedoch eine Tätigkeit für den Ausschuss als solchen und nicht speziell als Vorsitz-Sekretariat vor. Jedenfalls, aber nicht nur insoweit ist das Sekretariat gerade nicht darauf beschränkt, nur auf explizite und konkrete Weisung hin zu handeln, sondern kann und soll im Rahmen der speziell genannten Aufgabenbereiche auch selbst Initiative entfaltet werden, weil „Verantwortlichkeit" auch ein Mindestmaß an prozeduraler und inhaltlicher Autonomie voraussetzt. Gleichwohl bleibt das Sekretariat auch bei Abs. 6 auf unterstützende Tätigkeiten vor, während und nach Ausschussberatungen beschränkt. 11

Abs. 6 enthält alle wichtigen (typischen) Aufgaben des Sekretariats, ohne dabei eine Gewichtung vorzunehmen. Die Differenzierung im Einzelnen trennt zunächst das „Tagesgeschäft" (lit. a) von anderen, zwar oft mehr oder weniger regelmäßig, aber eben nicht täglich anfallenden (und damit nicht mehr „laufenden") Angelegenheiten. Bei Kommunikation (in jeglicher Form, einschließlich der Nutzung elektronischer Mittel, s. lit. d) wird unterschieden zwischen der „inter- 12 nen" (innerhalb der Einrichtung, d. h. im Verhältnis zwischen Mitgliedern bzw. dem Vorsitz des Ausschusses, lit. b) und der „externen", wozu ein- wie gegenseitige Übermittlung von Informationen gegenüber der Kommission und „anderen" EU-Organen (lit. c) zählt, aber auch mit der Öffentlichkeit und damit allen anderen hierzu bereiten Personen oder Organisationen. Die Übersetzung aller (für die Ausschussarbeit) „sachdienlichen" Informationen in andere Amts- oder Arbeitssprachen (lit. e) ist nicht nur Basis von Kommunikationsvorgängen, sondern auch wesentlich für die beiden weiteren Sekretariatsaufgaben, die „Vor"- und „Nachbereitung" von Ausschusssitzungen (bzw. aller Willensbildungsverfahren) durch Bereitstellung von Unterlagen, Fertigen und Archivieren von Protokollen etc. (s. lit. f) sowie die umfassende Begleitung des Zustandekommens aller vom Ausschuss (durch Beschluss) „angenommenen" Dokumente; „Abfassung" bezieht sich dabei primär auf formal-redaktionelle Aspekte (Entwürfe, sprachliche Bereinigung, ähnliche Neben-/Hilfsleistungen). Lit. g nennt dafür beispielhaft „Stellungnahmen" (nach Art. 70 Abs. 1 Satz 2 lit. q bis t, x) und Streitbeilegungsbeschlüsse (nach Art. 65).

13 Dass diese Auflistung unvollständig wäre, ist zwar nicht ersichtlich; mit der Kennzeichnung als exemplarisch („insbesondere") wird freilich eine Wahrnehmung sachnaher, ähnlicher Tätigkeiten ermöglicht und ist auch eine exakte Zuordnung zu einzelnen benannten Aufgaben nicht immer zwingend nötig.

Article 76

Confidentiality

1. The discussions of the Board shall be confidential where the Board deems it necessary, as provided for in its rules of procedure.
2. Access to documents submitted to members of the Board, experts and representatives of third parties shall be governed by Regulation (EC) No 1049/2001 of the European Parliament and of the Council.

Artikel 76

Vertraulichkeit

(1) Die Beratungen des Ausschusses sind gemäß seiner Geschäftsordnung vertraulich, wenn der Ausschuss dies für erforderlich hält.

(2) Der Zugang zu Dokumenten, die Mitgliedern des Ausschusses, Sachverständigen und Vertretern von Dritten vorgelegt werden, wird durch die Verordnung (EG) Nr. 1049/2001 des Europäischen Parlaments und des Rates[1] geregelt.

Recital

(139) In order to promote the consistent application of this Regulation, the Board should be set up as an independent body of the Union. To fulfil its objectives, the Board should have legal personality. The Board should be represented by its Chair. It should replace the Working Party on the Protection of Individuals with Regard to the Processing of Personal Data established by Directive 95/46/EC. It should consist of the head of a supervisory authority of each Member State and the European Data Protection Supervisor or their respective representatives. The Commission should participate in the Board's activities without voting rights and the European Data Protection Supervisor should have specific voting rights. The Board should contribute to the consistent application of this Regulation throughout the Union, including by advising the Commission, in particular on the level of protection in third countries or international organisations, and promoting cooperation of the supervisory authorities throughout the Union. The Board should act independently when performing its tasks.

Erwägungsgrund

(139) Zur Förderung der einheitlichen Anwendung dieser Verordnung sollte der Ausschuss als unabhängige Einrichtung der Union eingesetzt werden. Damit der Ausschuss seine Ziele erreichen kann, sollte er Rechtspersönlichkeit besitzen. Der Ausschuss sollte von seinem Vorsitz vertreten werden. Er sollte die mit der Richtlinie 95/46/EG eingesetzte Arbeitsgruppe für den Schutz der Rechte von Personen bei der Verarbeitung personenbezogener Daten ersetzen. Er sollte aus dem Leiter einer Aufsichtsbehörde jedes Mitgliedstaats und dem Europäischen Datenschutzbeauftragten oder deren jeweiligen Vertretern gebildet werden. An den Beratungen des Ausschusses sollte die Kommission ohne Stimmrecht teilnehmen und der Europäische Datenschutzbeauftragte sollte spezifische Stimmrechte haben. Der Ausschuss sollte zur einheitlichen Anwendung der Verordnung in der gesamten Union beitragen, die Kommission insbesondere im Hinblick auf das Schutzniveau in Drittländern oder internationalen Organisationen beraten und die Zusammenarbeit der Aufsichtsbehörden in der Union fördern. Der Ausschuss sollte bei der Erfüllung seiner Aufgaben unabhängig handeln.

1 Verordnung (EG) Nr. 1049/2001 des Europäischen Parlaments und des Rates v. 30.5.2001 über den Zugang der Öffentlichkeit zu Dokumenten des Europäischen Parlaments, des Rates und der Kommission, ABl. EG Nr. L 145 v. 31.5.2001, S. 43.

Bedeutung der Norm

Die Vorschrift steckt einen Rahmen für die Ausgestaltung des Verhältnisses zwischen Transparenz des Handelns von Unionseinrichtungen und berechtigten Geheimhaltungsanforderungen ab.

Hinweise für den Anwender

Für die Auslegung der Norm relevante Erwägungsgründe:
- EG 139.

Vorgängernorm der RL 95/46:
- Art. 29 Abs. 6 RL 95/46/EG.

Stellungnahmen der Aufsichtsbehörden oder der Art. 29-Gruppe:
- Geschäftsordnung der Artikel 29-Gruppe v. 15.2.2010.

Schlagworte

Beratungen des Ausschusses, Europäischer Datenschutzbeauftragter, Öffentlichkeit der Ausschusssitzungen, Transparenz, Vertraulichkeit der Ausschussberatungen, Vorsitz des Ausschusses, Zugang zu Dokumenten des Ausschusses

A. Allgemeines

I. Regelungszweck

1 Die Überschrift könnte den Eindruck erwecken, hier sei Vertraulichkeit der Ausschusstätigkeit als Grundsatz oder Regel normiert. Der maßgebliche Normtext hingegen überlässt es dem Ausschuss (in Abs. 1), über Art und Ausmaß der nach Art. 15 Abs. 1 AEUV auch für diese „Einrichtung" der Union (Art. 68 Rn. 6) gebotenen Transparenz (Offenheit, „Öffentlichkeit") selbst zu bestimmen. Wie für alle Regelungen in der Geschäftsordnung bedarf es dafür allerdings einer qualifizierten Mehrheit der Mitglieder (Art. 72 Abs. 2). Art. 76 Abs. 2 knüpft ebenfalls an Art. 15 AEUV an, jedoch an dessen Abs. 3 UAbs. 2, 3. Adressiert werden dabei nur andere als vom Ausschuss (oder dessen Mitgliedern) selbst erstellte Dokumente, weil lediglich solche nicht bereits unmittelbar vom Zugangsrecht nach Art. 42 EuGRCh erfasst werden. Für diese Gruppe von Dokumenten werden aber keine Sonderbestimmungen getroffen, vielmehr wird insoweit die Anwendbarkeit der allgemeinen Informationszugangs-Verordnung der EU (Nr. 1049/2001) vorgesehen bzw. diese hierauf erstreckt. Eine parallele Regelung in Bezug auf das Spannungsfeld zwischen Informationsfreiheit und Datenschutz enthält Art. 86.

II. Normadressaten

2 Abs. 1 verpflichtet den Ausschuss selbst, geeignete Regelungen zum Schutz der Vertraulichkeit von Beratungen zu treffen, soweit diese als Ausnahme zum allgemeinen Transparenzgebot gerechtfertigt sind. Mittelbar werden auch Vorsitz und Sekretariat adressiert, weil sie bei der Vorbe-

reitung von Beschlüssen des Gremiums prüfen müssen, ob und wie weit hierüber in einer nichtöffentlichen Sitzung beraten und abgestimmt werden sollte. Auch Abs. 2 richtet sich an Ausschuss bzw. Vorsitz und Sekretariat, indem dort (Rn. 15) die Zugangsentscheidung getroffen wird.

III. Systematik

Der Inhalt der Vorschrift ergibt sich in beiden Absätzen erst über die Verweisung, d. h. aus dem Zusammenhang mit der dabei jeweils in Bezug genommenen Vorschrift. Der eigene Gehalt von Abs. 1 ist dabei eher vage, Abs. 2 hingegen bewirkt, dass über den ursprünglichen Anwendungsbereich des Rechtsakts, auf den verwiesen wird, hinaus dieser im Hinblick auf den Ausschuss (entsprechend) anzuwenden ist. 3

IV. Entstehungsgeschichte

In der Richtlinie 95/46/EG ist keine Vorgängerregelung enthalten. Die von der Artikel 29-Gruppe (nach Art. 29 Abs. 6 des Rechtsakts) erlassene Geschäftsordnung[2] trifft jedoch diverse thematisch einschlägige Bestimmungen, vor allem über den Kreis der zu Beratungen zugelassenen Teilnehmer (Art. 9 Abs. 1) und den Ablauf solcher Willensbildung (Art. 11). In dieser Vorschrift wird zunächst auf die Geheimhaltungspflicht nach Art. 339 AEUV verwiesen (Abs. 1 Satz 1); „Arbeitsunterlagen" und Sitzungsprotokolle (Art. 18) sind in der Regel nur für den Dienstgebrauch bestimmt (Abs. 1 Satz 2); angenommene Dokumente werden hingegen ins Netz gestellt, sofern die Gruppe nicht (mehrheitlich, s. Art. 12) etwas Gegenteiliges bestimmt (Abs. 1 Satz 3). Allgemein zur Veröffentlichung vorgesehen sind nur Pressemitteilungen über Sitzungen und andere Ereignisse (Art. 11 Abs. 2). 4

Art. 72 KOM-E[3] sah ausnahmslos Vertraulichkeit von Ausschussberatungen vor. Im Hinblick auf Dokumente, die Ausschussmitgliedern, Sachverständigen oder Vertretern von Dritten vorgelegt werden, sollten insoweit zwei Einschränkungen (bzw. Fälle einer Eröffnung des Informationszugangs) gelten, entweder nach Maßgabe der Verordnung (EG) Nr. 1049/2001 oder bei Freigabe durch den Ausschuss. In Abs. 3 sollte zum einen die Pflicht zur Vertraulichkeit „nach diesem Artikel" für alle (drei Gruppen von) Teilnehmer(n) normiert und zudem der Vorsitz dazu verpflichtet werden, Sachverständige und Vertreter von Dritten über die auch für sie geltende Verschwiegenheitsverpflichtung zu informieren. Das Parlament schlug hingegen vor, Regelungen zur Vertraulichkeit in der Geschäftsordnung des Ausschusses zu treffen (Abänderung 181)[4]. In der Verordnung selbst sollte hingegen statuiert werden, die Tagesordnung von Ausschusssitzungen werde „öffentlich zugänglich gemacht" (Art. 72 Abs. 1 Satz 2 EP-E). Sowohl diese Ergänzung als auch der ursprünglich geplante dritte Absatz fielen später weg, der übrig bleibende einzige Satz von Abs. 1 wurde umformuliert, jedoch ohne inhaltliche Änderungen.[5] Damit wird (in der Sache) Transparenz (Offenheit) als Normalfall vorausgesetzt, was sowohl einer plausiblen Begründung von Ausschussentscheidungen förderlich ist als auch eine Art Modell für nationale Aufsichtsbehörden darstellt, zumal diese oft auch zugleich für freien Informationszugang zuständig sind. 5

B. Inhalt der Regelung

I. Ausschussberatungen: Öffentlichkeit oder Vertraulichkeit (Abs. 1)

1. Transparenz des Ausschusshandelns als Regel

Art. 15 Abs. 2 AEUV schreibt „öffentliche" Tagungen (Sitzungen) nur für das Europäische Parlament (Art. 14 EUV) und bezüglich des Gesetzgebungsverfahrens (Art. 289 ff. AEUV) auch für den 6

2 http://ec.europa.eu/justice/data-protection/article-29/files/rules-art-29_de.pdf (20.10.2016)
3 KOM(2012)11 endgültig v. 25.1.2012.
4 Standpunkt festgelegt in erster Lesung am 12.3.2014, P7_TC1-COD(2012)0011.
5 Rats-Dok. Nr. 5455/16 v. 28.1.2016.

Rat (Art. 16 EUV) vor. Für den Ausschuss als „Einrichtung" der Union (Art. 68 Abs. 1) ist Art. 15 Abs. 1 AEUV maßgeblich, d. h. nach dieser allgemeinen Vorgabe ist „unter weitestgehender Beachtung des Grundsatzes der Offenheit" zu handeln. Da Art. 76 Abs. 1 selbst keine Festlegung trifft, fällt es in die Kompetenz des Ausschusses selbst, in seiner Geschäftsordnung zu klären und zu bestimmen, wann Vertraulichkeit und damit Nichtöffentlichkeit seiner „Beratungen" (Sitzungen, Rn. 7) erforderlich ist und damit der Grundsatz der Offenheit (Rn. 5) durchbrochen wird. Der Ausschuss regelt dort auch, wie und von wem festgestellt wird, dass diese Voraussetzungen gegeben sind (Art. 72 Rn. 15). Für den Ausschluss der Öffentlichkeit muss es plausible (legitime) Gründe geben. Maßgeblich für eine konkrete Festlegung kann auch sein, ob und wie weit durch Nichtöffentlichkeit die Preisgabe personenbezogener Daten verhindert und damit auf diese Weise den Anforderungen aus Art. 16 AEUV und Art. 8 EuGRCh entsprochen werden kann.

7 „Beratungen" sind nicht auf die Form persönlicher Zusammenkünfte der Ausschussmitglieder (Sitzungen) beschränkt, sondern können auch in anderer Weise, insbesondere medial, vermittelt (als Telefonkonferenz oder im schriftlichen Verfahren) durchgeführt werden. Sitzungsöffentlichkeit im engeren Sinne (Anwesenheit von Zuhörern/Zuschauern) scheidet dann aus, die Frage der öffentlichen Zugänglichkeit von Dokumenten (Abs. 2) stellt sich aber auch hier.

8 Hingegen trifft die Geheimhaltungspflicht nach Art. 339 AEUV einzelne Personen während und auch nach Beendigung ihrer Amtstätigkeit. Im Hinblick auf den Ausschuss betrifft diese Bestimmung unmittelbar nur den Europäischen Datenschutzbeauftragten (EDPS) und dessen Vertreter (gemäß Art. 45 der Verordnung [EG] Nr. 45/2001) sowie Kommissionsvertreter als „Beamte" bzw. „sonstige Bedienstete der Union" (Art. 336 AEUV). Für die Teilnehmer aus nationalen „Aufsichtsbehörden" (Art. 4 Nr. 21) gelten zunächst Verschwiegenheitspflichten (im Hinblick auf ihren Hauptstatus) nach Art. 54 Abs. 2 (bzw. dem Dienstrecht des jeweiligen Mitgliedstaates). Soweit es um ihre Tätigkeiten in der Unionseinrichtung geht, sind sie (zusätzlich) auch der Verpflichtung aus Art. 339 AEUV unterworfen, weil sie dann „Mitglieder der Ausschüsse" im Sinne dieser Vorschrift sind.

9 Bei Erlass oder Änderung seiner Geschäftsordnung muss der Ausschuss Regeln treffen und Verfahren normieren, durch welche die „Erforderlichkeit" von Vertraulichkeit (Nichtöffentlichkeit bzw. Nichtzugänglichkeit) mit dem generellen Gebot zur Transparenz zu einem angemessenen Ausgleich gebracht und die Voraussetzungen für die Nichtöffentlichkeit möglichst präzise festgelegt werden. Wie auch sonst (Art. 72 Rn. 12) ist dafür eine Zweidrittelmehrheit der Ausschussmitglieder notwendig (Art. 72 Abs. 2). Dadurch wird die Herausbildung eines hinreichend breiten Konsenses über notwendige Grenzen der Öffentlichkeit sichergestellt. Wird in Sitzungen beraten, so ist es Aufgabe des Vorsitzes (s. Art. 74 Abs. 1 lit. a), durch Wahl von Ort und Zeit sowie eine entsprechende Strukturierung der Tagesordnung für Wahrung der Vertraulichkeit zu sorgen, ohne den Grundsatz zu missachten, dass Öffentlichkeit die Regel bleiben muss (Rn. 2). Bei einem schriftlichen oder telekommunikationsbasierten Verfahren müssen geeignete, vor unbefugter Kenntnisnahme sichere Kommunikationswege und -mittel benutzt werden. Verantwortlich für die Einhaltung solcher Maßregeln ist das Sekretariat (Art. 75 Abs. 6 lit. b, d und f).

10 Eine spezielle Publikationspflicht neben und unabhängig von den Voraussetzungen des Art. 76 gilt nach Art. 70 Abs. 4 Satz 2 für Ergebnisse zu Konsultationen interessierter Kreise, wie sie der Ausschuss nach Satz 1 ebd. im Rahmen der Wahrnehmung seiner Aufgaben durchführen kann.

2. Anknüpfung an die Praxis der Artikel 29-Gruppe

11 Die sehr vage Fassung von Abs. 1, die letztlich darauf vertraut, dass der Ausschuss von seiner Geschäftsordnungsautonomie sachgerecht Gebrauch machen wird, ermöglicht diesem, ungeachtet des generellen Paradigmenwechsels zum Öffentlichkeitsgrundsatz (Rn. 5) im Einklang mit EG 139 Satz 4 bei der konkreten Ausgestaltung an einzelne Verfahrensregeln der Vorgänger-„Gruppe" (Art. 29 RL 95/46/EG) anzuknüpfen. Freilich war Sitzungsöffentlichkeit in deren Geschäftsordnung nicht vorgesehen, Nichtmitglieder waren allenfalls beschränkt zugelassen (s. Art. 9). In der Regel öffentlich zugänglich sein sollten nur von der Artikel 29-Gruppe beschlos-

sene Dokumente (Art. 11 Abs. 1 UAbs. 3), nicht aber Sitzungsprotokolle oder im Entwurf vorliegende Arbeitsunterlagen (Art. 11 Abs. 1 UAbs. 2). Ins Netz gestellt wurde zwei Wochen vor einer Sitzung eine „öffentlichkeitstaugliche" Tagesordnung (Art. 5 Abs. 5).

II. Zugang zu Dokumenten

1. Anwendungsbereich und wesentliche Inhalte der Verordnung (EG) Nr. 1049/2001

Die in Abs. 2 in Bezug genommene Verordnung (EG) Nr. 1049/2001 bezweckt, „die Grundsätze und Bedingungen sowie die aufgrund öffentlicher oder privater Interessen geltenden Einschränkungen" für die Ausübung des in Art. 255 EGV (= Art. 15 AEUV) niedergelegten „Rechts auf Zugang zu Dokumenten des Europäischen Parlaments, des Rates und der Kommission" festzulegen, dergestalt, dass ein „größtmöglicher Zugang zu Dokumenten" (definiert in Art. 3 a) gewährleistet ist (Art. 1 a), darüber hinaus „Regeln zur Sicherstellung einer möglichst einfachen Ausübung dieses Rechts aufzustellen" und „eine gute Verwaltungspraxis im Hinblick auf den Zugang zu Dokumenten zu fördern" (Art. 1 b, c). Zugangsberechtigt sind Unionsbürger (Art. 20 AEUV) und im Unionsgebiet Ansässige ohne Weiteres (Art. 2 Abs. 1), andere Personen können gleichgestellt werden (Art. 2 Abs. 2). Einbezogen werden alle „Dokumente", die von einem der drei Hauptorgane (Art. 13 Abs. 1 EUV) in einem Tätigkeitsbereich der Union erstellt worden oder bei diesem eingegangen sind und sich in dessen Besitz befinden (Art. 2 Abs. 3). Zugangseröffnung kann generell gemäß Art. 2 Abs. 4 auf unterschiedliche Weise erfolgen, wird allerdings für „sensible" Dokumente nach Art. 9 i. V. m. Art. 2 Abs. 5 eingeschränkt. Jeglicher Zugang ist durch Ausnahmevorschriften (gemäß Art. 4) begrenzt, bei denen teils (im Falle von Abs. 2, 3) eine Interessenabwägung stattfinden muss. Für Dokumente „Dritter" (Art. 3 Nr. 2) sieht Art. 4 Abs. 4 ein spezifisches Verfahren zur Klärung vor, ob Zugang gewährt werden darf. 12

2. Bezug auf Tätigkeit des Ausschusses

Für die öffentliche Zugänglichkeit von Dokumenten des Ausschusses selbst gilt die Verordnung (EG) Nr. 1049/2001 nicht direkt, sondern (bis zum Erlass von Rechtsakten nach Art. 15 Abs. 3 AEUV) die nach Maßgabe von Art. 15 Abs. 1 AEUV auszugestaltende Regelung in dessen Geschäftsordnung. Dass Art. 76 Abs. 2 für eine spezielle Konstellation auf die genannte Verordnung verweist, führt gerade nicht dazu, dass deren Bestimmungen insgesamt (entsprechend) auf Dokumente der Einrichtung Anwendung finden. Es fehlt insoweit bereits an einer Regelungslücke, solange und soweit die Grundverordnung dazu ermächtigt, Zugangsregeln in der Geschäftsordnung zu treffen, und diese Vorgehensweise formal wie inhaltlich mit höherrangigem Unionsrecht (einschließlich Art. 42 EuGRCh) nicht unvereinbar ist. Zwar besagt bereits EG 8 der Verordnung (EG) Nr. 1049/2001, alle von den Organen geschaffenen Einrichtungen sollten die in jenem Rechtsakt festgelegten Grundsätze anwenden. Eine förmliche Erweiterung des Anwendungs- und Geltungsbereichs ist damit jedoch nicht erfolgt, da sich die Wirkungen des Art. 288 Abs. 2 EUV nicht auf Begründungserwägungen des Rechtsakts beziehen. 13

Abs. 2 erfasst lediglich „Dokumente" (Rn. 12), die drei Gruppen von Personen vorgelegt werden, welche mit dem Ausschuss bzw. dessen Tätigkeit in Zusammenhang stehen. Dabei sind auch Gremienmitglieder sowohl formal als in der Sache „Dritte" im Sinne von Art. 3 Nr. 2 der Verordnung (EG) Nr. 1049/2001, und „Sachverständige" und „Vertreter" fallen ebenfalls unter diese Kategorie. Die Bezugnahme stellt daher sicher, dass in allen drei Fällen der jeweilige Gruppenangehörige konsultiert werden muss, bevor die Entscheidung über eine Versagung des Zugangs nach Art. 4 Abs. 1 oder 2 der Verordnung (EG) Nr. 1049/2001 getroffen wird; es obliegt dem Ausschuss, gegebenenfalls darzulegen und nachzuweisen, dass ein „überwiegendes öffentliches Interesse" an der Verbreitung des Dokuments besteht, wenn die Anhörung unterbleibt. 14

Über Zugangsgewährung oder -versagung (ganz oder teilweise, für einen bestimmten Zeitraum, s. Art. 4 Abs. 6, 7 der Verordnung [EG] Nr. 1049/2001) muss der Ausschuss als solcher entscheiden, nicht der Vorsitz oder gar das Sekretariat; zum „Tagesgeschäft" bzw. zur (externen) „Kommunikation mit der Öffentlichkeit" (Art. 75 Abs. 6 lit. a, c, d) gehören insoweit lediglich die Ent- 15 gegennahme und Weiterleitung von Anträgen sowie die Übermittlung der Entscheidung und die tatsächliche Zugangseröffnung (s. Art. 10 der Verordnung 2001), ferner die Pflege eines Registers (s. Art. 11 f. ebd.).

C. Weitere Auswirkungen der Verordnung in der Praxis

I. Sanktionen bei Missachtung der Vertraulichkeit

16 Beschlüsse des Ausschusses werden durch eine Verletzung der Vorgaben aus Art. 76 (Abs. 2) bzw. der darauf basierenden Bestimmungen der Geschäftsordnung nicht rechtswidrig oder nichtig. Sanktionen (aus dem Dienst- oder Statusverhältnis) können hingegen die jeweilige Person (Ausschussmitglied, Vertreter, Mitarbeiter des Sekretariats) treffen, die schuldhaft gegen ihre Pflicht zur Verschwiegenheit ihrem Dienstherrn gegenüber verstoßen hat.

II. Rechtsschutz gegen Versagung des Zugangs zu Dokumenten

17 Wird ein begehrter Dokumentenzugang nicht (fristgemäß) nach Maßgabe eines Erst- oder Zweitantrags (s. Art. 6 bis 8 der Verordnung [EG] Nr. 1049/2001) gewährt, sondern ganz oder teilweise abgelehnt, so kann der Antragsteller gegen diese ihn unmittelbar beschwerende Entscheidung Rechtsschutz erlangen, indem er form- und fristgerecht nach Art. 263 AEUV Klage zum Gericht (EuG, Art. 256 AEUV) erhebt.

Kapitel VIII Rechtsbehelfe, Haftung und Sanktionen

Chapter VIII Remedies, liability and penalties

Article 77

Right to lodge a complaint with a supervisory authority

1. Without prejudice to any other administrative or judicial remedy, every data subject shall have the right to lodge a complaint with a supervisory authority, in particular in the Member State of his or her habitual residence, place of work or place of the alleged infringement if the data subject considers that the processing of personal data relating to him or her infringes this Regulation.
2. The supervisory authority with which the complaint has been lodged shall inform the complainant on the progress and the outcome of the complaint including the possibility of a judicial remedy pursuant to Article 78.

Artikel 77

Recht auf Beschwerde bei einer Aufsichtsbehörde

(1) Jede betroffene Person hat unbeschadet eines anderweitigen verwaltungsrechtlichen oder gerichtlichen Rechtsbehelfs das Recht auf Beschwerde bei einer Aufsichtsbehörde, insbesondere in dem Mitgliedstaat ihres Aufenthaltsorts, ihres Arbeitsplatzes oder des Orts des mutmaßlichen Verstoßes, wenn die betroffene Person der Ansicht ist, dass die Verarbeitung der sie betreffenden personenbezogenen Daten gegen diese Verordnung verstößt.

(2) Die Aufsichtsbehörde, bei der die Beschwerde eingereicht wurde, unterrichtet den Beschwerdeführer über den Stand und die Ergebnisse der Beschwerde einschließlich der Möglichkeit eines gerichtlichen Rechtsbehelfs nach Artikel 78.

Recital

(141) Every data subject should have the right to lodge a complaint with a single supervisory authority, in particular in the Member State of his or her habitual residence, and the right to an effective judicial remedy in accordance with Article 47 of the Charter if the data subject considers that his or her rights under this Regulation are infringed or where the supervisory authority does not act on a complaint, partially or wholly rejects or dismisses a complaint or does not act where such action is necessary to protect the rights of the data subject. The investigation following a complaint should be carried out, subject to judicial review, to the extent that is appropriate in the specific case. The supervisory authority should inform the data subject of the progress and the outcome of the complaint within a reasonable period. If the case requires further investigation or coordination with another supervisory authority, intermediate information should be given to the data subject. In order to facilitate the submission of complaints, each supervisory authority should take measures such as providing a com-

Erwägungsgrund

(141) Jede betroffene Person sollte das Recht haben, bei einer einzigen Aufsichtsbehörde insbesondere in dem Mitgliedstaat ihres gewöhnlichen Aufenthalts eine Beschwerde einzureichen und gemäß Artikel 47 der Charta einen wirksamen gerichtlichen Rechtsbehelf einzulegen, wenn sie sich in ihren Rechten gemäß dieser Verordnung verletzt sieht oder wenn die Aufsichtsbehörde auf eine Beschwerde hin nicht tätig wird, eine Beschwerde teilweise oder ganz abweist oder ablehnt oder nicht tätig wird, obwohl dies zum Schutz der Rechte der betroffenen Person notwendig ist. Die auf eine Beschwerde folgende Untersuchung sollte vorbehaltlich gerichtlicher Überprüfung so weit gehen, wie dies im Einzelfall angemessen ist. Die Aufsichtsbehörde sollte die betroffene Person innerhalb eines angemessenen Zeitraums über den Fortgang und die Ergebnisse der Beschwerde unterrichten. Sollten weitere Untersuchungen oder die Abstimmung mit einer anderen Aufsichtsbehörde erforderlich sein, sollte die betroffene Person über den Zwischenstand informiert werden. Jede Aufsichtsbehörde

Recital	Erwägungsgrund
plaint submission form which can also be completed electronically, without excluding other means of communication.	sollte Maßnahmen zur Erleichterung der Einreichung von Beschwerden treffen, wie etwa die Bereitstellung eines Beschwerdeformulars, das auch elektronisch ausgefüllt werden kann, ohne dass andere Kommunikationsmittel ausgeschlossen werden.

Literatur

Petri/Tinnefeld, Völlige Unabhängigkeit der Datenschutzkontrolle – Demokratische Legitimation und unabhängige parlamentarische Kontrolle als moderne Konzeption der Gewaltenteilung, in: MMR 2010, 157; *Paal/Pauly*, Datenschutz-Grundverordnung, 1. Auflage 2016, C.H. Beck München; *Laue/Nink/Kremer*, Das neue Datenschutzrecht in der betrieblichen Praxis, 1. Auflage 2016, Nomos Baden-Baden; Stelkens/Bonk/Sachs/*Schmitz*, Verwaltungsverfahrensgesetz; *Gola/Schomerus*, BDSG, 12. Auflage 2015, C.H. Beck München.

▶ Bedeutung der Norm

Das Recht auf Beschwerde bei einer Aufsichtsbehörde (nach bisheriger Terminologie auch „Petitionsrecht") bietet für den Einzelnen die einfachste Möglichkeit, seine Rechte nach der Datenschutz-Grundverordnung wahrzunehmen. Die Norm regelt an sich eine Selbstverständlichkeit, enthält darüber hinaus aber auch Zuständigkeitsregelungen und das Recht des Betroffenen, über den Fortgang des behördlichen Verfahrens informiert zu werden. Darüber hinaus wird man aus der Norm eine korrespondierende Pflicht des Mitgliedsstaates ableiten können, dafür Sorge zu tragen, dass seine Aufsichtsbehörde Beschwerden entgegennimmt und in einem in jeder Hinsicht, insb. mit Blick auf die Verordnung, rechtskonformen Verfahren bearbeitet.

▶ Hinweise für den Anwender

Für die Auslegung der Norm relevante Erwägungsgründe:
- EG 141.

Vorgängernormen im BDSG:
- Bisherige Regelung: § 38 Abs. 1 S. 8 i.V.m. § 21 S. 1 BDSG, entsprechende Regelungen in den Landesdatenschutzgesetzen der meisten Bundesländer (z.B. § 27 Abs. 1 S. 1 DSG BW); Art. 17 GG.

Vorgängernorm der RL 95/46:
- Art. 28 Abs. 4 RL 95/46/EG.

▶ Schlagworte

Beschwerde; Petition; Aufsichtsbehörde

A. Allgemeines

Die Vorschrift begründet ein grundsätzliches Recht des Betroffenen, sich an die zuständige Aufsichtsbehörde zu wenden. Korrespondierend wird die Behörde verpflichtet, die Beschwerde entgegenzunehmen und den Betroffenen über den Fortgang zu unterrichten. Geregelt wird darüber hinaus die behördliche Zuständigkeit. 1

I. Regelungszweck

Der Zweck der Regelung liegt darin, dem von einer Datenverarbeitung Betroffenen ein einfaches Instrument an die Hand zu geben, um auf die Durchsetzung seiner ihm nach der Datenschutz-Grundverordnung zustehenden Rechte hinzuwirken. Der Betroffene hat nach Art. 77 die Möglichkeit, ein behördliches Verfahren zu initiieren und dadurch die Aufsichtsbehörde zur Untersuchung einer bestimmten Datenverarbeitung zu veranlassen. Aus der Perspektive des deutschen Rechts ist das Petitionsrecht schon mit Blick auf Art. 17 GG an sich eine Selbstverständlichkeit. Des Weiteren sahen sowohl das bislang geltende BDSG (§ 38 Abs. 1 S. 8 i.V.m. § 21 S. 1 BDSG) als auch die Landesdatenschutzgesetze (z.B. § 27 Abs. 1 S. 1 DSG BW) sowie das bislang geltende europäische Datenschutzrecht (Art. 28 Abs. 4 RL 95/46/EG) eine entsprechende Verpflichtung der Behörden zur Entgegennahme von individuellen Beschwerden bereits vor. Von dieser Möglichkeit wurde in der Praxis auch in erheblichem Umfang Gebrauch gemacht.[1] 2

II. Normadressaten

Die Regelung wendet sich in erster Linie an die Aufsichtsbehörden (Definition in Art. 4 Nr. 21) und verpflichtet diese, Beschwerden von Betroffenen entgegenzunehmen und ihnen nachzugehen. Darüber hinaus wird die Behörde auch dazu verpflichtet, den Betroffenen über den Fortgang des Verwaltungsverfahrens zu informieren. An den Betroffenen richtet sich die Vorschrift insofern, als sie ihm ein Beschwerderecht einräumt. Die Mitgliedstaaten werden durch die Norm verpflichtet, dafür Sorge zu tragen, dass die Aufsichtsbehörde Beschwerden entgegennimmt und bearbeitet. 3

III. Systematik

Die Vorschrift steht am Anfang der Regelungen über „Rechtsbehelfe, Haftung und Sanktionen". Dies entspricht ihrer grundsätzlichen Bedeutung: Das Recht, sich an die zuständige Aufsichtsbehörde zu wenden, steht im Zentrum der dem Betroffenen zustehenden Rechtsbehelfe. 4

Nach der Systematik der Verordnung hat der Betroffene in zweierlei Hinsicht die Möglichkeit, die Einhaltung seiner Rechte durchzusetzen. Er kann einerseits den – hier angesprochenen – Weg über die zuständige Aufsichtsbehörde gehen, andererseits aber auch unmittelbar – bei privaten Datenverarbeitern auf dem Zivilrechtsweg – an die verantwortliche Stelle herantreten. Die Norm sieht keinen Vorrang für einen der beiden Wege vor. Der Betroffene kann daher sowohl an die Behörde als auch an die verantwortliche Stelle herantreten. Durch die Wendung „unbeschadet eines anderweitigen verwaltungsrechtlichen oder gerichtlichen Rechtsbehelfs" macht der Verordnungsgeber nämlich deutlich, dass diese Vorschrift in keinem Spezialitätsverhältnis zu anderen Rechtsschutzmöglichkeiten steht. Insb. wird der Betroffene durch das Petitionsrecht nicht in seiner Möglichkeit beschnitten, seine Rechte auf Auskunft, Berichtigung, Löschung und dgl. gegenüber der verantwortlichen Stelle geltend zu machen und ggf. gerichtlich durchzusetzen. 5

---

1 Vgl. etwa *Petri/Tinnefeld*, in: MMR 2010, 157, 158: „Kernaufgaben der Aufsichtsbehörden".

IV. Entstehungsgeschichte

6 Die in der Grundverordnung enthaltene Verpflichtung sahen sowohl das BDSG (§ 38 Abs. 1 S. 8 i.V.m. § 21 S. 1 BDSG) als auch die Richtlinie (Art. 28 Abs. 4 RL 95/46/EG) bereits vor, sodass sich für die Praxis der deutschen Aufsichtsbehörden keine wesentlichen Änderungen ergeben. Zwar begründet die Vorschrift nun die Verpflichtung der Behörde, den Betroffenen auch über den Fortgang des behördlichen Verfahrens zu informieren. Diese Verpflichtung war in der Klarheit vom bislang geltenden nationalen Recht nicht vorgesehen, da § 38 Abs. 1 S. 8 i.V.m. § 21 Abs. 5 S. 7 BDSG die Information des Betroffenen expressis verbis nur für den Fall vorsah, dass ein Datenschutzverstoß tatsächlich festgestellt wurde. Gleichwohl bestand auch schon bislang bei europarechtskonformer Interpretation des nationalen Rechts die Verpflichtung, den Betroffenen über den Fortgang eines von ihm initiierten Verfahrens auf dem Laufenden zu halten, da Art. 28 Abs. 4 S. 2 RL 95/46/EG eine solche Verpflichtung bereits enthielt. Insgesamt dürften sich daher aus dieser Vorschrift keine Änderungen für die Praxis der Aufsichtsbehörden ergeben.

7 Im Kommissionsentwurf war in Abs. 2 und 3 der Vorschrift zunächst geregelt, dass auch „Einrichtungen, Organisationen oder Verbände, die sich den Schutz der Rechte und Interessen der betroffenen Personen in Bezug auf den Schutz ihrer personenbezogenen Daten zum Ziel gesetzt haben", Beschwerden „im Namen einer oder mehrerer betroffenen Personen" erheben können sollten. Diese Regelung wurde vom Parlament dahin gehend ergänzt, dass nur solchen Verbänden das Beschwerderecht zustehen sollte, „die im öffentlichen Interesse handeln". In der Ratsfassung sowie im Ergebnis des Trilogs waren Abs. 2 und 3 nicht mehr enthalten, das Beschwerderecht von Verbänden wurde aus der Verordnung entfernt.

8 Die sich nun aus Abs. 2 ergebende Pflicht der Behörde, den Betroffenen über den Fortgang des Beschwerdeverfahrens zu informieren, war hingegen in den Fassungen von Kommission und Parlament nicht enthalten und gelangte erst über die Fassung des Rates in die Verordnung.

B. Inhalt der Regelung

9 Nach der Vorschrift hat „jede betroffene Person" das Recht, sich bei „einer" Aufsichtsbehörde zu beschweren, wobei dies „insbesondere" die Aufsichtsbehörde im Mitgliedstaat des Aufenthaltsorts oder Arbeitsplatzes des Betroffenen oder die Aufsichtsbehörde in dem Mitgliedstaat sein kann, in dem der mutmaßliche Verstoß stattgefunden hat. Die Vorschrift lässt vielerlei offen. So ist bereits unklar, ob der Begriff „betroffene Person" nur denjenigen meint, der tatsächlich in dem Sinne betroffen ist, dass seine personenbezogenen Daten verarbeitet wurden, oder ob „betroffene Person" auch derjenige sein kann, der nur abstrakt von einer Datenverarbeitung betroffen sein *kann*. Unklar ist auch, welchen Substanziierungsanforderungen eine Beschwerde unterliegt. Neu ist gegenüber der bisherigen Rechtslage die Regelung der behördlichen Zuständigkeit.

I. Aktivlegitimation

10 Bereits der Begriff der „betroffenen Person" eröffnet Auslegungsspielräume. Die Verordnung definiert in ihrem Art. 4 Nr. 1 die „betroffene Person" als „eine identifizierte oder identifizierbare natürliche Person", wobei als identifizierbar eine Person definiert wird, „die direkt oder indirekt (...) identifiziert werden kann". Die Definition ist inhaltsleer und ein exzellentes Beispiel für einen lehrbuchmäßigen Pleonasmus. Sie hilft insb. nicht bei der Frage weiter, ob für den Anwendungsbereich von Art. 77 davon auszugehen ist, dass die Vorschrift jede Person meint, die (abstrakt) als Subjekt der Datenverarbeitung in Betracht kommt, oder nur diejenigen Personen, die (konkret) von einer bestimmten Datenverarbeitung tatsächlich betroffen sind. Liest man die Vorschrift zur Gänze, so muss man wohl aus systematischen Gründen zu dem Ergebnis kommen, dass Voraussetzung des Beschwerderechts zumindest dahin gehend zu verstehen ist, dass ein Datenverarbeitungsvorgang hinsichtlich der personenbezogenen Daten des Petenten tatsächlich stattgefunden haben muss. Andernfalls wäre die Wendung, „dass die Verarbeitung der sie betreffen-

den personenbezogenen Daten nicht mit dieser Verordnung vereinbar ist", sinnlos.[2] Weiß ein Betroffener nicht, ob bzw. welche seiner Daten verarbeitet werden, muss er zunächst bei der verantwortlichen Stelle nach Art. 15 um Auskunft ersuchen.

Für die Praxis bedeutet dies, dass niemand sich bei einer Aufsichtsbehörde über Datenverarbeitungsvorgänge beschweren kann, die ihn gar nicht betreffen. Das Petitionsrecht setzt andererseits aber auch nicht voraus, dass die Datenverarbeitung rechtswidrig gewesen ist. Es genügt, wenn der Betroffene „der Ansicht ist", dass die Datenverarbeitung nicht rechtskonform war. Dies zu prüfen obliegt dann der Behörde. **11**

II. Substanziierungspflicht

Fraglich ist indes, inwieweit dem Betroffenen eine Substanziierungspflicht hinsichtlich der behaupteten Rechtsverletzung obliegt. Diesbezüglich kann zwar einerseits von einem Betroffenen nicht ohne weiteres verlangt werden, dass er den Sachverhalt einer vollständigen juristischen Prüfung unterzogen hat. Andererseits wird die Behörde im Regelfall darauf angewiesen sein, dass der Betroffene den Sachverhalt zumindest in tatsächlicher Hinsicht so umfassend schildert, dass ohne intensivere Nachforschungen eine Plausibilitätsprüfung hinsichtlich seiner Beschwerde vorgenommen werden kann. **12**

Für die Praxis bedeutet dies, dass rechtliche Ausführungen des Betroffenen zwar durchweg entbehrlich sind. Jedoch ist dem Betroffenen zumindest abzuverlangen, dass er den seiner Beschwerde zugrunde liegenden Sachverhalt so vollständig schildert, dass die Aufsichtsbehörde in einem ersten Schritt prüfen kann, ob weitere Ermittlungen geboten sind.[3] Die bloße Mitteilung des Betroffenen, dass eine Datenverarbeitung stattgefunden hat, genügt demnach nicht. Im Rahmen ihrer allgemeinen Beratungspflicht aus § 25 Abs. 2 VwVfG (bzw. den entsprechenden Vorschriften des Landesrechts) hat die Aufsichtsbehörde ggf. auf eine sachdienliche Schilderung des Sachverhalts hinzuwirken. Im Übrigen bleibt es freilich bei dem allgemeinen verwaltungsrechtlichen Grundsatz der Amtsermittlung (u.a. § 24 Abs. 1 S. 1 VwVfG), den der EuGH ausdrücklich auch für das Europarecht anerkannt hat.[4] **13**

III. Zuständigkeit

Neu geregelt ist für das Petitionsrecht des Betroffenen nun die Frage, welche Behörde örtlich zuständig ist. Nach bisheriger Rechtslage kam es für die örtliche Zuständigkeit nach allgemeinen verwaltungsrechtlichen Grundsätzen (§ 3 Abs. 1 Nr. 1 VwVfG) auf den Sitz der verantwortlichen Stelle an.[5] Zu diesen allgemeinen Grundsätzen gilt Art. 77 jedenfalls im Verhältnis zum Petenten nun als *lex specialis*. **14**

Hiernach gilt, dass der Beschwerdeführer sich „bei einer Aufsichtsbehörde, insb. in dem Mitgliedstaat ihres Aufenthaltsorts, ihres Arbeitsplatzes oder des Orts des mutmaßlichen Verstoßes", beschweren kann. Diese Vorschrift ist auslegungsbedürftig. Geht man vom Wortlaut aus, so ließe sich aus der Formulierung „einer Aufsichtsbehörde" entweder folgern, dass für das Anliegen nur „eine" Aufsichtsbehörde zuständig sein kann, oder aber, dass es „eine" Aufsichtsbehörde im Sinne einer beliebigen Aufsichtsbehörde sein kann. Die erste Auslegungsvariante wird bei systematischer Betrachtung wohl ausscheiden, denn im Weiteren enthält die Vorschrift eine Aufzählung einer Mehrzahl von potenziell zuständigen Aufsichtsbehörden (Aufenthaltsort, Arbeitsplatz oder Ort des Verstoßes). Doch auch diese Aufzählung ist dem Wortlaut der Vorschrift nach nicht abschließend, wie die einleitende Wendung „insbesondere" nahelegt. **15**

---

2 A.A. wohl Paal/Pauly, *Körffer*, Art. 77 Rn. 2, wonach die „begründete Vermutung" ausreichen soll.
3 So i.E. auch Paal/Pauly, *Körffer*, Art. 77 Rn. 3.
4 EuGH, 21.11.1991, Rs. C-269/90, Rn. 14.
5 *Gola/Schomerus*, § 38 Rn. 33.

16 Damit bleibt letztlich nur die Auslegungsvariante, wonach sich der Petent mit seinem Anliegen an jede beliebige Aufsichtsbehörde wenden kann.[6] Dies betrifft allerdings nur die Zuständigkeit der Aufsichtsbehörde im Verhältnis zum Beschwerdeführer. Für die Frage, welche Aufsichtsbehörde befugt ist, Maßnahmen im Verhältnis zur verantwortlichen Stelle zu ergreifen, gilt nach Art. 55 Abs. 1, dass die Aufsichtsbehörde ihre Aufgaben im Hoheitsgebiet ihres eigenen Mitgliedstaats wahrnimmt und ihre Befugnisse innerhalb dieses Mitgliedstaats ausübt. Dass in derartigen Fällen verschiedene Aufsichtsbehörden bei der Bearbeitung einer Beschwerde zusammenarbeiten müssen, hat der Verordnungsgeber gesehen und durch das sog. Kohärenzverfahren (Art. 60 ff.) geregelt. Gleichwohl hat es im Verhältnis zum Betroffenen dabei zu bleiben, dass dieser weiterhin nur mit derjenigen Behörde kommuniziert, bei der er die Beschwerde eingereicht hat.

17 Klar ist allerdings auch, dass der Petent, sobald er das Wahlrecht ausgeübt hat, sich nicht zusätzlich an weitere Aufsichtsbehörden wenden kann, was sich aus EG 141 ergibt, wo explizit angesprochen ist, dass jede Person das Recht haben sollte, „bei einer einzigen Aufsichtsbehörde" eine Beschwerde einzureichen. Ist die Beschwerde bei einer Aufsichtsbehörde eingereicht, so wird diese i.S.v. Art. 4 Nr. 22 lit. c zur „betroffenen Aufsichtsbehörde".

IV. Form, Frist und Kosten

18 Die Beschwerde bei der Aufsichtsbehörde ist weder an Fristen noch an eine bestimmte Form gebunden. Sie ist außerdem kostenfrei (Art. 57 Abs. 3).

V. Behandlung der Beschwerde durch die Behörde

19 Zum weiteren Umgang der Behörde mit der Beschwerde schweigt sich die Vorschrift aus. Aus EG 141 folgt, dass die auf die Beschwerde folgende Untersuchung so weit zu gehen hat, „wie dies im Einzelfall angemessen ist." Jedenfalls soll die Aufsichtsbehörde die betroffene Person „innerhalb eines angemessenen Zeitraums über den Fortgang und die Ergebnisse der Beschwerde unterrichten" und sie, sofern „weitere Untersuchungen oder die Abstimmung mit einer anderen Aufsichtsbehörde erforderlich sein" sollten, über den Zwischenstand informieren. Insofern gilt nach Art. 78 Abs. 2 eine Frist von drei Monaten.

20 Daraus sowie aus den hergebrachten Grundsätzen des Petitionsrechts ergibt sich letztlich, dass die Behörde die Beschwerde entgegenzunehmen, zu prüfen und zu bescheiden hat.[7] Bleibt die Behörde untätig, steht dem Betroffenen der Rechtsweg nach Art. 78 Abs. 2 offen.

21 Eine im Vergleich zur bisherigen Rechtslage neue Missbrauchsklausel ergibt sich aus Art. 57 Abs. 4 S. 1. Hiernach kann die Aufsichtsbehörde offenkundig unbegründete „exzessive" Anfragen mit einer „angemessenen Gebühr" belegen oder die Bearbeitung verweigern. Die Beweislast dafür, dass die Beschwerde offenkundig unbegründet oder exzessiv ist, liegt bei der Behörde (Art. 57 Abs. 4 S. 2). Die Vorschrift dient offenkundig dazu, die durch querulatorische Anfragen verursachte Arbeitsbelastung der Aufsichtsbehörden zu verringern und somit ihre Funktionsfähigkeit zu gewährleisten. Mit Blick auf diese Spezialvorschrift bedarf es keiner Klärung der Frage mehr, ob eine Missbrauchskontrolle auf Grundlage des nationalen Verfahrensrechts möglich oder gar erforderlich ist.[8]

C. Weitere Auswirkungen der Verordnung in der Praxis

22 Die Verordnung wird für die behördliche Praxis voraussichtlich keine wesentlichen Änderungen im Hinblick auf das Petitionsrecht des Betroffenen mit sich bringen. Neu im Vergleich zur bisheri-

6 So auch Paal/Pauly, *Körffer*, Art. 77 Rn. 4; *Laue/Nink/Kremer*, § 11 Rn. 33.
7 Paal/Pauly, *Körffer*, Art. 77 Rn. 5 m.w.N.
8 Vgl. dazu allgemein etwa Stelkens/Bonk/Sachs/*Schmitz*, § 12 Rn. 8 m.w.N.

gen Rechtslage ist lediglich, dass der Betroffene sich ausweislich des Verordnungswortlauts an eine beliebige Aufsichtsbehörde wenden kann, die dann auch dafür zuständig bleibt, ihn über den Fortgang des Verfahrens informiert zu halten. Nach bisheriger Rechtslage kam es für die behördliche Zuständigkeit auf den Sitz der verantwortlichen Stelle an.[9] Neu ist zudem die qualifizierte Belehrungspflicht der Behörde, die den Betroffenen auch über die „Möglichkeit eines gerichtlichen Rechtsbehelfs nach Artikel 78" zu unterrichten hat. Nach EG 141 sollen die Behörden außerdem angehalten sein, Maßnahmen zur erleichterten Einreichung von Beschwerden zu treffen, wobei v.a. an das Vorhalten entsprechender Formulare zu denken wäre.[10]

9 *Gola/Schomerus*, § 38 Rn. 33.
10 *Laue/Nink/Kremer*, § 11 Rn. 33.

Article 78

Right to an effective judicial remedy against a supervisory authority

1. Without prejudice to any other administrative or non-judicial remedy, each natural or legal person shall have the right to an effective judicial remedy against a legally binding decision of a supervisory authority concerning them.

2. Without prejudice to any other administrative or non-judicial remedy, each data subject shall have the right to a an effective judicial remedy where the supervisory authority which is competent pursuant to Articles 55 and 56 does not handle a complaint or does not inform the data subject within three months on the progress or outcome of the complaint lodged pursuant to Article 77.

3. Proceedings against a supervisory authority shall be brought before the courts of the Member State where the supervisory authority is established.

4. Where proceedings are brought against a decision of a supervisory authority which was preceded by an opinion or a decision of the Board in the consistency mechanism, the supervisory authority shall forward that opinion or decision to the court.

Artikel 78

Recht auf wirksamen gerichtlichen Rechtsbehelf gegen eine Aufsichtsbehörde

(1) Jede natürliche oder juristische Person hat unbeschadet eines anderweitigen verwaltungsrechtlichen oder außergerichtlichen Rechtsbehelfs das Recht auf einen wirksamen gerichtlichen Rechtsbehelf gegen einen sie betreffenden rechtsverbindlichen Beschluss einer Aufsichtsbehörde.

(2) Jede betroffene Person hat unbeschadet eines anderweitigen verwaltungsrechtlichen oder außergerichtlichen Rechtbehelfs das Recht auf einen wirksamen gerichtlichen Rechtsbehelf, wenn die nach den Artikeln 55 und 56 zuständige Aufsichtsbehörde sich nicht mit einer Beschwerde befasst oder die betroffene Person nicht innerhalb von drei Monaten über den Stand oder das Ergebnis der gemäß Artikel 77 erhobenen Beschwerde in Kenntnis gesetzt hat.

(3) Für Verfahren gegen eine Aufsichtsbehörde sind die Gerichte des Mitgliedstaats zuständig, in dem die Aufsichtsbehörde ihren Sitz hat.

(4) Kommt es zu einem Verfahren gegen den Beschluss einer Aufsichtsbehörde, dem eine Stellungnahme oder ein Beschluss des Ausschusses im Rahmen des Kohärenzverfahrens vorangegangen ist, so leitet die Aufsichtsbehörde diese Stellungnahme oder diesen Beschluss dem Gericht zu.

Recital

(143) Any natural or legal person has the right to bring an action for annulment of decisions of the Board before the Court of Justice under the conditions provided for in Article 263 TFEU. As addressees of such decisions, the supervisory authorities concerned which wish to challenge them have to bring action within two months of being notified of them, in accordance with Article 263 TFEU. Where decisions of the Board are of direct and individual concern to a controller, processor or complainant, the latter may bring an action for annulment against those decisions within two months of their publication on the website of the Board, in accordance with Article 263 TFEU. Without

Erwägungsgrund

(143) Jede natürliche oder juristische Person hat das Recht, unter den in Artikel 263 AEUV genannten Voraussetzungen beim Gerichtshof eine Klage auf Nichtigerklärung eines Beschlusses des Ausschusses zu erheben. Als Adressaten solcher Beschlüsse müssen die betroffenen Aufsichtsbehörden, die diese Beschlüsse anfechten möchten, binnen zwei Monaten nach deren Übermittlung gemäß Artikel 263 AEUV Klage erheben. Sofern Beschlüsse des Ausschusses einen Verantwortlichen, einen Auftragsverarbeiter oder den Beschwerdeführer unmittelbar und individuell betreffen, so können diese Personen binnen zwei Monaten nach Veröffentlichung der betreffenden Beschlüsse

Recital	Erwägungsgrund
prejudice to this right under Article 263 TFEU, each natural or legal person should have an effective judicial remedy before the competent national court against a decision of a supervisory authority which produces legal effects concerning that person. Such a decision concerns in particular the exercise of investigative, corrective and authorisation powers by the supervisory authority or the dismissal or rejection of complaints. However, the right to an effective judicial remedy does not encompass measures taken by supervisory authorities which are not legally binding, such as opinions issued by or advice provided by the supervisory authority. Proceedings against a supervisory authority should be brought before the courts of the Member State where the supervisory authority is established and should be conducted in accordance with that Member State's procedural law. Those courts should exercise full jurisdiction, which should include jurisdiction to examine all questions of fact and law relevant to the dispute before them. Where a complaint has been rejected or dismissed by a supervisory authority, the complainant may bring proceedings before the courts in the same Member State. In the context of judicial remedies relating to the application of this Regulation, national courts which consider a decision on the question necessary to enable them to give judgment, may, or in the case provided for in Article 267 TFEU, must, request the Court of Justice to give a preliminary ruling on the interpretation of Union law, including this Regulation. Furthermore, where a decision of a supervisory authority implementing a decision of the Board is challenged before a national court and the validity of the decision of the Board is at issue, that national court does not have the power to declare the Board's decision invalid but must refer the question of validity to the Court of Justice in accordance with Article 267 TFEU as interpreted by the Court of Justice, where it considers the decision invalid. However, a national court may not refer a question on the validity of the decision of the Board at the request of a natural or legal person which had the opportunity to bring an action for annulment of that decision, in particular if it was directly and individually concerned by that	auf der Website des Ausschusses im Einklang mit Artikel 263 AEUV eine Klage auf Nichtigerklärung erheben. Unbeschadet dieses Rechts nach Artikel 263 AEUV sollte jede natürliche oder juristische Person das Recht auf einen wirksamen gerichtlichen Rechtsbehelf bei dem zuständigen einzelstaatlichen Gericht gegen einen Beschluss einer Aufsichtsbehörde haben, der gegenüber dieser Person Rechtswirkungen entfaltet. Ein derartiger Beschluss betrifft insbesondere die Ausübung von Untersuchungs-, Abhilfe- und Genehmigungsbefugnissen durch die Aufsichtsbehörde oder die Ablehnung oder Abweisung von Beschwerden. Das Recht auf einen wirksamen gerichtlichen Rechtsbehelf umfasst jedoch nicht rechtlich nicht bindende Maßnahmen der Aufsichtsbehörden wie von ihr abgegebene Stellungnahmen oder Empfehlungen. Verfahren gegen eine Aufsichtsbehörde sollten bei den Gerichten des Mitgliedstaats angestrengt werden, in dem die Aufsichtsbehörde ihren Sitz hat, und sollten im Einklang mit dem Verfahrensrecht dieses Mitgliedstaats durchgeführt werden. Diese Gerichte sollten eine uneingeschränkte Zuständigkeit besitzen, was die Zuständigkeit, sämtliche für den bei ihnen anhängigen Rechtsstreit maßgebliche Sach- und Rechtsfragen zu prüfen, einschließt. Wurde eine Beschwerde von einer Aufsichtsbehörde abgelehnt oder abgewiesen, kann der Beschwerdeführer Klage bei den Gerichten desselben Mitgliedstaats erheben. Im Zusammenhang mit gerichtlichen Rechtsbehelfen in Bezug auf die Anwendung dieser Verordnung können einzelstaatliche Gerichte, die eine Entscheidung über diese Frage für erforderlich halten, um ihr Urteil erlassen zu können, bzw. müssen einzelstaatliche Gerichte in den Fällen nach Artikel 267 AEUV den Gerichtshof um eine Vorabentscheidung zur Auslegung des Unionsrechts – das auch diese Verordnung einschließt – ersuchen. Wird darüber hinaus der Beschluss einer Aufsichtsbehörde zur Umsetzung eines Beschlusses des Ausschusses vor einem einzelstaatlichen Gericht angefochten und wird die Gültigkeit des Beschlusses des Ausschusses in Frage gestellt, so hat dieses einzelstaatliche Gericht nicht die Befugnis, den Beschluss des Ausschusses für nich-

Recital	Erwägungsgrund
decision, but had not done so within the period laid down in Article 263 TFEU.	tig zu erklären, sondern es muss im Einklang mit Artikel 267 AEUV in der Auslegung des Gerichtshofs den Gerichtshof mit der Frage der Gültigkeit befassen, wenn es den Beschluss für nichtig hält. Allerdings darf ein einzelstaatliches Gericht den Gerichtshof nicht auf Anfrage einer natürlichen oder juristischen Person mit Fragen der Gültigkeit des Beschlusses des Ausschusses befassen, wenn diese Person Gelegenheit hatte, eine Klage auf Nichtigerklärung dieses Beschlusses zu erheben – insbesondere wenn sie unmittelbar und individuell von dem Beschluss betroffen war –, diese Gelegenheit jedoch nicht innerhalb der Frist gemäß Artikel 263 AEUV genutzt hat.

§ 20 BDSG-neu

Gerichtlicher Rechtsschutz

(1) Für Streitigkeiten zwischen einer natürlichen oder einer juristischen Person und einer Aufsichtsbehörde des Bundes oder eines Landes über Rechte gemäß Artikel 78 Absatz 1 und 2 der Verordnung (EU) 2016/679 sowie § 61 ist der Verwaltungsrechtsweg gegeben. Satz 1 gilt nicht für Bußgeldverfahren.

(2) Die Verwaltungsgerichtsordnung ist nach Maßgabe der Absätze 3 bis 7 anzuwenden.

(3) Für Verfahren nach Absatz 1 Satz 1 ist das Verwaltungsgericht örtlich zuständig, in dessen Bezirk die Aufsichtsbehörde ihren Sitz hat.

(4) In Verfahren nach Absatz 1 Satz 1 ist die Aufsichtsbehörde beteiligungsfähig.

(5) Beteiligte eines Verfahrens nach Absatz 1 Satz 1 sind

1. die natürliche oder juristische Person als Klägerin oder Antragstellerin und
2. die Aufsichtsbehörde als Beklagte oder Antragsgegnerin.

§ 63 Nummer 3 und 4 der Verwaltungsgerichtsordnung bleibt unberührt.

(6) Ein Vorverfahren findet nicht statt.

(7) Die Aufsichtsbehörde darf gegenüber einer Behörde oder deren Rechtsträger nicht die sofortige Vollziehung gemäß § 80 Absatz 2 Satz 1 Nummer 4 der Verwaltungsgerichtsordnung anordnen.

Literatur

Grabitz/Hilf (Hrsg.), Das Recht der Europäischen Union, 40. Auflage 2009, C.H. Beck München; *Meyer (Hrsg.)*, Charta der Grundrechte der EU, 4. Auflage 2014, Nomos Baden-Baden; *Kopp/Schenke*, VwGO 22. Auflage 2016, C.H. Beck München; *Koreng*, Das „Unternehmenspersönlichkeitsrecht" als Element des gewerblichen Reputationsschutzes, in: GRUR 2010, 1065; *Laue/Nink/Kremer*, Das neue Datenschutzrecht in der betrieblichen Praxis, 1. Auflage 2016, Nomos Baden-Baden.

Bedeutung der Norm

Die Norm regelt einerseits das Recht des Adressaten einer aufsichtsbehördlichen Maßnahme, gerichtlichen Rechtsschutz gegen diese Maßnahme zu suchen. Sie regelt andererseits auch das Recht des Betroffenen, eine Entscheidung durch die Aufsichtsbehörde gerichtlich zu erzwingen.

Hinweise für den Anwender

Vorgerichtliche Rechtsbehelfe:

- Für den Adressaten einer aufsichtsbehördlichen Maßnahme: § 68 VwGO; für den Betroffenen: Art. 77.

Für die Auslegung der Norm relevante Erwägungsgründe:

- EG 4, 129, 141, 143.

Grundrechtecharta:

- Art. 47.

Vorgängernorm der RL 95/46:

- Art. 22 RL 95/46/EG.

Schlagworte

Rechtsbehelf; Aufsichtsbehörde; Gerichtsstand

A. Allgemeines

I. Regelungszweck

Die Regelung soll einerseits dem Adressaten einer aufsichtsbehördlichen Maßnahme einen Zugang zu gerichtlichem Rechtsschutz eröffnen. Sie soll andererseits dem Betroffenen die Möglichkeit geben, die aufsichtsbehördliche Durchsetzung seiner Rechte gerichtlich zu erzwingen. Sie dient in Abs. 3 zudem der Klärung des örtlich zuständigen Gerichts und enthält in Abs. 4 eine Verfahrensregelung. 1

II. Normadressaten

Die Norm spricht eine Vielzahl von Akteuren an. Sie gibt dem Adressaten der aufsichtsbehördlichen Maßnahme ein Klagerecht an die Hand, ebenso wie dem Betroffenen. Sie adressiert aber ihrerseits auch die Mitgliedstaaten, die zur Gewährung von Rechtsschutz verpflichtet werden, und die Aufsichtsbehörden (Art. 4 Nr. 21), die in Abs. 4 dazu verpflichtet werden, dem Gericht eine evtl. vorgerichtlich ergangene Stellungnahme bzw. einen vorangegangenen Beschluss des Ausschusses im Kohärenzverfahren (Art. 63 ff.) zur Verfügung zu stellen. 2

III. Systematik

3 Die Vorschrift regelt in Abs. 1 das Recht des Adressaten einer aufsichtsbehördlichen Maßnahme, hiergegen gerichtlichen Rechtsschutz zu suchen. Abs. 2 betrifft demgegenüber das Recht des Betroffenen zu einer Art Untätigkeitsklage gegen die Aufsichtsbehörde. Abs. 3 regelt die örtliche Zuständigkeit für das gerichtliche Verfahren gegen die Aufsichtsbehörde. In diesem Zusammenhang mutet Abs. 4 eher wie ein Fremdkörper an, denn er betrifft weder die Eröffnung des Rechtswegs noch die gerichtliche Zuständigkeit, sondern ist im Kern eine Verfahrensvorschrift. Hiernach soll die Behörde verpflichtet sein, dem Gericht einen im vorgerichtlichen Verfahren ergangenen Beschluss oder eine im vorgerichtlichen Verfahren verfasste Stellungnahme des Ausschusses im Kohärenzverfahren nach Art. 63 ff. zuzuleiten.

4 Vor einer Befassung des Gerichts müssen die nach der Verordnung und/oder dem nationalen Prozessrecht vorgesehenen außergerichtlichen Rechtsbehelfe in Anspruch genommen werden. Der Adressat einer aufsichtsbehördlichen Maßnahme muss also im Regelfall zunächst Widerspruch einlegen (§ 68 VwGO). Der Betroffene kann wiederum eine Entscheidung der Aufsichtsbehörde erst dann erzwingen, wenn er zuvor nach Art. 77 eine Beschwerde an die Behörde gerichtet hat.

5 Das Recht auf einen wirksamen Rechtsbehelf ergibt sich primärrechtlich auch aus Art. 47 der Charta der Grundrechte der Europäischen Union. Daran sind nach Art. 51 der Charta die mitgliedstaatlichen Behörden bei der Ausführung des Unionsrechts, somit auch bei der Ausführung der Verordnung, gebunden. Die Grundrechtecharta ist nach Art. 6 EUV Teil des Primärrechts der Europäischen Union und damit bei der Auslegung und Anwendung der Verordnung unmittelbar zu berücksichtigen.

IV. Entstehungsgeschichte

6 Die RL 95/46/EG regelte Rechtsschutzfragen bestenfalls rudimentär. Allein ihr Art. 22 enthielt eine kurze Regelung zur Frage des Rechtsschutzes, die allerdings alleine das Recht des Betroffenen auf gerichtlichen Rechtsschutz betraf. Dabei ging es gerade nicht um die Eröffnung des Rechtswegs gegen Entscheidungen bzw. die Untätigkeit einer Aufsichtsbehörde, sondern lediglich um die Eröffnung eines Rechtswegs neben der Einschaltung der Aufsichtsbehörde.

7 Die deutsche Rechtsordnung sah freilich schon immer die Möglichkeit eines gerichtlichen Rechtsschutzes gegen aufsichtsbehördliche Entscheidungen vor. Dies folgte bereits aus dem allgemeinen Rechtsregime, das sich aus der Verwaltungsgerichtsordnung (VwGO) ergab sowie aus der verfassungsrechtlichen Rechtsweggarantie (Art. 19 Abs. 4 GG). Das BDSG sprach diese Frage nicht gesondert an.

8 Im Kommissionsentwurf hatte der jetzige Art. 78 noch die Ordnungsnummer 73. Der Kommissionsentwurf war deutlich kürzer, er stellte nur apodiktisch fest, dass jede natürliche oder juristische Person das Recht auf einen gerichtlichen Rechtsbehelf gegen sie betreffende Entscheidungen einer Aufsichtsbehörde haben sollte.

9 Schon in der Parlamentsfassung wurde in Abs. 1 und 2 jeweils durch den Einschub „unbeschadet eines anderweitigen administrativen oder außergerichtlichen Rechtsbehelfs" der subsidiäre Charakter der Vorschrift klargestellt: Die Möglichkeit eines gerichtlichen Rechtsbehelfs sollte anderweitige Rechtsbehelfe keineswegs ausschließen, sondern nur einen Mindeststandard begründen.

10 In der Ratsfassung wurde nicht nur Abs. 4 (damals noch als Abs. 3a) eingefügt, sondern es wurden in Abs. 1 und 2 zwei weitere Aspekte ergänzt. So gelangte einerseits der Zusatz in Abs. 1 und 2, dass der gerichtliche Rechtsbehelf „wirksam" sein müsse. Daneben wurde Abs. 1 insofern eingeschränkt, als der Rechtsbehelf nur gegen eine „rechtsverbindliche" Entscheidung der Aufsichtsbehörde bestehen solle. Abs. 2 wurde dahin gehend geändert, dass ein gerichtlicher Rechtsbehelf des Betroffenen voraussetzt, dass sich die nach den einschlägigen Zuständigkeitsnormen der Verordnung (heute: Art. 55 und 56, damals: Art. 51 und 51a) zuständige Aufsichts-

behörde nicht mit der Beschwerde befasst hat. In der Vorgängerfassung war noch die Rede davon, dass eine Untätigkeitsklage möglich sei, wenn keine zum Schutz der Rechte des Betroffenen notwendige Entscheidung ergangen sei oder der Betroffene nicht fristgerecht über den Stand der Beschwerde in Kenntnis gesetzt wurde. Im Rat außerdem ergänzt wurde, dass die Untätigkeitsklage zulässig sein sollte, wenn die Aufsichtsbehörde den Petenten nicht innerhalb von drei Monaten „oder einer nach dem Recht des Mitgliedstaats vorgesehenen kürzeren Frist" über den Stand der Beschwerde informiert hat. Diese Änderung hat keinen Eingang in die finale Fassung der Verordnung gefunden, sodass es bei den drei Monaten bleibt.

Zwischen Rats- und finaler Fassung fand – von der letztgenannten Änderung abgesehen – in der deutschen Sprachversion letztlich nur noch eine sprachliche Änderung statt, so wurde der Begriff „administrativ" durch „verwaltungsrechtlich" ersetzt, was der deutschen Rechtsterminologie besser entspricht, aber nicht mit einer inhaltlichen Änderung einherging. 11

Das Recht auf einen wirksamen Rechtsbehelf ist schon in EG 4 angesprochen. In EG 129 wird die Verpflichtung der Behörde zu einer Rechtsbehelfsbelehrung angesprochen und die Möglichkeit zum Erlass verpflichtender Bescheide vom Bestehen einer Rechtsschutzmöglichkeit abhängig gemacht. EG 141 befasst sich mit der Verpflichtung der Aufsichtsbehörde zur Befassung mit der Beschwerde eines Betroffenen. 12

B. Inhalt der Regelung

Die Vorschrift regelt vier Aspekte. Sie spricht erstens die rechtsstaatliche Selbstverständlichkeit aus, dass der Adressat einer behördlichen Maßnahme das Recht hat, gegen diese Maßnahme Rechtsschutz vor einem unabhängigen Gericht zu suchen. Zweitens behandelt sie den umgekehrten Fall, wonach der Betroffene, der sich mit einer Beschwerde an die Behörde gewandt hat, die Befassung der Behörde mit seiner Beschwerde erzwingen kann. Dies entspricht im Ansatz der aus dem deutschen Verwaltungsprozessrecht bekannten Untätigkeitsklage.[1] Der dritte von der Vorschrift angesprochene Aspekt ist eine klassische Zuständigkeitsregel. Hiernach kann eine Aufsichtsbehörde nur vor den Gerichten ihres eigenen Mitgliedstaates verklagt werden. Der vierte Absatz beinhaltet der Sache nach eine Verfahrensvorschrift: Die Behörde wird angehalten, im gerichtlichen Verfahren eine Stellungnahme oder einen Beschluss des Ausschusses im Rahmen des Kohäsionsverfahrens vorzulegen, sofern dgl. im vorgerichtlichen Verfahren ergangen ist. 13

I. Rechtsschutz des Adressaten einer behördlichen Maßnahme

Die in Abs. 1 enthaltene Regelung, wonach dem Adressaten einer aufsichtsbehördlichen Maßnahme die Möglichkeit offenstehen muss, um gerichtlichen Rechtsschutz nachzusuchen, ist im Grundsatz eine rechtsstaatliche Selbstverständlichkeit, die sich letztlich auch schon aus Art. 47 der Charta der Grundrechte der Europäischen Union ableiten lässt, der nach Art. 51 der Charta die mitgliedstaatlichen Behörden bei der Ausführung des Unionsrechts und somit auch bei der Ausführung der Verordnung bindet. Dies folgt letztlich auch aus EG 4 der Verordnung. Insofern hat Abs. 1 im Wesentlichen deklaratorischen Charakter. Die Aufsichtsbehörden agieren nicht im rechtsfreien Raum, sondern sind dem Gesetz und der richterlichen Kontrolle unterworfen. In EG 129 wird ausdrücklich angesprochen, dass der Erlass eines rechtsverbindlichen Beschlusses voraussetzt, „dass er in dem Mitgliedstaat der Aufsichtsbehörde, die den Beschluss erlassen hat, gerichtlich überprüft werden kann". Entsprechendes folgt auch aus EG 118. Anders ausgedrückt gibt es auch nach der Verordnung keine justizfreien Hoheitsakte. 14

---

1 *Laue/Nink/Kremer*, § 11 Rn. 34.

1. Minimalstandard

15 Dass der gerichtliche Rechtsschutz einen Minimalstandard bildet, der anderen und insb. weiter gehenden Rechtsschutzmöglichkeiten nicht entgegenstehen soll, wird durch die Formulierung „unbeschadet eines anderweitigen verwaltungsrechtlichen oder außergerichtlichen Rechtsbehelfs" deutlich. Die Verordnung lässt freilich offen, um welche Rechtsbehelfe es sich hier handeln könnte. Das deutsche Verwaltungsverfahrensrecht kennt neben dem förmlichen Widerspruch, bei dem es sich im Regelfall um eine Sachentscheidungsvoraussetzung für das verwaltungsgerichtliche Verfahren handelt, keine weiteren förmlichen Rechtsbehelfe gegen eine behördliche Maßnahme. Denkbar sind allerdings auch anderweitige, nicht rechtsförmige Rechtsbehelfe wie etwa die schlichte Gegenvorstellung, die Dienstaufsichtsbeschwerde oder die Petition.

2. „Wirksamkeit" des Rechtsbehelfs

16 Die Sinnhaftigkeit der durch den Rat vorgenommenen Ergänzungen in Abs. 1 und 2 – Forderung nach einem „wirksamen" Rechtsbehelf und Rechtsschutz nur gegen „rechtsverbindliche" Entscheidungen – ist fragwürdig und lässt die Frage nach der qualitativen Unterscheidung von „wirksamen" und „unwirksamen" gerichtlichen Rechtsbehelfen aufkommen. Da die Verordnung keine weiteren Vorgaben dazu enthält, wann von einem „wirksamen" Rechtsbehelf gesprochen werden kann, dürfte es sich bei dem Begriff des „wirksamen" Rechtsbehelfs wohl – wenn nicht lediglich um einen stilistischen Einschub – dann doch allenfalls um einen Anklang an Art. 47 der Charta der Grundrechte der Europäischen Union handeln. Wesentliches Merkmal eines „wirksamen" Rechtsbehelfs dürfte wohl sein, dass dieser geeignet ist, die Rechte des Betroffenen durchzusetzen, indem der Sachverhalt vom Gericht anhand der rechtlichen Vorgaben der Verordnung geprüft wird und das Verfahren zu einem auch zwangsweise durchsetzbaren Titel führt.[2] Wirksamkeit des Rechtsbehelfs setzt weiter voraus, dass der angefochtene Akt „rechtlich wie tatsächlich aufgehoben oder geändert" wird, sofern dem Rechtsmittel Erfolg beschieden ist.[3]

3. „Rechtsverbindliche" Entscheidung der Aufsichtsbehörde

17 Zweifelhaft ist auch die scheinbare Beschränkung des Rechtsschutzes auf „rechtsverbindliche" Entscheidungen der Aufsichtsbehörde. Schon der Begriff „Entscheidung" lässt darauf schließen, dass der nach Abs. 1 geforderte Rechtsschutz sich auf Maßnahmen der Behörde mit rechtlicher Wirkung beschränken dürfte. Es liegt einerseits schon im Wesen einer „Entscheidung", dass diese rechtliche Verbindlichkeit besitzt, andererseits deutet auch der in der Norm verwendete Begriff der Betroffenheit darauf hin, dass Handlungen der Behörde, denen keine Verbindlichkeit zukommt, wahrscheinlich nicht von der Vorschrift gemeint sein dürften. Insgesamt hätte es daher auch bei der ursprünglichen Formulierung aus dem Kommissionsentwurf bleiben können, ohne dass damit ein anderer Regelungsgehalt verbunden gewesen wäre.

18 Die Verordnung macht in jedem Fall deutlich, dass der gerichtliche Rechtsschutz als Minimalstandard nur gegen den „rechtsverbindlichen" Beschluss einer Aufsichtsbehörde eröffnet sein muss. Dies erinnert an das im deutschen verwaltungsrechtlichen System angelegte Erfordernis der individuellen Betroffenheit als Sachentscheidungsvoraussetzung (§ 42 Abs. 2 VwGO), aber auch dem Element der „Regelung" bzw. der unmittelbaren Außenwirkung im Rahmen der Definition des Verwaltungsaktes (§ 35 S. 1 VwVfG). Hieran wird sich die Praxis künftig orientieren können, wenngleich andererseits klar ist, dass ein mitgliedstaatlich vorgesehener, weiter gehender gerichtlicher Rechtsschutz unterhalb der Schwelle des „rechtsverbindlichen Beschlusses" durch Abs. 1 nicht ausgeschlossen wird.[4]

19 Soweit die Verordnung selbst in EG 143 davon ausgeht, dass das Recht auf einen wirksamen gerichtlichen Rechtsbehelf rechtlich nicht bindende Maßnahmen der Aufsichtsbehörden wie etwa

2 Ähnlich zu Art. 22 RL 95/46/EG schon Grabitz/Hilf/*Brühann*, Art. 22 RL 95/46/EG Rn. 8.
3 Meyer/*Eser*, Art. 47 Rn. 19 m.w.N.
4 In diesem Sinne auch *Paal/Pauly, Körffer*, Art. 78 Rn. 3.

von ihr abgegebene Stellungnahmen oder Empfehlungen nicht umfassen soll, darf dies nicht darüber hinwegtäuschen, dass außerhalb des unmittelbaren Anwendungsbereichs von Art. 78 solche Rechtsbehelfe vom nationalen Recht durchaus vorgesehen werden können. Für das deutsche Recht wäre insofern insb. an Unterlassungsklagen gegen behördliche Äußerungen zu denken, soweit diese etwa den sozialen Geltungsanspruch[5] einer individuell betroffenen natürlichen oder juristischen Person berühren. Muss der Betroffene den mit der Äußerung verbundenen Eingriff in sein Persönlichkeitsrecht nicht dulden, kann ihm ein öffentlich-rechtlicher Unterlassungsanspruch gegen die Behörde zustehen.[6] Beispielhaft hat das OVG Schleswig bereits einen solchen Unterlassungsanspruch gegen öffentliche Verlautbarungen einer Aufsichtsbehörde bejaht.[7] Es kann aus der Verordnung nicht abgeleitet werden, dass solche Rechtsschutzmöglichkeiten künftig nicht mehr bestehen sollen, dies wäre auch mit Art. 47 Abs. 1 der Grundrechtecharta der Europäischen Union schwerlich zu vereinbaren.

4. Rechtsbehelfsbelehrung

Wenngleich dies im Text der Verordnung selbst keinen Niederschlag gefunden hat, geht der Verordnungsgesetzgeber doch davon aus, dass die Aufsichtsbehörde verpflichtet sein soll, ihre Bescheide mit einer qualifizierten Rechtsbehelfsbelehrung zu versehen. Dies folgt aus EG 129, in dem es heißt, dass jede „rechtsverbindliche Maßnahme" der Aufsichtsbehörde „schriftlich erlassen werden" sollte. Sie soll außerdem „klar und eindeutig sein" sowie „die Aufsichtsbehörde, die die Maßnahme erlassen hat, und das Datum, an dem die Maßnahme erlassen wurde". Zudem soll der Bescheid „vom Leiter oder von einem von ihm bevollmächtigten Mitglied der Aufsichtsbehörde unterschrieben sein und eine Begründung für die Maßnahme sowie einen Hinweis auf das Recht auf einen wirksamen Rechtsbehelf enthalten". Diese förmlichen Anforderungen sollen nur einen Mindeststandard begründen, insb. sollen „zusätzliche Anforderungen nach dem Verfahrensrecht der Mitgliedstaaten" hierdurch nicht ausgeschlossen sein. Dem Verweis auf das Verfahrensrecht der Mitgliedstaaten kann zudem entnommen werden, dass für das Verwaltungsverfahren das jeweilige Verfahrensrecht der Mitgliedstaaten gelten soll. Dies ergibt sich letztlich auch schon aus dem europäischen Primärrecht: Auch wenn nationale Behörden Europarecht vollziehen, bleibt es insoweit gem. Art. 291 Abs. 1 AEUV („Grundsatz der Verfahrensautonomie der Mitgliedstaaten") bei der Geltung des nationalen Verfahrensrechts, soweit nicht das Europarecht bestimmte Sonderregeln enthält, die dann als *lex specialis* gelten.[8] Gleichermaßen – dies ist in EG 143 auch explizit so geregelt – gilt dann auch für das gerichtliche Verfahren, dass sich dieses nach dem Verfahrensrecht des angerufenen Gerichts richtet.[9] Für Deutschland hat der Gesetzgeber in § 20 BDSG-neu einige Sonderregelungen im Verhältnis zu normalen Verwaltungsgerichtlichen Streitigkeiten geschaffen. So findet bspw. gem. § 20 Abs. 6 BDSG-neu kein Vorverfahren mehr statt. 20

II. Rechtsschutz des Betroffenen

Aus rechtlicher Perspektive interessanter ist das aus Abs. 2 folgende Klagerecht des Betroffenen. Die von der Verordnung hier in den Blick genommene Situation ist die, dass ein Betroffener sich bei der zuständigen Aufsichtsbehörde wegen einer Datenverarbeitung beschwert hat, die Behörde daraufhin aber untätig bleibt oder jedenfalls dem Betroffenen entgegen Art. 77 Abs. 2 keine Mitteilung über den Sachstand macht. 21

Betrachtet man den nun verbindlich gewordenen Wortlaut der Vorschrift, so gibt die Verordnung dem Betroffenen einen Anspruch „auf einen wirksamen gerichtlichen Rechtsbehelf" (Rechtsfolge), „wenn die ... zuständige Aufsichtsbehörde sich nicht mit einer Beschwerde befasst oder 22

5 Zur dogmatischen Herleitung bei juristischen Personen vgl. *Koreng*, in: GRUR 2010, 1065 ff.
6 BVerwG, ZUM 2010, 74, 75 f.
7 OVG Schleswig, ZD 2014, 536–539.
8 EuGH, NVwZ 2013, 565 Rn. 38.
9 *Laue/Nink/Kremer*, § 11 Rn. 34.

die betroffene Person nicht innerhalb von drei Monaten über den Stand ... in Kenntnis gesetzt hat" (Tatbestandsvoraussetzung). Offen bleibt in der Formulierung der Rechtsfolge, worauf der „wirksame" Rechtsbehelf abzielt, den die Verordnung dem Betroffenen an die Hand geben will. Die Vorschrift könnte einerseits so verstanden werden, dass der Rechtsbehelf auf die Durchsetzung einer materiell-rechtlich richtigen Entscheidung zielen könnte, andererseits aber auch so, dass der Rechtsbehelf nur auf eine Befassung der Behörde mit der Beschwerde abzielt. Der Wortlaut lässt letztlich beide Varianten zu. Betrachtet man die Genese der Vorschrift, so ist festzustellen, dass in den Entwürfen von Kommission und Parlament die Vorschrift noch dahin gehend formuliert war, dass die betroffene Person eine „zum Schutz ihrer Rechte notwendige Entscheidung" gerichtlich erzwingen konnte, also eine materiell-rechtlich korrekte Entscheidung. Dass diese Formulierung im weiteren Gesetzgebungsverfahren dahin gehend geändert wurde, dass nicht mehr von einer „zum Schutz ihrer Recht notwendigen Entscheidung" die Rede ist, lässt sich wohl nur so verstehen, dass der Betroffene zwar die Befassung der Behörde mit der Sache erzwingen kann, nicht aber eine inhaltlich richtige Entscheidung. Zieht man – bei aller gebotenen Vorsicht – eine Parallele zum deutschen verwaltungsprozessualen System, so eröffnete Art. 77 Abs. 2 demnach zwar die Möglichkeit einer Bescheidungsklage (§ 113 Abs. 5 S. 2 VwGO), nicht aber die Möglichkeit einer eigentlichen Verpflichtungsklage (§ 113 Abs. 5 S. 1 VwGO).

23 Freilich bleibt abzuwarten, wie die Gerichte dies in der Praxis handhaben werden. Für die deutsche verwaltungsprozessuale Praxis dürften sich aus der Vorschrift indes keine relevanten Änderungen ergeben. Dies hat seinen Grund im Wesentlichen darin, dass auch Abs. 2 nur einen Mindeststandard an Rechtsschutz vorgibt, was sich wiederum zwanglos aus der Formulierung „unbeschadet eines anderweitigen verwaltungsrechtlichen oder außergerichtlichen Rechtsbehelfs" ergibt. Der Begriff des „verwaltungsrechtlichen" Rechtsbehelfs dürfte wohl gerichtliche Rechtsbehelfe meinen, da andernfalls der begriffliche Gegenpol „oder außergerichtlichen" keinen rechten Sinn ergäbe. Damit wird es für das deutsche Recht dabei bleiben, dass der Betroffene, der von der Behörde ein Tätigwerden verlangt, im Fall ihrer Untätigkeit eine Untätigkeitsklage nach § 75 VwGO erheben kann. Begehrt der Betroffene von der Aufsichtsbehörde den Erlass eines Verwaltungsakts (etwa einer bestimmten Verfügung gegen eine verantwortliche Stelle), so wird die Untätigkeitsklage je nach Bescheidungsreife entweder als Verpflichtungs- oder Bescheidungsklage zulässig sein, sofern nach materiellem Recht dem Betroffenen ein individueller Anspruch auf den Erlass des entsprechenden Verwaltungsakts oder jedenfalls auf eine ermessensfehlerfreie (Neu-)Bescheidung zusteht (vgl. § 113 VwGO). Dies ist dann anhand der jeweiligen Fallkonstellation und der jeweiligen materiell-rechtlich einschlägigen Norm zu prüfen. Die Frist, vor deren Ablauf eine Untätigkeitsklage nicht erhoben werden kann, ist nach deutschem Verwaltungsprozessrecht die gleiche wie nach der Verordnung und beträgt in jedem Fall mindestens drei Monate, wobei die vom deutschen Recht für zulässig gehaltene Unterschreitung der Frist in besonderen Fällen (§ 75 S. 2 Hs. 2 VwGO) nach der Verordnung nicht zulässig ist, sodass in ihrem Anwendungsbereich diese Frist in jedem Fall abgewartet werden muss.

III. Zuständigkeit

24 Für Klagen gegen eine Aufsichtsbehörde sind, so folgt aus Abs. 3, die Gerichte des Mitgliedstaates zuständig, in dem die Behörde ihren Sitz hat. Auch dies ist letztlich eine Selbstverständlichkeit, gilt doch der Grundsatz, dass auch die Gerichtsbarkeit Ausübung von Hoheitsgewalt ist und daher auf das Territorium des jeweiligen Staates begrenzt ist. Die Gerichte eines Staates können nicht Rechtsschutz gegen Hoheitsakte eines anderen Staates gewähren. Ausnahmen von diesem Grundsatz bedürfen eines völkerrechtlichen Dispenses.[10] Die Regelung schien auch unumstritten zu sein, denn sie wurde im Gesetzgebungsverfahren keiner Änderung unterzogen. Aus § 20 Abs. 1 S. 1 BDSG-neu folgt, dass innerstaatlich der Verwaltungsrechtsweg eröffnet ist.

---

10 *Kopp/Schenke*, § 1 Rn. 24 m.w.N.

Unproblematisch ist dies, wenn nur eine Aufsichtsbehörde an dem Streit beteiligt ist. Problematischer ist die Konstellation, dass in ein Verfahren mehrere Aufsichtsbehörden involviert sind. Grundsätzlich ist der Rechtsbehelf gegen diejenige Behörde zu richten, die den Beschluss erlassen hat, was im Rahmen des Kohärenzverfahrens nach Art. 60 Abs. 7 die federführende Aufsichtsbehörde (Art. 56 Abs. 1) ist. Anders ist dies, wenn eine Beschwerde abgelehnt oder abgewiesen wird. In diesem Fall ist nach Art. 60 Abs. 8 die Behörde, bei der die Beschwerde eingereicht wurde, für die Ablehnung zuständig. **25**

IV. Vorlagepflicht der Behörde

Eine weitere, auf den ersten Blick etwas seltsam anmutende Verfahrensvorschrift beinhaltet Abs. 4. Hiernach soll die Aufsichtsbehörde verpflichtet sein, in einem gerichtlichen Verfahren gegen einen von ihr erlassenen Beschluss dem Gericht eine Stellungnahme oder einen Beschluss des Europäischen Datenschutzausschusses vorzulegen, sofern ein solcher Beschluss oder eine solche Stellungnahme im Rahmen des Kohärenzverfahrens dem gerichtlichen Verfahren vorangegangen ist. Der Sinn hinter dieser Vorschrift, die erstmals in der Ratsfassung der Verordnung auftaucht, erschließt sich ohne vertiefte Kenntnis des europäischen Primärrechts nicht ohne Weiteres, erst ein Blick in den EG 143 verschafft hier etwas Klarheit. **26**

Denn bei dem Europäischen Datenschutzausschuss handelt es sich um ein europäisches Organ. Demgemäß sind die von diesem Organ erlassenen Beschlüsse verbindlich. Sie können nicht von nationalen, sondern alleine von europäischen Gerichten für nichtig erklärt werden, denn nur dieser entscheidet „über die Gültigkeit und die Auslegung der Handlungen der Organe, Einrichtungen oder sonstigen Stellen der Union" (Art. 267 Abs. 1 lit. b AEUV). Das nationale Gericht, das mit einer Entscheidung einer Aufsichtsbehörde befasst ist, die auf einem Beschluss des Europäischen Datenschutzausschusses beruht, muss also, wenn es Zweifel an der Rechtmäßigkeit des Beschlusses hat, diesen Beschluss dem Europäischen Gerichtshof im Wege des Vorabentscheidungsverfahrens nach Art. 267 AEUV zur Prüfung vorlegen. Dieser – nur dieser – kann dann den Beschluss für nichtig erklären. **27**

C. Weitere Auswirkungen der Verordnung in der Praxis

Zusammengefasst dürften sich die mit Art. 77 einhergehenden Änderungen der Rechtslage in der Praxis in engen Grenzen halten. Dass aufsichtsbehördliche Maßnahmen gerichtlich überprüfbar sein müssen, war schon nach geltendem Recht selbstverständlich. Dass dem Betroffenen mit der Verordnung nun das Recht zu einer Art Untätigkeitsklage eingeräumt wurde, mag für andere Mitgliedstaaten eine relevante Veränderung der Rechtslage bedeuten. Für das deutsche verwaltungsprozessuale Rechtsschutzsystem ergibt sich hieraus nach meinem Dafürhalten im Grundsatz keine Änderung. Es mag allerdings sein, dass sowohl für die Betroffenen als auch für die Behörden mit der Vorschrift eine Änderung des Bewusstseins einhergeht, wenn nunmehr klargestellt ist, dass auch die Befassung der Behörde mit einer Eingabe gerichtlich erzwingbar ist. Keine Veränderung bedeutet auch die Zuständigkeitsregelung in Abs. 3. Dass eine Aufsichtsbehörde nur im eigenen Mitgliedstaat verklagt werden kann, folgt schon aus allgemeinen Grundsätzen. Auch insofern gilt aber freilich, dass die Klarstellung wenn schon nicht nützlich, dann jedoch sicherlich auch nicht schädlich ist. Ähnlich verhält es sich mit der Verfahrensvorschrift des Abs. 4. Es dürfte so oder so den Normalfall darstellen, dass die Behörde eine Stellungnahme des Ausschusses im Kohärenzverfahren dem Gericht nicht vorenthält. Dass sie nunmehr verpflichtet ist, die Stellungnahme vorzulegen, schadet jedenfalls nicht. **28**

Article 79

Right to an effective judicial remedy against a controller or processor

1. Without prejudice to any available administrative or non-judicial remedy, including the right to lodge a complaint with a supervisory authority pursuant to Article 77, each data subject shall have the right to an effective judicial remedy where he or she considers that his or her rights under this Regulation have been infringed as a result of the processing of his or her personal data in non-compliance with this Regulation.

2. Proceedings against a controller or a processor shall be brought before the courts of the Member State where the controller or processor has an establishment. Alternatively, such proceedings may be brought before the courts of the Member State where the data subject has his or her habitual residence, unless the controller or processor is a public authority of a Member State acting in the exercise of its public powers.

Artikel 79

Recht auf wirksamen gerichtlichen Rechtsbehelf gegen Verantwortliche oder Auftragsverarbeiter

(1) Jede betroffene Person hat unbeschadet eines verfügbaren verwaltungsrechtlichen oder außergerichtlichen Rechtsbehelfs einschließlich des Rechts auf Beschwerde bei einer Aufsichtsbehörde gemäß Artikel 77 das Recht auf einen wirksamen gerichtlichen Rechtsbehelf, wenn sie der Ansicht ist, dass die ihr aufgrund dieser Verordnung zustehenden Rechte infolge einer nicht im Einklang mit dieser Verordnung stehenden Verarbeitung ihrer personenbezogenen Daten verletzt wurden.

(2) Für Klagen gegen einen Verantwortlichen oder gegen einen Auftragsverarbeiter sind die Gerichte des Mitgliedstaats zuständig, in dem der Verantwortliche oder der Auftragsverarbeiter eine Niederlassung hat. Wahlweise können solche Klagen auch bei den Gerichten des Mitgliedstaats erhoben werden, in dem die betroffene Person ihren Aufenthaltsort hat, es sei denn, es handelt sich bei dem Verantwortlichen oder dem Auftragsverarbeiter um eine Behörde eines Mitgliedstaats, die in Ausübung ihrer hoheitlichen Befugnisse tätig geworden ist.

Recitals

(145) For proceedings against a controller or processor, the plaintiff should have the choice to bring the action before the courts of the Member States where the controller or processor has an establishment or where the data subject resides, unless the controller is a public authority of a Member State acting in the exercise of its public powers.

(147) Where specific rules on jurisdiction are contained in this Regulation, in particular as regards proceedings seeking a judicial remedy including compensation, against a controller or processor, general jurisdiction rules such as those of Regulation (EU) No 1215/2012 of the European Parliament and of the Council should

Erwägungsgründe

(145) Bei Verfahren gegen Verantwortliche oder Auftragsverarbeiter sollte es dem Kläger überlassen bleiben, ob er die Gerichte des Mitgliedstaats anruft, in dem der Verantwortliche oder der Auftragsverarbeiter eine Niederlassung hat, oder des Mitgliedstaats, in dem die betroffene Person ihren Aufenthaltsort hat; dies gilt nicht, wenn es sich bei dem Verantwortlichen um eine Behörde eines Mitgliedstaats handelt, die in Ausübung ihrer hoheitlichen Befugnisse tätig geworden ist.

(147) Soweit in dieser Verordnung spezifische Vorschriften über die Gerichtsbarkeit – insbesondere in Bezug auf Verfahren im Hinblick auf einen gerichtlichen Rechtsbehelf einschließlich Schadenersatz gegen einen Verantwortlichen oder Auftragsverarbeiter – enthalten sind, sollten die allgemeinen Vorschriften

Recitals	Erwägungsgründe
not prejudice the application of such specific rules.	über die Gerichtsbarkeit, wie sie etwa in der Verordnung (EU) Nr. 1215/2012 des Europäischen Parlaments und des Rates enthalten sind, der Anwendung dieser spezifischen Vorschriften nicht entgegenstehen.

§ 44 BDSG-neu

Klagen gegen den Verantwortlichen oder Auftragsverarbeiter

(1) Klagen der betroffenen Person gegen einen Verantwortlichen oder einen Auftragsverarbeiter wegen eines Verstoßes gegen datenschutzrechtliche Bestimmungen im Anwendungsbereich der Verordnung (EU) 2016/679 oder der darin enthaltenen Rechte der betroffenen Person können bei dem Gericht des Ortes erhoben werden, an dem sich eine Niederlassung des Verantwortlichen oder Auftragsverarbeiters befindet. Klagen nach Satz 1 können auch bei dem Gericht des Ortes erhoben werden, an dem die betroffene Person ihren gewöhnlichen Aufenthaltsort hat.

(2) Absatz 1 gilt nicht für Klagen gegen Behörden, die in Ausübung ihrer hoheitlichen Befugnisse tätig geworden sind.

(3) Hat der Verantwortliche oder Auftragsverarbeiter einen Vertreter nach Artikel 27 Absatz 1 der Verordnung (EU) 2016/679 benannt, gilt dieser auch als bevollmächtigt, Zustellungen in zivilgerichtlichen Verfahren nach Absatz 1 entgegenzunehmen. § 184 der Zivilprozessordnung bleibt unberührt.

Literatur

Grabitz/Hilf (Hrsg.), Das Recht der Europäischen Union, 40. Auflage 2009, C.H. Beck München; Saenger/*Dörner*, Zivilprozessordnung, 6. Aufl. 2015; *Meyer (Hrsg.)*, Charta der Grundrechte der EU, 4. Auflage 2014, Nomos Baden-Baden; *Kempen/Hillgruber*, Völkerrecht, 2007, *Laue/Nink/Kremer*, Das neue Datenschutzrecht in der betrieblichen Praxis, 1. Auflage 2016, Nomos Baden-Baden; MüKo-ZPO/*Patzina*, Bd. 1, 5. Aufl. 2016; *Piltz*, Rechtswahlfreiheit im Datenschutzrecht?, in: K&R 2012, 640–645; *Polenz*, Die Datenverarbeitung durch und via Facebook auf dem Prüfstand, in: VuR 2012, 207–213; *Schulz*, Datenschutz als überindividuelles Interesse? – Anmerkungen zur geplanten Reform des UKlaG, in: ZD 2014, 510–514; Musielak/Voit/*Stadler*, ZPO, 13. Auflage 2016, Franz Vahlen München.

▶ Bedeutung der Norm

Während nach den Art. 77 und 78 der Verordnung ein Betroffener die Möglichkeit hat, aufsichtsbehördliche Maßnahmen gegen Verantwortliche oder Auftragsverarbeiter in die Wege zu leiten, stellt Art. 79 in seinem Abs. 1 klar, dass dem Betroffenen auch die Möglichkeit offensteht, unmittelbar gerichtlich gegen den Verantwortlichen oder Auftragsverarbeiter vorzugehen. Abs. 2 der Vorschrift enthält eine Vorschrift über die internationale Zuständigkeit. Hiernach kann der Betroffene wahlweise bei den Gerichten des Mitgliedstaates klagen, in dem der Verantwortliche seinen Sitz hat, oder bei den Gerichten des eigenen Wohnsitzmitgliedstaates.

▶ Hinweise für den Anwender

Vorgerichtliche Rechtsbehelfe:

- (Ab-)Mahnung an den Verantwortlichen oder Auftragsverarbeiter.

Besondere Betroffenenrechte:

- Kapitel III, hier insb. Art. 15, Art. 16, Art. 17.

Für die Auslegung der Norm relevante Erwägungsgründe:
- EG 145, 147.

Vorgängernorm der RL 95/46:
- Art. 22 RL 95/46/EG.

Schlagworte

Rechtsbehelf; Gericht; Gerichtsstand; Zuständigkeit; Auftragsverarbeiter; Verantwortlicher

A. Allgemeines

I. Regelungszweck

1 Der Zweck der Vorschrift liegt darin, sicherzustellen, dass dem Betroffenen mindestens die Möglichkeit offensteht, unmittelbar gegen den Verantwortlichen oder Auftragsverarbeiter gerichtlichen Rechtsschutz gegen eine ihn in seinen Rechten verletzende Datenverarbeitung zu suchen. Daneben enthält die Vorschrift auch eine Regelung über die internationale gerichtliche Zuständigkeit für solche Rechtsbehelfe.

II. Normadressaten

2 Die Norm spricht einerseits den Betroffenen an, dem die Möglichkeit zur Einleitung eines gerichtlichen Verfahrens gegen den Verantwortlichen (Definition in Art. 4 Nr. 7 der Verordnung) oder Auftragsverarbeiter (Definition in Art. 4 Nr. 8 der Verordnung) eröffnet wird. Daneben wendet sie sich aber auch an die Mitgliedstaaten mit der Vorgabe, ein entsprechendes Verfahren bereitzustellen. Die mit solchen Rechtsbehelfen befassten Gerichte werden insofern adressiert, als eine Regelung über die internationale Zuständigkeit getroffen wird.

III. Systematik

3 Art. 79 steht insofern in einem gewissen systematischen Zusammenhang zu Art. 78, als beide Vorschriften einander ergänzend ein geschlossenes System gerichtlicher Rechtsbehelfe bilden. Während Art. 78 gerichtliche Rechtsbehelfe gegen Aufsichtsbehörden eröffnet, bildet Art. 79 die andere Seite der Medaille ab und ermöglicht auch ein gerichtliches Vorgehen unmittelbar gegen den Verantwortlichen oder Auftragsverarbeiter. Dem Betroffenen steht es also frei, die Aufsichtsbehörde gerichtlich mit der Forderung in Anspruch zu nehmen, gegen eine illegale Datenverarbeitung einzuschreiten, oder aber den Verantwortlichen oder Auftragsverarbeiter selbst unmittelbar wegen der Rechtsverletzung in Anspruch zu nehmen. Die beiden Rechtsschutzmöglichkeiten schließen sich nicht gegenseitig aus, dem Betroffenen steht es frei, zwischen ihnen zu wählen oder beide parallel in Anspruch zu nehmen.

4 Etwas unklar ist allerdings das Verhältnis zwischen Art. 79 und den Betroffenenrechten aus Kapitel III der Verordnung. So ergibt sich aus der Verordnung nicht ohne Weiteres, ob Art. 79 ein eigenständiger materiell-rechtlicher Gehalt in dem Sinne zukommt, dass er dem Betroffenen ein Recht auf einen (nicht näher spezifizierten) Rechtsbehelf einräumt, oder ob er sich nur in der (dann zumindest aus deutscher Binnenperspektive selbstverständlichen) Feststellung erschöpft, dass anderweitig begründete Ansprüche des Betroffenen gerichtlich einklagbar sein müssen. Da Art. 79 kein konkreter Normgehalt im Sinne von Tatbestand und Rechtsfolge entnommen wer-

den kann, ist wohl der zweiten Interpretationsvariante der Vorzug zu geben: Einen materiellrechtlichen Gehalt hat Art. 79 nicht. Er verweist lediglich darauf, dass die andernorts in der Verordnung geregelten Betroffenenrechte gerichtlich durchsetzbar sind. Einzelne Rechte, die dem Betroffenen gegen einen Verantwortlichen oder Auftragsverarbeiter zustehen, ergeben sich aus Kapitel III der Verordnung. Von besonderem Interesse sind insoweit v.a. das Auskunftsrecht (Art. 15), das Recht auf Berichtigung (Art. 16) und das Recht auf Löschung (Art. 17).

Das Verfahren richtet sich nach den Prozessordnungen der Mitgliedstaaten. In Deutschland werden Streitigkeiten zwischen Betroffenen und (privatrechtlich organisierten) Verantwortlichen zumeist als bürgerlich-rechtliche Streitigkeiten zu behandeln sein. Demgemäß richtet sich das Verfahren regelmäßig nach den Vorschriften der ZPO. Diese sieht in § 93 vor, dass der Kläger selbst im Obsiegensfall die Kosten des Verfahrens zu tragen hat, wenn der Beklagte keine Veranlassung zur Klageerhebung gegeben hat. Demnach wird es zur Vermeidung dieser Kostenfolge regelmäßig erforderlich sein, dass der Betroffene den Verantwortlichen oder Auftragsverarbeiter vorgerichtlich auffordert, ihn klaglos zu stellen. Daher empfiehlt es sich, vor dem Gang zu Gericht je nach Begehr eine (Ab-)Mahnung an den Verantwortlichen oder Auftragsverarbeiter zu richten und diesen aufzufordern, binnen angemessener Frist das rechtswidrige Verhalten einzustellen bzw. den Anspruch des Betroffenen zu erfüllen. 5

In systematischer Hinsicht ist weiter zu berücksichtigen, dass Art. 81 einige besondere Regelungen für das Verfahren vor dem mitgliedstaatlichen Gericht vorsieht. So soll sich das mitgliedstaatliche Gericht, wenn es Kenntnis davon erlangt, dass vor einem anderen Gericht ein Verfahren „zu demselben Gegenstand in Bezug auf die Verarbeitung durch denselben Verantwortlichen oder Auftragsverarbeiter" anhängig ist, „vergewissern, dass ein solches Verfahren existiert", und zu diesem Zweck Kontakt mit dem anderen Gericht aufnehmen (Art. 81 Abs. 1). Das jeweils später angerufene Gericht kann das eigene Verfahren nach Art. 81 Abs. 2 aussetzen und die Entscheidung durch das zunächst angerufene Gericht abwarten. Diese Möglichkeit kennt im Grundsatz auch das deutsche Zivilprozessrecht (§ 148 ZPO). Handelt es sich in beiden Fällen um ein erstinstanzliches Verfahren, so eröffnet Art. 81 Abs. 3 dem später angerufenen Gericht die Möglichkeit, sich „für unzuständig" zu erklären, die Klage also als unzulässig abzuweisen. 6

IV. Entstehungsgeschichte

Die RL 95/46/EG behandelte die Thematik der Rechtsbehelfe in Art. 22. Nach dieser Vorschrift war dem Betroffenen durch mitgliedstaatliche Vorschriften das Recht einzuräumen, im Fall einer Rechtsverletzung einen gerichtlichen Rechtsbehelf einzulegen. Das BDSG enthielt hierzu keine gesonderten Verfahrens- oder Zuständigkeitsvorschriften, sodass auf das allgemein geltende Gerichtsverfassungs- und Verfahrensrecht zurückzugreifen war.[1] In der Praxis wurden die dem Betroffenen u.a. nach den §§ 33 ff. BDSG zustehenden Rechte als bürgerlich-rechtliche Anspruchsgrundlagen verstanden, die ohne Weiteres nach den allgemeinen zivilprozessualen oder arbeitsgerichtlichen Vorschriften einklagbar waren.[2] 7

Ähnlich wie im Fall von Art. 78 war auch in der ursprünglichen Fassung des Kommissionsentwurfs von Art. 79 (ursprüngliche Nummerierung: Art. 75) die Rede lediglich von einem „Rechtsbehelf", während dann durch den Rat der Terminus des „wirksamen" Rechtsbehelfs eingeführt wurde. Auch hier dürfte es sich eher um eine stilistische Änderung handeln als um eine Modifikation in der Sache. 8

Größere Bedeutung dürfte demgegenüber die geänderte Formulierung hinsichtlich der Aktivlegitimation mit sich bringen. Während der Kommissionsentwurf noch „jede[r] natürliche[n] Person" ein Klagerecht einräumen wollte, beschränkte der Rat den Kreis der Klagebefugten, hiernach war nur noch von der „betroffene[n] Person" die Rede. Diese Formulierung findet sich auch in der endgültigen Fassung wieder. Damit ist – zu Recht – klargestellt, dass nur derjenige klagen kann, 9

1 *Schulz*, in: ZD 2014, 510, 511.
2 BAG, 3.2.2014 – 10 AZB 77/13 (zu § 34 BDSG).

der eigene Rechte verletzt sieht. Weder gibt es ein Popularklagerecht gegen angeblich oder tatsächlich unrechtmäßige Datenverarbeitungen noch reicht die bloße Befürchtung oder Mutmaßung der eigenen Betroffenheit für eine Klage aus.

10 Im Laufe des Gesetzgebungsverfahrens verschwunden sind auch Abs. 3 und 4 des Kommissionsentwurfs. Abs. 3 des Kommissionsentwurfs sah noch vor, dass das mit einer solchen Klage befasste Gericht das Verfahren aussetzen können sollte, wenn „dieselbe Maßnahme, Entscheidung oder Vorgehensweise Gegenstand des Kohärenzverfahrens" ist – und zwar so lange, bis das Kohärenzverfahren abgeschlossen ist. Dass diese Regelung sich in der endgültigen Fassung nicht wiederfindet, ist grds. zu begrüßen. Ob eine bestimmte Datenverarbeitung rechtswidrig ist, hat das damit befasste Gericht in eigener Verantwortung zu prüfen und zu entscheiden, dies gebietet nicht zuletzt die Gewaltenteilung. Da also ein Gericht ohnehin nicht an den Ausgang des Kohärenzverfahrens gebunden ist, ist es nur schwerlich einzusehen, weshalb es dessen Ausgang abwarten sollte. Dies hätte das Verfahren lediglich verzögert und den Rechtsschutz weniger effektiv gemacht. Eine nach nationalem Verfahrensrecht gegebene Möglichkeit, das Verfahren auszusetzen (z.B. § 148 ZPO), dürfte davon allerdings unberührt bleiben.

11 Gestrichen wurde auch der von der Kommission vorgeschlagene Abs. 4 des Art. 79. Dieser sah vor, dass die „endgültigen Entscheidungen der Gerichte (...) von den Mitgliedstaaten vollstreckt" werden sollen. Dass die endgültigen Urteile staatlicher Gerichte mit staatlicher Gewalt vollstreckt werden, ist freilich auch eher eine rechtsstaatliche Selbstverständlichkeit, weshalb es nicht recht nachzuvollziehen ist, weshalb die Kommission insofern überhaupt einen Regelungsbedarf gesehen hat. Aus der Streichung der Vorschrift im weiteren Verlauf des Gesetzgebungsverfahrens wird man umgekehrt wohl nicht den Schluss ziehen können, dass die Vollstreckung von endgültigen Gerichtsurteilen nun nicht mehr erforderlich sei. Vielmehr dürfte die Frage der Vollstreckung nun dem mitgliedstaatlichen Recht – und im Fall grenzüberschreitender Sachverhalte freilich auch dem einschlägigen Gemeinschaftsrecht, wie etwa der EuGVVO – überlassen bleiben.

12 Mit den Rechten des Betroffenen gegenüber dem Verantwortlichen oder Auftragsverarbeiter befassen sich EG 145 bis 147, wobei deren Fokus klar auf Zuständigkeitsfragen und Fragen des Schadensersatzes liegt. EG 147 stellt klar, dass die Vorschriften der Verordnung gegenüber den allgemeineren Vorschriften der EuGVVO Vorrang genießen, soweit sie spezieller sind, was allerdings mit Blick auf den Grundsatz *lex specialis derogat legi generali* eine rechtsdogmatische Selbstverständlichkeit sein dürfte. Allerdings kann aus dem Erwägungsgrund wohl abgeleitet werden, dass der Verordnungsgeber jedenfalls im Grundsatz davon ausgeht, dass die EuGVVO auch auf Streitigkeiten Anwendung findet, die materiell-rechtlich Ansprüche aus der Datenschutz-Grundverordnung zum Gegenstand haben.

B. Inhalt der Regelung

13 Das von der Verordnung vorgesehene System des individuellen Rechtsschutzes gegen unrechtmäßige Datenverarbeitungen basiert auf zwei Säulen: Einerseits kann der Betroffene sich an die zuständige Aufsichtsbehörde wenden, um diese zu einem Tätigwerden zu veranlassen (Art. 77). Wird sie nicht tätig, so kann er sie gerichtlich in Anspruch nehmen (Art. 78 Abs. 2). Andererseits steht dem Betroffenen aber auch die Möglichkeit offen, auf direktem Wege gerichtlich gegen den Verantwortlichen oder Auftragsverarbeiter vorzugehen. Dieses Recht folgt aus Art. 79. Die beiden Säulen stehen nebeneinander, zwischen ihnen gibt es kein Spezialitäts- oder Vorrangverhältnis. Dem Betroffenen steht es frei, sich eines der beiden Instrumente oder gleichzeitig beider zu bedienen.

14 Art. 79 regelt dabei in Abs. 1 lediglich, dass es einen unmittelbaren Rechtsschutz des Betroffenen gegen den Verantwortlichen oder Auftragsverarbeiter überhaupt geben muss und dass dieser „wirksam" zu sein hat. Weitere Vorgaben an den Rechtsbehelf macht die Verordnung nicht, insb. enthält sie ihrerseits – jenseits der Vorgaben aus Art. 81 – keinerlei prozessuale Vorschriften, sondern überlässt das weitere Verfahren den Mitgliedstaaten. Demnach wird es sich nach der jeweiligen mitgliedstaatlichen Rechtsordnung richten, wie das Verfahren einzuleiten ist, welchen Regeln es folgt und welche Rechtsfolgen das Gericht im Einzelnen aussprechen kann. Die einzige Vorgabe, die die Verordnung in diesem Zusammenhang noch macht, ist die internationale Zuständigkeitsregelung. Nach Art. 79 Abs. 2 sind für Klagen gegen einen Verantwortlichen oder Auftragsverarbeiter nach Wahl des Betroffenen entweder die Gerichte des Mitgliedstaats zuständig, in dem der Verantwortliche oder Auftragsverarbeiter eine Niederlassung hat, oder aber die Gerichte des Mitgliedstaats, in dem der Betroffene seinen Aufenthaltsort hat. Eine Einschränkung gilt nur dann, wenn die Behörde eines Mitgliedstaats wegen einer Tätigkeit „in Ausübung ihrer hoheitlichen Befugnisse" verklagt wird, in diesen Fällen sind nur die Gerichte des betreffenden Mitgliedstaats zuständig.

I. „Wirksamer" Rechtsbehelf Art. 79 Abs. 1

Der Begriff der „Wirksamkeit" eines Rechtsbehelfs ist dem deutschen Rechtsdenken fremd, denn hiernach ist die „Wirksamkeit" eines Rechtsbehelfs diesem bereits inhärent (vgl. auch Art. 19 Abs. 4 GG). Wenn die Verordnung den Begriff gleichwohl verwendet, dürfte es sich wohl um eine Remineszenz an Art. 47 der Charta der Grundrechte der Europäischen Union handeln, denn auch dort wird der Begriff des „wirksamen" Rechtsbehelfs – hier freilich im Zusammenhang mit dem Recht, Rechtsschutz gegen Verletzungen von unionsrechtlich garantierten Grundrechten zu suchen – verwendet.[3] Im Hinblick auf Art. 47 Abs. 1 der EU-Grundrechtecharta ist anerkannt, dass der Begriff der „Wirksamkeit" des Rechtsbehelfs nicht mit einer Erfolgsgarantie gleichzusetzen ist. Erforderlich ist aber, dass, sofern der Rechtsbehelf erfolgreich ist, der angefochtene Akt „rechtlich wie tatsächlich aufgehoben oder geändert" wird.[4] 15

Das heißt im Ergebnis, dass der Rechtsbehelf geeignet sein muss, die Rechte des Betroffenen rechtlich und tatsächlich durchzusetzen. Dies dürfte konkret voraussetzen, dass der Sachverhalt vom Gericht anhand der rechtlichen Vorgaben der Verordnung geprüft wird und das Verfahren zu einem auch zwangsweise durchsetzbaren Titel führt.[5] Da dies in rechtsförmigen Verfahren vor deutschen Gerichten stets der Fall ist (§§ 704, 794 ZPO; § 168 VwGO), dürften für die deutsche gerichtliche Praxis keine Änderungen erforderlich sein. Bedenkenswert wäre allerdings, ob mit Blick auf das Erfordernis der „Wirksamkeit" u.U. die Anforderungen an die Glaubhaftmachung einer besonderen Eilbedürftigkeit im einstweiligen Verfügungsverfahren (§§ 935, 940 ZPO; § 123 Abs. 1 VwGO) herabzusetzen sind, wenn der Betroffene einen Unterlassungsanspruch gegen eine unrechtmäßige Datenverarbeitung geltend macht. In Anbetracht des Umstandes, dass nach gegenwärtigen Erfahrungswerten im zivilgerichtlichen Verfahren eine erstinstanzliche Entscheidung i.d.R. erst nach einem Jahr vorliegt und diese Frist im verwaltungsgerichtlichen Verfahren sicherlich eher länger als kürzer ist, wird sich oft die Frage stellen, ob es dem Betroffenen zumutbar ist, gegen den unrechtmäßigen Umgang mit seinen personenbezogenen Daten Rechtsschutz im Hauptsacheverfahren zu suchen. Hier wird man in vielen Fällen nicht mehr von „wirksamem" Rechtsschutz sprechen können. Demgemäß könnte es mit Blick auf die Erfordernisse des Art. 79 Abs. 1 der Verordnung geboten sein, für auf das Datenschutzrecht gegründete Unterlassungsansprüche eine Dringlichkeitsvermutung entsprechend § 12 Abs. 2 UWG anzunehmen. Dies entspricht – wenngleich contra legem – auch derzeit schon der gerichtlichen Praxis in persönlichkeitsrechtlichen Auseinandersetzungen,[6] sodass kein Grund ersichtlich ist, datenschutzrechtliche Auseinandersetzungen insofern anders zu behandeln. 16

3 So auch Paal/Pauly, *Martini*, § 79 Rn. 16 m.w.N.
4 Meyer, *Eser*, Art. 47 Rn. 19 m.w.N.
5 Ähnlich zu Art. 22 RL 95/46/EG schon Grabitz/Hilf, *Brühann*, Art. 22 RL 95/46/EG Rn. 8.
6 Z.B. OLG Stuttgart, 23.9.2015 – 4 U 101/15.

II. Internationale Zuständigkeit Art. 79 Abs. 2

17 Die eigene internationale Zuständigkeit ist eine Sachurteilsvoraussetzung, die das angerufene Gericht zu prüfen hat.[7] Sie richtet sich damit nach dem Prozessrecht der *lex fori*. Das heißt, dass das Verfahrensrecht des angerufenen Gerichts bestimmt, ob dieses für eine Klage zuständig ist. Innerhalb der Europäischen Union ist die internationale Zuständigkeit in Zivil- und Handelssachen durch die EuGVVO einheitlich bestimmt. Jedenfalls soweit es Streitigkeiten zwischen Betroffenen und privaten Verantwortlichen bzw. Auftragsverarbeitern betrifft, wird man zwanglos vom Vorliegen einer Zivil- bzw. Handelssache i.S.v. Art. 1 Abs. 1 EuGVVO ausgehen dürfen, sodass deren Anwendungsbereich im Allgemeinen eröffnet sein wird, sofern nicht eine Behörde Partei des Rechtsstreits ist. Hiernach gilt im Allgemeinen, dass eine Person, die ihren Sitz in einem Mitgliedstaat der Europäischen Union hat, nur vor den Gerichten dieses Mitgliedstaats verklagt werden kann (Art. 2 Abs. 1 EuGVVO). Zwar sieht die EuGVVO eine Reihe von Ausnahmen von diesem Grundsatz vor. Im Bereich des Datenschutzrechts wird man von dem Grundsatz allerdings nur im Ausnahmefall abweichen können, so etwa dann, wenn sich eine bestimmte Datenverarbeitung als unerlaubte Handlung i.S.d. Art. 5 Nr. 3 EuGVVO darstellt und der Handlungs- oder Erfolgsort dieser unerlaubten Handlung in einem anderen Staat als dem Sitzstaat des Verantwortlichen oder Auftragsverarbeiters liegt.

18 In der Praxis führt dies freilich zu einer faktischen Erschwerung des individuellen Rechtsschutzes, weil es insb. für natürliche Personen ein erhebliches Hemmnis darstellt, den Rechtsweg in einem ggf. weit entfernten, anderen Mitgliedstaat mit weitestgehend unbekannter Rechtsordnung und möglicherweise fremder Amtssprache führen zu müssen.

19 Dieses Hemmnis hat die Verordnung dadurch weitestgehend entschärft, dass sie dem Betroffenen die Möglichkeit eingeräumt hat, wahlweise vor den Gerichten des Staates zu klagen, in dem der Verantwortliche oder Auftragsverarbeiter eine Niederlassung hat, oder vor den Gerichten seines eigenen Wohnsitzstaates. Besonderes Augenmerk sollte insofern auf die Formulierung „eine" Niederlassung gelegt werden. Weder muss es sich um die Hauptniederlassung oder gar den Sitz des Verantwortlichen oder Auftragsverarbeiters handeln noch muss die Niederlassung einen Anknüpfungspunkt zur im Streit stehenden Datenverarbeitung aufweisen.[8] Dies ist im Interesse eines effektiven Rechtsschutzes sicherlich zu begrüßen, wenngleich nicht verkannt werden darf, dass es für den Beklagten erhebliche Unannehmlichkeiten bedeuten kann. Es darf nicht aus dem Blick geraten, dass nicht jeder Beklagte in einem datenschutzrechtlich geprägten Rechtsstreit per se ein multinationaler Konzern mit entsprechend gut aufgestellter Rechtsabteilung und erheblichen finanziellen Ressourcen ist.

20 Fraglich ist, ob abweichende Gerichtsstandsvereinbarungen zulässig sein können. Das dürfte nicht generell ausgeschlossen sein, denn die Verordnung begründet jedenfalls ihrem Wortlaut nach keine ausschließliche Zuständigkeit. Zwar ist zuzugestehen, dass EG 147 vorsieht, dass – soweit in der Verordnung „spezifische Vorschriften über die Gerichtsbarkeit (...) im Hinblick auf einen gerichtlichen Rechtsbehelf einschließlich Schadenersatz gegen einen Verantwortlichen oder Auftragsverarbeiter enthalten sind" – diese Vorschriften denen der EuGVVO vorgehen sollen. Damit ist aber einerseits weder gesagt, dass, soweit die Verordnung gerichtliche Zuständigkeiten begründet, diese ausschließlicher Natur sein sollen. Denn ohne eine entsprechende Vereinbarung über die Zuständigkeit bleibt es ja zunächst zwanglos bei den Zuständigkeitsregeln der Datenschutz-Grundverordnung, die daher den allgemeinen Vorschriften der EuGVVO als speziellerem Recht vorgehen. Zum anderen darf auch nicht völlig aus dem Blick geraten, dass den Erwägungsgründen der Verordnung kein rechtlich bindender Charakter zukommt und sich die – evtl. – aus den Erwägungsgründen herauszulesende Absicht, ausschließliche gerichtliche Zuständigkeiten zu begründen, jedenfalls nicht in ausreichender Klarheit auch im rechtsverbindlichen Normteil der Verordnung niedergeschlagen hat. Es spricht damit im Ergebnis mehr dafür,

7 MüKo-ZPO, *Patzina*, § 12 Rn. 68.
8 *Laue/Nink/Kremer*, § 11 Rn. 35.

auch im Anwendungsbereich der Verordnung jedenfalls prinzipiell von der Zulässigkeit von Gerichtsstandsvereinbarungen auszugehen.

Damit richtet sich die Frage nach der Zulässigkeit einer Prorogation im Grundsatz nach Art. 25 EuGVVO. Dieser gestattet Vereinbarungen über die gerichtliche Zuständigkeit unter der Voraussetzung, dass den Formerfordernissen aus Art. 25 Abs. 1 S. 3 EuGVVO genügt ist, hiernach muss die Gerichtsstandsvereinbarung im Regelfall schriftlich geschlossen werden. Eine Einschränkung ergibt sich allerdings aus Art. 25 Abs. 4 EuGVVO. Dieser stellt durch einen Verweis auf Art. 19 EuGVVO klar, dass in Verbrauchersachen eine Prorogation insb. nur nachträglich geschlossen werden kann (Art. 19 Nr. 1 EuGVVO). Liegt eine wirksame Prorogation vor, so ist das prorogierte Gericht ausschließlich zuständig (Art. 25 Abs. 1 S. 2 EuGVVO). **21**

Soweit teilweise die Auffassung vertreten wird, eine Gerichtsstandsvereinbarung sei im Anwendungsbereich von Art. 79 der Verordnung nicht möglich, weil dies – gegenüber deutschen Verbrauchern – gegen § 307 Abs. 2 Nr. 1 BGB verstieße,[9] kann dem jedenfalls mit Blick auf die internationale Zuständigkeit in der Allgemeinheit daher nicht gefolgt werden. Eine Gerichtsstandsvereinbarung wird überhaupt nur dann an deutschem AGB-Recht zu messen sein, wenn die Zuständigkeit eines deutschen Gerichts vereinbart wurde. Denn die materielle Wirksamkeit der Vereinbarung bestimmt sich – übrigens unabhängig von der des Hauptvertrags, vgl. Art. 25 Abs. 5 EuGVVO[10] – nach der *lex fori prorogatori*, also dem Recht des Staates, dessen Zuständigkeit vereinbart wurde.[11] Das mag im Einzelfall zu ihrer Unwirksamkeit führen, muss es allerdings nicht allgemein. Für die Beantwortung dieser Frage alleine auf deutsches Recht abzustellen, wäre jedenfalls zu kurz gegriffen. **22**

Zu beachten ist allerdings, dass Art. 25 EuGVVO nach wohl herrschender Auffassung keine Anwendung auf reine Inlandssachverhalte finden soll, wobei im Detail äußerst umstritten ist, wann ein solcher reiner Inlandssachverhalt im Einzelfall vorliegt.[12] Steht die Zuständigkeit deutscher Gerichte fest, so bestimmt § 44 BDSG-neu, dass der Betroffene die Wahl hat, den Verantwortlichen an dessen Sitz oder an seinem eigenen Wohnsitz zu verklagen. **23**

III. Anwendbares Recht

Nicht verkannt werden darf allerdings, dass dies in der Praxis dazu führen kann, dass gerichtliche Zuständigkeit und anwendbares Recht auseinanderfallen. Da die Verordnung ihr Versprechen, den Datenschutz europaweit einheitlich zu regeln, bei Weitem nicht einlösen konnte und durch eine Reihe von Öffnungsklauseln Raum für mitgliedstaatliche Einzellösungen geschaffen hat, wird sich in Fällen, in denen eine Person in ihrem Wohnsitzstaat einen Verantwortlichen in einem anderen Mitgliedstaat verklagt, stets die Frage nach dem anwendbaren materiellen Datenschutzrecht stellen. Hierzu enthält die Verordnung, anders als noch die Richtlinie in ihrem Art. 4 Abs. 1 lit. a,[13] keinerlei einheitliche Vorgaben. Insb. gibt sie keinen Anknüpfungspunkt dafür vor, unter welchen Voraussetzungen das Recht welchen Staates gilt. Wird also die Datenverarbeitung des in Deutschland verklagten, aber in Irland ansässigen Konzerns, der die Daten eines in Deutschland ansässigen Betroffenen verarbeitet, nach deutschem oder nach irischem Recht beurteilt werden? Die Verordnung lässt den Rechtsanwender insofern ratlos zurück, sodass wohl letztlich auf das internationale Privatrecht der *lex fori* zurückgegriffen werden muss. **24**

Dieses ist zwar gemeinschaftsweit durch die VO 593/2008 (Rom-I) und VO 864/2007 (Rom-II) weitestgehend harmonisiert, allerdings nehmen dieses gerade den Bereich der „Verletzung der Privatsphäre oder der Persönlichkeitsrechte" von ihrem Anwendungsbereich aus (Art. 1 Abs. 2 lit. g Rom-II-VO). Ob in diesem Sinne das Datenschutzrecht unter den Begriff des Persönlichkeits- **25**

9 *Laue/Nink/Kremer*, § 11 Rn. 36.
10 Saenger/*Dörner*, Art. 25 EuGVVO Rn. 18.
11 H.M., vgl. nur Musielak/Voit/*Stadler*, Art. 25 EuGVVO Rn. 5; Saenger/*Dörner*, Art. 25 EuGVVO Rn. 15.
12 Musielak/Voit/*Stadler*, Art. 25 EuGVVO Rn. 3 m.w.N.
13 Vgl. hierzu jüngst EuGH, 26.7.2016, Rs. C-191/15 - „VKI ./. Amazon EU".

bzw. Privatsphärenschutzes zu subsumieren ist, ist bislang jedenfalls nicht abschließend geklärt. Für diese Auslegung spricht jedenfalls, dass Daten nicht um ihrer selbst geschützt werden, sondern um des Persönlichkeitsschutzes willen. Dies spricht die Verordnung, anders als noch Art. 1 Abs. 1 RL 95/46/EG und § 1 Abs. 1 BDSG a.F., zwar nicht mehr ausdrücklich an. Unabhängig von der – wohl zu verneinenden – Frage, ob der europäische Gesetzgeber damit von dem Gedanken abkehren wollte, dass das Datenschutzrecht letztlich dem Schutz des Persönlichkeitsrechts dient, liegt aber jedenfalls der Rom-II-Verordnung noch eben dieser Gedanke zugrunde. Als der historische Gesetzgeber der Rom-II-Verordnung den Privatsphärenschutz von der Anwendung der Verordnung ausnahm, muss er damit auch das Datenschutzrecht im Blick gehabt haben. Diese Interpretation gebietet schon der Gedanke der Einheitlichkeit der Rechtsordnung. Es ist zudem nicht recht einzusehen, weshalb Privatsphärenschutz auf allgemein deliktsrechtlicher Basis anders behandelt werden sollte als datenschutzrechtlicher Privatsphärenschutz, zumal es hier Überschneidungen geben kann, die sich ggf. erst im Laufe eines Gerichtsverfahrens herausstellen werden.

26 Ob es möglich ist, durch privatrechtlichen Vertrag eine Wahl hinsichtlich des anwendbaren Datenschutzrechts zu treffen, ist umstritten.[14] Richtigerweise dürfte diese Frage wohl zu verneinen sein. Für die bisherige Rechtslage folgte dies schon aus Art. 23 Rom-I-VO und Art. 27 Rom-II-VO, wonach die Verordnungen gegenüber anderen Gemeinschaftsrechtsakten, die Kollisionsnormen enthalten, subsidiär sein sollen. Da es sich bei Art. 4 RL 95/46/EG um eine solche Kollisionsnorm handelte, war eine Rechtswahl nach den allgemeinen Vorschriften nicht mehr möglich. Obwohl eine dieser Vorschrift vergleichbare Norm in der Verordnung nicht mehr enthalten ist, sieht auch das neue Recht die Möglichkeit einer Rechtswahl hinsichtlich des Datenschutzrechts nicht vor. Es handelt sich beim Datenschutzrecht um öffentliches Recht, das demgemäß auch nach Art. 9 Rom-I-VO nicht abbedungen werden kann. Seine Anwendbarkeit bestimmt sich alleine nach den Regeln, die das Gesetz selbst vorgibt.

27 Damit dürfte es wohl dabei bleiben, dass das (nicht harmonisierte) internationale Privatrecht des angerufenen Gerichts über die Frage des anwendbaren Rechts entscheiden wird. Nach dem in Deutschland insofern geltenden Art. 40 Abs. 1 EGBGB wird also für das anwendbare Recht weiter gelten, dass der Kläger zwischen dem Recht des Handlungsortes und dem des Erfolgsortes wählen kann. Im Ergebnis führt dies also dazu, dass die Verordnung dem Kläger zwar die Möglichkeit gibt, in seinem eigenen Mitgliedstaat zu klagen. Gleichwohl kann es, je nach Konstellation, dazu kommen, dass sich die rechtliche Beurteilung des Sachverhalts zumindest teilweise nach dem Recht eines anderen Mitgliedstaates richtet. Dieses Problem ist nicht alleine von akademischem Interesse. Insb. mit Blick auf die Öffnungsklauseln aus Art. 23 der Verordnung kann es zu erheblichen Unterschieden im Schutzniveau des Datenschutzrechts zwischen verschiedenen Mitgliedstaaten kommen. Das Gericht eines Mitgliedstaates kann so sehr schnell in die Situation gelangen, sich mit (freilich nur in der jeweiligen Landessprache verbindlichen) Umsetzungsakten eines anderen Mitgliedstaates auseinandersetzen zu müssen. Ob dem Betroffenen letztlich damit geholfen ist, wenn er zwar im eigenen Land klagen kann, sich dann aber mit dem Recht eines anderen Mitgliedstaates konfrontiert sieht, in dessen Anwendung das eigene Gericht im Regelfall ungeübt sein wird, ist fraglich. Es bleibt insofern nur zu hoffen, dass die Mitgliedstaaten von den Öffnungsklauseln nicht in allzu unterschiedlicher Weise Gebrauch machen werden.

IV. Klagen gegen Behörden

28 Während die Verordnung für Klagen gegen private Verantwortliche oder Auftragsverarbeiter einheitlich vorsieht, dass diese wahlweise vor den Gerichten des Mitgliedstaats in Anspruch genommen werden können, in dem sie ihren Sitz haben, oder aber vor den Gerichten des Mitgliedstaates, in dem der Betroffene seinen Aufenthalt hat, gilt in dem Fall, dass es sich bei dem Verantwortlichen oder Auftragsverarbeiter um eine Behörde handelt, anderes. Dies jedenfalls dann,

14 Dagegen VG Schleswig, 14.2.2013 – 8 B 60/12; *Piltz*, in: K&R 2012, 640 ff.; dafür LG Berlin, 6.3.2012 – 16 O 551/10; *Polenz*, in: VuR 2012, 207 ff.

wenn die Behörde in Ausübung ihrer hoheitlichen Befugnisse gehandelt hat und deshalb verklagt wird. In diesem Fall entfällt die Option, die Klage in dem Mitgliedstaat zu erheben, in dem der Betroffene seinen Sitz hat. Die Klage muss dann zwingend in dem Mitgliedstaat erhoben werden, in dem die Behörde ihren Sitz hat. Dies folgt letztlich dem völkerrechtlichen Grundsatz *par in parem non habet iudicium*, wonach nicht ein Staat über die die Hoheitsakte eines anderen Staates richten darf.[15]

Die Verordnung enthält keine nähere Definition des Begriffs der „Behörde" i.S.v. Art. 79 Abs. 2 **29**
S. 2 Hs. 2. Angesprochen wird in Art. 4 Nr. 7 und Nr. 8 lediglich, dass als „Verantwortlicher" und „Auftragsverarbeiter" auch Behörden in Betracht kommen. Aus dem weiteren Inhalt des Art. 79 Abs. 2 S. 2 Hs. 2 ist aber zwingend zu folgern, dass eine Behörde dadurch charakterisiert wird, dass es sich um eine Stelle handelt, die hoheitliche Befugnisse ausüben kann. Wann dies der Fall ist, bestimmt sich nach dem jeweiligen mitgliedstaatlichen Recht. Man wird insofern für Deutschland auf die hergebrachte Definition aus § 1 Abs. 4 VwVfG zurückgreifen können, wonach Behörde jede Stelle ist, die Aufgaben der öffentlichen Verwaltung wahrnimmt.[16] Da die Privilegierung aus Art. 97 Abs. 2 S. 2 Hs. 2 ohnehin nur dann gilt, wenn die Behörde gerade in Bezug auf die angegriffene Datenverarbeitung in Ausübung ihrer hoheitlichen Befugnisse gehandelt hat, dürften sich schwierige Abgrenzungsfragen beim Behördenbegriff kaum jemals stellen. Das angerufene Gericht wird, sofern es sich nicht ohnehin um ein Gericht des gleichen Mitgliedstaates handelt, dem auch die Behörde angehört, lediglich zu prüfen haben, ob das beklagte Rechtssubjekt nach dem dortigen mitgliedstaatlichen Recht über hoheitliche Befugnisse verfügte und mit Blick auf die konkrete, im Streit stehende Datenverarbeitung in Ausübung dieser Befugnisse gehandelt hat. Die Problematik wird dadurch weiter entschärft, dass das Handeln von Behörden teilweise vom Anwendungsbereich der Richtlinie ausgeschlossen ist. So nimmt bspw. Art. 2 Abs. 2 lit. d der Verordnung die Tätigkeit von Strafverfolgungs- oder Sicherheitsbehörden weitestgehend vom Anwendungsbereich der Verordnung aus. Ausgenommen ist nach Art. 2 Abs. 2 lit. b auch der Bereich der gemeinsamen Außen- und Sicherheitspolitik der Europäischen Union. Im Ergebnis wird man den Begriff der „Behörde" für den Anwendungsbereich von Art. 79 Abs. 2 S. 2 Hs. 2 der Verordnung so zu definieren haben, dass Behörde jede als „Verantwortlicher" i.S.v. Art. 4 Nr. 7 oder „Auftragsverarbeiter" i.S.v. Art. 4 Nr. 8 der Verordnung anzusehende Stelle ist, die im Zusammenhang mit der Verarbeitung personenbezogener Daten Aufgaben der öffentlichen Verwaltung wahrnimmt und nicht nach Art. 2 Abs. 2 vom Anwendungsbereich der Verordnung ausgenommen ist.

Ergibt sich danach, dass die Klage in Deutschland zu erheben ist, wird im Regelfall der Verwal- **30**
tungsrechtsweg nach § 40 VwGO eröffnet sein. Sachlich zuständig ist dann als Eingangsinstanz nach § 45 VwGO das Verwaltungsgericht, wobei sich die örtliche Zuständigkeit nach § 52 VwGO richtet. Im Regelfall wird danach das Verwaltungsgericht, in dessen Zuständigkeitsbereich die jeweilige Behörde ihren Sitz hat, örtlich und sachlich zuständig sein.

V. Weiteres Verfahren

Für das weitere Verfahren macht die Verordnung keinerlei Vorgaben, dieses richtet sich also nach **31**
dem mitgliedstaatlichen Verfahrensrecht, wie es am Ort des zuständigen Gerichts gilt. Wird in Deutschland ein Verfahren gegen einen privaten Verantwortlichen oder Auftragsverarbeiter geführt, so wird hierfür in aller Regel die Zivilgerichtsbarkeit zuständig sein. In diesen Fällen richtet sich das Verfahren dann nach der ZPO. Ist demgegenüber eine Behörde beklagt, wird – sofern die Voraussetzungen des § 40 Abs. 1 VwGO gegeben sind – oft das Verwaltungsgericht zuständig sein mit der Folge, dass sich das weitere Verfahren nach der VwGO zu richten hat. In besonderen Konstellationen können freilich auch andere Gerichtszweige mit datenschutzrechtlichen Verfahren befasst werden, so kommt insb. im Beschäftigtendatenschutz auch die Zuständigkeit der

15 Vgl. etwa *Kempen/Hillgruber*, 6. Kapitel Rn. 19 m.w.N., und Art. 2 Nr. 1 UN-Charta; i.E. ebenso Paal/Pauly, *Martini*, § 79 Rn. 23.

16 I.E. rekurriert auch Paal/Pauly, *Martini*, § 79 Rn. 29, auf § 1 Abs. 4 VwVfG.

Arbeitsgerichtsbarkeit in Betracht,[17] im Sozialdatenschutz können im Einzelfall auch die Sozialgerichte zuständig sein.

32 Im Fall einer zivilgerichtlichen Auseinandersetzung des Betroffenen mit dem Verantwortlichen oder Auftragsverarbeiter sind, soweit es mit Blick auf Art. 79 der Verordnung von Interesse ist, typischerweise insb. Unterlassungsklagen gegen unrechtmäßige Datenverarbeitungen denkbar. Da Art. 79, wie bereits dargelegt, kein materiell-rechtlicher Gehalt zu entnehmen ist, hier also insb. nicht angesprochen wird, welche Ansprüche dem Betroffenen gegen den Verantwortlichen oder Auftragsverarbeiter zustehen, werden die prozessualen Möglichkeiten und der weitere Verfahrensgang in der Praxis auch stark davon abhängen, welchen Anspruch der Betroffene gegen den Verantwortlichen oder Auftragsverarbeiter geltend macht. In Betracht kommen insoweit insb. die Ansprüche aus Kapitel III der Verordnung (z.B. Auskunft, Berichtigung und Löschung), aber auch die nicht in der Verordnung niedergelegten Ansprüche aus dem allgemeinen Deliktsrecht, wie etwa der jedenfalls in der persönlichkeitsrechtlichen Praxis in höchstem Maße bedeutsame quasinegatorische Unterlassungsanspruch analog § 1004 BGB,[18] der regelmäßig auch im Verfahren des einstweiligen Rechtsschutzes geltend gemacht werden kann (s.o.).

C. Weitere Auswirkungen der Verordnung in der Praxis

33 Die Auswirkungen des Art. 79 der Verordnung auf die gerichtliche Praxis in Deutschland dürften gering sein.[19] Soweit dem Betroffenen Ansprüche gegen den Verantwortlichen oder Auftragsverarbeiter zustanden, waren diese auch nach bisher geltendem Recht schon gerichtlich durchsetzbar.

34 Denkbar ist allerdings, dass die Verordnung dem Eilrechtsschutz größere Bedeutung geben könnte. Insofern könnte sich aus dem von der Verordnung aufgestellten Erfordernis der „Wirksamkeit" des Rechtsbehelfs ergeben, dass die Anforderungen an die Glaubhaftmachung der Eilbedürftigkeit im Verfahren des einstweiligen Rechtsschutzes abgesenkt werden müssen, damit der Betroffene Verletzungen seiner Rechte aus der Verordnung zeitnah und effektiv durchsetzen kann und sich nicht auf ein langwieriges Hauptsacheverfahren verweisen lassen muss. Hier waren die Gerichte aber auch bislang bereits recht großzügig, so ist für den Bereich des äußerungsrechtlichen Persönlichkeitsschutzes bereits weitestgehend (und genau genommen *contra legem*) anerkannt, dass es einer Glaubhaftmachung einer besonderen Dringlichkeit regelmäßig nicht bedarf, um im Wege des einstweiligen Rechtsschutzes gegen eine das allgemeine Persönlichkeitsrecht verletzende Berichterstattung vorzugehen.[20] Es ist allerdings zu erwarten, dass gerichtliche Auseinandersetzungen auch im Bereich des Datenschutzrechts eher zunehmen werden. Die (zivil-)gerichtliche Praxis dürfte sich dabei in Anbetracht der thematischen Nähe weitestgehend an den etablierten Standards des Presse- und Äußerungsrechts orientieren.

35 Gewisse Änderungen für die gerichtliche Praxis ergeben sich freilich auch daraus, dass dem Betroffenen nun im Regelfall die Möglichkeit eingeräumt wird, auch vor den Gerichten seines eigenen Mitgliedstaates gegen einen in einem anderen Staat ansässigen Verantwortlichen oder Auftragsverarbeiter zu klagen. Das war bislang anders. Problematisch ist in dieser Hinsicht allerdings, dass es in der Praxis häufig zu einem Auseinanderfallen von gerichtlicher Zuständigkeit und anwendbarem Recht kommen könnte. Dies könnte sich als Hemmnis für die effektive Inanspruchnahme gerichtlichen Rechtsschutzes erweisen. Gelöst werden könnte diese Problematik einerseits durch eine intensivere Vereinheitlichung des materiellen Datenschutzrechts oder aber durch klare Kollisionsregeln für diesen Bereich. Beides ist bis auf Weiteres nicht zu erwarten.

---

17 Vgl. BAG, 3.2.2014 – 10 AZB 77/13 (hier zu § 34 BDSG a.F.).
18 S. hierzu statt aller nur Palandt, *Bassenge*, § 1004 BGB Rn. 31 ff.
19 Ebenso Paal/Pauly, *Martini*, § 79 Rn. 32.
20 Z.B. OLG Stuttgart, 23.9.2015 – 4 U 101/15.

Article 80

Representation of data subjects

1. The data subject shall have the right to mandate a not-for-profit body, organisation or association which has been properly constituted in accordance with the law of a Member State, has statutory objectives which are in the public interest, and is active in the field of the protection of data subjects' rights and freedoms with regard to the protection of their personal data to lodge the complaint on his or her behalf, to exercise the rights referred to in Articles 77, 78 and 79 on his or her behalf, and to exercise the right to receive compensation referred to in Article 82 on his or her behalf where provided for by Member State law.

2. Member States may provide that any body, organisation or association referred to in paragraph 1 of this Article, independently of a data subject's mandate, has the right to lodge, in that Member State, a complaint with the supervisory authority which is competent pursuant to Article 77 and to exercise the rights referred to in Articles 78 and 79 if it considers that the rights of a data subject under this Regulation have been infringed as a result of the processing.

Artikel 80

Vertretung von betroffenen Personen

(1) Die betroffene Person hat das Recht, eine Einrichtung, Organisationen oder Vereinigung ohne Gewinnerzielungsabsicht, die ordnungsgemäß nach dem Recht eines Mitgliedstaats gegründet ist, deren satzungsmäßige Ziele im öffentlichem Interesse liegen und die im Bereich des Schutzes der Rechte und Freiheiten von betroffenen Personen in Bezug auf den Schutz ihrer personenbezogenen Daten tätig ist, zu beauftragen, in ihrem Namen eine Beschwerde einzureichen, in ihrem Namen die in den Artikeln 77, 78 und 79 genannten Rechte wahrzunehmen und das Recht auf Schadensersatz gemäß Artikel 82 in Anspruch zu nehmen, sofern dieses im Recht der Mitgliedstaaten vorgesehen ist.

(2) Die Mitgliedstaaten können vorsehen, dass jede der in Absatz 1 des vorliegenden Artikels genannten Einrichtungen, Organisationen oder Vereinigungen unabhängig von einem Auftrag der betroffenen Person in diesem Mitgliedstaat das Recht hat, bei der gemäß Artikel 77 zuständigen Aufsichtsbehörde eine Beschwerde einzulegen und die in den Artikeln 78 und 79 aufgeführten Rechte in Anspruch zu nehmen, wenn ihres Erachtens die Rechte einer betroffenen Person gemäß dieser Verordnung infolge einer Verarbeitung verletzt worden sind.

Recital

(142) Where a data subject considers that his or her rights under this Regulation are infringed, he or she should have the right to mandate a not-for-profit body, organisation or association which is constituted in accordance with the law of a Member State, has statutory objectives which are in the public interest and is active in the field of the protection of personal data to lodge a complaint on his or her behalf with a supervisory authority, exercise the right to a judicial remedy on behalf of data subjects or, if provided for in Member State law, exercise the right to receive compensation on behalf of data subjects. A Member State may provide for such a body, organisation or association to have the right to lodge a complaint in that Member State, independently of a data

Erwägungsgrund

(142) Betroffene Personen, die sich in ihren Rechten gemäß dieser Verordnung verletzt sehen, sollten das Recht haben, nach dem Recht eines Mitgliedstaats gegründete Einrichtungen, Organisationen oder Verbände ohne Gewinnerzielungsabsicht, deren satzungsmäßige Ziele im öffentlichem Interesse liegen und die im Bereich des Schutzes personenbezogener Daten tätig sind, zu beauftragen, in ihrem Namen Beschwerde bei einer Aufsichtsbehörde oder einen gerichtlichen Rechtsbehelf einzulegen oder das Recht auf Schadensersatz in Anspruch zu nehmen, sofern dieses im Recht der Mitgliedstaaten vorgesehen ist. Die Mitgliedstaaten können vorsehen, dass diese Einrichtungen, Organisationen oder Verbände das Recht haben, unabhängig vom Auftrag einer

Recital	Erwägungsgrund
subject's mandate, and the right to an effective judicial remedy where it has reasons to consider that the rights of a data subject have been infringed as a result of the processing of personal data which infringes this Regulation. That body, organisation or association may not be allowed to claim compensation on a data subject's behalf independently of the data subject's mandate.	betroffenen Person in dem betreffenden Mitgliedstaat eine eigene Beschwerde einzulegen, und das Recht auf einen wirksamen gerichtlichen Rechtsbehelf haben sollten, wenn sie Grund zu der Annahme haben, dass die Rechte der betroffenen Person infolge einer nicht im Einklang mit dieser Verordnung stehenden Verarbeitung verletzt worden sind. Diesen Einrichtungen, Organisationen oder Verbänden kann unabhängig vom Auftrag einer betroffenen Person nicht gestattet werden, im Namen einer betroffenen Person Schadenersatz zu verlangen.

§ 2

Unterlassungsklagengesetz

(1) Wer in anderer Weise als durch Verwendung oder Empfehlung von Allgemeinen Geschäftsbedingungen Vorschriften zuwiderhandelt, die dem Schutz der Verbraucher dienen (Verbraucherschutzgesetze), kann im Interesse des Verbraucherschutzes auf Unterlassung und Beseitigung in Anspruch genommen werden. Werden die Zuwiderhandlungen in einem Unternehmen von einem Mitarbeiter oder Beauftragten begangen, so ist der Unterlassungsanspruch oder der Beseitigungsanspruch auch gegen den Inhaber des Unternehmens begründet. Bei Zuwiderhandlungen gegen die in Absatz 2 Satz 1 Nummer 11 genannten Vorschriften richtet sich der Beseitigungsanspruch nach den entsprechenden datenschutzrechtlichen Vorschriften.

(2) Verbraucherschutzgesetze im Sinne dieser Vorschrift sind insbesondere

[...]

11. die Vorschriften, welche die Zulässigkeit regeln
    a) der Erhebung personenbezogener Daten eines Verbrauchers durch einen Unternehmer oder
    b) der Verarbeitung oder der Nutzung personenbezogener Daten, die über einen Verbraucher erhoben wurden, durch einen Unternehmer,

wenn die Daten zu Zwecken der Werbung, der Markt- und Meinungsforschung, des Betreibens einer Auskunftei, des Erstellens von Persönlichkeits- und Nutzungsprofilen, des Adresshandels, des sonstigen Datenhandels oder zu vergleichbaren kommerziellen Zwecken erhoben, verarbeitet oder genutzt werden,

[...]

Eine Datenerhebung, Datenverarbeitung oder Datennutzung zu einem vergleichbaren kommerziellen Zweck im Sinne des Satzes 1 Nummer 11 liegt insbesondere nicht vor, wenn personenbezogene Daten eines Verbrauchers von einem Unternehmer ausschließlich für die Begründung, Durchführung oder Beendigung eines rechtsgeschäftlichen oder rechtsgeschäftsähnlichen Schuldverhältnisses mit dem Verbraucher erhoben, verarbeitet oder genutzt werden.

Literatur

Dieterich, Rechtsdurchsetzungsmöglichkeiten der DS-GVO – Einheitlicher Rechtsrahmen führt nicht zwangsläufig zu einheitlicher Rechtsanwendung, in: ZD 2016, 260; *Gierschmann*, Was „bringt" deutschen Unternehmen die DS-GVO? – Mehr Pflichten, aber die Rechtsunsicherheit bleibt, in: ZD 2016, 51; *Halfmeier*, Die neue Datenschutzverbandsklage, in: NJW 2016, 1126; *Jaschinski/Piltz*, Das Gesetz zur Verbesserung der zivilrechtlichen Durchsetzung von verbraucherschützenden Vorschriften des Datenschutzrechts, in: WRP 2016, 420; *Laue/Nink/Kremer*, Das neue Datenschutzrecht in der betrieblichen Praxis, 1. Auflage 2016, Nomos Baden-Baden; *Schantz*, Die Datenschutz-Grundverordnung – Beginn einer neuen Zeitrechnung im Datenschutzrecht, in: NJW 2016, 1841; MüKo-BGB, *Schubert*, Bd. 1, 7. Aufl. 2015; *Spindler*, Verbandsklagen und Datenschutz – das neue Verbandsklagerecht Neuregelungen und Probleme, in: ZD 2016, 114; *Spindler*, Die neue EU-Datenschutz-Grundverordnung, in: DB 2016, 937.

Bedeutung der Norm

Die Stärkung der Betroffenenrechte ist eines der wesentlichen Anliegen der Verordnung.[1] Dem dient auch die durch Art. 80 geschaffene Möglichkeit, die Wahrnehmung der Betroffenenrechte an gemeinnützige Organisationen zu delegieren. Die Vorschrift enthält im Kern zwei Elemente. Einerseits soll es dem Betroffenen möglich sein, eine gemeinnützige Organisation mit der Wahrnehmung bestimmter Betroffenenrechte nach der Verordnung zu beauftragen (Abs. 1). Dies bedarf, soweit es nicht die Wahrnehmung des Schadensersatzrechts betrifft, keiner mitgliedstaatlichen Umsetzung. Andererseits gibt die Verordnung den Mitgliedstaaten aber auch die Möglichkeit, Vorschriften zu erlassen, nach denen gemeinnützige Organisationen Betroffenenrechte ohne konkretes Mandat eines Betroffenen wahrnehmen können (Abs. 2).

Hinweise für den Anwender

Für die Auslegung der Norm relevante Erwägungsgründe:
- EG 142.

Vorgängernorm:
- § 2 Abs. 2 S. 1 Nr. 11 UKlaG.

Schlagworte

Klagerecht; Verbandsklagerecht; Rechtsbehelf

A. Allgemeines

I. Regelungszweck

Der Sinn des Verbandsklagerechts liegt in der Beseitigung eines insb. von Verbraucherschützern behaupteten Vollzugsdefizits im Bereich des Datenschutzrechts.[2] Die Aufsichtsbehörden sind schon wegen ihrer begrenzten finanziellen und personellen Mittel nicht in der Lage, Verstöße gegen geltendes Datenschutzrecht in dem erforderlichen Umfang zu ermitteln und dagegen vorzugehen. Der einzelne Betroffene wird demgegenüber häufig Aufwand, Kosten und Risiken 1

1 *Gierschmann*, in: ZD 2016, 51, 53.
2 *Gierschmann*, in: ZD 2016, 51, 53; *Halfmeier*, in: NJW 2016, 1126, 1126; *Laue/Nink/Kremer*, § 11 Rn. 38.

scheuen und daher von einer individuellen Wahrnehmung seiner Rechte absehen.[3] Es liegt demgemäß nahe, Verbände gesetzlich zu ermächtigen, gegen Rechtsverstöße vorzugehen. Dieses Mittel ist freilich auch kein neues, sondern in anderen Rechtsbereichen, namentlich im Bereich des Verbraucherschutzrechts, bereits bekannt und bewährt.

II. Normadressaten

2 Die Vorschrift hat wiederum eine Vielzahl an Adressaten, dies sind: Die Mitgliedstaaten in ihrer Eigenschaft als Gesetzgeber, Betroffene und die in der Norm näher definierten Verbände. Indirekt angesprochen werden durch die Norm freilich auch die mitgliedstaatlichen Gerichte, die auf Grundlage der Vorschrift die prozessstandschaftliche Geltendmachung von Ansprüchen zulassen müssen, sowie die für die Datenverarbeitung Verantwortlichen und die Aufsichtsbehörden, die sich mit Beschwerden von Verbänden beschäftigen müssen, sofern die weiteren Voraussetzungen hierfür gegeben sind.

3 Den Mitgliedstaaten wird durch die Vorschrift ein gewisser Umsetzungsspielraum eingeräumt. So bleibt es ihnen überlassen, ob sie es Verbänden auch ermöglichen möchten, Schadensersatzansprüche im Namen des Betroffenen geltend zu machen. Dies allerdings nur für den Fall, dass der Betroffene den Verband entsprechend ermächtigt. Eine Durchsetzung von Schadensersatzansprüchen durch Verbände, ohne dass dem eine entsprechende Ermächtigung durch den jeweiligen Betroffenen zugrunde liegt, dürfen die Mitgliedstaaten demgegenüber nicht erlauben, was sich bereits aus EG 142 ergibt.[4] Den Mitgliedstaaten überlassen bleibt es auch, ob sie überhaupt gestatten möchten, dass Verbände unabhängig von einer Ermächtigung durch betroffene Personen tätig werden können. Von einem der US-amerikanischen „class action" vergleichbaren System bleibt demnach auch die Verordnung noch weit entfernt.

4 Die Geltendmachung fremder, immaterieller Schadensersatzansprüche im eigenen Namen wäre zumindest für die deutsche Rechtsordnung ein Novum. Mit Blick auf den höchstpersönlichen Charakter solcher Ansprüche hat es die deutsche Rechtsprechung bislang etwa abgelehnt, die Abtretung solcher Ansprüche zuzulassen.[5] Ob der deutsche Gesetzgeber eingedenk dieser Rechtstradition die prozessstandschaftliche Geltendmachung des Anspruchs aus Art. 82 der Verordnung zulassen wird, darf vorerst bezweifelt werden. Das BDSG-neu enthält dazu keine Regelung.

III. Systematik

5 Art. 80 ist Teil des Kapitels über Rechtsbehelfe, Haftung und Sanktionen. Die Vorschrift soll ihrem systematischen Zusammenhang nach den Rechtsschutz gegen rechtswidrige Datenverarbeitungen effektivieren. Sie baut auf den dem Betroffenen nach Art. 77 bis 79 zustehenden Befugnissen auf und ermöglicht es dem Betroffenen, sich zur Wahrnehmung dieser Rechte der Hilfe eines gemeinnützigen Verbandes zu bedienen.

6 Der Sache nach handelt es sich zumindest bei Art. 80 Abs. 1 um einen Fall von zulässiger gewillkürter Prozessstandschaft. Diese hat den nicht zu leugnenden praktischen Vorteil, dass der Betroffene nicht die Kosten und Risiken einer Auseinandersetzung zu tragen hat und demgemäß eher geneigt sein wird, seine Rechte nach der Verordnung tatsächlich geltend zu machen bzw. geltend machen zu lassen. Die Erwartung, dass durch dieses Instrument eine erhebliche Stärkung des Datenschutzes eintreten wird,[6] dürfte nicht von der Hand zu weisen sein, mag es sich dabei auch nach wie vor um eine Art Fremdkörper in dem sehr um den Begriff des subjektiven Rechts kreisenden deutschen Rechtssystem handeln.

---

3 BT-Drs. 18/4631, S. 11.
4 *Spindler,* in: ZD 2016, 114, 119; *Spindler,* in: DB 2016, 937, 947.
5 BGH, GRUR 2014, 702, 703 f.
6 *Dieterich*, in: ZD 2016, 260, 265 m.w.N.

Etwas unklar ist demgegenüber die Rechtsnatur des Verbandsklagerechts aus Art. 80 Abs. 2. Hier stellt sich insb. die Frage, ob es sich dabei ebenfalls um einen Fall echter Prozessstandschaft handelt oder ob dadurch nicht vielmehr ein eigener Anspruch des jeweiligen Verbandes begründet wird. Dies wird möglicherweise auch von der jeweiligen mitgliedstaatlichen Umsetzungsrechtsprechung abhängen. 7

IV. Entstehungsgeschichte

Ein Verbandsklagerecht sah die RL 95/46/EG nicht vor. Der deutsche Gesetzgeber hatte erst kürzlich ein – im Vergleich zu der Verordnung allerdings beschränktes – Verbandsklagerecht im Fall von Verstößen gegen das Datenschutzrecht in das nationale Recht aufgenommen (§ 2 Abs. 2 S. 1 Nr. 11 UKlaG). Die Bundesregierung hat hierzu den Standpunkt vertreten, dass sich die von der RL 95/46/EG grds. angestrebte Vollharmonisierung nur auf das materielle Datenschutzrecht bezieht, nicht aber auf Rechtsbehelfe und Sanktionen (BT-Drs. 18/4631, S. 14). 8

Die Regelung des Verbandsklagerechts hat im Verlauf des Gesetzgebungsverfahrens eine Reihe von Änderungen erfahren. Im Entwurf der Kommission war das Verbandsklagerecht ursprünglich in Art. 76 geregelt. Dort bezog es sich auf die Rechte des Betroffenen aus Art. 74 und 75 (jetzt: 78 und 79). Doch auch das Recht, bei einer Aufsichtsbehörde eine Beschwerde einzulegen, war nach dieser Fassung bereits auf einen Verband delegierbar, dies war jedoch im damaligen Art. 73 Abs. 2 gesondert geregelt. Dort fand sich auch die Definition der klagebefugten Verbraucherschutzverbände, die mit der letztlich verabschiedeten Fassung (Art. 80 Abs. 1) nicht ganz deckungsgleich ist. Nachdem bereits durch das Parlament hinzugefügt wurde, dass der Verband „im öffentlichen Interesse handeln" müsse, wurde in der Fassung des Rates das weitere Erfordernis hinzugefügt, dass der Schutz der Rechte und Freiheiten von betroffenen Personen in Bezug auf den Schutz ihrer personenbezogenen Daten zu den satzungsmäßigen Zielen der Vereinigung gehören muss. 9

In der Fassung der Kommission war des Weiteren auch noch nicht die Rede davon, dass die Vereinigung von der betroffenen Person mit der Wahrnehmung ihrer Rechte beauftragt werden musste, vielmehr hieß es in Art. 76 Abs. 1 apodiktisch, der Verband habe „das Recht", die genannten Rechte „im Namen einer oder mehrerer betroffenen Personen wahrzunehmen". Ob dies seinerzeit wirklich als ein von der konkreten Beauftragung unabhängiges Klagerecht gemeint war, lässt sich anhand der verfügbaren Materialien nicht mehr rekonstruieren, es ist letztlich auch allenfalls von rechtshistorischem Interesse. 10

Nicht übernommen in die finale Fassung der Verordnung wurde auch die von Kommission und Parlament vorgesehene Regelung, wonach Verbände unabhängig von der Beschwerde einer betroffenen Person das Recht auf Beschwerde bei einer mitgliedstaatlichen Aufsichtsbehörde hatten (Art. 73 Abs. 3 der damaligen Entwurfsfassung). Dieses Recht spricht die finale Fassung der Verordnung den Verbänden nun in Art. 80 Abs. 2 zu, wobei es nun freilich unter dem Vorbehalt einer entsprechenden mitgliedstaatlichen Umsetzungsgesetzgebung steht. 11

Entfallen ist darüber hinaus auch das von Art. 76 Abs. 2 des Kommissionsentwurfs vorgesehene Klagerecht *der Aufsichtsbehörden*. Das erscheint systematisch auch konsequent, denn dieses Recht ist richtigerweise im Abschnitt über die Befugnisse der Aufsichtsbehörden zu regeln, wo mit Art. 58 Abs. 5 auch eine entsprechende Norm vorhanden ist. Inhaltlich darf die Sinnhaftigkeit eines Klagerechts der Aufsichtsbehörden bezweifelt werden. Es ist nicht ersichtlich, weshalb die mitgliedstaatlichen Aufsichtsbehörden eigene Klagerechte erhalten sollten. Ihnen stehen die Befugnisse aus Art. 58 Abs. 3 der Verordnung zur Verfügung, die bereits sehr weitreichend sind und insb. weiter reichen als die Klagemöglichkeiten des Betroffenen bzw. die von Verbänden. Der einzige Vorzug eines Klagerechts der Aufsichtsbehörde läge wohl darin, dass die Aufsichtsbehörden im Wege der Klage auch gegen Datenverarbeitungen außerhalb ihres eigenen Zuständigkeitsbereichs vorgehen können. Ob dies mit Blick auf das Verhältnis der Aufsichtsbehörden untereinander indes zweckmäßig ist, darf bezweifelt werden. Kaum eine Aufsichtsbehörde sähe es wohl gerne, wenn eine andere, an sich unzuständige Behörde gegen einen im eigenen Zuständigkeits- 12 bereich ansässigen Datenverarbeiter vorgehen würde. Letztlich könnte das auch dazu führen, dass das Kohärenzverfahren unterlaufen wird.

13 Die Möglichkeit, die Wahrnehmung von Betroffenenrechten an Verbände zu delegieren, wird lediglich im EG 142 angesprochen, der inhaltlich nicht ergiebiger ist als die Vorschrift selbst. Klargestellt ist dort allerdings immerhin, dass den Verbänden nicht gestattet werden kann, unabhängig vom Auftrag einer betroffenen Person für diese Schadensersatz zu verlangen.

B. Inhalt der Regelung

14 Art. 80 regelt einerseits das sich nun unmittelbar aus der Verordnung ergebende Recht des Betroffenen, die Wahrnehmung seiner Rechte auf einen gemeinnützigen Verband zu delegieren. Es regelt andererseits die Befugnis der Mitgliedstaaten, gemeinnützigen Verbänden eine Prozessführung auch ohne konkretes Mandat eines Betroffenen zu gestatten. Die Rechtsnatur der Vorschrift wird aus ihrem Wortlaut heraus nicht ganz deutlich. Richtigerweise dürfte es sich bei Art. 80 Abs. 1 wohl um eine Form gewillkürter Prozessstandschaft handeln, während Art. 80 Abs. 2 wohl die Befugnis der Mitgliedstaaten zur Schaffung eines eigenen Verbandsklagerechts gegen Datenschutzverstöße begründen dürfte.

I. Beauftragung durch den Betroffenen Art. 80 Abs. 1

15 Das Recht des Betroffenen, die Wahrnehmung seiner Rechte auf einen gemeinnützigen Verband zu delegieren, ergibt sich unmittelbar aus der Verordnung und bedarf keiner weiteren mitgliedstaatlichen Umsetzung. Voraussetzung ist lediglich, dass der Verband die in Art. 80 Abs. 1 genannten Voraussetzungen erfüllt, ein Auftrag des Betroffenen vorliegt und die Geltendmachung von in Art. 80 Abs. 1 genannten Rechten im Raum steht. Das bedeutet im Einzelnen:

1. Qualifizierte Einrichtung, Organisation oder Vereinigung

16 Es muss sich zunächst um eine „Einrichtung, Organisation oder Vereinigung ohne Gewinnerzielungsabsicht" handeln. Die Verwendung der Begriffe „Einrichtung, Organisation oder Vereinigung" dürfte dabei wohl nicht von besonderer Bedeutung sein, vielmehr dürfte es sich dabei um eine beispielhafte Aufzählung von rechtlich verselbstständigten Entitäten handeln, ohne dass dadurch andere Organisationsformen vom Anwendungsbereich der Vorschrift ausgeschlossen wären. Die Begriffe „Einrichtung" und „Organisation" deuten darauf hin, dass der Verordnungsgeber (auch) selbstständige Rechtssubjekte im Blick hatte, während der Begriff der „Vereinigung" tendenziell so interpretiert werden kann, dass die Verordnung auch gesellschaftsrechtliche Organisationsformen ohne eigene Rechtspersönlichkeit implizieren wollte.

17 Das Merkmal der fehlenden Gewinnerzielungsabsicht bezieht sich eindeutig nicht lediglich auf die letztgenannte „Vereinigung", sondern auf alle drei beispielhaft genannten Organisationsformen. Darauf weist mit großer Klarheit ein vergleichender Blick auf andere Sprachfassungen hin, so wird in der englischsprachigen Fassung der Verordnung das Merkmal der fehlenden Gewinnerzielungsabsicht den drei beispielhaft genannten Organisationsformen vorangestellt („not-for-profit body, organisation or association"), während bspw. die italienische und die französische Sprachfassung das Merkmal mangelnder Gewinnerzielungsabsicht wie die deutsche Sprachfassung hintanstellen („un organismo, un'organizzazione o un'associazione senza scopo di lucro" bzw. „un organisme, une organisation ou une association à but non lucratif"). Dies belegt, dass es dem Verordnungsgeber nicht darauf ankam, das Merkmal der fehlenden Gewinnerzielungsabsicht nur auf die „Vereinigung" („association"/„associazione"/„association") zu beschränken. Jede Organisation, unabhängig von ihrer rechtlichen Verfasstheit, muss diesem Merkmal daher entsprechen.

18 Des Weiteren müssen die satzungsmäßigen Ziele der Vereinigung im öffentlichen Interesse liegen. Der Begriff des „öffentlichen Interesses" ist dabei autonom auszulegen, ein Rückgriff auf

den deutschen Rechtsbegriff der „Gemeinnützigkeit" dürfte nicht ohne Weiteres zulässig sein, wenngleich hier erhebliche Überschneidungen bestehen dürften. Nach deutschem Recht ist eine Körperschaft als gemeinnützig anzusehen, „wenn ihre Tätigkeit darauf gerichtet ist, die Allgemeinheit auf materiellem, geistigem oder sittlichem Gebiet selbstlos zu fördern" (§ 52 Abs. 1 S. 1 AO). Beispielhaft zählt das deutsche Recht eine Reihe von Einzeltätigkeiten auf, die als Förderung der Allgemeinheit anzusehen sind, hierzu gehören etwa auch Tier- und Pflanzenzucht (§ 52 Abs. 2 S. 1 Nr. 23 AO), Heimatpflege und Heimatkunde (§ 52 Abs. 2 S. 1 Nr. 22 AO), Völkerverständigung (§ 52 Abs. 2 S. 1 Nr. 13 AO) und dgl. mehr. Dass nicht jeder Verein, der sich auf diesen Gebieten betätigt, im Sinne der Verordnung Ziele verfolgt, die im öffentlichen Interesse liegen, dürfte klar sein. Der von der Verordnung verwendete Begriff des öffentlichen Interesses ist enger. Wie der Zusammenhang mit dem folgenden Halbsatz („und die im Bereich des Schutzes der Rechte und Freiheiten von betroffenen Personen in Bezug auf den Schutz ihrer personenbezogenen Daten tätig ist") und ein Blick auf die primärrechtlich beschränkten Kompetenzen des europäischen Gesetzgebers (Art. 4 Abs. 2 lit. a und lit. f EUV) nahelegt, ist der europäische Begriff des öffentlichen Interesses von vornherein begrenzt und kann sich nicht ganz mit dem weiter gehenden Begriff der Gemeinnützigkeit nach nationalem Recht decken. Es muss hier vielmehr konkret um den Schutz von Verbraucherinteressen gehen. Demnach dürfte sich der Begriff des öffentlichen Interesses aus der Verordnung jedenfalls insofern mit dem nationalen Recht decken, als es um die Tätigkeit von Verbraucherschutzverbänden (§ 52 Abs. 2 S. 1 Nr. 16 AO) geht.

Mit der Feststellung, dass ein Verband satzungsgemäße Ziele hat, die im öffentlichen Interesse 19 liegen, ist die Frage nach seiner Aktivlegitimation zur Prozessführung nach Art. 80 Abs. 1 der Verordnung allerdings noch nicht beantwortet. Die Verordnung fordert weiter, dass der Verband „im Bereich des Schutzes der Rechte und Freiheiten von betroffenen Personen in Bezug auf den Schutz ihrer personenbezogenen Daten tätig" sein muss. Das bedeutet, dass nicht schon jeder Verband, der Verbraucherinteressen verfolgt, unter Art. 80 Abs. 1 der Verordnung fällt. Es muss vielmehr ein Verband sein, der sich gerade (zumindest auch) auf datenschutzrechtliche Verbraucherbelange spezialisiert hat. Auch wenn keine weiter gehende offizielle Begründung für diese Einschränkung bekannt ist, liegt es doch nahe, anzunehmen, dass der Verordnungsgeber mit diesem Erfordernis eine besondere datenschutzrechtliche Sach- und Rechtskenntnis der nach Art. 80 zur Prozessführung befugten Verbände sichern wollte. Das ist zu begrüßen. Es ergäbe wenig Sinn, unqualifizierten Verbänden die Vertretung von Betroffenen in datenschutzrechtlichen Belangen zu gestatten. Dies würde dem Interesse des Verordnungsgebers, die Durchsetzung des Datenschutzrechts zu verbessern, klar zuwiderlaufen.

2. Auftrag eines Betroffenen

Der qualifizierte Verband muss zudem von einer betroffenen Person beauftragt sein, „in ihrem 20 Namen" bestimmte Rechtshandlungen vorzunehmen. Dies setzt zweierlei voraus: Es muss einerseits eine betroffene Person geben, der bestimmte Rechte nach Art. 77 bis 79 zustehen. Diese Person muss andererseits den Verband beauftragt haben, diese Rechte in ihrem Namen auszuüben.

Während Art. 80 Abs. 2 den Rechtsanwender im Unklaren darüber lässt, ob dort die Wahrneh- 21 mung individueller, subjektiver Rechte Dritter angesprochen ist oder ob es dort nicht eher um die Schaffung eigener Klagerechte für an sich nicht betroffene Entitäten geht (dazu noch näher unten), ist im Anwendungsbereich von Art. 80 Abs. 1 klar, dass es dort ausschließlich um die Wahrnehmung fremder, individueller Rechte nach der Verordnung geht. Das heißt, dass es eine natürliche Person geben muss, der Rechte nach der Verordnung zustehen. Nur die Befugnis zur Wahrnehmung dieser Rechte kann auf den Verband übertragen werden. Das jeweilige Recht, um das es geht, muss entsprechend der jeweiligen Anspruchsgrundlage in der Person des Betroffenen entstanden sein. Geht es also bspw. um die Wahrnehmung des Rechts auf einen wirksamen Rechtsbehelf gegen den Verantwortlichen gem. Art. 79 Abs. 1 der Verordnung, so ist es zunächst erforderlich, dass dem Betroffenen wirklich ein solcher Rechtsbehelf zusteht. Ihm muss also bspw. ein Unterlassungs-, Löschungs-, Auskunfts- oder anderer Anspruch gegen den Verantwortlichen zustehen, mit dessen Ausübung er dann den Verband beauftragen kann. Art. 80 stellt demgemäß keine Erleichterung in materiell-rechtlicher Hinsicht dar, sondern gestattet nur eine Geltendmachung von Rechten, die nach den Vorschriften der Verordnung bestehen müssen.

22 Dabei schweigt sich die Verordnung darüber aus, welcher Rechtsnatur die Beauftragung des Verbandes durch den Betroffenen ist. Denkbar wäre einerseits eine reine Stellvertretung, andererseits aber auch eine darüber hinausreichende Prozessstandschaft. Es dürfte aber wohl mehr dafür sprechen, dass es sich jedenfalls bei Art. 80 Abs. 1 der Verordnung nicht um eine reine Stellvertretung im Sinne einer Prozessvollmacht handelt. Denn eine reine Prozessvollmacht würde insb. nicht den von der Verordnung verfolgten Zweck erfüllen, den Betroffenen von den Prozessrisiken zu befreien und ihm dadurch die Durchsetzung seiner Rechte zu erleichtern (s.o.). Auch der Wortlaut der Vorschrift („die ... Rechte wahrzunehmen") spricht dafür, in Art. 80 Abs. 1 der Sache nach eine Form von Prozessstandschaft zu sehen: Der Verband wird ermächtigt, das für ihn fremde, weil dem Betroffenen zustehende Recht im eigenen Namen geltend zu machen.

23 Fraglich bleibt dabei weiter, ob es sich hierbei um einen Fall von echter gesetzlicher oder von gesetzlich gestatteter, aber der Sache nach gewillkürter Prozessstandschaft handelt. Dieser Streit dürfte nicht rein akademischer Natur sein, weil sich im Fall einer gewillkürten Prozessstandschaft Folgefragen hinsichtlich der Rechtsnatur der Ermächtigung durch den Betroffenen und – daran anknüpfend – der an die Ermächtigung zu stellenden Anforderungen, einschließlich der Möglichkeit ihres Widerrufs, stellen. Eine gesetzliche Prozessstandschaft zeichnet sich dadurch aus, dass das Gesetz selbst – zumeist das Prozessrecht – einem Dritten die Befugnis verleiht, ein fremdes Recht im eigenen Namen gerichtlich geltend zu machen (vgl. z.B. § 265 ZPO bei Abtretung eines Anspruchs während des Prozesses). Dabei kann sich die Prozessführungsbefugnis hinsichtlich des fremden Rechts auch aus dem materiellen Recht ergeben.[7] Dies ist hier jedenfalls mittelbar der Fall, weil Art. 80 Abs. 1 selbst das Recht des Verbandes begründet, die dem Betroffenen nach den Art. 77 bis 79 zustehenden Rechte geltend zu machen. Andererseits erfordert Art. 80 Abs. 1 auch noch einen willkürlichen Akt des Betroffenen in Form einer entsprechenden Beauftragung, was eher charakteristisch für die sog. gewillkürte Prozessstandschaft ist.[8] Dies spricht dafür, Art. 80 Abs. 1 seiner Rechtsnatur nach eher als eine Form von gesetzlich gestatteter, gewillkürter Prozessstandschaft anzusehen.[9]

24 Zwar ist der in Art. 80 der Verordnung verwendete Begriff der „Beauftragung" durch die betroffene Person grds. autonom auszulegen. Dennoch dürfte, da die Verordnung die verfahrensmäßige Ausgestaltung der in Kapitel VIII genannten Rechte grds. den Mitgliedstaaten überlässt, hinsichtlich der für die Beauftragung geltenden Anforderungen auf die für das jeweilige Zivilprozessrecht der *lex fori*[10] entwickelten Grundsätze zurückgegriffen werden. Insofern gilt für das deutsche Recht, dass die Zustimmung des eigentlichen Rechteinhabers zur aktiven Prozessführung durch einen Dritten eine Prozesshandlung ist, nicht ein bürgerlich-rechtliches Rechtsgeschäft. Gleichwohl gelten die für Rechtsgeschäfte geltenden Grundsätze entsprechend.

25 Für die gewillkürte Prozessstandschaft gelten nach nationalem deutschem Zivilprozessrecht grds. enge Grenzen. Es bedarf nicht nur einer Ermächtigung durch den Rechtsinhaber, vielmehr muss darüber hinaus auch ein schutzwürdiges rechtliches Interesse an der Prozessführung durch den Dritten sowohl beim Dritten als auch beim Rechtsinhaber vorliegen,[11] des Weiteren darf der Gegner durch die gewillkürte Prozessstandschaft nicht unzumutbar in seinen schutzwürdigen Belangen beeinträchtigt werden.[12] Zudem kann die Geltendmachung eines fremden Rechts wegen eines Verstoßes gegen das Rechtsdienstleistungsgesetz verboten und die zugrunde liegende Er-

---

7 Zöller/*Vollkommer*, Vor § 50 Rn. 23.
8 Zöller/*Vollkommer*, Vor § 50 Rn. 42.
9 So auch *Laue/Nink/Kremer*, § 11 Rn. 40.
10 BGH, NJW 1994, 2549, 2549 f.
11 BGH, NJW 1994, 2549, 2549 f.
12 BGH, NJW 1999, 1717, 1718.

mächtigung deshalb nach § 134 BGB nichtig sein.[13] Diese Gefahr besteht in Fällen von Art. 80 Abs. 1 der Verordnung nicht, weil hier eine ausdrückliche gesetzliche Erlaubnis für die Wahrnehmung des jeweiligen Rechts durch den Dritten besteht.

Der Verband muss in der Lage sein, seine Ermächtigung durch den Betroffenen entsprechend den für Prozessvollmachten geltenden Grundsätzen (§ 80 ZPO) nachzuweisen.[14] Die Ermächtigung muss sich auf ein bestimmtes Recht beziehen,[15] was bedeutet, dass allgemein formulierte, formularmäßige Ermächtigungen den Anforderungen nicht genügen dürften. Ein Widerruf der einmal erteilten Prozessführungsbefugnis soll nach herrschender, wenngleich umstrittener Auffassung nur bis zum Beginn des Prozesses möglich sein, danach soll er die Prozessführungsbefugnis unberührt lassen. Richtigerweise wird man im Anwendungsbereich von Art. 80 Abs. 1 der Verordnung wohl einen jederzeitigen Widerruf auch während eines schon laufenden Verfahrens zulassen müssen. Dies folgt aus der Erwägung, dass es im Anwendungsbereich der Verordnung um die Wahrnehmung persönlichkeitsrechtlich, also letztlich grundrechtlich begründeter Rechte geht, über die der Betroffene jederzeit autonom verfügen können muss. Letztlich wäre es auch sinnwidrig, wenn der Betroffene eine möglicherweise im Verfahren gegenständliche Datenverarbeitung durch eine Einwilligung materiell-rechtlich legalisieren (Art. 6 Abs. 1 S. 1 lit. a der Verordnung) und dem Prozess dadurch den Boden entziehen, nicht aber durch Widerruf der Prozessführungsbefugnis die Beendigung des Prozesses erzwingen könnte. Ob sich aus einer während des Verfahrens widerrufenen Ermächtigung Schadensersatzansprüche des klagenden Verbandes gegen den Betroffenen ergeben, bleibt dann eine im Einzelfall zu beurteilende Frage des der Ermächtigung zugrunde liegenden, nach allgemein schuldrechtlichen Grundsätzen zu beurteilenden Kausalgeschäfts. 26

Komplexer noch als im Bereich des Zivilprozessrechts ist die Rechtslage im Verwaltungsprozessrecht. Die deutsche Verwaltungsgerichtsordnung gestattet nach herrschender Auffassung wohl keine gewillkürte Prozessstandschaft, jedenfalls nicht, soweit § 42 Abs. 2 VwGO (auch analog) Anwendung findet.[16] Dies gilt freilich nur, soweit die Prozessstandschaft nicht gesetzlich vorgesehen oder angeordnet ist („nur im Rahmen von gesetzlich geregelten Ausnahmen").[17] 27

Das deutsche Recht kennt eine entsprechende Regelung bspw. in §§ 14, 15 des Behindertengleichstellungsgesetzes (BGG). Hiernach dürfen Verbände einerseits konkrete, subjektive Rechte behinderter Menschen im eigenen Namen geltend machen (§ 14 BGG), andererseits steht ihnen aber auch unabhängig davon ein Recht zu einer Verbandsfeststellungsklage zu (§ 15 BGG). Voraussetzungen und Rechtsfolgen dieser vom BGG vorgesehenen Klagerechte sind freilich etwas ausdifferenzierter als die von der Verordnung vorgesehenen und nur rudimentär geregelten Verbandsklagerechte. Es liegt nahe, sich beim praktischen Umgang mit dem in Art. 80 der Verordnung geregelten Verbandsklagerecht jedenfalls insoweit an den Regelungen aus §§ 14, 15 BGG zu orientieren, als es erstens Klagen gegen Behörden betrifft und die Regelungen zweitens mit den datenschutzrechtlichen Eigenheiten der Verordnung vereinbar sind. 28

Insoweit aber die Verordnung in Art. 80 eine prozessstandschaftliche Geltendmachung der Betroffenenrechte aus Art. 77 bis 79 vorsieht, beschränkt sich dies nicht lediglich auf solche Klagen, die sich nach der Zivilprozessordnung richten. Demgemäß werden deutsche Verwaltungsgerichte auch im Fall von Klagen, die dem innerstaatlichen Recht zufolge nach den Regeln der Verwaltungsgerichtsordnung verhandelt werden, eine prozessstandschaftliche Geltendmachung der Betroffenenrechte aus Art. 77 bis 79 der Verordnung gestatten müssen. Insoweit dürften dann auch im Verwaltungsprozessrecht die oben dargelegten Grundsätze für die Prozessstandschaft gelten, etwa im Fall einer Klage gegen die Aufsichtsbehörde nach Art. 78 Abs. 2 der Verordnung 29

13 BGH, NJW 2011, 2581, 2582.
14 Zöller/*Vollkommer*, Vor § 50 Rn. 45 m.w.N.
15 Zöller/*Vollkommer*, Vor § 50 Rn. 45 m.w.N.
16 Vgl. etwa VGH Baden-Württemberg, 7.11.2014 – 2 S 1529/11 m.w.N.
17 VGH Baden-Württemberg, 7.11.2014 – 2 S 1529/11.

oder in dem Fall, dass es sich bei dem Verantwortlichen oder Auftragsverarbeiter um eine Behörde handelt (vgl. Art. 79 Abs. 2 S. 2 Hs. 2 der Verordnung).

3. Wahrnehmung von Betroffenenrechten

30 Voraussetzung einer delegierten Rechtewahrnehmung nach Art. 80 Abs. 1 ist weiter, dass es um die Wahrnehmung von dort genannten Betroffenenrechten geht. Genannt werden dort zunächst die Art. 77, 78 und 79. Die Ausübung dieser Rechte darf der Betroffene in jeden Fall auf einen Verband delegieren. Darüber hinaus gestattet es Art. 80 Abs. 1 den Mitgliedstaaten, dem Betroffenen auch die Geltendmachung des Anspruchs aus Art. 82 auf einen Verband zu übertragen.

31 Zu den von Verordnung wegen stets delegierbaren Rechten gehören ausweislich des klaren Wortlauts der Verordnung alle dem Betroffenen zustehenden Rechte, insb. also auch Ansprüche auf Auskunft (Art. 15), Vervollständigung (Art. 16), Löschung (Art. 17), Portabilität (Art. 20) und das Widerspruchsrecht (Art. 21).[18] Dies betrifft sowohl Rechte, die gegenüber einer Aufsichtsbehörde geltend gemacht werden müssen (Art. 77 Abs. 1, Art. 78 Abs. 1 und Abs. 2), als auch solche, die dem Betroffenen gegenüber dem Verantwortlichen oder dem Auftragsverarbeiter zustehen (Art. 79 Abs. 1). Umfasst ist sowohl die außergerichtliche als auch die gerichtliche Geltendmachung dieser Ansprüche.

32 Bemerkenswert ist insoweit zunächst, dass auch das sich aus Art. 78 Abs. 1 ergebende Recht jeder natürlichen oder juristischen Person, gerichtlich gegen einen sie betreffenden rechtsverbindlichen Beschluss einer Aufsichtsbehörde vorzugehen, zu den nach Art. 80 Abs. 1 der Verordnung auf einen Verband delegierbaren Rechten zu gehören scheint. Dies erscheint insb. deshalb systemwidrig, weil es sich hierbei nicht um eine klassische Betroffenenkonstellation handelt, sondern vielmehr um die Konstellation, in der ein Verantwortlicher sich gegen eine zum Schutz von Betroffenenrechten ergangene aufsichtsbehördliche Maßnahme zur Wehr setzt. Die Konstellation indes, dass ein Betroffener mit einer gegen ihn gerichteten aufsichtsbehördlichen Maßnahme nicht einverstanden ist, ist schwer vorstellbar: Zum Schutz von Betroffenen ergehende Maßnahmen richten sich nicht gegen diese, sondern gegen Verantwortliche oder gegen Auftragsverarbeiter. Ist ein Betroffener mit einer zu seinem Schutz ergangenen (oder gerade nicht ergangenen, also abgelehnten) Maßnahme nicht einverstanden, so steht ihm nicht das aus Art. 78 Abs. 1 folgende Recht zu, sondern das sich aus Art. 78 Abs. 2 ergebende, das allerdings gerade nicht – jedenfalls nicht ohne Weiteres – einen Anspruch auf eine materiell-rechtlich korrekte Entscheidung begründet. Dass aber nun die Verordnung in Art. 80 Abs. 1 einem Verantwortlichen oder Auftragsverarbeiter das Recht einräumen wollte, Klagen gegen sie betreffende aufsichtsbehördliche Maßnahmen auf einen Verband zu delegieren, kann auch in Anbetracht des Wortlauts der Norm („Die betroffene Person hat das Recht …") nicht angenommen werden. Der einschränkungslose Verweis auf „die in den Artikeln 77, 78 und 79 genannten Rechte" dürfte daher wahlweise als schlichte Ungenauigkeit oder jedenfalls als Redaktionsversehen anzusehen sein.

33 Dass nicht nur die gerichtlichen Rechtsbehelfe, sondern auch die außergerichtlichen (z.B. Art. 77 Abs. 1) auf einen Verband übertragbar sind, wirft weitere Schwierigkeiten bei der Beurteilung der Rechtsnatur des Art. 80 Abs. 1 auf. Jedenfalls nach deutschem Recht gibt es – schon begrifflich – keine außergerichtliche Prozessstandschaft. Es liegt daher nahe, die Beauftragung eines Verbandes mit der außergerichtlichen Geltendmachung von Rechten nach der Verordnung zunächst als die bloße Erteilung einer Vollmacht einzuordnen. Dies wird aber dem Willen der Verordnung, den Betroffenen durch Art. 80 Abs. 1 auch von Kostenrisiken freizuhalten, nicht gerecht. Denn auch ein außergerichtliches Vorgehen kann u.U. dazu führen, dass der Betroffene sich gegen ihn gerichteten behördlichen Kostenentscheidungen (vgl. §§ 72, 73 Abs. 3 S. 3 VwGO) oder Kostener-

18 *Spindler*, in: DB 2016, 937, 947.

stattungsansprüchen etwa eines zu Unrecht in Anspruch genommenen Verantwortlichen[19] ausgesetzt sieht.

Dieses Problem ließe sich auf zweierlei Weise lösen. Einerseits könnte man das Problem einfach auf die Sekundärebene verlagern, indem man auf Primärebene von der dogmatisch einfacheren Variante einer simplen Stellvertretung ausgeht. Sieht sich der Betroffene dann einer für ihn negativen Kostenfolge ausgesetzt, müsste er sich bei dem von ihm als Stellvertreter gewählten Verband schadlos halten. Das Risiko, dass der Verband letztlich nicht ausreichend solvent wäre, läge dann aber beim Betroffenen, der sich andererseits allerdings entgegenhalten lassen müsste, sich gerade diesen Verband aus freien Stücken als Vertreter ausgesucht zu haben. **34**

Die andere Lösung läge darin, eine Art Prozessstandschaft auch für die Geltendmachung vorgerichtlicher Rechtsbehelfe anzuerkennen. Dafür spräche jedenfalls dann vieles, wenn es um gegen eine Behörde gerichtete Rechtsbehelfe des Betroffenen geht. Denn wenn nach dem materiellen Recht, hier also nach Art. 80 der Verordnung, dem Verband selbst ein Klagerecht zusteht, dann ist er prozessual betrachtet nach § 42 Abs. 2 VwGO klagebefugt. Ist er nach § 42 Abs. 2 VwGO aber klagebefugt, so wäre es sinnwidrig, ihm die spiegelbildliche Widerspruchsbefugnis analog § 42 Abs. 2 VwGO abzusprechen. Ein weiteres Argument, das für die Befugnis des Verbandes spricht, auch dem Betroffenen zustehende vorgerichtliche Rechtsbehelfe im eigenen Namen geltend zu machen, ist die bereits oben dargestellte strukturelle Vergleichbarkeit von Art. 80 der Verordnung mit §§ 14, 15 BGG. Nach dieser sozialrechtlichen Vorschrift ist es explizite Voraussetzung des Verbandsklagerechts, dass *in der Person des Verbandes* die gleichen Sachurteilsvoraussetzungen vorliegen, wie sie im Fall einer Klage der betroffenen Person selbst vorliegen müssten (§ 14 S. 2 BGG). Zumindest in den Fällen, in denen ein Verband für eine betroffene Person vor dem Verwaltungsgericht klagt, liegt es daher nahe, eine Art Prozessstandschaft auch für das Vorverfahren anzuerkennen. Sofern ein Vorverfahren erforderlich ist, könnte der Verband dieses also im eigenen Namen betreiben. **35**

Außerhalb verwaltungsprozessualer Konstellationen erscheint es allerdings fraglich, ob eine vorprozessuale Prozessstandschaft zugelassen werden muss oder kann. Dem Zivilrecht ist eine Geltendmachung fremder Rechte im eigenen Namen weitestgehend fremd, sieht man einmal von Sonderkonstellationen mittelbarer Stellvertretung, wie etwa dem Kommissionsgeschäft nach § 383 Abs. 1 HGB, ab. Im Zivilrecht sind solche Konstellationen allerdings dadurch geprägt, dass der Vertretene überhaupt nicht in Erscheinung tritt. Dem Dritten gegenüber wird also nicht offengelegt, dass eine Stellvertretung überhaupt stattfindet.[20] Für den Dritten ist nur der Kommissionär Vertragspartner, der Kommittent ist ihm regelmäßig nicht bekannt. Das ist auf die Geltendmachung von Rechtsbehelfen nach der Verordnung allerdings nicht übertragbar. Im Anwendungsbereich von Art. 80 Abs. 1 der Verordnung geht es um die Geltendmachung subjektiver, individueller Rechte, die mit Blick auf eine bestimmte Person und einen bestimmten, sie betreffenden Sachverhalt entstehen. Insofern ist es gänzlich undenkbar, dass ein Dritter solche Rechte gegenüber dem Verantwortlichen geltend macht, ohne dabei offenzulegen, in welcher Person diese Rechte entstanden sind und auf welchem tatsächlichen Lebenssachverhalt sie beruhen. Da also die Offenkundigkeit in jedem Fall Voraussetzung ist, ist das Rechtskonstrukt der mittelbaren Stellvertretung auf die vorgerichtliche Geltendmachung von Betroffenenrechten nach der Verordnung nicht übertragbar. Es muss daher dabei bleiben, dass vorgerichtliche Rechtsbehelfe, soweit sie nicht verwaltungsrechtlicher Natur sind, von einem Verband nach Art. 80 Abs. 1 nur im Rahmen einer offenen Stellvertretung für einen Betroffenen geltend gemacht werden können. Soweit sich daraus evtl. Kostenrisiken für den Betroffenen ergeben – was ohnehin nur in absoluten Ausnahmekonstellationen denkbar sein dürfte –, müssen diese als Restrisiko in Kauf genommen werden bzw. können allenfalls auf Sekundärebene auf das Verhältnis zwischen dem Betroffenem und dem von ihm zu seinem Vertreter erkorenen Verband verlagert werden. **36**

19 Wobei insoweit die Einzelheiten streitig sind, ausnahmsweise kann ein Anspruch auf Erstattung von Rechtsverteidigungskosten aber denkbar sein, vgl. etwa BGH, GRUR 2005, 882, 885.
20 MüKo-BGB, *Schubert*, § 164 Rn. 39 m.w.N.

II. Eigentliches Verbandsklagerecht Art. 80 Abs. 2

37 Während Art. 80 Abs. 1 dem Betroffenen die Möglichkeit gibt, die Wahrnehmung seiner eigenen Rechte in die Hand eines Verbandes zu legen, eröffnet Art. 80 Abs. 2 für die Mitgliedstaaten die Möglichkeit, Verbänden auch unabhängig vom konkreten Mandat eines Betroffenen ein eigenes Klagerecht einzuräumen.

38 Dabei lässt die Verordnung den Rechtsanwender darüber im Unklaren, welcher Natur dieses eigene Klagerecht des Verbandes sein soll. Der Wortlaut der Vorschrift lässt verschiedene Deutungen zu. Denkbar wäre es, dass der Verband ermächtigt werden soll, individuelle, subjektive Rechte eines konkreten Betroffenen ohne dessen Mandat nach Art. 80 Abs. 1 geltend zu machen. Denkbar wäre es aber auch, Abs. 2 dahin gehend zu verstehen, dass die Mitgliedstaaten Verbände mit eigenen, von den Rechten konkreter Betroffener abstrahierten Klagerechten gegen Datenschutzverstöße ausstatten dürfen. Richtig dürfte wohl die letztgenannte Deutung sein. Dies ergibt sich letztlich schon aus systematischen Erwägungen. Würde man dem Verband nach Art. 80 Abs. 2 auch unabhängig von einem konkreten Auftrag erlauben, subjektive Rechte einer konkreten, natürlichen Person geltend zu machen, so läge darin ein eklatanter Wertungswiderspruch zu Abs. 1, der für ein solches Vorgehen ja gerade ein konkretes Betroffenenmandat fordert. Es erschiene sinnwidrig, ein solches Mandat über Abs. 2 entbehrlich zu machen.

39 Unglücklich ist in diesem Zusammenhang allerdings die deutschsprachige Fassung der Verordnung. Denn in dieser ist davon die Rede, der Verband könne unabhängig vom Auftrag „der betroffenen Person" tätig werden. Die Verwendung des bestimmten Artikels „der" erweckt zumindest den Eindruck, dass es um subjektive Rechte einer bestimmten, also „der" Person gehen müsse. Sprachlich besser wäre es insofern gewesen, Abs. 2 so zu fassen, dass es heißt, der Verband könne unabhängig vom Auftrag „einer" betroffenen Person tätig werden. Dies würde deutlich machen, dass es um ein völlig von den subjektiven Rechten konkreter Individuen losgelöstes Verbandsklagerecht geht. Dies ist in der englischen Sprachfassung besser dargestellt, in der es heißt, der Verband könne „independently of *a* data subject's mandate" tätig werden. Hier wurde richtigerweise von dem Mandat „of *a*", also „eines" Betroffenen gesprochen und nicht von dem Mandat „of *the*", also „des" (konkreten) Betroffenen. Dieser Befund bestätigt sich auch mit Blick auf die französische Sprachfassung, in der es wiederum heißt, der Verband könne tätig werden „indépendamment de tout mandat confié par *une* personne concernée". In diese Richtung deutet auch die deutsche Sprachfassung der Ratsbegründung, in der im Zusammenhang mit dem Verbandsklagerecht wiederum unbestimmt von „einer" betroffenen Person die Rede ist.[21] Des Weiteren erschiene es auch kaum sachgerecht, die Rechte eines Betroffenen gegen seinen Willen und ggf. sogar ohne sein Wissen gegenüber Dritten geltend zu machen.[22] Daher dürfte Abs. 2 eher dahin gehend zu verstehen sein, dass der europäische Gesetzgeber den Mitgliedstaaten die Möglichkeit einräumt, ein echtes Verbandsklagerecht gegen Datenschutzverstöße zu schaffen.

40 Ein datenschutzrechtliches Verbandsklagerecht („kollektiver Rechtsschutz"[23]) ist dem geltenden deutschen Recht nicht völlig fremd. Erst am 24.2.2016 trat das „Gesetz zur Verbesserung der zivilrechtlichen Durchsetzung von verbraucherschützenden Vorschriften des Datenschutzrechts"[24] in Kraft, mit dem erstmals geregelt wurde, dass Verbände und Kammern die Einhaltung datenschutzrechtlicher Vorschriften mit zivilrechtlichen Mitteln durchsetzen können sollten. Durch dieses Gesetz wurde § 2 Abs. 2 S. 1 Nr. 11 UKlaG neu eingefügt, wonach nun auch Vorschriften, die die Erhebung, Verarbeitung oder Nutzung von personenbezogenen Daten eines Verbrauchers durch einen Unternehmer betreffen, Verbraucherschutzgesetze im Sinne des

21 Standpunkt (EU) Nr. 6/2016, ABl. EUNr. C 159/02, dort unter Nr. 9.2.
22 Paal/Pauly, *Frenzel*, § 80 Rn. 12.
23 *Dieterich*, in: ZD 2016, 260, 266.
24 BGBl. I 2016, S. 233.

UKlaG sein sollen.[25] Klar ist damit allerdings, dass dieses Verbandsklagerecht de lege lata auf den Schutz von Verbrauchern fokussiert ist, während Art. 80 Abs. 2 der Verordnung eine solche – oder andere – Einschränkungen nicht vorsieht.[26] Die Verordnung überlässt es den Mitgliedstaaten, die Einzelheiten des Verbandsklagerechts zu regeln, wobei angesichts der Systematik – Abs. 2 nennt anders als Abs. 1 den Schadensersatz nach Art. 82 ausdrücklich nicht – klar sein dürfte, dass es den Mitgliedstaaten verwehrt bleibt, den Verbänden auch das Recht zur Geltendmachung von Schadensersatz einzuräumen. Diese Einschränkung ist, soweit ersichtlich, derzeit auch unbestritten.[27] Der deutsche Gesetzgeber hat von seiner Befugnis aus Art. 80 Abs. 2 DS-GVO im BDSG-neu keinen Gebrauch gemacht.

C. Weitere Auswirkungen der Verordnung in der Praxis

Hinsichtlich der Auswirkungen der Verordnung dürfte zu unterscheiden sein. **41**

I. Mandatierung durch den Betroffenen

Wie sich die für Betroffene neu geschaffene Möglichkeit, die Geltendmachung eigener Rechte auf Verbände zu delegieren, auf die Rechtspraxis auswirken wird, lässt sich schwer prognostizieren. Dies dürfte in der Praxis auch ganz wesentlich davon abhängen, in welchem Umfang sich Verbände auf die Durchsetzung des Datenschutzrechts spezialisieren werden und wie niederschwellig deren Angebote für die Betroffenen ausgestaltet sein werden. Einerseits ist sicherlich nicht zu bestreiten, dass die Verbandsklage im Bereich des Wettbewerbsrechts in Deutschland ein durchaus etabliertes und erfolgreiches Modell ist,[28] gleichwohl ist das Datenschutzrecht strukturell grds. anders gestaltet als das Wettbewerbsrecht. Denn während das Wettbewerbsrecht eine eher objektivierte Sicht auf den Markt hat, ist das Datenschutzrecht prinzipiell eher vom subjektiven Recht her gedacht. Auch sind die datenschutzrechtlichen Sachverhalte mindestens in technischer Hinsicht deutlich komplexer und schwerer zu ermitteln als gewöhnliche wettbewerbsrechtliche Streitigkeiten. Es mag daher zwar eine gewisse Verbesserung bei der Durchsetzung datenschutzrechtlicher Vorschriften eintreten, gleichwohl sollte man sich vorerst nicht zu viel von dem Instrument der Verbandsklage erhoffen. **42**

Ausgeschlossen erscheint es allerdings, dass sich hier ein ähnlicher Markt entwickeln könnte wie etwa im Bereich der Fluggastrechte. Dort hat sich eine Vielzahl von spezialisierten Unternehmen gegründet, die die Durchsetzung von Ausgleichsansprüchen nach der VO 261/2004/EG gegenüber Fluggesellschaften gegen Provision zu ihrem Geschäftsmodell gemacht haben. Dieses Modell dürfte kaum auf das Datenschutzrecht zu übertragen sein, weil die Datenschutz-Grundverordnung ausdrücklich nur Vereinigungen „ohne Gewinnerzielungsabsicht" das Recht einräumt, Betroffenenrechte wahrzunehmen, und in Art. 82 außerdem keine fixen Entschädigungsbeträge für Datenschutzverletzungen vorsieht. Ein Geschäftsmodell für die Wahrnehmung von Betroffenenrechten eröffnet die Verordnung damit ausdrücklich nicht.[29] Gleichwohl ist zu erwarten, dass das Datenschutzrecht in der zivil- und verwaltungsgerichtlichen Praxis künftig einen bedeutend höheren Stellenwert einnehmen wird, als dies bislang der Fall war. Es ist sicherlich zu begrüßen, wenn das Datenschutzrecht künftig stärker von der Rechtsprechung geprägt werden wird als von semiverbindlichen Verlautbarungen der Behörden. **43**

25 Zu dem Gesetz einerseits kritisch *Jaschinski/Piltz*, in: WRP 2016, 420 ff., andererseits tendenziell positiv *Halfmeier*, in: NJW 2016, 1126 ff.
26 *Spindler*, in: DB 2016, 937, 947; zu weiteren Einschränkungen im Anwendungsbereich des UKlaG s. *Gierschmann*, in: ZD 2016, 51, 53.
27 *Spindler*, in: ZD 2016, 114, 119; *Spindler*, in: DB 2016, 937, 947; vgl. auch EG 142.
28 *Halfmeier*, in: NJW 2016, 1126, 1126.
29 Dazu näher Paal/Pauly, *Frenzel*, § 80 Rn. 8 m.w.N.

II. Eigentliches Verbandsklagerecht

44 Da die Verordnung keine konkreten Vorgaben dazu macht, ob bzw. in welchem Umfang die Mitgliedstaaten das originäre Verbandsklagerecht aus Art. 80 Abs. 2 umsetzen müssen, dürfte insofern eine Änderung der Rechtslage nicht notwendig werden. Das erst Anfang 2016 in Kraft getretene Verbandsklagerecht nach dem UKlaG ist wohl mit den Vorgaben aus Art. 80 Abs. 2 der Verordnung vereinbar und kann bis auf Weiteres unangetastet bleiben[30] – muss es aber freilich nicht. Es dürfte sich wohl anbieten, zunächst die ersten praktischen Erfahrungen im Umgang der Gerichte mit diesem neuen Verbandsklagerecht abzuwarten – und möglicherweise auch eine verfassungsgerichtliche Beurteilung[31] des Gesetzes –, bevor hier erneut Hand angelegt werden sollte. Bislang hat das Verbandsklagerecht noch keine größere praktische Bedeutung erlangt. Ob sich dies mit der Verordnung nun ändern wird, bleibt vorerst abzuwarten.[32]

30 So wohl auch *Schantz*, in: NJW 2016, 1841, 1847, und *Laue/Nink/Kremer*, § 11 Rn. 42.
31 *Jaschinski/Piltz*, in: WRP 2016, 420, 426, bezeichnen das Gesetz in der gegenwärtigen Fassung als „verfassungswidrig".
32 Tendenziell optimistisch *Laue/Nink/Kremer*, § 11 Rn. 43.

Article 81

Suspension of proceedings

1. Where a competent court of a Member State has information on proceedings, concerning the same subject matter as regards processing by the same controller or processor, that are pending in a court in another Member State, it shall contact that court in the other Member State to confirm the existence of such proceedings.

2. Where proceedings concerning the same subject matter as regards processing of the same controller or processor are pending in a court in another Member State, any competent court other than the court first seized may suspend its proceedings.

3. Where those proceedings are pending at first instance, any court other than the court first seized may also, on the application of one of the parties, decline jurisdiction if the court first seized has jurisdiction over the actions in question and its law permits the consolidation thereof.

Artikel 81

Aussetzung des Verfahrens

(1) Erhält ein zuständiges Gericht in einem Mitgliedstaat Kenntnis von einem Verfahren zu demselben Gegenstand in Bezug auf die Verarbeitung durch denselben Verantwortlichen oder Auftragsverarbeiter, das vor einem Gericht in einem anderen Mitgliedstaat anhängig ist, so nimmt es mit diesem Gericht Kontakt auf, um sich zu vergewissern, dass ein solches Verfahren existiert.

(2) Ist ein Verfahren zu demselben Gegenstand in Bezug auf die Verarbeitung durch denselben Verantwortlichen oder Auftragsverarbeiter vor einem Gericht in einem anderen Mitgliedstaat anhängig, so kann jedes später angerufene zuständige Gericht das bei ihm anhängige Verfahren aussetzen.

(3) Sind diese Verfahren in erster Instanz anhängig, so kann sich jedes später angerufene Gericht auf Antrag einer Partei auch für unzuständig erklären, wenn das zuerst angerufene Gericht für die betreffenden Klagen zuständig ist und die Verbindung der Klagen nach seinem Recht zulässig ist.

Recitals

(144) Where a court seized of proceedings against a decision by a supervisory authority has reason to believe that proceedings concerning the same processing, such as the same subject matter as regards processing by the same controller or processor, or the same cause of action, are brought before a competent court in another Member State, it should contact that court in order to confirm the existence of such related proceedings. If related proceedings are pending before a court in another Member State, any court other than the court first seized may stay its proceedings or may, on request of one of the parties, decline jurisdiction in favour of the court first seized if that court has jurisdiction over the proceedings in question and its law permits the consolidation of such related proceedings. Proceedings are deemed to be related where they are so closely connected that it is expedient to hear and determine them together in order to avoid the

Erwägungsgründe

(144) Hat ein mit einem Verfahren gegen die Entscheidung einer Aufsichtsbehörde befasstes Gericht Anlass zu der Vermutung, dass ein dieselbe Verarbeitung betreffendes Verfahren – etwa zu demselben Gegenstand in Bezug auf die Verarbeitung durch denselben Verantwortlichen oder Auftragsverarbeiter oder wegen desselben Anspruchs – vor einem zuständigen Gericht in einem anderen Mitgliedstaat anhängig ist, so sollte es mit diesem Gericht Kontakt aufnehmen, um sich zu vergewissern, dass ein solches verwandtes Verfahren existiert. Sind verwandte Verfahren vor einem Gericht in einem anderen Mitgliedstaat anhängig, so kann jedes später angerufene Gericht das Verfahren aussetzen oder sich auf Anfrage einer Partei auch zugunsten des zuerst angerufenen Gerichts für unzuständig erklären, wenn dieses später angerufene Gericht für die betreffenden Verfahren zuständig ist und die Verbindung von solchen verwandten Verfahren nach sei-

Recitals	Erwägungsgründe
risk of irreconcilable judgments resulting from separate proceedings.	nem Recht zulässig ist. Verfahren gelten als miteinander verwandt, wenn zwischen ihnen eine so enge Beziehung gegeben ist, dass eine gemeinsame Verhandlung und Entscheidung geboten erscheint, um zu vermeiden, dass in getrennten Verfahren einander widersprechende Entscheidungen ergehen.
(147) Where specific rules on jurisdiction are contained in this Regulation, in particular as regards proceedings seeking a judicial remedy including compensation, against a controller or processor, general jurisdiction rules such as those of Regulation (EU) No 1215/2012 of the European Parliament and of the Council [Footnote 1: Regulation (EU) No 1215/2012 of the European Parliament and of the Council of 12 December 2012 on jurisdiction and the recognition and enforcement of judgments in civil and commercial matters (OJ L 351, 20.12.2012, p. 1)] should not prejudice the application of such specific rules.	(147) Soweit in dieser Verordnung spezifische Vorschriften über die Gerichtsbarkeit – insbesondere in Bezug auf Verfahren im Hinblick auf einen gerichtlichen Rechtsbehelf einschließlich Schadenersatz gegen einen Verantwortlichen oder Auftragsverarbeiter – enthalten sind, sollten die allgemeinen Vorschriften über die Gerichtsbarkeit, wie sie etwa in der Verordnung (EU) Nr. 1215/2012 des Europäischen Parlaments und des Rates [Fußnote 1: Verordnung (EU) Nr. 1215/2012 des Europäischen Parlaments und des Rates vom 12. Dezember 2012 über die gerichtliche Zuständigkeit und die Anerkennung und Vollstreckung von Entscheidungen in Zivil- und Handelssachen (ABl. L 351 vom 20.12.2012, S. 1)] enthalten sind, der Anwendung dieser spezifischen Vorschriften nicht entgegenstehen.

Literatur

Stein/Jonas *(Hrsg.)*, Kommentar zur Zivilprozessordnung, 22. Auflage 2011, Mohr Siebeck Tübingen; *Weichert*, Die Europäische Datenschutz-Grundverordnung – ein Überblick, in: Datenschutz Nachrichten 2/2016, 48 ff.

▶ Bedeutung der Norm

Art. 81 ermöglicht es einem zuständigen Gericht, ein Verfahren gem. Art. 78 oder 79 DS-GVO auszusetzen oder sich für unzuständig zu erklären, wenn ein Verfahren zu demselben Gegenstand in einem anderen Mitgliedstaat anhängig ist.

▶ Hinweise für den Anwender

Für die Auslegung der Norm relevante Erwägungsgründe:
- EG 144, 147.

▶ Schlagworte

Verfahrensaussetzung; gerichtliche Zuständigkeit; Verbindung von Verfahren

A. Allgemeines

1 Die Norm regelt die Koordination von Verfahren in verschiedenen Mitgliedstaaten. Dabei soll durch die Vorschrift selbst keine Zuständigkeit begründet werden. Vielmehr enthält sie lediglich Vorgaben zur Abstimmung bereits anhängiger Verfahren.

I. Regelungszweck

2 Die Regelung soll verhindern, dass derselbe Verfahrensgegenstand von verschiedenen Gerichten geprüft wird.[1] Dies soll divergierende Entscheidungen bei parallelen Verfahren in verschiedenen Mitgliedstaaten vermeiden und damit zur Vereinheitlichung der Rechtsanwendung beitragen.[2] Daneben geht es offensichtlich auch um prozessökonomische Erwägungen, da durch das normierte Verfahren ein Doppelaufwand verhindert werden kann.

II. Normadressaten

3 Die Vorschrift richtet sich in erster Linie an die zuständigen Gerichte, die das Verfahren unter den normierten Voraussetzungen aussetzen oder sich für unzuständig erklären können. Da Letzteres nur auf Antrag einer Partei erfolgt, sind auch die beteiligten Parteien Normadressaten.

4 Die Gesetzgeber der Mitgliedstaaten sind von der Vorschrift nicht adressiert. Diese enthält konkrete Regelungen zum Verfahren bei paralleler Anhängigkeit und ist nicht als Öffnungsklausel formuliert.

III. Systematik

5 In Abs. 1 wird das zuständige Gericht aufgefordert, bei Kenntnisnahme von einem weiteren anhängigen Verfahren mit demselben Gegenstand, das vor einem Gericht in einem anderen Mitgliedstaat anhängig ist, mit diesem Gericht Kontakt aufzunehmen und sich der Existenz dieses Verfahrens zu vergewissern. Liegt ein solches verwandtes Verfahren tatsächlich vor, kann das später angerufene Gericht nach Abs. 2 das bei ihm anhängige Verfahren aussetzen oder sich nach Abs. 3 auf Antrag einer Partei für unzuständig erklären, sofern die Verbindung nach seinem Recht zulässig ist und die Verfahren in erster Instanz anhängig sind.

IV. Entstehungsgeschichte

6 Die Regelung des Art. 81 findet bislang weder im europäischen noch im deutschen Datenschutzrecht eine unmittelbare Entsprechung. Parallelen weist die Norm jedoch zu den Regelungen zur Aussetzung des Verfahrens im deutschen Zivilprozessrecht nach den §§ 148, 239 bis 251 ZPO auf. Auch das deutsche Verwaltungsprozessrecht enthält eine vergleichbare Regelung in § 94 VwGO. Auf europäischer Ebene ist eine Aussetzung des Verfahrens insb. in Art. 29 ff. EuGVVO im europäischen Zivilprozessrecht vorgesehen. Die Aussetzung des Verfahrens und die Unzustän-

1 Begründung des Rates, 2016/C 159/02, 3.5.2016, 9.3.
2 *Weichert*, in: Datenschutz Nachrichten 2/2016, 48, 54; s.a. EG 144.

digkeitserklärung des später angerufenen zugunsten des zuerst angerufenen Gerichts ist somit kein Novum im Europarecht.

7 Eine Vorschrift über die Abstimmung mehrerer Gerichte bei Parallelverfahren war bereits in dem ursprünglichen Vorschlag der Kommission enthalten, Art. 76 Abs. 3, 4-KOM-E.[3] Im Ratsentwurf (Art. 76a-RAT-E)[4] wurde die Regelung um die Möglichkeit ergänzt, sich als erstinstanzliches Gericht für unzuständig zu erklären, und wurde in einem eigenen Artikel zusammengefasst. Diese Regelung blieb bis zur Endfassung inhaltlich unverändert.

B. Inhalt der Regelung

I. Anwendungsvoraussetzungen

8 Art. 81 setzt zunächst die Anwendbarkeit der DS-GVO auf die betroffenen Verfahren voraus. Außerdem ist es erforderlich, dass die betroffenen Verfahren vor Gerichten in verschiedenen Mitgliedstaaten mit „demselben Gegenstand" in Bezug auf die Verarbeitung durch denselben Verantwortlichen oder Auftragsverarbeiter anhängig sind. Dabei ist dem Wortlaut der Vorschrift zufolge lediglich die Anhängigkeit vor den Gerichten der Mitgliedstaaten maßgeblich, weshalb der Wohnsitz der Parteien unerheblich sein dürfte.

9 Die Klagen müssen einen grenzüberschreitenden Bezug haben. Auch das lässt sich dem Wortlaut in Abs. 1 entnehmen, der die Anhängigkeit in einem *„anderen"* Mitgliedstaat voraussetzt. Aufgrund des eindeutigen Normtextes sind damit Klagen im Mitgliedstaat des erkennenden Gerichts und in einem Drittstaat sowie bei mehreren Verfahren innerhalb eines Mitgliedstaates[5] nicht umfasst.

10 Unklar ist, auf welche Verfahrensarten Art. 81 anwendbar ist. Da Art. 81 kein von der DS-GVO geregeltes gerichtliches Verfahren ausschließt, liegt zunächst nahe, dass sich die Regelung auf beide in Art. 78 und 79 DS-GVO erwähnten Verfahrenskonstellationen bezieht. In den Anwendungsbereich der Norm fallen damit dem weiten Wortlaut folgend sowohl verwaltungsrechtliche Klagen gegen eine Aufsichtsbehörde als auch zivilrechtliche Klagen gegen den Verantwortlichen und den Auftragsverarbeiter, soweit das Gericht Ansprüche nach der DS-GVO zu prüfen hat. Ob dieser Geltungsumfang vom Verordnungsgeber intendiert wurde, darf jedoch bezweifelt werden. Zum einen bezieht sich EG 144 S. 1 ausdrücklich auf „Verfahren gegen die Entscheidung einer Aufsichtsbehörde" und somit auf Verwaltungsprozesse. Zum anderen zeigt die Entstehungsgeschichte des Art. 81, dass die Vorschrift insb. Lücken in der justiziellen Zusammenarbeit schließen sollte, die aufgrund der begrenzten Anwendbarkeit der (EU) No 1215/2012 (EuGVVO)[6] bestehen. Mangels ausdrücklicher Kompetenzen zur Regelung der justiziellen Zusammenarbeit in Verwaltungsprozessen – wie in Art. 81 und 82 AEUV hinsichtlich der Zusammenarbeit in Zivil- und Strafverfahren – ist bereits die entsprechende Rechtsetzungsbefugnis der EU durchaus fraglich. Art. 81 ist jedenfalls nicht als Öffnungsklausel an die Mitgliedstaaten adressiert, sondern beansprucht, der Systematik und des Wortlauts zufolge, unmittelbare Anwendbarkeit.

11 Bedauerlicherweise äußert sich Art. 81 nicht zum Verhältnis zur EuGVVO und anderer Verfahrensregelungen, weshalb dieser, jedenfalls im Falle einer Überschneidung mit den allgemeinen Regelungen der EuGVVO, als lex specialis vorgehen dürfte.[7]

---

3 Vorschlag der Europäischen Kommission, v. 25.1.2012, KOM(2012) 11 endgültig; 2012/0011 (COD).

4 Council of the European Union, Interinstitutional File 2012/2011 (COD), Doc. No. 9565/15, Preparation of general approach, 11.6.2015.

5 Etwa bei Verfahren gegen mehrere Aufsichtsbehörden desselben Mitgliedstaates, die in Deutschland aufgrund der föderalen Struktur denkbar sind.

6 Vgl. Ratsdokument 7526/15, 27.3.2015, S. 8, 9; vgl. auch Art. 76a Abs. 3-E in Ratsdokument 8383/15, 13.5.2015, S. 19, der die Implementierung einer Regelung zum Verhältnis zur (EU) No 1215/2012 (dort wohl versehentlich als No 2015/2012 bezeichnet) vorschlägt.

7 Dies ergibt sich aus EG 147, der den Vorrang spezifischer Vorschriften über die Gerichtsbarkeit in der DS-GVO insb. gegenüber der (EU) No 1215/2012 klarstellt.

1. Identität des „Gegenstands"

Die Vorschrift setzt die Identität des Gegenstands der anhängigen Verfahren voraus. Diesbezüglich wirft die Vorschrift jedoch einige Fragen auf. So ist unklar, ob eine Parteienidentität vorausgesetzt ist bzw. ob diese nur auf der Seite des Verantwortlichen oder des Auftragsverarbeiters erforderlich ist. Außerdem könnte dem Wortlaut entnommen werden, dass sich die Verfahren auf eine bestimmte Verarbeitung beziehen müssen, sodass fraglich ist, ob auch Verfahren wegen anderer Verstöße gegen die DS-GVO von der Regelung umfasst sind, da eine Rechtsstreitigkeit – etwa wegen einer Schadensersatzforderung nach Art. 82 – nicht nur durch rechtswidrige Verarbeitungen ausgelöst werden kann. Hierüber gibt jedoch EG 144 Aufschluss. Danach ist ein Verfahren zu „demselben Gegenstand" gegeben, wenn das Parallelverfahren die „Verarbeitung durch denselben Verantwortlichen oder Auftragsverarbeiter" oder einen Rechtsstreit „wegen desselben Anspruchs" betrifft. In EG 144 werden diese zusammenhängenden Verfahren zu „demselben Gegenstand" als *„verwandte Verfahren"* bezeichnet und näher definiert. Danach liegen verwandte Verfahren vor, wenn zwischen ihnen eine so enge Beziehung gegeben ist, dass eine gemeinsame Verhandlung und Entscheidung geboten erscheint, um zu vermeiden, dass in getrennten Verfahren einander widersprechende Entscheidungen ergehen. Diese Definition ist deckungsgleich mit der Legaldefinition aus Art. 30 Abs. 3 der VO (EU) Nr. 1215/2012 (Brüssel Ia), sodass insoweit die weite Auslegung des Verfahrensgegenstandsbegriffs durch den EuGH[8] auch hier gelten dürfte. Danach ist entscheidend, ob der Kernpunkt beider Verfahren der gleiche ist. Die Klageanträge sind dabei nicht maßgeblich. Der Kernpunkt dürfte wiederum dann gleich sein, wenn das Parallelverfahren die Verarbeitung durch denselben Verantwortlichen bzw. Auftragsverarbeiter oder aber denselben Anspruch betrifft. Eine Parteienidentität ist damit nicht zwingend erforderlich. 12

2. Anhängigkeit der Verfahren

Der Begriff der Anhängigkeit ist weder in der DS-GVO näher definiert noch lassen sich den Erwägungsgründen entsprechende Konkretisierungen entnehmen. Daher könnte sich die Anhängigkeit entweder nach dem nationalen Recht der betroffenen Gerichte oder nach der autonomen Definition in Art. 32 Abs. 1 EuGVVO richten.[9] Für die Anwendung des nationalen Prozessrechts spricht zwar, dass die DS-GVO keine vorrangige Regelung trifft. Allerdings spricht für den Rückgriff auf die autonome Definition der EuGVVO, dass sich anderenfalls eine effektive Anwendung der Vorschrift nur schwer erreichen ließe. Denn der Zeitpunkt der Anhängigkeit ist gerade maßgeblich dafür, welches Gericht als zuletzt angerufen gilt und somit das Verfahren aussetzen bzw. sich für unzuständig erklären kann. Außerdem deutet EG 147 an, dass die Vorschriften über die Gerichtsbarkeit in der DS-GVO im Verhältnis zur EuGVVO als *leges speciales* zu *leges generales* stehen sollen, weshalb – jedenfalls im Zivilprozess – bei fehlender Regelung auf die allgemeinen Bestimmungen in der EuGVVO – namentlich Art. 32 Abs. 1 EuGVVO – zurückgegriffen werden dürfte. Auch wenn viel für letztere Auffassung spricht, bleibt abzuwarten, ob sich ein nationales oder ein autonomes Begriffsverständnis durchsetzen wird. 13

3. Kenntniserlangung

Erforderlich ist, dass das Gericht von einem anderen Verfahren Kenntnis erlangt. Dabei besteht aber keine Pflicht des Gerichts, sich selbst von einem solchen anderweitigen Verfahren zu informieren. Vielmehr sind die Parteien gehalten, das Gericht hierüber in Kenntnis zu setzen. Insbesondere der Beklagte kann dem durch den Kläger angerufenen Gericht die Kenntnis über das Parallelverfahren verschaffen. Dieser Umstand kann von entscheidender taktischer Bedeutung 14

---

8 EuGH, 6.12.1994, Rs. C-406/92 (The owners of the cargo lately laden on board the ship „Tatry"./. The owners of the ship „Maciej Rataj"), Slg., I-5460 (5475).

9 Nach Art. 32 Abs. 1 EuGVVO gilt ein Gericht zu dem Zeitpunkt als angerufen, zu dem das verfahrenseinleitende Schriftstück oder ein gleichwertiges Schriftstück bei Gericht eingereicht worden ist, oder zu dem Zeitpunkt, zu dem die für die Zustellung verantwortliche Stelle das Schriftstück erhalten hat, falls die Zustellung an den Beklagten vor Einreichung des Schriftstücks bei Gericht zu bewirken ist.

sein, denn insb. der Beklagte kann in Kombinationen mit den Konsequenzen der Abs. 2 und 3 dem aktuellen Verfahren zumindest temporär den Boden entziehen, was v.a. dann von prozessualem Vorteil ist, wenn die Kläger in beiden Verfahren nicht personenidentisch sind. Der Wortlaut der Regelung ist insoweit eindeutig. Die DS-GVO nimmt damit bewusst in Kauf, dass der spätere Kläger Rechtsschutzverkürzungen zumindest für gewisse Zeit hinzunehmen hat, was im Hinblick auf den grundrechtlich gewährleisteten Justizgewährungsanspruch eine verfassungsrechtliche Rechtfertigung erforderlich macht, bei der prozessökonomische Normzweck allein nicht ausreichen dürften. Ob das Ziel der Vereinheitlichung der Rechtsanwendung einen solchen Eingriff rechtfertigen kann, ist ebenso fraglich.

II. Kontaktaufnahme zwischen den Gerichten (Abs. 1)

15 Gemäß Abs. 1 nimmt ein zuständiges Gericht bei Kenntnisnahme von einem weiteren Verfahren vor einem Gericht in einem anderen Mitgliedstaat über denselben Verfahrensgegenstand Kontakt zu diesem auf, um sich der Existenz des weiteren Verfahrens zu vergewissern. Die Formulierung der Vorschrift legt nahe, dass diese Kontaktaufnahme bei Vorliegen der Voraussetzungen obligatorisch ist. Denn anders als in Abs. 2 und 3 wird in Abs. 1 („*so nimmt es [das Gericht] (…) Kontakt auf*") nicht der ein Ermessen indizierende Begriff „*kann*" verwendet. Die Formulierung des EG 144 („*sollte Kontakt aufnehmen*") lässt hingegen darauf schließen, dass der europäische Verordnungsgeber nicht von einer Verpflichtung ausgegangen ist. Selbst wenn somit eine Pflicht zur Kontaktaufnahme ausscheiden dürfte, wird diese jedoch regelmäßig bei Kenntnisnahme von Parallelverfahren für das Gericht geboten sein, um nicht dem Vorwurf des Ermessensnichtgebrauchs ausgesetzt zu sein.

III. Aussetzung des Verfahrens (Abs. 2)

16 Wenn sich die Gerichte der Existenz des Parallelverfahrens vergewissert haben, können sie nach Abs. 2 das Verfahren aussetzen.

1. Voraussetzungen

17 Dafür muss zunächst bei dem aussetzenden Gericht ein Verfahren mit demselben Gegenstand in Bezug auf die Verarbeitung durch denselben Verantwortlichen oder Auftragsverarbeiter anhängig sein. Außerdem muss das Parallelverfahren bei einem Gericht in einem anderen Mitgliedstaat anhängig sein, also ein grenzüberschreitender Sachverhalt vorliegen. Schließlich muss das aussetzende Gericht später als das Gericht im konkurrierenden Verfahren angerufen worden sein (Prioritätsprinzip).

2. Verfahren und Ermessen

18 Form und Inhalt der Aussetzung dürften sich – wie bereits im Rahmen des Art. 30 der VO (EU) Nr. 1215/2012 (Brüssel Ia) – nach dem nationalen Recht des aussetzenden Gerichts richten.[10] Nach deutschem Zivilprozessrecht erfolgt die Aussetzung damit gem. § 148 ZPO analog. Im Verwaltungsprozess ist § 94 VwGO für eine Aussetzung entsprechend maßgeblich.

19 Im Gegensatz zur Unzuständigkeitserklärung nach Abs. 3 setzt die Aussetzung keinen Antrag einer Partei voraus und kann in jeder Instanz angeordnet werden. Die Aussetzung erfolgt dabei nicht reflexartig, sondern steht im Ermessen des Gerichts („*kann*"). Einfluss auf die Ermessensentscheidung könnte es etwa haben, wenn das zuerst angerufene Gericht offensichtlich unzuständig ist oder dessen Urteil ohnehin voraussichtlich nicht anerkannt werden wird.

---

10 Vgl. dazu BGH, 19.2.2013 – VI ZR 45/12.

IV. Unzuständigkeitserklärung (Abs. 3)

1. Voraussetzungen

Abs. 3 rekurriert hinsichtlich der Voraussetzungen im Wesentlichen auf diejenigen des Abs. 2 („diese Verfahren"). Darüber hinaus müssen die Verfahren jeweils in erster Instanz anhängig sein und der Antrag einer Partei vorliegen. Außerdem muss das zuerst angerufene Gericht für die betreffenden Klagen zuständig und eine Verbindung der Klagen nach seinem Recht zulässig sein. **20**

2. Verfahren und Ermessen

Ebenso wie in Abs. 2 deutet der Wortlaut auf ein Ermessen des zuletzt angerufenen Gerichts hin, ob es sich für unzuständig erklären möchte. Zur Erreichung des Normzwecks, namentlich die Vermeidung sich widersprechender Entscheidungen, wird die Unzuständigkeitserklärung aber regelmäßig geboten sein, sobald die Voraussetzungen – insb. der erforderliche Antrag – vorliegen. **21**

3. Zulässigkeit der Verbindung

Schließlich ist vorausgesetzt, dass die Verbindung der anhängigen Verfahren nach dem nationalen Recht des zuerst angerufenen Gerichts zulässig ist. **22**

Nach deutschem Zivilprozessrecht ist eine Verfahrensverbindung im engeren Sinne zulässig, sofern die Verfahren vor demselben Gericht anhängig sind, § 147 ZPO. Daraus könnte gefolgert werden, dass Art. 81 Abs. 3 DS-GVO bei einem zuerst angerufenen Gericht im deutschen Zivilprozessrecht keine Anwendung findet, da die Verbindung der Klagen nicht *„nach seinem Recht zulässig"* ist. Nach einer anderen Lesart könnte die Regelung auch so gedeutet werden, dass eine Verbindung auch als zulässig gilt, wenn die Zulässigkeit der Verbindung erst entsteht, nachdem das zweite Verfahren durch Klageerweiterung oder Widerklage auch bei dem zuerst angerufenen Gericht anhängig gemacht wurde.[11] **23**

Außerdem wird man vertreten können, dass die „Verbindung" i.S.d. Art. 81 Abs. 3 DS-GVO nicht nur die Fälle der Verfahrensverbindung gem. § 147 ZPO, sondern auch Fälle der subjektiven Klagehäufung erfasst, bei der mehrere Kläger wegen desselben Gegenstands einen Beklagten in Anspruch nehmen. Eine solche einfache Streitgenossenschaft ist nach deutschem Zivilprozessrecht zulässig, wenn die Ansprüche oder Verpflichtungen der Kläger gleichartig sind und auf einem im Wesentlichen gleichartigen tatsächlichen und rechtlichen Grund beruhen (§ 60 ZPO) und das Prozessgericht für alle Ansprüche zuständig ist und alle Ansprüche in derselben Prozessart geltend gemacht werden (§ 260 ZPO analog). Dies deckt sich mit den Voraussetzungen des Art. 81 DS-GVO, sodass sich gem. Art. 81 Abs. 3 ein Gericht auch dann für unzuständig erklären kann, wenn der Kläger des Verfahrens sich als einfacher Streitgenosse dem zuerst anhängigen Verfahren anschließen kann. **24**

C. Weitere Auswirkungen der Verordnung in der Praxis

Neben den Regelungen zur Zusammenarbeit und Kohärenz zwischen den federführenden Aufsichtsbehörden nach Art. 60 ff. soll die einheitliche Rechtsanwendung auch durch die Gewährleistung einer geordneten Rechtspflege und Koordination paralleler Verfahren erreicht werden. Wie diese Zusammenarbeit zwischen den zuständigen Gerichten mehrerer Verfahren in verschiedenen Mitgliedstaaten in der Praxis Gestalt annehmen wird, ist aufgrund der zahlreichen Unklarheiten noch nicht abzusehen. Im Zivilprozess könnten wegen der vergleichbaren Regelung in Art. 29 ff. EuGVVO und deren systematischer Stellung zur DS-GVO die hierzu entwickelten Grundsätze als erste Anhaltspunkte zur Anwendung der Norm dienen. Allerdings gelten diese nur für das Zivilprozessrecht, weshalb die Übertragbarkeit auf Verwaltungsprozesse, die nach der **25**

---

11 Stein/Jonas, *Wagner*, Art. 28 EuGVVO Rn. 2.

Intension des Verordnungsgebers ebenso nach Art. 81 koordiniert werden sollen, fraglich ist. Es bleibt insoweit abzuwarten, wie die Rechtsprechung – insb. in Verwaltungsverfahren – die Regelung handhaben wird.

Article 82

Right to compensation and liability

1. Any person who has suffered material or non-material damage as a result of an infringement of this Regulation shall have the right to receive compensation from the controller or processor for the damage suffered.

2. Any controller involved in processing shall be liable for the damage caused by processing which infringes this Regulation. A processor shall be liable for the damage caused by processing only where it has not complied with obligations of this Regulation specifically directed to processors or where it has acted outside or contrary to lawful instructions of the controller.

3. A controller or processor shall be exempt from liability under paragraph 2 if it proves that it is not in any way responsible for the event giving rise to the damage.

4. Where more than one controller or processor, or both a controller and a processor, are involved in the same processing and where they are, under paragraphs 2 and 3, responsible for any damage caused by processing, each controller or processor shall be held liable for the entire damage in order to ensure effective compensation of the data subject.

5. Where a controller or processor has, in accordance with paragraph 4, paid full compensation for the damage suffered, that controller or processor shall be entitled to claim back from the other controllers or processors involved in the same processing that part of the compensation corresponding to their part of responsibility for the damage, in accordance with the conditions set out in paragraph 2.

6. Court proceedings for exercising the right to receive compensation shall be brought

Artikel 82

Haftung und Recht auf Schadenersatz

(1) Jede Person, der wegen eines Verstoßes gegen diese Verordnung ein materieller oder immaterieller Schaden entstanden ist, hat Anspruch auf Schadenersatz gegen den Verantwortlichen oder gegen den Auftragsverarbeiter.

(2) Jeder an einer Verarbeitung beteiligte Verantwortliche haftet für den Schaden, der durch eine nicht dieser Verordnung entsprechende Verarbeitung verursacht wurde. Ein Auftragsverarbeiter haftet für den durch eine Verarbeitung verursachten Schaden nur dann, wenn er seinen speziell den Auftragsverarbeitern auferlegten Pflichten aus dieser Verordnung nicht nachgekommen ist oder unter Nichtbeachtung der rechtmäßig erteilten Anweisungen des für die Datenverarbeitung Verantwortlichen oder gegen diese Anweisungen gehandelt hat.

(3) Der Verantwortliche oder der Auftragsverarbeiter wird von der Haftung gemäß Absatz 2 befreit, wenn er nachweist, dass er in keinerlei Hinsicht für den Umstand, durch den der Schaden eingetreten ist, verantwortlich ist.

(4) Ist mehr als ein Verantwortlicher oder mehr als ein Auftragsverarbeiter bzw. sowohl ein Verantwortlicher als auch ein Auftragsverarbeiter an derselben Verarbeitung beteiligt und sind sie gemäß den Absätzen 2 und 3 für einen durch die Verarbeitung verursachten Schaden verantwortlich, so haftet jeder Verantwortliche oder jeder Auftragsverarbeiter für den gesamten Schaden, damit ein wirksamer Schadensersatz für die betroffene Person sichergestellt ist.

(5) Hat ein Verantwortlicher oder Auftragsverarbeiter gemäß Absatz 4 vollständigen Schadenersatz für den erlittenen Schaden gezahlt, so ist dieser Verantwortliche oder Auftragsverarbeiter berechtigt, von den übrigen an derselben Verarbeitung beteiligten für die Datenverarbeitung Verantwortlichen oder Auftragsverarbeitern den Teil des Schadenersatzes zurückzufordern, der unter den in Absatz 2 festgelegten Bedingungen ihrem Anteil an der Verantwortung für den Schaden entspricht.

(6) Mit Gerichtsverfahren zur Inanspruchnahme des Rechts auf Schadenersatz sind die

before the courts competent under the law of the Member State referred to in Article 79(2).

Gerichte zu befassen, die nach den in Artikel 79 Absatz 2 genannten Rechtsvorschriften des Mitgliedstaats zuständig sind.

Recitals

(74) The responsibility and liability of the controller for any processing of personal data carried out by the controller or on the controller's behalf should be established. In particular, the controller should be obliged to implement appropriate and effective measures and be able to demonstrate the compliance of processing activities with this Regulation, including the effectiveness of the measures. Those measures should take into account the nature, scope, context and purposes of the processing and the risk to the rights and freedoms of natural persons.

(75) The risk to the rights and freedoms of natural persons, of varying likelihood and severity, may result from personal data processing which could lead to physical, material or non-material damage, in particular: where the processing may give rise to discrimination, identity theft or fraud, financial loss, damage to the reputation, loss of confidentiality of personal data protected by professional secrecy, unauthorised reversal of pseudonymisation, or any other significant economic or social disadvantage; where data subjects might be deprived of their rights and freedoms or prevented from exercising control over their personal data; where personal data are processed which reveal racial or ethnic origin, political opinions, religion or philosophical beliefs, trade union membership, and the processing of genetic data, data concerning health or data concerning sex life or criminal convictions and offences or related security measures; where personal aspects are evaluated, in particular analysing or predicting aspects concerning performance at work, economic situation, health, personal preferences or interests, reliability or behaviour, location or movements, in order to create or use personal profiles; where personal data of vulnerable natural persons, in particular of children, are processed; or where processing involves a large amount of personal data and affects a large number of data subjects.

Erwägungsgründe

(74) Die Verantwortung und Haftung des Verantwortlichen für jedwede Verarbeitung personenbezogener Daten, die durch ihn oder in seinem Namen erfolgt, sollte geregelt werden. Insbesondere sollte der Verantwortliche geeignete und wirksame Maßnahmen treffen müssen und nachweisen können, dass die Verarbeitungstätigkeiten im Einklang mit dieser Verordnung stehen und die Maßnahmen auch wirksam sind. Dabei sollte er die Art, den Umfang, die Umstände und die Zwecke der Verarbeitung und das Risiko für die Rechte und Freiheiten natürlicher Personen berücksichtigen.

(75) Die Risiken für die Rechte und Freiheiten natürlicher Personen – mit unterschiedlicher Eintrittswahrscheinlichkeit und Schwere – können aus einer Verarbeitung personenbezogener Daten hervorgehen, die zu einem physischen, materiellen oder immateriellen Schaden führen könnte, insbesondere wenn die Verarbeitung zu einer Diskriminierung, einem Identitätsdiebstahl oder -betrug, einem finanziellen Verlust, einer Rufschädigung, einem Verlust der Vertraulichkeit von dem Berufsgeheimnis unterliegenden personenbezogenen Daten, der unbefugten Aufhebung der Pseudonymisierung oder anderen erheblichen wirtschaftlichen oder gesellschaftlichen Nachteilen führen kann, wenn die betroffenen Personen um ihre Rechte und Freiheiten gebracht oder daran gehindert werden, die sie betreffenden personenbezogenen Daten zu kontrollieren, wenn personenbezogene Daten, aus denen die rassische oder ethnische Herkunft, politische Meinungen, religiöse oder weltanschauliche Überzeugungen oder die Zugehörigkeit zu einer Gewerkschaft hervorgehen, und genetische Daten, Gesundheitsdaten oder das Sexualleben oder strafrechtliche Verurteilungen und Straftaten oder damit zusammenhängende Sicherungsmaßregeln betreffende Daten verarbeitet werden, wenn persönliche Aspekte bewertet werden, insbesondere wenn Aspekte, die die Arbeitsleistung, wirtschaftliche Lage, Gesundheit, persönliche Vorlieben oder Interessen, die Zuverlässigkeit oder das Verhalten, den Aufenthaltsort oder Ortswechsel betreffen, analy-

Recitals	Erwägungsgründe
	siert oder prognostiziert werden, um persönliche Profile zu erstellen oder zu nutzen, wenn personenbezogene Daten schutzbedürftiger natürlicher Personen, insbesondere Daten von Kindern, verarbeitet werden oder wenn die Verarbeitung eine große Menge personenbezogener Daten und eine große Anzahl von betroffenen Personen betrifft.
(85) A personal data breach may, if not addressed in an appropriate and timely manner, result in physical, material or non-material damage to natural persons such as loss of control over their personal data or limitation of their rights, discrimination, identity theft or fraud, financial loss, unauthorised reversal of pseudonymisation, damage to reputation, loss of confidentiality of personal data protected by professional secrecy or any other significant economic or social disadvantage to the natural person concerned. Therefore, as soon as the controller becomes 4.5.2016 L 119/16 Official Journal of the European Union EN aware that a personal data breach has occurred, the controller should notify the personal data breach to the supervisory authority without undue delay and, where feasible, not later than 72 hours after having become aware of it, unless the controller is able to demonstrate, in accordance with the accountability principle, that the personal data breach is unlikely to result in a risk to the rights and freedoms of natural persons. Where such notification cannot be achieved within 72 hours, the reasons for the delay should accompany the notification and information may be provided in phases without undue further delay.	(85) Eine Verletzung des Schutzes personenbezogener Daten kann – wenn nicht rechtzeitig und angemessen reagiert wird – einen physischen, materiellen oder immateriellen Schaden für natürliche Personen nach sich ziehen, wie etwa Verlust der Kontrolle über ihre personenbezogenen Daten oder Einschränkung ihrer Rechte, 4.5.2016 L 119/16 Amtsblatt der Europäischen Union DE Diskriminierung, Identitätsdiebstahl oder -betrug, finanzielle Verluste, unbefugte Aufhebung der Pseudonymisierung, Rufschädigung, Verlust der Vertraulichkeit von dem Berufsgeheimnis unterliegenden Daten oder andere erhebliche wirtschaftliche oder gesellschaftliche Nachteile für die betroffene natürliche Person. Deshalb sollte der Verantwortliche, sobald ihm eine Verletzung des Schutzes personenbezogener Daten bekannt wird, die Aufsichtsbehörde von der Verletzung des Schutzes personenbezogener Daten unverzüglich und, falls möglich, binnen höchstens 72 Stunden, nachdem ihm die Verletzung bekannt wurde, unterrichten, es sei denn, der Verantwortliche kann im Einklang mit dem Grundsatz der Rechenschaftspflicht nachweisen, dass die Verletzung des Schutzes personenbezogener Daten voraussichtlich nicht zu einem Risiko für die persönlichen Rechte und Freiheiten natürlicher Personen führt. Falls diese Benachrichtigung nicht binnen 72 Stunden erfolgen kann, sollten in ihr die Gründe für die Verzögerung angegeben werden müssen, und die Informationen können schrittweise ohne unangemessene weitere Verzögerung bereitgestellt werden.
(142) Where a data subject considers that his or her rights under this Regulation are infringed, he or she should have the right to mandate a not-for-profit body, organisation or association which is constituted in accordance with the law of a Member State, has statutory objectives which are in the public interest and	(142) Betroffene Personen, die sich in ihren Rechten gemäß dieser Verordnung verletzt sehen, sollten das Recht haben, nach dem Recht eines Mitgliedstaats gegründete Einrichtungen, Organisationen oder Verbände ohne Gewinnerzielungsabsicht, deren satzungsmäßige Ziele im öffentlichem Interesse liegen und die

Recitals	Erwägungsgründe
is active in the field of the protection of personal data to lodge a complaint on his or her behalf with a supervisory authority, exercise the right to a judicial remedy on behalf of data subjects or, if provided for in Member State law, exercise the right to receive compensation on behalf of data subjects. A Member State may provide for such a body, organisation or association to have the right to lodge a complaint in that Member State, independently of a data subject's mandate, and the right to an effective judicial remedy where it has reasons to consider that the rights of a data subject have been infringed as a result of the processing of personal data which infringes this Regulation. That body, organisation or association may not be allowed to claim compensation on a data subject's behalf independently of the data subject's mandate.	im Bereich des Schutzes personenbezogener Daten tätig sind, zu beauftragen, in ihrem Namen Beschwerde bei einer Aufsichtsbehörde oder einen gerichtlichen Rechtsbehelf einzulegen oder das Recht auf Schadensersatz in Anspruch zu nehmen, sofern dieses im Recht der Mitgliedstaaten vorgesehen ist. Die Mitgliedstaaten können vorsehen, dass diese Einrichtungen, Organisationen oder Verbände das Recht haben, unabhängig vom Auftrag einer betroffenen Person in dem betreffenden Mitgliedstaat eine eigene Beschwerde einzulegen, und das Recht auf einen wirksamen gerichtlichen Rechtsbehelf haben sollten, wenn sie Grund zu der Annahme haben, dass die Rechte der betroffenen Person infolge einer nicht im Einklang mit dieser Verordnung stehenden Verarbeitung verletzt worden sind. Diesen Einrichtungen, Organisationen oder Verbänden kann unabhängig vom Auftrag einer betroffenen Person nicht gestattet werden, im Namen einer betroffenen Person Schadenersatz zu verlangen.
(146) The controller or processor should compensate any damage which a person may suffer as a result of processing that infringes this Regulation. The controller or processor should be exempt from liability if it proves that it is not in any way responsible for the damage. The concept of damage should be broadly interpreted in the light of the case-law of the Court of Justice in a manner which fully reflects the objectives of this Regulation. This is without prejudice to any claims for damage deriving from the violation of other rules in Union or Member State law. Processing that infringes this Regulation also includes processing that infringes delegated and implementing acts adopted in accordance with this Regulation and Member State law specifying rules of this Regulation. Data subjects should receive full and effective compensation for the damage they have suffered. Where controllers or processors are involved in the same processing, each controller or processor should be held liable for the entire damage. However, where they are joined to the same judicial proceedings, in accordance with Member State law, compensation may be apportioned according to the responsibility of each controller or processor for the damage caused by the processing,	(146) Der Verantwortliche oder der Auftragsverarbeiter sollte Schäden, die einer Person aufgrund einer Verarbeitung entstehen, die mit dieser Verordnung nicht im Einklang steht, ersetzen. Der Verantwortliche oder der Auftragsverarbeiter sollte von seiner Haftung befreit werden, wenn er nachweist, dass er in keiner Weise für den Schaden verantwortlich ist. Der Begriff des Schadens sollte im Lichte der Rechtsprechung des Gerichtshofs weit auf eine Art und Weise ausgelegt werden, die den Zielen dieser Verordnung in vollem Umfang entspricht. Dies gilt unbeschadet von Schadenersatzforderungen aufgrund von Verstößen gegen andere Vorschriften des Unionsrechts oder des Rechts der Mitgliedstaaten. Zu einer Verarbeitung, die mit der vorliegenden Verordnung nicht im Einklang steht, zählt auch eine Verarbeitung, die nicht mit den nach Maßgabe der vorliegenden Verordnung erlassenen delegierten Rechtsakten und Durchführungsrechtsakten und Rechtsvorschriften der Mitgliedstaaten zur Präzisierung von Bestimmungen der vorliegenden Verordnung im Einklang steht. Die betroffenen Personen sollten einen vollständigen und wirksamen Schadenersatz für den erlittenen Schaden erhalten. Sind Verantwortliche oder Auftragsverarbeiter an derselben Verar-

Recitals	Erwägungsgründe
provided that full and effective compensation of the data subject who suffered the damage is ensured. Any controller or processor which has paid full compensation may subsequently institute recourse proceedings against other controllers or processors involved in the same processing.	beitung beteiligt, so sollte jeder Verantwortliche oder Auftragsverarbeiter für den gesamten Schaden haftbar gemacht werden. Werden sie jedoch nach Maßgabe des Rechts der Mitgliedstaaten zu demselben Verfahren hinzugezogen, so können sie im Verhältnis zu der Verantwortung anteilmäßig haftbar gemacht werden, die jeder Verantwortliche oder Auftragsverarbeiter für den durch die Verarbeitung entstandenen Schaden zu tragen hat, sofern sichergestellt ist, dass die betroffene Person einen vollständigen und wirksamen Schadenersatz für den erlittenen Schaden erhält. Jeder Verantwortliche oder Auftragsverarbeiter, der den vollen Schadenersatz geleistet hat, kann anschließend ein Rückgriffsverfahren gegen andere an derselben Verarbeitung beteiligte Verantwortliche oder Auftragsverarbeiter anstrengen.
(147) Where specific rules on jurisdiction are contained in this Regulation, in particular as regards proceedings seeking a judicial remedy including compensation, against a controller or processor, general jurisdiction rules such as those of Regulation (EU) No 1215/2012 of the European Parliament and of the Council (1) should not prejudice the application of such specific rules.	(147) Soweit in dieser Verordnung spezifische Vorschriften über die Gerichtsbarkeit – insbesondere in Bezug auf Verfahren im Hinblick auf einen gerichtlichen Rechtsbehelf einschließlich Schadenersatz gegen einen Verantwortlichen oder Auftragsverarbeiter – enthalten sind, sollten die allgemeinen Vorschriften über die Gerichtsbarkeit, wie sie etwa in der Verordnung (EU) Nr. 1215/2012 des Europäischen Parlaments und des Rates (1) enthalten sind, der Anwendung dieser spezifischen Vorschriften nicht entgegenstehen.

§ 41 BDSG-neu

Anwendung der Vorschriften über das Bußgeld- und Strafverfahren

(1) Für Verstöße nach Artikel 83 Absatz 4 bis 6 der Verordnung (EU) 2016/679 gelten, soweit dieses Gesetz nichts anderes bestimmt, die Vorschriften des Gesetzes über Ordnungswidrigkeiten sinngemäß. Die §§ 17, 35 und 36 des Gesetzes über Ordnungswidrigkeiten finden keine Anwendung. § 68 des Gesetzes über Ordnungswidrigkeiten findet mit der Maßgabe Anwendung, dass das Landgericht entscheidet, wenn die festgesetzte Geldbuße den Betrag von einhunderttausend Euro übersteigt.

(2) Für Verfahren wegen eines Verstoßes nach Artikel 83 Absatz 4 bis 6 der Verordnung (EU) 2016/679 gelten, soweit dieses Gesetz nichts anderes bestimmt, die Vorschriften des Gesetzes über Ordnungswidrigkeiten und der allgemeinen Gesetze über das Strafverfahren, namentlich der Strafprozessordnung und des Gerichtsverfassungsgesetzes, entsprechend. Die §§ 56 bis 58, 87, 88, 99 und 100 des Gesetzes über Ordnungswidrigkeiten finden keine Anwendung. § 69 Absatz 4 Satz 2 des Gesetzes über Ordnungswidrigkeiten findet mit der Maßgabe Anwendung, dass die Staatsanwaltschaft das Verfahren nur mit Zustimmung der Aufsichtsbehörde, die den Bußgeldbescheid erlassen hat, einstellen kann.

§ 43 BDSG-neu

Bußgeldvorschriften

(1) Ordnungswidrig handelt, wer vorsätzlich oder fahrlässig

1. entgegen § 30 Absatz 1 ein Auskunftsverlangen nicht richtig behandelt oder
2. entgegen § 30 Absatz 2 Satz 1 einen Verbraucher nicht, nicht richtig, nicht vollständig oder nicht rechtzeitig unterrichtet.

(2) Die Ordnungswidrigkeit kann mit einer Geldbuße bis zu fünfzigtausend Euro geahndet werden.

(3) Gegen Behörden und sonstige öffentliche Stellen im Sinne des § 2 Absatz 1 werden keine Geldbußen verhängt.

(4) Eine Meldung nach Artikel 33 der Verordnung (EU) 2016/679 oder eine Benachrichtigung nach Artikel 34 Absatz 1 der Verordnung (EU) 2016/679 darf in einem Verfahren nach dem Gesetz über Ordnungswidrigkeiten gegen den Meldepflichtigen oder Benachrichtigenden oder seine in § 52 Absatz 1 der Strafprozessordnung bezeichneten Angehörigen nur mit Zustimmung des Meldepflichtigen oder Benachrichtigenden verwendet werden.

Literatur

Albrecht, Das neue EU-Datenschutzrecht – von der Richtlinie zur Verordnung, in: Computer und Recht 2016, 88 ff; *Plath (Hrsg.),* BDSG/DSGVO, 2. Auflage 2016, Otto Schmidt, Köln; *Däubler/Klebe/Wedde/Weichert,* Bundesdatenschutzgesetz, 5. Auflage 2016, Bund-Verlag Frankfurt a.M.; *Gola/Piltz,* Die Datenschutz-Haftung nach geltendem und zukünftigem Recht – ein vergleichender Ausblick, in: RDV 2015, 279 ff.; *Laue/Nink/Kremer,* Das neue Datenschutzrecht in der betrieblichen Praxis, 1. Auflage 2016, Nomos Baden-Baden; *Schantz,* Die Datenschutz-Grundverordnung – Beginn einer neuen Zeitrechnung im Datenschutzrecht, in: NJW 2016, 1841, 1847; *Simitis (Hrsg.),* Bundesdatenschutzgesetz, 8. Auflage 2014, Nomos Baden-Baden; *Spindler,* Die neue EU-Datenschutz-Grundverordnung, in: Der Betrieb 2016, 937 ff.

▶ Bedeutung der Norm

Art. 82 normiert weitreichende Neuerungen für die datenschutzrechtliche Haftung. Insbesondere die Erweiterung der Haftungspflichtigen auf den Auftragsverarbeiter, die ausdrückliche Ausdehnung des Schadensbegriffs auf immaterielle Schäden sowie die gesamtschuldnerische Haftung bei mehreren am schadensursächlichen Verstoß Beteiligten werden die zivilrechtliche Haftung für Datenschutzverstöße verschärfen und diese für die Praxis bedeutender werden lassen.

▶ Hinweise für den Anwender

Für die Auslegung der Norm relevante Erwägungsgründe:

- EG 74, 75, 85, 142, 146, 147.

Vorgängernormen im BDSG:

- §§ 7, 8 BDSG.

Vorgängernorm in der RL 95/46/EG:

- Art. 23.

▶ Schlagworte

Schadensersatz; gesamtschuldnerische Haftung; gerichtliche Zuständigkeit

A. Allgemeines

Die Vorschrift legt die Haftungsvoraussetzungen für Verantwortliche und Auftragsverarbeiter fest und begründet gleichzeitig einen Schadensersatzanspruch für jede Person, der durch einen Verstoß gegen die Verordnung ein Schaden entstanden ist. Der Auftragsverarbeiter soll dabei nur eingeschränkt, für Verstöße gegen seine speziell den Auftragsverarbeitern auferlegten Pflichten aus der Verordnung, bei Nichtbeachtung von rechtmäßig erteilten Weisungen des Verantwortlichen oder bei deren Zuwiderhandlung, haften. Bei mehreren Verantwortlichen stellt die Vorschrift klar, dass die interne Verteilung der Verantwortung erst im Rahmen des Regresses ausgeglichen werden soll. Schließlich wird hinsichtlich der gerichtlichen Zuständigkeit auf Art. 79 Abs. 2 verwiesen. 1

I. Regelungszweck

Die Vorschrift soll der betroffenen Person bei einem Verstoß gegen die DS-GVO einen „vollständigen und wirksamen" Schadensersatzanspruch gewährleisten.[1] Dieser Regelungszweck soll einerseits dadurch erreicht werden, dass nunmehr neben materiellen auch immaterielle Schäden sowohl gegenüber dem Verantwortlichen als auch gegenüber dem Auftragsverarbeiter ersatzfähig sein sollen. Andererseits soll der wirksame und vollständige Schutz der betroffenen Person durch eine gesamtschuldnerische Haftung sichergestellt werden, weshalb der Geschädigte von allen Schädigern die volle Leistung fordern kann und der zahlende Schädiger im Rahmen des Gesamtschuldnerausgleichs die anderen Schädiger in Regress nehmen kann. 2

II. Normadressaten

Die Norm richtet sich in Abs. 1 zunächst an „jede Person" als Anspruchsberechtigte, der wegen eines Verstoßes gegen die Verordnung ein materieller oder immaterieller Schaden entstanden ist. Somit beschränkt sich die Anspruchsberechtigung nicht nur auf den von einer rechtswidrigen Verarbeitung Betroffenen, wie es derzeit in § 7 S. 1 BDSG vorgesehen ist. Damit können dem Wortlaut folgend grundsätzlich auch Dritte einen Schaden geltend machen, der aus einem Datenschutzverstoß gegenüber einer anderen betroffenen Person resultiert. Allerdings setzt die Haftung einen Verstoß gegen die DS-GVO voraus. Die haftungsrelevanten Pflichten dürften aber allein den Schutz der „betroffenen Person" i.S.d. Art. 4 Nr. 1 intendieren und eine Verarbeitung der personenbezogenen Daten des Anspruchsberechtigten voraussetzen. 3

Gleiches gilt für juristische Personen. Auch diese können zwar dem Wortlaut nach zum Kreis der Anspruchsberechtigten zählen. Jedoch ist auch insoweit zu beachten, dass die haftungsrelevanten Pflichten den Schutz der „betroffenen Person" nach Art. 4 Nr. 1 und damit den Schutz natürlicher Personen bezwecken. Dafür spricht auch der Umstand, dass die vom Schadensumfang umfassten immateriellen Schäden nicht von juristischen Personen geltend gemacht werden können. Folglich beabsichtigt der Verordnungsgeber nicht den Schutz etwa eines Wettbewerbers, der wegen einer unzulässigen Verarbeitung eines Mitbewerbers einen Nachteil befürchtet, oder den 4

1 S. EG 146.

Schutz einer Bank, die wegen einer falschen Bonitätsauskunft über einen Kunden einen Schaden erleidet.[2]

5 Weiterhin legt die Vorschrift auch die Haftungsvoraussetzungen und Regressmöglichkeiten des beteiligten Verantwortlichen oder Auftragsverarbeiters fest, an welche die Norm somit ebenfalls adressiert ist. Neu geregelt ist, dass nunmehr auch der Datenverarbeiter unmittelbar als Ersatzpflichtiger genannt wird und somit nicht mehr – wie bisher – allein die verantwortliche Stelle bzw. deren Träger in Anspruch genommen werden kann. Außerdem lässt sich der Vorschrift im Umkehrschluss entnehmen, dass der Datenschutzbeauftragte weiterhin nicht direkt haften soll. Die in Art. 4 Nr. 7 und 8 näher definierten Begriffe des „Verantwortlichen" und des „Auftragsverarbeiters" unterscheiden sich zwar äußerlich von der „verantwortlichen Stelle" und dem „Auftragnehmer" im BDSG, sind jedoch inhaltlich weitgehend deckungsgleich zu verstehen. Eine Differenzierung zwischen öffentlichem und privatem Bereich sowie automatisierter und nicht automatisierter Verarbeitung – wie bislang in den §§ 7, 8 BDSG – wird von der Regelung nicht vorgenommen.

III. Systematik

6 Art. 82 ist systematisch in das achte Kapitel „Rechtsbehelfe, Haftung und Sanktionen" eingegliedert, welches sowohl materiell-rechtlich als auch prozessual die Durchsetzbarkeit der Verordnung regelt. Während Art. 82 insb. der Durchsetzung der DS-GVO auf privatrechtlicher Ebene dient, sollen die Geldbußen in Art. 83 sowie die Sanktionen nach Art. 84 die administrative bzw. strafrechtliche Durchsetzbarkeit der Regelungen gewährleisten. Das prozessuale Gegenstück der Norm innerhalb der Verordnung bildet Art. 79, der die Mitgliedstaaten dazu verpflichtet, das Recht auf einen wirksamen gerichtlichen Rechtsbehelf zur Durchsetzung des Schadensersatzanspruchs sicherzustellen.

IV. Entstehungsgeschichte

7 Die zivilrechtliche Haftung für Datenschutzverstöße ist kein Novum im europäischen Datenschutzrecht. Bereits in der RL 95/46/EG waren in Art. 23 Regelungen zum Schadensersatz enthalten, die von den §§ 7, 8 BDSG umgesetzt wurden.

8 Die Reichweite der Reformierung des Schadensersatzrechts durch die DS-GVO hat sich teilweise schon im Kommissionsentwurf (vgl. Art. 77-KOM-E[3]) abgezeichnet, teilweise entwickelte sie sich auch erst im Laufe des mehrjährigen Entstehungsprozesses. So erfolgte etwa die Einschränkung der Haftung des Auftragsverarbeiters und die Regelung über die gerichtliche Zuständigkeit erst mit der Ratsfassung (vgl. Art. 77-RAT-E[4]), während bereits im Kommissionsentwurf deutlich wurde, dass sich die Haftung nicht allein auf rechtswidrige Verarbeitungen, sondern auch auf sonstige mit der Verordnung nicht zu vereinbarende Handlungen erstrecken sollte.[5] Nur die Ratsversion wich von dieser Erweiterung ab und beschränkte die Haftung auf verordnungswidrige Verarbeitungen.

9 Darüber hinaus wurden mehrere Begriffe sprachlich angepasst. So wurde etwa der Begriff „immaterial damage" der englischen Fassung zunächst in Art. 77-RAT-E als „moralische" Schäden übersetzt. Dieser dem deutschen Recht fremde Begriff wurde erst in der Endfassung durch den Begriff „immaterielle" Schäden ersetzt.

---

2 Plath, *Becker*, Art. 82 DS-GVO Rn. 2.
3 Vorschlag der Europäischen Kommission v. 25.1.2012, KOM(2012) 11 endgültig; 2012/0011 (COD).
4 Council of the European Union, Interinstitutional File 2012/2011 (COD), Doc. No. 9565/15 Preparation of general approach v. 11.6.2015.
5 *Gola/Piltz*, in: RDV 2015, 279, 282.

B. Inhalt der Regelung

Die Vorschrift enthält in Abs. 1 eine Anspruchsgrundlage über den Ersatz von Schäden, die auf einem Verstoß gegen die Verordnung beruhen. Außerdem regelt die Norm die eingeschränkte Haftung des Auftragsverarbeiters (Abs. 2), die Verteilung der Beweislast (Abs. 3), die gesamtschuldnerische Haftung bei mehreren Verantwortlichen bzw. Auftragsverarbeitern und deren Regressmöglichkeiten (Abs. 4 und 5). Abs. 6 verweist hinsichtlich der gerichtlichen Zuständigkeit bei der Durchsetzung der Schadensersatzansprüche auf Art. 79 Abs. 2. **10**

I. Haftungsvoraussetzungen

Zunächst stellt Art. 82 Abs. 1 die Haftungsvoraussetzungen auf. Dabei ist die Regelung deutlich umfassender als bisher in der RL 95/46/EG und deren Umsetzung in §§ 7, 8 BDSG. Insbesondere hinsichtlich des haftungsauslösenden Umstands sowie der Haftung mehrerer an dem Verstoß beteiligter Verantwortlicher oder Auftragsverarbeiter wird die DS-GVO eine Erweiterung des Betroffenenschutzes und eine Verschärfung der Haftung mit sich bringen. **11**

1. Haftungsauslösender Verstoß (Abs. 1)

Die zentrale haftungsauslösende Anspruchsvoraussetzung ist ein Verstoß gegen die DS-GVO. In EG 146 wird darauf hingewiesen, dass von der Regelung auch ein Verstoß gegen andere aus der DS-GVO abgeleitete Rechtsakte, Durchführungsrechtsakte und Rechtsvorschriften der Mitgliedstaaten umfasst sein sollen. Der Wortlaut in Abs. 1 macht außerdem deutlich, dass nicht nur rechtswidrige Verarbeitungen, sondern auch anderweitige Verstöße gegen eine Pflicht aus der DS-GVO eine Haftung auslösen können. Für dieses weite Verständnis spricht zudem Abs. 3, der von einem haftungsauslösenden „Umstand" ausgeht. Während im Ratsentwurf allein die nicht mit der Verordnung in Einklang stehende Verarbeitung eine Haftung nach sich ziehen sollte, konnte sich diese engere Fassung des Datenschutzverstoßes in der Endfassung nicht durchsetzen. Damit ist, im Vergleich zur bisherigen Regelung der §§ 7, 8 BDSG, die lediglich eine Haftung für unzulässige oder unrichtige Erhebung, Verarbeitung oder Nutzung von personenbezogenen Daten vorsehen, der haftungsauslösende Umstand erheblich weiter formuliert. Demnach ist künftig auch eine Haftung etwa für den Verstoß gegen eine Informationspflicht oder für unzureichende technische und organisatorische Maßnahmen denkbar.[6] Allerdings stellte die Kommission in den Ratsverhandlungen klar, dass der bloße Verstoß gegen die DS-GVO nicht ausreichen soll.[7] Vielmehr muss der Anspruchsteller eine subjektive Betroffenheit, also einen individuellen Schaden, darlegen können. Daher wird eine solche Haftung für Verstöße, die nicht unmittelbar im Zusammenhang mit einer Verarbeitung stehen, regelmäßig an der fehlenden Nachweisbarkeit eines kausalen Schadens scheitern. Zweck des weiten Verständnisses des Verstoßbegriffs ist damit nicht, eine ausufernde Haftung im Bereich des Datenschutzes zu etablieren. Vielmehr soll hierdurch ein lückenloser Schutz vor Schäden, die aus einer Verletzung der DS-GVO resultieren, gewährleistet werden.[8] **12**

2. Schaden (Abs. 1)

Eine große Veränderung zur Rechtslage *de lege lata* wird es bei der Anwendung der DS-GVO hinsichtlich des Schadensbegriffs geben. Während bisher nach deutschem Recht gegenüber nicht öffentlichen Stellen nur materielle Schäden geltend gemacht werden konnten, ist nunmehr bei jedem Verstoß auch ein immaterieller Schaden ersatzfähig. Der EG 146 macht zudem deutlich, dass der Begriff des Schadens im Lichte der Rechtsprechung des EuGH weit ausgelegt werden soll. Verwiesen wird hierdurch wohl insb. darauf, dass der EuGH vor dem Hintergrund des **13**

6 S. dazu auch *Gola/Piltz,* in: RDV 2015, 279, 284.
7 Ratsdokument 9083/15, S. 18 Fn. 44.
8 *Laue/Nink/Kremer,* § 11 Rn. 4.

Effektivitätsprinzips eine abschreckende zivilrechtliche Haftung für erforderlich hält.[9] Für die abschreckende Wirkung dürfte künftig auch der wirtschaftliche Wert der unzulässig verarbeiteten Daten bei der Bemessung des Schadens zu beachten sein.[10]

14 Zwar fehlt eine nähere Definition des Schadensbegriffs in der Verordnung. Allerdings wird in den EG 75 und 85 beispielhaft aufgezeigt, welche Schäden eine Verarbeitung nach sich ziehen kann, was – insb. bei der Bestimmung eines immateriellen Schadens – als hilfreicher Anhaltspunkt dienen kann. Nach EG 75 können Schäden etwa dann entstehen,

- „wenn die Verarbeitung zu einer Diskriminierung, einem Identitätsdiebstahl oder -betrug, einem finanziellen Verlust, einer Rufschädigung, einem Verlust der Vertraulichkeit von dem Berufsgeheimnis unterliegenden personenbezogenen Daten, der unbefugten Aufhebung der Pseudonymisierung oder anderen erheblichen wirtschaftlichen oder gesellschaftlichen Nachteilen führen kann,
- wenn die betroffenen Personen um ihre Rechte und Freiheiten gebracht oder daran gehindert werden, die sie betreffenden personenbezogenen Daten zu kontrollieren,
- wenn personenbezogene Daten, aus denen die rassische oder ethnische Herkunft, politische Meinungen, religiöse oder weltanschauliche Überzeugungen oder die Zugehörigkeit zu einer Gewerkschaft hervorgehen, und genetische Daten, Gesundheitsdaten oder das Sexualleben oder strafrechtliche Verurteilungen und Straftaten oder damit zusammenhängende Sicherungsmaßregeln betreffende Daten verarbeitet werden,
- wenn persönliche Aspekte bewertet werden, insbesondere wenn Aspekte, die die Arbeitsleistung, wirtschaftliche Lage, Gesundheit, persönliche Vorlieben oder Interessen, die Zuverlässigkeit oder das Verhalten, den Aufenthaltsort oder Ortswechsel betreffen, analysiert oder prognostiziert werden, um persönliche Profile zu erstellen oder zu nutzen,
- wenn personenbezogene Daten schutzbedürftiger natürlicher Personen, insbesondere Daten von Kindern, verarbeitet werden oder wenn die Verarbeitung eine große Menge personenbezogener Daten und eine große Anzahl von betroffenen Personen betrifft."

15 Dass die Haftung nach § 7 BDSG bislang nur eine geringe praktische Bedeutung hatte, lag vornehmlich an der Begrenzung der Ersatzpflicht auf materielle Schäden, die regelmäßig schwer nachzuweisen sind.[11] Die Ausdehnung der Haftung auf immaterielle Schäden ist somit einerseits konsequent, insb. weil Schäden bei Verletzungen des Persönlichkeitsrechts in vielen Fällen immaterieller Natur sind. Andererseits besteht die Gefahr von Wertungswidersprüchen. Im deutschen Recht werden hohe Anforderungen an den Ersatz immaterieller Schäden gestellt. Bisher wurden immaterielle Schäden, gestützt auf den Schutzauftrag aus Art. 1 Abs. 1 und 2 Abs. 1 GG, lediglich dann ausgeglichen, wenn die Verletzung des Persönlichkeitsrechts schwerwiegend ist und mit schwerem Verschulden begangen wurde.[12] Mit dieser Wertung ist die datenschutzrechtliche Regelung des Art. 82 DS-GVO ebenso wenig in Einklang zu bringen wie mit dem strengen Maßstab bei Schmerzensgeldansprüchen für physische Körperverletzungen.

16 Besonders betroffen von der Haftung für immaterielle Schäden ist die freie Meinungsäußerung, der die Gefahr von Verletzungshandlungen gegen das Persönlichkeitsrecht geradezu immanent ist und bei der sich materielle Schäden ebenso selten nachweisen lassen. Dass für solche Sachverhalte auch künftig eine Abwägung zwischen dem Persönlichkeitsrecht auf der einen Seite und der Presse- und Meinungsfreiheit auf der anderen Seite erfolgen soll, wird zwar durch Art. 85 klargestellt. Danach soll das Recht der Mitgliedstaaten weiterhin eine Privilegierung zugunsten der freien Meinungsäußerung und Informationsfreiheit, einschließlich der Verarbeitung zu jour-

9 Vgl. etwa EuGH, 17.12.2015, Rs. C-407/14 Rn. 6; *Schantz,* NJW 2016, 1841, 1847.
10 Plath, *Becker*, Art. 82 DS-GVO Rn. 4.
11 So die herrschende Meinung, vgl. *Däubler*/Klebe/Wedde/Weichert, § 7 Rn. 3 m.w.N.
12 Ständige Rspr. seit BGH, 14.2.1958 – I ZR 151/56 (Herrenreiter); so auch BVerfG, 14.2.1973 – 1 BvR 112/65.

nalistischen Zwecken und zu wissenschaftlichen, künstlerischen oder literarischen Zwecken vorsehen. Eine konkrete Abweichungskompetenz wird den Mitgliedstaaten jedoch nur für die Kapitel II bis VII sowie für das Kapitel IX übertragen. Damit wurde gerade das Kapitel VIII über „Rechtsbehelfe, Haftung und Sanktionen" ausgespart, sodass eine abweichende Haftungsregelung durch den nationalen Gesetzgeber ausscheiden dürfte. Da die Ausweitung der Haftung auf immaterielle Schäden die Gefahr birgt, dass die bislang strengen Haftungsvoraussetzungen im Presserecht gelockert werden, ist es aber zwingend erforderlich, dass der nationale Gesetzgeber die obligatorische Öffnungsklausel in Art. 85 Abs. 2 nutzt, um Presseunternehmen bereits weitgehend aus dem Adressatenkreis datenschutzrechtlicher Pflichten zu nehmen.

3. Kausalität, Verschulden und Beweislast

Der Schaden muss kausal durch den Verstoß gegen die DS-GVO herbeigeführt worden sein.[13] **17**
Eine verschuldensunabhängige Gefährdungshaftung ist in der DS-GVO nicht vorgesehen, was sich im Umkehrschluss aus der Möglichkeit der Haftungsbefreiung bei fehlender Verantwortlichkeit nach Abs. 3 ergibt.[14] Abs. 3 regelt jedoch nur die Beweislast hinsichtlich der Verantwortlichkeit. Daraus kann gefolgert werden, dass bei den weiteren Tatbestandsmerkmalen, wie derzeit bei § 7 BDSG, die allgemeinen mitgliedstaatlichen Prinzipien der Beweislastverteilung anzuwenden sind, sodass der Anspruchsberechtigte den haftungsauslösenden Verstoß gegen die DS-GVO, den Schaden und die Kausalität darlegen und beweisen muss, während ein Verschulden des Schädigers widerleglich vermutet wird.[15]

Die Anforderungen an die Exkulpation sind gegenüber § 7 S. 2 BDSG erheblich erhöht. Während **18**
es bisher ausreichte, darzulegen, dass die nach den Umständen des Falles gebotene Sorgfalt beachtet wurde, muss der Verantwortliche nunmehr nachweisen, dass er in „keinerlei Hinsicht für den Umstand, durch den der Schaden eingetreten ist, verantwortlich ist". Diesem Wortlaut folgend ist eine Verantwortlichkeit und damit eine Haftung bereits bei leichtester Fahrlässigkeit gegeben. Eine Exkulpation ist danach nur dann denkbar, wenn aufgrund nachgewiesener größtmöglicher Sorgfalt des Verantwortlichen oder Auftragsverarbeiters jegliche Verantwortlichkeit ausgeschlossen, also der Schaden nicht auf ein Fehlverhalten des Schädigers zurückgeführt werden kann. Dies könnte etwa der Fall sein, wenn ein Zugriff auf personenbezogene Daten durch Dritte trotz angemessener Sicherheitsmechanismen nicht abwendbar war oder im Fall von höherer Gewalt.[16]

Zum Nachweis könnten die Rechenschaftspflicht gem. Art. 5 Abs. 2 sowie weitere Nachweis- **19**
pflichten, etwa nach Art. 24 Abs. 1, Bedeutung erlangen. Primär können diese jedoch dazu dienen, den Nachweis darüber zu führen, dass es schon an einem haftungsauslösenden Verstoß gegen die DS-GVO oder an einer Beteiligung an der schadensursächlichen Verarbeitung fehlt, weshalb es mangels erfüllten Haftungstatbestands dann nicht mehr auf die Verantwortlichkeit ankommt. Für die Exkulpation können die Nachweise hingegen zum Tragen kommen, wenn etwa nach Abs. 4 zwar mehrere Verantwortliche oder Auftragsverarbeiter an der Verarbeitung beteiligt sind, jedoch ein Beteiligter für den konkreten schadensbegründenden „Umstand" nicht „verantwortlich" ist.

Außerdem dürften die §§ 249 ff. BGB zu den Haftungsregelungen des Art. 82 ergänzend An- **20**
wendung finden und damit auch weiterhin die Möglichkeit der Anspruchskürzung bei Mitverschulden des Geschädigten nach § 254 BGB bestehen.

---

13 Der Schaden muss „wegen eines Verstoßes" entstanden sein, Art. 82 Abs. 1.
14 So auch *Härting*, Rn. 234; Plath, *Becker*, Art. 82 DS-GVO Rn. 5, hält es auch für möglich, die Regelung als Gefährdungshaftung anzusehen.
15 *Spindler*, in: DB 2016, 937, 947; Ratsdokument 9083/15, S. 18 Fn. 44.
16 Vgl. *Laue/Nink/Kremer*, § 11 Rn. 11.

II. Haftung bei mehreren Ersatzpflichtigen (Abs. 4, 5)

21 Während das BDSG keine Regelung zur Haftung bei gemeinsamer Datenverarbeitung enthält, ist diese in der DS-GVO in Art. 82 Abs. 4, 5 als gesamtschuldnerische Haftung normiert.[17] Die Norm selbst nennt deklaratorisch den Grund für die gesamtschuldnerische Haftung, namentlich die Sicherstellung eines wirksamen Schadensersatzes für die betroffene Person. Bisher erfolgte ein Regress nach den allgemeinen zivilrechtlichen Bestimmungen in §§ 840 Abs. 1, 421 f. BGB.[18] An diese Bestimmungen ist auch die Regelung der DS-GVO angelehnt.

III. Haftungsbeschränkung des Auftragsverarbeiters (Abs. 2 S. 2)

22 Nach Art. 82 Abs. 2 S. 2 haftet der Auftragsverarbeiter nur, wenn er seinen speziell den Auftragsverarbeitern auferlegten Pflichten aus dieser Verordnung nicht nachgekommen ist oder unter Nichtbeachtung der rechtmäßig erteilten Anweisungen des für die Datenverarbeitung Verantwortlichen oder gegen diese Anweisungen gehandelt hat. Somit haftet der Auftragsverarbeiter als solcher allein bei Verstößen gegen Vorschriften, die an den Auftragsverarbeiter adressiert sind und diesem Pflichten auferlegen.[19] Die Pflichten des Auftragsverarbeiters ergeben sich insb. aus Art. 28. Eine Haftung kommt etwa bei einem Verstoß gegen Art. 28 Abs. 3 lit. h in Betracht, wenn der Auftragsverarbeiter seiner Ansicht nach vom Verantwortlichen zu einer rechtswidrigen Verarbeitung angewiesen wurde, es aber unterlässt, diesen unverzüglich darüber zu informieren.[20] Im Falle der Nichtbeachtung der Weisungen des Verantwortlichen oder bei Zuwiderhandlung gegen Weisungen wird der Auftragsverarbeiter selbst zum Verantwortlichen i.S.d. Art. 4 Nr. 7 und haftet somit auch für jegliche Pflichten des Verantwortlichen.

IV. Gerichtliche Zuständigkeit (Abs. 6)

23 Die gerichtliche Zuständigkeit zur Durchsetzung des Anspruchs aus Abs. 1 richtet sich nach Art. 82 Abs. 6 i.V.m. Art. 79 Abs. 2. Hierbei ist grundsätzlich die Niederlassung des Anspruchsgegners maßgeblich, wobei im Verordnungstext nicht von der Hauptniederlassung gesprochen wird, sodass die betroffene Person in jedem Mitgliedstaat klagen kann, in dem der Anspruchsgegner eine Niederlassung hat. Daneben kann der Anspruchsberechtigte wahlweise auch in dem Mitgliedstaat klagen, in dem er selbst seinen Aufenthaltsort hat. Außerdem weist EG 147 darauf hin, dass die Regelung zur internationalen Zuständigkeit der Gerichte in der DS-GVO als *lex specialis* gegenüber den allgemeinen Vorschriften über die Gerichtsbarkeit – insb. zur Verordnung EU Nr. 1215/2012 – vorgeht.

C. Weitere Auswirkungen der Verordnung in der Praxis

24 Die Verantwortlichen und Auftragsverarbeiter dürften neben empfindlichen Bußgeldern durch die Aufsichtsbehörden auch mit einer Zunahme zivilrechtlicher Haftungsrisiken rechnen müssen. Das liegt vornehmlich an der Erweiterung des haftungsauslösenden Datenschutzverstoßes und der Ausdehnung des Schadensbegriffs auf immaterielle Schäden sowie dessen ausdrücklich geforderte weite Auslegung. Auch die Andeutungen, dass den betroffenen Personen ein vollständiges und wirksames Schadensersatzrecht[21] zustehen soll, wird es den Gerichten künftig erleichtern, eine weitreichende Haftung für Verletzungen der DS-GVO zu etablieren. Unklar ist bislang, welche Rolle die sehr eng formulierte Exkulpationsmöglichkeit nach Abs. 3 einnehmen wird. Erst-

17 *Gola/Piltz,* in: RDV 2015, 279 (ebd.).
18 *Simitis,* § 7 Rn. 37.
19 So auch *Gola/Piltz,* in: RDV 2015, 279, 282.
20 *Gola/Piltz,* in: RDV 2015, 279, 282.
21 Vgl. EG 146.

mals ausdrücklich vorgesehen ist die gemeinsame Haftung als Gesamtschuldner mit einer Regressmöglichkeit für den Erstzahlenden sowie der Direktanspruch gegen den Datenverarbeiter. Nach EG 146 bleibt weiterhin die Haftung nach anderen Vorschriften des Unionsrechts oder des Rechts der Mitgliedstaaten und somit auch eine Haftung nach den §§ 823 ff. BGB unberührt.

Article 83

General conditions for imposing administrative fines

1. Each supervisory authority shall ensure that the imposition of administrative fines pursuant to this Article in respect of infringements of this Regulation referred to in paragraphs 4, 5 and 6 shall in each individual case be effective, proportionate and dissuasive.
2. Administrative fines shall, depending on the circumstances of each individual case, be imposed in addition to, or instead of, measures referred to in points (a) to (h) and (j) of Article 58(2). When deciding whether to impose an administrative fine and deciding on the amount of the administrative fine in each individual case due regard shall be given to the following:
   (a) the nature, gravity and duration of the infringement taking into account the nature scope or purpose of the processing concerned as well as the number of data subjects affected and the level of damage suffered by them;
   (b) the intentional or negligent character of the infringement;
   (c) any action taken by the controller or processor to mitigate the damage suffered by data subjects;
   (d) the degree of responsibility of the controller or processor taking into account technical and organisational measures implemented by them pursuant to Articles 25 and 32;
   (e) any relevant previous infringements by the controller or processor;
   (f) the degree of cooperation with the supervisory authority, in order to remedy the infringement and mitigate the possible adverse effects of the infringement;
   (g) the categories of personal data affected by the infringement;
   (h) the manner in which the infringement became known to the supervisory authority, in particular whether, and if so to what extent, the controller or processor notified the infringement;
   (i) where measures referred to in Article 58(2) have previously been ordered

Artikel 83

Allgemeine Bedingungen für die Verhängung von Geldbußen

(1) Jede Aufsichtsbehörde stellt sicher, dass die Verhängung von Geldbußen gemäß diesem Artikel für Verstöße gegen diese Verordnung gemäß den Absätzen 5 und 6 in jedem Einzelfall wirksam, verhältnismäßig und abschreckend ist.

(2) Geldbußen werden je nach den Umständen des Einzelfalls zusätzlich zu oder anstelle von Maßnahmen nach Artikel 58 Absatz 2 Buchstaben a bis h und i verhängt. Bei der Entscheidung über die Verhängung einer Geldbuße und über deren Betrag wird in jedem Einzelfall Folgendes gebührend berücksichtigt:

a) Art, Schwere und Dauer des Verstoßes unter Berücksichtigung der Art, des Umfangs oder des Zwecks der betreffenden Verarbeitung sowie der Zahl der von der Verarbeitung betroffenen Personen und des Ausmaßes des von ihnen erlittenen Schadens;
b) Vorsätzlichkeit oder Fahrlässigkeit des Verstoßes;
c) jegliche von dem Verantwortlichen oder dem Auftragsverarbeiter getroffenen Maßnahmen zur Minderung des den betroffenen Personen entstandenen Schadens;
d Grad der Verantwortung des Verantwortlichen oder des Auftragsverarbeiters unter Berücksichtigung der von ihnen gemäß den Artikeln 25 und 32 getroffenen technischen und organisatorischen Maßnahmen;
e) etwaige einschlägige frühere Verstöße des Verantwortlichen oder des Auftragsverarbeiters;
f) Umfang der Zusammenarbeit mit der Aufsichtsbehörde, um dem Verstoß abzuhelfen und seine möglichen nachteiligen Auswirkungen zu mindern;
g) Kategorien personenbezogener Daten, die von dem Verstoß betroffen sind;
h) Art und Weise, wie der Verstoß der Aufsichtsbehörde bekannt wurde, insbesondere ob und gegebenenfalls in welchem Umfang der Verantwortliche oder der Auftragsverarbeiter den Verstoß mitgeteilt hat;
i) Einhaltung der nach Artikel 58 Absatz 2 früher gegen den für den betreffenden Verantwortlichen oder Auftragsverarbeiter in

against the controller or processor concerned with regard to the same subject-matter, compliance with those measures;

(j) adherence to approved codes of conduct pursuant to Article 40 or approved certification mechanisms pursuant to Article 42; and

(k) any other aggravating or mitigating factor applicable to the circumstances of the case, such as financial benefits gained, or losses avoided, directly or indirectly, from the infringement.

Bezug auf denselben Gegenstand angeordneten Maßnahmen, wenn solche Maßnahmen angeordnet wurden;

j) Einhaltung von genehmigten Verhaltensregeln nach Artikel 40 oder genehmigten Zertifizierungsverfahren nach Artikel 42 und

k) jegliche anderen erschwerenden oder mildernden Umstände im jeweiligen Fall, wie unmittelbar oder mittelbar durch den Verstoß erlangte finanzielle Vorteile oder vermiedene Verluste.

3. If a controller or processor intentionally or negligently, for the same or linked processing operations, infringes several provisions of this Regulation, the total amount of the administrative fine shall not exceed the amount specified for the gravest infringement.

(3) Verstößt ein Verantwortlicher oder ein Auftragsverarbeiter bei gleichen oder miteinander verbundenen Verarbeitungsvorgängen vorsätzlich oder fahrlässig gegen mehrere Bestimmungen dieser Verordnung, so übersteigt der Gesamtbetrag der Geldbuße nicht den Betrag für den schwerwiegendsten Verstoß.

4. Infringements of the following provisions shall, in accordance with paragraph 2, be subject to administrative fines up to 10 000 000 EUR, or in the case of an undertaking, up to 2 % of the total worldwide annual turnover of the preceding financial year, whichever is higher:

(a) the obligations of the controller and the processor pursuant to Articles 8, 11, 25 to 39 and 42 and 43;

(b) the obligations of the certification body pursuant to Articles 42 and 43;

(c) the obligations of the monitoring body pursuant to Article 41(4).

(4) Bei Verstößen gegen die folgenden Bestimmungen werden im Einklang mit Absatz 2 Geldbußen von bis zu 10 000 000 EUR oder im Fall eines Unternehmens von bis zu 2 % seines gesamten weltweit erzielten Jahresumsatzes des vorangegangenen Geschäftsjahrs verhängt, je nachdem, welcher der Beträge höher ist:

a) die Pflichten der Verantwortlichen und der Auftragsverarbeiter gemäß den Artikeln 8, 11, 25 bis 39, 42 und 43;

b) die Pflichten der Zertifizierungsstelle gemäß den Artikeln 42 und 43;

c) die Pflichten der Überwachungsstelle gemäß Artikel 41 Absatz 4.

5. Infringements of the following provisions shall, in accordance with paragraph 2, be subject to administrative fines up to 20 000 000 EUR, or in the case of an undertaking, up to 4 % of the total worldwide annual turnover of the preceding financial year, whichever is higher:

(a) the basic principles for processing, including conditions for consent, pursuant to Articles 5, 6, 7 and 9;

(b) the data subjects' rights pursuant to Articles 12 to 22;

(c) the transfers of personal data to a recipient in a third country or an international organisation pursuant to Articles 44 to 49;

(5) Bei Verstößen gegen die folgenden Bestimmungen werden im Einklang mit Absatz 2 Geldbußen von bis zu 20 000 000 EUR oder im Fall eines Unternehmens von bis zu 4 % seines gesamten weltweit erzielten Jahresumsatzes des vorangegangenen Geschäftsjahrs verhängt, je nachdem, welcher der Beträge höher ist:

a) die Grundsätze für die Verarbeitung, einschließlich der Bedingungen für die Einwilligung, gemäß den Artikeln 5, 6, 7 und 9;

b) die Rechte der betroffenen Person gemäß den Artikeln 12 bis 22;

c) die Übermittlung personenbezogener Daten an einen Empfänger in einem Drittland oder an eine internationale Organisation

(d) any obligations pursuant to Member State law adopted under Chapter IX;
(e) non-compliance with an order or a temporary or definitive limitation on processing or the suspension of data flows by the supervisory authority pursuant to Article 58(2) or failure to provide access in violation of Article 58(1).

gemäß den Artikeln 44 bis 49;
d) alle Pflichten gemäß den Rechtsvorschriften der Mitgliedstaaten, die im Rahmen des Kapitels IX erlassen wurden;
e) Nichtbefolgung einer Anweisung oder einer vorübergehenden oder endgültigen Beschränkung oder Aussetzung der Datenübermittlung durch die Aufsichtsbehörde gemäß Artikel 58 Absatz 2 oder Nichtgewährung des Zugangs unter Verstoß gegen Artikel 58 Absatz 1.

6. Non-compliance with an order by the supervisory authority as referred to in Article 58(2) shall, in accordance with paragraph 2 of this Article, be subject to administrative fines up to 20 000 000 EUR, or in the case of an undertaking, up to 4 % of the total worldwide annual turnover of the preceding financial year, whichever is higher.

(6) Bei Nichtbefolgung einer Anweisung der Aufsichtsbehörde gemäß Artikel 58 Absatz 2 werden im Einklang mit Absatz 2 des vorliegenden Artikels Geldbußen von bis zu 20 000 000 EUR oder im Fall eines Unternehmens von bis zu 4 % seines gesamten weltweit erzielten Jahresumsatzes des vorangegangenen Geschäftsjahrs verhängt, je nachdem, welcher der Beträge höher ist.

7. Without prejudice to the corrective powers of supervisory authorities pursuant to Article 58(2), each Member State may lay down the rules on whether and to what extent administrative fines may be imposed on public authorities and bodies established in that Member State.

(7) Unbeschadet der Abhilfebefugnisse der Aufsichtsbehörden gemäß Artikel 58 Absatz 2 kann jeder Mitgliedstaat Vorschriften dafür festlegen, ob und in welchem Umfang gegen Behörden und öffentliche Stellen, die in dem betreffenden Mitgliedstaat niedergelassen sind, Geldbußen verhängt werden können.

8. The exercise by the supervisory authority of its powers under this Article shall be subject to appropriate procedural safeguards in accordance with Union and Member State law, including effective judicial remedy and due process.

(8) Die Ausübung der eigenen Befugnisse durch eine Aufsichtsbehörde gemäß diesem Artikel muss angemessenen Verfahrensgarantien gemäß dem Unionsrecht und dem Recht der Mitgliedstaaten, einschließlich wirksamer gerichtlicher Rechtsbehelfe und ordnungsgemäßer Verfahren, unterliegen.

9. Where the legal system of the Member State does not provide for administrative fines, this Article may be applied in such a manner that the fine is initiated by the competent supervisory authority and imposed by competent national courts, while ensuring that those legal remedies are effective and have an equivalent effect to the administrative fines imposed by supervisory authorities. In any event, the fines imposed shall be effective, proportionate and dissuasive. Those Member States shall notify to the Commission the provisions of their laws which they adopt pursuant to this paragraph by 25 May 2018 and, without delay,

(9) Sieht die Rechtsordnung eines Mitgliedstaats keine Geldbußen vor, kann dieser Artikel so angewandt werden, dass die Geldbuße von der zuständigen Aufsichtsbehörde in die Wege geleitet und von den zuständigen nationalen Gerichten verhängt wird, wobei sicherzustellen ist, dass diese Rechtsbehelfe wirksam sind und die gleiche Wirkung wie die von Aufsichtsbehörden verhängten Geldbußen haben. In jeden Fall müssen die verhängten Geldbußen wirksam, verhältnismäßig und abschreckend sein. Die betreffenden Mitgliedstaaten teilen der Kommission bis zum 25. Mai 2018 die Rechtsvorschriften mit, die sie aufgrund dieses Absatzes erlassen, sowie unverzüglich alle späteren

any subsequent amendment law or amendment affecting them.

Änderungsgesetze oder Änderungen dieser Vorschriften.

Recitals

(148) In order to strengthen the enforcement of the rules of this Regulation, penalties including administrative fines should be imposed for any infringement of this Regulation, in addition to, or instead of appropriate measures imposed by the supervisory authority pursuant to this Regulation. In a case of a minor infringement or if the fine likely to be imposed would constitute a disproportionate burden to a natural person, a reprimand may be issued instead of a fine. Due regard should however be given to the nature, gravity and duration of the infringement, the intentional character of the infringement, actions taken to mitigate the damage suffered, degree of responsibility or any relevant previous infringements, the manner in which the infringement became known to the supervisory authority, compliance with measures ordered against the controller or processor, adherence to a code of conduct and any other aggravating or mitigating factor. The imposition of penalties including administrative fines should be subject to appropriate procedural safeguards in accordance with the general principles of Union law and the Charter, including effective judicial protection and due process.

(150) In order to strengthen and harmonise administrative penalties for infringements of this Regulation, each supervisory authority should have the power to impose administrative fines. This Regulation should indicate infringements and the upper limit and criteria for setting the related administrative fines, which should be determined by the competent supervisory authority in each individual case, taking into account all relevant circumstances of the specific situation, with due regard in particular to the nature, gravity and duration of the infringement and of its consequences and the measures taken to ensure compliance with the obligations under this Regulation and to prevent or mitigate the consequences of the in-

Erwägungsgründe

(148) Im Interesse einer konsequenteren Durchsetzung der Vorschriften dieser Verordnung sollten bei Verstößen gegen diese Verordnung zusätzlich zu den geeigneten Maßnahmen, die die Aufsichtsbehörde gemäß dieser Verordnung verhängt, oder an Stelle solcher Maßnahmen Sanktionen einschließlich Geldbußen verhängt werden. Im Falle eines geringfügigeren Verstoßes oder falls voraussichtlich zu verhängende Geldbuße eine unverhältnismäßige Belastung für eine natürliche Person bewirken würde, kann anstelle einer Geldbuße eine Verwarnung erteilt werden. Folgendem sollte jedoch gebührend Rechnung getragen werden: der Art, Schwere und Dauer des Verstoßes, dem vorsätzlichen Charakter des Verstoßes, den Maßnahmen zur Minderung des entstandenen Schadens, dem Grad der Verantwortlichkeit oder jeglichem früheren Verstoß, der Art und Weise, wie der Verstoß der Aufsichtsbehörde bekannt wurde, der Einhaltung der gegen den Verantwortlichen oder Auftragsverarbeiter angeordneten Maßnahmen, der Einhaltung von Verhaltensregeln und jedem anderen erschwerenden oder mildernden Umstand. Für die Verhängung von Sanktionen einschließlich Geldbußen sollte es angemessene Verfahrensgarantien geben, die den allgemeinen Grundsätzen des Unionsrechts und der Charta, einschließlich des Rechts auf wirksamen Rechtsschutz und ein faires Verfahren, entsprechen.

(150) Um die verwaltungsrechtlichen Sanktionen bei Verstößen gegen diese Verordnung zu vereinheitlichen und ihnen mehr Wirkung zu verleihen, sollte jede Aufsichtsbehörde befugt sein, Geldbußen zu verhängen. In dieser Verordnung sollten die Verstöße sowie die Obergrenze der entsprechenden Geldbußen und die Kriterien für ihre Festsetzung genannt werden, wobei diese Geldbußen von der zuständigen Aufsichtsbehörde in jedem Einzelfall unter Berücksichtigung aller besonderen Umstände und insbesondere der Art, Schwere und Dauer des Verstoßes und seiner Folgen sowie der Maßnahmen, die ergriffen worden sind, um die Einhaltung der aus dieser Verordnung erwachsenden Verpflichtungen zu gewährleis-

Recitals	Erwägungsgründe
fringement. Where administrative fines are imposed on an undertaking, an undertaking should be understood to be an undertaking in accordance with Articles 101 and 102 TFEU for those purposes. Where administrative fines are imposed on persons that are not an undertaking, the supervisory authority should take account of the general level of income in the Member State as well as the economic situation of the person in considering the appropriate amount of the fine. The consistency mechanism may also be used to promote a consistent application of administrative fines. It should be for the Member States to determine whether and to which extent public authorities should be subject to administrative fines. Imposing an administrative fine or giving a warning does not affect the application of other powers of the supervisory authorities or of other penalties under this Regulation.	ten und die Folgen des Verstoßes abzuwenden oder abzumildern, festzusetzen sind. Werden Geldbußen Unternehmen auferlegt, sollte zu diesem Zweck der Begriff „Unternehmen" im Sinne der Artikel 101 und 102 AEUV verstanden werden. Werden Geldbußen Personen auferlegt, bei denen es sich nicht um Unternehmen handelt, so sollte die Aufsichtsbehörde bei der Erwägung des angemessenen Betrags für die Geldbuße dem allgemeinen Einkommensniveau in dem betreffenden Mitgliedstaat und der wirtschaftlichen Lage der Personen Rechnung tragen. Das Kohärenzverfahren kann auch genutzt werden, um eine kohärente Anwendung von Geldbußen zu fördern. Die Mitgliedstaaten sollten bestimmen können, ob und inwieweit gegen Behörden Geldbußen verhängt werden können. Auch wenn die Aufsichtsbehörden bereits Geldbußen verhängt oder eine Verwarnung erteilt haben, können sie ihre anderen Befugnisse ausüben oder andere Sanktionen nach Maßgabe dieser Verordnung verhängen.
(151) The legal systems of Denmark and Estonia do not allow for administrative fines as set out in this Regulation. The rules on administrative fines may be applied in such a manner that in Denmark the fine is imposed by competent national courts as a criminal penalty and in Estonia the fine is imposed by the supervisory authority in the framework of a misdemeanour procedure, provided that such an application of the rules in those Member States has an equivalent effect to administrative fines imposed by supervisory authorities. Therefore the competent national courts should take into account the recommendation by the supervisory authority initiating the fine. In any event, the fines imposed should be effective, proportionate and dissuasive.	(151) Nach den Rechtsordnungen Dänemarks und Estlands sind die in dieser Verordnung vorgesehenen Geldbußen nicht zulässig. Die Vorschriften über die Geldbußen können so angewandt werden, dass die Geldbuße in Dänemark durch die zuständigen nationalen Gerichte als Strafe und in Estland durch die Aufsichtsbehörde im Rahmen eines Verfahrens bei Vergehen verhängt wird, sofern eine solche Anwendung der Vorschriften in diesen Mitgliedstaaten die gleiche Wirkung wie die von den Aufsichtsbehörden verhängten Geldbußen hat. Daher sollten die zuständigen nationalen Gerichte die Empfehlung der Aufsichtsbehörde, die die Geldbuße in die Wege geleitet hat, berücksichtigen. In jeden Fall sollten die verhängten Geldbußen wirksam, verhältnismäßig und abschreckend sein.

Literatur

Dieterich, Rechtsdurchsetzungsmöglichkeiten der DS-GVO – Einheitlicher Rechtsrahmen führt nicht zwangsläufig zu einheitlicher Rechtsanwendung, in: ZD 2016, 260 ff; *Simitis (Hrsg.)*, Bundesdatenschutzgesetz, 8. Auflage 2014, Nomos Baden-Baden, *Faust/Spittka/Wybitul,* Milliardenbußgelder nach der DS-GVO?, in: ZD 2016, 120 ff.; *Gola/Schomerus,* BDSG, 12. Auflage 2015, C.H. Beck München; *Kühling/Martini*, Die Datenschutz-Grundverordnung: Revolution oder Evolution im europäischen und deutschen Datenschutzrecht?, in: EuZW 2016, 448 ff.; *Kühling/Martini et al.*, Die Datenschutz-Grundverordnung und das nationale Recht, 1. Auflage 2016, MV-Wissenschaft Münster; *Taeger (Hrsg.)*, Smart World – Smart Law? 1. Auflage 2016, Oldenburger Verlag für Wirtschaft, Informatik und Recht Edewecht.

Bedeutung der Norm

Art. 83 regelt die Verhängung von Bußgeldern durch die Aufsichtsbehörden der Mitgliedstaaten. Dabei werden durch die Vorschrift die bußgeldbewehrten Verstöße, die Obergrenzen der Bußgelder sowie ein Kriterienkatalog für ihre Festsetzung genannt.

Hinweise für den Anwender

Für die Auslegung der Norm relevante Erwägungsgründe:
- EG 148, 150, 151.

Öffnungsklauseln:
- Art. 83 Abs. 7, 8 und 9.

Vorgängernorm im BDSG:
- § 43 BDSG.

Schlagworte

Bußgeld; Sanktionen; Aufsichtsbehörde; Bußgeldverfahren; Zuständigkeit

A. Allgemeines

Die in Art. 83 enthaltene Regelung zu der Verhängung von Geldbußen hat bereits im Vorfeld, insb. aufgrund der bemerkenswerten Ausdehnung des Bußgeldrahmens in Abs. 4 bis 6, viel Beachtung erfahren. Danach können nunmehr bei bestimmten Verstößen von den Aufsichtsbehörden empfindliche Geldbußen von bis zu 20.000.000 € oder 4 % des weltweiten Vorjahresumsatzes im Fall eines Unternehmens verhängt werden, falls dieser Betrag höher ist. 1

I. Regelungszweck

Art. 83 bezweckt die wirksame und konsequente Durchsetzung der Datenschutzvorschriften der DS-GVO. Durch „abschreckende" Bußgelder, die aufgrund ihrer teilweise prozentualen Bestimmung nach dem Jahresumsatz bezüglich ihrer Höhe bislang nicht absehbar sind, sollen Daten- 2 schutzverstöße von vornherein von den Verantwortlichen und Datenverarbeitern ausgeschlossen und nicht als tragbares Risiko einkalkuliert werden.

II. Normadressaten

3 Die Regelung richtet sich zunächst an die Aufsichtsbehörden, die zur Verhängung von Bußgeldern ermächtigt werden sollen.

4 Art. 83 enthält mehrere Öffnungsklauseln, die an die Gesetzgeber der Mitgliedstaaten adressiert sind. Diese ermächtigen den nationalen Gesetzgeber, das „Ob" und das „Wie" der Verhängung von Bußgeldern gegen öffentliche Stellen zu regeln (Abs. 7), eine Regelung über die Gewährleistung angemessener Verfahrensgarantien bei der Ausübung der Befugnisse der Aufsichtsbehörde zu treffen (Abs. 8) und für Mitgliedstaaten, deren Recht keine administrativen Bußgelder kennt, eine entsprechende Alternative, etwa über die Verhängung durch Gerichte, zu schaffen (Abs. 9).

5 Weiterhin adressiert die Norm die Täter, denen aufgrund eines Verstoßes gegen die in Art. 83 Abs. 4 bis 6 normierten Tatbestände ein Bußgeld auferlegt werden kann. Ausdrücklich genannt in den Bußgeldtatbeständen sind die Verantwortlichen und Auftragsverarbeiter, aber auch Zertifizierungsstellen und Überwachungsstellen i.S.d. Art. 41 Abs. 2 bei einem Verstoß gegen die ihnen obliegenden Pflichten (vgl. Art. 83 Abs. 4 lit. a und b).

6 Dass von der Regelung zunächst nur nicht öffentliche Verantwortliche und Auftragsverarbeiter umfasst sein sollen, lässt sich systematisch aus Art. 83 Abs. 7 schließen. Danach kann jeder Mitgliedstaat selbst festlegen, ob und in welchem Umfang Bußgelder auch gegen Behörden und öffentliche Stellen verhängt werden sollen. Abs. 7 enthält insoweit eine fakultative Öffnungsklausel.[1] Bereits nach geltendem Recht ist ein Bußgeld gegenüber öffentlichen Stellen grds. vorgesehen.[2] Zwar ist die Verhängung von Bußgeldern gegenüber Trägern öffentlicher Gewalt im deutschen Recht ein Fremdkörper. Dieses Vorgehen verstößt jedoch nicht gegen das Prinzip der Polizeifestigkeit von Hoheitsträgern, da es sich nicht um präventive, sondern vielmehr um repressive Maßnahmen handelt.[3]

7 Aus der fehlenden Nennung des Datenschutzbeauftragten in den Tatbeständen dürfte sich im Umkehrschluss auch folgern lassen, dass dieser nicht unmittelbar nach der DS-GVO eine Ordnungswidrigkeit begehen kann.

8 Nicht geregelt wurde außerdem die Frage, wie die Beihilfe oder Anstiftung zu einem Datenschutzverstoß behandelt werden soll. Gemäß dem Einheitstäterprinzip in § 14 Abs. 1 OWiG und der Haftung beim Handeln für einen anderen nach § 9 OWiG könnten mitverantwortliche Mitarbeiter ebenso wie der Verantwortliche selbst Bußgeldadressat sein. Die DS-GVO sieht eine solche Inanspruchnahme von Mitarbeitern des Bußgeldadressaten grds. nicht vor. Aufgrund der abschließenden Regelung in Art. 83 müsste daher eine entsprechende Regelung über eine Öffnungsklausel, wie etwa Art. 84, begründbar sein. Ob eine Ergänzung des Adressatenkreises des Art. 83 auf den Inhaber eines Betriebes oder eines Unternehmens gem. § 130 OWiG sowie nach § 9 OWiG auf Vorstände, Geschäftsführer und Betriebsleiter bei entsprechendem Aufsichts- und Organisationsverschulden durch das nationale Recht zulässig ist, ist daher jedenfalls fraglich.

9 Unklar ist bislang auch, wer bei einem Verstoß im Rahmen der Tätigkeit einer juristischen Person konkret Adressat des Bußgeldes sein wird. In Art. 4 Nr. 7 und 8 können juristische Personen zwar sowohl Verantwortliche als auch Auftragsverarbeiter und somit Adressat von Bußgeldern nach Art. 83 sein. Aufgrund des Schuldprinzips können nach deutschem Recht jedoch Bußgelder und Strafen grds. nur gegen natürliche Personen ausgesprochen werden. Allerdings eröffnet § 30 Abs. 1 OWiG die Möglichkeit, Geldbußen auch gegenüber Personenvereinigungen und juristischen Personen festzusetzen, wenn eine vertretungsberechtigte oder leitende Person eine Ord-

1 Vgl. hierzu auch *Kühling/Martini et al.*, S. 274.
2 *Gola/Schomerus*, § 43 Rn. 2.
3 *Kühling/Martini et al.*, S. 276 f.

nungswidrigkeit oder Straftat begangen hat. Diese Vorschrift dürfte somit für die Bußgeldfestsetzung auch im Rahmen der DS-GVO entscheidend sein, da die Geldbußen gegenüber Verantwortlichen, Auftragsverarbeitern, Zertifizierungs- und Überwachungsstellen und damit regelmäßig gegenüber juristischen Personen festgesetzt werden.

III. Systematik

Die administrativen Bußgelder nach Art. 83 gehören systematisch zu den Sanktionen i.S.d. Art. 84. Somit steht die spezielle vor der allgemeinen Vorschrift. Die Bußgelder und andere Sanktionen der Mitgliedstaaten sollen den Bestimmungen der Verordnung Wirkung verleihen und diese durchsetzbar machen. 10

IV. Entstehungsgeschichte

Die DS-GVO implementiert mit Art. 83 erstmalig eine konkrete Bußgeldvorschrift im europäischen Datenschutzrecht. Art. 24 DS-RL 95/46/EG enthält bisher nur vage Vorgaben zur Sanktionierung und spricht nicht ausdrücklich von Bußgeldern. Nach deutschem Recht wurden bislang Datenschutzverstöße nach § 43 BDSG mit Bußgeldern und nach der Strafvorschrift in § 44 BDSG sanktioniert. 11

Die Bußgeldvorschrift des Art. 83 hat in den vierjährigen Verhandlungen in ihrem Aufbau mehrere Umstrukturierungen und inhaltliche Änderungen erfahren. Die Höhe des Bußgeldes war von Anfang an das größte Politikum. Bis zuletzt wurde daran gezweifelt, dass sich diese bedeutende Ausweitung des Bußgeldrahmens tatsächlich in der jetzigen Form durchsetzen wird.[4] In dem ursprünglichen Kommissionsentwurf war das Bußgeld bei den schwerwiegendsten Verstößen noch auf 1.000.000 € bzw. 2 % des Jahresumsatzes im Falle eines Unternehmens begrenzt. Die Parlamentsversion setzte bereits mit einem Bußgeldrahmen bis zu 100.000.000 € oder bis zu 5 % des Jahresumsatzes eines Unternehmens den Maßstab sehr hoch, während die Ratsversion zurückruderte und den Bußgeldrahmen von der ursprünglichen Kommissionsfassung wieder aufgriff. Erst im Trilog-Verfahren haben sich die Beteiligten auf einen Bußgeldrahmen von bis zu 20.000.000 € bzw. bis zu 4 % des Jahresumsatzes eines Unternehmens geeinigt, der schließlich in der verabschiedeten Fassung erhalten blieb. 12

Auch hinsichtlich der bußgeldbewehrten Datenschutzverstöße hat sich die Norm während des Entstehungsprozesses gewandelt. Während in die endgültige Fassung die hinsichtlich der Bestimmtheit fragwürdige Verweisungstechnik Einzug erhalten hat, wurden die Voraussetzungen für einen bußgeldpflichtigen Verstoß gegen eine Vorschrift bis zur Ratsfassung jedenfalls noch ansatzweise konkretisiert, anstatt lediglich die bußgeldbewehrten Vorschriften enumerativ zu nennen. 13

Schließlich wurden einige Bußgeldzumessungskriterien erst im Laufe des Entstehungsprozesses implementiert, wie etwa der Umfang der Zusammenarbeit mit der Aufsichtsbehörde, um dem Verstoß abzuhelfen, der erst mit der im Trilog ausgearbeiteten Fassung als Kriterium in den Verordnungstext Eingang gefunden hat. 14

B. Inhalt der Regelung

Die Norm ermächtigt die Aufsichtsbehörden in Abs. 1 zur Verhängung von Geldbußen für Verstöße gegen die DS-GVO. In Abs. 2 werden die Kriterien für die Verhängung und Bemessung von Bußgeldern geregelt. Außerdem enthält Art. 83 Abs. 3 eine Regelung für den Fall, dass ein Verantwortlicher oder Auftragsverarbeiter bei gleichen oder bei mehreren miteinander verbundenen Verarbeitungsvorgängen gegen mehrere Vorschriften der DS-GVO verstößt. Abs. 4 bis 6 legen 15

4 Vgl. dazu Simitis/*Ehmann*, § 43 Rn. 90, der daran zweifelte, dass eine solche erhebliche Erhöhung der Bußgelder bis zur endgültigen Fassung Bestand haben wird.

den Umfang der Geldbußen für Verstöße gegen aufgelistete Vorschriften der Verordnung fest. Schließlich enthalten Abs. 7 bis 9 Öffnungsklauseln für die Mitgliedstaaten zur Regelung von Geldbußen gegen Behörden, zur Gewährleistung angemessener Verfahrensgarantien sowie zur alternativen Verhängung von Geldbußen etwa durch Gerichte, falls administrative Bußgelder im Recht eines Mitgliedstaats nicht vorgesehen sind.

16 Die Norm weist dabei an mehreren Stellen Fehler auf. So muss in der deutschen Fassung etwa nach Abs. 1 jede Aufsichtsbehörde sicherstellen, dass die Verhängung von Geldbußen in jedem Einzelfall wirksam, verhältnismäßig und abschreckend ist, verweist dabei jedoch – im Gegensatz zur englischen Fassung – nur auf Verstöße gem. Abs. 5 und 6, während bereits in Abs. 4 Verstöße genannt werden. Ein weiterer Übersetzungsfehler ist der Verweis in Abs. 2 auf die „Maßnahmen nach Artikel 58 Absatz 2 Buchstaben a bis h und i", während in der englischen Fassung auf „(a) to (h) and (j)" verwiesen wird.

I. Objektiver Tatbestand

17 Welches Verhalten ein Bußgeld nach sich zieht, ist in Art. 83 Abs. 4 bis 6 abschließend geregelt. Danach können drei Kategorien von Bußgeldtatbeständen unterschieden werden, für die jeweils ein Bußgeldrahmen festgesetzt wird. Die in Abs. 4 geregelte erste Kategorie legt insb. für Verstöße des Verantwortlichen oder Auftragsverarbeiters gegen ihm jeweils obliegende spezielle Pflichten eine Geldbuße bis zu 10.000.000 € oder im Fall eines Unternehmens von bis zu 2 % seines gesamten weltweit erzielten Jahresumsatzes des vorangegangenen Geschäftsjahrs fest. Die zweite Kategorie nach Abs. 5 umfasst insb. Verstöße gegen die Grundsätze der DS-GVO, die mit einem erhöhten Bußgeld von bis zu 20.000.000 € bzw. von bis zu 4 % des Vorjahresumsatzes im Fall eines Unternehmens sanktioniert werden. Dabei ist stets der jeweils höhere Betrag maßgeblich. Eine dritte Kategorie für bußgeldbewehrtes Verhalten stellt nach Abs. 6 die Nichtbefolgung einer Anweisung der Aufsichtsbehörde gem. Art. 58 Abs. 2 dar, bei der die Bußgeldhöhe derjenigen des Abs. 5 entspricht.

1. Verstöße gegen Pflichten des Verantwortlichen und des Auftragsverarbeiters (Abs. 4)

18 Art. 83 Abs. 4 nennt in einem Katalog von lit. a bis c die von der DS-GVO als am geringfügigsten eingestuften Verstöße der ersten Kategorie. Nach Art. 83 lit. a sind zunächst Verstöße gegen bestimmte Pflichten des Verantwortlichen und Auftragsverarbeiters bußgeldbewehrt. Dies betrifft die Bedingungen für die Einwilligung eines Kindes in Bezug auf Dienste der Informationsgesellschaft nach Art. 8, die Verarbeitung, für die eine Identifizierung der betroffenen Person nicht erforderlich ist nach Art. 11, die Verantwortung der Verantwortlichen und Auftragsverarbeiter nach den Art. 25 bis 39 sowie die Pflichten aus einer Zertifizierung nach den Art. 42 und 43. In Art. 83 Abs. 4 lit. b und c sind auch Verstöße gegen die Pflichten der Zertifizierungsstelle nach den Art. 42 und 43 sowie Verstöße gegen Art. 41 Abs. 4 durch die Überwachungsstelle bußgeldbewehrt.

19 Aufgrund der bloßen Verweisung auf eine gesamte Norm, die – wie insb. im Fall des Art. 25 – häufig lediglich grobe Leitlinien und keinesfalls hinreichend bestimmte Pflichten festlegt, ist diese Unbestimmtheit bei der Auslegung bei jedem Verstoß gegen eine solche Vorschrift zu berücksichtigen. So dürfte etwa im Fall des Art. 25, der lediglich abstrakte Vorgaben zur datenschutzfreundlichen Technikgestaltung festlegt, eine Verhängung eines Bußgeldes nur bei evidenten Verstößen gegen die darin niedergelegten Prinzipien angesichts des Bestimmtheitsgrundsatzes nach Art. 103 Abs. 2 GG verfassungskonform sein.

2. Verstöße gegen die Grundsätze der Verarbeitung (Abs. 5)

20 Die zweite Kategorie der Datenschutzverstöße nach Art. 83 Abs. 5 sieht Bußgelder für Verstöße gegen die Grundsätze für die Verarbeitung (lit. a), gegen die Rechte der betroffenen Person (lit. b), bei der Übermittlung personenbezogener Daten in sog. Drittstaaten (lit. c), gegen die umsetzende Vorschriften der Mitgliedstaaten für besondere Verarbeitungssituationen (lit. d), bei

Nichtbefolgung von Anweisungen oder einer Beschränkung bzw. Aussetzung der Datenübermittlung einer Aufsichtsbehörde (lit. e).

3. Nichtbefolgung einer Anweisung der Aufsichtsbehörde (Abs. 6)

Art. 83 Abs. 6 hebt als dritte Kategorie die Nichtbefolgung einer Anweisung gem. Art. 58 Abs. 2 **21** durch die Aufsichtsbehörde besonders hervor und setzt dabei ebenso den höchsten Bußgeldrahmen wie in Abs. 5 an. Grund für diese gesonderte Stellung dürfte sein, dass den Abhilfebefugnissen nach Art. 58 Abs. 2 mittels abschreckender Bußgelder Wirkung verliehen werden soll. Die drohenden empfindlichen Bußgelder dürften den Adressaten einer Anweisung zu deren Einhaltung oder Umsetzung motivieren und eine Zuwiderhandlung, insb. für Unternehmen, zu einem nahezu unvertretbar hohen Risiko werden lassen.

4. Bußgelder bei mehreren Verstößen (Abs. 3)

Nach Art. 83 Abs. 3 ist bei Verstößen gegen mehrere Bestimmungen durch einen einheitlichen **22** Verarbeitungsvorgang nur ein Bußgeld zu verhängen, das im Betrag nicht höher ist als das zu verhängende Bußgeld für den schwerwiegendsten Verstoß. Diese Regelung ist an die Tateinheit nach § 19 OWiG angelehnt, sodass die Regelung im deutschen Recht keine Neuerung bedeutet. Nicht nachvollziehbar und daher vermutlich ein Versehen ist, dass die ebenso zum potenziellen Täterkreis zählenden Zertifizierungs- und Überwachungsstellen nicht von der Regelung des Art. 83 Abs. 3 eingeschlossen sind. Eine Regelung bezüglich einer Tatmehrheit besteht nicht, sodass entsprechend § 20 OWiG bei mehreren unabhängigen Verstößen jede Geldbuße gesondert festzusetzen sein dürfte.

II. Subjektiver Tatbestand

Darüber hinaus stellt sich die Frage, inwieweit ein Verschulden für die Verhängung des Bußgelds **23** vorausgesetzt ist. Zwar ist die Vorsätzlichkeit oder Fahrlässigkeit des Verstoßes in Abs. 2 lit. b lediglich als Zumessungskriterium und nicht als zwingende Voraussetzung normiert. Allerdings dürfte die Vorschrift so zu lesen sein, dass sie von einer jedenfalls fahrlässigen Begehung des Verstoßes ausgeht, wobei Zumessungskriterium lediglich der Grad des Verschuldens ist. In Deutschland wäre aufgrund des Schuldprinzips ohnehin nur diese Lesart verfassungskonform und dürfte in einer etwaigen Umsetzungs- oder Durchführungsnorm vom deutschen Gesetzgeber nochmals klargestellt werden.

III. Rechtswidrigkeit

Die Tatbestandsmäßigkeit dürfte auch weiterhin die Rechtswidrigkeit indizieren.[5] Es ist kein zu- **24** sätzlicher Umstand vorgesehen, der einen Verstoß rechtswidrig werden lässt. Da auch in der DS-GVO weiterhin der Grundsatz des Verbots mit Erlaubnisvorbehalt gilt, sind auch künftig die Erlaubnistatbestände für eine Verarbeitung als Rechtfertigungsgründe anzusehen.[6]

IV. Bußgeldzumessung (Abs. 2)

In Abs. 2 sind in einem Katalog von lit. a bis k die Grundsätze geregelt, nach denen in jedem Ein- **25** zelfall darüber entschieden werden soll, ob und in welchem Umfang Bußgelder von der Aufsichtsbehörde verhängt werden. Abs. 2 lit. k öffnet diesen Katalog allerdings mittels einer Generalklausel, die die Zumessungskriterien auf jegliche anderen erschwerenden und mildernden Umstände ausweitet. Zu den in Abs. 2 lit. a verwendeten Begriffen vergleiche in Bezug auf

- die Art der Verarbeitung Art. 24 Rn. 81 ff.,
- den Umfang der Verarbeitung Art. 24 Rn. 87 ff.,
- den Zweck der Verarbeitung Art. 24 Rn. 103 ff.

5 Vgl. *Gola/Schomerus*, § 43 Rn. 26.
6 Vgl. *Gola/Schomerus*, a.a.O.

Zu den schadensmindernden Maßnahmen gem. Abs. 2 lit. c und lit. f vgl. auch Art. 34 Rn. 33.

Zu Abs. 2 lit. e vgl. Art. 24 Rn. 96.

1. Allgemeine Grundsätze

26 Die Zumessungskriterien beziehen sich zumeist auf die konkreten Umstände des Verstoßes und sind damit vorwiegend tatbezogen. Allerdings gibt es auch Kriterien (insb. lit. i und j), die die grundsätzliche Compliance mit der DS-GVO berücksichtigen und die somit von Verantwortlichen und Auftragsverarbeitern, zur Vermeidung oder Verringerung von Bußgeldern, präventiv berücksichtigt werden können. Laut EG 150 S. 1 ist eine einheitliche Anwendung in der Praxis der Aufsichtsbehörden ausdrückliches Ziel der Regelung. Aufgrund der Abstraktheit und Unbestimmtheit sowie mangels einer weiteren Gewichtung der Kriterien dürfte eine solche Vereinheitlichung jedoch zunächst nicht zu erwarten sein. Den Aufsichtsbehörden werden erhebliche Ermessensspielräume eröffnet, sodass kaum mit einer unmittelbaren Harmonisierung der Bußgelder zu rechnen ist. Vielmehr kann eine solche erst durch weitere Konkretisierungen, etwa durch die Anwendungspraxis der Behörden, durch Leitlinien des Europäischen Datenschutzausschusses gem. Art. 70 Abs. 1 lit. k sowie durch eine einheitliche Rechtsprechung entstehen. Bis dahin können die Kriterien allenfalls Transparenz bei der Festsetzung von Bußgeldern schaffen und zur Verteidigung gegen Bußgelder Argumente liefern.[7] Außerdem können sie sowohl präventiv als auch bei Datenschutzverstößen der Beratung sowie der Anpassung der Datenschutz-Compliance dienen.

27 Ferner sind nach EG 150 S. 4 bei der Bußgeldbemessung dem allgemeinen Einkommensniveau in dem betreffenden Mitgliedstaat und der wirtschaftlichen Lage der Personen Rechnung zu tragen, sofern das Bußgeld nicht gegenüber einem Unternehmen verhängt wird.

28 Nach EG 148 S. 2 kann anstelle einer Geldbuße eine Verwarnung erteilt werden, wenn es sich um einen bloß geringfügigeren Verstoß handelt oder falls die voraussichtlich zu verhängende Geldbuße eine unverhältnismäßige Belastung für eine natürliche Person bewirken würde. Diese Formulierung war im ursprünglichen Kommissionsentwurf noch im Verordnungstext selbst enthalten. Darin wurde diese (schriftliche) Verwarnung für zwei Fallgruppen vorgesehen: zum einen, wenn eine natürliche Person ohne eigenwirtschaftliches Interesse Daten verarbeitet, zum anderen, wenn ein Unternehmen oder eine Organisation mit weniger als 250 Beschäftigten personenbezogene Daten als Nebentätigkeit verarbeitet. Diese Fallgruppen können weiterhin als Anhaltspunkt dafür dienen, wann ein solcher lediglich geringfügiger Verstoß vorliegt.

29 Dies zeigt außerdem, dass nicht jeder Verstoß gegen die in den Abs. 4 bis 6 geregelten Tatbestände damit zwingend zur Festsetzung einer Geldbuße führen soll. Für ein solches Ermessen der Aufsichtsbehörde hinsichtlich des „Ob“ der Bußgeldverhängung spricht zudem der Wortlaut des Art. 83 Abs. 2 S. 2 („Bei der Entscheidung über die Verhängung einer Geldbuße und über deren Betrag wird in jedem Einzelfall (…) berücksichtigt“). Nicht nur bei geringfügigen Verstößen, sondern auch bei Verstößen gegen sehr unbestimmte Bußgeldtatbestände, etwa bei einem Verstoß gegen Art. 83 Abs. 5 lit. a i.V.m. Art. 25 Abs. 1, dürfte in der Praxis ein Bußgeld nur in evidenten Fällen in Betracht kommen.

2. Sonderfall: Unternehmen

30 Unternehmen werden hinsichtlich des Bußgeldrahmens gesondert behandelt. Wird ein Bußgeld gegen ein Unternehmen festgesetzt, kann auch der Vorjahresumsatz als begrenzender Maßstab herangezogen werden, wenn – je nach Verstoß – 2 bzw. 4 % desselben den als Bußgeldrahmen angesetzten Geldbetrag übersteigen. Dies kann bei größeren Unternehmen zu einer erheblichen Ausweitung des Bußgeldrahmens führen. Daher ist es bedauerlich, dass der Verordnungstext und die Erwägungsgründe unterschiedliche Auffassungen darüber zulassen, welcher Unternehmensbegriff den Bußgeldtatbeständen zugrunde liegt. So widerspricht die Legaldefinition des Unternehmensbegriffs in Art. 4 Nr. 18 sich mit den in EG 150 S. 3 enthaltenen Hinweisen, wie

7 Taeger/*Nolde*, S. 763.

der Unternehmensbegriff im Rahmen des Art. 83 zu verstehen ist. Dabei wird zum einen das Unternehmen in Art. 4 Nr. 18 als „eine natürliche und juristische Person, die eine wirtschaftliche Tätigkeit ausübt, unabhängig von ihrer Rechtsform, einschließlich Personengesellschaften oder Vereinigungen, die regelmäßig einer wirtschaftlichen Tätigkeit nachgehen" beschrieben. Zum anderen verweist EG 150 S. 3 bei der Festsetzung von Geldbußen gegen Unternehmen ausdrücklich auf das von der EuGH-Rechtsprechung geprägte funktionale Begriffsverständnis des Kartellrechts in Art. 101 und 102 AEUV. Danach ist allein die wirtschaftliche Einheit maßgeblich, unabhängig von ihrer Rechtsform und der Art ihrer Finanzierung.[8] Zwar entspricht es damit eindeutig dem Willen des Verordnungsgebers, den Unternehmensbegriff im Sinne des Kartellrechts weit auszulegen. Allerdings ist nicht ersichtlich, weshalb die Auslegung und Verwendung des Unternehmensbegriffs in der DS-GVO nicht einheitlich erfolgen soll. Denn die Verordnung unterscheidet selbst zwischen Unternehmen (Art. 4 Nr. 18) einerseits und Unternehmensgruppe (Art. 4 Nr. 19) andererseits, wobei Letztere dem funktionalen Begriffsverständnis ähnelt und in Art. 83 gerade nicht genannt wurde. Die lediglich in den unverbindlichen Erwägungsgründen erklärte Intention des Verordnungsgebers kann nicht die im verbindlichen Gesetzestext normierte Legaldefinition aushebeln. Für die einheitliche Auslegung spricht somit auch der – gerade im Hinblick auf die Tragweite der Geldbuße – zu beachtende Bestimmtheitsgrundsatz gem. Art. 103 Abs. 2 GG.[9]

Es bleibt abzuwarten, wie die Aufsichtsbehörden und die Rechtsprechung den Unternehmensbegriff anwenden werden. Insbesondere wegen der erheblichen Auswirkungen einer uneinheitlichen Auslegung besteht insoweit eine untragbare Rechtsunsicherheit, weshalb eine baldige Klarstellung wünschenswert wäre. **31**

V. Verfahren und Zuständigkeit (Abs. 8, 9)

Art. 83 Abs. 8 zeigt den Mitgliedstaaten einen potenziellen Regelungsbedarf hinsichtlich der anzuwendenden verwaltungsrechtlichen Verfahren auf. Im Falle der Verhängung von Bußgeldern müssen danach angemessene Verfahrensgarantien, einschließlich wirksamer Rechtsbehelfe und ordnungsgemäßer Verfahren, gewährleistet werden. Diese Öffnungsklausel ist für die Mitgliedstaaten obligatorisch. Die Zuständigkeit und das Verfahren dürften sich nach deutschem Recht – wie bereits im Rahmen des BDSG – letztlich nach dem OWiG richten. In dem geplanten ABDSG und den entsprechenden Landesgesetzen dürfte in Anwendung der Öffnungsklausel weiterhin auf die Vorschriften des OWiG verwiesen werden. **32**

Aufgrund der fehlenden Regelung der Verjährung stellt sich die Frage, ob auch diese durch die Öffnungsklausel dem nationalstaatlichen Recht zu entnehmen sein wird. Die Zulässigkeit eines solchen Rückgriffs auf das mitgliedstaatliche Verjährungsrecht ist wegen der materiellen und prozessualen Doppelnatur der Verjährung aus rechtsdogmatischer Sicht zweifelhaft, da sich die Öffnungsklausel lediglich auf Verfahrensregelungen beschränkt.[10] Demnach wäre in Anbetracht der abschließenden materiellen Regelung durch Art. 83 und mangels entsprechender Öffnungsklausel die Union zur Schließung dieser Regelungslücke berufen. Es bleibt also abzuwarten, wer sich dieser Aufgabe annehmen wird. **33**

In Mitgliedstaaten, in denen das nationale Recht keine administrativen Geldbußen vorsieht, sollen gem. Abs. 9 die zuständigen nationalen Gerichte die Geldbuße aussprechen. Im deutschen Recht gibt es jedoch administrative Geldbußen, weshalb diese fakultative Öffnungsklausel für Deutschland unbeachtlich ist. **34**

8 Vgl. etwa EuGH, 23.4.1991, Rs. C-41/90 (Höfner und Elser/Macrotron GmbH), Slg. 1991, I-2010, Rn. 21.
9 *Faust/Spittka/Wybitul*, in: ZD 2016, 120, 124.
10 Vgl. *Kühling/Martini et al.*, S. 283 f.

C. Weitere Auswirkungen der Verordnung in der Praxis

35 Art. 83 bringt eine der bemerkenswertesten Änderungen zum bislang geltenden deutschen und europäischen Datenschutzrecht mit sich. Die in der DS-GVO vorgesehene Verschärfung der Haftung, insb. die eindrucksvolle Erhöhung des Bußgeldrahmens, hat bereits jetzt ein großes Echo hervorgerufen.[11] Aufgrund der unscharfen Tatbestände ist noch nicht absehbar, wie weit der erhöhte Bußgeldrahmen auf Rechtsfolgenseite, insb. im Hinblick auf weltweit agierende Konzerne, von den Aufsichtsbehörden ausgeschöpft werden kann. Es bleibt zu hoffen, dass die Anwendungspraxis der Aufsichtsbehörden und die Auslegung der Rechtsprechung diesem Umstand durch eine restriktive Handhabung der Bußgeldverhängung Rechnung trägt. Die bisherige Rechtsprechung des EuGH lässt allerdings vermuten, dass sich weite, datenschutzfreundliche Begriffsverständnisse durchsetzen könnten. Dann könnten gerade weltweit agierenden Konzernen künftig erhebliche Bußgelder in Milliardenhöhe drohen. Unabhängig davon sollten Unternehmen, etwa anhand der Kriterien zur Bußgeldbemessung in Art. 83 Abs. 2, bei der Datenverarbeitung Strukturen schaffen, die die Haftungsrisiken von vornherein einschränken.

---

11 Simitis/*Ehmann*, § 43 Rn. 91; *Dieterich*, in: ZD 2016, 260, 263; *Kühling/Martini*, in: EuZW 2016, 448, 452.

Article 84

Penalties

1. Member States shall lay down the rules on other penalties applicable to infringements of this Regulation in particular for infringements which are not subject to administrative fines pursuant to Article 83, and shall take all measures necessary to ensure that they are implemented. Such penalties shall be effective, proportionate and dissuasive.
2. Each Member State shall notify to the Commission the provisions of its law which it adopts pursuant to paragraph 1, by 25 May 2018 and, without delay, any subsequent amendment affecting them.

Artikel 84

Sanktionen

(1) Die Mitgliedstaaten legen die Vorschriften über andere Sanktionen für Verstöße gegen diese Verordnung – insbesondere für Verstöße, die keiner Geldbuße gemäß Artikel 83 unterliegen – fest und treffen alle zu deren Anwendung erforderlichen Maßnahmen. Diese Sanktionen müssen wirksam, verhältnismäßig und abschreckend sein.

(2) Jeder Mitgliedstaat teilt der Kommission bis zum 25. Mai 2018 die Rechtsvorschriften, die er aufgrund von Absatz 1 erlässt, sowie unverzüglich alle späteren Änderungen dieser Vorschriften mit.

Recitals

(148) In order to strengthen the enforcement of the rules of this Regulation, penalties including administrative fines should be imposed for any infringement of this Regulation, in addition to, or instead of appropriate measures imposed by the supervisory authority pursuant to this Regulation. In a case of a minor infringement or if the fine likely to be imposed would constitute a disproportionate burden to a natural person, a reprimand may be issued instead of a fine. Due regard should however be given to the nature, gravity and duration of the infringement, the intentional character of the infringement, actions taken to mitigate the damage suffered, degree of responsibility or any relevant previous infringements, the manner in which the infringement became known to the supervisory authority, compliance with measures ordered against the controller or processor, adherence to a code of conduct and any other aggravating or mitigating factor. The imposition of penalties including administrative fines should be subject to appropriate procedural safeguards in accordance with the general principles of Union law and the Charter, including effective judicial protection and due process.

Erwägungsgründe

(148) Im Interesse einer konsequenteren Durchsetzung der Vorschriften dieser Verordnung sollten bei Verstößen gegen diese Verordnung zusätzlich zu den geeigneten Maßnahmen, die die Aufsichtsbehörde gemäß dieser Verordnung verhängt, oder an Stelle solcher Maßnahmen Sanktionen einschließlich Geldbußen verhängt werden. Im Falle eines geringfügigeren Verstoßes oder falls voraussichtlich zu verhängende Geldbuße eine unverhältnismäßige Belastung für eine natürliche Person bewirken würde, kann anstelle einer Geldbuße eine Verwarnung erteilt werden. Folgendem sollte jedoch gebührend Rechnung getragen werden: der Art, Schwere und Dauer des Verstoßes, dem vorsätzlichen Charakter des Verstoßes, den Maßnahmen zur Minderung des entstandenen Schadens, dem Grad der Verantwortlichkeit oder jeglichem früheren Verstoß, der Art und Weise, wie der Verstoß der Aufsichtsbehörde bekannt wurde, der Einhaltung der gegen den Verantwortlichen oder Auftragsverarbeiter angeordneten Maßnahmen, der Einhaltung von Verhaltensregeln und jedem anderen erschwerenden oder mildernden Umstand. Für die Verhängung von Sanktionen einschließlich Geldbußen sollte es angemessene Verfahrensgarantien geben, die den allgemeinen Grundsätzen des Unionsrechts und der Charta, einschließlich des Rechts auf wirksamen Rechtsschutz und ein faires Verfahren, entsprechen.

Recitals	**Erwägungsgründe**
(149) Member States should be able to lay down the rules on criminal penalties for infringements of this Regulation, including for infringements of national rules adopted pursuant to and within the limits of this Regulation. Those criminal penalties may also allow for the deprivation of the profits obtained through infringements of this Regulation. However, the imposition of criminal penalties for infringements of such national rules and of administrative penal-ties should not lead to a breach of the principle of ne bis in idem, as interpreted by the Court of Justice.	(149) Die Mitgliedstaaten sollten die strafrechtlichen Sanktionen für Verstöße gegen diese Verordnung, auch für Verstöße gegen auf der Grundlage und in den Grenzen dieser Verordnung erlassene nationale Vorschriften, festlegen können. Diese strafrechtlichen Sanktionen können auch die Einziehung der durch die Verstöße gegen diese Verordnung erzielten Gewinne ermöglichen. Die Verhängung von strafrechtlichen Sanktionen für Verstöße gegen solche nationalen Vorschriften und von verwaltungsrechtlichen Sanktionen sollte jedoch nicht zu einer Verletzung des Grundsatzes „ne bis in idem", wie er vom Gerichtshof ausgelegt worden ist, führen.
(152) Where this Regulation does not harmonise administrative penalties or where necessary in other cases, for example in cases of serious infringements of this Regulation, Member States should implement a system which provides for effective, proportionate and dissuasive penalties. The nature of such penalties, criminal or administrative, should be determined by Member State law.	(152) Soweit diese Verordnung verwaltungsrechtliche Sanktionen nicht harmonisiert oder wenn es in anderen Fällen – beispielsweise bei schweren Verstößen gegen diese Verordnung – erforderlich ist, sollten die Mitgliedstaaten eine Regelung anwenden, die wirksame, verhältnismäßige und abschreckende Sanktionen vorsieht. Es sollte im Recht der Mitgliedstaaten geregelt werden, ob diese Sanktionen strafrechtlicher oder verwaltungsrechtlicher Art sind.

§ 42 BDSG-neu

Strafvorschriften

(1) Mit Freiheitsstrafe bis zu drei Jahren oder mit Geldstrafe wird bestraft, wer wissentlich nicht allgemein zugängliche personenbezogene Daten einer großen Zahl von Personen, ohne hierzu berechtigt zu sein,

1. einem Dritten übermittelt oder
2. auf andere Art und Weise zugänglich macht

und hierbei gewerbsmäßig handelt.

(2) Mit Freiheitsstrafe bis zu zwei Jahren oder mit Geldstrafe wird bestraft, wer personenbezogene Daten, die nicht allgemein zugänglich sind,

1. ohne hierzu berechtigt zu sein, verarbeitet oder
2. durch unrichtige Angaben erschleicht

und hierbei gegen Entgelt oder in der Absicht handelt, sich oder einen anderen zu bereichern oder einen anderen zu schädigen.

(3) Die Tat wird nur auf Antrag verfolgt. Antragsberechtigt sind die betroffene Person, der Verantwortliche, die oder der Bundesbeauftragte und die Aufsichtsbehörde.

(4) Eine Meldung nach Artikel 33 der Verordnung (EU) 2016/679 oder eine Benachrichtigung nach Artikel 34 Absatz 1 der Verordnung (EU) 2016/679 darf in einem Strafverfahren gegen den Meldepflichtigen oder Benachrichtigenden oder seine in § 52 Absatz 1 der Strafprozessordnung

bezeichneten Angehörigen nur mit Zustimmung des Meldepflichtigen oder Benachrichtigenden verwendet werden.

Literatur

Dieterich, Rechtsdurchsetzungsmöglichkeiten der DS-GVO – Einheitlicher Rechtsrahmen führt nicht zwangsläufig zu einheitlicher Rechtsanwendung, in: ZD 2016, 260 ff; *Kühling/Martini et al.*, Die Datenschutz-Grundverordnung und das nationale Recht, 1. Auflage 2016, MV-Wissenschaft Münster.

Bedeutung der Norm

Art. 84 ergänzt die Bußgeldvorschrift in Art. 83 durch eine Öffnungsklausel, die eine weitere Ausgestaltung des Sanktionssystems zur Durchsetzung der DS-GVO auf die Mitgliedstaaten überträgt.

Hinweise für den Anwender

Für die Auslegung der Norm relevante Erwägungsgründe:
- EG 148, 149 und 152.

Vorgängernormen im BDSG:
- §§ 43, 44 BDSG.

Vorgängernorm der RL 95/46/EG:
- Art. 24.

Schlagworte

Sanktionen; Strafrecht; Öffnungsklausel; Mitteilungspflicht

A. Allgemeines

Art. 84 delegiert die Festlegung von über die Bußgeldregelung in Art. 83 hinausgehenden Sanktionen an die Mitgliedstaaten. 1

I. Regelungszweck

Die Regelung bezweckt eine wirksame und „konsequentere" Durchsetzung der Vorschriften der DS-GVO. Dies ergibt sich zum einen aus dem Wortlaut des EG 148 S. 1, zum anderen aus dem Wortlaut des Art. 84 Abs. 1 S. 2 selbst, der ausdrücklich vorgibt, dass die Sanktionen durch die Mitgliedstaaten „wirksam, verhältnismäßig und abschreckend" sein sollen. Zudem soll Art. 84, ergänzend zu Art. 83, die Sanktionsmöglichkeiten der Mitgliedstaaten zur Durchsetzung des europäischen und nationalstaatlichen Datenschutzrechts durch weitere – insb. strafrechtliche – Sanktionen vervollständigen und es ermöglichen, etwaige Lücken zu schließen. 2

II. Normadressaten

Die Norm richtet sich unmittelbar und ausschließlich an die Legislative der Mitgliedstaaten, die jeweils zum Erlass von Bestimmungen ermächtigt wird, um das Sanktionsregime der DS-GVO zu komplettieren. Dabei handelt es sich um eine obligatorische Öffnungsklausel. Dies ergibt sich insb. aus dem Wortlaut der Norm („Die Mitgliedstaaten legen (…) fest"). 3

III. Systematik

4 Im achten Kapitel der DS-GVO „Rechtsbehelfe, Haftung und Sanktionen" erweitert Art. 84 die Bußgeldregelung in Art. 83 und nimmt ausdrücklich auf diese Vorschrift Bezug, indem sie den Mitgliedstaaten vorgibt, insb. für Verstöße, die nicht nach Art. 83 bußgeldbewehrt sind, „andere" Sanktionen vorzusehen. „Sanktionen" ist damit der Oberbegriff, zu dem auch das Bußgeld als administrative Sanktion zählt. Dies geht aus dem Wortlaut des Verordnungstexts hervor und wird durch die Formulierung des EG 148 S. 1 („Sanktionen einschließlich Geldbußen") bestätigt. Dabei ist die Sanktion i.S.d. Art. 84 von den ordnungsrechtlichen Maßnahmen, die die DS-GVO an anderer Stelle vorsieht, insb. von den Untersuchungs-, Abhilfe- und Genehmigungsbefugnissen nach Art. 58, zu unterscheiden.[1] Die Art. 83, 84 erweitern diese staatlichen Maßnahmen zur Durchsetzung des Datenschutzrechts um repressive Sanktionen. Die EG 148 S. 2 und 152 lassen dabei auf ein Rangverhältnis zwischen den ordnungsrechtlichen Maßnahmen, Geldbußen und Sanktionen schließen. Danach soll bei geringfügigen Verstößen gegen die in Art. 84 Abs. 4 und 5 genannten Vorschriften zunächst eine Verwarnung nach Art. 58 Abs. 2 lit. b auszusprechen sein, während bei schwerwiegenderen Verstößen eine Geldbuße festzusetzen ist. Bei besonders schweren Verstößen können die Mitgliedstaaten darüber hinaus strafrechtliche Sanktionen als eingriffsintensivste Maßnahme verhängen.[2]

IV. Entstehungsgeschichte

5 Bereits die DS-RL 95/46/EG sieht in Art. 24 eine Regelung zum Erlass von Sanktionsvorschriften bei Datenschutzverstößen vor, wobei diese – wie auch die Öffnungsklausel in Art. 84 Abs. 1 DS-GVO – den Mitgliedstaaten einen erheblichen Gestaltungsspielraum überlässt. Im deutschen Recht wurde diese Vorgabe insb. durch die Bestimmungen in den §§ 43, 44 BDSG, aber auch durch die Landesdatenschutz- und die bereichsspezifischen Fachgesetze (etwa § 148 TKG) umgesetzt. Diese Normen regeln verwaltungsrechtliche Bußgelder und strafrechtliche Tatbestände zur Durchsetzung des Datenschutzrechts.

6 Wie bereits in der DS-RL 95/46/EG werden die Sanktionen zur Durchsetzung der Verordnung mit Art. 84 weitgehend den Mitgliedstaaten übertragen. Allein im Hinblick auf Geldbußen sieht die Verordnung in Art. 83 konkrete Tatbestände vor und schränkt damit aufgrund des Anwendungsvorrangs der Verordnung und des Wiederholungsverbots den Handlungsspielraum der Mitgliedstaaten ein.

7 Die Öffnungsklausel war schon in Art. 79 der Kommissionsfassung vorgesehen und ist nach dem mehrjährigen Entstehungsprozess mit nur wenigen Veränderungen als Art. 84 in den endgültigen Text der DS-GVO übernommen worden. Verändert hat sich dabei einerseits die Regelung, hinsichtlich welcher Verstöße die Mitgliedstaaten Sanktionsregelungen erlassen sollen. Während im ursprünglichen Text der Kommission die Entscheidung über die Sanktionierung weitgehend den Mitgliedstaaten überlassen wurde („Die Mitgliedstaaten legen fest, welche Sanktionen bei einem Verstoß gegen diese Verordnung zu verhängen sind"), ist in der Ratsfassung die Formulierung „insbesondere für Verstöße, die keiner Geldbuße (...) unterliegen" ergänzt worden. Schließlich wurde in der Endfassung noch der Begriff „andere" Sanktionen eingefügt („Die Mitgliedstaaten legen die Vorschriften über *andere* Sanktionen (...) – insbesondere für Verstöße, die keiner Geldbuße unterliegen – fest").

8 Außerdem wurde die vom Kommissionsentwurf ursprünglich vorgesehene Regelung, dass Sanktionen auch gegenüber den Vertretern von Verantwortlichen in Drittländern verhängt werden

1 Vgl. EG 148 S. 1: „bei Verstößen gegen diese Verordnung [sollten] zusätzlich zu den geeigneten Maßnahmen, die die Aufsichtsbehörde gemäß dieser Verordnung verhängt, oder an Stelle solcher Maßnahmen Sanktionen einschließlich Geldbußen verhängt werden"; so auch *Kühling/Martini et al.*, S. 278; auch der Verweis in Art. 58 Abs. 2 lit. i, der Geldbußen gerade nicht zu den Abhilfemaßnahmen zählt, spricht für eine solche Systematik.
2 Vgl. dazu auch EG 152, der ebenso ein abgestuftes Sanktionsregime andeutet.

können, ersatzlos gestrichen und ist somit im endgültigen Text nicht mehr enthalten. Der EG 80 S. 6 stellt jedoch klar, dass der bestellte Vertreter bei Verstößen des Verantwortlichen ebenso den Durchsetzungsverfahren der Aufsichtsbehörden unterworfen sein soll.

B. Inhalt der Regelung

Art. 84 Abs. 1 enthält eine obligatorische Öffnungsklausel, die die Mitgliedstaaten ermächtigt, Vorschriften über „andere" – insb. als die in Art. 83 genannten – Sanktionen für Verstöße gegen die DS-GVO zu erlassen. Dabei lässt die Vorschrift einen sehr weiten Handlungsspielraum. Die Norm legt lediglich fest, dass die Sanktion „wirksam, verhältnismäßig und abschreckend" sein soll und dass zudem die zu deren Anwendung erforderlichen Maßnahmen getroffen werden müssen. **9**

Außerdem lässt sich der Wortlaut der Norm so verstehen, dass die zu regelnden Sanktionen „andere" Maßnahmen als die in Art. 83 normierten Geldbußen darstellen sollen. Welche „anderen" Sanktionen die Gesetzgeber der Mitgliedstaaten ergänzen sollen, ist in der Vorschrift dagegen nicht präzisiert. Den Erläuterungen in EG 149 folgend sollen insb. strafrechtliche Sanktionen und die Einziehung von erzielten Gewinnen (vgl. EG 149 S. 2) vorgesehen werden. Es können aber auch Vorschriften über administrative Sanktionen auf der Grundlage des Art. 84 erlassen werden, sofern diese nicht bereits abschließend in der Verordnung geregelt sind. **10**

Die Mitgliedstaaten können darüber entscheiden, bei welchen Verstößen sie strafrechtliche und bei welchen sie verwaltungsrechtliche Sanktionen vorsehen.[3] Im Hinblick auf das „Ob" der Sanktionierung soll hingegen grds. kein Entscheidungsspielraum bestehen.[4] Die Mitgliedstaaten sollen demnach die Ahndung eines jeden Verstoßes gegen die Verordnung gewährleisten. Allerdings dürfte bei geringfügigen Verstößen ein Verweis auf die milderen Abhilfemaßnahmen, wie etwa die Verwarnung nach Art. 58 Abs. 2 lit. b, zulässig sein.[5] **11**

Da Art. 84 Abs. 1 ausdrücklich auch die Regelungen zur Anwendung der erlassenen Sanktionsvorschriften umfasst, ermächtigt die Öffnungsklausel auch zur Normierung von entsprechenden Zuständigkeits-, Verfahrens-, Rechtsbehelfs- und Verjährungsvorschriften. Aufgrund des weiten Handlungsspielraums kann daher im deutschen Recht bei einer strafrechtlichen Sanktion etwa das bisher bereits bestehende Strafantragserfordernis nach § 44 Abs. 2 BDSG beibehalten werden. **12**

Es stellt sich die Frage, ob die Regelung des Art. 83 hinsichtlich der Verhängung von Geldbußen abschließend ist und damit eine Sperrwirkung entfaltet oder ob die Öffnungsklausel in Art. 84 auch Regelungen der Mitgliedstaaten über zusätzliche Geldbußen zulässt. Für eine grundsätzliche Sperrwirkung für einen Erlass von Bußgeldvorschriften durch die Mitgliedstaaten spricht, dass Art. 84 Abs. 1 unter Bezugnahme auf Art. 83 nur die Regelung „anderer" Sanktionen vorsieht. Allerdings dürfte der EG 152 S. 2 so verstanden werden, dass ausnahmsweise im Falle fehlender Harmonisierung verwaltungsrechtlicher Sanktionen der Erlass von zusätzlichen Bußgeldvorschriften zulässig sein soll.[6] **13**

Wie im Rahmen der übrigen Öffnungsklauseln verpflichtet Art. 84 Abs. 2 die Mitgliedstaaten, der Kommission bis zur Anwendbarkeit der DS-GVO am 25.5.2018 alle Vorschriften mitzuteilen, die auf der Grundlage des Abs. 1 erlassen wurden. Eine solche Mitteilungspflicht besteht auch hinsichtlich jeglicher späterer Änderungen dieser Vorschriften. **14**

---

3 *Dieterich,* in: ZD 2016, 260, 265.
4 *Kühling/Martini et al.*, S. 283.
5 Vgl. EG 148.
6 *Kühling/Martini et al.*, S. 280.

C. Weitere Auswirkungen der Verordnung in der Praxis

15 Durch die Öffnungsklausel in Art. 84 dürfte es im deutschen Datenschutzrecht weiterhin strafrechtliche Sanktionen bei schwerwiegenden Datenschutzverstößen geben, bei denen die Bußgeldreglung in Art. 83 nicht ausreichend „wirksam" und „abschreckend" ist. Eine unmittelbare Veränderung zum derzeit geltenden deutschen und europäischen Datenschutzrecht wird die Vorschrift nicht mit sich bringen, da sie gegenüber den ebenso abstrakten Vorgaben der DS-RL 95/46/EG keine nennenswerten Konkretisierungen enthält. Die Vorschrift ist vielmehr ein weiteres Indiz für den „Hybrid-Charakter" der Verordnung, die aufgrund der zahlreichen Öffnungsklauseln an vielen Stellen einer abstrakten Richtlinie gleicht.[7] Auch eine über die Richtlinie hinausgehende Harmonisierung der Sanktionen dürfte daher, insb. wegen der geringfügigen Vorgaben durch Art. 84, mit der Anwendung der DS-GVO ab dem 25.5.2018 zunächst nicht erreicht werden können. Ob das Sanktionsregime im deutschen Datenschutzrecht neben der Bußgeldregelung in Art. 83 Neuerungen erfahren wird, hängt von den Regelungen des geplanten ABDSG ab, das gleichzeitig mit der Anwendbarkeit der DS-GVO das BDSG ablösen soll.

7 So bereits *Kühling/Martini et al.*, S. 1 ff.

Kapitel IX Vorschriften für besondere Verarbeitungssituationen

Chapter IX Provisions relating to specific processing situations

Article 85

Processing of personal data and freedom of expression and information

1. Member States shall by law reconcile the right to the protection of personal data pursuant to this Regulation with the right to freedom of expression and information, including the processing of personal data for journalistic purposes and the purposes of academic, artistic or literary expression.

2. For the processing of personal data carried out for journalistic purposes or the purpose of academic artistic or literary expression, Member States shall provide for exemptions or derogations from the provisions in Chapter II (principles), Chapter III (rights of the data subject), Chapter IV (controller and processor), Chapter V (transfer of personal data to third countries or international organizations), Chapter VI (independent supervisory authorities), Chapter VII (co-operation and consistency) and Chapter IX (specific data processing situations) if they are necessary to reconcile the right to the protection of personal data with the freedom of expression and information.

3. Each Member State shall notify to the Commission those provisions of its law which it has adopted pursuant to paragraph 2 and, without delay, any subsequent amendment law or amendment affecting them.

Artikel 85

Verarbeitung personenbezogener Daten und Freiheit der Meinungsäußerung und Informationsfreiheit

1. Die Mitgliedstaaten bringen durch Rechtsvorschriften das Recht auf den Schutz personenbezogener Daten gemäß dieser Verordnung mit dem Recht auf freie Meinungsäußerung und Informationsfreiheit, einschließlich der Verarbeitung zu journalistischen Zwecken und zu wissenschaftlichen, künstlerischen oder literarischen Zwecken, in Einklang.

2. Für die Verarbeitung, die zu journalistischen Zwecken oder zu wissenschaftlichen, künstlerischen oder literarischen Zwecken erfolgt, sehen die Mitgliedstaaten Abweichungen oder Ausnahmen von Kapitel II (Grundsätze), Kapitel III (Rechte der betroffenen Person), Kapitel IV (Verantwortlicher und Auftragsverarbeiter), Kapitel V (Übermittlung personenbezogener Daten an Drittländer oder an internationale Organisationen), Kapitel VI (Unabhängige Aufsichtsbehörden), Kapitel VII (Zusammenarbeit und Kohärenz) und Kapitel IX (Vorschriften für besondere Verarbeitungssituationen) vor, wenn dies erforderlich ist, um das Recht auf Schutz der personenbezogenen Daten mit der Freiheit der Meinungsäußerung und der Informationsfreiheit in Einklang zu bringen.

3. Jeder Mitgliedstaat teilt der Kommission die Rechtsvorschriften, die er aufgrund von Absatz 2 erlassen hat, sowie unverzüglich alle späteren Änderungsgesetze oder Änderungen dieser Vorschriften mit.

Recital

(153) Member States law should reconcile the rules governing freedom of expression and infor-

Erwägungsgrund

(153) Im Recht der Mitgliedstaaten sollten die Vorschriften über die freie Meinungsäu-

mation, including journalistic, academic, artistic and or literary expression with the right to the protection of personal data pursuant to this Regulation. The processing of personal data solely for journalistic purposes, or for the purposes of academic, artistic or literary expression should be subject to derogations or exemptions from certain provisions of this Regulation if necessary to reconcile the right to the protection of personal data, with the right to freedom of expression and information, as guaranteed by Article 11 of the Charter of Fundamental Rights of the European Union. This should apply in particular to processing of personal data in the audiovisual field and in news archives and press libraries. Therefore, Member States should adopt legislative measures, which should lay down exemptions and derogations which are necessary for the purpose of balancing these fundamental rights. Such exemptions and derogations should be adopted by the Member States on general principles, on the rights of the data subject, on controller and processor, on the transfer of data to third countries or international organisations, on the independent supervisory authorities, on co-operation and consistency and on specific data processing situations. In case these exemptions or derogations differ from one Member State to another, the national law of the Member State to which the controller is subject should apply. In order to take account of the importance of the right to freedom of expression in every democratic society, it is necessary to interpret notions relating to that freedom, such as journalism, broadly.

ßerung und Informationsfreiheit, auch von Journalisten, Wissenschaftlern, Künstlern und/oder Schriftstellern, mit dem Recht auf Schutz der personenbezogenen Daten gemäß dieser Verordnung in Einklang gebracht werden. Für die Verarbeitung personenbezogener Daten ausschließlich zu journalistischen Zwecken oder zu wissenschaftlichen, künstlerischen oder literarischen Zwecken sollten Abweichungen und Ausnahmen von bestimmten Vorschriften dieser Verordnung gelten, wenn dies erforderlich ist, um das Recht auf Schutz der personenbezogenen Daten mit dem Recht auf Freiheit der Meinungsäußerung und Informationsfreiheit, wie es in Artikel 11 der Charta garantiert ist, in Einklang zu bringen. Dies sollte insbesondere für die Verarbeitung personenbezogener Daten im audiovisuellen Bereich sowie in Nachrichten- und Pressearchiven gelten. Die Mitgliedstaaten sollten daher Gesetzgebungsmaßnahmen zur Regelung der Abweichungen und Ausnahmen erlassen, die zum Zwecke der Abwägung zwischen diesen Grundrechten notwendig sind. Die Mitgliedstaaten sollten solche Abweichungen und Ausnahmen in Bezug auf die allgemeinen Grundsätze, die Rechte der betroffenen Person, den Verantwortlichen und den Auftragsverarbeiter, die Übermittlung von personenbezogenen Daten an Drittländer oder an internationale Organisationen, die unabhängigen Aufsichtsbehörden, die Zusammenarbeit und Kohärenz und besondere Datenverarbeitungssituationen erlassen. Sollten diese Abweichungen oder Ausnahmen von Mitgliedstaat zu Mitgliedstaat unterschiedlich sein, sollte das Recht des Mitgliedstaats angewendet werden, dem der Verantwortliche unterliegt. Um der Bedeutung des Rechts auf freie Meinungsäußerung in einer demokratischen Gesellschaft Rechnung zu tragen, müssen Begriffe wie Journalismus, die sich auf diese Freiheit beziehen, weit ausgelegt werden.

Literatur

Albrecht/Janson, Datenschutz und Meinungsfreiheit nach der Datenschutzgrundverordnung, in: CR 2016, 500; *Astheimer,* Rundfunkfreiheit, ein europäisches Grundrecht, 1. Auflage 1990, Nomos Baden-Baden; *Bäcker,* Ein unschöner Paukenschlag, in: WRP 2014, Heft Nr. 7, I; *Benecke/Wagner,* Öffnungsklauseln in der Datenschutz-Grundverordnung und das deutsche BDSG, in: DVBl 2016, 600; *Benedek/Kettemann,* Freedom of expression and the Internet, 1. Auflage 2014, Europarat Straßburg; *Caspar,* Datenschutz im Verlagswesen: Zwischen Kommunikationsfreiheit und informationeller Selbstbestimmung, in: NVwZ 2010, 1451; *Dammann/Simitis,* EG-Datenschutzrichtlinie Kommentar, 1. Auflage 1997, Nomos Baden-Baden; *Däubler/Klebe/Wedde/Weichert,* Bundesdatenschutzgesetz, 5. Auflage 2016, Bund-Verlag Frankfurt a.M.; *Dörr/Natt,* Suchmaschinen und Meinungsvielfalt, in: ZUM 2014, 829; *Ehmann/Helfrich,* EG-Datenschutzrichtlinie: Kurzkommentar, 1. Auflage 2009, Nomos Baden-Baden; *Ehmann/Selmayr (Hrsg.),* Datenschutz-Grundverordnung, 1. Auflage 2017, C.H. Beck München; *Frowein/Peukert,* Europäische Menschenrechtskonvention, 3. Auflage 2009, N.P. Engel Verlag Berlin; *Gersdorf/Paal (Hrsg.),* Informations- und Medienrecht, 1. Auflage 2014, C.H. Beck München; *Gola (Hrsg.),* Datenschutz-Grundverordnung, 1. Auflage 2017, C.H. Beck München; *Gola/Schomerus,* BDSG, 12. Auflage 2015, C.H. Beck München; *Grabenwarter/Pabel,* Europäische Menschenrechtskonvention, 6. Auflage 2016, C.H. Beck München; *von Grafenstein/Schulz,* The right to be forgotten in data protection law: a search for the concept of protection, Int. J. Public Law and Policy 2015, 249; *Von der Groeben/Schwarze/Hatje (Hrsg.),* Europäisches Unionsrecht, 7. Auflage 2015, Nomos Baden-Baden; *Harris/O'Boyle/Bates/Buckley,* Law of the European Convention on Human Rights, 3. Auflage 2014, Oxford University Press Oxford; *Heilmann,* Anonymität für User-Generated Content?, 1. Auflage 2013, Nomos Baden-Baden; *Hoeren,* Und der Amerikaner wundert sich ... – Das Google-Urteil des EuGH, in: ZD 2014, 325; *Hoffmann-Riem (Hrsg.),* Offene Rechtswissenschaft, 1. Auflage 2010, Mohr Siebeck Tübingen; *Hoffmann-Riem/Schmidt-Aßmann/Voßkuhle (Hrsg.),* Neue Verwaltungsrechtswissenschaft, 2. Auflage 2012, C.H. Beck München; *Jarass,* Charta der Grundrechte der Europäischen Union, 3. Auflage 2016, C.H. Beck München; *Kühling/Buchner (Hrsg.),* Datenschutzgrundverordnung, 1. Auflage 2017, C.H. Beck München; *Kühling/Martini et. al,* Die Datenschutz-Grundverordnung und das nationale Recht: Erste Überlegungen zum innerstaatlichen Regelungsbedarf, 1. Auflage 2016, MV-Wissenschaft Münster; *Kühling/Seidel/Sivridis,* Datenschutzrecht, 3. Auflage 2015, C.F. Müller Heidelberg; *Lent,* Elektronische Presse zwischen E-Zines, Blogs und Wikis, in: ZUM 2013, 914; *von Lewinski,* Staat als Zensurhelfer – Staatliche Flankierung der Löschpflichten Privater nach dem Google-Urteil des EuGH, in: AfP 2015, 1; *Löffler (Begr.), Sedelmeier/Burkhardt (Hrsg.),* Presserecht, 6. Auflage 2015, C.H. Beck München; *Meyer (Hrsg.),* Charta der Grundrechte der EU, 4. Auflage 2014, Nomos Baden-Baden; *Milstein/Lippold,* Suchmaschinenergebnisse im Lichte der Meinungsfreiheit der nationalen und europäischen Grund- und Menschenrechte, in: NVwZ 2013, 182; *Meyer (Hrsg.),* Charta der Grundrechte der EU, 4. Auflage 2014, Nomos Baden-Baden; *Plath (Hrsg.),* BDSG/DSGVO, 2. Auflage 2016, Otto Schmidt Köln; *Roggenkamp,* Anmerkung zum Urteil des BGH vom 23.06.2009, Az.: VI ZR 196/08, in: K&R 2009, 565; *Roßnagel, (Hrsg.),* Europäische Datenschutz-Grundverordnung, 1. Auflage 2017, Nomos Baden-Baden; *Simitis (Hrsg.),* Bundesdatenschutzgesetz, 8. Auflage 2014, Nomos Baden-Baden; *Spindler,* Durchbruch für ein Recht auf Vergessen(werden)? – Die Entscheidung des EuGH in Sachen Google Spain und ihre Auswirkungen auf das Datenschutz- und Zivilrecht, in: JZ 2014, 981; *Spindler/Schuster (Hrsg.),* Recht der elektronischen Medien, 3. Auflage 2015, C.H. Beck München; *Schulz/Korte,* Medienprivilegien in der Informationsgesellschaft, in: KritV 2001, 113; *Taeger/Gabel (Hrsg.),* BDSG und Datenschutzvorschriften des TKG und TMG, 2. Auflage 2013, Deutscher Fachverlag GmbH Frankfurt a.M.

▶ Bedeutung der Norm

Die Norm ermöglicht Abweichungen und Ausnahmen von bestimmten Vorschriften der DS-GVO, um Datenschutz mit der Meinungs-, Medien- und Informationsfreiheit in Einklang zu bringen.

▶ Hinweise für den Anwender

Für die Norm relevante Definitionen:

- Art. 1 Abs. 2 und 3 sowie EG 4 stellen klar, dass das Recht auf Datenschutz kein uneingeschränktes Recht ist, sondern im Hinblick auf seine gesellschaftliche Funktion gesehen

und unter Wahrung des Verhältnismäßigkeitsprinzips gegen andere Grundrechte abgewogen werden muss.
Eine spezielle Ausnahme von Löschrechten und -pflichten zugunsten der Meinungs- und Informationsfreiheit sieht Art. 17 Abs. 3 lit. a vor.
Journalistische Zwecke: Ziel der Tätigkeit liegt in der Weitergabe von Informationen, Meinungen und Vorstellungen an die Öffentlichkeit.
Wissenschaftliche Zwecke: Art. 5 Abs. 1 lit. b sieht eine Privilegierung für die Weiterverarbeitung für wissenschaftliche oder historische Forschungszwecke vor. Nach Art. 89 Abs. 2 und 3 können bei der Verarbeitung zu wissenschaftlichen oder historischen Forschungszwecken Ausnahmen von bestimmten Betroffenen im Unionsrecht oder im mitgliedstaatlichen Recht festgelegt werden.

Für die Auslegung der Norm relevante Erwägungsgründe:
- EG 153.

Systematische Einordnung der Norm innerhalb der DS-GVO:
- Die Norm befindet sich im Kapitel über besondere Verarbeitungssituationen und stellt eine von zahlreichen Vorschriften mit Öffnungsklauseln für Mitgliedstaaten dar.

Vorgängernorm des BDSG:
- § 41.

Vorgängernorm der RL 95/46:
- Art. 9.

Querbezüge zu Normen anderer Rechtstexte:
- Art. 5 GG; Art. 10 EMRK; Art. 11 GRCh; § 57 RStV.

Leitentscheidungen:
- EuGH, 16.2.2008, Rs. C-73/07 (Satakunnan Markkinapörssi Oy).
- EuGH, 06.11.2003, Rs. C-101/01 (Lindqvist).

▶ Schlagworte

Meinungsfreiheit, Informationsfreiheit, Medienprivileg, Wissenschaftsprivileg, Presse, Medien, journalistische Zwecke, literarische Zwecke, künstlerische Zwecke, Wissenschaft, Öffnungsklausel, Regelungsauftrag

A. Allgemeines

I. Regelungszweck

1 Die Vorschrift will einen Ausgleich zwischen Art. 7 GRCh (Recht auf Achtung des Privat- und Familienlebens) und Art. 8 GRCh (Recht auf Schutz personenbezogener Daten) einerseits und v.a. Art. 11 GRCh (Recht auf freie Meinungsäußerung und Informationsfreiheit) andererseits schaffen. Auch wenn der Datenschutz, basierend auf Art. 7 und 8 GRCh, ein herausragend wichtiges Interesse gewährleistet, steht er zuweilen im Spannungsverhältnis mit anderen ebenso wichtigen oder im Einzelfall sogar vorrangigen Schutzgütern (vgl. auch EG 153). Zu diesen gehören die durch Art. 11 GRCh geschützten Kommunikationsfreiheiten. Art. 85 weist den Mitgliedstaaten die Aufgabe zu, diese Interessen auszugleichen.

2 Die Norm reagiert auf die Veränderung der Formen von Kommunikation und Information in der digitalen Gesellschaft, indem nicht nur (wie noch in Art. 9 DS-RL angelegt) traditionelle Massenmedien gem. Abs. 2 zu privilegieren sind, sondern die Mitgliedstaaten auch gehalten sind zu prüfen, welche anderen Datenverarbeitungsvorgänge wegen ihrer Bedeutung für die Kommunikations- oder Informationsfreiheit privilegiert werden sollen.

3 Im Hinblick auf die zu privilegierenden Vorgänge und auf die Art und Weise, wie der Ausgleich herzustellen ist, macht die DS-GVO – von Abs. 2 abgesehen – keine Vorgaben. Auch in den Erwägungsgründen finden sich wenig Anhaltspunkte. Insoweit eröffnet sich für die Mitgliedstaaten ein Gestaltungsspielraum. Eine einheitliche Regelung im gesamten Geltungsbereich der DS-GVO wird damit zwar unwahrscheinlich; wie EG 153 zeigt, ging der Verordnungsgeber hiervon aber auch gar nicht aus. Stattdessen können dadurch nationale Besonderheiten berücksichtigt werden, die im Bereich der öffentlichen Kommunikation bedeutsam sind.

II. Normadressaten

4 Die Norm enthält dafür einen Handlungsauftrag (allein) an die Mitgliedstaaten zur Herstellung dieses Ausgleichs in Abs. 1 und 2. Gleichzeitig besteht nach Abs. 3 eine prozedurale Verpflichtung der Mitgliedstaaten in Form der Notifizierung von Vorschriften, die zur Privilegierung spezifischer Datenverarbeitungszwecke erlassen werden.

III. Systematik

5 Die Umsetzung der Bestimmungen des Abs. 1 und die Ausgestaltung der zugehörigen Abwägung werden den Mitgliedstaaten überlassen. Es handelt sich um einen Handlungsauftrag, der als solcher nicht zur Disposition des mitgliedstaatlichen Gesetzgebers steht.[1] Unklar ist allerdings, inwieweit Abs. 1 als eigenständige Öffnungsklausel verstanden werden kann oder lediglich eine Anpassung der nationalen Regelungen an die Vorgaben der DS-GVO gebietet.[2]

6 Systematisch betrachtet könnte der mitgliedstaatliche Gesetzgeber zum Teil auch auf Öffnungsklauseln an anderer Stelle der DS-GVO zurückgreifen, um das Ziel des Art. 85 zu erreichen. Hier sind drei Fälle zu unterscheiden: (i) Wo eine Rechtsgrundlage für die ursprüngliche Datenverarbeitung gegeben ist, sieht Art. 6 Abs. 1 lit. f keine eigenständige Regelungsmöglichkeit für die Mitgliedstaaten vor; soll eine darüber hinausgehende Privilegierung oder Konkretisierung zu Gunsten von Meinungs- oder Informationsfreiheit erfolgen, ist der Rückgriff auf Art. 85 Abs. 1 notwendig. (ii) Für den Fall der Weiterverarbeitung mit Zweckänderung gibt es bereits eine Ausnahmemöglichkeit in Art. 6 Abs. 4. Insoweit bedarf die Frage nach dem Öffnungscharakter von Art. 85 keiner Lösung, da die erforderliche Öffnung durch Art. 6 Abs. 4 i.V.m. Art. 23 Abs. 1 lit. i erfolgen kann, der unmittelbar auf die Freiheitsrechte Dritter verweist. (iii) Beschränkungen von

1 *Albrecht/Janson*, in: CR 2016, 500, 502.
2 Dazu *Kühling/Martini et al.*, S. 285 ff.; *Benecke/Wagner*, in: DVBl 2016, 600, 602; Paal/Pauly, *Pauly*, Art. 85 Rn. 2; *Gola*, *Pötters*, Art. 85 Rn. 1 f., 5: die eigentliche Öffnungsklausel sei Abs. 2.

Betroffenenrechten gem. Art. 12 ff. zur Sicherung von Meinungs- und Informationsfreiheit schließlich können direkt auf Art. 23 Abs. 1 lit. i gestützt werden (dann allerdings mit der Einschränkung des Art. 23 Abs. 2).

7 Da die Öffnungsklauseln der DS-GVO aber insgesamt auf keinem erkennbaren System beruhen (genauer Art. 6 Rn. 22 ff.), spricht mehr dafür, Abs. 1 als eigenständige Öffnungsklausel anzusehen. Die Norm verpflichtet die Mitgliedstaaten zur Öffnung und strukturiert den Inhalt des Anpassungsauftrags. Das Ergebnis des Interessenausgleichs wird durch die DS-GVO nicht weiter konturiert, dies bleibt vielmehr Aufgabe der Mitgliedstaaten.[3] Dem mitgliedstaatlichen Gesetzgeber wird damit mehr Gestaltungsspielraum als durch die meisten anderen Öffnungsklauseln der DS-GVO gegeben, zumal die Norm keine weiteren Bedingungen an ihre Inanspruchnahme durch die Mitgliedstaaten knüpft (anders als z.B. Art. 23).

8 Diesen Ausgleich leisten in den Mitgliedstaaten insb. die Regelungen des Äußerungsrechts, in Deutschland etwa die Abwägungsdogmatik zwischen Allgemeinem Persönlichkeitsrecht und den Kommunikationsfreiheiten i.R.d. Prüfung des § 823 Abs. 1 BGB, die zugleich praktische Konkordanz zwischen dem verfassungsrechtlichen, in Art. 2 Abs. 1 i.V.m. Art. 1 Abs. 1 GG geschützten Persönlichkeitsrecht und den Rechten aus Art. 5 Abs. 1 GG ermöglicht. In die Dogmatik des Äußerungsrechts gehen auch Spezifika der Informationsnutzung und des kulturellen Kontextes ein, so dass es konsequent erscheint, dass die DS-GVO die Mitgliedstaaten diesen Ausgleich herstellen lässt und insoweit keine Vollharmonisierung vornimmt.[4] Der Ausgleich kann dadurch geschehen, dass, wie bei den traditionellen Medien bereits in der Vergangenheit, die datenschutzrechtlichen Regeln teilweise für unanwendbar erklärt werden, oder aber, dass diese selbst eine den eben genannten Grundsätzen gehorchende Abwägung ermöglichen. Bei grenzüberschreitenden Angeboten kann es zu Doppelregelungen kommen, was in diesem Fall auch funktional ist.

9 Die Grundrechte der Grundrechtecharta binden die Mitgliedstaaten gem. Art. 51 Abs. 1 GRCh nur bei der Durchführung von Unionsrecht.[5] Ein thematischer Anknüpfungspunkt genügt nicht.[6] Insofern sind deutsche Stellen grds. an die Unionsgrundrechte gebunden, wenn sie Normen der DS-GVO anwenden. Nicht so eindeutig ist dies bei den Ausnahmen, auch nach Art. 85, da hier den Mitgliedstaaten gerade Spielräume eröffnet werden. Die Anwendungsbereiche der Normen im Mehrebenensystem von EMRK, GRCh und nationalen Verfassungsrechten sind weiterhin sogar in den Grundsätzen umstritten.[7] Für Art. 85 scheint allerdings plausibel, dass die Rechtsnormen der Mitgliedstaaten, die den Ausgleich zwischen den Interessen herstellen sollen, sich als Durchführung von Unionsrecht darstellen und daher auch an der GRCh zu messen sind.[8] In diese Richtung ist auch EG 153 zu interpretieren, der explizit die EU-GRCh referenziert, nicht aber Grundrechte der Mitgliedstaaten.

10 Wie oben gezeigt geht es mit dem Unionsrecht konform, wenn dabei Spielräume eröffnet werden, die auch an den Grundsätzen der Verfassungen der Mitgliedstaaten orientiert sind, so dass unterschiedliche Abwägungsergebnisse in den Mitgliedstaaten in vergleichbaren Fällen möglich erscheinen. Der Verordnungsgeber wollte ersichtlich keine europäische Harmonisierung des Äußerungsrechts durch die „Hintertür" des Datenschutzes. Die nationalen Grundrechte kommen damit bei der Durchführung von EU-Recht neben denen der GRCh zur Anwendung, soweit Spielräume für die Mitgliedstaaten bestehen.[9] Kommt es zu Konflikten zwischen den Vorgaben der

---

3 So auch Plath, *Grages*, Art. 85 DS-GVO Rn. 4; anders *Kühling/Martini et al.*, S. 286; Paal/Pauly, *Pauly*, Art. 85 Rn. 4.
4 *Benecke/Wagner*, in: DVBl 2016, 600, 603; Kühling/Buchner, *Buchner/Tinnefeld*, Art. 85 Rn. 4; Paal/Pauly, *Pauly*, Art. 85 Rn. 4; Gola, *Pötters*, Art. 85 Rn. 1.
5 Vgl. EuGH, Urt. v. 13.4.2000, Rs. C-292/97 (Karlsson ua.), Slg. 2000, I-2737, Rn. 37.
6 EuGH, Urt. v. 26.2.2013, Rs. C-617/10 (Åkerberg Fransson), Rn. 18; BVerfGE 133, 277, 313 ff.
7 Vgl. Meyer, *Borowsky*, Art. 51 Rn. 24.
8 Vgl. *Albrecht/Janson*, in: CR 2016, 500, 504 ff.
9 EuGH, Urt. v. 26.2.2013, Rs. C-617/10 (Åkerberg Fransson), Rn. 29; zur Anwendung der Grundrechte des GG im Umsetzungsbereich von Richtlinien BVerfGE 125, 260.

GRCh und den nationalen Grundrechten, stellt sich die Grundsatzfrage zum Anwendungsvorrang von EU-Recht gegenüber dem Grundgesetz.[10]

Art. 16 AEUV kommt grundrechtlich gegenüber Art. 8 GRCh keine eigenständige Bedeutung zu; was die Normsetzungskompetenz angeht, bezieht sich die Vorschrift nur auf die Durchführung europäischen Rechts, so dass sich an den vorgenannten Feststellungen durch eine systematische, Art. 16 AEUV einbeziehende Auslegung nichts ändert.[11] **11**

IV. Entstehungsgeschichte

1. Bisherige europäische Vorgaben

Die Regelung knüpft an Art. 9 DS-RL an, der ebenfalls bereits Ausnahmen von datenschutzrechtlichen Regelungen vorsah, wenn sie notwendig waren, um das Recht auf Privatsphäre mit den für die Freiheit der Meinungsäußerung geltenden Vorschriften in Einklang zu bringen. **12**

Die Regelung des Art. 9 DS-RL bezog sich auf eine Privilegierung bei der Verarbeitung von Daten allein zu journalistischen, künstlerischen und literarischen Zwecken. In der DS-GVO sind nun auch ausdrücklich wissenschaftliche Zwecke genannt, zudem werden die freie Meinungsäußerung und Informationsfreiheit in Abs. 1 gesondert hervorgehoben. **13**

2. Bisherige nationale Vorgaben

Im nationalen Recht finden sich bis jetzt die Vorgaben des Art. 9 DS-RL umsetzende Regelungen in §§ 41 BDSG, 57 RStV sowie den Landespressegesetzen und Landesmediengesetzen.[12] **14**

Im Normgebungsprozess wurde auch eine breite Generalklausel erwogen, die keine zwingende Medienprivilegierung vorsah.[13] Dies wurde aber zugunsten der an der Vorgängerregelung angelehnten Normierung des Privilegs in Abs. 2 aufgegeben. **15**

B. Inhalt der Regelung

Der generalklauselartig formulierte Abs. 1 fordert, die widerstreitenden Interessen in Einklang zu bringen. In Abs. 2 wird für bestimmte Zwecke die Art der Privilegierung konkretisiert. Abs. 3 stellt schließlich eine Mitteilungspflicht für die Mitgliedstaaten an die Kommission betreffend aller aufgrund von Abs. 2 erlassenen Gesetze und Änderungen auf. **16**

I. Allgemeine Regelungen zur Meinungs- und Informationsfreiheit (Abs. 1)

1. Grundrechte

Die Vorschrift verpflichtet die Mitgliedstaaten zur Herstellung von Konkordanz zwischen dem Recht auf den Schutz personenbezogener Daten einerseits und dem Recht auf freie Meinungsäußerung sowie der Informationsfreiheit andererseits. Zur Bestimmung der in Widerstreit stehenden Positionen muss auf die Rechtsprechung des EuGH und gem. Art. 52 Abs. 3 GrCh auch auf die umfangreiche Rechtsprechung des EGMR rekurriert werden.[14] **17**

---

10 Vgl. Meyer, *Borowsky*, Art. 51 Rn. 24.
11 *Kühling/Seidel/Sivridis*, S. 24.
12 Dazu im Einzelnen Löffler, *Schulz/Heilmann*, BT Mediendatenschutz.
13 So der Vorschlag des EP vom 12.3.2014: „Die Mitgliedstaaten sehen wann immer dies notwendig ist, Abweichungen oder Ausnahmen […] vor, um das Recht auf Schutz der Privatsphäre mit den für die Freiheit der Meinungsäußerung geltenden Vorschriften nach Maßgabe der Charta der Grundrechte der Europäischen Union in Einklang zu bringen."
14 Ehmann/Selmayr, *Schiedermair*, Art. 85 Rn. 11; Gola, *Pötters*, Art. 85 Rn. 7.

a) Recht auf den Schutz personenbezogener Daten

18 Für die Abwägung des Interesses an Datenschutz mit den Kommunikations-, Kunst- und Wissenschaftsfreiheiten spielt eine Rolle, inwieweit die Vorschriften der DS-GVO, die nicht oder nur eingeschränkt angewendet werden, zum Schutz von Grundrechten erforderlich sind oder darüber hinausgehen. Dazu muss geklärt werden, was die Grundrechte schützen und welche Gewährleistungsgehalte sie haben. Für Art. 7 und 8 GRCh ist das nicht einfach zu bestimmen, da Art. 7 Abs. 1 GRCh nahezu wortgleich mit Art. 8 EMRK ist, so dass er gem. Art. 52 Abs. 3 GRCh die gleiche Bedeutung und Tragweite hat wie Art. 8 EMRK. Da Art. 8 EMRK ein Recht auf Datenschutz als Teil des Schutzes des Privatlebens enthält[15], stellt sich die Frage, welches Schutzgut Art. 8 GRCh hat.[16] Es erscheint plausibel anzunehmen, dass Art. 8 GRCh ein bestimmtes Schutzkonzept für ein bestimmtes Risiko auf Grundrechtsebene verankert[17], nämlich gerade das datenschutzspezifische Risiko, dass durch die Verarbeitung personenbezogener Daten Informationsasymmetrien entstehen (zur Frage des Schutzguts des Datenschutzrechts und des in der DS-GVO anzuwendenden Risikomaßstabs eingehend Art. 24 Rn. 115 ff.). Das Interesse an der Darstellung der Person in der Öffentlichkeit fällt (nur) unter Art. 7 GRCh.

19 Vor diesem Hintergrund ist zunächst festzuhalten, dass dort, wo das Risiko für die Persönlichkeit in der Veröffentlichung von Informationen besteht, ein absoluter Vorrang des Datenschutzes nicht in Betracht kommt. Es bedarf vielmehr einer Abwägung des durch Art. 7 GRCh geschützten Rechts auf Selbstdarstellung mit dem öffentlichen Informationsinteresse – und somit nicht allein den bloßen Eigeninteressen des Datenverarbeiters an der Verarbeitung. Im Übrigen muss sich eine Beschränkung der Freiheiten des Art. 11 GRCh als verhältnismäßig erweisen (Art. 52 Abs. 1 S. 2 GRCh).

b) Recht auf freie Meinungsäußerung

20 Art. 11 GRCh ist an Art. 10 EMRK angelehnt formuliert, so dass für die Auslegung Art. 52 Abs. 3 GRCh relevant wird und von einer identischen Bedeutung und Tragweite wie bei der entsprechenden Vorschrift der EMRK auszugehen ist. Geschützt sind durch Art. 11 GRCh die Meinungs- und Informationsfreiheit. Art. 11 Abs. 2 GRCh schützt explizit die Freiheit der Massenmedien; das genaue Verhältnis zu den Kommunikationsfreiheiten des Abs. 1 ist unklar.[18] Unstreitig allerdings ist, dass auch kommerziell motivierte Äußerungen und auch solche von juristischen Personen geschützt sind.[19]

Traditionelle Medien

21 „Traditionelle" Medien wie journalistisch-redaktionell operierende Unternehmen sind unstreitig Träger des Grundrechts.[20] Hier wird insb. der Prozess massenmedialer Vermittlung geschützt, d.h. alle Vorgänge von der Recherche über die Veröffentlichung und den Vertrieb bis zur Speicherung im Redaktionsarchiv. Der besondere, über die Gewährleistung der Meinungsäußerung mittels eines Mediums hinausgehende Schutz der Medien liegt in ihrer Funktion für die öffentliche Kommunikation und damit für das demokratische Gemeinwesen und den Einzelnen. Insofern wird bei Abwägungen der Medienfreiheiten mit anderen Rechten und Interessen richtigerweise auch und zentral auf das öffentliche Informationsinteresse abgestellt, das die Medien im Einzelfall erfüllen.[21]

---

15 Vgl. etwa EGMR, Urt. v. 4.12.2008, Az. 30562/04 und 30566/04.
16 Hofmann-Riem, *Britz*, S. 567 f.; Hoffmann-Riem/Schmidt-Aßmann/Voßkuhle, *Albers*, S. 11 bis 13; *von Grafenstein/Schulz*, in: Int. J. Public Law and Policy, 2015, 249, 257.
17 *Von Grafenstein/Schulz*, in: Int. J. Public Law and Policy 2015, 249, 257.
18 Gersdorf/Paal, *Cornils*, Art. 11 GRCh Rn. 11.
19 Meyer, *Bernsdorff*, Art. 11 Rn. 8 ff., 15, 21.
20 Meyer, *Bernsdorff*, Art. 11 Rn. 17.
21 St. Rspr. des EGMR, vgl. etwa EGMR, Urt. v. 12.6.2014, Az. 40454/07 (Couderc and Hachette Filipacchi Associés/France); vgl. zudem EuGH, Urt. v. 6.11.2003, Rs. C-101/01 (Lindqvist), Slg. 2003 I-12971, Rn. 72 ff.

Beeinträchtigen Rechtsakte diese Funktion, stellt dies einen Eingriff in die Medienfreiheiten dar. Im Kernbereich der journalistisch-redaktionellen Arbeit (wie etwa der Recherche) ist ein solcher Eingriff angesichts der immer noch gegebenen Bedeutung der Massenmedien für die öffentliche Kommunikation kaum zu rechtfertigen, so dass der in Abs. 2 normierten Aufforderung zur Privilegierung insoweit zwingend nachzukommen ist. So würde bei genereller Anwendbarkeit des Datenschutzrechts auf die journalistische Tätigkeit das Verbot mit Erlaubnisvorbehalt zur Regel. Dies stünde in einem grundsätzlichen Widerspruch zu den Medienfreiheiten. Das Erfordernis einer (vorherigen) Einwilligung in die Datenverarbeitung der Medien und die Pflicht zur vorherigen Benachrichtigung der Betroffenen würde bspw. investigativen Journalismus weitgehend unmöglich machen. **22**

Auch eine behördliche und damit staatliche Datenschutzaufsicht über journalistische Arbeit, die z.B. den Zugang zu dem Redaktionsgeheimnis unterliegenden Daten (Art. 58 Abs. 1 lit. e) und den Zugang zu Redaktionsräumen (Art. 58 Abs. 1 lit. f) einschlösse, erschiene mit der Medienfreiheit kaum vereinbar. **23**

Die grundsätzliche Unanwendbarkeit des Datenschutzrechts auf die redaktionelle Pressearbeit ist daher Existenzbedingung der für die freiheitliche Demokratie konstituierenden Meinungs- und Medienfreiheiten. Dies bedeutet keinen Freibrief für Presseorgane. Die allfälligen Abwägungen finden im zivilrechtlichen Äußerungs- und Persönlichkeitsrecht in der Auslegung durch die Straf- und Zivilgerichte statt. Und auch Anforderungen an die Datensicherheit bleiben möglich. **24**

Andere Akteure, insb. Intermediäre sowie individuelle Kommunikatoren

Es stellt sich aber die Frage, inwieweit auch Akteure jenseits traditioneller Massenmedien und ihrer Mitarbeiter durch die Medienfreiheiten des Art. 11 Abs. 2 GRCh geschützt sind. Eine sachangemessene funktionale Betrachtungsweise spricht für eine weite Auslegung, so dass jedenfalls Akteure und ihre Handlungen in den Schutzbereich fallen, die – wie etwa politische Blogger – zu den Medien funktions-äquivalente Angebote machen.[22] Dass dieses Verständnis mit der DS-GVO jedenfalls kompatibel ist, wenn nicht sogar dieser immanent, zeigt EG 153, der eine weite Auslegung der „Begriffe wie Journalismus" empfiehlt. Insofern ist v.a. hinsichtlich der journalistischen Zwecke ein (noch) extensiveres Verständnis angebracht als es unter der Vorgängerregelung des Art. 9 DS-RL der Fall war.[23] **25**

Noch schwieriger ist die Frage für neue strukturierende Akteure der öffentlichen Kommunikation im Internet zu beantworten, die vielfach mit dem Begriff der „Intermediäre" bezeichnet werden. Dazu zählen etwa Suchmaschinen und Plattformen für nutzergenerierte Inhalte wie soziale Medien und Microblogs. Zu ihrer Einordnung in die Schutzbereiche der Kommunikationsfreiheiten existiert weder gesicherte Rechtsprechung noch eine breit geteilte wissenschaftliche Einordnung.[24] Ihre Rolle besteht nicht darin, durch eigene Beiträge selbst zur öffentlichen Meinungsbildung beizutragen; insofern unterscheiden sie sich von den Massenmedien. Mit den Medien gemein haben sie aber, dass staatliche Eingriffe in ihr Wirken gleichfalls strukturelle Auswirkungen auf die öffentliche Kommunikation haben können. Dies spricht dafür, ihnen in dieser Rolle auch den Schutz der Freiheiten des Art. 11 Abs. 2 GRCh zuzuweisen. **26**

Zudem erscheint denkbar, dass sie als Annex den Schutz der Meinungs- und Informationsfreiheit genießen, nämlich wenn und insoweit ihre Bedeutung für die Nutzer bei ihrer Meinungsäußerung oder Informationssuche dies für einen effektiven Grundrechtsschutz gebietet. Jedenfalls ist **27**

---

22 Vgl. EuGH, Urt. v. 16.12.2008, Rs. C-73/07 (Satakunnan Markkinapörssi Oy), Slg. 2008, I-9831, Rn. 60.
23 Vgl. *Dammann/Simitis*, Art. 9 Rn. 4; *Ehmann/Helfrich*, Art. 9 Rn. 14.
24 Vgl. *Benedek/Kettemann*, Freedom of expression and the Internet; *Dörr/Natt*, in: ZUM 2014, 829 ff.; Spindler/Schuster, *Volkmann*, § 59 RStV Rn. 14 bis 17.

die Nutzung von Intermediären von Art. 11 GRCh umfasst, unabhängig von konkreten Inhalten.[25] Auch können einzelne Handlungen von Intermediären Meinungsäußerungen darstellen.[26]

28 Maßnahmen des Datenschutzes können zudem individuelle Kommunikatoren in ihren Rechten aus Art. 11 Abs. 1 GRCh berühren. Dies kann der Fall sein, wenn sie selbst Meinungen äußern und dabei personenbezogene Daten verarbeiten, etwa bei Tweets, Retweets, Kommentaren, „Likes" oder anderen Bewertungen auf Plattformen für nutzergenerierte Inhalte. Jedenfalls wenn die Äußerungen über Personen öffentlich zugänglich sind, greift nämlich die Haushaltsausnahme des Art. 2 Abs. 2 lit. c) (Verarbeiten allein zu familiären oder persönlichen Zwecken) grds. nicht.[27] Führt die Bindung an datenschutzrechtliche Verpflichtungen dazu, dass der Betreffende seine Meinung anders äußert oder die Meinungskundgabe sogar unterlässt, greift dies in die Meinungsäußerungsfreiheit ein. Angesichts des Umfangs und der Reichweite der datenschutzrechtlichen Verpflichtungen erscheinen derartige „Chilling Effects" jedenfalls nicht fernliegend.

c) Informationsfreiheit

29 Auch die Informationsfreiheit ist von Art. 10 Abs. 1 S. 2 EMRK – und damit auch von Art. 11 GRCh – erfasst, und zwar nicht nur als Reflex der Meinungsfreiheit, sondern als eigenständiger Schutzgehalt.[28] Dabei ist nicht nur der passive Empfang, sondern auch das aktive Bemühen um Informationen geschützt.[29] Teilweise wird der Rechtsprechung des EGMR gar ein Recht auf angemessene Information entnommen.[30] Wird etwa die Möglichkeit beschränkt, über das Internet auf Inhalte zuzugreifen, liegt ein Eingriff in die Informationsfreiheit vor.

30 Auch mittelbare Effekte datenschutzrechtlicher Regelungen können sich insofern als Eingriff darstellen, etwa wenn der Nutzer keinen oder erschwerten Zugang zu einer allgemein zugänglichen Information erhält, etwa weil ein Intermediär datenschutzrechtlich verpflichtet ist, eine Verlinkung zu entfernen.

d) Regelbeispiel journalistischer und wissenschaftlicher, künstlerischer oder literarischer Zwecke

31 Die Verarbeitung von Daten zu journalistischen Zwecken fällt selbstverständlich unter Abs. 1, da sie der Meinungs- und Informationsfreiheit dient. Durch die Formulierung als Regelbeispiel stellt Abs. 1 dies noch einmal klar. Abs. 2 gibt den Mitgliedstaaten auf, für diese Verarbeitungszwecke spezielle Privilegierungstatbestände zu schaffen (s.u. Rn. 38 ff.).

32 Gleiches gilt im Grundsatz für die Verfolgung wissenschaftlicher, künstlerischer oder literarischer Zwecke. Insofern ist jedoch zu berücksichtigen, dass die von Art. 13 GRCh geschützte Freiheit von Kunst und Wissenschaft gegenüber dem Regelungsauftrag im Hinblick auf Meinungs- und Informationsfreiheit in den Hintergrund tritt. Von Art. 85 geschützt erscheinen danach im Grundsatz lediglich die kommunikativen Aspekte von Kunst und Wissenschaft, auch wenn sich speziell bei Ersterer im Einzelfall Werk- und Wirkbereich als letztlich unauflöslich darstellen. Dass ein entsprechend einschränkendes Verständnis wissenschaftlicher und künstlerischer Zwecke i.R.d. Art. 85 angezeigt erscheint, zeigt sich im unmittelbaren Vergleich mit der Privilegierungsmöglichkeit für Forschungszwecke in Art. 89. Diese erweist sich sowohl hinsichtlich ihres Anwendungs-

25 Für Art. 10 EMRK im Zusammenhang mit einer Blockierung der Plattform YouTube s. EGMR, Urt. v. 1.12.2015, Az. 48226/10 und 14027/11.

26 Etwa die in einer Suchergebnisliste liegende Relevanzbehauptung, vgl. *Milstein/Lippold*, in: NVwZ 2013, 182.

27 EuGH, Urt. v. 6.11.2003, Rs. C-101/01 (Lindqvist), Slg. 2003 I-12971, Rn. 47.

28 Vgl. EGMR, Urt. v. 26.4.1979, Az. 6538/74 (Sunday Times/Vereinigtes Königreich), Rn. 65 f.; *Grabenwarter/Pabel*, EMRK, Art. 23 Rn. 5.

29 *Frowein/Peukert*, Art. 10 Rn. 11; *Harris/O'Boyle/Warbrick*, S. 465 f.; *Astheimer*, S. 51 f, m.w.N. auch zur Gegenansicht.

30 So *Frowein/Peukert*, Art. 10 Rn. 13, die selbst allerdings einen solchen Schutzgehalt bezweifeln; *Grabenwarter/Pabel*, EMRK, Art. 23 Rn. 6, bejahen einen Anspruch, sich „über die wesentlichen Fragen" informieren zu können, vertrauliche Informationen sollen allerdings ausgenommen sein.

bereiches als auch hinsichtlich der Privilegierungsfolgen als deutlich spezifischer und wäre im Falle einer uneingeschränkten Privilegierung wissenschaftlicher Zwecke schon i.R.v. Art. 85 gegenstandslos.

2. Durch Rechtsvorschriften „in Einklang bringen"

Die Mitgliedstaaten haben die genannten Grundrechte in Einklang zu bringen. Dabei haben sie einen Gestaltungsspielraum, der auch erforderlich ist, um v.a. im Bereich öffentlicher Kommunikation kulturelle Besonderheiten abzubilden. Dass damit die Harmonisierung in einem wichtigen Bereich unvollständig bleibt, ist notwendige Folge von Öffnungsklauseln, wird aber durch die Bindung an die europäischen Grundrechte in den Folgen „abgefedert".[31] **33**

„In Einklang bringen" bedeutet, dass Regelungsstrukturen bestehen, die sicherstellen, dass im Einzelfall eine Verletzung der betroffenen Grundrechte ausgeschlossen werden kann. Dies wird jedenfalls dann möglich sein, wenn die Regelungsstrukturen Einzelfallabwägungen zulassen – was aber komplette Bereichsausnahmen nicht ausschließt. Man wird die Vorschrift schließlich nicht in einem solchen Sinn verstehen müssen, dass gemäß dem deutschen Verständnis von „praktischer Konkordanz" schon auf Gesetzgebungsebene eine Optimierung zwingend vorgenommen werden muss. Vielmehr genügt es, wenn Grundrechtsverletzungen im Grundsatz vermieden werden. **34**

Eine mit Art. 85 Abs. 1 insofern kompatible, den nationalen und europäischen Grundrechten im Bereich der (öffentlichen) Kommunikation gerecht werdende Form, die betroffenen Interessen in Einklang zu bringen, ist es insb., die offenen Wertungen im Datenschutzrecht an die fein ziselierte Abwägungspraxis im Äußerungsrecht anzupassen. Auf diesem Wege ließe sich auch wirksam dem in der deutschen Rechtsprechung zu beobachtenden Phänomen begegnen, dass für Internetveröffentlichungen Datenschutz- und allgemeines Äußerungsrecht im Wechsel herangezogen werden, ohne dass der konkreten Wahl stets eine bewusste Entscheidung zugrunde zu liegen scheint.[32] Jedenfalls muss sichergestellt werden, dass das Informationsinteresse der Öffentlichkeit im Grundsatz gewahrt und durch den Datenschutz nicht von vornherein neutralisiert wird. **35**

Dabei sind durchaus strukturelle, institutionelle Lösungen denkbar, in denen individuelle Betroffenenrechte, wie sie durch die DS-GVO eingeräumt werden, im Ausgleich für die Etablierung institutioneller Grundrechtsschutzgarantien beschränkt werden. Ein solches Regime ist beispielhaft in Art. 89 Abs. 1 und Abs. 2 angelegt, wonach Ausnahmen etwa vom Auskunfts- und Widerspruchsrecht vorgesehen werden können, wenn geeignete Garantien für die Rechte und Freiheiten der Betroffenen bestehen. Die Pflicht, das Recht auf Datenschutz mit der Meinungs- und Informationsfreiheit in Einklang zu bringen, wirkt verstärkend auch auf die Öffnungsklauseln des Art. 23, die es dem mitgliedstaatlichen Gesetzgeber erlauben, Einschränkungen der Betroffenenrechte vorzunehmen. Zur Rolle der Meinungs- und Informationsfreiheit bei den einzelnen Betroffenenrechten siehe unter anderem **36**

- bei der Informationspflicht gem. Art. 13 und 14: Rn. 171 ff,
- beim Auskunftsrecht gem. Art. 15: Rn. 100 ff., 183 und 208,
- beim Berichtigungs- und Vervollständigungsanspruch gem. Art. 16: Rn. 74 f.,
- beim Löschungsanspruch gem. Art. 17: Rn. 135 ff.,
- beim Recht auf Verarbeitungseinschränkung gem. Art. 18: Rn. 31 ff. und 95,
- beim Recht auf Datenübertragung gem. Art. 20: Rn. 18,
- beim Widerspruchsrecht gem. Art. 21: Rn. 8 und 78 und
- bei den automatisierten Einzelentscheidungen gem. Art. 22: Rn. 12.

---

31 Vgl. *Albrecht/Janson*, in: CR 2016, 500, 506 ff.
32 S. Löffler, *Schulz/Heilmann*, BT Mediendatenschutz Rn. 12 m.w.N.

II. Besonders privilegierte Zwecke (Abs. 2)

37 Die Regelung des Abs. 2 konkretisiert die Abwägung für bestimmte Zwecke und verdichtet sie zu zwingenden Privilegierungen. Die Norm knüpft nicht an traditionelle Typen – etwa spezielle Mediengattungen – an, sondern stellt auf den Verarbeitungszweck ab. Dieser funktionale Ansatz ist flexibel und entwicklungsoffen.

1. Journalistische Zwecke

38 Geschützt und privilegiert werden sollen Medienschaffende und ihre Organisationen dann, wenn sie die besonderen Funktionen von Journalismus und redaktioneller Arbeit als Zielsetzung haben. Die verfolgten Zwecke bzw. die avisierte Publikation sind dann als journalistisch einzustufen, wenn ein gewisses Mindestmaß an Kriterien, die für die kontinuierliche öffentliche Meinungsbildung besonders bedeutungsvoll sind, erfüllt sind, an denen sich Selektion und Sortierung orientieren.[33] Hervorzuheben sind dabei (i) Aktualität, also Orientierung am Zeitgeschehen, (ii) Periodizität im Sinne einer regelmäßigen Erscheinungsweise, (iii) Publizität im Sinne einer möglichst hohen Reichweite, (iv) Universalität der behandelten Themen, (v) Orientierung an Faktizität im Gegensatz zu fiktionalen Angeboten sowie (vi) die Erbringung einer journalistischen Steuerungsleistung.[34] Die genannten journalistischen Kriterien sind zu flankieren durch redaktionelle oder vergleichbare Strukturen der Qualitätssicherung, die für den Betroffenen als Gegengewicht den Wegfall bzw. die Einschränkung des Schutzes personenbezogener Daten in ihrer Wirkung abfedern können. Der Verordnungsgeber unterstellt zu Recht, dass bestimmte Vermittlungsformen weiterhin besondere Bedeutung für die öffentliche Kommunikation haben und privilegiert eine darauf zweckbezogene Datenverarbeitung.

39 Eine Datenverarbeitung auch jenseits der klassischen Medien ist danach zu privilegieren, wenn sie dazu dient, eine mit einer klassischen Tageszeitung oder Rundfunksendung vergleichbaren Vermittlungsleistung zu erbringen. Von diesem Leitbild ausgehend fallen rein persönliche, für einen eng begrenzten Nutzerkreis bestimmte Publikationen, nicht unter das Medienprivileg. Ebenso wenig verfolgen die Hersteller und Anbieter von Telefon- und Branchenverzeichnissen journalistisch-redaktionelle Ziele.[35] Entsprechendes gilt bspw. für Onlineauktionshäuser als Nachfolger von jedenfalls nicht nach journalistischen Kriterien bearbeiteten Anzeigenblättern.

a) Medienarchive

40 Mit der Archivierung vergangener Berichterstattung verfolgen Medienunternehmen jedenfalls zunächst journalistisch-redaktionelle Zwecke: Die Redaktionsarbeit einschließlich weiterer Recherche ist auf das Vorhalten entsprechender Informationen angewiesen. Dementsprechend nennt EG 153 Nachrichten- und Pressearchive sogar als Regelbeispiel für zu privilegierende Institutionen des Medienwesens.[36]

41 In gewisser Hinsicht ändert sich die Zweckrichtung jedoch, wenn die Archive auch für Dritte – ggf. frei und offen – zugänglich gemacht werden. Eine solche Offenlegung dient nicht mehr der (tages-)aktuellen, sondern einer nur noch retrospektiven Information und Veröffentlichung und kann somit nicht den vollen journalistischen Funktionsschutz beanspruchen.[37] Darin dürfte allerdings der einzige wesentliche Unterschied zur Veröffentlichung i.Ü. bestehen, der die Privilegierung nicht ausscheiden lassen sollte. So sind nach der Rechtsprechung des Bundesgerichtshofs „Recherche, Redaktion, Veröffentlichung, Dokumentation und Archivierung personenbezogener Daten zu publizistischen Zwecken" von § 41 Abs. 1 BDSG und seinen landesrechtlichen

33 Dazu bereits *Schulz/Korte*, in: KritV 2001, 113, 138 ff.
34 S. zu den Kriterien im Einzelnen *Heilmann*, S. 378 ff.; *Lent*, in: ZUM 2013, 914, 915 f.
35 S. Plath, *Plath/Frey*, § 41 BDSG Rn. 9 m.w.N.; für eine Privilegierung aber noch OLG Saarbrücken, NJW 1981, 136.
36 S. dazu auch *Albrecht/Janson*, in: CR 2016, 500, 507.
37 S. Löffler, *Schulz/Heilmann*, BT Mediendatenschutz Rn. 38.

Pendants umfasst.[38] Dass öffentlich zugängliche Daten darüber hinaus von Dritten auch für andere Zwecke eingesetzt werden können[39], ist demgegenüber keine Besonderheit von veröffentlichten Archiven, welche die Privilegierung entfallen lassen müsste.[40]

b) Intermediäre

Zwar entfällt wegen Abs. 1 grds. die Notwendigkeit einer weiten Auslegung der ausschließlich in Abs. 2 genannten Zweckbestimmungen. Zu klären ist aber dennoch, ob auch Intermediäre, bzw. insb. Suchmaschinen, von Abs. 2 erfasst sind, da in diesem Fall eine Privilegierung zwingend vorzusehen wäre. Zwar fehlen den meisten Intermediären (Suchmaschinen, Diskussionsforen, soziale Medien, sonstige Plattformen) gängige Elemente journalistisch-redaktioneller Gestaltung. Ihr Angebot kann aber durchaus als hilfsunternehmerische Tätigkeit gesehen werden, für deren Privilegierung einige Medienfunktionsgesichtspunkte ins Feld geführt werden können.[41] Die Nutzung von Plattformen und Suchmaschinen kann unter heutigen Bedingungen für die journalistische Praxis nicht mehr hinweggedacht werden. Diese Hilfsfunktion allein wird aber für die Annahme journalistischer Zwecke nicht genügen, sonst würden alle Anbieter von Recherchemitteln unter Abs. 2 fallen. 42

Es ist weithin unklar, welche Tätigkeit von Intermediären zur (eigenständigen) Aufnahme in das Privileg gefordert werden muss, ob also etwa schon das Aggregieren von fremden Inhalten ausreicht. I.R.v. § 57 RStV und § 41 BDSG wird derzeit ganz überwiegend eine eigene journalistisch-redaktionelle Bearbeitung gefordert.[42] Das Medienprivileg ist darüber hinaus auf massenmediale Vermittlungsleistung ausgelegt.[43] Allerdings verschwimmen im Internet zunehmend die Grenzen zwischen individueller und öffentlicher Kommunikation und die Funktionen unterschiedlicher Vermittlungsleistungen, so dass eine entsprechende Differenzierung zunehmend dysfunktional erscheinen muss. 43

Der EuGH lehnte in der *Google Spain*-Entscheidung eine Anwendung des Medienprivilegs ohne nähere Begründung apodiktisch ab,[44] was in der Literatur auf Kritik stieß.[45] So hatte der EuGH schon vor einigen Jahren entschieden, dass selbst das bloße Übermitteln von Rohdaten als journalistisch eingestuft werden kann, wenn es zum Zweck hat, Informationen, Meinungen oder Ideen, mit welchem Übertragungsmittel auch immer, in der Öffentlichkeit zu verbreiten.[46] Journalistische Tätigkeiten wären demnach nicht klassischen Medienunternehmen vorbehalten. Ein weiterer Kritikpunkt an der *Google Spain*-Entscheidung ist, dass sie die Rolle von Suchmaschinen bei der Kommunikation im Internet nicht ausreichend berücksichtige, da ohne Suchmaschinen Netzpublikationen kaum aufgefunden würden.[47] 44

Dass nun in Art. 85 Abs. 1 und 2 ausdrücklich auch die Informationsfreiheit i.R.d. Abwägung berücksichtigt werden soll, könnte als zusätzlicher Hinweis in Richtung eines weiteren Verständnisses verstanden werden, bei dem auch im Interesse der Nutzer Suchmaschinen erfasst werden können. Der Wortlaut der Regelung, der allein auf den journalistischen Zweck der Datenverarbeitung abstellt, stützt ein solches Verständnis. Zudem wird im EG 153 a.E. ausdrücklich betont, dass Begriffe wie „Journalismus" weit ausgelegt werden müssen. In Einzelfällen („Roboterjour- 45

38 BGH, NJW 2010, 757, 759.
39 S. Simitis, *Dix*, § 41 BDSG Rn. 17.
40 So schon Löffler, *Schulz/Heilmann*, BT Mediendatenschutz Rn. 38.
41 Löffler, *Schulz/Heilmann*, BT Mediendatenschutz Rn. 39.
42 Vgl. BGH, NJW 2015, 489, 490; Gola/Schomerus, *Gola/Klug/Körffer*, § 41 Rn. 10a; *Roggenkamp*, Anmerkung zum Urteil des BGH vom 23.6.2009, Az.: VI ZR 196/08, in: K&R 2009, 565, 571; Taeger/Gabel, *Westphal*, § 41 Rn. 26.
43 *Caspar*, in: NVwZ 2010, 1451, 1454.
44 EuGH, Urt. v. 13.5.2014, Rs. C-131/12 (Google Spain), Rn. 85.
45 *Hoeren*, in: ZD 2014, 325, 326; *von Lewinski*, in: AfP 2015, 1, 5; *Spindler*, in: JZ, 2014, 981, 987; zustimmend hinsichtlich fehlender Privilegierung durch Art. 85 Kühling/Buchner, *Buchner/Tinnefeld*, Art. 85 Rn. 26.
46 EuGH, Urt. v. 16.12.2008, Rs. C-73/07 (Satakunnan Markkinapörssi Oy), Slg. 2008, I-9831, Rn. 44.
47 *Bäcker*, in: WRP 2014 Nr. 7, I.

nalismus", Nachrichtenaggregatoren) wird daher eine Zuordnung zu Abs. 2 in Betracht kommen, grds. aber macht es Abs. 1 den Mitgliedstaaten zur Aufgabe, den Datenschutz für Intermediäre angesichts ihrer Bedeutung v.a. für die Informationsfreiheit auszugestalten. Geboten ist eine vollständige Gleichstellung mit der Datenverarbeitung für journalistische Zwecke jedenfalls nicht.

c) Verarbeitung von Daten aus dem nicht-redaktionellen Bereich

46 Zu berücksichtigen ist schließlich, dass nicht alle Zweckrichtungen, zu denen ein journalistisch tätiges Unternehmen Daten verarbeitet, privilegiert werden müssen und können. So wurde bislang etwa die Verarbeitung von Daten von Rezipienten als weitgehend von der Privilegierung ausgeschlossen angesehen. Dies sollte sogar für redaktionell motivierte Leseranalysen gelten.[48] Für ein nach journalistischer Logik arbeitendes Publikationsorgan erscheint indes gerade eine Orientierung am Publikum, zu dessen Sachwalter es sich macht, essentiell, wofür eine Analyse eben dieses Publikums erforderlich sein kann. Außerdem zeigt sich am genannten Beispiel recht deutlich, dass sich journalistisch-redaktionelle von kommerziellen und anderen Zwecken oftmals nur schwer trennen lassen. Soweit das Publikums-Feedback redaktionell genutzt wird, muss die Privilegierung jedenfalls greifen. Auch im Übrigen wird in jedem Einzelfall zu fragen sein, ob die Verarbeitung vermeintlich rein „administrativer" Daten, bspw. aus den Bereichen Mitarbeiter- oder Abonnentenverwaltung, nicht doch auch Rückkopplungen zur journalistisch-redaktionellen Arbeit haben kann und damit der Anwendungsbereich „journalistischer Zwecke" in Art. 85 Abs. 1 und v.a. 2 eröffnet ist (s. außerdem zur Frage der ausschließlichen Verfolgung journalistischer Zwecke unten Rn. 20 ff.).

2. Wissenschaftliche Zwecke

47 Anders als die Vorgängerregelung Art. 9 DS-RL erfasst die Norm nun ausdrücklich auch Verarbeitungen zu wissenschaftlichen Zwecken. Die zuvor bestehende Unsicherheit über eine entsprechende Anwendung der Ausnahmevorschrift wird damit hinfällig.[49]

48 Der Wortlaut der deutschen Fassung („wissenschaftlich") entspricht der des Titels von Art. 13 GRCh und erfasst damit, bei Unterstellung gleichlaufender Begriffsweite, beide dort im Normtext weiter ausdifferenzierten Schutzbereiche der Forschung und der akademischen Freiheit.[50] Die englische Fassung des Art. 85 („*academic*") entspricht dagegen nur der Variante des „*academic freedom*" und lässt bei strenger Leseart die Variante des „*scientific research*" außen vor. Welche Leseart sich hier durchsetzen wird, bleibt abzuwarten. Aufgrund des engen thematischen Zusammenhangs der Bestimmungen und der für gewöhnlich einheitlich erfolgenden Definierung, wäre einer einheitlichen Betrachtungsweise der Vorzug zu geben.

49 Bei diesem Verständnis erfolgt weder eine Differenzierung nach forschender Erkenntnissuche und deren Vermittlung i.R.d. Lehre,[51] noch nach unterschiedlichen Formen von Grundlagen- und angewandter Forschung[52]. Die Publikation wissenschaftlicher Ergebnisse in Fachzeitschriften und Büchern wird zudem weitgehend kumulativ zur Privilegierung von literarischen Zwecken erfasst sein.

50 Der Privilegierungsauftrag des Art. 85 Abs. 2 für dementsprechend weit verstandene wissenschaftliche Zwecke steht zu den für Forschungszwecke geltenden Vorschriften des Art. 5 Abs. 1 lit. b 2. Hs. und Art. 89 in einem gewissen Konkurrenzverhältnis. In beiden Fällen werden Ausnahmen von den Regelungen der DS-GVO vorgesehen, jedoch sind Anwendungsbereich ebenso wie Reichweite unterschiedlich. Im Ergebnis wird sich die Privilegierung wissenschaftlicher

48 Gola/Schomerus, *Gola/Klug/Körffer*, § 41 Rn. 8, 11; siehe auch Kühling/Buchner, *Buchner/Tinnefeld*, Art. 85 Rn. 16.
49 Vgl. zur alten Rechtslage *Ehmann/Helfrich*, Art. 9 Rn. 8 ff.
50 Vgl. von der Groeben/Schwarze/Hatje, *Augsberg*, Art. 13 GRCh Rn. 5.
51 Von der Groeben/Schwarze/Hatje, *Augsberg*, Art. 13 GRCh Rn. 5; vgl. Kühling/Buchner, *Buchner/Tinnefeld*, Art. 85 Rn. 21.
52 Meyer, *Bernsdorff*, Art. 13 Rn. 15.

Zwecke nach Art. 85 weitgehend auf die Kommunikation von und die Information über Forschungsergebnisse beschränken, steht diese doch unter dem Vorbehalt, dass sie für den Schutz von Meinungs- oder Informationsfreiheit erforderlich sein muss (s. bereits oben Rn. 20 ff.). Insofern wird der seit Beginn der Datenschutzgesetzgebung bestehende und oft kritisierte Konflikt zwischen Datenschutz und Forschungsfreiheit durch Art. 85 allenfalls im Hinblick auf die kommunikative Vermittlung von Wissenschaft entschärft.[53]

3. Künstlerische Zwecke

51 Wie auch schon die Vorgängerregelung Art. 9 DS-RL privilegiert die Norm ausdrücklich künstlerische Zwecke. Der Wortlaut der deutschen Fassung („künstlerisch") entspricht der des Art. 13 GRCh („Kunst"), selbiges gilt für englische Fassung des Art. 85 („*artistic*") in Bezug auf das Grundrecht („*arts*"). Ein Verständnis gleichlaufender Begriffsweite bietet sich damit an.

52 Die künstlerischen Zwecke sind deutlich weiter zu verstehen als die literarischen und erfassen diese grds. mit. Wie hinsichtlich der in Art. 5 Abs. 3 GG normierten Kunstfreiheit sind diese auch hier im Gleichlauf mit Art. 13 GRCh zu verstehen als freie schöpferische Gestaltung, in der Eindrücke, Erfahrungen oder Erlebnisse des Künstlers durch das Medium einer bestimmten Formensprache zur unmittelbaren Anschauung gebracht werden.[54] In Übereinstimmung mit Art. 13 GRCh ist eine entwicklungsoffene Deutung zu präferieren, welche auch bisher unbekannte Kunstformen erfasst.[55] Dies entspricht wiederum auch der in EG 153 geforderten weiten Auslegung der Begrifflichkeiten des Art. 85.

4. Literarische Zwecke

53 Zudem benennt die Norm wie bereits Art. 9 DS-RL ausdrücklich literarische Zwecke. Diese wären in den meisten Fällen auch ohne Nennung bereits von den weiter gefassten und aufgrund EG 153 ohnehin extensiv zu verstehenden künstlerischen Zwecken erfasst.

54 In den Anwendungsbereich einbezogen ist damit bspw. auch die (dateimäßig) strukturierte Sammlung personenbezogener Daten als Grundlage für belletristische Publikationen.[56] Aber auch non-fiktionale Werke werden nach gängiger Auffassung von der Ausnahmeregelung erfasst sein.[57] Dieses bereits unter der Vorgängerregelung vertretene Verständnis wird nun durch die nötige weite Auslegung noch eindeutiger nahegelegt. Es wird schließlich auch wissenschaftliche Fachliteratur erfasst, was zu einer Schnittmenge mit dem Privileg wissenschaftlicher Zwecke führt.[58]

5. Verfolgung ausschließlich privilegierter Zwecke nicht erforderlich

55 Anders als die Vorgängerregelung des Art. 9 DS-RL, stellt Art. 85 Abs. 2 nicht mehr darauf ab, ob die personenbezogenen Daten „allein" zu den genannten Zwecken verarbeitet werden. Lediglich der sonst in der Sache mit Art. 85 Abs. 2 übereinstimmende EG 153 enthält noch die Einschränkung „ausschließlich" (englisch „*solely*" wie auch schon in der DS-RL). Während auf Grundlage des Art. 9 DS-RL vertreten wurde, dass ein hinzukommender andersartiger Verarbeitungszweck die Privilegierung insgesamt ausschließe,[59] lässt sich dies aufgrund des divergierenden Wortlauts von Norm und Erwägungsgrund nun nicht mehr eindeutig bestimmen. Sowohl der systematische Vergleich mit dem offen formulierten Abs. 1, als auch die Normentstehung sprechen für eine Orientierung direkt am Normtext. Der Änderungsantrag des EP vom 16.1.2013

53 Zum Konflikt m.w.N. Gola/Schomerus, *Gola/Klug/Körffer*, § 40 Rn. 2 f.
54 So BVerfGE 30, 179, 189; für ein gleichlaufendes Verständnis des Art. 13 GRCh mit Art. 5 Abs. 3 GG von der Groeben/Schwarze/Hatje, *Augsberg*, Art. 13 GRCh Rn. 4.
55 Meyer, *Bernsdorff*, Art. 13 Rn. 14; *Jarass*, Art. 13 Rn. 5; von der Groeben/Schwarze/Hatje, *Augsberg*, Art. 13 GRCh Rn. 4.
56 *Dammann/Simitis*, Art. 9 Rn. 2.
57 S. etwa Gola/Schomerus, *Gola/Klug/Körffer*, § 41 Rn. 12.
58 Kühling/Buchner, *Buchner/Tinnefeld*, Art. 85 Rn. 23.
59 *Dammann/Simitis*, Art. 9 Rn. 3.

zielte bereits auf eine Neuformulierung der Norm, die u.a. das damals auch dort noch vorgesehene Wort „ausschließlich" streichen sollte.[60] Daher liegt es nahe, einen generellen Änderungswillen hin zu einem erweiterten Normbereich anzunehmen.[61]

56 Unschädlich ist es deswegen zum einen, wenn die genannten Zwecke kumulativ verfolgt werden, etwa bei literarischen Publikationen aus dem Bereich der Kunst oder der Wissenschaft,[62] aber auch wenn ein genannter Zweck kumulativ mit einem nicht genannten verfolgt wird. Dies entspricht den Wertungen des EuGH, wonach etwa die mit einer Publikation verbundene Absicht, Gewinn zu erzielen, nicht von vornherein privilegierte Zwecke ausschließen kann.[63] Im Übrigen entspricht dieses Verständnis auch der in EG 153 geforderten weiten Auslegung der Begrifflichkeiten und steigert die Rechtssicherheit in der praktischen Anwendung.

6. Reichweite und Grenzen der Privilegierung, insb. Erforderlichkeitsprinzip

57 Während Abs. 1 eine Generalklausel enthält, in deren Rahmen auf die vielgestaltigen Sachverhalte und zukünftigen (technischen) Entwicklungen reagiert werden kann, wird in Abs. 2 der Privilegierungsauftrag für einige spezielle Zwecke näher konkretisiert. Geregelt ist, wie das Privileg ausgestaltet werden kann (Abweichungen und Ausnahmen), für welche Abschnitte es gelten soll und welche Grenzen das Privileg hat (Erforderlichkeit).

58 Die Abweichungen und Ausnahmen beziehen sich nur auf die Kapitel II (Grundsätze), III (Rechte der betroffenen Person), IV (Verantwortlicher und Auftragsverarbeiter), V (Übermittlung personenbezogener Daten an Drittländer oder an internationale Organisationen), VI (Unabhängige Aufsichtsbehörden), VII (Zusammenarbeit und Kohärenz) und IX (Vorschriften für besondere Verarbeitungssituationen). Wie schon auf Grundlage der Vorgängerregelung des Art. 9 DS-RL können damit insb. nicht die Regelungen des Kap. VIII (Rechtsbehelfe, Haftung und Sanktionen) umgangen werden.[64]

59 Wichtig für die Arbeit der Medienunternehmen dürften v.a. Ausnahmen vom Einwilligungserfordernis gem. Art. 6 Abs. 1 lit. a sein. Auch eine Geltung von Art. 13, 14 und 15 würde investigative Ermittlungen und Scoops unmöglich machen. Darüber hinaus kann sich eine staatliche Aufsicht über Medienarbeit als unangemessene Einschränkung der Kommunikationsfreiheiten erweisen, weshalb auch eine Abweichung von Kap. VI ein wesentliches Element des grundrechtlichen Konfliktausgleichs darstellen kann.

60 Entsprechende oder weitergehende Abweichungen oder Ausnahmen sind jedoch nur zu treffen, wenn dies erforderlich ist, um das Recht auf Schutz der personenbezogenen Daten mit der Freiheit der Meinungsäußerung und der Informationsfreiheit in Einklang zu bringen (vgl. EG 153). Nur so ist die Verhältnismäßigkeit der Beeinträchtigung von Art. 7 und 8 GRCh gewährleistet. Zwar wird vom Wortlaut der Vorgängernorm Art. 9 DS-RL abgewichen, welche vorschrieb, eine Abweichung müsse sich hierfür „als notwendig" erweisen. Dass mit der geänderten Formulierung auch Änderungen in der Sache bezweckt werden sollten, ist indes nicht ersichtlich. Hierfür spricht auch, dass in den englischen Versionen von Richtlinie wie Verordnung einheitlich der Ausdruck *„if necessary"* verwendet wird.

61 Beachtet werden muss dabei, dass EG 153 ausdrücklich eine weite Auslegung der Ausnahmetatbestände vorschreibt. Ein Rückschluss aus dem Erforderlichkeitsmerkmal auf eine enge Begrenzung der Ausnahmefälle, wie sie teilweise für das Erforderlichkeitskriterium in § 28 BDSG postu-

---

60 Änderungsantrag des EP vom 16.1.2013, PE501.927v04-00.
61 So auch Ehmann/Selmayr, *Schiedermair*, Art. 85 Rn. 17; Gola, *Pötters*, Art. 85 Rn. 2; a.A. Kühling/Buchner, *Buchner/Tinnefeld*, Art. 85 Rn. 14, die lediglich eine Gewinnerzielungsabsicht für privilegierungsirrelevant anerkennen.
62 Vgl. Gola, *Pötters*, Art. 85 Rn. 12 mit dem Bsp. des Karikaturisten.
63 EuGH, Urt. v. 16.12.2008, Rs. C-73/07 (Satakunnan Markkinapörssi Oy), Slg. 2008, I-9831.
64 Vgl. *Ehmann/Helfrich*, Art. 9 DSRL Rn. 12; *Dammann/Simitis*, Art. 9 Rn. 5; Paal/Pauly, *Pauly*, Art. 85 Rn. 9; Kühling/Buchner, *Buchner/Tinnefeld*, Art. 85 Rn. 30.

liert wurde,[65] verbietet sich insofern.[66] Wenn also feststellbar ist, dass grundrechtlich relevante journalistische (oder andere privilegierte) Zwecke durch Regelungen der DS-GVO beeinträchtigt werden, ist der Privilegierungsspielraum des mitgliedstaatlichen Gesetzgebers eröffnet.

Im Prinzip problematisch ist insofern das Verhältnis zum „Recht auf Vergessenwerden", welches vom EuGH anerkannt wurde[67] und nun ausdrücklich in Art. 17 geregelt ist. Art. 17 Abs. 3 lit. a beinhaltet eine spezielle Kollisionsregel, nach der Art. 17 Abs. 1 und 2 nicht gelten sollen, soweit dies erforderlich ist „zur Ausübung des Rechts auf freie Meinungsäußerung und Information". In einem früheren Entwurf war noch eine ausdrückliche Ausnahme für den Anwendungsbereich des Medienprivilegs vorgesehen. Da auch die Privilegierungen des Art. 85 Abs. 2 nur greifen, wenn das Recht auf freie Meinungsäußerung und die Informationsfreiheit dies erfordern, dürfte sich der Abwägungsprozess überschneiden und das Ergebnis übereinstimmen. Im Anwendungsbereich des Art. 85 Abs. 1 und 2 ist danach ein Recht auf Löschung gem. Art. 17 ohne Abwägung mit widerstreitenden Interessen ausgeschlossen (s. dazu auch die Kommentierung zu Art. 17 Rn. 138). 62

III. Mitteilung an Kommission (Abs. 3)

Die Mitgliedsstaaten müssen der Kommission die aufgrund Abs. 2 erlassenen Rechtsvorschriften sowie jede spätere Änderung mitteilen (Notifikationspflicht). Dies stellt eine Erweiterung des Pflichtenkreises der Mitgliedstaaten gegenüber der Vorgängerregelung des Art. 9 DS-RL dar. 63

1. Zweck

Bezweckt wird augenscheinlich eine Inkenntnissetzung der Kommission als Hüterin des Unionsrechts (vgl. Art. 17 EUV). Dies stellt etwa die grundlegende Voraussetzung dafür dar, dass diese ein Vertragsverletzungsverfahren gegen den unterlassenden Mitgliedsstaat gem. Art. 258 ff. AEUV anstreben kann. Abs. 3 ist insoweit im Zusammenhang mit den ebenfalls eine Mitteilungspflicht bestimmenden Vorschriften der DS-GVO wie Art. 51 Abs. 4, 84 Abs. 2, 88 Abs. 3, 90 Abs. 2 zu sehen. 64

2. Aufgrund von Abs. 2 erlassene Rechtsvorschriften

Die Mitteilungspflicht gilt nur für Rechtsvorschriften, die aufgrund von Abs. 2 erlassen wurden sowie für spätere Änderungen dieser Normen. Der Wortlaut wird naheliegend so zu verstehen sein, dass sich der nationale Gesetzgeber der Erfüllung der Pflichten des Abs. 2 subjektiv bewusst sein musste und der Normerlass zumindest auch final darauf zielte, Datenverarbeitungen zu den dort genannten Zwecken zu regeln. Eine Auslegung dahingehend, dass jeder objektive Bezug zu Abs. 2 in Form jeder Abweichung von den in den Kapiteln genannten Bestimmungen, auch aus anderen Beweggründen, für die Mitteilungspflicht ausreicht, erschiene dagegen fernliegend.[68] 65

Eine Pflicht zur nachträglichen Notifizierung bestehender Regelungen des Mediendatenschutzes, wie sie in Deutschland wie beschrieben zahlreich existieren, kann aus Abs. 3 allenfalls im Wege analoger Anwendung geschlossen werden. Der Wortlaut verlangt eine solche jedenfalls nicht. Es lässt sich insofern bezweifeln, ob die Vorschrift eine relevante Lücke aufweist, musste doch dem Normgeber bewusst gewesen sein, dass entsprechende mitgliedstaatliche Vorschriften bereits vorhanden sind – zumal im bislang gültigen Recht mit Art. 9 DS-RL eine weitgehend vergleichbare Öffnungsklausel enthalten war.[69] Da in jedem Fall redaktionelle Änderungen an den bestehenden Mediendatenschutzvorschriften erforderlich sein werden (s.u. Rn. 68 f.), stellt sich die Frage in der Praxis freilich nicht. Dadurch notwendige, künftige Änderungen der bestehenden 66

65 S. etwa Däubler/Klebe/Wedde/Weichert, *Wedde*, § 28 Rn. 15.
66 Vgl. bereits zu Art. 9 DS-RL *Ehmann/Helfrich*, Art. 9 Rn. 14; a.A. Paal/Pauly, *Pauly*, Art. 85 Rn. 9.
67 EuGH, Urt. v. 13.5.2014, Rs. C-131/12 (Google Spain).
68 Ähnlich Gola, *Pötters*, Art. 85 Rn. 17.
69 A.A. Roßnagel, *Hoidn*, § 4 Rn. 179; Paal/Pauly, *Pauly*, Art. 85 Rn. 11; Plath, *Grages*, Art. 85 Rn. 11, der zusätzlich die Frage aufwirft, ob bestehende Regeln generell neu erlassen werden müssen.

Sonderregeln sind in jedem Fall unverzüglich mitzuteilen, wobei unklar bleibt, welche Rechtsfolgen eine mangelnde Beachtung dieser Verpflichtung zeitigen könnte.[70]

C. Weitere Auswirkungen der Verordnung in der Praxis

I. Voraussichtliche Auswirkungen auf das nationale Recht

1. Verpflichtung, betroffene Grundrechte in Einklang zu bringen (Abs. 1)

67 Gesetzgeberischer Handlungsbedarf besteht nur, soweit das geltende Recht nicht in der Lage ist, den geforderten Ausgleich herzustellen. Der EuGH billigte den Mitgliedstaaten nach alter Rechtslage einen weiten Spielraum zu, der aber wiederum europarechtlich begrenzt und strukturiert ist.[71] Diese Überlegungen sind auch unter der DS-GVO weiterhin gültig, da sie sich nicht auf die Umsetzungsspielräume als solche beziehen, sondern auf den Ausgleich der betroffenen Grundrechte und -freiheiten. Den erforderlichen Ausgleich sollen auch unter der Verordnung die Mitgliedstaaten herstellen. Dass in den Mitgliedstaaten unterschiedliche Traditionen und verfassungsrechtliche Rahmenbedingungen herrschen, wird dabei für unterschiedliche Ergebnisse sorgen.

68 Ein Unterschied zur bisherigen Rechtslage in Deutschland besteht v.a. darin, dass im nationalen Recht zur Privilegierung bestimmter Verarbeitungszwecke letztlich formal mit Mediengattungen und insb. der Presse argumentiert wurde.[72] Insofern war bislang ein formales Verständnis vorherrschend, gemäß dem im Grundsatz unter den zu privilegierenden Presseunternehmen, Hersteller von Druckwerken im Sinne stofflich verkörperter Medien mit Vervielfältigungs- und Verbreitungspotential zu fassen waren.[73] Der Bundesgerichtshof deutete zwar bisweilen eine etwas funktionalere Interpretation an[74], gesetzlichen Niederschlag hat diese aber noch nicht gefunden. Insofern birgt der Anpassungsauftrag des Art. 85 Abs. 1 eine Chance, Medien-, Meinungs- und Informationsfreiheit in einen funktionaleren Ausgleich mit dem datenschutzgetriebenen Persönlichkeitsschutz zu bringen. Das nationale Recht muss sicherstellen, dass es bei Datenverarbeitungsvorgängen, die sich als Ausübung von Meinungs- oder Informationsfreiheit darstellen, jedenfalls zu einer Einzelfallabwägung kommt, so dass diese Freiheiten nicht unverhältnismäßig beschränkt werden.[75]

69 So eröffnet sich auch eine Möglichkeit für eine klarere Konturierung des Verhältnisses zwischen Datenschutzrecht und Äußerungsrecht (s. dazu bereits oben Rn. 36). Anzumerken ist, dass es bei einer Anwendung von Datenschutzrecht auch bei privilegierter Datenverarbeitung bleibt und es auch bei Gleichklang der Abwägungsregeln von Datenschutzrecht und Äußerungsrecht zu unterschiedlichen Entscheidungen in demselben Fall kommen kann.

2. Abweichungen oder Ausnahmen für spezifische Verarbeitungszwecke (Abs. 2)

70 Abs. 2 stellt klarer konturierte Vorgaben zur Art der Privilegierung auf, belässt aber ebenfalls weiten Gestaltungsspielraum für Mitgliedstaaten. Er konkretisiert deren Umfang für journalistische, wissenschaftliche, künstlerische und literarische Zwecke, lässt das Recht auf freie Meinungsäußerung und Informationsfreiheit aber dem Wortlaut nach jedenfalls im ersten Schritt außen vor.

71 Es ist allerdings kein Grund ersichtlich, warum diese Bestimmungen nur für die Regelbeispiele und nicht auch für die sonstigen unter Abs. 1 fallenden Zwecke herangezogen werden können sollen. So stellte auch noch der Rat in seinem Entwurf der Begründung auf eine einheitliche Rege-

---

70 Gola, *Pötters*, Art. 85 Rn. 18.
71 *Albrecht/Janson*, in: CR 2016, 500, 502; zur Rechtslage unter Art. 9 DS-RL EuGH, Urt. v. 6.11.2003, C-101-01 (Lindqvist), Slg. 2003, I-12971.
72 Vgl. Simitis, *Dix*, § 41 Rn. 9.
73 Löffler, *Schulz/Heilmann*, BT Mediendatenschutz Rn. 30.
74 Vgl. etwa BGH, NJW 2009, 2888, 2890, hinsichtlich einer Online-Bewertungsplattform.
75 Vgl. *Kühling/Martini et al.*, S. 290 ff., die nicht davon ausgehen, dass Anpassungsbedarf besteht.

lung ab.[76] Dass der Normtext nunmehr insofern redundant ist, erklärt sich dadurch, dass in einem früheren Entwurfsstadium ausschließlich der heutige Abs. 2 als Abs. 1 enthalten war.[77] Durch das Einfügen eines allgemeineren Absatzes sollte wohl gewährleistet werden, dass auch in den nicht spezifisch auf bspw. journalistische Zwecke bezogenen Fällen eine interessengerechte Lösung gefunden werden kann.

Ob die bereits bestehenden Sonderregelungen für Datenverarbeitungen zu journalistisch-redaktionellen Zwecken bestehen bleiben können, wird materiell i.E. jedenfalls nicht strenger zu beurteilen sein als noch unter Geltung des Art. 9 DS-RL. Bereits zu früheren Zeitpunkten regte sich insofern aber Kritik gegen die in §§ 41 BDSG, 57 RStV und zahlreichen Landespresse- und -mediengesetzen normierte weitgehende Entbindung der Medien von den Regeln des BDSG. Insb. wird die – bereits in der Gesetzesbegründung zu § 41 BDSG als Gegengewicht für wegfallenden gesetzlichen Datenschutz angeführte[78] – Selbstregulierung durch Verhaltenskodizes als nicht ausreichend angesehen.[79] Gerade die Verknüpfung der Privilegierung mit dem Erfordernis redaktioneller Strukturen und von Merkmalen journalistischer Arbeitsweisen in ihrem Anwendungsbereich, einschließlich der damit typischerweise verbunden Sorgfaltspflichten bei Recherche und Berichterstattung, kann jedoch durchaus als relevantes Merkmal dafür herangezogen werden, dass Datenschutz und Meinungs- sowie Informationsfreiheit in einen angemessen Ausgleich gebracht wurden. Dies muss zumal insofern gelten, als den Mitgliedstaaten von der DS-GVO bewusst ein breiter Einschätzungsspielraum eingeräumt wird, so dass inhaltlich kein zwingender Handlungsbedarf zur Anpassung der Rechtslage in Deutschland bestehen dürfte.[80] **72**

Das DSAnpUG-EU sieht keine besonderen, dem § 41 Abs. 1 BDSG entsprechenden Regelungen zur Sicherung von Meinungs- und Informationsfreiheit vor. Dies hat, wie die Begründung des DSAnpUG-EU ausführt,[81] kompetenzrechtliche Gründe – die zum Erlasszeitpunkt von § 41 Abs. 1 BDSG bestehende Rahmengesetzgebungskompetenz des Bundes für das Pressewesen ist zwischenzeitlich entfallen. Allerdings wären für die bislang in §§ 41 Abs. 2 und 3, 42 BDSG enthaltenen Datenschutzbestimmungen betreffend die Datenverarbeitung der Deutschen Welle Nachfolgebestimmungen bundesgesetzlich zu erlassen. **73**

Wollten die Landesgesetzgeber sich entscheiden, die bestehende Rechtslage beibehalten zu wollen – wovon die Gesetzesbegründung zum DSAnpUG-EU explizit ausgeht,[82] wären dennoch jedenfalls redaktionelle Anpassungen erforderlich. Die derzeit vorgesehenen Verweise auf §§ 5, 7 und 9 BDSG müssten entsprechend ersetzt werden, wobei sich vollständig deckungsgleiche Vorschriften in der DS-GVO jeweils nicht finden. Eine Pflicht zur Ergreifung technischer und organisatorischer Maßnahmen (bislang § 9 BDSG) ist nunmehr in Art. 24 sowie § 64 Abs. 3 BDSG-neu enthalten, (durchaus verschärfte) Haftungs- und Schadensersatzregelungen (bislang § 7 BDSG) in Art. 82 bzw. § 83 BDSG-neu, während eine Pflicht zur Verpflichtung von Mitarbeitern auf das Datengeheimnis (§ 5 BDSG) allenfalls implizit dem Art. 24 entnommen werden kann, allerdings in § 53 S. 2 BDSG-neu wieder aufgenommen ist. Auch der regelmäßig in den Mediendatenschutzvorschriften enthaltene Verweis auf § 38a BDSG, der eine Möglichkeit zum Erlass von Verhaltensregeln im Wege der Selbstregulierung vorsieht, welche von den Datenschutzaufsichtsbehörden geprüft werden konnten, wird künftig ins Leere führen. Insofern könnte das nach Art. 40, 41 vorgesehene Ko-Regulierungsregime zur Genehmigung von Verhaltensregeln für die Datenverarbeitung durch Medienschaffende, Wissenschaftler oder Künstler fruchtbar gemacht werden. Dabei ist jedoch darauf zu achten, dass die Überwachung der Verhaltensregeln durch die Aufsichtsbehörden als staatliches Element des Ko-Regulierungssystems nicht in die Kernbereiche der betroffenen Freiheiten eingreift. **74**

76 Entwurf des Rats, 5419/1/16 REV 1 ADD 1, Nr. 10.1
77 Art. 80 KOM-E; vgl. auch Entwurf zur ersten Lesung, A7-0402/2013, Änderungsantrag 189.
78 BT-Drs. 14/4329, S. 29 f.
79 S. zuletzt *Benecke/Wagner*, in: DVBl 2016, 600, 602 f. m.w.N.
80 Ebenso *Kühling/Martini et al.*, S. 295; sowie Roßnagel, *Hoidn*, § 4 Rn. 178.
81 BT-Drs. 18/11325, S. 79.
82 BT-Drs. 18/11325, S. 79.

II. Sanktionen

75 Art. 83 Abs. 5 lit. d GS-GVO bewehrt alle Verstöße gegen Pflichten gemäß den Rechtsvorschriften der Mitgliedstaaten, die i.R.d. Kap. IX, welches Art. 85 mit einschließt, erlassen wurden, mit einem Bußgeld bis zu 20.000.000 EUR oder im Fall eines Unternehmens von bis zu 4 % seines gesamten weltweit erzielten Jahresumsatzes des vorangegangenen Geschäftsjahrs. Grds. ergeben sich durch die gem. Art. 85 vorzusehenden Vorschriften datenschutzrechtliche Erleichterungen und Befreiungen, aber gerade keine Pflichten. Soweit privilegierende Vorschriften die Anwendbarkeit bestimmter Regeln der DS-GVO explizit anordnen – also gewissermaßen als Ausnahme von der Ausnahme i.S.v. Abs. 2 –, gelten die Bußgeldvorschriften des Art. 83, ohne dass es des Transmissionsriemens des Art. 83 Abs. 5 lit. d bedürfte. Stellt der nationale Gesetzgeber indes eigenständige Verpflichtungen für Datenverarbeiter auf, die – als Ersatz für wegfallende Betroffenenrechte – Datenschutz und Meinungs- oder Informationsfreiheit in Einklang bringen sollen, so ist deren Verletzung standardmäßig nach Art. 83 Abs. 5 lit. d bußgeldbewehrt.

76 Angesichts des Regelungsziels von Art. 85 fragt sich jedoch, ob es den Mitgliedstaaten nicht möglich sein sollte, eben diese Bußgeldbewehrung auszuschließen. Der sehr ausladende Bußgeldrahmen und dessen (potentielle) Ausschöpfung könnten sich schließlich gerade als Einschränkung grundrechtlich geschützter Freiheiten darstellen. Auch wenn Abs. 2 explizit keine Ausnahmen von Kap. VIII und damit Art. 83 vorsieht, können somit Meinungs- und Medienfreiheiten solche speziell für Medienschaffende wie Einzelpersonen erfordern, um Einschüchterungseffekte zu verhindern.[83] Abs. 1 bietet für solche Fälle das geeignete Instrumentarium, indem er unabhängig von den konkreten Ausnahmevorschriften des Abs. 2 die Herstellung von Einklang zwischen Datenschutz und Meinungsfreiheit ermöglicht.

III. Rechtsschutz

77 Kommen die Mitgliedstaaten als Normadressaten ihrem in Art. 85 spezifizierten Regelungsauftrag nicht oder unzureichend nach, steht das primärrechtliche Rechtsschutzinstrumentarium zur Geltendmachung von Versäumnissen zur Verfügung. So erschiene denkbar, dass die Kommission ein Vertragsverletzungsverfahren einleitet, weil ein Mitgliedstaat in seinem nationalen Recht eine vermeintlich zu weit gehende Privilegierung von Meinungsäußerungen vorsieht. Der Gerichtshof müsste dann abschließend über die Reichweite des Regelungsspielraums der nationalen Gesetzgeber im Spannungsfeld der betroffenen (europäischen) Grundrechte entscheiden.

78 Auf Abs. 1 oder 2 basierende Regelungen im mitgliedstaatlichen Datenschutzrecht können darüber hinaus auch inzident im Wege eines Vorabentscheidungsverfahrens überprüft werden. Denkbar ist etwa, dass im Verfahren eines Betroffenen gegen einen seine Daten Verarbeitenden die Vereinbarkeit von datenschutzrechtlichen Medienprivilegien mit Art. 85 bestritten wird.[84]

---

83 Tendenziell enger Paal/Pauly, *Pauly*, Art. 85 Rn. 9; Kühling/Buchner, *Buchner/Tinnefeld*, Art. 85 Rn. 30.
84 S. Ehmann/Selmayr, *Schiedermair*, Art. 85 Rn. 19.

Article 86

Processing and public access to official documents

Personal data in official documents held by a public authority or a public body or a private body for the performance of a task carried out in the public interest may be disclosed by the authority or body in accordance with Union or Member State law to which the public authority or body is subject in order to reconcile public access to official documents with the right to the protection of personal data pursuant to this Regulation.

Artikel 86

Verarbeitung und Zugang der Öffentlichkeit zu amtlichen Dokumenten

Personenbezogene Daten in amtlichen Dokumenten, die sich im Besitz einer Behörde oder einer öffentlichen Einrichtung oder einer privaten Einrichtung zur Erfüllung einer im öffentlichen Interesse liegenden Aufgabe befinden, können von der Behörde oder der Einrichtung gemäß dem Unionsrecht oder dem Recht des Mitgliedstaats, dem die Behörde oder Einrichtung unterliegt, offengelegt werden, um den Zugang der Öffentlichkeit zu amtlichen Dokumenten mit dem Recht auf Schutz personenbezogener Daten gemäß dieser Verordnung in Einklang zu bringen.

Recital

(154) [1]This Regulation allows the principle of public access to official documents to be taken into account when applying this Regulation. [2]Public access to official documents may be considered to be in the public interest. [3]Personal data in documents held by a public authority or a public body should be able to be publicly disclosed by that authority or body if the disclosure is provided for by Union or Member State law to which the public authority or public body is subject. [4]Such laws should reconcile public access to official documents and the reuse of public sector information with the right to the protection of personal data and may therefore provide for the necessary reconciliation with the right to the protection of personal data pursuant to this Regulation. [5]The reference to public authorities and bodies should in that context include all authorities or other bodies covered by Member State law on public access to documents. [6]Directive 2003/98/EC of the European Parliament and of the Council leaves intact and in no way affects the level of protection of natural persons with regard to the processing of personal data under the provisions of Union and Member State law, and in particular does not alter the obligations and rights set out in this Regulation. In particular, that Directive should not apply to documents to which access is excluded or restricted by virtue of the

Erwägungsgrund

(154) [1]Diese Verordnung ermöglicht es, dass bei ihrer Anwendung der Grundsatz des Zugangs der Öffentlichkeit zu amtlichen Dokumenten berücksichtigt wird. [2]Der Zugang der Öffentlichkeit zu amtlichen Dokumenten kann als öffentliches Interesse betrachtet werden. [3]Personenbezogene Daten in Dokumenten, die sich im Besitz einer Behörde oder einer öffentlichen Stelle befinden, sollten von dieser Behörde oder Stelle öffentlich offengelegt werden können, sofern dies im Unionsrecht oder im Recht der Mitgliedstaaten, denen sie unterliegt, vorgesehen ist. [4]Diese Rechtsvorschriften sollten den Zugang der Öffentlichkeit zu amtlichen Dokumenten und die Weiterverwendung von Informationen des öffentlichen Sektors mit dem Recht auf Schutz personenbezogener Daten in Einklang bringen und können daher die notwendige Übereinstimmung mit dem Recht auf Schutz personenbezogener Daten gemäß dieser Verordnung regeln. [5]Die Bezugnahme auf Behörden und öffentliche Stellen sollte in diesem Kontext sämtliche Behörden oder sonstigen Stellen beinhalten, die vom Recht des jeweiligen Mitgliedstaats über den Zugang der Öffentlichkeit zu Dokumenten erfasst werden. [6]Die Richtlinie 2003/98/EG des Europäischen Parlaments und des Rates lässt das Schutzniveau für natürliche Personen in Bezug auf die Verarbeitung personenbezogener Daten gemäß den Bestimmungen des Unionsrechts und des Rechts der Mitgliedstaaten unberührt und beeinträchtigt diesen in keiner Weise, und sie bewirkt insbe-

access regimes on the grounds of protection of personal data, and parts of documents accessible by virtue of those regimes which contain personal data the re-use of which has been provided for by law as being incompatible with the law concerning the protection of natural persons with regard to the processing of personal data.

sondere keine Änderung der in dieser Verordnung dargelegten Rechte und Pflichten. [7]Insbesondere sollte die genannte Richtlinie nicht für Dokumente gelten, die nach den Zugangsregelungen der Mitgliedstaaten aus Gründen des Schutzes personenbezogener Daten nicht oder nur eingeschränkt zugänglich sind, oder für Teile von Dokumenten, die nach diesen Regelungen zugänglich sind, wenn sie personenbezogene Daten enthalten, bei denen Rechtsvorschriften vorsehen, dass ihre Weiterverwendung nicht mit dem Recht über den Schutz natürlicher Personen in Bezug auf die Verarbeitung personenbezogener Daten vereinbar ist.

Literatur

Ehmann/Selmayr (Hrsg.), Datenschutz-Grundverordnung, 1. Auflage 2017, C.H. Beck München; *Gola (Hrsg.)*, Datenschutz-Grundverordnung, 1. Auflage 2017, C.H. Beck München; *Kühling/Buchner (Hrsg.)*, Datenschutz-Grundverordnung, 1. Auflage 2017, C.H. Beck München; *Kühling/Martini et al.*, Die Datenschutz-Grundverordnung und das nationale Recht, 1. Auflage 2016, MV-Wissenschaft Münster; *Löffler (Begr.), Sedelmeier/Burkhardt (Hrsg.)*, Presserecht, 6. Auflage 2015, C.H. Beck München; *Paal/Pauly (Hrsg.)*, Datenschutz-Grundverordnung, 1. Auflage 2017, C.H. Beck München; *Partsch*, Die neue Transparenzverordnung (EG) Nr. 1049/2001, in: NJW 2001, 3154; *Plath (Hrsg.)*, BDSG/DS-GVO, 2. Auflage 2016, Otto Schmidt Köln; *Schoch*, Informationsfreiheitsgesetz, 2. Auflage 2016, C.H. Beck München; *Wolff/Brink (Hrsg.)*, Beck'scher Online-Kommentar Datenschutzrecht, 20. Edition 2017, C.H. Beck München.

Bedeutung der Norm

Die Vorschrift ermöglicht es Mitgliedstaaten und EU-Normgebern, der Öffentlichkeit Zugang zu amtlichen Dokumenten zu gewähren, ohne sich dabei in einen grundsätzlichen Konflikt mit den Regeln der DS-GVO zu begeben.

Hinweise für den Anwender

Zur Definition der nicht näher bestimmten Begriffe in der Norm kann sich vergleichend an den Begriffsbestimmungen in Art. 2 RL 2003/98/EG und der VO 1049/2001 orientiert werden.

Für die Auslegung der Norm relevante Erwägungsgründe:

- EG 154.

Systematische Einordnung der Norm innerhalb der DS-GVO:

- Die Norm befindet sich in Kapitel IX (Vorschriften für besondere Verarbeitungssituationen) und ermöglicht eine konkretisierende Normierung durch die Mitgliedstaaten. Sie stellt eine „spezifischere Bestimmung" im Sinne des Art. 6 Abs. 2 dar.

Vorgängernorm der RL 95/46:

- keine, vgl. aber den dortigen EG 72.

Schlagworte

Informationsfreiheit, Zugang zu amtlichen Dokumenten, Öffnungsklausel, Transparenzgebot, Demokratieprinzip

A. Allgemeines

I. Regelungszweck

Die Norm erlaubt es den Mitgliedstaaten, die Heraus- und Weitergabe von Daten in öffentlichen Dokumenten auf der Grundlage nationaler Rechtsvorschriften zuzulassen oder zu beschränken. Es handelt sich um eine fakultative Öffnungsklausel, die die Mitgliedstaaten nicht dazu zwingt, eine Regelung zu treffen, diese Möglichkeit jedoch eröffnet.[1] 1

Sie dient dazu, das Interesse der Öffentlichkeit am Zugang zu amtlichen Dokumenten und die Weiterverwendung von Informationen des öffentlichen Sektors mit dem Recht auf Schutz personenbezogener Daten in Einklang bringen zu können. Danach soll der Datenschutz (jedenfalls nicht im Grundsatz) die Bedeutung von öffentlich verfügbaren Informationen im demokratisch verfassten Rechtsstaat[2] konterkarieren, insb. im Hinblick auf Partizipation der Bürger sowie Effizienz, Verantwortung und Legitimation der Verwaltung.[3] 2

II. Normadressaten

Die Vorschrift richtet sich zunächst an die Normgeber auf EU- und Mitgliedstaatsebene, denen im Wege einer Öffnungsklausel der Auftrag erteilt wird, in ihrer jeweiligen Rechtssetzung das Interesse der Öffentlichkeit am Zugang zu amtlichen Dokumenten mit dem Recht auf Schutz personenbezogener Daten nach der DS-GVO in Einklang zu bringen. Enthält das Unionsrecht oder das mitgliedstaatliche Recht keine aufgrund der Öffnungsklausel zulässigen Regelungen, bleibt Art. 86 ohne Wirkung. 3

Ist der Normgeber jedoch tätig geworden, richtet sich Art. 86 mittelbar auch an „Behörden, öffentliche Einrichtungen oder private Einrichtungen zur Erfüllung einer im öffentlichen Interesse liegenden Aufgabe", denen eine Herausgabe amtlicher Dokumente gestattet wird. Sie werden durch Art. 86 i.V.m. der relevanten unionsrechtlichen oder mitgliedstaatlichen Norm von der Pflicht entbunden, die Herausgabe und Veröffentlichung amtlicher Informationen unmittelbar an den Vorschriften der DS-GVO zu messen. 4

III. Systematik

Die Öffnungsklausel des Art. 86 kann als eine Ausformung der durch Art. 6 Abs. 1 lit. c und e, 2 bis 4 und durch Art. 9 Abs. 2 lit. g eröffneten Befugnissen der Union und der Mitgliedstaaten, im öffentlichen Interesse liegende Datenverarbeitungen zu regeln, angesehen werden.[4] 5

Die im Normtext explizit vorgesehene Möglichkeit, Zugang zu amtlichen Dokumenten zu gewähren, hat Bezüge zu einer Vielzahl verschiedener Vorschriften des EU-Primär- und -Sekundärrechts sowie des mitgliedstaatlichen Informationsfreiheitrechts. 6

Zu nennen sind dabei zunächst die primärrechtlichen Transparenzvorgaben in Art. 15 Abs. 3 AEUV sowie das Unionsgrundrecht des Art. 42 GRCh, die dem Unionsbürger und der Öffentlichkeit allgemein einen grds. Anspruch auf Zugang zu amtlichen Dokumenten zubilligen. 7

1 *Kühling/Martini et al.*, S. 296; Paal/Pauly, *Pauly*, Art. 86 Rn. 1; Wolff/Brink, *Schiedermair*, Art. 86 DS-GVO Rn. 2; Kühling/Buchner, *Herbst*, Art. 86 Rn. 3.
2 S. dazu näher *Partsch*, in: NJW 2001, 3154, 3155; ausführlich Löffler, *Burkhardt*, § 4 LPG Rn. 25 ff.
3 S.a. EG 2 der VO 1049/2001.
4 Vgl. Wolff/Brink, *Schiedermair*, Art. 86 Rn. 3.

8 Sekundärrechtlich konkretisiert dies die Transparenzverordnung 1049/2001, gemäß der eine Verweigerung der Dokumentherausgabe auf Gründe der „Privatsphäre und Integrität des Einzelnen" (s. Art. 4 Abs. 1 lit. b VO 1049/2001) gestützt werden kann. Diese findet für Dokumentenherausgabeansprüche gegenüber EU-Institutionen Anwendung, für deren Datenverarbeitung im Grundsatz ohnehin nicht die DS-GVO, sondern weiterhin (s. Art. 2 Abs. 3 S. 1 DS-GVO) die VO 45/2001 gilt, die allerdings an die Vorgaben der DS-GVO anzupassen sein wird (s. EG 17 DS-GVO).

9 Daneben existieren die RL 2003/98/EG über die Weiterverwendung von Informationen des öffentlichen Sektors sowie verschiedene sektorspezifische Normen, die Ansprüche auf Informationszugang verleihen (bspw. die Umweltinformations-RL 2003/4/EG oder die RL 2007/2/EG v. 14.3.2007 zur Schaffung einer Geodateninfrastruktur in der Europäischen Gemeinschaft (INSPIRE)). Hinsichtlich der Regeln der RL 2003/98/EG ist zum einen zu bemerken, dass sie selbst keinen eigenständigen Anspruch auf Informationszugang konstituieren. Zum anderen wird in EG 154 S. 6 ein genereller Vorrang des Schutzes personenbezogener Daten durch die DS-GVO postuliert, der von der RL 2003/98/EG nicht tangiert werden soll. Die genannten Richtlinienvorgaben waren wiederum in mitgliedstaatliches Recht umzusetzen (s. etwa das Umweltinformationsgesetz sowie das Geodatenzugangsgesetz oder das Informationsweiterverwendungsgesetz).

10 Nicht durchgängig EU-rechtlich determiniert gewähren darüber hinaus (allgemeine) Informationszugangsgesetze von Bund und Ländern Ansprüche auf Offenlegung amtlicher Dokumente. Jeweils finden sich dort in aller Regel auch Vorschriften, die den potenziellen Konflikt zwischen dem Schutz personenbezogener Daten in amtlichen Dokumenten thematisieren und zumeist im Wege einer Interessenabwägung auflösen, so etwa in § 5 (Bundes-)Informationsfreiheitsgesetz (IFG), § 9 Abs. 1 S. 1 Nr. 1 Umweltinformationsgesetz oder § 12 Abs. 2 Geodatenzugangsgesetz (i.V.m. § 9 Umweltinformationsgesetz).

IV. Entstehungsgeschichte

11 In der DS-RL war eine dem Art. 86 entsprechende Öffnungsklausel nicht vorgesehen und aufgrund des Richtliniencharakters auch nicht notwendig. Insofern wies aber EG 72 DS-RL eindeutig darauf hin, dass bei der Umsetzung der DS-RL in nationales Recht Zugangsansprüche zu amtlichen Dokumenten gewährleistet werden konnten.

12 Auch der Kommissionsentwurf der DS-GVO sah keine ausdrückliche Ausnahmevorschrift vor. Lediglich EG 18 KOM-E stellte klar, dass bei der Anwendung der Vorschriften der DS-GVO der Grundsatz des Zugangs der Öffentlichkeit zu amtlichen Dokumenten berücksichtigt werden solle.

13 Erst das Europäische Parlament schlug die Aufnahme einer konkreten Öffnungsklausel vor. Die „öffentliche Kontrolle über öffentliche Angelegenheiten" dürfe „nicht durch Datenschutzbestimmungen unangemessen behindert" werden[5].

14 Der Rat veränderte und ergänzte die Vorschrift schließlich geringfügig zu ihrer jetzigen Form. Darüber hinaus enthielt der Ratsentwurf vom 15.6.2015 eine zusätzliche Vorschrift (Art. 80a Rat-E), die neben „amtlichen Dokumenten" auch „Informationen des öffentlichen Sektors" behandelte und eine Weiterverwendung solcher öffentlichen Informationen ermöglichen sollte. Diese wurde jedoch nicht in die endgültige Fassung übernommen. Stattdessen stellt EG 154 S. 4 klar, dass die Weiterverwendung von Informationen des öffentlichen Sektors im Einklang mit den Bestimmungen der DS-GVO geschehen muss.

5 Europäisches Parlament, Plenarsitzungsdokument A7-0402/2013, Änderungsantrag 401 der Stellungnahme des Ausschusses für Beschäftigung und soziale Angelegenheiten.

B. Inhalt der Regelung

Die Artikelüberschrift spricht von „Zugang", in der Norm selbst wird dagegen der weitergehende Begriff der „Offenlegung" verwendet. Deswegen können entsprechend Art. 6 Abs. 2 und 3 spezifische Bestimmungen neben reaktiven Zugangsansprüchen auch eine proaktive Publikationsmöglichkeit oder sogar -pflicht vorsehen.[6] Dieses Verständnis entspricht dem aktuellen Trend, die klassischen Informationsfreiheitsgesetze zu Transparenzgesetzen auszuweiten (s. etwa das Hamburgische Transparenzgesetz und das Landestransparenzgesetz Rheinland-Pfalz) und frei abrufbare Online-Datenbanken einzuführen.[7] 15

Die konkrete Bestimmung der Regelungsobjekte, also der Dokumente, für deren Offenlegung Art. 86 eine Öffnungsklausel schafft, ebenso wie der verpflichteten Stellen wird letztlich Gegenstand der Informationsrechtsnormen auf EU- oder nationaler Ebene sein. In der DS-GVO sind die entsprechenden Begriffe jedenfalls nicht näher definiert, und es liegt auch in der Natur der Öffnungsklausel, dass den Normgebern ein erheblicher Gestaltungsspielraum zukommt.[8] EG 154 bestimmt, dass alle nach nationalem Recht zum Dokumentzugang verpflichteten Stellen von Art. 86 erfasst werden sollen, weshalb eine genaue tatbestandliche Zuordnung bei zweifelsfreier Subsumtion unter die Zugangsrechte des Mitgliedsstaats obsolet wird.[9] Speziell wo eine EU-rechtliche Determinierung der gewählten Begriffe fehlt, steht es somit den Mitgliedstaaten frei, Informationszugangsrechte in weitem Umfang zu definieren, ohne von vornherein in Konflikt mit den Anforderungen der DS-GVO zu geraten. 16

Regelungsobjekte sind zunächst Dokumente, für deren Definition sich ein Vergleich mit Art. 42 GRCh oder EU-Sekundärrecht anbietet. Die Legaldefinition des Art. 3 lit. a VO 1049/2001 versteht unter Dokumenten „Inhalte unabhängig von der Form des Datenträgers (auf Papier oder in elektronischer Form, Ton-, Bild- oder audiovisuelles Material)". Die Richtlinie über die Weiterverwendung von Informationen des öffentlichen Sektors (RL 2003/98/EG), auf die der EG 154 verweist, definiert den Begriff gleich, wobei unter lit. b klargestellt wird, dass auch ein beliebiger Teil solchen Inhalts ein Dokument im Sinne der Norm darstellt.[10] Konkrete Anforderungen an die amtliche Eigenschaft eines Dokuments stellt die DS-GVO nicht, auch insofern verbleibt den Normgebern also hinreichend Definitionsspielraum. Als Minimum wird jedoch ein Zusammenhang der betroffenen Dokumente mit der öffentlichen Funktion der offenlegenden Einrichtung bestehen müssen. Dies kommt im Merkmal „amtlich" zum Ausdruck: Da ohnehin gefordert wird, die Dokumente müssten im Besitz der adressierten Stelle sein, kann sich das Merkmal sinnvollerweise nur auf deren amtliche Herkunft beziehen.[11] 17

(Potenzielle) Regelungsadressaten sind zunächst genuin öffentliche Einrichtungen einschließlich Behörden. Hierunter können in Übereinstimmung mit dem Begriff der „Einrichtung des öffentlichen Rechts" gem. Art. 2 Nr. 2 RL 2003/98/EG Einrichtungen verstanden werden, die zu dem besonderen Zweck gegründet wurden, im Allgemeininteresse liegende Aufgaben zu erfüllen, die nicht gewerblicher Art sind, Rechtspersönlichkeit besitzen und überwiegend staatlich finanziert werden oder auf die anderweitig bestimmender Einfluss von Seiten des Staates ausgeübt werden kann. Daneben werden auch jegliche privaten Einrichtungen erfasst, die eine unmittelbar im öffentlichen Interesse liegende Aufgabe erfüllen. Über die Konstellation der Beleihung[12] Privater hinaus ließen sich hierunter auch nicht hoheitlich tätige Unternehmen der Daseinsfürsorge verstehen, so dass Informationszugangsbegehren gegenüber bspw. Energieversorgungsunternehmen jedenfalls nicht durch die DS-GVO ausgeschlossen werden. Es handelt sich insofern um eine 18

6 So auch Plath, *Grages*, Art. 86 DS-GVO Rn. 2; Wolff/Brink, *Schiedermair*, Art. 86 DS-GVO Rn. 3; vgl. Gola, *Piltz*, Art. 86 Rn. 13.
7 Vgl. Plath, *Grages*, Art. 86 DS-GVO Rn. 2.
8 Vgl. *Kühling/Martini et al.*, S. 296.
9 Kühling/Buchner, *Herbst*, Art. 86 Rn. 21.
10 Vgl. Paal/Pauly, *Pauly*, Art. 86 Rn. 4.
11 Kühling/Buchner, *Herbst*, Art. 86 Rn. 12; a.A. Ehmann/Selmayr, *Ehmann*, Art. 86 Rn. 7.
12 Dazu Paal/Pauly, *Pauly*, Art. 86 Rn. 7; Wolff/Brink, *Schiedermair*, Art. 86 DS-GVO Rn. 4.

bemerkenswert weit formulierte Ausnahme, jedenfalls wenn der „amtliche" Charakter der herauszugebenden Dokumente angepasst an jegliche im öffentlichen Interesse liegende Aufgabe ausgelegt wird. Dem entspricht es im Grundsatz, dass auch fiskalisches behördliches Handeln als „amtlich" im Sinne des § 2 Nr. 1 IFG eingestuft wird.[13]

19 Schließlich verhält sich die Vorschrift auch nicht explizit dazu, in welcher Form der Einklang zwischen öffentlichen Informationsinteressen und dem Schutz von Betroffenendaten herzustellen ist. Mit der Formulierung des Rechts auf Schutz personenbezogener Daten „gemäß dieser Verordnung" wird zum Ausdruck gebracht, dass die den Zugang vermittelnden Rechtsgrundlagen das Mindestniveau der DS-GVO wahren müssen.[14] (Teil-)Ausnahmen von den Regelungen der DS-GVO, wie sie etwa nach Art. 85 Abs. 2 explizit möglich sind, können i.R.d. Art. 86 nicht vorgesehen werden.[15] Dem Abwägungsgebot wird im Einzelfall etwa dadurch entsprochen werden können, dass Dokumente nur teilweise oder anonymisiert zugänglich gemacht werden.[16] Jedenfalls die im deutschen Informationsfreiheitsrecht gewählte Option einer durch die Behörde im konkreten Einzelfall durchzuführenden Interessenabwägung dürfte den Anforderungen von Art. 86 genügen.

C. Weitere Auswirkungen der Verordnung in der Praxis

I. Voraussichtliche Auswirkungen auf das nationale Recht

20 Aus Art. 86 erwächst nach dem Vorstehenden – abgesehen von einzelnen notwendigen redaktionellen Änderungen[17] – unmittelbar kein Regelungsbedarf für das deutsche Recht. Die erlassenen Informationsfreiheits- und Transparenzgesetze beinhalten im Grundsatz adäquate Regelungen zum Schutz personenbezogener Daten.[18]

21 Dementsprechend findet sich im DSAnpUG-EU keine Norm, die speziell den Datenschutz bei der Offenlegung amtlicher Informationen betrifft, sondern lediglich die allgemeine, §§ 15, 16 BDSG entsprechende Regelung zur Übermittlung personenbezogener Informationen durch öffentliche Stellen an nicht-öffentliche Stellen in § 25 Abs. 2 BDSG-neu. Gegenüber diesem stellen die Datenschutzbestimmungen in den Informations- und Transparenzgesetzen wie § 5 IFG jeweils die *lex specialis* dar.[19]

II. Sanktionen

22 Art. 86 ist der Gedanke immanent, dass Datenschutzinteressen bei der Herausgabe von amtlichen Dokumenten gewahrt werden müssen. Er überantwortet jedoch die Aufgabe, den Konflikt mit Transparenzinteressen aufzulösen, im Grundsatz den Regelungsgebern der entsprechenden Materien. Vor diesem Hintergrund ist auch die in Art. 83 Abs. 5 lit. d vorgesehene Verhängung von Bußgeldern für die Verletzung von „Pflichten gemäß den Rechtsvorschriften der Mitgliedstaaten, die im Rahmen des Kapitels IX erlassen wurden" zu betrachten. Verstöße (prinzipiell) offenlegungsbefugter Behörden bspw. gegen § 5 IFG könnten danach mit einem Bußgeld unter der DS-GVO geahndet werden.[20] Dem Charakter von Art. 86 als fakultative wie vollständige Öffnungsklausel entspräche es indes wohl eher, solche mitgliedstaatlichen Regelungen als nicht „im Rahmen des Kapitels IX" erlassen anzusehen. Es erscheint auch systematisch überzeugender,

---

13 So VG Berlin, ZUM 2008, 353, 355.
14 Paal/Pauly, *Pauly*, Art. 86 Rn. 8; vgl. Kühling/Buchner, *Herbst*, Art. 86 Rn. 23; Ehmann/Selmayr, *Ehmann*, Art. 86 Rn. 11.
15 Kühling/Buchner, *Herbst*, Art. 86 Rn. 23.
16 Wolff/Brink, *Schiedermair*, Art. 86 DS-GVO Rn. 6.
17 So etwa, wenn Informationsfreiheitsgesetze auf das BDSG verweisen, wie in § 5 Abs. 1 S. 2 IFG, s. dazu Kühling/Buchner, *Herbst*, Art. 86 Rn. 24.
18 So auch *Kühling/Martini et al.*, S. 297.
19 S. Wolff/Brink, *Schiedermair*, IFG Rn. 20, und die Gesetzesbegründung zu § 5 IFG, BT-Drs. 15/4493, S. 13.
20 S. Plath, *Grages*, Art. 86 DS-GVO Rn. 5.

demgemäß nicht nur die materiellen Regelungen des Konfliktausgleichs zwischen Transparenzinteresse und Datenschutz, sondern auch etwaige damit verbundene Sanktionen und ihre prozedurale Durchsetzung dem unmittelbaren Regelungsbereich der DS-GVO zu entziehen, nicht zuletzt um Kompetenzkonflikten vorzubeugen. Zwingend wäre eine solche Lösung jedoch nicht, und es wird sich zeigen, ob die Mitgliedstaaten insofern von der in Art. 83 Abs. 7 eröffneten Möglichkeit Gebrauch machen werden, auch Behörden und andere öffentliche Stellen einem Bußgeldregime zu unterwerfen. Nach § 43 Abs. 3 BDSG-neu ist dies allerdings explizit nicht vorgesehen.

Article 87

Processing of the national identification number

[1]Member States may further determine the specific conditions for the processing of a national identification number or any other identifier of general application. [2]In that case the national identification number or any other identifier of general application shall be used only under appropriate safeguards for the rights and freedoms of the data subject pursuant to this Regulation.

Artikel 87

Verarbeitung der nationalen Kennziffer

[1]Die Mitgliedstaaten können näher bestimmen, unter welchen spezifischen Bedingungen eine nationale Kennziffer oder andere Kennzeichen von allgemeiner Bedeutung Gegenstand einer Verarbeitung sein dürfen. [2]In diesem Fall darf die nationale Kennziffer oder das andere Kennzeichen von allgemeiner Bedeutung nur unter Wahrung geeigneter Garantien für die Rechte und Freiheiten der betroffenen Person gemäß dieser Verordnung verwendet werden.

▶ Bedeutung der Norm

Die Norm regelt die Möglichkeit, Regelungen zur Verarbeitung nationaler Kennziffern auf nationaler Ebene zu treffen, vorausgesetzt die Rechte und Freiheiten der Betroffenen werden durch geeignete Maßnahmen garantiert.

▶ Hinweise für den Anwender

Für die Norm relevante Definitionen:
- Definition von Verarbeitung in Art. 4 Nr. 2 (im Englischen: „processing").
- Öffnungsklauseln: Die Mitgliedstaaten können gemäß Art. 87 im nationalen Recht die Verarbeitung nationaler Kennzeichen regeln.
- Geldbuße: Geldbuße bei Verstoß gegen Rechtsvorschriften der Mitgliedsstaaten gemäß Art. 83 Abs. 5 lit. d: maximal 20.000.000 € oder im Falle eines Unternehmens 4 % des gesamten weltweit erzielten Umsatzes des Vorjahres.

Systematische Einordnung der Norm innerhalb der DS-GVO:
- Die Regelung ist Teil der in Kapitel IX geregelten Vorschriften für besondere Verarbeitungssituationen und enthält als Öffnungsklausel eine Regelungsoption zugunsten der Mitgliedstaaten. D.h. die Mitgliedstaaten können, müssen aber keine nationale Regelung erlassen.

Vorgängernormen der RL 95/46:
- Art. 8 Abs. 7 DS-RL.

▶ Schlagworte

Fakultative Öffnungsklausel, nationale Kennziffer, Kennzeichen, geeignete Garantien für die Rechte und Freiheiten der Betroffenen, Geldbuße

---

A. Allgemeines

I. Regelungszweck

Mit der Regelung soll sichergestellt werden, dass die Verarbeitung von nationalen Kennziffern nur erfolgt, wenn ein Mindestschutz für die Rechte der Betroffenen gewährleistet wird. 1

II. Normadressaten

1. Mitgliedstaaten

Die fakultative Öffnungsklausel des Art. 87 wendet sich an die Mitgliedstaaten und erlaubt ihnen, die Verarbeitung von nationalen Kennziffern und anderen Kennzeichen von allgemeiner Bedeutung näher zu regeln. 2

2. Betroffene

Die Regelungsoption zugunsten der Mitgliedstaaten wird dadurch begrenzt, dass die Rechte und Freiheiten der Betroffenen gemäß der DS-GVO gewahrt bleiben müssen. 3

III. Entstehungsgeschichte

1. Bisherige europäische Vorgaben

Mit Art. 8 Abs. 7 DS-RL existiert bereits eine Regelung, nach der die Mitgliedstaaten die Bedingungen einer Verarbeitung nationaler Kennziffern oder anderer Kennzeichen regeln dürfen. Die bisherige Regelung sieht jedoch kein Mindestschutzniveau vor, wie nun aber die DS-GVO. 4

2. Bisherige nationale Vorgaben

Es existiert weder eine nationale Vorgabe im Bundesdatenschutzgesetz noch in den Landesdatenschutzgesetzen. Bereichsspezifisch existiert mit dem Personalausweisgesetz eine datenschutzrechtliche Regelung. Gemäß § 14 PAuswG darf die Erhebung und Verwendung personenbezogener Daten aus dem Ausweis ausschließlich zur Identitätsfeststellung durch berechtigte Behörden erfolgen. 5

B. Inhalt der Regelung

I. Verarbeitung nationaler Kennziffern

Wie auch schon unter der DS-RL dürfen auch unter der DS-GVO nationale Kennziffern, wie bspw. die Personalausweis-, die Steueridentifikations- oder Sozialversicherungsnummer, oder andere Kennzeichen von allgemeiner Bedeutung Gegenstand einer Verarbeitung sein. Insoweit hat die Regelung klarstellende Bedeutung. Soweit der nationale Gesetzgeber von der gewährten Regelungsoption Gebrauch macht und die Verarbeitung näher spezifiziert, muss er für die Betroffenen gleichzeitig einen Mindestschutz garantieren. 6

II. Mindestschutzgarantie

Derartige nationale Kennziffern können datenschutzrechtlich kritisch sein, da sie das Aggregieren unterschiedlichster Daten ermöglichen, was in der Erstellung von Persönlichkeitsprofilen münden kann. Die nähere Ausgestaltung der Verarbeitung von nationalen Kennziffern oder anderen Kennzeichen ist daher nur zulässig, wenn gleichzeitig die aufgrund der Verordnung gewährten Rechte und Freiheiten für die Betroffenen gewahrt werden. Die Rechte der Betroffenen sind in Art. 12 bis 22 und in Art. 34 geregelt. Der Mitgliedstaat muss somit auf nationaler Ebene sicherstellen, dass jede Verarbeitung die aufgrund der DS-GVO gewährten Rechte und Freiheiten als Mindestschutzstandard beachtet. Der hierzu verwendete Begriff der „geeigneten Garantien" 7 für die Rechte und Freiheiten des Betroffenen findet sich in einem ähnlichen Verwendungszusammenhang z.B. auch in Art. 6 Abs. 4 lit. e, Art. 9 Abs. 2 lit. b und d, Art. 10, Art. 13 Abs. 1 lit. f, Art. 14 Abs. 1 lit. f und Abs. 5 lit. b, Art. 15 Abs. 2, Art. 40 Abs. 3, 5, 7 und 8, Art. 89 Abs. 1 und zahlreichen weiteren Normen der DS-GVO. Die Öffnungsklausel setzt dem nationalen Gesetzgeber letztlich wieder enge Grenzen, indem die von der DS-GVO gewährten Rechte und Freiheiten weiterhin zu berücksichtigen sind.

C. Weitere Auswirkungen der Verordnung in der Praxis

I. Voraussichtliche Auswirkungen auf das nationale Recht

8 Sofern der nationale Gesetzgeber spezielle Regelungen für die Verarbeitung nationaler Kennziffern vorhält, muss er sicherstellen, dass diese Regelungen geeignete Garantien für die Rechte und Freiheiten der betroffenen Personen vorsehen. Der deutsche Gesetzgeber hat von der Öffnungsklausel des Art. 87 noch keinen Gebrauch gemacht (Stand: 17.7.2017).

II. Sanktionen

9 Verstöße gegen nationale Regelungen können gemäß Art. 83 Abs. 5 lit. d durch die Datenschutzaufsichtsbehörden mit Geldbußen von bis zu 20 Mio. € oder im Falle eines Unternehmens mit bis zu 4 % des gesamten weltweit erzielten Jahresumsatzes des vorangegangenen Geschäftsjahrs geahndet werden.

Article 88

Processing in the context of employment

(1) Member States may, by law or by collective agreements, provide for more specific rules to ensure the protection of the rights and freedoms in respect of the processing of employees' personal data in the employment context, in particular for the purposes of the recruitment, the performance of the contract of employment, including discharge of obligations laid down by law or by collective agreements, management, planning and organisation of work, equality and diversity in the workplace, health and safety at work, protection of employer's or customer's property and for the purposes of the exercise and enjoyment, on an individual or collective basis, of rights and benefits related to employment, and for the purpose of the termination of the employment relationship.

(2) These rules shall include suitable and specific measures to safeguard the data subject's human dignity, legitimate interests and fundamental rights, with particular regard to the transparency of processing, the transfer of data within a group of undertakings or group of entreprises engaged in a joint economic activity and monitoring systems at the work place.

(3) Each Member State shall notify to the Commission those provisions of its law which it adopts pursuant to paragraph 1, by (...) and, without delay, any subsequent amendment affecting them.

Recital

(155) Member State law or collective agreements (including 'works agreements') may provide for specific rules on the processing of employees' personal data in the employment context, in particular for the conditions under which personal data in the employment context may be processed on the basis of the consent of the employee, the purposes of the re-

Artikel 88

Datenverarbeitung im Beschäftigungskontext

(1) Die Mitgliedstaaten können durch Rechtsvorschriften oder durch Kollektivvereinbarungen spezifischere Vorschriften zur Gewährleistung des Schutzes der Rechte und Freiheiten hinsichtlich der Verarbeitung personenbezogener Beschäftigtendaten im Beschäftigungskontext, insbesondere für Zwecke der Einstellung, der Erfüllung des Arbeitsvertrags einschließlich der Erfüllung von durch Rechtsvorschriften oder durch Kollektivvereinbarung en festgelegten Pflichten, des Managements, der Planung und der Organisation der Arbeit, der Gleichheit und Diversität am Arbeitsplatz, der Gesundheit und Sicherheit am Arbeitsplatz, des Schutzes des Eigentums der Arbeitgeber oder der Kunden sowie für Zwecke der Inanspruchnahme der mit der Beschäftigung zusammenhängenden individuellen oder kollektiven Rechte und Leistungen und für Zwecke der Beendigung des Beschäftigungsverhältnisses vorsehen.

(2) Diese Vorschriften umfassen angemessenen und besondere Maßnahmen zur Wahrung der menschlichen Würde, der berechtigten Interessen und der Grundrechte der betroffenen Person, insbesondere im Hinblick auf die Transparenz der Verarbeitung, die Übermittlung personenbezogener Daten innerhalb einer Unternehmensgruppe oder einer Gruppe von Unternehmen, die eine gemeinsame Wirtschaftstätigkeit ausüben, und die Überwachungssysteme am Arbeitsplatz.

(3) Jeder Mitgliedstaat teilt der Kommission bis zum ...[*zwei Jahre nach dem Inkrafttreten dieser Verordnung*] die Rechtsvorschriften, die er aufgrund von Absatz 1 erlässt, sowie unverzüglich alle späteren Änderungen dieser Vorschriften mit.

Erwägungsgrund

(155) Im Recht der Mitgliedstaaten oder in Kollektivvereinbarungen (einschließlich ‚Betriebsvereinbarungen') können spezifische Vorschriften für die Verarbeitung personenbezogener Beschäftigtendaten im Beschäftigungskontext vorgesehen werden, und zwar insbesondere Vorschriften über die Bedingungen, unter denen personenbezogene Daten im Beschäfti-

cruitment, the performance of the contract of employment, including discharge of obligations laid down by law or by collective agreements, management, planning and organisation of work, equality and diversity in the workplace, health and safety at work, and for the purposes of the exercise and enjoyment, on an individual or collective basis, of rights and benefits related to employment, and for the purpose of the termination of the employment relationship.

gungskontext auf der Grundlage der Einwilligung des Beschäftigten verarbeitet werden dürfen, über die Verarbeitung dieser Daten für Zwecke der Einstellung, der Erfüllung des Arbeitsvertrags einschließlich der Erfüllung von durch Rechtsvorschriften oder durch Kollektivvereinbarungen festgelegten Pflichten, des Managements, der Planung und der Organisation der Arbeit, der Gleichheit und Diversität am Arbeitsplatz, der Gesundheit und Sicherheit am Arbeitsplatz sowie für Zwecke der Inanspruchnahme der mit der Beschäftigung zusammenhängenden individuellen oder kollektiven Rechte und Leistungen und für Zwecke der Beendigung des Beschäftigungsverhältnisses.

§ 26 BDSG-neu

Datenverarbeitung für Zwecke des Beschäftigungsverhältnisses

(1) Personenbezogene Daten von Beschäftigten dürfen für Zwecke des Beschäftigungsverhältnisses verarbeitet werden, wenn dies für die Entscheidung über die Begründung eines Beschäftigungsverhältnisses oder nach Begründung des Beschäftigungsverhältnisses für dessen Durchführung oder Beendigung oder zur Ausübung oder Erfüllung der sich aus einem Gesetz oder einem Tarifvertrag, einer Betriebs- oder Dienstvereinbarung (Kollektivvereinbarung) ergebenden Rechte und Pflichten der Interessenvertretung der Beschäftigten erforderlich ist. Zur Aufdeckung von Straftaten dürfen personenbezogene Daten von Beschäftigten nur dann verarbeitet werden, wenn zu dokumentierende tatsächliche Anhaltspunkte den Verdacht begründen, dass die betroffene Person im Beschäftigungsverhältnis eine Straftat begangen hat, die Verarbeitung zur Aufdeckung erforderlich ist und das schutzwürdige Interesse der oder des Beschäftigten an dem Ausschluss der Verarbeitung nicht überwiegt, insbesondere Art und Ausmaß im Hinblick auf den Anlass nicht unverhältnismäßig sind.

(2) Erfolgt die Verarbeitung personenbezogener Daten von Beschäftigten auf der Grundlage einer Einwilligung, so sind für die Beurteilung der Freiwilligkeit der Einwilligung insbesondere die im Beschäftigungsverhältnis bestehende Abhängigkeit der beschäftigten Person sowie die Umstände, unter denen die Einwilligung erteilt worden ist, zu berücksichtigen. Freiwilligkeit kann insbesondere vorliegen, wenn für die beschäftigte Person ein rechtlicher oder wirtschaftlicher Vorteil erreicht wird oder Arbeitgeber und beschäftigte Person gleichgelagerte Interessen verfolgen. Die Einwilligung bedarf der Schriftform, soweit nicht wegen besonderer Umstände eine andere Form angemessen ist. Der Arbeitgeber hat die beschäftigte Person über den Zweck der Datenverarbeitung und über ihr Widerrufsrecht nach Artikel 7 Absatz 3 der Verordnung (EU) 2016/679 in Textform aufzuklären.

(3) Abweichend von Artikel 9 Absatz 1 der Verordnung (EU) 2016/679 ist die Verarbeitung besonderer Kategorien personenbezogener Daten im Sinne des Artikels 9 Absatz 1 der Verordnung (EU) 2016/679 für Zwecke des Beschäftigungsverhältnisses zulässig, wenn sie zur Ausübung von Rechten oder zur Erfüllung rechtlicher Pflichten aus dem Arbeitsrecht, dem Recht der sozialen Sicherheit und des Sozialschutzes erforderlich ist und kein Grund zu der Annahme besteht, dass das schutzwürdige Interesse der betroffenen Person an dem Ausschluss der Verarbeitung überwiegt. Absatz 2 gilt auch für die Einwilligung in die Verarbeitung besonderer Kategorien personenbezogener Daten; die Einwilligung muss sich dabei ausdrücklich auf diese Daten beziehen. § 22 Absatz 2 gilt entsprechend.

(5) Die Verarbeitung personenbezogener Daten, einschließlich besonderer Kategorien personenbezogener Daten von Beschäftigten für Zwecke des Beschäftigungsverhältnisses, ist auf der Grundlage von Kollektivvereinbarungen zulässig. Dabei haben die Verhandlungspartner Artikel 88 Absatz 2 der Verordnung (EU) 2016/679 zu beachten.

(6) Der Verantwortliche muss geeignete Maßnahmen ergreifen, um sicherzustellen, dass insbesondere die in Artikel 5 der Verordnung (EU) 2016/679 dargelegten Grundsätze für die Verarbeitung personenbezogener Daten eingehalten werden.

(7) Die Beteiligungsrechte der Interessenvertretungen der Beschäftigten bleiben unberührt.

(8) Die Absätze 1 bis 6 sind auch anzuwenden, wenn personenbezogene Daten, einschließlich besonderer Kategorien personenbezogener Daten, von Beschäftigten verarbeitet werden, ohne dass sie in einem Dateisystem gespeichert sind oder gespeichert werden sollen.

(9) Beschäftigte im Sinne dieses Gesetzes sind:

1. Arbeitnehmerinnen und Arbeitnehmer, einschließlich der Leiharbeitnehmerinnen und Leiharbeitnehmer im Verhältnis zum Entleiher,
2. zu ihrer Berufsbildung Beschäftigte,
3. Teilnehmerinnen und Teilnehmer an Leistungen zur Teilhabe am Arbeitsleben sowie an Abklärungen der beruflichen Eignung oder Arbeitserprobung (Rehabilitandinnen und Rehabilitanden),
4. in anerkannten Werkstätten für behinderte Menschen Beschäftigte,
5. Freiwillige, die einen Dienst nach dem Jugendfreiwilligendienstegesetz oder dem Bundesfreiwilligendienstgesetz leisten,
6. Personen, die wegen ihrer wirtschaftlichen Unselbständigkeit als arbeitnehmerähnliche Personen anzusehen sind; zu diesen gehören auch die in Heimarbeit Beschäftigten und die ihnen Gleichgestellten,
7. Beamtinnen und Beamte des Bundes, Richterinnen und Richter des Bundes, Soldatinnen und Soldaten sowie Zivildienstleistende.

Bewerberinnen und Bewerber für ein Beschäftigungsverhältnis sowie Personen, deren Beschäftigungsverhältnis beendet ist, gelten als Beschäftigte.

Literatur

Sörup/Marquardt, Auswirkungen der EU-Datenschutzgrundverordnung auf die Datenverarbeitung im Beschäftigungskontext, in: ArbRAktuell 2016, 103 ff.; *Wybitul*, Was ändert sich mit dem neuen EU-Datenschutzrecht für Arbeitgeber und Betriebsräte?, in: ZD 2016, 203 ff.; *Wybitul/ Sörup/ Pötters*,: Betriebsvereinbarungen und § 32 BDSG: Wie geht es nach der DS-GVO weiter?, in: ZD 2015, 559 ff.

▶ **Bedeutung der Norm**

Die Norm enthält eine spezielle Öffnungsklausel für nationale Regelungen zum Beschäftigtendatenschutz.

▶ **Hinweise für den Anwender**

Besondere Regelungen zum Beschäftigtendatenschutz finden sich in der Verordnung außerdem in Art. 9 Abs. 2 lit. b und h.

Für die Auslegung der Norm relevante Erwägungsgründe:

- Die EG 6a, 8, 16 und 36 über Spezifizierungen und Einschränkungen der Verordnung durch nationales Recht sind auch für das Verständnis des Art. 82 von Bedeutung.

Vorgängernormen im BDSG:

- Zurzeit enthält § 32 BDSG besondere Regelungen zum Beschäftigtendatenschutz. Zukünftig wird der Beschäftigtendatenschutz in § 26 BDSG-neu geregelt sein.

Stellungnahmen der Aufsichtsbehörden und der Art.29-Datenschutzgruppe

- Artikel 29-Datenschutzgruppe, Stellungnahme 8/2001 zur Verarbeitung personenbezogener Daten von Beschäftigten, WP 48, Brüssel, 13.9. September 2001.

Schlagworte

Arbeitnehmerdatenschutz, Beschäftigtendatenschutz, Kollektivvereinbarungen, Öffnungsklausel

A. Allgemeines

I. Regelungszweck

1 Zweck der Regelung ist die Ermöglichung höherer nationaler Standards im Beschäftigtendatenschutz und die Berücksichtigung nationaler Eigenheiten im Bereich des Arbeits(schutz)rechts sowie die Gewährleistung der Autonomie der Sozialpartner. Der Beschäftigtendatenschutz wird damit von der – von der DS-GVO im nicht öffentlichen Bereich grundsätzlich angestrebten – Vollharmonisierung ausgenommen.

II. Normadressaten

2 Normadressaten sind zunächst die nationalen Normgeber auf dem Gebiet des Beschäftigtendatenschutzes. Das sind der Bundesgesetzgeber, der gem. Art. 74 Abs. 1 Nr. 12 GG die konkurrierende Gesetzgebungszuständigkeit für das Arbeitsrecht hat, und die Sozialpartner als Parteien von Kollektivvereinbarungen (Gewerkschaften, Arbeitgeberverbände, Arbeitgeber und Betriebsräte).

3 Die durch die Öffnungsklausel ermöglichten nationalen Regelungen richten sich dann an Arbeitgeber als Verantwortliche der Datenverarbeitung und an Arbeitnehmer als Betroffene der Datenverarbeitung. Deren Einhaltung ist ggf. durch die Aufsichtsbehörden (Art. 51 ff.) zu überwachen.

III. Systematik

4 Das Kapitel IX der Verordnung enthält Sonderregelungen für besondere Datenverarbeitungssituationen. Untereinander haben die Regelungen dieses Kapitels keinen Bezug. Art. 88 Abs. 1 eröffnet die Möglichkeit für nationale Normgeber, ergänzend zu den allgemeinen Regelungen spezifische Regelungen für den Beschäftigungskontext zu erlassen. Soweit die allgemeinen Regelungen, insb. in Art. 6 Abs. 2 und Abs. 3 oder Art. 9 Abs. 2, bereits Ausgestaltungsspielräume für nationale Normgeber enthalten,[1] werden diese durch Art. 88 nicht modifiziert. In diesem Sinn umfassen die Möglichkeiten zu Spezifizierungen in Art. 6 Abs. 2 und Abs. 3 ausdrücklich auch

1 Dazu Art. 1 Rn. 11 ff.

spezifische Bestimmungen hinsichtlich „besonderen Verarbeitungssituationen gem. Kapitel IX". Insofern hat Art. 88 lediglich wiederholenden Charakter. Der Ausgestaltungsspielraum aus Art. 88 geht allerdings über diese Spielräume hinaus, weil er sich nicht nur auf diese Regelungen beschränkt, die eine ausgestaltende Vollziehung durch die nationalen Gesetzgeber vorsehen, sondern auch auf die Regelungen, die keiner näheren Ausgestaltung durch den nationalen Gesetzgeber bedürfen und daher grundsätzlich keine Ausgestaltungsspielräume für die Mitgliedstaaten vorsehen.[2] Außerdem stellt Art. 88 sicher, dass im Rahmen des Beschäftigtendatenschutzes alle diese Spielräume auch durch Kollektivvereinbarungen ausgefüllt werden können.

Art. 88 Abs. 2 nennt inhaltliche Anforderungen, die die spezifizierenden Vorschriften nach Abs. 1 zu erfüllen haben. Der Absatz ist auf Vorschlag des Europäischen Parlaments eingefügt worden, um klarzustellen, dass die Öffnungsklausel insb. in den genannten besonderen Gefährdungslagen nicht zur Absenkung der Schutzstandards für Beschäftigte führen darf. Die Anforderungen dürften sich im Wesentlichen allerdings auch schon aus Art. 5 und Art. 47 ergeben. Insofern hat Art. 88 Abs. 2 lediglich wiederholenden bzw. bestärkenden Charakter. 5

IV. Entstehungsgeschichte

In der bisherigen Richtlinie 95/46/EG gibt es eine entsprechende Regelung nicht. Sie ist wegen des Richtliniencharakters auch nicht notwendig. Art. 88 ist mit Rücksicht auf die besonders in Deutschland übliche Regelung der Arbeitsbedingungen durch Kollektivvereinbarungen in dieser Form in die Verordnung aufgenommen worden. Der Umfang der Öffnung für nationale Regelungen und die Formulierung waren bis zum Schluss umstritten. Entwürfe lauteten dahin gehend, dass nationale Regelungen „in den Grenzen dieser Verordnung" oder „im Einklang mit den Bestimmungen dieser Verordnung" zu erfolgen hätten. Vorgeschlagen wurde auch die Formulierung „auf Grundlage der Verordnung".[3] Zum Teil waren auch noch weiter gehende inhaltliche Anforderungen an die nationalen Regelungen zum Beschäftigtendatenschutz im Gespräch. Mit Rücksicht auf das den Mitgliedsstaaten vorbehaltene Arbeitsrecht hat sich letztlich eine relativ schlanke Regelung durchgesetzt. Das deutsche Engagement für eine solche Regelung ist auch vor dem Hintergrund der anhaltenden Diskussionen um den Erlass eines umfassenden Beschäftigtendatenschutzgesetzes zu sehen. 6

B. Inhalt der Regelung

I. Öffnungsklausel (Art. 88 Abs. 1)

Art. 88 Abs. 1 enthält eine Öffnungsklausel zugunsten nationaler Normgeber. Danach können in den Mitgliedstaaten spezifischere Vorschriften über die Datenverarbeitung im Beschäftigungskontext bestehen. In der näher bestimmten besonderen Datenverarbeitungssituation sind also ergänzende Regelungen zur DS-GVO auf nationaler Ebene erlaubt. 7

1. Beschäftigungskontext

Die ergänzenden Regelungen können die Verarbeitung personenbezogener Daten von Beschäftigten im Beschäftigungskontext zum Gegenstand haben. Die Daten, die im Beschäftigungskontext in diesem Sinne anfallen, sind in der Norm und in EG 155 aufzählend umschrieben. Demnach geht es um Daten über Beschäftigte, die „für Zwecke der Einstellung, der Erfüllung des Arbeitsvertrags einschließlich der Erfüllung von durch Rechtsvorschriften oder durch Kollektivvereinbarungen festgelegten Pflichten, des Managements, der Planung und der Organisation der Arbeit, der Gleichheit und Diversität am Arbeitsplatz, der Gesundheit und Sicherheit am Arbeitsplatz, des Schutzes des Eigentums der Arbeitgeber oder der Kunden sowie für Zwecke der Inanspruchnahme der mit der Beschäftigung zusammenhängenden individuellen oder kollektiven Rechte 8

2 Vgl. Art. 1 Rn. 11 ff.
3 Stellungnahme des Europäischen Wirtschafts- und Sozialausschusses.

und Leistungen und für Zwecke der Beendigung des Beschäftigungsverhältnisses" vom Arbeitgeber verarbeitet werden. Es geht also letztlich um alle Daten, die ein Arbeitgeber bei der Personalgewinnung, der Erfüllung des Arbeitsvertrages nebst Erfüllung gesetzlicher oder tarifvertraglicher Pflichten, der Planung und der Organisation der Arbeit, zur Gewährleistung der Gesundheit und Sicherheit am Arbeitsplatz über seine Arbeitnehmer oder Personen, die es waren oder werden wollen, verarbeitet. Das sind z.B. Daten aus Bewerbungsunterlagen, Arbeitszeugnisse, Lohn-, Steuer und Sozialdaten, Krankheitsdaten, Anwesenheitsdaten, Daten über Urlaube, dienstliche Beurteilungen, Daten über Beförderungen, Versetzungen, Fortbildungen sowie Daten über Disziplinarmaßnahmen und Arbeitsunfälle. Umfasst sind insb. auch alle Maßnahmen der Überwachung und Kontrolle sowie alle Daten über das Verhalten am Arbeitsplatz, auch wenn sie elektronisch generiert werden (Videoüberwachung, Überwachung des E-Mail-Verkehrs oder der PC-Nutzung, Telefonüberwachung etc.). Die Daten decken sich damit weitgehend mit den Beschäftigtendaten im Sinne des alten § 32 BDSG. Auch die Beschäftigung im öffentlichen Dienst und Beamtenverhältnisse sind vom Beschäftigungskontext in diesem Sinne umfasst. Wer Beschäftigter im Sinne der Regelung ist, wird zukünftig im § 26 Abs. 9 BDSG-neu klarstellend definiert sein, wobei der Inhalt der DS-GVO freilich nicht verbindlich durch eine nationale Regelung bestimmt werden kann.

2. Regelung der Datenverarbeitung im Beschäftigungskontext

9 Für die Verarbeitung von Daten im Beschäftigungskontext gelten zunächst die allgemeinen Regelungen der Verordnung. Die Öffnungsklausel in Art. 88 ist keine Bereichsausnahme in dem Sinn, dass der Anwendungsbereich der Verordnung per se eingeschränkt wäre. Es gilt also auch im Beschäftigungskontext das grundsätzliche Verbot der Verarbeitung personenbezogener Daten nach Art. 6 Abs. 1 Satz 1 und es gelten die in Art. 6 Abs. 1 folgenden allgemeinen Erlaubnistatbestände für die Datenverarbeitung. Zu beachten sind auch die besonderen Anforderungen beim Umgang mit besonderen Datenkategorien nach Art. 9, da Beschäftigungsdaten häufig diese besonderen Datenkategorien umfassen. Das gilt insb. für die Gewerkschaftszugehörigkeit und die Gesundheitsdaten der Beschäftigten. Arbeitnehmer haben als Betroffene der Datenverarbeitung außerdem grundsätzlich alle Rechte, die die Verordnung ihnen zuspricht (Kapitel III). Arbeitgeber unterliegen allen Pflichten, die die Verordnung statuiert (Kapitel IV).

10 Da sich im Beschäftigungskontext mit Arbeitgeber und Arbeitnehmer zwei Private gegenüberstehen, kann sich eine Verarbeitung von Beschäftigungsdaten insb. auf die allgemeinen Rechtsgrundlagen der Einwilligung (Art. 6 Abs. 1 lit. a und Art. 7), der Vertragsdurchführung (Art. 6 Abs. 1 lit. b) und der allgemeinen Abwägungsklausel (Art. 6 Abs. 1 lit. f) stützen. Dafür bedarf es keiner näheren Ausgestaltung durch den nationalen Gesetzgeber.[4]

11 Nach den allgemeinen Regelungen der Verordnung kann die Datenverarbeitung außerdem erlaubt sein, wenn sie zur Erfüllung einer rechtlichen Verpflichtung erforderlich ist (Art. 6 Abs. 1 lit. c), die durch Unionsrecht oder das Recht des Mitgliedstaats statuiert wurde (Art. 6 Abs. 3). In diesem Sinn können Arbeitgeber durch den nationalen Gesetzgeber zur Verarbeitung von Arbeitnehmerdaten verpflichtet werden. Dies können insb. Verpflichtungen zur Verarbeitung von Arbeitnehmerdaten für die Sozialversicherung oder das Finanzamt sein. Auch die Datenverarbeitung zur Erfüllung arbeitsrechtlicher Verpflichtungen, wie etwa die Informationspflichten eines Arbeitgebers gegenüber dem Betriebsrat aus dem BetrVG, deren Erfüllung die Verarbeitung personenbezogener Arbeitnehmerdaten voraussetzt, sind auf diese Weise erlaubt.[5]

12 Art. 88 Abs. 1 und die Ausführungen in EG 155 stellen in diesem Zusammenhang sicher, dass sich eine rechtliche Verpflichtung, die einen Erlaubnistatbestand für die Verarbeitung von Beschäftigtendaten darstellt, auch aus Kollektivvereinbarungen (d.h. Tarifverträgen und Betriebsvereinbarungen) ergeben kann. Kollektivvereinbarungen können also wie bisher unter § 4 Abs. 1

4 Vgl. *Sörup/Marguardt*, in: ArbRAktuell 2016, S.103 f.
5 S. Art. 6 Rn. 92 ff.; vgl. *Wybitul*, in: ZD 2016, 203, 206.

BDSG auch zukünftig einen datenschutzrechtlichen Erlaubnistatbestand für die Verarbeitung von Beschäftigtendaten darstellen. Kollektivvereinbarungen, insb. Betriebsvereinbarungen, ermöglichen präzise und auf das konkrete Unternehmen, dessen Arbeitnehmer und deren Bedürfnisse zugeschnittene Regelungen (z.B. ob elektronische Arbeitszeiterfassung sinnvoll ist oder Tor- und Spindkontrollen nötig sind). Betriebsvereinbarungen dienen auch der Ausübung der Mitbestimmungsrechte des Betriebsrates. Die Frage, ob kollektivvertragliche Regelungen bereits direkt von Art. 6 Abs. 1 lit. c, Abs. 2 und Abs. 3 erfasst sind, wie von der Kommission im Entstehungsprozess vertreten wurde (vgl. auch EG 41), kann vor dem Hintergrund der ausdrücklichen Klarstellung in Art. 88 Abs. 1 dahingestellt bleiben.

Auch die Verarbeitung besonders sensibler Daten, die gem. Art. 9 Abs. 1 grundsätzlich untersagt ist, kann im Beschäftigungskontext unter den Voraussetzungen des Art. 9 Abs. 2 lit. b und h erlaubt sein.[6] Eine dafür erforderliche Rechtsgrundlage kann im Hinblick auf Art. 88 auch in einer Kollektivvereinbarung bestehen. Dies ist in Art. 9 Abs. 2 lit. b überdies ausdrücklich erwähnt. Eine Erwähnung, die angesichts des Art. 88 und vor dem Hintergrund, dass sowieso nicht notwendigerweise ein formelles Gesetz gemeint ist (EG 41), wenn die Verordnung auf eine nationale Rechtsgrundlage Bezug nimmt, wohl überflüssig ist. In gleicher Weise kann die für ein Profiling[7] gem. Art. 22 Abs. 2 lit. b erforderliche Rechtsgrundlage im Hinblick auf Art. 88 im Beschäftigungskontext auch durch Kollektivvereinbarung geschaffen werden. 13

Art. 88 Abs. 1 erlaubt es den Mitgliedstaaten darüber hinaus durch Rechtsvorschriften oder Kollektivvereinbarungen, spezifischere Vorschriften für die Datenverarbeitung im Beschäftigungskontext vorzusehen. Der der Verordnung immanente Normbefehl für die Mitgliedstaaten, im Regelungsbereich der Verordnung selbst nicht mehr gesetzgeberisch tätig zu werden, wird aufgehoben. Das bedeutet, dass im Beschäftigungskontext auch spezifischere Vorschriften zu anderen als den sowieso durch anderweitige Rechtsgrundlagen vollzugs- und ausgestaltungsbedürftigen Erlaubnistatbeständen (Art. 6 Abs. 1 lit. c und lit. e bzw. Art. 9 Abs. 2 lit. b und lit. h) bestehen können. Außerdem können spezifischerer Bestimmungen zu den Betroffenenrechten und Pflichten der Verantwortlichen und Auftragsverarbeiter getroffen werden. 14

Insb. können Spezifizierungen zur Einwilligung nach Art. 6 Abs. 1 lit. a und Art. 7 im Beschäftigungskontext erlassen werden. Die Einwilligung im Beschäftigungsverhältnis als Erlaubnisgrundlage für die Datenverarbeitung war bei der Entstehung der DS-GVO besonders umstritten, weil wegen der strukturellen Ungleichheit und wirtschaftlichen Abhängigkeit des Arbeitnehmers regelmäßig Zweifel daran bestehen können, ob diese freiwillig erteilt wurde (vgl. EG 43).[8] Die Öffnungsklausel ermöglicht nun unterschiedliche Regelungen zur Präzisierung des Art. 7 Abs. 4 „über die Bedingungen, unter denen personenbezogene Daten im Beschäftigungskontext auf der Grundlage der Einwilligung des Beschäftigten verarbeitet werden dürfen" (EG 155). Dies gilt insb. auch hinsichtlich der Einwilligung in die Verarbeitung besonders sensibler Daten nach Art. 9 Abs. 2 lit. a oder das Profiling nach Art. 22 Abs. 2 lit. c (zum Begriff s. Art. 4 Nr. 2).[9] 15

Außerdem können ggf. vorhandene berechtigte Interessen des Arbeitgebers an der Datenverarbeitung und die im Rahmen des Art. 6 Abs. 1 lit. f erforderliche Abwägung mit den Grundrechten der Betroffenen präzisiert werden (vgl. EG 47). So kann etwa ein berechtigtes Interesse des Arbeitgebers als gegeben angenommen werden, wenn Beschäftigtendaten innerhalb einer Unternehmensgruppe zu Verwaltungszwecken weitergegeben werden (EG 48).[10] 16

---

6 Dazu Art. 9 Rn. 23, 34.
7 Zum Begriff s. Art. 4 Nr. 2.
8 Dazu Art. 7 Rn. 49 ff.; vgl. *Sörup/Marquardt*, in: ArbRAktuell 2016, 103, 104.
9 Vgl. die entsprechenden Empfehlungen der Artikel 29-Gruppe: Artikel 29-Datenschutzgruppe (2001), Stellungnahme 8/2001 zur Verarbeitung personenbezogener Daten von Beschäftigten, WP 48, Brüssel, 13.9.2001, S. 3, 27 f.; Artikel 29-Datenschutzgruppe (2005), Arbeitspapier über eine gemeinsame Auslegung des Artikels 26 Absatz 1 der Richtlinie 95/46/EG vom 24. Oktober 1995, WP 114, Brüssel, 25.11.2005, S. 13.
10 Dazu Artikel 29-Datenschutzgruppe (2001), Stellungnahme 8/2001 zur Verarbeitung personenbezogener Daten von Beschäftigten, WP 48, Brüssel, 13.9.2001, S. 17.

17 Regelungen in den Mitgliedstaaten, die spezifischere Vorschriften vorsehen, können auch schon vor Erlass der DS-GVO bestanden haben. In diesem Sinn spricht Art. 6 Abs. 2 ausdrücklich davon, dass Bestimmungen „beibehalten" oder „eingeführt" werden können. Nichts anderes kann sinnvollerweise im Rahmen des Art. 88 gelten. Anderenfalls wäre der jeweilige Normgeber gezwungen, im Hinblick auf die Einräumung eines Spielraums, den er vor wie nach Erlass der Verordnung gleichermaßen zur Verfügung hatte, einen Rechtsakt erneut zu erlassen. Das ergibt nicht nur keinen Sinn, sondern würde auch einen erheblichen Aufwand in den Betrieben verursachen, die bereits über entsprechende Betriebsvereinbarungen verfügen. Der Erlass der Verordnung kann nicht dazu führen, dass die in dieser Hinsicht geschlossenen Betriebsvereinbarungen – soweit sie mit der Verordnung in Einklang stehen – ihre Geltung verlieren und die Betriebe insoweit in einen ungeregelten Zustand zurückfallen. Freilich sollten bestehende Betriebsvereinbarungen daraufhin überprüft werden, ob sie den durch die Verordnung gesetzten Anforderungen entsprechen und innerhalb des Spielraums des Art. 88 bleiben.

3. Spielraum und Grenzen bei der Spezifizierung

18 Klärungsbedürftig ist insb. der Umfang des Spielraums, den die nationalen Normgeber bei der Spezifizierung des Beschäftigtendatenschutzes haben. Der Begriff der Spezifizierung ist derselbe wie in Art. 6 Abs. 2 und Abs. 3. Auf den ersten Blick scheint die Systematik zwar dafür zu sprechen, dass der Spielraum, den Art. 88 Abs. 1 eröffnet, größer sein muss als die nach Art. 6 Abs. 2 und Abs. 3 sowieso gegebene Möglichkeit zur Spezifizierung und Präzisierung. Die Verwendung derselben Begriffe spricht allerdings dafür, dass die Regelungen hinsichtlich des Spezifizierungsspielraums inhaltsgleich zu verstehen sind. Die Erweiterung, die Art. 88 Abs. 1 gegenüber den allgemeinen Regelungen vornimmt, bezieht sich demgegenüber auf die Ermöglichung der Spezifizierung durch Kollektivvereinbarungen und vor allem darauf, dass auch andere als die von Art. 6 Abs. 2 und Abs. 3 erfassten Regelungen spezifiziert werden können.[11]

19 Spezifizierung im Sinne des Art. 88 bedeutet Konkretisieren und Präzisieren oder – so ausdrücklich Art. 6 Abs. 2 und Abs. 3 – auch Anpassen, nicht jedoch Abweichen oder Verändern.[12] Insofern ist die Öffnungsklausel des Art. 88 deutlich beschränkter als die in Art. 85 Abs. 2, der „Abweichungen und Ausnahmen" von der Verordnung zulässt. Spezifizierende Vorschriften dürfen die Umstände bestimmter Verarbeitungssituationen festlegen und die Voraussetzung, unter denen die Datenverarbeitung rechtmäßig ist, genauer bestimmen (EG 10). Die Präzisierung muss dennoch mit der Verordnung im Einklang stehen. Es ist ausgesprochen schwierig, die Grenzen des Spezifizierungsspielraums im Einzelnen zu bestimmen. Die Grenze zwischen Anpassung und Abweichung ist fließend. Die Verordnung und die EG bleiben vage. Es wird vor allem vom Verständnis des EuGH abhängen, wie groß der Spielraum für die Mitgliedstaaten tatsächlich sein wird.

20 Einig ist man sich jedenfalls, dass die Schutzstandards durch eine Spezifizierung nicht abgesenkt werden dürfen. Aus Sicht des Datenschutzes gibt es also eine Untergrenze bei der Spezifizierung. Einzuhalten sind in jedem Fall die in Art. 5 normierten Grundsätze der Verarbeitung nach Treu und Glauben, der Transparenz, der Zweckbindung, der Verhältnismäßigkeit (insb. der Datenminimierung und die zeitliche Begrenzung der Speicherung), die sachliche Richtigkeit der Daten, die Datensicherheit sowie die Integrität und Vertraulichkeit der Daten. Zum Transparenzgrundsatz gehören die Rechte der Betroffenen nach Art. 12 ff., die durch spezifizierende Regelungen also auch nicht substanziell beschnitten werden dürfen. Das gilt insb. auch für Überwachungsmaßnahmen, obwohl die Transparenz von Überwachungsmaßnahmen mitunter ihrem Zweck zuwiderlaufen kann.[13]

---

11 Vgl. Rn. 14 ff.

12 Vgl. EuGH, Urt. v. 24.11.2011, Rs. C-468/10 (ASNEF) und C-469/10 (FECEMD) dazu Art. 6 Rn. 187.

13 Dazu jeweils oben die entsprechenden Kommentierung zu Art. 5; s.a. Artikel 29-Datenschutzgruppe (2001), Stellungnahme 8/2001 zur Verarbeitung personenbezogener Daten von Beschäftigten, WP 48, Brüssel, 13.9.2001; *Wybitul/Sörup/Pötters*, in: ZD 2015, 559, 562.

Auch die besonderen Anforderungen beim Umgang mit besonderen Datenkategorien nach Art. 9 stellen eine Grenze des Ausgestaltungsspielraums dar. Diese dürfen nur unter besonderen Voraussetzungen durch den Arbeitgeber verarbeitet werden, die in Art. 9 Abs. 2 lit. b und h normiert sind.[14] In gleicher Weise ist Profiling[15] nur unter den in Art. 22 geregelten Voraussetzungen möglich. Spezifischere Vorschriften nach Art. 88 Abs. 1 stellen zwar unter Umständen eine Rechtsgrundlage für die besondere Datenverarbeitung dar, können aber keine weiter gehende Erlaubnis für die Verarbeitung sensibler Beschäftigungsdaten oder für ein Profiling im Beschäftigungskontext – etwa für ein Leistungsprofiling – enthalten, als die Verordnung vorsieht. Gleiches gilt für die weiteren Betroffenenrechte in Kapitel III der Verordnung. Diese können im Beschäftigungskontext durch Regelungen in den Mitgliedstaaten – inklusive Kollektivvereinbarungen – konkretisiert, aber nicht substanziell eingeschränkt werden. 21

Auf der anderen Seite ist auch der Spielraum für striktere Regelungen („nach oben") nicht unbegrenzt. Um dem Schutz der Persönlichkeitsrechte der Betroffenen Rechnung zu tragen, entspräche es zwar zunächst dem Sinn einer Spezifizierung, wenn diese eine restriktivere Datenverarbeitung zulässt, als im Rahmen der Verordnung möglich wäre. Allerdings kann durch unterschiedliche Standards die Gewährleistung des freien Datenverkehrs innerhalb der Mitgliedstaaten und damit das reibungslose Funktionieren des Binnenmarktes beeinträchtigt sein. Auch das ist in Art. 1 Abs. 3 ausdrücklich als Ziel der DS-GVO verankert und bildet deshalb die zweite Leitplanke, innerhalb derer sich die Mitgliedstaaten bewegen müssen, wenn sie die DS-GVO weiter ausgestalten oder umsetzen.[16] In diesem Sinn hat der EuGH bereits zur Richtlinie 95/46/EG entschieden, dass diese nicht nur eine Mindestharmonisierung im Hinblick auf das Schutzniveau anstrebe.[17] Dies muss im Rahmen des Art. 88 Abs. 1 insb. deshalb gelten, weil entsprechende Erweiterungen der Öffnung für „striktere" Regeln oder „higher level of protection" diskutiert wurden, sich aber nicht durchgesetzt haben, um die Harmonisierungsleistung der Verordnung nicht zu gefährden. 22

Alles in allem kann man die Wirkung der Verordnung mit Spezifizierungsvorbehalt mit der Wirkung der bisherigen Richtlinie vergleichen, wobei der vom EuGH aus der Richtlinie mitunter abgeleitete Anspruch der Vollharmonisierung[18] im Rahmen des Art. 88 DS-GVO gerade nicht gelten kann. Insofern kann die EuGH-Rechtsprechung zu den Umsetzungsspielräumen des nationalen Gesetzgebers bei der Umsetzung der bisherigen RL 95/46/EG behutsam übertragen werden.[19] 23

4. Folgen für die Anwendung der DS-GVO

Solange und soweit die nationalen Normengeber keine spezifischeren Vorschriften erlassen, gelten die allgemeinen Regeln der DS-GVO unverändert unmittelbar auch im Beschäftigungskontext. Das gilt vor allem für alle Regelungen, die in erster Linie den nicht öffentlichen Bereich betreffen und daher ohne weitere nationale Vollzugsgesetze anwendbar sind. Die Öffnungsklausel in Art. 88 ist keine Bereichsausnahme in dem Sinn, dass der Anwendungsbereich der Verordnung per se eingeschränkt wäre. Sind spezifischere Vorschriften erlassen, gehen sie den allgemeinen Regelungen der DS-GVO in der Anwendung allerdings vor, soweit sie ihrerseits den Anforderungen der DS-GVO entsprechen. Ggf. kann auch das Instrument der europarechtskonformen Auslegung Anwendung finden, wenn es darum geht, spezifizierendes nationales Recht im Einklang mit der Verordnung anzuwenden. 24

Es mag unter Umständen zu Problemen führen, inwieweit die allgemeinen Regeln der Verordnung auch neben spezifizierenden nationalen Vorschriften noch Anwendung finden, wenn diese nur teilweise spezifischere Bestimmungen enthalten. Dies gilt umso mehr, weil die Mitgliedstaa- 25

14 Dazu Art. 9 Rn. 23, 34.
15 Zum Begriff s. Art. 4 Nr. 2.
16 Vgl. Art. 1 Rn. 37 ff.
17 EuGH, Urt. v. 24.11.2011, Rs. C-468/10 (ASNEF) und C-469/10 (FECEMD).
18 EuGH, Urt. v. 24.11.2011, Rs. C-468/10 (ASNEF) und C-469/10 (FECEMD).
19 EuGH, Urt. v. 6.11.2003, Rs. C-101/01 (Lindqvist) und Folgerechtsprechung; dazu Art. 6 Rn. 176 ff.

ten, wenn sie Präzisierungen der Verordnung im nationalen Recht vornehmen, Bestandteile der Verordnung in der jeweiligen nationalen Rechtsvorschrift aufnehmen können, soweit dies für das Verständnis der Regelung erforderlich ist (EG 8). So kann es mitunter zu Wiederholungen auf unterschiedlichen Normebenen kommen. Es dürfte zukünftig eine der größten Herausforderungen für den Rechtsanwender werden, die im konkreten Fall anwendbaren Regelungen zu bestimmen. Für den nationalen Normgeber kann es vor diesem Hintergrund im Sinne der Rechtssicherheit nur die Handlungsempfehlung geben, möglichst umfassende und in sich abgeschlossene Regelungswerke zu schaffen.

26 Überschreiten nationale Regelungen den Spezifizierungsspielraum, sind sie unionsrechtswidrig. Dann finden wegen des Anwendungsvorrangs des Unionsrechts statt der nationalen Regelungen die unmittelbar geltenden allgemeinen Regelungen der DS-GVO Anwendung.

II. Berücksichtigung besonderer Gefährdungslagen im Beschäftigungskontext (Art. 88 Abs. 2)

27 In Abs. 2 sind einzelne Aspekte herausgehoben, die beim Erlass spezifischerer Datenverarbeitungsregeln im Beschäftigungskontext zum Schutze der Würde der durch die Datenverarbeitung Betroffenen, ihrer Grundrechte und berechtigten Interessen beachtet werden müssen. Achtzugeben ist insb. auf die Transparenz der Datenverarbeitung, die konzerninterne Übermittlung von Daten und Überwachungssysteme am Arbeitsplatz. Die ausdrückliche Nennung dieser Aspekte weist auf besondere Gefährdungslagen im Beschäftigungskontext hin, die durch die spezifischen Regelungen hinreichend berücksichtigt werden sollen. Sie bringt auch zum Ausdruck, dass diese Datenverarbeitungssituationen besonders regelungsbedürftig sind. Der Absatz ist auf Vorschlag des Europäischen Parlaments eingefügt worden, um auf jeden Fall zu verhindern, dass die Öffnungsklausel zu einer Absenkung der Schutzstandards für Beschäftigte auf diesem Gebiet führen kann. Inhaltlich dürften sich daraus allerdings keine über Art. 5, 12 ff. und Art. 47 hinausgehenden Anforderungen ergeben. Insofern hat Art. 88 Abs. 2 lediglich wiederholenden bzw. bestärkenden Charakter. Man kann Abs. 2 auch als Konkretisierung der Grenzen des Spezifizierungsspielraums nach Abs. 1 verstehen.

28 Fraglich ist, inwiefern aus Art. 88 Abs. 2 ein verbindlicher Auftrag hergeleitet werden kann, bestimmte Regelungen zum Schutz der betroffenen Personen zu erlassen. Die Regelung kann jedenfalls nicht so verstanden werden, dass nationale Normgeber verpflichtet sind, von der Öffnungsklausel Gebrauch zu machen. Der Wortlaut scheint jedoch dafür zu sprechen, dass, soweit nationale Normgeber von der Öffnungsklausel Gebrauch machen und spezifischere Vorschriften im Beschäftigungskontext erlassen, diese dann angemessene und besondere Maßnahmen zur Wahrung der Rechte der „betroffenen Personen, insb. im Hinblick auf die Transparenz der Verarbeitung, die [konzerninterne] Übermittlung personenbezogener Daten […] und die Überwachungssysteme am Arbeitsplatz" beinhalten müssen. Auch das ergibt nicht in jeder Hinsicht Sinn. Regelungen zum Schutz der Betroffenen vor Datenübermittlung oder Überwachungsmaßnahmen können sinnvollerweise nur dann gefordert sein, wenn die spezifizierenden Vorschriften auch die Datenübermittlung oder Überwachungsmaßnahmen zum Gegenstand haben. Regelungen zur Transparenz und die daraus folgenden Rechte der Betroffenen können hingegen bei jedweder Regelung zur Datenverarbeitung Sinn ergeben. Letztlich ist allerdings auch das fraglich. Es ist – gerade auch vor dem Zweck des Schutzes der Betroffenen und der in dieser Hinsicht angestrebten Harmonisierungswirkung der Verordnung – nicht einsichtig, warum spezifizierende Vorschriften zum Schutz der Betroffenen erlassen werden sollen, wenn ansonsten die entsprechenden Regelungen der Verordnung unmittelbar weitergelten würden, die einen entsprechenden Schutzstandard garantieren.[20] Nach alldem kann Art. 88 Abs. 2 nur im Sinne einer inhaltlichen Konkretisierung der Grenzen des Spielraums nach Abs. 1 begriffen werden. Es soll verhindert werden, dass es durch die Öffnungsklausel zu einer Absenkung des Datenschutzstandards

20 Vgl. Rn. 24.

kommt. Insb. in den genannten Punkten darf es in spezifizierenden Regelungen also keine substanzielle Abweichung zuungunsten der Betroffenen geben.

29 Zu achten ist besonders auf die Gewährleistung der Transparenz der Verarbeitung. Der Grundsatz der Transparenz der Datenverarbeitung ist allgemein in Art. 5 Abs. 1 lit. a normiert.[21] Der Transparenzgrundsatz ist in den Rechten der Betroffenen nach Art. 12 ff. konkretisiert. Diese dürfen also durch spezifizierende Regelungen nicht substanziell beschnitten werden. Alternative Regelungen zu einzelnen Fragen, wie die Art der Unterrichtung oder Löschung oder einzelne Verfahrensfragen, sind jedoch möglich. Der Transparenzgrundsatz gilt insb. auch für Überwachungsmaßnahmen, obwohl die Transparenz von Überwachungsmaßnahmen mitunter ihrem Zweck zuwiderlaufen kann.[22] Art. 88 Abs. 2 weist auf die besondere Sensibilität von Überwachung am Arbeitsplatz hin, die auch in Deutschland in den letzten Jahren wiederholt zu Diskussionen Anlass gegeben hat (Video- und Telefonüberwachung oder Überwachung der PC-Nutzung, insb. des E-Mail-Verkehrs etc.).[23] Zu berücksichtigen ist außerdem die besondere Brisanz, die von der Übermittlung der Daten innerhalb von Unternehmensgruppen oder Gruppen von Unternehmen ausgeht. Dafür gibt es allgemeine Regelungen in Art. 47 der Verordnung.[24]

III. Mitteilungspflicht (Art. 88 Abs. 3)

30 Der letzte Absatz des Art. 88 enthält eine Mitteilungspflicht der Mitgliedstaaten für alle Rechtsvorschriften, die sie nach Abs. 1 zur Spezifizierung des Beschäftigtendatenschutzes erlassen. Dadurch soll die Verordnung spezifizierendes nationales Recht dokumentiert werden und die Kommission soll in die Lage versetzt werden, kontrollieren zu können, dass keine Absenkung des Datenschutzniveaus stattfindet.

31 Es ist nicht ganz klar, ob sich die Mitteilungspflicht nur auf staatliche Gesetze oder auch auf Kollektivvereinbarungen bezieht. Die Entstehungsgeschichte lässt keinen eindeutigen Schluss zu. Begrifflich ist ebenfalls keine Auslegung zwingend. Die deutsche Fassung spricht von „Rechtsvorschriften". Tarifverträge und Betriebsvereinbarungen sind theoretisch zwar keine Rechtsvorschriften, sie werden aber häufig – und so insb. im Datenschutzrecht – als solche behandelt. In der englischen Fassung spricht Abs. 1 von „law or collective agreements". Ob der Abs. 3 mit „provisions of its law" nur auf die staatlichen Gesetze Bezug nimmt oder alle spezifizierenden Regelungen im Rechtssystem des Mitgliedstaats meint, ist sprachlich ebenfalls nicht eindeutig. Dem Zweck der Regelung würde wohl umfassend nur gerecht, wenn alle spezifizierenden nationalen Normen, also Gesetze wir Kollektivvereinbarungen, mitzuteilen wären. Das würde allerdings bedeuten, dass sämtliche Kollektivvereinbarungen der Kommission zu melden sind. Dazu bedürfte es zunächst eines nationalen Mechanismus, damit entsprechende Tarifverträge und Betriebsvereinbarungen zur Kenntnis der deutschen Behörden kämen. Ob das praktikabel sein wird, ist fraglich.

C. Weitere Auswirkungen der Verordnung in der Praxis

32 Art. 88 hätte die Beibehaltung des § 32 BDSG erlaubt und erlaubt auch den § 26 BDSG in der neuen Fassung. § 26 BDSG-neu stellt spezifizierende Regelungen im Sinne des Art. 88 dar. Dabei entspricht § 26 Abs. 1 BDGS-neu im Wesentlichen der Regelung in § 32 Abs. 1 BDSG-alt. § 26 Abs. 6 BDSG-neu entspricht § 32 Abs. 3 BSDG-alt und § 26 Abs. 7 BDSG-neu entspricht § 32 Abs. 2 BSDG-alt. § 26 Abs. 2 BDSG-neu enthält darüber hinaus spezifische Regelungen zur Ein-

21 Dazu Art. 5 Rn. 24 ff.
22 Dazu jeweils oben die entsprechenden Kommentierungen zu Art. 5; s.a. Artikel 29-Datenschutzgruppe (2001), Stellungnahme 8/2001 zur Verarbeitung personenbezogener Daten von Beschäftigten, WP 48, Brüssel, 13.9.2001; *Wybitul/Sörup/Pötters*, in: ZD 2015, 559, 562.
23 Vgl. dazu auch Artikel 29-Datenschutzgruppe (2002), Arbeitsdokument zur Überwachung der elektronischen Kommunikation von Beschäftigten, WP 55, Brüssel, 29.5.2002.
24 Dazu Art. 47 Rn. 6 ff.

willigung in die Datenverarbeitung im Beschäftigungskontext und § 26 Abs. 3 BDSG-neu macht von der Öffnungsklausel hinsichtlich der Verarbeitung von sensiblen Daten im Sinne des Art. 9 DS-GVO Gebrauch. § 26 Abs. 4 BDSG-neu wiederholt lediglich das, was durch Art. 88 der DS-GVO sowieso gilt, dass Regelungen zum Beschäftigtendatenschutz auch durch Kollektivvereinbarungen getroffen werden können.

33 Bestehende tarifvertragliche Regelungen oder Betriebsvereinbarungen müssen auf ihre Vereinbarkeit mit der DS-GVO überprüft werden. Da die Vereinbarungen aber auch schon bisher den Anforderungen des BetrVG und des BDSG und (mittelbar) der Datenschutzrichtlinie 95/46/EG entsprechen mussten, dürften sie – soweit sie dieses tun – in der Regel auch nicht gegen die DS-GVO verstoßen.[25] Zu achten ist allerdings auf die deutlich weiter gehenden Vorgaben an die Transparenz der Datenverarbeitung und auf die besonderen Anforderungen der Einwilligung in Abhängigkeitsverhältnissen.

34 Während im vollharmonisierten Bereich von einer Überprüfung an den nationalen Grundrechten abgesehen wird, weil diese der Anwendung der Grundrechte der Union weichen, muss die Ausfüllung von Spielräumen durch nationale Normgeber auch die nationalen verfassungsrechtlichen Begrenzungen einhalten.[26] Mithin ist bei der Ausgestaltung des Beschäftigtendatenschutzes durch nationale Normgeber das aus Art. 1 Abs. 1, 2 Abs. 1 GG hergeleitete Recht auf informationelle Selbstbestimmung zu beachten. Fraglich ist, inwieweit es in diesen Bereichen zusätzlich zu einer Bindung an die Unionsgrundrechte kommt, weil die Mitgliedstaaten auch in Durchführung des Rechts der Union gem. Art. 51 Abs. 1 Satz 1 GrCh handeln.[27]

25 *Wybitul*, in: ZD 2016, 203, 207 f.
26 BVerfG, Urt. v. 2.3.2010, 1 BvR 256/08 und 1 BvR 586/08; BVerfG, Urt. v. 24.4.2013, 1 BvR 1215/07.
27 Vgl. dazu Art. 1 Rn. 29.

Article 89

Safeguards and derogations relating to processing for archiving purposes in the public interest, scientific or historical research purposes or statistical purposes

1. Processing for archiving purposes in the public interest, scientific or historical research purposes or statistical purposes, shall be subject to appropriate safeguards, in accordance with this Regulation, for the rights and freedoms of the data subject. Those safeguards shall ensure that technical and organisational measures are in place in particular in order to ensure respect for the principle of data minimisation. Those measures may include pseudonymisation provided that those purposes can be fulfilled in that manner. Where those purposes can be fulfilled by further processing which does not permit or no longer permits the identification of data subjects, those purposes shall be fulfilled in that manner.

2. Where personal data are processed for scientific or historical research purposes or statistical purposes, Union or Member State law may provide for derogations from the rights referred to in Articles 15, 16, 18 and 21 subject to the conditions and safeguards referred to in paragraph 1 of this Article in so far as such rights are likely to render impossible or seriously impair the achievement of the specific purposes, and such derogations are necessary for the fulfilment of those purposes.

3. Where personal data are processed for archiving purposes in the public interest, Union or Member State law may provide for derogations from the rights referred to in Articles 15, 16, 18, 19, 20 and 21 subject to the conditions and safeguards referred to in paragraph 1 of this Article in so far as such rights are likely to render impossible or seriously impair the achievement of the specific purposes, and such derogations are necessary for the fulfilment of those purposes.

Artikel 89

Garantien und Ausnahmen in Bezug auf die Verarbeitung zu im öffentlichen Interesse liegenden Archivzwecken, zu wissenschaftlichen oder historischen Forschungszwecken und zu statistischen Zwecken

(1) Die Verarbeitung zu im öffentlichen Interesse liegenden Archivzwecken, zu wissenschaftlichen oder historischen Forschungszwecken oder zu statistischen Zwecken unterliegt geeigneten Garantien für die Rechte und Freiheiten der betroffenen Person gemäß dieser Verordnung. Mit diesen Garantien wird sichergestellt, dass technische und organisatorische Maßnahmen bestehen, mit denen insbesondere die Achtung des Grundsatzes der Datenminimierung gewährleistet wird. Zu diesen Maßnahmen kann die Pseudonymisierung gehören, sofern es möglich ist, diese Zwecke auf diese Weise zu erfüllen. In allen Fällen, in denen diese Zwecke durch die Weiterverarbeitung, bei der die Identifizierung von betroffenen Personen nicht oder nicht mehr möglich ist, erfüllt werden können, werden diese Zwecke auf diese Weise erfüllt.

(2) Werden personenbezogene Daten zu wissenschaftlichen oder historischen Forschungszwecken oder zu statistischen Zwecken verarbeitet, können vorbehaltlich der Bedingungen und Garantien gemäß Absatz 1 des vorliegenden Artikels im Unionsrecht oder im Recht der Mitgliedstaaten insoweit Ausnahmen von den Rechten gemäß der Artikel 15, 16, 18 und 21 vorgesehen werden, als diese Rechte voraussichtlich die Verwirklichung der spezifischen Zwecke unmöglich machen oder ernsthaft beeinträchtigen und solche Ausnahmen für die Erfüllung dieser Zwecke notwendig sind.

(3) Werden personenbezogene Daten für im öffentlichen Interesse liegende Archivzwecke verarbeitet, können vorbehaltlich der Bedingungen und Garantien gemäß Absatz 1 des vorliegenden Artikels im Unionsrecht oder im Recht der Mitgliedstaaten insoweit Ausnahmen von den Rechten gemäß der Artikel 15, 16, 18, 19, 20 und 21 vorgesehen werden, als diese Rechte voraussichtlich die Verwirklichung der spezifischen Zwecke unmöglich machen oder ernsthaft beeinträchtigen und solche Ausnahmen für die Erfüllung dieser Zwecke notwendig sind.

4. Where processing referred to in paragraphs 2 and 3 serves at the same time another purpose, the derogations shall apply only to processing for the purposes referred to in those paragraphs.

(4) Dient die in den Absätzen 2 und 3 genannte Verarbeitung gleichzeitig einem anderen Zweck, gelten die Ausnahmen nur für die Verarbeitung zu den in diesen Absätzen genannten Zwecken.

Recitals

(156) The processing of personal data for archiving purposes in the public interest, scientific or historical research purposes or statistical purposes should be subject to appropriate safeguards for the rights and freedoms of the data subject pursuant to this Regulation. Those safeguards should ensure that technical and organisational measures are in place in order to ensure, in particular, the principle of data minimisation. The further processing of personal data for archiving purposes in the public interest, scientific or historical research purposes or statistical purposes is to be carried out when the controller has assessed the feasibility to fulfil those purposes by processing data which do not permit or no longer permit the identification of data subjects, provided that appropriate safeguards exist (such as, for instance, pseudonymisation of the data). Member States should provide for appropriate safeguards for the processing of personal data for archiving purposes in the public interest, scientific or historical research purposes or statistical purposes. Member States should be authorised to provide, under specific conditions and subject to appropriate safeguards for data subjects, specifications and derogations with regard to the information requirements and rights to rectification, to erasure, to be forgotten, to restriction of processing, to data portability, and to object when processing personal data for archiving purposes in the public interest, scientific or historical research purposes or statistical purposes. The conditions and safeguards in question may entail specific procedures for data subjects to exercise those rights if this is appropriate in the light of the purposes sought by the specific processing along with technical and organisational measures aimed at minimising the processing of personal data in pursuance of the proportionality and necessity principles. The processing of personal data for scientific pur-

Erwägungsgründe

(156) Die Verarbeitung personenbezogener Daten für im öffentlichen Interesse liegende Archivzwecke, zu wissenschaftlichen oder historischen Forschungszwecken oder zu statistischen Zwecken sollte geeigneten Garantien für die Rechte und Freiheiten der betroffenen Person gemäß dieser Verordnung unterliegen. Mit diesen Garantien sollte sichergestellt werden, dass technische und organisatorische Maßnahmen bestehen, mit denen insbesondere der Grundsatz der Datenminimierung gewährleistet wird. Die Weiterverarbeitung personenbezogener Daten zu im öffentlichen Interesse liegende Archivzwecken, zu wissenschaftlichen oder historischen Forschungszwecken oder zu statistischen Zwecken erfolgt erst dann, wenn der Verantwortliche geprüft hat, ob es möglich ist, diese Zwecke durch die Verarbeitung von personenbezogenen Daten, bei der die Identifizierung von betroffenen Personen nicht oder nicht mehr möglich ist, zu erfüllen, sofern geeignete Garantien bestehen (wie z. B. die Pseudonymisierung von personenbezogenen Daten). Die Mitgliedstaaten sollten geeignete Garantien in Bezug auf die Verarbeitung personenbezogener Daten für im öffentlichen Interesse liegende Archivzwecke, zu wissenschaftlichen oder historischen Forschungszwecken oder zu statistischen Zwecken vorsehen. Es sollte den Mitgliedstaaten erlaubt sein, unter bestimmten Bedingungen und vorbehaltlich geeigneter Garantien für die betroffenen Personen Präzisierungen und Ausnahmen in Bezug auf die Informationsanforderungen sowie der Rechte auf Berichtigung, Löschung, Vergessenwerden, zur Einschränkung der Verarbeitung, auf Datenübertragbarkeit sowie auf Widerspruch bei der Verarbeitung personenbezogener Daten zu im öffentlichen Interesse liegende Archivzwecken, zu wissenschaftlichen oder historischen Forschungszwecken oder zu statistischen Zwecken vorzusehen. Im Rahmen der betreffenden Bedingungen und Garantien können spezifische Verfahren für die

poses should also comply with other relevant legislation such as on clinical trials.

Ausübung dieser Rechte durch die betroffenen Personen vorgesehen sein – sofern dies angesichts der mit der spezifischen Verarbeitung verfolgten Zwecke angemessen ist – sowie technische und organisatorische Maßnahmen zur Minimierung der Verarbeitung personenbezogener Daten im Hinblick auf die Grundsätze der Verhältnismäßigkeit und der Notwendigkeit. Die Verarbeitung personenbezogener Daten zu wissenschaftlichen Zwecken sollte auch anderen einschlägigen Rechtsvorschriften, beispielsweise für klinische Prüfungen, genügen.

(157) By coupling information from registries, researchers can obtain new knowledge of great value with regard to widespread medical conditions such as cardiovascular disease, cancer and depression. On the basis of registries, research results can be enhanced, as they draw on a larger population. Within social science, research on the basis of registries enables researchers to obtain essential knowledge about the long-term correlation of a number of social conditions such as unemployment and education with other life conditions. Research results obtained through registries provide solid, high-quality knowledge which can provide the basis for the formulation and implementation of knowledge-based policy, improve the quality of life for a number of people and improve the efficiency of social services. In order to facilitate scientific research, personal data can be processed for scientific research purposes, subject to appropriate conditions and safeguards set out in Union or Member State law.

(157) Durch die Verknüpfung von Informationen aus Registern können Forscher neue Erkenntnisse von großem Wert in Bezug auf weit verbreiteten Krankheiten wie Herz-Kreislauferkrankungen, Krebs und Depression erhalten. Durch die Verwendung von Registern können bessere Forschungsergebnisse erzielt werden, da sie auf einen größeren Bevölkerungsanteil gestützt sind. Im Bereich der Sozialwissenschaften ermöglicht die Forschung anhand von Registern es den Forschern, entscheidende Erkenntnisse über den langfristigen Zusammenhang einer Reihe sozialer Umstände zu erlangen, wie Arbeitslosigkeit und Bildung mit anderen Lebensumständen. Durch Register erhaltene Forschungsergebnisse bieten solide, hochwertige Erkenntnisse, die die Basis für die Erarbeitung und Umsetzung wissensgestützter politischer Maßnahmen darstellen, die Lebensqualität zahlreicher Menschen verbessern und die Effizienz der Sozialdienste verbessern können. Zur Erleichterung der wissenschaftlichen Forschung können daher personenbezogene Daten zu wissenschaftlichen Forschungszwecken verarbeitet werden, wobei sie angemessenen Bedingungen und Garantien unterliegen, die im Unionsrecht oder im Recht der Mitgliedstaaten festgelegt sind.

(158) Where personal data are processed for archiving purposes, this Regulation should also apply to that processing, bearing in mind that this Regulation should not apply to deceased persons. Public authorities or public or private bodies that hold records of public interest should be services which, pursuant to Union or Member State law, have a legal obligation to acquire, preserve, appraise, arrange, describe, communicate, promote, disseminate and provide access to records of enduring value for general public interest. Member-

(158) Diese Verordnung sollte auch für die Verarbeitung personenbezogener Daten zu Archivzwecken gelten, wobei darauf hinzuweisen ist, dass die Verordnung nicht für verstorbene Personen gelten sollte. Behörden oder öffentliche oder private Stellen, die Aufzeichnungen von öffentlichem Interesse führen, sollten gemäß dem Unionsrecht oder dem Recht der Mitgliedstaaten rechtlich verpflichtet sein, Aufzeichnungen von bleibendem Wert für das allgemeine öffentliche Interesse zu erwerben, zu erhalten, zu bewerten, aufzubereiten, zu beschreiben, mit-

States should also be authorised to provide for the further processing of personal data for archiving purposes, for example with a view to providing specific information related to the political behaviour under former totalitarian state regimes, genocide, crimes against humanity, in particular the Holocaust, or war crimes.

zuteilen, zu fördern, zu verbreiten sowie Zugang dazu bereitzustellen. Es sollte den Mitgliedstaaten ferner erlaubt sein vorzusehen, dass personenbezogene Daten zu Archivzwecken weiterverarbeitet werden, beispielsweise im Hinblick auf die Bereitstellung spezifischer Informationen im Zusammenhang mit dem politischen Verhalten unter ehemaligen totalitären Regimen, Völkermord, Verbrechen gegen die Menschlichkeit, insbesondere dem Holocaust, und Kriegsverbrechen.

(159) Where personal data are processed for scientific research purposes, this Regulation should also apply to that processing. For the purposes of this Regulation, the processing of personal data for scientific research purposes should be interpreted in a broad manner including for example technological development and demonstration, fundamental research, applied research and privately funded research. In addition, it should take into account the Union's objective under Article 179(1) TFEU of achieving a European Research Area. Scientific research purposes should also include studies conducted in the public interest in the area of public health. To meet the specificities of processing personal data for scientific research purposes, specific conditions should apply in particular as regards the publication or otherwise disclosure of personal data in the context of scientific research purposes. If the result of scientific research in particular in the health context gives reason for further measures in the interest of the data subject, the general rules of this Regulation should apply in view of those measures.

(159) Diese Verordnung sollte auch für die Verarbeitung personenbezogener Daten zu wissenschaftlichen Forschungszwecken gelten. Die Verarbeitung personenbezogener Daten zu wissenschaftlichen Forschungszwecken im Sinne dieser Verordnung sollte weit ausgelegt werden und die Verarbeitung für beispielsweise die technologische Entwicklung und die Demonstration, die Grundlagenforschung, die angewandte Forschung und die privat finanzierte Forschung einschließen. Darüber hinaus sollte sie dem in Artikel 179 Absatz 1 AEUV festgeschriebenen Ziel, einen europäischen Raum der Forschung zu schaffen, Rechnung tragen. Die wissenschaftlichen Forschungszwecke sollten auch Studien umfassen, die im öffentlichen Interesse im Bereich der öffentlichen Gesundheit durchgeführt werden. Um den Besonderheiten der Verarbeitung personenbezogener Daten zu wissenschaftlichen Forschungszwecken zu genügen, sollten spezifische Bedingungen insbesondere hinsichtlich der Veröffentlichung oder sonstigen Offenlegung personenbezogener Daten im Kontext wissenschaftlicher Zwecke gelten. Geben die Ergebnisse wissenschaftlicher Forschung insbesondere im Gesundheitsbereich Anlass zu weiteren Maßnahmen im Interesse der betroffenen Person, sollten die allgemeinen Vorschriften dieser Verordnung für diese Maßnahmen gelten.

(160) Where personal data are processed for historical research purposes, this Regulation should also apply to that processing. This should also include historical research and research for genealogical purposes, bearing in mind that this Regulation should not apply to deceased persons.

(160) Diese Verordnung sollte auch für die Verarbeitung personenbezogener Daten zu historischen Forschungszwecken gelten. Dazu sollte auch historische Forschung und Forschung im Bereich der Genealogie zählen, wobei darauf hinzuweisen ist, dass diese Verordnung nicht für verstorbene Personen gelten sollte.

(161) For the purpose of consenting to the participation in scientific research activities in clinical trials, the relevant provisions of Regu-

(161) Für die Zwecke der Einwilligung in die Teilnahme an wissenschaftlichen Forschungstätigkeiten im Rahmen klinischer Prüfungen soll-

lation (EU) No 536/2014 of the European Parliament and of the Council should apply.

(162) Where personal data are processed for statistical purposes, this Regulation should apply to that processing. Union or Member State law should, within the limits of this Regulation, determine statistical content, control of access, specifications for the processing of personal data for statistical purposes and appropriate measures to safeguard the rights and freedoms of the data subject and for ensuring statistical confidentiality. Statistical purposes mean any operation of collection and the processing of personal data necessary for statistical surveys or for the production of statistical results. Those statistical results may further be used for different purposes, including a scientific research purpose. The statistical purpose implies that the result of processing for statistical purposes is not personal data, but aggregate data, and that this result or the personal data are not used in support of measures or decisions regarding any particular natural person.

(163) The confidential information which the Union and national statistical authorities collect for the production of official European and official national statistics should be protected. European statistics should be developed, produced and disseminated in accordance with the statistical principles as set out in Article 338(2) TFEU, while national statistics should also comply with Member State law. Regulation (EC) No 223/2009 of the European Parliament and of the Council (16) provides

ten die einschlägigen Bestimmungen der Verordnung (EU) Nr. 536/2014 des Europäischen Parlaments und des Rates[1] gelten.

(162) Diese Verordnung sollte auch für die Verarbeitung personenbezogener Daten zu statistischen Zwecken gelten. Das Unionsrecht oder das Recht der Mitgliedstaaten sollte in den Grenzen dieser Verordnung den statistischen Inhalt, die Zugangskontrolle, die Spezifikationen für die Verarbeitung personenbezogener Daten zu statistischen Zwecken und geeignete Maßnahmen zur Sicherung der Rechte und Freiheiten der betroffenen Personen und zur Sicherstellung der statistischen Geheimhaltung bestimmen. Unter dem Begriff „statistische Zwecke" ist jeder für die Durchführung statistischer Untersuchungen und die Erstellung statistischer Ergebnisse erforderliche Vorgang der Erhebung und Verarbeitung personenbezogener Daten zu verstehen. Diese statistischen Ergebnisse können für verschiedene Zwecke, so auch für wissenschaftliche Forschungszwecke, weiterverwendet werden. Im Zusammenhang mit den statistischen Zwecken wird vorausgesetzt, dass die Ergebnisse der Verarbeitung zu statistischen Zwecken keine personenbezogenen Daten, sondern aggregierte Daten sind und diese Ergebnisse oder personenbezogenen Daten nicht für Maßnahmen oder Entscheidungen gegenüber einzelnen natürlichen Personen verwendet werden.

(163) Die vertraulichen Informationen, die die statistischen Behörden der Union und der Mitgliedstaaten zur Erstellung der amtlichen europäischen und der amtlichen nationalen Statistiken erheben, sollten geschützt werden. Die europäischen Statistiken sollten im Einklang mit den in Artikel 338 Absatz 2 AEUV dargelegten statistischen Grundsätzen entwickelt, erstellt und verbreitet werden, wobei die nationalen Statistiken auch mit dem Recht der Mitgliedstaaten übereinstimmen müssen. Die Verord-

1 Verordnung (EU) Nr. 536/2014 des Europäischen Parlaments und des Rates v. 16.4.2014 über klinische Prüfungen mit Humanarzneimitteln und zur Aufhebung der Richtlinie 2001/20/EG Text von Bedeutung für den EWR, ABl. EU L 158 v. 27.5.2014, S. 1.

further specifications on statistical confidentiality for European statistics.

nung (EG) Nr. 223/2009 des Europäischen Parlaments und des Rates[2] enthält genauere Bestimmungen zur Vertraulichkeit europäischer Statistiken.

§ 27 BDSG-neu

Datenverarbeitung zu wissenschaftlichen oder historischen Forschungszwecken und zu statistischen Zwecken

(1) Abweichend von Artikel 9 Absatz 1 der Verordnung (EU) 2016/679 ist die Verarbeitung besonderer Kategorien personenbezogener Daten im Sinne des Artikels 9 Absatz 1 der Verordnung (EU) 2016/679 auch ohne Einwilligung für wissenschaftliche oder historische Forschungszwecke oder für statistische Zwecke zulässig, wenn die Verarbeitung zu diesen Zwecken erforderlich ist und die Interessen des Verantwortlichen an der Verarbeitung die Interessen der betroffenen Person an einem Ausschluss der Verarbeitung erheblich überwiegen. Der Verantwortliche sieht angemessene und spezifische Maßnahmen zur Wahrung der Interessen der betroffenen Person gemäß § 22 Absatz 2 Satz 2 vor.

(2) Die in den Artikeln 15, 16, 18 und 21 der Verordnung (EU) 2016/679 vorgesehenen Rechte der betroffenen Person sind insoweit beschränkt, als diese Rechte voraussichtlich die Verwirklichung der Forschungs- oder Statistikzwecke unmöglich machen oder ernsthaft beinträchtigen und die Beschränkung für die Erfüllung der Forschungs- oder Statistikzwecke notwendig ist. Das Recht auf Auskunft gemäß Artikel 15 der Verordnung (EU) 2016/679 besteht darüber hinaus nicht, wenn die Daten für Zwecke der wissenschaftlichen Forschung erforderlich sind und die Auskunftserteilung einen unverhältnismäßigen Aufwand erfordern würde.

(3) Ergänzend zu den in § 22 Absatz 2 genannten Maßnahmen sind zu wissenschaftlichen oder historischen Forschungszwecken oder zu statistischen Zwecken verarbeitete besondere Kategorien personenbezogener Daten im Sinne des Artikels 9 Absatz 1 der Verordnung (EU) 2016/679 zu anonymisieren, sobald dies nach dem Forschungs- oder Statistikzweck möglich ist, es sei denn, berechtigte Interessen der betroffenen Person stehen dem entgegen. Bis dahin sind die Merkmale gesondert zu speichern, mit denen Einzelangaben über persönliche oder sachliche Verhältnisse einer bestimmten oder bestimmbaren Person zugeordnet werden können. Sie dürfen mit den Einzelangaben nur zusammengeführt werden, soweit der Forschungs- oder Statistikzweck dies erfordert.

(4) Der Verantwortliche darf personenbezogene Daten nur veröffentlichen, wenn die betroffene Person eingewilligt hat oder dies für die Darstellung von Forschungsergebnissen über Ereignisse der Zeitgeschichte unerlässlich ist.

§ 28 BDSG-neu

Datenverarbeitung zu im öffentlichen Interesse liegenden Archivzwecken

(1) Abweichend von Artikel 9 Absatz 1 der Verordnung (EU) 2016/679 ist die Verarbeitung besonderer Kategorien personenbezogener Daten im Sinne des Artikels 9 Absatz 1 der Verordnung (EU) 2016/679 zulässig, wenn sie für im öffentlichen Interesse liegende Archivzwecke erforderlich

2 Verordnung (EG) Nr. 223/2009 des Europäischen Parlaments und des Rates v. 11.3.2009 über europäische Statistiken und zur Aufhebung der Verordnung (EG, Euratom) Nr. 1101/2008 des Europäischen Parlaments und des Rates über die Übermittlung von unter die Geheimhaltungspflicht fallenden Informationen an das Statistische Amt der Europäischen Gemeinschaften, der Verordnung (EG) Nr. 322/97 des Rates über die Gemeinschaftsstatistiken und des Beschlusses 89/382/EWG, Euratom des Rates zur Einsetzung eines Ausschusses für das Statistische Programm der Europäischen Gemeinschaften, ABl. EG Nr. L 87 v. 31.3.2009, S. 164.

ist. Der Verantwortliche sieht angemessene und spezifische Maßnahmen zur Wahrung der Interessen der betroffenen Person gemäß § 22 Absatz 2 Satz 2 vor.

(2) Das Recht auf Auskunft der betroffenen Person gemäß Artikel 15 der Verordnung (EU) 2016/679 besteht nicht, wenn das Archivgut nicht durch den Namen der Person erschlossen ist oder keine Angaben gemacht werden, die das Auffinden des betreffenden Archivguts mit vertretbarem Verwaltungsaufwand ermöglichen.

(3) Das Recht auf Berichtigung der betroffenen Person gemäß Artikel 16 der Verordnung (EU) 2016/679 besteht nicht, wenn die personenbezogenen Daten zu Archivzwecken im öffentlichen Interesse verarbeitet werden. Bestreitet die betroffene Person die Richtigkeit der personenbezogenen Daten, ist ihr die Möglichkeit einer Gegendarstellung einzuräumen. Das zuständige Archiv ist verpflichtet, die Gegendarstellung den Unterlagen hinzuzufügen.

(4) Die in Artikel 18 Absatz 1 Buchstabe a, b und d, den Artikeln 20 und 21 der Verordnung (EU) 2016/679 vorgesehenen Rechte bestehen nicht, soweit diese Rechte voraussichtlich die Verwirklichung der im öffentlichen Interesse liegenden Archivzwecke unmöglich machen oder ernsthaft beeinträchtigen und die Ausnahmen für die Erfüllung dieser Zwecke erforderlich sind.

Literatur

Metschke/Wellbroch, Datenschutz in Wissenschaft und Forschung, Veröffentlichung des Berliner Datenschutzbeauftragten, 2002; *Müller*, Datenschutz und Persönlichkeitsrecht bei Nachlässen und Archiven, in: Archiv und Wirtschaft 2012, 5 ff.

▶ Bedeutung der Norm

Die Norm enthält spezielle Regelungen für die Datenverarbeitung zu Archivzwecken, wissenschaftlichen Forschungszwecken und statistischen Zwecken. Dabei werden einerseits die Garantien der Verordnung konkretisiert, andererseits werden Ausnahmen erlaubt.

▶ Hinweise für den Anwender

Regelungen zu den hier geregelten besonderen Datenverarbeitungssituationen finden sich auch in Art. 5 Abs. 1 lit. b und e, Art. 9 Abs. 2 lit. j, Art. 14 Abs. 5 lit. b, Art. 17 Abs. 3 lit. d, Art. 21 Abs. 6.

Für die Auslegung der Norm relevante Erwägungsgründe:
- Die EG 26, 33, 50, 52, 53, 62, 65, 113, 153 enthalten weitere Aussagen zu den hier geregelten besonderen Datenverarbeitungssituationen.

Vorgängernormen im BDSG:
- Zurzeit enthalten §§ 13 Abs. 2 Nr. 8, 14 Abs. 2 Nr. 9, 20 Abs. 9, 28 Abs. 6 Nr. 4 und 40 BDSG sowie eine Vielzahl weiterer (Landes-) gesetze – etwa Statistikgesetze, die Archivgesetze oder die Landesdatenschutzgesetze (z.B. § 30 BlnDSG, § 33 HessDSG, § 25 NiedersDSG) oder Gesetze zu speziellen Forschungsmaterien (insb. der medizinischen Forschung) – Sonderregelungen für die Nutzung personenbezogener Daten in den hier geregelten besonderen Datenverarbeitungssituationen. Zukünftig enthalten §§ 27, 28 BDSG-neu Regelungen zur Umsetzung der Verordnung in den hier geregelten besonderen Datenverarbeitungssituationen.

Vorgängernormen der RL 95/46:
- Bisher enthielten Art. 6 Abs. 1 lit. b, Art. 11 Abs. 2, Art. 13 Abs. 2 der Richtlinie 95/46/EG Privilegierungen für die hier geregelten besonderen Datenverarbeitungssituationen.

Schlagworte

Archivzwecke, Wissenschaft, Forschungszwecke, statistische Zwecke, Datenminimierung, Anonymisierung, Pseudonymisierung, Ausnahmen, Öffnungsklausel, Wissenschaftsprivileg, Forschungsprivileg, Statistikprivileg, Archivierungsprivileg, Garantien

A. Allgemeines

I. Regelungszweck

1 Zweck der Regelungen ist es einerseits, den Schutz personenbezogener Daten auch bei Verarbeitung zu Archiv- oder Forschungszwecken oder statistischen Zwecken zu gewährleisten. Andererseits werden diese besonderen Verarbeitungssituationen privilegiert, indem Ausnahmen von den allgemeinen Regelungen der Verordnung und damit unterschiedliche Standards in den Mitgliedstaaten erlaubt werden. Soweit diese Öffnungsklauseln reichen, wird von einer Vollharmonisierung durch die Verordnung abgesehen.

II. Normadressaten

1. Datenverarbeiter

2 Normadressaten des Art. 89 Abs. 1 sind die diejenigen, die Daten zu Archiv- oder Forschungszwecken oder statistischen Zwecken verarbeiten. Das sind sowohl „Verantwortliche" im Sinne des Art. 4 Nr. 7 als auch „Auftragsverarbeiter" im Sinne des Art. 4 Nr. 8. Dabei wird auf die Anwendung der allgemeinen Regelungen der Verordnung verwiesen und es werden bestimmte Grundsätze für diese besonderen Verarbeitungssituationen konkretisiert. Verarbeiter, die Daten zu Archiv- oder Forschungszwecken oder statistischen Zwecken verarbeiten, können grundsätzlich sowohl öffentliche als auch nicht öffentliche Stellen sein. Insb. hinsichtlich der wissenschaftlichen Forschung stellt EG 159 Satz 2 klar, dass nicht nur die Forschung an öffentlichen Einrichtungen gemeint ist, sondern auch privatwirtschaftliche Forschung. Hinsichtlich der Archivzwecke ist die Regelung allerdings auf die im öffentlichen Interesse liegenden Archivzwecke beschränkt. Das dürfte in der Regel nur auf Archive der öffentlichen Hand zutreffen. Es ist allerdings nicht auszuschließen, dass es auch Privatarchive gibt, die im öffentlichen Interesse liegende Zwecke verfolgen.

3 Die Norm gilt nach dem Marktortprinzip auch für nicht in der Union niedergelassene Forscher, Archivare und Statistiker, wenn diese eine Datenverarbeitung im Sinne von Art. 3 Abs. 2 betreiben.

2. Mitgliedstaaten und Unionsgesetzgeber

4 Normadressaten des Art. 89 Abs. 2 und 3 sind die Normgeber im Unionsrecht oder dem nationalen Recht, die für die entsprechenden Regelungen zuständig sind. In Deutschland können das sowohl der Landes- als auch der Bundesgesetzgeber sein. Die durch die Öffnungsklausel ermöglichten Regelungen im Unionsrecht oder dem Recht eines Mitgliedstaates richten sich dann wiederum an die einschlägigen Datenverarbeiter.[3]

3. Aufsichtsbehörden

5 Die Einhaltung der Regelung des Art. 89 Abs. 1 sowie die unter Inanspruchnahme der Öffnungsklauseln erlassenen Regelungen sind durch die Aufsichtsbehörden (Art. 51 ff.) zu überwachen.

III. Systematik

6 Das Kapitel IX der Verordnung enthält Sonderregelungen für besondere Datenverarbeitungssituationen. Untereinander haben die Regelungen dieses Kapitels grundsätzlich keinen Bezug. Allerdings kommt es zu Überschneidungen zwischen Art. 89 und Art. 85. Art. 89 regelt die Datenverarbeitung zu im öffentlichen Interesse liegenden Archivzwecken, wissenschaftlichen oder historischen Forschungszwecken und zu statistischen Zwecken. Art. 85 regelt das Verhältnis zwischen Datenschutz und der Meinungsäußerungs- und Informationsfreiheit, wobei von beiden Freiheiten insb. auch zu wissenschaftlichen Zwecken Gebrauch gemacht werden kann. Laut EG 153 Satz 3 gilt Art. 85 insb. auch für Nachrichten- und Pressearchive. Insoweit kommt es also – anders als unter Art. 9 der DS-RL, der nicht auf wissenschaftliche Forschung angewandt wurde – zu Überschneidungen mit den in Art. 89 geregelten Forschungs- und Archivzwecken. Die Öffnungsklausel des Art. 85 ist deutlich weitgehender als Art. 89. Soweit wissenschaftliche Forschung also mit der Ausübung der Meinungs- oder Informationsfreiheit verbunden ist, was insb. bei der Veröffentlichung wissenschaftlicher Ergebnisse relevant sein kann, wird sie sich auf weiter gehende Privilegierungen stützen können, wenn diese im Recht des Mitgliedstaates vorgesehen sind. Gleiches gilt für die Nachrichten- und Pressearchive.[4]

7 Art. 89 enthält nicht unmittelbar selbst Abweichungen von den allgemeinen Regeln der Verordnung, sondern verweist in Abs. 1 vielmehr auf die „Garantien gem. dieser Verordnung". Das heißt, dass grundsätzlich die allgemeinen Regeln der Verordnung Anwendung finden. Allerdings werden einige allgemeine Grundsätze der Datenverarbeitung wiederholt und konkretisiert, die in den hier geregelten besonderen Datenverarbeitungssituationen regelmäßig eine besondere Rolle spielen (sollen). Andererseits gibt es an vielen Stellen der Verordnung unter Bezugnahme auf Art. 89 besondere Regelungen für die hier genannten besonderen Datenverarbeitungssituationen. Art. 89 ist nur im Zusammenspiel mit diesen über die Verordnung verteilten Einzelregelungen zu verstehen, wobei die dabei verfolgte Systematik mitunter Fragen aufwirft.[5]

8 Abs. 2 und 3 enthalten Öffnungsklauseln, wonach im Unionsrecht oder im Recht der Mitgliedstaaten von bestimmten Regelungen der Verordnung abgewichen werden kann. Dabei ermöglicht Abs. 2 Ausnahmen für Forschungszwecke und statistische Zwecke; Abs. 3 ermöglicht Ausnahmen für Archivzwecke.

9 Soweit die allgemeinen Regelungen, insb. in Art. 6 Abs. 2 und Abs. 3 oder Art. 9 Abs. 2, bereits Ausgestaltungsspielräume für den Unionsgesetzgeber oder nationale Normgeber enthalten,[6] werden diese durch Art. 89 nicht modifiziert. In diesem Sinn umfassen die Möglichkeiten zu Spezifizierungen in Art. 6 Abs. 2 und Abs. 3 ausdrücklich auch spezifische Bestimmungen hinsichtlich „besonderen Verarbeitungssituationen gem. Kapitel IX". Art. 89 Abs. 2 und 3 gehen allerdings über diese Spielräume hinaus, weil sie sich nicht auf Regelungen beschränken, die eine ausgestal-

3 Vgl. Rn. 2 f.
4 S. Art. 85 Rn. 36 ff.
5 Zur mitunter fragwürdigen Systematik der Verordnung Art. 1 Rn. 18 ff.
6 Dazu Art. 1 Rn. 15; Art. 6 Rn. 146 ff.

tende Vollziehung durch die nationalen Gesetzgeber vorsehen, sondern auch auf Regelungen, die keiner näheren Ausgestaltung bedürfen und daher grundsätzlich keine Ausgestaltungsspielräume vorsehen.[7] Außerdem ermöglichen Art. 89 Abs. 2 und 3 nicht nur ausgestaltende Präzisierungen, sondern Ausnahmen von der Verordnung.

10 Das Verhältnis der Öffnungsklauseln der Abs. 2 und 3 zu der Öffnungsklausel des Art. 23 Abs. 1 ist ungeklärt. Es spricht jedoch viel dafür, dass Abs. 2 und 3 keine Sperrwirkung gegenüber der Öffnungsklausel des Art. 23 Abs. 1 entfalten. Anderenfalls könnten die Betroffenenrechte bei der Verarbeitung zu nicht-privilegierten Verarbeitungszwecken in weitergehendem Maße eingeschränkt werden als bei der Verarbeitung für die in Art. 89 geregelten privilegierten Zwecke. Dies würde der vom Normgeber intendierten Privilegierung der Verarbeitungszwecke des Art. 89 nicht gerecht werden.

IV. Entstehungsgeschichte

11 In der bisherigen Richtlinie 95/46/EG gibt es eine entsprechende Regelung nicht. Allerdings gibt es auch bisher schon an vielen Stellen der Richtlinie besondere Regelungen zu den jetzt in Art. 89 zusammengefassten besonderen Datenverarbeitungssituationen. Die meisten dieser Einzelregelungen bestehen auch in der Verordnung neben Art. 89 weiter. Dadurch weist Art. 89 zahlreiche Querbezüge zu anderen Bestimmungen der DS-GVO auf, die nicht immer bis ins letzte Detail abgestimmt scheinen.

12 Art. 89 gehörte bis zum Abschluss der Verhandlungen zu den umstrittensten Regelungen der DS-GVO. Zwischenzeitlich waren verschiedene Regelungen für die nunmehr in Art. 89 zusammengefassten besonderen Datenverarbeitungssituationen im Gespräch.

13 Gegenstand der Auseinandersetzung waren insb. der Umfang der Sonderregelungen und der Öffnung für nationale Regelungen, die Definition von wissenschaftlicher Forschung, die Abgrenzung von anonymen und pseudonymen Daten sowie das Verhältnis der Einzelregelungen zueinander. Insb. bestanden Bedenken, dass private und wirtschaftlich motivierte Forschung ausgeschlossen sein könnten. Das Verständnis des Umfangs wissenschaftlicher Forschung im Sinne des Art. 89 sowie des Konzepts der Pseudonymisierung haben Auswirkungen auf die über die gesamte Verordnung verteilten Privilegierungen für diese besondere Datenverarbeitungssituation.

B. Inhalt der Regelung

I. Anwendung der Verordnung und Grundsatz der Datenminimierung und Speicherbegrenzung (Art. 89 Abs. 1)

14 Art. 89 Abs. 1 stellt klar, dass es kein umfassendes Privileg zur Datenverarbeitung für Archivzwecke, Forschungszwecke oder statistische Zwecke gibt. Es finden vielmehr grundsätzlich die allgemeinen Regeln der Verordnung Anwendung. So ist nach Art. 6 Abs. 1 Satz 1 die Verarbeitung personenbezogener Daten grundsätzlich verboten, wenn nicht einer der dort genannten Erlaubnistatbestände eingreift. Das gilt auch für die wissenschaftliche Forschung, Statistik und Archivzwecke. Es gibt keinen besonderen Erlaubnistatbestand für diese besonderen Verarbeitungszwecke. Die Verarbeitung muss sich also auf die allgemeinen Erlaubnistatbestände stützen lassen. Hier kommen insb. die Einwilligung (Art. 6 Abs. 1 lit. a), das gesetzlich verankerte öffentliche Interesse (Art. 6 Abs. 1 lit. e) und das berechtigte Interesse des Verantwortlichen oder eines Dritten (Art. 6 Abs. 1 lit. f) in Betracht.

15 Allerdings erfahren die genannten besonderen Datenverarbeitungssituationen an verschiedenen Stellen der Verordnung besondere Behandlung. Die gemeinsame Besonderheit dieser Zwecke ist, dass sie regelmäßig nicht Primärzwecke der Datenerhebung sind, sondern Daten zu Archiv- oder

---

7 Vgl. Art. 1 Rn. 8 ff.

Forschungszwecken oder statistischen Zwecken weiter genutzt werden sollen, die zu anderen Primärzwecken erhoben wurden. Außerdem ist den Zwecken eigen, dass sie regelmäßig vom betroffenen Individuum abstrahieren. Das heißt, es sollen grundsätzlich keine personenbezogenen Aussagen generiert werden. Lediglich in der Forschung mag das mitunter anders sein. Hier werden Daten auch gezielt für bestimmte Forschungsvorhaben erhoben. In der historischen Forschung mag es mitunter auch um Aussagen zu (historisch relevanten) Personen gehen.

1. Archivzwecke

Als erste besondere Verarbeitungssituation nennt Art. 89 Abs. 1 die Verarbeitung zu im öffentlichen Interesse liegenden Archivzwecken. Archivierung bedeutet die Aufbewahrung von Unterlagen, obwohl deren ursprünglicher Verwendungszweck erfüllt und die im Hinblick auf diesen Zweck vorgesehenen Aufbewahrungs- oder Verwahrungszeiten abgelaufen sind. Soweit die Unterlagen auch personenbezogene Daten enthalten, handelt es sich bei der Archivierung um von der Verordnung erfasste Datenverarbeitungen. Allerdings gilt die Verordnung nicht für Verstorbene. Die hier geregelte besondere Datenverarbeitungssituation betrifft also lediglich die Archivierung von Daten noch lebender Personen (EG 158 Satz 1). Es geht darum, Daten zeitlich unbegrenzt aufzubewahren, zu erhalten und nutzbar zu machen, die zu anderen Zwecken erhoben wurden, zu denen sie nunmehr nicht mehr gebraucht werden. Im Gegensatz zu historischen Forschungszwecken muss bei einer Archivierung kein konkretes Erkenntnisinteresse vorliegen, wozu die Auswertung der Daten erforderlich ist. Der Begriff der Archivierung schließt jede erstmalige Erhebung von Daten zum bloßen Zweck der Archivierung aus. Die Form der Archivierung ist irrelevant. Als Archivgut kommen alle Informationsträger, also insb. auch digitale Datenträger, in Betracht. 16

Die Archivierung muss im öffentlichen Interesse (zu dem Begriff vgl. auch Art. 6 Rn. 114 ff. und Rn. 164 ff. sowie Art. 18 Rn. 98 ff.) liegen.[8] Daher dürfte es sich in erster Linie um Archivierungen durch Behörden oder andere öffentliche Stellen handeln. Auch private Archive sind davon allerdings nicht grundsätzlich ausgeschlossen, wenn und soweit die Archivierung öffentlichen Interessen dient (EG 158 Satz 2). Archive, die Privatinteressen verfolgen, sind nicht umfasst. Insb. erfreuen sich privatwirtschaftliche Archivierungen keinerlei Privilegierung nach Art. 89. In Betracht kommt allerdings eine Privilegierung nach Art. 85, wenn das Privatarchiv journalistischen, wissenschaftlichen, künstlerischen oder literarischen Zwecken dient. Familienarchive, die ausschließlich familiär genutzt werden, unterfallen gar nicht dem Anwendungsbereich der Verordnung (vgl. Art. 2 Abs. 2 lit. c). In EG 158 Satz 3 ist ausdrücklich aufgeführt, dass Archive insb. auch im Hinblick auf politisches Verhalten unter ehemaligen totalitären Regimen geführt werden dürfen und sollen. Dieser auf Wunsch Deutschlands eingefügte Satz legitimiert explizit die Datenverarbeitung durch Behörden wie der deutschen Stasi-Unterlagen-Behörde. Eine Beschränkung auf politische relevante Archive ist damit freilich nicht verbunden. Das öffentliche Interesse an der Archivierung bestimmter Daten kann vielmehr ausgesprochen vielseitig sein und ist in der Verordnung nicht näher bestimmt. Damit besteht ein gewisser Spielraum, zu welchen Zwecken Daten archiviert werden können. Regelmäßig geschieht dies, wenn die Unterlagen aufgrund ihres rechtlichen, politischen, wirtschaftlichen, sozialen und kulturellen Wertes als Quellen für die Erforschung und das Verständnis von Geschichte und Gegenwart oder der Sicherung berechtigter Belange der Bürger dienen oder der Bereitstellung der Informationen Bedeutung für Gesetzgebung, Verwaltung oder Rechtsprechung zukommt.[9] 17

8 Zur Auslegung des Begriffs des „öffentlichen Interesses" im Rahmen der DS-GVO siehe auch die Kommentierung zu Art. 18 Abs. 2 (dort Rn. 98 ff.).

9 Vgl. dazu die verschiedenen Regelungen zur Archivwürdigkeit von Unterlagen in den Archivgesetzen (z.B. § 3 BArchG).

2. Wissenschaftliche und historische Forschungszwecke

18 Wissenschaft kann in Anlehnung an die vom BVerfG zu Art. 5 Abs. 3 GG entwickelte Definition als der auf einen bestimmten Kenntnisstand aufbauende Versuch der Ermittlung wahrer Erkenntnisse durch methodisch geordnetes, kritisch reflektierendes und diskursives Denken und Arbeiten verstanden werden.[10] Wissenschaftliche Forschung umfasst nicht die Lehre an wissenschaftlichen Einrichtungen, die jedenfalls nach deutschem Verständnis zwar Teil der Wissenschaft, aber eben nicht der Forschung ist.

19 Wissenschaftliche Forschung ist umfassend. Es gibt keine Beschränkung auf bestimmte Disziplinen, Bereiche oder Forschungsrichtungen. In EG 157 Satz 1 und 3 sind exemplarisch einige besonders relevante Forschungsbereiche aufgezählt, anhand derer die Privilegierung der wissenschaftlichen Forschung bei der Datenverarbeitung begründet wird. Genannt sind etwa die medizinische Forschung und die Sozialwissenschaften. Diese Begründung beschränkt die Auslegung des Begriffs der „wissenschaftlichen Forschung" aber nicht. Insb. sind die Privilegierungen nicht auf Forschungen beschränkt, die die in EG 157 aufgeführten Ergebnisse erzielen können. Die Verarbeitung von Daten zu wissenschaftlichen Forschungszwecken ist vielmehr weit auszulegen (vgl. EG 159 Satz 2). Umfasst sind insb. auch die Grundlagenforschung oder die Forschung an neuen Technologien, wo die konkreten Ergebnisse der Forschung häufig kaum absehbar sind. Auf der anderen Seite ist ausdrücklich auch die angewandte Forschung umfasst, also Forschung, die durchaus mit konkreten Anwendungszielen verbunden ist und insofern auch von weiteren Interessen getragen sein kann als der bloßen Vermehrung wissenschaftlicher Erkenntnisse (vgl. EG 159 Satz 2). Das umfasst insb. wohl auch die Markt- und Sozialforschung, obwohl eine – von den privaten Markt- und Sozialforschungsinstituten geforderte – ausdrückliche Klarstellung keine Aufnahme in die Verordnung gefunden hat.

20 Die mit der Datenverarbeitung angestrebten wissenschaftlichen Erkenntnisse müssen vom betroffenen Individuum abstrahieren. Das ist in Art. 13 Abs. 2 der Richtlinie 95/46/EG ausdrücklich bestimmt. Die Forschung darf also nicht darauf gerichtet sein, personenbezogene Informationen zu generieren. Dies ist allenfalls bei historischer Forschung anders. Historische Forschung ist – jedenfalls nach dem deutschen Verständnis von Geschichtswissenschaft – ebenso wissenschaftliche Forschung. Die ausdrückliche Nennung der historischen Forschung neben der wissenschaftlichen Forschung hat insofern nur klarstellenden Charakter. Diese Klarstellung ergibt Sinn, wenn man bedenkt, dass es bei historischer Forschung – in Abweichung von den übrigen hier behandelten privilegierten Zwecken – mitunter auch darum geht, Aussagen zu (historisch bedeutenden) Personen zu machen. Da die Verordnung insgesamt allerdings nicht für Daten verstorbener Personen Anwendung findet, dürfte sich der Anwendungsbereich der Privilegierung auf zeithistorische Forschung beschränken.

21 Es ist irrelevant, wer die Forschung finanziert oder trägt (EG 159 Satz 2). Wissenschaftliche Forschung beschränkt sich insb. nicht nur auf öffentliche Hochschulen. Wissenschaftliche Forschung kann von öffentlichen Stellen und privaten Stellen betrieben werden und sie kann sowohl öffentlich als auch privat oder gemischt finanziert sein. Wissenschaftliche Forschung können also insb. auch private Institute oder Unternehmen betreiben. Das ist vor allem im Gesundheitsbereich oder auch im Bereich der Markt- und Sozialforschung von einiger Bedeutung. Dass damit unter Umständen auch wirtschaftliche Interessen verbunden sind, steht wissenschaftlicher Forschung nicht per se entgegen. Bei Mehrfachzwecken muss allerdings achtgegeben werden, dass die Privilegierungen nicht auf andere Zwecke übertragen werden.[11]

---

10 BVerfGE 35, 79/113; 47, 327/267; 90, 1/12.
11 Vgl. Abs. 4, dazu Rn. 48.

3. Statistische Zwecke

Unter dem Begriff „statistische Zwecke" ist laut EG 162 Satz 3 jeder für die Durchführung statistischer Untersuchungen und die Erstellung statistischer Ergebnisse erforderliche Vorgang der Erhebung und Verarbeitung personenbezogener Daten zu verstehen. Statistik kann von öffentlichen wie nicht öffentlichen Stellen betrieben werden. Ein öffentliches Interesse an der Statistik ist nicht erforderlich. Die statistischen Ergebnisse können für viele verschiedene Zwecke, so auch für wissenschaftliche Forschungszwecke, weiterverwendet werden (vgl. EG 162 Satz 4). Insofern kann es zu Überschneidungen mit der wissenschaftlichen Forschung kommen. Statistische Zwecke gehen aber deutlich darüber hinaus. Sie können damit auch privaten oder wirtschaftlichen Zwecken dienen. Entscheidendes Merkmal der Statistik ist, dass die Ergebnisse der Verarbeitung „keine personenbezogenen, sondern aggregierte Daten sind und diese Ergebnisse oder personenbezogene Daten nicht für Maßnahmen oder Entscheidungen gegenüber einzelnen Personen verwendet werden" (EG 162 Satz 5). Es geht also darum, dass der Zweck der Verarbeitung von den betroffenen Personen abstrahiert. Sobald das Ziel dagegen ist, Aussagen über identifizierbare Personen zu erhalten, handelt es sich nicht mehr um statistische Zwecke. **22**

In diesem Sinn können unter Statistik auch Datenverarbeitungsvorgänge gefasst werden, die mit Big-Data-Analyse-Tools durchgeführt werden. Bei allen Unklarheiten, die der Begriff „Big-Data" birgt, geht es dabei um die elektronische Verarbeitung großer, heterogener Datenmengen, wobei insb. Informationen aus verschiedenen Datenquellen kombiniert und so neue Erkenntnisse generiert werden, die mit herkömmlichen Mitteln der Datenverarbeitung nicht erzielt werden können. So können etwa Kundendaten mit Daten aus sozialen Netzwerken kombiniert werden, um Marktforschung zu betreiben. Polizeiliche Daten können mit Bank- und Telefondaten kombiniert werden, um Störer zu lokalisieren und Gefahren für die öffentliche Sicherheit zu vermeiden. Unter Statistik können diese Operationen allerdings nur gefasst werden, wenn der Erkenntniszweck nicht personengebunden ist. Statistische Auswertung im Sinne der Verordnung bedeutet gerade das Abstrahieren von persönlichen Informationen und Generierung abstrakter, personenunabhängiger Erkenntnisse. Sobald personenbezogene Erkenntnisse über identifizierbare Personen angestrebt werden, handelt es sich nicht mehr um statistische Zwecke in diesem Sinn. So sind Profiling oder Scoring sicher keine Verarbeitung zu statistischen Zwecken. **23**

4. Grundsatz der Datenminimierung und Speicherbegrenzung

Art. 89 Abs. 1 verweist für die genannten besonderen Verarbeitungssituationen auf die „Garantien [...] gem. dieser Verordnung" und damit auf die Anwendung der allgemeinen Regeln zum Schutz der Rechte und Freiheiten der betroffenen Personen. Daraus folgt, dass auch die Verarbeitung von Daten zu wissenschaftlichen oder statistischen Zwecken oder zu Archivzwecken den Anforderungen der Art. 5 ff. genügen muss. Neben den allgemeinen Voraussetzungen der Rechtmäßigkeit der Datenverarbeitung nach Art. 6 sind insb. die Grundsätze der Datenverarbeitung nach Art. 5 zu beachten. **24**

In Art. 89 Abs. 1 Satz 2, 3 und 4 wird der Grundsatz der Datenminimierung und Speicherbegrenzung in besonderer Weise bekräftigt, ohne dass sein Inhalt an dieser Stelle über den allgemein normierten Grundsatz in Art. 5 Abs. 1 lit. c und e hinausginge. Allerdings wird er in bestimmter Hinsicht konkretisiert, die in den hier geregelten besonderen Datenverarbeitungssituationen eine besondere Rolle spielt. Da die Erfüllung des wissenschaftlichen Zwecks, des statistischen Zwecks oder des Zwecks einer Archivierung häufig ohne Kenntnis der Identität der betroffenen Person auskommt, werden die Pseudonymisierung (Satz 3) und Anonymisierung (Satz 4) als Mittel der Datenminimierung besonders hervorgehoben. **25**

Ist der Forschungs- oder Archivierungszweck oder der statistische Zweck mit pseudonymisierten Daten zu erreichen, so soll nach Abs. 1 Satz 3 nicht mehr mit Klardaten gearbeitet werden. Der Begriff der Pseudonymisierung ist in Art. 4 Nr. 5 definiert.[12] Da der Personenbezug wiederher- **26**

12 S. Art. 4 Nr. 5.

stellbar ist, handelt es sich weiterhin um personenbezogene Daten im Sinne der Verordnung (vgl. EG 26). Auch die Verwendung pseudonymisierter Daten unterliegt den Beschränkungen der Verordnung. Sie ist aber grundsätzlich der Verwendung von Klardaten vorzuziehen, weil der Betroffene besser geschützt ist. In diesem Sinn ist die Pseudonymisierung auch an anderen Stellen der Verordnung als „milderes Mittel" vorgesehen. Wenn die Verwendung von Klardaten für den Zweck nicht mehr erforderlich ist, soll grundsätzlich nur noch mit pseudonymisierten Daten gearbeitet werden (Art. 5 Abs. 1 lit. e). Um den Grundsatz der Datenminimierung wirksam umzusetzen, hat der Verantwortliche im Rahmen der technischen Konfiguration dafür zu sorgen, dass Daten pseudonymisiert werden, sobald es der Zweck der Verarbeitung zulässt (Art. 25 Abs. 1, Art. 32 Abs. 1 lit. a).

27 Ist der statistische, der Forschungs- oder Archivierungszweck mit der Verarbeitung anonymisierter Daten zu erreichen – also mit der Verarbeitung von Daten, bei denen die Identifizierung von betroffenen Personen nicht oder nicht mehr möglich ist –, so darf nach Abs. 1 Satz 4 gar nicht mehr mit personenbezogenen Daten gearbeitet werden. Bei endgültig anonymisierten Daten handelt es sich nicht mehr um personenbezogene Daten. Die Verordnung findet dann keine Anwendung mehr (Art. 2 Abs. 1). Die Verwendung solcher anonymer Daten, insb. auch für statistische oder für Forschungszwecke, unterliegt keinerlei Beschränkung durch die Verordnung (EG 26). In der Praxis bereitet die Abgrenzung zwischen anonymisierten Daten und personenbezogenen Daten Schwierigkeiten. Die technische Entwicklung und die Zunahme der vorhandenen Datenmassen dürften dazu führen, dass immer häufiger (oder immer) eine Deanonymisierung zuvor anonymisierter Daten möglich sein wird. Dabei werden die anonymisierten Daten, wiederum durch Kombination mit anderen verfügbaren personenbezogenen Datenbeständen (etwa Melderegister, Telefonbücher, Wählerverzeichnisse etc.), derart kombiniert, dass Erstere wieder einer bestimmten Person zuzuordnen sind. Die Unterscheidung zwischen pseudonymisierten Daten und anonymisierten Daten wird damit fraglich. Es ist nur eine Frage des Zusatzwissens und des Einsatzes von Zeit und finanziellen Mitteln, ob Daten wieder Personenbezüge enthalten. Nach EG 26 ist die Abgrenzung danach vorzunehmen, welche Mittel nach allgemeinem Ermessen wahrscheinlich genutzt und welcher Aufwand wahrscheinlich betrieben werden wird, wenn Interesse am Personenbezug der Daten bestehen sollte. Eine absolute Unmöglichkeit der Deanonymisierung ist also nicht erforderlich. Ob es der Rechtsprechung im Laufe der Zeit gelingen wird, konkrete Kriterien für das Gelingen der Anonymisierung herauszuarbeiten, ist angesichts der sich kontinuierlich verändernden technischen Möglichkeiten fraglich. Es wird wohl immer eine Einzelfallprognose bleiben, ob ein (wirtschaftliches) Interesse besteht, das die Kosten der Identifizierung und den Zeitaufwand unter Berücksichtigung der fortschreitenden technologischen Entwicklung aufwiegt.

28 Die Nutzung personenbezogener Daten für Zwecke, bei denen auch Daten ohne Personenbezug ausreichen, widerspricht ebenso dem Grundsatz der Datenminimierung wie die Nutzung von Klardaten, wenn pseudonymisierte Daten ausreichen. Daten sind grundsätzlich so schnell wie möglich zu anonymisieren oder zu pseudonymisieren. Die Weiterverarbeitung personenbezogener Daten zu Archiv- oder Forschungszwecken oder statistischen Zwecken darf grundsätzlich erst dann erfolgen, wenn der Verantwortliche geprüft hat, inwiefern es möglich ist, diese Zwecke auch mit anonymisierten Daten zu erreichen. Davon gibt es ausweislich des Art. 89 Abs. 1 insb. auch keine grundsätzliche Befreiung für Archiv- oder Forschungszwecke oder statistische Zwecke. Insb. die Verarbeitung zu statistischen Zwecken, die definitionsgemäß keine personenbezogenen Aussagen generieren darf, muss daher in aller Regel mit anonymen oder pseudonymisierten Daten erfolgen. Auch darüber hinaus gilt der Grundsatz der Datenminimierung uneingeschränkt (vgl. EG 156).

5. Privilegien in der Verordnung

29 Art. 89 Abs. 1 enthält keinen eigenen Privilegierungstatbestand, sondern verweist vielmehr auf die Anwendung der allgemeinen Regelungen der Verordnung. Allerdings gibt es für die genannten besonderen Verarbeitungszwecke an verschiedenen Stellen der Verordnung Privilegierungstatbestände, die sich zumeist ausdrücklich auf Art. 89 beziehen.

30 Die wichtigste Privilegierung ist die Aufhebung der Zweckbindung für Forschungs- und Archivzwecke sowie für statistische Zwecke (Art. 5 Abs. 1 lit. b). Eine Weiterverwendung von Daten für diese Zwecke wird regelmäßig als mit dem ursprünglichen Zweck vereinbar gem. Art. 6 Abs. 4 angesehen.[13] Für die Weiterverarbeitung zu Archiv- oder Forschungszwecken oder statistischen Zwecken ist demnach keine weitere Rechtsgrundlage erforderlich als diejenige für die erste Erhebung (EG 50 Satz 2). Eine Weiterverarbeitung zu diesen privilegierten Zwecken ist also regelmäßig rechtmäßig, wenn die Erhebung (zu anderen Zwecken) rechtmäßig war.[14] Eine vergleichbare Privilegierung für Forschungszwecke und statistische Zwecke enthält auch die bisherige Richtlinie 95/46/EG in Art. 6 lit. b. Sie steht allerdings unter dem Vorbehalt, dass die Mitgliedstaaten geeignete Garantien für die Sicherstellung des Schutzes personenbezogener Daten vorsehen. Dieser Vorbehalt wird durch die Regelung in Art. 89 Abs. 1 ersetzt. Die jetzige Formulierung in Art. 5 Abs. 1 lit. b „gilt gem. Art. 89 ..." ist freilich missverständlich. Art. 89 Abs. 1 enthält keine Aussage zur Zweckbindung. Der Verweis scheint somit ins Leere zu gehen. Man kann das damit erklären, dass Art. 89 zwischenzeitlich Garantien eigener Art enthielt, die dann aber in den Verhandlungen zur DS-GVO wieder fallen gelassen wurden. Möchte man den Verweis auf Art. 89 dennoch nicht gänzlich ignorieren, ist er sinnvoll nur so zu verstehen, dass die Zweckbindung aufgehoben ist, wenn den Voraussetzungen des Art. 89 Abs. 1 hinsichtlich der Datenminimierung und Speicherbegrenzung entsprochen wird. Insb. die notwendige Pseudonymisierung oder Anonymisierung, die ihrerseits eine Verarbeitung von (noch) personenbezogenen Daten darstellt, ist aber jedenfalls von der Lockerung der Zweckbindung gedeckt und ist daher regelmäßig als rechtmäßig anzusehen, wenn die Weiterverarbeitung zu Archiv- oder Forschungszwecken oder statistischen Zwecken erfolgt.

31 Art. 5 Abs. 1 lit. e regelt den Grundsatz der Speicherbegrenzung, der eng mit dem Grundsatz der Datenminimierung aus Art. 5 Abs. 1 lit. c zusammenhängt.[15] Nach lit. e dürfen Daten, die eine Identifizierung der sie betreffenden Personen ermöglichen, in dieser Form nur so lange gespeichert werden, wie es für die Zwecke, für die sie verarbeitet werden, erforderlich ist. Daraus folgt nicht nur eine Löschungspflicht, wenn die Daten nicht mehr benötigt werden, sondern auch eine Pflicht, die Möglichkeit der Identifizierung auszuschließen, wenn diese nicht mehr nötig ist. Es besteht also eine Pflicht zur Pseudonymisierung oder Anonymisierung von Daten, wenn der Zweck mit anonymisierten oder pseudonymisierten Daten ebenfalls erfüllt werden kann.[16] Davon macht der zweite Halbsatz eine Ausnahme, wenn die Daten (ausschließlich) für Archivzwecke oder für Forschungszwecke oder statistische Zwecke weiterverarbeitet werden. Dann dürfen Daten also – unter Beachtung entsprechender Schutzvorkehrungen – länger mit Personenbezug gespeichert werden, auch wenn der ursprüngliche Zweck der Erhebung dies nicht mehr erfordert. Da Art. 89 Abs. 1 auch die Verarbeitung personenbezogener Daten zu Archiv- oder zu Forschungszwecken oder zu statistischen Zwecken unter den Vorbehalt stellt, dass der Zweck nicht mit anonymisierten oder wenigstens pseudonymisierten Daten erreicht werden kann, entsteht ein abgestufter Schutz: Daten müssen pseudonymisiert oder anonymisiert werden, wenn der Zweck der Erstverarbeitung erreicht ist. Sie dürfen länger in der Form mit Personenbezug erhalten bleiben, wenn dies zur Erfüllung der privilegierten Zwecke notwendig ist. Die Daten sind spätestens dann zu anonymisieren oder pseudonymisieren, wenn auch diese Zwecke eine Identifizierung der betroffenen Personen nicht mehr erfordern.

---

13 S. Art. 5 Rn. 34 f.
14 S. Art. 6 Rn. 223 ff.
15 S. Art. 5 Rn. 38, 40.
16 S. Art. 5 Rn. 40.

32 Auch beim Verbot der Verarbeitung besonders sensibler Daten nach Art. 9 Abs. 1 gibt es eine Privilegierung für Archiv- oder Forschungszwecke oder statistische Zwecke gem. Art. 89. Nach Art. 9 Abs. 2 lit. j kann die Verarbeitung sensibler Daten für die Zwecke durch Unionsrecht oder das Recht eines Mitgliedstaates erlaubt sein. Das ist insb. für die Verwendung von Gesundheitsdaten oder genetischen Daten in der (bio-)medizinischen Forschung von eminenter Bedeutung. Abgesehen von den besonderen Voraussetzungen an die Verhältnismäßigkeit, die Art. 9 Abs. 2 lit. j formuliert,[17] müssen auch hier die in Art. 89 Abs. 1 konkretisierten Voraussetzungen erfüllt werden, damit die Datenverarbeitung gem. der Verordnung erlaubt ist.

33 Weitere Privilegierungen finden sich hinsichtlich der Informationspflichten in Art. 14 Abs. 5 lit. b. Bei der Weiterverarbeitung von Datenbeständen zu Archiv- oder Forschungszwecken oder statistischen Zwecken liegt es nahe, dass die Information aller Betroffenen einen unverhältnismäßigen Aufwand erfordern würde. Deshalb kann gem. Art. 14 Abs. 5 lit. b regelmäßig von der Information abgesehen werden. Zwingend ist dies allerdings nicht. Auch hier kommt es letztlich auf die Anzahl der betroffenen Personen, das Alter der Daten und weitere Fragen an, die den Aufwand der Informierung beeinflussen (EG 62 Satz 3). Welche Rechtswirkung die ausdrückliche Nennung dieser besonderen Datenverarbeitungssituation in Art. 14 Abs. 5 lit. b hat, ist fraglich. Es handelt sich wohl weniger um eine echte Privilegierung als um ein Regelbeispiel.[18] Jedenfalls greift diese Privilegierung – so wie die anderen Privilegierungen – nur, wenn die in Art. 89 Abs. 1 konkretisierten Voraussetzungen der Datenminimierung und Speicherbegrenzung erfüllt werden.

34 Eingeschränkt sind auch das Recht der Betroffenen auf Löschung bzw. das „Recht auf Vergessenwerden" aus Art. 17. Sie gelten gem. Art. 17 Abs. 3 lit. d nicht, wenn die Weiterverarbeitung für Archiv- oder Forschungszwecke oder statistische Zwecke gem. Art. 89 Abs. 1 erforderlich ist. Auch hier bringt der ausdrückliche Verweis auf Art. 89 Abs. 1 zum Ausdruck, dass die dort konkretisierten Voraussetzungen der Datenminimierung und Speicherbegrenzung erfüllt werden müssen. Außerdem greift der Ausschluss nur, soweit diese Betroffenenrechte die Verwirklichung der Ziele unmöglich machen oder beeinträchtigen.

35 An anderer Stelle werden die Betroffenenrechte gegenüber der Verarbeitung zu Forschungszwecken oder statistischen Zwecken allerdings auch erweitert. Art. 21 Abs. 6 sieht über das Widerspruchsrecht aus Art. 21 Abs. 1 hinaus – also insb. auch, wenn Daten weiterverarbeitet werden, die nicht aufgrund der Erlaubnistatbestände Art. 6 Abs. 1 lit. e oder f erhoben wurden – ein Widerspruchsrecht der Betroffenen vor, wenn sich aus ihrer besonderen individuellen Situation Gründe ergeben, die der Weiterverarbeitung entgegenstehen. Dies gilt allerdings nicht, wenn diese Gründe wiederum vom öffentlichen Interesse an der Weiterverarbeitung überwogen werden.[19] Außerdem erlauben Abs. 2 und 3 Ausnahmen hinsichtlich dieses Widerspruchsrechts durch Unionsrecht oder das Recht der Mitgliedstaaten.[20]

36 Keine ausdrückliche Privilegierung, aber eine in den EG ausgedrückte Berücksichtigung von Besonderheiten zeigt sich auch beim Verständnis der Einwilligung. Grundsätzlich soll die Einwilligung, um eine Datenverarbeitung rechtfertigen zu können, möglichst genau die erlaubte Datenverarbeitung beschreiben. Dazu gehört insb. auch die Benennung des Zwecks der Verarbeitung (vgl. EG 32, 42). Da bei wissenschaftlicher Forschung der Zweck der Datenverarbeitung vorweg häufig nicht eindeutig bestimmt werden kann und sich ergebnisoffene Forschung gerade durch eine gewisse „Ziellosigkeit" auszeichnet, soll hier laut EG 33 eine pauschale Einwilligung für bestimmte Bereiche wissenschaftlicher Forschung oder die Verwendung der Daten für bestimmte Forschungsprojekte oder Teile davon ausreichen. Für die Einwilligung zur Teilnahme an klinischen Studien enthält die Verordnung 536/14 Sonderregelungen, die auch die datenschutzrechtliche Einwilligung umfassen (EG 161).

---

17 Dazu Art. 9 Rn. 39.
18 S. Art. 14 Rn. 142 ff.
19 S. Art. 21 Rn. 81.
20 S. Rn. 45.

Auch im Rahmen der Datenübermittlung an Drittländer finden Forschungszwecke und statistische Zwecke in den EG besondere Erwähnung bei den Erläuterungen, wann Datenübermittlungen nach Art. 49 ausnahmsweise zulässig sind. Im Rahmen der öffentlichen Interessen und der berechtigten Interessen des Verantwortlichen sollten gem. EG 113 die „legitimen gesellschaftlichen Erwartungen in Bezug auf einen Wissenszuwachs berücksichtigt werden“[21]. **37**

II. Öffnungsklauseln (Abs. 2 und 3)

Art. 89 regelt selbst keine Privilegierungen, erlaubt aber in Abs. 2 und 3 Ausnahmen. Damit sind weitere Privilegierungen durch das Recht der Mitgliedstaaten oder Unionsrecht erlaubt, die über die bereits bestehenden Privilegierungen hinausgehen, die an anderer Stelle in der Verordnung vorgesehen sind.[22] **38**

1. Öffnungsklausel für Forschungszwecke und statistische Zwecke (Art. 89 Abs. 2)

Abs. 2 erlaubt Privilegierungen für Forschungszwecke[23] und statistische Zwecke.[24] Ausnahmen sind nur hinsichtlich der in Abs. 2 ausdrücklich genannten Regelungen erlaubt. Das sind das Auskunftsrecht der Betroffenen (Art. 15), das Recht auf Berichtigung (Art. 16), das Recht auf Einschränkung der Verarbeitung (Art. 18) und das Widerspruchsrecht der Betroffenen (Art. 21). **39**

Die Ausnahmen können im nationalen Recht der Mitgliedstaaten oder im Unionsrecht vorgesehen sein. Sie können insb. Bestandteil der Rechtsgrundlagen sein, die gem. Art. 6 Abs. 1 lit. e die Datenverarbeitung durch eine öffentliche Stelle insgesamt legitimieren. **40**

Wie bei anderen Privilegierungen in der Verordnung stellt Abs. 2 die Öffnung ausdrücklich unter den Vorbehalt der Einhaltung der Garantien des Abs. 1. Die Öffnungsklausel erlaubt also nicht eine Ausnahme von diesen Garantien, vielmehr sind Ausnahmen nur erlaubt, wenn die Voraussetzungen des Abs. 1 eingehalten werden.[25] Außerdem müssen die Ausnahmen im Einzelnen notwendig sein. Das heißt, dass ohne entsprechende Ausnahme die Verwirklichung des spezifischen Zwecks unmöglich oder ernsthaft gefährdet wäre. Ausnahmen von den genannten Betroffenenrechten können also nicht pauschal für Forschungszwecke oder statistische Zwecke vorgesehen werden. Vielmehr muss sichergestellt sein, dass die Ausnahmen nur greifen, wenn der konkret angestrebte Forschungszweck oder statistische Zweck durch die Beibehaltung der Betroffenenrechte gefährdet wäre. **41**

2. Öffnungsklausel für Archivzwecke (Art. 89 Abs. 3)

Abs. 3 erlaubt Privilegierungen für Archivzwecke.[26] Ausnahmen sind nur hinsichtlich der in Abs. 3 ausdrücklich genannten Regelungen erlaubt. Das sind das Auskunftsrecht der Betroffenen (Art. 15), das Recht auf Berichtigung (Art. 16), das Recht auf Einschränkung der Verarbeitung (Art. 18), die Mitteilungspflichten (Art. 19), das Recht auf Datenübertragbarkeit (Art. 20) und das Widerspruchsrecht der Betroffenen (Art. 21). **42**

Die Ausnahmen können im nationalen Recht der Mitgliedstaaten oder im Unionsrecht vorgesehen sein. Sie können insb. Bestandteil der Rechtsgrundlagen sein, die gem. Art. 6 Abs. 1 lit. e die Archivierung durch eine öffentliche Stelle insgesamt legitimieren. **43**

Wie bei anderen Privilegierungen in der Verordnung stellt Abs. 3 die Öffnung ausdrücklich unter den Vorbehalt der Einhaltung der Garantien des Abs. 1. Die Öffnungsklausel erlaubt also nicht eine Ausnahme von diesen Garantien, vielmehr sind Ausnahmen nur erlaubt, wenn die Voraussetzungen des Abs. 1 eingehalten werden.[27] Außerdem müssen die Ausnahmen im Einzelnen **44**

---

21 S. Art. 49 Rn. 18 ff.
22 S. Rn. 29 ff.
23 S. Rn. 18 ff.
24 S. Rn. 22 ff.
25 Dazu Rn. 24 ff.
26 S. Rn. 16 ff.
27 Dazu Rn. 24 ff.

notwendig sein. Das heißt, dass ohne entsprechende Ausnahme die Verwirklichung des spezifischen Archivierungszwecks unmöglich oder ernsthaft gefährdet wäre. Ausnahmen können also nicht pauschal für Archivzwecke vorgesehen werden. Vielmehr muss sichergestellt sein, dass die Ausnahmen nur greifen, wenn der konkret angestrebte Archivierungszweck durch die Beibehaltung der genannten Betroffenenrechte gefährdet wäre.

3. Umfang der Öffnung und Folgen für die Anwendung der DS-GVO

45 Laut den Regelungen in Abs. 2 und 3 können Ausnahmen vorgesehen werden. Das ist eine weitgehende Öffnung, weil sie – soweit die oben genannten Voraussetzungen erfüllt sind – substanzielle Abweichungen von den Datenschutzstandards der Verordnung nach unten erlaubt. Demgegenüber sind etwa nach Art. 88 Abs. 1 nur Spezifizierungen oder Anpassungen und Konkretisierungen der Verordnung erlaubt. Spezifizierungen sind etwas anderes als Ausnahmen. Ausnahmen sind Abweichungen von den Regelungen der Verordnung. Spezifizierungen sind dagegen Konkretisierungen, ohne dass qualitativ von den Anforderungen der Verordnung abgewichen wird.[28] In EG 156 heißt es, dass den Mitgliedstaaten im Rahmen des Art. 89 Abs. 2 und 3 nicht nur Ausnahmen, sondern auch Präzisierungen erlaubt sind. Im Text der Verordnung kommt das zwar nicht zum Ausdruck. Allerdings mag man im Wege des Erst-recht-Schlusses zu diesem Ergebnis kommen. Wenn schon Ausnahmen erlaubt sind, dann erst recht Präzisierungen, wobei unter Präzisierungen nichts anderes zu verstehen ist als unter Spezifizierungen im Sinne des Art. 88 oder Art. 6 Abs. 2.[29] Hinzu kommt, dass die Mitgliedstaaten gem. EG 8 bei Präzisierungen oder Einschränkungen der Verordnung die Möglichkeit haben, Teile der Verordnung in nationales Recht aufzunehmen. Es spricht also einiges für eine weite Auslegung des Art. 89 Abs. 2 und 3, sodass nicht nur explizite Ausnahmeregeln, sondern auch Anpassungen und Spezifizierungen der Verordnung möglich sind. Damit erübrigt sich auch die Notwendigkeit der Abgrenzung zwischen Ausnahmen und Präzisierungen. Das kann allerdings zur Folge haben, dass in diesen Bereichen umfassende Parallelregulierungen in den Mitgliedstaaten bestehen. Das gilt erst recht, wenn es sich um Datenverarbeitungen durch öffentliche Stellen handelt, deren Erlaubnis zur Datenverarbeitung gem. Art. 6 Abs. 1 lit. e, Abs. 2 und 3 sowieso von einer die Verordnung ggf. spezifizierenden rechtlichen Grundlage abhängt.[30]

46 Solange und soweit die nationalen Normengeber oder die Union keine Ausnahmeregelungen erlassen haben, gelten die allgemeinen Regeln der DS-GVO unverändert fort. Die Öffnungsklauseln in Art. 89 Abs. 2 und 3 sind keine Bereichsausnahmen in dem Sinn, dass der Anwendungsbereich der Verordnung per se eingeschränkt wäre. Sind Ausnahmeregelungen erlassen, gehen sie den Regelungen der DS-GVO in der Anwendung allerdings vor, soweit sie den in den Öffnungsklauseln festgelegten Voraussetzungen entsprechen.[31] Ggf. kann auch das Instrument der europarechtskonformen Auslegung Anwendung finden, um Ausnahmeregelungen im Einklang mit Art. 89 anzuwenden. Entsprechen nationale Regelungen oder Unionsrecht nicht den Voraussetzungen, sind sie unionsrechtswidrig. Dann finden wegen des Anwendungsvorrangs des Unionsrechts die unmittelbar geltenden Regelungen der DS-GVO weiter Anwendung.

47 Es mag unter Umständen zu Problemen führen, inwieweit die allgemeinen Regeln der Verordnung auch neben Ausnahmen oder präzisierenden Vorschriften Anwendung finden, wenn diese nur teilweise abweichende oder spezifischere Bestimmungen enthalten. Dies gilt umso mehr, weil die Mitgliedstaaten, wenn sie Einschränkungen oder Präzisierungen der Verordnung im nationalen Recht vornehmen, Bestandteile der Verordnung in der jeweiligen nationalen Rechtsvorschrift aufnehmen können, soweit dies für das Verständnis der Regelung erforderlich ist (EG 8). So kann es mitunter zu Wiederholungen auf unterschiedlichen Normebenen kommen. Es dürfte zukünftig eine der größten Herausforderungen für den Rechtsanwender werden, die im konkre-

28 Vgl. Art. 6 Rn. 176 ff.
29 Art. 6 Rn. 176.
30 Vgl. Art. 6 Rn. 146 ff.
31 Rn. 8.

ten Fall anwendbaren Regelungen zu bestimmen. Für den nationalen Normgeber kann es vor diesem Hintergrund im Sinne der Rechtssicherheit nur die Handlungsempfehlung geben, möglichst umfassende und in sich abgeschlossene Regelungswerke zu schaffen und das auch deutlich zu machen. Das ist insb. dann wichtig, wenn den Betroffenen Rechte, die ihnen nach der Verordnung zustehen würden, im nationalen Recht nicht zustehen sollen.

III. Ausschluss von Sekundärzwecken (Art. 89 Abs. 4)

Art. 89 Abs. 4 stellt klar, dass die durch Abs. 2 und 3 ermöglichten Privilegien nur den genannten **48** besonderen Datenverarbeitungssituationen dienen sollen. Das ist insb. bei der Privilegierung für Forschungszwecke und für statistische Zwecke von Bedeutung, da diese auch von Privaten in Anspruch genommen werden können, die durchaus auch wirtschaftliche Ziele mit der von ihnen betriebenen Forschung oder statistischen Verarbeitung verbinden. Diese Zwecke schaden der Privilegierung nicht, wenn sichergestellt ist, dass sie Sekundärzwecke bleiben und sich die Privilegierung ausschließlich auf die Forschung oder die statistische Verarbeitung bezieht.

C. Weitere Auswirkungen der Verordnung in der Praxis

Die Auswirkungen auf das deutsche nationale Recht dürften überschaubar bleiben. §§ 13 Abs. 2 **49** Nr. 8, 14 Abs. 2 Nr. 9, 20 Abs. 9, 28 Abs. 6 Nr. 4 und 40 BDSG haben freilich keine Funktion mehr. Sie werden aufgehoben. Stattdessen finden die Privilegierungen in der DS-GVO Anwendung. Im Übrigen können die nationalen Regelungen zur Forschung, Verarbeitung von Daten zu statistischen Zwecken und Archivierung weitgehend erhalten bleiben. Das gilt insb. für die Statistikgesetze und Archivgesetze sowie die Regelungen zur Datenverarbeitung zu Forschungszwecken in den Landesdatenschutzgesetzen. Diese können Rechtsgrundlagen zur Legitimierung der Verarbeitung personenbezogener Daten nach Art. 6 Abs. 1 lit. e enthalten und als solche auch bestehen bleiben. In diesem Rahmen können sie die Anforderungen der Verordnung an die Datenminimierung und Speicherbegrenzung spezifizieren. Es ist allerdings zu prüfen, ob diese Regelungen dem in Art. 5 Abs. 1 lit. c verankerten und in Art. 89 Abs. 1 konkretisierten Grundsatz der Datenminimierung gerecht werden. Unter Umständen machen die Regelungen gleichzeitig von der Öffnungsklausel in Art. 89 Abs. 2 oder Abs. 3 oder anderen Öffnungsklauseln der Verordnung Gebrauch, wenn sie entsprechende Einschränkungen vorsehen.

So hat der Gesetzgeber bereits in dem § 27 BDSG-neu abweichende Regelungen zur Datenverar- **50** beitung zu wissenschaftlichen oder historischen Forschungszwecken und zu statistischen Zwecken vorgesehen, in dem insb. auch Einschränkungen der Betroffenenrechte vorgenommen werden. Gleiches geschieht in § 28 BDSG-neu für die Datenverarbeitung zu im öffentlichen Interesse liegenden Archivzwecken.

Article 90

Obligations of secrecy

1. Member States may adopt specific rules to set out the powers of the supervisory authorities laid down in points (e) and (f) of Article 58(1) in relation to controllers or processors that are subject, under Union or Member State law or rules established by national competent bodies, to an obligation of professional secrecy or other equivalent obligations of secrecy where this is necessary and proportionate to reconcile the right of the protection of personal data with the obligation of secrecy. Those rules shall apply only with regard to personal data which the controller or processor has received as a result of or has obtained in an activity covered by that obligation of secrecy.

2. Each Member State shall notify to the Commission the rules adopted pursuant to paragraph 1, by 25 May 2018 and, without delay, any subsequent amendment affecting them.

Artikel 90

Geheimhaltungspflichten

(1) Die Mitgliedstaaten können die Befugnisse der Aufsichtsbehörden im Sinne des Artikels 58 Absatz 1 Buchstaben e und f gegenüber den Verantwortlichen oder den Auftragsverarbeitern, die nach Unionsrecht oder dem Recht der Mitgliedstaaten oder nach einer von den zuständigen nationalen Stellen erlassenen Verpflichtung dem Berufsgeheimnis oder einer gleichwertigen Geheimhaltungspflicht unterliegen, regeln, soweit dies notwendig und verhältnismäßig ist, um das Recht auf Schutz der personenbezogenen Daten mit der Pflicht zur Geheimhaltung in Einklang zu bringen. Diese Vorschriften gelten nur in Bezug auf personenbezogene Daten, die der Verantwortliche oder der Auftragsverarbeiter bei einer Tätigkeit erlangt oder erhoben hat, die einer solchen Geheimhaltungspflicht unterliegt.

(2) Jeder Mitgliedstaat teilt der Kommission bis zum 25. Mai 2018 die Vorschriften mit, die er aufgrund von Absatz 1 erlässt, und setzt sie unverzüglich von allen weiteren Änderungen dieser Vorschriften in Kenntnis.

Recital

(164) As regards the powers of the supervisory authorities to obtain from the controller or processor access to personal data and access to their premises, Member States may adopt by law, within the limits of this Regulation, specific rules in order to safeguard the professional or other equivalent secrecy obligations, in so far as necessary to reconcile the right to the protection of personal data with an obligation of professional secrecy. This is without prejudice to existing Member State obligations to adopt rules on professional secrecy where required by Union law.

Erwägungsgrund

(164) Hinsichtlich der Befugnisse der Aufsichtsbehörden, von dem Verantwortlichen oder vom Auftragsverarbeiter Zugang zu personenbezogenen Daten oder zu seinen Räumlichkeiten zu erlangen, können die Mitgliedstaaten in den Grenzen dieser Verordnung den Schutz des Berufsgeheimnisses oder anderer gleichwertiger Geheimhaltungspflichten durch Rechtsvorschriften regeln, soweit dies notwendig ist, um das Recht auf Schutz der personenbezogenen Daten mit einer Pflicht zur Wahrung des Berufsgeheimnisses in Einklang zu bringen. Dies berührt nicht die bestehenden Verpflichtungen der Mitgliedstaaten zum Erlass von Vorschriften über das Berufsgeheimnis, wenn dies aufgrund des Unionsrechts erforderlich ist.

§ 29 BDSG-neu

Rechte der betroffenen Person und aufsichtsbehördliche Befugnisse im Fall von Geheimhaltungspflichten

[...]

(3) Gegenüber den in § 203 Absatz 1, 2a und 3 des Strafgesetzbuchs genannten Personen oder deren Auftragsverarbeitern bestehen die Untersuchungsbefugnisse der Aufsichtsbehörden gemäß Artikel 58 Absatz 1 Buchstabe e und f der Verordnung (EU) 2016/679 nicht, soweit die Inanspruchnahme der Befugnisse zu einem Verstoß gegen die Geheimhaltungspflichten dieser Personen führen würde. Erlangt eine Aufsichtsbehörde im Rahmen einer Untersuchung Kenntnis von Daten, die einer Geheimhaltungspflicht im Sinne des Satzes 1 unterliegen, gilt die Geheimhaltungspflicht auch für die Aufsichtsbehörde.

Literatur

Conrad, Datenschutzkontrolle in der Anwaltskanzlei, in: ZD 2014, 165 ff.; *Conrad/Fechtner*, IT-Outsourcing durch Anwaltskanzleien nach der Inkasso-Entscheidung des EuGH und dem BGH, Urteil vom 7.2.2013 – Datenschutzrechtliche Anforderungen, in: CR 2013, 137 ff.; *Dammann*, Erfolge und Defizite der EU-Datenschutzgrundverordnung, in: ZD 2016, 307 ff.; *Deutscher Anwaltverein*, Stellungnahme Nr. 47/2017 vom Mai 2012; *Deutscher Anwaltverein*, Stellungnahme Nr. 4/2014 von Januar 2014 zur Regelung der Datenschutzaufsicht in Anwaltskanzleien in der Datenschutz-Grundverordnung; *Ehmann/Selmayr (Hrsg.)*, Datenschutz-Grundverordnung, 1. Auflage 2017, C.H. Beck München; *Gola (Hrsg.)*, Datenschutz-Grundverordnung, 1. Auflage 2017, C.H. Beck München; *Gola/Schomerus*, BDSG, 12. Auflage 2015, C.H. Beck München; *Habermalz*, Datenschutzrecht und anwaltliche Datenverarbeitung – Neuordnung des Verhältnisses im Schatten der DS-GVO, JurPC Web-Dok. 188/2013, Abs. 1 – 28; *Kühling/Buchner (Hrsg.)*, Datenschutzgrundverordnung, 1. Auflage 2017, C.H. Beck München; *Kühling/Martini et. al*, Die Datenschutz-Grundverordnung und das nationale Recht: Erste Überlegungen zum innerstaatlichen Regelungsbedarf, 1. Auflage 2016, MV-Wissenschaft Münster; *Laue/Nink/Kremer*, Das neue Datenschutzrecht in der betrieblichen Praxis, 1. Auflage 2016, Nomos Baden-Baden; *Paal/Pauly*, Datenschutz-Grundverordnung, 1. Auflage 2016, C.H. Beck München; *Plath (Hrsg.)*, BDSG/DSGVO Kommentar, 2. Auflage 2016, Otto Schmidt Köln; *Raschke*, Legal Outsourcing im Spannungsfeld von Straf- und Strafprozessrecht, in: BB 2017, 579 ff.; *Redeker*, Datenschutz auch bei Anwälten – aber gegenüber Datenschutzkontrollinstanzen gilt das Berufsgeheimnis, in: NJW 2009, 554 ff.; *Roßnagel*, Europäische Datenschutz-Grundverordnung, 1. Auflage 2017, Nomos Baden-Baden; *Schimansky/Bunte/Lwowski*, Bankrechts-Handbuch, 5. Auflage 2017, C.H. Beck München; *Schönke/Schröder*, Strafgesetzbuch, 29. Auflage 2014, C.H. Beck München; *Simitis (Hrsg.)*, Bundesdatenschutzgesetz, 8. Auflage 2014, Nomos Baden-Baden; *Taeger/Gabel (Hrsg.)*, BDSG und Datenschutzvorschriften des TKG und TMG, 2. Auflage 2013, Deutscher Fachverlag GmbH Frankfurt a.M.; *Weichert*, Datenschutz auch bei Anwälten?, in: NJW 2009, 550 ff.; *Wolff/Brink (Hrsg.)*, Beck'scher Online-Kommentar Datenschutzrecht, 9. Edition, Stand 01.08.2016, C.H. Beck München; *Zikesch/Kramer*, Datenschutz bei freien Berufen – Anwendungsbereich und Grenzen des BDSG und das Berufsrecht der Rechtsanwälte, Steuerberater und Wirtschaftsprüfer, in: ZD 2015, 461 ff.; *Zikesch/Kramer*, Die DS-GVO und das Berufsrecht der Rechtsanwälte, Steuerberater und Wirtschaftsprüfer – Datenschutz bei freien Berufen, in: ZD 2015, S. 565 ff.

▶ Bedeutung der Norm

Nach Art. 90 können die Mitgliedstaaten die Untersuchungsbefugnisse von Aufsichtsbehörden in gewissem Umfang (Zugang zu Daten und Zugang zu Geschäftsräumen) bei Geheimnisträgern beschränken (fakultative „Öffnungsklausel").

▶ Hinweise für den Anwender

Für die Norm relevante Definition:
- Der Begriff des „Berufsgeheimnisses" wird in der Verordnung nicht definiert.

Für die Auslegung der Norm relevante Erwägungsgründe:
- EG 164

Systematische Einordnung der Norm:
- Art. 90 gehört zu Kapitel IX der Verordnung, das „besondere Verarbeitungssituationen" regelt, für die der nationale Gesetzgeber aufgrund von „Öffnungsklauseln" Abweichungen, Ausnahmen, Spezifizierungen oder sonstige Regelungen treffen kann.

Vorgängernormen im deutschen Datenschutzrecht:
- § 24 Abs. 2 BDSG regelt ausdrücklich die Kontrollbefugnis des/der BfDI auch bei personenbezogenen Daten, welche dem Brief-, Post-, Fernmeldegeheimnis oder einem Berufs- oder besonderen Amtsgeheimnis unterliegen.
- Für die Aufsichtsbehörden der Länder gilt § 24 Abs. 2 BDSG im öffentlichen Bereich gem. § 24 Abs. 6 BDSG entsprechend. Im nicht-öffentlichen Bereich wird eine entsprechende Anwendung von § 24 Abs. 6 BDSG bei den Kontrollbefugnissen in § 38 Abs. 4 Satz 3 BDSG angeordnet.
- Gem. § 1 Abs. 3 Satz 2 BDSG bleibt die Verpflichtung zu Wahrung gesetzlicher Geheimhaltungspflichten oder von Berufs- oder besonderen Amtsgeheimnissen vom BDSG „unberührt". Daraus ergeben sich Beschränkungen der Untersuchungsbefugnisse.

Vorgängernormen im europäischen Recht:
- Grundsätzlich keine.
- Berufsgeheimnisse als Schutzmechanismus zur Begründung der Zulässigkeit der Verarbeitung bei Gesundheitsdaten: Art. 9 Abs. 1 lit. i und Abs. 3 RL 95/46/EG (jetzt: Art. 9 Abs. 3 DS-GVO).

Querbezüge zu anderen Normen (national):
- § 43a Abs. 2 BRAO, § 2 BORA (Rechtsanwälte), § 39a Abs. 2 PAO, § 4 BOPA (Patentanwälte), § 18 BNotO (Notare), § 50 WiPrO (Wirtschaftsprüfer), § 57 StBerG (Steuerberater).
- Sonstige spezialgesetzliche Regelungen zur Verschwiegenheitspflicht z.B.: Steuergeheimnis (§ 30 AO), Fernmeldegeheimnis (§ 88 TKG), Postgeheimnis (§ 39 PostG), Statistikgeheimnis (§ 16 BStatG), Sozialgeheimnis (§ 35 SGB I), Personalaktengeheimnis im Beamtenrecht (§§ 106 bis 115 BBG, § 50 BeamtStG).
- § 203 StGB (Verletzung von Privatgeheimnissen).
- Zeugnisverweigerungsrecht gem. § 53 StPO.
- Beschlagnahmeverbot gem. § 97 StPO.
- § 39 BDSG: Strenge Zweckbindung bei Verarbeitung personenbezogener Daten, die einem Berufs- oder Amtsgeheimnis unterliegen.

Querbezüge zu anderen Normen (EU):
- Eingeschränkte Informationspflicht gegenüber dem Betroffenen gem. Art. 14 Abs. 5 lit. d.
- Berufsgeheimnisse als Schutzmechanismus zur Begründung der Zulässigkeit der Verarbeitung besonders sensibler Daten im Bereich des Gesundheitswesen gem. Art. 9 Abs. 2 lit. i sowie Art. 9 Abs. 2 lit. h, Abs. 3.
- Verlust von Vertraulichkeit von dem Berufsgeheimnis unterliegenden Daten als „Risiko" (EG 75) und meldepflichtige Datenschutzverletzung gem. Art. 33 (EG 85).
- Geheimhaltungspflicht bei Mitgliedern der Organe der Union, Mitgliedern der Ausschüsse sowie Beamten und sonstigen Bediensteten der Union gem. Art. 339 AEUV.

Schlagworte

Geheimhaltungspflicht; Berufsgeheimnis; Befugnisse der Aufsichtsbehörden; Öffnungsklausel; gleichwertige Geheimhaltungspflicht; Fernmeldegeheimnis; Postgeheimnis; Zeugnisverweigerungsrecht; Beschlagnahmeverbot; Risiko.

A. Allgemeines

I. Regelungszweck

1 Art. 90 ist eine fakultative Öffnungsklausel („können"), welche den Mitgliedstaaten die Möglichkeit eröffnet, die Untersuchungsbefugnisse der Aufsichtsbehörden im Hinblick auf Geheimnisträger einzuschränken. Die Regelungsbefugnis beschränkt sich auf Art. 58 Abs. 1 lit. e (Zugang zu allen personenbezogenen Daten und Informationen) und Art. 58 Abs. 1 lit. f (Zugang zu den Geschäftsräumen, einschließlich Datenverarbeitungsanlagen und -geräte). Damit soll die Möglichkeit eröffnet werden, das Recht auf Schutz der personenbezogenen Daten mit der Pflicht zur Geheimhaltung in Einklang zu bringen. Gerade in Deutschland ist umstritten, ob beispielsweise Anwaltskanzleien den Aufsichtsbehörden Zugang zu (potentiell) mandatsbezogenen Daten ermöglichen müssen (s. Art. 90 Rn. 11 ff.).

II. Normadressaten

2 Normadressaten sind primär und direkt die Mitgliedstaaten, welche gem. Art. 90 Abs. 1 nationale Regelungen zum Schutz der Geheimnisträger treffen können. Art. 90 Abs. 2 richtet sich ebenfalls an die Mitgliedstaaten, mit der Pflicht, Vorschriften, welche nach Maßgabe von Abs. 1 erlassen wurden, der Kommission zu melden.

3 Sekundäre Normadressaten sind der Unionsgesetzgeber und die mitgliedstaatlichen Gesetzgeber insoweit, als sich die erfassten Geheimhaltungspflichten aus Unionsrecht oder dem Recht der Mitgliedstaaten ergeben können. Diese Regelungen bestimmen dann den Adressatenkreis einer nationalen Einschränkung der Untersuchungsbefugnisse. Im Unionsrecht kommen als Rechtsquelle für derartige Geheimhaltungspflichten Verordnungen[1] oder Beschlüsse[2] in Betracht.[3] Ein Beispiel hierfür ist die Geheimhaltungspflicht gem. Art. 339 AEUV. Im nationalen Recht kann sich

1 Art. 288 Abs. 2 AEUV.
2 Art. 288 Abs. 4 AEUV.
3 Kühling/Buchner, *Herbst*, Art. 90 DS-GVO Rn. 11.

die Geheimhaltungspflicht aus Bundes- oder Landesgesetzen oder Rechtsverordnungen ergeben.[4] Ferner sind sekundärer Normadressat sonstige für den Erlass von Geheimhaltungspflichten *„zuständige"* nationale Stellen. Dies können berufsständische Vereinigungen sein, sofern diese nach nationalem Recht dazu ermächtigt sind, dem Berufsstand verbindliche Geheimhaltungspflichten, z.B. im Wege der Satzung, vorzugeben.[5]

III. Systematik

4 Art. 90 gehört zu Kapitel IX der Verordnung, welches Vorschriften für „besondere Verarbeitungssituationen" erfasst. Insgesamt werden in Kapitel IX Regelungsbereiche angesprochen, in denen ein Ausgleich von Grundrechtspositionen teilweise durch den nationalen Gesetzgeber vorgenommen werden kann oder muss. Dies betrifft z.B. den Ausgleich des Rechts auf Datenschutz mit dem Recht auf Meinungsäußerungs-, Presse- und Informationsfreiheit (Art. 85), mit der unternehmerischen Freiheit (Art. 88) oder mit der Wissenschaftsfreiheit (Art. 89 Abs. 2 und 3). Wie bei allen „Öffnungsklauseln" gilt die nationale Regelungsbefugnis nicht unbeschränkt, sondern innerhalb des in dem jeweiligen Artikel gesetzten Rahmens. Art. 90 beschränkt diese Regelungsbefugnis auf eine Abweichung von den in Art. 58 Abs. 1 lit. e und f geregelten Untersuchungsbefugnissen.

5 Art. 90 selbst lässt sich inhaltlich in drei Abschnitte einteilen: Abs. 1 Satz 1 eröffnet eine Regelungsbefugnis für die Mitgliedstaaten zum Erlass von nationalen Vorschriften. Abs. 1 Satz 2 regelt, auf welche personenbezogenen Daten die nationale Regelung allein Anwendung finden kann. Es muss sich um personenbezogene Daten handeln, die der Verantwortliche oder der Auftragsverarbeiter bei einer Tätigkeit erlangt oder erhoben hat, die einer Geheimhaltungspflicht unterliegt. Abs. 2 regelt schließlich eine Mitteilungspflicht der Mitgliedstaaten an die Kommission über die von ihnen erlassenen Regelungen im Sinne des Abs. 1 Satz 1.

6 Der besonderen Bedeutung des Geheimnisschutzes trägt der Verordnungsgeber auch noch an anderen Stellen der Verordnung Rechnung, ohne dass dies in einem direkten systematischen Zusammenhang mit Art. 90 steht. Diese Regelungen machen aber deutlich, wie wichtig dem Verordnungsgeber der Schutz und die Einhaltung insbesondere von Berufsgeheimnissen ist. So erwähnt EG 75 den *„Verlust der Vertraulichkeit von dem Berufsgeheimnis unterliegenden Daten"* als Risiko und auch in der Aufzählung möglicher gem. Art. 33 meldepflichtiger Vorgänge in EG 85 werden die dem Berufsgeheimnis unterliegenden Daten besonders erwähnt. Darüber hinaus wird das Berufsgeheimnis als *„angemessene und spezifische Maßnahme"* zur Wahrung der Rechte und Freiheiten der betroffenen Person in Art. 9 Abs.1 lit.i gewürdigt, welches gem. Art. 9 Abs. 3 insbesondere die Verarbeitung von Gesundheitsdaten im medizinischen Bereich rechtfertigen kann. Dies unterstreicht den hohen Stellenwert, den der Schutz der Geheimhaltungspflichten auch im Rahmen der Öffnungsklausel des Art. 90 einnimmt.

IV. Entstehungsgeschichte

1. Bisherige europäische Vorgaben

7 In der RL 95/46/EG fanden sich keine expliziten Regelungen zu den Befugnissen der Aufsichtsbehörden gegenüber Berufsgeheimnisträgern. Art. 28 RL 95/46/EG regelte lediglich allgemein, dass die Mitgliedstaaten Kontrollstellen einzurichten und diese mit Untersuchungsbefugnissen und Einwirkungsbefugnissen auszustatten haben.

8 Der Begriff des Geheimnisträgers wurde in der RL 95/46/EG lediglich in Art. 8 Abs. 3 der RL 95/46/EG verwendet, der eine Verarbeitung von Gesundheitsdaten für medizinische Zwecke durch ärztliches Personal, das dem Berufsgeheimnis unterliegt, oder durch sonstige Personen, die

4 Kühling/Buchner, *Herbst*, Art. 90 DS-GVO Rn. 12.
5 Kühling/Buchner, *Herbst*, Art. 90 DS-GVO Rn. 12.

einer entsprechenden Geheimhaltungspflicht unterliegen, gestattete. Diese Regelung findet sich vergleichbar in Art. 9 Abs. 1 lit. h i.V.m. Abs. 3 DS-GVO.

2. Bisheriges nationales Recht

In Deutschland ist seit jeher umstritten, wie weit die Kontrollbefugnisse der Aufsichtsbehörden im Zusammenhang mit dem Berufs- oder Amtsgeheimnis unterliegenden personenbezogenen Daten reichen. Dies gilt insbesondere in Bezug auf die Pflicht zur Auskunft und zur Gewährung des Zugangs zu Geschäftsräumen. 9

a) Kontrollbefugnisse des BfDI trotz Geheimnisschutz (§ 24 Abs. 2 BDSG)

Mit der Gesetzesnovellierung 1990 hat der Gesetzgeber für den/die Bundesbeauftragte für den Datenschutz und die Informationsfreiheit („BfDI") in § 24 Abs. 2 BDSG klargestellt, dass sich dessen Kontrollbefugnis auch auf personenbezogene Daten erstreckt, welche dem Brief-, Post- oder Fernmeldegeheimnis, einem Berufsgeheimnis oder einem besonderen Amtsgeheimnis unterliegen. Diese Regelung war das Ergebnis zäher Verhandlungen im Rahmen der Gesetzesnovellierung 1990.[6] Zuvor hatten die betroffenen Stellen eine Kontrollbefugnis des/der BfDI stets verneint.[7] 10

b) Kontrollbefugnisse der sonstigen Aufsichtsbehörden bei Geheimnisschutz (§ 38 BDSG)

Für die Aufsichtsbehörden der Länder ordnet § 38 Abs. 4 Satz 3 BDSG über den Verweis auf § 24 Abs. 6 BDSG die „entsprechende" Anwendung von § 24 Abs. 2 BDSG an. Damit sollte ausweislich der Gesetzesbegründung klargestellt werden, dass den Aufsichtsbehörden bundesgesetzliche Geheimhaltungsvorschriften nur in dem auch für den BfDI geltenden Umfang entgegen gehalten werden können.[8] 11

Aufgrund dieser Verweisungskette gehen die Aufsichtsbehörden für den Datenschutz im nichtöffentlichen Bereich davon aus, dass sie z.B. auch zur Kontrolle von Anwaltskanzleien und deren Verarbeitung von mandatsbezogenen Daten zuständig sind.[9] Die Gegenansicht ist der Auffassung, dass die berufsrechtlichen Regelungen der Anwälte (insbesondere das Anwaltsgeheimnis, § 43a BRAO; § 2 BORA) *lex specialis* seien und damit gem. § 1 Abs. 3 Satz 1 BDSG den Vorschriften des BDSG insgesamt vorgehen.[10] Dagegen ist einzuwenden, dass die Anwendung des § 1 Abs. 3 Satz 1 BDSG voraussetzt, dass die Norm, welche dem BDSG vorgeht, mit der datenschutzrechtlichen Regelung deckungsgleich und tatbestandskongruent ist.[11] § 43a BRAO und § 2 BORA regeln die Verschwiegenheit des Rechtsanwalts über alles, was ihm in Ausübung seines Berufes bekanntgeworden ist. Dieser weitgehende Schutz dient dem Schutz des Vertrauensverhältnisses zwischen Anwalt und Mandanten. Es handelt sich aber nicht um eine speziell datenschutzrechtliche Norm, insbesondere geht es dabei nicht um die Verarbeitung von personenbezogenen Daten von Dritten, wie z.B. Gegner des Mandanten, so dass eine Tatbestandskongruenz zu verneinen ist.[12] Insoweit bleibt es dabei, dass auch Berufsgeheimnisträger schon bisher grundsätzlich der Aufsicht durch die datenschutzrechtlichen Aufsichtsbehörden unterliegen. 12

Dies bedeutet aber nicht, dass alle Bereiche der Anwaltstätigkeit einer Kontrolle durch die Aufsichtsbehörden eröffnet sind. Eine umfassende Kontrollmöglichkeit, auch in Bezug auf dem 13

---

6 Letztlich dann Vorschlag des Vermittlungsausschusses, vgl. BT-Drucks. 11/7235, § 22 Abs. 1 S. 1; ausführlich zum Gesetzgebungsverfahren Simitis, *Simitis*, BDSG Einleitung Rn. 74 ff.

7 BT-Drucks. 11/4306, S. 48.

8 BT-Drucks. 11/4306, S. 53.

9 Beschluss der obersten Aufsichtsbehörden für den Datenschutz im nicht-öffentlichen Bereich am 08./09. November 2007; *Weichert*, in: NJW 2009, 550, 553.

10 So z.B. die Bundesrechtsanwaltskammer, Pressemitteilung Nr. 28 v. 28.9.2006; *Rüpke* in: NJW 2008, 1121, 1122.

11 Simitis, *Dix*, § 1 BDSG Rn. 170; Taeger/Gabel, *Schmidt*, § 1 BDSG Rn. 34.

12 KG, Beschluss v. 20.8.2010, Az. 1 Ws (b) 51/07 – 2 Ss 23/07; abgedruckt in: NJW 2011, 324, 325; Simitis, *Dix*, § 1 BDSG Rn. 170; *Weichert, in:* NJW 2009, 550, 553; *Habermalz*, JurPC Web-Dok. 188/2013, Abs. 17; a.A. *Rüpke*, in: NJW 2008, 1121, 1122.

Berufsgeheimnis unterliegende personenbezogene Daten, steht nach bisheriger Rechtslage im Widerspruch zur Regelung des § 1 Abs. 3 Satz 2 BDSG. Danach bleibt *„die Verpflichtung zur Wahrung gesetzlicher Geheimhaltungspflichten oder von Berufs- oder besonderen Amtsgeheimnissen, die nicht auf gesetzlichen Vorschriften beruhen, […] unberührt"*.[13] Nach der Gesetzesbegründung zur BDSG-Novelle 1990 *„bewirkt"* der Satz 2, dass *„sowohl gesetzliche Regelungen als auch von der Rechtsprechung für besondere Geheimnisse (z.B. Arztgeheimnisse) entwickelte Grundsätze den Regelungen des BDSG vorgehen. Das gleiche soll für nur standesrechtlich geregelte Geheimnisse gelten"*.[14]

14 Damit gilt in den Bereichen, die dem Geheimnisschutz unterfallen, bisher das BDSG nur subsidiär. Beispielsweise hat das *Kammergericht Berlin* in einem viel beachteten Beschluss festgestellt, dass ein Rechtsanwalt die Beantwortung solcher Fragen verweigern kann, mit der er sich der Gefahr der strafrechtlichen Verfolgung aussetzt.[15] Aus der Kontrollpflicht der Behörde ergäbe sich keine gesetzliche Befugnis (oder gar Verpflichtung) des Rechtsanwalts zur Weitergabe mandatsbezogener Informationen.[16] Insbesondere sei die Verweiskette zu § 24 Abs. 2 BDSG über § 38 Abs. 4 Satz 2 BDSG auf Duldungspflichten bei Vor-Ort-Kontrollen beschränkt und beträfe nicht Auskunftspflichten. Abgesehen davon bestünden auch die Duldungs- und Mitwirkungspflichten nur in den Grenzen, in welchen eine Auskunftspflicht nach § 38 Abs. 3 BDSG bestehe, der ausdrücklich ein Zeugnisverweigerungsrecht anerkenne.

15 Daraus ergibt sich, dass die Grenzen der Kontrollbefugnisse der Aufsichtsbehörden bei Geheimnisträgern durch die Reichweite des Geheimnisschutzes bestimmt werden. Ein Verstoß gegen rechtliche Verschwiegenheitspflichten kann vom Geheimnisträger nicht abverlangt werden. Dennoch unterliegt er der Aufsicht der Datenschutzbehörden und musste insoweit Rechenschaft über die Verarbeitung von personenbezogenen Daten ablegen, sofern dies ohne Verstoß gegen die Geheimhaltungspflichten möglich ist. Z.B. unterliegen damit die Verarbeitung von Mitarbeiterdaten oder Lieferantendaten in der Rechtsanwaltskanzlei der Untersuchungsbefugnis durch die Behörde. Auch ist es möglich technische und organisatorische Maßnahmen ohne Verstoß gegen die Geheimhaltungspflichten zu prüfen. Dies kann sich in der Praxis teilweise als schwierig erweisen[17], diese Einschränkungen sind aber von den Aufsichtsbehörden hinzunehmen. Insbesondere können den Aufsichtsbehörden insoweit keine weitergehende Ermittlungsbefugnisse zustehen, als z.B. der Staatsanwaltschaft, welche ebenfalls mit einem Zeugnisverweigerungsrecht gem. § 53 StPO und einem grundsätzlichen Beschlagnahmeverbot gem. § 97 StPO konfrontiert ist. Dementsprechend kann sich eine Kontrolle insbesondere nicht auf Inhaltsdaten erstrecken. Erlangt eine Aufsichtsbehörde beiläufig bei einer Prüfung geheimhaltungspflichtige personenbezogene Daten, so ist die strenge Zweckbindung des § 39 BDSG zu beachten.

c) Erfasste Geheimhaltungspflichten nach BDSG

16 § 1 Abs. 3 Satz 2 BDSG betrifft drei Kategorien von Geheimhaltungspflichten: Gesetzliche Geheimhaltungspflichten, Berufsgeheimnisse, die nicht auf gesetzlichen Vorschriften beruhen und Amtsgeheimnisse:

- „Gesetzliche Geheimhaltungspflichten" sind Pflichten, die außerhalb des BDSG kodifiziert sind.[18] Dazu gehören z.B. gesetzlichen Verschwiegenheitspflichten bestimmter Berufsgruppen, wie Rechtsanwälte (§ 43a Abs. 2 BRAO, § 2 BORA), Patentanwälte (§ 39a Abs. 2 PAO, § 4 BOPA), Notare (§ 18 BNotO), Wirtschaftsprüfer (§ 50 WiPrO), Steuerberater (§ 57 StBerG). Gesetzlich geregelte Amtsgeheimnisse sind u.a. das Statistikgeheimnis (§ 16 BStatG), Sozial-

---

13 So z.B. *Redeker*, in: NJW 2009, 554, 665.
14 BT-Drucks. 11/4306, S. 39.
15 KG, Beschluss v. 20.8.2010, Az. 1 Ws (b) 51/07 – 2 Ss 23/07; abgedruckt in: NJW 2011, 324, 325.
16 KG, Beschluss v. 20.8.2010, Az. 1 Ws (b) 51/07 – 2 Ss 23/07; abgedruckt in: NJW 2011, 324, 325, unter Verweis auf die strafrechtliche Literatur, u.a. Schönke/Schröder, *Lenckner/Eisele*, § 203 StGB Rn. 29.
17 Darauf verweist zu Recht: *Conrad*, in: ZD 2014, 165 f.
18 Simitis, *Dix*, § 1 BDSG Rn. 180.

geheimnis (§ 35 SGB I), Personalaktengeheimnis im Beamtenrecht (§§ 106 bis 115 BBG, § 50 BeamtStG). Ferner gibt es gesetzlich geregelte Geheimhaltungspflichten, die nicht mit einer bestimmten Amtsträgerschaft oder Berufsgruppe verbunden sind. Hierzu zählen das Fernmeldegeheimnis (§ 88 TKG), das Postgeheimnis (§ 39 PostG), das Statistikgeheimnis (§ 35 SGB I), aber auch § 17 UWG[19], der generell Betriebsgeheimnisse schützt.

- Zu den gesetzlich nicht geregelten beruflichen Geheimhaltungspflichten gehören die standesrechtlichen Verschwiegenheitspflichten von Ärzten (vgl. § 9 Abs. 1 MBO) oder Psychologen, die über § 203 Abs. 1 Nr. 1 und 2 StGB strafbewehrt sind. Auch das Bankgeheimnis, obwohl nicht ausdrücklich geregelt, gehört zu den unter § 1 Abs. 3 Satz 2 BDSG fallenden Geheimhaltungspflichten.[20]
- Besondere Amtsgeheimnisse, die nicht gesetzlich geregelt sind, sind die Ausnahme. Hierzu gehört beispielsweise das „Personalaktengeheimnis", das allerdings inzwischen im Wesentlichen im Beamtenstatusgesetz und im BBG gesetzlich geregelt ist.[21] Hierunter fällt aber noch der gesetzlich nicht geregelte Umgang mit Personalakten von Personen, die keine Beamte sind.

3. Verhandlungen zur DS-GVO

Art. 90 hat im Laufe des Gesetzgebungsverfahrens nicht viel Änderung erfahren. Auf Vorschlag 17
des Rats erfasst die Norm nunmehr auch unionsrechtliche Berufsgeheimnisse. Nicht übernommen wurde der Ratsvorschlag, berufsständische Regeln, welche von Berufsverbänden überwacht und durchgesetzt werden explizit neben dem Berufsgeheimnis und den gleichwertigen Geheimhaltungsregeln zu erwähnen. Berufsverbände können aber als für den Erlass von Geheimhaltungspflichten „zuständige" nationale Stelle unter die Regelung fallen (s. Art. 90 Rn. 25 f.).

B. Inhalt der Regelung

I. Einleitung

Abs. 1 ist eine fakultative Erlaubnis zur Regelung. Der nationale oder unionsrechtliche Gesetzge- 18
ber kann, muss aber nicht, von seiner Regelungsbefugnis Gebrauch machen. Für den Fall einer Regelung gibt Abs. 1 die Rahmenbedingungen zur Beschränkung der Untersuchungsbefugnisse von Aufsichtsbehörden bei Geheimnisträgern vor.

Abs. 2 statuiert die Pflicht der Mitgliedstaaten, gegebenenfalls getroffene Regelungen in Umset- 19
zung von Abs. 1 der Kommission zu melden.

II. Eingeschränkte Regelungsbefugnis der Mitgliedstaaten (Abs. 1)

Die Regelungsbefugnis nach Abs. 1 unterliegt den folgenden Beschränkungen: 20

(1.) Geregelt werden können nur die Befugnisse der Aufsichtsbehörden nach Art. 58 Abs. 1 lit. e und f;

(2.) Regelungen können nur gegenüber Stellen getroffen werden, die dem Berufsgeheimnis oder einer gleichwertigen Geheimhaltungspflicht unterliegen;

(3.) Regelungen können nur in Bezug auf personenbezogene Daten getroffen werden, die der Verantwortliche oder Auftragsverarbeiter bei einer Tätigkeit erlangt oder erworben hat, die einer solchen Geheimhaltungspflicht unterliegt (Abs. 1 Satz 2);

---

19 Gola/Schomerus, *Gola/Klug/Körffer*, § 1 BDSG Rn. 25; Simitis, *Dix*, § 1 BDSG Rn. 179; Taeger/Gabel, *Schmidt*, § 1 BDSG Rn. 38.

20 BGH Urteil v. 27.2.2007, Az. XI ZR 195/05; abgedruckt in: NJW 2007, 2106, 2108 Rn. 29; s.a. Gola/Schomerus, *Gola/Klug/Körffer*, § 1 BDSG Rn. 25; Simitis, *Dix*, § 1 BDSG Rn. 182; Taeger/Gabel, *Schmidt*, § 1 BDSG Rn. 42

21 Simitis, *Dix*, § 1 BDSG Rn. 183.

(4.) Schließlich steht die nationale Regelung unter dem Vorbehalt, dass sie „notwendig und verhältnismäßig" ist.

1. Beschränkung der Untersuchungsbefugnisse nach Art. 58 Abs. 1 lit. e und f

21 Die Regelungsbefugnis ist thematisch begrenzt auf eine Regelung der Befugnisse der Aufsichtsbehörden aus Art. 58 Abs. 1 lit. e und f, also der Berechtigung der Aufsichtsbehörden, vom Verantwortlichen oder vom Auftragsverarbeiter Zugang zu allen personenbezogenen Daten und Informationen (lit. e) und zu den Geschäftsräumen, einschließlich aller Datenverarbeitungsanlagen und -geräte (lit. f) zu erhalten. Eine Erweiterung der Regelungserlaubnis auf sämtliche Befugnisse der Aufsichtsbehörden wurde von der deutschen und belgischen Delegation im Rahmen der Trilogverhandlungen vorgeschlagen[22], aber nicht übernommen. Der nationale Gesetzgeber kann daher die anderen Untersuchungsbefugnisse des Art. 58 Abs. 1, sowie die Abhilfebefugnisse nach Art. 58 Abs. 2 und die Genehmigungs- und beratenden Befugnisse nach Art. 58 Abs. 3 nicht im Interesse des Geheimnisschutzes einschränken. Dies führt in Bezug auf Art. 58 Abs. 1 zu etwas sonderbaren Ergebnissen. Zwar ist es so, dass der Geheimnisschutz vor allem bei einem Zugang zu Geschäftsräumen und personenbezogenen Daten und Informationen die höchste Praxisrelevanz hat. Doch auch bei einem Verzicht auf diesen Zugang besteht die Gefahr, dass die Aufsichtsbehörden aufgrund anderer Befugnisse Kenntnis von sensiblen Informationen erhalten – namentlich aufgrund des Rechts, eine umfassende Informationsbereitstellung verlangen zu können (Art. 58 Abs. 1 lit. a) oder der Berechtigung zur Durchführung von „Datenschutzüberprüfungen" (Art. 58 Abs. 1 lit. b). Wenn Datenschutzüberprüfungen im Sinne eines „Audits" zu verstehen sind[23], dann meint dies in der Regel auch einen Zugang zu Geschäftsräumen sowie Datenverarbeitungsanlagen und -geräten.

22 Die Lösung wird wohl darin bestehen, dass sich der Geheimnisträger in Bezug auf Informationen auf sein Zeugnisverweigerungsrecht berufen kann. Begründet werden kann dies damit, dass Art. 58 Abs. 4 ein rechtsstaatliches Verfahren vorschreibt, zu dem es auch gehört, dass der Geheimnisträger ein Zeugnisverweigerungsrecht hat.[24] Bezüglich des Auditrechts wird man argumentieren können, dass Art. 58 Abs. 1 lit. e die speziellere Regelung ist, wenn es um einen Zugang zu Geschäftsräumen und Datenverarbeitungsanlagen und –geräten geht.[25] In Bezug auf geheimhaltungsbedürftige Vorgänge wird sich daher eine Datenschutzüberprüfung gem. Art. 58 Abs. 1 lit. b auf nicht vor Ort und nicht an den Datenverarbeitungsanlagen oder –geräten durchgeführten Audits (z.B. Prüfungsfragebogen, Prüfung von Zertifikaten) begrenzen müssen, wenn der nationale Gesetzgeber die Prüfungsbefugnisse nach Art. 58 Abs. 1 lit. f eingeschränkt hat.

23 Fraglich ist, ob der nationale Gesetzgeber die Befugnisse der Aufsichtsbehörde auf Zugang zu Informationen, Räumen und Datenverarbeitungsanlagen und -geräten bei Geheimnisträgern auch komplett ausschließen könnte. Der Wortlaut „regeln" spricht dafür, dass die Aufsichtsbefugnisse reglementiert, aber nicht ausgeschlossen werden soll, auch wenn im Einzelfall ein Komplettausschluss die Folge sein kann.[26] Auch der englische Wortlaut *„may adopt specific rules to set out the powers of the supervisory authorities"* macht deutlich, dass es darum geht Befugnisse auszugestalten, aber nicht abzuschaffen. Es kommt hinzu, dass die Regelung *„notwendig und verhältnismäßig"* sein muss, was bei einem Komplettverbot fraglich wäre.[27] Die deutsche Regelung in § 29 Abs. 3 BDSG-neu (s. Art. 90 Rn. 35 ff.), wonach die Untersuchungsbefugnisse nach Art. 58 Abs. 1 lit. e und f ausgeschlossen sind, *„soweit die Inanspruchnahme der Befugnisse zu einem Verstoß gegen die Geheimhaltungspflichten dieser Personen führen würde"* stellt kein

---

22 Ratsdokument 15544/14 v. 12.3.2014, S. 17, Fn. 52.

23 So Ehmann/Selmayer, *Selmayr,* Art. 58 Rn. 13 unter Bezugnahme auf die englische Sprachfassung.

24 So auch *Selmayr* in Bezug auf ein generelles Auskunftsverweigerungsrecht in: Ehmann/Selmayr, Art. 58 DS-GVO Rn. 12.

25 Kühling/Buchner, *Herbst,* Art. 90 DS-GVO Rn. 7 sieht die Lösung darin, dass einschränkend ausgelegt wird, so dass eine eventuelle nationale Einschränkung nicht umgangen werden kann.

26 So auch Gola, *Piltz,* Art. 90 DS-GVO Rn. 9.

27 Ehmann/Selmayr, *Ehmann/Kranig,* Art. 90 DS-GVO Rn. 8.

Komplettverbot dar. Vielmehr gestattet diese eine Einzelfallprüfung, ob der Zugang zu den Informationen, Räumen oder Datenverarbeitungsanlagen und -geräten Geheimnispflichten verletzt. Das kann bedeuten, dass in Teilbereichen kein Zugang für die Aufsichtsbehörde besteht, z.B. wenn es um die Mandantenakten beim Rechtsanwalt geht.[28] Der Auffassung, wonach jegliche Ausnahme von der Aufsicht das öffentliche Vertrauen darauf, dass der Datenschutz auch durchgesetzt wird, unterminiert[29], kann nicht beigepflichtet werden. Sie verkennt, dass der Geheimnisschutz gerade im Hinblick auf die Berufsverschwiegenheitspflichten ein mindestens ebenso hohes Schutzgut darstellt, wie der Datenschutz. Es geht hierbei um das Vertrauen des Mandanten und der Öffentlichkeit in den Berufstand der Rechtsanwälte. Als Organ der Rechtspflege tragen sie wesentlich zu einem rechtsstaatlichen Gerichtsverfahren bei. Dabei gilt das verfassungsrechtliche Gebot, dass keiner zur Selbstbezichtigung verpflichtet ist. Dieses Gebot würde unterminiert werden, wenn dem Anwalt anvertraute Geheimnisse einem Zugriff durch Dritte ohne Richtervorbehalt ausgesetzt wären. Diese Schutzgüter sind in einen angemessenen Ausgleich zu bringen. Wären die Befugnisse der Aufsichtsbehörden in diesem Bereich nicht beschränkt, wäre dies ein klarer Wertungswiderspruch zum Zeugnisverweigerungsrecht (§ 53 StPO) und Beschlagnahmeverbot (§ 98 StPO).

2. Stelle, die dem Berufsgeheimnis oder einer gleichwertigen Geheimhaltungspflicht unterliegt

Eine Begrenzung der Kontrollbefugnisse der Aufsichtsbehörden kann der nationale Gesetzgeber nur in Bezug auf Verantwortliche oder Auftragsverarbeiter vornehmen, die *„dem Berufsgeheimnis oder einer gleichwertigen Geheimhaltungspflicht unterliegen"*. **24**

Eine Definition von *„Berufsgeheimnis"* oder *„Geheimhaltungspflicht"* enthält die Verordnung nicht, obwohl beide Begriffe auch an anderen Stellen in der Verordnung verwendet werden.[30] In erster Linie wird das Begriffsverständnis daher wohl vom jeweiligen Normgeber geprägt. Hier kommen nach Art. 90 drei unterschiedliche Rechtsquellen in Frage: Das Unionsrecht, das nationale Recht sowie eine von einer zuständigen nationalen Stelle erlassene Verpflichtung. Letzteres meint beispielsweise Regelungen von berufsständischen Einrichtungen, wie der Rechtsanwalts- oder Ärztekammer.[31] Die Einrichtung muss *„zuständig"* und damit nach nationalem Recht berechtigt sein, Geheimhaltungspflichten zu regeln.[32] Die bloße Selbstverpflichtung eines Industrieverbandes würde also nicht darunter fallen. Ferner muss die Geheimhaltungspflicht einem Berufsgeheimnis *„gleichwertig"* sein, so dass bloße vertragliche Geheimhaltungspflichten nicht unter die Regelung fallen.[33] **25**

Generell wird man sagen können, dass ein „Berufsgeheimnis" solche Verpflichtungen meint, die für eine bestimmte Berufsgruppe aufgrund ihrer Vertrauensstellung gegenüber betroffenen Personen und der besonderen Sensitivität der verarbeiteten Daten gelten. In der Regel wird ein Verstoß mit straf- oder standesrechtlichen Sanktionen belegt sein. In Deutschland sind beispielsweise Rechtsanwälte, Notare und Wirtschaftsprüfer Berufsgruppen mit entsprechenden Verpflichtungen (s. Art. 90 Rn. 16) zu. Von Art. 90 werden ferner Fälle erfasst, bei denen sich die Geheimnispflicht nicht aus dem Gesetz ergibt, sondern *„nach einer von den zuständigen nationalen Stellen erlassenen Verpflichtung dem Berufsgeheimnis oder einer gleichwertigen Geheimhaltungspflicht"*. Wie dargelegt, können insbesondere berufsständische Vereinigungen solche **26**

---

28 So *Dammann*, in: ZD 2016, 307, 310 der befürchtet, dass sich Art. 90 als „Archillesferse" des europäischen Datenschutzes erweist.

29 Sehr kritisch *Zikesch/Kramer*, in: ZD 2015, 565, 565 ff.; in dem vom Rat vorgeschlagenen Entwurf der DS-GVO fand sich noch eine Abgrenzungsnorm in Art. 1 Abs. 2a, die jedoch nicht in die finale Fassung übernommen wurde, Roßnagel, *Jandt*, Rn. 357, 369.

30 Vgl. z.B. Art. 14 Abs. 5 lit. d: „…dem Berufsgeheimnis, einschließlich einer satzungsmäßigen Geheimhaltungspflicht" oder EG 75 und 85 im Hinblick auf den „Verlust der Vertraulichkeit von dem Berufsgeheimnis unterliegenden Daten".

31 So auch Gola, *Piltz*, Art. 90 DS-GVO Rn. 6; Ehmann/Selmayr, *Ehmann/Kranig*, Art. 90 DS-GVO Rn. 7.

32 Kühling/Buchner, *Herbst*, Art. 90 DS-GVO Rn. 12.

33 So auch Kühling/Buchner, *Herbst*, Art. 90 DS-GVO Rn. 13; Plath, *Grages,* Art. 90 DS-GVO Rn. 5.

Stellen sein. So ist das Arztgeheimnis Gegenstand der ärztlichen Berufsordnungen, die als autonomes Satzungsrecht der (Landes-)Ärztekammer für die kammerangehörigen Ärzte verbindlich Recht setzen.[34] Problematisch sind die Fälle, in denen die Schweigepflicht nicht ausdrücklich gesetzlich oder in einer Satzung geregelt ist. Dies gilt z.B. für die im Übrigen in § 203 StGB aufgezählten Berufsgruppen, für die das Berufsgeheimnis nicht explizit anderweitig kodifiziert ist, z.B. für die Berufspsychologen und Ehe-, Familien-, Erziehungs- und Jugendberater. Nach dem Sinn und Zweck der Beschränkung von Untersuchungsbefugnissen sollten auch diese Berufsgruppen von einer nationalen Beschränkungsregelung erfasst sein. Ihre Aufnahme in § 203 StGB macht deutlich, dass der nationale Gesetzgeber eine Geheimhaltungspflicht unterstellt, denn andernfalls könnte ein Verstoß nicht strafbewehrt sein.

27 Sonstige Geheimhaltungspflichten sind *„gleichwertig"*, wenn an die Vertraulichkeit ähnlich hohe Anforderungen in der Erwartung des zu Schützenden und im Hinblick auf Sanktionsmöglichkeiten bestehen. In der Regel handelt es sich um Geheimhaltungspflichten, welche die Stelle oder Institution selbst treffen und nicht an eine bestimmte Profession geknüpft sind. In Deutschland fallen darunter die bereits weiter oben aufgezählten Geheimhaltungspflichten (s. Art. 90 Rn. 16), wie z.B. das Steuergeheimnis (§ 30 AO), Sozialgeheimnis (§ 35 SGB I), Statistikgeheimnis (§ 16 Abs. 1 BstatG), Meldegeheimnis (§ 7 BMG), Postgeheimnis (§ 39 PostG), Fernmeldegeheimnis (§ 88 TKG) sowie Geschäfts- und Betriebsgeheimnisse i.S.v. § 17 Abs. 1 UWG. Umstritten ist, ob auch das Bankgeheimnis darunter fällt, da dieses in Deutschland nicht ausdrücklich gesetzlich geregelt ist.[35] Es handelt sich vielmehr um eine schuldrechtliche Verpflichtung der Bank gegenüber dem Kunden.[36] Dies war in der bisherigen Diskussion zum BDSG weniger problematisch, da § 1 Abs. 3 Satz 2 BDSG explizit solche Berufs- oder besonderen Amtsgeheimnisse einbezieht, die nicht auf gesetzlichen Vorschriften beruhen. Der *Bundesgerichtshof* hatte in der Vergangenheit dem Bankgeheimnis den Berufsgeheimnissen zugeordnet und einen Vorrang vor datenschutzrechtlichen Regelungen basierend auf § 1 Abs. 3 Satz 2 BDSG eingeräumt.[37] Er begründet dies mit dem Willen des Gesetzgebers[38], dass auch von der Rechtsprechung für besondere Geheimnisse entwickelte Grundsätze den Regelungen des Bundesdatenschutzes vorgehen sollten. Letztlich wird der Europäische Gerichtshof entscheiden müssen, ob die gesetzliche Kodifizierung eine zwingende Voraussetzung ist oder ob es ausreicht, dass es sich bei dem Bankgeheimnis um ein bestehendes und von der Rechtsprechung anerkanntes Gewohnheitsrecht[39] handelt.

3. Im Rahmen der Tätigkeit erhobene oder erlangte Daten (Abs. 1 Satz 2)

28 Die nationale Einschränkung der Untersuchungsbefugnisse der Aufsichtsbehörden gilt nur in Bezug auf personenbezogene Daten, die der Verantwortliche oder Auftragsverarbeiter *„bei einer Tätigkeit erlangt oder erhoben hat, die einer solchen Geheimhaltungspflicht unterliegt"*.

29 Dies bedeutet bei Berufsgeheimnisträgern zunächst, dass solche Daten nicht erfasst sind, die gar nicht im Zusammenhang mit der geschützten Berufstätigkeit erhoben oder verarbeitet werden (z.B. Lehrtätigkeit eines Anwalts). Fraglich ist, ob es im Übrigen, unabhängig von der Qualität des Datums als geheimhaltungsbedürftige Angabe, ausreicht, dass die Angaben im Rahmen der beruflichen Tätigkeit des Geheimnisträgers erhoben oder erlangt wurde. Dagegen spricht der Gleichlauf mit sonstigen *„gleichwertigen"* Geheimhaltungspflichten, welche gerade nicht an eine bestimmte Berufstätigkeit anknüpfen. Dementsprechend fallen auch bei den Berufsgeheim-

---

34 BVerfG, Beschluss v. 14.7.1987, Az. 1 BvR 537/81; abgedruckt in: NJW 1988, 191, 192; Roßnagel, *Miedbrodt,* Kap. 4.9 Rn. 91.

35 Ablehnend Kühling/Buchner, *Herbst,* Art. 90 DS-GVO Rn. 18; Paal/Pauly, *Pauly,* Art. 90 DS-GVO Rn. 6 unter Verweis auf BGH Urteil v. 27.2.2007, Az. XI ZR 195/02, abgedruckt in: NJW 2007, 2106, 2107 Rn. 17 („rein schuldrechtlicher Charakter").

36 Vgl. Nr. 2 AGB-Banken.

37 BGH Urteil v. 27.2.2007, Az. XI ZR 195/02, abgedruckt in: NJW 2007, 2106, 2107 Rn. 29.

38 BT-Drucks. 11/4306, S. 39.

39 Schimansky/Bunte/Lwowski, *Krepold* § 39 Rn. 9.

nisträgern allgemein betriebsbezogene personenbezogene Daten, wie Mitarbeiterdaten oder Lieferantendaten, nicht unter die Ausnahme.[40]

Problematisch ist für den Geheimnisträger vor allem der Zugang zu Geschäftsräumen und Datenverarbeitungsanlagen durch die Aufsichtsbehörde, da dies bedeutet, dass er bereits vor Zugang Geheimnisbereiche abgesichert haben muss (z.B. Wegschließen von Mandantenakten). Dabei wird teilweise eine vollkommene Trennung zwischen den Datenarten nicht möglich sein.[41] Dies gilt beispielsweise für das E-Mail-Postfach des Anwalts. Insoweit dürfte sich aber bereits aus dem Grundsatz der Verhältnismäßigkeit ergeben, dass eine aufsichtsbehördliche Untersuchung auf solche Bereiche zu begrenzen ist, die keine dem Geheimnisschutz unterliegenden personenbezogenen Daten enthalten. Damit verbleiben für die Aufsichtsbehörden immer noch ausreichende Aufsichtsbefugnisse, denn diese können generell prüfen, wie die Datenverarbeitung beim Geheimnisträger organisiert ist (s. Art. 90 Rn. 38). **30**

4. Begrenzung durch die Voraussetzungen der Notwendigkeit und Verhältnismäßigkeit

Eine vom Mitgliedstaat zum Schutz der Geheimnisträger erlassene Norm muss ferner *„notwendig und verhältnismäßig"* sein, *„um das Recht auf Schutz der personenbezogenen Daten mit der Pflicht zur Geheimhaltung in Einklang zu bringen"*. Dies entspricht der ständigen Rechtsprechung des *Europäischen Gerichtshofs*, wonach jede Einschränkung des Grundrechts auf Achtung des Privat- und Familienlebens (Art. 7 GRC) und des Grundrechts auf Schutz personenbezogener Daten (Art. 8 GRC) gesetzlich vorgesehen sein und den Wesensgehalt dieser Rechte und Freiheiten achten muss.[42] Ferner muss die Regelung *„notwendig, angemessen und verhältnismäßig"* sein, was bedeutet, dass die Regelung geeignet sein muss und nicht über das erforderliche Maß hinausgehen darf.[43] **31**

„Notwendig und verhältnismäßig" ist eine nationale Regelung im Grundsatz dann, wenn sie (i) den legitimen Zweck verfolgt, Konflikte zwischen Geheimnisschutz und Datenschutz zu lösen und (ii) die Begrenzung der Untersuchungsbefugnisse ein angemessenes und auf das Erforderliche begrenztes Mittel darstellt, weil andernfalls das Schutzziel nicht erreicht werden könnte. Zur Bewertung der deutschen Regelung in § 29 Abs. 3 BDSG-neu s. Art. 90 Rn. 37 ff. **32**

III. Pflicht zur Mitteilung an die Europäische Kommission (Abs. 2)

Die Mitgliedstaaten sind verpflichtet, die aufgrund von Abs. 1 erlassenen Vorschriften der Kommission bis zum 25. Mai 2018 mitzuteilen. Ebenfalls sind alle weiteren Änderungen unverzüglich der Kommission zur Kenntnis zu bringen. Damit wird es der Kommission erleichtert, die Beschränkungen der Kontrollbefugnisse, die evtl. zulasten des Rechts auf Schutz personenbezogener Daten gehen, zu kontrollieren und gegebenenfalls einzuschreiten.[44] **33**

Nach dem Wortlaut der Norm (*„aufgrund von Absatz 1 erlässt"*) fallen nur neu geschaffene Regelungen unter die Mitteilungspflicht. Grundsätzlich ist aber auch denkbar, dass bereits vorhandene Altregelungen aufrechterhalten werden. Die Öffnungsklausel des Art. 6 Abs. 2 spricht explizit davon, dass die Mitgliedstaaten spezifischere Bestimmungen *„beibehalten oder einführen"* können, *„einschließlich für andere besondere Verarbeitungssituationen gemäß Kapitel IX"*.[45] Auch solche Regelungen sind dann nach Abs. 2 der Kommission zu melden. **34**

---

40 So auch Kühling/Buchner, *Herbst*, Art. 90 DS-GVO Rn. 21.
41 So auch Kühling/Buchner, *Herbst*, Art. 90 DS-GVO Rn. 23.
42 Vgl. z.B. EuGH Urteil v. 9.11.2010 – Rs. C-92, 93/09 (Rn 65-77) – Volker und Markus Schecke GbR u.a./Land Hessen; Urteil v. 21.12.2016 – Rs. C-203/15 u. C-698/15 (Rn 94) – Tele2 Sverige.
43 EuGH Urteil v. 9.11.2010 – Rs. C-92, 93/09 (Rn 74) – Volker und Markus Schecke GbR u.a./Land Hessen.
44 Kühling/Buchner, *Herbst*, Art. 90 DS-GVO Rn. 25.
45 S.a. Kühling/Buchner, *Herbst*, Art. 90 DS-GVO Rn. 25; Paal/Pauly, *Pauly*, Art. 90 DS-GVO Rn. 11; Plath, *Grages*, Art. 90 DS-GVO Rn. 7.

IV. Nationale Regelung in § 29 BDSG-neu

35 Der deutsche Gesetzgeber hat mit § 29 BDSG-neu eine Regelung geschaffen, welche zwar einerseits den Aufsichtsbehörden die Untersuchungsbefugnisse nach Art. 58 Abs. 1 lit. e und f entzieht, andererseits aber die Beschränkung unter den Vorbehalt stellt, dass die Inanspruchnahme der Befugnisse zu einem Verstoß gegen die Geheimhaltungspflichten dieser Personen führen würde. Flankierend wird geregelt, dass bei Kenntniserlangung von personenbezogenen Daten durch die Aufsichtsbehörde die Geheimhaltungspflicht auch für die Aufsichtsbehörde gilt.

36 Ausweislich der Gesetzesbegründung soll durch die Regelung sichergestellt werden, dass die Aufsichtsbehörde keinen Zugang zu Daten und Informationen hat, soweit dadurch Geheimhaltungspflichten verletzt würden.[46] Ohne eine solche Einschränkung käme es zu einer Kollision mit den Pflichten des Geheimnisträgers. Insbesondere betont der Gesetzgeber, dass gerade bei freien Berufen die berufsrechtliche Schweigepflicht das Vertrauen des Mandanten und der Öffentlichkeit in den Berufsstand schützt. Auch nach bundesverfassungsgerichtlicher Rechtsprechung dürfe das Mandatsverhältnis nicht mit Unsicherheiten hinsichtlich der Vertraulichkeit belastet werden.[47] Dabei sollen auch Auftragsverarbeiter des Geheimnisträgers von der Norm erfasst sein.

37 Der *Bundesrat* hat die Norm als nicht ausreichend kritisiert.[48] Die Norm würde nicht die notwendige Rechtssicherheit und Vollzugstauglichkeit gewährleisten, insbesondere bedürfe es berufsspezifischer Regelungen zum spezifischen Ausgleich von Interessenkonflikten. Es sei beispielsweise unklar, ob eine aufsichtsbehördliche Kontrolle der Datenverarbeitung zur Überprüfung einer Beschwerde des Mandanten die Geheimhaltungspflicht gefährde oder mangels Interessenkonflikt eine uneingeschränkte Kontrolle erlauben würde. Von anderer Seite wird kritisiert, dass mit der Norm nunmehr eine effektive Kontrolle der Berufsgeheimnisträger unmöglich gemacht sei.[49]

38 Der deutsche Gesetzgeber stand unter großem Zeitdruck, wichtige Anpassungen des deutschen Datenschutzrechts an die DS-GVO nicht erst vor dem 25. Mai 2018, sondern schon vor Ablauf der Legislaturperiode (September 2017) vorzunehmen. Gerade eine Regelung im Geheimnisschutz war sehr wichtig, da ohne eine solche – entgegen der jetzt geltenden Rechtslage – unbegrenzte Untersuchungsbefugnisse der Aufsichtsbehörden bestanden hätten. Für den Geheimnisträger hätte dies die Gefahr von nicht mehr umkehrbaren Geheimnisschutzverletzungen bedeutet. Im Ergebnis ist die Regelung ein Kompromiss, der allen Beteiligten genügend Anwendungsspielraum gibt, um zu sachgerechten Ergebnissen zu gelangen. Eine Begrenzung der Untersuchungsbefugnisse auf das erforderliche Maß wird dadurch erreicht, dass diese unter dem Vorbehalt steht, dass die Untersuchung zu einem Verstoß gegen die Geheimhaltungspflichten führen würde. Eine „Aushöhlung" der Rechte der Aufsichtsbehörde ist damit nicht verbunden, denn sie bleibt berechtigt, die Einhaltung des Datenschutzes ohne Zugriff auf dem Geheimnisschutz unterliegende personenbezogene Daten durchzuführen. Hier gibt es vielfältige Möglichkeiten, z.B. die Prüfung, ob bestimmte Betriebsabläufe zum Schutz personenbezogener Daten eingehalten sind oder die Prüfung sonstiger technischer und organisatorischer Maßnahmen. Liegt eine Einwilligung des Mandanten vor, kann ferner – bezogen auf dessen Daten – ein Verstoß gegen eine Geheimhaltungspflicht ausgeschlossen sein.

39 Eine berufs- oder geheimnisspezifische Regelung unter Berücksichtigung des Gewichts der Geheimnispflicht, wie vom Bundesrat vorgeschlagen, könnte ein milderes Mittel der Regelung darstellen. Allerdings sind die dabei zu berücksichtigenden Einzelfälle so vielfältig, dass man kaum zu einer vereinfachten Anwendung gelangen wird und Gefahr läuft, bestimmte Fälle nicht in der Betrachtung berücksichtigt zu haben. Vielmehr ist stets im Einzelfall zu beurteilen, ob ein Verstoß

46 BT-Drucks. 18/11325, S. 101.
47 BT-Drucks. 18/11325, S. 101 unter Verweis auf BVerfG, Urteil v. 12.4.2005, Az. 2 BvR 1027/02.
48 BR-Drucks. 110/17, S. 29.
49 *Weichert/Schuler*, Netzwerk Datenschutzexpertise, Gutachten vom 22.5.2017; Presseerklärung der Deutschen Vereinigung für Datenschutz e.V. vom 26. April 2017.

gegen eine Geheimhaltungspflicht droht oder nicht. Durch eine Begrenzung der Einschränkung auf Fälle, in denen die Untersuchung zu einem Verstoß gegen den Geheimnisschutz führt, ist die Regelung auf das erforderliche Maß begrenzt. Im Ergebnis ist die nationale Regelung daher europarechtskonform.

C. Weitere Auswirkungen der Verordnung in der Praxis

1. Auswirkungen auf nationales Recht

Mit Art. 90 ist wohl die grundsätzliche Frage geklärt, dass Berufsgeheimnisträger der aufsichtsbehördlichen Kontrollbefugnis unterliegen.[50] Gleichzeitig hat der Verordnungsgeber erkannt, dass diese Kontrollbefugnisse mit dem Geheimnisschutz in Ausgleich zu bringen sind. Er hat diesen Ausgleich allerdings nicht selbst vorgenommen, sondern dem mitgliedstaatlichen Gesetzgeber überlassen. **40**

Mit § 29 Abs. 3 BDSG-neu hat der deutsche Gesetzgeber eine Norm geschaffen, die eine Beurteilung im Einzelfall erlaubt. Dabei gilt die Beschränkung der Untersuchungsbefugnisse nur im Hinblick auf den Zugang zu personenbezogenen Daten und Informationen sowie zu Geschäftsräumen, einschließlich Datenverarbeitungsanlagen und -geräten. Ferner ist sie auf solche Situationen begrenzt, in denen es um einen Zugriff auf personenbezogene Daten geht, die einer Geheimhaltungspflicht unterliegen. Die Auskunftspflicht gem. Art. 58 Abs. 1 lit. a ist zwar grundsätzlich nicht von der Einschränkung berührt. Allerdings können sich Einschränkungen durch ein Auskunfts- oder Zeugnisverweigerungsrecht ergeben. Ferner ist das Recht zu „Datenschutzüberprüfungen" im Sinne von Art. 53 Abs. 1 lit. b im Hinblick auf die in Art. 53 Abs. 1 lit. e und f aufgeführten Zugangsbefugnisse ebenfalls beschränkt. **41**

2. Umsetzung in die Unternehmenspraxis

(Berufs-)Geheimnisträger sollten ermitteln, wie im Fall der Anfrage einer Aufsichtsbehörde reagiert werden kann. In vielen Situationen wird eine Auskunft ohne Bezug zu geheimhaltungsbedürftigen Daten möglich sein (z.B. die Beantwortung der Frage, ob man Verträge mit seinen Auftragsverarbeitern abgeschlossen hat). Auch Audit-Fragen können sich oftmals auf schriftliche Angaben beschränken (z.B. die Beantwortung der Frage, ob mobile Speichermedien verschlüsselt sind). Sollte es ausnahmsweise zu einem Vor-Ort-Besuch der Aufsichtsbehörde kommen, sollte der Geheimnisträger darauf vorbereitet sein, dass geheimhaltungsbedürftige Unterlagen in abgeschlossenen Bereichen untergebracht und – soweit möglich – systemtechnisch von anderen Daten (z.B. den Mitarbeiterdaten) getrennt zugänglich sind. In jedem Fall wäre ein Vor-Ort-Besuch der Aufsichtsbehörden eng zu begleiten, um im Interesse aller Beteiligten sicherzustellen, dass es nicht zu einer Geheimnisschutzverletzung kommt und Zugangs- und Zugriffsbeschränkungen eingehalten werden. **42**

3. Sanktionen; Maßnahmen der Aufsichtsbehörde

Ein Verstoß gegen die im Rahmen des Kapitels IX erlassenen Rechtsvorschriften der Mitgliedstaaten kann gem. Art. 83 Abs. 5 lit. d mit einer Geldbuße von bis zu 20 Mio. EUR oder im Fall eines Unternehmens von bis zu 4 % seines gesamten weltweit erzielten Jahresumsatzes des vorangegangenen Geschäftsjahrs belegt werden, je nachdem, welcher der Beträge höher ist. Es ist allerdings höchst fraglich, ob dieser sehr abstrakte Verweis auf zukünftig noch zu schaffende nationale Normen überhaupt noch dem für eine Sanktion erforderlichen Bestimmtheitsgrundsatz entspricht. **43**

Darüber hinaus kann die Verweigerung des Zugangs der Aufsichtsbehörde, wenn diese nicht auf eine nationale Ausnahme gestützt werden kann, einen Verstoß gegen Art. 58 Abs. 1 lit. a darstel- **44**

---

50 So auch Ehmann/Selmayr, *Ehmann/Kranig*, Art. 90 DS-GVO Rn. 2; *Laue/Nink/Kremer*, § 10 Rn. 23.

len, was ebenfalls mit einem Bußgeld von 20 Mio. EUR oder 4 % seines gesamten weltweit erzielten Jahresumsatzes des vorangegangenen Geschäftsjahrs bewehrt ist (Art. 83 Abs. 5 lit. d). Ferner kann die Aufsichtsbehörde eine bestimmte Maßnahme nach Art. 58 Abs. 2 anordnen. Ein Verstoß gegen diese Anordnung ist ebenfalls mit einem Bußgeld nach lit. d bedroht.

Article 91

Existing data protection rules of churches and religious associations

1. Where in a Member State, churches and religious associations or communities apply, at the time of entry into force of this Regulation, comprehensive rules relating to the protection of natural persons with regard to processing, such rules may continue to apply, provided that they are brought into line with this Regulation.
2. Churches and religious associations which apply comprehensive rules in accordance with paragraph 1 of this Article shall be subject to the supervision of an independent supervisory authority, which may be specific, provided that it fulfils the conditions laid down in Chapter VI of this Regulation.

Artikel 91

Bestehende Datenschutzvorschriften von Kirchen und religiösen Vereinigungen oder Gemeinschaften

(1) Wendet eine Kirche oder eine religiöse Vereinigung oder Gemeinschaft in einem Mitgliedstaat zum Zeitpunkt des Inkrafttretens dieser Verordnung umfassende Regeln zum Schutz natürlicher Personen bei der Verarbeitung an, so dürfen diese Regeln weiter angewandt werden, sofern sie mit dieser Verordnung in Einklang gebracht werden.

(2) Kirchen und religiöse Vereinigungen oder Gemeinschaften, die gemäß Absatz 1 umfassende Datenschutzregeln anwenden, unterliegen der Aufsicht durch eine unabhängige Aufsichtsbehörde, die spezifischer Art sein kann, sofern sie die in Kapitel VI niedergelegten Bedingungen erfüllt.

Recital

(165) This Regulation respects and does not prejudice the status under existing constitutional law of churches and religious associations or communities in the Member States, as recognised in Article 17 TFEU.

Erwägungsgrund

(165) Im Einklang mit Artikel 17 AEUV achtet diese Verordnung den Status, den Kirchen und religiöse Vereinigungen oder Gemeinschaften in den Mitgliedstaaten nach deren bestehenden verfassungsrechtlichen Vorschriften genießen, und beeinträchtigt ihn nicht.

Literatur

Preuß, Das Datenschutzrecht der Religionsgemeinschaften, Eine Untersuchung de lege lata und de lege ferenda nach Inkrafttreten der DS-GVO, in: ZD 2015, 217; *Roßnagel (Hrsg.),* Europäische Datenschutz-Grundverordnung, 1. Auflage 2017, Nomos Baden-Baden; *Simitis (Hrsg.),* Bundesdatenschutzgesetz, 8. Auflage 2014, Nomos Baden-Baden.

Bedeutung der Norm

Weitergeltung bestehender Datenschutzvorschriften der Kirchen unter der Prämisse, dass es sich um umfassende Regelungen handelt.

Hinweise für den Anwender

Für die Norm relevante Definitionen:

- Definition von „Aufsichtsbehörde" in Art. 4 Nr. 21 (im Englischen: „supervisory authority").
- Öffnungsklauseln: Kirchen und religiöse Vereinigungen können gem. Art. 91 im nationalen Recht vorrangige Datenschutzregeln festlegen.

Für die Auslegung der Norm relevante Erwägungsgründe:

- EG 165.

Systematische Einordnung der Norm innerhalb der DS-GVO:

- Die Regelung ist Teil der in Kapitel IX geregelten Vorschriften für besondere Verarbeitungssituationen und enthält als Öffnungsklausel eine Regelungsoption zugunsten von Kirchen und religiösen Vereinigungen. Diese können eigene datenschutzrechtliche Regelungen erlassen, müssen dies aber nicht.

▶ **Schlagworte**

Kirchliche Datenschutzregelungen, Kirchengesetz über den Datenschutz der Evangelischen Kirche in Deutschland, Anordnung über den kirchlichen Datenschutz, fakultative Öffnungsklausel, umfassende Datenschutzregeln, unabhängige Aufsichtsbehörde, Status als öffentlich-rechtliche Körperschaft, privatrechtliche Religionsgemeinschaft, höherrangiges Recht, Schutz natürlicher Personen, Schutzwirkung.

A. Allgemeines

I. Regelungszweck

1 Mit der Regelung soll ein auf nationaler Ebene bestehender verfassungsrechtlicher Schutz von Kirchen,religiösen Vereinigungen oder religiösen Gemeinschaften geachtet werden.

II. Normadressaten

2 Adressat des Art. 91 sind Kirchen, religiöse Vereinigungen oder religiösen Gemeinschaften, die ihre bestehenden datenschutzrechtlichen Vorschriften nach Inkrafttreten der DS-GVO beibehalten wollen.

B. Inhalt der Regelung

I. Fortgeltung umfassender Regeln zum Datenschutz (Abs. 1)

3 Sofern Kirchen, religiöse Vereinigungen oder Gemeinschaften umfassende Regelungen zum Datenschutz besitzen, können sie diese grundsätzlich beibehalten. Es handelt sich um eine fakultative Öffnungsklausel, die es den Mitgliedstaaten ermöglicht, eine etwaige verfassungsrechtlich gewährte Kirchenautonomie zu wahren.

4 Welche Kirchen, religiöse Vereinigungen und Gemeinschaften sich auf die Öffnungsklausel berufen können, ist nicht näher erläutert. Unter Bezugnahme auf Art. 140 GG i.V.m. Art. 137 Abs. 5 WRV ist für Deutschland zwischen Religionsgemeinschaften, die den Status als öffentlich-rechtliche Körperschaft genießen und privatrechtlichen Religionsgemeinschaften zu differenzieren. Für eine Übernahme dieser Unterscheidung in die DS-GVO spricht EG 165, wonach mit Art. 91 der besondere Status von Kirchen, religiösen Vereinigungen und Gemeinschaften geachtet werden soll, den diese im jeweiligen Mitgliedstaat genießen. Zu den Religionsgemeinschaften, die bundesweit als öffentlich-rechtliche Körperschaft nach Art. 140 GG i.V.m. Art. 137 Abs. 5 WRV anerkannt sind, zählen in Deutschland die Evangelischen Landeskirchen, die Evangelische Kirche in Deutschland (EKD), die Vereinigte Evangelisch-Lutherische Kirche Deutschland (VELKD), die Evangelische Kirche der Union (EKU), die Evangelische Freikirche, der Bund Evangelisch-Freikirchlicher Gemeinden – Baptisten, die Mennoniten, die Bistümer der Katholischen Kirche, das Bistum der

Altkatholiken in Deutschland, die Griechisch-Orthodoxe Kirche, die Russisch-Orthodoxe Kirche, die Heilsarmee und die Israelitischen Kultusgemeinden.[1] Keinen bundesweiten Status als öffentlich-rechtliche Körperschaft besitzen u.a. die Griechisch-Katholische Kirche, die Buddhisten, die Zeugen Jehovas (teilweise).

Um von der Öffnungsklausel profitieren zu können, müssen die Kirchen, religiöse Vereinigungen oder Gemeinschaften umfassende Datenschutzregeln besitzen. Dieses kirchliche Datenschutzrecht muss mit der DS-GVO in Einklang stehen, um weiter gelten zu können. Anderenfalls wird es von der DS-GVO als höherrangigem Recht verdrängt. **5**

Die DS-GVO erläutert nicht näher, was unter dem unbestimmten Rechtsbegriff der „umfassenden Datenschutzregeln zu verstehen ist. Um die Öffnungsklausel nicht leer laufen zu lassen, wird man keine vollständige Deckung verlangen können. Stattdessen wird man darauf abstellen müssen, ob die jeweiligen kirchlichen Datenschutzgesetze in gleichem Umfang wie die DS-GVO den Schutz der Betroffenen gewährleisten. Hierfür spricht der Wortlaut des Abs. 1, der die umfassenden Regelungen dahingehend spezifiziert, dass es sich um umfassende Regelungen zum Schutz natürlicher Personen handeln muss. Richtigerweise wird man daher unter umfassenden Regeln eine abschließende Regelung innerhalb ihres Anwendungsbereichs verstehen müssen, die in ihrer Schutzwirkung der DS-GVO entspricht. **6**

In Deutschland besitzen sowohl die katholische Kirche als auch die evangelische Kirche Datenschutzgesetze. Die katholische Kirche hat die Anordnung über den kirchlichen Datenschutz (KDO) erlassen, wobei auf Ebene der Bistümer zusätzlich Durchführungsverordnungen existieren. Die evangelische Kirche besitzt das Datenschutzgesetz der Evangelischen Kirche in Deutschland (DSG-EDK). Die evangelischen Landeskirchen haben zudem Durchführungsverordnungen verabschiedet. **7**

Obgleich die katholische und die evangelische Kirche umfassende Datenschutzgesetze erlassen haben, enthalten die KDO[2] und das DSG-EDK[3] keine umfassenden Regelungen, die der Schutzwirkung der DS-GVO gleichwertig wären.[4] **8**

So ist die Verarbeitung personenbezogener Daten gem. § 3 Abs. 1 KDO und § 3 DSG-EDK unter anderem dann zulässig, wenn die KDO bzw. DSG-EDK oder andere kirchliche oder staatliche Rechtsvorschriften die Verarbeitung erlauben oder anordnen. Einen solchen Erlaubnistatbestand kennt Art. 6 DS-GVO nicht. Weiter sind die Anforderungen an die Einwilligung als Legitimation für eine Datenverarbeitung in der DS-GVO aus Sicht der verantwortlichen Stelle strenger geregelt. So ist der Betroffene bspw. berechtigt, seine Einwilligung zu verweigern oder nachträglich zurückzuziehen, ohne dass er Nachteile erleidet. Stattdessen ist er gem. § 3 Abs. 2 KDO bzw. § 3a Abs. 1 DSG-EDK lediglich auf die Folgen der Verweigerung hinzuweisen. Die Freiwilligkeit der Einwilligung in den kirchlichen Regeln fällt somit hinter die DS-GVO zurück. Die kirchlichen Datenschutzregeln weisen des Weiteren insb. Defizite im Bereich der Betroffenenrechte auf. So enthält das Auskunftsrecht gem. § 13 KDO bzw. § 15 DSG-EDK keine zeitliche Vorgabe, innerhalb derer die Auskunft zu erteilen ist. Der Umfang der zu erteilenden Auskunft weicht ebenfalls von Art. 13 und Art. 15 ab. Werden die Daten nicht beim Betroffenen erhoben, so sehen § 13a KDO und § 15a DSG-EDK keine Pflicht vor, die Quelle, aus der die Daten stammen, zu nennen. Das in Art. 17 Abs. 2 verankerte Recht auf Vergessenwerden, das Recht auf Verarbeitungseinschränkung gem. Art. 18, die Mitteilungspflicht im Zusammenhang mit berichtigten oder gelöschten Daten gem. Art. 19 oder das Recht auf Datenübertragbarkeit gem. Art. 20 fehlen in den kirchlichen Datenschutzregeln. Sollte es zu einer Verletzung des Schutzes personenbezogener Daten **9**

---

1 http://www.personenstandsrecht.de/PERS/DE/Themen/Informationen/Religionsgemeinschaften/religionsgemeinschaften_node.html

2 In der Bekanntmachung durch den Verband der Diözesen Deutschlands durch Beschlüsse seiner Vollversammlung am 23.06.2003, 25.11.2003 und am 20./21.06.2005, abgedruckt in der Arbeitshilfe Nr. 206: Datenschutz und Melderecht der katholischen Kirche 2006, 3., korrigierte und ergänzte Auflage 2016.

3 In der Bekanntmachung der Neufassung vom 1. Januar 2013, ABl. EKD 2013 S. 2.

4 Kritisch im Verhältnis zum BDSG bereits Simitis, *Dammann*, § 15 Rn. 65.

kommen, besteht aufgrund der kirchlichen Datenschutzgesetze keine Meldepflicht, wie sie in Art. 33 und Art. 34 vorgesehen ist. Bußgeldvorschriften fehlen in den kirchlichen Datenschutzgesetzen gänzlich. Schließlich muss auch die datenschutzrechtliche Aufsicht den von der DS-GVO geforderten Anforderungen an die Unabhängigkeit genügen.

10 Ausweislich des Wortlautes müssen die umfassenden Datenschutzregelungen zum Zeitpunkt des Inkrafttretens der DS-GVO am 25.5.2016 (vgl. Art. 99) bereits implementiert sein. Die nachträgliche Einführung von Regeln zum Datenschutz wird ausweislich des Wortlautes nicht privilegiert. Ob dies sachgerecht ist, mag man diskutieren, ändert jedoch nichts an dem klaren Wortlaut, der eine Geltung nachträglich erlassener Datenschutzregeln nicht vorsieht.

II. Datenschutzaufsicht (Abs. 2)

11 Weitere Voraussetzung für ein vorrangiges Datenschutzrecht der Kirchen und Religionsgemeinschaften ist, dass diese einer unabhängigen Datenschutzaufsicht unterliegen. Diese Datenschutzaufsicht muss nicht deckungsgleich mit der weltlichen Aufsicht sein, sondern kann auch eigenständig innerhalb der Kirchen eingerichtet werden. Sie muss im Hinblick auf die Instrumente zur Durchsetzung des Datenschutzrechts, insb. der Rechte der Betroffenen, jedoch vergleichbar sein. Hierfür ist erforderlich, dass die in Kapitel VI aufgestellten Bedingungen erfüllt werden, insb. dass die Aufsichtsbehörde gem. Art. 52 Abs. 1 unabhängig und mit den Befugnissen nach Art. 58 ausgestattet ist.[5]

12 Eine solche unabhängige Aufsichtsbehörde ist in den kirchlichen Datenschutzregeln nicht vorgesehen. Die KDO sieht zwar einen Diözesandatenschutzbeauftragen vor, vgl. §§ 16 ff. KDO. Dieser bleibt in seinen Befugnissen aber deutlich hinter den Befugnissen der staatlichen Aufsicht über den Datenschutz gem. Art. 58 zurück. Das Pendant der DSG-EDK stellt der Beauftragte für den Datenschutz dar, vgl. §§ 17 ff. DSG-EDK. Im Ergebnis bleiben die Regelungen zu einer unabhängigen Datenschutzaufsicht deutlich hinter den Anforderungen zurück, wie sie durch die DS-GVO als Mindestmaßstab vorgegeben sind.

C. Weitere Auswirkungen der Verordnung in der Praxis

13 Die bestehenden datenschutzrechtlichen Regeln der katholischen und evangelischen Kirche in Deutschland sind zwar stark an das Bundesdatenschutzgesetz angelehnt, genügen damit aber zumindest nicht den Anforderungen der DS-GVO. Vielmehr müssen diese, um nach Inkrafttreten der DS-GVO fortbestehen zu können, erst noch in Einklang mit der DS-GVO gebracht werden. Dies gilt auch für die ggfs. noch zu schaffenden unabhängigen Aufsichtsbehörden, um den Anforderungen des Kapitels VI gerecht zu werden. Im Rahmen der erforderlichen Anpassung können die Kirchen die Vorgaben der DS-GVO durch die kirchlichen Besonderheiten konkretisieren, jedoch nicht in ihren Schutzstandards reduzieren, was den Umsetzungsspielraum natürlich einschränkt.

14 Nachdem die DS-GVO keinen Stichtag für die Umsetzung nennt, ist unklar, ob die Anpassung bis zum Geltungsbeginn der DS-GVO am 25.5.2018 erfolgen muss oder im Belieben der Religionsgemeinschaft steht. Für letzteres spricht der Wortlaut der Vorschrift, der gerade keine Ausschlussfrist nennt. Hierfür besteht auch kein Bedürfnis, da die kirchlichen Datenschutzregeln schlicht solange keine Anwendung finden, bis diese entsprechend angepasst werden.

5 Roßnagel, *Hoidn*, § 4 Rn. 177.

Kapitel X Delegierte Rechtsakte und Durchführungsrechtsakte

Chapter X Delegated acts and implementing acts

Article 92

Exercise of the delegation

(1) The power to adopt delegated acts is conferred on the Commission subject to the conditions laid down in this Article.

(2) The delegation of power referred to in Article 12(8) and Article 43(8) shall be conferred on the Commission for an indeterminate period of time from 24 May 2016

(3) The delegation of power referred to in Article 12(8) and Article 43(8) may be revoked at any time by the European Parliament or by the Council. A decision of revocation shall put an end to the delegation of power specified in that decision. It shall take effect the day following that of its publication in the Official Journal of the European Union or at a later date specified therein. It shall not affect the validity of any delegated acts already in force.

(4) As soon as it adopts a delegated act, the Commission shall notify it simultaneously to the European Parliament and to the Council.

(5) A delegated act adopted pursuant to Article 12(8) and Article 43(8) shall enter into force only if no objection has been expressed by either the European Parliament or the Council within a period of three months of notification of that act to the European Parliament and the Council or if, before the expiry of that period, the European Parliament and the Council have both informed the Commission that they will not object. That period shall be extended by three months at the initiative of the European Parliament or of the Council.

Artikel 92

Ausübung der Befugnisübertragung

(1) Die Befugnis zum Erlass delegierter Rechtsakte wird der Kommission unter den in diesem Artikel festgelegten Bedingungen übertragen.

(2) Die Befugnis zum Erlass delegierter Rechtsakte gemäß Artikel 12 Absatz 8 und Artikel 43 Absatz 8 wird der Kommission auf unbestimmte Zeit ab dem 24. Mai 2016 übertragen.

(3) Die Befugnisübertragung gemäß Artikel 12 Absatz 8 und Artikel 43 Absatz 8 kann vom Europäischen Parlament oder vom Rat jederzeit widerrufen werden. Der Beschluss über den Widerruf beendet die Übertragung der in diesem Beschluss angegebenen Befugnis. Er wird am Tag nach seiner Veröffentlichung im Amtsblatt der Europäischen Union oder zu einem im Beschluss über den Widerruf angegebenen späteren Zeitpunkt wirksam. Die Gültigkeit von delegierten Rechtsakten, die bereits in Kraft sind, wird von dem Beschluss über den Widerruf nicht berührt.

(4) Sobald die Kommission einen delegierten Rechtsakt erlässt, übermittelt sie ihn gleichzeitig dem Europäischen Parlament und dem Rat.

(5) Ein delegierter Rechtsakt, der gemäß Artikel 12 Absatz 8 und Artikel 43 Absatz 8 erlassen wurde, tritt nur in Kraft, wenn weder das Europäische Parlament noch der Rat innerhalb einer Frist von drei Monaten nach Übermittlung dieses Rechtsakts an das Europäische Parlament und den Rat Einwände erhoben haben oder wenn vor Ablauf dieser Frist das Europäische Parlament und der Rat beide der Kommission mitgeteilt haben, dass sie keine Einwände erheben werden. Auf Veranlassung des Europäischen Parlaments oder des Rates wird diese Frist um drei Monate verlängert.

Recital	Erwägungsgrund
(166) In order to fulfil the objectives of this Regulation, namely to protect the fundamental rights and freedoms of natural persons and in particular their right to the protection of personal data and to ensure the free movement of personal data within the Union, the power to adopt acts in accordance with Article 290 TFEU should be delegated to the Commission. In particular, delegated acts should be adopted in respect of criteria and requirements for certification mechanisms, information to be presented by standardised icons and procedures for providing such icons. It is of particular importance that the Commission carry out appropriate consultations during its preparatory work, including at expert level. The Commission, when preparing and drawing-up delegated acts, should ensure a simultaneous, timely and appropriate transmission of relevant documents to the European Parliament and to the Council.	(166) Um die Zielvorgaben dieser Verordnung zu erfüllen, d. h. die Grundrechte und Grundfreiheiten natürlicher Personen und insbesondere ihr Recht auf Schutz ihrer personenbezogenen Daten zu schützen und den freien Verkehr personenbezogener Daten innerhalb der Union zu gewährleisten, sollte der Kommission die Befugnis übertragen werden, gemäß Artikel 290 AEUV Rechtsakte zu erlassen. Delegierte Rechtsakte sollten insbesondere in Bezug auf die für Zertifizierungsverfahren geltenden Kriterien und Anforderungen, die durch standardisierte Bildsymbole darzustellenden Informationen und die Verfahren für die Bereitstellung dieser Bildsymbole erlassen werden. Es ist von besonderer Bedeutung, dass die Kommission im Zuge ihrer Vorbereitungsarbeit angemessene Konsultationen, auch auf der Ebene von Sachverständigen, durchführt. Bei der Vorbereitung und Ausarbeitung delegierter Rechtsakte sollte die Kommission gewährleisten, dass die einschlägigen Dokumente dem Europäischen Parlament und dem Rat gleichzeitig, rechtzeitig und auf angemessene Weise übermittelt werden.

Literatur

Allgemein zum Institut delegierter Rechtsakte, insb. zur Ausübung der der KOM übertragenen Befugnis, jeweils mit weiteren Nachweisen aus der Kommentarliteratur zu Artikel 290 AEUV: *Gaitzsch*, Tertiärnormsetzung in der Europäischen Union, Hamburg 2015, 159 ff.; *Haselmann*, Delegation und Durchführung gemäß Art. 290 und 291 AEUV, Berlin 2012, 52 ff.; *Ilgner*, Die Durchführung der Rechtsakte des europäischen Gesetzgebers durch die Europäische Kommission: Art. 290 und Art. 291 AEUV und deren Auswirkungen auf die Komitologie, Berlin 2014, 202 ff.; *Kollmeyer*, Delegierte Rechtsetzung in der EU, Baden-Baden 2015, 279 ff; *Ehmann/Selmayr (Hrsg.)*, Datenschutz-Grundverordnung, 1. Auflage 2017, C.H. Beck München; *Kühling/Buchner (Hrsg.)*, Datenschutzgrundverordnung, 1. Auflage 2017, C.H. Beck München; *Plath (Hrsg.)*, BDSG/DSGVO, 2. Auflage 2016, Otto Schmidt, Köln; *Paal/Pauly*, Datenschutz-Grundverordnung, 1. Auflage 2016, C.H. Beck München; *Eßer/Kramer/v. Lewinski (Hrsg.)*, Datenschutzgrundverordnung, Bundesdatenschutz und Nebengesetze. Kommentar, 5. Auflage 2017, Carl Heymanns Köln; *Skouris*, Der Musterentwurf eines EU-Verwaltungsverfahrensgesetzes aus der Sicht des Europäischen Gerichtshofs, in: DVBl 2016, 201 ff. *Feiler/Forgó*, EU-DSGVO, 1. Auflage 2016, Verlag Österreich Wien.

▶ Bedeutung der Norm

Nähere Beschreibung des Verfahrens zum Erlass delegierter Rechtsakte durch die KOM auf Grundlage der ihr in Art. 12 Abs. 8 und Art. 43 Abs. 8 DS-GVO übertragenen Ermächtigungen.

Hinweise für den Anwender

Für die Auslegung der Norm relevante Erwägungsgründe:

- EG 166

Schlagworte

Delegierter Rechtsakt; Vorgaben für die KOM zur Ausübung der in Art. 12 Abs. 8 und Art. 43 Abs. 8 DS-GVO enthaltenen Befugnis zum Erlass delegierter Rechtsakte; Verfahrensfestlegungen für den Erlass delegierter Rechtsakte durch die KOM im Rahmen des durch Art. 290 Abs. 2 und 3 AEUV Ermöglichten; Konkretisierung der Einflussmöglichkeiten von EP und Rat im Erlassverfahren; Bildsymbole nach Art. 12 Abs. 7 DS-GVO; Anforderungen an Zertifizierungsverfahren nach Art. 43 Abs. 1 DS-GVO.

A. Allgemeines

I. Regelungszweck

1 Nach Art. 290 Abs. 1 AEUV kann in Gesetzgebungsakten – die DS-GVO ist wegen Art. 289 Abs. 3 i.V.m. Art. 16 Abs. 2 AEUV ein Gesetzgebungsakt – der KOM die Befugnis übertragen werden, Rechtsakte ohne Gesetzescharakter mit allgemeiner Geltung zur Ergänzung oder Änderung bestimmter nicht wesentlicher Vorschriften des betreffenden Gesetzgebungsakts zu erlassen.[1] Einer solchen Ermächtigung wohnt einerseits ein Verzicht auf demokratische Legitimation inne, weil in Kauf genommen wird, dass ein Sekundärrechtsakt in einem Verfahren ergänzt oder geändert wird, das im Hinblick auf die Beteiligung des EP und des Rates nicht an das Verfahren heranreicht, in dem der Gesetzgebungsakt ursprünglich angenommen wurde. Diese Delegationsbefugnis versetzt die Gesetzgeber aber andererseits in die Lage, den Gesetzgebungsakt von der Regelung nicht wesentlicher Details zu entlasten und in Bezug auf die übertragenen Befugnisse eine raschere Reaktion auf sich verändernde Umstände zu ermöglichen, als dies im ordentlichen Gesetzgebungsverfahren aufgrund der vielfältigen verfahrensrechtlichen Erfordernisse realistisch wäre. Delegierte Rechtsakte sind somit am ehesten mit Rechtsverordnungen nach Art. 80 GG bzw. nach landesrechtlich entsprechenden Vorschriften vergleichbar.

2 EP und Rat als Ko-Gesetzgeber haben die KOM in der DS-GVO in zwei Fällen zum Erlass delegierter Rechtsakte ermächtigt: zum einen in Art. 12 Abs. 8 DS-GVO im Zusammenhang mit der Betroffeneninformation „zur Bestimmung der Informationen, die durch Bildsymbole darzustellen sind, und der Verfahren für die Bereitstellung standardisierter Bildsymbole" (s. zum Inhalt der Ermächtigung die Kommentierung zu Art. 12 DS-GVO, dort Rn. 60 ff.) und zum anderen in Art. 43

1 Der Befund, dass es sich bei delegierten Rechtsakten damit zwar um keine formellen Gesetze, wohl aber um Gesetze im materiellen Sinne handelt und sie ebenso verbindlich wie in der Verordnung selbst enthaltene Regelungen sind, wird – worauf Witzleb, Eßer/Kramer/v. Lewinski, Art. 92 Rn. 2 zu Recht hinweist – auch durch EG 146 gestützt. Hier ist davon die Rede, dass zu einer Verarbeitung, die mit der vorliegenden Verordnung nicht im Einklang steht, auch eine Verarbeitung zählt, die nicht mit den nach Maßgabe der vorliegenden Verordnung erlassenen delegierten Rechtsakten und Durchführungsrechtsakten und Rechtsvorschriften der Mitgliedstaaten zur Präzisierung von Bestimmungen der vorliegenden Verordnung im Einklang steht steht.

Abs. 8 DS-GVO, „um die Anforderungen festzulegen, die für die in Art. 42 Abs. 1 genannten datenschutzspezifischen Zertifizierungsverfahren zu berücksichtigen sind" (s. zum Inhalt der Ermächtigung die Kommentierung zu Art. 43 DS-GVO, Rn. 23). In Art. 92 DS-GVO wird das Verfahren beschrieben, das die KOM einhalten muss, wenn sie von der in den Art. 12 und 43 DS-GVO übertragenen Befugnis Gebrauch macht. Weiterhin ist in Art. 92 DS-GVO festgelegt, welche Möglichkeiten das EP und der Rat haben, um im Verfahren delegierter Rechtsetzung Einfluss auf den Inhalt des von der KOM erlassenen Rechtsakts auszuüben.

3 Eine Vorgängernorm in der DS-RL existiert nicht, weil das Instrument des delegierten Rechtsakts in seiner jetzigen Form erst mit dem Vertrag von Lissabon in den EU-Acquis aufgenommen wurde. Das Research Network on EU Administrative Law (ReNEUAL) hat einen Musterentwurf für ein EU-Verwaltungsrecht nach auf der Grundlage des AEUV vorgelegt. Darin sind auch Überlegungen zur Neufassung der Regelungen zur administrativen Normsetzung entlang der Artikel 290 und 291 AEUV enthalten.[2]

II. Normadressaten

4 Adressatin der Norm sind sowohl die KOM als zur delegierten Rechtsetzung ermächtigtes Organ als auch das EP und der Rat aufgrund ihrer Einflussmöglichkeiten auf das Erlassverfahren. Herbst weist richtigerweise darauf hin, dass die KOM seit Inkrafttreten der DS-GVO, also auch schon vor deren Geltungsbeginn von ihrer Befugnis Gebrauch machen kann.[3]

III. Systematik

5 Art. 92 DS-GVO verweist sowohl auf die in den Art. 12 und 43 DS-GVO enthaltenen Ermächtigungen[4], für die er einen Verfahrensrahmen bildet als auch auf das Primärrecht, das in Art. 290 AEUV Grenzen und Möglichkeiten delegierter Rechtsetzung beschreibt. Art. 92 DS-GVO wird also erst verständlich, wenn er sowohl mit den primärrechtlichen Vorgaben in Art. 290 Abs. 2 und 3 AEUV als auch mit den in der DS-GVO enthaltenen Ermächtigungen zusammen gelesen wird.

IV. Entstehungsgeschichte

6 Im Vorschlag der KOM für eine DS-GVO[5] waren noch 26 Ermächtigungen[6] der Kommission zum Erlass delegierter Rechtsakte enthalten.

Quantität und Qualität der von der KOM vorgesehenen Ermächtigungen zogen breite Kritik auf sich.[7] Diese Kritik zog v.a. in Zweifel, ob sich die Ermächtigungen im Einzelnen wirklich nur auf – wie primärrechtlich in Art. 290 Abs. 1 AEUV gefordert – „nicht wesentliche Vorschriften" der

---

2 Curtin/Hofmann/Mendes, Buch II – Administrative Normsetzung, in: ReNEUAL – Musterentwurf für ein EU-Verwaltungsverfahrensrecht, München 2015; Skouris, in: DVBl 2016, 201 ff.

3 Vgl. Kühling/Buchner (Hrsg.), Herbst, Artikel 92, Rn. 7.

4 Feiler/Forgó, Artikel 92, Rn. 2, bezeichnen diese als „im Gesamtkontext relativ unbedeutende" Ermächtigungen.

5 KOM(2012) 11 endgültig v. 25.1.2012.

6 Die Artikelbenennung bezieht sich auf den Kommissionsvorschlag und korrespondiert nicht mit der Benennung im letztlich angenommenen Rechtsakt: Art. 6 Abs. 5; Art. 8 Abs. 3; Art. 9 Abs. 3; Art. 12 Abs. 5; Art. 14 Abs. 7; Art. 15 Abs. 3; Art. 17 Abs. 9; Art. 20 Abs. 5; Art. 22 Abs. 4; Art. 23 Abs. 3; Art. 26 Abs. 5; Art. 28 Abs. 5; Art. 30 Abs. 3; Art. 31 Abs. 5; Art. 32 Abs. 5; Art. 33 Abs. 6; Art. 34 Abs. 8; Art. 35 Abs. 11; Art. 37 Abs. 2; Art. 39 Abs. 2; Art. 43 Abs. 3; Art. 44 Abs. 7; Art. 79 Abs. 7; Art. 81 Abs. 3; Art. 82 Abs. 3; Art. 83 Abs. 3.

7 S. etwa Europäischer Datenschutzbeauftragter, Zusammenfassung der Stellungnahme vom 7.3.2012, ABl. EU Nr. C 192 v. 30.6.2012, S. 7; *Boehm*, Stellungnahme „EU-Datenschutzreform", Zuziehung von Sachverständigen des Ausschusses für Europa und Eine Welt zu den Vorschlägen der EU-Kommission, Landtag Nordrhein-Westfalen, LT-Drs. 16/549, S. 5 f.; *Hornung*, Stellungnahme zu den öffentlichen Anhörungen des Innenausschusses des Deutschen Bundestages am 22. Oktober 2012 zu den Vorschlägen der Europäischen Kommission für eine Reform des Datenschutzes, BT-Ausschuss-Drs. 17 (4) 584 E, S. 11 ff.

DS-GVO bezogen oder diese Schwelle überschritten. Das EP reduzierte in seiner Stellungnahme in 1. Lesung vom 12.3.2014[8] die Zahl der Ermächtigungen auf elf.[9]

In der Allgemeinen Ausrichtung vom 15.6.2015[10], welche vonseiten des Rates Grundlage für die Trilog-Verhandlungen mit dem EP und der KOM war, war dann nur noch eine – der heute in Art. 43 Abs. 8 DS-GVO enthaltenen vergleichbare – Ermächtigung vorgesehen.

B. Inhalt der Regelung

I. Anordnung der Geltung von Bedingungen für die delegierte Rechtsetzung (Abs. 1)

Nach Abs. 1 wird der KOM die Befugnis zum Erlass delegierter Rechtsakte unter den in Art. 92 DS-GVO genannten Bedingungen übertragen. Art. 92 DS-GVO ergänzt also die in Art. 12 Abs. 8 und Art. 43 Abs. 8 DS-GVO enthaltene Ermächtigung um eine verfahrensrechtliche Komponente. **7**

II. Unbefristete Befugnisübertragung (Abs. 2)

Abs. 2 legt fest, dass beide Befugnisübertragungen unbefristet gelten. Die Gesetzgeber waren durch Art. 290 Abs. 1 UAbs. 2 S. 1 AEUV aufgefordert, die Dauer der Befugnisübertragung „ausdrücklich" festzulegen, wobei diese Festlegung gerade auch in einer Nichtbefristung liegen kann. Der maßgebliche Nachteil der Befristung der Befugnisübertragung hätte darin gelegen, dass die Aufhebung der Befristung (Entfristung) oder Neueinführung einer Befugnisübertragung nach oder zum Fristablauf die Durchführung eines erneuten ordentlichen Gesetzgebungsverfahrens nötig gemacht hätte, weil damit zwangsläufig ein Eingriff in den Verordnungstext verbunden gewesen wäre. Allerdings wäre nun auch umgekehrt eine Änderung des Art. 92 im ordentlichen Gesetzgebungsverfahren, dessen Einleitung eine Kommissionsinitiative voraussetzt, vonnöten, wollte man die Bedingungen der Ermächtigung der KOM, darunter deren Dauer, nachträglich etwa durch Einführung einer Befristung ändern. **8**

III. Möglichkeit des Widerrufs der Befugnisübertragung (Abs. 3)

Abs. 3 beinhaltet – in Anwendung von Art. 290 Abs. 2 lit. a AEUV – eine wichtige Ausnahme von dem Grundsatz, wonach Sekundarrecht nur durch einen mindestens gleichrangigen Rechtsakt angetastet werden kann. Danach können EP oder Rat die beiden in der DS-GVO enthaltenen Befugnisübertragungen im Ganzen jederzeit widerrufen. Beide Organe können also, unabhängig voneinander und ohne formal einer Begründungspflicht zu unterliegen, Einfluss auf den Inhalt der DS-GVO, die sie noch im ordentlichen Gesetzgebungsverfahren gemeinsam annehmen mussten, nehmen, indem eine oder beide Befugnisübertragungen im Ganzen widerrufen werden. Festzuhalten bleibt allerdings, dass die DS-GVO durch einen solchen Widerruf nicht formal geändert würde – dies ist nur im ordentlichen Gesetzgebungsverfahren möglich; gleichwohl würde die Wirkung der Befugnisübertragung mit der Veröffentlichung des Widerrufs im EU- **9**

---

8 P7_TA(2014)0212.

9 Dies geschah durch
- Streichung der Ermächtigungen in Art. 6 Abs. 5; Art. 12 Abs. 5; Art. 14 Abs. 7; Art. 16 Abs. 3; Art. 20 Abs. 5; Art. 22 Abs. 4; Art. 23 Abs. 3; Art. 27 Abs. 5; Art. 28 Abs. 5; Art. 33 Abs. 6; Art. 34 Abs. 8; Art. 35 Abs. 11; Art. 37 Abs. 2; Art. 83 Abs. 3;
- Ersetzung der Ermächtigung zum Erlass delegierter Rechtsakte durch die Aufgabenzuschreibung an den Europäischen Datenschutzausschuss, „Leitlinien, Empfehlungen und bewährte Praktiken" zu veröffentlichen, in den Art. 8 Abs. 3, 9 Abs. 3, 30 Abs. 3, 31 Abs. 5, 32 Abs. 5 und 44 Abs. 7;
- Neueinführung einer Delegation in Art. 13a Abs. 5;
- Änderung der in Art. 38 Abs. 4, Art. 41 Abs. 3, 4 und 5 von der Kommission vorgesehenen Ermächtigungen zum Erlass von Durchführungsrechtsakten in eine Ermächtigung zum Erlass delegierter Rechtsakte.

10 Vorbereitendes Ratsdokument 9565/15 v. 11.6.2015.

Amtsblatt gehemmt.[11] Der Widerruf wird nach Abs. 3 S. 3 am Tag nach der Veröffentlichung des Beschlusses im ABl. EU oder zu einem anderen im Beschluss angegebenen späteren Zeitpunkt wirksam. Abs. 3 S. 4 stellt klar, dass die Gültigkeit von bereits in Kraft befindlichen delegierten Rechtsakten, die vor Wirksamkeit des Widerrufs bereits auf Grundlage der dann widerrufenen Befugnisübertragung erlassen worden sind, unberührt bleibt. Die durch Abs. 3 eröffnete Widerrufsmöglichkeit hat ihren Hintergrund in Art. 290 Abs. 2 lit. a AEUV. Nach dem Chapeau des Art. 290 Abs. 2 AEUV werden die Bedingungen, unter denen eine Übertragung erfolgt, im Gesetzgebungsakt (also hier der DS-GVO) „ausdrücklich festgelegt", wobei der Widerruf eine von zwei, auch kumulativ nutzbaren, Möglichkeiten ist. Art. 290 Abs. 2 S. 2 AEUV legt die Hürden fest, die EP und Rat für einen Widerrufsbeschluss überspringen müssen. Das EP muss mit der Mehrheit seiner Mitglieder – also nicht lediglich mit der Mehrheit der abgegebenen Stimmen – beschließen, der Rat mit qualifizierter Mehrheit – vgl. Art. 16 Abs. 4 und 5 EUV. Das EP muss mithin eine höhere Mehrheitsschwelle als im „Normalfall" – Mehrheit der abgegebenen Stimmen nach Art. 231 Abs. 1 AEUV – erreichen, während für den Rat die Abstimmung mit qualifizierter Mehrheit der Regelfall ist, wie durch Art. 16 Abs. 3 EUV klargestellt wird.

IV. Übermittlung delegierter Rechtsakte an EP und Rat (Abs. 4)

10 Nach Abs. 4 übermittelt die KOM einen von ihr erlassenen delegierten Rechtsakt gleichzeitig dem EP und dem Rat.

V. Inkrafttreten nur ohne Einwand seitens EP oder Rat (Abs. 5)

11 Diese – unter B. IV. genannte – Übermittlungspflicht erlangt im Zusammenhang mit Abs. 5 Bedeutung. Danach tritt ein von der KOM erlassener delegierter Rechtsakt nur in Kraft, wenn weder das EP noch der Rat innerhalb einer Frist von drei Monaten nach Übermittlung Einwände erhoben haben oder wenn beide Organe vor Ablauf dieser Frist mitgeteilt haben, dass sie keine Einwände erheben werden. Diese Frist verlängert sich „auf Veranlassung" des EP oder des Rats um drei Monate.

Diese Möglichkeit der Erhebung eines Einwands gegen das Inkrafttreten eines konkreten delegierten Rechtsakts hat ihre Grundlage in Art. 290 Abs. 2 lit. b AEUV. Für die Mehrheitserfordernisse, die EP und Rat für die Erhebung eines Einwands erreichen müssen, gilt das zu Abs. 3 Ausgeführte.

12 Beide in Art. 290 Abs. 2 S. 1 AEUV genannten Möglichkeiten, von denen die Gesetzgeber in Art. 92 DS-GVO auch Gebrauch gemacht haben, dienen dazu, den mit delegierter Rechtssetzung verbundenen Verzicht auf die dem ordentlichen Gesetzgebungsverfahren innewohnende demokratische Legitimation durch nachträgliche Kontrollmechanismen teilweise zu kompensieren.

VI. Einflussnahme während der Erarbeitung eines delegierten Rechtsakts

13 Die Einflussmöglichkeiten des EP und des Rates auf die Ausübung der Befugnis zum Erlass delegierter Rechtsakte erschöpft sich allerdings in der Praxis nicht darin, die Befugnisübertragung als Ganze zu widerrufen oder das Inkrafttreten eines konkreten, von der KOM bereits erlassenen delegierten Rechtsakts durch Erhebung eines Einwands zu verhindern. Vielmehr üben beide Organe schon im Stadium der Ausarbeitung eines delegierten Rechtsakts Einfluss auf dessen Inhalt aus. Dieser Einfluss wird von der KOM in Form von Konsultationen gesteuert. Diese Praxis folgt v.a. der Einsicht, dass durch möglichst frühe Berücksichtigung der in Rat und EP bestehenden Interessen die spätere Erhebung eines Einwands unwahrscheinlicher wird. Entsprechend wurde sie auch in der interinstitutionellen Vereinbarung zur besseren Rechtssetzung vom 13.4.2016[12] aufge-

11 So auch Paal/Pauly (Hrsg.), Pauly, Art. 92, Rn. 19.
12 Interinstitutionelle Vereinbarung zwischen dem Europäischen Parlament, dem Rat der Europäischen Union und der Europäischen Kommission über bessere Rechtsetzung vom 13. April 2016 (ABl. EU Nr. L 123 v. 12.5.2016, S. 1), dort insb. Punkte 26 bis 31.

nommen und ausgeführt. Im Anhang zu dieser Vereinbarung findet sich ein ausdrückliches „Gemeinsames Verständnis" (Common Understanding) zwischen dem EP, dem Rat und der KOM zu delegierten Rechtsakten. Der vorgesehene quasiinstitutionalisierte Austausch im Ausarbeitungsverfahren spiegelt sich auch in EG 166 wider, wonach „bei der Vorbereitung und Ausarbeitung delegierter Rechtsakte die KOM gewährleisten [sollte], dass die einschlägigen Dokumente dem EP und dem Rat gleichzeitig, rechtzeitig und auf angemessene Weise übermittelt werden". So sinnvoll diese Vorverlagerung der interinstitutionellen Absprache im Hinblick auf die Erfolgsaussichten für das schnelle Inkrafttreten delegierter Rechtsakte sein mag, so ist damit aber die Gefahr verbunden, dass die Vorteile der delegierten Rechtssetzung, namentlich ihre Schnelligkeit, auf der Strecke bleiben.

Die KOM steht im Erlassverfahren nicht nur mit EP und Rat in Kontakt. Wie in Punkt 28 der inter- **14**
institutionellen Vereinbarung[13] zur besseren Rechtsetzung offenbar wird und auch in EG 166 DS-GVO aufscheint („angemessene Konsultationen, auch auf der Ebene von Sachverständigen", sollen durchgeführt werden), wird von der KOM erwartet, im Erlassverfahren delegierter Rechtsakte alle erforderliche Expertise fruchtbar zu machen. Das kann – je nach Sachverhalt – öffentliche Konsultationen einschließen. Auf diese Weise generiert die Kommission einerseits externen Sachverstand für die eigene Rechtsetzung und ermöglicht es andererseits interessierten Kreisen als Teil der Öffentlichkeit, auf das Erlassverfahren Einfluss zu nehmen.

VII. Herstellung der Unterscheidbarkeit durch Benennung als „delegierter" Rechtsakt

Damit delegierte Rechtsakte von solchen unterschieden werden können, die auf primärrechtli- **15**
cher Grundlage oder als Durchführungsrechtsakt erlassen wurden, muss delegierten Rechtsakten nach Art. 290 Abs. 3 AEUV das Präfix „delegiert" vorangestellt werden.

13 „… verpflichtet sich die Kommission, vor der Annahme delegierter Rechtsakte das erforderliche Expertenwissen einzuholen, unter anderem durch die Konsultation von Sachverständigen aus den Mitgliedstaaten und durch öffentliche Konsultationen." S. hierzu auch die KOM-Mitteilung C(2016) 3300 v. 30.5.2016 „Rahmenregelung für Expertengruppen der Kommission: Horizontale Bestimmungen und öffentliches Register", dort Punkt II. 1.

Article 93

Committee procedure

1. The Commission shall be assisted by a committee. That committee shall be a committee within the meaning of Regulation (EU) No 182/2011.
2. Where reference is made to this paragraph, Article 5 of Regulation (EU) No 182/2011 shall apply.
3. Where reference is made to this paragraph, Article 8 of Regulation (EU) No 182/2011, in conjunction with Article 5 thereof, shall apply.

Artikel 93

Ausschussverfahren

(1) Die Kommission wird von einem Ausschuss unterstützt. Dieser Ausschuss ist ein Ausschuss im Sinne der Verordnung (EU) Nr. 182/2011.

(2) Wird auf diesen Absatz Bezug genommen, so gilt Artikel 5 der Verordnung (EU) Nr. 182/2011.

(3) Wird auf diesen Absatz Bezug genommen, so gilt Artikel 8 der Verordnung (EU) Nr. 182/2011 in Verbindung mit deren Artikel 5.

Recitals

(167) In order to ensure uniform conditions for the implementation of this Regulation, implementing powers should be conferred on the Commission when provided for by this Regulation. Those powers should be exercised in accordance with Regulation (EU) No 182/2011. In that context, the Commission should consider specific measures for micro, small and medium-sized enterprises.

(168) The examination procedure should be used for the adoption of implementing acts on standard contractual clauses between controllers and processors and between processors; codes of conduct; technical standards and mechanisms for certification; the adequate level of protection afforded by a third country, a territory or a specified sector within that third country, or an international organisation; standard protection clauses; formats and procedures for the exchange of information by electronic means between controllers, processors and supervisory authorities for binding corporate rules; mutual assistance; and arrangements for the exchange of information by electronic means between supervisory authorities, and between supervisory authorities and the Board.

(169) The Commission should adopt immediately applicable implementing acts where avail-

Erwägungsgründe

(167) Zur Gewährleistung einheitlicher Bedingungen für die Durchführung dieser Verordnung sollten der Kommission Durchführungsbefugnisse übertragen werden, wenn dies in dieser Verordnung vorgesehen ist. Diese Befugnisse sollten nach Maßgabe der Verordnung (EU) Nr. 182/2011 des Europäischen Parlaments und des Rates ausgeübt werden. In diesem Zusammenhang sollte die Kommission besondere Maßnahmen für Kleinstunternehmen sowie kleine und mittlere Unternehmen erwägen.

(168) Für den Erlass von Durchführungsrechtsakten bezüglich Standardvertragsklauseln für Verträge zwischen Verantwortlichen und Auftragsverarbeitern sowie zwischen Auftragsverarbeitern; Verhaltensregeln; technische Standards und Verfahren für die Zertifizierung; Anforderungen an die Angemessenheit des Datenschutzniveaus in einem Drittland, einem Gebiet oder bestimmten Sektor dieses Drittlands oder in einer internationalen Organisation; Standardschutzklauseln; Formate und Verfahren für den Informationsaustausch zwischen Verantwortlichen, Auftragsverarbeitern und Aufsichtsbehörden im Hinblick auf verbindliche interne Datenschutzvorschriften; Amtshilfe; sowie Vorkehrungen für den elektronischen Informationsaustausch zwischen Aufsichtsbehörden und zwischen Aufsichtsbehörden und dem Ausschuss sollte das Prüfverfahren angewandt werden.

(169) Die Kommission sollte sofort geltende Durchführungsrechtsakte erlassen, wenn an-

Recitals	Erwägungsgründe
able evidence reveals that a third country, a territory or a specified sector within that third country, or an international organisation does not ensure an adequate level of protection, and imperative grounds of urgency so require.	hand vorliegender Beweise festgestellt wird, dass ein Drittland, ein Gebiet oder ein bestimmter Sektor in diesem Drittland oder eine internationale Organisation kein angemessenes Schutzniveau gewährleistet, und dies aus Gründen äußerster Dringlichkeit erforderlich ist.

Literatur

Allgemein zum Institut des Durchführungsrechtsakts, insb. zur Ausübung der KOM-Befugnis, jeweils mit weiteren Nachweisen aus der Kommentarliteratur zu Artikel 291 AEUV: *Gaitzsch*, Tertiärnormsetzung in der Europäischen Union, Hamburg 2015, S. 159 ff.; *Haselmann*, Delegation und Durchführung gemäß Art. 290 und 291 AEUV, Berlin 2012, S. 152 ff.; *Ilgner*, Die Durchführung der Rechtsakte des europäischen Gesetzgebers durch die Europäische Kommission: Art. 290 und Art. 291 AEUV und deren Auswirkungen auf die Komitologie, Berlin 2014, S. 233 ff.; *Kollmeyer*, Delegierte Rechtsetzung in der EU, Baden-Baden 2015, S. 279 ff. *Ehmann/Selmayr (Hrsg.)*, Datenschutz-Grundverordnung, 1. Auflage 2017, C.H. Beck München; *Eßer/Kramer/v. Lewinski (Hrsg.)*, Datenschutzgrundverordnung, Bundesdatenschutz und Nebengesetze. Kommentar, 5. Auflage 2017, Carl Heymanns Köln; *Gola (Hrsg.)*, Datenschutz-Grundverordnung, 1. Auflage 2017, C.H. Beck München; *Kühling/Buchner (Hrsg.)*, Datenschutzgrundverordnung, 1. Auflage 2017, C.H. Beck München; *Paal/Pauly*, Datenschutz-Grundverordnung, 1. Auflage 2016, C.H. Beck München; *Plath (Hrsg.)*, BDSG/DSGVO, 2. Auflage 2016, Otto Schmidt, Köln.

▶ Bedeutung der Norm

Art. 93 DS-GVO schlägt eine Brücke von der DS-GVO zu VO (EU) 182/2011 in Fällen, in denen die KOM in der DS-GVO im Einklang mit Art. 291 Abs. 2 AEUV zum Erlass von Durchführungsrechtsakten ermächtigt wird. In VO (EU) 182/2011 werden u. a. Verfahren ausdifferenziert, nach denen die KOM Entwürfe für Durchführungsrechtsakte Ausschüssen vorlegen muss, die aus Vertretern der Mitgliedstaaten bestehen. Die Verfahren variieren je nach Möglichkeit des Ausschusses, Einfluss auf die Ausgestaltung des letztendlich erlassenen Durchführungsrechtsakts zu nehmen.

▶ Hinweise für den Anwender

Für die Auslegung der Norm relevante Erwägungsgründe:
- EG 167 bis 169.

▶ Schlagworte

Durchführungsrechtsakt; VO (EU) 2011/182; Ausschussverfahren; Komitologie; Prüfverfahren; sofort geltende Durchführungsrechtsakte.

A. Allgemeines

I. Regelungszweck

1 Nach Art. 291 Abs. 2 AEUV werden der KOM Durchführungsbefugnisse übertragen, wenn es einheitlicher Bedingungen für die Durchführung eines verbindlichen Rechtsakts der Union bedarf. Die Gesetzgeber haben in diesem Fall – im Gegensatz zu Fällen, in denen die KOM zum Erlass von delegierten Rechtsakten zur Ergänzung oder Änderung eines Gesetzgebungsakts ermächtigt wird – eine aus ihrer Sicht vollständige Regelung getroffen, die lediglich konkretisierender Vorschriften zur Durchführung auf mitgliedstaatlicher Ebene bedarf. Die Ko-Gesetzgeber haben die KOM im Falle der DS-GVO, die gem. Art. 288 Abs. 2 AEUV ein verbindlicher Unionsrechtsakt ist, in acht Artikeln zum Erlass von Durchführungsrechtsakten ermächtigt:

- Art. 28 Abs. 7 DS-GVO zur Festlegung von Standardvertragsklauseln zur Regelung der in Art. 28 Abs. 3 und 4 DS-GVO genannten Fragen (s. Kommentierung zu Art. 28 Rn. 85 ff.);
- Art. 40 Abs. 9 DS-GVO zur Festlegung, dass die der KOM nach Art. 40 Abs. 8 DS-GVO übermittelten genehmigten Verhaltensregeln bzw. deren Änderung allgemeine Gültigkeit in der Union besitzen (s. Kommentierung zu Art. 40 Rn. 28);
- Art. 43 Abs. 9 DS-GVO zur Festlegung technischer Standards für Zertifizierungsverfahren und Datenschutzsiegel und -prüfzeichen sowie Mechanismen zur Förderung und Anerkennung von Zertifizierungsverfahren und Datenschutzsiegeln und Prüfzeichen;
- Art. 45 Abs. 3 und 5 DS-GVO zur Feststellung der Angemessenheit des Datenschutzniveaus in einem Drittland oder einer internationalen Organisation (Abs. 3) oder zur Feststellung, dass die Angemessenheit nicht mehr vorliegt, und darauf folgender Widerruf, Änderung oder Aussetzung der Beschlüsse nach Abs. 3 (s. Kommentierung zu Art. 45 Rn. 37, 42);
- Art. 46 Abs. 2 DS-GVO zum Erlass (lit. c) bzw. zur Genehmigung (lit. d) von Standarddatenschutzklauseln als geeignete Garantien im Sinne einer Grundlage für eine Drittstaatenübermittlung (s. Kommentierung zu Art. 46 Rn. 11 f.);
- Art. 47 Abs. 3 DS-GVO zur Festlegung von Format und Verfahren des Informationsaustauschs über verbindliche unternehmensinterne Datenschutzvorschriften zwischen verantwortlichen Stellen, Auftragsdatenverarbeitern und Aufsichtsbehörden (s. Kommentierung zu Art. 47 Rn. 17);
- Art. 61 Abs. 9 DS-GVO zur Festlegung von Format und Verfahren der Amtshilfe und die Ausgestaltung des elektronischen Informationsaustauschs zwischen den Aufsichtsbehörden sowie zwischen den Aufsichtsbehörden und dem Europäischen Datenschutzausschuss, insb. das in Abs. 6 genannte standardisierte Format (s. Kommentierung zu Art. 61 Rn. 23 ff.);
- Art. 67 DS-GVO zur Festlegung der Ausgestaltung des elektronischen Informationsaustauschs zwischen den Aufsichtsbehörden sowie zwischen den Aufsichtsbehörden und dem Europäischen Datenschutzausschuss, insb. das in Art. 58 DS-GVO genannte standardisierte Format (s. Kommentierung zu Art. 67 Rn. 11).

2 Besonders die Befugnis der KOM, mittels Durchführungsrechtsakt die Angemessenheit des Datenschutzniveaus in einem Drittland oder einer internationalen Organisation festzustellen – bzw., dass diese nicht mehr vorliegt, wird hohe praktische Bedeutung entfalten.[1] Die Bestimmung des Verfahrens, das zur Annahme des Durchführungsrechtsakts zur Anwendung kommt, erfolgt in zwei Stufen: In den o. g. Ermächtigungsnormen erfolgt zunächst ein Verweis auf Abs. 2 oder 3 des Art. 93 DS-GVO[2]. In Art. 93 Abs. 2 und 3 DS-GVO wiederum wird auf die einschlägigen Vor-

1 Darauf weist auch Pötters, in: Gola (Hrsg.), Artikel 93, Rn. 4, hin.
2 In Art. 28 Abs. 7 DS-GVO erscheint aufgrund einer vor Veröffentlichung im ABl. EU nicht erfolgten Anpassung an die neue Nummerierung der Artikel noch ein veralteter Verweis auf Art. 87 DS-GVO. Dieser Fehler wurde durch eine Berichtigung – ABl. EU L 314 v. 22.11.2016, S. 72 – bereinigt.

schriften der VO (EU) 182/2011 und damit auf das Verfahren verwiesen, das die Kommission einhalten muss, wenn sie von der Befugnis Gebrauch macht, die ihr in der Verordnung zum Erlass von Durchführungsrechtsakten übertragen worden ist.

II. Normadressaten

Adressatin der Norm ist die KOM. **3**

III. Systematik

Art. 93 DS-GVO wird erst verständlich, wenn er mit den primärrechtlichen Vorgaben in Art. 291 Abs. 2 bis 4 AEUV i.V.m. VO (EU) 182/2011 vom 16.2.2011 zur „Festlegung der allgemeinen Regeln und Grundsätze, nach denen die Mitgliedstaaten die Wahrnehmung der Durchführungsbefugnisse durch die Kommission kontrollieren" zusammen gelesen wird. In den im Verordnungstext enthaltenen Ermächtigungsvorschriften ist jeweils festgelegt, welches der zur Annahme eines Durchführungsrechts zur Verfügung stehenden Verfahren zur Anwendung kommt. Dies geschieht durch Verweis auf Art. 93 Abs. 2 (dort Weiterverweis auf Art. 5 VO (EU) 182/2011 zum „Prüfverfahren") oder Abs. 3 (dort Weiterverweis auf Art. 8 VO (EU) 182/2011 zu „sofort geltenden Durchführungsrechtsakten"). **4**

IV. Entstehungsgeschichte

Im KOM-Vorschlag der DS-GVO waren 20 Ermächtigungen[3] der KOM zum Erlass von Durchführungsrechtsakten enthalten. **5**

Das EP reduzierte in seiner Stellungnahme in 1. Lesung vom 12.3.2014[4] die Zahl der Ermächtigungen auf zwei.[5]

In der Allgemeinen Ausrichtung vom 15.6.2015[6], welche vonseiten des Rates Grundlage für die Trilog-Verhandlungen mit dem EP und der KOM war, waren dann zehn Ermächtigungen vorgesehen.

V. Vorgängernorm in der DS-RL

Im Kontext der DS-RL 95/46 kam ein dem beschriebenen vergleichbares Ausschussverfahren im Zusammenhang mit Drittstaatenübermittlungen zur Anwendung, insb. zur Feststellung des Vorliegens oder Nicht-Vorliegens eines angemessenen Datenschutzniveaus („Angemessenheitsentscheidung"), vgl. hierzu Art. 25 Abs. 4 und 6 DS-RL. Aufgrund des Standorts der Vorgängernorm von Art. 93 DS-GVO in der DS-RL wird dieser Ausschuss auch als „Artikel 31-Ausschuss" bezeichnet. **6**

---

3 Die Artikelbenennung bezieht sich auf den KOM-Vorschlag und korrespondiert nicht mit der Benennung im letztlich angenommenen Rechtsakt: Art. 8 Abs. 4; Art. 12 Abs. 6; Art. 14 Abs. 8; Art. 15 Abs. 4; Art. 18 Abs. 3; Art. 23 Abs. 4; Art. 28 Abs. 6; Art. 30 Abs. 4; Art. 31 Abs. 6; Art. 32 Abs. 6; Art. 34 Abs. 7; Art. 34 Abs. 9; Art. 38 Abs. 4; Art. 39 Abs. 3; Art. 41 Abs. 3; Art. 41 Abs. 5; Art. 42 Abs. 2 lit. b; Art. 43 Abs. 4; Art. 55 Abs. 10; Art. 62 Abs. 1 und 2.

4 P7_TA(2014)0212.

5 Art. 62 und in Art. 85b in damaliger Nummerierung. Die Reduktion wurde erreicht durch
- Streichung der folgenden Ermächtigungen: Art. 8 Abs. 4, Art. 12 Abs. 6, Art. 14 Abs. 8, Art. 15 Abs. 4, Art. 18 Abs. 3, Art. 23 Abs. 4, Art. 28 Abs. 6, Art. 30 Abs. 4, Art. 31 Abs. 6, Art. 32 Abs. 6, Art. 33 Abs. 7, Art. 34 Abs. 9, Art. 39 Abs. 3, Art. 42 Abs. 2 lit. b, Art. 43 Abs. 4;
- Änderung der in Art. 55 Abs. 10 vorgesehenen Befugnis zum Erlass von Durchführungsrechtsakten in eine Aufgabenzuschreibung an den Europäischen Datenschutzausschuss;
- Neueinführung einer Befugnis zum Erlass von Durchführungsrechtsakten in Art. 85b Abs. 3;
- Änderung der in Art. 38 Abs. 4, Art. 41 Abs. 3 und 5 von der Kommission vorgesehenen Ermächtigung zum Erlass von Durchführungsrechtsakten in eine Ermächtigung zum Erlass delegierter Rechtsakte.

6 Vorbereitendes Ratsdokument 9565/15 v. 11.6.2015.

B. Inhalt der Regelung

I. „Unterstützung" der KOM durch einen Ausschuss

7 Nach Abs. 1 wird die KOM, wenn sie von einer ihr übertragenen Befugnis zum Erlass von Durchführungsrechtsakten Gebrauch machen will, von einem Ausschuss unterstützt.[7] Bei einem solchen Ausschuss handelt es sich, so Abs. 1 weiter, um einen Ausschuss i.S.d. VO EU 182/2011 („Komitologieverordnung"[8]), die gem. der in Art. 291 Abs. 3 enthaltenen Aufforderung erlassen wurde.

II. Verweise auf die in VO (EU) 182/2011 näher ausgestalteten Verfahren

8 Abs. 2 verweist auf Art. 5 VO EU 182/2011, wenn in den o. g. Ermächtigungen auf diesen Absatz verwiesen wird – wie es bei allen in der DS-GVO enthaltenen Ermächtigungen der Fall ist. In Art. 45 Abs. 5 wird lediglich ergänzend für „hinreichend begründete Fälle äußerster Dringlichkeit" ergänzend auf Abs. 3 – und damit auf Art. 8 VO (EU) 182/2011 – verwiesen.

9 Ausschüsse i.S.d. VO EU 182/2011 setzen sich nach deren Art. 3 Abs. 2 aus Vertretern der Mitgliedstaaten zusammen. Den Vorsitz führt die KOM, ohne ein Stimmrecht zu haben („nimmt nicht an den Abstimmungen teil"). Nicht zu verwechseln ist dieser Ausschuss mit dem Europäischen Datenschutzausschuss nach Art. 68, der sich aus den Datenschutzaufsichtsbehörden der MS zusammensetzt.

Dieser Ausschuss berät nach der Konzeption der Komitologieverordnung entweder im Beratungs- oder im Prüfverfahren. Das in der DS-GVO einzig relevante Prüfverfahren hat folgenden Ablauf:

1. Die KOM unterbreitet dem Ausschuss den Entwurf eines Durchführungsrechtsakts unter Fristsetzung („entsprechend der Dringlichkeit der Sache", aber „angemessen") für eine Stellungnahme, Art. 3 Abs. 3 VO EU 182/2011.
2. Bis zur Stellungnahme kann jedes Ausschussmitglied Änderungen vorschlagen und die KOM kann geänderte Entwurfsfassungen vorlegen.
3. Für eine positive oder negative Stellungnahme des Ausschusses ist eine qualifizierte Mehrheit nach Art. 16 Abs. 4 und 5 EUV notwendig, so Art. 5 Abs. 1 VO EU 182/2011.

   3a. Bei positiver Stellungnahme muss die KOM den Durchführungsrechtsakt erlassen, Art. 5 Abs. 2 VO EU 182/2011.

   3b. Bei ablehnender Stellungnahme erlässt die KOM den Durchführungsrechtsakt nicht, kann dem Ausschuss aber entweder einen neuen Entwurf vorlegen oder die Sache an den Berufungsausschuss (s. sogleich unter 4.) verweisen.

   3c. Bei fehlender Stellungnahme – ggf. auch, weil die erforderliche qualifizierte Mehrheit nicht erreicht wurde – kann die KOM den Durchführungsrechtsakt entweder erlassen oder dem Ausschuss einen geänderten Entwurf vorlegen. Ersteres kommt nach Art. 5 Abs. 4 UAbs. 2 lit. b VO EU 182/2011 zum einen dann nicht infrage, wenn im Basisrechtsakt – hier der DS-GVO – vorgesehen ist, dass ein Erlass in dieser Konstellation nicht erfolgen darf – was in der DS-GVO allerdings nicht geschehen ist. Zum Zweiten kann die Kommission den Durchführungsrechtsakt nach Art. 5 Abs. 4 UAbs. 2 lit. c nicht erlassen, wenn die Ablehnung zwar nicht mit qualifizierter, aber mit einfacher Mehrheit erfolgt war.

---

7 Siehe zur Arbeit der Ausschüsse den jährlichen KOM-Bericht zur Arbeit der Ausschüsse nach VO EU 182/2011, zuletzt KOM(2016) 92 endgültig vom 26.2.2016.

8 Diese Bezeichnung des Ausschusswesens im Zusammenhang mit der Annahme von auf Sekundärrecht fußendem Durchführungsrecht, die sich aus der frz./engl. Bezeichnung für Ausschuss (comité/committee) ergibt, hat sich eingebürgert.

4. Befasst die KOM als Ausschussvorsitz den Berufungsausschuss, in dem die Mitgliedstaaten nach Art. 1 Abs. 5 UAbs. 2 der Geschäftsordnung des Berufungsausschusses[9] auf einer „hinreichend hohen und horizontalen Ebene (einschließlich Ministerebene)" vertreten sind, die „im Allgemeinen nicht unterhalb der Ebene der Mitglieder des Ausschusses der Ständigen Vertreter der Regierungen der Mitgliedstaaten angesiedelt" sein sollte, so erfordert dessen positive oder negative Stellungnahme auch die qualifizierte Mehrheit, Art. 6 Abs. 1 VO EU 182/2011.

   4a. Bei positiver Stellungnahme erlässt die KOM den Durchführungsrechtsakt.

   4b. Bei negativer Stellungnahme erlässt die KOM den Durchführungsrechtsakt nicht.

   4c. Bei fehlender Stellungnahme kann die KOM den Durchführungsrechtsakt erlassen.

Die KOM hat Mitte Februar 2017 einen Vorschlag zur Änderung der VO EU 182/2011 vorgelegt.[10] Ziel der Änderungen, die nur das Verfahrensstadium mit Beteiligung des Berufungsausschusses betreffen, ist es, die Mitgliedstaaten zu einer Entscheidung im Berufungsverfahren zu zwingen und mithin die Fälle, in denen der Berufungsausschuss keine Stellungnahme abgibt, zu verringern. Die Mitgliedstaaten sollen stärker in die politische Verantwortung genommen werden. Dies soll im Wesentlichen durch folgende Änderungen bewerkstelligt werden: Die KOM soll den Berufungsausschuss, wenn er keine Stellungnahme abgibt, ein zweites Mal befassen können, wobei in dieser Sitzung die Mitgliedstaaten auf Ministerebene vertreten sein sollen; Mitgliedstaaten, die entweder abwesend sind oder sich der Stimme enthalten, sollen für die Bestimmung der qualifizierten Mehrheit als „nicht beteiligte Mitgliedstaaten" angesehen werden, um so das Risiko der Nichtabgabe einer Stellungnahme zu verringern ; das Stimmverhalten jedes MS im Berufungsausschuss soll veröffentlicht werden.

Im Falle der in Art. 45 Abs. 5 DS-GVO enthaltenen Ermächtigung kann ein Durchführungsrechtsakt auch im Verfahren des Art. 8 VO EU 182/2011 für „sofort geltende Durchführungsrechtsakte" in „hinreichend begründeten Fällen äußerster Dringlichkeit" angenommen werden. Hierbei erlässt die KOM einen sofort geltenden Durchführungsrechtsakt, ohne vorher einen Ausschuss beteiligt zu haben, für einen Zeitraum von höchstens sechs Monaten. Dieser Durchführungsrechtsakt wird dem Ausschuss spätestens 14 Tage nach Erlass zur Stellungnahme vorgelegt. Ist im „Normalfall" – wie vorliegend – das Prüfverfahren anwendbar und votiert der Ausschuss mit qualifizierter Mehrheit ablehnend, hebt die KOM den Durchführungsrechtsakt unverzüglich auf. 10

III. Einflussmöglichkeiten weiterer Beteiligter auf das Annahmeverfahren

1. Europäisches Parlament und Rat

Das EP und der Rat haben nur indirekte Einflussmöglichkeiten auf das Annahmeverfahren der Kommission in Bezug auf Durchführungsrechtsakte: Zum einen hatten beide Organe im Zuge der Annahme der VO (EU) 182/2011 selbst eine entscheidende Rolle bei der Strukturierung des Annahmeverfahrens, das die KOM zu beachten hat. Zum anderen ist in Art. 11 VO EU 182/2011 vorgesehen, dass in Fällen wie dem vorliegenden, in denen der Basisrechtsakt nach dem ordentlichen Gesetzgebungsverfahren erlassen wurde, das Europäische Parlament oder der Rat die Kommission jederzeit darauf hinweisen können, dass der Entwurf eines Durchführungsrechtsakts ihres Erachtens die im Basisrechtsakt vorgesehenen Durchführungsbefugnisse überschreitet. Allerdings ist die KOM letztlich nicht verpflichtet, den vorgetragenen Bedenken Rechnung zu tragen; sie muss den Rechtsaktentwurf lediglich unter Berücksichtigung der vorgetragenen Standpunkte „überprüfen" und anschließend EP und Rat darüber unterrichten, ob sie beabsichtigt, den Entwurf des Durchführungsrechtsakts beizubehalten, abzuändern oder zurückzuziehen. 11

9 ABl. EU Nr. C 183 v. 24.6.2011, S. 13 ff.
10 KOM(2017) 85 endgültig vom 14.2.2017.

2. Öffentlichkeit und interessierte Kreise

12 Für die Öffentlichkeit und interessierte Kreise ergeben sich v.a. über von der KOM durchgeführte Konsultationen Möglichkeiten, auf den Inhalt von Durchführungsrechtsakten Einfluss zu nehmen. In der interinstitutionellen Vereinbarung über bessere Rechtsetzung vom 13.4.2016[11], Punkt 28, wird die Selbstverpflichtung der KOM, vor der Annahme delegierter Rechtsakte „das erforderliche Expertenwissen einzuholen", ausgeweitet, unter anderem durch die „Konsultation von Sachverständigen aus den Mitgliedstaaten und durch öffentliche Konsultationen" auch in der Vorbereitung von Durchführungsrechtsakten. Danach beabsichtigt die KOM, „je nach Sachlage auf Sachverständigengruppen zurückzugreifen, die Interessenträger konsultieren bzw. öffentliche Konsultationen durchführen, wenn für die erste Ausarbeitung des Entwurfs bei Durchführungsrechtsakten umfassenderes Expertenwissen benötigt wird". Diese Einbindungsmöglichkeit wird in der KOM-Mitteilung C(2016) 3300 vom 30.5.2016 – „Rahmenregelung für Expertengruppen der Kommission: Horizontale Bestimmungen und öffentliches Register" – noch einmal konkretisiert, wenn dort – Punkt II. 1. – die Rede davon ist, dass Expertengruppen die Aufgabe haben, der KOM spezifische Empfehlungen und Fachwissen „in Vorbereitung von Durchführungsrechtsakten in einer frühen Phase vor der Übermittlung an den Ausschuss" zu vermitteln.

IV. Herstellung der Unterscheidbarkeit durch Benennung als „Durchführungsrechtsakt"

13 Damit Durchführungsrechtsakte von solchen unterschieden werden können, die auf primärrechtlicher Grundlage oder als delegierter Rechtsakt erlassen wurden, muss Durchführungsrechtsakten nach Art. 291 Abs. 4 AEUV das Präfix „Durchführungs-" vorangestellt werden.

11 ABl. EU Nr. L 123 v. 12.5.2016, S. 1 ff.

Kapitel XI Schlussbestimmungen

Chapter XI Final provisions

Article 94

Repeal of Directive 95/46/EC

(1) Directive 95/46/EC is repealed with effect from 25 May 2018.

(2) References to the repealed Directive shall be construed as references to this Regulation. References to the Working Party on the Protection of Individuals with regard to the Processing of Personal Data established by Article 29 of Directive 95/46/EC shall be construed as references to the European Data Protection Board established by this Regulation.

Artikel 94

Aufhebung der Richtlinie 95/46/EG

(1) Die Richtlinie 95/46/EG wird mit Wirkung vom 25. Mai 2018 aufgehoben.

(2) Verweise auf die aufgehobene Richtlinie gelten als Verweise auf die vorliegende Verordnung. Verweise auf die durch Artikel 29 der Richtlinie 95/46/EG eingesetzte Gruppe für den Schutz von Personen bei der Verarbeitung personenbezogener Daten gelten als Verweise auf den kraft dieser Verordnung errichteten Europäischen Datenschutzausschuss.

Recital

(171) Directive 95/46/EC should be repealed by this Regulation. Processing already under way on the date of application of this Regulation should be brought into conformity with this Regulation within the period of two years after which this Regulation enters into force. Where processing is based on consent pursuant to Directive 95/46/EC, it is not necessary for the data subject to give his or her consent again if the manner in which the consent has been given is in line with the conditions of this Regulation, so as to allow the controller to continue such processing after the date of application of this Regulation. Commission decisions adopted and authorisations by supervisory authorities based on Directive 95/46/EC remain in force until amended, replaced or repealed.

Erwägungsgrund

(171) Die Richtlinie 95/46/EG sollte durch diese Verordnung aufgehoben werden. Verarbeitungen, die zum Zeitpunkt der Anwendung dieser Verordnung bereits begonnen haben, sollten innerhalb von zwei Jahren nach dem Inkrafttreten dieser Verordnung mit ihr in Einklang gebracht werden. Beruhen die Verarbeitungen auf einer Einwilligung gemäß der Richtlinie 95/46/EG, so ist es nicht erforderlich, dass die betroffene Person erneut ihre Einwilligung dazu erteilt, wenn die Art der bereits erteilten Einwilligung den Bedingungen dieser Verordnung entspricht, so dass der Verantwortliche die Verarbeitung nach dem Zeitpunkt der Anwendung der vorliegenden Verordnung fortsetzen kann. Auf der Richtlinie 95/46/EG beruhende Entscheidungen bzw. Beschlüsse der Kommission und Genehmigungen der Aufsichtsbehörden bleiben in Kraft, bis sie geändert, ersetzt oder aufgehoben werden.

Bedeutung der Norm

Die Norm regelt in Abs. 1 die Ablösung der RL 95/46/EG durch die DS-GVO parallel zum Geltungsbeginn nach Art. 99. Ab diesem Zeitpunkt gelten Verweise auf die aufgehobene Richtlinie gem. Abs. 2 als Verweise auf die DS-GVO.

Hinweise für den Anwender

Für die Auslegung der Norm relevante Erwägungsgründe:

- EG 171.

Für die Auslegung relevante Norm:

- Art. 99.

Schlagworte

Anwendung, Ablösung, Geltung, Inkrafttreten, Rechtssicherheit, Übergangsregelung, Vertrauensschutz

A. Allgemeines

1 Die Vorschrift regelt die Ablösung der RL 95/46/EG durch die DS-GVO. Gemäß Art. 99 Abs. 1 tritt die DS-GVO bereits am zwanzigsten Tag nach ihrer Veröffentlichung im Amtsblatt der EU in Kraft. Nach Art. 99 Abs. 2 ist die DS-GVO aber erst ab dem 25.5.2018 gültig (Geltungsbeginn, s. Art. 99 Rn. 6). Entsprechend wird die abgelöste RL 95/46/EG gem. Art. 94 Abs. 1 erst mit Wirkung vom 25.5.2018 aufgehoben. Ab diesem Zeitpunkt gelten Bezugnahmen auf die RL 95/46/EG gem. Art. 94 Abs. 2 als Bezugnahmen auf die DS-GVO. Verweise auf die Art. 29-Datenschutzgruppe gelten als Verweise auf den Europäischen Datenschutzausschuss nach Art. 68 ff.

I. Regelungszweck

2 Sobald die RL 95/46/EG nach Art. 94 Abs. 1 aufgehoben ist, wird Bezugnahmen auf die aufgehobene Richtlinie ihre Grundlage entzogen. Hier schafft Art. 94 Abs. 2 Abhilfe, indem Verweise auf die aufgehobene Richtlinie nun als Verweise auf die DS-GVO gelten.

II. Normadressaten

3 Mit Aufhebung der RL 95/46/EG entfaltet sich die Rechtswirkung der DS-GVO gem. Art. 288 Abs. 2 AEUV gegenüber den Mitgliedstaaten, den „Aufsichtsbehörden" (Art. 4 Nr. 21) und den Gerichten, den „betroffenen Personen" (Art. 4 Nr. 1) und anderen Personen sowie den „Verantwortlichen" (Art. 4 Nr. 7) und schließlich auch im Verhältnis zu Daten-„Empfängern" (Art. 4 Nr. 9) oder „Dritten" (Art. 4 Nr. 10), soweit sie in den sachlichen und räumlichen Anwendungsbereich der DS-GVO fallen.

III. Systematik

4 Art. 94 ist im Zusammenhang mit Art. 99 zu lesen, der das Inkrafttreten und die Geltung der DS-GVO ab dem 25.5.2018 regelt.

IV. Entstehungsgeschichte

5 Der Vorschlag der KOM (Art. 88-KOM-E)[1] blieb während des Gesetzgebungsverfahrens unverändert.

1 KOM(2012) 11 endgültig v. 25.1.2012.

B. Inhalt der Regelung

Art. 94 Abs. 1 regelt zeitgleich zum Geltungsbeginn der DS-GVO nach Art. 99 Abs. 2 die Aufhebung der RL 95/46/EG. Ab diesem Zeitpunkt gelten Verweise auf die aufgehobene RL als Verweise auf die DS-GVO. Verweise auf die Art. 29-Datenschutzgruppe gelten als Verweise auf den Europäischen Datenschutzausschuss nach Art. 68 ff. **6**

Nach EG 171 S. 2 sollen Verarbeitungen, die zum Zeitpunkt der Anwendung der DS-GVO bereits begonnen haben, innerhalb von zwei Jahren nach dem Inkrafttreten dieser Verordnung mit ihr in Einklang gebracht werden. Im Detail interessiert v.a. die Frage, wie eine bereits wirksam erteilte Einwilligung im Übergangszeitraum zu behandeln ist. Aufschluss liefert EG 171 S. 3. Demnach muss eine Einwilligung nicht nochmals erteilt werden, wenn die Art der bereits erteilten Einwilligung den „Bedingungen der DS-GVO entspricht", sodass der Verantwortliche die Verarbeitung nach dem Zeitpunkt der Anwendung der DS-GVO fortsetzen kann. Eine Einwilligung, die nach der RL 95/46/EG wirksam erteilt wurde, gilt grds. fort. Informationspflichten nach Art. 13 müssen dafür nicht erfüllt sein, da sie keine Bedingungen im Sinne des genannten Erwägungsgrundes sind. Besondere Beachtung verdienen allerdings die Freiwilligkeit nach Art. 7 Abs. 4 i.V.m. EG 43 (Kopplungsverbot, s. Art. 7 Rn. 18) und die Altersgrenze von 16 Jahren (soweit im nationalen Recht nichts anderes bestimmt ist) zum Schutz des Kindeswohls gem. Art. 8 Abs. 1 i.V.m. EG 38. Diese „Bedingungen" der DS-GVO müssen unbedingt erfüllt sein, damit eine (rechtswirksam) erteilte Einwilligung fortgelten kann.[2] Ferner bleiben Entscheidungen bzw. Beschlüsse der KOM und Genehmigungen der Aufsichtsbehörden in Kraft, bis sie geändert, ersetzt oder aufgehoben werden. **7**

Im Übrigen ist fraglich, ob die zweijährige Frist bis zum Geltungsbeginn für eine rechtssichere Anpassung vielfältiger Geschäftsprozesse der datenverarbeitenden Unternehmen ausreicht. Insbesondere für Unternehmen mit breitem Geschäftsfeld und zahlreichen Mitarbeitern dürfte die Umsetzung der neuen Standards eine große Herausforderung sein. Vor allem ist zu berücksichtigen, dass auf Grundlage der RL 95/46/EG u.U. bereits schutzwürdige Vertrauenstatbestände begründet wurden (wie z.B. bei der Genehmigung von „Binding Corporate Rules"). Diese Bedenken hatte im Gesetzgebungsverfahren auch der Bundesrat und bat daher die Bundesregierung, sich bei weiteren Beratungen für längere Übergangsfristen auszusprechen.[3] Dennoch ist es bei der zweijährigen Frist geblieben. Kritisch ist auch der Umstand zu bewerten, dass Art. 94 keine Aussagen darüber trifft, wie die Einrichtung eines europäischen Datenschutzausschusses (Art. 68 ff.) im Übergangszeitraum konkret zu erfolgen hat. Hier wäre eine Klarstellung sinnvoll, wonach der Vorsitzende die konstituierende Sitzung des neuen Gremiums einberuft und jedenfalls so lange leitet, bis ein neuer Vorsitzender der Nachfolge-Einrichtung gewählt ist und seine Wahl angenommen hat (vgl. Art. 73 Rn. 9). **8**

C. Weitere Auswirkungen der Verordnung in der Praxis

I. Voraussichtliche Auswirkungen auf das nationale Recht

Der Gesetzgeber muss binnen zwei Jahren (Art. 99 Abs. 2) die erforderlichen Anpassungen vornehmen, um das Datenschutzrecht mit den Vorgaben der DS-GVO in Einklang zu bringen. Nationale Gesetze sind auf eine Vereinbarkeit mit der DS-GVO zu überprüfen und an die neuen Vorgaben anzupassen. Insbesondere im Anwendungsbereich der „Öffnungsklauseln" (s. Art. 1 Rn. 18, 27) müssen die nationalen Gesetzgeber tätig werden. **9**

---

2 Beschluss der Aufsichtsbehörden für den Datenschutz im nicht-öffentlichen Bereich, Düsseldorfer Kreis am 13./14.9.2016.

3 Beschluss, BR-Drs. Nr. 550/14 (Beschluss) (Grunddrucksache 52/12) v. 28.11.2014.

II. Bestandsschutz bisheriger Datenverarbeitungen

10 Art. 94 Abs. 2 lässt die Wirksamkeit bisheriger Datenverarbeitungen grds. unberührt. Bisherige Verarbeitungen bleiben wirksam, müssen aber binnen zwei Jahren mit der DS-GVO in Einklang gebracht werden. Allerdings muss u.U. schon vorher eine bereits wirksam erteilte Einwilligung wiederholt werden, wenn die Art der bereits erteilten Einwilligung nicht den Bedingungen der DS-GVO entspricht (EG 171, Rn. 7). Zweifelhaft ist, ob die zweijährige Übergangsfrist nach Art. 99 ausreicht, um notwendige Änderungen rechtzeitig vorzunehmen.

III. Anwendung durch die Datenverarbeiter

11 Unternehmen sollten wegen der erheblichen Bußgeldandrohungen (Art. 82) rasch mit der Umsetzung der neuen Standards beginnen. Sofern Unternehmen bereits „Binding Corporate Rules" eingeführt haben, wird ihnen die Umsetzung leichter fallen, weil sie i.d.R. schon über einen Datenschutzbeauftragten, Personalschulungsmaßnahmen, Audits oder vergleichbare Strukturen verfügen.

Article 95

Relationship with Directive 2002/58/EC

This Regulation shall not impose additional obligations on natural or legal persons in relation to processing in connection with the provision of publicly available electronic communications services in public communication networks in the Union in relation to matters for which they are subject to specific obligations with the same objective set out in Directive 2002/58/EC.

Artikel 95

Verhältnis zur Richtlinie 2002/58/EU

Diese Verordnung erlegt natürlichen oder juristischen Personen in Bezug auf die Verarbeitung personenbezogener Daten in Verbindung mit der Bereitstellung öffentlich zugänglicher elektronischer Kommunikationsdienste in öffentlichen Kommunikationsnetzen in der Union keine zusätzlichen Pflichten auf, soweit sie besonderen in der Richtlinie 2002/85/EG festgelegten Pflichten unterliegen, die dasselbe Ziel verfolgen.

Recitals

(7) Those developments require a strong and more coherent data protection framework in the Union, backed by strong enforcement, given the importance of creating the trust that will allow the digital economy to develop across the internal market. Natural persons should have control of their own personal data. Legal and practical certainty for natural persons, economic operators and public authorities should be enhanced.

(10) In order to ensure a consistent and high level of protection of natural persons and to remove the obstacles to flows of personal data within the Union, the level of protection of the rights and freedoms of natural persons with regard to the processing of such data should be equivalent in all Member States. Consistent and homogenous application of the rules for the protection of the fundamental rights and freedoms of natural persons with regard to the processing of personal data should be ensured throughout the Union. Regarding the processing of personal data for compliance with a legal obligation, for the performance of a task carried out in the public interest or in the exercise of official authority vested in the controller, Member States should be allowed to maintain or introduce national provisions to further specify the application of the rules of this Regulation. In conjunction with the general and horizontal law on data protection implementing Directive 95/46/EC, Member States have several sector-specific laws in areas that need more specific provisions. This Regulation also

Erwägungsgründe

(7) Diese Entwicklungen erfordern einen soliden, kohärenteren und klar durchsetzbaren Rechtsrahmen im Bereich des Datenschutzes in der Union, da es von großer Wichtigkeit ist, eine Vertrauensbasis zu schaffen, die die digitale Wirtschaft dringend benötigt, um im Binnenmarkt weiter wachsen zu können. Natürliche Personen sollten die Kontrolle über ihre eigenen Daten besitzen. Natürliche Personen, Wirtschaft und Staat sollten in rechtlicher und praktischer Hinsicht über mehr Sicherheit verfügen.

(10) Um ein gleichmäßiges und hohes Datenschutzniveau für natürliche Personen zu gewährleisten und die Hemmnisse für den Verkehr personenbezogener Daten in der Union zu beseitigen, sollte das Schutzniveau für die Rechte und Freiheiten von natürlichen Personen bei der Verarbeitung dieser Daten in allen Mitgliedstaaten gleichwertig sein. Die Vorschriften zum Schutz der Grundrechte und Grundfreiheiten von natürlichen Personen bei der Verarbeitung personenbezogener Daten sollten unionsweit gleichmäßig und einheitlich angewandt werden. Hinsichtlich der Verarbeitung personenbezogener Daten zur Erfüllung einer rechtlichen Verpflichtung oder zur Wahrnehmung einer Aufgabe, die im öffentlichen Interesse liegt oder in Ausübung öffentlicher Gewalt erfolgt, die dem Verantwortlichen übertragen wurde, sollten die Mitgliedstaaten die Möglichkeit haben, nationale Bestimmungen, mit denen die Anwendung der Vorschriften dieser Verordnung genauer festgelegt wird, beizubehalten oder einzuführen. In Verbindung mit den allgemeinen und horizontalen

Recitals	Erwägungsgründe
provides a margin of manoeuvre for Member States to specify its rules, including for the processing of special categories of personal data ('sensitive data'). To that extent, this Regulation does not exclude Member State law that sets out the circumstances for specific processing situations, including determining more precisely the conditions under which the processing of personal data is lawful.	Rechtsvorschriften über den Datenschutz zur Umsetzung der Richtlinie 95/46/EG gibt es in den Mitgliedsstaaten mehrere sektor-spezifische Rechtsvorschriften in Bereichen, die spezifischere Bestimmungen erfordern. Diese Verordnung bietet den Mitgliedstaaten zudem einen Spielraum für die Spezifizierung ihrer Vorschriften, auch für die Verarbeitung besonderer Kategorien von personenbezogenen Daten (im Folgenden „sensible Daten"). Diesbezüglich schließt diese Verordnung nicht Rechtsvorschriften der Mitgliedstaaten aus, in denen die Umstände besonderer Verarbeitungssituationen festgelegt werden, einschließlich einer genaueren Bestimmung der Voraussetzungen, unter denen die Verarbeitung personenbezogener Daten rechtmäßig ist.
(30) Natural persons may be associated with online identifiers provided by their devices, applications, tools and protocols, such as internet protocol addresses, cookie identifiers or other identifiers such as radio frequency identification tags. This may leave traces which, in particular when combined with unique identifiers and other information received by the servers, may be used to create profiles of the natural persons and identify them.	(30) Natürlichen Personen werden unter Umständen Online-Kennungen wie IP-Adressen und Cookie-Kennungen, die sein Gerät oder Software-Anwendungen und -Tools oder Protokolle liefern, oder sonstige Kennungen wie Funkfrequenzkennzeichnungen zugeordnet. Dies kann Spuren hinterlassen, die insbesondere in Kombination mit eindeutigen Kennungen und anderen beim Server eingehenden Informationen dazu benutzt werden können, um Profile der natürlichen Personen zu erstellen und sie zu identifizieren.
(173) This Regulation should apply to all matters concerning the protection of fundamental rights and freedoms vis-à-vis the processing of personal data which are not subject to specific obligations with the same objective set out in Directive 2002/58/EC of the European Parliament and of the Council, including the obligations on the controller and the rights of natural persons. In order to clarify the relationship between this Regulation and Directive2002/58/EC, that Directive should be amended accordingly. Once this Regulation is adopted, Directive 2002/58/EC should be reviewed in particular in order to ensure consistency with this Regulation.	(173) Diese Verordnung sollte auf alle Fragen des Schutzes der Grundrechte und Grundfreiheiten bei der Verarbeitung personenbezogener Daten Anwendung finden, die nicht den in der Richtlinie 2002/58/EG des Europäischen Parlaments und des Rates bestimmte Pflichten, die dasselbe Ziel verfolgen, unterliegen, einschließlich der Pflichten des Verantwortlichen und der Rechte natürlicher Personen. Um das Verhältnis zwischen der vorliegenden Verordnung und der Richtlinie 2002/58/EG klarzustellen, sollte die Richtlinie entsprechend geändert wer-den. Sobald diese Verordnung angenommen ist, sollte die Richtlinie 2002/58/EG einer Überprüfung unterzogen werden, um insbesondere die Kohärenz mit dieser Verordnung zu gewährleisten.

Literatur

Laue/Nink/Kremer, Das neue Datenschutzrecht in der betrieblichen Praxis, 1. Auflage 2016, Nomos Baden-Baden; *Nebel/Richter*, Datenschutz bei Internetdiensten nach der DS-GVO – Vergleich der deutschen Rechtslage mit dem Kommissionsentwurf, in: ZD 2012, 407 ff; *Spindler/Schuster* (Hrsg.), Recht der elektronischen Medien, 3. Auflage 2015, C.H. Beck München.

Bedeutung der Norm

Die Norm regelt die Geltung allgemeiner datenschutzrechtlicher Grundsätze bei der Erbringung und Nutzung öffentlicher elektronischer Kommunikationsdienste. Als Scharnier zwischen allgemeinem und spezifischem Datenschutzrecht artikuliert sie außerdem einen normativen Handlungsauftrag an den Europäischen Gesetzgeber und begrenz ihn zugleich.

Hinweise für den Anwender

- Relevante spezifische Regelungen zum Datenschutz in der Telekommunikation finden sich in der RL 2002/58/EU.
- Das Konzept der Teilharmonisierung des Datenschutzes bei der Erbringung und Nutzung elektronischer Kommunikationsdienste wird durch eine Europäische Verordnung zugunsten der Vollharmonisierung geändert werden.
- Die datenschutzrechtlichen Regelungen im deutschen Telemediengesetz (TMG) werden im Wesentlichen gegenstandslos werden.
- Nationale Regelungen, welche über das in der DS-GVO sowie der RL 2002/58/EU erforderliche, aber auch ausreichende Maß hinausgehende datenschutzrechtliche Beschränkungen enthalten, verstoßen gegen Europarecht.
- Art. 29-Datenschutzgruppe, Stellungnahme 4/2007 zum Begriff „personenbezogene Daten", WP 136, Brüssel, 20.6.2007.

Schlagworte

Telekommunikation, Verkehrsdaten, Bestandsdaten, Standortdaten, Spezialitätsprinzip, Kohärenz, Teilharmonisierung

A. Allgemeines

I. Regelungszweck

Art. 95 dient der Klarstellung des Verhältnisses der DS-GVO zu den in der E-Privacy-RL[1] enthaltenen spezifischen Regelungen im Sektor der öffentlichen Kommunikationsdienste. Diese Klarstellung ist erforderlich geworden, weil sich das von der E-Privacy-RL vorausgesetzte europäische Re- 1

1 RL 2002/58/EU i.d.F. der RL 2009/136/EU („Cookie-Richtlinie", „Cookie-RL"); zu den Aktivitäten auf europäischer Ebene zur Überarbeitung der E-Privacy-Richtlinie s.u. Rn. 23 ff.

gelungskonzept zum Datenschutz verändert hat: Die DS-GVO ist gem. Art. 288 Abs. 2 AEUV unmittelbar anwendbares Recht und dient der Vollharmonisierung datenschutzrechtlicher Vorschriften innerhalb der Europäischen Union. Ihr Ziel ist die Herstellung eines einheitlichen Datenschutzniveaus auf dem gemeinsamen Markt[2] sowie die Kohärenz des Datenschutzniveaus über die Sektoren hinweg.[3] Zum Zeitpunkt der Entstehung der E-Privacy-RL hingegen war der Datenschutz in Europa lediglich durch die Datenschutz-Richtlinie[4] und eben die E-Privacy-RL teilharmonisiert und bedurfte gem. Art. 288 Abs. 3 AEUV der Umsetzung in den Mitgliedstaaten. Dieses Regelungskonzept musste der Richtliniengeber denn auch vor Augen haben, wenn bislang aus der E-Privacy-RL in die Datenschutz-Richtlinie verwiesen wurde.[5] Nachdem sich das Konzept der Teilharmonisierung im Datenschutz in der DS-GVO geändert, der europäische Gesetzgeber mit der DS-GVO aber nicht zugleich auch den sektorenspezifischen Datenschutz (neu) geregelt hat, muss das materiell-rechtliche Verhältnis zwischen den Regelungen neu justiert werden.

2 Abzugrenzen ist die Funktion des Art. 95 von derjenigen des Art. 94: Letztgenannter regelt lediglich, dass Verweise aus anderen Regelungen (z.B. aus der E-Privacy-RL[6]) als Verweise in die DS-GVO zu lesen sind. Damit hat Art. 94 insoweit eher eine formale Funktion. Demgegenüber dient Art. 95 der Regelung der hier zu diskutierenden materiell-rechtlichen Konsequenzen.

II. Normadressaten

1. Allgemeines

3 Nach ihrem Wortlaut hat die Norm keinen unmittelbaren Normadressaten. Nimmt man jedoch auf ihre Entstehungsgeschichte Bezug[7] und berücksichtigt die einschlägigen Erwägungsgründe, ergibt sich ein anderes Bild.

2. Europäischer Gesetzgeber

4 In der Fassung des Art. 95 der KOM (zu diesem Zeitpunkt noch Art. 89) war noch ausdrücklich ein rechtverbindlicher Gestaltungsauftrag an den europäischen Gesetzgeber geregelt. Gegenstand des Gestaltungsauftrags war die Überarbeitung der E-Privacy-RL. [8] In seiner endgültigen Fassung ist dieser Gestaltungsauftrag nicht mehr enthalten. Allerdings liegt die Einsicht in die Notwendigkeit einer Anpassung der E-Privacy-RL um der Herstellung der Kohärenz willen dem jetzigen Art. 95 gleichwohl ausdrücklich zugrunde.[9] Richtig ist zwar, dass Erwägungsgründe „nur" bei der Auslegung der Norm selbst heranzuziehen sind; damit werden sie außerhalb der DS-GVO den europäischen Gesetzgeber rechtlich nicht binden können. Gleichwohl ist ausdrücklich ein politischer Auftrag an den europäischen Gesetzgeber formuliert, entsprechend tätig zu werden.[10]

---

2 Vgl. EG 173 a.E.
3 Vgl. EG 7.
4 Insb. durch RL 95/46/EG („Datenschutz-Richtlinie").
5 Vgl. z.B. EG 1, 10, 12, 20, 25, 46; Art. 1 Abs. 2, Art. 2, Art. 5 Abs. 3, Art. 15.
6 S. Fn. 5.
7 Vgl. hierzu unten Rn. 4, 16.
8 Vgl. unten Rn. 23 ff., insb. Rn. 26.
9 Vgl. EG 173.
10 Diesen politischen Gesatltungsauftrag haben einerseits die Europäische Kommission am 10.01.2017 mit dem Vorschlag für eine Verordnung des Europäischen Parlaments und des Rates über die Achtung des Privatlebens und den Schutz personenbezogener Daten in der elektronischen Kommunikation und zur Aufhebung der Richtlinie 2002/58/EG (Verordnung über Privatsphäre und elektronische Kommunikation) („E-Privacy-VO-E")und andererseits das Europäische Parlament mit dem Berichtsentwurf des LIBE-Ausschusses zum E-Privacy-VO-E vom 9.6.2017 (abrufbar unter http://www.europarl.europa.eu/sides/getDoc.do?pubRef=-//EP//NONSGML+COMPARL+PE-606.011+01+DOC+PDF+V0//EN&language=EN, zuletzt abgerufen am 19.08.2017) angenommen; vgl. zu den dabei zu beachtenden Rahmenbedingungen unten Rn. 24 ff.

3. Mitgliedstaaten

Lässt sich die Relevanz für den europäischen Gesetzgeber noch recht deutlich herausarbeiten, erscheint die Ableitung der Bedeutung von Art. 95 für die Mitgliedstaaten eher subtil: Der europäische Gesetzgeber ist offenkundig der Auffassung, dass die durch die DS-GVO geschaffene Rechtslage im Hinblick auf die E-Privacy-RL noch nicht zu einem kohärenten Datenschutzniveau auf dem gemeinsamen Markt führt.[11] Es gibt also Widersprüche zwischen den normativen Aussagen in der DS-GVO und denjenigen der E-Privacy-RL. Diese Widersprüche ziehen einen Handlungsauftrag nach sich.[12] Gilt diese Aussage aber bereits für das Verhältnis zwischen dem „allgemeinen" und dem speziellen europäischen Datenschutzrecht, muss sie auch für das Verhältnis zwischen dem (unmittelbar anwendbaren europäischen) allgemeinen und dem sektorenspezifischen Datenschutzrecht der Mitgliedstaaten gelten. Denn das Recht der Mitgliedstaaten setzt die (nicht kohärente) E-Privacy-RL um. Indirekt sind damit die Mitgliedstaaten aufgefordert, Wertungswidersprüche zwischen dem nationalen Recht und der DS-GVO zu identifizieren und das nationale Recht nach Möglichkeit so zu gestalten und ggf. zu ändern, dass den Wertungen der DS-GVO Rechnung getragen wird. 5

III. Systematik

Art. 95 trifft eine Aussage zur Bedeutung der in der DS-GVO geregelten Verpflichtungen für Sachverhalte, die ab dem in Art. 99 festgelegten Zeitpunkt (auch) der E-Privacy-RL unterfallen. Die Norm ist daher in allen Fällen zu beachten, in denen sowohl der Anwendungsbereich der DS-GVO (Art. 2, 3) als auch derjenige der E-Privacy-RL eröffnet sind. Dabei ist die Bedeutung von Art. 95 nicht auf Sachverhalte beschränkt, welche Telekommunikationsnetzbetreiber oder andere Anbieter von Telekommunikationsdiensten betreffen. Vielmehr ist Art. 95 überall dort relevant, wo die E-Privacy-RL einen Anwendungsbereich hat, egal welchen Wirtschaftsbereich die Normen betreffen. Denn nach dem Wortlaut der Norm besteht der Vorbehalt nicht etwa zugunsten der *„Verarbeitung personenbezogener Daten durch Anbieter von elektronischen Kommunikationsdiensten und Betreiber von elektronischen Kommunikationsnetzen"*, sondern zugunsten der *„[...] Verarbeitung personenbezogener Daten in Verbindung mit der Bereitstellung öffentlich zugänglicher elektronischer Kommunikationsdienste in öffentlichen Kommunikationsnetzen [...] soweit sie [...] in der Richtlinie 2002/85/EG [...]"*. Auch der EG 173 legt nahe, dass Gegenstand des Art. 95 der Anwendungsbereich der E-Privacy-Richtlinie insgesamt ist und nicht nur ein bestimmter Wirtschaftssektor, wenn es heißt, es gehe *„Um das Verhältnis zwischen der vorliegenden Verordnung und der Richtlinie 2002/58/EG [...]."* Auch die Struktur der E-Privacy-RL, die keine Definition des persönlichen, sondern lediglich des sachlichen Anwendungsbereichs kennt spricht für diesen Befund. Deshalb unterfällt die Regelung des Art. 5 Abs. 3 E-Privacy-RL[13], der die Voraussetzungen für das Setzen von Cookies regelt und damit relevant für alle Anbieter von Diensten der Informationsgesellschaft, insbesondere für Webseitenbetreiber ist, ebenso dem Anwendungsvorbehalt des Art. 95, wie etwa Art. 13 (die) Voraussetzungen regelt, unter denen betroffenen natürlichen oder juristischen Personen gegenüber werbliche Kontaktaufnahmen unter Verwendung elektronischer Kommunikationsmittel erfolgen dürfen. Diesen breiten Anwendungsbereich der E-Privacy-RL will auch Art. 95 GVO nicht auf den Telekommunikationssektor verkürzen. 6

Keine Konsequenzen hat die DS-GVO für sämtliche Regelungen der E-Privacy-RL, welche gem. Art. 1 Abs. 3 auf den Schutz der Rechte juristischer Personen abzielen. Gemäß Art. 1 Abs. 2 bezieht sich die DS-GVO nämlich ausschließlich auf den Schutz natürlicher Personen. Dementsprechend können Regelungen in der E-Privacy-RL, ebenso wenig wie nationale Bestimmungen, welche sie umsetzen, mit der DS-GVO nicht in Widerspruch stehen, sofern solche Regelungen den Schutz juristischer Personen bezwecken. Nachdem sich der in Art. 95 geregelte Anwendungsvor- 7

11 Vgl. Rn. 4.
12 Vgl. oben Rn. 4.
13 I.d.F. der RL 2009/136/EU („Cookie-RL")

behalt der E-Privacy-RL auf Fälle beschränkt, in denen die Vorschrift *gleiche* Ziele verfolgt, liegt in dem weiteren Anwendungsbereich der E-Privacy-RL auch kein Widerspruch zu Art. 95.

IV. Entstehungsgeschichte

1. Bisherige Rechtslage

8 Nach dem bisherigen Regelungskonzept erforderte und ermöglichte das in Art. 1 Abs. 2 E-Privacy-RL verankerte Spezialitätsprinzip einen Anwendungsvorrang zugunsten der E-Privacy-RL, jedoch mit der Maßgabe, dass die DS-RL ergänzend heranzuziehen war.[14]

9 Man kann nun darüber spekulieren, weshalb es im Lichte einer umfassenden Datenschutzgesetzgebung durch die DS-GVO überhaupt ein Nebeneinander von DS-GVO und E-Privacy-RL geben und damit eine Aussage zum Verhältnis zwischen diesen Gesetzen getroffen werden muss. Denkbar wäre nämlich gewesen, die besonderen Aspekte des Schutzes von Kommunikationsinhalten und Verkehrsdaten in die DS-GVO zu integrieren und auf sektorenspezifische Normen schlicht zu verzichten.[15]

10 Die wahrscheinlichste Erklärung hierfür sind wohl weniger materiell-rechtliche oder systematische Aspekte als vielmehr politische Rahmenbedingungen: Innerhalb der Europäischen Kommission lag seinerzeit die Zuständigkeit für den Datenschutz im Ressort „Justiz, Grundrechte und Bürgerschaft" von Viviane Reding, während die Telekommunikation im Ressort „Digitale Agenda" von Neelie Kroes angesiedelt war. Innerhalb des Europäischen Parlaments liegt die Zuständigkeit für das Thema Datenschutz beim LIBE-Ausschuss[16], während Gesetzgebungsinitiativen im Umfeld der Telekommunikation im ITRE-Ausschuss[17] angesiedelt sind. Zu den Abstimmungserfordernissen *zwischen* den europäischen Institutionen hätte es also auch innerhalb der *jeweiligen* Institutionen einer Einigung bedurft. Diese Aufgabe war politisch wohl nicht zu leisten. Deshalb musste man mit der Tatsache des Nebeneinanders der beiden Regelungswerke leben und eine Konsolidierung auf einen Zeitpunkt verlegen, in welchem das politisch opportun und die zuständigen Institutionen dafür bereit sein würden.

2. Kommissionsentwurf

11 Festgelegt werden sollte nach dem Entwurf lediglich, dass die durch die DS-GVO den Unternehmen auferlegten Pflichten nicht über dasjenige Maß hinausgehen sollten, was durch die E-Privacy-RL festgelegt wird. Da es insoweit bei der Teilharmonisierung durch eine Richtlinie bleiben sollte, hätte es aus der Perspektive der DS-GVO weiterhin einen Spielraum für den nationalen Gesetzgeber zum Erlass sektorenspezifischer Regelungen gegeben.

12 Nach dem Entwurf der KOM wäre zudem Art. 1 Abs. 2 E-Privacy-RL gestrichen worden, um den Bezug der E-Privacy-RL zur DS-RL zu entfernen. Das wäre allerdings überflüssig gewesen, nachdem in Art. 88[18] ohnehin die Regelung aufgenommen worden wäre, dass Verweise auf die DS-RL als Verweise auf die DS-GVO zu verstehen sind. Um einen solchen Fall hätte es sich aber bei Art. 1 Abs. 2 E-Privacy-RL gerade gehandelt. Außerdem wäre der Hinweis in Art. 1 Abs. 2 E-Privacy-RL verloren gegangen, dass diese auch dem Schutz juristischer Personen, also dem

---

14 Vgl. Rn. 19 ff. insb. Rn. 21.

15 Innerhalb des Fragebogens der Europäischen Kommission, mit welchem der Start der „Konsultation in Bezug auf die Evaluierung und Überprüfung der Datenschutzrichtlinie für Elektronische Kommunikation" erfolgt ist, werden in den Abschnitten I.2 ff. die Fragen (i) nach dem Erfordernis spezifischer Regelungen zum Schutz der Kommunikation sowie (ii) die Sinnhaftigkeit mitgliedsstaatlicher Vorschriften als Folge der Teilharmonisierung nunmehr ausdrücklich gestellt, vgl. das unter http://ec.europa.eu/newsroom/dae/document.cfm?doc_id=15042 (18.9.2016) abrufbare Dokument.

16 Ausschuss für bürgerliche Freiheiten, Justiz und Inneres; nähere Information unter http://www.europarl.europa.eu/committees/de/LIBE/home.html (18.9.2016).

17 Ausschuss für Industrie, Forschung und Energie, nähere Informationen unter http://www.europarl.europa.eu/committees/de/itre/home.html (18.9.2016).

18 Art. 94-KOM-E.

Schutz von Rechtssubjekten, dient, die nicht dem Anwendungsbereich der DS-GVO unterfallen. Ohne diesen Hinweis hätte es u.U. zu Auslegungsschwierigkeiten von Vorschriften kommen können, welche dem Schutz juristischer Personen in der E-Privacy-RL selbst oder auch im Rahmen nationaler Regelungen dienen. Insgesamt wäre daher eine solche Fassung des Art. 95 nicht nur überflüssig, sondern auch unglücklich gewesen.

3. Parlamentsentwurf

Das EP hatte offenbar gegenüber dem KOM-Vorschlag zur Klärung des Verhältnisses zwischen DS-GVO und der E-Privacy-RL keinen grundsätzlich anderen Gedanken. Ein entsprechender eigener Formulierungsvorschlag fehlte jedenfalls. **13**

Im Detail sah das EP dann aber doch Regelungsbedarf zu Einzelaspekten: Während auch das EP für eine Streichung des Art. 1 Abs. 2 E-Privacy-RL plädierte, sollten nach seiner Vorstellung auch die Art. 4 und 15 der E-Privacy-RL-RL gestrichen werden. Ein Grund dafür, dass das EP die in Art. 4 geregelte Betriebssicherheit streichen wollte, mag darin gesehen werden können, dass die DS-GVO in Art. 12 ff., 32 und 33 selbst Regelungen zum technischen Datenschutz sowie zu Transparenz- und Meldepflichten enthält. Vor diesem Hintergrund hätte man die Regelungen in Art. 4 als redundant ansehen können. Sollte das EP den Erlass der Richtlinie zur Netz- und Informationssicherheit („NIS-Richtlinie") und damit mögliche Doppelregelungen auch aus dieser Perspektive im Blick gehabt haben, hätte sich diese Befürchtung nicht erfüllt. Denn die NIS-Richtlinie enthält ihrerseits eine Bereichsausnahme zugunsten des in der Rahmenrichtlinie[19] geregelten (Tele-)Kommunikationssektors. **14**

Daneben wollte das EP auch Art. 15 E-Privacy-RL aufheben. Diese Vorschrift befasst sich in ihrem ersten Absatz mit Ergänzungen bzw. Begrenzungen der durch die DS-RL festgelegten Rechte und Pflichten zugunsten besonders gewichtiger Rechts- bzw. Schutzgüter, wie der öffentlichen Sicherheit, der Landesverteidigung und der Strafverfolgung. Europarechtlich bildet diese Vorschrift insb. auch den normativen sekundärrechtlichen Anknüpfungspunkt für den Erlass nationalstaatlicher Regelungen zur Vorratsdatenspeicherung.[20] Wäre mit der Streichung der Vorschrift etwa die Grundlage für nationale Regelungen im Kontext der öffentlichen Sicherheit etwa im Hinblick auf Verkehrsdaten auch und gerade im Zusammenhang mit der Vorratsdatenspeicherung entfallen? Davon kann man nicht ausgehen, weil es gerade Zweck der Teilharmonisierung ist, Spielräume bei der Umsetzung der Richtlinie in Mitgliedstaaten zu gewähren. Das gilt insb. zugunsten überragend wichtiger nationaler Rechts- und Schutzgüter von Verfassungsrang. Abgesehen davon fehlt dem europäischen Gesetzgeber für den Bereich der inneren Sicherheit ohnehin die Rechtssetzungskompetenz. Richtig ist sicher, dass die Norm als ausdrücklicher textueller Anknüpfungspunkt aus europarechtlicher Perspektive ein gewisses Maß an Rechtssicherheit bietet. Konstitutiv für eine nationalstaatliche Regelung ist diese Regelung aber nicht. Eine Streichung des Art. 15 wäre also zwar nicht erforderlich, aber auch nicht schädlich gewesen. **15**

Zusätzlich zu den genannten Streichungen hatte das EP eine Regelung vorgeschlagen, wonach der europäische Gesetzgeber aufgefordert worden wäre, den Datenschutz bei der Erbringung von Kommunikationsdienstleistungen komplett neu zu regeln. Damit verbunden wäre also eine inhaltliche Neufassung der E-Privacy-RL. Als materiell-rechtliche Vorgabe hätte der Art. 95 das Ziel enthalten, ein kohärentes Datenschutzniveau sicherzustellen. Vor dem Hintergrund dieses Regelungsziels wäre es allerdings fraglich, ob ein eigenes Datenschutzregime für den Kommunikationssektor überhaupt noch notwendig gewesen wäre und ob das Mittel der Richtlinie („Teil- **16**

---

19 Richtlinie 2002/21/EU des Europäischen Parlaments und des Rates vom 7. März 2002 über einen gemeinsamen Rechtsrahmen für elektronische Kommunikationsnetze und -dienste.

20 Vgl. aus deutscher Sicht zuletzt das Gesetz zur Einführung einer Speicherpflicht und einer Höchstspeicherfrist für Verkehrsdaten v. 10.12.2015, BGBl. I 2015, S. 2218 ff.; vgl. zur Rechtswidrigkeit des 1. Gesetzes zur Einführung einer Vorratsdatenspeicherung BVerfG, 2.3.2010 – 1 BvR 256/08, sowie zur Rechtswidrigkeit der RL 2006/24/EG (Europäische Richtlinie zur Vorratsdatenspeicherung) EuGH, 8.4.2014, Rs. C-293/12 und C-594/12

harmonisierung"!) überhaupt das passende Instrument dafür ist. Nachdem dieser Vorschlag immerhin in EG 173 der DS-GVO Eingang gefunden hat, würde sich der europäische Gesetzgeber mit dieser Frage in jedem Fall zu befassen haben.[21]

4. Ratsentwurf

17 Der Rat hatte sich nun in seinem Vorschlag dem grundsätzlichen Vorschlag der Kommission und des Parlaments zum Verhältnis der DS-GVO und der E-Privacy-RL angeschlossen, ohne jedoch zusätzliche Regelungen im Hinblick auf einzelne Vorschriften der E-Privacy-RL für erforderlich zu halten.

B. Auswirkungen auf die E-Privacy-RL

I. Parallele Anwendbarkeit der DS-GVO

18 Art. 95 beschreibt, dass die DS-GVO bei Sachverhalten, in denen sich die Anwendungsbereiche der DS-GVO und der RL 2002/58/EU überschneiden, den insoweit Verpflichteten keine zusätzlichen Anforderungen auferlegen will. Fraglich ist, ob damit die Anwendbarkeit der DS-GVO schlechthin ausgeschlossen ist.[22]

19 Der Gesetzgeber hätte diese Rechtsfolge im Wortlaut klar zum Ausdruck bringen können, indem er erklärt hätte, dass die DS-GVO auf Sachverhalte, welche in den sachlichen Anwendungsbereich der RL 2002/58/EU fallen, nicht anwendbar ist. Demgegenüber hat der Gesetzgeber (lediglich) formuliert, dass dem Verantwortlichen schlicht keine zusätzlichen Pflichten auferlegt werden. Wäre die DS-GVO aus der Sicht des Gesetzgebers nicht anwendbar, würde der Wortlaut lediglich Selbstverständliches aussagen.

20 Für die parallele Anwendbarkeit der DS-GVO neben der E-Privacy-RL spricht, abgesehen von dem gesetzlich offensichtlich vorausgesetzten Nebeneinander der beiden Regelungen, das Ziel der DS-GVO, ein kohärentes Datenschutzrecht auf dem Gebiet des Binnenmarktes zu schaffen.[23] Wesentliche Aspekte dieser Kohärenz, etwa die räumliche Anwendbarkeit des Europarechts auf extraterritoriale Verantwortliche, wie es in Art. 3 Abs. 2 zugunsten des Marktortprinzips[24] geregelt ist, würde im Falle öffentlicher Kommunikationsdienste davon abhängen, dass die E-Privacy-RL solche Regelungen beinhaltet. Deshalb heißt es in der DS-GVO konsequenterweise auch, dass die DS-GVO auf „*alle* Fragen des Schutzes personenbezogener Daten [...] Anwendung finden" soll, die nicht durch die RL 2002/58/EU (Anm.: E-Privacy-RL) geregelt werden"[25]. Nach dieser Aussage erfolgt keine Entscheidung über die Anwendbarkeit der einen oder der anderen Regelung allein auf der Grundlage des Dienstes. Entscheidend ist allein, ob die E-Privacy-RL bezogen auf einen öffentlichen Kommunikationsdienst und den konkret relevanten Aspekt eine abschließende Regelung trifft. Dieses Ergebnis steht auch in Einklang mit dem heute bereits in Art. 1 Abs. 2 E-Privacy-RL verankerten Konzept der ergänzenden Anwendbarkeit der DS-RL.[26]

21 Gegen eine parallele Anwendung spricht auch nicht der Wortlaut des Art. 94 Abs. 2, der die Kontinuität eines Verweises auf die RL 95/46/EG zugunsten eines Verweises auf die DS-GVO vorschreibt. Mit dieser Vorschrift gelten diejenigen Überlegungen, die bislang für das Verhältnis zwischen E-Privacy-RL und Datenschutz-Richtlinie galten, auch für das Verhältnis zwischen E-Privacy-RL und der DS-GVO. So wird unter Bezugnahme auf EG 10 E-Privacy-RL vertreten, dass die RL 95/46/EG auf den gesamten Bereich der öffentlichen Kommunikationsdienste keine Anwendung finden soll.[27] Mit dieser Auffassung könnte es naheliegen, dass die DS-GVO dieses Verdikt

21 Vgl. hierzu bereits oben Fn. 13.
22 So in der Tendenz, wenn auch ohne spezifische Begründung, *Nebel/Richter*, in: ZD 2012, 407, 408.
23 Vgl. Rn. 1
24 Vgl. Art. 3 Rn. 1.
25 Vgl. EG 173.
26 Vgl. auch Art. 1 Abs. 3 E-Privacy-VO-E.
27 Vgl. EG 10 RL 2002/58/EU a.E.

„erbt". Allerdings ist die bisherige Rechtslage nicht so eindeutig. Dass nach EG 10 E-Privacy-RL (ausschließlich) die Datenschutz-Richtlinie auf nicht öffentliche Kommunikationsdienste Anwendung findet, ist angesichts des Wortlauts von Art. 3 E-Privacy-RL[28] eine Selbstverständlichkeit. Denn nach dieser Vorschrift beschränkt sich die Anwendung der E-Privacy-RL auf öffentliche Kommunikationsdienste in öffentlichen Kommunikationsnetzen. Somit ist es folgerichtig, dass auf die bei nicht öffentlichen Kommunikationsdiensten anfallende Datenverarbeitung die allgemeinen Datenschutzvorschriften und damit (allein) die DS-RL Anwendung findet. Dieser Wortlaut schließt aber keinesfalls aus, dass für eben diese DS-RL auch bei *öffentlichen* Kommunikationsnetzen ein Anwendungsbereich verbleibt. Die Anwendbarkeit der DS-RL (auf nicht spezifisch durch die E-Privacy-RL geregelte Sachverhalte) kommt im ersten Teil des EG 10 auch ausdrücklich zum Ausdruck. Außerdem legt Art. 1 Abs. 2 S. 1 E-Privacy-RL ausdrücklich fest, dass diese RL als Ergänzung zu den Regelungen in der Datenschutz-Richtlinie gedacht ist und eben nicht als „Ersatz". Schließlich verweist die E-Privacy-RL an mehreren Stellen immer wieder auf die Datenschutz-Richtlinie.[29] Der Wortlaut des Art. 94 Abs. 2 und die Historie des Verhältnisses von E-Privacy- und Datenschutz-Richtlinie enthalten keine Anhaltspunkte, dass die DS-GVO im Bereich der öffentlichen Kommunikationsdienste nicht anwendbar sei.

Insgesamt sind daher die ausdrücklichen und impliziten normativen Aussagen zum Verhältnis zwischen der E-Privacy-RL einerseits und der DS-GVO bzw. der DS-RL andererseits konsistent. Diese erlauben, aber erfordern auch eine Anwendung der DS-GVO zu allen datenschutzrechtlichen Aspekten, zu denen sich die E-Privacy-RL nicht äußert. Im Übrigen wäre es dem Richtliniengeber gerade im Zuge der anstehenden Überarbeitung der RL 2002/58/EU unbenommen geblieben, evtl. bestehende Unklarheiten schlicht durch Klarstellung zu beseitigen und so Konsistenz herbeizuführen. **22**

II. Auftrag an den europäischen Gesetzgeber

Keiner besonderen Betrachtung bedarf die Frage, wie mit Standards der DS-GVO umzugehen wäre, wenn diese höher sind als diejenigen der E-Privacy-RL. Denn dazu äußert sich Art. 95 klar: Die (niedrigeren) Standards der E-Privacy-RL würden in diesen Fällen Vorrang haben. Unklarheit verbleibt bezüglich einer Konstellation, in welcher die Standards der E-Privacy-RL höher sind als diejenigen der DS-GVO. **23**

Eine solche Konstellation wäre im Hinblick auf den Schutz von Informationen, welche dem Kommunikationsgeheimnis gem. Art. 7 EU-Grundrechtecharta (GRC) unterliegen, unter Anwendung des Spezialitätsprinzips ohne weiteres zugunsten der E-Privacy-RL lösbar, denn sie dient mit ihrem Art. 1 Abs. 1 dem Schutz der Vertraulichkeit der Kommunikation. So wäre es zumindest nachvollziehbar, wenn etwa die in Art. 6 Abs. 3 S. 1 dieser Richtlinie geregelte Einwilligung als (einzig) mögliche Rechtsgrundlage für solche Datenverarbeitungen in Betracht kommt[30], welche außerhalb der strengeren Zweckbindung des Art. 6 Abs. 2 liegen, etwa für die Analyse des individuellen Telefonieverhaltens zum Zweck der Produktgestaltung. Dass die E-Privacy-RL neben den ausdrücklich geregelten Verarbeitungstatbeständen die Interessenabwägung gem. Art. 7 Abs. 2 lit. f DS-RL ausschließen wollte, ist aber nicht evident. Es war nämlich zu keinem Zeitpunkt Sinn und Zweck der E-Privacy-RL, Konstellationen (über die allgemeinen Regelungen der DS-RL hinaus) zu reglementieren, „in denen die Rechte natürlicher Personen nicht bedroht sind"[31]. Ob eine solche Bedrohung vorliegt, kann praktisch nur im Rahmen einer Interessenabwägung im Einzelfall, d.h. insb. unter Berücksichtigung der relevanten Zwecke, der eingesetzten technischen Verfahren sowie der betroffenen personenbezogenen Daten, getroffen werden. **24**

---

28 In der Fassung der Cookie-Richtlinie.
29 Vgl. nur Art. 5 Abs. 3 und 15 E-Privacy-RL.
30 Siehe zum Erfordernis einer Möglichkeit zur einwilligungsfreien Datenverarbeitung außerhalb der engen Zweckbindung des Art. 6 Abs. 2 E-Privacy-VO-E, BR, Beschl. v. 02.06.2017, BR-Drucks. 145/17, S. 9, Nr. 17.
31 Vgl. Art. 29-Datenschutzgruppe, WP 136, S. 4, angenommen am 20.6.2007.

25 Jedenfalls wären außerhalb des Kommunikationssektors, ohne das Kohärenzziel zu verfehlen, gem. Art. 6 Abs. 1 lit. f DS-GVO im Rahmen der Interessenabwägung vergleichbarere Datenverarbeitungen einwilligungsfrei und allenfalls unter Berücksichtigung des Widerspruchsrechts aus Art. 21 Abs. 2[32] zulässig. So bedürfte etwa die Speicherung des Einkaufsverhaltens einzelner Kunden einer Supermarktkette unter einem individuellen Profil keiner vorherigen Einwilligung. Dieser scheinbare Widerspruch zwischen DS-GVO und E-Privacy-RL wäre aber in Wahrheit gar keiner, sondern das Ergebnis der E-Privacy-RL, die neben dem allgemeinen Datenschutz den Schutz der Vertraulichkeit der Kommunikation bezweckt.

26 Anders liegen die Dinge insoweit, als die E-Privacy-RL – gerade im Lichte der DS-GVO – (auch) auf nicht spezifisch dem Schutz des Fernmeldegeheimnisses unterliegende personenbezogene Daten angewendet wird;[33] das ist vor dem Hintergrund des Anspruchs der DS-GVO, das durch Art. 8 EU-Grundrechtecharta und Art. 16 Abs. 1 AEUV verbürgte Grundrecht auf Datenschutz zu verwirklichen,[34] nicht zu rechtfertigen. Denn nach dem der DS-GVO zugrunde liegenden Konzept definiert (allein) sie den normativen Maßstab für die Verarbeitung personenbezogener Daten. Trifft die DS-GVO eine normative Entscheidung über die Anforderungen an die Verarbeitung personenbezogener Daten und fallen ebendiese personenbezogenen Daten nicht in den spezifisch grundrechtlich legitimierten Anwendungsbereich der E-Privacy-RL,[35] kann die E-Privacy-RL an den Umgang mit diesen personenbezogenen Daten keine strengeren Anforderungen stellen. Mit anderen Worten begründen Abweichungen von den Maßstäben der DS-GVO durch Regelungen der E-Privacy-RL nur so lange kein Kohärenzproblem, wie der darin zum Ausdruck kommende Widerspruch aus Gründen eines bestimmten, grundrechtlich intendierten Schutzauftrags gerechtfertigt ist. Es ist deshalb nicht kohärent, wenn die DS-GVO in Art. 21 Abs. 2 die Verwendung personenbezogener Daten zum Zwecke des Direktmarketings einwilligungsfrei (wenn auch mit Widerspruchsvorbehalt) zulässt, die E-Privacy-RL hingegen gem. ihres Art. 13 die Datenverarbeitung für bestimmte Formen des Direktmarketings, z.B. per E-Mail oder per Telefon, dem Erfordernis der Einwilligung unterwirft, obwohl die von dieser Verarbeitung betroffenen personenbezogenen Daten nicht in den spezifisch grundrechtlich geprägten Schutzbereich der E-Privacy-RL fallen. Selbst wenn man Art. 13 E-Privacy-RL als Spezialnorm für eine gegenüber den allgemeinen und in den Normen der DS-GVO geregelten Sachverhalten sehr spezifische Art der werblichen Nutzung von Kommunikationsdaten versteht, besteht grundrechtlich keine Notwendigkeit, diesen Aspekt in der E-Privacy-RL zu regeln.[36]

27 Für Wertungswidersprüche dieser Art sieht Art. 95 keine Regelung vor, obwohl der Widerspruch auf der Hand liegt. Weiterhin weist das Europarecht dem Rechtsanwender für solche Fälle keinen Weg. Denn auf europäischer Ebene existiert keine Normenhierarchie, weder zugunsten der Richtlinie noch zugunsten der Verordnung, vgl. Art. 288 AEUV. Daher müsste der europäische Gesetzgeber tätig werden und müsste der normativen Grundentscheidung der DS-GVO auch innerhalb des Kommunikationssektors zur Durchsetzung verhelfen.[37]

28 Ein solcher Auftrag ergibt sich neben den aufgezeigten Wertungswidersprüchen auch ausdrücklich aus der DS-GVO: War in Formulierungsvorschlägen des Parlaments zu Art. 95[38] noch die For-

---

32 Vgl. Art. 21 Rn. 86 ff.
33 Vgl. Art. Abs. 1 RL 202/58/EU und EG 51 RL 2009/136/EU sowie EG 5 RL 2002/58/EU.
34 Vgl. EG 1 DS-GVO.
35 Insoweit anders in Rn. 24.
36 Bereits vor der Geltung der DS-GVO existierte ein vergleichbarer Widerspruch zwischen Art. 13 Abs. 1 E-Privacy-RL einerseits und Art. 7 lit. f i.V.m. Art. 14 lit. a DS-RL andererseits.
37 Der in Rn. 26 angesprochene Widerspruch mit den Wertungen der DS-GVO bleibt auch unter Geltung von Art. 16 E-Privacy-VO-E aufrechterhalten. Es besteht kein grundrechtliches Bedürfnis für ein gegenüber Art. 6 Abs. 1 lit. e) i.V.m. Art. 21 Abs. 2 strengeres Regime (in der E-Priavcy-VO). Damit fallen die Regelungsregime für die vorbereitende Datenverarbeitung einerseits und die darauf gründende Kontaktaufnahme andererseits auch weiterhin auseinander und es verbleibt für die wesentlichen Kommunikationsmittel E-Mail und Telefon im Grundsatz kein Anwendungsbereich für einwilligungsfreies Direktmarketing.
38 Vgl. Rn. 16.

derung nach einer Neuregelung der E-Privacy-RL und damit ein Auftrag an den Richtliniengeber als Bestandteil des regelnden Teils der DS-GVO enthalten, ergibt sich dieser Auftrag in der finalen Fassung der DS-GVO aus dem EG 173.[39]

Ein weiterer Aspekt der Kohärenz ist die Gleichbehandlung von „klassischen" Telekommunikationsanbietern und -diensteanbietern einerseits und sog. Over-The-Top-Anbietern (OTT) andererseits, wenn und soweit diese funktional äquivalente Dienstleistungen anbieten. Wurden OTTs bislang als Dienste der Informationsgesellschaft eingestuft, konnte die E-Privacy-RL auf diese keine Anwendung finden. Allgemeines Datenschutzrecht war aufgrund des in der DS-RL verankerten Niederlassungsprinzips nur unter bestimmten Voraussetzungen anwendbar. Immerhin führt das in Art. 3 Abs. 2 festgelegte Marktortprinzip[40] dazu, dass aus europarechtlichen Gründen europäisches Datenschutzrecht bereits dann auf nicht-europäische Unternehmen Anwendung findet, wenn ein solches Unternehmen auf dem Binnenmarkt agiert und Daten von Bürgern verarbeitet, die unter dem Schutz des europäischen Datenschutzrechts stehen.[41] Unabhängig von der Effektivität des Marktortprinzips[42] wird jedoch allein die DS-GVO nicht zu einer Gleichbehandlung von Unternehmen, die de facto Telekommunikationsdienste erbringen, mit klassischen Anbietern von Telekommunikationsleistungen führen („level playing field"), denn die E-Privacy-RL gilt für diese Unternehmen nicht. Es ist also Aufgabe des europäischen Gesetzgebers, dieses Ziel im Rahmen einer Konsolidierung bzw. Neufassung zu erreichen.[43] 29

Schließlich kann eine weitere Inkonsistenz beseitigt werden: Die durch die Cookie-Richtlinie neu gefasste Regelung über das Setzen von Cookies auf Endgeräten des Nutzers ist in der E-Privacy-RL ein Fremdkörper. Denn die Regelung ist – auch ausweislich des Wortlauts der Norm selbst – auf Dienste der Informationsgesellschaft[44], also primär auf Webseitenanbieter zugeschnitten. Für diese Dienste gilt die E-Privacy-RL aber nicht.[45] Andererseits lässt sich das in Deutschland mit Art. 15 Abs. 3 TMG etablierte und durch die Europäische Kommission auch europarechtlich anerkannte[46] Modell zur Umsetzung der Anforderungen der E-Privacy-RL auch mit den Instrumenten der DS-GVO umsetzen: Das Konzept sieht vor, dass das Setzen von Cookies als Form der Verarbeitung von Nutzungsdaten außerhalb der in § 15 TMG ausdrücklich genannten Fälle grundsätzlich gem. § 12 Abs. 1 TMG einer Einwilligung bedarf. Damit ist Art. 5 Abs. 3 der Cookie-Richtlinie umgesetzt. Nur dann, wenn die personenidentifizierenden Merkmale pseudonymisiert sind und der Kunde ein entsprechendes Widerspruchsrecht[47] erhält, gestattet § 15 Abs. 1 S. 1 TMG eine Ausnahme vom Grundsatz der Einwilligung. Weil der Fall der pseudonymisierten Datenverarbeitung in Art. 5 Abs. 3 der Cookie-RL nicht geregelt ist, bleibt Raum für diese Ausnahme. Dieses Ergebnis kann ebenso über die Anwendung der Regelung des Art. 6 Abs. 1 lit. e) erreicht werden: Eine 30

39 Vgl. Rn. 17.
40 Vgl. Art. 3 Rn. 20 ff.
41 Das müssen also nicht zwangsläufig Bürger Europas sein.
42 Vgl. Art. 3 Rn. 28–30.
43 Diese Schieflage beseitigt der E-Privacy-VO-E, indem sie funktional äquivalente Dienste (vgl. EG 6 E-Privacy-VO-E) in den Anwendungsbereich der sektorenspezifischen Regelungen aufnimmt und diese neuen Dienste, jedenfalls im Hinblick auf den sachlichen Anwendungsbereich *dieser* Regelungen denselben rechtlichen Anforderungen unterwirft, vgl. Art. 4 Abs. 1, b) E-Privacy-VO-E i.V.m. Art. 2 lit. 4), 5) und 7) des Vorschlags der Europäischen Kommission vom 12.10.2016 für eine „Richtlinie des Europäischen Parlaments und des Rates über den europäischen Kodex für die elektronische Kommunikation".
44 Diese werden ihrerseits auf Grundlage der RL 98/34/EG angeboten, welche gem. Art. 2 lit. c RL 2002/31/EG von den elektronischen Kommunikationsdiensten abzugrenzen sind.
45 Vgl. Art. 3 RL 2002/58/EU in der Fassung der Cookie-Richtlinie; anders ist dies gem. Art. 2 Abs. 1 2. HS E-Privacy-VO-E, nachdem dort auch die Endgeräte der Nutzer in den Schutzbereich der Norm einbezogen sind.
46 Vgl. *Spindler/Schuster, Nink*, § 15 TMG Rn. 9.
47 Die Konstellation, in welcher eine Rechtsnorm die Verwendung von personenbezogenen Daten unter gleichzeitiger Einräumung eines Widerspruchsrechts einwilligungsfrei gestattet (z.B. § 95 Abs. 2 S. 3 TKG), wird oft als „Opt-out" bezeichnet. Tatsächlich ist „Opt-out" in Abgrenzung zum „Opt-in" eine nach bisheriger Rechtslage in Deutschland mögliche Art, die Anforderungen des § 4a BDSG an die Einholung einer wirksamen datenschutzrechtlichen Einwilligung zu erfüllen, vgl. BGH, 11.11.2009 – VIII ZR 12/08 (Payback-Urteil), Rn. 22.

Datenverwendung ist nur dann und so lange ohne überwiegende Beeinträchtigung der Rechte des von der Datenverarbeitung Betroffenen möglich, wie die Daten lediglich pseudonym verarbeitet werden. Und selbst dann ist der Person ein Widerspruchsrecht gem. Art. 20 Abs. 2 einzuräumen, wenn diese Datenverarbeitung dem Profiling zum Zwecke des Direktmarketings gilt – wenn auch in einer sehr digitalen Ausprägung. Eine weiter gehende, also unmittelbar personenbezogene Datenverarbeitung wäre nur mit Einwilligung zulässig. Es besteht daher keine Notwendigkeit der Regelung dieses Aspekts in der E-Privacy-RL bzw. ihrer Nachfolgeregelung.[48]

31 Mit Blick auf das Zusammenspiel zwischen dem materiell-rechtlichen Erfordernis einer Interessenabwägung aus Art. 6 Abs. 1 lit. (f), den materiell-rechtlichen Anforderungen an „Privacy by Design" und „Privacy by Default" sowie der prozeduralen Absicherung der Betroffenenrechte durch das Erfordernis einer Datenschutzfolgeabschätzung nach Art. 35 DS-GVO wäre die Anwendung dieses Rechtfertigungstatbestandes für die Zukunft innerhalb der E-Privacy-RL noch naheliegender als bisher schon[49] und würde für mehr Kohärenz[50] bei der Rechtsanwendung im Unternehmensalltag führen.

32 Nach dem aktuellen Stand der Diskussion hat sich der Europäische Gesetzgeber für das Rechtssetzungsinstrument der Verordnung entschieden. Theoretisch käme aber auch weiterhin erneut eine Richtlinie in Betracht, vgl. Art. 288 AEUV, je nachdem, ob der Gesetzgeber weiterhin an einer Vollharmonisierung festhält oder doch „nur" eine Teilharmonisierung anstrebt. „Kohärent" wären vermutlich beide Wege. Die Verordnung hat den Vorteil der unmittelbaren Geltung und verhilft einem einheitlichen Binnenmarkt eher zur Durchsetzung. In diesem Falle stellt sich die Frage, ob die entsprechenden Regelungen in die DS-GVO inkorporiert werden könnten, nicht ernsthaft, weil der Schutz juristischer Personen zwar im Anwendungsbereich der E-Privacy-RL vorgesehen ist,[51] nicht aber im Anwendungsbereich der DS-GVO liegt. Vor diesem Hintergrund sind – abgesehen vom Problem der politischen Zuständigkeit[52] – zwei getrennte Regelungswerke auch weiterhin konsequent.

III. Handlungsbedarf für die Mitgliedstaaten

33 Die Mitgliedstaaten sind zwar nicht unmittelbar Adressat des Art. 95. Allerdings ist die Tatsache, dass allein die DS-GVO europaweit den unmittelbar anwendbaren materiell-rechtlichen Maßstab

---

48 Die E-Privacy-VO-E geht allerdings den entgegengesetzten Weg und führt ein neues Regime für die Reglung von Cookies ein, vgl. Art. 8 Abs. 1 E-Privacy-VO-E. Aufgrund des neuen Regimes dürfen Cookies grundsätzlich und unabhängig davon, ob sie mit pseudonymen verknüpft werden oder nicht, nur mit Einwilligung des Endgeräte-Nutzers gesetzt werden. Ausnahmen gelten, ohne Wertungsmöglichkeiten, lediglich für eng begrenzte Fälle. Allein die Reichweitenmessung wird als legitimer Zweck ausdrücklich anerkannt, vgl. 8 Abs. 1 lit. d), jedoch nur unter der Prämisse, dass das Setzen des Cookies durch den Webseitenbetreiber erfolgt („Verbot von 3rd-Party-Reichweitencookies").

49 Vgl. oben Rn. 24.

50 Im Hinblick auf Kohärenz hält der aktuelle Entwurf einer E-Privacy-VO in Art. 9 Abs. 3 2. HS als weitere Herausforderung das Erfordernis der aktiven Erinnerung des Betroffenen an sein jederzeitiges Widerrufsrecht aller sechs (6) Monate bereit. Dies ist aus der Sicht der DS-GVO nicht nur deshalb ein Fremdkörper, weil das Programm des Art. 7 DS-GVO so etwas nicht kennt, sondern auch im Zusammenhang mit der Einwilligung in anderen, datenschutzrechtlich sensiblen Konstellationen (Art. 8, 9 DS-GVO) so etwas unbekannt ist. Nachdem sogar Art. 9 Abs. 1 E-Privacy-VO-E auf das Einwilligungsregime des Art. 7 DS-GVO verweist, ist mit der Norm in Absatz 3 ein Selbstwiderspruch verbunden. Zudem ist die Rechtsfolge einer unterlassenen oder verspäteten Erinnerung unklar. In Betracht kommt die Unzulässigkeit der weiteren Verarbeitung mit Ablauf des Sechs-Monats-Zeitraum mit den Konsequenzen, dass (i) mit der gleichwohl erfolgenden Verarbeitung der Daten ein Verstoß gegen Art. 6 Abs. 2 lit. c) bzw. Art. 6 Abs. 3 lit. a) und b) E-Privacy-VO und damit die Anwendung der Sanktionsnorm des Art. 23 Abs. 3 E-Privacy-VO-E verbunden ist, obwohl eine Einwilligung zunächst wirksam generiert worden ist. Diese Gleichsetzung mit einer Verarbeitung ohne Einwilligung erscheint unbillig. Andererseits könnte es sich auch lediglich um einen Verstoß gegen eine Ordnungsvorschrift handeln, bei dem die Verarbeitung wirksam bleibt, ein aufsichtsrechtliches Einschreiten jedoch möglich ist.

51 Vgl. oben Rn. 12.

52 Vgl. bereits oben Rn. 10.

des Datenschutzes bildet,[53] für die gesetzgeberischen Aktivitäten in den Mitgliedstaaten sehr relevant.

1. Verbot der Umsetzung europarechtswidrigen Primärrechts

Stellt sich heraus, dass eine Ausprägung des durch die E-Privacy-RL gewährten Umsetzungsspielraums gegen die DS-GVO verstößt, ist jede so lautende Umsetzung in das Recht der Mitgliedstaaten unzulässig. Das soll an einem Beispiel verdeutlicht werden: Die E-Privacy-RL lässt in Art. 13 Abs. 3 als zu implementierendes Regime für die „normale" Telefonwerbung sowohl die Widerspruchslösung als auch die Einwilligungslösung zu. Aufgrund der Wertungen der DS-GVO ist nunmehr nur noch die Widerspruchslösung zulässig.[54] Denn gem. Art. 6 Abs. 1 lit. f) i.V.m. Art. 20 Abs. 2 DS-GVO ist die Verarbeitung personenbezogener Daten zu Zwecken des Direktmarketings einwilligungsfrei und unter Einräumung eines Widerspruchsrechts zulässig. Für eine strengere Handhabung auf europarechtlicher Ebene ist aus Kohärenzgründen kein Raum.[55] Dieses Ergebnis ergibt sich auch aus einem Umkehrschluss aus Art. 6 Abs. 2 DS-GVO: Denn einerseits dürfen besondere Regelungen in Mitgliedstaaten ohnehin nur für die Ausgestaltung der in Art. 6 Abs. 1 lit. c und e erlassen werden, was eine Relativierung des lit. e) von vornherein ausschließt; und zudem darf auch nur eine Spezifizierung erfolgen. Eine Ausweitung oder Einengung des Anwendungsspielraums durch mitgliedstaatliche Vorschriften wäre ausgeschlossen. Dementsprechend verstößt die pauschale Anwendung des § 95 Abs. 2 S. 1 TKG bzw. die Nicht-Erstreckung der Ausnahmevorschrift des § 95 Abs. 2 S. 2 TKG auf die Verarbeitung von Bestandsdaten zum Zwecke der Telefonwerbung ebenso gegen Europarecht, namentlich die DS-GVO, wie § 7 Abs. 2 Nr. 2 UWG. **34**

2. Beachtung der Vollharmonisierung durch die DS-GVO

Der Schutz vor Risiken für natürliche Personen bei der Verarbeitung personenbezogener Daten ist der Maßstab für datenschutzrechtliche Beschränkungen der Datenverarbeitung, vgl. Art. 1 Abs. 1. Das ist das tragende Prinzip des vollharmonisierten Datenschutzes. Bereits Beschränkungen durch die Umsetzung der E-Privacy-RL in nationales Recht, die eben eine solche Bedrohung nicht implizieren, sind bereits aus europarechtlichen Gründen nicht mehr zulässig.[56] **35**

Grenzen sind dem nationalen Gesetzgeber aber erst recht gesetzt, wenn die sektorenspezifischen Normen im nationalen Recht schon gar nicht der Umsetzung der E-Privacy-RL dienen. Das betrifft neben § 95 TKG[57] auch die gesamten datenschutzrechtlichen Vorschriften der §§ 12 ff. TMG. Während es für besondere Regelungen wie § 95 TKG zu Bestandsdaten bei Telekommunikationsunternehmen auch im Lichte der E-Privacy-RL keinen Raum mehr gibt,[58] gilt die DS-GVO ohnehin bereits originär für die Datenverarbeitung im Anwendungsbereich des TMG.[59] Besondere datenschutzrechtliche Regelungen im Telemedien-Umfeld sind daher unnötig.[60] **36**

Aber auch im Kern des Anwendungsbereichs der E-Privacy-RL, namentlich bei den Verkehrs- oder Standortdaten, ist die nationale Implementierung am Maßstab der DS-GVO zu hinterfragen. So **37**

---

53 Vgl. Art. 1 Rn. 27.
54 Vgl. oben Rn. 26; allerdings erhält die E-Privacy-VO-E das Nebeneinander von Einwilligungslösung und Widerspruchslösung für telefonische Werbung in Art. 16 Abs. 1 (Grundsatz der Einwilligungsbedürftigkeit) und Abs. 4 (Ausnahme für Fälle, in denen die Mitgliedsstaaten die Widerspruchslösung gesetzlich vorsehen) auch weiterhin aufrecht und konterkariert damit das Kohärenzbestreben.
55 Vgl. Art. 6 Rn. 192.
56 Vgl. z.B. Rn. 27.
57 Vgl. *Nebel/Richter*, in: ZD 2012, 407, 409, Fn. 17.
58 Vgl. Rn. 27; damit reduziert sich die Bedeutung des Begriffs der „Bestandsdaten" auf eine deskriptive Funktion, etwa als Begriff der Abgrenzung zwischen 6 Abs. 1 lit. b und etwa Art. 6 Abs. 1 lit. f.
59 Vgl. *Laue/Nink/Kremer*, § 3 Rn. 4; zum Umgang mit der Regelung des § 15 Abs. 3 TMG im Lichte des Art. 5 Abs. 3 E-Privacy-RL im Lichte der Cookie-RL, vgl. oben Rn. 30 und 31.
60 Dass das deutsche Datenschutzrecht im TMG bereits unter Geltung der Datenschutz-Richtlinie zu streng und unflexibel umgesetzt ist, hat der EuGH im Urteil vom 19.10.2016, Rs. C 582/14 (Rechtssache „Patrick Breyer vs. Bundesrepublik Deutschland"), EuZW 2016, 909 ff. insb. in Rn. 62, zum Ausdruck gebracht.

ist die restriktive Handhabung der Zweckbindung der §§ 96 ff. TKG, welche gem. § 88 Abs. 3 TKG keinen Raum für die Interessenabwägung gewähren, kritisch zu prüfen. Auf die E-Privacy-RL kann sich diese „absolute" Lösung nicht ohne Weiteres stützen.[61]

38 Bereits nach der heutigen Rechtslage hätten die Mitgliedstaaten die Verarbeitung von Standort- oder Verkehrsdaten ohne Verstoß gegen die E-Privacy-RL unter den Vorbehalt einer Interessenabwägung stellen können.[62] Unter Geltung der DS-GVO wird aus dieser Möglichkeit eine normative Entscheidung. Handelt es sich aber um eine verbindliche europarechtliche Entscheidung, kann der nationale Gesetzgeber davon nicht abweichen.[63] Vorbehaltlich anderslautender normativer Entscheidungen des europäischen Gesetzgebers muss Art. 6 Abs. 1 lit. f daher entweder unmittelbar Anwendung finden oder aber eine gleichlautende, sektorenspezifische Norm aufgenommen werden.

3. Europarechtswidrige Normen im nationalen Recht

39 Setzen Mitgliedstaaten europäisches Recht in unzulässiger Weise um oder erfolgt die Implementierung in nationales Recht unter Verstoß gegen europäisches Recht, stellt sich die Frage, was daraus für die jeweilige mitgliedstaatliche Norm folgt. Materiell-rechtlich könnte die gesamte Norm an sich (europa-)rechtswidrig sein. Eine andere Möglichkeit ist, dass (lediglich) die Anwendung der Norm, dass die Auslegung einer Norm in die eine oder andere Richtung europarechtlich ge- oder verboten ist. Lediglich dann, wenn der Wortlaut einer Norm so eng ist, dass eine europarechtskonforme Anwendung bzw. Auslegung nicht möglich ist, müsste der nationale Gesetzgeber aktiv werden.

40 Um rechtssicher davon auszugehen, dass die Norm oder die Art ihrer Anwendung gegen Europarecht verstößt, bedarf es einer verbindlichen gerichtlichen Entscheidung. Eine solche Entscheidung könnte der Europäische Gerichtshof, etwa im Rahmen eines Vorabentscheidungsverfahrens nach Art. 267 AEUV oder einer Klage der KOM gegen einen Mitgliedstaat nach Art. 258, 260 AEUV den Verstoß einer Norm bzw. ihrer Auslegung gegen Europarecht treffen. In diesem Fall wäre der Mitgliedstaat (und dort entweder der Gesetzgeber bei Verstoß einer Norm insgesamt oder die Verwaltung bei Verstoß einer bestimmten Auslegung bzw. Anwendung gegen Europarecht) zum Handeln verpflichtet. Die Rechtsfolge der *Nichtigkeit* einer nationalen Norm kann der Europäische Gerichtshof demgegenüber nicht herbeiführen. Die Kompetenz zur Verwerfung einer Norm hat in Deutschland ausschließlich das Bundesverfassungsgericht. Dieses kann eine derartige Entscheidung im Rahmen einer Verfassungsbeschwerde nach Art. 93 Abs. 1 Nr. 4a GG, §§ 13 Nr. 8a, 95 Abs. 3 S. 1 BVerfGG oder im Rahmen einer konkreten Normenkontrolle gem. Art. 100 Abs. 1 GG, §§ 13 Nr. 11, 82 Abs. 1, 78 BVerfGG treffen. Kommt es innerhalb eines solchen Verfahrens gerade auf die Vereinbarkeit der entsprechenden Norm oder ihrer Auslegung mit Europarecht an, wird dieser Sachverhalt wiederum im Verfahren nach Art. 267 AEUV vorzulegen sein.

---

61 S.o. Rn. 24; und es ist auch nicht abschließend geklärt, ob die Interessenabwägung aus Art. 6 Abs. 1 lit. (f) der DS-GVO nicht ergänzend anzuwenden ist.

62 Vgl. vorangehende Fn.

63 Vgl. EuGH, aaO.

IV. Bedeutung für Unternehmen[64]

Anbieter öffentlicher Telekommunikationsdienste können sich materiell-rechtlich auf eine Erleichterung der Verarbeitung von Bestandsdaten, insb. für ihre „internen" Zwecke, einstellen. *Insoweit* gilt also das durch die DS-GVO angestrebte einheitliche Datenschutzniveau auch in diesem Sektor. Zudem sprechen schon heute Argumente dafür, dass es europarechtlich unzulässig ist, Verkehrs- und Bestandsdaten prinzipiell von der in Art. 7 lit. f DS-RL vorgesehenen Interessenabwägung auszuschließen. Dies muss umso mehr im Lichte von Art. 6 Abs. 1 lit. f) DS-GVO Geltung beanspruchen. **41**

Ob der nationale Gesetzgeber die europarechtlichen Erwägungen auch tatsächlich umsetzt und rechtzeitig zum Beginn der Wirksamkeit der DS-GVO aktiv wird, ist eine andere Frage. Werden die rechtswidrig erscheinenden Normen nicht angepasst, kann es erforderlich werden, dieses gesetzgeberische Unterlassen rechtlich anzugreifen bzw. angreifen zu lassen. Dies könnte entweder über Rechtsmittel gegen aufsichtsrechtliche Maßnahmen erfolgen, welche sich auf diese Normen stützen, oder aber, indem die KOM motiviert wird, nach Art. 258, 260 AEUV ein Vertragsverletzungsverfahren anzustreben. **42**

Der neue Rechtsrahmen bietet Unternehmen der Telekommunikationsbranche nicht nur Vereinfachungen der materiellen Rechtslage. Sie werden auch aufgefordert, die Anforderungen an die Interessenabwägung nach Art. 6 Abs. 1 lit. f) und ggf. auch die Risikoabschätzung nach Art. 35 umzusetzen. Nur so kann nachgewiesen werden, dass man sich mit den Risiken für die Betroffenen, etwa im Umfeld von Big Data, auch tatsächlich auseinandergesetzt hat und dass diese Risiken auch wirksam und nachhaltig adressiert werden. Umsonst ist der einheitliche Datenschutzrahmen auch für Unternehmen der Telekommunikationsbranche nicht zu haben. **43**

64 Aufgrund der jüngsten Änderungsvorschläge im E-Privacy-Umfeld müssen sich Telekommunikationsunternehmen um die Anpassung ihres Einwilligungsmanagements Gedanken machen bzw. um die Folgen, welche die Außerachtlassung der Erinnerungsfrist nach sechs Monaten haben kann. Für alle Unternehmen mit Online-Auftritt in Deutschland werden die Anforderungen rund um das Setzen von Tracking-Cookies höher werden; denn die deutsche Implementierung der Cookie-Richtlinie, bei welcher einwilligungsfrei (wenn auch mit Widerspruchsmöglichkeit) Cookies gesetzt werden konnten, solange sie nur mit Pseudonymen verknüpft waren, scheint vor dem Aus zu stehen. Zudem wird das Nebeneinander der Anforderungen an die Datenverarbeitung zum Zwecke des Direktmarketing einerseits und an die Durchführung der Marketing-Maßnahmen je nach Ansprachekanälen weiterbestehen. Allerdings wird dies aus deutscher Sicht nicht mehr das Ergebnis unterschiedlicher wettbewerbsrechtlicher und datenschutzrechtlicher Wertungen sein, sondern verschiedener Wertungen innerhalb des europäischen Datenschutzrechts.

Article 96

Relationship with previously concludes Agreements

International agreements involving the transfer of personal data to third countries or international organisations which were concluded by Member States prior to 24 May 2016, and which comply with Union law as applicable prior to that date, shall remain in force until amended, replaced or revoked.

Artikel 96

Verhältnis zu bereits geschlossenen Übereinkünften

Internationale Übereinkünfte, die die Übermittlung personenbezogener Daten an Drittländer oder internationale Organisationen mit sich bringen, die von den Mitgliedstaaten vor dem 24. Mai 2016 abgeschlossen wurden und die im Einklang mit dem vor diesem Tag geltenden Unionsrecht stehen, bleiben in Kraft, bis sie geändert, ersetzt oder gekündigt werden.

Literatur

Ehmann/Selmayr (Hrsg.), Datenschutz-Grundverordnung, 1. Auflage 2017, C.H. Beck München; *Eßer/Kramer/v. Lewinski (Hrsg.)*, Datenschutzgrundverordnung, Bundesdatenschutz und Nebengesetze. Kommentar, 5. Auflage 2017, Carl Heymanns Köln; *Gola (Hrsg.)*, Datenschutz-Grundverordnung, 1. Auflage 2017, C.H. Beck München; *Kühling/Buchner (Hrsg.)*, Datenschutzgrundverordnung, 1. Auflage 2017, C.H. Beck München; *Paal/Pauly*, Datenschutz-Grundverordnung, 1. Auflage 2016, C.H. Beck München; *Plath (Hrsg.)*, BDSG/DSGVO, 2. Auflage 2016, Otto Schmidt, Köln.

Bedeutung der Norm

Klarstellung, dass Übereinkünfte der Mitgliedstaaten mit Drittstaaten oder internationalen Organisationen im Anwendungsbereich der DS-GVO, die Regelungen zur Übermittlung personenbezogener Daten beinhalten und vor dem 24.5.2016 abgeschlossen wurden, vom Inkrafttreten der DS-GVO nicht berührt werden.

Schlagworte

Abkommen der Mitgliedstaaten mit Drittstaaten und internationalen Organisationen.

A. Allgemeines

I. Regelungszweck

1 Die Norm stellt klar, dass das Inkrafttreten der DS-GVO die Gültigkeit von vor dem 24.5.2016 geschlossenen[1] Übereinkünften der Mitgliedstaaten mit Drittstaaten und internationalen Organisationen, welche die Übermittlung von personenbezogenen Daten mit sich bringen, nicht berührt. Die Regelung soll zum einen verhindern, dass die Mitgliedstaaten mit der zeitkritischen Neuverhandlung einer Vielzahl von Abkommen konfrontiert werden und erkennt andererseits an, dass eine Neuverhandlung bzw. Änderung von Abkommen immer der Kooperationsbereitschaft der jeweils anderen Seite bedarf. Letztlich soll die Vorschrift Rechtssicherheit bringen.[2]

1 Näher zur Bestimmung des Zeitpunkts des Abschlusses der Abkommen bzw. Übereinkünfte etwa Kühling/Buchner (Hrsg.), Kühling/Raab, Art. 96, Rn. 3.
2 So auch Piltz, in: Gola (Hrsg.), Artikel 96, Rn. 4.

II. Entstehungsgeschichte

2 Weder im Vorschlag der KOM für eine DS-GVO[3] noch in der Stellungnahme des EP in 1. Lesung vom 12.3.2014[4] war eine Art. 96 vergleichbare Regelung enthalten. Sie wurde erst mit der Allgemeinen Ausrichtung vom 15.6.2015, welche vonseiten des Rates Grundlage für die Trilog-Verhandlungen mit dem EP und der KOM war, in das Gesetzgebungsverfahren eingeführt.[5]

B. Inhalt der Regelung

3 Die Regelung stellt klar, dass vor Inkrafttreten der DS-GVO abgeschlossene internationale Übereinkünfte der Mitgliedstaaten – also nicht solche der Europäischen Union selbst – mit Staaten außerhalb der Europäischen Union (Drittstaaten) oder internationalen Organisationen, bei deren Umsetzung personenbezogene Daten übermittelt werden, unabhängig vom Inkrafttreten oder der Anwendbarkeit der DS-GVO in Kraft bleiben.

4 Aus systematischen Gründen kann sich die Vorschrift nur auf Abkommen beziehen, in deren Zusammenhang personenbezogene Daten zu Zwecken übermittelt werden, die in der DS-GVO genannt werden. Beispiele hierfür können Abkommen zur Vermeidung der Doppelbesteuerung oder Abkommen zur Regelung grenzüberschreitender Sachverhalte im Bereich der Sozialversicherung sein. Die verschiedentlich[6] angeführten Rechtshilfeabkommen eignen sich allerdings nicht als Hauptanwendungs- bzw. Beispielsfall; aus dem hierfür bemühten Artikel 48 lässt sich dies jedenfalls nicht schließen. Hierbei handelt es sich um Abkommen, die nicht in den Anwendungsbereich der VO EU 2016/679, sondern in den der RL EU 2016/680 vom 27.4.2016 zum Schutz natürlicher Personen bei der Verarbeitung personenbezogener Daten durch die zuständigen Behörden zum Zwecke der Verhütung, Ermittlung, Aufdeckung oder Verfolgung von Straftaten oder der Strafvollstreckung sowie zum freien Datenverkehr und zur Aufhebung des Rahmenbeschlusses 2008/977/JI des Rates fallen.

5 Die Rechtsfolge wird unter die Bedingung gestellt, dass solche Abkommen im Einklang mit dem vor dem 24.5.2016 geltenden – und auf das jeweilige Abkommen anwendbaren – Unionsrecht stehen.

6 Die in Art. 96 enthaltene Anordnung, dass die infrage kommenden Abkommen in Kraft bleiben, besteht so lange, bis diese Abkommen „geändert, ersetzt oder gekündigt" werden. Sobald solche Abkommen also in ihrem Bestand teilweise – durch „Änderung" – oder vollständig – durch „Ersetzung" – angetastet werden, müssen die enthaltenen Regelungen zur Verarbeitung personenbezogener Daten mit der DS-GVO bzw. dem deren Anwendung sicherstellenden mitgliedstaatlichen Recht in Einklang gebracht werden. Die Fiktion der Weitergeltung von – ggf. mit der DS-GVO nicht vereinbaren – Regelungen in Abkommen begegnet trotz der verständlichen Zielrichtung der Regelung vor allem im Hinblick auf Artikel 351 AEUV gewissen unionsrechtlichen Bedenken[7]. Der Vorrang des EU Rechts, an den die Mitgliedstaaten auch im Verkehr mit Drittstaaten und internationalen Organisationen gebunden sind, bringt es mit sich, dass die Mitgliedstaaten auf die Anpassung zumindest evident mit der DS-GVO nicht vereinbarer datenschutzrechtlicher Regelungen hinwirken sollten. Ob die praktische Bedeutung der Vorschrift allerdings schon dadurch geschmälert wird, dass Datenübermittlungen auf Grundlage solcher Abkommen immer auch die Vorschriften der DS-GVO einzuhalten haben[8], erscheint zumindest in dieser Pauschalität ohne Ansehung der konkreten Regelungen im Abkommen zweifelhaft.

3 KOM(2012) 11 endgültig v. 25.1.2012.
4 P7_TA(2014)0212.
5 Vorbereitendes Ratsdokument 9565/15, 11.6.2015, dort Art. 89a.
6 Paal/Pauly (Hrsg.), *Pauly*, Art. 96, Rn 8., Gola (Hrsg.), *Piltz*, Artikel 96, Rn. 6.
7 So auch Piltz, in: Gola (Hrsg.), Artikel 96, Rn 10 f.
8 So Zerdick, in: Ehmann/Selmayr (Hrsg.), Art. 96, Rn. 1.

Article 97

Commission reports

1. By 25 May 2020 and every four years thereafter, the Commission shall submit a report on the evaluation and review of this Regulation to the European Parliament and to the Council. The reports shall be made public.

2. In the context of the evaluations and reviews referred to in paragraph 1, the Commission shall examine, in particular, the application and functioning of:
   (a) Chapter V on the transfer of personal data to third countries or international organisations with particular regard to decisions adopted pursuant to Article 45(3) of this Regulation and decisions adopted on the basis of Article 25(6) of Directive 95/46/EC;
   (b) Chapter VII on cooperation and consistency.

3. For the purpose of paragraph 1, the Commission may request information from Member States and supervisory authorities.

4. In carrying out the evaluations and reviews referred to in paragraphs 1 and 2, the Commission shall take into account the positions and findings of the European Parliament, of the Council, and of other relevant bodies or sources.

5. The Commission shall, if necessary, submit appropriate proposals to amend this Regulation, in particular taking into account of developments in information technology and in the light of the state of progress in the information society.

Artikel 97

Berichte der Kommission

(1) Bis zum 25. Mai 2020 und danach alle vier Jahre legt die Kommission dem Europäischen Parlament und dem Rat einen Bericht über die Bewertung und Überprüfung dieser Verordnung vor. Die Berichte werden öffentlich gemacht.

(2) Im Rahmen der Bewertungen und Überprüfungen nach Absatz 1 prüft die Kommission insbesondere die Anwendung und die Wirkungsweise

a) des Kapitels V über die Übermittlung personenbezogener Daten an Drittländer oder an internationale Organisationen insbesondere im Hinblick auf die gemäß Artikel 45 Absatz 3 der vorliegenden Verordnung erlassenen Beschlüsse sowie die gemäß Artikel 25 Absatz 6 der Richtlinie 95/46/EG erlassenen Feststellungen,
b) des Kapitels VII über Zusammenarbeit und Kohärenz.

(3) Für den in Absatz 1 genannten Zweck kann die Kommission Informationen von den Mitgliedstaaten und den Aufsichtsbehörden anfordern.

(4) Bei den in den Absätzen 1 und 2 genannten Bewertungen und Überprüfungen berücksichtigt die Kommission die Standpunkte und Feststellungen des Europäischen Parlaments, des Rates und anderer einschlägiger Stellen oder Quellen.

(5) Die Kommission legt erforderlichenfalls geeignete Vorschläge zur Änderung dieser Verordnung vor und berücksichtigt dabei insbesondere die Entwicklungen in der Informationstechnologie und die Fortschritte in der Informationsgesellschaft.

Recital

(17) Regulation (EC) No 45/2001 of the European Parliament and of the Council applies to the processing of personal data by the Union institutions, bodies, offices and agencies. Regulation (EC) No 45/2001 and other Union legal acts applicable to such processing of personal data should be adapted to the principles and rules established in this Regulation and applied in the light of this Regulation. In order to pro-

Erwägungsgrund

(17) Die Verordnung (EG) Nr. 45/2001 des Europäischen Parlaments und des Rates gilt für die Verarbeitung personenbezogener Daten durch die Organe, Einrichtungen, Ämter und Agenturen der Union. Die Verordnung (EG) Nr. 45/2001 und sonstige Rechtsakte der Union, die diese Verarbeitung personenbezogener Daten regeln, sollten an die Grundsätze und Vorschriften der vorliegenden Verordnung

Recital	Erwägungsgrund
vide a strong and coherent data protection framework in the Union, the necessary adaptations of Regulation (EC) No 45/2001 should follow after the adoption of this Regulation, in order to allow application at the same time as this Regulation.	angepasst und im Lichte der vorliegenden Verordnung angewandt werden. Um einen soliden und kohärenten Rechtsrahmen im Bereich des Datenschutzes in der Union zu gewährleisten, sollten die erforderlichen Anpassungen der Verordnung (EG) Nr. 45/2001 im Anschluss an den Erlass der vorliegenden Verordnung vorgenommen werden, damit sie gleichzeitig mit der vorliegenden Verordnung angewandt werden können.

Literatur

Calliess/Ruffert (Hrsg.), EUV/AEUV-Kommentar, 4. Auflage 2011, C.H. Beck München; *Gola/Schomerus*, BDSG-Kommentar, 12. Auflage 2015, C.H. Beck München.

▶ Bedeutung der Norm

Die Vorschrift stellt eine regelmäßige Kontrolle seitens der Kommission sicher, dass die Verordnung angemessen umgesetzt wird, damit einem Änderungs- oder Aktualisierungsbedarf zeitnah Rechnung getragen werden kann.

▶ Hinweise für den Anwender

Für die Norm relevante Definitionen:
- Übermittlung als Form der „Verarbeitung" personenbezogener Daten (Art. 4 Nr. 2 i. V. m. Nr. 1), Aufsichtsbehörde (Art. 4 Nr. 21), internationale Organisationen (Art. 4 Nr. 26).

Für die Auslegung der Norm relevante Erwägungsgründe:
- EG 17.

Systematische Einordnung der Norm innerhalb der DS-GVO:
- Spezieller Bezug auf Kapitel V (Übermittlung personenbezogener Daten an Drittländer und an internationale Organisationen) und Kapitel VII (Zusammenarbeit und Kohärenz).

Vorgängernorm der RL 95/46:
- Art. 33 RL 95/46/EG.

▶ Schlagworte

Anforderungen von Informationen durch die Kommission, Bericht der Kommission, Bewertung der Grundverordnung, Überprüfung der Grundverordnung, Unabhängigkeit von Aufsichtsbehörden, Vorschläge der Kommission zur Änderung der Grundverordnung

A. Allgemeines

I. Regelungszweck

1 Zu den allgemeinen Aufgaben der Kommission zählt die Überwachung der Anwendung des Unionsrechts (Art. 17 Abs. 1 Satz 3 EUV) als Teil ihrer allgemeineren Verpflichtung, für die Anwendung des Primär- und darauf basierenden weiteren, sekundären oder tertiären EU-Rechts zu sorgen (Art. 17 Abs. 1 Satz 2 EUV); daraus können sich auch, im Zuge der Förderung der Interessen der Union, Anlässe ergeben, Initiativen für neue Rechtsakte zu ergreifen (Art. 17 Abs. 1 Satz 1 und Abs. 2 EUV). Im Sinne des Gebots loyaler Zusammenarbeit (Art. 13 Abs. 2 Satz 2 EUV) werden bei der Evaluierung der DS-GVO die beiden anderen Hauptrechtsetzungsorgane, Europäisches Parlament und Rat (s. Art. 289 AEUV), nicht nur über das Ergebnis der Überprüfung informiert (Art. 97 Abs. 1 1 Satz 1), sondern bereits bei der Erstellung des Berichts einbezogen (Abs. 4). Für die bestmögliche Erfüllung ihrer Berichtspflicht muss die Kommission auch möglichst ungehindert alle relevanten Quellen (Personen, Stellen, Daten) heranziehen und nötigenfalls von ihren Informationsbefugnissen (s. Art. 337 AEUV) Gebrauch machen können (Art. 97 Abs. 3, 4). Die Veröffentlichung der nach Art. 97 zu erstattenden Berichte setzt das Transparenzgebot nach Art. 15 Abs. 1 AEUV um und hat eine Parallele in der Publikation der Jahresberichte der Kommission gemäß Art. 249 Abs. 2 AEUV.

II. Normadressaten

2 Primär verpflichtet ist die Kommission zunächst zur Erarbeitung und Verbreitung der regelmäßig zu erstattenden Berichte (Abs. 1, 2), zum anderen im Hinblick auf Änderungsvorschläge nach Abs. 5. Von den Kommissionsbefugnissen betroffen sind sodann nach Abs. 3 sowohl Mitgliedstaaten als auch (nationale) Aufsichtsbehörden (Art. 4 Nr. 21). Sofern Letztere nicht schon nach nationalem Recht die erforderlichen Kompetenzen zur eigenen Informationserhebung und -übermittlung haben, lässt sich aus Abs. 3 eine Verpflichtung herleiten, nationale Gesetze entsprechend anzupassen bzw. zu ergänzen. Wer neben den Aufsichtsstellen Adressat von Auskunftsverlangen der Kommission ist, ergibt sich erst aus innerstaatlichen Zuständigkeitsregelungen.

III. Systematik

3 Art. 97 bezieht sich auf die gesamte Grundverordnung; besonders hervorgehoben werden (in Abs. 2) Kapitel V und VII. Nur insoweit wird die Aufgabe auch explizit auf „Anwendung und Wirkungsweise" (Rn. 8) erstreckt. Bei Kapitel V werden explizit (bisherige) Feststellungen und (künftige) Beschlüsse bezüglich eines angemessenen Datenschutzniveaus in bestimmten Drittländern genannt; sie werden damit in die Bewertungs- und Überprüfungspflicht einbezogen.

IV. Entstehungsgeschichte

4 Bereits Art. 33 Abs. 1 RL 95/46/EG normierte eine regelmäßige Berichtspflicht gegenüber Parlament und Rat in einem Turnus von drei Jahren und sah sogar deren Verknüpfung mit (beizufügenden) geeigneten Änderungsvorschlägen vor; auch eine Publikation des Berichts wurde gefordert. Abs. 2 glich dem heutigen (Art. 97) Abs. 5 insoweit, wie schon dort gefordert wurde, bei Novellierungen die „Entwicklung der Informationstechnologie und der Arbeiten über die Informationsgesellschaft" zu berücksichtigen. Als spezieller Aspekt der Prüfung wurde die Anwendung des Rechtsaktes auf die „Verarbeitung personenbezogener Bild- und Tondaten" hervorgehoben. Zur Vorgehensweise bei der Erarbeitung des Berichts bestanden noch keine Regelungen.

Art. 90 KOM-E[1] knüpfte eng an die Regelung der Richtlinie (Rn. 4) an, wechselte allerdings zu einem 4-Jahres-Rhythmus und präzisierte die Aufgabe der Kommission im Sinne einer Bewertung und Überprüfung. Das Parlament ließ diesen Vorschlag unverändert. Erst im weiteren Verlauf wurden die jetzigen Abs. 3 und 4 auf- und zugleich, wohl angesichts des gewachsenen Text-Umfangs, eine Gliederung in Absätze vorgenommen.[2] Die politische Einigung vom Dezember 2015[3] enthielt sogar sechs Absätze, zwei davon wurden schließlich in einen einzigen, den finalen Absatz 1, zusammengefasst. 5

B. Inhalt der Regelung

I. Bewertungs- und Überprüfungspflichten der Kommission

1. Gegenstand, Art und Kriterien der Berichterstattung (Abs. 1 Satz 1, Abs. 2)

Die Berichtspflicht bezieht sich nach Abs. 1 Satz 1 auf „diese" Verordnung – deren „Anwendung" und „Wirkungsweise" (Rn. 8 f.). Es werden also einerseits weder einzelne Kapitel oder Vorschriften ausgenommen noch andererseits (vorbehaltlich des Abs. 2) Regelungen/Maßnahmen außerhalb der Grundverordnung erfasst. Abs. 2 präzisiert (d. h. erweitert und vertieft teilweise, ohne deren „Rahmen" zu sprengen) die Bewertungs- und Überprüfungspflicht (Rn. 7) im Hinblick auf zwei Kapitel der Verordnung. Als obligatorische Gegenstände einer Kontrolle werden Kapitel VII (Art. 60 bis 76) über Zusammenarbeit und Kohärenz sowie Kapitel V (Art. 44 bis 50) über die Übermittlung personenbezogener Daten an Drittländer oder an internationale Organisationen genannt, jedoch nur beispielhaft. Bei Kapitel V ist zudem besonderes Augenmerk zu legen auf spezifische Durchführungsrechtsakte, sowohl nach neuem Recht (Art. 45 Abs. 3) als auch solche auf der Grundlage der RL 95/46/EG (Art. 25 Abs. 6). 6

Die Grundverordnung erfasst die momentane bzw. bisherige Lebenswirklichkeit des Umgangs mit personenbezogenen Daten und wird daher durch neue Entwicklungen in Technik und Gesellschaft (s. Abs. 5) mehr oder weniger rasch an Aktualität einbüßen. Bei einem Blick auf die aktuelle Rechtsanwendung können und werden sich aber auch bereits in der aktuellen Fassung enthaltene Lücken, Defizite und Schwächen zeigen, die bei der Rechtsetzung nicht erkannt oder nicht (hinreichend) berücksichtigt worden sind. Beide Umstände rechtfertigen, ja, erfordern eine möglichst umfassende und sach-/fachkundige Überprüfung der Anwendungspraxis in regelmäßigen Abständen. Dass diese Vorgehensweise im Normtext von Abs. 1 wie von Abs. 2 erst nach einer „Bewertung" genannt wird, ist unschädlich. Eine Bewertung des jeweiligen Zustands ist einerseits schon nötig, um Art und Ausmaß einer notwendigen oder zweckmäßigen „Überprüfung" festzulegen, aber auch nach dem Abschluss dieses Vorgangs erforderlich, nicht zuletzt als Basis für die Erarbeitung von Änderungsvorschlägen nach Abs. 5. Während bei der Überprüfung vorab ein tatsächlicher Vergleich zwischen positivem Recht und dessen Anwendung in der Praxis erfolgt, dabei aber auch die Übereinstimmung festgestellt oder bei deren Fehlen nach Gründen hierfür gefragt wird, ist für die Bewertung Klarheit über den aktuellen oder künftigen normativen Maßstab wesentlich. Dieser ergibt sich aus geltendem EU-Primärrecht, aber auch aus gemeinsamen rechtspolitischen Vorstellungen der Mitgliedstaaten bzw. der Aufsichtsbehörden. Die Kommission ist für eine derartige Kontrollaufgabe als einer der Motoren der europäischen Integration prädestiniert. 7

Die zu Beginn von Abs. 2 genannten Kategorien „Anwendung" und „Wirkungsweise" finden nicht nur im Rahmen der in diesem Absatz genannten Bereiche von Überprüfung und Bewertung Anwendung, sondern stecken generell den Rahmen der Kontrollbefugnis ab. Der Schwerpunkt einer Anwendungskontrolle liegt auf der Prüfung, ob relevante Regelungen überhaupt, ob sie 8

---

1 KOM(2012)11 endgültig v. 25.1.2012.
2 Rats-Dok. Nr. 9565/15 v. 11.6.2015.
3 Rats-Dok. Nr. 5455/16 v. 28.1.2016.

richtig und fristgerecht, also rechtmäßig implementiert werden, zusätzlich aber auch in der Suche nach bzw. in dem Erkennen von Fehlerquellen. Auch korrekter Vollzug bzw. ordnungsgemäßes Befolgen von Rechtsvorschriften kann jedoch nicht selten andere als die von den rechtsetzenden Organen bei Erlass einer Vorschrift intendierten Wirkungen hervorrufen. Umgekehrt können sich bei rechtswidrigem Verhalten unvorhergesehene Wirkungen zeigen oder auch Praktiken einer Gesetzesumgehung deutlich werden, denen Einhalt geboten werden muss.

9 Die Hervorhebung von zwei Bereichen (Kapiteln) der Grundverordnung bedeutet nicht, dass insoweit Besonderheiten bei der Bewertungs- und Überprüfungspflicht gelten. Die Nennung von Kapitel VII erklärt sich daraus, dass bei den dort eingestellten Regelungen vielfach Neuland betreten wurde und daher ein erhöhtes Interesse daran besteht, etwaige Irrtümer, Mängel oder Schwächen zu erkennen und zu korrigieren. Insoweit erscheint ein Zeitraum von vier Jahren zumindest für die Durchführung einer ersten Kontrolle und Berichterstattung eher als zu lang (Rn. 13). Bei Kapitel V dagegen dürfte die politische Brisanz des Datenverkehrs in und aus dem EU-Raum für den ausdrücklichen Hinweis auf einen insoweit bestehenden Kontrollbedarf maßgeblich sein.

2. Kommission als berichtspflichtige Stelle

10 Die Zuständigkeit der Kommission im Bereich von Art. 97 entspricht nicht nur der bisherigen Regelung, wahrt also Kontinuität, sondern fügt sich auch in das allgemeine Aufgabenspektrum dieses EU-Organs nahtlos sein (Art. 17 Abs. 1 Sätze 2, 3 EUV, Art. 249 Abs. 2 AEUV; Rn. 1). Eine weithin deckungsgleiche Vorschrift enthält Art. 62 Abs. 1 bis 5 der Richtlinie (EU) 2016/680[4]. Die konkrete Zuordnung innerhalb der Kommission sowie Eckpunkte zum Verfahren auch bei der Erstellung und Beschlussfassung über einen Bericht ergeben sich aus Art. 248 und Art. 250 AEUV.

3. Adressaten der Berichte

a) Andere Unionsorgane

11 Die direkte Übermittlung des Berichtstextes an die beiden anderen EU-Hauptorgane Parlament und Rat rechtfertigt sich vor allem, aber nicht nur aus deren Rolle bei der (gegebenenfalls in der Folge anstehenden) Änderungsgesetzgebung (Rn. 1). Ein wichtiger Grund ist auch eine sachgerechte Gestaltung der Außenbeziehungen (im Hinblick auf Kapitel V, zudem bezüglich bestehender wie auch neu zu schließender internationaler Übereinkünfte), bei denen vor allem der Rat eine zentrale Funktion hat (s. Art. 218 AEUV). Die Information muss unmittelbar nach Fertigstellung des Berichts (bzw. Billigung des Textes durch die Kommission) erfolgen. „Vorlage" beinhaltet mehr als nur mündliche Unterrichtung, der betreffende Text muss aber nicht als Print-, sondern kann auch als elektronisches Dokument übergeben werden (vgl. zu elektronischem Informationsaustausch etwa Art. 60 Abs. 12, 61 Abs. 6, 64 Abs. 4).

b) Öffentlichkeit

12 Abs. 1 Satz 1 fordert darüber hinaus eine Veröffentlichung, besagt aber nichts weiter über deren Art, Ort und Zeitpunkt. Berichtstexte dürfen nicht vor ihrer Übermittlung an Rat und Parlament (Rn. 11) öffentlich zugänglich gemacht werden. Ein Druck ist nicht geboten, es genügt, ein elektronisches Dokument auf der Website der Kommission einzustellen und darüber in der generell für Aktualitäten üblichen Weise zu informieren. Mit dem Publikationsgebot als Ausfluss des Transparenzgrundsatzes wäre unvereinbar, einen Zugriff nur unter bestimmten Voraussetzungen zu ermöglichen, insbesondere gegen Entgelt oder gegen Preisgabe von Nutzerdaten, deren Kenntnis für die Zugangseröffnung nicht benötigt wird.

---

4 Richtlinie (EU) 2016/680 des Europäischen Parlaments und des Rates v. 27.4.2016 zum Schutz natürlicher Personen bei der Verarbeitung personenbezogener Daten durch die zuständigen Behörden zum Zwecke der Verhütung, Ermittlung, Aufdeckung oder Verfolgung von Straftaten oder der Strafvollstreckung sowie zum freien Datenverkehr und zur Aufhebung des Rahmenbeschlusses 2008/977/JI, ABl. EU Nr. L 119 v. 4.5.2016, S. 89.

4. Form und Fristen der Berichterstattung

Zur bisherigen Richtlinie (95/46/EG) bzw. zu deren „Durchführung" legte die Kommission erstmals 2003[5] einen Bericht vor. Da keine weiteren folgten, kann dieser kaum als Muster einer Berichterstattung nach neuem Recht dienen. Immerhin scheint dies dazu geführt zu haben, dass die bisher „regelmäßig" zu erfüllende Verpflichtung nunmehr als periodische, in bestimmten Abständen fällige Pflicht formuliert wurde; ein exaktes Datum wird freilich nur für die Vorlage des ersten Berichts genannt. Der ab diesem Zeitpunkt (25.5.2020, also zwei Jahre, nachdem die Grundverordnung rechtswirksam wird, Art. 99 Abs. 2) festgelegte Zeitraum von vier Jahren ist sicher eher einzuhalten als der kürzere, für den Erstbericht vorgesehene. Die Kommission wird jedenfalls durch Art. 97 nicht daran gehindert, jederzeit möglichen Missständen nachzugehen und dann gegebenenfalls unabhängig von Abs. 5 Initiativen zu einer Rechtsänderung zu ergreifen (Art. 17 Abs. 1 Satz 1, Abs. 2 EUV). 13

II. Erstellung des Berichts (Abs. 3, 4)

1. Verfahrensweise der Kommission

Art. 97 enthält keine näheren Vorgaben, auf welche Weise die Kommission verfahren darf oder soll, wenn sie die ihr obliegenden Überprüfungen und Bewertungen vornimmt. Der in Abs. 1 genannte Zweck bestimmt letztlich die Wahl der zulässigen Mittel bzw. den notwendigen Einsatz von Personal- und anderen Ressourcen. Die Kommission ist bei der Zusammenstellung von Informationen nicht nur auf die bei ihr selbst oder anderen EU-Organen, -Einrichtungen oder -Stellen vorhandenen (bzw. von diesen gelieferten) Daten oder Erkenntnisse beschränkt. Abs. 4 stellt aber klar, dass solche Informationen herangezogen werden dürfen und sollen, unabhängig davon, ob sie von dort aktiv übermittelt (etwa nach Art. 71 seitens des Ausschusses) oder erst auf Nachfrage hin vorgelegt werden. Abs. 3 nennt darüber hinaus ausdrücklich „einschlägige" externe „Stellen", nämlich EU-Mitgliedstaaten und (deren) „Aufsichtsbehörden" (Rn. 2). Insoweit wird eine Auskunftsbefugnis der Kommission begründet bzw. bekräftigt, die nach Art und Ausmaß nur durch den weiten Rahmen von Abs. 1 begrenzt wird, also nicht weiter reicht, als der Zweck der Berichtspflicht dies erfordert. Die Ausübung dieser Befugnis unterliegt insoweit gerichtlicher Kontrolle durch den EuGH (Rn. 19). 14

2. Mitwirkung anderer Stellen

Sowohl Abs. 3 als auch Abs. 4 regeln nicht nur die Verfahrensweise der Kommission, sondern erlegen auch unterschiedlichen Dritten komplementäre Mitwirkungspflichten bei der Materialsammlung auf. Dabei ist zwar innerhalb der Union und deren Rechtsordnung eine gegenseitige Kooperationspflicht zumindest der EU-Organe normiert (Art. 13 Abs. 2 Satz 2 EUV; Rn. 1) und darüber hinaus erfasst (und verpflichtet) Abs. 4 auch andere Einrichtungen oder sonstige Stellen, wenn und soweit sie für die Datenschutzpraxis einschlägig sind, wie insbesondere den Ausschuss (Art. 68). Diese müssen daher zumindest entsprechende Auskunftsverlangen prüfen und beantworten (Rn. 13). Für mitgliedstaatliche Stellen hingegen ist eine Auskunftspflicht nur dem Grunde nach und bei entsprechender Aufforderung seitens der Kommission vorgesehen. Wie dem nachgekommen wird, ergibt sich auch bei (nationalen) Aufsichtsbehörden aus dem jeweiligen staatlichen Organisations- und Verfahrensrecht, in Deutschland bisher aus § 4b (Abs. 1 Nr. 3) BDSG oder aus Landesdatenschutzgesetzen (etwa aus § 14 [Abs. 1] SächsDSG[6], woran auch Folgeregelungen anknüpfen können. 15

5 KOM(2003) 265 endgültig v. 15.5.2003.
6 Sächsisches Datenschutzgesetz v. 25.8.2003 (SächsGVBl., S. 330), zuletzt geändert durch Art. 17 des Gesetzes v. 29.4.2015 (SächsGVBl., S. 349).

III. Bericht als Basis für Änderungsvorschläge (Abs. 5)

1. Voraussetzungen und Vorgaben

16 Abs. 5 ist zwar gesetzessystematisch Teil der Berichtsregelung, verlangt aber nicht, dass im jeweiligen Bericht selbst schon ein (gar noch ausformulierter) Rechtsänderungsvorschlag unterbreitet wird. Der Normtext stellt keine zwingende zeitliche oder sachliche Verknüpfung zwischen Feststellen eines Defizits und einer Initiative zur Beseitigung her, sondern beschränkt dies auf „erforderliche" Fälle, wobei die Kommission befindet, ob sie diese für gegeben erachtet. Eine eher allgemeine inhaltliche Zielrichtung, auch sie aber nur als „Berücksichtigungs"-Gebot, erfolgt allerdings dadurch, dass Änderungen „die Entwicklungen in der Informationstechnologie" und „die Fortschritte in der Informationsgesellschaft" einbeziehen müssen. Diese beiden breiten Formulierungen sollten alles Wesentliche abdecken, weil sie sowohl Objekte als auch Formen des Datenverkehrs erfassen; „insbesondere" stellt dann nur noch klar, dass es auch weitere legitime Gründe geben kann, das geltende Datenschutzrecht zu reformieren.

2. Verhältnis von Art. 97 zu Art. 98

17 Zwischen Art. 97 Abs. 5 und Art. 98 besteht ein Ergänzungsverhältnis. Auf Erkenntnissen über Anwendungsdefizite oder (technisch) veraltete Regelungen soll zeitnah durch Änderungen/ Ergänzungen der Grundverordnung reagiert werden können; die derzeit geltenden Bestimmungen sollen aber auch möglichst rasch einheitlich und kohärent gestaltet werden, indem Abweichungen vom „Modell" der Grundverordnung in anderen Rechtsakten so bald und so weit wie möglich beseitigt werden (Art. 98 Rn. 9 f.).

C. Weitere Auswirkungen der Verordnung in der Praxis

I. Kontrolle ordnungsgemäßer Erfüllung der Berichtspflichten

18 Kommt die Kommission, wie dies während der Geltung der RL 95/46/EG anscheinend der Fall war (Rn. 13), ihrer Berichtspflicht nicht frist- und ordnungsgemäß nach, käme letztlich eine Untätigkeitsklage zum EuGH in Betracht, die sowohl ein Mitgliedstaat als auch ein anderes EU-Organ erheben könnte, wenn eine vorherige Mahnung nichts fruchtet (Art. 265 AEUV). Voraussetzung dafür ist allerdings, dass eine „Verletzung der Verträge" auch dann vorliegen kann, wenn rechtswirksamem Sekundärrecht nicht Folge geleistet wird.[7]

II. Rechtsschutz gegen Auskunftsverlangen der Kommission

19 Fordert die Kommission nach Abs. 5 einen Mitgliedstaat oder eine nationale Aufsichtsbehörde verbindlich zur Übermittlung von Information auf, können sich die Adressaten einer solchen Handlung durch Nichtigkeitsklage zum EuGH zur Wehr setzen (Art. 263 AEUV). Erwägt eine individuell und direkt durch ein Auskunftsverlangen betroffene Aufsichtsbehörde die Klageerhebung, so ist diese freilich nicht immer oder notwendig „juristische Person" im Sinne von Art. 263 Abs. 3: Ein solcher Status ergibt sich nicht schon aus dem Erfordernis der „Unabhängigkeit" (nach Art. 51 Abs. 1 und Art. 52), zudem fällt die formale Qualifizierung im Verhältnis zum eigenen Staat in die Kompetenz des staatlichen Gesetzgebers. Letztlich muss die Frage der Parteifähigkeit vor Unionsgerichten nach Unionsrecht bestimmt werden.[8] Die dort normierte Sonderrolle der unabhängigen Aufsichtsbehörden würde beeinträchtigt, wenn diese auch dann, wenn sie selbst zu Informationsherausgabe veranlasst werden sollen, darauf verwiesen würden, „ihrem" Mitgliedstaat stehe ja auch in diesem Fall ein Klagerecht zu. Denn gerade hier könnten Interessen der Datenschutzaufsicht und andere nationale Interessen kollidieren. Auch wenn eine nationale

7 So EuGH, Beschl. v. 5.9.2013, Rs. C-64/13 P (H-Holding/Europäisches Parlament), Rn. 17, ECLI:EU:C:2013:557.
8 Vgl. Calliess/Ruffert, Cremer, Art. 265 AEUV Rn. 27.

Aufsichtsbehörde daher nicht als rechtsfähige Institution errichtet ist (wie in Deutschland oberste Bundesbehörde, § 22 Abs. 5 Satz 1 BDSG[9]), sollte sie also um Rechtsschutz vor dem EuGH nachsuchen können.

9 Zur Neuregelung (durch Art. 1 Nr. 9 f) des Zweiten Gesetzes zur Änderung des BDSG v. 25.2.2015, BGBl. I 2015, S. 162) s. BT-Drs. 18/2848 v. 13.10.2014, S. 16; in der Neufassung 2017 § 8 Abs. 1.

Article 98

Review of other Union legal acts on data protection

The Commission shall, if appropriate, submit legislative proposals with a view to amending other Union legal acts on the protection of personal data, in order to ensure uniform and consistent protection of natural persons with regard to the processing. This shall in particular concern the rules relating to the protection of natural persons with regard to the processing by Union institutions, bodies, offices and agencies and on the free movement of such data.

Artikel 98

Überprüfung anderer Rechtsakte der Union zum Datenschutz

Die Kommission legt gegebenenfalls Gesetzgebungsvorschläge zur Änderung anderer Rechtsakte der Union zum Schutz personenbezogener Daten vor, damit ein einheitlicher und kohärenter Schutz natürlicher Personen bei der Verarbeitung sichergestellt wird. Dies betrifft insbesondere die Vorschriften zum Schutz natürlicher Personen bei der Verarbeitung solcher Daten durch die Organe, Einrichtungen, Ämter und Agenturen der Union und zum freien Verkehr solcher Daten.

Recital

(17) Regulation (EC) No 45/2001 of the European Parliament and of the Council[1] applies to the processing of personal data by the Union institutions, bodies, offices and agencies. Regulation (EC) No 45/2001 and other Union legal acts applicable to such processing of personal data should be adapted to the principles and rules established in this Regulation and applied in the light of this Regulation. In order to provide a strong and coherent data protection framework in the Union, the necessary adaptations of Regulation (EC) No 45/2001 should follow after the adoption of this Regulation, in order to allow application at the same time as this Regulation.

Erwägungsgrund

(17) Die Verordnung (EG) Nr. 45/2001 des Europäischen Parlaments und des Rates[1] gilt für die Verarbeitung personenbezogener Daten durch die Organe, Einrichtungen, Ämter und Agenturen der Union. Die Verordnung (EG) Nr. 45/2001 und sonstige Rechtsakte der Union, die diese Verarbeitung personenbezogener Daten regeln, sollten an die Grundsätze und Vorschriften der vorliegenden Verordnung angepasst und im Lichte der vorliegenden Verordnung angewandt werden. Um einen soliden und kohärenten Rechtsrahmen im Bereich des Datenschutzes in der Union zu gewährleisten, sollten die erforderlichen Anpassungen der Verordnung (EG) Nr. 45/2001 im Anschluss an den Erlass der vorliegenden Verordnung vorgenommen werden, damit sie gleichzeitig mit der vorliegenden Verordnung angewandt werden können.

▶ Bedeutung der Norm

Die Vorschrift regelt das Ziel (Einheitlichkeit, Kohärenz) und das Vorgehen bei einer Anpassung anderer Unionsrechtsakte.

▶ Hinweise für den Anwender

Für die Norm relevante Definition:

- Verarbeitung personenbezogener Daten (Art. 4 Nr. 2 i. V. m. Nr. 1).

1 Regulation (EC) No 45/2001 of the European Parliament and of the Council of 18 December 2000 on the protection of individuals with regard to the processing of personal data by the Community institutions and bodies and on the free movement of such data, OJ L 8, 12.1.2001, p. 1.

Für die Auslegung der Norm relevante Erwägungsgründe:
- EG 17.

Querbezüge zu anderen Normen:
- VO (EG) Nr. 45/2001, Art. 62 Abs. 2, 6 RL (EU) 2016/680.

Schlagworte

Einheitlicher Schutz natürlicher Personen bei der Datenverarbeitung, Grundsätze und Vorschriften der Grundverordnung, internationale Übereinkünfte der Union, Kohärenz, Rechtsakte der Union zum Schutz personenbezogener Daten

A. Allgemeines

I. Regelungszweck

1 Die Kommission hat im Rahmen ihres umfassenden Mandats die „allgemeinen Interessen der Union" zu fördern und „geeignete Initiativen" zu diesem Zweck zu ergreifen (Art. 17 Abs. 1 Satz 1 EUV). Bereits aufgrund des EU-Primärrechts hat sie im Regelfall die alleinige Zuständigkeit, Gesetzgebungsakte (Art. 289 Abs. 3 AEUV) vorzuschlagen (Initiativmonopol, Art. 17 Abs. 2 Satz 1 EUV). Art. 98 bezieht sich auf diese Kompetenz und präzisiert, warum und wozu eine Anpassung anderer Unionsregelungen zum Datenschutz angezeigt erscheint. Sichergestellt werden soll damit zum einen ein „einheitlicher" Schutz. Dies stellt eine Verknüpfung zu Art. 16 Abs. 1 AEUV sowie zur grundrechtlichen Gewährleistung in Art. 8 EuGRCh her. Bereits im Hinblick auf die Differenzierung in Art. 16 (Abs. 2, 3) AEUV gegenüber Art. 39 EUV nötigt diese Vorgabe jedoch nicht auch zu einer Uniformität der Handlungsform, etwa in Gestalt des Vorschlags/Erlassens allein von Verordnungen (Art. 288 Abs. 2 AEUV). „Kohärenter" bzw. konsistenter Schutz bezieht sich auf das in Art. 7 AEUV normierte (und auch in Art. 11 Abs. 3, 13 Abs. 1 UAbs. 1 EUV erwähnte) Prinzip bzw. dessen Zielrichtung, dass „Politiken und Maßnahmen" der EU insgesamt, d. h. nicht nur intern (s. dritter Teil des AEUV, Art. 26 ff.), sondern auch in den Außenbeziehungen, möglichst widerspruchsfrei auszugestalten sind.

II. Normadressaten

2 Die in Art. 98 vorausgesetzte, nur in der Überschrift zur Vorschrift genannte Überprüfungspflicht und der Auftrag zu auf deren Resultat gestützten Rechtsetzungsinitiativen richten sich allein an die Kommission.

III. Systematik

3 Auf Art. 98 wird explizit in Art. 2 Abs. 3 Satz 2 Bezug genommen, nachdem dort zunächst in Satz 1 klargestellt ist, dass für Datenverarbeitung durch EU-Organe und andere Stelle weiterhin

die Verordnung (EG) Nr. 45/2001[2] gilt. Sodann wird aber für diesen wie für andere relevante EU-Rechtsakte eine Pflicht zur Anpassung an die „Grundsätze und Vorschriften" der Grundverordnung „im Einklang mit" Art. 98 statuiert. Eine parallele Vorschrift enthält RL (EU) 2016/680[3] in Art. 62 Abs. 6.

IV. Entstehungsgeschichte

4 In den Schlussbestimmungen des Kommissionsvorschlags vom Januar 2012[4] war noch keine Vorgängerregelung zu Art. 98 enthalten. In der Vorschrift über Bewertung (Art. 90 KOM-E; jetzt Art. 97) wurde der Kommission aber auferlegt (in Satz 4), „geeignete" Vorschläge zu notwendig erscheinenden Änderungen der Grundverordnung wie auch zur „Anpassung anderer Rechtsinstrumente" vorzulegen. Das Europäische Parlament[5] fügte durch Abänderung 206 einen neuen Art. 89a ein, dessen Abs. 2 ein Gebot zur Überarbeitung des für EU-Organe, Einrichtungen etc. geltenden „Rechtsrahmens" enthielt; die Kommission sollte einen diesbezüglichen Vorschlag „unverzüglich", spätestens aber bis zum Zeitpunkt der Anwendung/Geltung der Grundverordnung (Art. 91 Abs. 2 KOM-E, jetzt Art. 99 Abs. 2) unterbreiten. Der vom Parlament ebenfalls abgeänderte EG 14 nannte als korrekturbedürftig allerdings nur die Verordnung (EG) Nr. 45/2001. In Einklang mit der neuen Grundverordnung zu bringen seien sowohl diese Regelung selbst als auch deren Anwendung. Die Ratsfassung vom Juni 2015[6] enthielt keine dem Art. 89a-EP vergleichbare Vorschrift. In EG 14a wurde jedoch auf den Anpassungsbedarf der VO (EG) Nr. 45/2001 sowie „anderer Rechtsinstrumente" an „Grundsätze und Vorschriften" der Grundverordnung hingewiesen. Erst die politische Einigung im Dezember 2015[7] führte schließlich (im neuen Art. 90a) zur endgültigen Fassung, abgesehen von späterer redaktioneller Glättung („Rechtsakte" statt „Rechtsinstrumente"). Die Begründung im jetzigen EG 17 wurde um Satz 3 ergänzt.

B. Inhalt der Regelung

I. Erfordernis weiterer Änderungen des geltenden EU-Datenschutzrechts

1. Voraussetzungen

5 Die von der Kommission vorgelegten Legislativvorschläge zur Datenschutzreform[8] konzentrierten sich auf eine weitere Harmonisierung in den EU-Staaten mittels allgemeiner (Grund-)Verordnung und ganz spezielle Bereiche abdeckender Richtlinie; die komplementäre Überarbeitung des für die Union selbst, also für deren Organe, Einrichtungen und Stellen, maßgeblichen Datenschutzrechts stand noch nicht im Blickfeld. Die Entstehungsgeschichte (Rn. 4) zeigt, dass zwar auch diese Zielsetzung frühzeitig aufgegriffen wurde, die konkrete Ausformulierung aber erst in mehreren Schritten erfolgte und die Regelung letztlich teilweise unscharf geblieben ist. So wird im Normtext selbst keine Vorgabe mehr zur Anpassungsfrist getroffen (wie früher vorgeschlagen, Rn. 4). Insofern besteht hier Divergenz zu Art. 62 Abs. 6 RL (EU) 2016/680; für deren Anwendungsbereich wird dort eine Frist zur Überprüfung eines Anpassungsbedarfs von EU-Rechtsakten bis 6.5.2019 gesetzt. Eine Sonderregelung enthält Art. 95 (Rn. 13).

---

2 Fn. 1.
3 Richtlinie (EU) 2016/680 des Europäischen Parlaments und des Rates v. 27.4.2016 zum Schutz natürlicher Personen bei der Verarbeitung personenbezogener Daten durch die zuständigen Behörden zum Zwecke der Verhütung, Ermittlung, Aufdeckung oder Verfolgung von Straftaten oder der Strafvollstreckung sowie zum freien Datenverkehr und zur Aufhebung des Rahmenbeschlusses 2008/977/JI, ABl. EU Nr. L 119 v. 4.5.2016, S. 89.
4 KOM(2012)11 endgültig v. 25.1.2012.
5 Standpunkt festgelegt in erster Lesung am 12.3.2014, P7_TC1-COD(2012)0011.
6 Rats-Dok. Nr. 9565/15 v. 11.6.2015.
7 Rats-Dok. Nr. 5455/16 v. 28.1.2016.
8 KOM(2012) 10 und 11 endgültig v. 25.1.2012; ferner Mitteilung KOM(2012) 9 endgültig v. 25.1.2012.

2. Zuständigkeit und Verfahren

Im Hinblick auf die zu modifizierenden (unionsrechtlichen) Vorschriften (nicht nur die VO [EG] Nr. 45/2001) muss jede Änderung von deren bisheriger „alter" Art und Form ausgehen. Wurden geltende Regelungen im Gesetzgebungsverfahren (Art. 289 AEUV) beschlossen, gilt dies als prozedurale Vorgabe auch für Änderung oder Aufhebung; die konkrete Handlungsform (Verordnung oder Richtlinie) wird ebenfalls maßgeblich vom Status quo geprägt, sodass die generelle Wahlmöglichkeit nach Art. 296 Abs. 1 AEUV insoweit überlagert und beschränkt wird. Das Initiativmonopol der Kommission folgt bereits aus EU-Primärrecht (Art. 17 Abs. 2 EUV, Rn. 1). Soweit Sekundärrechtsakte Organen oder Einrichtungen der Union den Erlass von Durchführungsbestimmungen, d. h. von Tertiärrecht, auferlegen (wie in Art. 24 Abs. 8 der Verordnung [EG] Nr. 45/2001), wird dieser Fall nicht explizit von Art. 98 erfasst, jedoch von der breiteren Formulierung des Art. 2 Abs. 3 Satz 2 (Rn. 3). 6

II. Gegenstände, Ziele und Arten weiterer Änderungen (Sätze 1, 2)

1. Gegenstände

Sowohl im Normtext als auch in den Erwägungsgründen (als einziger Rechtsakt ausdrücklich) genannt wird die Verordnung (EG) Nr. 45/2001 von Parlament und Rat vom 18. Dezember 2000 (Rn. 3), die sich an „Organe" (heute Art. 13 Abs. 1 UAbs. 2 EUV) und „Einrichtungen" der EG bzw. nunmehr EU richtet. Bereits dieser Rechtsakt hob in EG 20, 21 hervor, dass sich die getroffenen Regelungen (trotz der anderen Regelungsadressaten) weitestgehend mit den Inhalten der Richtlinie 95/46/EG decken sollten. Zudem betonten EG 12 und 17 die notwendige „Kohärenz" (Rn. 1) von Regeln und Verfahren, auch bei deren Anwendung. Diese Zielsetzung kommt (auch terminologisch) weiterhin – jetzt in Art. 98 Satz 1 Hs. 2 – zum Ausdruck. 7

Art. 98 Satz 1 beschränkt sich allerdings (anders als das einzige genannte Beispiel in Satz 2, Rn. 7) nicht auf Rechtsakte, die Organe oder Stellen der Union zu ihrem Adressaten haben, wie dies in EG 17 Satz 2 zum Ausdruck kommt, wenn dort von „dieser", also der in Satz 1 bezeichneten „Verarbeitung" (durch bestimmte Stellen), die Rede ist. Jedoch wird (insoweit ebenso wie in Art. 62 Abs. 2 RL [EU] 2016/680) keine strikte Verpflichtung der Kommission normiert, Anpassungsvorschläge vorzulegen, sondern sowohl Themen als auch Zeitpunkt werden durch das Wort „gegebenenfalls" relativiert, so dass insoweit nicht durchweg eine gebundene Entscheidung anzunehmen ist (Rn. 10). Vorschläge für andere (neue oder geänderte) Rechtsakte zum Datenschutz sind ohnehin bereits im Rahmen des Art. 17 Abs. 2 EUV möglich, „Empfehlungen" für völkerrechtliche Übereinkünfte zu dieser Thematik (s. Rn. 14) nach Art. 218 Abs. 3 AEUV. 8

2. Ziele

Die Herstellung und Aufrechterhaltung von „Kohärenz" betrifft, wie sich aus dem Bezug zur vorhergehenden Rechtsvorschrift (Art. 97) ergibt, die Wirksamkeit des Schutzes der Grundrechte und Grundfreiheiten aller von der Daten-„Verarbeitung" (Art. 4 Nr. 2) Betroffenen; in Art. 62 Abs. 6 Satz 2 RL (EU) 2016/680 wird der Kohärenz-Aspekt nicht genannt. Soweit nicht in besonderen Bereichen – vor allem den unter Art. 39 EUV fallenden – öffentliche Interessen generell ein stärkeres Gewicht haben, ist Gleichbehandlung aller Betroffenen (s. Art. 4 Nr. 1) bei Rechtsetzung und Rechtsanwendung geboten. „Einheitlicher" Schutz trägt aber auch den Belangen verarbeitender Stellen Rechnung, weil diese „Verantwortlichen" (Art. 4 Nr. 7) hierdurch Datenverkehr besser planen und effizienter durchführen können, ohne eine Vielzahl divergierender Anforderungen berücksichtigen zu müssen. 9

3. Richtung

Die Überschrift des Art. 98 ist zwar zunächst irritierend, wenn sie nur von „Überprüfung" (als Vorgang), nicht auch von deren Ergebnis (Änderung) spricht. Jedoch kann sich bei solchem Vorgehen auch ergeben, dass konkret oder aktuell kein Anpassungsbedarf besteht und daher dies- 10 bezügliche Vorschläge (einstweilen) nicht veranlasst sind. Das mit der Pflicht zur Überprüfung verfolgte Ziel lässt für etwaige Änderungsvorschläge nur eine Richtung zu, hin zu mehr Kohärenz und Einheitlichkeit (Rn. 9), denn angestrebt wird eine Verringerung und Beseitigung noch vorhandener, sachlich nicht begründbarer Unterschiede zwischen verschiedenen Regelwerken. Hier konkretisiert EG 17 den Normtext, indem dort (in Satz 2) nicht nur die Anpassung der Rechtsetzung, sondern auch eine (modifizierte) Rechtsanwendung „im Lichte der vorliegenden Verordnung" gefordert wird. Solch systematisch-teleologische Auslegung ist nicht erst geboten, wenn eine weitere förmliche Vereinheitlichung des relevanten Unionsrechts erfolgt ist, sondern darf (und sollte) auch schon (ab Publikation der Grundverordnung) in Bezug auf das vor der Anpassung geltende Recht stattfinden, sowohl auf Unions- als auch auf mitgliedstaatlicher Ebene.

4. Novellierungsvorschlag

11 Anfang 2017 hat die Kommission den Vorschlag einer Verordnung[9] vorgelegt, der seinem Art. 71 zufolge die Richtlinie von 2001 ablösen soll; vorgesehen ist dabei derselbe Zeitpunkt wie derjenige, an dem nach Art. 99 die Grundverordnung in Kraft treten soll.

III. Verhältnis zu ähnlichen Vorschriften der Grundverordnung

12 Direkt in ihrer Geltungsdauer aufeinander bezogen sind Grundverordnung und RL 95/46/EG durch Art. 99 Abs. 2 („Anwendung" des erstgenannten Rechtsakts) und Art. 94 Abs. 1 (Aufhebung der Richtlinie zum selben Zeitpunkt). Art. 98 hingegen stellt auch klar, dass im Übrigen aktuell gültiges (sekundäres) Unionsrecht seine Rechtsgültigkeit nicht per se mit Inkrafttreten und/oder Anwendung der Grundverordnung verliert. Auch hier besteht Übereinstimmung mit der RL (EU) 2016/680 (Art. 60 und 62 Abs. 6). Die Kontinuität insbesondere der Rechtsanwendung wird dabei durch Art. 94 Abs. 2 gewährleistet, der bewirkt, dass nicht vor einer förmlichen Anpassung geltenden Rechts dadurch Regelungslücken eintreten können, dass Verweisungen ins Leere gehen.

13 Aus Art. 95 folgt einerseits, dass die dort genannte (bereichsspezifische) Richtlinie 2002/58/EG[10] anders als der allgemeine Rechtsakt zum Datenschutz (95/46/EG) bis auf Weiteres fort gilt und insoweit auch keine materiellen Rechtsänderungen eintreten, weil die Grundverordnung den Vorrang dieser lex specialis nicht berührt. Andererseits erstreckt sich die Überprüfung, ob Anpassungsbedarf besteht, auch auf Richtlinien (Art. 288 Abs. 3 AEUV), soweit solche Rechtsakte der Union den Schutz personenbezogener Daten bezwecken. Auf längere Sicht muss auch insoweit ein einheitliches, hohes Schutzniveau geschaffen und sichergestellt werden. Anfang 2017 hat die Kommission auch insoweit einen Vorschlag zur Novellierung (durch eine Verordnung)[11] präsentiert. Auch hier ist ein mit der Grundverordnung zeitgleiches Inkrafttreten (zum 25.5.2018) geplant (Art. 29 Abs. 2).

14 „Internationale Übereinkünfte" sind primär Gegenstand der Regelung in Art. 96, die eine Parallele in Art. 61 RL (EU) 2016/680 hat. Sie mögen als solche zwar der Kategorie Rechtsinstrumente („legal instruments") unterfallen, sind aber keine Rechtsakte im Sinne von Art. 288 AEUV. Jedoch bedarf es auch für ihre Geltung und Anwendung im Unionsrecht jedenfalls eines Rats-„Beschlusses" über den Abschluss (oder die Änderung) eines entsprechenden völkerrechtlichen Vertrags

9 KOM(2017) 8 final v. 10.1.2017.

10 Richtlinie 2002/58/EG des Europäischen Parlaments und des Rates vom 12.7.2002 über die Verarbeitung personenbezogener Daten und den Schutz der Privatsphäre in der elektronischen Kommunikation (Datenschutzrichtlinie für elektronische Kommunikation), ABl. EU Nr. L 201 v. 31.7.2002, S. 37, geändert durch Art. 2 der Richtlinie 2009/136/EG des Europäischen Parlaments und des Rates vom 25.11.2009 zur Änderung der Richtlinie 2002/22/EG über den Universaldienst und Nutzerrechte bei elektronischen Kommunikationsnetzen und -diensten, der Richtlinie 2002/58/EG über die Verarbeitung personenbezogener Daten und den Schutz der Privatsphäre in der elektronischen Kommunikation und der Verordnung (EG) Nr. 2006/2004 über die Zusammenarbeit im Verbraucherschutz, ABl. EU Nr. L *337* v. 18.12.2009, S. 11.

11 KOM(2017) 10 final v. 10.1.2017.

(Art. 218 Abs. 6 i. V. m. Art. 288 Abs. 4 AEUV). Art. 96 befasst sich allerdings nur mit einer speziellen Konstellation, nämlich „Alt"-Verträgen von EU-Mitgliedstaaten mit datenschutzrechtlichen Inhalten, und orientiert sich dabei an der Bestimmung des Art. 351 Abs. 1 AEUV, die ihrerseits dem Prinzip „pacta sunt servanda" (Art. 26 WVRK[12]) Rechnung trägt. Sind solche Übereinkünfte nach Inkrafttreten der GVO mit deren (neuen) Vorschriften nicht mehr vereinbar, standen sie bis dahin aber im Einklang mit den Vorgaben der RL 95/46/EG (s. Art. 25 f.), so erwächst eine Pflicht zur Anpassung an aktuelles Unionsrecht nicht zwingend schon aus Art. 351 Abs. 2 Satz 1 AEUV. Auch Art. 98 (Satz 1) erfasst diese Situation nicht, da nicht, wie dort vorausgesetzt, anzupassende Rechtsakte der Union vorliegen. Vielmehr ergibt sich hier eine Anpassungs- bzw. Kündigungsverpflichtung der jeweiligen (mitgliedstaatlichen) Vertragspartei aus dem Grundsatz der Unionstreue (Art. 4 Abs. 3 EUV). Dessen Nichtbeachtung ist im Rahmen eines Vertragsverletzungsverfahrens durchaus justiziabel und ein Fehlverhalten kann daher seitens der Unionsgerichte sanktioniert werden (Art. 258, Art. 260 AEUV).

C. Weitere Auswirkungen der Verordnung in der Praxis

I. Voraussichtliche Auswirkungen auf das nationale Recht

Die Pflicht zur Anpassung betrifft nur Unionsrecht; auch insoweit werden die unter die RL (EU) 2016/680 fallenden Bereiche nicht erfasst. Wenn andere Richtlinien inhaltlich angepasst werden (Rn. 13), ergibt sich in der Folge auch Änderungsbedarf im mitgliedstaatlichen Recht, etwa im TKG. **15**

II. Bestandsschutz bisheriger Datenverarbeitungen

Eine Anpassung betrifft (EU-)Rechtsvorschriften und wirkt erst mit deren Inkraftsetzung. Datenverarbeitungen im Einklang mit bis dahin geltendem (Unions-)Recht bleiben daher hiervon unberührt. **16**

12 Wiener Übereinkommen über das Recht der Verträge v. 23.5.1969, BGBl. II 1985, S. 927.

Article 99

Entry into force and application

1. This Regulation shall enter into force on the twentieth day following that of its publication in the Official Journal of the European Union.
2. It shall apply from 25 May 2018.

This Regulation shall be binding in its entirety and directly applicable in all Member States.
Done at Brussels, 27 April 2016
For the European Parliament
The President M. Schulz
For the Council
The President J.A. Hennis-Plasschaert

Artikel 99

Inkrafttreten und Anwendung

(1) Diese Verordnung tritt am zwanzigsten Tag nach ihrer Veröffentlichung im Amtsblatt der Europäischen Union in Kraft.

(2) Sie gilt ab dem 25. Mai 2018.

Diese Verordnung ist in allen ihren Teilen verbindlich und gilt unmittelbar in jedem Mitgliedstaat.
Geschehen zu Brüssel am 27. April 2016
Im Namen des Europäischen Parlaments
Der Präsident M. Schulz
Im Namen des Rates
Der Präsident J.A. Hennis-Plasschaert

Bedeutung der Norm

Die Vorschrift regelt das förmliche Inkrafttreten und den Zeitpunkt, zu dem die Geltung der Grundverordnung beginnt und damit ihre unmittelbare Anwendbarkeit bzw. Anwendung einsetzt.

Hinweise für den Anwender

Vorgängernormen der RL 95/46:
- Art. 32 RL 95/46/EG.

Schlagworte

Anwendung der Grundverordnung, Gültigkeit der Grundverordnung, Inkrafttreten der Grundverordnung

---

A. Allgemeines

I. Regelungszweck

1 Die finale Vorschrift der Grundverordnung legt fest, zu welchem Zeitpunkt der Rechtsakt durch Bekanntmachung wirksam wird (Inkrafttreten) und wann sein Inhalt rechtliche Wirkung für alle Regelungsadressaten erlangt (Gültigkeit, d. h. Beginn der unmittelbaren Anwendung).

II. Normadressaten

2 Die Rechtswirkung gemäß Art. 288 Abs. 2 AEUV entfaltet sich gegenüber den Mitgliedstaaten, deren nationalen Rechtsvorschriften wie den „Aufsichtsbehörden" (Art. 4 Nr. 21) und den Gerichten (als Recht im Sinne von Art. 20 Abs. 3 GG), aber in gleicher Weise unmittelbar gegenüber den „betroffenen" (Art. 4 Nr. 1) und anderen Personen und den „Verantwortlichen" (Art. 4 Nr. 7) und schließlich auch im Verhältnis zu Daten-„Empfängern" (Art. 4 Nr. 9) oder „Dritten" (Art. 4

Nr. 10), soweit sie in den sachlichen und räumlichen Anwendungsbereich (Art. 2, 3) der Verordnung fallen.

III. Systematik

An Art. 99 Abs. 2 schließt sich die Aussage über die rechtlichen Eigenarten einer Verordnung an, die den Text der Grundverordnung abschließt und lediglich den Wortlaut des Art. 288 AEUV wiederholt. 3

IV. Entstehungsgeschichte

Der Vorschlag der Kommission (Art. 91 KOM-E)[1] blieb während des Gesetzgebungsverfahrens unverändert. 4

B. Inhalt der Regelung

I. Unterschiedliche Zeitpunkte in Abs. 1 und 2

Unterschieden wird in der Regelung zwischen Inkrafttreten und Gültigkeit des Rechtsaktes, d. h. äußerer und innerer Rechtswirksamkeit. Abs. 1 richtet sich an dem in Art. 297 Abs. 1 UAbs. 3 Satz 2 AEUV normierten Datum des Inkrafttretens aus, ist also deklaratorisch, weil gerade keine von der primärrechtlichen Regel abweichende Bestimmung getroffen wird. Die wie die Aussage zur rechtlichen Wirkung (Rn. 3) nach Ende des Normtextes dokumentierte Unterzeichnung (durch die Präsidenten von zwei EU-Organen, Art. 13 Abs. 1 EUV, unter Angabe von Ort und Datum dieser förmlichen Bekräftigung des Ergebnisses der Rechtsetzung) geht rechtlich (und zeitlich) der Publikation voraus; dies folgt den Bestimmungen der Art 297 Abs. 1 UAbs. 1 und 289 Abs. 1 AEUV. Das Datum der Veröffentlichung bezieht sich nicht auf den Zeitpunkt von Unterzeichnung (bzw. im Titel des Rechtsakts), sondern den der Ausgabe (Nr. L 119) des Amtsblatts, d. h. bei der Grundverordnung der 4.5.2016. 5

Die Gültigkeit nach Maßgabe von Art. 288 Abs. 2 AEUV, als unmittelbar geltender, in allen Teilen (des Normtextes) verbindlicher Rechtsakt, tritt erst zwei Jahre nach dem Zeitpunkt des Inkrafttretens nach Abs. 1 ein, d. h. am 25.5.2018. Dabei handelt es sich nicht (wie bei Richtlinien nach Art. 288 Abs. 3 AEUV) um eine Umsetzungsfrist in Bezug auf anzupassendes oder neu zu schaffendes mitgliedstaatliches Recht. Jedoch ist dieser Zeitraum eingeräumt, um nationale Regelungen auf die Grundverordnung abzustimmen, sie entsprechend zu ergänzen oder zu bereinigen, weil das Unionsrecht hier auch dort auf Ausfüllung und Abrundung durch mitgliedstaatliche Vorschriften angelegt ist, wo es keine Bereichsausnahmen (wie in Art. 88 für den Beschäftigungskontext) enthält (Art. 1 Rn. 4, 8 ff.). Zudem soll Verantwortlichen und Auftragsverarbeitern ausreichend Zeit gegeben werden, um ihre Verarbeitungsvorgänge auf das neue Recht um- und einzustellen. 6

Das in Art. 99 Abs. 1 in Bezug genommene Datum deckt sich mit der Aufhebung (bzw. dem Außerkrafttreten) der Richtlinie 95/46/EG (Art. 94 Abs. 1). Auch bemisst sich danach, wann im Sinne von Art. 96 Übereinkünfte von EU-Mitgliedstaaten mit Drittländern oder „Internationalen Organisationen" (Art. 4 Nr. 26) als „bereits geschlossen" anzusehen sind, und zudem, wann die Berichtspflicht der Kommission nach Art. 97 (Abs. 1 Satz 1) einsetzt. 7

Mittelbar bedeutsam sind die in Art. 99 festgelegten Termine auch für die der Kommission nach Art. 98 im Hinblick auf andere Rechtsakte der EU zum Datenschutz auferlegte Überprüfungspflicht, da spätestens zwei Jahre nach Inkrafttreten der Grundverordnung das Gebot zur Sicherstellung eines einheitlichen und kohärenten Schutzes natürlicher Personen bei der „Verarbeitung" von „personenbezogenen Daten" (Art. 4 Nr. 2 i.V.m. Nr. 1) verbindlich und akut wird. Vor 8

1 KOM(2012)11 endgültig v. 25.1.2012.

diesem Zeitpunkt gilt jedoch bisheriges, „altes" Recht weiter, sowohl auf EU- als auch auf mitgliedstaatlicher Ebene; auch eine gewisse „Vorwirkung" künftigen Rechts als Maßstab der Auslegung bei Mehrdeutigkeit ist nicht anzunehmen, da auf diese Weise die Verschiebung des Eintritts der Rechtsgeltung (Rn. 7) unterlaufen würde.

II. Vergleich mit der entsprechenden Vorschrift der RL (EU) 2016/680

9 Dieser am selben Tage wie die Grundverordnung erlassene Rechtsakt[2] trat nach Art. 64 am Tage nach seiner Veröffentlichung im Amtsblatt der EU, d. h. am 5.5.2016, in Kraft. Die Umsetzung durch Erlass oder Änderungen nationaler Vorschriften muss ebenfalls vorbehaltlich von Art. 63 Abs. 2, 3 binnen zwei Jahren ab Inkrafttreten, also hier bis zum 6.5.2018, erfolgen (Art. 63 Abs. 1 UAbs. 1 Sätze 1, 2). Ab diesem Datum müssen dann die Mitgliedstaaten ihre neuen oder angepassten Rechts- und Verwaltungsvorschriften anwenden (Art. 63 Abs. 1 UAbs. 1 Satz 3 RL [EU] 2016/680). Explizit und nur als (Norm-)Adressaten werden in Art. 65 RL die Mitgliedstaaten genannt. Datum der Ausfertigung und Personen der Unterzeichner folgen auch hier der Schlussvorschrift (Art. 65).

2 Richtlinie (EU) 2016/680 des Europäischen Parlaments und des Rates v. 27.4.2016 zum Schutz natürlicher Personen bei der Verarbeitung personenbezogener Daten durch die zuständigen Behörden zum Zwecke der Verhütung, Ermittlung, Aufdeckung oder Verfolgung von Straftaten oder der Strafvollstreckung sowie zum freien Datenverkehr und zur Aufhebung des Rahmenbeschlusses 2008/977/JI des Rates, ABl. EU Nr. L 119 v. 4.5.2016, S. 89.

Stichwortverzeichnis

A

B

C

D

E

F

G

H

I

L

M

N

P

Q

R

S

U

W

Z